Sudhoff
GmbH & Co. KG

Sudhoff

GmbH & Co. KG

6., überarbeitete Auflage
des von Dr. Heinrich Sudhoff begründeten Werkes

Bearbeitet von

Dr. Jochem Reichert, Rechtsanwalt in Mannheim;
Dr. Anja Breitfeld, Rechtsanwältin,
Fachanwältin für Arbeitsrecht in Frankfurt a. M.;
Dr. Alexander Düll,
Wirtschaftsprüfer und Steuerberater in Heidelberg;
Dr. Martin Eberhard, Steuerberater in Heidelberg;
Dr. Hans-Christoph Ihrig, Rechtsanwalt in Frankfurt a. M.;
Professor Dr. Axel Jäger, Rechtsanwalt in Frankfurt a. M.;
Dr. Thomas Liebscher, Rechtsanwalt in Mannheim;
Dr. Michael Salger, Rechtsanwalt in Frankfurt a. M.;
Dr. Michael Schlitt, Rechtsanwalt in Frankfurt a. M.

Verlag C. H. Beck München 2005

Verlag C. H. Beck im Internet
beck.de

ISBN 3 406 52223 8

Wilhelmstraße 9, 80801 München

Druck: Druckerei C. H. Beck Nördlingen
(Adresse wie Verlag)

Satz: Otto Gutfreund GmbH
Marburger Str. 11, 64289 Darmstadt

Umschlaggestaltung: Bruno Schachtner, Grafik-Werkstatt, Dachau

Gedruckt auf säurefreiem, alterungsbeständigem Papier
(hergestellt aus chlorfrei gebleichtem Zellstoff)

Vorwort

Die GmbH & Co. KG als Rechtsformalternative erfreut sich im Bereich der mittelständischen Wirtschaft und speziell im Bereich der Familienunternehmen ungebrochener Beliebtheit. An diesem Umstand hat der Wechsel vom körperschaftlichen Anrechnungsverfahren zum Halbeinkünfteverfahren mit einem Körperschaftssteuersatz von 25 % im Zuge der Unternehmensteuerreform des Jahres 2000 ebenso wenig zu ändern vermocht wie die durch das im selben Jahr in Kraft getretene KapCoRiLiG erfolgte grundsätzliche Gleichstellung der GmbH & Co. KG mit der Kapitalgesellschaft im Bereich der Prüfungs- und Offenlegungspflicht.

Die aus steuerlichen Erwägungen erdachte Gestaltungslösung hat sich im Laufe der Jahre zu einer vor allem aufgrund ihrer gesellschaftsrechtlichen Vorteile geschätzten Rechtsform entwickelt, welche es ermöglicht, die strukturellen Vorteile einer Kapitalgesellschaft in einzigartiger Weise mit den Vorzügen einer Personengesellschaft zu vereinen. Die Kombination von Haftungsbeschränkung und Fremdorganschaft mit der dem Recht der Persongesellschaften immanenten weitgehenden Gestaltungsfreiheit in gesellschafts- wie steuerrechtlicher Hinsicht macht den besonderen Reiz der GmbH & Co. KG als Rechtsformalternative aus, die den Bedürfnissen der mittelständischen Wirtschaft in besonderer Weise Rechnung trägt und damit bei der Wahl der optimalen Unternehmensrechtsform nicht nur im Zuge der Gründung, sondern auch und gerade bei der infolge einer Änderung im Gesellschafterbestand notwendig oder aus steuerlichen Gründen ratsam geworden Umstrukturierung mittelständischer und insbesondere Familienunternehmen stets in Betracht zu ziehen ist.

Als Mischform bedeutet die GmbH & Co KG eine Herausforderung für die rechtliche und steuerliche Beratungspraxis. Die Besonderheiten der verschiedenen Gesellschaftsformen müssen in einer einheitlichen Vertragsgestaltung miteinander verzahnt werden. Das Handbuch der GmbH & Co von Sudhoff stand dabei Unternehmern, Notaren, Rechtsanwälten und Steuerberatern seit seiner ersten Auflage 1967 als zuverlässiger Berater zur Seite und wies in jeder Auflage neue und zugleich gangbare Wege der vertraglichen Gestaltung.

Im Rahmen der Neubearbeitung der Sudhoff-Handbuchreihe versteht sich auch der hiermit vorliegende dritte Band als Fortschreibung eines Klassikers, der jedoch zugleich mit einem eigenständigen Profil aufwarten möchte. Die Neuauflage will dem einschlägig tätigen Berater aus dem Blickwinkel der eigenen täglichen Arbeit eine zuverlässige, verständliche und unmittelbar umsetzbare Hilfe an die Hand geben. Der integrierten Darstellung von Gesellschafts- und Steuerrecht sowie der Ergänzung durch ausführliche Vertragsmuster wurde dabei besondere Bedeutung beigemessen. Die Zusammensetzung des Autorenteams spiegelt diesen einheitlichen Ansatz wider. Erfahrene Praktiker des Gesellschafts- und Steuerrechts bieten eine Bearbeitung sämtlicher Praxisfragen der GmbH & Co. KG aus einem Guss.

Seit der Vorauflage aus dem Jahr 2000 sind zahlreiche neue Gesetze ergangen, wie z. B. das Gesetz zur Modernisierung des Schuldrechts. Auch im Steuerrecht ist der Gesetzgeber nicht untätig geblieben, etwa durch das Steuersenkungsgesetz 2001 sowie durch das Unternehmenssteuerfortentwicklungsgesetz, die zum Teil elementare Auswirkungen auf die Besteuerung von Personengesellschaften insbesondere in Umwandlungssituationen haben. Gleiches gilt für eine ganze Reihe höchstrichterlicher Entscheidungen, welche das gesellschafts- wie steuerrechtliche Umfeld der GmbH & Co. KG geprägt und verändert hat und eine Neuauflage dieses Handbuchs erforderlich gemacht haben. Stand der Bearbeitung des vorliegenden Bandes ist der 1. Januar 2005.

Die Bearbeiter dieser Auflage

Rechtsanwältin Dr. Anja Breitfeld, Fachanwältin für Arbeitsrecht
Allen & Overy, Rechtsanwälte, Frankfurt am Main

Wirtschaftsprüfer und Steuerberater Dr. Alexander Düll
Falk & Co. Wirtschaftsprüfungsgesellschaft Steuerberatungsgesellschaft mbH, Heidelberg

Steuerberater Dr. Martin Eberhard
Falk & Co. Wirtschaftsprüfungsgesellschaft Steuerberatungsgesellschaft mbH, Heidelberg

Rechtsanwalt Dr. Hans-Christoph Ihrig
Allen & Overy, Rechtsanwälte, Frankfurt am Main

Rechtsanwalt Professor Dr. Axel Jäger
Fachhochschule Frankfurt am Main

Rechtsanwalt Dr. Thomas Liebscher
Schilling, Zutt & Anschütz, Rechtsanwälte, Mannheim

Rechtsanwalt Dr. Jochem Reichert
Schilling, Zutt & Anschütz, Rechtsanwälte, Mannheim

Rechtsanwalt Dr. Carsten Salger
Allen & Overy, Rechtsanwälte, Frankfurt am Main

Rechtsanwalt Dr. Michael Schlitt
Allen & Overy, Rechtsanwälte, Frankfurt am Main

Inhaltsübersicht

F. Beendigung der GmbH & Co. KG

G. Sonderfragen

H. Die GmbH & Co. KG in Umwandlungssituationen

I. Formulare

Abkürzungsverzeichnis

Verzeichnis der Abkürzungen und der abgekürzt zitierten Literatur

a. A.	anderer Ansicht
abgedr.	abgedruckt
abl.	ablehnend
Abl.	Amtsblatt
ABlEG	Amtsblatt der Europäischen Gemeinschaften
Abs.	Absatz
Abschn.	Abschnitt
AcP	Archiv für die civilistische Praxis
a. E.	am Ende
a. F.	alte Fassung
AfA	Absetzung für Abnutzung
AG	Aktiengesellschaft; Die Aktiengesellschaft (Zeitschrift); Amtsgericht
AGB	Allgemeine Geschäftsbedinungen
AGBGB	Gesetz zur Regelung des Rechts der allgemeinen Geschäftsbedingungen
AktG	Aktiengesetz
allg.	allgemein
AnfG	Gesetz betreffend die Anfechtung von Rechtshandlungen außerhalb des Konkursverfahrens
Anh.	Anhang
Anm.	Anmerkung
AO	Abgabenordnung
AP	Arbeitsrechtliche Praxis (Nachschlagwerk des BAG)
ArbGG	Arbeitsgerichtsgesetz
Art.	Artikel
Aufl.	Auflage
ausf.	ausführlich
Baumbach/Hefermehl	Baumbach/Hefermehl, Wettbewerbsrecht, 23. Aufl. 2003
Baumbach/Hopt	Baumbach/Hopt, Handelsgesetzbuch, 31. Aufl. 2003
Baumbach/Hueck AktG	Baumbach/Hueck, Aktiengesetz, 14. Aufl. 1981
Baumbach/Hueck GmbHG	Baumbach/Hueck, GmbH-Gesetz, 17. Aufl. 2000
Bay.	Bayerisches
BayObLG	Bayerisches Oberstes Landesgericht
Bad.-Württ.	Baden-Württemberg
BAG	Bundesarbeitsgericht
BB	Betriebs-Berater (Zeitschrift)
Bd.	Band
Beck Bilanzkommentar	Beck'scher Bilanzkommentar, 4. Aufl. 1999
Beck Hdb. GmbH/Bearbeiter	Müller/Hense (Hrsg.): Beck'sches Handbuch der GmbH, 3. Aufl. 2002

Beck Hdb. Personengesellschaften	Beck'sches Handbuch der Personengesellschaften, hg. von Müller/Hoffmann, 1999
Beck Formularbuch	Beck'sches Formularbuch zum Bürgerlichen Handels- und Wirtschaftsrecht, 7. Aufl. 1998
Becker DBA-Komm.	Becker/Höppner/Grotherr/Kroppen, DBA-Kommentar
Begr./begr.	Begründung/begründet
Beil.	Beilage
BErzGG	Bundeserziehungsgeldgesetz
Beschl.	Beschluss
BetrAVG	Gesetz zur Verbesserung der betrieblichen Altersversorgung
BetrVG	Betriebsverfassungsgesetz
BewG	Bewertungsgesetz
BFH	Bundesfinanzhof
BFH/NV	Sammlung der amtlich nicht veröffentlichten Entscheidungen des BFH
BGB	Bürgerliches Gesetzbuch
BGBl.	Bundesgesetzblatt
BGH	Bundesgerichtshof
BGHZ	Amtliche Sammlung der Entscheidungen des BGH in Zivilsachen
Binz/Sorg	Binz/Sorg, Die GmbH & Co. KG, 9. Aufl. 2003 *(die 10. Aufl. 2005 konnte nicht mehr berücksichtigt werden)*
Birkenfeld, Birkenfeld	Das große Umsatzsteuer-Handbuch, Kommentar (Stand Mai 2004)
USt-Hdb.	Birkenfeld, Das große Umsatzsteuerhandbuch, 1992/1996
BiRiLiG	Bilanzrichtliniengesetz
Blaurock Stille Gesellschaft	Blaurock, Handbuch der stillen Gesellschaft, 6. Auf. 2003
Blümich/Bearbeiter	Blümich, Kommentar zu EStG, KStG, GewStG und Nebengesetze (Loseblatt, Stand Oktober 2004)
BMF	Bundesfinanzministerium
BPatG	Bundespatentgericht
Boruttau/Bearbeiter	Boruttau, Grunderwerbsteuergesetz, 15. Aufl. 2002
BR	Bundesrat
BR-Drs.	Bundesratsdrucksache
Brönner/Rux/Wagner, GmbH	Brönner/Rux/Wagner, Die GmbH & Co. KG in Recht und Praxis, 7. Aufl. 1996
BSG	Bundessozialgericht
Bsp.	Beispiel
BStBl.	Bundessteuerblatt
BT	Bundestag
BT-Drs.	Bundestagsdrucksache
BVerfG	Bundesverfassungsgericht
BVerfGE	Entscheidungen des BVerfG
BVerwG	Bundesverwaltungsgericht
bzw.	beziehungsweise
c.i.c.	culpa in contrahendo
DB	Der Betrieb
DBA	Doppelbesteuerungsabkommen

Dehmer	Dehmer, Umwandlungsrecht und Umwandlungssteuerrecht, 1. Aufl. 1998
ders.	derselbe
d. h.	das heißt
dies.	dieselbe
diff.	differenzierend
DIHT	Deutscher Industrie- und Handelstag
DJZ	Deutsche Juristen-Zeitung
DM	Deutsche Mark
DNotZ	Deutsche Notarzeitung
Dötsch KStG	Dötsch/Eversberg/Jost/Witt, Die Körperschaftsteuer (Loseblatt, Stand Mai 2004)
Dötsch UmwStR	Dösch/Patt/Pung/Jost, Kommentar zum Umwandlungssteuerrecht, 5. Aufl. 2003
Drs.	Drucksache
DStBl.	Deutsches Steuerblatt
DStR	Deutsches Steuerrecht (Zeitschrift)
DStZ	Deutsche Steuerzeitung
Düringer/Hachenburg/Bearbeiter	Düringer/Hachenburg, Das Handelsgesetzbuch vom 10. Mai 1897 (unter Ausschluss des Seerechts) auf der Grundlage des Bürgerlichen Gesetzbuches, 3. Aufl. 1930 ff.
DZWiR	Deutsche Zeitschrift für Wirtschafts- und Insolvenzrecht
E	Entwurf
Ebenroth/Boujong/Joost/Bearbeiter	Ebenroth/Boujong/Joost, Handelsgesetzbuch: Kommentar, 2001–2003
EFG	Entscheidungen der Finanzgerichte
EG	Einführungsgesetz; Europäische Gemeinschaft
EGInsO	Einführungsgesetz zur Insolvenzordnung
Eickhoff	Die Praxis der Gesellschafterversammlung bei GmbH und GmbH & Co., 3. Aufl. 2001
Einl.	Einleitung
Emmerich/Habersack	Emmerich/Habersack, Aktien- und GmbH-Konzernrecht – Kommentar, 3. Aufl. 2003
Emmerich/Sonnenschein/Habersack	Emmerich/Sonnenschein/Habersack, Konzernrecht, 7. Aufl. 2001
Entw.	Entwurf
ErbStG	Erbschaftsteuer- und Schenkungsteuergesetz
ErfK	Erfurter Kommentar zum Arbeitsrecht, 4. Aufl. 2004
Ermann/Bearbeiter	Erman, Handkommentar zum Bürgerlichen Gesetzbuch, 11. Aufl. hg. von Harm Peter Westermann, 2004
EStDV	Einkommensteuer-Durchführungsverordnung
EStG	Einkommensteuergesetz
EStR	Einkommensteuerrichtlinien
EU	Europäische Union
EuGH	Gerichtshof der Europäischen Gemeinschaften
EuroEG	Gesetz zur Einführung des Euro
EuZW	Europäische Zeitschrift für Wirtschaftsrecht
e.V.	eingetragener Verein
EWG	Europäische Wirtschaftsgemeinschaft

EWIV . . . . Europäische wirtschaftliche Interessenvereinigung
EWiR . . . . Entscheidungen zum Wirtschaftsrecht
f., ff. . . . . folgende
FamRZ . . . . Zeitschrift für das gesamte Familienrecht, Ehe und Familie im privaten und öffentlichen Recht
Fezer . . . . Fezer, Markenrecht – Kommentar zum Markengesetz, 3. Aufl. 2001
FG . . . . Finanzgericht
FGG . . . . Gesetz über die Angelegenheiten der freiwilligen Gerichtsbarkeit
FinMin . . . . Finanzministerium
Fitting/Wlotzke/
Wißmann . . . . Fitting/Wlotzke/Wißmann, Kommentar zum Mitbestimmungsgesetz, 2. Aufl. 1978
Flume . . . . Flume, Allgemeiner Teil des Bürgerlichen Rechts, Erster Band, Erster Teil, Die Personengesellschaft, 1977
FM . . . . Finanzministerium
FN . . . . Fachnachrichten des IDW
Fn . . . . Fußnote
Form. . . . . Formular
FR . . . . Finanz-Rundschau (Zeitschrift)
FS . . . . Festschrift
G . . . . Gesetz; Gericht
Gbl. . . . . Gesetzblatt
GBO . . . . Grundbuchordnung
GbR . . . . Gesellschaft bürgerlichen Rechts
gem. . . . . gemäß
GesO . . . . Gesamtvollstreckungsordnung
GesR . . . . Gesellschaftsrecht
GesRZ . . . . Der Gesellschafter (Zeitschrift)
Geßler/Hefermehl . . Geßler/Hefermehl/Eckardt/Kropff, Aktiengesetz, Kommentar, 1973
Ges.Verh. . . . . Gesellschaftsverhältnis
GewStG . . . . Gewerbesteuergesetz
GG . . . . Grundgesetz für die Bundesrepublik Deutschland
ggf. . . . . gegebenenfalls
GK/Bearbeiter
AktG . . . . Aktiengesetz, Großkommentar, 4. Aufl. 1992
GK/Bearbeiter HGB Handelsgesetzbuch, Großkommentar, begr. von Staub, 4. Aufl. hg. von Canaris/Schilling/Ulmer, 1983
Glannegger/Güroff . Glanegger/Güroff, Gewerbesteuergesetz, Kommentar, 5. Aufl. 2000
Glade/Steinfeld . . . . Umwandlungssteuergesetz, Kommentar, 3. Aufl. 1977
Goette . . . . Die GmbH, 2. Aufl. 2001
GmbH . . . . Gesellschaft mit beschränkter Haftung
GmbHG . . . . Gesetz betreffend die GmbH
GmbHR . . . . GmbH-Rundschau (Zeitschrift)
GmbH-Stbr . . . . . . GmbH-Steuerberater (Zeitschrift)
Goutier/Knopf/
Tulloch . . . . Goutier/Knopf/Tulloch, Kommentar zum Umwandlungsrecht, 1996
Grds/grds. . . . . Grundsätze/grundsätzlich
GrEStG . . . . Grunderwerbsteuergesetz

Grunewald Gesellschaftsrecht . .	Grunewald, Gesellschaftsrecht, 5. Aufl. 2002
GrS	Großer Senat
GRUR	Gewerblicher Rechtsschutz und Urheberrecht (Zeitschrift)
GRUR Int.	Gewerblicher Rechtsschutz und Urheberrecht, Internationaler Teil (Zeitschrift)
GuV	Gewinn und Verlust
GWB	Gesetz gegen Wettbewerbsbeschränkungen
H.	Hinweise
Hachenburg/ Bearbeiter	Hachenburg, GmbH-Gesetz, Großkommentar, 8. Aufl., hg. von Ulmer, 1992
Hamb.	Hamburgisches
Hanau/Bearbeiter . .	Hanau, Erfurter Kommentar zum Arbeitsrecht, 4. Aufl. 2003
Hanau/Ulmer	Hanau/Ulmer, Kommentar zum Mitbestimmungsgesetz, 1981
HansGZ	Hanseatische Rechts- und Gerichtszeitschrift
Haritz/Benkert . . .	Haritz/Benkert, Kommentar zum Umwandlungssteuergesetz, 2. Aufl. 2000
Hartmann/Bearbeiter	Hartmann/Böttcher/Nissen/Bordewin, Kommentar zum Einkommensteuergesetz
Hdb.	Handbuch
Heck	Personengesellschaften im Konzern, 1986
Henn	Henn, Schiedsverfahrensrecht, 3. Aufl. 2000
Henze	Henze, Handbuch zum GmbH-Recht, 2. Aufl. 1997
Herrmann/Heuer/ Raupach	Herrmann/Heuer/Raupach, Kommentar zur Einkommensteuer und Körperschaftsteuer (Loseblatt, Stand Januar 2004)
Hesselmann/ Tillmann GmbH & Co.	Hesselmann/Tillmann, Handbuch der GmbH & Co. KG, 18. Aufl. 1997
Heymann/Bearbeiter	E. Heymann, Handelsgesetzbuch, 2. Aufl. hg. von Horn, 1995
HFA	Hauptfachausschuss
HFR	Höchtsrichterliche Finanzrechtsprechung
HGB	Handelsgesetzbuch
hg.	herausgegeben
hins.	hinsichtlich
h. M.	herrschende Meinung
Hofmann	Hofmann, Grunderwerbsteuergesetz-Kommentar, 6. Aufl. 1996
Hopt, Vertrags- und Formularbuch	Hopt, Vertrags- und Formularbuch zum Handels-, Gesellschafts-, Bank- und Transportrecht, 2. Aufl. 2000
HRefG	Handelsrechtsreformgesetz
HRV	Handelsregisterverfügung
Hs	Halbsatz
Hübschmann/Hepp/ Spitaler	Kommentar zur Abgabenordnung und Finanzgerichtsbarkeit (Loseblatt, Stand Oktober 2004)
Hueck/Windbichler Gesellschaftsrecht . .	Hueck/Windbichler, Gesellschaftsrecht, 20. Aufl. 2003

Hueck
Recht der OHG . . . Hueck, Das Recht der offenen Handelsgesellschaft, 4. Aufl. 1971
Hüffer . . . . Hüffer, Kommentar zum Aktiengesetz, 6. Aufl. 2004
i. d. F. . . . . in der Fassung
i. d. R. . . . . in der Regel
i. d. S. . . . . in diesem Sinne
IDW . . . . Institut der Wirtschaftsprüfer in Deutschland e.V.
IDW/FN . . . . Fachnachrichten des IDW
i. E. . . . . im Ergebnis
IHK . . . . Industrie- und Handelskammer
i. H. v. . . . . in Höhe von
i. L. . . . . in Liquidation
INF . . . . Die Information über Steuer und Wirtschaft (Zeitschrift)
insb. . . . . insbesondere
InsO . . . . Insolvenzordnung
i. S. d. . . . . im Sinne des
IStR . . . . Internationales Steuerrecht (Zeitschrift)
i.Ü. . . . . im Übrigen
i.V.m. . . . . in Verbindung mit
IWB . . . . Internationale Wirtschafts-Briefe
Jacobs/Scheffler/
Vituschek . . . . Jacobs/Scheffler/Vituschek, Unternehmensbesteuerung und Rechtsform, 3. Aufl. 2002
Jauernig . . . . Jauernig u. a., Kommentar zum Bürgerlichen Gesetzbuch, 9. Aufl. 1999
JbFfSt. . . . . Jahrbuch der Fachanwälte für Steuerrecht
jew. . . . . jeweils
JMBl. . . . . Justizministerialblatt
JuS . . . . Juristische Schulung (Zeitschrift)
JW . . . . Juristische Wochenschrift
JZ . . . . Juristen-Zeitung
Kallmeyer/Bearbeiter Kallmeyer, Umwandlungsgesetz, 1997
Kap. . . . . Kapitel
Kap&Co.RiLiG . . . Kapitalgesellschaften & Co.-Richtlinie-Gesetz
KapHerG . . . . Gesetz über die Kapitalerhöhung aus Gesellschaftsmitteln und über die Verschmelzung von Gesellschaften mit beschränkter Haftung
Kap . . . . Kapp/Ebeling, Erbschaftsteuer und Schenkungsteuer Kommentar (Stand Juni 2004)
KG . . . . Kommanditgesellschaft; Kammergericht
KGaA . . . . Kommanditgesellschaft auf Aktien
KGJ . . . . Jahrbuch für Entscheidungen des Kammergerichts
Kirchhof . . . . EStG, Kompaktkommentar, 4. Aufl. 2004
Kirchhof/Söhn/
Bearbeiter . . . . Kirchhof/Söhn, Kommentar zum Einkommensteuergesetz (Stand Mai 2004)
Klauss/Birle . . . . . . Die GmbH Co., 7. Aufl. 1988
Knobbe/Kuk . . . . . Bilanz- und Unternehmensteuerrecht, 9. Aufl. 1993
KO . . . . Konkursordnung
Kölner Schriften . . . Arbeitskreis für Insolvenz- und Schiedsgerichtswesen e.V., Kölner Schriften zur Insolvenzordnung, 2. Aufl. 2000

KöKo/Bearbeiter . .	Kölner Kommentar zum Aktiengesetz, hg. von Zöllner, 2. Aufl. 1986
KÖSDI	Kölner Steuerdialog (Zeitschrift)
Koller/Roth/Morck	Koller/Roth/Morck, Handelsgesetzbuch, 4. Aufl. 2003
krit.	kritisch
Krüger	Krüger, Zweckmäßige Wahl der Unternehmensform, 7. Aufl. 2002
KSchG	Kündigungsschutzgesetz
KStG	Körperschaftsteuergesetz
KStR	Körperschaftsteuerrichtlinien
KTS	Zeitschrift für Insolvenzrecht (Konkurs, Treuhand, Sanierung)
Kuhn/Uhlenbruck .	Kuhn/Uhlenbruck, Konkursordnung, 11. Aufl. 1994
Langenfeld/Gail . . .	Handbuch der Familienunternehmen (Stand Dezember 2004)
LAG	Landesarbeitsgericht
Lademann/Söffing .	Lademann/Söffing/Brockhoff, Kommentar zum Einkommensteuergesetz (Stand 1998)
LG	Landgericht
Lenski/Steinberg . .	Lenski/Steinberg, Kommentar zum Gewerbesteuergesetz (Loseblatt, Stand Dezember 2004)
Lit.	Literatur
lit	Buchstabe (littera)
Littmann/Bearbeiter	Littmann/Bitz/Pust, Kommentar zum Einkommensteuerrecht, Loseblattausgabe (Stand Juli 2004)
LM	Nachschlagwerk des BGH in Zivilsachen
LöschG	Löschungsgesetz
Lutter, UmwG	Lutter, Umwandlungsgesetz, 2. Aufl. 2000
Lutter/Hommelhoff	Lutter/Hommelhoff, GmbH-Gesetz, Kommentar, 15. Aufl. 2000
LwAnpG	Landwirtschaftsanpassungsgesetz
m.	mit
Maier	Maier, Handbuch der Schiedsgerichtsbarkeit, 1979
MarkenG	Markengesetz
m. d. H.	mit dem Hinweis
m. H.	mit Hinweisen
MDR	Monatsschrift für Deutsches Recht
Meyer-Landrut/ Miller/Niehus	Meyer-Landrut/Miller/Niehus, Gesetz betreffend die Gesellschaften mit beschränkter Haftung (GmbH) einschließlich Rechnungslegung, Kommentar, 1987
Michalski/ Bearbeiter	Michalski, Kommentar zum Gesetz über die Gesellschaften mit beschränkter Haftung (GmbH-Gesetz), 2002
Mio.	Million(en)
MitbestG	Mitbestimmungsgesetz
MittBayNot	Mitteilungen des Bayerischen Notarvereins, der Notarkasse und der Landesnotarkammer Bayern
MittRhNotK	Mitteilungen der Rheinischen Notarkammer
m. N.	mit Nachweisen
Moench/Bearbeiter .	Erbschaft- und Schenkungsteuer, Kommentar (Stand Dezember 2004)
MSchG	Mutterschutzgesetz

Mülbert	Mülbert, Aktiengesellschaft, Unternehmensgruppe und Kapitalmarkt, 2. Aufl. 1996
Müller-Hense	Beck'sches Handbuch der GmbH, 3. Aufl. 2002
MünchHdb. GesR I-IV/Bearbeiter	Münchener Handbuch des Gesellschaftsrechts, Bd. 1, BGB Gesellschaft, OHG, Partnerschaftsgesellschaft, Partenreederei, EWIV, hg. von Riegger/Weipert, 1995 (2. Aufl. in Vorbereitung) Bd. 2, Kommanditgesellschaft, Stille Gesellschaft, hg. von Riegger/Weipert, 2. Aufl. 2003 Bd. 3, Gesellschaft mit beschränkter Haftung, hg. von Priester/Mayer, 2. Aufl. 2003 Bd. 4, Aktiengesellschaft, 2. Aufl., hg. von Hoffmann-Becking, 1999
MüKo/AktG Bearbeiter	Münchener Kommentar zum Aktiengesetz, Bd. 2: §§ 53a – 75, 2. Aufl. 2003
MüKoBGB/ Bearbeiter	Münchener Kommentar zum Bürgerlichen Gesetzbuch, hg. von Rebmann/Säcker, 4. Aufl. 2000
MüKoHGB/ Bearbeiter	Münchener Kommentar zum Handelsgesetzbuch, hg. von K. Schmidt, 1996
MükoInsO	Münchener Kommentar zur Insolvenzordnung, 3 Bde. hg. von Hans-Peter Kirchhof, 1. Aufl. 2001
MVH/Bearbeiter	Münchener Vertragshandbuch, Bd. 1, Gesellschaftsrecht, 4. Aufl., hg. von Haidenhain/Meister, 1996 Bd. 3, 1. Halbband, Wirtschaftsrecht, 4. Aufl., hg. von Schütze/Weipert, 1998
m. w. N.	mit weiteren Nachweisen
N.	Nachweis(e)
NachhBG	Nachhaftungsbegrenzungsgesetz
n. F.	neue Fassung
Nieders.	Niedersachsen
NJOZ	Neue Juristische Online-Zeitung
NJW	Neue Juristische Wochenschrift (Zeitschrift)
NJW-RR	NJW-Rechtsprechungsreport-Zivilrecht (Zeitschrift)
Nr.	Nummer
NWB	Neue Wirtschafts-Briefe (Zeitschrift)
NZA	Neue Zeitschrift für Arbeitsrecht
NZG	Neue Zeitschrift für Gesellschaftsrecht
NZI	Neue Zeitschrift für das Recht der Insolvenz und Sanierung
OFD	Oberfinanzdirektion
OHG	Offene Handelsgesellschaft
OLG	Oberlandesgericht
OLGE	Die Rechtsprechung der Oberlandesgerichte auf dem Gebiet des Zivilrechts
OLGZ	Entscheidungen der Oberlandesgerichte in Zivilsachen einschließlich der Freiwilligen Gerichtsbarkeit
Pahlke/Franz	Pahlke/Franz, Grunderwerbsteuer, 2. Aufl. 1999
Palandt/Bearbeiter	Palandt, Bürgerliches Gesetzbuch, 64. Aufl. 2005
PartGG	Partnerschaftsgesellschaftsgesetz

Peter/Crezelius . . .	Peter/Crezelius, Gesellschaftsverträge und Unternehmensformen, 6. Aufl. 1995
Picot, Unternehmenskauf	Picot, Unternehmenskauf und Restrukturierung, 2. Aufl. 1998
PSV	Pensionssicherungsverein
PublG	Publizitätsgesetz
Raiser Kapitalgesellschaften	Raiser, Recht der Kapitalgesellschaften, 3. Aufl. 2001
Raiser MitbestG . . .	Raiser, Kommentar zum Mitbestimmungsgesetz, 4. Aufl. 2002
Rau/Bearbeiter . . .	Rau/Dürrwächter/Flick/Geist, Kommentar zum Umsatzsteuergesetz (Loseblatt, Stand Dezember 2004))
RdA	Recht der Arbeit (Zeitschrift)
RefE	Referentenentwurf
RegBegr.	Regierungsbegründung
RegE	Regierungsentwurf
Reichert/Harbarth .	Der GmbH-Vertrag, 3. Aufl. 2001
RFH	Reichsfinanzhof
RFHE	Entscheidungen des RFH
RG	Reichsgericht
RGBl.	Reichsgesetzblatt
RGRK	Das BGB mit besonderer Berücksichtigung der Rspr. des RG und des BGH, Kommentar von Mitgliedern des BGH, 12. Aufl. 1982
RGZ	Amtliche Sammlung von Entscheidungen des RG in Zivilsachen
Rhl.	Rheinland
Rn	Randnummer
Röhricht/Graf von Westphalen	Röhricht/Graf von Westphalen, Handelsgesetzbuch, Kommentar, 2. Aufl. 2001
Roth/Altmeppen . .	Roth/Altmeppen, GmbH-Gesetz, Kommentar, 4. Aufl. 2003
Rowedder/Bearbeiter	Rowedder u. a. GmbHG, Kommentar, 4. Aufl. 2002
Rpfleger	Der Deutsche Rechtspfleger (Zeitschrift)
Rspr	Rechtsprechung
RStBl.	Reichssteuerblatt
S.	Satz; Seite
s.	siehe
Sagasser/Bula	Sagasser/Bula, Umwandlungen, 1995
Schaub	Schaub, Arbeitsrechts-Handbuch, 9. Aufl. 2000
Schaumburg/Piltz .	Schaumburg/Piltz, Internationales Umwandlungssteuerrecht, 1997
Schaumburg/Rödder	Schaumburg/Rödder, UmwG, UmwStG, 1995
SchiedsVfG	Gesetz zur Neuregelung des Schiedsverfahrensrechts
Schlegelberger/Bearbeiter	Schlegelberger, Handelsgesetzbuch, Kommentar, bearbeitet von Geßler/Hefermehl/Hildebrandt/Schröder, 5. Aufl. 1973
K. Schmidt Handelsrecht	K. Schmidt, Handelsrecht, 5. Aufl. 1999
K. Schmidt Gesellschaftsrecht . .	K. Schmidt, Gesellschaftsrecht, 4. Aufl. 2002
L. Schmidt	L. Schmidt, Kommentar zum EStG, 23. Aufl. 2004

Schmitt/Hörtnage/ Stratz	Umwandlungsgesetz, Umwandlungssteuergesetz, 3. Aufl. 2001
Scholz/Bearbeiter	Scholz, Kommentar zum GmbH-G, 9. Aufl., hg. von Crezelius/Emmerich/Priester u. a., 2000/2002
Schulze zur Wiesche	GmbH und Co. KG, 2. Aufl. 1991
Schütze/Tscherning/ Schwab/Walter	Schiedsgerichtsbarkeit, 6. Aufl. 2000
SchwbG	Schwerbehindertengesetz
SG	Sozialgericht
SGB	Sozialgesetzbuch
Sölch	Sölch/Ringleb/List, Umsatzsteuergesetz mit Durchführungsbestimmungen und Ergänzungsvorschriften (Loseblatt, Stand Dezember 2004)
Soergel/Bearbeiter	Soergel/Siebert, Kommentar zum Bürgerlichen Gesetzbuch, 13. Aufl. 1999
sog.	sogenannt
Sommer	Sommer, Die Gesellschaftsverträge der GmbH & Co., 2. Aufl. 1997
Sp.	Spalte
StKongRep	Steuer-Kongress-Report
SpTrUG	Gesetz über die Spaltung der von der Treuhand verwalteten Unternehmen
StÄndG	Steueränderungsgesetz
StAnpG	Steueranpassungsgesetz
Staudinger/Bearbeiter	Staudinger, Kommentar zum Bürgerlichen Gesetzbuch, 13. Aufl. 1993 ff., 12. Aufl. 1978 ff.
Stbg	Die Steuerberatung (Zeitschrift)
StbJb	Steuerberater-Jahrbuch
StBp	Steuerliche Betriebsprüfung (Zeitschrift)
Stein/Jonas/ Bearbeiter	Grunsky u. a., Kommentar zur Zivilprozeßordnung, 21. Aufl. 1993 ff./22. Aufl. 2002 ff.
StGB	Strafgesetzbuch
st. Ges.	stille Gesellschaft
str.	strittig
st.Rspr.	ständige Rechtsprechung
Streck/Bearbeiter	Streck, Kommentar zum Körperschaftsteuergesetz, 6. Aufl. 2003
StSenkG	Gesetz zur Senkung der Steuersätze und zur Reform der Unternehmensbesteuerung
StuW	Steuer und Wirtschaft (Zeitschrift)
Sudhoff/Bearbeiter, Personengesellschaften	Sudhoff, Personengesellschaften, 7. Aufl. 1999
Sudhoff/Bearbeiter, Unternehmensnachfolge	Sudhoff, Unternehmensnachfolge, 4. Aufl. 2000
Sudhoff Rechte und Pflichten	Sudhoff, Rechte und Pflichten des Geschäftsführers einer GmbH und einer GmbH & Co., 14. Aufl. 1994
TDM	Tausend Deutsche Mark
teilw.	teilweise
Tipke/Lang	Tipke/Lang, Steuerrecht, 17. Aufl. 2002

Troll/Gebel/Jülicher	Troll/Gebel/Jülicher, Erbschaftsteuer – und Schenkungsteuergesetz (Loseblatt, Stand März 2004)
Tz.	Textziffer
u. a.	und andere; unter anderem
u. ä.	und ähnliches
u. E.	unseres Erachtens
u. H.	unter Hinweis
Ulmer GbR	Ulmer, Gesellschaft des bürgerlichen Rechts und Partnerschaftsgesellschaft (Sonderausgabe aus Bd. 5 zum MüKo zum BGB), 4. Aufl. 2004
Ulmer/Henssler	Ulmer/Henssler, Kommentar zum Mitbestimmungsgesetz, 1. Aufl. 2004
UmwG	Umwandlungsgesetz
UmwStG	Umwandlungssteuergesetz
UR	Umsatzsteuer-Rundschau (Zeitschrift)
Urt.	Urteil
UStG	Umsatzsteuergesetz
UWG	Gesetz gegen den unlauteren Wettbewerb
v.	vom
VerglO	Vergleichsordnung
VersR	Versicherungsrecht (Zeitschrift)
vgl.	vergleiche
Vogel	Vogel, Gesellschafterbeschlüsse und Gesellschafterversammlung, 2. Aufl. 1986
von Godin/Wilhelmi	von Godin/Wilhelmi, Kommentar zum Aktiengesetz vom 6. September 1965, 4. Aufl. 1971
VStG	Vermögensteuergesetz
Wagner/Rux	Die GmbH & Co. KG, 10. Aufl. 2004
Wais	Schütze/Tscherning/Wais, Handbuch des Schiedsverfahrens, 2. Aufl. 1990
Westermann Personengesellschaften	Westermann, Handbuch der Personengesellschaften, 1997
WiB	Wirtschaftsrechtliche Beratung (Zeitschrift)
Widmann/Mayer	Widmann/Mayer, Kommentar zum Umwandlungsrecht,
Wiedemann Gesellschaftsrecht	Wiedemann, Gesellschaftsrecht, Bd. 1, 1980
wistra	Zeitschrift für Wirtschaft, Steuer, Strafrecht
WM	Zeitschrift für Wirtschafts- und Bankrecht – Wertpapiermitteilungen
w. N.	weitere Nachweise
WPg.	Die Wirtschaftsprüfung (Zeitschrift)
WP-Hdb.	Wirtschaftsprüfer-Handbuch
z. B.	zum Beispiel
ZEV	Zeitschrift für Erbrecht und Vermögensnachfolge
ZGR	Zeitschrift für Unternehmens- und Gesellschaftsrecht
ZHR	Zeitschrift für das gesamte Handels- und Wirtschaftsrecht
Ziff.	Ziffer
ZIP	Zeitschrift für das Wirtschaftsrecht
zit.	zitiert
ZNotP	Zeitschrift für die Notarpraxis
Zöller	Zöller, Kommentar zur Zivilprozeßordnung, 24. Aufl. 2003
ZPO	Zivilprozeßordnung
ZRP	Zeitschrift für Rechtspolitik

z.T. . . . . zum Teil
zust. . . . . zustimmend
zutr. . . . . zutreffend
zzgl. . . . . zuzüglich
ZZP . . . . Zeitschrift für Zivilprozeß

Monographien zu Spezialthemen sowie insolvenzrechtliche Literatur sind nur in den Schrifttumshinweisen vor den einzelnen Paragraphen nachgewiesen

A. Grundlagen

1. Abschnitt Gesellschaftsrechtliche Grundlagen

§ 1 Wesen und Zweck der GmbH & Co. KG

Übersicht

Schrifttum:* *Knobbe/Keuk*, Das Steuerrecht – eine unerwünschte Rechtsquelle des Gesellschaftsrechts, 1986; *Mertens*, GmbH & Co. und Gesellschaftsrechtsdogmatik, GmbHR 1967, 45; *Schilling*, Rechtspolitische Gedanken zur GmbH & Co., in: Festschrift Kunze, 1969, S. 189 ff.; *K. Schmidt*, Die GmbH & Co. – eine Zwischenbilanz, GmbHR 1984, 272; *Zielinski*, Grundtypenvermischung und Handelsgesellschaftsrecht, 1925.

I. Begriff

Gesellschafter einer Personenhandelsgesellschaft kann anerkanntermaßen **1** auch eine juristische Person sein; juristische Personen können an einer KG sowohl als Kommanditisten als auch als Komplementäre beteiligt sein (sog. „Kapitalgesellschaft & Co. KG").[1] In der Praxis hat sich besonders stark die Beteiligung einer GmbH an einer KG als regelmäßig einzigem „Vollhafter" durchgesetzt, während die unternehmenstragenden natürlichen Personen sich an der Gesellschaft nur als „Beschränkthafter", also als Kommanditisten beteiligen. Angesichts der Häufigkeit dieser Erscheinungsform hat sich der Begriff der „GmbH & Co." bzw. – exakter – der **„GmbH & Co. KG"** eingebürgert, für **eine KG, deren – zumeist – alleiniger Komplementär eine GmbH ist**; heute sollte man von einer „GmbH & Co. KG" und nicht bloß von „GmbH & Co." sprechen, da seit In-Kraft-Treten der Handelsrechtsreform die Bezeichnung „KG" oder „Kommanditgesellschaft" im Rahmen der Firmierung geführt werden muss (vgl. § 19 Abs. 1 Nr. 3 HGB).

---

* Die Schrifttumshinweise vor den einzelnen Paragraphen enthalten nur Aufsätze und Spezialliteratur. Standardwerke des Gesellschafts- und Steuerrechts sind im Abkürzungsverzeichnis nachgewiesen.

[1] Allgemein von „Kapitalgesellschaft & Co." sprechen etwa *Raiser* Kapitalgesellschaften § 1 Rn 5 ff.; § 42 Rn 1 ff.; *K. Schmidt* Gesellschaftsrecht § 56 I 1.

Die GmbH & Co. KG ist also eine KG, deren regelmäßig einziger persönlich haftender Gesellschafter eine GmbH, die so genannte Komplementär-GmbH, ist, so dass im Ergebnis keine natürliche Person den Gläubigern der KG gegenüber unbeschränkt mit ihrem Privatvermögen haftet.

II. Das Grundproblem der Typenvermischung

2 Im Falle einer GmbH & Co. KG bzw. allgemeiner einer Kapitalgesellschaft & Co. KG werden also **zwei grundverschiedene Gesellschaftstypen**, nämlich einerseits eine Personenhandelsgesellschaft und andererseits eine Kapitalgesellschaft (regelmäßig eine GmbH) **für ein einziges Unternehmen**, d. h. für eine einzige gewerbliche Betätigung, miteinander verbunden, ohne dass die beteiligten Gesellschaften ihre rechtliche Selbständigkeit einbüßen.[2]

3 Das Phänomen und zugleich das Grundproblem der Kapitalgesellschaft & Co. KG wird daher schlagwortartig als **„Grundtypenvermischung"** bezeichnet.[3] Erklärtes Ziel dieser Kombination von Personen- und Kapitalgesellschaft ist es, die jeweils mit diesen Gesellschaftstypen verbundenen Vorteile optimal zur Geltung zu bringen.

Die GmbH & Co. KG als typischer Fall dieser Grundtypenvermischung ist also **kein eigenständiger Gesellschaftstyp**, sondern ein künstliches Gebilde, bei dem zwei Handelsgesellschaften – eine KG und eine Komplementär-GmbH – für die Organisation eines einzigen Unternehmens verwandt werden. Basis dieser Kombination ist die KG, die auch unmittelbar am Markt auftritt und das Handelsgewerbe des Unternehmens betreibt. Die GmbH soll demgegenüber als persönlich haftende Gesellschafterin der KG deren Geschäftsführung und Vertretung wahrnehmen und vor allem als Haftungsschott fungieren, also verhindern, dass eine natürliche Person persönlich und unbeschränkt für die Verbindlichkeiten der Personenhandelsgesellschaft mit ihrem Privatvermögen einstehen muss.

4 Die GmbH & Co. KG und die aus den bisherigen dürren Ausführungen deutlich zu Tage tretende Grundproblematik dieser „Grundtypenvermischung" fordert jede juristische Disziplin heraus. Herausgefordert ist zunächst die Kautelarjurisprudenz, deren Erfindung die GmbH & Co. KG ist und der vor allem die Aufgabe zukommt, die Verbandsverfassungen der KG und der Komplementär-GmbH optimal aufeinander abzustimmen (so genannte **„Verzahnung" der KG- und GmbH-Verfassung**). Hierdurch sollen die Vorteile dieser Gesellschaftsformen bestmöglich zur Geltung kommen, ohne dass zugleich für die Gesellschafter der beiden Gesellschaften, die häufig identisch sind, aus der Verbindung zweier grundverschiedener Gesellschaftstypen Schwierigkeiten erwachsen, die die erstrebten Vorteile in Frage stellen oder ihnen Nachteile und Probleme entgegensetzen, welche die Vorzüge aufzehren. Es bedarf einiges Geschicks, Weitblicks und der Kenntnis der Bedürfnisse der Initiatoren, um die Gesellschaftsverträge der KG und der GmbH gut aufeinander abzustimmen. Werden die Gesellschafter nicht gut beraten, so können sie sich mit der gesetzlich als Gesell-

[2] GK/*Schilling* HGB § 161 Anm. 21ff.

[3] Geprägt wurde dieser Begriff von *Zielinski* Grundtypenvermischung.

schaftsform nicht vorgesehenen GmbH & Co. KG ganz erhebliche Probleme aufladen. Denn undurchdachte Vertragsgestaltungen bergen große Risiken.

Herausgefordert sind allerdings auch die anderen juristischen Disziplinen. Rechtsprechung und juristisches Schrifttum hatten zunächst die Frage der **Zulässigkeit** dieser Grundtypenvermischung zu beantworten, die schon früh bejaht wurde (hierzu s. u. Rn 7 ff.). Hiermit begannen allerdings erst die juristischen Probleme, die sich in Anbetracht des Phänomens der GmbH & Co. KG stellen. Denn diese Kombination von zwei Gesellschaftstypen wirft insbesondere im Hinblick auf den **Gläubigerschutz**, aber – vor allem in Anbetracht der Publikumsgesellschaft (hierzu s. § 3 Rn 25 ff.) – auch hinsichtlich des **Anlegerschutzes** eine Vielzahl von Rechtsfragen auf, die sach- und interessengerecht zu lösen sind. Angesichts dieser Rechtsfragen ist nicht zuletzt der Gesetzgeber aufgerufen, Sonderregelungen zu schaffen, die Zweifelsfragen abschließend klären und Rechtssicherheit schaffen. **5**

Rechtsprechung, Literatur und Gesetzgeber haben sich diesen Aufgaben angenommen und so, obwohl die GmbH & Co. KG keine eigenständige Rechtsform ist, ein **Sonderrecht der GmbH & Co. KG** geschaffen, welches neben den wichtigen bzw. gar entscheidenden Fragen der Vertragsgestaltung Gegenstand der folgenden Erörterungen ist. Im Zentrum der nachfolgenden Ausführungen steht die Aufgabe der Kautelarjurisprudenz, eine bestmögliche GmbH & Co. KG unter Beachtung des von Justiz, Schrifttum und Gesetzgebung geschaffenen Sonderrechts der GmbH & Co. KG zu kreieren. **6**

III. Rechtliche Anerkennung der GmbH & Co. KG

Bevor jedoch auf die Probleme der Vertragsgestaltung und die insoweit zu beachtenden Sonderregeln eingegangen wird, soll zunächst in einem kurzen Exkurs ein rechtshistorischer Rückblick auf die Entstehung der GmbH & Co. KG und ihre rechtliche Anerkennung vorangestellt werden. **7**

1. Handelsrechtliche Anerkennung

Bereits im 19. Jahrhundert, kurz nach Schaffung der auch heute im Grundsatz noch gültigen Rechtsgrundlagen des Gesellschaftsrechts, wurde darüber gestritten, ob eine Kapitalgesellschaft Gesellschafter oder gar geschäftsführender Gesellschafter einer Personengesellschaft sein kann.[4] Die Streitfrage blieb jedoch zunächst vornehmlich, wenn auch nicht ausschließlich, akademischer Natur.

Große **praktische Bedeutung** gewann diese Streitfrage erst **aufgrund steuerrechtlicher Motive** im ersten Viertel des 20. Jahrhunderts. Im Jahre 1910 wurde zunächst in Bayern, später auch in den anderen Ländern des Deutschen Reiches und im Jahre 1920 reichsweit die Körperschaftsteuer für GmbHs und andere Kapitalgesellschaften eingeführt und so eine steuerliche Doppelbelastung für die GmbH (deren Gewinne mit Körperschaft- **8**

---

[4] Vgl. etwa KGJ 11, 20 ff.; OLG Hamburg HansGZ 1891, 22; RGZ 36, 139; *Holdheim*, Holdheims Wochenzeitschrift des Aktienrechts und Bankwesens 1 (1892), 195.

steuer belastet wurden) und deren Gesellschafter (deren ausgeschüttete Gewinnanteile zusätzlich mit Einkommensteuern belastet wurden) begründet. Um einerseits diese steuerliche Doppelbelastung zu vermeiden und andererseits den Vorteil der Haftungsbeschränkung zu bewahren, ersann die Beratungspraxis die GmbH & Co. KG.

9 Zwar setzten die Registergerichte der Eintragung einer KG mit einer GmbH als (einziger) persönlich haftender Gesellschafterin zunächst heftigen Widerstand entgegen.[5] Jedoch wurde die Zulässigkeit dieser Kombination aus Personen- und Kapitalgesellschaft bereits 1912 vom BayObLG,[6] im Folgejahr auch vom KG Berlin[7] und gegen den Widerstand des OLG Hamburg[8] im Jahre 1922 auch vom RG anerkannt.[9] Auch der BGH hat sich der Auffassung des RG angeschlossen.[10]

10 Heute ist die **Zulässigkeit** der GmbH & Co. KG **unbestritten**, zumal auch der Gesetzgeber durch eine Vielzahl von Bestimmungen (vgl. z. B. §§ 19 Abs. 2, 125 a Abs. 1 S. 2, 129 a, 130 a, 130 b, 172 Abs. 6, 172 a, 177 a HGB, 4 MitbestG) die Anerkennung der Zulässigkeit der GmbH & Co. KG dokumentiert hat.

Die GmbH & Co. KG kann entstehungsgeschichtlich aufgrund dessen mit *K. Schmidt* als „Kind der Gesetzesumgehung“ bezeichnet werden,[11] wenngleich hervorzuheben ist, dass sich die GmbH & Co. KG längst von ihren Wurzeln entfernt hat und heute regelmäßig ganz andere Motive als die Erzielung von Steuervorteilen im Rahmen der Wahl dieser Rechtsform im Vordergrund stehen (hierzu s. § 2). Vor allem die Doppelbesteuerung der Kapitalgesellschaften und der Kapitalgesellschafter ist zunächst 1977 durch das Anrechnungsverfahren des § 36 Abs. 2 S. 2 Nr. 3 EStG in der bis 2000 geltenden Fassung beseitigt worden. Inzwischen wird die Doppelbelastung in typisierter Form durch das Halbeinkünfteverfahren vermieden (hierzu ausführlicher unter § 2).

11 Die GmbH & Co. KG ist ein gutes Beispiel dafür, wie sich eine gesellschaftsrechtliche Gestaltungsform von ihrem faktischen Entstehungsgrund entfernt, sie sich gegenüber diesen Wurzeln verselbständigt und sich als nutzbar für ganz andere Zwecke erweist als denen, für die sie ursprünglich ersonnen wurde. Anhand der GmbH & Co. KG lässt sich ferner aufzeigen, dass der Gesetzgeber gut daran tat, eine Vielzahl von Gesellschaftsformen zur Verfügung zu stellen, ohne einen „Numerus clausus“ zu schaffen, und deren innere Ordnung weitgehend flexibel den praktischen Bedürfnissen, d. h. der Vielgestaltigkeit des Wirtschaftslebens, angepasst werden kann. Es zeigt sich weiter, dass trotz des weiten gestalterischen Spielraums für die vertragliche Ausgestaltung einer Gesellschaft die gesetzlich vorgegebenen Organisationsformen den Bedürfnissen der modernen Wirtschaft nicht genügen, so dass auch die Möglichkeit einer Grundtypenvermischung, d. h.

---

[5] Vgl. zur Entstehungsgeschichte *Hesselmann/Tillmann* GmbH & Co. Rn 7 ff.

[6] BayObLG OLGE 27, 331.

[7] KG DJZ 1913, 1500.

[8] OLG Hamburg OLGE 30, 385.

[9] RGZ 105, 161 ff.

[10] BGH WM 1956, 61, 63.

[11] *K. Schmidt* Gesellschaftsrecht § 56 I 3 b bb.

der Verbindung grundsätzlich divergierend erscheinender Gesellschaftsformen, notwendig und geboten ist.[12] Zurückhaltung oder Skepsis gegenüber der GmbH & Co. KG, die auch heute noch verschiedentlich geäußert werden,[13] ist mithin verfehlt, so dass man sich ganz auf die **Bewältigung der** mit diesem Phänomen einhergehenden **Schwierigkeiten** und unbestreitbar bestehenden **Gefahren** konzentrieren sollte.

2. Steuerrechtliche Anerkennung

Auch das Steuerrecht erkennt die GmbH & Co. KG als das an, was sie **12**
ist: eine Personengesellschaft. Der RFH hatte die GmbH & Co. KG ursprünglich als „ungewöhnliche Gesellschaftsform"[14] und ihre Gewinne als Erträge der Komplementär-GmbH angesehen und dort der Körperschaftsteuer unterworfen.[15] Diese Einschätzung wurde jedoch bereits vom RFH aufgegeben.[16] Der BFH[17] hat mit Zustimmung der Literatur[18] diese Rechtsprechung fortgeführt und die GmbH & Co. KG im Einkommensteuerrecht als echte Personengesellschaft anerkannt. Er hat an dieser Rechtsprechung trotz Anfang der 80er Jahre geäußerter Kritik, wonach zumindest Publikums-Kommanditgesellschaften gem. § 1 Abs. 1 Nr. 5 KStG körperschaftsteuerpflichtig seien,[19] festgehalten.[20] Die **GmbH & Co. KG** ist somit im Sinne des Einkommen- und Körperschaftsteuerrechts **kein Steuersubjekt** und damit weder einkommensteuer- noch körperschaftsteuerpflichtig.[21] Die von der GmbH & Co. KG erwirtschafteten **Erträge** werden vielmehr pro rata der Beteiligung **bei deren Gesellschaftern der Besteuerung unterworfen**.

---

[12] So sehr anschaulich *Hesselmann/Tillmann* GmbH & Co. Rn 1ff.

[13] So etwa *K. Schmidt* Gesellschaftsrecht § 56 I 3 b ee („Unbehagen").

[14] RFH v. 30.6.1922, RFHE 10, 65ff.

[15] RFH v. 15.7.1925, RFHE 17, 91ff.

[16] RFH v. 13.3.1929, RStBl. 1929, 329; RFH v. 18.12.1933, RStBl. 1933, 375 m.w.N.; RFH v. 29.4.1942, RStBl. 1942, 497.

[17] BFH v. 22.8.1951, BStBl. III 1951, 181; BFH v. 3.7.1956, BStBl. III, 1956, 308; BFH v. 16.9.1958, BStBl. III 1958, 462; BFH v. 14.3.1961, BStBl. III, 161, 363; BFH v. 17.3.1966, BStBl. III 1958, 462; BFH v. 14.3.1961, BStBl. III, 161, 363; BFH v. 17.3.1966, BStBl. III 1966, 17; BFH v. 3.8.1972, BStBl. II, 1972, 799; BFH v. 10.11.1977, BStBl. II 1978, 15; BFH v. 13.3.1980, BStBl. II, 1980, 499; BFH v. 13.11.1980, BStBl. II 1981, 272.

[18] *Binz/Sorg* § 16 Rn 1ff.; *Hesselmann/Tillmann* GmbH & Co. Rn 26ff.; *L. Schmidt* § 15 EStG Rn 700ff.

[19] So *Uelner*, JbFfSt. 1980/81, 359; *ders.*, DStZ 1980, 363; vgl. auch *Groh*, BB 1982, 1233.

[20] GrS BFH v. 25.6.1984, BFHE 141, 405ff.; zust. *Binz/Sorg* § 16 Rn 3; *L. Schmidt* § 15 EStG Rn 705f.

[21] Außerhalb des Ertragssteuerrechts ist die GmbH & Co. KG allerdings für einige Steuerarten Steuersubjekt, so etwa für die Gewerbesteuer, Umsatzsteuer, Grund- und Grunderwerbsteuer sowie für die Verbrauchssteuern.

§ 2 Bedeutung der GmbH & Co. KG

Übersicht

Schrifttum: *Barz*, in: Festschrift für Knur, 1972, S. 25 ff.; *Boesebeck*, Die kapitalistische Kommanditgesellschaft, 1938; *Brandenberg*, Personengesellschaftsbesteuerung nach dem Unternehmensteuerfortentwicklungsgesetz (Teil I bis III), DStZ 2002, S. 511 ff., 551 ff. 594 ff.; *Brinkmann/Schmidtmann*, Gewerbesteuerliche Belastung bei der Veräußerung von Mitunternehmeranteilen durch Kapitalgesellschaften, DStR 2003, 93 ff.; *Christoffel*, Überblick über das Jahressteuergesetz 1997, DStR 1997, 265 ff.; *Courage*, Fiktiver Vermögensübergang und Grunderwerbsteuer bei Formwechsel zwischen Kapital- und Personengesellschaft?, DB 1995, 1102; *Felix*, Formwechsel nach §§ 190 ff. UmwG und Grunderwerbsteuer – „Rechtsform-Häutung" als steuerlicher Erwerbsvorgang?, NJW 1995, 1137; *Harle/Kulemann*, Unternehmenssteuerreform, 2000; *Heinhold*, Die neue Ertragsbesteuerung von Unternehmen – ein weiterer Verstoß gegen das Postulat der Rechtsformneutralität, GmbHR 1995, 23; *Herzig*, Steuerliche Optimierung der Rechtsform durch Rechtsformwechsel, Stbg. 1966, 49 ff.; *ders.*, Aspekte der Rechtsformwahl für mittelständische Unternehmen nach der Steuerreform, Wpg 2001, 253 ff.; *Jacobs/Scheffler/Vituschek*, Unternehmensbesteuerung und Rechtsform, 3. Aufl. 2002; *Jorde/Götz*, Maßgebende Gesichtspunkte der Rechtsformwahl unter Steuer-, Liquiditäts- und Bewertungsaspekten, BB 2003, 1813 ff.; *König/Sureth*, Der Einfluss der Unternehmenssteuerreform auf die rechtsformspezifische Steuerbelastung, StuB 2001, 117 ff.; *Keßler*, Unternehmensformen auf dem Prüfstand, 28. Jahres-Arbeitstagung, Recht und Besteuerung der Familienunternehmen, 1995, S. 21 ff.; *Niehus/Wilke*, Die Besteuerung der Personengesellschaften, 2. Aufl. 2002; *Märkle*, Beratungsschwerpunkt Betriebsaufspaltung – neueste Rechtsprechung und Verwaltungsanweisungen, Teil I und II, DStR 2002, 1109 ff. und 1153 ff.; *Piltz*, Der steuerliche Einfluss der Rechtsform auf das Schenken und Vererben von unternehmerischem Vermögen, StbJb. 1994/95, 41 ff.; *Robisch*, Optimale Schütt-aus-hol-zurück-Politik von Kapitalgesellschaften und Wandel der Tarifstruktur, DStR 1994, 334; *Rödder/Schumacher*, Das Steuervergünstigungsabbaugesetz, DStR 2003, 806 ff.; *Schaumburg/Rödder*, Unternehmenssteuerreform 2001, München 2000; *Scheffler*, Neue Vorschriften zur Rechnungslegung, Prüfung und Offenlegung nach dem Kapitalgesellschaften & Co.-Richtliniengesetz, DStR 2000, 529 ff.; *Schiffers*, Änderung der ertragsteuerlichen Rahmenbedingungen für die GmbH und die GmbH & Co. KG zum 1. 1. 2004 – Eine erste Bestandsaufnahme, GmbHR 2004, 69 ff.; *Schneeloch*, Steuerplanerische Überlegungen zur Betriebsaufspaltung, DStR 1991, 955 ff., 990 ff.; *Schönle*, Das Problem der Grundtypenvermischung im neuen Recht, 1938; *Streck*, Körperschaftsteuergesetz mit Nebengesetzen, 6. Aufl. 2002; *Thiel*, Die neue Erbschaft- und Schenkungsteuer, DB 1997, 64 ff.; *Tipke/Lang*, Steuerrecht, 17. Aufl. 2002; *Wittmann*, Neuregelung der Bewertung von Grundbesitz für die Erbschaftsteuer ab 1. Januar 1996, BB 1997, 548 ff.; *Wochinger/Dötsch*, DB 1994, Bel. 14, 31; *Zimmermann/Hottmann/Hübner/Schaeberle/Völkel*, Die Personengesellschaft im Steuerrecht, 8. Aufl. 2003; Literaturnachweise zur Unternehmenssteuerreform 2001 im Übrigen bei *Tipke/Lang*, Steuerrecht, § 8 Rn 71 Fn 62.

I. Rechtstatsächliche Bedeutung

Es wurde bereits dargelegt, dass der GmbH & Co. KG seit dem ersten 1 Viertel dieses Jahrhunderts eine erhebliche **praktische Bedeutung** zukommt (s. § 1 Rn 7 ff.), wobei ihre Häufigkeit während des Dritten Reiches zeitweilig rückläufig war, da gegen diese Grundtypenvermischung aus ideologischen Gründen Einwendungen erhoben wurden.[1] Nach dem letzten Weltkrieg nahmen die Neugründungen wieder stark zu. Diese Entwicklung hält nach wie vor trotz Beseitigung der steuerlichen Doppelbelastung der Kapitalgesellschaften bei der Körperschaftsteuer und trotz Abschaffung der Vermögensteuer an. In den letzten Jahren hat die GmbH & Co. KG eine Renaissance erlebt. Mitursächlich mag hierfür auch die Einführung der Tarifbegrenzung für gewerbliche Einkünfte gemäß § 32c EStG a. F. gewesen sein, die mit dem StÄndG 2001 durch § 35 EStG zugunsten einer pauschalen Anrechenbarkeit der Gewerbesteuer in Höhe des 1,8fachen des individuellen Gewerbesteuermessbetrages auf die Einkommensteuer des Gewerbetreibenden ersetzt wurde.

Im Jahre 1977 hat der Deutsche Industrie- und Handelstag in einer Un- 2 tersuchung einen Bestand von 42.500 GmbH & Co. KGs ermittelt.[2] Am

[1] Vgl. einerseits *Schönle*, Grundtypenvermischung; andererseits – vernünftig abwägend – *Boesebeck*, Kapitalistische KG; s. hierzu auch *K. Schmidt* Gesellschaftsrecht § 56 I 2 a.

[2] DIHT GmbHR 1977, 264.

1. Januar 1991 sollen nach einer Zusammenstellung des Deutschen Industrie- und Handelstages bereits ca. 63.500 Unternehmen die „Rechtsfom" der GmbH & Co. KG gewählt haben, am 1. Januar 2001 schon **ca. 109.000 mit weiter steigender Tendenz**.[3] Demgegenüber existierten zu diesem Zeitpunkt etwa 32.000 Kommanditgesellschaften und ca. 740.000 GmbHs, wobei allerdings bei der Anzahl der GmbHs zu berücksichtigen ist, dass hiervon mehr als 50.000 Komplementär-GmbHs einer GmbH & Co. KG sind. Vom statistischen Bundesamt wird – ausweislich der Umsatzsteuerstatistik 2001 – die Zahl der Kommanditgesellschaften insgesamt, also inklusive GmbH & Co. KGs mit 106.147 und die Zahl der GmbHs (einschließlich Komplementär-GmbHs) mit 451.262 angegeben.[4]

Insbesondere mittelständische Unternehmen wählen die Unternehmensform der GmbH & Co. KG, da sie gerade für kleinere und mittlere Betriebe mit überschaubarem, regelmäßig familiär verbundenem Gesellschafterkreis gut geeignet ist. Ebenfalls eignet sich diese Unternehmensform zur Kapitalaufbringung für ein unternehmerisches Engagement mittleren Zuschnitts.

II. Bedeutung im Rahmen der Rechtsformwahl

3 In Anbetracht dieses Befundes ist die Frage nach den Gründen, die (vor allem mittelständische) Unternehmen und deren rechtliche und wirtschaftliche Berater dazu veranlassen, die „Rechtsform" der GmbH & Co. KG zu wählen bzw. zu empfehlen, aufgeworfen. Als alternative Rechtsform kommt vor allem die – ebenfalls für mittlere Unternehmen weit verbreitete und geeignete – GmbH in Betracht. Insoweit sind in der Praxis insbesondere **steuerrechtliche Überlegungen** von Bedeutung, die allerdings hier nur gestreift werden sollen, da sogleich unter §§ 4ff. die steuerrechtlichen Grundlagen der GmbH & Co. KG eingehend erörtert werden.

4 Überhaupt sollten sich Unternehmen, obwohl ein **rechtsformspezifischer steuerlicher Belastungsvergleich** unzweifelhaft **wichtig** ist, keinesfalls im Rahmen der Rechtsformwahl allein von steuerrechtlichen Erwägungen leiten lassen. Gesellschaftsrechtliche Überlegungen sind mindestens ebenso wichtig. In diesem Zusammenhang ist nicht nur auf die Kurzlebigkeit des Steuerrechts,[5] die insbesondere in Anbetracht der derzeitigen Reformbemühungen, die es indes noch nicht vermochten, den bestehenden Reformstau nennenswert abzubauen, besonders zu beachten ist, hinzuweisen, sondern vor allem auch darauf, dass Rechtsformwahl und Gestaltung des Gesellschaftsvertrages einem ganzen Bündel von Zielen zu dienen haben und das anerkennenswerte Ziel der Steuerersparnis nur ein Gestaltungsgesichtspunkt von vielen ist. Eine für das konkrete Unternehmen nicht passende Rechtsform kann ebenso wie eine – damit regelmäßig

---

[3] Vgl. *Binz/Sorg* § 1 Rn 39f.

[4] Statistisches Bundesamt VI D 60/4-39; vgl. auch *Hansen,* Die Rechtsformen deutscher Unternehmen und ihr wirtschaftliches Gewicht, GmbHR 2003, 22ff.

[5] *Crezelius* Personengesellschaft Rn III. 15; *Hesselmann/Tillmann* GmbH & Co. Rn 59 a. E.

einhergehende – undurchdachte Vertragsgestaltung eine Vielzahl ganz erheblicher, für das Unternehmen unter Umständen gar existenzbedrohender Risiken in sich bergen.

Man muss im Rahmen der Rechtsformwahl und der Ausgestaltung der Gesellschaft vor allem folgende weitere Gesichtspunkte im Blick haben: **5**
Die Erfahrung zeigt, dass vor allem anhaltende Streitigkeiten zwischen Gesellschaftern oder Gruppen von Gesellschaftern ein Unternehmen zu lähmen vermögen, mit allen damit verbundenen Folgen für das Unternehmen selbst, aber auch für seine Gesellschafter und seine Arbeitnehmer. Daher ist im Rahmen der Rechtsformwahl und damit einhergehend im Rahmen der Vertragsgestaltung Konfliktvorsorge notwendig. Eine solche Vorsorge darf sich nicht auf eine Momentaufnahme beschränken, sondern sie ist in die Zukunft gerichtet, so dass vor allem die Unternehmensnachfolge mit in die Betrachtung einzubeziehen ist. Denn das Unternehmen selbst soll regelmäßig die Lebenszeit der unternehmenstragenden Einzelpersönlichkeiten überdauern. Gerade die Frage der Nachfolgeregelung birgt realiter die Konflikte und Gefahren der Zukunft in sich, so dass eine Rechtsform gewählt werden muss, die eine Überleitung des Unternehmens in die nächste Führungsgeneration erlaubt. Es ist daher im Rahmen der Rechtsformwahl als erstem Schritt der Vertragsgestaltung bereits notwendig, die konkreten Bedürfnisse des Unternehmens, welches als GmbH & Co. KG organisiert werden soll, und der Unternehmer zu kennen. Dies vor allem deshalb, weil bei einer GmbH & Co. KG im Rahmen der Vertragsgestaltung die Gesellschaftsverträge von KG und GmbH optimal aufeinander abgestimmt werden müssen. Letzteres ist nur möglich und kann nur gelingen, wenn die ins Auge gefassten gesellschaftsvertraglichen Regelungen zugleich den konkreten Erfordernissen des Einzelfalls hinreichend Rechnung tragen. Gerade angesichts des Problems der Verzahnung von KG- und GmbH-Verfassung muss ferner das Bewusstsein geschärft sein für das, was später im Rahmen der Ausgestaltung des Gesellschaftsverhältnisses durchsetzbar ist. Denn naturgemäß müssen im Rahmen der Vertragsgestaltung divergierende Interessen der verschiedenen beteiligten Personen ausgeglichen werden. **Gesellschaftsrechtliche Erwägungen** sind beim ersten Schritt der Schaffung einer GmbH & Co. KG, nämlich der Überlegung, welche Rechtsform dem unternehmerischen Engagement gegeben werden soll, mithin **von großer Wichtigkeit**.

Nur in der Zusammenschau steuerrechtlicher und gesellschaftsrechtlicher Überlegungen kann die Bedeutung der GmbH & Co. KG als **Gestaltungsmittel in der** deutschen **Unternehmenspraxis** sachgerecht erfasst werden, wobei der Schwerpunkt auf den gesellschaftsrechtlichen Gesichtspunkten liegen sollte. Denn diese sind von Dauer und gewährleisten eine zukunftsorientierte, über die Lebenszeit der unternehmenstragenden Einzelpersönlichkeiten hinausreichende Unternehmensplanung; diese ist unerlässlich, da nur so das Lebenswerk der Gründergeneration dauerhaft gesichert und fortgeführt werden kann. **6**

1. Steuerrechtliche Überlegungen

7 Das **deutsche Steuerrecht** ist **rechtsformspezifisch ausgestaltet**. Das Steuerrecht orientiert sich am Zivilrecht und somit vor allem im Ertragsteuerrecht an der gewählten Rechtsform.

a) Grundlagen. Trotz Abschaffung der steuerlichen Doppelbelastung der Kapitalgesellschaften durch das frühere körperschaftsteuerliche Anrechnungsverfahren und dem inzwischen geltenden Halbeinkünfteverfahren und trotz Beseitigung der Vermögensteuer gibt es **grundlegende Besteuerungsunterschiede** zwischen Personengesellschaften einerseits und Kapitalgesellschaften andererseits, insbesondere da der Steuergesetzgeber nur natürliche und juristische Personen als Steuersubjekte anerkennt, so dass im Falle einer Personengesellschaft nicht die Gesellschaft, sondern deren Gesellschafter mit ihren Gewinnanteilen besteuert werden. Personengesellschafter werden in der Regel steuerrechtlich als „Mitunternehmer" qualifiziert, vgl. § 15 Abs. 1 S. 1 Nr. 2 EStG (im Einzelnen s. § 4 Rn 1 u. 4 ff.). Die Mitunternehmerschaft unterliegt vollkommen anderen Besteuerungsgrundsätzen als eine Kapitalgesellschaft.

8 Die **Besteuerungskonzeption der Kapitalgesellschaften** wird vom so genannten Trennungsprinzip zwischen Kapitalgesellschaft und Anteilseigner beherrscht. Insoweit setzt sich die zivilrechtliche Qualifikation der Kapitalgesellschaft als verselbständigte juristische Person im Steuerrecht fort, so dass die Kapitalgesellschaft steuerlich ein eigenes Steuerrechtssubjekt mit eigenständigem Vermögen und eigenständigen Einkünften ist. Die Einkommenssphäre der Gesellschafter wird erst im Zeitpunkt der Dividendenausschüttung durch die Kapitalgesellschaft berührt und Verluste der Gesellschaft sind – vom Sonderfall der Organschaft abgesehen – für die Einkunftssituation des Gesellschafters unerheblich. Leistungsbeziehungen zwischen der Kapitalgesellschaft und ihrem Gesellschafter sind in Anbetracht des Trennungsprinzips auch steuerlich anzuerkennen, sofern die sonstigen Kriterien, wie Angemessenheit und Ordnungsmäßigkeit der Bezüge, eingehalten werden, so dass sie auf der Ebene der Kapitalgesellschaft die steuerliche Bemessungsgrundlage für die Körperschaftsteuer und die Gewerbesteuer vom Ertrag mindern. Auf der Ebene des Gesellschafters führt das entsprechende Entgelt für die Leistungsbeziehungen zu eigenständigen Einkunftstatbeständen, wie z. B. Einkünfte aus nicht selbständiger Tätigkeit, Einkünfte aus Kapitalvermögen usw.

9 Demgegenüber ist eine **Mitunternehmerschaft** kein selbständiges Steuerrechtssubjekt im Ertragsteuerrecht. Die Gesellschaft unterliegt nicht eigenständig der Besteuerung, sondern das Vermögen bzw. die Erträge der Gesellschaft werden den Gesellschaftern anteilig zugerechnet, unabhängig von dem Ausschüttungsverhalten der Personengesellschaft. Die anteiligen Erträge der Gesellschaft werden unmittelbar durch den bzw. die Gesellschafter versteuert. Lediglich in den Bereichen der Gewerbesteuer, Grundsteuer, Grunderwerbsteuer, den Verbrauchssteuern sowie im Bereich der Umsatzsteuer ist die GmbH & Co. KG als eigenständiges Steuerrechtssubjekt anzusehen. Eventuell von der Gesellschaft im Rahmen von Leistungsbeziehungen zu Gesellschaftern geleistete Entgelte (sog. Sonderbetriebsein-

nahmen) gelten als Einkünfte des Gesellschafters aus Gewerbebetrieb und fließen dadurch in den steuerlichen Gesamtgewinn der Gesellschaft gemäß § 15 Abs. 1 S. 1 Nr. 2 EStG ein. Materielle Auswirkungen dieser Anrechnung ergeben sich insbesondere dadurch, dass die entsprechenden Vergütungen bei der Gesellschaft in die Bemessungsgrundlage für die Gewerbesteuer vom Ertrag einzubeziehen sind. Damit einhergehend kann jedoch der Gesellschafter gemäß § 35 EStG die Gewerbesteuer in Höhe des 1,8fachen des individuellen Gewerbesteuermessbetrags auf seine Einkommensteuer anrechnen, sofern die Einkommensteuer anteilig auf im zu versteuernden Einkommen enthaltene gewerbliche Einkünfte entfällt und der Hebesatz 200 % nicht unterschreitet, § 35 Abs. 1 EStG. Dabei unterstellt § 35 EStG einen Hebesatz von 360 % und berücksichtigt, abgesehen von der 200 %-Grenze, nicht, ob die tatsächlich gezahlte Gewerbesteuer auf einem niedrigeren oder höheren Hebesatz basiert. Die anteilige Zurechnung der Gesellschaftserträge an den Gesellschafter bewirkt zudem, dass auch Verluste der Gesellschaft mit anderen positiven Einkünften des Gesellschafters in den Grenzen des § 15 a EStG verrechnet werden können.

Diese rechtsformspezifischen Unterschiede des Steuerrechts führen dazu, **10**
dass eine Personengesellschaft wie eine GmbH & Co. KG bzw. eine Kapitalgesellschaft je nach Sachverhaltssituation Vor- bzw. Nachteile für die Gesellschafter bieten können. Die **Belastungsunterschiede** zwischen Personen- und Kapitalgesellschaften in der laufenden Ertragbesteuerung hatten sich in den letzten Jahren trotz entsprechender Forderungen der Wirtschaft und der Literatur nach einer rechtsformneutralen Besteuerung[6] **nicht verringert**, sondern sogar zum Teil verschärft.[7] Dies gilt grundsätzlich auch nach den jüngsten Steuerreformgesetzen, wobei die Thesaurierungsbelastung in der Kapitalgesellschaft und die Gesamtsteuerbelastung im Personenunternehmen aufgrund der Absenkungen in der Einkommensteuerprogression durch das Haushaltsbegleitgesetz („HBeglG 2004")[8] zukünftig näher aneinander rücken.[9]

Gegenüber dem Stand der Vorauflage haben u. a. die Unternehmenssteu- **11**
erreform 2001 (Steuersenkungsgesetz vom 23. 10. 2000[10]) bzw. die "Fehlerbeseitigungs-/Korrekturgesetze"[11] (vor allem das Gesetz zur Fortentwicklung des Unternehmenssteuerrechts vom 20. 12. 2001[12]), das Steuervergünstigungsabbaugesetz vom 16. 5. 2003,[13] das Gesetz zur Umsetzung der Protokollerklärung der Bundesregierung zur Vermittlungsempfehlung zum Steuervergünstigungsabbaugesetz vom 22. 12. 2003 („Korb II")[14] sowie das HBeglG 2004 erhebliche **Änderungen für die Besteuerung der Unternehmen** mit sich gebracht. Im Kern stellt sich die Rechtslage wie

---

6 Vgl. *Hesselmann/Tillmann* GmbH & Co. Rn 59 in Fn 1 m. w. N.
7 Vgl. *Herzig,* WPg 2001, 253.
8 BGBl. I 2003, 3076.
9 *Jarosch/Rund/Gluth,* StB-Sonderheft (Steueränderungen für 2004) 2004, 2.
10 BGBl. I 2000, 1433.
11 So *Jorde/Götz,* BB 2003, 1813.
12 BGBl. I 2001, 3558.
13 BGBl. I 2003, 660.
14 BGBl. I 2003, 2840.

folgt dar: Das seit 1977 im Rahmen der Körperschaftsbesteuerung praktizierte Anrechnungsverfahren ist aufgegeben worden. Stattdessen werden Körperschaften mit einem einheitlichen Körperschaftsteuersatz von 25 % (im Veranlagungszeitraum 2003 betrug durch das Flutopfersolidaritätsgesetz der Körperschaftsteuersatz 26,5 %) besteuert, und zwar unabhängig davon, ob die Gewinne ausgeschüttet oder thesauriert werden. Hiervon ausgenommen ist der Fall einer erst nachträglich z. B. durch eine Betriebsprüfung des Finanzamts erkannten verdeckten Gewinnausschüttung, bei dem der ursprünglich das Einkommen mindernde ausgeschüttete Betrag dem Einkommen wieder hinzugerechnet wird und sich dadurch die Bemessungsgrundlage erhöht. Bei Ausschüttungen werden für die Besteuerung der Anteilseigner im Rahmen des so genannten „Halbeinkünfteverfahrens“ die dem Anteilseigner zufließenden Ausschüttungen nur zur Hälfte angesetzt, § 3 Nr. 40 S. 1 lit. d EStG. Neben der schon vor der Unternehmenssteuerreform bestehenden Möglichkeit einer steuerfreien Veräußerung von ausländischen Beteiligungen tritt seit 2001 gemäß § 8b Abs. 2 KStG auch die Steuerbefreiung für Gewinne aus der Veräußerung von inländischen Körperschaften. Allerdings gilt nunmehr gemäß § 8b Abs. 3 und 5 KStG ein pauschales Betriebsausgabenabzugsverbot für Dividenden und Veräußerungsgewinne in Höhe von 5 %; § 3c EStG ist nicht anzuwenden. Faktisch handelt es sich um eine 5 %ige Steuerpflicht, wobei aber im Gegenzug Betriebsausgaben, welche wirtschaftlich mit diesen Erträgen zusammenhängen, vollständig abzugsfähig sind. Die pauschale Anrechnung des Gewerbesteuer-Hebesatzes auf die Einkommensteuer von Einzelunternehmern und Personengesellschaften gemäß § 35 EStG wurde oben schon erwähnt.[15] Im Rahmen der Gegenfinanzierung der Steuerreform 2001 senkte der Gesetzgeber die Abschreibungssätze in § 7 und § 7g EStG, während die Finanzverwaltung durch Überarbeitung der Abschreibungstabellen die Abschreibungsdauer streckte. Inzwischen ist die „Halbjahres-Afa“ gestrichen und durch eine $^1/_{12}$-Regelung ersetzt, so dass die AfA erst ab der Anschaffung/Herstellung von Wirtschaftsgütern je Monat geltend gemacht werden kann, § 7 Abs. 1 S. 4 und § 7 Abs. 2 S. 3 EStG n. F.[16] Ferner senkte der Gesetzgeber die Beteiligungsgrenze für wesentliche Beteiligungen im Sinne des § 17 EStG von 10 % auf 1 %. Ein weiteres, sicher reizvolles Vorhaben im Rahmen der Steuerreform 2001, nämlich die Möglichkeit der Option von Personenunternehmen, sich wie eine Kapitalgesellschaft, d. h. mit einem einheitlichen Steuersatz von 25 %, besteuern zu lassen, wurde – wohl aus Sorge vor den praktischen Schwierigkeiten, die ein solches Optionsmodell vor allem der Finanzverwaltung bereitet hätte – während des Gesetzgebungsverfahrens des Steuersenkungsgesetzes 2000 im damaligen Vermittlungsausschuss aufgegeben.

12 Ob in Anbetracht der bestehenden grundlegenden Besteuerungsunterschiede im Rahmen der Besteuerung des Unternehmens die eine oder die

---

[15] Zur Regelung des § 32c a. F. EStG vgl. MünchHdb. GesR II/*Levedag* § 58 Rn 1ff.

[16] Vgl. Art. 9 Nr. 7 des Haushaltsbegleitgesetz 2004 vom 29. 12. 2003, BGBl. I 2003, 3081.

andere Rechtsform für das konkrete unternehmerische Engagement vorteilhaft ist, kann nur im Einzelfall durch einen konkreten **Belastungsvergleich** ermittelt werden. Als alternative Gestaltungsformen kommen ferner eine Betriebsaufspaltung und die Beteiligung an einer GmbH als stiller Gesellschafter in Betracht, die darauf abzielen, die steuerrechtlichen Vorteile der Personengesellschaft mit denen der Kapitalgesellschaft – unter Vermeidung der jeweiligen Nachteile – zu vereinen. Im Folgenden sollen daher und in Anbetracht der Tatsache, dass den konkreten steuerrechtlichen Fragen jeweils ein eigenes Kapitel gewidmet wurde, nur grobe Orientierungspunkte unter Berücksichtigung der neueren Rechtsentwicklung vermittelt werden. Die Darstellung kann sich mit Blick auf die deutsche Steuergesetzgebung wieder nur auf eine Momentaufnahme stützen. Das Steuerrecht verfügt leider nur über knapp bemessene „Halbwertszeiten".

b) Ertragbesteuerung. Im Rahmen des Belastungsvergleichs ist insbesondere die **unterschiedliche Tarifstruktur von Körperschaftsteuer und Einkommensteuer** im Rahmen der Rechtsformwahl zu berücksichtigen. Die Erträge einer Personengesellschaft, wie der GmbH & Co. KG, werden mit dem individuellen Steuersatz der Personengesellschafter besteuert, wobei der Einkommensteuertarif gemäß § 32a Abs. 1 EStG seit 2004 auf 45 % (bis 31. Dezember 2003: 48,5 %) begrenzt ist. Nach dem Ergebnis des Vermittlungsausschusses im Dezember 2003 wird im Jahr 2005 der Höchststeuersatz bei 42 % liegen. Es können weiterhin insbesondere steuerliche Freibeträge oder günstige Progressionen einzelner Gesellschafter (insbesondere von an dem Unternehmen als Kommanditisten beteiligter Kinder des unternehmenstragenden Gesellschafters oder sonstiger potentieller Nachfolger) ausgenutzt werden, um die Steuerlast des Unternehmens – auch bzw. vor allem für nicht ausgeschüttete Gewinne – zu senken. 13

Demgegenüber beträgt die **steuerliche Gesamtbelastung** einer GmbH mit thesaurierten Gewinnen und einem Gewerbesteuerhebesatz von 425 % unabhängig vom individuellen Einkommensteuersatz der GmbH-Gesellschafter seit 2004 ca. 39 %; im Fall der Ausschüttung 2004 ca. 53,5 % (ca. 49 % im Vergleich bei der gewerblichen Personengesellschaft) sowie ab 2005 ca. 52,5 % (ca. 46 % bei der gewerblichen Personengesellschaft).[17] Neben der pauschalen Körperschaftsteuer in Höhe von 25 % ist noch der Solidaritätszuschlag von 5,5 % auf die zu zahlende Körperschaftsteuer zu berücksichtigen. Aus Sicht des Anteilseigners mit einem persönlichen Einkommensteuersatz über 40 % ergibt sich für thesaurierte Gewinnanteile grundsätzlich ein Steuervorteil zugunsten einer Kapitalgesellschaft gegenüber einer Personengesellschaft, allerdings vorbehaltlich der etwaigen Ausnutzung von Freibeträgen und günstigen Progressionen einzelner oder aller Personengesellschafter; solche Maßnahmen können die Steuerbelastung von Gewinnrücklagen einer Personengesellschaft ganz erheblich mindern. Voraussetzung ist allerdings, dass die Gewinne der GmbH langfristig thesauriert werden. 14

---

[17] *Schiffers,* GmbHR 2004, 69, 71.

15 Für **ausgeschüttete Gewinnanteile** ergibt sich indes in der Regel ein Steuervorteil zugunsten der Personengesellschaft: Neben der definitiven Steuerbelastung der Kapitalgesellschaft mit Körperschaft- und Gewerbesteuer sowie dem Solidaritätszuschlag unterliegen die Ausschüttungen der Gewinnanteile der persönlichen Einkommenssteuer des Gesellschafters. Beträgt der persönliche Einkommenssteuersatz des Anteilseigners 45 %, führt auch das Halbeinkünfteverfahren nicht zu einer Entschärfung. Vielmehr wird in diesen Fällen eine Personengesellschaft in der Regel die steuerlich günstigere Gesellschaftsform sein.

16 Im Ergebnis hat die frühere Tarifentlastung nach § 32 c EStG sowie nunmehr die Steuerermäßigung nach § 35 EStG die Steuerbelastung der Personengesellschaft nachhaltig verringert.[18] Es kann auch nicht mehr von einer regelmäßigen Gewerbesteuermehrbelastung der Personengesellschaft im Vergleich zu Kapitalgesellschaften gesprochen werden. Während z. B. die Sondervergütungen bei der Personengesellschaft im Gegensatz zur Kapitalgesellschaft in der Regel zum Gewerbeertrag gehören und nicht als Betriebsausgabe abgezogen werden können,[19] greift bei in Betriebsvermögen gehaltenen Anteilen an Kapitalgesellschaften das Schachtelprivileg zur Vermeidung einer gewerbesteuerlichen Doppelbelastung erst bei einer Beteiligungsquote von mindestens 10 % ein, § 9 Nr. 2a GewStG.[20] Ferner unterliegt der Veräußerungsgewinn aus dem Verkauf von Mitunternehmeranteilen bei Kapitalgesellschaften gem. § 7 S. 2 Nr. 2 GewStG der Gewerbesteuer.[21]

17 Nachteilig für die Gesellschafter einer Personengesellschaft ist die Verpflichtung zur sofortigen Versteuerung der erwirtschafteten Erträge im laufenden Geschäftsjahr, unabhängig davon, ob und wann sie den Gesellschaftern zugeflossen sind oder der Gewinnanteil thesauriert wurde. Steuerliche Härten werden im Rahmen der Vertragsgestaltung regelmäßig durch ein Steuerentnahmerecht eines Personengesellschafters, welches ihm Entnahmen von zur Begleichung von Steuerschulden erforderlichen Beträgen gestattet, abgemildert;[22] insoweit besteht grundsätzlich gesellschaftsvertraglicher Regelungsbedarf.

18 Ein weiteres nicht unerhebliches Motiv zur Gründung einer GmbH & Co. KG liegt in der **Möglichkeit zur Verrechnung von Verlusten** der KG mit anderen positiven Einkünften des Kommanditisten. Im Gegensatz zu einer Kapitalgesellschaft – insbesondere einer GmbH – werden die von

---

[18] Vgl. die Untersuchung von *Keßler*, Unternehmensformen, S. 21ff., der (vor Absenkung der Steuersätze im Spitzensteuerbereich zum 1.1.2000 und Beseitigung der vermögensteuerlichen Doppelbelastung) einen kombinierten Ertragsteuersatz aus Einkommen-, Kirchen- und Gewerbesteuer für Personengesellschaften von 60,44 % und für eine GmbH bei Gewinnthesaurierung von 56,98 % und bei Vollausschüttung von 65,40 % ermittelt hat; s. auch *Hesselmann/Tillmann* GmbH & Co. Rn 62 a. E.

[19] *Binz/Sorg* § 22 Rn 97.

[20] *Binz/Sorg* § 22 Rn 94.

[21] *Binz/Sorg* § 22 Rn 93.

[22] Vgl. hierzu *Barz*, FS Knur, S. 25, 28f.; vgl. MünchHdb. GesR II/*v. Falkenhausen/Henning C. Schneider* § 24 Rn 59ff.

einer Personengesellschaft erlittenen Verluste, ebenso wie die Gewinne, den Gesellschaftern unmittelbar pro rata ihrer Beteiligung zugerechnet. Die Kommanditisten der GmbH & Co. KG können die ihnen zugewiesenen Verluste sofort mit positiven Einkünften aus anderen Erwerbsquellen in den Grenzen des § 15 a EStG verrechnen. Demgegenüber kommt eine Verlustverrechnung bei einer GmbH auf Gesellschafterebene nur im Falle der Organschaft mit Gewinnabführungsvertrag im Sinne der §§ 14, 17 KStG sowie im Falle der atypisch stillen Beteiligung der Gesellschafter an der GmbH in Betracht.[23] Die bei einer Kapitalgesellschaft anfallenden Verluste können i. d. R. nur von der Gesellschaft selbst als Verlustrück- oder -vortrag geltend gemacht werden (vgl. § 10 d EStG). Der **Verlustrücktrag** ist seit dem Veranlagungszeitraum 2004 auf maximal € 511.500 begrenzt, was gemäß § 52 Abs. 25 S. 4 n. F. EStG auch für einen Verlustrücktrag in den Veranlagungszeitraum 2003 gilt. Der **Verlustvortrag** gemäß § 10 d Abs. 2 EStG n. F. ist unbeschränkt bis € 1.000.000, darüber hinaus nur bis zu 60 % des € 1.000.000 übersteigenen Gesamtbetrags der Einkünfte vorrangig vor Sonderausgaben, außergewöhnlichen Belastungen und sonstigen Abzugsbeträgen zulässig (sog. **„Mindestbesteuerung"**).

Die Möglichkeit des **Verlustabzugs** auf Ebene der Gesellschafter bei einer Personengesellschaft hat insbesondere die Erscheinungsform der so genannten Abschreibungsgesellschaften hervorgebracht, bei denen durch hohe Abschreibungen (in den ersten Geschäftsjahren) immense Verluste erwirtschaftet werden sollen, um den Kapitalanlegern, die ihre Einkünfte regelmäßig mit dem Spitzensteuersatz versteuern müssen, erhebliche steuerliche Vorteile zu vermitteln, die eine Art „Zusatzdividende" darstellen. Dadurch konnten Kommanditisten Steuervorteile erlangen, die im Einzelfall weit höher waren als die geleistete Kommanditeinlage. Diese vor allem von Publikums- und Kapitalanlagegesellschaften ausgenutzten steuerrechtlichen Gegebenheiten sind jedoch durch Vorschriften der §§ 2 b, 15 a EStG beschränkt worden. Hiernach scheidet ein Ausgleich des Kommanditisten mit seinem Anteil am Verlust der KG gegenüber anderen Einkünften aus, soweit ein negatives Kapitalkonto des Kommanditisten entsteht oder sich erhöht. Im Übrigen dürfen Verluste, die über den Betrag der Einlage des Kommanditisten hinausgehen, erst mit späteren Gewinnen der KG verrechnet werden, vgl. § 15 a Abs. 2 EStG.[24] Durch die Regelungen der §§ 2 b, 15 a EStG ist die Attraktivität der GmbH & Co. KG für Zwecke der Verlustzuweisung erheblich eingeschränkt worden. Die Verbreitung dieser Gesellschaftsform als Abschreibungs- oder Verlustzuweisungsgesellschaft ist rückläufig;[25] in Einzelfällen ist sie jedoch nach wie vor geeignet, den Kapitalanlegern Steuervorteile zu vermitteln. 19

Die **Verlustverrechnungsmöglichkeit** auf Gesellschafterebene stellt trotz der Regelungen der §§ 2 b, 15 a EStG einen **rechtsformspezifischen Vorteil** der GmbH & Co. KG dar, auch wenn es um die Beteiligung an 20

---

[23] Vgl. *Binz/Sorg* § 22 Rn 23 ff.
[24] *Schlegelberger/Martens* § 161 HGB Rn 94 a. E.
[25] *Binz/Sorg* § 1 Rn 6.

einem Unternehmen geht, welches nicht der Begründung von Abschreibungspotentialen dient, sondern das ein ganz gewöhnliches gewerbliches Unternehmen darstellt. Die Verlustverrechnungsmöglichkeit ist insbesondere dann von Vorteil, wenn das Unternehmen in den einzelnen Geschäftsjahren erheblichen Ertragsschwankungen unterliegt oder wenn eine mittelständische Unternehmensgruppe mit sehr unterschiedlichen Ertragschancen der Einzelunternehmen derart organisiert ist, dass mehrere GmbH & Co. KGs (regelmäßig mit identischem Gesellschafterkreis) am Markt tätig sind; im letztgenannten Fall können Verluste und Gewinne der Einzelunternehmen steuerwirksam in den Grenzen der §§ 2b, 15a EStG miteinander verrechnet werden.

21 Ferner werden vor allem die körperschaftsteuerrechtlichen **Grundsätze der verdeckten Gewinnausschüttung** als rechtsformspezifischer Nachteil der Kapitalgesellschaft angesehen, da bei der Personengesellschaft gemäß § 15 Abs. 1 S. 1 Nr. 2 EStG alle Zahlungen, die eine Personengesellschaft an ihre Gesellschafter leistet, zu den gewerblichen Einkünften der Personengesellschafter gezählt werden. Die Problematik der verdeckten Gewinnausschüttung kann daher bei Personengesellschaften nicht entstehen; Letzteres wird als Vorteil empfunden.[26]

22 Schließlich ist zu beachten, dass Personengesellschaften im Rahmen der Gewerbeertragsteuer gemäß § 11 Abs. 1 S. 3 Nr. 1 GewStG ein Freibetrag in Höhe von € 24.500,– für die Gewinnberechnung zusteht, einer GmbH hingegen nur ein Freibetrag von € 3.900,–. Die Steuermesszahl für den Gewerbeertrag beträgt bei der GmbH stets 5 %, bei Personengesellschaften ist dies erst ab € 48.000,– der Fall (§ 11 Abs. 2 Nr. 1 GewStG); unterhalb dieses Betrages ist die Steuermesszahl prozentual je € 12.000,– gestaffelt. Hierdurch können sich unter Umständen im unteren Einkommensbereich rechtsformspezifische Steuervorteile zugunsten der GmbH & Co. KG ergeben bzw. zumindest grundsätzlich bestehende Steuernachteile der Personengesellschaften im Rahmen der Gewerbesteuer abgemildert werden.

23 **Im Rahmen der Ertragsbesteuerung** erweist sich mithin **vielfach die GmbH & Co. KG** als **vorteilhaft**, wobei allerdings nochmals hervorzuheben ist, dass ein rechtsformspezifischer Belastungsvergleich für das konkret in Rede stehende Unternehmen unerlässlich ist, um zu ermitteln, ob tatsächlich durch eine bestimmte Rechtsformwahl Steuervorteile entstehen.

24 **c) Substanzbesteuerung.** Demgegenüber sind die früheren Steuervorteile zugunsten der GmbH & Co. KG im Rahmen der Substanzbesteuerung mit **Wegfall der Vermögensteuer** zum 1. Januar 1997 entfallen. Bis Ende 1996 bestand ein nicht unerheblicher rechtsformspezifischer Nachteil der Kapitalgesellschaften gegenüber den Personengesellschaften infolge der bis dahin bestehenden vermögensteuerrechtlichen Doppelbelastung. Die Kapitalgesellschaften waren nämlich zum einen selbst im Rahmen der Vermögensbesteuerung Steuersubjekt (vgl. § 1 Abs. 1 Nr. 2 VStG); zum

[26] Vgl. *Binz/Sorg* § 22 Rn 33ff. und insbesondere Rn 56; *Hesselmann/Tillmann* GmbH & Co. Rn 65.

anderen mussten die Gesellschafter auf ihren Geschäftsanteil nochmals Vermögensteuer entrichten. Diese Steuerkumulation wurde zusätzlich dadurch verschärft, dass die Kapitalgesellschaften die gezahlte Vermögensteuer nicht als Betriebsausgaben abziehen konnten (vgl. § 10 Nr. 2 KStG), so dass die gezahlte Vermögensteuer zusätzlich mit Körperschaftsteuer belastet war.[27]

Durch Wegfall der Vermögensteuer zum 1. Januar 1997 ist diese steuer- **25**
liche Benachteiligung der Kapitalgesellschaften obsolet geworden, so dass die Wahl einer Personengesellschaft, insbesondere einer GmbH & Co. KG, insoweit **keine Steuervorteile mehr** bietet. Jedoch war die „Abschaffung" der Vermögensteuer politisch sehr umstritten. Seitens der damaligen Opposition und heutigen Regierung wurde diese Steuer heftig verteidigt und ihr Wegfall als sozialpolitisch unausgewogen bezeichnet. Dies obwohl diese Steuerart zu Recht vielfach für rechtspolitisch verfehlt gehalten und die bisherige vermögensteuerrechtliche Regelung vom Bundesverfassungsgericht wegen der übermäßigen steuerlichen Gesamtbelastung für verfassungswidrig erklärt wurde.[28] Der Versuch, diese Steuer und gegebenenfalls auch die vermögensteuerliche Doppelbelastung der Kapitalgesellschaft wieder einzuführen, kann zwar nicht ausgeschlossen werden. Mit Blick auf die jüngsten Steueränderungsgesetze und die bereits neuen Vorschläge für weitere umfangreiche Steuergesetzänderungen erscheint ein solches Vorhaben jedoch als wenig wahrscheinlich, obwohl die Vermögensteuer immer wieder gerne in die politische Diskussion eingebracht wird, um das eigene (vermeintliche) sozialpolitische Profil zu schärfen.

d) Leistungsbeziehungen zwischen Gesellschaft und Gesellschaf- 26
tern. Kapitalgesellschaften bieten allerdings auch gewichtige steuerrechtliche Vorteile, vor allem im Rahmen von Rechtsbeziehungen zwischen Gesellschaftern und Gesellschaft. Denn **Gesellschaftervergütungen für Dienstleistungen, Kreditgewährung oder Überlassung von Wirtschaftsgütern** durch die Personengesellschaft an einen Personengesellschafter dürfen den steuerlichen Gewinn der Personengesellschaft nicht mindern. Solche Leistungsvergütungen zählen als **Sonderbetriebseinnahmen** im Sinne des § 15 Abs. 1 S. 1 Nr. 2 2. Halbsatz EStG zu den Einkünften aus Gewerbebetrieb. Sie erhöhen so insbesondere die Gewerbeertragsteuerbelastung der Gesellschaft und führen dazu, dass einkunftsartspezifische Freibeträge nicht in Anspruch genommen werden können.

Demgegenüber ist anerkannt, dass solche Leistungsbeziehungen zwi- **27**
schen einer Kapitalgesellschaft und ihren Gesellschaftern steuerrechtlich abzugsfähige Betriebsausgaben seitens der Kapitalgesellschaft darstellen, so dass sie insbesondere die Gewerbesteuerlast des Unternehmens reduzieren und den Gesellschaftern, denen diese Leistungen zufließen, die Möglichkeit eröffnen, gegebenenfalls bestimmte einkunftsartspezifische Freibeträge in Anspruch zu nehmen. Aus diesem Grunde erweist sich im Hinblick auf Leistungsbeziehungen zwischen Gesellschaft und Gesellschaftern die

---

[27] *Hesselmann/Tillmann* GmbH & Co. (17. Aufl. 1991) Rn 68ff.; *Krüger* Rn 193; *Tipke/Lang* § 12 Rn 75, § 16 Rn 6.

[28] BVerfG GmbHR 1995, 668.

Kapitalgesellschaft regelmäßig als vorteilhaft.[29] Dieser Vorteil wird jedoch durch das Institut der verdeckten Gewinnausschüttung begrenzt.[30] Ferner mindert sich dieser Steuervorteil bei den seltenen Fällen von Miet- und Pachtverhältnissen über bewegliche Wirtschaftsgüter zugunsten der Kapitalgesellschaft auf die Hälfte, da nach § 8 Nr. 7 GewStG die Hälfte der nicht in Grundbesitz bestehenden Wirtschaftsgüter des Anlagevermögens dem Gewerbeertrag wieder hinzuzurechnen ist, sofern die Miet- bzw. Pachtzinsen – wie regelmäßig – beim Empfänger nicht der Gewerbesteuer unterliegen. Darüber hinaus entfällt der gewerbesteuerrechtliche Vorteil vollständig, wenn die Vermietung bzw. Verpachtung eines Wirtschaftsguts eine Betriebsaufspaltung darstellt.[31]

28 Die steuerrechtlichen Vorteile einer Kapitalgesellschaft gegenüber einer Personengesellschaft im Hinblick auf Leistungsbeziehungen zwischen Gesellschaft und Gesellschaftern sind umso gravierender, je mehr Gesellschafter in der Gesellschaft tätig sind bzw. je mehr sonstige Leistungsbeziehungen zwischen der Gesellschaft und ihren Gesellschaftern bestehen und je höher die wechselseitigen Leistungen seitens der Gesellschaft zu vergüten sind. Ob insoweit nennenswerte Steuervorteile im Falle der Wahl einer Kapitalgesellschaft zu erzielen sind, kann nur anhand des konkreten Einzelfalls ermittelt werden, vor allem da die Steuervorteile zugunsten einer Kapitalgesellschaft im Spitzensteuerbereich des Gesellschafters durch die Gewerbesteueranrechnung des § 35 EStG weitgehend, jedoch regelmäßig nicht vollständig, kompensiert werden.[32]

29 Auch hier zeigt sich, dass ein unternehmensspezifischer Belastungsvergleich unerlässlich ist, um zu ermitteln, welche Rechtsform im konkreten Fall steuerliche Vorteile begründet, wobei allerdings steuerliche Überlegungen nicht allein leitend sein sollten.

30 **e) Besonderheiten bei Grundbesitz.** Die meisten GmbH & Co. KGs entstehen nicht im Wege der Neugründung, sondern vielmehr wird sehr häufig ein bestehendes Unternehmen, welches bis dato einzelkaufmännisch oder in einer anderen Unternehmensform geführt wurde, umorganisiert. Die Frage nach der zweckmäßigen und steuerrechtlich günstigen Rechtsform bzw. Unternehmensform stellt sich mithin vielfach im Falle der **Umgründung existierender Unternehmen**, bei denen zudem vielfach bereits Rechtsbeziehungen zwischen Gesellschaft und Gesellschaftern bestehen. **Besonderes Augenmerk** ist im Rahmen solcher Umstrukturierungsvorgänge **auf Grundstücke**, die nicht im Eigentum der Gesellschaft stehen, zu richten. Denn auch insoweit kann sich die unterschiedliche Besteuerungskonzeption von Personen- und Kapitalgesellschaften auswirken. Soll etwa eine Personengesellschaft umorganisiert werden, so ist zu

---

[29] *Hesselmann/Tillmann* GmbH & Co. Rn 71 f.; *Krüger* Rn 194; *Sommer* S. 6; *Tipke/Lang* § 16 Rn 7 u. 13.; *Binz/Sorg* sprechen zumindest bei Geschäftsführerbezügen von der Möglichkeit, die Gesamtsteuerbelastung in einem gewissen Rahmen zu optimieren, *Binz/Sorg* § 22 Rn 73.

[30] Vgl. *Binz/Sorg* § 22 Rn 35.

[31] *Hesselmann/Tillmann* GmbH & Co. Rn 72.

[32] Vgl. *Binz/Sorg* § 22 Rn 35 a. E.

beachten, dass Grundbesitz, der der Gesellschaft von den Gesellschaftern zur Verfügung gestellt wurde, als Sonderbetriebsvermögen des Gesellschafters behandelt wird. Wird die Personengesellschaft nun in eine GmbH umgewandelt, ohne dass auf die Gesellschaft der volle Grundbesitz übertragen wurde, besteht die **Gefahr**, dass die im Grundbesitz ruhenden **stillen Reserven aufgelöst** werden, da der Grundbesitz womöglich durch die Umwandlung seine Eigenschaft als Betriebsvermögen verliert.[33]

Ist ein Grundstück hingegen in die Gesellschaft zu Eigentum eingebracht worden, so kann – anders als nach alter Rechtslage – eine Kapitalgesellschaft in eine Personengesellschaft ohne Auflösung der stillen Reserven umgewandelt werden (vgl. § 3 UmwStG); der umgekehrte Weg war schon immer möglich. **31**

Die formwechselnde Umwandlung unterliegt mangels Rechtsträgerwechsels auch nicht der Grunderwerbsteuer;[34] die Finanzverwaltung hat ihre ursprünglich abweichende Auffassung, die im Schrifttum nahezu einheitlich abgelehnt wurde, zwischenzeitlich aufgegeben.[35] Das gilt auch, wenn dem formwechselnden Rechtsträger Anteile an einer Kapitalgesellschaft oder Anteile an einer anderen Personengesellschaft gehören.[36] **32**

Schließlich erweist sich die Unternehmensform der GmbH & Co. KG als günstiger, wenn **Grundstücke von einem Gesellschafter auf die Gesellschaft übertragen werden**. Bei Grundstücksübertragungen auf eine Kapitalgesellschaft ist für die Grunderwerbsteuer nämlich die volle Bemessungsgrundlage maßgebend, wohingegen die Steuer bei der Übertragung auf eine Personengesellschaft pro rata der Beteiligung des übertragenden Gesellschafters nicht erhoben wird (vgl. § 5 Abs. 2 GrEStG), wobei allerdings §§ 6 Abs. 5 EStG und 5 Abs. 3 GrEStG zu beachten sind. Vorsicht ist jedoch bei Veränderungen im Gesellschafterbestand einer Personengesellschaft geboten. Nach § 1 Abs. 2a Satz 1 GrEStG wird, wenn zum Vermögen einer Personengesellschaft ein inländisches Grundstück gehört und sich innerhalb von fünf Jahren der Gesellschafterbestand dergestalt ändert, dass mindestens 95 % des Gesellschaftsvermögens auf neue Gesellschafter übergeht, dies als ein die Grunderwerbsteuer auslösendes Rechtsgeschäft fingiert. Dies gilt zwar nach § 1 Abs. 2a Satz 2 GrEStG nicht im Erbfall. Vereinigen sich jedoch mindestens 95 % der Anteile an der Gesellschaft in einer Hand, gilt dieser grunderwerbsteuerpflichtige Vorgang auch im Erbfall; die Befreiungsvorschrift des § 3 Nr. 2 GrEStG greift nicht ein.[37] **33**

Für die Personengesellschaft sprechen schließlich die **Gestaltungsmöglichkeiten im Zusammenhang mit der Übertragung von Wirtschaftsgütern** im Rahmen des § 6 Abs. 5 EStG. Zwischenzeitlich hatte **34**

---

[33] *Hesselmann/Tillmann* GmbH & Co. Rn 73.

[34] BFH BStBl. II 97, 661f.; *Schmitt-Hörtnagel-Stratz/Schmitt* UmwG/UmwStG Anh. Rn 56.

[35] A.A. ursprünglich FM Bad-Württ. v. 12.12.1994, DB 1995, 82.

[36] *Schmitt-Hörtnagel-Stratz/Schmitt* UmwG/UmwStG Anh. Rn 57; *Widmann/Mayer/Pahlke* UmwStG Anh. 12 Rn 16

[37] Vgl. *Sack*, in: Boruttau, Grunderwerbssteuergesetz, 15. Auflage 2002, § 3 Rn 91a sowie insbesondere Rn 91b.

der Gesetzgeber die Regelung **des Mitunternehmererlasses**, wonach ein Transfer einzelner Wirtschaftsgüter zwischen verschiedenen Betriebsvermögen zu Buchwerten möglich war, d.h. ohne Aufdeckung stiller Reserven, was sich wiederum vor allem bei der Übertragung von Grundbesitz günstig auswirkte, durch das StEntlG 1999/2000/2002 abgeschafft. Der Zwang zur Auflösung stiller Reserven stieß auf starke Kritik und wurde vom Gesetzgeber wieder beseitigt, indem durch das StSenkG und das UntStFG die Übertragung von Wirtschaftsgütern des (Sonder-)Betriebsvermögens - nunmehr zwingend - zu Buchwerten ermöglicht wurde.[38] Zu beachten sind allerdings die Missbrauchsregelungen gemäß § 6 Abs. 5 S. 4 bis 6 EStG, die zum rückwirkenden Teilwertansatz führen können.[39] Ähnlich verhält es sich im Fall der Auseinandersetzung der Personengesellschaft im Wege der Realteilung. Die Teilung des Gesellschaftsvermögens „in natura" führte zwangsweise zur Aufdeckung der stillen Reserven. Mit dem UntStFG erfolgte die erforderliche Korrektur: Die Übertragung einzelner Wirtschaftsgüter im Rahmen der Realteilung ist nunmehr zwingend zu Buchwerten vorzunehmen, § 16 Abs. 3 S. 2 EStG. In § 16 Abs. 3 S. 3 bis 4 EStG findet sich nahezu identisch die Missbrauchsregelung des § 6 Abs. 5 S. 4 bis 6 EStG wieder.

Die Rechtsform der **Kapitalgesellschaft** erweist sich mithin vielfach als **nachteilig im Rahmen des Grundstücksverkehrs** zwischen Gesellschafter und Gesellschaft sowie im Rahmen einer Umstrukturierung, namentlich im Falle der Umwandlung einer bestehenden Personengesellschaft in eine GmbH.

35 **f) Wechsel im Gesellschafterbestand.** Steuerrechtliche Unterschiede im Rahmen des Wechsels im Gesellschafterbestand zwischen Personengesellschaften einerseits und Kapitalgesellschaften andererseits bestehen zunächst im Falle der **Veräußerung der Gesellschaftsbeteiligung durch einen Gesellschafter**. Die Veräußerung einer Kommanditbeteiligung kann sich je nach den Gegebenheiten des Einzelfalls im Vergleich zur Veräußerung insbesondere von GmbH-Geschäftsanteilen sowohl als vorteil- als auch als nachteilhaft erweisen. Ein erheblicher rechtsformspezifischer Nachteil der Personengesellschaft resultiert vor allem daraus, dass der bei der Veräußerung einer Kommanditbeteiligung erzielte **Veräußerungsgewinn** in jedem Fall mit Einkommensteuer, nicht jedoch mit Gewerbesteuer vom Ertrag **versteuert** werden muss. Allerdings kann dafür auch der volle Veräußerungsverlust geltend gemacht werden.

36 Demgegenüber unterfällt ein aus der Veräußerung einer **im Privatvermögen gehaltenen GmbH-Beteiligung** erzielter Gewinn außerhalb der Spekulationsfrist von einem Jahr gemäß § 23 EStG zwar grundsätzlich nicht der Einkommensteuer. Etwas anderes gilt aber für Anteile an Kapitalgesellschaften in Höhe von mindestens 1% des Gesellschaftskapitals sowie für einbringungsgeborene Anteile gemäß § 21 UmwStG. Die wesentliche Beteiligung im Sinne des § 17 EStG wurde von ursprünglich 25% auf 10% zum 1.1.1999 und auf die besagten 1% seit dem 1.1.2001 herabge-

---

[38] Vgl. *Niehus/Wilke* S. 182 und *Zimmermann* Personengesellschaft S. 348.

[39] Hierzu *Zimmermann* Personengesellschaft S. 350 ff.

setzt. Die Veräußerung einer Beteiligung an einer GmbH & Co. KG erweist sich also heute gegenüber der Veräußerung einer GmbH-Beteiligung diesbezüglich zwar kaum als nachteilig. Jedoch halten z. B. *Binz/Sorg* die Veräußerung von GmbH-Anteilen bei Veräußerungsgewinnen von mehr als € 5 Mio stets, darunter in den meisten Fällen für vorteilhafter als die Veräußerung von Beteiligungen an einer Personengesellschaft.[40]

Allerdings steht dem vorerwähnten Nachteil der Personengesellschaften **37** im Rahmen der Geschäftsanteilsveräußerung auch ein rechtsformspezifischer Vorteil der Personengesellschaften gegenüber, der – obwohl er nicht auf den ersten Blick erkennbar ist – nicht unterbewertet werden darf. **Anteile an Personengesellschaften** sind nämlich für den Geschäftsanteilserwerber eventuell steuerrechtlich attraktiver als GmbH-Geschäftsanteile, da dieser den **Kaufpreis, soweit er den Buchwert des übernommenen Kapitalkontos übersteigt**, in einer positiven Ergänzungsbilanz als Anschaffungskosten für die Anteile an den Wirtschaftsgütern des Gesellschaftsvermögens aktivieren und so in den Folgejahren **Abschreibungen** geltend machen kann; dies gilt auch dann, wenn der Mehrpreis für den Firmenwert der GmbH & Co. KG gezahlt wurde.[41]

Demgegenüber kann der Erwerber von GmbH-Geschäftsanteilen ohne weitere Gestaltungsmaßnahmen einen über den Buchwert hinausgehenden Kaufpreis für den Erwerb der Beteiligung nicht während der Dauer seiner Mitgliedschaft steuermindernd geltend machen; Letzteres kann sich in einem niedrigeren Kaufpreis für GmbH-Geschäftsanteile niederschlagen.

g) Schenkung und Erbgang. Rechtsformspezifische **Unterschiede** **38** zwischen GmbH und GmbH & Co. KG bestehen trotz der grundlegenden Änderung des Erbschaft- und Schenkungsteuerrechts durch das Jahressteuergesetz 1997 sowie der jüngsten Änderungen durch das Haushaltsbegleitgesetz 2004 auch im Rahmen der Schenkung und des Erbgangs. Zur Ermittlung der erbschaft- und schenkungsteuerrechtlichen Bemessungsgrundlage wird der Wert der Geschäftsanteile eines Personengesellschafters im Wege einer Vermögensaufstellung der Personengesellschaft ermittelt. Hierbei wird der Wert des Betriebsvermögens derart ermittelt, dass die Werte aller Wirtschaftsgüter einzeln erfasst werden. Im Personengesellschaftsrecht finden somit die Ertragsaussichten der Gesellschaft keine Berücksichtigung. Die einzelnen Wirtschaftsgüter werden grundsätzlich mit dem Buchwert erfasst; Abweichendes gilt gemäß § 12 Abs. 5 i. V. m. § 12 Abs. 3 ErbStG für Betriebsgrundstücke. Folglich bleiben stille Reserven unberücksichtigt.

Grundstücke wurden nach früherer Rechtslage mit dem Einheitswert, **39** der typischerweise nur durchschnittlich etwa 15 % des Verkehrswertes erreichte, angesetzt. Bei hohem Grundvermögen war mithin – nach alter Rechtslage – die Personengesellschaft unter erbschaft- und schenkungsteuerrechtlichen Gesichtspunkten tendenziell günstig, da das Grundvermögen nur mit einem geringen Bruchteil seines tatsächlichen Wertes zum Ansatz kam.

---

[40] *Binz/Sorg* § 22 Rn 80 m. w. N.

[41] Vgl. MünchHdb. GesR II/*Inhester* § 26 Rn 43; vgl. auch *Hesselmann/Tillmann* GmbH & Co. Rn 75; *Sommer* S. 6.

40 Diese bewertungsrechtliche Besonderheit wurde durch das Jahressteuergesetz 1997 geändert, da das Bundesverfassungsgericht die steuerrechtliche Ungleichbehandlung von Grund- und Kapitalvermögen für unvereinbar mit Art. 3 Abs. 1 des Grundgesetzes angesehen hat.[42] Nunmehr wird Grundbesitz nach den neuen §§ 138 ff. BewG mit dem so genannten Bedarfswert (mit diversen Zu- oder Abschlägen) veranschlagt.[43] In der Regel erreicht der nach Maßgabe der §§ 138 ff. BewG ermittelte Grundstückswert ca. 50–60 % des Verkehrswertes. Damit wurde zwar die **bewertungsrechtliche Begünstigung von Grundvermögen** aus damaliger Sicht erheblich eingeschränkt. Denn der höhere (anteilige) Immobilienwert wirkt sich unmittelbar auf die Bemessungsgrundlage der Erbschaft- und Schenkungsteuer aus; die Erbschaftsteuerlast ist infolge der Rechtsänderung gestiegen, und zwar sowohl durch Erhöhung des steuerpflichtigen Vermögenszuwachses als auch – in Anbetracht des progressiven Verlaufs des Erbschaft- und Schenkungsteuertarifs – durch einen höheren Erbschaftsteuertarif.

41 Gegenüber der aber immer noch attraktiven Bewertung des Grundvermögens wird der maßgebende gemeine Wert einer GmbH-Beteiligung (als nichtnotierter Anteil) nach dem so genannten Stuttgarter Verfahren ermittelt, d. h. es erfolgt eine gemischte Vermögenswert- und Ertragswertermittlung, wenn sich der gemeine Wert nicht aus Veräußerungspreisen ableiten lässt.[44] Der nach derzeitiger Rechtslage gegenüber dem früheren maßgebenden Einheitswert erhöhte Wert von Grundbesitz vergrößert auch bei der Kapitalgesellschaft den Substanzwert und führt somit mittelbar zu einem höheren gemeinen Wert.

42 Durch die Einbeziehung der Ertragsaussichten in die Wertermittlung liegt der **Wert von GmbH-Geschäftsanteilen bei guter Ertragslage** üblicherweise **über dem Wert**, der sich bei einer Substanzbewertung für eine **vergleichbare Personengesellschaft** ergeben würde.[45] Umgekehrt ist der Wert einer GmbH bei verhältnismäßig niedrigen Erträgen typischerweise geringer als der sich für eine Personengesellschaft im Rahmen der Substanzbewertung ergebende Wert. Als grober Anhaltspunkt ergibt sich somit, dass unter bewertungsrechtlichen Gesichtspunkten eine GmbH bei geringen Erträgen und hohem Betriebsvermögen sowie eine Personengesellschaft bei hohen Erträgen mit geringem Betriebsvermögen regelmäßig erbschaft- und schenkungsteuerrechtlich vorteilhaft sind. Dieser bereits nach altem Recht bestehende Grundsatz ist auch nach dem Jahresteuergesetz 1997 bestehen geblieben, wobei die Steuervorteile zugunsten der Personengesellschaft etwas geringer geworden sind.[46] Ein konkreter Belastungsvergleich ist jedoch unerlässlich, abgesehen davon, dass die Ertragssituation, aber auch die Vermögenslage einer Gesellschaft langfristig schwer planbar ist.

---

[42] BVerfGE 93, 121 ff., 165 ff.

[43] Vgl. zur Neuregelung *Christoffel,* DStR 1997, 265 ff.; *Thiel,* DB 1997, 64 ff.; *Wittmann,* BB 1997, 548 ff.

[44] Vgl. MünchHdb. GesR III/*Wrede* § 60 Rn 59 ff.; vgl. Troll/Gebel/*Jülicher,* ErbStG 27. Ergl. Oktober 2003, § 12 Rn 301 ff.

[45] Vgl. im Einzelnen *Herzig,* Stbg. 1996, 53; *Piltz,* StbJb 1994/95, 45.

[46] Vgl. im Einzelnen *Herzig,* Stbg. 1996, 53; *Piltz,* StbJb 1994/95, 45.

43 Erbschaft- und schenkungsteuerrechtlich ergibt sich ein weiterer nicht unerheblicher Unterschied zwischen Personengesellschaften und Kapitalgesellschaften, der aus § 13a ErbStG resultiert. Hiernach gewährte der Gesetzgeber für Erwerbe bis zum Ende des Jahres 2003 für die Bemessung der Erbschaftsteuer für Betriebsvermögen einen **Freibetrag** in Höhe von € 256.000,- und bestimmte zugleich, dass der den Freibetrag übersteigende Wert nur mit 60 % im Rahmen der steuerlichen Bemessungsgrundlage anzusetzen ist; es wurde also ein **Bewertungsabschlag** von 40 % gewährt. Das Rasenmäherprinzip der jüngsten Steueränderungen hat allerdings auch das Erbschaftsteuergesetz nicht verschont. Durch das Haushaltsbegleitgesetz 2004 hat der Gesetzgeber den Freibetrag für Betriebsvermögen auf € 225.000,- sowie den Bewertungsabschlag auf 35 % reduziert, so dass der den Freibetrag übersteigende Wert seit 2004 mit 65 % angesetzt wird.[47] Ferner wurde der **Entlastungsbetrag** nach § 19a Abs. 4 S. 3 ErbStG, der dazu dient, die Belastung eines Erwerbs in der Erbschaftsteuerklasse II oder III für begünstigtes Betriebsvermögen zu reduzieren, auf 88 % gekürzt. Diese – nunmehr modifizierten – Begünstigungen gelten unabhängig von der Beteiligungsquote des Gesellschafters. Sind Gegenstand der Schenkung oder der Erbschaft allerdings **Anteile an einer Kapitalgesellschaft**, so wird der Freibetrag und der Bewertungsabschlag nur gewährt, wenn der Erblasser oder Schenker am Nennkapital der Gesellschaft zu mehr als $^1/_4$ unmittelbar beteiligt war (vgl. § 13a Abs. 4 Nr. 3 ErbStG). Gerade für Minderheitsgesellschafter, die zu weniger als 25 % beteiligt sind, ist daher die Personengesellschaft erbschaft- und schenkungsteuerrechtlich günstiger als eine Kapitalgesellschaft, da diese unabhängig von der Beteiligungshöhe in den Genuss von Freibetrag und Bewertungsabschlag kommen.

Die derzeitigen Regelungen, d. h. genauer die Regelungen vor den Änderungen des Haushaltsbegleitgesetzes, stehen vor dem Bundesverfassungsgericht aufgrund einer Vorlage des BFH erneut auf dem Prüfstand. Der BFH sieht in der Begünstigung von Immobilien (vor allem bebauten Grundstücken), Betriebsvermögen, Anteilen an Kapitalgesellschaften sowie land- und forstwirtschaftlichem Vermögen einen Verstoß gegen den Grundsatz der Gleichbehandlung. Die Kritik richtet sich vor allem gegen die Ausgestaltung der Bemessungsgrundlage des durch Schenkung oder Erbfall übergehenden Vermögens sowie gegen die Möglichkeit, die mit den unterbewerteten Vermögen in wirtschaftlichen Zusammenhang stehenden Schulden umfassend abziehen zu können. Nachdem die Entscheidung zunächst für 2003 und dann aber für das Jahr 2004 erwartet worden war, wird wohl erst frühestens im Jahr 2005 das Bundesverfassungsgericht sein Urteil sprechen, da es die Verfahrensbeteiligten schriftlich aufgefordert hat, bis zum 31. Dezember 2004 abschließend Stellung zu nehmen.

44 **h) Steuerlicher Belastungsvergleich.** Die vorstehende Gegenüberstellung rechtsformspezifischer steuerrechtlicher Besonderheiten von Personen- und Kapitalgesellschaften unter Einbeziehung der jüngsten Rechtsänderungen zeigt, dass frühere Steuervorteile der Personengesellschaft im Rahmen der Vermögensteuer entfallen bzw. Steuervorteile im Rahmen der

[47] BGBl. I 2003 Nr. 68, 3086.

Schenkung und des Erbgangs reduziert, zugleich aber auch Steuernachteile im Rahmen der Ertragbesteuerung durch die Steuerermäßigung gemäß § 35 EStG gemildert bzw. hierdurch neue Vorteile geschaffen wurden. In den letzten Jahren haben sich mithin die **Akzente einer steueroptimalen Gestaltung verschoben**, ohne dass die grundlegenden Besteuerungsunterschiede entfallen oder gar denkbare Steuervorteile bei Wahl der einen oder anderen Rechtsform beseitigt worden wären.

45 Pauschale Empfehlungen, ob der einen oder der anderen Rechtsform der Vorzug zu geben ist, können – gerade vor dem Hintergrund der erstrebten Erzielung von Steuervorteilen – nicht erteilt werden. Vielmehr muss in jedem konkreten Einzelfall anhand eines **betriebsindividuellen Belastungsvergleichs** von den wirtschaftlichen Beratern des Unternehmens geprüft werden, ob die eine oder die andere Rechtsform Steuervorteile für das konkrete Unternehmen im Hinblick auf sich konkret abzeichnende Entwicklungen bietet. Steuerlich motivierte Entscheidungen über die Rechtsform des Unternehmens erfordern also eine eingehende, auf den Einzelfall, die konkreten Verhältnisse und Bedürfnisse des Unternehmens abstellende Analyse der Steuersituation.[48]

46 Wichtig sind insoweit vor allem auch die Motive, die den Strukturüberlegungen des Unternehmens bzw. der unternehmenstragenden Persönlichkeiten zugrunde liegen. Im Rahmen der Steueranalyse bzw. der Motivforschung kann sich ergeben, dass ein bestimmter Gesichtspunkt für das konkrete Unternehmen oder die beteiligten Gesellschafter von so großer Wichtigkeit ist, dass dieser mit der Gestaltung eventuell verbundene steuerrechtliche Nachteile weit überwiegt. So ist es etwa denkbar, dass vor dem Hintergrund einer anstehenden Unternehmensnachfolge durch die Wahl der Rechtsform einer (gewerblich geprägten) Personengesellschaft erzielbare Steuervorteile im Rahmen der Übertragung von Geschäftsanteilen so groß sind, dass etwaige Steuernachteile im Rahmen der Ertragbesteuerung oder im Rahmen des Leistungsverkehrs zwischen Gesellschaftern bei weitem aufgewogen werden. Auch andere vorstehend aufgeführte steuerrechtliche Gesichtspunkte können derart dominierend sein, dass sie allein eine bestimmte Rechtsform als wirtschaftlich außerordentlich günstig oder gar als allein sinnvoll erscheinen lassen.[49]

47 Zu beachten ist aber, dass jenseits dieser Extremfälle steuerrechtliche Überlegungen nicht überbewertet werden dürfen. In der Regel heben sich nämlich die mit einzelnen Gesellschaftsformen verbundenen steuerrechtlichen Vor- und Nachteile weitgehend auf. Darüber hinaus ist das Steuerrecht ständig im Fluss; ein bestimmter Steuervorteil, der momentan reizvoll erscheint, kann schon mit dem nächsten Jahressteuergesetz entfallen. Steuerrechtliche Motive rechtfertigen daher eine bestimmte Gestaltung allein dann, wenn sie nachweisbar zu einer erheblichen Steuerentlastung führen. Aufgrund steuerrechtlicher Erwägungen sollten keinesfalls gravierende gesellschaftsrechtliche Nachteile in Kauf genommen werden; kein

---

[48] Vgl. zur Methodik des Belastungsvergleichs *Hesselmann/Tillmann* GmbH & Co. Rn 79 ff.; *Jacobs/Scheffler/Vituschek* S. 353 ff.

[49] *Peter/Crezelius* Rn 26.

monetärer Steuervorteil kann die Risiken einer undurchdachten und konfliktträchtigen Vertragsgestaltung aufwiegen.[50]

i) Alternative Gestaltungen. Schließlich ist zu beachten, dass sich unter Umständen Steuervorteile auch durch andere Gestaltungsmöglichkeiten erzielen lassen, wobei teilweise auf diesem Weg die Steuervorteile von Personen- und Kapitalgesellschaften noch besser kombiniert und die jeweiligen Nachteile weitgehend vermieden werden können. **48**

Als solche Gestaltungsalternative kommt vor allem die **Betriebsaufspaltung** in Betracht. Hierbei wird ein einheitliches Unternehmen in zwei Gesellschaften getrennt, nämlich in eine Personengesellschaft, auf die das Betriebsvermögen übertragen wird (so genannte Besitzgesellschaft), und in eine Kapitalgesellschaft, regelmäßig eine GmbH, die den operativen Geschäftsbetrieb führt (so genannte Betriebsgesellschaft), wobei das von der Besitz-Personengesellschaft gehaltene Betriebsvermögen an die Betriebs-GmbH verpachtet wird.

Diese Gestaltung vermied vor allem die nach früherem Recht bestehende vermögensteuerrechtliche Benachteiligung der GmbH, da sich das Betriebsvermögen in einer Personengesellschaft befand; wie dargelegt ist dieses Motiv mittlerweile mit Wegfall der Vermögensteuer nicht mehr relevant. Weiterhin werden hierdurch nach wie vor die Nachteile der Personengesellschaft im Rahmen von Leistungsbeziehungen zwischen Gesellschaft und Gesellschafter vor allem im Hinblick auf Tätigkeitsvergütungen der Geschäftsführer der Betriebs-GmbH vermieden; diese sind dort als Betriebsausgaben abzugsfähig, wohingegen sie bei einer Personengesellschaft als Vorabgewinn zu den gewerblichen Einkünften zählen. **49**

Die Gestaltung hat aber auch Nachteile, vor allem ist ein Verlustausgleich zwischen Gewinnen der Besitz-Gesellschaft und Verlusten der Betriebs-GmbH nicht möglich. Zu nennen ist weiterhin die Gefahr einer zwangsweisen Realisierung aller stillen Reserven, wenn die Voraussetzungen der steuerlichen Anerkennung der Betriebsaufspaltung, nämlich die personelle und sachliche Verflechtung der beiden Unternehmen, entfallen.[51] Letzteres kann infolge Anteilsübertragungen oder Erbgang, aber auch infolge sonstiger Umstände geschehen, ohne dass dieses Risiko durch eine sorgfältige Vertragsgestaltung mit letzter Sicherheit ausgeschlossen werden kann.[52] **50**

Zwischenzeitlich war die steuerneutrale Begründung der Betriebsaufspaltung durch das StEntlG 1999/2000/2002 praktisch erledigt. Seit dem 1. 1. 2001 ist dies zumindest für die **mitunternehmerische Betriebsaufspaltung**, bei der die Betriebsgesellschaft eine Personengesellschaft ist, wieder möglich. Dennoch gehört wohl die Glanzzeit der Betriebsaufspaltung der Vergangenheit an, wenn auch auf diesem Wege im Einzelfall noch durchaus interessante Steuervorteile erzielt werden können, abgesehen davon, dass eine Trennung von Betrieb und Vermögen vor allem aus Gründen **51**

---

[50] Vgl. *Tipke/Lang* § 17 Rn 35.

[51] Vgl. zur steuerrechtlichen Behandlung *Binz/Sorg* § 23 Rn 22 ff.; *Tipke/Lang* § 18 Rn 19 m. w. N.

[52] *Binz/Sorg* § 25 Rn 40; a. A. *Schneeloch,* DStR 1991, 955, 990, 994: Gewinnrealisierung lasse sich bei „sorgfältiger Planung“ vermeiden.

der Risikobegrenzung, aber auch zur Vorbereitung einer Realteilung des Unternehmens zum Zwecke der Auseinandersetzung der Miteigentümer durchaus sinnvoll sein kann. Zu weit ginge es jedenfalls, das Ende des Rechtsinstituts der Betriebsaufspaltung heraufzubeschwören, denn Totgesagte leben bekanntlich länger.[53]

52 Als weitere Gestaltungsmöglichkeit ist eine stille Beteiligung an einer GmbH in die Betrachtung miteinzubeziehen (**sog. GmbH & Still**), bei der sich ein Kapitalgeber (z. B. ein Gesellschafter der GmbH) an dem Unternehmen beteiligt, ohne nach außen in Erscheinung zu treten, d. h. es wird eine reine Innengesellschaft gebildet.[54] Hierdurch konnten früher insbesondere vermögensteuerrechtliche Nachteile der GmbH vermieden werden, die heute nicht mehr von Bedeutung sind. Vorteile ergeben sich jedoch auch heute noch im Rahmen der Ertragbesteuerung. Insbesondere sind die Gewinnanteile der typischen stillen Gesellschafter bei der Gewinnermittlung der Kapitalgesellschaft grundsätzlich als Betriebsausgaben im Sinne des § 4 Abs. 4 EStG abzugsfähig. Bei atypisch stiller Beteiligung wird im Rahmen der einheitlichen Gewinnfeststellung der Gewinnanteil der atypisch stillen Gesellschafter diesen sogleich zugerechnet, so dass der auf die GmbH entfallende Gewinn von vornherein um diesen Betrag gemindert ist. Ertragsteuerliche Vorteile können sich ferner in der Regel bei der Veräußerung der GmbH & Still ergeben. Weiterhin bietet die stille Beteiligung ertragsteuerrechtliche Vorteile im Falle der Beteiligung eines ausländischen Gesellschafters an einer inländischen GmbH. Allerdings ist im Falle dieser Gestaltung ebenso wie im Falle der Betriebsaufspaltung die Gefahr einer verdeckten Gewinnausschüttung gegeben.[55]

53 Bedeutung kommt der stillen Beteiligung an einer GmbH insbesondere im Rahmen der Kapitalbildung zu. Nach In-Kraft-Treten des Halbeinkünfteverfahrens unterliegen unter Berücksichtigung der steuerlichen Situation des Gesellschafters ausgeschüttete Gewinne bei der GmbH einer höheren Besteuerung als thesaurierte Gewinne. Diese Diskrepanz kann mit der GmbH & Still entschärft werden. Dies kann geschehen, indem der Gewinnanteil des stillen Gesellschafters dem an sich zur Ausschüttung vorgesehenen Betrag entspricht. Dadurch kann der Bilanzgewinn in vollem Umfang thesauriert werden.[56] Ferner können die bei Errichtung einer GmbH häufig entstehenden Startverluste für Gesellschafter genutzt werden. Denn wenn Kapital nicht in das Stammkapital der GmbH fließt, son-

---

[53] A.A. wohl *Binz/Sorg* § 23 Rn 50 a. E., die das Ende nicht bedauern können; *Drygala,* ZIP 1990, 1026: „Abschied" von der Betriebsaufspaltung; *Lehmann/Marx,* FR 1989, 506, sowie *L. Schmidt,* FR 1989, 19: „sanftes" bzw. „nahes Ende" der Betriebsaufspaltung; *Kessler-Teufel,* BB 2001, 17: „Wegfall der steuerplanerischen und steuersystematischen Geschäftsgrundlage"; *Märkle,* DStR 2002, 1109: „Prestigeverlust"; *Jacobs,* Unternehmensbesteuerung und Rechtsform, S. 568.

[54] Vgl. zusammenfassend zu den steuerrechtlichen Besonderheiten *Binz/Sorg* S. 537 ff.; *Blaurock* Stille Gesellschaft, S. 447 ff. u. 451 ff.; *Tipke/Lang* § 17 Rn 25 ff.

[55] Vgl. hierzu: *Binz/Sorg* § 25 Rn 20; *Hesselmann/Tillmann* GmbH & Co. Rn 88; *Blaurock* Stille Gesellschaft, S. 453 f.; *Streck* KStG ABC „Schütt-aus-hol-zurück-Verfahren".

[56] *Binz/Sorg* § 25 Rn 21.

dern im Rahmen einer Parallelgesellschaft als Einlagen stiller Gesellschaft aufgebracht wird, können bei entsprechender Vertragsgestaltung die Verluste der GmbH auf ihre Gesellschafter übertragen werden. Diese Verluste können die Gesellschafter dann mit gleichartigen steuerpflichtigen Einkünften verrechnen.[57]

Seit dem **Halbeinkünfteverfahren** ist die Nutzung des von der Kautelarjurisprudenz entwickelten, so genannten „Schütt-aus/Hol-zurück-Verfahren" (auch Ausschütt/Rückhol-Verfahren (ARV) genannt) nicht mehr zu empfehlen. Bei diesem Verfahren werden ausgeschüttete Gewinne zulässig in die Gesellschaft „zurückgeschleust". Dadurch unterliegen sie der Besteuerung des Gesellschafters, nicht der Besteuerung der Gesellschaft. Der Austausch der Körperschaftssteuerbelastung mit der individuellen Einkommensteuerbelastung ist jetzt ungünstig, da sowohl thesaurierte wie ausgeschüttete Gewinne einheitlich mit 25 % besteuert werden.[58] Vielmehr wird man Gewinne, die im Unternehmen verbleiben sollen, als Gewinnrücklagen stehen lassen. In gewissen Grenzen kann sich jedoch das Schütt-aus/Hol-zurück-Verfahren anbieten, um ein Körperschaftsteuerguthaben, das eine GmbH aufgrund der Umwandlung von tarifbelastetem verwendbarem Eigenkapital besitzt und das innerhalb eines Zeitraums von 15 Jahren verrechnet sein muss, abzubauen, wenn die Gewinne im Unternehmen verbleiben sollen.[59] **54**

2. Gesellschaftsrechtliche Überlegungen

Die GmbH & Co. KG erfreut sich großer und fortdauernder Beliebtheit und erlebt – wie ausgeführt – derzeit eine Renaissance; dies nicht allein aus Gründen des (sich schnell ändernden) dynamischen Steuerrechts, sondern gerade auch aufgrund des eher statischen Gesellschaftsrechts. Gerade die **gesellschaftsrechtlichen Vorzüge** der GmbH & Co. KG haben dazu geführt, dass die GmbH & Co. KG so häufig als Unternehmensform gewählt wird und sie zur vorherrschenden „Rechtsform" in der Neugründungspraxis der KG geworden ist.[60] **55**

a) Grundlagen. Entscheidend ist, dass die **rechtsformspezifischen Vorteile der GmbH** – zu nennen sind heute vor allem die Haftungsbeschränkung, die Drittorganschaft und die Möglichkeit der Einmann-Gesellschaft – **mit denjenigen einer Personengesellschaft** – nämlich der weitreichenden gesellschaftsvertraglichen Gestaltungsfreiheit, der

---

[57] MünchHdb. GesR II/*Bezzenberger/Keul* § 72 Rn 29.

[58] *Hottmann/Grobshäuser/Hübner/Meermann/Schaeberle/Zimmermann*, Die GmbH im Steuerrecht, 2003, S. 1076 Rn 32f.; *Schulze zur Wiesche*, Die GmbH & Still, 4. Aufl. 2003; Rn 426; vgl. hinsichtlich des Anrechungsverfahrens zur krit., marginalen Einkommensteuerbelastung, bis zu welcher das „Schütt-aus-hol-zurück-Verfahren" lohnt, *Robisch,* DStR 1994, 334; *Schneider,* DB 1994, 544; *Streck* KStG ABC „Schütt-aus-hol-zurück-Verfahren" Anm 5.

[59] Hierzu sowie zu den Einschränkungen *Schulze zur Wiesche* Die GmbH & Still Rn 426.

[60] *Cuny/Haberstroh,* BW 1983, 717; *Heymann/Horn* § 161 HGB Rn 117; *Meyer,* GmbHR 2002, 177ff.

Möglichkeit der erleichterten Kapitalbeschaffung, der flexiblen Verteilung der Kompetenzen und Entscheidungszuständigkeiten, der Entnahmemöglichkeiten auch ohne Gewinnerwirtschaftung sowie der Vermeidung unternehmerischer Mitbestimmung der Arbeitnehmer im Aufsichtsrat – **kombiniert** werden können und sollen.[61] Insoweit ist vor allem von entscheidendem Gewicht, dass all diejenigen rechtsformspezifischen Vorzüge gesellschaftsrechtlicher Natur, die durch die Grundtypenvermischung optimal zur Geltung kommen sollen, von Dauer sind, es also anders als im Hinblick auf die steuerrechtlichen Vorzüge der einen oder anderen Rechtsform, nicht zu erwarten ist, dass der Gesetzgeber diese alsbald in Frage stellt. Leitend im Rahmen der Wahl der Unternehmensform sollten daher gesellschaftsrechtliche Erwägungen sein, wohingegen steuerrechtliche Überlegungen – obwohl auch sie wichtig sind – nicht allein ausschlaggebend sein sollten.

56 Strukturiert man die vorstehend angedeuteten gesellschaftsrechtlichen Vorzüge der GmbH & Co. KG, so kann man die entscheidenden gesellschaftsrechtlichen Überlegungen in zwei Gruppen zusammenfassen:[62]

Die erste Gruppe betrifft strukturelle **Unterschiede zu einer gewöhnlichen Personengesellschaft**, in der alle (so bei der OHG) oder zumindest eine der an der Gesellschaft beteiligten natürlichen Personen (so bei der KG) für die Verbindlichkeiten des Unternehmens persönlich unbeschränkt mit ihrem gesamten Privatvermögen haften und die organschaftliche Geschäftsführung und Vertretung der Gesellschaft allein diesen persönlich haftenden Gesellschaftern obliegt (Selbstorganschaft). Demgegenüber bietet die GmbH & Co. KG die Möglichkeit, die Haftung der natürlichen Personen zu vermeiden, sowie persönliche Haftung und Managementfunktion voneinander zu trennen.

57 Die zweite Gruppe der maßgebenden gesellschaftsrechtlichen Überlegungen betrifft **Unterschiede zu einer** als alternative Rechtsform eines (regelmäßig mittelständigen) unternehmerischen Engagements in Betracht kommendenden **GmbH**. Zu dieser Gruppe zählen die Möglichkeit einer flexibleren Gestaltung des Gesellschaftsvertrages, namentlich im Rahmen der Kapitalbeschaffung und der internen Kompetenzordnung bzw. der Einflussmöglichkeiten der Beteiligten. Zu dieser Gruppe zählen weiterhin mitbestimmungsrechtliche und rechnungslegungsrechtliche Unterschiede zwischen Personen- und Kaptialgesellschaften.

Vor In-Kraft-Treten der Handelsrechtsreform kamen noch die Gesichtspunkte der Firmierung (Möglichkeit einer Sachfirma) und der Gewährleistung der Kontinuität der Gesellschaft im Falle des Gesellschafterwechsels hinzu. Diese sollen nur gestreift werden, da durch das Handelsrechtsreformgesetz insoweit früher bestehende rechtsformspezifische Unterschiede zwischen Personen- und Kapitalgesellschaften weitgehend beseitigt wurden.

---

[61] Vgl. zusammenfassend *Baumbach/Hopt* Anh. § 177a HGB Rn 3; *Binz/Sorg* § 1 Rn 17 ff.; *Grunewald* Gesellschaftsrecht Kap. 1.C. Rn 65 ff.; *Hesselmann/Tillmann* GmbH & Co. Rn 42 ff.; *Heymann/Horn* § 161 HGB Rn 119; *K. Schmidt* Gesellschaftsrecht § 56 I 4.

[62] *Hesselmann/Tillmann* GmbH & Co. Rn 42 ff.

b) Personengesellschaft mit beschränkter Haftung. Das Ziel der Beschränkung der Haftung der unternehmenstragenden natürlichen Personen ist die zentrale, wichtigste Überlegung gesellschaftsrechtlicher Art, die dazu führt, dass die Anzahl der GmbH & Co. KGs ständig zunimmt (hierzu s.o. Rn 2).[63] Denn die GmbH & Co. KG ist im Ergebnis die **einzige Möglichkeit**, sich an einer Personengesellschaft als natürliche Person selbst unmittelbar zu beteiligen und zugleich für jede natürliche Einzelpersönlichkeit die Haftung für Gesellschaftsverbindlichkeiten auszuschließen. Eine aus juristischen Personen bestehende GbR oder OHG ist keine Alternative, da dann die natürlichen unternehmenstragenden Persönlichkeiten nur an den Kapitalgesellschaften, also den juristischen Personen, beteiligt sind und allenfalls mittelbar Einfluss auf die Geschicke des Unternehmens nehmen können. Die GmbH & Co. KG ist mithin die einzige Form einer Personengesellschaft, bei der **trotz** Wahl dieser Rechtsform und trotz **unmittelbarer Beteiligung von natürlichen Personen keine** natürliche Person die **unbeschränkte persönliche Haftung** für die Schulden der Gesellschaft übernehmen muss. 58

Dies heißt jedoch selbstverständlich nicht, dass bei einer GmbH & Co. KG kein persönlich haftender Gesellschafter vorhanden wäre. Im Gegenteil: Dies wäre rechtlich, da die persönliche Haftung wenigstens eines Personengesellschafters für die Gesellschaftsverbindlichkeiten wesentliches Strukturelement einer Personengesellschaft ist, gar nicht möglich. Auch die GmbH & Co. KG verfügt über einen Komplementär, nämlich die (als **Haftungsschott** fungierende) GmbH, die als juristische Person rechtlich selbständig ist und eigene Rechtspersönlichkeit entfaltet. Die **Komplementär-GmbH** haftet wie bei jeder KG für die Schulden der Gesellschaft persönlich unbeschränkt. Aber für die Schulden der GmbH und damit im Ergebnis auch für die Verbindlichkeiten der KG haftet eben nur deren Gesellschaftsvermögen und nicht das Privatvermögen der an der Personengesellschaft beteiligten natürlichen Personen. Die Sonderstellung der GmbH & Co. KG resultiert mithin aus der **Beschränkung der Haftung der beteiligten natürlichen Personen**. Ihre Haftung entspricht derjenigen eines Gesellschafters einer Kapitalgesellschaft. Sowohl in ihrer Eigenschaft als Kommanditisten als auch gegebenenfalls in ihrer Eigenschaft als Gesellschafter der Komplementär-GmbH ist die Haftung der natürlichen Personen beschränkt auf die Kommanditeinlage – bzw. exakter auf die im Handelsregister verlautbarte Haftsumme – bei der KG und auf die übernommene Stammeinlage bei der Komplementär-GmbH. Im Ergebnis können die Gläubiger der GmbH & Co. KG nur auf das Vermögen der KG und der GmbH unbeschränkt zugreifen, nicht jedoch auf das Vermögen der – zumeist personengleichen – GmbH-Gesellschafter und Kommanditisten. 59

Durch Wahl der Unternehmensform der GmbH & Co. KG kann mithin in haftungsrechtlicher Hinsicht dasjenige erreicht werden, was nach der Grundkonzeption des deutschen Gesellschaftsrechts eigentlich allein durch 60

---

[63] Vgl. hierzu *Binz/Sorg* § 1 Rn 39f.; *Grunewald* Gesellschaftsrecht Kap. 1.C. Rn 66; *Hesselmann/Tillmann* GmbH & Co. Rn 44ff.; *Schlegelberger/Martens* § 161 HGB Rn 90; *Peter/Crezelius* Rn 988ff.

Gründung einer Kapitalgesellschaft erreicht werden kann. Die durch Wahl einer GmbH & Co. KG erreichte Haftungsbeschränkung unterscheidet sich jedoch grundlegend von derjenigen, die bei Gründung einer Kaptialgesellschaft – namentlich einer GmbH – erzielt worden wäre. Denn hierdurch wird erreicht, dass für die eigentliche unternehmerische Betätigung am Markt eine Personenhandelsgesellschaft zur Verfügung steht, auf die handels- und steuerrechtlich andere Rechtsregeln Anwendung finden und die vielfach sehr viel flexibler ausgestaltet werden kann, als eine (kleine) Kapitalgesellschaft. In haftungsrechtlicher Sicht ist **zentrales Anliegen** der Bildung einer GmbH & Co. KG mithin, **für eine Personengesellschaft den Vorteil der Beschränkung der Haftung der** hinter der Personengesellschaft stehenden **natürlichen Personen zu erschließen** und so das Privatvermögen aller unternehmenstragender Persönlichkeiten gegen die allgemeinen Risiken des Wirtschaftslebens abzusichern, ohne zugleich die rechtsformspezifischen Vorzüge einer Personengesellschaft aufgeben zu müssen.

61 **c) Drittorganschaft; Trennung von Management und persönlicher Haftung.** Das Recht der Personengesellschaften ist geprägt von dem Grundsatz der Selbstorganschaft. Nach dem gesetzlichen Leitbild korrespondiert mit der persönlich unbeschränkten Haftung der oder zumindest eines Personengesellschafters das Recht zur Geschäftsführung und Vertretung der Gesellschaft. Im Falle einer KG ist hierzu allein der Komplementär befugt, während die Kommanditisten von der organschaftlichen – nicht von der rechtsgeschäftlichen[64] – Vertretung der Gesellschaft ausgeschlossen sind.

62 Dieses Grundprinzip des Personengesellschaftsrechts erweist sich vor allem im Rahmen der **Unternehmens- und Führungsnachfolge** als hinderlich für eine gedeihliche Entwicklung des Unternehmens. Mittelständige Unternehmen werden häufig von dem Gründer des Unternehmens, der regelmäßig als persönlich haftender Gesellschafter die Geschäftsführungs- und Vertretungsbefugnisse wahrnimmt, geprägt. Die Schaffenskraft und Lebenszeit dieser Persönlichkeiten ist – anders als die Lebenszeit des Unternehmens selbst, welches typischerweise den Gründer überdauern soll – begrenzt. Sollte die bisherige Führungspersönlichkeit nicht mehr über den Willen oder die Fähigkeit, das Unternehmen zu führen, verfügen, so bringt dieser Führungswechsel für eine idealtypische Personengesellschaft erhebliche rechtliche Schwierigkeiten mit sich: Denn die Suche nach einem neuen Manager impliziert dann, da ja eine Fremdgeschäftsführung ausscheidet und am Markt nicht ohne weiteres eine erfahrene Führungspersönlichkeit angeworben werden kann, dass die KG selbst erheblich umstrukturiert werden muss, was im Normalfall eine Änderung des Gesellschaftsvertrages mit Zustimmung aller Gesellschafter voraussetzt; ein Weg, der sich oftmals – etwa in Anbetracht der vielfach divergierenden Vorstellungen der Beteiligten – nicht oder nur schwerlich praktizieren lässt. Zudem können vor allem bei Familiengesellschaften Bedenken gegen die Aufnahme von bestimmten Personen in den Gesellschafterkreis bestehen. Abgesehen hiervon stellt sich die Frage, ob derjenige – etwa ein Mitgesell-

[64] Einem Kommanditisten kann unstreitig rechtsgeschäftliche Vertretungsmacht, z. B. durch Einräumung einer Prokura, erteilt werden.

schafter – der zur Führung der Gesellschaft bereit ist, überhaupt persönlich haftender Gesellschafter mit allen Risiken werden will.

In einer normal verfassten KG beinhaltet mithin jeder Führungswechsel **63** nicht nur den üblichen Konfliktstoff, insbesondere die häufig streitige Frage danach, wer die vakante Führung übernehmen soll, sondern der Führungswechsel erfordert zugleich gesellschaftsvertragliche Neuverhandlungen und grundsätzlich das Einvernehmen aller Gesellschafter. Der schlichte Führungswechsel kann sich mithin schnell zum Streit zwischen allen Gesellschaftern und somit zur Krise des Unternehmens selbst ausweiten, eben weil im gesetzlichen Regelfall die Stellung des persönlich haftenden Gesellschafters und des „Geschäftsführers“ untrennbar miteinander verbunden sind.

Gerade vor dem Hintergrund der Unternehmens- und Führungsnach- **64** folge bietet hier die GmbH & Co. KG einen einfachen Ausweg aus dem drohenden Dilemma. Geschäftsführung und Vertretung liegen hier bei der Komplementär-GmbH, wodurch einerseits der **Grundsatz der Selbstorganschaft formal gewahrt** wird, andererseits **jedoch** ein **Führungswechsel** ebenso **leicht möglich** wird wie bei einer GmbH; namentlich eine Fremdgeschäftsführung kann etabliert werden, so dass auch ein außenstehender Fachmann (typischerweise durch Mehrheitsbeschluss der Gesellschafterversammlung der Komplementär-GmbH) zum Geschäftsfüher berufen werden kann. Die zur Geschäftsführung und Vertretung der KG befugte Komplementär-GmbH wird nämlich von dem GmbH-Geschäftsführer vertreten, so dass dieser zugleich die Geschäfte der KG führt. Jede Veränderung in der Person des Geschäftsführers der GmbH führt so zugleich zur Auswechslung der die KG führenden Persönlichkeit. Eine Verknüpfung der Unternehmensführung mit der Gesellschafterstellung sowie der Übernahme der persönlichen Haftung für die Schulden der KG besteht nicht. Im Ergebnis werden auf diese Weise trotz formalem Festhaltens am Grundsatz der Selbstorganschaft die Vorteile der Fremdorganschaft für die Personengesellschaft erreicht, indem die **Vertretungsmacht von** der persönlichen **Haftung gelöst und** das **Management** gegenüber dem Kapital **verselbständigt** wird.[65]

Aus den vorgenannten Gründen muss die **Möglichkeit einer** solchen **65** **Fremdgeschäftsführung** jedoch **frühzeitig geschaffen** werden. Steht der Führungswechsel unmittelbar bevor oder ist er bereits aktuell, so ist es regelmäßig zu spät, um die vorstehend genannten Probleme und Konflikte zu vermeiden. Denn dann erfordert die vorgesehene Umstrukturierung des Unternehmens die Zustimmung aller Gesellschafter und die Autorität der bisherigen Führungspersönlichkeit, die es regelmäßig vermag, solche Umstrukturierungen auch gegen den Widerstand opponierender Kommanditisten – regelmäßig Familienmitglieder, insbesondere Kinder – durchzusetzen, fehlt. Denn die bisherige Führungspersönlichkeit ist typischerweise bereits verstorben oder ihre Autorität ist in Anbetracht des angekündigten Führungswechsel geschwächt. Gerade eine Unternehmens- und Führungs-

---

[65] *Binz/Sorg* § 1 Rn 25 ff.; *Grunewald* Gesellschaftsrecht Kap. 1.C. Rn 67; *Hesselmann/Tillmann* GmbH & Co. Rn 46 ff.; *Schlegelberger/Martens* § 161 HGB Rn 89.

nachfolge muss sorgfältig geplant und gut vorbereitet sein. Vor diesem Hintergrund ist zu empfehlen, alle insoweit erforderlichen Maßnahmen so früh wie möglich einzuleiten. Denn nur so können in Zukunft Konflikte, die die Existenzfähigkeit des Unternehmens insgesamt bedrohen können, bereits von vornherein ausgeschlossen oder abgemildert werden.

66 **d) Erleichterte Kapitalbeschaffung.** Im Vergleich mit einer Kapitalgesellschaft, insbesondere einer GmbH, erweist sich eine GmbH & Co. KG vor allem auch deshalb als vorteilhaft, weil für den Gesellschaftsvertrag einer Personengesellschaft beinahe **unbeschränkte Gestaltungsfreiheit** besteht, wohingegen die innere Verbandsverfassung einer GmbH, obwohl auch insoweit grundsätzlich Satzungsfreiheit existiert, in stärkerem Maße zwingendem Recht unterliegt.[66] Insbesondere die **Kapitalbeschaffung** kann in einer KG erheblich leichter bewerkstelligt werden als bei einer GmbH, da die kapitalgesellschaftsrechtlichen Grundsätze der Kapitalaufbringung und -erhaltung im Personengesellschaftsrecht keine Anwendung finden.[67]

67 Als wesentliche Vorzüge der Personengesellschaft gegenüber einer GmbH sind insoweit zu nennen: Es bedarf keiner gesetzlichen Mindesteinzahlung der Kommanditeinlage; dies ist insbesondere dann von Vorteil, wenn für das von der Gesellschaft zu betreibende Handelsgewerbe ein erheblicher Kapitalbedarf besteht, der jedoch sukzessive und flexibel aufgebracht werden soll. Denn bei einer GmbH muss gemäß § 7 Abs. 2 GmbHG auf jede Stammeinlage mindestens $^{1}/_{4}$ und insgesamt müssen mindestens € 12.500 eingezahlt werden, wobei dieser Betrag so zu bewirken ist, dass er endgültig zur freien Verfügung der Geschäftsführer steht (vgl. § 8 Abs. 3 GmbHG). Weiterhin müssen bei einer GmbH alle Sacheinlagen vor Anmeldung der Gesellschaft bereits an die Gesellschaft bewirkt worden sein (vgl. § 7 Abs. 3 GmbHG), wohingegen bei einer Personengesellschaft eine etwa versprochene Sacheinlage auch später erbracht werden kann.[68] Allerdings ist zu beachten, dass das Kapital der Komplementär-GmbH selbständig nach den vorstehend genannten Grundsätzen aufgebracht werden muss. Jedoch wird die als Haftungsschott fungierende GmbH regelmäßig mit einem sehr viel geringeren Kapital ausgestattet als die operativ tätige

---

[66] *Hesselmann/Tillmann* GmbH & Co. Rn 49 ff.; *K. Schmidt* Gesellschaftsrecht § 5 III; eine Inhaltskontrolle des Gesellschaftsvertrages der GmbH & Co. KG findet grundsätzlich nicht statt, da die mit dem Grundsatz der gesellschaftsvertraglichen Gestaltungsfreiheit einhergehende Privatautonomie grundsätzlich die Richtigkeit der entsprechenden Vereinbarungen gewährleistet. Etwas anderes wird von der Rspr. u. h. M. einzig und allein im Hinblick auf die Gesellschaftsverträge von reinen Publikumsgesellschaften angenommen, vgl. BGHZ 64, 338; 84, 11; 102, 172, 177; 104, 50, 53.

[67] Vgl. zum kapitalgesellschaftsrechtlichen Kapitalaufbringungs- und -erhaltungsgrundsatz im Hinblick auf eine GmbH *Grunewald* Gesellschaftsrecht Kap. 2.F. Rn 112 ff.; *Baumbach/Hueck* GmbHG Einl. Rn 20; *K. Schmidt* Gesellschaftsrecht § 37, jew. m. w. N.

[68] Vgl. zusammenfassend zu Bar- und Sachgründung einer GmbH *Grunewald* Gesellschaftsrecht Kap. 2.F. Rn 18 ff.; *Raiser* Kapitalgesellschaften § 26 Rn 38 ff. u. 54 ff.; *K. Schmidt* Gesellschaftsrecht § 37 II 3, jew. m. w. N.

Gesellschaft, und Sacheinlagen werden insoweit üblicherweise nicht vorgesehen.

Weiterhin kann grundsätzlich der **Gegenstand der Einlage** bei einer Personengesellschaft sehr viel **freier gestaltet** werden. Insoweit ist es insbesondere denkbar, nicht nur Bar- und Sacheinlagen zu vereinbaren, sondern als Einlagegegenstand auch bereits erbrachte Arbeitsleistungen – anders als bei der GmbH[69] – vorzusehen; Letzteres ist allerdings bei der Personengesellschaft strittig.[70] Die Kommanditeinlage kann darüber hinaus auch durch Stehenlassen von Gewinnen geleistet werden. Letzteres ist bei der GmbH ebenfalls nicht möglich, sondern hier müssen die Gewinne mit allen steuerlichen Konsequenzen entweder vorgetragen oder ausgeschüttet und ggf. von den Gesellschaftern wieder eingelegt werden.[71] 68

Freiheit besteht bei Personengesellschaften auch im Hinblick auf eine **Änderung des Einlagegegenstandes**; dieser kann einvernehmlich jederzeit ausgetauscht werden. So kann etwa beschlossen werden, dass ein Gesellschafter anstatt einer ursprünglich zugesagten Bareinlage eine Sacheinlage erbringt oder umgekehrt. Diese Freiheit gewinnt vor allem im Hinblick auf die vorstehend geschilderte Möglichkeit der Umwandlung von thesaurierten Gewinnen in Kapitalbeiträge eine erhebliche Bedeutung.[72] 69

Schließlich ist es den Personengesellschaftern einfacher möglich, auch in Verlustjahren **Entnahmen** aus dem Gesellschaftsvermögen zu tätigen, als bei einer GmbH, da die GmbH-rechtlichen Grundsätze der Kapitalerhaltung keine Anwendung finden.[73] Sowohl laufende Gewinne als auch thesaurierte Gewinne können grundsätzlich **leichter** aus dem Gesellschaftsvermögen entnommen werden und auch eine Kapitalherabsetzung ist leichter **zu bewerkstelligen** als bei einer Kapitalgesellschaft. Diese Möglichkeit ist insbesondere dann von Bedeutung, wenn die Gesellschafter aus den Zahlungen der Gesellschaft ihren Lebensunterhalt bestreiten. Allerdings ist zu beachten, dass gemäß § 172a HGB die Vorschriften der §§ 32a, 32b GmbHG, die die kapitalersetzende Leistung von Gesellschaftern betreffen, bei der GmbH & Co. KG entsprechend auf Kommanditisten anwendbar sind und darüber hinaus auch eine analoge Anwendung der §§ 30ff. GmbHG im Falle einer GmbH & Co. KG befürwortet wird, so dass die GmbH-rechtlichen Grundsätze der Kapitalerhaltung – eingeschränkt – auch im Fall einer GmbH & Co. KG Anwendung finden. 70

---

[69] Vgl. statt aller *Raiser* Kapitalgesellschaften § 26 Rn 58 a. E. (ganz h. L.).

[70] Bejahend *Hesselmann/Tillmann* GmbH & Co. Rn 49; *Heymann/Horn* § 161 HGB Rn 79; a. A. *Koller/Roth/Morck* §§ 171, 172 HGB Rn 4, 14; *Schlegelberger/K. Schmidt* §§ 171, 172 HGB Rn 10; *K. Schmidt* Gesellschaftsrecht § 20 II 3 a bb.

[71] *Hesselmann/Tillmann* GmbH & Co. Rn 49; *Heymann/Horn* § 171 HGB Rn 15; *GK/Schilling* HGB § 171 Anm. 6.

[72] Vgl. BGH NJW 1992, 241, 242; NJW-RR 1992, 930; *Hesselmann/Tillmann* GmbH & Co. Rn 49; *Koller/Roth/Morck* §§ 171, 172 HGB Rn 4, 14.

[73] Vgl. zu den GmbH-rechtlichen Grundsätzen der Kapitalerhaltung *Grunewald* Gesellschaftsrecht Kap. 2.F. Rn 115ff.; *Raiser* Kapitalgesellschaften § 37; *K. Schmidt* Gesellschaftsrecht § 37 III.

71 **e) Privatautonome Gestaltung der Kompetenzordnung und der Einflussnahmemöglichkeiten der Gesellschafter.** Sowohl im Personengesellschaftsrecht als auch im GmbH-Recht besteht – anders als im vom Grundsatz der Satzungsstrenge geprägten Aktienrecht (vgl. § 23 Abs. 5 AktG) – weitgehende **gesellschaftsvertragliche Gestaltungsfreiheit**. Die statutarische Kompetenzordnung und die Einflussmöglichkeiten der Gesellschafter können flexibel gestaltet werden. Insoweit bestehen im Grundsatz keine wesentlichen, im Detail allerdings durchaus rechtsformspezifische Unterschiede, die im Rahmen der Gestaltung der Gesellschaftsverträge von KG und Komplementär-GmbH beachtet werden müssen. Im Rahmen der Abstimmung der Gesellschaftsverträge bestehen zwei grundsätzliche Möglichkeiten:

72 Zum einen kann ein weitgehender **Gleichlauf** der Kompetenzordnungen der jeweiligen Gesellschaften und der damit einhergehenden Einflussmöglichkeiten der jeweiligen Gesellschafter von KG und Komplementär-GmbH herbeigeführt werden. Dies ist insbesondere dann zweckmäßig und geboten, wenn an der KG und an der Komplementär-GmbH dieselben Personen zu gleichen Beteiligungsquoten beteiligt sind, da diese dann auch in beiden Gesellschaften die gleichen Mitspracherechte haben sollen (so genannte **personengleiche GmbH & Co. KG**).

73 Gesellschafterkreis und Beteiligungsquoten innerhalb der operativ tätigen KG und in der die Geschäftsführung der KG wahrnehmenden GmbH können jedoch auch (bewusst) voneinander abweichen (so genannte **nicht personengleiche GmbH & Co. KG**). Auf diesem Wege wird bestimmten Gesellschaftern ein erheblich größerer Einfluss auf die Geschäftsführung und Vertretung des Gesamtunternehmens eingeräumt als anderen. Die Rechtsstellung des persönlich haftenden Gesellschafters ist nämlich eine wesentlich stärkere als die eines Kommanditisten, so dass diejenigen Personen, die allein Gesellschafter der Komplementär-GmbH sind, allein durch die unterschiedliche Ausgestaltung der Beteiligungsverhältnisse in KG und Komplementär-GmbH einen erheblichen Einfluss auf das Gesamtunternehmen gewinnen, wohingegen der Einfluss der Nur-Kommanditisten begrenzt ist.

74 Durch eine solche nicht personenidentische GmbH & Co. KG kann also erreicht werden, dass diejenigen, die allein als Kommanditisten an der KG beteiligt sind, ohne zugleich GmbH-Gesellschafter der Komplementärin zu sein, weitgehend zu **reinen Kapitalgebern mit geringem Einfluss** auf das Management werden. Demgegenüber können diejenigen Personen, die Gesellschafter der GmbH sind, die Geschäftsführung und Vertretung der GmbH & Co. KG bestimmen, auch wenn sie selbst an der KG nicht oder nicht mehrheitlich beteiligt sind. Die Rechtsform der GmbH & Co. KG bietet mithin die **Möglichkeit der Beherrschung** des Gesamtunternehmens **ohne Kapitalmehrheit**; dies wird schlagwortartig vielfach als „Herrschaft ohne Majorität" bezeichnet.[74] Denn bei der Komplementär-GmbH können deren Gesellschafter den Geschäftsführer, der auch die Geschäfte der KG führt, bestellen sowie abberufen (vgl. § 38 GmbHG) und

[74] Vgl. zum Begriff *Binz/Sorg* § 1 Rn 30 ff.

ihm grundsätzlich in beliebigem Umfang Weisungen hinsichtlich der Geschäftsführung erteilen (so genannte Omnipotenz der Gesellschafterversammlung).[75] Die GmbH-Gesellschafter haben darüber hinaus ein nicht abding- oder einschränkbares Auskunfts- und Informationsrecht (vgl. § 51a GmbHG), so dass sie sich alle für eine entsprechende Einflussnahme notwendigen Informationen jederzeit beschaffen können, auch wenn sie selbst die Geschäftsführerposition nicht einnehmen.

Demgegenüber können die Kommanditisten der KG im gesetzlichen Regelfall auf die laufende Geschäftsführung des persönlich haftenden Gesellschafters keinen Einfluss nehmen. Lediglich bei Maßnahmen, die über den gewöhnlichen Geschäftsbetrieb hinausreichen, besteht gemäß § 164 HGB ein Widerspruchsrecht, wobei auch dieses Recht durch gesellschaftsvertragliche Regelungen weitgehend abbedungen werden kann.[76] Auch die Informationsrechte der Kommanditisten sind sehr viel schwächer ausgeprägt als diejenigen der GmbH-Gesellschafter. Deren Kontrollrechte beschränken sich nämlich gemäß § 166 HGB auf die abschriftliche Mitteilung des Jahresabschlusses und die Prüfung seiner Richtigkeit.[77] **75**

Ist ein solcher unterschiedlicher Einfluss der am Gesamtunternehmen beteiligten Personen gewollt, müssen flankierend die Gesellschaftsverträge von KG und GmbH so ausgestaltet werden, dass der Einfluss der Mehrheit der Kommanditisten innerhalb der KG sinnvoll begrenzt, der Einfluss der GmbH-Gesellschafter innerhalb der GmbH jedoch stark ausgeprägt wird. Diese Umstände können nun in vielfältiger Weise fruchtbar gemacht werden, um den Interessen der Gesellschaft zu dienen. Insbesondere wird die Möglichkeit eröffnet, **reine Kapitalgeber** in die Gesellschaft aufzunehmen, die an einer gewinnbringenden Geldanlage interessiert sind und keinen unternehmerischen Einfluss nehmen wollen oder sollen – eine Gestaltungsmöglichkeit, von der gerade Publikums- und Abschreibungsgesellschaften vielfältig Gebrauch machen, bei denen die Initiatoren vielfach überhaupt nicht kapitalmäßig an der KG beteiligt, sondern alleinige GmbH-Gesellschafter sind. **76**

Aber gerade auch im Rahmen der **Unternehmensnachfolge** insbesondere **in Familiengesellschaften** lässt sich diese Gestaltungsmöglichkeit variabel und im Ergebnis im Interesse aller Gesellschafter einsetzen. Die Lebenszeit eines gewerblichen Unternehmens ist – wie ausgeführt – grundsätzlich nicht beschränkt; es soll vielmehr regelmäßig viele Generationen überdauern. Durch Versterben der Gründer- und Führungsgeneration rücken in deren Gesellschafterstellung dann regelmäßig deren Ehegatten oder Nachkommen ein, wobei die Erben vielfach entweder nicht Willens oder nicht in der Lage sind, sich innerhalb des Unternehmens un- **77**

[75] *Roth/Altmeppen* § 37 GmbHG Rn 3 ff.; *Rowedder/Koppensteiner* § 37 GmbHG Rn 25 ff.; *Scholz/Schneider* § 37 GmbHG Rn 30 ff.; *Baumbach/Hueck* GmbHG § 37 Rn 10 ff.

[76] BGH WM 1993, 18, 23; *Baumbach/Hopt* § 164 HGB Rn 6; *Grunewald* Gesellschaftsrecht Kap. 1.C. Rn 14 a. E.; *Schlegelberger/Martens* § 164 HGB Rn 23.

[77] *Grunewald,* ZGR 1989, 545, 549; *Hachenburg/Hüffer* § 51a GmbHG Rn 76; *Schlegelberger/Martens* § 166 HGB Rn 18 f. (h. M.); a. A. *Koller/Roth/Morck* § 166 HGB Rn 6; *Roth/Altmeppen* § 51a GmbHG Rn 44; *Schießl,* GmbHR 1985, 109 ff.

ternehmerisch zu betätigen oder sinnvoll unternehmerischen Einfluss zu nehmen. Zudem zersplittern sich die Beteiligungen von Erbfall zu Erbfall und von Generation zu Generation typischerweise immer weiter, so dass der Gesellschafterkreis groß und unüberschaubar wird, ganz abgesehen von der Gefahr von Streitigkeiten zwischen den einzelnen Familienstämmen, die im Kampf um Wissen, Einfluss und Geld zu einer Lähmung des Unternehmens führen können. Gerade vor diesem Hintergrund ist es sinnvoll und notwendig, durch gestalterische Vorsorge eine Weiterführung des Unternehmens durch eine starke Geschäftsführung (sei es durch einen Fremdgeschäftsführer, sei es durch einen unternehmerisch befähigten Nachkommen) zu gewährleisten. Dies lässt sich durch die Wahl der „Rechtsform" der GmbH & Co. KG und entsprechende gesellschaftsvertragliche und erbrechtliche Regelungen sicherstellen, indem die unternehmerisch weniger befähigten oder gar ungeeigneten Erben lediglich Kommanditisten der operativ tätigen KG werden, die zukünftigen unternehmenstragenden Persönlichkeiten hingegen neben ihrer KG-Beteiligung zugleich die Geschäftsanteile der Komplementär-GmbH erhalten. Die Unternehmerpersönlichkeiten können dann, ohne mehrheitlich an dem Unternehmen beteiligt zu sein, ungehindert die Geschäfte der Gesellschaft führen und zum Gewinn aller das Vermögen des Familienunternehmens sichern und mehren. Hierzu muss keiner der Nachkommen vermögensmäßig benachteiligt werden, da die relevanten Werte des Gesamtunternehmens ja der KG zustehen.

78 Die durch die „Rechtsform" der GmbH & Co. KG ermöglichte „Herrschaft ohne Majorität" ist mithin ein probates Mittel gerade im Rahmen der **vorausschauenden Planung der Unternehmensnachfolge**. Eine solche tut Not, denn eine starke Unternehmensleitung, die von latenten oder jedenfalls nicht vermeidbaren Spannungen innerhalb eines im Laufe der Zeit naturgemäß größer werdenden Gesellschafterkreises unbeeindruckt und vor allem – zumindest im Tagesgeschäft – unbeeinflusst ist, ist grundsätzlich (von Fällen des Macht- und Einflussmissbrauchs abgesehen) die beste Gewähr für eine gedeihliche Unternehmensentwicklung.

79 Dies gilt natürlich unter dem Vorbehalt, dass die Führungsposition von einer geeigneten Führungspersönlichkeit eingenommen wird; dieses Problem, einen solchen Unternehmer zu finden, besteht allerdings unabhängig von Rechtsformüberlegungen. Jedoch kann auch diese Auswahl durch die „Rechtsform" der GmbH & Co. KG erleichtert werden. Vielfach bietet es sich nämlich für einen Unternehmer an, einen Nachkommen bereits zu Lebzeiten an dem Unternehmen zu beteiligen. Hierfür sprechen schon steuerrechtliche Erwägungen. Abgesehen hiervon ist es sinnvoll, die Nachkommen frühzeitig an das Unternehmen heranzuführen, insbesondere dann, wenn diese (regelmäßig als Angestellte) in dem Unternehmen bereits tätig sind oder auf eine solche Tätigkeit vorbereitet werden sollen. Hierdurch wird den Nachkommen Einblick in das Unternehmen gewährt, ergebnis- und eigenverantwortliches Handeln gefördert und die Chance zur Bewährung geboten, was die spätere Auswahl eines geeigneten Führungsnachfolgers erleichtert. Zugleich hat die bisher unternehmenstragende Persönlichkeit natürlich das Interesse, sich seines Einflusses auf die Geschicke des Unternehmens nicht zu begeben. Dies kann trotz kapitalmäßiger Beteiligung der Nachkommen gewährleistet werden, etwa indem das Unternehmen als nicht personenidentische GmbH & Co. KG ausgestaltet und der bisherige Unternehmer Alleingesellschafter der Komplementär-GmbH wird und der designierte Nachfolger von Todes wegen in diese Position einrückt.

f) Rechnungslegung, Publizität und Mitbestimmung. Kapitalgesellschaften unterliegen grundsätzlich wesentlich strengeren Rechnungslegungs- und Publizitätsvorschriften als Personengesellschaften. Es bestand nach früherem Recht nur für Kapitalgesellschaften eine Verpflichtung, ihre Jahresabschlüsse zu prüfen und zu publizieren. Auch die GmbH & Co. KG wurde von den speziell für Kapitalgesellschaften geltenden Vorschriften über die **Rechnungslegung** (§§ 264 ff. HGB) nicht erfasst. Nach der sog. GmbH & Co. KG-Richtlinie der EU[78] sind nun jedoch KGs, deren Komplementäre keine natürlichen Personen, sondern GmbHs oder AGs sind, denselben Publizitäts- und Prüfungsregeln zu unterwerfen wie Kapitalgesellschaften. Die Richtlinie wurde durch das Kapitalgesellschaften & Co. Richtlinie-Gesetzes (KapCoRiLiG), welches am 4. Februar 2000 vom Bundestag beschlossen wurde, umgesetzt (vgl. §§ 264 a, b, c HGB), so dass die bisherigen bilanzrechtlichen, rechtsformspezifischen Unterschiede weitgehend entfallen sind.[79] 80

Echte Vorteile bietet die GmbH & Co. KG hingegen im Hinblick auf die **Mitbestimmung**. Ein Aufsichtsrat unter Arbeitnehmerbeteiligung ist bei einer GmbH & Co. KG, bzw. exakter bei der Komplementär-GmbH, erst dann zu bilden, wenn das Unternehmen (also die GmbH und die KG zusammengenommen) mehr als 2.000 Arbeitnehmer beschäftigt, wobei weitere Voraussetzung ist, dass in der KG und der Komplementär-GmbH die gleichen Gesellschafter mehrheitlich beteiligt sind (vgl. §§ 1, 4 MitbestG).[80] Demgegenüber ist für eine GmbH mit mehr als 500 Arbeitnehmern ein drittelparitätisch-mitbestimmter Aufsichtsrat nach § 1 Abs. 1 Nr. 3 DrittelbG zu bilden. GmbH & Co. KGs mit mehr als 500 und weniger als 81

---

[78] Richtlinie v. 8. 11. 1990 (90/605/EWG) AblEG Nr. L 317/60.

[79] Vgl. BGBl. 2000, 154; s. hierzu *Bihr*, BB 1999, 1862 ff.; *Scheffler*, DStR 2000, 529 ff.; *Strobel*, BB 1999, 1054 ff.; *Binz/Sorg* § 15. Zwar haben zwei Gerichte den Europäischen Gerichtshof zur Vorabentscheidung angerufen, ob die Offenlegungspflichten mit europäischem Recht vereinbar sind (LG Essen, Beschl. v. 25. 11. 2002 Az. 45 T1/02 = GmbHR 2003, 298; LG Hagen, Beschl. v. 11. 2. 2003, Az 23 T 5/01) und die Entscheidung des EuGH steht noch aus; siehe dazu *Naujok*, GmbHR 2003, 263. Jedoch hat der EuGH in vorhergehenden Entscheidungen die Vereinbarkeit der KapCoRiLi mit dem Primärrecht unterstellt (EuGH v. 29. 9. 1998, GmbHR 1998, 1078; EuGH v. 22. 4. 1999, GmbHR 1999, 605).

[80] Nach zutr. ganz h. M. ist § 4 Abs. 1 MitbestG auch im Fall der sog. Einheitsgesellschaften, d. h. auf eine GmbH & Co. KG, bei der die KG alle Geschäftsanteile der Komplementär-GmbH inne hat, (jedenfalls entsprechend) anwendbar, so OLG Celle DB 1979, 2502; OLG Bremen DB 1980, 1332; *Kunze*, ZGR 1978, 321, 335; *Schlegelberger/Martens* § 161 HGB Rn 191; MünchHdb. GesR II/*Riegger* § 53 Rn 11; *Raiser* MitbestG § 4 Rn 13; *Hanau/Ulmer* § 4 MitbestG Rn 17; *Hanau/Oetker* § 4 Rn 4 sowie nunmehr auch *Binz/Sorg* § 14 Rn 70 ff., jeweils m. w. N.

2000 Mitarbeitern bzw. nicht personenidentische GmbH & Co. KGs, an denen nicht dieselben Personen Mehrheitsbeteiligungen an der KG und der Komplementär-GmbH halten, bieten somit mitbestimmungsrechtliche Vorteile gegenüber einer GmbH.

82 **g) Sicherung der Unternehmenskontinuität.** Über die genannten Vorteile im Rahmen der Sicherung der Unternehmensnachfolge bot die GmbH & Co. KG früher weitere Vorteile im Rahmen der Sicherung der Unternehmenskontinuität, die auf einem früheren Nachteil sonstiger Personenhandelsgesellschaften beruhten und mit der Handelsrechtsreform entfallen sind. Personengesellschaften waren früher, anders als Kapitalgesellschaften, im Grundsatz in ihrem Fortbestand von der unveränderten Zusammensetzung ihres Gesellschafterkreises abhängig. So führte insbesondere der Tod eines persönlich haftenden Gesellschafters im gesetzlichen Regelfall zur Auflösung der Gesellschaft (vgl. § 727 Abs. 1 BGB, § 131 Nr. 4 HGB a. F. i.V. m. § 161 HGB a. F.). Dies deshalb, weil der Zusammenschluss in einer Personengesellschaft nach der Grundidee des Gesetzes auf dem persönlichen Einsatz der Gesellschafter für das Unternehmen und dem persönlichen Vertrauen zwischen den Personengesellschaftern beruht. Diese Rechtsfolge war jedoch nicht zwingend. Es wurde in Personengesellschaftsverträgen insoweit typischerweise vereinbart, dass die Gesellschaft bei Tod des persönlich haftenden Gesellschafters entweder zwischen den verbleibenden Gesellschaftern (Fortsetzungsklausel) oder den Erben (Nachfolgeklausel) fortgesetzt wird.

83 Dieser frühere Gesetzesgrundsatz ist durch das Handelsrechtsreformgesetz umgekehrt worden. Gemäß § 131 Abs. 3 S. 1 Nr. 1 HGB führt der Tod des Gesellschafters mangels abweichender gesellschaftsvertraglicher Bestimmung nicht zur Auflösung der Gesellschaft, sondern zum Ausscheiden des entsprechenden Gesellschafters. Allerdings ist zu beachten, dass dann, wenn der einzige Komplementär einer KG gestorben ist und keine Nachfolgeklausel existiert, die Gesellschaft als werbende KG nur fortgesetzt werden kann, wenn ein neuer Komplementär eintritt; andernfalls ist die Gesellschaft aufgelöst.[81] Im Zweifel ist eine ergänzende Auslegung des Gesellschaftsvertrages dahin gehend geboten, dass die Kommanditisten zumutbare Anstrengungen unternehmen müssen, um die Auflösung der Gesellschaft zu verhindern, z. B. durch Gründung einer Komplementär-GmbH, die in die Gesellschaft als Komplementärin eintritt. Führen die Kommanditisten hingegen die Gesellschaft ohne (neuen) Komplementär fort, so wird die Gesellschaft regelmäßig zur OHG.[82] Ist eine Nachfolgeregelung getroffen worden, kann der Nachfolger eines persönlich haftenden Gesellschafters allerdings seinen Verbleib in der Gesellschaft von der Einräumung der Stellung eines Kommanditisten abhängig machen (vgl. § 139 HGB).

84 Es kann mithin beim Tod des persönlich haftenden Gesellschafters auch bei vertraglicher Vorsorge die Notwendigkeit entstehen, einen neuen per-

---

81 Vgl. *Koller/Roth/Morck* § 131 HGB Rn 8.

82 Vgl. BGH JZ 1987, 95; NJW 1979, 1705 f.; *Koller/Roth/Morck* § 131 HGB Rn 8 a. E.

sönlich haftenden Gesellschafter zu etablieren, da jedenfalls ein Gesellschafter die persönlich unbeschränkte Haftung für die Verbindlichkeiten der Gesellschaft übernehmen muss. Allein aus diesem Grunde bietet es sich an, **als persönlich haftenden Gesellschafter eine GmbH** einzusetzen, denn diese ist grundsätzlich **unsterblich**, so dass der Fortbestand des Unternehmens dauerhaft gesichert wird. Die vorgesehene Komplementär-GmbH kann an die Stelle des bisherigen persönlich haftenden Gesellschafters treten, neben ihn oder auch erst beim Ableben des Komplementärs in dessen Stellung einrücken (so genannte Reserve-GmbH).

III. Die GmbH & Co. KG in der Unternehmenspraxis

Vorstehend wurde eine Vielzahl von Gestaltungsgesichtspunkten aufgezeigt, deren Relevanz und Gewichtung im Einzelfall sehr unterschiedlich sein können. In der Unternehmenspraxis gibt es einige Situationen, in denen die Wahl der „Rechtsform" der GmbH & Co. KG in besonderem Maße in Betracht kommt, wobei jeweils dieser Rechtsformwahl typischerweise nur ein Teil der vorgenannten Überlegungen zugrunde liegen. Diese Gesichtspunkte werden nachstehend zusammengestellt. Allerdings verbieten sich auch insoweit Pauschalurteile. Die **Entscheidung** zugunsten einer bestimmten Rechtsform beruht regelmäßig auf einem **vielschichtigen Motivbündel**. Die Auswahl der für das konkrete unternehmerische Engagement passenden Rechtsform ist eine diffizile, aber zugleich sehr wichtige Aufgabe. Es kann hier daher nur ein Grobraster von typischen Entscheidungskriterien geboten werden: 85

1. Neugründung

Soll ein gewerbliches Unternehmen neu gegründet werden, spielen die **gesellschaftsrechtlichen Überlegungen** regelmäßig eine eher untergeordnete Rolle, mit Ausnahme der erstrebten **Vermeidung** einer **persönlichen Haftung** der Unternehmensgründer. 86

Relevanz kann insoweit aber auch eine denkbare **Trennung zwischen Managementfunktion und Kapitalgeberfunktion** innerhalb des Unternehmens gewinnen. Der Kapitalbedarf für das neue Unternehmen kann vielfach (ohne dass zusätzliche persönliche oder dingliche Sicherheiten geleistet werden) nur schwer über Kredite aufgebracht werden; Banken sind in Deutschland noch immer im Rahmen ihrer Kreditvergabeentscheidungen für zukunftsträchtige, innovative Projekte mit großen Chancen und Risiken sehr zurückhaltend; insoweit wird verbreitet eine Verschärfung der bestehenden Situation im Zuge der Umsetzung der sog. Basel II-Empfehlungen befürchtet.[83] Es kann daher zweckmäßig sein, das neue Unternehmen auf eine breite Eigenkapitalbasis zu stellen und private Kapitalgeber zu suchen, die bereit sind, in das Unternehmen gegen Gewährung einer nicht-

---

[83] Vgl. zu Basel II etwa: *Kümpel*, Bank- und Kapitalmarktrecht, 3. Aufl., Rn 19.82 ff. insbes. Rn 19.105; siehe ferner *Jungmichel*, WM 2003, 1201, 1208, der Befürchtungen aus der mittelständischen Wirtschaft im Hinblick auf Basel II zu zerstreuen sucht.

unternehmerischen Gesellschafterstellung zu investieren. Hier bietet sich – abgesehen von einer AG, die jedoch nach dem gesetzlichen Leitbild auf Großunternehmen mit großem Kapitalbedarf zugeschnitten und wegen ihrer sehr förmlichen, schwer handhabbaren Unternehmensstruktur nicht ernsthaft als Alternative in Betracht kommt[84] – allein die GmbH & Co. KG als geeignete „Rechtsform" an. Dies vor allem auch deshalb, weil die GmbH & Co. KG den Anlegern neben der Chance, an dem Wertzuwachs des Unternehmens zu partizipieren, noch immer die Möglichkeit bietet, interessante Steuervorteile zu erzielen.

87 Jenseits dieser Fallgestaltung spielt die **kapitalmäßige Flexibilität** der Personengesellschaft gegenüber der GmbH im Rahmen der Entscheidung zur Neugründung einer GmbH & Co. KG eine Rolle. Im Übrigen dürften jedoch wohl steuerrechtliche Überlegungen, aber auch emotionale Gründe im Rahmen der Neugründungspraxis leitend sein.[85]

2. Umwandlung eines bestehenden Unternehmensin eine GmbH & Co. KG

88 Wird ein bestehendes Unternehmen in eine GmbH & Co. KG „umgewandelt",[86] so hängen die maßgebenden Überlegungen von der ursprünglichen Rechtsform des „umgewandelten" Unternehmens ab.

a) Einzelkaufmännische Unternehmen/Personengesellschaften. Ein einzelkaufmännisches Unternehmen oder eine (weitgehend) strukturtypische OHG/KG wird regelmäßig vor allem zur **Herbeiführung einer Haftungsbeschränkung** zugunsten der unternehmerisch engagierten natürlichen Personen in eine GmbH & Co. KG umgewandelt.

89 Von Bedeutung ist insoweit weiterhin, dass diese Änderung der „Rechtsform" regelmäßig **ohne großen Aufwand** durch Aufnahme der Komplementär-GmbH, die zudem relativ einfach im Wege der Bargründung gegründet werden kann, zu bewerkstelligen ist. Die einfache Handhabung des Unternehmens im Hinblick auf die gesellschaftsvertragliche Ausgestaltung der inneren Ordnung und im Rahmen von Kapitalmaßnahmen sowie hinsichtlich der Tätigung von Entnahmen bleibt erhalten. Die andersartigen

---

[84] Dies gilt trotz der vom Gesetzgeber durch das „Gesetz für kleine AG und zur Deregulierung des Aktienrechts" v. 2.8.1994 (BGBl. I, 1961) eingeführten Erleichterungen für sog. „kleine AG". Für derartige Gesellschaften wurden zwar Sonderbestimmungen über die Einpersonengründung (vgl. § 2 AktG), über die freiere Ergebnisverwendung (§ 58 Abs. 2 S. 2 AktG) und über eine vereinfachte Hauptversammlung bei bekanntem Aktionärskreis (§§ 121 Abs. 4, 124 Abs. 1 AktG) geschaffen, jedoch hat sich hierdurch die für mittelständische Unternehmen schwere Handhabbarkeit der AG nicht grundlegend geändert, vgl. *K. Schmidt* Gesellschaftsrecht § 26 III 2 b a. E.: „die ‚Einführung' der ‚kleinen AG' ist nichts als eine teleologische Korrektur einzelner Gesetzesnormen innerhalb eines erstarrten Aktiengesetzes".

[85] *Hesselmann/Tillmann* GmbH & Co. Rn 59 ff.

[86] Rechtstechnisch kann eine solche „Umwandlung" im Wege des Formwechsels nach dem UmwG bzw. nach den anderen umwandlungsrechtlichen Rechtsregeln, aber auch in anderer Weise, etwa durch Ausgründung des operativen Geschäftsbetriebes oder Ähnliches erfolgen.

kapitalgesellschaftsrechtlichen Regeln sind unmittelbar nur im Hinblick auf die weitgehend vermögenslose Komplementär-GmbH zu beachten. Einzig die Vorschriften zur Rechnungslegung können nun auch auf die KG Anwendung finden, vgl. §§ 264 ff. HGB. Steuerrechtlich ändert sich – abgesehen davon, dass die Besteuerung etwaiger Gewinne der Komplementär-GmbH nun nach den für Kapitalgesellschaften geltenden Regeln erfolgt – nicht viel. Es kann mithin das Unternehmen weitgehend unverändert fortgeführt werden; ein Vorteil, der nicht zu unterschätzen ist.

Leitend sind insoweit weiterhin Überlegungen im Hinblick auf die **Sicherung der Unternehmenskontinuität** und vor allem im Hinblick auf die **Erbfolge**. Gerade vor dem Hintergrund einer kapitalmäßigen Beteiligung von Nachkommen an dem Unternehmen bietet sich die „Rechtsform" der GmbH & Co. KG an. Eine solche frühzeitige Übertragung von Geschäftsanteilen auf Nachkommen ist bereits aus Gründen der **Erbschaft- und Schenkungsteuer** angezeigt, da die steuerlichen Freibeträge in Zeitabschnitten von mehr als zehn Jahren mehrfach ausgenutzt werden können (vgl. § 14 ErbStG), so dass eine teilweise vorweggenommene Erbfolge bereits bei durchschnittlichem Betriebsvermögen des Unternehmens für die Nachkommen erhebliche Steuervorteile bietet; gerade im Hinblick auf Steuerbelastungen aufgrund Schenkung von Todes wegen bietet die Personengesellschaft Vorteile. Die allgemeine Bedeutung einer vorausschauenden Unternehmensnachfolgeplanung wurde vorstehend eindringlich und wiederholt betont. Gerade für mittelständische Unternehmen und Familiengesellschaften bietet sich die GmbH & Co. KG an, um die mit einem Generationswechsel typischerweise verbundenen Schwierigkeiten und Probleme zu vermeiden bzw. vorweg zu lösen, damit sich der Tod der unternehmenstragenden Persönlichkeit nicht zur Unternehmenskrise und Gefährdung des Lebenswerkes des Firmengründers ausweitet. **90**

Aber auch wenn solche antizipierten Regelungen nicht getroffen wurden und sich im Unternehmen bereits (rivalisierende) Familienstämme gebildet haben, kann sich der Wechsel in eine GmbH & Co. KG anbieten, um den Konflikten die Schärfe zu nehmen und um Kompromisse zu finden, die ein gedeihliches Zusammenwirken zwischen den Beteiligten ermöglichen. Vor allem die Einsetzung eines **Fremdgeschäftsführers**, wie sie durch die Wahl dieser „Rechtsform" möglich wird, kann zielführend sein und die für die Streitenden bestehende Gefahr eines Vermögensverlustes mindern. **91**

Steuerrechtliche Überlegungen dürften demgegenüber beim Wechsel eines einzelkaufmännischen Unternehmens bzw. einer Personengesellschaft in die GmbH & Co. KG **eher in den Hintergrund** treten. **92**

b) GmbH. Demgegenüber dürften beim Wechsel von der GmbH in die GmbH & Co. KG umgekehrt **gesellschaftsrechtliche Gesichtspunkte** regelmäßig **nicht entscheidend** sein. Denn Haftungsbeschränkung und Möglichkeit zur Einsetzung eines Fremdmanagements bestehen bereits. Allenfalls die etwas größere Flexibilität der Personengesellschaft und mitbestimmungsrechtliche Überlegungen können eine (regelmäßig eher untergeordnete) Rolle spielen. Der Wechsel von der GmbH in die **93**

GmbH & Co. KG steht vielmehr typischerweise ganz im Zeichen der **Erzielung etwaiger steuerrechtlicher Vorteile**. Insbesondere die denkbaren Steuervorteile einer Personengesellschaft im Rahmen der Ertragsbesteuerung sowie im Rahmen des Gesellschafterwechsels von Todes wegen bzw. im Wege der Schenkung können insoweit entscheidendes Gewicht haben.

3. Sanierung Not leidender Unternehmen

94 Auch im Zusammenhang von Sanierungsbemühungen kann es angezeigt sein, ein in eine Schieflage geratenes Unternehmen in eine GmbH & Co. KG umzuwandeln. Oftmals besteht nämlich seitens der Gläubiger ein Interesse daran, die überschuldete Gesellschaft durch Zuführung neuen Kapitals zu sanieren. Dies insbesondere dann, wenn für die in Liquiditätsschwierigkeiten geratene Gesellschaft eine positive Fortführungsprognose besteht, so dass die Gläubiger die Chance haben, durch Kapitalzufuhr im Ergebnis drohende Verluste, die im Falle eines Konkurses entstehen würden, langfristig zu verhindern oder zumindest zu minimieren. Da jedoch die finanziellen Reserven des sanierungsbedürftigen Unternehmens erschöpft sind und auch keine zusätzlichen Sicherheiten für neue Kredite zur Verfügung gestellt werden können, bietet es sich an, die **Gläubiger an dem Unternehmen** als Kommanditisten **zu beteiligen** und, falls das Vertrauen in die Geschäftsführung in Anbetracht der Unternehmenskrise erschüttert ist, durch Aufnahme einer Komplementär-GmbH die **Geschäftsführung** in die Hand eines Fremdgeschäftsführers, regelmäßig eines **erfahrenen Sanierers**, zu legen. Der bzw. die bisherigen Inhaber verbleiben dann regelmäßig als Kommanditisten in der Gesellschaft.[87]

4. Zusammenschluss zu einer Interessengemeinschaft

95 Häufig schließen sich im Wirtschaftsleben gewerbliche Unternehmen zur Verfolgung gemeinsamer Ziele zusammen, um sich im Wettbewerb besser behaupten zu können. Die Kooperationsformen sind vielgestaltig. Die Palette reicht von schlichten obligatorischen Kooperationsverträgen bis zum Zusammenschluss bestimmter Unternehmensaktivitäten in Gemeinschaftsunternehmen, in die bestimmte Unternehmensbereiche regelmäßig als Sacheinlage eingebracht werden, oder im Wege der Verschmelzung.

In der Mitte zwischen diesen Extremen steht die so genannte Interessengemeinschaft, bei der mehrere selbständige Unternehmen zusammen eine Gesellschaft gründen, die bestimmte Unternehmensfunktionen – etwa den Einkauf oder den Vertrieb – übernimmt, ohne dass die Eigenständigkeit der Einzelbetriebe aufgegeben wird.[88] Für einen derartigen Zusammenschluss mehrerer selbständiger Unternehmen zu einer Interessengemeinschaft bietet sich regelmäßig die Rechtsform der GmbH & Co. KG an. Hierdurch kann nämlich – anders als bei einer strukturtypischen Personen-

---

[87] *Hesselmann/Tillmann* GmbH & Co. Rn 56; *Schlegelberger/Martens* § 161 HGB Rn 92.

[88] Vgl. zur Interessengemeinschaft *Hueck* Gesellschaftsrecht § 5 III 1; *K. Schmidt* Gesellschaftsrecht § 58 III 7 e.

handelsgesellschaft – das **Risiko einer persönlichen unbeschränkten Haftung** der zusammengeschlossenen Unternehmen für die Verbindlichkeiten der Interessengemeinschaft **vermieden** werden.[89] Zugleich wird sichergestellt, dass – anders als regelmäßig im Fall einer GmbH – der von der Interessengemeinschaft **erwirtschaftete Gewinn ohne große Schwierigkeiten entnommen** und von den einzelnen Gesellschaftern in ihren eigenen Betrieben verwandt werden kann.[90]

---

[89] S. hierzu auch *Hesselmann/Tillmann* GmbH & Co. Rn 57; *Schlegelberger/Martens* § 161 HGB Rn 92.

[90] Vgl. *Hesselmann/Tillmann* GmbH & Co. Rn 57.

§ 3 Erscheinungsformen der GmbH & Co. KG

Übersicht

Schrifttum: *Ammon,* Gesellschaftsrechtliche und sonstige Neuerungen im Handelsrechtsreformgesetz, DStR 1998, 1476; *Bahnsen,* Gestaltung einer GmbH & Co. KG als Einheitsgesellschaft, GmbHR 2002, 186 ff.; *Henze,* in: Festschrift Kellermann 1991, S. 141 ff.; *Hunscha,* Die GmbH & Co. KG als Alleingesellschafterin ihrer Komplementärin; Möglichkeiten und Grenzen der wechselseitigen Beteiligung von GmbH & KG, 1974; *Ippen,* Die GmbH & Co. KG als Inhaberin sämtlicher Geschäftsanteile ihrer allein persönlich haftenden GmbH-Komplementärin, 1967; *Klammroth,* Auswirkungen des MitbestG auf die GmbH & Co. KG, BB 1977, 305; *Lutter,* AcP 180 (1980), 84 ff.; *ders.,* ZHR 153 (1989), 446 ff.; *Pfander/v. Stumm,* Nochmals: Kann eine Personenhandelsgesellschaft Gesellschafterin einer anderen Personenhandelsgesellschaft sein? DB 1973, 2499 ff.; *Schilling,* in: Festschrift Barz, 1974, S. 74; *Schlitt,* Die Auswirkungen des Handelsrechtsreformgesetzes auf die Gestaltung von GmbH & Co. KG-Verträgen, NZG 1998, 580 ff.; *K. Schmidt,* Handelsrechtliche Probleme der doppelstöckigen GmbH & Co. KG, DB 1990, 93; *ders.,* HGB-Reform und gesellschaftsrechtliche Gestaltungspraxis, DB 1998, 61 ff.; *Timm,* ZGR 1986, 403 ff.; *Weber/Jacob,* Zum Referentenentwurf des Handelsrechtsreformgesetzes, ZRP 1997, 152 ff.; *Wiedemann,* DB 1993, 141 ff.; *Zöllner,* Die Schranken mitgliedschaftlicher Stimmrechtsmacht bei den privatrechtlichen Personenverbänden, 1963.

Die praktischen Erscheinungsformen der GmbH & Co. KG sind vielgestaltig, was darin begründet liegt, dass die Zwecke, zu denen diese Mischform aus Personen- und Kapitalgesellschaft einsetzbar ist und de facto eingesetzt wird, ebenso mannigfaltig sind.

I. Personengleiche und nicht personengleiche GmbH & Co. KG

Die realiter anzutreffenden GmbH & Co. KGs können zunächst nach den Gesellschafterkreisen der operativ tätigen KG und ihrer Komplementär-GmbH unterschieden werden. Denn – wie ausgeführt – kann die Ausgestaltung der Beteiligungsverhältnisse bewusst als Gestaltungselement eingesetzt werden, um das Unternehmen auf die konkreten Bedürfnisse der Beteiligten zuzuschneiden: 1

1. „Echte" GmbH & Co. KG

Vorherrschend ist die personen- bzw. beteiligungsgleiche GmbH & Co. KG (sog. „echte GmbH & Co. KG"), bei der Kommanditisten und GmbH-Gesellschafter regelmäßig mit der gleichen Beteiligungsrelation personenidentisch sind und mithin in beiden Gesellschaften über den gleichen Einfluss verfügen. Diese Gestaltungsform führt zu einem weitgehenden Gleichlauf innerhalb der KG und der GmbH und bewirkt in Anbetracht der Beteiligungsproportionalität bereits eine **faktische Verzahnung der beiden Gesellschaften**, wenngleich die **inneren Ordnungen** von KG und GmbH gleichwohl gesellschaftsvertraglich **harmonisiert** werden müssen; dies gilt namentlich für die gesellschaftsinterne Willensbildung, so dass die unterschiedlichen, dispositiven gesetzlichen Beschlusserfordernisse für KG und GmbH aufeinander abgestimmt werden müssen. 2

Noch wichtiger ist es, den Umfang der Beteiligungen und damit den Einfluss auf die Geschäftsführung für die Zukunft zu sichern, indem im Rahmen der Vertragsgestaltung die **fortdauernde Parallelität der Beteiligungsverhältnisse** in GmbH und KG gewährleistet wird. Es muss also vor allem gesellschaftsvertraglich Vorsorge dafür getroffen werden, dass von Todes wegen, bei Austritt, Ausschluss, Anteilsveräußerung und Ähnlichem die Personengleichheit und die Beteiligungsproportionalität in KG und GmbH gewahrt bleiben.[1] 3

2. „Unechte" GmbH & Co. KG

Auch die nicht personenidentische GmbH & Co. KG ist praktisch bedeutsam. Bei dieser Erscheinungsform sind die Kommanditisten und die Gesellschafter der GmbH entweder personenverschieden oder die Beteiligungsrelationen weichen voneinander ab, etwa indem nur ein Teil der Kommanditisten zugleich GmbH-Gesellschafter ist. Sinn und Zweck dieser Gestaltungsform ist es, bestimmte (oder alle) Kommanditisten der KG vom Einfluss auf die Geschäftsführung weitgehend auszuschließen, etwa weil diese als reine Kapitalgeber fungieren sollen oder der Firmengründer die Unternehmensnachfolge vorbereitet und er seine Nachkommen an dem Unternehmen zwar beteiligen, er die Geschäftsführung jedoch vorübergehend weiterhin allein wahrnehmen will bzw. weil er nur bestimmte, geeignete Personen an der Geschäftsführung partizipieren lassen will. 4

---

[1] Vgl. *Heymann/Horn* § 161 Rn 120, 134; *Schlegelberger/Martens* § 161 HGB Rn 98; *K. Schmidt* Gesellschaftsrecht § 56 II 3 c.

5 Auch hier ist es wichtig, die Willensbildungsprozesse in beiden Gesellschaften aufeinander abzustimmen, hier allerdings regelmäßig derart, dass der **Einfluss der Kommanditisten beschränkt** und auf Kontrollrechte begrenzt und demgegenüber der **Einfluss der Gesellschafter der Komplementär-GmbH gestärkt** wird. Häufig wird sich auch die Installation eines eigenständigen Kontroll- und Beratungsorgans für die Geschäftsführung, regelmäßig eines Beirates, anbieten, wobei wiederum GmbH- und KG-Verfassung aufeinander abgestimmt werden müssen.[2]

II. Einmann-GmbH & Co. KG

6 Ein Sonderfall der personengleichen GmbH & Co. KG ist die Einmann GmbH & Co. KG, bei der der Alleingesellschafter der GmbH zugleich einziger Kommanditist der KG ist, so dass im Ergebnis an der GmbH & Co. KG nur eine einzige natürliche Person beteiligt ist. Auch diese Gestaltungsform ist heute allgemein anerkannt (vgl. §§ 1, 35 Abs. 4 GmbHG).[3]

Probleme können bei der Einmann GmbH & Co. KG dann auftreten, wenn der Alleingesellschafter der GmbH zugleich Geschäftsführer derselben ist, denn gemäß § 35 Abs. 4 GmbHG findet die Bestimmung des § 181 BGB auf Rechtsgeschäfte eines Einmann-Gesellschafters mit „seiner" Gesellschaft Anwendung. Daher ist es zweckmäßig eine **Befreiung von dem Selbstkontrahierungsverbot** in den Gesellschaftsvertrag der Komplementär-GmbH aufzunehmen, die nach vorherrschender Auffassung in das Handelsregister eingetragen werden muss, um wirksam zu sein.[4]

III. Einheitsgesellschaft

7 Es wurde bereits dargelegt, dass eine der zentralen Aufgaben der Vertragspraxis die Verzahnung der Gesellschaftsverträge der KG und der Komplementär-GmbH ist. Deshalb war die Kautelarpraxis bemüht, auch eine **beteiligungsmäßige Verflechtung zwischen KG und Komplementär-GmbH** herzustellen, um die gesellschaftsrechtliche Doppelorganisation der GmbH & Co. KG zu verfestigen, die Verzahnungsprobleme – insbesondere im Rahmen der Willensbildung – zu vereinfachen und eine Aufsplitterung der verschiedenen Gesellschaftsanteile zu vermeiden. Diese Zielsetzung lässt sich am einfachsten realisieren, wenn sämtliche Geschäftsanteile an der GmbH auf die GmbH & Co. KG übertragen werden, so dass die KG Alleingesellschafterin „ihrer" Komplementär-GmbH wird und es innerhalb des einheitlichen aus KG und Komplementär-GmbH gebildeten Unternehmens im Ergebnis nur noch Kommanditisten gibt.[5]

---

[2] Vgl. *Baumbach/Hopt* Anh § 177 a HGB Rn 7.

[3] Vgl. *Heymann/Horn* § 161 HGB Rn 121; *Hueck* Gesellschaftsrecht § 37 II 1b; *Schlegelberger/Martens* § 161 HGB Rn 99.

[4] Vgl. BGHZ 87, 59, 60; *Baumbach/Hopt* Anh. § 177 a HGB Rn 39; *Binz/Sorg* § 4 Rn 10 ff.; *Hesselmann/Tillmann* GmbH & Co. Rn 424; *Heymann/Horn* § 161 HGB Rn 121; *K. Schmidt* Gesellschaftsrecht § 56 II 3 d, jew. m. w. N.

[5] Zu anderen Möglichkeiten der Verzahnung beider Gesellschaftsformen vgl. *Binz/Sorg* § 7 Rn 36–68.

Diese Gestaltungsform wird als **„Einheitsgesellschaft"** bezeichnet;[6] ihre **Zulässigkeit** ist heute **unbestritten**, zumal die Einheitsgesellschaft in § 172 Abs. 6 S. 1 HGB gesetzlich anerkannt ist.[7] Auch wenn die Einheitsgesellschaft bei oberflächlicher Betrachtung als ein einfaches Instrument zur Bewältigung der Abstimmungsprobleme zwischen KG- und GmbH-Gesellschaftsvertrag erscheint, so wirft sie gleichwohl schwierige Geschäftsführungs- und Haftungsprobleme auf. **8**

1. Gesellschaftsinterne Willensbildung

Das erste Problem entsteht aus der Tatsache, dass im Falle einer Einheitsgesellschaft eine **wechselseitige Beteiligung** zwischen KG und Komplementär-GmbH im Sinne des § 19 AktG besteht:[8] Da die Geschäftsführung der KG dem Geschäftsführer der Komplementär-GmbH obliegt, fällt in seinen Aufgabenbereich grundsätzlich auch die Ausübung von Beteiligungsrechten der KG, also auch die Willensbildung in der Gesellschafterversammlung der GmbH, an der allein die KG beteiligt ist. Auf diese Weise könnte der **Geschäftsführer der Komplementär-GmbH über seine eigene Entlastung und Abberufung entscheiden**.[9] Es ist offensichtlich, dass die GmbH durch ihren eigenen Geschäftsführer bei sich selbst keine Gesellschafterrechte ausüben kann, so dass die entsprechende Willensbildung den Kommanditisten obliegt.[10] Das Ergebnis ist evident, problematisch ist die rechtliche Begründung. **9**

Die wohl h. M. hält eine gesellschaftsvertragliche Regelung, durch die den Geschäftsführern der GmbH ihre Geschäftsführungsbefugnis für die KG in der Gesellschafterversammlung der GmbH entzogen und den Kommanditisten übertragen wird, für erforderlich, wobei die Kommanditisten für die Ausübung des Stimmrechts in der Gesellschafterversammlung gesellschaftsvertraglich bevollmächtigt werden müssen.[11] Die Kautelarpraxis hat sich diesem Gestaltungsvorschlag weitgehend angeschlossen. **10**

Es stellt sich allerdings die Frage, ob es einer solchen gesellschaftsvertraglichen Regelung, die unbestreitbar in jedem Fall aus Gründen der Rechtsklarheit getroffen werden sollte, bedarf. Meines Erachtens ist dies nicht der Fall: Denn nach den für die Personengesellschaft entwickelten Grundsätzen der Konzernleitungskontrolle, die auch auf Fälle wechselseitiger Beteiligung anzuwenden sind, ist ohnehin eine Beschlussfassung in der Personen- **11**

---

[6] Die Bezeichnung stammt von *Sudhoff* GmbH & Co. (1. Aufl. 1967), S. 47.

[7] Vgl. BayObLG DB 1974, 962; *Baumbach/Hopt* Anh. § 177 a HGB Rn 8; *Binz/Sorg* § 7 Rn 5 f.; *Hesselmann/Tillmann* GmbH & Co. Rn 131; *Schlegelberger/Martens* § 161 HGB Rn 100; *K. Schmidt* Gesellschaftsrecht § 56 II 3 e.

[8] Aus diesem Grunde wird die Einheitsgesellschaft teilweise für bedenklich gehalten, vgl. *Scholz/Emmerich* Anh. § 45 GmbHG Rn 58, 61; GK/*Schilling* HGB § 161 Anm. 26; *Schlegelberger/Martens* § 161 HGB Rn 100.

[9] Vgl. zu dieser Problemumschreibung *Bülow*, GmbHR 1982, 121; *Schlegelberger/Martens* § 161 HGB Rn 101; *Bahnsen*, GmbHR 2001, 186.

[10] Vgl. *Schlegelberger/Martens* § 161 HGB Rn 101; *Scholz/K. Schmidt* Anh. § 45 GmbHG Rn 59, jew. m. w. N.

[11] Vgl. *Schlegelberger/Martens* § 161 HGB Rn 101; GK/*Schilling* HGB § 161 Anm. 35; *Scholz/K. Schmidt* Anh. § 45 GmbHG Rn 59.

handelsgesellschaft über das Abstimmungsverhalten der KG in der Gesellschafterversammlung der GmbH hinsichtlich der Frage der Entlastung bzw. Abberufung des Geschäftsführers erforderlich,[12] so dass die Kompetenz zur entsprechenden Willensbildung innerhalb der Einheits-GmbH & Co. KG den Kommanditisten der KG obliegt. Der GmbH-Geschäftsführer hingegen ist aufgrund einer (doppelten) Analogie zu §§ 71b, 71d AktG von der Wahrnehmung des Stimmrechts der KG in der Gesellschafterversammlung der GmbH ausgeschlossen und darf auch, selbst wenn die Komplementär-GmbH auch kapitalmäßig an der KG beteiligt und sie daher (grundsätzlich) in der Gesellschafterversammlung der KG stimmberechtigt ist, in der KG für die GmbH nicht mit abstimmen (vgl. §§ 71b, 71d AktG analog), wenn über das Stimmverhalten der KG in der GmbH Beschluss gefasst wird.[13]

2. Haftungsprobleme

12 Daneben wirft die Einheits-GmbH & Co. KG jedoch auch erhebliche **Probleme des Gläubigerschutzes** auf. Für die im Geschäftsbetrieb der GmbH & Co. KG begründeten Verbindlichkeiten haftet keine natürliche Person mit ihrem Privatvermögen persönlich unbeschränkt, sondern die Komplementär-GmbH ist (regelmäßig alleiniger) persönlich haftender Gesellschafter, d. h. deren Stammkapital ist neben den Haftsummen der Kommanditisten wesentliche Haftungsgrundlage der KG-Gläubiger. Der Gläubigerschutz gebietet es, dass das **Stammkapital der** als „Vollhafter" der KG fungierenden **GmbH und die Hafteinlagen der Kommanditisten nebeneinander aufgebracht** werden und erhalten bleiben, da beide zusammen die Haftungsgrundlage der Gläubiger der Einheitsgesellschaft bilden. Beide Haftungsmassen müssen also unvermischt nebeneinander bestehen. Im Falle einer Einheitsgesellschaft, in der die KG ja die Geschäftsanteile ihrer Komplementär-GmbH erwirbt, besteht aus Sicht der Gesellschaftsgläubiger die Gefahr, dass die von den GmbH-Gesellschaftern aufgebrachten Stammeinlagen über den Erwerb der Geschäftsanteile durch die GmbH & Co. KG letztlich wieder zurückerstattet werden bzw. dass das Haftkapital der KG und deren Kommanditisten im Ergebnis nicht geleistet wird.[14] Im Interesse des Verkehrs- und Gläubigerschutzes gelten daher folgende Regeln:

13 Als allgemeiner Grundsatz gilt, dass der Erwerb der Geschäftsanteile der GmbH durch die KG unabhängig davon, ob die GmbH-Anteile von Kommanditisten oder Dritten erworben werden, nur aus freiem, d. h. die Haftsummen der Kommanditisten übersteigendem Vermögen erfolgen darf.[15] Das Gleiche gilt, wenn die KG selbst die Komplementär-GmbH

---

[12] Vgl. zur Konzernleitungskontrolle im Personengesellschaftsrecht *Baumbach/Hopt* § 105 HGB Rn 106; *Emmerich/Sonnenschein/Habersack* § 9 II 2 u. § 35 I; *Schlegelberger/Martens* Anh. § 105 HGB Rn 15 ff.; GK/*Ulmer* HGB Anh. § 105 Anm. 84.

[13] Vgl. *Bülow*, GmbHR 1982, 121 ff. m.w.N.

[14] Vgl. zu dieser Umschreibung *Binz/Sorg* § 7 Rn 26 ff.; *Schlegelberger/Martens* § 161 HGB Rn 102; GK/*Schilling* HGB § 161 Anm. 36; *ders.*, FS Barz, S. 74; *Bahnsen*, GmbHR 2001, 186 ff.

[15] *Hesselmann/Tillmann* GmbH & Co. Rn 133 a. E.; *Heymann/Horn* § 161 HGB Rn 122; *Schlegelberger/Martens* § 161 HGB Rn 102; GK/*Schilling* HGB § 161

gründet, so dass sie die Stammeinlage nur aus freiem Vermögen einzahlen darf. Übernimmt die KG teileingezahlte GmbH-Geschäftsanteile, so haften die Kommanditisten der KG der GmbH gegenüber für die Resteinzahlung persönlich unbeschränkt und gesamtschuldnerisch neben der KG.[16]

Die Kommanditeinlage der Kommanditisten kann auch nicht mit haftungsausschließender Wirkung mit GmbH-Anteilen des Kommanditisten an der Komplementär-GmbH erbracht werden, d. h. die Kommanditeinlage des entsprechenden Kommanditisten gilt als nicht geleistet, wenn sie in Anteilen am persönlich haftenden Gesellschafter bewirkt wird; dies ist gesetzlich geregelt (vgl. § 172 Abs. 6 HGB). Im Falle einer solchen Gestaltung haftet der die GmbH-Anteile einbringende Kommanditist persönlich bis zur Höhe seiner Einlage. **14**

Umgekehrt gilt die Einlage des am Stammkapital der Komplementär-GmbH beteiligten Kommanditisten als zurückbezahlt, wenn er seine Anteile an der Komplementär-GmbH gegen Entgelt auf die KG überträgt, so dass die Kommanditistenhaftung gemäß § 172 Abs. 4 HGB insoweit wieder auflebt.[17]

Schließlich unterliegen Zahlungen der GmbH an die KG, etwa zur Zahlung einer Kapitaleinlage der Komplementär-GmbH an der KG, den §§ 30, 31 GmbHG. Gleiches gilt für Leistungen der GmbH unmittelbar an die Kommanditisten. Die Kommanditisten sind daher verpflichtet, Leistungen der GmbH an die KG gemäß § 31 GmbHG zurückzuerstatten.[18] Umgekehrt unterliegen Zahlungen einer GmbH & Co. KG, an der die Komplementär-GmbH zugleich kapitalmäßig beteiligt ist, an die Kommanditisten dann §§ 30, 31 GmbHG, wenn hierdurch mittelbar das Vermögen der GmbH, welches in der Beteiligung an der KG besteht, unter den Nennbetrag des Stammkapitals herabsinkt. Auch hier besteht gegen die Kommanditisten also ein Rückzahlungsanspruch gemäß § 31 GmbHG.[19] **15**

Zur Vermeidung der vorstehend geschilderten Haftungsprobleme bei einer Einheits-GmbH & Co. KG bietet sich eine **unentgeltliche Übertragung der GmbH-Geschäftsanteile** auf die GmbH & Co. KG an, da dann in jedem Falle eine Beeinträchtigung des aus dem Stammkapital der GmbH und den Haftsummen der Kommanditisten bestehenden Haftkapitals der Einheits-GmbH & Co. KG vermieden wird.[20] **16**

Anm. 36; a. A. *Hunscha*, GmbH & Co. KG als Alleingesellschafterin, S. 100 ff.; *Ippen*, GmbH & Co. KG als Inhaberin sämtlicher Geschäftsanteile, S. 75 ff.: analoge Anwendung des § 33 Abs. 1 GmbHG.

[16] Vgl. *Heymann/Horn* § 161 HGB Rn 122 a. E.; GK/*Schilling* HGB § 161 Anm. 36 a. E.

[17] *Binz/Sorg* § 7 Rn 29; *Hesselmann/Tillmann* GmbH & Co. Rn 135; *Schlegelberger/Martens* § 161 HGB Rn 102 a. E.; *Schilling*, FS Barz, S. 70, 75.

[18] *Hesselmann/Tillmann* GmbH & Co. Rn 136; GK/*Schilling* HGB § 161 Anm. 37.

[19] Grundlegend BGHZ 60, 324, 328; vgl. auch *Hesselmann/Tillmann* GmbH & Co. Rn 136; GK/*Schilling* HGB § 161 Anm. 37 a. E.

[20] Vgl. *Hesselmann/Tillmann* GmbH & Co. Rn 136 a. E.; *Bahnsen*, GmbHR 2001, 186 ff.

3. Grundsatz

17 Zusammenfassend ist mit *Wolfgang Schilling* festzuhalten, dass die **Einheits-GmbH & Co. KG von zwei Grundsätzen beherrscht** wird. Im inneren Verhältnis bilden die beiden Gesellschaftsformen eine organisatorische Einheit, deren Willensträger allein die Kommanditisten sind. Nach außen, im Verhältnis zu den Gläubigern, darf das Haftungspotential beider Teilgesellschaften, d.h. das Stammkapital der GmbH und die Kommanditeinlagen der KG, durch ihre Vereinigung zur Einheitsgesellschaft nicht beeinträchtigt werden.[21]

IV. Mehrstufige GmbH & Co. KG

18 Im Falle einer so genannten mehrstufigen oder **doppelstöckigen GmbH & Co. KG** ist Komplementärin der operativ tätigen KG eine weitere GmbH & Co. KG. Es sind also insgesamt mindestens drei Gesellschaften beteiligt, nämlich die unternehmenstragende KG, die Komplementär-GmbH & Co. KG dieser ersten KG und die Komplementär-GmbH der zwischengeschalteten (Komplementär-) GmbH & Co. KG. Eine solche mehrstufige GmbH & Co. KG ist **zulässig.**[22] Allerdings wurden gegen diese Gestaltung wegen der Unübersichtlichkeit der Beteiligungsverhältnisse rechtspolitische Bedenken erhoben.[23]

19 Die praktische Bedeutung dieser Form der GmbH & Co. KG resultierte zunächst aus steuerrechtlichen Erwägungen, später spielte sie bei Umwandlungen einer GmbH in eine GmbH & Co. KG eine große Rolle, da § 1 Abs. 2 UmwG 1969 eine Umwandlung einer Kapitalgesellschaft in eine Personengesellschaft nicht zuließ, wenn an der Gesellschaft, in die umgewandelt wurde, eine Kapitalgesellschaft als Gesellschafter beteiligt war. Dies schloss insbesondere die unmittelbare Umwandlung einer Kapitalgesellschaft in eine GmbH & Co. KG aus. Als Ausweg bot sich eine Umwandlung der Kapitalgesellschaft in eine doppelstöckige GmbH & Co. KG an.[24]

20 Diese Umwandlungssperre ist in die Neufassung des Umwandlungsgesetzes im Jahre 1994 nicht übernommen worden. Nach §§ 190ff., 226ff. UmwG kann nun eine Kapitalgesellschaft einen Formwechsel in eine KG vornehmen, an der ausschließlich eine Kapitalgesellschaft die Stellung des Komplementärs einnimmt. Voraussetzung für den **unmittelbaren Formwechsel in eine GmbH & Co. KG** ist allerdings, dass die als Komplementärin vorgesehene Kapitalgesellschaft bereits vor dem Formwechsel

---

[21] Grundlegend *Schilling*, FS Barz, S. 70ff.; GK/*Schilling* HGB § 161 Anm. 34 a.E.

[22] *Baumbach/Hopt* Anh. § 177a HGB Rn 9; *Binz/Sorg* § 12 Rn 5f.; *Schlegelberger/Martens* § 161 HGB Rn 103, jew. m. w. N.; *K. Schmidt* Gesellschaftsrecht § 56 II 3 f; a. A. *Pfander-v. Stumm*, DB 1973, 2501; *Klamroth*, BB 1977, 305.

[23] Vgl. *Heymann/Horn* § 161 HGB Rn 123; *K. Schmidt* Gesellschaftsrecht § 56 II 3f; *ders.*, DB 1990, 93.

[24] Vgl. hierzu *Hesselmann/Tillmann* GmbH & Co. Rn 137; *Schlegelberger/Martens* § 161 HGB Rn 104; *K. Schmidt* Gesellschaftsrecht § 56 II 3a.

Gesellschafterin des formwechselnden Rechtsträgers ist.[25] Die praktische Bedeutung der mehrstufigen GmbH & Co. KG wird daher wohl in Zukunft abnehmen.

Probleme hinsichtlich der Ausgestaltung einer mehrstufigen GmbH & 21
Co. KG ergaben sich nach früherem Recht insbesondere daraus, dass nach herrschender Meinung im Schrifttum gefordert wurde, dass die **als Komplementärin fungierende GmbH & Co. KG** neben der Geschäftsführung in der unternehmenstragenden KG **ein eigenes Handelsgewerbe** betreibt.[26] Zur Eintragung einer mehrstufigen GmbH & Co. KG musste daher für die Komplementär-GmbH & Co. KG – außer der Haftungsübernahme in der unternehmenstragenden GmbH & Co. KG – der Betrieb eines Grundhandelsgewerbes in vollkaufmännischer Art zum Geschäftsgegenstand gehören, worauf im Rahmen der Vertragsgestaltung zu achten war.

Durch das Handelsrechtsreformgesetz sind die Zweifel an der Anerken- 22
nung der doppelstöckigen GmbH & Co. KG ausgeräumt worden. Denn im HGB wurde nunmehr klargestellt, dass die Rechtsform der Personenhandelsgesellschaft auch rein vermögensverwaltenden Gesellschaften offen steht (vgl. § 105 Abs. 2 HGB n. F.).[27] Da die Komplementär-GmbH & Co. KG in der unternehmenstragenden KG die Geschäftsführungsfunktion wahrnimmt, also streng genommen nicht nur eigenes Vermögen verwaltet, wäre die Anerkennung der doppelstöckigen GmbH & Co. KG nach heute geltendem Recht nur dann fraglich, wenn man § 105 Abs. 2 HGB, der auf die Verwaltung „nur eigenen Vermögens“ abstellt, dahin gehend verstehen wollte, dass sich jede zusätzliche nicht-gewerbliche Tätigkeit als eintragungsschädlich erweist.[28] Eine solche Interpretation ist indes verfehlt, da der entsprechende Passus richtigerweise dahin gehend auszulegen ist, dass er von dem ansonsten bestehenden Erfordernis einer gewerblichen Betätigung befreit.[29]

Die o. g. Diskussion hat nun nur noch bezüglich der Frage Bedeutung, ob die Komplementär-GmbH & Co. KG, die kein zusätzliches Handelsgewerbe betreibt, erst aufgrund der Eintragung in das Handelsregister als KG entsteht oder ob bereits ihre Stellung als persönlich haftende Gesellschafterin in der unternehmenstragenden KG für ihre Kaufmannseigenschaft ausreicht. Soweit man mit der bislang h.M. davon ausgeht, dass die Stellung

---

[25] Vgl. *Dehmer* § 226 UmwG Rn 3 m. w. N.

[26] Vgl. *Hesselmann/Tillmann* GmbH & Co. Rn 137; *Schlegelberger/Martens* § 161 HGB Rn 103; *K. Schmidt* Gesellschaftsrecht § 56 II 3 f.; *ders.*, DB 1990, 94; a. A. *Baumbach/Hopt* Anh. § 177a HGB Rn 9; *Binz* GmbH & Co., 8. Aufl. § 13 Rn 6 ff., jew. m. w. N.

[27] Der klarstellende Hinweis in § 105 Abs. 2 HGB war nötig, da die Eintragungsoption nach § 2 HGB das Vorliegen eines Gewerbebetriebs weiterhin voraussetzt; der RefE hatte eine solche Ausweitung noch nicht vorgesehen, vgl. *Weber/Jacob*, ZRP 1997, 153.

[28] So *Koller/Roth/Morck* § 105 HGB Rn 10; *Ammon*, DStR 1998, 1476.

[29] *Schlitt*, NZG 1998, 581; *K. Schmidt*, ZIP 1997, 916; *ders.*, BB 1998, 61 f.; *Binz/Sorg* § 12 Rn 8; *Schaefer*, DB 1998, 1273 f.; ähnlich *Schön*, DB 1998, 1169; *Baumbach/Hopt*, Anh. § 177 a Rn 9.

als persönlich haftender Gesellschafter in OHG oder KG die Kaufmannseigenschaft begründet,[30] muss dies auch für die GmbH & Co. KG gelten.

Die doppel- oder auch dreistöckige GmbH & Co. KG ist in § 4 Abs. 1 S. 2 und 3 MitbestG geregelt, so dass eine Umgehung der Mitbestimmungsrechte durch eine mehrstöckige GmbH & Co. KG vermieden wird: Nur wenn keine Mehrheitsidentität zwischen Ober- und Unter-GmbH & Co. KG besteht oder die Ober-GmbH & Co. KG in einem eigenen Geschäftsbetrieb mehr als 500 Arbeitnehmer beschäftigt, gelten die Arbeitnehmer der Unter-GmbH & Co. KG nicht als Arbeitsnehmer der Obergesellschaft im Sinne des Mitbestimmungsgesetzes.[31]

V. Kapitalgesellschaftsähnliche GmbH & Co. KG

23 Die GmbH & Co. KG ist als Personenhandelsgesellschaft grundsätzlich eine Gesellschaftsform, die dem personalistischen Strukturtypus zuzurechnen ist, d. h. sie stellt nach dem gesetzlichen Leitbild eine auf wechselseitigem Vertrauen der Mitglieder beruhende Arbeits- und Haftungsgemeinschaft dar. Die abstrakte Definition einer solchen (typischen) Realstruktur fällt zwar schwer, jedoch lehrt die Erfahrung, dass entsprechend strukturierte Gesellschaften trotz der Schwierigkeit abstrakter Definitionen in der Regel leicht zu identifizieren sind. Eine griffige Umschreibung lieferte der Vorschlag der EG-Mittelstandsrichtlinie, die personalistisch strukturierte Gesellschaften als „kleine, geschlossene Gesellschaften" umschrieb.[32] Wichtige Indizien sind insoweit, dass die Gesellschafter natürliche Personen sind und sich jedenfalls teilweise gleichzeitig als Geschäftsführer oder leitende Angestellte unmittelbar in das Unternehmen einbringen, die entsprechenden Anteile vinkuliert sind und die Zahl der Gesellschafter überschaubar ist. Häufig kommt hinzu, dass die unternehmerischen Aktivitäten – jedenfalls der meisten Gesellschafter – in der entsprechenden Gesellschaft konzentriert sind und diese – jedenfalls anfänglich – keine externen Interessen verfolgen. Auch realiter entsprechen die existierenden GmbH & Co. KGs häufig diesem Strukturtypus, insbesondere da viele Familiengesellschaften und auch junge unternehmerische Engagements so organisiert sind.

24 Zwingend ist eine solche Ausgestaltung des Gesellschaftsverhältnisses indes nicht. Denn die innere Ordnung einer Personengesellschaft unterliegt der gesellschaftsvertraglichen Gestaltungsfreiheit. In der Praxis existiert eine Vielzahl von GmbH & Co. KGs, die sich ihrer gesellschaftsvertraglichen Ordnung nach von diesem Leitbild mehr oder weniger entfernt und sich einer kapitalistischen Binnenstruktur angenähert haben, bis hin zu einer reinen Publikums-KG, an der sich – wie bei einer strukturtypischen AG – ausschließlich anonymisierte Kapitalgeber beteiligen; gerade die letztgenannte Gestaltungsform ist aus steuerrechtlichen Gründen häufig anzutreffen.

---

[30] BGHZ 34, 293, 296 f.; 45, 282, 284; *Binz/Sorg*, § 12 Rn 9; *Ebenroth/Boujong/Joost* § 105 Rn 36; *Koller/Roth/Morck* § 1 RdNr. 23; a.A. *Baumbach/Hopt* § 105 Rn 19 ff.

[31] Vgl. *Binz/Sorg* § 12 Rn 12, 13.

[32] EG-Abl. Nr. C 287 v. 1. 11. 1988, S. 5/6; vgl. auch MünchHdb.GesR III/*Decher* § 68 Rn 9.

1. Publikums-KG

Praktisch und in der juristischen Diskussion bedeutsam ist vor allem die Publikums-KG. Für diese Sonderform ist charakteristisch, dass die GmbH & Co. KG allein als **Kapitalsammelbecken** fungiert, d. h. die künftigen Gesellschafter auf dem (grauen) Kapitalmarkt durch Prospekte oder Anzeigen geworben werden und als reine Kapitalgeber fungieren. Die Gesellschaftsverträge der GmbH & Co. KG sind typischerweise standardisiert und vorformuliert. Die Initiatoren des Projekts leiten die Publikums-KG typischerweise als Geschäftsführer und sind zumeist auch (alleinige) Gesellschafter der Komplementär-GmbH, ohne dass sie kapitalmäßig an der KG beteiligt wären. Das Interesse der Kommanditisten (sog. Anleger) ist dagegen typischerweise auf eine Kapitalanlage und die eventuell damit verbundenen Steuervorteile gerichtet. Wirtschaftlich handelt es sich um eine Kapitalgesellschaft im „Kleid" einer KG.[33] 25

Es existieren verschiedene Gestaltungsmöglichkeiten für eine solche Publikums-KG.[34] Allen gemeinsam ist jedoch, dass die **Mitwirkungsrechte** der Anleger – die entweder Kommanditisten sind oder nur über einen Treuhänder an der KG beteiligt sind – praktisch **auf null reduziert** werden. Eine weitere Besonderheit ist, dass der Eintritt eines neuen Gesellschafters aus Praktikabilitätsgründen nicht durch Vertragsschluss des Eintretenden und allen Gesellschaftern erfolgen kann. Daher wird entweder die Gesellschaft selbst gesellschaftsvertraglich zur Aufnahme weiterer Kommanditisten ermächtigt[35] oder die Komplementär-GmbH erhält eine rechtsgeschäftliche Vollmacht zum Abschluss des Aufnahmevertrages.[36] Eine derart atypisch strukturierte, dem gesetzlichen Leitbild einer Personenhandelsgesellschaft geradezu diametral widersprechende GmbH & Co. KG ist **zulässig.**[37] Die von der so genannten „Lehre vom Institutionenmissbrauch" vertretene Gegenansicht hat sich zu Recht nicht durchgesetzt.[38] 26

In Anbetracht der Besonderheiten der Publikumsgesellschaft und wegen der Vielzahl von (betrügerischen) Missbräuchen dieser Erscheinungsform der GmbH & Co. KG haben Rechtsprechung und Schrifttum für die Publikumsgesellschaft eine Vielzahl besonderer Regeln entwickeln, so dass sich inzwischen ein umfangreiches **Sonderrecht der Publikumsgesellschaft** herausgebildet hat. Die Sonderregeln, die dem Recht der Kapitalgesellschaften – vor allem dem Aktienrecht – angenähert sind, beruhen zum einen auf der vom gesetzlichen Leitbild abweichenden, **körperschaftlichen Struktur** der Publikumsgesellschaft und zum anderen auf Erwägungen des **Anlegerschutzes.** 27

So wird insbesondere, da die Gesellschaftsverträge typischerweise nicht individuell ausgehandelt werden, der **Gesellschaftsvertrag** einer Publi-

---

[33] Vgl. etwa BGHZ 64, 238, 241; BGH NJW 1988, 971; *Bälz*, ZGR 1980, 2 f.

[34] Vgl. hierzu *Binz/Sorg* § 13 Rn 5 ff.

[35] BGH NJW 1987, 1000; *K. Schmidt* Gesellschaftsrecht § 57 II 1 a.

[36] BGH NJW 1983, 1117; *Binz/Sorg* § 13 Rn 12 ff.; *Schiefer,* DStR 1997, 164.

[37] Vgl. hierzu *Binz/Sorg* § 13 Rn 2; *K. Schmidt* Gesellschaftsrecht § 57 I 3 a.

[38] Vgl. zutr. *Mertens*, NJW 1966, 1049; *Sudhoff* GmbH & Co. (3. Aufl.) S. 50; a. A. *Sack*, DB 1974, 369; *Soergel/Siebert* vor § 705 BGB Rn 26.

kums-KG einer **gerichtlichen Inhaltskontrolle** gemäß § 242 BGB, die sich vielfach am AktG sowie am Leitbild ausgewogener Anlegerchancen und -risiken orientiert, unterworfen.[39]

28 Ferner wurde eine eigene Haftung der Initiatoren der Publikums-KG und deren Berater gegenüber den Anlegern entwickelt (so genannte **Prospekthaftung**). Die Initiatoren, Gründer und sonstigen maßgeblichen Hintermänner einer Publikumsgesellschaft, die für die Geschicke der KG und vor allem für die Herausgabe des Prospekts bzw. des Werbematerials, durch welches die Anleger auf dem (grauen) Kapitalmarkt geworben werden, verantwortlich sind, haben für die Richtigkeit und Vollständigkeit der Angaben in dem entsprechenden Werbematerial gegenüber den Anlegern einzustehen.[40] Insbesondere müssen in dem Prospekt auch etwaige den Gründern gewährte **Sondervorteile** wie Tätigkeitsvergütung oder Haftungserleichterungen genannt werden.[41]

29 Schließlich wird der Tatsache, dass an der KG eine Vielzahl, oftmals hunderte von Kommanditisten beteiligt sind, dadurch Rechnung getragen, dass erhebliche Abweichungen von den im gesetzlichen Regelfall bestehenden Regelungen zugelassen wurden. Insbesondere wurde der so genannte **Bestimmtheitsgrundsatz**, wonach eine gesellschaftsvertragliche Mehrheitsklausel nur anwendbar ist, wenn sie die Beschlussgegenstände, für die Mehrheitsentscheidungen zugelassen werden, mit hinreichender Deutlichkeit erkennen lässt, vom BGH ausdrücklich **für eine Publikums-KG aufgegeben** und stattdessen eine **materielle Beschlusskontrolle** vorgesehen.[42]

2. Sonstige atypisch verfasste, kapitalistische GmbH & Co. KGs

30 Neben dem Extremfall einer – im Ergebnis mit einer AG vergleichbaren – Publikums-Gesellschaft existiert eine Vielzahl von Unternehmen, die sich – auch wenn sie nicht als reine Kapitalsammelbecken mit atomisierter Kommanditbeteiligung ausgestattet sind – im Ergebnis vom gesetzlichen Leitbild so weit entfernt haben, dass sie als kapitalistisch verfasst anzusehen sind, was auch bei der Lösung von konkreten Rechtsfragen nicht ohne Auswirkungen bleiben kann, da die Realstruktur der Gesellschaft neben der Rechtsform zutreffenderweise als zweiter bestimmender Faktor für die Auflösung gesellschaftsrechtlicher Konflikte angesehen wird. Dieser Umstand wird von *Karsten Schmidt* als die „Frage typusgerechter Rechtsanwendung" bezeichnet.[43] Die **Realstruktur der Gesellschaft** prägt mithin

[39] Vgl. BGHZ 64, 241; 84, 15; 102, 172; 104, 50; *Binz/Sorg* § 13 Rn 17 ff., der auch eine Anwendung der §§ 305 ff. BGB in Betracht zieht.

[40] BGH NJW 1980, 41; NJW 1980, 1840; NJW 1981, 1449; NJW 1982, 1095; NJW 1984, 865; NJW 1984, 2523; NJW 1988, 1584; NJW 1992, 242; NJW-RR 1986, 968; NJW-RR 1986, 1159; NJW-RR 1990, 229; *Binz/Sorg* § 13 Rn 28 ff.

[41] BGH WM 1985, 533, 534; NJW 1995, 130; *Binz/Sorg*, § 13 Rn 41 f.

[42] Grundlegend BGHZ 71, 53, 58; BGH WM 1985, 195; NJW 1991, 692; *Binz/Sorg* § 13 Rn 58 ff.

[43] Vgl. *K. Schmidt* Gesellschaftsrecht § 5 II 4 c; zur Bedeutung der Realstruktur einer Gesellschaft im Hinblick auf Reichweite und Intensität der gesellschafterlichen Treuepflicht vgl. *Henze*, FS Kellermann, S. 150 ff.; *Lutter*, AcP 180, 102 ff.;

nicht nur die tatsächliche Verbundenheit der Gesellschafter zur Gesellschaft bzw. der Gesellschafter untereinander, sondern **beeinflusst auch alle Rechtspflichten des einzelnen Mitglieds** und wirkt zumindest mittelbar auf alle denkbaren gesellschaftsrechtlichen Konfliktfälle und deren rechtliche Lösung ein. Aufgrund dessen müssen personalistisch und kapitalistisch verfasste Gesellschaften anhand sachgerechter Kriterien voneinander abgegrenzt werden; insbesondere im Falle einer GmbH & Co. KG, die in ihrer Realstruktur regelmäßig erheblich vom gesetzlichen Leitbild einer Personengesellschaft abweicht, ist eine derartige Abgrenzung notwendig. Entscheidend ist insoweit die sich aus einer Gesamtschau aller gesellschaftsvertraglicher Regelungen ergebende konkrete Ausgestaltung des Gesellschaftsverhältnisses, wobei insbesondere die **gesellschaftsinterne Kompetenzordnung** und **die konkrete Beteiligungsstruktur** von erheblichem Gewicht sind:

Sind die (Minderheits-)Gesellschafter primär Kapitalgeber, die allenfalls bei Grundsatz- und Strukturentscheidungen Mitwirkungsrechte haben bzw. über eine Sperrminorität verfügen, legt dies eine kapitalistische Gesellschaftsstruktur nahe. Anders ist dies, wenn der Gesellschaftsvertrag den Gesellschaftern Einfluss auf spezifisch unternehmerische Entscheidungen gewährt. Es kommt also darauf an, ob die Gesellschafter im Unternehmen mitunternehmerisch tätig sind bzw. ihnen zumindest mitunternehmerischer Einfluss über die Gesellschafterversammlung eröffnet ist. Regelmäßig fehlt es an einer solchen unternehmerischen Entscheidungsteilhabe der Gesellschafter, wenn die Gesellschaft nach ihrer statutarischen Ordnung über eine weitgehend autonome Geschäftsführung, ein eigenständiges Kontrollorgan (etwa einen Aufsichtsrat oder Beirat) verfügt und die Gesellschafterversammlung nur in Grundsatzfragen zur Mitwirkung berufen sowie insoweit Mehrheitsentscheidungen und eine Abstimmung nach Kapitalanteilen angeordnet sind. Weitere Indizien sind, ob der Mitgliederwechsel von Restriktionen freigestellt wird oder die Geschäftsanteile vinkuliert sind. **31**

Eine Vinkulierung dürfte als notwendige, aber nicht hinreichende Voraussetzung einer personalistischen Gesellschaftsstruktur anzusehen sein. Indizieller Charakter kommt auch der Anzahl der Gesellschafter zu, da ein kleiner Gesellschafterkreis eher für eine personalistische, ein großer Gesellschafterkreis eher für eine kapitalistische Gesellschaftsstruktur spricht.

Charakteristische Merkmale einer personalistisch strukturierten Gesellschaft sind mithin eine geringe Anzahl von Gesellschaftern, die Bindung der Gesellschafter an die Gesellschaft und die mitunternehmerische Tätigkeit der Gesellschafter in der Gesellschaft bzw. ein mitunternehmerischer Einfluss der Gesellschafter auf das Tagesgeschäft bzw. zumindest auf außergewöhnliche Maßnahmen der Geschäftsführung. Für kapitalgesellschaftsähnliche, kapitalistisch verfasste Gesellschaften sind demgegenüber typisch die mehrheitliche Abstimmung innerhalb der Gesellschafterversammlungen nach Kapitalbeteiligungen, wobei Zuständigkeiten der Gesellschafter- **32**

---

ders., ZHR 153, 452ff.; *Timm*, ZGR 1986, 403, 409; *Wiedemann*, DB 1993, 141, 144; *Zöllner*, Schranken mitgliedschaftlicher Stimmrechtsmacht, S. 349ff.

versammlung nur in Grundsatzfragen bestehen, ein Gesellschafterwechsel ohne Folgen für den Bestand der Gesellschaft, wobei vielfach die Veräußerung von Geschäftsanteilen von Restriktionen freigestellt wird, das Bestehen eines besonderen Kontrollorgans etwa eines Aufsichtsrates oder Beirates bzw. das Pooling der Mitgliedschaftsrechte durch Einschaltung eines Treuhänders oder durch konsortialvertragliche Bindungen zwischen den Gesellschaftern.

VI. Die KG mit Komplementären anderer Rechtsform

Als Komplementäre einer KG kommen neben der GmbH auch andere juristische Personen in Betracht.

Voraussetzung ist stets die Rechtsfähigkeit des Komplementärs und die Zulässigkeit dieser Stellung in der KG. Mögliche Komplementäre sind demnach Aktiengesellschaften, ausländische Gesellschaften und Stiftungen.

1. Aktiengesellschaft

Um die unbeschränkte Haftung einer natürlichen Person zu vermeiden, kann auch die AG als Komplementärin dienen. Ebenso wie bei der GmbH & Co. KG ist zwischen der KG als Hauptgesellschaft und der AG als Komplementärgesellschaft **rechtlich zu trennen**. Auf die Rechtsverhältnisse der AG bleibt bei dieser Stellung das Aktiengesetz anwendbar. Die Organe der AG sind Vorstand, Hauptversammlung und Aufsichtsrat. Der Vorstand vertritt die AG, § 78 Abs. 1 AktG, und somit mittelbar die KG, §§ 125, 161 Abs. 2 HGB.

Die „**Verzahnung**" bei personenidentischer AG & Co. KG kann entweder dadurch erreicht werden, dass die Kommanditisten gleichzeitig die alleinigen Aktionäre der AG sind, oder durch die Ausgestaltung als Einheitsgesellschaft (vgl. o. Rn 7), was in diesem Fall bedeutet, dass die KG sämtliche Aktien der AG hält. Beschränkungen bezüglich der Gestaltungsform der Einheitsgesellschaft könnten sich hier allerdings aus § 71d S. 2 AktG ergeben, wonach ein abhängiges Unternehmen Aktien der AG nur unter den Bedingungen erwerben oder besitzen darf, unter denen es der AG selbst nach § 71 AktG gestattet wäre. Die KG kann jedoch im Normalfall nicht als von ihrer Komplementärin abhängiges Unternehmen charakterisiert werden: Eine teleologische Interpretation des Unternehmensbegriffs ergibt, dass für ein herrschendes Unternehmen neben der Möglichkeit zur Einflussnahme auf das beherrschte Unternehmen gleichzeitig eine anderweitige wirtschaftliche Interessenbindung erforderlich ist.[44] Soweit die AG jedoch keinen eigenen Geschäftsbetrieb hat und nicht an anderen Unternehmen beteiligt ist, verfolgt sie kein unternehmerisches Eigeninteresse, so dass die §§ 71d, 71 AktG der Einheitsgesellschaft nicht entgegenstehen.[45]

Bei der Rechtsformwahl ist bei der AG insbesondere die **Satzungsstrenge** des Aktiengesetzes zu bedenken: Die Nichtbeachtung der aktien-

---

[44] *Hüffer* AktG § 15 Rn 8.
[45] *Binz/Sorg* § 25 Rn 63 ff.

rechtlichen Formvorschriften führt regelmäßig zur Nichtigkeit der betroffenen Maßnahme. Nur für die sog. kleinen AGs gelten inzwischen Vereinfachungen (z. B. §§ 121 Abs. 4 und 6, 130 Abs. 1 S. 3 AktG). Andererseits eröffnet die Rechtsform den **Zugang zur Börse** und bietet den mit der AG bislang noch verbundenen **Imagevorteil**. Sie ist daher auch als Übergangsform zur AG gut geeignet.[46]

2. Ausländische juristische Person

Eine ausländische Gesellschaft kann dann als Komplementärin fungieren, wenn sie **rechtsfähig** ist. An dieser Stelle kommt nun bereits nicht nur das Internationale Privatrecht, sondern auch das Europarecht ins Spiel. Allgemein ist Voraussetzung, dass die Gesellschaft nach deutschem Recht komplementärfähig ist und sie auch nach ihrem Gründungsrecht als Komplementärin dienen kann. Innerhalb der **Europäischen Union** ist nach den Entscheidungen des EuGH in „*Centros*", „*Überseering*" und „*Inspire Art*"[47] nun geklärt, dass sich die Rechtspersönlichkeit einer Gesellschaft nach ihrem **Gründungsstatut** richtet und jede Anwendung inländischen Gesellschaftsrechts nach der Sitztheorie eine Beschränkung der Niederlassungsfreiheit aus den Artt. 48, 43 EGV darstellt und besonderer Rechtfertigung aufgrund zwingender Gemeinwohlinteressen bedarf.[48] Damit ist die Beteiligung europäischer juristischer Personen an einer KG zulässig.

In Bezug auf Gesellschaften aus dem **sonstigen Ausland** kann die **Sitztheorie** weiter Anwendung finden, so dass sich ihre Rechtsfähigkeit nach deutschem Recht richtet, wenn sie ihren Verwaltungssitz im Inland haben.[49] Kommt das anwendbare Recht zu ihrer Rechtsfähigkeit, so steht ihrer Zulässigkeit als Komplementärin einer KG nichts entgegen.[50] Um den Gläubigerschutz zu gewährleisten, können die Registergerichte zum einen die vertretungsberechtigten Organe in das Handelsregister eintragen lassen[51] und ein dem deutschen Mindestkapital entsprechendes Nennkapital verlangen, zum anderen eine unmissverständliche Firmenbezeichnung fordern, aus der sich die ausländische Gesellschaftsbezeichnung ergibt.[52]

Ausländische Kapitalgesellschaften als Haftungsschott in der KG können gegenüber der GmbH den Vorteil eines niedrigeren Stammkapitals oder einfacherer Gründungsvorschriften haben. Diese Vorteile müssen allerdings wie dargelegt nur innerhalb der E.U. unbeschränkt anerkannt wer-

---

[46] *Binz/Sorg* § 25 Rn 79; zu den steuerrechtlichen Besonderheiten vgl. auch Rn 71 ff.

[47] EuGH 9.3.1999, Rs. C-212/97, NJW 1999, 2027 (*Centros Ltd. ./. Erhvervs- og Selskabsstyrelsen*); EuGH 5.11.2002, Rs. 208/00, NJW 2002, 3614 (*Überseering BV ./. Nordic Construction Company Baumanagement GmbH*); EuGH 309.2003, Rs. C-167/01, NJW 2003, 3331 (*Kamer van Koophandel en Fabrieken voor Amsterdam ./. Inspire Art Ltd.*).

[48] EuGH 309.2003, Rs. C-167/01 Rn 133 (*Kamer van Koophandel en Fabrieken voor Amsterdam ./. Inspire Art Ltd.*); *Behrens,* IPRax 2004, 20, 25.

[49] BGHZ 151, 204, 209 = DB 2002, 2039; *Weller,* IPRax 2003, 324.

[50] Str. vgl. *Binz/Sorg* § 25 Rn 83 m. w. N.

[51] BayObLG DB 1986, 1325, 1327.

[52] OLG Saarbrücken GmbHR 1990, 348–350.

den. Weiterhin findet § 4 Abs. 1 MitbestG auf ausländische Komplementärgesellschaften **keine Anwendung**, weil diese eben nicht nach § 1 Abs. 1 MitbestG in den Anwendungsbereich des Mitbestimmungsgesetzes fallen.

Bezüglich der **Publizitätspflichten** in Deutschland haben ausländische Komplementärgesellschaften dagegen keine weit reichenden Vorteile: Aufgrund des durch das KapCoRiLiG eingeführten § 264 b HGB bestehen für Personenhandelsgesellschaften Publizitätspflichten in Deutschland auch dann, wenn sie in den Konzernabschluss eines europäischen Komplementärunternehmens einbezogen sind; die Unterlagen müssen in diesem Fall in deutscher Sprache auch zum Handelsregister der KG eingereicht werden.

3. Stiftung

Auch für Stiftungen kann die KG eine interessante Rechtsform darstellen. Wegen geringerer Einflussnahmemöglichkeiten der staatlichen Stiftungsaufsicht und höherer Freibeträge bei der Erbschaftssteuer bietet sich insbesondere eine **Familienstiftung** als Komplementärin an. Hierbei handelt es sich um eine besondere Art Stiftung deren Zweck die Förderung der Familie des Stifters darstellt.

Die Stiftung wird durch die **staatliche Anerkennung** rechtsfähig und kann auch erst ab diesem Zeitpunkt Komplementärin einer KG werden. Die Voraussetzungen für die Anerkennung einer Stiftung sind abschließend in § 80 BGB geregelt. Ein Mindestkapital wie für die GmbH ist nicht vorgeschrieben, jedoch ist für die Anerkennung erforderlich, dass die nachhaltige Erfüllung des Stiftungszwecks gesichert ist.[53]

VII. Die GmbH & Co. KG aA

33 Bei einer KGaA handelt es sich um eine Gesellschaft, bei der Strukturelemente einer Kommanditgesellschaft und einer Aktiengesellschaft miteinander kombiniert werden. Die KGaA als juristische Person hat zwei Arten von Gesellschaftern, nämlich den persönlich haftenden Gesellschafter (Komplementär), der mit seinem Privatvermögen unbeschränkt für die Gesellschaftsschulden haftet und der nach dem gesetzlichen Ideal eine natürliche Person ist, sowie die Kommanditaktionäre, die als reine Kapitalgeber ohne persönliches Haftungsrisiko fungieren. Es wird mithin der persönliche Kredit des Komplementärs mit der Funktion der AG als Kapitalsammelbecken und Publikumsgesellschaft kombiniert, wobei die Gesellschaft ihrer Grundstruktur nach wie eine Aktiengesellschaft ausgestaltet ist und vom Gesetzgeber bestimmte Anpassung der Gesellschaftsstruktur aufgrund des Vorhandenseins eines persönlich haftenden Gesellschafters vorgenommen wurden, die an das gesetzliche Leitbild einer natürlichen Person als Komplementär einer KGaA anknüpfen:

1. Grundstruktur

34 Die KGaA ist in den §§ 278 ff. AktG geregelt. Nach der Legaldefinition des § 278 Abs. 1 AktG handelt es sich um eine Gesellschaft mit eigener

---

[53] Ausführlich *Binz/Sorg* § 25 Rn 1–51.

Rechtspersönlichkeit, bei der mindestens ein Gesellschafter unbeschränkt haftet (persönlich haftender Gesellschafter) und die übrigen an dem in Aktien zerlegten Grundkapital beteiligt sind, ohne persönlich für die Verbindlichkeiten der Gesellschaft zu haften (Kommanditaktionäre). Die Organe der KGaA stimmen mit der AG überein; jedoch tritt bzw. treten neben Aufsichtsrat und Hauptversammlung an die Stelle des Vorstands der bzw. die persönlich haftenden Gesellschafter. Aufgrund dieser Merkmale wird die KGaA als **Mischform zwischen KG und AG** und als „hybride Rechtsform" bezeichnet.[54]

Das Verhältnis der Gesellschafter untereinander orientiert sich nach **35**
§ 278 Abs. 2 AktG an den Vorschriften des HGB über die KG. Im Übrigen steht die KGaA jedoch der AG näher, so dass die aktiengesetzlichen Regeln Anwendung finden. Dadurch gilt einerseits für die Unternehmensführung durch die Komplementäre der Grundsatz der Vertragsfreiheit, andererseits für die Kapitalstruktur die Satzungsstrenge des AktG.[55] Aufgrund der Vertragsfreiheit im Hinblick auf das Verhältnis zwischen den Gesellschaftern kann die ohnehin starke Stellung des Komplementärs noch weiter ausgebaut werden. So kann das den Kommanditaktionären über § 278 Abs. 2 AktG i.V.m. § 164 HGB zustehende Widerspruchsrecht im Hinblick auf über den gewöhnlichen Geschäftsbetrieb hinausgehende Geschäfte durch die Satzung ausgeschlossen und das Vetorecht der Komplementäre aus § 285 Abs. 2 S. 1 AktG durch die Satzung auf alle Hauptversammlungsbeschlüsse ausgedehnt werden. Auch die Stellung des Aufsichtsrats der KGaA ist im Vergleich zur AG schwach ausgestattet; er hat insbesondere keine Personal- und Geschäftsordnungskompetenz, kein Zustimmungsrecht nach § 111 Abs. 4 AktG und keine Kompetenz zur Feststellung des Jahresabschlusses.[56]

Steuerrechtlich ist zwischen den **verschiedenen Steuersubjekten** zu **36**
unterscheiden: Die Besteuerung der KGaA entspricht der der AG; besteuert wird das Einkommen der Gesellschaft, nicht der Gewinnanteil der persönlich haftenden Gesellschafter, § 9 Abs. 1 Nr. 1 KStG. Die Vergütung der Komplementäre für ihre Geschäftsführungstätigkeit werden dabei wie gewinnmindernde Betriebsausgaben behandelt.[57] Weiterhin wird der Komplementär besteuert; er wird nach § 15 Abs. 1 Nr. 3 EStG wie ein Mitunternehmer behandelt und hat entweder Einkommensteuer oder, wenn es sich um eine juristische Person handelt, Körperschaftsteuer zu zahlen. Bezüglich der Aktien beziehen die Kommanditaktionäre Einkünfte aus Kapitalvermögen, welche als solche zu versteuern sind.[58]

---

54 *Arnold*, Die GmbH & Co. KGaA, S. 1; *Hüffer* § 278 AktG Rn 1; *Schaumburg/Schulte*, Die KGaA, S. 3; *Schütz/Bürgers/Riotte-Göz*, Die Kommanditgesellschaft auf Aktien, § 2 Rn 6; *Binz/Sorg* § 26 Rn 13.

55 *Schaumburg/Schulte*, Die KGaA, S. 4.

56 *Schütz/Bürgers/Riotte-Göz*, Die Kommanditgesellschaft auf Aktien, § 2 Rn 1.

57 MünchHdb.GesR IV/*Kantenwein* § 80 Rn 2; *Binz/Sorg* § 26 Rn 21.

58 Vgl. ausführlich MünchHdb.GesR IV/*Kantenwein* § 80; *Binz/Sorg* § 26 Rn 21ff.

2. Zulässigkeit

37 Ursprünglich ging man davon aus, dass nur natürliche Personen persönlich haftender Gesellschafter einer KGaA sein könnten. Für diese Annahme, die sich am „Leitbild des Gesetzgeber" orientierte, gab es jedoch keine Hinweise im Gesetz. Insbesondere verweisen die §§ 278 ff. AktG nicht auf § 76 Abs. 3 S. 1 AktG, nach dem Mitglieder des Vorstands nur natürliche Personen sein können. Dementsprechend hat der **BGH die Zulässigkeit der GmbH & Co. KGaA anerkannt**.[59] Denn in Abwesenheit zwingender gesetzlicher Regelungen gebietet der Grundsatz der Privatautonomie unter Beachtung der Interessen des Rechtsverkehrs die Zulassung von gesellschaftsrechtlichen Mischformen.[60]

Der Bundesgerichtshof hat in seinem Grundsatzurteil lediglich gefordert, dass die Gesellschaft durch die Firmierung deutlich machen müsse, dass für ihre Verbindlichkeiten keine natürlich Person einsteht. Daraufhin hat der Gesetzgeber durch die Neufassung des § 279 Abs. 2 AktG die aufgezeigte Gesetzeslücke geschlossen und damit gleichzeitig die GmbH & Co. KGaA, die entsprechend firmieren muss, anerkannt.

3. Sonderregeln für die kapitalistische KGaA

38 Zwar wurde die Zulässigkeit der GmbH & Co. KGaA vom BGH ausdrücklich anerkannt. Die weitgehende Satzungsfreiheit hinsichtlich des Verhältnisses der Komplementäre zu den Kommanditaktionären fußt jedoch auf dem Gedanken, dass die dadurch mögliche Machtverschiebung zugunsten der Komplementäre ihre Rechtfertigung in der unmittelbaren, unbeschränkten persönlichen Haftung derselben findet.[61] Daher hat der BGH in einem obiter dictum gleichzeitig Einschränkungen dieser Satzungsfreiheit für die GmbH & Co. KGaA angedeutet.[62] Der BGH erwägt an dieser Stelle, ob zum **Schutze der Kommanditaktionäre vor einer „Minderheitenherrschaft"** der Satzungsfreiheit gerade in Bezug auf die sonst möglichen Beschränkungen der Kommanditaktionärsrechte und der Ausweitung des Vetorechts des Komplementärs Grenzen zu setzen sind und verweist auf die Grundsätze für Publikumskommanditgesellschaften. Denn es droht eine Übermacht der GmbH-Gesellschafter und hierdurch eine „Majorisierung durch Minoritäten".[63]

Dieser Ansatz ist umstritten. Teile der Literatur vertreten mit dem BGH eine Beschränkung der Satzungsautonomie im o. g. Sinne,[64] während an-

---

59 BGHZ 134, 392 = NJW 1997, 1923.

60 Für die Zulassung bereits zuvor: *Priester*, ZHR 160 (1996), 250 ff.; *Mertens*, FS Ritter, 1997, S. 731 ff.

61 *Schaumburg/Schulte*, Die KGaA, S. 7; *Schütz/Bürgers/Riotte-Fett* § 3 Rn 11.

62 BGHZ 134, 392, 399 f., BB 1997, 1220, 1222 mit Hinweis auf *Priester*, ZHR 160 (1996), 250, 262.

63 Vgl. *K. Schmidt* Gesellschaftsrecht § 32 IV 2 a a. E.; *ders.*, ZHR 160 (1996), 281.

64 Vgl. neben den Vorgenannten: *Priester*, ZHR 160 (1996), 250, 262; *Arnold*, Die GmbH & Co. KGaA, S. 60 ff.; *Halascz/Kloster/Kloster*, GmbHR 2002, 77, 79 ff.; *Ihrig/Schlitt*, ZHR-Beifheft 67, 33, 57 ff.; *Schaumburg/Schulte*, Die KGaA, S. 36 ff.

dere auf die regulierende Funktion des Kapitalmarkts vertrauen und im Übrigen die gesellschaftsrechtliche Treuepflicht als ausreichendes Korrektiv ansehen, da diese mit erhöhten Einflussmöglichkeiten zugunsten des Komplementärs eine verstärkte Rücksichtnahme auf die Interessen der Kommanditaktionäre erfordert.[65] Auch der BGH sieht die gesellschaftsrechtliche Treuepflicht als ein wichtiges Schutzinstrumentarium zugunsten des Kommanditaktionäre an.[66] Unabhängig davon, welche Ansicht sich durchsetzen wird, spricht daher viel dafür, dass die Vertragsfreiheit bei der GmbH & Co. KGaA – entweder aufgrund einer direkten Satzungskontrolle oder mittelbar durch die gesellschaftsrechtliche Treuepflicht – an Grenzen stößt, und die Gesellschaft nicht entgegen den Interessen der Kommanditaktionäre geführt werden kann.

4. Die GmbH & Co. KGaA als Alternative zur GmbH & Co. KG

Erst seit der Entscheidung des BGH zur Zulässigkeit der GmbH & Co. **39** KGaA ist die KGaA als Rechtsformalternative von praktischem Interesse. Denn solange man noch davon ausging, dass zumindest eine natürliche Person persönlich haftender Gesellschafter sein musste, war die KGaA schon aus diesem Grund nicht attraktiv. Allerdings hat die GmbH & Co. KGaA realiter auch in den letzten Jahren nicht erheblich an Bedeutung zugewonnen. Aufgrund ihrer komplizierteren Gestaltung stellt die GmbH & Co. KGaA regelmäßig keine ernsthafte Alternative zur GmbH & Co. KG dar, sondern tritt im Fall erhöhten Kapitalbedarfs eher in **Konkurrenz zur AG**. In Betracht kommt sie insbesondere für Unternehmen mit einem hohen Kapitalbedarf, die die Unternehmensführung einer kleinen Gruppe vorbehalten wollen.

Im Rahmen der Rechtsformwahl werden folgende Merkmale der KGaA **40** als Vorteile wahrgenommen: Als wichtigstes Kriterium für die Wahl dieser Rechtsform wird in der Regel die Möglichkeit zur Deckung eines hohen Kapitalbedarfs genannt. Die KGaA eröffnet durch die Fungibilität der Kommanditaktien den **Zugang zur Börse**; sie ist daher in Bezug auf einen geplanten Börsengang eine echte Rechtsformalternative zur Aktiengesellschaft.[67] Unabhängig von ihrem Anteil am Gesamtkapital ermöglicht die KGaA zudem den **Komplementären** bzw. den Gesellschaftern der GmbH **ihre Machtstellung innerhalb des Unternehmens aufrechtzuerhalten**. Geeignet ist die GmbH & Co. KGaA daher oft für Unternehmerfamilien, die sich ihren Einfluss auf die Gesellschaft erhalten möchten, aber gleichzeitig einen sehr hohen Kapitalbedarf haben. Auch für die Profiabteilungen der Vereine der Fußballbundesliga kommt die KGaA als Alternative in Betracht, um so dem Verein seinen Einfluss auf das Unternehmen zu sichern.[68]

Weiterhin wird die Abmilderung der Folgen der **Mitbestimmung** ver- **41** breitet als Vorteil empfunden. Das Mitbestimmungsgesetz entfaltet auf-

---

[65] *Schütz/Bürgers/Riotte/Reger* § 5 Rn 101; MüKo/*Semler/Perlitt* AktG § 278 Rn 369.

[66] BGHZ 134, 392, 399, BB 1997, 1220, 1222.

[67] *Schütz/Bürgers/Riotte/Wieneke/Fett* § 10 Rn 4.

[68] *Arnold*, Die GmbH & Co. KGaA, S. 8; *Siebolt/Wichert* SpuRt 1998, 139 ff.

grund der beschränkten Kompetenzen des Aufsichtsrats nur geringe Wirkung für die KGaA. Der Aufsichtsrat hat in der KGaA keine Personalkompetenz, so dass die Bestellung und Abberufung der Geschäftsleitung nach § 33 MitbestG kein Arbeitsdirektor zu bestellen ist und die Arbeitnehmer daher vor allem keinen Einfluss auf die Besetzung von Führungspositionen haben. Weiterhin findet das MitbestErgG und das MontanMitbestG keine Anwendung.

42 Demgegenüber weist die Besteuerung der KGaA gegenüber der AG oder der GmbH & Co. KG **keine generellen steuerrechtlichen Vorteile** auf. Sie kann jedoch aufgrund der unterschiedlichen Bewertungsbasis für Personengesellschaften erbschaftsteuerrechtlich gegenüber der AG günstiger sein, wenn als Komplementär der KGaA eine Personengesellschaft, also typischerweise eine GmbH & Co. KG, gewählt wird und diese über einen hohen Kapitalanteil verfügt.[69]

43 Es bleibt mithin im Ergebnis festzuhalten, dass die GmbH & Co. KGaA sich zwar ihrer Struktur auch an der Kommanditgesellschaft orientiert, dennoch aber wesentlich eher eine Alternative zur AG als zur GmbH & Co. KG darstellt. Aufgrund ihres Gestaltungs- und Handlingaufwandes ist die GmbH & Co. KGaA nämlich nur im Hinblick auf einen geplanten Börsengang attraktiv.[70] Daneben kommt sie auch als **Übergangsform** zwischen Personenhandelsgesellschaft und Aktiengesellschaft beispielsweise im Zuge eines Generationswechsels oder bei einem Unternehmen, bei dem der Anteilsbesitz beispielsweise durch die Vielzahl von Erbgängern zersplittert ist, in Betracht.[71]

---

[69] *Binz/Sorg* § 26 Rn 26 ff., 30.
[70] *Binz/Sorg* § 26 Rn 29.
[71] MüKo/*Semler/Perlitt* AktG Vor § 278 Rn 3.

2. Abschnitt Besteuerungskonzeption der GmbH & Co. KG

§ 4 Grundlagen

Übersicht

Schrifttum: *Autenrieth*, Brennpunkte der Beratung, Gewerbliche Prägung bei doppelstöckiger GmbH & Co KG und Verlustverrechnung, DStZ 1987, 121; *Carlé*, Ist die Stimmrechtsausübung der Kommanditisten in der Gesellschafterversammlung der Komplementär-GmbH einer Einheits-GmbH & Co KG geprägeschädlich i. S. d. § 15 Abs. 3 Nr. 2 EStG?, GmbHR 2001, 100; *Crezelius*, Der Mitunternehmerbegriff – Ein Chamäleon?, in: Ertragsbesteuerung, FS Ludwig Schmidt, München 1993, 355; *Dautzenberg/Heyers*, Die steuerliche Behandlung des nichtmitunternehmerischen Gesellschafters, BB 1994, 903; *Felix*, Aspekte zur Mitunternehmerschaft, KÖSDI 1995, 10 123; *ders.*, Brennpunkte der Beratung; Vermeidung der gewerblichen Prägung einer vermögensverwaltenden Personengesellschaft durch arbeitsvertragliches Geschäftsführungsrecht des Kommanditisten?, DStZ 1987, 231; *Groh*, Nutzungseinlage, Nutzungsentnahme und Nutzungsausschüttung, DB 1988, 514; *ders.*, Sondervergütungen in der doppelstöckigen Personengesellschaft, DB 1991, 879; *Herzig/Kessler*, Tatbestandsmerkmale und Anwendungsbereich des Gepräge-Gesetzes, DStR 1986, 456; *Hoffmann/Sauter*, Der Jahresabschluß der KG als Exerzierfeld einer Bilanzrevolution (?), DStR 1996. 967; *Kempermann*, Mitunternehmerschaft, Mitunternehmer und Mitunternehmeranteil – steuerliche Probleme der Personengesellschaft aus Sicht des BFH, GmbHR 2002, 200; *Märkle*, Doppelstöckige Personengesellschaften im Ertragsteuerrecht nach dem Beschluss des Großen Senats GrS 7/89, StbJb 1991/92, 247; *Paus*, Die GmbH & Co GbR – eine unendliche Geschichte?, DStZ 2002, 66; *Priester*, Die faktische Mitunternehmerschaft – Ein gesellschaftsrechtliches Problem in: Ertragsbesteuerung, FS Ludwig Schmidt, München 1993, 348; *Raupach*, Gewinnanteil und Sondervergütungen der Gesellschafter von Personengesellschaften, StuW 1991, 278; *Ritzrow*, Die Kriterien der Mitunternehmerschaft – Überblick über die Rechtsprechung des Bundesfinanzhofs, StBp 1993, 81; 105; 128; 150; *L. Schmidt*, Steuerrechtliche Gewinnermittlung und -zurechnung bei doppelstöckigen Personengesellschaften – Versuch einer Bestandsaufnahme für die Praxis in: Bilanzrecht und Kapitalmarkt, FS Adolf Moxter, Düsseldorf 1994, 1111; *Schulze zur Wiesche*, Mitunternehmerschaft und Mitunternehmerstellung, DB 1997, 244.

I. Vorbemerkungen

1 Der gesellschaftsrechtliche Begriff der Personenhandelsgesellschaft entspricht grundsätzlich dem steuerlichen Begriff der **Mitunternehmerschaft**. Beide sind allerdings nicht deckungsgleich. „Mitunternehmerschaft" ist ein eigenständiger steuerlicher Begriff.[1] Die Stellung des Mitunternehmers muss sich aufgrund der allgemeinen Kriterien der Mitunternehmerinitiative und des Mitunternehmerrisikos ergeben. Eine Mitunternehmerschaft muss mindestens aus zwei Mitunternehmern bestehen, die jeweils selbst die Eigenschaft eines Mitunternehmers haben. Nach steuerlichen Kriterien kann beispielsweise aufgrund faktischer Verhältnisse ein Einbezug in den Mitunternehmerkreis erfolgen, auch wenn gesellschaftsrechtlich keine Gesellschafterstellung vorliegt. Dies ist dann der Fall, wenn besondere Einwirkungs- und Gestaltungsmöglichkeiten auf die Personengesellschaft vorliegen und dem Nichtgesellschafter außerdem ein Großteil des unternehmerischen Erfolgs zusteht.[2] Auf der anderen Seite ist es auch möglich, dass der zivilrechtliche Gesellschafter einer Personenhandelsgesellschaft nicht auch gleichzeitig als Mitunternehmer anzusehen ist. Dies ist dann der Fall, wenn die vertraglichen Rechte des Gesellschafters so weit beschnitten sind, dass keine Übereinstimmung mit dem Bild des „Mitunternehmers" mehr gegeben ist.[3] Zur Qualifikation einer Mitunternehmerstellung orientiert sich die Rechtsprechung an dem typischen Regelstatut der OHG bzw. der KG. Sofern also die Rechtsstellung eines Gesellschafters nicht wesentlich gegenüber der typischen Rechtsstellung eingeschränkt ist, die das Gesetz einem Kommanditisten zuordnet, ist er jeweils auch als Mitunternehmer anzusehen.[4]

2 In der überwiegenden Zahl der Fälle ist der Gesellschafter der Personenhandelsgesellschaft auch gleichzeitig als Mitunternehmer anzusehen. Mitunternehmer kann eine natürliche, aber auch eine juristische Person sein. Die Besteuerungskonzeption bzw. die Steuerfolgen für den Gesellschafter richten sich nach § 15 EStG. Der Gesellschafter erzielt aus der Mitunternehmerschaft Einkünfte aus Gewerbebetrieb.

3 Die allgemeinen Kriterien der Mitunternehmerschaft können auch auf **Sonderformen der Beteiligung** angewendet werden, beispielsweise bei der Treuhandschaft oder bei dem Nießbrauch über einen Kommanditanteil.

II. Mitunternehmerinitiative und Mitunternehmerrisiko als Grundvoraussetzung für die Qualifikation als Mitunternehmer

4 Der Gesellschafter einer Personengesellschaft ist im Regelfall auch gleichzeitig als Mitunternehmer im Sinne des § 15 EStG anzusehen. Die Finanzrechtsprechung hat hierzu jedoch die eigenständigen Merkmale Mitunter-

---

1 *Blümich/Stuhrmann* § 15 EStG Rn 341.
2 BFH v. 25. 6. 1984 BStBl. II 1984, 751; BFH v. 2. 9. 1985 BStBl. II 1986, 10.
3 BFH v. 11. 10. 1988 BStBl. II 1989, 762.
4 BFH v. 4. 8. 1971 BStBl. II 1972, 10; BFH v. 29. 4. 1981 BStBl. II 1981, 663.

nehmerinitiative und Mitunternehmerrisiko entwickelt.[5] **Maßgröße** für die Beurteilung des Mitunternehmerrisikos sowie der Mitunternehmerinitiative ist jeweils die gesetzliche Stellung des Kommanditisten einer Kommanditgesellschaft bzw. des Gesellschafters einer Offenen Handelsgesellschaft.[6] Immer dann, wenn sich nach dem Gesamtbild der Verhältnisse erhebliche Einschränkungen dieser gesetzlichen Grundvorstellung ergeben, kann die Mitunternehmerstellung des Gesellschafters in Frage gestellt werden. Immer dann, wenn sich für einen **Nicht**gesellschafter aufgrund der gesamten Vertragsgestaltung Rechte ergeben, die dem Grundtypus eines Gesellschafters einer Personengesellschaft entsprechen, kann sich auch für einen Nichtgesellschafter eine Mitunternehmerstellung ergeben.

Sofern nach dem **Gesamtbild der Verhältnisse** bei dem betreffenden **5**
Gesellschafter keine Mitunternehmerstellung vorliegt, sind hieran auch entsprechende steuerliche Konsequenzen geknüpft. Der betreffende Gesellschafter ist dann nicht in die steuerliche Gewinnermittlung der Kommanditgesellschaft einbezogen. Eventuelle Vergütungen an den Gesellschafter sind, je nach Qualifikation des Rechtsverhältnisses, als Zinsaufwand bzw. als sonstige Leistungsvergütung zu qualifizieren.

1. Entwicklung der Mitunternehmerinitiative

Die Mitunternehmerinitiative orientiert sich regelmäßig an der Mög- **6**
lichkeit, an unternehmerischen Entscheidung mitzuwirken.[7] Hierbei muss jedoch die Entscheidungs- und Mitwirkungsmöglichkeit, die sich aus einer evtl. Stellung als **Geschäftsführer** der Komplementär-GmbH ergibt, von den Mitwirkungs- und Entscheidungsmöglichkeiten unterschieden werden, die aufgrund der Stellung als **Gesellschafter** der Personengesellschaft bestehen. In Einzelfällen können dabei durchaus Abgrenzungsprobleme bestehen. Die Mitunternehmerinitiative kann sich aufgrund folgender Kriterien ergeben:

- Stimmrecht in der Gesellschafterversammlung
- Kontrollrecht als Gesellschafter
- Widerspruchsrecht bei außergewöhnlichen Geschäftsvorfällen

Der Kommanditist ist kraft seiner Gesellschafterstellung nicht zur **7**
Geschäftsführung der Gesellschaft befugt. Die **Ausübung des Stimmrechts** in der Gesellschafterversammlung bildet deshalb den zentralen Ausdruck für die Gesellschafterrechte.[8] Die Befugnisse der Gesellschafterversammlung orientieren sich nach dem Gesetz, insbesondere auch nach dem Gesellschaftsvertrag. In die Kompetenz der Gesellschafterversammlung fallen zunächst die Grundlagenentscheidungen wie z. B. Änderung des Gesellschaftsvertrages, Aufnahme neuer Gesellschafter, Ausschluss von Gesellschaftern, Feststellung der Bilanz und evtl. Mitwirkung bei der Bestellung der Geschäftsführung der Komplementär-GmbH. Gesellschaftsvertraglich können sich weitere Kompetenzen ergeben. Das Stimmrecht des Gesell-

---

[5] BFH v. 25. 6. 1984 BStBl. II 1984, 751; BFH v. 3. 5. 1993 BStBl. II 1993, 616.
[6] *Blümich/Stuhrmann* § 15 EStG Rn 351.
[7] BFH v. 29. 4. 1992 BFH/NV 1992, 803.
[8] *Blümich/Stuhrmann* § 15 EStG Rn 351.

schafters entspricht grundsätzlich seinem Anteil am Festkapital der Gesellschaft. Sofern er in der Lage ist, entsprechend dieser Beteiligung sein Stimmrecht auszuüben, spricht dies für das Vorliegen einer Mitunternehmerinitiative. Es ist nicht erforderlich, dass der betreffende Gesellschafter seinen Willen in der Gesellschafterversammlung auch durchsetzen kann, etwa in Form einer Mehrheitsbeteiligung.

8 Von besonderer Bedeutung ist der Umstand, dass die Kompetenz der **Feststellung des Jahresabschlusses** der Gesellschafterversammlung obliegt. Die Erstellung des Jahresabschlusses erfolgt durch die Komplementär-GmbH[9] bzw. deren Geschäftsführung und wird, sofern die Größenkriterien erfüllt sind, durch einen Abschlussprüfer geprüft. Mit der Feststellung des Jahresabschlusses durch die Gesellschafterversammlung kann diese sich auch mit den Bilanzierungsentscheidungen befassen. Sofern sie nicht mit den Vorstellungen der Geschäftsführung zur Bilanzierung übereinstimmt, kann die Feststellung des Jahresabschlusses grundsätzlich abgelehnt werden.

9 Mit der Feststellung des Jahresabschlusses wird im Regelfall auch eine Entscheidung über die Verwendung des Jahresergebnisses getroffen, so dass insoweit auch eine Verbindung zu der **Erfolgsbeteiligung** als zentrales Merkmal des Mitunternehmerrisikos gegeben ist. Die Feststellung des Jahresabschlusses im Rahmen der Gesellschafterversammlung einer Kommanditgesellschaft unter entsprechender Mitwirkung der Kommanditisten hat damit eine zentrale Bedeutung für die Beurteilung einer Mitunternehmerinitiative.[10] Ist im Gesellschaftsvertrag der Kommanditgesellschaft eine Einschränkung der Stimmrechte bzw. eine Einschränkung der Befugnisse der Gesellschafterversammlung etwa dergestalt enthalten, dass die Feststellung des Jahresabschlusses nicht durch die Gesellschafterversammlung erfolgt, kann dies gegen das Vorliegen einer Mitunternehmerinitiative für die Nur-Kommanditisten sprechen.

10 Nach § 166 Abs. 1 HGB hat der Kommanditist das Recht, eine abschriftliche Mitteilung des Jahresabschlusses zu verlangen und dessen Richtigkeit unter Einsicht der Bücher und Papiere zu prüfen, wobei ein allgemeines Recht auf laufende Unterrichtung über die Geschäftsvorfälle nicht besteht. Im Regelfall hat dieses **gesetzliche Kontrollrecht des Kommanditisten** keine erhebliche praktische Relevanz, da wegen der Personenbezogenheit der Rechtsform im Normalfall die Gesellschafter über den Geschäftsverlauf unterrichtet sind. Bei Publikumsgesellschaften mit einer Vielzahl von Kommanditisten kann dem Kontrollrecht nach § 166 Abs. 1 HGB jedoch eine große Bedeutung zukommen. Eine satzungsgemäße Einschränkung dieses Kontrollrechts kann gegen das Vorliegen einer Mitunternehmerinitiative für die Nur-Kommanditisten sprechen.

11 Die **Befugnis zur laufenden Geschäftsführung** obliegt bei einer GmbH & Co. KG der Komplementärin bzw. deren Geschäftsführern. Ein Kommanditist ist kraft seiner Gesellschafterstellung nicht zur Geschäftsführung befugt. Obschon das Recht auf Geschäftsführung begrifflich dem

---

[9] BGH v. 29. 3. 1996 DB 1996, 926.

[10] *Hoffmann/Sauter*, DStR 1996, 972; *Schulze zur Wiesche*, DB 1997, 246.

Begriff der Mitunternehmerinitiative sehr nahe steht, wird bei dessen Beurteilung der Möglichkeit der Einwirkung auf laufende Geschäftsführungsmaßnahmen lediglich eine geringe Bedeutung beigemessen.[11] Ist jedoch ein Kommanditist in Personalunion auch Geschäftsführer der Komplementär-GmbH, kann dies neben anderen Merkmalen durchaus als weiteres Kriterium für das Vorliegen einer Mitunternehmerinitiative sprechen.

Der Kommanditist hat aufgrund seiner Gesellschafterstellung zwar **12**
grundsätzlich keine Einwirkungsmöglichkeiten auf laufende Geschäftsführungsmaßnahmen. Ihm steht jedoch gemäß § 164 Abs. 2 HGB ein **Widerspruchsrecht bei Maßnahmen** zu, **die über die laufende Geschäftsführung hinausgehen**. Enthält der Gesellschaftsvertrag keine gegenteilige Regelung, muss die entsprechende Maßnahme im Falle des Widerspruchs eines Kommanditisten unterbleiben. Der Gesellschaftsvertrag kann jedoch das Widerspruchsrecht nach § 164 Abs. 2 HGB ausschließen. Das gesetzliche Widerspruchsrecht des Kommanditisten ist ein starkes Indiz für das Vorliegen einer Mitunternehmerinitiative. Ist dieses Recht durch Gesellschaftsvertrag ausgeschlossen, kann dies **neben** anderen Merkmalen gegen das Vorliegen einer Mitunternehmerinitiative sprechen.[12] Allein der Ausschluss des Widerspruchrechts gem. § 164 Abs. 2 HGB bei ansonsten uneingeschränkten Gesellschaftsrechten spricht allerdings noch nicht gegen das Vorliegen einer Mitunternehmerinitiative.

2. Entwicklung des Mitunternehmerrisikos

Neben dem Kriterium der Mitunternehmerinitiative muss außerdem **13**
das Mitunternehmerrisiko vorliegen. Das Mitunternehmerrisiko kann hierbei wiederum an verschiedenen Merkmalen gemessen werden:
- Beteiligung am Gewinn
- Beteiligung am Verlust
- Beteiligung an den stillen Reserven im Anlage- und Umlaufvermögen
- Beteiligung am Firmenwert

Die **Beteiligung am Gewinn** der Gesellschaft entsprechend der Be- **14**
teiligungsquote ist notwendige Voraussetzung für das Vorliegen eines Mitunternehmerrisikos.[13] Mit der Gewinnbeteiligung nimmt der Gesellschafter teil am wirtschaftlichen Erfolg der Gesellschaft.[14] Das Recht auf Gewinnbeteiligung leitet sich aus der Beteiligung am Kapital der Gesellschaft ab. Ist ein Gesellschafter nicht am Gesellschaftskapital beteiligt, steht ihm insoweit auch kein Gewinnanteil zu. Die Komplementär-GmbH ist üblicherweise nicht am Kapital der Kommanditgesellschaft beteiligt, so dass ihr auch kein anteiliger Gewinn zugewiesen wird. Dies führt jedoch nicht schlechthin dazu, dass die Mitunternehmerstellung der Komplementärin versagt werden kann, da sich das Mitunternehmerrisiko aus anderen Elementen ergibt, wie z. B. aus der Stellung als Vollhafter der Gesellschaft.

---

[11] *Schulze zur Wiesche*, DB 1997, 246.
[12] BFH v. 25. 6. 1981 BStBl. II 1981, 779.
[13] *L. Schmidt* § 15 EStG Rn 264.
[14] BFH v. 28. 1. 1986 BStBl. II 1986, 599.

15 Mit der **Beteiligung an einem** eventuellen **Verlust** besteht für den Kommanditisten das Risiko, dass das eingesetzte Kapital verloren geht. Die Verlustbeteiligung ist deshalb ein wesentliches Merkmal für das Vorliegen eines Mitunternehmerrisikos, auch wenn der Kommanditist aufgrund seiner Gesellschafterstellung nicht zum Nachschuss in das Gesellschaftsvermögen verpflichtet ist.[15] Eine Begrenzung bzw. ein Ausschluss der Verlustzuweisung führt allerdings nicht schlechthin zur Versagung des Merkmals des Mitunternehmerrisikos.[16]

16 Das Mitunternehmerrisiko kann sich außerdem aus der **Beteiligung an den stillen Reserven** der Gesellschaft ergeben. Für die Beurteilung wird hier insbesondere auf die Ermittlung des Totalgewinnes aus der Gesamtdauer der Gesellschaft bzw. der Gesellschafterstellung abgestellt. Die Beteiligung an den stillen Reserven im Anlage- und Umlaufvermögen ergibt sich insbesondere aus der Beteiligung am Liquidationserlös im Falle der Liquidation der Gesellschaft.[17] Von der Liquidation der Gesellschaft ist allerdings die Fallgestaltung des Ausscheidens (Kündigung, Ausschluss) zu unterscheiden. Ist in der Satzung für den Fall des Ausscheidens eine Abfindung zum Buchwert vorgesehen, besteht für den betroffenen Gesellschafter grundsätzlich keine Beteiligung an den stillen Reserven. Eine Buchwertabfindung für den Fall des freiwilligen Ausscheidens aus einer Gesellschaft wurde durch die Rechtsprechung im Zusammenhang mit der Beurteilung des Mitunternehmerrisikos als unschädlich angesehen.[18] Ist jedoch für jegliches Ausscheiden aus der Gesellschaft u.U. lediglich für einzelne Gesellschaftergruppen eine Abfindung zum Buchwert vorgesehen, kann dies allerdings gegen das Vorliegen eines Mitunternehmerrisikos sprechen. Ungeachtet der gesellschaftsrechtlichen Problematik der Wirksamkeit von Buchwertklauseln können sich also auch Auswirkungen auf die steuerliche Stellung als Mitunternehmer ergeben.

17 Auch die **Beteiligung am Firmenwert** ist im Zusammenhang mit der Beteiligung an den stillen Reserven in der Gesellschaft zu sehen. Ungeachtet dessen wird in Gesellschaftsverträgen teilweise zwischen den stillen Reserven im Sachanlagevermögen und dem Goodwill unterschieden. So sind bei der Formulierung von Abfindungsklauseln Bestimmungen zu finden, wonach eine Beteiligung am Firmenwert bzw. dem Goodwill nicht besteht. Ein Ausschluss von der Beteiligung am Firmenwert spricht gegen das Vorliegen eines Mitunternehmerrisikos. Die Beteiligung am Firmenwert ist jedoch ein starkes Indiz für das Vorliegen des Mitunternehmerrisikos, wobei für den Fall des Ausscheidens aus der Gesellschaft eine pauschale Abfindung nicht ausreicht.[19] Entscheidungsunerheblich dürfte jedoch die in der Satzung vorgegebene Berechnungsmethode für die Ermittlung des Goodwills sein.[20]

---

[15] *Blümich/Stuhrmann* § 15 EStG Rn 350.
[16] BFH v. 6. 7. 1995 BStBl. II 1996, 269; BFH v. 26. 3. 1987 BFH/NV 1988, 699.
[17] BFH v. 5. 7. 1979 BStBl. II 1979, 670.
[18] BFH v. 5. 7. 1979 BStBl. II 1979, 670.
[19] BFH v. 29. 4. 1981 BStBl. II 1981, 663.
[20] *Schulze zur Wiesche*, DB 1997, 244.

3. Gesamtbild der Verhältnisse

Die Rechtsprechung zu der Anerkennung einer Mitunternehmerstellung 18
ist durch eine starke Kasuistik geprägt. Beide Merkmale des Mitunternehmerrisikos und der Mitunternehmerinitiative müssen nicht in gleichem Maße und mit der gleichen Intensität vorliegen. Entscheidend ist vielmehr **das Gesamtbild der Verhältnisse**.[21] Grundsätzlich stehen beide Kriterien gleichberechtigt nebeneinander, so dass nur bei Erfüllung beider Kriterien eine Mitunternehmerstellung gegeben ist. Im Einzelfall kann sich allerdings ein Übergewicht des einen oder anderen Merkmals ergeben. Auch müssen beide Kriterien anhand der Umstände des Einzelfalles überprüft werden. So wird beispielsweise eine Mitunternehmerstellung auch dann anzunehmen sein, wenn der Gesellschaftsvertrag für den Fall des Ausscheidens aus einer Gesellschaft eine Vergütung lediglich eines geringen Teils der stillen Reserven vorsieht, wenn ansonsten die Gesellschaftsrechte weitgehend dem gesetzlichen Grundtypus eines Kommanditisten entsprechen. Demgegenüber ist die Qualifikation als Mitunternehmer dann in Gefahr, wenn bei voller Beteiligung an den stillen Reserven eine wesentliche Einschränkung der gesellschaftsrechtlichen Mitwirkungsrechte erfolgt, etwa durch Ausschluss des Widerspruchsrechts des Kommanditisten gemäß § 164 Abs. 2 HGB.[22] Sofern in diesem Fall eine Dominanz eines anderen Gesellschafters durch andere gesellschaftsrechtliche Elemente hinzukommt, ist die Mitunternehmerstellung des Gesellschafters gefährdet.

Bei der Beurteilung der Mitunternehmerstellung wird auf den **gesetz-** 19
lichen Grundtypus des Kommanditisten einer Kommanditgesellschaft bzw. auf den Gesellschafter einer Offenen Handelsgesellschaft abgestellt.[23] Sofern nach dem Gesamtbild der Verhältnisse eine Einschränkung dieser Gesellschafterrechte gegeben ist, kann u. U. keine Mitunternehmerstellung vorliegen. Die Einschränkung einzelner Rechte aus dem Bereich der Mitunternehmerinitiative bzw. aus dem Bereich des Mitunternehmerrisikos führt nicht schlechthin zur Versagung der Mitunternehmerstellung. Die schwächere Ausprägung einzelner Rechte kann vielmehr durch eine stärkere Ausprägung im anderen Bereich kompensiert werden.

Die Frage der Qualifikation als Mitunternehmerschaft ist insbesondere 20
von Bedeutung bei **atypischen Vertragsgestaltungen** im Bereich der Familiengesellschaften, etwa bei Einbezug von minderjährigen Kindern.

III. Faktische Mitunternehmerschaft bei atypischen Vertragsbeziehungen

Eine Mitunternehmerschaft ist im Regelfall eine reine Außengesell- 21
schaft. Sie kann jedoch auch bei einer **Innengesellschaft** auftreten. Durch die Rechtsprechung wurde das Institut der sog. **faktischen Mitunternehmerschaft** oder **verdeckten Mitunternehmerschaft** geschaffen, bei

---

[21] BFH v. 13. 7. 1993 BStBl. II 1994, 282.
[22] BFH v. 11. 10. 1988 BStBl. II 1989, 762.
[23] *Blümich/Stuhrmann* § 15 EStG Rn 360.

der eine Person, die nicht Gesellschafter einer Personengesellschaft ist, gleichwohl Mitunternehmer sein kann. Dies ist dann der Fall, wenn atypische Vertragsgestaltungen eine gesellschaftsähnliche Struktur entstehen lassen, bei der der Betroffene unternehmerische Initiative hat und unternehmerisches Risiko trägt. Insoweit wird die Gesamtheit der Verträge als Innengesellschaft gewertet. Solch eine relevante Innengesellschaft kann beispielsweise durch die atypische Ausgestaltung eines Dienstvertrages, eines Darlehenvertrages, eines Pachtvertrages usw. entstehen, wobei es auf die Bezeichnung des Vertragswerkes naturgemäß nicht ankommt.[24]

22 Die Überprüfung dieser allgemeinen Kriterien einer Mitunternehmerstellung kann sich bei einer Innengesellschaft im Einzelfall durchaus schwierig gestalten. Angesichts des Umstandes, dass keine Außengesellschaft vorliegt, die den Wertungen des HGB unterliegt, kann davon ausgegangen werden, dass die Kriterien der Mitunternehmerinitiative und des Mitunternehmerrisikos stark ausgeprägt sein müssen, wenn hieraus eine Qualifikation als Mitunternehmer folgen soll. Die Schwierigkeiten der Einordnung zeigt folgender Beispielsfall:

23 Der BFH[25] hatte über die Mitunternehmerstellung des alleinigen Gesellschafter-Geschäftsführers eine Komplementär-GmbH zu einer GmbH & Co KG zu entscheiden. Kommanditist der KG war der Ehegatte des Gesellschafter-Geschäftsführers. Dem Gesellschafter der Komplementär-GmbH wurde ein unangemessen hohes Gehalt zu Lasten des Ergebnisses der Kommanditgesellschaft gewährt. Wesentlicher Bestandteil des Gehalts war eine relativ hohe gewinnabhängige Vergütung aus dem erzielten Erfolg der Kommanditgesellschaft. Der Geschäftsführer hatte außerdem die Möglichkeit bei der KG Privatentnahmen zu tätigen, die auf einem Verrechnungskonto erfasst wurden, wobei der Stand des Verrechnungskontos allerdings verzinst wurde. Aufgrund dieser Vertragsbeziehungen wurde ein faktisches Mitunternehmerverhältnis zur Kommanditgesellschaft angenommen.

24 Die **Mitunternehmerinitiative** wurde aus den Handlungsmöglichkeiten als alleiniger Gesellschafter-Geschäftsführer der Komplementär-GmbH abgeleitet, nach der alle unternehmerischen Entscheidungen der KG durch den Geschäftsführer allein getroffen wurden. Eine Einschränkung der Entscheidungsbefugnisse war weder im Gesellschaftsvertrag der KG noch in seinem Anstellungsvertrag enthalten. Das **Mitunternehmerrisiko** wurde darin gesehen, dass der Gesellschafter-Geschäftsführer über die gewinnabhängige Tantieme einen erheblichen Teil des erwirtschafteten Gewinns für sich beanspruchen konnte. Obwohl der KG noch erhebliche Gewinnanteile verblieben, sah der BFH ein ausgewogenes Verhältnis zwischen Arbeitsleistung und gewinnabhängiger Vergütung nicht mehr als gegeben an.[26] Die Tantieme hatte also den Charakter einer Gewinnabschöpfung. Im Urteilsfall war unerheblich, dass der Geschäftsführer nicht an den stillen Reserven der Gesellschaft beteiligt war.

---

[24] *L. Schmidt* § 15 EStG Rn 280.

[25] BFH v. 21. 9. 1995 BStBl. II 1996, 66.

[26] BFH v. 22. 10. 1987 BStBl. II 1988, 62.

25 Auch zivilrechtlich dürfte eine **(verdeckte) Innengesellschaft** bestehen, wenn durch atypische Ausgestaltung der eigentliche Austauschvertrag verfremdet wird, so dass faktisch die Gesellschaft auf gemeinsame Rechnung geführt wird.[27] Dies ist insbesondere dann der Fall, wenn Inhalt und tatsächliche Durchführung der Leistungsbeziehung nicht ihrem gesetzlichen Leitbild entsprechen. Da die Ausprägungsform der Austauschverträge im Wirtschaftsleben vielfältig sind, wie z. B. partiarisches Darlehen, modifizierte Gewinnbeteiligung in einem Anstellungsvertrag usw., dürfte die eindeutige Qualifikation als Innengesellschaft äußerst schwierig sein. Entsprechend kasuistisch ist die Rechtsprechung zur faktischen Mitunternehmerschaft.[28]

26 Durch die Wertung als Mitunternehmerschaft werden die **Einkünfte** des faktischen Mitunternehmers als Einkünfte aus Gewerbebetrieb **umqualifiziert**, die in die Bemessungsgrundlage für die Gewerbesteuer vom Ertrag der Gesellschaft einzubeziehen sind. Daneben ist jedoch auch die Qualifikation von Sonderbetriebsvermögen möglich, etwa wenn der faktische Mitunternehmer der Gesellschaft Vermögensgegenstände zur Nutzung überlässt, wie z. B. Grund und Boden sowie Gebäude. In diesem Fall führt die Einordnung als faktische Mitunternehmerschaft neben der Umqualifikation der Einkünfte auch zu einer Umqualifikation des Vermögens und damit zu einer steuerlichen Verhaftung der stillen Reserven des betreffenden Vermögensgegenstandes. In diesem Fall können sich also für die Beteiligten äußerst tückische Rechtsfolgen ergeben. Vor Abschluss einer von der Norm abweichenden atypischen Vertragsgestaltung sollten diese Gesichtspunkte also eingehend geprüft werden.

IV. Gewerblich geprägte Mitunternehmerschaft gemäß § 15 Abs. 3 Nr. 2 EStG

27 Übt eine Personengesellschaft eine eigengewerbliche Betätigung aus und sind die Gesellschafter als Mitunternehmer anzusehen, gilt sie als gewerbliche Mitunternehmerschaft gemäß § 15 Abs. 1 EStG. Eine Eigengewerblichkeit liegt dann vor, wenn die Tätigkeit der Personengesellschaft folgende Merkmale erfüllt:

- Selbständigkeit
- Nachhaltigkeit
- Gewinnerzielungsabsicht
- Keine Land- und Forstwirtschaft
- Keine Vermögensverwaltung
- Keine freiberufliche Tätigkeit

28 Sofern die Tätigkeit einer Personengesellschaft nicht als gewerblich zu werten ist, sondern als **Vermögensverwaltung** gilt, liegt keine gewerbliche Mitunternehmerschaft nach § 15 Abs. 1 EStG vor. Eine Ausnahme von diesen Grundsatz galt nach der früheren Rechtsprechung dann, wenn an einer vermögensverwaltend tätigen Personengesellschaft eine Kapital-

[27] *Priester*, FS Schmidt, 348.
[28] *L. Schmidt* § 15 EStG Rn 287.

gesellschaft beteiligt war, die der Personengesellschaft als einzige persönlich haftende und geschäftsführende Gesellschaft das gewerbliche Gepräge gab.[29] Diese Rechtsprechung wurde als **Geprägetheorie** bezeichnet, wurde jedoch im Urteil vom 25. Juni 1984[30] aufgegeben. Die ursprüngliche Rechtslage wurde wiederum durch die Einführung des § 15 Abs. 3 Nr. 2 EStG mit dem Steuerbereinigungsgesetz 1986 wiederhergestellt.[31] Als Gewerbetrieb gilt nunmehr stets und in vollem Umfang die Tätigkeit einer Personengesellschaft,

- an der ausschließlich eine oder mehrere Kapitalgesellschaften persönlich haftende Gesellschafter sind **und**
- nur diese zur Geschäftsführung befugt sind bzw. lediglich Personen, die nicht gleichzeitig Gesellschafter der Personengesellschaft sind **und**
- die Tätigkeit insgesamt mit Einkünfteerzielungsabsicht unternommen wird (keine Liebhaberei).

29 Eine wesentliche Teilbestandsvoraussetzung für die gewerbliche Prägung gem. § 15 Abs. 3 Nr. 2 EStG ist damit die beschränkte Haftung der Gesellschafter, die natürliche Personen sind. Ursprünglich ging man davon aus, dass auch bei einer nicht im Handelsregister eingetragenen BGB-Gesellschaft die Haftung der Gesellschafter auf das Gesellschaftsvermögen beschränkt sein könnte. Diese Beurteilung hat die BGH jedoch aufgegeben.[32] Die Beschränkung der persönlichen Haftung und damit die Anwendbarkeit der gewerblichen Prägung gem. § 15 Abs. 3 Nr. 2 EStG setzt also die Eintragung der Gesellschaft als Kommanditgesellschaft im Handelsregister voraus.[33]

30 Voraussetzung für die Anwendung des § 15 Abs. 3 Nr. 2 EStG ist, dass **ausschließlich** eine oder mehrere **Kapitalgesellschaften persönlich haftende Gesellschafter** sind. Das Begriffsmerkmal der Kapitalgesellschaft ist wiederum grundsätzlich nach gesellschaftsrechtlichen Normen zu begreifen. Kapitalgesellschaften sind hiernach[34]

- Aktiengesellschaft, GmbH, KGaA, mit Sitz im Inland
- Kapitalgesellschaft mit Sitz im Ausland
- Vorgesellschaft einer Kapitalgesellschaft, sofern die Eintragung später im Handelsregister erfolgt.

Keine Kapitalgesellschaften sind dagegen

- Genossenschaften,
- Stiftungen, Vereine usw.

31 Fraglich ist, ob § 15 Abs. 3 Nr. 2 EStG auch noch dann zur Anwendung kommen kann, wenn die **Vollhafterfunktion** durch eine weitere **GmbH & Co. KG** ausgeübt wird. Bei einer wörtlichen Auslegung ist § 15 Abs. 3 Nr. 2 EStG nicht erfüllt, da es sich bei einer GmbH & Co. KG um eine Per-

---

[29] BFH v. 17. 3. 1966 BStBl. III 1966, 171.

[30] BFH v. 25. 6. 1984 BStBl. II 1984, 762.

[31] Überblick der Entwicklung bei *Blümich/Sturmann* § 15 EStG Rn 272 ff.

[32] BGH v. 27. 9. 1999 DStR 1999, 1704.

[33] *L. Schmidt* § 15 EStG Rn 227; zur Übergangsregelung BMF v. 18. 7. 2000 DB 2000, 1593; Koord. Ländererlass v. 20. 12. 2000 DB 2001, 69; *Paus*, DStZ 2002, 66.

[34] *L. Schmidt* § 15 EStG Rn 216.

sonengesellschaft handelt. Systematischer Hintergrund der ursprünglichen Geprägerechtsprechung und der sich daran anschließenden Gesetzesänderung in § 15 Abs. 3 Nr. 2 EStG ist jedoch der Umstand, dass durch die rechtliche Konstruktion der GmbH & Co. KG die Funktion des Vollhafters ausschließlich durch eine Kapitalgesellschaft ausgeübt wird, die dem gesamten rechtlichen Gebilde ihr Gepräge gibt. Dies ist letztlich auch bei der Beteiligung einer GmbH & Co. KG als persönlich haftende Gesellschafterin der Fall. Die gewerbliche Prägung gemäß § 15 Abs. 3 Nr. 2 EStG muss also auch auf eine Kommanditgesellschaft Anwendung finden,[35] bei der eine GmbH & Co. KG persönlich haftende Gesellschafterin ist.

Die Funktion des unbeschränkt haftenden Gesellschafters entspricht 32
dem gesetzlichen Bild des Komplementärs einer Kommanditgesellschaft, der persönlich und unbeschränkt haftet. Die Haftung für Verbindlichkeiten der Gesellschaft auf schuldrechtlicher Basis, etwa in Form einer **Bürgschaft**, entspricht nicht dem gesellschaftsrechtlichen Bild des persönlich haftenden Gesellschafters. Selbst wenn ein Kommanditist über seine Kommanditeinlage hinaus für Verbindlichkeiten der Gesellschaft haften sollte, ist die Haftung nicht persönlich und unbeschränkt, sondern umfasst lediglich **bestimmte Verbindlichkeiten** der Gesellschaft. Auch wenn diese Haftung ein erhebliches wirtschaftliches Gewicht haben sollte, bleibt es grundsätzlich bei der Stellung des beschränkt haftenden Gesellschafters.[36]

§ 15 Abs. 3 Nr. 2 EStG verlangt außerdem, dass nur die persönlich haf- 33
tende Gesellschafterin oder eine natürliche Person, die nicht gleichzeitig Kommanditist ist, zur **Geschäftsführung** berechtigt ist. Sofern neben der Kapitalgesellschaft aufgrund der gesellschaftsvertraglichen Regelung ein weiterer Kommanditist zur Geschäftsführung befugt ist, liegt keine gewerbliche Prüfung gem. § 15 Abs. 3 Nr. 2 EStG vor, gleichgültig, ob die Möglichkeit der Geschäftsführung lediglich gemeinsam mit der Kapitalgesellschaft oder allein besteht.[37] Entscheidend ist die Grundlage der Geschäftsführungsbefugnis. Ergibt sich die Kompetenz zur Geschäftsführung lediglich aus dem Anstellungsvertrag mit der Komplementärin, ist dies keine schädliche Geschäftsführungsbefugnis im Sinne des § 15 Abs. 3 Nr. 2 EStG,[38] selbst wenn der Geschäftsführer der Komplementärin gleichzeitig Kommanditist der Kommanditgesellschaft ist.[39]

Zunächst geht es um die **Geschäftsführungskompetenz**. Diese wird 34
nach dem Gesellschaftsvertrag bzw. nach dem Gesetz der Komplementärin zugewiesen. Sofern die Geschäftsführung der Komplementär-GmbH wiederum durch eine Person ausgeübt wird, die gleichzeitig Gesellschafter der Kommanditgesellschaft ist, ist trotzdem § 15 Abs. 3 Nr. 2 EStG erfüllt, da die Geschäftsführung der Kommanditgesellschaft auch in diesem Fall

---

[35] *Autenrieth*, DStZ 1987, 121; *Groh,* DB 1987, 1009; *L. Schmidt* § 15 EStG Rn 217; a. A. *Herzig/Kessler*, DStR 1986, 456.

[36] BFH v. 17. 12. 1992 BStBl. II 1994, 492.

[37] BFH v. 22. 11. 1994 BStBl. II 1996, 93; R 138 Abs. 6 EStR.

[38] *Felix*, DStZ 1987, 231.

[39] *Blümich/Stuhrmann* § 15 EStG Rn 278.

durch die Komplementär-GmbH ausgeübt wird.[40] Nach dem Gesetzeswortlaut ist es für die Anwendung des § 15 Abs. 3 Nr. 2 EStG außerdem unschädlich, wenn **neben** der persönlich haftenden Gesellschafterin auch eine natürliche Person zur Geschäftsführung der Kommanditgesellschaft befugt ist, die **nicht** gleichzeitig Kommanditist ist. Fraglich ist allerdings, welche Fallgestaltung hierdurch abgedeckt werden soll, da gesellschaftsrechtlich eine Fremdorganschaft bei einer Kommanditgesellschaft nicht vorgesehen ist.[41] Sofern der Anstellungsvertrag des Geschäftsführers, der auch Kommanditist ist, mit der Kommanditgesellschaft abgeschlossen ist, spricht dies auf den ersten Blick dafür, dass damit die gewerbliche Prägung gem. § 15 Abs. 3 Nr. 2 EStG aufgehoben wird. Es ist jedoch streng zwischen dem Anstellungsverhältnis und der organschaftlichen Rolle als Geschäftsführer zu unterscheiden,[42] so dass die Begründung eines Anstellungsverhältnisses des Kommanditisten mit der Kommanditgesellschaft nicht gegen § 15 Abs. 3 Nr. 2 EStG verstößt, selbst wenn die Dienstpflicht u.a. darin besteht, die organschaftliche Funktion des Geschäftsführers der Komplementär-GmbH auszuüben.[43]

35 **Typische Erscheinungsformen** der gewerblich geprägten Personengesellschaft sind solche, die im Grunde eine vermögensverwaltende Betätigung ausüben, beispielsweise eine Grundstücks-Objektgesellschaft als geschlossener Immobilienfonds. Die Tatbestandsvoraussetzungen des § 15 Abs. 3 Nr. 2 EStG sind relativ leicht herzustellen, insbesondere auch deshalb, weil eine Eintragung der Gesellschaft im Handelsregister ohne weiteres möglich ist. Ein weiterer Anwendungsfall betrifft die Vermeidung der drohenden Auflösung von stillen Reserven im Sonderbetriebsvermögen, falls sich der Gesellschafter zwar von seiner Beteiligung, nicht jedoch von dem von ihm gehaltenen Sonderbetriebsvermögen trennen möchte (vgl. dazu § 5 Rn 70).

V. Mitunternehmerstellung bei doppelstöckiger Personengesellschaft

36 Die Frage der Mitunternehmerstellung stellt sich aufgrund der unmittelbaren Gesellschafterstellung einer Personengesellschaft als Außengesellschaft bzw. bei einer Innengesellschaft. Sofern sich hierbei nach allgemeinen Kriterien für den Gesellschafter eine Mitunternehmerstellung ergibt, wird dieser auf Ebene der Personengesellschaft in die steuerliche Gewinnermittlung gemäß § 15 EStG einbezogen.

37 Sofern eine Personengesellschaft selbst wiederum Gesellschafterin einer weiteren Personengesellschaft ist, ist die Obergesellschaft Mitunternehmerin bei der Untergesellschaft. Es entsteht eine **doppelstöckige Personengesellschaft**. Fraglich ist, wie das Rechtsverhältnis des Gesellschafters der Obergesellschaft zur Untergesellschaft zu werten ist. Als Konsequenz der

---

[40] *Herzig/Kessler*, DStR 1986, 456; *L. Schmidt* § 15 EStG Rn 223.

[41] *Herzig/Kessler*, DStR 1986, 456.

[42] BFH v. 23. 5. 1996 BStBl. II 1996, 526.

[43] *Schmidt* § 15 Rn 213.

in der Rechtsprechung entwickelten Grundsätze zur Einheit der Personengesellschaft, insbesondere die Betonung als eigenständiges Subjekt der Gewinnerzielung,[44] hat der BFH in der grundlegenden Entscheidung vom 25. Februar 1991[45] festgestellt, dass der Gesellschafter der Obergesellschaft aufgrund seiner Gesellschafterstellung nicht gleichzeitig als Mitunternehmer der Untergesellschaft zu sehen ist. Als Konsequenz hieraus wären alle Vergütungen aus Leistungsbeziehungen zwischen Gesellschafter, der Obergesellschaft und der Untergesellschaft bei dieser als Betriebsausgaben abzugsfähig, ohne dass eine Hinzurechnung zur steuerlichen Gewinnermittlung erfolgt.[46]

Die vom BFH entwickelten Grundsätze zur Behandlung der doppelstöckigen Personengesellschaft sind allerdings durch eine Änderung des § 15 Abs. 1 S. 1 Nr. 2 EStG wiederum aufgehoben worden. Hiernach wird festgestellt, dass ein **mittelbar** über eine oder mehrere Personengesellschaften **beteiligter Gesellschafter** dem unmittelbar beteiligten Gesellschafter **gleichsteht** und als Mitunternehmer des Betriebs der Untergesellschaft anzusehen ist, sofern er bei der Obergesellschaft als Mitunternehmer anzusehen ist. Aufgrund dieser gesetzlichen Fiktion wird die Mitunternehmerstellung des Gesellschafters aus dem Rechtsverhältnis zur Obergesellschaft abgeleitet. Ist insoweit eine Mitunternehmerstellung gegeben, gilt der Gesellschafter gemäß § 15 Abs. 1 S. 1 Nr. 2 EStG gleichzeitig als Mitunternehmer bei der Untergesellschaft.[47] Konsequenzen ergeben sich insbesondere für die steuerliche Gewinnermittlung der Untergesellschaft, da die Vergütungen aus Leistungsbeziehungen mit dem Gesellschafter der Obergesellschaft den steuerlichen Gewinn der Untergesellschaft erhöhen. **38**

---

[44] *L. Schmidt*, FS Moxter, 1112.
[45] BFH v. 25. 2. 1991 BStBl. II 1991, 691.
[46] *Groh*, DB 1991, 879; *Märkle*, StbJb 1991/92, 247; *Raupach*, StuW 1991, 278.
[47] *L. Schmidt* § 15 EStG Rn 295.

§ 5 Gewinnermittlung bei der GmbH & Co. KG

Übersicht

Schrifttum: *Autenrieth*, Latenter Steuerausgleich zwischen Gesellschaftern einer Personengesellschaft, NWB Blickpunkt Steuern 4/99, 1; *Bordewin*, Pensionszusage für tätige Mitunternehmer, FR 1990, 526; *ders.*, Verlustausgleich und Verlustabzug bei Personengesellschaften – insbesondere nach neuester Rechtsprechung des Bundesfinanzhofs, DStR 1994, 673; *Brandenberg*, Grundfälle zur Überlassung von Wirtschaftsgütern zwischen Schwesterpersonengesellschaften, FR 1997, 87; *ders.*, Neue Entwicklungen beim Sonderbetriebsvermögen, StbJb 1996/97, 297; *ders.*, Wiedereinführung des Mitunternehmererlasses?, FR 2000, 1182; *ders.*, Personengesellschaftsbesteuerung nach dem Unternehmensteuerfortentwicklungsgesetz, DStZ 2002, 551; *Dötsch/Pung*, Die Neuerung bei der Körperschaftsteuer und bei der Gewerbesteuer durch das Steuergesetzgebungspaket vom Dezember 2003, DB 2004, 91; *Döllerer*, Die Steuerbilanz der Personenhandelsgesellschaft als Konsolidierte Bilanz einer wirtschaftlichen Einheit, DStZ/A 1974, 211; *Düll*, Übertragung von Vermögen bei Personengesellschaften – Alternativen, Rechtsfolgen, Normkonkurrenzen, StbJb 2002/03, 118; *Düll/Fuhrmann/Eberhard*, Unternehmenssteuerreform 2001. Die Neuregelung des § 6 Abs. 5 S. 3 EStG – sog. Weidereinführung des Mitunternehmererlasses, DStR 2000, 1713; *Engelhardt*, Pensionsrückstellung für tätige Mitunternehmer, BB 1990, 882; *Frotscher*, Zu den Wirkungen des § 8 a KStG n. F., DStR 2004, 754; *Gosch*, Rechtsprechung im besonderen Blickpunkt der Außenprüfung, StBp 1995, 213; *Groh*, Die Bilanzen der Mitunternehmerschaft, StuW 1995, 383; *ders.*, Sondervergütungen und Sonderbetriebsvermögen bei Leistungen zwischen Schwesterpersonengesellschaften, DStZ 1996, 673; *Gschwendtner*, Ergänzungsbilanz und Sonderbilanz II in der Rechtsprechung des BFH, DStR 1993, 817; *ders.*, Korrespondierende Bilanzierung bei Pensionszusagen einer Personengesellschaft an einen Gesellschafter, DStZ 1998, 777; *Hellwig*, FS Döller, 205; *Heubeck/Schmanck*, Rückstellungen für Pensionszusagen an Gesellschafter-Geschäftsführer von Personengesellschaften, BB 1991, 1903; *Hoffmann*, Der Transfer von Einzel-Wirtschaftsgütern gem. § 6 Abs. 5 EStG nach Verabschiedung des UntStFG, GmbHR 2002, 129; *Hollatz*, Die Abgrenzung von Gesamthandsvermögen und Sonderbetriebsvermögen bei Kapitalüberlassung eines Personengesellschafters DStR 1994, 1673; *Kempf/Obermann*, Offene Fragen zur Abstockung beim Kauf von Anteilen an Personengesellschaften, DB 1998, 545; *Kempermann*, Mitunternehmerschaft, Mitunternehmer und Mitunternehmeranteil – Steuerrechtliche Probleme der Personengesellschaft aus Sicht des BFH, GmbHR 2002, 200; *Kloster/Kloster*, Auslegungs- und Anwendungsprobleme bei der Restrukturierung von Mitunternehmerschaften. Die „Reform der Reform" des § 6 Abs. 5 EStG durch das UntStFG, GmbHR 2002, 717; *Korn/Strahl*, Rückwirkende Neukonzeption des Schuldzinsenabzugsverbotes nach § 4 Abs. 4 a EStG, KÖSDI 2000, 12281; *Ley*, Gesellschafterkonten der OHG und KG: Gesellschaftsrechtliche und steuerrechtliche Charakterisierung und Bedeutung, KÖSDI 1994, 9972; *ders.*, Die Ermittlung von Über- und Unterentnahmen i. S. d. § 4 Abs. 4 a EStG bei Mitunternehmerschaften, DStR 2001, 1014; *ders.*, Zur steuerlichen Behandlung der Gesellschafterkonten sowie Forderungen und Verbindlichkeiten zwischen einer gewerblichen Personengesellschaft und ihren Gesellschaftern, KÖSDI 2002, 13466; *Ley*/Strahl, Steuerlicher Handlungsbedarf zum Jahreswechsel 2001/2002, DStR 2001, 2006; *Märkle*, Der Fluch des Sonderbetriebsvermögens – wie entgeht man ihm?, DStZ 1997, 233; *Neumann*, Einkünfteermittlung und Bilanzierung in Personengesellschaften, GmbHR 1997, 621; *Neumann/Stimpel*, Zweifelsfragen zu den Steuerfolgen von § 8 a KStG n. F. bei Kapital- und Personengesellschaften im Inland, GmbHR 2004, 392; *Nickel*, Steuerentlastungsgesetz 1999: Gewinnrealisierung durch Nutzungsänderung von Einzelwirtschaftsgütern bei Mitunternehmerschaften, FR 1998, 1073; *o.V.*, Rücklage gem. § 6 b Abs. 3 EStG bei Tausch eines Betriebsgrundstücks, DStR 1996, 14; *Pott/Rasche*, Über die neuere BFH-Rechtsprechung zum Verhältnis zwischen Sonderbetriebsvermögen und unmittelbarer mitunternehmerischer Betriebsaufspaltung, DStZ 1999, 127; *Prinz/Ley*, Geplante Gesetzesänderung zur Gesellschafterfremdfinanzierung nach § 8 a KStG – Erste Analyse und Gestaltungsüberlegungen, FR 2003, 933; *Pyszka*, Forderungsverzicht des Gesellschafters gegenüber seiner Personengesellschaft, BB 1998, 1557; *Raupach*, Konsolidierte oder strukturierte Gesamtbilanz der Mitunternehmerschaft oder additive Ermittlung der Einkünfte aus Gewerbebetrieb der Mitunternehmer mit oder ohne korrespondierende Bilanzierung?, DStZ 1992, 692; *Ritzrow*, Änderung der Gewinnverteilung bei Personengesellschaften, StBp 1999, 29; *Rose*, Gelungene Klärung des Bilanzierungskonkurrenz-Problems bei Schwester-Personengesellschaften, FR 1995, 763; *Rödder/Schumacher*, Rechtsfolgen des § 8 a KStG n. F., DStR 2004, 758; *dies.*, Der Regierungsentwurf eines Gesetzes zur Fortentwicklung des Unternehmenssteuerrechts, DStR 2001, 1634; *dies.*, Erster Überblick über die geplanten Steuerverschärfungen und -entlastungen für Unternehmen zum Jahreswechsel 2003/2004, DStR 2003, 1725; *Schulze zur Wiesche*, Die Einbringung von Wirtschaftsgütern des Privatvermögens in das Gesamthandsvermögen einer Personengesellschaft, FR 1999, 519; *ders.*, Sonderbetriebsvermögen II einer Mitunternehmerschaft, FR 1999, 14; *ders.*, Die Übertragung von Einzelwirtschaftsgütern nach dem UntStFG, DStZ 2002, 742;

Strahl, Fortentwicklung der Unternehmenssteuerreform: Hinweise zu den Gesetzesänderungen, KÖSDI 2002, 13164; *Söffing*, Zur Bilanzierungskonkurrenz, DB 1995, 1582; *Thiel*, Die Gesamtbilanz der Mitunternehmerschaft, StuW 1984, 108; *van Lishaut*, Einzelübertragung bei Mitunternehmerschaften, DB 2001, 1519; *ders.*, Steuerentlastungsgesetz: Mitunternehmerische Einzelübertragungen i.S. des § 6 Abs. 5 Satz 3 ff. EStG n. F., DB 2000, 1784; *von Kanitz*, Rechnungslegung bei Personengesellschaften, WPg 2003, 333; *Wassermeyer*, § 8 a KStG n. F. und die gescheiterte Rückkehr zur Fiktionstheorie – keine Auswirkung auf Gesellschafterebene, DStR 2004, 749; *ders.*, Ungeklärte Rechtsfolgen bei der Verschärfung der Regeln zur Gesellschafterfremdfinanzierung, DStR 2003, 205; *Weber-Grellet*, Das häßliche Bilanzsteuerrecht, DB 1998, 2435; *Wendt*, Übertragung von Wirtschaftsgütern zwischen Mitunternehmerschaft und Mitunternehmer, FR 2002, 58; *Winkeljohann/Pickhardt*, Überlegungen zum Steuerentlastungsgesetz 1999/2000/2002 (Teil I), BB 1999, 190.

I. Zweistufige Gewinnermittlung

1 Der steuerliche Gewinn eines Mitunternehmers setzt sich aus verschiedenen Komponenten zusammen. Die Ermittlung erfolgt in einer zweistufigen Berechnung.[1] Das Ergebnis der Gesamthandsbilanz wird in der **ersten Stufe der Gewinnermittlung** nach den allgemeinen steuerlichen Gewinnermittlungsvorschriften der §§ 4 ff. EStG ermittelt. Das anteilige Ergebnis des Mitunternehmers richtet sich dabei nach den Gewinnverteilungsregelungen im Gesellschaftsvertrag. Der ersten Stufe der Gewinnermittlung ist außerdem noch das Ergebnis einer eventuell vorhandenen Ergänzungsbilanz des Gesellschafters zugeordnet. Die Wertansätze in der Ergänzungsbilanz sind systematisch als Korrekturposten zu den Vermögensgegenständen und Schulden der Gesamthandsbilanz zu sehen.[2]

2 In einer **zweiten Stufe der Gewinnermittlung** werden gemäß § 15 Abs. 1 Nr. 2 EStG Ergebnisse einer eventuell vorhandenen Sonderbilanz bzw. Sondervergütungen der Gesellschaft an den Mitunternehmer erfasst. In der Sonderbilanz eines Gesellschafters werden beispielsweise Vermögensgegenstände ausgewiesen, die im persönlichen Eigentum eines der Gesellschafter stehen und der Gesellschaft zur Nutzung überlassen werden.[3] Bei der Zurechnung können auch individuelle Aufwendungen, die der Gesellschafter im Zusammenhang mit seiner Beteiligung an der Personengesellschaft getragen hat, als sog. Sonderbetriebsausgaben geltend gemacht werden, z. B. Beratungskosten im Zusammenhang mit gesellschaftsrechtlichen Fragen, Reisekosten zu Gesellschafterversammlungen usw.

3 Die Summe aus dem anteiligen Ergebnis der Gesamthands- (Steuer-) Bilanz, dem Ergebnis der Ergänzungsbilanz, dem Ergebnis der Sonderbilanz sowie eventueller Sondervergütungen bzw. Sonderbetriebsausgaben ergibt den **steuerlichen Ergebnisanteil des Mitunternehmers** für das

---

[1] *L. Schmidt* § 15 EStG Rn 401; *Gschwendtner*, DStR 1993, 817 f.; *Groh*, StuW 1995, 383.

[2] *Kirchhof/Söhn/Reiß* § 15 EStG Rn E 51.

[3] *Kirchhof/Söhn/Reiß* § 15 EStG Rn E 52.

betreffende Geschäftsjahr.[4] Vereinzelt wird in der Praxis der steuerliche Gewinnanteil des Gesellschafters in Form einer **steuerlichen Gesamtbilanz** ermittelt. In dieser steuerlichen Gesamtbilanz werden neben den Vermögensgegenständen und Schulden der Gesamthandsbilanz Positionen der Sonderbilanz sowie eventuelle Mehr- bzw. Minderwerte der Ergänzungsbilanz abgebildet. Sondervergütungen an die Mitunternehmer, wie z. B. Geschäftsführergehalt, Zinsen für Darlehen, werden nicht gewinnmindernd als Betriebsausgaben der Gesellschaft abgezogen, sondern lediglich im Rahmen der Gewinnverteilung berücksichtigt.[5] Diese Technik der steuerlichen Gewinnermittlung kann zwar zu einem zutreffenden steuerlichen Ergebnis führen, ist jedoch zivilrechtlich außerordentlich fehlerbehaftet, so dass von dieser Vorgehensweise abzuraten ist.

Die Gewinnermittlung durch eine steuerliche **Gesamtbilanz** ist nicht 4
erforderlich.[6] Die steuerliche Gewinnermittlung eines Mitunternehmers auf der Grundlage einer additiven Gewinnermittlung, d. h. der **stufenweisen Zusammenführung** der einzelnen Komponenten des steuerlichen Ergebnisses, führt vielmehr zu einem sachgerechten Ergebnis. Es besteht außerdem der Vorteil, dass die Gesamthandsbilanz der Personengesellschaft auch gleichzeitig als Handelsbilanz dienen kann.[7]

Die additive Gewinnermittlung ergibt sich nach folgendem Schema:

Anteiliges Ergebnis lt. Handelsbilanz der Gesellschaft	
+/–	Korrekturen der steuerlichen Gewinnermittlung gem. §§ 4 ff. EStG (z. B. nicht abzugsfähige Betriebsausgaben, wie Geschenke über 35 €, 30% der Bewirtungskosten usw.)
=	Zwischensumme
+/–	Gewinn/Verlust lt. Ergänzungsbilanz
=	**Ergebnis der ersten Gewinnermittlungsstufe**
+/–	Ergebnis lt. Sonderbilanz
+	Sondervergütungen (z. B. Gehalt, Zinsen), soweit nicht in Sonderbilanz erfasst
–	Sonderbetriebsausgaben (z. B. Beratungskosten), soweit nicht in Sonderbilanz erfasst
=	**Ergebnis der zweiten Gewinnermittlungsstufe**

II. Ergebnisanteil aus der Gesamthandsbilanz

1. Zurechnung des anteiligen Ergebnisses

Die Zurechnung des anteiligen Ergebnisses der Gesamthandsbilanz rich- 5
tet sich grundsätzlich nach den Bestimmungen des Gesellschaftsvertrages, entspricht also im Regelfall der Beteiligungsquote.[8] Die **gesellschaftsrechtliche Gewinnverteilungsabrede** wird grundsätzlich auch für die

[4] BFH v. 10. 11. 1980 BStBl. II 1981, 164; BMF v. 3. 12. 1993 BStBl. I 1994, 282.
[5] *Blümich/Stuhrmann* § 15 EStG Rn 487.
[6] *Groh*, StuW 1995, 389; *Raupach*, DStZ 1992, 692; a. A. *Döllerer*, DStZ/A 1974, 211.
[7] *L. Schmidt* § 15 EStG Rn 405 f.
[8] BFH v. 10. 11. 1980 BStBl. II 1981, 164.

steuerliche Ergebnisermittlung zugrunde gelegt.[9] Denkbar ist, dass die gesellschaftsrechtliche Gewinnverteilungsabrede von der Kapitalbeteiligungsquote der Gesellschafter untereinander abweicht. Dies ist etwa dann der Fall, wenn einer der Gesellschafter gewisse Sonderleistungen zugunsten der Gesellschaft erbringt, wie z. B. unentgeltliche Arbeitsleistung als Geschäftsführer, unentgeltliche Zurverfügungstellung eines Vermögensgegenstandes, Übernahme einer Bürgschaft für Gesellschaftsschulden usw. Durch die abweichende Gewinnverteilungsabrede können die Sonderleistungen eines Gesellschafters ausgeglichen werden. Weicht die Gewinnverteilungsabrede zwischen den Gesellschaftern jedoch willkürlich von dem Gewinnverteilungsschlüssel lt. Gesellschaftsvertrag ab, wird diese Ergebnisverteilung für steuerliche Zwecke nicht anerkannt werden können.[10] Eine willkürliche Abweichung wird immer dann anzunehmen sein, wenn für die Abweichung keine wirtschaftlichen oder rechtlich zwingenden Gründe vorliegen.[11]

6 Änderungen der Gewinnverteilungsabrede erfolgen im Regelfall im Zusammenhang mit dem **Ein- und Austritt von Gesellschaftern** in die Personengesellschaft. So ist es beispielsweise üblich, dass im Zusammenhang mit der Veräußerung eines Kommanditanteils eine Abrede über die anteilige Ergebnisbeteiligung des laufenden Wirtschaftsjahres getroffen wird. Nicht selten wird vereinbart, dass der Gewinn des laufenden Geschäftsjahres in vollem Umfang dem Erwerber des Kommanditanteils zusteht. Für steuerliche Zwecke wird diese zivilrechtlich wirksame Gewinnverteilungsabrede nur insoweit anerkannt, als sie nur für eine kurze Zeit besteht und nur eine technische Bedeutung hat.[12] Im Allgemeinen wird von der Finanzverwaltung[13] im Zusammenhang mit der Veräußerung eines Kommanditanteils eine Rückbeziehung der Gewinnverteilungsabrede auf einen Zeitraum von maximal drei Monaten anerkannt. Wird dieser Zeitraum überschritten, ist die im Kaufvertrag getroffene Gewinnverteilungsabrede zivilrechtlich zwar wirksam. Für steuerliche Zwecke wird diese Gewinnverteilungsabrede allerdings **nicht** anerkannt, d. h. dem Altgesellschafter wird bis zum Veräußerungszeitpunkt steuerlich das anteilige Ergebnis der Gesellschaft zugerechnet. Die Nichtanerkennung dieser Form der Gewinnverteilungsabrede bewirkt allerdings lediglich eine Verschiebung zwischen Veräußerungsgewinn/-verlust und laufendem Ergebnisanteil. Materielle Bedeutung hat diese Unterscheidung insbesondere dann, wenn für den ausscheidenden Gesellschafter die Voraussetzungen für die Anwendung des ermäßigten Einkommensteuersatzes auf Veräußerungsgewinne gem. §§ 16, 34 EStG vorliegen.

7 Eine von dem Kapitalanteil abweichende Gewinnverteilungsabrede wird außerdem dann anerkannt, wenn im Zusammenhang mit dem Beitritt von neuen Gesellschaftern vereinbart wird, dass den Gesellschaftern, die zu

---

[9] BFH v. 22. 5. 1990 BStBl. II 1990, 965.
[10] *Blümich/Stuhrmann* § 15 EStG Rn 543.
[11] *Hellwig*, FS Döllerer, 205.
[12] BFH v. 23. 1. 1986 BStBl. II 1986, 623.
[13] DB 1988, 1037.

einem späteren Zeitpunkt in die Gesellschaft beitreten, vorab ein Verlust zugewiesen wird, bis die Verlustbeteiligung aller Gesellschafter ihrem Kapitalanteil entspricht.[14] Entsprechende Gewinnverteilungsabreden finden sich häufig in Gesellschaftsverträgen von **Publikums-KGs**, deren Grundkonzeption auf der Zuweisung von steuerlichen Verlustanteilen an die Gesellschafter besteht. Da sich die Vermarktung der geschlossenen Fonds in der Rechtsform der GmbH & Co. KG im Regelfall über mehrere Monate hinzieht, ist diese Regelung erforderlich, um die Fondszeichner insgesamt gleichzustellen. Voraussetzung hierfür ist jedoch, dass der Jahresverlust der Gesellschaft ab dem Zeitpunkt des Eintritts des neuen Gesellschafters ausreicht, die Verlustzuweisung abzudecken.[15]

2. Korrekturvorschriften zur Gewinnermittlung

In den Gewinnermittlungsvorschriften der §§ 4 ff. EStG sind bereits Korrekturvorschriften hinsichtlich der **Entnahmen/Einlagen** enthalten. Entnahmen dürfen hiernach ungeachtet der Behandlung in der Handelsbilanz den steuerlichen Gewinn nicht mindern. Demgegenüber führen Einlagen des Gesellschafters nicht zu einem steuerpflichtigen Gewinn, auch wenn sie in der Handelsbilanz als Ertrag ausgewiesen werden. Die Korrekturvorschriften der Entnahmen und Einlagen erfassen zunächst reine Geschäftsvorfälle, die auf dem Privatkonto gutgeschrieben werden. Unter dem Begriff der Entnahmen und Einlagen können jedoch auch Vorgänge erfasst werden, die die Privatsphäre des Unternehmers berühren. So führt beispielsweise das Gehalt einer Hilfskraft, die zuständig ist für die Pflege der Reitpferde des Unternehmers, insoweit nicht zu steuerlich abzugsfähigen Betriebsausgaben. Die Vorschriften der Entnahmen und Einlagen sind sinngemäß auch auf die steuerliche Gewinnermittlung einer GmbH & Co. KG anzuwenden. Es bedarf hierfür keiner besonderen Regelung in § 15 EStG. Sofern also durch die Personengesellschaft Aufwendungen im Interesse eines oder mehrerer Gesellschafter getragen werden, werden diese als **(verdeckte) Entnahmen** dem steuerlichen Gewinn der Gesellschaft wieder hinzugerechnet, da die betriebliche Veranlassung fehlt.[16] Gleichermaßen können in der Handelsbilanz als Ertrag erfasste Vorgänge als **(verdeckte) Einlagen** bei der steuerlichen Gewinnermittlung abzuziehen sein, beispielsweise der Darlehensverzicht eines Gesellschafters zu Sanierungszwecken. 8

Die Vorschriften der Entnahmen und Einlagen sind steuersystematisch der **Trennung zwischen der Einkommensermittlung und Einkommensverwendung** zuzuordnen. Bei einer Kapitalgesellschaft erfolgt diese Einkommenskorrektur durch die Institute der **verdeckten Gewinnausschüttung** (§ 8 Abs. 3 KStG) bzw. der **verdeckten Einlage**. Eine verdeckte Gewinnausschüttung liegt insbesondere dann vor, wenn ein „ordentlicher und gewissenhafter Geschäftsleiter der Kapitalgesellschaft“ 9

---

[14] BFH v. 7. 7. 1983 BStBl. II 1984, 53; *Littmann/Bitz* § 15 EStG Rn 69; *Blümich/Stuhrmann* § 15 EStG Rn 543.

[15] BFH v. 17. 3. 1987 BStBl. II 1987, 558.

[16] *Blümich/Stuhrmann* § 15 EStG Rn 490.

unter sonst gleichen Umständen die Leistungsbeziehung nicht zu gleichen Konditionen abgeschlossen hätte.[17] Typische Anwendungsfälle der verdeckten Gewinnausschüttung sind Veräußerungen von Betriebsvermögen an einen Gesellschafter bzw. an eine nahe stehende Person zu einem unangemessenen niedrigen Preis, Gewährung von zinslosen Darlehen,[18] die Gewährung einer Pensionszusage zu unangemessenen Bedingungen an den Gesellschafter usw.

10 Im Rahmen der Gewinnermittlung einer GmbH & Co. KG finden die Grundsätze der verdeckten Gewinnausschüttung insoweit Anwendung, als sich durch eine unangemessene Leistungsbeziehung zwischen der Personengesellschaft und einem Gesellschafter der steuerliche Gewinnanteil einer der Kapitalgesellschaft aus der Mitunternehmerschaft vermindert.[19] Wenn also beispielsweise die Komplementär-GmbH einen **quotalen Anteil** aus dem Ergebnis der Kommanditgesellschaft erhält, kommen insoweit (anteilig) die **Grundsätze für die verdeckten Gewinnausschüttung** zur Anwendung. Eine anteilige Beteiligung am Gewinn kann dann vorliegen, wenn die Komplementär-GmbH am Kapital der Kommanditgesellschaft beteiligt ist oder wenn sich die Haftungsvergütung an einem gewissen Prozentsatz des Gewinns orientiert. Je nach Fallkonstellation können sich hier unangenehme steuerliche Konsequenzen für die Beteiligten ergeben.

Die Vorschriften der Entnahmen und Einlagen bzw. verdeckte Gewinnausschüttungen und verdeckte Einlagen haben gleichermaßen die Intention, die Privatsphäre der Gesellschafter von der betrieblichen Sphäre der Gesellschaft zu trennen. Der Anwendungsbereich der verdeckten Gewinnausschüttung ist jedoch nicht deckungsgleich zu Entnahmen/Einlagen, da für Leistungsbeziehungen zwischen Kapitalgesellschaft und Gesellschafter besondere **Formvorschriften** eingehalten werden müssen, beispielsweise das Verbot des Verstoßes gegen das Selbstkontrahierungsverbot, Beachtung der Vertretungsbefugnisse der Gesellschaft[20] usw. Nach bisheriger Rechtslage führt ein Verstoß gegen Formvorschriften bei Leistungsbeziehungen einer Personengesellschaft mit dem Gesellschafter für sich allein noch nicht zu der Anwendung der Entnahmeregularien im Rahmen der steuerlichen Gewinnermittlung einer GmbH & Co KG.

3. Einschränkungen für den Schuldzinsenabzug

11 **a) Eingeschränkter Schuldzinsenabzug bei Überentnahmen gem. § 4 Abs. 4a EStG.** Die steuerliche Gewinnermittlung im Rahmen der Gesamthandsbilanz einer GmbH & Co. KG richtet sich nach den allgemeinen Gewinnermittlungsregeln gem. §§ 4 ff. EStG. Es gilt auch für eine GmbH & Co. KG der allgemeine Grundsatz der Maßgeblichkeit der Handelsbilanz für die Steuerbilanz, ergänzt um spezielle steuerliche Gewinn-

---

[17] Z. B. BFH v. 16. 5. 1967 BStBl. III 1967, 626.

[18] BFH v. 9. 6. 1994 BFH/NV 1995, 103.

[19] BFH v. 6. 8. 1985 BStBl. II 1986, 17.

[20] BFH v. 14. 3. 1990 BStBl. II 1990, 795; BFH v. 8. 4. 1997 BFH/NV 1997, 902.

ermittlungsvorschriften. Eine dieser steuerlichen Gewinnermittlungsvorschriften betrifft die Einschränkung des Schuldzinsenabzugs bei sog. Überentnahmen gem. § 4 Abs. 4a EStG.

§ 4 Abs. 4 a EStG ist zunächst eine spezielle steuerliche Gewinnermittlungsvorschrift, die nach dem Wortlaut vordergründig auf einen Einzelunternehmer ausgerichtet ist. **Ziel der Vorschrift** ist, den steuerlichen Abzug von Schuldzinsen insoweit zu versagen, als diese durch übermäßige Privatentnahmen des Einzelunternehmers verursacht sind. Eine Überentnahme i. S. d. § 4 Abs. 4 a EStG liegt hiernach vor, wenn die Entnahmen im Laufe eines Wirtschaftsjahres höher sind als der Gewinn zzgl. etwaiger Einlagen. Berücksichtigt werden jedoch auch eventuelle „Unterentnahmen" aus vorangegangenen Jahren, wenn also in den Vorjahren das zulässige Entnahmepotential nicht völlig ausgeschöpft worden ist. Entnahmen in den letzten drei Monaten eines Jahres können durch Einlagen der ersten drei Monate des Folgejahres ausgeglichen werden.

In dem Maß, in dem schädliche Überentnahmen vorliegen, wird der abzugsfähige Zinsaufwand im Rahmen der steuerlichen Gewinnermittlung gekürzt. Der Kürzungsbetrag beträgt **pauschal 6 % der schädlichen Überentnahmen**, maximal jedoch die insgesamt gezahlten Schuldzinsen.

Auch wenn § 4 Abs. 4 a EStG nach seinem Wortlaut auf ein Einzelunter- **11 b**
nehmen ausgerichtet ist, der zudem den Gewinn als Überschuss der Einnahmen über die Betriebsausgaben ermittelt (§ 4 Abs. 3 EStG), gilt die Vorschrift gleichermaßen für die **Gewinnermittlung der GmbH & Co. KG**. Grundlage für die Ermittlung der Überentnahmen ist dabei nicht nur die Gesamthandsbilanz der Kommanditgesellschaft, sondern die steuerliche Gesamtbilanz, so dass auch die Ergänzungs- und Sonderbilanzen der Gesellschafter einzubeziehen sind. Betrachtet man zunächst allein die Verhältnisse der Gesamthandsbilanz, ist die konkrete Anwendbarkeit des § 4 Abs. 4 a EStG davon abhängig, welche Gesellschafterkonten geführt werden bzw. welche Regelung der Gesellschaftsvertrag für den Fall vorsieht, dass die Gesellschafterkonten aus Sicht des Gesellschafters negativ werden. Denkbar ist beispielsweise, dass der Gesellschaftsvertrag eine Verzinsung dieser Gesellschafterkonten zugunsten der Gesellschaft vorsieht. Denkbar ist jedoch auch, dass der Stand der Gesellschafterkonten gänzlich unberücksichtigt bleibt, unabhängig davon, ob das Gesellschafterkonto aus Sicht des Gesellschafters einen positiven oder einen negativen Stand hat.

Die Anwendbarkeit des § 4 Abs. 4 a EStG auf die Gewinnermittlung **11 c**
einer GmbH & Co. KG ist dann augenscheinlich nachvollziebarer als der Gesellschaftsvertrag **keine** Verzinsung eines eventuell negativen Gesellschafterkontos vorsieht, so dass übermäßige Privatentnahmen des Gesellschafters letztlich zu Zinsaufwand im Rahmen der Gesamthandsbilanz führen. Durch § 4 Abs. 4 a EStG wird der steuerliche Abzug von Schuldzinsen insoweit in nachvollziehbarer Weise eingeschränkt. Sieht der Gesellschaftsvertrag dagegen eine **Verzinsung der Gesellschafterkonten** vor, muss unterschieden werden, ob es sich um ein Konto mit Forderung/Verbindlichkeiten- oder Kapitalcharakter handelt. Hat die GmbH & Co. KG

eine Forderung gegenüber dem Gesellschafter und wird diese Forderung verzinst, führen die Zinsen zu Betriebseinnahmen der GmbH & Co. KG, erhöhen mithin den steuerlichen Gewinn der Gesellschaft. Dieser steuerliche Gewinn steht den eventuell gezahlten Schuldzinsen gegenüber, so dass kein Raum für die Anwendung des § 4 Abs. 4 a EStG verbleibt.

11 d Handelt es sich bei dem betreffenden Konto dagegen nach allgemeinen Kriterien um ein Kapitalkonto, bilden die hierauf berechneten Zinsen keine Betriebseinnahmen der Gesellschaft.[21] Die dennoch für diese negativen Gesellschafterkonten berechneten Zinsen gelten für steuerliche Zwecke nicht als Betriebseinnahmen, sondern als Teil der Gewinnverteilungsabrede,[22] gelten also als negativer Gewinn vorab.[23] In diesem Fall besteht das Problem, dass privat veranlasste Entnahmen des Gesellschafters die Finanzkraft der Gesellschaft mindern und hierfür u. U. durch die Gesellschaft Zinsaufwendungen getragen werden müssen. Stehen diese in Zusammenhang mit dem negativen Kapitalkonto des Gesellschafters, sind diese Refinanzierungszinsen im Allgemeinen ohnehin nicht als Betriebsausgaben abzugsfähig.[24] Auch insoweit bedarf es grundsätzlich nicht der Abzugsbeschränkung des § 4 Abs. 4 a EStG. Sofern ein unmittelbarer Zusammenhang zwischen Darlehensaufnahme durch die Gesellschaft und Privatentnahmen des Gesellschafters nicht hergestellt werden kann, kommt dagegen im Falle negativer Gesellschafter (Kapital-) Konten eine Kürzung der Schuldzinsen gem. § 4 Abs. 4 a EStG in Betracht.

Die schädlichen Überentnahmen bei einer GmbH & Co KG sind grundsätzlich bezogen auf jeden Gesellschafter zu ermitteln.[25] Unter Einbezug der Gesamthandsbilanz, der Ergänzungsbilanz sowie der Sonderbilanz des einzelnen Gesellschafters ergibt sich dabei eine unübersichtliche und komplizierte Berechnung der schädlichen Überentnahmen. Aus diesem Grund wird für die Ermittlung der Überentnahmen für die Gesellschafter einer GmbH & Co. KG eine vereinfachte Berechnung vorgeschlagen,[26] bei der jeweils der Stand der steuerlichen Gesamtbilanz, d. h. der zusammengefassten Gesamthands-, der Ergänzungs- und der Sonderbilanz zu Beginn und zum Ende des Jahres miteinander verglichen werden. In dieser Veränderung des zusammengefassten Kapitals spiegelt sich die Veränderung durch Entnahmen/Einlagen und durch anteilige Gewinne wider. Modifikationen sind allerdings im Hinblick auf die außerbilanziellen Hinzurechnungen sowie bei eventuellen Verlusten erforderlich.

Wird hiernach für einen einzelnen Gesellschafter eine schädlich Überentnahme ermittelt, wird dieser fiktive Gewinn grundsätzlich außerbilanziell hinzugerechnet. Auch wenn eine individuelle Hinzurechnung zu der betroffenen Gesellschaft sachgerecht wäre, dürfte dies jedoch ohne eine

---

[21] BFH v. 4. 5. 2000 BStBl. II 2001, 171.

[22] *Schmidt* § 15 EStG Rn 632.

[23] *Kempermann*, FR 2000, 1070.

[24] BFH v. 5. 3. 1991 BStBl. II 1991, 516; *Ley*, KÖSDI 2002, 13471.

[25] BMF v. 22. 5. 2000 BStBl. I 2000, 588; *Kirchhof/Crezelius* § 4 EStG Rn 121. *Korn/Strahl*, KÖSDI 2000, 12281.

[26] *Ley*, DStR 2001, 1014.

entsprechende gesellschaftsvertragliche Regelung schwierig sein.[27] In diesem Fall wären alle Gesellschafter entsprechend dem Gewinnverteilungsschlüssel betroffen. Hinzu kommt die Erhöhung der Bemessungsgrundlage für die Gewerbesteuer.

b) Eingeschränkter Betriebsausgabenabzug durch die Gesellschafterfremdfinanzierung einer Kapitalgesellschaft gem. § 8 a KStG. 11 e
§ 8 a KStG qualifiziert Vergütungen, die ein wesentlich beteiligter Anteilseigner, eine nahe stehende Person i. S. d. § 1 Abs. 2 AStG oder ein rückgriffsberechtigter Dritter für die nicht nur kurzfristige Überlassung von Fremdkapital an eine unbeschränkt oder beschränkt steuerpflichtige Kapitalgesellschaft erhält, als sog. verdeckte Gewinnausschüttung, sofern

- die Freigrenze von 250 T€ p. a. überschritten ist,
- eine gewinn- oder umsatzabhängige Vergütung vereinbart ist oder,
- im Falle einer festen Vergütung, das Verhältnis von Fremdkapital zu Eigenkapital die Grenze von 1,5 zu 1 überschreitet und eine Mittelaufnahme zur Finanzierung banküblicher Geschäfte nicht vorliegt.

§ 8 a Abs. 5 KStG bestimmt darüber hinaus, dass die vorstehend genannten Grundsätze **entsprechend** gelten, wenn das **Fremdkapital einer Personengesellschaft überlassen** wird, an der die Kapitalgesellschaft allein oder zusammen mit ihr nahe stehenden Personen unmittelbar oder mittelbar zu mehr als $^1/_4$ beteiligt ist. In diesen Fällen gilt das Fremdkapital als der Kapitalgesellschaft überlassen. Ab dem Jahr 2004 gilt § 8 a KStG auch für den Fall, dass die Darlehensgewährung durch einen inländischen Anteilseigner erfolgt.

Der Inhalt und die Konsequenzen des § 8 a KStG – neu – sind in der Literatur höchst umstritten.[28] Offen ist in der Diskussion insbesondere, ob sich durch die Qualifikation der betreffenden Vergütungen als verdeckte Gewinnausschüttung lediglich ein Verbot des Betriebsausgabenabzugs auf Ebene der Gesellschaft oder auch eine entsprechende Umqualifikation der Vergütungen auf Ebene des Gesellschafters ergibt.[29] Ähnlich umstritten sind die Konsequenzen aus der analogen Anwendung der Grundsätze des § 8 a KStG auf sog. **nachgeschaltete Personengesellschaften**, wenn die Darlehensgewährung nicht an die Kapitalgesellschaft selbst, sondern an eine Personengesellschaft erfolgt, an der die betreffende Kapitalgesellschaft wiederum als Gesellschafter beteiligt ist. Die schlichte Übertragung des Verbots des Betriebsausgabenabzugs auf die Ebene der Personengesellschaft wird den dargestellten Rechtsfolgen durch § 8 a KStG nicht gerecht. Dies zeigt sich insbesondere dann, wenn neben der betreffenden Kapitalgesellschaft auch andere Gesellschafter beteiligt sind. Der Verbot des Betriebsausgabenabzuges für Zinsen auf Ebene der Personengesellschaft würde in diesen Fällen zu unbilligen Ergebnissen führen, da die Steuerfolgen eines

---

[27] Ebenda.

[28] Zum Diskussionsstand *Dötsch/Pung*, DB 2004, 91; *Neumann/Stimpel*, GmbHR 2004, 392; *Rödder/Schumacher*, DStR 2003, 1725; *Prinz/Ley*, FR 2003, 933; *Wassermeyer*, DStR 2003, 2056.

[29] *Wassermeyer*, DStR 2004, 749; *Rödder/Schumacher*, DStR 2004, 758; *Frotscher*, DStR 2004, 754.

versagten Betriebsausgabenabzugs auch diejenigen Gesellschafter treffen würden, die in keiner Beziehung zu der Mitgesellschafter-Kapitalgesellschaft stehen.

11f § 8a Abs. 5 Satz 2 KStG wird als **Fiktion einer Darlehensbeziehung** verstanden, nach der das einer Personengesellschaft von einer vorgeschalteten Konzerngesellschaft überlassene Fremdkapital als der Kapitalgesellschaft überlassen gilt, die an der betreffenden Personengesellschaft beteiligt ist.[30] In diesem Fall würde das Darlehen (fiktiv) der Gesellschafterin der Personengesellschaft zugerechnet werden, die dieses wiederum (fiktiv) an die Personengesellschaft weiterreicht. Auf Ebene der Personengesellschaft wäre in diesem Fall der **Betriebsausgabenabzug auf der ersten Gewinnermittlungsstufe** gegeben. Die von der Personengesellschaft gezahlten Zinsen würden als Sondervergütung gem. § 15 Abs. 1 Nr. 2 EStG der Gesellschafterin (Kapitalgesellschaft) zugerechnet. Die Kapitalgesellschaft als Gesellschafterin der Personengesellschaft hätte in Höhe des tatsächlichen Zinsaufwandes entsprechende Refinanzierungsaufwendungen, d. h. in der Terminologie der Mitunternehmerkonzeption Sonderbetriebsausgaben. Die steuerliche Abzugsfähigkeit dieser Sonderbetriebsausgaben wird dann in den Grenzen des § 8a KStG beurteilt und führt ggf. zu der ganzen oder teilweisen steuerlichen Nichtabzugsfähigkeit gem. § 8a KStG, wobei sich die Grenze der Nichtabzugsfähigkeit nach den Verhältnissen der Gesellschafter-Kapitalgesellschaft richtet.

11g Die unmittelbare Anwendung des § 8a Abs. 5 KStG auf der Ebene der Personengesellschaft, d. h. der **ersten Gewinnermittlungsstufe**, würde dagegen zu einem sachlich nicht gerechtfertigten Ergebnis führen, insbesondere dann, wenn die Kapitalgesellschaft nicht zu 100 % am Kommanditkapital beteiligt ist. Die steuerliche Behandlung der Fremdfinanzierungskosten auf Ebene der Personengesellschaft richtet sich nach allgemeinen Regeln, d. h. der Qualifikation als Betriebsausgaben, bzw. Aktivierung als Bauzeitzinsen usw. Die Einschränkungen des Betriebsausgabenabzugs aus § 8a KStG wird demnach lediglich auf Ebene der Gesellschafterin beurteilt, d. h. lediglich in der **zweiten Gewinnermittlungsstufe**. Die steuerliche Gewinnermittlung der Personengesellschaft ist hierdurch also lediglich mittelbar berührt. Ungeachtet dessen sind die entsprechenden Schlussfolgerungen in der einheitlichen und gesonderten Gewinnfeststellung der GmbH & Co. KG zu ziehen.[31]

Die Finanzverwaltung vertritt dabei die Auffassung, dass sich die Beurteilung der Grenzen für die Grenzen des § 8a KStG nicht nach den Verhältnissen der Kapitalgesellschaft in der Handelsbilanz richtet, sondern das anteilige Kapital der Personengesellschaft spiegelbildlich im Eigenkapital der Kapitalgesellschaft abgebildet wird (Spiegelbildtheorie), wobei auf die Werte der Handelsbilanz der Personengesellschaft abgestellt werden soll. Hierdurch gehen für Zwecke der Ermittlung des safe havens eventuell vorhandene Sonder- und Ergänzungsbilanzen verloren.

---

[30] *Wacker*, DStR 2004, 1068; BMF vom 15. 7. 2004 DStR 2004, 1290 Rn 33.

[31] BMF v. 15. 7. 2004 DStR 2004, 1290 Rn 51.

Beispiel:[32] A ist Alleingesellschafter der X-GmbH, die zu 40 % an der X-GmbH & Co. KG beteiligt ist. Die übrigen Gesellschafter der X-GmbH & Co. KG sind nicht nahe stehende Personen des A. A gewährt der X-GmbH & Co. KG ein Darlehen in Höhe von 50 Mio. € zu einem Zinssatz von 10 %; weitere Darlehen werden nicht gewährt. Die Wirtschaftsjahre der Gesellschaften entsprechen dem Kalenderjahr. Die X-GmbH & Co. KG erwirtschaftet im Jahr 02 einen Gewinn von 4.000 T€. **11 h**

Die Bilanzen der X-GmbH und der X-GmbH & Co. KG stellen sich zum 31. 12. 01 wie folgt dar:

X-GmbH zum 31. 12. 01 (T€)

X-GmbH & Co KG	20.000	Eigenkapital	30.000
Sonstige Aktiva	25.000	Sonstige Passiva	15.000
	45.000		**45.000**

X-GmbH & Co KG zum 31. 12. 01 (T€)

Aktiva	90.000	Kapitalkonto X-GmbH	12.000
		Sonstige Kapitalkonten	18.000
		Rücklagen	10.000
		Darlehen des A	50.000
	90.000		**90.000**

Lösung:
Für Zwecke der Ermittlung des zulässigen Fremdkapitals ergeben sich bei der X-GmbH folgende Werte:

X-GmbH zum 31. 12. 01 (T€)

Anteilige Aktiva der X-GmbH & Co KG	12.000	Eigenkapital	22.000
Darlehensanspruch	50.000	Darlehen des A	50.000
Sonstige Aktiva	25.000	Sonstige Passiva	15.000
	87.000		**87.000**

Das zulässige Fremdkapital des A bei der X-GmbH beträgt nach Auffassung der Finanzverwaltung 33.000 T€ (= 22.000 T€ × 1,5). Es wird durch das Gesellschafterdarlehen an die X-GmbH & Co KG um 17.000 T-€ (= 50.000 T€ ./. 33.000 T€) überschritten. Die hierauf von der X-GmbH & Co KG gezahlten Zinsen in Höhe von 1,7 Mio. € (= 17.000 T€ × 10 %) entfallen zu 40 % (= 680 T€) auf den Gewinnanteil der X-GmbH. Die verbleibenden Vergütungen in Höhe von 420 T€ (= 1.100 T€ ./. 680 T€) fließen als Zinszahlung an A; da A an der X-GmbH & Co. KG nicht unmittelbar beteiligt ist, haben sie auf das Ergebnis der Personengesellschaft keinen weiteren Einfluss. Es ergibt sich folgende Gewinnfeststellung auf der Ebene der GmbH & Co. KG:

	X-GmbH & Co KG gesamt (T€)	X-GmbH (T€)	Übrige Gesellschafter (T€)
Gewinn 02	4.000	1.600	2.400
Verdeckte Gewinnausschüttung	680	680	–
Festzustellender Gewinn	4.680	2.280	2.400

[32] BMF v. 15. 7. 2004, DStR 2004, 1290 Rn 51.

Der um die verdeckte Gewinnausschüttung erhöhte Gewinn unterliegt auf Ebene der Personengesellschaft vollständig der Besteuerung mit Gewerbesteuer. Auf Ebene der Kapitalgesellschaft findet § 9 Nr. 2 GewStG Anwendung. Die verbleibende und nicht umqualifizierte Vergütung für das Darlehen (420 T€) ist für Zwecke der Gewerbesteuer dem Gewinn der Personengesellschaft gemäß § 8 Nr. 1 GewStG zur Hälfte hinzuzurechnen.

11i Im Beispielsfall ist die Grenze für die Anwendung des § 8a KStG geringer als das Eigenkapital auf Ebene der Gesellschafter-GmbH (X-GmbH), weil der Bilanzansatz für die Beteiligung in der Bilanz der GmbH höher ist als das anteilige Eigenkapital der X-GmbH bei der GmbH & Co. KG.[33] Für Zwecke der Ermittlung des safe havens soll deshalb entgegen der ansonsten üblichen Betrachtungsweise nicht auf das Kapital laut steuerlicher Gesamtbilanz, bestehend aus dem Kapital lt. Gesamthands-, Sonder- und Ergänzungsbilanz, sondern auf die Werte lt. Handelsbilanz abgestellt werden. Es erfolgt mithin nach Auffassung der Finanzverwaltung ein **Stepp-down**.

11j Für Zwecke der Ermittlung einer schädlichen Finanzierung gem. § 8a Abs. 5 KStG wird das Darlehen eines Gesellschafters in vollem Umfang der beteiligten Kapitalgesellschaft zugerechnet, auch wenn diese nur **anteilig** an der Personengesellschaft **beteiligt** ist.[34] Die Umqualifikation von Zinsen in eine verdeckte Gewinnausschüttung soll jedoch nur in dem Maß erfolgen, in dem eine Kapitalgesellschaft an einer GmbH & Co. KG beteiligt ist, mithin die fraglichen Zinsen den Gewinn der Kapitalgesellschaft gemindert haben.

11k Nach Auffassung der Finanzverwaltung soll § 8a Abs. 5 KStG grundsätzlich auch die Fallgestaltung einer „normalen" GmbH & Co. KG betreffen, an der eine oder mehrere natürliche Personen vollumfänglich das Kommanditkapital halten und die **Komplementär-GmbH nicht** oder nur in geringem Maß am Kapital der Gesellschaft **beteiligt** ist. Obwohl nach der allgemeinen Betrachtungsweise das Darlehen eines Gesellschafters der GmbH & Co. KG als Sonderbetriebsvermögen bildet, also steuerlich im Grunde Eigen- und nicht Fremdkapital vorliegt, soll § 8a Abs. 5 KStG in diesem Fall § 15 Abs. 1 Nr. 2 EStG vorgehen.[35] Diese Betrachtungsweise ist jedoch abzulehnen. Sofern die Komplementärgesellschaft nicht am Kapital der GmbH & Co. KG beteiligt ist, ergeben sich allerdings aus § 8a Abs. 5 KStG keine negativen Konsequenzen, da der Gewinn der Komplementärin in diesem Fall nicht durch den Zinsaufwand belastet ist.

III. Ergänzungsbilanzen

12 Eine Besonderheit der Besteuerungskonzeption der Personengesellschaft ist die sog. Ergänzungsbilanz. In der Ergänzungsbilanz werden die **Vermögensgegenstände und Schulden der Gesamthandsbilanz** ganz oder teilweise **abgebildet**, soweit im Einzelnen Korrekturen erforderlich sind. Dogmatisch handelt es sich um Korrekturposten zu den Vermögens-

[33] *Wacker*, DStR 2004, 1069.

[34] BMF vom 15. 7. 2004, DStR 2004, 1290 Rn 33, 51.

[35] BMF vom 15. 7. 2004, , DStR 2004, 1290 Rn 53.

gegenständen und Schulden der Gesamthandsbilanz.[36] Eine Ergänzungsbilanz entsteht im Regelfall in folgenden Fällen.[37]

- Bei dem entgeltlichen Erwerb eines Mitunternehmeranteils mit einem Kaufpreis über oder unter dem anteiligen steuerlichen Eigenkapital;
- bei Einbringung eines Mitunternehmeranteils in eine Personengesellschaft in eine Kapitalgesellschaft (§ 20 UmwStG) mit einem Wertansatz über dem anteiligen steuerlichen Eigenkapital;
- bei Inanspruchnahme von personenbezogenen Steuervergünstigungen einer Personengesellschaft durch einzelne Gesellschafter;
- bei der Einlage eines Einzelwirtschaftsgutes in eine Personengesellschaft gem. § 6 Abs. 5 S. 3 EStG unter Vermeidung des Überspringens von stillen Reserven.

Der Hauptanwendungsfall einer Ergänzungsbilanz betrifft **die Veräußerung des Anteils einer Personengesellschaft** , wobei ein Preis gezahlt wird, der über dem anteiligen Eigenkapital liegt. Obschon Gegenstand des Erwerbs zivilrechtlich ein Gesellschaftsanteil ist, wird dieser steuerlich nicht als Vermögensgegenstand betrachtet.[38] Der Anteil an der Personengesellschaft ist aus steuerlicher Sicht transparent, so dass auf die Vermögensgegenstände und Schulden der Gesamthandsbilanz bzw. auf die dort enthaltenen stillen Reserven „durchgesehen" wird. Der Unterschiedsbetrag zwischen den Anschaffungskosten für den Gesellschaftsanteil und dem Betrag des übernommenen anteiligen Eigenkapitals wird in die Ergänzungsbilanz des betreffenden Gesellschafters eingestellt und auf die Vermögensgegenstände und Schulden der Gesamthandsbilanz entsprechend deren stillen Reserven abgebildet.[39] Hintergrund für die Erfassung des Unterschiedsbetrags in einer Ergänzungsbilanz ist, dass der Veräußerer des Mitunternehmeranteils die durch den Unterschiedsbetrag repräsentierten stillen Reserven im Gesellschaftsanteil bereits versteuert hat. Der Erwerber des Gesellschaftsanteils braucht deshalb bei der Realisierung der stillen Reserven im normalen Geschäftsgang bzw. bei der eventuellen Weiterveräußerung des Anteils den Gewinn aus der Auflösung der stillen Reserven nicht erneut zu versteuern.[40] 13

Demgegenüber wird im Rahmen einer **negativen Ergänzungsbilanz** ein negativer Unterschiedsbetrag zwischen Anschaffungskosten auf den Gesellschaftsanteil und dem anteiligen Eigenkapital ausgewiesen. Ein negatives Ergänzungskapital mindert das steuerliche Eigenkapital des Gesellschafters.[41] 14

Beispiel: A und B sind an einer GmbH & Co. KG mit einem Kommanditkapital von jeweils T€ 100 beteiligt. B veräußert seinen Kommanditanteil an C zu einem Preis von 500 T€. Wertbestimmend für den Kaufpreis der Anteile waren folgende stille Reserven im Gesamthandsvermögen der Personengesellschaft:

---

[36] BFH v. 28. 9. 1995 BStBl. II 1996, 68.

[37] *L. Schmidt* § 15 EStG Rn 460; *Blümich/Stuhrmann* § 15 EStG Rn 553.

[38] BFH v. 25. 2. 1991 BStBl. II 1991, 691; *L. Schmidt* § 15 EStG Rn 461; a. A. *Kirchhof/Söhn/Reiß* § 16 EStG Rn C 42.

[39] *Blümich/Stuhrmann* § 15 EStG Rn 554.

[40] *Littmann/Bitz* § 15 EStG Rn 64.

[41] *Kirchhof/Söhn/Reiß* § 15 EStG Rn E 19.

	Buchwert T€	Verkehrswert T€	Stille Reserven T€
Grundstücke	200	400	200
Gebäude	1.000	1.400	400
Maschinen	600	800	200

15 C hat für den Kommanditanteil einen Preis gezahlt, der um 400 T€ über dem Wert des steuerlichen Kapitalkontos liegt. Durch die Anteilsveräußerung verändert sich die Gesamthandsbilanz der GmbH & Co. KG nicht. Der Unterschiedsbetrag zwischen Kaufpreis für den Gesellschaftsanteil und dem anteiligen Eigenkapital wird in eine Ergänzungsbilanz eingestellt. Der Unterschiedsbetrag wird im Verhältnis der stillen Reserven der sich im Gesamthandsvermögen der Personengesellschaft befindlichen Vermögensgegenstände aufgeteilt. Es entsteht demnach im Beispielsfall folgende Ergänzungsbilanz:

Ergänzungsbilanz C

Grundstücke	100	**Ergänzungskapital**	400
Gebäude	200		
Maschinen	100		
	400		400

16 Die in der Ergänzungsbilanz abgebildeten Mehrwerte können nach allgemeinen steuerlichen Regeln (§§ 7 ff. EStG) abgeschrieben werden. Die Nutzungsdauer/Abschreibungsart orientiert sich dabei grundsätzlich an den in der Gesamthandsbilanz ausgewiesenen Vermögensgegenständen.[42] Üblicherweise werden jedoch im Rahmen der Abschreibungsbemessung branchenspezifisch typisierende Nutzungsdauern zugrunde gelegt, sofern nicht eine Zuordnung auf ein bestimmtes Wirtschaftsgut der Gesamthandsbilanz erfolgt. Im Beispielsfall kommen folgende Abschreibungen in Frage:

Grundstücke	0 %
Gebäude	2 %
Maschinen	20 %

17 Für C ergibt sich hiernach folgender Abschreibungsverlauf in den ersten 6 Jahren:

	t1	t2	t3	t4	t5	t6
Grundstücke	0	0	0	0	0	0
Gebäude	8	8	8	8	8	8
Maschinen	40	40	40	40	40	0
Gesamt	48	48	48	48	48	8

18 Die **Möglichkeit der steuerlichen Geltendmachung** von Abschreibungen aus dem anteiligen (Mehr-)Kaufpreis für den Erwerber ist ein **wesentlicher Vorteil** gegenüber dem Erwerb von Anteilen an einer Kapitalgesellschaft. Bei dem Erwerb des Anteils an einer Kapitalgesellschaft

[42] *Blümich/Stuhrmann* § 15 EStG Rn 554; *Littmann/Bitz* § 15 EStG Rn 64.

kann der Kaufpreis steuerlich im Grundsatz nicht geltend gemacht werden.[43] Der Erwerber des Anteils an einer Personengesellschaft hat also in der Folgezeit erhebliche **Liquiditätsvorteile** aus der steuerlichen Verwertung der Abschreibungsbeträge. Je größer der Anteil der stillen Reserven ist, der auf eher kurzlebige Wirtschaftsgüter entfällt, umso größer ist der Steuer- und Liquiditätsvorteil in der ersten Zeit nach dem Anteilserwerb. Die Zuordnung von stillen Reserven auf geringwertige Wirtschaftsgüter bzw. den Maschinenbestand findet allerdings ihre Grenze in deren nach objektiven Kriterien gemessenem Verkehrswert. Ein über die Summe aller stillen Reserven hinausgehender Mehrbetrag wird als Firmenwert erfasst. Im Regelfall lohnt es sich jedoch auch in diesem Bereich, gezielt den Vermögensbereich „Firmenwert" zu analysieren. Auch dieser kann in einzelne Wirtschaftsgüter abgeschichtet werden, die eine unterschiedliche betriebsgewöhnliche Nutzungsdauer haben, wie z. B.

Patente	6–8 Jahre
Warenzeichen[44]	3–5 Jahre
Auftragsbestand[45]	bei Erfüllung der Aufträge
restliche immaterielle Werte, wie z. B. Kundenstamm	15 Jahre

Die Ergänzungsbilanz zur Gesamthandsbilanz geht zurück auf die ursprünglichen Grundvorstellung der **Bilanzbündeltheorie**,[46] nach der eine Personengesellschaft steuerlich das Bündel von Einzelbilanzen der Gesellschafter ist. Aus diesem Grund wird der Erwerb eines Anteils einer Personengesellschaft steuerlich grundsätzlich wie der anteilige Erwerb von Einzelwirtschaftsgütern gewertet. Gleichwohl ergibt sich hier ein gewisser Widerspruch zur Unternehmenswirklichkeit. Im Regelfall wird bei der Akquisition eines Unternehmens bzw. eines Gesellschaftsanteils weniger auf die anteiligen stillen Reserven in den Vermögensgegenständen der Gesellschaft **(Substanzwert)** als vielmehr auf deren langfristige Ertragskraft **(Ertragswert)** geachtet. Diese hängt wiederum nur mittelbar von der Werthaltigkeit der im Betriebsvermögen enthaltenen Vermögensgegenstände ab. Nach dieser, der betriebswirtschaftlichen Unternehmensbewertung angenäherten Vorstellung müsste im Grunde im Rahmen einer Ergänzungsbilanz ein kapitalisierter Ertragswert abgebildet werden, der über die Folgezeit aufgelöst und gegen die tatsächlich erzielten Erträge verrechnet wird. Diese Betrachtungsweise hat sich allerdings noch nicht durchgesetzt, so dass weiterhin davon ausgegangen werden muss, dass eine Abbildung der (Substanz-) Mehrwerte auf Einzelwirtschaftsgüter erfolgt, obschon diese bei der Bemessung des Kaufpreises im Regelfall nicht ausschlaggebend waren. 19

[43] Während der Geltung der körperschaftsteuerlichen Anrechnungsverfahrens waren verschiedentliche Modelle gebräuchlich, den Kaufpreis für Gesellschaftsanteile in steuerlich verwertbares Abschreibungspotential umzuwandeln.

[44] Abschreibung zweifelhaft, BFH v. 4. 9. 1996 BStBl. II 1996, 586; BMF v. 12. 7. 1999 DB 1999, 1579, Nutzungsdauer 15 Jahre.

[45] FG Düsseldorf v. 20. 2. 2003 EFG 2003, 1290.

[46] *Kirchhof/Söhn* § 15 EStG Rn E 28, mittlerweile aufgegeben; BFH v. 25. 6. 1984 BStBl. II 1984, 751.

IV. Sonderbetriebsvermögen

1. § 15 EStG – Qualifikationsnorm oder Zurechnungsnorm

20 § 15 Abs. 1 Nr. 2 EStG behandelt in der zweiten Gewinnermittlungsstufe lediglich Vergütungen der Gesellschaft an den Gesellschafter. Eine Aussage über Vermögensgegenstände, die der Gesellschafter der Gesellschaft zur Nutzung überlässt, die also die (Vermögens-) Grundlage für die betreffende Vergütung sind, ist jedoch nicht getroffen. Entsprechend der Regelung über das Entgelt für Leistungsbeziehungen sind die betreffenden Vermögensgegenstände, die im Eigentum eines Gesellschafters stehen und von der Gesellschaft genutzt werden, wie z. B. ein Betriebsgrundstück, im Rahmen einer **Sonderbilanz** zu erfassen.[47]

21 Das Verständnis des § 15 Abs. 1 Nr. 2 EStG ist mit der Fragestellung verbunden, ob die Vorschrift als Zurechnungsnorm oder als Qualifikationsnorm zu verstehen ist. Die Interpretation des § 15 Abs. 1 Nr. 2 EStG als eine **Zurechnungsnorm** bedingt, dass ein Vermögensgegenstand, der von der Personengesellschaft genutzt wird, zwingend dem Sonderbetriebsvermögen dieser Personengesellschaft zuzurechnen ist. Sofern dagegen die Vorschrift als **Qualifikationsnorm** verstanden wird, die subsidiär nur dann zur Anwendung kommt, wenn der betreffende Vermögensgegenstand nicht bereits die Eigenschaft eines steuerlichen Betriebsvermögens hat (sog. Subsidiaritätsthese), erfolgt eine Zurechnung zu der steuerlichen Sphäre der Personengesellschaft nur dann, wenn hierdurch die Betriebsvermögenseigenschaft für den betreffenden Vermögensgegenstand begründet wird. Während die Vorschrift in der Vergangenheit von der Rechtsprechung eher als Zurechnungsnorm interpretiert wurde,[48] setzt die neuere Rechtsprechung verstärkt auf die Auslegung im Sinne des der Subsidiaritätsthese.

22 Die Auslegung des § 15 Abs. 1 Nr. 2 EStG im Sinne der **Subsidiaritätsthese** führt allerdings **nicht** schlechthin dazu, dass eine Zuordnung zum Sonderbetriebsvermögen einer Personengesellschaft unterbleibt, wenn der betreffende Vermögensgegenstand bereits Bestandteil eines Betriebsvermögens ist.[49] Die Zuordnung zum Sonderbetriebsvermögen der nutzenden Mitunternehmerschaft hat dennoch grundsätzlich Vorrang.[50] Eine Auslegung im Sinne der Subsidiaritätsthese ergibt sich jedoch im Zusammenhang mit der Nutzungsüberlassung zwischen Schwesterpersonengesellschaften. In diesem Fall erfolgt die Nutzungsüberlassung nicht unmittelbar durch einen Mitunternehmer, sondern durch eine Personengesellschaft, an der dieser lediglich beteiligt ist. Überlässt einen also eine Personengesellschaft einen Vermögensgegenstand zur Nutzung an eine Schwesterpersonengesellschaft (mitunternehmerische Betriebsaufspaltung) hat die Zuord-

---

[47] *Blümich/Stuhrmann* § 15 EStG Rn 464.

[48] Z. B. BFH v. 11. 12. 1986 BStBl. II 1987, 553; BFH v. 13. 7. 1993 BStBl. II 1994, 282.

[49] *L. Schmidt* § 15 EStG Rn 534; *Brandenberg*, FR 1997, 88, *Märkle*, DStR 1997, 247.

[50] BFH v. 13. 11. 1997 BStBl. II 1998, 254; BMF v. 18. 1. 1996, BStBl. I 1998, 583.

nung zum eigenen Betriebsvermögen Vorrang vor der Qualifikation als Sonderbetriebsvermögen bei der nutzenden Personengesellschaft.[51]

2. Ausweis der Vermögensgegenstände und Schulden in der Sonderbilanz

Bei der Qualifikation als Sonderbetriebsvermögen wird begrifflich dahingehend unterschieden, ob die im Eigentum des Gesellschafters stehenden Vermögensgegenstände dem Betrieb der Personengesellschaft unmittelbar dienen. In diesem Fall handelt es sich um Sonderbetriebsvermögen I.[52] Dienen die Vermögensgegenstände dagegen lediglich mittelbar der Kommanditbeteiligung des Gesellschafters, handelt es sich um Sonderbetriebsvermögen II.[53] Die Gesellschaftsanteile der Komplementär-GmbH einer GmbH & Co KG dienen beispielsweise nicht dem Betrieb der Kommanditgesellschaft unmittelbar, sondern lediglich der Kommanditbeteiligung des Gesellschafters. Es handelt sich deshalb um Sonderbetriebsvermögen II.[54] Eine Ausnahme gilt nur dann, wenn die Komplementär GmbH über einen eigenen Geschäftsbetrieb von nicht ganz untergeordneter Bedeutung verfügt.[55] 23

Die Unterscheidung zwischen Sonderbetriebsvermögen I und II hat **keine grundlegende Bedeutung**. Die steuerlichen Konsequenzen der Qualifikation als Sonderbetriebsvermögen sind vielmehr unabhängig von der Klassifizierung in die Gruppe I oder Gruppe II.[56] Die betreffenden Vermögensgegenstände sind also in beiden Fällen als steuerliches Betriebsvermögen zu behandeln, mit allen sich hieraus ergebenden Konsequenzen. Die **Dividende** der Komplementär GmbH führt beispielsweise für den Gesellschafter nicht zu Einkünften aus Kapitalvermögen, sondern zu Sonderbetriebseinnahmen und damit zu **Einkünften aus Gewerbebetrieb**, wobei die anteiligen Einkünfte gem. § 3 Nr. 40 EStG dennoch der Besteuerung nach dem Halbeinkünfteverfahren unterliegen. 24

Eventuelle Mieteinnahmen für der Gesellschaft überlassene Vermögensgegenstände sind in der **Sondergewinn- und Verlustrechnung** als Betriebseinnahmen zu erfassen, wohingegen die Abschreibungen auf das Betriebsgebäude als Sonderbetriebsausgaben gelten. Das **Sonderbetriebsvermögen** hat steuerlich den Status von Betriebsvermögen. Wertveränderungen dieser Vermögensgegenstände werden steuerlich erfasst. Es gelten hier die allgemeinen Regeln der steuerlichen Gewinnermittlung. Dies bedeutet beispielsweise, dass die Abschreibungen gemäß § 7 Abs. 4 Nr. 1 EStG in Höhe von 3 % p. a. auf Gebäude des Betriebsvermögens auch dann anzuwenden sind, wenn sich das Gebäude im Sonderbetriebsvermögen eines Gesellschafters befindet. Im gleichen Maß sind auch Abschrei- 25

---

[51] BFH v. 16. 6. 1994 BStBl. II 1996, 82; BFH v. 23. 4. 1996 BStBl. II 1998, 325.

[52] *Blümich/Stuhrmann* § 15 EStG Rn 464.

[53] BFH v. 18. 12. 1991 BStBl. II 1992, 585.

[54] FG München v. 31. 7. 1996 EFG 1997, 51 f. (für Aktien); FG Saarland v. 2. 7. 1996 EFG 1997, 53 (für Darlehensforderungen).

[55] *L. Schmidt* § 15 EStG Rn 517.

[56] *L. Schmidt* § 15 EStG Rn 510.

bungen auf den niedrigen Teilwert in den Grenzen von § 6 Abs. 1 Nr. 1 S. 2 EStG möglich. Für den Ausweis der Vermögensgegenstände und Schulden in der Sonderbilanz gelten im Grundsatz die allgemeinen Bilanzierungsregeln.[57] Besonderheiten können sich allerdings im Verhältnis zum Gesamthandsvermögen ergeben, wie z. B. Ausweis von Gesellschafterkonten.

26 Bei mittelständischen Gesellschaften wird nicht selten zwischen Handels- und Steuerbilanz unterschieden. Es wird vielmehr eine sog. **Einheitsbilanz** erstellt, in der vorwiegend steuerliche Wertungen eingehen. Hierdurch ergeben sich in der Praxis zum Teil **erhebliche Fehlerquellen**. In der „Bilanz" der Gesellschaft werden unter Umständen Vermögensgegenstände ausgewiesen, die im Eigentum des Gesellschafters stehen, ohne nach Gesamthandsvermögen bzw. Sonderbetriebsvermögen zu unterscheiden. Dies ist nicht selten eine der Hauptursachen für Missverständnisse und Zwistigkeiten im Gesellschafterkreis. So errichtet die Gesellschaft beispielsweise auf dem Grund und Boden eines Gesellschafters ein Gebäude. Grund und Boden und Gebäude werden gemeinsam in der (Einheitssteuer-) Bilanz der Gesellschaft ausgewiesen. Nachträgliche Auseinandersetzungen im Gesellschafterkreis über die tatsächlichen Eigentumsverhältnisse bzw. die tatsächlichen Vermögensansprüche enden in diesem Fall regelmäßig vor Gericht. Auch Sachverständigen fällt es in diesen Fällen schwer, hier (nachträglich) eine vernünftige und zutreffende Trennungslinie zu schaffen.

27 Überlässt ein Gesellschafter der Gesellschaft einen Vermögensgegenstand zur Nutzung, handelt es sich um positives Sonderbetriebsvermögen[58] des Gesellschafters. Hat der Gesellschafter dagegen Verbindlichkeiten im Interesse der Gesellschaft bzw. im Zusammenhang mit seiner Beteiligung an der Personengesellschaft aufgenommen, handelt es sich um negatives Sonderbetriebsvermögen. Dieses negative Sonderbetriebsvermögen ist auch in der Sonderbilanz des Gesellschafters auszuweisen. Entsprechende Aufwendungen im Zusammenhang mit dem negativen Sonderbetriebsvermögen, wie z. B. Zinsen für das Bankdarlehen, mindern als Sonderbetriebsausgaben den Gewinn der Sonderbilanz bzw. erhöhen dessen Verlust. Es ist hier jedoch zu beachten, dass **keine willkürliche Zuordnung** als negatives Sonderbetriebsvermögen durch den Gesellschafter einer GmbH & Co. KG erfolgen kann.[59] Ähnlich einem Einzelunternehmen gilt hier die **strikte Trennung** zwischen **Privat- und Betriebsvermögenssphäre**.

28 **Beispiele** für negatives Sonderbetriebsvermögen sind:

– Darlehensaufnahme zur Finanzierung des Erwerbs eines Kommanditanteils
– Darlehensaufnahme zur Finanzierung des Erwerbs/Herstellung von positiven Sonderbetriebsvermögen, wie z. B. Finanzierung eines neuen Fabrikgebäudes, das pachtweise der Gesellschaft zur Nutzung überlassen wird

---

[57] *Blümich/Stuhrmann* § 15 EStG Rn 499.
[58] BFH v. 10. 3. 1993 BStBl. II 1993, 510.
[59] *L. Schmidt* § 15 EStG Rn 521; *Blümich/Stuhrmann* § 15 EStG Rn 456.

- Darlehensaufnahme zur Weiterleitung in Form eines Gesellschafterdarlehens an die Kommanditgesellschaft
- Darlehensaufnahme und Weiterleitung der finanziellen Mittel als Gesellschaftereinlage

Kein negatives Sonderbetriebsvermögen liegt dagegen in folgenden Fällen vor: 29

- Darlehensaufnahme für private Zwecke/Absicherung durch eine Grundschuld auf einem Grundstück des Sonderbetriebsvermögens
- Darlehensaufnahme zur Ablösung einer privat veranlassten Schuld (Entnahme) des Gesellschafters gegenüber der Gesellschaft
- Darlehensaufnahme und Weitergabe der finanziellen Mittel in Form eines Darlehens an einen Mitgesellschafter

V. Leistungsbeziehungen zwischen Gesellschaft und Gesellschafter

1. Gesellschafterkonten

Forderungen eines Gesellschafters gegenüber der Personengesellschaft sind als Sonderbetriebsvermögen I zu werten. Wird durch den Gesellschafter dagegen ein Darlehen an die Komplementär-GmbH oder eine Tochterkapitalgesellschaft der Personengesellschaft gegeben, handelt es sich nicht zwingend um Sonderbetriebsvermögen I. Je nach Umständen des Einzelfalles kommt hier eine Qualifikation als Sonderbetriebsvermögen II in Betracht. Dies wird dann der Fall sein, wenn die Tochtergesellschaft für den Betrieb der Personengesellschaft eine wichtige Funktion ausübt, z. B. Vertriebsgesellschaft, Einkaufsgesellschaft u. Ä. 30

Die Forderung des Gesellschafters gegenüber der GmbH & Co. KG ist in der Sonderbilanz auszuweisen. Dieser Forderung steht eine Verbindlichkeit der Gesellschaft in der Gesamthandsbilanz gegenüber. Nach dieser steuerlichen Gesamtschau ist es daher grundsätzlich unerheblich, ob der Gesellschafter einer GmbH & Co. KG der Gesellschaft Eigenkapital oder Fremdkapital zur Verfügung stellt.[60] Die der Gesellschaft zur Verfügung gestellten finanziellen Mittel werden immer als steuerliches Betriebsvermögen qualifiziert. Auswirkungen können sich allerdings hinsichtlich des Verlustausgleichspotentials gem. § 15 a EStG ergeben. 31

In diesem Zusammenhang ist von Bedeutung, dass nach gängiger Vertragspraxis im Gesellschaftsvertrag einer GmbH & Co. KG verschiedene Gesellschafter- bzw. Kapitalkonten genannt werden (z. B. Kapitalkonto I, II, III usw.), die je nach Ausgestaltung der Satzung gesellschaftsrechtlich den Charakter von Eigenkapital bzw. von Forderungen/Verbindlichkeiten haben. Eine zutreffende Zuordnung als Kapital bzw. als Forderung/Verbindlichkeit ist weniger wegen der grundsätzlichen Qualifikation als Betriebsvermögen als vielmehr für die Ermittlung des **Verlustausgleichsvolumens** gemäß **§ 15 a EStG** von Bedeutung (vgl. dazu § 6 Rn 9 ff.). Nach § 15 a EStG kann der anteilige Verlust einer GmbH & Co. KG nur so 32

[60] BFH v. 19. 1. 1993 BStBl. II 1993, 594; *Hollatz*, DStR 1994, 1673; *Bordewin*, DStR 1994, 673.

weit dem Kommanditisten als ausgleichsfähiger Verlust zugerechnet werden, als dieser der Gesellschaft Eigenkapital zur Verfügung gestellt hat. Insofern kann die jeweilige Zuordnung der Gesellschafterkonten eine erhebliche materielle Bedeutung haben.

33 Es stellt sich die Frage, ob in der Krise der Personengesellschaft in der Sonderbilanz mit steuerlicher Wirkung eine **Wertberichtigung der Darlehensforderung** vorgenommen werden kann. Eine mögliche Abschreibung der Forderung hätte in diesem Fall für den Gesellschafter wegen der damit verbundenen Verlustverrechnungsmöglichkeit mit anderen Einkünften u. U. eine erhebliche Liquiditätsentlastung zur Folge. Im Verhältnis von Sonderbetriebsvermögen und Gesamthandsbilanz gilt nach herrschender Auffassung das Korrespondenzprinzip.[61] Eine Forderung des Gesellschafters gegenüber der Kommanditgesellschaft wird in der Sonderbilanz danach in der gleichen Höhe ausgewiesen wie die entsprechende Verbindlichkeit in der Gesamthandsbilanz, auch wenn nach allgemeinen Bilanzierungsregeln eine Abwertung geboten wäre.[62] Eine gewinnmindernde Teilwertabschreibung der entsprechenden Forderung soll deshalb nicht möglich sein.[63]Als Grund für diese restriktive Auffassung wird genannt, dass der Gesellschafter über die einheitliche und gesonderte Gewinnfeststellung die Verluste der Personengesellschaft unmittelbar zugewiesen bekommt. Dies ist allerdings nur bedingt richtig, da § 15 a EStG dies nur insoweit zulässt, als Eigenkapital der Gesellschaft zur Verfügung gestellt worden ist. Die in der Sonderbilanz auszuweisende Darlehensforderung des Gesellschafters erfüllt diese Kriterien gerade nicht.

35 In der Literatur werden unterschiedliche Rechtsauffassungen über die Möglichkeit der Wertberichtigung einer Darlehensforderung eines Gesellschafters gegenüber der Personengesellschaft diskutiert.[64] Ein einheitlicher Trend lässt sich hierbei noch nicht feststellen. Aus der Entwicklung der Rechtsprechung zur Besteuerungskonzeption der Personengesellschaft lässt sich jedoch eine **Tendenz der Verselbständigung der Personengesellschaft** mit einer gegenüber der Vergangenheit klareren Berücksichtigung der gesellschaftsrechtlichen Grundlagen erkennen. Dies kann u. E. auch in der hier diskutierten Fragestellung nicht unberücksichtigt bleiben. Sofern es sich bei dem fraglichen Gesellschafterkonto nicht um Eigenkapital, sondern um Fremdkapital handelt, muss innerhalb der zweiten Gewinnermittlungsstufe der Personengesellschaft eine **Abwertung der Forderung** auch mit steuerlicher Wirkung möglich sein, wenn dies wirtschaftlich geboten ist. Eine andere Lösung würde für den Gesellschafter ein unbilliges Ergebnis bedeuten, da im Regelfall bei einer Krise der Gesellschaft kein ausreichendes Eigenkapital im Sinne des § 15 a EStG zur Verfügung steht, die Verluste der Gesellschaft also nicht ausgleichsfähig sind. Auch der Hinweis einer später möglichen Verlustverrechnung, spätestens zum Zeitpunkt der

---

[61] BFH v. 12. 12. 1995 BStBl. II 1996, 219.

[62] *L. Schmidt* § 15 Rn 404; *Kirchhof/Reiß* § 15 EStG Rn 313.

[63] BFH v. 12. 12. 1996 BStBl. II 1998, 180.

[64] *Thiel*, StuW 1984, 108; *L. Schmidt* § 15 EStG Rn 546; *Kirchhof/Reiß* § 15 EStG Rn 313; *Groh*, StuW 1995, 388; *Weber-Grellet*, BB 1995, 243.

Liquidation der Gesellschaft, geht ins Leere, da bis zu diesem Zeitpunkt noch ein langer Zeitraum verstreichen kann.

Verzichtet ein Gesellschafter auf eine Darlehensforderung gegenüber der Gesellschaft, ist dieser Vorgang im Regelfall gesellschaftsrechtlich veranlasst und gestaltet sich insgesamt erfolgsneutral,[65] es sei denn, es wurde zuvor wie nach der hier vertretenen Auffassung eine Wertberichtigung der Forderung in der Sonderbilanz vorgenommen. Hat der Darlehensverzicht dagegen eine eigenbetriebliche Ursache für den Gesellschafter, sollen die zum Darlehensverzicht bei Kapitalgesellschaften[66] entwickelten Grundsätze zur Anwendung kommen, d.h. auf Ebene der Gesellschaft Ertrag in Höhe des nichtwerthaltigen Teils der Forderung, Erfolgsneutralität in Höhe des werthaltigen Teils der Forderung.[67] Die Behandlung auf Ebene des Gesellschafters wäre insoweit entsprechend.

Forderungen der Gesellschaft an den Gesellschafter[68] sind dagegen **36**
nicht zwingend negatives Sonderbetriebsvermögen des Gesellschafters. Eine Qualifikation als Sonderbetriebsvermögen kommt nur dann in Betracht, wenn die Forderung der Gesellschaft durch deren Belange verursacht ist, wie z.B. Entnahme zur Deckung von Sonderbetriebsausgaben.[69] Ist die Forderung dagegen durch Entnahmen des Gesellschafters für **private Zwecke** entstanden, wie z.B. Entnahmen zur Finanzierung einer privaten Immobilieninvestition, Entnahme für Einkommensteuerzahlungen usw., kommt eine Qualifikation als Sonderbetriebsvermögen **nicht** in Betracht. Sofern die Forderung der Gesellschaft an den Gesellschafter uneinbringlich werden sollte, mindert dieser (handelsrechtliche) Aufwand **nicht** die steuerliche Bemessungsgrundlage.[70]

Wird von der Gesellschaft ein Darlehen hinsichtlich Verzinsung, Sicher- **37**
heitengestellung, Tilgung usw. zu fremdüblichen Bedingungen an den Gesellschafter ausgereicht, ist dieses betrieblich veranlasst. Die Zinsen sind Betriebseinnahmen der Gesellschaft[71] und u. U. Sonderbetriebsausgaben des Gesellschafters, wenn die Voraussetzung vorliegen. Eine eventuell erforderliche Teilwertabschreibung dieser Forderung ist grundsätzlich auch steuerlich anzuerkennen.[72] Wurde das Darlehen der Gesellschaft allerdings nicht zu fremdüblichen Konditionen gewährt, wie z.B. Darlehen ohne Sicherheiten, niedrige Verzinsung usw., ist fraglich, ob das Darlehen aus steuerlicher Sicht insgesamt Privatvermögen wird oder ob sich die steuerlichen Konsequenzen lediglich auf eine Korrektur der Differenz zwischen vereinbarten und üblichen Konditionen beschränken.[73] Entscheidend dürfte hierbei eine Gesamtschau der Verhältnisse sein, insbesondere auch die Beachtung der Ursache der Darlehensgewährung.

---

65 *L. Schmidt* § 15 EStG Rn 550.
66 BFH v. 9. 6. 1997 BStBl. II 1998, 307.
67 *Pyszka*, BB 1998, 1557; a. A. *Ley*, KÖSDI 2002, 13464.
68 OFD Münster v. 18. 2. 1994 DStR 1994, 582.
69 *Ley*, KÖSDI 2002, 13466.
70 BFH v. 9. 5. 1996 GmbHR 1996, 792.
71 *Ley*, KÖSDI 2002, 13467.
72 BFH v. 28. 10. 1999 BStBl. II 2000, 390.
73 *Ley*, KÖSDI 2002, 13468 m. w. N.

38 Die von dem Gesellschafter an die Gesellschaft gezahlten Zinsen können nur dann als Sonderbetriebsausgaben geltend gemacht werden, wenn eine betriebliche Veranlassung für das Darlehen besteht.

Fraglich ist, ob dies auch dann gilt, wenn die Verzinsung der Gesellschafterkonten im Rahmen der Gewinnverteilung erfolgt, wenn also dem Gesellschafter bei negativen Gesellschafterkonten vorab Zinsen belastet werden. Die Minderung des Gewinnanteils hat keinen anderen Effekt als wenn die betreffenden Zinsen als Sonderbetriebsausgaben geltend gemacht werden. Unseres Erachtens besteht kein Unterschied darin, ob die Schuldzinsen auf der Grundlage der Gewinnverteilung oder auf der Grundlage eines Darlehensvertrages berechnet werden.[74] Es muss also auf die **Ursache des negativen Gesellschafterkontos** abgestellt werden. Ist das negative Gesellschafterkonto durch private Zwecke des Gesellschafters verursacht, können die Zinsen als Sonderbetriebsausgaben gewertet werden, ist der Stand des Gesellschafterkontos durch die Gesellschaft bedingt, steht einer Qualifikation als Sonderbetriebsausgaben nichts entgegen. Auf Ebene der Gesellschaft kann sich allerdings eine Korrektur des Steuerlichen Betriebsausgabenabzugs aus § 4 Abs. 4a EStG ergeben.

2. Verpachtung eines Vermögensgegenstandes

39 Bei der Verpachtung eines Vermögensgegenstandes kann es sich um ein Grundstück mit Gebäude[75] um die Überlassung von beweglichen Wirtschaftsgütern, wie z. B. einer Maschine, einer Produktionsanlage usw., sowie um die Überlassung eines immateriellen Vermögensgegenstandes, wie z. B. einer Lizenz[76] handeln. Dieser Vermögensgegenstand sowie die damit im Zusammenhang stehenden Verbindlichkeiten werden als Sonderbetriebsvermögen I in der Sonderbilanz des Gesellschafters ausgewiesen.[77] Die erfolgswirksamen Geschäftsvorfälle führen zu Sonderbetriebseinnahmen bzw. Sonderbetriebsausgaben des Gesellschafters.

40 Steht das vermietete Wirtschaftsgut **nicht** im Alleineigentum des Gesellschafters, stellt sich die Frage, welchen Einfluss dies auf den steuerlichen Status des betreffenden Vermögensgegenstands hat. In diesem Fall wird in der Sonderbilanz des Gesellschafters nicht das betreffende Wirtschaftsgut, sondern lediglich der **Miteigentumsanteil** an dem Vermögensgegenstand ausgewiesen. Sind die anderen Miteigentümer nicht auch Gesellschafter der Personengesellschaft, handelt es sich bei den weiteren Miteigentumsanteilen an dem betreffenden Vermögensgegenstand um Privatvermögen.

41 Denkbar ist, dass im Rahmen der Verpachtung von Vermögensgegenständen an die GmbH & Co. KG eine so genannte **mitunternehmerische Betriebsaufspaltung** entsteht. Dies ist dann der Fall, wenn der oder die Gesellschafter der Besitzgesellschaft ihren Willen in der Betriebsgesellschaft durchsetzen können (**persönliche Voraussetzung**). Voraussetzung für eine

---

[74] Ähnlich BFH v. 4. 5. 2000 BStBl. II 2001, 171, für den Fall des negativen Gesellschaftskapitals.

[75] BFH v. 11. 3. 1992 BStBl. II 1992, 797.

[76] BFH v. 5. 4. 1979 BStBl. II 1979, 554.

[77] *Blümich/Stuhrmann* § 15 EStG Rn 527.

mitunternehmerische Betriebsaufspaltung ist weiterhin, dass durch die Besitzgesellschaft eine wesentliche Betriebsgrundlage an die Betriebsgesellschaft zur Nutzung überlassen wird (**sachliche Voraussetzung**). Dies hat zur Folge, dass die Besitzgesellschaft als gewerbliches Unternehmen qualifiziert wird. Die zur Nutzung überlassenen Vermögensgegenstände werden entgegen § 15 Abs. 1 Nr. 2 EStG nicht dem Sonderbetriebsvermögen der nutzenden Personengesellschaft, sondern dem **Betriebsvermögen der Verpachtungsgesellschaft** zugerechnet,[78] da die Nutzungsüberlassung nicht durch den Gesellschafter selbst, sondern durch eine Personengesellschaft erfolgt, an der er lediglich beteiligt ist. Mit der Qualifikation als mitunternehmerische Betriebsaufspaltung wird die Besitzgesellschaft als Gewerbebetrieb fingiert, auch wenn es sich lediglich um eine Verpachtungstätigkeit handelt. Materiell bedeutsam ist dies insbesondere für die Gesellschafter der Besitzgesellschaft, die nicht gleichzeitig an der Betriebsgesellschaft beteiligt sind. Insoweit entsteht durch das Vorliegen einer mitunternehmerischen Betriebsaufspaltung auch für diese Gesellschafter eine gewerbliche Beteiligung, mit allen sich hieraus ergebenden Konsequenzen, wie z. B. Einkünfte aus Gewerbebetrieb, steuerliche Erfassung von Wertänderungen der Vermögensgegenstände. Es ergeben sich weiterhin unterschiedliche Konsequenzen im Bereich der Gewerbesteuer im Ertrag, da mit der Besitzgesellschaft nunmehr ein eigenständiges Gewerbesteuersubjekt entsteht.

3. Geschäftsführervergütungen

Aufgrund seiner Organstellung ist der Komplementär zur **Führung der Geschäfte** der Kommanditgesellschaft befugt. Bei einer GmbH & Co. KG kommt diese Funktion der Komplementär-GmbH zu. Der Geschäftsführer einer GmbH & Co KG ist deshalb regelmäßig zum Geschäftsführer der Komplementär-GmbH bestellt. Er muss nicht notwendigerweise auch Kommanditist bei der Kommanditgesellschaft oder auch Gesellschafter der Komplementär-GmbH sein. Die steuerliche Behandlung der Geschäftsführerbezüge auf der Ebene der Gesellschaft sowie auf der Ebene des Geschäftsführers ist davon abhängig, ob er Kommanditist der Kommanditgesellschaft und/oder Gesellschafter der Komplementär-GmbH ist. **42**

Im Gesellschaftsvertrag der Kommanditgesellschaft ist für die Komplementärgesellschaft regelmäßig **ein Anspruch auf Ersatz von Aufwendungen** verankert, die im Zusammenhang mit der Geschäftsführung entstehen. Dieser Aufwendungsersatzanspruch umfasst auch das Entgelt für den oder die Geschäftsführer. In der Praxis werden Geschäftsführerbezüge oftmals unmittelbar durch die Kommanditgesellschaft gezahlt, unabhängig davon, ob es sich um einen Fremdgeschäftsführer oder um einen Gesellschafter-Geschäftsführer handelt. Die Vergütungen an den Geschäftsführer werden hierbei unmittelbar in der Gewinn- und Verlustrechnung der Kommanditgesellschaft als Personalkosten ausgewiesen. Da das Anstellungsverhältnis im Allgemeinen mit der Komplementär-GmbH besteht, **43**

[78] BFH v. 16. 6. 1994 BStBl. II 1996, 82; *Söffing*, DB 1995, 1582; *Rose*, FR 1995, 763; a. A. *Gosch*, StBp 1995, 213; BMF v. 18. 1. 1996 BStBl. I 1986, 86.

ist es jedoch sachgerecht, dass das Gehalt des Geschäftsführers in den Aufwendungsersatzanspruch der Komplementär-GmbH einbezogen wird. Dieser Aufwendungsersatzanspruch bildet auf der Ebene der Kommanditgesellschaft für die Komplementär-GmbH zunächst eine **Sondervergütung** gemäß § 15 Abs. 1 Nr. 2 EStG, die im Rahmen der einheitlichen und gesonderten Gewinnfeststellung der Kommanditgesellschaft zu erfassen ist. Die Komplementär-GmbH trägt ihrerseits unmittelbar Aufwendungen in Form des Geschäftsführergehaltes, um die Geschäftsführertätigkeit erfüllen zu können. Diese Aufwendungen bilden für die Komplementär-Gesellschaft **Sonderbetriebsausgaben**, die den hinzugerechneten Sonderbetriebseinnahmen (Aufwendungsersatzanspruch) gegenübergestellt werden.[79]

44 Bei personenbezogenen Gesellschaften ist als **Geschäftsführer** der Komplementär-GmbH ein Gesellschafter der Kommanditgesellschaft bestellt. Vergütungen für die Geschäftsführertätigkeit bilden zunächst Betriebsausgaben bei der GmbH & Co. KG, werden jedoch im Rahmen der zweiten Gewinnermittlungsstufe als Sondervergütungen gemäß § 15 Abs. 1 Nr. 2 EStG dem Gewinn der Gesellschaft wieder hinzugerechnet.[80] Die Hinzurechnung zum steuerlichen Gewinn der Gesellschaft erfolgt unabhängig davon, ob das **Anstellungsverhältnis** des Gesellschafters mit der Kommanditgesellschaft oder mit der Komplementär-GmbH besteht.[81] Üblicherweise erfolgt die Hinzurechnung der Geschäftsführerbezüge im Rahmen der einheitlichen und gesonderten Gewinnfeststellung der Kommanditgesellschaft unmittelbar zu dem Gesellschafter-Geschäftsführer, ohne für die Komplementär-GmbH Sonderbetriebseinnahmen einerseits und Sonderbetriebsausgaben andererseits in Höhe der Geschäftsführerbezüge zu erfassen. Diese vereinfachte Methode führt trotz der abgekürzten Darstellung zu einem zutreffenden Ergebnis.

45 Durch die Hinzurechnung der Geschäftsführervergütung wird diese Bestandteil des steuerlichen Gewinns der Kommanditgesellschaft und erhöht die Bemessungsgrundlage für die **Gewerbesteuer**. Dementsprechend führt der Einbezug der Geschäftsführervergütungen in den steuerlichen Gewinn der GmbH & Co. KG zu **einer Umqualifikation der Einkünfte** aus Gewerbebetrieb auf der Ebene des Gesellschafter-Geschäftsführers. Diese gewerblichen Einkünfte berechtigen grundsätzlich zu der pauschalen Anrechnung der Gewerbesteuer auf die persönliche Einkommensteuerschuld (vgl. § 5 a Rn 10 ff.).

46 Ist der Geschäftsführer der Komplementär-GmbH nicht gleichzeitig Kommanditist, wird das Geschäftsführergehalt dem steuerlichen Gewinn der Kommanditgesellschaft **nicht** hinzugerechnet. Eine Ausnahme von dieser generellen Aussage kann sich allerdings dann ergeben, wenn die Vertragsgestaltungen mit dem Geschäftsführer der Komplementär-GmbH insgesamt untypisch sind. Gerade bei Familien-GmbH & Co. KGs finden sich teilweise **untypische Vertragsgestaltungen**, bei der der Geschäftsführer

---

[79] BFH v. 13. 7. 1993 BStBl. II 1994, 282.
[80] BFH v. 24. 1. 1980 BStBl. II 1980, 271; BFH v. 23. 4. 1996 BStBl. II 1996, 515.
[81] *Blümich/Stuhrmann* § 15 EStG Rn 518; *L. Schmidt* § 15 EStG Rn 582.

des Unternehmens zwar nicht gleichzeitig Kommanditist bei der GmbH & Co. KG ist, jedoch zu einem Großteil persönlich am wirtschaftlichen Erfolg des Unternehmens partizipiert. Sofern die Vertragskonzeption in ihrer Gesamtheit hinsichtlich der Erfolgsbeteiligung und den unternehmerischen Entscheidungsmöglichkeiten die Grenze der Üblichkeit überschreitet, kann sich hier unter Umständen eine **faktische Mitunternehmerschaft** ergeben (vgl. § 4 Rn 21),[82] mit der Konsequenz, dass der Geschäftsführer als Mitunternehmer bei der Kommanditgesellschaft zu behandeln ist. Dies ist jedoch eher als Sonderfall zu sehen.

4. Pensionszusagen an Geschäftsführer

Nicht selten erhält der Geschäftsführer einer GmbH & Co. KG neben **47** laufenden Bezügen auch eine Pensionszusage. Die Pensionszusage ist i. d. R. Ausfluss des Anstellungsvertrages, wird also von dem Dienstherrn, der Komplementär-GmbH, erteilt. Es ist deshalb sachgerecht, wenn der Pensionsverpflichtete, nämlich die Komplementär-GmbH auch die Pensionsverpflichtung in ihrer Bilanz ausweist. Für die Dotierung der Pensionszusage gelten im Grundsatz die gleichen Regeln wie für laufende Geschäftsführerbezüge. Sofern die Grenzen des § 6a EStG eingehalten sind, (Schriftform, Angemessenheit), kann die Pensionsrückstellung bei der Komplementär-GmbH auch mit steuerlicher Wirkung gebildet werden. Dies gilt zumindest dann, wenn die Pensionszusage an einen Fremdgeschäftsführer gegeben wird.

Während der **Ansparzeit** führt die Pensionszusage für den Pensionsver- **48** pflichteten lediglich zu Aufwendungen, nicht jedoch zu Auszahlungen. Über den Aufwendungsersatzanspruch erhält die Komplementär-GmbH die jeweiligen Zuführungsbeträge zur Pensionsrückstellung von der Kommanditgesellschaft erstattet, ohne dass dem Auszahlungen für Pensionen gegenüberstehen. Dies führt zwangsläufig dazu, dass bei der Komplementär-GmbH entweder ein Liquiditätsbestand angesammelt wird oder sich in der Bilanz eine Forderung in Höhe der Pensionsverpflichtung gegenüber der Kommanditgesellschaft aufbaut.

Die steuerliche Abzugsfähigkeit der Zuführungsbeträge zur Pensions- **49** rückstellung ist von der gesellschaftsrechtlichen Stellung des Geschäftsführers abhängig. Ist der **Geschäftsführer** gleichzeitig **Kommanditist** bei der Kommanditgesellschaft, werden die Zuführungsbeträge zur Pensionsrückstellung in der zweiten Gewinnermittlungsstufe dem steuerlichen Ergebnis der Kommanditgesellschaft hinzugerechnet.[83]

Die steuerliche Nichtabzugsfähigkeit der Pensionsrückstellung an den **50** Gesellschafter-Geschäftsführer einer GmbH & Co. KG kann methodisch über zwei Wege geschaffen werden. Die ältere Auffassung ging davon aus, dass der **Zuführungsbetrag** zur Pensionsrückstellung **dem Gewinn der Personengesellschaft** schlicht wieder **hinzugerechnet** wird, so dass sich der steuerliche Gewinn insgesamt erhöht. Der Zuführungsbetrag wird damit durch alle Gesellschafter der Personengesellschaft entsprechend ihrem

[82] BFH v. 21. 9. 1995 BStBl. II 1996, 66.
[83] BMF v. 16. 7. 1986 BStBl. I 1986, 359.

Gewinnverteilungsschlüssel getragen.[84] Zum Zeitpunkt der Pensionszahlung erhält der Geschäftsführer die Pension als Sondervergütung, die den steuerlichen Gewinnanteil der übrigen Gesellschafter wiederum mindert, so dass sich insgesamt nach Ablauf der Pensionszahlung ein Ausgleich ergibt. Während der Ansparzeit der Pensionsrückstellung ergibt sich bei dieser Betrachtungsweise jedoch eine unterschiedliche Steuerbelastung der Gesellschafter, so dass ein Ausgleich dieser latenten Steuerbelastung in Betracht kommt.[85]

51 Eine andere Betrachtungsweise[86] geht davon aus, dass die Pensionszusage im Rahmen der ersten Gewinnermittlungsstufe zunächst anerkannt wird, sich für die Personengesellschaft also ein Aufwand ergibt. Ist der Pensionsberechtigte gleichzeitig Gesellschafter der Kommanditgesellschaft, wird der Zuführungsbetrag zur Pensionsrückstellung steuerlich dadurch neutralisiert, dass der Pensionsberechtigte den Pensionsanspruch korrespondierend in einer Sonderbilanz aktiviert.[87] Der Pensionsberechtigte erhält also den Zuführungsbetrag auch für steuerliche Zwecke unmittelbar zugerechnet.[88] Ab dem Zeitpunkt des Pensionseintritts führen die Pensionszahlungen nicht in voller Höhe zu Sondervergütungen im Sinne des § 15 Abs. 1 Nr. 2 EStG. Der aktive Wertansatz in der Sonderbilanz wird vielmehr entsprechend den versicherungsmathematischen Grundsätzen aufgelöst, so dass der Pensionsempfänger nur den Differenzbetrag als Sondervergütung nach § 15 Abs. 1 Nr. 2 EStG zu versteuern hat.

Beispiel: Der Gesellschafter-Geschäftsführer einer GmbH & Co. KG hat einen Pensionsanspruch. Der Teilwert der Pensionszusage beträgt bei Beginn der Pension 1.000 T€. Die jährliche Pensionszahlung beträgt 100 T€. Der Teilwert der Pensionsverpflichtung beträgt nach dem ersten Jahr der Pensionszahlung 920 T€.

52 Der Beispielsfall lässt sich vereinfacht wie folgt darstellen:

Phase I: Ansparzeit

Sonderbilanz

Pensionsanspruch 1.000	

Sondergewinn- und Verlustechnung

Gewinn (insgesamt) 1.000	Erhöhung Pensionsanspruch 1.000

Phase II: Pensionszahlungen

Sonderbilanz

Pensionsanspruch 1.000	Minderung Pensionsanspruch 80

Sondergewinn- und Verlustechnung

Minderung Pensionsanspruch 80 Gewinn 20	Pensionszahlung 100

---

[84] BFH v. 16. 2. 1967 BStBl. III 1967, 222; BFH v. 21. 12. 1972 BStBl. II 1973, 298; wohl auch BFH v. 2. 12. 1997 DStR 1998, 520, jedoch Differenz zwischen Leitsatz und Urteilsgründen.

[85] *Autenrieth*, NWB 4/1999, 1.

[86] *Heubeck/Schmanck*, BB 1991, 1903; BFH v. 14. 12. 1988 BStBl. II 1989, 323; *Gosch*, BetrAV 1994, 269.

[87] BFH v. 16. 12. 1992 BStBl. II 1993, 792.

[88] *Blümich/Stuhrmann* § 15 Rn 521; *L. Schmidt* § 15 EStG Rn 587; *Bordewin*, FR 1990, 526.

Die Darstellung zeigt, dass der Pensionsempfänger in der Ansparzeit Sondervergütungen in Höhe von insgesamt 1.000 T€ zugewiesen bekommt. Mit dem Pensionseintritt erhält er eine jährliche Pension von 100 T€, wohingegen im Beispielsfall lediglich steuerpflichtige Einkünfte entstehen von 20 T€. Dies liegt daran, dass der Pensionsanspruch in der Ansparzeit durch den Pensionsberechtigten bereits versteuert worden ist.[89] Die Minderung des Pensionsanspruchs, ermittelt nach versicherungsmathematischen Grundsätzen, kürzt den steuerpflichtigen Ertrag des Mitunternehmers/Pensionärs. 53

Die als zweite Alternative dargestellte Methodik führt hierbei unseres Erachtens zu einem sachgerechten Ergebnis, das in Übereinstimmung mit den allgemeinen Grundsätzen der Gewinnermittlung bei Mitunternehmerschaften steht. Es ist mit den Grundsätzen der zweistufigen Gewinnermittlung nicht vereinbar, dass der Zuführungsbetrag für eine Pensionszusage an einen Mitgesellschafter gleichbehandelt wird wie eine nichtabzugsfähige Betriebsausgabe gemäß § 4 Abs. 5 EStG, z. B. Geldbußen, Bewirtungsaufwendungen usw. Da der Pensionsanspruch direkt einem Gesellschafter zugerechnet werden kann, ist es auch systematisch sachgerecht, dass der betreffende Gesellschafter diesen Anspruch an die Gesellschaft im Rahmen einer Sonderbilanz erfasst. Dies führt wiederum zwangsläufig zu einer direkten Zuordnung des Erhöhungsbetrages für den betreffenden Gesellschafter als Sondervergütung gemäß § 15 Abs. 1 Nr. 2 EStG. 54

Sofern ein **Angestellter** der Personengesellschaft zum Mitunternehmer wird, kann eine bis zu diesem Zeitpunkt gebildet **Pensionsrückstellung** auch mit steuerlicher Wirkung **weitergeführt** werden.[90] In der Sonderbilanz des Gesellschafters sind lediglich diejenigen Zuführungsbeträge zur Pensionsrückstellung zu erfassen, die ab dem Zeitpunkt seiner Mitunternehmerstellung entstanden sind. Da die Berechnung der Pensionsrückstellung nach versicherungsmathematischen Grundsätzen erfolgt, ist in der Pensionsrückstellung eine Abzinsung des künftigen Rentenbarwertes erfasst. Dieser anteilige Zinsbetrag auf die Pensionsrückstellung zum Zeitpunkt des Eintritts in die Mitunternehmerschaft ist auch mit steuerlicher Wirkung in den späteren Jahren erhöhend bei der Pensionsrückstellung zu berücksichtigen. In der Sonderbilanz des Mitunternehmers sind also nur diejenigen Zuführungsbeträge zu erfassen, die um den Zinseffekt bereinigt sind.[91] 55

5. Geschäftsführungstätigkeit der Komplementär-GmbH

Im Gesellschaftsvertrag der GmbH & Co. KG ist für die Komplementär-GmbH üblicherweise ein **Aufwendungsersatzanspruch** verankert. Die Komplementär-GmbH hat hiernach Anspruch auf Ersatz aller ihrer Aufwendung, soweit diese durch die Geschäftsführung für die KG entstanden sind. Diese Aufwendungen, insbesondere die Vergütungen für den 56

[89] *Heubeck/Schmanck*, BB 1991, 1903; *Engelhardt*, BB 1990, 882.
[90] *Blümich/Stuhrmann* § 15 EStG Rn 521.
[91] BMF v. 20.12.1977 BStBl. I 1978, 8 Rn 85 (zu Pensionsrückstellungen).

Geschäftsführer der Komplementär-GmbH, bilden auf der Ebene der Kommanditgesellschaft für die Komplementär-GmbH eine Sondervergütung gemäß § 15 Abs. 1 Nr. 2 EStG. Durch die höchstrichterliche Rechtsprechung wird in diesem Zusammenhang differenziert, ob die Komplementär-GmbH aufgrund des Gesellschaftsvertrages zur Geschäftsführung verpflichtet ist oder nicht. Ergibt sich die Verpflichtung zur Geschäftsführung aus dem Gesellschaftsvertrag soll der Aufwendungsersatz einen Vorabgewinn darstellen.[92] Nur dann, wenn im Gesellschaftsvertrag keine entsprechende Verpflichtung verankert ist, soll es sich um Sondervergütungen gemäß § 15 Abs. 1 Nr. 2 EStG handeln. Die eigenen Aufwendungen der Komplementär-GmbH bilden unabhängig davon Sonderbetriebsausgaben und mindern somit insgesamt das steuerliche Ergebnis, wenn diese Aufwendungen, z. B. das Geschäftsführergehalt, an einen Nichtgesellschafter gezahlt werden.[93]

57 **Aufwendungen der Komplementär-GmbH** mindern allerdings nur insoweit den steuerlichen Gewinn der Kommanditgesellschaft, als diese unmittelbar mit der Geschäftsführung in Verbindung stehen.[94] Dies gilt nicht schlechthin für alle Aufwendungen der Komplementär-GmbH. Die originären Aufwendungen der Gesellschaft, etwa persönliche Steuern (z. B. Körperschaftsteuer) sowie sonstige Kosten (z. B. Kosten der Erstellung/ Prüfung des Jahresabschlusses sowie der Erstellung der Steuererklärungen) sind nicht Bestandteil des Aufwendungsersatzanspruches und können damit nicht durch die Kommanditgesellschaft getragen werden.

58 Eine besondere Problematik stellt sich dann, wenn für die GmbH & Co. KG ein **Beirat** bestellt ist. Nicht selten ist dieser Beirat ausschließlich im Gesellschaftsvertrag der Komplementär-GmbH installiert und nicht auch bei der Kommanditgesellschaft. Sofern der Beirat der aktienrechtlichen Stellung des Aufsichtsrates nachgebildet ist, obliegt diesem die Kontrolle und Überwachung der Geschäftsführung. In diesem Fall sind die Kosten des Beirates möglicherweise nicht den durch die Geschäftsführung verursachten Aufwendungen zuzuordnen, so dass im Grunde insoweit für die Komplementärgesellschaft kein Aufwendungsersatzanspruch besteht.[95] Sofern die Kommanditgesellschaft trotzdem die entsprechenden Aufwendungen trägt, können diese grundsätzlich nicht den steuerlichen Gewinn der Kommanditgesellschaft mindern.

59 Auf der Ebene der Komplementär-GmbH besteht die Problematik, dass die Beiratskosten u. U. unter das Abzugsverbot des § 10 Nr. 4[96] KStG für die hälftigen Beirats- und Aufsichtsratskosten zu werten sind, sofern der Beirat die Funktion der Überwachung der Geschäftsführung innehat.[97] In diesem Fall mindern die betreffenden Aufwendungen lediglich zur Hälfte den steuerlichen Gewinn der Komplementärgesellschaft. Zur Vermeidung

---

[92] BFH v. 13. 7. 1993 BStBl. II 1994, 282.
[93] *L. Schmidt* § 15 EStG Rn 713.
[94] *O. V.*, DStR 1996, 14.
[95] Nieders. FG v. 17. 4. 1973 EFG 1973, 512.
[96] *Dötsch/Graffe* § 10 KStG Rn 36.
[97] *Streck* § 10 KStG Rn 16.

dieser steuerlichen Nachteile sollte in jedem Fall darauf geachtet werden, dass ein Beirat der GmbH & Co. KG zumindest auch im Gesellschaftsvertrag der Kommanditgesellschaft verankert wird, so dass sich insoweit bereits eine Berechtigung zur steuerlichen Abzugsfähigkeit entsprechender Aufwendungen ergibt.

VI. Übertragung von Wirtschaftsgütern zwischen Gesellschaft und Gesellschafter

Die steuerrechtlichen Grundlagen für die Übertragung von Wirtschafts- 60
gütern zwischen einer Personengesellschaft und ihrem Gesellschafter ist in den vergangenen Jahren mehrfach grundlegend geändert worden. Ursprünglich richteten sich die Grundsätze für die Übertragung von Wirtschaftsgütern zwischen Gesellschaft und Gesellschaftern nach dem sog. Mitunternehmererlass.[98] Der Mitunternehmererlass ist durch eine Änderung der §§ 6 Abs. 5 bzw. 16 Abs. 3 EStG zum Steuerentlastungsgesetz 1999/2000/2002 faktisch abgeschafft worden. Kurz danach sollte die ursprünglich bestehende Rechtslage durch das Steuersenkungsgesetz ab dem Jahr 2000 wieder eingeführt werden, auch wiederum durch eine grundlegende Änderung der §§ 6 Abs. 5 bzw. 16 Abs. 3 EStG.[99]

Die noch immer bestehenden Zweifelsfragen sollten schließlich durch das Unternehmenssteuerfortentwicklungsgesetz ab dem Jahr 2002 beseitigt werden. Diese zahlreichen Änderungen bewirkten, dass bei der Beurteilung der Übertragung von Wirtschaftsgütern in und aus Mitunternehmerschaften folgende zeitliche Phasen unterschieden werden müssen:

- Bis 1998 Mitunternehmererlass
- 1999/2000 Steuerentlastungsgesetz 1999/2000/2002
- 2001 Steuersenkungsgesetz
- Ab 2002 Unternehmenssteuerfortentwicklungsgesetz (UntStFG)

Die folgenden Ausführungen beziehen sich grundsätzlich auf die Rechtslage, wie sie sich nach dem UntStFG ab dem Jahr 2002 ergibt.

1. Zivilrechtliche Grundlagen für die Übertragung von Wirtschaftsgütern zwischen Gesellschaft und Gesellschafter

Eine Mitunternehmerschaft ist aus steuerlicher Sicht grundsätzlich trans- 61
parent, so dass keine strikte Trennung zwischen der Sphäre der Gesellschaft von der Sphäre des Gesellschafters besteht. Ausdruck dieser Transparenz ist beispielsweise das Vorhandensein von sog. Sonderbetriebsvermögen. Bei der Übertragung von Wirtschaftsgütern zwischen Gesellschaft und Gesellschafter muss dennoch danach unterschieden werden, ob ein Rechtsträgerwechsel vorliegt oder lediglich ein Wechsel in der steuerlichen Sphäre des Gesellschafters. Ein Rechtsträgerwechsel liegt beispielsweise vor, wenn ein Vermögensgegenstand vom Gesellschafter in das Gesamthandsvermögen der Personengesellschaft gelangt und umgekehrt. Wird dagegen ein Wirt-

[98] BMF v. 20. 12. 1977 BStBl. I 1978, 8.

[99] Zu den bestehenden Zweifelsfragen *Düll/Fuhrmann/Eberhard*, DStR 2000, 1713; *van Lishaut*, DB 2000, 1784; *Brandenberg*, FR 2000, 1182.

schaftsgut aus dem Einzelunternehmen in das Sonderbetriebsvermögen einer Personengesellschaft transferiert, liegt lediglich ein Sphärenwechsel vor. Die steuerlichen Konsequenzen dieser Übertragung richten sich nicht zuletzt an den zivilrechtlichen Grundlagen dieser Übertragung. Es gibt hierzu folgende Möglichkeiten:

- Übertragung gegen Gewährung von Gesellschaftsrechten
- Unentgeltliche Übertragung
- Verkauf

62 Die **Übertragung gegen Gewährung von Gesellschaftsrechten** liegt dann vor, wenn sich als Gegenleistung für die Übertragung des Wirtschaftsgutes in das Gesamthandsvermögen der Personengesellschaft die Gesellschafterrechte des einlegenden Gesellschafters erhöhen. Konkret bedeutet dies, dass die entsprechende Gutschrift auf dem Eigenkapitalkonto (z. B. Konto I) erfolgt, das die Gesellschaftsrechte repräsentiert.[100] Bei einer atypischen Gestaltung des Gesellschaftsvertrages können sich hierbei durchaus Zweifelsfragen ergeben, falls beispielsweise der Gewinnverteilungsschlüssel nicht mit dem Verhältnis der Gesellschaftsrechte korrespondiert.[101]

63 Die **unentgeltliche Übertragung** von Wirtschaftsgütern in das Gesamthandsvermögen zeichnet sich dadurch aus, dass das betreffende Wirtschaftsgut zwar in das Gesamthandsvermögen der Personengesellschaft gelangt, im Eigenkapital der Gesellschaft jedoch keine Gutschrift auf dem Gesellschafterkonto erfolgt, das die Gesellschaftsrechte repräsentiert, sondern auf einem sonstigen Eigenkapitalkonto. Dies ist beispielsweise dann der Fall, wenn die Gutschrift auf dem Rücklagekonto erfolgt. Für Zwecke der Darstellung in der Handelsbilanz ist ein Ausweis als Rücklagekonto gem. § 264 a HGB auch dann möglich, wenn die Rücklagekonten individuell für die einzelnen Gesellschafter geführt werden.[102] Unabhängig davon, ob die Rücklagekonten gesellschafterbezogen oder als gesamthänderisch gebundene Rücklage geführt werden, kann nach allgemeinen Kriterien steuerliches Eigenkapital vorliegen.[103] Auch wenn die Gutschrift auf einem gesellschafterbezogenen Rücklagekonto erfolgt, soll dies dennoch nicht als entgeltliche Veräußerung, sondern als unentgeltliche Einlage zu werten sein.[104]

64 Die **Veräußerung eines Wirtschaftsguts** zwischen Gesellschaft und Gesellschafter ist grundsätzlich als entgeltlicher Vorgang anzusehen, der zu einer Auflösung von stillen Reserven führt.[105] Erfolgt als Gegenleistung für die Übertragung eines Wirtschaftsgutes in das Gesamthandsvermögen einer Personengesellschaft eine Gutschrift auf einem Gesellschafterkonto, das als Forderung/Verbindlichkeit anzusehen ist, führt dies zu einem als

---

[100] *Düll*, StbJb 2002/03, 121; BMF vom 26. 11. 2004, DStR 2005, 26.

[101] IDW v. 25. 9. 2002 WPg 2002, 1091; *Schulze zur Wiesche*, DStZ 2002, 742.

[102] *von Kanitz*, WPg 2003, 333; BMF vom 26. 11. 2004, DStR 2005, 26.

[103] BMF v. 30. 5. 1997 BStBl. I 1997, 627.

[104] IDW v. 25. 9. 2002 WPg 2002, 1091; kritisch hierzu *Düll*, StbJb 2002/03, 122.

[105] Z. B. BFH v. 3. 5. 1993 BStBl. II 1993, 616.

Geld zu bewertenden Anspruch des Gesellschafters und damit zu einer Qualifikation als entgeltlicher Vorgang, ähnlich einem Verkauf.

Werden im Zuge eines Übertragungsvorganges mehrere Gesellschafterkonten angesprochen, kann sich die Beurteilung je nach Fallgestaltung hiernach teilweise als gesellschaftsrechtliche Einlage, teilweise auch als Veräußerung ergeben.

2. Übertragung von Sachgesamtheiten

Im Zusammenhang mit der Übertragung von Wirtschaftsgütern in bzw. aus Personengesellschaften muss danach unterschieden werden, ob es sich um Sachgesamtheiten oder um einzelne Wirtschaftsgüter handelt. Sachgesamtheiten liegen vor, wenn Gegenstand der Übertragung ein **65**

- Betrieb
- Teilbetrieb
- Mitunternehmeranteil

ist.

Erfolgt die Übertragung von Sachgesamtheiten in das Betriebsvermögen einer Personengesellschaft gegen **Gewährung von Gesellschaftsrechten**, richten sich die Rechtsfolgen nach § 24 UmwStG. Dies führt dazu, dass das eingelegte Wirtschaftsgut bzw. die eingelegten Wirtschaftsgüter angesetzt werden können zum

- Teilwert
- Zwischenwert
- Buchwert.

Die Einlage in das Betriebsvermögen einer bereits existenten Kommanditgesellschaft richtet sich nach den gleichen Grundsätzen wie die Einlage im Zusammenhang mit der Gründung einer Gesellschaft. Um Wiederholungen zu vermeiden, wird insoweit auf die entsprechenden Ausführungen verwiesen (vgl. dazu § 12 Rn 15 ff.).

Zweifelhaft ist, ob die gleichen Grundsätze auch dann anzuwenden sind, **66**
wenn die Übertragung der Sachgesamtheit in eine Personengesellschaft nicht gegen Gewährung von Gesellschaftsrechten, sondern **unentgeltlich** erfolgt, d. h. eine entsprechende **Gutschrift auf dem Rücklagekonto** des einlegenden Gesellschafters gutgeschrieben wird. Nach Auffassung der Finanzverwaltung setzt die Anwendung des § 24 UmwStG eine Erhöhung bzw. eine Stärkung der Gesellschaftsrechte voraus.[106] Demgegenüber wird auch für die Anwendung des § 24 UmwStG eine Einlage in das Sonderbetriebsvermögen für zulässig erachtet, bei der naturgemäß keine Stärkung der Gesellschaftsrechte vorliegt.[107] Im Ergebnis ist es deshalb sachgerecht, auch für die unentgeltliche Einlage von Sachgesamtheiten in eine Personengesellschaft § 24 UmwStG analog anzuwenden.[108]

---

[106] BMF v. 25. 3. 1998 BStBl. I 1998, 268 Rn 24.02; *Dötsch/Patt* Umwandlungssteuerrecht § 24 Rn 890; *Haritz/Benkert/Schlößer* § 24 UmwStG Rn 57; *Blümich/Wolf* EStG-Nebengesetze, § 24 UmwStG.

[107] IDW WPg 1997, 450; *Haritz/Benkert/Schlößer* § 24 UmwStG Rn 59.

[108] *Düll*, StbJb 2002/03, 131.

3. Übertragung von Einzelwirtschaftsgütern in das Gesamthandsvermögen

67 **a) Übertragung aus dem Privatvermögen.** Die Übertragung eines Einzelwirtschaftsgutes aus dem Privatvermögen in das Gesamthandsvermögen einer Personengesellschaft gegen Gewährung von Gesellschaftsrechten ist grundsätzlich als **tauschähnlicher Vorgang** anzusehen, der wie ein Veräußerungsvorgang behandelt wird, mithin grundsätzlich zu einer Auflösung von stillen Reserven führt.[109] Für den einlegenden Gesellschafter kann dies u. U. zu einem steuerpflichtigen Veräußerungsgewinn führen, wenn es sich

- um einen Spekulationsvorgang gem. § 23 EStG
- um eine wesentliche Beteiligung gem. § 17 EStG
- um einbringungsgeborene Anteile gem. § 21 UmwStG

handelt.

68 Fraglich ist allerdings, ob die gleichen Grundsätze anzuwenden sind, wenn die **Einlage** in das Gesamthandsvermögen der Personengesellschaft **unentgeltlich** erfolgt, die Gegenleistung für die Einlage also in einer Gutschrift auf einem Rücklagekonto besteht. Bleiben im Zuge der Einlage des Wirtschaftsgutes die Gesellschaftsrechte des einlegenden Gesellschafters unberührt, kommen die von der Rechtsprechung entwickelten Grundsätze zur Beurteilung als tauschähnlicher Vorgang **nicht** zur Anwendung, weil naturgemäß keine Stärkung der Gesellschaftsrechte vorliegt. In diesem Fall richtet sich die Beurteilung nach den **allgemeinen Einlagegrundsätzen** gem. in § 6 Abs. 1 Nr. 4 und 5 EStG.[110] Hiernach erfolgt die Einlage eines Wirtschaftsguts grundsätzlich zum gemeinen Wert, sofern nicht § 6 Abs. 1 Nr. 5 EStG Begrenzungen des Einlagewertes vorschreibt. So kann beispielsweise eine wesentliche Beteiligung an einer Kapitalgesellschaft i. S. d. § 17 EStG gem. § 6 Abs. 1 Nr. 5 b EStG nur mit ihren ursprünglichen Anschaffungskosten in das Gesamthandsvermögen einer Personengesellschaft eingelegt werden. Dies gilt selbst dann, wenn der Verkehrswert der Beteiligung deutlich über deren Anschaffungskosten liegt. Weitere Begrenzungen ergeben sich für Wirtschaftsgüter, die erst innerhalb eines Zeitraums von drei Jahren vor der Einlage erworben worden sind.

69 Wird durch § 6 Abs. 1 Nr. 4 und 5 EStG keine **Begrenzung des Einlagewertes** vorgegeben, erfolgt die Einlage grundsätzlich zum Teilwert. Wirtschaftsgüter, die noch unter dem Anwendungsbereich des § 23 EStG liegen, können zum Teilwert in das Betriebsvermögen einer Personengesellschaft eingelegt werden, ohne dass dies zu einer steuerpflichtigen Gewinnrealisierung führt. Eine Versteuerung erfolgt allerdings dann, wenn das betreffende Wirtschaftsgut innerhalb eines 10-Jahres-Zeitraums nach der Anschaffung veräußert wird.[111]

---

[109] BFH v. 19.10.1998 BStBl. II 2000, 230; BMF v. 29.3.2000 BStBl. I 2000, 462.

[110] *Hoffmann*, GmbHR 2002, 129; *Wendt*, FR 2002, 58; BMF vom 26.11.2004, DStR 2005, 26.

[111] § 23 Abs. 1 Satz 5 Nr. 1 EStG, BMF v. 29.3. 2000 BStBl. I 2000, 462.

b) Übertragung aus einem Betriebsvermögen. Die steuerlichen Konsequenzen der Übertragung von Einzelwirtschaftsgütern aus einem Betriebsvermögen in das Gesamthandsvermögen einer Personengesellschaft richten sich grundsätzlich nach den Bestimmungen des § 6 Abs. 5 S. 3 EStG. Diese Vorschrift hat folgenden Regelungsgehalt, bei der eine Übertragung von Wirtschaftsgütern **zwingend zum Buchwert** zu erfolgen hat: 70

- Übertragung aus einem Betriebsvermögen/Sonderbetriebsvermögen des Mitunternehmers in das Gesamthandsvermögen einer Mitunternehmerschaft und umgekehrt.
  - Gegen Gewährung von Gesellschaftsrechten
  - Unentgeltlich
- Übertragung aus dem Sonderbetriebsvermögen in das Gesamthandsvermögen einer anderen Mitunternehmerschaft und umgekehrt.
  - Gegen Gewährung von Gesellschaftsrechten
  - Unentgeltlich
- Unentgeltliche Übertragung zwischen verschienen Sonderbetriebsvermögen bei derselben Mitunternehmerschaft.

Die in § 6 Abs. 5 Satz 3 EStG angesprochenen Fallgestaltungen erfassen nach ihrem Wortlaut nicht die **Übertragung von Wirtschaftsgütern zwischen Schwester-Personengesellschaften**. Die Anwendbarkeit des § 6 Abs. 5 Satz 3 EStG und damit die Buchwertübertragung von Einzelwirtschaftsgütern zwischen Schwester-Personengesellschaften ist in der Literatur höchst umstritten. Einerseits wird die Auffassung vertreten, dass die Fallgestaltung im Gesetzgebungsverfahren[112] ausdrücklich angesprochen und abgelehnt worden sei.[113] Demgegenüber wird darauf verwiesen, dass steuersystematisch kein grundlegender Unterschied zwischen der Übertragung eines Einzelwirtschaftsgutes zwischen einer Schwester-Personengesellschaft und den in § 6 Abs. 5 Satz 3 EStG aufgegriffenen Fallgestaltungen, nämlich der Übertragung aus einem Betriebsvermögen des Gesellschafters in das Gesamthandsvermögen einer Personengesellschaft gegeben ist.[114] Ungeachtet des theoretischen Streites über diese Fragestellung dürfte eine Buchwertübertragung von Einzelwirtschaftsgütern zwischen Schwester-Personengesellschaften auch durch langfristige Stufenlösungen möglich sein.[115] 71

Liegen Voraussetzungen des § 6 Abs. 5 S. 3 EStG vor, erfolgt die Übertragung von Wirtschaftsgütern zwingend zu Buchwerten. In § 6 Abs. 5 Satz 4 und 5 EStG sind jedoch **Missbrauchsregelungen** enthalten, nach denen der **Buchwertansatz dann nicht** gelten soll, 72

- sofern innerhalb einer Sperrfrist von drei Jahren das eingelegt Wirtschaftsgut veräußert wird,
- soweit ein Anteil einer Kapitalgesellschaft begründet wird oder sich erhöht.

---

[112] BR-Drucksache 638/1/01, 14.

[113] *Brandenberg*, DStZ 2002, 555; *Wendt*, FR 2002, 65; *Schulze zur Wiesche*, DStZ 2002, 744.

[114] *Schmidt/Glanegger* § 6 EStG Rn 531; *Rödder/Schumacher*, DStR 2001, 1636; *Strahl*, KÖSDI 2002, 13168.

[115] *Hoffmann*, GmbHR 2002, 131.

§ 6 Abs. 5 Satz 4 EStG enthält eine Missbrauchsregelung dergestalt, dass für den Fall der Übertragung eines Einzelwirtschaftsgutes in das Gesamthandsvermögen einer Personengesellschaft ein **rückwirkender Ansatz mit dem Teilwert** erfolgt, d. h. die in dem betreffenden Wirtschaftsgut enthaltenen stillen Reserven aufgelöst werden, wenn dieses innerhalb einer Sperrfrist von 3 Jahren durch die Personengesellschaft veräußert wird. Hierdurch soll ein Überspringen von stillen Reserven zwischen dem einlegenden Gesellschafter und seinen Mitgesellschaftern vermieden werden, falls innerhalb eines überschaubaren Zeitraums nach der Einlage ein Realisierungsvorgang erfolgt. Zu beachten ist, dass der 3-Jahres-Zeitpunkt nicht mit dem Zeitpunkt der Einlage des Wirtschaftsgutes, sondern mit der Einreichung der einheitlichen und gesonderten Gewinnfeststellung der Personengesellschaft beginnt.[116]

73 Der nachträgliche Ansatz zum Teilwert soll allerdings dann nicht erfolgen, wenn im Zuge der Einlage durch die **Bildung von Ergänzungsbilanzen** ein Überspringen der stillen Reserven vermieden wird.[117] Wird für den einlegenden Gesellschafter eine Ergänzungsbilanz aufgestellt, wird der steuerliche Gewinn aus der Auflösung der stillen Reserven allein dem einlegenden Gesellschafter zugerechnet.[118]

Beispiel: Gesellschafter A und B sind mit einem Kapitalkonto von je 100 an der A+B GmbH & Co. KG beteiligt. Im Betriebsvermögen sind keine stillen Reserven vorhanden. Die A+B GmbH & Co. KG hat folgende Bilanz:

A & B GmbH & Co. KG

Maschinen	250	Kapital A	100
		Kapital B	100
Umlaufvermögen	350		
		Verbindlichkeiten	400
	600		600

Der Gesellschafter A hat im Sonderbetriebsvermögen ein wertvolles Grundstück mit einem steuerlichen Buchwert von 100 und einem Verkehrswert von 150. Dieses wird zur Stärkung der Kapitalbasis in die GmbH & Co. KG gegen Gewährung von Gesellschaftsrechten eingelegt. Gemäß § 6 Abs. 5 Satz 4 EStG wird für A eine Ergänzungsbilanz gebildet. Die Bilanzen stellen sich nach der Einlage wie folgt dar:

A & B GmbH & Co. KG

Grundstück	150	Kapital A	250
Maschinen	250	Kapital B	100
Umlaufvermögen	350	Verbindlichkeiten	400
	750		750

Ergänzungsbilanz A

Minderkapital	50	Abstockungswert Grundstück	50

[116] Zu den praktischen Anwendungsproblemen *Wendt*, FR 2002, 60; *Kloster/Kloster*, GmbHR 2002, 721

[117] *Ley/Strahl*, DStR 2001, 2006.

[118] *Rödder/Schumacher*, DStR 2001, 1637; *Wendt*, FR 2002, 63; *Hoffmann*, GmbHR 2002, 132.

Wird das Grundstück später zum geschätzten Verkehrswert von 150 veräußert, entsteht in der Gesamthandsbilanz weder ein Gewinn noch ein Verlust. Die Ergänzungsbilanz A wird jedoch aufgelöst, so dass der Ertrag (steuerlich) dem A zugerechnet wird. Erfolgt die Veräußerung zu einem über dem Einlagewert liegenden Veräußerungspreis, entsteht ein Veräußerungsgewinn in Höhe der Differenz zwischen Einlagewert und Veräußerungserlös. Dieser steht gesellschafts- und steuerrechtlich den Gesellschaftern im Verhältnis der Gesellschaftsrechte zu.

Besonderheiten können sich dann ergeben, wenn sich – bezogen auf den Beispielsfall – auch stille Reserven im Betriebsvermögen der A & B GmbH & Co. KG befinden.[119] In diesem Fall muss dafür Sorge getragen werden, dass mit dem Einlagevorgang durch die Bildung einer Ergänzungsbilanz nicht nur stille Reserven auf den anderen Gesellschafter überspringen, sondern sich auch die Vermögensverhältnisse der Gesellschafter untereinander nicht verschieben.

In § 6 Abs. 5 Satz 6 EStG ist daneben noch eine weitere Missbrauchsvor- 74
schrift enthalten, die im Zuge der Einlage eines Einzelwirtschaftsgutes in eine Personengesellschaft zu einer Auflösung von stillen Reserven führen kann. Sofern mit der Übertragung eines Einzelwirtschaftsgutes zum Buchwert in eine Personengesellschaft sich der **ideelle Anteil einer Kapitalgesellschaft** an dem Wirtschaftsgut **erhöht oder neu begründet wird**, erfolgt gemäß § 6 Abs. 5 Satz 6 EStG eine anteilige Auflösung von stillen Reserven.[120] Ist der einlegende Gesellschafter allerdings selbst wiederum eine Kapitalgesellschaft, soll dies insoweit nicht gelten.[121] Durch diese weitere Missbrauchsvorschrift soll vermieden werden, dass stille Reserven in den Anwendungsbereich des Körperschaftsteuerrechts gelangen mit der Folge, dass aufgelöste stille Reserven lediglich mit dem Körperschaftsteuersatz von 25 % zzgl. Solidaritätszuschlag belastet werden, wohingegen die Auflösung von stillen Reserven bei einer natürlichen Person mit dem „normalen" Einkommensteuertarif besteuert wird.

Die schädliche Rechtsfolge ergibt sich allerdings nicht nur dann, wenn eine Kapitalgesellschaft zum Zeitpunkt der Einlage an der Personengesellschaft beteiligt ist und damit eine ideelle Beteiligung an den stillen Reserven des eingelegten Wirtschaftsguts begründet wird oder sich erhöht, sondern gemäß § 6 Abs. 5 Satz 6 EStG auch dann, wenn dies innerhalb eines 7-Jahres-Zeitraums erfolgt. Tritt also eine Kapitalgesellschaft einer Personengesellschaft als Gesellschafter bei, können hierdurch Einlagevorgänge der vergangenen 7 Jahre berührt werden.[122]

Anders als bei der Missbrauchsregelung in § 6 Abs. 5 Satz 4 ist in § 6 75
Abs. 5 Satz 5 EStG nicht die Möglichkeit angesprochen, dass das Überspringen von stillen Reserven durch **die Bildung einer Ergänzungsbilanz** vermieden werden kann. Nach dem Sinn und Zweck der Vorschrift muss dies jedoch auch für den Fall der Beteiligung an einer Kapitalgesell-

[119] *Autenrieth*, NWB 2/2003, 6.

[120] *Hoffmann*, GmbHR 2002, 132; *Wendt*, FR 2002, 58.

[121] BMF v. 7. 2. 2002 GmbHR 2002, 455; OFD Hannover v. 24. 7. 2003 DStR 2003, 1754.

[122] Kritisch zur Rechtslage des Steuersenkungsgesetzes *Düll/Fuhrmann/Eberhard*, DStR 2000, 1713.

schaft gelten,[123] da hierdurch wie auch für die Fallgestaltung der § 6 Abs. 5 S. 5 EStG ein Überspringen von stillen Reserven vermieden werden kann.

Wie bereits erwähnt, greift § 6 Abs. 5 Satz 6 EStG dann, wenn sich innerhalb eines 7-Jahres-Zeitraums nach der Einlage des Wirtschaftsguts der ideelle Anteil einer Kapitalgesellschaft begründet wird oder sich erhöht. U.U. greift diese Bestimmung auch dann, wenn die GmbH & Co. KG innerhalb eines 7-Jahres-Zeitraums in einen **Umwandlungsvorgang einbezogen** ist, etwa durch Einlage des Mitunternehmeranteiles in eine Kapitalgesellschaft oder durch formwechselnde Umwandlung der GmbH & Co. KG in eine GmbH. Nach seinem Wortlaut wäre in diesem Fall § 6 Abs. 5 Satz 6 EStG erfüllt, so dass sich rückwirkend eine Auflösung von stillen Reserven ergeben würde, obschon die grundsätzlich anzuwendende Norm des § 20 UmwStG eine Abwicklung der Transaktion zu Buchwerten zulässt. Maßgebend ist in diesem Fall jedoch nicht der eigentliche Umwandlungsvorgang, sondern die Bezugnahme auf die ursprüngliche Einlage des Wirtschaftsgutes. Da im Falle einer Umwandlung die hierdurch entstehenden Gesellschaftsanteile von der Kapitalgesellschaft einbringungsgeboren gem. § 21 UmwStG sind und somit der analogen Sperrfrist gem. § 3 Nr. 40 Satz 3 EStG für die Anwendung des Halbeinkünfteverfahrens auf Veräußerungsgewinne unterliegen,wäre es sachgerecht, in diesem Fall von einer rückwirkenden Realisierung von stillen Reserven abzusehen.[124] Nach dem Wortlaut des § 6 Abs. 5 Satz 6 EStG muss allerdings wohl von einer rückwirkenden Realisierung der stillen Reserven im Zuge des Einlagevorgangs ausgegangen werden.

4. Übertragung von Einzelwirtschaftsgütern aus der GmbH & Co. KG

76 § 6 Abs. 5 Satz 3 EStG regelt nicht nur die Übertragung von Einzelwirtschaftsgütern in eine Mitunternehmerschaft, sondern gleichermaßen auch die Übertragung von Einzelwirtschaftsgütern aus einer Mitunternehmerschaft. Wird im Zuge der Übertragung von Einzelwirtschaftsgütern aus einer GmbH & Co. KG die **Gesellschaft aufgelöst**, richtet sich die Beurteilung nicht nach § 6 Abs. 5 Satz 3 EStG, sondern nach den sog. Realteilungsgrundsätzen gem. § 16 Abs. 3 Satz 2 EStG. **Besteht dagegen die GmbH & Co. KG fort**, richtet sich die Beurteilung nach § 6 Abs. 5 Satz 3 EStG.

Wird das betreffende Wirtschaftsgut hiernach aus dem Gesamthandsvermögen der GmbH & Co. KG gegen **Minderung der Gesellschaftsrechte** in das Sonderbetriebsvermögen oder ein anderes Betriebsvermögen des Gesellschafters entnommen, erfolgt diese Transaktion zwingend zum Buchwert. Unentgeltlich ist die Transaktion dann, wenn mit dem Entnahmevorgang ein Gesellschafterkonto belastet ist, das nach allgemeinen Grundsätzen als Eigenkapital zu werten ist, beispielsweise ein personen-

---

[123] *Rödder/Schumacher*, DStR 2001, 1637; *van Lishaut*, DB 2001, 1525; a. A. *Wendt*, FR 2002, 65.

[124] IDW v. 25. 9. 2002 WPg 2002, 1094; *Düll*, StbJb 2002/03, 142; a. A. *Brandenberg*, DStZ 2002, 559.

bezogenes Rücklagenkonto. Die unentgeltliche Übertragung eines Einzelwirtschaftsgutes aus einer GmbH & Co. KG mag zumindest bei einer mehrgliedrigen Gesellschaft theoretischer Natur sein, da begrifflich die Gesellschaftsrechte des entnehmenden Gesellschafters nicht berührt werden. Der Mitgesellschafter wäre durch den Entnahmevorgang mithin entreichert, so dass dieser im Regelfall einer entsprechenden Entnahme wohl nicht zustimmt.

Folgt die **Entnahme** eines einzelnen Wirtschaftsgutes aus dem Gesamthandsvermögen einer GmbH & Co. KG in **das Privatvermögen** eines Gesellschafters, führt dies zwingend zu einer Realisierung von stillen Reserven. Das Gleiche gilt, wenn dem Übertragungsvorgang ein **entgeltliches Geschäft** wie unter fremden Dritten zugrunde liegt. Unabhängig davon, ob das betreffende Wirtschaftsgut in ein Betriebs- oder Privatvermögen des Gesellschafters erworben wird, führt dies zwingend zu einer Auflösung von stillen Reserven. **77**

§ 5a Die GmbH & Co. KG im Gewerbesteuerrecht

Übersicht

Schrifttum: *Binz/Sorg*, Die GmbH & Co KG, 9. Aufl. München 2003; *Förster*, Kauf und Verkauf von Unternehmen nach dem UntStFG, DB 2002, 1394; *Füger/Rieger*, Veräußerung von Mitunternehmeranteilen und Gewerbesteuer, DStR 2002, 933; *Heine*, Gemeindefinanzreform – Ende des Richtungsstreites bei der Reform der kommunalen Steuerbasis?, KStZ 2003, 145; *Herzig/Briesemeister*, Systematische und grundsätzliche Anmerkungen zur Einschränkung der steuerlichen Verlustnutzung, DStR 1999, 1377; *Herzig/Lochmann*, Die Steuerermäßigung für gewerbliche Einkünfte bei der Einkommensteuer nach dem Entwurf zum Steuersenkungsgesetz, DB 2000, 1192; *dies.*, Steuersenkungsgesetz: Die Steuerermäßigung für gewerbliche Einkünfte bei der Einkommensteuer in der endgültigen Regelung, DB 2000, 1734; *Hey*, Von der Verlegenheitslösung des § 35 EStG zur Reform der Gewerbesteuer?, FR 2001, 870; *Neu*, Aktuelles Beratungs-Know-how Personengesellschaftsbesteuerung, DStR 2002, 1078; *ders.*, Praxis- und Zweifelsfragen zur pauschalierten Anrechnung der Gewerbesteuer auf die Einkommensteuer, StbJb 2002/03, 147; *ders.*, Unternehmensteuerreform 2001: Die pauschalierte Gewerbesteueranrechnung nach § 35 EStG, DStR 2000, 1933; *Ritzer/Stangel*, Das Anwendungsschreiben zu § 35 EStG – Grundlegende Aussagen und Auswirkungen auf Einzelunternehmen, DStR 2002, 1072; *Schiffers*, Steuerermäßigung bei Einkünften aus Gewerbebetrieb nach § 35 EStG, Stbg 2001, 403, *Wendt*, StSenkG: Pauschale Gewerbesteueranrechnung bei Einzelunternehmen, Mitunternehmerschaft und Organschaft, FR 2000, 1173.

1. Vorbemerkungen

1 Wie kaum eine andere Steuerart ist die Gewerbesteuer umstritten. Die Gewerbesteuer wird jeweils zusätzlich zu der tariflichen Einkommen- oder Körperschaftsteuer erhoben. Sie betrifft ihrer Natur nach grundsätzlich alle gewerblichen Einkünfte, und damit auch eine GmbH & Co. KG, die ihre Gewerbebetriebseigenschaft entweder durch eine eigengewerbliche Betätigung gemäß § 15 Abs. 1 Nr. 1 EStG oder kraft gewerblicher Prägung gemäß § 15 Abs. 3 Satz 2 EStG erhält. Die Gewerbesteuer ist eine sog. Objektsteuer, betrifft also den Gewerbebetrieb als solchen. Im Gegensatz zur Einkommen- oder Körperschaftsteuer ist die Gewerbesteuer **als Betriebsausgabe abzugsfähig**, mindert also sowohl ihre eigene Bemessungsgrundlage als auch die Bemessungsgrundlage der Einkommen- bzw. Körperschaftsteuer.

Wesentlicher Ansatzpunkt für die Kritik an der Gewerbesteuer ist die **Doppelbelastung der gewerblichen Erträge** mit Einkommen- bzw. Körperschaftsteuer einerseits und Gewerbesteuer andererseits,[1] obschon die Gewerbesteuer als Betriebsausgabe abzugsfähig ist. Maßnahmen zur Beseitigung dieser Doppelbesteuerung scheiterten regelmäßig an dem Finanzbedarf der Gemeinden, da das Aufkommen der Gewerbesteuer auch nach Bereinigung durch den staatlichen Finanzausgleich vorrangig den betreffenden Gemeinden zusteht. Diese regeln zudem über den sog. Gewerbesteuer-Hebesatz das Gewerbesteueraufkommen in ihrem Zuständigkeitsbereich.

Bis einschließlich dem Jahr 2000 wurde die Doppelbelastung gewerb- 2
licher Einkünfte dadurch gemildert, dass der Einkommensteuerspitzensatz gemäß § 32c EStG auf einen Höchstbetrag begrenzt wurde. Diese **Tarifkappung** lag deutlich unter dem damaligen Spitzen-Einkommensteuersatz und gewährte Steuerpflichtigen mit hohen Einkünften zumindest teilweise eine Entlastung von der Doppelbelastung. Von der Tarifkappung waren allerdings Kapitalgesellschaften sowie solche Steuerpflichtige nicht betroffen, deren Spitzen-Einkommensteuersatz unterhalb der Kappungsgrenze lag. Das Modell der Tarifkappung wurde mit Wirkung ab dem Jahr 2001 ersetzt durch eine **teilweise Anrechnung der Gewerbesteuer** auf die persönliche Einkommensteuer. Auch mit diesem Anrechnungsmodell verstummten die Kritiker der Gewerbesteuer nicht. Gemäß einem Bericht der Kommission zur Reform der Gemeindefinanzen[2] wurde noch zum Jahresende 2003 ernsthaft darüber diskutiert, ob die Gewerbesteuer insgesamt durch einen Zuschlag zur Einkommen- und Körperschaftsteuer ersetzt[3] oder sowohl hinsichtlich des Kreises der Steuerpflichtigen als auch hinsichtlich der Ermittlung der Bemessungsgrundlage noch weiter „ertüchtigt" werden sollte.[4] Alle diese Modelle sind letztlich nicht vollständig umgesetzt worden. Geblieben ist die Anrechnung der Gewerbesteuer auf die persönliche Einkommensteuerschuld eines Steuerpflichtigen in pauschaler Form.

2. Bemessungsgrundlage der Gewerbesteuer vom Ertrag

Die Gewerbesteuer vom Ertrag knüpft an den sog. Gewerbeertrag an, 3
der um **gewerbesteuerspezifische Hinzu- und Abrechnungen** modifiziert wird, wie z. B. die Hinzurechnung von 50 % der Dauerschuldzinsen gemäß § 8 Nr. 1 GewStG oder die Kürzung um die Gewinnanteile einer inländischen Personengesellschaft gemäß § 9 Nr. 2 GewStG. Hinsichtlich der Ausgangsgrundlage der Berechnung wird in § 7 GewStG auf den Gewinn verwiesen, der nach den Vorschriften des Einkommen- bzw. des Körperschaftsteuergesetzes ermittelt worden ist. Durch diesen Verweis wird allerdings nicht schlechthin jeglicher Gewinn, der zu Einkünften aus Gewerbebetrieb führt, der Besteuerung mit Gewerbesteuer vom Ertrag un-

---

[1] Z. B. *Hey*, FR 2001, 879; *Wendt*, FR 2000, 1175; Vorlagebeschluss FG Nieders. v. 11. 5. 2004 (AZ 4K 317/91) zur Verfassungsmäßigkeit.

[2] Zusammenfassung durch *Heine*, KStZ 2003, 145.

[3] Sog. BDI/VCI-Modell.

[4] Sog. Nordrhein-Westfalen-Modell.

terworfen. Durch die Gewerbesteuer werden grundsätzlich nur diejenigen Vorgänge erfasst, die aus dem **normalen Geschäftsbetrieb** resultieren.

4 Der Gewinn aus der **Veräußerung des gesamten Geschäftsbetriebes** wäre damit grundsätzlich nicht Bestandteil des Gewerbeertrages. Das Gleiche gilt im Grundsatz auch für den **Gewinn aus der Veräußerung eines Mitunternehmeranteils**. Auch dieser ist grundsätzlich nicht Bestandteil des Gewerbeertrages, da es sich um einen außerordentlichen Vorgang handelt.[5] Durch § 7 Satz 2 Nr. 2 GewStG wird der Gewinn aus der Veräußerung des Geschäftsbetriebes sowie des Anteils an einer Mitunternehmerschaft jedoch ausdrücklich als Bestandteil des Gewerbeertrages fingiert.[6] Von dieser Fiktion ist allerdings der anteilige Gewinn **ausgenommen**, der auf eine **natürliche Person als unmittelbar beteiligter Mitunternehmer** entfällt. Werden Anteile an einer Mitunternehmerschaft beispielsweise von einer Kapitalgesellschaft veräußert, ist der Veräußerungsgewinn mithin Bestandteil des Gewerbeertrages, unterliegt also der Besteuerung mit Gewerbesteuer vom Ertrag. Das Gleiche gilt wohl auch für die Veräußerung eines Mitunternehmeranteils durch eine weitere Personengesellschaft (doppelstöckige Personengesellschaft), da insoweit keine unmittelbare Beteiligung einer natürlichen Person vorliegt. Die Gewerbesteuer wird von der GmbH & Co. KG geschuldet, so dass im Ergebnis auch natürliche Personen als Mitgesellschafter belastet werden.[7]

5 Durch den Verweis auf die Gewinnermittlungsvorschriften des Einkommen- bzw. Körperschaftsteuergesetzes wird erreicht, dass der gesamte steuerliche Gewinn einer GmbH & Co. KG der Besteuerung mit Gewerbesteuer unterliegt. Dieser setzt sich folgendermaßen zusammen:

- Ergebnis lt. erster Gewinnermittlungsstufe
  - Gewinn/Verlust lt. Steuerbilanz
  - Gewinn/Verlust lt. Ergänzungsbilanz
- Ergebnis lt. zweiter Gewinnermittlungsstufe
  - Sondervergütungen an Gesellschafter (Sonderbetriebseinnahmen)
  - individuelle Betriebsausgaben der Gesellschafter (Sonderbetriebsausgaben)

6 Diese Aufstellung zeigt, dass jeweils **individuelle Besteuerungsmerkmale** auf Ebene der Gesellschafter die Bemessungsgrundlage für die Gewerbesteuer vom Ertrag verändern können. Dies betrifft sowohl die erste als auch die zweite Gewinnermittlungsstufe.[8] Auf der ersten Gewinnermittlungsstufe können Abschreibungen aus der Ergänzungsbilanz lediglich eines Gesellschafters die Bemessungsgrundlage für die Gewerbesteuer mindern. In der zweiten Gewinnermittlungsstufe können Sondervergütungen, wie z. B. Geschäftsführergehalt, Pacht, Zinsen usw., die ein Gesellschafter von der Personengesellschaft erhält, den Gewerbeertrag erhöhen bzw. individuell getragene Betriebsausgaben, wie z. B. Zinsen aus der Finanzierung eines Anteilserwerbs, die Bemessungsgrundlage für die Gewerbesteuer mindern. Dies ist insofern von Bedeutung, als es sich jeweils um

---

[5] *Füger/Rieger*, DStR 2002, 933.
[6] § 7 Abs. 2 GewStG wurde mit Wirkung für das Jahr 2002 eingeführt.
[7] *Förster*, DB 2002, 1396.
[8] *Binz/Sorg* GmbH & Co KG § 17 Rn 32.

individuelle Besteuerungsmerkmale der Gesellschafter handelt, die wirtschaftlich nur einen Gesellschafter betreffen, die jedoch die Gewerbesteuerschuld der Gesellschaft im Ganzen verändern.

3. Berechnungsschema der Gewerbesteuer

Die Gewerbesteuer vom Ertrag wird auf der Grundlage des sog. **Gewerbeertrages** errechnet. Für die Berechnung des Gewerbeertrages verweist § 7 GewStG auf den nach den Vorschriften des Einkommensteuergesetzes bzw. des Körperschaftsteuergesetzes ermittelten Gewinn aus Gewerbebetrieb. Dieser Ausgangsbetrag wird um gewerbesteuertypische Hinzurechnungen gem. § 8 GewStG erhöht sowie um gewerbesteuertypische Kürzungen gem. § 9 GewStG gemindert. Dieser fortgerechnete Ausgangsbetrag ergibt den **Gewerbeertrag**. 7

Dieser Gewerbeertrag wird zunächst gemindert um einen **Freibetrag** gem. § 11 Abs. 1 Nr. 1 GewStG in Höhe von 24.500 €.

Auf den so ermittelten Gewerbeertrag wird die **Steuermesszahl** gem. § 11 Abs. 2 GewStG angewendet. Dieser beträgt bei Personengesellschaften 8

für die ersten 12.000 €	1 %
für die weiteren 12.000 €	2 %
für die weiteren 12.000 €	3 %
für die weiteren 12.000 €	4 %
für die darüber hinausgehenden Beträge	5 %

Der Freibetrag gem. § 11 Abs. 1 GewStG bzw. die Staffelung der Steuermesszahl gem. § 11 Abs. 2 GewStG führt gerade bei mittelständischen Unternehmen zu einer deutlichen Entlastungswirkung bei Gewerbeerträgen bis zu 72.500 €.

Der nach diesem Schlüssel ermittelte Gewerbesteuermessbetrag ist wiederum Grundlage für die Ermittlung der eigentlichen Gewerbesteuer durch die Gemeinde. Auf den Gewerbesteuermessbetrag wird der gemeindeindividuelle **Gewerbesteuerhebesatz** angewendet, woraus sich dann die individuelle Gewerbesteuer ergibt.

Beispiel: Die H GmbH & Co. KG hat einen Gewerbeertrag in Höhe von EUR 100.000 €. **Der Hebesatz der Gemeinde beträgt 400 %.**

Lösungshinweis: Die Gewerbesteuer errechnet sich wie folgt:

Gewerbeertrag	100.000 €
./. Freibetrag gem. § 11 Abs. 1 Nr. 1 GewStG	24.500 €
	75.500 €

Ermittlung des Gewerbesteuermessbetrages

€		€
12.000	1 %	120
12.000	2 %	240
12.000	3 %	360
12.000	4 %	480
27.500	5 %	1.375
75.500		2.575

Die Gewerbesteuer (2.575 € × 400 %) beträgt 10.300 €.

4. Pauschalierte Anrechnung der Gewerbesteuer auf die Einkommensteuer

10 **a) Ermittlung des Anrechnungsbetrages.** Die Doppelbesteuerung der gewerblichen Einkünfte einerseits durch Gewerbesteuer und andererseits durch Einkommensteuer wird durch folgende **Maßnahmen** gemildert:

- **Abzug** der Gewerbesteuer **als Betriebsausgabe**, d.h. Minderung der Bemessungsgrundlage für die Gewerbesteuer selbst sowie für die Einkommensteuer bzw. Körperschaftsteuer
- **Pauschale Anrechnung der Gewerbesteuer** in Höhe des 1,8fachen des Gewerbesteuermessbetrages auf die persönliche Einkommensteuerschuld des Steuerpflichtigen. Die Anrechnung der Gewerbesteuer erfolgt jedoch nur bei Einkommensteuer-, nicht bei Körperschaftsteuerpflichtigen. Eine Kapitalgesellschaft als Gesellschafter einer GmbH & Co. KG ist also von der Anrechnung der Gewerbesteuer ausgeschlossen. Die pauschale Anrechnung der Gewerbesteuer auf die Einkommensteuer hat Einfluss auf den Vorteilhaftigkeitsvergleich der Gesamtsteuerbelastung einer GmbH & Co. KG im Vergleich zu einer Kapitalgesellschaft.

Die Gesamtsteuerbelastung von Kapitalgesellschaft einerseits und Personengesellschaft andererseits lässt sich vereinfacht an folgendem **Beispiel** zeigen:

	Kapitalgesellschaft		**GmbH & Co. KG**
	Thesaurierung	**Vollausschüttung**	
Ebene der Gesellschaft:			
Gewinn vor Gewerbesteuer	120,0 *100,0 %*	120,0 *100,0 %*	120,0 *100,0 %*
./. GewSt (400 %)	20,0	20,0	20,0*
Gewinn nach Gewerbesteuer	100,0	100,0	100,0
Körperschaftsteuer	25,0	25,0	–
Solidaritätszuschlag	1,4	1,4	–
Jahresüberschuss	73,6 *61,3 %*	73,6 *61,3 %*	100,0 *83,3 %*
Ebene des Gesellschafters:			
Einkünfte	–	36,8**	100,0
Einkommensteuer (42 %)***	–	15,5	42,0
Solidaritätszuschlag	–	0,8	2,3
Ermäßigungsbetrag gemäß § 35 EStG	–	–	–9,0
Steuerbelastung des Gesellschafters	–	16,3	35,3
Gesamtsteuerbelastung	46,4 *38,6 %*	62,7 *52,2 %*	55,3 *46,1 %*
Nettoertrag nach Steuern	–	57,3 *47,8 %*	64,7 *53,9 %*

* ohne Staffelregelung gem. § 11 Abs. 2 GewStG ** Halbeinkünfteverfahren *** Spitzen-Einkommensteuersatz 2004: 45 %, ab 2005: 42 %

Die Darstellung der Gesamtsteuerbelastung zeigt, dass **keine eindeutige Aussage über die Vorteilhaftigkeit** der Rechtsform einer Kapitalgesellschaft oder einer GmbH & Co. KG möglich ist. Obschon die von einer Kapitalgesellschaft erzielten Gewinne von der pauschalen Anrechnung der Gewerbesteuer auf Ebene des Gesellschafters ausgeschlossen sind, ist die Steuerbelastung einer Kapitalgesellschaft dann geringer, wenn die Erträge thesauriert werden. Die von einer GmbH & Co. KG erzielten Erträge unterliegen auf Ebene des Gesellschafters demgegenüber in vollem Umfang der Besteuerung mit Einkommensteuer, auch wenn die betreffenden Erträge thesauriert werden. Berücksichtigt man dagegen bei einer Kapitalgesellschaft bei einer Ausschüttung die Steuerfolgen auf Ebene des Gesellschafters, ist die Gesamtsteuerbelastung einer Personengesellschaft geringer. 11

Die Spalte „GmbH & Co. KG" zeigt vereinfacht die Gesamtsteuerbelastung der von der Gesellschaft erzielten Gewinne mit Gewerbesteuer einerseits und Einkommensteuer andererseits. Der Nettoertrag nach Steuern beträgt 53,9 % der ursprünglich erzielten Erträge, d. h. im Beispielsfall liegt die Gesamtsteuerbelastung bei ca. 46,1 %, d. h. relativ geringfügig über der Steuerquote von Einkommensteuer und Solidaritätszuschlag von zusammen 44,3 %.

Dies wiederum zeigt, dass bei dem im Beispielsfall angenommenen Hebesatz von 400 % eine weitgehende, jedoch nicht vollständige Entlastungswirkung von der Gewerbesteuer erfolgt.[9] Die Steuerbelastung ohne Gewerbesteuer würde im Beispielsfall 44,3 % betragen (Einkommensteuer und Solidaritätszuschlag).

Das **Ermäßigungsvolumen** der Einkommensteuer auf Ebene der Gesellschafter beträgt insgesamt das 1,8-fache des Gewerbesteuermessbetrages. Der Gewerbesteuermessbetrag wird durch den Gewerbesteuermessbescheid auf Ebene der Gesellschaft festgestellt und beträgt 5 % des Gewerbeertrages. Die Bezugnahme auf den Gewerbesteuermessbetrag bewirkt, dass die gewerbesteuerlichen Hinzu- und Abrechnungen jeweils Eingang in die Ermittlung des Ermäßigungsbetrages finden.[10] 12

Auf Ebene des Gesellschafters wird allerdings der 1,8fache anteilige Gewerbesteuermessbetrag nicht schlechthin von der Einkommensteuerschuld des Gesellschafters abgesetzt. Es ist vielmehr jeweils noch der **absolute** sowie der **relative Ermäßigungshöchstbetrag** zu beachten.[11] Das Anrechnungsvolumen der Gewerbesteuer wird durch die tarifliche Einkommensteuer, abzüglich der anzurechnenden ausländischen Steuer gemäß § 34c Abs. 1 und 6 EStG und § 12 AStG nach oben begrenzt. Eine Erstattung eines darüber hinausgehenden Anrechnungsbetrages ist in § 35 EStG nicht vorgesehen. Das Gleiche gilt für einen eventuellen Vor- bzw. Rücktrag des Ermäßigungsbetrages, etwa nach dem Muster der Verlustverrechnung gemäß § 10d EStG.[12] Erzielt demnach ein Gesellschafter aus anderen Ein-

---

[9] Ausführlich zu den Belastungswirkungen *Herzig/Lochmann*, DB 2000, 1192; *Neu*, DStR 2000, 1933.

[10] *Neu*, StbJb 2002/03, 147.

[11] BMF v. 15. 5. 2002 DStR 2002, 906.

[12] BMF v. 15. 5. 2002 DStR 2002, 906 Rn 16.

kunftsquellen negative Einkünfte, kann die Entlastungswirkung der pauschalen Anrechnung der Gewerbesteuer im Extremfall ins Leere gehen.

13 Neben dem absoluten Betrag der Ermäßigung ist auch die **relative Grenze der Einkommensteuerermäßigung** zu beachten. Die Ermäßigung der tariflichen Einkommensteuer ist hiernach begrenzt auf die Einkommensteuer, die anteilig auf im zu versteuernden Einkommen enthaltene gewerbliche Einkünfte entfällt.[13] Das Verständnis der Finanzverwaltung ist es, dass der relative Anrechnungshöchstbetrag durch die gewerblichen Einkünfte i. S. d. § 15 EStG begrenzt ist, ohne Berücksichtigung eventueller weiterer gewerblicher Einkünfte gemäß § 16 bzw. § 17 EStG. Die Bezugnahme auf den Begriff des Gewerbesteuermessbetrages bei der Berechnung des Ermäßigungsbetrages spricht für die Rechtsauffassung der Finanzverwaltung, dass also die Entlastungswirkung des Ermäßigungsbetrages nur diejenigen Einkommensteile erfasst, die zuvor einer Belastung mit Gewerbesteuer unterlegen haben.[14] Darüber hinaus geht die Finanzverwaltung davon aus, dass die gewerblichen Einkünfte i. S. d. § 35 EStG zu der Gesamtsumme aller Einkünfte ins Verhältnis zu setzen sind. Im Ergebnis bedeutet dies, dass insbesondere die Ermittlung dieses relativen Ermäßigungshöchstbetrages dann zu einer **außerordentlich komplexen Berechnung** führt, wenn der Steuerpflichtige über andere negative Einkünfte verfügt oder ein Verlustabzug gemäß § 10 d EStG zu berücksichtigen ist.[15] Dies ist durch die Entschärfung des § 2 Abs. 3 EStG mit Wirkung ab dem Jahr 2004 nur teilweise „entkompliziert" worden.[16]

14 **b) Aufteilung des Ermäßigungsbetrages bei einer GmbH & Co. KG**. Der auf der Grundlage der Gewerbesteuerveranlagung der GmbH & Co. KG ermittelte Gewerbesteuermessbetrag steht den Gesellschaftern einer GmbH & Co. KG nicht einzeln, sondern nur insgesamt zu. Nach § 35 Abs. 3 Satz 2 EStG entspricht der Anteil eines Mitunternehmers an dem betreffenden Gewerbesteuermessbetrag der Personengesellschaft grundsätzlich seinem **Anteil am Gewinn** nach Maßgabe des allgemeinen Gewinnverteilungsschlüssels. Die Finanzverwaltung geht dabei zutreffend davon aus, dass Sondervergütungen i. S. d. § 15 Abs. 1 Satz 1 Nr. 2 EStG (Gehalt des Gesellschafter-Geschäftsführers u. Ä.), Ergebnisse aus Sonder- und Ergänzungsbilanzen sowie gewinnunabhängige Vorabgewinnanteile im Rahmen dieses allgemeinen Gewinnverteilungsschlüssels nicht zu berücksichtigen sind.[17] Allerdings soll dies nicht gelten für gewinnabhängige Vorabgewinnanteile, beispielsweise eine gewinnabhängige Tantieme des Gesellschafter/Geschäftsführers. Diese soll in den allgemeinen Gewinnverteilungsschlüssel einzubeziehen sein.[18]

---

[13] BMF v. 15. 5. 2002 DStR 2002, 906 Rn 10.

[14] *Schmidt/Glanegger* § 35 EStG Rn 9; *Wendt*, FR 2000, 1179; a. A.; *Neu*, DStR 2002, 1080; *Ritzer/Stangel*, DStR 2002, 1072.

[15] *Herzig/Briesemeister*, DStR 1999, 1382; *Neu*, StbJb 2002/03, 149.

[16] Beispielsrechnung bei *Schmidt/Glanegger* § 35 EStG Rn 12.

[17] BMF v. 15. 5. 2002 DStR 2002, 906 Rn 21.

[18] Ebenda Rn 22.

Beispiel: An der XYZ GmbH & Co KG sind X, Y und Z mit einem Kommanditkapital von jeweils 100 T€ beteiligt. Die Komplementär-GmbH ist nicht am Kapital der Gesellschaft beteiligt. X ist als Gesellschafter/Geschäftsführer tätig. Er erhält ein festes Jahresgehalt von 200 T€ und eine gewinnabhängige Tantieme von weiteren 100 T€. Y überlässt der Gesellschaft ein Betriebsgrundstück zur Pacht und erhält eine Vergütung von 150 T€ p. a.

Z hat seine Beteiligung erworben. Aus diesem Erwerb verfügt Z über eine Ergänzungsbilanz. Die jährlichen Abschreibungen aus der Ergänzungsbilanz betragen 50 T€. Z erhält von der Gesellschaft keine Sondervergütung. Das Jahresergebnis der Gesellschaft vor Gewerbesteuer beträgt 900 T€.

Lösungshinweis: Der steuerliche Gewinn der XYZ GmbH & Co. KG errechnet sich wie folgt:

	T€	T€
Jahresüberschuss vorläufig		900
Z: Abschreibungen Ergänzungsbilanz		– 50
Sondervergütungen gemäß § 15 Abs. 1 Nr. 2 EStG		850
X: Festgehalt	200	
Tantieme	100	300
Y: Pacht		150
steuerlicher Gewinn vor Gewerbesteuer		1.300
hierauf Gewerbesteuer (-Hebesatz 370 %) ca.		200
steuerlicher Gesamtgewinn also		1.100
Handelsrechtlicher Jahresüberschuss		700
Gewerbesteuermessbetrag (1.100 × 5 %)		55
gesamter Ermäßigungsbetrag also		99

Für die Aufteilung dieses Ermäßigungsbetrages bestehen folgende Möglichkeiten **16**

	X T€	**Y** T€	**Z** T€	**Gesamt** T€
Verteilung entsprechend den anteiligen gewerblichen Einkünften	533 *48,5 %*	383 *34,8 %*	184 *16,7 %*	1.100 *100,0 %*
Verteilung entsprechend dem allgemeinen Gewinnverteilungsschlüssel	233 *33,3 %*	233 *33,3 %*	234 *33,3 %*	700 *100,0 %*
Verteilung entsprechend dem allgemeinen Gewinnverteilungsschlüssel zzgl. gewinnabhängigen Vergütungen	333 *41,6 %*	233 *29,2 %*	234 *29,2 %*	800 *100,0 %*

Die Aufstellung zeigt, dass sich je nach Zugrundelegung eines Aufteilungsschlüssels unterschiedliche Prozentsätze für die einzelnen Mitunternehmer ergeben können. Die Finanzverwaltung vertritt die Auffassung, dass bei der **Aufteilung des anteiligen Gewerbesteuermessbetrages** der Zuordnungsschlüssel Gewinnverteilung zzgl. gewinnabhängige Vergütung (Fall-Gruppe 3) zugrunde zu legen ist. Dieses Ergebnis unterscheidet sich **17** im Wesentlichen von den Zuordnungsschlüsselungen, wie sie zuvor in der Literatur diskutiert wurden.[19] Der von der Finanzverwaltung vorgeschlagene Aufteilungsschlüssel ist daher auch zu Recht kritisiert worden.[20] Nur die Aufteilung entsprechend dem allgemeinen steuerlich anerkannten Gewinnverteilungsschlüssel (Fallgruppe 2) führt zu einem sachgerechten Ergebnis, da die Gewerbesteuer als Betriebsausgabe von allen Gesellschaftern entsprechend dem Gewinnverteilungsschlüssel getragen wird. In Sonderfällen kann sich dabei eine Abweichung von dem handelsrechtlichen Gewinnverteilungsschlüssel ergeben, falls Gesellschafter beteiligt sind, die keine Mitunternehmerstellung haben.[21]

Ergibt sich im Verlauf eines Wirtschaftsjahres ein **Wechsel im Gesellschafterkreis**, etwa durch unterjährige Veräußerung des Mitunternehmeranteils, wird die Gewerbesteuer des betreffenden Geschäftsjahres wirtschaftlich teilweise von dem Altgesellschafter, teilweise von dem Neugesellschafter getragen. Da insoweit eine Aufteilung nach dem allgemeinen Gewinnverteilungsschlüssel nicht zu einem schlüssigen Ergebnis führt,[22] akzeptiert die Finanzverwaltung grundsätzlich eine vertragliche Abrede über die Verteilung des Ermäßigungsbetrages.[23] Eine willkürliche Zuordnung des Ermäßigungsbetrages auf den Alt- oder Neugesellschafter, etwa weil es sich um eine nicht anrechnungsberechtigte Kapitalgesellschaft handelt, dürfte allerdings steuerlich nicht anerkannt werden.[24]

5. Gesellschaftsvertragliche Konsequenzen

18 Bedingt durch ihren Objektsteuercharakter ist die Gewerbesteuer eine Steuer, die die Mitunternehmerschaft trifft. Sie ist Adressat des Gewerbesteuermessbescheides bzw. des Gewerbesteuerbescheides. Die Gewerbesteuer ist damit zunächst von der Gesellschaft zu tragen. Hierbei können gesellschafterspezifische Merkmale vorliegen, die die Gewerbesteuerbelastung auf Ebene der Gesellschaft u. U. erheblich nach oben oder nach unten verändern können. Die wesentlichen gesellschafterspezifischen Einflussfaktoren auf die Gewerbesteuer sind:

- Ergebnisauswirkungen aus einer Ergänzungsbilanz, z. B. Abschreibungen
- Sondervergütungen gemäß § 15 Abs. 1 Nr. 2 EStG, wie z. B. Gehalt des Gesellschafter-Geschäftsführers, Zinsen auf Gesellschafterdarlehen usw.
- Ergebnisauswirkungen aus einer **Sonderbilanz**, wie z. B. Finanzierungskosten im Zusammenhang mit einem Anteilserwerb, Gewinn aus der Veräußerung eines Grundstücks des Sonderbetriebsvermögens
- Gewinn aus der **Veräußerung des Mitunternehmer-Anteils** gemäß § 7 Satz 2 Ziffer 2 GewStG, falls der Gesellschafter eine Kapitalgesellschaft oder eine GmbH & Co. KG ist

---

[19] *Hey*, FR 2001, 874; *Schiffers*, Stbg 2001, 407; *Wendt*, FR 2000, 1179.
[20] *Neu*, StbJb 2002/03, 151; *Schmidt/Glanegger* § 35 EStG Rn 23.
[21] *Schmidt/Glanegger* § 35 EStG Rn 23.
[22] *Schiffers* in Korn § 35 EStG, Rn 73.
[23] BMF v. 15. 5. 2002 DStR 2002, 906 Rn 29 ff.
[24] *L. Schmidt* § 15 EStG Rn 453.

– Gewinn aus der Veräußerung eines Mitunternehmeranteils innerhalb der 5-Jahres-Frist gemäß § 18 Abs. 4 UmwStG.

Gemeinsames Merkmal der gesellschafterindividuellen Einflussfaktoren ist, dass der wirtschaftliche Aufwand bzw. der wirtschaftliche Ertrag lediglich einem Gesellschafter zufällt bzw. von einem Gesellschafter getragen wird, wohingegen der Ertrag bzw. der Aufwand die Höhe der Gewerbesteuer auf Ebene der Gesellschaft beeinflusst.

Ist im **Gesellschaftsvertrag keine Regelung** darüber enthalten, inwieweit die gesellschafterindividuellen Einflussfaktoren auf die Gewerbesteuer zwischen den Gesellschaftern auszugleichen ist, dürfte die Gewerbesteuer als Betriebsteuer vollumfänglich von der Gesellschaft zu tragen sein.[25] Es handelt sich wohl um den Regelfall in der Vertragspraxis, der relativ einfach zu handhaben ist. Der Nachteil der Konstellation besteht darin, dass sich u. U. erhebliche wirtschaftliche Verwerfungen innerhalb des Gesellschafterkreises ergeben können. **19**

Trifft man eine Regelung, so könnte im Gesellschaftervertrag vorgesehen werden, **alle gesellschafterindividuellen Besteuerungsfaktoren** für die Gewerbesteuer im Rahmen der Gewinnverteilung zwischen den Gesellschaftern **auszugleichen**. Hierzu ist es erforderlich, eine Schattenveranlagung durchzuführen, um die Veränderung der Gewerbesteuer durch die jeweiligen gesellschafterindividuellen Faktoren zu ermitteln. Dabei sind auch die Entlastungswirkungen durch die pauschalierte Gewerbesteueranrechnung auf der Ebene der Gesellschafter zu berücksichtigen. Der Vorteil dieser Betrachtungsweise liegt in einem relativ genauen wirtschaftlichen Ausgleich zwischen den Gesellschaftern. Nachteilig ist allerdings, dass sich die Berechnung im Einzelfall als außerordentlich komplex herausstellen kann.

Alternativ hierzu wird in der Literatur ein **Kombinationsmodell** vorgeschlagen.[26] Hiernach beschränkt sich der wirtschaftliche Ausgleich zwischen den Gesellschaftern lediglich auf den **Ausgleich eventueller Anrechnungsüberhänge** aus der Gewerbesteuerabrechnung. Der Ausgleich im Rahmen der Vorabgewinnverteilung würde sich dann betragsmäßig lediglich auf die Differenz zwischen tatsächlicher Gewerbesteuerbelastung und Entlastungswirkung aus Betriebsausgabenabzug und pauschalierte Anrechnung auf Ebene der Gesellschafter beschränken. **20**

Welches dieser Modelle letztlich im Rahmen eines Gesellschaftervertrages umgesetzt wird, ist von den Verhältnissen des Einzelfalles abhängig, ob beispielsweise eine Kapitalgesellschaft an der GmbH & Co. KG beteiligt ist oder nicht, ob in größerem Ausmaß Ergebniswirkungen aus dem Sonderbetriebsvermögen zu erwarten sind oder nicht. Sind in größerem Umfang gesellschafterindividuelle Ergebniswirkungen zu erwarten, so empfiehlt es sich durchaus, eine entsprechende Regelung in den Gesellschaftsvertrag aufzunehmen.

---

[25] *Binz/Sorg* GmbH & Co KG § 17 Rn 39.

[26] *Herzig/Lochmann*, DB 2000, 1734; *Neu*, StbJb 2002/03, 163.

§ 6 Verlustausgleichsbeschränkung gemäß § 15 a EStG

Übersicht

Schrifttum: *Autenrieth*, Verlustübernahme bei Personengesellschaften, NWB Blickpunkt Steuern 3/2004, 809; *Biergans*, Zur Neuregelung der Einkommensbesteuerung beschränkt haftender Personengesellschafter, DStR 1981, 3; *Bordewin*, Gesetz zur Änderung des Einkommensteuergesetzes, des Körperschaftsteuergesetzes und anderer Gesetze, 1033; *ders.*, Verlustausgleich und Verlustabzug bei Personengesellschaften – insbesondere nach neuester Rechtsprechung des Bundesfinanzhofs, DStR 1994, 673; *Claudy/Steger*, Einlagen und § 15 a EStG – Zur Notwendigkeit eines außerbilanziellen Korrekturpostens, DStR 2004, 1504; *Gail/Düll/Heß-Emmerich/Fuhrmann*, Aktuelle Entwicklungen des Unternehmenssteuerrechts, DB 1998, Beilage 19; *Gschwendtner*, Veräußerung eines Kommanditanteils und negatives Kapitalkonto in der Gesamtbilanz der Mitunternehmerschaft, DStR 1995, 914; *Heißenberg*, Verluste bei beschränkter Haftung, KÖSDI 2001, 12948; *Hollatz*, Die Abgrenzung von Gesamthandsvermögen bei Kapitalüberlassung eins Personengesellschafters, DStR 1994, 1673; *Kempermann*, § 15 a im Spiegel der neuen Rechtsprechung, StbJb 1996/97, 317; *Kempermann*, Neue Rechtsprechung zu § 15 a EStG: Einlagen bei negativem Kapitalkonto und Wechsel der Gesellschafterstellung, DStR 2004, 1515; *Kempf/Hillringhaus*, § 15a EStG als Hemmschuh bei Unternehmensreorganisationen und Unternehmensverkäufen?, DB 1996, 12; *Kolbeck*, Der Begriff des Kapitalkontos im Sinne des § 15 a EStG – Auswirkungen des BFH-Urteils vom 14. Mai 1991 VIII R31/88 –, DB 1992, 2060; *Kurth/Delhaes*, Die Entsperrung kapitalersetzender Darlehen, DB 2000, 2577; *Ley*, Gesellschafterkonten der OHG und KG: Gesellschaftsrechtliche und steuerrechtliche Charakterisierung und Bedeutung, KÖSDI 1994, 9972; *dies.*, Besteuerungsfragen bei „doppelstöckigen" Personengesellschaften, KÖSDI 1996, 10923; *dies.*, Die Anwendung von § 15 a EStG auf doppelstöckige Personengesellschaften, DStR 2004, 1498; *Nickel/Bodden*, Verlustausgleich und Verlustverrechnung nach § 15a EStG bei doppelstöckigen Kommanditgesellschaften, FR 2003, 391; *Niehus/Wilke*, Einlagen des Kommanditisten bei negativem Kapitalkonto sowie Haftungsausweitung aufgrund Wechsels der Rechtsstellung, FR 2004, 677; *Prinz/Thiel*, § 15 a EStG und Sonderbetriebsvermögen, DStR 1994, 341; *Pyszka*, Ernstliche Zweifel am Saldierungsverbot des § 15 a EStG – Anmerkung zum Beschluß des BFH vom 12. 9. 1996, BB 1997, 2153; *Rodewald*, Erhöhung des ausgleichsfähigen Verlusts nach § 15 a EStG, GmbHR 2004, 563; *Ruban*, Zum Begriff der Einlagenminderung in § 15a III EStG, in: Steuerrecht, Verfassungsrecht, Finanzpolitik, FS F. Klein, 781; *Schmidt*, Steuerrechtliche Gewinnermittlung und -zurechnung bei doppelstöckigen Personengesellschaften – Versuch einer Bestandsaufnahme für die Praxis, in: Bilanzrecht und Kapitalmarkt: FS A. Moxter, 1116; *Söffing/Wrede*, Das Gesetz zur Änderung des EStG, des KStG und anderer Gesetze (Teil I), FR 1980, 365; *Söffing*, Das negative Kapitalkonto im Einkommensteuerrecht, NWB F.3, 8805; *Sundermeier*, Die mehrstöckige Personengesellschaft im Licht des § 15 a EStG, DStR 1994, 1477; *Theisen*, Gewinne der dritten Art? – Anmerkungen zum „Saldierungsverbot" nach § 15 a Abs. 2 EStG, DStR 1998, 99; *Uelner*, Aktuelles zu steuerbegünstigten Kapitalanlagen aus der Sicht der Finanzverwaltung, StbJb 1981/82, 107; *Uelner/Dankmeyer*, Die Verrechnung von Verlusten mit anderen positiven Einkünften nach dem Änderungsgesetz vom 20. August 1980 (sog. § 15 a-Gesetz), DStZ 1981, 12; *van Lishaut*, § 15 a EStG nach der Ausgliederung des Sonderbetriebsvermögens, FR 1994, 273; *Wacker*, Anmerkung zu BFH-Urteil vom 14.10.2003 VIII R32/01, HFR 2004, 135; *ders.*, „Vorgezogenen Einlagen" und § 15 a EStG – Erste Anmerkungen zum BFH-Urteil vom 14.10.2003 VIII R32/01, DB 2004, 11; *Wassermeyer*, § 15a EStG: Eine Herausforderung für den steuerlichen Berater – Gestaltungshinweise für das Nutzbarmachen steuerlicher Verluste, DB 1985, 2634.

I. Wirkungsweise der Verlustausgleichsbeschränkung

Tragendes Element der Besteuerungskonzeption von Mitunternehmer- **1**
schaften ist das sog. Feststellungsprinzip. Gewinne und Verluste der Personengesellschaft werden dem Mitunternehmer entsprechend dem Gewinnverteilungsschlüssel unmittelbar zugerechnet. Anteilige Verluste aus der Mitunternehmerschaft können hiernach unter Berücksichtigung der Einschränkung aus § 2 b EStG auf der Ebene der Gesellschafter mit anderen positiven Einkünften verrechnet werden. Bei steuerlich orientierten Investitionen wird diese Verlustverrechnungsmöglichkeit gezielt als Gestaltungselement verwendet. Ausgelöst durch die sog. **Verlustzuweisungsgesellschaften** wurde deshalb die Verlustausgleichsbeschränkung gemäß § 15 a EStG für **beschränkt haftende Gesellschafter** von Personengesellschaften eingefügt. Diese restriktive Vorschrift ist ab dem Jahr 1980 allgemein für alle Gesellschaften anzuwenden,[1] ist also nicht mehr auf Verlustzuweisungsmodelle beschränkt.

Obschon die Ursache für die Aufnahme des § 15 a EStG in das Gesetz **2**
der Kampf gegen Steuersparmodelle war, hat dieser Anwendungsbereich mittlerweile an Bedeutung verloren. Hauptanwendungsfall des § 15 a EStG ist mittlerweile die „normale" Personengesellschaft in der Rechtsform der GmbH & Co. KG. Die finanzgerichtliche Interpretation der Vorschrift hat außerdem dazu geführt, dass sich § 15 a EStG zu einer großen Belastung für mittelständische Personengesellschaften entwickelt hat. Die wirtschaftlichen Nachteile stehen in keinem Verhältnis und in keiner Beziehung zu dem ursprünglich verfolgten Gesetzeszweck.

Grundgedanke der Verlustausgleichsbeschränkung nach § 15 a EStG ist, **3**
dass ein beschränkt haftender Gesellschafter Verluste nur insoweit mit an-

[1] BFH v. 9.5.1996 GmbHR 1997, 45; krit. hierzu *Kirchhof/Söhn/v.Beckerath* § 15 a EStG Rn A 245–248; a.A. *Blümich/Stuhrmann* § 15 a EStG Rn 19.

deren positiven Einkünften verrechnen kann, als er durch die Verluste der Personengesellschaft wirtschaftlich belastet ist.[2] Dies ist dann der Fall, wenn der Gesellschaft **steuerliches Eigenkapital** zur Verfügung gestellt worden ist bzw. falls der Gesellschafter im **Außenverhältnis** gemäß § 171 Abs. 1 HGB **haftet**. Sofern die anteiligen Verluste der Personengesellschaft die Grenze der wirtschaftlichen Belastung überschreiten, entstehen sog. **verrechenbare Verluste**. Die verrechenbaren Verluste werden gem. § 15 a Abs. 2 EStG auf der Ebene der Personengesellschaft gespeichert und können nur mit späteren Gewinnanteilen aus der Beteiligung an der Personengesellschaft ausgeglichen werden Eine Verlustverrechnung auf der Ebene des Gesellschafters ist nicht möglich.

Beispiel:

A ist mit 100 % am Kapital der A-GmbH & Co. KG beteiligt. Sein steuerliches Kapitalkonto am Jahresanfang t1 beträgt T-DM 400. Die steuerlichen Ergebnisse aus der Gesellschaft entwickeln sich wie folgt:

Steuerliches Ergebnis:

t1	–	300 TDM
t2	–	200 TDM
t3	–	200 TDM
t4	+	150 TDM
t5	+	350 TDM

Lösungshinweis:

	t0	t1	t2	t3	t4	t5
Stand des steuerlichen Kapitalkontos zum Jahres**ende**	400	100	– 100	– 300	– 150	+ 200
Steuerlicher Ergebnisanteil A-GmbH & Co. KG		– 300	– 200	– 200	+ 150	+ 350
Veränderung der verrechenbaren Verluste gemäß § 15 a EStG:		0	100	200	– 150	– 150
Ergebnisverrechnung auf der Ebene des Gesellschafters		– 300	– 100	0	0	+ 200

Die vereinfachte Darstellung zeigt, dass dem Gesellschafter die steuerlichen Ergebnisanteile der A-GmbH & Co. KG in vollem Umfang zugerechnet werden. Durch die Speicherfunktion des § 15 a EStG wird jedoch die unmittelbare Verlustverrechnung eingeschränkt und auf spätere Zeiträume verlagert.

4 § 15 a ist keine Verlustverrechnungsvorschrift, sondern eine Regelung über das **Schicksal des Verlustanteils** eines Gesellschafters, der diesem entsprechend den allgemeinen Regeln anteilig aus der Personengesellschaft zugewiesen worden ist.[3] Verluste sind einem Mitunternehmer also auch

---

[2] BR-Drs. 511/79.

[3] BFH v. 8. 9. 1992 BStBl. II 1993, 281.

dann zuzurechnen, wenn diese Verluste nicht **ausgleichsfähig**, sondern lediglich **verrechenbar** im Sinne des § 15 a EStG sind. Eine Vereinbarung im Gesellschaftsvertrag, nach der ein Kommanditist über den Betrag seines Kapitalkontos hinaus keine Verluste zugewiesen bekommt, erfolgt außerhalb des Regelungsbereichs des § 15 a EStG. Diese Vereinbarung berührt vielmehr die Ermittlung des anteiligen Ergebnisanteils aus der Personengesellschaft.[4]

Unabhängig von der Verlustausgleichsbeschränkung nach § 15 a EStG **5**
können Verluste der Personengesellschaft dem beschränkt haftenden Kommanditisten nur so lange zugewiesen werden, wie die Aussicht besteht, dass ein bestehendes negatives Kapitalkonto durch zukünftige Gewinne ausgeglichen werden kann. Sobald feststeht, dass ein **Ausgleich** des bestehenden **negativen Kapitalkontos** durch Zuweisung von Gewinnen **nicht** mehr erfolgen kann, ergeben sich folgende **Konsequenzen**:[5]

- Dem Kommanditisten wird kein anteiliger Verlust des Geschäftsjahres zugewiesen. Dies gilt allerdings nicht für Verluste aus einem eventuell vorhandenen Sonderbetriebsvermögen.[6]
- Das negative Kapitalkonto des Kommanditisten wird aufgelöst und führt in voller Höhe zu einem steuerlichen Gewinn des Kommanditisten,[7] der jedoch mit etwaigen verrechenbaren Verlusten ausgeglichen werden kann.
- Dem persönlich haftenden Gesellschafter wird in Höhe des negativen Kapitalkontos ein Verlust zugewiesen. Dies gilt auch für beschränkt haftende Gesellschafter, soweit dies nach dem Stand der Kapitalkonten noch möglich ist.

Auch diese Rechtsprechung ist letztlich durch extreme Gestaltungen im **6**
Bereich der Verlustzuweisungsgesellschaften beeinflusst worden. Sie entspringt dem Grundprinzip des Einkommensteuerrechts, dass Verluste nur derjenige verrechnen darf, der diese Verluste wirtschaftlich auch getragen hat. Diese Prinzipien sind grundsätzlich **unabhängig** von dem Geltungsbereich des § 15 a EStG. Im Allgemeinen führt die Anwendung dieser Grundsätze für die Beteiligten nicht zu einem Nachteil, da einer Gewinnzurechnung aus der Auflösung des negativen Kapitalkontos üblicherweise in gleicher Höhe ein Bestand an verrechenbaren Verlusten gemäß § 15 a EStG gegenübersteht.

Die Verlustausgleichsbeschränkung des § 15 a EStG erfasst lediglich die **7**
anteiligen Verluste der Gesamthandsbilanz sowie der Ergänzungsbilanz. **Nicht erfasst** werden dagegen **Verluste aus dem Bereich des Sonderbetriebsvermögens.**[8] Erfasst werden somit die anteiligen Ergebnisse der ersten Gewinnermittlungsstufe.[9] Verluste aus dem Bereich des Sonderbetriebsvermögens können unabhängig von § 15 a EStG unbegrenzt

---

[4] *Herrmann/Heuer/Raupach* § 15 a EStG Rn 211.

[5] *L. Schmidt/Wacker* § 15 a EStG Rn 17, OFD Frankfurt v. 16. 7. 2003 EStK § 15 EStG Fach 2 Karte 2.

[6] BFH v. 14. 11. 1985 BStBl. II 1986, 58.

[7] BFH v. 10. 12. 1991 BStBl. II 1992, 650.

[8] *Blümich/Stuhrmann* § 15 a EStG Rn 47, *Littmann/Bitz* § 15 a EStG Rn 12.

[9] *Prinz/Thiel,* DStR 1994, 346.

mit anderen positiven Einkünften des Gesellschafters verrechnet werden.[10]

8 Auf der anderen Seite vertritt die Finanzverwaltung die Auffassung, dass für Verluste aus der ersten Gewinnermittlungsstufe für Zwecke des § 15 a EStG ein **Saldierungsverbot** mit Gewinnen aus dem Sonderbetriebsvermögen besteht.[11] Hiernach soll § 15 a EStG auch dann greifen, wenn sich im Bereich der **ersten Gewinnermittlungsstufe** ein Verlust ergibt, dem jedoch aus dem Bereich des Sonderbetriebsvermögens, also der **zweiten Gewinnermittlungsstufe**, ein positives Ergebnis gegenübersteht. Die Auffassung der Finanzverwaltung ist durch das BFH-Urteil vom 13. Oktober 1998[12] bestätigt worden. Der BFH kommt zu dem Ergebnis, dass für Zwecke des § 15 a EStG Verluste aus dem Gesamthandsvermögen bzw. einer evtl. vorhandenen Ergänzungsbilanz nicht mit Gewinnen aus dem Sonderbetriebsvermögen des gleichen Geschäftsjahres verrechnet werden dürfen.

Beispiel: B ist zu 100 % an der B-GmbH & Co. KG als Kommanditist beteiligt. Das steuerliche Kapitalkonto beträgt zum Anfang des Jahres t1 100. Das Ergebnis der Gesellschaft beträgt im Jahr t1–200. Für das Jahr t1 erhält B von der GmbH & Co. KG ein Gehalt in Höhe von 250, das im handelsrechtlichen Jahresabschluss der Gesellschaft als Aufwand behandelt ist.

Lösungshinweis:

Steuerliche Gewinnermittlung gemäß § 15 EStG:	
Ergebnis lt. 1. Gewinnermittlungsstufe	– 200
Ergebnis lt. 2. Gewinnermittlungsstufe (Gehalt)	+ 250
Steuerlicher Ergebnisanteil für das Jahr t1	+ 50
Für Zwecke des § 15 a EStG ergibt sich folgende Berechnung:	
Ergebnis aus der 1. Gewinnermittlungsstufe	– 200
davon verrechenbarer Verlust	100
davon ausgleichsfähig gemäß § 15 a EStG	– 100
Ergebnis lt. 2. Gewinnermittlungsstufe (Gehalt)	+ 250
Einkünfte aus Gewerbebetrieb in t1	+ 150

Die Darstellung zeigt, dass das nach § 15 a bestehende Verbot der Saldierung von Verlusten der ersten Gewinnermittlungsstufe mit Gewinnen der zweiten Gewinnermittlungsstufe zu einer Erhöhung des im betreffenden Veranlagungszeitraum zu versteuernden Gewinnanteils aus der Beteiligung führt. Die Verlustverrechnung wird auf spätere Zeiträume, in denen Gewinne der ersten Gewinnermittlungsstufe anfallen, verlagert.

9 Die in der dargestellten Konstellation eintretende Verlustausgleichsbeschränkung kann grundsätzlich dadurch vermieden werden, dass die Tätigkeitsvergütung nicht auf schuldrechtlicher Basis, sondern auf gesellschaftsrechtlicher Basis als Vorabgewinn vereinbart wird. Im oben angeführten Beispiel würde das Ergebnis der Gesellschaft nicht –200, sondern +50 betragen. Dieses Ergebnis von +50 wäre von B zu versteuern. Allerdings stellt sich die Frage, ob B bei einem Ergebnis von + 50 dennoch einen „Vor-

---

[10] R 138 d Abs. 2 EStR.

[11] BMF v. 15. 12. 1993 BStBl. I 1993, 976; krit. *Bordewin*, DStR 1994, 678; *Theisen*, DStR 1998, 1896; *L. Schmidt/Wacker* § 15 a EStG Rn 104.

[12] BFH v. 13. 10. 1998 BStBl. II 1999, 163.

abgewinn" von 250 erhalten kann. Sofern die Entnahmefähigkeit von B gesellschaftsvertraglich auf sein Kapitalkonto beschränkt ist, würde u.E. bei einer über das positive Kapitalkonto hinausgehenden Auszahlung an B eine Forderung der B-GmbH & Co. KG gegenüber B entstehen. Es bliebe bei einem zu versteuernden Gewinnanteil von + 50. Sofern entgegen dieser Auffassung in der über das Kapitalkonto hinausgehenden Auszahlung an B eine zulässige Entnahme gesehen wird, sind die Grundsätze der fiktiven Gewinnzurechnung bei Entnahmen nach § 15 a Abs. 3 EStG zu beachten (siehe dazu Rn 29 ff.).

II. Verlustausgleichsvolumen gemäß § 15 a EStG

1. Steuerliches Kapitalkonto im Sinne des § 15 a EStG

Die Zusammensetzung des steuerlichen Kapitalkontos im Sinne des § 15 a EStG war lange Zeit umstritten. Aufgrund der eindeutigen Rechtsprechung des BFH ist nunmehr entschieden, dass als Kapitalkonto im Sinne des § 15 a EStG lediglich das Kapitalkonto der Gesamthandsbilanz zuzüglich einer etwa bestehenden Ergänzungsbilanz zu verstehen ist.[13] Eventuell vorhandenes positives oder negatives **Sonderbetriebsvermögen** ist bei der Berechnung des Verlustausgleichsvolumens nach § 15 a EStG **außer Acht** zu lassen. Diese Entscheidung wurde aus dem Normzweck des § 15 a EStG abgeleitet, dass die Verlustverrechnung nur in dem Maß zulässig sein solle, wie eine Haftung für Verbindlichkeiten der Gesellschaft besteht.[14] Da die von dem Gesellschaftsvermögen getrennte Vermögenssubstanz gerade kennzeichnend für den Bereich des Sonderbetriebsvermögens ist, verändert das Sonderbetriebsvermögen nicht das Volumen der ausgleichsfähigen Verluste aus der Gesellschaft. 10

Verluste der Personengesellschaft sind mit Ausnahme des Kapitals lt. Ergänzungsbilanz nur in der Höhe ausgleichsfähig, in der in der Gesamthandsbilanz der Gesellschaft für den Gesellschafter ein Kapitalkonto geführt wird. Es ist üblich, dass im Gesellschaftsvertrag einer GmbH & Co. KG für die Gesellschafter **unterschiedliche Konten** geführt werden. Teilweise werden diese Konten als Kapitalkonto I, Kapitalkonto II, Kapitalkonto III usw. geführt. Die schlichte Bezeichnung als **Kapitalkonto** führt für sich allein allerdings noch **nicht** zu einer Qualifikation als steuerliches Kapitalkonto im Sinne des § 15 a EStG. Es ist vielmehr anhand der Regelungen im Gesellschaftsvertrag zu untersuchen, ob das betreffende Konto den Charakter von **Eigenkapital** oder eher den Charakter einer **Forderung/Verbindlichkeit** hat. Als Abgrenzungskriterien kommen beispielsweise in Betracht: 11

- Gesamthänderische Bindung bzw. Verfügbarkeit
- Verzinsung des Kapitalkontos
- Verrechnung mit Verlusten der Gesellschaft.[15]

---

[13] BFH v. 30. 3. 1993 BStBl. II 1993, 706; BFH v. 13. 10. 1998 BStBl. II 1999, 163.

[14] *van Lishaut*, FR 1994, 275; krit. *Bordewin*, DStR 1994, 676.

[15] *Prinz/Thiel*, DStR 1994, 344; *van Lishaut*, FR 1994, 276; *Hollatz*, DStR 1994, 1673.

12 Die Charakterisierung entspricht im Wesentlichen der handelsrechtlichen Problematik des Ausweises von Gesellschafterkonten in der Handelsbilanz der Gesellschaft unter der Position „Eigenkapital" bzw. unter Position „Forderungen/Verbindlichkeiten"[16] (vgl. dazu § 22 Rn 22 ff.). Im Zweifel kommt eine Qualifikation als Eigenkapital dann in Betracht, wenn nach den Regelungen des Gesellschaftsvertrags eine **Verrechnung von Verlusten** der Gesellschaft mit dem betreffenden Konto erfolgen kann.[17] Wegen dieser besonderen Problematik sollte unbedingt darauf geachtet werden, dass im Gesellschaftsvertrag der Kommanditgesellschaft der Charakter der jeweiligen Kapitalkonten klar und eindeutig herausgearbeitet ist und gegebenenfalls der Charakter als Eigenkapital oder als Fremdkapital eindeutig bestimmt wird.

13 **Darlehen** eines Gesellschafters an die Kommanditgesellschaft sind Sonderbetriebsvermögen des Kommanditisten und bilden **kein steuerliches Kapitalkonto** im Sinne des § 15 a EStG.[18] Dies gilt unabhängig davon, ob das Darlehen auf einem Darlehenskonto oder auf einem Kapitalkonto erfasst und ausgewiesen ist. Darlehen des Gesellschafters gehören auch dann nicht zu dem Kapitalkonto i. S. d. § 15 a EStG, wenn es sich um eigenkapitalersetzende Darlehen i. S. d. §§ 172 a HGB, 32 a, 32 b GmbH handelt, da auch solche Darlehen in der Handels- und Steuerbilanz der KG auf der Passivseite als „echtes" Fremdkapital auszuweisen sind.[19]

14 Gemessen an der **Zwecksetzung** des § 15 a EStG, die Verlustverrechnung für einen Kommanditisten insoweit zuzulassen, als dieser den Gläubigern der Gesellschaft haftet, müsste die gesellschaftsrechtliche Qualifikation als Eigenkapitalersatz auch im Anwendungsbereich des § 15 a EStG gelten. Ein sog. erweiterter Verlustausgleich aufgrund einer über das Kapitalkonto hinausgehenden Außenhaftung ist jedoch nach der ständigen BFH-Rechtsprechung auf den Fall der Haftung des Kommanditisten nach § 171 Abs. 1 HGB beschränkt.[20]

15 Die Grundsätze für eigenkapitalersetzende Darlehen gelten sinngemäß für Gesellschafterdarlehen mit vereinbartem Rangrücktritt, die nach h.L. ebenfalls in Handels- und Steuerbilanz als Fremdkapital auszuweisen sind.[21] Auch bei planmäßig in die Finanzierung der Gesellschaft einbezogenen Darlehen (sog. Finanzplandarlehen) und bei Darlehen, die die Gesellschafter zusammen mit Einlagen als Gesellschafterbeitrag gewähren müssen (sog. gesplittete Einlagen) ist davon auszugehen, dass sie nicht zum Eigenkapital i. S. d. § 15 a EStG gehören. Denn solche Darlehen sind nach der BFH-Rechtsprechung nach den Grundsätzen für eigenkapitalersetzende Darlehen zu behandeln.[22]

---

[16] HFA 2/1993, WPg 1994, 22.

[17] BMF v. 30. 5. 1997 BStBl. I 1997, 627; *van Lishaut*, FR 1994, 276; *Ley*, KÖSDI, 1994, 9972; *Kempermann*, StbJb 1996/97, 318.

[18] *Prinz/Thiel*, DStR 1994, 343.

[19] BFH v. 28. 3. 2000 BStBl. II 2000, 347; *L. Schmidt/Wacker* § 15 a EStG Rn 88; kritisch dazu *Kurth/Delhaes*, DB 2000, 2584.

[20] BFH v. 14. 12. 1999 BStBl. II 2000, 265 m.w.N.

[21] *L. Schmidt/Wacker* § 15 a EStG Rn 90.

[22] BGH v. 28. 6. 1999 DStR 1999, 1198.

16 Da das Verlustausgleichsvolumen somit auf „echte" Eigenkapitalkonten in der Gesamthandsbilanz – ggf. korrigiert um Ergänzungsbilanzen – beschränkt ist, sollte das voraussichtliche Jahresergebnis der Gesellschaft rechtzeitig vor dem Jahresende mit dem Stand des Verlustausgleichsvolumens abgeglichen werden. Sofern sich bei diesem Abgleich ein Anpassungsbedarf für das Kapital ergibt, muss entweder noch vor dem Bilanzstichtag eine Einlage geleistet oder eine erweiterte Außenhaftung nach § 171 Abs. 1 S. 2 HGB begründet werden. Da im Regelfall keine Einwirkungsmöglichkeit auf die Arbeit des Handelsregisters besteht, dürfte die Leistung einer Einlage in das Gesellschaftsvermögen noch vor dem Bilanzstichtag die Alternative mit den größten Erfolgsaussichten bilden. Zu beachten ist jedoch, dass die Einlage in das Gesellschaftsvermögen **nicht** einem **variablen Kapitalkonto** des Gesellschafters gutgebracht wird, welches nach allgemeinen Kriterien den Charakter einer Forderung/Verbindlichkeit hat. Des Weiteren ist zu berücksichtigen, dass grds. nur Bareinlagen zur Erhöhung des Verlustausgleichsvolumens anerkannt werden. Sacheinlagen, wie z. B. auch eine Verlustübernahmeerklärung, werden dagegen von der Finanzverwaltung nicht anerkannt. Der BFH hat nunmehr zu erkennen gegeben, dass auch Sacheinlagen berücksichtigungsfähig sind.[23] Allerdings reicht auch nach Auffassung des BFH die bloße Verlustübernahmeerklärung im Innenverhältnis zwischen der Personengesellschaft und dem Kommanditisten nicht aus. Es muss eine echte wirtschaftliche Belastung dahingehend hinzukommen, dass sich auch Dritte auf die Verlustübernahmeerklärung berufen können. Dies ist beispielsweise der Fall, wenn die eingebrachte Forderung auf Verlustübernahme im Außenverhältnis abgetreten wird.[24]

17 Eine **Einlage** in das Gesellschaftsvermögen führt allerdings nur dann zu einem erhöhten Verlustausgleichsvolumen nach § 15 a EStG, wenn diese Einlage noch **vor dem Jahresende** tatsächlich geleistet wird.[25] Eine Einlage in einem späteren Wirtschaftsjahr führt nach ständiger BFH-Rechtsprechung nicht zu einer Umwandlung von verrechenbaren Verlusten in ausgleichsfähige Verluste.[26] Dies gilt unabhängig davon, ob die Einlage in einem späteren Wirtschaftsjahr freiwillig geleistet wurde oder aber die erhöhte Pflichteinlage im Verlustjahr zwar eingefordert, aber noch nicht eingezahlt worden ist.[27]

18 Die nachträgliche Einlage wirkt sich jedoch insofern einkommensmindernd aus, als sie das Verlustausgleichsvolumen für künftige Verluste erhöht. Die festgestellten verrechenbaren Verluste werden mit künftigen Gewinnen verrechnet; sie können spätestens bei der Liquidation der Gesellschaft bzw. der gänzlichen Veräußerung des Mitunternehmeranteils bis zur

---

[23] BFH v. 18. 12. 2003 BStBl. II 2004, 231.

[24] *Autenrieth*, NWB Blickpunkt Steuern 3/2004, 809, *Rodewald*, GmbHR 2004, 564; *Kempermann*, DStR 2004, 1517.

[25] BFH v. 19. 5. 1987 BStBl. II 1988, 9.

[26] BFH v. 14. 12. 1995 BStBl. II 1996, 226; BFH v. 28. 3. 2000 BStBl. II 2000, 347.

[27] *L. Schmidt/Wacker* § 15 a EStG Rn 180.

Höhe der nachträglichen Einlagen als ausgleichs- und abzugsfähige Verluste behandelt werden.[28]

19 Bislang war fraglich, ob nachträgliche Einlagen das Verlustausgleichsvolumen auch dann erhöhen, wenn das Kapitalkonto durch die Einlage nicht positiv wird und sich folglich bei weiteren Verlusten das negative Kapitalkonto wieder erhöht. Der BFH hat in seinem Urteil vom 14. 10. 2003 festgestellt, dass Einlagen, die zum Ausgleich eines negativen Kapitalkontos geleistet und im Wirtschaftsjahr der Einlage nicht durch ausgleichsfähige Verluste verbraucht werden, regelmäßig zum Ansatz eines Korrekturpostens führen mit der weiteren Folge, dass – abweichend vom Wortlaut des § 15a Abs. 1 Satz 1 EStG – Verluste späterer Wirtschaftsjahre bis zum Verbrauch dieses Postens auch dann als ausgleichsfähig zu qualifizieren sind, wenn hierdurch (erneut) ein negatives Kapitalkonto entsteht oder sich erhöht.[29] Der BFH begründet seine Auffassung damit, dass es dem Gesetzeszweck widersprechen würde, wenn dem Kommanditisten zwar dann ein ausgleichsfähiger Verlust zugerechnet würde, wenn er erst im Wirtschaftsjahr der Verlustentstehung eine Einlage leistet (zeitkongruente Einlage), ihm diese aber allein aufgrund des Umstands verwährt wird, dass er den betreffenden Betrag am Ende des vorangegangenen Wirtschaftsjahres eingelegt und damit sein Kapitalkonto ausgeglichen hat, so dass aufgrund des Verlusts im folgenden Wirtschaftsjahr ein negatives Kapitalkonto entsteht oder sich erhöht (vorgezogene Einlage). Des Weiteren begründet der BFH seine Auffassung damit, dass nur durch den Ansatz eines Korrekturpostens, der für Verluste späterer Wirtschaftsjahre zur Verfügung steht, eine Gleichbehandlung der vorgezogenen Einlagen mit der Erhöhung einer Haftsumme und des damit verbundenen erweiterten Verlustausgleichs gewährleistet wird.

20 Trotz der mit der Bildung und insbesondere der Fortführung eines (weiteren) Korrekturpostens verbundenen Probleme in der Praxis,[30] ist das BFH-Urteil aus systematischer Sicht überzeugend[31] und auch insofern für die Praxis vorteilhaft, als eine Einlage zum Jahresende nicht immer exakt in der erforderlichen Höhe geleistet werden kann und eine „überschießende" Einlage nach diesem Urteil auch dann das künftige Verlustausgleichsvolumen erhöht, wenn das Kapitalkonto durch diese Einlage nicht positiv wird. Für die Praxis ist jedoch zu beachten, dass die Finanzverwaltung auf das Urteil des BFH vom 14. 10. 2003 mit einem Nichtanwendungserlass reagiert hat.[32]

---

[28] R 138 d Abs. 4 EStR.

[29] BFH DB 2004, 45 = DStR 2004, 24.

[30] Kritisch zur „Endlos-Reihe" von Korrekturposten i. Zsh. d. § 15 a EStG HG, DStR 2004, 28.

[31] Ebenso *Niehus/Wilke*, FR 2004, 684; *Wacker*, HFR 2004, 135; *ders.* DB 2004, 11.

[32] BMF v. 14. 4. 2004 BStBl. I 2004, 463. Vgl. dazu auch *Kempermann*, DStR 2004, 1517, der davon ausgeht, dass der BFH an seiner „eingeschlagenen Richtung" festhalten wird.

2. Überschießende Außenhaftung nach § 171 HGB

Das Verlustausgleichsvolumen nach § 15 a EStG besteht unabhängig von der Höhe der geleisteten Einlage auch insoweit, als der Kommanditist den Gläubigern nach § 171 Abs. 1 HGB haftet. Die im Handelsregister eingetragene Haftsumme bildet die Mindestgröße, nach der ein Kommanditist den Gläubigern der Gesellschaft im Außenverhältnis haftet. Diese Haftsumme muss nicht mit der Pflichteinlage nach dem Gesellschaftsvertrag übereinstimmen. § 15 a Abs. 2 S. 3 EStG knüpft das Verlustausgleichsvolumen bei dieser Alternative jedoch an die **Bedingungen, dass** 21

- der Kommanditist im Handelsregister eingetragen ist,
- das Bestehen der Haftung nachgewiesen ist,
- die bestehende Haftung weder durch Vertrag ausgeschlossen noch nach Art und Weise des Geschäftsbetriebs unwahrscheinlich ist.

Die Außenhaftung nach § 171 Abs. 1 HGB besteht dann, wenn im Handelsregister für den betreffenden Kommanditisten eine **Haftsumme eingetragen** ist.[33] Denkbar ist, dass die Einlageverpflichtung nach dem Gesellschaftsvertrag zwar mit der im Handelsregister eingetragenen Haftsumme übereinstimmt, diese Einlage in das Gesellschaftsvermögen jedoch noch nicht in vollem Umfang geleistet oder die Einlage zurückgewährt worden ist und deshalb nach § 172 Abs. 4 HGB gegenüber den Gläubigern als nicht geleistet gilt.[34] 22

Beispiel: Der Kommanditist A ist an der A-GmbH & Co. KG beteiligt. Seine Einlage nach dem Gesellschaftsvertrag beträgt 200, von der durch die Gesellschaft erst 100 eingefordert und durch A auch geleistet worden sind. Die im Handelsregister eingetragene Haftsumme beträgt 150. Der anteilige Jahresverlust der Gesellschaft beträgt in t1 180.

Lösungshinweis: Das Verlustausgleichsvolumen nach § 15 a Abs. 1 S. 1 EStG besteht zunächst in Höhe der tatsächlich geleisteten Einlage in Höhe von 100. Die im Gesellschaftsvertrag vereinbarte Einlage ist unerheblich, soweit diese noch nicht geleistet ist. Im Handelsregister ist jedoch eine höhere Haftsumme von 150 eingetragen. Der verrechenbare Verlust ermittelt sich demnach wie folgt:

Anteiliger Verlust des Geschäftsjahres	180
davon ausgleichsfähig	150
davon verrechenbar	30

Der erweiterte Verlustausgleich kommt nicht in Betracht, wenn sich die Haftung des Kommanditisten aus anderen Vorschriften als § 171 Abs. 1 HGB ergibt.[35] Kapitalersetzende Darlehen begründen keine Außenhaftung nach § 171 Abs. 1 HGB.[36] Ebenso wenig erhöht die **Bürgschaftserklärung** eines Kommanditisten für Verbindlichkeiten der Gesellschaft das Verlustausgleichsvolumen nach § 15 a EStG. Zahlungen aus einer Bürgschaftsinanspruchnahme durch einen Gläubiger der Gesellschaft führen für den 23

[33] *Blümich/Stuhrmann* § 15 a EStG Rn 32.

[34] *Kirchhof/Söhn/v. Beckerath* § 15 a EStG Rn C 42; *Herrmann/Heuer/Raupach* § 15 a EStG Rn 265.

[35] BFH v. 14. 12. 1999 BStBl. II 2000, 265.

[36] BFH v. 28. 3. 2000 BStBl. II 2000, 347.

Gesellschafter im Zeitpunkt der Zahlung zu Sonderbetriebsausgaben.[37] Schließlich begründen die im Interesse des gemeinsamen Unternehmens eingegangenen Verpflichtungen eines BGB-Innengesellschafters gegenüber Gläubigern des Geschäftsinhabers keinen erweiterten Verlustausgleich.[38]

24 Trotz der Eintragung im Handelsregister kann gleichwohl ein Verlustausgleich ausgeschlossen sein, wenn die **Haftung** des Kommanditisten **durch vertragliche Vereinbarung ausgeschlossen** ist. Dies ist beispielsweise dann der Fall, wenn dem betreffenden Kommanditisten eine Bankbürgschaft zu Lasten der KG gewährt wird, mittels derer die Differenz zwischen Einlage lt. Gesellschaftsvertrag und der im Handelsregister eingetragenen Haftsumme abgesichert wird.[39] Diese Vertragsgestaltung dürfte allerdings eher untypisch sein.

25 Der Verlustausgleich in Höhe der im Handelsregister eingetragenen Haftsumme setzt außerdem voraus, dass die tatsächliche **Haftungsinanspruchnahme** nach Art und Weise des Geschäftsbetriebs **nicht „unwahrscheinlich"** ist. Sofern also die Ertrags- und Liquiditätsprognosen der Gesellschaft eine finanzielle Inanspruchnahme des Kommanditisten nahezu ausschließen, kommt trotz Eintragung einer erweiterten Haftsumme im Handelsregister ein erhöhtes Verlustausgleichsvolumen gemäß § 15 a EStG nicht in Betracht.[40] Die Unwahrscheinlichkeit der tatsächlichen Inanspruchnahme muss durch die Finanzverwaltung nachgewiesen werden. Ist dies nicht möglich, kann von der Wahrscheinlichkeit der Inanspruchnahme ausgegangen werden.[41]

26 Problematisch ist jedoch, dass die Beurteilung, ob zu einem bestimmten Zeitpunkt eine finanzielle Inanspruchnahme des Kommanditisten aufgrund **zukünftiger** Ertragsaussichten der Gesellschaft wahrscheinlich ist oder nicht, im Regelfall erst im **Nachhinein** vorgenommen wird. Aufgrund der tatsächlich eingetretenen Entwicklung der Gesellschaft könnte versucht werden den (Anscheins-)Beweis der fehlenden Inanspruchnahme des Kommanditisten unter Hinweis auf die tatsächliche Entwicklung der Gesellschaft zu führen. Dies ist jedoch nicht sachgerecht. Eine Inanspruchnahme des Kommanditisten ist in der Regel nur dann ausgeschlossen, wenn die Gesellschaft über **sichere Ertrags- und Liquiditätserwartungen** verfügt. Dies ist bei einer operativen Gesellschaft im Allgemeinen nicht der Fall. Selbst wenn zum Zeitpunkt der Eintragung der erhöhten Haftungssumme in das Handelsregister Verträge abgeschlossen sind, welche die zukünftigen Erträge der Gesellschaft absichern, kann dennoch nicht davon ausgegangen werden, dass eine finanzielle Inanspruchnahme des Kommanditisten nahezu ausgeschlossen ist. Problematisch könnte insoweit allerdings eine Vereinbarung mit den Gläubigern sein, dass die Verbindlichkeiten der Gesellschaft ausschließlich durch zukünftige Gewinne zu tilgen sind.[42]

---

[37] *L. Schmidt/Wacker* § 15 a EStG Rn 182.

[38] BFH v. 5. 2. 2002 BStBl. II 2002, 464.

[39] *Herrmann/Heuer/Raupauch* § 15 a EStG Rn 303; *Uelner*, StbJb 1981/82, 118.

[40] BFH v. 27. 9. 1991 BStBl. II 1992, 164; BMF v. 20. 2. 1992 BStBl. I 1992, 123; BMF v. 30. 6. 1994 BStBl. I 1994, 355.

[41] *L. Schmidt/Wacker* § 15 a EStG Rn 136.

[42] *Bordewin*, BB 1980, 1038; *Biergans*, DStR 1981, 13; *Blümich/Stuhrmann* § 15 a EStG Rn 67ff.

Nach der Konzeption des § 15 a EStG kann der Kommanditist Verluste insgesamt bis zur Höhe seiner Einlage und einer überschießenden Außenhaftung ausgleichen. Daher kann das Verlustausgleichsvolumen aufgrund der überschießenden Außenhaftung nur einmal in Anspruch genommen werden, auch wenn die Haftung des Kommanditisten über mehrere Bilanzstichtage besteht. Auch eine Einlage in Höhe der überschießenden Außenhaftung schafft kein zusätzliches Verlustausgleichspotential. Sofern das Verlustausgleichsvolumen bereits voll ausgeschöpft worden ist, kann somit eine aufgrund von Entnahmen nach § 172 Abs. 4 Satz 2 HGB wiederauflebende Außenhaftung nicht zu neuem Verlustausgleichspotential führen.[43] Neues Verlustausgleichsvolumen kann lediglich durch – über die überschießende Außenhaftung hinausgehende - Einlagen oder durch eine Erhöhung der Haftsumme entstehen. 27

Fortsetzung Beispiel von Rn 22: Der Kommanditist A leistet in t2 eine Einlage in Höhe von 50. Der anteilige Jahresverlust in t2 beträgt 50. In t3 wird die Kommanditeinlage in Höhe von 30 zurückbezahlt. Der anteilige Jahresverlust in t3 beträgt 20.

Lösungshinweis:
Der ausgleichsfähige Verlust in t2 beträgt 0, da das Verlustausgleichsvolumen bereits in t1 in voller Höhe ausgeschöpft wurde.

Anteiliger Verlust in t2:	50
davon ausgleichsfähig	0
davon verrechenbar	50

In t3 lebt die Außenhaftung zwar wieder aufgrund der Einlageminderung in Höhe von 30 auf. Da das Verlustausgleichsvolumen jedoch bereits in t1 in voller Höhe ausgeschöpft wurde, beträgt der ausgleichsfähige Verlust in t3 0.

Anteiliger Verlust in t3	20
davon ausgleichsfähig	0
davon verrechenbar	20

Ähnlich einer Einlage des Gesellschafters in das Gesellschaftsvermögen nach Ablauf des Geschäftsjahres, führt die Eintragung einer erweiterten **Haftsumme** nach § 171 HGB **nach Ablauf** des Geschäftsjahres nicht zu einer Umqualifikation von verrechenbaren Verlusten in ausgleichsfähige Verluste. Dies ist beispielsweise dann der Fall, wenn die erweiterte Außenhaftung vor Ablauf des Geschäftsjahres zwar dem Handelsregister angezeigt worden ist, die Eintragung jedoch nicht rechtzeitig erfolgt ist.[44] Die Eintragung der erweiterten Haftsumme in einem späteren Kalenderjahr führt dennoch für **zukünftige Verluste** der Gesellschaft zu einem erhöhten Verlustausgleichspotential. 28

III. Fiktive Gewinnzurechnung durch Entnahmen

Die relativ komplizierte Regelung des § 15 a EStG basiert auf der Grundregel, dass Verluste aus der Gesellschaft durch einen beschränkt haftenden Kommanditisten nur insoweit mit anderen positiven Einkünfte ausgegli- 29

[43] R 138 d Abs. 3 Sätze 6–9 EStR.
[44] *Kirchhof/Söhn/v. Beckerath* § 15 a EStG Rn C 211.

chen werden können, als dieser der Gesellschaft Eigenkapital zur Verfügung gestellt hat bzw. im Außenverhältnis für Verbindlichkeiten der Gesellschaft haftet. Es wird hierbei jeweils auf die Verhältnisse am **Ende des Geschäftsjahres** abgestellt. Unterjährige Unterdeckungen bleiben danach unberücksichtigt. Es ist daher sinnvoll, rechtzeitig vor dem Jahresende einen Abgleich des verbleibenden Verlustausgleichspotentials mit dem voraussichtlich eintretenden Jahresergebnis vorzunehmen und erforderliche Anpassungen durchzuführen.

30 In § 15 a Abs. 3 EStG ist eine Regelung enthalten, die sicherstellen soll, dass der Gesellschaft zur Sicherung der Verlustverrechnung nicht lediglich **kurzfristig** über den Bilanzstichtag hinaus Eigenkapital zur Verfügung gestellt wird. In diesem Fall sollen im Ergebnis die gleichen Rechtsfolgen eintreten, als ob die kurzfristige Kapitalzuführung nicht erfolgt wäre.[45]

§ 15 a Abs. 3 EStG ist an folgende **Voraussetzungen** geknüpft:[46]

- Durch eine Entnahme des Kommanditisten entsteht bzw. erhöht sich ein negatives steuerliches Kapitalkonto.
- Durch die Entnahme entsteht keine überschießende Außenhaftung.
- In den vorangegangenen 10 Wirtschaftsjahren haben sich ausgleichsfähige Verluste für den Kommanditisten ergeben.

31 Sofern diese Voraussetzungen gegeben sind, ergeben sich folgende **Konsequenzen**:

- Dem Kommanditisten wird in Höhe der Entnahme **fiktiv** ein **Gewinn** hinzugerechnet.
- Der fiktive Gewinn ist auf die Höhe der ausgleichsfähigen Verluste der vorangegangenen 10 Jahre begrenzt.
- Die verrechenbaren Verluste werden um den Betrag der fiktiven Gewinnzurechnung erhöht.

Beispiel: A ist an der A-GmbH & Co. KG beteiligt. Die im Handelsregister eingetragene Haftsumme entspricht der Einlage lt. Gesellschaftsvertrag. Zum Jahresanfang t1 hat das steuerliche Kapitalkonto den Stand von 100. Das voraussichtliche anteilige Jahresergebnis t1 beträgt – 180. Aus diesem Grund leistet A noch vor dem Jahresende t1 eine zusätzliche Einlage von 80. Das anteilige Jahresergebnis t2 beträgt 0. Im Jahr t2 entnimmt A die geleistete Einlage von 80 in voller Höhe.

Lösungshinweis: Die Ergebniszurechnung entwickelt sich wie folgt:

Jahr t1	
anteiliges Jahresergebnis	180
davon ausgleichsfähig	180
verrechenbarer Verlust	0
Jahr t2	
anteiliges Jahresergebnis	0
Entnahme/fiktive Gewinnzurechnung gemäß § 15 a Abs. 3 EStG	80
verrechenbarer Verlust	80

Das Beispiel zeigt, dass den ausgleichsfähigen Verlusten im Jahr t1 ein fiktiver Gewinn des Jahres t2 in gleicher Höhe gegenübersteht. Durch § 15 a

[45] *L. Schmidt/Wacker* § 15 a EStG Rn 150.

[46] *Blümich/Stuhrmann* § 15 a EStG Rn 83.

Abs. 3 EStG werden die gleichen Rechtsfolgen hergestellt, als ob die kurzfristige Einlage im Jahr t1 nicht geleistet worden wäre.

Dem Ziel, den Kommanditisten so zu stellen, als wenn sein Kapitalkonto von Anfang an um die Entnahme gemindert worden wäre und Verlustanteile deswegen nicht ausgleichsfähig gewesen wären, dient auch die Zurechnungsgrenze des § 15 a Abs. 3 Satz 2 EStG. Danach darf der als Gewinn hinzuzurechnende Betrag den Betrag der Anteile am Verlust der KG nicht übersteigen, der im Wirtschaftsjahr der Einlageminderung und in den 10 vorangegangenen Wirtschaftsjahren ausgleichs- oder abzugsfähig gewesen ist. In seinem Urteil vom 20. 3. 2003 hat der BFH festgestellt, dass die einem Kommanditisten als fiktiver Gewinn zuzurechnende Einlageminderung nicht nur durch die ausgleichsfähigen Verlustanteile des Jahres der Einlageminderung und der 10 vorangegangenen Jahre begrenzt wird. Vielmehr seien diese ausgleichsfähigen Verlustanteile zuvor mit den Gewinnanteilen zu saldieren, mit denen sie hätten verrechnet werden können, wenn sie mangels eines ausreichenden Kapitalkontos nicht ausgleichsfähig, sondern lediglich verrechenbar gewesen wären. So könnte ein Kommanditist, der Verlustanteile des Jahres 01 nicht abziehen kann, weil sie ein negatives Kapitalkonto herbeigeführt oder erhöht haben, diese Verlustanteile mit etwa entstehenden Gewinnanteilen des Jahres 02 und der folgenden 9 Jahre verrechnen. In Höhe der Gewinnanteile hätten sich die zunächst nur verrechenbaren Verluste nach Ablauf des 11-Jahreszeitraums steuermindernd ausgewirkt. Der Kommanditist hingegen, der im Jahr 01 eine Einlage geleistet und diese Einlage innerhalb des 11-Jahres-Zeitraums rückgängig gemacht hat, würde sich nach dem Wortlaut des § 15 a Abs. 3 EStG insofern schlechter stellen, als er zwar im Jahr 01 seinen Verlustanteil in Höhe seiner Einlage zur Verrechnung mit anderen Einkünften verwenden könnte, jedoch im Jahr der Entnahme einen Gewinn in Höhe der Einlageminderung versteuern müsste. Daher ist die Vorschrift des § 15 a Abs. 3 EStG teleologisch dahingehend zu reduzieren, dass die ausgleichsfähigen Verlustanteile des 11-Jahres-Zeitraums mit etwaigen Gewinnanteilen zu saldieren sind. Allerdings kommen für eine Saldierung nur die Gewinne in Betracht, die für eine Verrechnung mit den jeweiligen Verlusten zur Verfügung gestanden hätten. Es kann demnach nicht ein Verlustanteil fiktiv mit dem Gewinnanteil eines vorangegangen Jahres verrechnet werden.[47] 32

Auch die fiktive Gewinnzurechnung nach § 15 a Abs. 3 EStG orientiert sich ausschließlich an der Veränderung des steuerlichen Kapitalkontos. Veränderungen im positiven oder negativen **Sonderbetriebsvermögen** haben damit **keinen Einfluss** auf den Regelungsbereich der Vorschrift. Entnahmen aus dem Sonderbetriebsvermögen führen also nicht zu einer fiktiven Gewinnzurechnung gemäß § 15 a Abs. 3 EStG.[48] **Entnahmen** können dagegen vorliegen, wenn betriebliche Vermögensgegenstände zu Lasten des Kapitalkontos entnommen werden. Eine Entnahme zu Lasten des Kapitalkontos i. S. d. § 15 a EStG ist auch gegeben, wenn ein Wirtschaftsgut aus dem Gesamthandsvermögen in das Sonderbetriebsvermögen des Kom- 33

[47] BFH-Urteil v. 20. 3. 2003 DStR 2003, 1653.
[48] *Blümich/Stuhrmann* § 15 a EStG Rn 95.

manditisten überführt wird.[49] Des Weiteren führen unentgeltliche Leistungen der Gesellschaft zugunsten des Gesellschafters zu Entnahmen. Die Einlageminderung ergibt sich insofern aus dem Aufwand für die unentgeltliche Leistung.[50] Problematisch ist die **Leistungsentnahme** dann, wenn sie erst im Rahmen einer steuerlichen Außenprüfung im Nachhinein festgestellt wird.

34 Die fiktive Gewinnzurechnung nach § 15 a Abs. 3 EStG erfolgt auch dann, wenn sich die Gesellschaft insgesamt in einer Verlustsituation befindet. Ist nach den Regelungen des Gesellschaftsvertrages vorgesehen, dass Entnahmen und Einlagen des Gesellschafters auf einem **variablen Kapitalkonto** erfasst werden, das nach den allgemeinen Kriterien den Charakter einer Forderung bzw. einer Verbindlichkeit hat, handelt es sich jedoch u.E. nicht um eine Entnahme im Sinne des § 15 a Abs. 3 EStG, da der Gesellschaft eine entsprechende Forderung zusteht. Erfolgt die Entnahme dagegen durch eine Minderung des festen Kapitalkontos, befindet man sich grundsätzlich im Regelungsbereich des § 15 a Abs. 3 EStG.[51]

35 Sofern sich durch eine Entnahme eine fiktive Gewinnzurechnung nach § 15 a Abs. 3 EStG ergeben hat, entstehen verrechenbare Verluste. Auch diese können durch **Einlagen** in einem späteren Wirtschaftsjahr **nicht** wieder in ausgleichsfähige Verluste umgewandelt werden. Ein verrechenbarer Verlust kann vielmehr grundsätzlich nur mit späteren Gewinnen aus der Gesellschaft verrechnet werden. Entnahmen und Einlagen im Laufe eines Geschäftsjahres können dagegen miteinander verrechnet werden.[52]

36 Nach dem eindeutigen Wortlaut kommt § 15 a Abs. 3 EStG nur insoweit zur Anwendung, als sich durch die Entnahme des Gesellschafters aus dem Gesellschaftsvermögen keine **erhöhte Außenhaftung** nach § 171 HGB für den Kommanditisten ergibt.[53] Dies ist allein nach den Regelungen des Gesellschaftsrechts zu beurteilen. Mindert sich durch die Entnahme die Einlage lt. Gesellschaftsvertrag, gilt diese gegenüber den Gläubigern als nicht geleistet, so dass insoweit die Haftung des Kommanditisten gemäß § 172 Abs. 4 HGB wieder auflebt.[54] Eine erweiterte Außenhaftung entsteht durch die Entnahme jedoch dann nicht, wenn über die gesellschaftsrechtliche Einlage und über die im Handelsregister eingetragene Haftsumme hinaus Kapitalteile bestehen, die Bestandteil des steuerlichen Kapitalkontos im Sinne des § 15 a EStG sind, wie z. B. Kapitalrücklagen.

Beispiel: B ist an der B-GmbH & Co. KG beteiligt. Seine gesellschaftsrechtliche Einlage beträgt 100. Diese stimmt auch überein mit der im Handelsregister eingetragenen Haftsumme. Der Stand des steuerlichen Kapitalkontos ist am Jahresanfang t1 50. Der anteilige Verlust im Jahre t1 beträgt – 80. Im Jahr t2 tätigt B eine Entnahme von 50, die als Minderung des Festkapitals behandelt wird.

---

[49] *L. Schmidt/Wacker* § 15 a EStG Rn 154.
[50] *Ruban*, FS Klein, 799; *Kolbeck*, DB 1992, 2060.
[51] *L. Schmidt/Wacker* § 15 a EStG Rn 154.
[52] *Wassermeyer*, DB 1985, 2637.
[53] *Kirchhof/Söhn/v. Beckerath* § 15 a EStG Rn D 92.
[54] *Herrmann/Heuer/Raupach* § 15 a EStG Rn 265.

Lösungshinweis: Die Einkünfte werden wie folgt ermittelt:

Jahr t1

anteiliges Jahresergebnis	./. 80
davon ausgleichsfähig	50
verrechenbare Verluste	30

Jahr t2

anteiliges Jahresergebnis	0
fiktive Gewinnzurechnung nach § 15 a Abs. 3 EStG	0
zu versteuern	0

Durch die Entnahme im Jahr t2 ergibt sich für B eine Außenhaftung gemäß § 172 Abs. 4 HGB. Deshalb erfolgt trotz der Entnahme keine fiktive Gewinnzurechnung nach § 15 a Abs. 3 EStG. Die erweiterte Außenhaftung schränkt die Anwendung des § 15 a Abs. 3 EStG ein.

Die vorstehenden Ausführungen gelten im Grundsatz sinngemäß auch 37
dann, wenn die im Handelsregister eingetragene **Haftsumme** des Kommanditisten **nachträglich gemindert** wird. Eine Minderung der Haftung im Sinne des § 15 a Abs. 3 EStG liegt allerdings dann nicht vor, wenn die Minderung der Haftung im Handelsregister einer entsprechenden Einlage des Kommanditisten in das Gesellschaftsvermögen gegenübersteht.[55] Haben sich jedoch in einem früheren Wirtschaftsjahr aufgrund der überschießenden Außenhaftung der im Handelsregister eingetragenen Haftsumme des Kommanditisten ausgleichsfähige Verluste ergeben, führt die Minderung dieser Haftung im Außenverhältnis im Grundsatz zu einer fiktiven Gewinnzurechnung gemäß § 15 a Abs. 3 EStG.[56]

§ 15 a Abs. 3 S. 3 EStG sieht außerdem vor, dass der Zurechnungsbetrag 38
insoweit gekürzt wird, als der Kommanditist aufgrund der im Handelsregister eingetragenen Haftsumme von den **Gläubigern** der Gesellschaft tatsächlich **in Anspruch genommen** worden ist.[57]

IV. § 15 a bei Wechsel vom Kommanditisten zum unbeschränkt haftenden Gesellschafter und umgekehrt

Die dargestellte Verlustverwertungsbeschränkung des § 15 a EStG gilt 39
nur für beschränkt haftende Gesellschafter, nicht hingegen für unbeschränkt haftende Gesellschafter. Es stellt sich daher die Frage, welche Konsequenzen sich ergeben, wenn sich ein Wechsel in der Rechtsstellung des Gesellschafters vollzieht. In Betracht kommen sowohl Fälle der Haftungsbeschränkung, beispielsweise bei Umwandlung einer OHG in eine KG, als auch Fälle der Haftungserweiterung, beispielsweise durch den Wechsel eines Kommanditisten in die Rechtsstellung eines Komplementärs.

---

[55] BFH v. 1. 6. 1989 BStBl. II 1989, 1018.

[56] *Kirchhof/Söhn/v. Beckerath* § 15 a EStG Rn D 38.

[57] *Hartmann/Böttcher/Nissen/Brandt* § 15 a EStG Rn 66 b.

1. Wechsel vom Kommanditisten zum unbeschränkt haftenden Gesellschafter

40 Beim Wechsel eines Kommanditisten in die Rechtsstellung eines unbeschränkt haftenden Gesellschafters stellt sich zum einen die Frage, ob der für ihn bisher festgestellte verrechenbare Verlust i. S. d. § 15 a Abs. 4 EStG aufgrund der Umwandlung der Rechtsstellung in einen ausgleichsfähigen Verlust umzuqualifizieren ist. Der BFH hat diese Frage in seinem Urteil vom 14. 10. 2003[58] mit der Begründung verneint, dass auch eine nachträgliche Haftungserweiterung nicht zu einer Umqualifizierung des verrechenbaren Verlusts in einen ausgleichsfähigen Verlust führt.[59] Die Verluste sind aber mit Gewinnen aus der Beteiligung als persönlich haftender Gesellschafter zu saldieren.

41 Da eine Umqualifikation der verrechenbaren Verluste aufgrund des Statuswechsels des Gesellschafters nach Auffassung des BFH sowie der Finanzverwaltung[60] nicht in Betracht kommt, stellt sich des Weiteren die Frage, ob bei einem Wechsel von der Stellung als Kommanditist in die Stellung als persönlich haftender Gesellschafter innerhalb des Wirtschaftsjahres der gesamte Anteil am Verlust ausgleichsfähig ist, oder ob der Verlustanteil zeitanteilig in einen verrechenbaren und einen ausgleichsfähigen Verlustanteil aufzuteilen ist. In seinem Urteil vom 12. 2. 2004 hat der BFH[61] die Auffassung der Finanzverwaltung bestätigt, dass die Verlustausgleichsbeschränkung des § 15 a EStG bei einem unterjährigen Wechsel für das gesamte Wirtschaftsjahr nicht mehr anzuwenden ist. Der BFH hat in diesem Urteil des Weiteren ausgeführt, dass der Wechsel des Kommanditisten in die Rechtsstellung eines persönlich haftenden Gesellschafters im Zeitpunkt des betreffenden Gesellschafterbeschlusses stattfindet. Sofern der Beschluss vor Ende des Wirtschaftsjahres zivilrechtlich wirksam gefasst wird, unterliegen die dem Gesellschafter zuzurechnenden Verlustanteile dieses Wirtschaftsjahres nicht der Ausgleichsbeschränkung des § 15 a EStG, auch wenn der Antrag auf Eintragung ins Handelsregister erst nach Ablauf des Wirtschaftsjahres gestellt wird.[62]

2. Wechsel vom Komplementär zum Kommanditisten

42 In einem weiteren Urteil vom 14. 10. 2003 hat der BFH ebenfalls die Auffassung der Finanzverwaltung bestätigt, wonach bei einem Wechsel eines Komplementärs in die Rechtsstellung eines Kommanditisten während des Wirtschaftsjahres die Verlustausgleichsbeschränkung des § 15 a EStG für das gesamte Wirtschaftsjahr und damit für den dem Gesellschafter insgesamt zuzurechnenden Anteil am Verlust der KG zu beachten ist.[63] Der BFH hat

---

[58] BFH v. 14. 10. 2003 DStR 2004, 31.

[59] A.A. FG Köln, Urteil v. 16. 1. 2002 DStRE 2002, 938 (Revision eingelegt, Az. BFH IV R 26/02).

[60] R 138 d Abs. 1 Satz 1 EStR.

[61] BFH v. 12. 2. 2004 BStBl. II 2004, 423.

[62] *Kempermann*, DStR 2004, 516.

[63] BFH v. 14. 10. 2003 DStR 2004, 29.

seine Auffassung damit begründet, dass sich aus dem Wortlaut des § 15 a Abs. 1 Satz 1 EStG, dem Zusammenhang zu den weiteren Regelungen dieser Bestimmung sowie ihrer Entstehungsgeschichte ergibt, dass die Vorschrift an die Verhältnisse am Ende des Wirtschaftsjahres der Verlustentstehung anknüpft. Der BFH hat in seinem Urteil weiterhin ausgeführt, dass auch die sog. Nachhaftung des Kommanditisten keinen erweiterten Verlustausgleich i.S.v. § 15 a Abs. 1 Satz 2 EStG begründen könne, da nicht sämtliche Haftungstatbestände in die Regelung des § 15 a EStG einzubeziehen seien. Demgemäß sei weder eine Außenhaftung des Kommanditisten für eine noch nicht ins Handelsregister eingetragene Haftsummenerhöhung nach § 172 Abs. 2 HGB noch die Haftung des in eine Handelsgesellschaft eintretenden Kommanditisten für die zwischen seinem Eintritt und dessen Eintragung ins Handelsregister begründeten Verbindlichkeiten gem. § 176 Abs. 2 HGB geeignet, dem Kommanditisten ausgleichsfähige Verluste zu vermitteln. Nichts anderes könne aber für die Haftung des Kommanditisten nach § 160 Abs. 3 HGB gelten.

V. § 15 a bei Wechsel im Gesellschafterbestand

Der Gesellschaftsanteil an einer Personengesellschaft kann entweder unentgeltlich, entgeltlich oder teilentgeltlich übertragen werden. Je nach Fallgestaltung ergeben sich hierbei unterschiedliche steuerliche Konsequenzen. Dies gilt insbesondere auch dann, wenn zum Zeitpunkt der Anteilsübertragung ein negatives Kapitalkonto und/oder ein verrechenbarer Verlust im Sinne des § 15 a EStG besteht. **43**

1. Unentgeltliche bzw. teilentgeltliche Übertragung des Kommanditanteils

Die unentgeltliche Übertragung eines Kommanditanteils im Wege der **Schenkung unter Lebenden** oder im Wege der **Erbfolge** wird auch steuerlich als unentgeltlicher Vorgang behandelt. Der Rechtsnachfolger in dem Gesellschaftsanteil hat nach § 6 Abs. 3 EStG die steuerlichen Buchwerte der Vermögensgegenstände des Gesamthandsvermögens unverändert fortzuführen, so dass durch die Anteilsübertragung grundsätzlich weder ein Veräußerungsgewinn beim Übertragenden noch neues Abschreibungspotential beim Rechtsnachfolger entsteht. Dies gilt auch dann, wenn lediglich ein Teil eines Mitunternehmeranteils übertragen wird, auch wenn eventuell vorhandenes Sonderbetriebsvermögen nicht quotal mitübertragen würde. Sofern das Kapitalkonto negativ ist, muss danach differenziert werden, ob der Anteil des bisherigen Gesellschafters an den stillen Reserven und dem Firmenwert höher oder niedriger ist als das negative Kapitalkonto. Für den Fall, dass die anteiligen stillen Reserven und der anteilige Firmenwert das negative Kapitalkonto übersteigen, tritt der Nachfolger in die Rechtsstellung des bisherigen Gesellschafters ein, so dass ein eventuell bestehendes **negatives steuerliches Kapitalkonto** durch den Rechtsnachfolger **fortgeführt** wird und die Entnahmefähigkeit für zukünftige Ge- **44** winnanteile schmälert.[64] Ein womöglich bestehender verrechenbarer Verlust nach § 15 a EStG geht in vollem Umfang auf den Rechtsnachfolger über.[65] Zukünftige Gewinne aus der Gesellschaft können mit diesem Bestand an verrechenbaren Verlusten aufgerechnet werden.[66] Es entsteht hier die außergewöhnliche Situation, dass eine Verlustverrechnungsmöglichkeit im Wege der Schenkung auf einen Rechtsnachfolger übertragen werden kann. Die Übertragung von einkommensteuerlichen Verlustvorträgen ist dagegen nur im Wege des Erbgangs möglich.[67]

Beispiel: C ist an der C-GmbH & Co. KG beteiligt. Sein steuerliches Kapitalkonto beträgt 100. Der anteilige Verlust des Geschäftsjahres t1 beträgt 200. C schenkt mit Wirkung zum 1. 1. 02 seiner Tochter T den gesamten Kommanditanteil. Der anteilige Gewinn des Jahres t2 beträgt 150.

Lösungshinweis: Die Einkünfte aus dem Kommanditanteil ermitteln sich wie folgt:

Jahr t1 (Einkünftezurechnung für C)	
anteiliges Jahresergebnis	./. 200
davon ausgleichsfähig	100
verrechenbarer Verlust gemäß § 15 a EStG	100
Jahr t2 (Einkünftezurechnung für T)	
anteiliges Jahresergebnis	+ 150
Ausgleich mit verrechenbaren Verlusten	100
Einkünfte aus Gewerbebetrieb	50

45 Das Beispiel zeigt, dass im Wege der Schenkung ein **Verlustverrechnungspotential** von C auf T **übertragen** worden ist. T kann das positive Jahresergebnis t2 mit dem übernommenen Bestand an verrechenbaren Verlusten ausgleichen. Aus der vereinfachten Darstellung im Beispiel wird deutlich, dass hieraus auch ein Gestaltungsspielraum entsteht. Hätte C noch vor dem Jahresende t1 eine Einlage in das Gesellschaftsvermögen geleistet, wären in Höhe des Jahresergebnisses t1 ausgleichsfähige Verluste entstanden, die auf Ebene des C möglicherweise zu persönlichen einkommensteuerlichen Verlustvorträgen geführt hätten. Diese Verlustvorträge können im Wege der Schenkung unter Lebenden **nicht** übertragen werden. Sofern sich also im zeitlichen Zusammenhang mit einer geplanten Anteilsübertragung ein negatives Jahresergebnis abzeichnet, kann § 15 a EStG gezielt eingesetzt werden, um ein Verlustverrechnungspotential im Wege der Schenkung zu übertragen oder bei dem Schenker zu belassen. Allerdings ist zu berücksichtigen, dass eine Einlage vor der Schenkung auch zu einer Verschiebung zwischen übertragenen und zurückbehaltenen Vermögenswerten führt und Auswirkungen auf die schenkungsteuerliche Bemessungsgrundlage der übertragenen Kommanditbeteiligung hat.

46 Soweit das negative Kapitalkonto höher ist als die anteiligen stillen Reserven, ist die Anteilsübertragung in Höhe der anteiligen stillen Reserven

---

[64] *L. Schmidt/Wacker* § 15 a EStG Rn 229, 230; *Wassermeyer*, DB 1985, 2634; *Söffing*, FR 1980, 373.

[65] BFH v. 16. 5. 2001 BStBl. II 2002, 487; BFH v. 15. 7. 1986 BStBl. II 1986, 896.

[66] BFH v. 11. 5. 1995 BB 1995, 1520; BFH v. 10. 3. 1998 BStBl. II 1999, 269.

[67] *Littmann/Bitz* § 15 a EStG Rn 51; *Wassermeyer*, DB 1985, 2638; BFH v. 16. 5. 2001, BFH/NV 2001, 1327.

unentgeltlich i.S.v. § 6 Abs. 3 EStG. In Höhe des Wegfalls des restlichen negativen Kapitalkontos entsteht beim Übertragenden ein Veräußerungsgewinn. Der Erwerber hat einen aktiven Ausgleichs- bzw. Merkposten zur Neutralisierung künftiger Gewinnanteile anzusetzen.[68]

Sofern ein negatives Kapitalkonto übernommen wird und zusätzlich ein **47**
Entgelt (z. B. Gleichstellungsgeld) gewährt wird, das negative Kapitalkonto und das zusätzlich Entgelt zusammen jedoch niedriger sind als die anteiligen stillen Reserven einschließlich anteiliger Firmenwert, liegt eine teilentgeltliche Übertragung vor. In diesen Fällen ist das Rechtsgeschäft entsprechend der Einheitstheorie nicht in einen entgeltlichen und einen unentgeltlichen Teil aufzuteilen.[69] Dementsprechend ist dem Veräußerungserlös der Buchwert des Kapitalkontos gegenüberzustellen. Dabei ist unerheblich, ob der Buchwert einen positiven oder negativen Wert hat.[70] Dies bedeutet, dass bereits ein geringfügiges Entgelt dazu führt, dass beim bisherigen Gesellschafter neben diesem Entgelt als Veräußerungsgewinn das gesamte negative Kapitalkonto zu versteuern ist. Für den Erwerber entstehen – ebenso wie beim vollentgeltlichen Erwerb – entsprechende Anschaffungskosten, die in einer Ergänzungsbilanz zu aktivieren sind (vgl. dazu Rn 53)

Ein bei der teilentgeltlichen Übertragung entstehender Veräußerungs- **48**
gewinn kann mit vorhandenen verrechenbaren Verlusten aufgerechnet werden. Soweit nach einer Verrechnung mit dem Veräußerungsgewinn ausnahmsweise noch ein verrechenbarer Verlust verbleibt, geht dieser verbleibende Betrag u.E. nicht auf den Rechtsnachfolger über, da die teilentgeltliche Übertragung nach der Einheitstheorie wie ein entgeltlicher Vorgang zu behandeln ist, wenn das Entgelt das (negative) Kapitalkonto übersteigt. Der Rechtsvorgänger kann den verrechenbaren Verlust jedoch bis zur Höhe von nachträglich geleisteten Einlagen als ausgleichsfähigen Verlust geltend machen.[71]

2. Entgeltliche Übertragung des Gesellschaftsanteils

Erfolgt die Übertragung des Kommanditanteils auf der Grundlage eines **49**
Verkaufs, berührt dies nicht den Stand der übertragenen Kapitalkonten lt. Gesamthandsbilanz. Ein fremder Dritter wird nur dann bereit sein, ein Entgelt für einen Kommanditanteil mit einem negativen Kapitalkonto in der Gesamthandsbilanz zu bezahlen, wenn die anteiligen stillen Reserven im Gesellschaftsanteil höher sind als der Stand des negativen Kapitalkontos. Aus dieser Überlegung heraus ist es sachgerecht, dass für den Altgesellschafter in Höhe des vereinnahmten Entgelts ein Veräußerungsgewinn entsteht, der um den Stand des negativen Kapitalkontos **erhöht** ist.[72] Dies gilt unabhängig davon, aus welchem Grund das negative Kapitalkonto entstanden ist, ob also durch Verlustzurechnung oder durch Entnahmen.[73]

---

[68] *L. Schmidt/Wacker* § 15 a EStG Rn 232; *Littmann/Bitz* § 15 a EStG Rn 57.

[69] BFH v. 10. 7. 1986 BStBl. II 1986, 811; BFH v. 16. 12. 1992 BStBl. II 1993, 436.

[70] BFH v. 16. 12. 1992 BStBl. II 1993, 436.

[71] R 138 d Abs. 4 S. 2 EStR; *Kempf/Hillringhaus*, DB 1996, 12; *Kempermann*, StbJb 1996/97, 322.

[72] *L. Schmidt/Wacker* § 15 a EStG Rn 224; *Blümich/Stuhrmann* § 15 a EStG Rn 110.

[73] BFH v. 27. 7. 1994 BStBl. II 1995, 112.

50 Der Veräußerungsgewinn kann von dem Veräußerer zunächst mit dem Bestand an verrechenbaren Verlusten gemäß § 15 a EStG aufgerechnet werden. Sofern das negative steuerliche Kapitalkonto durch Verlustzurechnung entstanden ist, wird im **Regelfall die Höhe** des negativen steuerlichen Kapitalkontos mit dem Bestand an verrechenbaren Verlusten **übereinstimmen**. Es können sich jedoch auch **Abweichungen** ergeben. Der Bestand der verrechenbaren Verluste kann beispielsweise deshalb **geringer** sein als der Stand des negativen Kapitalkontos, weil eine überschießende Außenhaftung nach § 171 Abs. 1 HGB bestand. Die verrechenbaren Verluste können deshalb **höher** sein als der Stand des negativen Kapitalkontos, weil nach dem Entstehen von verrechenbaren Verlusten durch den Altgesellschafter eine Einlage in das Gesellschaftsvermögen geleistet worden ist.

51 Sofern der Bestand der verrechenbaren Verluste höher ist als ein entstehender Veräußerungsgewinn, kann der verbleibende Betrag von dem Altgesellschafter zum Zeitpunkt der Veräußerung bis zur Höhe der nachträglichen Einlagen als ausgleichsfähiger Verlust geltend gemacht werden.[74] Dies ist insofern sachgerecht, als der Altgesellschafter in Höhe der zur Verminderung eines negativen Kapitalkontos geleisteten Einlagen den für ihn festgestellten verrechenbaren Verlust tatsächlich trägt. Für den Freibetrag gem. § 16 Abs. 4 EStG ist der Gewinn vor Ausgleich mit dem verrechenbaren Verlust maßgebend.[75]

52 Sofern keine abweichende Regelung im Kaufvertrag erfolgt, übernimmt der Erwerber des Kommanditanteils alle **Kapitalkonten** der Gesamthandsbilanz. Der Kaufpreis für den Kommanditanteil bildet für den Erwerber dessen Anschaffungskosten. Wurde mit dem Kommanditanteil ein negativer Stand der Kapitalkonten übernommen, hat der Erwerber in Höhe der Unterdeckung zusätzliche Anschaffungskosten.[76] Der Kaufpreis für den Kommanditanteil, erhöht um den Stand des negativen Kapitalkontos, ist für den Erwerber in eine **Ergänzungsbilanz** einzustellen[77] und ist im Verhältnis der stillen Reserven der Vermögensgegenstände aufzuteilen.[78] Es ist hingegen **nicht** möglich, dass der Erwerber in Höhe des negativen Kapitalkontos einen **sofort abzugsfähigen** Verlust geltend machen kann,[79] da im Regelfall entsprechende stille Reserven im Kommanditanteil bestehen.

53 Anders als bei der unentgeltlichen Übertragung des Kommanditanteils generiert der Erwerber aus dem Kauf **eigene Anschaffungskosten** für den Kommanditanteil. Er tritt damit **nicht** in die Rechtsstellung des Altgesellschafters ein. Damit kann auch **nicht** ein eventueller **Bestand** an **verrechenbaren Verlusten** gemäß § 15 a EStG **übernommen** werden. Da auch das negative steuerliche Kapitalkonto in die Ermittlung des Veräußerungsgewinns einbezogen wird, erfolgt der Ausgleich der verrechenbaren Verluste in der Person des Altgesellschafters, ggf. durch Umwandlung der verrechenbaren Verluste in ausgleichsfähige Verluste (vgl. Rn 51).

---

[74] R 138 d Abs. 4 S. 2 EStR.

[75] *Littmann/Bitz* § 15 a EStG Rn 50.

[76] *L. Schmidt/Wacker* § 15 a EStG Rn 225; R 138 d Abs. 6 S. 3–4 EStR.

[77] BFH v. 26. 5. 1981 BStBl. II 1981, 795.

[78] BFH v. 21. 4. 1994 BStBl. II 1994, 748.

[79] BFH v. 26. 5. 1981 BStBl. II 1981, 795.

Ein Sonderfall der entgeltlichen Veräußerung entsteht dann, wenn der Altgesellschafter **entschädigungslos** aus der Gesellschaft **ausscheidet**. Der Gesellschaftsanteil wächst den übrigen Gesellschaftern entsprechend deren Kapitalanteil zu. Scheidet der Gesellschafter entschädigungslos mit einem negativen steuerlichen Kapitalkonto aus der Gesellschaft aus, bestimmt § 52 Abs. 33 S. 3, 4 EStG, dass der Bestand des verbleibenden negativen steuerlichen Kapitalkontos für den Ausscheidenden als Veräußerungsgewinn gilt, denn dann werden die Verluste durch die verbleibenden Gesellschafter getragen.[80] Anders als beim Verkauf des Kommanditanteils entstehen für die verbleibenden Gesellschafter jedoch nur insoweit zusätzliche **Anschaffungskosten**, als in dem übernommenen Anteil stille Reserven enthalten sind. In Höhe des Teilbetrags des negativen Kapitalkontos, der die stillen Reserven einschließlich des Firmenwerts übersteigt, sind bei den übernehmenden Mitunternehmern Verlustanteile anzusetzen.[81] **54**

§ 52 Abs. 33 S. 3, 4 EStG ist allerdings nur bei dem **entschädigungslosen Ausscheiden** eines Gesellschafters aus der Gesellschaft anzuwenden, **nicht** auf die anteilige Veräußerung an einen oder mehrere Mitgesellschafter. Im Falle des Verkaufs eines Kommanditanteils kommen auch hier die allgemeinen Regeln zur Anwendung, d. h. der erwerbende Mitgesellschafter kann durch den Kauf im Erwerbszeitpunkt keine Verluste generieren.[82] Die unterschiedliche zivilrechtliche Gestaltung führt auch hier wiederum zu unterschiedlichen steuerlichen Konsequenzen. Bei dem Erwerb eines Kommanditanteils wird unterstellt, dass dies wegen der stillen Reserven im Gesellschaftsanteil geschieht. Das entschädigungslose Ausscheiden aus der Gesellschaft beruht dagegen im Grundsatz auf § 167 Abs. 3 HGB, demzufolge für einen beschränkt haftenden Gesellschafter keine Nachschusspflicht besteht.[83] Diese unterschiedliche steuerliche Beurteilung bietet jedoch gleichzeitig einen **Gestaltungsspielraum** für entsprechende Sachverhalte. **55**

VI. Verlustverrechnung bei doppelstöckigen Personengesellschaften

Ist eine Personengesellschaft an einer weiteren Personengesellschaft beteiligt, gilt der Gesellschafter der Muttergesellschaft nach § 15 Abs. 1 Nr. 2 EStG auf der Ebene der Tochtergesellschaft als Mitunternehmer. Hierdurch steht der mittelbar beteiligte Gesellschafter dem unmittelbar an der Personengesellschaft beteiligten Gesellschafter gleich. Der Gesellschafter der Obergesellschaft hat der Untergesellschaft allerdings kein Eigenkapital zur Verfügung gestellt, so dass sich gemäß § 15 a EStG kein Verlustausgleichspotential ergibt. **56**

Bei einem **doppelstöckigen Aufbau** der Beteiligungsstruktur ist die **Verlustverrechnung** auf jeder Ebene der Personengesellschaften **gesondert** zu beurteilen. Erzielt die Tochtergesellschaft einen Verlust, richtet sich die Verlustverrechnungsmöglichkeit, d. h. die Qualifikation in ausgleichs- **57**

---

[80] BFH v. 14. 6. 1994 BStBl. II 1995, 246.

[81] *L. Schmidt/Wacker* § 15 a EStG Rn 222; R 138 d Abs. 6 S. 3–4 EStR.

[82] *Kempermann*, StbJb 1996/97, 328; *Gschwendtner*, DStR 1995, 914.

[83] *Herrmann/Heuer/Raupach* § 15 a EStG Rn 48; BFH v. 14. 6. 1994 BStBl. II 1995, 246.

fähige und verrechenbare Verluste für die als Kommanditistin beteiligte Muttergesellschaft, ausschließlich nach den Verhältnissen auf der Ebene der Tochtergesellschaft.[84] Eine Zurechnung von ausgleichsfähigen Verlusten auf die Muttergesellschaft ist nur insoweit möglich, als diese bei der Untergesellschaft über ein steuerliches Kapitalkonto verfügt bzw. eine erweiterte Außenhaftung nach § 171 Abs. 1 HGB besteht. Der **ausgleichsfähige Verlust** der Untergesellschaft wird der Muttergesellschaft zugerechnet und ist dort **Bestandteil des steuerlichen Gewinns**.[85]

58 Verbleibt auf der Ebene der Tochtergesellschaft **ein verrechenbarer Verlust**, kann dieser **nicht** auf die Obergesellschaft zugerechnet werden und somit nicht von den Gesellschaftern der Muttergesellschaft verwertet werden. Die Tochtergesellschaft entfaltet insoweit eine **Abschirmwirkung.**[86] Dies gilt auch dann, wenn der Gesellschafter der Muttergesellschaft für die Verbindlichkeiten der Muttergesellschaft beispielsweise als Komplementär unbeschränkt haftet.[87]

59 In der Handelsbilanz der Obergesellschaft wird die Beteiligung an der Untergesellschaft als eigenständiger Vermögensgegenstand ausgewiesen, der einer gesonderten Bewertung unterliegt.[88] In der **Steuerbilanz** wird die Beteiligung an der Untergesellschaft **nicht** als **eigenständiger Vermögensgegenstand** erfasst.[89] Der Beteiligungsbuchwert entspricht vielmehr der anteiligen Summe der Vermögensgegenstände und Schulden der Untergesellschaft, zeigt also den **spiegelbildlichen Ausweis** des Eigenkapitals der Untergesellschaft. Steuerliche Verluste der Untergesellschaft beeinflussen damit das steuerliche Kapitalkonto der Gesellschafter der Obergesellschaft, auch wenn sich auf Ebene der Untergesellschaft eine Verlustausgleichsbeschränkung gemäß § 15 a EStG ergibt. Durch diese Minderung des steuerlichen Kapitalkontos kann sich für die Gesellschafter der Obergesellschaft eine Einschränkung des Verlustausgleichspotentials ergeben.[90] Im Ergebnis haben die steuerlichen Verluste der Untergesellschaft damit eine doppelte Auswirkung. Die Verluste sind auf Ebene der Untergesellschaft nicht ausgleichsfähig, können gleichwohl das Verlustausgleichspotential der Gesellschafter bei der Obergesellschaft mindern. Da diese doppelte Einschränkung dem Sinn und Zweck des § 15 a EStG widerspricht, lässt die Finanzverwaltung zu, außerbilanziell einen Korrekturposten zum steuerlichen Eigenkapital der Obergesellschaft zu bilden, in dem die verrechenbaren Verluste der Untergesellschaft abgebildet werden, so dass sich auf Ebene der Obergesellschaft im Ergebnis insoweit keine Verminderung des Verlustausgleichsvolumens gemäß § 15 a EStG ergibt.[91]

---

[84] BFH v. 18. 12. 2003 BStBl. II 2004, 231.

[85] *L. Schmidt*, FS Moxter, 1116.

[86] *Sundermeier*, DStR 1994, 1478.

[87] *Uelner/Dankmeyer*, DStZ 1981, 12.

[88] HFA 1/1991, WPg 1991, 334.

[89] BFH v. 23. 7. 1975 BStBl. II 1976, 73; BFH v. 13. 10. 1976 BStBl. II 1977, 260; *Ley*, KÖSDI 1996, 10 934; dies., DStR 2004, 1499; *L. Schmidt* § 15 EStG Rn 610.

[90] *Gail/Düll/Heß-Emmerich/Fuhrmann*, DB 1998 Beil. 19, 21; *Ley*, DStR 2004, 1500; a. A. *L. Schmidt/Wacker* § 15 a EStG Rn 61; *Sundermeier*, DStR 1994, 1477.

[91] OFD Bremen v. 19. 10. 1995 DB 1996, 900; OFD Chemnitz v. 5. 2. 1998 GmbHR 1998, 394.

Beispiel: D ist alleiniger Kommanditist der D-GmbH & Co. KG. Die Komplementär-GmbH ist nicht am Kapital beteiligt. Sein steuerliches Kapitalkonto bei der D-GmbH & Co. KG beträgt zum Jahresanfang t1 1000. Die D-GmbH & Co. KG ist wiederum an der E-GmbH & Co. KG beteiligt. Das steuerliche Kapitalkonto bei der E-GmbH & Co. KG beträgt zum Jahresanfang t1 500.

Der anteilige Jahresverlust der Tochtergesellschaft beträgt im Jahr t1 –700. Das anteilige Jahresergebnis der D-GmbH & Co. KG beträgt ohne Berücksichtigung des Jahresfehlbetrages der Tochtergesellschaft im Jahr t1 –400.

Lösungshinweis: Das steuerliche Kapitalkonto des D bei der D-GmbH & Co. KG entwickelt sich wie folgt:

Stand des Kapitalkontos Jahresanfang	1.000
Anteiliges Jahresergebnis D-GmbH & C.o KG	– 400
Anteiliges Jahresergebnis E-GmbH & Co. KG	– 700
	–1.100
Stand des Kapitalkontos Jahresende	– 100
Außerbilanzielle Merkposten für Zwecke des § 15 a EStG (= verrechenbare Verluste der Untergesellschaft)	200
Ausgleichspotential für künftige Verluste der D-GmbH & Co. KG[92]	100

Die steuerliche Ergebnisentwicklung stellt sich wie folgt dar:

E-GmbH & Co. KG	
anteiliges Jahresergebnis t1	– 700
davon ausgleichsfähig	500
davon verrechenbar	– 200
D-GmbH & Co. KG	
Jahresergebnis	– 400
Jahresergebnis E-GmbH & Co. KG	– 700

Für D sind folgende Besteuerungsgrundlagen einheitlich und gesondert festzuhalten:

steuerliches Ergebnis im Jahr t1	–1.100
davon ausgleichsfähig	900
davon verrechenbar	200

Die Darstellung zeigt, dass durch die Bilanzierung der Beteiligung der **60** Untergesellschaft nach der sog. Spiegelbildmethode die anteiligen Verluste der Untergesellschaft in vollem Umfang auch das steuerliche Eigenkapital der Gesellschafter der Obergesellschaft mindern, unabhängig davon, ob die Verluste auf Ebene der Untergesellschaft ausgleichsfähig oder lediglich verrechenbar gemäß § 15 a EStG sind. Durch die Bildung des außerbilanziellen Ausgleichspostens auf Ebene der Obergesellschaft wird das Volumen der ausgleichsfähigen Verluste auf Ebene der Obergesellschaft wiederum erhöht. Sowohl die künftigen originären Verluste der Obergesellschaft als auch die von der Untergesellschaft künftig als ausgleichsfähig zugerechneten Verluste sind in Höhe des verbleibenden Auslgeichspostens ausgleichsfähig.

[92] OFD Chemnitz v. 5. 2. 1998 GmbHR 1998, 394.

§ 7 Die GmbH & Co. KG im Umsatzsteuerrecht

Schrifttum: *Behrens/Schmitt*, Umsatzsteuer auf die Geschäftsführung und Übernahme der unbeschränkten Haftung durch die Komplementät-GmbH, GmbHR 2003, 269; *Birkenfeld*, Beginn, Abwicklung und Ende des Unternehmens, UR 1992, 29; *Centraler-Gutachterdienst*, Vergütung: Umsatzsteuerbarkeit der Geschäftsführerbezüge bei GmbH & Co. KG, GmbHR 2004, 489; *Dziadkowski*, Der Unternehmer „in der Umsatzsteuer", UVR 1990, 195 ff.; *Heidner*, Änderung der Rechtsprechung zur umsatzsteuerlichen Behandlung von Geschäftsführerleistungen durch Gesellschafter-Geschäftsführer an die Gesellschaft, DStR 2002, 1890; *Meyer*, Die umsatzsteuerrechtliche Behandlung der Werbegemeinschaften, UR 1986, 317; *Robisch*, Geänderte Rechtsprechung des BFH zu Geschäftsführerleistungen bei Personengesellschaften – dargestellt am Beispiel einer GmbH & Co. KG, UVR 2002, 361; *Schmidt*, Vorsteuerabzug eines Personengesellschafters bei betrieblicher Nutzung des eigenen PKW, UR 1994, 221; *Stadie*, Der Mitunternehmer im Umsatzsteuerrecht, UR 1986, 137; *Wagner*, Beginn, Ruhen und Ende eines Unternehmens, StuW 1991, 61; *Weiß*, Rechtsprechung, UR 1986, 63; *ders.*, Urteilsanmerkung zu BFH vom 17. 7. 1980, UR 1980, 203; *Zugmaier*, Umsatzsteuerliche Behandlung der Geschäftsführerleistungen bei Personengesellschaften, INF 2003, 309; *ders.*, Geschäftsführungs- und Vertretungsleistungen der Gesellschafter, DStR 2004, 124.

I. Vorbemerkungen

1 Im Gegensatz zu dem Ertragsteuerrecht gibt es im Umsatzsteuerrecht keine steuerliche Mitunternehmerschaft.[1] Die GmbH & Co. KG bzw. die beteiligten Gesellschafter, die Komplementär-GmbH sowie die Kommanditisten sind getrennte Steuersubjekte für Zwecke der Umsatzsteuer. Durch die Beteiligung an einer Personengesellschaft wird der Gesellschafter noch nicht zum Unternehmer im Sinne des Umsatzsteuerrechts.[2] Er muss vielmehr eigenständig die Kriterien eines Unternehmers erfüllen.

2 Sofern ein Unternehmer im Inland Lieferungen oder sonstige Leistungen gegen Entgelt erbringt, handelt es sich grundsätzlich um eine **umsatzsteuerbare Leistung** gemäß § 1 Abs. 1 Nr. 1 UStG. Eine Lieferung gegen Entgelt werden gem. § 3 Abs. 1 b UStG gleichgestellt die Entnahme eines

[1] BFH v. 9. 3. 1989 BStBl. II 1989, 580; BFH v. 18. 12. 1980 BStBl. II 1981, 408; BFH v. 27. 6. 1995 BStBl. II 1995, 915.

[2] BFH v. 15. 1. 1987 BStBl. II 1987, 512; *Birkenfeld* USt-Handbuch I Rn 525; a.A. *Stadie*, UR 1986, 137.

Gegenstandes für private Zwecke des Unternehmens, die unentgeltliche Zuwendung eines Gegenstandes an das Personal für dessen privaten Bedarf sowie andere unentgeltliche Zuwendungen, sofern der Gegenstand zum Vorsteuerabzug berechtigt hat. Entsprechend werden einer sonstigen Leistung gegen Entgelt gem. § 3 Abs. 9a UStG gleichgestellt die Verwendung eines dem Unternehmen zugeordneten Gegenstandes, der zum Vorsteuerabzug berechtigt hat, für private Zwecke des Unternehmers oder seines Personals sowie die unentgeltliche Erbringung einer anderen sonstigen Leistung für nicht unternehmerische Zwecke.

Liegt eine umsatzsteuerbare Lieferung oder sonstige Leistung vor, muss 3 im nächsten Schritt geprüft werden, ob ggf. eine **Befreiungsvorschrift** gemäß § 4 UStG zur Anwendung kommt. Ist dies nicht der Fall, handelt es sich um eine umsatzsteuerbare und umsatzsteuerpflichtige Leistung, die grundsätzlich zur Berechnung und Abführung von Umsatzsteuer verpflichtet.

Die Ausführung von umsatzsteuerpflichtigen Lieferungen und Leistun- 4 gen bewirkt gleichzeitig den Einbezug des Unternehmers in das System der Umsatzsteuerabrechnung. Dies hat u. a. zur Folge, dass die in Rechnung gestellte Umsatzsteuer als so genannte **Vorsteuer** geltend gemacht werden kann. Die Zahllast gegenüber der Finanzverwaltung umfasst danach lediglich die Differenz zwischen der Umsatzsteuerschuld auf die erbrachten Lieferungen und Leistungen abzüglich der verauslagten Vorsteuerbeträge.

II. Unternehmereigenschaft

Die Unternehmereigenschaft hat eine zentrale Bedeutung für die Beur- 5 teilung der Frage, ob eine umsatzsteuerbare Leistung vorliegt. **Unternehmer** im Sinne des Umsatzsteuerrechts gem. § 2 Abs. 1 UStG ist derjenige, der eine gewerbliche oder berufliche Tätigkeit **selbständig und nachhaltig** mit der **Absicht der Einnahmeerzielung** ausübt.[3] Die Absicht der Gewinnerzielung ist hierbei nicht erforderlich. Es ist außerdem nicht erforderlich, dass eine Tätigkeit ausgeübt wird, die nach ertragsteuerlichen Kriterien als gewerblich (§ 15 EStG) oder als selbständig (§ 18 EStG) gewertet wird.[4] So kann beispielsweise eine im Ertragsteuerrecht als vermögensverwaltend zu beurteilende Tätigkeit zu einer unternehmerischen Betätigung im Sinne des UStG führen.

Die **Kommanditgesellschaft** ist üblicherweise die eigentliche opera- 6 tive Einheit bei einer GmbH & Co. KG. Die Unternehmereigenschaft ist deshalb für die Gesellschaft im Regelfall gegeben. Dies gilt selbst dann, wenn Gesellschaftszweck nach ertragsteuerlichen Kriterien lediglich eine vermögensverwaltende Tätigkeit ist.[5]

Die Funktion der **Komplementär-GmbH** beschränkt sich üblicher- 7 weise auf die Ausübung der Komplementärstellung bei der Kommandit-

[3] *Birkenfeld* USt-Handbuch I Rn10 ff.; *Rau/Stadie* § 2 UStG Rn 377 ff.; *Wagner*, StuW 1991, 61 ff.; *Dziadkowski*, UVR 1990, 195 ff.

[4] *Weiß*, UR 1980, 203 ff.; BFH v. 5. 9. 1963 BStBl. III 1963, 520.

[5] BFH v. 18. 12. 1980 BStBl. II 1981, 408.

gesellschaft, mithin auf Handlungen aufgrund der organschaftlichen Stellung. Eine weitere eigengewerbliche Betätigung der Komplementär-GmbH ist zwar durchaus möglich, ist jedoch eher untypisch. Die Unternehmereigenschaft der Komplementär-GmbH hängt somit regelmäßig davon ab, ob die in der Komplementär-GmbH an die Kommanditgesellschaft zu erbringenden Leistungen, insbesondere die Übernahme der persönlichen Haftung sowie die Ausübung der Geschäftsführertätigkeit, im Rahmen eines umsatzsteuerlichen Leistungsaustausches oder als nichtsteuerbarer Gesellschafterbeitrag erfolgt.

8 Der BFH hat mit Urteil vom 6. 6. 2002[6] seine langjährige Rechtsprechung aufgegeben, nach der die Ausübung der Mitgliedschaftsrechte nicht als Leistung eines Gesellschafters an die Gesellschaft zu beurteilen ist.[7] Diese Leistungen sind – sofern sie gesondert vergütet werden – nun umsatzsteuerbar. Das BMF hatte mit Schreiben vom 13. 12. 2002[8] die Finanzverwaltung angewiesen, die neue Rechtsprechung ab dem 1. 7. 2003 anzuwenden. Mit BMF-Schreiben vom 17. 6. 2003[9] wurde die Übergangsfrist auf den 1. 1. 2004 verlängert. In einem weiteren BMF-Schreiben vom 23. 12. 2003[10] wurde die Übergangsfrist nochmals verlängert, auf den 1. 4. 2004. Die Grundsätze des BFH-Urteils vom 6. 6. 2002 können jedoch auch schon vor diesem Zeitpunkt angewendet werden, so weit die Steuerfestsetzung noch möglich ist.

9 Das BMF führt in seinem Schreiben vom 23. 12. 2003 in Bezug auf die Komplementär-GmbH aus, dass juristische Personen als Gesellschafter grundsätzlich selbständig tätig werden, wenn sie Geschäftsführungs- und Vertretungsleistungen an die Gesellschaft erbringen. Die Tätigkeit wird lediglich dann nicht selbständig ausgeübt, wenn die juristische Person im Rahmen der Organschaft nach § 2 Abs. 2 Nr. 2 UStG in ein anderes Unternehmen eingegliedert ist. Eine Komplementär-GmbH, die an einer Kommanditgesellschaft als persönlich haftende Gesellschafterin beteiligt ist, kann jedoch nicht als Organgesellschaft in das Unternehmen dieser Kommanditgesellschaft eingegliedert sein.[11] Lediglich bei der sog. Einheits-GmbH & Co. KG, bei der die KG alleinige Inhaberin der Geschäftsanteile an der GmbH ist, kommt eine umsatzsteuerliche Organschaft in Betracht.[12]

10 Der **Kommanditist** ist ebenfalls nicht allein aufgrund seiner Beteiligung an der Kommanditgesellschaft Unternehmer i. S. d. Umsatzsteuerrechts. Er kann jedoch seine Unternehmereigenschaft im Verhältnis zur Kommanditgesellschaft dadurch begründen, dass er Lieferungen oder sonstige Leistungen gegenüber der Kommanditgesellschaft tätigt. So wird er bei-

---

6 BFH v. 6. 6. 2002 BStBl. II 2003, 36.

7 BFH v. 17. 7. 1980 BStBl. II 1980, 622.

8 BMF v. 13. 12. 2002 BStBl. I 2003, 68.

9 BMF v. 17. 6. 2003 BStBl. I 2003, 378.

10 BMF v. 23. 12. 2003 BStBl. I 2004, 240.

11 BFH v. 14. 12. 1978 BStBl. II 1979, 288; Abschn. 21 Abs. 2 Satz 4 UStR; a.A. *Heidner*, DStR 2002, 1893.

12 OFD Düsseldorf, OFD Köln, OFD Münster vom 2. 2. 2005, Tz. 1, DStR 2005, 381; a. A. noch OFD Nürnberg vom 28. 10. 2004, Tz. 2, DStR 2005, 156.

spielsweise dann zum Unternehmer i. S. d. Umsatzsteuerrechts, wenn er Gegenstände an die Kommanditgesellschaft vermietet.

Das BMF sieht in seinem Schreiben vom 13. 12. 2002 natürliche Perso- **11**
nen, die als Gesellschafter Geschäftsführungs- und Vertretungsleistungen an eine Personengesellschaft erbringen, als selbständig an. Eine Weisungsgebundenheit i. S. d. § 2 Abs. 2 Nr. 1 UStG könne in diesen Fällen nicht vorliegen, weil der Gesellschafter Mitunternehmer i. S. d. § 15 Abs. 1 Satz 1 Nr. 2 EStG ist und die Frage der Selbständigkeit natürlicher Personen für die Umsatzsteuer, Einkommensteuer und Gewerbesteuer nach denselben Grundsätzen zu beurteilen sei. Selbst ein gesellschaftsvertraglich vereinbartes Weisungsrecht der Personengesellschaft gegenüber ihrem Gesellschafter könne nicht zu einer Weisungsgebundenheit i. S. d. § 2 Abs. 2 Nr. 1 UStG führen. Demgegenüber sind natürliche Personen als Gesellschafter, die Geschäftsführungs- und Vertretungsleistungen an eine Kapitalgesellschaft erbringen, grundsätzlich nicht selbständig tätig i. S. d. Umsatzsteuerrechts. Dies gelte vor allem dann, wenn sie für diese Tätigkeit Einkünfte aus nichtselbständiger Arbeit nach § 19 EStG erzielen.

In dem BMF-Schreiben vom 23. 12. 2003 ist der in der Praxis häufig vor- **12**
kommende Fall, dass ein Kommanditist einer GmbH & Co. KG zugleich als Geschäftsführer bei der Komplementär-GmbH angestellt ist und damit auch mittelbar die Geschäftsführung der KG übernimmt, leider nicht explizit geregelt. In einer solchen typischen Konstellation wird die von der Komplementär-GmbH erhaltene Tätigkeitsvergütung ertragsteuerlich nach dem Mitunternehmerkonzept in Einkünfte aus Gewerbebetrieb i. S. d. § 15 Abs. 1 Satz 1 Nr. 2 EStG umqualifiziert. Die Geschäftsführungstätigkeit wird somit ertragsteuerlich als gewerbliche Tätigkeit angesehen. Da in dem BMF-Schreiben mehrfach ausgeführt wird, dass die Frage der Selbständigkeit natürlicher Personen für die Umsatzsteuer, Einkommensteuer und Gewerbesteuer nach denselben Grundsätzen zu beurteilen ist, geht das BMF offenbar davon aus, dass der Kommanditist mit seiner Geschäftsführertätigkeit gegenüber der Komplementär-GmbH als Unternehmer i. S. d. § 2 UStG anzusehen ist. U.E. kann die Beurteilung der Tätigkeit des Geschäftsführers für die Komplementär-GmbH als selbständig oder nichtselbständig jedoch nicht davon abhängen, ob der Geschäftsführer zugleich Kommanditist der GmbH & Co. KG ist. Denn im Umsatzsteuerrecht gilt das ertragsteuerliche Mitunternehmerkonzept gerade nicht.[13] Dem Vernehmen nach geht das BMF jedoch von einer selbständigen Tätigkeit des Kommanditisten-Geschäftsführers aus. Demgegenüber sehen einzelne OFD-Bezirke die Tätigkeit des Kommanditisten-Geschäftsführers als nichtselbständig an, so dass der Kommanditisten-Geschäftsführer insoweit nicht Unternehmer i. S. d. Umsatzsteuerrechts ist.[14]

Sofern die Komplementär-GmbH und/ oder der Kommanditist neben **13**
der GmbH & Co. KG auch Unternehmer i. S. d. Umsatzsteurrechts sind,

[13] Ähnlich *Centrale-Gutachtendienst*, GmbHR 2004, 489.

[14] OFD Nürnberg v. 28. 10. 2004, Tz. 1, DStR 2005, 156 und mittlerweile wohl auch auf Bundesebene abgestimmt OFD Düsseldorf, OFD Köln, OFD Münster v. 2. 2. 2005, Tz. 2, DStR 2005, 381.

müssen sämtliche Beteiligten eigenständig ihre Umsatzsteuerpflichten, insbesondere die Pflicht zur Abgabe der Umsatzsteuervoranmeldungen und -erklärungen sowie zur Entrichtung der Umsatzsteuer, eigenständig erfüllen. Des Weiteren ist bei Eingangsleistungen darauf zu achten, dass die Rechnungen als Rechnungsadressaten den jeweiligen Leistungsempfänger ausweisen. Denn Voraussetzung für den Vorsteuerabzug ist eine Eingangsrechnung, die an den zutreffenden Leistungsempfänger adressiert ist.

III. Leistungsbeziehungen zwischen Kommanditgesellschaft und den Gesellschaftern

1. Leistungen eines Gesellschafters an die Gesellschaft

14 Ein Gesellschafter kann Leistungen gegenüber der Kommanditgesellschaft sowohl aufgrund eines gesellschaftsrechtlichen Beitragsverhältnisses als auch aufgrund eines schuldrechtlichen Austauschverhältnisses erbringen. Die umsatzsteuerliche Behandlung dieser Leistungen richtet sich danach, ob es sich um Leistungen handelt, die als Gesellschafterbeitrag durch die Beteiligung am Gewinn oder Verlust der Gesellschaft abgegolten werden, oder um Leistungen, die gegen Sonderentgelt ausgeführt werden und damit auf einem Leistungsaustausch gerichtet sind. Dabei ist die tatsächliche Ausführung des Leistungsaustausches und nicht allein die gesellschaftsrechtliche Verpflichtung maßgebend.[15]

15 Für die Frage, ob die **Leistungen gegen Sonderentgelt** ausgeführt werden, ist maßgebend, ob die vereinbarte Gegenleistung im Rahmen der Ergebnisermittlung bei der Handelsbilanz als Aufwand behandelt wird. Auf die Bezeichnung der Gegenleistung z. B. als Aufwendungsersatz, als Umsatzbeteiligung, als Kostenerstattung oder Gewinnvorab kommt es hingegen nicht an. Wird neben einem Sonderentgelt auch eine gewinnabhängige Vergütung bezahlt (sog. Mischentgelt), sind das Sonderentgelt und die gewinnabhängige Vergütung umsatzsteuerrechtlich getrennt zu beurteilen. Das Sonderentgelt wird im Rahmen eines umsatzsteuerlichen Leistungsaustausches gezahlt, die gewinnabhängige Vergütung stellt hingegen kein Entgelt dar.[16]

16 Die Gesellschafter können somit im Ergebnis selbst bestimmen, ob sie ihre Leistungen im Rahmen eines umsatzsteuerlichen Leistungsaustausches oder als Gesellschafterbeitrag erbringen. Bei Kommanditgesellschaften mit Berechtigung zum Vorsteuerabzug (steuerpflichtige Ausgangsumsätze) ergibt sich bei einer Umsatzsteuerbarkeit von Gesellschafterleistungen keine Umsatzsteuerbelastung, wenn sichergestellt wird, dass die Kommanditgesellschaft aus den umsatzsteuerpflichtigen Leistungen ihres Gesellschafters den Vorsteuerabzug geltend macht. Der Gesellschafter muss der Kommanditgesellschaft eine Rechnung i. S. d. § 14 UStG mit gesondertem Umsatzsteuerausweis ausstellen.[17] Die Umsatzsteuerpflicht der Geschäftsführungsleistungen der Komplementär-GmbH führt zwar auf der einen

---

[15] BMF v. 23. 12. 2003 BStBl. I 2004, 240, Abschn. B.
[16] BMF v. 23. 12. 2003 BStBl. I 2004, 240, Abschn. B.
[17] *Zugmaier*, INF 2003, 311.

Seite aufgrund der erforderlichen Rechnungsstellungen sowie der Abgabe von Umsatzsteuervoranmeldungen und -erklärungen zu einem höheren Verwaltungsaufwand; auf der anderen Seite ermöglicht die umsatzsteuerpflichtige Tätigkeit der Komplementär-GmbH dieser den Vorsteuerabzug aus Eingangsleistungen, wie z. B. Steuerberatungsleistungen für die Erstellung des Jahresabschlusses sowie der Steuererklärungen.

Bei Kommanditgesellschaften mit Ausschlussumsätzen kann sich hin- 17
gegen aus der Rechtsprechungsänderung sowie der hierzu ergangenen Verwaltungsauffassung eine Belastungswirkung ergeben, da der Umsatzsteuerpflicht auf Ebene der Gesellschafter kein entsprechender Vorsteuerabzug auf Ebene der Kommanditgesellschaft gegenübersteht. In solchen Fällen bietet es sich an, dass die Komplementär-GmbH für ihre Geschäftsführungstätigkeit lediglich ein Gewinnvorab erhält, das nicht als Aufwand im Rahmen der handelsrechtlichen Ergebnisermittlung behandelt wird. Die Tätigkeitsvergütung wird dann als nichtsteuerbarer Gesellschafterbeitrag qualifiziert.

Hinsichtlich der **Haftungsvergütung** der Kommanditgesellschaft an 18
die Komplementär-GmbH geht das BMF davon aus, dass diese nicht im Rahmen eines Leistungsaustauschverhältnisses gewährt wird. Sofern ausnahmsweise ein Sonderentgelt zu bejahen sei, sei die Leistung des Gesellschafters nicht gemäß § 4 Nr. 8 Buchst. g UStG steuerfrei.[18] In der Literatur wird hingegen zutreffend davon ausgegangen, dass eine Haftungsvergütung der Komplementär-GmbH, die unabhängig vom Gewinn oder Verlust der Kommanditgesellschaft gewährt wird, ein Sonderentgelt für die Übernahme des Haftungsrisikos darstellt und somit zu einem umsatzsteuerbaren Leistungsaustausch führt. Die Haftungsvergütung ist jedoch entgegen der Auffassung des BMF gemäß § 4 Nr. 8 Buchst. g UStG umsatzsteuerfrei.[19] Auch wenn die in dem BMF-Schreiben angenommene Nichtsteuerbarkeit der Haftungsvergütung u.E. nicht mit den Grundsätzen der neuen BFH-Rechtsprechung vereinbar ist, kann die Auffassung der Finanzverwaltung in der Praxis akzeptiert werden. Denn sofern die Kommanditgesellschaft steuerfreie Ausschlussumsätze ausführt, ist die Haftungsvergütung mangels Steuerbarkeit nicht mit Umsatzsteuer belastet. Auch für den Fall, dass die Kommanditgesellschaft zum Vorsteuerabzug berechtigt ist, ergeben sich umsatzsteuerlich keine negativen Folgen. Insbesondere wird der Vorsteuerabzug der Komplementär-GmbH durch die Nichtsteuerbarkeit der Haftungsvergütung nicht beeinträchtigt, sofern die Komplementär-GmbH andere umsatzsteuerpflichtige Umsätze, wie beispielsweise die Vergütung für die Geschäftsführung, erzielt.[20]

Die **unentgeltliche Nutzungsüberlassung** an die Gesellschaft begrün- 19
det für sich allein noch nicht die Unternehmereigenschaft des Gesellschafters. Etwas anderes gilt nur dann, wenn der Gesellschafter seinerseits bereits unternehmerisch tätig ist und die unentgeltliche Leistung zugunsten der

---

[18] BMF v. 23. 12. 2003 BStBl. I 2004, 240 Abschn. B.

[19] *Zugmaier*, DStR 2004, 125; *Behrens/Schmitt*, GmbHR 2003, 274; *Robisch*, UVR 2002, 362.

[20] *Zugmaier*, DStR 2004, 125.

Kommanditgesellschaft aus seinem unternehmerischen Bereich erfolgt. In diesem Fall kommt u. U. die Qualifikation als unentgeltliche Wertabgabe gemäß § 3 Abs. 9 a Nr. 1 UStG in Betracht.[21]

2. Leistungen der Gesellschaft an die Gesellschafter

20 Bei **entgeltlichen Lieferungen oder Leistungen** einer Kommanditgesellschaft handelt es sich um umsatzsteuerbare Vorgänge, selbst wenn der Empfänger der Lieferung oder Leistung ein Gesellschafter ist. Dies gilt selbst dann, wenn der Hauptzweck der Gesellschaft darin besteht, entgeltliche Leistungen gegenüber ihren Gesellschaftern zu erbringen.[22] Soweit keine Umsatzsteuerbefreiung greift, ist die umsatzsteuerbare Lieferung oder Leistung auch umsatzsteuerpflichtig. Eine Steuerbarkeit der Leistungen der Personengesellschaft scheidet dagegen dann aus, wenn die Personengesellschaft **im Interesse aller Gesellschafter** handelt und hierfür keine gesonderte Gegenleistung erhält. Es fehlt hier die Verbindung von Leistung und Gegenleistung.[23]

21 **Bemessungsgrundlage** für die Umsatzsteuer ist grundsätzlich das vereinbarte Entgelt. Bei Leistungsbeziehungen zwischen der Kommanditgesellschaft und ihren Gesellschaftern bzw. nahe stehenden Personen muss beachtet werden, dass hierfür ein **angemessenes Entgelt** berechnet wird. Ist dies nicht der Fall, kommt gemäß § 10 Abs. 5 Nr. 1 i.V.m. § 10 Abs. 4 UStG die sog. **Mindestbemessungsgrundlage** zur Anwendung, wonach als Bemessungsgrundlage für die Umsatzsteuer nicht das (verbilligte) Entgelt, sondern der Einkaufspreis bzw. die entstandenen Kosten zugrunde zu legen sind. Die Kommanditgesellschaft ist in diesen Fällen gem. § 14 Abs. 4 S. 2 UStG berechtigt, die Mindestbemessungsgrundlage des § 10 Abs. 5 i.V.m. § 10 Abs. 4 UStG sowie den darauf entfallenden Steuerbetrag in der Rechnung an den Gesellschafter auszuweisen. Der erwerbende Gesellschafter kann dann – unter den allgemeinen Voraussetzungen des § 15 UStG – den Vorsteuerabzug in Höhe der auf die Mindestbemessungsgrundlage entfallenden Umsatzsteuer geltend machen, so dass der Vorgang insgesamt umsatzsteuerlich neutral durchgeführt werden kann.[24]

22 Erfolgt dagegen die Lieferung oder Leistung **unentgeltlich**, handelt es sich um eine unentgeltliche Wertabgabe i. S. d. § 3 Abs. 1 b, 9 a UStG. **Bemessungsgrundlage** für die unentgeltliche Leistung der Gesellschaft an den Gesellschafter sind wiederum der Einkaufspreis/Selbstkosten bzw. die entstandenen Kosten gemäß § 10 Abs. 4 UStG.

23 Die Abgrenzung einer unentgeltlichen von einer entgeltlichen Lieferung oder Leistung kann in der Praxis schwierig sein. Muss z. B. der Gesellschafter für die Überlassung eines Gegenstandes der Personengesellschaft an ihn zwar kein Entgelt entrichten, wird die private Nutzung des firmeneigenen

---

[21] Abschn. 6 Abs. 4 Nr. 2 b UStR.

[22] BFH v. 12. 4. 1962 BStBl. III 1962, 260; BFH v. 4. 7. 1985 BStBl. II 1986, 153; *Birkenfeld* USt-Handbuch I Rn 545; *Weiß*, UR 1986, 63; *Meyer*, UR 1986, 317.

[23] BFH v. 7. 5. 1981 BStBl. II 1981, 495; BFH v. 20. 1. 1988 BFH/NV 1988, 528; BFH v. 4. 7. 1985 BStBl. II 1986, 153.

[24] Abschn. 187 a Abs. 1 UStR.

Gegenstandes (z. B. Firmen-PKW) jedoch in der kaufmännischen Buchführung dem Privatkonto des Gesellschafters – wie allgemein üblich – belastet, so wird in dieser Belastung des Privatkontos ein Entgelt gesehen.[25] Eine unentgeltliche Lieferung oder Leistung der Personengesellschaft an ihre Gesellschafter dürfte in der Praxis somit nur vorkommen, wenn die Lieferung oder Leistung in der Buchführung überhaupt nicht erfasst wird.

IV. Umsatzsteuer bei aperiodischen Vorgängen

Als aperiodische Vorgänge sind aus umsatzsteuerlicher Sicht die Gründung bzw. Kapitalerhöhung, die Unternehmensveräußerung durch die Personengesellschaft sowie die Übertragung von Gesellschaftanteilen relevant. Im Folgenden werden die umsatzsteuerlichen Konsequenzen bei der Unternehmensveräußerung sowie bei der Übertragung von Gesellschaftsanteilen dargestellt. Hinsichtlich der umsatzsteuerlichen Konsequenzen bei Gründung und Kapitalerhöhung wird auf § 12 Rn 43 ff. verwiesen. 24

1. Umsatzsteuer bei Unternehmensveräußerung durch die Personengesellschaft

Veräußert die Personengesellschaft die wesentlichen Grundlagen des Unternehmens oder eines gesondert geführten Betriebs, liegt eine nichtsteuerbare Geschäftsveräußerung i. S. d. § 1 Abs. 1a UStG vor. Der Vorgang unterliegt daher nicht der Umsatzsteuer. Das Gleiche gilt, wenn die Kommanditgesellschaft ihren Betrieb bzw. einen Teilbetrieb in eine andere Gesellschaft einbringt.[26] 25

Die Abgrenzung einer nichtsteuerbaren (Teil-)Geschäftsveräußerung von einer umsatzsteuerbaren Lieferung von einzelnen Gegenständen ist in der Praxis mitunter schwierig. Insbesondere bei vermögensverwaltenden Gesellschaften stellt sich die Frage, ob die Veräußerung einer vermieteten Immobilie als nichtsteuerbare Teilgeschäftsveräußerung zu qualifizieren ist. Die Finanzverwaltung geht bei einer Übertragung einer vermieteten Immobilie, bei der der neue Eigentümer in die bestehenden Mietverträge eintritt und somit die unternehmerische Tätigkeit fortsetzen kann, regelmäßig von einer nichtsteuerbaren Teilgeschäftsveräußerung aus.[27] 26

2. Umsatzsteuer bei der Übertragung von Gesellschaftsanteilen

Die Übertragung von Gesellschaftsanteilen an der Kommanditgesellschaft durch die Gesellschafter auf neue Gesellschafter stellt grundsätzlich einen umsatzsteuerbaren Vorgang dar, sofern der übertragende Gesellschafter Unternehmer ist und die Anteile an der Kommanditgesellschaft zu seinem umsatzsteuerlichen Unternehmen gehören. Sofern die Anteile zum umsatzsteuerlichen Unternehmen des Gesellschafters gehören, hängt die 27

---

[25] Abschn. 158 Abs. 1 Beispiel 1 UStR; OFD Karlsruhe/Stuttgart v. 9.12.2002 DStR 2003, 253.

[26] Abschn. 5 Abs. 1 UStR.

[27] OFD Karlsruhe/Stuttgart v. 28.4.2000 UStK § 1 Abs. 1a UStG Karte 1; OFD Frankfurt v. 25.5.2000 UStK § 1 UStG S 7100b Karte 2.

umatzsteuerliche Behandlung davon ab, ob der Gesellschafter die Anteile im Rahmen eines (Teil-)Betriebs oder als einzelne Gegenstände überträgt. Im zuerst genannten Fall liegt eine nichtsteuerbare (Teil-)Geschäftsveräußerung vor.

28 Liegt keine nichtsteuerbare (Teil-)Geschäftsveräußerung vor, handelt es sich um eine umsatzsteuerbare Lieferung von Gesellschaftsanteilen. Die Lieferung von Gesellschaftsanteilen ist gemäß § 4 Nr. 8 UStG umsatzsteuerfrei.[28] Sofern die Lieferung an einen anderen Unternehmer erfolgt, kann der veräußernde Gesellschafter gemäß § 9 Abs. 1 UStG auf die Umsatzsteuerbefreiung verzichten und zur Umsatzsteuer optieren. Eine Option zur Umsatzsteuer hat für den veräußernden Gesellschafter den Vorteil, dass er die in Rechnung gestellte Umsatzsteuer auf Eingangsleistungen, die im Zusammenhang mit der Veräußerung der Gesellschaftsanteile stehen, als Vorsteuer geltend machen kann.

---

[28] Abschn. 66 Abs. 1 UStR.

§ 8 Die GmbH & Co. KG im Grunderwerbsteuerrecht

Schrifttum: *Behrens*, Mittelbare Anteilsübertragung bei § 1 Abs. 2a GrEStG, UVR 2004, 27; *ders.*, Grunderwerbsteuer auf Umstrukturierungen bei doppelstöckigen Personengesellschaften, DStR 2003, 2093; *Binz/Freudenberg/Sorg*, Grunderwerbsteuerliche Probleme der Anteilsvereinigung bei der GmbH & Co. KG, DStR 1990, 753; *Eggers/Fleischer/Wischott*, DStR-Fachliteraturauswertung: Grunderwerbsteuer, DStR 1999, 1301; *Eder*, Die Grunderwerbsteuer im Konzern, DStR 1994, 739; *Gail/Düll/Heß-Emmerich/Fuhrmann*, Aktuelle Entwicklung des Unternehmenssteuerrechts, DB 1998 Beil. 19, 17; *Grotherr*, Grunderwerbsteuerliche Probleme bei der Umstrukturierung von Unternehmen und Konzernen, BB 1994, 1970; *Heine*, Wird, was lange währt endlich gut? Das neue Grunderwerbssteuerrecht im Jahressteuergesetz 1997, UVR 1997, 87; *Joechs*, Gesellschafterwechsel als Grunderwerbsteuertatbestand (§ 1 Abs. 2a GrEStG), BB 1997, 1921; *Kroschewski*, Grunderwerbsteuer bei der GmbH & Co. KG, GmbHR 2003, 757; *Salzmann/Loose*, Anteilsvereinigung im Sinne des § 1 Abs. 3 Nr. 1 und 2 GrEStG bei Personengesellschaften, DStR 2005, 53; *Schmidt*, § 1 Abs. 2a GrEStG Chancen und Risiken, DB 1997, 848; *Spelthann*, § 1 Abs. 2a GrEStG Chancen und Risiken, DB 1997, 2571; *Stahl*, Grunderwerbsteuerpflichtige Anteilsvereinigung und Steuerbefreiung bei der Einmann-GmbH & Co. KG, StuW 1979, 237; *Teiche*, Anteilsvereinigung im Sinne des § 1 Abs. 3 Nr. 1 und 2 GrEStG bei Personengesellschaften, DStR 2005, 49; *Viskorf*, Neubewertung des Grundvermögens?, DStR 1994, 1; *ders.*, Wegfall der Gesamthänderstellung durch Verschmelzung führt zum Wegfall der Steuervergünstigungen nach § 5 Abs. 2 GrEStG, KFR 2004, 45; *Wrenger*, Grunderwerbsteuerbarkeit der vollständigen oder wesentlichen Änderung des Gesellschafterbestands bei werbenden Personengesellschaften, DB 1998, 798; *ders.*, Verschmelzung von Kapitalgesellschaften mit dem Vermögen eines Alleingesellschafters bei fehlender Eintragungsfähigkeit in das Handelsregister, BB 1997, 1905; *Wiese*, § 1 Abs. 2a GrEStG und die „werbende" Personengesellschaft, UVR 2004, 58

I. Vorbemerkungen

1 Anders als das Einkommensteuerrecht orientiert sich die Grunderwerbsteuer stark am Bürgerlichen Recht.[1] Für Grunderwerbsteuerzwecke muss hiernach streng zwischen den Ebenen der Kommanditgesellschaft, der Komplementär-GmbH sowie der Kommanditisten unterschieden werden.

[1] *Pahlke/Franz* GrEStG Einl. Rn 20.

Der Einbezug des Gesellschafters in die steuerliche Sphäre der Kommanditgesellschaft, wie sie etwa durch § 15 EStG vorgenommen wird, ist dem Grunderwerbsteuergesetz fremd.

2 Bei der Auslegung der Tatbestände des Grunderwerbsteuergesetzes ist vordergründig auf die zugrunde liegenden zivilrechtlichen Vorgänge, nicht dagegen auf eine wirtschaftliche Betrachtungsweise abzustellen.[2] Dies betrifft insbesondere die Frage der Wirksamkeit eines Vertrages sowie die Auslegung von Willenserklärungen.[3] Es kommt lediglich darauf an, dass sich im Hinblick auf ein Grundstück eine Rechtsänderung ergibt.[4] Der Besteuerung mit Grunderwerbsteuer unterliegt beispielsweise auch die Sicherungsübereignung eines Grundstücks[5] an einen Gläubiger oder die Einräumung einer Treuhänderstellung an einem Grundstück.[6]

3 Das Grunderwerbsteuergesetz enthält verschiedene **Steuertatbestände**, bei deren Vorliegen eine Grunderwerbsteuerbelastung entsteht. Die Grunderwerbsteuer knüpft dabei insbesondere an Verträge an, die auf die **Übereignung von Grundstücken** gerichtet sind, sog. Grundtatbestand gemäß § 1 Abs. 1 GrEStG. Grunderwerbsteuer kann im Zusammenhang mit einer GmbH & Co. KG jedoch auch dann entstehen, wenn alle **Anteile einer grundbesitzhaltenden Gesellschaft** übergehen bzw. wenn sich alle **Anteile** einer grundbesitzhaltenden Gesellschaft in der Hand eines Gesellschafters **vereinigen**. Es handelt sich insoweit um sog. Ersatztatbestände gemäß § 1 Abs. 3 GrEStG. Grunderwerbsteuer kann auch nach § 1 Abs. 2 a GrEStG entstehen, wenn innerhalb eines Zeitraums von 5 Jahren mindestens 95 % der Anteile einer grundbesitzhaltenden Personengesellschaft übertragen werden.

4 Der **Steuersatz** für die Grunderwerbsteuer beträgt 3,5 %. Die **Bemessungsgrundlage** für die Grunderwerbsteuer richtet sich gemäß § 8 Abs. 1 GrEStG nach dem **Wert der Gegenleistung**. Dies ist beispielsweise der Kaufpreis für ein Grundstück. Im Falle der sog. Ersatztatbestände nach § 1 Abs. 3 GrEStG, also der Anteilsvereinigung bzw. dem Übergang aller Anteile einer grundbesitzhaltenden Gesellschaft, bei Umwandlungen im Sinne des UmwG, bei Einbringungen sowie sonstigen Erwerbsvorgängen auf gesellschaftsrechtlicher Grundlage ist Bemessungsgrundlage gemäß § 8 Abs. 2 GrEStG demgegenüber der sog. Bedarfswert der Grundstücke im Sinne des § 138 Abs. 2 und 3 BewG. Die Wertermittlung der Grundstücke nach dem Bedarfswert führt im Regelfall zu einem Wert, der unter dem Verkehrswert liegt.

5 Aufgrund der Wertunterschiede zwischen einem Kaufpreis einerseits und dem Bedarfswert andererseits sind Einbringungen auf gesellschaftsrechtlicher Grundlage von entgeltlichen Grundstücksübertragungen abzugrenzen. Bei einer Einbringung gegen Erhöhung des Kommanditkapitals

---

[2] BFH v. 3. 4. 1974 BStBl. II 1974, 643.

[3] BFH v. 5. 8. 1969 BStBl. II 1969, 689.

[4] *Boruttau/Fischer* GrEStG Vorb. Rn 106.

[5] BFH v. 22. 10. 1952 BStBl. III 1952, 310.

[6] Gleich lautender Ländererlass v. 25. 5. 1984 BStBl. I 1984, 380; Gleich lautender Ländererlass v. 26. 2. 2003 BStBl. I 2003, 271 Rn 4.1.

liegt ein Erwerbsvorgang auf gesellschaftsvertraglicher Grundlage vor, so dass der Bedarfswert zum Ansatz kommt.[7] Sofern dem Einbringenden hingegen eine Forderung auf seinem Verrechnungskonto gutgeschrieben wird, bemisst sich die Grunderwerbsteuer nach dem Wert der gutgeschriebenen Forderung. Dies gilt auch dann, wenn diese unter dem Verkehrswert des Grundstücks liegt.[8] Im Falle der Einbringung eines Grundstücks gegen Erhöhung der Rücklagen liegt kein Erwerbsvorgang auf gesellschaftsrechtlicher Grundlage vor, da die Gesellschafterstellung rechtlich nicht verändert wird.[9] Da keine Gegenleistung vorhanden ist, bemisst sich die Grunderwerbsteuer gem. § 8 Abs. 2 Nr. 1 GrEStG nach dem Bedarfswert. Im Ergebnis besteht in diesem Fall somit kein Unterschied zu einer Einbringung auf gesellschaftsrechtlicher Grundlage.

II. Übertragung eines Grundstücks zwischen Gesellschaft und Gesellschafter

1. Übertragung eines Grundstücks von dem Gesellschafter in die Kommanditgesellschaft

Die Übertragung eines Grundstücks durch den Gesellschafter in die Kommanditgesellschaft kann entweder auf der Grundlage eines Kaufvertrages oder auf der Grundlage eines gesellschaftsrechtlichen Einlagevorganges gegen Gewährung von Gesellschaftsrechten erfolgen. Beide Vorgänge sind zunächst steuerbar gemäß § 1 Abs. 1 GrEStG, da der Gesellschafter sowie die GmbH & Co. KG für Grunderwerbsteuerzwecke als getrennte Rechtsträger gelten. 6

Bei der Übertragung eines Grundstücks auf die Kommanditgesellschaft ist § 5 GrEStG zu beachten. Diese Vorschrift stellt die Übertragung eines Grundstücks **insoweit** von der Besteuerung mit Grunderwerbsteuer **frei**, als ein Grundstückseigentümer vor und nach der Grundstücksübertragung mit einem ideellen Anteil an dem Grundstück beteiligt ist. Voraussetzung für die Anwendung des § 5 GrEStG ist jedoch, dass die Personengesellschaft auch Eigentümerin des Grundstücks wird.[10] 7

Die Ursache der Grundstücksübertragung, ob es sich also um einen Grundstücksverkauf oder um eine gesellschaftsrechtliche Einlage handelt, ist für die Anwendung des § 5 GrEStG ohne Bedeutung.[11] 8

Beispiel: X legt ein Grundstück, das in seinem Alleineigentum steht, in die XY GmbH & Co. KG ein. X ist am Kapital der XY GmbH & Co. KG zu 60% beteiligt.

Lösungshinweise: Die Einlage des Grundstücks ist ein grunderwerbsteuerbarer Vorgang gemäß § 1 Abs. 1 GrEStG. Die Grunderwerbsteuer bleibt jedoch gemäß § 5 GrEStG zu 60 % unerhoben.

---

[7] *Kroschewski*, GmbHR 2003, 758.

[8] BFH v. 26. 2. 2003 BStBl. II 2003, 485; BFH v. 6. 12. 1989 BStBl. II 1990, 187.

[9] BFH v. 26. 2. 2003 BStBl. II 2003, 485; *Boruttau/Viskorf* § 8 GrEStG Rn 75; *Kroschewski*, GmbHR 2003, 758.

[10] *Boruttau/Viskorf* § 5 GrEStG Rn 12.

[11] *Pahlke/Franz* § 5 GrEStG Rn 1; *Boruttau/Viskorf* § 5 GrEStG Rn 10; a.A. Niedersä. FG v. 9. 10. 1985 EFG 1986, 196.

9 § 5 GrEStG kommt unabhängig davon zum Tragen, ob sich das Grundstück vor der Übertragung zuvor im Alleineigentum oder im Miteigentum befand. Die Grunderwerbsteuer bleibt insoweit unerhoben, wie der ideelle Anteil des einzelnen Gesellschafters nach der Überführung des Grundstücks in die GmbH & Co. KG dem vorherigen (Mit-)Eigentum entspricht.

Beispiel: A ist zu 50 % Miteigentümer eines Grundstücks. A ist außerdem Gesellschafter der X GmbH & Co. KG mit einem Kapitalanteil von 30%. Die Miteigentümergemeinschaft verkauft ein Grundstück an die X GmbH & Co. KG.

Lösungshinweise: Der Verkauf des Grundstücks ist ein grunderwerbsteuerbarer Vorgang gemäß § 1 Abs.1 GrEStG. Die Grunderwerbsteuer bleibt jedoch gemäß § 5 Abs. 1 GrEStG in Höhe von 30% unerhoben.

10 § 5 GrEStG vergleicht den ideellen Grundstücksanteil des bzw. der Gesellschafter vor und nach der Grundstücksübertragung. Es ist hierbei nach dem Gesetzeswortlaut auf die Beteiligung des Gesellschafters am Vermögen der Gesellschaft abzustellen. Sofern im Gesellschaftsvertrag eine vom Kapitalverhältnis **abweichende Gewinnverteilungsabrede** enthalten ist, ist dies ohne Bedeutung für die Anwendung des § 5 GrEStG. Es ist vielmehr ausschließlich auf die Beteiligung am Vermögen abzustellen,[12] die zum Zeitpunkt der Übertragung bestand.[13] Das anteilige Vermögen des Kommanditisten entspricht dabei nicht der Summe seiner Kapitalkonten in der Bilanz, sondern dem Gesellschaftsanteil lt. Gesellschaftsvertrag.[14]

11 Für die Beurteilung der Beteiligungsquote kommt es hierbei nur auf die Kommanditgesellschaft an. Eine eventuelle **mittelbare Beteiligung** über die Komplementär-GmbH, die ihrerseits am Vermögen der Kommanditgesellschaft beteiligt ist, bleibt für die Anwendung des § 5 GrEStG unberücksichtigt.[15]

12 § 5 GrEStG ist eine **sachliche Befreiungsvorschrift**, die den Veräußerer bzw. den Einlegenden sowie den Erwerber des Grundstücks gleichermaßen betrifft.[16] Es ist hier zu berücksichtigen, dass Erwerber und Veräußerer des Grundstücks üblicherweise Gesamtschuldner für die Grunderwerbsteuer sind (§ 13 Nr. 1 GrEStG). Die Grunderwerbsteuer trifft mithin beide Parteien, soweit keine vertragliche Vereinbarung getroffen wird, wer die Grunderwerbsteuer letztlich trägt.[17]

13 Mit Wirkung ab dem Jahr 2000 ist in § 5 Abs. 3 GrEStG eine Sperrfrist eingeführt worden, nach der die Befreiungsvorschrift nur noch insoweit greifen soll, als sich der Anteil des Veräußerers am Vermögen der Gesamthand innerhalb von 5 Jahren nach dem Übergang des Grundstücks auf die Gesamthand nicht vermindert. Bereits vor der Einführung der gesetzlichen Sperrfrist ab dem Jahr 2000 wurde von der Rechtsprechung die **Steuerbegünstigung** durch § 5 GrEStG versagt, wenn in sachlichem oder zeit-

[12] *Pahlke/Franz* § 5 GrEStG Rn 10.

[13] BFH v. 10. 7. 1996 BStBl. II 1996, 533.

[14] BFH v. 3. 3. 1993 BFH/NV 1993, 494; BFH v. 31. 5. 1972 BStBl. II 1972, 833.

[15] *Hesselmann/Tillmann*, GmbH & Co. KG Rn D IV, 340; *Boruttau/Viskorf* § 5 GrEStG Rn 16.

[16] BFH v. 10. 11. 1965 BStBl. III 1966, 41.

[17] *Pahlke/Franz* § 5 GrEStG Rn 10; *Boruttau/Viskorf* § 5 GrEStG Rn 13.

lichem Zusammenhang mit der Übertragung des Grundstücks auf die GmbH & Co. KG der einbringende Gesellschafter ganz oder teilweise aus der Gesellschaft ausschied.[18] Ein **sachlicher Zusammenhang** zwischen der Grundstücksübertragung einerseits und dem Ausscheiden aus der Gesellschaft andererseits war dann anzunehmen, wenn aufgrund der Verhältnisse des Einzelfalles Anhaltspunkte vorlagen, die auf einen vorgefassten Plan schließen ließen.[19] Einseitige Vorstellungen des Gesellschafters waren hierbei unbeachtlich, da es auf das Zusammenwirken aller Beteiligten ankam.[20] Ein schädlicher **zeitlicher Zusammenhang** konnte nur nach den Umständen des Einzelfalles beurteilt werden. Durch die Rechtsprechung wurde hierbei ein Zeitraum zwischen Einbringung und Austritt aus der Gesellschaft von immerhin 7 Monaten als schädlich für die Anwendung von § 5 GrEStG angesehen.

Die Gesetzesänderung bewirkt weiterhin, dass eine formwechselnde **14** Umwandlung der GmbH & Co. KG in eine Kapitalgesellschaft innerhalb des 5 Jahreszeitraumes zu einer Grunderwerbsteuerbelastung eines vorangegangenen Einlagevorgangs führen kann.[21]

2. Übertragung eines Grundstücks von der Kommanditgesellschaft auf den Gesellschafter

Auch die Übertragung eines Grundstücks von der GmbH & Co. KG **15** auf einen Gesellschafter ist grundsätzlich ein grunderwerbsteuerbarer Vorgang gemäß § 1 Abs. 1 GrEStG. Es ist hierbei unerheblich, ob die Übertragung aus dem Gesamthandsvermögen in das Vermögen eines oder mehrerer Gesellschafter auf der Grundlage eines Kaufvertrages oder auf gesellschaftsrechtlicher Grundlage erfolgt.[22] Wie bei der Grundstücksübertragung durch einen Gesellschafter in das Gesamthandsvermögen wird auch bei der Grundstücksübertragung aus dem Gesamthandsvermögen heraus auf einen oder mehrere Gesellschafter berücksichtigt, dass der oder die Gesellschafter bereits vor der Übertragung wirtschaftlich an dem betreffenden Grundstück beteiligt sind. § 6 Abs. 1 und 2 GrEStG stellen hiernach den Vorgang **insoweit** von der Besteuerung mit Grunderwerbsteuer **frei**, als der oder die neuen Grundstückseigentümer zuvor mit einem ideellen Anteil am Grundstück beteiligt waren.

§ 6 GrEStG ist eine **sachliche Befreiungsvorschrift**, die gleicherma- **16** ßen für die übertragende Kommanditgesellschaft, wie auch für den oder die Erwerber gilt.[23]

---

[18] BFH v. 10.7.1996 BStBl. II 1996, 533; BFH v. 6.10.1982 BStBl. II 1983, 138; BFH v. 31.5. 1978 BStBl. II 1978, 577; BFH v. 7.6.1989 BStBl. II 1989, 803; BFH v. 24.3.1993 BFH/NV 1994, 342; BFH v. 30.10.1996 BStBl. II 1997, 87.

[19] BFH v. 16.1.1991 BStBl. II 1991, 374; *Pahlke/Franz* § 5 GrEStG Rn 17.

[20] BFH v. 30.10.1996 BStBl. II 1997, 87; *Boruttau/Viskorf* § 5 Rn 61; *Viskorf*, DStR 1994, 1.

[21] Zu der Rechtslage bis 1999 *Gail/Düll/Heß-Emmerich/Fuhrmann*, DB 1998 Beil. 19, 17.

[22] *Boruttau/Viskorf* § 6 GrEStG Rn 5; *Hofmann* § 6 GrEStG Rn 4.

[23] *Pahlke/Franz* § 6 GrEStG Rn 2.

Beispiel: A und B sind an der X-GmbH & Co. KG mit jeweils 50 % am Kommanditkapital beteiligt. Der Gesellschafter B erwirbt ein Grundstück von der X-GmbH & Co. KG.

Lösungshinweis: Es handelt sich um einen grunderwerbsteuerbaren Vorgang gemäß § 1 Abs. 1 GrEStG. Die Grunderwerbsteuer bleibt nach § 6 Abs. 2 GrEStG in Höhe von 50 % unerhoben.

17 § 6 Abs. 2 GrEStG ist auch dann anwendbar, wenn das Grundstück mit dem gesamten Gesellschaftsvermögen im Wege der **Anwachsung** auf einen einzelnen Gesellschafter übergeht (§ 1 Abs. 1 Nr. 3 GrEStG), etwa wenn die übrigen Gesellschafter sowie die Komplementär-GmbH aus der Gesellschaft austreten.[24]

18 Auch der Übergang eines Grundstücks aus dem Gesamthandsvermögen einer GmbH & Co. KG in das **Miteigentum** mehrerer Personen ist gemäß § 6 Abs. 1 GrEStG von der Besteuerung freigestellt, soweit die Erwerber zuvor am Vermögen der Kommanditgesellschaft beteiligt sind. Es ist dabei unbedeutend, ob alle Miterwerber des Grundstücks auch zuvor Gesellschafter der Personengesellschaft waren.[25]

Beispiel: A, B, C sind mit jeweils $^1/_3$ am Kommanditkapital der Y-GmbH & Co. KG beteiligt. Im Gesellschaftsvermögen der Kommanditgesellschaft befindet sich ein Grundstück. Dieses wird an eine Grundstücksgemeinschaft veräußert, an der A zu 50%, C zu 25% und D zu 25% Miteigentümer sind.

Lösungshinweise: Es handelt sich um einen grunderwerbsteuerbaren Vorgang gemäß § 1 Abs.1 GrEStG. Die Grunderwerbsteuer bleibt insoweit unerhoben, als A und C zuvor am Kapital der Gesellschaft beteiligt sind (§ 6 Abs. 3 GrEStG). Dies betrifft A in Höhe von $33^1/_3$ % sowie C mit der Beteiligungsquote auf Erwerberseite von 25 %. Die Grunderwerbsteuer bleibt also in Höhe von $58^1/_3$ % unerhoben.

19 Personengesellschaften gelten im Bereich des Grunderwerbsteuerrechts als eigenständige Rechtsträger. Aus diesem Grund ist die **Übertragung** eines Grundstücks von einer **Gesamthandsgesellschaft auf eine andere Gesamthandsgesellschaft** im Grundsatz ein grunderwerbsteuerbarer Vorgang, selbst wenn am Kapital der übertragenden sowie am Kapital der erwerbenden Personengesellschaft die gleichen Personen in gleichem Umfang beteiligt sind.[26] Eine Grunderwerbsteuerbelastung könnte dadurch vermieden werden, dass das Grundstück zunächst von der übertragenden Personengesellschaft in das Eigentum des oder der Gesellschafter übertragen und von dort in die erwerbende Personengesellschaft eingelegt wird. Diese Vorgänge könnten unter Anwendung der Befreiungsvorschriften der § 6 Abs. 1 und Abs. 2 bzw. § 5 GrEStG insoweit grunderwerbsteuerfrei gestellt werden, als am Kapital der übertragenden sowie übernehmenden Personengesellschaft die gleichen Personen beteiligt sind.[27] Aus diesem Grund ist in § 6 Abs. 3 GrEStG ein weiterer Befreiungstatbestand enthalten, nach der bei der Übertragung eines Grundstücks von einer Gesamthand auf eine

---

[24] BFH v. 19. 1. 1977 BStBl. II 1977, 359.
[25] BFH v. 21. 11. 1979 BStBl. II 1980, 217.
[26] *Boruttau/Viskorf* § 6 GrEStG Rn 26.
[27] *Pahlke/Franz* § 6 GrEStG Rn 7.

andere Gesamthand die Grunderwerbsteuer insoweit unerhoben bleibt, als die Gesellschafter der erwerbenden Personengesellschaft am Kapital der übertragenen Personengesellschaft beteiligt sind.

Beispiel: A und B sind zu je 50% Gesellschafter der X-GmbH & Co. KG. Im Gesellschaftsvermögen befindet sich ein Grundstück, das an die Y-GmbH & Co. KG veräußert wird. Gesellschafter der Y-GmbH & Co. KG sind A, C und D zu je $^1/_3$.

Lösungshinweis: A ist an der übertragenden sowie an der erwerbenden Gesellschaft beteiligt. Insoweit wird die Grunderwerbsteuer nicht erhoben, als der ideelle Anteil an dem Grundstück vor und nach der Übertragung gleichbleibt. Dies entspricht der Beteiligungsquote an der erwerbenden Gesellschaft. Die Grunderwerbsteuer wird also gemäß § 6 Abs. 3 GrEStG zu $33^1/_3$ % nicht erhoben.

Die Vorschrift des § 6 Abs. 3 GrEStG findet auch auf Grundstücksüber- 20
tragungen zwischen Mutter- und Tochtergesellschaft bei doppelstöckigen Personengesellschaften Anwendung. § 6 Abs. 3 GrEStG ist somit vorrangig vor § 5 Abs. 2 GrEStG.[28]

Die **Begünstigungen** des § 6 Abs. 1 bis Abs. 3 GrEStG sind jedoch 21
gemäß § 6 Abs. 4 GrEStG insoweit **ausgeschlossen**, als der betreffende Gesamthänder bzw. sein Rechtsvorgänger den Anteil an der Kommanditgesellschaft innerhalb von 5 Jahren durch Rechtsgeschäft unter Lebenden erworben hat bzw. als eine vom Beteiligungsverhältnis abweichende Auseinandersetzungsquote innerhalb der letzten 5 Jahre vor der Auflösung der Gesamthand vereinbart worden ist. § 6 Abs. 4 GrEStG soll Umgehungen verhindern,[29] durch die der wirtschaftliche Erwerb eines Grundstücks unter Zwischenschaltung des Erwerbs von Gesellschaftsanteilen grunderwerbsteuerfrei gestellt würde.[30]

Keine rechtsgeschäftliche Veränderung der Beteiligungsquote liegt vor, 22
wenn der Gesellschafter den Anteil der Kommanditgesellschaft unentgeltlich im Wege der **Erbfolge** erhalten hat. In die Berechnung des 5-Jahres-Zeitraums ist danach auch die Besitzzeit des Rechtsvorgängers einzubeziehen,[31] da es sich insoweit nicht um ein Rechtsgeschäft unter Leben handeln kann. Demgegenüber handelt es sich bei einer **Schenkung** des Kommanditanteils um ein Rechtsgeschäft unter Lebenden, für das zur Berechnung der 5-Jahres-Frist ausschließlich auf die Besitzzeit des Beschenkten abzustellen ist.

Die **5-Jahres-Frist** beginnt zu dem Zeitpunkt, zu dem die Beteiligung 23
an der Kommanditgesellschaft wirksam erworben worden ist. Die Grunderwerbsteuer entsteht insoweit, als innerhalb des 5-Jahres-Zeitraums eine nach § 1 GrEStG steuerbare Grundstücksübertragung auf den/die Gesellschafter bzw. eine andere Gesamthand stattfindet, wobei es auf den Zeitpunkt der Entstehung der Grunderwerbsteuer nicht ankommt, etwa wenn Zeitpunkt des Kaufvertrags und Übergang des wirtschaftlichen Eigentums auseinanderfallen.[32]

---

[28] Koordinierter Ländererlass, FM Bayern v. 5. 2. 1999 StEK GrEStG 1993 § 5 Nr. 6; *Kroschewski*, GmbHR 2003, 759.

[29] *Boruttau/Viskorf* § 6 GrEStG Rn 32; *Hofmann* § 6 GrEStG Rn 16.

[30] BFH v. 18. 5. 1994 BFH/NV 1995, 267; BFH v. 23. 5. 1973 BStBl. II 1973, 802.

[31] *Pahlke/Franz* § 6 GrEStG Rn 23; *Boruttau/Viskorf* § 6 GrEStG Rn 46.

[32] *Pahlke/Franz* § 6 GrEStG Rn 24.

24 Sofern die übertragende Personengesellschaft vor dem Übertragungszeitpunkt allerdings noch keine 5 Jahre bestanden hat, kommt es für die Anwendung der Begünstigungsvorschriften in § 6 Abs. 1 bis Abs. 3 GrEStG nicht darauf an, dass der volle 5-Jahres-Zeitraum erfüllt ist. Es ist vielmehr in diesem Fall auf den Zeitpunkt der **Gründung der Gesellschaft** abzustellen.[33]

25 Ein Sonderproblem besteht dann, wenn die Personengesellschaft durch eine **formwechselnde Umwandlung** aus einer Kapitalgesellschaft entstanden ist. Der Formwechsel einer Kapitalgesellschaft in eine Personengesellschaft unterliegt nicht der Besteuerung mit Grunderwerbsteuer, falls sich ein Grundstück im Gesellschaftsvermögen befindet, da es sich nicht um einen Wechsel des Rechtsträgers handelt.[34] Sofern nun eine Personengesellschaft ohne grunderwerbsteuerliche Auswirkungen durch Formwechsel aus einer Kapitalgesellschaft entstanden ist, stellt sich die Frage, ob im nächsten Schritt das Grundstück grunderwerbsteuerfrei an die Gesellschafter unter Anwendung der Vorschriften des § 6 Abs. 1 bis Abs. 3 GrEStG übertragen werden kann. Diese Frage ist grds. zu bejahen.

26 Fraglich ist weiterhin, ob in die Berechnung der 5-Jahres-Frist gemäß § 6 Abs. 4 GrEStG auch die Gesellschafterstellung bei der Kapitalgesellschaft einzubeziehen ist. Nach dem Sinn und Zweck der Vorschrift wird man jedoch davon ausgehen können, dass es bei der Berechnung der 5-Jahres-Frist **allein auf die Zeit der Personengesellschaft** ankommt. Der BFH hat daher mit seinem Urteil vom 4. 4. 2001 für den Transfer eines Grundstücks auf eine Schwesterpersonengesellschaft im Anschluss an einen Formwechsel einer Kapitalgesellschaft in eine Personengesellschaft die Steuerbefreiung nach § 6 Abs. 3 GrEStG nicht gewährt, da der Grundstückstransfer innerhalb von 5 Jahren seit dem Formwechsel stattgefunden hat.[35] Der Beginn der 5-Jahres-Frist dürfte hierbei im Zeitpunkt der Eintragung des Formwechsels in das Handelsregister zu sehen sein.[36]

27 Mit Wirkung vom 1. 1. 2002 ist in § 6 Abs. 3 Satz 2 GrEStG eine weitere – dem § 5 Abs. 3 GrEStG entsprechende – Sperrfrist eingeführt worden, wonach die (anteilige) Steuerbefreiung bei der Übertragung von Grundvermögen zwischen (z.T.) beteiligungsidentischen Personengesellschaften unter den Vorbehalt gestellt wird, dass die beteiligungsidentischen Gesellschafter ihre Beteiligung am Vermögen der grundstückserwerbenden Gesellschaft nicht innerhalb von 5 Jahren reduzieren.[37]

III. Übertragung von Anteilen an der Personengesellschaft

28 Da eine Personengesellschaft im Grunderwerbsteuerrecht als eigenständiger Rechtsträger gilt, führt die Veränderung im Gesellschafterbestand der

---

33 BFH v. 5. 2. 1969 BStBl. II 1969, 400; BFH v. 23. 5. 1973 BStBl. II 1973, 802.

34 BFH v. 4. 12. 1996 GmbHR 1997, 136; FM Bad.-Württ. v. 18. 9. 1997 GmbHR 1997, 1016.

35 BFH v. 4. 4. 2001 BStBl. II 2001, 485.

36 *Pahlke/Franz* § 6 GrEStG Rn 26; *Boruttau/Viskorf* § 6 GrEStG Rn 32; *Grotherr*, BB 1994, 1970; a. A. wohl *Hofmann* § 6 GrEStG Rn 15.

37 *Korschewski*, GmbHR 2003, 757.

Personengesellschaft grundsätzlich **nicht** zu einer **Übertragung eines Grundstücks**. Gleichwohl berücksichtigt das Grunderwerbsteuerrecht in gewisser Weise die Transparenz einer Personengesellschaft und damit die wirtschaftliche Zuordnung der Grundstücke, so dass sog. **Ersatztatbestände** in § 1 Abs. 3 bzw. § 1 Abs. 2a GrEStG aufgenommen worden sind. Unter bestimmten Voraussetzungen kann hiernach auch die Veränderung im Gesellschafterbestand einer Personengesellschaft zu einer Belastung mit Grunderwerbsteuer führen, wenn sich im Gesamthandsvermögen ein inländisches Grundstück befindet.[38]

1. Übergang aller Anteile einer grundbesitzhaltenden Gesellschaft

In § 1 Abs. 3 Nr. 3 und 4 GrEStG sind jeweils Besteuerungstatbestände **29**
enthalten, die den **Übergang aller Anteile** (ab 2000 mindestens 95 %) einer grundbesitzhaltenden Gesellschaft beinhalten. Entscheidend ist, dass im Gesamthandsvermögen ein inländisches Grundstück enthalten ist. Steuerbar ist der Übergang aller Anteile allerdings nur dann, wenn die Gesellschaftsanteile **in einer Hand** zusammen bleiben.[39] Der Übergang der Gesellschaftsanteile an verschiedene Erwerber unterliegt nicht der Besteuerung mit Grunderwerbsteuer nach § 1 Abs. 3 Nr. 3 bzw. Nr. 4 GrEStG.[40] Allerdings könnte ein solcher Vorgang gem. § 1 Abs. 2a GrEStG grunderwerbsteuerbar sein (vgl. nachfolgende Rn 32 ff.) Sofern die Voraussetzungen beider Vorschriften vorliegen, geht § 1 Abs. 2a GrEstG der Anwendung des § 1 Abs. 3 Nr. 3 und 4 GrEStG vor. Die Anwendung des § 1 Abs. 3 GrEStG wird durch § 1 Abs. 2a GrEStG auch dann ausgeschlossen, wenn nach dessen Satz 3 oder einer Befreiungsvorschrift die Steuer nicht erhoben wird.[41]

Da für die Vorschrift des § 1 Abs. 3 GrEStG die gesamthänderische Mit- **29a**
berechtigung am Gesellschaftsvermögen und nicht die vermögensmäßige Beteiligung maßgebend ist,[42] kann es bei einer GmbH & Co. KG aufgrund der Mitberechtigung der – ggf. nicht am Vermögen beteiligten – Komplementär-GmbH nicht zu einem **unmittelbaren** Übergang aller Anteile kommen. Allerdings ist bereits der **mitetlbare** Übergang von mindestens 95 % der Anteile für die Verwirklichung des grunderwerbsteuerbaren Vorgangs ausreichend. Sofern zusammen mit der mindestens 95 %igen Kommanditbeteiligung auch mindestens 95 % an der Komplentär-GmbH auf einen neuen Gesellschafter übertragen wird, liegt ein grunderwerbsteuerbarer Vorgang i. S. d. § 1 Abs. 3 Nr. 3 bzw. 4 GrEStG vor.

Ein Erwerb kann sich auch vollziehen durch Anteilserwerb kraft Geset- **30**
zes, z. B. durch einen Übergang im Erbwege oder aufgrund einer Umwandlung.[43] Bei einer Übertragung aller Anteile im Wege der Schenkung oder durch Erbfall ist davon auszugehen, dass der neue Alleingesellschafter die Grundstücke von dessen früheren Alleingesellschafter und nicht von

[38] BFH v. 31. 3. 1982 BStBl. II 1982, 424; BFH v. 20. 10. 1993 BStBl. II 1994, 121.
[39] BFH v. 2. 2. 1955 BStBl. III 1955, 90.
[40] *Pahlke/Franz* § 1 GrEStG Rn 361.
[41] Gleich lautender Ländererlass v. 7. 2. 2000 BStBl. I 2000, 344.
[42] BFH v. 8. 8. 2001 BStBl. II 2002, 158; Teiche, DStR 2005, 50 m. w. N.
[43] *Boruttau/Fischer* § 1 GrEStG Rn 895.

der Gesellschaft erwirbt, da die Grundstücke grunderwerbsteuerlich dem Alleingesellschafter zugerechnet werden. Für den grundwerbsteuerlichen Vorgang können daher die Befreiungsvorschriften des § 3 Nr. 2 GrEStG (Grundstückserwerb von Todes wegen und Grundstücksschenkungen unter Lebenden) bzw. die personenbezogenen Befreiungsvorschriften des § 3 Nr. 4, 5 und 6 GrEStG angewendet werden.[44]

31 **Bemessungsgrundlage** für den Besteuerungstatbestand gemäß § 1 Abs. 3 Nr. 3 und Nr. 4 GrEStG ist gemäß § 8 Abs. 2 Nr. 3 GrEStG der sog. **Bedarfswert** der Grundstücke i. S. d. § 138 BewG.

2. Wesentliche Veränderung im Gesellschafterbestand

32 Mit Wirkung ab dem Jahr 1997 ist ein weiterer Steuertatbestand in das Grunderwerbsteuergesetz eingefügt worden. Ein grunderwerbsteuerbarer Vorgang lag nunmehr auch dann vor, wenn sich innerhalb von 5 Jahren der Gesellschafterbestand einer grundbesitzhaltenden Personengesellschaft ganz oder wesentlich verändert. Eine **wesentliche Veränderung im Gesellschafterbestand** war insbesondere dann gegeben, wenn mindestens 95 % der Kommanditanteile auf neue Gesellschafter übergingen.

33 Nach der Gesetzesfassung ab dem 1. 1. 2000 ist ein grunderwerbsteuerbarer Vorgang auch dann gegeben, wenn sich der Gesellschafterbestand mittelbar ändert.[45] Außerdem ist die Grunderwerbsteuerpflicht ausschließlich daran geknüpft, dass mindestens 95 % der Anteile auf neue Gesellschafter übergehen.

34 Die Vorschrift ist in das Grunderwerbsteuergesetz eingefügt worden, um missbräuchlichen Steuergestaltungen entgegenzuwirken, wenn mit der Übertragung von Anteilen an grundbesitzhaltenden Personengesellschaften bei wirtschaftlicher Betrachtungsweise letztlich die Übertragung eines Grundstücks beabsichtigt ist.[46] Fraglich ist, ob § 1 Abs. 2 a GrEStG hiernach auf alle Personengesellschaften anzuwenden ist, oder ob die Anwendung der Vorschrift auf sog. **Objektgesellschaften** beschränkt ist, deren Gesellschaftsvermögen nahezu ausschließlich aus Grundstücken besteht. Der Wortlaut des § 1 Abs. 2 a GrEStG geht davon aus, dass alle grundbesitzhaltenden Personengesellschaften betroffen sind, wohingegen die Gesetzesbegründung auf Objektgesellschaften abzielt. Die Finanzverwaltung[47] sowie ein Großteil der Literatur[48] gehen davon aus, dass durch § 1 Abs. 2 a GrEStG **alle Personengesellschaften** erfasst werden. Teilweise wird jedoch auch die Auffassung vertreten, dass die Vorschrift im Wege der teleologischen Reduktion auf nicht werbend tätige Personengesellschaften eingeschränkt werden sollte.[49] Der BFH hat mittlerweile in einem Beschluss

---

[44] FM Bayern v. 3. 6. 1993 Beck'sche Steuerkasse 600, § 1/9.

[45] Nach der bis zum 31. 12. 1999 geltenden Fassung waren Änderungen im Gesellschafterbestand einer Gesellschafterin der Personengesellschaft nicht zu berücksichtigen. BFH v. 30. 4. 2003 BStBl. II 2003, 890.

[46] BR-Drs. 804/96, 14.

[47] Gleich lautender Ländererlass v. 26. 2. 2003 BStBl. I 2003, 271 Rn 2.

[48] *Heine*, UVR 1997, 87; *Joechs*, BB 1997, 1921; *Schmidt*, DB 1997, 848; *Spelthann*, DB 1997, 2571; *Boruttau/Fischer* § 1 GrEStG Rn 813; *Pahlke/Franz* § 1 GrEStG Rn 273.

[49] *Wrenger*, BB 1997, 1905.

vom 11.9.2002 festgestellt, dass es nicht ernstlich zweifelhaft ist, das § 1 Abs. 2a GrEStG auf alle Personengesellschaften, d.h. auch auf solche Anwendung findet, deren Zweck sich nicht im Halten und Verwalten von inländischen Grundstücken erschöpft.[50]

Zum Zeitpunkt der Einführung des § 1 Abs. 2a GrEStG lag beim Wechsel im Gesellschafterbestand einer Personengesellschaft allenfalls dann ein grunderwerbsteuerbarer Vorgang gemäß § 1 Abs. 3 Nr. 3 bzw. Nr. 4 GrEStG vor, wenn **alle** Anteile der Personengesellschaft an einen Erwerber übertragen wurden. Die Zurückbehaltung eines Zwerganteils führte dazu, dass kein grunderwerbsteuerbarer Tatbestand gegeben war. Eine Belastung mit Grunderwerbsteuer entstand nur dann, wenn die Anteilsübertragung als Mißbrauch von steuerlichen Gestaltungsmöglichkeiten im Sinne des § 42 AO gewertet werden konnte.[51] **35**

Im Gegensatz zu § 1 Abs. 3 GrEStG erfasst § 1 Abs. 2a GrEStG auch die **Anteilsübertragung an verschiedene Erwerber**, wenn innerhalb des 5-Jahres-Zeitraum mehr als 95 % der Gesellschaftsanteile übertragen werden.[52]

Bei dem Tatbestand des § 1 Abs. 2a GrEStG bleiben **Anteilserwerbe** unberücksichtigt, die **von Todes wegen** erfolgt sind. Dagegen führt die Schenkung unter Lebenden grundsätzlich zu einer Anteilsübertragung, die im Rahmen des § 1 Abs. 2a GrEStG zu berücksichtigen ist. **36**

Ebenso wie bei dem Ersatztatbestand gemäß § 1 Abs. 3 Nr. 3 u. 4 GrEStG ist die **Bemessungsgrundlage** für die Grunderwerbsteuer bei dem Steuertatbestand i. S. d. § 1 Abs. 2a GrEStG seit 1999 gemäß § 8 Abs. 2 Nr. 3 GrEStG der sog. Bedarfswert der Grundstücke. Die Vorschrift des § 9 Abs. 1 Nr. 8 GrEStG, wonach bei einem Steuertatbestand im Sinne des § 1 Abs. 2a GrEStG der Teil des Kaufpreises, der auf das Grundstück im Gesamthandsvermögen der Personengesellschaft entfällt, als **Gegenleistung** im Sinne des § 8 Abs. 1 GrEStG anzusehen ist, kommt seit 1999 nicht mehr zur Anwendung. **37**

Sofern vor der Anteilsübertragung ein Gesellschafter ein Grundstück in die Personengesellschaft eingelegt hat, ist die Grunderwerbsteuer nach § 5 GrEStG zunächst nicht erhoben worden, soweit sich die wirtschaftliche Zurechnung des Grundstücks nicht geändert hat. Ein Wechsel im Gesellschafterbestand innerhalb der 5-jährigen Sperrfrist führt zum einen zu einer Nacherhebung der Grunderwerbsteuer auf den Einlagevorgang gem. § 5 Abs. 3 GrEStG, zum anderen zu einem grunderwerbsteuerlichen Vorgang nach § 1 Abs. 2a GrEStG, sofern die übrigen Voraussetzungen dieser Vorschrift vorliegen. Zur Vermeidung einer doppelten Berücksichtigung der Änderung des Gesellschafterbestandes bestimmt § 1 Abs. 2 Satz 3 GrEStG, dass auf die nach § 8 Abs. 2 Satz 1 Nr. 3 GrEStG ermittelte Bemessungsgrundlage die Bemessungsgrundlage aus der Nacherhebung der Grunderwerbsteuer nach § 5 Abs. 3 GrEStG anzurechnen ist. **38**

---

[50] BFH v. 11.09.2002 BStBl. II 2002, 777.

[51] BFH v. 13.11.1991 BStBl. II 1992, 202; BFH v. 31.7.1991 BFH/NV 1992, 134; BFH v. 4.3.1987 BStBl. II 1987, 394.

[52] Gleich lautende Erlasse v. 7.2.2000 BStBl. I 2000, 344.

IV. Vereinigung aller Anteile

39 Ein weiterer grunderwerbsteuerbarer Tatbestand liegt vor, wenn bei einer Übertragung von Anteilen an einer grundbesitzhaltenden Gesellschaft **alle Anteile** (ab 2000 mindestens 95 %) in der Hand eines Erwerbers vereinigt werden. Es handelt sich dann um eine steuerpflichtige **Anteilsvereinigung** im Sinne des § 1 Abs. 3 Nr. 1 und Nr. 2 GrEStG. Auch die Vereinigung von mindestens 95 % der Anteile einer grundbesitzhaltenden Gesellschaft ist ein sog. **Ersatztatbestand**, durch den der Übergang eines Grundstücks für Zwecke der Grunderwerbsteuer fingiert wird.

40 Im Gegensatz zu den Tatbeständen der §§ 1 Abs. 2a, 5 und 6 GrEStG, bei denen auf den „Anteil am Gesellschaftsvermögen" Bezug genommen wird, stellt § 1 Abs. 3 GrEStG auf den „Anteil der Gesellschaft" ab. Damit ist für § 1 Abs. 3 GrEStG die sachenrechtliche Ebene der Gesamthand und nicht der Umfang der vermögensmäßigen (schuldrechtlichen) Beteiligung maßgebend. Eine solche gesamthänderische Mitberechtigung am Gesellschaftsvermögen steht jedem Gesellschafter zu, unabhängig davon, ob er am Wert des Gesellschaftsvermögens beteiligt ist oder nicht.[53] Dies bedeutet im Ergebnis, dass es bei einer Personengesellschaft nicht zu einer **unmittelbaren** Anteilsvereinigung kommen kann, da an einer Personengesellschaft mindestens zwei Gesellschafter beteiligt sind.[54] Bei einer GmbH & Co. KG kann somit der Tatbestand einer unmittelbaren Anteilsvereinigung nicht verwirklicht werden, selbst wenn die Komplementär-GmbH nicht am Vermögen der KG beteiligt ist. Seit 1. 1. 2000 genügt jedoch bereits, dass die Anteile an der Gesellschaft **mittelbar** in einer Hand vereinigt sind. Durch eine regelmäßig nicht am Vermögen beteiligte Komplementär-GmbH wird somit bei einem Erwerb der Kommanditanteile von den Mitgesellschaftern eine Anteilsvereinigung nur dann verhindert, wenn der alleinige Kommanditist an der Komplementär-GmbH zu weniger als 95 % beteiligt bleibt.

41 Anteilsvereinigungen können sowohl unmittelbar als auch mittelbar über eine andere Gesellschaft oder teilweise unmittelbar und teilweise mittelbar über eine andere Gesellschaft erfolgen.

Beispiel: An der grundbesitzhaltenden X-GmbH & Co. KG sind A und die Y-GmbH zu je 50 % beteiligt. Gesellschafter der Y-GmbH sind A und B je zur Hälfte. A ist demnach zu 50 % unmittelbar und zu 25 % mittelbar an der X-GmbH & Co. KG beteiligt. A erwirbt die bisher von B an der Y-GmbH gehaltenen Anteile.

Alternative: A erwirbt von der Y-GmbH einen 40 %-Anteil an der X-GmbH & Co. KG. Die Y-GmbH ist anschließend nur noch mit 10 % beteiligt.

Lösung: Durch den Erwerb werden 100 % (50 % unmittelbar, 50 % mittelbar) in der Hand von A vereinigt, mit der Folge, dass hinsichtlich des zum Vermögen der X-GmbH & Co. KG gehörenden Grundstücks Grunderwerbsteuer entsteht.
In der Alternative ist A rechnerisch zwar auch zu 95 % beteiligt (90 % unmittelbar,

[53] BFH v. 8. 8. 2001 BStBl. II 2002, 158; gleich lautender Ländererlass vom 26. 2. 2003, DStR 2003, 980 Tz. 1,4, 7.1.2; *Teiche*, DStR 2005, 50; *Salzmann/Loose*, DStR 2005, 53.

[54] *Teiche*, DStR 2005, 52.

5 % mittelbar). Nach einem koordinierten Ländererlass vom 14. 2. 2000 werden mittelbare Beteiligungen jedoch nur berücksichtigt, wenn diese zu mind. 95 % von der betreffenden Person gehalten werden. Im Beispielsfall kommt es somit nicht zu einer Anteilsvereinigung.[55]

Die Verstärkung einer schon bestehenden Anteilsvereinigung löst den Besteuerungstatbestand des § 1 Abs. 3 Nr. 1 oder 2 GrEStG nicht aus. Sofern bis zum 31. 12. 1999 bereits mindestens 95 % der Anteile in einer Hand vereinigt waren und diese Beteiligung nach dem 31. 12. 1999 aufgestockt wird, kann dadurch der Grunderwerbsteuertatbestand des § 1 Abs. 3 Nr. 1 oder 2 GrEStG nicht mehr verwirklicht werden, da im Anwendungszeitpunkt der Neuregelung die Anteilsvereinigung i.H.v. mind. 95 % bereits eingetreten war.[56] 42

Der Übergang von einer mittelbaren Anteilsvereinigung zu einer unmittelbaren Anteilsvereinigung führt nach dem Wortlaut des § 1 Abs. 3 Nr. 1 GrEStG erneut zu einem grunderwerbsteuerbaren Vorgang. Da die Änderung dergestalt, dass aus einer mittelbaren Beteiligung eine unmittelbare Beteiligung wird, für den **Rechtsträger keine erhebliche gesellschaftsrechtliche Verstärkung** der Position als Alleingesellschafter bewirkt, wird § 1 Abs. 3 Nr. 1 GrEStG einschränkend dahingehend ausgelegt, dass nicht erneut eine Belastung mit Grunderwerbsteuer entsteht.[57] 43

Der Ersatztatbestand des § 1 Abs. 3 Nr. 1 und Nr. 2 GrEStG fingiert einen Grundstückserwerb durch den Gesellschafter der Personengesellschaft. Aus diesem Grund ist auch die sachliche **Befreiungsvorschrift** des § 6 GrEStG auf diesen Fall anwendbar.[58] Da der Kommanditgesellschaft auch die Besteuerungsmerkmale ihrer Gesellschafter zum Teil zugerechnet werden, kommen insoweit auch die **persönlichen Befreiungsvorschriften** des § 3 GrEStG zur Anwendung.[59] Sofern sich also beispielsweise eine Anteilsvereinigung im Zuge einer Erbauseinandersetzung ergibt, kommt die Steuerbefreiung des § 3 Nr. 3 GrEStG zum Tragen. Erfolgt die Anteilsvereinigung durch Ehegattenerwerb kommt § 3 Nr. 4 GrEStG zur Anwendung. 44

Bemessungsgrundlage im Falle der Anteilsvereinigung gemäß § 1 Abs. 3 Nr. 1 und Nr. 2 GrEStG ist gemäß § 8 Abs. 2 Nr. 3 GrEStG der sog. **Bedarfswert** der Grundstücke. **Steuerschuldner** ist in diesem Fall gemäß § 13 Nr. 5 a GrEStG der Rechtsträger, in dessen Hand sich die Anteilsvereinigung vollzieht. 45

---

[55] Koordinierter Ländererlass FM Baden-Württemberg v. 14. 2. 2000 DStR 2000, 430.

[56] Gleich lautender Ländererlass v. 2. 12. 1999 BStBl. I 1999, 991. *Teiche*, DStR 2005, 51 weist zu Recht darauf hin, dass mittelbare Anteilsvereinigungen im Bereich von mindestens 95 %, aber weniger als 100 % allenfalls in Extremfällen denkbar sind.

[57] BFH v. 20. 10. 1993 BStBl. II 1994, 121; gleich lautender Ländererlass v. 2. 12. 1999 BStBl. I 1999, 991.

[58] *Pahlke/Franz* § 3 GrEStG Rn 15.

[59] FG Münster v. 27. 11. 1992 EFG 1993, 536; FM Bad.-Württ. v. 25. 6. 1993 BB 1993, 1726; FM Bayern v. 3. 6. 1993 Beck'sche Steuerkasse 600, § 1/9.

B. Entstehung der GmbH & Co. KG

§ 9 Neugründungstatbestände

Übersicht

Schrifttum: *Binz/Mayer*, Beurkundungspflichten bei der GmbH & Co. KG, NJW 2002, 3054; *Blaurock*, Unterbeteiligung und Treuhand an Gesellschaftsanteilen, 1981; *Brodersen*, Die Beteiligung der BGB-Gesellschaft an den Personenhandelsgesellschaften, 1988; *Hartmann/Hartmann*, Zur Frage der Beteiligung einer Gesellschaft bürgerlichen Rechts an Personengesellschaften, FS Werner, 1984, S. 217 ff.; *Immenga*, Die personalistische Kapitalgesellschaft, 1970; *John*, Die organisierte Rechtsperson, 1977; *Kuhn*, Zur werdenden GmbH & Co. KG, Festschrift für Hefermehl, 1976, S. 159 ff.; *Michalski*, Gesellschaftsrechtliche Gestaltungsmöglichkeiten zur Perpetuierung von Unternehmen, 1980; *Morck*, Die vertragliche Gestaltung der Beteiligung an Personen-Handelsgesellschaften, 1980; *Nitschke*, Die körperlich strukturierte Personengesellschaft, 1970; *Priester*, DB 1995, 693; *ders.*, Mitgliederwechsel im Umwandlungszeitpunkt. Die Identität des Gesellschafterkreises – ein zwingender Grundsatz?, DB 1997, 560; *Reiff*, Die Haftungsverfassung nicht rechtsfähiger unternehmenstragender Verbände, 1996; *Reuter*, Privatrechtliche Schranken der Perpetuierung von Unternehmen, 1973; *Rittner*, Die werdende juristische Person, 1973; *Schaefer*, DB 1998, 1269, Das Handelsrechtsreformgesetz nach dem Abschluss des parlamentarischen Verfahrens; *Schlitt*, Die Auswirkungen des Handelsrechtsreformgesetzes auf die Gestaltung von GmbH & Co. KG-Verträgen, NZG 1998, 580; *K. Schmidt*, Zur Stellung der OHG im System der Handelsgesellschaften, 1972; *ders.*, HGB-Reform und gesellschaftsrechtliche Gestaltungspraxis, DB 1998, 61; *ders.*, Woher – wohin? ADHGB, HGB und die Besinnung auf den Kodifikationsgedanken, ZHR 1997, 2; *ders.*, HGB-Reform im Regierungsentwurf, ZIP 1997, 909; *ders.*, „Deklaratorische" und „konstitutive" Registereintragungen nach §§ 1 ff. HGB, ZHR 1999, 87; *ders.*, Formwechsel zwischen GmbH und GmbH & Co. KG, GmbHR 1995, 693; *ders.*, Analoge Anwendung von § 28 HGB auf die Sachgründung freiberuflicher und gewerbetreibender BGB-Gesellschaften?, BB 2004, 785; *Schön*, Die vermögensverwaltende Personenhandelsgesellschaft – Ein Kind der HGB-Reform, DB 1998, 1169; *Schünemann*, Grundprobleme der Gesamthandsgesellschaft, 1975; *Schulze-Osterloh*, Das Prinzip der gesamthänderischen Bindung, 1972; *ders.*, Der gemeinsame Zweck der Personengesellschaften, 1973; *Schwintowski*, Grenzen der Anerkennung der fehlerhaften Gesellschaft, NJW 1988, 937 ff.; *Teichmann*, Gestaltungsfreiheit in Gesellschaftsverträgen, 1970; *H. P. Westermann*, Vertragsfreiheit und Typengesetzlichkeit im Recht der Personengsellschaften, 1970; *Huber*, Vermögensanteil, Kapitalanteil und Gesellschaftsanteil von Personengesellschaften des Handelsrechts, 1970; *Wiedemann*, Die Übertragung und Vererbung von Mitgliedschaftsrechten bei Handelsgesellschaften, 1965; *ders.*, Anteilsumwandlung und Mehrfachbeteiligung der Personengesellschaft, in: Festschrift Zöllner, 1999, S. 635 ff.; *Wiesner*, Die Lehre von der fehlerhaften Gesellschaft, 1980; *Witt*, Formbedürftigkeit und Heilung von Formmängeln bei der gleichzeitigen Einbringung von KG- und GmbH-Anteilen in eine Holdinggesellschaft, ZIP 2000, 1033; *Zöllner*, Schranken mitgliedschaftlicher Stimmrechtsmacht bei den privatrechtlichen Personenverbänden, 1963.

I. Überblick über die Entstehungsmöglichkeiten der GmbH & Co. KG

1. Neugründung und Formwechsel

1 Die Wege in die GmbH & Co. KG sind zahlreich. Typisierend lassen sich zwei Grundformen der Entstehung voneinander sondern: Die Etablierung der GmbH & Co. KG als neuer Rechtsträger, der ein Handelsgeschäft neu beginnt oder ein bestehendes Unternehmen aufnimmt und fortführt, einerseits (Neugründungstatbestände), und der Formwechsel eines bestehenden Rechtsträgers in die Rechtsform der GmbH & Co. KG (Umwandlungsfälle) andererseits.

Grundfall der **Neugründungstatbestände** ist die Errichtung der GmbH & Co. KG durch Abschluss eines KG-Vertrags zwischen einer (schon bestehenden oder zu diesem Zweck gegründeten) GmbH als Komplementärin und mindestens einem Mitgesellschafter als Kommanditist (dazu Rn 13ff.). Ein Neugründungstatbestand kann auch Bestandteil einer Umwandlung nach den Bestimmungen des Umwandlungsgesetzes sein. So liegt es bei einer Verschmelzung im Wege der Neugründung durch Übertragung der Vermögen zweier oder mehrerer Rechtsträger (übertragende Rechtsträger) auf eine GmbH & Co. KG als neuen, dadurch gegründeten Rechtsträger im Sinne von § 2 Nr. 2 UmwG oder bei einer Auf- oder Abspaltung zur Neugründung auf eine GmbH & Co. KG als neuen, aufnehmenden Rechtsträger im Sinne von § 123 Abs. 1 Nr. 2 und Abs. 2 Nr. 2 UmwG (dazu Rn 37ff.). Eine Neugründung ist schließlich auch dann gegeben, wenn eine GmbH im Sinne von § 28 HGB in das Geschäft eines Einzelkaufmanns unter Errichtung einer GmbH & Co. KG als Komplementärin eintritt oder eine Personenvereinigung, z. B. eine Erbengemeinschaft, ein Handelsgeschäft als Sacheinlage in eine zu diesem Zweck errichtete GmbH & Co. einbringt (dazu Rn 45ff. V.). 2

Zu den **Umwandlungsfällen** gehört insbesondere der (echte) Formwechsel in die GmbH & Co. KG nach Maßgabe der §§ 190ff. UmwG (dazu § 55). Außerhalb des Umwandlungsgesetzes sind darüber hinaus insbesondere zu nennen der Wechsel von der Gesellschaft bürgerlichen Rechts in die GmbH & Co. KG, der Rücktritt eines OHG-Gesellschafters in die Kommanditistenrolle unter Übernahme der Komplementär-Stellung durch eine schon dem Gesellschafterkreis angehörende oder zu diesem Zweck der Gesellschaft beitretende GmbH sowie die Übertragung der Komplementär-Stellung in einer KG durch eine natürliche Person auf eine GmbH; im ersten Fall wird aus einer GbR eine GmbH & Co. KG, im zweiten Fall aus einer OHG eine GmbH & Co. KG und im dritten Fall aus einer einfachen KG die GmbH & Co. KG (dazu im Einzelnen § 10). 3

In allen Gründungsvarianten kann die Entstehung der GmbH & Co. KG mit der **Errichtung ihrer Komplementär-GmbH** einhergehen, diese kann auch schon als Vorgesellschaft vor Eintragung im Handelsregister die Komplementärrolle übernehmen (s. dazu Rn 23). Schon aus Haftungsgründen (s. § 11) vorzugswürdig ist indessen die Beteiligung einer bereits bestehenden, im Handelsregister eingetragenen GmbH. 4

2. Unternehmensgründung

Von der Gründung der GmbH & Co. KG als Rechtsträger ist die Unternehmensgründung zu sondern.[1] Die Errichtung der Gesellschaft kann mit der **Gründung** eines Unternehmens unter Aufnahme eines neuen Handelsgeschäfts einhergehen. Die Gründung der GmbH & Co. KG kann aber auch auf die **Fortführung** eines bestehenden Unternehmens gerichtet sein, das im Wege der Sacheinlage in die GmbH & Co. KG eingebracht wird 5

[1] Eingeh. zur Sonderung von Unternehmen und Unternehmensträger *K. Schmidt* Gesellschaftsrecht.

oder – bei der Verschmelzung oder Spaltung zur Neugründung – im Wege der umfassenden oder der partiellen Gesamtrechtsnachfolge auf die GmbH & Co. KG übergeht oder das in den Umwandlungsfällen dem Rechtsträger, der in die Rechtsform der GmbH & Co. KG wechselt, bereits zugeordnet ist.

3. KG-Vertrag

6 In allen Entstehungsvarianten ist unverzichtbarer Kern der GmbH & Co. KG der KG-Vertrag, der **kraft Rechtsgeschäfts** einem Gesellschafter die Kommanditistenrolle und der GmbH die Komplementärrolle in einer Personenhandelsgesellschaft zuweist. Allein kraft Rechtsformzwangs kann die KG, anders als die GbR oder die OHG, demgegenüber nicht entstehen, weil sich die Beteiligten jedenfalls auf die Verteilung der unterschiedlichen Haftbeiträge verständigen müssen. Generelle Empfehlungen, welcher Entstehungsvariante der Vorzug zu geben ist, verbieten sich. Hierüber ist je nach Lage des Einzelfalles namentlich unter Berücksichtigung auch der steuerlichen und haftungsrechtlichen Konsequenzen zu entscheiden.

4. Handelsrechtsreform 1998

7 Mit dem Handelsrechtsreformgesetz[2] ist der **Zugang zur Rechtsform** der KG und damit der Kreis möglicher Entstehungstatbestände **signifikant erweitert** worden.[3] Während bis dahin der gemeinsame Zweck der KG notwendig auf den Betrieb eines Grundhandelsgewerbes im Sinne von § 1 Abs. 2 HGB a. F. oder eines sollkaufmännischen Gewerbebetriebes im Sinne von § 2 HGB a. F. oder eines land- und forstwirtschaftlichen Unternehmens im Sinne von § 3 HGB a. F., die nach Art und Umfang einen in kaufmännischer Weise eingerichteten Geschäftsbetrieb erforderten, gerichtet sein musste, kann nunmehr nach § 105 Abs. 2 HGB n. F. auch die Personengesellschaft, die einen kleingewerblichen Betrieb betreibt oder deren Zweck sich auf die Verwaltung des eigenen Vermögens beschränkt, für die Eintragung als Personenhandelsgesellschaft im Handelsregister optieren und so kraft Eintragung zur KG werden (dazu näher § 10 Rn 3).

II. Zwingende Bestandteile jedes Entstehungstatbestands

1. KG-Vertrag zwischen Komplementär-GmbH und Kommanditist

8 Für die Entstehung der GmbH & Co. KG bedarf es notwendig der Mitwirkung von wenigstens **zwei Gesellschaftern**. Sie ist unverzichtbar, weil es keine Einmann-Gesamthand gibt und weil die KG notwendig zwei Arten von Gesellschaftern, den Komplementär und den Kommanditisten,

---

[2] HRefG v. 22. 6. 1998 BGBl. I, 1474.

[3] Vgl. dazu *Schaefer*, DB 1998, 1269; *K. Schmidt*, DB 1998, 61; *ders.*, ZHR 1997, 2; *ders.*, ZIP 1997, 909; *ders.*, ZHR 1999, 87; *Schön*, DB 1998, 1169; zur Auswirkung des HRefG auf die Gestaltung von GmbH & Co. KG-Verträgen vgl. eingehend *Schlitt*, NZG 1998, 580.

voraussetzt. Wegen des Prinzips der Einheitlichkeit der Mitgliedschaft[4] kann eine Rechtsperson in derselben KG aber nicht gleichzeitig Komplementär und Kommanditist sein. Die Entstehung der GmbH & Co. KG setzt demgemäß die Bereitschaft einer GmbH voraus, als Komplementärin den Gesellschaftsgläubigern wie ein OHG-Gesellschafter gemäß § 161 Abs. 1 und 2 i.V. m. § 128 HGB persönlich und summenmäßig unbeschränkt zu haften. Hinzutreten muss mindestens ein weiterer Gesellschafter, der als Kommanditist seine Haftung gegenüber den Gesellschaftsgläubigern auf den Betrag einer von ihm versprochenen Vermögenseinlage beschränkt.

Als Gesellschaft setzt die GmbH & Co. KG ein vertragliches Schuldverhältnis im Sinne von § 705 BGB voraus; die GmbH & Co. KG kann deshalb nur bei Abschluss (zur Trennung von Innen- und Außenverhältnis und zur Bedeutung der Handelsregistereintragung vgl. Rn 25 f.) eines **Gesellschaftsvertrages** entstehen, der als **Mindestinhalt** enthalten muss (1.) die Bestimmung eines gemeinsamen Zwecks,[5] der entweder auf den gemeinsamen Betrieb eines Handelsgewerbes[6] (§ 105 Abs. 1 HGB) oder auf den Betrieb eines Kleingewerbes oder auf die Verwaltung des eigenen Vermögens als im Handelsregister eingetragene KG gerichtet sein muss, (2.) die Verpflichtung, diesen Zweck zu fördern,[7] (3.) die Bestimmung der GmbH als persönlich haftender Gesellschafter, (4.) die Bestimmung der Person, die als Kommanditist beschränkt auf den Betrag ihrer Vermögenseinlage haftet, und (5.) die Angabe des Betrags, auf den sich die Kommanditistenhaftung beschränkt (dazu im Einzelnen Rn 10 ff.). Demgegenüber gehört die Bestimmung der Firma nicht zu den essentialia negotii,[8] doch scheidet die Eintragung der Gesellschaft im Handelsregister ohne Firma aus. Ist der KG-Vertrag mangelbehaftet, kann nach den Grundsätzen der **fehlerhaften Gesellschaft** (eingehend dazu Rn 17 f.) gleichwohl eine GmbH & Co. KG entstehen. Fehlt der Vertrag gänzlich, scheidet die Entstehung einer Gesellschaft aus.[9] 9

2. Betrieb eines Handelsgewerbes oder Eintragung im Handelsregister

Die KG ist Handelsgesellschaft, aber nicht Kaufmann kraft Rechtsform nach § 6 Abs. 2 HGB.[10] Die Gesellschaft entsteht als KG, wenn sie ein 10

---

[4] Dazu *Wiedemann*, FS Zöllner, S. 635 ff.; aus der Rspr. BGHZ 58, 316, 318; 66, 98, 101; 101, 123, 129; BGH NJW 1984, 363; ZIP 1989, 1052, 1053.

[5] Instruktives Beispiel BGH BB 1998, 1279.

[6] Einschließlich des land- und forstwirtschaftlichen Betriebes i. S. v. § 3 HGB.

[7] Vgl. zum gemeinsamen Zweck und der hierauf gerichteten Förderpflicht der Gesellschafter als unverzichtbares Element jeder Personengesellschaft eingeh. MüKo/*Ulmer* § 705 BGB Rn 128, 142 ff., 153 ff.; GK/*Ulmer* § 105 Rn 20 ff.

[8] Zutr. GK/*Ulmer* § 105 HGB Rn 36, 159; *Ebenroth/Boujong/Joost/Boujong* § 105 HGB Rn 41; dazu und zum – notwendigen und fakultativen – Inhalt des Vertrags Rn 12.

[9] Vgl. nur *Koller/Roth/Morck* § 105 HGB Rn 4.

[10] Vgl. *Baumbach/Hopt* § 6 HGB Rn 2; GK/*Schilling* § 161 HGB Rn 12.

Handelsgewerbe nach § 1 Abs. 2 HGB betreibt. Das setzt voraus, dass das Unternehmen nach Art und Umfang einen in kaufmännischer Weise eingerichteten Geschäftsbetrieb erfordert. Fehlt es daran, weil der Zweck nur auf den Betrieb eines Kleingewerbes gerichtet ist oder weil die Gesellschaft nur eigenes Vermögen verwaltet, entsteht sie als KG nur und erst dann, wenn sie als solche im Handelsregister eingetragen wird.[11] Bis dahin ist die Gesellschaft eine GbR.

11 Richtet sich der Zweck der Gesellschaft auf den Betrieb eines Handelsgewerbes, entsteht die Gesellschaft als KG mit **Abschluss des Gesellschaftsvertrages**, ohne dass es auf die Geschäftsaufnahme oder auf die insoweit nur deklaratorische Eintragung im Handelsregister ankommt.[12] Dasselbe gilt bei Fortführung eines im Handelsregister bereits eingetragenen Handelsgewerbes, das in die Gesellschaft eingebracht wird, oder bei Eintritt in das Geschäft eines eingetragenen Kaufmanns (auch Kleingewerbetreibenden) nach § 28 HGB unter gleichzeitigem Abschluss eines KG-Vertrages.[13] Dass das Handelsgewerbe bei Vertragsabschluss bereits betrieben wird oder bereits Dimensionen erreicht hat, dass nach Art und Umfang ein in kaufmännischer Weise eingerichteter Geschäftsbetrieb erforderlich ist, ist nicht notwendig; es reichen die gemeinsame Absicht der Gesellschafter und das Vorliegen von Anhaltspunkten, dass das Unternehmen eine entsprechende Ausgestaltung alsbald erfahren wird. Fehlt es auch hieran, setzt die Entstehung der GmbH & Co. KG demgegenüber notwendig die – insofern konstitutiv wirkende – **Eintragung im Handelsregister** voraus;[14] diese ist nicht vom Erfordernis eines nach Art und Umfang in kaufmännischer Weise eingerichteten Geschäftsbetriebs abhängig, sondern kommt nach § 105 Abs. 2 HGB auch in Betracht, wenn der Zweck von vornherein nur auf den Betrieb eines Kleingewerbes oder die Verwaltung des eigenen Vermögens beschränkt ist.[15]

3. Firma

12 Nach § 161 Abs. 1 HGB ist die KG – wie die OHG – eine Gesellschaft, deren Zweck auf den Betrieb eines Handelsgewerbes oder eines Unternehmens nach § 105 Abs. 2 HGB unter **gemeinschaftlicher Firma** gerichtet ist. Daraus folgt entgegen verbreiteter Auffassung[16] aber nicht, dass die KG ohne gemeinsame Firma nicht entstehen kann. Ist ihr Zweck auf ein Handelsgewerbe gerichtet, macht dessen Betrieb die Gesellschaft auch ohne Einigung über die gemeinsame Firma zu einer Außengesellschaft, die unbeschadet ihrer Eintragung bei Vorliegen der KG-Voraussetzungen im

---

[11] Dasselbe gilt für land- oder forstwirtschaftliche Unternehmen i. S. v. § 3 HGB.

[12] Vgl. *Röhricht/Graf von Westphalen* § 105 HGB Rn 8.

[13] Dazu näher GK/*Ulmer* § 105 Rn 24.

[14] Vgl. BayObLG NJW 1985, 982, GK/*Ulmer* § 105 HGB Rn 28; *Röhricht/Graf von Westphalen* § 105 HGB Rn 10.

[15] Vgl. *Schäfer*, DB 1998, 1269, 1273 f.; *Schlitt*, NZG 1998, 580, 581.

[16] Vgl. MünchHdb. GesR II/*Happ* KG § 2 Rn 89; *MüKo/Grunewald* § 161 HGB Rn 8.

Übrigen bereits KG sein kann.[17] Das kann etwa der Fall sein, wenn bei Abschluss des KG-Vertrages lediglich die Bestimmung über die Firma wegen Gesetzesverstoßes nichtig oder aus sonstigen Gründen, etwa wegen Dissenses der Parteien, nicht vereinbart worden ist. Die Notwendigkeit der Firmierung folgt dann aus § 29 HGB i.V. m. § 161 Abs. 1 HGB; sie ist **Voraussetzung** für die (gebotene) **Eintragung** der Gesellschaft im Handelsregister. In den Fällen des Betriebs eines kleingewerblichen Unternehmens oder der Beschränkung auf die Verwaltung des eigenen Vermögens ist die Bildung der gemeinschaftlichen Firma deshalb unverzichtbare Entstehungsvoraussetzung, weil ohne Firma die – hier konstitutive – Handelsregistereintragung nicht erlangt werden kann.[18] Zu den Einzelheiten der Firmenbildung in der GmbH & Co. KG siehe § 13.

III. Der Grundfall der Neugründung durch Vertragsabschluss

1. Vertragscharakter

Der Gesellschaftsvertrag ist ein Dauerschuldverhältnis mit **organisationsrechtlichen und schuldvertraglichen Elementen.**[19] Als Organisationsvertrag bildet er die Grundlage für die Gesamthand als gemeinsame Wirkungseinheit der Gesellschafter. Als Schuldverhältnis begründet er wechselseitige, der Gesamthand gegenüber geschuldete Verpflichtungen der Gesellschafter und ist auf die Errichtung einer Interessengemeinschaft gerichtet. Von reinen Austauschverträgen wie Kauf oder Miete ist der Gesellschaftsvertrag deshalb zu sondern.[20] Das den Vertragscharakter kennzeichnende Gemeinschaftselement bildet die Grundlage für die Ableitung (ungeschriebener) gesellschaftsrechtlicher Grundsätze wie das Gleichbehandlungsprinzip und die Treuepflicht (dazu § 25). Zum notwendigen Inhalt des Gesellschaftsvertrages vgl. Rn 9 und eingehend Rn 10 ff., zur sachgerechten Gestaltung des Gesellschaftsvertrags vgl. §§ 63, 66. 13

2. Abschluss des KG-Vertrags

a) Angebot und Annahme. Der Abschluss des Gesellschaftsvertrages folgt den Regeln über den **Vertragsschluss nach §§ 145 ff. BGB**. Er kommt durch übereinstimmende Willenserklärungen zustande, die auf den Beitritt zur Gesellschaft unter Zustimmung zum Gesellschaftsvertrag gerichtet sind und allen anderen Vertragspartnern, die zu Mitgesellschaftern werden sollen, zugehen müssen.[21] Eine gleichzeitige Abgabe ist nicht erforderlich; bei zeitlich gestaffelter Zustimmung zum Gesellschaftsvertrag 14

---

[17] Zutr. *MüKo/K. Schmidt* § 105 HGB Rn 43 ff.; GK/*Ulmer* § 105 HGB Rn 36; *Röhricht/Graf von Westphalen* § 105 HGB Rn 13; *Ebenroth/Boujong/Joost/Boujong* § 105 HGB Rn 29, jew. zur OHG.

[18] Vgl. *Röhricht/Graf von Westphalen* § 105 HGB Rn 10.

[19] Eingeh. dazu GK/*Ulmer* § 105 HGB Rn 138 ff.; *MüKo/K. Schmidt* § 105 HGB Rn 96.

[20] Zur Frage, inwieweit bei Leistungsstörungen eine entspr. Anwendung von §§ 320 ff. BGB in Betracht kommt, vgl. § 19 Rn 29.

[21] Vgl. aber MünchHdb. GesR II/*Happ* KG § 2 Rn 3 m. N.

kommt dieser mit Zugang der letzten Willenserklärung der als Gesellschafter vorgesehenen Personen bei den übrigen Beteiligten zustande. Die für GbR und OHG bejahte Möglichkeit des konkludenten Vertragsschlusses dürfte für die KG kaum je praktisch werden.[22]

15 **b) Stellvertretung.** Stellvertretung beim Vertragsabschluss ist nach allgemeinen Regeln **zulässig**. Die Vollmacht bedarf auch dort keiner Form, wo der Gesellschaftsvertrag selbst (Rn 19f.) einem Formgebot unterliegt, vgl. § 167 Abs. 2 BGB. Die Prokura umfasst den Abschluss des KG-Vertrages für den Kaufmann, nicht aber die Begründung einer Einlageverpflichtung, die auf Einbringung eines Grundstücks oder des ganzen Unternehmens des Kaufmanns[23] gerichtet ist. Grundsätzlich zulässig ist auch die Beteiligung an der Gründung unter Einschaltung eines **Treuhänders**. Er wird mit allen Rechten und Pflichten nach außen und innen Gesellschafter.

16 **c) Befristung, Bedingung.** Der Abschluss des Gesellschaftsvertrages und damit die Entstehung der KG im Innenverhältnis kann **aufschiebend befristet oder bedingt** erfolgen.[24] Erfolgt der Abschluss unter **auflösender Bedingung**, liegt hierin die Vereinbarung der automatischen Auflösung der Gesellschaft bei Eintritt der Bedingung. Nach Vollzug des Gesellschaftsvertrags kommt allerdings nur noch eine Auflösung ex nunc in Betracht.[25] Eine Rückbeziehung des Gesellschaftsvertrags ist nur schuldrechtlich dergestalt möglich, dass sich die Gesellschafter untereinander so stellen, als hätte die Gesellschaft schon zu einem früheren Zeitpunkt begonnen.[26] Von praktischer Bedeutung ist die Rückbeziehung insbesondere in den Fällen, in denen die GmbH durch Verschmelzung oder Spaltung zur Neugründung entsteht (vgl. Rn 37 ff.).

17 **d) Abschlussmängel.** Die Folgen von **Willensmängeln** bei Abschluss des Gesellschaftsvertrages bestimmen sich grundsätzlich nach allgemeinen Regeln. Allerdings ist die Geltendmachung von Anfechtungsgründen, Vertretungsmängeln, fehlender Willensübereinstimmung u. Ä. nach der Lehre von der fehlerhaften Gesellschaft eingeschränkt; vorbehaltlich Fällen bloßer Teilnichtigkeit ist danach beim anfechtbaren oder nichtigen Gesellschaftsvertrag nach Invollzugsetzen der Gesellschaft eine Berufung auf Abschlussmängel nur noch ex nunc möglich, sofern nicht einer rechtlichen Anerkennung der Gesellschaft im Einzelfall vorrangig schutzwürdige Interessen entgegenstehen.[27]

---

[22] Vgl. *Röhricht/Graf von Westphalen* § 161 HGB Rn 6.

[23] Vgl. zu Einzelheiten GK/*Ulmer* § 105 HGB Rn 167.

[24] Vgl. BGH NJW 1985, 1080; WM 1979, 613; RG JW 1936, 2065; *Koller/Buchholtz*, DB 1982, 2172; *MüKo/K.Schmidt* § 105 HGB Rn 107, 127.

[25] Zutr. GK/*Ulmer* § 10 HGB Rn 165; zur Parallele des unter auflösender Bedingung erklärten Beitritts zur Gesellschaft (GbR) vgl. BGH DStR 1995, 1316 m. Anm. *Goette*.

[26] Vgl. BGH NJW 1978, 264; *MüKo/K.Schmidt* § 105 HGB Rn 127.

[27] Vgl. umfassend GK/*Ulmer* § 105 HGB Rn 327 ff.; *Röhricht/Graf von Westphalen* § 105 HGB Rn 38 ff.; *Ebenroth/Boujong/Joost/Boujong* § 105 HGB Rn 76, 177 ff.

Im Falle **objektiver Teilnichtigkeit** des Gesellschaftsvertrages (Verstoß einzelner Vertragsteile gegen § 134 oder § 138 BGB oder gegen zwingende Grundsätze des Gesellschaftsrechts) ist entgegen der Auslegungsregel von § 139 BGB nicht von der Regelfolge der Gesamtnichtigkeit auszugehen, sondern vorrangig zu prüfen, ob nach dem Willen der Beteiligten von der Wirksamkeit der Vertragsbestimmungen im Übrigen, gegebenenfalls unter Lückenfüllung im Wege ergänzender Vertragsauslegung, auszugehen ist.[28] Entsprechendes kann sich im Falle **subjektiver Teilnichtigkeit** bei fehlerhafter Beteiligung eines von mehreren Kommanditisten ergeben, wenn die Auslegung ergibt, dass die übrigen Beteiligten den Vertrag auch ohne den fehlerhaft Beigetretenen abgeschlossen hätten.[29] 18

3. Form

Der KG-Vertrag bedarf **keiner Form**. Zur Vermeidung von Zweifeln über den Vertragsinhalt empfiehlt sich aber dringend zumindest die Schriftform. Ein gesetzliches Formerfordernis kann sich im Einzelfall aber namentlich aus der Eigenart der in dem Vertrag begründeten Verpflichtungen, insbesondere aus dem Gegenstand der von einem Gesellschafter geschuldeten Einlage, ergeben.[30] Beispiele sind die Verpflichtung zur Einbringung eines Grundstücks (§ 311b Abs. 1 S. 1 BGB)[31] oder eines GmbH-Geschäftsanteils (§ 15 Abs. 4 GmbHG).[32] Sieht der Gesellschaftsvertrag vor, dass bei Ausscheiden aus der KG auch die Beteiligung an der Komplementär-GmbH übertragen werden muss, führt dies ebenfalls zum Formerfordernis nach § 15 Abs. 4 GmbHG. Dasselbe gilt entgegen dem insoweit unklaren Wortlaut von § 15 Abs. 4 GmbHG für die Begründung der Verpflichtung, unter bestimmten Voraussetzungen einen GmbH-Anteil übernehmen zu müssen.[33] 19

Wird die **Komplementär-GmbH** zusammen mit dem Abschluss des KG-Vertrags errichtet, kann sich das **Formerfordernis** nach § 2 Abs. 1 S. 1 GbmHG auf den KG-Vertrag erstrecken, wenn nach dem Willen der Beteiligten das eine Gesellschaftsverhältnis nicht ohne das andere begründet worden wäre.[34] Ist der Zweck der Gesellschaft auf den Erwerb und die Veräußerung von Grundstücken gerichtet, ohne dass der Vertrag zu Lasten der 20

[28] Vgl. BGH NJW 1976, 1027, 1029; BGH NJW 1968, 1378; BGHZ 123, 281, 286 = BB 1993, 2265; BB 1986, 421; *Hueck* Recht der OHG § 7 Fn 10; GK/*Ulmer* § 105 HGB Rn 185.

[29] Vgl. dazu näher GK/*Ulmer* § 105 HGB Rn 186 f.

[30] Vgl. hierzu *Binz/Mayer*, NJW 2002, 3054; *Wiesbrock*, DB 2002, 2311, 2313 f.; *Witt*, ZIP 2000, 1033.

[31] Eingeh. mit ausf. Kasuistik *MüKo/K. Schmidt* § 105 HGB Rn 133 ff.; GK/*Ulmer* § 105 HGB Rn 173 ff.; aus der Rspr. BGH NJW 1978, 2506.

[32] Vgl. *MüKo/K. Schmidt* § 105 HGB Rn 139; *Röhricht/Graf von Westphalen* § 105 HGB Rn 23.

[33] Vgl. nur *Baumbach/Hueck* § 15 GmbHG Rn 32 m. w. N.

[34] Vgl. zur vergleichbaren Fragestellung bei der Abtretung von GmbH & Co. KG-Anteilen aber BGH DB 1986, 1513; RGZ 103, 295; zum Meinungsstand in der Lit. namentlich *Wiesner*, NJW 1984, 95.

Gesellschafter auf Grundstücke bezogene Einbringungspflichten begründet, greift § 311 b Abs. 1 BGB nicht ein.[35] Zur Frage einer Formbedürftigkeit bei Vereinbarung eines Schiedsgerichts vgl. § 1031 ZPO.

21 Ist ein Formgebot einschlägig, bezieht es sich auf den gesamten Vertrag.[36] Ein **Formmangel** führt deshalb, vorbehaltlich einer Heilung nach § 311b Abs. 1 S. 2 BGB oder § 15 Abs. 4 S. 2 GmbHG, zur **Nichtigkeit des Vertrags** insgesamt, einschließlich aller nach dem Willen der Vertragspartner mit ihm unmittelbar im Zusammenhang stehenden Zusatzabreden.[37] Die verbreitete Auffassung, aus § 139 BGB könne eine Beschränkung der Nichtigkeitsfolge auf die die Formbedürftigkeit begründende Einbringungsverpflichtung abgeleitet werden,[38] ist mit dem grundsätzlich umfassenden und unteilbaren Eingreifen des Formerfordernisses auf den gesamten Vertrag unvereinbar. Über die Gesamtnichtigkeit hilft auch eine salvatorische Klausel nicht hinweg; sie ist ihrerseits nichtig. Kommt bei einer den Formzwang auslösenden Einlageverpflichtung keine Umdeutung in eine Bareinlageverpflichtung in Betracht, greifen aber bei Vollzug der Gesellschaft die Grundsätze über die fehlerhafte Gesellschaft ein (dazu Rn 17).

4. Gesellschafter

22 **a) Komplementär-GmbH.** Die Zulässigkeit der Übernahme der Komplementärstellung durch eine GmbH als **juristische Person** ist seit der Entscheidung des Reichsgerichts[39] höchstrichterlich anerkannt und inzwischen in zahlreichen Gesetzesbestimmungen (vgl. nur §§ 19 Abs. 2, 125 a Abs. 1 S. 2, 129 a, 130 a, b, 172 Abs. 6, 172 a, 177 a HGB) vorausgesetzt. Die Fähigkeit zur Übernahme der Komplementärrolle beruht ausschließlich auf der uneingeschränkten Rechtsfähigkeit der GmbH als juristischer Person; auf den Unternehmensgegenstand der GmbH kommt es für den wirksamen Abschluss des KG-Vertrages nicht an, doch sollte er sachgerechterweise die Übernahme der persönlichen Haftung und Geschäftsführung als Komplementärin der KG vorsehen. Die GmbH muss nach der Rechtsprechung in ihrem Unternehmensgegenstand zusätzlich den Tätigkeitsbereich der KG selbst kenntlich machen.[40] Eine darüber hinausgehende Verfolgung **eigener Geschäftstätigkeit** steht der Übernahme der Komplementärrolle nicht entgegen. Wegen der mit der Komplementärrolle verbundenen unbeschränkten Haftung ist eine Beschränkung auf die Komplementärfunktion allerdings regelmäßig vorzugswürdig.

---

[35] Vgl. BGH NJW 1996, 1279; NJW 1978, 2505; GK/*Ulmer* § 105 HGB Rn 174 f. m. w. N. zum Meinungsstand.

[36] Im Grundsatz unstr., vgl. BGH NJW 1978, 2505; *MüKo/Kanzleiter*, § 313 BGB Rn 50; *MüKo/K. Schmidt* § 105 HGB Rn 187; *Wiesner*, NJW 1984, 95.

[37] Zutr. GK/*Ulmer* § 105 HGB Rn 171.

[38] Vgl. – sämtlich kein GesVerh. betr. – BGH NJW 1983, 565; NJW 1966, 1747; NJW 1981, 222; *MüKo/K. Schmidt* § 105 HGB Rn 137.

[39] RGZ 105, 101.

[40] OLG Hamburg BB 1968, 267; BayObLG NJW 1976, 1694; a. A. *Baumbach/Hopt* Anh. § 177 a HGB Rn 13.

Schon die **Vor-GmbH** kann die Komplementärrolle übernehmen.[41] 23
Daraus folgt vor allem zweierlei: erstens ist die auf den Betrieb eines Handelsgewerbes oder – nach Eintragung – auf den Betrieb eines Unternehmens im Sinne von § 105 Abs. 2 HGB n. F. gerichtete Gesellschaft schon eine KG, bevor ihre Komplementärin als GmbH im Handelsregister eingetragen ist, und zweitens kann die Eintragung der KG im Handelsregister vor Eintragung der Komplementär-GmbH erfolgen.[42] Es sprechen aber die damit verbundenen Haftungsrisiken dagegen, vor Eintragung der GmbH die Geschäfte aufzunehmen (vgl. zu den Haftungsverhältnissen im Gründungsstadium § 11).[43]

Im Regelfall hat die GmbH keine Einlagen zu leisten und ist am Gewinn und Verlust der KG nicht beteiligt.

b) Kommanditist. Die Beteiligung an der KG als Kommanditist steht 24
jeder Rechtsperson, die Träger von Rechten und Pflichten sein kann, offen. **Juristische Personen** können deshalb unabhängig von ihrem satzungsgemäßen Zweck Kommanditist sein; das gilt auch für die Vorgesellschaft.[44] Auch **natürliche Personen** können Kommanditist werden, und zwar unabhängig davon, ob sie in ihrer Geschäftsfähigkeit beschränkt sind oder unter Betreuung stehen. **Geschäftsunfähige** oder **beschränkt Geschäftsfähige** bedürfen bei Abschluss des KG-Vertrags der Mitwirkung ihrer gesetzlichen Vertreter sowie der Genehmigung des Vormundschaftsgerichts nach §§ 1643 I, 1822 Nr. 3 BGB. Übernimmt der gesetzliche Vertreter selbst ebenfalls einen Kommanditanteil, bedarf es wegen § 181 BGB der Einsetzung eines Ergänzungspflegers. Unter **Betreuung** stehende Personen können, wenn sich die Betreuung auf die Vermögenssorge erstreckt, nach § 1902 BGB von ihrem Betreuer vertreten werden. Die Mitwirkung des Betreuers ist zwingend, sofern ein Einwilligungsvorbehalt nach § 1903 Abs. 1 BGB angeordnet ist. Darüber hinaus ist nach § 1908 i BGB i.V. m. § 1822 Nr. 3 BGB die Genehmigung des Vormundschaftsgerichts erforderlich. Auch die unentgeltliche Beteiligung wird von der Genehmigungspflicht erfasst, BayObLG DB 1997, 924.

Anerkannt ist auch die Beteiligungsfähigkeit von **OHG und KG**.[45] Für die GbR und den nicht rechtsfähigen Verein wurde sie früher wegen der fehlenden Registerpublizität überwiegend verneint.[46] Nach jüngster Recht-

[41] Vgl. BGHZ 80, 129, 132; BGH GmbHR 1981, 114; WM 1985, 165 f.; dazu *Ulmer*, ZGR 1981, 593, 614 ff.; zur überholten, gegenteiligen Auffassung der Rspr. vgl. BayObLG GmbHR 1967, 9, 10; OLG Hamm DB 1976, 1859.

[42] BGH NJW 1985, 736; *Hachenburg/Ulmer* § 11 GmbHG Rn 133; *Scholz/K. Schmidt* § 11 GmbHG Rn 162.

[43] Zur Beteiligung einer der GmbH vergleichbaren juristischen Person ausländischen Rechts vgl. MünchHdb. GesR II/*Happ* KG § 2 Rn 65 ff.; *Koller/Roth/Morck* § 105 HGB Rn 17.

[44] Zum Ganzen GK/*Ulmer* § 105 HGB Rn 93.

[45] Vgl. nur *MüKo/K. Schmidt* § 105 HGB Rn 93; GK/*Ulmer* § 105 HGB Rn 94; *Ebenroth/Boujong/Joost/Boujong* § 105 HGB Rn 100.

[46] Vgl. BGH NJW-RR 1987, 416; NJW 1967, 826; a. A. mit gewichtigen Gründen namentlich *MüKo/K. Schmidt* § 105 HGB Rn 99; GK/*Ulmer* § 105 HGB Rn 96 f. m. w. N.

sprechung des BGH[47] ist die Beteiligungsfähigkeit der GbR dagegen zu bejahen. Analog den §§ 162 Abs. 3 und 1 sowie 106 Abs. 2 HGB sind die der GbR zum Zeitpunkt des Beitritts angehörenden Gesellschafter mit Namen, Geburtstag und Wohnort in das Handelsregister einzutragen. Für den nichtrechtsfähigen Verein wird nichts anderes gelten.[48] Die **Erbengemeinschaft** scheidet dagegen weiterhin als Gründerin aus.[49] Das gilt auch dann, wenn über den Nachlass Testamentsvollstreckung angeordnet ist.[50]

5. Entstehung im Innen- und Außenverhältnis

25 **a) Innenverhältnis.** Im Verhältnis der Gesellschafter zu einander entsteht die Gesellschaft **mit Abschluss des KG-Vertrages.**[51] Sie ist, wenn der gemeinsame Zweck auf den Betrieb eines Handelsgewerbes oder die Fortführung eines bereits im Handelsregister eingetragenen Unternehmens gerichtet ist, von Anfang an KG. Richtet sich der gemeinsame Zweck auf den Betrieb eines bislang nicht eingetragenen kleingewerblichen Unternehmens oder auf die Verwaltung des eigenen Vermögens, entsteht die Personengesellschaft richtigerweise zunächst als GbR; sie wird erst mit der – insoweit konstitutiven – Eintragung im Handelsregister zur KG.[52] Es liegt insoweit nach der Handelsrechtsreform ebenso wie nach alter Rechtslage in Fällen eines noch nicht eingetragenen, sollkaufmännischen Unternehmens. Insoweit ist verbreitet allerdings angenommen worden, die Gesellschaft entstehe bereits von Anfang an als OHG, wenn nur die Handelsregistereintragung von allen Gesellschaftern gewollt sei.[53] Dem stand nach richtiger Auffassung[54] aber entgegen, dass das den Gegenstand der Gesellschaft bildende Gewerbe erst mit der Handelsregistereintragung zum Handelsgewerbe wurde.[55] Das gilt nach neuer Rechtslage jetzt entsprechend für die noch nicht eingetragene, auf ein Kleingewerbe oder auf die Verwaltung des eigenen Vermögens beschränkte Gesellschaft. Zutreffend ist aber, dass im Verhältnis zueinander der übereinstimmende Wille der Gesellschafter auch in diesen Fällen regelmäßig auf die sofortige Geltung des KG-Rechts gerichtet sein wird; erfasst sind hiervon alle Vorschriften des OHG/KG-Rechts, die privatautonom auch außerhalb der KG (oder OHG) vereinbart werden können. Ausgeschlossen hiervon sind deshalb vor allem die Regelungen über die Gestaltungsklagen nach §§ 117, 127, 133, 140 und 142 HGB.

---

[47] BGHZ 148, 291 ff. im Anschluss an BGHZ 146, 341 ff.; ebenso bereits BayObLG ZIP 2000, 2165, 2166; zustimmend *Röhricht/v. Westphalen* § 105 HGB Rn 64 a; MünchHdb. GesR II/*Happ* KG § 2 Rn 53.

[48] So auch MünchHdb. GesR II/*Happ* KG § 2 Rn 61.

[49] Vgl. BGH BB 1987, 809; BGHZ 68, 225, 237; GK/*Ulmer* § 105 HGB Rn 98; MünchHdb. GesR II/*Happ* KG § 2 Rn 54 f.

[50] Zutr. MünchHdb. GesR II/*Happ* KG § 2 Rn 56 m. Nachw.

[51] Vgl. RGZ 112, 280; GK/*Ulmer* § 105 HGB Rn 49.

[52] Zur Grundbuchfähigkeit einer sog. „Vor-KG" vgl. LG Hildesheim GmbHR 1997, 799.

[53] Vgl. MünchHdb. GesR II/*Happ* KG § 2 Rn 22; *Hueck* Recht der OHG § 5 I 2.

[54] Vgl. GK/*Ulmer* § 105 HGB Rn 50.

[55] Vgl. BayObLG NJW 1985, 982; GK/*Ulmer* § 105 HGB Rn 50.

b) Außenverhältnis. Im Außenverhältnis entsteht die KG als solche immer und spätestens **mit der Eintragung** im Handelsregister, auch wenn sie ihre Geschäfte noch nicht aufgenommen hat, § 123 Abs. 1 HGB. Nimmt die Gesellschaft ihre Geschäfte bereits vor der Eintragung im Handelsregister auf,[56] entsteht sie nach § 123 Abs. 2 HGB bereits zu diesem Zeitpunkt, wenn die Geschäfte auf den Betrieb eines Handelsgewerbes gerichtet sind.[57] Andernfalls bleibt sie bis zur Eintragung GbR (s. o.). Entgegenstehende Vereinbarungen sind Dritten gegenüber unwirksam, § 123 Abs. 3 HGB. 26

6. Vorvertrag

Der Entstehung der GmbH & Co. KG kann ein Vorvertrag vorausgehen, in dem sich die zukünftigen Gesellschafter verpflichten, unter den im Vorvertrag genannten Voraussetzungen an der Errichtung der GmbH & Co. KG mitzuwirken. Der Vorvertrag muss, wenn er durchsetzbare Mitwirkungspflichten begründen soll, die **wesentlichen Grundlagen** des zukünftigen Gesellschaftsverhältnisses, insbesondere das zu betreibende Geschäft und die Beitragspflichten der Beteiligten, hinreichend bestimmbar festlegen. Ist der zukünftige Gesellschaftsvertrag formbedürftig, unterliegt auch der Vorvertrag regelmäßig dem Formgebot.[58] Die gerichtliche Durchsetzung der vorvertraglichen Verpflichtungen erfolgt nach § 894 ZPO.[59] 27

7. Eintragungsverfahren

a) Verpflichtung zur Eintragung, Wirkung der Eintragung. Nach § 162 Abs. 1 HGB i.V. m. § 106 Abs. 1 HGB ist die Gesellschaft zur Eintragung in das Handelsregister anzumelden. Damit stellt das Gesetz entsprechend dem in § 29 HGB für den Kaufmann verankerten Grundsatz sicher, dass alle für die Rechtsverhältnisse des Unternehmensträgers wichtigen Umstände für jedermann einsehbar sind. 28

Die Eintragung der Gesellschaft in das Handelsregister hat, wenn sie auf den Betrieb eines Handelsgewerbes im Sinne von § 1 Abs. 2 HGB n. F. gerichtet ist und ihre Geschäfte bereits aufgenommen hat, nur **deklaratorische**, rechtsbekundende Bedeutung. Hat die Gesellschaft ihre Geschäfte noch nicht begonnen oder sind sie lediglich auf einen kleingewerblichen Betrieb oder die Verwaltung eigenen Vermögens gerichtet, entsteht die GmbH & Co. KG im Verhältnis zu Dritten dagegen erst mit der Eintragung im Handelsregister, die insofern **konstitutive** Wirkung hat.[60] Die 29

---

[56] Für den Beginn der Geschäfte genügen bereits erste, dem Geschäftszweck dienende, einem Dritten gegenüber vorgenommene Rechtshandlungen, auch wenn sie nur Vorbereitungshandlungen sind; vgl. *Ebenroth/Boujong/Joost/Hillmann* § 123 HGB Rn 19 sowie zuletzt BGH vom 26. 4. 04, BB 2004, 1357 f.

[57] *Röhricht/Graf von Westphalen* § 123 HGB Rn 9; *Koller/Roth/Morck* § 123 HGB Rn 4.

[58] Vgl. GK/*Ulmer* § 105 HGB Rn 206 m. Fn. 33; zu § 15 IV GmbHG vgl. *Hachenburg/Zutt* § 15 GmbHG Rn 47.

[59] Vgl. GK/*Ulmer* § 105 HGB Rn 207; zur Kündigung des Vorvertrags aus wichtigem Grund vgl. BGH DB 1958, 955.

[60] Vgl. *Röhricht/Graf von Westphalen* § 105 HGB Rn 10.

Handelsregistereintragung ist insbesondere Voraussetzung dafür, dass sich bei vorzeitiger Geschäftsaufnahme die Kommanditisten gegenüber hiervon nicht unterrichteten Dritten auf die Beschränkung ihrer Haftung auf die Hafteinlage berufen können, § 176 Abs. 1 HGB, dazu im Einzelnen § 11 Rn 6.

30 **b) Anmeldung.** Die Anmeldung ist eine verfahrensrechtliche Erklärung in Form eines Antrages auf Eintragung, die in gewissem Umfang auch materiell-rechtliche Wirkungen hat, indem die Anmeldenden den Inhalt des Angemeldeten billigen und daran gebunden sind.[61] Die Anmeldung obliegt **allen Gesellschaftern** gemeinsam, auch den Kommanditisten, § 161 Abs. 2 i.V. m. §§ 106 bis 108 HGB. Die Anmeldung bedarf der öffentlichen Beglaubigung, § 12 Abs. 1 HGB. Sie hat bei dem für den Sitz der Gesellschaft zuständigen Gericht zu erfolgen. Für die Komplementär-GmbH handeln dabei ihre organschaftlichen Vertreter. **Stellvertretung** bei der Anmeldung ist zulässig, § 12 Abs. 2 S. 1 HGB, § 13 FGG. Die Vollmacht bedarf der öffentlichen Beglaubigung, § 12 Abs. 2 HGB.

31 Die Verpflichtung zur Anmeldung als öffentlich-rechtliche Pflicht **zur Sicherung der Registerpublizität**[62] knüpft an die tatsächliche Geschäftsaufnahme an, sofern der Zweck der Gesellschaft auf den Betrieb eines Handelsgewerbes gerichtet ist. Bei kleingewerblichem Geschäftsbetrieb oder der Verwaltung eigenen Vermögens besteht demgegenüber keine öffentlich-rechtliche Anmeldepflicht.[63] Die Möglichkeit der (fakultativen) Eintragung ist hier nur eine Option, um mit der Eintragung den Status der Personenhandelsgesellschaft zu erlangen. Wird von ihr nicht Gebrauch gemacht, besteht die Gesellschaft als Gesellschaft bürgerlichen Rechts.

32 **c) Anzumeldende Tatsachen.** Der Inhalt der Anmeldung bestimmt sich nach § 106 Abs. 2 und § 162 Abs. 1 HGB. Danach sind anzumelden die Gesellschaft unter Angabe der **Firma**, des **Sitzes** und **des Zeitpunkts ihres Beginns**, § 106 Abs. 2 Nr. 2 und Nr. 3 HGB. § 106 Abs. 2 Nr. 1 HGB verlangt weiter die Anmeldung von Namen, Vornamen, Geburtsdatum und Wohnort jedes **Gesellschafters.** Das passt nur für natürliche Personen, nicht aber für die GmbH als Komplementärin der GmbH & Co. KG. Bei ihr ist stattdessen zur Identifizierung die Angabe von Firma und Sitz erforderlich und ausreichend.[64] Erfolgt die Anmeldung der GmbH & Co. KG vor Eintragung ihrer Komplementär-GmbH, ist die GmbH in Gründung (Vor-GmbH) als Komplementärin anzumelden.

33 Nach § 162 Abs. 1 HGB sind in der Anmeldung des Weiteren die nur beschränkt haftenden Gesellschafter als **Kommanditisten** zu bezeichnen, außerdem ist der Betrag der von jedem Kommanditisten zu leistenden Ein-

---

[61] BGHZ 15, 324, 329 = NJW 1955, 230.

[62] Zur davon zu sondernden privatrechtlichen Mitwirkungspflicht der Gesellschafter untereinander vgl. GK/*Ulmer* § 108 HGB Rn 4f.; *Röhricht/Graf von Westphalen* § 108 HGB Rn 5.

[63] Vgl. GK/*Ulmer* § 106 HGB Rn 8f. (zur Rechtslage vor In-Kraft-Treten des HREfG).

[64] Vgl. GK/*Ulmer* § 106 HGB Rn 16.

lage anzugeben. Damit ist die **Hafteinlage**, nicht die Pflichteinlage gemeint (vgl. § 42 Rn 3). Gegebenenfalls anzumelden sind außerdem, bei der GmbH & Co. KG allerdings selten relevant, der Ausschluss eines persönlich haftenden Gesellschafters von der Vertretung der Gesellschaft und die Anordnung echter oder unechter Gesamtvertretung, § 125 Abs. 4 HGB. Trotz Fehlens einer hierauf gerichteten gesetzlichen Bestimmung ist die Befreiung eines vertretungsberechtigten Gesellschafters vom Verbot des Selbstkontrahierens anmeldepflichtig und eintragungsfähig.[65] Das gilt insbesondere für die Befreiung der Komplementär-GmbH von § 181 BGB im Verhältnis zur KG.

d) Firmenzeichnung. Die Komplementär-GmbH als zur Vertretung der GmbH & Co. KG befugte, persönlich haftende Gesellschafterin hat nach § 161 Abs. 2 i.V. m. § 108 Abs. 2 HGB mit der Anmeldung die Firma der KG zu zeichnen und die Namensunterschriften aller Geschäftsführer beizufügen.[66] Die Geschäftsführer müssen nur die **KG-Firma und ihre Unterschrift** handschriftlich zeichnen; hinsichtlich der Firma der Komplementär-GmbH ist es ausreichend, diese – durch Stempel oder maschinenschriftlich – den Namensunterschriften der Geschäftsführer voranzustellen, denn diese zeichnen nicht persönlich, sondern für die von ihnen vertretene GmbH.[67] 34

e) Eintragung. Die Eintragung kann nur aufgrund der Anmeldung nach § 106 HGB erfolgen; eine Eintragung von Amts wegen scheidet aus.[68] Eingetragen werden alle anmeldepflichtigen Tatsachen. Das Registergericht überprüft den Inhalt der Anmeldung auf ihre **Schlüssigkeit** und ihre **Glaubwürdigkeit** nach der allgemeinen Lebens- und Geschäftserfahrung.[69] Nur wenn sich Anhaltspunkte für die sachliche Unrichtigkeit oder das Fehlen erforderlicher Angaben ergeben, bedarf es einer weiteren Nachprüfung. Dabei gilt der Amtsermittlungsgrundsatz nach § 12 FGG. Gegenstand der Prüfung ist die formelle und materielle Ordnungsmäßigkeit der Gründung und die wirksame Beteiligung der Gesellschaft an ihr, außerdem die Einhaltung der Anmeldeformalien. 35

f) Bekanntmachung. Die Eintragung wird nach § 10 Abs. 1 HGB, §§ 32 ff. HRV öffentlich, nämlich im Bundesanzeiger und in den von dem Registergericht bestimmten Blättern, bekanntgemacht. Die Bekanntmachung umfasst den **Inhalt der Eintragung**, nicht aber die Namen der Kommanditisten und ihre Haftsummen. 36

---

[65] Vgl. OLG Hamm DB 1983, 982; OLG Hamburg DB 1986, 1451.

[66] Vgl. BayObLG DNotZ 1973, 123; GK/*Schilling* § 162 HGB Rn 7.

[67] Zutr. GK/*Schilling* § 162 HGB Rn 7.

[68] Zum Erzwingungsverfahren nach §§ 14 HGB, 132 ff. FGG, wenn das Handelsregister von eintragungspflichtigen Tatbeständen Kenntnis erlangt, vgl. aber GK/*Ulmer* § 106 HGB Rn 4.

[69] Vgl. ausf. GK/*Ulmer* § 106 HGB Rn 27 ff.; *Röhricht/Graf von Westphalen* § 106 HGB Rn 12.

IV. Besonderheiten bei Verschmelzung und Spaltung zur Neugründung einer GmbH & Co. KG

1. Grundsätzliches

37 Kommanditgesellschaften können nach § 3 Abs. 1 Nr. 1 UmwG als neuer Rechtsträger an Verschmelzungen und nach § 124 Abs. 1 i.V. m. § 3 Abs. 1 Nr. 1 UmwG als neuer Rechtsträger auch an Spaltungen beteiligt sein. Diese **Entstehungstatbestände** der GmbH & Co. KG sind **neu**, sie waren bis zur Neufassung des Umwandlungsrechts mit dem zum 1. Januar 1995 in Kraft getretenen UmwG unbekannt. Bis dahin war die Verschmelzung nur zur Neugründung auf Kapitalgesellschaften als neue Rechtsträger möglich; Spaltungen waren, sieht man von den Möglichkeiten des Gesetzes über die Spaltung der von der Treuhand verwalteten Unternehmen[70] ab, gänzlich ausgeschlossen.

38 § 2 Nr. 2 UmwG definiert die **Verschmelzung** im Wege der **Neugründung** als Übertragung der Vermögen zweier oder mehrerer Rechtsträger (übertragende Rechtsträger) jeweils als Ganzes auf einen neuen, von ihnen dadurch gegründeten Rechtsträger gegen Gewährung von Anteilen oder Mitgliedschaften des neuen Rechtsträgers an die Anteilsinhaber der übertragenden Rechtsträger als Gesellschafter, die mit Wirksamwerden der Verschmelzung liquidationslos erlöschen. Demgemäß kann eine GmbH & Co. KG als neuer Rechtsträger im Wege der Verschmelzung durch Neugründung entstehen, wenn an einem der übertragenden Rechtsträger eine GmbH beteiligt ist, der im Verschmelzungsvertrag die Komplementärbeteiligung an der neuen GmbH & Co. KG zugewiesen wird. Es reicht aus, wenn die für die Komplementärstellung vorgesehene GmbH, auch Vor-GmbH, ihre Beteiligung an einem der übertragenden Rechtsträger spätestens im Zeitpunkt des Abschlusses des Verschmelzungsvertrags erworben hat.[71]

39 Die **Spaltung zur Neugründung** begegnet nach § 123 UmwG in den drei Varianten der **Aufspaltung** zur Neugründung als gleichzeitige Übertragung der Vermögensteile des sich aufspaltenden Rechtsträgers (übertragender Rechtsträger) jeweils als Gesamtheit auf andere, von ihm dadurch neu gegründete Rechtsträger gegen Gewährung von Anteilen oder Mitgliedschaften dieser Rechtsträger an die Anteilsinhaber des übertragenden Rechtsträgers, der dadurch liquidationslos erlischt (§ 123 Abs. 1 Nr. 2 UmwG), der **Abspaltung** zur Neugründung als Übertragung eines Teils des Vermögens des abspaltenden Rechtsträgers als Gesamtheit auf einen oder mehrere von ihm dadurch neu gegründete Rechtsträger gegen Gewährung von Anteilen des neuen Rechtsträgers an die Anteilsinhaber des übertragenden Rechtsträgers (§ 123 Abs. 2 Nr. 2 UmwG) und der **Ausgliederung** zur Neugründung durch Übertragung eines Vermögensteils des übertragenden Rechtsträgers als Gesamtheit auf einen neuen, dadurch gegründeten Rechtsträger gegen Gewährung von Anteilen dieses Rechtsträgers an den übertragenden Rechtsträger (§ 123 Abs. 3 Nr. 2 UmwG).

---

[70] SpTrUG v. 5. 4. 1991, BGBl. I, S. 1.

[71] Zur Frage, ob ein Beitritt auf den Zeitpunkt des Wirksamwerdens der Verschmelzung mit Eintragung im Handelsregister ausreicht, vgl. § 51.

40 Im Wege der Spaltung zur Neugründung kann eine GmbH & Co. als neuer, aufnehmender Rechtsträger danach **jedenfalls** in den Fällen der **Auf- und Abspaltung** entstehen. Voraussetzung hierfür ist, dass an dem übertragenden Rechtsträger als Gesellschafter eine GmbH beteiligt ist, die nach dem Spaltungsplan (§ 136 UmwG) die Komplementärstellung in der neuen GmbH & Co. KG übernimmt, und mindestens ein weiterer Gesellschafter, dem die Kommanditbeteiligung an der GmbH & Co. KG gewährt wird. Demgegenüber steht einer Ausgliederung zur Neugründung einer GmbH & Co. KG entgegen, dass der übertragende Rechtsträger als Destinatär der Anteile an dem neuen Rechtsträger mit sich selbst keine Gesamthandsgesellschaft gründen kann. Eine Ausgliederung zur Neugründung einer GmbH & Co. KG kommt deshalb nur in Betracht, wenn man den Beitritt der Komplementär-GmbH auf den Zeitpunkt der Eintragung der Ausgliederung zuläßt.[72] Demgegenüber ist es nicht möglich, zwei Ausgliederungen zweier Rechtsträger zur Neugründung dergestalt zusammenzufassen, dass der eine Rechtsträger die Komplementärrolle und der andere die Kommanditistenrolle übernimmt.[73] Fraglich könnte schließlich sein, ob ein übertragender Rechtsträger eine Ausgliederung und eine Abspaltung zum Zwecke der Neugründung einer GmbH & Co. dergestalt kombinieren kann, dass er selbst die Komplementär-Rolle und seine Gesellschafter – als Inhaber der für das abgespaltene Vermögen zu gewährenden neuen Anteile – die Kommanditisten-Rolle übernehmen. Das wird richtigerweise zu verneinen sein.[74]

2. Verweis auf die allgemeinen Gründungsregeln

41 **a) Grundsatz.** Bei den Umwandlungen zur Neugründung handelt es sich um **echte Neugründungstatbestände**, bei denen ein neuer Rechtsträger unter Vermögensübergang kraft vollständiger oder partieller Gesamtrechtsnachfolge entsteht. § 36 Abs. 2 UmwG für die Verschmelzung und § 135 Abs. 2 UmwG für die Spaltung erklären deshalb die für die Rechtsform des neuen Rechtsträgers geltenden (allgemeinen) Gründungsvorschriften für anwendbar, soweit sich aus dem UmwG nichts anderes ergibt. Dabei stehen den Gründern der oder die übertragenden Rechtsträger gleich, §§ 36 Abs. 2 S. 2, 135 Abs. 2 UmwG, was indessen nichts daran ändert, dass Gesellschafter der im Wege der Verschmelzung oder Spaltung zur Neugründung entstehenden GmbH & Co. KG nicht der oder die übertragenden Rechtsträger sind, sondern zwingend die Gesellschafter des oder der übertragenden Rechtsträger. Das bedeutet in haftungsrechtlicher Hinsicht, dass es für die **haftungsbefreiende Einlageleistung** der Komman-

---

[72] Dazu (bejahend) *K. Schmidt*, GmbHR 1995, 693; *Priester*, DB 1997, 560.

[73] Vgl. *Lutter/Teichmann* § 123 UmwG Rn 28 unter zutr. H. darauf, dass die Regelung in § 123 Abs. 4 des RefE, wonach die Spaltung auch durch gleichzeitige Beteiligung mehrerer Rechtsträger erfolgen könne, nicht Gesetz geworden ist; außerdem *Karollus,* in: Kölner Umwandlungsrechtstage, S. 162.

[74] Vgl. *Karollus*, in: Kölner Umwandlungsrechtstage, S. 162; a. A. *Kallmeyer*, DB 1995, 81, 82 f.; *Lutter/Teichmann* § 123 UmwG Rn 26; w. N. bei *Kallmeyer* § 123 UmwG Rn 13.

ditisten auf die Deckung der von ihnen übernommenen Haftsumme durch das anteilig auf sie entfallende Gesellschaftsvermögen ankommt. Für die Verschmelzung und Spaltung zur Neugründung einer GmbH & Co. KG hat der **Verweis auf die Gründungsvorschriften** in §§ 36 Abs. 2 S. 2, 135 Abs. 2 S. 2 UmwG insbesondere die folgenden Konsequenzen:

42 **b) Zwecke im Sinne von § 105 Abs. 1 oder 2 HGB.** Eine GmbH & Co. KG kann auch im Wege der Verschmelzung oder Spaltung zur Neugründung nur entstehen, wenn ihr Zweck entweder ein Handelsgewerbe oder auf den Betrieb eines Kleingewerbes oder die Verwaltung des eigenen Vermögens gerichtet ist. Fehlt es daran, kommt eine Eintragung nicht in Betracht.

43 **c) KG-Vertrag als Bestandteil von Verschmelzungsvertrag oder Spaltungsplan.** Unverzichtbarer Kern auch der Neugründungtatbestände bei Verschmelzung und Spaltung ist weiter der KG-Vertrag für die GmbH & Co. KG als neuer Rechtsträger. Er muss nach § 37 UmwG „in dem Verschmelzungsvertrag enthalten sein oder festgestellt werden". Dasselbe gilt aufgrund des Verweises in § 125 S. 1 UmwG für die Spaltung zur Neugründung, bei der an die Stelle des Verschmelzungsvertrages der Spaltungsplan (§ 136 UmwG) tritt. Daraus folgt, dass der sonst formfreie (s. Rn 19) KG-Vertrag bei der Verschmelzung oder Spaltung im Wege der Neugründung einer GmbH & Co. KG von dem für den Verschmelzungsvertrag und den Spaltungsplan geltenden Erfordernis der **notariellen Beurkundung** nach § 6 UmwG erfasst wird. Ausreichend ist es gemäß § 9 Abs. 1 S. 2 BeurkG aber, wenn im Verschmelzungsvertrag oder Spaltungsplan auf den KG-Vertrag verwiesen und dieser der notariellen Urkunde als Anlage beigefügt wird.[75]

44 **d) Zuweisung der Komplementär- und der Kommanditistenrolle.** Die Bestimmung, welche Anteilsinhaber der übertragenden Rechtsträger bei der neuen KG die Stellung eines persönlich haftenden Gesellschafters erwerben und welche Kommanditisten werden, muss nach § 40 Abs. 1 S. 1 UmwG im Verschmelzungsvertrag und nach § 125 S. 1 UmwG im Spaltungsplan erfolgen. Festzuhalten ist dort außerdem die Einlage jedes Gesellschafters, § 40 Abs. 1 S. 2 UmwG und § 125 S. 1 UmwG. Wegen der Spezifika von Verschmelzung und Spaltung im Übrigen vgl. eingehend §§ 51, 53.

V. Sonderfälle

1. Eintritt in das Geschäft eines Einzelkaufmanns nach § 28 HGB

45 **a) Überblick.** Nach § 28 Abs. 1 HGB haftet die Gesellschaft, wenn jemand als persönlich haftender Gesellschafter oder als Kommanditist in das Geschäft eines Einzelkaufmanns eintritt, für alle im Betrieb des Geschäfts entstandenen Verbindlichkeiten des früheren Geschäftsinhabers, auch wenn sie die Firma nicht fortführt.[76] Die Norm regelt die **Rechtsfolgenseite** ei-

[75] Vgl. *Schmitt/Hörtnagel/Stratz* § 37 UmwG Rn 3.
[76] Vgl. dazu *Lieb*, FS Westermann, S. 309; *K. Schmidt*, ZHR 145 (1981) 2.

nes Entstehungstatbestands einer (Personenhandels-) Gesellschaft, indem sie eine an die Unternehmenskontinuität anknüpfende Haftung des neuen Unternehmensträgers anordnet. Die Norm kann, wie Abs. 3 beweist, auch in der Variante verwirklicht werden, dass eine GmbH in das Geschäft als persönlich haftender Gesellschafter eintritt und der Kaufmann die Rolle als Kommanditist übernimmt.

b) Neugründungstatbestand. Auch wenn das Gesetz vom „Eintritt" in das Geschäft des Einzelkaufmanns spricht, geht es in den Fällen des § 28 HGB der Sache nach um die **Gründung einer Personenhandelsgesellschaft** unter Beteiligung des „Altunternehmers", der sein bisher von ihm als Einzelkaufmann betriebenes Geschäft als Einlage in die Gesellschaft einbringt.[77] Es liegt also eine Neugründung vor. Erfolgt die Errichtung unter Beteiligung einer GmbH als persönlich haftendem Gesellschafter[78] und übernimmt der bisherige Einzelkaufmann die Rolle als Kommanditist, handelt es sich um eine echte Neugründung einer GmbH & Co. KG, für die die in Rn 13 ff. dargestellten Grundsätze gelten. 46

c) Anwendungsbereich. § 28 HGB setzt voraus, dass der bisherige Geschäftsinhaber eine Gesellschafterstellung, im Fall der GmbH & Co. KG also die Kommanditistenrolle, übernimmt. Fehlt es daran, etwa weil der bisherige Geschäftsinhaber sein Unternehmen an eine schon bestehende oder im Zuge des Erwerbs neu errichtete Gesellschaft veräußert, ohne selbst eine Beteiligung zu übernehmen, ist § 28 HGB nicht einschlägig; die Haftung der aufnehmenden Gesellschaft kann dann aber aus § 25 HGB folgen.[79] Die Anwendung der Norm setzt die **Kaufmannseigenschaft** des bisherigen Geschäftsinhabers voraus; dabei ist nach der Neuordnung des Kaufmannsbegriffs durch das Handelsrechtsreformgesetz die Frage, ob auch Minderkaufleute einzubeziehen sind,[80] obsolet. Ob der Kaufmann im Handelsregister eingetragen ist oder nicht, ist unerheblich. Der nach altem Recht geführte Streit, ob die Norm anwendbar ist, wenn ein nicht im Handelsregister als Kaufmann eingetragener Sollkaufmann im Sinne von § 2 HGB a. F. sein Unternehmen in eine Personengesellschaft einbringt,[81] ist infolge der Neuordnung des Kaufmannsbegriffs durch das Handelsrechtsreformgesetz überholt. Für Kleingewerbetreibende, die von der Eintragungsoption nach § 2 S. 2 HGB n. F. keinen Gebrauch gemacht haben, gilt § 28 HGB nicht unmittelbar. § 28 HGB ist aber entsprechend anwendbar, auch wenn die aufnehmende Gesellschaft nur als GbR entsteht, und zwar unabhängig davon, ob sie von der Eintragungsoption nach § 105 Abs. 2 HGB i.V. m. § 2 HGB Gebrauch machen will oder nicht.[82] 47

---

[77] Vgl. nur *Röhricht/Graf von Westphalen* § 28 HGB Rn 2; *Koller/Roth/Morck* § 28 HGB Rn 3.

[78] Vgl. zur Zulässigkeit schon RGZ 123, 289.

[79] Vgl. *Röhricht/Graf von Westphalen* § 28 HGB Rn 5 f.

[80] Dafür BGH NJW 1966, 1917.

[81] Dagegen BGHZ 31, 397, 400; dafür *Lieb*, FS H. Westermann, S. 309, 315 ff.; *K. Schmidt*, ZHR 145 (1981), 2, 21 ff.

[82] Vgl. i. d. S. allerdings auf der Basis des alten Rechts, *K. Schmidt*, ZHR 145 (1981) 21 ff.; GK/*Hüffer* § 28 HGB Rn 28 f.; *Röhricht/Graf von Westphalen* § 28 Rn 10,

48 **d) Vertragsabschluss.** Ohne Errichtung einer Personengesellschaft, das heißt Abschluss eines Gesellschaftsvertrages unter Einbringung des bislang einzelkaufmännisch geführten Unternehmens, kommt § 28 HGB nicht in Betracht; insbesondere ist die Norm bei Eintritt in eine **bereits bestehende Gesellschaft** nicht einschlägig. Ob der frühere Geschäftsinhaber in der neuen Gesellschaft die Rolle des persönlich haftenden Gesellschafters oder eine Kommanditistenstellung einnimmt, ist unerheblich. § 28 HGB ist deshalb auch einschlägig, wenn eine GmbH den von ihr betriebenen Geschäftsbetrieb in eine GmbH & Co. KG einbringt, etwa unter Beteiligung ihrer Gesellschafter als Kommanditisten, und sie selbst die Komplementärrolle übernimmt.[83] Anders als § 25 HGB setzt § 28 HGB **nicht** die **Fortführung der Firma** des bisherigen Einzelkaufmanns voraus.[84] Es ist auch nicht erforderlich, dass das Geschäftsvermögen dinglich in die Gesamthandsberechtigung der Personenhandelsgesellschaft übertragen wird. Es reicht aus, wenn die Überlassung zur Nutzung erfolgt, insbesondere auf der Basis einer Unternehmenspacht.[85]

49 **e) Rechtsfolgen.** Ist der Tatbestand von § 28 HGB verwirklicht, so tritt die den Geschäftsbetrieb fortführende Gesellschaft als Schuldner an die Seite des bisherigen Geschäftsinhabers für die im Geschäftsbetrieb begründeten Verbindlichkeiten. Es liegt ein gesetzlicher Schuldbeitritt vor, der zum Entstehen eines **Gesamtschuldverhältnisses** führt.[86] Die Haftung kann nach § 28 Abs. 2 HGB durch Verlautbarung im Handelsregister ausgeschlossen werden. Wird der bisherige Geschäftsinhaber in der neuen Gesellschaft Kommanditist, gilt die Enthaftungsregel nach § 26 HGB entsprechend. Demgemäß gilt alsdann eine **fünfjährige Enthaftungsfrist**, die mit dem Ende des Tages beginnt, an dem die neue Gesellschaft in das Handelsregister eingetragen wird. Das Enthaftungsprivileg gilt auch dann, wenn der in die Kommanditistenrolle zurücktretende frühere Geschäftsinhaber als geschäftsleitender Kommanditist Geschäftsführungsfunktion übernimmt.[87]

2. Unternehmensfortführung durch eine Erbengemeinschaft

50 Will eine Erbengemeinschaft ein ererbtes Handelsgeschäft fortführen, bietet sich zur Vermeidung der persönlichen Haftung die Überführung auf eine GmbH & Co. KG an. Es bedarf hierfür der Errichtung einer neuen Gesellschaft, in die das Handelsgeschäft eingebracht wird.[88] Erforderlich ist also der Abschluss eines Gesellschaftsvertrages unter **Errichtung** einer

---

sowie nunmehr K. Schmidt, BB 2004, 785, 787 f.; a. A. offenbar auch nach neuem Recht *Ebenroth/Boujong/Joost/Zimmer/Scheffel* § 28 HGB Rn 16/17.

[83] Zu den steuerlichen Konsequenzen dieses Einbringungsvorgangs vgl. § 12.

[84] Vgl. *Koller/Roth/Morck* § 28 HGB Rn 8.

[85] Vgl. GK/*Hüffer* § 28 HGB Rn 14.

[86] Vgl. GK/*Hüffer* § 28 HGB Rn 18; *Heymann/Emmerich* § 28 HGB Rn 23.

[87] Zum Meinungsstreit über eine entsprechende Anwendung von § 26 HGB vor Inkrafttreten des neuen § 28 Abs. 3 HGB i. d. F. des NachhBG v. 26. 3. 1994 vgl. GK/*Hüffer* § 28 HGB Rn 24 f. m. w. N.

[88] Vgl. BGHZ 92, 259, 263; GK/*Ulmer* § 105 HGB Rn 57 ff.

neuen GmbH & Co. KG. Hierfür gelten die in Rn 13ff. dargestellten Grundsätze. Demgegenüber gibt es keinen automatischen Eintritt in die Personenhandelsgesellschaft, wenn die Erbengemeinschaft das ererbte Handelsgeschäft fortsetzt.[89] Erforderlich ist vielmehr immer eine Übertragung des Geschäftsvermögens unter zumindest teilweiser Auseinandersetzung des Nachlasses. Das Vorstehende gilt gleichermaßen für Fälle, in denen sich ein Handelsgeschäft in **ehelicher Gütergemeinschaft** oder schlichter **Rechtsgemeinschaft** befindet oder aus einer stillen Gesellschaft eine KG werden soll.

---

[89] Zu den Einzelheiten vgl. GK/*Ulmer* § 105 HGB Rn 57 m. w. N.

§ 10 Entstehung der GmbH & Co. KG durch Rechtsformwechsel außerhalb des Umwandlungsgesetzes

Übersicht

Schrifttum: *Bydlinski*, Zentrale Änderungen des HGB durch das Handelsrechtsreformgesetz, ZIP 1998, 1169; *Battes*, Rechtsformautomatik oder Willensherrschaft?, AcP 174 (1974), 429; *Beyerle*, Gesetzliche Umwandlung einer OHG oder KG in eine Gesellschaft bürgerlichen Rechts, NJW 1971, 1698; *Habersack*, in: Die Reform des Handelsstandes und der Personengesellschaften, 1999, S. 73 ff.; *Hennrichs*, Formwechsel und Gesamtrechtsnachfolge bei Umwandlungen, 1995; *Henssler*, Gewerbekaufmann und Unternehmens, ZHR 1961 (1997), 13 ff.; *Limmer*, Die identitätswahrende Umwandlung einer BGB-Gesellschaft in eine GmbH & Co. KG, DStR 2000, 1230; *Mertens*, Umwandlung und Universalsukzession, 1993; *Schaefer*, Das Handelsrechtsreformgesetz nach dem Abschluß des parlamentarischen Verfahrens, DB 1998, 1269; *K. Schmidt*, HGB-Reform und gesellschaftsrechtliche Gestaltungspraxis, HGB 1998, 61; *ders.*, HGB-Reform im Regierungsentwurf, ZIP 1997, 909; *ders.*, „Deklaratorische" und „konstitutive" Registereintragung nach § 1 ff. HGB, ZHR 163 (1999), 87 ff.; *ders.*, Zur Stellung der OHG im System der Handelsgesellschaften, 1972; *ders.*, Universalsukzession kraft Rechtsgeschäfts, AcP 191 (1991), 495; *Schön*, Die vermögensverwaltende Personenhandelsgesellschaft – ein Kind der HGB-Reform, DB 1998, 1169; siehe außerdem die Schrifttumsnachweise vor § 9.

I. Übersicht

1 Von den in § 9 behandelten echten Neugründungsfällen zu sondern sind die Entstehungstatbestände der GmbH & Co. KG, in denen ein *bereits bestehender* Unternehmensträger seine Rechtsform in diejenige der GmbH & Co. KG überführt. Soweit es dabei um den echten **Formwechsel nach Maßgabe** der Bestimmungen **des UmwG** geht, ist auf die Ausführungen zur GmbH & Co. KG in Umwandlungsfällen zu verweisen (s. § 55). Im Folgenden sind demgegenüber die **sonstigen Fälle** des Formwechsels in die GmbH & Co. KG unter Einschluss von Sonderkonstellationen zu behandeln.

II. Wechsel von der GbR in die GmbH & Co. KG

1. Kein Formwechsel kraft Rechtsformzwang.

Allein kraft Rechtsformzwang kann aus einer GbR zwar eine OHG, nicht aber eine KG werden. Erstarkt ein von einer Gesellschaft bürgerlichen Rechts betriebenes Kleingewerbe zu einem Unternehmen, das nach Art und Umfang einen in kaufmännischer Weise eingerichteten Geschäftsbetrieb erfordert, wird die Gesellschaft unabhängig von ihrer Eintragung im Handelsregister nach § 105 Abs. 2 i.V. m. § 1 Abs. 2 HGB in der Neufassung nach dem HaRRefG zwingend zur OHG. KG kann sie demgegenüber nur werden, wenn die Gesellschafter sich auf das **Zurücktreten** mindestens eines von ihnen **in die Rolle des Kommanditisten** einigen; dies setzt eine Änderung des Gesellschaftsvertrags voraus, die grundsätzlich der zustimmenden Mitwirkung aller Gesellschafter bedarf. Wird eine Gesellschaft bürgerlichen Rechts kraft Rechtsformzwanges zur OHG, bedarf es also einer entsprechenden Anpassung des Gesellschaftsvertrages, um die Rechtsform der KG zu etablieren. Eine GmbH & Co. KG kann in diesen Fällen entstehen, wenn alle als Gesellschafter beteiligten natürlichen Personen in die Position des Kommanditisten zurücktreten und gleichzeitig eine schon beteiligte oder zu diesem Zweck beitretende GmbH die Komplementärrolle übernimmt. 2

2. Formwechsel in den Fällen des § 105 Abs. 2 HGB n. F.

a) Eintragungsoption. Seit der Neufassung von § 105 Abs. 2 HGB durch das HaRRefG ist für Personengesellschaften entsprechend der Bestimmung in § 2 HGB n. F. für Einzelgewerbebetreibende die Option eröffnet, kraft Handelsregistereintragung die Rechtsform der Personenhandelsgesellschaft einschließlich der KG und damit bei Beteiligung einer GmbH auch der GmbH & Co. KG zu erlangen, auch wenn der Gesellschaftszweck nur auf den Betrieb eines **Kleingewerbes** oder auf die **Verwaltung des eigenen Vermögens** beschränkt ist.[1] Bis dahin als Gesellschaft bürgerlichen Rechts verfasste Gesamthandsgesellschaften können danach durch Eintragung im Handelsregister den Formwechsel in die Personenhandelsgesellschaft vollziehen. Es handelt sich dabei um einen identitätswahrenden Rechtsformwechsel außerhalb der Regelungen des Umwandlungsrechts. Die **Rechtsträgeridentität** findet ihre manifeste Ausprägung insbesondere in der Vermögenskontinuität: die gesamthänderische Zuordnung des Vermögens der Gesellschaft bleibt vom Wechsel der Rechtsform unberührt. 3

b) Gesellschaftsvertragsänderung. Die erforderliche Anmeldung zur Eintragung als Personenhandelsgesellschaft im Handelsregister setzt die Mitwirkung aller Gesellschafter voraus, § 161 Abs. 2 i.V. m. § 108 HGB. Damit ist aber noch nicht über die Frage entschieden, ob es hierfür auch eines Gesellschafterbeschlusses bedarf und wenn ja, mit welchen Mehrhei- 4

[1] Dazu instruktiv *Habersack* in: Reform des Handelsstandes, S. 73 ff.

ten dieser zu fassen ist. Richtigerweise obliegt die Entscheidung für den Wechsel in die Personenhandelsgesellschaft wegen des grundlegenden Strukturwechsels zwingend der Beschlussfassung unter **Zustimmung aller Gesellschafter**. Der Sache nach geht es dabei um eine Änderung des Gesellschaftsvertrages, an der alle Gesellschafter mitwirken müssen.[2] Ob der Vertrag abweichend hiervon auch auf eine Mehrheitsentscheidung abstellen kann, bestimmt sich richtigerweise analog § 217 UmwG. Danach kann der Vertrag für die Entscheidung für den Formwechsel eine Mehrheit von mindestens drei Vierteln der abgegebenen Stimmen ausreichen lassen. Für den Formwechsel aus der Gesellschaft bürgerlichen Rechts in die GmbH & Co. KG wird man in diesem Fall aber jedem Gesellschafter das Recht einräumen müssen, in die Rolle des beschränkt haftenden Kommanditisten zurücktreten zu können.

5 **c) Anwendungsbereich.** Die Option, durch fakultative und alsdann konstitutiv wirkende Eintragung in die Rechtsform der Personenhandelsgesellschaft zu wechseln, ist zum einen für **Kleingewerbebetreibende** von Interesse, also für solche Personengemeinschaften, deren gemeinsame gewerbliche Tätigkeit keinen nach Art und Umfang kaufmännisch eingerichteten Geschäftsbetrieb erfordert; sie waren nach altem Recht von der Personenhandelsgesellschaft ausgeschlossen und auf die Gesellschaft bürgerlichen Rechts verwiesen. Darüber hinaus steht jetzt auch den **nur vermögensverwaltenden Gesellschaften** die Personenhandelsgesellschaft und damit auch die GmbH & Co. KG offen. Das zielt vor allem auf die Besitz- und Objektgesellschaften, insbesondere auch in den Fällen der Betriebsaufspaltung, sowie auf (Immobilien-)Verwaltungsgesellschaften und Holdinggesellschaften, bei denen das Vorliegen eines Gewerbebetriebs und damit der Zugang zu den Personenhandelsgesellschaften bislang zweifelhaft war.[3] Für reine Holdinggesellschaften ebenso wie für Besitzgesellschaften bei der Betriebsaufspaltung ist auf der Grundlage des überkommenen Kaufmannsrechts die Frage, ob ein Gewerbebetrieb gegeben und damit die Personenhandelsgesellschaft mögliche Rechtsform war, nämlich uneinheitlich beantwortet worden. Nach einer starken, auch in der Rechtsprechung zugrunde gelegten Auffassung ist das Vorliegen eines Gewerbebetriebs mit guten Gründen verneint worden.[4] Nach anderer Auffassung wurde das Vorliegen eines Gewerbebetriebs bejaht, wobei dabei allerdings teilweise zu Unrecht von dem Erfordernis einer kaufmännischen Einrichtung auf das Vorliegen eines Handelsgewerbes geschlossen wurde.[5] Dies hatte eine uneinheitliche Praxis der Registergerichte bei der Eintragungsentscheidung und eine erhebliche Rechtsunsicherheit auch und gerade für diejenigen Gesellschaften zur Folge, die (womöglich zu Unrecht) die Eintragung als Personenhandelsgesellschaft im Handelsregister erlangt haben.

---

[2] Vgl. *Habersack* in: Reform des Handelsstandes, S. 81; *Schlitt*, NZG 1998, 581.

[3] Vgl. Begr. RegE, BT-Drs. 13/8444, S. 40 f.

[4] Vgl. BGH WM 1990, 586; OLG Hamm WM 1993, 1796; GK/*Ulmer* § 105 HGB Rn 26; *K. Schmidt*, DB 1990, 94.

[5] Vgl. *Baumbach/Hopt* 29. Aufl. § 2 HGB Rn 2 m. § 1 Rn 2; OLG München NJW 1988, 1036; *Hopt*, ZGR 1997, 171; *Binz* GmbH & Co. § 18 Rn 18.

Nach neuer Rechtslage steht Holding- und Besitzgesellschaften nach dem erklärten Willen des Gesetzgebers[6] und der einhelligen Auffassung in der Literatur[7] der Zugang zur Personenhandelsgesellschaft ganz unabhängig vom Vorliegen eines Gewerbebetriebes offen. 6

Ausgeschlossen bleiben von der Möglichkeit des Rechtsformwechsels kraft Eintragungsoption demgegenüber auch weiterhin die Fälle der nur **privaten Vermögensverwaltung**, wie z. B. bei Ehegatten-Grundstücksgesellschaften bürgerlichen Rechts.[8] Dagegen ist die Möglichkeit des Rechtsformwechsels kraft Eintragungsoption solchen Gesellschaften eröffnet, die sich nicht auf das Halten und Verwalten des eigenen Vermögens beschränken, sondern am Markt Leistungen erbringen oder ihre Vermögenswerte kontinuierlich umschichten, wenn sie nicht schon nach ihrer Größe bereits kraft Gesetzes Handelsgesellschaften sind. Dagegen sind Gesellschaften, die lediglich ein im Wesentlichen konstantes Vermögen verwalten und nutzen, unabhängig von ihrem Geschäftsumfang berechtigt, nicht aber verpflichtet, die Form der OHG oder KG zu erlangen.[9] 7

III. Formwechsel aus der Partnerschaft?

1. Grundsatz

Die Partnerschaft nach Maßgabe des Partnerschaftsgesellschaftsgesetzes ist als **Personengesellschaft** ohne Mindesthaftungsfonds eine Sonderform der GbR, weil es an einer Haftungskanalisierung auf das Gesellschaftsvermögen und erst recht an einer rechtlichen Verselbständigung zu juristischen Personen fehlt.[10] Unter Wahrung der Rechtsträgeridentität kann deshalb auch die Partnerschaft – außerhalb der Regeln des UmwG – zur Personenhandelsgesellschaft und damit auch zur GmbH & Co. KG werden. Da nach § 1 Abs. 1 Satz 3 PartGG Angehörige einer Partnerschaft nur natürliche Personen sein können, setzt dies allerdings voraus, dass die Komplementär-GmbH der Gesellschaft auf den Zeitpunkt des Wirksamwerdens des Rechtsformwechsels als Komplementärin beitritt.[11] 8

2. Einzelfälle

Im Einzelnen kommt danach der Rechtsformwechsel außerhalb des Umwandlungsgesetzes von der Partnerschaft in die GmbH & Co. KG in 9

---

[6] Vgl. RegBegr. zu § 105 Abs. 2 HGB n. F., BT-Drs. 13/8444, S. 40 f., 63 f., die explizit den Zugang zur Personenhandelsgesellschaft kraft fakultativer Eintragung im Handelsregister eröffnen will.

[7] Vgl. *Habersack*, in: Reform des Handelsstandes, S. 9; *Schön*, DB 1998, 1169, 1173 f.; *MüKo/K. Schmidt* § 105 HGB Rn 55 f.; *Ebenroth/Boujong/Joost/Boujong* § 105 HGB Rn 20 f.

[8] Vgl. *Schön*, DB 1998, 1169, 1174.

[9] Zutreffend *Schön*, DB 1998, 1169, 1173 f.; *Habersack*, in: Reform des Handelsstandes, S. 73 ff. Vgl. weiter die bei GK/*Ulmer* § 105 HGB Rn 26 genannten GbR-Beispiele.

[10] Vgl. statt aller *MüKo/Ulmer* BGB § 1 PartGG Rn 7.

[11] Zu den damit verbundenen Rechtsproblemen vgl. näher § 55.

Betracht bei einem Wechsel zur gewerblichen Tätigkeit. Demgegenüber ausgeschlossen ist der Rechtsformwechsel für Partnerschaften der klassischen freien Berufe, wie z. B. Ärzte, Rechtsanwälte oder Wirtschaftsprüfer.

IV. Rücktritt eines OHG-Gesellschafters in die Kommanditistenrolle unter Aufnahme einer GmbH als Komplementär

10 Eine GmbH & Co. KG kann auch dadurch entstehen, dass die persönlich haftenden Gesellschafter einer OHG in die Kommanditistenrolle zurücktreten und eine GmbH die Rolle des Komplementärs übernimmt. Der danach zweiaktige Tatbestand kann zeitlich zusammenfallen. Es handelt sich um eine **Gesellschaftsvertragsänderung**, die der Zustimmung aller Gesellschafter bedarf, sofern nicht, was zulässig ist, der OHG-Vertrag hierfür Mehrheitsklauseln enthält.

V. Kein Wechsel aus anderen Personenvereinigungen

11 Im Wege des Rechtsformwechsels außerhalb des UmwG kann eine GmbH & Co. KG aus anderen Personenvereinigungen nicht entstehen. Der Weg aus der Erbengemeinschaft, ehelichen Gütergemeinschaft oder schlichten Rechtsgemeinschaft ist nur unter Errichtung einer neuen Gesamthandsgesellschaft und Einbringung des Vermögens als Sacheinlage möglich. Es handelt sich dabei um echte Neugründungstatbestände, für die die in § 9 erläuterten Grundsätze gelten. Entsprechendes gilt für die stille Gesellschaft. Insoweit ist aber denkbar, dass der stille Gesellschafter seine stille Beteiligung als Kommanditeinlage in eine dadurch neu errichtete Gesellschaft, die GmbH & Co. sein kann, einbringt.

§ 11 Haftung im Gründungsstadium der GmbH & Co. KG

Übersicht

Schrifttum: *Ahrens*, Kapitalgesellschaftliche Mantelverwertung und Vorgesellschafterhaftung, DB 1998, 1069; *Altmeppen*, Das unvermeidliche Scheitern des Innenhaftungskonzeptes in der Vor-GmbH, NJW 1997, 3272; *Bärwaldt/Schabacker*, Keine Angst vor Mantel- und Vorratsgesellschaften, GmbHR 1998, 1005; *Baumann*, Die GmbH in Anwartschaft – ein neues Konzept zur Gründerhaftung, JZ 1998, 597; *Beuthien*, Vertretungsmacht bei der Vor-GmbH – erweiterbar oder unbeschränkbar?, NJW 1997, 565; *Binz*, Haftungsverhältnisse im Gründungsstadium der GmbH & Co. KG, 1976; *Clauss/Fleckner*, Die Kommanditgesellschaft in der Gründung, WM 2003, 1790; *Dauner-Lieb*, Die Kommanditistenhaftung vor Eintragung (§ 176 Abs. 1 HGB), FS für Marcus Lutter, 2000, 835; *Derwisch/Ottenberg*, Die Haftungsverhältnisse der Vor-GmbH, 1988; *Flume*, Die Rechtsprechung zur Haftung der Gesellschafter der Vor-GmbH und die Problematik der Rechtsfortbildung, DB 1998, 45; *Grottke*, Die Vorgründungsgesellschaft der GmbH, Rechtliche Struktur und Haftungsfragen, 1992; *Gummert*, Die Haftungsverfassung der Vor-GmbH nach der jüngsten Rechtsprechung des BGH, DStR 1997, 1007; *Hartmann*, Gründerhaftung in der Vor-GmbH, WiB 1997, 66; *Ihrig*, Die Verwertung von GmbH-Mänteln, BB 1988, 1197; *Jäger*, Die persönliche Gesellschafterhaftung in der werdenden GmbH, 1993; *Klein*,

Der Rückgriffsanspruch des Handelnden gegen die Gründer einer Vor-GmbH, 1993; *Kleindiek*, Zur Gründerhaftung in der Vor-GmbH, ZGR 1997, 427; *Knoche*, Gründerhaftung und Interessenausgleich bei der Vor-GmbH, 1990; *Lutter*, Haftungsrisiken bei der Gründung einer GmbH, JuS 1998, 1073; *ders.*, Europäisches Unternehmensrecht, 4. Aufl., 1996; *Michalski*, Haftung nach § 11 GmbHG für rechtsgeschäftsähnliches Handeln, NZG 1998, 248; *Michalski/Barth*, Außenhaftung der Gesellschafter einer Vor-GmbH, NZG 1998, 525; *Peters*, Der GmbH-Mantel als gesellschaftsrechtliches Problem, 1989; *Roth*, Die Gründerhaftung im Recht der Vor-GmbH, ZGR 1984, 597; *K. Schmidt*, Was wird aus der unbeschränkten Kommanditistenhaftung nach § 176 HGB?, GmbHR 2002, 341; *ders.*, Haftung aus Rechtsgeschäften vor Errichtung einer GmbH, GmbHR 1998, 613; *ders.*, Außenhaftung und Innenhaftung bei der Vor-GmbH, ZIP 1996, 353; *ders.*, Zur Haftungsverfassung der Vor-GmbH, ZIP 1997, 671; *ders.*, Die Vor-GmbH als Unternehmerin und Komplementärin, NJW 1981, 1345; *Stimpel*, Unbeschränkte oder beschränkte, Außen- oder Innenhaftung der Gesellschafter der Vor-GmbH, FS für Fleck, 345; *Sudhoff*, Rechte und Pflichten des Kommanditisten, 3. Aufl., 1986; *Theobald*, Vor-GmbH und Gründerhaftung, 1984; *Ulmer*, Abschied vom Vorbelastungsverbot im Gründungsstadium der GmbH, ZGR 1981, 593; *ders.*, Zur Haftungsverfassung in der Vor-GmbH, ZIP 1996, 733; *ders./Ihrig*, Die Rechtsnatur der Einmann-Gründungsorganisation, GmbHR 1988, 373; *Wiegand*, Offene Fragen zur neuen Gründerhaftung in der Vor-GmbH, BB 1998, 1065.

I. Die besondere Problematik der Haftung im Gründungsstadium und ihre Ursachen

1. Aufnahme der Geschäftstätigkeit vor Handelsregistereintragung

1 **a) Kommanditgesellschaft.** Die Entstehung einer GmbH & Co. KG setzt voraus, dass sowohl die KG selbst als auch ihre Komplementär-GmbH wirksam entstanden sind. Die KG entsteht in dem für die Beurteilung der Haftungsfragen maßgeblichen **Außenverhältnis** nach §§ 123, 161 Abs. 2 HGB. Danach tritt die Wirksamkeit der KG nach außen spätestens mit der Eintragung der Gesellschaft im Handelsregister ein (§ 123 Abs. 1, 3 HGB). Beginnt die Gesellschaft ihre Geschäfte schon vor der Eintragung, so tritt die Wirksamkeit nach § 123 Abs. 2 HGB bereits mit dem Zeitpunkt des Geschäftsbeginns ein, soweit sich nicht aus § 2 oder aus § 105 Abs. 2 HGB etwas anderes ergibt. Bei Geschäftsaufnahme vor der Eintragung bedarf es somit einer Differenzierung nach Art der jeweiligen Geschäftstätigkeit. Während in den Fällen, in denen der Gegenstand der Gesellschaft auf den Betrieb eines Handelsgewerbes nach § 1 Abs. 2 HGB gerichtet ist, die KG schon mit der Geschäftsaufnahme als solche nach außen wirksam wird, § 123 Abs. 2 HGB, tritt die Wirksamkeit bei einer Betätigung nach § 2 oder § 105 Abs. 2 HGB, also bei dem Betrieb eines Kleingewerbes oder bei der Beschränkung auf die Verwaltung des eigenen Vermögens, erst mit der Eintragung der Gesellschaft als KG im Handelsregister ein.

2 **b) Komplementär-GmbH.** Auch bei der Komplementär-GmbH leitet der Abschluss des Gesellschaftsvertrages nur die Phase der sog. Vor-GmbH ein. Als **juristische Person** entsteht die GmbH erst mit ihrer Eintragung im Handelsregister (§ 11 Abs. 1 GmbHG). Bis zum Vollzug der

Eintragung im Handelsregister kann ebenso wie bei der KG ein nicht unerheblicher Zeitraum verstreichen,[1] dessen Ablauf aus wirtschaftlichen Gründen vor Aufnahme der Geschäfte vielfach nicht abgewartet wird. Eine vorzeitige Geschäftsaufnahme vor der Eintragung von Komplementär-GmbH und KG im Handelsregister führt jedoch zu besonderen Haftungsrisiken.

2. Aufnahme der Geschäftstätigkeit nach Handelsregistereintragung

Demgegenüber vergleichsweise unproblematisch gestaltet sich die Haftung, wenn die Geschäftstätigkeit erst nach Eintragung der KG wie auch der GmbH aufgenommen wird, weil die GmbH & Co. KG dann wirksam entstanden ist.[2] Wo die Eintragung mindestens einer der beiden Gesellschafter noch aussteht, ergeben sich hingegen Schwierigkeiten. Insoweit sind verschiedene Haftungkonstellationen voneinander zu unterscheiden: 3

II. Die Haftungssituation in der KG während der Gründungsphase

1. Haftung bei Betrieb eines Handelsgewerbes

Betreibt die KG ein Handelsgewerbe im Sinne des § 1 Abs. 2 HGB, so tritt sie Dritten schon mit dem Zeitpunkt ihres Geschäftsbeginns als Kommanditgesellschaft entgegen (§ 123 Abs. 2). Der Eintragung ins Handelsregister kommt in diesen Fällen nur deklaratorische Bedeutung zu (vgl. § 9 Rn 25 f.). Das KG-Recht ist deshalb uneingeschränkt schon vor der Eintragung der Gesellschaft im Handelsregister einschlägig. 4

a) Die Haftung der Komplementär-GmbH. Die Haftung der Komplementär-GmbH bestimmt sich in diesen Fällen uneingeschränkt nach §§ 128, 161 Abs. 1 HGB. Neben die Haftung der KG mit ihrem Gesellschaftsvermögen tritt demgemäß die unmittelbare, primäre und **unbeschränkte Haftung** der Komplementär-GmbH für alle Verbindlichkeiten der KG unabhängig davon, auf welchem Rechtsgrund sie beruhen.[3] Die Haftung der Gesellschafter in der Komplementär-GmbH hängt ihrerseits davon ab, in welcher Phase des Gründungsprozesses sich die GmbH befindet (vgl. dazu Rn 13 ff.). 5

b) Die Haftung der Kommanditisten. Steht die Eintragung der Gesellschaft noch aus, aber hat die Gesellschaft ihre Geschäfte bereits aufgenommen, bestimmt sich die Haftung der Kommanditisten nach § 176 Abs. 1 HGB. Danach trifft diejenigen Kommanditisten, die dem vorzeitigen Geschäftsbeginn zugestimmt haben, für bis zur Eintragung der Gesellschaft begründete Verbindlichkeiten die strenge, unbeschränkte Haftung eines persönlich haftenden Gesellschafters, wenn nicht dem Gläubiger die 6

---

[1] Vgl. zur GmbH die Angaben bei *Ulmer*, ZIP 1996, 733, 735.

[2] Vgl. zur Haftung der Gesellschafter in diesem Stadium § 42.

[3] Vgl. *Binz/Sorg* GmbH & Co. § 3 Rn 50; vgl. ausf. zur Haftung des Komplementärs § 41.

Beteiligung als Kommanditist bekannt war.[4] Die Vorschrift dient dem **Schutz** des abstrakten **Vertrauens der Gläubiger**. Es kommt deshalb nicht darauf an, dass der Gläubiger konkret von der Gesellschaftereigenschaft des Inanspruchgenommenen wusste. Bei Auftreten als GmbH & Co. KG im Rechtsverkehr kann der Gläubiger aber nicht auf eine unbegrenzte Haftung beteiligter natürlicher Personen vertrauen, sondern muss sich Kenntnis von der Beteiligung als Kommanditist entgegenhalten lassen.[5] Die Kommanditisten haften deshalb in der GmbH & Co. KG richtigerweise nur nach § 171 Abs. 1 HGB, also bis zur Höhe der vereinbarten Haftsumme.[6] Erfolgt das Auftreten demgegenüber nicht mit dem Hinweis auf die Verfassung als GmbH & Co., haftet der Kommanditist im Außenverhältnis gemäß § 176 Abs. 1 HGB gleich einem persönlich haftenden Gesellschafter; im Innenverhältnis können dann Regressansprüche bestehen.[7] Bei kraft Gesetzes begründeten Verbindlichkeiten bewendet es demgegenüber bei der beschränkten Kommanditistenhaftung.[8] Trotz Verwendung einer GmbH & Co.-Firma sollte angesichts verbleibender Unsicherheiten in der Rechtsprechung deshalb von einem vorzeitigen Geschäftsbeginn abgesehen werden.

2. Bei Betrieb eines Kleingewerbes oder Beschränkung auf die Verwaltung eigenen Vermögens

7 Betreibt die Gesellschaft kein Handelsgewerbe im Sinne von § 1 Abs. 2 HGB, so wird sie nach §§ 123 Abs. 2, 161 HGB noch nicht mit Geschäftsbeginn, sondern **erst mit der Eintragung** nach außen als KG wirksam. Ab dem Zeitpunkt der Eintragung bemisst sich die Haftung nach den allgemeinen Haftungsregeln der KG (vgl. dazu unten §§ 41 f.); die Haftung der Komplementär-GmbH wird ihrerseits durch den Stand der GmbH-Gründung bestimmt (dazu sogleich Rn 13 ff., III).

Vor der Eintragung besteht in diesen Fällen die Gesellschaft noch nicht als KG, sondern ist Gesellschaft bürgerlichen Rechts.[9] Die Haftung bestimmt sich bis zur Eintragung deshalb im Ausgangspunkt nach den für die GbR geltenden Grundsätzen. Erfolgt die Eintragung ins Handelsregister, gehen die Rechte und Pflichten der GbR auf die KG über, ohne dass es hierzu besonderer Übertragungsakte bedürfte.[10]

8 **a) Die Haftung der Komplementär-GmbH.** Werden im Namen der GmbH & Co. in diesem Stadium Rechtsgeschäfte getätigt, sollte nach der vormals herrschenden Doppelverpflichtungslehre neben der Verpflich-

[4] Die Beweislast hierfür obliegt dem Gesellschafter.

[5] Vgl. BGH NJW 1983, 2258, 2260 m. Anm. *K. Schmidt*; *K. Schmidt* Gesellschaftsrecht § 56 III 3 b; *ders.*, GmbHR 2002, 341, 344; str. a. A. z. B. *Koller/Roth/Morck* § 176 HGB Rn 4; ebenso noch BGH NJW 1980, 54.

[6] Vgl. *MüKo/K. Schmidt* § 176 HGB Rn 16.

[7] Vgl. *K. Schmidt* Gesellschaftsrecht § 56 III 3 b.

[8] Vgl. BGH NJW 1982, 883; a. A. aber BSG MDR 1976, 259.

[9] Vgl. *Binz/Sorg* GmbH & Co. § 3 Rn 75; *K. Schmidt* Gesellschaftsrecht § 56 III 3 c.

[10] Vgl. BGHZ 69, 95, 101.

tung der GbR als solcher im Zweifel zugleich eine Verpflichtung der Gesellschafter und damit auch eine solche der künftigen Komplementärin begründet werden,[11] und zwar unabhängig davon, ob die Firma der (im Außenverhältnis noch nicht entstandenen KG) verwendet wird oder nicht.[12] Die Verpflichtung der Gesellschafter erforderte jedoch, dass die Geschäftsführer auch gegenüber den Gesellschaftern persönlich über **Vertretungsmacht** verfügten; dies war regelmäßig anzunehmen, sofern der Gesellschaftsvertrag nichts Abweichendes vorsah und wenn – wie regelmäßig – der GmbH-Geschäftsführer handelte.[13] Nach neuer Rechtsprechung des BGH haften die Gesellschafter einer GbR kraft Gesetzes zwingend und ohne Rücksicht auf die von den Mitgesellschaftern erteilte Vertretungsmacht für die Verbindlichkeiten der GbR akzessorisch mit ihrem Privatvermögen; eine Beschränkung der Haftung auf das Gesellschaftsvermögen ist grundsätzlich möglich, setzt aber eine individualvertraglliche Vereinbarung mit dem Geschäftspartner voraus.[14] Fehlt es an einer haftungsbeschränkenden Vereinbarung, haftet die Komplementär-GmbH also für alle Verbindlichkeiten der Gesellschaft entsprechend § 128 HGB akzessorisch.

b) Die Haftung der Kommanditisten. Schwierigkeiten bereitet die Beurteilung der Haftung des „Kommanditisten". Da die KG noch nicht wirksam entstanden ist, vielmehr eine GbR vorliegt, handelt es sich auch bei „Kommanditisten" um BGB-Gesellschafter. Grundsätzlich haften BGB-Gesellschafter für die rechtsgeschäftlich begründeten Gesellschaftsverbindlichkeiten nicht nur mit ihrem Anteil am Gesellschaftsvermögen, sondern auch mit ihrem Privatvermögen. Die zur Verpflichtung der BGB-Gesellschafter nach der vormals herrschenden Doppelverpflichtungslehre erforderliche Vertretungsmacht der geschäftsführenden Komplementär-GmbH ist, wenn der Gesellschaftsvertrag die Gründung einer KG zum Ziel hatte, jedoch dahin ausgelegt worden, dass sie hinsichtlich der Verpflichtung der „Kommanditisten" auf deren Anteil am Gesellschaftsvermögen beschränkte. Nach der neueren Rechtsprechung des BGH ist dies so jedoch nicht mehr vertretbar[15] Gleichwohl wäre eine unbeschränkte Haftung der Kommanditisten bei einer Gesellschaft, die erst bei ihrer Eintragung zur KG wird, nicht gerechtfertigt. Zwar bestimmt § 176 Abs. 1 Satz 2, dass das Haftungsprivileg nach § 176 Abs. 1 Satz 1 HGB (beschränkte Haftung, wenn die Beteiligung als Kommanditist dem Gläubiger bekannt ist) keine Anwendung findet. Indessen ist, nachdem nunmehr der BGH von einer akzessorischen Haftung der GbR-Gesellschafter entsprechend § 128 HGB ausgeht, § 176 HGB dann entsprechend anzuwenden, sobald eine als Kommanditgesellschaft eintragungsfähige Gesellschaft gebildet ist und das Eintragungsverfahren betrieben wird. Ist die Gesellschaft auf den Betrieb eines Kleingewerbes gerichtet oder beschränkt sich ihre Geschäftstätigkeit auf die 9

---

[11] Ausführlich *Habersack*, JuS 1993, 1; *MüKo/Ulmer* § 714 BGB Rn 31 ff.

[12] Vgl. *Binz/Sorg* GmbH & Co. § 3 Rn 57.

[13] Ausführlich *Hesselmann/Tillmann* GmbH & Co. Rn 193 f.

[14] BGHZ 142, 315; BGHZ 146, 341; BGHZ 154, 88; BGHZ 154, 370; vgl. *MüKo/Ulmer* § 714 BGB Rn 31 ff., 63 f.

[15] Vgl. hierzu *Binz/Sorg* GmbH & Co. § 3 Rn 55 f. sowie BGHZ 142, 315.

Verwaltung des eigenen Vermögens, und betreiben die Gesellschafter die Eintragung, so findet § 176 Abs. 1 Satz 1 HGB auf die Haftung der Gesellschafter Anwendung mit der Konsequenz, dass sich die Kommanditisten auf die beschränkte Haftung berufen können, sofern die Beteiligung als Kommanditist dem Gläubiger bekannt war. Es gilt insofern dasselbe wie bei dem Betrieb eines Handelsgewerbes im Sinne von § 1 Abs. 2 HGB.[16] Bei einer Verwendung der Firma GmbH & Co. findet also § 176 Abs. 1 Satz 1 HS. 2 HGB entsprechende Anwendung.[17]

10 Sofern die Gesellschafter keine eintragungsfähige Kommanditgesellschaft gegründet haben, sich aber gleichwohl als Kommanditisten gerieren, haften sie entsprechend § 128 HGB unbeschränkt, selbst wenn eine GmbH & Co.-Firma Verwendung findet. Nach einer verbreiteten Auffassung sollte § 176 HGB zwar **kraft Rechtsscheins** auf eine scheinkaufmännische Gesellschaft anzuwenden sein.[18] Der BGH[19] hatte eine analoge Anwendung von § 176 HGB in ständiger Rechtsprechung abgelehnt. Das ist im Lichte der Haftungsverfassung der Gesellschaft bürgerlichen Rechts jetzt zutreffend. Durch die bloße Mitteilung, man sei eine GmbH & Co. KG, kann das Haftungsprivileg nach § 176 HGB nicht erreicht werden.[20]

11 **c) Die Haftung der Geschäftsführer der Komplementär-GmbH.** Daneben stellt sich die Frage, ob der GmbH-Geschäftsführer für die eingegangenen **Verpflichtungen** persönlich in Anspruch genommen werden kann, wenn er als Vertreter der „Komplementärin" für die künftige KG in der Phase **vor der Eintragung** im Rechtsverkehr tätig wird. Der BGH stellte im Leitsatz einer älteren Entscheidung[21] fest, wer im Namen einer noch nicht entstandenen GmbH & Co. KG als deren Gründer einen Vertrag schließe, hafte entsprechend § 179 Abs. 1 BGB unbeschränkt auf Erfüllung, wenn die Gesellschaft nicht existent werde oder den Vertrag nicht genehmige. In einer späteren Entscheidung[22] hat der BGH aber mit Recht klargestellt, dass die Verpflichtung der KG nur dann von einer nachträglichen Genehmigung abhängen kann, wenn die Verpflichtung ausnahmsweise an diese Genehmigung geknüpft worden sei.

12 Für die Fälle, in denen die KG nicht zur Entstehung gelangt, weil ihre Eintragung scheitert, stellt sich die Frage nach der **persönlichen Haftung** des handelnden GmbH-Geschäftsführers aber noch immer. Zwar ist in der Rechtsprechung im Grundsatz anerkannt, dass § 179 Abs. 1 BGB dann ent-

---

[16] Dazu überzeugend *K. Schmidt* GesR § 55 I 2; in dieselbe Richtung *Mülbert* ACP 199 (1999), 96 ff.; eingehend *K. Schmidt* GmbHR 2002, 341 ff.; kritisch, aber zustimmend ab Stellung des Eintragungsantrags *Dauner/Lieb,* FS für Stimpel, S. 835, 846; ablehnend *Clauss/Fleckner,* WM 2003, 1790, 1793 f.

[17] Vgl. *Hesselmann/Tillmann* GmbH & Co. Rn 198; *MüKo/K. Schmidt* § 123 HGB Rn 18; *Binz/Sorg* GmbH & Co. § 3 Rn 56; ähnlich *Ebenroth/Bonjong/Joost/Strohn* § 176 HGB Rn 22, der auf die „typische Verkehrserwartung" abstellt.

[18] So OLG Nürnberg WM 1961, 124, 126; *MüKo/K. Schmidt* § 176 HGB Rn 6.

[19] Vgl. BGHZ 61, 59, 66 f., BGHZ 69, 95, 98 ff.; ebenso *Baumbach/Hopt* § 176 HGB Rn 7; *Heymann/Horn* § 176 HGB Rn 10; *Kollhosser,* ZGR 1976, 231, 235 ff.

[20] So mit Recht *K. Schmidt* Gesellschaftsrecht § 56 III 3 c.

[21] BGHZ 63, 45.

[22] BGHZ 69, 95, 101 f.

sprechend anzuwenden ist, wenn jemand im Namen einer nicht existierenden Person vertragliche Vereinbarungen trifft.[23] In der hier betrachteten Konstellation ist eine solche Haftung aber nicht gerechtfertigt, weil die Gesellschaftsgläubiger im Ergebnis haftungsmäßig nicht schlechter stehen, als wenn die vertretene GmbH & Co. KG bereits entstanden wäre.[24] Der von § 179 Abs. 1 S. 1 BGB bezweckte Schutz des Geschäftspartners gebietet folglich **keine Haftung** des Vertreters. Gleichwohl muss dem GmbH-Geschäftsführer angesichts der in diesem Bereich nach wie vor bestehenden Rechtsunsicherheit davon abgeraten werden, im Namen der noch nicht existenten KG im Geschäftsverkehr tätig zu werden, ohne dies nach außen kundzutun. Stellt der Geschäftsführer gegenüber dem Geschäftspartner klar, dass die KG also solche mangels Eintragung noch nicht entstanden ist, kommt eine persönliche Inanspruchnahme des GmbH-Geschäftsführers nicht in Betracht, weil es sich entweder schon um keine Vertretung der GbR – und damit um keine Vertretung der inexistenten KG – handelt oder weil § 179 Abs. 3 S. 1 BGB eingreift.

III. Die Haftungssituation in der GmbH während der Gründungsphase

Hat die Komplementär-GmbH für die Verbindlichkeiten der wirksam entstandenen KG oder der noch nicht wirksam entstandenen KG, bei der es sich in Wirklichkeit um eine GbR handelt, einzustehen, hängt die Haftungssituation in der GmbH davon ab, in welchem Stadium des Gründungsprozesses sie sich befindet. Keine Schwierigkeiten bestehen, wenn die GmbH in das Handelsregister eingetragen ist. Mit der **Eintragung** entsteht die GmbH als juristische Person, § 11 Abs. 1 GmbHG. Nach § 13 Abs. 1 GmbH haftet für die Verbindlichkeiten der Gesellschafter dann nur das Gesellschaftsvermögen; eine **persönliche Haftung** der Gesellschafter **scheidet aus**. Schwieriger gestaltet sich die Rechtslage hingegen dann, wenn die GmbH noch nicht eingetragen ist; gemäß § 11 Abs. 1 GmbHG besteht die Gesellschaft dann noch nicht als GmbH. Trotz mehrerer richtungweisender höchstrichterlicher Entscheidungen ist die Haftungsverfassung in der Vorgesellschaft noch immer umstritten. 13

1. Die Abgrenzung zur sog. Vorgründungsgesellschaft

Abzugrenzen sind die Fälle der sog. **Vorgesellschaft** zunächst von denen der sog. Vorgründungsgesellschaft. Als Vorgesellschaft bezeichnet man die noch nicht wirksam entstandene GmbH im Gründungsstadium, das mit dem Abschluss des notariell beurkundeten (§ 2 Abs. 1 S. 1 GmbHG) Gesellschaftsvertrages beginnt und mit der Eintragung im Handelsregister endet.[25] Demgegenüber ist die **Vorgründungsgesellschaft** das rechtliche Gebilde, das entsteht, wenn sich die Gesellschafter schon vor Abschluss des 14

[23] So BGHZ 105, 283, 285.
[24] Vgl. *Binz/Sorg* GmbH & Co. § 3 Rn 57/58; *Heymann/Horn* § 176 HGB Rn 10.
[25] Vgl. *Lutter/Hommelhoff* § 11 GmbHG Rn 3; *Rowedder/Schmidt-Leithoff* § 11 GmbHG Rn 4.

förmlichen Gesellschaftsvertrages zum Zwecke der Gründung der GmbH vertraglich zusammenschließen.[26] Auf die Vorgründungsgesellschaft findet das Recht der Vorgesellschaft keine Anwendung.[27]

2. Die Gründerhaftung in der Vorgesellschaft

15 **a) Die Vorgesellschaft und ihre Handlungsfähigkeit.** Bei der Vorgesellschaft handelt es sich um eine notwendige Durchgangsstufe auf dem Wege zur Entstehung der GmbH; sie stellt eine Organisationsform sui generis dar.[28] Mit der Eintragung der GmbH und der damit verbundenen Entstehung als juristische Person gehen sämtliche Rechte und Pflichten von der Vorgesellschaft auf die GmbH über, ohne dass es hierzu eines besonderen Übergangsaktes bedürfte.[29] Ist die Eintragung als GmbH nicht oder nicht mehr beabsichtigt, oder ist die Eintragung endgültig gescheitert, handelt es sich um eine sog. **unechte Vorgesellschaft**, auf die die Regeln der OHG oder der GbR anzuwenden sind.[30]

16 Während die Rechtsprechung[31] für die GmbH zunächst von einem Vorbelastungsverbot ausging (eine Verpflichtung der werdenden GmbH war danach nur möglich, soweit es sich um gründungsnotwendige Geschäfte handelte), um sicherzustellen, dass das Stammkapital der Gesellschaft nicht schon vor der Eintragung der Gesellschaft vermindert wird, hat der BGH das Vorbelastungsverbot zugunsten einer **Vorbelastungs- bzw. Unterbilanzhaftung** aufgegeben.[32] Heute ist allgemein anerkannt, dass die Vorgesellschaft voll handlungsfähig ist[33] und sie somit Gesellschafterin einer GbR wie auch Komplementärin einer KG sein kann.[34] Allerdings bedarf es einer entsprechenden Erweiterung der Vertretungsmacht der

---

[26] Ausführlich dazu *Grottke*, Vorgründungsgesellschaft; *Lutter/Hommelhoff* § 11 GmbHG Rn 2; *Rowedder/Schmidt-Leithoff* § 2 GmbHG Rn 87/88; *Lutter*, JuS 1998, 1075.

[27] Vgl. *Lutter/Hommelhoff* § 11 GmbHG Rn 2 m. ausf. Darstellung des Rechts der Vorgründungsgesellschaft.

[28] Vgl. BGH WM 1980, 955, 956; *Hesselmann/Tillmann* GmbH & Co. Rn 173; *Lutter/Hommelhoff* § 11 GmbHG Rn 3; *Baumann*, JZ 1998, 597, 599; BAG BB 1997, 1208; Anm. *Goette*, EWiR 1997, 849.

[29] Vgl. *Hesselmann/Tillmann* GmbH & Co. KG Rn 173; *Rowedder/Schmidt-Leithoff* § 11 GmbHG Rn 30; *K. Schmidt* Gesellschaftsrecht § 34 III 4a; BGHZ 80, 129, 139f.; das gilt für die Vorgründungsgesellschaft nicht, vgl. BGH MDR 1998, 607; *Gehrlein*, NJW 1998, 2651; *K. Schmidt*, GmbHR 1998, 613; *Reinersdorff*, NZG 1998, 383; *Dreher/Kreiling*, EWiR 1998, 417.

[30] Näher *Rowedder/Schmidt-Leithoff* § 11 GmbHG Rn 22 m. w. N.; zur Abgrenzung von echter und unechter Vorgesellschaft: *Eckardt*, Die Vor-GmbH im zivilprozessualen Erkenntnisverfahren und in der Einzelvollstreckung, S. 17ff.; *Knoche*, Gründerhaftung und Interessenausgleich, 1990, S. 59ff.; *Wiegand*, BB 1998, 1065, 1070; *Boujong*, NZG 1998, 745, 747; BAG GmbHR 1998, 39; Anm. *Kohte*, EWiR 1998, 373; LG Dresden, Anm. *Seeger*, EWiR 1999, 171.

[31] Vgl. BGHZ 45, 338, 342f.; 65, 378, 383.

[32] BGHZ 80, 129; im Anschluss namentlich an *Ulmer*, ZGR 1981, 593ff.; dazu außerdem *Hartmann*, WiB 1997, 66, 67; vgl. auch *Goette*, DStR 1997, 924f.

[33] *Lutter/Hommelhoff* § 11 GmbHG Rn 3.

[34] Näher *Binz* GmbH & Co. § 3 Rn 17; *Ulmer*, ZGR 1981, 593, 614ff.

Geschäftsführer, damit die Vorgesellschaft Gesellschafterin der KG werden kann.[35]

b) Die Unterbilanzhaftung. Auch nach Aufgabe des Vorbelastungsverbots muss im Interesse des Gläubigerschutzes die ordnungsgemäße Kapitalaufbringung mit der Folge sichergestellt werden, dass das Kapital im Zeitpunkt der Entstehung der GmbH vollständig vorhanden sein muss (sog. **Unversehrtheitsgrundsatz**). Zu diesem Zweck hat die Rechtsprechung die sog. Vorbelastungs- bzw. Unterbilanzhaftung entwickelt: Unterschreitet das Nettoreinvermögen der GmbH im Augenblick der Eintragung ins Handelsregister die Stammkapitalziffer, so haften die Gesellschafter, sofern sie mit der Geschäftstätigkeit vor Eintragung einverstanden waren,[36] nach dem Verhältnis ihrer Geschäftsanteile auf Ausgleich der Differenz in Geld.[37] Sind einzelne Gesellschafter zur Leistung ihres Anteils an der Verlustausgleichspflicht nicht in der Lage, findet die Ausfallhaftung nach § 24 GmbHG entsprechende Anwendung.[38] Die Haftung ist auch nicht auf den Betrag des Stammkapitals beschränkt, sie geht vielmehr auf vollen Verlustausgleich.[39] 17

Die Unterbilanzhaftung ist Innenhaftung, also Haftung gegenüber der Gesellschaft.[40] Ansprüche hieraus verjähren allerdings – abweichend von der normalen 30-jährigen Frist für Einlageforderungen – wegen der Herleitung der Haftung aus der Differenzhaftung nach § 9 GmbHG in fünf Jahren.[41]

c) Die Verlustdeckungshaftung. Neben der Unterbilanzhaftung stellt sich die weitere Frage nach einer unmittelbaren Inanspruchnahme der Gründungsgesellschafter für die in der Gründungsphase eingegangenen Verbindlichkeiten der Vor-GmbH. Ihr kommt in den Fällen Bedeutung zu, in denen die Eintragung der Gesellschaft ausbleibt, da die Unterbilanzhaftung an die Eintragung der Gesellschaft und an die Differenz zwischen dem Nettoreinvermögen und der Kapitalziffer im Zeitpunkt der Eintragung anknüpft. Der BGH[42] befürwortete insoweit zunächst eine auf den 18

---

[35] Näher *Rowedder/Schmidt-Leithoff* § 11 GmbHG Rn 172; a. A. *Scholz/K. Schmidt* § 11 GmbHG Rn 162; *Wiegand*, BB 1998, 1065, 1071.

[36] Vgl. *Grunert*, DStR 1997, 1007, 1009; *Goette*, DStR 1997, 924; *Wiegand*, BB 1998, 1065, 1071; *Beuthien*, NJW 1997, 565, 566f.

[37] Näher *Lutter/Hommelhoff* § 11 GmbHG Rn 20; *Goette*, DStR 1997, 924, 925. Zu der zu erstellenden Vorbelastungsbilanz BGH BB 1997, 2475, Anm. *Goette*, DStR 1997, 1859; *Wilken*, EWiR 1998, 33; BGH DB 1998, 37, Anm. *Goette*, DStR 1999, 207; *Salje*, NZG 1999, 209; KG GmbHR 1997, 1066; *Kleindiek*, ZGR 1997, 426, 443.

[38] Vgl. BGHZ 80, 129, 141; *Ulmer*, ZGR 1981, 593, 611.

[39] BGH GmbHR 1982, 235; *Hachenburg/Ulmer*, GmbHG, § 11 Rn 87; zur Haftung bei Anteilsübertragung vgl. *K. Schmidt*, GmbHR 1997, 869, 874.

[40] Vgl. BGH DStR 1997, 625; *Kleindiek*, ZGR 1997, 427, 442; *Boujong*, NZG 1998, 745, 747.

[41] BGHZ 80, 129, 141; 105, 300ff. Zur Frage der Darlegungs- und Beweislast hinsichtlich Unversehrtheit des Stammkapitals bei Inanspruchnahme von einem Gläubiger aus Unterbilanzhaftung vgl. LG Frankfurt GmbHR 1998, 245f.; vom Konkursverwalter dagegen *Boujong*, NZG 1998, 745, 746.

[42] BGHZ 72, 45, 49f.

Betrag der übernommenen, aber noch nicht erfüllten Einlageverpflichtung begrenzte **Außenhaftung** der Gründer gegenüber den Gesellschaftsgläubigern, die mit der Eintragung der GmbH ins Handelsregister erlöschen sollte. Auch insoweit sollte die Ausfallhaftung nach § 24 GmbHG entsprechende Anwendung finden. In der Literatur war dieser Standpunkt höchst umstritten. Während einige Autoren für eine unbeschränkte Außenhaftung der Gesellschaft eintraten,[43] plädierten andere[44] für ein System der (beschränkten oder unbeschränkten) Innenhaftung.[45]

19 Dieser Auffassung hat sich der BGH mit Urteil vom 27. Januar 1997[46] angeschlossen.[47] Danach sind die Gesellschafter einer Vorgesellschaft bei Scheitern der Eintragung verpflichtet, die bei dieser Gelegenheit entstandenen, nicht vom Gesellschaftsvermögen gedeckten Anlaufverluste durch Leistung an die Gesellschaft auszugleichen.[48] Die **Verlustdeckungshaftung** besteht entsprechend dem jeweiligen Beteiligungsverhältnis und allein **gegenüber der Vorgesellschaft**.[49] Der praktische Unterschied zwischen den beiden Haftungskonzepten tritt in den Fällen der **masselosen Insolvenz** zutage. Während Gläubiger im Falle einer Außenhaftung gleichwohl Befriedigung durch die Gesellschafter erhalten, können die Gesellschafter bei Anwendung der Innenhaftung nur im Wege des Haftungsdurchgriffs in Anspruch genommen werden.[50] Mindestens zweifelhaft dürfte sein, ob dem BGH auch insoweit zu folgen ist, als er die Haftung erst mit dem Scheitern der Eintragung entstehen lässt,[51] oder ob die Haftung richtigerweise bereits ab dem Zeitpunkt der einvernehmlichen Geschäftsaufnahme besteht.[52] Folgt man dem BGH, so können die Gläubiger ihre Ansprüche erst durchsetzen, wenn das Scheitern der Eintragung feststeht.[53] Entstehen die Ansprüche der Vor-GmbH gegen die Gründer hin-

---

[43] So *Roth*, ZGR 1984, 597, 609 ff.; *K. Schmidt* Gesellschaftsrecht § 34 III 3 c; *ders.*, ZIP 1996, 353.

[44] *Stimpel*, FS Fleck, S. 345, 361 ff.; *Ulmer*, ZIP 1996, 733, 738.

[45] Umfassende Darstellung des Meinungsstandes bei *Hartmann*, WiB 1997, 66, 68 f.; vgl. auch die ausf. Darstellung bei *Jäger*, Persönliche Gesellschafterhaftung, S. 30 ff.

[46] BGHZ 134, 333 = ZIP 1997, 679; vgl. auch die ausf. Urteilsanalyse von *Kleindiek*, ZGR 1997, 427 m. Anm. *Wilken*, GmbHR 1997, 409 f.; *Goette*, DStR 1997, 628; *Gummert*, WiB 1997, 465 f.; *Fleischer*, EWiR 1997, 463 f.; *K. Schmidt*, ZIP 1997, 671.

[47] Zur Entwicklung der Rspr. vgl. *Flume*, DB 1998, 45 ff.; *Gummert*, DStR 1997, 1007 ff.

[48] Zum Inhalt und Umfang der Haftung vgl. *Wiegand*, BB 1998, 1065, 1068; *Gummert*, DStR 1997, 1007, 1009. Zur Haftung bei Anteilsübertragung vgl. *K. Schmidt*, GmbHR 1997, 869, 874.

[49] Dem BGH nicht folgend LSG Bad.-Württ. ZIP 1997, 165 ff.; LAG Köln DStR 1998, 178 ff.; krit. *Michalski/Barth*, NZG 1998, 525; *Altmeppen*, NJW 1997, 3272.

[50] Näher dazu *Kleindiek*, ZGR 1997, 427, 439; *Ulmer*, ZIP 1996, 733, 735 f.

[51] BGHZ 134, 333, 340 f. = BGH DStR 1997, 625, 628; zur Außenhaftung bei der unechten Vorgesellschaft vgl. auch BGHZ 143, 314, 320 f. = NJW 2000, 1193, 1194 = DB 2000, 564, 565.

[52] Dafür *Ulmer*, ZIP 1996, 733, 738.

[53] Zur Festlegung dieses Zeitpunkts *Wiegand*, BB 1995, 1065, 1067.

gegen schon mit der Geschäftsaufnahme, können die Gläubiger ab diesem Zeitpunkt im Wege der Zwangsvollstreckung auf diese Ansprüche zugreifen.

3. Die Handelndenhaftung nach § 11 Abs. 2 GmbHG

Nach § 11 Abs. 2 GmbHG haften die Handelnden persönlich und solidarisch für Verbindlichkeiten der GmbH, wenn vor ihrer Eintragung im Namen der Gesellschaft gehandelt worden ist. Ob diese Vorschrift auch dann anzuwenden ist, wenn der Geschäftsführer der nicht eingetragenen GmbH als Komplementärin Rechtsgeschäfte im Namen der KG abschließt, ist umstritten.[54] 20

a) Meinungsstand. Die h. M. bejaht in diesen Fällen die Anwendbarkeit des § 11 Abs. 2 GmbHG mit dogmatisch abweichenden Begründungen. Der BGH bejaht eine **analoge Anwendung** der Handelndenhaftung, weil der GmbH-Geschäftsführer durch sein Handeln für die KG die akzessorische Haftung der Vor-GmbH nach § 128 HGB auslöse.[55] Nach einer im Schrifttum vertretenen Auffassung ist § 11 Abs. 2 GmbHG unmittelbar anwendbar, weil es um die Haftungsfolgen aus dem Handeln des Geschäftsführers als Vertreter der Vor-GmbH gehe.[56] Eine dritte Ansicht hingegen lehnt sowohl eine unmittelbare als auch eine analoge Anwendung von § 11 Abs. 2 GmbHG ab.[57]

b) Stellungnahme. Sofern mit unterschiedlichen Erwägungen in der Literatur eine Anwendung von § 11 Abs. 2 GmbH abgelehnt wird, ist dem zu **widersprechen**. Insbesondere das Argument, die Anwendung von § 11 Abs. 2 GmbH scheitere daran, dass die Gesellschaftsgläubiger sonst in ungerechtfertigter Weise besser gestellt würden, als wenn die GmbH bereits entstanden und darum unmittelbar und allein verpflichtet worden wäre,[58] kann nicht überzeugen. Die in diesem Zusammenhang vorgebrachte Berufung auf BGHZ 53, 210, 214[59] ist irreführend. Die vom BGH dort gemachten Ausführungen betreffen nämlich nicht die Frage der Anwendbarkeit des § 11 Abs. 1 GmbHG überhaupt, sondern lediglich die des Haftungsumfangs. Hinsichtlich des Haftungsumfangs ist es aber gerechtfertigt, den Gläubiger nicht besser zu stellen, als wenn die GmbH bei Vertragsschluss bereits eingetragen gewesen wäre.[60] Die Anwendung des § 11 Abs. 2 GmbHG als solche führt hingegen nicht zu einer Besserstellung der Gläubiger, sondern kompensiert **Defizite im Gläubigerschutz**, die im 21

---

[54] Vgl. die ausf. Darstellung des Streitstandes bei *Hachenburg/Ulmer* § 11 GmbHG Rn 139ff.

[55] Vgl. BGHZ 80, 129, 133; ebenso *Roth/Altmeppen* § 11 GmbHG Rn 94.

[56] So *Huber*, FS Hefermehl, 127, 156; *K. Schmidt*, NJW 1981, 1345, 1346f.; *Baumbach/Hueck* § 11 GmbHG Rn 64; a. A. *Hennerkes/Binz*, DB 1982, 1971f.

[57] So *Binz/Sorg* GmbH & Co. § 3 Rn 69ff.; *Hesselmann/Tillmann* GmbH & Co. KG Rn 181.

[58] So *Binz*, Haftungsverhältnisse, S. 354; *ders.* GmbH & Co. KG § 3 Rn 45.

[59] So *Binz*, Haftungsverhältnisse, S. 354; *ders.* GmbH & Co. KG § 3 Rn 45.

[60] Vgl. *Lutter/Hommelhoff* § 11 GmbH Rn 15.

Stadium der Gründung der GmbH bestehen (dazu sogleich). Sofern die Ablehnung der Anwendung von § 11 Abs. 2 GmbHG damit begründet wird, dass es hier kein unmittelbares Handeln des Geschäftsführers im Namen der GmbH gebe, es sich vielmehr nur um eine Vertretung der GmbH & Co. handele, die nur zu einer mittelbaren Haftung der GmbH führe,[61] lassen sich daraus jedenfalls keine Einwände gegen eine an der Kompensation von Gläubigerschutzdefiziten orientierte analoge Anwendung der Rechtsnorm herleiten.

22 Richtigerweise ist § 11 Abs. 2 GmbHG zumindest analog anwendbar.[62] Der Zweck des § 11 Abs. 2 GbmHG liegt darin, dem Gläubiger der Vorgesellschaft einen Ausgleich dafür zu gewähren, dass die Kapitalgrundlage der Vorgesellschaft anders als die der eintragenden GmbH gerichtlich noch nicht kontrolliert und sichergestellt ist.[63] Dieses **Schutzbedürfnis** besteht auch für die Gläubiger der GmbH & Co. KG. In den Fällen, in denen die GmbH als Komplementärin fungiert, haftet sie dem Gläubiger der KG bzw. der GbR nach § 13 Abs. 2 GmbHG nur mit ihrem Gesellschaftsvermögen. Diese Haftungsbegrenzung bei der GmbH geht nach der gesetzlichen Konzeption mit vielfältigen Schutzmechanismen des **Rechts der Kapitalaufbringung** einher,[64] die sicherstellen sollen, dass der Haftungsfonds, auf den die Gläubiger zugreifen können, vollständig aufgebracht wird. Im Stadium vor Eintragung der GmbH, in dem die Prüfung des Registerrichters nach § 9 c GmbHG noch nicht stattgefunden hat, greift dieser Schutzmechanismus jedoch noch nicht voll ein. Die daraus resultierenden Gläubigerschutzdefizite im Stadium der Vorgesellschaft sollen durch die **persönliche Haftung** derer ausgeglichen werden, die für die Gesellschaft in diesem Zeitraum rechtsgeschäftlich handeln. Aus diesem Grund muss § 11 Abs. 2 GmbH auch in der hier zu betrachtenden Konstellation Anwendung finden.[65]

23 **c) Die Handelnden.** Unter den Begriff der Handelnden im Sinne des § 11 Abs. 2 GmbHG fallen die **Geschäftsführer** der GmbH, wobei es weder auf die Wirksamkeit ihrer Bestellung noch auf ihre Vertretungsmacht beim Handeln für die Gesellschaft ankommt.[66] Im Übrigen wird der Begriff des Handelnden **eng ausgelegt**. Gründer, die der Geschäftsaufnahme durch die Geschäftsführer zugestimmt haben, unterliegen der Haf-

---

[61] So *Hesselmann/Tillmann* GmbH & Co. KG Rn 187.

[62] Für eine analoge Anwendung auch *Hachenburg/Ulmer* § 11 GmbHG Rn 141.

[63] Vgl. BGHZ 80, 129, 133; *Hachenburg/Ulmer* § 11 GmbHG Rn 98; *Knoche*, Gründerhaftung und Interessenausgleich, S. 179; *Lutter/Hommelhoff* § 11 GmbHG Rn 12 m. Darstellung überholter Ansichten zum Normzweck.

[64] Vgl. *Theobald*, Vor-GmbH, S. 84 ff.

[65] 68/151/EWG abgedr. bei *Lutter*, Europäisches Unternehmensrecht, S. 107; so auch *Lutter/Hommelhoff* § 11 GmbHG Rn 7; *Scholz/K. Schmidt* § 11 GmbHG Rn 168; ob, wie teilweise vertreten wird, de lege ferenda eine Streichung der Handelndenhaftung in Betracht kommt, ist im Hinblick auf Art. 7 der Ersten Richtlinie v. 9. 3. 1968 zweifelhaft.

[66] Vgl. BGHZ 53, 210, 216; *Hachenburg/Ulmer* § 11 GmbHG Rn 105; *Rowedder/Schmidt-Leithoff* § 11 GmbHG Rn 112, 116; zur Haftung bei Unterlassen AG Holzminden NJW-RR 1997, 871, 872.

tung aus § 11 Abs. 2 GmbHG nicht,[67] es sei denn sie treten nach Art von Geschäftsführern auf.[68] Auch Bevollmächtigte oder sonstige Hilfspersonen, derer sich der Geschäftsführer bedient, sind keine Handelnden im Sinne des § 11 Abs. 2 GmbHG.[69] Der Geschäftsführer selbst haftet indes, wenn er einen **Bevollmächtigten** für sich handeln lässt.[70] Fraglich ist allerdings, ob die Handelndenhaftung des GmbH-Geschäftsführers auch dann eingreift, wenn auf Veranlassung des GmbH-Geschäftsführers ein Bevollmächtigter im Namen der KG auftritt, oder ob die Haftung des GmbH-Geschäftsführers auf diesem Weg umgangen werden kann. Von Letzterem gehen zumindest Teile der Literatur aus.[71] Klar ist, dass jedenfalls der Bevollmächtigte selbst nicht haftet. Für die Haftung des Geschäftsführers in solchen Fällen sprechen indes gewichtige Gründe. Wenn der Geschäftsführer einer Vor-GmbH eine Person bevollmächtigt, für die KG zu handeln, treten die genannten Defizite im Gläubigerschutz genauso zutage, wie wenn der Geschäftsführer sich eines für die GmbH handelnden Bevollmächtigten bedient, so dass im Ergebnis nichts anderes gelten kann. Der Umstand, dass der Bevollmächtigte nur Vertretungsmacht besitzt, die KG, nicht aber unmittelbar die GmbH zu vertreten, steht dieser Beurteilung nicht entgegen. Die teilweise[72] geäußerte Befürchtung, die Handelndenhaftung könne durch die Bestellung eines für die KG bzw. für die GbR handelnden Vertreters umgangen werden und ein Wertungswiderspruch eintreten, ist unbegründet.

d) Haftungsvoraussetzungen. Die Haftung nach § 11 Abs. 2 GmbHG **24**
greift grundsätzlich nur für **rechtsgeschäftlich** begründete Verbindlichkeiten ein,[73] nicht hingegen für Sozialversicherungsbeiträge[74] oder Steuern[75] und auch nicht für Altschulden bei Fortführung eines Handelsgeschäfts.[76] Demgegenüber ist bei Ansprüchen aus gesetzlichen Schuldverhältnissen darauf abzustellen, ob diese ihre Grundlage in einer rechtsgeschäftlichen Beziehung haben.[77] Bei **mehreren Geschäftsführern** hängt

---

[67] Vgl. BGHZ 47, 25, 28f.; *Lutter/Hommelhoff* § 11 GmbHG Rn 14; AG Holzminden NJW-RR 1997, 872.

[68] Dazu näher *Hachenburg/Ulmer* § 11 GmbHG Rn 107.

[69] BGHZ 66, 359, 361; *Scholz/K. Schmidt* § 11 GmbHG Rn 105.

[70] BGHZ 53, 206, 208; *Lutter/Hommelhoff* § 11 GmbHG Rn 14; *Rowedder/Schmidt-Leithoff* § 11 GmbHG Rn 111; BGHZ 65, 378, zit. von *Sudhoff*, Rechte und Pflichten, S. 146.

[71] So *Binz/Sorg* GmbH & Co. § 3 Rn 49; *Hesselmann/Tillmann* GmbH & Co. KG Rn 185.

[72] Vgl. *Binz/Sorg* GmbH & Co. § 3 Rn 49; *Hesselmann/Tillmann* GmbH & Co. Rn 185.

[73] Vgl. *Baumbach/Hueck* § 11 GmbHG Rn 45; LAG Berlin GmbHR 1999, 181f.; a. A. *Derwisch/Ottenberg*, Haftungsverhältnisse der Vor-GmbH, S. 58ff.; *Sudhoff*, Rechte und Pflichten, S. 146; für Ansprüche aus rechtsgeschäftsähnlichem Handeln OLG Karlsruhe BB 1998, 497.

[74] BSG ZIP 1986, 645f.; *Michalski*, NZG 1998, 248.

[75] BFH GmbH-Stpr 1997, 133.

[76] *Rowedder/Schmidt-Leithoff* § 11 GmbHG Rn 120.

[77] Näher *Hachenburg/Ulmer* § 11 GmbHG Rn 108.

die Haftung des einzelnen Geschäftsführers auch von der Aufgabenverteilung zwischen den Geschäftsführern im Innenverhältnis ab.[78] Nach ihrem Schutzzweck kann die Handelndenhaftung nur gegenüber **Dritten**, nicht aber gegenüber Gesellschaftern eingreifen.[79]

25 **e) Haftungsumfang.** Die Haftung des Handelnden nach § 11 Abs. 2 GmbHG ist grundsätzlich akzessorisch zur Verpflichtung der Vorgesellschaft. Der Geschäftsführer kann sich auf alle der Vorgesellschaft zustehenden Einwendungen und Einreden berufen; § 129 Abs. 1 bis 3 HGB gilt entsprechend.[80] **Mit der Eintragung** ins Handelsregister **erlischt** die Handelndenhaftung.[81] Der Geschäftsführer kann seine Haftung durch Vereinbarung mit dem Vertragspartner der Gesellschaft ausschließen.[82]

26 **f) Erstattungsansprüche des Geschäftsführers.** Wird der Geschäftsführer von Gläubigern gemäß § 11 Abs. 2 GbmHG in Anspruch genommen, hat er aus §§ 611, 675, 670 BGB bis zur Eintragung einen Erstattungsanspruch gegen die *Vorgesellschaft*, danach einen solchen gegen die GmbH. Droht die Inanspruchnahme, richtet sich der Anspruch auf **Schuldbefreiung** nach § 257 BGB. Hat der Geschäftsführer seine Befugnisse überschritten, steht ihm nur ein Anspruch nach den Regeln der Geschäftsführung ohne Auftrag zu.[83]

27 Schwierig zu beantworten ist die Frage, ob auch Regressansprüche **gegen die Gesellschafter** persönlich bestehen. Verbreitet wird dies – wenn auch mit unterschiedlicher Begründung und mit unterschiedlichen Einschränkungen – bejaht.[84] Doch zum einen steht der Geschäftsführer nur mit der Vor-GmbH, nicht aber auch mit deren Gesellschaftern in vertraglichen Beziehungen, zum anderen besteht angesichts der in diesem Stadium bestehenden Innenhaftung der Gesellschafter (dazu ausführlich Rn 7 ff.) auch kein Bedürfnis für eine Haftung der Gesellschafter gegenüber den Handelnden. Eine Regresshaftung der Gründer ist deshalb abzulehnen.[85]

---

[78] Ausf. *Hachenburg/Ulmer* § 11 GmbHG Rn 110.

[79] *Lutter/Hommelhoff* § 11 GmbHG Rn 15; *Rowedder/Schmidt-Leithoff* § 11 GmbHG Rn 121.

[80] Ausf. *Hachenburg/Ulmer* § 11 GmbHG Rn 113 ff. auch zu den bei fehlender Vertretungsmacht zu beachtenden Besonderheiten; *Grunert*, DStR 1997, 1007, 1011; zur Frage der Vertretungsmacht bei der Vor-GmbH vgl. *Beuthien*, NJW 1997, 565; *Wiegand*, BB 1998, 1065, 1071.

[81] BGHZ 80, 182; *Scholz/K. Schmidt* § 11 GmbHG Rn 118; krit. *Schulz*, JuS 1982, 732, 738 f.

[82] Vgl. *Rowedder/Schmidt-Leithoff* § 11 GmbHG Rn 126; *Sudhoff*, Rechte und Pflichten, S. 146.

[83] Vgl. *Baumbach/Hueck* § 11 GmbHG Rn 49a; *Hachenburg/Ulmer* § 11 GmbHG Rn 121 f.; *Rowedder/Schmidt-Leithoff* § 11 GmbHG Rn 129.

[84] So *Klein*, Rückgriffsanspruch des Handelnden, S. 131 ff.; *Rowedder/Schmidt-Leithoff* § 11 GmbHG Rn 129.

[85] Vgl. dazu und zu Ausnahmen *Hachenburg/Ulmer* § 11 GmbHG Rn 123; *Lutter/Hommelhoff* § 11 GmbHG Rn 17, s. auch BGHZ 86, 122, 125 f.

4. Sonderfälle

28 **a) Verwendung eines GmbH-Mantels.** Erfolgt die Gründung der GmbH & Co. KG unter Verwendung eines GmbH-Mantels,[86] so haben die Neugründer der GmbH die Differenz zwischen dem gesetzlichen Mindeststammkapital und dem Gesellschaftsreinvermögen, die sich im Zeitpunkt der Eintragung des satzungsändernden Beschlusses nach § 76 GmbHG aus den seit der Geschäftsaufnahme angefallenen Neuverlusten ergibt, auszugleichen.[87] Unterbleibt die Eintragung hingegen, trifft die Gesellschafter eine **unbegrenzte Verlustausgleichspflicht** im Innenverhältnis (vgl. dazu Rn 18 ff.) pro rata ihrer Beteiligung.[88] Der hiergegen vorgebrachte Einwand, es existiere kein geeigneter Zeitpunkt für die Anknüpfung der Haftung,[89] überzeugt nicht, weil sich der Zeitpunkt der Eintragung des Beschlusses nach § 76 GmbHG unschwer bestimmen lässt. Unterbleibt die Eintragung, ist für die Bemessung der Verlustausgleichungspflicht der Zeitpunkt der Aufnahme der neuen Tätigkeit maßgebend.[90] Auch die Handelndenhaftung nach § 11 Abs. 2 GmbHG ist in diesen Fällen bis zum Zeitpunkt der Eintragung des Beschlusses anwendbar, denn auch bei der Mantelverwertung bestehen dieselben Defizite im Gläubigerschutz, die nach der gesetzgeberischen Regelungskonzeption eine Anwendung von § 11 Abs. 2 GmbHG erfordern.[91] Der BGH hat inzwischen die Gründungsvorschriften der GmbH sowohl auf die Verwendung des Mantels einer auf Vorrat gegründeten GmbH, als auch auf die Wiederverwendung eines „alten" Mantels einer existenten, im Rahmen ihres früheren Unternehmensgegenstandes tätig gewesenen, jetzt aber unternehmenslosen GmbH für anwendbar erklärt.[92]

---

[86] Zur Abgrenzung gegenüber einer bloßen Umorganisation *Hachenburg/Ulmer* § 3 GmbHG Rn 35; vgl. AG Duisburg NZG 1998, 194 m. Anm. *Mennicke* u. *Rawert*, EWiR 1998, 223; weiterhin etwa OLG Thüringen BB 2004, 2206, 2206 f.

[87] OLG Frankfurt GmbHR 1999, 32, spricht aber von Einbringung des satzungsgemäßen Stammkapitals; ebenso *Ahrens*, DB 1998, 1069, 1071; *Lübbert*, BB 1998, 2221, 2223 f.; nur Mindestkapital: *Keil*, EWiR 1999, 359, 360; AG Duisburg NZG 1998, 194; KG NZG 1998, 73; a. A.: BayObLG GmbHR 1999, 607, das eine registerrechtliche Kontrolle der Unversehrtheit des Stammkapitals bei Mantelverwertungen ablehnt. Gegen eine Vorbelastungshaftung auch *Bärwaldt/Schabacker*, GmbHR 1998, 1005, 1012; *Banerjea*, GmbHR 1998, 814, 815. Zur Erstreckung der Haftung auf sog. Altfälle OLG Thüringen BB 2004, 2206, 2207 f.

[88] Vgl. *Ihrig*, BB 1988, 1197, 1203; zum Meinungsstand vgl. außerdem *Hachenburg/Ulmer* § 3 GmbHG Rn 41; *Peters*, GmbH-Mantel, S. 121 ff.; *Lübbert*, BB 1998, 2221, 2224; vgl. auch *Gummert*, DStR 1997, 1007, 1011.

[89] So *Hesselmann/Tillmann* GmbH & Co. Rn 214.

[90] Vgl. *Lutter/Hommelhoff* § 3 GmbHG Rn 8.

[91] Näher *Ihrig*, BB 1988, 1197, 1203; ebenso *Hachenburg/Ulmer* § 11 GmbHG Rn 103; a. A. *Lutter/Hommelhoff* § 11 GmbHG Rn 13; *Peters*, GmbH-Mantel, S. 113 ff.; *Rowedder/Schmidt-Leithoff* § 11 GmbHG Rn 109; OLG Stuttgart MDR 1999, 621 m. w. N.; LG Hamburg NJW-RR 1997, 671 m. Anm. *Gummert*, WiB 1997, 646 f.; KG NZG 1998, 73; *Scholz/K. Schmidt* § 11 GmbHG Rn 99; *Ahrens*, DB 1998, 1069, 1073; *Gummert*, DStR 1997, 1007, 1033; *Bärwaldt/Schabacker*, GmbHR 1998, 1005, 1012.

[92] BGHZ 153, 158, 160 f.; BGHZ 155, 318, 321 f. mit mit zustimmender Anmerkung *Peetz*, GmbHR 2003, 1928.

Dabei ist die Versicherung nach § 8 Abs. 2 GmbHG jeweils erneut abzugeben und die Wiederverwendung eines zwischenzeitlich leer gewordenen GmbH-Mantels dem Registergericht gegenüber offen zu legen.[93]

29 **b) Die Einmann-Gründung.** In vielen Fällen wird die künftige Komplementär-GmbH nur einen Gesellschafter haben. Nach § 1 GmbHG ist eine Einmann-Gründung zulässig. Eine Vorgesellschaft im dargestellten Sinne kann wegen ihres Gesamthandscharakters, der die Beteiligung mindestens zweier Gesellschafter voraussetzt, dann aber nicht entstehen.[94] Im Zeitraum zwischen der Errichtungserklärung und der Eintragung der Gesellschaft liegt im Falle der Einmann-Gründung eine Organisation vor, die sich zutreffend als **Sondervermögen** des Gründers qualifizieren lässt.[95] Angesichts der Nähe des Gründers zum Sondervermögen müssen die Übertragungsvorgänge zum Zwecke der Einlageleistung so objektiviert werden, dass sie für Dritte erkennbar sind.[96] Wird die Gründung später aufgegeben oder die Eintragung im Handelsregister abgelehnt, fallen alle Vermögenswerte ipso iure an den Gründer zurück.[97] Bei der Einmann-Gründung können die Gläubiger zunächst auf das Sondervermögen zugreifen.[98] Daneben greift auch hier die Vorbelastungs- bzw. Unterbilanzhaftung ein, wenn das Nettoreinvermögen der Gesellschaft die Kapitalziffer im Zeitpunkt der Eintragung unterschreitet.[99] Im Zeitraum vor der Eintragung besteht indes ein Unterschied zur Mehrpersonen-Gründung. Aufgrund der erhöhten Gläubigerrisiken bei der Einmann-Gründung findet bis zur Eintragung eine **unbeschränkte Außenhaftung** des Gründers für die vom Geschäftsführer begründeten Verbindlichkeiten des Sondervermögens statt.[100] Auch § 11 Abs. 2 GmbHG ist in den Fällen der Einmann-Gründung anwendbar. Danach haftet auch der Geschäftsführer im Zeitraum zwischen der Abgabe der notariellen Errichtungserklärung und der Eintragung der GmbH.[101]

---

[93] Vgl. die zuvor Genannten.

[94] Ausf. dazu *Ulmer/Ihrig*, GmbHR 1988, 373.

[95] Ausf. *Ulmer/Ihrig*, GmbHR 1988, 373, 376 ff.; *Hachenburg/Ulmer* § 11 GmbHG Rn 15 ff.; für eine Charakterisierung als teilrechtsfähig hingegen *Scholz/K. Schmidt* § 11 GbmHG Rn 147, 149.

[96] Vgl. *Lutter/Hommelhoff* § 11 GbmHG Rn 18; *Rowedder/Schmidt-Leithoff* § 11 GmbHG Rn 147; *Roth/Altmeppen* § 11 GmbHG Rn 76.

[97] Vgl. *Ulmer/Ihrig*, GmbHR 1988, 373, 383 f.

[98] Vgl. *Lutter/Hommelhoff* § 11 GmbHG Rn 18; *Baumbach/Hueck* § 11 GmbHG Rn 40.

[99] Vgl. *Rowedder/Schmidt-Leithoff* § 11 GmbHG Rn 150.

[100] Ausf. *Hachenburg/Ulmer* § 11 GmbHG Rn 68; *Ulmer/Ihrig*, GmbHR 1988, 373, 382; *Baumbach/Hueck* § 11 GmbHG Rn 40; *Flume*, DB 1998, 45, 47.

[101] BGH WM 1984, 929; *Lutter/Hommelhoff* § 11 GmbHG Rn 18; *Ulmer/Ihrig*, GmbHR 1988, 373, 381; ablehnend *Hesselmann/Tillmann* GmbH & Co. Rn 202.

§ 12 Steuerliche Konsequenzen bei der Gründung einer GmbH & Co. KG

Übersicht

Schrifttum: *Bordewin,* Die Einheit der Personengesellschaft im Härtetest des § 6 b EStG, in: Ertragsbesteuerung – FS L. Schmidt, 421; *Brandenberg,* Personengesellschaftsbesteuerung nach dem Unternehmenssteuerfortentwicklungsgesetz, DStZ 2002, 511; *ders.,* Übertragung von Mitunternehmeranteilen und Wirtschaftsgütern bei Personengesellschaften, NWB F.3, 12037; *Breidenbach/van Lishaut,* Steuerneutrale Übertragung einzelner Wirtschaftsgüter nach Abschaffung des Mitunternehmererlasses?, DB 1999, 1234; *Breidenbach,* Einschränkung der Steuervergünstigung für Einbringungsgewinne: Ist die Nachbesserung des Gesetzgebers zu § 24 Abs. 3 Satz 3 UmwStG erneut redaktionell verunglückt?, DB 1995, 296; *Dehmer,* Das Umwandlungssteuergesetz 1994, DStR 1994, 1713, 1753; *Düll,* Die Übertragung von Vermögen bei Personengesellschaften – Alternativen, Rechtsfolgen, Normkonkurrenzen, StbJb 2002/03, 117; *Düll/Fuhrmann/Eberhard,* Unternehmenssteuerreform 2001: Die Neuregelung des § 6 Abs. 5 Satz 3 EStG – sog. Wiedereinführung des Mitunternehmererlasses, DStR 2000, 1713; *Gail/Düll/Fuhrmann/Grupp,* Aktuelle Entwicklungen des Unternehmenssteuerrechts, DB 1999 Beil. 14, 19; *Groh,* Der erwerbende Veräußerer, DB 1996, 2356; *Hoffmann,* Übertragung von Wirtschaftsgütern im Rahmen des neuen § 6 Abs. 6 EStG, GmbHR 1999, 452; *ders.,* Der Transfer von Einzel-Wirtschaftsgütern gemäß § 6 Abs. 5 EStG nach Verabschiedung des UntStFG, GmbHR 2002, 125; *Horger/Mentel/Schulz,* Ausgewählte Fragen zum Steuerentlastungsgesetz 1999/2000/20002: Unternehmensumstrukturierungen, DStR 1999, 565; *Jorde/Grünwald,* Risiko Umsatzsteuer bei Umstrukturierungen, BB 2004, 743; *Kellersmann,* Korrespondierende Fortschreibung von Ergänzungsbilanzen nach der Einbringung in eine Personengesellschaft?, DB 1997, 2047; *Kloster/Kloster,* Auslegungs- und Anwendungsprobleme bei der Restrukturierung von Mitunternehmerschaften Die „Reform der Reform" des § 6 Abs. 5 EStG durch das UntStFG, GmbHR 2002, 717; *Lohse,* Aufnahme eines Gesellschafters im Unsatzsteuerrecht, BB 2003, 1713; *Mittelbach,* Steuerfragen bei Gründung und Erweiterung einer Sozietät, DB 1981 Beil. 27; *Patt/Rasche,* Aktuelle Fragen zu den Einbringungstatbeständen des Umwandlungssteuerrechts, FR 1995, 432; *dies.,* Einbringung von Betriebsvermögen in eine Personengesellschaft gem. § 24 UmwStG mit steuerlicher Rückwirkung, FR 1996, 365; *Pfalzgraf/Meyer,* Einbringung von Einzelunternehmen in eine Personengesellschaft – Neue Tendenzen zur Behandlung von Zuzahlungen ins Privatvermögen,

FR 1995, 529; *Reiß,* Kein Renditefonds, UR 2003, 428; *Rödder/Schumacher,* Verschmelzung von Kommanditgesellschaften und § 15 a EStG, DB 1998, 99; *dies.*, Der Regierungsentwurf eines Gesetzes zur Fortentwicklung des Unternehmenssteuerrechts, DStR 2002, 1634; *Roser,* Unveränderte Missverständnissse zu § 6 Abs. 5 EStG bei der Übertragung von Sonderbetriebsvermögen, FR 2002, 309; *Schmidt,* Die Kooperation von Unternehmen in steuerrechtlicher Sicht StuW 1970, 435; *Schulze zur Wiesche,* Die Einbringung von Wirtschaftsgütern des Privatvermögens in das Gesamthandsvermögen einer Personengesellschaft, FR 1999, 519; *ders.*, Mitunternehmeranteil, Anteilserwerb, Anteilsveräußerung in der neueren Rechtsprechung des BFH, FR 1996, 341; *ders.*, Die Übertragung von Einzelwirtschaftsgütern nach dem UntStFG, DStZ 2002, 740; *Ulrich/Teiche,* Die Aufnahme von Gesellschaftern in eine (Publikums-)Personengesellschaft und ihre umsatzsteuerlichen Konsequenzen, DStR 2005, 92; *Wendt,* Übertragung von Wirtschaftsgütern zwischen Mitunternehmerschaft und Mitunternehmer - § 6 Abs. 5 idF des UntStFG als zweiter Versuch zur „Wiedereinführung des Mitunternehmer-Erlasses", FR 2002, 53.

I. Vorbemerkungen

1 Die zivilrechtlichen Gestaltungsvarianten zur Errichtung einer GmbH & Co. KG sind vielfältig. Der zivilrechtliche Hintergrund des Gründungsvorgangs hat einen erheblichen Einfluss auf dessen steuerliche Behandlung. Dies betrifft zunächst die Fragen, ob durch den Gründungsvorgang eine Realisierung von stillen Reserven erfolgt oder ob die Gründung der GmbH & Co. KG zu der Vernichtung von steuerlichen Verlustvorträgen führt. Neben den ertragsteuerlichen Konsequenzen müssen jedoch auch verkehrsteuerliche Folgen beachtet werden, ob die Gründung der GmbH & Co. KG beispielsweise zu einer Belastung mit Grunderwerbsteuer oder einer Belastung mit Umsatzsteuer führt.

2 Die Neugründung einer GmbH & Co. KG ist aus steuerlicher Sicht grundsätzlich unproblematisch. Die Errichtung einer GmbH & Co. KG führt dann zu **keinen nennenswerten steuerlichen Konsequenzen**, wenn es sich bei der Komplementär-GmbH sowie der Kommanditgesellschaft um eine **Bargründung** handelt. Wird dagegen eine **Sacheinlage** geleistet, können sich hieraus ertragsteuerliche, grunderwerbsteuerliche und umsatzsteuerliche Konsequenzen ergeben. Diese sind im Wesentlichen davon abhängig, welchen steuerlichen Status der eingebrachte Vermögensgegenstand vor der Einbringung hatte, ob es sich um Privat- oder Betriebsvermögen handelt, ob die Vermögensgegenstände bislang für unternehmerische oder nichtunternehmerische Zwecke genutzt wurden usw.

3 Die Gründung einer GmbH & Co. KG durch Einbringung eines **bestehenden Handelsgewerbes** kann gem. § 24 UmwStG grds. ohne Realisierung von stillen Reserven erfolgen. Besonderheiten ergeben sich allerdings dann, wenn mit der Errichtung der GmbH & Co. KG auch weitere Gesellschafter eintreten und gegebenenfalls Ausgleichszahlungen für stille Reserven geleistet werden. Je nach Fallgestaltung kann sich hier eine Auflösung von stillen Reserven ergeben. Sofern sich ein Grundstück im Betriebsvermögen befindet, kann sich durch die Errichtung der GmbH & Co. KG unter Beitritt eines weiteren Gesellschafters außerdem eine Belastung mit Grunderwerbsteuer ergeben.

II. Ertragsteuerliche Konsequenzen bei Einlage eines einzelnen Vermögensgegenstandes

1. Einlage aus dem Privatvermögen

Wird ein Vermögensgegenstand durch den Gesellschafter einer Personengesellschaft an diese veräußert, liegt ein „normales" **Veräußerungsgeschäft** vor. Für die Personengesellschaft handelt es sich um einen Anschaffungsvorgang.[1] Dies gilt unabhängig davon, ob die veräußerten Vermögensgegenstände auf Ebene des Veräußerers Privatvermögen oder Betriebsvermögen darstellen.[2] Auf Ebene des veräußernden Gesellschafters kann ein Veräußerungsgewinn entstehen, der u. U. steuerpflichtig ist. Eine **Steuerpflicht des Veräußerungsgewinns** kann sich dann ergeben, wenn 4

- der betreffende Vermögensgegenstand Bestandteil eines Betriebsvermögens ist. Möglicherweise entstehen durch die Veräußerung erst gewerbliche Einkünfte, etwa im Falle eines gewerblichen Grundstückshandels;
- es sich um eine wesentliche Beteiligung im Sinne des § 17 EStG handelt;
- es sich um einbringungsgeborene Anteile i. S. d. § 21 UmwStG handelt;
- es sich um einen Spekulationsvorgang gemäß § 23 EStG handelt.

Ein Veräußerungsvorgang liegt auch dann vor, wenn als Gegenleistung für die Übertragung des Vermögensgegenstandes kein gesondertes Entgelt, sondern die Übernahme von Schulden vereinbart worden ist.[3]

Wird ein **einzelner Vermögensgegenstand** in die Personengesellschaft gegen **Gewährung von Gesellschaftsrechten** eingebracht, erhält der Mitunternehmer als Gegenleistung den Gesellschaftsanteil. Die Einbringung eines einzelnen Vermögensgegenstandes aus dem Privatvermögen gegen Gewährung von Gesellschaftsrechten ist als tauschähnlicher Vorgang zu werten.[4] Eine Gewährung von Gesellschaftsrechten liegt vor, wenn die durch die Übertragung eintretende Erhöhung des Gesellschaftsvermögens dem Kapitalkonto des einbringenden Gesellschafters gutgeschrieben wird, das für seine Beteiligung am Gesellschaftsvermögen maßgebend ist.[5] Dies ist nach Auffassung der Finanzverwaltung sowohl bei Verbuchung des eingebrachten Vermögensgegenstandes auf dem Kapitalkonto I als auch auf anderen – variablen – Gesellschafterkonten der Fall. Bei Verbuchung auf einem Darlehenskonto liegt ohnehin ein entgeltlicher Vorgang vor.[6] 5

Die **Qualifikation** der Sacheinlage als **tauschähnlicher Vorgang** hat zur Folge, dass beim einbringenden Gesellschafter eine entgeltliche Veräußerung vorliegt,[7] die bei der Einbringung von Beteiligungen i. S. d. § 17 EStG bzw. § 21 UmwStG sowie bei der Einbringung von Vermögensge- 6

---

[1] BFH v. 3. 5. 1993 BStBl. II 1993, 616.
[2] *Bordewin*, FS Schmidt, 425.
[3] BFH v. 11. 12. 1997 BFH/NV 1998, 836; BMF v. 23. 3. 1998 DStR 1998, 766.
[4] BFH v. 19. 10. 1998 BStBl. II 2000, 230; BMF v. 29. 3. 2000 BStBl. I 2000, 462.
[5] BMF v. 29. 3. 2000 BStBl. I 2000, 462.
[6] BMF v. 26. 11. 2004 DStR 2005, 26.
[7] *L. Schmidt* § 15 EStG Rn 664; *Gail/Düll/Fuhrmann/Grupp*, DB 1999 Beil. 14, 19.

genständen innerhalb der in § 23 EStG vorgesehenen Frist zu steuerpflichtigen Einkünften führen kann.

7 Ein tauschähnlicher Vorgang liegt hingegen nicht vor, wenn dem Einbringenden keine Gesellschaftsrechte gewährt werden (verdeckte Einlage). Die Einlage kann in diesem Fall auf einem sonstigen Gesellschafterkonto erfolgen, das nicht zu einer Stärkung der Gesellschafterstellung führt, jedoch Eigenkapitalcharakter hat.[8] Nach Auffassung der Finanzverwaltung kommt hierbei nur die Verbuchung auf einem gesamthänderisch gebundenen Kapitalrücklagenkonto oder als handelsrechtlicher Ertrag in Betracht. Bei einer „Einmann-GmbH & Co. KG" steht eine derartige buchungstechnische Behandlung aufgrund des fehlenden Interessengegensatzes allerdings unter dem Vorbehalt des Gestaltungsmissbrauchs i. S. d. § 42 AO.[9] Im Falle einer verdeckten Einlage in eine Personengesellschaft richtet sich die Bewertung nach der allgemeinen Bewertungsvorschrift für Einlagen des § 6 Abs. 1 Nr. 5 EStG.[10] Hiernach sind Einlagen grundsätzlich mit dem Teilwert anzusetzen. Sie sind jedoch höchstens mit den Anschaffungs- oder Herstellungskosten anzusetzen, wenn das zugeführte Wirtschaftsgut innerhalb der letzten drei Jahre vor dem Zeitpunkt der Zuführung angeschafft oder hergestellt worden ist oder eine wesentliche Beteiligung i. S. d. § 17 EStG ist. Auch wenn im Rahmen der Einlage eines Wirtschaftsguts nach § 6 Abs. 1 Nr. 5 EStG der Teilwert angesetzt wird, führt die Aufdeckung der stillen Reserven grds. nicht zu steuerpflichtigen Einkünften beim einlegenden Gesellschafter, da gerade kein tauschähnlicher Vorgang vorliegt. Bei der Einlage eines Grundstücks ist jedoch ein privates Veräußerungsgeschäft i. S. d. § 23 Abs. 1 Satz 5 Nr. 1 EStG gegeben, wenn das eingelegte Grundstück innerhalb eines Zeitraums von zehn Jahren seit der Anschaffung im Privatvermögen aus dem Betriebsvermögen veräußert wird.[11]

8 Die Übertragung eines Einzelwirtschaftsguts aus dem Privatvermögen in das Gesamthandsvermögen einer Personengesellschaft ist in einen tauschähnlichen Vorgang und eine Einlage aufzuteilen, wenn der Wert des übertragenen Wirtschaftsguts höher ist als die im Gegenzug eingeräumten Gesellschaftsrechte. Als Aufteilungsmaßstab ist das Verhältnis des Werts der gewährten Gesellschaftsrechte zum gemeinen Wert des übertragenen Wirtschaftsguts heranzuziehen.[12]

2. Einlage aus dem Betriebsvermögen

9 Die Übertragung eines Wirtschaftsguts aus dem Betriebsvermögen in das Gesamthandsvermögen einer Personengesellschaft stellt grundsätzlich ebenfalls einen tauschähnlichen Vorgang dar, wenn die Übertragung des Wirtschaftsguts gegen Gewährung von Gesellschaftsrechten erfolgt. Bei einer unentgeltlichen Übertragung (verdeckte Einlage) müssten grundsätzlich die Einlagegrundsätze des § 6 Abs. 1 Nr. 5 EStG beachtet werden, wobei

[8] *Düll,* StbJb 2002/03, 135.
[9] BMF v. 26. 11. 2004 DStR 2005, 26.
[10] *Hoffmann,* GmbHR 2002, 129; *Wendt,* FR 2002, 58.
[11] BMF v. 29. 3. 2000 BStBl. I 2000, 462.
[12] BFH v. 17. 7. 1980 BStBl. II 1981, 11; BMF v. 29. 3. 2000 BStBl. I 2000, 462.

der Einlage ins Betriebsvermögen der Personengesellschaft eine Entnahme aus dem Betriebsvermögen des Gesellschafters vorangehen würde. Die allgemeinen steuerlichen Grundsätze bei der Übertragung eines Wirtschaftsguts werden jedoch durch die spezialgesetzliche Regelung des § 6 Abs. 5 Satz 3 EStG verdrängt. Hiernach erfolgt die Übertragung eines Wirtschaftsguts aus dem Betriebsvermögen eines Gesellschafters in das Gesamthandsvermögen einer Personengesellschaft zwingend zum Buchwert. Die Vorschrift des § 6 Abs. 5 EStG hat sich in den vergangenen Jahren mehrfach geändert. Ursprünglich sollte mit der Einführung des § 6 Abs. 5 Satz 3 EStG durch das Steuerentlastungsgesetz 1999/2000/2002 der Mitunternehmererlass[13] abgeschafft werden. Durch das Steuersenkungsgesetz sollten die Wirkungen des Mitunternehmererlasses wieder gesetzlich eingeführt werden.[14] Aus der unzureichenden gesetzlichen Umsetzung haben sich neue Zweifelsfragen ergeben, die zu einer erneuten Änderung des § 6 Abs. 5 Satz 3 EStG durch das Unternehmenssteuerfortentwicklungsgesetz geführt haben.

Die Vorschrift des § 6 Abs. 5 Satz 3 EStG hat nunmehr folgenden Rege- **10**
lungsinhalt:

Bei der Überführung eines einzelnen Wirtschaftsguts ist der Buchwert anzusetzen, sofern die Besteuerung der stillen Reserven sichergestellt ist, soweit ein Wirtschaftsgut

- unentgeltlich oder gegen Gewährung oder Minderung von Gesellschaftsrechten aus einem Betriebsvermögen des Mitunternehmers in das Gesamthandsvermögen einer Mitunternehmerschaft und umgekehrt,
- unentgeltlich oder gegen Gewährung oder Minderung von Gesellschaftsrechten aus dem Sonderbetriebsvermögen eines Mitunternehmers in das Gesamthandsvermögen derselben Mitunternehmerschaft oder einer anderen Mitunternehmerschaft, an der er beteiligt ist, und umgekehrt oder
- unentgeltlich zwischen den jeweiligen Sonderbetriebsvermögen verschiedener Mitunternehmer derselben Mitunternehmerschaft

übertragen wird.

Nach § 6 Abs. 5 Satz 4 EStG ist rückwirkend auf den Zeitpunkt der **11**
Übertragung der Teilwert anzusetzen, wenn das übertragene Wirtschaftsgut innerhalb einer Sperrfrist von 3 Jahren nach Abgabe der Steuererklärung für den Veranlagungszeitraum der Übertragung veräußert oder entnommen wird. Die Missbrauchsregelung greift nicht, sofern die bis zur Übertragung entstandenen stillen Reserven durch Erstellung einer Ergänzungsbilanz dem übertragenden Gesellschafter zugeordnet worden sind. Der Teilwert ist nach § 6 Abs. 5 Satz 5 EStG auch anzusetzen, soweit bei der Übertragung bzw. innerhalb von 7 Jahren nach der Übertragung des Wirtschaftsguts der Anteil einer Körperschaft an dem Wirtschaftsgut unmittelbar oder mittelbar begründet wird oder dieser sich erhöht.

Wird bei der Gründung einer GmbH & Co. KG ein einzelnes Wirt- **12**
schaftsgut aus dem Betriebsvermögen eines Gesellschafters in das Gesamthandsvermögen der Personengesellschaft unentgeltlich oder gegen Gewährung von Gesellschaftsrechten überführt, kommt bei der Überführung der

---

[13] BMF v. 20. 12. 1977 BStBl. I 1978, 8.

[14] *Düll/Fuhrmann/Eberhard*, DStR 2000, 1713.

Buchwert zum Ansatz. Zu beachten ist, dass eine unentgeltliche Überführung eines Wirtschaftsguts dann nicht vorliegt, wenn mit der Überführung auch Verbindlichkeiten übertragen werden. In diesem Fall liegt ein tauschähnlicher Vorgang vor, der nach den allgemeinen Grundsätzen zu beurteilen ist. Sofern ein fremdfinanziertes Wirtschaftsgut, wie beispielsweise ein Grundstück, in die Personengesellschaft überführt werden soll, ist zu überlegen, ob die Verbindlichkeiten zwingend mit in das Gesamthandsvermögen der Personengesellschaft übergehen sollen, oder ob die Verbindlichkeiten ggf. zurückbehalten werden können. In diesem Fall würden die Verbindlichkeiten negatives Sonderbetriebsvermögen II bei der Personengesellschaft darstellen.

13 Sofern die Verbindlichkeiten zusammen mit dem Wirtschaftsgut in das Gesamthandsvermögen der Personengesellschaft übertragen werden sollen, kommt hinsichtlich des Gewinns aus der Aufdeckung stiller Reserven die Bildung einer Rücklage nach § 6 b EStG in Betracht. Die im Betriebsvermögen des Gesellschafters gebildete § 6 b EStG-Rücklage könnte anschließend auf das in das Gesamthandsvermögen der Personengesellschaft eingebrachte Wirtschaftsgut übertragen werden. Mit dieser Gestaltung wird im Ergebnis eine Buchwertübertragung erreicht. Auch die Finanzverwaltung hat diese Gestaltung mittlerweile anerkannt.[15] Die Bildung einer § 6 b EStG-Rücklage mit anschließender Übertragung dieser Rücklage auf das in das Gesamthandsvermögen eingebrachte Wirtschaftsgut ist jedoch nur unter den in § 6 b EStG aufgeführten Voraussetzungen, wie beispielsweise der mind. 6-jährigen Zugehörigkeit des Wirtschaftsguts zum Anlagevermögen einer inländischen Betriebsstätte, möglich.

14 Bei der Übertragung eines Wirtschaftsguts zum Buchwert nach § 6 Abs. 5 Satz 3 EStG sollte für den einbringenden Gesellschafter eine Ergänzungsbilanz erstellt werden, um bei einer Veräußerung oder Entnahme des Wirtschaftsguts aus dem Gesamthandsvermögen der Personengesellschaft innerhalb der 3-jährigen Sperrfrist den rückwirkenden Teilwertansatz zu vermeiden. Die Erstellung einer Ergänzungsbilanz für den einbringenden Gesellschafter hat den Zweck, dass die in dem Wirtschaftsgut enthaltenen stillen Reserven dem einbringenden Gesellschafter zugeordnet werden und nicht auf andere Gesellschafter überspringen können.

15 Die Einbringung eines Einzelwirtschaftsguts in eine GmbH & Co. KG ist des Weiteren nur dann zum Buchwert möglich, wenn durch die Übertragung des Wirtschaftsguts in die Mitunternehmerschaft weder unmittelbar noch mittelbar anteilige stille Reserven des eingelegten Wirtschaftsguts auf eine Kapitalgesellschaft übergehen. Ein anteiliger Übergang von stillen Reserven auf eine Kapitalgesellschaft kommt bei einer GmbH & Co. KG insbesondere dann in Betracht, wenn die Komplementär-GmbH vermögensmäßig an der KG beteiligt ist. In diesem Fall ist insoweit der Teilwert anzusetzen, als die Komplementär-GmbH vermögensmäßig beteiligt ist. Der Teilwertansatz kann nach dem Gesetzeswortlaut nicht durch die Bildung einer Ergänzungsbilanz vermieden werden, obwohl die Bildung einer Ergänzungsbilanz für den einlegenden Mitunternehmer das Über-

[15] OFD Koblenz v. 23. 12. 2003 DStR 2004, 314.

springen von stillen Reserven auf eine Kapitalgesellschaft verhindern würde. U.E. sollte in solchen Fällen, in denen eine Ergänzungsbilanz gebildet wird und ein Missbrauch nicht vorliegt, dem einbringenden Gesellschafter der Buchwertansatz eingeräumt werden.[16]

Ist die Komplementär-GmbH nicht vermögensmäßig an der KG beteiligt, kann es dennoch zum Teilwertansatz bei der Übertragung des Wirtschaftsguts kommen, wenn sich innerhalb der 7-jährigen Sperrfrist der Anteil einer Kapitalgesellschaft an dem übertragenden Wirtschaftsgut unmittelbar oder mittelbar erhöht. Dies kann insbesondere dann der Fall sein, wenn der Mitunternehmeranteil innerhalb des 7-Jahres-Zeitraums in eine Kapitalgesellschaft eingebracht wird oder die Personengesellschaft formwechselnd in eine Kapitalgesellschaft umgewandelt wird. Der nach § 6 Abs. 5 Satz 6 EStG vorgesehene Teilwertansatz ist in derartigen Umwandlungsfällen nicht gerechtfertigt, zumal für die bei der Umwandlung entstehenden einbringungsgeborenen Anteile i. S. d. § 21 UmwStG bereits eine 7-jährige Sperrfrist hinsichtlich der Besteuerung eines Veräußerungsgewinns der einbringungsgeborenen Anteile ausgelöst wird.[17] **16**

Bei der Übertragung eines Wirtschaftsguts aus dem Betriebsvermögen einer Schwesterpersonengesellschaft in das Gesamthandsvermögen der GmbH & Co. KG ist fraglich, ob der Buchwert angesetzt werden kann. Nach dem Wortlaut des § 6 Abs. 5 Satz 3 EStG ist die Übertragung von Einzelwirtschaftsgütern zwischen Schwestergesellschaften nicht erfasst. Die Nichtaufnahme der Fallgestaltung in § 6 Abs. 5 Satz 3 EStG wird in Teilen der Literatur als Anhaltspunkt für den Willen des Gesetzgebers gesehen, Buchwertübertragungen von Einzelwirtschaftsgütern zwischen Schwestergesellschaften nicht zuzulassen.[18] Auf der anderen Seite wurde unter Geltung des Mitunternehmererlasses die Buchwertübertragung von Einzelwirtschaftsgütern zwischen Schwestergesellschaften für zulässig erachtet.[19] U.E. ist nicht einzusehen, wieso gerade bei der Übertragung von Wirtschaftsgütern zwischen Schwestergesellschaften der Buchwert nicht zum Ansatz kommen soll, obwohl auch in diesem Fall die Besteuerung der stillen Reserven sichergestellt ist. **17**

In der Praxis kann die Rechtsfolge der Buchwertübertragung zwischen Schwesterpersonengesellschaften auch durch Stufenlösungen erreicht werden,[20] wobei allerdings die Grundsätze der Gesamtplanrechtsprechung[21] zu berücksichtigen sind.[22] **18**

---

[16] *Düll*, StbJb 2002/03, 141; *Rödder/Schumacher*, DStR 2001, 1637; *Kloster/Kloster*, GmbHR 2002, 730.

[17] *Düll*, StbJb 2002/03; 141.

[18] *Brandenberg*, DStZ 2002, 555; *ders.*, NWB F.3, 12043; *Roser*, FR 2002, 316; *Schulze zur Wiesche*, DStZ 2002, 744; Nach *Wendt*, FR 2002, 65 soll eine Buchwertübertragung möglich sein, wenn die Übertragung auf eine personenidentische Schwesterpersonengesellschaft erfolgt.

[19] BFH v. 6. 9. 2000 BStBl. II 2001, 229; *Kloster/Kloster*, GmbHR 2000, 1129.

[20] *Hoffmann*, GmbHR 2002, 131; sowie bereits *Düll/Fuhrmann/Eberhard*, DStR 2000, 1715.

[21] BFH v. 6. 9. 2000 BStBl. II 2001, 229.

[22] *Düll*, StbJb 2002/03, 138.

III. Ertragsteuerliche Konsequenzen bei Einbringung eines Betriebes, Teilbetriebes oder Mitunternehmeranteils

19 Die Einbringung eines Betriebes, Teilbetriebes oder Mitunternehmeranteils in eine GmbH & Co. KG kann durch unterschiedliche Anlässe ausgelöst werden. Die Einbringung eines Betriebes kann beispielsweise anlässlich der „Umwandlung" eines bisherigen Einzelunternehmens in eine Einmann-GmbH & Co. KG erfolgen. Je nach Anlass und Vorgehensweise können hierbei folgende Unterscheidungen getroffen werden:[23]

Gründung einer GmbH & Co. KG im Wege einer **Einzelrechtsnachfolge**
- Einbringung eines bestehenden Einzelunternehmens in eine GmbH & Co. KG/Beitritt der Komplementär-GmbH
- Aufnahme eines weiteren Gesellschafters in ein bestehendes Einzelunternehmen/Beitritt der Komplementär-GmbH
- Beitritt eines Neugesellschafters in eine bereits bestehende GmbH & Co. KG gegen Leistung einer Einlage[24]
- Einlage aller Gesellschaftsanteile einer Personengesellschaft in eine neu gegründete GmbH & Co. KG/Anwachsung des Gesellschaftsvermögens.

20 Neben den Fällen der Einzelrechtsnachfolge sind auch Gestaltungen der **Gesamtrechtsnachfolge** denkbar durch
- Verschmelzung einer Personengesellschaft auf eine andere Personengesellschaft gemäß §§ 2, 39 UmwG
- Ausgliederung aus einer Körperschaft, Personengesellschaft oder einem Einzelunternehmen auf eine GmbH & Co. KG gemäß § 123 Abs. 3 UmwG.

21 Alle diese Fallgestaltungen sind im Grundsatz unter § 24 UmwStG einzuordnen.[25] Sind die Voraussetzungen des § 24 UmwStG gegeben, kann die Einbringung des Betriebes, des Teilbetriebs oder des Mitunternehmeranteils zum
- Buchwert
- Teilwert oder zu einem
- Zwischenwert

erfolgen. Eine Einschränkung durch § 6 Abs. 5 EStG erfolgt nicht, da insoweit § 24 UmwStG vorrangig anzuwenden ist.

22 Der Wertansatz im Betriebsvermögen der aufnehmenden GmbH & Co. KG ist für den Einbringenden die Grundlage für die Ermittlung eines eventuellen Veräußerungsgewinns. Erfolgt die Einlage mit dem **Buchwert**, ergibt sich hiernach **keine Realisierung von stillen Reserven**. Erfolgt die Einlage dagegen mit dem **Teilwert** unter Auflösung aller stillen Reserven, ergibt sich für den Einbringenden ein **Einbringungsgewinn**

---

[23] *Dötsch/Patt* § 24 Umwandlungsteuerrecht Rn 11 ff.

[24] Der Beitritt eines weiteren Gesellschafters wird als Gründung einer neuen (vergrößerten) Personengesellschaft gewertet, bei der die bisherigen Altgesellschafter ihre Mitunternehmeranteile einbringen, wohingegen der Neugesellschafter seine Einlage in die Neugesellschaft erbringt.

[25] BMF v. 25. 3. 1998 BStBl. I 1998, 268 Rn 24.01.

gemäß § 16 EStG. Der Einbringungsgewinn unterliegt grundsätzlich nicht der Besteuerung mit Gewerbesteuer vom Ertrag.[26]

1. Gründung einer Einmann-GmbH & Co. KG

Ist **Gegenstand der Einbringung der Betrieb** eines bisherigen Einzel- 23
unternehmens, kann dieser insgesamt in die Gesamthandsbilanz einer GmbH & Co. KG eingebracht werden. Neben dem bisherigen Einzelunternehmer tritt die Komplementär-GmbH als weiterer Gesellschafter hinzu, wobei im Regelfall eine Beteiligung der Komplementär-GmbH am Kapital der Kommanditgesellschaft nicht gewährt wird. Die Einbringung des Einzelunternehmens muss **alle wesentlichen Betriebsgrundlagen** mit umfassen, insbesondere auch betrieblich genutztes Grundvermögen. Erfolgt die Einbringung zum Buchwert, werden die Wertansätze in der Steuerbilanz des bisherigen Einzelunternehmers unverändert durch die Kommanditgesellschaft fortgeführt.

Die Überführung eines **Teilbetriebes** unterscheidet sich von der Ein- 24
bringung einzelner Vermögensgegenstände dadurch, dass ein mit einer gewissen Selbständigkeit ausgestatteter, organisatorisch geschlossener Teil des Gesamtbetriebs, der für sich allein lebensfähig ist, auf die GmbH & Co. KG übertragen wird.[27] Dies ist im Allgemeinen dann der Fall, wenn es sich um einen regional oder funktional getrennten Teil eines Gesamtunternehmens handelt, der außerdem noch mit einer gewissen Selbständigkeit ausgestattet ist, beispielsweise aufgrund einer eindeutigen Zuordnung von Personal, eindeutigen Zuordnung von Produktionsanlagen, eines gesonderten Rechnungswesens usw.

Denkbar ist, dass im Rahmen des Gesamtunternehmens ein einzelner 25
Vermögensgegenstand durch mehrere Teilbetriebe genutzt wird, wie z. B. ein **Betriebsgrundstück**. Ein betrieblich genutztes Grundstück ist im Regelfall als wesentliche Betriebsgrundlage anzusehen. Die gleichzeitige Nutzung eines Grundstücks durch mehrere Teilbetriebe könnte hiernach u. U. die steuerneutrale Einbringung gemäß § 24 UmwStG verhindern. U. U. ist es jedoch zulässig, dass im Zuge der Einbringung eines Teilbetriebes aus Vereinfachungsgründen lediglich ein entsprechender Miteigentumsanteil am Grundstück in die Personengesellschaft überführt wird.[28]

Wird eine wesentliche Betriebsgrundlage nicht in das Gesamthandsvermö- 26
gen der GmbH & Co. KG eingebracht, ist die Anwendung des § 24 UmwStG dennoch möglich, wenn die wesentliche Betriebsgrundlage der GmbH & Co. KG überlassen wird und damit Sonderbetriebsvermögen des Gesellschafters bei der GmbH & Co. KG darstellt.[29] Ein gleichzeitig durch mehrere Teilbetriebe genutzter Vermögensgegenstand könnte somit weiter vollständig im zivilrechtlichen Vermögen des bisherigen Einzelunternehmers bleiben, während für steuerliche Zwecke ein entsprechender Miteigentumsanteil in das Sonderbetriebsvermögen bei der Personengesellschaft überführt wird.

---

[26] Abschn. 40 Abs. 1 GewStR.
[27] BFH v. 27. 10. 1994 BStBl. II 1995, 403.
[28] BMF v. 25. 3. 1998 BStBl. I 1998, 268 Rn 15.07 (zur Spaltung).
[29] BMF v. 25. 3. 1998 BStBl. I 1998, 268 Rn 24.06.

27 Ist Gegenstand der Einbringung ein **Mitunternehmeranteil**, ist ein evtl. vorhandenes Sonderbetriebsvermögen des Gesellschafters bei der Mitunternehmerschaft Bestandteil der mitunternehmerischen Beteiligung.[30] Die Anwendung des § 24 UmwStG bedingt, dass mit dem Mitunternehmeranteil auch gleichzeitig das Sonderbetriebsvermögen in die Personengesellschaft eingebracht wird.

28 Fraglich ist, ob die **Einbringung** eines Betriebes, Teilbetriebes oder Mitunternehmeranteils auf der Grundlage von § 24 UmwStG auch **rückwirkend** erfolgen kann.[31] Das UmwStG geht bei Umwandlungssachverhalten regelmäßig von einer möglichen Rückwirkung von 8 Monaten aus (§§ 2, 20 Abs. 7 UmwStG). Nach § 24 Abs. 4 S. 2 UmwStG ist für Fälle der Gesamtrechtsnachfolge auf der Grundlage des handelsrechtlichen Umwandlungsgesetzes eine Rückbeziehung vorgesehen. Dies soll ausdrücklich **nicht** für Fälle der Einzelrechtsübertragung gelten. Lediglich für den Fall, dass sich die Einbringung als Kombination von Gesamtrechtsnachfolge und Einzelrechtsnachfolge darstellt, nimmt auch die Einzelrechtsnachfolge an der Rückbeziehung teil.[32]

29 Die in § 24 UmwStG gegebene Möglichkeit des Wertansatzes zum Buchwert, wird bei Ansatz des eingebrachten Vermögens in der handelsrechtlichen Gesamthandsbilanz der GmbH & Co. KG mit dem Verkehrswert dadurch erreicht, dass in Höhe des Differenzbetrages zwischen Verkehrswert und Buchwert für den Einbringenden eine Ergänzungsbilanz erstellt wird, in der die eingebrachten Vermögensgegenstände abgestockt werden.[33] Für steuerliche Zwecke ist der Wertansatz in der Gesamthandsbilanz sowie der Wertansatz in der Ergänzungsbilanz zusammenzurechnen. Es kann somit für steuerliche Zwecke von einer Buchwerteinbringung ausgegangen werden.[34]

Beispiel: A betreibt ein Einzelunternehmen. Dieses Einzelunternehmen hat zum 31. Dezember 01 folgende Handelsbilanz:

Handelsbilanz A

Grundstücke	100	Kapital	200
Maschinen	1.000	Verbindlichkeiten	900
	1.100		1.100

In den Grundstücken sind stille Reserven von 900, in Maschinen sind stille Reserven von 200 enthalten. A beabsichtigt, sein Einzelunternehmen mit steuerlichen Buchwerten zum 1. Januar 02 auf die A-GmbH & Co. KG zu überführen. Gleichzeitig sollen in der Handelsbilanz die stillen Reserven aufgelöst werden.

Lösungshinweis: Die bilanzielle Situation stellt sich hiernach zum 1. Januar 02 wie folgt dar:

30 *Widmann/Mayer* § 24 UmwStG Rn 10.
31 *Dötsch/Patt* § 24 Umwandlungsteuerrecht Rn 150.
32 BMF v. 25. 3. 1998 BStBl. I 1998, 268 Rn 24.07.
33 *Kirchhoff/Söhn/Reiß* § 15 EStG Rn E 281.
34 *Widmann/Mayer* § 24 UmwStG Rn 167.

Handelsbilanz A-GmbH & Co. KG

Grundstücke	1.000	Eigenkapital	1.300
Maschinen	1.200	Verbindlichkeiten	900
	2.200		2.200

Ergänzungsbilanz A
A-GmbH & Co. KG

Ergänzungs-kapital	1.100	Minderbetrag Grundstücke	900
		Minderbetrag Maschinen	200
	1.100		1.100

Bei einer Gesamtbetrachtung der Gesamthandsbilanz sowie der Ergänzungsbilanz entsprechen die Werte genau der Schlussbilanz des Einzelunternehmens zum 31. 12. 01. Lediglich in der Handelsbilanz sind die Wertansätze des Betriebsvermögens aufgestockt worden. Den erhöhten Abschreibungen in der Gesamthandsbilanz stehen in der Folgezeit in der Ergänzungsbilanz Erträge aus der Auflösung der Minderwerte gegenüber, so dass für steuerliche Zwecke auch in der steuerlichen Gewinn- und Verlustrechnung eine Buchwertfortführungvorliegt.[35] 30

2. Beitritt eines weiteren Gesellschafters

Sofern im Zuge der Einbringung eines Betriebes oder Teilbetriebes in eine GmbH & Co. KG mit steuerlichen Buchwerten ein weiterer Gesellschafter in die Gesellschaft eintritt, stellt sich das Problem des Interessenausgleichs zwischen dem einbringenden und dem neu hinzutretenden Gesellschafter, falls in dem eingebrachten Betriebsvermögen stille Reserven enthalten sind. Denkbar ist beispielsweise, dass der Einbringende eine entsprechend erhöhte Einlage in das Gesellschaftsvermögen der GmbH & Co. KG leistet. Denkbar ist jedoch auch, dass außerhalb des Betriebsvermögens der GmbH & Co. KG ein Wertausgleich zwischen den Gesellschaftern erfolgt. Dies führt jeweils zu unterschiedlichen steuerlichen Konsequenzen. 31

Erfolgt die Überführung eines Betriebs oder Teilbetriebs in eine GmbH & Co. KG zum **Buchwert**, muss ein neu beitretender Gesellschafter eine **Einlage in das Gesellschaftsvermögen** in Höhe des Teilwerts des Betriebes oder Teilbetriebs leisten, um den gleichen gesellschaftsrechtlichen Beitrag wie der andere Gesellschafter zu bringen. Liegt der Verkehrswert des eingebrachten Betriebs oder Teilbetriebs über dessen Buchwert, muss die Einlage des beitretenden Gesellschafters über dem Nominalbetrag der Kapitaleinlage liegen. Die Gutschrift dieses den Nominalbetrag übersteigenden Teils der Einlage erfolgt sinnvollerweise auf einem gesamthänderisch gebundenen Kapitalkonto, beispielsweise einer Kapitalrücklage, nicht dagegen auf dem Kapitalkonto des Einbringenden. 32

Beispiel: A betreibt ein Einzelunternehmen. Das Einzelunternehmen hat zum 31. 12. 01 folgende Bilanz:

[35] *Kirchhoff/Söhn/Reiß* § 15 EStG Rn E 283.

Handelsbilanz A

Grundstücke	100	Kapital	200
Maschinen	1.000	Verbindlichkeiten	900
	1.100		1.100

Das Einzelunternehmen enthält stille Reserven in Höhe von 1.000, die in Höhe von 800 auf die Grundstücke und in Höhe von 200 auf Maschinen entfallen. Der Wert des Gesamtunternehmens beträgt demnach 1.200. A beabsichtigt, das Einzelunternehmen zu Buchwerten in die A-GmbH & Co. KG einzubringen. Gleichzeitig soll der Gesellschafter B als gleichberechtigter Gesellschafter aufgenommen werden. B verpflichtet sich seinerseits, eine Bareinlage in das Gesellschaftsvermögen von 1.200 zu bringen. Nach der Einbringung stellt sich die Eröffnungsbilanz der A-GmbH & Co. KG wie folgt dar:

Bilanz 1. 1. 02

Grundstücke	100	Kapital A	200
Maschinen	1.000	Kapital B	200
Bank	1.200	Kapitalrücklage	1.000
		Verbindlichkeiten	900
	2.300		2.300

33 Nach der Gründung der A-GmbH & Co. KG haben beide Gesellschafter A und B jeweils ein anteiliges Kapital von 700, das sich aus dem Bestand des Festkapitals und dem anteiligen Betrag der Kapitalrücklage zusammensetzt. Aus Sicht des Gesellschafters A ist deshalb die Einbringung des Einzelunternehmens **nicht** zum steuerlichen Buchwert erfolgt.[36] Für das ursprüngliche steuerliche Eigenkapital von 200 hat A ein steuerliches Eigenkapital bei der A-GmbH & Co. KG erhalten in Höhe von 700. Dies ist einer Einlage des Einzelunternehmens zu **Zwischenwerten** gleichzusetzen, so dass sich für A ein **Einbringungsgewinn** ergibt. Da im Zuge der Einbringung nicht alle stille Reserven des Unternehmens aufgelöst worden sind, handelt es sich um einen **laufenden Gewinn**, der keiner steuerlichen Begünstigung unterliegt.[37]

34 **Für B stellt sich die Situation wie folgt dar:**
B leistet eine Einlage in das Gesellschaftsvermögen von 1.200 und erhält dafür ein anteiliges steuerliches Kapital von 700. Der Mehrbetrag von 500 ist für B im Rahmen einer steuerlichen Ergänzungsbilanz abzubilden:

Ergänzungsbilanz B
A-GmbH & Co. KG

Grundstücke	400	Ergänzungs-	
Maschinen	100	kapital	500
	500		500

35 Die gezeigten negativen Auswirkungen für den vormaligen Einzelunternehmer A bei gleichzeitiger Buchwertfortführung in der Gesamthandsbilanz

[36] BMF v. 25. 3. 1998 BStBl. I 1998, 268 Rn 24.14; a. A. offenbar *Kirchhoff/Söhn/Reiß* § 16 EStG Rn C 65.
[37] *Widmann/Mayer* § 24 UmwStG Rn 190.

der A-GmbH & Co. KG können dadurch vermieden werden, dass für A in Höhe des Differenzbetrages seines steuerlichen Kapitalkontos **vor** der Einbringung und dem Kapitalkonto **nach** der Einbringung und des Beitritts von B eine Abstockung im Rahmen einer **negativen Ergänzungsbilanz** erfolgt.[38] Die Verhältnisse stellen sich hiernach im Beispielfall wie folgt dar:

Gesamthandsbilanz

Grundstücke	100	Kapital A	200
Maschinen	1.000	Kapital B	200
Bank	1.200	Kapitalrücklage	1.000
		Verbindlichkeiten	900
	2.300		2.300

Ergänzungsbilanz A
A-GmbH & Co. KG

Ergänzungs-kapital	500	Grundstück	400
		Maschinen	100
	500		500

Ergänzungsbilanz B
A-GmbH & Co. KG

Grundstücke	400	Ergänzungs-kapital B	500
Maschinen	100		
	500		500

Das **steuerliche Eigenkapital** des A setzt sich in diesem Fall zusammen 36
aus dem anteiligen Eigenkapital lt. Gesamthandsbilanz in Höhe von 700
sowie dem Kapital lt. Ergänzungsbilanz in Höhe von – 500
so dassso dass sich ein steuerliches Eigenkapital in Höhe von 200
ergibt. Dieses steuerliche Eigenkapital entspricht genau dem ursprünglichen Stand des Eigenkapitals im vormaligen Einzelunternehmen.

Die Buchwerte des Einzelunternehmens werden in der Gesamthands- 37
bilanz der A-GmbH & Co. KG unverändert fortgeführt. Im Rahmen der negativen Ergänzungsbilanz ergibt sich für A über die Nutzungsdauer der Grundstücke und Maschinen ein jährlicher **Ertrag** aus der Auflösung des Minderungsbetrags. Gegenüber der ursprünglichen Situation des Einzelunternehmens wird A also für steuerliche Zwecke über die Nutzungsdauer der Vermögensgegenstände ein erhöhter steuerlicher Ertrag zugewiesen. Dies ist insofern gerechtfertigt, als mit der Gründung der A-GmbH & Co. KG der Gesellschafter A einen höheren Anteil am steuerlichen Eigenkapital zugewiesen bekommt, der in der Folgezeit steuerneutral entnommen werden könnte.[39]

Alternativ zu der dargestellten Vorgehensweise könnte das von A einge- 38
brachte Betriebsvermögen in der Eröffnungsbilanz der Personengesellschaft

[38] BMF v. 25. 3. 1998 BStBl. I 1998, 268 Rn 24.14; *Dötsch/Patt* § 24 Umwandlungssteuerrecht Rn 174; *Kirchhoff/Söhn/Reiß* § 15 EStG Rn E 282.

[39] *Widmann/Mayer* § 24 UmwStG Rn 191; krit. zur Behandlung in Handels- und Steuerbilanz *Kirchhoff/Söhn/Reiß* § 15 EStG Rn E 287.

nicht mit seinem Buchwert von 200, sondern mit seinem Teilwert von 1200 angesetzt werden. In diesem Fall würden die Kapitalkonten von A und B mit je 1200 ausgewiesen werden. A könnte zur Vermeidung eines Veräußerungsgewinns eine negative Ergänzungsbilanz mit einem Minderkapital von 1000 aufstellen. Für B entfiele in diesem Fall eine Ergänzungsbilanz.[40]

39 Sofern als Ausgleich für die Differenz zwischen Buchwert und Teilwert des Einzelunternehmens für den Einbringenden in der Folgezeit ein **erhöhter Gewinnanteil** vereinbart wird, soll dies nicht als Veräußerungsentgelt anzusehen sein.[41] Hat das erhöhte Gewinnbezugsrecht seine Ursache in dem Einbringungsvorgang, ist diese Vorgehensweise jedoch außerordentlich bedenklich. Die Überlassung eines erhöhten Gewinnbezugsrechts ist ein Vermögenswert, der durchaus entgeltähnlichen Charakter hat.[42] Auch im Hinblick auf klare Rechtsverhältnisse unter den Gesellschaftern sollte darauf geachtet werden, möglicherweise missverständliche und auslegungsfähige Regelungen im Gesellschaftsvertrag zu vermeiden.

40 Erhält der Einbringende neben dem Mitunternehmeranteil an der Personengesellschaft eine Zuzahlung in das Privatvermögen, so ist davon auszugehen, dass der Einbringende Eigentumsanteile an den Wirtschaftsgütern des Betriebs veräußert und die ihm verbliebenen Eigentumsanteile für eigene Rechnung, sowie die veräußerten Eigentumsanteile für Rechnung des zuzahlenden Gesellschafters in das Betriebsvermögen der Personengesellschaft einlegt.[43] Der Gewinn, der durch eine Zuzahlung in das Privatvermögen des Einbringenden entsteht, kann nicht durch Erstellung einer negativen Ergänzungsbilanz vermieden werden.[44] Der bei der Veräußerung der Anteile an den Wirtschaftsgütern erzielte Gewinn ist als laufender, nicht nach §§ 16, 34 EStG begünstigte Gewinn des einzubringenden Betriebs zu versteuern. Da nur Miteigentumsanteile an den Wirtschaftsgütern des Betriebs veräußert werden, liegt keine Veräußerung eines Betriebs i. S. d. § 16 EStG vor. Es liegt auch keine Veräußerung eines Mitunternehmeranteils i. S. d. § 16 EStG vor, da eine Mitunternehmerschaft im Zeitpunkt der Veräußerung der Miteigentumsanteile noch nicht besteht, sondern durch den Vorgang erst begründet wird.[45]

41 In der Vergangenheit konnte eine Begünstigung des Veräußerungsgewinns nach §§ 16, 34 EStG dadurch erreicht werden, dass der Einzelunternehmer zunächst seinen Betrieb in die GmbH & Co. KG zu Buchwerten eingebracht hat und anschließend einen Mitunternehmerteilanteil an den neu eintretenden Gesellschafter veräußert hat. Seit 2002 ist jedoch nur noch die Veräußerung des gesamten Mitunternehmeranteils nach §§ 16, 34 EStG begünstigt. Die Veräußerung eines Mitunternehmerteilanteils führt hingegen zu einem laufenden Gewinn.

---

[40] BMF v. 25. 3. 1998 BStBl. I 1998, 268 Rn 24.14.

[41] *Widmann/Mayer* § 24 UmwStG Rn 187.

[42] *Schmidt*, StuW 1970, 435.

[43] BFH v. 18. 10. 1999 BStBl. II 2000, 123; BMF v. 25. 3. 1998 BStBl. I 1998, 268, Tz. 24.09 in der durch BMF v. 21. 8. 2001 BStBl. I 2001, 543 geänderten Fassung.

[44] BFH v. 8. 12. 1994 BStBl. II 1994, 599.

[45] BMF v. 25. 3. 1998 BStBl. I 1998, 268 Rn 24.11 in der durch BMF v. 21. 8. 2001 BStBl. I 2001, 543 geänderten Fassung.

Eine Zuzahlung in das Privatvermögen des einbringenden Gesellschafters kann auch dann anzunehmen sein, wenn die Zuzahlung zunächst Betriebsvermögen der Personengesellschaft wird und erst später entnommen wird. Nach den Vereinbarungen der Parteien kann eine solche Vorgehensweise den gleichen wirtschaftlichen Gehalt haben wie eine Zuzahlung, die unmittelbar an den Einbringenden erfolgt.[46] **42**

Erfolgt die Aufnahme eines Gesellschafters in ein bestehendes Einzelunternehmen zu Teilwerten, ist die Tarifbegünstigung des § 24 Abs. 3 Satz 2 UmwStG i.V.m. den §§ 16,34 EStG auch insoweit anzuwenden, als eine Zuzahlung in das Privatvermögen des Einbringenden erfolgt.[47] Der Einbringungsgewinn gilt jedoch gem. § 24 Abs. 3 Satz 3 UmwSt i.V. m. § 16 Abs. 2 Satz 3› EStG insoweit als laufender Gewinn, als auf Seite des Einbringenden und auf Seite der erwerbenden Personengesellschaft dieselben Personen Unternehmer oder Mitunternehmer sind. In Höhe der Beteiligung des einbringenden Einzelunternehmers an der neu entstehenden GmbH & Co. KG liegt somit im Falle einer Einbringung zu Teilwerten ein laufender Gewinn vor. **43**

Auch der **Beitritt eines weiteren Gesellschafters** in eine bereits bestehende GmbH & Co. KG wird nach § 24 UmwStG beurteilt. Es besteht hiernach die Fiktion, dass die bisherigen Gesellschafter ihre Mitunternehmeranteile in eine neuzugründende Personengesellschaft einbringen und dafür neue Gesellschaftsanteile erhalten.[48] Die steuerliche Beurteilung erfolgt in diesem Fall analog zur Einbringung eines Betriebes oder Teilbetriebes in die GmbH & Co. KG.[49] **44**

IV. Verkehrssteuerliche Konsequenzen

1. Umsatzsteuerliche Konsequenzen

Bei Gründung der Kommanditgesellschaft bzw. bei einer Kapitalerhöhung leistet der Gesellschafter eine Geld- oder Sacheinlage und erhält dafür von der Gesellschaft Anteile an der Kommanditgesellschaft. Es stellt sich die Frage, ob die Ausgabe der Kommanditanteile einen steuerbaren Leistungsaustausch darstellt. Der EuGH hat mit Urteil vom 26. 6. 2003 entschieden, dass die Aufnahme eines neuen Gesellschafters in eine Personengesellschaft keine Erbringung einer (steuerfreien) Dienstleistung der Gesellschaft gegen Entgelt an den Gesellschafter darstellt.[50] Der BFH hat in seiner Nachfolgeentscheidung zu dem EuGH-Urteil entsprechend entschieden, dass eine Personengesellschaft bei Aufnahme eines Gesellschafters gegen Bareinlage an diesen keinen steuerbaren Umsatz und damit auch keinen nach § 4 Nr. 8 f UStG steuerfreien Umsatz erbringt. Dies gilt auch bei der **45**

---

[46] BFH v. 8. 12. 1994 BStBl. II 1995, 599; BMF v. 25. 3. 1998 BStBl. I 1998, 268 Rn 24.12 in der durch BMF v. 21. 8. 2001 BStBl. II 2001, 543 geänderten Fassung.

[47] BFH v. 21. 9. 2000 BStBl. II 2001, 178; BMF v. 25. 3. 1998 BStBl. I 1998, 268 Rn 24.12a in der durch BMF v. 21. 8. 2001 BStBl. I 2001, 543 geänderten Fassung.

[48] BFH v. 23. 5. 1985 BStBl. II 1985, 695.

[49] *Mittelbach*, DB 1981 Beil. 27, 8.

[50] EuGH v. 26. 6. 2003, UR 2003, 443.

Gründung der Personengesellschaft durch die ursprünglichen Gesellschafter. Die Personengesellschaft kann daher die in Rechnung gestellte Umsatzsteuer auf Eingangsleistungen, die im Zusammenhang mit der Gründung bzw. der Kapitalerhöhung stehen, wie beispielsweise Beratungsleistungen, als Vorsteuer abziehen, soweit sie steuerpflichtige Umsätze tätigt.[51]

46 Unabhängig von der – vom EuGH und vom BFH verneinten – Frage, ob die Personengesellschaft eine Leistung im umsatzsteuerlichen Sinne an die Gesellschafter bewirkt, ist zu prüfen, ob die Gesellschafter umgekehrt eine Leistung an die Personengesellschaft bewirken. Aus der Nichtsteuerbarkeit der Gewährung von Gesellschaftsrechten durch die Personengesellschaft kann u. E. somit nicht geschlossen werden, dass auch die Einlagen der Gesellschafter stets nicht umsatzsteuerbar sind.[52] Sofern die Gesellschafter Bareinlagen leisten, sind diese – wie alle Geldzahlungen – nicht umsatzsteuerbar.[53] Bei Sacheinlagen des Gesellschafters hängt die Umsatzsteuerbarkeit der Sacheinbringung davon ab, ob der Gesellschafter Unternehmer ist (vgl. § 7 Rn 5 ff.).

47 Sofern der Gesellschafter kein Unternehmer ist, wird er durch die einmalige Lieferung eines Gegenstands nicht zum Unternehmer, da seine Tätigkeit nicht nachhaltig ist. Die Sacheinlage ist in diesem Fall nicht umsatzsteuerbar. Erfolgt die Sacheinlage hingegen aus einem Unternehmen im umsatzsteuerlichen Sinne, handelt es sich um einen steuerbaren Leistungsaustausch. Die Bemessungsgrundlage für die Umsatzsteuer ist der Wert der erhaltenen Anteile. Die Personengesellschaft kann die in Rechnung gestellte Umsatzsteuer als Vorsteuer geltend machen.

48 Sofern der Gesellschafter sein ganzes Unternehmen bzw. einen Teilbetrieb in die Personengesellschaft einbringt, liegt eine sog. nichtsteuerbare (Teil-)Geschäftsveräußerung i.S.v. § 1 Abs. 1a UStG vor. Der Gesellschafter darf für die Einbringung des (Teil-)Betriebs keine Umsatzsteuer in Rechnung stellen. Die Personengesellschaft tritt gemäß § 1 Abs. 1a Satz 3 UStG an die Stelle des einbringenden Gesellschafters. Dies hat insbesondere für etwaige Vorsteuerkorrekturen nach § 15a UStG innerhalb des Berichtigungszeitraums Bedeutung.

2. Grunderwerbsteuerliche Konsequenzen

49 Bei der Überführung eines **einzelnen Vermögensgegenstandes** in das Betriebsvermögen einer GmbH & Co. KG handelt es sich nicht selten um ein Grundstück. Bei der Übertragung erfolgt ein Wechsel des Rechtsträgers. Dies ist grundsätzlich ein grunderwerbsteuerbarer Vorgang gemäß § 1 Abs. 1 GrEStG. Es ist hier jedoch die Befreiungsvorschrift des § 5 GrEStG zu beachten. Soweit der übertragende Gesellschafter an der aufnehmenden Personengesellschaft beteiligt ist, erfolgt eine **anteilige Befreiung** des Übertragungsvorgangs von der Besteuerung mit Grunderwerbsteuer. Ist also der Gesellschafter zu 100 % am Kommanditkapital der

---

[51] BFH v. 1. 7. 2004, HFR 2004, 537.

[52] Ebenso *Ulrich/Teiche*, DStR 2005, 97; *Reiß*, UR 2003, 436; *Lohse*, BB 2003, 1714; *Jorde/Grünwald*, BB 2004, 744.

[53] *Rau/Husmann* § 1 UStG Rn 251.

aufnehmenden GmbH & Co. KG beteiligt, führt die Übertragung eines Grundstücks in das Betriebsvermögen der GmbH & Co. KG nicht zu einer Belastung mit Grunderwerbsteuer. Ist der übertragende Gesellschafter nur zu einem Teil an der Personengesellschaft beteiligt, greift die Befreiungsvorschrift lediglich in Höhe seiner Beteiligungsquote. Die Befreiungsvorschrift greift gem. § 5 Abs. 3 GrEStG nur insoweit, als sich der Anteil des Einbringenden am Vermögen der Gesamthand innerhalb von 5 Jahren nach dem Übergang des Grundstücks auf die Gesamthand nicht vermindert (vgl. dazu ausführlich § 8 Rn 6 ff.).

Soweit unter Berücksichtigung der anteiligen Befreiungsvorschrift des **50**
§ 5 GrEStG noch ein grunderwerbsteuerpflichtiger Vorgang gegeben ist, ist als **Bemessungsgrundlage** nach § 8 Abs. 2 GrEStG der anteilige Bedarfswert des Grundstücks heranzuziehen. Die Grunderwerbsteuer hierauf beträgt 3,5 %.

Sofern ein Grundstück Bestandteil eines Betriebes oder Teilbetriebes **51**
ist, ist die Einlage in die GmbH & Co. KG nicht anders zu beurteilen. Es handelt sich um einen Vorgang, der gemäß § 1 Abs. 1 GrEStG **grunderwerbsteuerbar** ist. Es kommt auch in diesem Fall die anteilige Befreiungsvorschrift des § 5 GrEStG zum Tragen.

C. Die Verfassung der GmbH & Co. KG und ihrer Komplementär-GmbH

1. Abschnitt Firma, Unternehmensgegenstand und Sitz

§ 13 Firma

Übersicht

Schrifttum: *Ammon*, Gesellschaftsrechtliche und sonstige Neuerungen im Handelsrechtsreformgesetz – ein Überblick, DStR 1998, 1474, 1477 ff.; *Aschenbrenner*, Die Firma der GmbH & Co. KG, 1976; *Bokelmann*, Die Neuregelungen im Firmenrecht nach dem Regierungsentwurf des Handelsrechtsreformgesetzes, GmbHR 1998, 57 ff.; *Fezer*, Liberalisierung und Europäisierung des Firmenrechts, ZHR 161 (1997), 52 ff.; *Gustavus*, Die Neuregelungen im Gesellschaftsrecht nach dem Regierungsentwurf eines Handelsrechtsreformgesetzes, GmbHR 1998, 17 ff.; *Jung*, Firmen von Personenhandelsgesellschaften nach neuem Recht, ZIP 1998, 677 ff.; *Kögel*, Entwurf eines Handelsrechtsreformgesetzes, BB 1997, 793, 794 ff.; *ders.*, Neues Firmenrecht und alte Zöpfe: Die Auswirkungen der HGB-Reform, BB 1998, 1645 ff.; *Krebs*, Reform oder Revolution? – Zum Referentenentwurf eines Handelsrechtsreformgesetzes, DB 1996, 2013 ff.; *Lutter/Welp*, Das neue Firmenrecht der Kapitalgesellschaften, ZIP 1999, 1073 ff.; *Müther*, Überlegungen zum neuen Firmenbildungsrecht bei der GmbH, GmbHR 1998, 1058 ff.; *Schaefer*, Das Handelsrechtsreformgesetz nach dem Abschluß des parlamentarischen Verfahrens, DB 1998, 1269 ff.; *Schlitt*, Die Auswirkungen des Handelsrechtsreformgesetzes auf die Gestaltung von GmbH & Co.-Verträgen, NZG 1998, 580; *K. Schmidt*, Das Handelsrechtsreformgesetz, NJW 1998, 2161; *Schmitt*, Der Entwurf eines Handelsrechtsreformgesetzes, WiB 1997, 1113; *Sudhoff*, Der Gesellschaftsvertrag der GmbH & Co. KG, 4. Aufl. 1979; *Teplitzky*, Verwechslungsgefahr und Markenähnlichkeit im neuen Markenrecht, GRUR 1996, 1 ff.

1 Das Firmenrecht der GmbH & Co. KG war bisher von für die Gewerbetreibenden kaum verständlichen und sehr hinderlichen Restriktionen sowie dem Versuch, sich dieser Fesseln durch phantasiereiche Gestaltungen zu entziehen, geprägt. Das am 1. Juli 1998 in Kraft getretene **Handelsrechtsreformgesetz** hat das Firmenrecht grundlegend reformiert und so auch für die Firmierung der GmbH & Co. KG und ihrer Komplementär-GmbH die **Firmenbildung entscheidend erleichtert** und so den Bedürfnissen der Wirtschaft – insbesondere kleiner und mittelständischer Unternehmen – im Interesse der Verbesserung der Wettbewerbsfähigkeit deutscher Unternehmen gerade im internationalen Vergleich – Rechnung getragen.

I. Bedeutung der Firma

2 Die Liberalisierung des Firmenrechts ist uneingeschränkt zu begrüßen. Die gesetzliche Regelung beschränkt sich nunmehr darauf, den rechtlichen Funktionen der Firma Rechnung zu tragen. Jenseits dieser unabdingbaren Schranken gewährt sie im Interesse der Unternehmen Freizügigkeit und verzichtet – anders als das frühere Recht – auf kleinliche Beschränkungen der **Wahlfreiheit**, die der wirtschaftlichen Bedeutung der Firma nicht gerecht werden. Die Firma des Unternehmens stellt nicht nur – ist sie einmal eingeführt – einen ganz erheblichen wirtschaftlichen Wert dar, sondern die der Schaffung dieses Firmenwertes vorgelagerte Entscheidung über die Wahl des Firmennamens ist ein wichtiges Mittel, um diesen Firmenwert überhaupt erst schaffen zu können.

1. Rechtliche Bedeutung

3 Die **Firma** ist der **Name, unter dem Kaufleute**, wie sie die GmbH & Co. KG und die GmbH im Ergebnis kraft Rechtsform sind, **am Rechtsverkehr teilnehmen**, insbesondere ihre Geschäfte und Zivilprozesse betreiben (vgl. § 17 HGB). Entgegen dem allgemeinen Sprachgebrauch, der die Firma in der Regel mit dem Gesamtunternehmen gleichsetzt, handelt es sich mithin bei der Firma um den Namen, der den Unternehmensträger als solchen identifiziert. Dieser Name dient der Individualisierung des Unternehmens sowie dessen Unterscheidbarkeit von seinen Konkurrenten bzw. anderen Teilnehmern des Rechtsverkehrs. Die Firma wird im Handelsregister zusammen mit den anderen im Hinblick auf den Unternehmensträger nach dem Gesetz erforderlichen Angaben, die je nach Rechtsform variieren, eingetragen.[1]

4 Die wichtigsten **firmenrechtlichen Grundsätze** sind die Grundsätze der Firmenklarheit und Firmenwahrheit gemäß § 18 Abs. 2 HGB, der Firmenbeständigkeit, der seinen Ausdruck in den §§ 22 ff. HGB findet, und der Firmenausschließlichkeit gemäß § 30 HGB. Mit **Firmenklarheit und -wahrheit** ist gemeint, dass die Firma einerseits zur Kennzeichnung des Unternehmensträgers geeignet sein und Unterscheidungskraft besitzen

---

[1] Vgl. hierzu etwa *MüKo/Bokelmann* HGB § 17 Rn 1 f.; *K. Schmidt* Handelsrecht § 12 I 1.

muss, sie andererseits jedoch keine Angaben enthalten darf, die ersichtlich über die für die angesprochenen Verkehrskreise wesentlichen geschäftlichen Verhältnisse irreführen. **Firmenausschließlichkeit** bedeutet, dass jede Firma individualisierbar und unterscheidbar sein muss, sie sich insbesondere von allen am selben Ort existierenden Firmen deutlich abheben muss. Der Grundsatz der **Firmenbeständigkeit** besagt, dass im Falle der Übernahme eines existierenden Handelsgeschäfts der bisherige Firmenkern unverändert fortgeführt und so die „Firma" von dem Erwerber weiterbetrieben werden darf; hierdurch wird im Ergebnis die Veräußerung der Firma und die Realisierung des vom Unternehmensträger geschaffenen Firmenwertes, der ganz erheblich sein kann, ermöglicht.[2]

2. Wirtschaftliche Bedeutung

Ihre wirtschaftliche Bedeutung gewinnt die Firma insbesondere aufgrund 5
ihrer Eigenschaft als **Kennzeichnungs- und Kommunikationsmittel** des Unternehmens im Rechtsverkehr. Eine einprägsame, zugkräftige und damit werbewirksame Firmenbezeichnung ist ein sehr wertvolles Marketingelement und geeignet, die Wettbewerbsposition des Unternehmens zu verbessern. Insoweit erfüllt die Firma eine ähnliche Funktion wie ein besonders publikumswirksames Logo oder die Verwendung einer besonders klangvollen Marke. Zudem prägt die Firma die Corporate Identity, der heute als Mittel zur Motivierung der Mitarbeiter eine große Bedeutung zukommt.

Hat sich eine Firma erst einmal am Markt durchgesetzt, so stellt sie we- 6
gen des Kundenstamms und der Kundenbindung, aber gerade auch wegen des erworbenen „guten Rufs" einen ganz **erheblichen Vermögenswert** dar, der den Wert des Gewerbebetriebs als solchen weit übersteigen kann.

Aufgrund dessen ist im **Insolvenzfall** im Grundsatz auch anerkannt, 7
dass die Firma des Gemeinschuldners in die Insolvenzmasse fällt und vom Insolvenzverwalter zur Realisierung des Firmenwertes im Interesse der Gläubigerbefriedigung veräußert werden darf. Einschränkungen, die insoweit zum Schutz namensrechtlicher Interessen von Gesellschaftern, die insbesondere bei Personengesellschaften nach früherem Recht der Gesellschaft ihren Namen zur Firmenbildung „leihen" mussten, bestehen, kommen im Hinblick auf die GmbH & Co. KG nach der Rechtsprechung nicht zum Tragen und dürften – meines Erachtens – zukünftig angesichts der Lockerungen im Rahmen der Firmenbildung aufgrund des Handelsrechtsreformgesetzes allenfalls noch in Ausnahmefällen anzuerkennen sein. Einschränkungen der Befugnis des Insolvenzverwalters zur Verfügung über die Firma zum Schutz namensrechtlicher Interessen von namensgebenden Gesellschaftern werden nämlich von der Rechtsprechung nur insoweit anerkannt, als nach früherem Recht ein Zwang zur Verwendung des Familiennamens eines Gesellschafters im Rahmen der Firmenbildung bestand. Dieser Zwang existierte bereits nach früherem Recht bei Kapitalgesellschaften nicht und die Firma der GmbH & Co. KG wurde nach früherem Recht in Anlehnung an den Namen ihrer Komplementär-GmbH gebildet, so dass

[2] Vgl. zu den Grundsätzen des Firmenrechts *MüKo/Bokelmann* HGB § 17 Rn 23 ff.; *K. Schmidt* Handelsrecht § 12 III.

bei GmbH & Co. KGs der Name von Gesellschaftern allenfalls freiwillig zur Firmenbildung verwandt wurde; insoweit genießt er nach der höchstrichterlichen Rechtsprechung keinen Schutz.[3] Da nach neuem Firmenrecht generell die Verpflichtung zur Bildung von Personenfirmen auch bei Einzelkaufleuten und Personenhandelsgesellschaften entfällt, ist der Insolvenzverwalter generell als befugt anzusehen, die Firma zu verwerten, zumal bestehende Gesellschaften ihre Firma ändern können, wenn die Namensgeber diese Folge der eingetretenen Rechtsänderung vermeiden wollen.[4]

II. Grundsätze der Firmenbildung der GmbH & Co. KG und ihrer Komplementär-GmbH

8 Durch das Handelsrechtsreformgesetz wurde das Firmenrecht – wie dargelegt – stark vereinfacht und – dies ist für die Firma der GmbH & Co. KG und ihrer Komplementär-GmbH von entscheidender Bedeutung – vereinheitlicht, so dass – entgegen früherer Rechtslage – insbesondere **keine wesentlichen rechtsformspezifischen Unterschiede** zwischen der Firmenbildung einer Personengesellschaft und einer Kapitalgesellschaft mehr bestehen. Es sind insbesondere im Rahmen der Firmenwahl sowohl seitens der GmbH & Co. KG, als auch seitens ihrer Komplementärin die gleichen Schranken zu beachten, so dass diese im Folgenden zusammenfassend dargestellt werden. Die getrennte Darstellung der Firmenbildung der beiden die GmbH & Co. KG im Ergebnis bildenden Gesellschaften dient vor allem dazu, die Unterschiede zur früheren Rechtslage aufzuzeigen und die geringfügigen verbleibenden Abweichungen zwischen der Firmenbildung der GmbH & Co. KG einerseits und ihrer Komplementär-GmbH andererseits zu veranschaulichen.

1. Reform des Firmenrechts

9 Zentrales Anliegen des zum 1. Juni 1998 in Kraft getretenen Handelsrechtsreformgesetzes ist neben der Neufassung des Kaufmannsbegriffs die Reform des Firmenrechts. Die nach früherem Recht zulässigen und eingetragenen Firmen durften während einer Übergangsphase bis 31. März 2003 weitergeführt werden; danach waren sie an die neue, geänderte Rechtslage anzupassen.

10 **Ziel der Neuregelung** des Firmenrechts ist es, das früher im europäischen Vergleich rigide deutsche Firmenbildungsrecht von kleinlichen Quisquilien zu befreien und durch Verwirklichung des Grundsatzes der freien Firmenbildung dem Bedürfnis des modernen Wirtschaftsverkehrs nach aussagefähigen, werbewirksamen und unterscheidungskräftigen Firmen besser Rechnung zu tragen, um Wettbewerbsnachteilen deutscher Unternehmen im europäischen Binnenmarkt entgegenzuwirken.[5]

---

[3] Vgl. BGHZ 109, 364, 368; OLG Koblenz NJW 1992, 2101f.; s. ferner *Baumbach/Hopt* § 17 HGB Rn 47; *MüKo/Bokelmann* HGB § 22 Rn 54; *Heymann/Emmerich* § 22 HGB Rn 40; *K. Schmidt* Handelsrecht § 12 I 3 c.

[4] A. A. *Wertenbruch*, ZIP 2002, 1936.

[5] Vgl. Begr. des RegE zum HRefG BR-Drs. 340/97, S. 19f., 35f.

Dementsprechend beschränken sich die **Grundfunktionen eines Firmennamens** nunmehr auf die Unterscheidungskraft der Firma und die damit einhergehende Kennzeichnungswirkung, die Ersichtlichkeit eines etwaigen Gesellschaftsverhältnisses und die Offenlegung der Haftungsverhältnisse. Jede diese drei Kriterien erfüllende Firma ist eintragungsfähig, so dass die Firma nach Verwirklichung des Reformvorhabens vor allem Namensfunktionen zu erfüllen hat; sie dient demgegenüber nicht mehr der Information des Rechtsverkehrs über den Unternehmensinhaber bzw. den Gegenstand des Unternehmens. **11**

Die mit der Novelle verwirklichten Verbesserungen und Erleichterungen für die Praxis zeigen sich ferner daran, dass das firmenrechtliche **Irreführungsverbot** des § 18 Abs. 2 HGB **konkretisiert** wurde, um einer „Versteinerung" der Irreführungsmaßstäbe in Anbetracht der kaum mehr überschaubaren Kasuistik der Rechtsprechung entgegenzuwirken und den sich wandelnden Verbrauchererwartungen Rechnung zu tragen.[6] **12**

Hierdurch wurde vom Gesetzesgeber eine längst überfällige Abkehr von dem bisher von der Rechtsprechung insbesondere im Wettbewerbsrecht herangezogenen Maßstab des „flüchtigen Betrachters", die vom EuGH in einer Reihe von Entscheidungen, die zu §§ 1 und 3 UWG ergingen, – zum Teil sogar sehr scharf – kritisiert wurde, vollzogen. Der **EuGH** zieht insoweit – zu Recht – den **„aufgeklärten Verbraucher"** als Prüfungsmaßstab heran; ein Maßstab, der „mündigen Bürgern" und der Rechtswirklichkeit angemessen Rechnung trägt.[7] Die dem EuGH vom Bundesverwaltungsgericht[8] vorgelegte Frage, welcher Beurteilungsmaßstab für die Überprüfung der Verwechslungsgefahr zugrunde zu legen ist, hat der EuGH dahin gehend entschieden, dass das nationale Gericht auf einen durchschnittlich informierten, aufmerksamen und verständigen Durchschnittsverbraucher abzustellen hat.[9] Daher ist zukünftig auch im deutschen Recht generell der Begriff der Verwechslungsgefahr im Firmen- und Wettbewerbsrecht „europäisch" auszulegen.[10] **13**

Die Novellierung des Firmenrechts führt im Ergebnis im Hinblick auf die allgemein anerkannten Firmengrundsätze zu einer erheblichen **Schwerpunktverlagerung**, nämlich zu einer Aufwertung der Kennzeichnungsfunktion der Firma und damit des Grundsatzes der Firmenunterscheidbarkeit einerseits und zu einem spürbaren Bedeutungsverlust des Grundsatzes der Firmenwahrheit. Die Neuregelung ist im Schrifttum beinahe einhellig begrüßt worden.[11] **14**

---

[6] Vgl. Begr. des RegE zum HRefG BR-Drs. 340/97, S. 35.

[7] Vgl. EuGH GRUR 1994, 303; GRUR Int. 1995, 804.

[8] Beschl. v. 8.2.1996 (Az. RS C 210/96 (96/C 247/15)), abgedr. im ABlEG v. 24.8.1996.

[9] Vgl. EuGH NJW 1998, 3183 = EuZW 1998, 526 (*Leible*).

[10] Vgl. bereits zum Wettbewerbsrecht BGH GRUR 2000, 621; BGH GRUR 2001, 1063; BGH GRUR 2002, 162; *Fezer* § 14 MarkenG Rn 98; *Teplitzky*, GRUR 1996, 1 ff.; *Baumbach/Hefermehl* UWG Allg. Rn 215 ff.; vgl. im Übrigen *Koller/Roth/Morck* § 18 Rn 9 m. w. N.

[11] Vgl. *Ammon*, DStR 1998, 1477; *Bokelmann*, GmbHR 1998, 57; *Fezer*, ZHR 161, 60; *Gustavus*, GmbHR 1998, 22; *Jung*, ZIP 1998, 678; *Krebs*, DB 1996, 2016; *Lut-*

2. Firmenbildung bei Neugründung und Firmenänderung

15 Für die Wahl der Firma im Rahmen der Gründung einer GmbH & Co. KG und ihrer Komplementär-GmbH bzw. im Rahmen der Umfirmierung sind – im Gegensatz zum früheren Recht – folgende Grundsätze maßgebend:

a) Firma der GmbH & Co. KG. Personenhandelsgesellschaften konnten nach früherem Recht als ursprüngliche Firma nur eine Personenfirma oder eine Personenfirma mit Sach- und Phantasiezusätzen als Mischfirma führen. In die Firma durften nur die Namen aller persönlich haftenden Gesellschafter oder eines Teils von ihnen mit einem das Gesellschaftsverhältnis andeutenden Zusatz nach Maßgabe des § 19 Abs. 1 HGB a. F. aufgenommen werden; insoweit war die Beifügung eines Vornamens – sofern es sich bei dem persönlich haftenden Gesellschafter um eine natürliche Person handelte – nach § 19 Abs. 3 HGB a. F. entbehrlich.

16 Daher musste die **Firma** einer GmbH & Co. KG nach § 19 Abs. 4 HGB a. F. im Ergebnis grundsätzlich den **Namen der Komplementär-GmbH beinhalten**; die Namen von Kommanditisten durften demgegenüber nicht in der Firma enthalten sein. Der Grundsatz, dass die GmbH-Firma notwendiger Bestandteil der Firma der GmbH & Co. KG nach altem Recht war (vgl. § 19 Abs. 2 HGB a. F.), brachte insbesondere deshalb Gestaltungsprobleme mit sich, weil sich die Firma der Komplementär-GmbH und diejenige der GmbH & Co. KG, wenn beide Firmen – wie es üblich ist – ihren Sitz am selben Ort hatten, gemäß § 30 Abs. 1 HGB deutlich voneinander unterscheiden mussten; die Praxis behalf sich in Anbetracht dieses Dilemmas regelmäßig damit, dass lediglich der wesentliche und unterscheidungskräftigste Teil der GmbH-Firma übernommen und Firmenbestandteile der GmbH-Firma, die deren Funktion innerhalb der GmbH & Co. KG als Geschäftsführungsorgan andeuteten (z. B. „Besitz-", „Beteiligungs-", „Geschäftsführungs-" oder „Verwaltungs-"Gesellschaft, weggelassen oder in die Firmierung der GmbH & Co. KG unterscheidungskräftige Zusätze (z. B. „Betriebs-", „Handels-" u. Ä.) aufgenommen wurden. Zusätze in der GmbH-Firma, die sich auf die Funktion der Komplementär-GmbH als Geschäftsführungsorgan der GmbH & Co. KG bezogen, mussten zudem aufgrund des Grundsatzes der Firmenwahrheit, wenn sie denn in der GmbH-Firma enthalten waren, in der Regel weggelassen werden. Denn die GmbH & Co. KG ist regelmäßig selbst operativ tätig, so dass durch solche Zusätze Irrtümer im Rechtsverkehr über das Wesen der GmbH & Co. KG hätten hervorgerufen werden können.[12]

17 Demgegenüber können **Personenhandelsgesellschaften heute** von Anfang an **nach freier Wahl Personen-, Sach- oder Phantasiefirmen** bilden. Vorausgesetzt wird lediglich noch die Unterscheidungskraft der

---

ter/Welp, ZIP 1999, 1083; *K. Schmidt*, NJW 1998, 2169; *Schmitt*, WiB 1997, 1123; teilw. krit. *Kögel*, BB 1997, 794 ff.

[12] Vgl. zur alten Rechtslage *Aschenbrenner*, Die Firma der GmbH & Co. KG; *Baumbach/Hopt*, 29. Aufl. § 19 Rn 5 ff.; *Binz* GmbH & Co., 8. Aufl. § 11 Rn 1 ff.; *Hesselmann/Tillmann* GmbH & Co. Rn 223 ff.; *Sudhoff* GmbH & Co. 4. Aufl. § 15.

Firma; zudem ist das entschärfte Täuschungsverbot zu beachten. Dementsprechend sind der Phantasie der Gründer einer GmbH & Co. KG im Rahmen der Firmenbildung im Ergebnis nur die allgemeinen Schranken der Firmenbildung (vgl. insbesondere des Irreführungsverbots des § 18 Abs. 2 HGB) gesetzt.

Speziell im Hinblick auf die GmbH & Co. KG stellt sich nach neuer Rechtslage die Frage, ob sich die Firmierung der Gesellschaft auch an den **Namen eines Nur-Kommanditisten** anlehnen darf, was – wie dargelegt – nach altem Recht unzulässig war. Insoweit besteht meines Erachtens kein Zweifel, dass dies ohne weiteres **möglich** ist; insbesondere erfüllt die Aufnahme des Namens eines Kommanditisten einer GmbH & Co. KG in die Firma nicht den Irreführungstatbestand des § 18 Abs. 2 HGB, da insoweit ein hinreichender Bezug zwischen der Gesellschaft selbst und dem in der Firma der Gesellschaft auftauchenden Namen besteht und der Rechtsverkehr nach der Firmenrechtsnovelle mit der Aufnahme des Namens einer bestimmten Person in die Firma nicht mehr die Vorstellung verbinden kann, dass diese Person für Verbindlichkeiten der Gesellschaft persönlich hafte, zumal die GmbH & Co. KG im Rahmen ihrer Firmierung einen die Haftungsbeschränkung klarstellenden Zusatz führen muss.[13] 18

Nach altem Recht musste die Firma der GmbH & Co. KG – wie dargelegt – lediglich eine das Vorhandensein einer Gesellschaft andeutende Bezeichnung gemäß § 19 Abs. 1 HGB a. F. enthalten, wobei allgemein anerkannt war, dass dem Genüge getan wurde, wenn die Gesellschaft den Zusatz „& Co." in der Firma führte. Ein **Hinweis auf die konkrete Rechtsform** war demgegenüber **nach altem Recht nicht erforderlich**.[14] 19

Demgegenüber ist heute vorgeschrieben, dass **jede Firma**, insbesondere auch eine Personenhandelsgesellschaft, **einen klaren Rechtsformzusatz** beinhalten muss. Somit ist in Anbetracht der Neuregelung die bislang verbreitete Firmierung „GmbH & Co." unzulässig geworden, da sie die konkrete Rechtsform der Gesellschaft nicht erkennen lässt; vielmehr müssen zukünftig – obwohl das Gesetz nicht eindeutig vorschreibt, welche Bezeichnung konkret zu führen ist – die Zusätze „GmbH & Co. KG" oder „GmbH & Co. Kommanditgesellschaft" geführt werden. Die entsprechenden Anpassungen bei bestehenden GmbH & Co. KGs mussten bis zum Ablauf der gesetzlichen Übergangsfrist, die am 31. März 2003 ausgelaufen ist, umgesetzt werden.[15] Haben die Gesellschafter die hiermit einhergehende Verpflichtung zur Umstellung von Altfirmen bis zum Ablauf der gesetz- 20

[13] So zutr. *Binz/Sorg* § 10 Rn 7; *Schlitt*, NZG 1998, 582: Im Rahmen einer möglichen Verkehrsverwirrung komme es allein darauf an, ob durch die Aufnahme eines bestimmten Namens in die Firma der Gesellschaft unzulässigerweise der Anschein der Gesellschafterstellung des Betroffenen erweckt wird, so dass die Aufnahme des Namens des Kommanditisten in die Firma zulässig ist; krit. allerdings *Bokelmann*, GmbHR 1998, 59; *Jung*, ZIP 1998, 680 f.; *Kögel*, BB 1997, 796.

[14] Vgl. *Baumbach/Hopt*, 29. Aufl. § 19 Rn 5; *Binz* GmbH & Co., 8. Aufl. § 11 Rn 1; *Hesselmann/Tillmann* GmbH & Co. Rn 226; GK/*Hüffer* HGB § 19 Anm. 18.

[15] Begr. zum RegE HRefG BR-Drs. 340/97, S. 38; *Bokelmann*, GmbHR 1998, 59; *Kögel*, BB 1998, 1646 f.; *Schlitt*, NZG 1998, 582.

lichen Übergangsfrist nicht beachtet, so droht eine persönliche Haftung des für die Gesellschaft Handelnden nach den Grundsätzen der Rechtsscheinhaftung.

21 In jedem Fall muss die **Firmierung der GmbH & Co. KG** – wie bereits nach altem Recht gemäß § 19 Abs. 5 S. 1 HGB a. F. – eine die **Haftungsbeschränkung kennzeichnende Bezeichnung** aufweisen, wenn innerhalb der KG keine natürliche Person persönlich haftet (vgl. § 19 Abs. 2 HGB). Mit der allgemein verständlichen Firmierung als „GmbH & Co. KG“ wird diesem Erfordernis genügt. In diesem Zusammenhang ist in § 19 Abs. 2 HGB klargestellt worden, dass das Erfordernis eines Haftungsbeschränkungszusatzes dann nicht gilt, wenn auf irgendeiner Stufe der Gesellschaft einer der persönlich haftenden Gesellschafter eine natürliche Person ist. Die Klarstellung erfolgte vor dem Hintergrund so genannter mehrstöckiger GmbH & Co. KGs bzw. mehrstufigen Gesellschaften, bei denen ausnahmsweise die Situation bestehen kann, dass aufgrund der Gesellschaftsverhältnisse doch auf irgendeiner Stufe im Ergebnis für die Verbindlichkeiten der Gesellschaft eine natürliche Person haftet. Denkbar ist dies etwa, wenn Komplementärin der GmbH & Co. KG eine GmbH & Co. OHG ist, an der als persönlich haftender Gesellschafter eine natürliche Person beteiligt ist. Insoweit wurde nunmehr gesetzlich ein Meinungsstreit nach früherem Recht entschieden.[16] Der Gesetzgeber hat sich der Auffassung des BayObLG angeschlossen.[17]

22 **b) Firma der Komplementär-GmbH.** Nach früherem Recht musste die **GmbH** ihre Firma dem Gegenstand des Unternehmens oder dem Namen der oder eines Gesellschafters entnehmen (vgl. § 4 Abs. 1 GmbHG a. F.). Zulässig waren mithin früher **Sach- oder Personen- bzw. Mischfirmen**. War die Firma dem Unternehmensgegenstand entliehen, musste das wahre Betätigungsfeld der Gesellschaft für den Rechtsverkehr erkennbar sein. Für die Komplementär-GmbH führte dies im Ergebnis dazu, dass sie – wenn sie eine Sachfirma wählte – im Rahmen ihrer Firmierung regelmäßig deutlich machen musste, dass sich ihre Geschäftstätigkeit darauf beschränkt, die Geschäftsführungsfunktion innerhalb der GmbH & Co. KG wahrzunehmen. Üblich waren insoweit die bereits vorstehend unter a) dargelegten Zusätze.[18]

23 Auch das Recht der Firmenbildung der GmbH ist – wie dies bei allen Gesellschaftsformen der Fall ist – grundlegend durch das Handelsrechtsreformgesetz geändert worden. Auch insoweit ist **nunmehr** vom **Grundsatz der freien Firmenbildung** auszugehen, so dass neben Personen-, Sach- oder Mischfirmen die GmbH auch reine Phantasiefirmen bilden

---

[16] Insoweit hatte nach altem Recht das KG DNotZ 1989, 250 auch in dieser Situation den Zusatz einer die Haftungsbeschränkung andeutenden Bezeichnung im Rahmen der Firmierung gefordert; a. A. BayObLGZ 1994, 252.

[17] Vgl. Begr. zum RegE HRefG BR-Drs. 340/97, S. 56; *Ammon*, DStR 1998, 1478; *Bokelmann*, GmbHR 1998, 59; *Schlitt*, NZG 1998, 582.

[18] Vgl. zum alten Recht *Baumbach/Hopt* 29. Aufl. § 19 HGB Rn 4; *Hesselmann/Tillmann* GmbH & Co. Rn 217 ff.; *Rowedder/Rittner/Schmidt-Leithoff*, 3. Aufl. § 4 GmbHG Rn 42; *Sommer* S. 139 f.; *Sudhoff* GmbH & Co. 4. Aufl. § 14.

kann. Im Rahmen der Wahl einer Sachfirma kommt es nach der Firmenrechtsnovelle nicht mehr darauf an, ob sich die Firmenbildung ausreichend am Gegenstand des Unternehmens orientiert und diesen klar genug abbildet, vielmehr ist allein entscheidend, ob die Sachfirma eine hinreichende Kennzeichnungs- und Unterscheidungskraft besitzt.[19] In jedem Fall muss allerdings die Komplementär-GmbH gemäß § 4 GmbHG einen **Rechtsformzusatz** in ihrer Firma führen. Es muss die Bezeichnung „Gesellschaft mit beschränkter Haftung" oder eine allgemein verständliche Abkürzung dieser Bezeichnung verwandt werden.

3. Firmenfortführung

Entsprechend dem **Grundsatz der Firmenkontinuität** darf derjenige, der ein bestehendes Handelsgeschäft übernimmt, für dieses Geschäft die **bisherige Firma** mit oder ohne Beifügung eines das Nachfolgerverhältnis andeutenden Zusatzes **fortführen**, wenn der übertragende Rechtsträger in die Fortführung der Firma einwilligt (§ 22 HGB). Weiter haben Änderungen im Bereich der Inhaber oder Gesellschafter auf die im Handelsregister eingetragene Firma keine Auswirkungen, wobei beim Ausscheiden eines für die Firma namensgebenden Gesellschafters einer Personengesellschaft zur Fortführung der Firma seine Einwilligung (vgl. § 24 Abs. 2 HGB) erforderlich ist. Der Wortlaut der §§ 22, 24 HGB ist im Rahmen des Handelsrechtsreformgesetzes – von redaktionellen Klarstellungen abgesehen – im Wesentlichen unverändert geblieben, so dass sich die insoweit maßgebenden Grundsätze – insbesondere im Falle einer GmbH & Co. KG – nicht geändert haben.[20] **24**

Wird mithin eine bereits bestehende Personengesellschaft oder ein einzelkaufmännisches Unternehmen durch Eintritt einer GmbH als (einzigen) persönlich haftenden Gesellschafter in eine GmbH & Co. KG umgewandelt, kann die Firma unverändert fortgeführt werden. Gleiches gilt, wenn die bereits gegründete GmbH & Co. KG ein anderes Handelsgeschäft erwirbt. Allerdings ist zu beachten, dass in diesen Fällen die übernommene Firma einen Zusatz enthalten muss, die die durch Betrieb des entsprechenden Handelsgeschäfts durch eine GmbH & Co. KG eingetretene Haftungsbeschränkung im Rechtsverkehr deutlich macht. Dies ist in § 19 Abs. 2 HGB ausdrücklich geregelt und war bereits nach früherem Recht gemäß § 19 Abs. 5 HGB a. F. gesetzlich angeordnet. Insoweit wird der Grundsatz der Firmenkontinuität gemäß §§ 22, 24 HGB im Interesse der Sicherheit des Rechtsverkehrs eingeschränkt. Das Gleiche gilt, wenn die GmbH & Co. KG ein bestehendes Handelsgeschäft aufgrund eines Nießbrauchs, eines Pachtvertrages oder eines ähnlichen Verhältnisses übernimmt (vgl. § 22 Abs. 2 HGB).[21] Die gleichen Grundsätze kommen im Rahmen des **25**

---

[19] Vgl. zur neuen Rechtslage *Lutter/Hommelhoff* § 4 GmbHG; *Jung*, ZIP 1998, 682; *Lutter/Welp*, ZIP 1999, 1073 ff.; Beck Hdb. GmbH/*Schwaiger* § 2 Rn 52 ff.; *Binz/Sorg* § 10.

[20] Vgl. *Binz/Sorg* § 10 Rn 28 ff.; *Hesselmann/Tillmann* GmbH & Co. Rn 228 ff.; *Koller/Roth/Morck* § 19 HGB Rn 4; *Sudhoff* GmbH & Co. 4. Aufl. § 18.

[21] Vgl. etwa *Kögel*, BB 1998, 1648.

Umwandlungsrechts gemäß §§ 18, 200 UmwG im Rahmen der Verschmelzung und des Formwechsels zur Anwendung, wobei früher geltende Beschränkungen für die Firmenfortführung durch Personengesellschaften in Umwandlungssituationen durch das Handelsrechtsreformgesetz beseitigt wurden.

26 **Problematisch** ist, ob der **übernommene Firmenname variiert** werden kann. Zum alten Recht war die h. M. insoweit der Auffassung, dass die abgeleitete Firma nur im Wesentlichen unverändert fortgeführt werden dürfe, so dass der Erwerber der Firma – mit Ausnahme notwendiger Rechtsformzusätze – nichts hinzufügen oder weglassen durfte. Abweichungen waren insoweit lediglich für unwesentliche Änderungen, z. B. in der Schreibweise oder im Hinblick auf die Streichung eines abgekürzten Vornamens möglich.[22] Unterlässt der Übernehmer die Hinzufügung des die Haftungsbeschränkung offen legenden Zusatzes, so setzen sich die Beteiligten der Gefahr einer Rechtsscheinhaftung aus.

27 Ob die vorgenannten Grundsätze, die unter der Geltung des alten Rechts entwickelt wurden, heute noch unbesehen angewandt werden können, ist meines Erachtens zweifelhaft. Soweit im Schrifttum hierzu Stellung genommen wird, wird die grundsätzliche Verpflichtung des Übernehmers zur unveränderten Fortführung der übernommenen Firma bejaht.[23] Meines Erachtens indes zu Unrecht. Auf der Grundlage der Firmenrechtsnovelle und der dort zugelassenen freien Firmenwahl ist es zulässig, die übernommene Firma im Wege der Firmenänderung zu variieren; im Rahmen der Firmenänderung ist allein das abgeschwächte Irreführungsverbot gemäß § 18 Abs. 2 HGB zu beachten. Nach meiner Überzeugung ist einer lediglich variiert übernommenen Firma eine Irreführungseignung selbst dann abzusprechen, wenn in der übernommenen (und modifizierten) Firma ein Personenname enthalten ist, da auch im Falle der schlichten Firmenfortführung an dem Unternehmen der Namensträger nicht beteiligt ist. Lässt man indes die Änderung einer übernommenen Firma zu, ist nicht ersichtlich, warum der Übernehmer nicht berechtigt sein soll, die zu übernehmende Firma von vornherein zu ändern.[24] Der Übernehmer kann an einer solchen Variation ein erhebliches Interesse haben, z. B. dann, wenn er anders als der Vorinhaber nicht nur reiner Zwischenhändler, sondern auch Hersteller bestimmter Produkte ist und er sich für dieses angestammte Geschäftsfeld den vom Vorinhaber erworbenen Ruf zu Nutze machen will. Die Zulassung solcher Modifikationen liegt im Übrigen ganz auf der Linie der Intentionen des Gesetzes, welches die Aussagekraft und Werbewirksamkeit der Firmierung des Unternehmens stärken will.

---

[22] Vgl. *Baumbach/Hopt* 29. Aufl. § 22 HGB Rn 15; *MüKo/Bokelmann* HGB § 22 Rn 65 ff.; *Heymann/Emmerich* § 22 HGB Rn 18 ff.; *Koller/Roth/Morck* § 22 HGB Rn 17; GK/*Hüffer* HGB § 22 Anm. 44 ff. m. w. N. insb. zur Rspr.

[23] Vgl. *Kögel*, BB 1998, 1648 f.; *Koller/Roth/Morck* § 22 Rn 17; *Baumbach/Hopt* § 22 Rn 15.

[24] Ähnlich *Kögel*, BB 1998, 1649; LG Koblenz DB 2001, 530: Firmenfortführung unter Fortfall des Namens des bisherigen Inhabers zulässig, solange der prägende Teil der Firma erhalten bleibt.

In jedem Fall ist im Rahmen der Firmenfortführung als Durchbrechung des Kontinuitätsprinzips zu beachten, dass die **fortgeführte Firma keinesfalls irreführend** im Sinne des § 18 Abs. 2 S. 1 HGB sein darf. So sind etwa akademische Grade des früheren Firmeninhabers grundsätzlich wegzulassen oder durch Nachfolgezusatz zu neutralisieren. Auch ein Inhaberzusatz beim Namen des Vorinhabers darf nicht beibehalten werden. In der Firmierung enthaltene Ortsangaben müssen gegebenenfalls geändert werden, wenn das Unternehmen an einem anderen Ort fortgesetzt werden soll. Der Rechtsformzusatz einer Aktiengesellschaft muss zur Vermeidung einer Irreführung entfallen, wenn die Firma der Aktiengesellschaft namensgebender Bestandteil einer GmbH & Co. KG werden soll.[25] 28

4. Allgemeine Grundsätze zulässiger Firmenbildung

Die **Schranken** zulässiger Firmenbildung folgen insbesondere aus den nunmehr als maßgebend erachteten Kriterien der Kennzeichnungs- und Unterscheidungskraft gemäß § 18 Abs. 1 HGB, dem Gebot der Unterscheidbarkeit gemäß § 30 Abs. 1 HGB und dem Täuschungsverbot gemäß § 18 Abs. 2 HGB, da nur unter Beachtung dieser Grundsätze die Firma die ihr zugedachte Namensfunktion ohne Verletzung berechtigter öffentlicher Belange oder Interessen Dritter wahrnehmen kann; im Einzelnen: 29

a) Kennzeichnungs- und Unterscheidungskraft. Nach neuem Recht kommt der Firma insbesondere eine **Individualisierungsfunktion** im Hinblick auf das die Firma führende Unternehmen zu. Daher muss der Firma **Kennzeichnungseignung** zukommen und sie darf nicht so farblos sein, dass sie nicht von branchengleichen oder ähnlichen Unternehmen unterschieden werden kann, so dass das Risiko von Verwechslungen besteht. In besonderem Maße unterscheidungskräftig sind **Phantasiebezeichnungen**; sie sind naturgemäß originell und besonders einprägsam.[26] 30

Als **problematisch** erweisen sich demgegenüber **farblose Sach- oder Gattungsfirmen** u. Ä., in denen ohne weitere individualisierende Zusätze eine Branchenbezeichnung, eine rein geographische Angabe oder ein Begriff der Umgangs- bzw. Fachsprache verwandt wird. Firmen wie einer „Fabrikations OHG“, „Mannheim GmbH“ oder „Telefon AG“ fehlt jede Trennschärfe. Darüber hinaus ist zu berücksichtigen, dass zugunsten anderer, sich branchenähnlich betätigender Kaufleute insoweit ein Freihaltebedürfnis anzuerkennen ist. Dementsprechend sind solche Gestaltungen in der Regel unzulässig. 31

Ebenso ist die Eintragungsfähigkeit von **Allerweltsnamen** wie „Maier“, „Müller“, „Schmidt“ ohne weitere Individualisierung durch Hinzufügung eines Vornamens oder einer sonstigen individualisierenden Sach- oder Phantasiebezeichnung unzulässig.[27] Im Ergebnis ist mithin bei der Wahl 32

[25] OLG Stuttgart DB 2001, 695.

[26] Vgl. Begr. des RegE HRefG BR-Drs. 340/97, S. 52; *Lutter/Hommelhoff* § 4 GmbHG Rn 8; *Lutter/Welp*, ZIP 1999, 1074; *Koller/Roth/Morck* § 18 HGB Rn 4; *Baumbach/Hopt* § 17 Rn 3.

[27] Vgl. BGH NJW 1987, 438 („Video-Rent“); GRUR 1991, 565 („Leasing-Partner“); NJW-RR 1994, 1255 („Schwarzwald-Sprudel“); *Kögel*, BB 1998, 1646; *Lutter/*

solcher Bezeichnungen eine Kombination mit weiteren unterscheidungskräftigen Zusätzen notwendig.

33 Im Rahmen der Firmenbildung dürfen hingegen **fremdsprachliche Bezeichnungen** verwandt werden; ein Bedürfnis nach Schutz der deutschen Sprache im Rahmen der Firmenbildung ist in Anbetracht der wachsenden Globalisierung und des Eingangs fremdsprachlicher Bezeichnungen in den allgemeinen Sprachgebrauch nicht ersichtlich. Beachtet werden muss allerdings, dass teilweise für bestimmte Begriffe, die sich zwischenzeitlich durchgesetzt haben, kein deutsches Synonym mehr besteht und im Hinblick auf allgemein geläufige fremdsprachliche Bezeichnungen ein allgemeines Freihaltebedürfnis anzuerkennen ist. Insoweit gelten dann die vorgenannten Grundsätze.

34 **Einprägsame Kürzel** von Gattungs- und Branchenbezeichnungen besitzen hingegen Unterscheidungskraft und sind daher eintragungsfähig.[28] **Werbeslogans und originelle Firmenbezeichnungen**, wie „Namenlos" oder „No-Name" sind aufgrund ihrer großen Werbewirksamkeit ebenfalls eintragungsfähig.[29]

35 Kennzeichnungskraft haben weiterhin **Buchstabenfolgen**, und zwar unabhängig davon, ob sie eine Abkürzung darstellen oder eine Phantasiebezeichnung sind (etwa „MBB", „BMW", „BASF" einerseits oder „ABC", „XYZ" andererseits). Dies wird damit begründet, dass solche Buchstabenkürzel besonders einprägsam seien, so dass sie auch ohne vorherige Verkehrsgeltung als namensfähig anzuerkennen seien.[30] In Anbetracht des offenen Meinungsstandes ist allerdings im Hinblick auf reine Buchstabenfolgen im Rahmen der Firmenbildung Vorsicht geboten; insoweit sollte vorherige Abstimmung mit dem Registergericht gesucht werden. Vor dem Hintergrund der Ziele der Firmenrechtsnovelle sind meines Erachtens auch nur aus Buchstaben und/oder Ziffern gebildete Firmen, denen man eine Originalität und Prägnanz nicht absprechen kann, eintragungsfähig.[31] Die Grenze des Zulässigen wird allerdings bei endlos langen, nicht mehr sprechbaren Buchstabenblöcken und Zahlenreihen (etwa einer vielstelligen Telefonnummer in einer Großstadt nebst Vorwahl) erreicht.[32]

Hommelhoff § 4 GmbHG Rn 9; *Lutter/Welp*, ZIP 1999, 1074 f.; *Koller/Roth/Morck* § 18 HGB Rn 4.

[28] Vgl. etwa BayObLG NZG 1999, 761 („Meditec"); LG Flensburg GmbHR 1999, 483 („Printware Supplies"); *Lutter/Hommelhoff* § 4 GmbHG Rn 12 f.; *Lutter/Welp*, ZIP 1999, 1075 f.

[29] *Bülow*, DB 1999, 270; *Kögel*, BB 1998, 796; *Lutter/Hommelhoff* § 4 GmbHG Rn 14; *Lutter/Welp*, ZIP 1999, 1079.

[30] So *Lutter/Hommelhoff* § 4 GmbHG Rn 15; *Lutter/Welp*, ZIP 1999, 1079; *Schulenburg*, NZG 2000, 1157 f.; a. A. BGH DB 1997, 2611 („RDB"); *Kögel*, BB 1998, 1645; *Müther*, GmbHR 1998, 1060; *Koller/Roth/Morck* § 18 HGB Rn 3.

[31] Ebenso *Lutter/Hommelhoff* § 4 GmbHG Rn 15; *Lutter/Welp*, ZIP 1999, 1078 f., unter Hinw. auf die beim Handelsregister Koblenz eingetragene „1&1 AG & Co. KGaA", die an der Börse zugelassen wurde; *Schulenburg*, NZG 2000, 1158; a. A. *Kögel*, DB 1998, 1646; *Müther*, GmbHR 1998, 1060; *Koller/Roth/Morck* § 18 HGB Rn 3.

[32] Vgl. OLG Celle DB 1999, 40 („AAA AAA AAA AB ins Life-Sex-TV.de GmbH"); OLG Frankfurt a. M. NZG 2002, 588 („A.A.A.A.A.A."); im Ergebnis zustimmend *Schulenburg*, NZG 2000, 1158.

Bildzeichen werden, auch dann, wenn sie sprechbar und allgemein bekannt sind, als unzulässig angesehen; Gleiches soll für **nicht-lateinische Schriftzeichen** gelten.[33] Für die Praxis ist daher zu empfehlen, von solchen Bildzeichen Abstand zu nehmen, obwohl man meines Erachtens bei allgemein bekannten, sprechbaren Zeichen angesichts der Intentionen der Handelsrechtsnovelle nicht so kleinlich verfahren sollte. Zu denken ist insoweit insbesondere an allgemein bekannte mathematische Zeichen oder das inzwischen sehr gebräuchliche „@"-Zeichen. Bei Letzterem steht nach einem, nach meiner Überzeugung in der Sache falsch entschiedenen, Beschluss des BayObLG jedoch nunmehr für die Praxis fest, dass es – vor allem mangels hinreichender Bekanntheit in seiner Aussprachefunktion – kein eintragungsfähiger Bestandteil eines Firmennamens sein kann.[34] **36**

b) Unterscheidbarkeit. Während es im Rahmen der Kennzeichnungs- und Unterscheidungskraft um die generelle Eignung des gewählten Firmennamens zur Unterscheidung des Unternehmens von anderen – insbesondere branchenähnlichen bzw. branchengleichen Unternehmen – geht, geht es im Rahmen der **Unterscheidbarkeit** darum, dass die konkret gewählte Firma sich von anderen bereits existierenden Firmen anderer Unternehmen, die ihren Sitz am gleichen Ort haben, im Einzelfall hinreichend abhebt. Dieses Erfordernis ist in dem im Rahmen der Firmenrechtsnovelle unverändert gebliebenen § 30 Abs. 1 HGB geregelt. Hierdurch sollen Verwechslungen im Rechtsverkehr aufgrund ähnlicher Firmenbezeichnungen vermieden werden. Im Rahmen einer hinreichenden Unterscheidbarkeit von anderen Firmen im Registerbezirk kommt es auf den **Gesamteindruck** der Firmenbezeichnung an, wobei insbesondere auf das **Wort- und Klangbild** abzustellen ist.[35] **37**

Probleme können sich insoweit insbesondere im Hinblick auf sehr attraktive und im allgemeinen Sprachgebrauch **gebräuchliche Phantasiebezeichnungen** bzw. hinsichtlich sehr **kurzer**, einfach gehaltener **Firmenbezeichnungen** ergeben. Denn solche Bezeichnungen sind einerseits sehr werbewirksam, andererseits sperrt die Wahl der entsprechenden Kurzbezeichnung diese für andere Unternehmen im gleichen Registerbezirk. Hinzu kommt, dass im Hinblick auf die mit dem Erfordernis der Unterscheidbarkeit einhergehenden Sperrwirkung – wie dargelegt – auf das Klangbild abzustellen ist, so dass es beispielsweise nicht genügt, lediglich die Schreibweise leicht zu modifizieren, etwa Zahlworte durch Ziffern zu ersetzen. Hierbei handelt es sich jedoch im Kern um eine Frage der Kennzeichnungs- und Unterscheidungskraft der gewählten Firmenbezeichnung. **38**

---

[33] Vgl. *Lutter/Hommelhoff* § 4 GmbHG Rn 16; *Lutter/Welp*, ZIP 1999, 1077; *Müther*, GmbHR 1998, 1059; *Roth/Altmeppen* § 4 GmbHG Rn 26.

[34] BayObLG MDR 2001, 1124 mit Anmerkung von *Mankowski*; zuvor bereits OLG Braunschweig OLGR Braunschweig 2001, 31; ebenso *Lutter/Hommelhoff* § 4 GmbHG Rn 16; ein Wandel im Bekanntheitsgrad der Aussprachefunktion hin zu einer eindeutigen dürfte jedoch wohl auch einen Wandel der Rechtsprechung nach sich ziehen.

[35] RGZ 104, 341, 342; BGHZ 46, 7, 12; *Heymann/Emmerich* § 30 HGB Rn 30; GK/*Hüffer* HGB § 30 Anm. 15, 17; *MüKo/Lieb* HGB § 30 Rn 14 ff. mit Bsp. von der Rspr. für verwechslungsfähig bzw. für deutlich unterscheidbar gehaltener Firmen in Rn 24 f.; *Lutter/Hommelhoff* § 4 GmbHG Rn 17 ff.

39 Ist diese im Rahmen der erstmaligen Wahl einer entsprechenden Firmenbezeichnung erfüllt und handelt es sich bei dem oder den für die Firmenbildung verwandten Begriffen um kein Allgemeingut, für welches ein generelles Freihaltebedürfnis anzuerkennen ist oder welches von vornherein nicht hinreichend unterscheidungsfähig ist, so dass es nur i.V. m. Zusätzen verwandt werden darf, ist meines Erachtens ein weiter gehendes **Freihaltebedürfnis allein aufgrund** der **Attraktivität** der gewählten Bezeichnung **nicht anzuerkennen**. Vielmehr gilt insoweit der Grundsatz der zeitlichen Priorität. Derjenige, der eine attraktive Phantasiebezeichnung oder eine besonders werbewirksame Kurzbezeichnung als Erster wählt, genießt Vorrang gegenüber all denjenigen, die später eine klangähnliche, prägnante Firma wählen wollen, denn: „Wer zu spät kommt, den bestraft das Leben". Somit muss derjenige, der eine einer bereits vorhandenen Firmenbezeichnung ähnliche Firmenbezeichnung wählen will, dafür Sorge tragen, dass sich diese deutlich von bereits vorhandenen Firmen im Sinne von § 30 Abs. 1 HGB unterscheidet, wobei die an die Unterscheidbarkeit zu stellenden Anforderungen umso höher sind, je branchenähnlicher die betreffenden Unternehmen sind.[36]

40 **c) Allgemeines Täuschungsverbot und weitere Schranken.** Das allgemeine Täuschungsverbot des im Rahmen des Handelsrechtsreformgesetzes neu gefassten § 18 Abs. 2 HGB stellt nach wie vor die **wichtigste Schranke** des Rechts zur Firmenbildung dar. Nach dieser Vorschrift darf die Firma „keine Angaben enthalten, die geeignet sind, über geschäftliche Verhältnisse, die für die angesprochenen Verkehrskreise wesentlich sind, irrezuführen".

41 Das Täuschungsverbot bezieht sich auf sämtliche Firmenbestandteile. Es stellt eine abstrakte normative Beschränkung des grundsätzlichen Rechts zur freien Firmenwahl dar; Verstöße gegen das Irreführungsverbot setzen weder eine Täuschungsabsicht, noch ein Täuschungsbewusstsein des Firmenverwenders voraus. Im Vergleich mit der früheren Rechtslage ist zu beachten, dass die **Prüfung der Täuschungseignung** einer Firma **in zweierlei Hinsicht eingeschränkt** worden ist:[37]

42 Zum einen muss es sich um einen „wesentlichen Umstand" handeln; das **Wesentlichkeitserfordernis** knüpft an § 13 a UWG an und führt im Ergebnis dazu, dass nunmehr die Irreführungseignung der gewählten Firmenbezeichnung nicht mehr empirisch, sondern objektiv aus der Sicht eines Durchschnittsbetrachters zu bestimmen ist; damit entfällt die Bedeutung der nach früherem Recht regelmäßig eingeholten empirischen Feststellungen der IHKs, die notwendig waren, da eine Täuschungseignung im Hinblick auf 10 % bis 15 % der angesprochenen Verkehrskreise als ausreichend erachtet wurde.[38]

---

[36] Ähnlich *Lutter/Hommelhoff* § 4 GmbHG Rn 19; zurückhaltend im Hinblick auf attraktive Phantasie- und Kurzbezeichnungen hingegen *Kögel*, BB 1997, 796.

[37] Krit. zur gesetzlich vorgesehenen Einschränkungen des Prüfungsmaßstabes *Kögel*, BB 1997, 799 f.

[38] Vgl. Begr. des RegE HRefG BR-Drs. 340/97, S. 53; *Bokelmann*, GmbHR 1998, 60 f.; *Lutter/Hommelhoff* § 4 GmbHG Rn 23; *Lutter/Welp*, ZIP 1999, 1079; *Schäfer*, DB 1998, 1272 f.; *K. Schmidt*, NJW 1998, 2177; *Schmitt*, WiB 1997, 1119 f.; a. A. im

Zum anderen ergibt sich eine Einschränkung der Täuschungsprüfung daraus, dass diese nach dem Gesetzeswortlaut „ersichtlich“ sein muss. Das Erfordernis der **Ersichtlichkeit** führt zu einer Absenkung des Prüfungsmaßstabes des Registergerichts im Rahmen der Eintragung der Firma, welches künftig im Rahmen der Prüfung der Täuschungseignung einer Firma insoweit nur noch ein „Grobraster“ anlegen muss. Ein Einschreiten kommt wohl nur noch dann in Betracht, wenn eine Täuschungseignung nahe liegend ist und diese ohne umfangreiche Beweiserhebung festgestellt werden kann; insoweit lehnt sich die Neuregelung an § 37 Abs. 3 MarkenG an.[39] 43

Die **Feinsteuerung**, d. h. die weitergehende Prüfung, ob die Firmierung in der konkreten Verwendungsform bzw. aufgrund entfernter liegender Möglichkeiten zur Irreführung geeignet ist, soll im Ergebnis **wettbewerbsrechtlichen Streitigkeiten** (vgl. insbesondere das Unterlassungsgebot nach § 3 UWG) **überlassen** bleiben, so dass eine Firma registerrechtlich zulässig, aber aus anderen Gründen, insbesondere des Wettbewerbs-, aber auch des Namens- oder Kennzeichnungsrechts unzulässig sein kann.[40] Insoweit ist allerdings zu berücksichtigen, dass der bisher von der Rechtsprechung im Rahmen des § 3 UWG herangezogene Maßstab des „flüchtigen Betrachters“ sowohl im Hinblick auf die Rechtsprechung des EuGH, als auch im Hinblick auf das in § 18 HGB eingeführte Merkmal der „Wesentlichkeit“ aufgegeben wurde, so dass im Rahmen der wettbewerbsrechtlichen Prüfung der Zulässigkeit einer bestimmten Firmierung allein auf das Verständnis des „aufgeklärten Verbrauchers“ abzustellen ist (vgl. Rn 13).[41] 44

Vor dem Hintergrund des Täuschungsverbots sind zukünftig allerdings weiterhin **Angaben problematisch**, die eine **unzutreffende Vorstellung** der angesprochenen Verkehrskreise über **Art, Umfang und Größe des Geschäfts oder** über die **Verhältnisse des Unternehmensträgers hervorrufen.**[42] In diesen Fällen geht es insbesondere um unseriöse Geschäftspraktiken, die ihren Niederschlag in der Firmierung finden und ersichtlich darauf zielen, bei den Verbrauchern Fehlvorstellungen hervorzurufen. 45

Im Hinblick auf die **Art des Geschäfts** ist insoweit vor allem an Zusätze zu denken, die einen amtlichen, karitativen oder wissenschaftlichen Charakter der geschäftlichen Aktivität vortäuschen. Zu nennen sind ferner unzutreffende Firmenbezeichnungen, die Vorstellungen im Hinblick auf einen anderen als den tatsächlichen Branchenbezug des Unternehmens oder eine nicht vorhandene Spezialisierung hervorrufen. 46

Hinblick auf die Notwendigkeit empirischer Feststellungen seitens der IHK LG Flensburg GmbHR 1999, 482 f.; krit. auch *Müther*, GmbHR 1998, 1060.

[39] Vgl. Begr. des RegE HRefG BR-Drs. 340/97, S. 54; *Ammon*, DStR 1998, 1478 f.; *Fezer*, ZHR 161, 59 f.; *Krebs*, DB 1996, 2017; *Lutter/Hommelhoff* § 4 GmbHG Rn 24; *Lutter/Welp*, ZIP 1999, 1080; *K. Schmidt*, NJW 1998, 2167.

[40] Vgl. hierzu Begr. des RegE HRefG BR-Drs. 340/97, S. 37, 53 f.; *Fezer*, ZHR 161, 58 f.; *Lutter/Welp*, ZIP 1999, 1082; *Koller/Roth/Morck* § 18 HGB Rn 10 a. E.; *K. Schmidt*, NJW 1998, 2167; *Wolff*, DZWiR 1997, 402.

[41] Siehe *Bokelmann*, GmbHR 1998, 61 f.; *Krebs*, DB 1996, 2017; *Koller/Roth/Morck* § 18 HGB Rn 9 m. w. N.

[42] Vgl. zusammenfassend *MüKo/Bokelmann* HGB § 18 Rn 67 ff.; *Baumbach/Hopt* § 18 HGB Rn 4 ff.; *Koller/Roth/Morck* § 18 HGB Rn 11 ff.

47 Im Hinblick auf **Umfang und Größe des Geschäfts** geht es insbesondere um Zusätze, die von Kleinunternehmen geführt werden und den unzutreffenden Eindruck hervorrufen, es handele sich hierbei um ein Großunternehmen. Im Hinblick auf das neu eingeführte Kriterium der Wesentlichkeit und das in den vergangenen Jahren gewandelte Verkehrsverständnis dürfte allerdings davon auszugehen sein, dass eine Vielzahl von früher als problematisch angesehenen Bezeichnungen heute von dem nunmehr maßgebenden verständigen Durchschnittsadressaten nicht mehr ohne weiteres missverstanden wird.[43] Fehlvorstellungen im Hinblick auf die Größe und den Umfang des Geschäfts können nach wie vor durch geographische Hinweise, insbesondere Orts- und Gebietsangaben, aber auch den Hinweis auf einen nationalen oder internationalen Geschäftsumfang hervorgerufen werden.[44]

48 Täuschende Zusätze im Hinblick auf die **Verhältnisse des Unternehmensträgers** finden sich insbesondere im Rahmen der Verwendung akademischer Grade oder Berufsbezeichnungen. Ferner geht es um Zusätze, die das Vorhandensein einer größeren Vereinigung oder eines Gesellschaftsverhältnisses vortäuschen.

49 Weitere Probleme im Zusammenhang mit dem Täuschungsverbot ergeben sich im Hinblick auf die **Aufnahme von Personennamen von Nichtgesellschaftern in die Firma**. Eine solche Aufnahme der Namen von Nichtgesellschaftern wird im Schrifttum verschiedentlich als unzulässig erachtet, da sich mit der Aufnahme des Namens in die Firmierung die Vorstellung verbinde, der Genannte sei Unternehmensträger bzw. (persönlich haftender) Gesellschafter.[45] Indes enthält das neue Firmenrecht ein generelles Verbot der Aufnahme von Namen von Nichtgesellschaftern ebenso wenig, wie das Gebot, dass die Firma nur die Namen persönlich haftender Gesellschafter enthalten dürfe (s. Rn 18).

50 Eine im Rahmen des neu gefassten § 18 Abs. 2 S. 1 HGB beachtliche Täuschung liegt vielmehr nur dann vor, wenn durch die entsprechende Firmierung der Anschein eines Bezugs einer ganz konkreten Persönlichkeit zu der entsprechenden Gesellschaft erweckt wird, der in Wirklichkeit nicht besteht. Dies gilt insbesondere im Hinblick auf die Verwendung des Namens einer **Person des öffentlichen Lebens**, der von den angesprochenen Verkehrskreisen (insbesondere im Zusammenhang mit einem bestimmten Tätigkeitsbereich) ein besonderes Vertrauen entgegengebracht wird und so der Eindruck erweckt wird, diese Person stehe hinter dem entsprechenden

---

[43] Vgl. hierzu *Lutter/Hommelhoff* § 4 GmbHG Rn 23; *Lutter/Welp*, ZIP 1999, 1079 f. m. Bsp. von nach neuem Recht nicht mehr täuschungsgeeigneten Bezeichnungen.

[44] Mit den Anforderungen an die Bedeutung des Unternehmens im Hinblick auf eine Ortsangabe ist jedoch zunehmend behutsam umzugehen; regelmäßig ist in einer nachgestellten Ortsangabe regelmäßig nur noch ein Hinweis auf den Sitz des Unternehmens zu sehen. Vgl. OLG Stuttgart DB 2001, 698.

[45] Vgl. *Bokelmann*, GmbHR 1998, 59; *Jung*, ZIP 1998, 680 ff.; *Kögel*, BB 1997, 796; *ders.*, BB 1998, 1647; zur GmbH LG Frankfurt/O. GmbHR 2002, 966 ff. mit Anmerkung von *Möller*: keine Bildung einer Personenfirma mit dem Namen eines Angestellten.

Unternehmen und seinen Produkten.[46] Fraglich ist in diesem Zusammenhang weiterhin, ob insbesondere eine Person des öffentlichen Lebens – etwa ein bekannter Sportler für ein Sportartikelgeschäft oder einen Sportartikelhersteller – seinen Namen gegen Zahlung einer Lizenz im Rahmen der Firmenbildung zur Verfügung stellen kann. Meines Erachtens ist dies möglich, da Kern der Unzulässigkeit der Namensverwendung in den vorgenannten Fallgestaltungen die im Rechtsverkehr erweckte Fehlvorstellung ist, dass die entsprechende Person mit ihrem Namen hinter dem entsprechenden Unternehmen steht; gewährt die entsprechende Person freiwillig die Namensverwendung, so ist die entsprechende Vorstellung der angesprochenen Verkehrskreise zutreffend, so dass es an einer relevanten Täuschung fehlt.

Im Übrigen dürfte die Verwendung von **Namen** berühmter, bereits seit **51**
langer Zeit **verstorbener Persönlichkeiten** ebenso wie die **Verwendung mythologischer Namen** unter dem Gesichtspunkt des Täuschungsverbots zulässig sein.[47]

Weitere Schwierigkeiten können sich auf der Grundlage des neuen **52**
Rechts bei der **Verwendung einer Sachfirma ohne** (erkennbaren) **Bezug zum Unternehmensgegenstand** des entsprechenden Unternehmens ergeben. Insoweit geht die ganz h. M. – zu Recht – davon aus, dass, wenn das entsprechende Unternehmen eine Sachfirma verwendet, diese einen hinreichenden Bezug zum tatsächlichen Unternehmensgegenstand des Unternehmens aufweisen muss, da mit der Verwendung einer Sachfirma eine entsprechende Assoziation der angesprochenen Verkehrskreise einhergeht. Über den konkreten Tätigkeitsbereichs des Unternehmens darf der Rechtsverkehr nicht in die Irre geführt werden.[48]

Weitere Schranken im Rahmen der Firmenbildung bestehen aufgrund **53**
der **allgemeinen Regeln zum Schutz der öffentlichen Ordnung und der guten Sitten**. Ersichtliche Verstöße gegen diese allgemeinen Regeln im Rahmen der Firmenbildung sind vom Registergericht zu beachten, da dieses Verstößen gegen die öffentliche Ordnung und sittenwidrigem Verhalten keinen Vorschub leisten darf. Insoweit geht es insbesondere um rassistische, sexistische und ähnliche anstößige Firmenbezeichnungen und um die Verletzung religiöser Bezeichnungen.[49] Anstößige Firmenbezeichnungen können mithin aller Werbewirksamkeit und Prägnanz zum Trotz ungeachtet der Liberalisierung des Firmenrechts nicht benutzt werden. Es ist indes aus den vorgenannten Gründen damit zu rechnen, dass zeitnah eine Vielzahl von Fallbeispielen in dieser Richtung Eingang in die registergerichtliche Praxis und die Rechtsprechung finden wird.

---

[46] Vgl. *Jung*, ZIP 1998, 681, 684; *Kögel*, BB 1998, 1647; *Lutter/Hommelhoff* § 4 GmbHG Rn 27; *Lutter/Welp*, ZIP 1999, 1081; *Müther*, GmbHR 1998, 1060.

[47] Vgl. *Jung*, ZIP 1998, 681; *Lutter/Hommelhoff* § 4 GmbHG Rn 27 a. E.; *Lutter/Welp*, ZIP 1999, 1081.

[48] Vgl. Begr. des RegE HRefG BR-Drs. 340/97, S. 75; *Bokelmann*, GmbHR 1998, 59; *Jung*, ZIP 1998, 682; *Kögel*, BB 1997, 797; *ders.*, BB 1998, 1646; *Lutter/Hommelhoff* § 4 GmbHG Rn 28; *Lutter/Welp*, ZIP 1999, 1081.

[49] Vgl. BGH GRUR 1995, 595 („Busengrapscher"); BPatG GRUR 1994, 377 („Messias"); *Jung*, ZIP 1998, 683; *Lutter/Hommelhoff* § 4 GmbHG Rn 31; *Lutter/Welp*, ZIP 1999, 1082; *K. Schmidt*, ZIP 1997, 915.

III. Verwendung der Firma im Rechtsverkehr

54 Die bereits nach bisherigem Recht geltenden Grundsätze im Hinblick auf die Verwendung der Firma der GmbH & Co. KG im Rechtsverkehr sind durch das Handelsrechtsreformgesetz nicht entscheidend geändert worden. Dementsprechend sind im Außenverkehr der Gesellschaft folgende Grundsätze zu beachten:

1. Angabe auf Geschäftsbriefen

55 Die **Pflichtangaben im Schriftverkehr der Gesellschaft** sind in §§ 125 a, 177 a HGB geregelt. Hiernach müssen auf allen Geschäftsbriefen der GmbH & Co. KG, die an einen bestimmten Empfänger gerichtet werden, Angaben zu Rechtsform und Sitz der Gesellschaft, zum Registergericht des Sitzes der Gesellschaft, zur Handelsregisternummer der GmbH & Co. KG und zu den Namen bzw. zu der Firma aller persönlich haftenden Gesellschafter gemacht werden. Der Begriff „Geschäftsbrief" ist weit auszulegen. Entscheidend ist, dass das entsprechende Schriftstück an einen bestimmten Empfänger gerichtet ist. Es kann sich auch um eine Postkarte oder ein Fax u. Ä. handeln. Zweifelhaft ist, ob insbesondere im Rahmen des E-commerce eine E-Mail hierunter fällt, da es zwar an der Papierform fehlt, die E-Mail jedoch – ebenso wie ein Fax – typischerweise beim Empfänger ausgedruckt wird.[50] Geschäftsbriefe sind zum Beispiel Offerten und Annahmen, Mängelrügen, Wandlungen und Minderungen, Bestellscheine und Rechnungen, Quittungen, Kündigungen an Arbeitnehmer u. Ä.; nicht unter diesen Begriff fallen z. B. Drucksachen, Postwurfsendungen, allgemeine Rundschreiben an alle Kunden, Telefonate u. Ä.[51]

56 Bei der Firma des persönlich haftenden Gesellschafters, die auf den Geschäftsbriefen der GmbH & Co. KG angegeben werden muss, sind zudem die nach § 35 a GmbHG vorgeschriebenen Angaben über die Komplementär-GmbH, nämlich Rechtsform und Sitz der Gesellschaft, Registergericht und Registernummer und weitere Angaben über die Organmitglieder (Geschäftsführer und gegebenenfalls Vorsitzender des Aufsichtsrates) zu machen.[52]

57 Im Rahmen des Handelsrechtsreformgesetzes hat sich insoweit nichts geändert. Dort wurden vielmehr die Bestimmungen über Angaben auf Geschäftsbriefen gemäß §§ 37 a, 125 a HGB n. F. dahin gehend verallgemeinert, dass nicht nur – wie bisher – Kapitalgesellschaften und Personengesellschaften ohne natürlichen Komplementär, sondern alle kaufmännischen Unternehmensträger – auch Einzelkaufleute und gesetzestypische Personengesellschaften – auf Geschäftsbriefen die entsprechenden Pflichtangaben machen müssen.[53]

---

[50] Für eine weite Auslegung des Begriffs „Geschäftsbrief" *Koller/Roth/Morck* § 125 a HGB Rn 1.

[51] Vgl. *Baumbach/Hopt* § 37 a HGB Rn 4; *Heymann/Emmerich* § 125 a HGB Rn 4; *Koller/Roth/Morck* § 125 a HGB Rn 1; *Schaffland*, BB 1980, 1502.

[52] Vgl. *Baumbach/Hopt* § 37 a HGB Rn 3; *Binz/Sorg* § 10 Rn 38; *Hesselmann/Tillmann* GmbH & Co. Rn 239 f.

[53] Vgl. hierzu *K. Schmidt*, NJW 1998, 2168; *Schmitt*, WiB 1997, 1118.

Weiterhin ist darauf hinzuweisen, dass bei Personengesellschaften ohne natürlichen persönlich haftenden Gesellschafter eine **Rechtsscheinhaftung oder eine c.i.c.-Haftung gemäß § 280 Abs. 1 i.V. m. § 311 Abs. 2 o. 3 BGB** des Handelnden in Betracht kommt, wenn die notwendigen Angaben auf den Geschäftsbriefen nicht oder nicht vollständig gemacht werden bzw. die entsprechenden Angaben aufgrund einer Veränderung der tatsächlichen Verhältnisse unrichtig werden. Weiterhin kann das Registergericht in diesen Fällen gemäß § 125 a Abs. 2 HGB die Vertreter der Gesellschaft mit Zwangsgeldern belegen.[54] 58

2. Firmenzeichnung

Im Hinblick auf die Firmenzeichnung ist zwischen der Zeichnung der Firma zur Aufbewahrung bei Gericht gemäß §§ 161 Abs. 2, 108 Abs. 2 HGB einerseits und der Firmenzeichnung im Geschäftsverkehr andererseits zu unterscheiden: 59

Nach früherem Recht mussten die vertretungsberechtigten Gesellschafter einer Personengesellschaft die Firma nebst ihrer Namensunterschrift **zur Aufbewahrung bei dem Registergericht zeichnen**; hierdurch sollte der Rechtsverkehr geschützt werden, der die Möglichkeit hat, die Echtheit der im Rechtsverkehr namens der Gesellschaft geleisteten Unterschrift durch Einsichtnahme in das Handelsregister zu überprüfen. Allerdings beschränkte sich – nach herrschender Meinung – nach früherem Recht die entsprechende Zeichnungspflicht nicht nur auf die bloße Namensunterschrift des Vertretungsberechtigten. Vielmehr war der Vertretungsberechtigte zudem verpflichtet, die Firma der Personengesellschaft und – im Falle einer GmbH & Co. KG – auch die Firma der Komplementär-GmbH handschriftlich darzustellen.[55] Insoweit ist § 108 Abs. 2 HGB durch das Handelsrechtsreformgesetz dahin gehend geändert worden, dass künftig von dem Vertretungsberechtigten nur noch die Unterschrift unter Angabe der Firma zu leisten ist, so dass **nur noch die Namensunterschrift** und nicht mehr die Firmen der beteiligten Unternehmen **handschriftlich zu zeichnen** ist. Die nach früherem Recht – nach der Rechtsprechung – erforderliche, antiquierte handschriftliche Darstellung der Firma der GmbH & Co. KG und ihrer Komplementär-GmbH ist auf der Grundlage des neuen Rechts nicht mehr notwendig.[56]

---

[54] Vgl. *Binz/Sorg* § 10 Rn 41; *Hesselmann/Tillmann* GmbH & Co. Rn 242; *Koller/Roth/Morck* § 125 a HGB Rn 1 a. E.; *K. Schmidt*, NJW 1998, 2168; *Baumbach/Hopt* § 37 a HGB Rn 7.

[55] Vgl. BayObLG GmbHR 1988, 189, 190; OLG Saarbrücken OLGZ 1977, 294, 295; *Hesselmann/Tillmann* GmbH & Co. Rn 234 f.

[56] Vgl. *Gustavus*, GmbHR 1998, 21; *Schaefer*, DB 1998, 1275; OLG Köln ZIP 2000, 1986, wonach zudem bei der Zeichnung der Namensunterschrift nicht erforderlich ist, dass die Angabe der Firma unmittelbar bei der Unterschriftszeichnung erfolgt; s. zum früheren Recht *Baumbach/Hopt* Anh § 177 a HGB Rn 13; GK/*Schilling* HGB § 162 Anm. 7; GK/*Ulmer* HGB § 108 Anm. 20, die eine Zeichnung der GmbH-Firma auch mit Schreibmaschine oder Stempel auch nach früherem Recht als zulässig erachteten.

Die vom Firmenträger gewählte Schreibweise oder sonstige graphische Gestaltung der Firma wird nicht Firmenbestandteil, auf deren Eintragung er einen Anspruch hätte und deren Änderung erneut einzutragen wäre. Bei dem in einer Firmenanmeldung enthaltenen Schriftbild handelt es sich lediglich um einen Vorschlag zur Fassung der Eintragung, an den das Registergericht nicht gebunden ist. Es bleibt ihm überlassen, nach pflichtgemäßem Ermessen die Art und Weise der Eintragung einschließlich ihres Schriftbildes zu bestimmen.[57]

60 Für die **Firmenzeichnung im Geschäftsverkehr** selbst enthält das HGB abweichend vom Kapitalgesellschaftsrecht keine verbindlichen Vorgaben, so dass im rechtsgeschäftlichen Verkehr die Zeichnung im Sinne des § 108 Abs. 2 HGB nicht bindend ist. Daher genügt grundsätzlich jede Zeichnung, aus der für Dritte erkennbar wird, dass der Unterzeichnende für die Gesellschaft handeln wollte. Ungeachtet dessen ist allerdings – um Unklarheiten im Rechtsverkehr und die Gefahr einer Rechtsscheinhaftung auszuschließen – zu empfehlen, die Unterschrift in der Form zu leisten, wie sie sich aus der beim Gericht eingereichten Zeichnung ergibt.[58]

61 Verfügt die GmbH & Co. KG über eine offene Verkaufsstelle oder betreibt sie eine Gast- oder Schankwirtschaft, so ist sie zudem gewerberechtlich verpflichtet, ihre Firma und die Namen der persönlich haftenden Gesellschafter an der Außenseite oder am Eingang des Geschäftslokals anzubringen. Die entsprechende Verpflichtung ergibt sich aus § 15 a Abs. 3 S. 1 GewO. Die Nichteinhaltung dieser Verpflichtung stellt eine Ordnungswidrigkeit gemäß § 146 Abs. 2 Nr. 2 GewO dar, für die von den Gewerbeaufsichtsämtern eine Geldbuße verhängt werden kann.[59]

3. Schutz der Firma

62 Wie bereits dargelegt (Rn 44) sind zivilrechtliche Abwehransprüche zum Schutz der Firma im registerrechtlichen Verfahren unerheblich. Zivilrechtlich genießt eine bestimmte Firma nach folgenden Vorschriften Schutz:[60]

Gegen die Aufnahme einer nicht deutlich abweichenden Firma durch einen anderen Kaufmann am gleichen Ort wird dieser nach § 30 HGB geschützt; in diesem und in anderen Fällen **verletzender Firmenführung** eines anderen besteht die Möglichkeit von Maßnahmen des Registergerichts nach § 37 Abs. 1 HGB; daneben besteht für den Verletzten das Klagrecht nach § 37 Abs. 2 HGB.

63 Nach **namensrechtlichen Regelungen** genießt die Firma Schutz nach § 12 BGB; dies gilt auch dann, wenn die Firma keinen bürgerlichen Namen

---

57 KG Berlin GmbHR 2000, 1101 f.

58 Vgl. *Hesselmann/Tillmann* GmbH & Co. Rn 237; GK/*Ulmer* HGB § 108 Anm. 24.

59 Vgl. *Binz/Sorg* § 10 Rn 60 f.

60 Zusammenfassend *Baumbach/Hopt* § 17 HGB Rn 32 ff.; *Heymann/Emmerich* Anh. § 37 HGB; *Lutter/Hommelhoff* § 4 GmbHG Rn 35.

enthält, da die Firma selbst der Name des Kaufmanns im Rechtsverkehr ist. Darüber hinaus genießt die Firma zivilrechtlichen Schutz nach §§ 823 Abs. 1 und 2, 826 BGB.

Schließlich genießt die Firma **wettbewerbsrechtlichen Schutz**. Gegen die Benutzung verwechslungsfähiger Kennzeichen durch einen anderen im geschäftlichen Verkehr schützt § 16 UWG. Weiterhin kommen **markenrechtliche Abwehransprüche** gemäß §§ 3, 4, 5, 14, 15 MarkenG in Betracht. **64**

IV. Gefahr der Rechtsscheinhaftung

Wie dargelegt, muss die GmbH & Co. KG im Rechtsverkehr mit einem die Haftungsbeschränkung kenntlich machenden Zusatz auftreten (vgl. § 19 Abs. 2 HGB n. F.; § 19 Abs. 5 HGB a. F.) und die Haftungsverhältnisse auf ihren Geschäftsbriefen sowie an ihren Ladenlokalen unter den gewerberechtlichen Voraussetzungen klarstellen. Wird seitens der GmbH & Co. KG gegen diese Verpflichtung verstoßen, indem die Gesellschaft insbesondere in ihrer geschäftlichen Korrespondenz nicht darauf hinweist, dass für die Geschäftsverbindlichkeiten im Ergebnis keine natürliche Person persönlich unbeschränkt haftet, so kann nach der ständigen Rechtsprechung des BGH im Rechtsverkehr der **Anschein** eines einzelkaufmännischen Gewerbes bzw. einer normalen Personengesellschaft mit mindestens einem unbeschränkt haftenden natürlichen Gesellschafter erweckt werden.[61] An diesem Rechtsschein müssen sich all diejenigen festhalten lassen, denen dieser Rechtsschein zurechenbar ist, so dass diese Personen dann für die Gesellschaftsverbindlichkeiten nach den Grundsätzen der Rechtsscheinhaftung persönlich unbeschränkt einstehen müssen. **65**

Verstöße gegen die Verpflichtung zur Führung eines Haftungsbeschränkungszusatzes sind mithin für die Geschäftsführer und Gesellschafter der GmbH & Co. KG brandgefährlich, so dass penibel darauf geachtet werden muss, dass die Gesellschaft im Rechts- und Geschäftsverkehr ihre wahren Haftungsverhältnisse offen legt, da sich die Gesellschaft Dritten gegenüber insbesondere auch nicht darauf berufen kann, dass sie zutreffend im Handelsregister eingetragen ist und somit die wahren Haftungsverhältnisse aus dem Register ersichtlich sind. Denn in Rechtsprechung und Schrifttum ist anerkannt, dass der durch die Setzung eines **speziellen Rechtsscheins** hervorgerufene Vertrauenstatbestand **gegenüber den Verlautbarungen des Handelsregisters vorrangig** ist.[62] **66**

Problematisch ist, wer nach Rechtsscheingrundsätzen innerhalb der GmbH & Co. KG in Anspruch genommen werden kann. Der Rechtsschein einer unbeschränkten Haftung aufgrund der Führung einer Firma ohne gebotenen Rechtsformzusatz wird grundsätzlich von demjenigen gesetzt, der für die Gesellschaft handelt, so dass **insbesondere der Geschäftsfüh-** **67**

---

[61] Vgl. BGHZ 62, 216, 227; BGH GmbHR 1990, 212 f.

[62] Vgl. *Baumbach/Hopt* § 15 HGB Rn 15; *Binz/Sorg* § 10 Rn 43; *Hesselmann/Tillmann* GmbH & Co. Rn 506 ff., 511; *Koller/Roth/Morck* § 15 HGB Rn 24, 36 ff.

rer der Komplementär-GmbH der GmbH & Co. KG, der im Ergebnis auch die Geschäfte der KG führt, nach Rechtsscheingrundsätzen in Anspruch genommen werden kann.

68 Auch **sonstige rechtsgeschäftlich Bevollmächtigte**, z. B. Prokuristen, sollen nach der Rechtsprechung des BGH als Anspruchsgegner in Betracht kommen können; dies ist indes zweifelhaft, da der Geschäftspartner gerade nicht auf die unbeschränkte Haftung eines solchen Vertreters vertraut, sondern auf diejenige des hinter ihm stehenden Geschäftsherrn, dem unter Umständen der gesetzte Anschein nicht zurechenbar ist.[63]

69 Demgegenüber können nach Rechtsscheingrundsätzen im Falle der nicht ordnungsgemäßen Führung des Haftungsbeschränkungszusatzes **nicht ohne weiteres** die **Kommanditisten** der GmbH & Co. KG **und** die **Gesellschafter** der Komplementär-GmbH in Anspruch genommen werden, da diesen ein etwaig vom Geschäftsführer gesetzter Rechtsschein nicht ohne weiteres zugerechnet werden kann. Allerdings sind besondere Fallgestaltungen denkbar, in denen im Rechtsverkehr sowohl der Anschein einer persönlichen Haftung dieses Personenkreises erweckt wird, als auch ein Zurechnungstatbestand erfüllt ist. Dies etwa dann, wenn in der Firma der Gesellschaft der Name eines Kommanditisten oder eines GmbH-Gesellschafters enthalten ist und dieser Gesellschafter gegen das ihm erkennbare oder bekannte Auftreten der Gesellschaft ohne Haftungsbeschränkungszusatz nicht einschreitet, wobei allerdings zukünftig in Anbetracht der Tatsache, dass auch die Namen nicht persönlich haftender Gesellschafter nach neuem Firmenrecht in die Firma aufgenommen werden können, genau geprüft werden muss, ob in der konkreten Situation tatsächlich der Anschein einer persönlichen Haftung einer in der Firma der Gesellschaft genannten Person erweckt worden ist.

70 Weiterhin ist zu beachten, dass **besondere Aufklärungspflichten** bestehen, wenn ein einzelkaufmännisches **Unternehmen** oder eine Personengesellschaft mit natürlichen Personen durch Aufnahme einer Komplementär-GmbH und Ausscheiden oder Zurücktreten des bisherigen persönlich haftenden Gesellschafters in die Kommanditistenstellung **in eine GmbH & Co. KG „umgewandelt"** werden. Die höchstrichterliche Rechtsprechung geht nämlich in einer solchen Situation davon aus, dass die Gesellschaft gegenüber Vertragspartnern, mit denen sie in Geschäftsverbindung steht, zur Aufklärung über die Änderung der Haftungsstruktur des Unternehmens verpflichtet ist. In dieser Situation gewährt die Rechtsprechung den Vertragspartnern einer ständigen Geschäftsbeziehung insbesondere von Dauerschuldverhältnissen ein außerordentliches Kündigungsrecht. Dies wird damit begründet, dass die Umwandlung eines einzelkaufmännischen Unternehmens oder einer normalen Personengesellschaft in eine GmbH & Co. KG eine wesentliche Erhöhung des üblichen Geschäftsrisikos zur Folge habe, so dass den Geschäftspartnern die Chance gewährt werden müsse, sich aus der entsprechenden Geschäftsverbindung

---

[63] Vgl. hierzu BGH BB 1981, 1481, 1482; BGH NJW 1991, 2627 f.; ferner, dem BGH i. E. zustimmend: *Binz/Sorg* § 10 Rn 52 ff.; *Hesselmann/Tillmann* GmbH & Co. Rn 510 ff.

zu lösen. Wird gegen diese Aufklärungspflichten verstoßen, kommt wiederum eine persönlich unbeschränkte Haftung der bisherigen persönlich haftenden Gesellschafter bzw. des ehemaligen Einzelkaufmanns nach Rechtsscheingrundsätzen in Betracht.[64]

---

[64] Vgl. hierzu *Baumbach/Hopt* Anh. § 177a HGB Rn 14; *Binz* GmbH & Co. § 11 Rn 47 ff.; *Hesselmann/Tillmann* GmbH & Co. Rn 507 ff.

§ 14 Unternehmensgegenstand und Sitz

Übersicht

Schrifttum: *Bezzenberger* in: MünchHdb. des Gesellschaftsrechts Bd. 2 (KG/stille Gesellschaft), 2. Aufl., § 3 KG, Rn 126 ff., 132 ff.; *Forsthoff*, EuGH fördert Vielfalt im Gesellschaftsrecht, DB 2002, 2471 ff.; *Gustavus*, Die Neuregelung im GmbHR nach dem Regierungsentwurf eines Handelsrechtsreformgesetzes, GmbHR 1998, 17; *Kögel*, Der Sitz der GmbH und seine Bezugspunkte, GmbHR 1998, 1108 ff.; *Paefgen*, Gezeitenwechsel im Gesellschaftskollisionsrecht, WM 2003, 561 ff.; *K. Schmidt*, Gesellschaftsrecht, 4. Aufl., § 4 II 3; *Schmitt*, Der Entwurf des Handelsrechtsreformgesetzes, WiB 1987, 1113; *Zimmer*, Wie es euch gefällt? Offene Fragen nach dem Überseering-Urteil des EuGH, BB 2003, 1 ff.

I. Unternehmensgegenstand

1 Wesensmerkmal einer jeden Gesellschaft ist es, dass sich die Gesellschafter mit dem Abschluss des Gesellschaftervertrages gegenseitig verpflichten, die Erreichung eines bestimmten gemeinsamen Zwecks in einer bestimmten Art und Weise zu fördern (vgl. § 705 BGB). Innerhalb dieses weit gesteckten Rahmens des Gesellschaftszwecks bestimmt der Unternehmensgegenstand, der üblicherweise im Gesellschaftsvertrag definiert wird, das konkrete Betätigungsfeld der Gesellschaft. Der Unternehmensgegenstand hat eine nach innen und nach außen gerichtete Funktion. Er dient nicht nur dazu, die interessierten Verkehrskreise über das Betätigungsfeld der Gesellschaft zu informieren, sondern bezweckt insbesondere auch den Schutz der Gesellschaft im Verhältnis zur Geschäftsführung, da der Unternehmensgegenstand im Innenverhältnis die Geschäftsführungsbefugnis der geschäftsführenden Gesellschafter begrenzt. Der Unternehmensgegenstand der operativ tätigen KG hat im Falle einer GmbH & Co. KG eine ganz andere Funktion und Gestalt als der Unternehmensgegenstand der Komplementär-GmbH.

1. Unternehmensgegenstand der GmbH & Co. KG

Da die GmbH & Co. KG die Trägerin des operativen Unternehmens ist, spiegelt ihr Unternehmensgegenstand insbesondere die Art des von der Gesellschaft betriebenen Handelsgewerbes und die hierfür vorgesehenen Tätigkeiten und sonstigen Maßnahmen. Unerheblich ist, ob die entsprechende Festlegung schriftlich innerhalb des Gesellschaftsvertrages oder nur mündlich oder in anderer Form erfolgt. Insoweit bestehen im Personengesellschaftsverhältnis keine förmlichen Vorgaben, auch wenn eine schriftliche Fixierung des Unternehmensgegenstandes zu empfehlen ist.[1] 2

Die Definition des Unternehmensgegenstandes hat erhebliche Bedeutung für die Gesellschaft und ihre Gesellschafter. Sie definiert nicht nur die Förderpflicht der Gesellschafter, sondern bestimmt zugleich den Umfang des Wettbewerbsverbots der Gesellschafter nach § 112 HGB, welches auf den Handelszweig der Gesellschaft beschränkt ist, und hilft den Bereich des Tagesgeschäfts, über den die Komplementäre frei verfügen dürfen von dem Bereich der außergewöhnlichen und im gesetzlichen Regelfall zustimmungsbedürftigen Geschäftsführungsmaßnahmen (vgl. §§ 116, Abs. 2, 164 HGB) zu scheiden.[2] 3

Selbst wenn die im gesetzlichen Regelfall bestehenden Zustimmungsrechte der nicht geschäftsführungsberechtigten Gesellschafter abgedungen sind, kommt dem Unternehmensgegenstand eine große Bedeutung zu. Es ist allgemein anerkannt, dass es den geschäftsführungsberechtigten, persönlich haftenden Gesellschaftern untersagt ist, sich außerhalb des satzungsmäßig vorgegebenen Tätigkeitsbereiches, d. h. vor allem branchenfremd zu betätigen. Dieses Verbot gilt konzernweit; die konzerndimensionale Geltung des Unternehmensgegenstandes des Mutterunternehmens ist allgemein anerkannt (vgl. § 50 Rn 125). Betätigt sich die Gesellschaft demgegenüber unmittelbar oder mittelbar außerhalb des statutarisch definierten, „historisch geprägten" Betätigungsfeldes der Gesellschaft, so dass der durch den Unternehmensgegenstand gesteckte Rahmen über- oder unterschritten wird, verhält sich die Geschäftsführung nach heute ganz herrschender Meinung kompetenzwidrig, so dass Abwehransprüche der Gesellschafter und insbesondere auch der nichtgeschäftsführungsbefugten Gesellschafter bestehen. Eine derartige „faktische" Verletzung des Unternehmensgegenstandes kann sowohl dadurch verwirklicht werden, dass sich die Geschäftsführung in satzungsmäßig nicht vorgeprägten Bereichen engagiert, als auch dadurch, dass sie statutarisch vorgesehene bzw. unternehmensprägende Bereiche, die nicht nur fakultativ vorgegeben sind, brachliegen lässt.[3] 4

Weiterhin wird verbreitet für ein mittelbares Tätigwerden der Gesellschaft über Tochter- und Beteiligungsgesellschaften eine statutarische Er- 5

---

[1] Münch.Hdb. GesR II/*Bezzenberger* § 3 Rn 134; GK/*Ulmer* HGB § 105 Rn 21.

[2] Münch.Hdb. GesR II/*Bezzenberger* § 3 Rn 133.

[3] Vgl. etwa *Emmerich/Habersack* vor § 311 Rn 11; Beck Hdb. AG/*Liebscher* § 14 Rn 44; *Lutter/Leinekugel*, ZIP 1998, 225, 227 f.; *Priester*, ZHR 162 (1998), 187, 193; MünchHdb. GesR IV/*Krieger* § 69 Rn 3.

mächtigung in Form einer so genannten Konzernklausel, die in der Satzungsbestimmung über den Unternehmensgegenstand enthalten sein muss, gefordert; gemeint ist eine Klausel, in der klargestellt wird, dass die Gesellschaft auch berechtigt ist, Tochter- und Beteiligungsgesellschaften zu erwerben und zu gründen, und über diese die unternehmensgegenständlich definierten Ziele zu verfolgen.[4]

2. Unternehmensgegenstand der Komplementär-GmbH

6 Der Gegenstand des Unternehmens einer GmbH gehört nach § 3 Abs. 1 Nr. 2 GmbHG zum Mindestinhalt des Gesellschaftsvertrages. Insoweit gilt im Grundsatz das Gleiche wie für die unternehmenstragende KG, jedoch muss der Unternehmensgegenstand der Komplementärin deren besonderer (der KG dienender) Funktion gerecht werden;[5] im Einzelnen:

7 **a) Der typische Unternehmensgegenstand einer Komplementär-GmbH.** Unternehmensgegenstand einer Komplementär-GmbH ist typischerweise die Beteiligung als persönlich haftende Gesellschafterin und die Übernahme der Geschäftsführung an einer bestimmten KG. Aus dieser Angabe im Gesellschaftsvertrag der GmbH lässt sich allerdings noch nicht erkennen, womit sich die KG als Unternehmensträgerin – und damit mittelbar auch die GmbH – befasst. Im Fall einer Komplementär-GmbH verlangte die Rechtsprechung daher zur Konkretisierung des Unternehmensgegenstandes darüber hinaus bisher die Angabe der KG-Beteiligung, der damit verbundenen Geschäftsführungstätigkeit und die Angabe des Unternehmensgegenstandes der KG.[6] Diese Anforderungen werden in der Literatur weitgehend abgelehnt, da dadurch mittelbar von der KG verlangt werde, ihren Unternehmensgegenstand anzumelden, wozu sie sonst nicht verpflichtet ist.[7] Auch werden dadurch die Geschäftsbereiche der GmbH und der KG vermischt, was zu unklaren Angaben und damit zu praktischen Schwierigkeiten führen kann.[8] Eine Angabe des Unternehmensgegenstandes der KG ist daher zwar zulässig, jedoch nicht bereits nach den §§ 3 Abs. 1 Nr. 2, 10 GmbHG erforderlich. Inzwischen ist insoweit auch in der Rechtsprechung ein Umschwung zu erkennen.[9] Da allerdings noch nicht abzusehen ist, inwieweit sich diese Auffassung auch bei den Registergerichten durchsetzen wird, ist für die Praxis zur Vermeidung von Beanstandungen das Registergericht und zur Verkündung von Zusatzkosten der Empfehlung, bei der Angabe der konkreten KG ein Unternehmensgegenstand

---

[4] OLG Frankfurt GmbHR 1987, 231; OLG Köln ZIP 1993, 110, 114; *Emmerich/Sonnenschein/Habersack* § 9 I 1; *Liebscher* Konzernbildungskontrolle S. 68 ff.; Beck Hdb. AG/*Liebscher* § 14 Rn 44.

[5] *K. Schmidt* Gesellschaftsrecht § 4 II 3.

[6] BayObLG NJW 1976, 1694; OLG Hamburg BB 1968, 267.

[7] *Scholz/Emmerich* § 3 GmbHG Rn 16; *Hachenburg/Ulmer* § 3 GmbHG Rn 24; *Baumbach/Hueck/Fastrich* § 3 GmbHG Rn 11.

[8] *Baumbach/Hueck/Fastrich* § 3 GmbHG Rn 11; *Binz/Sorg* § 3 Rn 9; *Rowedder/Schmidt-Leithoff* § 3 GmbHG Rn 11.

[9] BayObLG GmbHR 1995, 722 (obiter dictum); OLG Frankfurt GmbHR 1987, 231.

der Komplementär-GmbH aus praktischen Gründen auch den Unternehmensgegenstand der KG zu benennen,[10] beizupflichten; will man dies nicht, sollte man sich in jedem Fall zuvor mit dem zuständigen Registergericht abstimmen.

b) Besonderheiten beim eigenen Geschäftsbetrieb der Komplementär-GmbH. Neben der Beteiligung als Komplementärin an einer KG kann die Komplementär-GmbH auch einen eigenen Geschäftsbetrieb unterhalten. In diesem Fall gehören zu ihrem Unternehmensgegenstand zum einen die Beteiligung an und Geschäftsführung der KG, zum anderen ihr eigener operativer Betrieb. Beides ist dementsprechend auch im Gesellschaftsvertrag und im Handelsregister anzugeben. Soweit die GmbH ursprünglich nur selbst geschäftlich tätig war und sich nun an einer KG beteiligen möchte, stellt sich die Frage, inwieweit die Beteiligung an einer KG als Komplementärin eine Änderung des Unternehmensgegenstandes darstellt und eine Satzungsänderung erfordert. Zwar erfordert nicht jede geringe Ausdehnung des Geschäftsbereichs eine Satzungsänderung, jedoch kann es sich bei der Beteiligung als Komplementärin an einer KG schon aufgrund der unbeschränkten Haftung für deren Aktivitäten nie um eine solche unbedeutende Änderung handeln. Eine Überschreitung der im Innenverhältnis – auf den Unternehmensgegenstand – beschränkten Vertretungsmacht durch die Geschäftsführer der GmbH ist nach den allgemeinen Regeln zu beurteilen: Grundsätzlich ist die GmbH aufgrund der im Außenverhältnis unbeschränkbaren Vertretungsmacht an Gesellschaftsvertrag zur Gründung der KG oder zum Eintritt in die KG gebunden. Etwas anderes gilt nur beim kollusiven Zusammenwirken mit den am Vertrag beteiligten Kommanditisten.[11] 8

II. Sitz

Sowohl die GmbH & Co. KG, als auch ihre Komplementär-GmbH müssen über einen Sitz verfügen. Für die KG ist insoweit gesetzlich vorgesehen, dass der Gesellschaftssitz im Rahmen der Anmeldung der Gesellschaft zum Handelsregister angegeben werden (§§ 106 Abs. 2 Nr. 2, 161 Abs. 2 HGB) und Sitzänderungen zum Handelsregister angemeldet werden müssen (§§ 107, 161 Abs. 2 HGB). Bei der Komplementär-GmbH zählt die Sitzangabe zum Mindestinhalt des Gesellschaftsvertrages (§ 3 Abs. 1 Nr. 1 GmbHG), wobei § 4 a Abs. 2 GmbHG nunmehr die Sitzwahl einschränkt. 9

1. Bedeutung des Gesellschaftssitzes

Der Sitz der Gesellschaft ist für vielfältige Fragen des Verbandslebens bzw. der Tätigkeit der beiden Gesellschaften von entscheidender Bedeutung. Insoweit sind insbesondere **Zuständigkeiten**, vor allem staatlicher 10

[10] *Binz/Sorg* § 3 Rn 10.

[11] Ausführlich zu diesem konkreten Fall und den Folgen der Unwirksamkeit *Binz/Sorg* § 3 Rn 16 ff.

Stellen, für die Gesellschaft und gesellschaftsinterne Angelegenheiten zu nennen:[12]

11 Im Hinblick auf diverse Zuständigkeiten sind insbesondere die **örtliche Zuständigkeit des Registergerichts** für die GmbH & Co. KG (§§ 106 Abs. 1, 161 Abs. 2, 13ff. HGB) und der Komplementär-GmbH (vgl. § 7 Abs. 1 GmbHG) sowie die der Industrie- und Handelskammer zu nennen. Weiterhin richtet sich der allgemeine Gerichtsstand gemäß § 17 Abs. 1 ZPO nach dem Gesellschaftssitz.

12 Im Hinblick auf die gesellschaftsinternen Verhältnisse ist darauf hinzuweisen, dass sich nach dem Sitz der Gesellschaft der **Erfüllungsort** für die Rechte und Pflichten der Gesellschaften gegenüber ihren Organmitgliedern, insbesondere gegenüber dem Geschäftsführer, richtet. Weiterhin hat die **Gesellschafterversammlung** sowohl der Komplementär-GmbH als auch der GmbH & Co. KG selbst im Zweifel, wenn der Gesellschaftsvertrag keine anderweitige Regelung trifft, am Sitz der Gesellschaft stattzufinden. Weiterhin müssen gemäß § 125a HGB i.V. m. §§ 177a HGB, 35a GmbHG der Sitz der KG und der Sitz ihrer Komplementär-GmbH auf allen **Geschäftsbriefen** der GmbH & Co. KG angegeben werden.

2. Mögliche Ortswahl

13 Die vormals bestehenden erheblichen rechtsformspezifischen Unterschiede im Hinblick auf die Gestaltungsmöglichkeiten im Rahmen der Sitzwahl im Hinblick auf die Komplementär-GmbH und die GmbH & Co. KG selbst wurden durch das Handelsrechtsreformgesetz weitgehend eingeebnet. Insoweit sind folgende Grundsätze maßgebend:

14 **a) Komplementär-GmbH.** Nach **früherem Recht** konnten die Gesellschafter einer GmbH den Sitz der Gesellschaft frei bestimmen. Diesem **Recht zur freien Sitzwahl** waren nach alter Rechtslage bisher Schranken nur insoweit gesetzt, als in der Sitzwahl ein offensichtlicher Rechtsmissbrauch lag, indem die Erreichbarkeit der Gesellschaft unverhältnismäßig erschwert wurde; insbesondere der postalischen Erreichbarkeit der Gesellschaft kam insoweit entscheidende Bedeutung zu. Jenseits dieser Grenze konnten hingegen der Sitz und damit das zuständige Handelsregister und der allgemeine Gerichtsstand der GmbH grundsätzlich frei gewählt werden; insbesondere mussten sich der statutarische Sitz einerseits und der Ort des Betriebs, der Geschäftsleitung oder der Verwaltung der Gesellschaft andererseits nicht decken.[13]

15 Die praktischen Erfahrungen haben gezeigt, dass zunehmend unseriöse Gesellschaften durch willkürliche Sitzwahl oder Sitzverlegung versucht

---

[12] Zur Bedeutung des Sitzes der Gesellschaft vgl. *Scholz/Emmerich* § 4a GmbHG Rn 5f.; MünchHdb. GesR II/*Bezzenberger* § 3 Rn 127f.; MünchHdb. GesR III/*Heinrich* § 19 Rn 40; *Lutter/Hommelhoff* § 4a GmbHG Rn 4; GK/*Ulmer* HGB § 106 Anm. 21.

[13] Vgl. zur alten Rechtslage *Scholz/Emmerich* 8. Aufl. § 3 GmbHG Rn 5; *Baumbach/Hueck* 16. Aufl. GmbHG § 3 Rn 6; MünchHdb. GesR III/*Heinrich* 1. Aufl. § 19 Rn 41; *Kögel*, GmbHR 1998, 1108f.; *Roth/Altmeppen* 3. Aufl. § 3 GmbHG Rn 4.

haben, sich dem Zugriff ihrer Gläubiger zu entziehen. Dies hat den Gesetzgeber im Rahmen des **Handelsrechtsreformgesetzes** auf den Plan gerufen. § 4 a Abs. 2 GmbHG n. F. beschränkt nunmehr – wie § 5 Abs. 2 AktG – die freie Sitzwahl im Regelfall auf den **Ort einer Betriebsstätte, der Geschäftsleitung oder der Verwaltung**, um im Interesse des Gläubigerschutzes einer missbräuchlichen Sitzwahl entgegenzuwirken. Nunmehr müssen auch im Hinblick auf die Komplementär-GmbH dementsprechend der tatsächliche und der statutarische Sitz der Gesellschaft übereinstimmen.[14] Für den Sitz der Komplementär-GmbH bedeutet dies im Ergebnis, dass diese in der Regel am gleichen Ort wie die GmbH & Co. KG selbst ihren Sitz hat, da ihre Geschäftstätigkeit auf die operativ tätige KG hin ausgerichtet ist. Es stellt sich daher im Ergebnis stets das Problem, dass sich die Firmen von GmbH & Co. KG und Komplementär-GmbH, da beide künftig regelmäßig aus Rechtsgründen am gleichen Ort domizilieren, hinreichend voneinander unterscheiden müssen (§ 30 Abs. 1 HGB); die Möglichkeit, hinsichtlich des Sitzes der Komplementär-GmbH in einen anderen Registerbezirk auszuweichen, die nach früherem Recht bestand und von der reger Gebrauch gemacht wurde, besteht nicht mehr.

Die Neuregelung ist mit Wirkung zum 1. Januar 1999 in Kraft getreten.- 16
Übergangsvorschriften wurden gesetzlich nicht vorgesehen, so dass man davon ausgehen muss, dass diejenigen Satzungsbestimmungen von bestehenden Gesellschaften, die dem neuen § 4 a GmbHG nicht genügen, als nichtig anzusehen sind. In diesen Fällen besteht eine **Pflicht** der Gesellschaft **zur förmlichen Satzungsänderung**. Erfolgt diese nach Aufforderung durch das Registergericht nicht, so kann das Registergericht das Verfahren nach §§ 144 a, 144 b FGG, 60 GmbHG auslösen und die Auflösung der Gesellschaft betreiben.[15]

Im Rahmen der Ortswahl muss die Gesellschaft mithin eine bestimmte 17
im Inland belegene politische Gemeinde wählen, in der der Schwerpunkt ihrer Unternehmenstätigkeit entfaltet wird. Ausnahmsweise kann im Gesellschaftsvertrag bei Vorliegen eines besonders schutzwürdigen Interesses der Gesellschaft ein anderer Ort gewählt werden.[16] Ein Doppelsitz der Gesellschaft ist nach zutreffender herrschender Meinung in der Regel unzu-

---

[14] Vgl. zur Neuregelung und zu den Gesetzesmotiven Begr. des RegE-HRefG BT-Drs. 13/8444, S. 75; sowie *Gustavus*, GmbHR 1998, 18; *Kögel*, GmbHR 1998, 1109 ff.; *Lutter/Hommelhoff* § 4 a GmbHG Rn 1, 3, 5 ff.; *Schmitt*, WiB 1997, 1122; Beck Hdb. GmbH/*Schwaiger* § 2 Rn 59; *Scholz/Emmerich* § 4 a GmbHG Rn 4.

[15] Vgl. *Kögel*, GmbHR 1998, 1111; *Lutter/Hommelhoff* § 4 a GmbHG Rn 15 f.; *Bandehzadeh/Thoß*, NZG 2002, 805; a. A. wohl das BayObLG in seiner Entscheidung vom 20. 2. 2002 (NZG 2002, 828 ff.), das für den Fall der nachträglichen faktischen Sitzverlagerung entgegen § 4 a GmbHG vertritt, der die Nichtigkeit nach sich ziehende Gesetzesverstoß müsse im Zeitpunkt der Vornahme des Rechtsgeschäfts, also der rechtsgeschäftlichen Regelung des Gesellschaftsvertrages, welche die Bestimmung des Sitzes zum Gegenstand habe, gegeben sein, damit § 144 a FGG zur Anwendung kommen könne.

[16] Vgl. hierzu und zu weiteren Einzelheiten *Kögel*, GmbHR 1998, 1109 ff.; *Lutter/Hommelhoff* § 4 a GmbHG Rn 5 ff.; *Scholz/Emmerich* § 4 a GmbHG Rn 14 f.

lässig; mehrere Sitze kommen nur in extremen Ausnahmefällen in Betracht.[17]

18 **b) GmbH & Co. KG.** Als Sitz der KG ist nach ganz herrschender Meinung derjenige Ort anzusehen, von dem aus tatsächlich die Geschäfte der Gesellschaft geleitet werden und wo sich der Schwerpunkt der geschäftlichen Tätigkeit befindet. Maßgebend ist insoweit demnach allein der **Ort der Hauptverwaltung**, so dass dieser als Gesellschaftssitz anzusehen ist, falls die Gesellschaft nicht (ausnahmsweise) von mehreren Orten aus geleitet werden sollte.

19 Eine **Wahlfreiheit** der Gesellschaft im Hinblick auf den Sitz der Gesellschaft **besteht** mithin **nicht**. Die insoweit maßgebliche Rechtslage hat sich – insbesondere durch das Handelsrechtsreformgesetz – nicht geändert.[18]

Weiterhin ist die ganz h. M. im Personengesellschaftsrecht der Auffassung, dass es bei einer Personengesellschaft einen Doppelsitz nicht geben kann; auch die für Kapitalgesellschaften anerkannten Ausnahmen sollen nach herrschender Meinung nicht gelten.[19]

3. Sitzverlegung

20 Die Wahl des Sitzes der GmbH & Co. KG und ihrer Komplementär-GmbH beinhaltet keine statische Festlegung; vielmehr ist es dem Unternehmen selbstverständlich ohne weiteres möglich, seinen regionalen Tätigkeitsbereich zu verlagern und damit einhergehend den Gesellschaftssitz unter Beachtung der für die Sitzwahl maßgebenden Grundsätze; im Einzelnen:

21 **a) Komplementär-GmbH.** Bei der Komplementär-GmbH erfordert die Sitzverlegung eine **Satzungsänderung** nach § 53 GmbHG, die zum Handelsregister des alten Sitzes gemäß § 54 GmbHG anzumelden ist. Sie wird vom entsprechenden Registergericht dem Gericht des neuen Sitzes mitgeteilt, welches die Prüfung und gegebenenfalls Eintragung der Sitzänderung vornimmt (vgl. im Einzelnen § 13 h HGB).[20] Nach ganz überwiegender Auffassung im Schrifttum hat das Gericht das Amtsauflösungsverfahren nach § 144 a IV FGG einzuleiten, wenn die Gesellschaft ihren Sitz ohne Satzungsänderung nachträglich verlagert und danach an dem in

---

[17] Vgl. *Scholz/Emmerich* § 4 a GmbHG Rn 16; *Kögel*, GmbHR 1998, 1111 f.; *Lutter/Hommelhoff* § 4 a GmbHG Rn 11; *Hachenburg/Ulmer* § 3 GmbHG Rn 13 ff.; a. A. *Katschinski*, ZIP 1997, 620.

[18] BGH WM 1957, 999 f.; *Baumbach/Hopt* § 106 HGB Rn 8; MünchHdb. GesR II/*Bezzenberger* § 3 Rn 126; *Schlegelberger/Martens* § 106 HGB Rn 12; *Sudhoff* GmbH & Co. 4. Aufl. § 19; a. A. GK/*Ulmer* HGB § 106 Anm. 20.

[19] *Baumbach/Hopt* § 106 HGB Rn 8; MünchHdb. GesR II/*Bezzenberger* § 3 Rn 126; *Koller/Roth/Morck* § 106 HGB Rn 2; *Schlegelberger/Martens* § 106 HGB Rn 14; a. A. GK/*Ulmer* HGB § 106 Anm. 22, der die kapitalgesellschaftsrechtlichen Ausnahmen auch auf Personengesellschaften erstrecken will.

[20] Vgl. hierzu und zu weiteren Einzelheiten MüKo/*Bokelmann* HGB § 13 h Rn 6; *Kögel*, GmbHR 1998, 1112; *Lutter/Hommelhoff* § 4 a GmbHG Rn 12; *Hachenburg/Ulmer* § 3 GmbHG Rn 17; *Michalski/Michalski* § 4 a GmbHG Rn 13.

der Satzung vorgesehenen Ort keinen Betrieb mehr unterhält oder die Geschäftsleitung oder Verwaltung dort nicht mehr ansässig sind.[21]

Die Sitzverlegung einer deutschen GmbH ins Ausland bzw. die Verlegung **22**
des Sitzes einer ausländischen Kapitalgesellschaft ins Inland werden außerordentlich kontrovers diskutiert. So wird in Deutschland ein auf Sitzverlegung ins Ausland gerichteter Beschluss der Gesellschafterversammlung der GmbH nach der bislang überwiegend vertretenen „Sitztheorie" als Auflösungsbeschluss behandelt.[22] Der EuGH sah hierin keinen Verstoß gegen die Niederlassungsfreiheit gemäß Art. 43, 48 EGV und begründete diese Auffassung mit dem Vorrang der nationalen gesellschaftsrechtlichen Gestaltungsmöglichkeiten. Diese Rechtsprechung geriet jedoch ins Wanken durch ein Urteil des EuGH in der „Centros"-Entscheidung im Jahre 1999.[23] In der auf Vorlage des BGH[24] hin ergangenen „Überseering"-Entscheidung vom 5. 11. 2002[25] hat der EuGH eine Grundsatzentscheidung zur Niederlassungsfreiheit getroffen. Er stellte fest, dass es gegen die Niederlassungsfreiheit verstoße, wenn einer Gesellschaft, die nach dem Recht eines EU-Mitgliedstaates wirksam gegründet wurde, nach dem Recht eines anderen Mitgliedstaates, sobald sie ihren tatsächlichen Verwaltungssitz dorthin verlegt hat, die Rechtsfähigkeit und damit die Parteifähigkeit abgesprochen wird.

Auch die „Überseering"-Entscheidung wurde jedoch unterschiedlich interpretiert, insbesondere in Bezug auf die Frage, ob der EuGH generell die Anwendung inländischen Gesellschaftsrechts auf in einem Mitgliedstaat wirksam gegründete Gesellschaften ausschließen wollte oder ob das Urteil nur die Anerkennung der ausländischen Rechtsfähigkeit betraf.[26] Klärung brachte nun die Entscheidung des EuGH in „Inspire Art":[27] Der EuGH sieht in jeder Anwendung inländischen Gesellschaftsrechts auf eine in einem EU-Mitgliedstaat wirksame gegründete Gesellschaft, die im Folgenden ihren Sitz verlegt, eine Beschränkung der Niederlassungsfreiheit. Eine solche Beschränkung kann nur ausnahmsweise gerechtfertigt sein, wenn die inländischen Bestimmungen in nicht diskriminierender Weise angewandt werden, dem Schutz zwingender Allgemeinwohlinteressen dienen und verhältnismäßig sind.[28]

---

[21] *Baumbach/Hueck* GmbHG § 4 a Rn 9; *Lutter/Hommelhoff* § 4 a GmbHG Rn 16; Kögel, GmbHR 1998, 1108; *Scholz/Emmerich* § 4 a GmbHG Rn 20; *Bandehzadeh/Thoß*, NZG 2002, 803 f.; a. A. BayObLG NZG 2002, 828

[22] Im Hinblick auf die USA und Spanien bestehen jedoch bilaterale Abkommen, die eine Sitzverlegung dortiger Kapitalgesellschaften in die Bundesrepublik Deutschland zulassen.

[23] EuGH WM 1999, 956 ff.

[24] BGH BB 2000, 1106 ff.; vgl. hierzu die Besprechung von *Zimmer*, BB 2000, 1361 ff.

[25] EuGH BB 2002, 2402 ff.

[26] *Paefgen*, WM 2003, 561 ff.; *von Halen*, WM 2003, 571 ff.; *Forsthoff*, DB 2002, 2471 ff.; *Kindler*, NJW 2003, 1073; *Weller*, IPRax 2003, 324 ff.; *Zimmer*, BB 2003, 1 ff.; *Lutter*, BB 2003, 7 ff.

[27] EuGH Urt. v. 30. 9. 2003, Rs. C-167/01 = NJW 2003, 3331 (*Kamer van Koophandel en Fabrieken voor Amsterdam ./. Inspire Art Ltd.*).

[28] Vgl. *Behrens*, IPRax 2004, 20, 25.

In Bezug auf Gesellschaften aus den EU-Mitgliedstaaten reicht die bloße Anerkennung der Rechts- und Parteifähigkeit somit nicht aus. Die bloße Anerkennung als deutsche Personengesellschaft würde einen Eingriff in die Haftungsverfassung der Gesellschaft und damit einen Verstoß gegen die Niederlassungsfreiheit darstellen. Dementsprechend hat der BGH auch bereits im Fall „Überseering" als Folge des EuGH-Urteils die Gesellschaft gemäß ihrem Gründungsstatut anerkannt.[29] Voraussetzung für die Möglichkeit der Sitzverlegung innerhalb der EU ist dabei, dass das Recht des Gründungsstaats den Wegzug der wirksam gegründeten Gesellschaft zulässt; ansonsten muss auch der Zuzugsstaat die durch Wegzug aufgelöste Gesellschaft nicht anerkennen.[30]

Auf Gesellschaften, die ihren Sitz aus Drittstaaten nach Deutschland verlegen, kann dagegen mangels Anwendbarkeit der Niederlassungsfreiheit die „Sitztheorie" weiter Anwendung finden.[31] Der BGH hat hier die „Sitztheorie" in ihren Auswirkungen entschärft, indem er entschied, dass eine EU-ausländische Gesellschaft, die ihren Verwaltungssitz nach Deutschland verlegt, nach deutschem Recht jedenfalls eine rechtsfähige Personengesellschaft (GbR) und damit aktiv und passiv parteifähig ist.[32]

23 **b) GmbH & Co. KG.** Im Gegensatz zur GmbH erfolgt die Sitzverlegung der GmbH & Co. KG durch **tatsächliche Verlegung der Geschäftsführung** im Zweifel auch ohne Gesellschafterbeschluss. Die Sitzverlegung ist ins Handelsregister nach Maßgabe der §§ 107, 161 Abs. 2 HGB einzutragen, wobei die Eintragung allerdings rein deklaratorisch wirkt.[33]

Eine Sitzverlegung der Gesellschaft ins Ausland führte nach bisheriger Rechtsprechung und h. M. zur Auflösung und Liquidation der Gesellschaft.[34] Der Fall der Verlegung des Verwaltungssitzes einer ausländischen rechtsfähigen Gesellschaft nach Gründung ins Inland sollte nach h. M. zu einem Statutenwechsel führen; die Gesellschaft sollte nach deutschem Recht zur OHG werden.[35] Entsprechend den oben dargestellten Entwicklungen im Gesellschaftskollisionsrecht (s. o. Rn 22) ist hieran nicht mehr festzuhalten.

---

[29] BGH IPRax 2003, 344; das Urteil des LG Frankenthal BB 2003, 542, das auch nach Überseering an der Sitztheorie festhalten wollte, wurde vom OLG Zweibrücken aufgehoben, GmbHR 2003, 530.

[30] *Weller*, IPRax 2003, 324, 327.

[31] BGHZ 153, 353 = ZIP 2003, 720; BGHZ 151, 204 = ZIP 2002, 1763; *Weller*, DStR 2003, 1800, 1803.

[32] BGHZ 151, 204 = ZIP 2002, 1763.

[33] Vgl. MünchHdb. GesR II/*Bezzenberger* § 3 Rn 129; *Baumbach/Hopt* § 106 HGB Rn 10; *Schlegelberger/Martens* § 106 HGB Rn 13; a. A. GK/*Ulmer* HGB § 107 Anm. 2: Verlegung des Sitzes setze stets die Zustimmung sämtlicher Gesellschafter voraus; daher könne nicht auf die tatsächliche Verlegung des Verwaltungssitzes abgestellt werden.

[34] RGZ 7, 68, 69 f.; 107, 94, 97; BGHZ 25, 134, 144; MünchHdb. GesR II/*Bezzenberger* § 3 Rn 130; *Schlegelberger/Martens* § 106 HGB Rn 13 a. E.

[35] Vgl. *Baumbach/Hopt* § 105 HGB Rn 10 m. w. N.

2. Abschnitt Organisationsverfassung

§ 15 Geschäftsführung und Vertretung

Übersicht

Schrifttum: *Altmeppen*, Probleme der Konkursverschleppungshaftung, ZIP 1997, 1173; *Ascheid*, Urteils- und Beschlussverfahren im Arbeitsrecht, 2. Aufl. 1998; *Bauer*, Arbeitsrechtliche Aufhebungsverträge, 7. Aufl. 2004; *Bauer/Diller*, Wettbewerbsverbote, 3. Aufl. 2002; *Bauer/Diller/Krets*, BGH contra BAG – Schadensersatz nach § 628 Abs. 2 BGB wegen Abberufung und/oder Nichtbestellung eines GmbH-Geschäftsführes?, DB 2003, 2687; *Ebenroth/Lange*, Sorgfaltspflichten und Haftung des Geschäftsführers einer GmbH nach § 43 GmbHG, GmbHR 1992, 73; *Fleck*, Zur Abberufung des GmbH-Geschäftsführers, GmbHR 1970, 223; *ders.*, Neuere Entwicklungen im GmbH-Recht, GmbHR 1993, 550; *ders.*, Zur Haftung des GmbH-Geschäftsführers, GmbHR 1974, 227; *ders.*, Das Dienstverhältnis der Vorstandsmitglieder und Geschäftsführer in der Rechtsprechung des BGH, WM 1985, 677; *Goette*, Anm. zu BGH, Beschl. v. 29. 11. 1993, DStR 1994, 214; *Graef*, Der Geschäftsführer der Komplementär-GmbH einer KG ist kein Arbeitnehmer, BB 2003, 2354; *Haas*, Die Vertreterhaftung bei Weglassen des Rechtsformzusatzes nach § 4 II GmbHG, NJW 1997, 2854; *Habersack*, Die Mitgliedschaft – subjektives und „sonstiges Recht", 1996; *Heubeck/Schmauck*, Die Altersversorgung der Geschäftsführer bei GmbH und GmbH & Co., 4. Aufl. 1998; *Höhn*, Die Geschäftsleitung der GmbH, 2. Aufl. 1995; *Hoffmann/Liebs*, Der GmbH-Geschäftsführer, 2. Aufl. 2000; *Holthausen/Steinkraus*, Die janusköpfige Rechtsstellung des GmbH-Geschäftsführers im Arbeitsrecht, NZA-RR 2002, 281; *Hopt*, Zur Abberufung des GmbH-Geschäftsführers bei der GmbH & Co., insbesondere der Publikumskommanditgesellschaft, ZGR 1979, 1 ff.; *Hübner*, Interessenkonflikt und Vertretungsmacht, 1977; *Hüffer*, Organpflichten und Haftung in der Publikums-Personengesellschaft – Besprechung der Entscheidungen BGH BB 1980, 546 und BGHZ 75, 321 –, ZGR 1981, 348 ff.; *Jaeger*, Der Anstellungsvertrag des GmbH-Geschäftsführers, 4. Aufl. 2001; *ders.*, Die Zuständigkeit der Arbeitsgerichte und die Geltung des Kündigungsschutzes für Geschäftsführer, NZA 1998, 691; *Jula*, Die Haftung von GmbH-Geschäftsführern und Aufsichtsräten, 1998; *Kamanabrou*, Das Anstellungsverhältnis des GmbH-Geschäftsführers im Licht neuerer Rechtsprechung, DB 2002, 146; *Kissel*, Die neuen §§ 17 bis 17 b GVG in der Arbeitsgerichtsbarkeit, NZA 1995, 345; *Kübler*, Die Konkursverschleppungshaftung des GmbH-Geschäftsführers nach der „Wende" des Bundesgerichtshofes – Bedeutung für die Praxis, ZGR 1995, 481; *Louven*, Aus der Rechtsprechung des BSG zum sozialrechtlichen Status des GmbH-Geschäftsführers, DB 1999, 1061 ff.; *Lutter*, UmwG 2. Aufl. 2000; *Meilicke*, Kündigungs- und Abberufungsschutz für Gesellschafter-Geschäftsführer, DB 1994, 1761; *Meyke*, Die Haftung des GmbH-Geschäftsführers, 4. Aufl. 2004; *Overlack*, Der Einfluß der Gesellschafter auf die Geschäftsführung in der mitbestimmten GmbH, ZHR 141 (1977), 135; *Priester*, Vertragsgestaltung bei der GmbH & Co. KG, 3. Aufl. 2000; *Reichert/Winter*, Die „Abberufung" und Ausschließung des geschäftsführenden Gesellschafters der Publikums-Personengesellschaft, BB 1988, 981; *Reinecke*, Klagen von Geschäftsführern und Vorstandsmitgliedern vor den Arbeitsgerichten, ZIP 1997, 1525; *Reuter/König*, Mitbestimmung und gesellschaftsrechtliche Gestaltungsfreiheit, ZHR 140 (1976), 494; *Röder/Lingemann*, Schicksal von Vorstand und Geschäftsführer bei Unternehmensumwandlungen und Unternehmensveräußerungen, DB 1993, 1341; *Rotthege*, Mandatspraxis Beratung der GmbH, 2. Aufl. 2001; *Säcker*, Die Anpassung des Gesellschaftsvertrages der GmbH an das Mitbestimmungsgesetz, DB 1977, 1845; *Schäfer*, Zur strafrechtlichen Verantwortlichkeit des GmbH-Geschäftsführers, GmbHR 1993, 717; K. *Schmidt*, Gesellschaftsrecht, 4. Aufl. 2002; *Schneider*, Die Abberufung des Gesellschafter-Geschäftsführers einer zweigliedrigen GmbH, ZGR 1983, 535; *Schwab*, Das Dienstverhältnis des GmbH-Geschäftsführers unter arbeitsrechtlichen Aspekten, NZA 1987, 839; *Spitaler/Niemann*, Die Angemessenheit der Bezüge geschäftsführender Gesellschafter einer GmbH, 7. Aufl. 1999; *Stein*, Das faktische Organ, 1989; *Tillmann/Mohr*, Der GmbH-Geschäftsführer, 8. Aufl. 2003; *Vollmer*, Die mitbestimmte GmbH, ZGR 1979, 142; *Vollmer*, Die Abberufung von Geschäftsführern der mitbestimmten GmbH, GmbHR 1984, 5; *Wissmann*, GmbH-Geschäftsführer-Anstellungsvertrag optimal gestalten, 1999.

I. Einführung

Dem Grundmodell der KG als Personengesellschaft entsprechend obliegt die Führung ihrer Geschäfte und ihre Vertretung nach außen dem (oder den) persönlich haftenden Gesellschafter(n), wohingegen die Kommanditisten von der Geschäftsführung im Hinblick auf den laufenden Geschäftsbetrieb sowie generell im Hinblick auf die Vertretung der KG Dritten gegenüber ausgeschlossen sind. Ist – wie regelmäßig – einzige Komplementärin der GmbH & Co. KG die GmbH, obliegt dieser die Führung der Geschäfte der KG und deren Vertretung nach außen. 1

Nachdem die GmbH als juristische Person selbst nicht handeln kann, sondern sich hierzu ihres Geschäftsführers bedienen muss, werden die Geschäfte der KG mittelbar von den Geschäftsführern der GmbH geführt. Die Gesellschaftsform der GmbH & Co. KG ermöglicht es also, eine Personengesellschaft durch an ihr nicht beteiligte Personen führen zu lassen, so dass im praktischen Ergebnis der im Personengesellschaftsrecht geltende Grundsatz der Selbstorganschaft[1] verlassen ist. Die Führung der Geschäfte liegt in den Händen einer Person, welche nicht dem Risiko der persönlichen Haftung für die Schulden der KG ausgesetzt ist.[2] 2

Für den Geschäftsführer der GmbH bedeutet die mittelbare Führung der Geschäfte der KG, dass er bei seinem organschaftlichen Handeln für die GmbH stets auch die Pflichten der GmbH in ihrer Funktion als geschäftsführender Komplementärin der KG zu beachten hat. 3

Die Tatsache, dass die Hauptaufgabe des Geschäftsführers der Komplementär-GmbH in der Führung der Geschäfte der KG besteht, führt schließlich in der Praxis nicht selten dazu, dass der Anstellungsvertrag des Geschäftsführers nicht mit der GmbH, deren Organ er ist, sondern mit der KG abgeschlossen wird.[3] 4

II. Geschäftsführung und Vertretung bei der GmbH & Co. KG

1. Begrifflichkeiten

Bei allen im Rechtsverkehr nach außen auftretenden Gesellschaften wird zwischen der Führung der Geschäfte der Gesellschaft und der Vertretung der Gesellschaft unterschieden. Während als **Geschäftsführung** jede Tätigkeit rechtsgeschäftlicher oder tatsächlicher Art bezeichnet wird, die in Erfüllung des Gesellschaftszwecks aufgrund der im Innenverhältnis der Gesellschaft bestehenden Kompetenzverteilung ausgeführt wird,[4] betrifft die **Vertretung** die Vornahme rechtsgeschäftlicher Handlungen für die Gesellschaft im Verhältnis zu gesellschaftsfremden Dritten.[5] Die Geschäfts- 5

---

[1] Hierzu K. *Schmidt* Gesellschaftsrecht § 14 II 2; *Wagner/Rux* GmbH & Co. KG Rn 12.

[2] *Hesselmann/Tillmann* GmbH & Co. Rn 249.

[3] Diese Möglichkeit ist in der Rspr. anerk., vgl. BGH NJW 1980, 595; BAG AP Nr. 1 zu § 14 KSchG; BAG DB 1995, 2271.

[4] *K. Schmidt* Gesellschaftsrecht § 47 V 1.

[5] *K. Schmidt* Gesellschaftsrecht § 7 I 3I.

führungskompetenz beschreibt also das rechtliche Dürfen im Innenverhältnis zu den Gesellschaftern, die Vertretungsbefugnis demgegenüber die Rechtsmacht, die Gesellschaft Dritten gegenüber zu verpflichten oder für sie Rechte zu begründen. Beides muss nicht übereinstimmen; die Vertretungsbefugnis kann stärker beschränkt sein als die Geschäftsführungsbefugnis, sie kann diese aber auch übersteigen.

Da die GmbH & Co. KG durch eine Kapitalgesellschaft als regelmäßig einziger Komplementärin vertreten wird, diese aber wiederum nicht selbst, sondern durch den Geschäftsführer handelt und die Geschäftsführungs- und Vertretungskompetenzen bei der KG als Personengesellschaft und der GmbH als Kapitalgesellschaft auseinander fallen können, erfordert die Beurteilung der Geschäftsführungs- und Vertretungsverhältnisse bei dieser Gesellschaft eine genaue Differenzierung danach, in welcher Eigenschaft eine Handlung vorgenommen und dementsprechend welchen Rechtsgrundsätzen sie unterworfen ist.[6]

2. Begründung und Beendigung von Geschäftsführungs- und Vertretungsbefugnis

6 Kraft ihrer Stellung als Komplementärin übernimmt die GmbH mit ihrem Eintritt in die KG deren Geschäftsführung und Vertretung. Auch eine VorGmbH kann schon Komplementärin sein und Geschäftsführung und Vertretung übernehmen.[7] Da die Geschäftsführungs- und Vertretungsbefugnis grundsätzlich kraft Gesetzes mit der Komplementärstellung verknüpft sind (§§ 114 Abs. 1, 125 Abs. 1, 161 Abs. 2 HGB), bedarf es **keines gesonderten Bestellungsakts**.

7 Umgekehrt endet die Stellung der GmbH als geschäftsführende und vertretungsberechtigte Komplementärin mit ihrem **Ausscheiden aus der KG**, welches sich nach den allgemeinen Regelungen über das Ausscheiden aus Personenhandelsgesellschaften richtet (vgl. §§ 29 ff.). Darüber hinaus enthält zweckmäßigerweise der Gesellschaftsvertrag Bestimmungen über die Voraussetzungen, unter denen die GmbH ihre Geschäftsführerstellung aufgeben darf bzw. muss.

8 Auch ohne Ausscheiden der GmbH als Komplementärin der KG kann ihr nach §§ 161 Abs. 2, 117 HGB **die Geschäftsführungsbefugnis** auf Antrag der Kommanditisten durch gerichtliche Entscheidung **entzogen** werden, wenn ein wichtiger Grund, insbesondere eine grobe Pflichtverletzung (z. B. die hartnäckige Nichtbeachtung der Mitwirkungsrechte anderer Gesellschafter, Blockierung der Geschäftsführung der Gesellschaft,[8] Verstoß gegen das Wettbewerbsverbot des § 112 HGB)[9] oder die Unfähigkeit zur ordnungsmäßigen Geschäftsführung,[10] vorliegt. In diesem Zusammenhang

---

[6] *Hesselmann/Tillmann* GmbH & Co. Rn 245; *Sudhoff* Rechte und Pflichten, S. 151 ff.

[7] BGHZ 80, 129, 132 ff.; BGH WM 1985, 165.

[8] BGH LM § 709 BGB Nr. 7.

[9] *Baumbach/Hopt* § 117 HGB Rn 4; *Wagner/Rux* GmbH & Co. KG Rn 229.

[10] Der Grund hierfür ist ohne Bedeutung. Ein Verschulden ist nicht notwendig. In Betracht kommen ebenso fehlende Fachkenntnisse wie eine länger andauernde Krankheit, vgl. MünchHdb. GesR II/*Wirth* KG § 6 Rn 19 ff.

muss die GmbH sich das Verhalten ihres Geschäftsführers zurechnen lassen.[11] Hierbei kann die Geschäftsführung auch dann entzogen werden, wenn nur ein einziger geschäftsführender Gesellschafter vorhanden ist,[12] in diesem Fall fällt die Geschäftsführung im Zweifel an die Gesamtheit der Gesellschafter.[13] Wird die Geschäftsführungsbefugnis im Gesellschaftsvertrag in Abweichung von § 164 HGB einem Kommanditisten übertragen, kann ihm dieses Recht auch nur nach Maßgabe des § 117 HGB entzogen werden.[14]

Die **Entziehung der Vertretungsmacht** richtet sich nach §§ 127, 161 **9**
Abs. 2 HGB. Die hiernach bestehende Notwendigkeit einer gerichtlichen Entscheidung wird allerdings häufig durch abweichende gesellschaftsvertragliche Regelungen entbehrlich.[15] Jedoch ist eine Entziehung der Vertretungsmacht nach h. M. nicht möglich, wenn bei der KG lediglich ein einziger Komplementär vorhanden ist, anderenfalls wäre eine organschaftliche Vertretung der Gesellschaft nicht möglich.[16] Die Kommanditisten können daher nach h. M. nur nach den §§ 133, 140, 161 Abs. 2 HGB vorgehen und Auflösungs- oder Ausschließungsklagen erheben.[17]

Eine **Niederlegung** der Geschäftsführung und der Vertretungsmacht **10**
ist gesetzlich nicht geregelt. Eine echte Niederlegung, wie dies bei einem GmbH-Geschäftsführer in Betracht kommt, ist nicht möglich, wenn nur ein Komplementär vorhanden ist.[18] Liegt ein wichtiger Grund im Sinne des § 127 HGB vor, bleibt nach wohl überwiegender Meinung nur die Möglichkeit, die Mitgesellschafter zu einer Neuregelung des Gesellschaftsverhältnisses zu bewegen oder eine Auflösungsklage zu erheben.[19]

3. Umfang der Geschäftsführungsbefugnis

Hat eine Personenhandelsgesellschaft mehrere Komplementäre, ist – vor- **11**
behaltlich abweichender Regelungen im Gesellschaftsvertrag – jeder von ihnen einzelgeschäftsführungsbefugt (§§ 161 Abs. 2, 114 Abs. 1, 115 Abs. 1 HGB). Im Regelfall der GmbH & Co. KG ist die GmbH jedoch einzige

---

[11] BGH WM 1977, 500, 502; zur Wissenszurechnung an die KG BGH ZIP 1995, 1082.

[12] BGHZ 33, 105, 107; BGH NJW 1984, 173; speziell für die KG BGHZ 51, 198, 201.

[13] Vgl. *Reichert/Winter*, BB 1988, 981; *Hopt*, ZGR 79, 1 ff.; zur GmbH & Co. KG *Wagner/Rux* GmbH & Co. KG Rn 231.

[14] RGZ 110, 418; BGHZ 17, 392, 395; *Bork*, AcP 184 (1984), 469 ff.; *Baumbach/Hopt* § 117 HGB Rn 3.

[15] *Wagner/Rux* GmbH & Co. KG Rn 300.

[16] *Baumbach/Hopt* § 127 HGB Rn 3; vgl. a. *Hesselmann/Tillmann* GmbH & Co. Rn 487 ff.; BGHZ 41, 367, 369; 51, 198, 200; *K. Schmidt* Gesellschaftsrecht § 53 IV 2.

[17] BGHZ 51, 198, 200; *Baumbach/Hopt* § 127 HGB Rn 3, *Schlegelberger/K. Schmidt* § 127 Rn 3; *Wagner/Rux* GmbH & Co. KG Rn 301; *Wiedemann*, JZ 1969, 471.

[18] *Baumbach/Hopt* § 127 HGB Rn 4; MünchHdb. GesR II/*Wirth* KG § 6 Rn 5; a. A. *Heymann/Emmerich* § 127 HGB Rn 10: analoge Anwendung des § 712 Abs. 2 BGB; hierzu a. *K. Schmidt*, DB 1988, 2241.

[19] MünchHdb. GesR II/*Wirth* KG § 6 Rn 5.

Komplementärin, so dass bereits aus diesem Grund **Einzelgeschäftsführungsbefugnis** besteht.

12 Die Reichweite der Geschäftsführungskompetenz der Komplementär-GmbH richtet sich nach §§ 116, 161 Abs. 2 i.V. m. § 164 HGB. Hiernach umfasst die Geschäftsführungsbefugnis sämtliche Geschäfte, die der gewöhnliche Betrieb des Handelsgewerbes mit sich bringt. Dies sind diejenigen Geschäfte, die in dem von der konkreten GmbH & Co. KG betriebenen Handelsgewerbe normalerweise vorkommen.[20] Ob ein **gewöhnliches Geschäft** vorliegt, hängt in starkem Maße von Art und Umfang des Geschäftsbetriebs der Gesellschaft ab. Da eine trennscharfe Abgrenzung praktisch nicht möglich ist, findet sich regelmäßig eine Negativabgrenzung im Gesellschaftsvertrag der KG durch Bezeichnung der zustimmungsbedürftigen, weil außerhalb der gewöhnlichen Geschäftstätigkeit liegenden Geschäfte.

13 Hinsichtlich der gewöhnlichen Geschäfte bestehen nach dem HGB für die Kommanditisten weder Eingriffsmöglichkeiten noch Weisungsrechte gegenüber dem Komplementär (arg e contrario aus § 164 S. 1, 2. Hs. HGB).[21] Dies rechtfertigt sich daraus, dass die Kommanditisten – anders als der geschäftsführende Komplementär – nicht persönlich für Verbindlichkeiten der KG haften (§ 171 HGB). Gleichwohl lassen der BGH[22] und das überwiegende Schrifttum[23] es zu, den Kommanditisten im Gesellschaftsvertrag abweichend von § 164 HGB ein Weisungsrecht gegenüber dem Komplementär einzuräumen. Anders als die im Außenverhältnis zwingend dem Komplementär garantierte Vertretungsbefugnis sei die Verteilung der Geschäftsführungskompetenzen dispositiv ausgestaltet. Dem Schutz des Komplementärs werde im Wesentlichen durch eine Begrenzung des Weisungsrechts bei gesetzes-, sitten- und treupflichtwidrigen Weisungen Rechnung getragen.[24]

14 Bei Handlungen, die über den gewöhnlichen Betrieb des Handelsgewerbes der Gesellschaft hinausgehen, den sog. **außergewöhnlichen Geschäften**, steht den Kommanditisten entgegen dem insoweit missverständlichen Wortlaut des § 164 HGB nicht etwa nur ein Widerspruchsrecht zu, vielmehr bedarf die Vornahme außergewöhnlicher Geschäfte der Zustimmung aller Gesellschafter, also auch der Kommanditisten.[25] Diese Auslegung des § 164 HGB beruht darauf, dass ein bloßes Widerspruchsrecht den Kommanditisten keine genügende Sicherheit gegen eine Gefährdung seiner Einlage durch ein eigenmächtiges Verhalten des Komplementärs bietet, da der Komplementär den Kommanditisten vor Ausführung der streitigen Maßnahme nicht informieren muss, sondern ihn vielmehr vor vollendete Tatsachen stellen kann. Außerdem würde der Kommanditist, dem lediglich ein Wider-

---

[20] *Baumbach/Hopt* § 116 HGB Rn 1f.

[21] *K. Schmidt* Gesellschaftsrecht § 53 III 2 b.

[22] BGHZ 51, 198, 201.

[23] Großkomm. HGB *Schilling* § 164 Rn 12; *Schlegelberger/Martens* § 164 HGB Rn 29; *Wagner/Rux* GmbH & Co. KG Rn 214.

[24] Hierzu im Einzelnen *Konzen*, NJW 1989, 2977, 2983.

[25] RGZ 158, 302, 305; *Baumbach/Hopt* § 164 HGB Rn 2; *Hesselmann/Tillmann* GmbH & Co. Rn 257; *K. Schmidt* Gesellschaftsrecht § 53 III 2b; *Binz/Sorg* GmbH & Co. KG § 5 Rn 1.

spruchs-, nicht aber ein Zustimmungsrecht zugestanden wird, schlechter gestellt als ein von der Geschäftsführung ausgeschlossener Gesellschafter einer OHG, ohne dass hierfür ein sachlicher Grund ersichtlich wäre.[26]

In die Entscheidungszuständigkeit aller Gesellschafter der KG fallen **15** weiter – vorbehaltlich einer Übertragung auf andere Organe (z. B. einen Beirat) – die sog. **Grundlagengeschäfte**. Zu diesen das Gesellschaftsverhältnis und seine Ausgestaltung betreffenden Geschäften gehören beispielsweise die Änderung des Gesellschaftsvertrags, die Auflösung der Gesellschaft oder – in der Regel – die Veräußerung des Handelsgeschäfts.

Benötigt der Komplementär für außergewöhnliche oder für Grundlagengeschäfte die Zustimmung der Kommanditisten, hat er für die Einberufung einer Gesellschafterversammlung und deren ordnungsgemäße Durchführung Sorge zu tragen (s. hierzu § 16).

4. Umfang der Vertretungsbefugnis

a) Vertretung durch den Komplementär. Die KG wird nach §§ 125– **16** 127, 161 Abs. 2 HGB durch den Komplementär vertreten; die Kommanditisten sind von der organschaftlichen Vertretung ausgeschlossen (§ 170 HGB). Diese Regelung ist zwingend.[27] Sie gilt unabhängig davon, ob der Komplementär im Innenverhältnis zu seinen Mitgesellschaftern vor seinem Tätigwerden nach außen deren Zustimmung einzuholen hat.[28] Aus diesem Grund kommt eine Entziehung der Vertretungsmacht nach § 127 HGB nach h. M. nicht in Betracht, wenn der Gesellschaft nur ein einziger Komplementär angehört (s. Rn 9).

b) Sonstige Vertretung. Neben der bei dem Komplementär liegenden **17** organschaftlichen Vertretung kann die KG andere Vertreter bestellen, beispielsweise Generalbevollmächtigte oder Prokuristen.[29] Im Fall einer unechten Gesamtvertretung, also einer Vertretung der KG durch Prokurist und organschaftlichen Vertreter, kann die Vertretung durch den Prokuristen zwar an die Mitwirkung des Komplementärs, nicht jedoch an die Mitwirkung eines „gesamtvertretungsberechtigten Geschäftsführers des Komplementärs" gebunden werden.[30] Die Anordnung einer Gesamtvertretung durch Komplementär und Prokurist ist jedenfalls dann unzweckmäßig, wenn bei dem Komplementär Gesamtvertretung gilt, denn dann wären drei Unterschriften erforderlich.[31]

Prokura für die KG kann auch einem Kommanditisten erteilt werden.[32] Die Prokuraerteilung erfolgt durch den Komplementär bzw., wenn

---

[26] RGZ 158, 302, 307.

[27] BGHZ 51, 198, 200; *K. Schmidt* Gesellschaftsrecht § 53 III 2 a; *Baumbach/Hopt* § 170 HGB Rn 1.

[28] *Sudhoff* Rechte und Pflichten, S. 159.

[29] *Binz/Sorg* GmbH & Co. KG § 6 Rn 3 ff.; *Wagner/Rux* GmbH & Co. KG Rn 285 ff.; *Sudhoff* Rechte und Pflichten, S. 160.

[30] OLG Frankfurt GmbHR 2001, 346; BayObLG NJW 1994, 2965.

[31] *Priester* Vertragsgestaltung bei der GmbH & Co, S. 35.

[32] BGHZ 17, 392; *Baumbach/Hopt* Anh. § 177 a HGB Rn 37 u. § 170 Rn 3.

es mehrere gibt, durch alle Komplementäre gemeinsam, auch wenn im Übrigen Einzelvertretungsbefugnis besteht (§ 164 S. 2 i.V. m. § 116 Abs. 3 HGB). Eine Mitwirkung der Kommanditisten ist nicht erforderlich, es sei denn, die Prokuraerteilung ist ein über den gewöhnlichen Geschäftsbetrieb der Gesellschaft hinausgehendes Geschäft.[33]

18 Für den **Widerruf** der Prokura reicht demgegenüber grundsätzlich die Erklärung eines einzelnen (einzelvertretungsbefugten) Komplementärs aus.[34] Ist die **Prokura** jedoch **im Gesellschaftsvertrag an einen Kommanditisten** erteilt worden, muss zur Wirksamkeit ihres Widerrufs im Innenverhältnis ein wichtiger Grund im Sinne der §§ 117, 127, 161 Abs. 2 HGB vorliegen.[35] Die Anforderungen an den Widerruf liegen damit ebenso hoch, wie wenn dem persönlich haftenden Gesellschafter die Geschäftsführungs- und Vertretungsbefugnis für die Gesellschaft entzogen werden soll. Der Grund hierfür liegt darin, dass der als Prokurist tätige Kommanditist nicht wie ein Angestellter in einem Abhängigkeitsverhältnis, sondern in Ausübung seiner (vertraglich erweiterten) Gesellschafterrechte und -pflichten tätig wird. Unabhängig hiervon ist der Widerruf im Rechtsverkehr wirksam, da der Komplementär insoweit vertretungsberechtigt ist und ein Dritter die internen Zusammenhänge bezüglich der Erteilung und des Widerrufs der Prokura auch nicht übersehen könnte.[36] Der Schutz des Rechtsverkehrs hat daher Vorrang. Bei Fehlen eines wichtigen Grundes für den Widerruf der Prokura besteht jedoch Anspruch auf deren Wiedererteilung.[37]

Beruht die Prokuraerteilung allerdings auf einer anderen Rechtsgrundlage als dem KG-Vertrag, beispielsweise auf dem **Arbeitsvertrag** eines Kommanditisten mit der Gesellschaft, greifen vorgenannte Restriktionen nicht ein.[38]

19 **c) Selbstkontrahieren.** In der Praxis bestehen zwischen der KG und ihrem Komplementär häufig diverse Rechtsbeziehungen, z. B. durch Dienstleistungs- oder Nutzungsverträge. Wenn – wie typischerweise bei einer GmbH & Co. KG – nur ein einziger Komplementär vorhanden ist, dessen Geschäftsführer als Vertreter sowohl der GmbH als auch – mittelbar – der KG handelt, werden regelmäßig Konflikte mit dem in § 181 BGB statuierten Verbot des Selbstkontrahierens auftreten.[39] Es empfiehlt sich daher, hierzu in den Gesellschaftsverträgen sowohl der KG als auch der GmbH eine Regelung zu treffen.[40] Ob eine pauschale Befreiung von § 181 BGB

---

[33] *Baumbach/Hopt* § 164 HGB Rn 5; a. A. GK/*Schilling* § 164 HGB Rn 1.

[34] *Baumbach/Hopt* § 126 HGB Rn 9.

[35] BGHZ 17, 392 ff.; *Baumbach/Hopt* § 170 HGB Rn 4; *Wagner/Rux* GmbH & Co. KG Rn 303.

[36] BGHZ 17, 392, 396; *K. Schmidt* Gesellschaftsrecht § 53 III 2 a.

[37] BGHZ 17, 392, 394.

[38] *Baumbach/Hopt* § 170 HGB Rn 4.

[39] *Wagner/Rux* GmbH & Co. KG Rn 292 ff.; *Sudhoff* Rechte und Pflichten, S. 162 ff.

[40] *Hesselmann/Tillmann* GmbH & Co. Rn 426 ff.; vgl. a. OLG Hamm GmbHR 1998, 682.

zweckmäßig ist,[41] ob die Befreiung auf bestimmte Geschäfte oder auf Rechtsgeschäfte mit bestimmten Personen/Gesellschaften[42] begrenzt oder in die Gesellschaftsverträge nur eine später durch einfachen Mehrheitsbeschluss auszufüllende Ermächtigung aufgenommen werden sollte, hängt vom Geschäftsbetrieb der KG und dem Umfang der internen Rechtsbeziehungen zwischen der GmbH und der KG ab. Die Gestattung durch späteren Beschluss ist jedoch selbst wieder mit dem Problem behaftet, dass die KG dabei durch die GmbH vertreten wird, die daran durch § 181 BGB gehindert ist. Deshalb bleibt der KG nur die Möglichkeit, durch Änderung des Gesellschaftsvertrags den Komplementär bzw. dessen Organ für ein bestimmtes Geschäft von § 181 BGB zu befreien.[43] Auch wenn in Bezug auf die Personenhandelsgesellschaft streitig ist, ob die Befreiung des Komplementärs vom Verbot des Selbstkontrahierens nicht nur eintragungsfähig,[44] sondern eintragungspflichtig[45] ist, empfiehlt sich eine entsprechende Eintragung im Handelsregisterblatt der KG.[46] Über die Eintragung der Befreiung des Komplementärs hinaus kommt nach dem BayObLG[47] auch die Eintragung, dass „die Geschäftsführer der Komplementärin von den Beschränkungen des § 181 BGB befreit sind", in Betracht. Hinsichtlich der GmbH ist zu beachten, dass bei einer Einmann-GmbH, deren Geschäftsführer zugleich Gesellschafter ist, die Befreiung von § 181 BGB nur im Gesellschaftsvertrag erfolgen kann.[48] Wird eine mehrgliedrige GmbH später zu einer Einmann-GmbH, erlischt die eingetragene Befreiung von § 181 BGB und muss neu erteilt werden.[49]

III. Der Geschäftsführer als Organ der Komplementär-GmbH

Die GmbH als Komplementär der KG bedient sich bei der Erfüllung ihrer Aufgaben und damit auch bei der Führung der Geschäfte der KG, ihrer Geschäftsführer. Damit handelt im Ergebnis auch die GmbH & Co. KG durch den/die Geschäftsführer der Komplementär-GmbH. **20**

---

41 Zweifelnd *Hoffmann/Liebs* GmbH-Geschäftsführer Rn 932.

42 Z. B. für Geschäfte zwischen KG und GmbH; auch diese Beschränkungen sind eintragungsfähig, OLG Düsseldorf NJW-RR 1995, 488.

43 BGH DB 1972, 475; ausführlich a. *Binz/Sorg* GmbH & Co. KG § 4 Rn 13 ff.

44 So jedenfalls *Heymann/Emmerich* § 125 HGB Rn 42; OLG Hamm BB 1983, 858; OLG Hamburg ZIP 1986, 1186; BayObLG DB 2000, 1066.

45 So OLG Köln DB 1995, 2412; *Schlegelberger/K. Schmidt* § 125 HGB Rn 55; *Baumbach/Hopt* § 106 HGB Rn 12; *Simon*, GmbHR 1999, 588; gegen eine Eintragungspflicht *Heymann/Emmerich* § 125 HGB Rn 42; *Hübner* Interessenkonflikt, S. 245.

46 Gegen Eintragungsfähigkeit OLG Hamburg OLGZ 1983, 23; LG Berlin Rpfleger 1982, 427.

47 BayObLG DB 2000, 1066. Demgegenüber soll eine Eintragung, dass „der derzeitige Geschäftsführer B" befreit ist, nicht zulässig sein, weil sie nicht aus sich heraus verständlich und eindeutig sei, sondern durch eine Eintragung im Register der GmbH unrichtig werde.

48 BGH DB 1983, 1192.

49 BayObLG BB 1989, 2426.

Die **Zahl der Geschäftsführer** wird von den Gesellschaftern der GmbH bestimmt, lediglich nach MitbestG mitbestimmte Gesellschaften müssen mindestens 2 Geschäftsführer haben,[50] da das Gesetz „als gleichberechtigtes Mitglied des zur gesetzlichen Vertretung berufenen Organs" einen Arbeitsdirektor, dem die Geschäftsführung in Personal- und Sozialfragen übertragen ist, zwingend vorschreibt (§ 33 MitbestG).

21 Die Gesellschafter können auch **stellvertretende Geschäftsführer** bestellen (§ 44 GmbHG). Diese haben im Außenverhältnis die gleiche Vertretungsmacht wie ordentliche Geschäftsführer und sind diesen in der Haftung gleichgestellt. Auch eine Vereinbarung der Beschränkung von Kompetenzen im Innenverhältnis enthebt den stellvertretenden Geschäftsführer nicht von seiner Verantwortung für die Geschäftsführung als Ganzes und für die ordnungsgemäße Kontrolle über die Mitglieder der Geschäftsführung bei der Leitung ihrer Ressorts.[51] Hieraus folgt zugleich, dass der stellvertretende Geschäftsführer von dem Zugang zu den für seine Tätigkeit erforderlichen Unterlagen und von der – gleichberechtigten – Teilnahme an Geschäftsführersitzungen nicht ausgeschlossen werden darf.[52] Der Unterschied zum ordentlichen Geschäftsführer erschöpft sich daher in der Titulierung.[53] Lediglich dann, wenn der stellvertretende Geschäftsführer ausschließlich auf den Fall der echten Stellvertretung positiv begrenzt ist, wird teilweise eine Beschränkung der Mitwirkungs- und Kontrollpflichten angenommen.[54]

22 Die Position eines GmbH-Geschäftsführers ist durch seine **Doppelstellung** einerseits als Organ der Gesellschaft und andererseits als Dienstnehmer entweder dieser oder einer dritten Gesellschaft, bei einer GmbH & Co. KG nicht selten der KG, gekennzeichnet. Die Organstellung ist Grundlage für die Berechtigung, die GmbH nach außen zu vertreten, während der Anstellungsvertrag die schuldrechtliche Beziehung zwischen Gesellschaft und Geschäftsführer regelt, insbesondere die geschuldete Tätigkeit, die Vergütung, die Kündigung etc. (s. hierzu Rn 55 ff.).[55]

Eine getrennte Betrachtung beider Rechtsverhältnisse ist unerlässlich, da sie unterschiedlichen gesetzlichen Regelungen unterliegen und sich daher nicht notwendig gleich entwickeln. Insbesondere kann der Anstellungsvertrag trotz Beendigung der Organstellung fortdauern.[56]

---

[50] *Hanau/Ulmer* MitbestG § 30 Rn 6; MünchKommAktG/*Gach* § 33 MitbestG Rn 21; *Raiser* MitbestG § 33 Rn 6; a. A. *Overlack*, ZHR 1977, 125 (129); *Binz/Sorg* GmbH & Co. KG § 14 Rn 8.

[51] *Höhn* Geschäftsleitung der GmbH, S. 243.

[52] *Höhn* Geschäftsleitung der GmbH, S. 243.

[53] *Lutter/Hommelhoff* § 44 GmbHG Rn 2.

[54] So *Lutter/Hommelhoff* § 44 GmbHG Rn 2; MünchHdb. GesR III/*Marsch-Barner/Diekmann* § 41 Rn 26 ff.; auch eine solche Beschränkung ablehnend *Höhn* Geschäftsleitung der GmbH, S. 244.

[55] *Baumbach/Hueck* § 37 GmbHG Rn 18; *Hoffmann/Liebs* GmbH-Geschäftsführer Rn 200 ff.; Zur Abgrenzung von „Bestellung" und „Anstellung" vgl. *Scholz/Schneider* § 35 GmbHG Rn 150 ff.

[56] *Hoffmann/Liebs* GmbH-Geschäftsführer Rn 200.2; *Rotthege* Beratung, S. 134.

1. Begründung und Beendigung der Organstellung

a) Bestellung. Das Organverhältnis zur GmbH wird durch die Bestellung begründet. Hierbei handelt es sich um ein **einseitiges Rechtsgeschäft**, welches mit seiner Bekanntgabe an den Bestellten und dessen – ggf. auch konkludent erteiltem – Einverständnis wirksam wird.[57] 23

Die Bestellung des Geschäftsführers kann entweder schon im Gesellschaftsvertrag selbst oder durch einen gesonderten **Beschluss der Gesellschafterversammlung** nach § 46 Nr. 5 GmbHG, welcher grundsätzlich mit einfacher Mehrheit[58] zu fassen ist, erfolgen. Bei der Beschlussfassung müssen die Gesellschafter ordnungsgemäß vertreten sein. Wird ein Vertreter eines Gesellschafters mit den Stimmen der von ihm vertretenen Person zum Geschäftsführer bestellt, findet § 181 BGB Anwendung, dessen Nichtbeachtung zwar grundsätzlich nur zur Anfechtbarkeit des Beschlusses, bei einer Einmann-GmbH jedoch zu dessen Nichtigkeit führt.[59]

Die Kommanditisten haben auf die Bestellung des GmbH-Geschäftsführers grundsätzlich keine Einflussnahmemöglichkeit. Lediglich dann, wenn erhebliche Gründe gegen die Person des Geschäftsführers bestehen, können sie die Bestellung unter dem Gesichtspunkt der gesellschaftlichen Treuepflicht verhindern.[60] Abweichend von dieser gesetzlichen Grundregel einer Zuständigkeit der Gesellschafterversammlung kann die Bestellung des Geschäftsführers anderen Organen übertragen sein, z. B. bei dem MitbestG unterliegenden Gesellschaften dem Aufsichtsrat (§ 31 Abs. 1 MitbestG) oder kraft entsprechender Regelung im Gesellschaftsvertrag der GmbH einem freiwillig gebildeten Aufsichtsrat oder Beirat.[61] In dringenden Fällen kann das für den Gesellschaftssitz zuständige Amtsgericht analog § 29 BGB auf Antrag einen Notgeschäftsführer bestellen.[62]

Die Bestellung kann **auf Lebenszeit** (vgl. aber § 38 Abs. 2 GmbHG), **unbefristet** oder **befristet** geschehen, Letzteres ist für den Geltungsbereich des MitbestG zwingend vorgeschrieben, die Dauer der Bestellung beträgt hier maximal 5 Jahre (§ 31 Abs. 1 MitbestG). 24

Die von § 39 GmbHG vorgeschriebene Eintragung des Geschäftsführers ins **Handelsregister** ist lediglich von deklaratorischer Bedeutung.[63] Wirksam ist die Bestellung auch vor der Eintragung, allerdings ist die negative 25

---

[57] *Hoffmann/Liebs* GmbH-Geschäftsführer Rn 206; *Lutter/Hommelhoff* § 6 Rn 26.

[58] Vgl. § 47 Abs. 1 GmbHG; der Gesellschaftsvertrag kann andere Mehrheiten festlegen, vgl. *Sudhoff* Rechte und Pflichten, S. 6.

[59] BayObLG DB 2001, 87.

[60] *Hesselmann/Tillmann* GmbH & Co. Rn 263; *Hopt*, ZGR 1979, 1 ff.

[61] Hierzu s. § 18.

[62] Näher hierzu *Baumbach/Hueck* § 6 GmbHG Rn 19; MünchHdb. GesR III/*Marsch-Barner/Diekmann* § 42 Rn 33 ff.; *Hoffmann/Liebs* GmbH-Geschäftsführer Rn 212; BayObLG DB 1995, 2364; OLG Frankfurt DB 2001, 472; LG Frankenthal GmbHR 2003, 586; zur Abberufung eines Notgeschäftsführers OLG Düsseldorf DB 2002, 576.

[63] BGH NJW-RR 1994, 105; OLG Köln GmbHR 1993, 155, *Lutter/Hommelhoff* § 39 GmbHG Rn 1; *Hoffmann/Liebs* GmbH-Geschäftsführer Rn 206; Beck Hdb. GmbH/*Axhausen* § 5 Rn 10.

Publizitätswirkung des Handelsregisters (§ 15 Abs. 1 HGB) zu beachten[64]: Die GmbH kann sich vor der Eintragung einem Dritten gegenüber nicht darauf berufen, dass die handelnde Person ihr Geschäftsführer ist. Von besonderer Bedeutung ist dies bei der Vornahme einseitiger Willenserklärungen durch den Geschäftsführer, z. B. beim Ausspruch einer Kündigung, welche – anders als ein Vertrag – nicht nachträglich genehmigt werden kann. War die Stellung als Geschäftsführer nicht anderweitig bekannt gemacht worden, besteht hier die Gefahr einer Zurückweisung nach § 174 BGB, welche die abgegebene Willenserklärung unheilbar nichtig macht.

26 Zu Geschäftsführern dürfen nur **voll geschäftsfähige natürliche Personen** bestellt werden (§ 6 Abs. 2 S. 1 GmbHG), die nicht zum Kreis der Gesellschafter der GmbH gehören müssen (§ 6 Abs. 3 GmbHG). Je nachdem, ob eine gesellschaftsrechtliche Beteiligung besteht, unterscheidet man zwischen Gesellschafter-Geschäftsführern und Fremdgeschäftsführern. Für Gesellschaften, in denen nach dem MitbestG oder dem Drittelbeteiligungsgesetz ein Aufsichtsrat zu bilden ist, darf der Geschäftsführer nicht zugleich Mitglied des Aufsichtsrats sein (§ 6 Abs. 2 MitbestG, § 1 Abs. 1 Nr. 3 DrittelbG, jeweils i.V. m. § 105 Abs. 1 AktG).[65] Streitig ist, ob die Bestellung eines Nicht-EU-Ausländers zum Geschäftsführer davon abhängig gemacht werden kann, dass er die ausländerrechtlichen Bestimmungen erfüllen und jederzeit nach Deutschland einreisen kann.[66]

27 **Gesetzlich ausgeschlossen** von der Bestellung zum GmbH-Geschäftsführer (§ 6 Abs. 2 GmbHG) ist für die Dauer von 5 Jahren nach Rechtskraft des Urteils, wer wegen einer Insolvenzstraftat[67] verurteilt ist. Ausgeschlossen ist auch derjenige, gegen den durch gerichtliches Urteil oder durch vollziehbaren Bescheid einer Verwaltungsbehörde ein Berufs- oder Gewerbeverbot verhängt wurde, sofern der Unternehmensgegenstand der GmbH mit dem von den Berufs- oder Gewerbeverbot umfassten Tätigkeiten übereinstimmt (§ 6 Abs. 2 S. 4 GmbHG). Das Fehlen solcher Bestellungshindernisse haben die Geschäftsführer nach Belehrung über ihre unbeschränkte Auskunftspflicht gegenüber dem Gericht in der Anmeldung zum Handelsregister zu versichern (§ 8 Abs. 3 S. 1 GmbHG). In dieser Versicherung sind die gesetzlichen Hindernisse unter Berücksichtigung des Unternehmensgegenstands einzeln aufzuführen und zu verneinen.[68]

---

[64] *Lutter/Hommelhoff* § 39 GmbHG Rn 1; *Baumbach/Hueck* § 39 GmbHG Rn 15.

[65] Lediglich eine auf maximal 1 Jahr begrenzte Entsendung eines Aufsichtsratsmitglieds als Stellvertreter von fehlenden oder verhinderten Geschäftsführern ist möglich, §§ 52 Abs. 1 GmbHG, 105 Abs. 2 AktG.

[66] So unter Bejahung einer entsprechenden Prüfungspflicht des Registergerichts OLG Zweibrücken GmbHR 2001, 435; OLG Köln GmbHR 1999, 182; OLG Hamm ZIP 1999, 1919; a. A. mit ausführlicher Begründung OLG Dresden GmbHR 2003, 537; OLG Frankfurt NJW 1977, 1595; OLG Düsseldorf GmbHR 1978, 110.

[67] §§ 283–283d StGB: Bankrott, Verletzung der Buchführungspflicht, Gläubigerbegünstigung, Schuldnerbegünstigung, § 6 Abs. 2 GmbHG. Eine analoge Ausdehnung auf andere Strafrechtsnormen ist nicht möglich, s. LG Köln NJW-RR 1995, 553.

[68] BayOLG DB 1982, 273; DB 1983, 2408; für eine generelle Beschreibung OLG Jena GmbHR 1995, 453.

Weitere Eignungsvoraussetzungen können in der Gesellschaftssatzung festgelegt werden,[69] z. B. Alter, bestimmte Ausbildung der Familiengesellschaft, die Zugehörigkeit zu bestimmten Familienstämmen.[70]

Fehlt eine der **gesetzlichen Eignungsvoraussetzungen**, ist die Bestellung des Geschäftsführers von Anfang an nichtig.[71] Tritt dieser Mangel zu einem Zeitpunkt nach der Bestellung ein, endet das Amt zu diesem Zeitpunkt von selbst.[72] Eine Heilung eines bei Bestellung vorhandenen, später jedoch weggefallenen Mangels ist nicht möglich,[73] vielmehr bedarf es einer Neubestellung. Die Nichtbeachtung einer **im Gesellschaftsvertrag zusätzlich festgelegten Eignungsvoraussetzung** für den Geschäftsführer berührt die Wirksamkeit der Bestellung demgegenüber nicht,[74] der Bestellungsbeschluss ist aber anfechtbar.[75] Der spätere Wegfall einer Eignungsvoraussetzung begründet einen wichtigen Grund für die Abberufung des Geschäftsführers.[76] 28

Ist die **Bestellung** einer Person als Geschäftsführer einer GmbH **unwirksam**, so folgen für den Bestellten aus der unwirksamen Bestellung als solcher keinerlei Rechte und Pflichten. Dritte, denen gegenüber der unwirksam bestellte Geschäftsführer für die Gesellschaft auftritt, sind nach § 15 Abs. 3 HGB, darüber hinaus bei Vorliegen der Voraussetzungen einer Duldungs- oder Anscheinsvollmacht geschützt.[77] 29

Ob den unwirksam bestellten Geschäftsführer aus anderen Gründen als der (fehlerhaften) Bestellung die Rechte und Pflichten eines wirksam bestellten Geschäftsführers treffen, wenn er nicht nur die Bestellung angenommen, sondern das angetragene **Amt tatsächlich angetreten** und die Organstellung durch konkrete Geschäftsführungshandlungen tatsächlich eingenommen hat **(faktischer Geschäftsführer)**, lässt sich nicht allgemein beurteilen.[78] Maßgeblich ist die konkret in Frage stehende Geschäftsführerpflicht. Beispielsweise wird das Bestehen der Buchführungspflicht und der Insolvenzantragspflicht bejaht, nicht jedoch eine Pflicht zur Geschäftsführung.[79] 30

---

[69] Auch bei mitbestimmter GmbH; hier sind jedoch wegen des Auswahlermessens des Aufsichtsrats nur sachbezogene Voraussetzungen zulässig, *Rotthege* Beratung, S. 135; Beck Hdb. GmbH/*Axhausen* § 5 Rn 12, m. w. N.

[70] *Sudhoff* Rechte und Pflichten, S. 9.

[71] *Baumbach/Hueck* § 6 GmbHG Rn 12; *Lutter/Hommelhoff* § 6 GmbHG Rn 12; *Hoffmann/Liebs* GmbH-Geschäftsführer Rn 203.

[72] BayObLG BB 82, 1508; BGHZ 115, 78, 80.

[73] *Baumbach/Hueck* § 6 GmbHG Rn 12. Es ist eine erneute Bestellung erforderlich, BayOLG GmbHR 1993, 223.

[74] *Lutter/Hommelhoff* § 6 GmbHG Rn 20; *Rowedder/Koppensteiner* § 35 GmbHG Rn 62.

[75] *Lutter/Hommelhoff* § 6 GmbHG Rn 20.

[76] *Baumbach/Hueck* § 35 GmbHG Rn 13; *Rowedder/Koppensteiner* § 35 GmbHG Rn 62.

[77] *Lutter/Hommelhoff* vor § 35 GmbHG Rn 9; *Hachenburg/Ulmer* § 6 GmbHG Rn 8; vgl. ferner BGHZ 115, 78; *Baumbach/Hueck* § 6 GmbHG Rn 12.

[78] Hierzu ausführlich *Stein* Faktisches Organ.

[79] *Lutter/Hommelhoff* vor § 35 GmbHG Rn 12; *Scholz/Schneider* § 6 GmbHG Rn 48 ff.; vgl. a. *Hoffmann/Liebs* GmbH-Geschäftsführer Rn 213; Beck Hdb. GmbH/*Axhausen* § 5 Rn 14.

31 **b) Abberufung.** Nach § 38 Abs. 1 GmbHG kann die Bestellung des Geschäftsführers grundsätzlich **jederzeit widerrufen** werden, ohne dass es hierzu eines Grundes bedürfte. Die Abberufung wird grundsätzlich mit Kenntnisgabe an den Geschäftsführer wirksam; sie beendet nur das Geschäftsführeramt, den Bestand des Dienstvertrags des Geschäftsführers lässt sie grundsätzlich unberührt.[80] Lautet der Vertrag jedoch auf eine Beschäftigung als Geschäftsführer, kann der Abberufene seinerseits Rechte aus der Nichterfüllung des Vertrags herleiten, insbesondere kann er selbst wegen Vertragsverletzung seitens der Gesellschaft fristlos kündigen. Auf diese Weise beendet der Geschäftsführer die Bindung an den fortbestehenden Anstellungsvertrag und das damit verbundene Wettbewerbsverbot. Bei Ausspruch der Kündigung spielt die zweiwöchige Kündigungserklärungsfrist keine Rolle, da die Nichtbeschäftigung als Geschäftsführer ein Dauertatbestand ist, bei dem die Frist mit jedem Tag der Nichtbeschäftigung neu zu laufen beginnt. Ob dem Geschäftsführer nach einer fristlosen Eigenkündigung ein Schadensersatzanspruch nach § 628 BGB zusteht, wird von BGH und BAG unterschiedlich beurteilt. Gelte weder aufgrund Gesellschaftsvertrags noch aufgrund des Anstellungsvertrags[81] eine Beschränkung der freien Abberufbarkeit des Geschäftsführers, so trifft die Gesellschaft nach Ansicht des BGH[82] im Regelfall kein Auflösungsverschulden, mithin entfalle ein Anspruch nach § 628 BGB. Demgegenüber bejahte das BAG[83] in dem Fall einer entgegen vertraglicher Vereinbarung nicht erfolgter Bestellung zum Geschäftsführer ein Auflösungsverschulden bereits deshalb, weil die Nichtbestellung ein vertragswidriges Verhalten der Gesellschaft darstelle; dieser Fall und der Widerruf einer einmal erfolgten Bestellung seien gleich zu bewerten.[84]

32 Der Grundsatz der freien Abberufbarkeit ist für nach MitbestG **mitbestimmte Gesellschaften** durch eine Verweisung auf § 84 AktG, welcher eine Abberufung nur bei Vorliegen eines wichtigen Grundes zulässt, durchbrochen (§ 31 MitbestG). Ein wichtiger Grund liegt vor, wenn das Verbleiben des Geschäftsführers im Amt unzumutbar ist.[85] Er ist also nicht deckungsgleich mit einem wichtigen Grund nach § 626 BGB, bei dem es um die Unzumutbarkeit der Fortdauer des Anstellungsverhältnisses bis zum vereinbarten Vertragsende oder dem Ablauf der ordentlichen Kün-

---

[80] *Hoffmann/Liebs* GmbH-Geschäftsführer Rn 214.

[81] Eine schuldrechtliche Beschränkung des Widerrufs der Bestellung im Anstellungsvertrag muss dabei unmissverständlich zum Ausdruck gebracht werden. Aus einer Befristung des Vertrags oder allgemeinen Standardformulierungen über die Pflichten des Geschäftsführers kann eine Beschränkung der freien Abberufbarkeit nicht abgeleitet werden. Zu beachten ist außerdem, dass die Abrede über eine beschränkte Abberufbarkeit von dem insoweit vertretungsberechtigten Organ der Gesellschaft abgeschlossen worden sein muss, OLG Dresden Urt. v. 4. 12. 2001 – 2 U 1145/01, NJOZ 2003, 3301.

[82] DB 2002, 2705 und Vorinstanz OLG Karlsruhe NZG 2003, 480.

[83] DB 2002, 2273.

[84] Ausführlich zu beiden Entscheidungen *Bauer/Diller/Krets*, DB 2003, 2687.

[85] *Fleck*, WM 1985, 677, 680.

digungsfrist geht.[86] Zur Feststellung der Unzumutbarkeit bedarf es einer Abwägung der Interessen der Gesellschaft mit denjenigen des Geschäftsführers.[87] Als Beispielsfälle für einen wichtigen Grund benennt § 84 Abs. 3 AktG eine grobe Pflichtverletzung, die Unfähigkeit zur ordnungsgemäßen Geschäftsführung sowie den Vertrauensentzug durch die Gesellschafterversammlung, sofern dieser nicht offensichtlich unsachlich ist. Beispielsfälle sind die Annahme von Schmiergeldern, die Fälschung von Buchungsunterlagen, andauernde Krankheit oder ein persönliches Zerwürfnis der Geschäftsführer untereinander.[88] Die Abberufung aus wichtigem Grund ist nicht an eine feste Frist, beispielsweise eine 2-Wochen-Frist wie die Kündigung des Anstellungsverhältnisses gemäß § 626 Abs. 2 BGB gebunden, allerdings muss sie innerhalb angemessener Frist ausgesprochen werden,[89] ggf. kann auch eine Verwirkung in Betracht kommen.[90]

Ebenfalls abweichend von § 38 Abs. 1 GmbHG kann der **Gesellschafts-** 33
vertrag die Abberufbarkeit der Geschäftsführer an qualifizierte Voraussetzungen beliebigen Inhalts knüpfen, beispielsweise eine Abberufung nur aus sachlichen Gründen zulassen oder sie gar auf das Vorliegen eines wichtigen Grundes (§ 38 Abs. 2 GmbHG) beschränken.[91] Die Abberufbarkeit aus wichtigem Grund ist zwingend, kann also nicht gesellschaftsvertraglich abbedungen werden.[92] Hieraus folgt zugleich, dass bestimmte Umstände, die objektiv einen wichtigen Grund darstellen, nicht als Grund für eine Abberufung ausgeschlossen werden dürfen. Umgekehrt kann der Gesellschaftsvertrag jedoch Umstände, die an sich unwichtig sind, als wichtigen Grund bezeichnen, da die Gesellschafter es ohnehin bei der freien Abberufbarkeit belassen könnten.[93]

Auf das Vorliegen eines wichtigen Grundes beschränkt ist auch die Ab- 34
berufung eines **Gesellschafter-Geschäftsführers**, wenn diesem im Gesellschaftsvertrag als echter Satzungsbestandteil[94] das Geschäftsführungsrecht eingeräumt ist und er der Abberufung nicht zustimmt. Anhaltspunkt für das Bestehen eines echten statutarischen Geschäftsführungsrechts sind nicht schon dessen Begründung im Gesellschaftsvertrag, sondern darüber hinausgehend eine besondere Ausgestaltung wie z. B. eine Geschäftsführung auf Lebenszeit oder für die Dauer der Gesellschafterstellung.[95] Vor der Abberufung ist in jedem Fall zu prüfen, ob den Interessen der Gesellschaft durch die Wahl eines milderen Mittels Rechnung getragen werden

[86] Dazu noch unten Rn 95 ff.

[87] So *Hüffer* § 84 AktG Rn 26; Beck Hdb. GmbH/*Axhausen* § 5 Rn 110; u. H. auf die Rechte des Geschäftsführers aus dem Anstellungsvertrag nur auf die Interessen der Gesellschaft abstellend MünchHdb. GesR IV/*Wiesner* § 20 Rn 42.

[88] Diese und weitere Bsp. benennen *Lutter/Hommelhoff* § 38 GmbHG Rn 21.

[89] BGHZ 13, 188, 194.

[90] BGH NJW-RR 1992, 292; *Baumbach/Hueck* § 38 GmbHG Rn 9 a, vgl. a. BGH GmbHR 1999, 477 f.; GmbHR 1992, 38.

[91] *Lutter/Hommelhoff* § 38 GmbHG Rn 7 ff.; *Sudhoff* Rechte und Pflichten, S. 42.

[92] BGH NJW 1969, 1483 (allg. M.).

[93] *Lutter/Hommelhoff* § 38 GmbHG Rn 7; *Baumbach/Hueck* § 38 GmbHG Rn 4.

[94] Hierzu *Scholz/Schneider* § 6 GmbHG Rn 30 ff.

[95] *Scholz/Schneider* § 6 GmbHG Rn 32.

kann.[96] Nach einem Beschluss des BGH vom 29.11.1993[97] soll bei einem an der Gesellschaft maßgeblich beteiligten und seit langem tätigen Geschäftsführer selbst dann, wenn eine entsprechende Vereinbarung im Gesellschaftsvertrag nicht getroffen wurde, die Abberufung einer sachlichen Rechtfertigung bedürfen.[98]

35 **Zuständig** für die Abberufung als einseitigem rechtsgestaltenden Akt ist nach § 46 Nr. 5 GmbHG, ebenso wie für die Bestellung, die **Gesellschafterversammlung**. Die Festlegung anderer Zuständigkeiten im Gesellschaftsvertrag ist möglich. Bei einer nach MitbestG mitbestimmten Gesellschaft[99] ist die zwingende Zuständigkeit des (gesamten) Aufsichtsrats (nicht bloß des Personalausschusses) zu beachten. Bei hinsichtlich der Kompetenzverteilung lückenhaften Verträgen wird im Zweifel angenommen, dass das Gesellschaftsorgan, welches die Bestellung vornimmt, auch für die Abberufung zuständig ist. Ist die Abberufungszuständigkeit einem anderen Organ als der Gesellschafterversammlung übertragen, ist dieses jedoch funktionsunfähig und ist weiteres Zuwarten nicht zumutbar, so lebt die Zuständigkeit der Gesellschafterversammlung wieder auf.[100]

36 Wie für die Bestellung genügt – vorbehaltlich abweichender Regelung im Gesellschaftsvertrag – für die Abberufung die **einfache Mehrheit** der abgegebenen Stimmen (§ 47 Abs. 1 GmbHG). Hierbei hat der abzuberufende Gesellschafter-Geschäftsführer bei einer nicht an besondere Gründe geknüpften Abberufung ebenfalls ein Stimmrecht.[101] Ist die Abberufung nur aus wichtigem Grund möglich und liegt ein solcher tatsächlich vor,[102] ist der Gesellschafter-Geschäftsführer demgegenüber von der Abstimmung (nicht jedoch von der Teilnahme an der Versammlung und der Beratung) ausgeschlossen.[103] Dies entspricht dem allgemeinen Grundsatz, dass ein Gesellschafter als „Richter in eigener Sache" vom Stimmrecht ausgeschlossen ist, wenn über bedeutsame Maßnahmen *gegen* ihn beschlossen werden soll.[104]

37 Ist der Geschäftsführer bei der Beschlussfassung nicht anwesend, muss ihm die Abberufung mitgeteilt werden. Hat die GmbH mehrere Gesellschafter, empfiehlt es sich, in dem Abberufungsbeschluss zugleich eine Person, welche dem Geschäftsführer den Beschluss bekannt geben soll, zu

---

96 *Scholz/Schneider* § 38 GmbHG Rn 41 m. w. N.

97 BGH DStR 1994, 214 m. Anm. *Goette*.

98 Krit. *Meilicke*, DB 1994, 1761.

99 Bei einer nach DrittelbeteiligungsG mitbestimmten Gesellschaft verbleibt es demgegenüber bei der Zuständigkeit der Gesellschafterversammlung.

100 BGHZ 12, 337, 340; *Scholz/Schneider* § 38 GmbHG Rn 26; *Baumbach/Hueck* § 46 GmbHG Rn 22.

101 BGHZ 18, 205, 210; BGH NJW 1969, 1483; OLG Düsseldorf ZIP 1989, 1554.

102 Die bloße Behauptung genügt nicht, vgl. *Baumbach/Hueck* § 47 GmbHG Rn 53; a. A. u. H. auf fehlende Rechtssicherheit *Scholz/Schmidt* § 46 GmbHG Rn 76, der auf eine Anfechtbarkeit des Beschlusses aus Sachgründen verweist.

103 BGHZ 86, 177 f.; OLG Düsseldorf DB 2000, 1956; OLG Stuttgart GmbHR 1995, 228; *Baumbach/Hueck* § 47 GmbHG Rn 53; *Lutter/Hommelhoff* § 38 GmbHG Rn 6, 17 u. § 47 Rn 19; *Rowedder/Koppensteiner* § 47 GmbHG Rn 62.

104 BGHZ 86, 177 f.; *Lutter/Hommelhoff* § 38 GmbHG Rn 17.

benennen und sie entsprechend zu bevollmächtigen. Dabei sollte der Gesellschafterbeschluss dem Geschäftsführer im Original ausgehändigt werden. Ebenso ist im Fall einer Kündigung des Anstellungsvertrags zu verfahren, falls diese zusammen mit der Abberufung erfolgen soll (s. Rn 101).

Hinsichtlich der **Folgen der Abberufung** aus wichtigem Grund ist zu **38** differenzieren: Wird in einer Gesellschaft, deren Gesellschaftsvertrag die Abberufbarkeit auf das Vorliegen eines wichtigen Grundes beschränkt, ein **Fremdgeschäftsführer** abberufen, obwohl tatsächlich ein wichtiger Grund nicht vorliegt, so ist die Abberufung gleichwohl analog § 84 Abs. 3 S. 4 AktG mit Zugang der Erklärung wirksam.[105] Der Fremdgeschäftsführer kann sich aus eigenem Recht nicht gegen die Abberufung wehren, da ihm für eine Anfechtungsklage die Anfechtungsbefugnis fehlt;[106] er kann sich auch nicht darauf berufen, dass die Abberufungs**erklärung** mangels wirksamen Gesellschafterbeschlusses unwirksam sei, da die Regelung des Gesellschaftsvertrags zur eingeschränkten Abberufbarkeit keine Schutzwirkung zu seinen Gunsten entfaltet.[107]

Bei einem Gesellschafter-Geschäftsführer, der **kein satzungsmäßiges** **39** **Geschäftsführungsrecht hat**, endet nach überwiegender Meinung das Geschäftsführungsamt ebenfalls mit Zugang der Abberufungserklärung, wobei der Gesellschafter-Geschäftsführer den Abberufungsbeschluss jedoch innerhalb eines Monats (§ 246 AktG analog) mit der Begründung anfechten kann, es fehle am wichtigen Grund.[108] Bei erfolgreicher Anfechtungsklage ist die Abberufung von Anbeginn unwirksam.[109] Schon vor Erhebung der Anfechtungsklage, aber auch während des schwebenden Anfechtungsprozesses kann der Gesellschafter-Geschäftsführer als Gesellschafter **einstweiligen Rechtsschutz** beantragen:[110] Da über einen wichtigen Grund häufig erhebliche Ungewissheit besteht, wird differenziert, ob der Abstimmungsleiter die Abberufung festgestellt hat. Wenn ja, muss der Beschluss angefochten werden, er gilt jedoch bis zur rechtskräftigen Entscheidung als wirksam, und zwar unabhängig davon, ob der Gesellschaftsvertrag die Abberufung auf das Vorliegen eines wichtigen Grundes beschränkt.

---

105 BGHZ 86, 180 f; *Schneider*, ZGR 1983, 542; a. A. *Baumbach/Hueck* § 38 GmbHG Rn 20.

106 *Rotthege* Beratung, S. 138; *Lutter/Hommelhoff* § 38 GmbHG Rn 27; *Baumbach/Hueck* § 38 GmbHG Rn 21; *Heck*, GmbHR 1993, 555, daher ist auch eine einstweilige Verfügung gegen die Abberufung nicht möglich, OLG Hamm, NZG 2002, 51; a. A. *Raiser*, Kapitalgesellschaft, S. 559.

107 Str., wie hier *Lutter/Hommelhoff* § 38 GmbHG Rn 27; *Baumbach/Hueck* § 38 GmbHG Rn 21, 26; wohl a. *Scholz/Schneider* § 38 GmbHG Rn 58 b; a. A. noch BGH WM 1966, 615; *Fleck*, GmbHR 1970, 223; *Meyer-Landrut/Müller* § 38 GmbHG Rn 111.

108 *Scholz/Schneider* § 38 GmbHG Rn 58 ff.

109 *Rotthege* Beratung, S. 138; *Baumbach/Hueck* § 38 GmbHG Rn 21 u. Anh. § 47 Rn 90; *Lutter/Hommelhoff* § 38 GmbHG Rn 30.

110 *Lutter/Hommelhoff* § 38 GmbHG Rn 30; ausführlich *Baumbach/Hueck* § 38 GmbHG Rn 35 ff.; a. A. *Scholz/Schneider* § 38 GmbHG Rn 74 d; vgl. a. *Vollmer*, GmbHR 1984, 10; OLG Frankfurt GmbHR 1982, 237; bei einstweiligen Verfügungen Abberufung: *Rotthege* Beratung, S. 162 ff. mit Muster eines Antrags, S. 175 ff.; a. OLG München NZG 1999, 407.

Ist ein Abberufungsbeschluss demgegenüber nicht festgestellt worden und das Beschlussergebnis unter den Beteiligten streitig, weil es von der Stimmberechtigung des Abzuberufenden und damit vom wichtigen Grund abhängt, muss eine Klärung des Beschlussergebnisses durch Feststellungsklage erfolgen, wobei der Geschäftsführer bis zur gerichtlichen Feststellung weiter amtieren darf, eine vorläufige Regelung durch einstweilige Verfügung ist möglich.[111] Unabhängig von dieser Differenzierung wird die Gesellschaft in dem Rechtsstreit vertreten durch denjenigen gesetzlichen Vertreter, der bei Abweisung der Anfechtungs- oder Nichtigkeitsklage materiell-rechtlich als Vertreter anzusehen wäre.[112]

40 Ist dem Gesellschafter-Geschäftsführer demgegenüber im Gesellschaftsvertrag ein **Sonderrecht auf Geschäftsführung** eingeräumt worden, so greift eine Abberufung, die nicht durch wichtige Gründe gerechtfertigt ist, in das Mitgliedschaftsrecht des Gesellschafter-Geschäftsführers ein und ist wegen fehlender Zustimmung unwirksam. Geschäftsführungsbefugnis und Vertretungsmacht des sonderberechtigten Gesellschafter-Geschäftsführers, der sich mit seiner Abberufung nicht abfindet, enden deshalb erst in dem Zeitpunkt, in dem die Berechtigung der Abberufung rechtskräftig festgestellt ist.[113]

41 **c) Amtsniederlegung.** Will der Geschäftsführer sein Amt als Organ der GmbH nicht mehr ausüben, kann er es durch eine keiner besonderen Form bedürftige Erklärung[114] niederlegen. Hierbei ist er – vorbehaltlich abweichender Regelungen im Gesellschaftsvertrag – an das Vorliegen bestimmter Gründe oder die Einhaltung von Fristen nicht gebunden;[115] lediglich eine Niederlegung zur Unzeit oder eine rechtsmissbräuchliche Niederlegung sind unwirksam.[116] Streitig ist, ob die Erklärung der Niederlegung bei Fehlen ausdrücklicher Regelungen im Gesellschaftsvertrag allen Gesellschaftern bzw. Mitgliedern des Bestellorgans gegenüber abgegeben werden muss oder ob eine Erklärung an einzelne Organmitglieder ausreicht.[117]

---

[111] Zu den diversen Konstellationen im Einzelfall s. *Baumbach/Hueck* § 38 GmbGH Rn 22 ff.

[112] OLG Köln NJW-RR 2003, 758.

[113] So *Lutter/Hommelhoff* § 38 GmbHG Rn 34; *Scholz/Schneider* § 38 GmbHG Rn 66; *Baumbach/Hueck* § 38 GmbHG Rn 31.

[114] BGHZ 121, 257, 262.

[115] BGHZ 121, 262; 78, 82; *Baumbach/Hueck* § 38 GmbHG Rn 38.

[116] *Scholz/Schneider* § 38 GmbHG Rn 90; MünchHdb. GesR III/*Marsch-Barner/Diekmann* § 42 Rn 72 m. w. N. Eine Niederlegung zur Unzeit liegt z. B. vor, wenn die Gesellschaft hierdurch handlungsunfähig und die Erfüllung öffentlich-rechtlicher Pflichten dadurch gehindert wird; *Hoffmann/Liebs* GmbH-Geschäftsführer Rn 226; BGH GmbHR 1993, 216 ff.; s. a. BayOLG DB 1981, 2219; OLG Düsseldorf DB 2001, 261.

[117] Letzteres halten aus dem Rechtsgedanken der §§ 35 Abs. 2 S. 3 GmbHG, 78 Abs. 2 S. 2 AktG für ausreichend Plander, ZHR 133, 360; *Rowedder/Koppensteiner* § 38 GmbHG Rn 27; *Lutter/Hommelhoff* § 38 GmbHG Rn 47; a. A. *Hoffmann/Liebs* GmbH-Geschäftsführer Rn 227; *Scholz/Schneider,* § 38 GmbHG Rn 91.

Von der Wirksamkeit der Niederlegung zu trennen ist die Frage, ob der Geschäftsführer mit der Niederlegung seinen Dienstvertrag verletzt.[118] Sollte kein wichtiger den Geschäftsführer zur außerordentlichen Kündigung berechtigender Grund vorliegen (s. dazu Rn 96), hat er seinen Vertrag zu erfüllen und kann sein Amt ohne Vertragsbruch erst zum Vertragsende niederlegen.[119] 42

d) Sonstige Beendigungsgründe des Geschäftsführeramts. Wurde der Geschäftsführer für eine begrenzte Zeitdauer bestellt, so endet sein Amt mit **Ablauf** der im Vorhinein bestimmten **Amtszeit**, welche für nicht dem MitbestG unterliegende Gesellschaften frei gewählt werden kann. 43

Darüber hinaus endet das Geschäftsführeramt bei verschiedenen Fällen der Rechtsnachfolge nach dem **Umwandlungsgesetz**, namentlich bei einem Rechtsformwechsel, bei einer Aufspaltung und für die übertragende GmbH im Fall einer Verschmelzung,[120] wobei in diesen Fällen der Anstellungsvertrag des Geschäftsführers mit einer lediglich formwechselnde Gesellschaft bestehen bleibt bzw. bei Aufspaltung und Verschmelzung auf den Gesamtrechtsnachfolger übergeht.[121] 44

Schließlich endet das Geschäftsführeramt, wenn der Geschäftsführer stirbt oder die **unbeschränkte Geschäftsfähigkeit verliert.**[122]

2. Geschäftsführung und Vertretung bei der GmbH

Dem Geschäftsführer obliegt sowohl die Führung der Geschäfte der Gesellschaft als auch deren gerichtliche und außergerichtliche Vertretung. 45

a) Geschäftsführungsbefugnis. Die Geschäftsführungsbefugnis des Geschäftsführers umfasst grundsätzlich alle rechtsgeschäftlichen und tatsächlichen Maßnahmen, die erforderlich sind, um den Unternehmensgegenstand mit den zur Verfügung stehenden personellen, sachlichen und finanziellen Ressourcen zu verwirklichen („Tagesgeschäft").[123] Hierbei weist das Gesetz dem Geschäftsführer ausdrücklich eine Vielzahl von Einzelaufgaben zu, beispielsweise das Stammkapital vor verbotener Auszahlung zu bewahren (§§ 30, 43 Abs. 3 GmbHG), den verbotenen Erwerb eigener Anteile zu verhindern (§§ 33, 43 Abs. 3 GmbHG), für eine ordnungsgemäße Buchführung der Gesellschaft zu sorgen (§ 41 GmbHG), den Jahresabschluss aufzustellen (§ 264 Abs. 1 HGB), die Gesellschafterversammlung einzuberufen (§ 49 Abs. 2, 3 GmbHG) und ggf. Insolvenzantrag zu stellen (§ 64 Abs. 1 GmbHG).

---

[118] BGHZ 78, 82.

[119] BGH DB 1978, 878; MünchHdb. GesR III/*Marsch-Barner/Diekmann* § 42 Rn 73; *Baumbach/Hueck* § 38 GmbHG Rn 38 c.

[120] *Röder/Lingemann*, DB 1993, 1341; *Baumbach/Hueck* § 38 GmbHG Rn 38 d.

[121] Vgl. z. B. *Lutter/Grunewald* § 20 UmwG Rn 26.

[122] BGHZ 115, 78, 80 m. w. A. zur Verpflichtung der Gesellschaft unter dem Gesichtspunkt des Vertrauensschutzes, *Baumbach/Hueck* § 38 GmbHG Rn 38 f.; *Hoffmann/Liebs* GmbH-Geschäftsführer Rn 228 ff.

[123] *Lutter/Hommelhoff* § 37 GmbHG Rn 3 f.; *Scholz/Schneider* § 37 GmbHG Rn 11.

46 Während in die gesetzliche Zuständigkeit des Geschäftsführers nicht durch Gesellschafterweisung eingegriffen werden kann, sind – vorbehaltlich abweichender gesetzlicher oder gesellschaftsvertraglicher Regelungen – die Gesellschafter für außerhalb des gewöhnlichen Geschäftsbetriebs der Gesellschaft liegende Maßnahmen, einschließlich der Festlegung der Grundsätze der Unternehmenspolitik,[124] zuständig. Dies sind nach ausdrücklicher Anordnung des Gesetzes insbesondere die Feststellung des Jahresabschlusses (§§ 42a Abs. 2, 46 Nr. 1 GmbHG), die Ergebnisverwendung (§§ 29 Abs. 2, 46 Nr. 1 GmbHG), die Bestellung und Abberufung der Geschäftsführer (§ 45 Nr. 5 GmbHG) und die Bestellung von Prokuristen und Generalhandlungsbevollmächtigten (§ 46 Nr. 7 GmbHG). Daneben obliegt den Gesellschaftern die Entscheidung über sonstige außerhalb des gewöhnlichen Geschäftsbetriebs liegende Maßnahmen, insbesondere solche, die über den Unternehmensgegenstand hinausgehen, die den von den Gesellschaftern festgelegten Grundsätzen der Geschäftspolitik widersprechen bzw. denen die Gesellschafter vermutlich widersprechen würden oder die wegen ihrer Bedeutung oder wegen besonderer Risiken Ausnahmecharakter haben.[125] Welche Maßnahmen außerhalb des gewöhnlichen Geschäftsbetriebs liegen, richtet sich nach Art und Umfang des Geschäftsbetriebs der Gesellschaft, regelmäßig findet sich auch hier ein entsprechender Katalog im Gesellschaftsvertrag der GmbH. Dies ist sinnvoll, um eine möglichst trennscharfe Abgrenzung zwischen normalen – und damit dem Geschäftsführer obliegenden – und außergewöhnlichen – und damit in die Zuständigkeit der Gesellschafterversammlung fallenden – Geschäftsführungsmaßnahmen sicherzustellen. Auch außerhalb eines solchen Katalogs können die Gesellschafter bzw. andere durch Gesetz oder Gesellschaftsvertrag bestimmte Organe bestimmte Geschäfte an sich ziehen und dem Geschäftsführer Weisungen erteilen.[126] Noch nicht einmal das laufende Tagesgeschäft ist den Geschäftsführern als unentziehbarer Kernbereich zugewiesen.[127] Letzterer beschränkt sich vielmehr auf die Vertretung der Gesellschaft nach außen sowie auf die dem Geschäftsführer zwingend vom Gesetz auferlegten Aufgaben.[128] Die zur Wahrnehmung dieser Aufgaben erforderlichen Informationen kann der Geschäftsführer in jedem Fall beanspruchen.[129]

47 Streitig ist, ob abweichend hiervon bei nach dem MitbestG mitbestimmten Gesellschaften ein Kernbereich der Zuständigkeit der Geschäfts-

---

[124] *Scholz/Schneider* § 37 GmbHG Rn 10 m. w. N.

[125] *Scholz/Schneider* § 37 GmbHG Rn 12; *Lutter/Hommelhoff* § 37 GmbHG Rn 11; a. A. *Baumbach/Hueck* § 37 GmbHG Rn 6a: Geschäftsführer sind mangels restriktiver Satzungsbestimmung auch für außergewöhnliche Geschäftsführungsmaßnahmen so lange kompetent, bis ein abweichender Gesellschafterbeschluss vorliegt.

[126] *Scholz/Schneider* § 37 GmbHG Rn 30.

[127] Jedoch kann die Beschränkung der Geschäftsführungsbefugnisse den Anstellungsvertrag verletzen und den Geschäftsführer zur außerordentlichen Kündigung berechtigen, vgl. OLG Frankfurt GmbHR 1993, 288ff.

[128] OLG Düsseldorf ZIP 1984, 1478; OLG Nürnberg BB 2000, 2170; *Lutter/Hommelhoff* § 37 GmbHG Rn 12; weitergehend *Baumbach/Hueck* § 37 GmbHG Rn 9.

[129] *Lutter*, ZIP 1986, 1196; *Sina*, GmbHR 1990, 67.

führer anzuerkennen ist. Hiergegen spricht zum einen, dass die Mitbestimmungsgesetze auf der Grundlage des Gesellschaftsrechts aufbauen sollten, sowie zum anderen die fehlende Inbezugnahme des § 119 Abs. 2 AktG in § 25 MitbestG.[130] Sonderregelungen gelten allerdings für den Arbeitsdirektor, dem ein unentziehbares, auf andere Geschäftsführer nicht übertragbares Mindestressort im Bereich der Personal- und Sozialangelegenheiten bleiben muss.[131]

Die Gesellschafter bzw. das an ihrer Stelle im Gesetz oder Gesellschafts- **48**
vertrag bestimmte Organ dürfen **Weisungen** nur in Übereinstimmung mit dem Gesetz und dem Gesellschaftsvertrag erteilen. Solange diese äußersten Grenzen nicht verletzt sind, muss der Geschäftsführer auch solche Weisungen befolgen, die der Gesellschaft offensichtlich wirtschaftlich nachteilig sind.[132] Liegt die Weisungsberechtigung, wie im Regelfall, bei den Gesellschaftern, haben sie ihre Entscheidung grundsätzlich in einer Gesellschafterversammlung zu treffen, so dass Minderheitsgesellschafter an der Willensbildung teilnehmen können.

Bei der sich anschließenden Frage, ob der Geschäftsführer verpflichtet **49**
ist, ihm erteilte Weisungen, die den vorgenannten Voraussetzungen nicht genügen, zu befolgen, muss differenziert werden: Ist der Beschluss wegen inhaltlicher Mängel nichtig (insbesondere bei Verstoß gegen gesetzliche Vorschriften, die ausschließlich oder überwiegend dem Schutz der Gesellschaftsgläubiger dienen (z. B. § 30, 43 Abs. 3 GmbHG))[133] oder die sonst im öffentlichen Interesse zu befolgen sind, darf der Geschäftsführer die Weisung nicht befolgen. Ist der Beschluss demgegenüber nur aus verfahrensrechtlichen Gründen nichtig, z. B. mangelhafte Ladung der Gesellschafter zur Gesellschafterversammlung,[134] steht es dem Geschäftsführer frei, eine entsprechende Maßnahme in eigener Verantwortung auszuführen.[135]

Einen anfechtbaren Beschluss hat der Geschäftsführer jedenfalls nach **50**
Ablauf der Anfechtungsfrist auszuführen. Solange die Anfechtungsfrist noch läuft, wird eine Pflicht zur Ausführung des Beschlusses überwiegend bejaht, wenn der Geschäftsführer davon auszugehen hat, dass eine Anfechtung nicht erfolgt.[136] Im Übrigen muss der Geschäftsführer in eigener Verantwortung entscheiden, ob er die Maßnahme durchführt.[137]

---

130 *Scholz/Schneider* § 37 GmbHG Rn 41 f.; *Overlack*, ZHR 141, 135; a. A. *Reuter/König*, ZHR 140, 508; *Vollmer*, ZRP 1979, 142: Die Regelung des Verhältnisses der Organe in der mitbestimmten GmbH entspreche derjenigen der AG; vermittelnd *Fitting/Wlotzke/Wißmann* § 25 MitbestG Rn 63; *Säcker*, DB 1977, 1845: Weisungen im Bereich des Tagesgeschäfts seien unzulässig.

131 *Fitting/Wlotzke/Wissmann* § 33 MitbestG Rn 31 ff. m. w. N; hierzu a. OLG Frankfurt DB 1985, 1459.

132 OLG Frankfurt ZIP 1997, 450.

133 BGH NJW 1992, 1166.

134 BGHZ 36, 207 = NJW 1962, 538.

135 *Fleck*, GmbHR 1974, 227; *Scholz/Schneider* § 43 GmbHG Rn 98.

136 *Scholz/Schneider* § 43 GmbHG Rn 102; *Ebenroth/Lange*, GmbHR 1992, 73.

137 Zu den haftungsrechtlichen Konsequenzen vgl. unten V.

51 Sind mehrere Geschäftsführer bestellt, kann ihnen die Geschäftsführung entweder als **Einzelgeschäftsführungsbefugnis** oder als **Gesamtgeschäftsführungsbefugnis** zustehen. Fehlen Satzungsregelungen, so ist von einer Gesamtgeschäftsführungsbefugnis auszugehen,[138] wobei die Geschäftsführungsentscheidungen von den Geschäftsführern grundsätzlich einstimmig und nicht im Wege einer Mehrheitsentscheidung zu treffen sind.[139] Den Gesellschaftern bzw. dem durch Gesetz oder Gesellschaftsvertrag bestimmten Organ steht es frei, hiervon abweichend allen oder einzelnen unter mehreren Geschäftsführern Einzelgeschäftsführungsbefugnis zu übertragen.

52 Mehrere Geschäftsführer sind verpflichtet, kollegial zum Wohle der Gesellschaft zusammenzuarbeiten. Zu diesem Zweck besteht insbesondere eine Verpflichtung zur gegenseitigen Information, und zwar auch dann, wenn den Geschäftsführern unterschiedliche Ressorts zugewiesen sind, denn dies entlastet die Geschäftsführer nicht, sich davon zu überzeugen, dass ihre Geschäftsführer-Kollegen ihre Geschäftsbereiche ordnungsgemäß leiten. Kommt ein Geschäftsführer zu dem Ergebnis, dass dies nicht der Fall ist, muss er eingreifen.[140] Ist ein Geschäftsführer mit einer Maßnahme seiner Mitgeschäftsführer nicht einverstanden, kann er dem widersprechen.[141] Dies entbindet allerdings nicht von der Verpflichtung, Maßnahmen von größerer Bedeutung im Vorhinein unter den Geschäftsführern abzustimmen.

53 In der Praxis bestehen häufig Geschäftsordnungen, in denen die Gesellschafter bzw. das durch Gesetz oder Gesellschaftsvertrag zuständige Organ die Verteilung der Ressorts und die interne Entscheidungsfindung innerhalb der Geschäftsführung verfahrensmäßig regeln. In Betracht kommt auch die Bestimmung eines Vorsitzenden oder Sprechers der Geschäftsführung.

54 **b) Vertretung.** Nach der – zwingenden – Regelung des § 35 Abs. 1 GmbHG obliegt dem Geschäftsführer die Vertretung der GmbH im Rechtsverkehr, mehrere Geschäftsführer sind – vorbehaltlich einer abweichenden Bestimmung im Gesellschaftsvertrag – gesamtvertretungsberechtigt (§ 35 Abs. 2 S. 2 GmbHG), lediglich für die Entgegennahme von Willenserklärungen ist trotz Gesamtvertretung in Bezug auf die Aktivvertretung eine Einzelvertretungsbefugnis gegeben (§ 35 Abs. 2 S. 3 GmbHG). Gilt mangels abweichender Bestimmung im Gesellschaftsvertrag gemäß Gesetz Gesamtvertretungsbefugnis und fällt einer von zwei Geschäftsführern weg, erhält der verbleibende Geschäftsführer automatisch Alleinvertretungsmacht.[142] Bei einer im Gesellschaftsvertrag angeordneten Gesamtvertre-

---

[138] So die h. M., vgl. *Scholz/Schneider* § 37 GmbHG Rn 21; *Lutter/Hommelhoff* § 37 GmbHG Rn 28; *Baumbach/Hueck* § 37 GmbHG Rn 16.

[139] *Scholz/Schneider* § 37 GmbHG Rn 21.

[140] *Jaeger* Anstellungsvertrag, S. 70; *Jula* Haftung, S. 7 f.

[141] BGH WM 1968, 1329; *Scholz/Schneider* § 37 GmbHG Rn 26; *Roth*, ZGR 1985, 267.

[142] *Baumbach/Hueck* § 35 GmbHG Rn 52; *Lutter/Hommelhoff* GmbHG § 35 Rn 25.

tung entsteht demgegenüber keine Alleinvertretungsmacht, vielmehr muss ggf. ein Notgeschäftsführer bestellt werden.[143]

Darüber hinaus ist es möglich, eine Vertretung der Gesellschaft durch Geschäftsführer und Prokurist vorzusehen (sog. unechte Gesamtvertretungsbefugnis), vorausgesetzt die Vertretung ist so gestaltet, dass sie stets auch ohne Prokuristen stattfinden kann. Bei einer Gesellschaft, die nur einen Geschäftsführer hat, darf also die wirksame Vertretung der Gesellschaft nicht an die Zustimmung eines Prokuristen geknüpft werden. In diesem Fall muss der Geschäftsführer vielmehr stets Einzelvertretungsbefugnis haben.[144]

Die Vertretung im Außenverhältnis liegt auch dann bei den Geschäftsführern, wenn im Innenverhältnis die Zustimmung der Gesellschafter einzuholen ist. Die Geschäftsführer können die GmbH also wirksam verpflichten, auch wenn sie mangels Einholung der Zustimmung der Gesellschafter gegen den Gesellschaftsvertrag verstoßen. Lediglich für nicht zum Außenverkehr gehörende Rechtsgeschäfte, insbesondere für gesellschaftsrechtliche Rechtsgeschäfte und satzungsändernde Erklärungen,[145] fehlt den Geschäftsführern die Vertretungsmacht. Dies gilt auch für den rechtsgeschäftlichen Verkehr mit (gegenwärtigen oder früheren) Geschäftsführern. Für die Vertretung der GmbH in Rechtsstreitigkeiten mit Geschäftsführern müssen die Gesellschafter (vgl. § 46 Nr. 8 GmbHG), ggf. stillschweigend, einen besonderen Vertreter bestimmen.[146] Ist bei der GmbH ein Aufsichtsrat gebildet, wird die Gesellschaft nach §§ 52 Abs. 1 GmbHG, 112 AktG durch den Aufsichtsrat vertreten.[147]

IV. Die dienstvertragliche Stellung des Geschäftsführers

55 Neben dem durch die Bestellung des Geschäftsführers begründeten Organverhältnis zur GmbH, die den Geschäftsführer zugleich zum (mittelbaren) Vertreter der KG werden lässt, besteht regelmäßig noch eine schuldrechtliche Beziehung,[148] auf deren Grundlage der Geschäftsführer für die Gesellschaft tätig wird und aus der sich weitere Pflichten ergeben (können), die aber vor allem die Rechte des Geschäftsführers in Bezug auf seine Anstellung regelt (sog. Doppelstellung des GmbH-Geschäftsführers).

1. Mögliche Vertragspartner des Anstellungsvertrags

56 Partner des Geschäftsführers beim Abschluss des Anstellungsvertrags kann sowohl die GmbH sein, deren Organ der Geschäftsführer ist, als auch – sog. Drittanstellung – die KG oder eine dritte, regelmäßig konzernver-

---

143 *Baumbach/Hueck* § 35 GmbHG Rn 60; *Lutter/Hommelhoff* GmbHG § 35 Rn 34; *Scholz/Schneider*, § 35 GmbHG Rn 78.

144 Dafür *Scholz/Schneider* § 35 GmbHG Rn 72, dagegen *Rowedder/Koppensteiner*, § 35 Rn 74.

145 *Baumbach/Hueck* § 35 GmbHG Rn 37 ff.

146 BGH DStR 1993, 843, 844.

147 OLG München NZG 2003, 634.

148 St. Rspr., vgl. nur BAG NZA 1999, 839.

bundene Gesellschaft. Die Drittanstellung[149] ist unabhängig davon zulässig, ob der Geschäftsführer ausschließlich für die GmbH bzw. die GmbH & Co. KG tätig wird oder ob die Geschäftsführung nur Teil einer umfassenderen Aufgabe in einem Konzern ist.[150] Für den Abschluss des Anstellungsvertrags bei der anstellenden Gesellschaft ist das für diese jeweils handlungsberechtigte Organ zuständig.

57 Wird also der Anstellungsvertrag des Geschäftsführers **mit der GmbH** geschlossen, so ist mangels abweichender gesellschaftsvertraglicher Regelungen analog § 46 Nr. 5 GmbHG die Gesellschafterversammlung für den Abschluss des Vertrags[151] und etwaige spätere Änderungen der Anstellungsbedingungen[152] zuständig. Bei nach **MitbestG** mitbestimmten Gesellschaften ist abweichend hiervon der Aufsichtsrat zuständig. Obwohl § 31 Abs. 1 MitbestG nur hinsichtlich der Bestellung und des Widerrufs der Bestellung auf § 84 AktG verweist, bilden Bestellung und Abschluss des Anstellungsvertrags einen zusammengehörigen Vorgang, der nur einheitlich bei einem Organ angesiedelt sein kann. Anderenfalls könnte durch die Ausgestaltung des Vertrags oder gar durch dessen Kündigung der Tätigkeit des vom Aufsichtsrat bestellten Geschäftsführers der Boden entzogen werden.[153] Anders als bei Bestellung und Abberufung kann der Abschluss des Anstellungsvertrags aber auf einen Ausschuss des Aufsichtsrats übertragen werden.[154]

58 Bei Abschluss des Anstellungsvertrags **mit der KG** wird die KG durch die GmbH vertreten. Hat die GmbH diese neben dem Geschäftsführer, dessen Vertrag geschlossen werden soll, weitere vertretungsberechtigte Geschäftsführer, können diese die KG (mittelbar) vertreten. Der Geschäftsführer, dessen Anstellungsvertrag abgeschlossen werden soll, darf nur dann selbst tätig werden, wenn im KG-Vertrag oder durch einen mit satzungsändernder Mehrheit ergangenen Gesellschafterbeschluss der KG das Selbstkontrahieren im Einzelfall gestattet wird.[155] Fehlt eine solche Gestattung des Insichgeschäfts durch die KG, obliegt es der GmbH, das Hindernis zu beseitigen, dass ihr Geschäftsführer nach § 181 BGB eine Vereinbarung nicht treffen kann und sie insoweit ohne gesetzlichen Vertreter ist. Der Mangel kann entweder durch die Bestellung eines weiteren Geschäftsführers oder durch einen auf den Vertragsabschluss gerichteten Gesellschafterbeschluss der GmbH behoben werden.[156]

Wird der Anstellungsvertrag **mit einer Konzerngesellschaft** geschlossen, sind die für deren Vertretung zuständigen Organe zum Abschluss des

---

[149] BAG ZIP 1992, 1496; BGH NZA 1995, 1070 (betr. Anstellungsvertrag mit KG); *Tillmann/Mohr* Geschäftsführer Rn 53 (für Verträge mit anderen Konzerngesellschaften).

[150] *Tillmann/Mohr* Geschäftsführer Rn 53.

[151] Vgl. BGH NJW 1991, 1727 f.; *Lutter/Hommelhoff* Anh. § 6 GmbHG Rn 6.

[152] BGH NJW 1991, 1680 f.

[153] BGHZ 89, 48, 52; *Fitting/Wlotzke/Wißmann* § 6 MitbestG Rn 34 m. w. N.

[154] Allg. M. vgl. nur BGHZ 65, 190; MünchKommAktG-*Hefermehl/Spindler* § 84 Rn 47 m. w. N.

[155] BGH DB 1970, 389.

[156] BGH a.a.O.

Vertrags berechtigt. Teilweise wird darüber hinaus empfohlen, die Gesellschafterversammlung der GmbH dem Anstellungsvertrag zustimmen zu lassen, um Divergenzen zwischen vertraglichen und organschaftlichen Pflichten zu vermeiden.[157]

Auch in einer **paritätisch mitbestimmten Gesellschaft** ist eine Drittanstellung nicht ausgeschlossen. Um jedoch den Einfluss des Aufsichtsrats der mitbestimmten Gesellschaft sicherzustellen, bedarf der Anstellungsvertrag, obwohl nicht mit der mitbestimmten Gesellschaft abgeschlossen, hier in jedem Fall der Zustimmung des Aufsichtsrats/Personalausschusses der Gesellschaft, deren Organ der Geschäftsführer ist.[158] **59**

2. Rechtsnatur des Anstellungsvertrags

Abgesehen von den Ausnahmefällen, in denen ein Geschäftsführer aufgrund eines unentgeltlichen Auftrags tätig wird,[159] handelt es sich bei dem Anstellungsvertrag des Geschäftsführers entweder um einen (freien) Dienstvertrag oder um einen Arbeitsvertrag. **60**

Besteht der Geschäftsführer-**Anstellungsvertrag mit der GmbH**, zu deren Organ der Geschäftsführer bestellt ist, entsprach es ursprünglich der ständigen Rechtsprechung sowohl des BGH[160] als auch des BAG,[161] dass ein Dienstvertrag und kein Arbeitsvertrag vorliege, unabhängig davon, wie weitgehend die Weisungsgebundenheit des Geschäftsführers im Innenverhältnis ausgestaltet war.[162] Hiervon hat das BAG sich durch Urteil vom 26. 5. 1999[163] gelöst und ausgeführt, das Anstellungsverhältnis einer (stellvertretenden) GmbH-Geschäftsführerin könne im Einzelfall durchaus ein Arbeitsverhältnis sein. Die Abgrenzung richte sich nach den allgemeinen Kriterien zur Abgrenzung freier Dienstverhältnisse von Arbeitsverträgen.[164] Es könne nicht davon ausgegangen werden, dass der Inhalt der vom GmbH-Geschäftsführer geschuldeten Dienste eine Weisungsabhängigkeit gegenüber der Gesellschaft im arbeitsrechtlichen Sinne ausschließe. Hierbei werde nicht berücksichtigt, dass die Repräsentation der Gesellschaft, die unternehmerische Willensbildung und die Wahrnehmung von Arbeitgeberfunktionen auch dann möglich seien, wenn einzelne Mitglieder der Geschäftsführung wegen entsprechender Weisungsabhängigkeit materiellrechtlich als Arbeitnehmer anzusehen seien. Deshalb sei die Rechtsnatur des Vertrags stets unter Berücksichtigung der Umstände des Einzelfalls festzustellen.[165] Auf der Grundlage des Urteils des BAG vom 26. 5. 1999

[157] *Lutter/Hommelhoff* Anh. § 6 GmbHG Rn 9; *Tillmann/Mohr* Geschäftsführer Rn 54; *Fleck*, ZHR 1985, 388.

[158] Den Anforderungen des BGH-Urt. v. 14. 11. 1983 (NJW 1984, 733) wird damit Genüge getan. A. A. wohl *Fleck*, ZHR 1985, 389.

[159] Vgl. nur *Lutter/Hommelhoff* Anh. § 6 GmbHG Rn 2.

[160] BGH NJW 1978, 1434 f.; NJW 1984, 2528.

[161] Vgl. nur BAG NZA 1986, 68; NZA 1986, 792.

[162] Vgl. hierzu a. *Schwab*, NZA 1987, 839 f.

[163] BAG NZA 1999, 987.

[164] Ebenso *Kamanabrou*, DB 2002, 146, 147 f.

[165] Der Senat konnte von der Vorlage an den Gem. Senat der Obersten Gerichtshöfe des Bundes nur deshalb absehen, weil die Beantwortung dieser Frage letztlich

wird es damit erforderlich, bei allen Schutznormen, für welche eine gesetzliche Regelung über die (Nicht-)Geltung für Organmitglieder (wie sie z.B. in §§ 5 Abs. 1 S. 2 ArbGG, 14 Abs. 1 Nr. 1 KSchG, 5 Abs. 2 Nr. 1 BetrVG enthalten ist) fehlt (z. B. Kündigungsschutz nach SGB IX, MSchG, BErzGG), den Rechtscharakter des Vertrags nach Maßgabe der allgemeinen Kriterien zu beurteilen. Entscheidend hierfür ist der Grad der persönlichen Abhängigkeit bei der Erbringung der Dienstleistung: Arbeitnehmer ist, wer die vertraglich geschuldete Arbeitsleistung im Rahmen einer von seinem Vertragspartner bestimmten Arbeitsorganisation erbringt. Ist der Beschäftigte in eine fremde Arbeitsorganisation in persönlicher Abhängigkeit eingegliedert, in welcher er einem umfassenden Weisungsrecht seines Vertragspartners in Bezug auf Inhalt, Durchführung, Zeit, Dauer, Ort und sonstige Modalitäten der Tätigkeit unterliegt, handelt es sich um einen Arbeitsvertrag. Kann der Geschäftsführer diese Modalitäten seiner Tätigkeit demgegenüber im Wesentlichen frei gestalten und unterliegt er nur dem unternehmerischen Weisungsrecht der Gesellschafter, ist er Dienstnehmer.[166]

61 Die vorgeschilderte Abgrenzung stellt sich nach dem BAG erst recht dann, wenn **Partner des Anstellungsvertrags** eine **andere Gesellschaft** ist, als diejenige, zu der das Organverhältnis besteht.[167] Seitdem das BAG durch Beschluss vom 20. 8. 2003 (s. Rn 92) den GmbH-Geschäftsführer auch als gesetzlichen Vertreter der KG ansieht, gelten die oben genannten Fiktionen auch im Verhältnis des Geschäftsführers zur KG. In allen anderen Fällen der Drittanstellung sind die auf den Organstatus abstellenden o. g. generellen Ausnahmen vom Anwendungsbereich arbeitsrechtlicher Gesetze nicht mehr einschlägig und es bedarf einer in jedem Einzelfall vorzunehmenden Abgrenzung zwischen Arbeits- und Dienstvertrag.[168]

3. Sozialversicherungsrechtliche Stellung des Geschäftsführers

62 Der Geschäftsführer unterliegt der gesetzlichen Sozialversicherungspflicht dann, wenn er in einem abhängigen Beschäftigungsverhältnis im Sinne des § 7 SGB IV steht.[169] Hierbei ist die arbeitsrechtliche und die sozialversicherungsrechtliche Bewertung nicht notwendig deckungsgleich.[170]

---

nicht entscheidungserheblich war, nachdem das Gericht unter Abwägung aller Umstände zu dem Ergebnis kam, zwischen den Parteien bestehe ein freies Dienstverhältnis. Wenn der 5. Senat des BAG gleichwohl die Frage nicht offen gelassen, sondern im Gegensatz zu der bisherigen Rspr. sowohl des BAG als auch des BGH entschieden hat, ist davon auszugehen, dass er seine Rspr. künftig in diesem Sinne fortsetzen wird.

[166] BAG NZA 1999, 987.

[167] BAG AP Nr. 1 zu § 14 KSchG; ZIP 1992, 1496; NZA 1995, 1070; BAG 5 AZB 21/98 (juris).

[168] Instruktiv LAG Hamm 18 Sa 845/00 (juris).

[169] I.V.m. § 5 Abs. 1 Nr. 1 SGB IV für die Krankenversicherung, § 20 Abs. 1 Nr. 1 SGB XI für die Pflegeversicherung, § 1 Nr. 1 SGB VI für die Rentenversicherung und § 24 Abs. 1 SGB III für die Arbeitslosenversicherung.

[170] *Louven*, DB 1999, 1069; BAG NZA 1999, 987, 989.

Nach der Rechtsprechung des BSG[171] steht jedenfalls ein Geschäftsführer, der am Kapital der Gesellschaft so erheblich beteiligt ist, dass er ihm unerwünschte Weisungen verhindern kann (in der Regel also bei einer Kapitalbeteiligung von mehr als 50 % oder – bei einer Minderheitsbeteiligung – wenn eine besonders ausgestaltete Sperrminorität besteht), nicht in einem sozialversicherungsrechtlichen Beschäftigungsverhältnis. Dies bedeutet allerdings nicht zwingend, dass jeder nur minderheitsbeteiligte Geschäftsführer oder Fremdgeschäftsführer in einem abhängigen Beschäftigungsverhältnis stünde. Hierzu genügt es nach dem BSG[172] nicht, dass der Geschäftsführer überhaupt an Weisungen gebunden ist, da auch ein Selbständiger sich grundsätzlich an Weisungen des Dienstberechtigten zu halten hat. Ist der Geschäftsführer lediglich bei bestimmten wichtigeren Geschäften in seiner Entscheidungsfreiheit beschränkt, ohne einem für die persönliche Abhängigkeit ausschlaggebenden Direktionsrecht der Gesellschaft in Bezug auf die Ausführung seiner Arbeit unterworfen zu sein, liegt eine selbständige Tätigkeit vor. Die Sozialversicherungsträger (und Sozialgerichte) beurteilen hierbei insbesondere etwaige Kataloge von Geschäften, zu denen der Geschäftsführer die Zustimmung der Gesellschafter einholen muss, sowie in welchem Maße dem Geschäftsführer im Einzelfall Anweisungen gegeben werden. Eine gewisse Bedeutung kommt auch der Befreiung von den Beschränkungen des § 181 BGB zu. Auf der anderen Seite reicht für die Annahme einer fehlenden persönlichen Abhängigkeit nicht aus, dass die Gesellschafter dem Geschäftsführer wegen dessen besonderer fachlicher Kompetenz keine inhaltlichen Weisungen für seine Tätigkeit geben können.[173] Abzulehnen ist die Ansicht des LSG Schleswig-Holstein,[174] dass das Bestehen eines vertraglichen Wettbewerbsverbots ein wesentliches Indiz für eine abhängige Beschäftigung sei. 63

Zweifelsfälle in Bezug auf die sozialversicherungsrechtliche Einordnung des Geschäftsführer-Anstellungsverhältnisses können durch das bei der Bundesversicherungsanstalt für Angestellte durchgeführte Anfrageverfahren nach § 7 a SGB IV geklärt werden. 64

4. Inhalt des Anstellungsvertrags

a) Übersicht. Obwohl der Geschäftsführer-Anstellungsvertrag keiner gesetzlichen Formvorschrift unterliegt, sollte er in jedem Fall zur Vermeidung von Unklarheiten über die Bedingungen der Anstellung schriftlich abgeschlossen werden. Für Gesellschafter-Geschäftsführer ist dies darüber hinaus deshalb geboten, damit der gegenüber dem Finanzamt für die Anerkennung des Geschäftsführergehalts als Betriebsausgabe notwendige Nachweis des Bestehens eines Anstellungsvertrags geführt werden kann.[175] 65

---

[171] BSG BB 1987, 406f.; NZA 1990, 911f.; NZA 1990, 950ff.; NZA 1991, 869f.; ferner *Louven*, DB 1999, 1061ff. Zum Insolvenzausfallgeld s.a. BGH ZIP 2003, 1662 teilw. abweichend vom BSG.

[172] BSG BB 1987, 406f.; BB 2000, 674.

[173] BSG NZA 1990, 950f.

[174] Az.: L 1 KR 33/00 (juris).

[175] *Tillmann/Mohr* Geschäftsführer Rn 35.

66 Üblicherweise enthält der Anstellungsvertrag zunächst Regelungen über die Geschäftsführungs- und Vertretungsbefugnis des Geschäftsführers und seine Verpflichtungen im Verhältnis zu den Gesellschaftern. Häufig findet sich ein Katalog derjenigen Geschäfte, bei denen der Geschäftsführer die Zustimmung der Gesellschafterversammlung einzuholen hat. Solche vertraglich niedergelegten Kataloge dürfen dem Geschäftsführer keinen weiteren Spielraum lassen als im Gesellschaftsvertrag vorgesehen. Demgegenüber sind weitergehende Restriktionen seiner Kompetenz zulässig.[176] Darüber hinaus enthält der Anstellungsvertrag üblicherweise Regelungen zu Arbeitszeit, Vergütung (inklusive etwaiger betrieblicher Altersversorgung), Urlaub, ggf. Versicherungen, Vertragsdauer und Beendigung. Nicht selten finden sich außerdem Abreden über Nebentätigkeit, Wettbewerb während der Vertragsdauer, Herausgabe von Unterlagen und Geheimhaltung. Teilweise werden auch nachvertragliche Wettbewerbsverbote vereinbart. Im Folgenden können lediglich die zentralen Punkte eines Anstellungsvertrags dargestellt werden.[177]

67 **b) Vergütungsregelungen.** Den Vertragsparteien steht bei der Festlegung der Vergütung des Geschäftsführers für seine Tätigkeit ein weiter Gestaltungsspielraum zu. Dieser wird näher bestimmt durch Schwierigkeit und Umfang der vom Geschäftsführer wahrzunehmenden Aufgaben sowie die damit verbundene Verantwortung, aber auch durch die wirtschaftlichen Verhältnisse der Gesellschaft; schließlich sollte das Gehaltsgefüge der sonstigen Mitarbeiter nicht völlig außer Betracht gelassen werden.

68 Die Zahlung eines unangemessen hohen Gehalts an einen Gesellschafter-Geschäftsführer stellt sich steuerrechtlich als **verdeckte Gewinnausschüttung** dar.[178] Allgemeine Regeln dafür, bis zu welcher Höhe die Bezüge angemessen sind, existieren nicht. Vielmehr muss nach Ansicht des BFH in jedem Einzelfall geprüft werden, ob die Gehaltszahlungen angemessen sind, so dass sie als abzugsfähige Betriebsausgaben anerkannt werden dürfen.[179] Handelt es sich dagegen um Zahlungen, die dem Grunde oder der Höhe nach über das hinausgehen, was ein ordentlicher und gewissenhafter Geschäftsleiter einer Kapitalgesellschaft einem Geschäftsführer als Tätigkeitsentgelt versprechen würde, liegt eine verdeckte Gewinnausschüttung vor. In die Angemessenheitsprüfungen sind sämtliche geldwerten Leistungen der Gesellschaft für ihren Geschäftsführer einzubeziehen.[180]

69 Um das Interesse des Geschäftsführers an dem wirtschaftlichen Ergebnis der Gesellschaft zu steigern, wird häufig neben laufenden Festbezügen eine

---

[176] *Jaeger* Anstellungsvertrag, S. 57 f.

[177] Ein ausführlich kommentiertes Muster findet sich bei *Jaeger* Anstellungsvertrag.

[178] Hierzu eingehend *Spitaler/Niemann*, Angemessenheit der Bezüge.

[179] Kriterien für diese Prüfung sind der Wert der Dienstleistung, der Vergleich mit Fremdgeschäftsführern, die Ertragsaussichten der Gesellschaft, die Gewährleistung der angemessenen Verzinsung des Eigenkapitals, vgl. *Tillmann/Mohr* Geschäftsführer Rn 228 ff.

[180] Vgl. z. B. zu Tantieme BFH GmbHR 1995, 385; BFH I 223/03 (juris); BFH DB 2004, 409; FG Köln 6 K 417/04 K, F (juris).

erfolgsabhängige variable Vergütung vereinbart. Auch hier stehen weitreichende Gestaltungsmöglichkeiten zur Verfügung. Wohl am häufigsten wird eine Tantieme vereinbart, deren Höhe an das wirtschaftliche Ergebnis[181] der Gesellschaft anknüpft. Beliebt sind auch Bonusregelungen, welche die Höhe der variablen Vergütung von der Erreichung von Budgetvorgaben oder persönlichen Zielen abhängig macht.[182] In jedem Fall sollte bei der Abfassung des Vertrags stets auf objektiv nachprüfbare Kriterien Wert gelegt werden. Gerade bei neu bestellten Geschäftsführern wird in der Praxis häufig eine Mindesttantieme oder ein Mindestbonus vereinbart, welche(r) zu einem späteren Zeitpunkt durch eine in voller Höhe variable Zahlung abgelöst wird. Bei einem Geschäftsführer, dessen Anstellungsvertrag mit der Komplementär-GmbH einer GmbH & Co. KG besteht, ist zu berücksichtigen, dass das operative Geschäft von der KG geführt wird und der Gewinnanteil der Komplementär-GmbH regelmäßig relativ niedrig liegt. Für eine angemessene Bewertung der Tätigkeit des Geschäftsführers in Bezug auf die Tantieme sollte daher die Berechnungsgrundlage nicht das Ergebnis der GmbH, sondern dasjenige der GmbH & Co. KG sein.[183]

In der Praxis wird dem Geschäftsführer häufig außerdem ein **Dienstwagen** zur Verfügung gestellt. Wird dabei das Recht, den Dienstwagen auch zu privaten Zwecken zu benutzen, eingeräumt, so handelt es sich hierbei um einen Teil der Geschäftsführervergütung. Der geldwerte Vorteil der Privatnutzung ist mangels abweichender Regelungen vom Geschäftsführer zu versteuern. Der zu versteuernde Pauschalbetrag wird üblicherweise ermittelt aus 1 % des Listenpreises und einer Kilometerpauschale für die Fahrten zur Arbeitsstätte.[184] Zur Vermeidung von Streitigkeiten ist eine detaillierte Regelung der Nutzungsberechtigung des Geschäftsführers sinnvoll. Dies betrifft zum einen den Umfang der Nutzung während der normalen Vertragsabwicklung[185] sowie ggf. Regelungen über die Weiternutzung des Dienstwagens im Fall einer Freistellung des Geschäftsführers von seinen Dienstpflichten. Fehlt im Geschäftsführervertrag eine Regelung zu dem letztgenannten Punkt, steht dem Geschäftsführer die Berechtigung zur Nutzung des Dienstwagens als einseitig nicht entziehbarer Vergütungsbestandteil auch dann zu, wenn er von seinen Dienstpflichten freigestellt ist.[186] Aus Gesellschaftssicht empfiehlt es sich daher, in den Vertrag eine Regelung aufzunehmen, wonach bei einer Freistellung des Geschäftsführers von den Dienstpflichten der Dienstwagen (entschädigungslos) zu- 70

[181] Eine am Umsatz bemessene Tantieme wird von der Finanzverwaltung regelmäßig als verdeckte Gewinnausschüttung beargwöhnt, BFH GmbHR 1999, 484; *Tillmann/Mohr* Geschäftsführer Rn 286.

[182] Insb. bei Gesellschaften, von denen ein positives Betriebsergebnis trotz aller Anstrengungen nicht erwartet werden kann.

[183] *Jaeger* Anstellungsvertrag, S. 115.

[184] Vgl. Abschn. 31 Abs. 7 LStR.

[185] Es sollte geregelt werden, ob die Gesellschaft die Kosten für alle durch die Privatnutzung anfallenden Kosten übernimmt oder ob nur eine eingeschränkte Kostenübernahme erfolgt.

[186] BAG NZA 1996, 415.

rückzugeben ist.[187] Wird dem Geschäftsführer ohne eine solche Regelung der Dienstwagen entzogen, liegt eine Vertragsverletzung vor, welche die Gesellschaft grundsätzlich zum Schadensersatz[188] in Höhe der steuerlichen Bewertung der privaten Nutzungsmöglichkeit[189] verpflichtet.

71 Da der Geschäftsführer im Regelfall nicht Arbeitnehmer ist und damit nicht dem EFzG unterfällt, bedarf der Anspruch auf **Entgeltfortzahlung im Krankheitsfall** einer vertraglichen Regelung. Damit übereinstimmend findet sich in nahezu jedem Geschäftsführer-Anstellungsvertrag ein Anspruch auf eine mindestens 6-wöchige Fortzahlung des Entgelts. Zahlreiche Geschäftsführer-Anstellungsverträge sehen darüber hinaus eine Ausdehnung der Entgeltfortzahlung auf einen längeren, zwischen 3 und 12 Monaten liegenden Zeitraum vor, teilweise schließt sich an die volle Entgeltfortzahlung auch ein Zeitraum an, in dem die Gesellschaft dem Geschäftsführer nur noch einen Zuschuss zum Krankengeld gewährt.[190] Bei Geschäftsführer-Anstellungsverträgen, welche eine an das Unternehmensergebnis anknüpfende variable Vergütung vorsehen, sollte darüber hinaus geregelt werden, ob und wie diese durch eine länger andauernde Arbeitsunfähigkeit tangiert wird. In Betracht kommt hier insbesondere eine anteilige Kürzung bei einer Arbeitsunfähigkeit, die über einen bestimmten Zeitraum hinaus andauert, weil hier davon ausgegangen werden kann, dass der Beitrag des Geschäftsführers zu dem wirtschaftlichen Ergebnis der Gesellschaft gemindert ist.

72 **c) Versorgungszusage.** Gegenstand eines Geschäftsführer-Anstellungsvertrags ist häufig auch eine Ruhegeldzusage. Diese gewinnt umso mehr an Bedeutung als die Rente aus der gesetzlichen Rentenversicherung immer weniger ausreicht, den Lebensstandard aus der aktiven Berufstätigkeit auch nur annähernd zu erhalten. Für die Ausgestaltung der Versorgungszusage kommen im Wesentlichen folgende Durchführungswege in Betracht:[191]

- Bei einer **Direktzusage** werden die späteren Ruhegeldzahlungen unmittelbar vom Unternehmen an den Geschäftsführer geleistet (vgl. § 1 Abs. 1 BetrAVG). In der Praxis schließen Unternehmen, die eine Direktzusage erteilt haben, nicht selten Rückdeckungsversicherungen ab, um auf diese Weise Vorsorge für die später fällig werdenden Versorgungsleistungen zu treffen. Zur Absicherung gegen Insolvenz werden solche Versicherungen teilweise an den Geschäftsführer und etwa weiter berechtigte Angehörige verpfändet.
- Die Leistungen können von einer **Unterstützungskasse**, einer **Pensionskasse** oder einem **Pensionsfonds** erbracht werden, welche ihre Mittel ganz oder teilweise von der Gesellschaft erhalten. Dieser Durchführungsweg spielt in der Praxis für Geschäftsführer eher eine geringe Rolle.

---

[187] Vgl. nur BGH DB 1990, 1126 f.
[188] BAG NZA 1996, 415.
[189] BAG NZA 1999, 1034.
[190] Vgl. *Jaeger* Anstellungsvertrag, S. 94 ff.
[191] Zu den steuerrechtlichen Implikationen s. *Heubeck/Schmauck* Altersversorgung, S. 45 ff., 139 ff.

- Schließlich kann das Unternehmen eine **Direktversicherung** zugunsten des Geschäftsführers abschließen (vgl. § 1 Abs. 2 BetrAVG). Die Auszahlung der Versorgungsleistungen nimmt im Versorgungsfall die Versicherungsgesellschaft vor.

Die Direktversicherungslösung hat den Vorteil, dass sowohl die Höhe der Beiträge der Gesellschaft als auch die spätere Versorgungsleistung an den Geschäftsführer durch die vereinbarte Versicherungssumme festliegen und dass das Unternehmen nicht später mit der administrativen Abwicklung der Versorgungszusage einschließlich etwa erforderlicher Anpassungsprüfungen belastet wird.[192] **73**

Als **Versorgungsfälle** werden in der Regel das Erreichen einer bestimmten Altersgrenze, Invalidität[193] sowie – in Bezug auf die Hinterbliebenenversorgung – der Tod festgelegt. Die reguläre Altersgrenze für den Bezug der Altersrente sollte auf das 65. Lebensjahr festgelegt werden, da dies der allgemeinen gesetzlichen Altersrente entspricht. **74**

Sind einem GmbH-Geschäftsführer Leistungen der Alters-, Invaliditäts- oder Hinterbliebenenversorgung aus Anlass seiner Tätigkeit für ein Unternehmen zugesagt worden, unterliegt diese Versorgungszusage nach dem Wortlaut des § 17 Abs. 1 S. 2 BetrAVG den Regelungen des **BetrAVG**. Trotz des weiten Wortlauts nimmt die Rechtsprechung vom Geltungsbereich des BetrAVG jedoch Zusagen an solche Organmitglieder aus, die selbst Unternehmer sind, d. h. sowohl vermögensmäßig als auch einflussmäßig mit der Gesellschaft so sehr verbunden sind, dass sie das Unternehmen als ihr eigenes betrachten könnten (sog. **Unternehmer-Geschäftsführer**). Dies trifft insbesondere zu auf als Geschäftsführer tätige Alleingesellschafter[194] und Mehrheitsgesellschafter[195] sowie nach dem BGH ausnahmsweise auf Minderheitsgesellschafter-Geschäftsführer, wenn diese zusammen mit anderen minderheitsbeteiligten Geschäftsführern zusammen über die Mehrheit der Stimmrechte verfügen[196] oder wenn diese durch die Hinzurechnung der Stimmen anderer Gesellschafter (z. B. aufgrund von Stimmbindungsverträgen) eine beherrschende Stellung einnehmen. Diese Rechtsprechung zu Minderheitsgesellschafter-Geschäftsführern begründet der BGH damit, dass die Geschäftsführer in diesem Fall zusammen die Geschicke des Unternehmens bestimmen können, dessen Gewinn- und Verlustrisiko sie infolge ihrer kapitalmäßigen Bindung überwiegend tragen, so dass sie nach der Verkehrsanschauung als typische Mit- **75**

---

[192] *Jaeger* Anstellungsvertrag, S. 131.

[193] D. h. Berufs- oder Erwerbsunfähigkeit bzw. – ab dem 1. 1. 2001 – Erwerbsminderung, vgl. § 43 SGB VI in der ab 1. 1. 2001 geltenden Fassung.

[194] BGHZ 77, 94, 101.

[195] BGHZ 77, 94, 102; nach *Höfer* § 17 BetrAVG Rn 5593, soll der zu genau 50 % beteiligte Geschäftsführer aus dem Anwendungsbereich des BetrAVG ausgeschlossen sein, weil er die Möglichkeit hat, alle ihm nicht genehmen Entscheidungen zu blockieren; i. d. S. auch obiter dictum BGHZ 77, 233, 242; LG Köln ZIP 2001, 1649 zu einer sich aus einem Treuhandverhältnis ergebenden Mehrheit.

[196] BGHZ 77, 241; BGHZ 108, 333; krit. *Scholz/Schneider* § 35 GmbHG Rn 203 c.

unternehmer anzusehen sind.[197] Für Geschäftsführer einer GmbH & Co. KG werden dabei dessen Beteiligungen an der GmbH und der KG zusammengerechnet.[198]

76 Die Anwendbarkeit des BetrAVG hat Bedeutung insbesondere für die Geltung der **Unverfallbarkeitsregeln** des § 1b BetrAVG,[199] der Möglichkeit zur **früheren Inanspruchnahme der Versorgungsleistung** (§ 6 BetrAVG), des **Insolvenzschutzes** (§§ 7 ff. BetrAVG) sowie der **Anpassungsverpflichtung** (§ 16 BetrAVG). Für Unternehmer-Geschäftsführer, die nicht unter den Geltungsbereich des BetrAVG fallen, dürfte jedoch an die frühere Rechtsprechung des BAG anzuknüpfen sein, wonach die Zusage eines Ruhegehalts spätestens nach 20-jähriger Unternehmenszugehörigkeit unverfallbar wird.[200]

77 In seltenen Ausnahmefällen kann die Versorgungsleistung widerrufen werden. Die Möglichkeit eines **Widerrufs** wegen wirtschaftlicher Notlage ist allerdings mit der zum 1. 1. 1999 wirksam gewordenen Streichung des § 7 Abs. 1 Nr. 5 BetrAVG entfallen; eine Eintrittspflicht des Pensions-Sicherungs-Vereins außerhalb einer Insolvenz oder eines außergerichtlichen Vergleichs besteht nicht mehr. Damit kommt ein Widerruf einer Versorgung wegen wirtschaftlicher Notlage nicht mehr in Betracht.[201] Ein Widerruf des Versorgungsanspruchs ist jedoch wegen Rechtsmissbrauchs zulässig bei **schwerwiegenden Verfehlungen des Geschäftsführers**. Voraussetzung dafür ist, dass der Geschäftsführer seine Pflichten in so grober Weise verletzt hat, dass sich die von ihm erbrachte Betriebstreue als wertlos oder zumindest erheblich entwertet herausstellt. Hierfür reichen Gründe, die eine fristlose Kündigung rechtfertigen, ebenso wenig aus wie die Tatsache, dass der Geschäftsführer sich gegenüber der Gesellschaft schadensersatzpflichtig gemacht oder Strafrechtsnormen verletzt hat. Bejaht wurde eine den Widerruf rechtfertigende grobe Pflichtverletzung bisher nur, wenn die Gesellschaft durch die Pflichtverletzung in eine ihre Existenz bedrohende Lage gebracht wurde.[202] Hieraus folgt zugleich, dass eine Versorgungsleistung im Regelfall nicht wegen einer Konkurrenztätigkeit nach Eintritt des Versorgungsfalls widerrufen werden kann.[203]

78 Versorgungsleistungen aus einem Vertragsverhältnis im Geltungsbereich des BetrAVG sind nach § 16 BetrAVG grundsätzlich in 3-jährigem Rhyth-

---

[197] BGHZ 77, 240; BGHZ 108, 333; BGH NJW 1980, 2254.

[198] *Tillmann/Mohr* Geschäftsführer Rn 414; *Höfer* § 17 BetrAVG Rn 3763.

[199] Nach BAG DB 2004, 2432 zählen für die gesetzliche Unverfallbarkeit nur die Zeiten, die aufgrund vertraglicher Beziehung zwischen dem Empfänger der Vorsorgungszusage und dem Unternehmen erbracht werden. Daraus folgt, dass Zeiten, die zunächst in einem Arbeitsverhältnis mit der KG und anschließend in einem Anstellungsverhältnis mit der GmbH erbracht werden, nicht zusammengerechnet werden. Es reicht nicht aus, dass die Tätigkeit der GmbH der KG wirtschaftlich zugute kommt.

[200] BAGE 24, 177; *Scholz/Schneider* § 35 GmbHG Rn 206.

[201] BAG DB 2004, 234.

[202] BGH NZA 2002, 511; vgl. ferner BAG DB 1982, 2411; BGH NJW 1984, 1529; BGH NZA-RR 1997, 147.

[203] BGH ZIP 200, 1452.

mus darauf zu überprüfen, ob nach billigem Ermessen eine Anpassung erforderlich ist. Im Rahmen dieser Prüfung sind die Belange des Versorgungsempfängers mit denjenigen des Unternehmens abzuwägen. Erstere sind ausreichend berücksichtigt, wenn die Erhöhung dem Anstieg des Preisindexes für die Lebenshaltung eines 4-Personen-Haushalts mit mittlerem Einkommen oder dem Anstieg der Nettoeinkommen vergleichbarer „Arbeitnehmer" des Unternehmens entspricht (vgl. § 16 Abs. 2 BetrAVG). Von einer hierdurch vorgegebenen Anhebung der Versorgungsleistung kann abgesehen werden, wenn die wirtschaftliche Lage des Unternehmens die Anpassung nicht zulässt, weil die Anpassungsbeträge nicht aus den Erträgen des Unternehmens und seinem Wertzuwachs finanzierbar sind.[204] Die **Anpassungsprüfungspflicht** entfällt gemäß § 16 Abs. 3 BetrAVG, wenn entweder das Unternehmen sich zu einer Anpassung der laufenden Leistungen von jährlich 1 % verpflichtet oder wenn die Versorgungszusage über eine Direktversicherung oder eine Pensionskasse durchgeführt wird, ab Rentenbeginn alle auf den Rentenbestand entfallenden Überschussanteile zur Erhöhung der laufenden Leistungen verwendet werden und zur Berechnung der garantierten Leistung der nach § 65 Abs. 1 Nr. 1 a VAG festgesetzte Höchstzinssatz zur Berechnung der Deckungsrückstellung nicht überschritten wird.

Während Versorgungszusagen für Fremdgeschäftsführer **steuerlich** wie solche für Arbeitnehmer behandelt werden, so dass für Direktzusagen Rückstellungen gebildet werden können und die Beiträge für Direktversicherungen als Betriebsausgaben abzugsfähig sind,[205] muss bei Zusagen an Geschäftsführer, die zugleich GmbH-Gesellschafter sind, zur Vermeidung der Annahme einer verdeckten Gewinnausschüttung besonders auf die Ernsthaftigkeit und Finanzierbarkeit der Zusage sowie deren Angemessenheit geachtet werden.[206] **79**

Ist der Geschäftsführer gleichzeitig Kommanditist, gelten besondere Regeln: Beschränkt sich die GmbH auf die Funktion als Komplementär der KG, dann finden unabhängig davon, ob die Versorgung von der GmbH oder der KG zugesagt wird, steuerrechtlich die für Mitunternehmer geltenden Grundsätze (§ 15 EStG) auch auf die Versorgungszusage Anwendung. Die Beiträge zu einer Direktversicherung sind nicht als Betriebsausgaben abzugsfähig. Übt die GmbH über ihre Funktion als Komplementär noch eine eigene deutlich abgrenzbare gewerbliche Tätigkeit aus, so wird für diesen Bereich die Versorgungszusage steuerlich anerkannt, selbst wenn der Geschäftsführer an der KG beteiligt ist und im Übrigen die Grundsätze des § 15 EStG gelten.[207] **80**

d) Wettbewerbsverbot. Aufgrund der zwischen Geschäftsführer und Gesellschaft bestehenden Treuepflicht unterliegt der Geschäftsführer auch ohne gesonderte Vereinbarung **während der Dauer seines Amts** einem **81**

---

[204] St. Rspr., vgl. BAG NZA 1985, 496; NZA 1989, 844.

[205] *Heubeck/Schmauck* Altersversorgung Rn 256.

[206] Ausführl. *Tillmann/Mohr* Geschäftsführer Rn 368 ff. für Direktzusage u. Rn 404 ff. für Direktversicherung.

[207] *Tillmann/Mohr* Geschäftsführer Rn 414 ff.

Wettbewerbsverbot. Dieses untersagt ihm ein konkurrierendes Handelsgewerbe zu betreiben oder auch nur einzelne Geschäfte im Geschäftszweig der Gesellschaft auszuführen.[208] Ebenso wenig darf der Geschäftsführer persönlich haftender Gesellschafter einer konkurrierender Handelsgesellschaft oder beherrschender Gesellschafter einer konkurrierenden Kapitalgesellschaft werden. Ob darüber hinaus auch eine Minderheitsbeteiligung, bei der auch aus anderem Grund kein maßgeblicher Einfluss auf die Geschäftsführung ausgeübt werden kann, kraft Gesetzes unzulässig ist, wird nicht einheitlich beurteilt.[209] Schließlich ist es dem Geschäftsführer nach h. M. untersagt, denkbare geschäftliche Möglichkeiten, die er für die Gesellschaft wahrnehmen könnte, zu seinen eigenen Gunsten oder zugunsten Dritter zu nutzen, soweit der Bereich des satzungsmäßigen Unternehmensgegenstandes oder des über den Gesellschaftsvertrag hinaus tatsächlich wahrgenommenen Gegenstands der Geschäftstätigkeit der Gesellschaft reicht.[210]

82 Das Wettbewerbsverbot beginnt mit der Übernahme des Geschäftsführeramts, ggf. auch schon mit einer in Bezug auf die spätere Amtsübernahme aufgenommenen tatsächlichen Tätigkeit. Mangels Vereinbarung eines nachvertraglichen Wettbewerbsverbots endet es jedenfalls mit der Beendigung des Anstellungsvertrags.[211] Ausnahmsweise sind Wettbewerbshandlungen des Geschäftsführers zulässig, wenn ihm die jeweils zuständigen Gesellschafter entweder generell oder im Einzelfall gestatten, konkurrierend tätig zu werden.[212]

83 Vorstehende Regelungen gelten entsprechend zugunsten der GmbH & Co. KG, da der Geschäftsführer der Komplementär-GmbH einer GmbH & Co. KG verpflichtet ist, keine Handlungen vorzunehmen, welche der GmbH & Co. KG schaden könnten.[213] Unabhängig hiervon sollte schon zum Zwecke des Hinweises des Geschäftsführers auf seine Verpflichtungen ein Wettbewerbsverbot auch zugunsten der GmbH & Co. KG in den Anstellungsvertrag des GmbH-Geschäftsführers aufgenommen werden.[214] Eine ausdrückliche vertragliche Regelung erlaubt es außerdem, die Reichweite des Wettbewerbsverbots (z. B. Minderheitsbeteiligung an konkurrierenden Unternehmen) den Bedürfnissen der Gesellschaft entsprechend zu regeln.

---

[208] *Jaeger* Anstellungsvertrag, S. 89 ff.; *Tillmann/Mohr* Geschäftsführer Rn 190 ff.

[209] Für zulässig halten dies z. B. *Tillmann/Mohr* Geschäftsführer Rn 194; *Scholz/Schneider*, GmbHG § 43 Rn 129; für unzulässig z. B. *Jaeger* Anstellungsvertrag, S. 89.

[210] *Lutter/Hommelhoff* Anh. § 6 GmbHG Rn 20 ff.; *Baumbach/Hueck* § 35 GmbHG Rn 22 a; BGH GmbHR 1983, 300; GmbHR 1986, 42 f.; GmbHR 1989, 365 ff.

[211] Davon geht jedenfalls BGH ZIP 1988, 47 aus. Ob das Verbot schon vorher endet, wenn der Geschäftsführer abberufen und während des Laufs der Kündigungsfrist freigestellt wird, ist unklar. Dafür z. B. OLG Oldenburg NZG 2000, 1038.

[212] *Baumbach/Hueck* § 35 GmbHG Rn 23; *Lutter/Hommelhoff* Anh. § 6 GmbHG Rn 23. Im Fall eines Gesellschafter-Geschäftsführers kann die Gestattung einer Wettbewerbstätigkeit eine verdeckte Gewinnausschüttung darstellen, vgl. hierzu *Jaeger* Anstellungsvertrag, S. 90 f.

[213] *Hesselmann/Tillmann* GmbH & Co. Rn 410.

[214] *Hesselmann/Tillmann* GmbH & Co. Rn 411.

Verstößt der Geschäftsführer gegen das vertragliche Wettbewerbsverbot, muss er mit einer fristlosen Kündigung seines Anstellungsvertrage und der Geltendmachung von Schadensersatzansprüchen bzw. – soweit vertraglich vereinbart – einer Vertragsstrafe rechnen. Die Gesellschaft ist jedoch nicht berechtigt, unabhängig von solchen eigenen Ansprüchen gegen den Geschäftsführer die Vergütungszahlung einzustellen.[215] Alternativ kann die Gesellschaft die Herausgabe der vom Geschäftsführer aus dem Vertrag gezogenen Vorteile verlangen.[216] **84**

Einer besonderen Vereinbarung bedarf die anstellungsvertragliche Verpflichtung[217] des Geschäftsführers zur Einhaltung eines Wettbewerbsverbots für die Zeit nach Beendigung des Anstellungsvertrags. Da ein solches **nachvertragliches Wettbewerbsverbot** in der Regel nur gegen Zahlung einer Karenzentschädigung wirksam ist, sollte stets genau geprüft werden, ob ein Wettbewerbsverbot tatsächlich erforderlich ist, um nennenswerte Wettbewerbsnachteile auszuschließen. **85**

Für nachvertragliche Wettbewerbsverbote mit Organen juristischer Personen existieren keine gesetzlichen Regelungen. Eine entsprechende Anwendung der für Arbeitnehmer geltenden §§ 74 ff. HGB, die von weiten Teilen des Schrifttums unter Hinweis auf die bei Fremdgeschäftsführern typischerweise bestehende wirtschaftliche und soziale Abhängigkeit befürwortet wird,[218] schließt die Rechtsprechung des BGH aus:[219] Nach Ansicht des BGH ist die den HGB-Vorschriften zugrunde liegende Abwägung zwischen den Arbeitgeber- und den Arbeitnehmerinteressen mit der Interessenlage zwischen Gesellschaft und Organmitglied nicht vergleichbar, da das Organmitglied weitaus mehr als der Angestellte die Gesellschaft repräsentiere und sich geschäftliche Beziehungen auf dessen Person konzentrierten. Die Gefahr der Schädigung des Unternehmens aus einer Konkurrenztätigkeit sei daher bei einem Geschäftsführer sehr viel stärker als bei einem Arbeitnehmer.[220] Statt nach HGB ermittelt der BGH die Grenzen nachvertraglicher Wettbewerbsverbote mit Organmitgliedern aus § 138 BGB i.V.m. Art. 2 und 12 GG. Dies bedeutet nach Ansicht des BGH allerdings nicht, dass nicht doch einzelne Regelungen aus den §§ 74 ff. HGB angewendet werden können. Im Gegenteil, diejenigen Regelungen, deren Ziel in der Wahrung der besonderen Interessen des Unternehmens bestehen, sollen anwendbar sein. So hat der BGH[221] dem Unternehmen die Möglichkeit eröffnet, sich trotz fehlender Regelung über einen Verzicht auf das Wettbewerbsverbot entsprechend § 75 a HGB von einer Wettbewerbsabrede zu lösen.[222] **86**

---

215 BGH NJW-RR 1988, 352.

216 *Baumbach/Hueck* § 35 Rn 24.

217 Gesellschafter-Geschäftsführer können auch einem *gesellschaftsvertraglichen* Wettbewerbsverbot unterliegen. Hierzu s. § 26.

218 *Bauer/Diller* Wettbewerbsverbote 716 m. w. N.

219 Grundlegend BGHZ 91, 1 ff. = NJW 1984, 2366.

220 BGHZ 91, 1, 4.

221 BGH NJW 1992, 1892.

222 Zum Verzicht auf das nachvertragliche Wettbewerbsverbot s. a. die Entscheidung BGH BB 2002, 800, aus der nicht deutlich wird, ob der kurz vor Vertragsende erklärte Verzicht als solcher oder nur der daraus resultierende Wegfall der Karenzent-

Im Ergebnis differenziert der BGH damit in der Weise, dass die Vorschriften aus §§ 74 ff. HGB, die dem Schutz des Geschäftsführers dienen, nur zur Ausfüllung der Generalklausel des § 138 BGB herangezogen werden können, während die Regelungen aus den §§ 74 ff. HGB, welche den Schutz des Unternehmens bezwecken, entsprechend auf Wettbewerbsverbote mit Organmitgliedern anzuwenden sind.[223] Abgesehen davon, dass diese Rechtsprechung in erheblichem Maße zur Unsicherheit beiträgt, ist die Argumentation des BGH deshalb zweifelhaft, weil auch bei Anwendung der Regelungen der §§ 74 ff. HGB ein ausreichender Schutz des Unternehmens vor einer vom Geschäftsführer ausgehenden und möglicherweise stärkeren Beeinträchtigung seiner Unternehmensinteressen möglich ist.[224] Damit rechtfertigt die Prämisse einer stärkeren Gefährdung des Gesellschaftsinteresses durch einen Geschäftsführer als durch einen Arbeitnehmer nicht die Herausnahme des in wirtschaftlich und sozial abhängiger Stellung beschäftigten Fremdgeschäftsführers aus dem Anwendung der §§ 74 ff. HGB.

87 Unter Zugrundelegung der BGH-Rechtsprechung sind Wettbewerbsverbote mit Organmitgliedern zulässig, wenn sie dem Schutz eines berechtigten Interesses des Unternehmens dienen und die Berufsausübung sowie die wirtschaftliche Betätigung des Organmitglieds nicht unbillig erschweren.[225] Das **berechtigte Interesse der Gesellschaft** besteht bereits dann, wenn es Anlass zu der Befürchtung gibt, der Geschäftsführer werde seine durch die Geschäftsführertätigkeit erlangten geschäftlichen Kenntnisse und Beziehungen verwerten, um in die Geschäftsbeziehungen der Gesellschaft mit Kunden und/oder Lieferanten einzubrechen.[226] Entsteht eine Gefährdung der Interessen des Unternehmens allein aus einem Einbrechen des Geschäftsführers in den Kundenkreis der Gesellschaft, so kann dem mit einen Kundenschutzklausel begegnet werden; für ein Wettbewerbsverbot fehlt dann ein berechtigtes Interesse. Eine unbillige Erschwerung der beruflichen Tätigkeit des Geschäftsführers ist anzunehmen, wenn der zeitliche, räumliche oder gegenständliche Geltungsbereich des Verbots zu weit gefasst ist. Als zeitliche Höchstgrenze für die Vereinbarung eines Wettbewerbsverbotes sieht der BGH[227] i. d. R. den Zeitraum von 2 Jahren. In gegenständlicher und räumlicher Hinsicht ist das Wettbewerbsverbot zu beschränken auf die Geschäftsgegenstände und Gebiete, in denen die Gesellschaft tätig ist. Ob bei einem zu weitreichenden Wettbewerbsverbot eine geltungserhaltende Reduktion der Wettbewerbsabrede auf das zulässige Maß in Betracht kommt, ist streitig,[228] in jedem Fall sollte eine salvatorische Klausel vertraglich vereinbart werden.

---

schädigungspflicht unwirksam sei. Eine dogmatische Begründung der Entscheidung unter Berücksichtigung der Frage der Anwendbarkeit der §§ 74 ff. HGB fehlt.

[223] *Bauer/Diller* Wettbewerbsverbote Rn 716.

[224] Eingehend *Bauer/Diller* Wettbewerbsverbote Rn 716.

[225] BGHZ 91, 1, 5; BGH BB 2002, 800; *Bauer/Diller* Wettbewerbsverbote Rn 719–721 a; *Jaeger* Anstellungsvertrag, S. 94 ff.

[226] *Jaeger* Anstellungsvertrag, S. 94; vgl. a. OLG Düsseldorf DB 1990, 1960.

[227] GmbHR 1990, 77, 79.

[228] Vgl. Darstellungen bei *Jaeger* Anstellungsvertrag, S. 98 und *Bauer/Diller* Wettbewerbsverbote Rn 731 ff.; OLG Düsseldorf GmbHR 1999, 120, 122.

Obwohl § 74 Abs. 2 HGB nach der Rechtsprechung des BGH auf GmbH-Geschäftsführer keine Anwendung findet, entspricht es der ganz h. M., dass ein nachvertragliches Wettbewerbsverbot, welches die Aufnahme einer branchenbezogenen Tätigkeit ohne Entschädigung untersagt, jedenfalls den Fremdgeschäftsführer über Gebühr einschränkt und damit nach § 138 BGB i.V. m. Art. 12 GG unwirksam ist.[229] Gerade der Fremdgeschäftsführer verfügt nämlich häufig über branchenspezifische Kenntnisse, die es sehr schwierig erscheinen lassen, eine auch nur einigermaßen angemessene Tätigkeit in einer fremden Branche zu finden. Über diesen Grundkonsens hinaus gehen die Ansichten über die Höhe der geschuldeten Entschädigung jedoch auseinander. Eine Orientierung an § 74 Abs. 2 HGB birgt zumindest die Sicherheit, dass die Wirksamkeit eines nachvertraglichen Wettbewerbsverbots nicht an der Höhe der Karenzentschädigung scheitert. Nach überwiegender Meinung braucht diese Höhe der Karenzentschädigung allerdings nicht erreicht werden. Vielmehr wird es für zulässig erachtet, die Karenzentschädigung auf der Basis der festen Bezüge zu ermitteln, während die variablen Bezüge hierbei unberücksichtigt bleiben.[230] Bei unzureichender, nicht jedoch bei gänzlich fehlender[231] Karenzentschädigung, aber auch bei überzogenem Umfang der Reichweite des Wettbewerbsverbots ist streitig, ob damit das Wettbewerbsverbot insgesamt unwirksam ist[232] oder ob das Organmitglied – wie ein Arbeitnehmer – wählen kann, entweder den Wettbewerb zu unterlassen und die (vereinbarte) Karenzentschädigung zu verlangen oder Wettbewerb zu betreiben.[233] **88**

Streitig ist weiter, ob das Organmitglied sich anderweitiges Erwerbseinkommen auf die Karenzentschädigung anrechnen lassen muss.[234] Für eine Anrechnung sprechen die grundsätzlichen Erwägungen des BGH in seinem Urteil vom 17. 2. 1992, wonach die gesetzlichen Bestimmungen der §§ 74 ff. HGB jedenfalls dann anwendbar seien sollen, wenn sie die Wahrung der Unternehmensinteressen verfolgen, sowie die Tatsache, dass die Karenzentschädigung in der Sache eine Entschädigung für fehlende Erwerbsaussichten ist.[235] Für GmbH-Geschäftsführer, die in der Arbeitslosenversicherung versicherungspflichtig sind (s. Rn 62 f.) und die nach Beendigung ihres Anstellungsvertrags Arbeitslosengeld beziehen, ist zu berücksichtigen, dass der Arbeitgeber dieses Arbeitslosengeld nach § 148 **89**

---

229 *Jaeger*, BGH WM 1986, 1282; *Jaeger* Anstellungsvertrag, S. 97; *Bauer/Diller* Wettbewerbsverbote, Rn 738; dort auch zu den diskutierten Ausnahmen bei einer Kundenschutzklausel oder sehr kurzfristigen Wettbewerbsverboten.

230 *Jaeger* Anstellungsvertrag, S. 97; a. A. *Scholz/Schneider* § 43 GmbHG Rn 135.

231 Hier wird allg. von der vollständigen Unwirksamkeit des Wettbewerbsverbots ausgegangen, s. OLG Düsseldorf GmbHR 1990, 180 f.; *Jaeger* Anstellungsvertrag, S. 98; *Bauer/Diller* Wettbewerbsverbote Rn 741.

232 So *Bauer/Diller* Wettbewerbsverbote Rn 749.

233 So *Jaeger* Anstellungsvertrag, S. 98 unter H. auf BGHZ 91, 1 ff.; *Bauer/Diller* Wettbewerbsverbote Rn 749.

234 Hiergegen BGH DB 1991, 1508.

235 *Bauer/Diller* Wettbewerbsverbote Rn 751 (auch zur Möglichkeit einer über § 74 c HGB hinausgehenden Anrechnung).

SGB III zu erstatten hat, die erstatteten Beträge jedoch auf die Karenzentschädigung anrechnen darf, und zwar ohne die Anrechnungsgrenze des § 74 c HGB zu beachten.[236]

90 **Verstößt der Geschäftsführer** gegen das vereinbarte Wettbewerbsverbot, kann die Gesellschaft ihn, ggf. im Wege der einstweiligen Verfügung, auf **Unterlassung** in Anspruch nehmen. Denkbar ist auch eine Klage auf **Schadenersatz**. Solange dieser Wettbewerbsverstoß andauert, braucht die Karenzentschädigung nicht gezahlt zu werden (§ 323 Abs. 5 S. 1 BGB).[237] Da Schadensersatzansprüche aus Wettbewerbsverstößen vor allem im Hinblick auf den Nachweis eines kausal durch den Wettbewerbsverstoß verursachten Schadens problematisch sind, empfiehlt sich, die Wettbewerbsvereinbarung mit einer Vertragsstrafenabrede zu verbinden. Bei der Festsetzung der Vertragsstrafe ist zu berücksichtigen, dass diese zum einen den Zweck erfüllen muss, den Geschäftsführer von einer Verletzung des Wettbewerbsverbots abzuhalten, und dass andererseits eine zu hoch angesetzte Vertragsstrafe nicht zur Nichtigkeit der Regelung führt, sondern vielmehr vom Gericht gemäß § 343 Abs. 1 BGB auf ein angemessenes Maß herabgesetzt wird.[238] Bei der Auswahl der Sanktionen ist zu beachten, dass die Geltendmachung einer Vertragsstrafe für einen bestimmten Zeitraum die Geltendmachung eines Unterlassungsanspruchs für den gleichen Zeitraum ausschließt.[239]

5. Laufzeit und Beendigung

91 Schon infolge des Ausschlusses von Organvertretern aus dem Anwendungsbereich des KSchG (§ 14 Abs. 1 KSchG) ist die Position eines GmbH-Geschäftsführers i. d. R. weitaus ungesicherter als diejenige eines Arbeitnehmers. Dem sich daraus ergebenden Bedürfnis des Geschäftsführers an einer Sicherung zumindest seiner materiellen Lebensgrundlage wird in der Praxis auf verschiedene Weise Rechnung getragen: Eher selten findet sich bereits im Anstellungsvertrag eine Vereinbarung über eine bei Vertragsende zu zahlende Abfindung.[240] In der Regel wird entweder der Anstellungsvertrag befristet oder es werden lange Kündigungsfristen vereinbart, ggf. kombiniert mit einer Beschränkung auf bestimmte Kündigungstermine.[241] Die Befristung des Vertrags bedeutet mangels anderer Abrede, dass während der Laufzeit des Vertrags für beide Seiten eine ordentliche Kündigung ausgeschlossen ist.[242] Nur dann, wenn der Vertrag auf eine längere Zeit als 5 Jahre abgeschlossen ist, darf der Geschäftsführer als Dienstverpflichteter gemäß der zwingenden[243] Regelung des § 624 BGB nach Ablauf von 5 Jahren mit 6-monatiger Frist kündigen. Bei Geschäftsführern, die vor

---

[236] *Bauer/Diller* Wettbewerbsverbote Rn 775.
[237] BAG DB 1968, 2041.
[238] Im Einz. s. *Jaeger* Anstellungsvertrag, S. 105.
[239] *Bauer/Diller* Wettbewerbsverbote Rn 653 ff.
[240] *Jaeger* Anstellungsvetrag, S. 169.
[241] Vgl zu den untersch. Vertragsfassungen *Jaeger* Anstellungsvertrag, S. 148 ff.
[242] St. Rspr., vgl. BGH NJW 1990, 387 f.
[243] ErfK/*Müller-Glöge* § 624 BGB Rn 17 f.

ihrer Bestellung bereits in einem Arbeitsverhältnis zur Gesellschaft standen, finden sich gelegentlich auch Abreden, dass dieses Arbeitsverhältnis nach der Abberufung aus der Organstellung wieder auflebt.

92 **a) Ordentliche Kündigung. Geschäftsführeranstellungsverträge**, die **mit der GmbH**, deren Organ der Geschäftsführer ist, abgeschlossen sind, unterliegen kraft ausdrücklicher gesetzlicher Anordnung nicht dem gesetzlichen Kündigungsschutz des KSchG (§ 14 Abs. 1 KSchG). Eine ordentliche Kündigung setzt deshalb grundsätzlich nur die Einhaltung der Kündigungsfrist, nicht aber das Bestehen eines Kündigungsgrundes voraus. Ob ein Geschäftsführer von der Berufung auf etwaigen Sonderkündigungsschutz (z. B. nach § 85 SBG IX oder § 9 MSchG) ausgeschlossen ist,[244] ist durch das BAG-Urteil vom 26. 5. 1999[245] zweifelhaft geworden. Wenn das BAG es für möglich hält, dass ein Geschäftsführer Arbeitnehmer der Gesellschaft ist, ist konsequenterweise mangels einer dem § 14 Abs. 1 KSchG entsprechenden Ausnahmeregelung in den Sonderkündigungsschutz gewährenden Gesetzen davon auszugehen, dass diese Gesetze für in persönlicher Abhängigkeit beschäftigte Geschäftsführer Anwendung finden.

Der Ausschluss der Anwendbarkeit des KSchG gilt auf der Grundlage des Beschlusses des BAG vom 20. 8. 2003[246] auch, wenn bei einer GmbH & Co. KG der Geschäftsführervertrag mit der KG geschlossen ist. Unter Korrektur seiner früheren Rechtsprechung hat das BAG dort zu der im Wesentlichen gleich lautenden Rechtswegregelung des § 5 Abs. 1 S. 3 ArbGG entschieden, dass der Geschäftsführer der Komplementär-GmbH kraft Gesetzes zur Vertretung der KG berufen ist, denn die KG werde gesetzlich (§§ 161 Abs. 2, 125, 170 HGB) durch die GmbH vertreten und diese wiederum nach § 35 GmbHG durch ihren Geschäftsführer. Für § 14 Abs. 1 KSchG kann nichts anderes gelten.

93 Für einen Geschäftsführer, dessen **Anstellungsvertrag mit einer anderen Gesellschaft** als der KG oder der GmbH, zu deren Organ er bestellt ist, abgeschlossen wurde, greift der generelle Ausschluss der Anwendbarkeit des KSchG nicht ein, vielmehr ist in jedem Einzelfall zu prüfen, ob der Geschäftsführer ausreichend selbständig agieren kann, um als (freier) Dienstnehmer angesehen zu werden.[247] Anderenfalls ist die Kündigung eines länger als 6 Monate und in einem Betrieb mit mehr als 5 Arbeitnehmern (vgl. § 1, 23 KSchG) bestehenden Vertragsverhältnisses nur wirksam, wenn ein Kündigungsgrund nach dem KSchG vorliegt, die Kündigung also personen- oder verhaltensbedingt oder durch dringende betriebliche Gründe gerechtfertigt ist (vgl. § 1 Abs. 2 KSchG).[248]

---

[244] A. A. *Neumann/Pahlen/Majerski-Pahlen* SGB IX § 85 Rn 26 i.V.m. § 73 Rn 46; *Buchner/Becker* MSchG/BErzGG § 1 Rn 85; *Scholz/Schneider* § 35 GmbHG Rn 230 m. w. N.

[245] BAG NZA 1999, 987; hierzu s. o. Rn 60.

[246] NZA 2003, 1108.

[247] BAG AP Nr. 1 zu § 14 KSchG; BAG ZIP 1992, 1496.

[248] Auf die hier im Einzelnen bestehenden Anforderungen kann an dieser Stelle nicht eingegangen werden, vgl. vielmehr die Kommentierungen zum KSchG, z. B. *Hueck/von Hoyningen-Huene*, KSchG.

94 Als **gesetzliche Mindestkündigungsfrist** ist mangels einer Vereinbarung über eine längere Kündigungsfrist sowohl gegenüber dem Fremdgeschäftsführer[249] wie gegenüber dem nicht mehrheitsbeteiligten Gesellschafter-Geschäftsführer[250] die gesetzliche Mindestkündigungsfrist von 4 Wochen zum 15. oder zum Ende eines Monats (§ 622 Abs. 1 BGB) einzuhalten. Fremdgeschäftsführer und minderheitsbeteiligte Gesellschafter-Geschäftsführer können sich nach h. M. darüber hinaus auf die verlängerten Kündigungsfristen des § 622 Abs. 2 BGB berufen.[251]

95 **b) Außerordentliche Kündigung.** Eine außerordentliche (fristlose) Kündigung ist berechtigt, wenn Umstände vorliegen, die nach Abwägung aller Umstände des Einzelfalls einer der Vertragsparteien das **Festhalten am Vertrag** bis zum Ablauf der ordentlichen Kündigungsfrist oder der vereinbarten Befristung **nicht mehr zumutbar** erscheinen lassen (§ 626 Abs. 1 BGB). Dies kommt grundsätzlich nur bei schweren Pflichtverstößen in Betracht, beispielsweise der Aufstellung irreführender Bilanzen, der groben Missachtung von Gesellschafterweisungen oder der Begehung von Straftaten zum Nachteil der Gesellschaft.[252] Nach der Rechtsprechung des BGH[253] bedarf es vor der fristlosen Kündigung eines Geschäftsführers grundsätzlich keiner vorherigen Abmahnung, da der Geschäftsführer nicht einem Arbeitnehmer vergleichbar schutzbedürftig sei und er sich außerdem über die ihm obliegenden Pflichten und über die Tragweite etwaiger Pflichtverletzungen auch ohne besondere Hinweise und Ermahnungen im Klaren sein müsse.

96 Auch der Geschäftsführer ist in krassen Fällen einer Pflichtverletzung durch die Gesellschaft zur außerordentlichen Kündigung des Vertrags berechtigt. Eine solche Situation kann insbesondere bei gesetzeswidrigen Weisungen der Gesellschafter eintreten.[254]

97 Das Recht zur außerordentlichen Kündigung kann vertraglich nicht abbedungen werden.[255] Es können jedoch im Anstellungsvertrag bestimmte Umstände definiert werden, bei denen das Recht zur außerordentlichen Kündigung gegeben sein soll, z. B. die Eröffnung des Insolvenzverfahrens über das Vermögen der Gesellschaft, die Vornahme von Wettbewerbshandlungen oder schwere Verstöße gegen Weisungen der Gesellschafter. Tritt einer dieser Tatbestände ein und ist er grundsätzlich geeignet, einen wichtigen Grund für eine fristlose Kündigung darzustellen, bedarf es keiner zusätzlichen Abwägung der Einzelfallumstände. Genügt der definierte Sachverhalt demgegenüber den gesetzlichen Vorgaben für einen wichtigen

---

[249] BGHZ 79, 291 = NJW 1981, 1270.

[250] BGHZ 91, 217, 219 = NJW 1984, 2528.

[251] *Jaeger* Anstellungsvertrag, S. 220 m. Fn 302; *Bauer* Aufhebungsverträge III. Rn 24; LG Berlin DB 2001, 640; LAG Köln NZA-RR 1999, 300.

[252] Kasuistik bei *Jaeger* Anstellungsvertrag, S. 156 m. w. N.; *Baumbach/Hueck* § 35 GmbHG Rn 116; *Lutter/Hommelhoff* Anh. § 6 GmbHG Rn 57 ff.

[253] NZG 2002, 46; BGH NJW 2000, 1638.

[254] *Lutter/Hommelhoff* Anh. § 6 GmbHG Rn 56; MünchHdb. GesR III/*Marsch-Barner/Diekmann* § 43 Rn 97, jew. m. w. N.

[255] Allg. M., vgl. *Palandt/Weidenkaff* § 626 BGB Rn 2.

Grund im Sinne des § 626 BGB nicht, soll das Vertragsverhältnis unter Wahrung der gesetzlichen Mindestkündigungsfrist enden.[256]

Dringend zu beachten ist, dass eine außerordentliche Kündigung nur wirksam ist, wenn sie innerhalb von **2 Wochen ab Kenntniserlangung** von dem zur Kündigung berechtigenden Grund dem Erklärungsempfänger zugeht (§ 626 Abs. 2 BGB). Wird diese sog. Kündigungserklärungsfrist versäumt, ist eine fristlose Kündigung ohne Beachtung der Schwere des Vertragsverstoßes ausgeschlossen. Die Frist beginnt zu laufen, sobald diejenigen Umstände bekannt sind, welche die notwendige Grundlage für eine Entscheidung über eine außerordentliche Kündigung bilden.[257] Lediglich dann, wenn noch weitere Ermittlungen erforderlich sind, um eine Beurteilung des zur Kündigung veranlassenden Verhaltens vornehmen zu können, wird die 2-Wochen-Frist zunächst gehemmt.[258] Entscheidend für die Kenntnis auf Gesellschaftsseite ist die Kenntnis des zur Kündigung berechtigten Organs. Ist dieses – wie regelmäßig – ein Kollegialorgan, ist grundsätzlich auf die Kenntnis aller Mitglieder abzustellen.[259] Dabei löst nach dem Urteil des BGH vom 15. 6. 1998[260] – entgegen dessen früherer Rechtsprechung[261] – nicht schon eine außerhalb der Gesellschafterversammlung, sondern erst die nach deren Zusammentritt erlangte Kenntnis der für die Kündigung maßgeblichen Tatsachen den Beginn der Frist aus. Wird allerdings die Einberufung der Gesellschafterversammlung nach Kenntniserlangung von den zu ihrer Einberufung berechtigten Mitgliedern unangemessen verzögert, so muss die Gesellschaft sich so behandeln lassen, als wäre die Gesellschafterversammlung mit der billigerweise zumutbaren Beschleunigung einberufen worden. Hierdurch möchte der BGH dem kündigungsberechtigten Organ die Kündigungserklärungsfrist als echte Überlegungsfrist belassen, sie also nicht durch Zeiten aufzehren, die z. B. aufgrund von Ladungsfristen für die Einberufung des zur Kündigung berechtigten Organs erforderlich waren. **98**

Nicht zwingend ein wichtiger Grund für die außerordentliche Kündigung des Anstellungsvertrags sind die Gründe, bei deren Vorliegen der Geschäftsführer einer mitbestimmten Gesellschaft nach §§ 31 MitbestG, 84 Abs. 1 AktG abberufen werden kann.[262] Für mitbestimmte Gesellschaften ist deshalb aus Gesellschaftssicht eine Regelung zu empfehlen, nach welcher entweder der Anstellungsvertrag mit Wirksamwerden der Abberufung **99**

---

[256] BGH NJW 1989, 2683.

[257] Vgl. nur BGH NJW 1996, 1403.

[258] BAG DB 2003, 1685.

[259] BGH NJW 1998, 3274 f.; GmbHR 1993, 33 f.: Zurechnung der Kenntnis eines Mitgeschäftsführers zu den Gesellschaftern kommt nicht in Betracht; zur Zurechnung der Kenntnis eines Aufsichtsratsmitglieds, wenn dieses als anwaltlicher Vertreter der Gesellschaft bereits früher Kenntnis erlangt hat, vgl. zur KG NZG 2000, 101.

[260] BGH NJW 1998, 3278.

[261] Fristbeginn auch bei Kenntniserlangung durch alle Organmitglieder außerhalb einer Gesellschafterversammlung BGH NJW 1980, 2411 f.; DStR 1997, 1338.

[262] *Fitting/Wlotzke/Wissmann* § 31 MitbestG Rn 40.

nach § 84 AktG automatisch endet bzw. mindestens für den Fall einer Abberufung mit einer kurzen Frist gekündigt werden kann.

100 **c) Koppelung von Abberufung und Kündigung.** In zahlreichen Geschäftsführer-Anstellungsverträgen wird der Trennung von Organstellung und Anstellungsverhältnis dadurch Rechnung getragen, dass eine Abberufung als Kündigung zum nächstmöglichen Zeitpunkt[263] gilt, gelegentlich wird die Abberufung weitergehend sogar als Grund für eine außerordentliche Beendigung des Vertragsverhältnisses bezeichnet. Während gegen die erste Alternative keine rechtlichen Bedenken bestehen, führt die zweite Variante insbesondere bei Gesellschaften, deren Satzung entsprechend § 38 Abs. 1 GmbHG eine freie und jederzeitige Abberufbarkeit des Geschäftsführers vorsieht, im Ergebnis zu einer ordentlichen Kündigung ohne Einhaltung irgendeiner Kündigungsfrist. Selbst wenn man dies für unwirksam hielte und alternativ die gesetzliche Mindestkündigungsfrist anwenden würde, bestehen gegen eine solche Koppelungsklausel erhebliche rechtliche Bedenken.[264]

101 **d) Kündigungskompetenz.** Die Kündigung eines mit der GmbH abgeschlossenen Anstellungsvertrags hat aufgrund eines **Beschlusses der GmbH-Gesellschafter** zu erfolgen, sofern nicht eine andere Regelung im Gesellschaftsvertrag oder für mitbestimmte Gesellschaften in § 31 MitbestG i.V.m. § 84 AktG getroffen wurde. Fehlt eine Regelung, so ist im Zweifel das Organ zuständig, welches den Anstellungsvertrag abgeschlossen hat und welches auch für die Bestellung und Abberufung des Geschäftsführers zuständig ist.[265] Besteht der Anstellungsvertrag des GmbH-Geschäftsführers mit der KG, ist die Kündigung durch die KG, vertreten durch ihre Komplementärin, zu erklären. Dies wird dann problematisch, wenn die Komplementär-GmbH zur ordnungsgemäßen Vertretung gerade auf die Mitwirkung des Geschäftsführers angewiesen ist, dessen Vertragsverhältnis gekündigt werden soll. Wie beim Abschluss des Vertrags muss in dieser Situation wieder auf die Gesellschafter der Komplementär-GmbH zurückgegriffen werden.[266]

102 In der Regel, aber nicht notwendig wird der Beschluss zum Ausspruch der Kündigung zusammen mit der Abberufung gefasst. Ist der Geschäftsführer bei der Beschlussfassung über die Kündigung nicht zugegen, muss die Kündigung gesondert erklärt werden. Hierzu empfiehlt es sich dringend, in dem Beschluss über die Kündigung eine Person zu bevollmächtigen, welche namens der Gesellschaft die Kündigung erklärt. Zur Vermeidung einer Zurückweisung der Kündigung wegen fehlenden Nachweises der Vertretungsmacht (§ 174 BGB) ist der Kündigungserklärung ein Original dieses Beschlusses beizufügen.

---

[263] *Jaeger* Anstellungsvertrag, S. 155.

[264] Krit. BGH GmbHR 1998, 534; *Bauer* Aufhebungsverträge III. Rn 26ff. insb. u. H. auf die für das Organmitglied mangelnde Erkennbarkeit der Bedeutung einer solchen Koppelungsklausel (§ 305 c BGB) und auf § 622 Abs. 5 BGB.

[265] Vgl. nur *Lutter/Hommelhoff* Anh. § 6 GmbHG Rn 51.

[266] BGH DB 1970, 389, dazu s. Rn 58.

Die Kündigung selbst sollte zu Nachweiszwecken auch dann, wenn der Vertrag einen Schriftformzwang nicht vorsieht, schriftlich abgefasst werden. Hierbei ist die Angabe von Gründen nicht erforderlich, lediglich bei einer außerordentlichen Kündigung müssen auf Nachfrage Gründe mitgeteilt werden.[267] 103

e) Aufleben eines früheren Arbeitsvertrags? War ein Geschäftsführer vor seiner Bestellung Arbeitnehmer der Gesellschaft und wurde mit ihm aus Anlass der Bestellung zwar ein Geschäftsführer-Anstellungsvertrag neu abgeschlossen, der bestehende Arbeitsvertrag jedoch nicht aufgehoben, stellt sich nach Beendigung des Geschäftsführer-Anstellungsvertrags die Frage nach dem Schicksal des ursprünglichen Arbeitsvertrages. Während die frühere Rechtsprechung des BAG dahin lautete, dass der Arbeitsvertrag im Zweifel ruhend fortbestehe und bei einer Beendigung des Geschäftsführer-Anstellungsvertrages wieder auflebe,[268] geht das BAG später von der umgekehrten Zweifelsregelung aus, nämlich dass im Zweifel von einer Aufhebung auszugehen sei und nur in besonderen Fällen eine Fortdauer des ursprünglichen Arbeitsvertrages angenommen werden könne.[269] Seit der Einführung des Schriftformerfordernisses für die Aufhebung von Arbeitsverhältnissen (§ 623 BGB) ist eine konkludente Aufhebung jedoch problematisch, allenfalls lässt sich einem neu schriftlich abgeschlossenen Vertrag eine dem § 623 BGB genügende Aufhebung entnehmen.[270] Um für klare Verhältnisse Sorge zu tragen, empfiehlt es sich in jedem Fall, eine ausdrückliche Regelung über entweder eine Fortdauer des Arbeitsverhältnisses oder aber dessen Aufhebung in einen Geschäftsführer-Anstellungsvertrag aufzunehmen. 104

6. Streitigkeiten

Sofern die Parteien nicht nach § 2 Abs. 4 ArbGG den Rechtsweg zu den Arbeitsgerichten vereinbart haben, sind Streitigkeiten aus einem Anstellungsvertrag zwischen der **GmbH und dem bei ihr bestellten Geschäftsführer** vor dem Landgericht, hier der Kammer für Handelssachen (§ 95 Abs. 1 Nr. 4 a GVG), auszutragen. In diesem Rechtsstreit wird die Gesellschaft nur dann durch ihre Geschäftsführer vertreten, wenn die Gesellschafterversammlung[271] nach § 46 Nr. 8 GmbHG oder ein im Gesellschaftsvertrag eingerichteter Aufsichtsrat[272] dies beschließt. Ein Vertretungsmangel 105

[267] Ein Verstoß macht die Kündigung allerdings nicht unwirksam, es können lediglich Schadensersatzansprüche drohen, falls der Geschäftsführer in Kenntnis der wahren Kündigungsgründe keinen Prozess angestrengt hätte, vgl. ErfK/*Müller-Glöge* § 626 BGB Rn 304.

[268] BAG NZA 1986, 792.

[269] BAG NZA 1994, 212; vgl. a. BAG NZA 1996, 143.

[270] Hierzu vgl. *Krause*, ZIP 2000, 2284; *Holthausen/Steinkraus*, NZA-RR 2002, 281/287; *Haase*, GmbHR 2004, 279.

[271] BGH DStR 1993, 843. Daraus folgt zugleich, dass bei Vorliegen eines solchen Beschlusses die Gesellschafter, die nicht zugleich Geschäftsführer sind, als Zeugen vernommen werden können.

[272] OLG München NZG 2003, 633.

kann jedoch in jeder Lage des Verfahrens geheilt werden, insbesondere dadurch, dass sich der richtige Vertreter an dem Prozess beteiligt.[273]

Die Eröffnung des Rechtswegs zu den Zivilgerichten und nicht zu den Arbeitsgerichten beruht darauf, dass nach § 2 Abs. 1 Nr. 3 ArbGG Arbeitsgerichte nur für Streitigkeiten zwischen Arbeitgebern und Arbeitnehmern zuständig sind, wobei § 5 Abs. 1 S. 3 ArbGG bestimmt, dass „Personen, die kraft Gesetzes oder Gesellschaftsvertrags allein oder als Mitglied des Vertretungsorgans zur Vertretung der juristischen Person berufen sind", keine Arbeitnehmer sind. Dies gilt selbst dann, wenn das Vertragsverhältnis bei materieller Betrachtungsweise wegen starker interner Weisungsabhängigkeit unstreitig als Arbeitsverhältnis anzusehen ist.[274] Nur dann, wenn der Rechtsstreit nicht das der Organstellung zugrunde liegende Rechtsverhältnis, sondern eine weitere Rechtsbeziehung (z. B. ein fortdauerndes ruhendes Arbeitsverhältnis oder ein nach Abberufung des Geschäftsführers neu begründetes Arbeitsverhältnis) betrifft, greift die Fiktion des § 5 Abs. 1 S. 3 ArbGG nicht ein,[275] ist also der Rechtsweg zu den Arbeitsgerichten eröffnet. Dies setzt eine klar unterscheidbare und trennbare Doppelstellung als Arbeitnehmer und Organvertreter voraus,[276] an der es fehlt, wenn ein Arbeitnehmer ohne Abschluss eines neuen Vertrags und ohne jede Veränderung der Vertragskonditionen zum Geschäftsführer bestellt wird.[277]

In Abkehr von seiner früheren Rechtsprechung[278] wendet das BAG die den Rechtsweg zu den Arbeitsgerichten ausschließende Fiktion des § 5 Abs. 1 S. 3 ArbGG jetzt auch auf **Rechtsstreitigkeiten aus einem zwischen dem Geschäftsführer der Komplementär-GmbH und der KG geschlossenen Anstellungsvertrag** an.[279] Zur Begründung weist das Gericht zutreffend darauf hin, dass der mittelbare Geschäftsführer in gleicher Weise wie der bei der GmbH angestellte GmbH-Geschäftsführer den Arbeitgeber organschaftlich vertrete (siehe Rn 92), so dass ein Rechtsstreit im „Arbeitgeberlager" vorliege, der nach dem Willen des Gesetzgebers nicht vor den Arbeitsgerichten geführt werden solle.

Besteht der Anstellungsvertrag des Geschäftsführers demgegenüber **mit einer anderen Gesellschaft** als der GmbH, zu deren Organ er bestellt ist, oder der KG, deren mittelbarer Geschäftsführer er ist, z. B. mit der Konzernmuttergesellschaft, greift § 5 Abs. 1 S. 3 ArbGG nicht ein.[280] Ob der Rechtsweg zu den Arbeitsgerichten eröffnet ist, richtet sich nach der im Einzelfall zu ermittelnden Rechtsnatur des Vertragsverhältnisses als Dienstvertrag, als Arbeitsvertrag oder als arbeitnehmerähnliches Rechtsverhältnis.

---

[273] OLG München NZG 2003, 633.

[274] BAG, Beschl v. 25. 5. 1999 – 5 AZB 30/98 (juris); BAG NZA 1996, 952.

[275] BAG NZA 1999, 839; BAG NZA 2002, 52; BAG NZA 2003, 1108.

[276] BAG NZA 1986, 68.

[277] BAG NZA 1986, 68; BAG NZA 2002, 52; LAG Schleswig-Holstein NZA-RR 2002, 324.

[278] BAG DB 1983, 1442; BAG NZA 1995, 1070.

[279] BAG NZA 2003, 1108.

[280] BAG 7. 7. 1998 – 5 AZB 46/97 (juris); zweifelnd im Hinblick auf die neue Rspr. des BAG zur Geltung des § 5 Abs. 1 S. 3 ArbGG für bei der KG beschäftigte Geschäftsführer der Komplementärin *Graef*, BB 2003, 2354, 2355.

Gehen die Auffassungen der Vertragsparteien über die Rechtsnatur des Vertrags auseinander (und liegt nicht ein Fall der Fiktion des § 5 Abs. 1 S. 3 ArbGG vor) und rügt eine Partei die Eröffnung des Rechtswegs zu dem angerufenen Gericht, muss dieses hierüber in einem Vorabentscheidungsverfahren[281] beschließen. Hierbei ist stark umstritten, inwieweit im Rahmen der Rechtswegprüfung die Tatbestandsmerkmale „Arbeitnehmer" bzw. „Arbeitsverhältnis" zu prüfen sind.[282] **106**

Nach der BAG-Rechtsprechung gilt Folgendes: Stützt sich der klageweise geltend gemachte Anspruch ausschließlich auf eine arbeitsrechtliche Grundlage, sind also die Tatsachenbehauptungen des Klägers sowohl in Bezug auf den Rechtsweg als auch in Bezug auf die Begründetheit des Klage gleichermaßen relevant (z. B. die Arbeitnehmereigenschaft bei der Geltendmachung von Kündigungsschutz nach § 1 Abs. 2 KSchG, sog. *sic-non-Fall*), bejaht der zuständige 5. Senat des BAG den Rechtsweg zu den Arbeitsgerichten bereits dann, wenn der klagende Geschäftsführer schlüssig Tatsachen vorträgt, aus denen sich seine Arbeitnehmereigenschaft ergibt. Eine Beweiserhebung sei für die Bejahung des Rechtswegs nicht notwendig, auf diese komme es erst im Rahmen der Begründetheit der Klage an.[283] Ergebe sich, dass der Kläger nicht Arbeitnehmer sei, so sei die Klage als unbegründet abzuweisen. **107**

Macht der Geschäftsführer Ansprüche geltend, die entweder auf eine arbeitsrechtliche oder auf eine bürgerlich-rechtliche Anspruchsgrundlage gestützt werden können, die sich gegenseitig jedoch ausschließen (z. B. Zahlung der Vergütung, sog. *aut-aut-Fall*) oder die sowohl auf eine arbeitsrechtliche als auch eine bürgerlich-rechtliche Anspruchsgrundlage (Klage gegen eine außerordentliche Kündigung, § 626 BGB, sog. *et-et-Fall*) gestützt werden, fehlt bislang eine Entscheidung des BAG. In der Literatur wird es überwiegend für erforderlich gehalten, bereits im Vorabentscheidungsverfahren über den Rechtsweg Beweis über die für die Beurteilung des Status maßgeblichen Tatsachen zu erheben.[284] **108**

V. Die Haftung des Geschäftsführers

Kehrseite der Verantwortung des Geschäftsführers für die Leitung des Geschäftsbetriebs der GmbH und damit mittelbar der GmbH & Co. KG ist seine Haftung für aus der Geschäftsführung entstandene Schäden. Hierbei nimmt die Haftung des GmbH-Geschäftsführers in der Rechtsprechung seit Jahren breiten und zunehmenden Raum ein. Dies liegt weniger daran, **109**

---

281 § 48 Abs. 1 ArbGG i.V. m. §§ 17 ff. GVG.

282 Ausführlich *Jaeger*, NZA 1998, 962 f., ferner *Holthausen/Steinkraus*, NZA-RR 2002, 281; *Kamanabrou*, DB 2002, 146.

283 BAG NZA 1996, 1005; NZA 1997, 674; NZA 1997, 509.

284 So u. a. *Jaeger*, NZA 1998, 963; *Kissel*, NZA 1995, 353; *Ascheid* Urteils- und Beschlussverfahren Rn 90 ff.; a. A. *Reinecke*, ZIP 1997, 1525 unter Berufung auf BGH NJW 1998, 909; BAG NZA 1997, 674 lässt offen, ob schlüssiger Tatsachenvortrag ausreicht, nicht zureichend sei jedenfalls die bloße Rechtsansicht des Klägers, es bestehe ein Arbeitsverhältnis.

dass die Gesellschaften ihre Geschäftsführer häufiger als früher für Fehler zur Verantwortung ziehen, sondern beruht eher darauf, dass Insolvenzverwalter oder Gläubiger der Gesellschaft zunehmend deren Ansprüche gegen den Geschäftsführer geltend machen.

110 In systematischer Hinsicht ist zu differenzieren zwischen der **Innenhaftung** (gegenüber der KG) und der **Außenhaftung** (gegenüber Gesellschaftern und gesellschaftsfremden Dritten) sowie zwischen **vertraglichen, quasivertraglichen und deliktischen Anspruchsgrundlagen**. Daneben existieren gesetzliche **Haftungstatbestände für Sondersituationen** der Gesellschaft, insbesondere im Gründungsstadium und in der Krise. Angesichts der kaum noch überschaubaren Kasuistik können nachstehend nur die wesentlichen Leitlinien der Haftung dargelegt werden.

1. Haftung gegenüber der KG

111 Die KG kann gegen den Geschäftsführer sowohl vertragliche wie deliktische Ansprüche haben. Neben den umfangreichen vertraglichen Geschäftsführungspflichten spielt die deliktische Haftung, welche insbesondere bei strafrechtsrelevantem Verhalten des Geschäftsführers zusätzlich eingreift,[285] nur eine untergeordnete Rolle. Nachfolgende Ausführungen konzentrieren sich daher auf die vertraglichen Haftungsansprüche.

112 **a) Begründung der vertraglichen Haftung.** Die Geschäftsführerhaftung bei einer GmbH & Co. KG unterliegt im Grundsatz den gleichen Regeln wie bei einer GmbH. Besteht der Anstellungsvertrag des Geschäftsführers unmittelbar mit der KG, so leuchtet ein, dass diese Gläubigerin etwaiger Ersatzansprüche gegen den Geschäftsführer wegen einer Verletzung der ihm obliegenden Geschäftsführungspflichten ist. Nichts anderes gilt jedoch, wenn der Anstellungsvertrag mit der Komplementär-GmbH abgeschlossen wurde. Hier entfaltet dieser Vertrag nach ständiger Rechtsprechung des BGH[286] eine Schutzwirkung zugunsten der KG, wenn – wie dies regelmäßig der Fall ist – die wesentliche Aufgabe der GmbH darin besteht, die Geschäfte der KG zu führen. Daran kann es fehlen, wenn die GmbH über die Funktion als Komplementärin hinaus auch selbst operativ nach außen auftritt.[287] Ist die KG in den Schutzbereich des Anstellungsvertrags einbezogen, so ist ihr auch ohne unmittelbare eigene Vertragsbeziehung zum Geschäftsführer ein unmittelbarer Anspruch aus § 43 Abs. 2 GmbHG gegen diesen eingeräumt.[288] Eines „Umwegs" über die GmbH und deren Haftung für ihre Organe nach § 31 BGB bedarf es daher nicht.

113 Für die Geltendmachung von Ersatzansprüchen gegen GmbH-Geschäftsführer durch die KG ist ein besonderer Gesellschafterbeschluss der KG nicht erforderlich. Dies ergibt sich aus dem Fehlen einer § 46 Nr. 8

---

[285] Vgl. BGH GmbHR 1987, 304 f.

[286] Zunächst nur für die Publikumsgesellschaft BGHZ 75, 321 ff., später erweitert durch BGHZ 76, 326, 337 f.

[287] Vgl. BGH NZG 2002, 568.

[288] Krit. z. B. *K. Schmidt* Gesellschaftsrecht, § 56 IV 3b; *Hüffer,* ZGR 1981, 354 ff.

GmbHG vergleichbaren Bestimmung für die KG.[289] Auch eines Beschlusses der GmbH-Gesellschafter bedarf es nicht, da die KG nach der Rechtsprechung des BGH einen eigenen Anspruch geltend macht.

b) Anspruchsvoraussetzungen. Nach § 43 Abs. 2 GmbHG haften Geschäftsführer, die ihre Obliegenheiten verletzen, der Gesellschaft gesamtschuldnerisch für den entstandenen Schaden. Als eigene Anspruchsgrundlage[290] erfasst § 43 Abs. 2 GmbHG jede Pflichtverletzung, die der Geschäftsführer bei der Ausübung seiner Geschäftsführertätigkeit begeht. Der Geschäftsführer haftet also, wenn er durch positives Tun oder pflichtwidriges Unterlassen schuldhaft eine ihm als Geschäftsführer obliegende Pflicht verletzt und hierdurch einen Schaden verursacht. Dabei trägt die Gesellschaft in einem Prozess die Darlegungs- und Beweislast nur dafür, dass und inwieweit ihr aus einem Verhalten des Geschäftsführers in dessen Pflichtenkreis ein Schaden entstanden ist, wobei ihr die Erleichterungen des § 287 ZPO zugute kommen können. Anschließend obliegt es dem Geschäftsführer, darzulegen und erforderlichenfalls nachzuweisen, dass er seinen Sorgfaltspflichten nach § 43 Abs. 1 GmbHG nachgekommen ist, ihn kein Verschulden trifft oder der Schaden auch bei pflichtgemäßem Alternativverhalten eingetreten wäre.[291] **114**

Zur Feststellung von **Pflichtverletzungen** ist die Einteilung der Geschäftsführerpflichten in Pflichtenkreise hilfreich: **115**

- **Pflicht zur Unternehmensleitung:** Hierher gehört insbesondere die Verpflichtung, für ein rechtmäßiges Verhalten der Gesellschaft im Außenverhältnis Sorge zu tragen, ferner die Beratung der Gesellschafter bei der Bestimmung der Unternehmenspolitik, die Umsetzung der von den Gesellschaftern beschlossenen Unternehmenspolitik und von Einzelweisungen, das Treffen der sonstigen unternehmerischen Entscheidungen und die Ausrichtung der internen Organisation des Unternehmens an Gesetz und Gesellschaftsvertrag.[292]
- **Pflicht zur aktiven Verfolgung des Gesellschaftszwecks** (Treuepflicht): Bei der Ausführung seiner Tätigkeit muss der Geschäftsführer ausschließlich das Wohl der Gesellschaft, nicht jedoch seinen eigenen Nutzen im Auge haben.[293] Er darf deshalb z. B. Geschäftschancen der Gesellschaft nicht für eigene Zwecke nutzen.[294] Daneben hat der Geschäftsführer Schaden von der Gesellschaft abzuwenden.[295]
- **Pflicht zur Kooperation mit anderen Organen der Gesellschaft**: Im Verhältnis zu den Mitgeschäftsführern besteht – unbeschadet einer

---

[289] BGHZ 76, 321, 338; OLG Hamm GmbHR 1993, 294 f.

[290] *Baumbach/Hueck* § 43 GmbHG Rn 1.

[291] BGH ZIP 2002, 2314.

[292] *Lutter/HommelhoffScholz/Schneider* § 43 GmbHG Rn 42; MünchHdb. GesR III/*Marsch-Barner/Diekmann* § 46 Rn 7.

[293] *Lutter/Hommelhoff/Kleindiek* § 43 GmbHG Rn 10; BGH ZIP 1997, 1063 f.; zur KG NZG 2001, 129.

[294] *Tillmann* Geschäftsführervertrag Rn 402. MünchHdb. GesR III/*Marsch-Barner/Diekmann* § 46 Rn 6.

[295] OLG Zweibrücken NZG 1999, 506.

Ressortaufteilung – die Verpflichtung, diese über bedeutsame Geschäftsvorfälle unterrichtet zu halten und sich selbst auch über deren Ressorts zu informieren, da die Ressortaufteilung nicht von der Überwachungspflicht entlastet (vgl. Rn 52). Auf Nachfrage sind Auskünfte zu erteilen.

115 a Beispielhaft sind folgende häufig eine Geschäftsführerhaftung auslösende **Pflichtverletzungen** zu nennen:

- Entgegen § 30 GmbHG werden Zahlungen aus dem zur Erhaltung des Stammkapitals der Gesellschaft erforderlichen Vermögen geleistet (§ 43 Abs. 3 GmbHG).
- Entgegen § 33 GmbHG werden eigene Geschäftsanteile erworben (§ 43 Abs. 3 GmbHG).
- Rechtmäßige Weisungen der Gesellschafter oder satzungsmäßige Zustimmungsvorbehalte werden nicht beachtet.
- Das dem Geschäftsführer obliegende Wettbewerbsverbot wird verletzt.
- Die Verpflichtung, für eine ordnungsgemäße Buchführung (§ 41 GmbHG) und die Aufstellung des Jahresabschlusses (§ 264 HGB) Sorge zu tragen, wird nicht beachtet.
- Entgegen der Verschwiegenheitspflicht werden Geheimhaltungsinteressen der Gesellschaft verletzt.
- Vor der Vergabe erheblicher Warenkredite erfolgt keine ausreichende Bonitätsprüfung des Schuldners.

116 Eine Pflichtverletzung führt nur dann zu einem Schadensersatzanspruch, wenn sie **schuldhaft**, d. h. vorsätzlich oder fahrlässig (§ 276 BGB) erfolgt. § 43 Abs. 1 GmbHG konkretisiert dies für GmbH-Geschäftsführer dahin, dass dieser **in den Angelegenheiten der Gesellschaft die Sorgfalt eines ordentlichen Geschäftsmanns** anzuwenden hat. Da der Geschäftsführer fremde Vermögensinteressen wahrnimmt, gelten für ihn höhere Anforderungen als für einen ordentlichen Geschäftsmann, der in eigenen Angelegenheiten tätig wird.[296] Maßstab für den Geschäftsführer ist grundsätzlich die Stellung eines Verwalters fremden Vermögens.[297] Seit dem für eine Publikumsgesellschaft ergangenen Urteil des BGH vom 12. 11. 1979[298] gilt nach wohl überwiegender Auffassung dieser Sorgfaltsmaßstab auch für den (mittelbaren) Geschäftsführer einer GmbH & Co. KG, § 708 BGB ist daneben unanwendbar.[299]

---

[296] *Tillmann/Mohr* Geschäftsführer Rn 511.

[297] OLG Bremen GmbHR 1964, 8 f.; OLG Koblenz GmbHR 1991, 416 f.

[298] BGHZ 75, 321, 327.

[299] Str., *Hesselmann/Tillmann* GmbH & Co. Rn 279 ff. u. *Sudhoff* Rechte und Pflichten, S. 167, halten nur § 708 BGB für anwendbar, weil den Geschäftsführer keine weitergehende Haftung als die GmbH treffen könne, diese jedoch hafte als Komplementärin nur nach § 161 Abs. 2, 105 HGB, 708 BGB. Dagegen spricht, dass die GmbH nur durch den Geschäftsführer handeln kann, für den der Sorgfaltsmaßstab in § 43 Abs. 1 GmbHG festgelegt ist, so dass die Sorgfalt in eigenen Angelegenheiten (§ 708 BGB) letztlich durch § 43 Abs. 1 GmbHG bestimmt wird, BGHZ 75, 321, 327. Diese Argumentation des BGH für Publikumsgesellschaften ist übertragbar. Ebenso *Scholz/Schneider* § 43 GmbHG Rn 294; *Rowedder/Koppensteiner* § 43 GmbHG Rn 56; diff. MünchHdb. GesR II/*Wirth* KG § 3 Rn 88: Für Fremdgeschäftsführer greife § 43 Abs. 1 GmbHG ein, während für einen Geschäfts-

Den Geschäftsführer trifft nach § 43 Abs. 1 GmbHG eine objektive Sorgfaltspflicht. Er kann sich grundsätzlich nicht darauf berufen, dass ihm persönlich die Kenntnisse zur ordnungsgemäßen Führung der Geschäfte der Gesellschaft fehlen.[300] Lediglich wenn die Gesellschafter wussten oder wissen mussten, dass der Geschäftsführer nicht die erforderlichen Fähigkeiten zur ordnungsgemäßen Ausführung seiner Organpflichten besitzt, kommt eine Berücksichtigung im Rahmen des Mitverschuldens der Gesellschaft in Betracht.[301] Auch wenn die Sorgfaltspflicht des Geschäftsführers eine objektive ist, bedeutet dies nicht, dass für alle Geschäftsführer ein und derselbe Maßstab gelten würde. Die Anforderungen sind vielmehr auf das geleitete Unternehmen abzustellen, seine Art, Größe und seine wirtschaftliche Lage; sie sind daher bei einem kleinen Handwerksunternehmen deutlich anders als bei einem großen Industrieunternehmen.[302] **117**

Die **Haftung** des Geschäftsführers ist **ausgeschlossen**, wenn der Geschäftsführer aufgrund einer bindenden Weisung eines anderen weisungsberechtigten Gesellschaftsorgans handelte.[303] Voraussetzung ist grundsätzlich das Vorliegen eines förmlichen und wirksamen Beschlusses dieses Organs.[304] **118**

Die Ersatzpflicht des Geschäftsführers setzt schließlich voraus, dass der Gesellschaft ein **Schaden**, also eine Minderung des geldwerten Gesellschaftsvermögens, entstanden ist.[305] **119**

Das hohe Haftungsrisiko des Geschäftsführers wirft die Frage auf, ob und ggf. unter welchen Voraussetzungen Haftungserleichterungen Platz greifen können. Dies ist von umso größerer Bedeutung, als die von der arbeitsgerichtlichen Rechtsprechung ursprünglich zur gefahrgeneigten Arbeit aufgestellten, später aber auf alle betrieblich veranlassten Tätigkeiten ausgedehnten Grundsätze der Haftungsmilderung[306] nach überwiegender Meinung nicht auf Geschäftsführer übertragen werden können,[307] jedenfalls **120**

---

führer aus dem Kreis der Kommanditisten, der aufgrund des Gesellschaftsvertrags der KG zu bestellen ist, lediglich § 708 BGB gelte. Ähnlich, allerdings ohne konkrete Abgrenzung *Hüffer*, ZGR 1981, 361f.

[300] BFH GmbHR 2000, 1211.

[301] MünchHdb. GesR III/*Marsch-Barner/Diekmann* § 46 Rn 13; *Baumbach/Hueck* § 43 GmbHG Rn 25.

[302] *Tillmann/Mohr* Geschäftsführer Rn 511.

[303] MünchHdb. GesR III/*Marsch-Barner/Diekmann* § 46 Rn 32; *Lutter/Hommelhoff/Kleindiek* § 43 GmbHG Rn 18; *Baumbach/Hueck* § 43 GmbHG Rn 22.

[304] *Mekye* Haftung Rn 122. Zu anfechtbaren Gesellschafterbeschlüssen s. Rn 49ff.

[305] MünchHdb. GesR III/*Marsch-Barner/Diekmann* § 46 Rn 15ff.

[306] BAG NZA 1994, 1083.

[307] Zum Meinungsstand *Kühl*, DB 1996, 2597ff. Gegen die Übertragung auf Geschäftsführer spricht die Begründung der Haftungserleichterung mit einem Mitverschulden durch die Stellung der fremdbestimmten betrieblichen Organisation. Diese Argumente treffen auf den Geschäftsführer als Repräsentanten des Arbeitgebers i. d. R. nicht zu (*Tillmann/Mohr* Geschäftsführer Rn 605). Auf der Basis der BAG-Rspr., die den GmbH-Geschäftsführer in Abhängigkeit von der konkreten Ausgestaltung des Dienstverhältnisses mit der GmbH als Arbeitnehmer ansieht, könnte hier jedoch ein Umdenken einsetzen (vgl. a. *Mekye* Haftung Rn 165). Zur Haftungserleichterung bei Drittanstellung s. *Fleck*, ZHR 1985, 410.

nicht, soweit er innerhalb seines typischen unternehmerischen Aufgabenbereichs tätig wird.[308] Eine Haftungsminderung kommt nicht in Betracht für Ansprüche, auf welche die Gesellschaft nicht verzichten kann.[309] Außerhalb dieses Bereichs ist die Zulässigkeit einer **vertraglichen Haftungsminderung** streitig.[310] Da die Haftung des Geschäftsführers nach h. M. durch das Vorliegen einer wirksamen Gesellschafterweisung ausgeschlossen ist (vgl. Rn 118), die Gesellschafter dem Geschäftsführer auch trotz gewisser Unstimmigkeiten Entlastung erteilen können, scheint eine gänzliche Ablehnung der vertraglichen Haftungsmilderung, auch für Pflichten, die dem Geschäftsführer lediglich im Interesse der Gesellschaft obliegen, nicht geboten.[311] Vielmehr spricht dies für eine vermittelnde Lösung dahin, eine Haftungsmilderung bis hin zur groben Fahrlässigkeit jedenfalls für Pflichten, die dem Geschäftsführer nicht im Interesse des Schutzes der Gesellschaftsgläubiger obliegen, anzuerkennen.[312] Voraussetzung hierfür ist jedoch stets, dass der Haftungserleichterung, sei sie im Gesellschaftsvertrag oder im Anstellungsvertrag geregelt, alle Gesellschafter zugestimmt haben. Bei konsequenter Anwendung der Begründung des BGH für die unmittelbare Haftung des GmbH-Geschäftsführers gegenüber der GmbH & Co. KG muss diese die Haftungsbeschränkung gegen sich gelten lassen.

121 Eine – nachträgliche – Befreiung des Geschäftsführers von Ersatzansprüchen durch **Verzicht** erfolgt mit dem **Entlastungsbeschluss**, der grundsätzlich in der Zuständigkeit der Gesellschafter liegt (§ 46 Nr. 5 GmbHG). Er erfasst allerdings nur Ansprüche, die für die Gesellschafter unter Berücksichtigung der ihnen zugänglich gemachten Unterlagen erkennbar waren bzw. allen Gesellschaftern im Zeitpunkt der Beschlussfassung privat bekannt waren.[313] Keine Rechtswirkung kommt der Entlastung zu, soweit die Ersatzansprüche der Gesellschaft gegen den Geschäftsführer zur Befriedigung der Gesellschaftsgläubiger erforderlich sind (§ 9 b GmbHG) oder soweit ein Verzicht wegen Verstoßes gegen §§ 30 GmbHG oder 43 Abs. 3 GmbHG nicht zulässig ist.[314]

122 **c) Haftung mehrerer Geschäftsführer.** Nach § 43 Abs. 2 GmbHG haften mehrere Geschäftsführer, welche ihre Obliegenheiten schuldhaft verletzen, **gesamtschuldnerisch** (vgl. §§ 421 ff. BGB) für den entstande-

---

[308] Anders evtl. außerhalb eines solchen Zusammenhangs, z. B. bei Unfall mit Dienst-Pkw, s. *Mekye* Haftung Rn 163.

[309] So aber *Lutter/Hommelhoff* § 43 GmbHG Rn 2. *Tillmann* Geschäftsführervertrag Rn 420. Z. B. die Kapitalaufbringungs- und -erhaltungspflicht, §§ 9 a, b, 43 Abs. 3 GmbHG.

[310] Zum Meinungsstand *Mekye* Haftung Rn 163 ff; *Lutter/Hommelhoff/Kleindiek* § 43 Rn 37 ff.

[311] Dafür spricht auch die Entscheidung BGH GmbHR 2000, 187, die abweichende Verjährungsvereinbarungen für zulässig erklärt, sofern sie nicht zur Gläubigerbenachteiligung führen.

[312] *Tillmann/Mohr* Geschäftsführer Rn 606.

[313] BGH NJW 1986, 2250; OLG Nürnberg GmbHR 1993, 594; anders aber bei einer Generalbereinigung, wie sie häufig in Aufhebungsverträgen vereinbart wird, s. *Mekye* Haftung Rn 148 ff.

[314] BGH NZG 2003, 528.

nen Schaden. Eine Ressortaufteilung in der Geschäftsführung entlastet die ressortfremden Geschäftsführer von ihrer Mitverantwortung nur dann, wenn sie ihrer Überwachungspflicht nachgekommen sind.[315] Haften mehrere Geschäftsführer, so erfolgt der interne Ausgleich unter ihnen im Regelfall anteilig. Hat jedoch einer der Geschäftsführer pflichtwidrig gehandelt, während der andere nur seinen Überwachungspflichten nicht nachgekommen ist, trägt der Handelnde den Schadensersatz im Innenverhältnis allein.[316]

d) Verjährung. Die Verjährung von Ersatzansprüchen beträgt gemäß § 43 Abs. 4 GmbHG 5 Jahre und zwar seit der Schuldrechtsnovelle nicht ab Entstehung des Anspruchs, sondern erst wenn zusätzlich der Gläubiger von den anspruchsbegründenden Tatsachen Kenntnis erlangt hat oder ohne grobe Fahrlässigkeit erlangt haben müsste.[317] **123**

2. Haftung gegenüber den KG- und GmbH-Gesellschaftern

Die Schutzpflichten des GmbHG, insbesondere die Verpflichtung zur ordnungsgemäßen Unternehmensleitung (§ 43 GmbHG), obliegen dem Geschäftsführer grundsätzlich nicht gegenüber den GmbH-Gesellschaftern.[318] Nur in Ausnahmefällen können daher Gesellschafter der GmbH oder der KG aus eigenem Recht Schadensersatz vom Geschäftsführer verlangen. So haben nach § 31 Abs. 6 GmbHG die GmbH-Gesellschafter gegen die Geschäftsführer Anspruch auf die Erstattung einer Zahlung, die sie nach § 31 Abs. 3 GmbHG zur Befriedigung von Gesellschaftsgläubigern erbringen mussten, nachdem zuvor entgegen § 30 GmbHG zur Erhaltung des Stammkapitals erforderliches Vermögen an andere Gesellschafter ausgezahlt wurde. **124**

Aufgrund der in der Regel fehlenden vertraglichen Beziehung zwischen dem Geschäftsführer und den Gesellschaftern den KG oder der GmbH und mangels Einbeziehung der Gesellschafter in die Schutzwirkung des Geschäftsführervertrags[319] verbleiben im Übrigen nur deliktische Tatbestände als Anspruchsgrundlagen (insbesondere § 823 Abs. 1 und Abs. 2 BGB) für die Gesellschafter. Da ein reiner Vermögensschaden eine Ersatzpflicht nach § 823 Abs. 1 BGB nicht begründet,[320] kommt § 823 Abs. 2 BGB eine **125**

---

[315] *Meyke* Haftung Rn 142.

[316] MünchHdb. GesR III/*Marsch-Barner/Diekmann* § 46 Rn 20.

[317] *Mekye* Haftung Rn 155; *Michalski/Haas* GmbHG § 43 Rn 233; a. A. *Lutter/Hommelhoff/Kleindiek* § 43 GmbHG Rn 44; *Tillmann/Mohr* Geschäftsführer Rn 619: Frist beginnt weiterhin mit Entstehung des Anspruchs.

[318] MünchHdb. GesR III/*Marsch-Barner/Diekmann* § 46 Rn 58; *Lutter/Hommelhoff/Kleindiek* § 27 GmbHG Rn 28; *Baumbach/Hueck* § 43 GmbHG Rn 2 a; weitergehend *Scholz/Schneider* § 43 GmbHG Rn 212: Rechnungslegungs- und Auskunftspflichten auch gegenüber den Gesellschaftern.

[319] *Hesselmann/Tillmann* GmbHG & Co. Rn 297; MünchHdb. GesR III/*Marsch-Barner/Diekmann* § 46 Rn 58.

[320] Zur Frage, ob das Mitgliedschaftsrecht ein absolutes Recht ist, dessen Verletzung nach § 823 Abs. 1 BGB zum Schadensersatz verpflichtet, s. *Habersack* Mitgliedschaft; *Lutter/Hommelhoff/Kleindiek* § 43 GmbHG Rn 28 m. w. N.

höhere Bedeutung zu. Dieser verpflichtet denjenigen zum Schadensersatz, der gegen ein zugunsten des Geschädigten geltendes Schutzgesetz rechtswidrig und schuldhaft verstößt. Als Schutzgesetze zugunsten der Gesellschafter der KG oder der GmbH kommen neben den Strafgesetzen (insbesondere Untreue, § 266 StGB) beispielsweise §§ 9 a, 82 GmbHG, nicht aber § 43 GmbHG[321] in Betracht.

126 Ist der Geschäftsführer zugleich Kommanditist, kommt eine Haftung wegen Verletzung von Gesellschafterpflichten in Betracht.[322]

3. Haftung gegenüber Gesellschaftsgläubigern

127 Da der Geschäftsführer keine eigene Vertragsbeziehung zu Gesellschaftsgläubigern hat und die Pflicht zur ordnungsgemäßen Unternehmensführung gemäß § 43 GmbHG ihm lediglich im Verhältnis zur Gesellschaft, nicht aber im Verhältnis zu Gesellschaftsgläubigern obliegt,[323] scheiden vertragliche Schadensersatzansprüche Dritter gegen ihn in der Regel aus. Lediglich dann, wenn der Geschäftsführer durch sein eigenes Handeln einen falschen Rechtsschein setzt oder ihn persönlich ein Verschulden bei Vertragsabschluss trifft, kann er von Gesellschaftsgläubigern unmittelbar anstelle der Gesellschaft haftbar gemacht werden. Daneben können Dritte eine persönliche Inanspruchnahme des Geschäftsführers nur auf eine Schadensersatzpflicht aus Delikt oder eine zu ihren Gunsten bestehende besondere gesetzliche Anspruchsgrundlage stützen.

Von dieser unmittelbaren Inanspruchnahme des Geschäftsführers zu unterscheiden sind Konstellationen, in denen Gläubiger einen Anspruch der GmbH oder der KG gegen den Geschäftsführer pfänden und sich zur Einziehung überweisen lassen. Mittelbar können sie den Geschäftsführer auf diese Weise doch wegen eines Verstoßes gegen § 43 Abs. 1 GmbHG in Anspruch nehmen. Gerade in Fällen einer Insolvenz der Gesellschaft spielt diese Möglichkeit des Vorgehens eine Rolle. Bei der Durchsetzung des Anspruchs muss die Gesellschaft und mit ihr der Geschäftsführer nach § 836 Abs. 3 ZPO an der Aufklärung des Sachverhalts mitwirken.[324]

128 **a) Rechtsscheinhaftung.** Legt der Geschäftsführer nicht offen, dass er als Vertreter handelt, und liegt nicht erkennbar ein sog. unternehmensbezogenes Geschäft[325] vor, so haftet der Geschäftsführer persönlich auf die Vertragserfüllung.[326] Gleiches gilt, wenn der Geschäftsführer durch sein Auftreten im Rechtsverkehr den Rechtsschein erweckt, er vertrete einen unbeschränkt persönlich haftenden Firmeninhaber.[327] Dies kommt vor

---

[321] Ganz h. M., vgl. nur *Hesselmann/Tillmann* GmbH & Co. Rn 297; *Baumbach/Hueck* § 43 GmbHG Rn 2 a.

[322] BGH NJW 1982, 2869.

[323] BGHZ 31, 258, 278.

[324] Näher s. *Mekye* Haftung Rn 45 ff.

[325] BGH NJW 1990, 2678; NJW 1991, 2627; OLG Köln GmbHR 1995, 661; OLG Naumburg GmbHR 1997, 445; OLG Köln GmbHR 1999, 410.

[326] BGH NJW 2000, 2984.

[327] Gegen eine Rechtsscheinhaftung *Haas*, NJW 1997, 2857, der allerdings § 35 Abs. 3 GmbHG als Schutzgesetz i. S. d. § 823 BGB ansieht.

allem in Betracht, wenn der Geschäftsführer einen Rechtsformzusatz entweder überhaupt weglässt oder ihn auf „KG" verkürzt. Für die Rechtsscheinhaftung ist es bedeutungslos, ob der Geschäftspartner den Geschäftsführer für den Firmeninhaber oder nur für einen Angestellten gehalten hat.[328]

Der Geschäftsführer kann sich von der Rechtsscheinhaftung lediglich durch den Nachweis entlasten, dass der Vertragspartner das Fehlen einer unbeschränkt haftenden natürlichen Person kannte oder kennen musste.[329] Ist ihm dies nicht möglich, haftet er gesamtschuldnerisch neben der Gesellschaft und nicht nur subsidiär für den Fall, dass diese nicht zahlungsfähig ist.[330] **129**

b) Verschulden bei Vertragsschluss. Abweichend von dem Grundsatz, dass aus Verschulden bei Vertragsschluss (§§ 311 Abs. 2, 280 Abs. 1 BGB) grundsätzlich derjenige zum Schadensersatz verpflichtet ist, der Vertragspartner geworden ist oder werden sollte, haftet ausnahmsweise der Vertreter, wenn er in besonderem Maße persönliches Vertrauen in Anspruch genommen hat oder wenn er dem Verhandlungsgegenstand besonders nahe steht, weil er wirtschaftlich selbst stark an dem Vertagsabschluss interessiert ist und aus dem Geschäft einen eigenen Nutzen erstrebt.[331] Nach diesen Grundsätzen kommt auch eine persönliche Haftung des Geschäftsführers der Komplemetär-GmbH einer GmbH & Co. KG gegenüber Dritten in Betracht. **130**

Besonderes Vertrauen wird dem Geschäftsführer entgegengebracht, wenn er dem Geschäftspartner eine zusätzliche, gerade von seiner Person ausgehende Gewähr für die Richtigkeit und Vollständigkeit seiner Erklärungen und die Erfüllung des in Aussicht genommenen Rechtsgeschäfts bietet. Der Hinweis auf seine persönliche Sachkunde genügt hierfür nicht,[332] vielmehr muss der Geschäftsführer sich mit einer gewissen Selbständigkeit neben die Gesellschaft stellen;[333] seine Erklärung muss im Vorfeld einer Garantiezusage liegen.[334] **131**

In Sonderfällen kommt auch eine Haftung des Geschäftsführers aufgrund eines echten eigenständigen Garantieversprechens in Betracht.[335]

Ein **erhebliches wirtschaftliches Eigeninteresse** liegt vor, wenn der Geschäftsführer „gleichsam in eigener Sache verhandelt".[336] Hierfür genügt allerdings – entgegen früherer extensiver Rechtsprechung – allein das Beteiligungsinteresse des (Gesellschafter-)Geschäftsführers nicht,[337] ebenso wenig dass der (Gesellschafter-)Geschäftsführer sich für die Ge- **132**

---

[328] *Meyke* Haftung Rn 370.
[329] BGH NJW 1990, 2678.
[330] BGH NJW 1990, 2678; NJW 1991, 2627.
[331] BGHZ 56, 81, 84; 71, 284, 287; BGH NJW 1986, 587.
[332] BGH GmbHR 1990, 287.
[333] *Lutter/Hommelhoff/Kleindiek* § 43 GmbHG Rn 51.
[334] BGHZ 126, 181, 189; s. a. BGH NZG 2002, 779.
[335] BGH ZIP 2001, 1496.
[336] BGHZ 56, 81, 84; BGH ZIP 1987, 175, 177.
[337] BGH NJW 1986, 586; NJW 1988, 2234; NJW 1989, 292.

sellschaftsverbindlichkeiten persönlich verbürgt[338] oder andere wesentliche Kreditsicherheiten stellt.[339] Damit kommt seit dem Urteil des BGH vom 6.6.1994[340] eine Eigenhaftung des Geschäftsführers wegen erheblichen wirtschaftlichen Eigeninteresses nur noch in Ausnahmefällen in Betracht.[341]

133 **c) Deliktische Haftung.** Der Geschäftsführer haftet für Schäden, die Dritten aufgrund einer ihnen von dem Geschäftsführer zugefügten unerlaubten Handlung entstehen. Eine Ersatzpflicht wegen vorsätzlicher sittenwidriger Schädigung (§ 826 BGB)[342] wird z. B. angenommen, wenn der Geschäftsführer eines insolvenzgefährdeten Unternehmens einem Dritten gegenüber selbst behauptet, die Gesellschaft sei leistungsfähig, oder nachgeordnete Arbeitnehmer dies behaupten lässt, ohne hiergegen einzuschreiten, sofern der Dritte durch den daraufhin erfolgten Vertragsschluss einen Schaden erleidet.

134 Eine Schadensersatzpflicht wegen einer Verletzung von Schutzgesetzen nach § 823 Abs. 2 BGB spielt insbesondere bei strafrechtlich relevantem Verhalten des Geschäftsführers eine Rolle,[343] darüber hinaus ist § 64 Abs. 1 GmbHG (Insolvenzantragspflicht, vgl. Rn 139) von erheblicher Bedeutung.

135 Im Rahmen des § 823 Abs. 1 BGB berücksichtigt der BGH nicht nur deliktische Tatbestände, die der Geschäftsführer durch eigenes unmittelbares Handeln oder Unterlassen verwirklicht, er dehnt die deliktische Eigenhaftung des Geschäftsführers vielmehr zunehmend auf Fälle der Verletzung von ihn persönlich treffenden Verkehrspflichten aus. Nach einem Urteil des 6. Senats des BGH vom 5.12.1989[344] soll der Geschäftsführer Dritten gegenüber bereits dann für Eingriffe in fremde Schutzgüter einstehen, die Mitarbeiter der Gesellschaft ohne sein Wissen begehen, wenn er innerhalb der Gesellschaft für die Organisation und Leitung des Geschäftsbetriebs zuständig ist. Diese Organisationspflicht sei nicht nur eine interne Pflicht gegenüber der Gesellschaft, sondern beinhalte auch Außenstehenden gegenüber die Verpflichtung, diese drohenden Verkehrspflichtverletzungen zu steuern und abzuwenden. Mit dieser Argumentation hat der BGH die deliktische Eigenhaftung eines Geschäftsführers dafür bejaht, dass Mitarbeiter der Gesellschaft ohne sein Wissen unter verlängertem Eigentumsvorbehalt stehende Ware verarbeiten ließen, ohne zu beachten, dass aufgrund eines Abtretungsverbots des Erwerbers der verlängerte Eigentumsvorbehalt ins Leere laufen würde. Diese Rechtsprechung stößt

---

[338] BGHZ 126, 187 entgegen BGH NJW 1986, 586.

[339] BGHZ 126, 187 entgegen BGH NJW 1988, 2234.

[340] BGHZ 126, 187; bestätigt durch BGH NJW 1995, 1544.

[341] *Lutter/Hommelhoff/Kleindiek* § 43 GmbHG Rn 53.

[342] Hierzu s. z. B. BGH ZIP 1992, 694 f.; GmbHR 1994, 464 f.; BGHZ 124, 152, 162.

[343] Häufig in diesem Zusammenhang auftretende Delikte sind § 266 StGB (Untreue), § 264 StGB (Subventionsbetrug), § 266 a StGB (Vorenthaltung von Sozialabgaben).

[344] BGHZ 109, 297 = NJW 1990, 976.

auf erhebliche Kritik,[345] weil mit ihr der Grundsatz, dass die Organisationspflichten nur der Gesellschaft gegenüber bestehen, im Wesentlichen aufgehoben wird.[346]

d) Haftung für nicht abgeführte Steuern und Sozialabgaben. Gemäß §§ 69, 34 AO haftet der Geschäftsführer für **Steuerschulden** der Gesellschaft, wenn diese infolge seiner vorsätzlichen oder grob fahrlässigen Pflichtverletzung nicht oder nicht rechtzeitig erfüllt werden. Hierbei handelt es sich um eine Schadensersatz-, nicht um eine Ausfallhaftung. Der Geschäftsführer hat alle Verpflichtungen des Steuersubjekts, also sowohl der GmbH als auch der KG, zu erfüllen, hierzu gehören die Führung der Bücher, die Abgabe der Steuererklärung, die Erteilung von Auskünften, die Entrichtung der Steuern, der Einbehalt von Steuern für Rechnung eines Dritten und deren Abführung an das Finanzamt.[347] Die Schadensersatzpflicht tritt nur dann ein, wenn die Pflichtverletzung des Geschäftsführers für die unterlassene Festsetzung oder Erfüllung von Steueransprüchen kausal war. War die Gesellschaft bereits im Zeitpunkt der Fälligkeit der Steuerschuld zahlungsunfähig, fehlt eine solche Kausalität.[348] Zu beachten ist jedoch, dass die Haftung eines Geschäftsführers, der sich bei seinen Steuererklärungen und Steueranmeldungen eines zuverlässigen Steuerberaters bedient und bei gewissenhafter Ausübung seiner Überwachungspflichten keinen Anlass zu Beanstandungen hat, entfällt.[349] **136**

Nach § 28e Abs. 1 SGB IV ist der Arbeitgeber zur Abführung des Gesamtsozialversicherungsbeitrags, also der Arbeitgeber- und der Arbeitnehmeranteile verpflichtet. Wird diese Verpflichtung in Bezug auf die **Arbeitnehmeranteile** vorsätzlich[350] nicht erfüllt, macht der Geschäftsführer sich strafbar nach §§ 266 a, 14 Abs. 1 Nr. 1 StGB.[351] Den Widerspruch zwischen der strafbewehrten Pflicht zur Abführung der Arbeitnehmeranteile am Gesamtsozialversicherungsbeitrag und dem aus § 64 Abs. 2 GmbHG resultierenden Verbot von Zahlungen im Fall der Überschuldung hat der BGH[352] dahin aufgelöst, dass § 64 Abs. 2 GmbHG während der 3-wöchigen Insolvenzantragspflicht die Nichtabführung der Arbeitnehmerbeiträge zur Sozialversicherung rechtfertigt. Erst wenn auch nach dieser Frist kein Insolvenzantrag gestellt wird, entfällt dieser Rechtfertigungsgrund. Da § 266a StGB ein Schutzgesetz zugunsten der Arbeitnehmer ist,[353] macht der Geschäftsführer sich zudem schadenersatzpflichtig.[354] An entgegenste- **137**

---

345 *Lutter/Hommelhoff/Kleindiek* § 43 GmbHG Rn 59f.

346 So obiter dictum BGHZ 125, 366, 375f. (II. Senat).

347 *Tipke/Kruse/Loose* § 34 AO Rn 19ff.

348 *Meyke* Haftung Rn 471.

349 BFH BB 1995, 238, 240.

350 Vorsatz liegt auch vor, wenn der Geschäftsführer billigend in Kauf nimmt, dass eine Beitragsabführung nicht mehr möglich sein wird.

351 BGH NJW 1992, 177; zur Strafbarkeit nach § 266a StGB in der Krise s. *Roennau*, wistra 1997, 13.

352 BGH BB 2004, 348.

353 *Lutter/Hommelhoff/Kleindiek* § 43 GmbHG Rn 67; *Meyke* Haftung Rn 457.

354 BGH NJW 2002, 1123 zur Darlegungs- und Beweislast.

hende Weisungen des Gesellschafters ist der Geschäftsführer nicht gebunden.[355] Der Geschäftsführer muss insbesondere dafür sorgen, dass auch zum Fälligkeitstermin für die Sozialabgaben noch ausreichende Mittel vorhanden sind, um die Sozialabgaben für das am Ende des Vormonats gezahlte Arbeitsentgelt abführen zu können.[356]

4. Haftung in Sondersituationen

138 Für Situationen, in denen die Interessen der Gläubiger der GmbH potentiell besonders gefährdet sind, bestehen besondere Haftungstatbestände. Abgesehen vom Gründungsstadium trifft dies vor allem auf die Gesellschaft **in der Krise** zu. Obgleich die rechtlichen Regelungen über die Insolvenz zwischen beiden Gesellschaften zu trennen sind und die Verfahren durchaus nicht aufeinander abgestimmt sind,[357] fallen in der Praxis die Insolvenzen beider Gesellschaften in aller Regel zusammen.

139 § 64 Abs. 1 GmbHG verpflichtet den Geschäftsführer, im Fall der Zahlungsunfähigkeit oder Überschuldung der GmbH unverzüglich **Insolvenzantrag zu stellen**. Die gleiche Pflicht besteht nach §§ 177 a, 130 a HGB bei Zahlungsunfähigkeit oder Überschuldung der KG, auch hier trifft die Antragspflicht den Geschäftsführer der Komplementär-GmbH. Zahlungen dürfen nur noch geleistet werden, wenn sie „mit der Sorgfalt eines ordentlichen Geschäftsmanns" (§ 64 Abs. 2 S. 2 GmbHG für die GmbH) bzw. „mit der Sorgfalt eines ordentlichen und gewissenhaften Geschäftsleiters" (§ 130 a Abs. 2 HGB für die KG) zu vereinbaren sind. Die 3-Wochen-Frist, welcher der Geschäftsführer nicht durch Niederlegung seines Amts entfliehen kann,[358] darf jedoch nur bei berechtigten Sanierungsaussichten ausgeschöpft werden. Fehlen solche, darf der Antrag nicht weiter hinausgezögert werden.[359]

140 Eine Verletzung dieser Antragspflicht führt zu **Schadensersatzansprüchen der Gläubiger**, da § 64 Abs. 1 GmbHG nach allgemeiner Meinung ein Schutzgesetz im Sinne des § 823 Abs. 2 BGB ist,[360] ebenso § 130 a HGB,[361] dessen Abs. 3 zusätzlich ohne Umweg über § 823 Abs. 2 BGB eine entsprechende Ersatzpflicht statuiert.

141 Entgegen seiner früheren Rechtsprechung[362] differenziert der BGH seit seinem Urteil vom 6. 6. 1994[363] im Umfang des Schadensersatzes zwischen Alt- und Neugläubigern: Während **Altgläubiger**, deren Anspruch gegen die Gesellschaft schon entstanden war, als noch kein Anlass für die Stellung des Insolvenzantrags vorlag, nur den sog. Quotenschaden ersetzt verlangen

---

[355] OLG Naumburg GmbHR 1999, 1028.

[356] BGHZ 134, 304 ff.

[357] *Hesselmann/Tillmann* GmbH & Co. Rn 646.

[358] Allg. M., vgl. nur *Lutter/Hommelhoff/Kleindiek* § 64 GmbHG Rn 55.

[359] BGHZ 75, 96, 113.

[360] Vgl. nur BGHZ 126, 181, 190 f.

[361] *Baumbach/Hopt* § 130 a HGB Rn 13.

[362] BGHZ 100, 19, 23: Sowohl Alt- wie Neugläubiger haben nur Anspruch auf den Quotenschaden.

[363] BGHZ 126, 181 ff.

können, also die Schlechterstellung durch die wegen späterer Antragstellung verminderte Quote, haben **Neugläubiger** Anspruch darauf, so gestellt zu werden, als hätten sie den Vertrag nicht abgeschlossen (sog. negatives Interesse).[364] Die Haftung des Geschäftsführers ist allerdings ausgeschlossen, wenn ihn kein Verschulden an der Versäumung der Antragstellung trifft.[365] Um dem Verschuldensvorwurf zu entgehen, muss der Geschäftsführer bei Anzeichen einer Krise den Vermögensstand der Gesellschaft besonders genau überwachen.

Nach §§ 64 Abs. 2 GmbHG, 130 a Abs. 2 HGB sind die Geschäftsführer **der Gesellschaft zum Ersatz von Zahlungen** verpflichtet, die nach Eintritt der Zahlungsunfähigkeit der Gesellschaft oder nach Feststellung ihrer Überschuldung geleistet werden.[366] Durch diesen Anspruch wird die Gläubigergesamtheit vor Schmälerungen der Insolvenzmasse durch Zahlungen nach Insolvenzreife geschützt.[367] § 64 Abs. 2 GmbHG betrifft nicht nur Geldzahlungen der Gesellschaft, sondern auch sonstige Minderungen des Gesellschaftsvermögens durch Lieferungen oder Leistungen der Gesellschaft.[368] **142**

Die Ersatzpflicht tritt nicht ein für Zahlungen, die zwar vor Insolvenzeröffnung geleistet werden, aber trotz Insolvenzreife mit der Sorgfalt eines ordentlichen Geschäftsmanns zu vereinbaren sind. Dies sind Zahlungen, die nicht zu einer Schmälerung der Insolvenzmasse führen, wie Zahlungen an absonderungsberechtigte Gläubiger bis zur Höhe des Werts des Sicherungsguts, Zahlungen bei vollwertiger Gegenleistung und Zahlungen, die erforderlich sind, um einen sofortigen Zusammenbruch der Gesellschaft zu verhindern oder um Vergleichs- oder Sanierungsmaßnahmen innerhalb der 3-Wochen-Frist nicht zu gefährden.[369] **143**

Die Haftung nach § 64 Abs. 2 GmbHG setzt Verschulden des Geschäftsführers, also mindestens Fahrlässigkeit voraus. Eine positive Kenntnis der Überschuldung ist nach der Rechtsprechung nicht erforderlich.[370] **144**

5. Strafrechtliche Verantwortlichkeit

Bei nicht ordnungsgemäßer Führung der Geschäfte der Gesellschaft kann der Geschäftsführer zusätzlich einer strafrechtlichen Verfolgung ausgesetzt sein.[371] Zahlreiche Vorschriften des StGB, aber auch der strafrechtlichen Nebengesetze haben für ihn Bedeutung. **145**

---

[364] Str. ist, ob das negative Interesse auch den entgangenen Gewinn umfasst, so *Kübler*, ZGR 1995, 491; *Altmeppen*, ZIP 1997, 1180.

[365] § 130 a Abs. 3 S. 2 HGB legt den Entlastungsbeweis ausdrücklich dem Geschäftsführer auf. Für die GmbH geht der BGH (DB 1974, 1619) ebenfalls von einer Beweislastumkehr zu Lasten des Geschäftsführers aus.

[366] Zum Verhältnis dieser Norm zur strafbewehrten Nichtabführung von Sozialabgaben s. o. Rn 137.

[367] BGH NJW 1974, 1088 f.

[368] *Baumbach/Hueck* § 64 GmbHG Rn 14 m. w. N.

[369] *Baumbach/Hueck* § 64 GmbHG Rn 16.

[370] BGHZ 75, 97, 111; BGHZ 126, 181, 199; a. A. *Schulze-Osterloh*, AG 1984, 143: positive Kenntnis der Antragsvoraussetzungen erforderlich, für die übrigen Anspruchsvoraussetzungen reicht jedoch Fahrlässigkeit aus.

[371] Weitergehend *Schäfer*, GmbHR 1993, 717 ff., 780 ff.

Aus dem StGB gehören hierher insbesondere die Betrugs- und Untreuedelikte (§§ 263 ff. StGB), die Insolvenzstraftaten (§§ 283 ff. StGB) sowie die Straftaten gegen die Umwelt (§§ 324 ff. StGB). Auch in zivilrechtlichen Gesetzen finden sich Strafvorschriften, beispielsweise in § 82 GmbHG (falsche Angaben über die Verhältnisse der Gesellschaft), § 84 GmbHG (Pflichtverletzung bei Verlust, Zahlungsunfähigkeit oder Überschuldung) und § 85 GmbHG (Verletzung der Geheimhaltungspflicht), ferner § 130 b HGB (Unterlassen der Stellung eines Insolvenzantrags) und § 331 HGB (unrichtige Wiedergabe oder Verschleierung der Verhältnisse der GmbH in der Eröffnungsbilanz, im Jahresabschluss oder im Lagebericht). Hinzu kommen Strafvorschriften u. a. aus dem Bereich des Steuerrechts, des Kreditwesens, der Versicherungen und des Börsenhandels, des unlauteren Wettbewerbes, der gewerblichen Schutzrechte und des Arbeitsrechts.

§ 16 Gesellschafterversammlung und Beschlussfassung in der GmbH & Co. KG und in der Komplementär-GmbH

Übersicht

Schrifttum: *Bahnsen*, Der Stimmrechtsausschluß der Komplementärin in einer GmbH & Co. KG, GmbHR 2001, 317 ff.; *Barner*, Die Entlastung als Institut des Verbandsrechts, 1990; *Bungert*, Die Treuepflicht des Minderheitsaktionärs, DB 1995, 1749 ff.; *Grauer*, Konzernbildungskontrolle im GmbH-Recht, 1991; *Hadding*, Mehrheitsbeschlüsse in der Publikums-KG, ZGR 1979, 236; *Heckschen*, Gelöste und ungelöste zivilrechtliche Fragen des GmbH-Konzernrechts, DB 1989, 29 ff.; *Immenga*, Festschrift 100 Jahre GmbH-Gesetz (1992), S. 189 ff.; *Lutter*, in: *Hommelhoff u. a.* (Hrsg.), Entwicklungen im GmbH-Konzernrecht, 2. Deutsch-Österreichisches Symposium zum Gesellschaftsrecht vom 21. und 22. Februar in Landshut (aus der Reihe: Zeitschrift f. Unternehmens- und Gesellschaftsrecht. – Sonderheft 6), 1986, S. 192 ff.; *Priester*, in: Festschrift für Werner, 1984, S. 657 ff.; *Reichert*, in: *Habersack/Koch/Winter* (Hrsg.), Die Spaltung im neuen Umwandlungsrecht und ihre Rechtsfolgen, 1998, S. 25 ff.; *K. Schmidt*, Mehrheitsklauseln in GmbH & Co.-Verträgen: Verständnis oder Mißverständnis des „Bestimmtheitsgrundsatzes"?, ZHR 158 (1994), 205; *Schneider/U.H. Schneider*, Die Organisation der Gesellschafterversammlung bei Personengesellschaften, in: Festschrift Möhring, 1975, S. 271 ff.; *Scholz*, Steuerrecht und Gesellschaftsrecht als Gestaltungsaufgabe, in: Freundesgabe für Haas, 1996, S. 313 ff.; *Vogel*, Die Praxis der Gesellschafterversammlung bei GmbH und GmbH & Co., 1976; *ders.*, Gesellschafterbeschlüsse und Gesellschafterversammlung, 2. Aufl. 1986; *Weinhardt*, Stimmverbote bei der GmbH & Co. KG, DB 1989, 2417 ff.; *Winter*, Mitgliedschaftliche Treuebindungen im GmbH-Recht, 1988; *Zietzmann*, Vorlagepflichten des GmbH-Geschäftsführers, 1991; *Zöllner*, Die Schranken mitgliedschaftlicher Stimmrechtsmacht bei den privatautonomen Personenvereinigungen, 1963; *ders.*, Zu Schranken und Wirkung von Stimmbindungsverträgen, insbesondere bei der GmbH, ZHR 155 (1991), 168 ff.

1 Eines der wichtigsten Gestaltungsprobleme der Kautelarjurisprudenz ist die **Harmonisierung und Koordinierung der internen Willensbildung** der GmbH & Co. KG und ihrer Komplementär-GmbH. Nach dem gesetzlichen Ideal ist bei einer strukturtypischen GmbH und Personengesellschaft die Gesamtheit der Gesellschafter das „oberste Willensbildungsorgan" der Gesellschaft.[1] Alle wesentlichen Geschäfte und die allgemeinen Richtlinien der Geschäftspolitik sowie die gesellschaftsinterne Ordnung sind diesem „obersten Willensbildungsorgan" vorbehalten.

Die notwendige Harmonisierung und Koordination der internen Willensbildung bereitet allerdings erhebliche Schwierigkeiten. Denn es muss die **Willensbildung in zwei Gesellschaften unterschieden** werden, die zudem ihrem gesetzlichen Leitbild nach über **unterschiedliche, weitgehend dispositive Regelungskonzepte** betreffend die Bildung des Gesellschaftswillens verfügen. Insoweit müssen im Rahmen der Vertragsgestaltung Widersprüchlichkeiten hinsichtlich der internen Willensbildung in der einen und der anderen Gesellschaft verhindert und es muss zugleich den Interessen der Gesellschafter Rechnung getragen werden, die darauf gerichtet sein können, einen völligen Gleichlauf der internen Willensbildung in beiden Gesellschaften zu erreichen oder einer Gesellschaftergruppe einen größeren Einfluss auf die Geschicke des Unternehmens einzuräumen als anderen Verbandsmitgliedern.

[1] *Hesselmann/Tillmann* GmbH & Co. Rn 305.

I. Überblick über die gesetzlichen Regelungsmodelle

Eine ausdifferenzierte gesellschaftsvertragliche Regelung über die Durchführung einer Gesellschafterversammlung und die Beschlussfassung tut vor allem deshalb Not, weil im Falle einer GmbH & Co. KG zwei verschiedene Gesellschaftstypen mit einem sehr unterschiedlichen gesetzlichen Regelungsgrad so aufeinander abgestimmt werden müssen, dass im Ergebnis eine **reibungslose Bildung eines** entsprechenden **Geschäftswillens** des am Markt einheitlich auftretenden Unternehmens sichergestellt ist. Die gesetzlichen Ordnungen stellen sich vergröbernd wie folgt dar: 2

1. Komplementär-GmbH

Die Bildung des Gesellschafterwillens innerhalb einer GmbH ist **gesetzlich vorgeprägt** (vgl. insbesondere §§ 45 bis 51, 53 GmbHG). Das GmbH-Recht kennt zwei notwendige Organe der Gesellschaft, nämlich den Geschäftsführer als Vertretungs- und Geschäftsführungsorgan und die Gesellschafterversammlung als oberstes Willensbildungsorgan. Im gesetzlichen Regelfall obliegen der Gesellschafterversammlung gesetzlich zugewiesene Aufgaben (vgl. insbesondere §§ 46, 53 GmbHG) und auch die Vorbereitung und Durchführung einer Gesellschafterversammlung sowie die Beschlussfassung sind weitgehend gesetzlich determiniert (vgl. §§ 47 bis 51 GmbHG). Die Entscheidungen werden in aller Regel nach der Mehrheit der abgegebenen Stimmen getroffen, wobei sich die Mehrheitsverhältnisse innerhalb der Gesellschafterversammlung nach der Kapitalbeteiligung der GmbH-Gesellschafter richten (§ 47 Abs. 1 und 2 GmbHG). 3

Allerdings kann der Gesellschaftsvertrag sowohl die gesetzliche Zuständigkeitsordnung der GmbH, als auch das Willensbildungsverfahren erheblich modifizieren (**Grundsatz der Satzungsautonomie bzw. der gesellschaftsvertraglichen Gestaltungsfreiheit**). Es kann einerseits die Gesellschafterversammlung gestärkt werden, andererseits ist es aber auch denkbar, ihre Stellung zugunsten einer größeren Unabhängigkeit des Managements abzuschwächen.[2] 4

Von dieser Vertragsgestaltungsfreiheit wird in der Praxis insbesondere bei einer Komplementär-GmbH einer GmbH & Co. KG in beträchtlichem Umfang Gebrauch gemacht, um die **notwendige Verzahnung der KG- und der GmbH-Verfassung** herbeizuführen. Insoweit ist insbesondere zu berücksichtigen, dass die Komplementär-GmbH selbst nicht operativ geschäftlich tätig ist, sondern sie sich darauf beschränkt, Geschäftsführungs- und Vertretungsorgan der KG zu sein, so dass innerhalb der GmbH insbesondere geschäftliche Entscheidungen der KG vorberaten und insoweit Beschlüsse herbeigeführt werden.

---

[2] *Rowedder/Schmidt-Leithoff/Koppensteiner* § 37 GmbHG Rn 35 ff., 33; *Raiser* Kapitalgesellschaften § 31 Rn 3; *Scholz/Schneider* § 37 GmbHG Rn 20; *Baumbach/Hueck* GmbHG § 45 Rn 5 ff., jew. m. w. N.

2. GmbH & Co. KG

5 Demgegenüber besteht im gesetzlichen Regelfall innerhalb einer Personengesellschaft **kein formalisiertes Willensbildungsverfahren**; gesetzliche Regelungen über eine Gesellschafterversammlung existieren nicht und es bedarf mangels entsprechender gesellschaftsvertraglicher Regelungen nicht einmal einer solchen Versammlung. Dies liegt darin begründet, dass Personengesellschaften nach dem gesetzlichen Ideal auf wechselseitigem Vertrauen beruhende Arbeits- und Haftungsgemeinschaften sind, bei denen alle persönlich haftenden Gesellschafter die Befugnis zur Geschäftsführung und Vertretung der Gesellschaft haben und den Geschäftsführungsentscheidungen der anderen Gesellschafter widersprechen können (§§ 161 Abs. 2, 115 Abs. 1 HGB). Die Gesellschaft verliert ihre personalistische Struktur, die ein formalisiertes Beschlussverfahren nach dem gesetzlichen Ideal entbehrlich macht, nicht dadurch, dass unter Umständen einzelne Gesellschafter gesellschaftsvertraglich oder kraft Gesetzes, wie bei der KG die Kommanditisten, von der Geschäftsführung ausgeschlossen sind. Zwar besteht für solche nicht geschäftsführungsberechtigten Gesellschafter kein Widerspruchsrecht gegen Geschäftsführungsentscheidungen der persönlich haftenden Gesellschafter (vgl. § 164 S. 1 HGB), allerdings bedürfen so genannte außergewöhnliche Geschäftsführungsentscheidungen, also solche, die über den gewöhnlichen Betrieb des Handelsgewerbes der Gesellschaft hinausgehen, gemäß §§ 116, 164 HGB einer Zustimmung sämtlicher Gesellschafter.[3] Daneben gibt es noch einige weitere Fälle, in denen das HGB den Gesellschaftern einer Personengesellschaft Entscheidungen zuweist. Aber auch derartige Entscheidungen aller Gesellschafter bedürfen im gesetzlichen Regelfall keiner förmlichen Gesellschafterversammlung und auch keiner formalisierten Beschlussfassung. Vielmehr genügt ein schriftliches Beschlussverfahren oder eine stillschweigende Übereinkunft zwischen den Gesellschaftern in der Regel den Bedürfnissen einer auf personelle Verbundenheit zugeschnittenen Personengesellschaft.[4] Weiterhin geht das Personengesellschaftsrecht im Grundsatz davon aus, dass alle Entscheidungen der Gesellschafter einvernehmlich zu treffen sind, so dass – soweit eine Gesellschafterentscheidung erforderlich ist – jeder einzelne Gesellschafter der Entscheidung zustimmen muss, damit sie vorgenommen werden kann (vgl. § 119 Abs. 1 HGB).

6 Allerdings wurde auch im Personengesellschaftsrecht weitgehend auf zwingende gesetzliche Regeln verzichtet. Dies gilt namentlich für die Organisationsstruktur der Gesellschaft, denn **im Innenverhältnis herrscht**

---

[3] Obwohl der Wortlaut eigentlich nur auf ein Widerspruchsrecht der Kommanditisten hindeutet, wird § 164 HGB heute dahin gehend ausgelegt, dass den Kommanditisten ein Zustimmungsrecht zusteht, da ein bloßes Widerspruchsrecht mangels hinreichender Informationsmöglichkeiten (vgl. § 166 HGB) keinen ausreichenden Interessenschutz bieten würde, vgl. RGZ 158, 302, 305; BGHZ 65, 93, 100; 76, 160, 164 (st. Rspr.); *Hueck* Gesellschaftsrecht § 18 V 1, S. 150 f.; *Schlegelberger/Martens* § 164 HGB Rn 16; *Koller/Roth/Morck* § 164 HGB Rn 4, jew. m. w. N. (ganz h. M.).

[4] *Hesselmann/Tillmann* GmbH & Co. Rn 314 a. E.

Vertragsfreiheit; die Beteiligten können ihre Beziehungen zueinander grundsätzlich nach freiem Belieben regeln.[5] Dementsprechend besteht bei der Personengesellschaft die Möglichkeit, dass die Rechtsbeziehungen der Gesellschafter insbesondere abweichend von §§ 116 Abs. 2, 164 HGB ausgestaltet werden und auch außergewöhnliche Geschäftsführungsmaßnahmen den geschäftsführenden Gesellschaftern allein überlassen bleiben. Eine Mitwirkung der Gesamtheit der Gesellschafter wäre dann nur im Falle eines so genannten Grundlagengeschäfts, insbesondere bei Änderungen des Gesellschaftsvertrages, erforderlich.[6] Umgekehrt kann eine dem gesetzlichen Regelfall der GmbH entsprechende oder ähnliche Zuständigkeitsordnung mit einem formalisierten Willensbildungsverfahren etabliert werden. Darüber hinaus kann im Gesellschaftsvertrag vorgesehen werden, dass generell oder in bestimmten Fällen über außergewöhnliche Geschäftsführungsmaßnahmen und/oder Grundlagenfragen mit einfacher oder qualifizierter Mehrheit entschieden werden soll. Bei Einführung des Mehrheitsprinzips wird zudem meist vereinbart, dass die Mehrheit entgegen § 119 Abs. 2 HGB nach Kapitalanteilen anstatt nach Köpfen zu berechnen ist.[7]

II. Aufgabe des Beraters im Rahmen der Gestaltung der statutarischen Regelungen über die interne Willensbildung

Die gesetzlichen Organisationsregelungen von Kapitalgesellschaften und Personengesellschaften unterscheiden sich mithin stark. Während für eine GmbH die Kompetenzordnung gesetzlich vorstrukturiert und die interne Willensbildung in ihren Grundzügen formalisiert wurde, fehlen im Personengesellschaftsrecht solche Regeln, da das Gesetz unterstellt, dass alle Gesellschafter in der Personengesellschaft persönlich, gleichberechtigt und vertrauensvoll zusammenarbeiten. 7

1. Ausschöpfung der gesellschaftsvertraglichen Gestaltungsfreiheit

Allerdings ist das gesetzliche Modell der geschäftsführenden (Komplementär-)GmbH und der operativ tätigen KG – wie gezeigt – weitestgehend nachgiebiges Recht. Daher ist es erste und vornehmlichste Aufgabe des Beraters, diese gesellschaftsvertragliche Gestaltungsfreiheit auszuschöpfen und insbesondere die Kompetenzordnung und das Beschlussverfahren in der GmbH & Co. KG und in der Komplementär-GmbH auf die individuellen Bedürfnisse der Gesellschafter, aber auch auf die Notwendigkeiten, die aus der mit der Gründung einer GmbH & Co. KG einhergehenden Grundtypenvermischung resultieren, zuzuschneiden. Die Aufgaben des Beraters im Rahmen der Gestaltung der inneren Ordnung der Komple- 8

[5] Vgl. statt aller *Baumbach/Hopt* § 109 HGB Rn 2f.; *Koller/Roth/Morck* § 105 HGB Rn 24.

[6] RGZ 163, 370, 374; BGHZ 76, 160, 164; 76, 338, 342; *Baumbach/Hopt* § 116 HGB Rn 3; *Heymann/Horn* § 164 HGB Rn 7; *Hueck* Gesellschaftsrecht § 8 I 1, S. 56; *Schlegelberger/Martens* § 114 HGB Rn 5ff.; GK/*Schilling* HGB § 164 Anm. 5ff.

[7] Vgl. z. B. *Wiedemann* Gesellschaftsrecht Bd. 1 § 8 I 1.

mentär-GmbH und der GmbH & Co. KG selbst sind insoweit sehr unterschiedlich:

9 **a) Anpassung des gesetzlichen Regelungsmodells der GmbH.** Der Berater findet bei der Komplementär-GmbH bereits ein (modifizierbares) gesetzliches Regelungsmodell mit einer vorgegebenen Kompetenzordnung und einem vorstrukturierten Willensbildungsverfahren vor. Bei der Komplementär-GmbH besteht seine Aufgabe mithin darin, in geeigneten Fällen von dem gesetzlichen **Leitbild abzuweichen** bzw. die vorgegebenen **Regelungen sinnvoll zu ergänzen**, wobei er insoweit eher punktuell ansetzen wird. Denn gerade eine GmbH & Co. KG erfordert in aller Regel insgesamt – also sowohl in der KG als auch in der GmbH – eine innere Ordnung, die den Vorstellungen des Gesetzgebers von einer GmbH entspricht bzw. dieser zumindest sehr ähnlich ist. Der Berater wird also die gesetzliche Ordnung nicht revolutionieren, sondern lediglich vereinzelt modifizieren. Es ist außerordentlich selten gewünscht und zweckmäßig, die innere Ordnung der GmbH & Co. KG der Ordnung einer gesetzestypischen Personengesellschaft mit allseitigem Geschäftsführungsrecht und dem Erfordernis einer einvernehmlichen Willensbildung anzupassen.

10 Weiterhin muss beachtet werden, dass sich die Funktion der GmbH im Falle einer Komplementär-GmbH einer GmbH & Co. KG von dem typischen Gesellschaftszweck einer solchen Gesellschaft unterscheidet. Die GmbH soll im Ergebnis dazu dienen, die Geschäftsführung und Vertretung der operativ tätigen KG wahrzunehmen. Aufgabe der Komplementär-GmbH ist es mithin, die **unternehmerischen Ziele der KG zu verwirklichen**, so dass die KG-Belange von der Komplementär-GmbH zu wahren sind (**Grundsatz der Interessenwahrung**). Auch dies muss im Rahmen der Vertragsgestaltung berücksichtigt werden. Die Verpflichtung der Komplementär-GmbH, die Interessen der KG zu beachten, sollte – abgesehen von sinnvollen Einzelregelungen, die Ausfluss dieses Grundsatzes sind – in der GmbH-Satzung, und zwar am besten in der Bestimmung über den Unternehmensgegenstand und/oder (gegebenenfalls nochmals) im Rahmen der Regelungen über die Geschäftsführung ausdrücklich niedergelegt werden.[8]

Man kann die **Aufgabe des Beraters** im Rahmen der Ausgestaltung der Verfassung der Komplementär-GmbH daher schlagwortartig als „Modifikation der GmbH-Versammlung unter Berücksichtigung der Unternehmensträgerschaft der KG" bezeichnen.

11 **b) Schaffung eines förmlichen Beschlussverfahrens in der KG.** Demgegenüber ist die Aufgabenstellung des Beraters im Rahmen der Gestaltung der internen Willensbildung der KG gerade umgekehrt. Er muss dort eine Kompetenzordnung und ein formalisiertes Beschlussverfahren kreieren, da eine derartige Verfassung für die typische Ausgestaltung einer GmbH & Co. KG notwendig ist und sie im gesetzlichen Regelfall gerade fehlt. Es muss daher zunächst entschieden werden, welche (Geschäftsfüh-

[8] *Hesselmann/Tillmann* GmbH & Co. Rn 310 a. E.; *Scholz/K. Schmidt* Anh. § 45 GmbHG Rn 2 f.

rungs)Entscheidungen die Komplementär-GmbH ohne Mitwirkung der Kommanditisten treffen darf und welche einer Beschlussfassung der Gesellschafterversammlung bedürfen. Sodann muss das Beschlussverfahren im Einzelnen ausgearbeitet werden. Insoweit sind Regelungen erforderlich über die Einberufung und den Ablauf der Gesellschafterversammlung sowie über die Abstimmung und die Fassung von Gesellschafterbeschlüssen. Es bedarf vor allem einer eingehenden Regelung der erforderlichen Beschlussmehrheiten für die einzelnen der Gesellschafterversammlung zugewiesenen Gegenstände. Denn im Rahmen der Einführung von Mehrheitsbeschlüssen wird von der Rechtsprechung noch immer vertreten, dass eine in einem Gesellschaftsvertrag einer Personengesellschaft vorgesehene Mehrheitsklausel einen konkreten Beschlussgegenstand nur dann erfasst, wenn sich der der Mehrheitsentscheidung unterliegende Gegenstand hinlänglich konkret aus dem Klauseltext ergibt (so genannter Bestimmtheitsgrundsatz).[9]

Die **Aufgabe des Beraters** im Rahmen der Gestaltung der gesellschaftsvertraglichen Ordnung der KG lässt sich daher schlagwortartig umschreiben als „Begründung einer KG-Verfassung mit formeller Zuständigkeits- und Verfahrensordnung".

2. Abstimmung von Satzung und Gesellschaftsvertrag auf die Besonderheiten der GmbH & Co. KG

Im Rahmen der privatautonomen Ausgestaltung der Verfassung der GmbH & Co. KG und ihrer Komplementär-GmbH muss der Berater weiterhin beachten, dass er es mit zwei verschiedenen Gesellschaften zu tun hat, die im Ergebnis ein und demselben wirtschaftlichen Zweck dienen. Es soll ein operatives Geschäft von der KG betrieben werden, deren Geschäftsführung und Vertretung jedoch die GmbH wahrnimmt. Die Kompetenzordnungen und die interne Willensbildung innerhalb dieser beiden Gesellschaften müssen daher harmonisiert und Diskrepanzen vermieden werden. Gerade insoweit bergen undurchdachte und widersprüchliche Vertragsgestaltungen für die Beteiligten erhebliche Risiken in sich. Denn solche Diskrepanzen stiften nicht nur Verwirrung, sie sind darüber hinaus Quelle späterer Streitigkeiten und bieten bei anderweitigen Meinungsverschiedenheiten der Gesellschafter Angriffsflächen für die Anstrengung langwieriger, zeitraubender und kostenintensiver gerichtlicher Auseinandersetzungen. 12

Allerdings muss gerade vor dem Hintergrund der notwendigen **Verzahnung der KG- und der GmbH-Verfassung** beachtet werden, dass deren Ziel durchaus unterschiedlich sein kann. Denn die „Rechtsform" der GmbH & Co. KG bietet gerade wegen der Einschaltung zweier Gesellschaften für ein und dasselbe unternehmerische Engagement die Möglichkeit, den Einfluss der beteiligten Personen (bewusst und gewollt) sehr unterschiedlich zu gewichten:

---

[9] RGZ 91, 166, 167f.; 151, 321, 327; 163, 385, 391; BGHZ 8, 35, 41f.; 20, 363, 369; 48, 251, 253ff.; 61, 303, 304; 85, 351, 355; BGH NJW 1988, 411 (st. Rspr.).

13 **a) Personengleiche GmbH & Co. KG.** Sind die Kommanditisten und die GmbH-Gesellschafter mit den gleichen Beteiligungsrelationen personenidentisch, sollen diese Personengruppen regelmäßig in beiden Gesellschaften über den gleichen Einfluss verfügen. Bei einer solchen personengleichen GmbH & Co. KG müssen daher die **Voraussetzungen für die interne Willensbildung in beiden Gesellschaften übereinstimmend ausgestaltet** werden. Insoweit muss eine dauerhafte personelle Verzahnung, also gleiche Beteiligungsverhältnisse in beiden Gesellschaften, gleiche Mehrheitserfordernisse bei GmbH- und KG-Beschlüssen und ein einheitliches Einberufungs- und Beschlussverfahren sowohl in der GmbH als auch in der KG sichergestellt werden, um die erstrebte Harmonisierung zu erreichen.[10] Zugleich sollte das Stimmrecht der GmbH in der Gesellschafterversammlung der KG, an der sie ja als Komplementärin beteiligt ist, ausgeschlossen werden.[11] Weiterhin sollte in einer personengleichen GmbH & Co. KG der KG-Vertrag – insbesondere im Hinblick auf die Regelungen über die interne Willensbildung – **weitestgehend am Recht der GmbH ausgerichtet** werden.[12]

Werden die vorstehenden Besonderheiten beachtet, so spielt de facto die richtige Zuordnung der Beschlüsse zu der richtigen Gesellschaft im Rahmen des Verbandslebens eine zumindest sehr untergeordnete Rolle.

14 Der **Berater** hat hier mithin die **Aufgabe** der „Schaffung einer einheitlichen Verfassung der GmbH & Co. KG durch Harmonisierung der Einzelverfassungen von Komplementär-GmbH und KG", er muss im Ergebnis durch Abstimmung und Harmonisierung der statutarischen Ordnungen „aus zwei eins machen".

15 **b) Personenverschiedene GmbH & Co. KG.** Komplizierter stellen sich die Verhältnisse bei einer personenverschiedenen GmbH & Co. KG dar, bei der die Kommanditisten der KG und die Gesellschafter der GmbH entweder personenverschieden sind oder die Beteiligungsrelationen erheblich voneinander abweichen, etwa indem nur ein Teil der Kommanditisten zugleich GmbH-Gesellschafter ist. Diese Gestaltung dient regelmäßig dazu, bestimmte Personen (die „Nur-Kommanditisten") vom Einfluss auf die Geschäftsführung weitestgehend auszuschließen. Hier dient die **Abstimmung der Willensbildungsprozesse** in beiden Gesellschaften dazu, den **Einfluss der „(Nur-)Kommanditisten" zu beschränken**. Demgegenüber soll der Einfluss der GmbH-Gesellschafter, die die Maßnahmen der GmbH, die regelmäßig zugleich (Geschäftsführungs)Entscheidungen der KG sind, vorberaten und lenken, gestärkt werden.

16 Auch dieses Ziel kann nur erreicht werden, wenn die internen Willensbildungsprozesse innerhalb der KG und der GmbH optimal aufeinander abgestimmt sind, wobei dann zugleich die Frage, innerhalb welcher Ge-

---

[10] *Heymann/Horn* § 161 HGB Rn 139; *K. Schmidt* Gesellschaftsrecht § 56 IV 2 a; *ders.*, Freundesgabe Haas, S. 313 ff.

[11] *Heymann/Horn* § 161 HGB Rn 139; *K. Schmidt* Gesellschaftsrecht § 56, IV 2 a; H. *Schneider/U.H. Schneider*, FS Möhring, S. 271; *Bahnsen*, GmbHR 2001, 317 ff.

[12] Vgl. etwa *K. Schmidt* Gesellschaftsrecht § 56 IV 2 a.

sellschaft welche Entscheidung getroffen wird, von entscheidender Bedeutung ist.

Hier besteht die **Berateraufgabe** also in der „Einflussbegründung und -begrenzung durch Ausnutzung der Beteiligung zweier Rechtssubjekte an einem einheitlichen unternehmerischen Engagement".

III. Zuständigkeiten der Gesellschafterversammlung

Die Zuständigkeitsordnungen von GmbH und Personengesellschaften, die das Gesetz voraussetzt, müssen in einer personengleichen GmbH & Co. KG derart angepasst werden, dass sie einander vollständig entsprechen und bei nichtpersonengleichen GmbH & Co. KGs regelmäßig – es sei denn, die Beteiligten halten eine anderweitige Gestaltung für zweckmäßig – derart, dass den GmbH-Gesellschaftern weitgehender Einfluss auf die Geschäftsführungsangelegenheiten (des Gesamtunternehmens) eröffnet wird und die „(Nur-)Kommanditisten" (bezogen auf das Gesamtunternehmen) nur in Grundsatzfragen des Verbandslebens zur Mitwirkung berufen sind. Jedoch können auch insoweit die Interessen der Beteiligten sehr unterschiedlich sein, so dass deren Motive und Willen exakt erfasst und in geeignete gesellschaftsvertragliche Bestimmungen umgesetzt werden müssen. Auszugehen ist in allen Fällen von dem **gesetzlichen Leitbild**, welches **sachgerecht** im Rahmen der gesellschaftsvertraglichen Gestaltungsfreiheit **zu modifizieren** ist. 17

1. Komplementär-GmbH

Im Hinblick auf die gesetzestypische GmbH-Verfassung ist zwischen **Grundlagenkompetenzen und sonstigen Zuständigkeiten** der Gesellschafterversammlung zu unterscheiden. Ausgehend von dem gesetzlichen Regelungsmodell sind dann die zum reibungslosen Zusammenspiel von Komplementär-GmbH und GmbH & Co. KG notwendigen bzw. zweckmäßigen statutarischen Modifikationen unter Berücksichtigung der Interessen der Unternehmensträger vorzunehmen. 18

a) Satzungs- und Strukturänderungen. Alle Grundlagenentscheidungen des Verbandslebens, die die Komplementär-GmbH betreffen, sind den GmbH-Gesellschaftern kraft Gesetzes zugewiesen: Nach §§ 53 ff. GmbHG erfolgt die Änderung des Gesellschaftsvertrages einschließlich Kapitalerhöhung und -herabsetzung durch Beschluss der Gesellschafter. Einer Gesellschafterentscheidung bedarf ferner die Auflösung der GmbH sowie die Bestellung und Abberufung der Liquidatoren (vgl. §§ 60 Abs. 1 Nr. 2, 66 Abs. 1 GmbHG). Andere Grundlagenentscheidungen wie die Verschmelzung, der Formwechsel und die Spaltung der Gesellschaft bedürfen ebenfalls eines Gesellschafterbeschlusses (vgl. §§ 13, 193, 125 UmwG). Zu den der Gesellschafterversammlung zugewiesenen Strukturentscheidungen zählt weiterhin die Zustimmung zum Abschluss von Unternehmensverträgen in der herrschenden GmbH analog § 293 Abs. 2 AktG[13] und in 19

[13] Grundlegend BGHZ 105, 324, 333 ff. (Supermarkt).

der beherrschten GmbH wegen der einer Satzungsänderung entsprechenden Auswirkungen auf Gesellschaftszweck, Zuständigkeitsordnung und Gewinnbezugsrecht.[14] Auch vergleichbare Strukturentscheidungen obliegen der Gesellschafterversammlung als oberstem Gesellschaftsorgan. Zu beachten ist allerdings, dass es in den vorbezeichneten Fällen immer nur um **Grundlagen- und Strukturentscheidungen** geht, die die GmbH selbst betreffen.

20 Stehen **solche Entscheidungen auf der Ebene der KG** an, ist keine unmittelbare Zuständigkeit der GmbH-Gesellschafterversammlung nach den vorstehenden Vorschriften begründet. Denn es geht dann um eine Frage der internen Willensbildung innerhalb der KG. Allerdings kann sich **reflexiv** auch die **Notwendigkeit einer Beschlussfassung innerhalb der GmbH** ergeben. Insoweit ist aber zu beachten, dass eine Umstrukturierung der KG nicht notwendigerweise zugleich eine Angelegenheit der geschäftsführenden Komplementär-GmbH ist. Insoweit geht es – auf die KG bezogen – nicht um eine dem persönlich haftenden Gesellschafter der KG grundsätzlich zugewiesene Geschäftsführungsmaßnahme, so dass eine Mitwirkung der GmbH an der internen Willensbildung der KG nur insoweit in Betracht kommt, als die GmbH stimmberechtigte Gesellschafterin der KG ist. Ist dies der Fall, muss innerhalb der GmbH regelmäßig Beschluss über das Abstimmungsverhalten in der Gesellschafterversammlung der KG gefasst werden, sofern es sich – was in der Regel der Fall ist – bezogen auf die GmbH, um eine außergewöhnliche Geschäftsführungsentscheidung handelt.[15] Ist dies hingegen nicht der Fall, wird die Komplementär-GmbH nur im Rahmen der Vorbereitung und Durchführung der Umstrukturierung tätig.

21 In welchem Umfang Geschäftsführungsentscheidungen der GmbH-Geschäftsführer, die Rückwirkungen auf die GmbH & Co. KG bzw. gar Auswirkungen auf die Gesamtstruktur des Unternehmens haben, einen Zustimmungsbeschluss der GmbH-Gesellschafterversammlung erfordern, kann und sollte die Satzung der GmbH klar definieren.

22 **b) Sonstige Angelegenheiten.** Die übrigen den Gesellschaftern der GmbH zugewiesenen Aufgaben sind insbesondere in § 46 GmbHG geregelt. Nach dem nicht abschließenden und grundsätzlich dispositiven Zustimmungskatalog des § 46 GmbHG obliegt den Gesellschaftern die Entscheidung über:
- die Feststellung des von den Geschäftsführern aufgestellten Jahresabschlusses und die Entscheidung über die Ergebnisverwendung (§§ 46 Nr. 1, 42a, 29 GmbHG);
- die Einforderung noch ausstehender Einzahlungen auf das Stammkapital (§ 46 Nr. 2 GmbHG);

---

[14] Grundlegend BGHZ 105, 324, 331f. (Supermarkt); s. zusammenfassend *Emmerich/Sonnenschein/Habersack* § 32.

[15] Diese Problematik wird üblicherweise im Kontext mit den vom BGH im Holzmüller-Urteil entwickelten Grundsätzen der Konzernleitungskontrolle (vgl. BGHZ 83, 122, 140ff.) diskutiert, gilt aber allgemein, vgl. BGH AG 1991, 235f.; OLG Frankfurt AG 1988, 335; *Emmerich/Sonnenschein/Habersack* § 9 III; *Scholz/Emmerich* Anh. Konzernrecht Rn 64 m. w. N.

- die Rückzahlung von Nachschüssen (§ 46 Nr. 3 GmbHG);
- die Genehmigung der Teilung und die Erklärung der Einziehung von Geschäftsanteilen (§ 46 Nr. 4 GmbHG);
- die Bestellung und Abberufung sowie die Entlastung der Geschäftsführer (§ 46 Nr. 5 GmbHG);
- die Prüfung und Überwachung der Geschäftsführung (§ 46 Nr. 6 GmbHG);
- die Bestellung von Prokuristen und Generalbevollmächtigten (§ 46 Nr. 7 GmbHG);[16]
- die Geltendmachung von Ersatzansprüchen der Gesellschaft gegen Geschäftsführer oder Gesellschafter (§ 46 Nr. 8 GmbHG).

Darüber hinaus ist anerkannt, dass die Gesellschafterversammlung der **23** GmbH jede andere Angelegenheit an sich ziehen und sie dem oder den Geschäftsführern in beliebigem Umfang Weisungen und allgemeine Handlungsanweisungen erteilen kann. Es sind im gesetzlichen Regelfall sowohl allgemeine Richtlinien etwa hinsichtlich der allgemeinen Geschäftspolitik als auch konkrete Handlungsanweisungen, z. B. hinsichtlich der Vornahme eines bestimmten Geschäfts, denkbar (vgl. § 37 Abs. 1 GmbHG, **sog. Omnipotenz der Gesellschafterversammlung**).[17]

Ähnlich wie bei einer Personengesellschaft (vgl. §§ 116 Abs. 2, 164 **24** HGB) fallen darüber hinaus Maßnahmen, die wegen ihrer Bedeutung und den damit einhergehenden Gefahren Ausnahmecharakter haben, in den Kompetenzbereich der Gesellschafterversammlung. **Außergewöhnliche Geschäfte und** auch **die allgemeine Unternehmenspolitik** sind der Befugnis der Geschäftsführer mangels abweichender statutarischer Regelung entzogen, wenn eine Entscheidung der Gesellschafterversammlung nach § 49 Abs. 2 GmbHG erforderlich erscheint.[18] In den Zuständigkeitsbereich der Gesellschafterversammlung der GmbH fallen zudem grundsätzlich auch satzungsauslegende Beschlüsse, mit denen über die fragliche Satzungskonformität bestimmter Maßnahmen entschieden werden soll.[19]

---

[16] Die Abberufung sowie der Abschluss, die Änderung und die Kündigung des Anstellungsvertrages mit dem Prokuristen bzw. Generalhandlungsbevollmächtigten können dagegen von den Geschäftsführern eigenständig vorgenommen werden, wobei die Geschäftsführer gegenüber den Gesellschaftern insoweit jedoch nicht illoyal handeln dürfen, vgl. BGH GmbHR 1990, 33 f.; MünchHdb. GesR III/ *Wolff* § 37 Rn 51; *Rowedder/Schmidt-Leithoff/Koppensteiner* § 46 GmbHG Rn 36 ff.; *Lutter/Hommelhoff* § 46 GmbHG Rn 20; *Scholz/K. Schmidt* § 46 GmbHG Rn 123; *Baumbach/Hueck* § 46 GmbHG Rn 34.

[17] Sog. Grundsatz der Weisungsabhängigkeit vgl. BGHZ 31, 258, 278; *Roth/Altmeppen* § 37 GmbHG Rn 3, 13 ff.; *Hueck* Gesellschaftsrecht § 36 I 2 b; *Rowedder/Schmidt-Leithoff/Koppensteiner* § 37 GmbHG Rn 26 ff.; *Hachenburg/Mertens* § 37 GmbHG Rn 20; *Raiser* Kapitalgesellschaften § 32 Rn 2; *Scholz/Schneider* § 37 GmbHG Rn 30 ff., jew. m. w. N.

[18] BGH, DB 1984, 661 f.; *Roth/Altmeppen* § 37 GmbHG Rn 22 ff.; *Rowedder/Schmidt-Leithoff/Koppensteiner* § 37 GmbHG Rn 10 ff.; *Lutter/Hommelhoff* § 37 GmbHG Rn 10 f.; *Scholz/Schneider* § 37 GmbHG Rn 12 ff.; a. A. *Hachenburg/Mertens* § 37 GmbHG Rn 11; *Zietzmann*, Vorlagepflichten, S. 85 ff., 90; *Baumbach/Hueck* GmbHG § 37 Rn 6 a ff.

[19] BGH GmbHR 2003, 171.

25 **c) Reflexwirkungen.** Zu beachten ist im Hinblick auf diesen Kompetenzkatalog der GmbH-Gesellschafterversammlung – ebenso wie im Falle von strukturändernden Maßnahmen – jedoch, dass sich die entsprechenden Zuständigkeiten auf die GmbH beziehen, die innerhalb der GmbH & Co. KG (nur) die Geschäftsführung und Vertretung wahrnimmt, wohingegen die KG eigentliche Unternehmensträgerin ist. Ist im Gesellschaftsvertrag nichts Anderweitiges geregelt, kommt es insoweit allein auf die Verhältnisse innerhalb der GmbH an; die Verhältnisse der KG bleiben bei der Anwendung der vorgenannten Bestimmungen grundsätzlich außer Betracht, es sei denn, sie wirken sich reflexiv auf die maßgebende Rechtslage bei der GmbH aus.

26 Solche Reflexwirkungen bestehen allerdings **in beträchtlichem Umfang**:[20] Die Interessen der KG sind typischerweise bei Entscheidungen der GmbH-Gesellschafterversammlung tangiert, die sich auf die Geschäftsführung, namentlich auf die Personen der Geschäfsführer beziehen. Bei solchen Entschließungen der GmbH-Gesellschafterversammlung sind die Interessen der KG zu berücksichtigen, wobei dies insbesondere bei unechten, nicht personenidentischen GmbH & Co. KGs von erheblicher praktischer Bedeutung ist. In der Regel empfiehlt es sich, die aufgezeigten **Problemsituationen gesellschaftsvertraglich klar zu regeln**, um späteren Konflikten und Auseinandersetzungen vorzubeugen; im Einzelnen:

27 KG-Interessen sind im besonderen Maße berührt bei der **Entscheidung über die Bestellung und Abberufung von Geschäftsführern** (vgl. § 46 Nr. 5 GmbHG), da die GmbH-Geschäftsführer gleichzeitig (mittelbar) die Geschäftsführungsfunktion in der KG für die Komplementär-GmbH wahrnehmen. Die KG und deren Gesellschafter haben grundsätzlich keinen Einfluss auf die Bestellung und Abberufung eines Geschäftsführers der Komplementär-GmbH; die Personalhoheit obliegt den Gesellschaftern der GmbH und die (Nur-)Kommanditisten können lediglich der Komplementär-GmbH bei schwerwiegenden Pflichtverletzungen die Geschäftsführungs- und Vertretungsbefugnis oder die Gesellschafterstellung im Verfahren nach §§ 161 Abs. 2, 117, 127, 140 HGB entziehen.[21] Gerade auf diesem Umstand basiert der entscheidende Einfluss derjenigen Personen, die (auch) GmbH-Gesellschafter sind, in der unechten, nicht personen- und beteiligungsidentischen GmbH & Co. KG. Diese Machtposition wird noch verstärkt durch den Grundsatz der freien Abberufbarkeit der GmbH-Geschäftsführer. Bei Fehlen anderweitiger statutarischer Regelungen kann die GmbH-Gesellschafterversammlung die Geschäftsführer jederzeit – auch ohne Gründe – nach freiem Belieben abberufen.[22]

---

[20] *Hesselmann/Tillmann* GmbH & Co. Rn 311; *Scholz/K. Schmidt* Anh. § 45 GmbHG Rn 4 ff.

[21] Anders ist dies jedoch im Falle der sog. Einheits-GmbH & Co. KG, wenn die Gesellschafterrechte bei der Komplementär-GmbH unmittelbar von den Kommanditisten wahrgenommen werden.

[22] Vgl. statt aller *Roth/Altmeppen* § 38 GmbHG Rn 2 f.; *Raiser* Kapitalgesellschaften § 32 Rn 54 ff.; *Baumbach/Hueck* GmbHG § 38 Rn 2.

Diese Grundsätze erfahren bei einer GmbH & Co. KG eine Einschränkung dahin gehend, dass die Interessen der KG im Rahmen der Entscheidung über die Bestellung des Geschäftsführers und den Widerruf derselben angemessen zu berücksichtigen sind. Die GmbH kann also von der allein ihr (also nicht auf Dritte einschließlich der KG übertragbaren) Befugnis zur Geschäftsführerbestellung nicht schrankenlos Gebrauch machen. Sie muss vielmehr bereits aufgrund ihrer gesellschafterlichen Treuepflicht innerhalb der KG, die aufgrund ihres großen Einflusses auf die Geschicke der GmbH & Co. KG intensiv ausgeprägt ist, auf die Interessen der KG und ihrer Mitgesellschafter innerhalb der KG, also der (Nur-)Kommanditisten, angemessen Rücksicht nehmen. Dies bedeutet, dass nicht nur eine aus Sicht der KG geeignete Geschäftsführerpersönlichkeit ausgewählt werden muss, sondern auch, dass gegen den Willen der Kommanditisten keine Geschäftsführer berufen werden dürfen, gegen deren Bestellung aus Sicht der GmbH & Co. KG (sonstige) wichtige Gründe vorliegen. Umgekehrt muss ein Geschäftsführer auch dann abberufen werden, wenn ein wichtiger Abberufungsgrund aus dem Blickwinkel der KG existiert, insbesondere wenn sich dieser schwerwiegende Pflichtverstöße gegenüber der KG bzw. den Kommanditisten hat zu Schulden kommen lassen.[23] Allerdings ist zu beachten, dass hierdurch der grundsätzlich bestehende Einfluss der GmbH-Gesellschafter im Falle einer unechten GmbH & Co. KG nicht entscheidend geschmälert wird. Jenseits von Gründen, die die Bestellung oder ein Verbleiben eines Geschäftsführers bei objektiver Betrachtung der KG bzw. ihren Kommanditisten unzumutbar erscheinen lassen (sog. wichtiger Grund), besteht für die GmbH-Gesellschafter im Hinblick auf die Person des Geschäftsführers Auswahl- und Abberufungsfreiheit. **28**

Ähnliche Grundsätze wie im Falle der Geschäftsführerbestellung gelten im Hinblick auf die **Bestellung von Prokuristen und Generalhandlungsbevollmächtigten** der GmbH (vgl. § 46 Nr. 7 GmbHG). Die Komplementär-GmbH ist Kaufmann (vgl. § 13 Abs. 3 GmbHG, § 6 Abs. 1 HGB) und daher zur Bestellung derartiger Vertreter befähigt. Als „Vertreter-Vertreter" kann etwa ein Prokurist der GmbH auch die GmbH & Co. KG im rechtsgeschäftlichen Bereich wirksam vertreten, so dass auch eine solche Bestellungsentscheidung Rückwirkungen auf die KG hat. Auch gegen von der Komplementär-GmbH bestellte Prokuristen und Generalhandlungsbevollmächtigte dürfen – aus Sicht der GmbH & Co. KG – keine gewichtigen Gründe streiten.[24] **29**

---

[23] *Binz/Sorg* § 8 Rn 2 ff.; *Hesselmann/Tillmann* GmbH & Co. Rn 270; *Scholz/K. Schmidt* Anh. § 45 GmbHG Rn 6.

[24] *Hesselmann/Tillmann* GmbH & Co. Rn 311; s. auch *Scholz/K. Schmidt* Anh. § 45 GmbHG Rn 9, der zugleich vertritt, die Bestellung solcher Vertreter der GmbH sei nicht sinnvoll, sofern nicht die Komplementär-GmbH ausnahmsweise einen eigenen Geschäftsbetrieb unterhalte; regelmäßig sollten Prokuristen und Handlungsbevollmächtigte durch die Komplementär-GmbH für die KG als Unternehmensträgerin bestellt werden. Aus diesen Zweckmäßigkeitserwägungen können jedoch m. E. keine prinzipiellen Bedenken gegen eine Vertreterbestellung durch die Komplementär-GmbH hergeleitet werden. Namentlich in einer unechten GmbH & Co. KG können, selbst wenn die Bestellung eines Prokuristen in der

30 Der Grundsatz der Berücksichtigungsfähigkeit und -notwendigkeit von KG-Belangen beansprucht ferner Geltung im Rahmen der den GmbH-Gesellschaftern zugewiesenen **Entscheidung über die Entlastung der Geschäftsführer** (§ 46 Nr. 5 GmbHG). Die Entlastung als ein im Verbandsrecht eingebürgerter kooperationsrechtlicher Akt, durch den der Geschäftsführung von den Gesellschaftern das Vertrauen bekundet wird, ist zwar kein „Generalbereinigungsvertrag",[25] jedoch von haftungsrechtlicher Bedeutung, da mit der Erteilung der Entlastung eine Präklusionswirkung, also ein Verzicht auf etwaige Ersatzansprüche gegen die Geschäftsführer und auf (außerordentliche) Kündigungsgründe einhergeht, soweit es um Ersatzansprüche und Kündigungsgründe geht, die sich aus der Geschäftsführung ableiten und die der Gesellschafterversammlung bei sorgfältiger Prüfung aller Vorlagen und Berichte erkennbar sind oder von denen alle Gesellschafter privat Kenntnis haben.[26]

31 Die mit der Entlastung einhergehende Präklusionswirkung umfasst zunächst nur Ansprüche der GmbH selbst gegenüber ihrem Geschäftsführer; bei fehlerhaften Geschäftsführungsmaßnahmen hätte die KG ihrerseits bei isolierter Betrachtung zweier Gesellschaften einen Ersatzanspruch gegen ihre geschäftsführende Gesellschafterin, die Komplementär-GmbH, da die KG typischerweise von Fehlern im Rahmen der Geschäftsführung der Komplementär-GmbH tangiert wird und entsprechende Schäden ihr entstehen. Allerdings wird auch insoweit von der herrschenden Meinung eine Einheitsbetrachtung vertreten, wonach der KG unmittelbar Schadensersatzansprüche gegen den GmbH-Geschäftsführer zustehen, da das Geschäftsführungsverhältnis im Falle einer GmbH & Co. KG Schutzwirkung zugunsten der KG entfaltet.[27]

32 Zweifelhaft ist vor diesem Hintergrund die Wirkung einer von den GmbH-Gesellschaftern dem Geschäftsführer erteilten Entlastung. Insoweit wird zu Recht vertreten, dass diese Entlastungsentscheidung dann auch Ansprüche der KG unter den genannten Voraussetzungen ausschließt, wenn und soweit sich die KG und ihre Kommanditisten diese Entscheidung entgegenhalten lassen müssten. Letzteres ist insbesondere im Falle einer echten

---

KG nicht durchsetzbar wäre, gegen die Bestellung derselben Person durch die Komplementär-GmbH keine rechtlichen Bedenken seitens der (Nur-)Kommanditisten der KG geltend gemacht werden, sofern keine wichtigen Gründe vorliegen, denn die Möglichkeit der Prokuristenbestellung gegen den Willen der (Nur-)Kommanditisten ist Ausfluss der gewählten Gesellschaftsstruktur einer nicht personen- und -beteiligungsidentischen GmbH & Co. KG.

[25] *Scholz/K. Schmidt* § 46 GmbHG Rn 91, 103.

[26] BGHZ 97, 382, 384; BGH WM 1985, 1200; *Rowedder/Schmidt-Leithoff/Koppensteiner* § 46 GmbHG Rn 30; *Raiser* Kapitalgesellschaften § 33 Rn 8; *Roth/Altmeppen* § 46 GmbHG Rn 30 ff.; *Scholz/K. Schmidt* § 46 GmbHG Rn 93 f.; *Baumbach/Hueck* GmbHG § 46 Rn 26; stark einschränkend *Barner*, Entlastung als Institut des Verbandsrechts, S. 71 ff.; *Tellis*, ZHR 156 (1992), 256 ff.

[27] BGHZ 75, 321 ff. (Publikums-KG); 76, 326, 337 f.; BGH BB 2002, 1164 ff.; BGH DB 2002, 1150; *Roth/Altmeppen* § 43 GmbHG Rn 67; *Binz/Sorg* § 8 Rn 11 ff.; *Grunewald*, BB 1981, 581 ff.; *Hesselmann/Tillmann* GmbH & Co. Rn 289; *Baumbach/Hueck* GmbHG § 43 Rn 50.

GmbH & Co. KG aufgrund der Personen- und Beteiligungsidentität zwischen Komplementär-GmbH und KG zu bejahen, wohingegen andernfalls – also im Falle einer unechten GmbH & Co. KG – eine Entlastungswirkung nur dann anerkannt wird, wenn die entsprechende Entlastungsentscheidung von den Gesellschaftern der KG getroffen wird.[28] Für die Praxis ist daher insbesondere im Falle einer unechten GmbH & Co. KG zu empfehlen, stets auch eine Entlastungsentscheidung der KG herbeizuführen und diese statutarisch im Gesellschaftsvertrag der GmbH & Co. KG vorzusehen.

Ähnliche Probleme ergeben sich im Rahmen der **Entscheidung** der GmbH-Gesellschafterversammlung **über die Geltendmachung von Ersatzansprüchen** der GmbH **aus fehlerhaften Geschäftsführungsmaßnahmen** einschließlich der Vertretung der GmbH in Prozessen, die wegen derartigen Pflichtverletzungen gegen die Geschäftsführer angestrengt werden (vgl. § 46 Nr. 8 GmbHG), sowie im Hinblick auf einen denkbaren **Verzicht auf oder Vergleich über solche Ansprüche**, wobei Vergleich und Verzicht in Analogie zu § 46 Nr. 8 GmbHG einen Gesellschafterbeschluss voraussetzen.[29] **33**

Zu berücksichtigen ist zunächst, dass die Entscheidung der GmbH-Gesellschafter über die Geltendmachung von Ersatzansprüchen im Prozess Außenwirkung hat, so dass die Klage gegen den Geschäftsführer unbegründet ist, wenn ein Ermächtigungsbeschluss fehlt;[30] Gleiches gilt hinsichtlich der Entscheidung über einen Verzicht oder Vergleich.[31] Ferner ist zu beachten, dass die entsprechende Entscheidung der GmbH-Gesellschafterversammlung die Ansprüche der GmbH, nicht jedoch solche der KG betrifft. Denn in einmal entstandene Schadensersatzansprüche der KG aufgrund der Grundsätze eines Rechtsverhältnisses mit Schutzwirkung zugunsten Dritter kann die GmbH nicht nachträglich eingreifen. Es ist allerdings davon auszugehen, dass sich in einer typischen GmbH & Co. KG mit Gesellschafteridentität die KG eine Entscheidung der GmbH-Gesellschafterversammlung über die Anspruchserhebung bzw. über einen Vergleich oder Verzicht entgegenhalten lassen muss.[32] **34**

Interessenberührungen im vorstehenden Sinne existieren ferner im Rahmen der Beschlussfassung der GmbH-Gesellschafterversammlung gemäß § 46 Nr. 1 GmbHG und gemäß § 46 Nr. 6 GmbHG sowie bei allgemeinen Weisungsbeschlüssen der GmbH-Gesellschafterversammlung in Geschäftsführungsfragen (vgl. § 37 Abs. 1 GmbHG); diese wirken sich namentlich in einer unechten GmbH & Co. KG aus: **35**

---

[28] *Scholz/K. Schmidt* Anh. § 45 GmbHG Rn 8 u. § 46 GmbHG Rn 108.

[29] Vgl. statt aller *Roth/Altmeppen* § 46 GmbHG Rn 63; *Lutter/Hommelhoff* § 46 GmbHG Rn 21; *Baumbach/Hueck* GmbHG § 43 Rn 37.

[30] Dies wird damit begründet, dass bei Streitigkeiten über die Haftung von Geschäftsführern das Ansehen der Gesellschaft in der Öffentlichkeit insb. ihre Kreditwürdigkeit Schaden nehmen kann; ob dieses Risiko in Kauf genommen oder auf den Ersatzanspruch de facto verzichtet werden soll, hat die Gesellschafterversammlung bindend zu entscheiden. Vgl. *Lutter/Hommelhoff* § 46 GmbHG Rn 22; *Baumbach/Hueck* GmbHG § 46 Rn 40 (h. M.), jew. m. w. N. (auch zur a. A.).

[31] So zutr. *Baumbach/Hueck* GmbHG § 43 Rn 26.

[32] *Hesselmann/Tillmann* GmbH & Co. Rn 311; *Scholz/K. Schmidt* Anh. § 45 GmbHG Rn 8.

36 Die **Entscheidung über Jahresabschluss und Ergebnisverwendung** (§ 46 Nr. 1 GmbHG) bezieht sich allein auf die Komplementär-GmbH. KG-Gewinne schlagen sich nur mittelbar (quotal) im Ergebnis der Komplementär-GmbH nieder und dies auch nur dann, wenn die Komplementär-GmbH kapitalmäßig an der KG beteiligt ist, was sie nicht sein muss;[33] ist sie dies nicht, erhält die Komplementär-GmbH regelmäßig von der KG nur Ersatz derjenigen Aufwendungen, die ihr durch die Geschäftsführung entstanden sind (§§ 161 Abs. 2, 110 HGB), gegebenenfalls zuzüglich einer Vergütung für die Geschäftsführungs- und Haftungsübernahme regelmäßig in Form eines Gewinnvoraus o. Ä.

37 Allerdings ist eine darüber hinausgehende Zuständigkeit der GmbH-Gesellschafterversammlung im Rahmen der Wahrnehmung von Beteiligungsrechten denkbar; dies betrifft etwa Weisungsbeschlüsse hinsichtlich des Abstimmungsverhaltens der GmbH in der Gesellschafterversammlung der KG über deren Ergebnisverwendung, wenn die Komplementär-GmbH an der KG kapitalmäßig beteiligt ist und ihr Stimmrecht nicht ausgeschlossen wurde bzw. hinsichtlich eines der Komplementärin etwa vorbehaltenen Gewinnverwendungsvorschlages. Insoweit muss vor allem bei einer nicht personenidentischen GmbH & Co. KG auf die Belange der (Nur-)Kommanditisten angemessen Rücksicht genommen werden.[34] Unzulässig wäre es beispielsweise, bei einer entsprechenden Vertragsgestaltung über ein der Komplementärin etwa vorbehaltenes Vorschlagsrecht hinsichtlich der Gewinnverwendung oder über ein Recht zur Rücklagendotierung durch übermäßige Gewinnthesaurierung die (Nur-)Kommanditisten „auszuhungern", etwa weil die GmbH-Gesellschafter zugleich GmbH-Geschäftsführer sind und deshalb – insbesondere in Anbetracht ihrer Geschäftsführervergütung – auf Erträge aus ihrer regelmäßig daneben bestehenden Kommanditbeteiligung nicht angewiesen sind.

38 Entsprechende Grundsätze gelten im Allgemeinen für die **Maßnahmen** der GmbH-Gesellschafter **im Rahmen der Prüfung und Überwachung der Geschäftsführung** (vgl. § 46 Nr. 6 GmbHG) und im Rahmen der **Erteilung allgemeiner Weisungen** (vgl. § 37 Abs. 1 GmbHG). Interessen und Geschäftsführungsmaßnahmen der GmbH sind in der typischen GmbH & Co. KG, in der die Komplementär-GmbH ausschließlich die Geschäfte der KG führt, zugleich solche der KG. Die auf die Geschäftsführung der GmbH bezogenen Kompetenzen der GmbH-Gesellschafterversammlung erstrecken sich hier naturgemäß auch auf die KG, so dass deren Verhältnisse stets angemessen zu berücksichtigen sind.[35]

39 Meines Erachtens dürften ähnliche Grundsätze gelten, falls die **Komplementär-GmbH einen Beherrschungsvertrag** (§ 291 Abs. 1 S. 1 AktG analog) **mit einem Drittunternehmen abschließt**, da sich hierdurch der Geschäftsführer der Komplementär-GmbH gemäß § 308 AktG

---

[33] Vgl. statt aller *Binz/Sorg* § 4 Rn 21 ff.

[34] *Hesselmann/Tillmann* GmbH & Co. Rn 311; *Scholz/K. Schmidt* Anh. § 45 GmbHG Rn 5.

[35] *Hesselmann/Tillmann* GmbH & Co. Rn 311; *Scholz/K. Schmidt* Anh. § 45 GmbHG Rn 7.

analog dem Weisungsrecht eines Dritten unterwirft, wobei auch nachteilige Weisungen, die im Konzerninteresse liegen, zulässig sind. Aufgrund eines entsprechenden Unternehmensvertrages wird die Komplementär-GmbH mithin im Ergebnis fremdbestimmt.

Bei der Entscheidung, ob eine solche Fremdbestimmung eingegangen werden soll oder nicht, sind die **Interessen der GmbH & Co. KG angemessen zu berücksichtigen**. Darüber hinaus spricht viel dafür, dass die entsprechende Maßnahme im Innenverhältnis zwischen Komplementär-GmbH und GmbH & Co. KG nur zulässig ist, wenn auch die Kommanditistenversammlung der Begründung des Vertragskonzerns zwischen der Komplementär-GmbH und einem Drittunternehmen zugestimmt hat bzw. die Nichteinholung eines Zustimmungsbeschlusses keinen wichtigen Grund zur Entziehung der Geschäftsführungs- und Vertretungsbefugnis der nunmehr beherrschungsvertraglich gebundenen Komplementär-GmbH begründet (vgl. §§ 117, 127, 161 Abs. 2 HGB). Denn die Komplementär-GmbH dient einzig und allein dazu, die Geschäfte der GmbH & Co. KG zu führen, so dass die aufgrund des Beherrschungsvertrages nunmehr fremdbestimmte Komplementär-GmbH die KG-Geschäfte unter einem fremden unternehmerischen Einfluss führt. Hierdurch entsteht ein Dauergefährdungstatbestand. Denn der GmbH-Geschäftsführer ist nach allgemeinen konzernrechtlichen Regeln auch zur Befolgung solcher Weisungen verpflichtet, die sich im internen Verhältnis zwischen GmbH & Co. KG und ihrer Komplementär-GmbH als pflichtwidrig erweisen könnten. **40**

An dieser Bewertung ändert sich auch nichts dadurch, dass die Komplementär-GmbH im Ergebnis für die Verbindlichkeiten der KG haftet und das herrschende Unternehmen im Vertragskonzern (gegenüber der Komplementär-GmbH) analog § 302 AktG zum Verlustausgleich verpflichtet ist. Die Auswirkungen eines Vertragskonzerns zwischen Komplementär-GmbH und einen Dritten beschränken sich nicht allein auf die haftungsrechtlichen Folgen, sondern es handelt sich im Ergebnis – auf die Ebene der KG bezogen – um eine legitimationsbedürftige Strukturmaßnahme, zumal auch jenseits der Verursachung von Verlusten schädigende Eingriffe, die sich gewinnmindernd auswirken, denkbar sind. **41**

d) Statutarische Regelungen. Die Ausgestaltung der Verwaltungsrechte und der Organzuständigkeiten insbesondere der Gesellschafterversammlung ist primär Gegenstand der Satzungsautonomie, d. h. der Gesellschaftsvertrag kann die gesetzliche Zuständigkeitsordnung der GmbH erheblich modifizieren. Es kann einerseits die Gesellschafterversammlung noch weiter gestärkt werden, wobei jedoch in Anbetracht der umfassenden gesetzlichen Zuständigkeiten der Gesellschafter die Zuweisung zusätzlicher Kompetenzen kraft Satzung nur begrenzt vorstellbar ist.[36] **42**

Zweckmäßig ist es regelmäßig vor allem, in die Satzung der GmbH im Hinblick auf besonders gewichtige Geschäftsvorfälle **ausdrückliche Zustimmungsvorbehalte** zugunsten der Gesellschafterversammlung aufzunehmen. Derartige Zustimmungsvorbehalte werden typischerweise vorgese- **43**

[36] MünchHdb. GesR III/*Wolff* § 37 Rn 76 ff.; *Rowedder/Schmidt-Leithoff/Koppensteiner* § 45 GmbHG Rn 6; *Scholz/K. Schmidt* § 46 GmbHG Rn 2; *Baumbach/Hueck* GmbHG § 46 Rn 3 u. 62.

hen, insbesondere für die Verabschiedung von Unternehmensplänen, vor allem der Jahresplanung (Ergebnis-, Finanz- und Investitionsplanung), wichtige Personalentscheidungen (insbesondere betreffend leitende Angestellte bzw. ab einer bestimmten Gehaltsgrenze), Investitionsentscheidungen, Kreditaufnahmen und Kreditgewährungen ab einer bestimmten Wertgrenze, Errichtung und Aufgabe von Zweigniederlassungen, Erwerb und Veräußerung von Unternehmen sowie von Beteiligungen und Grundstücken u. Ä.

44 Durch einen solchen Katalog werden für die Geschäftsführer, die kraft Gesetzes verpflichtet sind, „außergewöhnliche Geschäftsführungsmaßnahmen" der Gesellschafterversammlung vorzulegen, klare **Grenzen ihrer Geschäftsführungsbefugnis** bestimmt, da diese bei einer in den statutarischen Katalog fallenden Geschäftsführungsmaßnahme im Innenverhältnis verpflichtet sind, die Zustimmung der Gesellschafter einzuholen. Im Umkehrschluss ist dann davon auszugehen, dass Maßnahmen, die von einem Einzeltatbestand ausdrücklich nicht erfasst sind, von den Geschäftsführern nach freiem unternehmerischen Ermessen getroffen werden können, wobei allerdings zu berücksichtigen ist, dass es im Rahmen von solchen Zuständigkeitskatalogen üblich ist, auch „sonstige außergewöhnliche Geschäftsführungsmaßnahmen" einem Zustimmungsvorbehalt zu unterwerfen. Die Befugnis der Gesellschafter, im Einzelfall auch die Entscheidung über Geschäfte unterhalb der Schwelle der satzungsmäßig angeordneten Genehmigungsbedürftigkeit an sich zu ziehen, bleibt durch derartige Klauseln im Zweifel allerdings unberührt.[37] Ein Katalog zustimmungspflichtiger Maßnahmen dient daher regelmäßig zwar auch der Rechtsklarheit und -sicherheit, primär wird hierdurch jedoch die Information und der Schutz der Gesellschafter über die wichtigsten geschäftlichen Entscheidungen bezweckt. Zustimmungskataloge im vorstehenden Sinne sind nicht nur weit verbreitet, sondern auch uneingeschränkt zulässig.[38] Sie sind vor allem dann zweckmäßig, wenn nicht alle GmbH-Gesellschafter Geschäftsführungsfunktionen wahrnehmen, können aber auch dann – etwa zur Kompetenzab- bzw. Begrenzung – sinnvoll sein, wenn alle GmbH-Gesellschafter im Unternehmen tätig sind.

45 Ein entsprechender Zustimmungskatalog kann sehr engmaschig und detailliert sein oder sich eher auf die ganz zentralen unternehmerischen Entscheidungen der Geschäftsführung beziehen und den Geschäftsführern größeren Spielraum für eigene unternehmerische Initiative belassen. Welches Modell gewählt wird, hängt in besonderem Maße von den besonderen Umständen des Einzelfalls und den individuellen Bedürfnissen der Unternehmenseigner ab. Allerdings ist in der Regel von der satzungsmäßigen Festlegung zu enger Grenzen abzuraten, wenn die GmbH-Gesellschafter zumindest teilweise nicht fähig oder willens sind, sich um unternehmerische Einzelentscheidungen der Gesellschaft zu kümmern, was typischerweise dann der Fall ist, wenn diese nicht sämtlichst aktiv im Unternehmen selbst mitarbeiten, sondern (jedenfalls teilweise) vornehmlich kapitalistisch beteiligte Kapitalgeber vorhanden sind, was insbesondere nach Erbgängen häu-

---

[37] MünchHdb. GesR III/*Wolff* § 37 Rn 30.
[38] Vgl. MünchHdb. GesR III/*Wolff* § 37 Rn 58.

fig der Fall ist. Denn die eigentlichen unternehmerischen Entscheidungen werden in einer solchen Situation von den (Fremd-) Geschäftsführern getroffen; unternehmerisches Handeln verlangt Verantwortungsbewusstsein, Kreativität und Entscheidungsfreude. Dies erfordert eine hinreichende Selbständigkeit im Rahmen der Entwicklung der maßgebenden Führungsentscheidungen und Entscheidungsmaßstäbe. Weiterhin ist im Rahmen extrem engmaschiger Zustimmungsvorbehalte zu beachten, dass nach zutreffender Meinung die Geschäftsführung den Geschäftsführern nicht vollständig entzogen werden darf. Denn in Anbetracht der besonderen Pflichtenstellung und der Verantwortung der Geschäftsführer begegnet eine Gestaltung, die diese zur „reinen Vertretungsmarionette" ohne jede Autorität gegenüber dem Personal des Unternehmens machen würde, Bedenken.[39]

Umgekehrt ist es allerdings auch möglich, dass die Satzung die Stellung **46** der Geschäftsführer stärkt, indem sie diesen einen weiten Bereich der Geschäftsführung zur eigenen Entscheidung sichert und die Zuständigkeiten der Gesellschafterversammlung entsprechend beschränkt. Dies ist selbst dann möglich, wenn ein Katalog zustimmungspflichtiger gewichtiger Geschäftsführungsmaßnahmen in die Satzung aufgenommen wurde, indem etwa formuliert wird, dass „ausschließlich" die in der Satzung im Einzelnen aufgeführten Geschäftsführungsmaßnahmen einen Zustimmungsbeschluss der Gesellschafterversammlung erfordern und in diesem Kontext darauf verzichtet wird, auch „sonstige außergewöhnliche Geschäftsführungsmaßnahmen" in den Zustimmungskatalog mit einzubeziehen.

Ferner kann die Satzung auch die meisten der in § 46 GmbHG genann- **47** ten Zuständigkeiten der Gesellschafterversammlung **abbedingen** und so für diese Maßnahmen eine Zuständigkeit der Geschäftsführer begründen.[40] Es ist beispielsweise möglich, nicht nur die Aufstellung, sondern auch die Feststellung des Jahresabschlusses (vgl. § 46 Nr. 1 GmbHG) den Geschäftsführern zu überlassen.[41] Dies gilt allerdings nicht für den Gewinnverwendungsbeschluss; insoweit sind zwar kompetenzverlagernde Bestimmungen der Satzung nicht vollkommen ausgeschlossen (insbesondere die Delegation der Entscheidung auf ein fakultatives Gesellschaftsorgan, z. B. einen Beirat oder Aufsichtsrat ist möglich); allerdings sind wegen der Bedeutung des mitgliedschaftlichen Rechts auf Gewinnteilhabe entsprechende Rege-

[39] Hierdurch würde die Erfüllung ihrer zwingenden gesetzlichen Aufgaben insb. im Rahmen der Buchführung und Bilanzierung (§§ 41, 42 GmbHG), Kapitalerhaltung und -sicherung (§§ 30, 33, 43a sowie §§ 49 Abs. 3, 84 Abs. 1 Nr. 1 GmbHG), der Handelsregisteranmeldungen (§ 78 GmbHG), der Insolvenzantragspflicht (§§ 64, 84 Abs. 1 Nr. 2 GmbHG), der Erfüllung der steuerlichen und sozialversicherungsrechtlichen Pflichten des Unternehmens (§§ 34 AO, 266a StGB) sowie im Rahmen der Einhaltung sonstiger öffentlich-rechtlicher Vorschriften (insb. gewerbe-, bau-, umwelt- und polizeirechtlicher Natur) gefährdet und die vom Gesetz zugrunde gelegte GmbH-Verfassung pervertiert. Vgl. zutr. *Hachenburg/Mertens* § 37 GmbHG Rn 16 ff.; *Baumbach/Hueck* GmbHG § 37 Rn 9 u. § 46 Rn 62.

[40] *Hachenburg/Mertens* § 37 GmbHG Rn 5 a. E.; *Scholz/K. Schmidt* § 46 GmbHG Rn 2; *Baumbach/Hueck* GmbHG § 46 Rn 3 f. u. 62.

[41] *Hachenburg/Hüffer* § 46 GmbHG Rn 22 f.; *Scholz/K. Schmidt* § 46 GmbHG Rn 46; *Baumbach/Hueck* GmbHG § 46 Rn 62.

lungen nur zulässig, wenn eine hinreichende Einflussnahme der Gesellschafter gewahrt bleibt.[42] Auch die Einforderung von Einzahlungen auf die Stammeinlagen (vgl. § 46 Nr. 2 GmbHG) und die Rückforderung von Nachschüssen (vgl. § 46 Nr. 3 GmbHG) kann statutarisch den Geschäftsführern zugewiesen werden; zwingend ist dagegen § 26 Abs. 1 GmbHG, der die Einforderung von Nachschüssen betrifft; insoweit ist stets ein Einforderungsbeschluss der Gesellschafterversammlung notwendig.[43] Desgleichen ist die Übertragung der Entscheidung über die Teilung und Einziehung von Geschäftsanteilen (§ 46 Nr. 4 GmbHG) und über die Bestellung von Prokuristen und Generalhandlungsbevollmächtigen (§ 46 Nr. 7 GmbHG) auf die Geschäftsführer übertragbar.[44] Demgegenüber ist es allerdings nach zutreffender Ansicht nicht möglich, dass die Geschäftsführer die Entscheidung über die Bestellung und Abberufung von Geschäftsführerkollegen treffen, sie sich selbst entlasten (vgl. § 46 Nr. 5 GmbHG), ihre Geschäftsführungsmaßnahmen selbst prüfen und überwachen (vgl. § 46 Nr. 6 GmbHG) und die Entscheidung über die Geltendmachung von Ersatzansprüchen gegen Gesellschafter und gegen Geschäftsführer treffen (vgl. § 46 Nr. 8 GmbHG). Denn dies liefe auf eine vollständige Entmündigung der Gesellschafter hinaus und würde diese der Willkür der Geschäftsführung aussetzen.[45] Nicht möglich sind ferner Kompetenzübertragungen auf die Geschäftsführer im Hinblick auf die der Gesellschafterversammlung zugewiesenen Satzungs- und Strukturänderungen (s. Rn 19).[46]

48 Demgegenüber ist der statutarische Gestaltungsspielraum im Hinblick auf die **Verlagerung der in § 46 GmbHG genannten Kompetenzen** der Gesellschafterversammlung **auf andere Organe** als die Geschäftsführer sehr viel größer. Insoweit kommen insbesondere Kompetenzübertragungen auf fakultative Überwachungs- und Beratungsgremien wie einen Aufsichtsrat, Beirat oder Gesellschafterausschuss in Betracht. Auf solche Organe können durch entsprechende Regelungen in der Satzung im Grundsatz sämtliche in § 46 GmbHG genannte Zuständigkeiten übertragen werden, auch diejenigen, die sich auf die Geschäftsführer beziehen (vgl. § 46 Nr. 5, 6 und Nr. 8 GmbHG).[47] Auch im Übrigen ist eine Kompetenzverlagerung auf andere Gesellschaftsorgane – soweit nicht zwingendes GmbH-Recht entgegensteht, wie dies insbesondere im Falle strukturändernder Beschlüsse in Betracht kommt – grundsätzlich zulässig, wobei allerdings die Gesellschafterversammlung trotz etwaiger Zuständigkeits-

---

[42] Vgl. z. B. *Hachenburg/Hüffer* § 46 GmbHG Rn 23; *Baumbach/Hueck* GmbHG § 46 Rn 62.

[43] *Hachenburg/Hüffer* § 46 GmbHG Rn 30, 34; *Baumbach/Hueck* GmbHG § 46 Rn 62.

[44] *Hachenburg/Hüffer* § 46 GmbHG Rn 37, 86; *Baumbach/Hueck* GmbHG § 46 Rn 62.

[45] *Hachenburg/Hüffer* § 46 GmbHG Rn 73 ff., 80, 114; *Baumbach/Hueck* GmbHG § 46 Rn 62; a. A. *Scholz/K. Schmidt* § 46 GmbHG Rn 72 im Hinbl. auf die Bestellung oder Abberufung (weiterer) Geschäftsführer.

[46] Vgl. statt aller *Baumbach/Hueck* GmbHG § 46 Rn 62 a. E.

[47] *Hachenburg/Hüffer* § 46 GmbHG Rn 3; *Roth/Altmeppen* § 45 GmbHG Rn 3 ff.; *Scholz/K. Schmidt* § 45 GmbHG Rn 8 ff.; *Baumbach/Hueck* GmbHG § 46 Rn 63.

regelungen zugunsten anderer (fakultativer) Gesellschaftsorgane einen Kernbestand eigener Zuständigkeiten behalten muss.[48]

2. GmbH & Co. KG

49 Ein **ausdifferenzierter gesetzlicher Zuständigkeitskatalog** von Angelegenheiten, die einer Beschlussfassung durch die Gesellschafter einer Personengesellschaft bedürfen, **fehlt** im Personengesellschaftsrecht, welches davon ausgeht, dass die Personengesellschafter als Mitglieder einer Arbeits- und Haftungsgemeinschaft ihren Willen einstimmig bilden und sich in allen Angelegenheiten der Gesellschaft eng miteinander abstimmen. Im gesetzlichen Idealfall sind daher Gesellschafterbeschlüsse in allen Angelegenheiten der Gesellschaft zulässig und verbindlich. Notwendig sind Gesellschafterbeschlüsse allerdings nur in den Fällen, in denen dies durch Gesetz oder Gesellschaftsvertrag ausdrücklich vorgeschrieben ist.[49]

50 **a) Änderungen des Gesellschaftsvertrages und Strukturänderungen.** Insbesondere für Änderungen des Gesellschaftsvertrages einschließlich des Beitritts und Ausscheidens von Gesellschaftern sowie der Übertragung der Mitgliedschaft und für sonstige Strukturänderungen sind grundsätzlich **alle Gesellschafter zuständig**. Für die Umwandlung von Personenhandelsgesellschaften ist dies in §§ 43, 125, 217 Abs. 1 UmwG ausdrücklich vorgesehen; dies gilt jedoch allgemein:

51 Bei Änderungen des Gesellschaftsvertrages handelt es sich – soweit nicht eine mehrheitlich beschließende Gesellschafterversammlung gesellschaftsvertraglich vorgesehen wurde – um einen mehrseitigen Änderungsvertrag im Sinne des § 311 Abs. 1 BGB, der zustande kommt, wenn die letzte entsprechende Willenserklärung allen Mitgesellschaftern zugegangen ist.[50]

52 **b) Sonstige Angelegenheiten.** Weitere spezielle gesetzliche Zuständigkeitsregelungen zugunsten der Gesamtheit der Gesellschafter der KG sind im HGB nur rudimentär enthalten. Im Wesentlichen geht es um die Fälle der §§ 113 Abs. 2, 116 Abs. 2, 117, 122 Abs. 2, 127, 131 Abs. 1 Nr. 2, Abs. 3 S. 1 Nr. 6, 144, 146 Abs. 1, 147, 161 Abs. 2, 164 HGB. Als allgemeine Aussage ist den vorgenannten Vorschriften zu entnehmen, dass die Gesellschafter der KG über ungewöhnliche Geschäfte (§§ 116 Abs. 2, 164 HGB), über die Auflösung der Gesellschaft sowie die Bestellung und Abberufung der Liquidatoren (§§ 131 Abs. 1 Nr. 2, 146 Abs. 1, 147, 161 Abs. 2 HGB), über den Fortbestand der Gesellschaft bei Gesellschaftsinsolvenz (§§ 144, 161 Abs. 2 HGB) sowie über die Geltendmachung von Ansprüchen wegen Verletzung des gesetzlichen Wettbewerbsverbots gegen den persönlich haftenden Gesellschafter (§§ 113 Abs. 2, 164 Abs. 2 HGB) entscheiden. Gemeinsames Vorgehen aller Gesellschafter wird zudem gesetzlich vorausgesetzt für die Durchführung des Ausschließungsverfahrens gemäß §§ 140 Abs. 1 S. 1,

---

[48] Vgl. im Einzelnen *Scholz/K. Schmidt* § 45 GmbHG Rn 8, 10; *Baumbach/Hueck* GmbHG § 46 Rn 63.

[49] Vgl. *Heymann/Emmerich* § 119 HGB Rn 1 a.

[50] *Heymann/Emmerich* § 119 HGB Rn 2; *Scholz/K. Schmidt* Anh. § 45 GmbHG Rn 18.

161 Abs. 2 HGB, welches die Erhebung einer entsprechenden Gestaltungsklage durch die „übrigen Gesellschafter“ voraussetzt, sowie für das Verfahren zur Entziehung der Geschäftsführungs- und Vertretungsmacht des persönlich haftenden Gesellschafters gemäß §§ 117, 127, 161 Abs. 2 HGB.

53 Vor diesem Hintergrund wird teilweise von einer **„auf Grundlagenentscheidungen beschränkten Allzuständigkeit der Gesellschafter“** gesprochen.[51] Im Ergebnis kann man, ausgehend vom gesetzlichen Regelfall, zwei Arten von Beschlussgegenständen unterscheiden, die der Gesamtheit der Gesellschafter der KG zugewiesen sind.[52]

54 Nämlich zum einen diejenigen **Entscheidungen, die auf den gesellschaftsrechtlichen Bereich ausgerichtet sind**, also diejenigen Beschlüsse, die eine Änderung des Gesellschaftsverhältnisses oder des Gesellschaftsvertrages zum Inhalt haben; hierzu zählen neben den unmittelbaren Vertrags- und Strukturänderungen (s. Rn 50f.) insbesondere auch die gesetzlich genannten Zuständigkeiten über die Auflösung und den Fortbestand der Gesellschaft bzw. die Durchführung von Maßnahmen gegen Mitgesellschafter aus wichtigem Grund.

55 Zum anderen geht es um diejenigen Gesellschafterbeschlüsse, die **außergewöhnliche Geschäftsführungsmaßnahmen** betreffen. Dem letztgenannten Bereich kommt in einer gesetzestypischen GmbH & Co. KG besondere Bedeutung zu, da im Bereich der Geschäftsführung die Kommanditisten – anders als die GmbH-Gesellschafter, die dem Geschäftsführer in der Regel in Geschäftsführungsangelegenheiten beliebig Weisungen erteilen dürfen – von einer Mitwirkung ausgeschlossen sind, soweit es nicht um außergewöhnliche Maßnahmen im Sinne des § 164 HGB geht. Auf die gewöhnliche Geschäftsführung haben die Kommanditisten mithin im Normalfall keinerlei Einfluss. Ihnen sind lediglich solche Geschäftsführungsmaßnahmen vorzulegen, die nach Inhalt und Zweck über den Rahmen des bisherigen Geschäftsbetriebs hinausgehen oder wegen ihrer Bedeutung und den damit verbundenen Risiken Ausnahmecharakter haben, wobei für die Abgrenzung der gewöhnlichen von den ungewöhnlichen Geschäften jeweils die speziellen Verhältnisse der einzelnen Gesellschaft maßgebend sind. Zweck dieser Regelung ist es, einerseits die ungestörte Geschäftsführung durch den persönlich haftenden Gesellschafter zu sichern und andererseits den nicht geschäftsführenden Gesellschaftern im Geschäftsführungsbereich eine Restkompetenz zu sichern.[53] Demgegenüber handelt es sich bei den im Ergebnis der Komplementär-GmbH zugewiesenen gewöhnlichen Handlungen um alle Maßnahmen, die zum Normal- und Routinebetrieb des konkreten Unternehmens gehören; auch die Bestellung eines Prokuristen hängt nicht von der Beschlussfassung der Kommanditisten ab (vgl. §§ 116 Abs. 3, 164 S. 2 HGB).

56 Würde man die Regel des § 164 S. 1 HGB, wonach die Kommanditisten von der Führung der Geschäfte der Gesellschaft generell ausgeschlossen

---

[51] So *Scholz/K. Schmidt* Anh. § 45 GmbHG Rn 16 a. E.

[52] *Sudhoff* GmbH & Co. 4. Aufl., S. 224.

[53] RGZ 158, 302, 308; BGHZ 76, 160, 162f.; *Baumbach/Hopt* § 164 HGB Rn 1; *Schlegelberger/Martens* § 164 HGB Rn 1f.; *K. Schmidt* Gesellschaftsrecht § 47 V 1 c.

sind, konsequent anwenden, könnten die Kommanditisten der GmbH & Co. KG an der Bilanzfeststellung nicht mitwirken. Dementsprechend gestand die früher h. M. den Kommanditisten gegenüber der von der Komplementär-GmbH vorzunehmenden Bilanzfeststellung nur ein Prüfungs- und Beanstandungsrecht nach § 166 HGB zu.[54] Durchgesetzt hat sich demgegenüber die Gegenauffassung, wonach alle Gesellschafter einschließlich der **Kommanditisten an dem Bilanzfeststellungsbeschluss mitwirken**, da die Jahresbilanz die Grundlage der Gewinnermittlung bildet und dem Bilanzfeststellungsbeschluss mithin der Charakter eines Grundlagengeschäfts zukommt, welches der zwingenden Zuständigkeit der Gesamtheit aller Gesellschafter unterliegt.[55] Demgegenüber ist die Aufstellung, d. h. die Vorbereitung des Jahresabschlusses bis zur Beschlussreife einschließlich der Entscheidung über die Ausübung von Bilanzierungs- und Bewertungswahlrechten allein Sache des geschäftsführenden persönlich haftenden Gesellschafters, vorliegend also der Komplementär-GmbH und deren Geschäftsführer.[56]

c) Gesellschaftsvertragliche Regelungen. Allerdings können durch den Gesellschaftsvertrag die **Zuständigkeiten** der Gesellschafter der GmbH & Co. KG **erweitert oder beschränkt** werden, da die Zuständigkeiten der Gesellschafter der gesellschaftsvertraglichen Gestaltungsfreiheit unterliegen. 57

Zulässig sind insbesondere auch vom gesetzlichen Regelfall **abweichende Bestimmungen über die Geschäftsführung**; dies folgt hinsichtlich der Geschäftsführung der persönlich haftenden Gesellschafter aus §§ 161 Abs. 2, 109 HGB, hinsichtlich der Geschäftsführung der Kommanditisten aus § 163 HGB. Für derartige abweichende gesellschaftsvertragliche Regelungen bestehen nur sehr weite Grenzen, die im Ergebnis durch die Unzulässigkeit einer vollständigen Entrechtung der Kommanditisten einerseits und die Unzulässigkeit einer fremdbestimmten Haftung zu Lasten des Komplementärs andererseits markiert werden. Allerdings dürfte es vor allem im Falle einer GmbH & Co. KG nur in extrem seltenen Fällen angemessen sein und den Interessen der Gründer der Gesellschaft entsprechen, die Kommanditistenrechte so weitgehend zu beschneiden bzw. umgekehrt so weit zu stärken, dass problematische Vertragsgestaltungen in Betracht kommen. Vielmehr geht es in aller Regel im Rahmen der Ausgestaltung des Umfangs der Gesellschafterkompetenzen, d. h. der Befugnisse der Kommanditistenversammlung darum, entweder eine weitgehende Verzahnung der Kompetenzregelungen innerhalb der GmbH & Co. KG und der Komplementär-GmbH zu erreichen (beteiligungsproportionale GmbH & Co. KG) oder einen angemessenen Ausgleich zwischen den Einflussrechten der GmbH-Gesellschafter einerseits und der (Nur-)Kommandi- 58

---

[54] So insb. *Heymann/Horn* § 167 HGB Rn 2, a. E.; *Sudhoff* Rechte und Pflichten § 7 I 3 m. w. N.

[55] Grundlegend BGHZ 132, 263 ff.; vgl. auch *Baumbach/Hopt* § 164 HGB Rn 4; *Hesselmann/Tillmann* GmbH & Co. Rn 323; *Schlegelberger/Martens* § 176 HGB Rn 6; GK/*Schilling* HGB § 167 Anm. 3; *K. Schmidt* Gesellschaftsrecht § 53 III 2 c.

[56] BGH BB 1980, 121; *Baumbach/Hopt* § 164 HGB Rn 3.

tisten andererseits (nicht beteiligungsproportionale GmbH & Co. KG) herzustellen.

59 Nur der Vollständigkeit halber ist daher darauf hinzuweisen, dass es überwiegend als zulässig erachtet wird, durch den Gesellschaftsvertrag in Abweichung von der gesetzlichen Regel den Komplementär aus der Geschäftsführung zugunsten der Kommanditisten zu verdrängen bzw. seine Befugnisse stark einzuschränken und den **Kommanditisten** im weiten Umfang **gesellschaftsvertragliche Geschäftsführungs- oder Weisungsrechte gegenüber dem Komplementär einzuräumen**.[57] Diese interne Kompetenzverteilung kann gegebenenfalls mit rechtsgeschäftlicher Vertretungsmacht, etwa in Form der Prokura, zugunsten der Kommanditisten verbunden werden. Organschaftliche Vertretungsmacht hingegen kann den Kommanditisten nicht eingeräumt werden; vielmehr muss diese zwingend mindestens einem Komplementär verbleiben.[58] Bei solchen Extremgestaltungen wird jedoch – zu Recht – vertreten, dass dem Komplementär zumindest bei außergewöhnlichen Geschäften ein Widerspruchsrecht verbleiben und seine hinreichende Information über alle haftungsrelevanten Geschäftsvorfälle sichergestellt sein muss, da diesem andernfalls eine fremdbestimmte persönliche Haftung drohen würde.[59] Zudem wird teilweise vertreten, dass geschäftsführenden oder weisungsbefugten Kommanditisten Dritten gegenüber aus diesem Grunde eine unbeschränkte persönliche Haftung drohe, wenn der Komplementär ersichtlich vermögenslos und von einer eigenständigen Geschäftsführung ausgeschlossen sei.[60] Ob dem zu folgen ist, was zweifelhaft ist,[61] kann dahinstehen. Denn gerade im Falle einer GmbH & Co. KG besteht – wie dargelegt – kein sachlicher Grund für derartige Extremgestaltungen, da durch geschickten Einsatz des Umstandes, dass an dem Unternehmen im Ergebnis zwei Gesellschaften beteiligt sind, i.V.m. einer entsprechenden Ausgestaltung der Gesellschaftsverträge von GmbH & Co. KG einerseits und Komplementär-GmbH andererseits, die Einflussrechte innerhalb des im Ergebnis einheitlichen Unternehmens beliebig verteilt werden können, ohne in das grundsätzliche Geschäftsführungsrecht der Komplementär-GmbH einzugreifen.

60 Die gesellschaftsvertragliche Regelung des Umfangs der Gesellschafterkompetenzen dient mithin dem Ziel der Schaffung einer austarierten Kompetenzordnung und der differenzierten Verteilung von Einfluss- und Letztentscheidungsrechten der Gesellschafter bzw. Gesellschaftergruppen

---

[57] BGHZ 45, 204, 206 („Rektor-Fall"); 51, 198, 201; *Baumbach/Hopt* § 164 HGB Rn 7; *Heymann/Horn* § 164 HGB Rn 10f.; *Koller/Roth/Morck* § 164 HGB Rn 3; *Schlegelberger/Martens* § 164 HGB Rn 27ff.; GK/*Schilling* HGB § 164 Anm. 9.

[58] BGHZ 41, 367, 369; 51, 198, 200; *Baumbach/Hopt* § 170 HGB Rn 1; *Heymann/Horn* § 170 HGB Rn 1; *Koller/Roth/Morck* § 170 HGB Rn 1; *Schlegelberger/Martens* § 170 HGB Rn 8; GK/*Schilling* HGB § 75 Anm. 4.

[59] Vgl. insb. *Koller/Roth/Morck* § 164 HGB Rn 3; *Schlegelberger/Martens* § 164 HGB Rn 29; a. A. BGHZ 51, 201.

[60] So *Koller/Roth/Morck* § 164 HGB Rn 3.

[61] *Baumbach/Hopt* § 164 HGB Rn 9; *Schlegelberger/Martens* § 164 HGB Rn 44; GK/*Schilling* HGB § 164 Anm. 12.

innerhalb des einheitlichen, aus GmbH & Co. KG und Komplementär-GmbH bestehenden Unternehmens. Da insbesondere die Regelung des § 164 HGB dispositiv ist, können die **Kommanditistenrechte** insbesondere dadurch **eingeschränkt** werden, dass der Gesellschaftsvertrag bestimmt, dass die **Zustimmung der Kommanditisten zur Vornahme ungewöhnlicher Geschäfte** durch die Komplementär-GmbH generell **nicht erforderlich** ist.

61 Eine solche vollständige Verdrängung der (Nur-)Kommanditisten aus dem Entscheidungsbereich in Geschäftsführungsangelegenheiten ist **grundsätzlich zulässig**, sofern die Gestaltung nicht zu einer völligen Entrechtung der Kommanditisten führt, insbesondere soweit gewährleistet ist, dass diesen im Übrigen effiziente Kontrollrechte verbleiben und die geschäftsführende Komplementär-GmbH durch verlässliche Entscheidungsmaßstäbe gebunden ist. Die kritische Grenze wird in der Regel erst dann überschritten, wenn der Ausschluss des Einflusses der Kommanditisten auf die Geschäftsführung mit einer weitgehenden Einschränkung von deren Informationsrechten einhergeht und der persönlich haftenden Gesellschafterin bzw. deren Gesellschaftern im Ergebnis ein extensiver Freiraum zur Regelung aller Geschäftsführungsangelegenheiten eingeräumt wird, wobei allerdings ein etwaiges Kontroll- und Informationsdefizit unter Umständen auch durch anderweitige Ausgleichsmechanismen, etwa ein jederzeitiges Austrittsrecht mit äquivalenter Abfindung der Gesellschaftsbeteiligung oder durch Schaffung eines eigenständigen Kontrollorgans, etwa eines Beirates, aufgewogen werden kann.[62] Allerdings dürfte eine solch weit gehende Beschneidung des Einflusses der (Nur-)Kommanditisten und Stärkung der GmbH-Gesellschafter ebenfalls nur in Ausnahmefällen gewünscht und zweckmäßig sein, da die Interessen der Beteiligten im Falle einer typischen GmbH & Co. KG darauf gerichtet sind, durch Regelung des Umfangs der Gesellschafterkompetenzen die Einfluss- und Mitspracherechte der verschiedenen Gesellschafter entsprechend ihrer Stellung und Funktion innerhalb der Gesellschaft (z. B. als nicht unternehmerisch engagierte Kapitalgeber einerseits und innerhalb der Gesellschaft mitarbeitende und mitgestaltende Gesellschafter andererseits) ausgewogen zu verteilen.

62 Insbesondere dort, wo die einzelnen Gesellschafter unterschiedliche Funktionen innerhalb der Gesellschaft wahrnehmen und hieran anknüpfend ihr Einfluss auf die Geschicke des Unternehmens vor allem durch fehlende Personen- und/oder Anteilsidentität innerhalb der GmbH & Co. KG und der Komplementär-GmbH differenziert ausgestaltet werden soll, ist es angezeigt, die **Kompetenzen der Gesellschafterversammlung der KG klar und eindeutig zu regeln**. Typischerweise wird die Kompetenzordnung dahin gehend ausgestaltet, dass alle Grundsatzfragen des Verbandslebens und alle Geschäftsführungsentscheidungen von ganz zentraler Bedeutung einer Zustimmung der Gesellschafterversammlung der GmbH & Co. KG bedürfen, wohingegen sonstige Maßnahmen – auch gewichtigere, die nach allgemeinen Grundsätzen außergewöhnliche Geschäftsführungsmaßnahmen im Sinne der §§ 116, 164 HGB darstellen – von der Komple-

---

[62] Vgl. hierzu eingehend *Schlegelberger/Martens* § 164 HGB Rn 23 ff.

mentär-GmbH zustimmungsfrei vorgenommen werden können und allenfalls einer Zustimmung der GmbH-Gesellschafter aufgrund der Satzung der Komplementär-GmbH bedürfen. Insoweit sollten die der Gesellschafterversammlung der KG verbleibenden Kompetenzen in einem sprachlich eindeutig gefassten, enumerativen Zustimmungskatalog aufgezählt und zugleich der abschließende Charakter dieses Katalogs klargestellt werden. Dies aus einem doppelten Grunde: Zum einen deshalb, weil typischerweise im KG-Vertrag zugleich abweichend vom gesetzlichen Regelfall Mehrheitsentscheidungen über die der Zuständigkeit der Gesellschafterversammlung unterliegenden Angelegenheiten zugelassen werden und diese Mehrheitsregelungen nach dem von der Rechtsprechung vertretenen Bestimmtheitsgrundsatz nur dann zur Anwendung gelangen, wenn die dem Mehrheitsprinzip unterworfenen Entscheidungen eindeutig geregelt sind (s. dazu Rn 11, 157, 169). Zum anderen deshalb, weil teilweise vertreten wird, dass ein Katalog von Geschäften, die der Zustimmung der Gesellschafterversammlung bedürfen, im Zweifel als nicht abschließend anzusehen sei.[63]

63 Demgegenüber wird der Umfang der **Gesellschafterkompetenzen** bei personenidentischen, echten GmbH & Co. KGs typischerweise **über den gesetzlichen Umfang hinaus** in enger Anlehnung an das GmbH-Recht **erweitert**. Da das Innenrecht der KG weitestgehend dispositiv ist, ist es unzweifelhaft zulässig, die Gesellschafterversammlung der KG – wie die der Komplementär-GmbH – mit einer **Allzuständigkeit** auszustatten. Allerdings erfordert auch dies eine eindeutige gesellschaftsvertragliche Regelung, so dass auch dann, wenn ein vollständiger Gleichlauf der Zuständigkeiten der Gesellschafterversammlungen der Komplementär-GmbH und der GmbH & Co. KG gewollt ist, eine enumerative Aufzählung aller der Gesellschafterversammlung übertragenen oder gegebenenfalls entzogenen konkreten Aufgaben notwendig ist.[64] Höchstfürsorglich sollten auch Generalklauseln und Auffangtatbestände möglichst konkret und sprachlich exakt gefasst werden.[65] Im Ergebnis wird mithin die im Falle einer echten GmbH & Co. KG erforderliche vollständige Verzahnung der Organisationen der Komplementär-GmbH und der KG durch eine gleiche Formulierung der Zuständigkeitskataloge der jeweiligen Gesellschafterversammlungen sichergestellt.

64 Demgegenüber hat sich in der Rechtsprechung die von *K. Schmidt* vertretene Auffassung,[66] wonach es genügen soll, in dem KG-Vertrag die Re-

---

[63] GK/*Schilling* HGB § 164 Anm. 7 a. E.; a. A. zutr. *Baumbach/Hopt* § 164 HGB Rn 6; *Schlegelberger/Martens* § 164 HGB Rn 17: Katalog zustimmungspflichtiger Geschäfte im Gesellschaftsvertrag, in dem der abschließende Charakter nicht ausdrücklich klargestellt wird, sei insoweit auslegungsbedürftig und eine relative Vollständigkeit des Katalogs lege die Vermutung nahe, eine abschließende Regelung sei gewollt, während eine lückenhafte Regelung auf einen beispielhaften, nicht abschließenden Katalog hindeute.

[64] Vgl. *Hesselmann/Tillmann* GmbH & Co. Rn 323; *Scholz/K. Schmidt* Anh. § 45 GmbHG Rn 22.

[65] *Hesselmann/Tillmann* GmbH & Co. Rn 323.

[66] *K. Schmidt*, ZHR 158 (1994), 218 ff.; *Scholz/K. Schmidt* Anh. § 45 GmbHG Rn 26.

gelung aufzunehmen, dass die **Grundsätze des GmbH-Rechts** auch **für die Kommanditistenversammlung gelten** sollen, noch nicht endgültig durchgesetzt, so dass man meines Erachtens eine entsprechende Regelung allenfalls **ergänzend** – zum Zwecke der Klarstellung – in den KG-Vertrag neben einem möglichst vollständigen Katalog der Zuständigkeiten der Gesellschafterversammlung aufnehmen sollte, um im Falle von Unklarheiten oder Lücken den Willen der Gesellschafter nach einem Gleichlauf der Zuständigkeiten von KG- und GmbH-Gesellschafterversammlung zu dokumentieren.

IV. Einberufung der Gesellschafterversammlung

Jeder Gesellschafterversammlung, und zwar unabhängig davon, ob es **65**
sich um eine Zusammenkunft der Gesellschafter der Komplementär-GmbH oder der GmbH & Co. KG selbst handelt, hat grundsätzlich eine **förmliche Einberufung durch Einladung** vorauszugehen. Jedoch sind für die Komplementär-GmbH die wesentlichen Förmlichkeiten der Einberufung im GmbHG geregelt, wohingegen sich das für die GmbH & Co. KG einschlägige HGB zu den Förmlichkeiten der Einladung verschweigt.

Es muss jedoch für beide Gesellschaften ein möglichst **einheitliches** **66**
Einberufungsverfahren geschaffen werden, insbesondere bei personengleichen GmbH & Co. KGs, aber auch bei unechten. Denn ein geordnetes Verbandsleben erfordert klare Vorgaben für die Vorbereitung von Zusammenkünften der Gesellschafter und zur Beratung sowie Beschlussfassung über gesellschaftsinterne Maßnahmen.

Ohne ordnungsgemäße Einberufung ist hingegen eine Beschlussfassung **67**
der Gesamtheit der Gesellschafter in beiden Gesellschaften nur bei Anwesenheit sämtlicher Gesellschafter einschließlich der nicht stimmberechtigten Anteilsinhaber möglich (**sog. Vollversammlung**) und dies auch nur dann, wenn sich alle Gesellschafter mit der Beschlussfassung einverstanden erklärt haben. Bei der Komplementär-GmbH ist dies wiederum gesetzlich geregelt (vgl. § 51 Abs. 3 GmbHG). Bei der KG folgt die Zulässigkeit von Vollversammlungen aus allgemeinen gesellschaftsrechtlichen Prinzipien.

1. Komplementär-GmbH

Die Einzelheiten der Einberufung der Gesellschafterversammlung der **68**
Komplementär-GmbH sind gesetzlich in den §§ 49 bis 51 GmbHG geregelt. Das gesetzliche Modell, welches regelmäßig angemessen ist, steht allerdings weitgehend zur Disposition des Gesellschaftsvertrages; in der Regel sollte von ihm allenfalls punktuell abgewichen werden.

a) Zuständigkeit zur Einberufung. Ordentliches Einberufungsorgan **69**
sind gemäß § 49 Abs. 1 GmbHG die **Geschäftsführer**. Auch dann, wenn nur Gesamtgeschäftsführungs- und Vertretungsbefugnis der Geschäftsführer besteht, genügt nach zutreffender h. M. die Einberufung durch einen Geschäftsführer. Denn die Einberufung einer Gesellschafterversammlung dient insbesondere auch dazu, bei Zweifeln oder Streitigkeiten zwischen

den Geschäftsführern hinsichtlich der Zweckmäßigkeit einer Maßnahme oder darüber, ob die Einberufung einer Gesellschafterversammlung veranlasst ist, den einzelnen Geschäftsführern die Herbeiführung einer verbindlichen Entschließung des obersten Willensbildungsorgans der GmbH zu ermöglichen, zumal eine verbindliche Gesellschafterentscheidung die Geschäftsführer auch von Haftungsrisiken insbesondere gemäß § 43 GmbHG entlastet, soweit es sich nicht um Geschäftsführungsaufgaben handelt, die den Geschäftsführern gesetzlich zugewiesen und von diesen (ausnahmsweise) eigenverantwortlich wahrzunehmen sind.[67]

70 Nach überwiegender, indes bestrittener Meinung, ist gemäß § 121 Abs. 2 S. 2 AktG analog auch derjenige Geschäftsführer einberufungsbefugt, der – etwa weil bereits ein Abberufungsbeschluss gefasst wurde – zu Unrecht im Handelsregister eingetragen ist, sofern er die Geschäftsführung tatsächlich noch wahrnimmt. Begründet wird dies zutreffend mit Rechtssicherheitsgesichtspunkten. Denn zwar führt die Einberufung durch einen Unzuständigen zur Nichtigkeit der in der Versammlung gefassten Beschlüsse, es sei denn, alle Gesellschafter sind mit der Beschlussfassung einverstanden. Jedoch ist etwa bei Streitigkeiten über die Wirksamkeit der Abberufung vollkommen unklar, ob eine wirksame Einberufung vorliegt oder nicht; insoweit muss der formelle Ausweis im Handelsregister im Hinblick auf die Klärung der Zweifelsfrage genügen, da andernfalls bei Auseinandersetzungen der Gesellschafter über die Person eines Geschäftsführers die Verhältnisse vollkommen undurchschaubar werden. Die Gesellschaftermehrheit muss sich hierauf einstellen, d. h. zu einer anberaumten Gesellschafterversammlung erscheinen und dann in dieser missliebige Beschlüsse durch entsprechende Stimmrechtsausübung verhindern.[68]

71 Daneben besteht gemäß § 50 Abs. 1 und 2 GmbHG **für Gesellschafter**, die **wenigstens 10 % des Stammkapitals** der Komplementär-GmbH **repräsentieren**, die Möglichkeit, die Einberufung einer Gesellschafterversammlung oder die Ankündigung bestimmter Tagesordnungspunkte für eine bereits einberufene Versammlung zu verlangen. Die Einberufung bzw. Ankündigung selbst erfolgt bei einem solchen Minderheitsverlangen primär durch die Geschäftsführer. Weigern sich diese jedoch, dem Minderheitsverlangen zu genügen, kann die 10 %ige Gesellschafterminderheit die Einberufung im Wege der **Selbsthilfe** bewirken, ohne gerichtliche Hilfe in Anspruch nehmen zu müssen (vgl. § 50 Abs. 3 GmbHG). In der im Wege der Selbsthilfe einberufenen Gesellschafterversammlung bzw. im Hinblick auf die hierdurch angekündigten Tagesordnungspunkte können dann wirksam Gesellschafterbeschlüsse gefasst werden.

---

[67] Vgl. *Hachenburg/Hüffer* § 49 GmbHG Rn 5; *Rowedder/Schmidt-Leithoff/Koppensteiner* § 49 GmbHG Rn 2; *Raiser* Kapitalgesellschaften § 33 Rn 14; *Scholz/K. Schmidt* § 49 GmbHG Rn 4; *Baumbach/Hueck* GmbHG § 49 Rn 2.

[68] Vgl. BGHZ 18, 334, 340 (Genossenschaft); KG OLGZ 1971, 480 ff. (Verein); AG Syke GmbHR 1985, 26 f. (GmbH); *Lutter/Hommelhoff* § 49 GmbHG Rn 3 a; *Scholz/K. Schmidt* § 49 GmbHG Rn 5; a. A. *Hachenburg/Hüffer* § 49 GmbHG Rn 7; MünchHdb. GesR III/*Wolff* § 39 Rn 13; *Michalski/Römermann* § 49 GmbHG Rn 26.

Die Einberufungszuständigkeit umfasst im Übrigen auch die **Kompetenz zur Absage** einer einberufenen Gesellschafterversammlung bzw. zur Absetzung von angekündigten Tagesordnungspunkten. Es kann daher immer nur derjenige wirksam absagen bzw. absetzen, der einberufen bzw. angekündigt hat. Das bedeutet, dass alle Geschäftsführer diese Handlung vornehmen müssen, sofern alle einberufen bzw. angekündigt haben, dass diese Kompetenz einem einzelnen Geschäftsführer zusteht, sofern er ursprünglich allein handelte, und dass bei Minderheitsverlangen gemäß § 50 GmbHG auch nur diese Minderheit die Absage oder Absetzung vornehmen kann.[69] **72**

b) Einberufungsgründe. Abgesehen von einem Minderheitsverlangen nach § 50 GmbHG ist eine Gesellschafterversammlung einzuberufen, sofern dies **statutarisch oder gesetzlich ausdrücklich bestimmt** ist (vgl. § 49 Abs. 2 GmbHG), d. h. wenn eine Entscheidung ansteht, die, etwa weil ein entsprechender satzungsmässiger Zustimmungsvorbehalt existiert, in die Zuständigkeit der Gesellschafterversammlung fällt. **73**

Weiterhin ist eine Gesellschafterversammlung nach § 49 Abs. 3 GmbHG unverzüglich, ohne schuldhaftes Zögern (vgl. § 121 Abs. 1 S. 1 BGB) einzuberufen, wenn das **Eigenkapital** in der Jahresbilanz oder in einer Zwischenbilanz **auf den Betrag des halben Stammkapitals abgesunken** ist. Der unglückliche Wortlaut der Vorschrift erfordert zwei Klarstellungen: **74**

Ein Verlust in Höhe eines das halbe Stammkapital entsprechenden Betrages (beim gesetzlichen Mindeststammkapital entspricht dies einem Betrag von € 12.500,–) genügt hierfür nicht. Denn Verluste in dieser Größenordnung sind nichts Ungewöhnliches und unschädlich, wenn die Gesellschaft über hinreichende anderweitige Reserven verfügt, die diesen Verlust abdecken. Gemeint ist vielmehr, dass das Gesamtvermögen der GmbH nur noch die Hälfte der Stammkapitalziffer deckt.[70] **75**

Weiterhin besteht über den Wortlaut von § 49 Abs. 3 GmbHG hinaus jedoch auch dann eine Einberufungspflicht, wenn die Geschäftsführer von einem entsprechenden Absinken des Eigenkapitals anderweitig – ohne Aufstellung eines Jahresabschlusses oder einer Zwischenbilanz – Kenntnis erlangen. Sind den Geschäftsführern Umstände bekannt, die den Verdacht eines Verlustes des hälftigen Stammkapitals nahe legen, sind sie verpflichtet, sich durch Aufstellung einer entsprechenden (groben) Zwischenbilanz zu vergewissern, ob die Einberufungspflicht des § 49 Abs. 3 GmbHG besteht oder nicht. Denn in diesem Fall sollen die Gesellschafter schnellstmöglich über diese Situation informiert werden und Gelegenheit erhalten, die notwendigen Abwehrmaßnahmen zu treffen.[71] Versäumen es die Geschäftsfüh- **76**

---

[69] Allg. M. RGZ 166, 129, 133; OLG München GmbHR 1994, 406, 408; *Hachenburg/Hüffer* § 51 GmbHG Rn 3 a. E.; *Rowedder/Schmidt-Leithoff/Koppensteiner* § 49 GmbHG Rn 6; *Scholz/K. Schmidt* § 49 GmbHG Rn 12.

[70] Unstr. vgl. *Hachenburg/Hüffer* § 49 GmbHG Rn 21; *Scholz/K. Schmidt* § 49 GmbHG Rn 22; *Baumbach/Hueck* GmbHG § 49 Rn 15.

[71] Ganz h. M. vgl. *Hachenburg/Hüffer* § 49 GmbHG Rn 22; *Scholz/K. Schmidt* § 49 Rn 23; *Baumbach/Hueck* GmbHG § 49 Rn 16; a. A. scheinbar *Meyer-Landrut/Miller/Niehus* § 49 GmbHG Rn 13.

rer, den Gesellschaftern einen entsprechenden Verlust zur Kenntnis zu bringen, machen sie sich gemäß § 84 Abs. 1 Nr. 1 GmbHG strafbar.

77 Schließlich ordnet die Generalklausel des § 49 Abs. 2 GmbHG an, dass eine Gesellschafterversammlung einzuberufen ist, wenn dies **im Interesse der Gesellschaft erforderlich** erscheint. Die Generalklausel des § 49 Abs. 2 GmbHG gewährt den Geschäftsführern einen Ermessensspielraum. Sie haben pflichtgemäß (vgl. § 43 GmbHG) zu prüfen, ob die Voraussetzungen erfüllt sind, wobei die generelle Kompetenzverteilung nach dem Gesetz oder dem Gesellschaftsvertrag als Richtschnur dient.[72] Die Voraussetzungen des § 49 Abs. 2 GmbHG liegen immer dann vor, wenn ohne Abhaltung der Gesellschafterversammlung nicht unerhebliche Nachteile drohen. Die Einberufungspflicht kommt vor allem bei außergewöhnlichen Geschäftsvorfällen und strukturändernden Maßnahmen in Betracht sowie bei umstrittenen Geschäften, bei denen die Zustimmung der Gesellschafter zweifelhaft ist.[73] Bei einer GmbH & Co. KG ist – eine entsprechende Ausgestaltung des KG-Vertrages vorausgesetzt – vor allem an die Situation zu denken, dass die Gesellschafterversammlung der KG zu einem besonders risikoträchtigen Geschäft angewiesen hat, durch welches die Komplementär-GmbH bei Verwirklichung der Gefahren existenzbedrohenden Haftungsrisiken ausgesetzt ist.

78 Zweifelhaft ist das Verhältnis der Einberufungspflichten der Geschäftsführer insbesondere nach § 49 Abs. 2 GmbHG in beiden Alternativen (statutarische bzw. gesetzliche Versammlungsnotwendigkeit und Versammlungsnotwendigkeit im Gesellschaftsinteresse) zu § 48 Abs. 2 GmbHG, wonach es der Abhaltung einer Versammlung nicht bedarf, wenn sämtliche Gesellschafter schriftlich mit der zu treffenden Bestimmung oder mit der schriftlichen Abgabe der Stimmen einverstanden sind. Insoweit gilt, dass die Einberufungspflicht unter den Voraussetzungen des § 48 Abs. 2 GmbHG obsolet wird, so dass die Geschäftsführer stets auch eine schriftliche Gesellschafterentscheidung herbeiführen können; insbesondere in dringenden Fällen ist dies vielfach auch erforderlich, da im schriftlichen Verfahren der notwendige Gesellschafterwille sehr viel zügiger gebildet werden kann, als im Wege der Einberufung einer Gesellschafterversammlung.

79 Allerdings bleibt die Pflicht zur Einberufung einer Gesellschafterversammlung in jedem Fall dann bestehen, wenn die Geschäftsführer ein schriftliches Abstimmungsverfahren vergeblich versucht haben. Denn die eine Einberufungspflicht auslösenden Tatbestände erfordern regelmäßig eine eingehende Diskussion der anstehenden Maßnahme und eine sachgerechte Abwägung der für und wider streitenden Gesichtspunkte. Die Geschäftsführer verletzen daher ihre Einberufungspflichten, wenn sie durch Maßnahmen, die auf eine nicht realisierbare Beschlussfassung nach § 48

---

[72] Vgl. *Hachenburg/Hüffer* § 49 GmbHG Rn 20; *Raiser* Kapitalgesellschaften § 33 Rn 17; *Scholz/K. Schmidt* § 49 GmbHG Rn 18.

[73] BGH NJW 1984, 1461 f.; *Hachenburg/Hüffer* § 49 GmbHG Rn 20; *Lutter/Hommelhoff* § 49 GmbHG Rn 11; *Raiser* Kapitalgesellschaften § 33 Rn 17; *Scholz/K. Schmidt* § 49 GmbHG Rn 20.

Abs. 2 GmbHG hinauslaufen, eine unvermeidliche Gesellschafterversammlung hinauszögern.[74] Häufig ist es daher erforderlich, bei dringlichen und besonders gewichtigen Entscheidungen eine Gesellschafterversammlung formell einzuberufen und parallel hierzu den Versuch zu unternehmen, eine schriftliche Entscheidung der Gesellschafter gemäß § 48 Abs. 2 GmbHG herbeizuführen; kommt die schriftliche Entscheidung zustande, so kann die formell geladene Gesellschafterversammlung wieder abgesagt werden.

c) Modalitäten der Einberufung. Nach § 51 GmbHG müssen Gesellschafterversammlungen durch eine **förmliche Ladung** einberufen werden. Ohne ordnungsgemäße Einberufung erlaubt § 51 Abs. 3 GmbHG die Beschlussfassung nur bei Anwesenheit sämtlicher Gesellschafter, einschließlich der nicht stimmberechtigten, wobei diese sich darüber hinaus mit einer Beschlussfassung einverstanden erklären müssen (**sog. Vollversammlung**). **80**

Adressaten der Ladung sind alle gemäß § 16 GmbHG legitimierten teilnahmeberechtigten[75] Gesellschafter unabhängig von ihrer Stimmberechtigung.[76] Einzuladen ist grundsätzlich der entsprechende Gesellschafter persönlich. Bei ungeteilter Mitberechtigung mehrerer an einem Geschäftsanteil gilt § 18 Abs. 3 GmbHG, so dass die Ladung irgendeines Mitberechtigten genügt, solange noch kein gemeinsamer Vertreter bestellt ist. Wird der Gesellschafter gesetzlich oder organschaftlich vertreten, ist die Einladung an den Vertreter zu richten. Weiterhin kann der Gesellschafter der Gesellschaft schriftlich einen zur Stimmrechtsausübung Bevollmächtigten (vgl. § 47 Abs. 3 GmbHG) als Ladungsempfänger mitteilen, so dass dann dessen Ladung dem Einberufungserfordernis genügt.[77] Sind Gesellschafter verstorben, sind – falls bekannt – seine Erben unter deren Adresse zu laden. **81**

Maßgebende **Ladungsanschrift**, an die diese zu senden ist, ist die von dem Gesellschafter zuletzt mitgeteilte Anschrift, wobei allerdings eine zuverlässige Kenntnis von einer Adressenänderung nicht unberücksichtigt bleiben darf.[78] Wie im Falle unbekannter oder unerreichbarer Gesellschaf- **82**

---

[74] Vgl. *Hachenburg/Hüffer* § 49 GmbHG Rn 15 f.; *Rowedder/Schmidt-Leithoff/Koppensteiner* § 49 GmbHG Rn 13; *Scholz/K. Schmidt* § 49 GmbHG Rn 15 f.

[75] Str. ist die Frage der Teilnahmeberechtigung insb. im Falle der Verpfändung oder Pfändung von Geschäftsanteilen und der Nießbrauchsbestellung; nach zutr. Ansicht hat weder der Pfandrechtsgläubiger noch der Nießbraucher ein Teilnahmerecht vgl. *Baumbach/Hueck* GmbHG § 51 Rn 9; a. A. im Hinblick auf den Nießbraucher im Falle eines mitgliedschaftsspaltenden Nießbrauchs *Hachenburg/Hüffer* § 51 GmbHG Rn 12 a. E.

[76] BGH NJW 1971, 2225; WM 1985, 567 f.; *Hachenburg/Hüffer* § 51 GmbHG Rn 5; *Scholz/K. Schmidt* § 51 GmbHG Rn 6; *Baumbach/Hueck* GmbHG § 51 Rn 3.

[77] Da allerdings eine bloße Stimmrechtsvollmacht das Teilnahmerecht eines Gesellschafters nicht zum Ruhen bringt, ist im Falle einer bloßen Übermittlung einer Stimmrechtsvollmacht der Gesellschafter persönlich zu laden, wohingegen eine formelle Ladung auch des Bevollmächtigten – ungeachtet ihrer Zweckmäßigkeit – gesetzlich nicht vorgeschrieben ist, vgl. *Hachenburg/Hüffer* § 51 GmbHG Rn 12; *Scholz/K. Schmidt* § 51 GmbHG Rn 9; *Baumbach/Hueck* GmbHG § 51 Rn 8.

[78] *Hachenburg/Hüffer* § 51 GmbHG Rn 5.

ter bzw. bei sonstigen Unklarheiten hinsichtlich des Empfängerkreises zu verfahren ist, ist streitig. Teilweise wird für eine öffentliche Zustellung nach § 132 Abs. 2 BGB bzw. für die Bestellung eines Abwesenheitspflegers gemäß § 1911 BGB plädiert. Meines Erachtens indes zu Unrecht. Es hat vielmehr der Gesellschafter dafür zu sorgen, dass ihm Einladungen zu Gesellschafterversammlungen und sonstige auf die Gesellschaft bezogene Erklärungen übermittelt werden können. Daher muss die Gesellschaft bei nicht von ihr zu vertretenden Ungewissheiten keine besonderen Anstrengungen im Rahmen der Versendung des Einladungsschreibens unternehmen. Es genügt vielmehr die Übersendung des Einladungsschreibens an die zuletzt mitgeteilte Anschrift des (eventuell früheren) Gesellschafters.[79]

83 **Form und Inhalt der Einladung** sind ebenfalls gesetzlich geregelt. Die Einberufung der Gesellschafterversammlung hat gemäß § 51 Abs. 1 S. 1 GmbHG mittels Einschreibens zu erfolgen. Weitere Förmlichkeiten sind nicht vorgeschrieben. Das Einberufungsschreiben muss lediglich den Einberufenden ausweisen, wobei es allerdings zweckmäßig und anzuraten ist, dass der Einberufende das Einberufungsschreiben persönlich unterschreibt und er einen Zusatz anbringt, aus dem sich die Einberufungsbefugnis ergibt, da hierdurch die Gefahr von Streitigkeiten vermieden wird.[80]

84 Neben der Person des Einberufenden muss sich aus der Einladung, damit diese ihrem Zweck (ordnungsgemäße Vorbereitung der Versammlung) genügen kann, Folgendes für den Empfänger unmissverständlich ergeben: Es muss klargestellt sein, dass eine Gesellschafterversammlung der **konkret bezeichneten Gesellschaft** abgehalten werden soll und es müssen in der Einladung **Ort, Datum und Uhrzeit der Versammlung** angegeben werden, damit diese von den Gesellschaftern problemlos aufgesucht werden kann.[81] Ort der Gesellschafterversammlung soll grundsätzlich der Sitz der Gesellschaft sein (vgl. § 121 Abs. 5 S. 1 AktG analog), wobei die Satzung Abweichendes regeln bzw. die Gesellschafterversammlung im Einvernehmen aller Gesellschafter an jedem anderen beliebigen Ort stattfinden kann. Sollten Schwierigkeiten bestehen, die Gesellschafterversammlung am Sitz der Gesellschaft oder am satzungsmäßigen Ort abzuhalten, so muss ein anderer geeigneter, den Gesellschaftern zumutbarer Ort gewählt werden. Die Einberufung muss dann das Versammlungslokal exakt bezeichnen. Weiterhin muss die Versammlungszeit verkehrs- und ortsüblich sein, insbesondere darf das Recht der Gesellschafter zur Teilnahme an der Gesellschafter-

---

[79] MünchHdb. GesR III/*Wolff* § 39 Rn 38; *Baumbach/Hueck* GmbHG § 51 Rn 4; *Scholz/K. Schmidt* § 51 GmbHG Rn 10f.; a. A. OLG Düsseldorf WM 1990, 1022, 1024; LG Berlin NJW-RR 1986, 195; *Lutter/Hommelhoff* § 51 Rn 13; *Hachenburg/Hüffer* § 51 GmbHG Rn 7.

[80] *Hachenburg/Hüffer* § 51 GmbHG Rn 4; *Lutter/Hommelhoff* § 51 GmbHG Rn 3; *Scholz/K. Schmidt* § 51 GmbHG Rn 13; *Michalski/Römermann* § 51 GmbHG Rn 36ff.; a. A. (Unterschrift stets erforderlich) *Meyer-Landrut/Miller/Niehus* § 51 GmbHG Rn 3; *Baumbach/Hueck* GmbHG § 51 Rn 11.

[81] *Hachenburg/Hüffer* § 51 GmbHG Rn 16f.; *Rowedder/Schmidt-Leithoff/Koppensteiner* § 51 GmbHG Rn 8; *Lutter/Hommelhoff* § 51 GmbHG Rn 5; *Scholz/K. Schmidt* § 51 GmbHG Rn 16; *Baumbach/Hueck* GmbHG § 51 Rn 13ff.

versammlung nicht durch die Wahl des Versammlungszeitpunktes unzumutbar erschwert werden.

Gemäß § 51 Abs. 2 GmbHG soll in der Einladung weiterhin bereits die **Tagesordnung** mit den Beschlussgegenständen enthalten sein. Allerdings gestattet § 51 Abs. 4 GmbHG ein Nachschieben der Tagesordnung bis drei Tage vor der Versammlung, so dass spätestens drei Tage vor der Gesellschafterversammlung die Gegenstände der beabsichtigten Beschlussfassung mittels Einschreibebriefs gegenüber dem schon für die Einberufung maßgebenden Adressatenkreis angekündigt werden können. Die Ankündigung der Tagesordnung dient dem Schutz der Gesellschafter. Es soll diesen eine sachgerechte Entscheidung über den Besuch der Versammlung sowie eine zielführende Vorbereitung der Diskussionen und Abstimmungen ermöglicht werden. **85**

Daher sind an die **Ankündigung der Tagesordnung** strenge Anforderungen zu stellen. Denn eine sinnvolle Ausübung des Teilnahmerechts, zu dem auch das Recht auf Aussprache gehört, ist nur gewährleistet, wenn die Gesellschafter genaue Kenntnis darüber haben, worüber auf der Gesellschafterversammlung verhandelt und entschieden werden soll.[82] Das Einberufungsorgan sollte im Hinblick auf die Ankündigung der Tagesordnung für ein „Optimum an Klarheit" sorgen; in der Praxis des Öfteren verfolgte „Überraschungsstrategien" sollten vermieden werden, da sie einen Ankündigungs- und Beschlussmangel begründen.[83] Insbesondere die Bezeichnung der Beschlussthemen hat so eindeutig zu erfolgen, dass auch nicht ständig mit den Gesellschaftsangelegenheiten befasste Gesellschafter Gegenstand und Bedeutung der Beschlussfassung zu erkennen vermögen.[84] Im Ergebnis muss der angekündigte Tagesordnungspunkt so genau bezeichnet und ausformuliert sein, dass für den Empfängerkreis der Beratungs- und Beschlussfassungsgegenstand eindeutig erkennbar wird. **86**

Anders als im Aktienrecht braucht allerdings die Ankündigung keine Beschlussvorschläge oder –anträge zu enthalten; selbst bei avisierten Satzungsänderungen braucht der ins Auge gefasste Wortlaut der Änderung – ebenfalls anders als im Aktienrecht – nicht mitgeteilt zu werden. Allerdings sind entsprechende Mitteilungen in hohem Maße zweckmäßig und sie können – meines Erachtens – im Einzelfall durchaus auch rechtlich geboten sein, so dass höchst fürsorglich zu jedem Tagesordnungspunkt, über den voraussichtlich lediglich beraten wird, eine kurze Erläuterung gegeben und zu Tagesordnungspunkten, zu denen ein Beschluss gefasst werden soll, ein Beschlussvorschlag zur Meidung rechtlicher Risiken unterbreitet werden sollte. **87**

Dies gilt insbesondere im Hinblick auf gewichtige Grundlagen- und Strukturentscheidungen, wie Satzungsänderungen, Kapitalerhöhungen, **88**

---

[82] *Hachenburg/Hüffer* § 51 GmbHG Rn 21; *Scholz/K. Schmidt* § 51 Rn 18 f.; *Baumbach/Hueck* GmbHG § 51 Rn 19 ff.

[83] LG München GmbHR 1993, 664; *Hachenburg/Hüffer* § 51 GmbHG Rn 21 a. E.; *Scholz/K. Schmidt* § 51 GmbHG Rn 18; Beck Hdb. GmbH/*Fischer* § 4 Rn 32.

[84] So sehr anschaulich MünchHdb. GesR III/*Wolff* § 39 Rn 47 ff.

Unternehmensverträge u. Ä.[85] Bei solchen Strukturmaßnahmen müssen die Gesellschafter zudem über den wesentlichen Inhalt der Maßnahme und etwaiger abzuschließender Verträge hinreichend unterrichtet werden. Im Umwandlungsrecht ist dies gesetzlich geregelt (vgl. § 47 UmwG); diese gesetzliche Regelung hat Leitbildfunktion für anderweitige, nicht dem UmwG unterfallende Strukturentscheidungen. In Anbetracht des umfassenden Informationsrechts der GmbH-Gesellschafter gemäß § 51a GmbHG dürfte es demgegenüber zu weit gehen, eine strikte Anwendbarkeit der für Aktiengesellschaften im UmwG vorgesehenen Förmlichkeiten zu fordern.[86]

89 Das Gesetz schreibt in § 51 Abs. 1 S. 2 GmbHG eine einwöchige **Ladungsfrist** vor. Für die Fristberechnung gelten die allgemeinen Bestimmungen (§§ 186 ff. BGB). Gleiches gilt für die Berechnung der Drei-Tages-Frist für die Ankündigung der Tagesordnung gemäß § 51 Abs. 4 GmbHG. Der Fristbeginn wird markiert durch denjenigen Tag, an dem der Einschreibebrief bei ordnungsgemäßer Zustellung dem letzten Gesellschafter unter normalen Umständen zugegangen wäre.[87] Dementsprechend ist ausgehend vom Zeitpunkt der Absendung des Einschreibebriefs die voraussichtliche Postlaufdauer für Einschreibebriefe (wohl zwei bis drei Tage) hinzuzurechnen.

90 Fällt das Fristende auf einen Wochenend- oder Feiertag, so stellt sich darüber hinaus die Frage, ob § 193 BGB entsprechend anwendbar ist, mit der Folge, dass die Gesellschafterversammlung erst am folgenden Werktag stattfinden könnte. Entgegen der wohl überwiegenden Auffassung gilt meines Erachtens indes § 193 BGB nicht. Denn es geht im Rahmen des § 51 Abs. 1 S. 2 GmbHG lediglich darum, den Gesellschaftern eine hinreichende Vorbereitungszeit einzuräumen, abgesehen davon, dass eine Gesellschafterversammlung auch an einem „Ruhetag" abgehalten werden kann.[88] Gleichwohl sollte die Praxis, um Anfechtungsrisiken zu meiden, die h. M. zugrunde legen und § 193 BGB beachten.

2. GmbH & Co. KG

91 **Gesetzliche Vorschriften** über die Einberufung einer Gesellschafterversammlung einer Personengesellschaft fehlen (s. Rn 65). Das Recht der GmbH & Co. KG unterliegt insoweit dem Prinzip der „Formfreiheit und

---

[85] Vgl. zu Einzelfällen *Hachenburg/Hüffer* § 51 GmbHG Rn 22 ff.; *Scholz/K. Schmidt* § 51 GmbHG Rn 18 f.; *Baumbach/Hueck* GmbHG § 51 Rn 22 ff.

[86] So zutr. *Reichert*, in: Spaltung im neuen Umwandlungsrecht, S. 62 f.

[87] So die h. M., vgl. BGHZ 100, 264, 267 ff.; *Hachenburg/Hüffer* § 51 GmbHG Rn 15; *Rowedder/Schmidt-Leithoff/Koppensteiner* § 51 GmbHG Rn 10; *Lutter/Hommelhoff* § 51 GmbHG Rn 8 f.; *Baumbach/Hueck* GmbHG § 51 Rn 17; *Michalski/Römermann* § 51 GmbHG Rn 41 ff.; a. A. z. B. *Meyer-Landrut/Miller/Niehus* § 51 GmbHG Rn 7.

[88] So überzeugend *Loritz*, GmbHR 1992, 792 f.; *Baumbach/Hueck* GmbHG § 51 Rn 18; a. A. *Hachenburg/Hüffer* § 51 GmbHG Rn 14; *Rowedder/Schmidt-Leithoff/Koppensteiner* § 51 GmbHG Rn 10 a. E.; *Lutter/Hommelhoff* § 51 GmbHG Rn 8; *Michalski/Römermann* § 51 GmbHG Rn 47 ff.

Formlosigkeit".[89] Die Willensbildung der KG-Gesellschafter kann sowohl in, als auch – im allseitigen Einvernehmen – außerhalb von Versammlungen erfolgen; der Gesellschaftsvertrag sollte zweckmäßigerweise auch die Möglichkeit einer einvernehmlichen schriftlichen Beschlussfassung vorsehen und die insoweit zu beachtenden Förmlichkeiten festlegen. Sind alle Gesellschafter anwesend bzw. vertreten und mit einer Beschlussfassung einverstanden, kann bereits nach allgemeinen Grundsätzen nach den für Vollversammlungen geltenden Regeln eine Gesellschafterversammlung unter Verzicht auf die Förmlichkeiten der Einberufung und Ladung abgehalten werden.

Im Rahmen der Vertragsfreiheit sollte der **Gesellschaftsvertrag** ferner 92 **geeignete Einberufungsregeln vorsehen**; insoweit ist es zweckmäßig, die entsprechenden gesellschaftsvertraglichen Bestimmungen eng an die für die Abhaltung einer Gesellschafterversammlung der Komplementär-GmbH maßgebenden GmbH-rechtlichen Regeln anzulehnen.

a) Zuständigkeit zur Einberufung und Einberufungsgründe. 93 Schweigt der Gesellschaftsvertrag über die Frage der Einberufungsberechtigung, so ist **in der Regel allein die Komplementär-GmbH** als Einzige geschäftsführende Gesellschafterin vertreten durch jeden einzelnen ihrer Geschäftsführer einberufungsberechtigt.[90] Demgegenüber steht den Kommanditisten und gegebenenfalls weiteren nicht geschäftsführungsberechtigten Komplementären grundsätzlich kein ordentliches Einberufungsrecht zu, so dass durch diese Personen eine Gesellschafterversammlung der GmbH & Co. KG nur aus wichtigem Grund einberufen werden kann, wobei unter diesen Voraussetzungen auch eine Einberufung im Wege der Selbsthilfe entsprechend § 50 Abs. 3 GmbHG in Betracht kommt.[91]

Allerdings kann der Gesellschaftsvertrag in beliebigem Umfang anderweitige Regelungen treffen und insbesondere einzelnen Kommanditisten oder Kommanditisten, die einen bestimmten Anteil am Gesellschaftskapital repräsentieren, ein entsprechendes Minderheitenrecht zur Einberufung der Gesellschafterversammlung gewähren.

Strittig ist, ob ohne eine entsprechende gesellschaftsvertragliche Rege- 94 lung die Vorschrift des § 50 Abs. 1 GmbHG analog anwendbar ist, so dass Kommanditisten, die 10 % des Kommanditkapitals repräsentieren, berechtigt wären, die Einberufung einer Gesellschafterversammlung zu verlangen. Die h. M. lehnt eine entsprechende Analogie ab,[92] so dass der Gesellschaftsvertrag hinreichend bestimmt regeln sollte, ob und unter welchen Voraussetzungen Kommanditisten berechtigt sind, als Einberu-

[89] *Hesselmann/Tillmann* GmbH & Co. Rn 326; *Scholz/K. Schmidt* Anh. § 45 GmbHG Rn 29.

[90] *Eickhoff* Rn 344; *Hesselmann/Tillmann* GmbH & Co. Rn 325; *Scholz/K. Schmidt* Anh. § 45 GmbHG Rn 32; *Vogel* S. 188; *ders.*, Praxis der Gesellschafterversammlung, S. 40.

[91] BGHZ 102, 172; *Hesselmann/Tillmann* GmbH & Co. Rn 325; *Scholz/K. Schmidt* Anh. § 45 GmbHG Rn 32; *H. Schneider/U.H. Schneider*, FS Möhring, S. 271, 288.

[92] *Hesselmann/Tillmann* GmbH & Co. Rn 325; *Scholz/K. Schmidt* Anh. § 45 GmbHG Rn 32.

fungsorgan zu fungieren bzw. die Einberufung einer KG-Versammlung zu verlangen.

Auch die **Einberufungsgründe** sind primär Gegenstand der Regelungen des Gesellschaftsvertrages. Schweigt der Gesellschaftsvertrag hierzu, ist eine KG-Versammlung immer dann einzuberufen, wenn dies nach Gesellschaftsvertrag oder Gesetz erforderlich ist oder das Gesellschaftsinteresse die Herbeiführung einer Gesellschafterentscheidung gebietet.

95 **b) Modalitäten der Einberufung.** Gleiches gilt hinsichtlich der sonstigen Modalitäten der Einberufung. Auch insoweit sollte der Gesellschaftsvertrag präzise Regelungen über Form, Inhalt und Frist der Einberufung enthalten und so für Rechtsklarheit sorgen. Trifft der Gesellschaftsvertrag insoweit keine Bestimmungen, richten sich die Einberufungsmodalitäten nach deren **Funktion und Ziel**, nämlich der Gewährleistung einer **angemessenen Vorbereitung des Gesellschafters** auf die Versammlung bzw. die dort zu treffenden Entschließungen. Im Ergebnis müssen die Kommanditisten in den Stand versetzt werden, an der Versammlung teilzunehmen und dort ihr Stimmrecht sachgerecht auszuüben.[93]

96 Bei der Ladung handelt es sich um eine empfangsbedürftige Erklärung. Im Hinblick auf die **Adressaten der Ladung** gilt im Wesentlichen das zur Komplementär-GmbH Dargelegte. Die Ladung muss den Gesellschaftern so rechtzeitig zugehen, dass diese noch hinreichend disponieren können, und zwar sowohl im Hinblick auf ihre eigene Terminplanung und ihre Anreise zum Versammlungsort als auch im Hinblick auf die Willensbildung hinsichtlich der angekündigten Diskussions- und Tagesordnungspunkte, was unter Umständen auch die Einholung rechtlichen Rats erfordern kann.

97 In jedem Fall muss der Ladung eindeutig entnommen werden können, worüber verhandelt und beschlossen werden soll. Aus diesem Grunde sollte die Ladung eine **Tagesordnung** enthalten, die sprachlich so klar gefasst ist, dass jeder Gesellschafter weiß, was Gegenstand der Diskussion sein wird und worüber Beschlüsse gefasst werden können. Denn es ist allgemein anerkannt, dass selbst in Vollversammlungen Beschlüsse ohne hinreichende Ankündigung nur im allseitigen Einvernehmen gefasst werden können und Satzungsbestimmungen unwirksam sind, die die Fassung von Mehrheitsbeschlüssen ohne hinreichende Ankündigung zulassen; auch bei einstimmigen Entscheidungen wird die Nennung der Tagesordnungspunkte in der Ladung – zu Recht – grundsätzlich als erforderlich angesehen, um eine Überrumpelung der Gesellschafter und hieraus resultierende spätere rechtliche Auseinandersetzungen zu vermeiden.[94]

98 Eine besondere **Form der Ladung** ist gesetzlich nicht vorgeschrieben. Auch kann § 51 GmbHG auf die GmbH & Co. KG nicht entsprechend

---

[93] *Scholz/K. Schmidt* Anh. § 45 GmbHG Rn 33.

[94] KG GmbHR 1995, 524 (Nichtigerklärung eines Ausschließungsbeschlusses der Gesellschafterversammlung einer GmbH & Co. KG mangels hinreichender Ankündigung in der Ladung); *Hesselmann/Tillmann* GmbH & Co. Rn 328; *Scholz/K. Schmidt* Anh. § 45 GmbHG Rn 33; *H. Schneider/U.H. Schneider*, FS Möhring, S. 291 f.; *U. H. Schneider*, ZGR 1978, 22 f.

angewandt werden, so dass ohne entsprechende gesellschaftsvertragliche Regelung eine Einladung in Form eines eingeschriebenen Briefes nicht notwendig ist.[95] Allerdings ist es in aller Regel zweckmäßig, sich im Rahmen der Ausgestaltung des Gesellschaftsvertrages am Vorbild des § 51 GmbHG zu orientieren.

Schließlich müssen **Ort und Zeit der Gesellschafterversammlung** 99
in der Ladung so eindeutig genannt werden, dass das Versammlungslokal und der festgesetzte Termin eindeutig bestimmt sind. Grundsätzlich muss die Gesellschafterversammlung – es sei denn, der Gesellschaftsvertrag bestimmt etwas anderes – am Sitz der Gesellschaft abgehalten werden; hiervon kann nur mit Zustimmung der Gesellschafter abgewichen werden, außer es bestehen zwingende Gründe (z. B. Raumprobleme), die ein Ausweichen auf einen anderen geeigneten und ebenso gut erreichbaren Versammlungsort rechtfertigen.[96] Im Übrigen muss – dies gilt auch bei einem gesellschaftsvertraglich begründeten Auswahlermessen des Einberufungsberechtigten – der Versammlungsort und die Versammlungszeit den Gesellschaftern, gemessen an der Orts- und Verkehrsüblichkeit, zumutbar sein, denn durch eine (rechtsmissbräuchliche) Bestimmung von Ort und Zeit der Versammlung darf die Teilnahme der Gesellschafter nicht willkürlich erschwert werden.[97]

Für die **Einberufungsfrist** sollte der Gesellschaftsvertrag klare Vor- 100
gaben enthalten; üblicherweise wird insoweit eine (längere) Regeleinberufungsfrist vorgesehen, die in Eilfällen abgekürzt werden kann. Fehlen gesellschaftsvertragliche Vorgaben, ist eine nach Maßgabe der Übung der Gesellschaft angemessene Einladungsfrist einzuhalten.[98] Die in § 51 GmbHG vorgesehene Frist sollte – auch bei gesellschaftsvertraglicher Regelung der Einberufungsfristen – als Mindestfrist eingehalten werden; ohne gesellschaftsvertragliche Regelung gilt hingegen die Frist des § 51 GmbHG für die Einladung zu einer Gesellschafterversammlung der GmbH & Co. KG nicht.[99]

V. Ablauf der Gesellschafterversammlung

Aufgrund des Umstandes, dass die GmbH & Co. KG im Ergebnis aus 101
zwei Gesellschaften besteht, müssen grundsätzlich die Gesellschafterversammlungen der Komplementär-GmbH und der KG strikt voneinander unterschieden werden, was insbesondere für die Frage der Teilnahmeberechtigung sowie für den allgemeinen Ablauf und die Leitung der Versammlungen von Bedeutung ist. Dieser Unterscheidung muss sowohl im

[95] *Scholz/K. Schmidt* Anh. § 45 GmbHG Rn 33; *H. Schneider/U. H. Schneider*, FS Möhring, S. 291.

[96] *Hesselmann/Tillmann* GmbH & Co. Rn 327; *Scholz/K. Schmidt* Anh. § 45 GmbHG Rn 31.

[97] *Hesselmann/Tillmann* GmbH & Co. Rn 327; *Scholz/K. Schmidt* Anh. § 45 GmbHG Rn 31 a. E.

[98] *Scholz/K. Schmidt* Anh. § 45 GmbHG Rn 33.

[99] *Hesselmann/Tillmann* GmbH & Co. Rn 326; *Scholz/K. Schmidt* Anh. § 45 GmbHG Rn 33; a. A. offenbar *Eickhoff* Rn 96 ff., 346.

Rahmen des Verbandslebens, als auch im Rahmen der Vertragsgestaltung Rechnung getragen werden.

Dies gilt namentlich für nicht personen- und beteiligungsidentische GmbH & Co. KGs, da dort nicht nur verschiedene Rechtsträger ihren Willen bilden, sondern auch die Gesellschafterkreise verschieden sind und zudem in der Regel bewusst und gewollt unterschiedliche Gesellschafterzuständigkeiten existieren.

102 Demgegenüber wird bei echten GmbH & Co. KGs nicht nur ein Gleichlauf der Gesellschafterkreise und der Beteiligungshöhe, sondern auch ein Gleichlauf der Gesellschafterzuständigkeiten erstrebt, so dass die Tatsache der Beteiligung zweier Gesellschaften am einheitlichen unternehmerischen Engagement und deren (im Ergebnis auf das gleiche Ziel gerichtete) Willensbildung in den Hintergrund tritt. Vor allem bei echten GmbH & Co. KGs stellt sich die Frage, wie man mit der im Ergebnis funktionslosen Unterscheidung zweier Gesellschafterversammlungen im Interesse einer reibungslosen Gestaltung der verbandsinternen Willensbildungsprozesse umgeht und ob bzw. inwieweit es durch geeignete Vertragsregelungen möglich ist, diese zu überwinden.

1. Komplementär-GmbH

103 Die für die Komplementärin geltenden GmbH-rechtlichen Regeln weisen keine wesentlichen Besonderheiten gegenüber einer operativ tätigen Gesellschaft auf, mit Ausnahme der Frage nach einer Teilnahmeberechtigung der Nur-Kommanditisten bei einer „unechten GmbH & Co. KG".

a) Teilnahmerecht. „Geborene" Teilnehmer der Gesellschafterversammlung der Komplementär-GmbH sind die **GmbH-Gesellschafter**. Das Teilnahmerecht der GmbH-Gesellschafter besteht unabhängig von der Stimmberechtigung der einzelnen Gesellschafter, so dass auch nicht stimmberechtigte oder gemäß § 47 Abs. 4 GmbHG einem Stimmverbot unterliegende Gesellschafter an der Gesellschafterversammlung teilnehmen dürfen. Denn das **Teilnahmerecht** ist **grundsätzlich unentziehbar** und unabhängig von der Frage einer etwaigen fehlenden Stimmberechtigung müssen alle Gesellschafter in der Lage sein, ihre Argumente vorzutragen und so auf die Willensbildung Einfluss zu nehmen.[100]

104 Ein Ausschluss des Teilnahmerechts ist nur aus überwiegenden sachlichen Gründen im Interesse der Gesellschaft möglich, beispielsweise dann, wenn zu besorgen ist, dass ein Gesellschafter die zu einem bestimmten Tagesordnungspunkt gewonnenen Informationen zu gesellschaftsfremden Zwecken einsetzt und er so der Gesellschaft einen nicht unerheblichen Nachteil zufügt; insbesondere kann der Gesellschaftsvertrag das Teilnahmerecht für solche Konfliktfälle hinsichtlich bestimmter Beschluss- und Beratungsgegenstände ausschließen oder eine Vertretung in der

---

[100] BGH WM 1985, 567f.; GmbHR 1971, 207; *Hachenburg/Hüffer* § 48 GmbHG Rn 13; MünchHdb. GesR III/*Wolff* § 39 Rn 34, 65; *Lutter/Hommelhoff* § 48 GmbHG Rn 3; *Scholz/K. Schmidt* § 48 GmbHG Rn 12; *Baumbach/Hueck* GmbHG § 48 Rn 3.

Stimmrechtsausübung vorschreiben.[101] Im Übrigen gilt, dass das Teilnahmerecht durch die Satzung nicht generell ausgeschlossen werden kann, so dass ein statutarischer Vertretungszwang, der einem Gesellschafter generell das Recht zur persönlichen Teilnahme nimmt, regelmäßig unzulässig ist.[102]

Gesetzliche **Vertreter** von Gesellschaftern und Amtsverwalter von Geschäftsanteilen haben ein originäres Teilnahmerecht und Stellvertreter von Gesellschaftern ein derivatives, aus der Stimmrechtsvollmacht abgeleitetes Teilnahmerecht, welches grundsätzlich das Teilnahmerecht des vertretenen Gesellschafters bis zum Widerruf der Stimmrechtsvollmacht (die allerdings grundsätzlich jederzeit erfolgen kann) verdrängt.[103] Nach h. M. besteht zudem nicht ohne weiteres ein Recht der Gesellschafter, einen **Berater** oder Beistand zu der Versammlung beizuziehen, so dass diese Frage grundsätzlich in der Satzung geregelt werden sollte.[104] **105**

Demgegenüber sind **Nichtgesellschafter**, auch wenn sie Geschäftsführer oder Mitglieder eines sonstigen Organs der Gesellschaft sind, grundsätzlich **nicht teilnahmeberechtigt**, falls diesen Personen nicht durch die Satzung oder durch Gesellschafterbeschluss ein Teilnahmerecht eingeräumt wird.[105] Dementsprechend ist auch der (Fremd-)Geschäftsführer in der GmbH-Gesellschafterversammlung grundsätzlich nicht teilnahmeberechtigt, es sei denn, die Satzung regelt anderes oder er wird im Einzelfall zur Versammlung zugelassen. **106**

Dieser allgemein anerkannte Rechtsgrundsatz bereitet bei der unechten GmbH & Co. KG, bei der keine Identität der Gesellschafterkreise der KG einerseits und der Komplementär-GmbH andererseits existiert, Probleme, da der Grundsatz dazu führt, dass die (Nur-)Kommanditisten an den Willensbildungsprozessen der Komplementär-GmbH nicht teilnehmen können. In aller Regel kommt hinzu, dass die Kompetenzen der GmbH-Gesellschafterversammlung sehr viel weiter reichen, als diejenigen der Kommanditistenversammlung, so dass die (Nur-)Kommanditisten nicht nur von der Beschlussfassung in der Komplementär-GmbH ausgeschlossen **107**

---

[101] *Hachenburg/Hüffer* § 48 GmbHG Rn 24 f.; MünchHdb. GesR III/*Wolff* § 39 Rn 67; *Rowedder/Schmidt-Leithoff/Koppensteiner* § 48 GmbHG Rn 9; *Lutter/Hommelhoff* § 48 GmbHG Rn 3; *Roth/Altmeppen* § 48 GmbHG Rn 4; *Baumbach/Hueck* GmbHG § 48 Rn 3.

[102] RGZ 88, 220, 221 ff.; 167, 65, 73 f.; BGH GmbHR 1989, 120 f.; OLG Frankfurt GmbHR 1984, 99 f.; *Hachenburg/Hüffer* § 48 GmbHG Rn 23; MünchHdb. GesR III/*Wolff* § 39 Rn 66; *Scholz/K. Schmidt* § 48 GmbHG Rn 15.

[103] Vgl. MünchHdb. GesR III/*Wolff* § 39 Rn 37, 40; *Baumbach/Hueck* GmbHG § 48 Rn 4.

[104] OLG Düsseldorf GmbHR 1992, 610 f.; OLG Stuttgart GmbHR 1994, 257, 259; LG Köln NJW 1975, 981 f. (KG); *Hachenburg/Hüffer* § 48 GmbHG Rn 22; *Rowedder/Schmidt-Leithoff/Koppensteiner* § 48 GmbHG Rn 10; *Lutter/Hommelhoff* § 48 GmbHG Rn 4; MünchHdb. GesR III/*Wolff* § 39 Rn 69 f.; *Sina*, GmbHR 1993, 139 f., die jedenfalls die Begleitung des Gesellschafters durch einen Rechtsanwalt als stets zulässig anerkennen wollen.

[105] *Hachenburg/Hüffer* § 48 GmbHG Rn 20 ff.; MünchHdb. GesR III/*Wolff* § 39 Rn 68; *Lutter/Hommelhoff* § 48 GmbHG Rn 4 f.; *Scholz/K. Schmidt* § 48 GmbHG Rn 16 ff.; *Baumbach/Hueck* GmbHG § 48 Rn 5.

sind, sondern sie nicht einmal in der Lage sind, auf die Willensbildung innerhalb der Gesellschafterversammlung der Komplementär-GmbH durch Artikulierung ihrer Vorstellungen Einfluss zu nehmen. Diesem Umstand kommt insbesondere deshalb große Bedeutung zu, da gerade bei unechten GmbH & Co. KGs in der Gesellschafterversammlung der Komplementär-GmbH über Angelegenheiten Beschluss gefasst wird, die insbesondere für die operativ tätige KG von Bedeutung sind. Gleichwohl ist ein **Recht der (Nur-)Kommanditisten auf Zulassung zur GmbH-Versammlung ohne ausdrückliche Satzungsgrundlage nicht anzuerkennen**; ein entsprechendes Recht kann man auch nicht daraus herleiten, dass Entscheidungen der Komplementär-GmbH Rechte und Interessen der Kommanditisten berühren können bzw. sogar typischerweise Angelegenheiten der KG betreffen. Sinn und Zweck einer nicht personenidentischen GmbH & Co. KG ist es gerade, dass die (Nur-)Kommanditisten nicht alle Rechte derjenigen Anteilseigner haben sollen, die (in der Regel zugleich) GmbH-Gesellschafter sind. Diese von den Gründern der GmbH & Co. KG herbeigeführte Machtverteilung kann nicht durch ein originäres Teilnahmerecht der (Nur-)Kommanditisten an der Gesellschafterversammlung der Komplementär-GmbH konterkariert werden.[106] Grundsätzlich ist es im Übrigen – von Sondersituationen abgesehen – auch nicht angezeigt, statutarisch ein Teilnahmerecht der (Nur-)Kommanditisten zu begründen.

108 **b) Sonstige Förmlichkeiten.** Die Satzung der Komplementär-GmbH sollte Regelungen über die **Leitung und den Gang der Gesellschafterversammlung** treffen; dies ist vor allem deshalb zweckmäßig, um den Ausgang etwaiger Abstimmungen zu dokumentieren. Denn die Beschlussfeststellung ist im GmbH-Recht, insbesondere im Rahmen von Rechtsstreitigkeiten über etwaige Beschlussmängel, von großer Bedeutung.[107]

109 Typische Aufgabe des **Versammlungsleiters** sind die Eröffnung und Beendigung der Sitzung, die Wahrnehmung der allgemeinen Ordnungsbefugnisse zur Sicherstellung eines geordneten Ablaufs der Gesellschafterversammlung, die allgemeine Ordnung des Gangs der Versammlung, die Feststellung der Präsenz, Beschlussfähigkeit und Abstimmungsergebnisse u. Ä.[108] Allerdings besteht keine gesetzliche Notwendigkeit zur Bestellung eines Versammlungsleiters, da Organisation und Ablauf der Gesellschafterversammlung gesetzlich nicht geregelt sind und seine Erforderlichkeit sich auch nicht aus allgemeinen Grundsätzen ergibt.[109] Schweigt die Satzung zu dieser Frage, kann die Gesellschafterversammlung mit einfacher Mehrheit

---

[106] Vgl. insbes. *Scholz/K. Schmidt* Anh. § 45 GmbHG Rn 12.

[107] Vgl. statt aller MünchHdb. GesR III/*Wolff* § 39 Rn 49 81 ff.; *Lutter/Hommelhoff* § 48 GmbHG Rn 9.

[108] Vgl. ausführlich *Hachenburg/Hüffer* § 48 GmbHG Rn 29 ff.; MünchHdb. GesR III/*Wolff* § 39 Rn 72; *Scholz/K. Schmidt* § 48 GmbHG Rn 29 ff.; *Vogel*, Praxis der Gesellschafterversammlung, S. 144 ff.; *Baumbach/Hueck* GmbHG § 48 Rn 8 ff.

[109] *Hachenburg/Hüffer* § 48 GmbHG Rn 29; *Scholz/K. Schmidt* § 48 GmbHG Rn 29; *Baumbach/Hueck* GmbHG § 48 Rn 8.

über die Frage des Vorsitzes und die Person des Vorsitzenden Beschluss fassen.[110]

Weiterhin sollte der Gesellschaftsvertrag die Anfertigung einer **Sitzungsniederschrift** in Form einer Ergebnisniederschrift **und** die schriftliche **Protokollierung aller Beschlüsse** zur Pflicht machen, insbesondere um Streitigkeiten der Gesellschafter über den Beschlussinhalt, die zu Feststellungs- und Anfechtungsklagen und zu Rechtsunsicherheiten über das Beschlussergebnis – auch über die Anfechtungsfrist hinaus – führen können, zu vermeiden.[111] Allerdings ist darauf hinzuweisen, dass zwar die überwiegende Meinung die statutarische Anordnung einer schriftlichen Protokollierung des Verlaufs der Gesellschafterversammlung – anders als ein statutarisches Beurkundungsgebot – nur als Ordnungsvorschrift ansieht, jedoch in Rechtsprechung und Literatur teilweise davon ausgegangen wird, dass sämtliche Verstöße gegen satzungsmäßige Protokollierungsregeln zur Unwirksamkeit der gefassten Gesellschafterbeschlüsse führen.[112] **110**

Ohne Satzungsgrundlage besteht dagegen – zumindest nach h. M. – keine generelle Protokollierungspflicht des Versammlungsleiters.[113] Dies ändert selbstverständlich nichts daran, dass aus den dargelegten Gründen eine schriftliche Protokollierung des Versammlungsverlaufs selbst bei Fehlen einer statutarischen Regelung dringendst anzuraten ist. **111**

Unabhängig von dem Vorhandensein einer gesellschaftsvertraglichen Regelung besteht allerdings ein Beurkundungszwang gemäß § 53 Abs. 2 GmbHG für Satzungsänderungen sowie für Verschmelzungs-, Spaltungs- und Formwechselbeschlüsse gemäß §§ 13, Abs. 3, 125, 193 Abs. 3 UmwG.

Nur der Vollständigkeit halber ist ferner darauf hinzuweisen, dass im Übrigen grundsätzlich über jeden Beschlussgegenstand auch im **schriftlichen Verfahren nach § 48 Abs. 2 GmbHG** im allseitigen Einvernehmen abgestimmt werden kann. Die Satzung kann und sollte das schriftliche Verfahren näher ausgestalten und klarstellen, dass eine schriftliche Entscheidung auch unter Zuhilfenahme moderner Kommunikationsmittel herbeigeführt werden kann. **112**

Zwingend in einer Gesellschafterversammlung zu fassen sind allerdings die Beschlüsse über eine Verschmelzung, Spaltung und einen Formwechsel **113**

---

[110] *Hachenburg/Hüffer* § 48 GmbHG Rn 29; MünchHdb. GesR III/*Wolff* § 39 Rn 72; *Lutter/Hommelhoff* § 48 GmbHG Rn 9; a. A. OLG Frankfurt NZG 1999, 406; *Baumbach/Hueck* GmbHG § 48 Rn 8: Bei Fehlen gesellschaftsvertraglicher Regelungen setze die Frage der Versammlungsleitung einen Konsens aller Gesellschafter voraus.

[111] Vgl. *Lutter/Hommelhoff* § 48 GmbHG Rn 9.

[112] Vgl. zur h. M. RGZ 122, 367, 369; MünchHdb. GesR III/*Wolff* § 39 Rn 81, 86; *Rowedder/Schmidt-Leithoff/Koppensteiner* § 48 GmbHG Rn 17; *Scholz/K. Schmidt* § 48 Rn 55; *Baumbach/Hueck* GmbHG § 48 Rn 13; a. A. (für Wirksamkeitserfordernis) BayObLG GmbHR 1992, 306 f.; *Hachenburg/Hüffer* § 47 GmbHG Rn 30.

[113] Vgl. *Hachenburg/Hüffer* § 48 GmbHG Rn 37; MünchHdb. GesR III/*Wolff* § 39 Rn 86; *Lutter/Hommelhoff* § 48 GmbHG Rn 9; a. A. *Scholz/K. Schmidt* § 48 GmbHG Rn 38; *Baumbach/Hueck* GmbHG § 48 Rn 13: Pflicht des Versammlungsleiters zur Protokollerstellung auch ohne Satzungsgrundlage.

nach dem UmwG[114] und die gemäß § 49 Abs. 3 GmbHG vorgeschriebene Gesellschafterentscheidung bei Verlust der Hälfte des Stammkapitals.[115] Die heute h. M. geht – entgegen der älteren Rechtsprechung[116] – hingegen davon aus, dass satzungsändernde Beschlüsse im schriftlichen Umlaufverfahren gefasst werden können.[117]

2. GmbH & Co. KG

114 Ganz ähnliche Grundsätze wie für die Komplementär-GmbH gelten für den Ablauf der Gesellschafterversammlung der GmbH & Co. KG, wobei dort insbesondere die Frage der Teilnahmeberechtigung der Komplementär-GmbH und ihrer Gesellschafter in den Blick zu nehmen ist.

115 a) **Teilnahmerecht.** Auch bei der GmbH & Co. KG gilt, dass grundsätzlich **nur deren Gesellschafter teilnahmeberechtigt** sind und das Teilnahmerecht in seiner Substanz unentziehbar ist.[118] Im Hinblick auf die Teilnahme von Vertretern und Beratern der Gesellschafter gilt ebenfalls das zur Komplementär-GmbH bereits Ausgeführte,[119] wobei jedoch eine gewillkürte Stellvertretung nach herrschender Meinung gesellschaftsvertraglich oder im Einzelfall zugelassen werden muss (s. Rn 161).

Diese Grundsätze haben zur Folge, dass Personen, die nur Gesellschafter der Komplementär-GmbH sind, an der Gesellschafterversammlung der GmbH & Co. KG nicht teilnehmen dürfen, es sei denn, der Gesellschaftsvertrag lässt dies ausdrücklich zu. In Praxi dürfte diese Situation allerdings in der Regel kaum vorkommen, da auch bei unechten GmbH & Co. KGs regelmäßig die GmbH-Gesellschafter zugleich Kommanditisten der KG sind.

116 Bedeutsamer ist die Frage der **Teilnahmeberechtigung der Komplementär-GmbH** selbst an der Gesellschafterversammlung der GmbH & Co. KG, da diese persönlich haftende Gesellschafterin der KG und als solche im Grundsatz teilnahmeberechtigt ist. Dementsprechend nimmt der GmbH-Geschäftsführer – anders als bei der Komplementär-GmbH, bei der die Zulassung der Geschäftsführer zur Gesellschafterversammlung eine entsprechende statutarische Regelung bzw. die Zustimmung der Gesellschafterversammlung voraussetzt – im Regelfall an der KG-Versammlung

---

[114] *Baumbach/Hueck* GmbHG § 48 Rn 16; *Scholz/K. Schmidt* § 48 GmbHG Rn 61; MünchHdb. GesR III/*Wolff* § 39 Rn 95.

[115] *Hachenburg/Hüffer* § 48 GmbHG Rn 53; a. A. MünchHdb. GesR III/*Wolff* § 39 Rn 95; *Scholz/K. Schmidt* § 48 GmbHG Rn 61.

[116] BGHZ 15, 324, 328 (obiter dictum); KG NJW 1959, 1446 f.

[117] *Hachenburg/Hüffer* § 48 GmbHG Rn 54; MünchHdb. GesR III/*Wolff* § 39 Rn 95; *Scholz/K. Schmidt* § 48 GmbHG Rn 61; *Baumbach/Hueck* GmbHG § 48 Rn 16.

[118] Ganz h. M. *Schlegelberger/Martens* § 119 HGB Rn 25; *Scholz/K. Schmidt* Anh. § 45 GmbHG Rn 34; *K. Schmidt* Gesellschaftsrecht, § 16 III 3 a; GK/*Ulmer* § 119 HGB Anm. 20; *Wiedemann* Gesellschaftsrecht I § 7 II 1.

[119] Vgl. *Baumbach/Hopt* § 119 HGB Rn 30; *Hesselmann/Tillmann* GmbH & Co. Rn 319; a. A. *Scholz/K. Schmidt* Anh. § 45 GmbHG Rn 34; GK/*Ulmer* HGB § 119 Anm. 21.

teil, da die Beteiligungsrechte der Komplementär-GmbH an der KG vom Vertretungsorgan der Komplementär-GmbH wahrgenommen werden.

Allerdings kann im Gesellschaftsvertrag der KG eine **reine Kommanditistenversammlung** vorgesehen und so die Komplementär-GmbH von der Abstimmung ausgeschlossen werden. Das gleiche Ergebnis kann erreicht werden, sofern das Stimmrecht der KG-Gesellschafter an Kapitalanteile geknüpft und die Komplementär-GmbH nicht am Gesellschaftsvermögen der KG beteiligt wird.[120] In diesem Falle dürfte meines Erachtens auch das Teilnahmerecht der Komplementär-GmbH entfallen, wenn der Gesellschaftsvertrag nichts anderes vorsieht oder diese im Einzelfall zur Kommanditisten-Versammlung zugelassen wird. Praktische Bedeutung erlangt die Frage der Teilnahmeberechtigung der Komplementär-GmbH in der KG-Versammlung allerdings nur im Falle einer nicht personenidentischen GmbH & Co. KG, da bei einer echten GmbH & Co. KG mit Gesellschafter- und Beteiligungsidentität die Willensbildungsprozesse innerhalb der KG-Versammlung und der GmbH-Gesellschafterversammlung kongruent verlaufen und die GmbH-Gesellschafterversammlung den Geschäftsführern, die im Ergebnis ein etwaiges Stimmrecht der Komplementär-GmbH in der Gesellschafterversammlung der KG ausüben, im beliebigen Umfang Weisungen erteilen kann. **117**

Weiterhin ergibt sich jedenfalls in der gesetzestypischen Personengesellschaft ein weiterer Unterschied gegenüber der Komplementär-GmbH, da dort nach dem gesetzlichen Ideal Gesellschafterbeschlüsse einstimmig zu fassen sind, so dass Gesellschafterbeschlüsse der KG-Versammlung bereits bei Abwesenheit eines Gesellschafters nicht zustande kommen können. In Anbetracht dieser Umstände wird bei der gesetzestypischen Personengesellschaft davon ausgegangen, dass der Gesellschafter an einer einberufenen Gesellschafterversammlung teilnehmen und dort abstimmen muss; dies soll im Übrigen auch dann gelten, wenn durch den Gesellschaftsvertrag zwar das Mehrheitsprinzip eingeführt wurde, jedoch gesellschaftsvertraglich kein bestimmtes Quorum für die Beschlussfähigkeit der Gesellschafterversammlung vorgesehen ist, da gesetzliche Beschlussfähigkeitsregelungen im Personengesellschaftsrecht fehlen.[121] **118**

b) Sonstige Förmlichkeiten. Die Leitung und der Ablauf der Gesellschafterversammlung der GmbH & Co. KG und die folgende Beschlussfassung sind gesetzlich nicht geregelt, so dass – ebenso wie bei der Komplementär-GmbH – entsprechende statutarische Anordnungen dringend zu empfehlen sind. **119**

Verschweigt sich der Gesellschaftsvertrag zu diesen Fragen, gilt im Wesentlichen das zur Komplementär-GmbH bereits Ausgeführte. Insbesondere sollte zur Gewährleistung einer geordneten Durchführung der Gesellschafterversammlung von dieser ein **Versammlungsleiter** gewählt werden, wobei die Entscheidung allerdings bei einer gesetzestypischen

---

[120] Vgl. *Hesselmann/Tillmann* GmbH & Co. Rn 321; *Scholz/K. Schmidt* Anh. § 45 GmbHG Rn 21, 34.

[121] *Heymann/Emmerich* § 119 HGB Rn 16; *Schlegelberger/Martens* § 119 HGB Rn 43; *Scholz/K. Schmidt* Anh. § 45 GmbHG Rn 34 a. E.

Personengesellschaft von den Gesellschaftern einstimmig gefasst werden muss. Ohne gesellschaftsvertragliche Regelung kann hingegen nicht davon ausgegangen werden, dass dem Geschäftsführer oder Alleingesellschafter der Komplementär-GmbH das Recht zur Versammlungsleitung zusteht.[122]

120 Auch ohne vertragliche Regelung empfiehlt sich zudem die Erstellung eines **Versammlungsprotokolls**, welches den wesentlichen Verlauf der Versammlung wiedergibt und in dem insbesondere die von den Gesellschaftern gefassten Beschlüsse ihrem Wortlaut nach festgehalten werden, um Streitigkeiten über den Beschlussinhalt soweit irgend möglich auszuschließen.[123] Allerdings ist darauf hinzuweisen, dass – anders als im Recht der GmbH, bei der der protokollierte Beschlussinhalt verbindlich fixiert wird – im Personengesellschaftsrecht jedenfalls ohne besondere gesellschaftsvertragliche Anordnung das wirklich Beschlossene maßgebend ist, so dass dem protokollierten Beschlussinhalt keine Verbindlichkeit zukommt.[124]

3. Einheitsgesellschaft, Einheitsversammlung und Repräsentativverfassung

121 Gerade die Regeln über die Gesellschafterversammlungen der GmbH & Co. KG und ihrer Komplementär-GmbH offenbaren die Schwierigkeiten, die sich aus der Verzahnung einer Kapital- und einer Personengesellschaft zu einer GmbH & Co. KG ergeben. Im Ergebnis müssen alle Regelungskomplexe (Zuständigkeiten, Einberufung, Ablauf, Beschlussfassung, etc.) exakt unter Berücksichtigung der gesetzlichen Vorgaben aufeinander abgestimmt werden, wobei bereits geringfügige Unachtsamkeiten zu Widersprüchlichkeiten und Diskrepanzen mit unter Umständen weiterreichenden Konsequenzen führen können. Um diese „Verzahnungsprobleme" zu lösen, werden in der Literatur verschiedene Vorschläge unterbreitet, die die Willensbildungsprozesse innerhalb der GmbH & Co. KG und der Komplementär-GmbH vereinfachen und im Ergebnis zu einem einzigen, einheitlichen Willensbildungsprozess zusammenführen sollen.

122 Diesem Bestreben der Kautelarpraxis nach einer optimalen Verzahnung der Gesellschaftsverträge der GmbH und der KG dient insbesondere die Begründung einer **Einheitsgesellschaft** durch Übertragung der Geschäftsanteile an der GmbH auf die GmbH & Co. KG. Im Zusammenhang der Einheitsgesellschaft wird insbesondere die Schaffung einheitlicher Organe der Gesellschaft empfohlen, indem die KG ihren Kommanditisten Vollmacht für die Ausübung des Stimmrechts in der GmbH erteilt oder indem eine Kommanditistenversammlung eingerichtet wird, die nicht nur Organ der KG, sondern auch – statt der Gesellschafterversammlung – Organ der GmbH ist. Allerdings begegnen beide Gestaltungswege rechtskonstruktiven Schwierigkeiten.[125]

---

[122] *Hesselmann/Tillmann* GmbH & Co. Rn 331.
[123] *Hesselmann/Tillmann* GmbH & Co. Rn 332.
[124] Vgl. *Scholz/K. Schmidt* Anh. § 45 GmbHG Rn 38.
[125] Vgl. zusammenfassend *Binz/Sorg* § 7 Rn 12 ff.; *Hesselmann/Tillmann* GmbH & Co. Rn 136 a; *Scholz/K. Schmidt* Anh. § 45 GmbHG Rn 58 ff.

Daneben wird in der Literatur zur Überwindung der mit der Verzahnung der GmbH- und KG-Verfassungen verbundenen Schwierigkeiten teilweise die Schaffung einer beide Gesellschaften umfassenden **Einheitsgesellschafterversammlung** vorgeschlagen, soweit es sich um eine „echte GmbH & Co. KG" handelt, die bereits durch Identität der Gesellschafterkreise beteiligungsmäßig verzahnt ist.[126] Dieser Vorschlag hat in der Tat viel für sich, da dann, wenn die GmbH & Co. KG und ihre Komplementär-GmbH durch Gesellschafteridentität miteinander de facto verzahnt sind, die Versammlungen beider Gesellschaften realiter ohnehin gleichzeitig stattfinden, ohne dass sich die Gesellschafter große Gedanken darum machen, ob sich die von ihnen gefassten Beschlüsse auf die KG oder die Komplementär-GmbH beziehen. 123

Schließlich wird intensiv die Frage einer **Repräsentativverfassung** einer GmbH & Co. KG zur Abmilderung der Abstimmungsprobleme diskutiert. Gemeint ist hiermit eine Gestaltung, in der die Kontroll- und Entscheidungsrechte der Gesellschafter weitgehend auf eigenständige Organe, wie einen „Beirat" oder einen „Gesellschafterausschuss", der personenidentisch für die KG und deren Komplementär-GmbH geschaffen wird, verlagert werden.[127] Solche Repräsentativorgane sind grundsätzlich ein geeignetes Mittel, insbesondere um die Kontrollbefugnisse sachgerecht zu kanalisieren und gesellschaftsinterne Entscheidungsabläufe zu effektivieren; durch ihren maßvollen Einsatz können insbesondere auch die aus der Notwendigkeit der Verzahnung von KG- und GmbH-Verfassung resultierenden Schwierigkeiten abgemildert werden. 124

Allerdings stößt eine konsequent durchgeführte Repräsentativverfassung meines Erachtens sowohl auf rechtliche Schwierigkeiten als auch auf faktische Bedenken, da die Gefahr besteht, dass insbesondere im Falle einer Repräsentativverfassung, bei der die Zuständigkeiten des „Beirats" oder „Gesellschafterausschusses" nicht nur auf Maßnahmen der laufenden Verwaltung, sondern auch auf grundsätzliche Strukturänderungen der Gesellschaft ausgedehnt werden sollen, diese zum Instrument zur Schmälerung der Individualrechte der Gesellschafter degeneriert: Im Ergebnis dürfte die weitgehende Verlagerung von grundsätzlichen Gesellschafterzuständigkeiten auf solche Repräsentativorgane bei Gesellschaften mit kleinem überschaubarem Gesellschafterkreis rechtlich zweifelhaft sein; weniger problematisch ist eine solche Ausweitung der Entscheidungsbefugnisse, die allerdings nicht in den Kernbereich der Mitgliedschaftsrechte eingreifen darf, bei Publikumsgesellschaften bzw. bei sonstigen kapitalistisch verfassten Kommanditgesellschaften, bei denen etwa infolge Erbgangs der Gesellschafterkreis stark zersplittert ist. 125

VI. Abstimmung und Gesellschafterbeschlüsse

Rechtsformspezifische Besonderheiten des GmbH- und Personengesellschaftsrechts, die im Falle einer GmbH & Co. KG gesellschaftsvertragliche 126

[126] Vgl. *Hesselmann/Tillmann* GmbH & Co. Rn 305 a. E.; *Scholz/K. Schmidt* Anh. § 45 GmbHG Rn 55 ff.

[127] Vgl. *Scholz/K. Schmidt* Anh. § 45 GmbHG Rn 62 ff. m. w. N.

Vorkehrungen zur Sicherstellung einer reibungslosen internen Willensbildung erforderlich machen, bestehen schließlich insbesondere im Rahmen der Abstimmung der Gesellschafter von Komplementär-GmbH und GmbH & Co. KG zur Fassung von Gesellschafterbeschlüssen.

Insbesondere die Frage der Beschlussfähigkeit und die Beschlussmehrheiten müssen geregelt und aufeinander abgestimmt werden, da sich insoweit die gesetzlichen Modelle des GmbH- und Personengesellschaftsrechts grundlegend unterscheiden. Bei typischen „echten GmbH & Co. KGs“ muss insoweit wiederum ein möglichst vollständiger Gleichlauf der Beschlussregeln herbeigeführt werden, wohingegen bei nicht beteiligungsproportionalen Gesellschaften die Bestimmungen über die Beschlussmehrheiten in den verschiedenen Rechtsträgern Instrumente zur Feinabstimmung des Einflusses der beteiligten Gesellschaftergruppen sind, welche zur entsprechenden Differenzierung eingesetzt werden.

Demgegenüber gelten für die Stimmberechtigung, die Stimmrechtsausübung – auch durch Vertreter –, die Frage von Stimmverboten sowie von Stimmpflichten und missbräuchlichem Stimmverhalten ähnliche Regeln im GmbH- und Personengesellschaftsrecht.

1. Komplementär-GmbH

127 Die Grundsätze der Stimmabgabe und Beschlusserfordernisse sind für die Komplementär-GmbH weitgehend gesetzlich vorgeprägt, so dass insoweit das gesetzliche Modell lediglich punktuell an die individuellen Bedürfnisse der Beteiligten angepasst werden muss; im Einzelnen:

a) Stimmrecht. Gemäß § 47 Abs. 1 GmbHG entscheidet die Gesellschafterversammlung der Komplementär-GmbH durch Beschluss, wobei insoweit **nach Kapitalbeteiligungen** und nicht nach Köpfen **abgestimmt** wird; je € 50,– eines Geschäftsanteils gewähren gemäß § 47 Abs. 2 GmbHG eine Stimme,[128] wobei das Stimmrecht aus ein und demselben Geschäftsanteil auch dann, wenn dieser mehrere Stimmen verschafft, nur einheitlich ausgeübt werden kann, wohingegen derjenige, der mehrere Geschäftsanteile hält, nach h. M. aus den verschiedenen Geschäftsanteilen in gleicher Sache unterschiedlich abstimmen darf.[129]

128 Die Regelung des § 47 Abs. 2 GmbHG steht allerdings zur Disposition der Satzung, so dass die Stimmrechtsausübung etwa von der Einlagenleistung oder deren Höhe abhängig gemacht, ein Stimmrecht nach Köpfen vorgesehen werden, bzw. Mehr- und Höchststimmrechte geschaffen werden können; auch die Schaffung stimmrechtsloser Anteile ist möglich. Weiterhin kann statutarisch etwa im Falle von Stimmengleichheit ein Stichentscheid eines Gesellschafters oder auch eines Dritten (Geschäfts-

---

[128] Vgl. zur Euro-Umstellung MünchHdb. GesR III/*Wolff* § 38 Rn 28

[129] RGZ 157, 52, 57; BGHZ 104, 66, 74; *Hachenburg/Hüffer* § 47 GmbHG Rn 57 ff.; MünchHdb. GesR III/*Wolff* § 38 Rn 30 ff.; *Rowedder/Schmidt-Leithoff/Koppensteiner* § 47 GmbHG Rn 39 ff.; *Raiser* Kapitalgesellschaften § 33 Rn 34; einschränkend (unterschiedliche Stimmabgabe nur bei schutzwürdigem Interesse): *Baumbach/Hueck* GmbHG § 47 Rn 11.

führer oder sonstiges Organ der Gesellschaft, Sitzungsleiter u. Ä.) vorgesehen werden. Möglich ist auch die satzungsmäßige Begründung der Notwendigkeit der Zustimmung eines bestimmten Gesellschafters (nicht eines Dritten);[130] solche Bestimmungen erfreuen sich vor allem zugunsten der Gründer großer Beliebtheit, beispielsweise wenn Nachfolgegenerationen zu Lebzeiten am Unternehmen beteiligt werden. Sie bedürfen allerdings einer eindeutigen Satzungsgrundlage.[131] Derartige Stimmrechtsregelungen – insbesondere die Anordnung von Höchst- und Mehrfachstimmrechten – unterliegen im Übrigen nicht den aktienrechtlichen Beschränkungen.

Stimmrechtsinhaber ist grundsätzlich der nach Maßgabe des § 16 **129**
GmbHG legitimierte Inhaber des Geschäftsanteils, so dass im Falle einer Geschäftsanteilsübertragung, falls diese der Gesellschaft nicht gemäß § 16 Abs. 1 GmbH angezeigt wurde, der bisherige Gesellschafter das Stimmrecht ausüben kann. Bei Verpfändung, Pfändung oder Nießbrauch geht das Stimmrecht nicht auf den Inhaber des beschränkt dinglichen Rechts über, sondern der Gesellschafter bleibt stimmberechtigt.[132] Gemäß § 18 Abs. 1 GmbHG kann das Stimmrecht aus einem einer Bruchteils- oder Gesamthandsgemeinschaft zustehenden Anteil von den Mitberechtigten nur gemeinsam ausgeübt werden, sofern nicht rechtsgeschäftlich ein gemeinsamer Vertreter bestellt ist. Sind an der Gesellschaft juristische Personen oder Personengesellschaften beteiligt, wird das Stimmrecht aus deren Anteilen von deren Vertretungsorganen ausgeübt.

Unterliegt ein Geschäftsanteil einer Amtsverwaltung (etwa durch einen Insolvenzverwalter oder Testamentsvollstrecker), wird das Stimmrecht vom Amtsverwalter ausgeübt.

Häufig werden zudem Geschäftsanteile von Gesellschaftern aus steuer- **130**
rechtlichen Gründen zu Lebzeiten auf minderjährige Kinder übertragen; die gesellschafterlichen Rechte solcher minderjährigen Gesellschafter werden nach allgemein bürgerlich-rechtlichen Regeln durch den gesetzlichen Vertreter ausgeübt. In dieser Konstellation entsteht ein Sonderproblem dadurch, dass die Eltern als gesetzliche Vertreter selbst vielfach zugleich an der Gesellschaft beteiligt sind und so in der Gesellschafterversammlung im eigenen Namen aus ihren eigenen Geschäftsanteilen und im Namen ihrer Kinder aus den auf diese übertragenen Geschäftsanteile abstimmen. Hier stellt sich die Frage, ob dies gemäß §§ 1629 Abs. 2 S. 1, 1795 Abs. 2 i.V. m. § 181 BGB zulässig ist. Die heute h. M. differenziert im Hinblick auf die Anwendung des Verbots des Insichgeschäfts danach, ob es um Satzungsänderungen und Grundlagenbeschlüsse oder um Beschlüsse zur Geschäftsführung geht. Im letztgenannten Fall soll § 181 BGB nicht eingreifen, wohingegen im erstgenannten Fall für den Minderjährigen gemäß § 1909

---

130 *Baumbach/Hueck* § 47 GmbHG Rn 21; a. A. MünchHdb. GesR III/*Wolff* § 39 Rn 90.

131 *Hachenburg/Hüffer* § 47 Rn 56, 88 f.; *Scholz/K. Schmidt* § 47 GmbHG Rn 12; *Baumbach/Hueck* GmbHG § 47 Rn 21, jew. m. w. N.

132 Vgl. *Raiser* Kapitalgesellschaften § 33 Rn 35; *Baumbach/Hueck* GmbHG § 47 Rn 26; *Rowedder/Schmidt-Leithoff/Koppensteiner* § 47 GmbHG Rn 19.

BGB ein Ergänzungspfleger bestellt werden muss. Einer vormundschaftsgerichtlichen Genehmigung bedarf es hingegen im Rahmen der Stimmrechtsausübung nicht.[133]

131 Eine Verpflichtung zur persönlichen Stimmrechtsausübung besteht grundsätzlich nicht; vielmehr kann ein Gesellschafter zur Stimmabgabe einen rechtsgeschäftlich bestellten **Vertreter** gemäß § 47 Abs. 3 GmbHG einschalten. Die Vollmacht muss in Textform erteilt werden (§ 126 b BGB). Einer notariellen Beurkundung bedarf es hingegen selbst dann nicht, wenn der Bevollmächtigte zur Stimmrechtsausübung im Rahmen von Beschlüssen bestellt ist, die der notariellen Beurkundung (etwa gemäß § 53 Abs. 2 GmbHG im Falle der Satzungsänderung) bedürfen. Etwas anderes gilt nur bei der Teilnahme an der Gesellschaftsgründung und im Hinblick auf die Übernahmeerklärung im Falle einer Kapitalerhöhung (vgl. §§ 2 Abs. 2, 55 Abs. 1 GmbHG). Nach h. M. stellt die Formvorschrift des § 47 Abs. 3 GmbHG ein Gültigkeitserfordernis für die Vollmacht auf, wobei im Einzelfall eine Berufung auf den Formmangel gemäß § 242 BGB ausgeschlossen sein kann, wenn sämtliche Gesellschafter die formunwirksame Vollmachtserteilung kennen und keiner der Stimmabgabe des Vertreters widerspricht.[134]

132 Demgegenüber kann Nichtgesellschaftern das Stimmrecht weder durch Satzung eingeräumt, noch kann einem Mitgesellschafter das Stimmrecht ohne gleichzeitige Übertragung des Geschäftsanteils übertragen werden; bei diesem so genannten **Abspaltungsverbot** handelt es sich um ein allgemeines gesellschaftsrechtliches Prinzip, wonach die einzelnen Mitverwaltungsrechte eines Gesellschafters untrennbar mit der Mitgliedschaft verbunden sind.[135] Ferner ist nach (wohl) h. M. auch die im Aktienrecht gemäß § 129 Abs. 3 AktG zulässige Ermächtigung zur Ausübung eines fremden Stimmrechts im eigenen Namen im GmbH-Recht unzulässig.[136] Aus dem gleichen Grunde ist auch die Erteilung einer unwiderruflichen Stimmrechtsvollmacht unzulässig; eine Stimmrechtsvollmacht kann daher zu jeder Zeit gemäß § 47 Abs. 3 GmbHG erteilt werden, dies jedoch grundsätzlich nur in widerruflicher Form. Jedenfalls endet die Stimm-

---

[133] *Hachenburg/Hüffer* § 47 GmbHG Rn 109 ff.; *Raiser* Kapitalgesellschaften § 33 Rn 36; *Baumbach/Hueck* GmbHG § 47 Rn 41 (anders noch die 15. Aufl.).

[134] BGHZ 49, 183, 194; *Hachenburg/Hüffer* § 47 GmbHG Rn 97; *Lutter/Hommelhoff* § 47 GmbHG Rn 9; *Roth/Altmeppen* § 47 GmbHG Rn 32; *Baumbach/Hueck* GmbHG § 47 Rn 37; a. A. *Rowedder/Schmidt-Leithoff/Koppensteiner* § 47 GmbHG Rn 46 f.; *Scholz/K. Schmidt* § 47 Rn 85 f.: Schriftform lediglich Legitimationserfordernis.

[135] RGZ 132, 149, 159; BGHZ 43, 261, 267; *Hachenburg/Hüffer* § 47 GmbHG Rn 52 f.; einschränkend MünchHdb. GesR III/*Wolff* § 38 Rn 5 ff.; *Lutter/Hommelhoff* § 47 GmbHG Rn 2; *Scholz/K. Schmidt* § 47 GmbHG Rn 20; *Baumbach/Hueck* GmbHG § 47 Rn 28, jew. m. w. N.

[136] *Raiser* Kapitalgesellschaften § 33 Rn 50; *Scholz/K. Schmidt* § 47 GmbHG Rn 21; *Baumbach/Hueck* GmbHG § 47 Rn 29; offen gelassen von OLG Hamburg NJW 1989, 1865, 1867; BayObLG GmbHR 1986, 87 f.; a. A. *Hachenburg/Hüffer* § 47 GmbHG Rn 55; *Rowedder/Schmidt-Leithoff/Koppensteiner* § 47 GmbHG Rn 27.

rechtsvollmacht, wenn das zugrunde liegende Rechtsverhältnis endet oder ein sonstiger wichtiger Widerrufsgrund gegeben ist.[137]

Für die vorgenannten problematischen Gestaltungen, die man in der Praxis vermeiden sollte, besteht im Übrigen im GmbH-Recht auch kein Bedürfnis, da sich weitgehend gleiche Bindungen – sollten diese gewünscht sein – auch durch **Stimmbindungsverträge** erzielen lassen, die grundsätzlich zulässig sind, wobei insoweit allerdings im neueren Schrifttum verbreitet vertreten wird, dass Stimmrechtsbindungen gegenüber Nichtgesellschaftern, die sich auf Satzungsänderungen und andere wichtige Strukturmaßnahmen beziehen, als unzulässige Drittbindungen anzusehen seien.[138] Stimmbindungsvereinbarungen unterscheiden sich allerdings in ihren Wirkungen von den vorstehend erörterten Gestaltungen dadurch, dass ihnen lediglich eine schuldrechtliche Wirkung zukommt, so dass der Berechtigte ein bindungsgemäßes Stimmverhalten des gebundenen Gesellschafters nur dadurch erzwingen kann, dass er gerichtlich eine Verurteilung des Gebundenen zu einer inhaltlich bestimmten Stimmabgabe nach § 894 ZPO durchsetzt. 133

b) Stimmverbote. Die Frage von Stimmverboten zu Lasten von Gesellschaftern ist für die Komplementär-GmbH in **§ 47 Abs. 4 GmbHG** gesetzlich geregelt. Die Stimmverbote nach dieser Vorschrift betreffen grundsätzlich allein die GmbH-Gesellschafter und insoweit ist im Grundsatz allein auf die Verhältnisse innerhalb der GmbH abzustellen. Bei der Anwendung dieser Stimmverbote im Einzelfall kann allerdings die Interessenverflechtung zwischen der Komplementär-GmbH und der GmbH & Co. KG zum Tragen kommen. 134

Der gesetzliche Stimmrechtsausschluss gemäß § 47 Abs. 4 GmbHG betrifft vier in der gesetzlichen Vorschrift im Einzelnen aufgeführte Fälle der Interessenkollision. Die Vorschrift ist Ausdruck eines **allgemeinen gesellschaftsrechtlichen Rechtsprinzips**. Die gesetzlich genannten Fälle beruhen im Ergebnis auf **zwei Grundprinzipien**, nämlich zum einen dem **Gedanken des Verbots des Insichgeschäfts** gemäß § 181 BGB, wenn der Gesellschafter mit sich selbst Rechtsgeschäfte abschließt bzw. er im Ergebnis auf beiden Seiten der Maßnahme beteiligt ist und zum anderen auf dem Gedanken, dass **niemand „Richter in eigener Sache"** sein kann. 135

Die Verbote des § 47 Abs. 4 GmbHG betreffen nur das Stimmrecht des Gesellschafters; sein Recht zur Teilnahme an der Gesellschafterversamm- 136

[137] Vgl. BGH GmbHR 1977, 244, 246; *Hachenburg/Hüffer* § 47 GmbHG Rn 92f.; MünchHdb. GesR III/*Wolff* § 38 Rn 13 a. E.; *Baumbach/Hueck* GmbHG § 47 Rn 36; noch enger *Lutter/Hommelhoff* § 47 GmbHG Rn 11.

[138] Vgl. zur grds. Zulässigkeit von Stimmbindungsverträgen BGHZ 48, 163, 167ff.; BGH NJW 1987, 1890, 1892; ZIP 1983, 432f.; NJW 1983, 1910f.; notarielle Form ist selbst bei Bezug auf Satzungsänderung nicht erforderlich, s. OLG Köln GmbHR 2003, 416; s. ferner aus der neueren Lit., welche grds. von der Unzulässigkeit von Drittbindungen im Hinblick auf Satzungs- und Strukturänderungen ausgeht *Priester*, FS Werner, S. 659ff.; *Hachenburg/Hüffer* § 47 GmbHG Rn 75; *Lutter/Hommelhoff* § 47 GmbHG Rn 5; *Scholz/K. Schmidt* § 47 GmbHG Rn 42; kritisch MünchHdb. GesR III/*Wolff* § 38 Rn 84ff.; a. A. *Baumbach/Hueck* GmbHG § 47 Rn 77; *Zöllner*, ZHR 155 (1991), 179ff.

lung wird von dem Verbot nicht tangiert (s. Rn 103). Entsprechend diesem Grundgedanken ist § 47 Abs. 4 GmbHG nicht anwendbar, wenn sämtliche Gesellschafter in gleicher Weise betroffen sind; Gleiches gilt im Falle der Einmanngesellschaft, bei der das Stimmverbot naturgemäß gegenstandslos ist, und die auch bei einer GmbH & Co. KG gegeben sein kann.[139]

137 Im Einzelnen betrifft § 47 Abs. 4 GmbHG folgende **Fälle**: Ein Gesellschafter hat kein Stimmrecht, wenn über seine eigene Entlastung – insbesondere als Gesellschafter-Geschäftsführer – Beschluss gefasst wird (§ 47 Abs. 4 S. 1 Alt. 1 GmbHG), da er andernfalls die mit der Entlastung einhergehende Präklusionswirkung selbst herbeiführen könnte. Ferner greift aufgrund der gleichen Erwägung das Stimmverbot ein, wenn der Gesellschafter von einer Verbindlichkeit befreit werden soll (§ 47 Abs. 4 S. 1 Alt. 2 GmbHG); dieses Verbot erfasst insbesondere die Fälle, in denen es um den Verzicht auf Schadensersatzansprüche gegen den Gesellschafter, etwa wegen einer Haftung wegen Pflichtverletzung in seiner Eigenschaft als Geschäftsführer (§ 43 GmbHG) geht. Gleiches gilt bei Beschlüssen der Gesellschafterversammlung über die Einleitung oder Erledigung eines Rechtsstreits gegen den Gesellschafter (vgl. § 47 Abs. 4 S. 2 Alt. 2 u. 3 GmbHG) und bei Beschlüssen, die Rechtsgeschäfte zwischen der Gesellschaft und einem Gesellschafter – typischerweise Liefer- und Kreditgeschäfte und die Bestellung von Sicherheiten durch die Gesellschaft für Schulden des Gesellschafters – betreffen (vgl. § 47 Abs. 4 S. 2 Alt. 1 GmbHG). Im Hinblick auf die besondere Situation bei einer GmbH & Co. KG wird insoweit davon ausgegangen, dass die KG der Komplementär-GmbH im Rahmen der Anwendung des § 47 Abs. 4 GmbHG gleich steht, so dass der Stimmrechtsausschluss auch dann eingreift, wenn es beispielsweise um einen Rechtsstreit oder Vertrag zwischen einem Gesellschafter und der KG geht.[140]

138 § 47 Abs. 4 GmbHG dient dazu, typische Konfliktfälle zwischen dem Eigeninteresse eines Gesellschafters und dem Gesellschaftsinteresse dadurch zu lösen, dass die Willensbildung der GmbH allein durch die unbefangenen Gesellschafter erfolgt und so die Gesellschaft sowie die anderen Gesellschafter vor der Einflussnahme des Sonder- und Eigeninteressen verfolgenden Gesellschafters geschützt werden. Gleichwohl enthält § 47 Abs. 4 GmbHG kein allgemeines Stimmverbot bei jeglicher Interessenkollision; daher scheidet eine extensive Anwendung der Vorschrift aus. Eine Ausdehnung des Anwendungsbereichs ist vielmehr nur in Fällen gerechtfertigt, in denen ein Interessenkonflikt besteht, der demjenigen, der den gesetzlich geregelten Fällen zugrunde liegt, entspricht.[141] Diese Voraussetzungen sind allerdings nach einhelliger Auffassung erfüllt, wenn die Gesellschafterversammlung über **Maßnahmen aus wichtigem Grund gegen einen Ge-**

[139] BGHZ 105, 324, 333; BGH ZIP 1992, 992, 994; *Hachenburg/Hüffer* § 47 GmbHG Rn 124 f.; MünchHdb. GesR III/*Wolff* § 38 Rn 52 f.; *Roth/Altmeppen* § 47 GmbHG Rn 78; *Scholz/K. Schmidt* § 47 GmbHG Rn 104 ff.; *Baumbach/Hueck* GmbHG § 47 Rn 62.

[140] Vgl. insb. *Scholz/K. Schmidt* Anh. § 45 GmbHG Rn 13 u. § 47 Rn 183; *Weinhardt*, DB 1989, 2417 ff.

[141] BGHZ 68, 107, 109; 97, 28, 33; *Hachenburg/Hüffer* § 47 GmbHG Rn 120; *Scholz/K. Schmidt* § 47 GmbHG Rn 99 ff.; *Baumbach/Hueck* GmbHG § 47 Rn 44.

sellschafter zu entscheiden hat, da in dieser Situation die für das Stimmverbot maßgeblichen Gründe vollumfänglich einschlägig sind. Es geht insoweit insbesondere um die Abberufung eines Gesellschafter-Geschäftsführers aus wichtigem Grund oder die Ausschließung eines Störenfrieds.[142]

Demgegenüber werden so genannte **Sozialakte** generell vom Stimmver- **139**
bot des § 47 Abs. 4 GmbHG **nicht erfasst**, selbst wenn ein Gesellschafter an den entsprechenden Maßnahmen beteiligt ist und er im Rahmen der Abstimmung Sonder- und Eigeninteressen verfolgt. Tragende Erwägung dieses Ausnahmetatbestandes ist, dass die Stimmrechtsausübung bei Entscheidungen, die im mitgliedschaftlichen Bereich wurzeln, nicht eingeschränkt werden kann, da einem Gesellschafter – selbst bei einer etwaigen Kollision mit Eigeninteressen – die Verfolgung überwiegend mitgliedschaftlicher Interessen stets unbenommen bleiben muss. Die Abgrenzung von Privat- und Sozialakten bereitet im Einzelfall zwar erhebliche Schwierigkeiten. Jedoch hat sich inzwischen in der Rechtsprechung und Literatur überwiegend die Überzeugung durchgesetzt, dass alle Entscheidungen der Gesellschafterversammlung struktureller Art, insbesondere über Satzungsänderungen, Kapitalerhöhungen und ähnliche Strukturmaßnahmen, als Sozialakte aufzufassen sind, so dass selbst bei einer unmittelbaren Beteiligung eines Gesellschafters an diesen Vorgängen dieser stimmberechtigt bleibt.[143] Als Sozialakte in diesem Sinne werden in der Rechtsprechung und Literatur weiterhin die Bestellung und Abberufung von Gesellschaftsorganen, insbesondere von Geschäftsführern – einschließlich der Festlegung der Anstellungsbedingungen – angesehen, so dass der Gesellschafter-Geschäftsführer an diesen Entscheidungen mitwirken kann, es sei denn, es geht um die Abberufung des Gesellschafter-Geschäftsführers aus wichtigem Grund.[144]

Weiterhin kann nach § 47 Abs. 4 GmbHG der einem Stimmverbot **140**
unterliegende Gesellschafter auch nicht für einen anderen das Stimmrecht ausüben; darüber hinausgehend ist anerkannt, dass das **Stimmverbot** gemäß § 47 Abs. 4 GmbHG auch **nicht** anderweitig **umgangen** werden kann, etwa indem der befangene Gesellschafter für sich einen Vertreter oder Treuhänder abstimmen lässt.[145] Auch im Übrigen ist § 47 Abs. 4 GmbHG interessenorientiert anzuwenden, so dass es im Rahmen der Anwendung der

---

[142] Vgl. Beck Hdb. GmbH/*Fischer* § 4 Rn 106 f.; *Raiser* Kapitalgesellschaften § 33 Rn 58.

[143] Vgl. hierzu RGZ 74, 276, 278; BGHZ 18, 205, 210; 48, 163, 167; 51, 209. 216; OLG Stuttgart NZG 1998, 601, 603 (Dornier-Logo) (st. Rspr.); *Hachenburg/Hüffer* § 47 GmbHG Rn 149; MünchHdb. GesR III/*Wolff* § 38 Rn 74 ff.; *Meyer-Landrut/Miller/Niehus* § 47 GmbHG Rn 45; *Scholz/K. Schmidt* § 47 GmbHG Rn 110; *Baumbach/Hueck* GmbHG § 47 Rn 48.

[144] Vgl. BGHZ 18, 205, 210; 51, 209, 215; 112, 339, 341 f.; *Hachenburg/Hüffer* § 47 GmbHG Rn 169 ff.; MünchHdb. GesR III/*Wolff* § 38 Rn 45; *Rowedder/Schmidt-Leithoff/Koppensteiner* § 47 GmbHG Rn 77; *Scholz/K. Schmidt* § 47 Rn 118; *Baumbach/Hueck* GmbHG § 47 Rn 50 ff; vgl. zur Zulässigkeit einer entsprechenden Satzungsklausel OLG Hamm BB 2003, 438.

[145] Vgl. *Hachenburg/Hüffer* § 47 GmbHG Rn 127 f.; *Raiser* Kapitalgesellschaften § 33 Rn 63; *Scholz/K. Schmidt* § 47 GmbHG Rn 157 f.; *Baumbach/Hueck* GmbHG § 47 Rn 63.

Vorschrift im Ergebnis allein darauf ankommt, ob der in § 47 Abs. 4 GmbHG vorausgesetzte Interessenkonflikt besteht oder nicht, so dass die Vorschrift bei Bestehen einer entsprechenden Interessenkollision ungeachtet der Zwischenschaltung weiterer Gesellschaften gegebenenfalls anzuwenden ist; dies betrifft insbesondere Situationen, in denen ein Befangenheitstatbestand im Hinblick auf eine Gesellschaft verwirklicht wird, auf die ein Gesellschafter in Anbetracht eines Konzerntatbestandes oder weil er ein Organmitglied der Drittgesellschaft ist, maßgeblichen Einfluss nehmen kann.[146]

141 Abweichende Satzungsregelungen sind nur in eingeschränktem Umfang möglich. Die Stimmverbote, die auf dem Gedanken beruhen, dass niemand „Richter in eigener Sache" sein darf, sind nicht abdingbar. Demgegenüber ist eine Abbedingung des § 47 Abs. 4 GmbHG möglich, soweit die Vorschrift auf dem Gedanken des Verbots des Insichgeschäfts beruht.[147] Umgekehrt sind Erweiterungen und Präzisierungen der gesetzlichen Stimmverbote möglich.

142 **c) Stimmrechtsmissbrauch und Stimmpflichten.** Bei der Stimmrechtsausübung durch den Gesellschafter innerhalb der Gesellschafterversammlung handelt es sich grundsätzlich um eine freie Ermessensentscheidung, in der sich der Gesellschafter von seinen eigenen Zweckmäßigkeitserwägungen, aber auch von anderen Gesichtspunkten leiten lassen kann. Allerdings muss er insoweit stets auch das Unternehmensinteresse in den Blick nehmen, so dass im Rahmen der Stimmrechtsausübung nicht nur die (starren) gesetzlichen Stimmverbote des § 47 Abs. 4 GmbHG, sondern daneben auch die allgemeinen Missbrauchsgrenzen jeder Rechtsausübung zu beachten sind, die durch die gesellschaftsrechtlichen Bindungen sowie die allgemeinen gesellschaftsrechtlichen Grundsätze, vor allem die gesellschafterliche Treuepflicht und den Gleichbehandlungsgrundsatz als **bewegliche Schranken des Stimmrechts**, verstärkt werden.

143 Insbesondere den **Treuebindungen** der Gesellschafter sowohl im Verhältnis zur Gesellschaft, als auch im Verhältnis zu den Mitgesellschaftern, die heute nicht mehr diskussionsbedürftig sind, kommt insoweit entscheidende Bedeutung zu, wobei zudem allgemein anerkannt ist, dass die Intensität der gesellschafterlichen Treuepflicht durch die Realstruktur des Verbandes und den Einfluss des einzelnen Gesellschafters determiniert wird. Insoweit gilt: Je personalistischer die Gesellschaft strukturiert ist, desto größer ist die Bedeutung der Treuepflicht und je größer der Einfluss eines Gesellschafters in einer konkreten Konfliktsituation ist, desto stärkeren Bindungen unterliegt er im Hinblick auf sein gesamtes, auf die Gesellschaft bezogenes Handeln. Darüber hinaus ist im Hinblick auf die Bindungen, die die gesellschafterliche Treuepflicht den Gesellschaftern auferlegt, danach zu unterscheiden, ob die konkret in Rede stehenden Maßnahmen eigennützige oder uneigennützige Mitgliedschaftsrechte betreffen; bei ge-

---

[146] Vgl. zu diesem Zurechnungsdurchgriff insb. *Hachenburg/Hüffer* § 47 GmbHG Rn 129 ff.; *Scholz/K. Schmidt* § 47 GmbHG Rn 163 ff.

[147] Vgl. *Hachenburg/Hüffer* § 47 GmbHG Rn 188 f.; MünchHdb. GesR III/*Wolff* § 38 Rn 68; *Lutter/Hommelhoff* § 47 GmbHG Rn 13 a. E.; *Baumbach/Hueck* GmbHG § 47 Rn 73.

sellschafterlichen Befugnissen, die dem Gesellschafter im Verbandsinteresse verliehen sind, steht dessen Bindung an das Gesellschaftsinteresse im Vordergrund, wohingegen dieses in den Hintergrund tritt, soweit ihm der Gesellschaftsvertrag oder das Gesellschaftsverhältnis eigene Ansprüche (z. B. auf Ausschüttung der Gesellschaftsgewinne) einräumen.[148]

Im Ergebnis ist allgemein anerkannt, dass sämtliche Gesellschafterrechte **144** – insbesondere solche, die dem Gesellschafter eine starke Einwirkungsmöglichkeit auf die Interessen der Gesellschaft und der Mitgesellschafter verleihen – unter dem Vorbehalt stehen, dass sie nicht unter Verletzung der vom Gesellschafter geschuldeten Rücksichtnahme und Loyalität gegenüber der Gesellschaft und den Mitgesellschaftern ausgeübt werden dürfen. Zwar muss der Gesellschafter seine eigenen Interessen nicht per se hinter die der Gesellschaft bzw. der Mitgesellschafter zurückstellen, jedoch ist ihm umgekehrt eine rücksichtslose Ausnutzung einer Mehrheitsposition oder auch nur einer Sperrminorität untersagt. Weiterhin muss im Grundsatz jede gesellschaftsbezogene Handlung eines Gesellschafters von sachlichen, im Interesse der Gesellschaft liegenden Erwägungen getragen sein; keinesfalls darf ein Gesellschafter von der ihm verliehenen Rechtsmacht in dysfunktionaler Weise, etwa mit dem Ziel, finanzielle Sondervorteile durchzusetzen, auf die er keinen Anspruch hat, Gebrauch machen. Weiterhin darf die Ausübung seiner Rechte nicht zu völlig unverhältnismäßigen Nachteilen für das Unternehmen selbst und die anderen Anteilsinhaber führen.

Ein gegen die der Gesellschaft und den Mitgesellschaftern geschuldete **145** Rücksichtnahme und Loyalität verstoßendes Verhalten eines Gesellschafters führt zur **Unbeachtlichkeit des entsprechenden Verhaltens**, insbesondere zur Nichtigkeit der betreffenden Stimme, falls sich die Treuwidrigkeit im Stimmverhalten des Gesellschafters niederschlägt. Jede Rechtsausübung, die gegen Treu und Glauben und erst recht gegen die gesteigerten Treuebindungen innerhalb eines Gesellschaftsverhältnisses verstößt, ist rechtsmissbräuchlich.[149] Wird die rechtsmissbräuchlich abgegebene Stimme bei der Feststellung des Beschlussergebnisses dennoch mitgezählt, wozu der Versammlungsleiter nicht verpflichtet ist,[150] so ist der entsprechende Mehrheitsbeschluss anfechtbar.[151]

---

[148] Umfassend zu den gesellschafterlichen Treuepflichten im GmbH-Recht: *Winter*, Mitgliedschaftliche Treuebindungen; allg. *Lutter*, AcP 180 (1980), 102 ff.; *K. Schmidt* Gesellschaftsrecht § 20 IV, § 35 I.; *Immenga*, FS 100 Jahre GmbHG, S. 189 ff.

[149] Vgl. BGHZ 102, 172, 176; BGH ZIP 1991, 23 f.; OLG Stuttgart BB 1999, 2316, 2318 f. (Blockadevehikel); OLG Hamburg GmbHR 1992, 43, 47; LG Düsseldorf DB 1994, 1028 f.; MünchHdb. GesR III/*Wolff* § 38 Rn 81; *Raiser* Kapitalgesellschaften § 33 Rn 70; *K. Schmidt*, GmbHR 1992, 13; *Baumbach/Hueck* GmbHG § 47 Rn 74 a; *Zöllner*, Schranken mitgliedschaftlicher Stimmrechtsmacht, S. 366 ff.

[150] *Hachenburg/Hüffer* § 47 GmbHG Rn 27 ff.; *Scholz/K. Schmidt* § 47 GmbHG Rn 32 u. § 48 Rn 57 f.; *Baumbach/Hueck* GmbHG Anh. § 47 Rn 63 ff., insb. Rn 65 a m. w. N.; *Zöllner*, ZGR 1982, 626 f.; *Zöllner/Noack*, ZGR 1989, 527.

[151] Vgl. nur BGHZ 14, 25, 37 f.; 76, 352, 357; 80, 69, 71; 88, 320, 328 ff. (st. Rspr.); s. ferner MünchHdb. GesR III/*Wolff* § 38 Rn 81; *Raiser* Kapitalgesellschaften § 33 Rn 70.

146 Ein Gesellschafter, der seine Rechtsposition unter Verletzung der vorgenannten Bindungen in gesellschaftsschädigender Weise ausübt, hat insbesondere auch für die der Gesellschaft hierdurch zugefügten Schäden und für die Kosten einer durch sein Verhalten veranlassten rechtlichen Auseinandersetzung im Unterliegensfalle einzustehen.[152] Nur aufgrund dieser **Korrelation zwischen Herrschaft und Verantwortlichkeit** ist gewährleistet, dass Gesellschafter die ihnen eingeräumten Befugnisse eigenverantwortlich und verantwortungsbewusst, in sachgerechter Abwägung der widerstreitenden eigenen Belange und der berechtigten Interessen der Gesellschaft und der Mitgesellschafter ausüben.[153]

147 Ist ein bestimmter Beschluss vor allem im Interesse der Gesellschaft – insbesondere zum Erhalt des Unternehmens – dringend geboten und genügt die bloße Nichtberücksichtigung rechtsmissbräuchlicher Gegenstimmen nicht, vor allem weil besondere Beschlussfähigkeits- und Mehrheitserfordernisse erreicht werden müssen, so können sich die bei der Stimmrechtsausübung zu beachtenden Loyalitäts- und Rücksichtnahmepflichten zu einer **positiven Stimmpflicht** verdichten.[154]

148 Bei der GmbH & Co. KG kommen in Anbetracht der Unternehmensträgerschaft der KG solche positiven Stimmpflichten der Gesellschafter der Komplementär-GmbH insbesondere dann in Betracht, wenn das Interesse der KG die Zustimmung zu einer bestimmten Maßnahme gebietet; meines Erachtens gilt dies in Anbetracht der Unternehmensstruktur selbst dann, wenn – ausnahmsweise – ein GmbH-Gesellschafter nicht zugleich Kommanditist der GmbH & Co. KG ist, da auch ein solcher GmbH-Gesellschafter an einer Komplementär-GmbH beteiligt ist, deren Unternehmenszweck in der Regel allein auf die operativ tätige KG hin ausgerichtet ist.

149 **d) Beschlussfähigkeit und Beschlussmehrheiten.** Wurde die Gesellschafterversammlung ordnungsgemäß einberufen und in der Satzung keine Regelung über die Frage der Beschlussfähigkeit getroffen, ist die Gesellschafterversammlung der Komplementär-GmbH beschlussfähig, wenn auch nur ein einziger stimmberechtigter Gesellschafter erscheint bzw. die ordnungsgemäß geladenen Mitgesellschafter vor dem offiziellen Ende der Versammlung diese verlassen und somit von den eingeräumten Mitwirkungsrechten keinen Gebrauch machen.[155] Dies gilt nach dem Gesetz selbst

[152] Vgl. zu der durch schuldhafte Treuepflichtverletzungen begründeten Schadensersatzpflicht gegenüber der Gesellschaft BGHZ 65, 15, 21; 129, 136ff., 158ff. (Girmes); OLG Stuttgart BB 1999, 2316, 2318f. (Blockadevehikel); *Roth/Altmeppen* § 13 GmbHG Rn 74, 92ff.; *Bungert*, DB 1995, 1749ff.; *Baumbach/Hueck* GmbHG § 13 Rn 31; *Lutter/Hommelhoff* § 14 GmbHG Rn 29, jew. m. w. N.

[153] Unzulässig ist es demgegenüber, sich dieser Verantwortlichkeit von vornherein durch Einschaltung eines vermögenslosen Blockadevehikels zur risikolosen Geltendmachung vermeintlicher Blockaderechte zu bedienen, s. den Fall OLG Stuttgart BB 1999, 2316ff. (Blockadevehikel); vgl. ferner obiter LG München ZIP 1999, 2152, 2155 (Hypo-Vereinsbank).

[154] Vgl. MünchHdb. GesR III/*Wolff* § 38 Rn 80; *Rowedder/Schmidt-Leithoff/Koppensteiner* § 47 GmbHG Rn 20; *Raiser* Kapitalgesellschaften § 33 Rn 70; *Scholz/K. Schmidt* § 47 GmbHG Rn 31; *Baumbach/Hueck* GmbHG § 47 Rn 76a.

[155] OLG Köln BB 2002, 218.

bei Gesellschafterversammlungen, in denen über Satzungsänderungen und Strukturmaßnahmen Beschluss gefasst werden soll.[156]

Allerdings ist es möglich und ratsam, in der Satzung Regelungen über **150** die Beschlussfähigkeit der Versammlung zu treffen, etwa eine Mindestanzahl der erschienen Gesellschafter oder eine Mindestbeteiligungshöhe, die in der Gesellschafterversammlung repräsentiert sein muss, vorzusehen. Wird eine derartige Beschlussfähigkeitsregelung in die Satzung aufgenommen, sollte diese zudem vorsehen, dass nach einer beschlussunfähigen Versammlung binnen einer bestimmten Frist eine zweite Versammlung mit gleicher Tagesordnung einberufen werden muss, die ungeachtet der Präsenz in jedem Fall beschlussfähig ist, da andernfalls Beschlüsse der Komplementär-GmbH durch Fernbleiben von Gesellschaftern verhindert werden könnten, was zur Handlungsunfähigkeit der Gesellschaft führen könnte.

Die **Beschlussmehrheiten** für Entschließungen der Gesellschafterver- **151** sammlungen der Komplementär-GmbH sind gesetzlich geregelt. Soweit keine besonderen statutarischen Regelungen getroffen wurden, gilt nach § 47 Abs. 1 GmbHG in der Komplementär-GmbH – anders als in der gesetzestypischen Personengesellschaft, die vom Einstimmigkeitsgrundsatz geprägt wird – das **Mehrheitsprinzip**, wobei grundsätzlich die einfache Mehrheit der abgegebenen Stimmen ausreichend ist; Stimmenthaltungen und ungültige Stimmen sind nicht mitzuzählen.[157] Bei Stimmengleichheit gilt der Antrag nach einhelliger Auffassung als abgelehnt, wobei die Satzung jedoch einen Stichentscheid bei Stimmengleichheit vorsehen kann.[158] Eine **qualifizierte Mehrheit** von $^{3}/_{4}$ der abgegebenen Stimmen ist insbesondere bei Satzungsänderungen und Kapitalerhöhungsbeschlüssen (§§ 53 Abs. 2, 57c Abs. 4, 58a Abs. 5 GmbHG) bei der Auflösung der Gesellschaft (§ 60 Abs. 1 Nr. 2 GmbHG) und bei Umwandlungsmaßnahmen nach dem Umwandlungsgesetz (§§ 50 Abs. 1, 125, 233 Abs. 2 S. 1, 240 Abs. 1 S. 1 UmwG) sowie nach (wohl) h. M. bei Zustimmung zu Unternehmensverträgen (analog § 293 AktG) erforderlich.[159]

---

[156] MünchHdb. GesR III/*Wolff* § 39 Rn 73; *Raiser* Kapitalgesellschaften § 33 Rn 32; *Scholz/K. Schmidt* § 48 GmbHG Rn 41; *Baumbach/Hueck* GmbHG § 48 Rn 2a.

[157] BGHZ 76, 154, 156; 80, 212, 215; 83, 35 f.; 104, 66, 74; MünchHdb. GesR III/*Wolff* § 39 Rn 6; *Rowedder/Schmidt-Leithoff/Koppensteiner* § 47 GmbHG Rn 8; *Lutter/Hommelhoff* § 47 GmbHG Rn 4; *Scholz/K. Schmidt* § 47 GmbHG Rn 3; *Baumbach/Hueck* GmbHG § 47 Rn 14.

[158] *Hachenburg/Hüffer* § 47 GmbHG Rn 14; MünchHdb. GesR III/*Wolff* § 39 Rn 6; *Rowedder/Schmidt-Leithoff/Koppensteiner* § 47 GmbHG Rn 9; *Scholz/K. Schmidt* § 47 GmbHG Rn 3; *Baumbach/Hueck* GmbHG § 47 Rn 14.

[159] Für die beherrschte GmbH ist dies allerdings str. Für satzungsändernde Mehrheit etwa *Heckschen*, DB 1989, 29 f.; *Rowedder/Schmidt-Leithoff/Koppensteiner* Anh. § 52 GmbHG Rn 44; *Lutter*, in: *Hommelhoff*, Entwicklungen im GmbH-Konzernrecht, S. 196 ff.; *Grauer*, Konzernbildungskontrolle, S. 168 ff.; Offen gelassen in BGHZ 105, 324, 332 (Supermarkt); a. A. (für Einstimmigkeit) *Scholz/Emmerich* Anh. Konzernrecht Rn 155; *Roth/Altmeppen* Anh. § 13 GmbHG Rn 40; *Hachenburg/Ulmer* Anh. § 77 GmbHG Rn 199; *Baumbach/Hueck* GmbHG Anh. GmbH-Konzernrecht Rn 39.

152 Weiterhin sind für **Satzungsänderungen** und andere Grundlagenentscheidungen weitere besondere Regelungen einzuhalten, da die entsprechenden Gesellschafterbeschlüsse in der Regel **notariell zu beurkunden und** in das Handelsregister **einzutragen** sind (vgl. §§ 53 Abs. 2, 54 GmbHG). Einer Beschlussfassung der Gesellschafterversammlung bedarf es im Gegensatz zu § 179 Abs. 1 S. 2 AktG auch dann, wenn es lediglich um redaktionelle Änderungen geht.[160]

153 In Einzelfällen können die GmbH-Gesellschafter, wenn sie von der Satzung abweichen wollen, von einer förmlichen Satzungsänderung nach den Grundsätzen der Satzungsdurchbrechung absehen. **Satzungsdurchbrechende Gesellschafterbeschlüsse** erfordern nach allgemeiner Meinung ebenfalls einen qualifizierten, notariell zu beurkundenden Mehrheitsbeschluss. Problematisch ist, inwieweit satzungsdurchbrechende Beschlüsse, die eine Dauerregelung enthalten, zulässig sind und inwieweit satzungsdurchbrechende Beschlüsse in das Handelsregister eingetragen werden müssen; die h. M. bejaht – soweit ein satzungsdurchbrechender Beschluss im Einzelfall zulässig ist – eine Eintragungsbedürftigkeit, wobei allerdings teilweise insoweit danach differenziert wird, ob sich die Wirkung des Beschlusses in einem punktuellen Vorgang erschöpft oder zeitlich länger andauert.[161]

154 Weiterhin kann im Einzelfall zu bestimmten Gesellschafterbeschlüssen die **individuelle Zustimmung** einzelner oder aller betroffener Gesellschafter notwendig sein. Im gesetzlichen Regelfall betrifft dies insbesondere die Fälle des § 53 Abs. 3 GmbHG, wenn die einem Gesellschafter nach dem Gesellschaftsvertrag obliegenden Leistungen vermehrt werden sollen. Die Vorschrift ist erweiternd auszulegen und erfasst nicht nur die Einführung und Erhöhung von Nachschuss- und Nebenleistungspflichten, sondern auch andere vergleichbare Belastungen der Gesellschafter, wie beispielsweise die nachträgliche Einführung oder Verschärfung von Vinkulierungsklauseln oder Wettbewerbsverboten. Der Einstimmigkeit bedarf ferner eine Änderung des Zwecks der Gesellschaft, der in aller Regel auf Gewinnerzielung gerichtet ist; Zweckänderungen dürfen nicht mit Änderungen des Unternehmensgegenstandes verwechselt werden, die eine schlichte, nicht zustimmungsbedürftige Satzungsänderung darstellen.[162]

155 Die statutarischen **Beschlussmehrheitsregelungen** sind **überwiegend dispositiv**, wobei die $^3/_4$-Mehrheit für Satzungsänderungen allerdings gemäß § 53 Abs. 2 GmbHG nur verschärft, nicht hingegen abgemildert werden kann. In der Regel ist es allerdings nicht sinnvoll, zu hohe Beschlussmehrheitsregelungen oder gar Einstimmigkeit für bestimmte Gesellschaf-

---

[160] Zu den für die Umstellung, insbesondere des Stammkapitals, auf Euro gemäß Art. 3 § 3 des Euro-EG geltenden Besonderheiten vgl. die Vorauflage § 16 Rn 153 m. w. N.

[161] Vgl. hierzu *Lutter/Hommelhoff* § 53 GmbHG Rn 23 ff.; *Raiser* Kapitalgesellschaften § 33 Rn 41; *Scholz/K. Schmidt* § 45 GmbHG Rn 34; *Rowedder/Schmidt-Leithoff/Zimmermann* § 53 GmbHG Rn 34; *Baumbach/Hueck* GmbHG § 53 Rn 23 ff.

[162] Vgl. zusammenfassend zu zustimmungsbedürftigen Gesellschafterbeschlüssen Beck Hdb. GmbH/*Fischer* § 4 Rn 150 ff.; MünchHdb. GesR III/*Wolff* § 39 Rn 87 ff.; *Raiser* Kapitalgesellschaften § 33 Rn 47 m. w. N.

terentscheidungen bzw. Zustimmungsvorbehalte zugunsten einzelner Gesellschafter vorzusehen, wenn nicht zwingende Gründe dies gebieten; in Sondersituationen, etwa im Zusammenhang mit einer schrittweisen Unternehmensnachfolge, bei der sich die Gründergeneration entsprechende Sonderrechte vorbehält, kann etwas anderes gelten. Im Übrigen sollte von sehr hohen Mehrheitserfordernissen und Veto-Rechten nur sehr zurückhaltend Gebrauch gemacht werden. Demgegenüber kann es im Einzelfall sinnvoll sein, im Rahmen der der Gesellschafterversammlung zur Beschlussfassung zugewiesenen Beschlussgegenstände zwischen gewichtigen und weniger gewichtigen Gesellschafterentscheidungen zu differenzieren und insoweit abgestufte Mehrheitserfordernisse vorzusehen.

2. GmbH & Co. KG

Während im Hinblick auf die Fragen, die im Zusammenhang mit dem Stimmrecht der Gesellschafter stehen, im Wesentlichen bei der GmbH & Co. KG die gleichen Grundsätze zur Anwendung gelangen wie im GmbH-Recht, ist im Hinblick auf die Beschlussmehrheitserfordernisse zu beachten, dass das Personengesellschaftsrecht nach seinem gesetzlichen Leitbild vom Grundsatz der Einstimmigkeit geprägt ist. Die typische Struktur einer GmbH & Co. KG erfordert allerdings insoweit eine Abweichung vom gesetzlichen Leitbild durch die umfassende Zulassung von Mehrheitsentscheidungen in allen Verbandsangelegenheiten. Dem muss im Rahmen der Vertragsgestaltung insbesondere unter Berücksichtigung des zur Einschränkung der Reichweite unspezifizierter Mehrheitsklauseln entwickelten Bestimmtheitsgrundsatzes Rechnung getragen werden; im Einzelnen: **156**

a) Stimmrecht, -verbot und -pflicht sowie Stimmrechtsmissbrauch. Selbst wenn der Gesellschaftsvertrag der KG im Einzelfall abweichend von § 119 Abs. 1 HGB Mehrheitsbeschlüsse zulässt, ist die Mehrheit im Zweifel nach der Zahl der Gesellschafter zu berechnen, da § 119 Abs. 2 HGB insoweit – mangels abweichender Regelung im Gesellschaftsvertrag – eine Mehrheit nach Köpfen vorsieht. Demgegenüber ist es allerdings unzweifelhaft **zulässig und** im Falle einer GmbH & Co. KG auch dringend **geboten**, von dieser gesetzlichen Regelung abzuweichen und das **Stimmrecht** der Gesellschafter entsprechend § 47 Abs. 2 GmbHG im Gesellschaftsvertrag **an die Kapitalbeteiligung der Kommanditisten zu knüpfen**. **157**

Wird eine entsprechende Regelung getroffen, können weitere Differenzierungen vorgenommen werden, etwa Mehr- oder Höchststimmrechte oder stimmrechtslose Anteile geschaffen werden u. Ä.[163] Auch wenn im Schrifttum teilweise vertreten wird, dass eine Mehrheitsberechnung anhand der Kapitalbeteiligung im Wege der ergänzenden Vertragsauslegung in Betracht komme, wenn die Gesellschaft infolge nachträglicher Veränderungen eine kapitalistische Struktur mit stark unterschiedlichen Beteili- **158**

[163] Vgl. *Baumbach/Hopt* § 119 HGB Rn 41; *Heymann/Emmerich* § 119 HGB Rn 28; *Scholz/K. Schmidt* Anh. § 45 Rn 23, 40; *Sommer*, S. 82; GK/*Ulmer* HGB § 119 Anm. 51.

gungsverhältnissen aufweist,[164] sollte diese Frage in jedem Falle im Gesellschaftsvertrag ausdrücklich klargestellt werden.

159 **Stimmberechtigt** innerhalb der KG-Versammlung sind allein die **KG-Gesellschafter**, wobei das Stimmrecht der Komplementär-GmbH im Gesellschaftsvertrag selbst dann ausgeschlossen werden kann, wenn die Komplementär-GmbH am Kommanditkapital beteiligt ist; üblich ist allerdings die Gestaltung, dass das Stimmrecht an die Kapitalbeteiligungen der Gesellschafter gebunden und der Komplementär-GmbH kein Kapitalanteil eingeräumt wird. Abgesehen von diesem Sonderfall sind allerdings Stimmrechtsausschlüsse problematisch, soweit es um Entscheidungen geht, die in die Rechtsstellung des Gesellschafters nach den Grundsätzen der Kernbereichslehre eingreifen.[165]

160 Gesetzliche **Stellvertretung** bei der Stimmrechtsausübung und die Wahrnehmungen der Gesellschafterrechte durch Amtsverwalter ist bei Personengesellschaften unproblematisch möglich. Als problematisch erweist sich demgegenüber die gewillkürte Stellvertretung, da insoweit eine gesellschaftsvertragliche Zulassung oder Billigung durch die anderen Gesellschafter gefordert wird. Diesen Grundsätzen sollte im Rahmen der Vertragsgestaltung in jedem Fall Rechnung getragen werden, indem der Gesellschaftsvertrag entsprechend § 47 Abs. 3 GmbHG eine Vertretung im Rahmen der Stimmrechtsausübung ausdrücklich zulässt.[166] Für die Vertretung Minderjähriger durch ihre Eltern, wenn diese zugleich ebenfalls Gesellschafter sind, gelten die bereits bei der Komplementär-GmbH dargestellten Grundsätze (s. Rn 130).[167]

161 Weiterhin ist auch im Personengesellschaftsrecht das **Abspaltungsverbot** zu berücksichtigen, so dass die Überlassung des Stimmrechts zur Ausübung ohne gleichzeitige Übertragung der Mitgliedschaften nicht möglich ist; auch die GmbH & Co. KG ist von dem Verbot nicht ausgenommen.[168] Zulässig sind demgegenüber auch in der GmbH & Co. KG Stimmbindungsverträge[169] sowie gesellschaftsvertragliche Regelungen, wonach für bestimmte Gesellschafter eine obligatorische Gruppenvertretung vorgesehen ist, insbesondere um einer Zersplitterung der Willensbildung bei

---

[164] So GK/*Ulmer* HGB § 119 Anm. 51.

[165] BGHZ 20, 363, 368; BGH NJW 1993, 2100; *Baumbach/Hopt* § 119 HGB Rn 13; *Hesselmann/Tillmann* GmbH & Co. Rn 317; *Scholz/K. Schmidt* Anh. § 45 GmbHG Rn 40; GK/*Ulmer* HGB § 119 Anm. 68 ff.; *Schlegelberger/Martens* § 119 HGB Rn 37 f.

[166] RGZ 123, 298 f.; BGHZ 65, 93, 99; *Heymann/Emmerich* § 119 HGB Rn 23; *Schlegelberger/Martens* § 119 HGB Rn 33 ff.; *Scholz/K. Schmidt* Anh. § 47 GmbHG Rn 42; großzügiger MünchHdb. GesR I/*Weipert* § 51 Rn 62 ff.

[167] Vgl. *Schlegelberger/Martens* § 119 HGB Rn 40 f.; GK/*Ulmer* HGB § 119 Anm. 62.

[168] Vgl. BGHZ 3, 354, 359; 20, 363, 364; *Koller/Roth/Morck* § 119 HGB Rn 4; *Schlegelberger/Martens* § 119 HGB Rn 33; *Scholz/K. Schmidt* Anh. § 45 GmbHG Rn 43; GK/*Ulmer* HGB § 119 Anm. 71 f.

[169] *Baumbach/Hopt* § 119 HGB Rn 17 f.; *Heymann/Emmerich* § 119 HGB Rn 26 ff.; *Koller/Roth/Morck* § 119 HGB Rn 5; *Schlegelberger/Martens* § 119 Rn 49 ff.; GK/*Ulmer* HGB § 119 Anm. 73 ff.

Familiengesellschaften im Zuge von Erbgängen entgegenzuwirken, wobei bei GmbH & Co. KGs hinzukommt, dass durch eine entsprechende Klausel – soweit ein Anteil eigentlich einer Erbengemeinschaft zufallen würde, was in einer Personengesellschaft nicht möglich ist – im Ergebnis die im GmbH-Recht gemäß § 18 GmbHG bestehende Situation herbeigeführt werden kann.[170]

Stimmverbote sind im Personengesellschaftsrecht der Sache nach gesetzlich nur rudimentär geregelt. Dies betrifft insbesondere die Fälle der Geltendmachung von Ansprüchen wegen Verletzung des gesetzlichen Wettbewerbsverbots, über die die übrigen Gesellschafter gemäß § 113 Abs. 2 HGB beschließen, und Anträge auf Entziehung der Geschäftsführungsbefugnis bzw. der Vertretungsmacht sowie die Ausschließung eines Gesellschafters aus wichtigem Grund gemäß §§ 117, 127, 140 HGB, die die übrigen Gesellschafter stellen. Allerdings gilt das Stimmverbot des § 47 Abs. 4 GmbHG sinngemäß auch in der Gesellschafterversammlung der GmbH & Co. KG, da es sich bei dem Verbot des „Richtens in eigener Sache" um ein allgemeines gesellschaftsrechtliches Prinzip handelt, so dass nach ganz h. M. der Gesellschafter auch dann vom Stimmrecht ausgeschlossen ist, wenn über seine Entlastung, über die Befreiung von einer Verbindlichkeit, über die Einleitung oder Beendigung eines Rechtsstreits mit ihm oder über ein Rechtsgeschäft zwischen ihm und der Gesellschaft Beschluss gefasst werden soll; Entsprechendes gilt bei vergleichbaren Interessenkollisionen, wobei das Stimmverbot – wie im GmbH-Recht – bei so genannten Sozialakten keine Geltung beansprucht.[171] 162

Sollte die Komplementär-GmbH stimmberechtigtes Mitglied der GmbH & Co. KG sein, betrifft der Stimmrechtsausschluss entsprechend § 47 Abs. 4 GmbHG insbesondere sie; Gleiches gilt für Gesellschafter-Geschäftsführer. Verschiedentlich wird – obwohl die vorgenannten Grundsätze allgemein anerkannt sind – empfohlen, im Gesellschaftsvertrag die Frage des Stimmrechtsausschlusses ausdrücklich klarzustellen.[172] Entgegen Stimmen im älteren Schrifttum beruhen auch die Stimmverbote wegen „Insichgeschäfts" entsprechend § 181 BGB auf allgemeinen gesellschaftsrechtlichen Grundsätzen, so dass auch diese auf die Beschlussfassung der KG-Versammlung Anwendung finden.[173] 163

Die zur Komplementär-GmbH dargestellten Grundsätze über **bewegliche Stimmrechtsschranken und positive Stimmpflichten** beruhen ebenfalls auf allgemeinen gesellschaftsrechtlichen Grundsätzen, insbesondere den Treuebindungen der Gesellschafter und dem gesellschaftsrecht- 164

---

[170] Vgl. hierzu und zur Willensbildung innerhalb der Gesellschaftergruppe unter Berücksichtigung der Kernbereichslehre BGHZ 46, 291, 294; *Baumbach/Hopt* § 163 HGB Rn 10; *Heymann/Horn* § 161 HGB Rn 59; GK/*Schilling* HGB § 163 Anm. 15; *Scholz/K. Schmidt* Anh. § 45 GmbHG Rn 44; GK/*Ulmer* HGB § 119 Anm. 63 ff.

[171] *Baumbach/Hopt* § 119 HGB Rn 12; *Hesselmann/Tillmann* GmbH & Co. Rn 317 a. E.; *Schlegelberger/Martens* § 119 HGB Rn 39 ff.; *Sommer*, S. 83; GK/*Ulmer* HGB § 119 Anm. 66 f.

[172] Vgl. *Sommer*, S. 83 a. E.

[173] Vgl. *Schlegelberger/Martens* § 119 HGB Rn 40; *Scholz/K. Schmidt* Anh. § 45 GmbHG Rn 46; GK/*Ulmer* HGB § 119 Anm. 62.

lichen Gleichbehandlungsgrundsatz, so dass sich insoweit keine rechtsformspezifischen Besonderheiten ergeben. In Anbetracht des grundsätzlich bestehenden personengesellschaftsrechtlichen Grundsatzes, dass Gesellschafterentscheidungen einstimmig zu fassen sind, stehen allerdings im gesetzlichen Regelfall positive Stimmpflichten im Vordergrund, wenn der beantragte Beschluss objektiv notwendig und dem Gesellschafter subjektiv zumutbar ist.[174] Sieht der Gesellschaftsvertrag hingegen – wie regelmäßig – Mehrheitsentscheidungen vor, gewinnen die insbesondere aus der gesellschafterlichen Treuepflicht abgeleiteten beweglichen Stimmrechtsschranken an Bedeutung.[175]

165 **b) Beschlussmehrheit insbesondere Bestimmtheitsgrundsatz und Kernbereichslehre.** Enthält der Gesellschaftsvertrag der GmbH & Co. KG keine Regelung über die Zulässigkeit von Mehrheitsbeschlüssen, müssen alle Personengesellschafter die zur Beschlussfassung gestellten Anträge mittragen. Es gilt der **Grundsatz der Einstimmigkeit**, so dass im Ergebnis auch alle Gesellschafter an der Gesellschafterversammlung teilnehmen müssen, damit diese beschlussfähig ist. Durch diesen Einstimmigkeitsgrundsatz wird die innere gesellschafterliche Willensbildung erheblich erschwert, so dass bereits bei kleineren Meinungsverschiedenheiten zwischen den Gesellschaftern Handlungsunfähigkeit der Gesellschaft droht.

166 Gerade bei einer GmbH & Co. KG besteht daher ein dringendes **Bedürfnis**, dass die Gesellschafter von der gesellschaftsvertraglichen Gestaltungsfreiheit Gebrauch machen und **Mehrheitsbeschlüsse zulassen**, wobei zugleich wegen § 119 Abs. 2 HGB ausdrücklich klargestellt werden muss, dass es im Rahmen der Beschlussfassung auf die **Kapitalmehrheiten** und nicht auf die Kopfmehrheiten ankommt.

167 Insoweit sind insbesondere in Anbetracht des im Personengesellschaftsrecht geltenden Bestimmtheitsgrundsatzes **klare Vertragsregelungen unbedingt zu empfehlen**. Der Gesellschaftsvertrag muss eindeutig klarstellen, über welche Kapitalanteile die einzelnen Gesellschafter verfügen, welche Stimmen diese kapitalmäßige Beteiligung den einzelnen Gesellschaftern gewährt und es muss im Gesellschaftsvertrag eindeutig und enumerativ aufgeführt werden, bei welchen Entscheidungen das Mehrheitsprinzip Geltung beansprucht und welche Mehrheit insoweit maßgebend ist. Denn andernfalls droht im Einzelfall die Mehrheitsklausel zu versagen, da ihre Reichweite einschränkend ausgelegt wird; als weitere Schranke der Mehrheitsherrschaft im Personengesellschaftsrecht ist die so genannte Kernbereichslehre zu beachten; im Einzelnen:

168 Die Möglichkeit, anstelle des Einstimmigkeitsprinzips Mehrheitsbeschlüsse zuzulassen, wird von der Rechtsprechung – jedenfalls bei einer dem gesetzlichen Leitbild entsprechenden Personengesellschaft – dadurch eingeschränkt, dass eine im Gesellschaftsvertrag vorgesehene Mehrheitsklausel einen konkreten Beschlussgegenstand nur dann erfasst, wenn sich

---

[174] Vgl. *Heymann/Emmerich* § 119 HGB Rn 17 ff.; *Schlegelberger/Martens* § 119 HGB Rn 43 ff.; *Scholz/K. Schmidt* Anh. § 45 GmbHG Rn 47 a. E.

[175] *Baumbach/Hopt* § 119 HGB Rn 11; *Heymann/Emmerich* § 119 HGB Rn 35; GK/*Ulmer* HGB § 119 Anm. 54.

der der Mehrheitsentscheidung unterliegende Gegenstand hinlänglich konkret aus dem Klauseltext ergibt (**sog. Bestimmtheitsgrundsatz**), d. h. es muss hiernach aufgrund der Textfassung des Gesellschaftsvertrages zweifelsfrei gesichert sein, dass ein bestimmter Beschlussgegenstand nach dem Willen der Gesellschafter von der Mehrheitsklausel erfasst sein soll. Hintergrund dieses Erfordernisses ist die Vorstellung, dass bei der Einführung der Mehrheitsherrschaft jeder Gesellschafter damit rechnen muss, überstimmt zu werden und sich so innerhalb der Gesellschaft nicht durchsetzen zu können; dies wird er typischerweise nur insoweit hinnehmen wollen, wie er dieses Risiko bei Vereinbarung der Klausel erkennen kann. Die Rechtsprechung versucht also mittels Auslegung der Mehrheitsklausel, die Minderheitsgesellschafter gegen eine schrankenlose Unterwerfung unter die Mehrheitsherrschaft zu schützen, wobei sie nach der Bedeutung der jeweiligen Beschlussgegenstände differenziert: Eine pauschale Mehrheitsklausel deckt nur Beschlüsse über laufende Geschäfte. Lässt die Klausel allgemein mehrheitliche Änderungen des Gesellschaftsvertrages zu, so werden nur gewöhnliche Vertragsänderungen erfasst. Weitergehende Modifikationen werden nur erfasst, wenn sich die Geltung der Mehrheitsklausel für diesen Beschlussgegenstand unzweideutig aus der gesellschaftsvertraglichen Regelung ergibt.[176] Erstrecken sich die Mehrheitsbeschlüsse zu Lasten der Vertragsbestimmung hiernach nicht auf den zur Debatte stehenden Beschlussgegenstand, bleibt es beim Einstimmigkeitsprinzip, so dass im Rahmen der Vertragsgestaltung darauf geachtet werden muss, ein Optimum an Eindeutigkeit und Klarheit der einzelnen Beschlussgegenstände, die der Mehrheitsherrschaft unterliegen sollen, zu erreichen. Um Rechtsunsicherheiten so weit wie möglich auszuschließen, sollten die dem Mehrheitsprinzip unterworfenen Beschlussgegenstände in einem Katalog möglichst vollständig erfasst und sprachlich exakt geregelt werden, wobei man allerdings in Anbetracht der Vielgestaltigkeit der Rechtswirklichkeit nicht restlos alle denkbaren Fälle erfassen kann, so dass möglichst umfassende Generalklauseln angefügt werden sollten, falls die Gesellschafter eine durchgängige Geltung des Mehrheitsprinzips erstreben. Der von der Rechtsprechung vertretene Bestimmtheitsgrundsatz ist allerdings anerkanntermaßen auf **Publikumsgesellschaften** sowie auf sonstige körperschaftlich strukturierte Personengesellschaften unanwendbar.[177] Hier wird der Gesellschafterschutz primär über die beweglichen Stimmrechtsschranken verwirklicht.

Schließlich wird unter dem Stichwort **„Kernbereichslehre"** seit den **169**
fünfziger Jahren eine weitere Einschränkung der Vertragsgestaltungsfreiheit im Personengesellschaftsrecht diskutiert. Nach dieser Rechtsfigur gibt es für jeden Gesellschafter einen Mindestbestand an mitgliedschaftlichen Rechten, in den auch der Gesellschaftsvertrag nicht eingreifen darf. Ursprünglich

---

[176] Vgl. zur Rspr. die Nachweise in Fn 9; s. ferner aus der Lit. *Baumbach/Hopt* § 119 HGB Rn 37 ff.; *Hesselmann/Tillmann* GmbH & Co. Rn 335; *Koller/Roth/Morck* § 119 HGB Rn 9; *Scholz/K. Schmidt* Anh. § 45 GmbHG Rn 24 f.

[177] BGHZ 66, 82, 85; 69, 160. 165 ff.; 71, 53, 57 ff.; 85, 350, 353; *Baumbach/Hopt* § 119 HGB Rn 40, Anh. § 177a Rn 69; *Heymann/Emmerich* § 119 HGB Rn 32; *Schlegelberger/Martens* § 161 HGB Rn 149 ff.; GK/*Ulmer* HGB § 119 Anm. 49.

wurde die Kernbereichslehre von der Rechtsprechung im Zusammenhang mit vertraglichen Stimmrechtsausschlüssen zu Lasten einzelner Gesellschafter entwickelt. Allerdings hat die Kernbereichslehre inzwischen einen Bedeutungswandel erfahren. Denn heute wird überwiegend in Anlehnung an §§ 35 BGB, 53 Abs. 3 GmbHG, wonach rechtsverkürzende und pflichterhöhende Gesellschafterbeschlüsse nur mit Zustimmung aller betroffener Gesellschafter zulässig sind, davon ausgegangen, dass die Rechte des Kernbereichs nicht nur stimmrechts-, sondern auch mehrheitsfest sind. Man unterscheidet insoweit insbesondere zwischen unverzichtbaren und unentziehbaren Rechten. Zu den unverzichtbaren Rechten gehören die Grundrechte eines Gesellschafters, die auch als „unentbehrliche Basisrechte" bezeichnet werden, vor allem das Auskunfts- und Informationsrecht, das Teilnahmerecht im Hinblick auf die Gesellschafterversammlung inklusive des Rederechts, das Austrittsrecht aus wichtigem Grund und das Klagrecht gegen fehlerhafte Gesellschafterbeschlüsse bzw. nach den Grundsätzen der actio pro socio. Zu den unentziehbaren Gesellschafterrechten werden insbesondere Vorzugs- und Sonderrechte des Gesellschafters und der Zweck der Gesellschaft gezählt.[178]

[178] BGHZ 20, 363, 368 ff.; BGH NJW 1985, 972 f., 974 f.; *Heymann/Emmerich* § 119 HGB Rn 37 ff.; *Schlegelberger/Martens* § 119 Rn 40 ff.; GK/*Ulmer* HGB § 119 Anm. 40 ff.

§ 17 Beschlussmängelrecht der GmbH & Co. KG und ihrer Komplementär-GmbH

Übersicht

Schrifttum: *Bayer*, Schiedsfähigkeit von GmbH-Streitigkeiten, ZIP 2003, 881 ff.; Beck'sches Handbuch der GmbH, 3. Aufl. 2002; *Ebbing*, Schiedsvereinbarungen in Gesellschaftsverträgen, NZG 1998, 281 ff.; *ders.*, Satzungsmäßige Schiedsklauseln, NZG 1999, 754 ff.; *Emde*, Die Bestimmtheit von Gesellschafterbeschlüssen, ZIP 2000, 59 ff.; *Goette*, in: Henze/Timm/Westermann, Gesellschaftsrecht 1995, 1996; *Grunewald*, Die Gesellschafterklage in der Personengesellschaft und der GmbH, 1990; *Henze*, Aspekte und Entwicklungstendenzen der aktienrechtlichen Anfechtungsklage in der Rechtsprechung des BGH, ZIP 2002, 97 ff.; *Hüffer*, Beschlussmängel im Aktienrecht und im Recht der GmbH - eine Bestandsaufnahme unter Berücksichtigung der Beschlüsse von Leitungs- und Überwachungsorganen, ZGR 2001, 833 ff.; *Koester*, Anfechtungs- und Nichtigkeitsklage gegen Gesellschafterbeschlüsse bei OHG und KG, 1982; *Noack*, Fehlerhafte Beschlüsse in Gesellschaften und Vereinen, 1989; *Reichert/Harbarth*, Statutarische Schiedsklauseln, NZG 2003, 379 ff.; *Reichert/Winter*, Vinkulierungsklauseln und gesellschafterliche Treuepflicht, in: Festschrift 100 Jahre GmbHG, S. 209 ff.; *K. Schmidt*, Rechtsschutz gegen Beschlüsse in der (Publikums-)Kapitalgesellschaft & Co., DB 1993, 2167 ff.; *ders.*, Schiedsklauseln und Schiedsverfahren im Gesellschaftsrecht als prozessuale Legitimationsprobleme – Ein Beitrag zur Verzahnung von Gesellschafts- und Prozessrecht, BB 2001, 1857 ff.; *Scholz*, Die Beschlussanfechtungsklage bei Vereinen und Personengesellschaften, in: Festschrift Stimpel, 1985, S. 217 ff.; *ders.*, Rechtsschutz gegen Beschlüsse in der (Publikums)Kapitalgesellschaft & Co., BB 1993, 2167 ff.; *Schröder*, Neue Konzepte zum Beschlussmängelrecht der GmbH und der Personengesellschaften, GmbHR 1994, 532; *Timm*, Beschlussanfechtungsklage und Schiedsfähigkeit der personalistisch strukturierten Gesellschaften, in: Festschrift Fleck, 1988, S. 365 ff; *ders.*, Vergleichs- und Schiedsfähigkeit der Anfechtungsklage im Kapitalgesellschaftsrecht, ZIP 1996, 445 ff.; *Vogel*, Die Praxis der Gesellschafterversammlung bei GmbH und GmbH & Co., 1976; *Winter*, Gesellschafterkonflikte in der GmbH, in: K. Schmidt/Riegger, Gesellschaftsrecht 1999 (Tagungsband zum RWS-Forum), S. 37 ff.; *ders.*, Organisationsrechtliche Sanktionen bei der Verletzung schuldrechtlicher Gesellschaftervereinbarungen?, ZHR 154 (1990), 259 ff.

I. Übersicht

1 Erhebliche Rechtsprobleme resultieren bei einer GmbH & Co. KG unter Zugrundelegung der überkommenen Rechtsauffassung daraus, dass sich die **Rechtsschutzmodelle** zugunsten der Gesellschafter einer Kapital- und einer Personengesellschaft im Hinblick auf die Geltendmachung der Fehlerhaftigkeit einer Entscheidung der Gesellschafterversammlung **grundlegend voneinander unterscheiden**.

2 Die existierenden Unterschiede des GmbH- und personengesellschaftsrechtlichen Beschlussmängelrechts sind insbesondere deshalb für die Gesellschafter der GmbH & Co. KG besonders misslich, da diese in Anbetracht der Verzahnung der Verfassungen der Komplementär-GmbH und der GmbH & Co. KG vielfach **inhaltlich identische Gesellschafterbeschlüsse** in den beiden beteiligten Gesellschaften fassen, jedoch der **Rechtsschutz** gegen eine etwaige Fehlerhaftigkeit der entsprechenden Entschließung **nicht einheitlich ausgestaltet** ist.

Dieser Gesichtspunkt spielt insbesondere für die echte GmbH & Co. KG eine große Rolle, an der die gleichen Gesellschafterkreise beteiligungsproportional beteiligt sind und in beiden Gesellschaften typischerweise inhaltlich identische Beschlüsse über ein und denselben Gegenstand gefasst werden.

Das Problem besteht allerdings auch bei unechten, nicht beteiligungsproportionalen GmbH & Co. KGs, bei denen ebenfalls häufig die Situation entsteht, dass sowohl in der GmbH & Co. KG, als auch in der Komplementär-GmbH über denselben Beschlussgegenstand Beschluss gefasst werden muss, wobei bei der unechten GmbH & Co. KG für diejenigen Gesellschafter, die an beiden Gesellschaften beteiligt sind, das Problem der richtigen Zuordnung des anzugreifenden Gesellschafterbeschlusses zur richtigen Gesellschaft bzw. falls in beiden Gesellschaften identische Gesellschafterbeschlüsse gefasst wurden, das Problem der Wahl des richtigen Rechtsbehelfs hinzukommt.

3 Diesen **Schwierigkeiten** kann **auch im Rahmen der Vertragsgestaltung** – ausgehend vom tradierten Beschlussmängelrecht – **nicht perfekt begegnet** werden. Auch Tendenzen in der Literatur, ein rechtsformübergreifendes, einheitliches Beschlussmängelrecht der Kapital- und Personengesellschaften zu begründen und so insbesondere das Recht zur Geltendmachung der Fehlerhaftigkeit von Beschlüssen der Gesellschafterversammlung in Anlehnung an das aktienrechtliche Regelungsmodell zu vereinheitlichen, vermögen es nicht, diese Probleme überzeugend zu lösen.

4 Es ist allerdings möglich, im Rahmen der Vertragsgestaltung Vorkehrungen zu treffen, die jedenfalls die gravierendsten Auswirkungen dieses Befundes entscheidend abmildern. Denjenigen, die eine GmbH & Co. KG gründen wollen, ist dringend anzuempfehlen, sich dieser Gestaltungsmittel zu bedienen, da andernfalls Zweifelsfragen und Rechtsunsicherheiten entstehen können. Zu Lasten desjenigen Gesellschafters, der sich gegen eine bestimmte Gesellschafterentscheidung wendet, besteht insbesondere die Gefahr, dass er seine Rechtsschutzmaßnahmen gegen die falsche Partei richtet und er so Rechtseinbußen erleidet. Zu Lasten derjenigen Gesell-

schafter, die die angegriffene Entscheidung befürworten und verteidigen, besteht ohne gesellschaftsvertragliche Vorkehrungen insbesondere die Gefahr, dass eine streitige Gesellschafterentscheidung unerwartet lang zulässigerweise gerichtlich angegriffen werden kann und so die mit einer Auseinandersetzung im Gesellschafterkreis ohnehin einhergehenden Rechtsunsicherheiten unnötig vergrößert werden.

Das Beschlussmängelrecht und das Recht zur prozessualen Durchsetzung der Fehlerhaftigkeit von Gesellschafterbeschlüssen ist weder im GmbH-Recht, noch im Personengesellschaftsrecht gesetzlich geregelt. Allerdings werden nach heute allgemeiner Meinung die §§ 241 ff. AktG auf die die Wirksamkeit GmbH-rechtlicher Beschlüsse betreffenden Klagen entsprechend angewandt, soweit nicht Besonderheiten des GmbH-Rechts entgegenstehen.[1] Obwohl im Schrifttum teilweise dafür plädiert wird, für sämtliche Mehrheitsbeschlüsse von parteifähigen Verbänden das **aktienrechtliche Klagmodell** zu übernehmen,[2] geht die ganz h. M. in Rechtsprechung und Literatur davon aus, dass im Personengesellschaftsrecht für eine Analogie zu den aktienrechtlichen Gestaltungsklagen kein Raum sei.[3] 5

1. Unterschiede der Regelungsmodelle

Dementsprechend muss sich ein GmbH-Gesellschafter gegen fehlerhafte Gesellschafterbeschlüsse mit den **aktienrechtlichen Gestaltungsklagen**, die **gegen die Gesellschaft** und nicht gegen die den Beschluss befürwortenden Gesellschafter zu richten sind, wenden. Fehlerhafte Beschlüsse sind zudem in der Regel **nur anfechtbar**, d. h. fehlerunabhängig wirksam und nur auf ein einer Anfechtungsklage gemäß §§ 243 ff. AktG analog stattgebendes Urteil hin (allerdings mit Rückwirkung auf den Zeitpunkt der Beschlussfassung) aufhebbar. Darüber hinaus ist die **Klage fristgebunden**. Wird der Beschluss nicht rechtzeitig angefochten, so wird er trotz seiner Fehlerhaftigkeit bestandskräftig, es sei denn, er leidet an einem extrem schwerwiegenden, gemäß § 241 AktG analog zur Nichtigkeit führenden Mangel, wobei die Nichtigkeit eintragungsbedürftiger Beschlüsse analog § 242 AktG ebenfalls durch Zeitablauf (3 Jahre seit Eintragung im Handelsregister) geheilt werden kann (s. Rn 26 u. 59). 6

Demgegenüber sind fehlerhafte Gesellschafterbeschlüsse einer **Personengesellschaft** – anders als im Kapitalgesellschaftsrecht – nicht lediglich 7

---

[1] RGZ 166, 129, 131; BGHZ 11, 231, 235 f.; 36, 207, 210 f.; 51, 209, 210 f.; 101, 113, 116 ff. (st. Rspr.); *Rowedder/Schmidt-Leithoff/Koppensteiner* § 47 GmbHG Rn 85 ff.; *Lutter/Hommelhoff* Anh. § 47 GmbHG Rn 1; *Raiser* Kapitalgesellschaften § 33 Rn 71; *K. Schmidt* Gesellschaftsrecht § 36 III 4; *Baumbach/Hueck* GmbHG Anh. § 47 Rn 1 ff., jew. m. w. N.

[2] Vgl. *K. Schmidt* Gesellschaftsrecht § 15 II 3 b; MünchHdb. GesR II/*Weipert* § 14 Rn 137 ff.; ähnlich *Schröder*, GmbHR 1994, 532, 537; tendenziell auch *Koester*, Anfechtungs- und Nichtigkeitsklage, S. 118 ff.; *Timm*, FS Fleck, S. 370 ff.

[3] *Baumbach/Hopt* § 119 HGB Rn 31; *Heymann/Emmerich* § 119 HGB Rn 10 a; *Koller/Roth/Morck* § 119 HGB Rn 11; *Noack*, Fehlerhafte Beschlüsse, S. 171 f.; GK/*Ulmer* HGB § 119 Anm. 80.

anfechtbar, sondern in der Regel **nichtig**. Soll im Klagewege die Nichtigkeit eines Beschlusses der GmbH & Co. KG gerügt werden, ist **Klage auf Feststellung** der Beschlussunwirksamkeit gemäß § 256 ZPO zu erheben; bei dieser Klage handelt es sich um keine Gestaltungsklage, so dass fehlerhafte Beschlüsse der KG – gerade anders als im GmbH-Recht – nicht fehlerunabhängig wirksam sind. Zudem ist die Klage – anders als im GmbH-Recht – nicht gegen die Gesellschaft, sondern gegen diejenigen Gesellschafter zu richten, welche die Unwirksamkeit des Beschlusses bestreiten. Außerdem ist die Feststellungsklage grundsätzlich **nicht fristgebunden**; es besteht lediglich die Möglichkeit einer Verwirkung des Klagrechts bei übermäßiger Verzögerung der Klagerhebung, die allerdings nicht zu einer Heilung des Mangels führt, sondern den opponierenden Gesellschafter lediglich nach Verwirkungsgrundsätzen daran hindert, sich gegenüber der Gesellschaftermehrheit auf die Unwirksamkeit des Beschlusses zu berufen und die Behebung des Mangels zu verlangen. Problematisch ist bei Personengesellschaften zudem, ob bei fehlerhaften Änderungen des Gesellschaftsvertrages die Grundsätze über die fehlerhafte Gesellschaft anzuwenden sind (s. Rn 81 ff.).

8 Bereits dieser knappe Aufriss der maßgeblichen Regelungsmodelle des für die Komplementär-GmbH und die GmbH & Co. KG einschlägigen Beschlussmängelrechts offenbaren das Dilemma und die Gefahren, denen sich die Gesellschafter der GmbH & Co. KG, seien sie nun nur an einer der beiden Gesellschaften oder an beiden beteiligt, gegenüber sehen. Gesellschafter, die sich gegen Gesellschafterbeschlüsse wenden, müssen zunächst, wenn sie an beiden Gesellschaften beteiligt sind, exakt **bestimmen, in welcher Gesellschaft** der entsprechende **Gesellschafterbeschluss gefasst** wurde, wobei zudem die Möglichkeit besteht, dass er identisch in beiden Gesellschaften gefasst worden ist, ohne dass dies stets eindeutig erkennbar sein muss, da Gesellschafterversammlungen der GmbH & Co. KG sowie der Komplementär-GmbH jedenfalls bei identischen Gesellschafterkreisen vielfach gleichzeitig abgehalten werden. Je nach dem, in welcher Gesellschaft der streitige Beschluss gefasst wurde, sieht sich der opponierende Gesellschafter sodann der Situation gegenüber, dass er sich bei Gesellschafterbeschlüssen der Komplementär-GmbH **gegen die GmbH selbst** und bei Beschlüssen der KG **gegen die Mitgesellschafter**, die die Wirksamkeit der entsprechenden Entschließung behaupten, wenden muss. Auch bei der Bestimmung des richtigen Klagegegners kann man sich schnell vertun, zumal die GmbH & Co. KG und die Komplementär-GmbH typischerweise ganz ähnlich firmieren, so dass es bereits bei einer geringfügigen Unachtsamkeit zu Verwechslungen kommen kann und auch in praxi immer wieder kommt. Dies ist insbesondere deshalb besonders misslich, da die Anfechtungsklage gegen Beschlüsse der GmbH-Gesellschafterversammlung zudem **fristgebunden** ist und im KG-Recht jedenfalls die **Verwirkungsgrundsätze** eingreifen, so dass in dem Zeitpunkt, in dem der Fehler bemerkt wird (oft erst nach Klagerhebung auf Rüge des Gegners hin) die Frist zur Geltendmachung des Beschlussmangels bereits abgelaufen sein kann (sehr zur Freude des Prozessgegners, der häufig mit seiner Rüge – nach vielfach wiederholter Verlängerung prozessualer Fristen – wartet, bis die Frist möglichst rechtssicher verstrichen ist).

Umgekehrt sehen sich allerdings auch die **Geschäftsführung und die Gesellschaftermehrheit** des im Ergebnis einheitlichen Unternehmens angesichts der rechtsformspezifischen Unterschiede der Klagmodelle **Schwierigkeiten** gegenüber. Diese manifestieren sich insbesondere an den unterschiedlichen Klagfristen für die Geltendmachung von Mängeln der Beschlüsse der Komplementär-GmbH einerseits und der GmbH & Co. KG andererseits. Denn die im GmbH-Recht geltende Anfechtungsfrist orientiert sich im Grundsatz an der im Aktienrecht geltenden Monatsfrist und wird üblicherweise mit längstens 2 bis 3 Monaten angegeben; ein Zeitraum, innerhalb dessen eine Verwirkung des Klagrechts in der GmbH & Co. KG jedenfalls nicht ohne weiteres begründbar ist. Insbesondere bei inhaltlich identischen Gesellschafterentscheidungen innerhalb der beiden beteiligten Unternehmen kann also die Situation entstehen, dass ein und derselbe Beschluss infolge Zeitablaufs in der Komplementär-GmbH nicht mehr, in der KG hingegen sehr wohl noch angegriffen werden kann. 9

2. Gesellschaftsvertragliche Gestaltungsmöglichkeiten

Das aktienrechtliche Beschlussmängelrecht, welches im Ergebnis auf die GmbH angewandt wird, **steht** – obwohl im Schrifttum verschiedentlich dafür plädiert wird, im GmbH-Recht die Möglichkeit zu eröffnen, Beschlussmängel auch außerhalb von Anfechtungsklagen geltend machen zu können[4] – **nicht zur Disposition der Satzung**.[5] Dementsprechend kann das GmbH-rechtliche Rechtsschutzmodell nicht an die für Personengesellschaften geltenden Grundsätze durch statutarische Regelungen angepasst werden. Lediglich Randkorrekturen des aktienrechtlichen Modells sind möglich. So kann etwa statutarisch die Anfechtungsfrist exakt bestimmt werden, wobei allerdings die aktienrechtliche Vorgabe des § 246 Abs. 1 AktG von einem Monat nicht unterschritten werden darf.[6] Eine solche statutarische Festlegung der Anfechtungsfrist ist in der Regel empfehlenswert. 10

Demgegenüber ist es möglich, das **Klagsystem** im Hinblick auf Beschlussmängel innerhalb der GmbH & Co. KG **dem GmbH-rechtlichen Regelungsmodell anzunähern**.[7] Insbesondere kann der Gesellschaftsvertrag vorsehen, dass der Beschlussmangel gerichtlich nicht gegenüber Mitgesellschaftern, sondern gegenüber der Gesellschaft als Beklagter nach Art 11

---

[4] Vgl. *Hachenburg/Raiser* Anh. § 47 GmbHG Rn 9ff.; *Baumbach/Hueck* GmbHG Anh. § 47 Rn 2ff.

[5] Vgl. *Lutter/Hommelhoff* Anh. § 47 GmbHG Rn 1; *Scholz/K. Schmidt* § 45 GmbHG Rn 36.

[6] BGHZ 104, 66, 71f.; *Hachenburg/Raiser* Anh. § 47 GmbHG Rn 178; *Scholz/K. Schmidt* § 45 GmbHG Rn 144; MünchHdb. GesR III/*Wolff* § 40 Rn 113; *Hüffer*, ZGR 2001, 865.

[7] gl. hinsichtlich der Möglichkeit der gesellschaftsvertraglichen Einschränkung bzw. Abmilderung der Beschlussmängel: MünchHdb. GesR III/*Wolff* § 40 Rn 110f.

einer Anfechtungsklage geltend gemacht werden muss, wobei der Gesellschaftsvertrag zugleich klarstellen sollte, dass der Ausgang des Prozesses auch die Mitgesellschafter bindet.[8] Weiterhin kann der Gesellschaftsvertrag für die Geltendmachung von Beschlussmängeln eine Klagfrist vorsehen, wobei wiederum die Monatsfrist des § 246 Abs. 1 AktG nicht unterschritten werden darf. Folge einer Überschreitung einer solchen gesellschaftsvertraglichen Klagfrist ist, dass eine verspätet erhobene Klage wegen Präklusion als unbegründet abzuweisen ist.[9]

12 Durch solche gesellschaftsvertraglichen Regelungen, die dringend zu empfehlen sind, können die auf die Geltendmachung von Mängeln der innerhalb der GmbH & Co. KG und ihrer Komplementär-GmbH zu fassenden Gesellschafterbeschlüsse anzuwendenden Klagmodelle im Hinblick auf die sensibelsten Punkte sehr stark aneinander angenähert werden, indem festgelegt wird, dass alle Klagen über Beschlussmängel gegen diejeweilige Gesellschaft zu richten sind und einheitliche Klagfristen bestimmt werden. Demgegenüber ist es nach herrschender Meinung **nicht möglich**, im Gesellschaftsvertrag der GmbH & Co. KG vorzusehen, dass auf sämtliche Beschlussmängelklagen der KG **das aktienrechtliche Klagmodell** anwendbar sei; dies soll auch für reine Publikumsgesellschaften gelten.[10]

13 Eine weitere – in Anbetracht der Rechtsprechung des BGH allerdings nicht unproblematische – Alternative zur Abstimmung und Harmonisierung der für die Komplementär-GmbH und die GmbH & Co. KG geltenden Klagsysteme ist die **Vereinbarung eines Schiedsgerichts**, welches über sämtliche Gesellschafterstreitigkeiten innerhalb der GmbH & Co. KG einschließlich Beschlussmängelstreitigkeiten entscheidet. Meines Erachtens steht die jüngste höchstrichterliche Rechtsprechung zur Möglichkeit kassatorischer Schiedsklagen im GmbH-Recht der Vereinbarung eines solchen (einheitlichen, sowohl für Streitigkeiten in einer der beteiligten Gesellschaften, als auch für Streitigkeiten, die beide Gesellschaften betreffen, zuständigen) Schiedsgerichts nicht entgegen (s. Rn 89 ff.).

II. Fehlerhafte Gesellschafterbeschlüsse

14 Vor dem Hintergrund der grundverschiedenen Systematik des GmbH- und personengesellschaftsrechtlichen Beschlussmängelrechts, welches vorstehend bereits in seinen Grundzügen dargelegt wurde und das gerade bei

---

[8] BGHZ 85, 350, 353; BGH WM 1983, 785 f.; WM 1966, 1036; *Heymann/Emmerich* § 119 HGB Rn 12; *Hueck* Recht der OHG § 11 V 2 d; *Schlegelberger/Martens* § 119 HGB Rn 13; *Ulmer* GbR § 709 BGB Rn 95.

[9] BGHZ 68, 212, 216; 112, 339, 344; *Baumbach/Hopt* § 119 HGB Rn 31; *Heymann/Emmerich* § 119 HGB Rn 11; *Schlegelberger/Martens* § 119 HGB Rn 13; *Ulmer* GbR § 709 BGB Rn 92; GK/*Ulmer* HGB § 119 Anm. 96.

[10] Die Rspr. legt Klauseln in dem Gesellschaftsvertrag einer KG, die eine „Anfechtungsklage" gegen Gesellschafterbeschlüsse vorsehen, als Zulassung einer Feststellungsklage gegen die Gesellschaft aus, BGH WM 1990, 675 f.; s. GK/*Ulmer* HGB § 119 Anm. 95; zur Publikumsgesellschaft BGH NJW 1999, 3113, 3115; *Röhricht/Graf von Westphalen* § 161 HGB Rn 125; a. A. *K. Schmidt*, DB 1993, 2167 f.

einer GmbH & Co. KG Schwierigkeiten bereitet, wird im Folgenden ein Abriss der wesentlichen Fehlergründe und ihrer rechtlichen Behandlung in der Komplementär-GmbH und der GmbH & Co. KG unter Berücksichtigung der Besonderheiten der „Rechtsform" der GmbH & Co. KG gegeben.[11]

1. Komplementär-GmbH

Das GmbH-rechtliche Beschlussmängelrecht, welches sich eng an die Vorgaben der §§ 241 ff. AktG anlehnt, unterscheidet zwischen Nichtigkeit und Anfechtbarkeit von Beschlüssen der Gesellschafterversammlung.[12] **15**

Die Nichtigkeitsfolge ist nur für besonders schwerwiegende Mängel, die abschließend gesetzlich aufgezählt sind (vgl. insbesondere den Katalog des § 241 AktG sowie die Sondertatbestände der §§ 250, 253, 256 AktG), vorgesehen. Gesellschafter können die Nichtigkeit von Gesellschafterbeschlüssen durch **Nichtigkeitsklage** analog § 249 AktG, bei der es sich um eine Gestaltungsklage handelt, geltend machen; allerdings ist die gerichtliche Geltendmachung der Nichtigkeit durch jedermann mittels Nichtigkeitsfeststellungsklage gemäß § 256 ZPO möglich, sofern der Dritte insoweit ein Rechtsschutzinteresse hat.

Anderweitige Beschlussmängel tangieren hingegen die Wirksamkeit des Beschlusses nicht und können allenfalls zur Anfechtbarkeit analog § 243 Abs. 1 AktG führen. Der entsprechende Gesetzes- oder Satzungsverstoß kann von den Gesellschaftern mittels **Anfechtungsklage**, die gegen die Gesellschaft zu richten ist, geltend gemacht werden; die erfolgreiche Beschlussanfechtung führt zur Nichtigerklärung des Beschlusses analog §§ 246, 248 AktG, wobei allerdings nicht jede Rechtsverletzung – insbesondere nicht jeder Verfahrensfehler – zur Beschlussaufhebung durch das Kassationsgericht führt. **16**

Daneben kann es im GmbH-Recht jedoch zu weiteren Situationen kommen, in denen seitens eines Gesellschafters ein Bedürfnis nach gerichtlicher Klärung im Zusammenhang mit Gesellschafterbeschlüssen besteht. Insoweit werden folgende **weitere Fehlerkategorien** erörtert: **17**

Zum einen ist es im Rahmen der Durchführung einer Beschlussfassung möglich, dass das **Beschlussergebnis nicht feststeht**. Denn anders als im Aktienrecht ist bei Gesellschafterbeschlüssen einer GmbH eine förmliche Feststellung und Verkündung des Beschlussergebnisses zur Beschlusswirksamkeit nicht erforderlich, wenngleich – wie dargelegt – allgemein empfohlen wird, eine entsprechende Beschlussfeststellung vorzusehen (s. § 16 Rn 110). Ein solcher Streit über das Beschlussergebnis, also darüber, ob die für die Annahme oder Ablehnung eines Antrags erforderliche Stimmenzahl zustande gekommen ist, etwa deshalb, weil über die Gültigkeit bestimmter Stimmen oder das Beschlussmehrheitserfordernis gestritten wird, kann

---

[11] Zum Fehlergrund der Unbestimmtheit und dessen Behandlung in der verschiedenen Gesellschaftsformen vgl. *Emde*, ZIP 2000, 59 ff.

[12] Auch satzungsauslegende Beschlüsse, mit denen über die fragliche Satzungskonformität bestimmter Maßnahmen entschieden werden soll, sind nach neuester BGH-Rechtsprechung auf Anfechtungs- oder Nichtigkeitsklage entsprechend §§ 246, 249 AktG gerichtlich überprüfbar, vgl. BGH BB 2003, 171 ff.

prozessual im Rahmen eines Feststellungsprozesses gegen die Gesellschaft entschieden werden.[13]

18 Daneben wird die Fallgruppe **(schwebend) unwirksamer Beschlüsse** diskutiert. Eine solche Situation kann insbesondere bei Beschlüssen eintreten, die der Zustimmung einzelner Gesellschafter etwa aufgrund eines entsprechenden statutarischen Sonderrechts oder aufgrund von § 53 Abs. 3 GmbHG bedürfen. Insoweit wird davon ausgegangen, dass die fehlende Wirksamkeit des entsprechenden Beschlusses – unter der Voraussetzung des Bestehens eines Feststellungsinteresses – von jedermann durch Feststellungsklage geltend gemacht werden kann.[14]

19 Daneben werden in der Literatur weitere Fehlerkategorien diskutiert, die überwiegend als **Nicht- oder Scheinbeschlüsse** bezeichnet werden und denen in der Regel keine eigenständige Bedeutung zukommt.[15]

Vorliegend sind demgegenüber – gerade im Hinblick auf Besonderheiten der GmbH & Co. KG – primär die Fehler von Bedeutung, die Nichtigkeits- und Anfechtungsgründe begründen:

20 **a) Nichtigkeitsgründe.** Die zur Nichtigkeit eines Beschlusses der GmbH-Gesellschafterversammlung führenden Gründe sind gesetzlich **enumerativ aufgeführt**. Bei den entsprechenden Nichtigkeitsgründen handelt es sich um Kardinalfehler, bei denen Besonderheiten, die aus der besonderen Struktur des Unternehmens als Komplementär-GmbH einer GmbH & Co. KG resultieren, in der Regel nicht zum Tragen kommen. Daher ist lediglich auf Folgendes hinzuweisen:

21 Analog § 241 Nr. 1 AktG begründen **schwerwiegende Einberufungsmängel**, die insbesondere im Ergebnis dazu führen, dass die Gesellschafter nicht in der Lage sind, an der Gesellschafterversammlung teilzunehmen, die Nichtigkeit. Beispielhaft zu nennen ist etwa die Unterlassung der Einberufung, die Nichtladung einzelner Gesellschafter oder falsche bzw. fehlende Angaben zu Versammlungsort und -zeitpunkt. Andere Ladungsfehler, insbesondere Form-, Frist- und Ankündigungsmängel führen demgegenüber in der Regel lediglich zur Anfechtbarkeit.[16] Im Hinblick auf eine GmbH & Co. KG ist insoweit lediglich darauf hinzuweisen, dass die Nichtladung teilnahmeberechtigter Nichtgesellschafter, etwa der Nur-Kommanditisten, wenn deren Teilnahmeberechtigung statutarisch vorgesehen ist, nach herrschender Meinung lediglich einen Anfechtungsgrund begründet.[17]

---

[13] Vgl. BGHZ 14, 25, 35 f.; 51, 209, 211 ff.; 76, 154, 156; 104, 66, 68; MünchHdb. GesR III/*Wolff* § 40 Rn 89 ff.; *Hachenburg/Raiser* Anh. § 47 GmbHG Rn 30; *Scholz/K. Schmidt* § 45 GmbHG Rn 50 f.; *Baumbach/Hueck* GmbHG Anh. § 47 Rn 9 a.

[14] MünchHdb. GesR III/*Wolff* § 40 Rn 7; *Lutter/Hommelhoff* Anh. § 47 GmbHG Rn 3; *Hachenburg/Raiser* Anh. § 47 GmbHG Rn 23; *Scholz/K. Schmidt* § 45 GmbHG Rn 59; *Baumbach/Hueck* GmbHG Anh. § 47 Rn 10.

[15] Vgl. *Hachenburg/Raiser* Anh. § 47 GmbHG Rn 25 ff.; *Baumbach/Hueck* GmbHG Anh. § 47 Rn 13 f.

[16] Vgl. zusammenfassend MünchHdb. GesR III/*Wolff* § 40 Rn 13 ff.; *Lutter/Hommelhoff* Anh. § 47 GmbHG Rn 11 ff.; *Hachenburg/Raiser* Anh. § 47 GmbHG Rn 33 ff.; *Scholz/K. Schmidt* § 45 GmbHG Rn 64; *Baumbach/Hueck* GmbHG Anh. § 47 Rn 20 ff.

[17] OLG Stuttgart NJW 1973, 2027, 2028 (Aufsichtsratsmitglieder); MünchHdb. GesR III/*Wolff* § 40 Rn 15; *Hachenburg/Raiser* Anh. § 47 GmbHG Rn 37 a. E.

Weiterhin ist ein Gesellschafterbeschluss gemäß § 241 Nr. 2 AktG analog nichtig, wenn eine **gesetzlich vorgeschriebene notarielle Beurkundung** des Beschlusses unterbleibt. Die Verletzung des Protokollierungsgebots des § 48 Abs. 3 GmbHG im Falle der Einmann-Gesellschaft bzw. lediglich statutarischer Form- und Protokollierungsbestimmungen führt dagegen nicht zur Nichtigkeit.[18] **22**

Dem Grundsatz folgend, dass lediglich extreme Mängel eine Nichtigkeit begründen können, ist ein Beschluss weiterhin dann nichtig, wenn er an einem **schweren Inhaltsmangel** leidet, er insbesondere mit dem Wesen der GmbH unvereinbar ist, er in Widerspruch zu gläubigerschützenden oder sonst im öffentlichen Interesse liegenden Vorschriften steht oder inhaltlich gegen die guten Sitten verstößt (vgl. § 241 Nr. 3 und 4 AktG analog). Diese Nichtigkeitsgründe betreffen extreme Ausnahmefälle.[19] **23**

Weitere Nichtigkeitstatbestände gelten unter den Voraussetzungen des § 250 AktG analog für die Nichtigkeit von Aufsichtsratswahlen, für die Abschlussfeststellung und Ergebnisverwendung unter den Voraussetzungen der §§ 253, 256 AktG analog (jeweils unter Berücksichtigung der entsprechenden GmbH-rechtlichen Besonderheiten) und für Kapitalerhöhungsbeschlüsse gemäß §§ 57j S. 2, 57n Abs. 2 S. 4, 58e Abs. 3, 58f Abs. 2 GmbHG.[20] **24**

Die **Nichtigkeit** von Beschlüssen der Komplementär-GmbH kann – wie dargelegt – grundsätzlich von jedermann geltend gemacht werden. Sie ist **allgemein beachtlich**, so dass der Geschäftsführer entsprechende Beschlüsse nicht ausführen bzw. zum Handelsregister anmelden und sie der Registerrichter auch nicht ins Handelsregister eintragen darf. Ein gleichwohl eingetragener Beschluss kann unter Umständen von Amts wegen nach § 144 Abs. 2 FGG gelöscht werden.[21] **25**

Ist der Beschluss allerdings gleichwohl eingetragen worden, kommt unter den Voraussetzungen des § 242 Abs. 1 AktG analog eine **Heilung** der Nichtigkeit in Betracht; Beurkundungsmängel im Sinne des § 241 Nr. 2 AktG analog können mit Eintragung des Gesellschafterbeschlusses ins Handelsregister nicht mehr geltend gemacht werden. Im Übrigen tritt Heilung nach Ablauf von drei Jahren seit Eintragung ins Handelsregister ein, es sei denn, es wurde analog § 249 AktG Nichtigkeitsklage innerhalb der Drei-Jahres-Frist erhoben.[22] **26**

---

[18] Vgl. *Rowedder/Schmidt-Leithoff/Koppensteiner* § 47 GmbHG Rn 99; *Lutter/Hommelhoff* Anh. § 47 GmbHG Rn 15; *Hachenburg/Raiser* Anh. § 47 GmbHG Rn 44; *Scholz/K. Schmidt* § 45 GmbHG Rn 67; *Baumbach/Hueck* GmbHG Anh. § 47 Rn 22.

[19] Vgl. zu Einzelheiten MünchHdb. GesR III/*Wolff* § 40 Rn 18 ff.; *Hachenburg/Raiser* Anh. § 47 GmbHG Rn 45 ff.; *Scholz/K. Schmidt* § 45 GmbHG Rn 72 ff.; *Baumbach/Hueck* GmbHG Anh. § 47 Rn 23 ff.

[20] Vgl. im Einzelnen *Hachenburg/Raiser* Anh. § 47 GmbHG Rn 61 ff. m. w. N.

[21] Vgl. zu den Rechtsfolgen *Hachenburg/Raiser* Anh. § 47 GmbHG Rn 56 ff.; *Scholz/K. Schmidt* § 45 GmbHG Rn 81 ff.

[22] Vgl. zusammenfassend *Hachenburg/Raiser* Anh. § 47 GmbHG Rn 78 ff.; *Scholz/K. Schmidt* § 45 GmbHG Rn 84 ff.

27 **b) Anfechtungsgründe.** Alle übrigen Verletzungen von Gesetz oder Satzung können demgegenüber allenfalls entsprechend § 243 Abs. 1 AktG eine Anfechtbarkeit des Beschlusses der Komplementär-GmbH begründen. Diejenigen Gesellschafterbeschlüsse, die nicht an einem zur Beschlussnichtigkeit führenden Mangel leiden, sind mithin – obwohl sie fehlerhaft sind – zunächst rechtswirksam; ihre Nichtigkeit kann allein durch ein kassatorisches Gestaltungsurteil im Anfechtungsprozess herbeigeführt werden.

28 Zur Anfechtbarkeit führen **Gesetzes- oder Satzungsverstöße**. Die gesetzlichen Anfechtungsgründe können durch die Satzung nicht eingeschränkt werden, da das Anfechtungsrecht zu den unverzichtbaren Mitgliedschaftsrechten der GmbH-Gesellschafter gehört. Allerdings ist zu beachten, dass die **Missachtung bloßer Ordnungsvorschriften** keinen Anfechtungsgrund begründet und die Satzung, wenn sie eine bestimmte – insbesondere verfahrensmäßige – Anordnung trifft, die nicht durch zwingende gesetzliche Vorschriften determiniert ist, den Charakter einer bestimmten Regelung als bloße Ordnungsvorschrift zum Ausdruck bringen kann.[23]

29 Im Wege der Anfechtungsklage können grundsätzlich sämtliche Mängel eines Gesellschafterbeschlusses gerügt werden. Lediglich im **Umwandlungsrecht** ist die Geltendmachung der Rüge, dass das Umtauschverhältnis bzw. die vorgesehene Gewährung von Anteilen an dem übernehmenden Rechtsträger unzureichend sei, gemäß §§ 14 Abs. 2, 195 Abs. 2 UmwG bei Verschmelzungs- und Umwandlungsbeschlüssen ausgeschlossen, da die betroffenen Anteilsinhaber ihre Interessen durch das in § 15 i.V. m. §§ 305 ff. UmwG vorgesehene Spruchstellenverfahren wahren können. Es stellt sich jedoch die Frage, ob dieser Grundsatz, dass Bewertungsrügen in ein Spruchverfahren zu verweisen sind, nicht auch für andere Strukturmaßnahmen wie beispielsweise den Abschluss eines Beherrschungs- und Ergebnisabführungsvertrages gem. § 291 AktG Geltung beansprucht; immerhin hat der BGH in anderem Zusammenhang ungeschriebene Spruchverfahren anerkannt.[24]

30 Im Übrigen ist im Rahmen der Anfechtung eines Gesellschafterbeschlusses der Komplementär-GmbH im Hinblick auf die denkbaren Fehlerquellen zwischen **Verfahrensfehlern und Inhaltsmängeln zu differenzieren**, da Fehler im Rahmen der Vorbereitung der Beschlussfassung, der Durchführung der Versammlung der Abstimmung und der Ermittlung des Beschlussergebnisses (sog. Verfahrensmängel) die Anfechtbarkeit nur dann begründen, wenn der verfahrensrechtliche Verstoß Relevanz für das Beschlussergebnis erlangt hat, wohingegen Inhaltsmängel stets als Anfechtungsgrund beachtlich sind; im Einzelnen:

---

[23] *Hachenburg/Raiser* Anh. § 47 GmbHG, Rn 145; *Baumbach/Hueck* GmbHG Anh. § 47 Rn 16.

[24] Vgl. BGHZ 153, 47, 57 f. (Macroton) für den Fall des Delistings einer AG; für Erweiterung des Anwendungsbereichs des Spruchverfahrens auf GmbH-rechtliche Beherrschungs- und Ergebnisabführungsverträge: *Emmerich/Sonnenschein/Habersack* § 32 II 6 d; *Emmerich/Habersack* § 304 Rn 13.

Im Rahmen der **Verfahrensverstöße** kann insbesondere eine Gesetzes- oder Satzungsverletzung im Zusammenhang mit der Beschlussvorbereitung, -durchführung und -feststellung Relevanz erlangen: 31

Rechtsverstöße bei der **Beschlussvorbereitung** können insbesondere Einberufungs- und Ankündigungsmängel sowie eine unzureichende Information der Gesellschafter über den Beschlussgegenstand sein. Als Einberufungsmängel sind insbesondere die Einberufung zur Unzeit, eine zu kurz bemessene Ladungsfrist, die Nichtladung teilnahmeberechtigter Nicht-Gesellschafter und Ankündigungsmängel, vor allem die unzureichende oder nicht fristgerechte Mitteilung der Tagesordnung, zu nennen.

Als Fehler bei der **Durchführung der Versammlung und der Abstimmung** kommen insbesondere unberechtigte Ordnungsmaßnahmen, die Abstimmung trotz statutarischer Beschlussunfähigkeit, eine unzureichende Aussprache über die Tagesordnungspunkte, die unberechtigte Auskunftsverweigerung und die Nichtzulassung teilnahmeberechtigter Personen in Betracht. 32

Im Hinblick auf die **Ermittlung des Beschlussergebnisses** können schließlich vor allem Zählfehler, die unrichtige Zugrundelegung eines bestimmten Mehrheitserfordernisses und Irrtümer im Rahmen der Bewertung der Gültigkeit abgegebener Stimmen (vor allem Eingreifen bzw. Nichteingreifen von Stimmverboten) gerügt werden.[25]

Allerdings ist im Rahmen der **Verfahrensverstöße** zu beachten, dass nicht jeder Gesetzes- oder Satzungsverstoß eine erfolgreiche Anfechtbarkeit des entsprechenden Beschlusses begründet. Vielmehr ist erforderlich, dass dem Verfahrensverstoß **Relevanz** zukommt. Der Beschluss muss mithin auf dem Verfahrensverstoß beruhen, so dass zumindest die Möglichkeit bestehen muss, dass der Anfechtungsgrund für das Beschlussergebnis kausal geworden ist. 33

Im Rahmen der Bestimmung der Relevanz des Verfahrensverstoßes darf allerdings nicht unbesehen auf das relative Stimmgewicht des Gesellschafters abgestellt werden, da eine solche Betrachtungsweise dazu führen würde, dass Minderheitsgesellschafter niemals erfolgreich Beschlüsse anfechten könnten. Insoweit muss man sich vielmehr vergegenwärtigen, dass die **Möglichkeit der Ursächlichkeit des Verstoßes genügt**, so dass insbesondere bei Verstößen gegen das Recht des Gesellschafters auf Teilhabe an und Beeinflussung der Willensbildung, etwa Verletzungen des Teilnahme-, Rede- und Auskunftsrechts, die Kausalität regelmäßig zu bejahen ist. Denn es kann nicht ausgeschlossen werden, dass bei ordnungsgemäßer Erfüllung dieser Verpflichtungen auch andere Gesellschafter im Rahmen der Beschlussfassung anders votiert hätten.[26] Dementsprechend ist, wenn 34

---

[25] Vgl. zu denkbaren Verfahrensfehlern MünchHdb. GesR III/*Wolff* § 40 Rn 37 ff.; *Rowedder/Schmidt-Leithoff/Koppensteiner* § 47 GmbHG Rn 121; *Lutter/Hommelhoff* Anh. § 47 GmbHG Rn 49 ff.; *Roth/Altmeppen* § 47 GmbHG Rn 118 ff.; *Baumbach/Hueck* GmbHG Anh. § 47 Rn 60 ff.

[26] BGHZ 14, 264, 267 f.; 36, 112, 139; 49, 209, 211; MünchHdb. GesR III/*Wolff* § 40 Rn 40 ff.; *Lutter/Hommelhoff* Anh. § 47 GmbHG Rn 51; *Hachenburg/Raiser* Anh. § 47 GmbHG Rn 103, 105, 108 ff., 112; *Scholz/K. Schmidt* § 45 GmbHG Rn 100 ff.; *Baumbach/Hueck* GmbHG Anh. § 47 Rn 67 ff.

die Satzung den Nur-Kommanditisten ein Teilnahmerecht an der Gesellschafterversammlung der Komplementär-GmbH gewährt, eine Nichteinladung oder eine Ausschließung eines teilnahmeberechtigten Kommanditisten in der Regel ein relevanter, zur Anfechtung berechtigender Verfahrensverstoß, da auch der nicht stimmberechtigte, teilnahmeberechtigte Kommanditist durch seine Wortmeldungen das Abstimmungsverhalten der GmbH-Gesellschafter hätte beeinflussen können.

35 Verfahrensfehler können analog § 244 AktG **durch Neuvornahme oder Bestätigung** des Beschlusses unter Meidung des zur Anfechtung berechtigenden Verfahrensverstoßes **geheilt** werden; daneben kommt – soweit ein zur Anfechtung berechtigender Verfahrensmangel zur Disposition eines einzelnen Gesellschafters steht, wie etwa dessen fehlerhafte Ladung – eine Heilung des Mangels durch Zustimmung des Betroffenen in Betracht.[27]

36 Demgegenüber berechtigen **Inhaltsmängel** des Beschlusses der GmbH-Gesellschafterversammlung stets zur Anfechtung, da diese stets für das Abstimmungsergebnis relevant sind. Insoweit geht es insbesondere um **Verletzungen der beweglichen, flexiblen Stimmrechtsschranken**, die ihren Ausdruck in der allgemeinen gesellschafterlichen Loyalitäts- und Rücksichtnahmepflicht des Gesellschafters gegenüber der Gesellschaft und dem in § 53 a AktG verankerten Gleichbehandlungsgrundsatz finden. Der bedeutendste Maßstab einer Inhaltskontrolle von Gesellschafterbeschlüssen ist die allgemein anerkannte gesellschafterliche Treuepflicht, die insbesondere eine Schranke der Mehrheitsherrschaft gegen unverhältnismäßige Übergriffe in die Rechte der Minderheit bzw. den Interessen der Gesellschaft zuwiderlaufendes Verhalten beinhaltet.

37 Ausfluss der allgemeinen gesellschafterlichen Treuepflicht ist die **materielle Beschlusskontrolle**, wonach mehrheitliche Gesellschafterbeschlüsse, jedenfalls solche von grundlegender Bedeutung, prinzipiell am Grundsatz der Verhältnismäßigkeit zu messen sind, wobei allerdings eine Abstufung des Kontrollmaßstabes insbesondere auch im Hinblick auf die Realstruktur des Verbandes besteht, also vor allem im Hinblick darauf, ob die Gesellschaft personalistisch oder kapitalistisch strukturiert ist, die Gesellschafter also primär reine Anlegerinteressen verfolgen oder das Gesellschaftsverhältnis auf wechselseitigem Vertrauen und persönlicher Mitarbeit der Gesellschafter innerhalb des Unternehmens beruht. Realiter weist die Komplementär-GmbH in der Regel eine personalistische Realstruktur auf.

38 Die materielle Beschlusskontrolle im vorstehenden Sinne greift jedoch nicht bei sog. **gesetzlich vorgeprägten Beschlusssituationen** ein, oder in Fällen, in denen für einen Mehrheits-/Minderheitskonflikt gesetztlich anderweitige Ausgleichsmechanismen (etwa qualifizierte Mehrheitserfordernisse in Verbindung mit sonstigen Schutzkautelen zugunsten der überstimmten Minderheit) geschaffen wurden.

39 Als weitere Inhaltsverstöße kommen insbesondere ein Verstoß einzelner Gesellschafter gegen das Verbot des Erstrebens von Sondervorteilen (vgl.

---

[27] MünchHdb. GesR III/*Wolff* § 40 Rn 51ff.; *Rowedder/Schmidt-Leithoff/Koppensteiner* § 47 GmbHG Rn 136; *Lutter/Hommelhoff* Anh. § 47 GmbHG Rn 57; *Scholz/K. Schmidt* § 45 GmbHG Rn 119.

§ 243 Abs. 2 AktG analog) und inhaltliche Verstöße gegen die Satzung, insbesondere gegen den statutarischen Unternehmensgegenstand in Betracht.[28]

Im Hinblick auf die Besonderheiten im Rahmen einer GmbH & Co. KG ist in diesem Zusammenhang darauf hinzuweisen, dass grundsätzlich bezüglich etwaiger Inhaltsmängel nur auf die **Verhältnisse innerhalb der Komplementär-GmbH** abzustellen ist, so dass die Beeinträchtigung legitimer Interessen der GmbH & Co. KG und ihrer (Nur-)Kommanditisten nicht ohne weiteres ein Anfechtungsrecht begründet. Somit kann in einer solchen Situation eine Anfechtbarkeit eines Beschlusses der Gesellschafterversammlung der Komplementär-GmbH nur dann begründet sein, wenn diese Interessenbeeinträchtigung im Hinblick auf die KG und ihre Kommanditisten gegen das (Satzungs-)Recht der GmbH oder die Treuepflichten der GmbH-Gesellschafter verstößt. Insoweit kann die Satzung der Komplementär-GmbH meines Erachtens vorschreiben, dass die Komplementär-GmbH generell auf die Interessen der KG und der (Nur-)Kommanditisten gehörig Rücksicht nehmen muss, so dass eine nicht gerechtfertigte Außerachtlassung der Belange der KG stets eine Anfechtbarkeit von Beschlüssen der GmbH-Gesellschafterversammlung begründet. Selbst wenn eine solche ausdrückliche statutarische Anordnung fehlt, die in Anbetracht des Umstandes, dass der Geschäftsbetrieb der Komplementär-GmbH im Ergebnis regelmäßig vollständig auf die GmbH & Co. KG ausgerichtet ist, ratsam ist, verbleibt die Möglichkeit, dass sich die Interessen der KG und ihrer Gesellschafter gleichwohl in Pflichten der GmbH-Gesellschafter niederschlagen; insbesondere da die Funktion der Komplementär-GmbH als Geschäftsführungsorgan und Haftungsschott für den von der KG betriebenen operativen Geschäftsbetrieb regelmäßig im Unternehmensgegenstand der Komplementär-GmbH verankert ist.[29] **40**

Im Falle einer solchen Beeinträchtigung legitimer Interessen des Gesamtunternehmens durch Beschlüsse der GmbH-Gesellschafterversammlung ist allerdings zu berücksichtigen, dass **allein die GmbH-Gesellschafter anfechtungsberechtigt** sind; eine Anfechtungsberechtigung der Nur-Kommanditisten ist rechtlich nicht begründbar, da zur Geltendmachung von Beschlussmängeln allein die Gesellschafter desjenigen Verbandes berechtigt sind, der die angegriffene Entschließung gefasst hat.[30] **41**

Ein Sonderproblem ergibt sich, falls – was bei GmbH & Co. KGs, insbesondere bei Familiengesellschaften, häufiger vorkommen dürfte – zwischen den Gesellschaftern konsortialvertragliche Vereinbarungen getroffen wurden, da sich in dieser Situation die Frage stellt, inwieweit eine Anfechtungsklage auch auf die **Verletzung** solcher **schuldrechtlicher Nebenabreden** zwischen den Gesellschaftern untereinander gestützt werden kann. **42**

---

[28] MünchHdb. GesR III/*Wolff* § 40 Rn 44 ff.; *Rowedder/Schmidt-Leithoff/Koppensteiner* § 47 GmbHG Rn 122 ff.; *Lutter/Hommelhoff* Anh. § 47 GmbHG Rn 53 ff.; *Hachenburg/Raiser* Anh. § 47 GmbHG Rn 113 ff.; *Baumbach/Hueck* GmbHG Anh. § 47 Rn 46 ff.

[29] Vgl. *Scholz/K. Schmidt* Anh. § 45 GmbHG Rn 14.

[30] Vgl. *Scholz/K. Schmidt* Anh. § 45 GmbHG Rn 14 a. E.

Insoweit hat der BGH in zwei älteren Entscheidungen im Hinblick auf Stimmbindungsvereinbarungen der Gesellschafter untereinander vertreten, dass eine GmbH-rechtliche Anfechtungsklage auf die Verletzung eines rein schuldrechtlichen Stimmbindungsvertrages gestützt werden könne, wenn (und nur dann) diese vertragliche Verpflichtung zur einheitlichen Stimmabgabe alle Gesellschafter trifft, es sich mithin um eine omnilaterale Gesellschaftervereinbarung handelt; dies soll hingegen bei Verstößen gegen konsortialvertragliche Absprachen, an denen nicht alle Gesellschafter beteiligt sind, nicht gelten.[31]

43 Es ist meines Erachtens bereits zweifelhaft, ob diese Rechtsprechung – wie dies im Schrifttum häufig geschieht – dahin gehend ausgelegt werden kann, dass sie davon ausgeht, dass die Satzung einer GmbH allgemein von omnilateralen schuldrechtlichen Vereinbarungen der Gesellschafter überlagert werde. Denn in den beiden Entscheidungen ging es jeweils um Fälle, in denen das konkrete Stimmverhalten der Gesellschafter allseits bindend im Hinblick auf eine ganz konkrete Entscheidung geregelt wurde.

44 Ungeachtet dessen wird die vorbezeichnete Rechtsprechung von der ganz h. M. im Schrifttum zu Recht generell abgelehnt. Die h. M. hält an der klaren Trennung der organisationsrechtlichen Ebene (d. h. der Satzung) einerseits von schuldrechtlichen (Neben-)Abreden andererseits fest. Die Position der Rechtsprechung ist nicht nur dogmatisch angreifbar, indem sie den grundsätzlichen Unterschied zwischen organisations- und schuldrechtlichen Regelungen überspringt und Letzteren eine satzungsgleiche, d. h. organisationsrechtliche Qualität gewährt, ohne dass die allgemeinen Voraussetzungen dafür, nämlich die Registerpublizität, erfüllt sind. Sie ist auch im Ergebnis nicht überzeugend. Wenn die Gesellschafter es für richtig halten, eine Regelung außerhalb der Satzung zu treffen und damit auf die Publizität und Rechtsbeständigkeit einer Regelung der Satzung zu verzichten, so haben sie die hieraus resultierenden Folgen, nämlich dass die entsprechende Streitigkeit in ihrem Verhältnis untereinander und nicht auf Kosten der Gesellschaft auszutragen ist, in Kauf zu nehmen.[32]

2. GmbH & Co. KG

45 Anders als im GmbH-Recht ist im Personengesellschaftsrecht nach ganz herrschender Meinung nicht zwischen bloß anfechtbaren und nichtigen Beschlüssen der Gesellschafterversammlung zu differenzieren; eine Analogie zum Kapitalgesellschaftsrecht, also zu den §§ 241 ff. AktG, kann hier-

[31] Vgl. BGH NJW 1983, 1910 f.; NJW 1987, 1890, 1892. Die erstgenannte Entscheidung betrifft den Fall, dass der Stimmbindungsvertrag selbst inhaltlich das Abstimmungsverhalten im Sinne einer Unterlassung bestimmter Entscheidungen festlegt; der letztgenannte Fall betrifft eine Vereinbarung zwischen allen Gesellschaftern darüber, dass der Gesellschafter-Geschäftsführer nur mit seiner Zustimmung abberufen werden soll; in einer neueren Entscheidung dem BGH ausdrücklich zustimmend: OLG Hamm GmbHR 2000, 674 m. w. N. zum Meinungsstand im Schrifttum.

[32] So überzeugend *Götte*, Gesellschaftsrecht 1995, S. 113, 119 ff.; *Henze* Rn 88 ff.; *Hachenburg/Hüffer* § 47 GmbHG Rn 84; *Hachenburg/Raiser* § 47 GmbHG Rn 142; *Winter*, ZHR 154 (1990), 259, 286; a. A. *Scholz/K. Schmidt* § 45 GmbHG Rn 116.

nach nicht gezogen werden. Vielmehr sind **mangelhafte Beschlüsse** der Gesellschafterversammlung der GmbH & Co. KG **nichtig**. Die Nichtigkeit kann – ein Feststellungsinteresse vorausgesetzt, welches regelmäßig nur bei den Gesellschaftern gegeben ist – gerichtlich festgestellt werden.[33] Kraft Gesetzes ausgeschlossen sind wiederum die in §§ 14 Abs. 2, 195 Abs. 2 UmwG genannten Rügen im Hinblick auf das Umtauschverhältnis bei Verschmelzungs- und Umwandlungsbeschlüssen.

Etwas anderes soll nach (wohl) herrschender Meinung nur für fehlerhafte Beschlüsse über die **Änderung des Gesellschaftsvertrages** und für diesen gleichstehende Strukturänderungen gelten. Insoweit sind – wie dargelegt – nach vorherrschendem Verständnis die **Grundsätze der fehlerhaften Gesellschaft** anzuwenden, was zur Folge hat, dass der Mangel nach Vollzug nur durch Auflösungs- oder Übernahmeklage entsprechend §§ 117, 127, 133, 140 HGB geltend gemacht werden kann.[34] **46**

Diese Auffassung wird im Grundsatz von der Rechtsprechung geteilt, die allerdings insoweit zurückhaltender verfährt. Hiernach werden die Regeln über die fehlerhafte Gesellschaft bei mangelhaften Vertragsänderungen nur dann angewandt, wenn durch die Änderung des Gesellschaftsvertrages der „Status" der Gesellschaft verändert wird, was beispielsweise bei fehlerhaftem Ein- und Austritt von Gesellschaftern und der mangelhaften Erweiterung von Geschäftsführungs- und Vertretungsbefugnissen angenommen wird.[35] Der Streit ist hiernach, wie auch im Allgemeinen und in den Fällen der §§ 117, 127, 133, 140 HGB, im Verhältnis der Gesellschafter untereinander auszutragen. Eine der kapitalgesellschaftsrechtlichen Anfechtungsklage entsprechende Situation entsteht durch die vorgenannten Rechtsgrundsätze nicht.[36] **47**

Die **Fehlergründe**, die im Ergebnis zur Nichtigkeit von Gesellschafterbeschlüssen der KG bzw. zur Anwendung der Grundsätze über die fehlerhafte Gesellschaft bei mangelhaften Vertragsänderungen führen, sind im Wesentlichen dieselben wie im GmbH-Recht. Wiederum kommen sowohl Verfahrensverstöße, als auch vor allem Fehler bei der Beschlussvorbereitung sowie -durchführung und – soweit eine solche erfolgt – bei der Beschlussfeststellung, als auch Inhaltsmängel, vor allem Verstöße gegen die gesellschafterliche Treuepflicht und den Gleichbehandlungsgrundsatz, in Betracht.[37] **48**

---

[33] Vgl. *Baumbach/Hopt* § 119 HGB Rn 31; *Eickhoff* Rn 359; *Heymann/Emmerich* § 119 HGB Rn 10; *Hesselmann/Tillmann* GmbH & Co. Rn 338; *Hueck* Recht der OHG § 11 V 2 a; a. A. *Scholz/K. Schmidt* Anh. § 45 GmbHG Rn 52 ff.

[34] *Baumbach/Hopt* § 105 HGB Rn 91 ff.; *Heymann/Emmerich* § 105 HGB Rn 99 ff.; *Schlegelberger/K. Schmidt* § 105 HGB Rn 224; *K. Schmidt* Gesellschaftsrecht § 6 IV 2; GK/*Ulmer* HGB § 105 Anm. 364 ff. u. § 119 Anm. 78 a. E. 97.

[35] BGHZ 62, 20, 26 ff.; BGH WM 1955, 1702, 1703 f.

[36] Vgl. zu den Grundsätzen über die fehlerhafte Gesellschaft allg. und die anerkannten Ausnahmen *Baumbach/Hopt* § 105 HGB Rn 75 ff.; *Heymann/Emmerich* § 105 HGB Rn 69 ff.; *Schlegelberger/K. Schmidt* § 105 HGB Rn 201 ff.; GK/*Ulmer* HGB § 105 Anm. 337 ff.

[37] Vgl. zu denkbaren Fehlerquellen *Schlegelberger/Martens* § 119 HGB Rn 11 f.; GK/*Ulmer* HGB § 119 Anm. 82 ff.

49 Im Hinblick auf **Verfahrensverstöße** ist allerdings Folgendes zu beachten: Da im Personengesellschaftsrecht das Beschlussverfahren gesetzlich weitgehend ungeregelt geblieben ist, kommen insoweit vor allem Verstöße gegen gesellschaftsvertragliche Regelungen in Betracht. Solche Verstöße führen nur dann zur Nichtigkeit, sofern es sich bei den verfahrensmäßigen Anordnungen im Gesellschaftsvertrag nicht um bloße Ordnungsvorschriften handelt und zudem der Beschluss auf dem Verstoß beruht, er mithin für das Beschlussergebnis kausal geworden ist.[38] Nach allgemeinen gesellschaftsrechtlichen Prinzipien gilt im Übrigen im Hinblick auf die Heilung insbesondere von Verfahrensverstößen das Gleiche wie bei der Komplementär-GmbH, so dass bei Schutzvorschriften zugunsten einzelner Gesellschafter Heilung durch Zustimmung des Geschützten eintritt und im Übrigen eine fehlerfreie Neuvornahme oder Bestätigung des verfahrensfehlerhaft zustande gekommenen Beschlusses in Betracht kommt.[39]

50 Im Zusammenhang mit etwaigen **Inhaltsmängeln**, insbesondere der allgemeinen gesellschafterlichen Rücksichtnahmepflicht ist zu beachten, dass Beschlüsse der KG, etwa wenn die Komplementär-GmbH zulässigerweise nach Maßgabe des Gesellschaftsvertrages zur Vornahme bestimmter Geschäftsführungsmaßnahmen angewiesen werden soll, in besonderem Maße geeignet sind, Interessen der Komplementär-GmbH und gegebenenfalls auch der GmbH-Gesellschafter zu beeinträchtigen. Dies ist insbesondere bei besonders risikoträchtigen, vor allem mit Haftungsgefahren verbundenen Geschäften der Fall, da die Komplementär-GmbH als persönlich haftende Gesellschafterin der GmbH & Co. KG für sämtliche Gesellschaftsverbindlichkeiten persönlich uneingeschränkt haftet, so dass die Veranlassung besonderer Haftungsgefahren sogar Insolvenzrisiken zu Lasten der Komplementärin heraufbeschwören kann.

51 Auf solche **Belange der Komplementär-GmbH**, die auch unmittelbar auf die GmbH-Gesellschafter durchschlagen können, etwa weil diese Geschäftsführungsfunktionen wahrnehmen und sich so selbst unter Umständen schadensersatzpflichtig machen können oder weil diese – wie dies insbesondere bei kleineren Unternehmen vor allem von Bankengläubigern häufig gefordert wird – persönliche Sicherheiten für die Verbindlichkeiten der GmbH und damit im Ergebnis für die GmbH & Co. KG gestellt haben, müssen die Kommanditisten im Rahmen ihres Abstimmungsverhaltens innerhalb der Gesellschafterversammlung der GmbH & Co. KG aufgrund der gesellschafterlichen Treuepflicht **angemessen Rücksicht nehmen**.

52 Insoweit ist zu berücksichtigen, dass die Komplementär-GmbH notwendigerweise Gesellschafterin der GmbH & Co. KG ist, so dass die entsprechenden Treuebindungen unmittelbar im Verhältnis zwischen den Kommanditisten und der Komplementär-GmbH existieren; typischerweise sind zudem auch die GmbH-Gesellschafter selbst Kommanditisten der KG, so dass in aller Regel auch insoweit unmittelbare Treuebindungen zwischen

---

[38] BGH WM 1983, 1407; NJW 1987, 1262f.; WM 1988, 23f.; *Baumbach/Hopt* § 119 HGB Rn 31; *Heymann/Emmerich* § 119 HGB Rn 10b; *Hueck* Recht der OHG § 11 V 2a; *Schlegelberger/Martens* § 119 HGB Rn 11; GK/*Ulmer* HGB § 119 Anm. 85.

[39] Vgl. GK/*Ulmer* HGB § 119 Anm. 92.

den Nur-Kommanditisten und denjenigen Kommanditisten, die auch Gesellschafter der GmbH sind, existieren. Hierdurch werden zugleich etwaige Rechtsschutzprobleme, wie sie im umgekehrten Falle einer Beeinträchtigung der KG-Belange durch Entschließungen der Gesellschafter der Komplementär-GmbH bei einer nichtbeteiligungsproportionalen GmbH & Co. KG bestehen, abgemildert. Denn sowohl die **Komplementär-GmbH**, als auch (in der Regel) diejenigen **Kommanditisten, die zugleich GmbH-Gesellschafter sind**, können sich unmittelbar gegen Gesellschafterbeschlüsse der KG wenden, die berechtigte Belange der Komplementär-GmbH und ihrer Gesellschafter beeinträchtigen.

Die entsprechenden Bindungen gegenüber der Komplementär-GmbH bestehen im Übrigen unabhängig davon, ob diese kapitalmäßig an der KG beteiligt ist bzw. ob deren Stimm- und Teilnahmerecht innerhalb der KG-Gesellschafterversammlung gesellschaftsvertraglich ausgeschlossen wurde. Ungeachtet dessen ist die Komplementär-GmbH stets in der Lage, im Rahmen eines Feststellungsprozesses die Unwirksamkeit eines Gesellschafterbeschlusses der KG-Gesellschafterversammlung geltend zu machen. **53**

Da im Übrigen die Fehlerhaftigkeit von Beschlüssen der KG-Versammlung im Rahmen eines Feststellungsstreits geltend gemacht werden kann, wird man wohl auch diejenigen **Gesellschafter der Komplementär-GmbH, die nicht zugleich Kommanditisten der KG sind**, als berechtigt ansehen müssen, sich gegen Beschlüsse der KG-Versammlung zu wenden, die ihre Interessen verletzen. Denn im Rahmen eines reinen Feststellungsprozesses kommt es allein darauf an, dass dem Kläger ein hinreichendes Feststellungsinteresse zusteht; Letzteres ist meines Erachtens regelmäßig der Fall, da sich eine nichtgehörige Rücksichtnahme der KG-Versammlung auf Belange der Komplementär-GmbH zumindest in Form einer entsprechenden Minderung des Vermögens der Komplementär-GmbH, an der ein (Nur-)GmbH-Gesellschafter beteiligt ist, niederschlägt. Jedenfalls besteht ein Feststellungsinteresse, wenn der GmbH-Gesellschafter als Geschäftsführer oder Sicherungsgeber unmittelbar von der Entscheidung der KG berührt wird. **54**

III. Gerichtliche Geltendmachung der Fehlerhaftigkeit

Fragen des Rechtsschutzes gegen fehlerhafte Gesellschafterbeschlüsse sind von großer praktischer Bedeutung, da Gesellschaftern, wenn sie problematische Entschließungen unbeanstandet lassen, einschneidende Rechts- und Vermögenseinbußen drohen, die im Extremfall – insbesondere dann, wenn der Gesellschafter aus seiner Beteiligung an oder Betätigung in der Gesellschaft seinen Lebensunterhalt bestreitet oder er für Gesellschaftsverbindlichkeiten persönliche Sicherheiten stellt – existenzbedrohend sein können. Im Rahmen der praktischen Rechtsdurchsetzung kommt den rechtsformspezifischen Besonderheiten des GmbH- und personengesellschaftsrechtlichen Rechtsschutzsystems entscheidende Bedeutung zu. Werden diese bereits skizzierten Unterschiede nicht hinreichend beachtet, drohen dem Gesellschafter nicht nur erhebliche, unnütz aufgewandte Prozess- **55** kosten, sondern auch weitere Rechtsnachteile, da die Situation entstehen kann, dass er einen bestehenden materiellen oder verfahrensrechtlichen Rechtsverstoß aus formellen Gründen, etwa wegen Versäumung von zu beachtenden Klagfristen, nicht mehr geltend machen kann.

1. Komplementär-GmbH

56 Bei der Komplementär-GmbH ist – wie dargelegt – insbesondere zwischen der Nichtigkeitsklage gemäß § 249 AktG analog und der Anfechtungsklage gemäß §§ 243 ff. AktG analog zu unterscheiden. Daneben kommen in bestimmten Situationen Beschlussfeststellungsklagen in Betracht. Ferner sind Fragen des einstweiligen Rechtsschutzes in den Blick zu nehmen:

a) Nichtigkeitsklage. Auf die Nichtigkeitsgründe des § 241 AktG kann man sich – wie dargelegt – auch ohne die Nichtigkeitsklage entsprechend § 249 AktG zu erheben, berufen, da an einem Nichtigkeitsmangel leidende Beschlüsse der Komplementär-GmbH unwirksam und nicht lediglich anfechtbar sind. Allerdings entfaltet das auf eine Nichtigkeitsklage hin ergehende Urteil, durch das die Nichtigkeit des angegriffenen Beschlusses festgestellt wird, analog §§ 248 Abs. 1 S. 1, 249 Abs. 1 S. 1 AktG **Rechtskraft inter omnes**; aufgrund dieser erweiterten Rechtskraftwirkung genießt die Nichtigkeitsklage, soweit sie von einer bestimmten Person erhoben werden kann, Vorrang vor sonstigen Rechtsbehelfen, insbesondere einer allgemeinen Feststellungsklage.

57 Nach herrschender Meinung steht die Nichtigkeitsklage neben den Gesellschaftern auch insbesondere den Geschäftsführern zur Verfügung, da diesen die Möglichkeit offen stehen muss, im Falle eines Vorliegens der in § 241 AktG genannten gravierenden Rechtsverstöße, die einer Beschlussdurchführung entgegenstehen, für Rechtsklarheit zu sorgen. Die Nichtigkeitsklage ist gegen die Gesellschaft zu richten. Ausschließlich **zuständig** für die Klage ist das LG am Sitz der Gesellschaft (§§ 246 Abs. 3, 249 Abs. 1 S. 1 AktG), und zwar dort die Kammer für Handelssachen (vgl. §§ 94, 95 Abs. 2 GVG).

58 Im Prozess wird die Gesellschaft grundsätzlich **von den Geschäftsführern vertreten**; klagt allerdings ein Geschäftsführer, so können die Gesellschafter nach § 46 Nr. 8 GmbHG einen besonderen Vertreter bestellen.[40] Unterbleibt dies, ist ein Prozessvertreter nach § 57 ZPO zu berufen.

59 Eine **Klagfrist** für die Erhebung der Nichtigkeitsklage besteht **nicht**; allerdings können bestimmte Nichtigkeitsgründe mit Ablauf der Drei-Jahres-Frist entsprechend § 242 Abs. 2 AktG geheilt werden, wodurch eine verspätet erhobene Klage unbegründet wird.[41] Darüber hinaus bleiben selbstverständlich die allgemeinen Grundsätze zur Verwirkung und zum Rechtsmissbrauch anwendbar.

---

[40] *Roth/Altmeppen* § 46 GmbHG Rn 54.

[41] Hierzu MünchHdb. GesR III/*Wolff* § 40 Rn 33; *Lutter/Hommelhoff* Anh. § 47 GmbHG Rn 28 ff.; vgl. auch *Hachenburg/Raiser* Anh. § 47 GmbHG Rn 190 ff.; *Scholz/K. Schmidt* § 45 GmbHG Rn 146, die Anfechtungs- und Nichtigkeitsklage gemeinsam besprechen.

b) Anfechtungsklage. Demgegenüber besteht im Hinblick auf die Anfechtungsgründe des § 243 AktG analog der bereits dargestellte Grundsatz, dass der **fehlerhafte Beschluss** zunächst ungeachtet seiner Mangelhaftigkeit wirksam ist und er durch richterliches Gestaltungsurteil beseitigt werden muss. 60

Das der Anfechtungsklage stattgebende Urteil erklärt gemäß § 248 Abs. 1 S. 1 AktG analog den Beschluss für nichtig; es handelt sich um ein Gestaltungsurteil, welches mit Eintritt der Rechtskraft zur rückwirkenden Vernichtung des Beschlusses mit Wirkung **inter omnes** führt, so dass der Beschluss von jedermann, insbesondere von den Gesellschaftern und Organmitgliedern, nicht mehr beachtet werden darf. Demgegenüber wirkt das die Anfechtungsklage abweisende Urteil nur zwischen den Prozessparteien. Darüber hinaus haben die Geschäftsführer das Anfechtungsurteil zum Handelsregister einzureichen, welches, wenn die Beschlussanfechtung einen eintragungsbedürftigen Beschluss betrifft, in das Handelsregister einzutragen ist (vgl. §§ 248 Abs. 1 S. 1 und 3, Abs. 2 AktG analog).

Allerdings ist zu beachten, dass **Außenvertretungsakte** der Geschäfts- 61
führer, die auf der angegriffenen Entscheidungen beruhen, aus Gründen des Verkehrs- und Vertrauensschutzes von der erfolgreichen Beschlussanfechtung nicht berührt werden. Denn bis zum klagstattgebenden Anfechtungsurteil haben die entsprechenden Beschlüsse als fehlerunabhängig wirksam zu gelten; etwas anderes kann allenfalls unter dem Gesichtspunkt des Missbrauchs der Vertretungsmacht in Betracht kommen, wenn dem Geschäftsgegner die Notwendigkeit des Ermächtigungsbeschlusses und seine Fehlerhaftigkeit bekannt waren.[42]

Die **Anfechtungsbefugnis** steht allein den GmbH-Gesellschaftern zu, 62
wobei die Anfechtungsbefugnis entfällt, wenn der opponierende Gesellschafter für den fehlerhaften Beschluss votiert oder er nachträglich das Beschlussergebnis gebilligt hat.[43]

Anders als bei der Nichtigkeitsklage wird demgegenüber von der h. M. 63
eine Anfechtungsbefugnis von Organmitgliedern, insbesondere der Geschäftsführer nicht anerkannt; etwas anderes soll nach vorherrschender Meinung, die in der Rechtsprechung noch nicht bestätigt wurde, nur gelten, wenn sich die Geschäftsführer durch die Ausführung des anfechtbaren Beschlusses strafbar oder schadensersatzpflichtig machen würden. Weiterhin wird von der h. M. davon ausgegangen, dass Organmitgliedern durch statutarische Anordnung die Anfechtungsbefugnis verliehen werden könne.[44]

---

[42] Vgl. zu den Urteilswirkungen MünchHdb. GesR III/*Wolff* § 40 Rn 79 ff.; *Rowedder/Schmidt-Leithoff/Koppensteiner* § 47 GmbHG Rn 155 ff.; *Hachenburg/Raiser* Anh. § 47 GmbHG Rn 233 ff.; *Scholz/K. Schmidt* § 45 GmbHG Rn 168 ff.; *Baumbach/Hueck* GmbHG Anh. § 47 Rn 89 f.

[43] Vgl. MünchHdb. GesR III/*Wolff* § 40 Rn 63; *Hachenburg/Raiser* Anh. § 47 GmbHG Rn 152; *Scholz/K. Schmidt* § 45 GmbHG Rn 127 ff.; *Baumbach/Hueck* GmbHG Anh. § 47 Rn 73.

[44] Vgl. BGHZ 76, 154, 159: keine Anfechtungsbefugnis der Geschäftsführer; zur h. M. s. MünchHdb. GesR III/*Wolff* § 40 Rn 66; *Rowedder/Schmidt-Leithoff/Koppensteiner* § 47 GmbHG Rn 147; *Hachenburg/Raiser* Anh. § 47 GmbHG Rn 161 ff.;

64 Die Anfechtungsbefugnis eines Gesellschafters kann dieser verwirken, insbesondere dann, wenn er die Anfechtungsklage nur deshalb erhebt, weil er einen Lästigkeitswert aufbauen und sich diesen von der Gesellschaft abkaufen lassen will (sog. **räuberische Anfechtungsklage**).[45] Eine Verwirkung des Anfechtungsrechts ist darüber hinaus auch in anderen Situationen denkbar, etwa dann, wenn sich ein Gesellschafter zwecks wirtschaftlicher Vereitelung von Schadensersatz- und Kostenerstattungsansprüchen zur Geltendmachung von Anfechtungs- und Blockaderechten einer **vermögens- und funktionslosen Kleinst-GmbH** bedient.[46] Das Fehlen oder der Verlust der Anfechtungsbefugnis führt zur Abweisung der Klage als unbegründet.

65 Die Anfechtungsklage ist **allein gegen die Gesellschaft zu richten** und kann nicht auf die den Beschluss befürwortenden Gesellschafter erstreckt werden; dies folgt aus § 246 Abs. 2 S. 1 AktG analog. Die beklagte Gesellschaft wird im Anfechtungsprozess grundsätzlich von ihren Geschäftsführern vertreten, es sei denn, Anfechtungskläger ist ein (Gesellschafter-)Geschäftsführer; im letztgenannten Falle gilt das Gleiche wie bei der Nichtigkeitsklage (s. Rn 58).

66 Insbesondere die Passivlegitimation der Gesellschaft im Rahmen des Anfechtungsprozesses muss bei GmbH & Co. KGs penibel beachtet werden, da es in Anbetracht der grundsätzlichen Passivlegitimation der den Beschluss befürwortenden Gesellschafter innerhalb der GmbH & Co. KG im Rahmen der Beanstandung von KG-Beschlüssen leicht zu Verwechslungen kommen kann.

67 Weiterhin ist – insbesondere dann, wenn keine statutarischen Anordnungen im Hinblick auf die Klagfrist im Gesellschaftsvertrag der Komplementär-GmbH und der GmbH & Co. KG getroffen wurden – die für die Anfechtung von Gesellschafterbeschlüssen der Komplementär-GmbH geltende **Anfechtungsfrist** besonders zu beachten. Zwar gilt die strikte Monatsfrist des § 246 Abs. 1 AktG ohne statutarische Anordnung im GmbH-Recht nicht, allerdings stellt die Monatsfrist einerseits die absolute Untergrenze einer gesellschaftsvertraglichen Klagfrist und andererseits zugleich das Leitbild für die im GmbH-Recht zu beachtende angemessene Frist, die dem opponierenden Gesellschafter auferlegt, mit der ihm zumutbaren Beschleunigung vorzugehen, dar. In Anbetracht dieser Grundsätze ist einem anfechtungswilligen GmbH-Gesellschafter dringend zu empfehlen, regelmäßig die Monatsfrist des § 246 Abs. 1 AktG einzuhalten und keinesfalls länger als drei Monate zuzuwarten, wobei eine Überschreitung der Monatsfrist allenfalls bei der Notwendigkeit zur Klärung schwierigster

---

Scholz/K. Schmidt § 45 GmbHG Rn 134 f; zu anderen Differenzierungen im Schrifttum vgl. *Roth/Altmeppen* § 47 GmbHG Rn 138 f. m. w. N.

[45] BGHZ 107, 296, 308 ff. (Kochs-Adler); 112, 9, 20 (Pfälz. Hyp.bank/Dt. Hyp.bank); BGH NJW 1990, 322 ff. (DAT/Altana I); AG 1991, 102, 104 (SEN); NJW 1992, 569 (Dt. Bank); *Lutter/Hommelhoff* Anh. § 47 GmbHG Rn 74; *Hachenburg/Raiser* Anh. § 47 GmbHG Rn 169 ff.; *Scholz/K. Schmidt* § 45 GmbHG Rn 137; *Henze*, ZIP 2002, 100 f.

[46] Grundlegend OLG Stuttgart BB 1999, 2316 ff. (Blockadevehikel); s. ferner obiter LG München ZIP 1999, 2152, 2155 (Hypo-Vereinsbank).

Rechtsfragen und ähnlichen Situationen, die ein Zuwarten gerechtfertigt erscheinen lassen, in Betracht gezogen werden sollte. Die Anfechtungsfrist beginnt im Übrigen grundsätzlich mit der Fassung des angegriffenen Beschlusses; unter Umständen kann allerdings auch auf den Zeitpunkt der Kenntniserlangung des Anfechtungsklägers von dem Beschluss bzw. von den anfechtungsbegründenden Umständen abzustellen sein.[47] Bei Verschmelzungs- und Umwandlungsbeschlüssen gilt allerdings auch ohne besondere statutarische Anordnung allein die einmonatige Klagfrist gemäß §§ 14 Abs. 1, 195 Abs. 1 UmwG.

Im Hinblick auf die **weiteren Verfahrensfragen** gilt das bereits zur Nichtigkeitsklage Ausgeführte. Ausschließlich zuständig ist mithin das LG am Sitz der Gesellschaft und zwar dort die Kammer für Handelssachen. Für die Bestimmung des Streitwertes gilt grundsätzlich § 247 AktG, wobei allerdings nach herrschender Meinung die Streitwertobergrenze des § 247 Abs. 1 S. 2 AktG von € 500.000,– nicht anzuwenden ist, da diese Vorschrift auf Kleinaktionäre zugeschnitten ist.[48] 68

c) Feststellungsklagen. Feststellungsklagen im Zusammenhang mit fehlerhaften Beschlüssen einer GmbH-Gesellschafterversammlung kommen nur in bestimmten Situationen in Betracht. Zu denken ist insoweit insbesondere an die **Ergebnisfeststellungsklage**, wenn das Beschlussergebnis streitig ist und dieses nicht vom Versammlungsleiter festgestellt wurde. Als Kläger einer solchen Klage kommen Gesellschafter, Organmitglieder und unter Umständen auch die Gesellschaft selbst in Betracht. Richtiger Beklagter ist grundsätzlich die Gesellschaft, es sei denn, die Gesellschaft selbst klagt; im letztgenannten Fall dürfte wohl die Klage gegen denjenigen zu richten sein, der aus dem unklaren Beschlussergebnis meint, Ansprüche herleiten zu können. Die Klage ist im Übrigen nicht fristgebunden; allenfalls eine Verwirkung des Klagrechts wegen Zeitablauf kommt in Betracht, wobei insoweit allerdings längere Fristen verstreichen müssen, als die reguläre Anfechtungsfrist.[49] 69

Weitere Besonderheiten sind **bei negativen, einen Beschlussantrag ablehnenden Beschlüssen** zu beachten. Begehrt ein Gesellschafter eine bestimmte positive Entscheidung, beispielsweise die Zustimmung zur Abtretung seines Geschäftsanteils (vgl. § 15 Abs. 5 GmbHG), und wird der entsprechende Antrag (treuwidrig) abgelehnt, so hilft ihm die bloße An- 70

[47] Vgl. BGHZ 101, 113, 117 f.; 104, 66, 70 ff. u. insb. 111, 224, 225 f.; BGH GmbHR 1992, 801; OLG Hamm GmbHR 1992, 458 f.; GmbHR 1995, 736, 738; vgl. hierzu MünchHdb. GesR III/*Wolff* § 40 Rn 71 ff.; *Lutter/Hommelhoff* Anh. § 47 GmbHG Rn 60; *Raiser* Kapitalgesellschaften § 33 Rn 77 f.; *Scholz/K. Schmidt* § 45 GmbHG Rn 141 ff.; *Baumbach/Hueck* GmbHG Anh. § 47 Rn 78 ff.

[48] So OLG Karlsruhe GmbHR 1995, 302; OLG Frankfurt NJW 1968, 2112; OLG Celle Rpfleger 1974, 233; *Lutter/Hommelhoff* Anh. § 47 GmbHG Rn 75; *Roth/Altmeppen* § 47 GmbHG Rn 151; *Baumbach/Hueck* GmbHG Anh. § 47 Rn 87; a. A. *Scholz/K. Schmidt* § 45 GmbHG Rn 153; MünchHdb. GesR III/*Wolff* § 40 Rn 82.

[49] Vgl. zur Beschlussfeststellungsklage BGHZ 14, 25, 35 f.; 51, 206, 211 ff.; 76, 154, 156; 104, 66, 68; s. ferner MünchHdb. GesR III/*Wolff* § 40 Rn 89 ff.; *Hachenburg/Raiser* Anh. § 47 GmbHG Rn 248 ff.; *Baumbach/Hueck* GmbHG Anh. § 47 Rn 90 a ff.

fechtung des (eventuell) fehlerhaften ablehnenden Beschlusses nicht weiter. Durch ein klagstattgebendes Anfechtungsurteil entfiele nur die ablehnende Entscheidung und es würde nicht zugleich eine positive, das Begehren des Gesellschafters billigende Entscheidung herbeigeführt.

71 Das Rechtsschutzbegehren des entsprechenden Gesellschafters muss daher darauf gerichtet sein, über die bloße Anfechtung des ablehnenden Beschlusses hinaus einen positiven Zustimmungsbeschluss herbeizuführen. Dieses Ziel kann insbesondere dadurch erreicht werden, dass die die Zustimmung treuwidrig versagenden Mitgesellschafter auf Abgabe einer entsprechenden Zustimmungserklärung verklagt werden. Das Rechtsschutzbegehren einer entsprechenden Klage ist auf Abgabe einer Willenserklärung (zustimmende Stimmabgabe in der Gesellschafterversammlung) gerichtet; eine rechtskräftige Verurteilung zur Zustimmung ersetzt gemäß § 894 ZPO die zustimmende Stimmabgabe des beklagten Mitgesellschafters, wobei die Klage mit der Anfechtungsklage gegen den ablehnenden Hauptversammlungsbeschluss verbunden werden kann und sollte.

72 Weiterhin besteht in einer solchen Situation das Bedürfnis, das Gericht feststellen zu lassen, dass der zustimmende Gesellschafterbeschluss tatsächlich zustande gekommen ist; diesem Rechtsschutzbegehren kann durch die sog. **positive Beschlussfeststellungsklage**, gerichtet gegen die Gesellschaft, Rechnung getragen werden, wobei die positive Beschlussfeststellungsklage – ebenso wie die Anfechtungsklage – fristgebunden ist, so dass sie regelmäßig binnen Monatsfrist erhoben werden muss. Da die entsprechende Klage jedoch darauf gestützt wird, dass die Mitgesellschafter treuwidrig und rechtsmissbräuchlich gegen den von dem klagenden Gesellschafter begehrten Antrag gestimmt haben, müssen diese nach den dargelegten Grundsätzen zugleich auf positive Stimmabgabe mitverklagt werden. Letzteres ist allerdings nur dann erforderlich, wenn sich der Gesellschafter gegen eine treuwidrige Versagung der Zustimmung durch die Mitgesellschafter wendet. Ist der Beschluss hingegen eigentlich zustande gekommen, jedoch aufgrund eines Zählfehlers oder einer unrichtigen Beurteilung des Beschlussmehrheitserfordernisses durch den Versammlungsleiter als abgelehnt festgestellt worden, so genügt die Erhebung einer Anfechtungsklage i.V. m. einer positiven Beschlussfeststellungsklage.[50] Ist durch den angefochtenen Beschluss einem entsprechenden Beschlussantrag stattgegeben und das Abstimmungsergebnis vom Versammlungsleiter förmlich festgestellt worden, ist indes eine mit der Anfechtungsklage verbundene Beschlussfeststellungsklage unzulässig.[51]

73 **d) Einstweiliger Rechtsschutz.** Beschlussmängelstreitigkeiten sind erfahrungsgemäß außerordentlich langwierige rechtliche Auseinandersetzungen, die mit viel Engagement geführt werden und oft die Klärung komplexer rechtlicher und tatsächlicher Fragestellungen erfordern. Wäh-

---

[50] Vgl. im Einzelnen MünchHdb. GesR III/*Wolff* § 40 Rn 98f.; *Hachenburg/Raiser* Anh. § 47 GmbHG Rn 244ff.; *Reichert/Winter*, FS 100 Jahre GmbHG, S. 209, 225f.; *Scholz/K. Schmidt* § 45 GmbHG Rn 178ff.; *Winter*, Gesellschafterkonflikte, S. 39ff.

[51] BGH BB 2003, 493.

rend des mit dem anhängigen Rechtsstreit einhergehenden **Schwebezustands** bestehen regelmäßig erhebliche Rechtsunsicherheiten, durch die die Handlungsfähigkeit der Gesellschaft oder auch die Handlungsbereitschaft ihrer Geschäftsführer erheblich eingeschränkt sein kann:

Vielfach spitzen sich Streitsituationen, da sie sich negativ auf die laufende Geschäftstätigkeit auswirken, zu Unternehmenskrisen zu. Umgekehrt kann allerdings auch eine Maßnahme streitig sein, die die wirtschaftliche Existenzgrundlage eines Gesellschafters in Frage stellt. Besonders kritisch sind Streitigkeiten, in denen es um die Bestellung oder Abberufung von Geschäftsführern[52] oder um den Ausschluss von Gesellschaftern geht, da diese Streitigkeiten weitere ganz erhebliche Folgeprobleme nach sich ziehen. Beispielhaft sei in diesem Zusammenhang nur die Situation genannt, dass die Gesellschafterversammlung die Ausschließung eines Gesellschafters beschlossen hat und der (vermeintliche) Störenfried – woran die Mitgesellschafter ein erhebliches Interesse haben – nicht mehr zu den Gesellschafterversammlungen eingeladen wird; erweist sich die nur als ultima ratio in Betracht kommende Ausschließung im Nachhinein als unwirksam, so sind sämtliche Folgebeschlüsse, an denen der zu Unrecht Ausgeschlossene nicht mitwirken konnte, ebenfalls fehlerhaft. Die vorstehend beschriebene Situation führt vielfach zu einer ungeheuren Prozesslawine. 74

Umgekehrt können allerdings auch Maßnahmen der Gesellschaft Gegenstand eines anzufechtenden Beschlusses sein, die im Ergebnis, wenn sie auf der Grundlage des angegriffenen Mehrheitsbeschlusses vollzogen werden, dazu führen, dass vollendete Tatsachen geschaffen werden. Eine Revision der entsprechenden Maßnahme im Falle einer erst nach Jahren feststehenden erfolgreichen Beschlussanfechtung kommt realiter vielfach nicht mehr in Betracht, da die Rückgängigmachung der Maßnahme zu unwiderbringlichen Schäden zu Lasten der Gesellschaft führen würden. 75

In all diesen Situationen besteht ein dringendes Bedürfnis dafür, dass die gesellschaftsinternen Verhältnisse **durch einstweilige gerichtliche Maßnahmen vorläufig geregelt** werden. Im Rahmen solcher einstweiligen Rechtsschutzmaßnahmen kommen insbesondere Maßnahmen, die den Vollzug von Gesellschafterentscheidungen betreffen und Maßnahmen, die sich auf die Beschlussfassung selbst beziehen, in Betracht.[53] 76

Auf der **Vollzugsebene** geht es um die Verhinderung der Durchführung oder des Wirksamwerdens, unter Umständen – unter Beachtung des grundsätzlichen Verbots der Vorwegnahme der Hauptsache im einstweiligen Rechtsschutzverfahren – auch um die Rückgängigmachung von Durchführungsmaßnahmen; es steht außer Zweifel, dass die Durchführung eines rechtswidrigen Beschlusses im Wege der einstweiligen Verfügung untersagt werden kann.[54] Demgegenüber wird von der herrschenden Mei- 77

[52] Vgl. insb. *Winter*, Gesellschafterkonflikte, S. 44 ff.

[53] Vgl. insb. *Winter*, Gesellschafterkonflikte, S. 53 ff. m. w. N.

[54] Strittig ist dies einzig und allein im Hinblick auf die Entscheidung zur Abberufung des Geschäftsführers. Die ganz herrschende Meinung lässt auch insoweit im einstweiligen Rechtsschutz eine Aussetzung der Abberufungsentscheidung zu, soweit die Anfechtungsklage bei summarischer Prüfung hinreichende Aussicht auf

nung davon ausgegangen, dass eine Beschlussfassung der Gesellschafterversammlung mit Rücksichtnahme auf das Verbot der Vorwegnahme der Hauptsache nur dann verboten werden kann, wenn die Rechtslage eindeutig ist, der Antragsteller ein überragendes Schutzbedürfnis geltend machen kann oder kein geringerer Eingriff zur Verfügung steht, durch den dem Rechtsschutzbedürfnis des Antragstellers Rechnung getragen werden kann, insbesondere die Verweisung des Antragstellers auf die Untersagung der Durchführung des Beschlusses, die wie dargelegt immer möglich ist, keinen Sinn macht.[55] Auf **Beschlussebene** ist in der Regel an Verbote im Hinblick auf die Stimmabgabe oder Beschlussfassung, ausnahmsweise – wiederum unter Beachtung des grundsätzlichen Verbots der Vorwegnahme der Hauptsache – auch an Gebote zur Stimmabgabe zu denken. Demgegenüber kommt die Nichtigerklärung von Gesellschafterbeschlüssen in Anbetracht glaubhaft gemachter Beschlussmängel im einstweiligen Verfügungsverfahren nicht in Betracht.

78 Im Hinblick auf die Erwirkung einer bestimmten Maßnahme dürften allerdings in der Regel sehr **hohe Anforderungen an den Verfügungsgrund** gemäß § 940 ZPO und an dessen **Glaubhaftmachung** zu stellen sein, da insoweit stets eine Vorwegnahme der Hauptsache droht. Gleiches gilt tendenziell auch im Hinblick auf die Verhinderung der Ausführung von Gesellschafterbeschlüssen, wobei allerdings insoweit auch zu berücksichtigen sein kann, dass durch die Durchführung des Beschlusses womöglich irreversible, vollendete Tatsachen geschaffen werden.[56]

79 Schließlich ist es in einstweiligen Rechtsschutzsituationen auch denkbar, dass die Gesellschaft oder die Mitgesellschafter eine **Blockadeposition eines einzelnen Gesellschafters**, etwa weil dieser über eine Sperrminorität verfügt oder die Gesellschafterentscheidung sogar seiner Zustimmung bedarf, **überwinden** müssen. Typisch für solche Situationen ist, dass die von den Mitgesellschaftern erstrebte Maßnahme in der Regel endgültig scheitert bzw. sich durch Zeitablauf erledigt, wenn zunächst ein langwieriger, jahrelanger Rechtsstreit geführt werden muss. Andererseits wird durch den im Wege der einstweiligen Verfügung zugelassenen Vollzug der Maßnahme zu Lasten des blockierenden Gesellschafters ein realiter irreversibler Zustand geschaffen.

80 In solchen Konfliktsituationen ist es schwierig, Maßstäbe für die Abwägung, wem das „Fehlentscheidungsrisiko" zuzuweisen ist, zu finden, da eine Vorwegnahme der Hauptsache sowohl bei Erlass der einstweiligen Verfügung, als auch bei deren Unterbleiben droht. Insoweit bietet es sich an, eine

---

Erfolg hat: vgl. BGHZ 82, 183 ff. *Lutter/Hommelhoff*, § 38 GmbHG Rn 36; *Baumbach/Hueck*, § 38 GmbHG Rn 21; **a. A.** unter Berufung auf § 84 Abs. 3 S. 4 AktG analog: *Scholz/Schneider* § 38 GmbHG Rn 74 d.

[55] *Michalski/Römermann* Anh. § 47 GmbGH Rn 605 ff.; *Lutter/Hommelhoff* Anh. § 47 GmbHG Rn 40 – **a. A.** indes (generelle Ablehnung einer Untersagung der Beschlussfassung im eV-Verfahren); *Scholz/K. Schmidt* § 45 GmbHG Rn 183; *Rowedder/Schmidt/Leithoff/Koppensteiner* § 47 GmbHG Rn 93.

[56] Vgl. hierzu MünchHdb. GesR III/*Wolff* § 40 Rn 101 ff.; *Hachenburg/Raiser* Anh. § 47 GmbHG Rn 257 ff.; *Scholz/K. Schmidt* § 45 GmbHG Rn 183; Beck Hdb. GmbH/*Fischer* § 4 Rn 215 ff.; *Baumbach/Hueck* Anh. § 47 GmbHG Rn 93 b ff.

Parallele zu § 16 Abs. 3 UmwG zu ziehen, wonach eine Beschlussanfechtungsklage bei gewissen Umstrukturierungsmaßnahmen von Gesetzes wegen eine Registersperre und damit die Undurchführbarkeit der beschlossenen Umstrukturierungsmaßnahme auslöst. In dieser Situation drohen typischerweise durch Vollzug und durch Nichtvollzug des Gesellschafterbeschlusses irreversible Zustände einzutreten. Die Registersperre kann im sog. Unbedenklichkeitsverfahren überwunden werden, wenn die entsprechende Anfechtungsklage evident unzulässig oder unbegründet ist oder wenn wesentliche Nachteile zu Lasten der Gesellschaft, die durch die Blockade eintreten, gegenüber der drohenden Rechtsbeeinträchtigung zu Lasten des Anfechtenden überwiegen.[57] Streitet im Einzelfall eine formelle Blockadeposition eines Gesellschafters gegen eine im Interesse der Gesellschaft dringend gebotene Maßnahme oder drohen der Gesellschaft bzw. den Mitgesellschaftern anderweitige erhebliche Nachteile, insbesondere Vermögenseinbußen, so genießt das Vollzugsinteresse der Gesellschaft entsprechend dieser gesetzlichen Wertung auch außerhalb des unmittelbaren Anwendungsbereich des § 16 Abs. 3 UmwG Vorrang. Diese gesetzliche Wertung ist meines Erachtens deshalb auch außerhalb des UmwG bei Konfliktfällen der vorbezeichneten Art in einstweiligen Rechtsverfahren zu beachten, weil alle Gesellschafter aufgrund der gesellschafterlichen Treuepflicht vor allem dem Gesellschaftsinteresse verpflichtet sind und sie auch in Konfliktsituationen angemessene Rücksichtnahme auf die Belange der Mitgesellschafter schulden. Daher hat das Suspensivinteresse des Anfechtenden gegenüber dem Vollzugsinteresse der Gesellschaft und der Mehrheit zurückzustehen, wenn sich durch den Nichtvollzug erhebliche wirtschaftliche Nachteile, etwa Steuerbelastungen zu Lasten des Gesellschaftsvermögens oder des Vermögens der Mitgesellschafter verwirklichen und diese Nachteile nicht durch anderweitige wirtschaftliche oder rechtliche Einbußen zu Lasten des Anfechtenden im Falle des Vollzugs deutlich überwogen werden.[58]

2. GmbH & Co. KG

Fehler in der Beschlussfassung einer Personengesellschaft können im **81**
Personengesellschaftsrecht – obwohl dies im Schrifttum teilweise vertreten wird (s. Rn 5 m. Fn 2) – nicht nach Art einer aktienrechtlichen Anfechtungsklage gegen die Gesellschaft selbst geltend gemacht werden. Vielmehr erfolgt die gerichtliche Geltendmachung des Mangels nach ganz herrschender Meinung im Wege einer **Feststellungsklage**; das erforderliche Feststellungsinteresse ist zugunsten der Gesellschafter der GmbH & Co. KG stets zu bejahen, auch wenn diese in der Gesellschafterversammlung nicht stimmberechtigt sind bzw. – wie es im Falle der Komplementär-GmbH möglich ist – diesen sogar eine Teilnahme an der Gesellschafterversammlung untersagt ist. Die Klagbefugnis ist ein unverzichtbares Mitgliedschaftsrecht, so dass diese gesellschaftsvertraglich nicht eingeschränkt wer-

[57] Vgl. OLG Düsseldorf ZIP 1999, 793; OLG Hamm ZIP 1999, 798 (Thyssen/Krupp).

[58] So de lege ferenda auch *Winter*, Gesellschafterkonflikte, S. 56 f. m. w. N. auch tw. a. A.

den kann. Dies gilt nach herrschender Meinung auch in einer Publikumsgesellschaft.[59]

82 Diese Feststellungsklage richtet sich grundsätzlich – anders als im GmbH-Recht – nicht gegen die Gesellschaft, sondern **gegen diejenigen Gesellschafter, die die Unwirksamkeit des Beschlusses bestreiten**, wobei allerdings im Gesellschaftsvertrag die Passivlegitimation der Gesellschaft geregelt werden kann.[60] Wird gesellschaftsvertraglich nicht die Passivlegitimation der Gesellschaft vorgesehen, ist zu berücksichtigen, dass sich mit dem im Feststellungsprozess ergehenden Urteil **keine Rechtskrafterstreckung** auf Dritte, etwa auf an dem Rechtsstreit nicht beteiligte Gesellschafter, verbindet. Auch eine notwendige Streitgenossenschaft zwischen den übrigen, die Wirksamkeit des Beschlusses behauptenden Gesellschaftern besteht nicht.

83 Daher kann der Gesellschafter im Rahmen seiner Klage aus dem Kreis der die Wirksamkeit behauptenden Gesellschafter nicht willkürlich einen Prozessgegner – etwa den Wortführer – herausziehen und nur diesen verklagen, sondern er muss seine Klage gegen alle Mitgesellschafter richten, die seine Rechtsposition gefährden, indem sie der Unwirksamkeit des Beschlusses entgegentreten oder sich trotz Aufforderung insoweit nicht eindeutig artikulieren, es sei denn, die anderen Gesellschafter haben sich dem Prozessausgang unterworfen. Eine solche nur gegen einen Gesellschafter gerichtete Feststellungsklage dürfte mangels Feststellungsinteresses unzulässig sein, da sie zu keiner endgültigen Klärung der strittigen Rechtsfrage führt. Allerdings kann meines Erachtens eine solche Unterwerfung auch im Gesellschaftsvertrag erfolgen, indem angeordnet wird, dass alle Gesellschafter eine gerichtliche Feststellung der Unwirksamkeit eines Gesellschafterbeschlusses in einem Rechtsstreit zwischen einzelnen Gesellschaftern generell gegen sich gelten lassen. Eine solche antizipierte Akzeptierung des Prozessergebnisses dürfte allerdings grundsätzlich voraussetzen, dass die anderen Gesellschafter über den Prozess unterrichtet werden und ihnen so die Chance gegeben wird, auf der einen oder anderen Seite des Rechtsstreits beizutreten, um ihren Rechtsstandpunkt vorbringen zu können. Eine solche Information dürfte auch dann erforderlich sein, wenn der Beschlussmängelstreit kraft gesellschaftsvertraglicher Anordnung gegenüber der Gesellschaft auszutragen ist; die entsprechende Regelung ist dahin gehend auszulegen, dass sich alle Gesellschafter generell dem Ergebnis des Beschlussmängelprozesses zwischen dem den Mangel behauptenden Gesellschafter und der Gesellschaft unterwerfen.[61]

---

[59] Vgl. RGZ 122, 266, 269; 151, 321, 329; BGH NJW-RR 1990, 474; 1992, 227; OLG Köln NJW-RR 1994, 491; *Baumbach/Hopt* § 119 HGB Rn 32; *Heymann/Emmerich* § 119 HGB Rn 11; *Hesselmann/Tillmann* GmbH & Co. Rn 338; *Hueck* Recht der OHG § 11 V 2 d; *Koller/Roth/Morck* § 119 HGB Rn 11.

[60] BGHZ 85, 351, 353; BGH WM 1966, 1036; NJW 1995, 12, 18; *Baumbach/Hopt* § 119 HGB Rn 32; *Heymann/Emmerich* § 119 HGB Rn 12; *Hueck* Recht der OHG § 11 V 2d; *Schlegelberger/Martens* § 119 HGB Rn 13; GK/*Ulmer* HGB § 119 Anm. 94f.

[61] Vgl. *Heymann/Emmerich* § 119 HGB Rn 12; *Hueck* Recht der OHG § 11 V 2d; *Schlegelberger/Martens* § 119 HGB Rn 13; GK/*Ulmer* HGB § 119 Anm. 94 a. E.

Wie dargelegt, sind solche statutarischen Vorkehrungen im Hinblick auf die Passivlegitimation der Gesellschaft oder wenigstens im Hinblick auf eine antizipierte Unterwerfung unter den Prozessausgang eines nur zwischen einem Teil der Gesellschafter geführten Feststellungsstreits dringend anzuraten. Dies auch deshalb, da sich in einer mehrgliedrigen Gesellschaft vielfach bestimmte Gesellschaftergruppen gegenüberstehen und sich erfahrungsgemäß vielfach ein Teil der Mitgesellschafter neutral verhält. Fehlen vertragliche Regelungen im vorgenannten Sinne, besteht die Gefahr, dass sich die bzw. der sich gegen einen Gesellschafterbeschluss wendende Gesellschafter, um Zulässigkeitsrisiken im Hinblick auf seine Klage zu vermeiden, auch gegen die neutralen Gesellschafter wenden muss und so der Streit eskaliert bzw. die neutralen Gesellschafter in das Lager der anderen Gruppe getrieben werden. **84**

Die Erhebung der entsprechenden Feststellungsklage ist grundsätzlich **nicht fristgebunden**, wobei allerdings der Gesellschaftsvertrag eine Klagfrist, die allerdings nicht weniger als einen Monat betragen darf (vgl. § 246 Abs. 1 AktG), anordnen kann. Auch die gesellschaftsvertragliche Anordnung einer entsprechenden Klagfrist ist aus den dargelegten Gründen dringendst zu empfehlen. Fehlt eine entsprechende gesellschaftsvertragliche Regelung, so folgt hieraus allerdings nicht, dass sich die Gesellschafter eine beliebig lange Zeit auf einen ihnen bekannten Beschlussmangel berufen können. Sie sind vielmehr gehalten, innerhalb einer angemessenen Frist die entsprechende Feststellungsklage zu erheben; dies wird aus der gesellschafterlichen Treuepflicht abgeleitet. Die Fristversäumung führt allerdings nicht zu einer Heilung des Mangels, sondern lediglich nach Verwirkungsgrundsätzen dazu, dass eine Berufung auf den Beschlussmangel ausscheidet.[62] **85**

Weiterhin ist im Zusammenhang mit dem personengesellschaftsrechtlichen Beschlussmängelrecht, welches auf Fehler der Beschlussfassung der GmbH & Co. KG Anwendung findet, zu beachten, dass im HGB für bestimmte Fälle im gesetzlichen Regelfall keine Beschlussfassung der Gesellschafterversammlung, sondern eine Geltendmachung der entsprechenden Maßnahme im Wege einer **Gestaltungsklage** vorgesehen ist. Es handelt sich insoweit um die Fälle der Entziehung der Geschäftsführungsbefugnis (§ 117 HGB) und Vertretungsmacht (§ 127 HGB) sowie um die Fälle der Auflösung der Gesellschaft (§ 133 HGB) und der Ausschließung von Gesellschaftern (§ 140 HGB) jeweils aus wichtigem Grund. Allerdings sind die vorgenannten Regelungen sämtlichst dispositiv, so dass im Gesellschaftsvertrag anstelle der gesetzlich vorgesehenen Gestaltungsklage auch eine Durchführung der entsprechenden Maßnahmen aufgrund eines Gesellschafterbeschlusses, der dann – im Falle seiner Mangelhaftigkeit – Gegenstand einer Feststellungsklage im vorgenannten Sinne wäre, ange- **86**

---

[62] BGHZ 68, 212, 216; 112, 339, 344; BGH WM 1966, 1036; WM 1985, 701, 706; DB 1987, 88f.; *Baumbach/Hopt* § 119 HGB Rn 32; *Heymann/Emmerich* § 119 HGB Rn 10 b ff.; *Hesselmann/Tillmann* GmbH & Co. Rn 338; *Koller/Roth/Morck* § 119 HGB Rn 11; *Sommer*, S. 84; *Vogel*, Praxis der Gesellschafterversammlung, S. 223.

ordnet werden kann. Auch insoweit ist der Kautelarpraxis zu empfehlen, entsprechende gesellschaftsvertragliche Regelungen vorzusehen und diese an die in der Komplementär-GmbH geltenden Regelungen anzupassen.[63]

87 Weiterhin plädiert – wie dargelegt (s. Rn 46ff.) – die h. M. in der Literatur dafür, auf **fehlerhafte Vertragsänderungen** die Regeln über die fehlerhafte Gesellschaft anzuwenden, so dass diese Fehler ebenfalls nur im Wege einer richterlichen **Gestaltungsklage** analog §§ 117, 127, 133, 140 HGB geltend gemacht werden könnten, soweit die fehlerhafte Änderung des Gesellschaftsvertrages bereits in Vollzug gesetzt wurde. Die Frage, ob der Gesellschaftsvertrag insoweit etwas anderes vorsehen kann, ist meines Erachtens in Anbetracht der gesellschaftsvertraglichen Gestaltungsfreiheit zu bejahen.

88 Auch im Personengesellschaftsrecht kommen **einstweilige Verfügungen** in Beschlussmängelangelegenheiten in Betracht; insoweit kommen im Wesentlichen die gleichen Grundsätze wie im GmbH-Recht zum Tragen, wobei allerdings teilweise davon ausgegangen wird, dass einstweilige Verfügungen nur in engen Grenzen, bei eindeutiger Rechtslage oder besonderem Schutzbedürfnis z. B. gegen den Vollzug nichtiger Beschlüsse möglich seien.[64]

3. Schiedsvereinbarungen

89 Um den vorstehend im Einzelnen aufgezeigten Schwierigkeiten im Zusammenhang mit der Geltendmachung von Beschlussmängeln bei der GmbH & Co. KG, die insbesondere aus den verschiedenen Rechtsschutzsystemen für Beschlussmängel der Entschließungen der Gesellschafterversammlungen der Komplementär-GmbH und der GmbH & Co. KG resultieren, zu begegnen, bietet es sich im Grundsatz an, eine Schiedsgerichtsvereinbarung sowohl im KG-Vertrag, als auch im GmbH-Vertrag zu treffen, wonach alle Streitigkeiten zwischen den Gesellschaftern bzw. den Gesellschaftern und der Gesellschaft einschließlich Beschlussmängelstreitigkeiten von einem (ein und demselben) Schiedsgericht zu entscheiden sind.

90 Auch insoweit errichten allerdings rechtsformspezifische Besonderheiten des GmbH-rechtlichen Rechtsschutzsystems erhebliche Hürden. Denn die Frage der **Schiedsfähigkeit** GmbH-rechtlicher und personengesellschaftsrechtlicher **Beschlussmängelstreitigkeiten** wird sehr unterschiedlich beurteilt. Während die Schiedsfähigkeit personengesellschaftsrechtlicher Beschlussmängelstreitigkeiten weitgehend unbestritten ist, herrscht über die Möglichkeit kassatorischer Schiedsverfahren im GmbH-Recht heftiger Streit.

---

[63] Vgl. zur Dispositivität der §§ 117, 127, 133, 140 HGB *Baumbach/Hopt* § 117 HGB Rn 11f.; § 127 Rn 11f.; § 133 Rn 18ff.; § 140 Rn 28ff.; *Heymann/Emmerich* § 117 HGB Rn 25ff.; § 127 Rn 9; § 133 Rn 21ff.; § 140 Rn 30ff.; *Schlegelberger/Martens* § 117 HGB Rn 50ff.; *Schlegelberger/K. Schmidt* § 127 HGB Rn 9ff.; § 133 Rn 64ff.; § 140 Rn 71ff.

[64] Vgl. *Baumbach/Hopt* § 119 HGB Rn 32 a. E.; *Heymann/Emmerich* § 119 HGB Rn 12a; *Koller/Roth/Morck* § 119 HGB Rn 11 a. E.

a) Vorteile der Schiedsgerichtsbarkeit. Schiedsvereinbarungen im Hinblick auf Streitigkeiten zwischen Gesellschaftern bieten eine Vielzahl von Vorteilen: 91

Zu nennen ist insbesondere die Möglichkeit, dass die gesellschaftsinternen Streitigkeiten der Gesellschafter durch Personen entschieden werden, die das Vertrauen der Parteien genießen und die über die erforderliche auch wirtschaftliche Sachkunde verfügen. Schiedsvereinbarungen sind in aller Regel so ausgestaltet, dass jede Partei einen Parteischiedsrichter ernennt und sich die Parteischiedsrichter auf einen dritten neutralen Schiedsrichter einigen.

Weiterhin können Schiedsgerichtsverfahren im Vergleich zu einem über drei Instanzen geführten Rechtsstreit kostengünstiger sein. Zu beachten ist allerdings, dass dieser Kostenvorteil in der Regel nur gegenüber durch mehrere Instanzen geführten Rechtsstreitigkeiten vor den ordentlichen Gerichten besteht, da die Schiedsrichter üblicherweise nach Maßgabe der BRAGO entlohnt werden, so dass im Vergleich zur ersten Instanz regelmäßig höhere Kosten anfallen. 92

Ferner zeigt die Erfahrung, dass die Schiedsgerichte – zumindest in der Regel – die Rechtsstreitigkeiten der Parteien schneller als die ordentlichen Gerichte entscheiden, so dass die mit einer rechtlichen Auseinandersetzung einhergehenden Rechtsunsicherheiten schneller behoben werden. 93

Schließlich ist darauf hinzuweisen, dass die Schiedsgerichte – anders als die Staatsgerichte – nicht öffentlich verhandeln, so dass die Streitigkeit diskreter abgewickelt wird, was insbesondere dann von Bedeutung ist, wenn im Laufe eines Verfahrens Gesellschaftsinterna und Geschäftsgeheimnisse offen gelegt und kontrovers diskutiert werden (müssen). Gerade in Anbetracht dieses Umstandes erfreuen sich Schiedsvereinbarungen in der Praxis großer Beliebtheit.[65] 94

b) Schiedsfähigkeit von Beschlussstreitigkeiten. Die Schiedsfähigkeit von **personengesellschaftsrechtlichen** Beschlussmängelstreitigkeiten steht außer Zweifel, da Feststellungsstreitigkeiten unzweifelhaft schiedsfähig sind[66] und Beschlussmängelstreitigkeiten im Personengesellschaftsrecht im Wege eines solchen Feststellungsstreits auszutragen sind.[67] 95

Demgegenüber wird im **GmbH-Recht** die Schiedsfähigkeit kassatorischer Beschlussanfechtungsstreitigkeiten **kontrovers** beurteilt. In der älteren Rechtsprechung und im älteren Schrifttum wurde die Schiedsfähigkeit kassatorischer Klagen im GmbH-Recht insbesondere unter Hinweis darauf abgelehnt, dass den Prozessparteien eine Disposition über den Streitgegen-

---

[65] Ob auch das alternative Streitbeilegungsverfahren der Wirtschaftsmediation auf dem Gebiet der Beschlussmängelstreitigkeiten in Zukunft zum Einsatz kommen wird, bleibt zu beobachten, vgl. hierzu *Casper/Risse*, ZIP 2000, 437 ff.

[66] Vgl. BGHZ 132, 278, 280 (Bild/Herder): bejaht die Zulässigkeit von „einfachen Feststellungsschiedsklagen" ausdrücklich; s. ferner zur Schiedsfähigkeit von Feststellungsklagen BGH NJW 1966, 1458; GmbHR 1979, 202; *Maier* Rn 231; *Schütze/Tscherning/Wais* Rn 380, jew. m. w. N.

[67] Vgl. *Ebbing*, NZG 1999, 167 f.; *K. Schmidt*, ZGR 1988, 523, 538; *Sommer*, S. 130 ff.; GK/*Ulmer* HGB § 119 Anm. 95.

stand durch Vergleich nicht möglich sei, so dass es an der objektiven und subjektiven Vergleichsfähigkeit fehle, und weil gesetzlich die zwingende Zuständigkeit der Landgerichte für derartige kassatorische Klagen vorgesehen sei.[68] Demgegenüber bejaht die heute ganz h.M. im Schrifttum die Schiedsfähigkeit von Anfechtungsstreitigkeiten im GmbH-Recht.[69]

96 Zur Frage der Möglichkeit kassatorischer Schiedsgerichtsprozesse im GmbH-Recht hat der BGH jüngst Stellung genommen. Er hat in dieser Grundsatzentscheidung den vormals gegen die Schiedsfähigkeit von Anfechtungsklagen vorgebrachten generellen Einwendungen betreffend insbesondere die objektive und subjektive Schiedsfähigkeit und die ausschließliche Zuständigkeit der Landgerichte analog § 246 Abs. 3 S. 1 AktG eine klare Absage erteilt, jedoch im konkreten Einzelfall das Schiedsverfahren über die Beschlussmängelstreitigkeit als unzulässig angesehen, da aufgrund der Ausgestaltung der Schiedsklausel seines Erachtens eine Rechtskrafterstreckung entsprechend § 248 Abs. 1 S. 1 AktG nicht möglich gewesen sei. In Anbetracht der seinerzeit anstehenden Neuregelung des Schiedsverfahrensrechts der ZPO appellierte der BGH an den Gesetzgeber, auch die Voraussetzungen kassatorischer Schiedsverfahren zu regeln.[70] Der Gesetzgeber seinerseits hat den ihm zugespielten Ball im Schiedsverfahrens-Neuregelungsgesetz zurückgespielt, indem er den Appell des BGHs nicht aufgegriffen, sondern es umgekehrt Rechtsprechung und Rechtswissenschaft überlassen hat, für die schiedsgerichtliche Behandlung von Beschlussmängelstreitigkeiten Lösungen für die rechtsgestaltende Praxis zu entwickeln.[71] Angesichts dieses „Ping-Pong"-Spiels ist die Möglichkeit kassatorischer Schiedsverfahren im GmbH-Recht offen.

97 Vor diesem Hintergrund kann meines Erachtens nicht mehr vertreten werden, dass GmbH-rechtliche Beschlussanfechtungsklagen schiedsunfähig seien.[72] Vielmehr ist mit dem überwiegenden neueren gesellschaftsrechtlichen Schrifttum davon auszugehen, dass ausgehend von der höchstrichterlichen Rechtsprechung Schiedsverfahren über GmbH-rechtliche Beschlussmängelstreitigkeiten dann keine entscheidenden Einwendungen entgegenstehen, wenn die **gegen die entsprechende Anwendung des § 248 Abs. 1 S. 1 AktG** vom BGH **vorgebrachten Einwendungen**, nämlich die Besorgnis, dass Personen an den Schiedsspruch gebunden werden könnten, die sich dem Schiedsgericht nicht unterworfen und insbesondere an der Schiedsrichterauswahl nicht mitgewirkt haben, **ausgeräumt**

---

[68] Vgl. etwa BGH WM 1966, 1132 f.; WM 1979, 886, 888; OLG Hamm GmbHR 1992, 759 (zur GmbH & Co. KG); MünchHdb. GesR III/*Ingerl* 1. Aufl. § 40 Rn 62; *Rowedder/Schmidt-Leithoff/Koppensteiner* § 47 GmbHG Rn 143.

[69] Vgl. etwa OLG Karlsruhe GmbH 1995, 455; *Reichert*, FS Ulmer, S. 511, 519 ff.; MünchHdb. GesR III/*Wolff* § 40 Rn 115 ff.; *Lutter/Hommelhoff* Anh. § 47 GmbHG Rn 77 ff.; *Meyer-Landrut/Miller/Niehus* § 47 GmbHG Rn 85; *Timm*, FS Fleck, S. 365, 374 ff.; *Baumbach/Hueck* GmbHG Anh. § 47 Rn 18; *Roth/Altmeppen* § 47 GmbHG Rn 153.

[70] Vgl. BGHZ 132, 278 ff. (Bild/Herder); hierzu *Henze*, ZIP 2002, 99.

[71] S. Reg.begr. SchiedsverfahrensneuregelungsG, BT-Drs. 13/5274, insbes. S. 34 re. Sp. unten/35 li. Sp.

[72] So auch *Bayer*, ZIP 2003, 881 ff.

werden.[73] Dies kann etwa durch die schiedsvertragliche Übertragung der Auswahl der Schiedsrichter auf eine neutrale Stelle, aber meines Erachtens auch durch eine Gestaltung der Schiedsvereinbarung, nach der alle betroffenen Gesellschafter an der Schiedsrichterauswahl mitwirken bzw. die Möglichkeit zur Mitwirkung haben, erreicht werden.

c) Inhalt des Schiedsvertrages. Die Erfordernisse einer gleichberech- **98**
tigten Möglichkeit zur Beteiligung am Schiedsverfahren und zur Mitwirkung an der Auswahl der Schiedsrichter ist insbesondere deshalb von Bedeutung, weil es sich bei gesellschaftsrechtlichen Streitigkeiten über die Wirksamkeit von Gesellschafterbeschlüssen typischerweise um **Mehrparteienschiedsverfahren** handelt, bei denen einer Seite kein Übergewicht bei der Schiedsrichterbenennung zukommen darf.

Typischerweise wird in Schiedsvereinbarungen vorgesehen, dass die **99**
Seite der Schiedskläger und der Schiedsbeklagten je einen Parteischiedsrichter ernennen und sich die beiden Parteischiedsrichter auf einen Dritten (neutralen) Schiedsrichter verständigen. Dieses sog. Dreier-Schiedsgericht ist auch das Leitbild der schiedsverfahrensrechtlichen Regelungen in der ZPO, die durch das Schiedsverfahrensneuregelungsgesetz neu gefasst wurden (vgl. § 1034 Abs. 1 S. 2, § 1035 Abs. 3 S. 2 ZPO). Dies hat bei Mehrparteienschiedsverfahren zur Folge, dass sich die verschiedenen auf Kläger- und/oder Beklagtenseite stehenden Personen im Rahmen der Auswahl eines Parteischiedsrichters auf eine Person einigen müssen. In der Schiedsvereinbarung wird typischerweise insoweit vorgesehen, dass im Falle einer Beteiligung mehrerer Personen auf Kläger- oder Beklagtenseite sich die Benennungsfrist für die Schiedsrichter verlängert, um eine Verständigung zwischen den Beklagten bzw. Klägern zu ermöglichen, wobei im Nichteinigungsfalle eine Benennung des entsprechenden Parteischiedsrichters durch eine neutrale Instanz erfolgt.

Derartige Klauseln entsprechen verbreiteter Praxis; sie werden als privat- **100**
autonome Regelung allgemein für zulässig gehalten.[74] Meines Erachtens ist eine solche im Ergebnis einen Einigungszwang einer Mehrzahl von Klägern oder Beklagten begründende Regelung auch bei Schiedsvereinbarungen betreffend GmbH-rechtliche Beschlussmängelstreitigkeiten zulässig; eine Schiedsrichterernennung ausschließlich durch eine neutrale Instanz (in der Regel von einem im Schiedsvertrag benannten Gericht oder Gerichtspräsidenten) jedenfalls im Falle einer Nichteinigung auf Beklagten- oder Klägerseite ist nicht erforderlich. Dies jedenfalls deshalb, da die Verfahrensbeteiligten insbesondere bei Beschlussmängelstreitigkeiten gleich gelagerte Interessen haben. Denn insoweit besteht allein die Alternative der Mangelhaftigkeit oder Nichtmangelhaftigkeit des Beschlusses (sog. „Zweier-Alter-

---

[73] Vgl. *K. Schmidt*, BB 2001, 1857 ff.; *Bender*, BB 1998, 1900 ff.; *Bredow*, DStR 1996, 1654 li. Sp.; *Ebbing*, NZG 1998, 285; *ders.*, NZG 1999, 169; *Zöller/Geimer* § 1030 ZPO Rn 10; *Lutter/Hommelhoff* Anh. § 47 GmbHG Rn 78 ff.; *Timm*, ZIP 1996, 445 ff.; *Trittmann*, ZGR 1999, 350 ff., 354 f.; *Winter*, Gesellschafterkonflikte, S. 63 ff.

[74] *Berger*, RIW 1993, 705; *Zöller/Geimer* § 1034 ZPO Rn 10; *Reichert*, FS Ulmer, S. 511, 524 ff.; Der Aspekts des Primats der Parteiautonomie wird ferner in § 1035 Abs. 1 ZPO n. F. hervorgehoben und auch in BGHZ 132, 278, 280, betont.

nativen"), so dass keine Rede davon sein kann, dass durch die gemeinsame Schiedsrichterbenennung die eine oder andere Seite benachteiligt oder bevorteilt werde.[75] Sollte dies ausnahmsweise doch der Fall sein, was ich als ausgeschlossen erachte, so gibt § 1034 Abs. 2 S. 1 ZPO n. F. den Parteien des Schiedsverfahrens die Möglichkeit, gerichtlich eine abweichende personelle Zusammensetzung des Schiedsgerichts zu beantragen.

101 Im Rahmen der **Vertragsgestaltung** sollte penibel darauf geachtet werden, dass die entsprechende Schiedsvereinbarung eindeutig klarstellt, dass auch Beschlussmängelstreitigkeiten von der Schiedsvereinbarung erfasst werden. Weiterhin müssen die Möglichkeit der Beteiligung aller Gesellschafter an dem Schiedsverfahren und das Verfahren der Schiedsrichterbenennung eindeutig geregelt werden.[76]

Es besteht Einigkeit, dass Schiedsklauseln auch nachträglich in eine GmbH-Satzung aufgenommen werden können. Nach ganz überwiegender Auffassung bedarf es dazu der Zustimmung jedes einzelnen Gesellschafters. Indes ist nach zutreffender Ansicht die nachträgliche Aufhebung einer Schiedsklausel – vorbehaltlich anders lautender Satzungsbestimmungen – mit $^3/_4$-Mehrheit möglich. Das Recht auf Zugang zu den Schiedsgerichten kann nicht dem Kernbereich der Mitgliedschaft zugerechnet werden; insoweit können die verfassungsrechtlichen Vorgaben, die nur das Recht auf Zugang zu staatlichen Gerichten schützen, keine Ausstrahlungswirkung entfalten.[77]

Im Übrigen ist zu beachten, dass die **Schiedsvereinbarung** gemäß § 1031 ZPO n. F. stets formgebunden ist; sie muss **schriftlich fixiert** werden. In der Regel dürfte für GmbH-Gesellschafter und Kommanditisten weiterhin die Sondervorschrift des § 1031 Abs. 5 S. 3 ZPO Anwendung finden, wonach die Schiedsvereinbarung gesondert abgefasst werden muss, sie mithin keine darüber hinausgehenden Regelungen enthalten darf. Dieses Erfordernis gilt allerdings gemäß § 1031 Abs. 5 S. 3 a. E. ZPO nicht, wenn der entsprechende Vertrag notariell beurkundet wird. Die Sonderregelung des § 1031 Abs. 5 S. 3 findet mithin von vornherein keine Anwendung auf eine statutarische Schiedsklausel, die im Gesellschaftsvertrag der GmbH enthalten ist, da der Gesellschaftsvertrag gemäß § 2 Abs. 1 GmbHG notariell zu beurkunden ist. Anderes gilt im Hinblick auf die GmbH & Co. KG selbst, da der Abschluss eines Gesellschaftsvertrages einer Kommanditgesellschaft grundsätzlich nicht formbedürftig ist. Sollte man allerdings eine Schiedsklausel in den Gesellschaftsvertrag aufnehmen, sollte man die Kosten einer notariellen Beurkundung des Gesellschaftsvertrages nicht scheuen, da andernfalls Formprobleme drohen, die nur durch eine gesonderte Abfassung und Unterzeichnung des Schiedsvertrages unter Bezugnahme auf eine eher allgemein gehaltene Schiedsklausel im Gesellschaftsvertrag vermieden werden können.

---

[75] So auch *Reichert*, FS Ulmer, S. 511, 521ff.; *Winter*, Gesellschafterkonflikte, S. 71.

[76] Vgl. zum Inhalt der entsprechenden Schiedsvereinbarung ergänzend *Reichert*, FS Ulmer, S. 511, 522ff.; *Lutter/Hommelhoff* Anh. § 47 GmbHG Rn 79ff. m. w. N.

[77] *Reichert/Harbarth*, NZG 2003, 380, 381.

§ 18 Aufsichtsrat, Beirat

Übersicht

Schrifttum: *Beinert/Hennerkes/Binz*, Die GmbH & Co. – Ein mitbestimmungspflichtiger „In-Sich-Konzern?, DB 1979, 68; *Boewer/Gaul/Otto*, Zweites Gesetz zur Vereinfachung der Wahl der Arbeitnehmervertreter in den Aufsichtsrat und seine Auswirkungen auf die GmbH, GmbHR 2004, 1065; *Gaugler/Heimburger*, Beiräte mittelständischer Unternehmen, 1985; *Großfeld/Brondics*, Die Stellung des fakultativen Aufsichtsrates (Beirat) in der Gesellschaft mit beschränkter Haftung und in der GmbH & Co. KG, AG 1987, 293; *Grote*, Anlegerschutz bei der Publikums-KG durch Einrichtung eines Beirates, 1995; *Haack*, Der Beirat der GmbH & Co. KG, BB 1993, 1607; *Hennerkes/Binz/May*, Die Steuerungsfunktion des Beirates in der Familiengesellschaft, DB 1987, 469; *Hofbauer*, Die Kompetenzen des (GmbH)-Beirates, 1996; *Hölters*, Der Beirat in der GmbH-Verantwortlichkeit, Haftung und Rechtsschutz, insbesondere unter dem Gesichtspunkt des Minderheitenschutzes, BB 1977, 105; *ders.*, Mehrheitsidentität im Sinne des § 4 MitbestG bei der GmbH & Co. KG, DB 1977, 2232; *ders.*, Der Beirat der GmbH und GmbH & Co. KG, 1979; ders., Die unbewältigte Konzernproblematik des MitbestG 1976, RdA 1979, 335; ders., Sonderprobleme des Beirats der GmbH & Co. KG, DB 1980, 2225; *Hommelhoff*, Unternehmensführung in der mitbestimmten GmbH, ZGR 1978, 119; *Huber*, Der Beirat, 2004; *ders.*, Beirat und Beiratsmitglied – praxisrelevante Aspekte für ihre Tätigkeit, GmbHR 2004, S. 772; *Hüffer*, Der Aufsichtsrat in der Publikumspersonengesellschaft, ZGR 1980, 320; *ders.*, Organpflichten und Haftung in der Publikumspersonengesellschaft, ZGR 1981, 348; *Immenga*, Zuständigkeiten des mitbestimmten Aufsichtsrats, ZGR 1977, 249; *Klamroth*, Auswirkungen des MitbestG auf die GmbH & Co. KG, BB 1977, 305; *Kunze*, Der Geltungsbereich des § 4 Abs. 1 Satz 1 MitbestG, ZGR 378, 321; *Maulbetsch*, Beirat und Treuhand in der Publikumspersonengesellschaft, 1984; *Mertens*, Der Beirat in der GmbH – besonders der mitbestimmten, in: Festschrift Stimpel 1985, S. 417; *Müller-Bonanni*, Unternehmensmitbestimmung nach „Überseering" und „Inspire Art", GmbHR 2003, 1235; *Overlack*, Der Einfluß der Gesellschafter auf die Geschäftsführung in der mitbestimmten GmbH, ZHR 141 (1977), 125; *Peus*, Der Aufsichtsratsvorsitzende, 1983; *Rinze*, Die Haftung von Beiratsmitgliedern einer personalistischen GmbH & Co. KG, NJW 1992, 2790; *Rohleder*, Die Übertragbarkeit von Kompetenzen auf GmbH-Beiräte, 1991; *Säcker*, Die Anpassung des Gesellschaftsvertrages der GmbH an das MitbestG, DB 1977, 1845; *Schneider*, Die Änderung des Gesellschaftsvertrages einer Personengesellschaft durch Mehrheitsbeschluss, ZGR 1972, 357; *ders.*, GmbH und GmbH & Co. KG in der Mitbestimmung, Koreferat, ZGR 1977, 335; *ders.*, Sonderrecht für Publikumspersonengesellschaften, ZHR 142 (1978), 228; *Sigle*, Beiräte, NZG 1998, S. 619; *ders.*, Zur Mitbestimmung bei der Kapitalgesellschaft & Co. KG, Festschrift Peltzer, 2001, 539; *Stimpel*, Anlegerschutz durch Gesellschaftsrecht in der Publikumskommanditgesellschaft, Festschrift Fischer 1979, 771; *Teubner*, Der Beirat zwischen Verbandssouveränität und Mitbestimmung – zu den Schranken der Beiratsverfassung in der GmbH, ZGR 1986, 565; *Thümmel*, Aufsichtsratshaftung vor neuen Herausforderungen – Überwachungsfehler, unternehmerische Fehlentscheidungen, Organisationsmängel und andere Risikofelder, AG 2004, S. 83; *Voormann*, Die Stellung des Beirats im Gesellschaftsrecht, 2. Aufl. 1990; *Wälzholz*, Der Beirat im mittelständischen Unternehmen – Chancen, Grenzen und Probleme, DStR 2003, S. 511; *Wiedemann*, Verbandssouveränität und Außeneinfluss, Festschrift Schilling, 1973, S. 105; *ders.*, Beiratsverfassung in der GmbH, Festschrift Lutter, 2000, 801; *Wiesner*, Aktuelle Probleme der Mitbestimmung in der GmbH & Co. KG, GmbHR 1981, 36; *Zöllner*, GmbH und GmbH & Co. KG in der Mitbestimmung, ZGR 1977, 319.

I. Der obligatorische Aufsichtsrat

Die **KG** ist zur Bildung eines Aufsichtsrates auch dann **nicht verpflichtet**, wenn es sich um eine GmbH & Co. KG handelt. Dies hat seinen Grund in der Entscheidung des Gesetzgebers, Personengesellschaften angesichts der persönlichen Haftung ihrer Gesellschafter nicht der Mitbestimmung zu unterwerfen.[1] Zwar wäre es im Hinblick auf die funktionelle Strukturähnlichkeit der GmbH & Co. KG mit den Kapitalgesellschaften[2] in Betracht gekommen, auch die GmbH & Co. KG in die Mitbestimmung einzubeziehen.[3] Infolge der Vielfalt der Gestaltungsformen der GmbH & Co. KG hat sich der Gesetzgeber für die paritätische Mitbestimmung des MitbestG 1976 jedoch für einen anderen Weg entschieden.[4] Danach soll 1

---

[1] MünchHdb. GesR II/*Riegger* KG § 7 Rn 1; *K. Schmidt*, Gesellschaftsrecht, § 56 IV 5 a, S. 1651.

[2] Vgl. *Hanau/Ulmer* § 4 MitbestG Rn 1; *Zöllner*, ZGR 1977, 319, 331.

[3] *Hoffmann/Lehmann/Weinmann*, MitbestG Komm. 1978, § 4 Rn 1.

[4] Eine Pflicht zur Einrichtung eines Aufsichtsrats kann sich auch aus dem Montan-MitbestG v. 21. 5. 1951 (BGBl. I, S. 347), dem MitbestErgänzungsG v. 7. 8. 1956 (BGBl. I, S. 707) und dem Drittelbeteiligungsgesetz (DrittelbG, Art. 1 des Zweiten Gesetzes zur Vereinfachung der Wahl der Arbeitnehmervertreter in den Aufsichtsrat, BGBl. I 2004, 974 ff.) ergeben. Diese Bestimmungen sind hier jedoch nur von geringer Relevanz. Das Montan-MitbestG und das MitbestErgänzungsG betreffen nur den Montanbereich. Das DrittelbG, das am 1. 7. 2004 in Kraft getreten ist, hat die §§ 76–87 a Betriebsverfassungsgesetz 1952 (BetrVG 1952) abgelöst. Wesentlicher Inhalt des Gesetzes ist die redaktionelle Neufassung der Vorschriften des BetrVG 1952 sowie die Vereinfachung des Wahlverfahrens. Nach § 1 Abs. 1 Nr. 3 DrittelbG (vormals § 77 BetrVG 1952) ist die GmbH zur Einrichtung eines drittelparitätisch besetzten Aufsichtsrates verpflichtet, wenn sie mehr als 500 Arbeitnehmer beschäftigt. Diese Voraussetzung wird bei der Komplementär-GmbH nur selten erfüllt sein, weil sie selbst regelmäßig nur wenige Arbeitnehmer beschäftigt und eine Zurechnung der bei der KG beschäftigten Arbeitnehmer nicht erfolgt. Der Aufsichtsrat nach dem DrittelbG besteht zu einem Drittel aus Vertretern der Arbeitnehmer (§ 4 DrittelbG). Die Wahl der Arbeitnehmervertreter erfolgt nach den §§ 4 ff. DrittelbG. Im Übrigen sind gem. § 1 Abs. 1 Nr. 3 DrittelbG hinsichtlich der Zusammensetzung sowie der Rechte und Pflichten des Aufsichtsrats die

die **Mitbestimmung ausschließlich bei der Komplementär-GmbH** stattfinden. Zur Einrichtung eines Aufsichtsrats ist eine GmbH nach §§ 1 Abs. 1, 6 Abs. 1 MitbestG jedoch nur verpflichtet, wenn sie in der Regel[5] mehr als 2.000 Arbeitnehmer[6] beschäftigt. Diese Voraussetzung wird die Komplementär-GmbH kaum je erfüllen. Unter bestimmten, im Folgenden näher zu betrachtenden Voraussetzungen findet aber eine **Zurechnung der Arbeitnehmer der KG zur GmbH** statt. Dies kann dazu führen, dass die GmbH auch dann einen Aufsichtsrat mit Arbeitnehmervertretern einrichten muss, wenn sie selbst nicht einen einzigen Arbeitnehmer beschäftigt.[7]

1. Zurechnung der Arbeitnehmer gem. § 4 MitbestG

2 Die Zurechnung nach § 4 MitbestG rechtfertigt sich aus der **Einheit des Unternehmens** von KG und Komplementär-GmbH. Dafür stellt das Gesetz darauf ab, ob eine Mehrheitsidentität der Gesellschafter von GmbH und KG besteht und ob sich die GmbH im Wesentlichen auf die Führung der Geschäfte der KG beschränkt.[8]

3 **a) Die Voraussetzungen in Bezug auf die Komplementär-GmbH.** § 4 Abs. 1 S. 1 MitbestG setzt voraus, dass ein gemäß § 1 MitbestG mitbestimmungspflichtiges Unternehmen Komplementär einer KG ist. Die GmbH darf nicht unter das Montan-Mitbestimmungsgesetz (§ 1 Abs. 2 Nr. 1 MitbestG) oder unter das Mitbestimmungsergänzungsgesetz (§ 1 Abs. 2 Nr. 2 MitbestG) fallen. Es darf sich bei ihr ferner um kein Tendenzunternehmen (§ 1 Abs. 4 S. 1 MitbestG) und um keine Religionsgemeinschaft handeln (§ 1 Abs. 4 S. 2 MitbestG). Aber auch wenn die KG ein Tendenzunternehmen betreibt, sind die Regelungen des MitbestG auf die Komplementär-GmbH nicht anwendbar, weil sonst die Regelungen über den Tendenzschutz mittelbar beeinträchtigt würden.[9]

---

§§ 90 Abs. 3, 4, 5 S. 1 und 2, 95 bis 114, 116, 118 Abs. 2 125 Abs. 3 u. 4 sowie die §§ 170, 171, 268 Abs. 2 AktG maßgebend. Anders als das BetrVG 1952, verweist das DrittelbG nunmehr ausdrücklich auf die aktienrechtlichen Vorschriften der §§ 125 Abs. 4, 170 AktG. Die fehlende Verweisung in § 77 Abs. 1 Satz 2 BetrVG 1952 auf § 125 Abs. 4 AktG stellte lediglich ein Redaktionsversehen dar; vgl. *Lutter/Hommelhoff* § 52 GmbHG Rn 31. Durch die ausdrückliche Verweisung auf § 170 AktG, der die Vorlagepflicht des Jahresabschlusses und des Lageberichtes an den Aufsichtsrat normiert, wird nunmehr sichergestellt, dass der Aufsichtsrat seine Prüfungsrechte aus § 1 Abs. 1 Nr. 3 DrittelbG i.V. m. § 171 AktG tatsächlich wahrnehmen kann; vgl. *Boewer/Gaul/Otto*, GmbHR 2004, 1065.

[5] „In der Regel“ bedeutet in diesem Zusammenhang, dass die Zahl der Arbeitnehmer nach der Unternehmungsplanung für einen überschaubaren Zeitraum zu bestimmen ist. Dies soll sicherstellen, dass die Mitbestimmung nicht durch kurzfristige Schwankungen der Arbeitnehmerzahl verhindert wird, vgl. *Raiser* § 1 MitbestG Rn 18.

[6] Zum Begriff „Arbeitnehmer“ vgl. *Raiser* § 1 MitbestG Rn 17 ff.

[7] Vgl. *Kunze*, ZGR 1978, 321, 324.

[8] Vgl. die Begründung des Gesetzentwurfs, BT-Drucks. 7/2172, S. 20.

[9] MünchHdb. GesR II/*Riegger* KG § 53 Rn 3; *Schlegelberger/Martens* § 161 HGB Rn 189.

aa) Einsatz ausländischer Kapitalgesellschaften als Komplementäre. Aus der abschließenden Aufzählung mitbestimmungspflichtiger Gesellschaftsformen in § 1 Abs. 1 MitbestG wird abgeleitet, dass nur inländische Komplementär-Kapitalgesellschaften der unternehmerischen Mitbestimmung unterliegen. **4**

Verlegt eine ausländische Komplementär-Kapitalgesellschaft[10] ihren Ver- **5**
waltungssitz ins Inland (sog. Zuzugsfall), so war für das anzuwendende Recht nach bislang h. M. in Deutschland der Ort der tatsächlichen Verwaltung maßgebend (Sitztheorie). Jedenfalls für Gesellschaften, die in einem EU-Mitgliedstaat gegründet wurden und deshalb unter dem Schutz der Niederlassungsfreiheit der Art. 43, 48 EG stehen, ist nach der Rechtsprechung des EuGH nunmehr die Gründungstheorie maßgebend: Die Gesellschaft ist nach dem Recht des Ortes, an dem sie gegründet wurde, zu behandeln.[11] Das MitbestG findet auf eine solche ausländische Komplementärin de lege lata keine Anwendung; dies ist bei echten Auslandsgesellschaften mit Verwaltungssitz im Ausland ganz h. M.[12] Eine analoge Anwendung der §§ 1, 4 MitbestG auf zugezogene „Scheinauslandsgesellschaften" mit tatsächlichem Sitz in Deutschland ist ebenso abzulehnen.[13] Die Frage, ob eine Erstreckung der Mitbestimmungspflicht auf ausländische Komplementär-Gesellschaften durch den deutschen Gesetzgeber mit der Niederlassungsfreiheit des EG-Vertrages vereinbar wäre, ist bisher offen.[14]

Im Bereich der sog. **Wegzugsfälle** ist zu unterscheiden: Eine Sitzverlegung der Komplementär-GmbH in Ausland führt nach h. M. zur Auflösung der Gesellschaft mit der Folge der Besteuerung stiller Reserven.[15] Wird dagegen nur ein inländischer (Teil-)Betrieb einer Komplementär-GmbH auf eine ausländische Gesellschaft mit dem tatsächlichen Verwaltungssitz im Ausland übertragen, so kann der Mitbestimmungsfreiheit das Mitbestimmungs-Beibehaltungsgesetz[16] entgegenstehen, das für den Bereich der Mitbestimmung den Übertragungsvorgang in bestimmten Fällen als „nicht geschehen" fingiert.[17]

---

[10] Die Zulässigkeit einer ausländischen Gesellschaft als Komplementärin einer KG ist allgemein anerkannt, vgl. *K. Schmidt,* § 1 II 8 b, S. 29 u. § 56 VII 2, S. 1662 f.; OLG Stuttgart ZIP 1995, 1004, 1006.

[11] Vgl. zum deutschen internationalen Gesellschaftsrecht nach der neuen Respr. des EuGH („Centros", „Überseering", „Inspire-Art") *Bayer,* BB 2003, 2357; *Weller,* IPrax 2003, 324 m. w. N.

[12] Vgl. *Müller-Bonanni,* GmbHR 2003, 1235, 1238; *Binz/Sorg* GmbH & Co. § 14 Rn 28.

[13] *Veit/Wichert,* AG 2004, 14, 16 m. w. N.; a. A. *Weller* in: Gebauer/Wiedmann, Zivilrecht unter europäischem Einfluß, 2004, Band 1 Kap. 18 sub C IV 6.

[14] Vgl. *Veit/Wichert,* AG 2004, 14, 17 ff.

[15] Diese Folge ist nach der „Daily-Mail"-Entscheidung des EuGH v. 27. 9. 1988 – Rs. 81/87, Slg 1988, 5483 mit der Niederlassungsfreiheit vereinbar. Dem Wegzugsstaat ist es nicht verwehrt, zum Schutz inländischer Interessen Hindernisse für den Wegzug der nach seinem Recht gegründeten Gesellschaften aufzustellen. Es bleibt jedoch abzuwarten, ob der EuGH diese Rechtsprechung auch in Zukunft aufrechterhält, vgl. *Müller-Bonanni,* GmbHR 2003, 1235, 1236 f.

[16] Mitbestimmungs-Beibehaltungsgesetz v. 23. 8. 1994, BGBl. I 1994, 2228; näher *Widmann/Mayer/Wissmann,* Umwandlungsrecht, Anh. 2 Rn 103 ff.

[17] Dazu *Müller/Bonanni,* GmbHR 2003, 1235, 1239.

6 *bb) Weitere persönlich haftende Gesellschafter.* Strittig ist, ob und unter welchen Voraussetzungen § 4 MitbestG anwendbar ist, wenn außer der GmbH noch weitere persönlich haftende Gesellschafter an der KG beteiligt sind. Unproblematisch sind die Fälle, in denen es sich bei diesem Gesellschafter ebenfalls um eine GmbH oder eine AG handelt. Dann sind die Arbeitnehmer der KG auch ihr gemäß § 4 MitbestG zuzurechnen; hingegen sind die Arbeitnehmer einer GmbH nicht der anderen zuzurechnen.[18] Handelt es sich hingegen um eine natürliche Person, so ist umstritten, ob § 4 MitbestG Anwendung finden kann. Dies hätte nämlich zur Folge, dass die natürliche Person trotz ihrer unbeschränkten Haftung dem Mitbestimmungseinfluss der mitbestimmungspflichtigen Komplementär-GmbH ausgesetzt wird, obwohl die persönliche Haftung der Gesellschafter den Hauptgrund bildet, Personengesellschaften nicht der Mitbestimmung zu unterwerfen. Deshalb stößt eine Anwendung von § 4 MitbestG in dieser Konstellation vereinzelt auf Ablehnung.[19] Die ganz überwiegende Meinung hält § 4 MitbestG indes auch hier für anwendbar.[20] Dieser Auffassung ist nicht nur angesichts des Gesetzeswortlauts, sondern auch im Hinblick auf die Gesetzgebungsgeschichte[21] der Vorzug zu geben. Zudem eröffnet die gegenteilige Ansicht Raum für Umgehungen der Mitbestimmung durch Einschaltung einer natürlichen Person.[22]

Seinem Wortlaut nach ist § 4 MitbestG in den Fällen der sog. Einheitsgesellschaft, also dann, wenn sämtliche Anteile der GmbH bei der KG liegen, nicht erfüllt. Doch ist angesichts der tatsächlich bestehenden Identität § 4 MitbestG auch auf diese Konstellation anzuwenden.[23]

7 **b) Das Erfordernis der Mehrheitsidentität.** Weitere Voraussetzung für die Anwendbarkeit von § 4 MitbestG ist, dass die Mehrheit der Kommanditisten, berechnet nach der Mehrheit der Anteile oder der Stimmen, die **Mehrheit der Anteile oder der Stimmen** in der Komplementär-GmbH besitzt. Dieses Erfordernis wurzelt in der Vorstellung des Gesetzgebers, dass die GmbH und die KG ein einheitliches Unternehmen betreiben. Die unterschiedlichen Mehrheitsarten sind dabei gleichwertig.[24] Ausreichend ist es, wenn dieselben Personen in der einen Gesellschaft über die Mehrheit der Stimmen, in der anderen über die Mehrheit der Anteile verfügen.[25] Nicht erforderlich ist hingegen, dass die Gesellschafter in

---

[18] MünchHdb. GesR II/*Riegger* KG § 53 Rn 5.

[19] *Hesselmann/Tillmann* GmbH & Co. Rn 345; MünchHdb. GesR II/*Riegger* KG § 7 Rn 4; *Wiesner*, GmbHR 1981, 36, 39.

[20] *Fitting/Wlotzke/Wißmann* § 4 MitbestG Rn 34; *Hanau/Ulmer* § 4 MitbestG Rn 9; *Raiser* § 4 MitbestG Rn 7; *Schlegelberger/Martens* § 161 HGB Rn 187.

[21] Vgl. BT-Drs. 7/2172, S. 21.

[22] *Raiser* § 4 MitbestG Rn 7.

[23] OLG Celle DB 1979, 2505; *Fitting/Wlotzke/Wißmann* § 4 MitbestG Rn 23; *Hanau/Ulmer* § 4 MitbestG Rn 17; *Hölters*, DB 1977, 2232, 2233 f.; *Kunze*, ZGR 1978, 321, 335; *Raiser* § 4 MitbestG Rn 9.

[24] *Hölters*, DB 1977, 2232; a. A. *Kunze*, ZGR 1978, 321, 326 f. (Vorrang des Stimmrechts).

[25] MünchHdb. GesR II/*Riegger* KG § 53 Rn 10; *Schlegelberger/Martens* § 161 HGB Rn 9.

beiden Gesellschaften die gleichen Anteile oder die gleiche Stimmenzahl besitzen.[26]

Für die Berechnung der Mehrheit ist primär auf die **gesellschaftsvertraglichen Abreden** abzustellen.[27] Fehlen solche Bestimmungen, ist die gesetzliche Regelung der jeweiligen Rechtsform entscheidend.[28] Danach richtet sich bei der **GmbH** die Anteilsmehrheit nach dem Nennbetrag der Geschäftsanteile. Gem. § 47 Abs. 2 GmbHG gewähren jede fünfzig Euro eines Geschäftsanteils eine Stimme. Bei der **Kommanditgesellschaft** ist für die Anteilsmehrheit die Höhe der kapitalmäßigen Beteiligung des Kommanditisten entscheidend. Die Stimmenmehrheit bestimmt sich nach der Kopfzahl der Kommanditisten, §§ 161 Abs. 2, 119 Abs. 2 HGB.

Bei der Ermittlung der Mehrheitsverhältnisse sind auch **mittelbare Beteiligungen** zu berücksichtigen. Dies entspricht der Intention des Gesetzgebers, durch § 4 MitbestG der Umgehung der Mitbestimmung Einhalt zu gebieten.[29] Dazu sind die Grundsätze aus § 16 Abs. 2 bis 4 AktG als Ausdruck allgemeiner unternehmensrechtlicher Regeln heranzuziehen.[30] Eigene Anteile der Komplementär-GmbH werden bei der Berechnung ebenso wenig berücksichtigt wie die der von ihr abhängigen Unternehmen; Entsprechendes gilt für die Stimmenmehrheit (§ 16 Abs. 2 S. 2 u. 3, Abs. 3 AktG analog).[31] Den Kommanditisten werden mittelbare Beteiligungen an der Komplementär-GmbH entsprechend § 16 Abs. 4 AktG zugerechnet.[32] Im Falle einer treuhänderischen Ausübung der Beteiligung ist der Anteil bei eigennütziger Treuhand dem Treuhänder, bei fremdnütziger Treuhand dem Treugeber zuzurechnen.[33] Zwar wird vertreten, dass nur solche mittelbaren Beteiligungen, die gerade zum Zweck der Umgehung der Mitbestimmung eingeräumt wurden, bei der Mehrheitsermittlung mitzuzählen seien.[34] Ein solcher Umgehungswille lässt sich jedoch nur schwer nachweisen, weswegen eine derartige Differenzierung nicht sachgerecht erscheint. Rein tatsächliche oder auch familienrechtliche Beziehungen reichen für eine Zurechnung regelmäßig nicht aus.[35] Bei Stimmbindungsver-

---

[26] *Raiser* § 4 MitbestG Rn 9.

[27] Näher MünchHdb. GesR II/*Riegger* KG § 53 Rn 9.

[28] Vgl. zur Mehrheitsberechnung *Hölters*, DB 1977, 2232; GK-MitgestG/*Naendrup* § 4 Rn 20.

[29] Vgl. GK-MitbestG/*Naendrup* § 4 Rn 22.

[30] *Hanau/Ulmer* § 4 MitbestG Rn 14; GK-AktG/*Oetker* § 4 MitbestG Rn 6; *Raiser* § 4 Rn 10.

[31] *Hanau/Ulmer* § 4 MitbestG Rn 14.

[32] MünchHdb. GesR II/*Riegger* KG § 53 Rn 10; *Schlegelberger/Martens* § 161 HGB Rn 188; a. A. *Fitting/Wlotzke/Wißmann* § 4 MitbestG Rn 38; *Hanau/Ulmer* § 4 MitbestG Rn 22.

[33] Vgl. *Hanau/Ulmer* § 4 MitbestG Rn 18; *Wiesner*, GmbHR 1981, 36, 40, auch zu Indizien für das Vorliegen einer fremdnützigen Treuhand.

[34] *Binz/Sorg* § 14 Rn 21 ff.; Raiser § 4 MitbestG Rn 11 (differenzierend zwischen der Treuhand zum ernsthaften Zweck und dem Zweck der Mitbestimmungsumgehung).

[35] Vgl. *Schlegelberger/Martens*, § 161 HGB Rn 192; *Wiesner*, GmbHR 1981, 36, 40; vgl. auch *Hölters*, DB 1977, 2232, 2233: nur bei nachweislich gleichgerichteten unternehmerischen Interessen.

trägen ist auf die konkrete Einzelregelung abzustellen.[36] Familienrechtliche Beziehungen und Stimmbindungsverträge können jedoch Anhaltspunkte für ein bestehende Treuhandverhältnis liefern.[37]

Hat die KG einen weiteren Komplementär, so sind dessen Anteile und Stimmen bei der Berechnung der Mehrheitsverhältnisse zu berücksichtigen.[38] Auch in diesem Fall müssen die Kommanditisten mehr als die Hälfte aller Stimmen bzw. Geschäftsanteile an der Kommanditgesellschaft innehaben. Nur so lässt sich ermitteln, ob die Mehrheitsverhältnisse eine Unternehmenseinheit ergeben, die die Zurechnung nach § 4 MitbestG trägt.[39]

8 **c) Kein eigener Geschäftsbetrieb.** Die Komplementär-GmbH darf schließlich keinen eigenen Geschäftsbetrieb mit in der Regel[40] mehr als **500 Mitarbeitern** haben. Dem liegt die gesetzgeberische Vorstellung zugrunde, dass dann kein einheitliches Unternehmen vorliegt, das eine Zurechnung rechtfertigen könnte.[41] Um einen **eigenen Geschäftsbetrieb** handelt es sich dann, wenn die Komplementär-GmbH über ein eigenes Unternehmen verfügt, das vom Unternehmen der KG abgegrenzt werden kann.[42] Nicht ausreichend ist, dass die Komplementär-GmbH einen eigenen Betrieb führt und eigene Arbeitnehmer beschäftigt.[43] Als Indizien für die Entscheidung, ob zwei unterschiedliche Unternehmen vorliegen, können u. a. ein getrenntes Rechnungswesen, unterschiedliche Produktionen, ein möglicher Wettbewerb zwischen den Unternehmen und verschiedene Unternehmensziele herangezogen werden.[44] Um verschiedene Unternehmen handelt es sich indes auch dann, wenn die Komplementär-GmbH Holdingfunktionen für mehrere Kommanditgesellschaften ausübt.[45] Einen eigenen Geschäftsbetrieb kann die Komplementär-GmbH auch durch abhängige Unternehmen betreiben.[46]

Bei der Berechnung der im Geschäftsbetrieb der GmbH beschäftigten Arbeitnehmer sind die Mitarbeiter anderer eigenständiger Kommanditgesellschaften, die **nach § 4 Abs. 1 MitbestG zugerechnet** werden, ebenso mitzuzählen wie die Arbeitnehmer von Unternehmen, die selbst von der GmbH abhängig sind und ihr nach § 5 Abs. 1 S. 1 MitbestG zugerechnet werden, nicht aber solche Arbeitnehmer, die bei der GmbH zur Wahrnehmung der Komplementär-Aufgaben eingesetzt werden.[47]

---

[36] MünchHdb. GesR II/*Riegger* KG, § 53 Rn 10; *Schlegelberger/Martens*, § 161 HGB Rn 192.

[37] GK-AktG/*Oetker*, § 4 MitbestG Rn 6.

[38] MünchHdb. GesR II/*Riegger* KG § 53 Rn 10. Zur Anwendbarkeit von § 4 MitbestG in diesem Fall s. o.

[39] *Hanau/Ulmer* § 4 MitbestG Rn 16; zum Beispielsfall vgl. *Hölters*, DB 1977, 2232, 2234; a. A. *Hoffmann/Lehmann/Weinmann* § 4 MitbestG Rn 7.

[40] Zur Bedeutung des Begriffs „in der Regel" vgl. Rn 5.

[41] *Raiser* § 4 MitbestG Rn 16.

[42] *Raiser* § 4 MitbestG Rn 16; *Schlegelberger/Martens* § 161 HGB Rn 190.

[43] *Schlegelberger/Martens* § 161 HGB Rn 190.

[44] Vgl. *Raiser* § 4 MitbestG Rn 16.

[45] *Schlegelberger/Martens*, § 161 HGB Rn 190.

[46] MünchHdb. GesR II/*Riegger* KG § 53 Rn 8.

[47] MünchHdb. GesR II/*Riegger* KG § 53 Rn 8.

§ 4 Abs. 1 S. 1 MitbestG enthält eine Ausnahmebestätigung („sofern nicht"). Dies führt zu einer Beweislastumkehr zu Lasten dessen, der die Freistellung von der Mitbestimmung behauptet.[48] Liegen die Voraussetzungen für einen eigenständigen Betrieb mit mehr als 500 Mitarbeitern vor, so entfällt die Pflicht zur Einrichtung des paritätisch besetzten Aufsichtsrats nach § 4 MitbestG. Die GmbH muss in diesen Fällen aber einen Aufsichtsrat nach § 1 Nr. 3 DrittelbG einrichten (dazu Fn 4).

d) Einheitsgesellschaft. Seinem Wortlaut nach ist § 4 MitbestG in den Fällen der sog. Einheitsgesellschaft, also dann, wenn sämtliche Anteile der GmbH bei der KG liegen, nicht erfüllt. Jedoch sind die Kommanditisten dann mittelbar über die KG an der GmbH beteiligt (vgl. dazu Rn 7). Angesichts der tatsächlich bestehenden Identität ist § 4 MitbestG auch auf diese Konstellation anzuwenden.[49] Dies gilt jedenfalls dann, wenn die einheitliche Willensbildung und Entscheidung in beiden Gesellschaften durch rechtliche Vereinbarungen abgesichert ist, z. B. dann, wenn den Kommanditisten Stimmrechte bei der GmbH eingeräumt sind.[50]

e) Mehrstöckige GmbH & Co. KG.[51] Würden der GmbH nur diejenigen Arbeitnehmer zugerechnet, die von einer KG beschäftigt werden, an der sie unmittelbar beteiligt ist, ließen sich die Mitbestimmungsvorschriften leicht dadurch umgehen, dass die Komplementärfunktion in der KG von einer GmbH & Co. KG ausgeübt würde. Dies soll § 4 Abs. 1 S. 2 und 3 MitbestG verhindern.[52] Ist die GmbH & Co. KG (**Obergesellschaft**) persönlich haftender Gesellschafter einer anderen KG (**Untergesellschaft**), so gelten danach auch die Arbeitnehmer der Untergesellschaft als Arbeitnehmer der Komplementär-GmbH (S. 2). Gleiches gilt, wenn sich die Verbindung von KGs in dieser Weise fortsetzt. Umstritten ist, ob es in diesen Fällen auch der weiteren Zurechnungsvoraussetzungen des § 4 Abs. 1 S. 1 MitbestG bedarf (kongruente Mehrheitsverhältnisse auch in der Ober- und Untergesellschaft, kein eigener Geschäftsbetrieb der Obergesellschaft mit in der Regel mehr als 500 Arbeitnehmern, der gegenüber der Untergesellschaft eigenständig ist). Vor dem Hintergrund der Zielsetzung des § 4 MitbestG, für die Zurechnung auf das Vorliegen einer Unternehmenseinheit abzustellen, ist dies zu bejahen. Wenn § 4 Abs. 1 S. 2 u. 3 MitbestG eine Gesetzesumgehung verhindern möchte, erscheint es nicht erforderlich, auf die weiteren Erfordernisse des S. 1 zu verzichten und die Zurechnungsvoraussetzungen somit zu erleichtern.[53]

---

[48] *Raiser* § 4 MitbestG Rn 16: a. A. *Binz/Sorg* § 14 Rn 31.

[49] OLG Celle, DB 1979, 2505; *Fitting/Wlotzke/Wissmann* § 4 MitbestG Rn 23; *Hanau/Ulmer* § 4 MitbestG, Rn 17; *Hölters*, DB 1977, 2232, 2233 f.; *Kunze*, HZGR 1978, 321, 335; *Raiser*; § 4 MitbestG Rn 13.

[50] OLG Bremen DB 1980, 1332, 1333; *Binz/Sorg* § 14 Rn 72.

[51] Dazu in diesem Band *Liebscher* § 3 IV.

[52] MünchHdb. KG/*Riegger* § 53 Rn 12.

[53] So auch die Einschätzung des Gesetzgebers, BT-Drucks. 7/2172 S. 20.

2. Zurechnung der Arbeitnehmer gem. § 5 MitbestG

9 § 5 MitbestG will sicherstellen, dass die unternehmerische **Mitbestimmung** dort stattfindet, wo die Konzernleitung ausgeübt wird, nämlich **beim herrschenden Unternehmen**.[54] Die Vorschrift bewirkt eine Zurechnung der Arbeitnehmer der abhängigen Unternehmen zur Konzernspitze. Für die GmbH & Co. KG kann die Norm in drei Konstellationen relevant werden:

10 **a) Die GmbH & Co. KG als Konzern**. Fehlt es an einer der Voraussetzungen des § 4 Abs. 1 MitbestG und ist die Norm auf die GmbH & Co. KG deshalb nicht anwendbar, beschäftigen die GmbH und die KG zusammen aber mehr als in der Regel 2.000 Mitarbeiter, stellt sich die sehr umstrittene Frage, ob die GmbH & Co. KG einen Unterordnungskonzern darstellt, so dass eine Zurechnung nach § 5 S. 1 MitbestG gerechtfertigt ist. Dagegen wird teilweise eingewendet, bei § 4 MitbestG handele es sich um eine abschließende Regelung, die der Anwendbarkeit von § 5 Abs. 1 MitbestG in dieser Konstellation entgegenstehe.[55] Dies ist jedoch schon deshalb nicht überzeugend, weil der Regelungsgegenstand beider Normen differiert. Während § 4 Abs. 1 MitbestG die Frage der Einheit des Unternehmens von GmbH und KG erfassen möchte, ist Zurechnungsgrund bei Abs. 1 MitbestG die Beherrschung eines Unternehmens. § 5 MitbestG findet mithin auch in dieser Konstellation Anwendung.[56]

11 § 5 Abs. 1 S. 1 MitbestG verweist auf den aktienrechtlichen Konzernbegriff des § 18 Abs. 1 AktG. In seinem originären konzernrechtlichen Anwendungsbereich verlangt § 18 Abs. 1 AktG, dass ein Gesellschafter **anderweitige wirtschaftliche Interessenbindung** außerhalb der Gesellschaft hat;[57] nur dann drohen die Interessenkonflikte, vor denen das Konzernrecht Gläubiger und Minderheitsgesellschafter schützen will.[58] Im Normalfall der GmbH & Co. KG beschränkt sich die Komplementär-GmbH jedoch auf die Geschäftsführung der KG, weswegen nach teilweise vertretener Ansicht eine Zurechnung nach § 5 MitbestG i. V. m. § 18 AktG ausscheiden soll.[59] Durch die Verweisung auf § 18 will das MitbestG indes nur der Verlagerung des Entscheidungszentrums Rechnung tragen und gewährleisten, dass die Mitbestimmung an der Konzernspitze stattfindet.[60] Ob das herr-

---

[54] *Raiser* § 5 MitbestG, Rn 1; *Schneider*, ZGR 1977, 335, 345.

[55] So *Beinert/Hennerkes/Binz*, DB 1979, 68; *Hölters*, RdA 1979, 338; OLG Celle DB 1979, 2502, 2503; OLG Bremen DB 1980, 1332, 12334 f. (für eine AG & Co. KG).

[56] Vgl. MünchHdb. GesR II/*Riegger* KG § 53 Rn 16; *Schlegelberger/Martens* § 161 HGB Rn 196; *Schneider*, ZGR 1977, 335, 345 f.

[57] *Emmerich/Habersack*, Aktien- und GmbH-Konzernrecht Kommentar, 2. Aufl. 2001, § 15 AktG Rn 10; BGHZ 69, 334 (346); BGH NJW 2001, 2973, 2974.

[58] Vgl. *Hüffer* § 15 AktG Rn 3.

[59] OLG Bremen DB 1980, 1332, 1334 f.; *Beinert/Hennerkes/Binz*, DB 1979, 68, 69; *Hesselmann/Tillmann*, GmbH & Co. Rn 349; *Hoffmann/Lehmann/Weinmann* MitbestG § 5 Rn 13.

[60] *Raiser*, FS Kropff, S. 243, 247 f.; MünchHdb. GesR II/*Riegger* KG § 53 Rn 14; *Schneider*, ZGR 1977, 335, 345.

schende Unternehmen noch anderweitige Interessen verfolgt, ist für diesen Regelungszweck unerheblich. Somit ist hier ein abweichender Konzernbegriff anzuwenden: § 5 Abs. 1 S. 1 MitbestG i. V. m. § 18 Abs. 1 AktG findet auf die GmbH & Co. KG auch dann Anwendung, wenn die Komplementär-GmbH keine eigene unternehmerische Tätigkeit entfaltet.[61] Ebenso wenig setzt der Begriff des herrschenden Unternehmens i. S. d. MitbestG die Beschäftigung eigener Arbeitnehmer voraus.[62]

Über § 18 Abs. 1 AktG verweist das MitbestG mittelbar auf § 17 AktG. **12** Voraussetzung ist mithin, dass die KG von der Komplementär-GmbH **abhängig** ist. Dafür reicht schon die Möglichkeit einer unmittelbaren oder mittelbaren Einflussnahme aus.[63] Steht die KG im Mehrheitsbesitz der GmbH, begründet § 17 Abs. 2 AktG die widerlegliche Vermutung der Abhängigkeit.

Schließlich muss die KG unter der **einheitlichen Leitung** der GmbH stehen. Selbst wenn man mit der h. M. jedenfalls im Bereich des MitbestG genügen lässt, dass das herrschende Unternehmen einzelne Sparten des abhängigen Unternehmens leitet[64] (sog. weiter Konzernbegriff), ergeben sich bei der GmbH & Co. KG Zweifel. Beim gesetzlichen Regelfall der GmbH & Co. KG verbleibt den Kommanditisten nach §§ 164 S. 1 i. V. m. 161 Abs. 2, 116 Abs. 2 HGB ein Zustimmungsrecht bei ungewöhnlichen Geschäften der Geschäftsführung.[65] Kann die GmbH somit mangels abweichender Gestaltung im Gesellschaftsvertrag[66] nur die laufende Geschäftsführung selbständig ausüben, verfügt sie noch nicht über die konzernrechtliche Leitungsmacht.[67]

b) Die KG als abhängiges Unternehmen einer dritten Gesellschaft. **13** § 5 Abs. 1 S. 2 MitbestG enthält eine Zurechnungsnorm für die Fälle, in denen zwar die KG, nicht aber die Komplementär-GmbH ein abhängiges Konzernunternehmen ist. Dann sind auch die Arbeitnehmer der Komplementärgesellschaft dem konzernherrschenden Unternehmen zuzurechnen.[68]

c) Die GmbH & Co. KG als Konzernspitze. Ist eine GmbH & Co. KG Konzernspitze, so scheitert eine Zurechnung nach § 5 Abs. 1 S. 1 MitbestG daran, dass die KG selbst nicht der Mitbestimmung unterfällt. Diese

---

[61] OLG Stuttgart AG 1990, 168, 169; *Raiser* § 5 MitbestG Rn 5; *Hanau/Ulmer* § 5 MitbestG Rn 16.

[62] *Hanau/Ulmer* § 5 MitbestG Rn 16.

[63] Dazu näher *Hüffer* § 17 AktG Rn 4 ff.

[64] So für das MitbestG *Raiser* § 5 MitbestG Rn 13 m. w. N.; zum umstrittenen Konzernbegriff *Hüffer* § 18 AktG Rn 8 ff.

[65] Entgegen seinem Wortlaut normiert § 164 HGB kein Widerspruchs-, sondern ein Zustimmungsrecht; vgl. *Baumbach/Hopt* § 164 HGB Rn 2.

[66] Vgl. zu entsprechenden Möglichkeiten *Baumbach/Hopt*, § 164 HGB Rn 6.

[67] MünchHdb. GesR II/*Riegger* KG § 53 Rn 16; *Schlegelberger/Martens* § 161 HGB Rn 196; *Zöllner*, ZGR 1977, 319, 334; a. A. aber jüngst *Sigle*, FS Peltzer, S. 539, 550 sowie OLG Celle DB 1979, 2502, 2503; *Schneider*, ZGR 1977, 335, 347.

[68] Vgl. *Hanau/Ulmer* § 5 MitbestG Rn 34; *Schlegelberger/Martens* § 161 HGB Rn 198.

Lücke füllt § 5 Abs. 2 S. 1 MitbestG durch eine Zurechnung nicht zur herrschenden KG, sondern weitergehend zu ihrer Komplementär-GmbH, sofern bei der GmbH & Co. KG die Voraussetzungen des § 4 Abs. 1 MitbestG erfüllt sind. Aufgrund der Verweisung auf § 4 Abs. 2 MitbestG kann dies nicht umgangen werden, indem die mitbestimmte GmbH von der Geschäftsführung ausgeschlossen wird.[69]

3. Zusammensetzung des Aufsichtsrats

14 Der Aufsichtsrat besteht aus mindestens **zwölf Mitgliedern**. Bei in der Regel mehr als 10.000 Arbeitnehmern erhöht sich die Zahl auf 16, und bei in der Regel mehr als 20.000 auf **20 Mitglieder**. Im Gesellschaftsvertrag kann jedoch bei Gesellschaften mit in der Regel nicht mehr als 10.000 Arbeitnehmern auch eine Zahl von 16 oder 20 Aufsichtsratsmitgliedern, bei Gesellschaften mit in der Regel mehr als 10.000, nicht aber mehr als 20.000 Arbeitnehmern eine Zahl von 20 Aufsichtsratsmitgliedern bestimmt werden (§ 7 Abs. 1 MitbestG). Berechnungsgrundlage ist dabei die Zahl der bei der Komplementär-GmbH beschäftigten sowie der ihr zuzurechnenden Arbeitnehmer. All diesen Arbeitnehmern steht das aktive und passive Wahlrecht zu. Die eine Hälfte der Aufsichtsratsmitglieder wird von den Arbeitnehmern nach §§ 9 ff. MitbestG gewählt, die andere von den Gesellschaftern der Komplementär-GmbH. In § 7 Abs. 2 MitbestG wird festgelegt, dass sich, abhängig von der Aufsichtsratsgröße, unter den Aufsichtsratsmitgliedern der Arbeitnehmer eine bestimmte Zahl von Arbeitnehmern des Unternehmens und eine bestimmte Zahl von Gewerkschaftsvertretern befinden müssen. Bei den Aufsichtsratsmitgliedern der Gesellschafter kann im Gesellschaftsvertrag der GmbH das für die Wahl zuständige Organ festgelegt werden (§ 8 Abs. 1 MitbestG).[70]

4. Innere Ordnung und Beschlussfassung

15 Die innere Ordnung, die Beschlussfassung und die Rechtsstellung des Aufsichtsrats bestimmt sich nach §§ 27 bis 29, 31 und 32 MitbestG und, soweit diese Vorschriften dem nicht entgegenstehen, nach §§ 90 Abs. 3, 4 und 5 , 107 bis 116, 118 Abs. 2, 125 Abs. 3 und 171 sowie 268 Abs. 2 AktG (§ 25 Abs. 1 MitbestG). Anders als nach dem Aktiengesetz bedarf es zur Wahl des Aufsichtsratsvorsitzenden und seines Stellvertreters jedoch einer $^{2}/_{3}$-Mehrheit (§ 27 Abs. 1 MitbestG). In einem **eventuellen zweiten Wahlgang** wählen die Aufsichtsratsmitglieder der Anteilseigner den Vorsitzenden und die Aufsichtsratsmitglieder der Arbeitnehmer den Stellvertreter (§ 27 Abs. 2 MitbestG).[71]

16 Beschlüsse des Aufsichtsrats bedürfen gemäß § 29 Abs. 1 MitbestG grundsätzlich der Mehrheit der abgegebenen Stimmen. Dabei handelt es sich um zwingendes Recht. Insbesondere ist es nicht zulässig, in der Satzung oder der Geschäftsordnung höhere Mehrheitserfordernisse festzu-

---

[69] Zu § 4 Abs. 2 MitbestG s. Rn 27.

[70] Vgl. *Hanau/Ulmer* § 8 MitbestG Rn 3; *Raiser* § 8 MitbestG Rn 1.

[71] Zur Rechtsstellung des Aufsichtsratsvorsitzenden ausf. *Peus*, Der Aufsichtsratsvorsitzende, S. 425 ff.

schreiben.[72] Kommt es zur Stimmengleichheit, hat der Aufsichtsratsvorsitzende, wenn auch eine erneute Abstimmung Stimmengleichheit ergibt, zwei Stimmen (§ 29 Abs. 2 MitbestG). Auch diese Bestimmung ist zwingend, sie kann durch Regelungen in der Satzung oder der Geschäftsordnung nur ergänzt, nicht aber modifiziert werden.[73]

5. Bestellung und Abberufung der Geschäftsführer

Nach **§ 31 MitbestG** ist der Aufsichtsrat zuständig für die Bestellung der Mitglieder der Geschäftführung und für den Widerruf ihrer Bestellung. **17**

Im ersten Wahlgang bedarf es hierzu einer Mehrheit von zwei Dritteln der Aufsichtsratsmitglieder (§ 31 Abs. 2 MitbestG). Wird diese nicht erreicht, hat der Vermittlungsausschuss nach § 27 Abs. 3 MitbestG tätig zu werden. In einem anschließenden zweiten Wahlgang bedarf es dann nur noch der Mehrheit der Aufsichtsratsmitglieder (§ 31 Abs. 3 MitbestG), in einem eventuell erforderlichen dritten Wahlgang hat der Aufsichtsratsvorsitzende zwei Stimmen (§ 31 Abs. 4 MitbestG). Einschränkungen hinsichtlich der Auswahl der Personen und der Festsetzung der Anstellungsbedingungen können die Gesellschafter nur vornehmen, soweit das Auswahlermessen des Aufsichtsrats unter Berücksichtigung der besonderen Verhältnisse der betroffenen Gesellschaft nicht unverhältnismäßig eingeschränkt wird.[74]

Der Widerruf der Bestellung, der gemäß § 31 Abs. 1 MitbestG i.V. m. **18**
§ 84 Abs. 3 AktG nur aus wichtigem Grund möglich ist, erfolgt nach dem gleichen Verfahren (§ 31 Abs. 5 MitbestG).

Die Geschäftsführung der Komplementär-GmbH muss aus mindestens **19**
zwei Personen bestehen. Darunter muss als gleichberechtigtes Organmitglied ein Arbeitsdirektor sein (§ 33 Abs. 1 S. 1 MitbestG).[75] Die Bestimmung der Aufgaben des Arbeitsdirektors überlässt das Gesetz der Geschäftsordnung (§ 33 Abs. 2 S. 2 MitbestG), für deren Erlass regelmäßig die Gesellschafterversammlung zuständig ist.[76] Dem **Arbeitsdirektor** muss jedoch im Schwerpunkt die Zuständigkeit im Personal- und Sozialbereich eingeräumt werden.[77] Allerdings sind in der Geschäftsordnung auch Bestimmungen zulässig, aufgrund derer der Arbeitsdirektor in diesem Bereich überstimmt werden kann.[78] Neben diesen Zuständigkeiten im Personal- und Sozialbereich können dem Arbeitsdirektor jedoch auch zusätzliche Aufgaben aus anderen Geschäftsbereichen übertragen werden.[79]

---

[72] *Hanau/Ulmer* § 29 MitbestG Rn 8; *Raiser* § 29 MitbestG Rn 7.

[73] Vgl. *Raiser* § 29 MitbestG Rn 14.

[74] Ausführlich *Hanau/Ulmer* § 31 MitbestG Rn 10 ff.; MünchHdb. GesR II/*Riegger* KG § 7 Rn 21.

[75] *Fitting/Wlotzke/Wißmann* § 33 MitbestG Rn 14; *Hanau/Ulmer* § 30 MitbestG Rn 6; *Immenga*, ZGR 1977, 249, 254; *Klamroth*, BB 1977, 305, 308; a. A. *Binz/Sorg* GmbH & Co. § 14 Rn 8: Der GmbH-Geschäftsführer kann in einer Person zugleich die Aufgaben des Arbeitsdirektors wahrnehmen; *Overlack*, ZHR 141 (1977), 125, 128 ff.

[76] MünchHdb. GesR II/*Riegger* KG § 53 Rn 22.

[77] BGHZ 89, 48, 59; *Hanau/Ulmer* § 33 MitbestG Rn 39.

[78] BGHZ 89, 48, 59; näher MünchHdb. GesR II/*Riegger* KG § 53 Rn 22.

[79] Näher *Hanau/Ulmer* § 33 MitbestG Rn 40.

Der Aufsichtsrat ist daneben auch für Abschluss, Änderung und Beendigung der Dienstverträge mit den Geschäftsführern zuständig.[80] Die Beschlussfassung und das Verfahren bestimmen sich insoweit aber nach den allgemeinen Regeln über die Beschlussfassung im mitbestimmten Aufsichtsrat nach § 25 MitbestG.[81]

6. Kontrollrechte des Aufsichtsrats

20 Nach § 25 Abs. 1 S. 1 Nr. 2 MitbestG i.V. m. § 111 Abs. 1 AktG hat der Aufsichtsrat die Geschäftsführung zu überwachen. Unmittelbar bezieht sich dies nur auf die Geschäftsführung in der GmbH. Die Überwachungsaufgabe umfasst die Geschäftsführung in der GmbH aber auch, soweit sich diese auf die Tätigkeit für die KG bezieht.[82]

21 Der Aufsichtsrat kann die **Bücher und Schriften** der GmbH nach § 25 Abs. 1 S. 1 Nr. 2 MitbestG i.V. m. § 111 Abs. 2 AktG einsehen, auch soweit sie die Rechtsbeziehungen zur KG betreffen. Er ist jedoch nicht befugt, selbst die Bücher der KG einzusehen.[83] Ähnliches gilt hinsichtlich der **Berichtspflicht** gemäß § 90 AktG.[84] Danach ist zwar nicht die KG selbst berichtspflichtig; die Berichtspflicht der GmbH-Geschäftsführer erstreckt sich aber auf Vorgänge in der KG, die auch für die GmbH von Relevanz sind.[85]

22 Gemäß § 25 Abs. 1 S. 1 Nr. 2 MitbestG i.V. m. § 111 Abs. 4 S. 2 AktG muss der Aufsichtsrat oder der Gesellschaftsvertrag solche Arten von Geschäften[86] festlegen, die nur mit Zustimmung des Aufsichtsrats vorgenommen werden dürfen. Jedoch ist dabei der Zuständigkeitsordnung der GmbH Rechnung zu tragen. Der Zustimmungskatalog soll die Überwachung des Aufsichtsrats über die Geschäftsführung, nicht dagegen über die Gesellschafterversammlung sicherstellen.[87] Ebenso wenig sollte er sich auf Maßnahmen der laufenden Geschäftsführung erstrecken, zu denen der Geschäftsführer von den Gesellschaftern angewiesen wurde.[88] Geschäftsführungsmaßnahmen in der KG kann der Aufsichtsrat der GmbH zwar nicht unmittelbar einem **Zustimmungserfordernis** unterwerfen. Da die Geschäftsführung in der KG jedoch regelmäßig bei der GmbH als Kom-

---

[80] Vgl. BGHZ 89, 48; *Fitting/Wlotzke/Wißmann* § 31 MitbestG Rn 34; MünchHdb. GesR II/*Riegger* KG § 53 Rn 21.

[81] Vgl. *Hanau/Ulmer* § 31 MitbestG Rn 41; *Raiser* § 31 MitbestG Rn 27.

[82] MünchHdb. GesR II/*Riegger* KG § 53 Rn 24; *Raiser* § 4 MitbestG Rn 20.

[83] Vgl. *Raiser* § 4 MitbestG Rn 20.

[84] Zum Umfang der Berichtspflicht vgl. *v. Hoyningen-Huene/Powietzka*, BB 2001, 529, 531 f.; *Gaul/Otto*, GmbHR 2003, 6, 8; zur Frage, ob die Verpflichtung zur unaufgeforderten Berichterstattung durch den Geschäftsführer entsprechend § 90 Abs. 1 u. 2 AktG bei der GmbH besteht, obwohl eine Verweisung in § 25 Abs. 1 S. 1 Nr. 2 MitbestG fehlt, vgl. *v. Hoyningen-Huene/Powietzka*, BB 2001, 529 ff.; *Gaul/Otto*, GmbHR 2003, 6, 7.

[85] MünchHdb. GesR II/*Riegger* KG § 53 Rn 26.

[86] Vgl. den Vorschlag eines Zustimmungskataloges für eine AG bei *Lutter/Krieger*, Rechte und Pflichten des Aufsichtsrats, 2002, Rn 109.

[87] *Gaul/Otto*, GmbHR 2003, 6, 11.

[88] *Gaul/Otto*, GmbHR 2003, 6, 11 f.; *Lutter/Krieger*, Fn 86, Rn 927.

plementärin liegt, kann er dieses Ergebnis mittelbar dadurch erreichen, dass er die Vornahme bestimmter Geschäfte der GmbH für die KG von seiner Zustimmung abhängig macht.[89] Ratsam kann dies u. U. im Hinblick auf Gesellschafterbeschlüsse in der KG sein. Die Geschäftsführer haben allerdings entsprechend § 111 Abs. 4 S. 3 AktG die Möglichkeit, bei Verweigerung der Zustimmung die Angelegenheit der GmbH-Gesellschafterversammlung vorzulegen, welche sodann – entgegen dem Wortlaut von § 111 Abs. 4 S. 4 AktG mit einfacher Mehrheit – über die Zustimmung entscheidet.[90]

Der Zustimmungsvorbehalt stellt indes nur ein Instrument dar, bestimmte Geschäftsführungshandlungen zu verhindern. Dem Aufsichtsrat steht hingegen nicht das Recht zu, die Geschäftsführer zur Vornahme bestimmter Handlungen anzuweisen.[91] Eine Ausnahme hiervon normiert § 32 MitbestG. Danach unterliegen die Geschäftsführer bei der Ausübung bestimmter Beteiligungsrechte gegenüber der mitbestimmten Untergesellschaft, sofern die Beteiligung bei mindestens 25 % liegt,[92] dem Votum des Aufsichtsrats. Dabei bedürfen die Beschlüsse des Aufsichtsrats jedoch nur der Mehrheit der Stimmen der Aufsichtsratsmitglieder der Anteilseigner; insoweit kommt es also zu einer Einschränkung der Mitbestimmung. Inhaltlich betrifft dies die Rechte der GmbH bei der Bestellung, dem Widerruf der Bestellung[93] oder der Entlastung von Verwaltungsträgern,[94] bei der Beschlussfassung über die Auflösung oder Umwandlung der Untergesellschaft, den Abschluss von Unternehmensverträgen zwischen der Ober- und Untergesellschaft, über die Fortsetzung nach der Auflösung des Unternehmens oder über die Übertragung des Unternehmens. Sinn der Vorschrift ist es, eine Potenzierung der Mitbestimmung zu verhindern und bestimmte Grundlagenentscheidungen der Entscheidung der Anteilseignervertreter zu überlassen.[95] **23**

Nach § 25 Abs. 1 S. 1 Nr. 2 MitbestG i. V. m. § 118 Abs. 2 AktG sollen die **Aufsichtsratsmitglieder** an der Gesellschafterversammlung der GmbH **teilnehmen**. Hingegen sind sie zur Teilnahme an der Gesellschafterversammlung der KG nicht berechtigt.[96] Auch die Prüfung von Jahresabschluss, Lagebericht und Vorschlag für die Verwendung des Bilanzgewinns gemäß § 25 Abs. 1 S. 1 Nr. 2 MitbestG i. V. m. § 171 AktG bezieht sich **24**

---

[89] MünchHdb. GesR II/*Riegger* KG § 53 Rn 27.

[90] Vgl. *Scholz/Schneider* § 52 GmbHG Rn 83; *Baumbach/Hueck/Zöllner* § 52 Rn 183, 155; *Hommelhoff*, ZGR 1978, 119, 145 f.; MünchHdb. GesR II/*Riegger* KG § 53 Rn 27; a. A. *Hanau/Ulmer*, § 25 MitbestG Rn 66: Dreiviertelmehrheit.

[91] *Binz/Sorg* Die GmbH & Co § 14 Rn 12.

[92] Zur Berechnung *Raiser* § 32 MitbestG Rn 7.

[93] Gemeint ist damit die Wahl oder Entsendung von Aufsichtsratsmitgliedern der Anteilseigner, nicht aber die Wahl oder Abberufung von Mitgliedern des Vertretungsorgans, vgl. *Raiser* § 32 MitbestG Rn 10.

[94] Dies kann nicht nur die Entlastung der Aufsichtsratsmitglieder, sondern auch jene der Mitglieder des Vertretungsorgans betreffen, vgl. *Raiser* § 32 MitbestG Rn 11.

[95] Näher *Hanau/Ulmer* § 32 MitbestG Rn 2.

[96] Vgl. MünchHdb. GesR II/*Riegger* KG § 53 Rn 29.

nur auf die GmbH, nicht aber auf die KG. Der Aufsichtsrat hat jedoch die Möglichkeit, die Zustimmung der GmbH zur Feststellung des KG-Jahresabschlusses einem Zustimmungsvorbehalt zu unterwerfen.[97]

25 Bei Auflösung der GmbH hat der Aufsichtsrat nach § 25 Abs. 1 MitbestG i.V. m. § 268 Abs. 2 AktG deren Liquidatoren zu überwachen, bei Liquidation der KG hat er nur die Tätigkeit der GmbH im Rahmen dieser Liquidation zu überwachen.[98]

7. Die zwingende Geschäftsführungsbefugnis

26 Die Regeln über die Geschäftsführung in der KG sind grundsätzlich dispositiv.[99] Deshalb ließe sich erwägen, die mitbestimmungspflichtige Komplementär-GmbH von der Geschäftsführung in der KG auszuschließen, um auf diesem Weg die auf die GmbH bezogene Mitbestimmung auszuhebeln. Dieser Möglichkeit schiebt § 4 Abs. 2 MitbestG jedoch einen Riegel vor. Danach kann die GmbH nämlich nicht von der Führung der Geschäft der KG ausgeschlossen werden.

27 Die Bestimmung des **§ 4 Abs. 2 MitbestG** betrifft nach ihrem Wortlaut zwar nur die Geschäftsführung, gilt aber entsprechend für die Vertretungsmacht.[100] § 4 Abs. 2 MitbestG verhindert allerdings nicht, dass neben der Komplementär-GmbH auch weitere Gesellschafter mit der Geschäftsführung betraut werden können. Dabei muss der GmbH jedoch ein gleichberechtigter Einfluss verbleiben. Unzulässig sind Regelungen, bei denen der Einfluss der GmbH rechtlich oder tatsächlich hinter dem anderer geschäftsführenden Gesellschafter zurückbleibt.[101] Dem Zustimmungsvorbehalt des Kommanditisten nach § 164 S. 1 HGB steht § 4 Abs. 2 MitbestG nicht entgegen,[102] doch darf er nicht auf den Bereich der laufenden Geschäftsführung ausgedehnt werden.[103] Ein Weisungsrecht der KG-Gesellschafterversammlung oder der Kommanditisten gegenüber der Komplementär-GmbH in laufenden Angelegenheiten ist nicht mit § 4 Abs. 2 MitbestG vereinbar.[104] Demgegenüber sind Weisungsrechte der GmbH-Gesellschafter gegenüber den Geschäftsführern möglich.[105] Da § 4 Abs. 2 MitbestG

---

[97] Vgl. MünchHdb. GesR II/*Riegger* KG § 53 Rn 29.

[98] Vgl. MünchHdb. GesR II/*Riegger* KG § 7 Rn 30.

[99] Vgl. *Kraft/Kreutz* Gesellschaftsrecht E II 2a, S. 237; *K. Schmidt* Gesellschaftsrecht § 53 II 2 a, S. 1537.

[100] *Hanau/Ulmer* § 4 MitbestG Rn 27; *Raiser* § 4 MitbestG Rn 25; Handelsrechtlich wäre ein Ausschluss der Vertretungsmacht ohnehin nur dann möglich, wenn die KG mindestens über einen weiteren Komplementär verfügt.

[101] Ausführlich MünchHdb. GesR II/*Riegger* KG § 53 Rn 32; vgl. zu gesellschaftsvertraglichen Gestaltungsmöglichkeiten auch *Binz/Sorg* Die GmbH & Co. § 14 Rn 37 ff.

[102] *Fitting/Wlotzke/Wißmann* § 4 MitbestG Rn 46; *Hanau/Ulmer* § 4 MitbestG Rn 29; MünchHdb. GesR II/*Riegger* KG § 53 Rn 33.

[103] *Schlegelberger/Martens* § 161 HGB Rn 194; *Klett*, S. 109, 94 ff.

[104] Vgl. *Hanau/Ulmer* § 4 MitbestG Rn 46; MünchHdb. GesR II/*Riegger* KG § 53 Rn 33.

[105] *Fitting/Wlotzke/Wißmann* § 4 MitbestG Rn 46; *Hanau/Ulmer* § 4 MitbestG Rn 30; MünchHdb. GesR II/*Riegger* KG § 53 Rn 33.

nur eine vertragliche Aushöhlung der Rechtsstellung der GmbH verhindern möchte, erfasst er auch nicht die Fälle einer Entziehung der Geschäftsführungs- oder Vertretungsbefugnis der GmbH aus wichtigem Grund durch gerichtliche Entscheidung oder Beschluss der anderen Gesellschafter.[106]

Strittig ist, ob § 4 Abs. 2 MitbestG im Fall der **mehrstöckigen GmbH & Co. KG** (Rn 8) dazu führt, dass die Obergesellschaft nicht von der Geschäftsführung bei der Untergesellschaft ausgeschlossen werden darf.[107] Zwar bezieht sich § 4 Abs. 2 MitbestG unmittelbar nur auf die Gesellschaft, die selbst nach § 1 Abs. 1 MitbestG der Mitbestimmung unterliegt, mithin die Komplementär-GmbH. Ihren Zweck kann die Vorschrift in der mehrstöckigen GmbH & Co. KG jedoch nur erfüllen, wenn sie analog auch auf die zwischengeschaltete KG angewendet wird, um zu verhindern, dass die Untergesellschaft vom mittelbaren Einfluss des mitbestimmten Aufsichtsrats der Komplementär-GmbH abgekoppelt wird.[108]

II. Der fakultative Beirat

1. Funktionen

a) Fakultatives Organ. Sowohl bei der KG als auch bei der Komplementär-GmbH ist es möglich, einen **Beirat** einzurichten. Ein Beirat kann auch in beiden Gesellschaften vorgesehen werden (dazu Rn 39 ff.). Der Beirat ist kein obligatorisches, sondern ein fakultatives Organ. Anstelle der Benennung als Beirat sind auch andere Bezeichnungen wie **Verwaltungsrat**, **(fakultativer) Aufsichtsrat**, **Gesellschafterausschuss** oder bei Familiengesellschaften auch **Familienrat** verbreitet.[109] Rückschlüsse auf unterschiedliche Funktionen oder Aufgaben lassen die unterschiedlichen Bezeichnungen indessen nur ausnahmsweise zu. Die Aufgaben und Befugnisse können nämlich unabhängig von der gewählten Bezeichnung in den Gesellschaftsverträgen individuell gestaltet werden. Fehlen entsprechende Bestimmungen, weist die Verwendung des Begriffes **Aufsichtsrat** darauf hin, dass dem Organ aufsichtsratsähnliche Kontrollbefugnisse zustehen sollen. Aus der Bezeichnung als **Gesellschafterausschuss** lässt sich, sofern der Gesellschaftsvertrag keine abweichenden Regelungen enthält, schließen, dass dem Gremium ausschließlich Gesellschafter angehören sollen. Ihm sind typischerweise **Kompetenzen der Gesellschafterversammlung** übertragen. Für einen **Beirat** ist eher eine die Geschäftsführung beratende, häufig auch beaufsichtigende Kompetenz typisch; oft werden je- 28

---

106 Vgl. *Binz/Sorg* Die GmbH & Co. § 14 Rn 48; *Fitting/Wlotzke/Wißmann* § 4 MitbestG Rn 44; MünchHdb. GesR II/*Riegger* KG § 53 Rn 34 (vor allem zum Vorliegen eines wichtigen Grundes); *Schlegelberger/Martens* § 161 HGB Rn 195.

107 So *Hanau/Ulmer* § 4 Rn 27; a. A. *Binz/Sorg* § 14 Rn 79 f.; *Skibbe*, WM 1978, 890, 891.

108 Diesen „Kunstgriff" befürworten dagegen *Binz/Sorg* § 14 Rn 80.

109 Zur Terminologie *Hachenburg/Hüffer* § 52 GmbHG Rn 297; *Baumbach/Hueck* § 45 GmbHG Rn 13; *Wiedemann*, FS Schilling, S. 105 f.; *Hofbauer*, Kompetenzen des Beirats, S. 84 ff.

doch auch Zustimmungserfordernisse zu Geschäftsführungsmaßnahmen zu seinen Gunsten begründet und Gesellschafterversammlungskompetenzen auf ihn übertragen. Ebenfalls ambivalent ist die Bezeichnung als **Verwaltungsrat**, die sowohl überwachende als auch beratende und entscheidende Kompetenzen signalisieren kann.[110]

29 Zu unterscheiden sind Beiratsgremien von einem **obligatorischen Aufsichtsrat**. In der KG besteht keine Pflicht, einen Aufsichtsrat einzurichten. Anderes kann für die Komplementär-GmbH gelten. Bei ihr muss unter den Voraussetzungen des DrittelbG ein zu einem Drittel aus Vertretern der Arbeitnehmer bestehender und unter den Voraussetzungen des MitbestG 1976 ein paritätisch besetzter Aufsichtsrat gebildet werden (vgl. Rn 3 ff.).

30 Die Verpflichtung, ein dem Beirat entsprechendes Überwachungsorgan vorzusehen, wird teilweise für die **Publikumspersonengesellschaft** angenommen.[111] Zum Schutz der Anleger bedürfe es eines Überwachungsorgans, dem Mindestkontroll- und Mitwirkungsrechte vorzubehalten seien. Der BGH ist dem bisher nicht gefolgt.[112] Immerhin stellt er an die Ausgestaltung eines Beirats als Organ der Gesellschaft bei der Publikumsgesellschaft ähnliche Anforderungen wie an einen Aufsichtsrat in der AG oder GmbH.[113] Gibt es auch keine Verpflichtung zur Einrichtung eines Beirats, so sprechen doch gute Gründe dafür, dass die Kommanditisten einer Publikumsgesellschaft zumindest mit qualifizierter Mehrheit die Einrichtung eines Beirats auch dann beschließen können, wenn die Initiatoren einen solchen nicht vorsehen.[114]

31 **b) Gründe für die Errichtung eines Beirats.** Die Frage, ob es sinnvoll ist, einen fakultativen Beirat einzurichten, und die weitere Frage, mit welchen Kompetenzen man ihn ausstattet (dazu Rn 47 ff.), lassen sich nicht generell, sondern nur im Einzelfall beantworten. Die Bedürfnisse für einen Beirat sind außerordentlich vielgestaltig.[115] Es lassen sich die folgenden **Fallgruppen** bilden:

32 Bisweilen werden Beiräte nur zu **Repräsentationszwecken** gebildet. Sie haben den Zweck, den Kontakt zu Persönlichkeiten, die für die Gesellschaft von Bedeutung sind (oft Kunden oder Lieferanten). zu pflegen; bisweilen soll auch das **Image** der Gesellschaft durch die Etablierung eines mit hochkarätigen Persönlichkeiten besetzten Beirats (**„Prominentenbeirat"**)[116] verbessert werden.

---

110 Vgl. die Nachweise in Fn 109.

111 *Wiedemann* Gesellschaftsrecht § 9 III 2c, S. 504; *Schneider*, ZHR 142 (1978), 228, 258 (nur de lege ferenda).

112 BGHZ 64, 238, 245.

113 BGH WM 1979, 1425, 1426; BGHZ 87, 84, 87; eingehend zum Beirat der Publikums-KG *Grote*, Anlegerschutz, S. 234 ff.

114 *Stimpel*, FS Fischer 1979, S. 771, 778 ff.; *Hüffer*, ZGR 1980, 320, 357; GK/*Ulmer* § 109 HGB Rn 62.

115 Zu den Funktionen *Hachenburg/Raiser* § 52 GmbHG Rn 299 ff.; *Hölters*, Der Beirat der GmbH und GmbH & Co. KG, S. 3; *Voormann*, Stellung des Beirats, S. 5 ff.; *Wiedemann*, FS Schilling, S. 105; *Hennerkes/Binz/May*, DB 1987, 469.

116 *Voormann*, Stellung des Beirats, S. 9.

Meist verbinden die Gesellschafter mit der Einrichtung eines Beirats darüber hinausgehende Ziele. Der Beirat kann die Funktion haben, die Geschäftsführung, bisweilen auch zusätzlich oder an deren Stelle die Gesellschafter, zu beraten (Rn 55). Der **beratende Beirat** ist meist mit Personen besetzt, die über besondere Sachkunde verfügen und das Vertrauen der Gesellschafter oder einzelner Gesellschaftergruppen genießen (dazu näher Rn 78 ff.). 33

Neben der Beratung geht es häufig auch um die **Überwachung der Geschäftsführung** (Rn 57 ff.). Ein mit diesem Ziel eingerichteter aufsichtsratsähnlicher Beirat hat die Aufgabe, die Geschäftsführung nicht nur zu beraten, sondern auch zu kontrollieren. Mit der Etablierung einer Kontrollinstanz kann sich zugleich eine **Einschränkung** der Entscheidungsbefugnisse der Geschäftsführung verbinden; dies gilt insbesondere dann, wenn bestimmte Geschäftsführungsmaßnahmen an **Zustimmungserfordernisse** des Beirats gebunden werden (Rn 61 ff.). Dem Beirat können auch gewisse **Gesellschafterbefugnisse** übertragen werden, so etwa die Bestellung der Geschäftsführung, die Ausübung von Weisungsbefugnissen gegenüber der Geschäftsführung bis hin zur Bilanzfeststellung und Entscheidung über die Gewinnverwendung (Rn 66 f.; 68 f.; 70 f.; 72; 73). 34

Beiräte mit weitgehenden Kontroll-, Zustimmungs- oder Entscheidungsbefugnissen kommen in Betracht, wenn der Handlungsspielraum der Geschäftsführung eingeschränkt werden soll, während die oder Teile der Gesellschafter die damit verbundenen Überwachungs- und Entscheidungsbefugnisse nicht – oder nicht ausschließlich – selbst wahrnehmen wollen oder können. Die Betrauung eines Beirats mit solchen Aufgaben kann zu einer **Erhöhung der Kompetenz**, einer Versachlichung der Diskussion sowie einer gegenüber der Zuständigkeit der Gesellschafterversammlung größeren Flexibilität führen. 35

Verbreitet sind Beiräte bei Unternehmen, die in der Komplementär-GmbH eine **Fremdgeschäftsführung** installiert haben. Häufig finden sich solche Gestaltungen auch bei Familiengesellschaften, insbesondere in Situationen der Unternehmensnachfolge, wenn sich die Senioren aus der operativen Geschäftsführung zurückgezogen haben, jedoch auf absehbarer Zeit noch gewisse Kontrollbefugnisse ausüben wollen. Aber auch in anderen Unternehmen bis hin zu **Gemeinschaftsunternehmen** besteht häufig Bedarf, Kontroll- und Mitwirkungsbefugnisse auf einen Beirat zu übertragen. Bei Gesellschaften mit einem großen Gesellschafterkreis dient der Beirat häufig dem Zweck, die Schwerfälligkeit der Entscheidungsfindung in Gesellschafterversammlungen zu vermeiden. Meist werden die einzelnen **Gesellschaftergruppen** – etwa die Familienstämme bei Familienunternehmen oder die Mutter- und Obergesellschaften bei Gemeinschaftsunternehmen – im Beirat durch Beiratsmitglieder **repräsentiert**, auf deren Auswahl ihnen ein bestimmender Einfluss zukommt (Benennungs- und Entsendungsrechte; zu den Einzelheiten Rn 86 ff.). Dem Beirat kommt in solchen Fällen die Funktion eines **Repräsentativvorgangs** zu.[117] 36

---

[117] Näher *Voormann*, Stellung des Beirats, S. 28 ff.

37 Eine weitere typische Funktion, die einem Beirat zukommen kann, ist die **Schiedsfunktion** (Rn 76f.). Wenn eine Gesellschaft nach ihrem Stimmgewicht gleich starke Gesellschafter oder Gesellschaftergruppen aufweist, liegt die Etablierung eines Beirats mit Schiedsfunktion nahe, um drohende **Blockadesituationen** zu **vermeiden**. Solche können durch originäre Entscheidungsbefugnisse des Beirats vermieden werden. Stattdessen kann sich die Kompetenz des Beirats auch auf den Fall beschränken, dass sich die rivalisierenden Gesellschaftergruppen nicht einigen können. Eine **Ersatzzuständigkeit** des Beirats kommt auch in Betracht, um in den Gesellschaftsverträgen vorgesehene Einstimmigkeits- oder qualifizierte Mehrheitserfordernisse zu lockern; in solchen Fällen ordnet der Gesellschaftsvertrag an, dass die für einen Gesellschafterbeschluss aufgestellten dispositiven Erfordernisse durch ein positives Beiratsvotum ersetzt werden können. Wesentlich für die Funktionsfähigkeit eines solchen Zwecken dienenden Beirates ist, dass er über **neutrale**, vom Vertrauen sämtlicher Gesellschafter getragene **Mitglieder** verfügt.

38 Die Besetzung des Beirats – und damit zusammenhängend die Bestimmungen über die **Auswahl der Beiratsmitglieder** – spielt generell für die Erfüllung der mit der Einrichtung eines Beirats verfolgten Zwecke eine entscheidende Rolle.

2. Rechtsgrundlagen

39 **a) Verankerung.** Der Beirat kann bei der Komplementär-GmbH, der KG oder bei beiden Gesellschaften verankert werden. Die Frage, welche Gestaltung zweckmäßig ist, hängt von den Funktionen des Beirats ab.[118]

40 Sollen dem Beirat ausschließlich Aufgaben übertragen werden, die normalerweise den Gesellschaftern der KG obliegen, ist er **bei der KG** anzusiedeln. Die Verankerung bei der KG hat darüber hinaus meist steuerliche Vorteile.[119] Während die Abzugsfähigkeit der Beiratsvergütung bei der Komplementär-GmbH auf die Hälfte der Vergütung beschränkt ist (§ 10 Nr. 4 KStG), kann die KG die an ihre Beiratsmitglieder geleistete Vergütung in voller Höhe absetzen.[120] Darüber hinaus wird die steuerliche Doppelbelastung vermieden, die bei Einrichtung eines Beirats in der Komplementär-GmbH dadurch entsteht, dass die Vergütung des Beirats – ohne Anrechnung auf die Steuerpflicht des Beiratsmitglieds – zur Hälfte dem steuerlichen Gewinn der GmbH zugerechnet wird.

41 Gleichwohl ist der Beirat **bei der Komplementär-GmbH** zu errichten, wenn ihm Aufgaben zugewiesen werden, die den Gesellschaftern oder Geschäftsführern der GmbH zustehen. Dies gilt etwa, wenn ihm die Bestellung und Abberufung der Geschäftsführer der Komplementär-GmbH,

---

[118] *Voormann*, Stellung des Beirats, S. 16f.; MünchHdb. GesR II/*Riegger* KG § 8 Rn 5; eingehend auch unter Berücksichtigung haftungsrechtlicher Aspekte *Hölters*, DB 1980, 2225ff.

[119] Zur steuerlichen Behandlung von Zahlungen an Aufsichtsratsmitglieder vgl. *Huber*, Der Beirat, 2004, S. 91ff.

[120] Vgl. *Krebs* in: Herrmann/Heuer/Raupach, § 10 KStG; s. a. OFD Magdeburg v. 12. 11. 2002, GmbHR 2003, 53.

denen der Sache nach die Geschäftsführung der KG obliegt, übertragen werden soll oder ihm diesen gegenüber Weisungsbefugnisse zustehen sollen.[121] Die Bildung des Beirats bei der GmbH ist darüber hinaus immer dann empfehlenswert, wenn einem überwiegend mit Nichtgesellschaftern besetzten Beirat umfassende Weisungs- oder Entscheidungsbefugnisse in Geschäftsführungsfragen übertragen werden sollen, um eine Kollision mit dem für die KG geltenden Grundsatz der Selbstorganschaft zu vermeiden.[122]

Sollen dem Beirat sowohl die GmbH als auch die KG betreffende Befugnisse, die nicht allein die der GmbH obliegenden Geschäftsführungsbefugnisse bei der KG betreffen, zustehen, muss er **in beiden Gesellschaften** etabliert werden (vgl. Formulare § 66, § 14; § 68, § 9). In der Praxis finden sich häufig Bestimmungen, die einen gemeinsamen Beirat beider Gesellschaften vorsehen. Solche Regelungen ändern indessen nichts daran, dass es sich um zwei rechtlich selbständige Organe handelt. Gleichwohl ist es, insbesondere bei Identität der Beteiligungsverhältnisse, meist zweckmäßig, die Zusammensetzung und **innere Ordnung** beider Gremien zu **parallelisieren**,[123] so dass sie **personenidentisch** besetzt sind und gemeinsam tagen können (vgl. Formulare § 66, § 14 Abs. 1 für die KG und § 68, § 9 für die GmbH). 42

b) Beirat auf gesellschaftsrechtlicher Grundlage. Der Beirat wird regelmäßig im Gesellschaftsvertrag der KG bzw. der Satzung der GmbH verankert. Für die GmbH folgt seine Zulässigkeit aus § 52 GmbH-Gesetz, für die KG aus der Dispositivität der Bestimmungen über die Gestaltung des KG-Vertrages (§ 109 in Verbindung mit § 161 Abs. 2 HGB). Die Verankerung des Beirats im Gesellschaftsvertrag ist zwingend, um ihn als **Gesellschaftsorgan** zu etablieren und ihm über eine reine Beratungsfunktion hinausgehende Kompetenzen zu übertragen.[124] Umgekehrt folgt aus der Verankerung eines Beirats im Gesellschaftsvertrag oder der Satzung nicht zwingend, dass es sich um ein organschaftliches Gremium handelt. Bisweilen wird angenommen, einem rein beratenden Beirat, dem weder Aufsichts- noch Kontrollbefugnisse zustünden, fehle die Organqualität.[125] Indessen spricht die Aufnahme entsprechender Bestimmungen in den Gesellschaftsvertrag bzw. in die Satzung dafür, dass es sich um echte Organisationsnormen handelt, dem Beirat also **Organqualität** zukommt.[126] 43

---

[121] Vgl. *Huber*, Der Beirat, S. 56.

[122] So jetzt auch MünchHdb. GesR II/*Riegger* KG § 8 Rn 5.

[123] MünchHdb. GesR II/*Riegger* KG § 8 Rn 5.

[124] *Hölters*, Beirat, S. 5; *Voormann*, Stellung des Beirats, S. 53; GK/*Ulmer* § 109 HGB Rn 53; *Lutter/Hommelhoff* § 52 GmbHG Rn 63; *Hofbauer*, Kompetenzen des Beirats, S. 47.

[125] GK/*Ulmer* § 109 HGB Rn 53; *Hofbauer*, Kompetenzen des Beirats, S. 49; dagegen *Hölters*, Beirat, S. 6.

[126] *Hölters*, Beirat, S. 6; zur Unterscheidung zwischen echten und unechten Satzungsbestandteilen BGHZ 18, 205, 207 ff.; *Hölters*, Beirat, S. 5 f.; *Hachenburg/Ulmer* § 53 GmbHG Rn 9.

44 **c) Beirat auf schuldrechtlicher Grundlage.** Ein Beirat kann auch lediglich auf schuldrechtlicher Grundlage, also ohne Einbindung in das Organisationsgefüge der Gesellschaft, gebildet werden.[127] Er wird in diesem Fall durch Verträge zwischen der Gesellschaft und den einzelnen Beiratsmitgliedern eingerichtet. Handelt es sich um einen Beirat, der lediglich eine bestimmte Gesellschaftergruppe repräsentiert (Rn 46), erfolgt seine Einrichtung durch Vertrag zwischen den Mitgliedern des Beirats und den von ihnen repräsentierten Gesellschaftern.[128]

Beiräte, die nur auf schuldrechtlicher Basis begründet werden, sind keine Gesellschaftsorgane. Ihnen können **keine unmittelbaren Mitwirkungsbefugnisse** bei der Willensbildung der Gesellschafter übertragen werden.[129] Sie kommen daher allenfalls als Gremien in Betracht, in denen die **Repräsentation** (Kontaktpflege mit Kunden oder Verbesserung des Images der Gesellschaft) oder die **Beratung** im Vordergrund steht.[130] Sie sind daher weniger verbreitet als gesellschaftsvertraglich legitimierte Beiratsorgane. Anwendungsfelder sind etwa aus Anlass der Sanierung gebildete **Gläubigerbeiräte**, zu deren regelmäßiger Information sich Gesellschaft und Gesellschafter verpflichten.[131]

45 Bei Abschluss, Änderung und Beendigung schuldrechtlicher Beiratsverträge wird die KG durch die Komplementär-GmbH vertreten, die jedoch, soweit der Gesellschaftsvertrag keine abweichenden Regelungen trifft, der **Zustimmung der Kommanditisten** nach § 164 Abs. 1 S. 1 HGB bedarf. Bei der Einrichtung eines Beirats handelt es sich nämlich selbst dann regelmäßig um ein außergewöhnliches Geschäft, wenn dem Beirat nur beratende Funktion zukommt.[132] Anders stellt sich die Lage indes für die GmbH dar: Selbst wenn man mit der überwiegenden Ansicht bei ungewöhnlichen Maßnahmen die Zustimmung der Gesellschafterversammlung für erforderlich hält, erscheint es doch im Hinblick auf die strukturellen Unterschiede von GmbH und KG zweifelhaft, ob es sich auch bei der GmbH insoweit um eine ungewöhnliche Maßnahme handelt.[133]

---

127 *Hölters*, Beirat, S. 5; *Voormann*, Stellung des Beirats, S. 53; GK/*Ulmer* § 109 HGB Rn 53; MünchHdb. GesR II/*Riegger* KG § 8 Rn 6; *Hachenburg/Raiser* § 52 GmbHG Rn 307 ff.; *Wiedemann*, FS Schilling, S. 107; *Hofbauer*, Kompetenzen des Beirats, S. 51; zur vertraglichen Ausgestaltung vgl. *Huber*, Der Beirat, S. 62.

128 MünchHdb. GesR II /*Riegger* KG § 8 Rn 4.

129 MünchHdb. GesR II/*Riegger* KG § 8 Rn 6; *Wiedemann*, FS Schilling, S. 107; *Hachenburg/Raiser* § 52 GmbHG Rn 307; *Hofbauer*, Kompetenzen des Beirats, S. 51.

130 *Hachenburg/Raiser* § 51 GmbHG Rn 309; MünchHdb. GesR II/*Riegger* KG § 8 Rn 6.

131 GK/*Ulmer* § 109 HGB Rn 53; zu Gläubigerbeiräten mit Organcharakter *Hofbauer*, Kompetenzen des Beirats, S. 83.

132 MünchHdb. GesR II/*Riegger* KG § 8 Rn 6.

133 Nach h. A. muss der Geschäftsführer der GmbH bei ungewöhnlichen Maßnahmen auch dann die Zustimmung der Gesellschafterversammlung einholen, wenn dies in der Satzung nicht ausdrücklich bestimmt ist. Vgl. dazu BGH NJW 1984, 1461, 1462; OLG Frankfurt GmbHR 1989, 254, 255; *Lutter/Hommelhoff* § 37 GmbHG Rn 10 f.

d) Gruppenbeirat. Vom Beirat als Organ der Gesellschaft zu unterscheiden ist ein Beirat, der lediglich als Sachwalter einer Interessengruppe fungiert.[134] Auch ein solcher **Gruppenbeirat** kann entweder auf schuldrechtlicher oder gesellschaftsrechtlicher Grundlage etabliert werden. Sollen ihm über eine rein beratende Funktion hinaus Befugnisse, die einer bestimmten Gesellschaftergruppe (z. B. der Gruppe der Kommanditisten) zustehen, übertragen werden, muss er im Gesellschaftsvertrag verankert sein. Auch unter dieser Voraussetzung ist er **kein Gesellschaftsorgan**. Die bisweilen gewählte Bezeichnung als Gruppenorgan[135] ist irreführend, da er – anders als ein Gesellschaftsorgan – nicht Sachwalter der Gesellschaftsinteressen, sondern Repräsentant partikularer Gruppeninteressen ist. 46

3. Die Übertragung von Kompetenzen auf den Beirat

a) Grenzen der Gestaltungsfreiheit. Die Gesellschafter sind bei der Auswahl der einem Beirat zuzuweisenden Rechte und Pflichten im Grundsatz frei. Grenzen ergeben sich indessen aus zwingenden gesetzlichen Vorschriften oder Grundsätzen des Gesellschaftsrechts.[136] 47

Die Gesellschafter müssen oberster Souverän der Gesellschaft bleiben. Sie müssen über die Grundlagen der Gesellschaft selbst bestimmen. Dieser als **Verbandssouveränität** bezeichnete Grundsatz, nachdem das Schicksal der Gesellschaft „nicht in die Hände anderer gelegt werden (darf)",[137] ist **nicht disponibel**. Für die GmbH folgt daraus, dass die Gesellschafter grundsätzlich materielle Satzungsänderungen nicht von der Mitwirkung anderer Organe als der Gesellschafterversammlung und insbesondere nicht von der Zustimmung von Nichtgesellschaftern abhängig machen dürfen.[138] Demgegenüber kann der Beirat bei der KG zu Vertragsänderungen und Grundlagenentscheidungen in dem Umfang ermächtigt werden, in dem die Gesellschafter, die nicht Mitglied des Gesellschafterausschusses sind, vom Stimmrecht ausgeschlossen werden könnten.[139] Was den **GmbH-Beirat** anbelangt, stößt eine solche Gestaltung schon im Hinblick auf § 53 Abs. 1 und 2 GmbHG auf Schranken. Der Sinn und Zweck des Mindesterfordernisses eines mit $^3/_4$-Mehrheit zu beschließenden Gesellschafterversammlungsbeschlusses würde unterlaufen, wenn man es für zulässig halten wollte, einen Gesellschafterausschuss zu solchen Maßnahmen zu ermächtigen. 48

Sollen in der GmbH **Satzungsänderungskompetenzen** auf bestimmte Gesellschafter beschränkt werden, kann dies im Wege des Stimm- 49

---

[134] *Hachenburg/Raiser* § 52 GmbHG Rn 311; MünchHdb. GesR II/*Riegger* KG § 8 Rn 8.

[135] *Wiedemann*, FS Schilling, S. 124.

[136] GK/*Ulmer* § 109 HGB Rn 54 ff.; *Hachenburg/Raiser* § 52 Rn 317 ff.; *Lutter/Hommelhoff* § 52 GmbHG Rn 69 ff.; *Wiedemann*, FS Schilling S. 109 ff.

[137] So *K. Schmidt* GesR § 5 I 3, S. 84.

[138] Ganz h. M.: RGZ 137, 305, 308; BGHZ 43, 261, 264; *Hachenburg/Ulmer* § 53 GmbHG Rn 84; *Lutter/Hommelhoff* § 53 GmbHG Rn 7.

[139] *Hachenburg/Ulmer* § 53 GmbHG Rn 84; *Hachenburg/Raiser* § 52 GmbHG Rn 341; *Hofbauer*, Kompetenzen des Beirats, S. 161 ff.

rechtsausschlusses einzelner Gesellschafter in der Satzung geschehen. Auch wenn derartige Konstruktionen im Ergebnis zu ähnlichen Strukturen wie die Einrichtung eines Gesellschafterausschusses führen, haben sie damit nichts zu tun. Sie führen nicht zur Bildung eines neuen Gremiums in Form eines Beirats oder Gesellschafterausschusses, sondern beschränken Gesellschafter im Stimmrecht oder schließen sie vom Stimmrecht aus.[140]

50 Denkbar sind demgegenüber Gestaltungen, die einem Beirat auch bei **Grundlagengeschäften** Mitwirkungsbefugnisse einräumen, die durch ein qualifiziertes oder einstimmiges **Votum der Gesellschafter** derogiert werden können.[141] Es bestehen demgemäß keine Bedenken, bestimmte Grundlagenentscheidungen sowohl von einem qualifizierten Mehrheitsbeschluss der Gesellschafter als auch einem Zustimmungsbeschluss eines Beirats abhängig zu machen, sofern Letzterer aufgrund ausdrücklicher gesellschaftsvertraglicher Bestimmung durch ein einstimmiges Votum der Gesellschafter ersetzt werden kann.[142]

51 **Unzulässig** wäre freilich, einem solchen Gremium einen **Eingriff in Kernrechte** einzuräumen.[143] Darüber hinaus wäre bei einer Übertragung von derart weitreichenden Kompetenzen der **Bestimmtheitsgrundsatz** zu berücksichtigen.[144] Insgesamt ist gegenüber derartigen Gestaltungen Zurückhaltung geboten. Zulässig erscheint eine solche Gestaltung im Ergebnis nur dann, wenn im Beirat die Gesellschafter den überwiegenden Einfluss behalten.[145]

52 Der Beirat ist auch **kein Geschäftsführungs- oder Vertretungsorgan** der Gesellschaft. Ihm kann weder die organschaftliche Vertretung der KG, die zwingend der Komplementärin obliegt,[146] noch die organschaftliche Vertretung der GmbH, die zwingend deren Geschäftsführern obliegt, übertragen werden.[147] Dagegen können ihm Aufgaben übertragen werden, die typischerweise zum Bereich der Geschäftsführung gehören.[148] Seine Befugnisse brauchen sich nicht auf **Zustimmungserfordernisse** zu Geschäftsführungsmaßnahmen zu beschränken. Ihm können vielmehr auch

---

[140] Zum Stimmrechtsausschluss vgl. BGHZ 14, 264, 269 f.; *Baumbach/Hueck* § 47 GmbHG Rn 24; *Hachenburg/Hüffer* § 47 GmbHG Rn 56, 89.

[141] *Wiedemann*, FS Lutter, S. 801, 811; *Klett*, Die Institutionalisierung der GmbH und GmbH & Co. KG durch Zusatzgremien, 2000, S. 168 f.

[142] Dann trifft der von *Hofbauer*, Kompetenzen des Beirats, S. 163 f., vorgebrachte Einwand nicht zu, die Gesellschafterversammlung begebe sich ihrer Entscheidungsgewalt.

[143] Zur der im Personen- wie im Kapitalgesellschaftsrecht geltenden Kernbereichslehre vgl. *Huber*, Der Beirat, S. 40 ff. m. w. N.

[144] Zum Bestimmtheitsgrundsatz vgl. *Klett*, Fn 141, S. 156 f.

[145] Vgl. MünchHdb. GesR II/*Riegger* KG § 8 Rn 27 ff.

[146] *Schlegelberger/Martens* § 161 HGB Rn 116; enger: GK/*Ulmer* § 102 HGB Rn 55: keine Teilnahme von Nichtgesellschaftern; weiter MünchHdb. GesR II/*Riegger* KG § 8 Rn 29: auch ausschließliche Besetzung mit Nichtgesellschaftern möglich.

[147] *Hachenburg/Raiser* § 52 GmbHG Rn 339; *Hölters*, Beirat, S. 14.

[148] *Hölters*, Beirat, S. 13; *Voormann*, Kompetenzen des Beirats, S. 67 ff.; *Hachenburg/Raiser* § 52 GmbHG Rn 338; GK/*Ulmer* § 109 HGB Rn 54; MünchHdb. GesR II/*Riegger* KG § 8 Rn 22; *Hofbauer*, S. 15 ff.

Entscheidungsbefugnisse über einzelne Geschäftsführungsmaßnahmen zugewiesen werden.[149] Darüber hinaus kann er mit **Weisungsbefugnissen** ausgestattet werden.[150] Soweit es den **GmbH-Beirat** betrifft, liegt in Letzterem nicht einmal eine Beschränkung der Geschäftsführungsbefugnisse; der Beirat nimmt in solchen Fällen vielmehr Kompetenzen wahr, die von Gesetzes wegen der Gesellschafterversammlung gemäß § 37 Abs. 1 GmbHG zustehen. Auch in der KG können den Gesellschaftern Weisungsbefugnisse gegenüber den geschäftsführungs- und vertretungsberechtigten Gesellschaftern eingeräumt werden.[151] Gleichwohl unterliegt die Übertragung von Weisungs- und Entscheidungsbefugnissen auf den **KG-Beirat** insoweit engeren Grenzen, als er sich dort mit dem für die Personengesellschaft geltenden Grundsatz der **Selbstorganschaft** berührt. Von daher ist die Etablierung eines Beirats mit weitgehenden Weisungs- und Geschäftsführungsbefugnissen in der KG jedenfalls dann problematisch, wenn ihm nicht ganz oder zumindest mehrheitlich Gesellschafter angehören[152] (vgl. 3 d, e, f).

Soll der Beirat in einer GmbH gebildet werden, die nach zwingendem **53**
Recht einen **mitbestimmten Aufsichtsrat** zu bilden hat, dürfen die dem Aufsichtsrat kraft Gesetz obliegenden Befugnisse nicht beeinträchtigt oder ausgehöhlt werden.[153] Demgemäß kann in einer nach dem MitbestG 1976 mitbestimmten GmbH die Geschäftsführerbestellungskompetenz nicht auf den Beirat übertragen werden; sie steht zwingend dem mitbestimmten

---

[149] *Hölters*, Beirat, S. 14; MünchHdb. GesR II/*Riegger* KG § 8 Rn 22 ff.; *Schlegelberger/Martens* § 164 HGB Rn 25; *Hofbauer*, Kompetenzen des Beirats, S. 155 ff.; dazu tendenziell kritisch, wenn der Gesellschaftsvertrag der Gesellschafterversammlung eine wirksame Einwirkungsmöglichkeit auf den Aufsichtsrat nimmt, *Großfeld/Brondics*, AG 1987, 293, 298 f.

[150] *Hachenburg/Raiser* § 52 GmbHG Rn 338; *Hofbauer*, Kompetenzen des Beirats, S. 151 ff.; MünchHdb. GesR II/*Riegger*, KG § 8 Rn 24; allerdings wird verbreitet erwogen, der Geschäftsführung einen unentziehbaren Mindestbereich weisungsfreier Geschäftsführung zuzugestehen *Hommelhoff*, ZGR 1978, 119, 127 ff.; *Lutter*, ZIP 1986, 1195, 1196; *Hachenburg/Raiser* § 52 GmbHG Rn 340.

[151] *Schlegelberger/Martens* § 164 HGB Rn 25; MünchHdb. GesR II/*Riegger* KG § 8 Rn 24.

[152] *Schlegelberger/Martens* § 164 HGB Rn 25; MünchHdb. GesR II/*Riegger* KG § 8 Rn 14; zu weit dürfte es jedoch gehen, wenn man verlangt, dem Beirat müssten ausschließlich Gesellschafter angehören (so aber GK/*Ulmer* § 109 HGB Rn 55). Sofern die Gesellschafter über die Mehrheit verfügen, dürfte der Grundsatz der Selbstorganschaft noch gewahrt sein (vgl. auch BGHZ 26, 330, 332 f., wonach in der Personenhandelsgesellschaft stets eine Vertretung allein durch die persönlich haftenden Gesellschafter, durch einen oder mehrere, möglich sein muss). Weitergehend *Huber* (Der Beirat, S. 35 f. m. w. N.), der die Grenze der Selbstorganschaft auch bei einem überwiegend mit gesellschaftsfremden Dritten besetzten Beirat erst überschritten sieht, wenn die Gesellschafter auf jede Einflussmöglichkeit verzichten bzw. sich jeder Möglichkeit begeben, den Beirat wieder loszuwerden. Auch in der GmbH wird teilweise erwogen, ob einer Kumulation von Entscheidungsbefugnissen in den Händen eines Beirats institutionelle Grenzen gesetzt sind, zu Recht krit. *Hachenburg/Raiser* § 52 GmbHG Rn 319.

[153] Dazu eingehend: *Teubner*, ZGR 1986, 565, 573 ff.; *Mertens*, FS Stimpel S. 417, 427; *Hachenburg/Raiser* § 52 GmbHG Rn 347 ff.

Aufsichtsrat zu.[154] Aus dem DrittelbG, das die Bestellungskompetenz der Gesellschafterversammlung unberührt lässt, ergeben sich demgegenüber keine Bedenken, einem Beirat Entscheidungsbefugnisse bei der Geschäftsführerbestellung zu übertragen.

54 Zum Teil wird indessen die **Etablierung eines Beirats** neben einem obligatorischen Aufsichtsrat, insbesondere in dem **MitbestG 1976** unterliegenden Fällen, **kritisch** gesehen. Dies gilt vor allem, wenn ihm Zustimmungs-, Entscheidungs- oder gar Weisungsbefugnisse in Geschäftsführungsangelegenheiten übertragen werden sollen.[155] Mit der Schaffung eines mit solchen Befugnissen ausgestatteten Beirats werde eine **Repräsentativverfassung** eingeführt; zugleich werde die personalistische Struktur aufgehoben, die der Grund dafür sei, in der GmbH **Weisungsbefugnisse** der Gesellschafter trotz bestehender Mitbestimmung fortgelten zu lassen.[156] Diese Auffassung überzeugt nicht. Der Gesetzgeber hat die Weisungsbefugnisse der Gesellschaft – unabhängig von deren Realstruktur – in der mitbestimmten GmbH aufrechterhalten; es muss den Gesellschaftern daher unbenommen bleiben, sie auch auf andere, neben dem Aufsichtsrat zu etablierende Organe zu übertragen.[157] Demgegenüber darf die Einrichtung eines Beirats nicht zu einer Beeinträchtigung der dem mitbestimmten Aufsichtsrat übertragenen **Informations- und Kontrollbefugnisse** führen.[158] Eine Beeinträchtigung folgt indessen nicht allein daraus, dass man zulässt, neben einem mitbestimmten Aufsichtsrat einen mit aufsichtsratsähnlichen Kontrollbefugnissen ausgestatteten Beirat zu installieren.[159] Es ist jedoch dafür Sorge zu tragen, dass die Handhabung dieser Bestimmungen nicht zu einer Aushöhlung der Aufsichtsratsfunktionen führt.[160]

55 **b) Beratung.** Die Aufgabe eines Beirats kann sich in der Beratung der Geschäftsführung und/oder der Gesellschafter erschöpfen. Auch wenn ihm nur Beratungs- und keine Kontrollfunktion zukommt, sollte dafür Sorge getragen werden, dass der Beirat über wesentliche Vorgänge **unterrichtet** und regelmäßig **konsultiert** wird. Es ist zweckmäßig, dies durch entsprechende Bestimmungen im Gesellschaftsvertrag und der Satzung sicherzustellen.

56 Das Motiv für die Errichtung eines rein beratenden Beirats ist in der Praxis meist der Wunsch, **externes Know-how** zu **nutzen** und den Gedankenaustausch mit kompetenten Gesprächspartnern zu betreiben, um die im

---

[154] *Hachenburg/Raiser* § 52 GmbHG Rn 348.

[155] Nach zutr. h. A. kann indessen ein generelles Verbot, Beiräte zu bestellen, aus dem MitbestG nicht abgeleitet werden, vgl. *Hanau/Ulmer* § 25 MitbestG Rn 142; *Raiser* § 25 MitbestG Rn 144f.; *Hölters*, Beirat, S. 24; *Mertens*, FS Stimpel S. 424ff.; *Teubner*, ZGR 1986, 573f.; *Hachenburg/Raiser* § 52 GmbHG Rn 248; *Säcker*, DB 1977, 1845, 1846; enger *Voormann*, Stellung des Beirats, S. 61ff.

[156] *Hachenburg/Raiser* § 52 GmbHG Rn 350f.

[157] *Mertens*, FS Stimpel, S. 426ff.

[158] *Hachenburg/Raiser* § 52 GmbHG Rn 349f.

[159] *Hachenburg/Raiser* § 52 GmbHG Rn 349; MünchHdb. GesR II/*Riegger* KG § 8 Rn 15; enger wohl *Hanau/Ulmer* § 25 MitbestG Rn 143.

[160] *Hachenburg/Raiser* § 52 GmbHG Rn 349.

Unternehmen vorhandenen Ressourcen zu verbessern oder zu ergänzen. Häufig ist die Beschränkung auf die Beratung auch nur Vorstufe für weitere Kompetenzen, die dem Beirat bei Eintreten bestimmter Ereignisse (etwa dem Tod des Seniorgesellschafters) zukommen sollen.[161]

c) Aufsicht. Häufig werden dem Beirat **aufsichtsratsähnliche Aufgaben** übertragen. Er soll die Geschäftsführung überwachen. In solchen Fällen gilt es, den Inhalt und den Umfang der Überwachungsbefugnisse und der damit korrespondierenden Pflichten zu bestimmen.[162] 57

Zweckmäßigerweise werden darüber Regelungen im Gesellschaftsvertrag getroffen. Es bietet sich an, sich dabei an § 52 GmbHG i. V. m. den dort in Bezug genommenen aktienrechtlichen Bestimmungen zu orientieren.[163] Bisweilen ist es auch zweckmäßig, die **Initiativlast** für die **Informationserteilung** entsprechend § 90 Abs. 1 und 2 AktG der Geschäftsführung aufzuerlegen.[164] Dem Beirat kann auch das Recht eingeräumt werden, selbst – meist im Rahmen einer **Geschäftsordnung** – darüber zu bestimmen, in welcher Form er zu unterrichten ist.[165]

Enthalten Gesellschaftsvertrag und Satzung keine Regelungen über den Umfang der Informations- und Überwachungsbefugnisse, sind sie durch Auslegung zu ermitteln. Dabei ist davon auszugehen, dass die dem Beirat übertragenen Kontrollrechte nur dann wirksam ausgeübt werden können, wenn ihm entsprechende **Informationsrechte** und der Geschäftsführung damit korrespondierende Informationsverpflichtungen auferlegt werden. Zur näheren Bestimmung wird man bei einem aufsichtsratsähnlichen GmbH-Beirat auf § 52 GmbHG zurückgreifen.[166] Auch einem mit Kontrollbefugnissen ausgestatteten KG-Beirat wird man in aller Regel weitergehende Ansprüche als die in § 118 Abs. 1 HGB verankerten Einsichtsrechte zuzubilligen haben. Zu einer **effektiven Kontrolle** bedarf es einer regelmäßigen Information durch die Geschäftsführung; es spricht daher vieles dafür, auch ohne ausdrückliche gesellschaftsvertragliche Bestimmung einem im Gesellschaftsvertrag verankerten KG-Beirat das Recht auf regelmäßige Berichterstattung in Anlehnung an § 90 AktG zuzubilligen.[167] 58

Inhaltlich erfasst die Kontrollbefugnis, soweit keine abweichende Regelung getroffen wird, sämtliche Maßnahmen, die **materiell zur Geschäftsführung** zahlen.[168] Dies gilt auch für solche, die durch nicht geschäftsführende Gesellschafter beschlossen oder initiiert werden. Die Aufgabe, die 59

---

[161] Zur Bedeutung von Beiräten als Mittel der Bestandssicherung bei Unternehmensnachfolge: *Voormann*, Stellung des Beirats, S. 39.

[162] *Hölters*, Beirat, S. 12; MünchHdb. GesR II/*Riegger* KG § 8 Rn 19 ff.

[163] Vgl. Formular, § 68, § 10 Abs. 1.

[164] Vgl. auch die Formbsp. in Becksches Formularbuch/*Hengeler/Blaum*, VIII C 15, 1022; MVH Bd. 1/*Riegger* III. 10.; MünchHdb. GesR II/*Riegger* KG § 8 Rn 19.

[165] MünchHdb. GesR II/*Riegger* KG § 8 Rn 19.

[166] *Roth/Altmeppen* § 52 GmbHG, Rn 48.

[167] MünchHdb. GesR II/*Riegger* KG § 8 Rn 19.

[168] Gegenstand der Überwachung ist sowohl die nachträgliche Kontrolle der Rechtmäßigkeit der Geschäftsführung als auch die Prüfung der künftigen Geschäftspolitik auf Plausibilität und Zweckmäßigkeit; vgl. BGHZ 114, 127 (129 f.).

Geschäftsführung zu überwachen, schließt auch die Prüfung des Jahresabschlusses ein.[169]

60 Besondere Befugnisse hat die Rechtsprechung des Bundesgerichtshofs für den Beirat einer **Publikumsgesellschaft** entwickelt.[170] Seine Rechte und Pflichten entsprechen, selbst wenn die vertraglichen Vereinbarungen dahinter zurückbleiben, im Wesentlichen denjenigen des Aufsichtsrats in der GmbH (§ 52 GmbHG).[171]

61 **d) Zustimmungsvorbehalte.** Verbreitet sehen Gesellschaftsverträge und Satzungen vor, dass bestimmte Geschäftsführungsmaßnahmen der **vorherigen Zustimmung** des Beirats bedürfen.[172] Die Funktion des Beirats beschränkt sich damit nicht allein auf eine Ex-post-Kontrolle von Geschäftsführungsmaßnahmen; Zustimmungserfordernisse etablieren vielmehr eine **Ex-ante-Kontrolle**. Sie gehen jedoch insoweit über eine Kontrollbefugnis hinaus, als sie dem Beirat nicht allein ermöglichen, unvertretbare Maßnahmen zu untersagen, sondern – sofern der Gesellschaftsvertrag nichts Gegenteiliges bestimmt – die Versagung in sein **unternehmerisches Ermessen** stellen. Von Weisungsbefugnissen (Rn 66 f.) unterscheiden sich Zustimmungserfordernisse dadurch, dass sie dem Beirat **kein Initiativrecht** verschaffen. Er kann keine Maßnahmen veranlassen oder initiieren; er kann lediglich durch Versagen seiner Zustimmung die Durchführung zustimmungspflichtiger Maßnahmen verhindern. Zustimmungserfordernisse bleiben daher auch hinter echten Entscheidungsbefugnissen zurück, wie sie dem Beirat in einzelnen Geschäftsführungsfragen ebenfalls übertragen werden können (Rn 68 f.).[173]

62 Typisch sind Bestimmungen, die **außergewöhnliche Geschäfte** an ein Zustimmungserfordernis des Beirats binden.[174] Auch unterhalb außergewöhnlicher Maßnahmen werden häufig Mitwirkungserfordernisse des Beirats vorgesehen. Typisch sind **Katalogtatbestände** in den Gesellschaftsverträgen, die, sofern nicht Gegenteiliges bestimmt wird, meist beispielhaft und nicht abschließend sind. Sie beziehen sich häufig auf Investitionsentscheidungen, soweit sie einen bestimmten Betrag überschreiten, die Veräußerung oder Stilllegung des Betriebs oder von Betriebsteilen, die Aufgabe wesentlicher Tätigkeitsbereiche, die Gründung, den Erwerb oder die Veräußerung von Unternehmensbeteiligungen, den Erwerb und die Veräußerung oder Belastung von Grundstücken und grundstücksgleichen Rechten, die Aufgabe und Vergabe von Krediten, soweit sie über einen bestimmten Betrag hinausgehen, oder die Eingehung von Bürgschaften

---

[169] MünchHdb. GesR II/*Riegger* KG § 8 Rn 19.

[170] BGH WM 1979, 1425, 1426; dazu *Voormann*, Stellung des Beirats, S. 162 ff.

[171] Dazu eingehend *Hüffer*, ZGR 1981, 348, 351 f.

[172] *Hölters*, Beirat, S. 13; MünchHdb. GesR II/*Riegger* KG § 8 Rn 23; Formbsp. für Zustimmungsvorbehalte zugunsten des GmbH-Beirats bei *Reichert/Harbarth*, GmbH-Vertrag, S. 57 f.

[173] Zu den Grenzen einer Verlagerung von Geschäftsbefugnissen auf einen Beirat vgl. die Nachweise in Fn 136, 190.

[174] Kritisch mit Blick auf die mitunter schwierige Handhabung derartiger Generalklauseln *Binz/Sorg* GmbH & Co., S. 200.

oder Wechselverbindlichkeiten oder Personalentscheidungen, sofern sie von einer gewissen Bedeutung sind. Zweckmäßig sind auch Regelungen, die ein Mitwirkungserfordernis des Beirats bei der Aufstellung des **jährlichen Investitions- und Finanzplans** vorsehen. Sie unterwerfen typischerweise solche Geschäfte der Zustimmung des Beirats, die in diesen Plänen nicht vorgesehen sind, einer ausdrücklichen Zustimmung vorbehalten wurden oder zu einer nicht unerheblichen Abweichung von diesen Plänen führen.[175]

Wird die Zustimmung zu einem Rechtsgeschäft versagt, fragt sich, ob **63** die Versagung der Zustimmung des Beirats durch ein positives Votum der Gesellschafterversammlung ersetzt werden kann. Wird sie erteilt, kann ferner fraglich sein, ob es möglicherweise zusätzlich einer Zustimmung der Gesellschafter bedarf. Bei der Vertragsgestaltung ist darauf zu achten, das **Verhältnis** zwischen **Gesellschafterkompetenzen und dem Beiratskompetenzen** präzise zu regeln. Für den GmbH-Beirat kann ausdrücklich bestimmt werden, dass die Weisungskompetenz der Gesellschafterversammlung in Angelegenheiten, die einem Zustimmungserfordernis des Beirats unterliegen, ausgeschlossen ist.[176] Denkbar ist auch, dass die Satzung ein **doppeltes Zustimmungserfordernis**, nämlich ein solches der Gesellschafterversammlung und des Beirats vorsieht. Die Satzung kann schließlich – in Anlehnung an § 111 Abs. 4 S. 3 AktG – bestimmen, dass die Zustimmung des Beirats auf Antrag der Geschäftsführung durch die Gesellschafterversammlung ersetzt werden kann.[177] Im Einzelnen besteht ein erheblicher Gestaltungsspielraum; dieser betrifft sowohl die Fragen der für einen Gesellschafterversammlungsbeschluss erforderlichen Mehrheit als auch die Frage, ob sie von sich aus oder nur auf Initiative der Geschäftsführung tätig werden kann. Die vorstehenden Ausführungen gelten in gleicher Weise für den KG-Beirat. Unterschiede ergeben sich für die Vertragsgestaltung nur daraus, dass in der KG ein Weisungsrecht der Kommanditisten nicht von Gesetzes wegen, sondern nur auf besonderer vertraglicher Grundlage besteht.[178]

Regelt der Gesellschaftsvertrag die **Abgrenzung zwischen Beirats- und Gesellschafterkompetenzen** nicht präzise, ergeben sich **Auslegungsschwierigkeiten** in zweierlei Hinsicht: Zum einen fragt es sich, **64** inwieweit eine fehlende Zustimmung oder Mitwirkung des Beirats durch einen Gesellschafterbeschluss ersetzt werden kann.[179] Zum anderen bedarf der Klärung, ob Zustimmungserfordernisse des Beirats den Gesellschaftern zustehende disponible Mitwirkungsbefugnisse, wie etwa die den Kommanditisten nach § 164 HGB zustehenden Rechte, ersetzen. Letztlich wird man diese Fragen, sofern der Gesellschaftsvertrag nicht präzise ist, nur

---

[175] Vgl. *Reichert/Harbarth*, GmbH-Vertrag, S. 57, 114 f.

[176] *Hofbauer*, Kompetenzen des Beirats, S. 154 f. Zu Schranken der Übertragung der Weisungsbefugnisse auf KG-Beiräte vgl. oben unter a).

[177] *Hofbauer*, Kompetenzen des Beirats, S. 155.

[178] *Hofbauer*, S. 112 f.

[179] *Wiedemann*, FS Lutter, 801, 816 ff. (bei Beschlussunfähigkeit des GmbH-Beirats).

durch Auslegung im Einzelfall entscheiden können. Tendenziell spricht vieles dafür, zumindest das Recht der Gesellschafter zu bejahen, ein Beiratsvotum durch – ggf. satzungs- oder gesellschaftsvertragsdurchbrechenden Beschluss – zu ersetzen.[180] Umgekehrt muss sich der Ausschluss von Mitwirkungsbefugnissen der Gesellschafter mit hinreichender Deutlichkeit aus dem Gesellschaftsvertrag ergeben.

65 Die Beiratsmitglieder haben das ihnen übertragene **Entscheidungsermessen** pflichtgemäß auszuüben. Sie haben dabei das Gesellschafterinteresse zu beachten.[181] Sie unterliegen denselben Rechten und Pflichten wie diejenigen Gesellschafter, die ohne Einsetzung eines Beirats zuständig gewesen wären.[182] Sie sind insbesondere an die **gesellschafterliche Treuepflicht**[183] gebunden. Zu den Folgen eines Verstoßes gegen diese Grundsätze vgl. Rn 107 ff.; 130 ff.

66 **e) Weisungsbefugnisse.** Dem KG-Beirat kann die Befugnis eingeräumt werden, der Komplementär-GmbH als Geschäftsführerin Weisungen zu erteilen,[184] dem Beirat der Komplementär-GmbH die Befugnis, der **Geschäftsführung** der GmbH Weisungen zu erteilen.[185] Die Weisungsbefugnisse können nicht weiter reichen als die Befugnisse, die den Gesellschaftern zustehen oder eingeräumt werden können. Die Weisungsbefugnisse, die dem Beirat der Komplementär-GmbH eingeräumt werden, sind daher, soweit sie sich auf Geschäftsführungsmaßnahmen in der KG beziehen, stets durch den Umfang der der Komplementär-GmbH aufgrund des KG-Vertrages eingeräumten Geschäftsführungskompetenz beschränkt.

Das Weisungsrecht unterscheidet sich von bloßen Zustimmungserfordernissen in zweierlei Hinsicht: Zum einen erstreckt es sich (wird es nicht ausdrücklich beschränkt) auf **sämtliche Geschäftsvorfälle**; zum anderen verleiht es dem Beirat ein **Initiativrecht**, welches es dem Gremium ermöglicht, von sich aus in die Geschäftsführung einzugreifen.

67 Verbreitet wird angenommen, die Übertragung umfassender Weisungsbefugnisse auf den KG-Beirat kollidiere jedenfalls dann mit dem **Grundsatz der Selbstorganschaft**, wenn dem Beirat nicht allein oder überwiegend KG-Gesellschafter angehören.[186] Folgt man einer im Vordringen befindlichen Meinung, wonach der **Komplementär** weder rechtlich noch faktisch von den Weisungen der Gesellschafter abhängen darf,[187] könnte man sogar annehmen, dass ein mit umfassenden Kompetenzen in Ge-

[180] *Hofbauer*, Kompetenzen des Beirats, S. 112 ff.; OLG Köln GmHR 2001, 112, 113 (nicht rechtskräftig) für den GmbH-Beirat.

[181] *Voormann*, Stellung des Beirats, S. 146; *Schlegelberger/Martens* § 164 HGB Rn 26; *Hölters*, BB 1977, 105, 106 f.; *Wiedemann*, FS Schilling, S. 109; MünchHdb. GesR II/*Riegger* KG § 8 Rn 24; *Baumbach/Hopt* § 163 HGB Rn 15.

[182] *Schlegelberger/Martens* § 164 HGB Rn 26.

[183] *Voormann*, Stellung des Beirats, S. 151.

[184] *Schlegelberger/Martens* § 164 HGB Rn 25; MünchHdb. GesR II/*Riegger* KG § 8 Rn 24.

[185] *Hachenburg/Raiser* § 52 GmbHG 338.

[186] MünchHdb. GesR II/*Riegger* KG § 8 Rn 24.

[187] *Wiedemann*, Gesellschaftsrecht § 6 III 2, S. 334; *Schlegelberger/Martens* § 164 HGB Rn 27.

schäftsführungsfragen ausgestatteter Beirat nicht allein oder überwiegend aus Kommanditisten konstituiert sein darf, sondern vom Komplementär beherrscht werden muss.[188] Sollen einem auch für **Nichtgesellschafter** offenen Beirat Kompetenzen der Gesellschafter verdrängende Weisungsbefugnisse eingeräumt werden, sollte dieser daher, um die **Gefahr einer Kollision** mit dem Grundsatz der Selbstorganschaft auszuschließen, bei der Komplementärin selbst gebildet werden. Das Binnenrecht der **Komplementär-GmbH** folgt nämlich GmbH-rechtlichen Grundsätzen: Ebenso wie in der GmbH eine Fremdgeschäftsführung eingesetzt werden kann, können mithin auch Weisungsbefugnisse über Geschäftsführungsmaßnahmen auf einen mit Nichtgesellschaftern besetzten Beirat übertragen werden. Ihre Grenze findet die Weisungsbefugnis indes, wo sie in zwingende Geschäftsführungskompetenzen wie etwa Buchführungspflichten oder die Bilanzaufstellungspflicht eingreifen würde.

f) Entscheidungsbefugnisse. Bisweilen werden einem Beirat neben 68
oder anstelle allgemeiner Weisungsbefugnisse Entscheidungsbefugnisse über einzelne Geschäftsführungsmaßnahen übertragen. Sie bleiben in ihrer sachlichen Reichweite hinter einem Weisungsrecht zurück, verlagern jedoch die Initiativlast, im Einzelfall die Entschließung des Beirats herbeizuführen, auf die Geschäftsführung. Von bloßen Zustimmungserfordernissen unterscheiden sie sich dadurch, dass der Beirat nicht allein ein Vetorecht, sondern eine Gestaltungsbefugnis hat. Mitunter wird angenommen, dem Beirat könne sogar die **organschaftliche Geschäftsführung** selbst eingeräumt werden.[189] Gegenüber solchen Gestaltungen ist jedoch **Zurückhaltung** geboten. Für den KG-Beirat ist bereits die Übertragung einer Entscheidungszuständigkeit in einzelnen Geschäftsführungsangelegenheiten unter dem Gesichtspunkt der Selbstorganschaft problematisch.[190] Selbst wenn sich der Beirat jedoch ausschließlich aus Gesellschaftern zusammensetzt, sollte die Komplementär-GmbH nicht vollständig von der Geschäftsführung ausgeschlossen werden. Zulässig wäre es jedenfalls, die Geschäftsführung einem mehrheitlich mit persönlich haftenden Gesellschaftern besetzten Beirat zu übertragen.[191] Dabei würde es sich jedoch letztlich nicht mehr um ein Beirats-, sondern um ein Geschäftsführungsgremium handeln.

Häufig betreffen Entscheidungsbefugnisse jedoch nicht den Bereich der 69
Geschäftsführungsmaßnahmen, sondern Entscheidungen, die die **Gesellschafterebene** betreffen. Beispiele sind Fragen der Geschäftsführerbestellungen (Rn 70), der Ergebnisverwendung bzw. Ergebnisverteilung und Entnahme (Rn 72) oder der Veränderung des Gesellschafterkreises (Rn 73). Verbreitet sind auch Bestimmungen, die dem Beirat eine Entschei-

---

[188] MünchHdb. GesR II/*Riegger* KG § 8 Rn 24.

[189] MünchHdb. GesR II/*Riegger* KG § 8 Rn 25.

[190] Dies wird verbreitet für unzulässig gehalten, vgl. GK/*Ulmer* § 109 HGB Rn 55; *Semrau*, Die Dritteinflussnahme auf die Geschäftsführung von GmbH und Personengesellschaften, 2001, S. 329ff.; siehe hierzu bereits Rn 52.

[191] *Schlegelberger/Martens* § 164 HGB Rn 27; weiter die wohl h. M., welche eine Besetzung des Beirats auch nur mit Kommanditisten genügen lässt; vgl. *Baumbach/Hopt*, § 164, Rn 7 sowie die Nachweise bei *Voormann*, Beirat, S. 69.

dungsbefugnis nur ersatzweise für den Fall einräumen, dass sich die Gesellschafter nicht einigen können (Rn 76f.).

70 **g) Personalentscheidungen.** Dem Beirat können **Mitwirkungsbefugnisse** in Personalangelegenheiten eingeräumt werden.[192] Es kann sich um bloße **Zustimmungserfordernisse** (Rn 61f.) oder um echte **Entscheidungsbefugnisse** (Rn 68f.) handeln. Sie können sich auf die Einstellung und Entlassung von Mitarbeitern sowie den Abschluss, die Änderung und Aufhebung von Arbeits- und Dienstverträgen beziehen; meist beschränken sie sich auf Personalentscheidungen, die für das Unternehmen von besonderer Bedeutung sind. Beispiele hierfür sind der Abschluss und die Beendigung von außertariflichen Verträgen, Verträgen ab einem gewissen Jahreseinkommen oder die Begründung oder Änderung von Versorgungszusagen.

71 Dem **GmbH-Beirat** kann darüber hinaus die Befugnis übertragen werden, die Geschäftsführer der Komplementär-GmbH zu bestellen und abzuberufen[193] sowie Dienstverträge mit ihnen abzuschließen, zu ändern und zu beenden. Eine Betrauung des Beirats mit dieser Befugnis scheidet aus, sofern die Gesellschaft einen Aufsichtsrat nach dem MitbestG 1976 bilden muss, dem diese Befugnisse zwingend zustehen (Rn 47f.).

72 **h) Bilanzfeststellung, Ergebnisverteilung, Entnahmen.** Bisweilen besteht ein Bedürfnis, einen Beirat auch an Entscheidungen über die Feststellung der Bilanz und die Verwendung des Ergebnisses der GmbH bzw. über die Feststellung der Bilanz, die Ergebnisverteilung und die Entnahmen in der KG zu beteiligen.[194] Das nach dem Gesetz bestehende oder im Gesellschaftsvertrag modifizierte **Entscheidungsermessen**,[195] das normalerweise den Gesellschaftern zustünde, kann durch den Gesellschaftsvertrag **ganz oder teilweise auf den Beirat** übertragen werden. Typisch sind Bestimmungen, wonach ein Teil des Jahresergebnisses an die Gesellschafter auszuzahlen ist, während der Beirat darüber zu entscheiden hat, ob der verbleibende Teil thesauriert, auf neue Rechnung vorgetragen oder ausgeschüttet werden soll.[196] Solche Regelungen sind besonders dann zweckmäßig, wenn zu besorgen ist, dass sich die Gesellschafter andernfalls aufgrund der bestehenden Stimmverhältnisse über die Gewinnverwendung bzw. Entnahmen nicht einigen können. Bisweilen bietet sich ein Mitwirkungserfordernis des Beirats an, um einen angemessenen Ausgleich zwischen den typischerweise auf Thesaurierung gerichteten Interessen der Geschäftsführer

---

[192] *Schlegelberger/Martens* § 164 HGB Rn 25; *Hachenburg/Raiser* § 52 GmbHG Rn 342; *Hölters*, Beirat, S. 22.

[193] Für die Abberufung aus wichtigem Grund kann dem Beirat indes nur eine konkurrierende Tätigkeit eingeräumt werden, vgl. *Hofbauer*, Kompetenzen des Beirats, S. 135ff.

[194] GK/*Ulmer* § 109 HGB Rn 56; MünchHdb. GesR II/*Riegger* KG § 8 Rn 30ff.; *Hofbauer*, Kompetenzen des Beirats, S. 122ff.

[195] *Hachenburg/Hüffer* § 46 GmbHG Rn 11; *Lutter/Hommelhoff* § 45 GmbHG Rn 4.

[196] Vgl. für die GmbH etwa die Formvorschläge bei *Reichert/Harbarth*, GmbH-Vertrag, S. 156 mit Erläuterung, S. 159.

und den typischerweise auf Ausschüttung gerichteten Interessen derjenigen Gesellschafter herbeizuführen, die der Gesellschaft ferner stehen.

i) Veränderung des Gesellschafterkreises. Die Gesellschaftsanteile der KG sind nach dem dispositiven Regelungsmodell des Gesetzes **nicht** oder **nur mit Zustimmung** sämtlicher Gesellschafter **übertragbar**. Der Gesellschaftsvertrag kann die Übertragbarkeit im Grundsatz zulassen, jedoch bestimmte Zustimmungserfordernisse statuieren.[197] Ebenso wie die Übertragung von Gesellschaftsanteilen von der Zustimmung aller oder einzelner bestimmter Gesellschafter bzw. der Gesellschafterversammlung abhängig gemacht werden kann, kann die Entscheidung hierüber grundsätzlich auch einem Beirat übertragen werden.[198] Gehören dem Beirat auch Dritte an, sollte jedoch im Gesellschaftervertrag ausdrücklich vorgesehen werden, dass eine negative Entscheidung des Beirats durch die Zustimmung sämtlicher Gesellschafter ersetzt werden kann. Dem KG-Beirat können auch Mitwirkungsbefugnisse bei der **Aufnahme** neuer Gesellschafter übertragen werden.[199] In Gesellschaften, die nicht – wie etwa Publikumsgesellschaften – von vornherein auf die Aufnahme einer Vielzahl von Gesellschaftern ausgerichtet sind, wäre allerdings eine völlig unspezifizierte Ermächtigung problematisch. Demgegenüber dürfte es wohl zulässig sein, einem Beirat die Befugnis einzuräumen, aus mehreren Abkömmlingen eines Gesellschafters einen auszuwählen, der als Gesellschafter aufgenommen werden soll.[200] Problematisch sind Bestimmungen, die den Beirat zur **Ausschließung** eines Gesellschafters ermächtigen. Dies wird zum Teil zumindest dann zugelassen, wenn sich die Ermächtigung auf eine Ausschließung aus wichtigem Grund beschränkt. In solchen Fällen biete eine Beschlussfassung unter Beteiligung sämtlicher Gesellschafter gerade keine größere Richtigkeitsgewähr; im Gegenteil eröffne die Übertragung der Entscheidungskompetenz auf den Beirat meist eine größere Chance, dass eine sachliche und abgewogene Entscheidung getroffen werden könne.[201] **73**

---

[197] Vgl. dazu in diesem Band *Reichert* § 28 III 1.

[198] Da es zulässig ist, auch ohne Zustimmungserfordernisse der Gesellschafter übertragbare Gesellschaftsanteile zu schaffen, bestehen im Grundsatz gegen Zustimmungserfordernisse eines mit Nichtgesellschaftern besetzten Beirats keine grundlegenden Bedenken. Dem Einwand, dieser Gestaltung könne der Grundsatz der Verbandssouveränität entgegenstehen, kann durch den ausdrücklichen Hinweis auf die Zulässigkeit einer Ersetzung des Mitwirkungserfordernisses durch einvernehmlichen Gesellschafterbeschluss vorgebeugt werden.

[199] Teile der Lit. lassen auch die unbeschränkte Aufnahmeermächtigung zu, vgl. RGZ 128, 172, 176; *Schneider,* ZGR 1972, 357, 376 ff.; zutr. einschränkend *Voormann,* Stellung des Beirats, S. 91 f.; gegen die Möglichkeit, dem Beirat eine entsprechende Kompetenz zuzuweisen *Schlegelberger/Martens* § 161 HGB Rn 118.

[200] MünchHdb. GesR II/*Riegger* KG § 8 Rn 36; *Voormann,* Stellung des Beirats, S. 92. Dem Einwand, wegen des Grundlagencharakters sei eine Übertragung nicht möglich, lässt sich entgegenhalten, dass die eigentliche Grundlagenentscheidung über die Aufnahme eines Gesellschafters bereits gefallen, dem Beirat lediglich die Auswahl übertragen ist.

[201] MünchHdb. GesR II/*Riegger* KG § 8 Rn 37; anders *Voormann,* Stellung des Beirats, S. 93.

Daran ist zwar richtig, dass einem Beirat in solchen Situationen durchaus eine **Vermittlungsaufgabe** zukommt und auch im Gesellschaftsvertrag zugewiesen werden kann. Die Entscheidung selbst ist jedoch ein **Grundlagengeschäft** und sollte daher den Gesellschaftern vorbehalten bleiben.[202]

74 Dem **GmbH-Beirat** können ebenfalls Befugnisse im Hinblick auf die Übertragbarkeit von GmbH-Geschäftsanteilen eingeräumt werden.[203] Beschränkt die Satzung die Abtretbarkeit von Geschäftsanteilen, was in Abweichung vom im Gesetz vorgesehenen dispositiven Normalstatut heute dem Regelfall entspricht, kann anstelle der Statuierung eines Zustimmungserfordernisses der Gesellschafterversammlung, einzelner oder aller Gesellschafter auch die **Zustimmungskompetenz** auf den **Beirat** übertragen werden.[204] In diesem Fall hat der Beirat zu entscheiden, ob die Zustimmung zu einer Übertragung des Geschäftsanteiles erteilt wird. Ebenso wie im KG-Beirat kann das **Entscheidungsermessen des Beirats** durch die Satzung eingeschränkt werden. Bisweilen werden Bestimmungen getroffen, wonach die Zustimmung nur aus bestimmten Gründen versagt werden kann. Möglich sind auch generelle Einschränkungen; die Versagung der Zustimmung kann nur aus wichtigem Grund zugelassen werden. Enthält der Gesellschaftsvertrag keine Einschränkungen, muss der Beirat nach **pflichtgemäßem Ermessen** entscheiden. Aus der gesellschafterlichen Treuepflicht, der auch die Mitglieder des Beirats unterliegen, kann sich im Einzelfall eine Einschränkung des Ermessens ergeben.[205]

75 Demgegenüber ist es nach verbreiteter zutreffender Auffassung unzulässig, dass dem GmbH-Beirat auch Entscheidungsbefugnisse über den **Ausschluss** eines Gesellschafters oder die **Einziehung** von Geschäftsanteilen übertragen werden.[206]

76 **j) Schiedsfunktion.** Eine Schiedsfunktion des Beirats kann sich im Ergebnis daraus ergeben, dass ihm **Entscheidungs-** oder **Ersatzentscheidungsbefugnisse** für den Fall übertragen werden, dass eine Einigung unter den Gesellschaftern oder Geschäftsführern nicht zustande kommt. Typisch sind solche Regelungen in Gesellschaften, in denen zwei Gesellschaftergruppen oder Gesellschafter über je 50 % der Stimmen verfügen und sich aufgrund der nach dem Gesellschaftsvertrag bzw. der Satzung geltenden Mehrheitserfordernisse gegenseitig blockieren.[207] Allerdings ist darauf zu achten, dass dem Beirat eingeräumte Entscheidungsbefugnisse keine zwingenden Mitwirkungserfordernisse der Gesellschafter verletzen. Dies gilt insbesondere bei Satzungsänderungen und anderen Struktur-

---

[202] *Schlegelberger/Martens* § 161 HGB Rn 118; *Voormann*, Stellung des Beirats, S. 93.

[203] Vgl. dazu in diesem Band *Reichert* § 28 III 2.

[204] *Hachenburg/Zutt* § 15 GmbHG Rn 115; *Reichert/Harbarth*, GmbH-Vertrag, S. 131; *Hofbauer*, Kompetenzen des Beirats, S. 158.

[205] *Reichert*, Zustimmungserfordernisse, S. 224 ff.; *Reichert/Winter*, FS 100 Jahre GmbHG, S. 209, 215 ff.; *Hachenburg/Zutt* § 15 GmbHG Rn 116.

[206] *Hachenburg/Raiser* § 52 GmbHG Rn 342; *Hofbauer*, S. 147 ff.; a. A. *Hölters*, Beirat, S. 22; vgl. auch BGHZ 31, 192, 194 f. (zur Gen.).

[207] *Voormann*, Stellung des Beirats, S. 37.

entscheidungen. So kann etwa in der GmbH, in der Satzungsänderungen zwingend einer $^3/_4$-Mehrheit bedürfen (§ 53 GmbHG), einem Beirat allenfalls dann eine Mitwirkungsbefugnis eingeräumt werden, wenn die gesetzlich erforderliche $^3/_4$-Mehrheit erreicht ist und es nur darum geht, eine in der Satzung vorgesehene höhere Mehrheit durch ein positives Beiratsvotum zu ersetzen (vgl. Rn 48). In der Personengesellschaft ist bei gesellschaftsvertraglichen Regelungen, die Grundlagen- und Strukturentscheidungen betreffen, darüber hinaus der Bestimmtheitsgrundsatz zu beachten (vgl. Rn 51).

Neben der Konfliktlösung durch Stichentscheid kann dem Beirat auch **77**
die Aufgabe eines **Schlichters** zugewiesen werden. Es kann angeordnet werden, dass vor Einleitung eines Gerichtsverfahrens ein Schlichtungsversuch unter Mitwirkung des Beirats unternommen werden muss.[208]

Dem Beirat kann auch die Funktion eines **Schiedsgutachters** übertragen werden, wenn im Verhältnis unter den Gesellschaftern Tatsachen streitig werden. Beispielsweise kann ihm das Recht übertragen werden, als Schiedsgutachter über die Abfindung eines ausscheidenden Gesellschafters zu befinden (§§ 317 ff. BGB).[209]

Nicht empfehlenswert, indessen unter gewissen Voraussetzungen denkbar ist es schließlich, einem Beirat die **Funktion eines Schiedsgerichts** zu übertragen.[210] Dies setzt die Beachtung der allgemein für den Abschluss von Schiedsverträgen geltenden Grundsätze voraus. Die Beiratsmitglieder werden jedoch für die Aufgabe eines Schiedsgerichts in aller Regel **nicht qualifiziert** sein.[211] Da sie meist mit den streitigen Maßnahmen in irgendeiner Weise befasst sind, genügen sie darüber hinaus nicht dem Gebot der **Überparteilichkeit**.[212]

4. Zusammensetzung

a) Bedeutung der Zusammensetzung. Die personelle Zusammenset- **78**
zung des Beirats und die Regeln darüber, wer über die Besetzung des Beirats entscheidet und in welcher Form dies geschieht, sind für die Funktion eines solchen Gremiums von ausschlaggebender Bedeutung. Welche der vielfältigen Gestaltungsmöglichkeiten sich empfehlen, hängt entscheidend von der dem Beirat zugedachten Funktion ab. Soll der Beirat nicht Steuerungsinstrument der Mehrheit sein, ist darauf zu achten, dass auch die Minderheitsgesellschafter zumindest einen gewissen Einfluss auf die Zusammensetzung des Beirats haben und sich dort „wiederfinden". Dies kann

---

[208] *Voormann*, Stellung des Beirats, S. 36.

[209] *Hölters*, Beirat, S. 19; *Voormann*, Stellung des Beirats, S. 36 f.

[210] *Hölters*, Beirat, S. 17 f.; *Voormann*, Stellung des Beirats, S. 35 f; zu statuarischen Schiedsklauseln vgl. im Übrigen *Reichert/Harbarth*, NZG 2003, S. 379.

[211] Bei der Auswahl der Beiräte zählt die Sachkenntnis in unternehmerischen und fachlichen Fragen; die Schiedsgerichte sollte man möglichst mit Volljuristen besetzen. Zweckmäßigerweise sieht ein Schiedsvertrag vor, dass zumindest der Obmann über eine Qualifikation zum Richteramt verfügen muss, vgl. Formbsp. bei *Reichert/Harbarth*, GmbH-Vertrag, S. 197.

[212] Niemand kann der Schiedsrichter in seiner eigenen Angelegenheit sein; vgl. *Huber*, Der Beirat, S. 66 m. w. N.

etwa durch Etablierung von **Vorschlags- oder Entsendungsrechten** (vgl. Rn 90) oder dadurch verwirklicht werden, dass das für eine Wahl von Beiratsmitgliedern angeordnete **Mehrheitserfordernis** zu einem **Einigungszwang** unter den Gesellschaftern führt. Letzteres kann auch dann von Vorteil sein, wenn sichergestellt werden soll, dass die Beiratsmitglieder nicht der verlängerte Arm einzelner Gesellschafter oder Gesellschaftergruppen sind, sondern der Beirat sich aus neutralen Persönlichkeiten zusammensetzt. Demgegenüber ist auch denkbar, dass die einzelnen Gesellschaftergruppen – bei Familiengesellschaftern etwa die einzelnen Stämme – im Beirat durch von ihnen zu benennende Repräsentanten vertreten werden. Sollen einem Beirat Schiedsfunktionen zukommen, ist darauf zu achten, dass – wenn nicht sämtliche – so doch zumindest die für Beiratsentscheidung ausschlaggebenden Beiratsmitglieder nicht von einer der Gesellschaftergruppen ausgewählt, sondern von beiden gemeinsam oder den von ihnen benannten Beiratsmitgliedern berufen werden (vgl. Rn 84). Letztlich hängt es entscheidend von der Ausgestaltung der Bestimmungen über die Zusammensetzung des Beirats, die Wahl bzw. Entsendung seiner Mitglieder, deren Amtszeit sowie von den Regelungen über die Abberufungsmöglichkeiten ab, ob der Beirat lediglich eine „verkleinerte" oder partiell personell anders besetzte Gesellschafterversammlung ist oder ob er ein neutrales, aufsichtsratsähnliches, bisweilen auch zwischen den einzelnen Interessengruppen vermittelndes Gremium ist, dessen Mitglieder nicht nur de jure, sondern auch de facto von einzelnen Gesellschaftern und Gesellschaftergruppen unabhängig sind.

79 **b) Mitgliederzahl und persönliche Voraussetzungen.** Der Gesellschaftsvertrag kann die **Zahl der Mitglieder** frei festlegen; gesetzliche Beschränkungen, wie sie § 95 Abs. 1 AktG für den Aufsichtsrat und § 108 Abs. 2 S. 3 AktG für dessen Beschlussfähigkeit anordnet, gelten für den Beirat nicht.[213] Bei der Vertragsgestaltung ist darauf zu achten, dass das Gremium effektiv arbeiten kann. Wie die Diskussion um die Aktienrechtsreform zeigt, leidet die Effizienz, wenn Gremien eine zu große Mitgliederzahl aufweisen. In mittelständischen Unternehmen überwiegt die Anzahl von Beiräten, die mit drei Mitgliedern besetzt sind.[214] Tatsächlich dürften eine Beiratsstärke von drei bis fünf Mitglieder häufig den Bedürfnissen entsprechen; bei Beiräten, denen Entscheidungsbefugnisse zugedacht sind, sollte überdies auf eine ungerade Zahl geachtet werden, um **Pattsituationen** bei Beschlussfassungen zu **vermeiden**.[215] Bisweilen finden sich auch Konstruktionen, in denen ein kleinerer Beirat – etwa aus zwei oder vier Mitgliedern – im Falle der Pattsituation um ein oder drei

---

[213] MünchHdb. GesR II/*Riegger* KG § 8 Rn 46.

[214] Nach einer empirischen Untersuchung haben in der Praxis gut ein Drittel der Beiräte 3 Mitglieder und gut ein weiteres Drittel 4 bzw. 5 Mitglieder; vgl. *Gaugler/Heimburger*, Beiräte mittelständischer Unternehmen, S. 85 f.

[215] So auch MünchHdb. GesR II/*Riegger* KG § 8 Rn 46. Lässt sich eine ungerade Anzahl nicht durchsetzen, sollte zumindest für den Beiratsvorsitzenden gesellschaftsvertraglich das Recht zum Stichentscheid vorgesehen werden, vgl. *Huber*, Der Beirat, S. 74.

weitere Mitglieder erweitert wird (so genannter erweiterter Beirat), falls das Gremium in seiner ordentlichen Besetzung nicht zu einer Entscheidung gelangt.

Beiratsmitglied kann grundsätzlich jede **natürliche, unbeschränkt geschäftsfähige**[216] Person sein. Vereinzelt wird angenommen, auch eine juristische Person könne Beiratsmitglied sein.[217] Eine Mitgliedschaft juristischer Personen ist richtigerweise unzulässig, wenn sie nicht ausdrücklich im Gesellschaftsvertrag zugelassen ist. Sieht der Gesellschaftsvertrag indessen eine entsprechende Bestimmung vor, bestehen dagegen entgegen der wohl herrschenden Auffassung keine durchgreifenden Bedenken gegen die Ausübung des Amtes durch eine juristische Person. Zugleich sollte jedoch bestimmt werden, ob die Gesellschaft notwendigerweise durch ihr Vertretungsorgan oder durch einen von ihr nach den Regeln ihres Binnenrechts zu benennenden Vertreter im Beirat repräsentiert wird. 80

Soll dem Beirat eine **Kontrollfunktion** gegenüber der Geschäftsführung zukommen, können ihm nach dem allgemeinen Rechtsgrundsatz, wonach sich die zu Kontrollierenden nicht selbst kontrollieren können, **keine geschäftsführenden Gesellschafter** angehören.[218] Dies gilt – wenn der Beirat bei der KG gebildet ist – auch für die Geschäftsführer der Komplementär-GmbH.[219] Die gleiche Inkompatibilität besteht für gesetzliche Vertreter eines Unternehmens, das von der Gesellschaft abhängig ist (Rechtsgedanke aus § 100 Abs. 2 Nr. 2 AktG).[220] Anders liegt der Fall, wenn einem Beirat ausschließlich Gesellschafterbefugnisse übertragen sind oder dem Beirat nur beratende bzw. repräsentierende Funktion zukommt; in solchen Fällen können ihm auch geschäftsführende Gesellschafter angehören.[221] Gleichwohl bietet es sich an, dies im Gesellschaftsvertrag ausdrücklich klarzustellen. 81

Darüber hinaus kann der Gesellschaftsvertrag **weitere Inkompatibilitäten** festschreiben.[222] Soll es sich bei dem Beirat um einen Ausschuss der Gesellschafter handeln, ist zu bestimmen, dass ihm nur Gesellschafter angehören können; soll er gerade umgekehrt zwischen den Gesellschaftern vermitteln und diese beraten, kann bestimmt werden, dass ihm gerade 82

---

[216] Ein Betreuter, der bei Wahrnehmung seiner Vermögensangelegenheiten ganz oder teilweise einem Einwilligungsvorbehalt nach § 1903 BGB unterliegt, kann nicht Mitglied eines Beirates sein; vgl. *Scholz/Schneider* GmbHG § 52, Rn 160.

[217] So MünchHdb. GesR II/*Riegger* KG § 8 Rn 47; *Baumbach/Hueck* § 52 GmbHG Rn 23: bei entsprechender Satzungsbestimmung; a. A. mit Verweis auf die höchstpersönliche und eigenverantwortliche Tätigkeit des Beiratsmitglieds *Voormann*, Stellung des Beirats, S. 136; *Hachenburg/Raiser* § 52 GmbHG Rn 326; *Lutter/Hommelhoff* § 52 GmbHG Rn 66.

[218] Zum entsprechenden Klauselvorschlag vgl. Formular § 68, § 9 Abs. 9.

[219] *Haack*, BB 1993, 1607, 1608; MünchHdb. GesR II/*Riegger* KG § 8 Rn 47.

[220] MünchHdb. GesR II/*Riegger* KG § 8 Rn 48; *Hölters*, Beirat, S. 33 (außer beim beratenden Beirat); *Maulbetsch*, Beirat, S. 82 (wenn Kontroll- und Überwachungsaufgaben); a. A. *Voormann*, Stellung des Beirats, S. 137; *Rohleder*, Übertragbarkeit, S. 110 (für GmbH); *Großfeld/Brondics*, AG 1987, 293, 301.

[221] Vgl. auch *Voormann*, Stellung des Beirats, S. 137.

[222] Vgl. auch MünchHdb. GesR II/*Riegger* KG § 8 Rn 48.

keine Gesellschafter angehören können.[223] Typischerweise werden solche Inkompatibilitäten dann auch auf Angehörige der Gesellschafter ausgedehnt. Eine besondere Inkompatibilitätsregelung gilt für Beiräte mit „schiedsrichterlicher" Funktion: hier ist der allgemeine Rechtssatz zu beachten, dass niemand Richter in eigener Sache sein darf.[224]

83 Häufig stellt der Gesellschaftsvertrag **bestimmte Qualifikationsmerkmale** für Beiräte auf. So kann er etwa vorschreiben, dass ihm ein in Vertriebsfragen besonders versiertes, unternehmerisch erfahrenes Mitglied, ein in Fragen der Produktion besonders erfahrenes Mitglied, ein in wirtschaftlichen Fragen erfahrener Jurist sowie ein Angehöriger der wirtschaftsprüfenden oder steuerberatenden Berufe angehören soll.

84 Soll dem Beirat **Schiedsfunktion** zukommen, so ist darauf zu achten, dass das Gremium **neutral besetzt** wird, etwa dadurch, dass jede der gleich starken Gesellschaftergruppen ein Beiratsmitglied benennen und diese sich auf ein drittes einigen.

85 Empfehlenswert ist schließlich, im Gesellschaftsvertrag klarzustellen, dass dem Beirat keine Personen angehören, die für ein **Wettbewerbsunternehmen** tätig sind oder dort entsprechende Beiratsfunktionen innehaben; fehlt eine solche Bestimmung, führt dies nach herrschender Auffassung gleichwohl nicht automatisch zu einer Inkompatibilität.

86 **c) Bestellung der Beiratsmitglieder.** Die Gesellschafter können die Form, in der die Beiratsmitglieder bestellt werden, grundsätzlich frei regeln. Im Wesentlichen stehen **vier Grundtypen** zur Verfügung, die auch beliebig kombiniert werden können: Beiratsmitglieder können bereits durch den Gesellschaftsvertrag festgelegt werden, sie können gewählt werden, ferner kann einzelnen Gesellschaftern oder Gesellschaftergruppen ein **Vorschlagsrecht** oder ein echtes **Entsendungsrecht** (vgl. Formular § 68, § 9 Abs. 2) eingeräumt werden.[225]

87 *aa) Benennung im Gesellschafts- oder einem Konsortialvertrag:* Die Benennung im Gesellschaftsvertrag selbst oder in einer neben dem Gesellschaftsvertrag bestehenden oder in einer den Gesellschaftsvertrag ergänzenden Vereinbarung (etwa in der Konsortialvereinbarung) erfolgt etwa in Fällen, in denen ein Beirat für den Fall etabliert werden soll, dass der derzeitige geschäftsführende Gesellschafter durch plötzlichen Tod ausfällt; für diesen Fall kann ein Beirat vorgesehen werden, dessen Mitglieder der bisherige geschäftsführende Gesellschafter bereits ausgewählt und benannt hat bzw. auf die er sich, soweit Mitgesellschafter vorhanden sind, mit diesen geeinigt hat. Auch wenn ein Gesellschafter beabsichtigt, das Unternehmen auf die nachfolgende Generation überzuleiten, wird häufig ein Beirat installiert,[226] dem

---

[223] Mit dem Wegfall einer solchen persönlichen Voraussetzung endet auch das Amt als Beiratsmitglied, MünchHdb. GesR II/*Riegger* KG § 8 Rn 54; *Hofbauer*, Kompetenzen des Beirats, S. 216.

[224] Vgl. hierzu bereits Rn 77; siehe ferner *Voormann*, Stellung des Beirats, S. 138; *Hölters*, Beirat, S. 35; *Hachenburg/Raiser* § 52 GmbHG Rn 326.

[225] Vgl. MünchHdb. GesR II/*Riegger* KG § 8 Rn 48; GK/*Ulmer* § 109 HGB Rn 58.

[226] Vgl. dazu *Voormann*, Stellung des Beirats, S. 39 ff.

etwa die Gründungsgesellschafter als geborene Mitglieder angehören. Daneben können langjährige Berater oder enge Vertraute als weitere **geborene Beiratsmitglieder** vorgesehen werden; denkbar ist aber auch, eine Festlegung im Gesellschaftsvertrag nur für einen Teil der Beiratsmitglieder zu treffen, während die übrigen Beiratsmitglieder gewählt werden oder von Gesellschaftern oder Gesellschaftergruppen, denen insoweit ein Vorschlags- oder Entsendungsrecht zugestanden wird, benannt werden.

In jedem Fall muss ein Gesellschaftsvertrag, in dem einzelne oder sämtliche Beiratsmitglieder benannt werden, zusätzlich festlegen, ob die Benennung auf Lebenszeit oder nur für eine bestimmte Amtsperiode erfolgt, ob und unter welcher Voraussetzung die Beiratsmitglieder abberufbar sind und wie eine durch Wegfall eines Beiratsmitglieds entstehende Vakanz ausgeglichen wird. Werden Beiratspositionen zugunsten verdienter Gesellschafter oder langjähriger Berater vorgesehen, sollen diese häufig nicht nur für eine auf einige Jahre begrenzte Amtsperiode berufen werden, sondern dem Unternehmen langfristig als Berater, meist auch als Kontrolleure der Geschäftsführung und nicht selten mit Entscheidungs- oder Mitentscheidungsbefugnissen in Geschäftsführungsfragen betraute Entscheidungsträger zur Verfügung stehen. Gleichwohl ist von Regelungen, die einen **Beirat auf Lebenszeit** etablieren, abzuraten; meist dürfte es zweckmäßiger sein, die **feste Amtszeit** mit Vollendung eines bestimmten Lebensalters auslaufen zu lassen und lediglich eine Verlängerungsmöglichkeit vorzusehen. Für die Regelung, wie die durch Wegfall eines „geborenen Beiratsmitglieds" entstehenden Lücken zu füllen sind, gibt es wiederum verschiedene Modelle. Es können von vornherein **Ersatzmitglieder** vorgesehen werden; stattdessen kann auch den verbleibenden Beiratsmitgliedern die Aufgabe übertragen werden, ein neues Beiratsmitglied zu bestimmen. Denkbar ist jedoch auch, dass nach Beendigung der Amtszeit eines geborenen Beiratsmitglieds die Bestellungskompetenz auf die Gesamtheit der Gesellschafter bzw. auf die Gesellschafterversammlung, die darüber mit einer bestimmten Mehrheit Beschluss zu fassen hat, übertragen wird. Eine weitere Alternative besteht darin, denjenigen Gesellschaftern, die dem geborenen Beiratsmitglied besonders nahe standen (etwa dem Familienstamm dem er angehörte, seinen Abkömmlingen oder der Gesellschaft, deren Organ er war), ein Ersatzbestellungsrecht einzuräumen.

bb) Wahl. In der Praxis wohl am häufigsten werden die Mitglieder des 88
Beirats **durch Beschluss der Gesellschafterversammlung** gewählt;[227] der Gesellschaftsvertrag kann Einstimmigkeit oder qualifizierte Mehrheit vorsehen, aber auch die einfache Mehrheit genügen lassen;[228] denkbar – wenn auch nicht empfehlenswert – wäre es sogar, bei einer Gruppenwahl die relative Mehrheit ausreichen zu lassen. Soll erreicht werden, dass ein Beiratsmitglied nicht einer der Gesellschaftergruppen besonders nahe steht – eine derartige Situation stellt sich de facto häufig dann ein, wenn es von

[227] S. *Gaugler/Heimburger*, Beiräte mittelständischer Unternehmen, S. 103 f.

[228] MünchHdb. GesR II/*Riegger* KG § 8 Rn 51: mangels Satzungsbestimmung Einstimmigkeit erforderlich; a. A. GK/*Ulmer* § 109 HGB Rn 58, der bei Fehlen einer entsprechenden Satzungsangabe die einfache Mehrheit genügen lässt.

einer bestimmten Gruppe angesprochen und nur mit deren Stimmen gewählt wurde –, werden die **Mehrheitserfordernisse** meist so gestaltet, dass ein Beiratsmitglied nur mit Zustimmung sämtlicher Gesellschafter bzw. der relevanten Gesellschaftergruppen gewählt werden kann. Von daher besteht zwischen den einzelnen Gesellschaftern ein Einigungszwang. Diese kann dazu führen, dass die gewählten Beiratsmitglieder keinem der Gesellschaftergruppen besonders nahe stehen; möglich ist indes auch, dass jede der Gruppen einen ihr besonders nahe stehenden Kandidaten durchsetzt.

89 Daneben kann der Gesellschaftsvertrag wiederum besondere **Anforderungen an die Qualifikation** oder Herkunft der Beiratsmitglieder stellen; er kann bestimmen, dass es sich um Gesellschafter oder um Nichtgesellschafter handeln muss, er kann Sperrklauseln auch zu Lasten von Angehörigen und Mitgliedern der Familien der Gesellschafter vorsehen oder positiv bestimmen, welche besonderen Qualifikationen Beiratsmitglieder aufweisen müssen; solche Qualifikationen kann er auch für jede einzelne Mitgliedschaft festlegen (z. B. ein Jurist, ein Steuerberater, ein mit der spezifischen Branche der Gesellschaft besonders Vertrauter usw.).

Problematisch sind vertragliche Bestimmungen, die keine ausdrückliche Anordnung über die zur Wahl eines Beiratsmitglieds erforderliche Mehrheit treffen. Man wird diese Frage aufgrund einer Auslegung des Vertrages im Einzelfall zu entscheiden haben. Sind keine speziellen Bestimmungen getroffen, wird man im Allgemeinen nach den Regeln zu verfahren haben, die nach den Bestimmungen des Gesellschaftsvertrages für Beschlussfassungen der Gesellschafter allgemein gelten. Für die KG gilt, sofern der Vertrag keine Mehrheitsklausel enthält, der Grundsatz der Einstimmigkeit, für die GmbH der Grundsatz der einfachen Mehrheit.

90 *cc) Vorschlagsrechte.* Häufig bietet es sich an, nicht darauf zu vertrauen, dass ein Einigungszwang unter den Gesellschaftern zu einer angemessenen Repräsentanz der einzelnen Gesellschafter bzw. Gesellschaftergruppen im Beirat führt, sondern dies mit Hilfe von Vorschlagsrechten zu erleichtern oder mit Hilfe von Entsendungsrechten sicherzustellen. Vorschlagsrechte gewähren einzelnen Gesellschaftern oder einer bestimmten Gesellschaftergruppe (z. B. einem Familienstamm) oder auch beliebigen Gesellschaftern, die über eine bestimmte Mehrheit verfügen (z. B. Gesellschaftern, die mehr als 25 % der Stimmen innehaben), das Recht, ein Beiratsmitglied vorzuschlagen. Die schwächere Form eines solchen Vorschlagsrechts[229] gewährt den Gesellschaftern die Möglichkeit, das vorgeschlagene Beiratsmitglied **nach eigenem Ermessen** zu wählen oder abzulehnen. Die weitergehende Variante des Vorschlagsrechts geht von der Verpflichtung der Gesellschafter zur Wahl des vorgeschlagenen Beirastmitglieds aus, sofern dem keine sachlichen Gründe entgegenstehen. Es kann darüber hinaus auch als sog. Präsentationsrecht gestaltet werden, bei dem die Stimme nur aus wichtigem Grund versagt werden kann. Der Gesellschaftsvertrag sollte die Frage, ob

---

[229] Vgl. zur Abstufung der Vorschlagsrechte *Lutter/Hommelhoff* § 46 GmbHG Rn 12.

und in welcher Form eine Bindung an Wahlvorschläge besteht, klar und detailliert regeln.

dd) Entsendungsrecht. Weiter als ein Vorschlagsrecht reicht ein Entsendungsrecht, das dem berechtigten Gesellschafter oder der berechtigten Gesellschaftergruppe entsprechend § 101 Abs. 2 AktG das Recht gewährt, ein oder mehrere Beiratsmitglieder zu bestellen.[230] So kann beispielsweise in einer GmbH & Co. KG, die aus drei gleichstark beteiligten Gesellschaftern oder Gesellschaftergruppen besteht, bestimmt werden, dass einem oder mehreren Gesellschaftern, die allein oder gemeinsam über mehr als 25,1 % der Stimmen verfügen, pro 25,1 % der Stimmen das Recht zur Entsendung eines Beiratsmitgliedes zusteht. Eine Beschränkung, wie sie § 101 Abs. 2 S. 4 AktG für den Aufsichtsrat vorsieht, wonach insgesamt höchsten für $^1/_3$ der sich aus dem Gesetz oder der Satzung ergebenden Zahl der Aufsichtsratsmitglieder der Aktionäre ein Entsendungsrecht eingeräumt werden darf, gilt für einen fakultativen Beirat nicht, gleichgültig, ob er in der GmbH oder der KG gebildet wird.[231] 91

ee) Beschränkungen. Beschränkungen für die Bestellung der Beiratsmitglieder können sich jedoch aus der Funktion des Beirats ergeben. So wäre es nicht nur sinnlos, sondern schlechthin unzulässig, unverzichtbare Kontroll- und Mitwirkungsrechte der Kommanditisten unter deren Ausschluss auf ein Organ zu übertragen, das in seiner Zusammensetzung nicht maßgeblich von dieser Gesellschaftergruppe bestimmt ist.[232] Ebenso wenig Sinn würde es ergeben, einen Beirat zur Überwachung der Geschäftsführung einzusetzen, der allein oder maßgeblich von den geschäftsführenden Gesellschaftern bestimmt wird. Eine Besonderheit ist ferner bei der Publikumsgesellschaft zu beachten: Anders als bei der gewöhnlichen GmbH und KG wird man hier die Beschränkungen des § 101 Abs. 2 S. 4 AktG analog heranziehen können;[233] die Rechtsprechung hat jedenfalls Bestimmungen für unwirksam erachtet, die den Gründungsgesellschaftern bei der Wahl eines aufsichtsratsähnlichen Beirats eine Sperrminorität sichern sollten.[234] 92

d) Amtszeit. Eine Regelung über die Amtszeit ist de iure nicht zwingend erforderlich;[235] gleichwohl empfiehlt es sich, die Amtszeit für Beiratsmitglieder **im Gesellschaftsvertrag festzulegen**. Dabei wird häufig in Anlehnung an die aktienrechtlichen Regelungen bestimmt, dass die Zeit der Beiratsmitgliedschaft mit der Gesellschafterversammlung endet, in der 93

---

230 Siehe hierzu eingehend *Huber*, Der Beirat, S. 77 ff.; *Voormann*, Der Beirat im Gesellschaftsrecht, S. 127, jeweils m. w. N.

231 MünchHdb. GesR II/*Riegger* KG § 8 Rn 49: anders bei der Publikumsgesellschaft; für die Publikumsgesellschaft ebenso *Maulbetsch*, Beirat, S. 84; *Hachenburg/Raiser* § 52 GmbHG Rn 42: für GmbH; *Scholz/Schneider* § 52 GmbHG Rn 135 für GmbH.

232 MünchHdb. GesR II/*Riegger* KG § 8 Rn 50.

233 *Maulbetsch*, Beirat, S. 84; MünchHdb. GesR II/*Riegger* KG § 8 Rn 49.

234 Vgl. BGH WM 1983, 1407.

235 Vgl. *Hölters*, Beirat, S. 30.

über die Entlastung für das vierte Geschäftsjahr nach dem Beginn der Amtszeit Beschluss zu fassen ist, wobei das Geschäftsjahr, in dem die Amtszeit beginnt, nicht mitgerechnet wird (vgl. § 102 AktG, siehe dazu den Formularvorschlag § 68, § 9 Abs. 3). Nicht selten finden sich jedoch auch Bestimmungen, wonach die Wahl oder Entsendung auf **unbestimmte Zeit** erfolgt; Letzteres wird insbesondere für verdiente Seniorgesellschafter oder langjährige Berater der Gesellschafter, die bis auf weiteres als Berater oder Kontrolleure zur Verfügung stehen sollen, vorgesehen. Schweigt der Gesellschaftsvertrag, ist meist davon auszugehen, dass Beiratsmitglieder auf unbestimmte Zeit bestellt werden und durch einen actus contrarius zu ihrer Bestellung abberufen und nach den für ihre Berufung geltenden Regeln neue Mitglieder bestellt werden, die an ihre Stelle treten.[236] Problematisch ist die Ersetzung so genannter geborener Beiratsmitglieder, falls der Gesellschaftsvertrag darüber keine besondere Regelung trifft (vgl. Rn 87).

94 In jedem Falle sollte der Gesellschaftsvertrag **detaillierte Regelungen über die Abberufung** der Beiratsmitglieder vorsehen. Enthält die Satzung keine Regelungen, dürfte ein für unbestimmte Zeit bestelltes Beiratsmitglied grundsätzlich auf die gleiche Weise und mit derselben Mehrheit abberufen werden können.[237] Schwieriger ist die Beurteilung der Rechtslage dann, wenn die Bestellung nur für eine befristete Amtszeit erfolgte. In diesem Fall bedarf es der Auslegung, ob die Regelung nur dazu dienen soll, die Tätigkeit der Gewählten zeitlich zu begrenzen und die Abberufung deshalb auch ohne wichtigen Grund möglich ist, oder ob sie die Rechtsstellung der Beiratsmitglieder stärken soll und deshalb die Abberufung nur aus wichtigem Grund[238] gestattet.[239] Die damit verbundenen Unsicherheiten lassen sich nur durch klare Satzungsbestimmungen verhindern (vgl. dazu den Formularvorschlag § 68, § 9 Abs. 4).

95 Die Bestimmung einer festen Amtszeit, in der eine Abberufung nur aus wichtigem Grund in Betracht kommt, stärkt die Beiratsmitglieder und fördert ihre Unabhängigkeit. Von daher ist an entsprechende Regelungen selbst dann zu denken, wenn Beiratsmitglieder von bestimmten Gesellschaftern oder Gesellschafterstämmen entsandt wurden. Gleichwohl ist es zulässig – und bei Beiräten, denen die Funktion eines Repräsentativorgans der Gesellschafter zukommt, auch durchaus üblich –, im Falle eines Entsendungsrechts dem Entsendungsberechtigten auch während einer im Vertrag festgelegten Amtszeit das Recht zuzubilligen, das Beiratsmitglied abzuberufen und an seiner statt ein anderes Beiratsmitglied zu entsenden. Sieht der Gesellschaftsvertrag eine feste Amtsdauer vor, räumt er indessen einzelnen Gesellschaftern oder Gesellschaftergruppen ein Entsendungsrecht ein, ist im Einzelfall durch Vertragsauslegung unter Berücksichti-

---

236 *Voormann*, Stellung des Beirats, S. 132; *Hölters*, Beirat, S. 30 f.; *Huber*, Der Beirat, S. 83 f.; MünchHdb. GesR II/*Riegger* KG § 8 Rn 53.

237 MünchHdb. GesR II/*Riegger* KG § 8 Rn 55; *Wiedemann*, FS Lutter, S. 801, 813 für den GmbH-Beirat.

238 Zum Begriff des wichtigen Grundes: *Hölters*, Beirat, S. 31.

239 Für die zweite Möglichkeit MünchHdb. GesR II/*Riegger* KG § 8 Rn 55; vgl. auch *Voormann*, Stellung des Beirats, S. 133.

gung der spezifischen Beiratsfunktion zu ermitteln, ob der Entsendungsberechtigte auch während der Amtszeit berechtigt ist, den Entsandten ohne wichtigen Grund abzuberufen. Immerhin spricht die Wertung des § 103 Abs. 2 AktG dafür, dass man aus der Festlegung der Amtszeit nicht ohne weiteres auf einen Ausschluss eines ordentlichen Abberufungsrechts während der Amtszeit schließen kann.

Auch der Umstand, dass mit dem Entsendungsrecht regelmäßig dem besonderen Interesse des Entsenders, eine Person seines Vertrauens im Beirat zu wissen, entsprochen werden soll, spricht für die Gewährung des ordentlichen Abberufungsrechts. Wo die Satzung nichts anderes besagt, dürfte deshalb die Abberufung auch ohne wichtigen Grund möglich sein. Im Interesse der Rechtssicherheit ist allerdings eine Klarstellung im Gesellschaftsvertrag geboten.[240]

Ist im Gesellschaftsvertrag nichts Gegenteiliges geregelt, wird man es **96** für zulässig halten müssen, ein Beiratsmitglied jedenfalls unter den Voraussetzungen auch ohne wichtigen Grund abberufen zu können, unter denen der Beirat insgesamt durch Änderungen des Gesellschaftsvertrages beseitigt werden kann.[241] Einer Änderung des Gesellschaftsvertrages bzw. der Satzung bedarf es ohnehin, wenn Mitglieder im Gesellschaftsvertrag als geborene Mitglieder des Beirats bestimmt wurden.[242] In aller Regel handelt es sich bei diesen Bestimmungen darüber hinaus um Sonderrechte der benannten Gesellschafter, so dass neben den Voraussetzungen einer Gesellschaftsvertragsänderung auch das Erfordernis ihrer Zustimmung zu beachten ist.[243]

Auch die **Amtsniederlegung** sollte im **Gesellschaftsvertrag** geregelt **97** werden. Es sollte ausdrücklich klargestellt werden, dass jedes Beiratsmitglied sein Amt niederlegen kann, sofern die Niederlegung nicht zur **Unzeit** erfolgt.[244] Es macht nämlich kaum einen Sinn, ein Beiratsmitglied, das amtsmüde ist und aus welchen Gründen auch immer – etwa wegen Arbeitsüberlastung, sich anbahnender Interessenkollision oder Überforderung durch die sich im Beirat stellende Aufgaben – aus dem Beirat ausscheiden möchte, an seinem Amt festzuhalten. Fehlen indessen entsprechende Bestimmungen im Gesellschaftsvertrag, ist streitig, ob und unter welchen Voraussetzungen ein Beiratsmitglied sein Amt niederlegen kann.

Anerkannt ist, dass eine Amtsniederlegung unabhängig von der Sat- **98** zungsregelung beim Vorliegen eines wichtigen Grundes möglich ist.[245] Prinzipiell möglich ist eine Amtsniederlegung auch ohne wichtigen Grund,

---

240 Ein Formulierungsvorschlag enthält das Formular § 68, § 9 Abs. 4.

241 So auch MünchHdb. GesR II/*Riegger* KG § 8 Rn 55.

242 Vgl. *Voormann*, Stellung des Beirats, S. 135.

243 Vgl. MünchHdb. GesR II/*Riegger* KG § 8 Rn 54; GK/*Ulmer* § 109 HGB Rn 59: außer bei wichtigem Grund.

244 Grundsätzlich besteht aber auch die Möglichkeit, die Amtsniederlegung vom Vorliegen eines wichtigen Grundes bzw. zusätzlich von einem konkreten Sachverhalt wie z. B. dem Fortdauern der Bestellung bis zur Neuwahl eines Beiratsmitglieds abhängig zu machen; vgl. *Huber*, Der Beirat, S. 182.

245 *Voormann*, Stellung des Beirats, S. 160; *Hofbauer*, Kompetenzen des Beirats, S. 206.

wenn der Gesellschaftsvertrag keine besondere Amtsdauer vorsieht.[246] Schwierigkeiten bereiten hingegen die Fälle, in denen gesellschaftsvertraglich eine bestimmte Amtsdauer vorgesehen wurde. Eine verbreitete Auffassung differenziert hier zwischen entgeltlicher und unentgeltlicher Amtsführung des Beiratsmitglieds. Während im ersten Fall entsprechend §§ 620f., 626 BGB ein wichtiger Grund erforderlich sei, komme die Amtsniederlegung bei Unentgeltlichkeit entsprechend § 671 Abs. 1 BGB jederzeit – außer zur Unzeit – in Betracht.[247] Ein wichtiger Grund wäre in einem solchen Fall etwa die Unmöglichkeit der Amtsausübung durch Krankheit oder dauernde Gebrechlichkeit. Diese Differenzierung überzeugt nicht. In aller Regel ist es nicht interessengerecht, ein Beiratsmitglied, das kein Interesse an einer Fortsetzung seiner Tätigkeit hat, an dieser Position festzuhalten; eine Ausnahme von diesem Grundsatz gilt nur dann, wenn die Niederlegung zur Unzeit erfolgt.[248]

99 **e) Unabhängigkeit der Mitglieder.** Bisweilen sind die Mitglieder eines Beirats Gesellschafter oder Repräsentanten der Gesellschafter (z. B. eines Familienstammes), die in Form einer **„kleinen Gesellschafterversammlung“** typische Gesellschafteraufgaben wahrnehmen. Derartige Organe werden auch als **Gesellschafterausschuss** bezeichnet.[249] Bisweilen sollen solche Familienrepräsentanten oder Repräsentanten anderer Gesellschaftergruppen an **Weisungen** der Gesamtheit der von ihnen repräsentierten Gesellschaftergruppen gebunden sein. Dies sollte jedoch im Gesellschaftsvertrag ausdrücklich zum Ausdruck gebracht werden.

100 Demgegenüber sind die Mitglieder eines Beirats, der **Beratungs-** und insbesondere **Kontrollfunktionen** ausübt, typischerweise **weisungsunabhängig.**[250] Es bietet sich an, dies im Gesellschaftsvertrag klar zum Ausdruck zu bringen. De facto kann die Neutralität der Beiratsmitglieder, wie dargelegt (vgl. Rn 88), durch Regelungen verstärkt werden, die die Wahl von Beiratsmitgliedern nicht durch einzelne Gesellschafter oder einzelne Gesellschaftergruppen ermöglichen, sondern ein Votum aller Gesellschafter voraussetzen.

Anstelle eines durch die Wahl der Mehrheitserfordernisse getroffenen Einigungszwanges unter den Gesellschaftern können auch Regelungen gewählt werden, wonach zumindest ein Teil der Beiratsmitglieder (z. B. bei einem Dreier-Beirat das dritte, gleichzeitig als Vorsitzender vorgesehene Mitglied) nicht unmittelbar durch die Gesellschafter, sondern von den übrigen Beiratsmitgliedern einstimmig ernannt wird. Darüber hinaus dient es der Stärkung der Unabhängigkeit der Beiratsmitglieder, wenn sie

---

[246] Vgl. *Voormann*, Stellung des Beirats, S. 161.

[247] So *Hölters*, Beirat, S. 32; *Maulbetsch*, Beirat, S. 87ff.; MünchHdb. GesR II/*Riegger* KG § 8 Rn 56.

[248] *Geßler/Hefermehl* § 102 HGB Rn 30; *Lutter/Hommelhoff* § 52 GmbHG Rn 8; weitergehend gegen die Niederlegung aus wichtigem Grund *Voormann*, Stellung des Beirats, 161; *Hofbauer*, Kompetenzen des Beirats, S. 207.

[249] Vgl. *Hofbauer*, Kompetenzen des Beirats, S. 86.

[250] Vgl. zu möglichen Weisungsrechten gegenüber beratenden oder überwachenden Beiräten aber auch *Voormann*, Stellung des Beirats, S. 152.

nach den getroffenen Bestimmungen während ihrer Amtszeit nur aus wichtigem Grund abberufen werden können. Weiterhin ist es zweckmäßig, im Gesellschaftsvertrag deutlich zum Ausdruck zu bringen, dass die Mitglieder des Beirats dem Wohl der Gesellschaft[251] verpflichtet sind und von Weisungen einzelner Gesellschafter unabhängig sind.

Es darf nicht verkannt werden, dass der Grad der Unabhängigkeit von **101**
Beiratsmitgliedern de facto und de jure in der Praxis nicht selten auseinander klafft. Dies gilt trotz ausdrücklicher Regelungen des vorgeschlagenen Inhalts insbesondere dann, wenn einzelne Beiratsmitglieder auf Vorschlag einer Gesellschaftergruppe, mit der Stimmenmehrheit einer Gesellschaftergruppe oder gar aufgrund eines Entsendungsrechts in den Beirat entsandt wurden. Sie neigen – trotz der vorgeschlagenen Absicherung ihrer Position – de facto in aller Regel dazu, die Interessen derjenigen, die sie vorgeschlagen, gewählt oder entsandt haben, im Beirat in besonderer Weise zu vertreten. Dies muss – je nach Funktion des Beirats – nicht notwendig ein Nachteil sein, sofern sichergestellt ist, dass das Gesamtwohl der Gesellschaft oberste Maxime bleibt. Darüber hinaus ist darauf zu achten, dass die einzelnen Gruppen der Gesellschafter repräsentativ im Beirat vertreten sind und – soweit dem Beirat auch Entscheidungsbefugnisse in Pattsituationen zukommen sollen – zumindest ein Beiratsmitglied gruppenunabhängig ist und (etwa bei einem Drei-Personen-Beirat) letztlich den Ausschlag bei Pattsituationen gibt.

5. Innere Ordnung

a) Regelungsnotwendigkeit. Das Gesetz hält keine Bestimmungen **102**
zur Verfügung, die die innere Ordnung eines Beirats regeln. Solche aufzustellen ist daher Aufgabe des Gesellschaftsvertrages, der dies unter Angabe der entsprechenden Richtlinien auch einer von den Gesellschaftern oder vom Beirat selbst zu erlassenden Geschäftsordnung vorbehalten kann.[252] Schweigt der Gesellschaftsvertrag, so sind die zur Funktion eines Beirats notwendigen Regelungen durch ergänzende Vertragsauslegung zu gewinnen. Man hat sich dabei an dem Leitgedanken zu orientieren, dass der Beirat in der Lage sein muss, die ihm nach dem Gesellschaftsvertrag zugewiesenen Funktionen sinnvoll wahrzunehmen. Dabei kann man bisweilen auch auf die **Bestimmungen des Aktienrechts** zurückgreifen, soweit dem Beirat mit einem Aufsichtsrat vergleichbare Funktionen zukommen, wie dies bei der Publikumsgesellschaft regelmäßig der Fall sein wird.[253] Ist der Beirat in der GmbH gebildet, kommt der Rückgriff auf aktienrechtliche Bestimmungen über eine analoge Anwendung des § 52 GmbHG in Betracht.[254]

---

[251] Zur Verpflichtung der Beiratsmitglieder auf das Gesellschaftsinteresse vgl. *Voormann*, Stellung des Beirats, S. 146.

[252] *Hachenburg/Raiser* § 52 GmbHG Rn 331; MünchHdb. GesR II/*Riegger* KG § 8 Rn 60.

[253] Vgl. BGH WM 1977, 1221, 1222f.; MünchHdb. GesR II/*Riegger* KG § 8 Rn 60.

[254] *Roth/Altmeppen* § 52 GmbHG Rn 48.

103 **b) Regelungsinhalte.** Der Gesellschaftsvertrag sollte die zur Willensbildung innerhalb des Beirats erforderlichen Regelungen treffen. Dies setzt Bestimmungen über die Durchführungen von Beiratssitzungen voraus, insbesondere darüber, wer zu ihrer **Einberufung** berechtigt ist, welche **Fristen** dabei zu wahren sind, inwieweit die Beiratssitzungen durch **Tagesordnung** vorzubereiten sind und an welchem **Ort** die Beiratssitzungen stattfinden (vgl. die Formulierungsempfehlung in § 68, § 11). Meist wird man einen **Beiratsvorsitzenden** vorsehen, der die Sitzung einberuft und leitet; in der Regel ist es jedoch zweckmäßig, auch den übrigen Beiratsmitgliedern ein Einberufungs- oder zumindest ein Ersatzeinberufungsrecht zuzubilligen.[255] Weiterhin sollte in aller Regel eine angemessene Einberufungsfrist[256] angeordnet werden, die jedoch im Eilfall auch verkürzt werden kann, damit die Gesellschaft handlungsfähig bleibt.[257] Dies gilt insbesondere dann, wenn dem Beirat auch Entscheidungskompetenzen zukommen.

104 Eine Beschlussfassung des Beirats kann auch **schriftlich**, **per Telefax** oder gegebenenfalls sogar **telefonisch** zugelassen werden, wobei solche Entscheidungsformen meist an das Erfordernis der Zustimmung aller Beiratsmitglieder mit dieser Form der Entscheidung geknüpft sind (vgl. den Formularvorschlag § 68, § 11 Abs. 3). Wichtig ist, dass die so gefassten Beschlüsse **ausreichend dokumentiert** werden; auch dies sollte im Gesellschaftsvertrag oder einer Beiratsordnung ausdrücklich angeordnet sein. Zu regeln ist ferner die **Teilnahmeberechtigung**.[258]

105 In aller Regel sind ausschließlich Beiratsmitglieder zur Teilnahme berechtigt; sinnvollerweise ist vorzusehen, dass auch die Gesellschafter und die Geschäftsführer auf Verlangen der Beiratsmitglieder an der Beiratssitzung teilzunehmen haben. Bisweilen kann es ferner zweckmäßig sein, die Hinzuziehung von **Beratern** auch auf Wunsch eines Beiratsmitglieds zuzulassen; fehlt eine entsprechende Regelung, steht die Entscheidung hierüber im pflichtgemäßen Ermessen des Beirats.[259] Weiterhin sollte klargestellt werden, dass es sich bei der Mitgliedschaft im Beirat um ein **höchst persönliches Mandat** handelt. Eine **Vertretung** ist daher **unzulässig**; zulässig ist demgegenüber die Übergabe einer Stimmbotschaft,[260] was im Gesellschaftsvertrag ausdrücklich klargestellt werden sollte.[261] Abweichen-

---

[255] Vgl. zum Einberufungsrecht MünchHdb. GesR II/*Riegger* KG § 8 Rn 61.

[256] Gebräuchlich sind für turnusgemäße Sitzungen Fristen von etwa 14 Tagen; vgl. *Huber*, Der Beirat, S. 104.

[257] Gleichwohl muss auch hier genügend Zeit für die Beiratsmitglieder bleiben, sich mit der durch die Eilbedürftigkeit der Angelegenheit gebotenen Schnelligkeit auf die zu behandelnde Tagesordnung vorzubereiten; vgl. BGHZ 99, 119, 123 f.

[258] Vgl. *Hachenburg/Raiser* § 52 GmbHG Rn 68, 331; vgl. Formular § 68, § 11 Abs. 4.

[259] Dieses Ermessen ist vom Beiratsvorsitzenden bzw., falls dieser einem Antrag eines anderen Beiratsmitglieds nicht nachkommen will, durch den Beirat selbst auszuüben; vgl. *Voorman*, Stellung des Beirats, S. 167.

[260] MünchHdb. GesR II/*Riegger* KG § 8 Rn 62; *Voormann*, Stellung des Beirats, S. 167.

[261] Vgl. Formular § 68, § 9 Abs. 5.

des kann indessen für einen Beirat gelten, dem keine aufsichtsratsähnliche Funktion zukommt, etwa für einen Gesellschafterausschuss, der ausschließlich Gesellschafterkompetenzen wahrnimmt und für den man daher – je nach Ausgestaltung im Einzelfall – die für die Gesellschafterversammlung geltenden Vertretungsregelungen[262] heranziehen könnte. Sollte dies gewünscht sein, ist jedoch zur Vermeidung von Unklarheiten eine entsprechende Regelung im Gesellschaftsvertrag geboten.

Von wesentlicher Bedeutung ist die Frage, mit welchen **Beschluss-** 106
mehrheiten Beiratsbeschlüsse zu fassen sind. Auch darüber sollte der **Gesellschaftsvertrag** Regelungen enthalten.[263] Da einem Beirat häufig die Aufgabe zukommt, Pattsituationen zwischen den Gesellschaftern oder auch unter den Geschäftsführern zu überwinden, bieten sich in aller Regel **Mehrheitsklauseln** an, die – in Verbindung mit einer **ungeraden Mitgliederzahl** – zu eindeutigen Entscheidungen führen. Problematisch wird die Situation, wenn der Gesellschaftsvertrag keine Regelungen über die erforderlichen Beschlussmehrheiten trifft. In solchen Fällen muss das Mehrheitserfordernis durch Auslegung gewonnen werden. Dabei wird man sich in erster Linie an den Mehrheitserfordernissen orientieren, die der Gesellschaftsvertrag für die zu treffenden Entscheidungen vorsieht, wenn die Kompetenz nicht vom eigentlich zuständigen Organ auf den Beirat übertragen worden wäre. Enthält die GmbH-Satzung keine abweichenden Bestimmungen, wird man für den GmbH-Beirat von dem gesetzlichen Regelungsmodus des Mehrheitsprinzips ausgehen können.[264] Problematisch ist die Situation bei der KG, deren Gesellschaftsvertrag weder eine spezielle Regelung für Beiratsbeschlüsse noch eine allgemeine Mehrheitsklausel enthält. In solchen Fällen besteht die Gefahr, dass man, sofern der Vertrag nicht – etwa aufgrund der Funktion des Beirats – Anhaltspunkte bietet, die auf einen abweichenden Vertragswillen schließen lassen, auch für Beiratsbeschlüsse vom Einstimmigkeitsgrundsatz ausgehen muss,[265] was in aller Regel wenig praktikabel und im Ergebnis häufig nicht interessengerecht ist. Bei der Vertragsgestaltung sollten daher ausdrückliche Regelungen vorgesehen werden. Ebenfalls geregelt werden sollte die Frage, unter welchen Voraussetzungen Beiratsmitglieder **vom Stimmrecht ausgeschlossen** sind. Fehlen entsprechende Bestimmungen, wird man auf die Grundsätze zurückgreifen, die für den Ausschluss eines Gesellschafters vom Stimmrecht bei Interessenkollisionen (§ 34 BGB; § 47 Abs. 4 GmbHG) gelten.[266]

6. Rechte und Pflichten der Beiratsmitglieder

a) Rechtsverhältnisse zwischen dem Mitglied eines Beirats und 107
der Gesellschaft. Bei entgeltlicher Tätigkeit kommt zwischen Beiratsmit-

---

[262] Vgl. dazu *Hachenburg/Hüffer* § 48 GmbHG Rn 18.
[263] Vgl. Formular § 68, § 12 Abs. 2.
[264] *Baumbach/Hueck* § 52 GmbHG Rn 52; wohl auch *Voormann*, Stellung des Beirats, S. 167.
[265] So MünchHdb. GesR II/*Riegger* KG § 8 Rn 61.
[266] *Hofbauer*, Kompetenzen des Beirats, S. 214; MünchHdb. GesR II/*Riegger* KG § 8 Rn 62.

glied und Beiratsunternehmen ein Geschäftsbesorgungsvertrag mit Dienstvertragscharakter gemäß §§ 611 ff., 675 BGB zustande. Erfolgt die Beiratstätigkeit unentgeltlich –, was fast ausschließlich bei Gesellschaftern in Betracht kommt – tritt neben das Gesellschaftsverhältnis ein Auftragsverhältnis gem. §§ 662 ff. BGB.[267] Handelt es sich um einen bloßen Gruppenbeirat, kommen entsprechende Rechtsverhältnisse mit der Gesellschaftergruppe zustande, die das Beiratsmitglied repräsentiert.[268] Die Rechte und Pflichten der Beiratsmitglieder ergeben sich aus den Bestimmungen des Gesellschaftsvertrages, insbesondere aus den ihnen dort zugewiesenen Aufgaben.

108 **b) Wahrnehmung des Gesellschaftsinteresses; Treuepflicht.** Der Beirat hat, sofern der Gesellschaftsvertrag keine abweichenden Regelungen trifft, das Gesamtgesellschaftsinteresse und nicht das Interesse einzelner Gesellschafter wahrzunehmen.[269] Anderes gilt für den **Gruppenbeirat**, der jedoch gleichwohl die Gruppeninteressen zurückzustellen hat, wenn deren Durchsetzung der gesellschaftlichen Treuepflicht zuwiderlaufen würde.[270] Die gleiche Konstellation kann sich ausnahmsweise ergeben, wenn zwar kein Gruppenbeirat gebildet ist, der Gesellschaftsvertrag aber zum Ausdruck bringt, dass ein Beiratsmitglied (meist wird ein solches Organ als Gesellschafterausschuss bezeichnet werden) eine bestimmte Gesellschaftergruppe repräsentiert und sie bei der Abstimmung über Fragen vertreten soll, die – ohne Einrichtung des betreffenden Organs – von der Gesellschafterversammlung zu entscheiden wären. Auch in solchen Fällen kann die Auslegung der Satzung ergeben (besser ist, wenn sie eine ausdrückliche Bestimmung enthält), dass das Mitglied des Beirats die Interessen des entsendungsberechtigten Gesellschafters in der Weise berücksichtigen darf, wie dieser sie im Rahmen eines Gesellschafterbeschlusses selbst berücksichtigen dürfte.[271] In jedem Fall haben die Mitglieder eines Beirats die **gleichen Treu- und Sorgfaltspflichten** zu beachten, die diejenigen Gesellschafter einzuhalten hätten, die die entsprechenden Funktionen wahrzunehmen hätten, falls kein Beirat eingerichtet wäre.

Aus der Treuepflicht folgt zugleich die Verpflichtung der Beiratsmitglieder zur **Verschwiegenheit** über vertrauliche Angaben und Geheimnisse der Gesellschaft, namentlich Betriebs- und Geschäftsgeheimnisse, die ihnen durch ihre Tätigkeit im Beirat bekannt werden. Der Gesellschaftsvertrag kann die Verschwiegenheitspflicht einschränken, aber auch verschärfen, darf sich indes nicht in Widerspruch zu gesetzlichen (Offenbarungs-) Pflichten setzen.[272] Aus der gesellschafterlichen Treuepflicht

---

[267] MünchHdb. GesR II/*Riegger* KG § 8 Rn 68.

[268] Vgl. dazu *Hachenburg/Raiser* § 52 GmbHG Rn 313.

[269] *Voormann*, Stellung des Beirats, S. 146 f.; MünchHdb. GesR II/*Riegger* KG § 8 Rn 70.

[270] MünchHdb. GesR II/*Riegger* KG § 8 Rn 71.

[271] Vgl. zu diesem Ansatz *Mertens*, FS Stimpel, S. 418 f.; krit. dazu *Voormann*, Stellung des Beirats, S. 147 f.

[272] *Voormann*, Stellung des Beirats, S. 155 f.; *Maulbetsch*, Beirat, S. 91 f.; *Hölters*, Beirat, Rn 122, S. 39 f.; MünchHdb. GesR II/*Riegger* KG § 8 Rn 73; *Huber*, Der Beirat, S. 162.

folgt ferner das **Verbot**, geschäftsinterne Informationen zur **Wahrnehmung eigener Chancen** zu nutzen, wenn die Gesellschaft ihrerseits die sich bietenden Gelegenheiten wahrnehmen möchte. Hat ein Beiratsmitglied eine Geschäftschance unter Verletzung seiner Treuepflicht selbst wahrgenommen, haftet der Gesellschaft auf **Schadensersatz** einschließlich des entgangenen Gewinns; darüber hinaus ist ein **Eintrittsrecht** der Gesellschaft zu bejahen (Rechtsgedanke der §§ 113 Abs. 1 HGB und 88 Abs. 2 AktG).[273]

Demgegenüber nimmt die herrschende Auffassung weder ein allgemeines **Wettbewerbsverbot** noch eine Inkompatibilität für Personen an, die zur Gesellschaft in Wettbewerb stehen oder mit einem Wettbewerber verbunden sind. Ein Wettbewerbsverbot wird indessen bejaht, wenn der Beirat mit der Geschäftsführung betraut ist.[274] Auch wenn die restriktive Auffassung zur Reichweite von Wettbewerbsverbot und Inkompatibilität nicht überzeugt, weil sie mit der Bindung an das Gesellschaftsinteresse kaum in Einklang zu bringen sein dürfte, empfiehlt es sich gleichwohl, Wettbewerbsverbote im Gesellschaftsvertrag zu verankern. Die Beiratsmitglieder sind den Gesellschaftern zur Auskunft verpflichtet. Ist der Beirat aufsichtsratsähnlich ausgestaltet, gehört dazu regelmäßig die Verpflichtung, in der ordentlichen Gesellschafterversammlung über die Tätigkeit zu **berichten**; der Bericht sollte auch eine Stellungnahme zum Jahresabschluss enthalten.

c) Vergütung. Die Beiratstätigkeit kann als entgeltliche oder unentgelt- **109**
liche Tätigkeit ausgestaltet sein. In der Praxis ist es absolut üblich, Beiratsmitgliedern Vergütungen zu zahlen.[275] Bestimmungen hierüber können im Gesellschaftsvertrag getroffen werden. Von einer starren Vergütungsregelung sollte man jedoch absehen, da sie im Fall von Anpassungen, die von Zeit zu Zeit erforderlich werden, Änderungen des Gesellschaftsvertrages erfordern. Empfehlenswert und verbreitet sind Bestimmungen, wonach die Vergütung der Beiratsmitglieder durch Beschluss der Gesellschafterversammlung festgesetzt wird,[276] wobei die Regelung vorsehen sollte, dass die Festsetzung jeweils im Voraus für einen bestimmten Zeitraum erfolgt.[277] Ferner können Leitlinien zur Festsetzung vorgegeben werden, also z. B. ob die Vergütung fest und/oder variabel sein und nach welchen Teilen insbesondere der variabel Teil bemessen werden soll. Allgemein gültige Aussagen zur konkreten **Vergütungshöhe** lassen sich nicht treffen, da diese stets von den Umständen des Einzelfalls, so etwa von der Größe und der wirtschaftlichen Situation des Beiratsunternehmens, dem Umfang der dem Beirat übertragenen Kompetenzen oder der vom Beiratsmitglied erwartete

---

[273] MünchHdb. GesR II/*Riegger* KG § 8 Rn 74; *Maulbetsch*, Beirat, S. 94.

[274] MünchHdb. GesR II/*Riegger* KG § 8 Rn 74.

[275] S. etwa *Gaugler/Heimburger*, Beiräte mittelständischer Unternehmen, S. 122 ff.

[276] Vgl. Formular § 68, § 13.

[277] Fehlt es an einer Vereinbarung über das Entgelt, so ist dem Beirat gem. § 612 BGB grds. eine Vergütung zu gewähren; *Maulbetsch*, Beirat, S. 95; *Hölters*, Beirat, S. 40; zu Ausnahmen *Hachenburg/Raiser* § 52 GmbHG Rn 353; *Voormann*, Stellung des Beirats, S. 158; MünchHdb. GesR II/*Riegger* KG § 8 Rn 74.

Tätigkeit, abhängt.[278] Üblich sind Regelungen, die dem Vorsitzenden des Beirats eine höhere, in der Regel die doppelte Vergütung zubilligen, während sein Stellvertreter bisweilen eine anderthalbfache Beiratsvergütung erhält.[279] Darüber hinaus haben die Mitglieder des Beirats Anspruch auf Ersatz ihrer Aufwendungen;[280] auch dies sollte der Gesellschaftsvertrag, schon um klarzustellen, dass die Aufwendungen nicht durch den Vergütungsanspruch abgegolten sind, deutlich machen.

110 **d) Haftung der Beiratsmitglieder.** Verletzen Beiratsmitglieder schuldhaft ihre Pflichten und entsteht der Gesellschaft oder den Gesellschaftern hierdurch ein Schaden, stellt sich die Frage nach der Haftung der Beiratsmitglieder.

111 *aa) Rechtsgrundlagen.* Die Rechtsgrundlagen, auf die sich diese Haftung stützen lässt, sind sehr umstritten. Grundsätzlich in Betracht kommen Ansprüche aus den §§ 280 ff. BGB wegen Verletzung der Pflichten aus dem mit den Beiratsmitgliedern geschlossenen Vertrag, bei Beiratsmitgliedern, die zugleich Gesellschafter sind, wegen **Verletzung** ihrer **gesellschaftsvertraglichen Pflichten** sowie eine **Organhaftung analog** den §§ 93, 116 AktG, 43, 52 GmbHG, 34, 41 GenG.

112 Während nach einer Auffassung die Beiratsmitglieder in Rechtsanalogie zu den genannten Vorschriften primär als Organmitglieder haften, vertragliche und deliktische Schadensersatzansprüche hiervon indes unberührt bleiben sollen,[281] soll diese Rechtsanalogie nach anderer Ansicht nur beim Beirat in der Publikumsgesellschaft in Betracht kommen.[282] Letztgenannter Auffassung, die von einem funktionsorientierten Ansatz ausgeht, wonach nur beim Beirat in der Publikumsgesellschaft aufgrund seiner besonderen Funktionen eine dem Aufsichtsrat einer AG entsprechende Haftung der Beiratsmitglieder geboten sein soll, kann jedoch nicht gefolgt werden. Mögen die Funktionen und Aufgaben des Beirats auch stark variieren, handelt es sich bei dem Beirat gleichwohl um eine einheitliche Rechtsfigur, die auch rechtsdogmatisch einer einheitlichen Einordnung zugeführt werden

---

[278] Die in der Praxis gezahlten Vergütungen beginnen mit einem niedrigen vierstelligen Eurobetrag und gehen bis zu einem hohen fünfstelligen Eurobetrag. Jährlich sind bei kleineren Gesellschaften Vergütungen von 5.000 EUR bis 10.000 EUR üblich, bei mittleren bis größeren Familienunternehmen bis zum doppelten der genannten Beträge; vgl. *Wälzholz*, DStR 2003, S. 511, 517.

[279] Vgl. MünchHdb. GesR II/*Riegger* KG § 8 Rn 75; *Wälzholz*, DStR 2003, 511, 517.

[280] Dies folgt bei unentgeltlicher Tätigkeit aus §§ 662, 670 BGB bzw. bei entgeltlicher Tätigkeit aus §§ 670, 675 BGB, für ein Beiratsmitglied, das Gesellschafter einer Personengesellschaft ist, aus § 110 HGB; vgl. *Voormann*, Stellung des Beirats, S. 159; *Maulbetsch*, Beirat, S. 95.

[281] So *Schlegelberger/Martens* § 164 HGB Rn 26; *Voormann*, Stellung des Beirats, S. 190; *Binz/SorG* GmbH & Co. KG § 9 Rn 33; auf den GmbH-Beirat bezogen auch *Hachenburg/Raiser* § 52 GmbHG Rn 357 f.; *Lutter/Hommelhoff* § 52 GmbHG Rn 75; *Rohleder*, Übertragbarkeit, S. 138 ff.

[282] So MünchHdb. GesR II/*Riegger* KG § 8 Rn 90; *Rinze*, NJW 1992, 2790, 2791 f.; wohl auch *Hesselmann/Tillmann* GmbH & Co. Rn 370; ähnlich auch *Mertens*, FS Stimpel, S. 419.

muss.[283] Die dogmatische Haftungsgrundlage nur bei der Publikumsgesellschaft in der beschriebenen Rechtsanalogie erblicken zu wollen, erscheint schon deshalb nicht überzeugend, weil auch bei anderen Gesellschaften dem Beirat eine dem aktienrechtlichen Aufsichtsrat vergleichbare Überwachungsaufgabe zukommen kann. Allein aus dem Gedanken des Anlegerschutzes dürfte sich die dogmatische Differenzierung nicht herleiten lassen, weil zum einen auch Gläubigerschutzaspekte eine Haftung der Beiratsmitglieder erfordern können und zum anderen auch andere als Anlagegesellschafter ein vergleichbares Interesse an einer ordnungsgemäßen Erfüllung der Aufgaben der Beiratsmitglieder haben können.

Neben Ansprüchen aus der beschriebenen Rechtsanalogie können freilich auch solche vertraglicher (aus dem Anstellungs- oder dem Gesellschaftsvertrag) und deliktischer Natur bestehen. **113**

bb) Pflichtverletzung. Ein Schadensersatzanspruch gegen ein Beiratsmitglied setzt voraus, dass diesem eine Pflichtverletzung zur Last fällt. Eine solche ist entsprechend den §§ 116, 93 Abs. 1 AktG gegeben, wenn die Beiratsmitglieder bei ihrer Tätigkeit nicht die Sorgfalt eines ordentlichen und gewissenhaften „Geschäftsleiters" angewendet haben. Dabei ist zu berücksichtigen, dass der Pflichtenkreis von Beiratsmitgliedern angesichts der **Verschiedenartigkeit der unterschiedlichen Beiratstypen** nicht pauschal bestimmt werden kann. Vielmehr ist auf die Aufgabenstellung des individuellen Beirats abzustellen.[284] So unterscheiden sich etwa die Pflichten im zu Repräsentationszwecken eingerichteten Beirat von denen in einem mit der Überwachung der Geschäftsführung betrauten Beirat ganz erheblich. Die Pflicht zur **Beachtung des Gesellschaftsinteresses**,[285] zur Wahrung von Minderheiteninteressen, zur gesellschafterlichen Treue und zur **Verschwiegenheit** (dazu oben 6a) normieren dabei Maßstäbe, an denen sich Beiratsmitglieder typischerweise zu orientieren haben.[286] **114**

Ist der Beirat weisungsgebunden und führt er eine solche Weisung aus, kommt eine Pflichtverletzung des Beiratsmitglieds nur dann in Betracht, wenn es nicht auf seine Bedenken gegen die Weisung hingewiesen hat.[287] **115**

Besonderheiten gilt es auch zu berücksichtigen, wenn im Beirat Mehrheitsbeschlüsse zulässig sind. Kann das einzelne Beiratsmitglied nachwei- **116**

---

[283] So auch *Hachenberg/Raiser* § 52 GmbHG Rn 357.

[284] *Binz/Sorg* Die GmbH & Co. § 9 Rz. 40; *Hesselmann/Tillmann* GmbH & Co., Rn 370.

[285] Der Beirat hat seine Tätigkeit am Gesellschaftsinteresse, nicht am Interesse einzelner Gesellschafter zu orientieren. Etwas anderes gilt für Gruppenbeiräte, die jedoch die Gruppeninteressen zurückzustellen haben, wenn deren Durchsetzung der gesellschaftlichen Treuepflicht zuwiderlaufen würde; vgl. *Binz/Sorg* GmbH § Co. KG § 9 Rn 41.

[286] Ausführlich *Voormann*, Stellung des Beirats, S. 190 f.

[287] Hier kann die Pflichtverletzung des Beirats gerade darin bestehen, dass er die von ihm zu fordernde Maßnahme zur Verhinderung eines solchen Beschlusses unterlassen hat; näher *Hachenburg/Raiser* § 52 GmbHG Rn 363; MünchHdb. GesR II/*Riegger* KG § 8 Rn 87; *Voormann*, Stellung des Beirats, S. 191.

sen, dass es überstimmt wurde, so liegt in der bloßen Mitwirkung an der Abstimmung keine Pflichtverletzung. Jedoch sind die Beiratsmitglieder auch hier verpflichtet, im Vorfeld der Abstimmung auf ihre Bedenken hinzuweisen.[288]

117 Wird es den Beiratsmitgliedern durch den Gesellschaftsvertrag oder die Geschäftsordnung gestattet, die Aufgaben im Beirat ressortmäßig zu verteilen, und wird eine solche Verteilung auch vorgenommen, so trifft die einzelnen Beiratsmitglieder außerhalb ihres Ressorts lediglich eine eingeschränkte Aufsichtspflicht. Wird eine solche Aufgabenverteilung hingegen ohne rechtliche Grundlage vorgenommen, kann bereits hierin die Pflichtverletzung des einzelnen Beiratsmitglieds liegen.[289]

118 *cc) Verschulden:* Der von § 93 Abs. 1 AktG statuierte Verschuldensmaßstab liegt in der **Sorgfalt eines ordentlichen und gewissenhaften Geschäftsleiters**.

Wird der Beirat bei der KG gebildet, stellt sich die Frage nach der Anwendbarkeit von § 708 BGB. Danach haften die Mitglieder von Personengesellschaften grundsätzlich nur für die Sorgfalt, die sie in eigenen Angelegenheiten anzuwenden pflegen, in jedem Fall aber für grobe Fahrlässigkeit (vgl. § 277 BGB). Wegen seiner Begrenzung auf Gesellschafter erfasst der **Haftungsmaßstab des § 708 BGB** bereits nach seinem Wortlaut solche Beiratsmitglieder nicht, die nicht Gesellschafter sind und im Beirat nur aufgrund eines Geschäftsbesorgungsvertrages tätig werden.[290] Schwieriger ist die Beantwortung der Frage nach der Anwendbarkeit von § 708 BGB indes im Hinblick auf Gesellschafter, die nicht aufgrund eines Geschäftsbesorgungsvertrages, sondern in Ausübung gesellschaftsvertraglicher Mitverwaltungsrechte im Beirat tätig werden.[291] Würde man ihnen die Anwendung von § 708 BGB versagen, hätte dies zur Folge, dass sie einem schärferen Verschuldensmaßstab unterlägen als die Geschäftsführer. Allein der Umstand, dass sich die Haftung der Beiratsmitglieder nach der hier vertretenen Auffassung – jedenfalls in erster Linie – nicht aus der Verletzung einer gesellschaftsvertraglichen Pflicht (§§ 280 ff. BGB), sondern aus der beschriebenen Rechtsanalogie ergibt, steht einer Berücksichtigung des § 708 BGB nicht entgegen.[292] Dies deckt sich auch mit den Feststellungen des BGH:[293] „Allerdings wird hierbei keine sklavische Übernahme der aktienrechtlichen Vorschriften in Betracht kommen; der Umstand, dass es sich hier um eine Personenhandelsgesellschaft handelt, gebietet es, bei der Übernahme dieser Regeln und Grundsätze besondere Vorsicht obwalten zu lassen und in jedem Einzelfalle zu prüfen, ob dem nicht die konkrete Ausgestaltung des zu beurteilenden Gesellschaftsverhältnisses entgegensteht." Mit § 708 BGB will der Gesetzgeber dem besonderen Gepräge der Perso-

---

[288] Vgl. *Voormann*, Stellung des Beirats, S. 195 f. auch zu weitergehenden Pflichten.

[289] Näher *Voormann*, Stellung des Beirats, S. 195 f.

[290] Vgl. MünchHdb. GesR II/*Riegger* KG § 8 Rn 85.

[291] Vgl. zur Situation bei Gesellschaftern, die in den Beirat gewählt werden, *Rinze*, NJW 1992, 2793 ff.

[292] Anders wohl *Maulbetsch*, Beirat, S. 109 f.

[293] BGH WM 1977, 1221, 1225.

nengesellschaften Rechnung tragen.[294] Dies rechtfertigt es, § 708 BGB in diesen Fällen auch hinsichtlich des Verschuldensmaßstabes von Beiratsmitgliedern heranzuziehen. Wenn der BGH beim Beirat der Publikums-KG die Anwendung von § 708 BGB ablehnt, so dürfte der Grund hierfür weniger in der vom BGH befürworteten dogmatischen Konstruktion (Haftung analog §§ 93, 116 AktG),[295] sondern vielmehr darin liegen, dass bei der von der Vielzahl ihrer kapitalmäßig beteiligten Gesellschafter geprägten Publikums-KG § 708 BGB, der den persönlichen Vertauensbeziehungen innerhalb der personalistisch strukturierten Gesellschaft Rechnung trägt, nach seinem Rechtsgedanken keine Anwendung finden kann.[296] Im Übrigen liegt es auch den aktienrechtlichen Regelungen, die nach hier vertretener Ansicht im Wege der Analogie auch für die Haftung der Beiratsmitglieder bedeutsam sind, fern, den Aufsichtsrat einem strengeren Verschuldensmaßstab zu unterwerfen als den Vorstand (vgl. §§ 93, 116 AktG). Eine Anwendung von § 708 BGB ist hingegen dann nicht gerechtfertigt, wenn der Beirat eingesetzt wird, um die Gesellschafterkontrolle besonders sachverständig auszuüben.[297]

Wird der Beirat hingegen bei der GmbH eingerichtet, stellt sich dieses **119** Problem nicht. Da § 708 BGB im Bereich der Kapitalgesellschaften nicht anwendbar ist,[298] tritt auch für Gesellschafter, die sich als Beiratsmitglieder betätigen, keine Erleichterung des Verschuldensmaßstabs ein.

dd) Darlegungs- und Beweislast. Die Gesellschaft hat, wenn sie Beiratsmit- **120** glieder auf Schadensersatz in Anspruch nehmen möchte, in entsprechender Anwendung von §§ 93 Abs. 2 S. 2, 116 AktG, 34 Abs. 2 S. 2 GenG die Entstehung des Schadens und den Zusammenhang mit dem Verhalten des Beiratsmitglieds nachzuweisen. Das Beiratsmitglied kann sich durch den Nachweis entlasten, dass es entweder nicht pflichtwidrig oder nicht schuldhaft handelte bzw. der Schaden auch bei pflichtgemäßem Verhalten eingetreten wäre.[299]

ee) Verjährung. Wird der Aufsichtsrat bei der GmbH gebildet, verjähren **121** die Schadensersatzansprüche gegen die Beiratsmitglieder entsprechend §§ 43 Abs. 4, 52 Abs. 3 GmbHG nach fünf Jahren.

Handelt es sich um einen bei der KG eingerichteten Beirat, gilt grund- **122** sätzlich dieselbe Verjährungsfrist. Beruht die Rechtsstellung des Beiratsmitglieds indes unmittelbar auf dem Gesellschaftsvertrag, tritt die Verjährung gemäß § 195 BGB n.F. nunmehr bereits mit Ablauf von 3 Jahren ein.[300]

Eine Verlängerung der Verjährungsfrist scheidet nach § 225 S. 1 BGB aus. Dementgegen ist eine Abkürzung sowohl der drei- als auch der fünf-

[294] Vgl. *Binz* Die GmbH & Co., 8. Aufl. 1992, § 10 Rn 31.

[295] So aber wohl *Hölters*, DB 1980, 2225, 2228; *ders.*, Beirat, S. 64.

[296] Vgl. dazu *Hüffer* ZGR 1981, 348, 363.

[297] *Schlegelberger/Martens* § 164 HGB Rn 26.

[298] *Voormann*, Stellung des Beirats, S. 192.

[299] Vgl. *Hölters*, GmbH & Co.; S. 53; *Voormann*, Stellung des Beirats, S. 194 f.; a. A. MünchHdb. GesR II/*Riegger* KG § 8 Rn 85; vgl. BGH NJW 2003, 358 für den GmbH-Geschäftsführer.

[300] Vgl. *Binz/Sorg* GmbH & Co. KG, § 9, Rn 43.

jährigen Verjährungsfrist durch gesellschaftsvertragliche Regelung möglich (vgl. § 225 S. 2 BGB), soweit hierdurch die Geltendmachung von Ansprüchen nicht weitgehend unmöglich gemacht wird.[301]

123 *ff) Haftungsausschluss; Haftungsbeschränkungen und Haftungsverschärfungen.* Während die Regelungen der §§ 93, 116 AktG für zwingend gehalten werden, eine **Haftungserleichterung** in diesem Bereich folglich nicht möglich ist,[302] gestattet § 52 Abs. 1 GmbHG solche Haftungserleichterungen für den statutarisch eingerichteten Aufsichtsrat der GmbH.[303] Deshalb kann auch bei anderen statutarischen Organen keine unbeschränkbare Organhaftung angenommen werden. Sowohl beim Beirat der GmbH als auch bei jenem der KG können deshalb **Haftungsausschlüsse und Haftungsbegrenzungen** vereinbart werden.[304] So wird die Haftung in der Praxis häufig vom Vorliegen eines vorsätzlichen oder grob fahrlässigen Handelns abhängig gemacht.[305] Problematisch sind Haftungsbeschränkungen in den Fällen, in denen der Beirat Geschäftsführungsaufgaben wahrnimmt.[306] Neben der Reduzierung des Haftungsmaßstabes bis zu den Grenzen des § 276 Abs. 3 BGB kommt eine Änderung der Beweislast ebenso in Betracht wie die Festlegung von Haftungshöchstgrenzen oder die Verkürzung der Verjährung, wobei insoweit § 202 BGB zu beachten ist.[307] Als haftungsbegrenzende Lösung kommt ferner der Abschluss einer sog. **D & O-Versicherung** in Betracht. Durch die D & O-Versicherung sollen Vermögensschäden abgedeckt werden, die die versicherten Organmitglieder entweder der Gesellschaft (Innenhaftung) oder außenstehenden Dritten/Außenhaftung) zufügen.[308] Diese Form der Haftungsvorsorge erfährt in der Praxis zunehmende Verbreitung und kann angesichts der sich aus der Aufsichtsratstätigkeit ergebenden Risiken nur dringend angeraten werden.[309]

---

[301] Wenn bereits der Verzicht auf den Ersatzanspruch möglich ist, so muss dies erst recht für die Verjährungsverkürzung gelten; vgl. *Lutter/Krieger*, Rechte und Pflichten des Aufsichtsrats, 2002, Rn 1000; *Baumbach/Hueck/Zöllner* § 52 GmbHG Rn 45 m. w. N.; anders BGHZ 64, 238, 244 bezogen auf die Publikums-KG, vgl. auch BGH GmbHR 2002, 1197, 1198 betreffend Schadensersatzansprüche gegen den Geschäftsführer einer GmbH & Co. KG.

[302] Vgl. Hefermehl, in: *Geßler/Hefermehl/Eckardt/Kropff* § 93 AktG Rn 14.

[303] Bei einem obligatorischen Aufsichtsrat nach dem MitbestG 1976 ist die Verweisung in § 25 MitbestG auf die §§ 116, 93 AktG zwingendes Recht; abweichende Regelungen sind hier nicht möglich, vgl. *Hachenburg/Raiser* § 52 GmbHG Rn 296, 245.

[304] Ausf. *Voormann*, Stellung des Beirats, S. 199 f. auch zu den Grenzen.

[305] *Binz/Sorg* GmbH & Co. KG § 9 Rn 46.

[306] Vgl. *Hachenburg/Raiser* § 52 GmbHG Rn 364; *Großfeld/Brondics* AG 1987, 293, 305 f.

[307] *Huber*, GmbHR 2004, S. 772. 777.

[308] Da D&O-Versicherungen üblicherweise auf den Aufsichtsrat einer Kapitalgesellschaft ausgerichtet sind, ist beim Abschluss dieser Versicherung für Beiratsunternehmen in Form von Personengesellschaften auf ihre ausdrückliche Einbeziehung in den Versicherungsschutz zu achten; vgl. *Huber* GmbHR 2004 S. 772, 777.

[309] Vgl. hierzu etwa *Kiehte* BB 2003, 537 ff.

In Betracht kommen schließlich auchHaftungsverschärfungen. So kann vom Maßstab des § 708 BGB auch zu Lasten der Beiratsmitglieder abgewichen werden.[310]

Ist ein Anspruch gegen ein Beiratsmitglied entstanden, ist eine **Enthaftung** möglich. Eine Entlastung durch die Gesellschafter führt dazu, dass die Gesellschaft mit der Geltendmachung von Ersatzansprüchen aus bei Erteilung der Entlastung bekannten Handlungen präkludiert ist.[311] Ein nachträglicher Verzicht auf die Schadensersatzansprüche ist ohne die Beschränkungen der §§ 93 Abs. 4 S. 3 AktG, 43 Abs. 3 S. 2 GmbHG möglich.[312] Voraussetzung ist aber, dass zuvor eine zutreffende Information der Gesellschafter über den Sachverhalt erfolgt ist.[313]

gg) Aktivlegitimation. Erwächst der Gesellschaft ein Schaden, stehen ihr **124** selbst die Schadensersatzansprüche gegen die Beiratsmitglieder zu. Die KG kann jedoch auch dann Schadensersatzansprüche gegen die Beiratsmitglieder geltend machen, wenn der Beirat bei der GmbH eingerichtet wurde.[314]

Daneben stellt sich jedoch auch die Frage, ob auch der einzelne Gesell- **125** schafter die Schadensersatzansprüche geltend machen kann. Dies ist jedenfalls zu bejahen, soweit es sich bei den in Anspruch genommenen Beiratsmitgliedern um Gesellschafter handelt, wobei dann auf Leistung in das Gesellschaftsvermögen zu klagen ist (**sog. actio pro socio**). Eine neben der actio pro socio bestehende Möglichkeit des Gesellschafters, Leistung an die Gesellschaft zu verlangen, besteht demgegenüber nicht.[315] Aber auch soweit es um Dritte ohne Gesellschafterstellung geht, ist nach vorzugswürdiger Ansicht die Geltendmachung durch den Gesellschafter möglich.[316] Die Klage des Gesellschafters ist entsprechend den Grundsätzen der actio pro socio gegenüber der Klage der Gesellschaft jedoch subsidiär. Davon zu unterscheiden sind die Fälle, in denen die Pflichtverletzung des Beiratsmitglieds dazu führt, dass **beim Gesellschafter**, nicht aber bei der Gesellschaft ein Schaden eintritt. Handelt es sich um einen bei der KG angesiedelten Beirat, bestehen Ansprüche des geschädigten Gesellschafters unabhängig davon, ob es sich beim in Anspruch genommenen Beiratsmitglied um einen Gesellschafter handelt.[317] Beim GmbH-Beirat kommt es hingegen darauf an, ob die Fürsorge für bestimmte Privatinteressen in den Gesellschaftszweck einbezogen wurde.[318]

---

310 Vgl. MünchHdb. GesR II/*Riegger* KG § 8 Rn 84.

311 Vgl. MünchHdb. GesR II/*Riegger* KG § 8 Rn 81.

312 *Lutter/Hommelhoff*, § 52 Rn 19; *Baumbach/Hueck/Zöllner* § 52 GmbHG Rn 44.

313 Scholz/*Schneider*, § 52 GmbHG Rn 361a.

314 Vgl. *Brönner/Rux/Wagner*, GmbH & Co. KG Rn 322; *Voormann*, Stellung des Beirats, S. 200 f.; MünchHdb. GesR II/*Riegger* KG § 8 Rn 92; *Großfeld/Brondics* AG 1987, 293, 306.

315 *Hüffer* ZGR 1980, 320, 350.

316 Ausf. *Maulbetsch*, Beirat, S. 107 f.; *Voormann*, Stellung des Beirats, S. 201 ff.; vgl. auch BGH NJW 1985, 1900.

317 Vgl. *Voormann*, Stellung des Beirats, S. 204 f.

318 Ausf. *Voormann*, Stellung des Beirats, S. 205 f.

126 *hh) Passivlegitimation.* Passivlegitimiert sind die einzelnen Beiratsmitglieder, nicht aber der Beirat als solcher, weil diesem die Rechtsfähigkeit fehlt. Sofern mehrere Beiratsmitglieder auf Schadensersatz in Anspruch genommen werden, haften sie als Gesamtschuldner.[319]

127 *ii) Besonderheiten bei der Publikumsgesellschaft.* Bei der Publikumsgesellschaft ergeben sich einige abweichende Regelungen zwar nicht hinsichtlich des dogmatischen Ansatzes, aber in Bezug auf die näheren Haftungsmodalitäten.

Der Pflichtenkreis der Beiratsmitglieder wird bei der Publikums-KG in enger Anlehnung an den der Aufsichtsratsmitglieder bei der AG bestimmt. Kernaufgabe des Beirats ist in diesen Fällen die Überwachung der laufenden Geschäftsführung, die die künftige Geschäftspolitik mit einbezieht.[320] Dies bedeutet indes nicht, dass jede einzelne Geschäftsführungsmaßnahme durch den Beirat geprüft werden müsste,[321] vielmehr kann er bestimmte Schwerpunkte der Überwachung setzen.[322] Daneben ist er verpflichtet, eine unabhängige Abschlussprüfung durch einen Sachverständigen vornehmen zu lassen.[323]

Die Haftungserleichterung des **§ 708 BGB** ist auf Beiräte von Publikumsgesellschaften **unanwendbar**.[324] Ferner sind wegen des zwingenden Charakters der §§ 116, 93 AktG auch Haftungsbeschränkungen oder -ausschlüsse unwirksam.[325]

128 *jj) Beirat einer Gesellschaftergruppe.* Ist der Beirat nicht Organ der Gesellschaft, sondern nur Repräsentant einer Gesellschaftergruppe, so steht ein Schadensersatzanspruch nicht der Gesellschaft, sondern allen Gesellschaftern der Gesellschaftergruppe gemeinschaftlich zu.[326] Erleidet die Gesellschaft einen Schaden, so stehen ihr dann Schadensersatzansprüche zu, wenn aus dem Rechtsverhältnis zwischen der Gesellschaftergruppe und dem Beirat Schutzwirkungen zugunsten der Gesellschaft resultieren.[327]

129 *kk) Verhältnis von Schadensersatzansprüchen und Anfechtungsklage.* Anfechtbare Beiratsbeschlüsse (zu den Voraussetzungen der Anfechtbarkeit s. Rn 130) sind bis zur Rechtskraft des auf die Anfechtungsklage ergehenden Urteils verbindlich. Vor diesem Zeitpunkt ist eine Schadensersatzklage gegen die Beiratsmitglieder unbegründet.[328] Soll der Schadensersatzanspruch auf Pflichtverletzungen im Zusammenhang mit anfechtbaren Beiratsbe-

---

319 Vgl. *Hölters,* Beirat S. 52; *Wiedemann,* FS Schilling, S. 123.

320 Vgl. BGH BB 1980, 546, 547; *Grote,* Anlegerschutz, S. 222.

321 Zutreffend BGHZ 69, 207, 213.

322 Dazu *Hüffer* ZGR 1980, 339.

323 BGH WM 1977, 1221, 1225.

324 BGH WM 1977, 1222; *Binz,* Die GmbH & Co., § 13 Rn 9 f.; *Hesselmann/Tillmann* GmbH & Co. Rn 371; MünchHdb. GesR II/*Riegger* KG § 8 Rn 90.

325 *Hesselmann/Tillmann* GmbH & Co. Rn 371; *Maulbetsch,* Beirat, S. 111; MünchHdb. GesR II/*Riegger* KG § 8 Rn 90.

326 *Baumbach/Hopt* § 163 HGB Rn 15; *Brönner/Rux/Wagner* GmbH & Co. KG Rn 324.

327 Vgl. MünchHdb. GesR II/*Riegger* KG § 8 Rn 93.

328 Näher *Hölters,* Beirat, S. 54; *Voormann,* Stellung des Beirats, S. 203 f.

schlüssen gestützt werden, ist in der Praxis deshalb auf die **rechtzeitige Erhebung der Anfechtungsklage** durch die Gesellschafter zu achten. Sonst besteht die Gefahr, dass die Gesellschafter und die Gesellschaft den Schaden hinzunehmen haben.

7. Fehlerhafte Beiratsbeschlüsse[329]

a) Voraussetzungen. Um einen fehlerhaften Beiratsbeschluss handelt **130** es sich dann, wenn er hinsichtlich seines Zustandekommens oder seines Inhalts gegen das Gesetz oder den Gesellschaftsvertrag verstößt. Die Fehlerhaftigkeit bemisst sich nach denselben Grundsätzen, die für Gesellschafterbeschlüsse gelten.[330]

Ein fehlerhaftes Zustandekommen liegt vor allem dann vor, wenn die Regeln über die Einberufung der Beiratssitzung oder über die Beschlussfassung verletzt wurden. Allerdings wird ein Fehler bei der Einberufung durch die widerspruchslose Teilnahme aller Beiratsmitglieder an der Sitzung und der Beschlussfassung geheilt.[331]

In **inhaltlicher Hinsicht** unterliegen die Beschlüsse den gleichen **131** Schranken, die für entsprechende Entscheidungen der Gesellschafter oder anderer Gesellschaftsorgane gelten würden. Soweit die Beiräte Geschäftsführungsaufgaben wahrnehmen, haben ihre Beschlüsse dem **Gesellschaftsinteresse** zu entsprechen, jedoch kommt den Beiratsmitgliedern bei ihren Entscheidungen ein Ermessensspielraum zu. Erst dessen Überschreiten führt zur Fehlerhaftigkeit des Beschlusses.[332] Entsprechendes gilt auch, soweit dem Beirat Kontrollaufgaben zukommen und nicht im Gesellschaftsvertrag bestimmte Überprüfungen zwingend vorgeschrieben oder ausgeschlossen sind. Bei Grundlagen- und Strukturentscheidungen müssen insbesondere der **Gleichbehandlungsgrundsatz** und der **Grundsatz gegenseitiger Treue** beachtet werden.[333]

Gegen lediglich vorbereitende Beschlüsse und gegen solche, die lediglich **132** die Entscheidungen anderer Gesellschaftsorgane ausführen, kann nicht vorgegangen werden.[334] Hingegen ist ein Ausschluss des Klagerechts hinsichtlich solcher Beschlüsse, die Geschäftsführungsmaßnahmen betreffen,[335] abzulehnen, weil die Gesellschafter sonst auch dann an der Rückgängigmachung der Geschäftsführungshandlungen gehindert würden, wenn eine solche möglich wäre.[336]

---

[329] Zur Möglichkeit der Einflussnahme auf die Beiratsentscheidung durch den einzelnen Gesellschafter: vgl. *Voormann*, Stellung des Beirats, S. 182 ff.

[330] MünchHdb. GesR II/*Riegger* KG § 8 Rn 63.

[331] MünchHdb. GesR II/*Riegger* KG § 8 Rn 63.

[332] Vgl. *Maulbetsch*, Beirat, S. 100; MünchHdb. GesR II/*Riegger* KG § 8 Rn 63; *Voormann*, Stellung des Beirats, S. 174 f.

[333] Näher *Voormann*, Stellung des Beirats, S. 175.

[334] *Maulbetsch*, Beirat, S. 101; *Voormann*, Stellung des Beirats, S. 181; a. A. MünchHdb. GesR II/*Riegger* KG § 8 Rn 66.

[335] Dafür *Voormann*, Stellung des Beirats, S. 181.

[336] Zutreffend *Maulbetsch*, Beirat, S. 101 f.

133 **b) Rechtsfolgen fehlerhafter Beschlüsse.** Für die Rechtsfolgen fehlerhafter Beiratsbeschlüsse muss danach differenziert werden, ob der Beirat in der KG oder in der GmbH angesiedelt wurde.

134 *aa) Beirat in der KG.* Fehlerhafte Beiratsbeschlüsse sind **nichtig**,[337] sofern sie nicht durch fehlerfreie ersetzt und damit **geheilt** werden.[338] Geltend gemacht werden kann die Fehlerhaftigkeit im Wege der Feststellungsklage,[339] die **gegen alle Gesellschafter** oder zumindest **gegen diejenigen** zu richten ist, die die Unwirksamkeit des Beschlusses **bestreiten**.[340] Der Gesellschaftsvertrag kann jedoch vorsehen, dass die Klage gegen die Gesellschaft zu richten ist. In diesen Fällen sind aber alle Gesellschafter schuldrechtlich verpflichtet, sich an die im Rechtsstreit getroffene Entscheidung zu halten.[341] Bei der Publikumsgesellschaft kann die Klage aus Gründen der Erleichterung des Rechtsschutzes auch dann gegen die Gesellschaft gerichtet werden, wenn es im Gesellschaftsvertrag an einer entsprechenden Bestimmung fehlt.[342] Gegen den Beirat kann die Klage mangels Rechtsfähigkeit hingegen nicht gerichtet werden.

Erheben kann die Klage jeder, der ein rechtlich geschütztes Interesse an der Feststellung der Nichtigkeit des Beiratsbeschlusses hat; dies kann nicht nur ein Gesellschafter, sondern auch ein Beiratsmitglied sein.[343] Gesetzliche Klagefristen, die die Geltendmachung von Beschlussmängeln beschränken, gibt es im Personengesellschaftsrecht nicht.[344] Den Gesellschaftern ist es jedoch unbenommen, im Gesellschaftsvertrag eine materielle Ausschlussfrist vorzusehen.[345] Eine Begrenzung des Klagerechts kann sich zudem aus dem Einwand der Verwirkung ergeben.[346]

135 *bb) Beirat in der GmbH.* Bei fehlerhaften Beschlüssen des GmbH-Beirats sind die Rechtsfolgen umstritten. Nach h. M.[347] ist danach **zu differenzieren**, ob sich der Beschluss auf Geschäftsführungsangelegenheiten bezieht oder ob der Beirat Aufgaben der Gesellschafterversammlung wahrnimmt. Im ersten Falle sollen den Gesellschaftern grundsätzlich nur Schadens-

---

337 *Hesselmann/Tillmann* GmbH & Co. Rn 368; MünchHdb. GesR II/*Riegger* KG § 8 Rn 64; *Voormann*, Stellung des Beirats, S. 177 f.

338 MünchHdb. GesR II/*Riegger* KG § 8 Rn 65.

339 Zur Feststellungsklage s. a. BGH NJW 1999, S. 3113, 3114; *Baumbach/Hueck/Zöllner* GmbHG, § 52 Rz. 56 und Anh. § 47 Rz. 94.

340 *Voormann*, Stellung des Beirats, S. 178; OLG Karlsruhe, GmbHR 1998, 645, 646.

341 MünchHdb. GesR II/*Riegger* KG § 8 Rn 67; *Voormann*, Stellung des Beirats, S. 178.

342 MünchHdb. GesR II/*Riegger* KG § 8 Rn 67; vgl. auch BGH NJW 1999, 3113, 3115 (betreffend einen Gesellschafterbeschluss).

343 MünchHdb. GesR II/*Riegger* KG § 8 Rn 67.

344 BGH NJW 1999, 3113, 3114.

345 Diese Frist darf nicht zu knapp bemessen sein. Eine zu kurze Frist ist durch eine angemessene zu ersetzen, die die als Leitbild heranzuziehende Monatsfrist des § 246 AktG nicht unterschreiten darf; vgl. BGH NJW 1995, 1218 f.

346 Dazu BGH NJW 1999, 3113, 3114.

347 *Hölters*, Beirat S. 43 f.; *ders.*, BB 1977, 105, 109; *Lutter/Hommelhoff* § 52 GmbHG Rn 68; MünchHdb. GesR II/*Riegger* KG § 8 Rn 64; ablehnend *Baumbach/Hueck* Anh. § 47 GmbHG Rn 95.

ersatzansprüche zustehen. Im letzteren Falle sollen auf den Beschluss hingegen die §§ 241 ff. AktG entsprechende Anwendung finden. Nach anderer Auffassung kann grundsätzlich gegen sämtliche fehlerhaften Beschlüsse mit der Nichtigkeitsklage vorgegangen werden.[348] Der h. M. ist im Ergebnis beizupflichten, weil sie sich an den Regelungen orientiert, die bei Tätigkeit des originären gesetzlichen Organs einschlägig wären. Organentscheidungen, die auf einer Funktionsübertragung beruhen, müssen nämlich demselben System von Bedingungen unterstehen, weil es andernfalls zu einem Verstoß gegen die Gesellschaftsrechtsordnung käme.[349] Dem im GmbHG angelegten Vorgehen über fehlerhafte Geschäftsführungs- und Gesellschafterbeschlüsse würde nicht entsprochen, wenn man sich mit der Gegenmeinung über die im GmbHG insoweit enthaltenen Differenzierungen hinwegsetzen wollte.

Im Einzelnen bedeutet dies: Entscheidet der Beirat in Geschäftsfüh- **136**
rungsangelegenheiten fehlerhaft, stehen den Gesellschaftern im Grundsatz nur Schadensersatzansprüche zu. Etwas anderes gilt nur dann, wenn der Beirat mit dem Beschluss seine Kompetenzen überschreitet;[350] als Klagearten kommen insoweit die Unterlassungsklage und die Feststellungsklage in Betracht.[351]

Nimmt der Beirat hingegen Aufgaben der Gesellschafterversammlung **137**
wahr, ist entsprechend §§ 241 ff. AktG nach der **Art des Beschlussmangels** zu differenzieren. Beschlüsse, die mit dem Wesen der Gesellschaft nicht zu vereinbaren sind oder durch ihren Inhalt Vorschriften verletzen, die ausschließlich oder überwiegend zum Schutz der Gläubiger der Gesellschaft oder sonst im öffentlichen Interesse gegeben sind, oder die durch ihren Inhalt gegen die guten Sitten verstoßen, sind **entsprechend § 241 Nr. 3, 4 AktG nichtig**. Nichtig sind auch solche Beschlüsse, die von einem nicht ordnungsgemäß einberufenen Beirat gefasst wurden;[352] Gleiches gilt, wenn bei der schriftlichen Beschlussfassung nicht alle Beiratsmitglieder zur Stimmabgabe aufgefordert wurden, es sei denn, sie konnten ihre Stimme dennoch abgeben.[353] Die Nichtigkeit des Beschlusses kann von den Gesellschaftern jederzeit geltend gemacht werden, sofern nicht ausnahmsweise Verwirkung eingetreten ist.[354] Ob gegen nichtige Beiratsbeschlüsse dann auch im Wege der Nichtigkeitsklage entsprechend § 249 AktG vorgegangen werden kann, kann für die Praxis dahinstehen. Sofern die Nichtigkeitsklage nämlich nicht gegeben ist, kann jedenfalls im Wege der allgemeinen Feststellungsklage vorgegangen werden, die auch gegen die Gesellschaft gerichtet werden kann.[355] Handelt es sich hingegen um einen Beschlussmangel, der nicht zur Nichtigkeit führt, ist der Beschluss entsprechend § 243 AktG lediglich **anfechtbar**. Bestehen Zweifel, ob der Beschluss nich-

---

348 *Hachenburg/Raiser* § 52 GmbHG Rn 332.
349 Vgl. *Immenga*, Personalistische Kapitalgesellschaft, S. 346.
350 Vgl. dazu auch BGHZ 83, 122.
351 *Scholz/Schmidt* § 45 GmbHG Rn 187.
352 *Voormann*, Stellung des Beirats, S. 177.
353 *Hölters*, Beirat, S. 44.
354 *Voormann*, Stellung des Beirats, S. 177.
355 Vgl. *Voormann*, Stellung des Beirats, S. 177 f.

tig oder lediglich anfechtbar ist, sollten in der Praxis Anfechtungs- und Nichtigkeitsklage miteinander verbunden werden.[356] Zu richten ist die Anfechtungsklage gegen die Gesellschaft.[357] Anfechtungsberechtigt ist jeder Gesellschafter, nicht nur der betroffene. Nichtgesellschafter sind hingegen nicht zur Anfechtung berechtigt.[358] Die Anfechtungsklage ist innerhalb **angemessener Frist** nach Bekanntwerden des Beschlusses zu erheben; die Monatsfrist des § 246 Abs. 1 AktG ist nicht maßgeblich. Im Gesellschaftsvertrag kann jedoch auch die Dauer der Anfechtungsfrist festgelegt werden.[359]

---

356 *Hölters*, Beirat, S. 46.
357 *Hölters*, Beirat, S. 45; *Scholz/Schmidt* § 45 GmbHG Rn 188.
358 *Hölters*, Beirat, S. 44 f.
359 *Hölters*, Beirat, S. 45.

3. Abschnitt
Kapital, Gewinn, Rechnungslegung

§ 19 Kapital und Kapitalaufbringung

Übersicht

Schrifttum: *Barz*, Know-how als Einbringungsgegenstand, Festschrift für W. Schmidt, 1959, S. 157 ff.; *Berninger*, Die Societas Quoad Sortem, 1994; *Bork*, Die Einlagefähigkeit obligatorischer Nutzungsrechte, ZHR 154 (1990), 205; *Huber*, Vermögensanteil, Kapitalanteil und Gesellschaftsanteil an Personengesellschaften des Handelsrechts, 1970; *Hüttemann*, Leistungsstörungen bei Personengesellschaften, 1998; *Joost*, Eigenkapitalersetzende Kommanditistenleistung – zugleich ein Beitrag zur Außenhaftung des Kommanditisten, ZGR 1987, 370; *Kirsch*, Einlageleistung und Einlagerückgewährung im System der Kommanditistenhaftung, 1995; *Köhler*, Rückwirkende Vertragsanpassung bei Dauerschuldverhältnissen?, Festschrift Steindorff, 1990, S. 61; *Plewka*, Umstellung auf den €, 1998; *Scheel*, Unterschiedlicher Einlagebegriff im Gesellschafts- und Steuerrecht?, BB 1988, 1211 ff.; *K. Schmidt*, Einlage und Haftung des Kommanditisten, 1977; *ders.*, Kommanditisteneinlage – Kapitalaufbringung und Kapitalerhaltung in der KG, ZGR 1976, 307; *Sprockhoff*, Auswirkungen der europäischen Währungsunion auf das Personengesellschaftsrecht, NZG 1999, 17; *Steffan/Schmidt*, Die Auswirkungen der €-Einführung bei GmbH, Genossenschaft und Personengesellschaft sowie im Umwandlungsrecht, DB 1998, 709 f.; *H. P. Westermann*, Die Anpassung von Gesellschaftsverträgen an veränderte Umstände, Festschrift Hefermehl, 1975, S. 225; *Wiedemann*, Der Gesellschaftsvertrag der Personengesellschaft, WM Beil. 8/1990; *ders.*, Rechte und Pflichten des Personengesellschafters, WM Beil. 7/1992; *Zöllner*, Anpassung von Gesellschaftsverträgen, 1979

I. Grundbegriffe

1. Allgemeine Förderpflichten, Beitrag, Einlage und Kapitalanteil

1 **a) Begriffsbestimmung.** Als Personengesellschaft ist auch die GmbH & Co. KG ein Zusammenschluss von Personen, die sich mit Abschluss des Gesellschaftsvertrages wechselseitig verpflichten, „die Erreichung eines gemeinsamen Zweckes in der durch den Vertrag bestimmten Weise zu fördern, insbesondere die vereinbarten Beiträge zu leisten". Der GmbH & Co. KG ist danach die allgemeine Förderpflicht immanent; die Verpflichtung, den gemeinsamen Zweck zu fördern, trifft jeden Gesellschafter. Die wichtigste Ausprägung der Förderpflicht ist die Verpflichtung zur **Erbringung der versprochenen Beiträge**; das sind alle im Gesellschaftsvertrag als Primärpflicht festgesetzten Leistungen, die dazu bestimmt sind, den gemeinsamen Zweck zu fördern.[1] Ihr Gegenstand kann materieller oder immaterieller Natur sein: neben der Verpflichtung zur Erbringung gegenständlicher Beiträge durch Übertragung von Geld oder Sachen kommen in Betracht die Leistung von Diensten, die Gewährung von Kredit, die Überlassung von Gegenständen, Marken, Maschinen zur Nutzung, das Unterlassen von Wettbewerb u. v. m. (näher in Rn 11 ff.). Als Beitrag kann aber auch die bloße Übernahme der Haftung ausreichend sein.

2 Als **Einlagen** werden demgegenüber – im Anschluss an eine von *Karsten Schmidt* geprägte Terminologie[2] – nur solche Beiträge verstanden, die in das Gesellschaftsvermögen zu leisten sind und dort zu einer Mehrung der dem Gläubigerzugriff offen stehenden Haftungsmasse führen;[3] nur Einlagen (oder „Beiträge im engeren Sinne") zielen deshalb darauf und sind geeignet,

[1] Vgl. MüKo/*Ulmer* § 706 BGB Rn 2 f., *K. Schmidt* Gesellschaftsrecht § 20 II 2 a.

[2] *K. Schmidt* Gesellschaftsrecht § 20 II 1; vgl. dazu auch *Huber*, Vermögensanteil, S. 191 ff.; teils wird insoweit auch von den Beiträgen im engeren Sinne gesprochen, vgl. MüKo/*Ulmer* 3 § 706 BGB Rn 4.

[3] Demgegenüber ist der Begriffsbildung, wonach Beitrag die noch geschuldete, Einlage die schon in das Gesellschaftsvermögen erbrachte Beitragsleistung ist (so etwa *Hueck* Recht der OHG § 14 I), nicht zu folgen.

den Kommanditisten von seiner Haftung gegenüber Gesellschaftsgläubigern zu befreien (dazu § 42 Rn 6 ff.). In diesem Zusammenhang ist im Hinblick auf die als Kommanditisten beteiligten Gesellschafter die Unterscheidung zwischen der **Pflichteinlage** und der **Hafteinlage** von besonderer Bedeutung. Erstere bezeichnet die Einlageleistung, zu der sich der Kommanditist im Gesellschaftsvertrag gegenüber den Mitgesellschaftern in ihrer gesamthänderischen Verbundenheit verpflichtet hat; damit ist das Innenverhältnis berührt. Demgegenüber ist die Hafteinlage (Haftsumme) der im Außenverhältnis maßgebliche Betrag, bis zu dessen Höhe die Gläubiger den Kommanditisten für Verbindlichkeiten der Gesellschaft unmittelbar in Anspruch nehmen können, sofern er nicht in Höhe der Haftsumme eine haftungsbefreiende Einlage in das Gesellschaftsvermögen bewirkt und nicht zurückerhalten hat (dazu näher § 42 Rn 14 ff.).[4] Pflichteinlage und Haftsumme müssen nicht identisch sein. Nur die Haftsumme, nicht aber die Pflichteinlage, wird im Handelsregister verlautbart. Von (Pflicht- und Haft-)Einlage zu sondern ist schließlich der **Kapitalanteil**, er ist eine Rechenziffer, die die rechnerische Beteiligung des Gesellschafters an der Gesellschaft bestimmt, sofern der Gesellschaftsvertrag hierzu entsprechende Bestimmungen trifft (dazu eingehend § 20 Rn 2).

b) Abgrenzung von sonstigen Leistungsbeziehungen. Die Beiträge und Beitragspflichten der Gesellschafter sind abzugrenzen von sonstigen Leistungsbeziehungen zwischen Gesellschaftern und Gesellschaft, die ihren Rechtsgrund nicht im Gesellschaftsverhältnis finden, sondern auf schuldrechtlichen Abreden wie unter Dritten, also auf so genannten **Drittgeschäften** beruhen. Ob ein Gesellschafterbeitrag oder eine Leistung im Rahmen eines Drittgeschäftes gewollt ist, richtet sich nach den hierzu getroffenen Vereinbarungen. Im Zweifel ist, wenn keine abweichende Festlegung getroffen ist, bei allen im Gesellschaftsvertrag bedungenen Leistungen zu vermuten, dass sie als Gesellschafterbeitrag geschuldet sind;[5] das gilt auch dann, wenn eine Gegenleistung der Gesellschaft bestimmt oder vorgegeben ist, dass es zur Ausführung der Leistung des Abschlusses eines gesonderten Vertrages, wie etwa eines Miet- oder Darlehensvertrages, bedarf. Entscheidend ist, dass es sich auch dann um einen Leistungsaustausch auf gesellschaftsvertraglicher Basis handelt, der nicht ohne Rücksicht auf den Fortbestand der Gesellschaft beendet werden kann. 3

2. Gesellschaftsvermögen, Gesamthandsvermögen und Vermögensbeteiligung der Gesellschafter

a) Die Gesellschaft als Vermögensträger. Nach § 124 HGB kann die Gesellschaft unter ihrer Firma Rechte erwerben und Verbindlichkeiten eingehen und Eigentum und andere dingliche Rechte an Grundstücken erwerben; sie kann kurz gesagt Träger von Rechten und Pflichten sein. Insofern ist die Gesellschaft **Träger des Gesellschaftsvermögens**, ohne dass 4

[4] Sofern keine ausdrückliche Vereinbarung getroffen ist, sind Haft- und Pflichteinlage identisch, BGH BB 1979, 855, 856.

[5] Vgl. MüKo/*Ulmer* § 706 BGB Rn 5.

sie deshalb der juristischen Person gleichzusetzen wäre. Vielmehr sind die Gesellschafter in ihrer gesamthänderischen Verbundenheit Zuordnungssubjekt der Rechte und Pflichten, freilich im Sinne einer verselbständigten Wirkungseinheit; das Gesellschaftsvermögen ist **Gesamthandsvermögen**.

5 Die GmbH & Co. KG könnte theoretisch ohne Gesamthandsvermögen entstehen, wenn keiner der Gesellschafter im Gesellschaftsvertrag die Erbringung einer Einlage übernimmt, doch kommt der Betrieb eines Handelsgewerbes ohne Vermögensausstattung der Gesellschaft praktisch nicht in Betracht.[6] Deshalb wird regelmäßig die Erstausstattung der Gesellschaft mit Gesellschaftsvermögen durch die im Gründungsvertrag statuierten **Ansprüche gegen die Gesellschafter** auf Erbringung der versprochenen Einlagen begründet. Diese Ansprüche sind solche der Gesellschaft und in der Eröffnungsbilanz zu aktivieren; sie gehören zum gesamthänderisch gebundenen Gesellschaftsvermögen (dazu Rn 6).

6 **b) Gesamthandsvermögen und gesamthänderische Beteiligung.** Nach §§ 161 Abs. 2, 105 Abs. 2 HGB i.V.m. § 718 BGB gilt für die Kommanditgesellschaft das bürgerlich-rechtliche Prinzip der **Vermögensbeteiligung** der Gesellschafter **zur gesamten Hand**. Danach werden die Beiträge der Gesellschafter und die durch die Geschäftsführung für die Gesellschaft erworbenen Gegenstände *gemeinschaftliches* Vermögen der Gesellschafter. Nach § 719 Abs. 1 BGB können die Gesellschafter weder über ihren Anteil am Gesellschaftsvermögen oder an den einzelnen Vermögensgegenständen des Gesellschaftsvermögens verfügen, noch können sie Teilung verlangen. Das darin zum Ausdruck kommende Gesamthands-Prinzip versteht die Gesellschafter in ihrer gesamthänderischen Verbundenheit als eine von ihren einzelnen Mitgliedern zu sondernde Personengruppe, der das Gesamthandsvermögen zugeordnet ist. Diese sachenrechtliche (dingliche) Zuordnung fasst die Einlagen der Gesellschafter, die für die Gesellschaft erworbenen Gegenstände sowie deren Surrogate zu einem **Sondervermögen** zusammen und sichert es gegenüber dem Zugriff nicht vertretungsbefugter Gesellschafter sowie gegen Vollstreckungsmaßnahmen von Privatgläubigern einzelner Gesellschafter.

7 Eine wesentliche Ausprägung findet das Gesamthandsprinzip in dem Grundsatz der **An- und Abwachsung**, der in § 738 Abs. 1 S. 1 BGB (unvollständig) verankert ist. Danach lässt der Ein- und Austritt von Gesellschaftern die vermögensrechtliche Zuordnung des Gesellschaftsvermögens zur Gruppe unberührt.[7] Auch Gesellschafter, die – wie häufig die Komplementär-GmbH in der GmbH & Co. KG – keine Einlage leisten und keinen Kapitalanteil halten, sind Mitglieder der Gesamthandsgesellschaft und insofern am Gesellschaftsvermögen beteiligt; diese Gesamthandsbeteiligung

---

[6] Nach § 161 Abs. 2 i.V.m. § 105 Abs. 2 HGB i. d. F. nach dem HRefG kann jetzt freilich auch eine KG durch Eintragung der Firma im Handelsregister entstehen, deren Gewerbebetrieb nach Art und Umfang keinen in kaufmännischer Weise eingerichteten Geschäftsbetrieb erfordert oder die nur das eigene Vermögen verwaltet; dazu § 9 Rn 7.

[7] Eingeh. dazu MüKo/*Ulmer* § 718 BGB Rn 6ff.

ist untrennbar mit der Mitgliedschaft in der Personenhandelsgesellschaft verbunden.[8]

8 **c) Vermögensbeteiligung der Gesellschafter.** Von der Gesamthandsberechtigung der Gesellschafter, die im Sinne der dinglichen, gesamthänderischen Mitberechtigung aller Gesellschafter am Gesellschaftsvermögen unabhängig ist von der Erbringung einer Einlage, ist die wertmäßige Beteiligung der Gesellschafter am Gesellschaftsvermögen zu sondern. Ihre Ausgestaltung obliegt den Gesellschaftern im Rahmen der Vertragsfreiheit. Deshalb ist auch die Beteiligung als Gesellschafter **ohne Kapitalanteil** am Gesellschaftsvermögen zulässig. Die Gesellschafter sind frei darin, ob sie eine Verpflichtung zur Einlageleistung begründen; sie können hierauf auch verzichten, denn es reicht aus, wenn sich alle Gesellschafter zur Förderung der gemeinsamen Zweckerreichung verpflichten. Deshalb muss die Komplementär-GmbH in der GmbH & Co. KG nicht notwendig eine Einlage versprechen, sondern kann ihre Förderpflicht auf die Übernahme der Geschäftsführung und persönliche Haftung beschränken. Im Regelfall ist dies bei der GmbH & Co. KG auch eine sachgerechte Gestaltung.

9 Wenn ein Gesellschafter keine Einlage leistet, ist es folgerichtig und unbedenklich zulässig, ihn vertraglich auch von der **Gewinnbeteiligung** und der **Beteiligung am Liquidationserlös** auszuschließen. Die häufige Praxis, die Komplementär-GmbH als Gesellschafterin ohne Einlageverpflichtung und ohne Beteiligung am Gewinn und Verlust aufzunehmen und ihr für die Übernahme von Geschäftsführung und Haftung eine Vergütung zu zahlen, ist unbedenklich und nach gesicherter Auffassung in Rechtsprechung und Literatur zulässig. Sie hat dann auch **keinen Kapitalanteil**, wie spätestens in der Liquidation deutlich wird: Wenn das nach Ablösung der Schulden verbleibende Vermögen „nach dem Verhältnis der Kapitalanteile, wie sie sich aufgrund der Schlussbilanz ergeben, unter den Gesellschaftern verteilt wird", § 155 Abs. 1 HGB, ist sie an der Vermögensverteilung nicht beteiligt. Ihr wächst auch kein Abfindungsanspruch nach § 738 Abs. 1 S. 2 BGB zu, sofern sie aus der Gesellschaft ausscheidet. Eine solche, im fehlenden Kapitalanteil zum Ausdruck kommende Nichtbeteiligung am Wert des Gesellschaftsvermögens steht nicht in Widerspruch zu der **zwingenden gesamthänderischen Beteiligung** der Komplementär-GmbH als Mitglied der Gesamthandsgesellschaft.[9]

II. Aufbringung des Gesellschaftsvermögens

1. Erbringung der Beiträge

10 **a) Geldleistung.** Die Leistung von **Geld** kann Beitrag und (haftungsbefreiende) Einlageleistung sein; sie erfolgt bei Barzahlung durch Eigentumsverschaffung zugunsten der Gesellschaft, bei Überweisung im Giroverkehr durch Begründung einer Kontogutschrift. Die Gewährung von

---

[8] Vgl. *Huber*, Vermögensanteil, S. 304 f.

[9] Eingehend und wegweisend zum Ganzen *Huber*, Vermögensanteil, S. 141 ff., 145 ff.

Darlehen, insbesondere **Gelddarlehen**, kann Beitragspflicht sein (zum Sonderfall der gesplitteten Einlage § 42 Rn 8).

11 **b) Sachbeiträge.** Aus **Sachgegenständen** bestehende Beiträge können in verschiedener Weise an die Gesellschaft erbracht werden.[10] Als Regelfall ist von der Erbringung **zu Eigentum** (quoad dominum) auszugehen; dass Sachleistungen an die Gesellschaft zu übereignen sind, ist bei vertretbaren und verbrauchbaren Sachen nach § 706 Abs. 2 Satz 1 BGB regelmäßig zu vermuten.[11] Dasselbe gilt für die Einbringung nicht vertretbarer und nicht verbrauchbarer Sachen, sofern die Gesellschafter einen Wert für den Sachbeitrag festsetzen, ohne dass dies allein für die Zwecke der Gewinnverteilung erfolgt, § 706 Abs. 2 Satz 2 BGB. Im Übrigen ist bei Fehlen eindeutiger Bestimmungen im Wege der **Auslegung** zu ermitteln, ob ein Sachbeitrag auf die Verschaffung von Eigentum zugunsten der Gesellschaft gerichtet ist.[12]

12 Der Sachbeitrag kann statt dessen auch, sofern der Gesellschaftsvertrag dies bestimmt, nur **dem Werte nach** (quoad sortem) erbracht werden;[13] dann soll die Sache der Gesellschaft zwar wie Eigentum zugewendet werden, jedoch die formelle Eigentumsübertragung vermieden werden.[14] Erträge aus der Sache stehen dann ebenso wie Erlöse bei Veräußerungen der Gesellschaft zu; diese hat die Lasten zu tragen. Sinnvoll dürfte die Vereinbarung einer Beitragsleistung quoad sortem in der Praxis aber nur ausnahmsweise sein.

13 Der Beitrag einer Sachleistung kann schließlich auch lediglich **zum Gebrauch** (quoad usum) erfolgen. Es handelt sich dann um eine Gebrauchsüberlassung mit der Folge, dass die Gesellschaft den Gegenstand nutzen kann, sein Eigentum jedoch bei dem Gesellschafter verbleibt. Risiko und Chance der Wertveränderung und die Sachgefahr bleiben danach bei dem Gesellschafter.[15] Er ist verpflichtet, der Gesellschaft den Gebrauch der Sache grundsätzlich bis zur Beendigung des Gesellschaftsverhältnisses zu gestatten, sofern der Gesellschaftsvertrag nicht ausdrücklich anderes vorsieht. Im Falle des zufälligen Untergangs der quoad usum überlassenen Sache kann der Gesellschafter keinen Ersatz verlangen, § 732 Satz 2 BGB; er ist andererseits aber auch nicht verpflichtet, der Gesellschaft eine andere Sache

---

[10] RGZ 54, 278, 280; 109, 380, 382 f.; BGH WM 1965, 746, 747.

[11] Vgl. *Koller/Roth/Morck* § 105 HGB Rn 31.

[12] Vgl. dazu OLG Hamburg NJW-RR 1996, 803; *K. Schmidt* Gesellschaftsrecht § 20 II 2 d.

[13] Eingehend *Berninger,* Societas Quoad Sortem; BGH WM 1965, 744, 745.

[14] In diesem Fall fallen keine Steuern oder Auflassungskosten an. Die Form des § 311 b Abs. 1 S. 1 BGB ist grundsätzlich nicht einzuhalten, vgl. zu § 313 BGB a.F. BGH WM 1965, 744, 745. Wurde ein Grundstück unter Verletzung der Form des § 311 b Abs. 1 S. 1 BGB quoad dominum eingebracht und wurde dieser Fehler nicht durch die Durchführung der Auflassung und der Eintragung geheilt (§ 311 b Abs. 1 S. 2 BGB), so kann die Einbringung quoad dominum in eine Einbringung quoad sortem umgedeutet werden, vgl. zu § 313 S. 2 BGB a. F. BGH WM 1967, 951, 952.

[15] Vgl. MüKo/*Ulmer* § 732 BGB Rn 5; MünchHdbuch GesR II/*von Falkenhausen/Schneider* KG § 18 Rn 72; *Hueck*, Recht der OHG, S. 208.

anstelle der untergegangenen zu überlassen, weil er nach § 707 BGB nicht zur Erhöhung seines Beitrags verpflichtet ist.

c) Sachgesamtheiten, immaterielle Wirtschaftsgüter, Dienstleistungen. Einbringungsfähig sind auch Sachgesamtheiten; insbesondere können Unternehmen in die Gesellschaft eingebracht werden. Die Überlassung eines Unternehmens „quoad sortem" oder „quoad usum" wird allerdings kaum in Betracht kommen. Immaterielle Wirtschaftsgüter, z. B. Know-how und good will, können als Sachbeiträge Beitragsleistungen des Gesellschafters sein, außerdem z. B. Geschäftsgeheimnisse[16] oder der Vertrieb eines vom Mitgesellschafter hergestellten Produkts.[17] Als Einlage kommen sie dagegen nur in Betracht, wenn sie einen objektiven Vermögenswert haben; das ist regelmäßig nur bei der Einbringung im Zusammenhang mit einem Unternehmen der Fall. Auch Dienstleistungen können Gegenstand der Beitragspflicht sein, z. B. das Zurverfügungstellen einer dritten Dienstperson[18] oder der eigenen Arbeitskraft[19] sowie Werkleistungen,[20] nicht aber eine haftungsbefreiende Einlageleistung (dazu § 42 Rn 6 ff.). Weitere Beitragsarten sind denkbar, z. B. die Verpflichtung, zugunsten der Gesellschaft eine Bürgschaft zu übernehmen, ihr den Gebrauch eines Namens zu gestatten oder ihr eine Marke zur Nutzung zu überlassen. **14**

2. Gestaltungsfreiheit

Die Gesellschafter sind frei darin, den Gegenstand der Beiträge, die Art ihrer Erbringung wie auch – für das Verhältnis untereinander – die **Bewertung** der bedungenen Beiträge **frei festzusetzen**.[21] Im Rahmen der allgemeinen Rechtsregeln besteht insoweit uneingeschränkte Gestaltungsfreiheit. An Grenzen stößt die Gestaltungsfreiheit nur dort, wo es um die Bestimmung geht, ob der Kommanditist eine haftungsbefreiende Einlageleistung erbracht hat; dann gilt der nicht der Parteiautonomie anheim gestellte Maßstab der objektiven Wertdeckung.[22] Die Gesellschafter sind auch frei darin, im Gesellschaftsvertrag eine Nachschusspflicht zu vereinbaren.[23] Tun sie dies nicht, bewendet es bei der dispositiven Gesetzesregelung in § 707 BGB, wonach die Gesellschafter zur Erhöhung des vereinbarten Beitrags oder zur Ergänzung der durch Verlust verminderten Einlage nicht verpflichtet sind.[24] **15**

---

[16] RGZ 95, 147, 150.
[17] BGH NJW 1983, 1188, 1189.
[18] BGH VersR 1963, 862.
[19] RGZ 142, 13, 21.
[20] BGH NJW 1980, 1744, 1745.
[21] Insb. kann ein geringerer Wert als der Verkehrswert angesetzt werden, BGHZ 17, 130, 134 ff.; BGH WM 1974, 1151, 1152.
[22] BGH WM 1987, 1161, 1162.
[23] Zu den Grenzen vgl. GK/*Ulmer* § 105 HGB Rn 19.
[24] Vgl. BGH NJW 1976, 958; NJW 1983, 164; zur Frage, ob sich kraft Treuepflicht in Ausnahmefällen anderes ergeben kann, vgl. *Koller/Roth/Morck* § 105 HGB Rn 42.

3. Gegenstand und Leistung der Einlagen

16 **a) Mehrung des haftenden Vermögens.** Einlagen sind als Primärpflicht im Gesellschaftsvertrag bedungene Beiträge, die als Leistung in das haftende Gesellschaftsvermögen zu erbringen sind und zur Mehrung des haftenden Vermögens geeignet sein müssen. Als Einlagen kommen deshalb nur bilanzierungsfähige Vermögensgegenstände in Betracht.[25] Einlagefähig sind danach ohne weiteres **Bar- oder Buchgeldleistungen**; sie sind ebenso wie im Kapitalgesellschaftsrecht Regelfall der Einlageleistung. **Sachleistungen** sind dann taugliche Einlage, wenn sie funktional der Geldleistung entsprechen. Das setzt voraus, dass sie in der Einbringung eines Vermögensgegenstands bestehen, der unter endgültiger Herauslösung aus der Gesellschaftersphäre auf die Gesellschaft übertragbar ist und zu einer Mehrung des einer Verwertung zugunsten der Gesellschaftsgläubiger zugänglichen Gesellschaftsvermögens führt, ohne dass der Wertzufluss bei der Gesellschaft noch mit Risiken aus der Sphäre des Inferenten behaftet ist.

17 **b) Geld- und Sacheinlagen.** Geldeinlagen können Bar- wie Giralgeldleistungen sein; sie werden durch bare oder unbare Einzahlung in das Gesellschaftsvermögen erbracht. Ihre **Bewertung** ist nach Maßgabe des **Nominalwertprinzips** unproblematisch; dass ist insbesondere für die Einlage des Kommanditisten von Bedeutung, die nur unter der Voraussetzung der objektiven Wertdeckung der verlautbarten Haftsumme haftungsbefreiend wirkt (dazu § 42 Rn 6 ff.). Was nicht Bar- oder Buchgeldleistung ist, kann nur Sacheinlagen sein, tertium non datur. Deshalb stellt sich bei Sachleistungen generell die Frage der Bewertung. Einlagefähig sind Sachleistungen nur, wenn sie einen **bilanzierungsfähigen Vermögenswert** darstellen.[26] Demgemäß kommen als Sacheinlage in Betracht bewegliche und unbewegliche Sachen, Forderungen, Schutzrechte, Gesellschaftsanteile und Unternehmen; Know-how und good will demgegenüber regelmäßig nur als wertbestimmende Bestandteile eines einzubringenden Unternehmens.

18 **c) Einzelfälle. Forderungen gegen die Gesellschaft** selbst sind einlagefähig. Das Versprechen (geldwerter) **Dienste** oder die schlichte Nutzungsüberlassung können Beiträge sein, nicht aber zur Haftungsbefreiung geeignete Einlagen. Davon zu sondern ist die **Verrechnung** einer von dem Gesellschafter versprochenen Bareinlage mit entstandenen Ansprüchen des Gesellschafters auf Gehalt, Mietzins u. Ä.; sie kann, sofern die Gesellschaft dadurch Befreiung erlangt, haftungsbefreiende Einlage sein, wenn die Forderung gegen die Gesellschaft vollwertig, fällig und liquide ist. Die Erbringung der Einlage durch **Umbuchung** eines Guthabens auf einem Gesellschafterkonto, das eine Forderung gegen die Gesellschaft ausweist, ist zulässig und weit verbreitet. Bei der Umbuchung erwirbt die Gesellschaft keine neuen Vermögenswerte, vielmehr überträgt ein Gesellschafter einem anderen, ggf. neu hinzutretenden Gesellschafter einen Teil seiner bereits ge-

---

[25] Eingeh. *Huber*, Vermögensanteil, S. 191 ff.

[26] Vgl. GK/*Schilling* § 161 HGB Rn 21; MüKo/*K. Schmidt* § 171/172 HGB Rn 9; eingehend *Huber*, Vermögensanteil, S. 195 ff.

leisteten Einlage, oder der in die Kommanditistenstellung zurücktretende Komplementär erbringt seine Kommanditeinlage durch Umbuchung seiner Komplementärbeteiligung. Dass im **Innenverhältnis** durch Umbuchung Erfüllung der Einlageverpflichtung eintreten kann, sofern ein hinreichendes entnahmefähiges Guthaben bei dem Umbuchenden besteht, ist nicht streitig.[27] Das ist schon deshalb folgerichtig, weil der Gesellschafter frei darin wäre, sein entnahmefähiges Guthaben zu entnehmen und als Kommanditeinlage wieder einzubringen oder einem Dritten zuzuwenden, damit dieser hieraus eine Kommanditeinlage erbringt. Die Umbuchung ist danach nichts anderes als eine abgekürzte Leistung. Auch im **Außenverhältnis** ist die Umbuchung anzuerkennen, kann also haftungsbefreiende Einlageleistung sein (dazu § 42 Rn 12).

Sofern kein Aufrechnungsausschluss vereinbart ist, kann die Beitrags- **19**
leistung auch im Wege der **Aufrechnung** erbracht werden, denn es gilt auch im Verhältnis der Gesellschaft zum Gesellschafter grundsätzlich allgemeines Bürgerliches Recht. Die Bewertung der Einlageleistung im Falle der Aufrechnung ist jedoch für die Frage der Haftungsbefreiung schwierig und streitig (dazu § 42 Rn 11). Schließlich kommt nach der Rechtsprechung eine haftungsbefreiende Einlageleistung auch durch **Abtretung** der Einlageforderung an einen Gläubiger der Gesellschaft in Betracht, sofern die Gesellschaft dadurch Befreiung von einer Verbindlichkeit erlangt und ihr damit ein der Einlageforderung entsprechender Gegenwert zufließt.[28]

4. Bewertung

Die Bewertung von Einlagen ist im Verhältnis zur Gesellschaft und im **20**
Verhältnis der Gesellschafter untereinander ebenso wie die Festsetzung des Einlagegegenstandes der privatautonomen Entscheidung der Gesellschafter überlassen; demgemäß ist es ohne weiteres zulässig, dass die Gesellschafter im **Innenverhältnis** einen einzubringenden Gegenstand über- oder unterbewerten. Im **Außenverhältnis**, für die haftungsbefreiende Einlageleistung des Kommanditisten, kommt es demgegenüber auf den objektiven Einlagewert an. Abzustellen ist dabei auf den Zeitpunkt der Einlageleistung.[29] Entscheidend ist der wahre wirtschaftliche Wert. Demgemäß hängt die Werthaltigkeit einer erlassenen oder durch Aufrechnung erfüllten **Forderung** gegen die Gesellschaft davon ab, ob sie unter Berücksichtigung der wirtschaftlichen Verhältnisse der Gesellschaft **vollwertig, fällig und liquide** ist. Unternehmen sind nach den anerkannten Regeln der Unternehmensbewertung, im Grundsatz also nach der Ertragswertmethode, zu bewerten, Untergrenze ist der Liquidationswert.

---

[27] Vgl. BGH BB 1973, 862; MünchHdb. GesR II/*v. Falkenhausen/Schneider* KG § 15 Rn 18; zur Umbuchung der Komplementärbeteiligung als Kommanditeinlage vgl. BGHZ 101, 123.

[28] Vgl. BGHZ 63, 338, 341; BGH NJW 1982, 35; BFH GmbHR 1997, 462; krit. aber MüKo/*K. Schmidt* §§ 171/172 HGB Rn 12 m. w. N.

[29] Zutr. *Röhricht/Graf von Westphalen* § 171 HGB Rn 45; aber str., vgl. *Ebenroth/Boujong/Joost/Strohn* § 171/172 HGB Rn 56 mit Fn 135.

21 Vereinbaren die Gesellschafter im Verhältnis zueinander eine **Unterbewertung** einer Sacheinlage, so ist streitig, ob sich der leistende Kommanditist im Außenverhältnis gegenüber Gläubigern gleichwohl auf den wahren, höheren Wert der von ihm geleisteten Einlage berufen kann. Ist also im Handelsregister eine Haftsumme von 100 entsprechend der gesellschaftsvertraglichen Abrede eingetragen, und hat der Kommanditist nach dem Gesellschaftsvertrag eine Sachleistung, z. B. eine bestimmte Maschine, einzubringen, wobei der Einbringungswert zwischen den Gesellschaftern mit 50 festgesetzt wird, so fragt sich, ob sich der Gesellschafter im Außenverhältnis darauf berufen kann, die von ihm geleistete Maschine habe in Wahrheit einen Wert von 100. Nach richtiger Auffassung ist der Gesellschafter gegenüber einem ihn in Anspruch nehmenden Gläubiger nicht mit der Darlegung ausgeschlossen, dass seine Einlageleistung in Wahrheit einen höheren Wert hatte als im Gesellschaftsvertrag vereinbart. Die Festsetzung eines unter dem wahren Wert liegenden Einbringungswerts berührt nur das Verhältnis der Gesellschafter zueinander. Sie sind frei darin, wie sie den Wert der von ihnen erbrachten Leistungen ansetzen wollen. Im **Außenverhältnis** kann sich der einzelne Gesellschafter jedoch auf den **wahren Wert** der von ihm erbrachten Leistung berufen.[30] Die Rechtsprechung hat hieraus folgerichtig abgeleitet, dass im Falle der Aufbringung einer Kommanditeinlage durch Umbuchung einer Komplementärbeteiligung Haftungsbefreiung im Umfang des „wahren wirtschaftlichen Beteiligungswertes" eintritt, und zwar unter Berücksichtigung etwaiger **stiller Reserven**; der Buchwert des Kapitalkontos soll nicht maßgeblich sein.[31] Sicher ist, dass die Darlegungs- und Beweislast für einen über dem festgesetzten Wert liegenden wahren Wert aber bei dem sich hierauf berufenden Gesellschafter liegt.[32]

5. Verfügung über den Einlageanspruch

22 **a) Verfügungsfreiheit.** Die Gesellschaft als Berechtigte des Einlageanspruchs ist frei darin, über diesen wie über jede andere Forderung zu verfügen. Dies kann regelmäßig im Wege der **Abtretung** geschehen, sofern kein vertraglicher Abtretungsausschluss vereinbart ist.[33] Problematisch ist die Abtretung der Einlageforderung allerdings dann, wenn der Gesellschaft hierfür im Gegenzug keine vollwertige Gegenleistung zufließt. Bekanntlich wird für die GmbH teilweise vertreten, dass die Abtretung einer Einlageforderung bei der GmbH nur dann (dinglich) wirksam sein kann, wenn der Gesellschaft eine vollwertige Gegenleistung zufließt. Diese restriktive Auffassung ist auf die Kommanditgesellschaft nicht übertragbar. Ebenso

---

[30] Vgl. GK/*Schilling* § 171 HGB Rn 9; *Röhricht/Graf von Westphalen* § 171 HGB Rn 46; a. A. MüKo/*K. Schmidt* § 171/172 HGB Rn 48; *Huber*, Vermögensanteil, S. 212; BGH WM 1987, 1161, 1162.

[31] Vgl. BGHZ 101, 123, 127.

[32] Vgl. BGH WM 1977, 167, 168; GK/*Schilling* § 171 HGB Rn 9.

[33] Vgl. für die Zulässigkeit der Abtretung der Einlageforderung BGHZ 51, 391 f.; 63, 338, 339; OLG Koblenz WM 1978, 856, 859; *Koller/Roth/Morck* § 105 HGB Rn 31.

wie die Gesellschafter frei darin sind, ob und welche Einlageleistung sie vereinbaren, basiert der Schutz der Kapitalausstattung der KG auf der **Realisierung der zwingenden Haftsumme**. Der Schutz der Gläubiger erfolgt also über § 171 Abs. 1 HGB, wonach sie den Kommanditisten auf Erbringung der Haftsumme in Anspruch nehmen können; nur hierüber können die Gesellschafter und die Gesellschaft nicht disponieren. Wird die Einlageforderung vor Leistung des Gesellschafters an einen Dritten abgetreten, fehlt es an einer Einlageleistung an die Gesellschaft; der Einlageschuldner haftet Gesellschaftsgläubigern weiterhin in Höhe der Haftsumme, ohne sich auf eine Leistung an den Zessionar berufen zu können. Fließt der Gesellschaft Zug um Zug gegen Abtretung der Einlageforderung jedoch ein Vermögenswert zu, muss dies dem Kommanditisten aber richtigerweise haftungsbefreiend zugute kommen.

Fraglich ist deshalb, ob § 399 BGB einer Abtretung entgegensteht, weil 23
die Abtretung für den Kommanditisten die Gefahr begründet, nach Leistung an den Zessionar nochmals auf die Hafteinlage nach § 171 Abs. 1 HGB in Anspruch genommen zu werden. Sofern die Einlageforderung an Erfüllungs statt an einen Gläubiger der Gesellschaft abgetreten wird, wird durch die **Abtretung** auch der Kommanditist von seiner Verbindlichkeit gegenüber Gläubigern frei, sofern dessen Forderung gegen die Gesellschaft werthaltig war. Im Übrigen führt die Abtretung einer Einlageforderung aber dazu, dass dem schuldenden Kommanditisten eine **Inhaltsänderung** im Sinne von § 399 BGB zugemutet wird. Das wird besonders deutlich im Konkurs der Gesellschaft. Die Abtretung der Einlageforderung ist deshalb insbesondere dann ausgeschlossen, wenn es lediglich um eine Sicherungszession geht. Demgegenüber ist gegen eine Abtretung der Einlageforderung im Wege des echten Factorings nichts einzuwenden, weil in diesem Fall die Gegenleistung dem Gesellschaftsvermögen zufließt. Soweit die Einlageforderung abtretbar ist, ist sie auch verpfändbar.

b) Befristung und Bedingung. Beitrags- und Einlageleistung sind 24
regelmäßig sofort fällig, § 271 Abs. 1 BGB. Da die Gesellschafter frei darin sind, die Art und Weise der Leistungserbringung zu bestimmen, können sie aber auch eine **spätere Fälligkeit** oder eine Befristung vereinbaren oder die Fälligkeit vom Eintritt einer **Bedingung** abhängig machen. Nach § 172 Abs. 3 HGB bleibt das Verhältnis zu Gesellschaftsgläubigern im Rahmen der Haftung nach §§ 171, 172 HGB hiervon indessen unberührt.

Bei **Leistungsverzug** sind Beiträge ab Fälligkeit mit 5 % über dem 25
Basiszinssatz der Europäischen Zentralbank zu verzinsen, §§ 111 Abs. 1, 352 Abs. 2 HGB. Darüber hinaus kann die Gesellschaft einen weitergehenden Verzugsschaden geltend machen, und selbstverständlich sind die Gesellschafter frei darin, die Verzugsfolgen abweichend von der gesetzlichen Regel im Gesellschaftsvertrag zu bestimmen.

c) Geltendmachung der geschuldeten Einlageleistung. Die Einzie- 26
hung der Beiträge ist Geschäftsführungssache, sie obliegt im Regelfall also der Komplementär-GmbH. Im Konkurs der Gesellschaft ist demgegenüber die Pflichteinlage durch den Konkursverwalter einzuziehen.

6. Leistungsstörungen

27 **a) Mängel der Verpflichtungserklärung.** Leistungsstörungen im Hinblick auf die Beitrags- und Einlagepflichten sind in vielfältiger Hinsicht denkbar. Sofern bereits die Erklärung des Gesellschafters zum Beitritt zur Gesellschaft bzw. zum Abschluss des Gesellschaftsvertrages unter Übernahme der Leistungspflichten mangelbehaftet ist, geht es um einen nach den Regeln über die fehlerhafte Gesellschaft zu bewältigenden Mängeltatbestand (dazu § 9 Rn 17). Hiervon zu sondern sind Leistungsstörungen bei der Erfüllung der Beitrags- und Einlagepflichten.

28 **b) Anwendung der §§ 320 ff. BGB.** Die Beitrags- und Einlagepflichten sind nicht Gegenstand eines synallagmatischen Leistungs- und Gegenleistungsverhältnisses. Demgegenüber hat die ältere Rechtsprechung die §§ 320 ff. BGB im Grundsatz noch für anwendbar gehalten.[34] Das jüngere Schrifttum geht indessen mit Recht von der grundsätzlichen **Unanwendbarkeit der §§ 320 ff. BGB** aus.[35] Das ist offenbar auch die Linie des BGH.[36] Dem ist zuzustimmen, weil der Gesellschaftsvertrag als Grundlage der Beitragspflichten kein Gegenseitigkeitsverhältnis begründet, sondern die geschuldeten Beiträge zur Förderung des gemeinsamen Zweckes erbracht werden. Sie sind folglich weder Gegenleistung für den Beitrag der anderen Mitgesellschafter, auch wenn sie regelmäßig nur und mit Blick auf die entsprechende Beitragsleistung der Mitgesellschafter erbracht werden, noch steht ihnen eine Gegenleistung der Gesellschaft selbst gegenüber. Mangels synallagmatischer Verknüpfung sind deshalb die §§ 320 ff. BGB grundsätzlich nicht anwendbar. Hieran hat auch das Gesetz zur Modernisierung des Schuldrechts[37] nichts geändert, der Begriff des gegenseitigen Vertrages ist unverändert geblieben.[38] Das hindert aber nicht daran, bei Leistungsstörungen neben den gesellschaftsvertraglichen Vorschriften und den bürgerlich-rechtlichen Regelungen für nicht synallagmatische Pflichten Einzelwertungen der §§ 320 ff. BGB entsprechend heranzuziehen.[39] Im Einzelnen:

29 **c) Leistungsverweigerungsrecht entsprechend § 320 BGB.** Es ist im Wesentlichen unstreitig, dass ein Gesellschafter in der mehrgliedrigen Gesellschaft seinen Beitrag nicht deshalb verweigern kann, weil andere Gesellschafter noch nicht geleistet haben. Gegen eine unbillige Inanspruchnahme kann sich der Gesellschafter nur unter **Berufung auf den Gleichbehandlungsgrundsatz** und ggf. auf § 242 BGB berufen.[40] Gleiches gilt

---

[34] Vgl. RGZ 147, 340, 342; 163, 385, 388; w. N. bei GK/*Ulmer* § 105 HGB Rn 148.

[35] Vgl. eingeh. MüKo/*Ulmer* § 705 BGB Rn 163 ff.; GK/*Ulmer* § 105 HGB Rn 149 f.; grds. anders in Übereinstimmung mit der älteren gesellschaftsrechtlichen Lit. jetzt aber *Hüttemann*, Leistungsstörungen, S. 29 ff.; S. 72 ff. und passim.

[36] Vgl. BGH WM 1959; 53, 54 f.; NJW 1983, 1188, 1189.

[37] Gesetz zur Modernisierung des Schuldrechts vom 26. 11. 01 (BGB/I S. 3138).

[38] Münch Hdb GesR II/*v. Falkenhausen/Schneider* § 18 KG Rn 50.

[39] So auch Münch Hdb GesR II/*v. Falkenhausen/Schneider* § 18 KG Rn 52.

[40] Vgl. GK/*Ulmer* § 105 HGB Rn 149; *Ballerstedt*, JuS 1963, 253, 259; im Ergebnis auch *Hüttemann*, Leistungsstörungen, S. 75 ff., soweit es um das Verhältnis Gesell-

im Ergebnis für laufende Verpflichtungen zur Geschäftsführung und Vertretung.[41] Anderes soll ausnahmsweise für die **zweigliedrige** Gesellschaft gelten; hier soll der eine Gesellschafter verlangen können, dass der andere Gesellschafter seinen Beitrag gleichermaßen erbringt.[42] Für diese überzeugenden Ergebnisse bedarf es jedoch nicht des Rückgriffs auf § 320 BGB.

d) Berufung auf § 321 BGB. § 321 BGB ist im Gesellschaftsverhältnis 30 nicht anwendbar. Ist einer oder sind alle Mitgesellschafter zahlungsunfähig oder droht ein sonstiges Leistungshindernis nach § 321 BGB, kommt nur in Betracht, unter Berufung auf den Geschäftsgrundlagenwegfall nach §§ 133, 140 HGB die **Auflösung** der Gesellschaft zu betreiben. Bei Leistungsunfähigkeit eines Mitgesellschafters kommt auch die **Ausschließung** in Betracht. Wenn der Beitrag des insolventen Gesellschafters für den Gesellschaftszweck von wesentlicher Bedeutung ist, kommt die Berufung auf einen **wichtigen Grund** im Sinne von § 133 Abs. 1 HGB in Betracht; dies kann der solvente Gesellschafter auch seiner Einlageverpflichtung im Wege der Einrede entgegenhalten.[43]

e) Freiwerden nach § 326 BGB. Mangels synallagmatischer Verknüp- 31 fung kommt auch § 326 BGB nicht zur Anwendung.[44] Kann ein Gesellschafter die im obliegende Leistung nicht erbringen, **ohne** dass ihn oder die Gesellschaft ein **Verschulden** trifft, wird er nach § 275 Abs. 1 bis 3 BGB von seiner Verpflichtung frei.[45] Die Auslegung des Gesellschaftsvertrags kann jedoch ergeben, dass statt dessen eine Geldleistung geschuldet ist.[46] Sofern dies nicht bejaht werden kann und auch eine Kündigung des Gesellschafters aus wichtigem Grund nicht in Betracht kommt, ist von einer entsprechenden **Anpassung** seiner Gewinnberechtigung und Beteiligung am Liquidationserlös nach Treuepflichtgrundsätzen auszugehen.[47]

Vor der Schuldrechtsreform waren auch bei **verschuldeter Unmög-** 32 **lichkeit** der Leistung die §§ 324 f. BGB a. F. grundsätzlich nicht einschlägig. Der Gesellschafter haftete nach § 280 BGB a. F. oder wegen Verletzung seiner Gesellschafterpflichten auf **Schadensersatzausgleich in Geld**.[48]

---

schaft/Gesellschafter geht, also die Gesamthand Leistung der versprochenen Beiträge fordert; anders aber *ders.*, aaO., für das Verhältnis der Gesellschafter zueinander, also für die actio pro socio: § 320, § 322 BGB sollen insoweit anwendbar sein.

[41] BGH WM 1959, 53, 54.

[42] Vgl. *Hueck* Recht der OHG § 6 II 3b; *Koller/Roth/Morck* § 105 HGB Rn 31.

[43] Vgl. GK/*Ulmer* § 105 HGB Rn 150; MüKo/*Ulmer* § 705 BGB Rn 169; vgl. RGZ 112, 280, 282 f.; a. A. *Hüttemann*, Leistungsstörungen, S. 128 ff.: für Anwendbarkeit von § 321 BGB a. F.; vgl. auch BGH WM 1968, 876, wonach es bei Vermögensverschlechterung der Gesellschaft auf die Zumutbarkeit der Beitragsleistung ankommen soll.

[44] Vgl. GK/*Ulmer* § 105 HGB Rn 153 m. w. N.; a. A. wiederum *Hüttemann*, Leistungsstörungen, S. 162 ff., ausgehend von einem Synallagma zwischen Einlageleistung und Ergebnisteilhabe.

[45] Vgl. *Koller/Roth/Morck* § 105 HGB Rn 32.

[46] Vgl. MüKo/*Ulmer* § 705 BGB Rn 163, 170 sowie § 706 Rn 25 f.; BGH VersR 1963, 433, 434: VersR 1963, 585, 586.

[47] Zu § 323 BGB a. F. vgl. GK/*Ulmer* § 105 HGB Rn 153.

[48] Vgl. GK/*Ulmer* § 105 HGB Rn 143.

Hatte die Gesellschaft die Unmöglichkeit zu vertreten, galt der Rechtsgedanke von § 324 BGB a. F. entsprechend.[49] Dasselbe galt auch in der Zweipersonengesellschaft. Bei anfänglicher objektiver Unmöglichkeit galt § 306 BGB a. F. Zu einer Gesamtnichtigkeit des Vertrags kam es nur ausnahmsweise, wenn die Vereinbarung von zentraler Bedeutung[50] oder die Gesellschaft noch nicht in Vollzug gesetzt war und deshalb die Grundsätze über die fehlerhafte Gesellschaft noch nicht anwendbar waren[51] (vgl. dazu § 9 Rn 7). Nach der Schuldrechtsreform haftet der Gesellschafter nach den §§ 280 f. BGB n. F. wegen Pflichtverletzung grundsätzlich auf Schadensersatz in Geld.

33 Unanwendbar war vor der Schuldrechtsreform schließlich auch § 326 BGB a. F. (Verzug). Dies gilt auch für § 323 BGB n. F. (Rücktritt bei Verzug) – jedenfalls, sobald die Gesellschaft ihre Geschäftstätigkeit aufgenommen hat. Stattdessen gelten im **Verzugsfalle** die §§ 133, 140 HGB. Darüber hinaus hat die Gesellschaft Ersatzansprüche nach den §§ 281, 286 BGB n. F.[52]

7. Mängelgewährleistungsrecht

34 **a) Mängelgewährleistung nach Kaufrecht.** Hat der Gesellschafter eine Sacheinlage versprochen, stellt sich bei Sachmängeln die Frage nach einem Eingreifen der kaufrechtlichen Gewährleistungsregeln. Die neuere herrschende Auffassung verneint sie im Ausgangspunkt,[53] greift jedoch auf die Wertungen des Mängelgewährleistungsrechts zurück: Bei **Rechtsmängeln** kann nach § 437 BGB Schadensersatz verlangt oder das Recht auf Rücktritt ausgeübt werden,[54] doch erfasst der Rücktritt nur das Sacheinlageversprechen und nicht die Gesellschaftsbeteiligung. An die Stelle der versprochenen Sache tritt entweder die Verpflichtung zur **Wertdeckung in Geld**, oder es folgt die Auflösung der Gesellschaft oder die Ausschließung des Gesellschafters nach §§ 133, 140 HGB. Ist der Gesellschafter nicht Eigentümer der als Einlage geschuldeten Sache, kommt ein **gutgläubiger Erwerb** durch die Gesellschaft in Betracht, wenn die die Gesellschaft vertretende Komplementärin gutgläubig im Sinne der §§ 892, 932 ff. BGB ist. Es kommt also entscheidend auf den guten Glauben der Geschäftsführer der Komplementär-GmbH an.[55]

---

[49] Vgl. *Koller/Roth/Morck* § 105 HGB Rn 32.

[50] BGH DB 1976, 2106 f.

[51] BGHZ 47, 293, 301; 49, 364, 365.

[52] Zur gleichgelagerten Interessenlage vor der Schuldrechtsreform vgl. BGH WM 1967, 419; NJW 1983, 1188 f.

[53] Zur Rechtslage vor der Schuldrechtsreform vgl. jeweils GK/*Ulmer* § 105 HGB Rn 152, 154; anders noch RGZ 86, 210, 213; 141, 204, 205; ebenso jetzt *Hüttemann,* Leistungsstörungen, S. 431 ff.

[54] Vgl. Münch Hdb GesR II/*v. Falkenhausen/Schneider* § 18 KG Rn 63; zur Rechtslage vor der Schuldrechtsreform vgl. BGHZ 45, 338, 345 ff. für die GmbH.

[55] Str., wie hier MünchHdb. GesR II/*v.Falkenhausen/Schneider* KG § 18 Rn 70; a. A. dagegen wohl BGH WM 1959, 348, 350 (Gutgläubigkeit aller Gesellschafter erforderlich?); *Koller/Roth/Morck* § 105 HGB Rn 31 (Gutgläubigkeit aller vertretungsberechtigten Gesellschafter).

Ist der als Einlage geschuldete Gegenstand mit **Sachmängeln** behaftet, ist das kaufrechtliche Sachmängelgewährleistungsrecht mit Modifikationen anwendbar. Für die Feststellung, ob ein Mangel gegeben oder eine Eigenschaft der Sache zugesichert worden ist, sind die kaufrechtlichen Grundsätze übertragbar. Auf der Rechtsfolgenseite ist die Wandlung ausgeschlossen; an ihre Stelle treten die §§ 133, 140 HGB. Ob die Gesellschaft weitergehend die Wertdifferenz gegenüber der mangelfreien Sache in Geld oder – gegen Rückgewähr der mangelbehafteten Sache – vollen Ausgleich in Geld verlangen kann, ist streitig und mit der im Vordringen begriffenen Auffassung[56] richtigerweise zu verneinen.[57] Zu beachten ist aber, dass sich der Kommanditist nur im Umfang objektiver Wertdeckung von seiner Haftung befreien kann. 35

b) Mängelgewährleistung nach Miet- oder Pachtrecht. Wird als Einlage die Überlassung von Gegenständen zur Nutzung versprochen, gelten wiederum die Prinzipien des Miet- und Pachtrechts mit Modifikationen: Sofern ein Mangel gegeben ist, kann die Gesellschaft dessen Beseitigung und ggf. Schadenersatz nach § 536a Abs. 1 BGB verlangen; sie kann unter den Voraussetzungen des § 536a Abs. 2 BGB den Mangel auch selbst beseitigen. Hinsichtlich Minderung nach § 536 BGB und außerordentlicher Kündigung nach § 543 BGB gilt demgegenüber der Vorrang der gesellschaftsrechtlichen Behelfe. Ist eine Anpassung der Leistung im Wege der **Auslegung** nicht mit dem Ergebnis möglich, dass anstelle der Sache Geldersatz tritt, bleibt nur die Auflösung der Gesellschaft oder das Ausscheiden des Gesellschafters nach §§ 133, 140 HGB.[58] 36

Bei **Verschlechterung oder Untergang** der zum Gebrauch überlassenen Sache ohne Vertretenmüssen einer Seite, aber in der Risikosphäre der Gesellschaft, ist der Gesellschafter nicht zum Nachschuss verpflichtet, § 707 BGB. Er kann aber von der Gesellschaft auch keinen Ersatz verlangen.[59]

c) Pflichtverletzung. Soweit der Gesellschafter **Dienstleistungen** versprochen hat, können sich bei Schlechtleistungen gegebenenfalls Schadensersatzansprüche wegen Pflichtverletzung nach § 280 BGB ergeben.[60] Eine verschuldensunabhängige Mängelgewährleistungshaftung kommt demgegenüber nicht in Betracht. Wird die zugesagte Leistung unmöglich, ist im Wege der Auslegung zu ermitteln, ob der Gesellschafter dann Ersatz in Geld schuldet. 37

8. Durchsetzung

Entstehen infolge einer nicht erfolgten oder mangelhaften Beitragserbringung Ansprüche auf Erfüllung, Schadensersatz, Zuzahlung oder An- 38

---

[56] Vgl. GK/*Ulmer* § 105 HGB Rn 154; *Koller/Roth/Morck* § 105 HGB Rn 33.

[57] Vgl. zum Meinungsstand MüKo/*K. Schmidt* § 105 HGB Rn 187; MünchHdb. GesR/*v. Falkenhausen/Schneider* KG § 18 Rn 66.

[58] Vgl. GK/*Ulmer* § 105 HGB Rn 155.

[59] Vgl. MünchHdb. GesR II/*v. Falkenhausen/Schneider* KG § 18 Rn 72.

[60] Vgl. zur sog. „positiven Vertragsverletzung" nach altem Recht BGH NJW 1983, 1188, 1189.

passung des Vertrages, sind diese als **Sozialansprüche** von der Gesellschaft oder im Wege der **actio pro socio** von den Gesellschaftern geltend zu machen. Die Beweislast für die ordnungsgemäße Erbringung der Beiträge liegt bei dem Gesellschafter. Sofern die Beitragsleistung von der Gesellschaft zunächst angenommen und erst später als nicht ordnungsgemäß zurückgewiesen wurde, kommt zugunsten des Gesellschafters eine Beweislastumkehr in Betracht.[61]

9. Vertragsgestaltung

39 Für die Vertragsgestaltung empfiehlt es sich angesichts der Unklarheiten in Rechtsprechung und Literatur, über das Ob und die Reichweite einer Anwendung der zivilrechtlichen Gewährleistungsregeln im Rahmen der privatautonomen Gestaltungsfreiheit dringend das **Leistungsprogramm**, das der Gesellschafter im Zuge der Einlageleistung zu erfüllen hat, ebenso detailliert zu regeln wie die **Rechtsfolgen** bei Programmabweichungen. Dazu gehört, wenn anderes als Geld versprochen wird, insbesondere die genaue Bestimmung des geschuldeten Gegenstands nach Art und Güte, die Festlegung von Einbringungszeitpunkt und Zeitpunkt des Gefahrübergangs, sowie die Bestimmung der Rechtsfolgen bei Verzug, Nichterfüllung und mangelbehafteter Leistung. In jedem Fall unverzichtbar ist bei Kommanditisten die Festsetzung eines **Einbringungswerts**, der der von ihm versprochenen Sachleistung zukommen muss. Verpflichtet sich der Kommanditist zur Eintragung einer Sachleistung mit einem bestimmten Einbringungswert, so bedeutet dies die Übernahme einer **objektiven Wertdeckungszusage**, die für den Fall einer Überbewertung der Sachleistung ein Wertersatzversprechen in Geld beinhaltet.

III. Währungsmäßige Festsetzungen

1. Anpassungsbedarf infolge der Ablösung von DM durch €

40 Geldeinlagen der Gesellschafter einer Personengesellschaft müssen in einem bestimmten Währungsbetrag ausgedrückt werden, bei Sacheinlagen empfiehlt sich dringend die Bestimmung eines Einbringungswerts, der wiederum als Währungsbetrag festzusetzen ist. Darüber hinaus bedarf es bei der GmbH & Co. KG der betragsmäßigen Festlegung im Hinblick auf die im Handelsregister einzutragenden **Haftsummen** der Kommanditisten. Bis zur Einführung des € erfolgten diese Festsetzungen in DM-Beträgen. Ab Januar 1999 stellte sich bei Altgesellschaften die Frage einer Überleitung von DM-Festsetzungen auf €, und bei Neuerrichtungen war zu entscheiden, welche Währung Verwendung findet. Das Gesetz zur Einführung des Euro[62] sieht keine speziellen Vorschriften für Personengesellschaften im Hinblick auf die Einführung des € oder die Umstellung von DM-Angaben auf € vor. Dem liegt nach Auffassung des Gesetzgebers wohl der Befund zugrunde, dass in den einschlägigen Bestimmungen von BGB und HGB

---

[61] Vgl. unter Verweis auf § 363 BGB RGZ 86, 210, 214.
[62] Euro-Einführungsgesetz v. 9. 6. 1998 BGBl. I, 1242.

keine Bezugnahmen auf DM-Betragsangaben enthalten sind[63] und Vorgaben für die Höhe eines betragsmäßig definierten Mindesthaftkapitals oder bestimmte Anteilsstückelungen fehlen. Nach der Gesetzeslage kommen deshalb die allgemeinen Regeln über die Anpassung von DM-Beträgen an den € nach Maßgabe der €-VO II[64] zur Anwendung.[65]

2. Übergangsphase vom 1. Januar 1999 bis 31. Dezember 2001

a) Wahlrecht bei Neugründungen. Neu gegründete Gesellschaften konnten als Währungseinheit für die Festsetzung der Kapitalanteile **wahlweise DM oder €** vereinbaren. Allerdings war eine einheitliche Wahl der Währungseinheit geboten, ein Nebeneinander von DM- und €-Festsetzungen zumindest unzweckmäßig. Da die Wahl des € spätere Umstellungsmaßnahmen entbehrlich machte, war die Verwendung von €-Festsetzungen vorzugswürdig. 41

b) Altgesellschaften. Altgesellschaften konnten in dieser Phase die Betragsfestsetzungen von DM auf € durch Umrechnung und Cent-Rundung umstellen (Art. 6 Abs. 2 EuroVO II). Da dies eine **Änderung des Gesellschaftsvertrages** bedeutete, bedurfte die Umstellung der Zustimmung aller Gesellschafter. Der Vorschlag,[66] insoweit einen Mehrheitsbeschluss zu ermöglichen, wurde nicht in das Gesetz aufgenommen. Mit Recht wird aber die Auffassung vertreten, dass eine Zustimmungspflicht aufgrund Treuepflicht gegeben ist.[67] 42

Die Umstellung auf € ist ebenso wenig zwingend wie anschließende Glättungsmaßnahmen.[68] Ob sie bezüglich der Haftsumme auf jeden Fall durch einstimmigen Beschluss erfolgen müssen, ist offen, doch sprechen die besseren Gründe dafür.[69]

Die Umstellung der **Haftsumme** der Kommanditisten auf € muss in das Handelsregister eingetragen werden (§ 162 HGB). Hierfür sieht Art. 45 EGHGB vor, dass weder die öffentlich beglaubigte Form der Anmeldung nach § 12 HGB noch die Bekanntmachung der Eintragung nach § 10 HGB erforderlich sind.

Kapitalkonten können als „Buchgeld" schon ab 1999 in € geführt werden. 43
Eine Umstellungspflicht besteht wegen Art. 14 EuroVO II aber selbst ab 2002 nicht;[70] mangels Eintragung der Kapitalkonten im Handelsregister gibt es auch **keine Registersperre**. Entscheiden sich aber die Gesellschafter für die Umstellung, so sind die €-Werte gemäß Art. 5 EuroVO I auf

---

[63] Das ist im Hinblick auf die vormals in DM und nunmehr in € auszureichende Haftsumme des Kommanditisten nicht zweifelsfrei.

[64] VO Nr. 974/98 v. 3. 5. 1998 über die Einführung des €, ABl. EG L139/1.

[65] Vgl. *Steffan/Schmidt*, DB 1998, 709, 712.

[66] Stellungnahme des Handelsrechtsausschusses des DAV A II 3, ZIP 1998, 358.

[67] Vgl. *Sprockhoff*, NZG 1999, 17, 18.

[68] *Steffan/Schmidt*, DB 1998, 709, 712; Heidelberger Komm./*Stuhlferner* § 162 HGB Rn 1.

[69] Vgl. *Sprockhoff*, NZG 1999, 19; bejahend *Steffan/Schmidt*, DB 1998, 709, 712.

[70] *Plewka*, Umstellung auf den Euro, S. 97.

volle Cent zu runden, weil die Konten „zu zahlende oder zu verbuchende Geldbeträge" darstellen.[71]

44 Glättungsmaßnahmen sind nach erfolgter Umstellung nicht unbedingt erforderlich. Für das Konto I, das vorwiegend das Beteiligungsverhältnis ausdrückt, das durch die bloße Umstellung nicht verändert wird, ist mit Blick auf eventuelle Gesellschafterwechsel und künftige Verschiebungen der Kapitalanteilgeber eine **Glättung** angebracht. Der Beschluss über die Anpassung muss einstimmig gefasst werden.

Die **übrigen Konten** bedürfen hingegen keiner Glättung, sofern sie verzinslich gestellt und durch ständigen Kapitalfluss ohnehin fortdauernden Schwankungen unterworfen sind. Werden sie hingegen unverzinslich ausgestaltet, sollte eine Glättung erwogen werden.[72]

3. Rechtslage seit dem 1. Januar 2002

45 Seit dem 1. Januar 2002 können **Neugründungen** nur noch unter Verwendung der neuen €-Währung erfolgen. Bei Altgesellschaften, die eine Umstellung nicht vorgenommen haben, sind sämtliche DM-Beträge gemäß Art. 14 S. 1 EuroVO II als €-Beträge zu lesen. Eine Umstellung muss auch nach neuem Recht nicht unbedingt erfolgen, so dass ein Gesellschafterbeschluss nicht notwendig ist.[73] Eine Eintragung von neuen Haftsummen ist aber nur noch in € zulässig.[74]

---

[71] *Sprockhoff*, NZG 1999, 18.
[72] *Sprockhoff*, NZG 1999, 18.
[73] *Plewka*, Umstellung auf den Euro, S. 97.
[74] *Sprockhoff*, NZG 1999, 19; *Ebenroth/Boujong/Joost/Strohn* § 171 HGB Rn 6.

§ 20 Gesellschafterkonten, Kapitalanteile

Übersicht

Schrifttum: *Huber*, Vermögensanteil, Kapitalanteil und Gesellschaftsanteil an Personengesellschaften des Handelsrechts, 1970; *ders.*, Gesellschafterkonten in der Personengesellschaft, ZGR 1988, S. 1ff.; *ders.*, Freie Rücklagen in Kommanditgesellschaften, Gedächtnisschrift Knobbe-Keuk, 1998, S. 203ff.; *Oppenländer*, Zivilrechtliche Aspekte der Gesellschafterkonten der OHG und KG, DStR 1999, 939; *Rodewald*, Zivil- und steuerrechtliche Bedeutung der Gestaltung von Gesellschafterkonten, GmbHR 1998, 521; *Salje*, Die Abgrenzung des Gesellschafter-Darlehenskontos gegenüber dem Kapitalkonto bei Personengesellschaften, BB 1978, 1115ff.; *Schopp*, Kapitalkonten und Gesellschafterdarlehen in den Abschlüssen von Personengesellschaften, BB 1987, 581ff.; *Wiedemann*, Gedanken zur Vermögensordnung der Personengesellschaft, Festschrift Odersky, 1996, 925.

I. Die Beteiligung des Gesellschafters an der Gesellschaft

1. Grundbegriffe

1 Die Komplementär-GmbH und die Kommanditisten erwerben mit der Beteiligung an der Errichtung der GmbH & Co. KG eine Mitgliedschaft an der Gesellschaft. Diese Beteiligung repräsentiert als Inbegriff aller mitgliedschaftlichen Rechte und Pflichten den **Gesellschaftsanteil** des Gesellschafters.[1] Gesellschafter ohne Gesellschaftsanteil gibt es nicht. Das heißt aber nicht, dass jeder Gesellschafter auch notwendig am Gesellschaftsvermögen beteiligt sein muss.[2] Vom Gesellschaftsanteil ist der **Vermögensanteil** als Inbegriff der vermögensmäßigen Beteiligung des Gesellschafters zu sondern. Bilanziell findet der Vermögensanteil seine Abbildung im **Kapitalanteil** des Gesellschafters. Der Kapitalanteil ist eine Rechengröße, die kontenmäßig die Vermögensbeteiligung des Gesellschafters an der Gesellschaft darstellt.[3] Namentlich die Komplementär-GmbH ist häufig nicht am Vermögen der Gesellschaft beteiligt, erhält bei Ausscheiden keine Abfindung und nimmt an einem Liquidationserlös nicht teil. Der Beitrag der Komplementärin besteht dann lediglich in der Übernahme der persönlichen Haftung. Auch Kommanditisten ohne Vermögensbeteiligung an der Gesellschaft sind denkbar,[4] wenn auch in der Praxis selten anzutreffen.

2. Der Kapitalanteil

2 Der Kapitalanteil des Gesellschafters ist nicht als Bruchteil am Gesellschaftsvermögen oder als Forderung des Gesellschafters gegen die Gesellschaft zu begreifen; er ist auch kein Recht und demgemäß als solcher auch nicht Gegenstand rechtsgeschäftlicher Übertragung. Der Kapitalanteil ist vielmehr eine **Rechengröße**, die als Bilanzziffer den jeweiligen Stand der Einlage des Gesellschafters angibt.[5] Dementsprechend heißt es in § 120 Abs. 2 HGB, dass dem Kapitalanteil des Gesellschafters der ihm zukommende Gewinn zuzuschreiben und der auf ihn entfallende Verlust sowie Entnahmen abzuschreiben sind. Nach der gesetzlichen Ausgangslage ist der Kapitalanteil danach **beweglich**. Die Summe der Kapitalanteile der Gesellschafter ergibt das (buchmäßige) Eigenkapital der Gesellschaft als der Betrag, um den die Summe der Aktiva die Summe der Passiva übersteigt. Bezugsgröße des Kapitalanteils ist das in der Bilanz ausgewiesene Vermögen der Gesellschaft, nicht der tatsächliche Wert.

3 Entsprechend dem Prinzip der Einheitlichkeit der Mitgliedschaft[6] kann jeder Gesellschafter nur **einen Kapitalanteil** haben. Erwirbt er die Beteili-

---

[1] *Huber*, Vermögensanteil, S. 1, 11; *K. Schmidt* Gesellschaftsrecht § 47 III 1a.

[2] Vgl. zur Zulässigkeit der sog. societas leonina, bei der ein Teil der Gesellschafter von der Teilnahme am Gewinn ausgeschlossen ist, MüKo/*Ulmer* § 705 BGB Rn 151 m. N.

[3] Vgl. *Heymann/Emmerich* § 120 HGB Rn 23.

[4] Dazu MünchHdb. GesR II/*v. Falkenhausen/Schneider* KG § 22 Rn 10.

[5] *Heymann/Emmerich* § 120 HGB Rn 22; *Huber*, Vermögensanteil, S. 228; *Rodewald*, GmbHR 1998, 521.

[6] Dazu *Wiedemann*, FS Odersky, S. 925

gung eines Mitgesellschafters hinzu, wächst seinem Kapitalanteil der mit der erworbenen Mitgliedschaft verbundene Kapitalanteil des abgebenden Gesellschafters zu. Das gilt unabhängig davon, ob es sich um eine Komplementär- oder Kommanditbeteiligung handelt, weil die Kapitalanteile von Komplementär und Kommanditist dieselbe Rechtsnatur und dieselbe Funktion haben.[7] In der typischen GmbH & Co. KG wird aber ohnedies ein Anteilsübergang regelmäßig nur zwischen Kommanditisten stattfinden.

3. Abweichende Kautelarpraxis

Die Kautelarpraxis weicht von dem gesetzlichen Regelungsmodell des beweglichen Kapitalanteils mit guten Gründen regelmäßig ab. Für die Gestaltung des Gesellschaftsvertrags empfiehlt sich abweichend vom insoweit dispositiven Recht die Einrichtung **fester Kapitalanteile**, die als feste Kapitalkonten dargestellt werden; hierauf ist sogleich zurückzukommen (Rn 15 ff.). Zunächst ist jedoch die gesetzliche Systematik zu erschließen, die Geltung beansprucht, wenn und solange die Gesellschafter nichts Abweichendes vereinbaren (Rn 5 ff.). 4

II. Das Kapitalkonto von Komplementär und Kommanditist nach der gesetzlichen Regel

1. Das Kapitalkonto der Komplementär-GmbH

a) Der variable Kapitalanteil. Die dispositive Gesetzesregelung in § 120 Abs. 2 HGB, wonach dem Kapitalanteil des OHG-Gesellschafters der ihm zukommende Gewinn zuzuschreiben und ein auf ihn entfallender Verlust abzuschreiben ist, gilt nach § 161 Abs. 2 HGB auch für die Komplementär-GmbH in der GmbH & Co. KG, sofern vertraglich nichts Abweichendes vereinbart ist. Ausgangsgröße für die Bestimmung des Kapitalanteils der Komplementärin ist die geleistete Einlage; ihr werden spätere Gewinnanteile hinzugerechnet, Verlustanteile sowie Entnahmen werden von ihr abgezogen. Der Kapitalanteil spiegelt danach also den jeweils gegenwärtigen **Stand der Gesellschaftereinlage** wider.[8] Sinkt der Kapitalanteil auf Null oder wird er negativ, ist die Einlage verloren. Ein positiver Kapitalanteil ist keine Forderung gegen die Gesellschaft, denn ein Rückzahlungsanspruch gegen die Gesellschaft besteht im Hinblick auf die geleistete Einlage nicht; sie ist vielmehr an die Mitgliedschaft gekoppelt.[9] Umgekehrt ist ein negativer Kapitalanteil auch keine Verbindlichkeit gegenüber der Gesellschaft, denn zu Nachschüssen ist der Gesellschafter während des Bestehens der Gesellschaft nicht verpflichtet, § 707 BGB.[10] 5

b) Bilanzielle Abbildung. Buchführungstechnisch wird der Kapitalanteil durch das **Kapitalkonto** dargestellt. Nach dem gesetzlichen Regelungsvorbild des beweglichen Kapitalanteils ist deshalb für die Komple- 6

[7] Zum Anteilserwerb und seinen Rechtsfolgen vgl. § 28.
[8] *Heymann/Emmerich* § 120 HGB Rn 22; *Huber*, Vermögensanteil, S. 228.
[9] Vgl. *Wiedemann*, FS Odersky, S. 930 f.; *Oppenländer*, DStR 1999, 940.
[10] Näher dazu MüKo/*Priester* § 120 HGB Rn 90.

mentär-GmbH in der GmbH & Co. KG ein **einheitliches bewegliches Kapitalkonto** einzurichten, dem die Einlage und die Gewinnanteile der persönlich haftenden Gesellschafterin gutgeschrieben und von dem Verlustanteil und Entnahmen abgeschrieben werden.[11]

2. Das Kapitalkonto des Kommanditisten

7 **a) Ausgangspunkt.** Auch der Kommanditist hat nach der gesetzlichen Regel einen beweglichen Kapitalanteil, für den das vorstehend für die Komplementär-GmbH Ausgeführte entsprechend gilt: Es ist ein einheitliches bewegliches Kapitalkonto zu eröffnen, dem die Einlage und die auf den Kommanditisten entfallenden Gewinnanteile gutgebracht und von dem Verlustanteile abgeschrieben **werden**. Doch sind zwei **Besonderheiten** gegenüber dem Kapitalkonto der Komplementär-GmbH zu beachten: Entnahmen zu Lasten des Kapitalanteils des Kommanditisten sind nach § 169 Abs. 1 S. 2, 2. Hs., 2. Fall HGB ausgeschlossen, und der Kapitalanteil des Kommanditisten ist nach § 167 Abs. 2 HGB in der Summe auf den Betrag der festgesetzten Einlage begrenzt. Demgemäß werden dem Kapitalanteil des Kommanditisten Einlage und Gewinnanteile nur so lange zugeschrieben, bis der Saldo die vertraglich bedungene Einlage erreicht.

8 **b) Gewinnkonto.** Weil Gewinnanteile nur begrenzt und Entnahmen überhaupt nicht über das Kapitalkonto des Kommanditisten zu buchen sind, ist für den Kommanditisten nach der gesetzlichen Regelungsvorgabe neben dem einheitlichen Kapitalkonto ein **zweites Konto** einzurichten. Diesem Konto sind Gewinnanteile des Kommanditisten gutzubringen, sobald der Saldo des Kapitalkontos den Einlagebetrag erreicht, und ihm werden Entnahmen belastet.[12] Für dieses zweite, zweckmäßigerweise als Gewinnkonto[13] zu bezeichnende Konto des Kommanditisten gelten Besonderheiten: Ein **Guthaben** darauf kann, sofern die Gesellschafter nichts anderes vereinbaren, jederzeit **entnommen** werden,[14] denn der Kommanditist hat Anspruch auf Auszahlung des ihm gebührenden Anteils am Jahresergebnis, § 169 Abs. 1 S. 2 Hs. 1 HGB; die Entnahmebeschränkung nach § 122 Abs. 1 HGB gilt für ihn nicht, § 169 Abs. 1 S. 1 HGB. Nur die Treuepflicht kann im Einzelfall entgegenstehen, wenn der Kommanditist einen stehen gelassenen Gewinn nach Jahr und Tag abrufen will.[15] Außerdem werden, auch wenn auf dem zweiten Konto des Kommanditisten noch ein Guthaben vorhanden ist, **Verlustanteile** dem Kapitalkonto des Kommanditisten belastet,[16] denn der Kommanditist ist nicht verpflichtet, bezogenen Gewinn wegen späterer Verluste zurückzuzahlen, § 169 Abs. 2 HGB. **Bezogen** hat der Kommanditist den auf ihn entfallenden **Gewinn** aber schon dann, wenn er seinem (zweiten) Konto, dem Gewinnkonto, gutgeschrie-

---

[11] Vgl. zu allen Einzelheiten eingeh. *Huber,* ZGR 1988, 1 ff.; *Koller/Roth/Morck* § 120 HGB Rn 4 f.; *Ebenroth/Boujong/Joost/Ehricke* § 120 HGB Rn 70 f.

[12] Zur ratio legis vgl. *Huber,* ZGR 1988, 1, 10 f.

[13] Die Bezeichnungen variieren, vgl. *Heymann/Emmerich* § 120 HGB Rn 27a.

[14] *Heymann/Horn* § 167 HGB Rn 7.

[15] Vgl. GK/*Schilling* § 169 HGB Anm. 5; *MüKo/Grunewald* § 169 HGB Rn 7.

[16] *Heymann/Horn* § 167 HGB Rn 7.

ben ist.[17] Daran ändert sich nichts, wenn er in der Folgezeit den Gewinn dort stehen lässt und nicht sofort abhebt. Darin liegt auch der Grund dafür, dass das zweite Konto des Kommanditisten grundsätzlich **nicht verzinslich** ist.[18] Das Gewinnkonto des Kommanditisten in der vorstehenden Ausgestaltung ist ein echtes Forderungskonto.

c) Negatives Kapitalkonto. Die Buchung von Verlustanteilen zu Lasten des Kapitalkontos des Kommanditisten kann dazu führen, dass ein negatives Kapitalkonto entsteht. Es ist durch spätere **Gewinne** zunächst wieder **aufzufüllen**, wie sich aus § 169 Abs. 1 S. 2, 2. Hs. 1. Fall HGB ergibt: Danach kann der Kommanditist die Auszahlung des auf ihn entfallenden Gewinns nicht fordern, „wenn sein Kapitalanteil durch Verlust unter den auf die bedungene Einlage geleisteten Betrag herabgemindert ist".[19] Ist also das Kapitalkonto durch Verluste unter den Betrag der Einlage gemindert, sind Gewinnanteile so lange dem Kapitalkonto zuzuschreiben, bis der Habensaldo wieder dem Einlagebetrag entspricht;[20] zur Entnahme dieser Gewinnanteile ist der Kommanditist nicht berechtigt, § 169 Abs. 1 S. 2, 2. Hs., 1. Fall HGB. In der Bilanz ist ein negatives Kapitalkonto des Kommanditisten als Aktivum zu zeigen unbeschadet des Umstands, dass ein Verlustausgleichanspruch der Gesellschaft gegen den Kommanditisten nicht besteht (s. Rn 10). 9

d) Rechtliche Bedeutung des Kapitalkontos. Wie der bewegliche Kapitalanteil des Komplementärs bringt auch der Kapitalanteil des Kommanditisten, buchführungstechnisch dargestellt in seinem Kapitalkonto, den **Stand der Einlage** des Kommanditisten zum Ausdruck; nach der gesetzlichen Regel verstanden als ein **beweglicher**, durch Gewinn und Verlust veränderlicher Saldo.[21] Das Kapitalkonto stellt **keine Forderung** gegen die Gesellschaft und, sofern es negativ ist, auch **keine Verbindlichkeit** gegenüber der Gesellschaft dar, denn wie der Komplementär ist auch der Kommanditist zu Nachschüssen nicht verpflichtet, § 707 BGB. Das Kapitalkonto nach Maßgabe der gesetzlichen Regelungsvorgabe bildet auch keine Größe für die Rechte und Pflichten des Kommanditisten gegenüber der Gesellschaft und der Gesellschafter untereinander und ist kein Maßstab für das Verhältnis, an dem der Kommanditist am Gesellschaftsvermögen und am Gewinn beteiligt ist. Erst im Falle des Ausscheidens oder der Liquidation ist der Stand des Kapitalkontos Grundlage für die Abrechnung der Gesellschafter untereinander (dazu §§ 31, 46). 10

Besondere Bedeutung hat das Kapitalkonto für die beschränkte Kommanditistenhaftung. Am Stand des Kapitalkontos ist zu bestimmen, ob der Kommanditist seine Einlage mit **haftungsbefreiender Wirkung** geleistet hat, § 171 Abs. 1 2. Hs. HGB, und ob seine Haftung durch Einlagerückgewähr wieder aufgelebt ist, § 172 Abs. 4 HGB. 11

---

[17] Vgl. GK/*Schilling* § 169 HGB Anm. 9; MüKo/*Grunewald* § 169 HGB Rn 12.
[18] Vgl. *Huber*, ZGR 1988, 1, 8.
[19] Näher *Heymann/Horn* § 169 HGB Rn 6.
[20] Vgl. GK/*Schilling* § 169 HGB Anm. 6.
[21] Vgl. *Heymann/Horn* § 167 HGB Rn 5.

12 **e) Rechtliche Bedeutung des Gewinnkontos.** Das zweite Konto des Kommanditisten, das so genannte Gewinnkonto, bildet die Forderung des Kommanditisten gegen die Gesellschaft auf Auszahlung der auf ihn entfallenden Gewinne ab; es ist ein **Kreditorenkonto.**[22] Im Falle des Ausscheidens ist dem Kommanditisten deshalb zusammen mit einem Abfindungsguthaben ein Guthaben auf dem Gewinnkonto auszuzahlen; die Verrechnung mit einem etwa negativen Kapitalkonto des Kommanditisten scheidet aus.[23] In der Insolvenz der Gesellschaft kann der Kommanditist das Guthaben auf seinem Gewinnkonto als **Insolvenzforderung** geltend machen.[24] Rechtlich hat das Guthaben auf dem Gewinnkonto die Natur einer jederzeit fälligen Forderung. Soll ein Guthaben auf dem Gewinnkonto des Kommanditisten der Gesellschaft darlehensweise zur Verfügung gestellt bleiben, bedarf es hierzu einer entsprechenden Vereinbarung zwischen Gesellschaft und Gesellschafter.

13 **Entnahmen** zu Lasten des Gewinnkontos führen nicht zu einem Wiederaufleben der Haftung des Kommanditisten nach § 172 Abs. 4 HGB.[25] Hat der Kommanditist das Guthaben auf dem Gewinnkonto darlehensweise zur Verfügung gestellt und sind dafür Zinsen vereinbart, führt auch die Entnahme der Zinsen nicht zu einem Wiederaufleben der Haftung nach § 172 Abs. 4 HGB. Das gilt selbst dann, wenn im Zeitpunkt von Zinsgutschrift und Entnahme der Kapitalanteil der Kommanditisten unter den Betrag der bedungenen Einlage gefallen ist, sofern es sich um marktübliche Zinsen handelt, Leistung und Gegenleistung also in angemessenem Verhältnis stehen;[26] auch dann ist die Entnahme haftungsunschädlich. Nach § 172a HGB iVm. § 32a GmbHG kann das Stehenlassen der gutgeschriebenen Gewinnanteile auf dem Gewinnkonto des Kommanditisten aber dazu führen, dass ein **kapitalersetzendes Gesellschafterdarlehen** anzunehmen ist mit der Folge, dass der Gesellschafter insoweit nachrangiger Insolvenzgläubiger wird und eine Auszahlung an ihn der Insolvenzanfechtung nach § 135 HGB unterliegt. Daneben kann außerdem ein Erstattungsanspruch der GmbH & Co. KG analog § 31 GmbHG treten, wenn das Vermögen der Gesellschaft nicht mehr das Stammkapital der Komplementär-GmbH deckt.[27]

14 Nach der gesetzlichen Regel kann das Gewinnkonto des Kommanditisten **nicht negativ** werden, denn er hat lediglich Anspruch auf Entnahme der seinem Konto gutgeschriebenen Gewinnanteile. Überzieht der Kommanditist gleichwohl sein Gewinnkonto, so führt dies zum Wiederaufleben der Haftung nach § 172 Abs. 4 HGB[28] und zu einem Erstattungsanspruch

---

[22] Vgl. GK/*Schilling* § 167 HGB Anm. 7; MüKo/*Grunewald* § 167 HGB Rn 13.

[23] Vgl. BGH LM § 120 HGB Nr. 5 = BB 1978, 630.

[24] Vgl. GK/*Schilling* § 167 HGB Anm. 13; *Huber,* ZGR 1988, 1, 35 f. m. w. N. in Fn 109.

[25] Zutr. *Huber,* ZGR 1988, 1, 34.

[26] Vgl. *Huber,* ZGR 1988, 1, 36 f.

[27] Zu den Einzelheiten *Huber,* ZGR 1988, 1, 37 ff.; zur Rechtslage seit Inkrafttreten der InsO /*K. Schmidt* § 172a HGB Rn 43 ff.; *Röhricht/Graf von Westphalen* § 172a HGB Rn 8 f; *Ebenroth/Boujong/Joost/Strohn* § 172a HGB Rn 8 ff.

[28] Vgl. GK/*Schilling* § 172 HGB Anm. 36.

der Gesellschaft. Das Guthaben auf dem Gewinnkonto ist, da es sich um eine Forderungsposition des Gesellschafters gegen die Gesellschaft handelt, grundsätzlich selbständig und **frei abtretbar**, § 717 BGB.[29] Ist nichts anderes vereinbart, ist bei Abtretung eines Kommanditanteils im Zweifel auch die Mitübertragung eines Guthabens auf dem Gewinnkonto gewollt. Der Abtretungsvertrag kann aber auch anderes bestimmen.[30] In jedem Fall sollte er das Schicksal des Saldos auf dem Gewinnkonto klären.

III. Vom Gesetz abweichende Vertragsgestaltungen

1. Unzweckmäßigkeit der gesetzlichen Bestimmungen

a) Überblick. Die gesetzlichen Regelungen haben sich als weithin un- 15
zweckmäßig erwiesen. Da sie durchweg dispositiv sind,[31] werden sie in der Praxis mit gutem Grund regelmäßig durch abweichende **gesellschaftsvertragliche Bestimmungen** über die Gesellschafterkonten ersetzt, und zwar namentlich aus drei Gründen:[32] **Erstens:** Es ist zweckmäßig, die Rechte der Gesellschafter, insbesondere ihre Beteiligung am Gewinn und Verlust und ihr Stimmrecht, entsprechend ihrem Kapitalbeitrag festzusetzen. Hierfür ist ein variables Kapitalkonto ungeeignet, weil sich der Verteilungsschlüssel dann von Jahr zu Jahr verändern kann, bei stillen Reserven bereits eine geringfügige Entnahme oder umgekehrt das Stehenlassen eines geringfügigen Gewinnanteils die Beteiligungsrelation disproportional verschieben kann und weil bei negativem Kapitalkonto die Anwendung des Verteilungsschlüssels scheitert.[33] Sollen Gewinn und Verlust sowie das Stimmrecht nach Maßgabe der Kapitalbeteiligungen verteilt werden, bedarf es der Einrichtung **fester Kapitalkonten**. Ihre Einrichtung hat insbesondere die Konsequenz, dass kein Gesellschafter durch Entnahmen oder Stehenlassen von Gewinn seine Stellung in der Gesellschaft einseitig zum Nachteil der Mitgesellschafter verändern kann; eine Änderung der festen Kapitalkonten ist nämlich eine Änderung des Gesellschaftsvertrages und bedarf der Mitwirkung aller Gesellschafter. Schon aus diesem Grund ist die Einrichtung fester Kapitalkonten dringend anzuraten.

Zweitens: Es wird, zumal in der GmbH & Co. KG, häufig gewollt 16
und sachdienlich sein, **Entnahmebeschränkungen** auch zu Lasten der Kommanditisten zu vereinbaren. Damit wird der Gesellschaft die Möglichkeit gegeben, aus Gewinnen Rücklagen zu bilden. Sollen thesaurierte Gewinne Eigen- und nicht Fremdkapital darstellen, muss der Anspruch des Kommanditisten auf Auszahlung stehen gelassener Gewinne aber ausgeschlossen werden; der Gesellschaftsvertrag muss dann bestimmen, dass stehen gebliebener Gewinn Rücklagencharakter hat und mit späteren Verlusten zu verrechnen ist.

---

[29] Vgl. *Schlegelberger/Martens* § 120 HGB Rn 38.

[30] Vgl. *Huber* ZGR 1988, 1, 42.

[31] Vgl. *Heymann/Horn* § 167 HGB Rn 10.

[32] Ausführlich *Huber* ZGR 1988, 1, 42 ff.; *Rodewald* GmbHR 98, 521, 524; *Oppenländer*, DStR 1999, 940 ff.

[33] Dazu jüngst *Oppenländer* DStR 1999, 940.

17 **Drittens:** Es empfiehlt sich nicht, entnahmefähige- und nicht entnahmefähige Guthaben zu vermischen und einheitlich auf einem Konto zu verbuchen. Vielmehr ist es vorteilhaft, durch **unterschiedliche** Kontenzuweisung klarzustellen, welche Guthaben der Gesellschaft als Eigenkapital auf Dauer zur Verfügung stehen sollen und welche Guthaben frei von dem Gesellschafter sollen entnommen werden dürfen. Es ist deshalb regelmäßig zweckmäßig, „gebundene" und „freie" Kontopositionen strikt voneinander zu trennen.

18 **b) Gestaltungsvorgaben.** Bei der Vertragsgestaltung sollten die vorstehenden Belange berücksichtigt und den Regelungen über die Gesellschafterkonten **besondere Aufmerksamkeit** gewidmet werden, weil die Art der Verbuchung, wenn sie von einem entsprechenden Willen der Gesellschafter getragen wird, die rechtliche Einordnung der einzelnen Posten beeinflussen kann. Bleibt das Gewollte unklar, kann sich zwar die Art der Kontenführung als wesentliche Auslegungshilfe erweisen,[34] doch sollte durch eine sorgfältige Vertragsgestaltung Zweifelsfragen von vornherein vorgebeugt werden. Dabei empfiehlt es sich für die Vertragsgestaltung, zunächst das materiell Gewollte festzustellen und in einem zweiten Schritt alsdann die danach sachgerechte Konteneinteilung zu konzipieren. Materiell sollten hierbei insbesondere die folgenden Gesichtspunkte Berücksichtigung finden:

19 (1) Es empfiehlt sich durchweg, **feste Kapitalanteile** zu vereinbaren, die einen unveränderlichen Maßstab für die Beteiligung an Gewinn und Verlust, für die Zuweisung der Stimmrechte und für die Beteiligung an einem Liquidationserlös bilden; eine Verteilung von Gewinn und Verlust nach Maßgabe der gesetzlichen Regelung ist zu vermeiden. Demgemäß empfiehlt sich die Einführung fester Kapitalkonten.[35]

20 (2) Bei einer Entscheidung für feste Kapitalkonten (Rn 19) ist ein **Verlust** folgerichtig gesondert zu verbuchen, wobei materiell zu entscheiden ist, ob die Verluste schlechter Jahre mit Gewinnen guter Jahre verrechnet werden sollen oder nicht. Dabei geht es einerseits um die Frage, ob der Gewinn **späterer Jahre** mit einem **Verlust** früherer Jahre verrechnet werden soll, bevor eine Ausschüttung in Betracht kommt. Andererseits ist zu entscheiden, ob **stehen gelassene Gewinne** guter Jahre mit einem **späteren Verlust** schlechter Jahre verrechnet werden sollen oder ob den Gesellschaftern unbeschadet späterer Verluste ein unentziehbarer Anspruch auf die Entnahme stehen gelassener Gewinne zustehen soll.[36]

Um ein Wiederaufleben der Haftung nach § 172 Abs. 4 HGB wegen Gewinnentnahmen bei einer durch Verlustvorträge verminderten Einlage zu vermeiden, empfiehlt sich im Gesellschaftsvertrag die Regelung, dass spä-

---

[34] Zur Einordnung eines „Darlehenskontos" als „Kapitalkonto II" aufgrund der „Umstände des Falles" vgl. BFH GmbHR 1997, 43; zur „Verbuchung" als stillschweigender Beschluss der Gesellschafter mit rechtsbegründender Wirkung vgl. MünchHdb. GesR II/*v. Falkenhausen/Schneider* KG § 22 Rn 41 f.

[35] Vgl. *Heymann/Horn* § 167 HGB Rn 11.

[36] Die schlichte Einrichtung eines Verlustvortragskontos allein beantwortet diese Fragen nicht.

tere Gewinne zunächst mit Verlustvorträgen zu verrechnen sind. Im umgekehrten Fall sollten Gewinne, die freiwillig stehen gelassen werden, im Regelfall auch zukünftig frei entnehmbar bleiben, also nicht der Verrechnung mit späteren Verlusten unterliegen, während Gewinne, die einer Entnahmebeschränkung unterliegen, auch primär zum Ausgleich von Verlusten herangezogen werden sollten. Daraus folgt die Gestaltungsempfehlung, **nicht entnahmefähige Gewinne** auf einem **Kapitalkonto II** zu verbuchen, auf dem auch Verluste zu belasten sind, und entnahmefähige Gewinnanteile einem gesonderten dritten Konto gutzubringen. Der Gesellschaftsvertrag sollte deshalb regeln, dass und unter welchen Voraussetzungen Guthaben auf dem Kapitalkonto II (Rücklagen) auf das dem Zugriff der Gesellschafter offen stehende dritte Konto zu übertragen sind, um in gewinnlosen Jahren die Möglichkeit einer Ausschüttung aus den angesparten Gewinnen früherer Rechnungsperioden zu eröffnen.

(3) Während die Kapitalkonten ihrem Charakter als Beteiligungskonten 21
entsprechend im Regelfall unverzinslich sein sollten, ist im Gesellschaftsvertrag die **Verzinsung** von Guthaben auf dem dritten, die entnahmefähigen Gewinne aufnehmenden Konto zu regeln. Belangen der Gesellschaft einerseits wie auch der Gesellschafter andererseits sollte dabei Rechnung getragen werden. Außerdem sind Bestimmungen darüber zu treffen, ob die **Entnahme** einer Kündigung bedarf und wenn ja, mit welcher Frist eine Kündigungserklärung erfolgen muss. Zu regeln ist auch, ob auch die Gesellschaft etwaige Guthaben soll kündigen können. Letzteres empfiehlt sich namentlich dann, wenn das Guthaben zu einem für den Gesellschafter günstigen Zinssatz verzinslich gestellt ist; dann sollte der Gesellschaft die Möglichkeit eingeräumt sein, sich von der Verpflichtung zur Zinszahlung durch Kündigung zu befreien.

(4) Ob die nicht entnahmefähigen Gewinne auf einem **gemeinsamen** 22
Rücklagenkonto verbucht werden, an dem die Gesellschafter entsprechend dem Verhältnis ihrer Kapitalanteile beteiligt sind, oder ob für jeden Gesellschafter ein eigenes Rücklagenkonto geführt wird, ist nach Lage des Falles zu entscheiden. Für getrennte Konten spricht aber jedenfalls die Übersichtlichkeit der Kontenführung.

(5) Für die Vertragsgestaltung grundsätzlich wichtig ist weiter die klare 23
Sonderung von Beteiligungs- und Forderungskonten. Für Forderungskonten sollte im Gesellschaftsvertrag zweifelsfrei klargestellt sein, dass im Falle des Ausscheidens des Gesellschafters dieses Konto vorweg ausbezahlt wird.

(6) Schließlich sollte vertragliche Klarheit darüber geschaffen werden, 24
ob die Gesellschafterkonten den Regeln des **Kontokorrents** im Sinne von § 355 ff. HGB unterworfen sein sollen oder nicht. Letzteres ist regelmäßig anzunehmen, wenn der Gesellschaftsvertrag hierzu schweigt.[37]

---

[37] Zutr. MünchHdb. GesR/*v.Falkenhausen/Schneider* KG § 22 Rn 44; zur Konsequenz der Bilanzfeststellung als Schuldanerkenntnis vgl. l.

2. Gestaltungsvarianten

25 Die Kautelarpraxis hat, ausgehend von den vorgenannten Regelungsgesichtspunkten, im Wesentlichen vier Gestaltungsvarianten entwickelt:[38]

a) Zweikontenmodell. Bei dem sog. Zweikontenmodell werden zwei Gesellschafterkonten geführt: ein festes Konto, das die Gesellschaftereinlage aufnimmt, und ein bewegliches Konto, auf dem Gewinn- und Verlustanteile sowie Entnahmen verbucht werden.

26 **b) Dreikontenmodell.** Bei dem Dreikontenmodell werden drei Gesellschafterkonten geführt: Ein festes Konto für die Kapitaleinlage, ein zweites Konto, auf dem nicht entnahmefähige Gewinnanteile und Verlustanteile verbucht werden, und ein drittes, bewegliches Konto, auf dem entnahmefähige Gewinne und Entnahmen verbucht werden.

27 **c) Vierkontenmodell.** Bei dem Vierkontenmodell kommen zum Festkonto für die Einlage (als erstem Konto) hinzu: ein (zweites) Konto für nicht entnahmefähige Gewinnanteile, ein (drittes) Konto für die Verlustanteile und ein (viertes) Konto für die entnahmefähigen Gewinnanteile sowie die Entnahmen.

28 **d) Modifiziertes Dreikontenmodell mit Rücklagenkonto.** Zuspruch der Praxis findet schließlich ein weiteres Modell, das zutreffend als modifiziertes Dreikontenmodell mit Rücklagenkonto bezeichnet wird: Es werden je zwei Gesellschafterkonten und ein gemeinsames Rücklagenkonto geführt: ein festes Konto für die Einlage und ein bewegliches Gesellschafterkonto für entnahmefähige Gewinnanteile und die Entnahmen, während die nicht entnahmefähigen Gewinne einem gemeinsamen Rücklagenkonto gutgeschrieben werden und die Verluste mit den Rücklagen verrechnet oder einem gemeinsamen Verlustkonto belastet werden.

29 **e) Bewertung.** Das einfache **Zweikontenmodell** hat die Schwäche, dass auf dem zweiten (beweglichen) Konto entnahmefähige wie nicht entnahmefähige Gewinne gemeinsam verbucht werden; es ist deshalb ohne klarstellende gesellschaftsvertragliche Regelungen über Entnahmerechte **nicht zu empfehlen**. Grundsätzlich ist eine mindestens **dreigeteilte Kontenführung** für die Kautelarpraxis unbedingt vorzugswürdig. Die mit dem Zweikontenmodell verbundene Aufteilung des Kapitalkontos in einen festen und einen beweglichen Teil ist aber Grundlage auch der differenzierteren Kontenmodelle und deshalb zunächst (Rn 30) näher zu erörtern. Im Ergebnis erweist sich häufig das modifizierte Dreikontenmodell mit gesondertem Rücklagenkonto als empfehlenswert. Für alle Kapitalkonten gilt nach § 707 BGB grundsätzlich, dass ein negativer Saldo, der auf Verlustzuweisungen beruht, nicht ausgeglichen werden muss.

---

[38] Eingeh. Überblick bei *Huber* ZGR 1988, 1, 46 f.

3. Teilung des Kapitalkontos in zwei Konten

a) Zweck. Die Aufteilung des Kapitalkontos in ein festes und ein bewegliches Konto erfüllt zwei Funktionen: Zum einen wird mit dem festen Kapitalkonto, das den von dem Gesellschafter zu erbringenden (und vorbehaltlich einer Vertragsänderung unveränderlichen) Einlagebeitrag ausweist, ein **feststehender Maßstab** für die Beteiligung am Gewinn und am Verlust, für das Stimmrecht und für sonstige nach dem Willen der Gesellschafter am Kapitalanteil zu orientierende Rechte und Pflichten der Gesellschafter geschaffen; insbesondere gibt der feste Kapitalanteil mit dem Verhältnis, in dem dieser zum Gesamtbetrag der festen Kapitalanteile steht, die **vermögensmäßige Beteiligung** des Gesellschafters an der Gesellschaft wieder.[39] Die Verhältnisse werden insofern denjenigen bei der Kapitalgesellschaft angenähert. Zum anderen führt die Kontenzweiteilung in der KG dazu, dass abweichend von der gesetzlichen Regelvorgabe in §§ 167 Abs. 2, 169 Abs. 2 HGB **Gewinne** früherer Jahre, die auf dem zweiten Konto stehen geblieben sind, mit **Verlusten verrechnet** werden.[40] Das gilt unabhängig davon, aus welchem Grund die Gewinne stehen geblieben sind. Auch wenn der Gesellschaftsvertrag insoweit keine Entnahmebeschränkungen vorsieht, bedeutet die vertragliche Bestimmung, dass auf dem zweiten Konto Gewinne und Verluste zu verbuchen sind und dass sich mit der Belastung von Verlusten Gewinnentnahmen erledigen. Sollen spätere Verluste die Entnahme stehen gelassener Gewinne nicht beeinflussen, bedarf es ihrer Verbuchung auf einem anderen, weiteren Konto, also der Einrichtung einer zumindest dreigeteilten Kontenführung. 30

Der Gesamtsaldo von Kapitalkonto I und Kapitalkonto II ergibt den Kapitalanteil im Sinne der gesetzlichen Regelungen. Demgemäß ist auch ein Guthaben auf dem zweiten Konto seiner **Rechtsnatur** nach keine Forderung des Gesellschafters gegen die Gesellschaft, sondern Einlage,[41] und umgekehrt ist ein Debet keine auszugleichende Verbindlichkeit, solange sie auf der Verbuchung von Verlusten besteht.[42]

b) Kontoguthaben. Das **feste Kapitalkonto** (Kapitalkonto I) gibt die Einlage des Gesellschafters wieder und ist deshalb stets positiv.[43] Das Kontoguthaben ist bei Auflösung der Gesellschaft oder bei Ausscheiden des Gesellschafters mit dem Saldo auf dem zweiten Konto zu verrechnen; es ist 31

[39] Vgl. *Huber* ZGR 1988, 1, 50; *Rodewald* GmbHR 1998, 521, 524.

[40] Vgl. *Rodewald* GmbHR 1998, 521, 524, auch zu den steuerrechtlichen Folgen.

[41] Zu den Konsequenzen eingeh. *Huber* ZGR 1988, 1, 70 ff.; die Rspr. ist uneinheitlich, vgl. BGHZ 58, 316; BGH BB 1978, 630; JZ 1983, 70.

[42] Zur Verpflichtung zur Erstattung von Vorschüssen auf (nicht realisierten) Gewinn s. Rn 35.

[43] Das gilt auch bei noch ausstehender Einlage, weil vorbehaltlich einer ausdrücklich abweichenden vertraglichen Regelung die Parteien auch in diesem Fall die von dem Gesellschafter übernommene Einlage zum Maßstab für die Bestimmung der Rechte und Pflichten machen wollen; die ausstehende Einlage wird dann durch eine Sollbuchung auf dem (beweglichen) zweiten Konto erfasst; vgl. dazu *Huber* ZGR 1988, 1, 48 f.

unselbständiger Rechnungsposten bei der Gesamtabrechnung über das auseinander zu setzende Gesellschaftsverhältnis, nicht etwa Forderungsposition (dazu schon Rn 2). Demgemäß scheidet auch eine Anmeldung des Saldos des Kapitalkontos als Gläubigerrecht in der Insolvenz der Gesellschaft aus.

32 Ein Guthaben auf dem zweiten, beweglichen Konto (Kapitalkonto II) ist nicht per se entnahmefähig, vielmehr nimmt die vorherrschende Auffassung eine **Entnahmebeschränkung** nach § 122 HGB an, sofern der Gesellschaftsvertrag nicht ausdrücklich anderes bestimmt.[44] Für die Komplementär-GmbH bedeutet dies, dass sie den auf sie entfallenden Jahresgewinn sowie 4 % ihres Kapitalanteils entnehmen könnte; doch wird in der GmbH & Co. KG durchweg eine abweichende Gewinnverteilung vereinbart sein (dazu § 23). Für den Kommanditisten führt die Verbuchung des anteiligen Gewinns auf dem Kapitalkonto zur analogen Anwendung von § 122 HGB, sofern der Kommanditist Gewinne stehen lässt.[45]

Sofern der Gesellschaftsvertrag **Entnahmebeschränkungen** vorsieht und bestimmt, dass nur ein näher bezifferter Anteil der gutgeschriebenen Gewinne entnahmefähig ist, verfallen diese Entnahmerechte analog § 120 Abs. 2 HGB mit Feststellung der nächsten Jahresbilanz, wenn sie an das Geschäftsjahresergebnis anknüpfen. So liegt es z. B., wenn Entnahmen nur in Höhe eines bestimmten Prozentsatzes des jeweiligen Jahresergebnisses möglich sind.[46]

33 **c) Zinsen.** Guthaben auf dem Kapitalkonto I sind regelmäßig **unverzinslich**. Demgegenüber werden Guthaben auf dem Kapitalkonto II häufig verzinst als Gegenleistung dafür, dass der Gesellschafter gutgeschriebene Gewinne nicht entnimmt, sondern der Gesellschaft die Kapitalnutzung überlässt.[47] Wie bereits ausgeführt (s. Rn 12), ist die Entnahme gutgeschriebener laufender Zinsen keine Einlagenrückgewähr im Sinne von § 172 Abs. 4 HGB. Der Gesellschaftsvertrag sollte die Frage der **Verzinsung** der Konten ebenso wie **Entnahmebeschränkungen**, sofern sie gewünscht sind, unbedingt mit der gebotenen Klarheit regeln, um Auslegungszweifeln vorzubeugen und Streitpotential zwischen den Gesellschaftern von vornherein auszuschließen.

34 **d) Insolvenz.** In der Insolvenz der Gesellschaft ist deren **Verlust** zu ermitteln und auf die Kapitalkonten II **umzulegen** mit der Folge, dass diese negativ werden. Eine Geltendmachung von Guthaben auf Kapitalkonto II kommt deshalb in der Insolvenz praktisch nicht in Betracht.

35 **e) Kein Verlustausgleich.** Ein **Debet** auf dem Kapitalkonto II ist nicht auszugleichen, wenn es durch Verluste entstanden ist, die nicht von einem entsprechenden Guthaben gedeckt werden.[48] Denn zu einer Ergänzung der durch Verlust verminderten Einlage sind die Gesellschafter nicht verpflich-

[44] Vgl. *Huber* ZGR 1988, 1, 52 f.
[45] Vgl. GK/*Schilling* § 167 HGB Anm. 13, 16.
[46] Vgl. BGH BB 1975, 1605.
[47] Vgl. *Huber* ZGR 1988, 1, 56 f.
[48] Vgl. BGH WM 1982, 1311; *Huber* ZGR 1988, 1, 58 f.

tet, § 707 BGB, und am Verlust nimmt der Kommanditist nach § 167 Abs. 3 HGB nur mit seinem Kapitalanteil und einer etwa rückständigen Einlage teil. Entsteht das Debet demgegenüber aufgrund von Auszahlungen, die nicht durch ein Guthaben gedeckt sind, liegt hierin ein Vorschuss der Gesellschaft auf zukünftigen Gewinn. Dabei ist es unerheblich, aus welchem Grund die Auszahlung erfolgt. Ein auf diese Weise entstehender Sollsaldo ist mit **zukünftigem Gewinn zu verrechnen**. Bei Ausscheiden ist ein Abfindungsguthaben zu mindern. Steht hierfür bei Ausscheiden oder bei Auflösung der Gesellschaft kein Guthaben zur Verfügung, müssen Vorschüsse auf zukünftigen Gewinn, der nicht eingetreten ist, an die Gesellschaft zurückerstattet werden.

Entnahmen sind dem Kommanditisten, solange auf dem Kapitalkonto II ein Debet besteht, unabhängig von gesellschaftsvertraglichen Entnahmebeschränkungen schon nach § 169 Abs. 1 S. 2, 2. Hs HGB verwehrt. Gleichwohl erfolgende Entnahmen führen zum Wiederaufleben der Haftung nach § 172 Abs. 4 S. 2 HGB.[49] Darüber hinaus kann eine Erstattungspflicht nach § 31 GmbHG analog bestehen, sofern zum Entnahmezeitpunkt das Stammkapital der Komplementär-GmbH nicht mehr durch einen Vermögensüberschuss in der KG-Bilanz gedeckt ist.

4. Dreikontenmodell

a) Die Bedeutung des dritten Kontos. Das Zweikontenmodell hat den Nachteil, dass auf dem zweiten Konto sowohl entnahmefähige als auch nicht entnahmefähige Gewinnanteile verbucht werden. Es hat sich deshalb in der Praxis eine Dreiteilung der Konten durchgesetzt. Das **zweite Konto** wird dabei nochmals **unterteilt** in ein **Kapitalkonto II**, auf dem nicht entnahmefähige Gewinnanteile und Verlustanteile verbucht werden, und ein drittes, häufig als **Darlehenskonto** bezeichnetes Konto, auf dem entnahmefähige Gewinnanteile gutgeschrieben und Entnahmen belastet werden. Auf dem Darlehenskonto können auch sonstige sich aus dem Gesellschaftsverhältnis ergebende Forderungen und Verbindlichkeiten des Gesellschafters verbucht werden.[50] Das erste Konto, also das Kapitalkonto I, nimmt auch in diesem Modell nur die ursprüngliche Einlage auf und bleibt unverändert. Die Dreiteilung hat den Vorteil, dass der entnahmefähige Gewinn aus dem Kapitalkonto ausgeschieden werden kann. Das dient nicht nur der besseren Übersicht, sondern hat zugleich die materielle Folge, dass der Gesellschafter, der entnahmefähigen Gewinn in der Gesellschaft stehen lässt, den Anspruch auf Auszahlung des Gewinns durch spätere Verluste nicht mehr einbüßen kann und im Insolvenzfall als Insolvenzforderung beanspruchen kann. 36

Seiner **Rechtsnatur** nach ist das dritte, das Darlehenskonto, echtes Forderungskonto. Es weist einen **Zahlungsanspruch** des Gesellschafters gegen die Gesellschaft aus, sofern es im Haben ist, während ein Debet eine Verbindlichkeit des Gesellschafters gegenüber der Gesellschaft darstellt. 37

---

[49] Vgl. *Huber* ZGR 1988, 1, 60.
[50] Vgl. die Bsp. bei MüKo/*Priester* § 120 HGB Rn 96f.

Demgegenüber sind Kapitalkonto I und II auch im Dreikontenmodell Einlagekonten.

38 **b) Entnahmefähiger und nicht entnahmefähiger Gewinn.** Für die **Aufteilung** des entnahmefähigen und des nicht entnahmefähigen Gewinns sind verschiedene Verfahren denkbar. So kann der Gesellschaftsvertrag vorsehen, dass ein fester Prozentsatz des Gewinns vorweg auf Kapitalkonto II verbucht wird oder dass über die Gewinnverwendung im Einzelfall zu entscheiden ist. Beide Verfahren lassen sich auch kombinieren.

Nach dem Grundgedanken der Kontenteilung sind Guthaben auf Kapitalkonto II und Kapitalkonto I nicht entnahmefähig, während Guthaben auf dem Darlehenskonto dem freien Entnahmerecht der Gesellschafter unterliegen. Gesellschaftsverträge enthalten jedoch häufig **Kündigungsklauseln**, die auch Entnahmen zu Lasten des Darlehenskontos an eine Kündigung unter Einhaltung unterschiedlicher Fristen binden. Dabei ist es auch möglich, unterschiedliche Regelungen für Komplementäre und Kommanditisten einzuführen. Eine ausdrückliche Regelung solcher Beschränkungen empfiehlt sich unbedingt, um Streitigkeiten darüber zu vermeiden, welche Qualität das Guthaben auf dem dritten Konto besitzt und ob das Entnahmerecht des § 122 Abs. 2 HGB gilt.

39 Denkbar sind zudem **echte Entnahmebeschränkungen** wie etwa eine Entnahmebegrenzung auf einen bestimmten Prozentsatz der Einlage. Solche Entnahmebeschränkungen ändern jedoch nichts daran, dass es sich bei dem Darlehenskonto um ein echtes Forderungskonto handelt.[51] Der Gesellschafter hat auch in diesem Fall auf sein Guthaben aus dem dritten Konto einen unentziehbaren Anspruch, dessen Fälligkeit lediglich hinausgeschoben ist.

40 **c) Folgen von Debetsituationen auf den Konten.** Falls das Kapitalkonto II durch Verluste ins Debet gerät, muss durch entsprechende Regelung im Gesellschaftsvertrag sichergestellt werden, dass Gewinne diesem Konto so lange gutzuschreiben sind, bis das Debet wieder ausgeglichen ist. Dies ist erforderlich, um die Kommanditisten vor einem Wiederaufleben ihrer **Haftung** gemäß § 172 Abs. 4 S. 2 HGB zu schützen.

Dagegen ist der Kommanditist, solange das Kapitalkonto II im Debet ist, nicht gehindert, ein Guthaben auf dem Darlehenskonto, das aus dem Gewinn früherer Jahre stammt, zu entnehmen. Die **Entnahme** solcher Gewinne führt nicht zu einem Wiederaufleben der Haftung nach § 172 Abs. 4 S. 2 HGB.[52]

41 Scheidet der Kommanditist zu einem Zeitpunkt aus der Gesellschaft aus, zu dem das Kapitalkonto II im Debet und das Darlehenskonto im Haben steht, findet keine Verrechnung von Soll und Haben statt.[53] Dagegen muss der **Komplementär** gemäß §§ 735, 738 BGB in Höhe des Differenzbetrags eine Ausgleichszahlung an die Gesellschaft leisten. Mit diesem Anspruch kann die Gesellschaft gegen den Anspruch auf Auszahlung des Gut-

---

51 BGH WM 1977, 1022; BB 1978, 630.

52 *Hesselmann/Tillmann* GmbH & Co. Rn 468.

53 *Huber* ZGR 1988, 1, 75; *Rodewald* GmbHR 1998, 521, 526.

habens auf dem Darlehenskonto aufrechnen.[54] Kapitalkonto I und Kapitalkonto II des Komplementärs sind im Falle seines Ausscheidens also miteinander zu verrechnen.

Ein Debet auf dem Darlehenskonto kann auch durch **Kontoüberziehungen** seitens des Gesellschafters entstehen. So sehen Gesellschaftsverträge häufig vor, dass Kontoüberziehungen zulässig sind, soweit sie erforderlich sind, um die mit der Beteiligung verbundenen Steuerlasten zu bestreiten.[55] Darüber hinaus können Kontoüberziehungen auch durch Mehrheitsbeschluss der Gesellschafter gestattet werden. Die Überziehung ist für den Kommanditisten haftungsunschädlich, solange das Debet auf dem Darlehenskonto durch ein Guthaben auf dem zweiten Kapitalkonto gedeckt ist. Soweit das nicht der Fall ist, führt die Entnahme gemäß § 172 Abs. 4 S. 2 HGB zum Wiederaufleben der Haftung. Scheidet der Gesellschafter aus, so ist er zum Ausgleich eines Debets auf dem dritten Konto verpflichtet. 42

d) Verzinsung. Üblicherweise sind die Guthaben auf dem ersten und dem zweiten Konto, also auf Kapitalkonto I und II, **unverzinslich**. Eine Verzinsung des Guthabens auf Kapitalkonto II kann aber ausnahmsweise dann in Betracht kommen, wenn einzelnen Gesellschaftern Entnahmen auch zu Lasten des Kapitalkontos II gestattet werden oder ein Interesse der Gesellschaft daran besteht, dass Guthaben auf dem Darlehenskonto auf das Kapitalkonto II übertragen werden.[56] Wird das Guthaben auf dem zweiten Konto verzinst, so sind die **Zinsen** im Zweifel keinen Entnahmebeschränkungen unterworfen, sondern uneingeschränkt **entnahmefähig**;[57] diese Zinsen sind deshalb dem Darlehenskonto gutzuschreiben. Hat die Gesellschaft im fraglichen Jahr keinen Gewinn erzielt, so entsteht durch die Verzinsung gleichzeitig ein Verlust, der auf dem Kapitalkonto II zu verbuchen ist. 43

Die **Darlehenskonten** werden durchweg verzinslich gestellt. Die Zinsen werden dem Darlehenskonto gutgeschrieben.[58] Erweist sich die Verzinsung des Guthabens auf dem Darlehenskonto für die Gesellschaft als Last, so hat sie im Zweifel gleichwohl kein Kündigungsrecht nach § 609 BGB. Es empfiehlt sich deshalb, für diesen Fall eine gesellschaftsvertragliche Regelung vorzusehen und ein entsprechendes Kündigungsrecht zu statuieren. 44

e) Übertragung des Guthabens und Abtretung der Konten. Die Übertragung eines Guthabens vom Darlehenskonto auf das Kapitalkonto II hat zur Folge, dass das Guthaben dem Entnahmerecht entzogen und in eine Einlage umgewandelt wird.[59] Umbuchungen von Kapitalkonto II auf Ka- 45

---

[54] *Huber* ZGR 1988, 1, 75, *ders.*, Gedächtnisschrift Knobbe-Keuk, S. 206.

[55] Denkbar ist auch ein eigenes „Darlehenskonto Steuern"; vgl. *Huber*, Gedächtnisschrift Knobbe-Keuk, S. 205.

[56] Näher *Huber* ZGR 1988, 1, 78 f.

[57] BGH WM 1985, 1343, 1344.

[58] Vgl. *Huber* ZGR 1988, 1, 80.

[59] Zur Buchung von Gewinnen oder Übertragung von Guthaben in eine Rücklage vgl. *Huber*, Gedächtnisschrift Knobbe-Keuk, S. 207 ff.

pitalkonto I stellen eine Art „Kapitalerhöhung aus Gesellschaftsmitteln" dar. Wird zugleich die Hafteinlage des hieran beteiligten Kommanditisten erhöht, so ist die **Einlage durch** die **Umbuchung** geleistet, denn es ist allgemein anerkannt, dass der Kommanditist seine Einlage aus stehen gelassenem Gewinn mit haftungsbefreiender Wirkung erbringen kann.[60] Soll ein Guthaben vom Darlehenskonto direkt auf Kapitalkonto I übertragen werden, so sind die Grundsätze zur Leistung der Einlage durch Verrechnung von Forderungen des Kommanditisten gegen die Gesellschaft zu beachten.[61]

46 Eine Umbuchung von Kapitalkonto I auf das Kapitalkonto II und von dort auf das Darlehenskonto stellt eine **Herabsetzung der Einlage** im Sinne des § 174 HGB dar. Die Umbuchung auf das Kapitalkonto II stellt keine Rückzahlung der Einlage im Sinne des § 172 Abs. 4 S. 2 HGB dar, nach herrschender Ansicht auch nicht die Umbuchung vom Kapitalkonto II auf das frei verfügbare Darlehenskonto, da erst die tatsächliche Auszahlung die Haftung wiederaufleben lässt.[62] Da die Umbuchung von Guthaben von einem Konto auf ein anderes eine Änderung des Gesellschaftsvertrages, mindestens aber eine Abweichung von den Regeln des Vertrags darstellt, bedarf es hierzu grundsätzlich der **Zustimmung** aller Gesellschafter.

47 Guthaben auf dem ersten und dem zweiten Kapitalkonto können nicht an Nichtgesellschafter, sondern nur an Personen übertragen werden, die Gesellschafter sind oder mit der Übertragung Gesellschafter werden. Die **Zustimmung der Mitgesellschafter** ist erforderlich. Guthaben auf den Darlehenskonten sind, da es sich um Forderungen gegen die Gesellschaft handelt, **frei übertragbar**, soweit der Gesellschaftsvertrag nichts Abweichendes bestimmt. Tritt der Gesellschafter den ganzen Gesellschaftsanteil ab, so kann er ein Guthaben aus dem Darlehenskonto mitübertragen oder zurückbehalten. Dagegen gehen die Guthaben aus Kapitalkonto I und II notwendigerweise mit über.[63] Abtretungs- und Anteilsübertragungsverträge sollten zweifelsfrei klarstellen, ob das Darlehenskonto mit der Beteiligung übergehen soll oder nicht.

5. Vierkontenmodell

48 **a) Bedeutung.** Im Vierkontenmodell werden nicht entnahmefähige Gewinne und Verluste nicht auf einem Konto verbucht, sondern voneinander getrennt auf zwei Konten verteilt, indem nicht entnahmefähige Gewinne dem Kapitalkonto II und Verluste einem **Verlustvortragskonto** zugeschlagen werden. Im Übrigen gelten die Ausführungen zu den Konten im Dreikontenmodell entsprechend.

Der Gesellschaftsvertrag muss in diesem Fall vorsehen, dass künftige Gewinne in erster Linie zum **Ausgleich eines Debets** auf Verlustvortrags-

---

[60] GK/*Schilling* § 171 HGB Anm. 17; MüKo/*K. Schmidt* §§ 171, 172 HGB Rn 57.

[61] Vgl. BGHZ 95, 188

[62] BGHZ 39, 319, 331; GK/*Schilling* § 172 HGB Anm. 29, 31; zweifelhaft, s. dazu § 42 Rn 16.

[63] Vgl. ausführlich *Huber*, Gedächtnisschrift Knobbe-Keuk, S. 218 f.

konto zu verwenden sind und erst anschließend wieder Gutschriften auf Kapitalkonto II und Darlehenskonto möglich sind.

b) Rechtsnatur. Ihrer Rechtsnatur nach sind Kapitalkonten und Verlustvortragskonten Beteiligungskonten. Demgegenüber ist das Darlehenskonto Forderungskonto; dasselbe gilt für das Kapitalkonto II, weil durch die Einrichtung des gesonderten Verlustvortragskontos eine Verrechnung von Guthaben auf dem Kapitalkonto II mit späteren Verlusten gerade ausgeschlossen ist. Der **Gesellschaftsvertrag** kann abweichend hiervon aber auch vorsehen, dass unter bestimmten Voraussetzungen Guthaben auf Kapitalkonto II zum Ausgleich des Verlustvortragskontos sollen herangezogen werden können. **49**

6. Modifiziertes Dreikontenmodell mit Rücklagenkonto

a) Bedeutung. Der Gesellschaftsvertrag kann auch vorsehen, dass nicht entnahmefähige Gewinnanteile nicht einem Kapitalkonto II, sondern einem für alle Gesellschafter **gemeinschaftlich geführten Rücklagenkonto** gutgebracht werden, an dem die Gesellschafter nach Maßgabe ihrer Festkapitalkonten beteiligt sind. Entnahmefähige Gewinne werden in diesem Fall wie beim Dreikontenmodell dem Darlehenskonto der Gesellschafter gutgebracht. **50**

b) Rechtsnatur. Sofern der Vertrag bestimmt, dass zu Lasten des Rücklagenkontos spätere Verluste auszugleichen sind, führt eine Gutschrift auf dem gemeinsamen Rücklagenkonto noch nicht zu einem nicht mehr entziehbaren Zahlungsanspruch gegen die Gesellschaft; das Konto hat also Eigenkapitalcharakter. Sofern demgegenüber die Verrechnung mit späteren Verlusten ausgeschlossen ist, handelt es sich um Fremdkapital. Dem Gesellschafter wächst pro rata seiner Beteiligung eine ab Bilanzfeststellung nicht mehr entziehbare **Anwartschaft auf Rücklagenbeteiligung** zu, die im Ausscheidensfall realisiert werden kann. **51**

§ 21 Kapitalveränderungen

Übersicht

Schrifttum: *Kaligin*, Nachschußklauseln in Gesellschaftsverträgen von Publikumspersonengesellschaften, DB 1981, 1172; *Lutter*, Theorie der Mitgliedschaft – Prolegomena zu einem allgemeinen Teil des Korporationsrechts, AcP 180 (1980), 84 ff.; Nitschke, Die körperschaftlich strukturierte Personengesellschaft, 1970; *K. Schmidt*, Die sanierende Kapitalerhöhung im Recht der Aktiengesellschaft, GmbH und Personengesellschaft, ZGR 1982, 519; *ders.*, Organverantwortlichkeit und Sanierung im Insolvenzrecht der Unternehmen, ZIP 1980, 328; *ders.* Einlage und Haftung des Kommanditisten, 1977; *Wiedemann*, Kapitalerhöhung in der Publikums- KG, ZGR 1977, 690.

I. Kapitalerhöhung

1. Keine Verpflichtung zur Beitragserhöhung

1 Der Gesetzgeber hat Maßnahmen der Kapitalerhöhung in der KG und damit auch in der GmbH & Co. KG **keine** besondere **Aufmerksamkeit** gewidmet. Als Grund hierfür werden die Elastizität des Innenrechts der Personengesellschaften sowie die möglicherweise größere Bereitschaft von Personengesellschaftern, eine erhöhte Kapitalausstattung durch schlichte Zuzahlungen herbeizuführen, genannt.[1]

Zu einer **Erhöhung der Kapitalanteile** sind die Gesellschafter der GmbH & Co. KG **nicht verpflichtet**, sofern nicht vertraglich anderes bestimmt ist. § 707 BGB gilt auch für die handelsrechtlichen Personengesellschaften:[2] die Gesellschafter können nicht ohne ihre Zustimmung zur Erhöhung des vereinbarten Beitrags verpflichtet werden. Die Pflicht zur Förderung des gemeinsamen Zweckes, die als allgemeine Förderpflicht Inhalt jeder Mitgliedschaft ist, hat keine potentielle Verpflichtung zur Erhöhung der Einlageleistung zum Inhalt.[3] Denn die Gesellschafter rechnen in der Regel nicht damit und müssen dies auch nicht, dass sie ohne ihren Willen der Gesellschaft gegenüber zu größeren oder anderen Leistungen verpflichtet werden könnten als denjenigen, die bei Errichtung der Gesellschaft bzw. ihrem Beitritt festgelegt worden sind.[4] Eine Erhöhung des bedungenen Kapitalbeitrags kommt deshalb nur **in Betracht**, wenn der betroffene Gesellschafter dem zustimmt. Umgekehrt ist kein Gesellschafter berech-

---

[1] Vgl. *K. Schmidt* ZGR 1982, 519.

[2] *Hueck* Recht der OHG § 14 IV.

[3] *Lutter*, AcP 180 (1980), 84, 105.

[4] *Wiedemann* ZGR 1977, 690, 692; *Nitschke*, Personengesellschaft, S. 184.

tigt, seine Einlage und damit seine proportionale Teilhabe am Gewinn und am Liquidationserlös sowie seine Stimmrechtsquote zu erhöhen, ohne dass dem die übrigen Gesellschafter zustimmen.

2. Vertragsänderung

Sofern nicht in der Gründungsvereinbarung Kapitalerhöhungspflichten oder Nachschusspflichten bestimmt sind, setzt eine Kapitalerhöhung in der GmbH & Co. KG immer eine **Änderung des Gesellschaftsvertrags**[5] **voraus**; sie erfordert einen **einstimmigen Beschluss** der Gesellschafter, sofern der Gesellschaftsvertrag nicht einen **Mehrheitsbeschluss** genügen lässt.[6] Dabei sind aber der **Bestimmtheitsgrundsatz** und die Kernbereichslehre zu berücksichtigen.[7] Enthält der Gesellschaftsvertrag eine allgemeine Klausel über Mehrheitsbeschlüsse, so bezieht sich diese auf Fragen der laufenden Geschäftsführung, nicht aber auf Grundlagenentscheidungen.[8] Auf Fragen, die die Gesellschaftsverfassung berühren, bezieht sich eine Mehrheitsklausel nur, wenn dies im Einzelnen eindeutig aus dem Vertrag hervorgeht.[9] Das gilt gerade auch für die Erhöhung der Kapitalanteile. 2

Kapitalerhöhungen kraft Mehrheitsbeschluss sind nach überkommener Rechtsprechung darüber hinaus nur dann zulässig, wenn eine feste **Obergrenze** oder sonstige Kriterien im Gesellschaftsvertrag festgelegt sind, die den Umfang von mehrheitlich zu beschließenden Kapitalerhöhungen begrenzen. Zur Begründung wird darauf verwiesen, dass eine schrankenlose Unterwerfung der Minderheit unter die Mehrheit gegen die guten Sitten verstoßen würde.[10] Eine Ausnahme vom Grundsatz, dass der Gesellschaftsvertrag eine Obergrenze zu bestimmen hat, hat der BGH[11] demgegenüber für den Fall der Publikums-KG bejaht, die gerade auf den Beitritt weiterer Kommanditisten zugeschnitten ist. Was bei der typischen KG gilt, ist streitig. Zum Teil wird auch insoweit eine Betragsobergrenze für verzichtbar gehalten, wenn der Gesellschaftsvertrag keine **Verpflichtung** zur Teilnahme an Kapitalerhöhungen bestimmt, aber das **Recht** einräumt, an ihr teilzunehmen mit der Maßgabe, durch Teilnahme die individuelle Beteiligungsquote aufrechterhalten zu können.[12] Der Gesellschafter kann zwar nicht angehalten werden, selbst durch Einlageleistung zur Ka- 3

---

[5] BGHZ 66, 82; MüKo/*Ulmer* GbR § 707 BGB Rn 1; *Nitschke*, Personengesellschaft, S. 181.

[6] Allg. Meinung, vgl. nur *K. Schmidt* ZIP 1980, 328, 335; *Nitschke*, Personengesellschaft, S. 189.

[7] BGHZ 48, 251, 253; MünchHdb. GesR II/*v. Falkenhausen/Schneider* KG § 19 Rn 6.

[8] BGH DB 1961, 402.

[9] BGH WM 1973, 100, 990

[10] RGZ 163, 385, 391.

[11] BGHZ 66, 82.

[12] *Heymann/Horn* § 161 HGB Rn 100; *K. Schmidt* ZIP 1980, 328, 335; *ders.*, Einlage und Haftung, S. 19; *Nitschke*, Personengesellschaft, S. 189; a. A. *Wiedemann*, ZGR 1977, 692, 694; MüKo/*Ulmer* § 707 Rn 6; GK/*Schilling* Anh. 161 HGB Rn 27, die bei einer geschlossenen KG generell die Angabe einer Obergrenze der Kapitalerhöhung für erforderlich halten, wegen der bei ihnen im Vordergrund stehenden

pitalerhöhung beizutragen, muss aber die Mehrheitsentscheidung über die Kapitalerhöhung und die damit verbundene Schwächung seiner Position hinnehmen. Ob im Gesellschaftsvertrag eine Verpflichtung der Gesellschafter zu weiteren Leistungen definiert ist, ist im Wege der **Vertragsauslegung** zu ermitteln.

3. Gleichbehandlungsgrundsatz

4 Sowohl im Falle einer Einlagepflicht wie auch im Falle eines Einlagerechts ist der Grundsatz der **Gleichbehandlung** der Gesellschafter zu beachten. Danach muss die Erhöhung grundsätzlich für jeden Gesellschafter (prozentual) gleich sein;[13] es muss mit anderen Worten jedem Gesellschafter das Recht eingeräumt bzw. die Pflicht auferlegt werden, entsprechend der Höhe seiner bisherigen Beteiligung an der Kapitalerhöhung teilzunehmen.

4. Treuepflicht

5 In Ausnahmefällen können die Gesellschafter aufgrund ihrer Treuepflicht dort, wo es einer allseitigen Mitwirkung zur Vertragsänderung bedarf oder eine für die Vertragsänderung erforderliche Mehrheit nicht erreicht wird, gehalten sein, einem Beitragserhöhungsangebot eines Mitgesellschafters zuzustimmen. So kann es liegen, wenn sich die Gesellschaft in **extremer Kapitalnot** befindet und ihre **Existenz gefährdet** ist. Eine Verpflichtung eines Gesellschafters, aufgrund Treuepflicht selbst Nachschüsse leisten zu müssen, wird demgegenüber praktisch nicht in Betracht kommen.[14]

5. Folgefragen

6 Bei einer Erhöhung der Einlage muss nicht unbedingt auch eine entsprechende erhöhte Haftsumme übernommen werden.[15] Auch im Übrigen finden bei Kapitalerhöhungen dieselben Grundsätze Anwendung, die bei der Einlageleistung bei Gründung der KG zu beachten sind (dazu § 19 Rn 10 ff.)

Nehmen Gesellschafter nicht an einer Kapitalerhöhung teil, so verändern sich durch die Erhöhung der Anteile der anderen Gesellschafter die **proportionalen Beteiligungen** am Gesellschaftsvermögen und damit an den stillen Reserven und am Liquidationerlös sowie die Stimmrechtsverhältnisse.

---

persönlichen Bindung und des berechtigten Interesses der einzelnen Gesellschafter an der Aufrechterhaltung ihres Beteiligungsanteils.

[13] BGHZ 66, 82, 86

[14] MünchHdb. GesR II/*v. Falkenhausen* KG § 16 Rn 10; MüKo/*Ulmer* § 707 BGB Rn 1; *Ebenroth/Boujong/Joost/Boujong* § 105 HGB Rn 147; Beck Hdb. Personengesellschaften/*Erle* § 10 Rn 104; *K. Schmidt* ZGR 1982, 519, 525; *ders.* ZIP 1980, 328, 335; BGH WM 1978, 1399, 1400.

[15] *K. Schmidt* ZGR 1982, 519, 536; Beck Hdb. Personengesellschaften/*Erle* § 10 Rn 54.

II. Kapitalherabsetzung

Das Gesetz enthält auch **keine Regelungen** über die Kapitalherabsetzung in der KG. Die Bestimmung in § 174 HGB behandelt nur die Frage der Herabsetzung der Haftsumme,[16] die nicht unbedingt auch eine Herabsetzung der Einlage der Gesellschafter bedeuten muss, wenngleich dies dem Normalfall entspricht. 7

Eine Herabsetzung der Einlage ist ebenso wie die Erhöhung **Änderung** des **Gesellschaftsvertrages**.[17] Soll sich mit der Herabsetzung der Einlage eine Herabsetzung der Haftsumme verbinden, so wirkt die Vereinbarung der Gesellschafter nach § 174 HGB gegenüber den Gesellschaftsgläubigern erst dann, wenn sie im Handelsregister eingetragen ist, es sei denn, sie ist dem Gläubiger bekannt.[18]

---

[16] Allg. M., vgl. nur *Röhricht/Graf von Westphalen* § 174 HGB Rn 1.
[17] GK/*Schilling* § 174 HGB Rn 1.
[18] GK/*Schilling* § 174 HGB Rn 3; *Heymann/Horn* § 174 HGB Rn 2.

§ 22 Rechnungslegung und Publizität

Übersicht

Schrifttum: *Adler/Düring/Schmaltz,* Rechnungslegung und Prüfung der Unternehmen, 6. Aufl. 1995; Beck'scher Bilanz-Kommentar, Handels- und Steuerrecht, 5. Aufl. 2003; *Bitter/Grashoff,* Anwendungsprobleme des Kapitalgesellschaften & Co.-Richtlinie-Gesetzes, DB 2000, 833; *Haarmann,* Unverzinsliche oder niedrig verzinsliche langfristige Darlehensforderungen, BB 1990, 1450; *Herrmann,* Zur Rechnungslegung der GmbH & Co. KG im Rahmen des KapCoRiLiG, WPg 2001, 271; *Hesselmann/Tillmann,* Handbuch der GmbH & Co., 18. Aufl. 1997; *Heymann/Horn,* HGB, Münchener Handbuch des Gesellschaftsrechts, Bd. 2, KG; *Huber,* Gesellschafterkonten in der Personengesellschaft, ZGR 1988, 1; *Küting/Weber/Pilhofer,* Zur Frage der Einbeziehung einer GmbH & Co KG in den Konzernabschluss eines übergeordneten Mutterunternehmens im Rahmen der Abgrenzung des Konsolidierungskreises, WPg 2003, 793; *von Kanitz,* Rechnungslegung bei Personenhandelsgesellschaften – Anmerkung zu IDW RS HFA 7, WPg 2003, 333; *Waßmer,* Die GmbH & Stroh KG als Publizitäts-Vermeidungsmodell. Kunstgriff – oder mit Ordnungsgeld gemäß § 335a, § 335b HGB sanktionierbare Umgehung der Offenlegungspflicht der GmbH & Co. KG?, GmbHR 2002, 412; *Wiechmann,* Der Jahres- und Konzernabschluß der GmbH & Co. KG, WPg 1999, 922; *Willken,* Einlagensplitting in der GmbH & Co. KG, ZIP 1996, 62; *Zimmer/Eckhold,* Die Kapitalgesellschaften & Co.-Richtlinie-Gesetz. Neue Rechnungslegungsvorschriften für eine große Zahl von Unternehmen, NJW 2000, 1361.

I. Vorbemerkungen

1 Bei der GmbH & Co. KG handelt es sich um eine Kommanditgesellschaft, die neben dem oder den Kommanditisten die Komplementär-GmbH als Gesellschafter hat. Aufgrund dieser Zweiteilung müssen für beide Gesellschaften jeweils eigenständige Jahresabschlüsse erstellt werden. Die Besonderheit besteht darin, dass die Komplementär-GmbH nach den Rechnungslegungsvorschriften für Kapitalgesellschaften zu bilanzieren hat, wohingegen die Kommanditgesellschaft nach den Rechnungslegungsvorschriften für Personengesellschaften bilanziert.

Üblicherweise übt die **Komplementär-GmbH** neben der reinen Komplementärstellung und der Geschäftsführung der Kommanditgesellschaft keine weitere wirtschaftliche Tätigkeit aus. Damit ergibt sich lediglich eine beschränkte Anzahl von bilanzierungspflichtigen Geschäftsvorfällen, so dass die gesonderte Rechnungslegung für die Komplementär-GmbH in der Praxis oftmals als lästige Pflicht verstanden wird. Gleichwohl sollte die strikte Trennung zwischen Komplementär-GmbH einerseits und Kommanditgesellschaft andererseits auch im Bereich des Rechnungswesens sorgfältig beachtet werden.

Obschon die Rechtsform der GmbH & Co. KG weit verbreitet ist, hat 2
sich für sie kein eigenes Rechnungslegungssystem herausgebildet. Die Rechnungslegung orientiert sich vielmehr an den einschlägigen Vorschriften für Kapitalgesellschaften bzw. für Personengesellschaften. Die **Kommanditgesellschaft** steht hierbei als operative Gesellschaft im Regelfall im Vordergrund. Durch das sog. KapCoRiLiG[1] wurde die GmbH & Co. KG hinsichtlich der Rechnungslegungsvorschriften weitgehend den Kapitalgesellschaften gleichgestellt. Damit hat sich mittlerweile im Gegensatz zu den ursprünglich bestehenden Bilanzierungsfreiheiten für die Bilanz der Kommanditgesellschaft allmählich ein einheitlicher Bilanzierungsstandard entwickelt. Unterstützt wird dieser Trend durch entsprechende Stellungnahmen des Instituts der Wirtschaftsprüfer.[2]

II. Jahresabschluss der Komplementär-GmbH

Die Komplementär-GmbH ist eine Kapitalgesellschaft. Damit richtet 3
sich die Rechnungslegung nach den Vorschriften der §§ 238 ff. HGB. Nach den Größenkriterien des § 267 HGB dürfte die Mehrzahl aller Komplementär-GmbHs als sog. **kleine Kapitalgesellschaft** einzustufen sein.[3] Es kommen damit die Erleichterungsvorschriften des HGB zur Anwendung, soweit dies den Detaillierungsgrad der Gliederung von Bilanz und Gewinn- und Verlustrechnung (§§ 264 ff. HGB), den Umfang des Anhangs (§ 285 HGB) sowie die Prüfungs- und Offenlegungspflicht (§§ 316, 325 HGB) betrifft. Ein Lagebericht braucht durch die Komplementär-GmbH in der Regel nicht erstellt werden (§ 264 Abs. 1 S. 3 HGB). Für den Jahresabschluss der Komplementär-GmbH besteht im Allgemeinen keine gesetzliche Prüfungspflicht. Diese kann sich jedoch aus dem Gesellschaftsvertrag ergeben.

Üblicherweise hat die Komplementär-GmbH **keinen eigenen Geschäftsbetrieb**, sondern übernimmt lediglich die Haftungs- und Ge-

---

[1] KapCoRiLiG v. 24. 2. 2000 BGBl. I 2000, 154.
[2] IDW RS HFA 7, WPg 2002, 1259.
[3] *Adler/Düring/Schmaltz* § 267 Rn 4.

schäftsführungsfunktion für die Kommanditgesellschaft. Eine Beteiligung an dem Kapital der Kommanditgesellschaft besteht im Regelfall nicht. Das Vermögen der Komplementärin besteht deshalb im Wesentlichen aus Geldvermögen, das nicht selten der Kommanditgesellschaft als Darlehen zur Verfügung gestellt wird.

4 Ist die Komplementär-GmbH dennoch **am Kapital** der Kommanditgesellschaft **beteiligt**, so ist der Buchwert der Beteiligung in der GmbH-Bilanz im Finanzanlagevermögen unter der Position **„Beteiligungen"** auszuweisen. Ein gesonderter Ausweis als Beteiligung als persönlich haftender Gesellschafter ist nicht erforderlich.[4] Besteht für die Beteiligung eine Resteinzahlungsverpflichtung, muss diese als solche auf der Passivseite ausgewiesen werden. Eine **Abwertung der Beteiligung** kommt in der Handelsbilanz nur dann in Betracht, wenn der Wert dauerhaft unter deren Anschaffungskosten gesunken ist. Dies ist beispielsweise dann der Fall, wenn die Kommanditgesellschaft Verluste erzielt, die teilweise von der Komplementärin übernommen werden müssen. Der Bilanzausweis nach der sog. **Spiegelbildmethode** ist nicht zulässig,[5] nach der das Kapitalkonto bei der Kommanditgesellschaft jeweils spiegelbildlich in der Bilanz der Komplementär-GmbH abgebildet wird. Die Bilanzierung nach der Spiegelbildmethode erfolgt vielmehr nur für steuerliche Zwecke in der Steuerbilanz.

5 Entsteht aus der Beteiligung an der Kommanditgesellschaft ein **Gewinnanspruch**, richtet sich dessen bilanzielle Behandlung nach den gesellschaftsvertraglichen Regelungen. Nach dem Gesetz ist für den Komplementär einer Kommanditgesellschaft ein einheitliches Kapitalkonto zu führen, auf dem jeweils der Gewinn gutgeschrieben bzw. ein anteiliger Verlust belastet wird. Auch Entnahmen und Einlagen sind auf diesem Kapitalkonto zu erfassen. Hiernach ist der Gewinnanteil auf dem Beteiligungskonto gutzuschreiben. Ist im Gesellschaftsvertrag der Kommanditgesellschaft dagegen eine Regelung über die Gesellschafterkonten bzw. die Behandlung der Gewinn- bzw. Verlustanteile enthalten, richtet sich die bilanzielle Behandlung des Gewinnanspruchs nach den Bestimmungen im Gesellschaftsvertrag. Wird beispielsweise im Gesellschaftsvertrag differenziert nach Festkapital und Privatkonten, ist auch der Gewinnanspruch der Komplementärin gesondert vom Kapitalanteil dem Privatkonto gutzuschreiben.

6 Sofern die Komplementär-GmbH der Kommanditgesellschaft ein **Darlehen** zur Verfügung stellt, ist auch dieses Bestandteil des Aktivvermögens. Es kommt hier alternativ der Ausweis unter **Finanzanlagen** als „sonstige Ausleihung" oder unter dem **Umlaufvermögen** unter der Position „sonstige Vermögensgegenstände" in Betracht. Die Zuordnung richtet sich nach der Qualifikation des Darlehens. Ist das Darlehen der Kommanditgesellschaft auf Dauer überlassen, kommt ein Ausweis unter den Finanzanlagen in Betracht. Das Kriterium „auf Dauer" dürfte dann erfüllt sein, wenn die Laufzeit des Darlehens mehr als ein Jahr beträgt,[6] wobei jedoch auch die

---

[4] HFA 1/1991, WPg 1991, 334.
[5] *Berger/Ring* § 253 HGB Rn 405.
[6] *Ellrott/Schmidt-Wendt* § 247 HGB Rn 357.

subjektive Einschätzung der Geschäftsführung von Bedeutung ist. Da es sich bei der Kommanditgesellschaft im Verhältnis zur Komplementärin um ein „verbundenes Unternehmen" handeln dürfte (vgl. zur Problematik der Konzernrechnungslegungspflicht), ist ungeachtet der Zuordnung des Darlehens zum Anlage- oder Umlaufvermögen eine Kennzeichnung als „Darlehen an verbundene Unternehmen" erforderlich.

Teilweise bestehen keine ausdrücklichen schriftlichen Vereinbarungen 7
zwischen der Komplementär-GmbH und der Kommanditgesellschaft, so dass dies zunächst für den Kontokorrentcharakter eines eventuell bestehenden **Verrechnungskontos** und damit für die Zuordnung zum Umlaufvermögen spricht. Es muss jedoch beachtet werden, dass ein Darlehen im Regelfall der Kommanditgesellschaft auf Dauer zur Verfügung gestellt wird und damit grundsätzlich langfristigen Charakter hat. Dies spricht wiederum für den Ausweis unter den Finanzanlagen.[7] Das Darlehen ist in der Bilanz der Komplementär-GmbH mit den Anschaffungskosten auszuweisen, die im Regelfall dem Nominalwert des Darlehens entsprechen. Eine Abwertung kommt nur dann in Betracht, wenn die wirtschaftliche Situation der Kommanditgesellschaft Zweifel an der Werthaltigkeit des Darlehens begründet.

Auf der **Passivseite der Bilanz** sind neben dem Eigenkapital auch Ver- 8
bindlichkeiten auszuweisen. Eventuelle Verluste der Kommanditgesellschaft werden in der Bilanz der Komplementär-GmbH nur dann berücksichtigt, wenn sich dies aus dem Gesellschaftsvertrag der Kommanditgesellschaft ergibt. Verluste der Kommanditgesellschaft werden üblicherweise den Gesellschaftern entsprechend dem Beteiligungsverhältnis zugewiesen. Sofern die Komplementär-GmbH nicht am Kapital der Kommanditgesellschaft beteiligt ist, ergibt sich insoweit auch keine Verlusthinzurechnung. Im Hinblick auf die besondere gesellschaftsrechtliche Stellung der Komplementär-GmbH als Vollhafter kommt eine **Verlustberücksichtigung** bei der Komplementär-GmbH allerdings dann in Betracht, wenn nach dem Gesamtbild der wirtschaftlichen Verhältnisse eine Inanspruchnahme aus der Vollhafterstellung droht. Dies ist spätestens dann der Fall, wenn das gesamte Kommanditkapital durch Verluste aufgezehrt ist, und im Anlagevermögen der Kommanditgesellschaft keine entsprechenden stillen Reserven vorhanden sind. In der Bilanz der Komplementär-GmbH ist in diesem Fall eine Rückstellung für drohende Haftungsinanspruchnahme zu bilden.

Auch die **Gewinn- und Verlustrechnung** der Komplementär-GmbH 9
richtet sich nach dem Gliederungsschema in § 275 HGB. Sofern die Komplementär-GmbH am Kapital der Kommanditgesellschaft beteiligt ist, sind die anteiligen Gewinne der Kommanditgesellschaft unter den Erträgen aus Beteiligungen auszuweisen. Der **Gewinnanspruch** entsteht mit Ablauf des Geschäftsjahres der Kommanditgesellschaft. Stimmen das Geschäftsjahr von Kommanditgesellschaft und Komplementär-GmbH überein, ist der anteilige Gewinnanspruch zeitkongruent im Jahresabschluss der GmbH zu erfassen.

---

[7] *Hesselmann/Tillmann* GmbH & Co. Rn 434; WP-Handbuch 1998, F 95; *Haarmann* BB 1990, 1450.

Sofern keine Beteiligung am Kapital der Kommanditgesellschaft besteht, hat die Komplementärin auch keinen Gewinnanspruch. Im Gesellschaftsvertrag der Kommanditgesellschaft ist jedoch üblicherweise vorgesehen, dass die Komplementär-GmbH als Gegenleistung für die Haftungsübernahme eine Haftungsvergütung erhält. Auch diese **Haftungsvergütung** kann unter den Erträgen aus Beteiligungen ausgewiesen werden, da das Gesellschaftsverhältnis ursächlich für die betreffenden Erträge ist.[8] Denkbar ist jedoch auch ein Ausweis unter den sonstigen Erträgen.

10 Demgegenüber stehen **Zinsen für ein Darlehen**, das der Kommanditgesellschaft zur Verfügung gestellt wird, in keinem ursächlichen Zusammenhang mit dem Gesellschaftsverhältnis. Die Zinsen sind deshalb nicht Bestandteil der Erträge aus Beteiligungen, sondern sind gesondert als Zinserträge auszuweisen.

Teilweise ist im Gesellschaftsvertrag der Kommanditgesellschaft vorgesehen, dass der Komplementär-GmbH alle **Aufwendungen** ersetzt werden, die ihr im Zusammenhang mit der **Geschäftsführung** der Kommanditgesellschaft entstehen. Bei diesen Kosten handelt es sich im Wesentlichen um das Gehalt für den angestellten Geschäftsführer, Reise- und Verwaltungskosten usw. Auch der Ersatz dieser Aufwendungen ist nicht Bestandteil des Beteiligungsertrages der Komplementär-GmbH, sondern ist unter den sonstigen betrieblichen Erträgen auszuweisen.[9]

Die Komplementär-GmbH ist weiterhin verpflichtet, einen **Anhang** zu erstellen. Wegen des geringen Umfangs der Bilanz dürfte auch der Anhang keinen großen Umfang haben.

11 Im Grundsatz besteht für alle Kapitalgesellschaften die Verpflichtung zur Aufstellung eines **Lageberichts** (§ 264 Abs. 1, S. 1 HGB). Für kleine Kapitalgesellschaften im Sinne des 267 Abs. 1 HGB hat der Gesetzgeber die Ausnahmeregelung des § 264 Abs. 1 S. 3 HGB vorgesehen, welche kleine Kapitalgesellschaften von der Verpflichtung für die Aufstellung eines Lageberichts entbindet.[10] Sofern trotzdem ein Lagebericht erstellt wird, steht die Darstellung der Lage der Gesellschaft naturgemäß in engem Bezug zur wirtschaftlichen Lage der Kommanditgesellschaft. Hinzuweisen ist dabei insbesondere auf die mögliche Gefahr der Inanspruchnahme für Verbindlichkeiten der Kommanditgesellschaft.

III. Jahresabschluss der Kommanditgesellschaft

1. Rechnungslegungsvorschriften des HGB

12 Der Jahresabschluss der Kommanditgesellschaft unterliegt grundsätzlich den Buchführungs- und Bilanzierungsregeln für **Personenhandelsgesellschaften**. Bis zum Jahr 1999 kamen hierbei lediglich die Rechnungslegungsvorschriften des 1. Abschnitts des 3. Buches des HGB in den §§ 238–262 zur Anwendung, nicht jedoch die ergänzenden Vorschriften für **Kapitalgesellschaften** in den §§ 263 ff. HGB.

---

[8] *Förschle* § 275 HGB Rn 176.
[9] *Förschle* § 275 HGB Rn 179.
[10] *Adler/Düring/Schmaltz* § 289 HGB Rn 4–16.

Nach dem sog. KapCoRiLiG[11] sind Gesellschaften in der Rechtsform der OHG oder KG verpflichtet, den Jahresabschluss entsprechend dem Recht der Kapitalgesellschaften aufzustellen, prüfen zu lassen und offen zu legen, wenn alle Komplementäre Kapitalgesellschaften (AG, KGaA, GmbH) bzw. entsprechende Rechtsformen anderer EU-Staaten oder Gesellschaften vergleichbarer Rechtsformen von Nicht-EU-Staaten sind. Das Gleiche gilt, wenn im Falle einer mehrstufigen Gesellschafterstruktur alle unbeschränkt haftenden Gesellschafter Kapitalgesellschaften sind oder eine vergleichbare Rechtsform haben. Nach §§ 264a – 264c HGB ist eine Personengesellschaft, bei der nicht wenigstens ein persönlich haftender Gesellschafter eine natürliche Person ist bzw. eine andere Personengesellschaft mit einer natürlichen Person als persönlich haftendem Gesellschafter ist, hinsichtlich der **Rechnungslegung** und **Prüfungspflicht** einer **Kapitalgesellschaft gleichgestellt**. Die erweiterten Rechnungslegungsvorschriften kommen damit immer dann zur Anwendung, wenn nicht mindestens eine natürliche Person mit ihrem Vermögen haftet. Die Anwendung der erweiterten Rechnungslegungsvorschriften kann also dann vermieden werden, wenn zum Bilanzstichtag mindestens eine natürliche Person als Vollhafter in die Gesellschaft aufgenommen wird.[12] 13

Die grundsätzliche Gleichstellung einer GmbH & Co. KG hinsichtlich der Rechnungslegung bewirkt, dass wie bei einer Kapitalgesellschaft ein **Jahresabschluss, ein Anhang und ein Lagebericht** erstellt werden muss. Die Gliederungs- und Ausweisvorschriften für den Jahresabschluss richten sich nach den bislang lediglich für Kapitalgesellschaften geltenden Vorschriften.

2. Inhalt der Bilanz

a) Umfang der im Jahresabschluss erfassten Vermögensgegenstände und Schulden. In der Bilanz der Kommanditgesellschaft sind die Vermögensgegenstände und Schulden auszuweisen, die sich im rechtlichen oder wirtschaftlichen Eigentum der Gesellschaft befinden. Es sind dort allerdings nur solche Vermögensgegenstände und Schulden zu erfassen, die sich im **Gesamthandsvermögen der Gesellschaft** befinden. Vermögensgegenstande und Schulden, die dem Gesellschafter der Personengesellschaft unmittelbar zuzurechnen sind, sind nicht in der Bilanz der Gesellschaft auszuweisen. 14

Bedingt durch die steuerliche Betrachtungsweise ergibt sich in der Praxis oftmals ein erhebliches **Fehlerpotential**. Nicht selten wird der Jahresabschluss der Kommanditgesellschaft ausschließlich für steuerliche Zwecke in Form einer „Steuerbilanz“ oder in Form einer „steuerlichen Gesamtbilanz“ erstellt. Überlässt der Gesellschafter der Kommanditgesellschaft einen ihm gehörenden Vermögensgegenstand zur Nutzung, handelt es sich steuerlich um sog. Sonderbetriebsvermögen. Teilweise wird dieses steuer-

[11] KapCoRiLiG v. 24. 2. 2000, BGBl. I 2000, 154.

[12] *Herrmann* WPg 2001, 271; *Zimmer/Eckhold* NJW 2000, 1361, *Waßmer* GmbHR 2002, 412.

liche Sonderbetriebsvermögen auch gleichzeitig in einer steuerlichen Gesamtbilanz der Gesellschaft ausgewiesen. Für steuerliche Zwecke ist diese Behandlung zwar zulässig, sie ist jedoch dann unzutreffend, wenn die Steuerbilanz auch der Handelsbilanz entsprechen soll.

15 Fehlerquellen entstehen weiterhin dadurch, dass **keine strikte Trennung** zwischen der Sphäre der Gesellschaft und der Sphäre des Gesellschafters erfolgt. So ist es beispielsweise denkbar, dass die Gesellschaft auf dem Grundstück des Gesellschafters auf eigene Rechnung ein Gebäude errichtet. Es handelt sich hier um ein Gebäude auf fremdem Grund und Boden.[13] Das Gebäude geht mit der Errichtung in das Eigentum des Grundstückseigentümers über. Die Gesellschaft hat damit lediglich einen Anspruch aus § 950 BGB, dessen Werthaltigkeit auf der Grundlage der Gegebenheiten beurteilt werden muss.

16 Auch für den Ausweis von **Verbindlichkeiten** gelten die gleichen Grundsätze. In der Bilanz der Kommanditgesellschaft sind lediglich Verbindlichkeiten auszuweisen, welche die Gesamthand betreffen, nicht dagegen persönliche Schulden eines Gesellschafters. Dies gilt auch dann, wenn eine persönliche Schuld des Gesellschafters ihre Ursache im Gesellschaftsverhältnis hat, wie z. B. Beratungskosten im Zusammenhang mit der Beteiligung, persönliche Einkommensteuerschulden auf den Gewinnanteil, Darlehen für die Errichtung eines Gebäudes, das der Gesellschaft zur Nutzung überlassen wird, usw. Gegebenenfalls kommt bei diesen Verbindlichkeiten eine Qualifikation als steuerliches Sonderbetriebsvermögen in Betracht, nicht jedoch ein Ausweis in der Handelsbilanz.

17 In der **Gewinn- und Verlustrechnung** sind persönliche Aufwendungen eines Gesellschafters nicht als Betriebsausgaben zu erfassen, da es sich insoweit nicht um Aufwendungen der Gesamthand handelt.

§ 264 c Abs. 3 HGB regelt eindeutig, dass das Privatvermögen der Gesellschaft nicht in die Bilanz der Kommanditgesellschaft aufgenommen werden darf, auch wenn es sich um steuerlich notwendiges Betriebsvermögen handelt. Dementsprechend dürfen die auf das Privatvermögen entfallenden Aufwendungen und Erträge auch nicht in die Gewinn- und Verlustrechnung der Kommanditgesellschaft aufgenommen werden.

Typisches Beispiel für der Privatsphäre zuzuordnende Aufwendungen sind die persönlichen Einkommensteuern der Gesellschafter. Diese dürfen in der Gewinn- und Verlustrechnung der KG nicht ausgewiesen werden. In § 264 c Abs. 3 S. 2 HGB wird allerdings zugelassen, das Jahresergebnis der KG pauschaliert zu einem **Nachsteuerwert** fortzuführen. Diese eher ungewöhnliche Möglichkeit deutet darauf hin, dass die Vergleichbarkeit mit dem Jahresergebnis einer Kapitalgesellschaft hergestellt werden soll, nicht jedoch, dass diese unstreitig persönlichen Aufwendungen des Gesellschafters in der Gewinn- und Verlustrechnung der Kommanditgesellschaft erfasst werden sollen.

18 **b) Anteile der Komplementärgesellschaft.** Bei der typischen Vertragsgestaltung werden die Anteile der Komplementärgesellschaft von

---

[13] WP-Handbuch 1998, F 74.

natürlichen Personen gehalten, die gleichzeitig auch Kommanditisten der Kommanditgesellschaft sind. In diesem Fall sind die Anteile der Komplementärin nicht Bestandteil des Vermögens der Kommanditgesellschaft. Denkbar ist jedoch auch, dass die Kommanditgesellschaft selbst Gesellschafterin der Komplementär-Gesellschaft ist. Die Gesellschaftsanteile sind in diesem Fall gem. § 264 c Abs. 4 Satz 1 HGB gesondert im Finanzanlagevermögen auszuweisen. Weiterhin ist gem. § 264 c Abs. 4 Satz 2 HGB in Höhe des Buchwertes der Gesellschaftsanteile nach der Bilanzposition Eigenkapital ein Sonderposten „Ausgleichsposten für aktivierte eigene Anteile" zu bilden. Diese Verpflichtung besteht auch dann, wenn die Anteile der Komplementärin von Tochtergesellschaften der Kommanditgesellschaft gehalten werden.[14]

Im Gegensatz zu der korrespondierenden Vorschrift des § 272 Abs. 4 HGB für Kapitalgesellschaften handelt es sich bei den Anteilen der Komplementär-GmbH nicht um eigene Anteile der Kommanditgesellschaft.[15] Durch die Verpflichtung zur Bildung des Sonderpostens wollte der Gesetzgeber offenbar eine Kapitalaufblähung durch wechselseitige kapitalmäßige Beteiligungen zwischen Kommanditgesellschaft einerseits und Komplementärgesellschaft andererseits vermeiden.[16]

c) Gesellschafterkonten. Der Ausweis des Kapitalanteils des persönlich 19
haftenden Gesellschafters unterscheidet sich von dem Ausweis der Kapitalanteile der Kommanditisten. In der Vertragspraxis haben sich hierbei unterschiedliche Bezeichnungen der einzelnen Gesellschafterkonten durchgesetzt. Teilweise erfolgt die Bezeichnung als Kapitalkonto I, Kapitalkonto II, Kapitalkonto III usw., teilweise erfolgt auch eine Beschreibung des Posteninhalts, wie z.B. Festkapitalkonto, Privatkonto, Rücklagenkonto, Verlustvortragskonto usw..[17] Für die Bilanz der GmbH & Co. KG muss unterschieden werden, ob es sich aus Sicht der Gesellschaft um Eigen- oder um Fremdkapital handelt. Allein die **Bezeichnung des Kontos**, beispielsweise als Kapitalkonto, ist hierbei nicht ausschlaggebend für dessen Einordnung. Entscheidend ist vielmehr die gesellschaftsvertragliche Zweckbestimmung. Allgemein gilt, dass Forderungen und Verbindlichkeiten gegenüber den Kommanditisten einerseits getrennt vom Eigenkapital, andererseits auch getrennt von den übrigen Forderungen und Verbindlichkeiten auszuweisen sind.[18]

Die Einordnung eines Gesellschafterkontos als Eigenkapital oder als Forderung/Verbindlichkeit kann sich im Einzelfall durchaus schwierig gestalten. Sie muss prinzipiell auf der Grundlage der Regelungen getroffen werden, die das Gesetz bzw. der Gesellschaftsvertrag für das betreffende Konto vorsieht. Zu beachten ist zunächst die **Verfügungsmöglichkeit** über das Konto. Sofern der Gesellschafter nach Gesetz oder Gesellschaftsvertrag eine uneingeschränkte Verfügungsmöglichkeit über das fragliche Konto hat,

---

[14] IDW RS HFA 7, WPg 2002, 1259 Rn 18.
[15] *Wiechmann* WPg 1999, 922.
[16] *Hoffmann* Beck'sches Handbuch der Personengesellschaften, Rn 231 ff.
[17] BGH v. 23. 2. 1978 GmbHR 1978, 109.
[18] HFA 2/1993, WPg 1994, 500.

spricht dies für dessen Charakter als Verbindlichkeit der Gesellschaft. Fraglich ist, ob dies auch dann gilt, wenn im Gesellschaftsvertrag eine Verfügungsbeschränkung über das Guthaben auf diesem Konto vorgesehen ist, sofern also für eine gewisse Zeit oder für die Dauer des Gesellschaftsverhältnisses Entnahmen nicht bzw. nur eingeschränkt zulässig sind. U. E. kann eine reine zeitliche Verfügungsbeschränkung keinen Einfluss auf die Qualifikation als Eigen- oder Fremdkapital haben.

20 Entscheidendes Merkmal für die Qualifikation eines Gesellschafterkontos als Eigen- oder Fremdkapital ist, ob das betreffende Gesellschafterkonto als **Verlustdeckungspotential** zur Verfügung steht.[19] Eine Verlustdeckung ist insbesondere dann gegeben, wenn

- künftige Verluste mit dem Gesellschafterkonto verrechnet werden können, auch mit Wirkung gegenüber den Gesellschaftsgläubigern und wenn
- im Fall der Insolvenz der Gesellschaft eine entsprechende Insolvenzforderung nicht geltend gemacht werden kann bzw. im Falle der Liquidation der Gesellschaft erst eine Befriedigung aller anderen Gläubiger erfolgt.

Ist hiernach im Gesellschaftsvertrag vorgesehen, dass das betreffende Gesellschafterkonto ggf. durch Beschluss der Gesellschafterversammlung zum Ausgleich von Kapitalverlustkonten dient, oder dass Verluste der Gesellschaft dem betreffenden Gesellschafterkonto belastet werden, handelt es sich um Eigenkapital. Das Gesellschafterkonto ist insoweit nicht unter den Gesellschaftsverbindlichkeiten auszuweisen.

Gerade bei **Publikumsgesellschaften** finden sich häufig Gestaltungen, in denen der Gesellschaftsvertrag für die Gesellschafter neben der gesellschaftsvertraglichen Einlage die Verpflichtung zur Gewährung von **Festdarlehen** oder von Einlagen als stiller Gesellschafter vorsieht. Für diese Verträge ist oftmals eine Kündigung ausgeschlossen bzw. lediglich für die Gesellschaft einseitig möglich. Trotz der Bezeichnung als Darlehen kann sich hier nach der Gesamtwürdigung aller Umstände eine Klassifikation als Eigenkapital ergeben.[20] Dies gilt insbesondere dann, wenn die Gewährung des Darlehens für die Verwirklichung des Gesellschaftszwecks eine unabdingbare Voraussetzung ist.[21]

21 In den Gesellschaftsverträgen ist regelmäßig auch eine **Verzinsung** für Gesellschafterkonten vorgesehen, insbesondere soweit es sich um variable Gesellschafterkonten handelt, um das unterschiedliche Entnahmeverhalten der Gesellschafter untereinander wirtschaftlich auszugleichen. Die Vornahme bzw. Nichtvornahme einer Verzinsung ist allerdings kein eindeutiges Abgrenzungskriterium für Eigen- oder Fremdkapital, da auch vom gesetzlichen Typus in § 121 Abs. 1 i.V.m. § 168 Abs. 1 HGB eine Mindestverzinsung für das Eigenkapital vorgesehen ist.[22] Die Verzinslichkeit bzw. Nichtverzinslichkeit des Kontos auf der Grundlage des Gesellschaftsvertra-

---

[19] IDW RS HFA 7, WPg 2002, 1259 Rn 14.
[20] *Hesselmann/Tillmann* GmbH & Co. Rn 464.
[21] *Willken* ZIP 1996, 62.
[22] BFH GmbHR 1997, 43 = DStR 1996, 1925.

ges kann allenfalls ein Indiz dafür sein, dass nach dem Willen der Gesellschafter untereinander von Fremdkapital ausgegangen werden soll.

Zu prüfen ist weiterhin, ob das betreffende Konto für den Verlustausgleich zur Verfügung steht. Da für einen Kommanditisten ein Ausgleich von Verlusten über die bedungene Einlage hinaus nicht vorgesehen ist, spricht die **Verlustverrechnung** auf einem Gesellschafterkonto eindeutig für dessen Eigenkapitalcharakter. 22

Nicht selten werden unter dem Eindruck der steuerlichen Behandlung als Eigenkapital aus der Bilanz der Kommanditgesellschaft alle Gesellschafterkonten unkritisch unter der Position „Eigenkapital" ausgewiesen. Zweifelhaft ist, ob dieser Ausweis ausschlaggebend für die rechtliche Qualifikation als Eigen- oder als Fremdkapital sein kann, etwa im Falle des Konkurses oder im Falle der Liquidation der Gesellschaft. Es darf hier jedoch nicht übersehen werden, dass die Bilanz lediglich das Abbild rechtlicher Gegebenheiten ist, ihrerseits jedoch nicht selbst rechtliche Fakten begründen kann. Der Ausweis eines Gesellschafterkontos unter dem Eigenkapital kann allenfalls als Indiz für die Einschätzung der Gesellschafter selbst dienen. Dies gilt u. E. selbst dann, wenn das betreffende Gesellschafterkonto haftungsrechtlich als Kapitalersatz gem. § 172a HGB, § 32a GmbHG einzuordnen ist.

Das **gesetzliche 2-Konten-Modell** basiert auf der Grundwertung des HGB. Ein Kommanditist hat zunächst lediglich ein Kapitalkonto, auf dem die gesellschaftsrechtlich bedungene Pflichteinlage erfasst wird. Nach § 167 Abs. 2 HGB werden anteilige Gewinne eines Kommanditisten diesem Kapitalanteil so lange gutgeschrieben, als diese den Betrag der bedungenen Einlage noch nicht erreicht hat. Anteilige Verluste sind dennoch weiterhin dem Einlagekonto zu belasten.[23] Die Entnahme von anteiligen Gewinnanteilen ist zu Lasten des Kapitalkontos gem. § 169 Abs. 1 HGB so lange nicht möglich, als der Kapitalanteil durch Verluste unter dem Betrag der Pflichteinlage liegt. Sobald jedoch das Kapitalkonto eines Kommanditisten in vollem Umfang der gesellschaftsvertraglich vereinbarten Pflichteinlage entspricht, entsteht für den Kommanditisten ein zweites Konto, auf dem Gewinne gutgeschrieben sowie Entnahmen und Einlagen erfasst werden. Dieses zweite Konto hat den Charakter eines Verrechnungskontos, das aus Sicht der Gesellschaft nicht als Eigenkapital zu werten ist.[24] Das Verrechnungskonto ist also unter den Forderungen bzw. unter den Verbindlichkeiten der GmbH & Co. KG auszuweisen. Das Kapital- bzw. Einlagekonto des Kommanditisten bildet demgegenüber Eigenkapital. 23

Bei dem **vertraglichen 2-Konten-Modell** wird auf dem Kapitalkonto I bzw. dem Festkapitalkonto die gesellschaftsvertraglich bestimmte Pflichteinlage erfasst. Dies gilt selbst dann, wenn die Einlage noch nicht in voller Höhe erbracht ist. Dieses Festkapital regelt das Rechtsverhältnis der Gesellschafter untereinander und repräsentiert den Anteil am Gesellschaftsvermögen, den Anteil am Ergebnis sowie grundsätzlich das Stimmrecht. Neben dem Festkapitalkonto wird ein variables Gesellschafterkonto geführt, 24

---

[23] *Huber* ZGR 1988, 8.

[24] *Huber* ZGR 1988, 29.

auf dem Gewinn- und Verlustanteile, Entnahmen und Einlagen des Gesellschafters erfasst werden.[25] Ist die Pflichteinlage lt. Gesellschaftsvertrag noch nicht in voller Höhe erbracht, muss der Differenzbetrag gesondert als ausstehende Einlage oder auf der Passivseite offen von den Kapitalanteilen abgesetzt werden, wobei noch nicht eingeforderte Beträge kenntlich zu machen sind.[26] Das Festkapital bildet eindeutig **Eigenkapital** der Gesellschaft. Der Charakter des **variablen Kapitalkontos** muss jedoch nach allgemeinen Kriterien abgegrenzt werden. Sofern auch anteilige Verluste auf dem Konto verrechnet werden, spricht dies für den Eigenkapitalcharakter des Kontos.[27]

25 Das **vertragliche 3-Konten-Modell** basiert in den Grundstrukturen auf dem 2-Konten-Modell. Zunächst besteht ein Kapitalkonto I bzw. ein Festkapital, das die gesellschaftsvertraglich bedungene Einlage umfasst. Daneben werden dem Kapitalkonto II bzw. dem Rücklagenkonto diejenigen Gewinnanteile zugewiesen, die nicht entnommen werden dürfen. Dieses Konto ist vergleichbar mit den Gewinnrücklagen bei Kapitalgesellschaften. Auf diesem Konto werden auch anteilige Verluste verbucht. Auf einem variablen Kapitalkonto werden die entnahmefähigen Gewinnanteile, Entnahmen und Einlagen des Gesellschafters erfasst. Bei dem 3-Konten-Modell hat das Festkapital und wohl auch das feste Kapitalkonto II den Charakter von **Eigenkapital**, wohingegen das variable Gesellschafterkonto den Charakter einer **Forderung/Verbindlichkeit** hat.

26 Das **vertragliche 4-Konten-Modell** baut wiederum auf dem 3-Konten-Modell auf. Zusätzlich zu dem Festkapitalkonto, dem Rücklagenkonto sowie dem variablen Gesellschafterkonto wird ein Kapitalverlustkonto geführt. Anteilige Verluste werden nicht dem Kapitalkonto II, sondern den Kapitalverlustkonten zugewiesen. Die Einordnung als Eigenkapital bzw. als Fremdkapital entspricht dem 3-Konten-Modell. Die Kapitalverlustkonten sind als Korrekturposten zum Festkapital anzusehen, sind also auch Bestandteil des **Eigenkapitals**.

3. Gliederung des Eigenkapitals in der Bilanz der Kommanditgesellschaft

27 **a) Gesellschafterbezogene Betrachtungsweise.** Der Anteil des Gesellschafters am Vermögen der Kommanditgesellschaft wird grundsätzlich durch dessen **Kapitalanteil** repräsentiert, d. h. der anteiligen Pflichteinlage. Die einzelnen Festkapitalien werden für jeden einzelnen Gesellschafter gesondert erfasst und können für den Ausweis der Bilanz lediglich in Gesellschaftergruppen zusammengefasst werden. Unter der Position des Festkapitals muss zunächst unterschieden werden zwischen dem Kapital des persönlich haftenden Gesellschafters sowie dem Kommanditkapital. Die Kapitalanteile der persönlich haftenden Gesellschafter und die Kapitalanteile der Kommanditisten können hierbei jeweils zu einem Posten **zu-**

[25] MünchHdb. GesR II/*v. Falkenhausen* KG § 19 Rn 50.
[26] HFA 2/1993, WPg 1994, 500 Rn 2 d.
[27] IDW RS HFA 7, WPg 2002, 1259 Rn 14.

sammengefasst werden. Die Zusammenfassung des Kapitalkontos des persönlich haftenden Gesellschafters mit dem Kommanditkapital ist allerdings **nicht** zulässig. Nicht zulässig ist weiterhin die Zusammenfassung positiver Kapitalanteile mit negativ gewordenen Salden anderer Gesellschafter.[28]

Das Eigenkapital einer Kommanditgesellschaft enthält neben den Festkapitalanteilen jedoch auch weitere Elemente, wie z.B. **Rücklagen**. Aus der Gliederung in § 264a Abs. 1 HGB entsteht der Eindruck, dass diese Eigenkapitalpositionen jeweils gesellschaftsbezogen erfasst werden, also ohne Aufgliederung auf die einzelnen Gesellschafter bzw. einzelne Gesellschaftergruppen. Eine Trennung zwischen Komplementär und Kommanditisten wäre danach nicht erforderlich. Demgegenüber gebietet § 264c Abs. 2 Satz 6 HGB eine Differenzierung nach einzelnen Gesellschaftergruppen.[29] Insoweit ist zumindest eine Trennung zwischen Komplementär und Kommanditisten erforderlich.

Der **Gewinn- bzw. Verlustvortrag** ist ein Korrekturposten zum Fest- **28**
kapital. Da das Festkapital zweifelsfrei gesellschafterbezogen ausgewiesen und erfasst wird, sind auch diese Korrekturposten zweifelsfrei gesellschafterbezogen auszuweisen. So sind beispielsweise bestehende Kapitalverlustkonten für jeden Gesellschafter individuell zu erfassen.

Sofern sich aus der Zusammenfassung der Kapitalkonten eines Gesellschafters danach ein **negativer Betrag** ergibt, ist dieser auf der Aktivseite als „nicht durch Vermögenseinlagen der Kommanditisten gedeckter Fehlbetrag" auszuweisen. Ein freiwilliger Ausgleich bestehender Kapitalverlustkonten muss nicht einheitlich entsprechend der Gewinnverteilungsquote, sondern kann auch durch einzelne Gesellschafter individuell erfolgen. So ist es also durchaus denkbar, dass auf der Aktivseite lediglich für einzelne Kommanditisten die Position „nicht durch Vermögenseinlage gedeckter Fehlbetrag" ausgewiesen wird, wohingegen durch die Zusammenfassung der Kapitalkonten anderer Kommanditisten durchaus noch ein positiver Wert vorliegen kann.

Fraglich ist, ob die **gesellschafterbezogene Betrachtungsweise** auch **29**
für den Bereich der **Rücklagen** gilt, ob also die Rücklagen für jeden Gesellschafter individuell geführt werden oder ob eine gesamthänderische Bindung besteht. Ein erster Anhaltspunkt für den Ausweis der Rücklagen dürfte sich aus dem Gesellschaftsvertrag der Kommanditgesellschaft ergeben. Ist im Gesellschaftsvertrag eindeutig fixiert, dass die Rücklagen den Gesellschaftern entsprechend dem anteiligen Festkapital zustehen, handelt es sich um gesamthänderisch gebundene Rücklagen, die den einzelnen Gesellschaftern nicht zwingend individuell zuzurechnen sind. Auch die Formulierung in § 264c Abs. 2 HGB deutet auf diese gesellschaftsbezogene Betrachtungsweise. Da jedoch auch die Festkapitalkonten gesellschafterbezogen ausgewiesen werden, ist es demgegenüber sachgerecht, auch die Rücklagenkonten gesellschafterbezogen auszuweisen.[30] Dies gilt insbeson-

---

[28] Noch a. A. HFA 2/1993, WPg 1994, 500 Rn B. I. 2.

[29] *Adler/Düring/Schmalz* § 264c HGB Rn 18.

[30] *von Kanitz* WPg 2003, 333.

dere dann, wenn sich kein entsprechender Hinweis im Gesellschaftsvertrag findet.

30 **b) Einzelne Bestandteile des Eigenkapitals.** In § 264 c Abs. 2 HGB ist eine spezielle Regelung für die Gliederung des Eigenkapitals von Personenhandelsgesellschaften im Sinne des § 264 a enthalten. Das Eigenkapital der Gesellschaft ist wie folgt zu gliedern:

I. Kapitalanteile
II. Rücklagen
III. Gewinnvortrag/Verlustvortrag
IV. Jahresüberschuss/Jahresfehlbetrag

31 Der in § 264 c Abs. 2 HGB vorgesehene Ausweis eines **Gewinnvortrags** und des **Jahresüberschusses/Jahresfehlbetrages** dürfte im Regelfall nicht zur Anwendung kommen, da zumindest nach bisherigem Verständnis der Jahresabschluss einer Personenhandelsgesellschaft unter Berücksichtigung entweder der vollständigen oder der teilweisen Verwendung des Jahresergebnisses aufgestellt wird. Das Jahresergebnis wird demgemäß bereits bei der Aufstellung grundsätzlich den Gesellschafterkonten gutgeschrieben.[31] Sofern der Gesellschaftsvertrag allerdings in Anlehnung an das Recht der Kapitalgesellschaft eine Beschlussfassung über die Verwendung des Jahresergebnisses vorsieht, kann mit der Bilanzerstellung noch keine Zuweisung des Jahresergebnisses auf den Gesellschafterkonten erfolgen.[32] In diesem Fall ist das Jahresergebnis als Jahresüberschuss/Jahresfehlbetrag oder als Bilanzgewinn auszuweisen. Auch der Ausweis eines Gewinnvortrags/Verlustvortrags ist danach nur möglich, wenn sich dies aus dem Gesellschaftsvertrag und den eventuell dort vorgesehenen Einschränkungen bei der Ergebnisverwendung ergibt.[33]

32 In dem gem. § 264 c Abs. 2 HGB geforderten Ausweis von **Rücklagen** sind lediglich solche Beträge auszuweisen, die aufgrund einer gesellschaftsrechtlichen Vereinbarung gebildet worden sind, wie z.B.

- Einlage der Gesellschafter, die über die Pflichteinlage hinausgehen
- Einstellung von Gewinnanteilen gem. Regelung im Gesellschaftsvertrag.
- Einstellung von Gewinnanteilen gem. Gewinnverwendungsbeschluss der Gesellschafter

Ein gesonderter Ausweis von **Gewinn- und Kapitalrücklagen**, wie sie beispielsweise im Jahresabschluss einer Kapitalgesellschaft gebräuchlich sind, erfolgt also bei einer Kommanditgesellschaft **nicht**.[34] Die Position Rücklagen enthält demnach beide Elemente.

33 Sofern das Eigenkapital durch **Verlustzuweisung** negativ geworden ist, sind nach § 264 c Abs. 2 HGB die übersteigenden Verlustanteile auf der Aktivseite der Bilanz auszuweisen wie folgt:

---

[31] *Adler/Düring/Schmalz* § 246 HGB Rn 224.
[32] HFA 2/1993, WPg 1994, 500 Rn B I. 2. f.
[33] *von Kanitz* WPg 2003, 334; *Bitter/Grasshoff* DB 2000, 835.
[34] *von Kanitz* WPg 2003, 332.

Soweit eine **Einzahlungsverpflichtung** besteht
- als „Einzahlungsverpflichtung persönlich haftender Gesellschafter" bzw.
- als „Einzahlungsverpflichtung der Kommanditisten", sofern diese ausnahmsweise bestehen sollte.

Soweit **keine Einzahlungsverpflichtung** besteht
- als „nicht durch Vermögenseinlagen gedeckter Verlustanteil des persönlich haftenden Gesellschafters"
- als „nicht durch Vermögenseinlagen gedeckter Verlustanteil der Kommanditisten".

Der Ausweis der nicht durch Vermögenseinlagen gedeckten Verlustanteile hat nach § 268 Abs. 3 HGB zu erfolgen. Demzufolge sind alle übrigen Eigenkapitalanteile eines Gesellschafters zusammenzurechnen, um diesen Betrag für **jeden Gesellschafter gesondert** zu ermitteln. Die übersteigenden Verlustanteile sind nach Komplementären und Kommanditisten zu trennen und als letzter Posten auf der Aktivseite auszuweisen.

Ist die Komplementärin nicht am Festkapital der Kommanditgesellschaft **34**
beteiligt, so verfügt sie auch nicht über einen entsprechenden Kapitalanteil. Es ist jedoch möglich, dass zwischen der Komplementär GmbH und der Kommanditgesellschaft ein **Verrechnungskonto** besteht. Fraglich ist, ob dieses Verrechnungskonto bei der Kommanditgesellschaft unter der Position Forderungen bzw. Verbindlichkeiten ausgewiesen werden muss, oder ob ein Ausweis unter dem Eigenkapital zulässig ist. Da die Stellung des persönlich haftenden Gesellschafters einer Kommanditgesellschaft der Stellung des Gesellschafters einer offenen Handelsgesellschaft vergleichbar ist, kommt ein Ausweis unter dem Eigenkapital grundsätzlich in Betracht, zumal es sich insoweit auch um haftendes Kapital handelt. Diese Kapitalkonten sind, auch wenn sie kein Festkapital der Kommanditgesellschaft repräsentieren, unter der Position **„Kapitalanteile des persönlich haftenden Gesellschafters"** innerhalb des Eigenkapitals gesondert auszuweisen. Sachgerecht ist jedoch auch gleichermaßen der Ausweis unter der Position Forderungen bzw. Verbindlichkeiten.

4. Positionen der Gewinn- und Verlustrechnung

a) Dividenden einer Tochterkapitalgesellschaft. Sofern die Kom- **35**
manditgesellschaft Anteile an einer Tochterkapitalgesellschaft hält, ergeben sich im Falle von Gewinnausschüttungen der Tochtergesellschaft Besonderheiten aus der Trennung der Sphäre der Kommanditgesellschaft von der Sphäre des Gesellschafters. **Dividenden einer Kapitalgesellschaft** unterliegen der Besteuerung nach dem Halbeinkünfteverfahren. Mit Wirkung ab dem Jahr 2001 wurde das bisherige System des körperschaftsteuerlichen Anrechnungsverfahrens durch ein klassisches Körperschaftsteuersystem ersetzt, bei dem zum einen eine Belastung der erzielten Gewinne auf Ebene der Kapitalgesellschaft mit Körperschaftsteuer und zum anderen auf Ebene des Gesellschafters eine Besteuerung der Dividende mit Einkommensteuer erfolgt, allerdings nur nach dem Halbeinkünfteverfahren. Die Abrechnung stellt sich nunmehr wie folgt dar:

Ebene der Kapitalgesellschaft:

Gewinn vor Körperschaftsteuer		100,0
./. Körperschaftsteuer		25,0
./. Solidaritätszuschlag		1,4
Bruttodividende		73,6
./. Kapitalertragsteuer 20 %		14,7
./. Solidaritätszuschlag 5,5 %		0,8
Auszahlungsbetrag		58,1

Ebene des Gesellschafters:

Auszahlungsbetrag		58,1
Zuzüglich anrechenbare KapESt		14,7
anrechenbarer SolZ		0,8
		73,6
Hiervon steuerpflichtig 50 %		36,8
Einkommensteuer (z.B. 42 %)	15,5	
Abzüglich anrechenbare KapESt	14,7	
		0,8
Solidaritätszuschlag	0,9	
Abzüglich anrechenbare SolZ	0,8	
		0,1
Abschlusszahlung		0,9

36 Die Aufstellung zeigt, dass im gegenwärtigen Körperschaftsteuersystem auf Ebene der Kapitalgesellschaft eine **definitive Belastung mit Körperschaftsteuer** erfolgt. Im Falle einer Dividende wird im Gegensatz zu dem ursprünglich bestehenden System des körperschaftsteuerlichen Anrechnungsverfahrens die von der Kapitalgesellschaft gezahlte Körperschaftsteuer auf Ebene des Gesellschafters nicht mehr berücksichtigt. Im Falle einer Gewinnausschüttung wird allerdings durch die Kapitalgesellschaft eine 20%ige **Kapitalertragsteuer zuzüglich Solidaritätszuschlag** einbehalten. Diese einbehaltene Kapitalertragsteuer kann auf die persönliche Einkommensteuerschuld des Anteilseigners angerechnet werden.

Werden die Anteile der Kapitalgesellschaft nicht unmittelbar durch eine natürliche Person, sondern unter Zwischenschaltung einer Personengesellschaft gehalten, ergeben sich im Grundsatz keine anderen Auswirkungen. Ist der Gesellschafter der Personengesellschaft eine natürliche Person, werden die **Dividenden** der Tochterkapitalgesellschaft nach dem **Halbeinkünfteverfahren** besteuert. Die von der Tochterkapitalgesellschaft einbehaltene Kapitalertragsteuer und Solidaritätszuschlag wird auf die **persönliche Steuerschuld** des Gesellschafters der Personengesellschaft **angerechnet**.

37 Ist Gesellschafter der Personengesellschaft dagegen wiederum eine **Kapitalgesellschaft**, sind die anteiligen Dividenden der Tochterkapitalgesellschaft steuerfrei gem. § 8 b Abs. 1 KStG. Dies gilt auch dann, wenn die Dividenden unter Zwischenschaltung einer Personengesellschaft vereinnahmt werden. Die von der Tochterkapitalgesellschaft einbehaltene Kapitalertragsteuer erhält der Gesellschafter der Personengesellschaft auf die persönliche

Körperschaftsteuerschuld angerechnet, auch wenn die Dividenden selbst steuerfrei sind.

Diese ertragsteuerliche Behandlung führt dazu, dass Dividenden einer Tochterkapitalgesellschaft in der Gewinn- und Verlustrechnung einer GmbH & Co. KG als **Beteiligungserträge** zu erfassen sind. Der Ertrag entspricht der Bruttodividende, d.h. also der anteiligen Dividende ohne Abzug der Kapitalertragsteuer bzw. des Solidaritätszuschlags. Da die anrechenbaren Steuerbeträge im Rahmen der persönlichen Einkommensteuer bzw. Körperschaftsteuerschuld des Gesellschafters der GmbH & Co. KG angerechnet werden können, bilden diese **anrechenbaren Steuerbeträge** Privatentnahmen des Gesellschafters.

Noch zu dem Geltungsbereichs des ursprünglich bestehenden Systems des körperschaftsteuerlichen Anrechnungsverfahrens hatte der BGH[35] entschieden, dass die anrechenbare Körperschaftsteuer eine eigene Steuerschuld der Tochterkapitalgesellschaft sei und somit nicht in den Verfügungsbereich der Mutterpersonengesellschaft gelange. In der Gewinn- und Verlustrechnung der Personengesellschaft war damit lediglich der Beteiligungsertrag ohne anrechenbare Körperschaftsteuer zu erfassen. Diese Rechtsprechung ist, soweit dies die Behandlung der anrechenbaren Körperschaftsteuer betrifft, durch den zwischenzeitlich erfolgten Systemwechsel für die Körperschaftsteuer obsolet geworden.

Nach Auffassung des BGH[36] gilt die von der Kapitalgesellschaft einbe- **38**
haltene **Kapitalertragsteuer** sowie der Solidaritätszuschlag auf die **Kapitalertragsteuer** als Vorauszahlung für die Einkommensteuerschuld bzw. Solidaritätszuschlagsschuld des Gesellschafters der Kommanditgesellschaft. Der Dividendenertrag der Personengesellschaft ist damit nicht um die einbehaltene Kapitalertragsteuer sowie den Solidaritätszuschlag zu mindern. Da der Mutterpersonengesellschaft jedoch lediglich die um die Kapitalertragsteuer bzw. den Solidaritätszuschlag geminderte Dividende zufließt, ist der Differenzbetrag als **Privatentnahme der Gesellschafter** zu behandeln.

b) Vergütungen an die Komplementär-GmbH. Die Komplemen- **39**
tär-Gesellschaft hat bei der GmbH & Co. KG gleich mehrere Aufgaben. Sie haftet kraft ihrer Stellung persönlich und uneingeschränkt für die Schulden der Kommanditgesellschaft. Als Entgelt für diese mögliche Haftungsinanspruchnahme erhält die Komplementärin im Regelfall eine Vergütung. Diese orientiert sich üblicherweise an der für das Eigenkapital der Komplementärin zu Beginn des Geschäftsjahres, beispielsweise in Höhe von 3 % des Eigenkapitals. Denkbar ist jedoch auch eine feste Vergütung. Auch wenn die **Haftungsvergütung** dem Grunde und der Höhe nach sich aus dem Gesellschaftsvertrag der Kommanditgesellschaft ergibt, ist diese Haftungsvergütung nicht als Bestandteil der Gewinnverteilungen, sondern als Leistungsaustausch zu sehen. Die Haftungsvergütung ist deshalb in der Ge-

---

[35] BGH NJW 1995, 1088.

[36] BGH NJW 1995, 1088 (zur Berücksichtigung der anrechenbaren Körperschaftsteuer).

winn- und Verlustrechnung der Kommanditgesellschaft als Aufwand im Rahmen der sonstigen betrieblichen Aufwendungen zu erfassen.

40 Neben der Stellung als voll haftender Gesellschafter ist die Komplementärin kraft ihrer Stellung zur **Geschäftsführung** der Kommanditgesellschaft befugt. Die Komplementärin bedient sich hierzu i. d. R. einer oder mehrerer natürlicher Personen. Im Gesellschaftsvertrag der Kommanditgesellschaft ist üblicherweise vorgesehen, dass die Komplementärin alle Aufwendungen ersetzt bekommt, die im Rahmen der Geschäftsführung entstehen. Dies betrifft zunächst das Gehalt eines eventuell angestellten Geschäftsführers sowie sonstige Personal- und Sachkosten. Dieser **Aufwandsersatz** für die Komplementärgesellschaft ist im Rahmen der Gewinn- und Verlustrechnung der Kommanditgesellschaft unter den sonstigen betrieblichen Aufwendungen auszuweisen, auch wenn in dem Aufwandsersatz auch sonstige Kostenbestandteile, wie z.B. Personalkosten, enthalten sind. Nicht selten erfolgt die Gehaltsabrechnung bei einem angestellten Fremdgeschäftsführer der Komplementärgesellschaft im Rahmen der Gehaltsabrechnung für die Kommanditgesellschaft. Konsequenz hieraus ist, dass die Kosten des Fremdgeschäftsführers in den Personalkosten der Kommanditgesellschaft enthalten sind. Obschon dies von der Sache her zutreffend sein mag, geht die herrschende Lehre dennoch davon aus, dass der Ausweis unter den sonstigen betrieblichen Aufwendungen zu erfolgen hat.

41 **c) Ergebnisverwendung.** Für Aktiengesellschaften ist in § 158 AktG vorgesehen, dass das Jahresergebnis überzuleiten ist auf die Bilanzposition Bilanzgewinn oder -verlust. Diese Vorschrift gilt grundsätzlich nur für Aktiengesellschaften, nicht jedoch für andere Rechtsformen, insbesondere auch nicht für eine GmbH & Co. KG. Eine Verpflichtung zur **Darstellung der Überleitungsrechnung** besteht daher für den Jahresabschluss einer GmbH & Co. KG nicht.

Wie bereits vorstehend beschrieben, wird der Jahresabschluss einer GmbH & Co. KG üblicherweise unter vollständiger Verwendung des Jahresergebnisses aufgestellt. Nur dann, wenn sich aus dem Gesellschaftsvertrag Anhaltspunkte dafür ergeben, dass das Jahresergebnis nicht zur vollen Verfügung der Gesellschafter steht, etwa wenn die Verwendung des Jahresergebnisses einen entsprechenden Beschluss der Gesellschafterversammlung vorsieht oder wenn der Gesellschaftsvertrag eine pauschale Dotierung von Rücklagen vorsieht, können sich insoweit Abweichungen ergeben. Nur für diese Fälle kann sich eine **Ergebnisverwendungsrechnung** anbieten wie folgt:

Jahresüberschuss/Jahresfehlbetrag
+/- Gutschrift/Belastung auf Rücklagenkonten
+/- Gutschrift/Belastung auf Kapitalkonten
+/- Belastung/Gutschrift auf Verbindlichkeitenkonten
= Ergebnis nach Verwendungsrechnung/Bilanzgewinn[37]

---

[37] IDW RS HFA 7, WPg 2002, 1259 Rn 45.

Ungeachtet dessen sieht § 325 Abs. 1 Satz 1 HGB eine **Offenlegung des Vorschlags für die Verwendung des Jahresergebnisses** sowie des Beschlusses über die Verwendung des Jahresergebnisses vor, soweit dieser im eingereichten Jahresabschluss nicht enthalten ist und schutzwürdige Gesellschafterinteressen nicht berührt sind. Aus diesem Grund erfolgt üblicherweise eine Darstellung der Ergebnisverwendung der Gesellschaft im Anhang. **42**

Ein Sonderproblem der Darstellung der Ergebnisverwendung betrifft die **Darstellung der Ertragsteuerbelastung** des anteiligen Ergebnisses. In § 264 c Abs. 3 Satz 2 HGB ist für eine GmbH & Co. KG die Möglichkeit gegeben, nach dem Posten Jahresüberschuss/-fehlbetrag einen pauschal ermittelten Steueraufwand bzw. -ertrag auf das Jahresergebnis offen abzusetzen bzw. hinzuzurechnen. Auf den ersten Blick wirkt diese Vorschrift befremdlich. Systembedingt ist eine GmbH & Co. KG nicht selbst einkommen- bzw. körperschaftsteuerpflichtig, dies sind lediglich ihre Gesellschafter. Demgegenüber ist eine Kapitalgesellschaft eigenständig körperschaftsteuerpflichtig, so dass der entsprechende Körperschaftsteueraufwand naturgemäß in der Gewinn- und Verlustrechnung einer Kapitalgesellschaft als Aufwand erfasst ist. Durch § 264 c Abs. 3 Satz 2 HGB soll insoweit wohl die Vergleichbarkeit der Gewinn- und Verlustrechnungen einer Kapitalgesellschaft und einer Personengesellschaft hergestellt werden.[38] Aus dieser Vorschrift kann jedoch nicht geschlossen werden, dass die entsprechende Position auch im Rahmen der Gewinn- und Verlustrechnung als Aufwand erfasst werden soll. Es darf nicht übersehen werden, dass es sich um eine nachrichtliche Angabe im Anschluss der Position Jahresüberschuss/-fehlbetrag handelt. Im Übrigen handelt es sich um ein reines **Darstellungswahlrecht**. **43**

Wird von diesem **Wahlrecht der Darstellung des pauschalierten Steueraufwandes** Gebrauch gemacht, kann die Ergebnisfortrechnung unter Berücksichtigung des pauschalierten Steueraufwandes wie folgt erfolgen:[39] **44**

Jahresüberschuss/Jahresfehlbetrag
+/- pauschalierter Steueraufwand/Steuerertrag der Gesellschafter
= verbleibender Jahresüberschuss/Jahresfehlbetrag nach pauschaliertem Steueraufwand/Steuerertrag der Gesellschafter
+/- verbleibende Gutschrift auf Gesellschafterkonto/Belastung auf Verlustvortragskonten
= Ergebnis nach Verwendungsrechnung/Bilanzgewinn

Die Darstellung des pauschalierten Steueraufwandes ist insoweit problematisch, als es sich bei dem Steueraufwand/-ertrag lediglich um eine fiktive Größe handelt. Schuldner der persönlichen Einkommensteuerschuld ist der Gesellschafter der Kommanditgesellschaft, nicht dagegen die Gesellschaft selbst. Auf der anderen Seite ist Gläubiger eines Steuerertrages, d. h. eines Steuererstattungsanspruches, nicht die Gesellschaft, sondern der Ge-

---

[38] IDW RS HFA 7, Wpg 2002, 1259 Rn 25.
[39] *von Kanitz* WPg 2003, 340.

sellschafter. Eine entsprechende Fortschreibung des pauschalierten Steueraufwandes würde im Grundsatz auch eine entsprechend differenzierte Behandlung im Rahmen der Gesellschafterkonten erfordern. Dies dürfte in der Regel jedoch nicht der Fall sein.

5. Anhang der GmbH & Co. KG

45 Personenhandelsgesellschaften i. S. d. § 264 a Abs. 1 HGB sind hinsichtlich der Rechnungslegungspflicht grundsätzlich einer Kapitalgesellschaft gleichgestellt. Damit einhergehend besteht eine Verpflichtung zur Erstellung eines Anhangs. Die **Angabepflichten** entsprechen danach im Wesentlichen den §§ 285, 286 HGB, wie sie auch für Kapitalgesellschaften bestehen.

Bei einer Kommanditgesellschaft braucht die gem. § 171 HGB im Handelsregister eingetragene Haftungshöchstsumme eines Kommanditisten nicht mit dem Betrag übereinzustimmen, der im Gesellschaftsvertrag als Pflichteinlage angesetzt ist. Die im Handelsregister eingetragene Haftungshöchstsumme hat daher für die Bilanz der Kommanditgesellschaft zunächst keine Bedeutung. § 264 c Abs. 2 Satz 9 HGB sieht deshalb vor, dass der Umfang der **nicht geleisteten Hafteinlagen** im Anhang der Gesellschaft anzugeben ist. Hierdurch soll dargelegt werden, inwieweit neben dem in der Bilanz ausgewiesenen Eigenkapital eine darüber hinausgehende Außenhaftung der Kommanditisten besteht.

46 Die **Ursachen** für noch nicht geleistete Hafteinlagen können vielfältig sein. Zum einen kann die gesellschaftsvertragliche Pflichteinlage betragsmäßig niedriger sein als die Hafteinlage gem. Gesellschaftsvertrag. Dies ist beispielsweise dann der Fall, wenn zur Erhöhung eines Verlustausgleichspotentials gem. § 15 a EStG im Handelsregister eine erweiterte Außenhaftung gem. § 171 HGB eingetragen worden ist. Nicht geleistete Hafteinlagen können jedoch auch dadurch entstehen, dass gesellschaftsvertragliche Pflichteinlagen noch nicht geleistet worden sind. Insoweit kann sich eine Konkurrenz zu dem Bilanzausweis gem. § 272 Abs. 1 Satz 2 und 3 HGB ergeben. In Einzelfällen kann sich ein Differenzbetrag zwischen Pflichteinlage und Hafteinlage auch aus Tatbeständen der Wiederauflebung einer Außenhaftung oder der Rückzahlung von Pflichteinlagen ergeben.[40] In diesem Fall dürfte im Anhang die Differenz zwischen der Haftsumme und den tatsächlich geleisteten **Einlage** anzugeben sein,[41] nicht dagegen lediglich die Differenz zwischen Haftungssumme und gesellschaftsvertraglicher Pflichteinlage.

47 Sofern in der Gewinn- und Verlustrechnung der Kommanditgesellschaft keine Darstellung der Gewinnverwendung nach aktienrechtlichen Vorstellungen in § 158 AktG erfolgt, kann die **Ergebnisverwendung der Gesellschaft** auch im Anhang angegeben werden, obschon eine ausdrückliche

---

[40] Im Einzelnen *von Kanitz* WPg 2003, 341.

[41] *Fröschle/Hoffmann* § 264 c HGB Rn 60; a. A. WP Handbuch 2000, Abschn. F, Rn 254 (nur Angabe der Differenz zwischen Haftsumme und gesellschaftsvertraglicher Pflichteinlage); nicht eindeutig IDW RS HFA 7, WPg 2002, 1259 Rn 28.

Verpflichtung hierzu nicht besteht. Denkbar ist beispielsweise folgende Darstellungsform:

Jahresüberschuss / Jahresfehlbetrag
+/- Gutschrift/Belastung auf Rücklagenkonten
+/- Gutschrift/Belastung auf Kapitalverlustkonten
+/- Gutschrift/Belastung auf Gesellschafterkonten

Gemäß § 285 Nr. 9 HGB sind im Anhang auch die **Bezüge der Organe** der Gesellschaft anzugeben. Die Geschäftsführung einer Kommanditgesellschaft obliegt der Komplementärin, die sich ihrerseits wiederum angestellter Geschäftsführer bedient. Üblicherweise ist im Gesellschaftsvertrag der Kommanditgesellschaft ein Ersatz der Aufwendungen der Komplementärin für die Geschäftsführung vorgesehen. Die entsprechenden Aufwendungen sind demgemäß über den Kostenersatz in der Gewinn- und Verlustrechnung der Kommanditgesellschaft enthalten, obschon es sich um Organbezüge der Komplementärin handelt. Nach dem Sinn und Zweck der Vorschrift ist deshalb wohl davon auszugehen, dass die Angabepflicht gem. § 285 Nr. 9 HGB auf die Gesamtbezüge der Mitglieder des vertretungsberechtigten Organs der vertretungsberechtigten Gesellschafter auszudehnen ist,[42] sofern nicht die Befreiungsmöglichkeit des § 286 Abs. 4 HGB greift. 48

IV. Prüfungs- und Offenlegungspflicht

1. Einzelabschluss der Kommanditgesellschaft

Die Gleichstellung der Rechtsform der GmbH & Co. KG mit einer Kapitalgesellschaft bedingt unter anderem, dass der Jahresabschluss der Gesellschaft grundsätzlich durch einen Wirtschaftsprüfer oder vereidigten Buchprüfer **geprüft** werden muss, sofern die Schwellenwerte des § 267 HGB als **mittelgroße Gesellschaft** überschritten sind. § 267 HGB sieht folgende Größenmerkmale vor: 49

	Kleine Gesellschaft	Mittelgroße Gesellschaft	Große Gesellschaft
Bilanzsumme	3.438 T-€	13.750 T-€	> 13.750 T-€
Umsatzerlös	6.875 T-€	27.500 T-€	> 27.500 T-€
Arbeitnehmer	≤ 50	≤ 250	≤ 250

Die Qualifikation erfolgt anhand der genannten Größenkriterien. Sofern an zwei aufeinander folgenden Bilanzstichtagen mind. zwei der genannten Merkmale eingehalten sind, ergibt sich die jeweilige Größenklasse. Nur dann, wenn es sich nach den Größenmerkmalen des § 267 HGB um eine **kleine Gesellschaft** handelt, muss der Jahresabschluss der GmbH & Co. KG **nicht** geprüft werden. Mittelgroße und große Gesellschaften müssen ihren Jahresabschluss dagegen prüfen lassen.

[42] IDW RS HFA 7, WPg 2002, 1259 Rn 27.

50 Die Gleichstellung einer GmbH & Co. KG mit einer Kapitalgesellschaft bewirkt weiterhin, dass der Jahresabschluss der Gesellschaft grundsätzlich auch **offen zu legen** ist. Es kommen hier jedoch die größenabhängigen Erleichterungen der §§ 326, 327 HGB zur Anwendung. **Kleine Gesellschaften** im Sinne des § 267 HGB brauchen hiernach lediglich die Bilanz und den Anhang bei dem Handelsregister einzureichen. Der Anhang braucht die die Gewinn- und Verlustrechnung betreffenden Angaben nicht zu enthalten. Für **mittelgroße Gesellschaften** besteht die Verpflichtung zur Offenlegung des Jahresabschlusses des Anhangs und des Lageberichts, wobei allerdings die Erleichterungen des § 327 HGB in Anspruch genommen werden können.

51 Auch wenn eine GmbH & Co. KG die Größenkriterien für mittelgroße Gesellschaften überschreitet, ist sie dennoch gem. § 264 b HGB von der gesetzlichen Offenlegungspflicht befreit, wenn ihr Jahresabschluss in einen befreienden Konzernabschluss einbezogen ist und dieser Konzernabschluss offen gelegt ist. Diese Befreiung von der Offenlegungspflicht besteht unabhängig davon, ob der befreiende Konzernabschluss aufgrund gesetzlicher Vorschriften oder freiwillig erstellt worden ist.[43] Die Befreiung von der Offenlegungspflicht des Jahresabschlusses besteht auch dann, wenn die Kommanditgesellschaft selbst als Konzernspitze den Konzernabschluss aufstellt.[44] Voraussetzung ist allerdings, dass der Einbezug in den befreienden Konzernabschluss im Rahmen einer Vollkonsolidierung, nicht dagegen im Rahmen einer anteilsmäßigen Konsolidierung erfolgt.[45]

Wird entgegen der Verpflichtung der Jahresabschluss nicht offen gelegt, sieht § 335 HGB i. V. m. § 140 a FGG ein **Ordnungsgeld** von mindestens € 2.500 und maximal € 25.000 vor. Das Ordnungsgeld kann jeweils in Sechs-Wochen-Abständen mehrfach festgesetzt werden.

2. Konzernabschluss

52 Die Gleichstellung einer GmbH & Co. KG mit einer Kapitalgesellschaft bewirkt weiterhin, dass die KG in die **Konzernrechnungslegungspflicht** einbezogen ist. Eine Verpflichtung zur Erstellung eines Konzernabschlusses besteht nur dann nicht, wenn die Schwellenwerte gem. § 293 Abs. 1 S. 1 HGB nicht überschritten sind. Es handelt sich um folgende Werte:

	Befreiungsmerkmale nicht konsolidiert	**Befreiungsmerkmale konsolidiert**
Bilanzsumme	16.500 T-€	13.750 T-€
Umsatzerlöse	33.000 T-€	27.500 T-€
Arbeitnehmer	> 250	> 250

[43] *Bitter/Grashoff* DB 2000, 836.

[44] IDW RS HFA 7, WPg 2002, 1259 Rn 7; *Adler/Düring/Schmalz* § 264 b HGB Rn 13; *Fröschle/Deubert* § 264 b HGB Rn 33.

[45] IDW RS HFA 7, WPg 2002, 1259 Rn 9.

Sofern diese Größenmerkmale überschritten sind, besteht eine Verpflichtung für die Erstellung eines Konzernabschlusses nur dann nicht, wenn die KG ihrerseits in einen **Konzernabschluss eines Mutterunternehmens** mit Sitz in einem Mitgliedsstaat der EU einbezogen ist.

Im Zusammenhang mit der Erstellung eines Konzernabschlusses ist bei einer GmbH & Co. KG zunächst zu überprüfen, welche Gesellschaft als Konzernspitze anzusehen ist, d. h. die Komplementärin oder die Kommanditgesellschaft.

Die Komplementär-GmbH ist üblicherweise nicht am Kapital der Kommanditgesellschaft beteiligt. Über ihre organschaftliche Stellung obliegt ihr jedoch im Regelfall die Geschäftsführung und Vertretung der KG. Auch eine GmbH, die keinen eigenen wirtschaftlichen Geschäftsbetrieb unterhält oder lediglich die Haftungsfunktion in der GmbH & Co. KG ausübt, ist aufgrund ihrer Rechtsform als Formkaufmann stets ein rechtlich selbständiges Unternehmen.[46] Aus diesem Grund ist grundsätzlich von der **Komplementär-GmbH** als Mutterunternehmen auszugehen. Zu beachten ist allerdings, dass bei einer typischen Beteiligungsstruktur die Kommanditisten gleichzeitig auch Gesellschafter der Komplementär-GmbH sind, die wiederum über die Gesellschafterversammlung bei der Komplementärin deren Geschäftsführung unternehmerische Weisungen erteilen können. Häufig bestehen darüber hinaus ergänzende gesellschaftsvertragliche Regelungen oder schuldrechtliche Nebenabreden bzw. eine Geschäftsordnung der Geschäftsführung, die die Stellung der Kommanditisten und ihre Mitspracherechte stärken.[47] Trotz der Wertung des Gesetzgebers im Rahmen des Gesetzgebungsverfahrens kann deshalb die Stellung der Komplementär-GmbH als Mutterunternehmen im Rahmen eines Personengesellschaftskonzerns durchaus in Frage gestellt werden und primär die **Kommanditgesellschaft** selbst als Mutterunternehmen anzusehen sein. 53

Von einer Konzernrechnungslegungspflicht der Komplementär-GmbH als Mutterunternehmen ist mindestens dann abzusehen, wenn die Satzung der KG spezielle Regelungen enthält, die die **einheitliche Leitung** der Komplementär-GmbH **einschränken**. Dies kann beispielsweise die Einräumung eines vertraglichen Weisungsrechts des Kommanditisten an den Komplementär sein, die Mehrheit der Mitglieder der Geschäftsführung zu bestimmen, oder besondere Einschränkungen des Geschäftsführungs- und Vertretungsrechts der Komplementärin. 54

Liegt eine sog. **Einheitsgesellschaft** vor, bei der die KG wiederum Anteilseignerin der Komplementär-GmbH ist, ist als Mutterunternehmen stets die Kommanditgesellschaft und nicht die Komplementär-GmbH anzusehen.[48] 55

Wird auf Ebene der Komplementär-GmbH eine Konzernrechnungslegungspflicht bejaht, ergibt sich für den Konzernabschluss eine **verwirrende und wenig aussagekräftige Darstellung des Eigenkapitals**. Da 56

---

[46] BR-Drs. 458/99, 41; IDW RS HFA 7, WPg 2002, 1259 Rn 54; noch a. A. IDW, WPg 1999, 435.

[47] *Küting/Weber/Pilhofer* WPg 2003, 797.

[48] *Adler/Düring/Schmaltz* § 290 HGB Rn 120.

im Regelfall die Komplementär-GmbH nicht am Kapital der KG beteiligt ist, ist das gesamte oder nahezu gesamte Eigenkapital des Konzerns als Anteile in Fremdbesitz auszuweisen. Hier ist sicherlich nach dem Grundsatz der Klarheit der Darstellung im Konzernanhang ein erläuternder Hinweis zum Inhalt des Postens erforderlich. Dieser Effekt wird weiterhin dadurch verstärkt, wenn die Kommanditgesellschaft selbst wiederum an Tochtergesellschaften beteiligt ist und im Rahmen der Kapitalkonsolidierung positive Ausgleichsbeträge entstehen, die u.U. mit dem Ausgleichsposten für Fremdanteile zu verrechnen sind.[49] Auch dieser rein praktische Gesichtspunkt spricht dafür, von der Kommanditgesellschaft als Mutterunternehmen auszugehen.

---

[49] *von Kanitz* WPg 2003, 343.

§ 23 Gewinn- und Verlustbeteiligung, Entnahmen

Übersicht

Schrifttum: *Barz,* Die vertragliche Entnahmeregelung bei OHG und KG, in: Festschrift Knur, 1972, S. 25; *Huber,* Freie Rücklagen in Kommanditgesellschaften, Gedächtnisschrift für Knobbe-Keuk, 1997, S. 203; *K. Schmidt,* Der gutgläubige Empfang von Scheingewinnen und die Kapitalsicherung in Aktienrecht, im Recht der GmbH und im Kommanditgesellschaftsrecht, BB 1984, 1588; *Ulmer,* Die Mitwirkung der Kommanditisten an der Bilanzierung der KG, in: Festschrift Hefermehl 1976, S. 207 (siehe auch die Nachweise vor § 20).

I. Gesetzliche Regelung

1. Das Jahresergebnis als Ausgangspunkt

Gemäß § 167 HGB gelten die Bestimmungen des § 120 HGB über die Berechnung von Gewinn und Verlust auch für die Kommanditisten. Danach wird am Schluss des Geschäftsjahres aufgrund des Jahresabschlusses der Gesellschaft (dazu § 22) der **Gewinn oder Verlust** des Geschäftsjahres ermittelt und der auf jeden Gesellschafter entfallende Anteil berechnet. Der sich danach auf der Grundlage des Bilanzergebnisses ergebende Gewinnanteil wird dem Kapitalanteil des Gesellschafters zugeschrieben, § 120 Abs. 2 HGB, dem Kapitalanteil des Kommanditisten aber nur bis zur Höhe der bedungenen Einlage, § 167 Abs. 2 HGB, ein auf den Gesellschafter entfallender Verlust wird von dem Kapitalanteil abgeschrieben.[1] 1

2. Mindestverzinsung

Die **Verteilung** von Gewinn und Verlust regelt für die GmbH & Co. KG § 168 HGB. Nach den gesetzlichen Vorgaben ist ein Gewinn gemäß § 168 Abs. 1 iVm § 121 HGB bis zu einer Höhe von 4 % der Summe der be- 2

[1] Zu der Frage, in welchem Umfang der gutgeschriebene Gewinn entnommen werden kann, vgl. Rn 18 ff.

stehenden Kapitalanteile zur Zahlung einer **Vorabdividende** an jeden Gesellschafter in Höhe von jeweils 4 % seines Kapitalanteils zu verwenden;[2] das gilt nach der gesetzlichen Regel für die persönlich haftende Gesellschafterin ebenso wie für Kommanditisten. Für die Verteilung eines über diesen Betrag hinausgehenden Gewinns soll nach § 168 Abs. 2 HGB ein „den Umständen nach **angemessenes Verhältnis**" maßgeblich sein; dasselbe den Umständen nach angemessene Verhältnis bestimmt auch die Verteilung eines etwaigen Verlustes. Maßgeblich für die Vorabdividende ist der nach der Vorstellung des Gesetzes bewegliche Kapitalanteil des Gesellschafters (dazu näher § 20 Rn 5). Demgemäß ist **unterjährigen Veränderungen** der Kapitalanteile, wie sie etwa bei Entnahmen eintreten können, Rechnung zu tragen.[3] Die Vorabdividende ist Gewinnanteil, nicht Verzinsung;[4] wird kein Gewinn erzielt, fällt sie nicht an.

3. Angemessenes Verhältnis

3 Das nach den Umständen angemessene Verhältnis der Beteiligung an Gewinn und Verlust ist unter Berücksichtigung der nachfolgenden Gesichtspunkte zu ermitteln, sofern der Gesellschaftsvertrag auf eine vom Gesetz abweichende Vorgabe verzichtet: Die nach der gesetzlichen Vorgabe vierprozentige Kapitalverzinsung soll, so die zugrunde liegende Vorstellung, den Kapitalbeiträgen der Gesellschafter Rechnung tragen. Daraus ist jedoch nicht ableitbar, dass für die Verteilung eines weitergehenden Gewinns das Verhältnis der Kapitalanteile nicht mehr maßgeblich sein kann und andere Gesichtspunkte herangezogen werden müssen. Im Gegenteil muss auch insoweit jedenfalls im Verhältnis der Kommanditisten zueinander regelmäßig der **Umfang der Kapitalbeteiligung** für die Gewinnverteilung den vorrangig zu berücksichtigenden Maßstab darstellen.[5] Eine **Verteilung nach Köpfen**, wie sie § 121 Abs. 3 HGB für die OHG vorsieht, dürfte demgegenüber kaum je angemessen sein. Nach der Rechtsprechung sind im Übrigen grundsätzlich alle in Betracht kommenden Einzelumstände zu berücksichtigen.[6] Über die angemessene Verteilung von Gewinn und Verlust ist Jahr für Jahr neu zu entscheiden, weil sich die maßgeblichen Faktoren ändern können.

4. Einzelumstände

4 Für die **Gewinnbeteiligung** der **Komplementär-GmbH** ist zu berücksichtigen, dass sie die persönliche unbeschränkte Haftung trägt, die Geschäftsführung übernimmt und einem gesetzlichen Wettbewerbsverbot unterliegt. Demgemäß steht in der gesetzestypisch organisierten KG dem

[2] Reicht der Gewinn hierfür nicht aus, ist der jeweils zuzuweisende Gewinnanteil entsprechend zu kürzen, § 121 Abs. 1 S. 2 HGB.

[3] Vgl. MüKo/*Priester* § 121 HGB Rn 19/20.

[4] Vgl. RGZ 67, 19; MüKo/*Priester* § 121 HGB Rn 16.

[5] Vgl. MüKo/*Grunewald* § 168 HGB Rn 5; *Röhricht/Graf von Westphalen* § 168 HGB Rn 12; differenzierend dagegen *Ebenroth/Boujong/Joost/Weipert* § 168 HGB Rn 7 f.

[6] Vgl. BGH WM 1956, 1062, 1064.

Komplementär ein höherer Gewinnanteil zu als den Kommanditisten, wobei hierfür ohne Einzelanalyse der Gesellschafterbeiträge kein konkreter Prozentsatz genannt werden kann.[7] Anders liegt es in der **typischen GmbH & Co. KG**, in der die Komplementär-GmbH allenfalls eine geringfügige Kapitalbeteiligung hält. Ist hier, wie häufig, die Komplementär-GmbH im Innenverhältnis von der Verlustbeteiligung freigestellt oder tragen die Kommanditisten ihrerseits durch hohe Haftsummen wesentlich zur Kreditwürdigkeit der Gesellschaft bei, relativiert sich das Gewicht der persönlichen Komplementär-Haftung für die Entwicklung des angemessenen Verteilungsschlüssels.[8]

Im Verhältnis der **Kommanditisten** dürfte, sofern sie im Übrigen die gleichen Beiträge für die Gesellschaft erbringen, also insbesondere gleichmäßig nicht an der Geschäftsführung teilnehmen und keine unterschiedliche Haftung übernehmen, das **Verhältnis der Kapitalanteile** den angemessenen Verteilungsmaßstab abgeben.[9]

Für die Verteilung eines **Verlustes** gilt das Vorstehende entsprechend, 5
doch ist der für die Gewinnverteilung als angemessen erkannte Maßstab nicht ohne weiteres umgekehrt auch auf die Verlustbeteiligung anzuwenden. So rechtfertigt etwa ein Gewinnvoraus für die Übernahme der Geschäftsführung nicht zwingend einen entsprechenden Verlustvoraus. Im Regelfall dürfte vielmehr eine Verteilung nach dem **Verhältnis der Kapitalanteile** angemessen sein.[10] Die Verlustverteilung bedeutet Abschreibung zu Lasten der Kapitalanteile. Die Bestimmung des § 167 Abs. 3 HGB, wonach die Kommanditisten nur bis zur Höhe der bedungenen Einlage am Verlust beteiligt sind, realisiert sich erst bei Liquidation der Gesellschaft; dann tragen die Komplementäre die durch negative Kapitalanteile der Kommanditisten ausgewiesenen Verluste.[11]

II. Vertragliche Regelungen

1. Notwendigkeit

Es ist offensichtlich, dass der gesetzliche Maßstab (Rn 1 ff.) für die Ver- 6
teilung von Gewinn und Verlust viel zu **unbestimmt** ist. Es ist deshalb unverzichtbar, im Gesellschaftsvertrag konkrete Regelungen für die Gewinn- und Verlustbeteiligung zu treffen. Dabei sollte eine Regelung sowohl für die Gewinnverteilung als auch für die Zuweisung eines Verlustes in den Gesellschaftsvertrag aufgenommen werden. Andernfalls gilt die Vermutungs-

---

[7] Vgl. aber GK/*Schilling* § 168 HGB Rn 2: I.d.R. sei ein Gewinnvorab von 10 bis 30 % zugunsten des Komplementärs angemessen; dagegen aber MüKo/*Grunewald* § 168 HGB Rn 3 f.

[8] Vgl. dazu näher MüKo/*Grunewald* § 168 HGB Rn 3 f.; *Röhricht/Graf von Westphalen* § 168 HGB Rn 7.

[9] Vgl. MüKo/*Grunewald* § 168 HGB Rn 4, 12.

[10] Zutr. MüKo/*Grunewald* § 168 HGB Rn 5; *Röhricht/Graf von Westphalen* § 168 HGB Rn 13.

[11] Vgl. MüKo/*Grunewald* § 168 HGB Rn 5, 12 sowie § 167 Rn 15; BGH WM 1986, 234, 235.

regelung in § 722 Abs. 2 BGB, wonach, wenn nur der Anteil am Gewinn oder nur der Anteil am Verlust bestimmt ist, die Bestimmung im Zweifel gleichermaßen für die Gewinn- wie die Verlustverteilung gilt.[12]

7 Bis zur Grenze der allgemeinen Schranken der Vertragsfreiheit[13] sind die Gesellschafter in der Regelung der Gewinn- und Verlustverteilung gänzlich frei.[14] Im Einzelfall kann eine Verpflichtung der Gesellschafter bestehen, einer Anpassung der Ergebnisverteilungsregelungen **kraft Treuepflicht** zuzustimmen. Sofern die Gesellschafter einvernehmlich über einen längeren Zeitraum einen von den gesellschaftsvertraglichen Regelungen abweichenden Gewinnverteilungsmodus praktizieren, kann hierin eine **konkludente Änderung** des Gesellschaftsvertrags liegen. Die Gesellschafter müssen sich dann an dieser Praxis festhalten lassen;[15] wer sich demgegenüber auf die ursprüngliche Vertragsabrede berufen will, trägt die Beweislast für ihre Fortgeltung.

2. Gestaltungsalternativen

8 Angesichts der Vielfalt der denkbaren gesellschaftlichen Verhältnisse verbieten sich generelle Empfehlungen für die Gestaltung vertraglicher Ergebnisverteilungsabreden. Die Struktur der GmbH & Co. KG bringt es aber mit sich, dass zwischen der Ergebnisbeteiligung der Komplementär-GmbH einerseits und derjenigen der Kommanditisten andererseits sorgfältig unterschieden werden muss. Die **Komplementär-GmbH** sollte, wenn sie wie häufig am Kapital nicht beteiligt ist, grundsätzlich auch an Gewinn und Verlust nicht beteiligt sein. Zur Vermeidung einer verdeckten Gewinnausschüttung ist es jedoch erforderlich, die Komplementär-GmbH mit einem angemessenen Entgelt für die Erbringung der Geschäftsführungstätigkeit auszustatten und darüber hinaus für die Übernahme der persönlichen unbeschränkten Haftung einen Gewinnvorab zu vereinbaren, für dessen Höhe eine risikoadäquate, bankübliche Avalprovision Maßstab sein kann.[16] Für die **Kommanditisten** ist im Regelfall eine Gewinn- und Verlustbeteiligung entsprechend dem Verhältnis ihrer Kapitalanteile angemessen.

3. Spezielle Gewinnverteilungsabreden

9 Ein vollständiger **Ausschluss** einzelner Gesellschafter von der Gewinnbeteiligung ist ebenso zulässig wie eine Nichtbeteiligung an Verlusten.[17] Einem Gesellschafter kann auch von anderen Gesellschaftern ein bestimmter

---

[12] Vgl. MüKo/*Grunewald* § 168 HGB Rn 13.

[13] Dazu umf. MüKo/*Ulmer* § 705 BGB Rn 132ff.

[14] Zu den Grundsätzen der Inhaltskontrolle bei Publikums-GmbH & Co. KG vgl. *Baumbach/Hopt* Anh. § 177 a Rn 68.

[15] Vgl. BGH NJW 1966, 826, 827; MüKo/*Ulmer* § 722 BGB Rn 6; allg. zur Vertragsänderung durch konkludentes Verhalten vgl. MüKo/*Ulmer* § 705 BGB Rn 55f., 56.

[16] Vgl. BFH BStBl. 1977 II, 346.

[17] Vgl. MüKo/*Ulmer* § 722 BGB Rn 5; MünchHdb. GesR II/*v. Falkenhausen/Schneider* KG § 21 Rn 23 m. N. aus der Rspr.; BGH NJW 1987, 3124, 3125.

Gewinn garantiert werden.[18] Denkbar, aber selten sachgerecht, ist eine Gewinnverteilung nach **Köpfen**, wie sie in § 121 Abs. 3 HGB für die OHG vorgesehen ist. Dasselbe gilt für die Vereinbarung **fester Quoten**, sofern damit nicht im Ergebnis eine Gewinnverteilung nach den festen Kapitalanteilen vereinbart ist. Eine bestimmte **Verzinsung** der Kapitalkonten entsprechend dem Regelungsvorbild in § 168 Abs. 1 HGB, aber mit einem anderen Prozentsatz, kann sinnvoll sein. Der Gesellschaftsvertrag sollte aber, wenn er eine Verzinsung der Kapitalkonten vorsieht, deutlich zum Ausdruck bringen, dass es sich dabei um eine Gewinnverteilungsregelung handelt, die den Eigenkapitalcharakter des Kapitalkontos nicht berührt und die einen ausreichenden erwirtschafteten Gewinn voraussetzt. Jeder Zweifel, ob eine im Gesellschaftsvertrag vorgesehene Verzinsung gewinnunabhängig sein soll oder nicht, ist tunlichst zu vermeiden.[19]

Im Regelfall vorzugswürdig ist eine **Gewinnverteilung im Verhältnis der Kapitalanteile**. Sie bietet insbesondere dann einen praktikablen Maßstab, wenn zugleich feste Kapitalanteile vereinbart werden. Die Verteilung nach dem Maßstab der Kapitalanteile honoriert den Kapitaleinsatz des Gesellschafters und ist deshalb vor allem im Verhältnis der Kommanditisten zueinander dann passend, wenn diese auch proportional entsprechende Haftsummen im Handelsregister ausweisen. Ohne die Vereinbarung fester Kapitalanteile birgt die Gewinnverteilung nach Kapitalanteilen allerdings das Risiko, dass kapitalkräftige Gesellschafter durch kontinuierliches Stehenlassen von Gewinnen ihre Beteiligungsquote erhöhen und andere Gesellschafter im Ergebnis „aushungern". Der Gesellschaftsvertrag sollte deshalb die Frage, ob Gesellschafter Gewinne einseitig **stehen lassen** können, ebenso unzweideutig regeln wie die Frage einer Verzinsung von stehen gelassenen Gewinnen. 10

4. Negative Kapitalanteile

Stellen sich negative Kapitalanteile ein, versagt ein an den Kapitalanteilen orientierter Verteilungsmaßstab. In der Literatur wird für diesen Fall eine Verteilung nach dem Verhältnis der negativen Kapitalanteile befürwortet. Danach würde der Gesellschafter mit dem höchsten negativen Kapitalanteil die höchste Gewinnzuweisung erhalten.[20] Ob dies eine regelmäßig angemessene Regelung im Sinne des § 168 Abs. 2 HGB ist, erscheint indessen als sehr zweifelhaft. Vorzugswürdig dürfte es demgegenüber sein, eine **Gewinnverteilung nach Kapitalanteilen** zu vereinbaren, im Gesellschaftsvertrag feste Kapitalkonten vorzusehen und weiter zu bestimmen, dass bei der Gewinnverteilung nur diese, nicht aber die gesondert geführten Kapitalkonten II oder die Verlustvortragskonten berücksichtigt werden. Die Verhältnisse sind dann denjenigen bei der Kapitalgesellschaft nachgebildet. 11

---

[18] BGH NJW 1990, 573; WM 1975, 662f.

[19] Zutr. gegen die Vermutung, dass eine im Gesellschaftsvertrag bestimmte Verzinsung im Zweifel gewinnunabhängig sein soll, MünchHdb. GesR/*v. Falkenhausen/Schneider* KG § 23 Rn 25 gegen OLG Hamburg OLG-Rspr. 24 (1912) 128.

[20] Vgl. MünchHdb. GesR II/*v. Falkenhausen/Schneider* KG § 23 Rn 30.

5. Varia

12 Zugunsten der Komplementär-GmbH und zugunsten etwa geschäftsführender Kommanditisten ist regelmäßig eine **feste Tätigkeitsvergütung** zu vereinbaren. Ihrer Natur entsprechend ist diese im Zweifel auch dann zu zahlen, wenn die Gesellschaft nicht genügend Gewinn erwirtschaftet. Sie sollte deshalb zweckmäßigerweise nicht Bestandteil der Gewinnverteilungsregelungen sein. Nur wenn die Gesellschafter die Tätigkeitsvergütung als echten, **gewinnabhängigen Gewinnvorab** ausgestalten wollen, gilt dies nicht, doch bedarf es auch dann einer jeden Zweifel nach Möglichkeit ausschließenden vertraglichen Regelung. Denkbar ist auch eine Regelung, wonach geschäftsführende Gesellschafter im Hinblick auf ihre Tätigkeit einen festen Gewinnvorab auch in Verlustjahren erhalten, diesen sich jedoch auf Gewinnanteile späterer Jahre **anrechnen** lassen müssen.[21] Ohne vertragliche Vereinbarung steht einem Gesellschafter, der die Geschäfte führt, keine besondere Tätigkeitsvergütung zu. Die vertragliche Vereinbarung gleicher oder den Kapitalanteilen entsprechender Gewinnanteile ist nur im Ausnahmefall einer entsprechenden Ergänzung zugänglich. Voraussetzung hierfür ist der Nachweis einer ausfüllungsbedürftigen Vertragslücke.

13 Die Gewinnverteilung kann auch der **Bestimmung durch einen Gesellschafter** oder einen Dritten überlassen sein; es gelten dann die §§ 315, 317 BGB. Schließlich können die gesellschaftsvertraglichen Gewinnverteilungsregeln auch eine teilweise Einstellung des Jahresergebnisses in die **Rücklagen** vorsehen.[22]

6. Spezielle Verlustverteilungsregeln

14 Ebenso wie bei der Gewinnverteilung empfiehlt sich auch bei der Regelung der Verlustbeteiligung eine Orientierung an (festen) Kapitalanteilen. Generell gilt über die Vermutungsregelung in § 722 Abs. 2 BGB, dass Gewinnverteilungsregeln vorbehaltlich abweichender vertraglicher Bestimmungen auch für die Verlustverteilung gelten. Ein genereller **Ausschluss** von der Teilnahme **an Verlusten** ist möglich und in der GmbH & Co. KG zugunsten der GmbH auch der Regelfall. Davon zu sondern sind aber vertragliche Bestimmungen, wonach die Kommanditisten die GmbH von Verlusten auch im Außenverhältnis freizustellen haben. Eine Beteiligung der Kommanditisten am Verlust über die bedungene Einlage hinaus, also abweichend von § 167 Abs. 3 HGB, ist möglich.

III. Prozessuale Fragen

1. Bilanzfeststellung

15 Richtigerweise ist die Feststellung der Bilanz der GmbH & Co. KG **Grundlagengeschäft**, an dem die Kommanditisten mitzuwirken haben; das entspricht heute dem gesicherten Meinungsstand in Rechtsprechung

[21] Vgl. *Sudhoff/Schulte,* Personengesellschaften, II J Rn 14.
[22] Siehe näher dazu *Huber,* Gedächtnisschrift Knobbe-Keuk, S. 203 ff.

und Literatur.[23] Das gilt um so mehr deshalb, weil der Anspruch auf Gewinnauszahlung erst mit der Feststellung des Jahresabschlusses entsteht.[24] Der Kommanditist kann sich deshalb, wenn er den Festlegungen in der Bilanz berechtigterweise meint nicht zustimmen zu müssen, widersetzen. Solange die Bilanz nicht festgestellt ist, werden die darin getroffenen Festlegungen weder im Verhältnis der Gesellschafter zur Gesellschaft noch der Gesellschafter untereinander verbindlich.[25] Der Kommanditist ist allerdings verpflichtet, der Feststellung in der Bilanz zuzustimmen, soweit sich die Bilanzansätze an die durch die **Grundsätze ordnungsgemäßer Buchführung** und die gesetzlichen Bestimmungen gesetzten Vorgaben halten.[26] Verweigert ein Kommanditist die Mitwirkung bei der Feststellung des Jahresabschlusses, können deshalb die Mitgesellschafter den Anspruch auf Mitwirkung bei der Bilanzfeststellung geltend machen und ggf. im Klagewege durchsetzen.[27]

Sofern, was nach richtiger Auffassung ohne weiteres zulässig ist, der Ge- **16**
sellschaftsvertrag vorsieht, dass die Feststellung der Bilanz mit Bindungswirkung für alle Gesellschafter und die Gesellschaft aufgrund Mehrheitsbeschluss vorgenommen werden kann,[28] ist der Gesellschafter, der sich gegen die Richtigkeit der Bilanz wenden will, seinerseits darauf verwiesen, gegen den Jahresabschluss vorzugehen. Dies kann prozessual durch Erhebung einer **Feststellungsklage** gegen die am Feststellungsbeschluss beteiligten Gesellschafter geschehen.[29] Der opponierende Gesellschafter kann auch auf konkrete Änderung der Bilanz gegen diejenigen Gesellschafter klagen, die für die Aufstellung der Bilanz zuständig sind. Das sind im Regelfall die geschäftsführenden Gesellschafter, im Falle der GmbH & Co. KG die Komplementär-GmbH. Demgegenüber kann der Gesellschafter nach h. M. keine Klage gegen die Gesellschaft erheben.[30] Ob diese Auffassung zutrifft, ist indessen zweifelhaft. Wenn die Gesellschafter für die Feststellung der Bilanz zuständig sind und mit Feststellung der Bilanz diese für alle Gesellschafter verbindlich wird, kann richtiger Adressat einer gegenläufigen Klage nur der Kreis der Gesellschafter sein, der die Feststellung der Bilanz beschlossen hat. Eine Klage gegen den geschäftsführenden Gesellschafter auf konkrete Änderung der Bilanz kommt in diesem Fall nicht in Betracht.

---

[23] Vgl. BGHZ 132, 263; BGH DB 1996, 926; OLG Karlsruhe DB 1995, 264; MüKo/*Grunewald* § 167 HGB Rn 2; MünchHdb. GesR II/*Weipert* KG § 14 Rn 44; *Röhricht/Graf von Westphalen* § 167 HGB Rn 3; a. A. noch BGH BB 1962, 426; *Huber*, Vermögensanteil, S. 341.

[24] BGHZ 80, 357, 358. Zur Rechtsnatur der Bilanzfeststellung vgl. BGH LM Nr. 2 zu § 122 HGB; BB 1960, 188.

[25] BGH NJW 1996, 1678, 1681.

[26] Vgl. grundlegend *Ulmer,* FS Hefermehl, S. 207, 224.

[27] Vgl. MüKo/*Jickeli* § 116 HGB Rn 47.

[28] Vgl. GK/*Schilling* § 167 HGB Rn 9; MüKo/*Grunewald* § 167 Rn 11.

[29] Vgl. aber MüKo/*Priester* § 120 HGB Rn 69/70; *Ebenroth/Boujong/Joost/Ehricke* § 120 HGB Rn. 51.

[30] Vgl. BGH WM 1979, 1330; OLG Hamm DB 1953, 646; GK/*Schilling* § 166 HGB Rn 6; *Röhricht/Graf von Westphalen* § 167 HGB Rn 7.

2. Gewinn- und Verlustbeteiligung

17 Sofern die Gesellschafter über die angemessene Verteilung von Gewinn und Verlust streiten, bestehen bei Meinungsverschiedenheiten im Grundsatz prozessual zwei Möglichkeiten. Der opponierende Gesellschafter kann seinen Anspruch auf angemessenen Gewinnanteil **gegen die Gesellschaft** geltend machen. Dieser Anspruch richtet sich auf Zuweisung eines bestimmten Gewinn- oder Verlustbetrages entsprechend dem „angemessenen Verhältnis". Nur Gewinnanteile, die auch zahlbar und fällig sind, können eingeklagt werden. Dies betrifft das jeweils abgelaufene Geschäftsjahr; ein Rechtsschutzbedürfnis für eine Feststellungsklage besteht in der Regel nicht.[31] Daneben kann der opponierende Gesellschafter **gegen** die **widersprechenden Gesellschafter** eine Feststellungsklage richten, gerichtet auf angemessene Feststellung des Gewinn- und Verlustverhältnisses. Die Feststellungsklage zielt auf Feststellung des angemessenen Verteilungsschlüssels und zeitigt demgemäß, vorbehaltlich einer Änderung der Umstände, Wirkung auch für die Zukunft. Eine Klage gegen die Gesellschaft ist demgegenüber richtigerweise nicht zulässig, da die Gewinnverteilung das interne Verhältnis zwischen den Gesellschaftern betrifft.[32]

IV. Entnahmen und Gewinnauszahlungen

18 Die gesetzliche Regelung findet sich in den §§ 161 Abs. 2, 122 HGB für den Komplementär und in § 169 HGB für die Kommanditisten. Die unterschiedliche Terminologie, Entnahme einerseits und Gewinnauszahlung andererseits, ist darauf zurückzuführen, dass der Komplementär die ihm zustehenden Gewinnanteile selbst entnehmen darf, während die Kommanditisten auf eine Auszahlung durch den persönlich haftenden Gesellschafter angewiesen sind.

19 Das Gesetz sieht grundsätzlich die Entnahme und Auszahlung des gesamten Gewinns vor. Dem liegt die Vorstellung der tätigen Mitunternehmerschaft zugrunde, die dem Lebensunterhalt des Gesellschafters zu dienen bestimmt ist. Damit wird indessen eine **adäquate Kapitalbildung** verhindert. Andererseits erlaubt das Gesetz Entnahmen erst nach Feststellung der Bilanz, während die Gesellschafter verpflichtet sind, Steuervorauszahlungen auf den zu erwartenden Gewinn zu leisten. Aus diesen Gründen ist regelmäßig eine abweichende vertragliche Regelung geboten.

1. Gesetzliche Regelung

20 Der **Komplementär** kann nach §§ 161, 122 Abs. 1 HGB **4 %** seines für das letzte Geschäftsjahr festgestellten (positiven) Kapitalanteils entnehmen,

---

[31] Vgl. *Baumbach/Hopt* § 168 HGB Rn 2; MüKo/*Grunewald*, § 168 HGB Rn 6; *Röhricht/Graf von Westphalen* § 168 HGB Rn 14; MünchHdb. GesR II/*v. Falkenhausen/Schneider* KG § 23 Rn 14/15. Zum Ganzen außerdem BGH WM 1974, 177, 178.

[32] Vgl. zum Ganzen *Ebenroth/Boujong/Joost/Weipert* § 168 HGB Rn 28f.; MüKo/*Grunewald* § 168 HGB Rn 6; *Röhricht/Graf von Westphalen* § 168 HGB Rn 14; BGH WM 1974, 177f.; abweichend GK/*Schilling* § 168 HGB Anm. 5.

und zwar unabhängig davon, ob die Kommanditgesellschaft Gewinn erwirtschaftet hat oder nicht und über die erforderlichen Mittel verfügt.[33] Da der entnehmbare Betrag sich nach dem Kapitalanteil am Ende des Vorjahres errechnet, besteht bei einer neu gegründeten Gesellschaft im anlaufenden Geschäftsjahr kein Entnahmerecht, auch kein Vorschussanspruch, soweit nichts anderes vereinbart wurde.

Daneben hat der Komplementär, unter Anrechnung des Entnahmebetrags in Höhe von 4 % seines Kapitalanteils, Anspruch auf Auszahlung des im Jahresabschluss **festgestellten Gewinns** des letzten Jahres, unabhängig davon, ob er seine Einlage voll eingezahlt hat oder ob sein Kapitalanteil durch Verluste gemindert oder gar negativ geworden ist.[34] Das Entnahmerecht des Komplementärs ist aber durch seine der Gesellschaft geschuldete **Treuepflicht** beschränkt. Nach § 122 Abs. 1, 2. Hs. HGB darf er den Gewinn nicht entnehmen, wenn für jeden Sachkundigen ersichtlich ist, dass dies zur Schädigung der Gesellschaft führen würde. Dies ist nicht nur zu bejahen, wenn der Bestand der Gesellschaft oder die Erreichung des Gesellschaftszwecks gefährdet werden, sondern auch dann, wenn wichtige Geschäfte nicht durchgeführt werden könnten oder bereits eingeleitete unter erheblichen Nachteilen rückgängig gemacht werden müssten.[35] Die Gesellschaft hat aber bei einer Verbesserung der Vermögenslage den Gewinn nachträglich zu zahlen. 21

Umgekehrt kann die **Treuepflicht** die Gesellschaft zwingen, die Auszahlung höherer Beträge als gesetzlich oder vertraglich vorgeschrieben zu **dulden**, wenn sie den Mittelabfluss verkraften kann und ein Gesellschafter die Beträge dringend für seinen Lebensunterhalt oder die Steuerzahlung benötigt.[36] Weitere Entnahmen zu Lasten des Kapitalanteils bedürfen mangels abweichender vertraglicher Regelung der Zustimmung der anderen Gesellschafter, auch der Kommanditisten, § 122 Abs. 2 HGB. 22

Den Auszahlungsanspruch des **Kommanditisten** regelt § 169 HGB. Nach § 169 Abs. 1 HGB ist ein Anspruch auf Vorabausschüttung, wie dies § 122 Abs. 1, 1. Hs. HGB für den Komplementär vorsieht, für den Kommanditisten ausgeschlossen. Nach § 169 Abs. 1 S. 2, 1. Hs. HGB hat der Kommanditist einen Anspruch auf Auszahlung des gesamten in der Bilanz **festgestellten Jahresgewinns**, ohne dass es dabei darauf ankäme, ob er seine Einlage schon geleistet hat. Anders liegt es, wenn die Gesellschaft gegen einen fälligen Anspruch auf Einzahlung der Einlage aufrechnet und den Gewinnanteil gemäß § 167 Abs. 2 HGB dem Kapitalanteil zuschreibt. Dagegen hat die Gesellschaft kein Zurückbehaltungsrecht, wenn der Gesellschafter seine gesellschaftlichen Verpflichtungen nicht erfüllt hat. 23

[33] Notfalls muss die Gesellschaft Kredit aufnehmen, wenn sie dadurch ihren Auszahlungsverpflichtungen nachkommen kann, MünchHdb. GesR II/*v. Falkenhausen/Schneider* KG § 24 Rn 8.

[34] MünchHdb. GesR II/*v. Falkenhausen/Schneider* KG § 24 Rn 34

[35] MünchHdb. GesR II/*v. Falkenhausen/Schneider* KG § 24 Rn 5.

[36] MünchHdb. GesR II/*v. Falkenhausen/Schneider* KG § 24 Rn 11; *Sudhoff*, Personengesellschaften (6. Aufl.), S. 290, 297; *Barz*, FS Knur, S. 36.

24 § 169 Abs. 1 S. 2, 2. Hs. HGB **beschränkt** den Anspruch des Kommanditisten dahin, dass die Auszahlung von Gewinnen nicht gefordert werden kann, solange sein Kapitalanteil durch Verluste unter den auf die bedungene Einlage geleisteten Betrag herabgemindert ist oder durch die Auszahlung unter diesen Betrag herabgemindert werden würde. Die Auszahlung ist auch dann verboten, wenn der **Kapitalanteil** des Kommanditisten durch Verluste **negativ** geworden ist, auch soweit noch gar keine Einlage eingezahlt worden war.[37] Zweck dieser Regelung ist es, die Kapitalgrundlage des Unternehmens zu sichern.

25 Demgegenüber kann, wenn der Kapitalanteil noch nicht eingezahlt oder durch eine zulässige Entnahme gemindert ist, der Kommanditist seinen **Auszahlungsanspruch** geltend machen,[38] sofern die Gesellschaft nicht gegen einen fälligen Einzahlungsanspruch aufrechnet.

26 Auch wenn § 122 Abs. 1, 2. Hs. HGB für den Kommanditisten nicht gilt,[39] unterliegt der Kommanditist der gesellschaftlichen **Treuepflicht**, so dass bei Auszahlungsverlangen des Kommanditisten die Interessen der Gesellschaft und des Kommanditisten gegeneinander abzuwägen sind, wenn es durch die Auszahlung zur Schädigung der Gesellschaft kommen könnte.[40]

Umgekehrt kann die Treuepflicht, wie beim Komplementär, die Gesellschaft zur Auszahlung **höherer Beträge** als gesetzlich oder vertraglich bestimmt zwingen, wenn dies nicht zur Schädigung der Gesellschaft führt und der Kommanditist die Beträge dringend für seinen Lebensunterhalt oder die Steuerzahlung benötigt.[41] Maßgeblicher **Zeitpunkt** für die Anwendung des § 169 Abs. 1 S. 2, 2. Hs. HGB ist der Zeitpunkt der Auszahlung.

27 Nach § 169 Abs. 2 HGB ist der Kommanditist, ebenso wie der Komplementär, **nicht** verpflichtet, den bezogenen Gewinn **wegen späterer Verluste zurückzuzahlen**. Bezogen ist der Gewinn nicht erst bei Auszahlung, sondern schon bei Gutschrift auf einem besonderen Konto, nicht dagegen wenn er dem Kapitalanteil zugeschrieben wird.[42] Voraussetzung ist aber, dass der bezogene Gewinn zu Recht bezogen wurde. Ist dies nicht der Fall, so ist der Kommanditist zur Rückzahlung und Verzinsung nach § 111 Abs. 1 HGB verpflichtet, auch wenn er den Fehler bei der Entgegennahme der Auszahlung nicht kannte.[43] Zu prüfen ist aber, ob die Gesellschafter

---

[37] MünchHdb. Ges R II/*v. Falkenhausen/Schneider* KG § 24 Rn 40; MüKo/*Grunewald*, § 169 HGB Rn 3.

[38] *Röhricht/Graf von Westphalen* § 169 HGB Rn 6. Allerdings ist er den Gläubigern unter den Voraussetzungen des § 172 Abs. 2 S. 2 HGB zur Rückzahung verpflichtet, MünchHdb. GesR II/*v. Falkenhausen/Schneider* KG § 24 Rn 41; MüKo/*Grunewald* § 169 HGB Rn 3.

[39] GK/*Schilling* § 169 HGB Rn 4; a. A. *Schlegelberger/Martens* § 169 HGB Rn 11.

[40] Vgl. *Ebenroth/Boujong/Joost/Weipert* § 169 HGB Rn. 14.

[41] MünchHdb. GesR II/*v. Falkenhausen* KG § 22 Rn 11; *Sudhoff*, Personengesellschaften (6. Aufl.), S. 290, 297; *Barz*, FS Knur, 1972, S. 36; *Schlegelberger/Martens* § 169 HGB Rn 19.

[42] MüKo/*Grunewald* § 169 HGB Rn 12; vgl. auch *Ebenroth/Boujong/Joost/Weipert* § 169 HGB Rn 6/7.

[43] So die h. M., vgl. MüKo/*Grunewald* § 169 HGB Rn 13; MünchHdb. GesR II/*v. Falkenhausen/Schneider* KG § 24 Rn 46; *Baumbach/Hopt* § 172 HGB Rn 9; a. A.

nicht durch die Feststellung der Bilanz, die die Gewinnauszahlung widerspiegelt, die gegenseitigen Forderungen und Verbindlichkeiten anerkannt und damit einen Rückforderungsanspruch ausgeschlossen haben.[44]

Die Treuepflicht verlangt nur in Extremfällen eine Rückzahlung schon entnommener Gewinne, wenn sich nachträglich die Unentbehrlichkeit des Betrages herausstellt.[45] Dies gilt auch für den Anspruch auf Auszahlung der Vorabdividende gemäß §§ 168 Abs. 1, 121 Abs. 1 HGB.[46]

Der Anspruch auf Entnahme oder Auszahlung **entsteht** mit der Feststel- **28**
lung der Bilanz nach Abschluss des Geschäftsjahres. Dies gilt auch für die Vorabverzinsung gemäß § 122 Abs. 1, 1. Hs. HGB für den persönlich haftenden Gesellschafter.[47]

Das **Entnahmerecht** des Komplementärs **verfällt**, wenn es bis zur Feststellung der Bilanz für das darauf folgende Geschäftsjahr nicht geltend gemacht worden ist; der nicht entnommene Betrag wird, soweit bewegliche Kapitalanteile geführt werden, dem Kapitalanteil zugeschlagen.[48]

Dasselbe gilt für den **Kommanditisten**, solange sein Kapitalanteil den **29**
Betrag der bedungenen Einlage nicht erreicht hat (§ 167 Abs. 2 HGB), vorausgesetzt, dass sie fällig ist.[49] Ansonsten wird sein ihm zustehender Gewinnanteil seinem Privatkonto gutgeschrieben, über das er frei verfügen kann. Der Auszahlungsanspruch des Kommanditisten ist zeitlich unbegrenzt. Sieht aber der Gesellschaftsvertrag vor, dass nur bestimmte Beträge aus dem Privatkonto pro Jahr ausgezahlt werden können, so verfällt der Anspruch auf Auszahlung dieser Beträge bei Feststellung der Jahresbilanz des darauf folgenden Geschäftsjahres.[50] Der Anspruch **verjährt**, soweit er nicht schon vorher entfallen ist, gemäß § 195 BGB in drei Jahren.[51]

2. Gesellschaftsvertragliche Regelung

Die gesetzliche Regelung erweist sich meistens für die gesellschaftlichen **30**
Verhältnisse als nicht passend. Deswegen findet sich fast immer in den Gesellschaftsverträgen eine Klausel betreffend das **Entnahme- bzw. Auszahlungsrecht**, wobei bei der typischen GmbH & Co. KG die Komplementär-GmbH an Gewinn und Verlust nicht teilnimmt.

Das Entnahme- wie auch das Auszahlungsrecht können im Gesellschaftsvertrag sowohl **erweitert** als auch **beschränkt** werden. Der Gesell-

---

GK/*Schilling* § 172 HGB Rn 16; *MüKo/K. Schmidt* §§ 171, 172 HGB Rn 93f.; näher *K. Schmidt* BB 1984, 1588, 1592, der § 172 Abs. 5 HGB auch auf das Innenverhältnis anwenden will.

[44] MünchHdb. GesR II/*v. Falkenhausen/Schneider* KG § 24 Rn 25.

[45] MünchHdb. GesR II/*v. Falkenhausen/Schneider* KG § 24 Rn 7.

[46] MünchHdb. GesR II/*v. Falkenhausen/Schneider* KG § 24 Rn 9; a. A. *Schlegelberger/Martens* § 169 HGB Rn 11.

[47] *Sudhoff*, (6. Aufl.) Personengesellschaften, S. 290.

[48] *Sudhoff*, (6. Aufl.) Personengesellschaften, S. 293.

[49] Vgl. MünchHdb. GesR II/*v. Falkenhausen/Schneider* KG § 24 Rn 17; MüKo/*Grunewald* § 169 HGB Rn 8.

[50] BGH DB 1976, 42.

[51] Zur Anwendbarkeit der Regelverjährung vgl. BGHZ 80, 357 (damals 30 Jahre).

schaftsvertrag kann z. B. die Kommanditisten den Komplementären gleichstellen, so dass § 122 HGB für alle gilt.

31 Im **Regelfall**, in dem feste Kapitalkonten für die Gesellschafter geführt werden, werden die Gewinnanteile auf Privatkonten verbucht, auf die Gesellschafter einen unbeschränkten Auszahlungsanspruch haben. Soll ein Teil des Gewinns nicht entnommen werden können, um dadurch die Kapitalerhaltung der Gesellschaft zu stärken, empfiehlt es sich, ein **Darlehenskonto** zu führen und eine klare Regelung darüber zu treffen, ob und unter welchen Umständen eine Auszahlung zugelassen ist.[52] Die nicht entnommenen Beträge sind dann dem Kapitalkonto oder einem Rücklagenkonto zuzuschreiben.

32 Der entnehmbare Gewinn kann nach festen Beträgen oder nach Quoten des gesamten Gewinns bestimmt werden.[53] Da der Kommanditist keinen Anspruch auf Gewinnauszahlung hat, wenn kein Gewinn erwirtschaftet ist, ist bei der Garantie eines festen Ausschüttungsbetrages im Zweifel vereinbart, dass dieser zwar auch dann zu zahlen ist, wenn der Gewinn nicht ausreicht, nicht aber, wenn die Kapitalkonten erschöpft sind.[54]

Die Festsetzung des auszuschüttenden Betrags kann einer Entscheidung der Gesellschafterversammlung oder einem Einzelnen, z. B. dem Geschäftsführer, überlassen werden. Möglich ist auch, die **Festsetzung** des auszuschüttenden Betrags an die Bedürfnisse der Gesellschaft zu koppeln und die Ausfüllung dieses Begriffs einem Gesellschafter oder einem Dritten zu überlassen.

33 Empfehlenswert sind im Gesellschaftsvertrag deutliche Regelungen über das Recht der Gesellschafter, schon vor Feststellung der Bilanz die Beträge entnehmen zu können, die zur Leistung von **Steuervorauszahlungen** benötigt werden.[55] Ohne entsprechende vertragliche Regelung haben die Gesellschafter dieses Recht nicht.[56]

Im Gesellschaftsvertrag kann auch – in der Praxis selten anzutreffen – eine **Entnahmepflicht** etabliert werden, so dass eine Begrenzung der Guthaben auf Gesellschafterkonten eingeführt oder zumindest die Verzinsung für besonders hohe Guthaben begrenzt wird. Ist keine Regelung getroffen, so können die Geschäftsführer nicht entnommene, zu hohe Guthaben auf die Kapitalkonten umbuchen, denn die Regelung der Höhe des eingezahlten Kapitals bleibt den Gesellschaftern vorbehalten.[57] Bezüglich Darlehens- und sonstige Forderungskonten wird danach zu differenzieren sein, ob das Entnahmerecht des Gesellschafters beschränkt ist. Ist dies der Fall und wird

---

[52] Da ja ansonsten § 609 Abs. 2 BGB zur Anwendung kommen könnte, vgl. MünchHdb. GesR II/*v. Falkenhausen/Schneider* KG § 24 Rn 49; vgl. auch *Barz*, FS Knur, S. 36.

[53] Vgl. MünchHdb. GesR II/*v. Falkenhausen/Schneider* KG § 22 Rn 53.

[54] Vgl. MünchHdb. GesR II/*v. Falkenhausen/Schneider* KG § 22 Rn 54; BGH WM 1979, 803, 804.

[55] *Barz*, FS Knur, 25, 28 sowie S. 29 ff. zu den verschiedenen Gestaltungen einer solchen Regelung; MünchHdb. GesR II/*v. Falkenhausen/Schneider* KG § 24 Rn 61 ff. m. w. N. in Fn 121.

[56] BGH DB 1996, 926, 930.

[57] MünchHdb. GesR II/*v. Falkenhausen/Schneider* KG § 24 Rn 73.

dem Gesellschafter eine Verzinsung dafür versprochen, so muss er auch das Recht haben, die Möglichkeit, Guthaben stehen zu lassen, auszunutzen. Dagegen sollte sich die Gesellschaft von einer Zinsverpflichtung befreien können, wenn keine Entnahmebeschränkungen bestehen.[58]

3. Durchsetzung der Auszahlungsansprüche

Der **geschäftsführende Gesellschafter** kann selbst die ihm zustehenden Beträge entnehmen. Die **Kommanditisten** sind dagegen auf den gerichtlichen Weg verwiesen. Die Klage ist im Wege der **Leistungsklage** gegen die Gesellschaft zu richten. Daneben können die geschäftsführenden Gesellschafter, die sich der Auszahlung widersetzen, auf Zahlung aus der Gesellschaftskasse in Anspruch genommen werden.[59] Eine Klage gegen die Gesellschafter auf Herbeiführung oder Bewirkung der Zahlung ist dagegen nicht zulässig.[60] 34

Ein Anspruch auf **Rückzahlung** unzulässiger Entnahmen ist von den geschäftsführenden Gesellschaftern oder von einem einzelnen Gesellschafter im Wege der actio pro socio geltend zu machen.[61] Die Beweislast dafür, dass die Entnahme berechtigt war, trägt der Gesellschafter, es sei denn, die Gesellschaft verweigert den Gewinnanspruch aufgrund § 122 Abs. 1, 2. Hs. HGB. 35

---

58 MünchHdb. GesR II/*v. Falkenhausen/Schneider* KG § 24 Rn 74.
59 RGZ 170, 392, 395 f.; BGH WM 1961, 1075.
60 RGZ 120, 135, 140.
61 MünchHdb. GesR II/*v. Falkenhausen/Schneider* KG § 24 Rn 29.

4. Abschnitt
Nicht vermögensbezogene Rechte

§ 24 Die Informationsrechte der Gesellschafter

Übersicht

Schrifttum: *Biermeier/Bongen/Renaud*, Informationsrechte bei Betriebsaufspaltungen, GmbHR 1988, 169; *Binz/Freudenberg/Sorg*, Informationsrechte in der GmbH & Co., BB 1991, 785; *v. Bitter*, Das Informationsrecht der GmbH-Gesellschafter in §§ 51 a, 51 b GmbHG, ZIP 1981, 825; *Budde*, Grundsätze ordnungsgemäßer

Rechnungslegung, FS Semler, 1993, S. 789; *Bunte*, Informationsrechte in der GmbH und im GmbH-Konzern, 1976; *Ebenroth*, Die Kontrollrechte der Gesellschafter, 1971; *Ernst*, Der Auskunftsanspruch des Kommanditisten, BB 1957, 1047; *Goerdeler*, Das allgemeine Informationsrecht des Kommanditisten in Bezug auf den Jahresabschluß, FS Kellermann, 1991, S. 77; *ders.*, Die Zuziehung von Sachverständigen bei der Einsicht in die Bücher, FS Stimpel, 1985, S. 125; *Grunewald*, Einsichts- und Auskunftsrecht des GmbH-Gesellschafters nach neuem Recht, ZHR 146 (1982) 211; *dies.*, Zum Informationsrecht in der GmbH & Co. KG, ZGR 1989, 545; *Hadding*, Actio pro socio, 1966; *Hahn*, Das Informationsrecht des Kommanditisten, BB 1997, 741; *Hepting*, Die Personengesellschaft als Konzernobergesellschaft: Informationsrechte des außenstehenden Gesellschafters, FS Pleyer, 1986, S. 301; *Hirte*, Die Ausübung der Informationsrechte von Gesellschaftern durch Sachverständige, BB 1985, 2208; *Hommelhoff*, Jahresabschluss und Gesellschafterinformation in der GmbH, ZIP 1983, 383; *Huber*, Das Auskunftsrecht des Kommanditisten, ZGR 1982, 539; *Immenga*, Die Minderheitsrechte der Kommanditisten, ZGR 1974, 385; *Karl*, Das Auskunfts- und Einsichtsrecht des GmbH-Gesellschafters nach § 51a GmbHG, DStR 1995, 940; *Krug*, Das Auskunfts- und Einsichtsrecht des Kommanditisten, 1991; *Lutter*, Zum Informationsrecht des Gesellschafters nach neuem GmbH-Recht, ZGR 1982, 1; *Müller*, Schranken des Informationsrechts nach § 51a GmbHG, GmbHR 1987, 87; *Picot*, Mehrheits- und Minderheitenschutz in Personengesellschaften, BB 1993, 13; *Reuter*, Der Beirat der Personengesellschaft, FS Steindorff, 1990, S. 229; *Roitzsch*, Der Minderheitenschutz im Verbandsrecht, 1981; *Saenger*, Hinzuziehung von Stellvertreter oder Beistand bei Beschlußfassung und Kontrolle im Gesellschaftsrecht, NJW 1992, 348; *Schießl*, Die Informationsrechte der Personengesellschafter im Lichte der GmbH-Reform, GmbHR 1985, 109; *ders.*, Abdingbarkeit der Kontrollrechte des Kommanditisten aus § 166 HGB, NJW 1989, 1597; *Schlitt*, Die Informationsrechte des stillen Gesellschafters, 1996; *K. Schmidt*, Informationsrechte in Gesellschaften und Verbänden, 1984; *ders.*, Die Information des Gesellschafters, FS 100 Jahre GmbHG, 1992, S. 559; *Schneider*, Die Auskunfts- und Kontrollrechte des Gesellschafters in der verbundenen Personengesellschaft, BB 1975, 1353; *Stimpel/Ulmer*, Einsichtsrecht der Gesellschafter einer mitbestimmten GmbH in die Protokolle des Aufsichtsrats?, FS Zöllner, 1998, S. 589; *Teichmann*, Gestaltungsfreiheit in Gesellschaftsverträgen, 1970; *Tietze*, Die Informationsrechte des GmbH-Gesellschafters, 1985; *Veltins/Hikel*, Zur Einschränkung bzw. Erweiterung der Informationsrechte des Kommanditisten, DB 1989, 465; *Weipert*, Gesellschafterinformationsrechte in der KG, DStR 1992, 1097; *Wiedemann*, Rechte und Pflichten des Personengesellschafters, WM 1992, Sonderbeilage Nr. 7; *Winkelmann*, Die Ausdehnung des Inhalts und Umfangs der Kontrollrechte des Kommanditisten nach der Rechtsprechung des BGH, JR 1970, 10; *Winter*, Mitgliedschaftliche Treuebindungen im GmbH-Recht, 1988; *Wischenbart*, Informationsbedarf und Informationsrechte im Gesellschaftsrecht, 1986; *Wohlleben*, Informationsrechte des Gesellschafters, 1988.

I. Grundlagen

1. Vorbemerkung

Jeder Gesellschafter ist zur sachgerechten Wahrnehmung seiner Gesellschafterrechte auf **konkrete Informationen** über die Angelegenheiten des Unternehmens angewiesen. Ohne zumindest in Grundzügen über die wirtschaftliche Situation der Gesellschaft informiert zu sein, kann der Gesellschafter verantwortliche Entscheidungen in der Gesellschaft letztlich 1 nicht treffen.[1] Dies gilt nicht nur im Zusammenhang mit der Feststellung des Jahresabschlusses, sondern generell für alle Beschlussfassungen in der Gesellschafterversammlung. Ferner bedarf der Gesellschafter der Information, um die Geschäftsführung kontrollieren, die Gewinnermittlung überprüfen und die Ertragschancen seiner Beteiligung beurteilen zu können.

2 Informationsrechte sind nichtvermögensbezogene **mitgliedschaftliche Grundrechte**, die dem Gesellschafter zur eigennützigen Ausübung verliehen sind und deren Umfang unabhängig von der Höhe der Kapitalbeteiligung ist.[2] Auch wenn Informationsrechte als Teil der dem Gesellschafter verliehenen Kontrollrechte den Minderheitenschutz effektivieren, sind sie nicht als Minderheitenrechte zu qualifizieren.[3] Vielmehr dienen sie der Wahrung der Vermögens- und Verwaltungsrechte aller Gesellschafter.[4] Dies gilt in besonderem Maße für nicht geschäftsführende Gesellschafter, die sich mangels Einbindung in die Geschäftsführung die relevanten Informationen über die Angelegenheiten der Gesellschaft erst noch verschaffen müssen.

3 In der GmbH & Co. KG hängt der Umfang des Informationsrechts von der **Gesellschafterstellung** ab. Während die Kommanditisten nur über das eingeschränkte Kontrollrecht nach § 166 HGB verfügen, besitzen die Gesellschafter der Komplementär-GmbH, deren Informationsrecht sich nach §§ 161 Abs. 2, 118 HGB bestimmt, das umfassende Informationsrecht des § 51a GmbHG. Die Geltung dieser verschiedenen Regelungsregime wirft in der GmbH & Co. KG im Vergleich zur gesetzestypisch verfassten KG mit einer natürlichen Person als Komplementär zusätzliche Probleme auf. Dies gilt namentlich für die Frage, ob sich das Informationsrecht der GmbH-Gesellschafter auch auf die Angelegenheiten der KG erstreckt bzw. ob die Kommanditisten auch Auskunft über die Angelegenheiten der Komplementär-GmbH verlangen und Einsicht in deren Unterlagen nehmen können (vgl. dazu Rn 17, 27, 32, 64).

2. Informationsarten

4 Mit Hilfe des **Einsichtsrechts** kann sich der Gesellschafter einen genauen Überblick über den Inhalt der Bücher und Papiere der Gesellschaft verschaffen. Hierzu gehört auch das Lesen, Abhören oder Öffnen sonstiger Datenträger.[5] Der Gesellschafter kann im Grundsatz selbst auswählen, welche Unterlagen er mit welcher Intensität in Augenschein nimmt. Bei Ausübung des Einsichtsrechts kann der Gesellschafter durchaus auch Informationen über Geschäftsvorfälle verlangen, die ihm zunächst völlig unbekannt waren. Andererseits hängen die Ergebnisse seiner Einsichtnahmen ganz wesentlich davon ab, mit welcher Sorgfalt die Geschäftsunterlagen der Gesellschaft geführt werden.

---

[1] Vgl. statt vieler *Schön* ZGR 1993, 210, 232.

[2] Vgl. *Wiedemann*, Gesellschaftsrecht, S. 374; *K. Schmidt*, Informationsrechte, S. 13.

[3] *Bunte*, Informationsrechte, S. 42.

[4] MünchHdb. GesR II/*Weipert* KG § 15 Rn 1; *Wiedemann*, Gesellschaftsrecht, S. 373.

[5] *Bunte*, Informationsrechte, S. 123.

Da sich dem Gesellschafter die Relevanz der eingesehenen Unterlagen häufig nicht ohne weiteres erschließt und der mit der Einsichtnahme und Auswertung der Unterlagen verbundene Zeitaufwand regelmäßig erheblich ist, erscheint es aus Sicht des Gesellschafters vorzugswürdig, die Geschäftsführung zunächst um **Auskunft** über bestimmte Sachverhalte zu bitten.[6] Bei Geltendmachung eines Auskunftsbegehrens braucht der Gesellschafter zunächst nicht aktiv zu werden; vielmehr muss die Gesellschaft selbst tätig werden. Die Erfüllung eines Auskunftsbegehrens kann auch Vorteile für die Gesellschaft haben, da die damit verbundene Belastung in aller Regel nicht so groß ist wie bei der Geltendmachung des Einsichtsrechts. Für den Gesellschafter erweist sich wiederum als vorteilhaft, dass er durch Ausübung des Auskunftsrechts möglicherweise Hintergrundinformationen über Sachverhalte erlangen kann, die ihm bei Einsicht in die Geschäftsunterlagen verborgen geblieben wären. Auf der anderen Seite kann der Gesellschafter die Richtigkeit der erteilten Auskunft ohne Einsicht in die Unterlagen oft nur schwer verifizieren. Zudem kann er konkrete Fragen häufig erst dann stellen, wenn er bereits über ein gewisses Hintergrundwissen verfügt.[7] 5

Einsichts- und Auskunftsrecht stellen Ausprägungen eines einheitlichen Informationsrechts dar.[8] Im Grundsatz besteht zwischen beiden Informationsarten kein gradueller Unterschied. Dies gilt jedenfalls für das Informationsrecht des GmbH-Gesellschafters nach § 51 a GmbHG.[9] Etwas anders verhält es sich demgegenüber bei den Informationsrechten des Kommanditisten einer GmbH & Co. KG. Bei diesem stellt das Gesetz eine Informationsart, nämlich das Einsichtsrecht (vgl. § 166 Abs. 1 HGB), in den Vordergrund. Damit kann eine Gleichwertigkeit zwischen den beiden Informationsarten nur in dem Rahmen in Betracht kommen, wie man ein Auskunftsrecht des Kommanditisten über den Wortlaut des Gesetzes hinaus anerkennt (vgl. dazu Rn 29 ff.).[10] 6

Innerhalb der Informationsrechte unterscheidet man zwischen **individuellen und kollektiven** Informationsrechten. Während die individuellen Informationsrechte vom Gesellschafter alleine ausgeübt werden können, steht die Geltendmachung der kollektiven Informationsrechte der Gesellschaftergesamtheit zu.[11] 7

---

[6] *Bunte*, Informationsrechte, S. 36; *Wischenbart*, Informationsbedarf, S. 36.

[7] *Wischenbart*, Informationsbedarf, S. 36; *Wohlleben*, Informationsrechte, S. 121.

[8] OLG Karlsruhe GmbHR 1985, 59; KG GmbHR 1988, 221, 222; *K. Schmidt*, Informationsrechte, S. 39, 86; *Hepting*, FS Pleyer, S. 310; *Ebenroth*, Kontrollrechte, S. 51; *Bunte*, Informationsrechte, S. 37 ff.; *Wiedemann* WM 1992, Sonderbeilage 7, S. 43; *v. Bitter* ZIP 1981, 826; *Wohlleben*, Informationsrechte S. 132; vgl. aber auch BGH NJW 1992, 1890, wonach die Ausübung des Einsichtsrechts einen gravierenderen Eingriff in den Geschäftsablauf als die Auskunftserteilung darstellen soll; ähnlich *Baumbach/Hueck/Zöllner* § 51 a GmbHG Rn 22.

[9] KG GmbHR 1988, 221; *Hachenburg/Hüffer* § 51 a GmbHG Rn 4, 9; *Ebenroth*, Kontrollrechte, S. 51; *v. Bitter* ZIP 1981, 826; *Kort* ZGR 1987, 49 f.; *Müller* GmbHR 1987, 93; *Gustavus* GmbHR 1989, 182.

[10] Vgl. auch *Schlitt*, Informationsrechte, S. 75 f.

[11] Vgl. *K. Schmidt*, Informationsrechte, S. 15; *Bunte*, Informationsrechte, S. 47.

3. Informationsschuldner

8 Entgegen einer früher vertretenen Auffassung, die den geschäftsführenden Gesellschafter bzw. die (bei einer Kapitalgesellschaft) Geschäftsführung als informationsverpflichtet angesehen hat,[12] geht man heute allgemein davon aus, dass Informationsschuldner die **Gesellschaft** selbst ist.[13] Dies gilt unabhängig von der jeweiligen Gesellschaftsform.[14] Dies gilt auch für das Verhältnis der Komplementär-GmbH zu ihren Gesellschaftern. Soweit § 51a GmbHG von „den Geschäftsführern" spricht, ist dies nur als Hinweis darauf zu verstehen, wer innerhalb des Verbandes zur Erteilung der Information verpflichtet ist.[15] Allerdings hat es die Rechtsprechung aus Praktikabilitätsgründen zum Teil gebilligt, nicht nur die Gesellschaft, sondern auch die **persönlich haftenden Gesellschafter** auf Einsicht bzw. Auskunft zu verklagen.[16] In Ausnahmefällen kann eine Auskunftspflicht des **Mehrheitsgesellschafters** bestehen.[17] Diese erwächst nicht aus § 166 HGB oder § 51a GmbHG, sondern aus der Treuepflicht, wobei sich diese Auskunftspflicht insbesondere auf mögliche Beherrschungs- und Abhängigkeitsverhältnisse erstreckt.

4. Grenzen der Informationsrechte

9 Informationsrechte werden – wie alle anderen Mitgliedschaftsrechte auch – dem Gesellschafter nicht schrankenlos gewährt. Für die GmbH & Co. KG sieht das Gesetz eine spezielle Schranke für das Einsichtsrecht des Kommanditisten vor. Nach § 166 Abs. 1 HGB ist der Gesellschafter berechtigt, die Richtigkeit des Jahresabschlusses durch Einsichtnahme in die Unterlagen der Gesellschaft zu überprüfen. Dieser Formulierung wird entnommen, dass eine Einsichtnahme in die Unterlagen der Gesellschaft nur erfolgen kann, soweit dies zur Prüfung der Bilanz **erforderlich** ist.[18] Die Darlegungs- und Beweislast, dass die Einsichtnahme nicht erforderlich ist, trifft indessen nicht den Gesellschafter, sondern die Gesellschaft. Greift der Einwand durch, ist er von der Gesellschaft grundsätzlich im Vollstreckungsverfahren geltend zu machen.[19]

---

[12] RGZ 170, 392, 395; OLG Köln OLGZ 1967, 362, 363.

[13] BGHZ 25, 115, 118; BayObLG DB 2003, 333; BayObLG DB 1991, 1874; *Baumbach/Hopt* § 166 HGB Rn 1; GK/*Schilling* § 166 HGB Rn 4; *Ulmer* GbR § 716 BGB Rn 1; *Soergel/Hadding* § 716 BGB Rn 1; *Baumbach/Hueck/Zöllner* § 51a GmbHG Rn 8; *Lutter/Hommelhoff* § 51a GmbHG Rn 5; *Scholz/K. Schmidt* § 51a GmbHG Rn 16; *Schlitt*, Informationsrechte, S. 135, jew. m.w.N. auch zur Gegenansicht.

[14] Zu den Besonderheiten bei der stillen Gesellschaft vgl. *Schlitt*, Informationsrechte, S. 136.

[15] *K. Schmidt*, Informationsrechte, S. 28, 50.

[16] BGH DB 1962, 1139; OLG Celle ZIP 1983, 944; GK/*Schilling* § 166 HGB Rn 4; a. A. BayObLG DB 1991, 1874; *K. Schmidt*, Gesellschaftsrecht, S. 1646: nur gegen die Gesellschaft.

[17] Vgl. dazu etwa *Lutter/Hommelhoff* § 51a GmbHG Rn 6 m.w.N.

[18] BGHZ 25, 115, 120; BGH BB 1979, 1315; GK/*Schilling* § 166 HGB Rn 9; MünchHdb. GesR II/*Weipert* KG § 15 Rn 21. Näher Rn 19.

[19] BGHZ 25, 115, 122.

Die Frage der Einschränkung von Informationsrechten stellt sich gleichermaßen, wenn die Geschäftsführung eine ständige und umfassende Information ihrer Gesellschafter gewährleistet. Für diesen Fall wird diskutiert, ob durch die Installierung eines **Informationssystems** die Informationsrechte des Gesellschafters antizipiert erfüllt werden. Für den Fall, dass das Berichtssystem den Anforderungen des § 90 AktG genügt und kein besonderer Kontrollanlass besteht, wird insbesondere im GmbH-rechtlichen Schrifttum die Auffassung vertreten, dass sich der Gesellschafter aufgrund seiner Rücksichtnahmepflicht gegenüber der Gesellschaft auf Zusatz- bzw. Ergänzungsfragen beschränken muss.[20] Dem ist, soweit es das Auskunftsrecht betrifft, auch für die KG zuzustimmen. Demgegenüber lässt sich die Bilanzkontrolle mittels des Einsichtsrechts nicht antizipieren. **10**

Eine allgemeine Schranke für die Ausübung von Informationsrechten ergibt sich aus § 242 BGB.[21] Um die Gesellschaft vor Quisquilien zu bewahren, unterliegt die Informationsausübung dem **Missbrauchsverbot**. Die Informationsausübung ist dann missbräuchlich, wenn sie zur Unzeit oder in schikanöser, den Geschäftsbetrieb erheblich belastender Art und Weise erfolgt.[22] Da die Voraussetzungen sehr eng gefasst sind, wird ein Informationsbegehren nur ausnahmsweise missbräuchlich sein. Beispiel für ein missbräuchliches Informationsverlangen ist etwa das Stellen überflüssiger oder bereits beantworteter Fragen. Die Informationsrechte können auch dann eine Einschränkung erfahren, wenn die Interessen der Gesellschaft an einer Geheimhaltung überwiegen. So kann ein konkurrierender Gesellschafter darauf verwiesen werden, seine Informationsrechte nicht oder nur mit Hilfe eines zur Berufsverschwiegenheit verpflichteten Sachverständigen auszuüben.[23] Allein auf den Umstand, dass sich der Gesellschafter zum Ausscheiden aus der Gesellschaft verpflichtet hat, kann die Informationsverweigerung nicht gestützt werden.[24] Die **Beweislast** für das Vorliegen eines rechtsmissbräuchlichen Handelns trägt die Gesellschaft.[25] **11**

Der Gesellschafter ist zudem aufgrund seiner gesellschaftsrechtlichen **Treuepflicht** gehalten, bei der Ausübung der Informationsrechte Rücksicht auf die Interessen der Gesellschaft zu üben.[26] Insbesondere darf die Informationsrechtsausübung den Geschäftsbetrieb der Gesellschaft nicht über Gebühr belasten. Eine **analoge Anwendung des § 51a Abs. 2 GmbHG** auf die Informationsrechte des Kommanditisten kommt hingegen nicht in **12**

---

[20] *Hommelhoff* BB 1981, 951; *ders.* ZIP 1983, 291 f.; *Lutter* ZGR 1982, 5 ff.; *Grunewald* ZHR 146 (1982), 225 f.; *K. Schmidt*, FS Kellermann, S. 398; diff. *Mertens*, FS Werner, S. 567.

[21] RGZ 148, 278, 280; BGHZ 25, 115, 122; BGH BB 1979, 1315, 1316; WM 1994, 2244, 2246; KG GmbHR 1988, 221, 223; *K. Schmidt*, Informationsrechte, S. 40 ff.; *Wiedemann*, Gesellschaftsrecht, S. 375; *Weipert* DStR 1992, 1110.

[22] Vgl. *Lutter* ZGR 1982, 3.

[23] BGH BB 1979, 1315, 1316; vgl. auch Rn 48.

[24] BayObLG GmbHR 1999, 1296, 1297.

[25] *v. Bitter* ZIP 1981, 829.

[26] BGH BB 1979, 1315, 1316; OLG Köln WM 1986, 761, 762; GK/*Schilling* § 166 HGB Rn 6; *Goerdeler*, FS Stimpel, S. 131; *Hachenburg/Hüffer* § 51a GmbHG Rn 60 ff.; *Lutter* ZGR 1982, 3.

Betracht, da diese Schranke auf das weite Informationsrecht des GmbH-Gesellschafters zugeschnitten ist und daher nicht auf andere Gesellschaftsformen übertragen werden kann.[27] Auch ein gesondertes **Informationsbedürfnis** muss der Gesellschafter entgegen einer teilweise vertretenen Auffassung[28] weder darlegen noch beweisen, da es für die Ausübung eines Mitgliedschaftsrechts keiner gesonderten Rechtfertigung mehr bedarf.[29] Die durch das Missbrauchsverbot und die Treuepflicht gezogenen Grenzen sind ausreichend, eine sachgerechte Ausübung der Informationsrechte zu gewährleisten.

II. Informationsrechte der Kommanditisten

13 Die gesetzlichen Kontrollrechte des Kommanditisten sind nicht sehr umfassend ausgestaltet. Sie erschöpfen sich im Wesentlichen in dem **Widerspruchs- und Zustimmungsrecht** bei außergewöhnlichen Geschäftsführungsmaßnahmen nach § 164 HGB und in den Informationsrechten nach § 166 HGB. Danach ist jeder Kommanditist berechtigt, eine abschriftliche Mitteilung des Jahresabschlusses der Gesellschaft zu verlangen sowie dessen Richtigkeit durch Einsichtnahme der Bücher und Papiere zu überprüfen (§ 166 Abs. 1 HGB). Bei Vorliegen wichtiger Gründe kann das Gericht die Mitteilung einer Bilanz und eines Jahresabschlusses oder sonstige Aufklärungen sowie die Vorlegung von Büchern und Papieren anordnen (§ 166 Abs. 3 HGB).

1. Das ordentliche Informationsrecht des Kommanditisten

14 **a) Kein umfassendes Informationsrecht.** Das Gesetz stellt in § 166 Abs. 2 HGB klar, dass dem Kommanditisten das umfassende Informationsrecht eines persönlich haftenden Gesellschafters einer offenen Handelsgesellschaft nach § 118 HGB oder einer GbR nach § 716 BGB nicht zusteht. Auch aus der Beschränkung des Einsichtsrechts in § 166 Abs. 1 HGB auf die Überprüfung des Jahresabschlusses wird deutlich, dass es sich bei dem ordentlichen Informationsrecht des Kommanditisten um ein funktionsgebundenes Informationsrecht handelt, das eine fortlaufende Kontrolle der Geschäftsführung kaum möglich macht.

15 **b) Abschriftliche Mitteilung des Jahresabschlusses.** Der Kommanditist hat Anspruch auf Vorlage des Jahresabschlusses der Gesellschaft (§ 166 Abs. 1, 1. Alt. HGB). Der **Jahresabschluss** umfasst die Bilanz sowie die Gewinn- und Verlustrechnung (§ 242 Abs. 3 HGB). Auszuhändigen ist der

---

[27] So aber *Schlegelberger/Martens* § 166 HGB Rn 20.

[28] *K. Schmidt*, Informationsrechte, S. 53 ff.; *ders.* FS 100 Jahre GmbHG, S. 575 f.; *ders.*, Gesellschaftsrecht, S. 1041.

[29] KG GmbHR 1988, 221, 223; *Bunte*, Informationsrechte, S. 46; *Grunewald* ZHR 146 (1982), 222; *Hachenburg/Hüffer* § 51a GmbHG Rn 57; *Lutter* ZGR 1982, 4; *Ulmer* § 716 BGB Rn 6; *Soergel/Hadding* § 716 BGB Rn 1; *Lutter/Hommelhoff* § 51a GmbHG Rn 2; vgl. aber auch OLG Stuttgart OLGZ 1983, 184; BGH BB 1992, 1024, 1025 r.Sp.

festgestellte, nicht bereits der lediglich aufgestellte Jahresabschluss.[30] Eine typische GmbH & Co. KG, bei der keine natürliche Person unmittelbar oder mittelbar persönlich haftet, unterliegt gem. § 264a Abs. 1 HGB den Rechnungslegungsvorschriften für Kapitalgesellschaften. Daher muss der Jahresabschluss um einen Anhang erweitert werden und es ist ein Lagebericht aufzustellen (§ 264 Abs. 1 S. 1 HGB). Da Anhang und Jahresabschluss eine Einheit bilden, umfasst der Jahresabschluss den Anhang, der dem Kommanditisten folglich ebenfalls mitzuteilen ist.[31] Dagegen ist der **Lagebericht**, in dem der Geschäftsverlauf und die Lage der Gesellschaft darzustellen sind, wobei auch auf die Risiken der künftigen Entwicklung einzugehen ist (§ 289 Abs. 1 HGB), nicht Teil des Jahresabschlusses. Nach einer teilweise vertretenen Ansicht beziehen sich die Rechte des Kommanditisten auch auf den Lagebericht, obwohl § 166 Abs. 1 HGB ausdrücklich nur den Jahresabschluss nennt.[32] Neben der Handelsbilanz kann der Kommanditist eine Abschrift einer gesondert aufgestellten **Steuerbilanz** verlangen.[33] Im Liquidationsverfahren hat er zudem Anspruch auf Aushändigung einer Abschrift der Eröffnungs- und Schlussbilanz.[34]

Hingegen besteht kein Recht des Kommanditisten auf Übermittlung gesondert angefertigter **Zwischenbilanzen**.[35] Lässt die Gesellschaft eine Abschlussprüfung durchführen, sei es aufgrund gesetzlicher oder gesellschaftsvertraglicher Verpflichtung, steht dem Kommanditisten kein Anspruch auf Übersendung einer Kopie des **Abschlussprüferberichts** zu.[36] Der Wortlaut des § 166 HGB ist hier eindeutig. Gleiches gilt für einen vom Finanzamt gefertigten **Betriebsprüfungsbericht**, da sich dieser nicht auf eine Prüfung des Jahresabschlusses beschränkt, sondern die Ergebnisse einer umfassenden steuerlichen Prüfung des Unternehmens reflektiert.[37] Freilich kann sich der Gesellschafter über sein **Einsichtsrecht** vom Inhalt dieser Berichte in Kenntnis setzen,[38] selbst wenn der Gesellschaftsvertrag dies nicht explizit vorsieht. Die Abschrift des Jahresabschlusses ist dem Kommanditisten **unaufgefordert** zuzuleiten; die **Kosten** hierfür trägt die Gesellschaft. 15a

c) Einsichtnahme in die Bücher und Papiere der Gesellschaft. 16
Um die Richtigkeit des Jahresabschlusses überprüfen zu können, kann der Kommanditist Einsicht in die Bücher und Papiere der Gesellschaft nehmen

---

30 MüKo/*Grunewald* § 166 HGB Rn 10.

31 *Binz/Sorg* § 5 Rn 87; MüKo/*Grunewald* § 166 HGB Rn 9.

32 *Binz/Sorg* § 5 Rn 87.

33 OLG Stuttgart OLGZ 1970, 262, 264; *Binz/Freudenberg/Sorg* BB 1991, 785, 786; MüKo/*Grunewald* § 166 HGB Rn 9; *Schlegelberger/Martens* § 166 HGB Rn 6; *Westermann* Personengesellschaften Rn 883; *Winkelmann* JR 1970, 10.

34 *Heymann/Horn* § 166 HGB Rn 8.

35 *Schlegelberger/Martens* § 166 HGB Rn 6; *Westermann* Personengesellschaften Rn 883; *Winkelmann* JR 1970, 10.

36 BGH NJW 1989, 3272 (obiter dictum); *Heymann/Horn* § 166 HGB Rn 8; *Schlegelberger/Martens* § 166 HGB Rn 6.

37 OLG Hamburg MDR 1965, 666; *Baumbach/Hopt* § 166 HGB Rn 3; *Heymann/Horn* § 166 HGB Rn 8.

38 BGH NJW 1989, 3272; *Grunewald* ZGR 1989, 547; *Schlegelberger/Martens* § 166 HGB Rn 7.

(§ 166 Abs. 1, 2. Alt. HGB). Das Einsichtsrecht erstreckt sich grundsätzlich auf **alle Geschäftsunterlagen**.[39] Hierzu zählen neben Verträgen, externer Korrespondenz und Aktenvermerken auch Prüfungsberichte des Abschlussprüfers und des Finanzamtes,[40] Zwischenbilanzen,[41] aber auch geheime Unterlagen, interne Schriftwechsel[42] sowie auf EDV oder Mikrofilm gespeicherte Unterlagen.[43] Ausnahmsweise kann sich das Einsichtsrecht auch auf Unterlagen beziehen, die sich im Privatbesitz des Gesellschafters befinden.[44] Eine Einsichtnahme in Papiere, die sich lediglich auf die Leitung des Unternehmens beziehen, ist hingegen ausgeschlossen.[45] Auch kann der Kommanditist keine Überprüfung des Waren- oder Kassenbestandes verlangen.[46]

16a Sofern der Jahresabschluss **aufgrund gesetzlicher oder gesellschaftsvertraglicher Bestimmungen** von dem **Abschlussprüfer** geprüft und dem Kommanditisten eine Einsicht in den Prüfungsbericht gewährt wurde, stellt sich die Frage, ob er hierüber hinaus eine eigene Prüfung durch Einsichtnahme in die Geschäftsunterlagen verlangen kann. Dies wird man regelmäßig zu verneinen haben.[47] Für den Fall, dass die Geschäftsführung den Jahresabschluss **freiwillig** durch einen von ihr bestimmten Abschlussprüfer prüfen lässt, ist dem Kommanditisten idR ein Recht auf eigene Prüfung zuzubilligen.[48] Im Gegensatz zu einer solchen „freiwilligen" Prüfung bestehen Pflichtprüfungen gem. § 316 HGB oder gesellschaftsvertraglich bzw. durch Gesellschafterbeschluss angeordnete Jahresabschlussprüfungen im Interesse aller Gesellschafter. Denn der Abschlussprüfer wird von den Gesellschaftern unter Einschluss der Kommanditisten in der Gesellschafterversammlung gewählt.[49] Gleichwohl wird man den Kommanditisten – vorbehaltlich einer entgegenstehenden gesellschaftsvertraglichen Regelung – neben dem Recht auf Einsichtnahme des Prüfungsberichts ein

---

[39] BGH BB 1979, 1315; einschränkend *Goerdeler*, FS Stimpel, S. 131.

[40] BGH NJW 1989, 3272; *Grunewald* ZGR 1989, 547; MüKo/*Grunewald* § 166 HGB Rn 9; *Schlegelberger/Martens* § 166 HGB Rn 7.

[41] *Baumbach/Hopt* § 166 HGB Rn 3; a. A. *Sudhoff*, Rechte und Pflichten, S. 27.

[42] *Baumbach/Hopt* § 166 HGB Rn 4.

[43] Vgl. auch *Baumbach/Hueck/Zöllner* § 51a GmbHG Rn 17. Einen Anspruch auf einen eigenen Terminal hat der Kommanditist freilich nicht.

[44] BGH BB 1970, 187.

[45] MüKo/*Grunewald* § 166 HGB Rn 2; *Schlegelberger/Martens* § 166 HGB Rn 7.

[46] *Sudhoff*, Rechte und Pflichten, S. 27; *Hahn* BB 1997, 741; MüKo/*Grunewald* § 166 HGB Rn 2.

[47] Wie hier GK/*Schilling* § 166 HGB Rn 17; *Heymann/Horn* § 166 HGB Rn 31; zweifelnd auch OLG München BB 1996, 1824; differenzierend *Schlegelberger/Martens* § 166 HGB Rn 7: nur wenn generelle Bedenken gegen Prüfungsbericht oder Abschlussprüfer vorliegen oder aus dem Prüfungsbericht selbst folgen. Offen lassend *Binz/Sorg* § 5 Rn 88.

[48] *Binz/Sorg* § 5 Rn 88; ähnlich GK/*Schilling* § 166 HGB Rn 17, der dem Kommanditisten ein Wahlrecht zwischen Einsichtnahme des Prüfberichts oder eigenständiger Bilanzprüfung einräumen will.

[49] Die Wahl des Abschlussprüfers stellt nach BGHZ 76, 338, 342 ein Grundlagengeschäft dar, an dem alle Gesellschafter mitzuwirken haben, sofern im Gesellschaftsvertrag nichts Abweichendes bestimmt ist.

individuelles Prüfungsrecht gem. § 166 Abs. 1 HGB zuzugestehen haben, da das Prüfungsrecht andernfalls bei allen durch das KapCoRiLiG prüfungspflichtig gewordenen GmbH & Co. KG obsolet geworden wäre.[50] Auch Kommanditisten, die dem Jahresabschluss zugestimmt oder die Bilanz unterzeichnet haben, können das individuelle Prüfungsrecht geltend machen.[51] Da der Entschluss des Kommanditisten, dem Jahresabschluss zuzustimmen und die Bilanz zu unterzeichnen, allein dadurch motiviert sein kann, die Gewinnverteilung nicht zu blockieren, ist darin regelmäßig kein Verzicht auf das Prüfungsrecht zu sehen.[52]

Das Bestehen des Einsichtsrechts hängt davon ab, ob sich die Unterlagen 17
materiell auf **Angelegenheiten der Gesellschaft** erstrecken. Hierunter fallen im Grundsatz alle Angelegenheiten, die Bezug zur Gesellschaft haben.[53] Neben den Interna der Gesellschaft (Personalsituation, Geschäftspläne etc.), den wirtschaftlichen Verhältnissen (Ertragslage, Steuerlasten etc.) der Gesellschaft gehören hierzu auch die Beziehungen zu außenstehenden Dritten (Geschäftsverbindungen, Wettbewerbssituation etc.). Auch **Angelegenheiten einzelner Gesellschafter** können ausnahmsweise Angelegenheiten der Gesellschaft sein, sofern Auswirkungen auf die Rechtsbeziehungen zur Gesellschaft bestehen. Die **Angelegenheiten der Komplementär-GmbH** sind indessen nicht generell als Angelegenheiten der KG anzusehen, so dass der Kommanditist grundsätzlich nicht berechtigt ist, Einsicht in die Unterlagen der Komplementärin zu nehmen.[54] Anderes gilt nur dann, wenn die begehrten Informationen im Zusammenhang mit der Komplementärfunktion der GmbH stehen.

Soweit es um mit der GmbH & Co. **verbundene Unternehmen** im 18
Sinne der §§ 15 ff. AktG geht, so ist zu differenzieren. Unterlagen, aus denen sich Sachverhalte „zu“ verbundenen Unternehmen ergeben, beinhalten ohne weiteres Angelegenheiten der Gesellschaft selbst.[55] Daher kann sich der Kommanditist über Geschäfte und den Inhalt von Unternehmensverträgen mit verbundenen Gesellschaften informieren. Ob sich die GmbH & Co. KG in einer beherrschenden oder abhängigen Position befindet, ist dabei nicht entscheidend. Anders verhält es sich hinsichtlich Angelegenheiten „von“ verbundenen Unternehmen. Diese stellen grundsätzlich keine Angelegenheiten der GmbH & Co. KG dar. Ein Einsichtsrecht des Kommanditisten kommt nur dann ausnahmsweise in Betracht, wenn die Vorgänge in der Konzerngesellschaft Auswirkungen auf die GmbH & Co. KG haben können und die Gesellschaft berechtigt ist, Informationsrechte gegenüber

---

50 *Binz/Sorg* § 5 Rn 89; für die Aufrechterhaltung des individuellen Prüfungsrechts gem. § 166 HGB nach stattgefundener Abschlussprüfung auch MüKo/*Grunewald* § 166 HGB Rn 7.

51 MüKo/*Grunewald* § 166 HGB Rn 6.

52 MüKo/*Grunewald* § 166 HGB Rn 6.

53 *Bunte*, Informationsrechte, S. 133; GK/*Schilling* § 166 HGB Rn 5; *K. Schmidt*, Informationsrechte, S. 32 f.; *Weipert* DStR 1992, 1098.

54 GK/*Schilling* § 166 HGB Rn 14; a. A. *Hesselmann/Tillmann* GmbH & Co. Rn 394.

55 BGH ZIP 1984, 702, 703 (zur stillen Gesellschaft); *Wiedemann*, Gesellschaftsrecht, S. 374; MünchHdb. GesR II/*Weipert* KG § 15 Rn 13; *Goerdeler*, FS Kellermann, S. 86; *Heymann/Horn* § 166 HGB Rn 24.

der Konzerngesellschaft geltend zu machen.[56] Handelt es sich bei dem verbundenen Unternehmen um eine hundertprozentige **Tochtergesellschaft**, besteht ein Einsichtsrecht des Kommanditisten in Bezug auf ihre Unterlagen, da andernfalls sein Informationsanspruch unzulässig verkürzt würde.[57] Voraussetzung ist, dass die Tochtergesellschaft wie eine Betriebsabteilung geführt wird. Auch in diesem Fall besteht das Einsichtsrecht jedoch nicht unmittelbar gegenüber der Tochtergesellschaft, sondern richtet sich gegen die GmbH & Co. KG,[58] die ihrerseits die Pflicht hat, sich die Unterlagen bei der Tochtergesellschaft zu verschaffen.[59] Sind an der Tochtergesellschaft noch **Dritte** beteiligt, erstreckt sich das Informationsrecht grundsätzlich nicht auf die Unterlagen des verbundenen Unternehmens.[60] Ist die GmbH & Co. KG beherrschtes Unternehmen, steht ihr gegenüber der Obergesellschaft kein eigenes Informationsrecht zu, so dass auch ein Informationsrecht des Kommanditisten gegenüber der Obergesellschaft ausscheidet.[61]

19 Der **Zweck** des Einsichtsrechts ist auf die Überprüfung des Jahresabschlusses begrenzt.[62] Die Geltendmachung des Einsichtsrechts unterliegt daher **zeitlichen Einschränkungen**. Die Einsichtnahme muss innerhalb eines angemessenen Zeitraums nach Übermittlung des Jahresabschlusses erfolgen.[63] Die vereinzelt unternommenen Versuche,[64] dem Kommanditisten ein umfassendes Einsichtsrecht zuzubilligen, konnten sich letztlich nicht durchsetzen, da sich ein umfassendes Informationsrecht mit dem Wortlaut des § 166 Abs. 1, 2 HGB nicht in Einklang bringen lässt. Für die Geltendmachung des Einsichtsrechts wird man einen Zeitraum von zwei Monaten noch als angemessen ansehen können.[65] Unter Umständen kann sich sogar auch nach vorgenommener Einsicht erneuter Anlass zu einer Überprüfung ergeben.[66] Das Einsichtsrecht **erlischt**, wenn der Kommanditist den Jahresabschluss durch Unterzeichnung anerkannt hat.[67]

---

[56] MünchHdb. GesR II/*Weipert* KG § 15 Rn 16; *ders.* DStR 1992, 1098; *K. Schmidt*, Informationsrechte, S. 34.

[57] BGHZ 25, 115, 118; *Schlegelberger/Martens* § 166 HGB Rn 47; MüKo/*Grunewald* § 166 HGB Rn 25; *Heymann/Horn* § 166 HGB Rn 24; *Winkelmann* JR 1970, 11.

[58] BGHZ 25, 115, 118; *Schneider* BB 1975, 1358; *Schlegelberger/Martens* § 166 HGB Rn 47.

[59] *Heymann/Horn* § 166 HGB Rn 24.

[60] Vgl. *Schlegelberger/Martens* § 166 HGB Rn 48.

[61] MünchHdb. GesR II/*Weipert* KG § 15 Rn 17; *ders.* DStR 1992, 1099; *Schlegelberger/Martens* § 166 HGB Rn 49; *Schneider* BB 1975, 1356; a. A. *Baumbach/Hueck/Zöllner* § 51a GmbHG Rn 10a; ähnlich *Lutter/Hommelhoff* § 51a GmbHG Rn 15.

[62] BGHZ 25, 115, 120; BGH ZIP 1984, 702, 703; *Binz/Freudenberg/Sorg* BB 1991, 786; MünchHdb. GesR II/*Weipert* KG § 15 Rn 21; *Hesselmann/Tillmann* GmbH & Co. Rn 392; *Hahn* BB 1997, 741.

[63] *Bunte*, Informationsrechte, S. 33; *Heymann/Horn* § 166 HGB Rn 9; *Schlegelberger/Martens* § 166 HGB Rn 11; *Wischenbart*, Informationsbedarf, S. 82.

[64] In diese Richtung etwa *Wiedemann* WM 1992, Sonderbeilage 7, S. 45.

[65] MüKo/*Grunewald* § 166 HGB Rn. 4: vier Wochen dürften wohl stets ausreichend sein.

[66] *Westermann* Personengesellschaften Rn 884.

[67] *Schlegelberger/Martens* § 166 HGB Rn 12; *Westermann* Personengesellschaften Rn 884; einschränkend *Baumbach/Hopt* § 166 HGB Rn 4; mitunter kann ein An-

Die Einsichtnahme hat prinzipiell in den **Geschäftsräumen** der Gesellschaft zu erfolgen.[68] Dabei ist die Tageszeit zu wählen, zu der die Geschäftsführung der Kommanditgesellschaft am wenigsten behindert wird, sofern diese Zeit dem Kommanditisten zumutbar ist.[69] Hierbei wird es sich in der Regel um die üblichen Geschäftszeiten handeln.[70] Der Kommanditist kann frei auswählen, welche Unterlagen er in Einsicht nehmen will,[71] wobei er Anspruch auf Vorlage der Originalunterlagen hat. Ein zielloses Durchstöbern der Geschäftsräume ist ihm freilich nicht gestattet. Dem Kommanditisten ist für die Einsichtnahme ausreichend Platz und Zeit einzuräumen. Die Gesellschaft ist nicht verpflichtet, dem Kommanditisten die gewünschten Unterlagen herauszusuchen.[72] Einen Anspruch auf Herausgabe der Unterlagen besitzt der Gesellschafter zwar nicht.[73] Nach zutreffender Auffassung darf er sich jedoch **Kopien und Aufzeichnungen** der eingesehenen Unterlagen anfertigen, da die Belange der Gesellschaft hierdurch nicht unzumutbar tangiert werden.[74] Die **Kosten** für die Einsichtnahme und eine etwaige Anfertigung von Kopien hat grundsätzlich der Gesellschafter zu tragen.[75] **20**

Sind die vom Kommanditisten begehrten Unterlagen, etwa wegen einer unregelmäßigen Buchführung des geschäftsführenden Gesellschafters, nicht mehr vorhanden, besteht keine Pflicht der Geschäftsführung, diese Unterlagen neu herzustellen.[76] Die Annahme einer solchen **Informationsbeschaffungspflicht** würde der Sache nach auf die Anerkennung einer gesetzlich nicht vorgesehenen Dokumentationspflicht hinauslaufen. Der geschäftsführende Gesellschafter ist in diesem Fall jedoch gehalten, zur Vermeidung eines Informationsdefizits über die gewünschten Informationen Auskunft zu erteilen (eingehend zum Auskunftsrecht Rn 29 ff.). Von nicht mehr vorhandenen Unterlagen sind solche zu unterscheiden, die sich lediglich nicht in den Geschäftsräumen der Gesellschaft befinden, aber mit zu- **21**

---

erkenntnis des Jahresabschlusses jedoch auch ohne Unterzeichnung erfolgen, beispielsweise durch Mitwirkung an dessen Feststellung, vgl. BGH WM 1975, 1261, 1262; zust. *Röhricht/v. Westphalen/v. Gerkan* § 166 HGB Rn 13.

[68] OLG Köln BB 1961, 953; *Heymann/Horn* § 166 HGB Rn 9; MüKo/*Grunewald* § 166 HGB Rn 4; *Wohlleben*, Informationsrechte, S. 145.

[69] MüKo/*Grunewald* § 166 HGB Rn. 4.

[70] OLG Hamburg GmbHR 2002, 913: Beschränkung der Einsichtnahme auf Wochenende nur dann gerechtfertigt, wenn Einsichtnahme während der Geschäftszeiten zu einer unverhältnismäßigen Belastung der GmbH führen würde; MüKo/*Grunewald* § 166 HGB Rn 4.

[71] BGHZ 25, 115, 120; *Baumbach/Hopt* § 166 HGB Rn 4; GK/*Schilling* § 166 HGB Rn 9.

[72] *Wohlleben*, Informationsrechte, S. 124.

[73] BGH ZIP 1984, 702, 703; MüKo/*Grunewald* § 166 HGB Rn 4; *Schlegelberger/Martens* § 166 HGB Rn 11.

[74] *Sudhoff*, Rechte und Pflichten, S. 29; *Westermann* Personengesellschaften Rn 884; *Winkelmann* JR 1970, 10; einschr. *Schlegelberger/Martens* § 166 HGB Rn 11.

[75] *Binz/Sorg* § 5 Rn 91; vgl. auch Rn 48 f.

[76] *Tietze*, Informationsrechte, S. 54; ähnlich *Kort* ZGR 1987, 67; a. A. *Wohlleben*, Informationsrechte, S. 115, 137.

mutbarem Aufwand beschafft werden können. Solche Unterlagen sind von der Gesellschaft beizubringen.[77]

22 **d) Vertragliche Regelungen.** Oftmals enthalten Gesellschaftsverträge Bestimmungen, die das Recht auf Übermittlung einer Abschrift des Jahresabschlusses oder das Einsichtsrecht des Kommanditisten **ausschließen** oder **einschränken**. Neben einem vollständigen Ausschluss sind beschränkende Regelungen hinsichtlich Form, Zeit und Ort der Kontrollausübung denkbar.[78] Verbreitet sind auch Bestimmungen, wonach die Informationsrechte von einem Vertreter oder einem Gesellschaftsorgan, etwa einem **Beirat**, wahrgenommen werden. Ob solche Klauseln wirksam vereinbart werden können, wird streitig diskutiert. Eine abschließende Klärung dieser Fragen durch eine höchstrichterliche Entscheidung steht noch aus. Der **BGH** hatte die Einschränkung des ordentlichen Informationsrechts nach § 166 HGB durch eine Gesellschaftsvertragsbestimmung, nach der die Gesellschafterrechte nur durch einen gemeinsamen Vertreter wahrgenommen werden können (sog. Vertreterklausel), zunächst als wirksam erachtet,[79] in einer späteren Entscheidung mit Blick auf die Einführung von § 51a GmbHG jedoch Zweifel an der Abdingbarkeit des § 166 Abs. 1 HGB geäußert.[80] Auch das Meinungsbild im **Schrifttum** ist uneinheitlich. Während sich die wohl überwiegende Meinung für den dispositiven Charakter des ordentlichen Informationsrechts ausspricht,[81] lässt eine im Vordringen befindliche Auffassung, teils mit Hinweis auf den Kernbereich der Mitgliedschaftsrechte, teils in analoger Anwendung von § 51 a GmbHG vertragliche Einschränkungen des ordentlichen Einsichtsrechts nicht zu.[82]

23 Richtigerweise ist zu differenzieren. Der Anspruch auf Erhalt einer Abschrift des Jahresabschlusses ist ein unverzichtbares Recht des Kommandi-

---

[77] MüKo/*Grunewald* § 166 HGB Rn 2.

[78] Zur Pflicht der Einschaltung eines Sachverständigen vgl. Rn 48f.

[79] BGHZ 46, 291; für die Zulässigkeit der Abbedingung des Informationsrechts des Kommanditisten und stillen Gesellschafters auch BayObLG WM 1988, 1789, 1790 (obiter dictum); zur Zulässigkeit solcher Vertragsgestaltung vgl. jüngst OLG Hamm NZG 1998, 27ff.

[80] BGH WM 1988, 1477; vgl. aber auch BGHZ 106, 7, 10: Einschränkung der §§ 166 Abs. 1, 233 Abs. 1 HGB zulässig.

[81] *Immenga* ZGR 1974, 404; *Klauss/Mittelbach* GmbH & Co. KG Rn 85; *Schlegelberger/Martens* § 166 HGB Rn 40; *Schneider* ZGR 1978, 26; *Bälz* ZGR 1980, 46; *Westermann* Personengesellschaften Rn 890; *Wiedemann*, Gesellschaftsrecht, S. 376; *ders.* WM 1992, Sonderbeilage 7, S. 46; *Wohlleben*, Informationsrechte, S. 176; *Goerdeler*, FS Kellermann, S. 126; *Hahn* BB 1997, 742 jeweils m.w.N.; nur unter der Voraussetzung, dass der Delegierte von den Kommanditisten angemessen kontrolliert und ggf. gewählt werden kann, *Röhricht/v. Westphalen/v. Gerkan* § 166 HGB Rn 37, 44.

[82] GK/*Schilling* § 166 HGB Rn 15; *Heymann/Horn* § 166 HGB Rn 28; *Baumbach/Hopt* § 166 HGB Rn 18; MüKo/*Grunewald* § 166 HGB Rn 48; *Binz/Sorg* § 5 Rn 124; *Schießl* NJW 1989, 1598; *Reuter*, FS Steindorff, S. 242; *Scholz/K. Schmidt* § 51a GmbHG Rn 56; *ders.*, Gesellschaftsrecht, S. 1543; *Veltins/Hikel* DB 1989, 466; MünchHdb. GesR II/*Weipert* KG § 15 Rn 6; *Hesselmann/Tillmann* GmbH & Co. Rn 391; Beck Hdb. Personengesellschaften/*Müller* § 4 Rn 98, 106; im Grds. auch *Grunewald* ZGR 1989, 550; *dies.* Gesellschaftsrecht 1. C. Rn 24.

tisten, dessen Einschränkung durch gesellschaftsvertragliche Regelung auch mit Einverständnis des Gesellschafters nicht in Betracht kommt.[83] Folglich reicht es nicht aus, wenn der Jahresabschluss allein dem Beirat zur Verfügung gestellt wird. Eine anders lautende Bestimmung im Gesellschaftsvertrag wäre unwirksam. Demgegenüber handelt es sich bei dem ordentlichen Einsichtsrecht nur um ein unentziehbares Mitgliedschaftsrecht, das zwar nicht durch nachträglichen Mehrheitsbeschluss, wohl aber mit Zustimmung des betroffenen Kommanditisten eingeschränkt werden kann.[84] Dies gilt namentlich für **Publikumspersonengesellschaften**. Hier muss eine Mediatisierung des Einsichtsrechts auf einen Beirat oder ein sonstiges Kontrollorgan zulässig sein, da eine gleichzeitige Ausübung des Informationsrechts durch eine Vielzahl von Kommanditisten zu einer nicht hinnehmbaren Blockierung des Geschäftsbetriebes der Gesellschaft führen würde.[85]

Gesellschaftsvertragliche Einschränkungen der Informationsrechte ent- 24
falten dann **keine Wirkung**, wenn der begründete **Verdacht einer unredlichen Geschäftsführung** besteht. Aus dem in §§ 716 Abs. 2 BGB, 118 Abs. 2 HGB enthaltenen Rechtsgedanken ergibt sich, dass in diesem Fall das ordentliche Informationsrecht trotz vertraglicher Beschränkung wieder auflebt.[86] Dabei braucht der Kommanditist den vollen Nachweis des unredlichen Verhaltens nicht zu führen. Vielmehr reicht es aus, wenn er glaubhaft konkrete Tatsachen vorträgt, die bei objektiver Betrachtung den Verdacht einer unredlichen Geschäftsführung erwecken.[87]

2. Das außerordentliche Informationsrecht des Kommanditisten

a) Grundsatz. In Ergänzung zu dem ordentlichen Einsichtsrecht sieht 25
das Gesetz in § 166 Abs. 3 HGB ein außerordentliches Informationsrecht des Kommanditisten vor. Danach kann das Gericht bei Vorliegen eines wichtigen Grundes auf Antrag des Kommanditisten jederzeit die Mitteilung einer Bilanz und eines Jahresabschlusses oder sonstiger Aufklärungen sowie die Vorlegung der Bücher und Papiere anordnen. Der **Regelungsgehalt** dieser Vorschrift ist streitig. Nach der h.M. stellt § 166 Abs. 3 HGB eine das außerordentliche Informationsrecht materiell regelnde Bestimmung dar,[88] die sich nicht in einer bloßen Verfahrensvorschrift erschöpft.[89]

---

[83] Vgl. OLG Hamm NZG 1998, 22, 23.

[84] Eingehend *Schlitt*, Informationsrechte, S. 96ff.

[85] *Schlitt*, Informationsrechte, S. 164ff.; *Hahn* BB 1997, 742; MüKo/*Grunewald* § 166 HGB Rn 50.

[86] BayObLG WM 1988, 1789, 1790 (obiter dictum); *Binz/Sorg* § 5 Rn 124; *Binz/Freudenberg/Sorg* BB 1991, 787; *Hesselmann/Tillmann* GmbH & Co. Rn 391; *Baumbach/Hopt* § 166 HGB Rn 18.

[87] *Schneider* BB 1975, 1355; *Wiedemann*, Gesellschaftsrecht, S. 376; *Ulmer* § 716 BGB Rn 17.

[88] BGH ZIP 1984, 702, 703; BayObLG DB 1978, 2405, 2406; OLG Hamburg MDR 1965, 666; MünchHdb. GesR II/*Weipert* KG § 15 Rn 54; *Schlegelberger/Martens* § 166 HGB Rn 22.

[89] So aber *K. Schmidt*, Informationsrechte, S. 74ff.; *ders.*, Gesellschaftsrecht, S. 1540; *Baumbach/Hopt* § 166 HGB Rn 8.

26 **b) Vorliegen eines wichtigen Grundes.** Ein das außerordentliche Informationsrecht begründender wichtiger Grund ist gegeben, wenn die Belange des Kommanditisten durch das ordentliche Informationsrecht nach § 166 Abs. 1 HGB und ein etwaiges zusätzlich vertraglich eingeräumtes Kontrollrecht nicht ausreichend gewahrt werden und darüber hinaus die Gefahr einer Schädigung besteht.[90] Ein besonderes Eilbedürfnis ist nicht erforderlich.[91] Ein wichtiger Grund besteht etwa bei Vorliegen eines begründeten Verdachts **unrechtmäßiger Geschäftsführung** oder finanzieller Unregelmäßigkeiten.[92] Die Annahme eines wichtigen Grundes hängt jedoch nicht zwingend von einem fehlerhaften Verhalten der Geschäftsführung ab.[93] Auch ein außergewöhnliches Ereignis, wie etwa die **schlechte wirtschaftliche** Lage des Unternehmens, kann Anlass für ein Informationsverlangen nach § 166 Abs. 3 HGB sein.[94] Ferner kann die Vorlage eines die Gewinnfeststellung der vergangenen Geschäftsjahre ändernden **Betriebsprüfungsberichts** einen wichtigen Grund darstellen.[95] Demgegenüber reicht die bloße Behauptung der Unrichtigkeit der Bilanz[96] oder der Wunsch des Kommanditisten, einen besseren Einblick in das Unternehmen gewinnen zu wollen, nicht aus. Nach h.M. stellt die **Verweigerung des Einsichtsrechts** nach § 166 Abs. 1 HGB durch die Geschäftsführung einen wichtigen Grund dar.[97] Ein wichtiger Grund liegt auch dann vor, wenn, beispielsweise aufgrund einer personellen Verflechtung mit der Geschäftsführung einer **Tochter- oder Beteiligungsgesellschaft**, der Verdacht besteht, dass die Geschäftsführung ihren Einfluss zur Verkürzung des Gewinnanspruchs des Kommanditisten ausnutzt.[98] Der Annahme eines außerordentlichen Informationsanspruchs des Kommanditisten steht dann auch nicht das Vorhandensein anderer Gesellschafter in der Tochtergesellschaft entgegen, da in diesem Fall das Informationsinteresse des

[90] BayObLG NZG 2003, 25, 26 („Ein wichtiger Grund i. S. v. § 166 Abs. 3 HGB liegt vor, wenn das Informationsrecht des Kommanditisten aus § 166 Abs. 1 HGB nicht für eine sachgemäße Ausübung der Mitgliedschaftsrechte ausreicht und wegen einer Gefährdung der Interessen des Kommanditisten eine Regelung getroffen werden muss“); BGH ZIP 1984, 702, 703 (zur stillen Ges.); BayObLG DStR 1991, 1161, 1162; *Binz/Freudenberg/Sorg* BB 1991, 786; GK/*Schilling* § 166 HGB Rn 11, vgl. auch *Westermann* Personengesellschaften Rn 885.

[91] MüKo/*Grunewald* § 166 HGB Rn 30; a. A. *Schlegelberger/Martens* § 166 HGB Rn 26.

[92] BayObLG DB 1991, 1874; OLG Hamm BB 1970, 509.

[93] MüKo/*Grunewald* § 166 HGB Rn 30.

[94] *Hesselmann/Tillmann* GmbH & Co. Rn 389; *Westermann* Personengesellschaften Rn 885.

[95] OLG Hamburg MDR 1965, 666, 667; *Heymann/Horn* § 166 HGB Rn 13.

[96] OLG Stuttgart OLGZ 70, 262, 264.

[97] OLG Köln OLGZ 1967, 362, 363; OLG Hamm BB 1970, 509; BayObLG DB 1978, 2405, 2406; *Binz/Freudenberg/Sorg* BB 1991, 785, 786; GK/*Schilling* § 166 HGB Rn 11; *Hesselmann/Tillmann* GmbH & Co. Rn 389; *Brönner/Rux/Wagner* GmbH & Co. Rn 246; a. A. *Heymann/Horn* § 166 HGB Rn 13; *Röhricht/v. Westphalen/v. Gerkan* § 166 HGB Rn 20; ähnlich *Schlegelberger/Martens* § 166 HGB Rn 22, 26; MüKo/*Grunewald* § 166 HGB Rn 32.

[98] BGH ZIP 1984, 702, 703 (stille Ges.); *Heymann/Horn* § 166 HGB Rn 24.

Kommanditisten höher zu bewerten ist als das Geheimhaltungsinteresse etwaiger Mitgesellschafter in der Tochtergesellschaft.[99] Ist die GmbH & Co. KG ihrerseits von einem anderen Unternehmen **abhängig**, so begründet die Gefährdung der Vermögensinteressen des Kommanditisten, die auf eine Verfolgung von Fremdinteressen durch den Mehrheitsgesellschafter der Gesellschaft zurückgeht, einen wichtigen Grund im Sinne von § 166 Abs. 3 HGB.[100]

c) Umfang des außerordentlichen Informationsrechts. Der Umfang des außerordentlichen Informationsrechts erschöpft sich nicht in der Mitteilung einer Bilanz oder der Vorlegung von Büchern und Papieren. Vielmehr kann sich das außerordentliche Informationsrecht auf **alle Geschäftsinformationen** beziehen und ist daher nicht auf die in § 166 Abs. 3 HGB aufgeführten Unterlagen beschränkt.[101] Der Kommanditist kann die Erteilung von Auskünften über einzelne Geschäftsvorfälle, die Aufstellung und Vorlage von Zwischenbilanzen oder sogar gegebenenfalls die Durchführung einer Sonderprüfung verlangen.[102] In Ausnahmefällen kann auch die Vorlage von Verträgen zwischen Kommanditisten angeordnet werden, soweit diese sich auf die Ausübung gesellschaftsrechtlicher Mitgliedschaftsrechte beziehen.[103] Die Vorlage von Rechtsgutachten kann idR nicht verlangt werden.[104] Sofern die finanzielle Situation der Gesellschaft oder ihre Geschäftsführungstätigkeit hierzu Anlass gibt, erstreckt sich das außerordentliche Informationsrecht auch auf Unterlagen der **Komplementär-GmbH**, soweit die Geschäftsführerstellung der GmbH betroffen ist.[105] 27

Das **Gericht** ist in seiner Entscheidung, wie die Gesellschaft die vom Kommanditisten gewünschte Information zu erteilen hat, grundsätzlich frei. Es hat unter Berücksichtigung des Einzelfalls Zeit, Ort und Dauer der Kontrollausübung zu regeln.[106] Zum Schutz der Gesellschaft kann das Gericht anordnen, dass die Informationserteilung an einen zur Berufsverschwiegenheit verpflichteten Sachverständigen erfolgen soll.[107] 27a

---

[99] BGH ZIP 1984, 703; *Schneider* ZGR 1980, 529; *Reuter* ZHR 146 (1982), 7.

[100] *Schneider* BB 1975, 1356; *ders.* ZGR 1980, 529f.; *Reuter* ZHR 146 (1982), 7; *Schlegelberger/Martens* § 166 HGB Rn 49; *Heymann/Horn* § 166 HGB Rn 23; a. A. MüKo/*Grunewald* § 166 HGB Rn 31; einschränkend *Röhricht/v. Westphalen/v. Gerkan* § 166 HGB Rn 22.

[101] GK/*Schilling* § 166 HGB Rn 12; *Heymann/Horn* § 166 HGB Rn 12; *Schlegelberger/Martens* § 166 HGB Rn 2, 29; *Schneider* BB 1975, 1353, 1357; *Westermann* Personengesellschaften Rn 885.

[102] GK/*Schilling* § 166 HGB Rn 12; *Binz/Sorg* § 5 Rn 92; *Binz/Freudenberg/Sorg* BB 1991, 786; *Schlegelberger/Martens* § 166 HGB Rn 29; MüKo/*Grunewald* § 166 HGB Rn 33: die Aufstellung einer Bilanz könne nur verlangt werden, wenn dies im Interesse der Gesellschaft liegt.

[103] LG Berlin GmbHR 1995, 58; *Hesselmann/Tillmann* GmbH & Co. KG Rn 392.

[104] BayObLG NZG 2003, 25, 26.

[105] GK/*Schilling* § 166 HGB Rn 14; *Brönner/Rux/Wagner* GmbH & Co. Rn 250.

[106] *Winkelmann* JR 1970, 12.

[107] *Schlegelberger/Martens* § 166 HGB Rn 29.

28 **d) Vertragliche Regelungen.** Vertragliche Einschränkungen oder gar ein Ausschluss des außerordentlichen Informationsrechts kommen wegen des zwingenden Charakters des § 166 Abs. 3 HGB nicht in Betracht.[108] Damit sind Vertragsbestimmungen, nach denen das außerordentliche Informationsrecht von einem **Beirat** oder gemeinsamen Vertreter der Kommanditisten wahrgenommen werden, unwirksam. Keinen Bedenken unterliegen hingegen **Schiedsgerichtsvereinbarungen**, sofern der materielle Schutz des § 166 Abs. 3 HGB hierdurch nicht berührt wird.[109] Besteht der konkrete Verdacht einer unredlichen Geschäftsführung, kann die Einrede der Schiedsgerichtsbarkeit im Verfahren der freiwilligen Gerichtsbarkeit nicht erhoben werden.[110]

3. Der Auskunftsanspruch des Kommanditisten

29 **a) Bestehen eines Auskunftsanspruchs.** Nach dem Wortlaut des Gesetzes kann der Kommanditist Auskunft über die Angelegenheiten der Gesellschaft nur unter den Voraussetzungen des § 166 Abs. 3 HGB verlangen. Die Ausübung des außerordentlichen Informationsrechts ist danach jedoch vom Vorliegen eines wichtigen Grundes abhängig und erfordert zudem eine gerichtliche Entscheidung. Ein ordentliches Auskunftsrecht zugunsten des Kommanditisten sieht das Gesetz indessen nicht vor. Vereinzelt wird die gesetzliche Regelung der Informationsrechte des Kommanditisten als abschließend angesehen.[111] Die Entscheidung des Gesetzgebers, dass der von der Geschäftsführung ausgeschlossene Kommanditist keine Auskunft verlangen könne, müsse respektiert werden. Die ganz überwiegende Auffassung im Schrifttum hält den Umfang der gesetzlich vorgesehenen Informationsrechte nicht für ausreichend und bejaht im Grundsatz einen Auskunftsanspruch des Kommanditisten. Uneinigkeit herrscht indessen über die dogmatische Herleitung und den Umfang eines solchen Auskunftsanspruchs. *Huber* entnimmt den §§ 713, 666 BGB einen **allgemeinen Auskunftsanspruch** des Kommanditisten, der neben dem Informationsrecht nach § 166 HGB bestehe.[112] Dies überzeugt nicht. Der Rechtsnatur nach handelt es sich bei diesem Anspruch nach §§ 713, 666 BGB nämlich um ein

---

[108] BGHZ 64, 238, 243; BGH ZIP 1984, 702, 703 (zur stillen Ges.); BayObLG DB 1978, 2405, 2406; MüKo/*Grunewald* § 166 HGB Rn 48; *Lutter* AcP 180 (1980), 150; *Löffler* NJW 1989, 2658; *Reuter*, FS Steindorff, S., 242; GK/*Schilling* § 166 HGB Rn 15. Demgegenüber will *Hirte* BB 1985, 2210, vertragliche Modifikationen zulassen.

[109] BayObLG DB 1978, 2406; OLG Koblenz GmbHR 1990, 556 (zur wegen § 51 a GmbHG vergleichbaren Situation in der GmbH); *Baumbach/Hopt* § 166 HGB Rn 19; MünchHdb. GesR II/*Weipert* KG § 15 Rn 56; *Schlegelberger/Martens* § 166 HGB Rn 46; *Westermann/Menger* DZWiR 1991, 143, 150; a. A. LG Mönchengladbach GmbHR 1986, 390, 391; OLG Köln GmbHR 1989, 207, 208 (zur GmbH).

[110] *Westermann* Personengesellschaften Rn 892; *Winkelmann* JR 1970, 13.

[111] *Düringer/Hachenburg/Flechtheim* § 166 HGB Anm. 5; *Wischenbart* Informationsbedarf, S. 73; wohl auch *Westermann* Personengesellschaften Rn 882 ff., der ein Auskunftsrecht ebenfalls nicht erwähnt.

[112] *Huber* ZGR 1982, 539 ff.; vgl. auch *Hesselmann/Tillmann* GmbH & Co, Rn 389; *Binz/Sorg* § 5 Rn 96; MüKo/*Grunewald* § 166 HGB Rn 15.

kollektives und kein individuelles Informationsrecht.[113] Auch der von *Huber* vorgeschlagene Weg über die actio pro socio hilft letztlich nicht weiter, da der Gesellschafter mit Hilfe der Gesellschafterklage nur Leistung an die Gesamthand und nicht an sich allein verlangen kann. Andere billigen dem Kommanditisten in **analoger Anwendung von § 51a GmbHG** ein umfassendes ordentliches Auskunftsrecht zu.[114] Durch die Einfügung von § 51a GmbHG im Zuge der GmbH-Novelle 1980 habe der Gesetzgeber ein modernes Organisationsrecht schaffen wollen, das zwangsläufig Auswirkungen auf das Personengesellschaftsrecht haben müsse. Dies gelte insbesondere für die GmbH & Co. KG, da hier das Informationsgefälle zwischen Kommanditisten und Gesellschaftern der Komplementär-GmbH besonders stark hervortrete. Dieser Argumentation wird jedoch zu Recht entgegengehalten, dass die Vorschrift des § 51a GmbHG anerkanntermaßen eine rechtspolitisch verfehlte Regelung darstellt, deren analoge Anwendung auf das Personengesellschaftsrecht sich daher verbiete.[115] Ist der Kommanditist nicht zugleich Gesellschafter der Komplementär-GmbH, stehe ihm das Informationsrecht nach § 51a GmbHG ungeachtet des bestehenden Informationsgefälles nicht zu. Abhilfe könne hier nur der Gesetzgeber schaffen.

Die ganz herrschende Auffassung im Schrifttum gesteht dem Komman- **30**
ditisten einen von § 166 HGB unabhängigen **zweckgebundenen Auskunftsanspruch** zu. Dieser gesetzlich nicht verankerte, durch § 166 Abs. 2 HGB aber auch nicht ausgeschlossene ordentliche Auskunftsanspruch sei mit den Mitverwaltungsrechten des Kommanditisten untrennbar verknüpft.[116] Mit Hilfe dieses Auskunftsanspruchs könne der Kommanditist zwar nicht Auskunft über jede gewöhnliche Geschäftsführungsmaßnahme verlangen, wohl aber soweit es zur sachgerechten Ausübung seiner Gesellschafterrechte erforderlich ist. Auch der **BGH** erkennt im Grundsatz ein

---

[113] Zur berechtigten Kritik vgl. nur *Scholz/K. Schmidt* § 51a GmbHG Rn 56.

[114] *Schießl* GmbHR 1985, 111; *ders.* NJW 1989, 1598; *Roitzsch*, Minderheitenschutz, S. 161; *Wiedemann/Hermanns* JZ 1993, 548, 549; *Roth/Altmeppen* GmbHG § 51a Rn 44.

[115] Im Ergebnis auch GK/*Schilling* § 166 HGB Rn 2; *Heymann/Horn* § 166 HGB Rn 22; MünchHdb. GesR II/*Weipert* KG § 15 Rn 9; *Klauss/Mittelbach* GmbH & Co. KG Rn 86; *Schlegelberger/Martens* § 166 HGB Rn 50; *Binz/Sorg* § 5 Rn 98; *Baumbach/Hopt* Anh. § 177a HGB Rn 25; MüKo/*Grunewald* § 166 HGB Rn 43; *Grunewald* Gesellschaftsrecht 1. C. Rn 71; *Hachenburg/Hüffer* § 51a GmbHG Rn 76; *v. Bitter* ZIP 1981, 831; *Scholz/K. Schmidt* § 51a GmbHG Rn 12, 56; *ders.*, Gesellschaftsrecht, S. 1646; *Biermeier/Bongen/Renaud* GmbHR 1988, 169, 170; *Timm* GmbHR 1980, 295; *Brönner/Rux/Wagner* GmbH & Co. Rn 250f.; *Hahn* BB 1997, 744; *Röhricht/v. Westphalen/v. Gerkan* § 166 HGB Rn 35.

[116] Mit Unterschieden in den Einzelheiten *Schlegelberger/Martens* § 166 HGB Rn 4, 17; *K. Schmidt*, Informationsrechte, S. 68; *Baumbach/Hopt* § 166 HGB Rn 11; *Ebenroth*, Kontrollrechte, S. 41; *Heymann/Horn* § 166 HGB Rn 19; *Grunewald* ZGR 1989, 552; *dies.* Gesellschaftsrecht 1. C. Rn 26 (Umfang analog § 131 AktG); *Ernst*, BB 1957, 1047ff.; MünchHdb. GesR II/*Weipert* KG § 15 Rn 9; *Bunte*, Informationsrechte, S. 14, 36; *Hepting*, FS Pleyer, S. 308ff.; *Goerdeler*, FS Kellermann, S. 79ff.; *Budde*, FS Semler, S. 789, 801; *Brönner/Rux/Wagner* GmbH & Co. Rn 247; *Hahn* BB 1997, 745; Beck Hdb. Personengesellschaften/*Müller* § 4 Rn 103; *Binz/Sorg* § 5 Rn 94; MüKo/*Grunewald* § 166 HGB Rn 12.

Auskunftsrecht des Kommanditisten an.[117] Ein Auskunftsanspruch bestehe insbesondere dann, wenn sich der Kommanditist mittels des ihm zustehenden Einsichtsrechts keine ausreichende Klarheit über die Angelegenheiten der Gesellschaft verschaffen kann. Dem Kommanditisten stehe ein **funktionsgebundenes** Auskunftsrecht zu, soweit er die Informationen zur Ausübung seiner Mitgliedschaftsrechte benötigt.[118] Dieses Auskunftsrecht kann auch von Kommanditisten geltend gemacht werden, die allgemein oder bezüglich des Tagesordnungspunktes, auf den sich die Auskunft bezieht, vom **Stimmrecht ausgeschlossen** sind. Denn dem Gesellschafter steht auch in diesem Fall ein Rederecht zu, für dessen sachgerechte Ausübung er gleichfalls Informationen benötigt.[119]

31 **b) Umfang des Auskunftsanspruchs. Im Einklang** mit der Auffassung des BGH und der h.M. im Schrifttum ist dem Kommanditisten ein Auskunftsrecht jedenfalls insoweit zuzubilligen, wie er zur sachgerechten Ausübung seiner Mitgliedschaftsrechte auf Informationen angewiesen ist. Da die Kommanditisten vorbehaltlich einer anderweitigen Regelung im Gesellschaftsvertrag berechtigt sind, an der **Bilanzfeststellung** mitzuwirken,[120] besteht ein Recht des Kommanditisten auf Erteilung der für die Entscheidung notwendigen Informationen, insbesondere über die von der Geschäftsführung vorgenommenen Bilanzierungsmaßnahmen. Ein Auskunftsrecht besteht ferner im Zusammenhang mit der Beschlussfassung über die Feststellung des Jahresabschlusses oder über die Zustimmung zu außergewöhnlichen (§ 164 2. HS HGB) oder nach dem Gesellschaftsvertrag der Zustimmung der Gesellschafterversammlung unterliegenden Geschäftsführungsmaßnahmen.[121] Ganz allgemein lässt sich sagen, dass der Kommanditist zur Ausübung seines **Stimmrechts** in der Gesellschafterversammlung nur dann in der Lage ist, wenn er über die entscheidungserheblichen Informationen zu allen Gegenständen der Tagesordnung verfügt. Der Umfang des Auskunftsrechts hängt daher maßgeblich davon ab, wie weit der Gesellschaftsvertrag die Mitgliedschaftsrechte des Kommanditisten ausgestaltet. Ein allgemeines Informationsrecht des Kommanditisten, das sich auf gewöhnliche, nicht der Entscheidung der Gesellschafterversammlung unterworfene Geschäftsführungsmaßnahmen erstreckt, besteht jedoch nicht.[122]

32 **c) Gegenstand des Auskunftsrechts.** Gegenstand des Auskunftsrechts können alle die Gesellschaft betreffenden Angelegenheiten sein. Sofern

---

117 BGH ZIP 1983, 935, 936. In dem zugrunde liegenden Fall waren indessen die Informationsrechte des Kommanditisten denen eines persönlich haftenden Gesellschafters (§§ 716 BGB, 118 HGB) angeglichen. Ob dem Kommanditisten das im konkreten Fall zugebilligte Auskunftsrecht auch dann zusteht, wenn die Informationsrechte vertraglich nicht erweitert werden, ließ der BGH offen.

118 BGH BB 1992, 1024, 1025.

119 Zutreffend MüKo/*Grunewald* § 166 HGB Rn 12; a. A. *Weipert* DStR 1992, 1097, 1111.

120 BGH NJW 1996, 1678 ff.

121 Vgl. etwa *Binz/Sorg* § 5 Rn 94.

122 Vgl. nur *Goerdeler*, FS Stimpel, S. 133.

nicht berechtigte Interessen der Mitgesellschafter entgegenstehen, können auch Auskünfte über **Tochtergesellschaften** abgefragt werden.[123] Nach zutreffender Auffassung sind die Angelegenheiten der **Komplementär-GmbH** prinzipiell nicht als Angelegenheiten der KG anzusehen, es sei denn es besteht ein Zusammenhang mit der Komplementär-Eigenschaft der GmbH. In diesem Fall erstreckt sich das Auskunftsrecht des Kommanditisten auch auf die Angelegenheiten der Komplementär-GmbH, wenn dies zur sachgerechten Wahrnehmung seiner Mitgliedschaftsrechte erforderlich ist.[124] Insoweit kann mitunter auch die wirtschaftliche Entwicklung der Komplementär-GmbH einen Auskunftsanspruch begründen, so etwa, wenn eine Unterbilanz der GmbH die Gefahr mit sich bringt, dass Kommanditistendarlehen gemäß §§ 172a HGB, 32a, 32b GmbHG als eigenkapitalersetzend gelten können.[125]

d) Form der Auskunftserteilung. Es liegt im Ermessen der Geschäftsführung, wie sie ihrer Auskunftspflicht nachkommt. Die Auskunftserteilung kann **mündlich** oder **schriftlich**, etwa durch Aushändigung einschlägiger Unterlagen erfolgen, sofern die gewünschten Informationen den Dokumenten ohne weiteres zu entnehmen sind. Die Auskunft ist **unverzüglich** zu erteilen und muss in Anlehnung an § 131 AktG einer gewissenhaften und getreuen Rechenschaft entsprechen.[126] Die Ausübung des Auskunftsrechts kann nicht nur in der **Gesellschafterversammlung** erfolgen; allerdings darf die Geltendmachung des Auskunftsverlangens den Geschäftsbetrieb nicht unzumutbar einschränken. Entgegen vereinzelten Stimmen[127] ist mit einer Anerkennung des Auskunftsrechts **keine Erweiterung des Einsichtsrechts** verbunden. Das Einsichtsrecht ist auf die Bilanzprüfung beschränkt. Das Auskunftsrecht soll dem Gesellschafter nur in den Fällen weiterhelfen, in denen das Einsichtsrecht unzureichend ist.[128] 33

Hat der geschäftsführende Gesellschafter die gewünschten Informationen nicht selbst parat, etwa weil er sie vergessen hat, ist er verpflichtet, sich die Kenntnisse zu verschaffen. Dies gilt namentlich für größere Unternehmen, bei denen das Wissen bei den leitenden Mitarbeitern vorhanden ist. Will man nicht das Informationsrecht des Kommanditisten unzulässig verkürzen, muss man eine mit dem Auskunftsrecht des Kommanditisten korrespondierende **Informationsbeschaffungspflicht** des geschäftsführenden Gesellschafters anerkennen.[129] 34

e) Vertragliche Regelungen. Anders als das Einsichtsrecht ist der Auskunftsanspruch gesellschaftsvertraglichen **Einschränkungen** nicht zu- 35

---

[123] BGH ZIP 1983, 935, 937.

[124] GK/*Schilling* § 166 HGB Rn 14.

[125] *Röhricht/v. Westphalen/v. Gerkan* § 166 HGB Rn 36.

[126] *Wohlleben*, Informationsrechte, S. 146f.

[127] *Goerdeler*, FS Stimpel, 1985, S. 132.

[128] *Weipert* DStR 1992, 1099.

[129] OLG Frankfurt NJW-RR 1992, 171, 172; *Grunewald* ZHR 146 (1982), 221, 234; *Kort* ZGR 1987, 70 ff; *Scholz/K. Schmidt* § 51a GmbHG Rn 34; *Wohlleben*, Informationsrechte, S. 13. Insofern gilt anderes als beim Einsichtsrecht.

gänglich.[130] Auch dann, wenn das Einsichtsrecht zulässigerweise einem **Beirat** oder **Gesellschafterausschuss** zugewiesen ist, verbleibt das Auskunftsrecht beim Kommanditisten. Da die Beschneidung des Auskunftsrechts dazu führen könnte, dass der Gesellschafter seine Rechte nicht mehr ordnungsgemäß ausüben kann, handelt es sich um ein **unverzichtbares** Mitgliedschaftsrecht.[131] Dies gilt für Publikumspersonengesellschaften im besonderen Maße.[132]

36 Das Auskunftsrecht des Kommanditisten kann – ebenso wie das Einsichtsrecht – ohne weiteres durch gesellschaftsvertragliche Bestimmungen **erweitert** werden. So kann das Informationsrecht des Kommanditisten etwa dem eines GmbH-Gesellschafters angeglichen werden. Gegenstand gesellschaftsvertraglicher Regelungen kann ferner die Etablierung einer Verpflichtung der Geschäftsführung zu regelmäßiger Berichterstattung über Umsätze, Kosten und Liquidität, die Einräumung laufender Einsichtsrechte oder umfassender Auskunftsansprüche sowie das Recht zur Anfertigung von Zwischenbilanzen sein.

37 Nach Auffassung des BGH ist der **Entzug** von gesetzlichen oder **vertraglichen** Informationsrechten nur dann wirksam, wenn der Entzug im Gesellschaftsinteresse geboten und dem betroffenen Gesellschafter unter Berücksichtigung seiner eigenen schutzwürdigen Interessen zumutbar ist.[133] Hierfür reicht die Aufnahme einer erlaubten Konkurrenztätigkeit nicht aus.[134] Die vertraglich zusätzlich zugestandenen Informationsrechte können nach richtiger Auffassung durch Änderung des Gesellschaftsvertrages im Nachhinein eingeschränkt werden, sofern den Anforderungen des Bestimmtheitsgrundsatzes Genüge getan wird.[135] Der Kernbereich der Mitgliedschaftsrechte ist dann nicht tangiert, wenn die Einschränkung lediglich die vertraglich erweiterten Rechte betrifft. Freilich darf diese Einschränkung nicht nur einen Gesellschafter treffen, da der Beschluss ansonsten gegen den Gleichbehandlungsgrundsatz verstoßen würde.[136]

4. Kollektives Informationsrecht

38 **a) Existenz.** Für die GbR sehen die §§ 713, 666 BGB eine Verpflichtung der geschäftsführenden Gesellschafter vor, den übrigen Gesellschaftern die erforderlichen Nachrichten zu geben, bei Verlangen Auskunft zu erteilen und Rechenschaft abzulegen. Diese Bestimmungen beanspruchen

[130] MüKo/*Grunewald* § 166 HGB Rn 49; *Grunewald* ZGR 1989, 553; *Schlegelberger/K. Schmidt* § 119 HGB Rn 25; *Immenga* ZGR 1974, 414; *Teichmann*, Gestaltungsfreiheit, S. 203; ähnlich *Wiedemann* WM 1992, Sonderbeilage 7, S. 45 f., der allerdings verfahrensmäßige Einschränkungen, wie die ausschließliche Geltendmachungsmöglichkeit in der Gesellschafterversammlung, zulässt. A. A. wohl *Hepting*, FS Pleyer, S. 308; für eine teilweise Dispositivität auch *Schlegelberger/Martens* § 166 HGB Rn 44.

[131] *Grunewald* Gesellschaftsrecht 1. C. Rn 26.

[132] *Schlitt*, Informationsrechte, S. 122 f., 217 f.

[133] BGH WM 1994, 2244; *Hesselmann/Tillmann* GmbH & Co. KG Rn 391.

[134] BGH WM 1994, 2244.

[135] A. A. *K. Schmidt* JZ 1995, 314: auch vertraglich eingeräumte Informationsrechte mehrheitsfest.

[136] Zutr. *Flume* ZIP 1995, 652.

über §§ 161 Abs. 2 i.V. m. 105 Abs. 2 HGB auch für die KG Geltung, so dass auch in der GmbH & Co. KG eine Berichterstattungspflicht des geschäftsführenden Gesellschafters besteht. Mit ihr korrespondiert ein kollektives Informationsrecht der übrigen Gesellschafter.[137] Bei diesem kollektiven Informationsrecht handelt es sich – anders als bei dem Informationsrecht nach § 166 HGB, das dem Gesellschafter zur individuellen Ausübung eingeräumt ist – um ein Recht der **Gesellschaftergesamtheit** gegenüber den Geschäftsführungsorganen, das nicht aus der Mitgliedschaft resultiert, sondern „Korrelat der Organverantwortlichkeit" ist.[138] Träger des kollektiven Informationsrechts sind in der GmbH & Co. KG nicht nur die Kommanditisten, sondern auch etwaige von der Geschäftsführung ausgeschlossene persönlich haftende Gesellschafter.

Ein in der GmbH & Co. KG installierter **Beirat**, dem nicht nur Bera- **39**
tungsfunktionen, sondern auch Kontrollkompetenzen zugewiesen sind, ist zur Information der von der Geschäftsführung ausgeschlossenen Gesellschafter verpflichtet. Mit dieser Berichtspflicht des Beirates korrespondiert ein Recht der Gesellschafter, sich vom Beirat unterrichten zu lassen. Auch hierbei handelt es sich der Sache nach um ein kollektives Informationsrecht der Gesellschaftergesamtheit. Hingegen ist ein individueller **Auskunftsanspruch** des Gesellschafters gegenüber dem Beirat oder einzelnen Beiratsmitgliedern nicht anzuerkennen.[139] Vielmehr ist der Beirat vorbehaltlich einer anderweitigen gesellschaftsvertraglichen Regelung nur verpflichtet, in der Gesellschafterversammlung, die über die Feststellung des Jahresabschlusses beschließt, Bericht über seine Tätigkeit im vergangenen Jahr zu erstatten und zum Jahresabschluss Stellung zu nehmen.[140]

b) Umfang. Gegenstand des kollektiven Informationsrechts sind alle In- **40**
formationen, die die Gesellschafter zur **Ausübung** ihrer **Gesellschafterrechte** benötigen.[141] Die Gesellschafter können auf diese Weise Erläuterungen zum Jahresabschluss, zu außergewöhnlichen Geschäften und auf der Tagesordnung stehenden Gesellschafterbeschlüssen verlangen. Angelegenheiten der laufenden Geschäftsführung sind indessen grundsätzlich nicht Gegenstand des Auskunftsrechts.[142] Andernfalls würde dies auf die Anerkennung eines allgemeinen Auskunftsanspruchs hinauslaufen, was sich mit dem Regelungsgehalt des § 166 Abs. 2 HGB nicht in Einklang bringen ließe. Der Umfang des kollektiven Informationsrechts deckt sich daher weitgehend mit dem individuellen Auskunftsrecht des Gesellschafters.[143]

---

137 RGZ 148, 278, 279; BGH BB 1992, 1024, 1025; GK/*Schilling* § 166 HGB Rn 3; *Ulmer* § 713 BGB Rn 7; MünchHdb. GesR II/*Weipert* KG § 15 Rn 7; *Soergel/Hadding* § 713 BGB Rn 7f.; *Reuter*, FS Steindorff, S. 241f.

138 *K. Schmidt*, Informationsrechte, S. 15ff.; *Bunte*, Informationsrechte, S. 47; anders freilich *Huber* ZGR 1982, 542, der hierin einen individuellen Anspruch des Gesellschafters sieht.

139 OLG Karlsruhe GmbHR 1998, 645, 647.

140 MünchHdb. GesR II/*Riegger* KG § 8 Rn 71.

141 MünchHdb. GesR II/*Weipert* KG § 15 Rn 7; GK/*Schilling* § 166 HGB Rn 3.

142 BGH BB 1992, 1024, 1025; *Budde*, FS Semler, S. 802.

143 Vgl. *Schlegelberger/Martens* § 166 HGB Rn 17; GK/*Schilling* § 166 HGB Rn 3.

41 **c) Geltendmachung.** Die Geltendmachung des kollektiven Informationsrechts bedarf vorbehaltlich einer abweichenden gesellschaftsvertraglichen Regelung eines einstimmigen **Beschlusses** der Gesellschafterversammlung. Bei der Beschlussfassung wirkt die geschäftsführende Komplementär-GmbH nicht mit, da sie selbst nicht anspruchsberechtigt, sondern auskunftsverpflichtet ist. Wird die Auskunftserteilung von der geschäftsführenden Gesellschafterin verweigert und kommt eine Gesamtwillensbildung nicht zustande, kann der Kommanditist nach Auffassung der Rechtsprechung[144] und der überwiegenden Meinung im Schrifttum[145] das kollektive Informationsrecht im Wege der **actio pro socio** durchsetzen. Mit Hilfe dieser Gesellschafterklage, die dem einzelnen Gesellschafter die Geltendmachung von Sozialansprüchen im eigenen Namen erlaubt,[146] kann der Kommanditist zwar nicht Auskunft an sich, jedoch an die Gesellschaftergesamtheit verlangen.

42 **d) Vertragliche Regelungen.** Da das kollektive Informationsrecht, ebenso wie der individuelle Auskunftsanspruch, zur sachgerechten Wahrnehmung der Mitgliedschaftsrechte erforderlich ist, kann er, auch mit Zustimmung der betroffenen Gesellschafter, vertraglich nicht **ausgeschlossen** werden.[147] Die Übertragung des kollektiven Informationsrechts auf einen **Beirat** wird demgegenüber überwiegend für zulässig gehalten.[148] Ob das Recht des Gesellschafters, das kollektive Informationsrecht im Wege der **actio pro socio** geltend zu machen, unverzichtbar ist, ist streitig;[149] im Ergebnis wohl zu bejahen. Jedenfalls bewirkt eine vertragliche Einschränkung des ordentlichen Informationsrechts nach § 166 HGB nicht ohne weiteres eine Einschränkung des kollektiven Informationsrechts.[150]

---

[144] RGZ 91, 34, 36 (obiter dictum); BGH BB 1992, 1025, im konkreten Fall wurden die Voraussetzungen der actio pro socio indessen abgelehnt, da sich das Informationsbegehren auf Angelegenheiten der laufenden Geschäftsführung bezog.

[145] MünchHdb. GesR II/*Weipert* § 15 Rn 7; *Ulmer* § 713 BGB Rn 7; *Schießl* GmbHR 1985, 109; *Wiedemann* WM 1992, Sonderbeilage 7, S. 44; GK/*Schilling* § 166 HGB Rn 3; zweifelnd *Schlegelberger/Martens* § 166 HGB Rn 17; *Heymann/Horn* § 166 HGB Rn 20; *Roth/Altmeppen* § 51a GmbHG Rn 43; MüKo/*Grunewald* § 166 HGB Rn 46.

[146] Grundlegend zur actio pro socio: *Hadding*, Actio pro socio, 1966; *Grunewald*, Gesellschafterklage, 1980.

[147] Wohl auch BGH 1965, 709, 710; *Baumbach/Hopt* § 166 HGB Rn 20; *Soergel/Hadding* § 713 BGB Rn 7; a. A. MüKo/*Grunewald* § 166 HGB Rn 46: das kollektive Informationsrecht könne durch Gesellschaftsvertrag ausgeschlossen werden, da die Informationsinteressen der Kommanditisten durch ihre individuellen Informationsrechte hinreichend gewahrt seien; so auch *Reuter*, FS Steindorff, S. 242.

[148] GK/*Schilling* § 166 HGB Rn 16; *Reuter*, FS Steindorff, S. 242; offen gelassen von BGH BB 1992, 1025; zweifelhaft, vgl. *Schlitt*, Informationsrechte, S. 131.

[149] Vgl. *Lutter* AcP 180 (1980), 144, 151; *Heymann/Emmerich* § 109 HGB Rn 26; einschränkend *Schlegelberger/Martens* § 119 HGB Rn 15; für einen Ausschluss *Hadding*, Actio pro socio, 1966, S. 65. Offen gelassen von BGH ZIP 1985, 1137, 1138.

[150] RGRK/*v. Gamm* § 713 BGB Rn 3; weniger eng *Ulmer* § 716 BGB Rn 14.

5. Persönlicher Umfang der Informationsrechte

a) Das Informationsrecht als höchstpersönliches Recht. Informationsrechte sind höchstpersönliche Mitgliedschaftsrechte, die vom Gesellschafter folglich grundsätzlich nur selbst wahrgenommen werden können.[151] Testamentsvollstrecker, Nacherben, Pfandrechtsinhaber, Nießbraucher und Treugeber in Bezug auf Kommanditanteile haben daher kein eigenes Informationsrecht.[152] Auch dem Gläubiger eines Gesellschafters, der nach § 135 HGB die Gesellschaft gekündigt hat, steht ein gesellschaftsrechtlicher Informationsanspruch nicht zu.[153] Eine **Abtretung** von Informationsrechten würde einen Verstoß gegen das Abspaltungsverbot darstellen und kommt demnach nicht in Betracht.[154] Eine andere Frage ist, ob der Kommanditist bei der Ausübung seiner Informationsrechte einen **Dritten**, etwa einen Rechtsanwalt, Steuerberater oder Wirtschaftsprüfer, einbinden darf. Ein Interesse an einer Einbeziehung eines Dritten besteht namentlich dann, wenn es dem Kommanditisten an der eigenen Sachkenntnis fehlt, er durch Krankheit oder Urlaub verhindert ist oder er Misstrauen in die Ordnungsmäßigkeit der Buchführung durch die Geschäftsführung hat. 43

b) Recht zur Einschaltung eines Dritten. Die **Hinzuziehung** eines Dritten wird nach einhelliger Auffassung immer dann für zulässig gehalten, wenn der Kommanditist nicht die nötige Sachkunde besitzt, die Kontrolle selbst vorzunehmen.[155] Darüber hinaus ist die Hinzuziehung eines Dritten allgemein dann zulässig, wenn es sich bei dem Dritten um einen zur Berufsverschwiegenheit verpflichteten Dritten handelt, da in diesem Fall dem Geheimhaltungsinteresse der Gesellschaft und der Mitgesellschafter Genüge getan ist.[156] Der Sachverständige kann sich dabei auch der Mithilfe Dritter bedienen, sofern diese ebenfalls zur Berufsverschwiegenheit verpflichtet sind; seine Hinzuziehung kann von der Gesellschaft nur dann zurückgewiesen werden, wenn sie offensichtlich überflüssig ist oder in der 44

---

[151] RGZ 170, 392, 395; BGHZ 25, 115, 122; BGH BB 1962, 899; BB 1979, 1315, 1316; *Binz/Sorg* § 5 Rn 90; *Binz/Freudenberg/Sorg* BB 1991, 786; *Hirte* BB 1985, 2209; *Goerdeler*, FS Stimpel, S. 127; *Ulmer* § 716 BGB Rn 13; MüKo/*Grunewald* § 166 HGB Rn 18.

[152] MüKo/*Grunewald* § 166 HGB Rn 23; MünchHdb. GesR II/*Weipert* KG § 15 Rn 34; diese haben sich nach Maßgabe des jeweiligen Rechtsverhältnisses zu dem Gesellschafter an diesen zu halten, vgl. zum Treuhandkommanditisten *Röhricht/v. Westphalen/v. Gerkan* § 166 HGB Rn 46.

[153] Insoweit kommen lediglich Ansprüche nach §§ 810, 242 BGB in Betracht, *Röhricht/v. Westphalen/v. Gerkan* § 139 HGB Rn 12.

[154] BGHZ 25, 115, 122; *K. Schmidt*, Informationsrechte, S. 24; *Schlegelberger/Martens* § 166 HGB Rn 34.

[155] RGZ 170, 392, 395; BGHZ 25, 115, 123; OLG Celle BB 1983, 1450, 1451; *K. Schmidt*, Informationsrechte, S. 25; *Soergel/Hadding* § 716 BGB Rn 10; *Saenger* NJW 1992, 348, 352.

[156] BGH BB 1962, 899, 900; BB 1979, 1315, 1316; GK/*Schilling* § 166 HGB Rn 10; *Schlegelberger/Martens* § 166 HGB Rn 34.

Person des Sachverständigen ein wichtiger Grund vorliegt.[157] Hierfür reicht jedoch eine persönliche Verbundenheit des Sachverständigen zu dem die Information begehrenden Gesellschafter nicht aus.[158] Die Hinzuziehung eines nicht zur Berufsverschwiegenheit verpflichteten Dritten wird hingegen nur ausnahmsweise in Betracht kommen, wenn das Interesse des Kommanditisten an der Einbeziehung des Dritten das Geheimhaltungsinteresse der Gesellschaft übersteigt. Dies wird man in der Regel dann annehmen können, wenn der Dritte zur Überprüfung der eingesehenen Papiere fachlich in der Lage ist und sich gegenüber der Gesellschaft zur Verschwiegenheit verpflichtet hat.[159]

45 Hiervon zu sondern ist die Frage, ob der Kommanditist den Dritten auch zu der Ausübung der Informationsrechte bevollmächtigen kann. Von der Hinzuziehung eines Dritten unterscheidet sich die Bevollmächtigung insoweit, als die bevollmächtigte Person die Informationsrechte dann nicht als Hilfsperson, sondern eigenverantwortlich ausübt.[160] Nach zutreffender Auffassung muss die Gesellschaft – ohne eine gesellschaftsvertragliche Regelung – die Wahrnehmung der Informationsrechte durch einen **bevollmächtigten Dritten** grundsätzlich **nicht dulden**.[161] Dieser Grundsatz kann indessen nach Treu und Glauben eine Einschränkung erfahren, wenn der Gesellschafter berechtigte Gründe für die Bevollmächtigung eines Dritten in Anspruch nehmen kann. Hierzu zählen etwa längere Abwesenheit, Krankheit, Gebrechlichkeit. Ebenfalls duldungspflichtig ist die Rechtsausübung durch einen gesetzlichen Vertreter.[162]

46 Die **Kosten** für die Einschaltung des Dritten hat grundsätzlich der Gesellschafter selbst zu tragen.[163] Anders ist es, wenn die Gesellschaft, beispielsweise wegen nicht nachvollziehbarer Darstellungen im Jahresabschluss oder einer nicht ordnungsgemäßen, eine Bilanzberichtigung notwendig machende Buchführung die Hinzuziehung des Dritten selbst veranlasst hat. In diesem Fall hat die Gesellschaft die Kosten des Dritten zu übernehmen.[164]

---

[157] BGH BB 1962, 899, 900; *K. Schmidt*, Informationsrechte, S. 25; *Baumbach/Hopt* § 166 HGB Rn 6.

[158] BGH BB 1962, 899, 900.

[159] Vgl. *Goerdeler*, FS Stimpel, S. 136; *Baumbach/Hueck/Zöllner* § 51a GmbHG Rn 19.

[160] Dabei kommt es nicht entscheidend darauf an, ob der Gesellschafter bei der Geltendmachung des Informationsrechts selbst zugegen ist, vgl. *Ulmer* § 716 BGB Rn 15.

[161] BGHZ 25, 115, 122; OLG Celle BB 1983, 1450, 1451; GK/*Schilling* § 166 HGB Rn 10; *Schlegelberger/Martens* § 166 HGB Rn 35; *Hueck*, Recht der OHG, S. 188; *Hirte* BB 1985, 2208; weiter *Goerdeler*, FS Stimpel, S. 128; ähnlich auch *Saenger* NJW 1992, 352.

[162] BGHZ 44, 98, 100 ff.; *Röhricht/v. Westphalen/v. Gerkan* § 118 HGB Rn 18; mit Einschr. *Schlegelberger/Martens* § 118 HGB Rn 22.

[163] BGH BB 1970, 187; OLG München BB 1954, 669; GK/*Schilling* § 166 HGB Rn 10; *Binz/Sorg* § 5 Rn 91.

[164] OLG München BB 1954, 669; *Goerdeler*, FS Stimpel, S. 137; *Hirte* BB 1985, 2210; *Binz/Sorg* § 5 Rn 91.

Das Recht zur Hinzuziehung eines Dritten bei Ausübung des ordentlichen Informationsrechts kann wie das Einsichtsrecht **gesellschaftsvertraglich** ausgeschlossen werden. Bei Vorliegen wichtiger Gründe (Krankheit, etc.) bleibt der Gesellschafter trotz eines gesellschaftsvertraglichen Ausschlusses zur Einschaltung eines Dritten befugt.[165] 47

c) Verpflichtung zur Einschaltung eines Dritten. In die umgekehrte Richtung weist die Frage, ob der Gesellschafter zur Einschaltung eines Dritten verpflichtet ist. Da das Informationsrecht dem Gesellschafter zur eigenen Ausübung eingeräumt ist, wird man eine solche Verpflichtung im Grundsatz nicht annehmen können. Anders ist es nur dann, wenn die **persönliche Kontrollausübung** durch den Gesellschafter der **Gesellschaft unzumutbar** ist, etwa wegen einer Konkurrenztätigkeit des Kommanditisten. In diesem Fall gebietet es die Treuepflicht des Gesellschafters, einen zur Verschwiegenheit verpflichteten Sachverständigen einzuschalten.[166] Voraussetzung ist jedoch, dass die Gefahr besteht, dass die gewonnenen Informationen zum Nachteil der Gesellschaft verwendet werden, wofür die Gesellschaft die Beweislast trägt.[167] Dass die Information durch einen Dritten gleich effektiv möglich ist, reicht für sich genommen nicht aus, den Gesellschafter auf die Einschaltung eines Sachverständigen zu verweisen.[168] Ist der Gesellschafter zur Einschaltung eines Dritten verpflichtet, ist diesem die Information mit der Maßgabe zu erteilen, dass eine Weitergabe an den Gesellschafter unterbleiben muss, soweit es das Wohl der Gesellschaft erfordert.[169] 48

Die **Kosten** für die Einschaltung des Dritten hat, da es sich der Sache nach um eine Beschränkung des Informationsrechts handelt, prinzipiell die Gesellschaft zu tragen.[170] Gesellschaftsvertragliche Bestimmungen, die den Gesellschafter zu einer Einbeziehung eines Sachverständigen verpflichten, sind, sofern sie vom Einverständnis des Gesellschafters getragen sind, keinen durchgreifenden Bedenken ausgesetzt.[171] Das außerordentliche Informationsrecht nach § 166 Abs. 3 HGB wird durch solche Regelungen indessen nicht berührt.[172] 49

6. Zeitlicher Umfang der Informationsrechte

Die Informationsrechte sind an die Gesellschafterstellung geknüpft. Die **Auflösung** der Gesellschaft allein tangiert Bestand und Umfang der Infor- 50

---

165 Vgl. auch *Saenger* NJW 1992, 352.

166 BGH BB 1979, 1315; BGH ZIP 1982, 309, 311; *Binz/Sorg* § 5 Rn 90; *Binz/Freudenberg/Sorg* BB 1991, 785, 786; *Heymann/Horn* § 166 HGB Rn 6; MünchHdb. GesR II/*Weipert* KG § 15 Rn 42; MüKo/*Grunewald* § 166 HGB Rn 19; *Flume* ZIP 1995, 653.

167 *Baumbach/Hopt* § 166 HGB Rn 7; *Schlegelberger/Martens* § 166 HGB Rn 37.

168 BGH BB 1979, 1316.

169 Vgl. BGH WM 1994, 2244, 2246; GK/*Schilling* § 166 HGB Rn 10; MüKo/*Grunewald* § 166 HGB Rn 19.

170 BGH BB 1970, 187; s. auch *Hirte* BB 1985, 2210.

171 *Hirte* BB 1985, 2209.

172 In diesem Punkt zu weitgehend *Hirte* BB 1985, 2210.

mationsrechte nicht. Erlangt der Kommanditist nach §§ 161 Abs. 2, 146 Abs. 1 HGB die Stellung als Liquidator, so erhält er insoweit sogar die Informationsrechte eines Komplementärs, die diejenigen nach § 166 HGB insoweit verdrängen.[173] Erst mit der **Vollbeendigung** verliert der Kommanditist seine Informationsrechte nach § 166 Abs. 1 und Abs. 3 HGB. Gleiches gilt für das **Ausscheiden** aus der Gesellschaft.[174] In diesem Fall verbleiben ihm nur noch die allgemeinen Informationsrechte nach **§§ 242, 810 BGB**. Soweit es zur Durchsetzung seines Auseinandersetzungsanspruchs erforderlich ist, kann der Kommanditist danach Einsicht in relevante Urkunden der Gesellschaft nehmen bzw. Auskunft von der Geschäftsführung verlangen. Häufig ist der ausgeschiedene Gesellschafter zur exakten Berechnung seines Abfindungsguthabens auf die Überprüfung des Jahresabschlusses angewiesen, so dass er über § 810 BGB ähnliche Informationen erlangen kann wie mit Hilfe des ordentlichen Informationsrechts.[175] Anders als bei Fortbestand der Mitgliedschaft muss der Kommanditist nach Ausscheiden aus der Gesellschaft die von ihm gewünschten Unterlagen konkretisieren, soweit ihm dies zumutbar möglich ist.[176] Hat der Kommanditist vor seinem Ausscheiden eine **gerichtliche Auseinandersetzung** nach § 166 Abs. 3 HGB eingeleitet, soll sein Ausscheiden der Fortsetzung des Verfahrens nicht entgegenstehen.[177]

7. Prozessuale Durchsetzung

51 Der Gesellschafter kann eine unberechtigte Verweigerung von Informationsrechten durch die Geschäftsführung im Klageweg durchsetzen. **Klagegegner** ist die Gesellschaft als Informationsverpflichtete. Die Rechtsprechung lässt darüber hinaus verbreitet eine unmittelbare Klage gegen den persönlich haftenden Gesellschafter zu (s. Rn 8).

52 Das ordentliche Informationsrecht nach § 166 Abs. 1 HGB, das Auskunftsrecht sowie das kollektive Informationsrecht sind im streitigen Verfahren vor den **ordentlichen Gerichten** durchzusetzen.[178] Ist der Kommanditist gleichzeitig an der Komplementär-GmbH beteiligt und stützt er sein Informationsrecht auch auf § 51a GmbHG, sind die Gerichte der freiwilligen Gerichtsbarkeit zuständig (§ 51b GmbHG i.V.m. §§ 132, 99 AktG). Die örtliche **Zuständigkeit** bestimmt sich nach dem Sitz der Gesellschaft.[179]

---

[173] *Röhricht/v. Westphalen/v. Gerkan* § 166 HGB Rn 14.

[174] BGH ZIP 1989, 768, 769; OLG Hamm BB 1970, 509, 510; GmbHR 1994, 127, 129; OLG Düsseldorf NZG 1999, 876, 877; GK/*Schilling* § 166 HGB Rn 6; MünchHdb. GesR II/*Weipert* KG § 15 Rn 31; *Schlegelberger/Martens* § 166 HGB Rn 14; *Westermann* Personengesellschaften Rn 888; *Hahn* BB 1997, 742.

[175] OLG Düsseldorf NZG 1999, 876, 877.

[176] OLG Hamm GmbHR 1994, 127, 129; ähnlich *Schlegelberger/Martens* § 166 HGB Rn 14.

[177] OLG Hamm BB 1970, 509, 510; *Westermann* Personengesellschaften Rn 885; *Hesselmann/Tillmann* GmbH & Co. Rn 395; *Heymann/Horn* § 166 HGB Rn 4; a. A. *Schlegelberger/Martens* § 166 HGB Rn 14.

[178] Vgl. statt vieler MünchHdb. GesR II/*Weipert* § 11 Rn 50.

[179] BayObLG DB 1995, 36, 37.

Die **Vollstreckung** des Auskunftsanspruchs erfolgt als unvertretbare Handlung gemäß § 888 ZPO.[180] Demgegenüber wird das Einsichtsrecht nach § 883 ZPO durch Wegnahme der Papiere vollstreckt.[181] Kann der Kommanditist die Papiere nicht spezifizieren, sondern geht es ihm um generelle Bereitstellung der Unterlagen, richtet sich die Vollstreckung nach zutreffender, jedoch umstrittener Auffassung nach § 888 ZPO.[182] **53**

Das **außerordentliche Informationsrecht** nach § 166 Abs. 3 HGB ist im streitigen Verfahren vor dem zuständigen Gericht der freiwilligen Gerichtsbarkeit geltend zu machen (§ 145 FGG).[183] Das Gericht wird auf Antrag tätig und klärt den Sachverhalt von Amts wegen auf (§ 12 FGG). Nach herrschender und zutreffender Auffassung können im Verfahren nach § 166 Abs. 3 HGB auch die Rechte aus § 166 Abs. 1 HGB geltend gemacht werden, so dass der Kommanditist bei grundloser Verweigerung der Informationsrechte nach § 166 Abs. 1 HGB ein **Wahlrecht** zwischen einer ordentlichen Klage und einem Antrag nach § 166 Abs. 3 HGB hat. Vertragliche Erweiterungen der Informationsrechte können dagegen nicht Gegenstand des von § 166 Abs. 3 HGB vorgesehenen Verfahrens nach dem FGG sein.[184] Mit Zustimmung des überwiegenden Schrifttums lässt es die Praxis jedoch zu, dass der Gesellschafter sein außerordentliches Informationsrecht im Klagewege vor dem ordentlichen Gericht gleichzeitig mit den Rechten aus § 166 Abs. 1 HGB mitverfolgt.[185] **54**

Anders als das Kontrollrecht aus wichtigem Grund nach § 166 Abs. 3 HGB kann das ordentliche Informationsrecht nach h. M. auch im Wege einer **einstweiligen Verfügung** (§§ 935 ff. ZPO) durchgesetzt werden.[186] Dem Kommanditisten steht dabei ein Wahlrecht gegenüber einem Vorgehen nach § 166 Abs. 3 HGB zu. Da die Einsichtnahme und Auskunftserteilung zu einer Befriedigung der Informationsansprüche führt, ist eine einstweilige Verfügung allerdings nur unter den engen Voraussetzungen einer **Leistungsverfügung** zulässig.[187] **55**

---

[180] BayObLG WM 1989, 1789; OLG Frankfurt GmbHR 1991, 577; *Stangier/Bork* GmbHR 1982, 174; *Gustavus* GmbHR 1989, 186.

[181] OLG Hamm OLGZ 1974, 251; OLG Frankfurt GmbHR 1991, 577; *Baumbach/Hopt* § 118 HGB Rn 15; a. A. MüKo/*Hüffer* § 809 BGB Rn 12; *Stangier/Bork* GmbHR 1982, 174; MüKo/*Grunewald* § 166 HGB Rn 29.

[182] Wie hier MünchHdb. GesR II/*Weipert* KG § 15 Rn 50.

[183] BayObLG ZIP 1995, 219, 220; *Baumbach/Hopt* § 166 HGB Rn 15; a. A. *K. Schmidt*, Informationsrechte, S. 44, 73 ff.: der materielle Gehalt des § 166 Abs. 3 HGB erschöpfe sich in einer reinen Verfahrensvorschrift.

[184] OLG Köln OLGZ 1967, 362; zust. *Röhricht/v. Westphalen/v. Gerkan* § 166 HGB Rn 40.

[185] BGH ZIP 1984, 702, 705 (zur stillen Ges.); *Heymann/Horn* § 166 HGB Rn 16; *Scholz/K. Schmidt* § 51a GmbHG Rn 57.

[186] *Heymann/Horn* § 166 HGB Rn 14, 16; *Schlegelberger/Martens* § 166 HGB Rn 13, 22, 32; GK/*Schilling* § 166 HGB Rn 13; wohl auch BayObLG DB 1978, 2405, 2406; a. A. *Scholz/K. Schmidt* § 51 a GmbHG Rn 57; ähnlich MünchHdb. GesR II/*Weipert* KG § 15 Rn 54; MüKo/*Grunewald* § 166 HGB Rn 28.

[187] *Schilken* Jura 1988, 525, 530; vgl. auch MünchHdb. GesR II/*Weipert* KG § 15 Rn 52.

III. Informationsrechte der Komplementär-GmbH

1. Anwendungsbereich

56 Allen persönlich haftenden Gesellschaftern einer GmbH & Co. KG steht, auch dann, wenn sie von der Geschäftsführung ausgeschlossen sind, das umfassende Informationsrecht nach §§ 161 Abs. 2, 118 HGB zu. Da die geschäftsführenden Komplementäre aufgrund der Wahrnehmung der Geschäftsführungsfunktionen über die Angelegenheiten der Gesellschaft informiert sind, gewinnt das Informationsrecht nach § 118 HGB in der GmbH & Co. KG im Prinzip nur dann an praktischer Bedeutung, wenn neben der geschäftsführenden Komplementär-GmbH ausnahmsweise noch weitere, von der Geschäftsführung ausgeschlossene Komplementäre vorhanden sind.

2. Einsichts- und Auskunftsrecht

57 Nach § 118 HGB können sich die Komplementäre von den Angelegenheiten der Gesellschaft persönlich unterrichten sowie die Handelsbücher und die Papiere der Gesellschaft einsehen. Das **Einsichtsrecht** erstreckt sich dabei auf alle Unterlagen der Gesellschaft. Anders als das Einsichtsrecht des Kommanditisten ist es nicht auf die Überprüfung des Jahresabschlusses beschränkt.[188] Vielmehr können die persönlich haftenden Gesellschafter dauernd Einsicht in die Unterlagen der Gesellschaft nehmen.

58 Daneben steht den persönlich haftenden Gesellschaftern ein **Auskunftsrecht** zu, wenn sie sich aus den Büchern und Unterlagen der Gesellschaft nicht die gewünschten Informationen über die Angelegenheiten der Gesellschaft verschaffen können.[189] Gemeinsam mit den Kommanditisten sind die von der Geschäftsführung ausgeschlossenen Komplementäre Inhaber des **kollektiven Informationsrechts** nach §§ 713, 666 BGB, das unter den Voraussetzungen der **actio pro socio** auch vom einzelnen Gesellschafter durchgesetzt werden kann.[190]

3. Vertragliche Regelungen

59 Das Informationsrecht des persönlich haftenden Gesellschafters ist dispositiv; es kann **eingeschränkt** oder sogar ganz ausgeschlossen werden.[191] Bei Grund zur Annahme unredlicher Geschäftsführung entfalten die Einschränkungen des Informationsrechts jedoch keine Wirkung (§ 118 Abs. 2 HGB).

---

[188] *Baumbach/Hopt* § 118 HGB Rn 4; MüKo/*Enzinger* § 118 HGB Rn 15.

[189] BGH BB 1972, 1245; BB 1974, 1272.

[190] *Baumbach/Hopt* § 118 HGB Rn 12; vgl. im Einzelnen Rn 41.

[191] *Baumbach/Hopt* § 118 HGB Rn 19; vgl. im Einzelnen Rn 22 (zum Kommanditisten).

IV. Informationsrechte der Gesellschafter der Komplementär-GmbH

1. Grundsatz

Die Geschäftsführer der Komplementär-GmbH sind verpflichtet, jedem Gesellschafter auf dessen Verlangen hin Auskunft über die Angelegenheiten der Gesellschaft zu geben sowie Einsicht in die Bücher und Schriften der Gesellschaft zu gestatten (§ 51a GmbHG). Entgegen einer im Vordringen befindlichen Auffassung, die eine **analoge Anwendung von § 51a GmbHG** auf den **Nur-Kommanditisten** befürwortet,[192] steht nach herrschender Auffassung das Informationsrecht nach § 51a GmbHG dem Kommanditisten einer GmbH & Co. KG nur dann zu, wenn er zugleich Gesellschafter der Komplementär-GmbH ist.[193] Neben dem individuellen Einsichts- und Auskunftsrecht nach § 51a GmbHG existiert ein **kollektives Informationsrecht** der Gesellschaftergesamtheit, das mit der Berichterstattungspflicht des Geschäftsführers gegenüber der Gesellschafterversammlung nach § 46 Nr. 6 GmbHG korrespondiert.[194] 60

Von dem Bestehen eines kollektiven Informationsrechts zu unterscheiden ist die Frage, ob die Geschäftsführung der GmbH auch außerhalb der Gesellschafterversammlung verpflichtet ist, die Gesellschafter in **regelmäßigen Abständen** zu informieren. Das Meinungsbild im Schrifttum ist kontrovers.[195] Richtigerweise wird man eine Vorlagepflicht der Geschäftsführung jedenfalls dann anzuerkennen haben, wenn Anlass zu der Annahme besteht, dass die Maßnahme nicht dem Willen der Gesellschafterversammlung entspricht.[196] Dies gilt auch dann, wenn die Satzung der Komplementär-GmbH solche gesellschaftsinternen Berichterstattungspflichten nicht explizit vorsieht. 61

Mit **Ausscheiden** aus der Gesellschaft verliert der Gesellschafter der Komplementär-GmbH seine Rechte nach § 51a GmbHG; wie dem Kommanditisten stehen ihm nur noch die Rechte aus §§ 242, 810 BGB zu.[197] Er kann Einsicht und Auskunft nur zur Prüfung des Bestehens und des Umfangs etwaiger Abfindungsansprüche verlangen. Dieser Anspruch kann auch die Einsichtnahme in Jahresabschlüsse und Prüfungsberichte umfassen.[198] Verliert der auskunftsbegehrende Gesellschafter im Laufe des Verfahrens seine Gesellschafterstellung, tritt Erledigung der Hauptsache ein.[199] 62

---

[192] Vgl. die Nachweise in Fn 99.

[193] Vgl. die Nachweise in Fn 100.

[194] *Baumbach/Hueck/Zöllner* § 51a GmbHG Rn 1.

[195] Dafür *Grunewald* ZHR 146 (1982), 225; *Roth/Altmeppen* § 51a GmbHG Rn 2; wohl auch *Hommelhoff* ZIP 1983, 383; a. A. *Baumbach/Hueck/Zöllner* § 51a GmbHG Rn 42.

[196] Vgl. BGH NJW 1984, 305; *Roth/Altmeppen* § 37 GmbHG Rn 8.

[197] BGH GmbHR 1977, 151; WM 1988, 1447, 1448; ZIP 1993, 1162; BayObLG GmbHR 1991, 572, 575; OLG Köln GmbHR 1989, 207; OLG Frankfurt BB 1982, 143; *Grunewald* ZGR 1989, 546.

[198] BGH WM 1988, 1447, 1448; OLG Hamm DB 1994, 1232.

[199] BGH ZIP 1993, 1162 m. N. zur Gegenansicht. Vgl. aber auch Rn 50.

Hält der Antragsteller an seinem Antrag gleichwohl unverändert fest, ist sein Antrag als unbegründet abzuweisen.

2. Informationsgegenstände

63 Das Einsichts- und Auskunftsrecht nach § 51 a GmbHG bezieht sich auf alle **Angelegenheiten der Komplementär-Gesellschaft**. Hierzu zählen alle inneren und äußeren Belange der Komplementär-GmbH, insbesondere Fragen der Geschäfts- und Unternehmensführung, Organisation, Kosten und Kalkulation, Personal- und Gehaltsstruktur, Gewinnermittlung, Gewährung von Darlehen und Bürgschaften gegenüber Gesellschaftern. Die Gesellschafter der Komplementär-GmbH können sich daher über alle wirtschaftlichen Verhältnisse der Gesellschaft, ihre Aktivitäten sowie ihre Beziehungen zu Dritten und verbundenen Unternehmen informieren, gleich, ob es sich um in der Vergangenheit liegende Sachverhalte oder Planungen für die Zukunft handelt.[200] So kann der Gesellschafter namentlich Auskunft über die Gehälter und Pensionsansprüche von Angestellten verlangen sowie Einsicht in die Protokolle eines fakultativen Aufsichtsrates oder Beirates[201] nehmen. Gleiches gilt nach Auffassung der Rechtsprechung auch für die Sitzungsniederschriften eines mitbestimmten **Aufsichtsrates**.[202]

64 Da die Komplementär-GmbH in der GmbH & Co. KG Geschäftsführungsfunktionen wahrnimmt und für die Verbindlichkeiten der Gesellschaft persönlich haftet, sind – der h.M. in Rechtsprechung und Schrifttum folgend – die **Angelegenheiten der KG** als Angelegenheiten der Komplementär-GmbH anzusehen.[203] Damit verfügen die GmbH-Gesellschafter über ein mittelbares Informationsrecht gegenüber der KG.[204] Dies gilt richtigerweise nicht nur für das Auskunftsrecht, sondern auch für das Einsichtsrecht.[205] Voraussetzung ist allerdings, dass die Komplementär-GmbH nach dem Gesellschaftsvertrag der KG befugt ist, die Informationen an ihre Gesellschafter weiterzureichen.[206]

---

[200] Zu den Einzelheiten vgl. *Baumbach/Hueck/Zöllner* § 51a GmbHG Rn 10; *Binz/Sorg* § 5 Rn 105.

[201] *Rowedder/Koppensteiner* § 51a GmbHG Rn 6.

[202] BGH ZIP 1997, 978; OLG Karlsruhe GmbHR 1985, 59; *Lutter/Hommelhoff* § 51a GmbHG Rn 9; a. A. *Baumbach/Hueck/Zöllner* § 51a GmbHG Rn 17; eingehend dazu *Ulmer/Stimpel*, FS Zöllner, S. 589 ff.

[203] BGH WM 1988, 1448 (obiter dictum); OLG Hamm WM 1986, 740, 741; OLG Hamburg GmbHR 1985, 120; KG GmbHR 1988, 221; OLG Düsseldorf ZIP 1990, 1346; OLG Karlsruhe GmbHR 1998, 691; *K. Schmidt*, Informationsrechte, S. 76; MünchHdb. GesR II/*Weipert* § 11 Rn 12; *Hesselmann/Tillmann* GmbH & Co. Rn 379; *Brönner/Rux/Wagner* GmbH & Co. Rn 249; *Lutter/Hommelhoff* § 51 a GmbHG Rn 17; a. A. *v. Bitter* ZIP 1981, 830 f.; *Binz/Sorg* § 5 Rn 101; einschränkend auch *Kort* ZGR 1987, 57 f.

[204] So zutr. *Schlegelberger/Martens* § 166 HGB Rn 50.

[205] OLG Hamburg GmbHR 1985, 120, 121; KG GmbHR 1988, 221; OLG Düsseldorf ZIP 1990, 1346; *Scholz/K. Schmidt* § 51a GmbHG Rn 53 f.; *Hesselmann/Tillmann* GmbH & Co. Rn 379; a. A. insoweit *Baumbach/Hueck/Zöllner* § 51 a GmbHG Rn 10 b, 15.

[206] *Schlegelberger/Martens* § 166 HGB Rn 50; *Scholz/K. Schmidt* § 51 a GmbHG Rn 53.

3. Ausübung des Einsichts- und Auskunftsrechts

Zwischen dem Recht auf Einsicht in die Unterlagen der Gesellschaft und dem Anspruch auf Auskunft besteht **kein Rangverhältnis**.[207] Der Gesellschafter ist in seiner Entscheidung, auf welche Weise er die gewünschten Information begehrt, grundsätzlich frei. Der Gesellschafter kann sein Informationsverlangen **formlos** geltend machen; er muss es nicht begründen. Will der Gesellschafter von seinem Einsichtsrecht Gebrauch machen, muss er die gewünschten Unterlagen nicht konkretisieren. Er ist berechtigt, umfassende Einsicht in die Geschäftsunterlagen zu nehmen.[208] Begehrt der Gesellschafter Auskunft, muss er seine Fragen so konkret formulieren, dass der Geschäftsführer weiß, über welchen Vorgang der Gesellschafter informiert sein will. **65**

Die verlangte Information ist von der Geschäftsführung **unverzüglich**, d. h. ohne schuldhaftes Zögern (§ 121 BGB), zu erteilen. Wann eine Informationserteilung noch unverzüglich erfolgt, hängt vom Einzelfall ab.[209] Dabei spielen das Informationsinteresse des Gesellschafters, aber auch etwaige Schwierigkeiten der Gesellschaft, sich die gewünschte Information zu verschaffen, eine Rolle. Bei dringenden Angelegenheiten muss sich der Gesellschafter nicht auf die nächste Gesellschafterversammlung verweisen lassen.[210] **66**

Ob die Auskunft **mündlich oder schriftlich** erteilt wird, liegt grundsätzlich im Ermessen der Geschäftsführung.[211] Eine Übersendung abgelichteter Unterlagen reicht jedoch nur dann aus, wenn der Gesellschafter die begehrten Informationen aus den Papieren unschwer entnehmen kann.[212] Ein solches Auswahlermessen hat die Geschäftsführung bei der Geltendmachung des Einsichtsrechts nicht. Dem Gesellschafter ist Einsicht in die Originalunterlagen einschließlich aller technischen Surrogate zu gewähren. Dabei steht dem Gesellschafter das Recht zu, sich auf seine Kosten **Kopien** anzufertigen.[213] **67**

Anders als das Informationsrecht des Kommanditisten ist das Informationsrecht des GmbH-Gesellschafters nicht **höchstpersönlich**. Folglich kann das Auskunftsrecht auch durch einen bevollmächtigten **Dritten** ausgeübt werden, sofern die Satzung der Gesellschaft keine abweichende Bestimmung enthält.[214] Der Gesellschafter kann sich bei der Einsichtnahme **68**

---

[207] KG GmbHR 1988, 221; *Hachenburg/Hüffer* § 51a GmbHG Rn 4, 9; *Ebenroth*, Kontrollrechte, S. 51; *v. Bitter* ZIP 1981, 826; *Kort* ZGR 1987, 49f.; *Müller* GmbHR 1987, 93; *Gustavus* GmbHR 1989, 182; *Binz/Sorg* § 5 Rn 104.

[208] KG GmbHR 1988, 223; OLG Köln WM 1986, 761, 762; OLG Frankfurt BB 1995, 1867, 1868.

[209] *Baumbach/Hueck/Zöllner* § 51a GmbHG Rn 14.

[210] *Hesselmann/Tillmann* GmbH & Co. Rn 377.

[211] *Baumbach/Hueck/Zöllner* § 51a GmbHG Rn 13.

[212] *Binz/Sorg* § 5 Rn 107.

[213] OLG Frankfurt GmbHR 1978, 173; OLG Köln WM 1986, 36; BayObLG GmbHR 1999, 1296, 1298; *Hachenburg/Hüffer* § 51a GmbHG Rn 41.

[214] *Hachenburg/Hüffer* § 51a GmbHG Rn 15; *Baumbach/Hueck/Zöllner* § 51a GmbHG Rn 5.

auch eines zur Berufsverschwiegenheit **Sachverständigen** oder einer sonstigen vertrauenswürdigen Person bedienen, sofern diese sich gegenüber der Gesellschaft zur Verschwiegenheit verpflichtet.[215]

4. Informationsverweigerungsrecht

69 Für das Informationsrecht des GmbH-Gesellschafters sieht das Gesetz in § 51a Abs. 2 GmbHG einen speziellen Verweigerungstatbestand vor. Danach darf dem Gesellschafter die gewünschte Information verweigert werden, wenn zu besorgen ist, dass der Gesellschafter die Information zu gesellschaftsfremden Zwecken verwenden und dadurch der Gesellschaft oder einem verbundenen Unternehmen einen nicht unerheblichen Nachteil zufügen wird. Beide Voraussetzungen müssen kumulativ vorliegen.[216]

70 Die Besorgnis **gesellschaftsfremder Informationsverwendung** erfordert nicht notwendigerweise eine Schädigung der Gesellschaft, sondern kann auch dann vorliegen, wenn die Schädigung eines Dritten intendiert ist.[217] Dabei reicht es aus, wenn nach Lage der Dinge eine gewisse Wahrscheinlichkeit für die gesellschaftswidrige Verwendung der Information gegeben ist.[218] Bloße Vermutungen sind indessen nicht ausreichend.[219] Streitig ist, ob eine Informationsverweigerung in Betracht kommt, wenn der Gesellschafter sich die Information wegen eines beabsichtigten Verkaufs seines Gesellschaftsanteils verschaffen will.[220]

71 Darüber hinaus muss der Gesellschaft durch die zweckfremde Verwendung der Information ein **nicht unerheblicher Nachteil** zugefügt werden. Diese Voraussetzung liegt in der Regel vor, wenn der Gesellschafter die Information zugunsten eines von ihm betriebenen Konkurrenzunternehmens verwendet.[221] Ein ideeller Schaden, dessen wirtschaftliche Auswirkungen sich nur schwer beziffern lassen, ist in diesem Zusammenhang ausreichend.[222] Auch die Schädigung eines Mitgesellschafters oder eines Tochterunternehmens kann genügen.[223]

72 Ob die gewünschte Informationserteilung verweigert wird, liegt nicht in der Entscheidungskompetenz der Geschäftsführung; vielmehr bedarf es eines **Beschlusses der Gesellschafterversammlung** (§ 51a Abs. 2 S. 2 GmbHG). Die außerordentliche Gesellschafterversammlung ist so rasch wie möglich einzuberufen. Bei der Beschlussfassung ist der betroffene

---

215 *Baumbach/Hueck/Zöllner* § 51a GmbHG Rn 19.

216 BayObLG GmbHR 1999, 1296, 1297: In Bezug auf Jahresabschluss und Lagebericht sei dies von vornherein ausgeschlossen.

217 *Baumbach/Hueck/Zöllner* § 51a GmbHG Rn 24; vgl. auch *Winter*, Treuebindungen, S. 121 f.

218 Vgl. OLG Stuttgart BB 1983, 678; OLG Düsseldorf ZIP 1990, 1569.

219 OLG Düsseldorf GmbHR 1991, 18; ZIP 1990, 1569.

220 Verneinend KG GmbHR 1988, 221, 224; a. A. wohl *Baumbach/Hueck/Zöllner* § 51a GmbHG Rn 25.

221 *Hesselmann/Tillmann* GmbH & Co. Rn 378.

222 *Hachenburg/Hüffer* § 51a GmbHG Rn 51; *Müller* GmbHR 1987, 88 f.

223 *Baumbach/Hueck/Zöllner* § 51a GmbHG Rn 26.

Gesellschafter nach h.M. **nicht stimmberechtigt**.[224] Der Gesellschafterbeschluss, der eine Informationsverweigerung anordnet, bedarf keiner Begründung.[225]

Darüber hinaus kann die Informationsverweigerung trotz der speziellen Regelung in § 51a Abs. 2 GmbHG auf das allgemeine **Missbrauchsverbot** gestützt werden.[226] In diesem Fall ist die Herbeiführung eines Gesellschafterbeschlusses nicht erforderlich.[227] **73**

Allein der Umstand, dass es sich um **länger zurückliegende** Angelegenheiten handelt, berechtigt die Gesellschaft nicht, die vom Gesellschafter gewünschten Informationen zurückzuhalten, es sei denn die Kenntnis der begehrten Informationen hätte für den Gesellschafter gar kein Interesse mehr.[228] Auch in der Feststellung des Jahresabschlusses oder in der Entlastung der Geschäftsführung ist kein genereller Verzicht auf die Geltendmachung von Informationsrechten für den zurückliegenden Zeitraum zu erblicken.[229] **74**

5. Vertragliche Regelungen

Das Informationsrecht des GmbH-Gesellschafters ist **zwingend** (§ 51a Abs. 3 GmbHG). Es ist einer gesellschaftsvertraglichen Einschränkung daher nicht zugänglich. Die Satzung der Komplementär-GmbH kann formelle Regelungen über das Informationsverlangen und die Informationserteilung enthalten. Sie darf jedoch den materiellen Gehalt des Informationsrechts nicht einschränken. **Satzungsbestimmungen**, die die Informationsausübung etwa zeitlich beschränken oder die die Feststellungslast zur Verweigerung von Informationen dem Gesellschafter auferlegen, sind unwirksam.[230] Gleiches gilt für Klauseln, nach denen jeder Informationserteilung ein Gesellschafterbeschluss voranzugehen hat.[231] Ob der Gesellschafter bei der Ausübung seines Einsichtsrechts auf einen Sachverständigen verwiesen werden kann, ist streitig.[232] **75**

---

[224] *Scholz/K. Schmidt* § 51a GmbHG Rn 42; *Lutter/Hommelhoff* § 51a GmbHG Rn 29; zweif. *Binz/Sorg* § 5 Rn 115.

[225] *Hachenburg/Hüffer* § 51a GmbHG Rn 53; *Scholz/K. Schmidt* § 51a GmbHG Rn 30.

[226] BayObLG AG 1974, 224, 225 (zur AG); *Grunewald* ZHR 146 (1982), 230; *Kort* ZGR 1987, 48; *K. Schmidt*, Gesellschaftsrecht, S. 1042; *v. Bitter* ZIP 1981, 828; KöKo/*Zöllner* § 131 AktG Rn 44; *Hesselmann/Tillmann* GmbH & Co. Rn 377; *Binz/Sorg* § 5 Rn 112; a. A. *Meilicke/Heidel* DStR 1992, 115; *Großfeld/Möhlenkamp* ZIP 1994, 1427.

[227] *K. Schmidt*, Gesellschaftsrecht, S. 1042; *Hachenburg/Hüffer* § 51a GmbHG Rn 64; *Baumbach/Hueck/Zöllner* § 51a GmbHG Rn 32; a. A. *Rowedder/Koppensteiner* § 51a GmbHG Rn 27; *Binz/Sorg* § 5 Rn 115.

[228] KG GmbHR 1988, 221, 223; *Hesselmann/Tillmann* GmbH & Co. Rn 378.

[229] KG GmbHR 1988, 223.

[230] BayObLG WM 1989, 1789.

[231] OLG Köln GmbHR 1986, 385; *K. Schmidt*, Gesellschaftsrecht, S. 1043.

[232] Nachweise bei *Baumbach/Hueck/Zöllner* § 51a GmbHG Rn 3.

6. Prozessuale Durchsetzung

76 Die Durchsetzung der Informationsansprüche des Gesellschafters der Komplementär-GmbH erfolgt im Wege des **Informationserzwingungsverfahrens** (§ 51b GmbHG i.V.m. § 132 Abs. 1, Abs. 3 AktG).[233] Hierbei handelt es sich um ein streitiges Verfahren im Rahmen der freiwilligen Gerichtsbarkeit vor dem örtlich zuständigen Landgericht (Kammer für Handelssachen), das auf Antrag des Gesellschafters eingeleitet wird.[234] Antragsgegner ist die Gesellschaft und nicht die Geschäftsführung.[235] Gegen die Entscheidung besteht das Rechtsmittel der **sofortigen Beschwerde**, sofern sie vom Gericht zugelassen wurde (§§ 99 Abs. 3 S. 2 i.V.m. 132 Abs. 3 S. 2 AktG).[236] Eine bestimmte **Frist** ist bei dem Antrag, der gegen die Gesellschaft zu richten ist, nicht zu wahren, da § 132 Abs. 2 AktG von der Verweisung ausgenommen wurde. Über die **Kosten** des Verfahrens entscheidet das Gericht nach billigem Ermessen. Die rechtskräftige Entscheidung ist unverzüglich zum Handelsregister einzureichen (§ 99 Abs. 5 S. 3 AktG); einer öffentlichen Bekanntmachung bedarf es nicht.

77 Erhebt der Gesellschafter gegen einen **Beschluss** der Gesellschafterversammlung, die Erteilung der gewünschten Information zu verweigern, **Anfechtungsklage**, entscheidet das ordentliche Gericht inzidenter auch über das Informationsrecht des Gesellschafters. Dies wirft die Frage nach dem Bestehen des **Rechtsschutzinteresses** auf. Nach herrschender Auffassung fehlt dem Gesellschafter das Rechtsschutzinteresse dann, wenn die Anfechtungsklage der Sache nach letztlich nur auf die Durchsetzung seines Informationsanspruches abzielt. In diesem Fall ist das Informationserzwingungsverfahren nach § 51 b GmbHG vorrangig.[237] Ein Rechtsschutzbedürfnis für eine parallele Anfechtungsklage besteht nach Auffassung des BGH nur dann, wenn der Gesellschafter ein weiter gehendes Interesse an der Anfechtung des Beschlusses für sich in Anspruch nehmen kann.[238] Andererseits ist die vorherige Durchführung eines **Informationserzwingungsverfahrens** nach zutreffender Auffassung keine Voraussetzung für ein Anfechtungsverfahren, wenn der Gesellschafter vor der Beschluss-

---

[233] Ausführlich hierzu *Stangier/Bork* GmbHR 1982, 269 ff.

[234] Die Durchführung des Informationserzwingungsverfahrens setzt nicht voraus, dass der Gesellschafter einen Verweigerungsbeschluss der Gesellschafterversammlung im Wege der Anfechtungsklage angefochten hat, vgl. *Baumbach/Hueck/Zöllner* § 51a GmbHG Rn 33; kritisch zur Verfahrenszersplitterung bei Simultanmitgliedschaft in KG und Komplementär-GmbH und Verfolgung von Informationsbegehren gegenüber beiden Gesellschaften *Röhricht/v. Westphalen/v. Gerkan* § 166 HGB Rn 56.

[235] Vgl. BGH ZIP 1997, 978 sowie Rn 1.

[236] Eine Beschwerdemöglichkeit besteht darüber hinaus bei greifbarer Gesetzeswidrigkeit des Beschlusses, OLG Koblenz WM 1985, 829.

[237] BGH GmbHR 1988, 213; *Lutter/Hommelhoff* § 51a GmbHG Rn 43; *Baumbach/Hueck/Zöllner* § 51a GmbHG Rn 33 jew. m.N. auch zur Gegenansicht.

[238] BGH GmbHR 1988, 213, 214.

fassung die gewünschten Informationen nicht erhalten hat.[239] Das Prozessgericht darf über die Frage der Berechtigung zur Informationsverweigerung inzidenter entscheiden. Hat der Gesellschafter bereits ein Auskunftserzwingungsverfahren eingeleitet, ist das Prozessgericht an die Entscheidung nicht gebunden.[240]

Das Auskunfts- und Einsichtsrecht des Gesellschafters einer GmbH kann nach herrschender Meinung einer **schiedsgerichtlichen Entscheidung** unterworfen werden, weil es einem Vergleich zugänglich ist.[241] **78**

---

[239] OLG Hamburg GmbHR 1985, 120; *Hachenburg/Hüffer* § 51 a GmbHG Rn 22; *Baumbach/Hueck/Zöllner* § 51 a GmbHG Rn 33b; *Scholz/K. Schmidt* § 51 a GmbHG Rn 47 jew. m.w.N.

[240] *Baumbach/Hueck/Zöllner* § 51 a GmbHG Rn 33c; *Lutter/Hommelhoff* § 51 b GmbHG Rn 13; *Scholz/K. Schmidt* § 51 a GmbHG Rn 47; a. A. OLG Stuttgart AG 1992, 459 (zur AG).

[241] OLG Hamm ZIP 2000, 1013; *Lutter/Hommelhoff* § 51b GmbHG Rn 2.

§ 25 Die Treuepflicht

Übersicht

Schrifttum: *Armbrüster,* Grundlagen und Reichweite von Wettbewerbsverboten im Personengesellschaftsrecht, ZIP 1997, 261; *Bartsch,* Die Entwicklung der personengesellschaftsrechtlichen Treuepflicht in der Rechtsprechung, 1989; *Fischer,* Die Grenze bei der Ausübung gesellschaftlicher Mitgliedschaftsrechte, NJW 1954, 777; *ders.,* Gedanken über einen Minderheitenschutz bei Personengesellschaften, FS Barz, 1974, S. 33; *Fleischer,* Zur organschaftlichen Treuepflicht der Geschäftsleiter im Aktien- und GmbH-Recht, WM 2003, 1045; *Flume,* Die Rechtsprechung des II. Zivilsenats des BGH zur Treupflicht des GmbH-Gesellschafters und des Aktionärs, ZIP 1996, 161; *A. Hueck,* Der Treuegedanke im Recht der OHG, FS Hübner, 1935/1981, S. 72; *ders.,* Der Treuegedanke im modernen Privatrecht, 1947; *ders.,* Inwieweit besteht eine gesellschaftliche Pflicht des Gesellschafters einer Handelsgesellschaft zur Zustimmung zu Gesellschafterbeschlüssen, ZGR 1972, 237; *Hüffer,* Zur gesellschaftsrechtlichen Treupflicht als richterlicher Generalklausel, FS Steindorff, 1990, S. 59; *Immenga,* Bindung von Rechtsmacht durch Treuepflichten, FS 100 Jahre GmbHG, 1992, S. 89; *Kollhosser,* Zustimmungspflicht zur Abänderung von Gesellschaftsverträgen bei Personengesellschaften, FS H. Westermann, 1974, S. 275; *Korehnke,* Treuwidrige Stimmen im Personengesellschafts- und GmbH-Recht, 1997; *Kübler/Waltermann,* Geschäftschancen der KG ZGR 1991, 162; *Lettl,* Die Anpassung von Personengesellschaftsverträgen (GbR, OHG) aufgrund von Zustimmungspflichten der Gesellschafter, AcP 202 (2002), 23; *Lutter,* Theorie der Mitgliedschaft, AcP 180 (1980) 84; *ders.,* Die Treupflicht des Aktionärs, ZHR 153 (1989) 446; *ders.,* Treupflichten und ihre Anwendungsprobleme, ZHR 162 (1998) 164; *Marsch-Barner,* Treupflicht und Sanierung, ZIP 1996, 853; *Michalski,* Treuepflichten persönlich haftender Gesellschafter, NZG 1998, 460; *Pabst,* Mitwirkungspflichten bei Klagen nach §§ 117, 127, 140 HGB und bei der Anpassung von Verträgen im Recht der Personenhandelsgesellschaften, BB 1977, 1524; *Schilling,* Gesellschaftstreue und Konzernrecht – zur Auslegung des § 243 Abs. 2 AktG, Freundesgabe Hengeler 1972, S. 226; *H. Schneider/U. H. Schneider,* Die neuere Entwicklung der Rechtsprechung des BGH zur KG, ZGR 1972, 52; *U. H. Schneider,* Mehrheitsprinzip und Mitwirkungserfordernisse bei Gesellschafterbeschlüssen, AG 1979, 57; *Stimpel*, Aus der Rechtsprechung des II. Zivilsenats, FS 25 Jahre BGH, 1975, S. 19; *Ulmer*, Kündigungsschranken im Handels- und Gesellschaftsrecht, FS Möhring, 1975, S. 295; *ders.*, Hundert Jahre Personengesellschaftsrecht – Rechtsfortbildung bei OHG und KG, ZHR 161 (1997), 102; *Vorwerk/Wimmers*, Treubindung des Mehrheitsgesellschafters oder der Gesellschaftermehrheit bei Beschlußfassung in der GmbH-Gesellschafterversammlung, GmbHR 1998, 717; *Weiser*, Gesellschafterliche Treuepflicht bei Wahrnehmung von Geschäftschancen der Gesellschaft durch de facto geschäftsführenden Gesellschafter, DB 1989, 2010; *Westermann*, Die Anpassung von Gesellschaftsverträgen an veränderte Umstände, FS Hefermehl, 1976, S. 225; *Wiedemann*, Zu den Treuepflichten im Gesellschaftsrechts, FS Heinsius, 1991, S. 949; *ders.*, Rechte und Pflichten des Personengesellschafters, WM 1992, SB 7, S. 17; *M. Winter*, Mitgliedschaftliche Treuebindungen im GmbH-Recht, 1988; *Zöllner*, Die Schranken mitgliedschaftlicher Stimmrechtsmacht bei den privatrechtlichen Personenverbänden, 1963; *ders.*, Die Anpassung von Personengesellschaftsverträgen an veränderte Umstände, FS Raiser, 1979.

I. Grundlagen

1. Existenz gesellschaftsrechtlicher Treuepflichten

Die gesellschaftsrechtliche Treuepflicht ist in Rechtsprechung[1] und 1
Schrifttum[2] als eine die ganze Mitgliedschaft beherrschende Verhaltenspflicht seit langem anerkannt. Die Treuepflicht hält jeden Gesellschafter an, sich gegenüber der Gesellschaft und den übrigen Gesellschaftern loyal und uneigennützig zu verhalten, und alles zu tun, was erforderlich ist, um den gemeinsamen Zweck zu verwirklichen, sowie alles zu unterlassen, was der Verwirklichung dieses Zwecks abträglich ist. Der Gesellschafter darf also die Gesellschaft nicht durch die rücksichtslose Verfolgung eigener Belange schädigen, sondern muss bei der Ausübung seiner Mitgliedschaftsrechte Rücksicht auf die Interessen der Gesellschaft und der übrigen Gesellschafter nehmen. Ihre Grenze findet die Treuepflicht erst in der Wahrnehmung berechtigter eigener Rechte durch den Gesellschafter.

Anders als über ihre Existenz herrscht über die **Grundlage** der Treue- 2
pflicht nach wie vor keine Einigkeit. Verbreitet wird die Treuepflicht als Ausprägung des allgemeinen Grundsatzes von Treu und Glauben (§ 242 BGB) angesehen.[3] Andere sehen die Treuepflicht als eine aus dem Gemeinschaftsverhältnis stammende, von jedem Gesellschafter geschuldete Hauptpflicht an.[4] Zum Teil wird zwischen der aus der gesellschaftsvertraglichen Förderpflicht resultierenden Treuepflicht, soweit es um Verhaltenspflichten

---

[1] Vgl. etwa RGZ 142, 212, 216; RGZ 162, 388, 394; BGHZ 12, 308, 320; 20, 363; 25, 47, 53; 30, 201; 44, 40; 64, 257; 68, 82; 80, 346, 349; 98, 276, 279; BGH NJW 1962, 859; NJW 1986, 584, 585; OLG Düsseldorf ZIP 1996, 1083, 1087.

[2] Vgl. nur *Hueck*, Treuegedanke im modernen Privatrecht, passim; *Winter*, Treuebindungen, passim; GK/*Ulmer* § 105 HGB Rn 232; *Heymann/Emmerich* § 109 HGB Rn 5; *Baumbach/Hopt* § 109 HGB Rn 23; MüKo/*K. Schmidt* § 105 HGB Rn 188; *ders.*, Gesellschaftsrecht, S. 587; *Scholz/Winter* § 14 GmbHG Rn 50; jew. m. w. N.

[3] MüKo/*Roth* § 242 BGB Rn 152; *Staudinger/Keßler* (12. Aufl.) vor § 705 BGB Rn 42; *Larenz* II § 60 a; *Schmiedel* ZHR 134 (1970), 182.

[4] *Hueck*, Recht der OHG § 13 I 1; vgl. auch *Lutter* AcP 180 (1980), 102 ff.; *Soergel/Hadding* § 705 BGB Rn 58.

der Gesellschafter geht, und der aus § 242 BGB folgenden allgemeinen Rücksichtnahmepflicht, soweit die Schranken der Ausübung mitgliedschaftlicher Rechte in Rede stehen, unterschieden.[5] Konsens besteht insoweit, als die Treuepflicht ihre Grundlage im **Gesellschaftsvertrag** hat bzw. Teil des mitgliedschaftlichen Rechtsverhältnisses ist.[6] Mit Recht hat *Stimpel* die Treuepflicht als eine **richterliche Generalklausel** bezeichnet,[7] die Quelle von Rechten und Pflichten der Gesellschafter ist. In ihrer grundsätzlichen Geltung hat die Treuepflicht als mitgliedschaftliche Hauptpflicht den Rang von **Gewohnheitsrecht** erreicht.[8]

2. Inhalt

3 Die gesellschaftsrechtliche Treuepflicht ist in unterschiedlichen Ausprägungen anzutreffen. Zum einen begründet die Treuepflicht Schranken für die Rechtsausübung des Gesellschafters, zum anderen lassen sich aus ihr konkrete Verhaltenspflichten ableiten. Daneben gewinnt die Treuepflicht als Kriterium bei der Auslegung des Gesellschaftsvertrages an Bedeutung. Infolge der Maßgeblichkeit der jeweiligen Einzelfallumstände bedarf es für die Bestimmung der Ausprägungen der Treuepflicht jeweils einer konkreten Einzelfallabwägung der beteiligten Interessen.[9]

4 **a) Begründung von Pflichten.** Soweit die Treuepflicht pflichtbegründend wirkt, konkretisiert sie die allgemeine Beitrags- und Förderpflicht des Gesellschafters (§ 705 BGB).[10] Dabei kann sie, je nachdem ob es sich um eigennützige oder uneigennützige Mitgliedschaftsrechte handelt,[11] Grundlage unterschiedlicher Handlungs- oder Unterlassungspflichten sein.[12]

5 *aa) Handlungspflichten.* Handlungspflichten des Gesellschafters bestehen aufgrund der Treuebindung vor allem dann, wenn die Ausübung **uneigennütziger** Mitgliedschaftsrechte in Rede steht. Von uneigennützigen Mitgliedschaftsrechten spricht man, wenn der Gesellschafter bei ihrer Ausübung weniger seine eigenen Interessen als vornehmlich das Gesellschaftsinteresse zu berücksichtigen hat. Hierzu gehört namentlich die Ausübung

---

[5] *Winter,* Treuebindungen, S. 13 m. w. N. Entgegen der Auffassung von MünchHdb. GesR II/*Weipert* KG § 13 Rn 1 ergeben sich aus der Treuepflicht durchaus Rechtsausübungsbeschränkungen.

[6] GK/*Ulmer* § 105 HGB Rn 233; *Heymann/Emmerich* § 109 HGB Rn 5; *Schlegelberger/K. Schmidt* § 105 HGB Rn 161; *Baumbach/Hopt* § 109 HGB Rn 23; *Wiedemann* WM 1992 Sonderbeilage 7, S. 19 f.

[7] *Stimpel,* FS 25 Jahre BGH, S. 19; ihm folgend *Hüffer,* FS Steindorff, S. 59, 68 ff.; GK/*Ulmer* § 105 HGB Rn 233; MünchHdb. GesR II/*Weipert* KG § 13 Rn 1.

[8] Vgl. statt vieler *Michalski* NZG 1998, 460; *Lutter* ZHR 162 (1998), 166.

[9] *Röhricht/v. Westphalen/v. Gerkan* § 109 HGB Rn 15.

[10] *Schlegelberger/K. Schmidt* § 105 HGB Rn 166; *Lutter* ZHR 162 (1998), 166 f.; *Lutter/Hommelhoff* § 14 GmbHG Rn 19.

[11] Zu dieser Unterscheidung vgl. *Wiedemann* Gesellschaftsrecht § 8 II 3 b: *Zöllner,* Schranken, S. 344 f.; *Immenga,* FS 100 Jahre GmbHG, S. 189, 193; *Lutter* ZHR 162 (1998), 168.

[12] So auch GK/*Ulmer* § 105 HGB Rn 235; vgl. ferner den Nachweis in Fn 33.

von Widerspruchs- und Zustimmungsrechten oder des Stimmrechts bei Beschlussfassung über Geschäftsführungsangelegenheiten.[13] Soweit es um die Wahrnehmung solcher Rechte geht, ist dem Gesellschaftszweck, zu dessen Förderung sich die Gesellschafter zusammengeschlossen haben, grundsätzlich Vorrang vor den Individualinteressen der Gesellschafter einzuräumen.[14]

Werden die Rechte dem Gesellschafter durch Gesetz oder Gesellschafts- 6
vertrag im **eigenen Interesse** eingeräumt, wie etwa Informationsrechte, Sonderrechte, Kündigungs- und Übernahmerechte sowie das Recht zur Erhebung von Auflösungs- und Ausschließungsklage (§§ 132, 140, 142 HGB), ist für Handlungspflichten des Gesellschafters nur wenig Raum. Bei diesen Rechten tritt das Verbandsinteresse hinter das eigene Interesse des Gesellschafters zurück. Unbeschadet dessen darf der Gesellschafter ihm zur eigennützigen Ausübung verliehene Rechte **nicht willkürlich** geltend machen und auf diese Weise die anerkennenswerten Interessen der Gesellschaft schädigen.[15]

bb) Unterlassungspflichten. Unterlassungspflichten kommen bei **uneigen-** 7
nützigen und **eigennützigen** Rechten gleichermaßen in Betracht. Der Gesellschafter unterliegt in beiden Fällen einer Loyalitätspflicht, die es ihm verbietet, Mitgliedschaftsrechte auszuüben, wenn damit eine Schädigung der Gesellschaft oder der Mitgesellschafter verbunden wäre. Allerdings ist an die Ausübung eigennütziger Rechte ein weniger strenger Maßstab anzulegen.[16]

So verbietet die **Treuepflicht** dem Gesellschafter, **Erwerbschancen** 8
der Gesellschafter für eigene Rechnung zu nutzen oder vertrauliche Interna an Dritte weiterzugeben.[17] Auch dürfen die geschäftsführenden Gesellschafter nicht zu einem treuwidrigen Verhalten veranlasst werden.[18] Des Weiteren fließt aus der Treuepflicht das Verbot, die Gesellschaft durch herabsetzende Äußerungen zu **diskreditieren**, sowie die Verpflichtung der Gesellschafter, über die Belange der Gesellschaft **Stillschweigen** zu bewahren.[19] Das Gebot, eine Schädigung der Gesellschaft zu unterlassen, besteht selbst dann, wenn die in Rede stehende Maßnahme im Einklang mit den Interessen der Konzernmutter steht. Schließlich kann der Gesellschafter aufgrund der Treuepflicht gehindert sein, von seinem Recht zur **Kündigung** der Gesellschaft Gebrauch zu machen, wenn ihm entweder eine Fortsetzung der Gesellschaft oder ein Ausscheiden aus dem Verband zumut-

---

[13] *Michalski* NZG 1998, 460; vgl. auch *Vorwerk/Wimmers* GmbHR 1998, 720.

[14] *Ulmer* GbR § 705 BGB Rn 223; *Scholz/Emmerich* § 13 GmbHG Rn 40.

[15] *Ulmer* GbR § 705 BGB Rn 224; *Scholz/Winter* § 14 GmbHG Rn 56f. m.w.N.

[16] Vgl. *Lutter/Hommelhoff* § 14 GmbHG Rn 21.

[17] Hierzu etwa BGH NJW 1986, 584, 585. In diesem Fall ließ der geschäftsführende Gesellschafter ein Geschäftsgrundstück nicht durch die Gesellschaft, sondern durch seine Ehefrau erwerben, um es für eigene Zwecke zu nutzen. Vgl. ferner *Wiedemann*, FS Heinsius, S. 953; *Winter*, Treuebindungen, S. 241.

[18] BGH NJW 1973, 2198.

[19] Vgl. etwa *Grunewald* Gesellschaftsrecht 1. A. Rn 19 m.w.N.

bar ist, weil er eine vollwertige Abfindung erhält und von den Gesellschaftsverbindlichkeiten befreit wird.[20]

9 **b) Beschränkung von Rechten.** Die Treuepflicht erschöpft sich jedoch keineswegs in der Begründung von Handlungs- und Unterlassungspflichten; ihr kommt zudem eine rechtsbeschränkende Funktion zu.[21] Vor allem aus dem Willkürverbot und dem Verhältnismäßigkeitsgrundsatz lässt sich ableiten, dass kein Gesellschafter die ihm zustehenden Mitgliedschaftsrechte treuwidrig ausüben darf. Damit sieht sich jede treuwidrige Rechtsausübung einem **Korrektiv** in Gestalt des **Missbrauchseinwandes** ausgesetzt, der treuwidriges Gesellschafterhandeln **unbeachtlich** bzw. missbräuchlich geltend gemachte Ansprüche **undurchsetzbar** macht.[22] Inwieweit der Missbrauchseinwand die Wahrnehmung von Gesellschafterrechten beschränkt, hängt davon ab, ob die Gesellschafterrechte zum Nutzen der Gesellschaft oder im Interesse des Gesellschafters verliehen sind.[23] Ob der Gesellschafter **schuldhaft** im Sinne des § 708 BGB handelt, ist dabei nicht entscheidend.[24]

10 Am stärksten kommt die limitierende Funktion der Treuepflicht bei der Ausübung von **Geschäftsführungsbefugnissen** zum Tragen, namentlich bei der Geltendmachung von Widerspruchsrechten (§§ 115 Abs. 1, 2. Hs., 164 HGB).[25] Treuepflichtschranken bestehen ferner bei der **Stimmrechtsausübung**. So können in der GmbH & Co. KG die Gesellschafter der Komplementär-GmbH bei der Beschlussfassung verpflichtet sein, die Interessen der KG zu beachten, wenn sich der Beschluss auf die KG auswirkt.[26] Auch die Geltendmachung von **Entnahmerechten** kann im Einzelfall undurchsetzbar sein, wenn die wirtschaftliche Lage der Gesellschaft eine Verkürzung der Liquidität nicht erlaubt.[27] Bei der Ausübung von **Entsendungsrechten** in Gremien der Gesellschaft (Aufsichtsrat, Beirat) ist der Gesellschafter gehalten, von der Benennung bestimmter Personen abzusehen, sofern diese, etwa aufgrund ihrer offensichtlich fehlenden Qualifikation oder Tätigkeit für ein Konkurrenzunternehmen, für die Gesellschaft unzumutbar sind.[28] Auch der Ausübung von **Informationsrechten** sind

---

[20] BGH ZIP 1986, 91; *Schlegelberger/K. Schmidt* § 105 HGB Rn 166; *Heymann/Emmerich* § 131 HGB Rn 32.

[21] GK/*Ulmer* § 105 HGB Rn 236; *Scholz/Winter* § 14 GmbHG Rn 54; a. A. MünchHdb. GesR II/*Weipert* KG § 13 Rn 1.

[22] GK/*Ulmer* § 105 HGB Rn 236.

[23] *Heymann/Emmerich* § 109 HGB Rn 10.

[24] So zutr. GK/*Ulmer* § 105 Rn 236.

[25] BGH NJW 1986, 844; *Schlegelberger/K. Schmidt* § 105 HGB Rn 165.

[26] Vgl. die Nachweise in Fn 83.

[27] BGH NJW 1985, 972; NJW 1985, 974; *Schlegelberger/K. Schmidt* § 105 HGB Rn 165; teilweise wird jedoch auch eine gegenläufige Auswirkung der Treuepflicht für möglich gehalten, die etwa bei einem bestimmten Sonderbedarf eines Gesellschafters dazu führen kann, diesem einen Anspruch auf Überschreitung der gesetzlichen Entnahmegrenzen zuzugestehen, vgl. dazu *Röhricht/v. Westphalen/v. Gerkan* § 122 HGB Rn 6 m. w. N.; verhalten dagegen BGHZ 132, 263, 277.

[28] Vgl. RGZ 165, 68, 79 ff.; MünchHdb. GesR III/*Schiessl* § 32 Rn 20.

Grenzen gesetzt, wenn die damit verbundene Belastung der Gesellschaft unzumutbar ist (vgl. hierzu auch § 24 Rn 12).

In Ausnahmefällen kann es die Treuepflicht dem Gesellschafter gebieten, auch bei der Durchsetzung von Ansprüchen aus **Drittgeschäften** Rücksicht auf die Interessen der Gesellschaft zu nehmen. Allerdings besteht die Treuepflicht, da er insoweit nicht in seiner Eigenschaft als Gesellschafter, sondern als Dritter handelt, nur in eingeschränktem Maße.[29] So kann etwa die Durchsetzung eines Darlehensrückzahlungsanspruchs treuwidrig sein, wenn aufgrund eines kurzfristigen Liquiditätsengpasses ein „Stand-Still" im Interesse der Gesellschaft erforderlich ist, namentlich wenn das Darlehen zur Förderung des Gesellschaftszweckes ausgereicht wurde.[30] **11**

c) Auslegung des Gesellschaftsvertrages. Daneben kommt die Treuepflicht bei der Auslegung des Gesellschaftsvertrages zum Tragen.[31] Den Gesellschafter kann aufgrund der Treuepflicht nicht nur eine Zustimmungspflicht zu Vertragsänderungen treffen (dazu im Einzelnen unter Rn 38 ff.); vielmehr ist er bereits gehalten, durch eine einengende oder erweiternde Vertragsauslegung die berechtigten Interessen der Gesellschaft oder der Mitgesellschafter zu berücksichtigen.[32] Der Sache nach handelt es sich hier um eine spezielle Form der **ergänzenden Vertragsauslegung**.[33] **12**

II. Umfang der Treuepflicht

1. Charakter der Mitgliedschaftsrechte

Der Umfang der Treuepflicht hängt davon ab, ob es sich um eigennützige oder uneigennützige Gesellschafterrechte handelt.[34] Bei uneigennützigen Mitgliedschaftsrechten, die dem Gesellschafter zur Förderung des Gesellschaftszwecks verliehen sind, kommt die Treuepflicht stärker zum Tragen als bei dem Gesellschafter im eigenen Interesse eingeräumten Mitgliedschaftsrechten.[35] Bei der Geltendmachung **uneigennütziger** Rechte ist eine Verfolgung eigener Zwecke nur dann zulässig, wenn nicht Belange der Gesellschaft entgegenstehen.[36] Am intensivsten ist die Treuepflicht im Bereich der Geschäftsführung ausgeprägt. **13**

---

[29] Vgl. *Reuter* JZ 1986, 16, 19; *Grunewald* Gesellschaftsrecht 1 A Rn 21.

[30] RG JW 1937, 1986; BGH WM 1970, 280, 281; *Baumbach/Hopt* § 109 HGB Rn 25; *Heymann/Emmerich* § 128 HGB Rn 16; vgl. auch *Winter*, Treuebindungen, S. 127.

[31] *Schlegelberger/K. Schmidt* § 105 HGB Rn 161; *Baumbach/Hopt* § 105 HGB Rn 59.

[32] *Coing* ZGR 1978, 659, 666.

[33] Vgl. BGH BB 1977, 1271 (Pflicht zur Anpassung der Tätigkeitsvergütung des geschäftsführenden Gesellschafters).

[34] *Hueck*, FS Hübner, S. 80 ff.; *ders.* Recht der OHG § 13 I 1; *Soergel/Hadding* § 705 BGB Rn 60; *Ulmer*, FS Möhring, S. 300 ff.; *Schlegelberger/Martens* § 161 HGB Rn 77; *Grunewald* Gesellschaftsrecht 1. A. Rn 18.

[35] Zur Unterscheidung zwischen eigennützigen und uneigennützigen Mitgliedschaftsrechten oben Rn 5 f.

[36] Vgl. BGH NJW 1986, 584, 585.

14 Demgegenüber kommt die Treuepflicht bei der Durchsetzung **eigennütziger Mitgliedschaftsrechte** weniger stark zum Tragen. Bei deren Ausübung muss der Gesellschafter seine eigenen Interessen nur dann hintanstellen, wenn er sich andernfalls über die Belange der Gesellschaft oder die seiner Mitgesellschafter **rücksichtslos** hinwegsetzen würde.[37] *Zöllner* hat zu Recht hervorgehoben, dass das Ausmaß und der Einfluss der Treuepflicht maßgeblich von den **Rechtsfolgen** des Mitgliedschaftshandelns abhängen.[38] Danach unterliegt der Gesellschafter bei der Beschlussfassung über die Entziehung der Geschäftsführungs- und Vertretungsbefugnis größeren Einschränkungen als bei der Ausübung von Informations- und Kontrollrechten. Nach zutreffender Auffassung gilt dies gleichermaßen für die Ausübung von Kündigungs- und Übernahmerechten, auch wenn die Ausübung dieser Rechte durch die gemeinschaftliche Zweckverfolgung beendet wird.[39]

2. Realstruktur der Gesellschaft

15 Maßgebliche Auswirkungen auf die Intensität der Treuepflicht hat zudem die Realstruktur der Gesellschaft.[40] In **personalistisch** verfassten Gesellschaften, die von einer persönlichen Zusammenarbeit und gegenseitigem Vertrauen der Gesellschafter geprägt sind, ist die Treuepflicht intensiver ausgeprägt als in **kapitalistisch** strukturierten Verbänden, bei denen die Gesellschafter ihre Anteile in erster Linie als Kapitalanlage halten und die Mitspracherechte der Gesellschafter regelmäßig nur sehr gering ausgeprägt sind.[41] Im Grundsatz lässt sich daher sagen, dass die Intensität der Treuepflicht abnimmt, je größer die **Anzahl der Gesellschafter** ist und je geringere **Einflussnahmemöglichkeiten** der Gesellschafter auf die Geschicke der Gesellschaft hat.[42] Dies gilt insbesondere dann, wenn der Gesellschaftsvertrag der GmbH & Co. KG abweichend vom gesetzlichen Einstimmigkeitsgrundsatz Mehrheitsentscheidungen zulässt. Bei Beschlussfassungen in der Gesellschafterversammlung bestehen besondere Rücksichtnahmepflichten der Mehrheit gegenüber der Minderheit.[43]

16 Die Intensität der Treuepflicht in kapitalistisch strukturierten Gesellschaften ist zwar **herabgesetzt**. An ihrer grundsätzlichen Anerkennung

---

[37] *Ulmer* GbR § 705 BGB Rn 224, *Winter*, Treuebindungen, S. 29.

[38] *Zöllner*, Schranken, S. 337 ff.; GK/*Ulmer* § 105 HGB Rn 237.

[39] Wie hier GK/*Ulmer* § 105 HGB Rn 237; *ders.*, FS Möhring, S. 295 ff.; *Heymann/Emmerich* § 132 HGB Rn 7; a. A. *Zöllner*, Schranken, S. 344.

[40] *Lutter* AcP 180 (1980), 105 ff.; GK/*Ulmer* § 105 HGB Rn 238; MüKo/*K. Schmidt* § 105 HGB Rn 190; *ders.*, Gesellschaftsrecht, S. 592; *Grunewald* Gesellschaftsrecht 1. A. Rn 18; *Rowedder/Pentz* § 13 GmbHG Rn 15.

[41] Vgl. BGHZ 9, 163; 14, 38; 65, 18 f.; 98, 276, 279 f.; *Scholz/Winter* § 14 GmbHG Rn 50.

[42] Gleichwohl kann auch einem Kommanditisten trotz der Unanwendbarkeit des § 122 Abs. 1 HGB nach § 169 Abs. 1 HGB aufgrund der Treuepflicht verwehrt sein, seinen Gewinnauszahlungsanspruch geltend zu machen, *Röhricht/v. Westphalen/v. Gerkan* § 169 HGB Rn 10.

[43] Vgl. auch *Scholz/Emmerich* § 13 GmbHG Rn 38.

besteht allerdings auch dann kein Zweifel.[44] Selbst in **Publikumskommanditgesellschaften** bestehen, wenn auch in abgeschwächterem Maße, Treuepflichten der Gesellschafter.[45] Die gegenüber der Gesellschaft bestehende Treuepflicht beansprucht insbesondere dann Geltung, wenn es um die Erhaltung des Unternehmens geht. In diesem Fall steht sie der Geltendmachung gesellschaftsvertraglicher Ansprüche entgegen, wenn dies zur Gefährdung der Existenz der Gesellschaft führen würde.[46] Demgegenüber kommt es auf die **Rechtsform** der Gesellschaft vorrangig nicht an. Zwar hat die Treuepflicht in der Personengesellschaft (auch der stillen Gesellschaft[47]) ihren größten Anwendungsbereich, aber auch für die GmbH[48] und für die Aktiengesellschaft[49] ist ihre Existenz allgemein anerkannt.

In der **GmbH & Co. KG** trifft die Treuepflicht Kommanditisten, Kom- 17
plementär-GmbH sowie deren Gesellschafter im Grundsatz gleichermaßen.[50] Welchen Umfang die Treuepflicht hat, hängt auch hier davon ab, ob das Gesellschaftsverhältnis personalistisch oder kapitalistisch ausgestaltet ist oder über welche Mitwirkungsrechte die Gesellschafter verfügen.[51] Die Reichweite der Treuepflicht maßgeblich beeinflussende Faktoren sind zudem der **Zweck** der Gesellschaft, **Umfang** und **Dauer** der Beteiligung, die **persönliche Bindung** unter den Gesellschaftern sowie das zwischen ihnen geschaffene **Vertrauen**.[52]

3. Grenzen

Die Anwendung der Treuepflicht bleibt grundsätzlich auf den **mitglied-** 18
schaftlichen Bereich beschränkt. Außerhalb des Gesellschaftsverhältnisses bleiben die Gesellschafter grundsätzlich befugt, ihren **privaten** Interessen nachzugehen.[53] So ist der Gesellschafter aufgrund seiner gesellschaftsrechtlichen Treuepflicht nicht gehindert, sich auf die Formunwirksamkeit eines Kaufvertrages zu berufen, den er mit der Gesellschaft im Rahmen eines Drittgeschäfts geschlossen hat.[54]

---

[44] *Schlegelberger/K. Schmidt* § 105 HGB Rn 163.

[45] BGHZ 71, 53, 59; BGH NJW 1985, 972; NJW 1985, 974; MüKo/*K. Schmidt* § 105 HGB Rn 190; *Winter*, Treuebindungen, S. 18.

[46] BGH NJW 1985, 972; NJW 1985, 974 (jeweils zur Publikums-KG); *Baumbach/Hopt* § 109 HGB Rn 23.

[47] *Röhricht/v. Westphalen/v. Gerkan* § 230 HGB Rn 80, 119.

[48] BGHZ 65, 15 (ITT).

[49] BGHZ 103, 184, 194 f. (Linotype); BGH NJW 1992, 3167, 3171; zuletzt BGHZ 129, 136 (Girmes); anders noch BGH WM 1976, 449 (Audi/NSU); aus dem Schrifttum vgl. *Lutter* ZHR 153 (1989), 446; *ders.* JZ 1995, 1053 ff.; *Häsemeyer* ZHR 160 (1996), 109 ff.; *Marsch-Barner*, ZIP 1996, 853 ff.; a. A. *Flume* ZIP 1996, 165; rechtsvergleichend *Fleischer* WM 2003, 1045.

[50] Vgl. nur *Heymann/Horn* § 161 HGB Rn 52.

[51] *K. Schmidt,* Gesellschaftsrecht, S. 592.

[52] *Scholz/Winter* § 14 GmbHG Rn 53 m.w.N.

[53] BGH NJW 1962, 859; NJW 1992, 3167, 3171.

[54] BGH NJW 1989, 166; NJW 1992, 3167, 3171; *Baumbach/Hopt* § 109 HGB Rn 23.

19 Umgekehrt ist der Gesellschafter zu einer umfassenden Rücksichtnahme auf die **privaten Interessen** seiner Mitgesellschafter nicht verpflichtet.[55] Dies folgt aus dem fremdnützigen Charakter der Treuepflicht.[56] Anderes gilt ausnahmsweise dann, wenn sich Störungen im privaten Bereich auf die mitgliedschaftliche Sphäre auswirken,[57] was namentlich dann vorkommen kann, wenn die Gesellschafter persönlich miteinander verbunden sind und eng zusammenarbeiten.

20 Aber auch soweit es den **Gesellschaftsbereich** betrifft, ist mit *Martens* vor einer Umfunktionierung der gesellschaftsrechtlichen Treuepflicht in ein Instrumentarium der verdeckten Vertragskontrolle zu warnen.[58] Ist die gesetzliche Lage eindeutig und liegen auch sonst keine außergewöhnlichen, eine abweichende Beurteilung rechtfertigenden Umstände vor, bleibt für die Anwendung der gesellschaftsrechtlichen Treuepflicht kein Raum.

4. Zeitlicher Anwendungsbereich

21 Da die Treuepflicht untrennbar mit der Gesellschafterstellung verbunden ist, besteht sie vom Stadium der **Vorgesellschaft** bzw. **Vorgründungsgesellschaft** bis zur Vollbeendigung der Gesellschaft.[59] Da der Gesellschaftszweck der **Liquidationsgesellschaft** auf die Abwicklung des Unternehmens gerichtet ist, schwächt sich die Treuepflicht jedoch mit zunehmendem Fortschritt der Liquidation ab.[60] Dem Gesellschafter ist es zwar nicht untersagt, sich während der Abwicklungsphase auf dem Gebiet der Gesellschaft bereits anderweitig unternehmerisch zu betätigen. Nutzt er jedoch Vermögenswerte oder **Geschäftschancen** der Gesellschaft (Vertriebsrechte, Geschäftskontakte etc.) zu seinem eigenen Vorteil, ohne dass der Gesellschaft ein entsprechender Ausgleich zugute käme, verhält er sich der Gesellschaft gegenüber pflichtwidrig.[61]

22 Auch nach Beendigung der Gesellschaft oder nach Ausscheiden aus der Gesellschaft sind im Einzelfall **nachwirkende Treuepflichten** denkbar, etwa wenn ein Gesellschafter das Unternehmen der Gesellschaft im Rahmen der Liquidation übernommen hat.[62] Unter Umständen kann der ausgeschiedene Gesellschafter zudem verpflichtet sein, sich bei der Geltendmachung seines Abfindungsanspruches zunächst an die Gesellschaft zu halten und auf die Gesellschafter, sofern sie hierfür haften, nur subsidiär zu-

---

[55] GK/*Ulmer* § 105 HGB Rn 243.

[56] Vgl. *Baumbach/Hopt* § 109 HGB Rn 23.

[57] Vgl. BGHZ 4, 108, 112; 46, 392; BGH NJW 1992, 3171; *Zöllner*, Schranken, S. 341, 349; *Lutter* AcP 180 (1980), 128; *Schlegelberger/K. Schmidt* § 105 HGB Rn 163.

[58] *Schlegelberger/Martens* § 109 HGB Rn 24.

[59] Vgl. *K. Schmidt*, Gesellschaftsrecht, S. 588; *Wittkowski* GmbHR 1990, 549.

[60] BGH NJW 1971, 802; *Baumbach/Hopt* § 109 HGB Rn 24; *Heymann/Sonnenschein/Weitemeyer* § 145 HGB Rn 10.

[61] BGHZ 12, 308; BGH NJW 1958, 1188; NJW 1980, 1628; NJW 1995, 2843, 2845; MüKo/*K. Schmidt* § 105 HGB Rn 192; *G. Rn 20 m.w.N.*

[62] BGH NJW 1960, 1718; *Heymann/Emmerich* § 109 HGB Rn 11; *Schlegelberger/K. Schmidt* § 105 HGB Rn 161; *Baumbach/Hopt* § 109 HGB Rn 24.

zugreifen.[63] Schließlich kann die nachwirkende Treuepflicht ein Wettbewerbsverbot des ausgeschiedenen Gesellschafters begründen.[64]

5. Dispositivität

23 Die Treuepflicht ist nur in eingeschränktem Maße **abdingbar**. Ein genereller gesellschaftsvertraglicher Ausschluss der Treuepflicht kommt nicht in Betracht.[65] Einschränkungen sind nur insoweit zulässig, als hierdurch die gemeinsame Zweckverfolgung der Gesellschafter nicht in Frage gestellt wird.[66]

III. Richtung von Treuepflichten

24 Wie die Mitgliedschaft selbst weist auch die Treuepflicht in eine doppelte Richtung:[67] Vertikal schafft sie Schutzpflichten zugunsten der Interessen der Gesellschaft. Horizontal wirkt die Treuepflicht pflichtenbestimmend und pflichtenbegründend gegenüber den Mitgesellschaftern.

1. Treuepflicht gegenüber der Gesellschaft

25 Ihre stärkste Ausprägung findet die Treuepflicht im Verhältnis zwischen Gesellschafter und Gesellschaft. Dies gilt insbesondere im Bereich der **uneigennützigen** Rechte. Da diese Rechte dem Gesellschafter nicht im eigenen Interesse gewährt sind, sondern zur Förderung des gemeinsamen Zwecks, kommt den Belangen der Gesamthand Vorrang zu.[68] Eigene Ziele darf der Gesellschafter nur insoweit verfolgen, als hierdurch die Gesellschaft nicht geschädigt wird.[69] Der Gesellschafter darf daher bei der Wahrnehmung der **Geschäftsführungsbefugnisse** (§§ 114 HGB, 709 BGB) und der Ausübung von **Widerspruchs- und Zustimmungsrechten** bei Geschäftsführungsmaßnahmen (§§ 115, 116, 164 HGB) das Ziel der gemeinsamen Zweckverfolgung nicht außer Acht lassen. In der GmbH & Co. KG hat die Komplementär-GmbH die Geschäftsführungsfunktionen demzufolge ausschließlich im Interesse der KG auszuüben.[70] Ein Widerspruch

---

[63] *Heymann/Emmerich* § 138 HGB Rn 9

[64] *K. Schmidt,* Gesellschaftsrecht, S. 589.

[65] *Lutter* AcP 180 (1980), 117; *Reuter* ZHR 146 (1982), 7; *Heymann/Emmerich* § 109 HGB Rn 9; *Winter,* Treuebindungen, S. 190 ff. (für die GmbH).

[66] *Ulmer* GbR § 705 BGB Rn 226.

[67] MüKo/*K. Schmidt* § 105 HGB Rn 189; *ders.*, Gesellschaftsrecht, S. 589; GK/*Ulmer* § 105 HGB Rn 239 ff.; *Lutter* AcP 180 (1980), 120 f.; *Grunewald* Gesellschaftsrecht 1. A. Rn 17; *Winter,* Treuebindungen, S. 85 ff., 95 ff., 130 ff.

[68] *Ulmer* GbR § 705 BGB Rn 226.

[69] BGHZ 37, 381, 384 (Unbedenklichkeit einer Nebentätigkeit, solange hierdurch die Interessen der Gesellschaft nicht berührt werden); BGH NJW 1986, 584, 585 (Erwerb eines Geschäftsgrundstücks durch die Ehefrau eines geschäftsführenden Gesellschafters); OLG Nürnberg WM 1962, 731, 732 (Entzug der Kontrolle und Verfügungsbefugnis über Vermögensgegenstände der Gesellschaft); KG OLGZ 1969, 311 (treuwidrige Nutzung eines Teils eines der Gesellschaft gehörenden Hauses für private Zwecke).

[70] *Binz/Sorg* § 16 Rn 62.

zu einer Geschäftsführungsmaßnahme ist danach unbeachtlich, wenn sich der Widerspruch bei objektiver Ex-ante-Betrachtung als pflichtwidrige Verletzung des Gesellschaftsinteresses erweist.[71] Bei kaufmännischen Entscheidungen ist allerdings ein der gerichtlichen Kontrolle entzogener kaufmännischer Beurteilungsspielraum anzuerkennen.[72] Erst die Überschreitung dieses Spielraums macht den Widerspruch unwirksam.

26 Auch bei der Erhebung von **Gestaltungsklagen** nach den §§ 117, 127, 140 HGB ist den Interessen der Gesamthand vor den Belangen des einzelnen Gesellschafters Vorrang einzuräumen.[73] Dies gilt gleichermaßen für die Zulassung von **Vertretern** zur Teilnahme an der Gesellschafterversammlung, wenn der Gesellschafter selbst verhindert ist.

27 Dem Gesellschafter ist es ferner untersagt, **Geschäfts- und Erwerbschancen** des Unternehmens an sich zu ziehen.[74] Nutzt der Gesellschafter eine Geschäftschance, die der Gesellschaft konkret zugeordnet ist und von der er aufgrund seiner Tätigkeit für die Gesellschaft erfahren hat, für eigene Zwecke, handelt er treuwidrig. Dies ist etwa der Fall, wenn der Kommanditist ein Grundstück persönlich erwirbt, nachdem er die Verhandlungen mit dem Veräußerer zuvor im Namen der Gesellschaft geführt hat.[75] Allerdings kommt eine unzulässige Verwertung von Geschäftschancen durch Kommanditisten nur in engen Grenzen in Betracht, da die in § 165 HGB zum Ausdruck gekommene Wertung des Gesetzgebers zu berücksichtigen ist, nach der ein Kommanditist grundsätzlich keinem **Wettbewerbsverbot** unterworfen ist (vgl. eingehend § 26).[76] Voraussetzung für einen Treueverstoß ist, dass die Geschäftschance der Gesellschaft konkret zuzuordnen ist, etwa weil bereits konkrete Vertragsgespräche geführt worden sind oder die Gesellschafter bereits für die Annahme des Angebotes votiert haben.[77] So nutzt die Komplementär-GmbH nicht treuwidrig Geschäftschancen der KG aus, wenn sie einen (vor Gründung der KG) von der KG gepachteten Gegenstand unterverpachtet und die Differenz zwischen Pacht- und Unterpachtzins für sich behält.[78]

28 Demgegenüber kommt die Treuepflicht bei der Wahrnehmung der im **eigenen Interesse** des Gesellschafters verliehenen Rechte nur eingeschränkt zum Tragen. Allerdings darf auch die Ausübung dieser Rechte nicht dazu führen, dass die Gesellschaft und die Mitgesellschafter hierdurch geschädigt werden. Der Gesellschafter muss bei der Geltendmachung seines Gewinnrechts, seines Rechts auf Geltendmachung von Aufwendungsersatz und Abfindungsguthaben sowie der Ausübung seiner Informations-,

---

[71] *Schlegelberger/Martens* § 161 HGB Rn 76; *Heymann/Emmerich* § 115 HGB Rn 12.

[72] BGH NJW 1986, 844.

[73] GK/*Ulmer* § 105 HGB Rn 239; *Pabst* BB 1977, 1524 ff.

[74] BGH WM 1968, 679; NJW 1986, 584; ZIP 1989, 986, 987; OLG Düsseldorf NJW-RR 1986, 1294; *Kübler/Waltermann* ZGR 1991, 162; *Schiessl* GmbHR 1988, 53; *Timm* GmbHR 1981, 177; *Binz/Sorg* § 4 Rn 33.

[75] BGH NJW 1989, 2687.

[76] Vgl. *Hesselmann/Tillmann* GmbH & Co. Rn 414; *Binz/Sorg* § 5 Rn 131. Zum Wettbewerbsverbot des Kommanditisten eingehend § 26 Rn 32 ff.

[77] *Armbrüster* ZIP 1997, 264.

[78] BGH NJW 1998, 1225, 1226.

Sonder- oder Austrittsrechte grundsätzlich keine Rücksicht auf die Belange des Verbandes nehmen. Anderes gilt nur dann, wenn sich die Geltendmachung dieser Rechte als **willkürlich oder unverhältnismäßig** erweisen würde. Dann findet die Rechtsausübung ihre Schranke in der Treuepflicht.[79]

So darf der Gesellschafter seinen **Gewinnanspruch** dann nicht uneingeschränkt durchsetzen, wenn sich die Gesellschaft in einer wirtschaftlich schwierigen Lage befindet und ein Abzug weiterer Liquidität das Unternehmen in große Schwierigkeiten bringen würde.[80] Auch die Geltendmachung des **Informationsrechts** ist treuwidrig, wenn hierdurch die Geschäftsführung unzumutbar behindert würde.[81] Ferner kann der Gesellschafter an der Ausübung von gesellschaftsvertraglich eingeräumten **Sonderrechten** gehindert sein, wenn sich dies mit den Interessen der Gesellschaft nicht in Einklang bringen lässt.[82] Schranken können auch der Ausübung des **Kündigungsrechts** gesetzt sein, wenn die Kündigung zur Unzeit erfolgt oder wenn der Gesellschafter mit der Kündigung eigensüchtige Motive oder eine Schädigung der Gesellschaft verfolgt.[83] Bei der Ausübung des **Stimmrechts**, das weder ausschließlich im eigenen Interesse verliehen ist noch als rein uneigennütziges Recht angesehen werden kann,[84] hängt der Grad der Treuepflicht vom jeweiligen Beschlussgegenstand ab. Die Bindung des Gesellschafters ist umso stärker, je mehr die Verfolgung des gemeinsamen Gesellschaftszwecks in Rede steht.[85] 29

Hat die Komplementär-GmbH nach dem Gesellschaftsvertrag in der KG die ausschließliche Leitungsmacht inne, unterliegt der Mehrheitsgesellschafter der Komplementär-GmbH einer Treuepflicht nicht nur gegenüber der geschäftsführenden GmbH, sondern auch gegenüber der KG.[86] Die Treuepflicht weist in diesem Fall also über die Komplementär-Gesellschaft hinaus und erstreckt sich auf die KG, innerhalb derer die Komplementär-GmbH Geschäftsführungsfunktionen wahrnimmt. Demzufolge ist es dem Mehrheitsgesellschafter der geschäftsführenden GmbH beispielsweise untersagt, zu Lasten der KG eine zu hohe **Konzernumlage** festzusetzen. In besonders gelagerten Fällen kann die Gesellschafter der Komplementär-GmbH auch die Pflicht treffen, den **Geschäftsführer** der Gesellschaft abzuberufen (vgl. auch unten Rn 33). 30

---

[79] GK/*Ulmer* § 105 HGB Rn 240; *Ulmer* GbR § 705 BGB Rn 227; *Zöllner*, Schranken, S. 349 ff.; vgl. auch *Soergel/Hadding* § 705 BGB Rn 240.

[80] BGH NJW 1985, 972 f.; NJW 1985, 974 f.; OLG Koblenz WM 1984, 1051; *Schlegelberger/K. Schmidt* § 105 HGB Rn 166; *Hesselmann/Tillmann* GmbH & Co. Rn 96.

[81] Vgl. *Schlitt*, Informationsrechte, S. 153.

[82] Vgl. BGHZ 14, 25, 38; *Ulmer* GbR § 705 BGB Rn 228.

[83] Dies gilt insb. für das Kündigungsrecht als Privatgläubiger nach § 135 HGB, vgl. BGHZ 51, 85, 87; *Heymann/Emmerich* § 135 HGB Rn 6.

[84] Missverständlich GK/*Ulmer* § 105 HGB Rn 235 (eigennütziges Recht).

[85] Vgl. *Zöllner*, Schranken, S. 344; *Immenga*, FS 100 Jahre GmbHG, S. 200; MünchHdb. GesR III/*Schiessl* § 32 Rn 22

[86] BGHZ 65, 15, 18 ff. (ITT); *Heymann/Horn* § 161 HGB Rn 135; *Hesselmann/Tillmann* GmbH & Co. Rn 310.

2. Treuepflicht der Gesellschafter untereinander

31 Aufgrund der gesellschaftsvertraglichen Bindungen besteht eine Treuepflicht nicht nur im Verhältnis zwischen Gesellschaft und Gesellschafter, sondern auch im Verhältnis zwischen den Gesellschaftern,[87] wobei sie den durch den Gesellschaftszweck definierten mitgliedschaftlichen Bereich erfasst.[88] Der Gesellschafter ist zwar nicht verpflichtet, die Interessen oder persönlichen Ziele seiner Mitgesellschafter zu fördern. Allerdings hat er auf ihre achtenswerten Belange angemessene Rücksicht zu nehmen. Der Gesellschafter ist daher auch im Verhältnis zu seinen Mitgesellschaftern gehalten, seine Mitgliedschaftsrechte nicht willkürlich oder unter Verstoß gegen den Verhältnismäßigkeitsgrundsatz wahrzunehmen.[89] Dies entspricht dem allgemeinen Grundsatz, dass Mitgliedschaftsrechte nicht funktionswidrig oder mit dem Zweck, sich gegenüber den Mitgesellschaftern einen Sondervorteil zu verschaffen, ausgeübt werden dürfen.[90] Zwar ist der einzelne Gesellschafter durch die Treuepflicht gegenüber den übrigen Gesellschaftern nicht gehalten, deren Interesse zu fördern, doch muss bei der Verfolgung eigener Interessen auf deren Belange Rücksicht genommen werden.[91]

32 Die Treuepflicht kommt im Verhältnis der Gesellschafter untereinander, insbesondere bei der Geltendmachung von **Ausschluss-, Kündigungs- und Übernahmerechten** oder als Korrektiv von Mehrheitsentscheidungen bei **Änderungen des Gesellschaftsvertrages**,[92] zum Tragen.[93] So darf ein Gesellschafter von seinem im Gesellschaftsvertrag vorgesehenen Übernahmerecht etwa dann keinen Gebrauch machen, wenn er in Wirklichkeit nicht die Fortführung des Unternehmens, sondern die ungeteilte Erlangung des Liquidationsgewinns anstrebt.[94] Auch ist es dem Gesellschafter untersagt, sich gegenüber den zur Fortsetzung der Gesellschaft bereiten Mitgesellschaftern auf die **Liquidation** der Gesellschaft zu berufen, wenn dem Gesellschafter für das Ausscheiden eine vollwertige Abfindung angeboten wird.[95] Umgekehrt darf der Gesellschafter die **Auflösung** der Gesellschaft nicht blockieren, wenn deren Unrentabilität feststeht und ihre

---

[87] BGHZ 12, 308, 319; 25, 47, 53; BGH WM 1966, 511, 512; OLG Nürnberg WM 1962, 731; *Zöllner*, Schranken, S. 349ff.; *Soergel/Hadding* § 705 BGB Rn 60; GK/*Ulmer* § 105 HGB Rn 241; *Scholz/Winter* § 14 GmbHG Rn 52; *Winter*, Treuebindungen, S. 85ff., 95ff., 130ff.; *Habersack*, Mitgliedschaft, S. 62f.

[88] *Ulmer* GbR § 705 BGB Rn 229.

[89] Vgl. BGHZ 80, 69, 74 (Süssen).

[90] BGH NJW 1971, 802; NJW 1980, 1628.

[91] *Zöllner*, Schranken, S. 349ff.

[92] Vgl. auch BGHZ 71, 41 (Kali und Salz); vgl. auch BGH DStR 1994, 214 (Abberufung des mit 49 % an einer GmbH beteiligten Geschäftsführers durch den mit 51 % beteiligten Gesellschafter).

[93] GK/*Ulmer* § 105 HGB Rn 241; MünchHdb. GesR II/*Weipert* KG § 13 Rn 22ff.; zur Ausschließungsklage *Binz/Sorg* § 6 Rn 56.

[94] BGH NJW 1959, 432; BGHZ 103, 184, 194 (AG).

[95] BGH WM 1986, 68, 69; *Heymann/Horn* § 161 HGB Rn 52; vgl. auch *Lutter* ZHR 162 (1998), 170.

Fortführung zum Nachteil der Mitgesellschafter gereichen würde.[96] Wurden die Voraussetzungen für die Ausübung eines **Kündigungsrechts** treuwidrig herbeigeführt, ist es den Mitgesellschaftern verwehrt, sich auf das Ausscheiden des Gesellschafters zu berufen.[97] Einen Treueverstoß stellt auch die **Eingliederung** des Unternehmens in das Unternehmen des herrschenden Gesellschafters dar, wenn keine Absicherung der Minderheit vorgesehen wird.[98] Die Treuepflicht verlangt von dem Gesellschafter ferner, dass er seine Mitgesellschafter im Rahmen der Auseinandersetzung über Umstände, die deren mitgliedschaftliche Vermögensinteressen berühren, zutreffend und vollständig **informiert**.[99]

Will ein Gesellschafter eine **Änderung des Gesellschaftsvertrages** zu seinen Gunsten erwirken, kann er ausnahmsweise aufgrund seiner Treuepflicht gehalten sein, unerfahrenere Mitgesellschafter über die Konsequenzen aufzuklären.[100] In der **GmbH & Co. KG** besteht eine Treuepflicht der Komplementär-GmbH, bei der Auswahl ihres Geschäftsführers auf die Belange der Kommanditisten Rücksicht zu nehmen.[101] **33**

Eine im Verhältnis der Gesellschafter bestehende Treuepflicht begründet in erster Linie Rücksichtnahmepflichten der Mehrheit gegenüber der Minderheit und erweist sich daher als wichtiges Instrument des **Minderheitenschutzes**.[102] So ist es der Mehrheit beispielsweise verwehrt, die Minderheit durch eine wirtschaftlich nicht gebotene Rücklagenbildung zu benachteiligen. Die Treuepflicht trifft jedoch keineswegs nur den Mehrheitsgesellschafter. Auch der Minderheitsgesellschafter ist gehalten, von seinen Minderheitsrechten nicht treuwidrig Gebrauch zu machen.[103] Besondere praktische Relevanz gewinnt die Treuepflicht in der Gestalt eines **Obstruktionsverbotes** bei der Zustimmungspflicht der Minderheit zu einer im Gesellschaftsinteresse gebotenen Beschlussfassung.[104] Hier ist der Gesellschafter gehalten, von einer ihm zustehenden Sperrminorität nicht willkürlich Gebrauch zu machen (eingehend unten Rn 38). **34**

---

[96] BGH NJW 1960, 434; *Heymann/Emmerich* § 131 HGB Rn 7; zust. auch *Lutter* ZHR 162 (1998), 170.

[97] BGHZ 30, 195, 201.

[98] BGH NJW 1980, 231, 232 (Gervais).

[99] BGH ZIP 2003, 73 für den Fall einer Zwei-Personen-GbR.

[100] *Heymann/Horn* § 161 HGB Rn 52; vgl. auch BGH WM 1991, 1988, wo ein Schadensersatzanspruch der Mitgesellschafter nach den Grundsätzen der c.i.c. angenommen wurde.

[101] MünchHdb. GesR II/ *Wirth* KG § 7 Rn 82; *Binz/Sorg* § 8 Rn 2. Zur vergleichbaren Lage in der KGaA vgl. BGHZ 134, 392; dazu ausf. *Ihrig/Schlitt* ZHR 1998 Sonderheft 67, S. 32, 52 ff.; zuvor bereits *Priester* ZHR 160 (1996), 261.

[102] Vgl. *Wiedemann* Gesellschaftsrecht § 8 II 3; *Fischer*, FS Barz, S. 33.

[103] Vgl. BGHZ 129, 136 (Girmes) zur AG; *Schlegelberger/Martens* § 161 HGB Rn 76; *K. Schmidt,* Gesellschaftsrecht, S. 594; *Immenga*, FS 100 Jahre GmbHG, S. 195.

[104] Vgl. *Ulmer* ZHR 161 (1997), 126 f.

3. Konzernsachverhalte

35 Große praktische Bedeutung besitzt die gesellschaftsrechtliche Treuepflicht in Konzernsachverhalten. Aufgrund der Treuepflicht ist das herrschende Unternehmen gehalten, jede schädigende Einflussnahme auf die **abhängige Gesellschaft** zu unterlassen.[105] Auch die Zustimmung der Mitgesellschafter zu der Konzernierung kann nicht als Befreiung von der Treuepflicht des herrschenden Unternehmens angesehen werden. Verletzt der Gesellschafter diese Pflicht, macht er sich gegenüber dem abhängigen Unternehmen **ersatzpflichtig**. Der BGH geht in diesem Rahmen sogar so weit, dem herrschenden Gesellschafter das Haftungsprivileg des § 708 BGB zu versagen.[106]

36 Ob auch der **Alleingesellschafter** der Treuepflicht unterliegt, ist Gegenstand kontroverser Diskussionen. Der BGH verneint für die GmbH im Grundsatz ein von den Interessen des Gesellschafters zu unterscheidendes Eigeninteresse der Gesellschaft.[107] Dementsprechend gibt es keine korrespondierende Treuepflicht des Alleingesellschafters gegenüber der Kapitalgesellschaft. Dem Alleingesellschafter einer GmbH ist es somit grundsätzlich gestattet, in den Grenzen der §§ 30, 31 GmbHG kompensationslos in deren Gesellschaftsvermögen einzugreifen.[108] Anderes gilt allerdings im Bereich **existenzgefährdender Maßnahmen**. Nach der „Bremer Vulkan“ - Entscheidung des BGH liegt ein solcher Eingriff vor, wenn aufgrund der Eingriffe des Alleingesellschafters die GmbH ihren Verbindlichkeiten nicht mehr nachkommen kann.[109] Dies kann zu einer Außenhaftung des Gesellschafters gegenüber Gesellschaftsgläubigern auch außerhalb des Insolvenzverfahrens führen.[110] Da die Gefährdungslage von Gesellschaftsgläubigern sowie die Haftungssituation bei der **GmbH & Co. KG** vergleichbar sind, findet diese Rechtsprechung auch auf die GmbH & Co. KG Anwendung.[111] Fraglich ist, ob damit auch eine Treuepflicht des Alleingesellschafters anerkannt wird. Dies ist zu verneinen, da die vom BGH postulierte Pflicht des Alleingesellschafters ausschließlich existenzvernichtende Eingriffe betrifft. Über diese Eingriffe hinaus bleibt es dem Alleingesellschafter unbenom-

---

[105] *Heymann/Emmerich* § 105 HGB Rn 8; MünchHdb. GesR III/*Schiessl* § 32 Rn 13.

[106] BGH WM 1979, 937, 941; zust. *Röhricht/v. Westphalen/v. Gerkan* § 105 HGB Rn 114.

[107] BGHZ 142, 192, 195; 119, 257, 259; BGH ZIP 1993, 917; ZIP 1994, 872, 874; ZIP 1994, 1690, 1693. Der Meinungsstand im Schrifttum ist uneinheitlich, vgl. die Nachweise bei MünchHdb. GesR III/*Schiessl* § 32 Rn 14.

[108] MünchHdb. GesR III/*Schiessl* § 32 Rn 14.

[109] BGH ZIP 2001, 1874, 1876; ZIP 2002, 848: Diese Haftung gilt auch in Gesellschaften mit mehreren Gesellschaftern und trifft auch diejenigen Mitgesellschafter, die durch ihr Einverständnis mit dem Vermögensabzug an der Existenzvernichtung der Gesellschaft mitgewirkt haben.

[110] BGH ZIP 2002, 1578, 1580; ähnlich OLG Thüringen GmbHR 2002, 112, 114 f. (für den Fall, dass die Eröffnung eines Insolvenzverfahrens mangels Masse abgelehnt wird).

[111] *Binz/Sorg* § 11 Rn 51.

men, über das Vermögen der Gesellschaft zu verfügen. Somit besteht im Gegensatz zum Normalfall von Treuepflichtverletzungen eine Haftung nicht schon bei der Verfolgung eigensüchtiger Interessen. Die Haftung aus existenzvernichtendem Eingriff dient lediglich dem Gläubigerschutz.[112]

Eine Pflicht zur **Verlustübernahme** (§ 302 AktG analog) bestand nach der Rechtsprechung des BGH nur im **qualifiziert faktischen Konzern.** Voraussetzung für die Annahme eines qualifiziert faktischen Konzerns war, dass das herrschende Unternehmen seine Konzernleitungsmacht in einer Weise ausübt, die keine Rücksicht auf die achtenswerten Belange der abhängigen Gesellschaft nimmt, und sich der zugefügte Nachteil nicht durch Einzelmaßnahmen ausgleichen lässt, etwa weil es die Geschäfte der Gesellschaft ähnlich einer unselbständigen Betriebsabteilung seines Unternehmens geführt hat.[113] War die abhängige GmbH & Co. KG vermögenslos, konnte die Verlustübernahmepflicht auch in eine **Außenhaftung** gegenüber den Gläubigern der abhängigen Gesellschaft münden (§ 303 AktG analog). Mit seiner „Bremer Vulkan"-Entscheidung dürfte der BGH diese Rechtsprechung aufgegeben haben.[114] Eine abhängige GmbH ist lediglich in ihrem Stammkapital und vor existenzvernichtenden Eingriffen durch ihre Gesellschafter geschützt. Diese Wertung lässt sich auf den Schutz einer GmbH & Co. KG aufgrund der vergleichbaren Interessenlage übertragen.[115] **37**

4. Zustimmungspflicht zu Vertragsänderungen

Der Anwendungsbereich der Treuepflicht erschöpft sich nicht in der Kontrolle von Mehrheitsentscheidungen (vgl. bereits oben Rn 34). Vielmehr lässt sich aus der Treuepflicht in Ausnahmefällen auch eine Verpflichtung des Minderheitsgesellschafters ableiten, einer **Änderung des Gesellschaftsvertrages** zuzustimmen, wenn dies im Gesellschaftsinteresse geboten ist.[116] Sind nach dem Gesellschaftsvertrag der GmbH & Co. KG der gesetzlichen Regel entsprechend Vertragsänderungen nur mit Stimmen **aller Gesellschafter** möglich, ist jeder Gesellschafter theoretisch in der Lage, eine von allen anderen Gesellschaftern gewollte Änderung des Ver- **38**

---

112 So *Altmeppen* ZIP 2001, 1837, 1842; vgl. auch MünchHdb. GesR III/*Schiessl* § 32 Rn 14 a.E.; für eine Treuepflicht des Alleingesellschafters: *Ulmer* ZIP 2001, 2021, 2026, der darauf verweist, dass auch der (mittelbare) Schutz der Gläubigerbelange zum rechtlich schutzwürdigen GmbH-Interesse gehört.

113 BGH NJW 1980, 231 (Gervais); BAG NJW 1991, 2923 (Hettler); NJW 1996, 1491; *Heymann/Emmerich* Anh. § 105 HGB Rn 17.

114 BGH ZIP 2001, 1874, 1876; GmbHR 2002, 549, 552; für die Aufgabe *Ulmer* ZIP 2001, 2021; *Altmeppen* ZIP 2001, 1837; *ders.* NJW 2002, 321; a. A. *K. Schmidt* NJW 2001, 3577, 3581: ob es seltene Fälle der konzernrechtlichen Verlustdeckungshaftung wegen qualifizierter Beherrschung gibt, wurde nicht abschließend entschieden.

115 *Binz/Sorg* § 11 Rn 44.

116 Hierüber besteht im Grds. Einigkeit, vgl. nur OLG Hamm NZG 2000, 252; *Hueck* Recht der OHG § 11 III 3; GK/*Ulmer* § 105 HGB Rn 244; *Soergel/Hadding* § 705 BGB Rn 63; *Zöllner,* Anpassung, S. 25 ff.; *Winter,* Treuebindungen, S. 31 ff.; *Vorwerk/Wimmers* GmbHR 1998, 720 ff.

trags zu blockieren.[117] Eine Blockadesituation kann aber auch dann eintreten, wenn der Gesellschaftsvertrag eine **mehrheitliche Beschlussfassung** vorsieht, nämlich dann, wenn der widersprechende Gesellschafter über einen Anteil verfügt, der es ihm möglich macht, sich über das Votum der (einfachen bzw. qualifizierten) Mehrheit hinwegzusetzen.[118] Treuwidrig kann aber auch das Verhalten eines Gesellschafters sein, der zwar nicht über eine solche Sperrminorität verfügt, der sich aber auf die Beachtung des **Bestimmtheitsgrundsatzes** beruft, nach dem der Gesellschaftsvertrag die einer Mehrheitsentscheidung zugänglichen Beschlussgegenstände im Einzelnen aufzuführen hat.[119] Eine Lösung über die Lehre vom Wegfall der Geschäftsgrundlage (§ 313 BGB) kommt zumeist nicht in Betracht, da die Voraussetzungen dieses Rechtsinstituts nur selten erfüllt sind.[120]

39 Die verschiedentlich geäußerten Bedenken, die Treuepflicht finde ihre **Grenzen** im ursprünglichen Gesellschaftsvertrag, so dass eine Zustimmungspflicht zu Vertragsänderungen im Grundsatz nicht in Betracht kommen könne,[121] greifen zu kurz. Zwar ist es richtig, dass die Gesellschafter in aller Regel weder eine Erhöhung ihrer Beiträge (vgl. § 707 BGB) noch eine Begründung von aktiven Tätigkeitspflichten mittragen müssen.[122] Der Dauerschuldcharakter des Gesellschaftsverhältnisses kann die Beteiligten indessen ausnahmsweise verpflichten, an einer zur Aufrechterhaltung des Verbandes erforderlichen Anpassung des Statuts mitzuwirken.

40 Voraussetzung für eine Zustimmungspflicht ist nach der gefestigten Rechtsprechung des BGH, dass die Vertragsänderung nicht nur rechtlich **zulässig** und wirtschaftlich **sinnvoll**, sondern dem dissentierenden Gesellschafter auch **zumutbar** ist.[123] Eine Vertragsänderung erweist sich daher als unzulässig, wenn die hiermit verbundenen Folgen für die Minderheit nicht akzeptabel, der Verzicht auf die Vertragsänderung für die Mehrheit hingegen hinnehmbar ist.[124] Grundsätzlich ist eine Zustimmungspflicht zu

---

[117] Vgl. *Zöllner,* Schranken, S. 353; *ders.,* Anpassung, S. 14 ff.; *Hueck* ZGR 1972, 239.

[118] GK/*Ulmer* § 105 HGB Rn 244.

[119] Vgl. BGHZ 85, 350, 353 ff.; *Heymann/Horn* § 119 HGB Rn 32. Bei Publikumspersonengesellschaften ist der Bestimmtheitsgrundsatz ohnehin unanwendbar, vgl. BGHZ 71, 53; BGH NJW 1985, 974.

[120] *Lettl* AcP 202 (2002), 23, 39; a. A. *Konzen* AcP 172 (1972), 317, 339.

[121] Vgl. *Kollhosser,* FS Westermann, S. 275 ff.; sowie *Konzen* AcP 172 (1972), 339; *Reuter* ZHR 148 (1984), 542; vgl. auch *Flume* Personengesellschaft § 15 IV, S. 281.

[122] BGH BB 1954, 456 (Übernahme von Geschäftsführertätigkeit); WM 1973, 456; BGHZ 98, 276, 279 (GmbH); BGH WM 1987, 841 (GmbH); *Soergel/Hadding* § 705 BGB Rn 63; *Wiedemann* WM 1992, Sonderbeilage 7 S. 20.

[123] BGHZ 64, 257; BGH BB 1954, 56; NJW 1961, 724; NJW 1985, 973, 974; NJW 1995, 194, 195; OLG Hamm NZG 2000, 252, 253 (derzeitige Regelung muss für den die Vertragsänderung verlangenden Gesellschafter unzumutbar sein); vgl. auch OLG München NZG 2001, 793, 794; aus dem Schrifttum vgl. *Soergel/Hadding* § 705 BGB Rn 63; GK/*Ulmer* § 105 HGB Rn 246; MüKo/*Enzinger* § 119 HGB Rn 27; *Erman/Westermann* § 705 BGB Rn 35; *Winter,* Treuebindungen, S. 31 ff.; weniger eng *Zöllner,* Anpassung, S. 25 ff.

[124] *U. H. Schneider* ZGR 1972, 385; *Immenga* ZGR 1974, 421; *Schlegelberger/Martens* § 161 HGB Rn 76.

verneinen, sofern die Änderung des Gesellschaftsvertrages eine Erweiterung der Pflichten des widersprechenden Gesellschafters zur Folge hat.[125]

Die Anforderungen an die Zustimmungspflicht sind herabgesetzt, wenn sich die Vertragsänderung auf Angelegenheiten der **Geschäftsführung**, wie etwa bei der Entscheidung über den Entzug der Geschäftsführungs- oder Vertretungsbefugnis aus wichtigem Grund, bezieht. Denn insoweit wird der widersprechende Gesellschafter mit keinen zusätzlichen Pflichten belastet. Gleiches gilt, wenn eine Ergänzung eines lückenhaften Gesellschaftsvertrages oder die Anpassung an eine geänderte Geschäftsgrundlage in Rede steht, die Grenzen einer ergänzenden Auslegung des Vertrages also überschritten sind.[126] Eine Zustimmungspflicht besteht namentlich dann, wenn die Vertragsänderung zur Sicherung der **rechtlichen Existenzvoraussetzungen** der Gesellschaft erforderlich ist.[127] Besteht beispielsweise die Gefahr, dass die Firma wegen Unzulässigkeit gelöscht würde, begründet die Treuepflicht einen Zwang zur Einigung auf einen zulässigen Namen.[128] Aber auch dann, wenn es um den Erhalt der **wirtschaftlichen Existenzvoraussetzungen** geht, kann die Treuepflicht zum Tragen kommen.[129] Hierher gehören etwa die Beschlussfassungen über die Kapitalausstattung und Liquiditätssicherung der Gesellschaft, namentlich in Gestalt von Entnahmeverboten. **41**

Weitere Einzelfälle:[130] Eine Zustimmungspflicht wurde zu einer Erhöhung einer durch Zeitablauf unangemessen niedrig gewordenen **Geschäftsführervergütung** angenommen.[131] Ferner wurde sie zur Begründung einer Pflicht zur nachträglichen Verzinsung von Kapitalkonten erkannt.[132] Sie wurde ferner bei der Beschlussfassung über das Ausscheiden eines untragbaren Gesellschafters bejaht.[133] Gleiches gilt für die Erhebung einer **Ausschlussklage**.[134] Auch können die Gesellschafter einer dauerhaft unrentablen Gesellschaft, namentlich die nur beschränkt haftenden Kommanditisten, verpflichtet sein, an der Fassung eines **Auflösungsbeschlusses**[135] mitzuwirken. Gleiches kann für die Änderung des **nicht mehr zeitgemäßen Gesellschaftszwecks** gelten.[136] Eine Zustimmungspflicht zur Änderung des Gesellschaftsvertrages kann die Gesellschafter auch dann treffen, wenn es um den **Wechsel des Gesellschafterbestandes** geht. So wurde etwa eine Zustimmungspflicht der Mitgesellschafter zur Übertra- **42**

---

[125] *Ulmer* GbR § 705 BGB Rn 233.

[126] BGH NJW 1974, 1656; *Zöllner*, Anpassung, S. 53ff.; GK/*Ulmer* § 105 HGB Rn 247; *Lettl* AcP 202 (2002), 3, 16ff.

[127] MünchHdb. GesR II/*Weipert* KG § 13 Rn 8.

[128] MünchHdb. GesR II/*Weipert* KG § 13 Rn 9.

[129] MünchHdb. GesR II/*Weipert* KG § 13 Rn 12ff.

[130] Weitere Bsp. bei *Michalski* NZG 1999, 461.

[131] BGH WM 1978, 1230, 1231; WM 1978, 1232, 1233; zust. *Zöllner*, Anpassung, S. 17, 57f.; anders noch BGHZ 44, 40.

[132] OLG Hamm NZG 2000, 252.

[133] BGH NJW 1961, 724.

[134] BGHZ 64, 253, 257f.; 68, 81; a. A. *Hueck* ZGR 1972, 247.

[135] BGH NJW 1960, 434; *Baumbach/Hopt* § 109 HGB Rn 27.

[136] GK/*Ulmer* § 105 HGB Rn 246; *Lettl* AcP 202 (2002), 3, 16ff.

gung des Gesellschaftsanteils auf den Sohn des bisherigen Komplementärs im Wege der vorweggenommenen Erbfolge angenommen, wenn auf diese Weise das Vorhandensein eines persönlich haftenden Gesellschafters und damit der Bestand des Unternehmens gewährleistet wird und dies den anderen Gesellschaftern zumutbar ist.[137] In einer GmbH & Co. KG kann eine Zustimmungspflicht bestehen, der vorübergehenden Aufnahme einer Komplementär-GmbH zuzustimmen, selbst wenn damit eine vorübergehende Verschlechterung der eigenen Rechtsposition einhergeht.[138] Allein der Umstand, dass die vorgeschlagene Vertragsänderung nur objektiv nachvollziehbar, nicht offensichtlich fehlerhaft und für die anderen Gesellschafter unschädlich ist, kann eine Zustimmungspflicht noch nicht begründen.[139] Hängt die **Veräußerung von Gesellschaftsanteilen** nach dem Gesellschaftsvertrag von der Zustimmung einzelner oder aller Gesellschafter ab, darf die Zustimmung nicht willkürlich verweigert werden.[140] Die Anforderungen an eine Zustimmungspflicht sind in Familiengesellschaften indessen hoch. Hier ist der Wille der Gesellschafter, außenstehende Dritte aus dem Gesellschafterkreis fern zu halten, grundsätzlich zu respektieren.

43 Besonders virulent wird die Frage der Zustimmungspflicht in **Krisensituationen**. Hier kann eine Pflicht zur Zustimmung zu einer Kapitalerhöhung bzw. zur Aufnahme eines neuen Gesellschafters bestehen, wenn die vorhandenen Gesellschafter zu keiner Beitragserhöhung bereit oder in der Lage sind. Eine Pflicht zur Teilnahme an einer **Kapitalerhöhung** ist mit *K. Schmidt* allerdings nur dann anzunehmen, wenn der Zusammenbruch der Gesellschaft bei Scheitern der beabsichtigten Sanierungsmaßnahme unvermeidlich, die Stellung des Gesellschafters beim Zusammenbruch der Gesellschaft ebenso ungünstig wie bei einem Austritt, und schließlich objektiv zu erwarten ist, dass die Sanierungsmaßnahme die Verfolgung des Gesellschaftszwecks nachhaltig sicherstellt und den Interessen der Gesellschafter entspricht.[141] Aber auch dann, wenn danach eine Zustimmungspflicht besteht, kann der Gesellschafter zu einem **eigenen Sanierungsbeitrag** in aller Regel nicht gezwungen werden.[142] Die Zustimmungspflicht erschöpft sich grundsätzlich darin, dass der von seinem Bezugsrecht keinen Gebrauch machende Gesellschafter hinnehmen muss, dass sich seine Beteiligung am Gesellschaftsvermögen proportional verringert. Die Treuepflicht hält die Gesellschafter jedoch keineswegs an, bei einer Rettung des Unternehmens um jeden Preis mitzuwirken.[143] Erweist sich eine Sanierung als aussichtslos, ist der Gesellschafter vielmehr verpflichtet, die Gesell-

---

[137] BGH NJW 1987, 952, 953 (Porta); *Heymann/Horn* § 161 HGB Rn 52.

[138] BGH WM 1979, 1058, 1060; zust. MünchHdb. GesR II/*Weipert* KG § 13 Rn 10.

[139] OLG München NJW-RR 1997, 611.

[140] Vgl. *Reichert/Winter*, FS 100 Jahre GmbHG, S. 221 ff.

[141] Vgl. *K. Schmidt* ZGR 1982, 525; *ders.* ZIP 1980, 335; vgl. auch *Hesselmann/Tillmann* GmbH & Co. Rn 98.

[142] BGH WM 1978, 1399, 1400; *Heymann/Horn* § 161 HGB Rn 100; MünchHdb. GesR II/*Weipert* KG § 13 Rn 16.

[143] MüKo/*K. Schmidt* § 105 HGB Rn 192; *Schlegelberger/K. Schmidt* § 105 HGB Rn 166.

schaft ohne zeitliche Verzögerungen zu liquidieren oder Insolvenzantrag zu stellen.[144]

IV. Rechtsfolgen von Treuepflichtverstößen

Ein treuwidriges Gesellschafterhandeln ist per se rechtswidrig. Die Sanktionen bei einer Verletzung der gesellschaftsrechtlichen Treuepflicht sind je nach Lage des Falles unterschiedlich.[145] 44

1. Unbeachtlichkeit der Rechtsausübung

Soweit die Treuepflicht ihre Schrankenfunktion entfaltet (vgl. Rn 9), wird die treuwidrige Ausübung des Gesellschafterrechts als **unbeachtlich** angesehen.[146] So können sich die Mehrheitsgesellschafter nicht auf die Wirksamkeit eines treuwidrig herbeigeführten Mehrheitsbeschlusses berufen.[147] In gleicher Weise ist ein treuwidriger Widerspruch gegen eine Geschäftsführungsmaßnahme unbeachtlich oder eine unter Verstoß gegen die Treuepflicht erklärte Übernahme des Geschäftsbetriebes wirkungslos.[148] 45

2. Zustimmungspflichten

Anders verhält es sich, wenn die Treuepflicht dem Gesellschafter Handlungspflichten auferlegt. Handlungspflichten müssen von den übrigen Gesellschaftern grundsätzlich im Wege der **Leistungsklage** gegen den treuwidrig handelnden Gesellschafter durchgesetzt werden. Eine vom Gesellschafter nicht abgegebene Willenserklärung wird dann gemäß § 894 ZPO ersetzt.[149] Dies gilt insbesondere für den Fall, dass der Gesellschafter verpflichtet ist, einer Änderung des Gesellschaftsvertrages zuzustimmen oder bei der Erhebung einer Ausschluss- oder Entziehungsklage mitzuwirken.[150] In Eilsituationen kann im Wege einer **einstweiligen Verfügung** gem. § 940 ZPO eine vorläufige Regelung herbeigeführt werden.[151] 46

Im Einzelfall kann problematisch sein, wer zur Erhebung einer **Zustimmungsklage** befugt ist. Nach zutreffender Auffassung ist danach zu differenzieren, ob die Treuepflichtverletzung das Verhältnis zur Gesellschaft oder zu den Mitgesellschaftern tangiert.[152] Ist, wie etwa bei Geschäftsfüh- 47

---

[144] BGH BB 1968, 850.

[145] *K. Schmidt,* Gesellschaftsrecht, S. 595; *Winter,* Treuebindungen, S. 295 ff.

[146] RGZ 158, 302, 310; *Soergel/Hadding* § 705 BGB Rn 64; GK/*Ulmer* § 105 HGB Rn 248.

[147] Die Einhaltung der Treuepflicht gehört nach Auffassung des BGH nicht zu den tragenden Strukturprinzipien des Gesellschaftsrechts und führt daher im Aktien- und GmbH-Recht nur zur Anfechtbarkeit des Gesellschafterbeschlusses, vgl. BGHZ 132, 84.

[148] Vgl. *Wiedemann* WM 1992, Sonderbeilage 7, S. 22.

[149] BGH NJW 1986, 1556.

[150] BGHZ 64, 253, 257; 68, 81; *Zöllner,* Anpassung, S. 32 ff.

[151] GK/*Ulmer* § 105 HGB Rn 250.

[152] So namentlich GK/*Ulmer* § 105 HGB Rn 249.

rungsmaßnahmen, das Verhältnis zum Verband betroffen, ist der Anspruch von der Gesellschaft selbst zu verfolgen. Da es sich um einen **Sozialanspruch** handelt, kann er unter den Voraussetzungen der actio pro socio von den Gesellschaftern selbst geltend gemacht werden. Geht es um die Zustimmung zu **Grundlagengeschäften**, namentlich um Änderungen des Gesellschaftsvertrages, oder zur Erhebung von **Gestaltungsklagen**, sind die Mitgesellschafter klagebefugt. Eine Klage der Gesellschaft kommt dann nicht in Betracht. Sind auf einer Streitseite mehrere Gesellschafter beteiligt, so sind diese keine notwendigen Streitgenossen.[153] Es empfiehlt sich jedoch eine streitgenössische Beteiligung gem. § 59 ZPO, um zu einer einheitlichen Entscheidung zu gelangen. Zuständig ist das Gericht des Gesellschaftssitzes (§ 22 ZPO), wobei ggf. eine Bestimmung nach § 36 ZPO zu erfolgen hat.[154]

48 Erteilt der Gesellschafter die gebotene Zustimmung nicht, können sich die Gesellschafter über das Fehlen nicht ohne weiteres hinwegsetzen. Da die Zustimmungserklärung grundsätzlich **nicht fingiert** werden kann, muss sie im Wege der Leistungsklage nach § 894 ZPO ersetzt werden.[155] Dabei kann die Klage auf Entzug der Geschäftsführungs- oder Vertretungsbefugnis (§§ 117, 127 HGB) oder Ausschluss aus der Gesellschaft (§ 140 HGB) mit der Klage auf Zustimmung gegen den sich weigernden Gesellschafter verbunden werden. Führen die geschäftsführenden Gesellschafter etwa eine Geschäftsführungsmaßnahme durch, ohne zuvor die nach dem Gesellschaftsvertrag erforderliche Zustimmung eingeholt zu haben, handeln sie grundsätzlich rechtswidrig. Allerdings hätte eine Unterlassungs- oder Schadensersatzklage des die Zustimmung verweigernden Gesellschafters keine Aussicht auf Erfolg. Infolge des treuwidrigen Handelns wäre eine solche Klage **rechtsmissbräuchlich** („dolo agit") und daher abzuweisen.[156]

49 Dies wirft die Frage auf, ob Konstellationen denkbar sind, in denen eine treuwidrig verweigerte Zustimmung als erteilt gelten kann, die Erhebung einer **Zustimmungsklage** also **entbehrlich** ist. Der **BGH** hat in einzelnen Fällen eine Klage auf Erteilung der Zustimmung für nicht erforderlich gehalten. So wurde etwa der treuwidrige Widerspruch eines Gesellschafters gegen die faktische **Auflösung** einer KG als unbeachtlich angesehen.[157] In einer anderen Entscheidung hat der BGH die fingierte Zustimmung mit der **existentiellen Bedeutung** des Beschlusses für die Gesellschaft begründet.[158] In einer Publikums-KG wurde ein auf Aufnahme einer Komplementär-GmbH gerichteter Beschluss gegen die Stimme des Gesellschafters als wirksam angesehen, um die ansonsten zwangsläufige **Auflösung** der Gesellschaft zu **vermeiden**.[159] In einer weiteren, zu einer Publikums-

---

[153] BGHZ 30, 195, 198.

[154] MünchHdb. GesR II/*Weipert* KG § 13 Rn 35.

[155] Vgl. BGH WM 1971, 723, 725; *Michalski* NZG 1999, 461.

[156] Eingehend *Grunewald* Gesellschaftsrecht 1. A. Rn 22.

[157] BGH NJW 1960, 434.

[158] BGH WM 1986, 1556, 1557.

[159] BGH WM 1979, 1058.

KG ergangenen Entscheidung wurde eine treuwidrig verweigerte Zustimmung zu einer **Vertragsänderung** als unbeachtlich angesehen.[160] Für die Praxis verlässliche Abgrenzungskriterien lassen sich diesen Entscheidungen des BGH jedoch kaum entnehmen.

Das Meinungsbild im **Schrifttum** ist uneinheitlich: Vereinzelt wird für eine grundsätzliche Gleichstellung von missbräuchlichem Widerspruch und treuwidrig verweigerter Zustimmung plädiert.[161] Andere wollen die Unbeachtlichkeit treuwidrig verweigerter Zustimmung auf Notgeschäftsführungsmaßnahmen,[162] Eilfälle[163] oder evidente Treuwidrigkeiten[164] beschränkt wissen. Andere wiederum unterscheiden zwischen Geschäftsführungs- und Vertragsänderungs- bzw. Grundlagenbeschlüssen und fordern eine ggf. einzuklagende Zustimmungserkärung nur für Letztere.[165] Ferner wird differenziert zwischen personalistischen und Publikumsgesellschaften.[166] Eine andere, vorzugswürdige Meinung differenziert danach, ob der in Rede stehende Beschluss Außen- oder Innenwirkung hat.[167] Auf ein prozessuales Vorgehen kann danach nicht verzichtet werden, wenn dem Beschluss für die Gesellschaft **Außenwirkung** zukommt.[168] Exemplarisch sind die Zustimmung zum Wechsel im Gesellschafterbestand, zu Änderungen der Geschäftsführungs- und Vertretungsbefugnis oder zur Auflösung der Gesellschaft zu nennen. In der Praxis wird hier ein streitiges Verfahren zumeist bereits deswegen notwendig sein, um die Rechtsänderung gegenüber dem **Handelsregister** nachweisen zu können. Klagen die übrigen Gesellschafter unmittelbar auf Mitwirkung bei der Handelsregisteranmeldung, kann die Klage auf Zustimmung zu dem beantragten Gesellschafterbeschluss geändert werden.[169] **50**

---

160 BGH NJW 1985, 974; zust. *Hesselmann/Tillmann* GmbH & Co. Rn 764.

161 *Flume* Personengesellschaft § 15 II 3, S. 269 f.

162 *Schneider* AG 1979, 57, 64.

163 *Heymann/Emmerich* § 105 HGB Rn 20; *Schneider* AG 1979, 64.

164 Vgl. *Wiedemann* WM 1992 Sonderbeilage 7, S. 22 m. Verweis auf RGZ 158, 302, 310; 163, 35, 39.

165 *Korehnke*, Treuwidrige Stimmen im Personengesellschafts- und GmbH-Recht, 1997, S. 188 ff. (Publikumsgesellschaften werden von dieser Unterscheidung ausgenommen); *Wiedemann*, FS Heinsius, 1991, S. 949, 957 (mit einer Ausnahme für offenkundige Treuwidrigkeit); so jetzt auch *Ulmer* GbR § 705 BGB Rn 241, der diese Auffassung wegen der klaren Abgrenzbarkeit zwischen Geschäftsführungs- und Grundlagenbeschlüssen sowie der angemessenen Verteilung der Klagelast zwischen der die Änderung betreibenden Mehrheit und der widersprechenden Minderheit für vorzugswürdig erachtet.

166 *Röhricht/v. Westphalen/v. Gerkan* § 105 HGB Rn 33, § 161 HGB Rn 119 folgert aus der in Rn 49 zitierten Rspr., dass eine treuwidrig verweigerte Zustimmung bei der Publikumsgesellschaft generell so zu behandeln sei, als sei pflichtgemäß abgestimmt worden.

167 GK/*Ulmer* § 105 HGB Rn 250; zust. *Baumbach/Hopt* § 109 HGB Rn 28.

168 Eine Klage ist daher nur dann entbehrlich, wenn die gewünschte Regelung nach den Grundsätzen der ergänzenden Vertragsauslegung ermittelt werden kann, insoweit unzutr. BGH WM 1979, 1058.

169 BGH WM 1968, 68, 70.

51 Beschränken sich die Wirkungen des Beschlusses auf das **Innenverhältnis**, bedarf es der Erhebung einer Zustimmungsklage nicht. Vielmehr können die Gesellschafter die Maßnahme entsprechend dem gefassten Beschluss unmittelbar vollziehen.[170] Dies gilt etwa für Beschlüsse über die Änderung des Gewinnverteilungsmaßstabes oder über die Durchführung von Geschäftsführungsmaßnahmen.[171] Eine Klage des sich treuwidrig weigernden Gesellschafters gegen den Beschluss wäre als rechtsmissbräuchlich abzuweisen („dolo agit").[172]

3. Schadensersatz; sonstige Sanktionen

52 Hat der Gesellschafter bei der Treupflichtverletzung **schuldhaft** gehandelt und ist der Gesellschaft oder den Mitgesellschaftern ein Schaden entstanden, ist er zum Ersatz des Schadens verpflichtet.[173]

53 Bei Schädigung der **Gesellschaft** steht ihr der Schadensersatzanspruch selbst zu; die Gesellschafter können diesen Anspruch dann nur unter den Voraussetzungen der **actio pro socio** durchsetzen.[174] Eigene Schadensersatzansprüche der Gesellschafter bestehen nur, wenn durch das treuwidrige Verhalten des Gesellschafters (auch) eine Schädigung ihres eigenen Vermögens eingetreten ist. Besteht der Schaden allerdings nur darin, dass der Wert des Gesellschaftsanteils durch die Schädigung der Gesellschaft einen Wertverlust erleidet (sog. **Reflexschaden**), scheiden eigene Ansprüche der Gesellschafter aus. Der dem Gesellschafter entstandene Schaden wird bei Erfüllung der Schadensersatzforderung der Gesellschaft ausgeglichen.[175]

54 Ein fortlaufend treuwidriges oder in hohem Maße gesellschaftsschädliches Verhalten kann ferner den **Entzug von Mitgliedschaftsrechten**, insbesondere der Geschäftsführungs- oder Vertretungsbefugnis oder von Sonderrechten, in besonders krassen Fällen auch den Ausschluss aus der Gesellschaft rechtfertigen[176] oder Austritts- und Auflösungsgründe begründen.[177]

---

[170] GK/*Ulmer* § 105 HGB Rn 250; a. A. BGH WM 1986, 1556.
[171] Vgl. RGZ 158, 302, 310.
[172] GK/*Ulmer* § 105 HGB Rn 250.
[173] GK/*Ulmer* § 105 HGB Rn 251.
[174] *Schlegelberger/K. Schmidt* § 105 HGB Rn 167.
[175] *Grunewald* Gesellschaftsrecht 1. A. Rn 23.
[176] BGH ZIP 1989, 849; *Heymann/Horn* § 161 HGB Rn 108.
[177] *Baumbach/Hopt* § 109 HGB Rn 28; *Schlegelberger/K. Schmidt* § 105 HGB Rn 167; GK/*Ulmer* § 105 HGB Rn 251.

§ 26 Wettbewerbsverbot

Übersicht

Schrifttum: *Armbrüster*, Grundlagen und Reichweite von Wettbewerbsverboten im Personengesellschaftsrecht, ZIP 1997, 261; *Bauer/Diller*, Nachvertragliche Wettbewerbsverbote mit GmbH-Geschäftsführern, GmbHR 1999, 885; *Beuthien*, Gesellschaftsrecht und Kartellrecht, ZHR 142 (1978) 259; *Burgard*, Das Wettbewerbsverbot des herrschenden Aktionärs, FS Lutter, 2000, S. 1033; *Flatten*, Nachvertragliche Wettbewerbsverbote aus Unternehmersicht, ZIP 1999, 1701; *Ivens*, Konkurrenzverbot des GmbH-Gesellschafters, 1987; *Kanzleiter*, Das Wettbewerbsverbot in Gesellschaftsverträgen, DNotZ 1989, 195; *Kardaras*, Das Wettbewerbsverbot in den Personalgesellschaften, 1967; *Kellermann*, Einfluss des Kartellrechts auf das Wettbewerbsverbot des persönlich haftenden Gesellschafters, FS Fischer, 1979, S. 307; *Kübler*, Erwerbschancen und Organpflichten, FS Werner, 1984, S. 437; *Kübler/Waltermann*, Geschäftschancen der Kommanditgesellschaft, ZGR 1991, 162; *Löffler*, Zur Reichweite des gesetzlichen Wettbewerbsverbots in der Kommanditgesellschaft, NJW 1986,

223; *Mayer*, Wettbewerbsklauseln in Personengesellschaftsverträgen, NJW 1991, 23; *Raiser*, Wettbewerbsverbote als Mittel des konzernrechtlichen Präventivschutzes, FS Stimpel, 1985, S. 855; *Riegger*, Unterliegt die Komplementär-GmbH dem gesetzlichen Wettbewerbsverbot? BB 1983, 90; *Röhricht*, Das Wettbewerbsverbot des Gesellschafters und des Geschäftsführers, WPg 1992, 766; *Salfeld*, Wettbewerbsverbote im Gesellschaftsrecht, 1987; *Schlitt*, Die Satzung der Kommanditgesellschaft auf Aktien, 1999; *K. Schmidt*, Vertragliche Wettbewerbsverbote im deutschen Kartellrecht, ZHR 149 (1985) 1; *Ulmer*, Die kartellrechtliche Beurteilung von Wettbewerbsverboten bei Unternehmensveräußerungen, NJW 1982, 1975; *Voges*, Zum Verhältnis der gesellschaftsvertraglichen Wettbewerbsverbote zum Kartellrecht, DB 1977, 2081; *Wassermeyer*, Das Wettbewerbsverbot des Gesellschafters und des Gesellschafter-Geschäftsführers einer GmbH, GmbHR 1993, 329; *Wiedemann/Hirte*, Die Konkretisierung der Pflichten des herrschenden Unternehmens, ZGR 1986, 163.

I. Überblick

1 Das Recht der GmbH & Co. KG sieht ein Wettbewerbsverbot nur für die **persönlich haftenden Gesellschafter** vor. Diese dürfen ohne Einwilligung der anderen Gesellschafter weder in dem Handelszweig der Gesellschaft Geschäfte machen noch sich an einer gleichartigen Handelsgesellschaft als persönlich haftender Gesellschafter beteiligen (§§ 161 Abs. 2, 112 HGB). Für die **Kommanditisten** fehlt es an einer entsprechenden Regelung. Vielmehr bestimmt § 165 HGB, dass die Regelung des § 112 HGB auf die Kommanditisten keine Anwendung findet.

2 **Zweck** des gesetzlichen Wettbewerbsverbotes ist, die Gesellschaft vor Schäden zu bewahren, die dadurch entstehen könnten, dass ein Gesellschafter seinen Einfluss auf die Gesellschaft für eigene Interessen missbraucht und Kenntnisse und Geschäftschancen, die er aufgrund seiner Gesellschafterstellung erlangt hat, zu eigenen Zwecken ausnutzt.[1] § 112 HGB bezweckt lediglich die Erfüllung der Pflichten aus der Mitgliedschaft und dient damit – im Gegensatz zu §§ 60f. HGB, 88 AktG – nicht auch der Aufrechterhaltung der Arbeitskraft des Gesellschafters[2] oder seines Privatvermögens als Haftungsfonds der Gesellschaft.[3] Da die geschäftsführenden Gesellschafter die Geschicke der Gesellschaft bestimmen und aufgrund ihrer Tätigkeit Zugang zu sensiblen Informationen haben, besteht bei ihnen die größte Gefahr, dass die Gesellschaft durch eine missbräuchliche Verwendung geschädigt wird. Bei den Kommanditisten, die grundsätzlich nicht an der Geschäftsführung beteiligt sind (§ 164 S. 1, 1. Hs. HGB) und nur über beschränkte Informationsrechte (§ 166 HGB) verfügen (dazu im Einzelnen § 24 Rn 13ff.), hat der Gesetzgeber diese Gefahr nicht gesehen

[1] BGHZ 89, 162, 165f. (Werbeagentur); BGH WM 1961, 629, 631; *Beuthien* ZHR 142 (1978), 259, 284; *Heymann/Emmerich* § 112 HGB Rn 2; *Lieberknecht/Gnauk* BB 1963, 1067, 1073; *Salfeld*, Wettbewerbsverbote, S. 68; *Kardaras*, Wettbewerbsverbot, S. 27; *Armbrüster* ZIP 1997, 261, 262; a. A. *Wiedemann/Hirte* ZGR 1986, 163, 166: Schutz des § 112 HGB erstreckt sich auch auf den Einsatz der Arbeitskraft.

[2] *Beuthien* ZHR 142 (1978), 259, 261; GK/*Ulmer* § 112 HGB Rn 2; zu § 88 AktG vgl. BGH NZG 2001, 800.

[3] *Ebenroth/Boujong/Joost/Weipert* § 165 HGB Rn 1ff.

und auf die Normierung eines generellen Wettbewerbsverbotes verzichtet. Gleichwohl ist inzwischen allgemein anerkannt, dass auch der Kommanditist in bestimmten Situationen einem gesetzlichen Wettbewerbsverbot unterliegen kann (vgl. näher Rn 32ff.).

Das Wettbewerbsverbot, das nach richtiger Ansicht eine mitgliedschafts-, und keine amtsbezogene Pflicht des Gesellschafters darstellt,[4] ist Ausfluss der allgemeinen Förderungs- und Treuepflicht des Gesellschafters, die das vom gegenseitigen Vertrauen getragene Gesellschaftsverhältnis einer handelsrechtlichen Personengesellschaft in besonderem Maße beherrscht (dazu eingehend § 24).[5] Als konkreter Gefährdungstatbestand weist es jedoch über die durch die **Treuepflicht** gezogenen Grenzen hinaus. Das Wettbewerbsverbot setzt nämlich nicht den Eintritt eines nachweisbaren Schadens voraus, sondern greift bereits dann ein, wenn der Gesellschaft eine **konkrete Gefährdung** droht.[6] Auch die in § 113 HGB normierten Rechtsfolgen eines Wettbewerbsverstoßes machen deutlich, dass dem Wettbewerbsverbot gegenüber der Treuepflicht eine eigenständige Bedeutung zukommt.[7] 3

II. Wettbewerbsverbot der Komplementär-GmbH

1. Grundsatz

Die persönlich haftenden Gesellschafter unterliegen nach §§ 161 Abs. 2, 112 HGB einem umfassenden Wettbewerbsverbot. Darauf, ob die Gesellschaft **personalistisch** oder **kapitalistisch** strukturiert ist, kommt es im Grundsatz nicht an.[8] Die gesetzliche Regelung differenziert auch nicht zwischen natürlichen und juristischen Personen.[9] In der GmbH & Co. KG unterliegt daher nach herrschender Auffassung auch die **Komplementär-GmbH** einem Wettbewerbsverbot. Zwar hat das OLG Frankfurt für den Fall einer rein kapitalistisch organisierten GmbH & Co. einen gegenteiligen Standpunkt eingenommen.[10] Dem kann jedoch angesichts des klaren Gesetzeswortlauts nicht gefolgt werden. Dem OLG Frankfurt ist zwar insoweit zuzustimmen, als in einer kapitalistisch organisierten Gesellschaft die Treuepflichten der Gesellschafter nicht so stark ausgeprägt sind wie in einem personalistisch strukturierten Verband (vgl. § 25 Rn 15 f.). Dieser Befund zwingt jedoch keineswegs zu der Annahme, dass die Komplementär-GmbH keiner Treuepflichtbindung unterworfen ist. Vielmehr unterliegt 4

[4] BGHZ 89, 162, 165 (Werbeagentur); GK/*Ulmer* § 112 HGB Rn 2; *Mayer* NJW 1991, 23; a. A. *Wiedemann/Hirte* ZGR 1986, 163, 167.

[5] BGH BB 2002, 324, 325; GK/*Ulmer* § 112 HGB Rn 1; MünchHdb. GesR II/*Doehner/Hoffmann* KG § 16 Rn 3.

[6] BGHZ 70, 331, 333 (Gabelstapler); GK/*Ulmer* § 112 HGB Rn 1; MüKo/*Langhein* § 112 HGB Rn 3; *Ebenroth/Boujong/Joost/Goette* § 112 HGB Rn 3.

[7] GK/*Ulmer* § 112 HGB Rn 3.

[8] BGHZ 38, 36, 313ff. (Kino); GK/*Ulmer* § 112 HGB Rn 7; *Armbrüster* ZIP 1997, 261, 265 m. N. zur Gegenansicht.

[9] MünchHdb. GesR II/*Doehner/Hoffmann* KG § 16 Rn 6.

[10] OLG Frankfurt BB 1982, 1383, 1384.

auch sie aufgrund ihres Einflusses auf die Geschäftsführung dem Wettbewerbsverbot nach § 112 HGB.[11]

5 Das Wettbewerbsverbot der Komplementär-GmbH wird in der Praxis vor allem dann virulent, wenn die persönlich haftende Gesellschafterin bereits vor Gründung der bzw. Beitritt zur KG einen eigenen Geschäftsbetrieb unterhalten hat und dieser, zumindest teilweise, identisch mit dem der KG ist. Für eine Fortführung dieses Geschäftsbetriebs bedarf die KG einer Einwilligung der übrigen Gesellschafter, sofern kein Fall des § 112 Abs. 2 HGB vorliegt (dazu unten Rn 25 ff.). Umgekehrt gewinnt das Wettbewerbsverbot eine deutlich geringere Relevanz, wenn die Komplementär-GmbH erst anlässlich der Gründung der GmbH & Co. KG errichtet wurde und sich ihre Tätigkeit auf die Wahrnehmung der Komplementär-Funktion beschränkt.

6 Gegenstand kontroverser Diskussionen ist die Frage, ob ein persönlich haftender Gesellschafter einem Wettbewerbsverbot auch dann unterliegt, wenn er von der **Geschäftsführung** und der Vertretung **ausgeschlossen** ist. Die noch h. M. bejaht dies.[12] Sie verweist auf die weitreichenden Informationsrechte der persönlich haftenden Gesellschafter nach § 118 HGB und die damit einhergehenden Zugriffsmöglichkeiten auf alle Unternehmensinterna, die die Gefahr einer missbräuchlichen Verwendung begründen. Zum Teil wird, wenn die Informationsrechte des von der **Geschäftsführung ausgeschlossenen** persönlich haftenden Gesellschafters auf das gesetzliche Mindestmaß (§ 118 Abs. 2 HGB) reduziert sind, im Hinblick auf § 1 GWB eine **Restriktion des Wettbewerbsverbotes** angenommen.[13] Dies reicht allerdings nicht aus. Vielmehr wird man mit der im Vordringen befindlichen Ansicht die von der Geschäftsführung ausgeschlossenen Komplementäre generell vom Wettbewerbsverbot **ausnehmen** müssen.[14] Die Inhaberschaft von Informationsrechten ist – dies zeigt ein Blick auf die GmbH, bei der andernfalls jeder Gesellschafter einem Konkurrenzverbot unterliegen müsste[15] – kein taugliches Aufgreifkriterium für ein Wettbewerbsverbot. Die Gesellschaft und die Mitgesellschafter sind durch

---

[11] GK/*Ulmer* § 112 HGB Rn 7; *Riegger* BB 1983, 90; *K. Schmidt*, Gesellschaftsrecht, S. 1645 f.; *Löffler* NJW 1986, 223, 227; MünchHdb. GesR II/*Doehner/Hoffmann* KG § 16 Rn 55; *Binz/Sorg* § 4 Rn 32; *Ebenroth/Boujong/Joost/Goette* § 112 HGB Rn 4; MüKo/*Langhein* § 112 HGB Rn 5; *Schlegelberger/Martens* § 165 HGB Rn 34; *Heymann/Emmerich* § 112 HGB Rn 5; *Brönner/Rux/Wagner* GmbH & Co. KG Rn 239; *Hesselmann/Tillmann* GmbH & Co. Rn 400; *Armbrüster* ZIP 1997, 261, 271.

[12] GK/*Ulmer* § 112 HGB Rn 6; *Schlegelberger/Martens* § 112 HGB Rn 33; *Lieberknecht/Gnauk* BB 1963, 1067, 1073; *Salfeld*, Wettbewerbsverbote, S. 24 ff.; *Beuthien* ZHR 142 (1978), 259, 284; vgl. auch BGHZ 89, 162, 165.

[13] GK/*Ulmer* § 112 Rn 7; a. A. *Beuthien* ZHR 142 (1978), 259, 283; *Kardaras*, S. 28.

[14] *Kellermann*, FS Fischer, S. 307, 318 f.; *Immenga/Mestmäcker/Zimmer* § 1 GWB Rn 361; *Wiedemann/Hirte* ZGR 1986, 163, 166; *Armbrüster* ZIP 1997, 261, 267. Die Frage kann nicht anders beantwortet werden als bei einem mit weitreichenden Informationsrechten ausgestatteten Kommanditisten, vgl. dazu Rn 40 f.

[15] Vgl. etwa *Winter*, Treuebindungen, S. 247; *von der Osten* GmbHR 1989, 450, 452; *Roth/Altmeppen* § 13 GmbHG Rn 59; vgl. auch BGHZ 104, 246, 252.

die bestehenden Informationsverweigerungsrechte ausreichend geschützt (vgl. dazu im Einzelnen § 24 Rn 9 ff.). In einer GmbH & Co. KG unterliegen demnach weitere, von der Geschäftsführung ausgeschlossene Komplementäre grundsätzlich keinem Wettbewerbsverbot, auch wenn sie über die gesetzlichen Informationsrechte verfügen.

2. Dauer

Der Gesellschafter unterliegt während der ganzen Dauer **seiner Mitgliedschaft** dem Wettbewerbsverbot. Folglich ist es dem Gesellschafter auch dann, wenn sein Ausscheiden oder die Auflösung der Gesellschaft kurz bevorsteht, untersagt, mit der Gesellschaft in ein Wettbewerbsverhältnis zu treten. Der Gesellschafter kann sich in einer solchen Situation auch nicht darauf berufen, dass die von ihm ins Auge gefassten Geschäfte erst **nach** seinem **Ausscheiden bzw. der Auflösung** der Gesellschaft durchgeführt werden, wenn sie vorher angebahnt werden. Sofern kein nachvertragliches Wettbewerbsverbot eingreift, sind dem Gesellschafter solche Tätigkeiten erlaubt, die eine künftige Konkurrenztätigkeit **vorbereiten**, also erforderlich sind, damit der Gesellschafter unmittelbar nach Ende des Wettbewerbsverbotes eine eigene werbende Tätigkeit aufnehmen kann.[16] Hierzu zählen etwa die Einstellung von Personal, das Anmieten von Geschäftsräumen oder der Einkauf von Waren. Jedoch dürfen sich diese Maßnahmen nicht nachteilig auf die Gesellschaft auswirken. Eine gezielte Abwerbung von Personal oder Kunden der Gesellschaft ist dem Gesellschafter nicht gestattet.[17] 7

Um eine bestmögliche Verwertung des Gesellschaftsvermögens zu gewährleisten, gilt das Wettbewerbsverbot auch noch nach **Auflösung** der Gesellschaft fort, wenn ihre Geschäfte in der Liquidationsphase, wenn auch nur in eingeschränktem Maße, weitergeführt werden.[18] In jedem Fall ist dem Gesellschafter die Vornahme solcher Geschäfte untersagt, die einer ordnungsgemäßen Liquidation der Gesellschaft entgegenstehen.[19] Ein konkludenter Verzicht auf das Wettbewerbsverbot ist in einem Auflösungsbeschluss jedenfalls nicht zu erblicken.[20] 8

Ein **nachvertragliches** Wettbewerbsverbot besteht – vorbehaltlich einer anderweitigen Vereinbarung – nicht. Auch aus der nachvertraglichen Treuepflicht lässt sich grundsätzlich kein fortwirkendes Wettbewerbsverbot ableiten.[21] Das gesetzliche Wettbewerbsverbot des Gesellschafters endet 9

---

[16] RGZ 90, 98, 100; *Baumbach/Hopt* § 112 HGB Rn 3; MüKo/*Langhein* § 112 HGB Rn 19; *Heymann/Emmerich* § 112 HGB Rn 9; GK/*Ulmer* § 112 HGB Rn 11.

[17] *Michalski* NZG 1998, 21; MünchHdb. GesR II/*Doehner/Hoffmann* KG § 16 Rn 18.

[18] BGH WM 1961, 629, 631; NJW 1980, 1627; GK/*Ulmer* § 112 HGB Rn 12; *Baumbach/Hopt* § 112 HGB Rn 3; MüKo/*Langhein* § 112 HGB Rn 19; *Ebenroth/Boujong/Joost/Goette* § 112 HGB Rn 18; *Heymann/Emmerich* § 112 HGB Rn 8; MünchHdb. GesR II/*Doehner/Hoffmann* KG § 16 Rn 17.

[19] BGH WM 1971, 412, 414.

[20] GK/*Ulmer* § 112 HGB Rn 12.

[21] OLG Düsseldorf NJW-RR 1989, 1305; *Baumbach/Hopt* § 112 HGB Rn 14.

vielmehr mit seinem **Ausscheiden** aus der Gesellschaft oder, im Falle ihrer Auflösung, mit der **Vollbeendigung** der Gesellschaft. Die §§ 74, 75 HGB finden insoweit keine (analoge) Anwendung.[22] Abweichendes kann nur dann gelten, wenn über einen längeren Zeitraum aus dem Gewinn der Gesellschaft Abfindungszahlungen an den ausgeschiedenen Gesellschafter geleistet werden.[23]

10 Das Wettbewerbsverbot endet auch dann, wenn der Gesellschafter nur deswegen aus der Gesellschaft ausgeschieden ist, um sich von den Bindungen des Wettbewerbsverbotes zu **befreien**. Streitig ist nur, ob der Gesellschafter dem Wettbewerbsverbot auch dann noch unterliegt, wenn er wegen eines schuldhaften Verhaltens oder gar wegen seiner verbotenen Konkurrenztätigkeit aus der Gesellschaft **ausgeschlossen** wurde.[24] Richtigerweise wird man ein nachwirkendes Wettbewerbsverbot jedenfalls bis zum (fiktiven) nächsten Kündigungszeitpunkt annehmen müssen, da sich der Gesellschafter andernfalls durch vertragswidriges Verhalten den Bindungen des Wettbewerbsverbotes frühzeitig entziehen könnte, obwohl die Gesellschafter durch Vereinbarung einer festen Vertragslaufzeit deutlich gemacht haben, dass in diesem Zeitraum keine Konkurrenztätigkeit von Gesellschafterseite aufgenommen werden darf.

3. Umfang

11 **a) Geschäftsverbot.** § 112 HGB benennt als ersten Verbotstatbestand das Geschäftemachen im Handelszweig der Gesellschaft. Der Begriff des Geschäftemachens ist weit zu verstehen. Hierzu zählt jede Teilnahme am wirtschaftlichen Leben wirtschaftlicher Art.[25] Dabei kommt es nicht entscheidend darauf an, ob es sich um die Vornahme einzelner Geschäfte oder die Unterhaltung eines Gewerbebetriebs handelt.[26] Abzugrenzen ist das Geschäftemachen von rein **privaten Geschäften**, insbesondere solchen, die der Deckung des eigenen Lebensbedarfs oder den Zwecken der privaten Kapitalanlage dienen.[27] Auch durch die Tätigung privater Geschäfte kann sich der Gesellschafter indes wegen Verletzung der Treuepflicht schadensersatzpflichtig machen, wenn er dabei interne Informationen oder konkrete Geschäftschancen der Gesellschaft ausnutzt.[28]

---

[22] RGZ 53, 154, 155; GK/*Ulmer* § 112 HGB Rn 13; MünchHdb. GesR II/*Doehner/Hoffmann* KG § 16 Rn 17.

[23] MünchHdb. GesR II/*Doehner/Hoffmann* KG § 16 Rn 19.

[24] Bejahend *Kardaras*, Wettbewerbsverbot, S. 45 f.; MüKo/*Langhein* § 112 HGB Rn 21; *Ebenroth/Boujong/Joost/Goette* § 112 HGB Rn 19; *Röhricht/v. Westphalen/v. Gerkan* § 112 HGB Rn 2; *Heymann/Emmerich* § 112 HGB Rn 7; *Paefgen* ZIP 1990, 839; verneinend OLG Düsseldorf NJW-RR 1989, 1305.

[25] OLG Nürnberg OLGZ 1980, 377, 379 f.

[26] MüKo/*Langhein* § 112 HGB Rn 10; *Röhricht/v. Westphalen/v. Gerkan* § 112 HGB Rn 3; GK/*Ulmer* § 112 HGB Rn 20.

[27] Vgl. BGH BB 1997, 1913; *Ebenroth/Boujong/Joost/Goette* § 112 HGB Rn 12; *Heymann/Emmerich* § 112 HGB Rn 10; GK/*Ulmer* § 112 HGB Rn 21; vgl. auch BGH DB 1997, 1271, 1272.

[28] MüKo/*Langhein* § 112 HGB Rn 10; *Ebenroth/Boujong/Joost/Goette* § 112 HGB Rn 12.

Es kommt auch nicht darauf an, ob die Geschäfte im eigenen oder im **fremden Namen**, auf eigene oder **fremde Rechnung** getätigt werden.[29] Der Gesellschafter darf der Gesellschaft daher weder als Handelsvertreter noch als Kommissionär noch als Makler Konkurrenz machen.[30] Ein Geschäftemachen i. S. v. § 112 HGB ist auch dann gegeben, wenn der Gesellschafter als **Geschäftsführer** oder **Vorstandsmitglied** einer konkurrierenden Gesellschaft aktiv auf deren Unternehmensleitung einwirken kann,[31] ohne dass es darauf ankommt, ob er seinen Einfluss auch zur Geltung bringt.[32] Dabei kann ein bloß tatsächlicher Einfluss auf die Geschäftsführung ausreichend sein.[33] Die bloße Mitgliedschaft im Aufsichtsrat oder im Beirat dürfte diese Voraussetzungen des Konkurrenzverbotes in der Regel nicht erfüllen.[34] 12

Die Einschaltung eines **Bevollmächtigten, Kommissionärs oder Treuhänders** fällt ebenfalls unter § 112 HGB, wenn durch die Ausnutzung unternehmensinterner Informationen eine Gefährdung der Interessen der Gesellschaft zu befürchten ist.[35] Insbesondere darf der Gesellschafter das Wettbewerbsverbot nicht dadurch umgehen, dass er sich eines Angehörigen als Mittelsperson bedient.[36] Im Grundsatz erfasst das Wettbewerbsverbot andere Beteiligte dann, wenn diese materiell Gesellschafter sind.[37] 13

b) Beteiligungsverbot. § 112 HGB verbietet dem Gesellschafter ferner jede Teilnahme an einem Konkurrenzunternehmen als persönlich haftender Gesellschafter. Hiervon ist die Beteiligung als persönlich haftender Gesellschafter einer **OHG, KG, KGaA** oder einer unternehmerisch tätigen **GbR** erfasst.[38] Entscheidend ist, ob es sich um ein Engagement handelt, das über eine bloße Kapitalanlage hinausgeht. Das Wettbewerbsverbot erfasst nicht nur natürliche Personen, sondern auch Gesellschaften und andere Verbände. Soll etwa die Komplementär-GmbH einer GmbH & Co. KG in einer weiteren GmbH & Co. KG die Rolle als persönlich haftende Gesellschafterin übernehmen (sog. **sternförmige Beteiligung**), bedarf es daher einer Befreiung vom Wettbewerbsverbot, sofern beide KGen im gleichen Handelszweig tätig sind.[39] Auch die Übernahme eines Gesellschaftsanteils 14

[29] GK/*Ulmer* § 112 HGB Rn 22; MünchHdb. GesR II/*Doehner/Hoffmann* KG § 16 Rn 10; *Ebenroth/Boujong/Joost/Goette* § 112 HGB Rn 13.

[30] *Heymann/Emmerich* § 112 HGB Rn 11; *Armbrüster* ZIP 1997, 261, 262; *Röhricht/v. Westphalen/v. Gerkan* § 112 HGB Rn 3.

[31] BGHZ 70, 331, 334; *Baumbach/Hopt* § 112 HGB Rn 4.

[32] *Röhricht/v. Westphalen/v. Gerkan* § 112 HGB Rn 3.

[33] OLG Nürnberg BB 1981, 452.

[34] *Hesselmann/Tillmann* GmbH & Co. Rn 401; zum Konkurrenzverbot für Aufsichtsratsmitglieder vgl. *Reichert/Schlitt* AG 1995, 241 ff.

[35] MünchHdb. GesR II/*Doehner/Hoffmann* KG § 16 Rn 10.

[36] BGH BB 1970, 1374 (Tätigkeit als Angestellter im Unternehmen der Ehefrau).

[37] *Röhricht/v. Westphalen/v. Gerkan* § 112 HGB Rn 1.

[38] *Baumbach/Hopt* § 112 HGB Rn 6; MüKo/*Langhein* § 112 HGB Rn 17; *Binz/Sorg* § 4 Rn 32. Zum Wettbewerbsverbot in der KGaA vgl. *Schlitt*, Die Satzung der KGaA, S. 129 ff.

[39] Auch wenn keine Wettbewerbssituation vorliegt, wird die Übernahme einer weiteren Komplementärfunktion nur dann für zulässig gehalten, wenn die Ge-

einer ausländischen Gesellschaft mit einer vergleichbaren Rechtsstruktur kann unter das Wettbewerbsverbot fallen.[40]

15 Eine bloße, nicht mit der Übernahme einer Organfunktion verknüpfte Beteiligung an einer konkurrierenden Kapitalgesellschaft, namentlich einer **GmbH** oder einer **AG**, ist dem Gesellschafter demgegenüber grundsätzlich erlaubt. Gleiches gilt für eine typisch ausgestaltete Beteiligung als Kommanditist oder stiller Gesellschafter. Kommanditisten, GmbH-Gesellschafter oder Aktionäre, die aufgrund ihrer **beherrschenden Stellung** Einfluss auf eine konkurrierende Gesellschaft nehmen können, können jedoch den Tatbestand des Geschäftemachens im Sinne von § 112 Abs. 1 HGB erfüllen.[41] Hieraus folgt ebenso, dass es einem dem Wettbewerbsverbot unterliegenden Gesellschafter untersagt ist, eine solche Beteiligung zu erwerben bzw. seinen Anteil entsprechend aufzustocken.[42]

16 Der Begriff der Beteiligung als persönlich haftender Gesellschafter ist der ratio legis folgend weit auszulegen. Über den Wortlaut des § 112 HGB hinausgehend ist auch eine Beteiligung als **Kommanditist oder stiller Gesellschafter** erfasst, wenn dem Gesellschafter Mitsprache- und Kontrollbefugnisse eingeräumt werden, die denen eines persönlich haftenden Gesellschafters angenähert sind (vgl. auch Rn 34 ff.).[43] Bedient sich der Gesellschafter eines Strohmanns oder einer abhängigen Gesellschaft, um sich an einer anderen Gesellschaft indirekt zu beteiligen, die in demselben Handelszweig tätig ist, liegt ebenfalls ein Umgehungsgeschäft vor, auf das § 112 Abs. 1 HGB anwendbar ist.[44] Von der Einordnung als persönlich haftender Gesellschafter unabhängig bleibt jedoch in den Fällen unbefugter Weitergabe von Interna oder Ermöglichung des Ausnutzens von Geschäftschancen stets die Möglichkeit einer Haftung auf Schadensersatz.[45]

17 **c) Relevanter Markt.** *aa) Sachlich relevanter Markt.* In der Praxis bereitet die Feststellung, ob eine Konkurrenzsituation vorliegt, zuweilen erhebliche Schwierigkeiten. Das Gesetz umschreibt den sachlich und räumlich relevanten Markt mit den Begriffen **im Handelszweig der Gesellschaft** (Geschäftemachen) und **gleichartige Gesellschaft** (Beteiligung). Dabei

---

schäftsleitung personell so ausgestattet ist, dass sie in der Lage ist, die Geschäftsführungsaufgaben für die verschiedenen Gesellschaften wahrzunehmen, vgl. *Binz/Sorg* § 4 Rn 36.

[40] *Baumbach/Hopt* § 112 HGB Rn 6.

[41] GK/*Ulmer* § 112 HGB Rn 25; *Baumbach/Hopt* § 112 HGB Rn 6; MüKo/*Langhein* § 112 HGB Rn 18; *Ebenroth/Boujong/Joost/Goette* § 112 HGB Rn 15; MünchHdb. GesR II/*Doehner/Hoffmann* KG § 16 Rn 10; i. E. auch *Armbrüster* ZIP 1997, 261, 268, der indessen eine analoge Anwendung des § 112 Abs. 1 2. Alt. HGB befürwortet. Vgl. auch zum Wettbewerbsverbot des herrschenden Aktionärs gegenüber der AG *Burgard*, FS Lutter 2000, 1033.

[42] *Röhricht/v. Westphalen/v. Gerkan* § 112 HGB Rn 7.

[43] OLG Nürnberg OLGZ 1980, 377, 378 ff.; GK/*Ulmer* § 112 HGB Rn 24; *Heymann/Emmerich* § 112 HGB Rn 15; MüKo/*Langhein* § 112 HGB Rn 17; MünchHdb. GesR II/*Doehner/Hoffmann* KG § 16 Rn 14.

[44] MünchHdb. GesR II/*Doehner/Hoffmann* KG § 16 Rn 10 a.E.; *Heymann/Emmerich* § 112 HGB Rn 11.

[45] *Röhricht/v. Westphalen/v. Gerkan* § 112 HGB Rn 6.

besteht im Grundsatz Einigkeit darüber, dass zwischen beiden Marktabgrenzungen kein sachlicher Unterschied besteht.[46]

Ausgangspunkt für die Ermittlung des relevanten Marktes ist zunächst der im **Gesellschaftsvertrag** umschriebene **Unternehmensgegenstand**.[47] Dabei kommt es in erster Linie auf den durch Auslegung zu ermittelnden konkreten Unternehmensgegenstand an. Im Gesellschaftsvertrag enthaltene umfassende Formulierungen sind danach nur dann maßgebend, wenn sie, wie jedoch häufig, bewusst gewählt wurden, um der Gesellschaft eine Ausweitung ihres künftigen Tätigkeitsbereiches offen zu halten.[48] **18**

Problematisch ist, ob ein Verstoß gegen das Wettbewerbsverbot vorliegt, wenn eine anderweitige Tätigkeit des Gesellschafters zwar den **konkreten** gesellschaftsvertraglichen Unternehmensgegenstand der GmbH & Co. KG tangiert, es jedoch zu keiner Überschneidung mit den **tatsächlich** von der Gesellschaft ausgeübten Tätigkeiten kommt. Richtigerweise ist hier zu differenzieren.[49] Geht die **Beschränkung** der Tätigkeit der Gesellschaft auf eine Entscheidung der Geschäftsführung zurück, ohne dass diese zuvor im Gesellschafterkreis abgestimmt worden ist, so sind den Gesellschaftern eigene Tätigkeiten nicht gestattet. Ist die Einschränkung hingegen vom **Einverständnis** aller oder der vertragsändernden Mehrheit der Gesellschafter getragen, ist regelmäßig der Schluss auf eine **konkludente Änderung des Gesellschaftsvertrages** zulässig, mit der Folge, dass die betreffenden Geschäftsfelder für die Gesellschafter freigegeben sind.[50] **19**

Umgekehrt unterliegen die Gesellschafter dann keinem Wettbewerbsverbot, wenn die Geschäftsführung die Aktivitäten der Gesellschaft **eigenmächtig** über den gesellschaftsvertraglichen Unternehmensgegenstand hinaus **ausdehnt**. Anderes gilt aber auch insoweit, wenn eine konkludente Änderung des Gesellschaftsvertrages vorliegt. Eine Erweiterung der Geschäftsfelder ist dann als vom Willen aller Gesellschafter getragen anzusehen, wenn die nicht geschäftsführenden Gesellschafter die abweichende Praktizierung über lange Zeit widerspruchslos hingenommen haben.[51] **20**

Um die Gesellschaft vor Wettbewerbstätigkeiten ihrer Gesellschafter auch in Randbereichen zu schützen, geht der durch die Begriffe **„Han-** **21**

---

[46] MüKo/*Langhein* § 112 HGB Rn 11; GK/*Ulmer* § 112 HGB Rn 15; *Heymann/Emmerich* § 112 HGB Rn 14a; *Baumbach/Hopt* § 112 HGB Rn 7; *Armbrüster* ZIP 1996, 261, 263.

[47] BGHZ 70, 331, 332; 89, 162, 170; GK/*Ulmer* § 112 HGB Rn 15; *Schlegelberger/Martens* § 112 HGB Rn 15 ff.; *Wiedemann/Hirte* ZGR 1986, 163, 170 f.; *Ivens*, Konkurrenzverbot, S. 63 ff.; i. E. auch *Armbrüster* ZIP 1997, 261, 263.

[48] Vgl. BGHZ 89, 162, 170; GK/*Ulmer* § 112 HGB Rn 14; MüKo/*Langhein* § 112 HGB Rn 11; *Ebenroth/Boujong/Joost/Goette* § 112 HGB Rn 9; einschränkend *Baumbach/Hopt* § 112 HGB Rn 5.

[49] MüKo/*Langhein* § 112 HGB Rn 11 f.; GK/*Ulmer* § 112 HGB Rn 16; *Baumbach/Hopt* § 112 HGB Rn 5; *Schlegelberger/Martens* § 112 HGB Rn 15; *Hesselmann/Tillmann* GmbH & Co. Rn 420; *Grunewald* Gesellschaftsrecht 1. B Rn 9; *Heymann/Emmerich* § 112 HGB Rn 12a; i. E. auch *Armbrüster* ZIP 1997, 263; wohl auch BGHZ 70, 331, 332.

[50] MünchHdb. GesR II/*Doehner/Hoffmann* KG § 16 Rn 11.

[51] GK/*Ulmer* § 112 HGB Rn 16.

delszweig" bzw. „**Gleichartigkeit**" gezogene sachlich relevante Markt über den konkreten, gegebenenfalls nachträglich konkludent geänderten Unternehmensgegenstand hinaus.[52] Auch kommt es nicht darauf an, ob die GmbH & Co. KG das fragliche Geschäft selbst abgeschlossen hätte.[53] Vielmehr ist entscheidend, ob die Gesellschaft solche Geschäfte vornehmen könnte.[54]

22 Geschäfte, die nach ihrer Art von beliebigen Gesellschaften getätigt werden können, **sog. nicht handelszweigtypische Geschäfte**, wird man nicht als zum sachlich relevanten Markt gehörend zählen können.[55] Dem Gesellschafter ist es jedoch auch bei solchen „neutralen" Geschäften untersagt, sich **konkrete Geschäftschancen** der Gesellschaft für eigene Zwecke fruchtbar zu machen.[56] Der durch die Geschäftschancenlehre vermittelte Schutz ist daher weitreichender als der Schutz durch das Wettbewerbsverbot. Die Komplementär-GmbH verwertet keine Geschäftschancen der KG, wenn sie einen von ihr (vor Gründung der KG) gepachteten Gegenstand der Gesellschaft weiter verpachtet und die Differenz zwischen der von ihr bezahlten Pacht und dem Unterpachtzins für sich behält.[57]

23 Die **Beteiligung** eines Gesellschafters an einer anderen Gesellschaft mit einem gleichartigen Unternehmensgegenstand stellt danach einen Verstoß gegen das Wettbewerbsverbot dar, wenn eine partielle, nicht geringfügige Überschneidung der jeweiligen Märkte der beiden Unternehmen vorliegt.[58] Dass die Gesellschaften in der gleichen Rechtsform organisiert sind, ist ohne Relevanz; vielmehr kommt es ausschließlich auf eine etwaige Überschneidung der Aktivitäten der Gesellschaften an.[59]

24 *bb) Räumlich relevanter Markt.* Eine räumliche Beschränkung des der GmbH & Co. KG vorbehaltenen Marktes sieht das Gesetz nicht vor. Dieser Grundsatz bedarf jedoch einer teleologischen Einschränkung. Danach ist ein Wettbewerbsverbot nur insofern gerechtfertigt, wie der Gesellschaft aufgrund der Aktivitäten ihrer Gesellschafter eine konkrete Gefährdung droht.[60] Auf Märkten, auf denen die Gesellschaft weder aktuell noch po-

---

[52] BGHZ 70, 331, 333; GK/*Ulmer* § 112 HGB Rn 17; vgl. auch *Baumbach/Hopt* § 112 HGB Rn 5, 7. Eine Ausnahme von diesem Grundsatz ist mit GK/*Ulmer* § 112 HGB Rn 17 dann zu machen, wenn das Einverständnis der Mitgesellschafter mit einer Tätigkeit des Gesellschafters als konkludente Beschränkung des Unternehmensgegenstandes der Gesellschaft gewertet werden kann, was insbesondere bei Gemeinschaftsunternehmen relevant werden dürfte.

[53] BGHZ 70, 331, 333.

[54] BGHZ 89, 162, 170.

[55] GK/*Ulmer* § 112 HGB Rn 17; *Schlegelberger/Martens* § 165 HGB Rn 18; *Armbrüster*, ZIP 1997, 264; einschränkend *Röhricht* WPg 1992, 766, 774; *Mertens/Cahn*, FS Heinsius, S. 546, 566.

[56] BGH NJW 1986, 584, 585; NJW 1989, 2687 (vgl. auch § 25 Rn 27); zur Geschäftschancenlehre MüKo/*Langhein* § 112 HGB Rn 16 m.w.N.

[57] BGH NJW 1998, 1225, 1226.

[58] *Baumbach/Hopt* § 112 HGB Rn 7.

[59] MünchHdb. GesR II/*Doehner/Hoffmann* KG § 16 Rn 15.

[60] MüKo/*Langhein* § 112 HGB Rn 14; *Ebenroth/Boujong/Joost/Goette* § 112 HGB Rn 16; GK/*Ulmer* § 112 HGB Rn 19.

tentiell tätig ist, können sich die Gesellschafter unternehmerisch betätigen. Allerdings ist zu berücksichtigen, dass eine Konkurrenzsituation nicht nur auf Anbieterseite, sondern auch auf Abnehmerseite auftreten kann.[61] Vom Wettbewerbsverbot erfasst ist zudem auch die Beteiligung des Gesellschafters an einer **ausländischen Gesellschaft**, sofern der Betrieb der GmbH & Co. KG, sei es durch Exportgeschäfte dieses Konkurrenzunternehmens, sei es durch dessen inländische Zweigniederlassungen, behindert wird.[62] Es ist grundsätzlich auf die **aktuelle Größe** des geographischen Marktes, auf dem die Gesellschaft tätig ist, abzustellen. Vergrößert sich im Laufe der Zeit der räumliche Markt, so gilt das Wettbewerbsverbot folglich grundsätzlich auch in den Regionen, um die sich der Markt erweitert hat, wobei indes zu berücksichtigen ist, inwieweit der konkurrierende Gesellschafter mit der Expansion rechnen konnte.[63] Unter Umständen kann dem Gesellschafter dann ein Recht zum Ausscheiden aus wichtigem Grund erwachsen.[64]

4. Einwilligung

Die Regelung des § 112 HGB stellt ein Verbot mit Erlaubnisvorbehalt dar.[65] Die Beteiligung an einer konkurrierenden Gesellschaft oder die Vornahme von Geschäften im Geschäftsbereich der Gesellschaft ist den persönlich haftenden Gesellschaftern nur mit Einwilligung der übrigen Gesellschafter gestattet (vgl. § 112 Abs. 2 HGB). Die Einwilligung manifestiert sich nicht durch Gesellschafterbeschluss,[66] sondern ist von allen übrigen Gesellschaftern durch empfangsbedürftige **Willenserklärung** gegenüber den persönlich haftenden Gesellschaftern zu erteilen.[67] Auch wenn eine solche Einwilligung der übrigen Gesellschafter vorliegt, bleibt es dem Gesellschafter aufgrund seiner allgemeinen Treuepflicht nicht gestattet, der Gesellschaft konkret zuzuordnende Geschäftschancen für eigene Zwecke zu nutzen (vgl. auch § 25 Rn 27).[68] Gleichsam darf er die gestattete Konkurrenztätigkeit nicht mit dem Zweck betreiben, die Gesellschaft zu vernichten oder ihre Abhängigkeit zu begründen.[69] **25**

---

[61] Vgl. *Armbrüster* ZIP 1997, 264 f. m. w. N.

[62] MünchHdb. GesR II/*Doehner/Hoffmann* KG § 16 Rn 14.

[63] MünchHdb. GesR II/*Doehner/Hoffmann* KG § 16 Rn 12 a.E.; weitergehend *Röhricht/v. Westphalen/v. Gerkan*, § 112 HGB Rn 5.

[64] *Röhricht/v. Westphalen/v. Gerkan* § 112 HGB Rn 5.

[65] *Ebenroth/Boujong/Joost/Goette* § 112 HGB Rn 24; MüKo/*Langhein* § 112 HGB Rn 23.

[66] So aber *Ebenroth/Boujong/Joost/Goette* § 112 HGB Rn 25 a.E.; *Kardaras*, Wettbewerbsverbot, S. 75 f.

[67] *Heymann/Emmerich* § 112 HGB Rn 17; GK/*Ulmer* § 112 HGB Rn 26; MünchHdb. GesR II/*Doehner/Hoffmann* KG § 16 Rn 20; vgl. auch BFH NJW 1998, 3663. Nach GK/*Ulmer* § 112 HGB Rn 28, reicht ein Mehrheitsbeschluss der Gesellschafter auch dann nicht aus, wenn den Anforderungen des Bestimmtheitsgrundsatzes Genüge getan ist. Nach *Binz/Sorg* § 4 Rn 37 reicht ein Mehrheitsbeschluss, sofern dies im Gesellschaftsvertrag vorgesehen ist.

[68] *Heymann/Emmerich* § 112 HGB Rn 17; MünchHdb. GesR II/*Doehner/Hoffmann* KG § 16 Rn 25.

[69] *Röhricht/v. Westphalen/v. Gerkan* § 112 HGB Rn 11.

26 Inhaltlich kann die Einwilligung beliebig ausgestaltet werden. Sie kann von den übrigen Gesellschaftern **generell** erteilt werden oder sich auf eine **bestimmte** Art von Geschäften beschränken, befristet erteilt oder von Bedingungen abhängig gemacht werden.[70] Sie kann auch **konkludent** erklärt werden.[71] Eine konkludente Erteilung ist nur in Ausnahmefällen anzunehmen, um den Schutz vor Konkurrenz durch die eigenen Gesellschafter zu gewährleisten. Somit reicht die bloße Kenntnis von der Konkurrenztätigkeit grundsätzlich nicht aus, um das Vorliegen einer Einwilligung zu bejahen.[72] Erforderlich ist vielmehr ein Dulden durch sämtliche Gesellschafter über einen längeren Zeitraum in Kenntnis der relevanten Umstände. Dabei sind aufgrund der Wertung des § 112 Abs. 2 HGB die Anforderungen an eine Bejahung einer Einwilligung niedriger, wenn die Gesellschafter bei Gründung bzw. bei Beitritt des konkurrierenden Gesellschafters die relevanten Umstände gekannt haben. In diesem Fall hätten sie die Aufgabe der Konkurrenztätigkeit zur Bedingung der Gründung bzw. des Beitritts machen können.[73] Beruft sich der betroffene Gesellschafter auf eine konkludente Einwilligung, muss er im Streitfall konkrete Anhaltspunkte für deren Erteilung vorlegen können.

27 Die Gesellschafter können im Wege der vorherigen Einwilligung oder der nachträglichen Genehmigung ihre Zustimmung erteilen (§ 182 BGB). In der nach Aufnahme der Geschäftstätigkeit erklärten Genehmigung liegt i.d.R. ein Verzicht auf die Rechtsfolgen eines Verstoßes gegen § 112 Abs. 1 HGB.[74]

28 Für den Sonderfall, dass die Komplementär-GmbH bereits bei Gründung der Gesellschaft an einer **Konkurrenzgesellschaft beteiligt** ist, den übrigen Gesellschaftern dies bekannt ist und sie die Komplementärin nicht zur Beendigung der Beteiligung an der anderen Gesellschaft auffordern, fingiert § 112 Abs. 2 HGB die Einwilligung zu der Konkurrenztätigkeit. Erforderlich ist eine **positive Kenntnis** sämtlicher Gesellschafter.[75] Zudem muss aus den Erklärungen der Mitgesellschafter **eindeutig** hervorgehen, dass sie eine Beendigung der anderweitigen Tätigkeit wünschen. Andernfalls fehlt es an einer ausdrücklichen Forderung nach Aufgabe der Beteiligung.[76] Der Vorbehalt der Gesellschafter muss indessen nicht schriftlich oder gar im Gesellschaftsvertrag niedergelegt werden.[77]

---

[70] MüKo/*Langhein* § 112 HGB Rn 25; *Ebenroth/Boujong/Joost/Goette* § 112 HGB Rn 26.

[71] MüKo/*Langhein* § 112 HGB Rn 26; *Ebenroth/Boujong/Joost/Goette* § 112 HGB Rn 27; *Heymann/Emmerich* § 112 HGB Rn 17.

[72] *Heymann/Emmerich* § 112 HGB Rn 17; MünchHdb. GesR II/*Doehner/Hoffmann* KG § 16 Rn 21.

[73] MünchHdb. GesR II/*Doehner/Hoffmann* KG § 16 Rn 21; vgl. auch MüKo/*Langhein* § 112 HGB Rn 26.

[74] MüKo/*Langhein* § 112 HGB Rn 26.

[75] *Ebenroth/Boujong/Joost/Goette* § 112 HGB Rn 30; MüKo/*Langhein* § 112 HGB Rn 29; *Heymann/Emmerich* § 112 HGB Rn 18; MünchHdb. GesR II/*Doehner/Hoffmann* KG § 16 Rn 23.

[76] MüKo/*Langhein* § 112 HGB Rn 30; GK/*Ulmer* § 112 HGB Rn 29.

[77] *Baumbach/Hopt* § 112 HGB Rn 10.

§ 112 Abs. 2 HGB wird auf den späteren **Beitritt** der Komplementärin in eine GmbH & Co. KG **analog** angewandt.[78] Eine entsprechende Anwendung auf andere **konkurrierende Tätigkeiten** der persönlich haftenden Gesellschafter, namentlich der Abschluss einzelner Geschäfte ohne Dauercharakter, kommt nicht in Betracht.[79] Nehmen die übrigen Gesellschafter ihnen bei Vertragsschluss bekannte Tätigkeiten hin, kann hierin je nach Lage des Falles eine **widerlegliche Vermutung** der Einwilligung zu erblicken sein.[80] Dies gilt namentlich für ein widerspruchsloses **Dulden** einer Wettbewerbstätigkeit über einen längeren Zeitraum hin.[81] In der GmbH & Co. KG wird man eine stillschweigende Einwilligung regelmäßig dann annehmen können, wenn die **Komplementär-GmbH** bereits vor Gründung der GmbH & Co. KG oder ihrem Beitritt zu der KG einen **eigenen Geschäftsbetrieb** geführt hat und ihre Konkurrenztätigkeit mit Kenntnis der übrigen Gesellschafter fortsetzt.[82] Unbeschadet dessen empfiehlt es sich, im Gesellschaftsvertrag eine ausdrückliche Befreiung der Komplementärin vom Wettbewerbsverbot vorzusehen. 29

Die Ausübung eines gesellschaftsvertraglich verankerten **Rechts zur Übertragung** eines KG-Anteils oder zum **Beitritt** in die KG durch einen Konkurrenten kommt ohne Erteilung einer Einwilligung nicht in Betracht.[83] Eine Ausnahme gilt nur dann, wenn durch die Einschränkung von Informationsrechten die Gefahr einer missbräuchlichen Verwendung ausgeschlossen werden kann.[84] Dies gilt im Grundsatz auch in Konzernsituationen.[85] 30

Eine ohne Vorbehalt erteilte Einwilligung kann nur aus wichtigem Grund **widerrufen** werden.[86] 31

III. Wettbewerbsverbot der Kommanditisten

1. Grundsatz

Für den Kommanditisten erklärt § 165 HGB die Bestimmungen der §§ 112, 113 HGB für unanwendbar; Kommanditisten unterliegen im 32

---

[78] *Heymann/Emmerich* § 112 HGB Rn 19; *Hesselmann/Tillmann* GmbH & Co. Rn 402.

[79] *Heymann/Emmerich* § 112 HGB Rn 19.

[80] Wie hier *Löffler* NJW 1986, 223, 229; GK/*Ulmer* § 112 HGB Rn 30; einschränkend *Baumbach/Hopt* § 112 HGB Rn 11; vgl. auch *Heymann/Emmerich* § 112 HGB Rn 17; *Schlegelberger/Martens* § 165 HGB Rn 34; *Lüdtke-Handjery* BB 1973, 68, 69 f.

[81] GK/*Ulmer* § 112 HGB Rn 27 m. w. Bsp.

[82] *Schlegelberger/Martens* § 165 HGB Rn 34; MünchHdb. GesR II/*Mattfeld* KG § 12 Rn 47; *Brönner/Rux/Wagner* GmbH & Co. KG Rn 240; *Binz/Sorg* § 5 Rn 38.

[83] BGH ZIP 1982, 309; *Heymann/Horn* § 165 HGB Rn 7.

[84] BGH ZIP 1982, 309, 311.

[85] *Heymann/Horn* § 165 HGB Rn 7.

[86] Zutr. GK/*Ulmer*, § 112 HGB Rn 26; *Baumbach/Hopt* § 112 HGB Rn 9; MüKo/*Langhein* § 112 HGB Rn 25; MünchHdb. GesR II/*Doehner/Hoffmann* KG § 16 Rn 20. Anderes gilt unter Umständen bei einer über einen langen Zeitraum erklärten Einwilligung.

Grundsatz daher weder gegenüber der GmbH & Co. KG noch gegenüber der Komplementär-GmbH einem Wettbewerbsverbot.[87] Dies lässt jedoch nicht ohne weiteres den Schluss zu, dass der Kommanditist in keiner Situation einem Wettbewerbsverbot unterworfen ist. Ein Wettbewerbsverbot des Kommanditisten kann nämlich Ausfluss der allgemeinen gesellschaftsrechtlichen Treuepflicht sein, die durch die Regelung des § 165 HGB nicht verdrängt wird.[88] Die **Intensität** seiner **Treuepflicht** und damit das Bestehen eines Wettbewerbsverbots hängt von der Ausgestaltung seiner internen Rechtsstellung ab (vgl. im Einzelnen Rn 35 ff.). Namentlich dann, wenn seine **Rechtsstellung** aufgrund von weitgehenden Informationsrechten und Geschäftsführungsbefugnissen der eines **Komplementärs angeglichen** ist, erscheint es gerechtfertigt, den Kommanditisten einem Wettbewerbsverbot zu unterwerfen, da in diesem Fall eine Gefährdung der Gesellschaftsinteressen zu besorgen ist.[89] Dabei kommt es nicht darauf an, ob die Befugnisse des Kommanditisten gesellschaftsvertraglich verankert sind; maßgeblich ist vielmehr, ob der Kommanditist **faktischen** Einfluss auf die Leitung der Gesellschaft nehmen kann.

33 Auch wenn das Wettbewerbsverbot Ausfluss der allgemeinen Treuepflicht ist, geht es als Gefährdungstatbestand[90] und in seinen Rechtsfolgen über das aus der Treuepflicht resultierende Verbot, Geschäftschancen der Gesellschaft wahrzunehmen und Insiderinformationen auszunutzen, hinaus (vgl. § 25 Rn 27). Es ist daher zutreffend, das Wettbewerbsverbot des Kommanditisten nicht nur aus der Treuepflicht selbst herzuleiten, sondern es daneben auch aus einer **analogen Anwendung der §§ 112, 113 HGB** zu entwickeln.[91]

34 **Dritte**, die berechtigt sind, Mitgliedschaftsrechte eines Kommanditisten im eigenen Namen wahrzunehmen, unterliegen ebenfalls dem Wettbewerbsverbot. Dies gilt insbesondere für mit weitreichenden Einflussrechten ausgestattete **Treugeber** (vgl. § 39 Rn 61), **Unterbeteiligte** (vgl. § 39 Rn 19), Nießbraucher und **stille Gesellschafter** (vgl. § 39 Rn 84, 92).[92] Da sich das Wettbewerbsverbot grundsätzlich nur gegen den Gesellschafter

---

[87] I. E. auch *Hesselmann/Tillmann* GmbH & Co. Rn 416, jedoch mit der fehlerhaften Begr., es bestünden keine Treuepflichten zwischen den Kommanditisten und der Komplementär-GmbH.

[88] MünchHdb. GesR II/*Mattfeld* KG § 12 Rn 25 f.; MüKo/*Langhein* § 112 HGB Rn 6.

[89] BGH BB 2002, 324, 325; BGHZ 89, 162, 165 f.; *Beuthien* ZHR 142 (1978), 288; *Schlegelberger/Martens* § 165 HGB Rn 1; *Löffler* NJW 1986, 225; GK/*Ulmer* § 112 HGB Rn 9; *Baumbach/Hopt* § 165 HGB Rn 3; MünchHdb. GesR II/*Mattfeld* KG § 12 Rn 25; *Grunewald* Gesellschaftsrecht 1. C Rn 9; *K. Schmidt*, Gesellschaftsrecht, S. 598; *Brönner/Rux/Wagner* GmbH & Co. KG Rn 243; *Armbrüster* ZIP 1997, 270. Zu weitgehend *Kardaras*, Wettbewerbsverbot, S. 34, der ein generelles Wettbewerbsverbot annimmt.

[90] Dabei reicht das Bestehen einer abstrakten Schädigungsgefahr nicht aus, vielmehr bedarf es einer konkreten Gefährdung der Gesellschaftsinteressen.

[91] BGH NJW 2002, 1046, 1047; BGHZ 89, 162, 171; *Schlegelberger/Martens* § 165 HGB Rn 27; GK/*Ulmer* § 112 HGB Rn 3.

[92] MüKo/*Langhein* § 112 HGB Rn 8; *Ebenroth/Boujong/Joost/Goette* § 112 HGB Rn 5.

richtet, unterliegen **gesetzliche Vertreter** oder **Bevollmächtigte** eines Gesellschafters demgegenüber prinzipiell keinem Wettbewerbsverbot.[93] Nutzt der im Namen des Gesellschafters handelnde Vertreter jedoch Informationen zu Lasten der Gesellschaft aus, wird dieses Handeln dem vertretenen Gesellschafter nach § 278 BGB zugerechnet.[94] Handelt es sich um eine **Strohmanngründung**, findet § 112 HGB für den das Verbot umgehenden Gesellschafter unmittelbare Anwendung.[95]

2. Eingreifen eines Wettbewerbsverbotes

a) Beherrschender Einfluss. Ein Kommanditist, der aufgrund seiner Beteiligung die Gesellschaft beherrschen kann (§ 18 AktG), ist regelmäßig in der Lage, umfassende interne Informationen über die Geschäftstätigkeit der GmbH & Co. KG zu erlangen und diese zum Nachteil der Gesellschaft zu verwenden. Ist der Kommanditist gleichzeitig außerhalb der Gesellschaft unternehmerisch tätig, begründet die Beherrschung eine besondere Gefährdungslage für die GmbH & Co. KG. Nach Auffassung des BGH und der mittlerweile ganz h. M. im Schrifttum ist es gerechtfertigt, den Kommanditisten in dieser Situation einem Wettbewerbsverbot zu unterwerfen.[96] Dabei kommt es nicht entscheidend darauf an, ob der Kommanditist seinen Einfluss tatsächlich geltend macht. Vielmehr spricht eine **Vermutung** dafür, dass der Kommanditist von den bestehenden Einflussmöglichkeiten Gebrauch macht.[97] Der an der Aufrechterhaltung seiner anderweitigen Tätigkeit interessierte Gesellschafter muss daher darlegen und beweisen, dass es sich um keine unternehmerische Beteiligung, sondern um eine bloße Finanzbeteiligung handelt.[98] Auch kommt es nicht auf die Stellung an, die der Kommanditist nach außen hin wahrnimmt; allein maßgeblich ist vielmehr das Innenverhältnis.[99] 35

Bei der Frage, wann eine beherrschende Stellung des Kommanditisten anzunehmen ist, orientiert sich die Rechtsprechung an allgemeinen **konzernrechtlichen** Kategorien. So hat der BGH in der sog. „Werbeagentur"-Entscheidung ein Wettbewerbsverbot zu Lasten eines Gesellschafters angenommen, der zu 80 % am Kommanditkapital und Stammkapital der 36

---

[93] MüKo/*Langhein* § 112 HGB Rn 9; GK/*Ulmer* § 112 HGB Rn 10. Anderes gilt freilich für den Geschäftsführer der Komplementär-GmbH, vgl. hierzu im Einzelnen Rn 49 ff. Im Übrigen greifen u. U. die §§ 1667, 1909 BGB ein, vgl. *Baumbach/Hopt* § 112 HGB Rn 2.

[94] *Ebenroth/Boujong/Joost/Goette* § 112 HGB Rn 6; *Heymann/Emmerich* § 112 HGB Rn 5.

[95] *Baumbach/Hopt* § 112 HGB Rn 2.

[96] BGH NJW 2002, 1046, 1047; BGHZ 89, 162, 165 f.; zust. *Heymann/Horn* § 165 HGB Rn 4; *Schlegelberger/Martens* § 165 HGB Rn 16; GK/*Schilling* § 165 HGB Rn 2; *Baumbach/Hopt* § 165 HGB Rn 3; *Röhricht/v. Westphalen/v. Gerkan* § 165 HGB Rn 8; MünchHdb. GesR II/*Doehner/Hoffmann* KG § 16 Rn 50; *Binz/Sorg* § 5 Rn 132; *Löffler* NJW 1986, 225; *Röhricht* WPg 1992, 767.

[97] BGHZ 89, 162, 167; MünchHdb. GesR II/*Doehner/Hoffmann* KG § 16 Rn 50; *Schlegelberger/Martens* § 165 HGB Rn 16; MüKo/*Grunewald* § 165 HGB Rn 11.

[98] BGHZ 89, 162, 167.

[99] BGH NJW 2002, 1046, 1047.

Komplementär-GmbH beteiligt war.[100] Weitergehend wird man ein Wettbewerbsverbot dann zu bejahen haben, wenn der Kommanditist keine Geschäftsanteile an der Komplementär-GmbH hält, aber aufgrund der Ausgestaltung des KG-Vertrages über seine Mehrheitsbeteiligung[101] beherrschenden Einfluss auf die Gesellschaft ausüben kann.[102] Darüber hinaus liegt eine ein Wettbewerbsverbot begründende beherrschende Stellung dann vor, wenn der Kommanditist zwar nicht über eine Mehrheit am Kommanditkapital verfügt, aber aufgrund der ihm zustehenden Stimmen wesentliche Entscheidungen in der GmbH & Co. KG durchsetzen kann.[103] Indessen reicht es nicht aus, dass der Kommanditist über eine Sperrminorität verfügt, mit deren Hilfe er alle wesentlichen Entscheidungen blockieren kann.[104]

37 Vereinzelt wird vorgeschlagen, die Kommanditisten einer personengleichen **GmbH & Co. KG** stets einem Wettbewerbsverbot zu unterwerfen.[105] Eine solche generalisierende Betrachtung verbietet sich indessen. Denn nicht jede Beteiligung an der Komplementär-GmbH verschafft dem Gesellschafter einen ein Wettbewerbsverbot legitimierenden Einfluss.[106] Vielmehr muss die Beteiligung so ausgestaltet sein, dass der Gesellschafter in der Lage ist, einen beherrschenden Einfluss zu entfalten.

38 Ist der beherrschende Gesellschafter eine Zwischenholding, erstreckt sich nach Auffassung des BGH das Wettbewerbsverbot auch auf die an dem beherrschenden Gesellschafter zu 100 % beteiligte **Muttergesellschaft**.[107] Der BGH begründet diese Ausweitung damit, dass die Muttergesellschaft für die Verpflichtung ihrer Tochter aus dem Wettbewerbsverbot einzustehen habe. Sie könne sich nicht darauf berufen, dass formal nicht sie, sondern ihre Tochter Gesellschafterin der GmbH & Co. KG sei. Die Muttergesellschaft darf daher nicht die gleichen Aktivitäten wie die beherrschte KG betreiben, auch nicht über andere Tochtergesellschaften. Folgt man dem im Ausgangspunkt, sind konsequenterweise nicht nur 100 %ige Muttergesellschaften, sondern alle einen herrschenden Kommanditisten beherrschenden Unternehmen einem Wettbewerbsverbot zu unterwerfen.[108]

---

[100] BGHZ 89, 162 ff.

[101] Ob eine Mehrheitsbeteiligung vorliegt, beurteilt sich nach dem Verhältnis der Kapitalkonten, vgl. *Hüffer* § 16 AktG Rn 10.

[102] Vgl. K. *Schmidt*, Gesellschaftsrecht, S. 598, 1542; *Schlegelberger/Martens* § 165 HGB Rn 17; MüKo/*Grunewald* § 165 HGB Rn 10.

[103] Vgl. BGHZ 104, 246, 251 (zur GmbH); *Schlegelberger/Martens* § 165 HGB Rn 39.

[104] *Schlegelberger/Martens* § 165 HGB Rn 17; MünchHdb. GesR II/*Doehner/Hoffmann* KG § 16 Rn 50.

[105] *Baumbach/Hopt* Anh. § 177a HGB Rn 23.

[106] I. E. auch MünchHdb. GesR II/*Doehner/Hoffmann* KG § 16 Rn 58; *Armbrüster* ZIP 1997, 272.

[107] BGHZ 89, 162, 165; *Heymann/Horn* § 165 HGB Rn 2; *Baumbach/Hopt* § 112 HGB Rn 2; *Wiedemann/Hirte* ZGR 1986, 163, 165 ff.; MünchHdb. GesR II/*Doehner/Hoffmann* KG § 16 Rn 51; *Immenga* JZ 1984, 579; *Löffler* NJW 1986, 226 f.

[108] So auch MünchHdb. GesR II/*Doehner/Hoffmann* KG § 16 Rn 51.

b) Geschäftsführung. Der Kommanditist unterliegt einem Wettbewerbsverbot ferner dann, wenn er **maßgeblichen Einfluss** auf die Geschäftsführung der GmbH & Co. KG nehmen kann.[109] Dies ist ohne weiteres dann der Fall, wenn der Kommanditist gleichzeitig **Geschäftsführer** der Komplementär-GmbH ist. Das Wettbewerbsverbot erfährt in diesem Fall auch dann keine Einschränkung, wenn dem Kommanditisten nur ein Teilbereich der Geschäftsführung übertragen wurde, da er trotzdem von allen wesentlichen Angelegenheiten Kenntnis erlangen kann und überdies an Grundsatzentscheidungen zu beteiligen ist.[110] Dabei reicht es aus, wenn der Kommanditist lediglich faktischer Geschäftsführer ist.[111] Aber auch ohne Zuweisung einer Organstellung ist ein maßgeblicher Einfluss des Kommanditisten auch dann anzunehmen, wenn ihm gesellschaftsvertragliche **Weisungsrechte** gegenüber der Geschäftsführung eingeräumt sind.[112] Der Kommanditist, der lediglich **Prokurist** oder Handlungsbevollmächtigter der Gesellschaft ist, unterliegt grundsätzlich keinem Konkurrenzverbot.[113] 39

c) Kontroll- und Informationsrechte. Streitig ist, ob ein Wettbewerbsverbot auch dann besteht, wenn die gesetzlichen Kontroll- und Informationsrechte des Kommanditisten nach § 166 HGB **gesellschaftsvertraglich erweitert** und denen eines persönlich haftenden Gesellschafters (§ 118 HGB) angeglichen werden. Nach verbreiteter Auffassung wird in diesem Fall eine Gefährdungslage geschaffen, die ein Wettbewerbsverbot des Kommanditisten legitimiert.[114] Ein präventiver Schutz vor einer missbräuchlichen Ausnutzung von Insiderinformationen könne nur dann wirksam erfolgen, wenn dem Kommanditisten die Aufnahme einer konkurrierenden Tätigkeit von vornherein nicht gestattet sei.[115] 40

---

[109] BGHZ 89, 162, 165 f.; OLG Frankfurt GmbHR 1992, 668, 669; *Heymann/Horn* § 165 HGB Rn 4; *Schlegelberger/Martens* § 165 HGB Rn 9; *Baumbach/Hopt* § 165 HGB Rn 3; GK/*Schilling* § 165 HGB Rn 2; *Binz/Sorg* § 5 Rn 132; *Löffler* NJW 1986, 225; *Röhricht* WPg 1992, 767; a. A., aber missverständlich, *Hesselmann/Tillmann* GmbH & Co. Rn 414.

[110] *Schlegelberger/Martens* § 165 HGB Rn 9; MünchHdb. GesR II/*Doehner/Hoffmann* KG § 16 Rn 47; a. A. MüKo/*Grunewald* § 165 HGB Rn 6: Beschränkung auf den dem Kommanditisten zugewiesenen Teilbereich der Geschäftsführung, da mehr zu einer effektiven Absicherung der Interessen der Gesellschaft nicht erforderlich sei.

[111] MünchHdb. GesR II/*Doehner/Hoffmann* KG § 16 Rn 47; MüKo/*Grunewald* § 165 HGB Rn 8.

[112] *Schlegelberger/Martens* § 165 HGB Rn 9; MünchHdb. GesR II/*Doehner/Hoffmann* KG § 16 Rn 47; MüKo/*Grunewald* § 165 HGB Rn 5.

[113] *Schlegelberger/Martens* § 165 HGB Rn 9; MünchHdb. GesR II/*Doehner/Hoffmann* KG § 16 Rn 47, mit dem zutr. Hinweis, dass in dieser Situation die §§ 60, 61 HGB zur Anwendung kommen können.

[114] I. E. *Beuthien* ZHR 142 (1978), 284, 288; *Heymann/Horn* § 165 HGB Rn 4; GK/*Schilling* § 165 HGB Rn 2; *Salfeld*, Wettbewerbsverbote, S. 85; *Schlegelberger/Martens* § 165 HGB Rn 12–14; *Baumbach/Hopt* § 165 HGB Rn 3; MünchHdb. GesR II/*Doehner/Hoffmann* KG § 16 Rn 49; *Löffler* NJW 1986, 228; *Lutter* AcP 180 (1980), 84, 113; *Röhricht* WPg 1992, 767; wohl auch OLG Stuttgart WuW/E OLG 4136; *Scholz/Schneider* § 43 GmbHG Rn 126 b.

[115] *Schlegelberger/Martens* § 165 HGB Rn 13.

41 Nach der vorzugswürdigen, im Vordringen befindlichen Gegenansicht,[116] die offenbar auch vom BGH geteilt wird,[117] ist die Annahme eines Wettbewerbsverbotes in einer solchen Situation nicht gerechtfertigt. Vielmehr könne die Gesellschaft ausreichend dadurch geschützt werden, dass der betreffende Kommanditist angehalten werde, die Informationsrechte nicht selbst, sondern nur durch einen zur Berufsverschwiegenheit verpflichteten Sachverständigen auszuüben.

42 Stehen dem Kommanditisten lediglich die **gesetzlichen** Informationsrechte zu, reicht dies – sofern nicht andere Umstände ein Konkurrenzverbot rechtfertigen – nach ganz überwiegender Auffassung für die Begründung eines Wettbewerbsverbotes nicht aus.[118] Allerdings kann ein Kommanditist, der Wettbewerber der Gesellschaft ist, aufgrund seiner Treuepflicht daran gehindert sein, von den Informationsmöglichkeiten persönlich Gebrauch zu machen (§ 24 Rn 48).

3. Dauer, Umfang, Einwilligung

43 Soweit ein Wettbewerbsverbot des Kommanditisten besteht, gelten die obigen Ausführungen zu Dauer (vgl. Rn 7 ff.) und Umfang (vgl. Rn 11 ff.) des Wettbewerbsverbotes eines persönlich haftenden Gesellschafters entsprechend. Da die analoge Anwendung des § 112 Abs. 1 HGB nicht alleine aufgrund der Stellung des Gesellschafters als Kommanditist gerechtfertigt ist, sondern nur bei Vorliegen bestimmter Gefährdungslagen eingreift, endet das Wettbewerbsverbot grundsätzlich, sobald die konkrete Gefährdungslage entfallen ist. Allerdings darf der Kommanditist Kenntnisse, die er vor diesem Zeitpunkt aufgrund seiner damaligen Stellung erworben hat, nicht verwerten, indem er in Geschäftschancen der Kommanditgesellschaft eingreift.[119] Gleiches gilt für das Erfordernis einer Einwilligung (vgl. Rn 25 ff.) entsprechend.

---

[116] *Hesselmann/Tillmann* GmbH & Co. Rn 414; MüKo/*Grunewald* § 165 HGB Rn 9; *Kellermann*, FS Fischer, S. 307, 318; *Immenga/Mestmäcker/Zimmer* § 1 GWB Rn 374; *Salfeld*, Wettbewerbsverbote, S. 83; *Röhricht* Wpg 1992, 773; *Armbrüster* ZIP 1997, 271.

[117] Vgl. BGHZ 104, 246, 252 (GmbH). Nach Ansicht des BGH besteht die Gefahr einer missbräuchlichen Verwendung interner Informationen beim Nur-Gesellschafter nicht, da ihm im Falle einer Konkurrenzsituation die Informationen nach § 51 a Abs. 2 GmbHG verweigert werden könnten. Vgl. ferner BGH NJW 1995, 194. Diese Entscheidung befasst sich zwar weniger mit der Existenz eines Wettbewerbsverbotes eines mit weitreichenden Informationsrechten ausgestatteten Kommanditisten als mit der Zulässigkeit der nachträglichen Einschränkung dieser Mitgliedschaftsrechte. Der Entscheidung kann indessen entnommen werden, dass der BGH Kommanditisten, deren Informationsrechte denen eines persönlich haftenden Gesellschafters angeglichen sind, keinem Wettbewerbsverbot unterwirft; offen gelassen von OLG Frankfurt GmbHR 1992, 668, 669.

[118] *Schlegelberger/Martens* § 165 HGB Rn 10; MünchHdb. GesR II/*Doehner/Hoffmann* KG § 16 Rn 44; a. A. nur *Kardaras*, Wettbewerbsverbot, S. 32 f.

[119] MünchHdb. GesR II/*Doehner/Hoffmann* KG § 16 Rn 52.

IV. Wettbewerbsverbot der GmbH-Gesellschafter

1. Grundsatz

Die Gesellschafter der Komplementär-GmbH, die nicht zugleich Geschäftsführer der persönlich haftenden Gesellschafterin sind, unterliegen grundsätzlich keinem Wettbewerbsverbot.[120] Die §§ 112, 113 HGB finden auf den Nur-Gesellschafter der Komplementär-GmbH keine (analoge) Anwendung. Anderes gilt für die Gesellschafter-Geschäftsführer, die bereits aufgrund ihrer Geschäftsführerstellung einem Wettbewerbsverbot unterliegen (vgl. Rn 49ff.). **44**

Die Gesellschafter der Komplementär-GmbH trifft ein Wettbewerbsverbot aufgrund ihrer **Treuepflicht** nur dann, wenn in ihrer Person die Gefahr einer Verwertung unternehmensinterner Informationen oder der Ausübung eines bestimmenden Einflusses auf die Gesellschaft besteht.[121] Ein Wettbewerbsverbot greift demnach etwa dann ein, wenn der Gesellschafter aufgrund seiner Beteiligung die Gesellschaft **beherrschen** kann.[122] Auch ein Gesellschafter, der nur zu 50 % am Stammkapital der Gesellschaft beteiligt, aber aufgrund eines statutarischen Sonderrechts berechtigt ist, einen von zwei Geschäftsführern vorzuschlagen, unterliegt einem Konkurrenzverbot.[123] Auch wenn ein solches Sonderrecht nicht besteht, ist ein Wettbewerbsverbot zu bejahen, wenn der Gesellschafter aufgrund seiner Beteiligung faktisch **maßgeblichen Einfluss auf die Geschäftsführung** nehmen kann.[124] Ob der **personalistische Zuschnitt** der Gesellschaft für sich allein ausreicht, ein Wettbewerbsverbot des GmbH-Gesellschafters zu begründen, ist umstritten.[125] Das weitreichende Informationsrecht (§ 51a GmbHG) ist jedenfalls für sich genommen keine tragfähige Grundlage für ein Wettbewerbsverbot.[126] Der **Alleingesellschafter** unterliegt jedenfalls keinem Wettbewerbsverbot, da ihn keine Treuepflicht gegenüber der Komplementär-GmbH trifft.[127] Auch aus der „Bremer-Vulkan"-Entscheidung **45**

---

[120] OLG Frankfurt DB 1992, 2489, 2490; OLG Köln BB 1991, 859.

[121] BGHZ 89, 162, 166; *Hachenburg/Raiser* § 14 GmbHG Rn 64; *Baumbach/Hueck/Fastrich* § 13 GmbHG Rn 29; *von der Osten* GmbHR 1989, 450, 451; *Lutter/Hommelhoff* § 14 GmbHG Rn 20ff.; *Baumbach/Hueck/Fastrich* § 13 GmbHG Rn 29; *Ivens*, Konkurrenzverbot des GmbH-Gesellschafters, 1987, S. 168ff.; s. auch *Rowedder/Pentz* § 13 GmbHG Rn 14; einschränkend für die kapitalistisch organisierte GmbH MünchHdb. GesR III/*Schiessl* § 34 Rn 6f.

[122] BGHZ 89, 162, 166; *Lutter/Hommelhoff* § 14 GmbHG Rn 23. Nach OLG Karlsruhe GmbHR 1999, 539, rechtfertigt die 50 %ige Beteiligung am Stammkapital allein noch kein Wettbewerbsverbot.

[123] Vgl. BGHZ 104, 246, 251f.; MünchHdb. GesR II/*Gummert* GmbH & Co. KG § 52 Rn 21.

[124] *von der Osten* GmbHR 1989, 452; *Roth/Altmeppen* § 13 GmbHG Rn 82.

[125] Dafür *Lutter/Hommelhoff* § 14 GmbHG Rn 23; *Scholz/Winter* § 14 GmbHG Rn 59; a. A. *Raiser*, FS Stimpel, S. 864; vgl. auch MünchHdb. GesR III/*Schiessl* § 34 Rn 4 m. w. N. zum Streitstand.

[126] Abweichend teilweise *Scholz/Schneider* § 43 GmbHG Rn 126b, der jedoch auf die tatsächliche Ausübung des Informationsrechts abstellt.

[127] BGHZ 122, 333, 336; *Baumbach/Hueck/Fastrich* § 13 GmbHG Rn 29; Münch-

des BGH,[128] nach der ein Schutz einer GmbH vor existenzvernichtenden Eingriffen besteht, ergibt sich nichts Gegenteiliges. Zwar ist dem Alleingesellschafter verwehrt, der Gesellschaft Geschäftschancen zu entziehen, wenn dies einen existenzvernichtenden Eingriff darstellt. Doch besteht dieser Bestandsschutz der Gesellschaft ausschließlich im Gläubigerinteresse. Daher ändert sich nichts daran, dass der Alleingesellschafter gegenüber seiner Gesellschaft keiner Treuepflicht unterliegt.[129]

2. Umfang

46 Für die Reichweite des Wettbewerbsverbotes ist der Unternehmensgegenstand der Satzung maßgebend.[130] Dies gilt grundsätzlich auch dann, wenn der tatsächliche Tätigkeitsbereich der Gesellschaft über den statutarischen Unternehmensgegenstand **hinausgeht.**[131] Im Gegensatz zum Recht der Kommanditgesellschaft kennt das GmbH-Recht keine konkludenten Satzungsänderungen.[132] Jedenfalls dann, wenn der konkurrierende Gesellschafter der Erweiterung des Tätigkeitsgebietes zugestimmt hat, ist seine Berufung auf die engeren Satzungsbestimmungen treuwidrig.[133] Umgekehrt ist dem GmbH-Gesellschafter eine konkurrierende Tätigkeit prinzipiell auch dann verboten, wenn die Gesellschaft den Unternehmensgegenstand noch **nicht ausgeschöpft** hat, es sei denn, es steht fest, dass die Gesellschaft auf diesem Geschäftsfeld auf unbestimmte Zeit nicht tätig sein will.[134]

47 Begünstigte eines Wettbewerbsverbotes ist in erster Linie die **Komplementär-GmbH.** Beschränkt sich die Rolle der GmbH – wie zumeist – auf die Wahrnehmung der Komplementäraufgaben, ist eine Überschneidung mit den anderweitigen Aktivitäten des Gesellschafters nur schwer vorstellbar.[135] Das Wettbewerbsverbot gewinnt daher nur dann Relevanz, wenn die Komplementär-Gesellschaft ausnahmsweise noch einen eigenen Geschäftsbetrieb unterhält.

48 Dieser Befund leitet über zu der Frage, ob das Wettbewerbsverbot auch **zugunsten der KG** wirkt. Eine verbreitete Ansicht lehnt ein Wettbewerbsverbot zugunsten der KG ab.[136] Da die GmbH-Gesellschafter an der

---

Hdb. GesR III/*Schiessl* § 34 Rn 3; *Rowedder/Pentz* § 13 GmbHG Rn 14; *Lutter/Hommelhoff* § 14 GmbHG Rn 24; vgl. auch § 25 Rn 36.

[128] BGH ZIP 2001, 1874.

[129] Streitig, dazu siehe oben § 25 Rn 36; wie hier MünchHdb. GesR III/*Schiessl* § 34 Rn 3; *Roth/Altmeppen* § 13 GmbHG Rn 80.

[130] *Scholz/Schneider* § 43 GmbHG Rn 127.

[131] *Baumbach/Hueck/Zöllner* § 35 GmbHG Rn 22a; *Scholz/Schneider* § 43 GmbHG Rn 127; *Röhricht* WPg 1992, 769.

[132] MünchHdb. GesR III/*Schiessl* § 34 Rn 13.

[133] So zutr. *Winter*, Treuebindungen, S. 245; *Baumbach/Hueck/Zöllner* § 35 GmbHG Rn 22a; einschränkend MünchHdb. GesR III/*Schiessl* § 34 Rn 13.

[134] *Winter*, Treuebindungen, S. 244; *Baumbach/Hueck/Zöllner* § 35 GmbHG Rn 22a; einschränkend MünchHdb. GesR III/*Schiessl* § 34 Rn 13; a. A. *Wiedemann/Hirte* ZGR 1986, 171; *Röhricht* WPg 1992, 774.

[135] *Hesselmann/Tillmann* GmbH & Co. Rn 407.

[136] *Hesselmann/Tillmann* GmbH & Co. Rn 408.

KG nur indirekt beteiligt seien, bestünden zwischen den Gesellschaftern der GmbH und der GmbH & Co. KG keine unmittelbaren Treuepflichten, die Grundlage eines Wettbewerbsverbotes zugunsten der KG sein könnten. Die Komplementär-GmbH sei aufgrund der sie treffenden Treuepflicht gegenüber der KG und den übrigen Gesellschaftern gehalten, im Rahmen der ihr zur Verfügung stehenden Möglichkeiten auf ihre Gesellschafter Einfluss zu nehmen, um eine Schädigung der GmbH & Co. KG zu vermeiden.[137] Dies überzeugt nicht. Macht man mit der Erstreckung des Wettbewerbsverbotes auf solche Unternehmen, die den Gesellschafter einer GmbH & Co. KG beherrschen, ernst,[138] muss konsequenterweise denjenigen Gesellschaftern der Komplementär-GmbH, die nach den oben dargestellten Grundsätzen einem Wettbewerbsverbot gegenüber der Komplementär-GmbH unterliegen, eine Wettbewerbstätigkeit gegenüber der KG verboten sein. Dies gilt namentlich, wenn die Gesellschafter aufgrund ihrer Beteiligung (vgl. im Einzelnen Rn 35 ff.) oder sonstiger Regelungen im Gesellschaftsvertrag beherrschenden Einfluss auf die Geschäftsführung der GmbH und damit auf die Unternehmensleitung der GmbH & Co. KG ausüben können.[139] Darauf, ob sie noch zusätzlich eine Kommanditbeteiligung halten, kommt es dann nicht mehr an.[140]

V. Geschäftsführer der Komplementär-GmbH

1. Grundsatz

Ein ausdrückliches Wettbewerbsverbot des GmbH-Geschäftsführers sieht das Gesetz nicht vor. Indessen ist allgemein anerkannt, dass der Geschäftsführer einer GmbH aufgrund seiner aus dem Anstellungsvertrag resultierenden **Treuepflicht** einem Wettbewerbsverbot unterliegt.[141] Folglich ist es dem Geschäftsführer untersagt, der Gesellschaft in ihrem Geschäftsbereich Konkurrenz zu machen und die der Gesellschaft zustehenden Geschäftschancen selbst wahrzunehmen.[142] Daher darf der Geschäftsführer weder im Geschäftszweig der Gesellschaft auf eigene Rechnung **Geschäfte machen** noch eine Tätigkeit als Geschäftsführer oder eine sonstige **leitende Tätigkeit** übernehmen. Ferner ist ihm eine **Beteiligung** an einem Konkurrenzunternehmen untersagt. Ob der Geschäftsführer gleichzeitig eine Beteiligung an der Komplementär-GmbH hält, ist dabei ohne Relevanz.[143] **49**

---

137 *Hesselmann/Tillmann* GmbH & Co. Rn 408.

138 BGHZ 89, 162, 165 („Werbeagentur").

139 MünchHdb. GesR II/*Gummert* GmbH & Co. KG § 52 Rn 21; *Koller/Roth/Morck* § 165 HGB Rn 2; wohl auch *Baumbach/Hopt* Anh. § 177 a HGB Rn 23.

140 MünchHdb. GesR II/*Gummert* GmbH & Co. KG § 52 Rn 21.

141 BGHZ 49, 30, 31; BGH DB 1977, 158; *Baumbach/Hueck/Zöllner* § 35 GmbHG Rn 22; *Timm* GmbHR 1981, 177, 179; *Gaul* GmbHR 1991, 144; *Scholz/Schneider* § 43 GmbHG Rn 126 ff.; *Röhricht* WPg 1992, 766; *Hachenburg/Raiser* § 43 GmbHG Rn 39; *Lutter/Hommelhoff* Anh. § 6 GmbHG Rn 20 ff.

142 BGH GmbHR 1983, 300; GmbHR 1986, 42; GmbHR 1989, 365; MünchHdb. GesR II/*Mattfeld* KG § 12 Rn 45; *von der Osten* GmbHR 1989, 453.

143 *Scholz/Schneider* § 43 GmbHG Rn 126.

2. Reichweite

50 Das Wettbewerbsverbot des Geschäftsführers besteht in erster Linie **zugunsten der Komplementär-GmbH.** Wird der Anstellungsvertrag mit dem Geschäftsführer mit der GmbH abgeschlossen, fehlt es an unmittelbaren vertraglichen Beziehungen zur KG. Indessen entfaltet der Anstellungsvertrag des Geschäftsführers nach h. M. Schutzwirkung zugunsten der KG. Aufgrund dieser Erstreckung des Schutzbereiches ist der Geschäftsführer der Komplementär-GmbH verpflichtet, von der Vornahme solcher Handlungen abzusehen, die der GmbH & Co. KG Schaden zufügen könnten. Da die Gefahr einer eigennützigen Verwertung von Geschäftschancen der Gesellschaft letztlich in der Person des GmbH-Geschäftsführers besteht, erscheint es gerechtfertigt, aus der Treuepflicht auch ein Wettbewerbsverbot des Geschäftsführers **zugunsten der KG** abzuleiten.[144] Bei der Vertragsgestaltung empfiehlt es sich jedoch, diesen Punkt ausdrücklich zu regeln.[145]

51 Den ausgeschiedenen GmbH-Geschäftsführer trifft kein Wettbewerbsverbot mehr.[146] Jedoch können **nachvertragliche Wettbewerbsverbote** Gegenstand des Geschäftsführeranstellungsvertrages sein.[147]

VI. Vertragliche Gestaltungsmöglichkeiten

1. Grundsatz

52 Weder die §§ 112, 113 HGB noch die von der Rechtsprechung entwickelten Wettbewerbsverbots-Grundsätze stellen zwingendes Recht dar. Es ist daher möglich, existierende Wettbewerbsverbote in den durch die §§ 138 BGB, 1 GWB gezogenen Grenzen gesellschaftsvertraglich **einzuschränken**, **auszuschließen** oder zu **erweitern** oder umgekehrt noch nicht bestehende Wettbewerbsverbote zu **begründen**.[148] Dabei können für die einzelnen Gesellschafter durchaus unterschiedliche Regelungen getroffen werden. Neben den Tatbestandsvoraussetzungen können auch die Rechtsfolgen eines Wettbewerbsverbotes abweichend geregelt werden, etwa durch Vereinbarung einer **Vertragsstrafe**. Auch kann vereinbart werden, dass

---

[144] *Heymann/Horn* § 165 HGB Rn 1; *Brönner/Rux/Wagner* GmbH & Co. KG Rn 241; MünchHdb. GesR II/*Doehner/Hoffmann* KG § 16 Rn 57; MüKo/*Grunewald* § 165 HGB Rn 14; *Armbrüster* ZIP 1997, 272; *Salfeld*, Wettbewerbsverbot, S. 260; *Hesselmann/Tillmann* GmbH & Co. Rn 410; *Riegger* BB 1983, 90, 91; *Baumbach/Hopt* Anh. § 177a HGB Rn 23, 27.

[145] Keinen rechtlichen Bedenken unterliegt es, wenn der Anstellungsvertrag zwischen dem Geschäftsführer und der KG und nicht der Komplementär-GmbH geschlossen wird, vgl. etwa OLG Celle GmbHR 1980, 32.

[146] Vgl. nur BGH DB 1977, 158; OLG Hamm GmbHR 1989, 259.

[147] Ausf. dazu *Bauer/Diller* GmbHR 1999, 885 ff.; zur Frage der Karenzentschädigung vgl. *Flatten* ZIP 1999, 1701, 1705.

[148] MüKo/*Langhein* § 112 HGB Rn 35; *Ebenroth/Boujong/Joost/Goette* § 112 HGB Rn 39; *Röhricht/v. Westphalen/v. Gerkan* § 112 HGB Rn 12; *Heymann/Emmerich* § 112 HGB Rn 1a; *Scholz/Emmerich* § 3 GmbHG Rn 50; MünchHdb. GesR II/*Doehner/Hoffmann* KG § 16 Rn 59.

diejenigen Gesellschafter, die einem Wettbewerbsverbot unterliegen, Anspruch auf eine **Entschädigung** haben.[149]

2. Einschränkungen bestehender Wettbewerbsverbote

Eine **Befreiung** der Gesellschafter von einem bestehenden Wettbewerbsverbot ist ohne weiteres möglich.[150] Die Befreiung kann umfassend sein oder sich nur auf einzelne Aktivitäten der Gesellschaft beschränken. Für eine Befreiung der Komplementär-GmbH vom Wettbewerbsverbot besteht insbesondere dann Anlass, wenn diese bereits zuvor entfaltete Unternehmenstätigkeiten fortsetzen will oder sich noch an anderen Gesellschaften als persönlich haftende Gesellschafterin beteiligen soll (sog. sternförmige GmbH & Co. KG).[151] **53**

Die Befreiung vom Wettbewerbsverbot bedarf grundsätzlich eines zustimmenden Beschlusses **aller** Gesellschafter.[152] Im Gesellschaftsvertrag kann jedoch ohne weiteres vorgesehen werden, dass ein Gesellschafter auch durch **Mehrheitsbeschluss** vom Wettbewerbsverbot befreit werden kann; der von der Befreiung betroffene Gesellschafter hat in der Gesellschafterversammlung allerdings **kein Stimmrecht**.[153] Der BGH hat für die GmbH entschieden, dass der Befreiungsbeschluss wegen der damit verbundenen Gefährdung der Gesellschaft und der Mitgesellschafter zudem einer **sachlichen Rechtfertigung** im Interesse der Gesellschaft bedarf.[154] Für die GmbH & Co. KG kann nichts anderes gelten.[155] Keinesfalls darf die Befreiung vom Wettbewerbsverbot dazu führen, dass die Verfolgung des gemeinsamen Zweckes nachhaltig in Frage gestellt wird. Die Frage der sachlichen Rechtfertigung wird sich vor allem in den Fällen stellen, in denen die Gesellschaft durch die Befreiung vom Wettbewerbsverbot in die **Abhängigkeit** eines Gesellschafters und damit in eine **Konzernsituation** gerät.[156] Es spricht viel dafür, dass über diesen Fall hinaus eine sachliche Rechtfertigung des Mehrheitsbeschlusses nicht geboten ist: Die Begründung einer Abhängigkeit weist eine besondere strukturelle Bedeutung auf und stellt einen unmittelbaren Eingriff in die Gesellschaft dar. Dem kann die sich aus einer Konkurrenztätigkeit eines Gesellschafters ergebende allgemeine Gefährdungslage nicht gleichgestellt werden.[157] **54**

---

[149] Beck Hdb Personengesellschaften/*Müller* § 4 Rn 175 f.

[150] Zum Verhältnis zwischen Einwilligung und Befreiung ausf. MüKo/*Langhein* § 112 HGB Rn 35; GK/*Ulmer* § 112 HGB Rn 32.

[151] *K. Schmidt*, Gesellschaftsrecht, S. 1645 f.

[152] GK/*Schilling* § 165 HGB Rn 3; *Heymann/Horn* § 165 HGB Rn 8.

[153] MüKo/*Langhein* § 112 HGB Rn 36; *Hesselmann/Tillmann* GmbH & Co. Rn 403; *Binz/Sorg* § 4 Rn 37.

[154] BGHZ 80, 69, 74 (Süssen); vgl. MüKo/*Langhein* § 112 HGB Rn 36; *Ebenroth/Boujong/Joost/Goette* § 112 HGB Rn 39; *Röhricht/v. Westphalen/v. Gerkan* § 112 HGB Rn 12.

[155] Vgl. nur *Baumbach/Hopt* Anh. § 177a HGB Rn 23.

[156] BGHZ 80, 69, 74.

[157] MünchHdb. GesR II/*Doehner/Hoffmann* KG § 16 Rn 60; *Schlegelberger/Martens* § 112 HGB Rn 27; a. A. GK/*Ulmer* § 112 HGB Rn 31: es bestehe bei einer Konkurrenztätigkeit des Gesellschafters stets eine erhebliche Gefährlichkeit für Gesellschaft

3. Erweiterung von Wettbewerbsverboten

55 **a) Grundsatz.** Im Rahmen des kartellrechtlich Zulässigen (vgl. Rn 86ff.) können die gesetzlich bestehenden Wettbewerbsverbote in sachlicher und persönlicher Hinsicht erweitert werden. So sind etwa Bestimmungen in Gesellschaftsverträgen, die eine **Beteiligung** an einer anderen Gesellschaft, etwa als GmbH-Gesellschafter oder typischer Kommanditist, ohne Rücksicht auf eine Branchennähe **untersagen**, im Grundsatz nicht zu beanstanden. In sachlicher Hinsicht kann das Wettbewerbsverbot dadurch erweitert werden, dass auch Geschäftsfelder, die außerhalb des „Handelszweiges" der Gesellschaft liegen, einbezogen werden.[158] Tritt ein Gesellschafter einer Gesellschaft bei, in deren Gesellschaftsvertrag ein uneingeschränktes Verbot von Konkurrenztätigkeiten enthalten ist, so ist er verpflichtet, auch solche Tätigkeiten zu unterlassen, die er bereits vor seinem **Beitritt** ausgeübt hat. Daran ändert sich auch dann nichts, wenn er die Eingliederung seiner Einzelfirma in die Gesellschaft anbietet, die Eingliederung aber nicht den Interessen der Gesellschaft entspricht.[159]

56 **b) Begründung nachvertraglicher Wettbewerbsverbote.** Um auch nach dem Ausscheiden eine Schädigung der Gesellschaft durch Ausnutzung sensibler Unternehmensinterna zu verhindern, werden anlässlich des Ausscheidens oder bereits im Gesellschaftsvertrag häufig Vereinbarungen über eine **zeitliche** Erstreckung des Wettbewerbsverbotes getroffen. Gegen die Begründung eines **nachvertraglichen** Wettbewerbsverbotes bestehen im Grundsatz keine Bedenken.[160] Ein fortwirkendes Konkurrenzverbot kann unter Umständen auch konkludent vereinbart werden, etwa wenn die Abfindung in einer über das Ausscheiden hinausgehenden Gewinnbeteiligung besteht.[161] Um eine Kollision mit § 1 GWB zu vermeiden, sind allerdings **örtliche, zeitliche und gegenständliche** Beschränkungen einzuhalten (vgl. Rn 94). Kunden- und Mandantenschutzklauseln dürfen nur den vorhandenen Stamm umfassen.[162] Auch im Übrigen darf ein nachvertragliches Wettbewerbsverbot den betroffenen Gesellschafter nicht übermäßig beschränken und damit über die schutzwürdigen Interessen der Gesellschaft hinausgehen. Andernfalls ist es sittenwidrig und unwirksam gem. § 138 Abs. 1 BGB.[163] Ein überlanges nachvertragliches Wettbewerbs-

---

und Mitgesellschafter; *Baumbach/Hopt* § 112 HGB Rn 13; auch für generell erforderliche sachliche Rechtfertigung *Röhricht/v. Westphalen/v. Gerkan* § 112 HGB Rn 12.

[158] MüKo/*Grunewald* § 165 HGB Rn 15.

[159] BGH NJW-RR 1997, 925.

[160] Vgl. *Heymann/Horn* § 165 HGB Rn 8; MünchHdb. GesR II/*Doehner/Hoffmann* KG § 16 Rn 62; zu allg. *Hesselmann/Tillmann* GmbH & Co. Rn 415; einschr. *Röhricht/v. Westphalen/v. Gerkan* § 112 HGB Rn 13; vgl. auch Rn 9 sowie die Nachweise in Fn 215.

[161] Vgl. RGZ 117, 176, 180 zust. *Baumbach/Hopt* § 112 HGB Rn 14.

[162] *Röhricht/v. Westphalen/v. Gerkan* § 112 HGB Rn 13 m.w.N.

[163] Vgl. OLG Düsseldorf GmbHR 1998, 180; MünchHdb. GesR II/*Doehner/Hoffmann* KG § 16 Rn 62; MüKo/*Langhein* § 112 HGB Rn 22; MüKo/*Grunewald* § 165 HGB Rn 16; *Ebenroth/Boujong/Joost/Goette* § 112 HGB Rn 22; *Röhricht/v. Westphalen/v. Gerkan* § 112 HGB Rn 13.

verbot wird in zeitlicher Hinsicht auf das zulässige Maß teleologisch reduziert.[164] Diese Möglichkeit setzt jedoch voraus, dass das Verbot nicht auch in sachlicher Hinsicht zu weit gefasst ist.[165]

Ist ein nachvertragliches Wettbewerbsverbot vereinbart, haben die übrigen Gesellschafter jedoch das Ausscheiden des Gesellschafters **schuldhaft** veranlasst, ist dieser nicht an das Wettbewerbsverbot gebunden.[166] 57

Die **Rechtsfolgen** eines nachvertraglichen Wettbewerbsverbotes richten sich nach allgemeinen Grundsätzen.[167] Eine Karenzentschädigung ist nicht geschuldet, eine analoge Anwendung der §§ 74 ff. HGB kommt nicht in Betracht.[168] Auch die Regelung des § 113 HGB gelangt nicht zur Anwendung, so dass die Geltendmachung der Schadensersatz- und Unterlassungsansprüche keinen Gesellschafterbeschluss voraussetzt und auch nicht der kurzen Verjährung nach § 113 Abs. 3 HGB unterliegt.[169] 58

VII. Rechtsfolgen bei Wettbewerbsverstößen

1. Schadensersatz

Verstößt ein Gesellschafter gegen das ihm obliegende Wettbewerbsverbot, ist er der Gesellschaft zum Schadensersatz verpflichtet (§ 113 Abs. 1, 1. Hs. HGB). Voraussetzung der Schadensersatzpflicht ist, dass der Gesellschafter **schuldhaft**, d. h. vorsätzlich oder fahrlässig, gehandelt hat. Dabei bestimmt sich der Verschuldensmaßstab – abgesehen von der Publikumsgesellschaft – nach § 708 BGB.[170] In besonders krassen Fällen bestehen neben dem Anspruch aus §§ 112, 113 HGB noch Schadensersatzansprüche der Gesellschaft wegen sittenwidriger Schädigung (§ 826 BGB).[171] Unter Umständen denkbar erscheinen auch Ansprüche aus angemaßter Geschäftsführung gemäß §§ 687 Abs. 2, 681, 667 BGB.[172] 59

Der Schadensersatzanspruch umfasst neben dem Ersatz des **konkreten Schadens** (§ 249 BGB) auch den der Gesellschaft **entgangenen Gewinn** (§ 252 BGB). Der entgangene Gewinn der Gesellschaft ist mit dem von dem wettbewerbswidrig handelnden Gesellschafter tatsächlich erzielten Gewinn indessen nur dann identisch, wenn die Gesellschaft das betreffende 60

---

[164] BGH ZIP 2000, 1337; NJW 1991, 698, 699; genauer unten Rn 94.

[165] *Röhricht/v. Westphalen/v. Gerkan* § 112 HGB Rn 13.

[166] *Baumbach/Hopt* § 112 HGB Rn 14.

[167] GK/*Ulmer* § 112 HGB Rn 35.

[168] MünchHdb. GesR II/*Doehner/Hoffmann* KG § 16 Rn 62. Zum Rechtsweg bei Vereinbarung eines nachvertraglichen Wettbewerbsverbotes zu Lasten eines Gesellschafters, der gleichzeitig Arbeitnehmer der Gesellschaft ist, vgl. BAG NZG 1998, 185.

[169] *GK/Ulmer* § 112 HGB Rn 13.

[170] MüKo/*Langhein* § 113 HGB Rn 6; *Ebenroth/Boujong/Joost/Goette* § 113 HGB Rn 7; *Röhricht/v. Westphalen/v. Gerkan* § 113 HGB Rn 3; MünchHdb. GesR II/*Doehner/Hoffmann* KG § 16 Rn 27.

[171] MüKo/*Langhein* § 113 HGB Rn 3; *Ebenroth/Boujong/Joost/Goette* § 113 HGB Rn 27.

[172] Dazu *Röhricht/v. Westphalen/v. Gerkan* § 113 HGB Rn 5.

Geschäft auch abgeschlossen hätte.[173] Im Übrigen kann die Gesellschaft entgangenen Gewinn nur dann verlangen, wenn sie mit dem Dritten ein anderes Geschäft abgeschlossen hätte.[174]

2. Eintrittsrecht

61 Alternativ hat die Gesellschaft das Recht, in das Geschäft zwischen dem konkurrierenden Gesellschafter und dem Dritten **einzutreten** (§ 113 Abs. 1, 2. Hs. HGB). Anders als bei der Geltendmachung eines Schadensersatzanspruchs bedarf es zur Ausübung des Eintrittsrechts keines Nachweises eines eingetretenen Schadens.[175] Da das Eintrittsrecht an die Stelle des Schadensersatzanspruchs treten kann, setzt es jedoch ebenfalls ein **schuldhaftes Handeln** des Gesellschafters voraus.[176]

62 Das Eintrittsrecht besteht nach herrschender und zutreffender Auffassung nicht nur bei einem **Geschäftemachen** im Handelszweig der Gesellschaft, sondern auch bei einer **Beteiligung** an einer anderen gleichartigen Handelsgesellschaft als persönlich haftender Gesellschafter.[177]

63 Die Wirkungen des Eintrittsrechts beschränken sich auf das **Innenverhältnis** zwischen Gesellschaft und verletzendem Gesellschafter. Eine Außenwirkung gegenüber dem dritten Vertragspartner tritt nicht ein.[178] Durch die Ausübung des Eintrittsrechts werden keinerlei Rechtsbeziehungen zwischen dem Dritten und der Gesellschaft geschaffen. Vielmehr bleibt Vertragspartei des Dritten der vertragsbrüchige Gesellschafter. Zwischen ihm und der Gesellschaft wird lediglich ein auftragsähnliches Verhältnis begründet, auf das die §§ 662–670 BGB entsprechend anwendbar sind.[179]

64 Die Gesellschaft kann bei Geltendmachung des Eintrittsrechts die Herausgabe des erzielten **Gewinnes** verlangen; sie ist ihrerseits verpflichtet, dem Gesellschafter die ihm aus dem Geschäft entstandenen Nachteile, insbesondere **Aufwendungen** und einen etwaigen **Verlust**, zu ersetzen.[180] Hat sich der konkurrierende Gesellschafter an einer gleichartigen Gesellschaft beteiligt, kann die Gesellschaft demnach nicht die Abtretung des Gesellschaftsanteils, sondern nur die Abführung des auf den Gesellschafter entfallenden Ertrages abzüglich der hierfür getätigten Aufwendungen verlangen. Nach wohl überwiegender Meinung kann sie den Ertrag nur insoweit be-

---

[173] *Heymann/Emmerich* § 113 HGB Rn 4; MünchHdb. GesR II/*Doehner/Hoffmann* KG § 16 Rn 27.

[174] MünchHdb. GesR II 1. Aufl./*Mattfeld* KG § 12 Rn 56.

[175] Vgl. BGHZ 38, 306, 309.

[176] MünchHdb. GesR II/*Doehner/Hoffmann* KG § 16 Rn 27.

[177] BGHZ 38, 306, 308 ff.; 89, 162, 171; MüKo/*Langhein* § 113 HGB Rn 8; *Ebenroth/Boujong/Joost/Goette* § 113 HGB Rn 12; *Röhricht/v. Westphalen/v. Gerkan* § 113 HGB Rn 4; GK/*Ulmer* § 113 HGB Rn 21; *Schlegelberger/Martens* § 113 HGB Rn 8; *Baumbach/Hopt* § 113 HGB Rn 3; MünchHdb. GesR II/*Doehner/Hoffmann* KG § 16 Rn 29. Die abweichende Rechtslage zu § 61 Abs. 1, 2. Hs. HGB beruht auf sozialpolitischen Erwägungen, vgl. *Heymann/Emmerich* § 113 HGB Rn 6.

[178] BGHZ 38, 306, 310 f.; 89, 162, 171; MüKo/*Langhein* § 113 HGB Rn 7 m.w.N.

[179] MünchHdb. GesR II/*Doehner/Hoffmann* KG § 16 Rn 31.

[180] BGHZ 38, 306, 310 f.; 89, 162, 171 f.; *Heymann/Emmerich* § 113 HGB Rn 10 a; *Grunewald* Gesellschaftsrecht 1. B. Rn 12.

anspruchen, als er auf Geschäftsfeldern erzielt wurde, auf denen die beiden betroffenen Unternehmen in einer Konkurrenzsituation stehen,[181] nach anderer Ansicht auch soweit die Gesellschaft auf anderen Märkten tätig ist.[182] Da der Gesellschaft gegen die konkurrierende Gesellschaft keine Ansprüche auf Auskunft bzw. Rechnungslegung zustehen, wirft die Ermittlung des Anteils am Gewinn, der sich auf gemeinsame Geschäftsfelder bezieht, häufig praktische Probleme auf.[183]

Hat der Gesellschafter das Geschäft in **fremdem Namen** oder auf **65** fremde Rechnung abgeschlossen, kann die Gesellschaft die Herausgabe der Vergütung, etwa das vom Gesellschafter bezogene Geschäftsführergehalt oder die Provisionen aufgrund seiner Handelsvertretertätigkeit, verlangen.[184]

Zwar werden durch die Ausübung des Eintrittsrechts keine Rechtsbezie- **66** hungen zwischen der Gesellschaft und dem Dritten begründet (Rn 63). Ausnahmsweise kann jedoch eine **Haftung des Dritten** gegenüber der Gesellschaft bestehen, wenn dieser die Ausübung des Eintrittsrechts verhindert, etwa indem er weitere Geschäfte mit dem Gesellschafter abschließt.

Bei **mehreren Geschäften** kann die Gesellschaft prinzipiell frei wählen, **67** ob sie das Eintrittsrecht nur für einzelne oder für alle Geschäfte insgesamt ausübt.[185] Anderes gilt nur dann, wenn zwischen einzelnen Geschäften wirtschaftlich betrachtet eine **Einheit** vorliegt.[186]

Macht die Gesellschaft vom Eintrittsrecht Gebrauch, ist der Gesellschaf- **68** ter verpflichtet, einen bereits erzielten Gewinn herauszugeben, **Weisungen** der Gesellschaft zu befolgen sowie Auskunft und Rechenschaft über bereits vollzogene Geschäfte abzugeben. Die Gesellschaft hat gegen den konkurrierenden Gesellschafter einen Schadensersatzanspruch, wenn dieser die Gesellschaft unrichtig informiert hat, bevor die Gesellschaft von ihrem Eintrittsrecht Gebrauch gemacht hat. Denn er ist bereits zu diesem Zeitpunkt aus § 242 BGB verpflichtet, die Gesellschaft über diejenigen Umstände zu informieren, die für die Entscheidung über die Ausübung des Eintrittsrecht erforderlich sind. Andererseits kann der Gesellschafter den Ersatz seiner Aufwendungen und die Erstattung von Verlusten gem. § 110 HGB verlangen.[187]

---

[181] BGHZ 38, 306, 310; 89, 162, 171; MüKo/*Langhein* § 113 HGB Rn 8; *Ebenroth/Boujong/Joost/Goette* § 113 HGB Rn 20; *Röhricht/v. Westphalen/v. Gerkan* § 113 HGB Rn 4; *Schlegelberger/Martens* § 113 HGB Rn 9; *Heymann/Emmerich* § 113 HGB Rn 11a; MünchHdb. GesR II/*Doehner/Hoffmann* KG § 16 Rn 32a.

[182] GK/*Ulmer* § 113 HGB Rn 21; *Baumbach/Hopt* § 113 HGB Rn 3; Beck Hdb. Personengesellschaften/*Müller* § 4 Rn 166.

[183] MünchHdb. GesR II/*Doehner/Hoffmann* KG § 16 Rn 32a a. E.

[184] MüKo/*Langhein* § 113 HGB Rn 9.

[185] *Schlegelberger/Martens* § 113 HGB Rn 6; *Heymann/Emmerich* § 113 HGB Rn 7; MünchHdb. GesR II/*Doehner/Hoffmann* KG § 16 Rn 26.

[186] MüKo/*Langhein* § 113 HGB Rn 8.

[187] MünchHdb. GesR II/*Doehner/Hoffmann* KG § 16 Rn 31.

3. Unterlassung

69 Darüber hinaus steht der Gesellschaft ein Unterlassungsanspruch gegen den konkurrierenden Gesellschafter zu. Zwar sieht das Gesetz in § 113 HGB einen solchen Anspruch nicht ausdrücklich vor. Seine Existenz ist gleichwohl unbestritten.[188]

70 Für die Begründung des Unterlassungsanspruchs ist eine objektive Verletzung des Wettbewerbsverbotes durch den konkurrierenden Gesellschafter ausreichend; auf ein **Verschulden** des Gesellschafters kommt es **nicht** an. Der Antrag ist auf **Einstellung** der Wettbewerbstätigkeit bzw. **Aufgabe der Beteiligung**, d.h. Ausscheiden aus der konkurrierenden Gesellschaft, zu richten.[189] Ausnahmsweise genügt eine bloße Reduktion der Beteiligung, wenn dadurch eine nennenswerte Einflussnahme des Gesellschafters auf die Konkurrenzgesellschaft ausscheidet.[190] Hingegen besteht keine Verpflichtung des vertragsbrüchigen Gesellschafters, auf die dritte Gesellschaft in der Weise einzuwirken, dass diese ihre Wettbewerbstätigkeit einstellt.[191] Kommt der Gesellschafter einem klagestattgebenden Unterlassungsurteil nicht nach, kann gegen ihn ein **Ordnungsgeld** nach § 890 ZPO festgesetzt werden.[192]

4. Vertragsstrafe, Auskunft, Rechnungslegung

71 Als weitere Sanktion kann im Gesellschaftsvertrag eine Vertragsstrafe vereinbart werden. Grundsätzlich lässt ein Vertragsstrafeanspruch die Ansprüche der Gesellschaft auf **Schadensersatz** unberührt. Indessen wird die Vertragsstrafe auf den Schadensersatz angerechnet, so dass die Gesellschaft nur den weitergehenden Schaden ersetzt verlangen kann (§ 340 Abs. 2 S. 2 BGB).[193] Die Ausübung des **Eintrittsrechts** neben der Vertragsstrafe ist nur dann möglich, wenn die Vertragsstrafe als Sanktion für die unterbliebene Erfüllung vereinbart wurde (§ 341 BGB).[194]

72 Daneben stehen der Gesellschaft Ansprüche auf **Auskunft** (§ 242 BGB) und **Rechnungslegung** (§ 666 BGB) zu. Es handelt sich hierbei um Hilfsansprüche zu den aus § 113 HGB fließenden Rechten.[195]

73 Nach § 113 Abs. 4 HGB bleibt das Recht der Gesellschafter, die **Auflösung** der Gesellschaft zu verlangen (vgl. § 133 HGB), unberührt. Es ist

[188] BGHZ 70, 331; BGH WM 1972, 1229; MüKo/*Langhein* § 113 HGB Rn 11; *Ebenroth/Boujong/Joost/Goette* § 113 HGB Rn 22; *Röhricht/v. Westphalen/v. Gerkan* § 113 HGB Rn 2; *Baumbach/Hopt* § 113 HGB Rn 4; MünchHdb. GesR II/*Doehner/Hoffmann* KG § 16 Rn 33; *Schlegelberger/Martens* § 113 HGB Rn 14.

[189] GK/*Ulmer* § 112 HGB Rn 38; *Heymann/Emmerich* § 113 HGB Rn 1.

[190] MünchHdb. GesR II/*Doehner/Hoffmann* KG § 16 Rn 33.

[191] MünchHdb. GesR II/*Doehner/Hoffmann* KG § 16 Rn 33; *Schlegelberger/Martens* § 165 HGB Rn 26.

[192] *Baumbach/Hopt* § 113 HGB Rn 4.

[193] GK/*Ulmer* § 113 HGB Rn 26; *Röhricht/v. Westphalen/v. Gerkan* § 113 HGB Rn 7.

[194] GK/*Ulmer* § 113 HGB Rn 26.

[195] MünchHdb. GesR II/*Doehner/Hoffmann* KG § 16 Rn 41.

allgemein anerkannt, dass diese Regelung nicht abschließend ist, so dass auch alle sonstigen Rechte der Gesellschaft und der Mitgesellschafter von der Regelung des § 113 HGB nicht tangiert werden.[196] Verstößt die Komplementär-GmbH gegen das Wettbewerbsverbot, kann ihr die Geschäftsführungs- und Vertretungsbefugnis **entzogen** werden (§§ 117, 127 HGB).[197] Ist der Verstoß gegen das Wettbewerbsverbot erheblich, kann der betroffene Gesellschafter aus wichtigem Grund aus der Gesellschaft **ausgeschlossen** werden (§ 140 HGB).[198] Verstößt der Geschäftsführer der Komplementär-GmbH gegen das Wettbewerbsverbot, kann dies einen wichtigen Grund für seine Abberufung darstellen.[199] Soll das Recht eines Gesellschafters, einen Nachfolger zu benennen, zu Gunsten eines Dritten ausgeübt werden, steht der Benennung dann ein Hindernis entgegen, wenn gegenüber dem Dritten ein Ausschließungsgrund infolge der Konkurrenzlage gegeben wäre.[200]

5. Geltendmachung

Die Geltendmachung der Ansprüche setzt nach § 113 Abs. 2 HGB einen einstimmigen **Beschluss** aller übrigen Gesellschafter voraus. Die Entscheidung über die Geltendmachung der Ansprüche fällt damit nicht in die alleinige Entscheidungskompetenz der geschäftsführenden Komplementär-Gesellschaft. Der Gesellschaftsvertrag kann vorsehen, dass die Entscheidung durch **Mehrheitsbeschluss** erfolgt.[201] Aus § 113 Abs. 2 HGB folgt, dass der gegen das Wettbewerbsverbot verstoßende Gesellschafter bei der Beschlussfassung über die Geltendmachung **kein Stimmrecht** hat. **74**

Aus dem Beschluss muss sich ergeben, welche Ansprüche die Gesellschaft geltend machen will.[202] Die Beschlussfassung kann auch **stillschweigend** erfolgen, etwa in der gemeinsamen Klageerhebung.[203] In einer zweigliedrigen GmbH & Co. KG wird der Beschluss als **entbehrlich** angesehen.[204] Hier erfolgt die Geltendmachung der Ansprüche aufgrund der Entschließung des anderen Gesellschafters.[205] Das Beschlusserfordernis **75**

---

[196] *Baumbach/Hopt* § 113 HGB Rn 11; MünchHdb. GesR II/*Doehner/Hoffmann* KG § 16 Rn 43.

[197] Ein Entzug der Vertretungsmacht (§ 127 HGB) kommt nur dann in Betracht, wenn noch weitere Komplementäre vorhanden sind, vgl. BGHZ 51, 200; *Baumbach/Hopt* § 127 HGB Rn 3.

[198] OLG München NZG 1999, 591; *Hesselmann/Tillmann* GmbH & Co. Rn 405; MüKo/*Langhein* § 113 HGB Rn 12; GK/*Ulmer* § 112 HGB Rn 37.

[199] *Hesselmann/Tillmann* GmbH & Co. Rn 412.

[200] BGH WM 1982, 234, 235; *Röhricht/v. Westphalen/v. Gerkan* § 113 HGB Rn 8.

[201] GK/*Ulmer* § 113 HGB Rn 34; MünchHdb. GesR II/*Doehner/Hoffmann* KG § 16 Rn 35.

[202] *Heymann/Emmerich* § 113 HGB Rn 12.

[203] BGHZ 89, 162, 172; *Baumbach/Hopt* § 113 HGB Rn 7; MüKo/*Langhein* § 113 HGB Rn 19.

[204] *Heymann/Emmerich* § 113 HGB Rn 12a.

[205] MünchHdb. GesR II/*Doehner/Hoffmann* KG § 16 Rn 35; *Baumbach/Hopt* § 113 HGB Rn 7.

besteht auch im **Liquidationsstadium**.[206] Wurde über das Vermögen der Gesellschaft das **Insolvenzverfahren** eröffnet, bedarf es keines Gesellschafterbeschlusses mehr; in diesem Fall obliegt die Geltendmachung der Ansprüche dem Insolvenzverwalter.[207]

76 Das **Beschlusserfordernis** erstreckt sich nur auf die in § 113 Abs. 1 HGB genannten Ansprüche, nämlich den **Schadensersatzanspruch** und das **Eintrittsrecht**. Die **sonstigen Ansprüche** der Gesellschaft, insbesondere auf Unterlassung, können auch ohne vorherige Beschlussfassung der Gesellschafter geltend gemacht werden.[208]

77 Kommt ein entsprechender Beschluss nicht zustande, muss die Geltendmachung der Ansprüche unterbleiben. Die Gesellschafter sind im Grundsatz nicht verpflichtet, ihre **Zustimmung** zur Geltendmachung der Ansprüche zu erteilen.[209] Allerdings besteht diese Weigerungsmöglichkeit nur in den durch die **Treuepflicht** gezogenen Grenzen. Zu einer grundlosen Verweigerung der Zustimmung sind die Gesellschafter daher nicht berechtigt. Besteht danach eine Zustimmungspflicht, können die übrigen Gesellschafter den sich weigernden Gesellschafter auf Zustimmung verklagen, wobei die Klage gegen ihn mit der Klage gegen den vertragsbrüchigen Gesellschafter **verbunden** werden kann.[210] Nach Ablauf der Verjährungsfrist des § 113 Abs. 3 HGB kann das Bestehen einer Zustimmungspflicht in einen Schadensersatzanspruch gegen den verweigernden Gesellschafter umschlagen.[211]

78 Sofern die Geschäftsführung der Komplementär-GmbH untätig bleibt und keine Klage erhebt, kann jeder Kommanditist die Ansprüche der Gesellschaft im Wege der **actio pro socio** durchsetzen.[212] Abweichend vom Grundsatz des § 113 Abs. 1 und 2 HGB bedarf es in diesem Fall keines vorangegangenen Beschlusses der Gesellschafter.[213]

79 Der Gesellschaft steht ein **Wahlrecht** zu, ob sie Schadensersatzansprüche oder das Eintrittsrecht geltend macht. Nach zutreffender Auffassung handelt es sich hierbei weder um eine Ersetzungsbefugnis noch um eine Wahlschuld im Sinne von § 262 BGB, sondern um eine **alternative Gläubigerberechtigung** (sog. elektive Konkurrenz).[214] An einem Schadensersatzver-

---

[206] *Baumbach/Hopt* § 113 HGB Rn 6.

[207] *Schlegelberger/Martens* § 113 HGB Rn 25; *Ebenroth/Boujong/Joost/Goette* § 113 HGB Rn 39; MüKo/*Langhein* § 113 HGB Rn 19; *Kardaras*, Wettbewerbsverbot, S. 98.

[208] *Baumbach/Hopt* § 113 HGB Rn 9; Beck Hdb. Personengesellschaften/*Müller* § 4 Rn 169.

[209] *Baumbach/Hopt* § 113 HGB Rn 9.

[210] MünchHdb. GesR II/*Doehner/Hoffmann* KG § 16 Rn 36; *Baumbach/Hopt* § 113 HGB Rn 9; a. A. *Schlegelberger/Martens* § 113 HGB Rn 22.

[211] *Röhricht/v. Westphalen/v. Gerkan* § 113 HGB Rn 9.

[212] BGHZ 89, 162, 172; *Heymann/Emmerich* § 113 HGB Rn 15; *Baumbach/Hopt* § 112 HGB Rn 7.

[213] GK/*Ulmer* § 112 HGB Rn 38; MüKo/*Langhein* § 113 HGB Rn 19; *Ebenroth/Boujong/Joost/Goette* § 113 HGB Rn 37; *Röhricht/v. Westphalen/v. Gerkan* § 113 HGB Rn 10.

[214] GK/*Ulmer* § 113 HGB Rn 9f. m. N. zur Gegenansicht; vgl. auch MüKo/*Langhein* § 113 HGB Rn 10.

langen muss sich die Gesellschaft nicht **festhalten** lassen.[215] Hat sie sich jedoch für die Geltendmachung des Eintrittsrechts entschieden, ist sie an ihre Wahl aus Vertrauensgesichtspunkten grundsätzlich gebunden.[216] Ein Wechsel zur Geltendmachung von Schadensersatzansprüchen ist nur bei Vorliegen eines wichtigen Grundes möglich.

6. Verjährung

Nach § 113 Abs. 3 HGB verjähren die Ansprüche innerhalb von **drei Monaten** gerechnet ab dem Zeitpunkt, an dem alle übrigen Gesellschafter von der wettbewerbsrelevanten Handlung des Gesellschafters Kenntnis erlangt haben. Unabhängig von der Kenntnis der Gesellschafter tritt eine Verjährung der Ansprüche nach Ablauf von **fünf Jahren** ein. **80**

Die **Dreimonatsfrist** beginnt, sobald sämtliche übrigen Gesellschafter positive Kenntnis von der Konkurrenztätigkeit des Gesellschafters erlangt haben. Dabei müssen den Gesellschaftern nicht alle Einzelheiten des Wettbewerbsverstoßes bekannt sein; sie müssen jedoch wenigstens so über Art und Umfang des Handelns ihres Mitgesellschafters informiert sein, dass sie in der Lage sind, einen Beschluss nach § 113 Abs. 2 HGB zu fassen.[217] Steht noch nicht fest, ob der Gesellschaft durch die konkurrierende Tätigkeit ein Schaden entstanden ist, besteht die Notwendigkeit, zur Hemmung der Verjährungsfrist Feststellungsklage zu erheben (§ 204 Abs. 1 Nr. 1 BGB). Eine Hemmung tritt auch dann ein, wenn über den Anspruch zwischen Gesellschafter und Gesellschaft Verhandlungen schweben (§ 203 BGB).[218] **81**

Problematisch ist der **Beginn** der Verjährungsfrist, wenn der Wettbewerbsverstoß nicht in einer einmaligen Handlung, sondern, wie etwa bei einer Beteiligung an einer Konkurrenzgesellschaft, in einer **Dauerhandlung** besteht. Nach überwiegender Auffassung beginnt die kurze Frist des § 113 Abs. 3 HGB auch in diesen Fällen mit der Kenntnis der Mitgesellschafter von der Aufnahme der Dauertätigkeit.[219] Vor Einleitung der zur Hemmung der Verjährung erforderlichen gerichtlichen Schritte (§ 204 BGB), muss nach § 113 Abs. 2 HGB eine entsprechende Beschlussfassung der Gesellschafter vorausgehen.[220] Die Gesellschafter sind daher zu unverzüglichem Handeln gehalten. Gegen künftige Verstöße können die Gesellschafter indessen auch dann noch vorgehen, wenn der Gesellschafter bereits zuvor gegen das Wettbewerbsverbot verstoßen hat und die vorangegange- **82**

---

[215] *Baumbach/Hopt* § 113 HGB Rn 8; GK/*Ulmer* § 113 HGB Rn 11; a. A. MünchHdb. GesR II/*Doehner/Hoffmann* KG § 16 Rn 26 m.w.N; MüKo/*Langhein* § 113 HGB Rn 10; *Ebenroth/Boujong/Joost/Goette* § 113 HGB Rn 3.

[216] GK/*Ulmer* § 113 HGB Rn 11; MünchHdb. GesR II/*Doehner/Hoffmann* KG § 16 Rn 26; noch enger *Heymann/Emmerich* § 113 HGB Rn 13.

[217] GK/*Ulmer* § 112 HGB Rn 39; *Schlegelberger*/Martens § 113 HGB Rn 29 f.; MüKo/*Langhein* § 113 HGB Rn 21; *Ebenroth/Boujong/Joost/Goette* § 113 HGB Rn 43.

[218] MünchHdb. GesR II/*Doehner/Hoffmann* KG § 16 Rn 39.

[219] GK/*Ulmer* § 113 HGB Rn 39; differenzierend MüKo/*Langhein* § 113 HGB Rn 21: Zerlegung in Teilakte, sofern dies nur irgendwie möglich ist.

[220] MünchHdb. GesR II/*Doehner/Hoffmann* KG § 16 Rn 39.

nen Verstöße länger als drei Monate zurückliegen. Dies gilt auch für die Geltendmachung von Unterlassungsansprüchen, die das Bestehen einer Wiederholungsgefahr vorausgesetzt.

83 Die **fünfjährige** Verjährungsfrist beginnt mit Entstehung des Anspruches, d. h. mit Vorliegen aller Anspruchsvoraussetzungen. Für den Schadensersatzanspruch ist die Entstehung dem Grunde nach ausreichend. Der Beginn der Verjährungsfrist setzt aber voraus, dass die Gesellschaft zumindest Klage auf Feststellung erheben kann.[221]

84 Nach h. M. findet die kurze Verjährungsfrist des § 113 HGB nicht nur für den Anspruch auf Schadensersatz und das Eintrittsrecht, sondern auch für den Anspruch auf Unterlassung Anwendung.[222] Streitig ist hingegen, ob die kurze Verjährungsfrist auch für **alle sonstigen Rechtsfolgen** einer unzulässigen Konkurrenztätigkeit, sei es auf gesetzlicher oder vertraglicher Grundlage, gilt.[223]

85 In den Grenzen des § 202 BGB ist es möglich, Vereinbarungen über die Verjährung zu treffen. Somit kommt eine **vertragliche Verlängerung** der Verjährungsfristen in § 113 Abs. 3 HGB bis zur gesetzlichen Höchstgrenze von 30 Jahren in Betracht. Ebenso ist es möglich, die Verjährungsfristen – mit Ausnahme der Haftung wegen Vorsatzes – zu verkürzen.

VIII. Wettbewerbsverbote und Kartellverbot

1. Anwendungsbereich des § 1 GWB

86 **a) Grundsatz.** Nach § 1 GWB (n. F.) sind Vereinbarungen zwischen miteinander im Wettbewerb stehenden Unternehmen, Beschlüsse von Unternehmensvereinigungen und aufeinander abgestimmte Verhaltensweisen, die eine Verhinderung, Einschränkung oder Verfälschung des Wettbewerbs bezwecken oder bewirken, verboten. Voraussetzung für die kartellrechtliche Unwirksamkeit ist, dass die Verträge geeignet sind, die Verhältnisse auf dem konkreten Markt **spürbar** zu beeinflussen. Diese Voraussetzungen sind erfüllt, wenn die Wahlmöglichkeiten der Gegenseite nicht nur theoretisch beeinflusst werden.[224] Entsprechendes gilt für das europäische Kartellverbot nach **Art. 81 EG**. Hier bedarf es einer spürbaren Beeinträchtigung des Handels zwischen den Mitgliedstaaten.[225] Soweit die Vorschrift des

---

[221] *Heymann/Emmerich* § 113 HGB Rn 20; GK/*Ulmer* § 113 HGB Rn 38.

[222] *Heymann/Emmerich* § 113 HGB Rn 17; GK/*Ulmer* § 113 HGB Rn 37; *Baumbach/Hopt* § 113 HGB Rn 10; MünchHdb. GesR II/*Doehner/Hoffmann* KG § 16 Rn 40; a. A. *Schlegelberger/Martens* § 113 HGB Rn 26; MüKo/*Langhein* § 113 HGB Rn 20, 11.

[223] Dafür GK/*Ulmer* § 112 HGB Rn 39; MünchHdb. GesR II/*Doehner/Hoffmann* KG § 16 Rn 40; einschränkend *Heymann/Emmerich* § 113 HGB Rn 18; *Baumbach/Hopt* § 112 HGB Rn 10; für Regelverjährung nach § 195 BGB *Röhricht/v. Westphalen/v. Gerkan* § 113 HGB Rn N 11.

[224] BGHZ 68, 6, 11; BGH NJW 1982, 938; WM 1983, 862, 863; *Emmerich* Kartellrecht § 3/7d; *Immenga/Mestmäcker/Zimmer* § 1 GWB Rn 256 ff.; *Scherf* AG 1992, 245; MünchHdb. GesR II/*Doehner/Hoffmann* KG § 16 Rn 69; *Mayer* NJW 1991, 23, 24.

[225] BGHZ 104, 246, 254; *Heymann/Emmerich* § 112 HGB Rn 4.

§ 1 GWB nicht eingreift, richtet sich die Wirksamkeit des Wettbewerbsverbots nach § 138 Abs. 1 BGB.[226]

Der Zusammenschluss der Gesellschafter einer GmbH & Co. KG erfolgt zur Verfolgung eines gemeinsamen Zweckes. Diese gemeinsame Zweckverfolgungsabsicht kann eine **Kollision** zwischen einem gesellschaftsrechtlichen Wettbewerbsverbot und § 1 GWB begründen. Diese Kollisionsgefahr besteht zunächst für **vertraglich** vereinbarte Wettbewerbsverbote, insbesondere für nachvertragliche.[227] Nach h. M. besteht ein Spannungsverhältnis aber auch hinsichtlich eines **gesetzlichen** Wettbewerbsverbotes, da dieses seine Grundlage in einem Vertragsschluss zwischen den Beteiligten hat und damit der Sache nach eine vertragliche Wettbewerbsbeschränkung darstellt.[228] Dabei stellt sich diese Problematik für das Wettbewerbsverbot des persönlich haftenden Gesellschafters und das des Kommanditisten in gleicher Weise.[229] 87

Das Eingreifen von § 1 GWB setzt ferner voraus, dass es sich bei den Gesellschaftern der GmbH & Co. KG um **Unternehmen** handelt. Nach der funktionellen Betrachtungsweise der Rechtsprechung erfüllt jedwede Betätigung im geschäftlichen Verkehr die Voraussetzung eines Unternehmens, ohne dass es auf die **Rechtsform**, in der das Unternehmen verfasst ist, ankäme.[230] Die anderweitige unternehmerische Tätigkeit muss noch nicht konkret ausgeübt werden; vielmehr reicht eine **potentielle** Betätigung aus.[231] 88

Bei der Auflösung des Spannungsverhältnisses zwischen § 1 GWB und dem gesellschaftsvertraglichen Wettbewerbsverbot kann aus dem Umstand, dass es sich bei der Vorschrift des § 1 GWB um die zeitlich jüngere Vorschrift handelt, **kein genereller Vorrang des Kartellverbotes** gefolgert werden.[232] Da Kartelle häufig in gesellschaftsrechtliche Formen gegossen werden, ist umgekehrt aber auch kein allgemeiner Vorrang des **Gesellschaftsrechts** vor dem Kartellrecht anzuerkennen.[233] Andernfalls könnten Konkurrenten durch Gründung von **Gemeinschaftsunternehmen** das Kartellverbot umgehen, indem sie sich auf das gesetzliche oder ein vertraglich normiertes Wettbewerbsverbot berufen.[234] Für das Eingreifen des 89

---

[226] MünchHdb. GesR II/*Doehner/Hoffmann* KG § 16 Rn 68 a.E.

[227] *Röhricht/v. Westphalen/v. Gerkan* § 112 HGB Rn 17.

[228] BGHZ 38, 306, 316; GK/*Ulmer* § 112 HGB Rn 40; *Lieberknecht/Gnauk* BB 1963, 1062, 1072; *Beuthien* ZHR 142 (1978), 264 f.; *Kanzleiter* DNotZ 1989, 203; Beck Hdb. Personengesellschaften/*Müller* § 4 Rn 171; zweif. MünchHdb. GesR II/*Doehner/Hoffmann* KG § 16 Rn 67.

[229] Vgl. BGHZ 89, 162, 169.

[230] BGHZ 31, 105, 109; 36, 91, 103 (Gummistrümpfe); 67, 81, 84; OLG Hamburg WuW/E 3320, 3322 (Dieselmotoren); *Immenga/Mestmäcker/Zimmer* § 1 GWB Rn 24; *Bechthold* § 1 GWB Rn 2.

[231] *Immenga/Mestmäcker/Zimmer* § 1 GWB Rn 41; MünchHdb. GesR II/*Doehner/Hoffmann* KG § 16 Rn 68.

[232] BGHZ 38, 306, 312 (Kino); *Beuthien* ZGR 142 (1978), 269 ff.

[233] BGH NJW 1982, 938, 939.

[234] Vgl. etwa BGHZ 70, 331, 335 (Gabelstapler). In diesem Fall hatten sich Baustoffhändler zur Umgehung des Kartellverbotes zu einer GmbH & Co. KG zusammengeschlossen.

Kartellverbotes muss die Gesellschaft auch nicht notwendigerweise zu dem **Zweck** gegründet worden sein, eine Wettbewerbsbeschränkung herbeizuführen.[235] Andererseits wäre es zu weitgehend, gesellschaftsvertragliche Wettbewerbsverbote generell als unwirksam als anzusehen. Verstößt der Gesellschaftsvertrag als solcher gegen § 1 GWB, so ist auch das gesetzliche Wettbewerbsverbot des § 112 HGB unwirksam.[236]

90 Nach der von der Rechtsprechung[237] und der h. M. im Schrifttum[238] vertretenen **Immanenztheorie** ist ein gesellschaftsrechtliches Wettbewerbsverbot dann unbedenklich, wenn es zur Begründung und Aufrechterhaltung des Betriebs der Gesellschaft unerlässlich ist. Der Verbotstatbestand des § 1 GWB erfasst daher nur **funktionsfördernde**, nicht aber **funktionsnotwendige** Wettbewerbsverbote. Danach findet § 1 GWB keine Anwendung, wenn das Wettbewerbsverbot nur eine bloße Nebenabrede bildet. Demgegenüber greift § 1 GWB ein, wenn das Wettbewerbsverbot ein wesentlicher Bestandteil des Vertrages ist, selbst wenn der Gesellschafter aufgrund seiner Einflussmöglichkeiten einem gesetzlichen Wettbewerbsverbot unterliegt. Dies ist häufig der Fall, wenn die Gesellschafter, wie etwa bei der Gründung von Vertriebssyndikaten, bereits vor Abschluss des Gesellschaftsvertrages Wettbewerber sind[239] oder in einer kapitalistisch strukturierten Gesellschaft von der Geschäftsführung und Vertretung ausgeschlossen sind.[240] Damit kommt dem Umfang der Treuepflichten maßgebliche Bedeutung zu, da aus diesen ein Wettbewerbsverbot folgen kann. Zur Bestimmung des Umfangs der Treuepflichten ist auf die Stellung des Gesellschafters innerhalb der Gesellschaft abzustellen und nicht auf seine Befugnisse nach außen hin (Rn 32). Im Anwendungsbereich des Art. 81 EG findet ebenfalls eine Differenzierung im Sinne der Immanenztheorie statt.[241]

91 **b) Komplementär-GmbH.** Soweit die Komplementär-GmbH betroffen ist, kollidiert das Kartellverbot nach § 1 GWB mit dem gesetzlichen Wettbewerbsverbot nach § 112 HGB. Nach Auffassung des BGH[242] und

---

[235] BGHZ 31, 105, 111 (Glasglühkörper).

[236] BGH NJW 1982, 938f., NJW 1984, 1351, 1353; MüKo/*Langhein* § 112 HGB Rn 32; *Ebenroth/Boujong/Joost/Goette* § 112 HGB Rn 36; *Röhricht/v. Westphalen/v. Gerkan* § 112 HGB Rn 16.

[237] BGHZ 38, 306, 311ff.; 70, 311, 334ff.; 89, 162, 169 (Werbeagentur); 104, 246, 251f. (neuform-Artikel); OLG Düsseldorf WuW/E 3323ff. (Börsenkursanzeiger); vgl. auch BGHSt 30, 270 (Transport-Beton).

[238] *Steindorff* BB 1977, 569, 570; *Beuthien* ZHR 142 (1978), 278ff.; *Voges* DB 1977, 2081, 2086; GK/*Ulmer* § 112 HGB Rn 42f.; *Immenga/Mestmäcker/Zimmer* § 1 GWB Rn 272ff.; *Baumbach/Hopt* § 112 HGB Rn 15; *K. Schmidt* ZHR 149 (1985), 1, 10ff.; *ders.*, Gesellschaftsrecht, S. 598; *Kanzleiter* DNotZ 1989, 200f.; Hdb. Kartellrecht/*Stockmann* § 7 Rn 83; *Bechtold* § 1 GWB Rn 33; Frankfurter Kommentar/*Huber* § 1 GWB n. F. Rn 70; Beck Hdb. Personengesellschaften/*Müller* § 4 Rn 172.

[239] *Heymann/Horn* § 165 HGB Rn 9.

[240] BGHZ 38, 306ff.; *Baumbach/Hopt* § 112 HGB Rn 16.

[241] EuGH Urt. vom 15. 12. 1994, Rs. C-250/92 (Dansk Landbrugs), Slg. 1994, I-5641; *Röhricht/v. Westphalen/v. Gerkan* § 112 HGB Rn 15; MünchHdb. GesR II/*Doehner/Hoffmann* KG § 16 Rn 71 a.E.

[242] BGHZ 38, 306, 312ff.; 70, 331, 335.

der h. M. im Schrifttum[243] tritt § 1 GWB hinter das **gesetzliche** Wettbewerbsverbot zurück, wenn es sich bei der Gesellschaft um eine dem gesetzlichen Leitbild entsprechende Arbeits- und Haftungsgemeinschaft handelt, deren Erhalt von der gesellschaftstreuen Mitarbeit ihrer Gesellschafter als eigenverantwortliche Leiter eines selbständigen Unternehmens abhängt. Dem gesetzlichen Wettbewerbsverbot kommt danach Vorrang vor § 1 GWB zu, wenn das Wettbewerbsverbot dem Bestand und der Erhaltung des Unternehmens zu dienen bestimmt ist.[244] In diesem Fall verhindere das Wettbewerbsverbot, dass die Gesellschaft durch den Wettbewerb ihrer geschäftsführenden Gesellschafter von innen her ausgehöhlt und zerstört werde,[245] selbst wenn das Wettbewerbsverbot wesentliche Auswirkungen auf die Marktverhältnisse haben sollte.[246] Rechtsdogmatisch handelt es sich dabei um eine Tatbestandsrestriktion des § 1 GWB.[247] Dabei gilt für die Komplementär-GmbH einer GmbH & Co. KG nichts anderes als für den persönlich haftenden Gesellschafter einer dem gesetzlichen Leitbild entsprechenden KG.[248]

Ist der persönlich haftende Gesellschafter – was bei einer Komplementär-GmbH einer GmbH & Co. KG allerdings nur ausnahmsweise vorkommen dürfte – an der Gesellschaft nur rein **kapitalistisch beteiligt**, ist das Wettbewerbsverbot in aller Regel nicht funktionsnotwendig. Eine kapitalistische Beteiligung liegt vor, wenn der Gesellschafter von der Geschäftsführung ausgeschlossen ist und seine sonstigen Befugnisse, insbesondere seine **Informationsrechte**, vertraglich auf das gesetzliche Mindestmaß (§ 118 Abs. 2 HGB) beschnitten sind. In diesem Fall bleibt für die Anwendung von § 112 HGB kein Raum.[249] **92**

Ein **gesellschaftsvertraglich** vereinbartes Wettbewerbsverbot der Komplementär-GmbH, dessen sachlicher und zeitlicher Geltungsbereich über § 112 HGB hinausgeht, ist nur dann mit § 1 GWB zu vereinbaren, wenn es für den Erhalt der Gesellschaft funktionsnotwendig ist.[250] **93**

Auch die Dauer eines **nachvertraglichen Wettbewerbsverbots** kann nicht unbegrenzt sein. Hier wird zu Recht eine Parallele zur Rechtslage bei Unternehmenskaufverträgen gezogen.[251] Danach ist ein Wettbewerbsverbot unbedenklich, wenn es der Gefahr vorbeugt, dass der Gesellschafter seine Kenntnisse von Unternehmensinterna (Kunden, Vertriebssyteme, Produk- **94**

---

[243] *Binz/Sorg* § 4 Rn 34 m.w.N.

[244] BGHZ 38, 306, 312, 314.

[245] BGHZ 70, 331, 335.

[246] GK/*Ulmer* § 112 HGB Rn 46.

[247] BGHZ 70, 331, 336; GK/*Ulmer* § 112 HGB Rn 45; MünchHdb. GesR II/*Doehner/Hoffmann* KG § 16 Rn 71.

[248] MünchHdb. GesR II/*Doehner/Hoffmann* KG § 16 Rn 73; *Schlegelberger/Martens* § 165 HGB Rn 34; GK/*Schilling* § 165 HGB Rn 6; *Riegger* BB 1983, 90.

[249] BGHZ 38, 306, 311 ff.; *Ebenroth/Boujong/Joost/Goette* § 112 HGB 38; MüKo/*Langhein* § 112 HGB Rn 34; vgl. auch *Beuthien* ZHR 142 (1978), 284; *Löffler* NJW 1986, 227 f.

[250] Vgl. BGH WM 1986, 1282.

[251] *Ulmer* NJW 1979, 1595; *ders.* NJW 1982, 1975; *Baumbach/Hopt* § 112 HGB Rn 17.

tionsverfahren etc.) zu eigennützigen Zwecken missbraucht, und damit zugleich sicherstellt, dass der Erwerber des Unternehmens in der Lage ist, den Kundenstamm tatsächlich zu übernehmen. Ein **zweijähriges** Wettbewerbsverbot ist jedenfalls unbedenklich.[252] Ob ein längeres Wettbewerbsverbot noch mit § 1 GWB vereinbar ist, hängt vom Einzelfall ab. Dabei kommt es darauf an, über welche Kenntnisse der betreffende Gesellschafter verfügt und auf welche Weise er diese zu eigenen Zwecken verwenden könnte.[253] Ein zeitlich unangemessen langes Wettbewerbsverbot kann nach Auffassung des BGH im Wege der **geltungserhaltenden Reduktion** mit der noch wirksamen Laufzeit aufrechterhalten werden (§ 139 BGB).[254] Der BGH hat allerdings betont, dass eine geltungserhaltende Reduktion nur in zeitlicher Hinsicht in Betracht kommt.[255] Ist das Wettbewerbsverbot nicht nur aufgrund einer quantitativen Überschreitung, sondern wegen anderer Gründe, etwa wegen einer unangemessen weiten örtlichen Ausdehnung, unwirksam, scheidet eine Aufrechterhaltung aus.

95 **c) Kommanditisten.** Unterliegt der Kommanditist, etwa aufgrund seiner beherrschenden Stellung oder vertraglich eingeräumter Geschäftsführungsbefugnisse, einem **gesetzlichen** Wettbewerbsverbot (Rn 35 ff.), setzt sich dieses nach Ansicht des BGH gegenüber dem Kartellverbot durch, sofern es dem Erhalt des Unternehmens dient und das Gesellschaftsverhältnis im Übrigen kartellrechtsneutral ist.[256]

96 Nur ein eingeschränkter Gestaltungsspielraum besteht bei der Vereinbarung **vertraglicher Wettbewerbsverbote**. Nach überwiegender Auffassung im Schrifttum darf die Rechtsstellung des Kommanditisten im Hinblick auf § 1 GWB nicht stärker eingeschränkt werden, als dies bereits durch die gesellschaftsrechtliche Treuepflicht der Fall ist.[257] Verlangt die Treuepflicht zur Funktionserhaltung des Unternehmens ausnahmsweise ein Wettbewerbsverbot, besteht ein Konflikt mit § 1 GWB nicht. In diesem Fall deckt sich das vertragliche Wettbewerbsverbot mit dem ohnehin bestehenden gesetzlichen Wettbewerbsverbot.

97 Die Begründung eines vertraglichen Konkurrenzverbotes zu Lasten eines (nur) mit den **gesetzlichen Rechten** ausgestatteten Kommanditisten kommt demgegenüber regelmäßig nicht in Betracht.[258] Dies gilt namentlich dann, wenn dem Kommanditisten lediglich die gesetzlichen Kontroll- und Informationsrechte nach §§ 164, 166 HGB zustehen. Insoweit ist die

---

[252] BGH NJW 1984, 2366; ZIP 1990, 586, 588; NJW 1994, 384; OLG Hamburg WuW/E OLG 3320, 3323 (Dieselmotoren); GK/*Ulmer* § 112 HGB Rn 48.

[253] MünchHdb. GesR II/*Doehner/Hoffmann* KG § 16 Rn 74.

[254] BGH NJW 1991, 699, 670; NJW 2000, 2584; *Beisel/Klumpp* Unternehmenskauf Kap. 4 Rn 38.

[255] BGH NJW 1997, 3089; vgl. auch *Bechtold* § 1 GWB Rn 27.

[256] BGHZ 89, 162, 169.

[257] GK/*Schilling* § 165 HGB Rn 1 f.; *Schlegelberger/Martens* § 165 HGB Rn 32; MünchHdb. GesR II/*Doehner/Hoffmann* KG § 16 Rn 77; krit. *Binz/Sorg* § 5 Rn 139.

[258] BGHZ 38, 306, 314; OLG Düsseldorf WuW/E OLG 3328; WuW/E OLG 3492; *Kellermann*, FS Fischer, S. 318; GK/*Ulmer* § 112 HGB Rn 46; *Schlegelberger/Martens* § 165 HGB Rn 2; *Sommer* GmbH & Co. S. 129; *Mayer* NJW 1991, 23, 25.

Wertung der Vorschrift des § 165 HGB zu berücksichtigen, dass es in diesem Fall grundsätzlich keines Wettbewerbsverbotes bedarf.[259]

Sofern die Vereinbarung eines vertraglichen Wettbewerbsverbotes danach unbedenklich ist, kann entsprechend den für den persönlich haftenden Gesellschafter geltenden Grundsätzen auch ein **nachvertragliches Wettbewerbsverbot** des Kommanditisten etabliert werden. Abweichend von den allgemeinen Regeln beginnt das Verbot mit Eintritt des das Wettbewerbsverbot rechtfertigenden Umstandes (Ausscheiden aus der Geschäftsführung, Verlust der beherrschenden Stellung) und nicht mit Ausscheiden aus der Gesellschaft.[260] 98

d) Gesellschafter der Komplementär-GmbH. Die Wirksamkeit eines in der Satzung der Komplementär-GmbH enthaltenen Wettbewerbsverbotes beurteilt sich im Grundsatz nach den für die Personengesellschaft entwickelten Kriterien.[261] 99

e) Geschäftsführer der Komplementär-GmbH. Auch das sich aus dem Anstellungsvertrag ergebende Wettbewerbsverbot des Geschäftsführers der Komplementär-GmbH ist zulässig, wenn es sich auf das funktionsnotwendige Maß beschränkt.[262] 100

2. Rechtsfolgen

Ein gegen § 1 GWB verstoßendes gesellschaftsrechtliches Wettbewerbsverbot ist **unwirksam**. Auf den Bestand des Gesellschaftsvertrages wirkt sich dies, abweichend von der Regel des § 139 BGB, nur in den seltensten Fällen aus. In der Regel wird eine **Teilnichtigkeit** anzunehmen sein.[263] Eine Gesamtnichtigkeit des Gesellschaftsvertrages scheidet vor allem dann aus, wenn der Gesellschaftsvertrag eine salvatorische Klausel enthält. 101

---

259 MünchHdb. GesR II/*Doehner/Hoffmann* KG § 16 Rn 78.

260 OLG Hamburg WuW/E OLG 3320.

261 *Baumbach/Hueck/Fastrich* § 3 GmbHG Rn 44; vgl. auch MünchHdb. GesR III/*Schiessl* § 34 Rn 10.

262 OLG Hamburg WuW/E OLG 3320, 3322 f.; MünchHdb. GesR II/*Doehner/Hoffmann* KG § 16 Rn 82; GK/*Ulmer* § 112 HGB Rn 45.

263 MünchHdb. GesR II/*Doehner/Hoffmann* KG § 16 Rn 83 m. w. N.

D. Wechsel im Gesellschafterbestand

1. Abschnitt
Wechsel im Gesellschafterbestand unter Lebenden

§ 27 Eintritt

Übersicht

Schrifttum: *Binz/Mayer*, Beurkundungspflichten bei der GmbH & Co. KG, NJW 2002, 3054; *Fleck*, Schuldrechtliche Verpflichtungen einer GmbH im Entscheidungsbereich der Gesellschafter, ZGR 1988, 104; *Ihrig,* Die endgültige freie Verfügung über die Einlage von Kapitalgesellschaftern, 1991; *Immenga*, Die personalistische Kapitalgesellschaft, 1970; *Koller/Buchholz*, Der bedingte Beitritt zu einer KG, DB 1982, 2172; *Kleinert/Blöse/Xylander*, Erfüllung der Formerfordernisse gem. § 15 Abs. 3, 4 S. 1 GmbHG durch antizipierte Satzungsklauseln, GmbHR 2003, S. 1230 ff.; *Lutter*, Vorleistungsrisiko der Zeichner und „freie Verfügbarkeit" bei Gründung und Kapitalerhöhung, in: Festschrift für Heinsius, 1991, 497; *Mertens*, Sozialakt und Vertretung. Anm. zum Beschluss des OLG Frankfurt vom 28. 4. 1981, AG 1981, 216; *Priester*, Das gesetzliche Bezugsrecht bei der GmbH, DB 1980, 1925; *K. Schmidt*, Handelsregisterpublizität und Kommanditistenhaftung, ZIP 2002, 413; *ders.*, Anwendungsgrenzen des § 176 Abs. 2 HGB, ZHR 144 (1980), 192; *ders.*, Die Schenkung von Personengesellschaftsanteilen durch Einbuchung, BB 1990, 1992; *Schwanecke,* Formzwang des § 313 S. 1 BGB bei Durchgangserwerb von Grundeigentum, NJW 1984, 1588; *Ulmer/Löbbe*, Zur Anwendbarkeit des § 313 BGB im Personengesellschaftsrecht, DNotZ 1998, S. 711; *Winkler*, Erwerb von GmbH-Anteilen durch Minderjährige und vormundschaftsgerichtliche Genehmigung. Besprechung der Entscheidung BGHZ 107, 23 ff., ZGR 1990, 131; *ders.*, Der Erwerb eigener Geschäftsanteile durch die GmbH, GmbHR 1972, 73.

I. Einführung

1 Soll in eine bestehende GmbH & Co. KG ein neuer Gesellschafter aufgenommen werden, ist danach zu differenzieren, ob er Gesellschafter **nur der KG, nur der GmbH oder beider Gesellschaften** werden soll. Von den hier näher zu betrachtenden Fällen des Eintritts sind die der Übertragung eines Gesellschaftsanteils zu unterscheiden.[1] Während im ersten Fall nämlich **eine neue Gesellschafterstellung entsteht**, wird im zweiten lediglich eine bereits bestehende Gesellschafterstellung auf eine andere Person übertragen. Der Sache nach lässt sich durch die Kombination von Eintritt und Austritt auch ein der Übertragung der Gesellschafterstellung vergleichbares Ergebnis erzielen: Bei diesem sog. Eintritts-/Austrittsmodell erfolgt anstelle der Übertragung der Kommanditbeteiligung von A an B der Austritt des A (gegen Abfindung) und der Eintritt des B, der wiederum eine der Abfindung des A entsprechende Einlage leistet. Das Eintritts-/Austrittsmodell weist indessen gegenüber dem Übertragungsmodell einen entscheidenden Nachteil auf: Es führt zu einer Verdopplung der Kommanditistenhaftung.[2] Der Ausscheidende haftet – innerhalb der fünfjährigen Verjährungsfrist nach §§ 161 Abs. 2, 160 Abs. 1 S. 1 HGB – in Höhe seiner Kommanditeinlage für die bis zu seinem Ausscheiden begründeten Forderungen, während der eintretende Kommanditist ebenfalls haftet, sich aber, sofern er die Hafteinlage erbracht hat, auf §§ 173 Abs. 1, 171 Abs. 1, 2. HS berufen kann.[3] Aufgrund dieser Haftungssituation wird bei Übertragung einer Kommanditbeteiligung regelmäßig zweckmäßigerweise vom Übertragungsmodell (vgl. § 28) Gebrauch gemacht.[4] Der nachstehend behandelte Eintritt hat demnach für solche Fälle **Bedeutung**, in denen **ein oder mehrere Gesellschafter** der Gesellschaft **beitreten**, ohne dass dies im Zusammenhang mit dem **Ausscheiden eines anderen** Gesellschafters steht. Er ist daher in der Regel – soll die Beteiligung an der GmbH erfolgen – zwingend mit einer Erhöhung des Kapitals verknüpft.

II. Eintritt in die Kommanditgesellschaft

1. Aufnahmevertrag

2 Zum Eintritt (bisweilen werden auch die Begriffe Beitritt und Aufnahme verwendet)[5] eines Gesellschafters in die KG bedarf es einer **Änderung des Gesellschaftsvertrages**.[6]

---

[1] Vgl. hierzu in diesem Band *Reichert* § 28; siehe ferner *Kraft/Kreutz*, Gesellschaftsrecht, 11. Aufl. 2000, C V 3; S. 166f.; *K. Schmidt* Gesellschaftsrecht § 45 III 1, S. 1320f.

[2] BGHZ 81, 82, 86f.

[3] MünchHdb. GesR II *Piehler/Schulte* KG § 34 Rn 35.

[4] *Brönner/Rux/Wagner* GmbH & Co. KG Rn 528; *Michalski*, Der Gesellschafterwechsel bei Personengesellschaften, NZG 1998, 95ff.

[5] Vgl. *Baumbach/Hopt* § 105 HGB Rn 67.

[6] *Schlegelberger/Martens* § 161 HGB Rn 50.

a) Abschluss des Aufnahmevertrages. Diese Änderung erfolgt durch Abschluss des sog. Aufnahmevertrages zwischen dem Eintretenden und sämtlichen bisherigen Gesellschaftern.[7] Die KG selbst ist an diesem Vertragsschluss indes nicht beteiligt.[8] Da es sich beim Abschluss dieses Aufnahmevertrages um ein sog. **Grundlagengeschäft** handelt, umfasst die Vertretungsmacht der Komplementärin nach §§ 161 Abs. 2, 125 HGB nicht den Abschluss des Aufnahmevertrages.[9] Wird der Aufnahmevertrag zunächst nur von einem oder mehreren Gesellschaftern abgeschlossen, können die anderen Gesellschafter ihm durch entsprechende Erklärung auch nachträglich beitreten. Allerdings muss die Erklärung gegenüber dem Eintretenden abgegeben werden.[10] Wirksam wird der Aufnahmevertrag erst, wenn der letzte Gesellschafter zugestimmt hat. Der Eintritt kann **auch unter einer Bedingung oder einer Befristung** vereinbart werden.[11] Eine Rückwirkung des Beitritts, etwa auf einen Bilanzstichtag, kann indes nur mit schuldrechtlicher Wirkung vereinbart werden.[12] 3

b) Formvorschriften. Der Aufnahmevertrag stellt eine Änderung des Gesellschaftsvertrages der KG dar und ist **grundsätzlich formfrei**. Verpflichtet sich der Eintretende jedoch **zur Übertragung eines Grundstücks oder eines Grundstücksbruchteils** (sei es an die Gesellschaft oder einen Dritten) oder zum Erwerb eines solchen, bedarf der Vertrag nach § 311b Abs. 1 S. 1 n. F. BGB der notariellen Beurkundung.[13] Dies gilt auch, wenn das einzubringende Grundstück vom Gesellschafter erst noch beschafft werden muss, das Grundstück als solches jedoch bereits bestimmt oder bestimmbar ist.[14] Demgegenüber begründet die Tatsache, dass die KG Grundstückseigentümerin ist, nicht die Formbedürftigkeit nach § 311b Abs. 1 S. 1 BGB.[15] 4

Die Form der **notariellen Beurkundung** ist jedenfalls dann zu wahren, wenn der Vertragsschluss zum Zwecke des Erwerbs und/oder der Veräußerung eines bestimmten Grundstücks erfolgt.[16] Dem entgegen soll § 311b Abs. 1 BGB grundsätzlich **nicht** anwendbar sein, soweit es um den **Beitritt zu** einer **Grundstücksgesellschaft** geht, deren Zweck allgemein auf den Erwerb und die Veräußerung von Grundstücken gerichtet 5

---

[7] *Schlegelberger/Martens* § 161 HGB Rn 50.

[8] BGHZ 26, 330, 333; 76, 160, 164.

[9] Vgl. *Kraft/Kreuz*, Gesellschaftsrecht, 11. Aufl. 2000, D III 2 d aa, S. 193 f.

[10] MünchHdb. GesR II/*Piehler/Schulte* § 34 Rn 3.

[11] Vgl. *Koller/Buchholz*, DB 1982, 2172.

[12] *K. Schmidt* Gesellschaftsrecht § 45 II 3, S. 1317; *Schlegelberger/K. Schmidt* § 105 HGB Rn 180.

[13] BGH WM 1978, 752 f.; *Röhricht/Graf von Westphalen* § 161 HGB Rn 108; *Schlegelberger/Martens* § 161 HGB Rn 49. Zur Zulässigkeit der Beurkundung durch einen ausländischen Notar vgl. *Binz/Mayer*, NJW 2002, 3054 f.

[14] Richtet sich die Einlageverpflichtung dementgegen auf ein noch nicht bestimmbares Grundstück, soll der Formzwang nicht gelten; vgl. *Binz/Mayer*, NJW 2002, 3054, 3056.

[15] Vgl. BGHZ 86, 367, 369 f.; *Schlegelberger/K. Schmidt* § 105 HGB Rn 180; MüKo/*Ulmer* § 705 BGB Rn 33 ff.; *Röhricht/Graf von Westphalen* § 105 HGB Rn 86.

[16] Vgl. *Löbbe/Ulmer*, DNotZ 1998, 711, 740.

ist.[17] **Umstritten** ist indes, ob dies auch dann gilt, wenn bestimmte Gesellschafter von der Geschäftsführung ausgeschlossen sind[18] oder ob die Unanwendbarkeit von § 311b Abs. 1 S. 1 BGB voraussetzt, dass in der Gesellschaft **Gesamtgeschäftsführung** besteht.[19] Dieser Frage kommt für die KG besondere Bedeutung zu, da die Kommanditisten hier regelmäßig nicht an der Geschäftsführung beteiligt sind (§ 164 HGB). In der Vertragspraxis dürfte es daher aus Gründen der Rechtssicherheit jedenfalls ratsam sein, die notarielle Form einzuhalten.

6 Wird der Gesellschaftsvertrag unter Verstoß gegen § 311b Abs. 1 S. 1 BGB nicht notariell beurkundet, tritt vorbehaltlich einer Heilung nach § 311b Abs. 1 S. 2 BGB Nichtigkeit gemäß § 125 S. 1 BGB ein. Die **Nichtigkeit** erfasst dabei den **gesamten Gesellschaftsvertrag.**[20] Die Nichtigkeit des Aufnahmevertrages hat zur Folge, dass sich die Rechtsstellung des Eintretenden nach den Regeln über die **fehlerhafte Gesellschaft** bemisst.[21]

7 Ein Formzwang kann sich auch aus **§ 518 Abs. 1 BGB ergeben**, wenn der Eintretende unentgeltlich an der Gesellschaft beteiligt werden soll. Nach Ansicht des BGH soll in der **Aufnahme als persönlich haftender Gesellschafter** im Hinblick auf die Übernahme der persönlichen Haftung und der Verpflichtung zur Geschäftsführung regelmäßig **keine Schenkung** liegen.[22] Hingegen steht beim Kommanditanteil der vermögensrechtliche Aspekt der Beteiligung im Vordergrund, weshalb er ohne weiteres Gegenstand eines nach § 518 Abs. 1 BGB formbedürftigen Schenkungsversprechens sein kann.[23] Entgegen der Auffassung des BGH sollte man prinzipiell auch in der unentgeltlichen Zuwendung der Rechtsstellung als persönlich haftender Gesellschafter eine Schenkung erblicken, weil diese Beteiligung regelmäßig über einen wirtschaftlichen Wert verfügt.[24] Anderes hat nur dann zu gelten, wenn die Beteiligung angesichts der wirtschaftlichen Situation der Gesellschaft wertlos ist.[25] Ist die unentgeltliche Zuwendung der Gesellschafterstellung nach § 518 Abs. 1 BGB somit grundsätzlich formbedürftig, so tritt mit Abschluss des Aufnahmevertrages, in welchem nach wohl einhelliger Meinung bereits der Vollzug der Schenkung zu sehen ist, doch regelmäßig **Heilung** nach § 518 Abs. 2 BGB ein.[26]

---

[17] Dazu *Binz/Mayer*, NJW 2002, 3054, 3056.

[18] So die h. M.; vgl. MüKo/*Ulmer* § 705 BGB Rn 35; wohl auch BGH WM 1996, 537 f.

[19] Vgl. *Schwanecke*, NJW 1984, 1588.

[20] Näher MüKo/*Ulmer* § 705 BGB Rn 36.

[21] MünchHdb. KG; *Piehler/Schulte* § 34 Rn 16; *Baumbach/Hopt* § 105 HGB Rn 92; *Schlegelberger/K. Schmidt* § 105 HGB Rn 220.

[22] BGH BB 1959, 574 f.; BB 1965, 472; offen gelassen hingegen in BGHZ 112, 40, 44; krit. MüKo/*Kollhosser* § 516 BGB Rn 71; MüKo/*Ulmer* § 705 BGB Rn 37.

[23] BGHZ 112, 40, 44; zust. MüKo/*Kollhosser* § 516 BGB Rn 72.

[24] A. A. *Binz/Mayer*, NJW 2002, 3054, 3056 für die typische Komplementär-Stellung in einer GmbH & Co. KG.

[25] Näher MüKo/*Kollhosser* § 516 BGB Rn 71.

[26] Vgl. MünchHdb. GesR II/*Piehler/Schulte* KG § 34 Rn 14; *Schlegelberger/K. Schmidt* § 105 HGB Rn 123; *Baumbach/Hopt* § 105 HGB Rn 56; *Binz/Mayer*, NJW 2002, 3054, 3056.

Für die Praxis hat die Streitfrage deshalb weitgehend an Bedeutung verloren.

Formbedürftig kann der Aufnahmevertrag ferner u. a. dann sein, wenn er eine **Verpflichtung zur Abtretung von GmbH-Anteilen** (§ 15 Abs. 3 GmbHG) umfasst **oder** wenn der Gesellschaftsvertrag eine **Schriftformklausel** enthält.[27] 8

c) Besondere Wirksamkeitserfordernisse. Ist der Eintretende **minderjährig** oder ist ein **Betreuer** für ihn bestellt, bedarf der Aufnahmevertrag der **vormundschaftsgerichtlichen Genehmigung** nach §§ 1822 Nr. 3, 1643 Abs. 1, 1908i Abs. 1 BGB, sofern der Zweck der Gesellschaft auf den Betrieb eines Erwerbsgeschäfts gerichtet ist.[28] Dies gilt auch dann, wenn der Eintretende nur Kommanditist werden soll.[29] Soll hingegen ein Geschäftsfähiger in eine Gesellschaft eintreten, an der ein Minderjähriger bzw. Betreuter beteiligt ist, so ist hierzu keine vormundschaftsgerichtliche Genehmigung erforderlich.[30] Sind die gesetzlichen Vertreter selbst Gesellschafter und wirken sie beim Abschluss des Aufnahmevertrages auch im eigenen Namen mit, sind sie gem. §§ 181, 1629 Abs. 2, 1795 Abs. 2 BGB von der Vertretung des Minderjährigen ausgeschlossen.[31] Dem Minderjährigen ist dann ein Ergänzungspfleger zu bestellen. Bei in **Zugewinngemeinschaft** lebenden Ehegatten gilt es ferner das **Zustimmungserfordernis** nach § 1365 Abs. 1 BGB zu beachten.[32] 9

d) Inhalt des Aufnahmevertrages. Da durch den Aufnahmevertrag die Gesellschafterstellung des Eintretenden begründet und der Gesellschaftsvertrag abgeändert wird, bedarf es im Aufnahmevertrag regelmäßig einer Vielzahl von Bestimmungen. Zu denken ist etwa an Regelungen über den Zeitpunkt des Wirksamwerdens des Eintritts, über die Höhe der vom Eintretenden zu erbringenden Einlage,[33] über seine Beteiligung am Gesellschaftsvermögen, über seine Rechte und Pflichten im Rahmen der Ge- 10

---

[27] Näher MünchHdb. GesR II/*Piehler/Schulte* KG § 34 Rn 12, 15; zu weiteren Formerfordernissen vgl. *Schlegelberger/K. Schmidt* § 105 HGB Rn 124 ff. Nach der Rspr. des BGH soll allerdings die Klausel, wonach Änderungen des Gesellschaftsvertrages der Schriftform bedürfen, nicht notwendig für den Aufnahmevertrag gelten, BGH WM 1983, 118, 120; WM 1985, 125 f.; *Röhricht/Graf von Westphalen* § 161 HGB Rn 108.

[28] Dies gilt auch nach der Gesetzesänderung durch das Minderjährigenhaftungsbeschränkungsgesetz; vgl. MünchHdb. GesR II/*Piehler/Schulte* KG § 34 Rn 4 mit zahlreichen Nachweisen.

[29] BGHZ 17, 160, 165; *Röhricht/Graf von Westphalen* § 161 HGB Rn 8; *Schlegelberger/Martens* § 161 HGB Rn 51.

[30] Vgl. BGHZ 17, 160, 161 ff.; BGHZ 38, 26, 27 ff.; MünchHdb. GesR II/*Piehler/Schulte* KG § 34 Rn 5 f.; *Schlegelberger/K. Schmidt* § 105 HGB Rn 127.

[31] § 181 BGB findet Anwendung, da weder der Erwerb der Komplementärstellung noch derjenige einer Kommanditbeteiligung dem Minderjährigen ausschließlich rechtliche Vorteile bringt; vgl. MünchHdb. GesR II/*Piehler/Schulte* KG § 34 Rn 4.

[32] Näher MünchHdb. GesR II/*Piehler/Schulte* KG § 34 Rn 6; *Schlegelberger/Martens* § 161 HGB Rn 55.

[33] Vgl. dazu MünchHdb. GesR II/*Piehler/Schulte* KG § 34 Rn 20.

schäftsführung sowie an Bestimmungen für den Fall seines möglichen Ausscheidens. Bei einer schenkweisen Aufnahme sollte auch an eventuelle Widerrufs- und Rückforderungsrechte gedacht werden.[34] Auch mögliche Genehmigungserfordernisse und steuerrechtliche Aspekte sind zu berücksichtigen.[35] Bei einer Aufnahme als Kommanditist empfiehlt es sich, terminologisch zwischen der Pflichteinlage und der Haftsumme[36] zu differenzieren und im Hinblick auf die Bestimmung des § 176 Abs. 2 HGB die Wirksamkeit des Eintritts von der aufschiebenden Bedingung der Eintragung im Handelsregister abhängig zu machen.[37]

2. Regelung im Gesellschaftsvertrag

11 Vielfach ist es empfehlenswert, nähere Bestimmungen über den Eintritt neuer Gesellschafter bereits in den ursprünglichen Gesellschaftsvertrag aufzunehmen (vgl. Formular § 58, § 12). So kann der Gesellschaftsvertrag die Entscheidung über die Aufnahme neuer Gesellschafter einem **Mehrheitsbeschluss** der Gesellschafter überlassen.[38] Im Gesellschaftsvertrag kann die Kompetenz zur Aufnahmeentscheidung aber auch einem **Gesellschafter,** dem **Beirat** oder sogar einem **Dritten** übertragen werden. Gerade in Gesellschaften mit einer Vielzahl von Kommanditisten (vor allem in der Publikums-KG) kann es aus Praktikabilitätsgründen etwa angezeigt sein, die Entscheidung dem **Geschäftsführer der Komplementär-GmbH** zu übertragen.[39]

12 Es ist aber stets sorgfältig zu differenzieren zwischen der Kompetenz zur Entscheidung über die Aufnahme und dem Abschluss des Aufnahmevertrages selbst. Um dem Entscheidungsorgan auch die Ausführung der Entscheidung durch Abschluss des Aufnahmevertrages zu ermöglichen, bedarf es einer entsprechenden **Vollmacht**.[40] Andernfalls besteht lediglich ein Anspruch gegen die einzelnen Gesellschafter auf Zustimmung zum Aufnahmevertrag, der gegebenenfalls gerichtlich durchgesetzt werden muss. Zwar dürften Klauseln über die Übertragung der Entscheidungskompetenz vielfach zugleich als Vollmachtserteilung ausgelegt werden können,[41] gleichwohl empfiehlt es sich, in den Gesellschaftsvertrag auch eine **ausdrückliche Bestimmung** über die Erteilung einer Vollmacht aufzunehmen. Dabei können die Gesellschafter auch die KG ermächtigen, im eigenen Namen, nicht im Namen der Gesellschafter neue Gesellschafter aufzunehmen.[42] Im

---

[34] Näher dazu *K. Schmidt*, BB 1990, 1992, 1995 ff.

[35] Näher MünchHdb. GesR II/*Piehler/Schulte* KG § 34 Rn 21.

[36] Zum Unterschied vgl. *K. Schmidt* Gesellschaftsrecht § 54 I 2, S. 1560 ff.

[37] *Heymann/Horn* § 173 HGB Rn 4; MünchHdb. GesR II/*Piehler/Schulte* KG § 34 Rn 24; *Brönner/Rux/Wagner* GmbH & Co. KG Rn 526.

[38] RGZ 128, 172, 176; *Baumbach/Hopt* § 105 HGB Rn 67; vgl. Formular § 63, § 13 Abs. 3 b.

[39] *Röhricht/Graf von Westphalen/von Gerkan* § 173 HGB Rn 2; *Schlegelberger/Martens* § 161 HGB Rn 136.

[40] *K. Schmidt* Gesellschaftsrecht § 45 II 3, S. 1317.

[41] Vgl. BGH BB 1976, 154.

[42] Vgl. BGH NJW 1978, 1000; *Baumbach/Hopt* § 105 HGB Rn 67; *Röhricht/Graf von Westphalen/von Gerkan* § 161 HGB Rn 107.

Gesellschaftsvertrag können die Gesellschafter auch eine **Aufnahmepflicht** übernehmen, sei es hinsichtlich einer bestimmten, sei es hinsichtlich einer noch auszuwählenden Person.[43] Solche Vertragsbestimmungen können etwa dann sinnvoll sein, wenn ein oder mehrere Gesellschafter ein Interesse daran haben, ihren Nachkommen den Eintritt in die Gesellschaft zu ermöglichen. Ob die benannte Person einen eigenen Anspruch auf Aufnahme erhält, ob der Gesellschaftsvertrag insoweit also als Vertrag zugunsten Dritter gemäß § 328 BGB anzusehen ist, gilt es im Wege der Auslegung zu klären. Sofern sich die Gesellschafter im Gesellschaftsvertrag verpflichten, einen von einem anderen Gesellschafter beliebig auszuwählenden Dritten aufzunehmen, hat der berechtigte Gesellschafter sein Recht mit besonderer Rücksicht auf die Interessen der Gesellschaft auszuüben.[44] Bestehen in Person des aufzunehmenden Dritten Ausschlussgründe (§ 133 HGB), kann bereits die Aufnahme verweigert werden.[45]

3. Haftung des eintretenden Gesellschafters

Im Innenverhältnis bemisst sich die Rechtsstellung des Eintretenden nach den Bestimmungen des Gesellschaftsvertrags, des Aufnahmevertrags und des Gesetzes. Dem neuen Gesellschafter **wächst** entsprechend der im Aufnahmevertrag vorgesehenen Beteiligung das **Gesellschaftsvermögen an,** bei den anderen Gesellschaftern tritt Abwachsung ein, weil sich ihre verhältnismäßige Vermögensbeteiligung verringert.[46] **13**

Hinsichtlich der **Haftung** des eintretenden Gesellschafters ist danach zu differenzieren, ob er die Stellung eines Komplementärs oder die eines Kommanditisten erhält.

a) Haftung als Komplementär. Der eintretende Komplementär haftet für die Verbindlichkeiten der KG nach §§ 161 Abs. 2, 128 HGB. Die Haftung erstreckt sich gem § 130 Abs. 1 HGH auf die **vor seinem Eintritt** begründeten Verbindlichkeiten der Gesellschaft.[47] Erforderlich ist allerdings, dass der Eintritt entsprechend § 123 HGB durch **Eintragung** oder **Fortsetzung der Geschäfte** mit Zustimmung des Eintretenden nach außen vollzogen wurde.[48] Eine **abweichende Vereinbarung** zwischen den bisherigen und dem neu eintretenden Gesellschafter ist **Dritten gegenüber unwirksam** (§ 130 Abs. 2 HGB). Diese Regelungen gelten auch dann, wenn infolge eines unwirksamen Eintritts die Grundsätze der fehlerhaften Gesellschaft Anwendung finden.[49] **14**

---

43 *Baumbach/Hopt* § 105 HGB Rn 68; vgl. auch § 34 Rdn. 14 ff. in diesem Band.

44 RGZ 92, 163, 167; MünchHdb. GesR II/*Piehler/Schulte* KG § 34 Rn 18.

45 *Baumbach/Hopt* § 105 HGB Rn 68; zu Fällen bereits erfolgter Aufnahme vgl. MünchHdb. GesR II/*Piehler/Schulte* KG § 34 Rn 18.

46 MünchHdb. GesR II/*Piehler/Schulte* KG § 34 Rn 39; vgl. auch *K. Schmidt* Gesellschaftsrecht § 45 II, S. 1316 ff.

47 Vgl. *Baumbach/Hopt* § 130 HGB Rn 1; MünchHdb. GesR II/*Piehler/Schulte* KG § 34 Rn 33.

48 *Baumbach/Hopt* § 130 HGB Rn 6.

49 Vgl. *Baumbach/Hopt* § 130 HGB Rn 4; *K. Schmidt* Gesellschaftsrecht § 49 IV 2 b, S. 1434; *Röhricht/Graf von Westphalen/von Gerkan,* § 130 HGB Rn 4.

15 **b) Haftung als Kommanditist.** Wer als Kommanditist in eine Kommanditgesellschaft eintritt, haftet gem. § 173 Abs. 1 HGH ebenfalls für die **vor seinem Eintritt** begründeten Verbindlichkeiten, jedoch ist die Haftung nach Maßgabe der §§ 171, 172 HGB auf die Haftsumme beschränkt Auch insoweit gilt § 123 HGB entsprechend (vgl. Rn 14). Von § 173 Abs. 1 HGB **abweichende Vereinbarungen** zwischen den bisherigen und dem neu eintretenden Gesellschafter sind nach § 173 Abs. 2 HGB **gegenüber Dritten unwirksam**. § 173 HGB ist auch anwendbar, soweit die Grundsätze über die fehlerhafte Gesellschaft Anwendung finden.[50]

16 Solange der Eintritt des Kommanditisten allerdings **noch nicht** im Handelsregister **eingetragen** wurde, haftet er für die zwischen seinem Eintritt und Eintragung im Handelsregister begründeten Verbindlichkeiten – nicht aber für die vor seinem Eintritt begründeten Verbindlichkeiten – gleich einem persönlich haftenden Gesellschafter, es sei denn, dass seine Beteiligung als Kommanditist dem Gläubiger bekannt war (§ 176 Abs. 2, i.V.m. § 176 Abs. 1 HGB).[51] Diese unbeschränkte Haftung hängt nicht von der Zustimmung des Kommanditisten zur Fortsetzung der Geschäfte ab.[52] Vor diesem Hintergrund empfiehlt es sich, die Wirksamkeit des Eintritts unter die **aufschiebende Bedingung** der Eintragung ins Handelsregister zu stellen (vgl. Rn 9).[53] Für Verbindlichkeiten, die **nach der Eintragung** begründet werden, haftet der Kommanditist nach den allgemeinen Bestimmungen der §§ 171, 172 HGB.

4. Anmeldung zum Handelsregister

17 Der Eintritt eines Gesellschafters in die Gesellschaft ist gemäß §§ 161 Abs. 2, 107 HGB zur Eintragung in das Handelsregister anzumelden. Die Anmeldung hat gemäß § 106 Abs. 2 HGB Namen, Vornamen, Geburtsdatum und Wohnort des Eintretenden, bei Kommanditisten ferner gemäß § 162 Abs. 1 und 3 HGB die Bezeichnung als Kommanditist und den Betrag seiner Einlage zu enthalten.[54] Die Anmeldung ist nach § 108 Abs. 1 HGB von sämtlichen Gesellschaftern zu bewirken.[55] Daneben ist zu beachten, ob eine Änderung der Firma erforderlich ist;[56] ggf. ist dann auch die neue Firma anzumelden. Der Inhalt der Bekanntmachung bemisst sich beim Komplementär nach § 10 Abs. 1 S. 2 HGB,[57] wohingegen beim Ein-

---

[50] *Baumbach/Hopt* § 173 HGB Rn 4.

[51] *Schlegelberger/K. Schmidt* § 173 HGB Rn 23; MünchHdb. KG/*Piehler/Schulte* § 34 Rdn. 36.

[52] BGHZ 82, 209, 211 f.; *K. Schmidt*, ZHR 144 (1980), 194 ff.

[53] *Röhricht/Graf von Westphalen* § 173 HGB Rn 6; *Schlegelberger/K. Schmidt* § 173 HGB Rn 23 f.

[54] Zu den Anforderungen an die Handelsregisteranmeldung einer GbR als Kommanditistin vgl. BGH ZIP 2001, 1713 f., mit Anm. von *Ulmer*, ZIP 2001, 1716.

[55] *Schlegelberger/Martens* § 108 HGB Rn 9; *Baumbach/Hopt* § 108 HGB Rn 1.

[56] Vgl. MünchHdb. GesR II/*Piehler/Schulte* KG § 34 Rn 38, 41.

[57] MünchHdb. KG/*Piehler/Schulte* § 34 Rdn. 42; *Röhricht/Graf von Westphalen/von Gerkan* § 162 HGB Rdn. 9 ff.

tritt von Kommanditisten gemäß § 162 Abs. 3 i.V. m. § 162 Abs. 2 HGB keine Bekanntmachung erfolgt.[58]

III. Eintritt in die GmbH im Wege der Kapitalerhöhung

Soll ein neuer Gesellschafter in die GmbH aufgenommen werden, kann dieses Ziel über das Instrument der Kapitalerhöhung erreicht werden. Dabei ist zu unterscheiden zwischen der **effektiven** Kapitalerhöhung nach §§ 55–57 b GmbHG und der **nominellen** Kapitalerhöhung nach §§ 57 c ff. GmbHG. Während Erstere der Vermehrung des Eigenkapitals durch neue Einlagen dient, werden bei Letzterer lediglich Rücklagen in Stammkapital umgewandelt.[59] **18**

Die **nominelle Kapitalerhöhung** kann durch Bildung neuer Geschäftsanteile oder durch Erhöhung des Nennbetrags der Geschäftsanteile ausgeführt werden (§ 57 h Abs. 1 S. 1 GmbHG). Doch steht die Person des Erwerbers des Geschäftsanteils anders als bei § 55 GmbHG nicht zur Disposition der Gesellschafter. Vielmehr **stehen die neuen Geschäftsanteile unabdingbar den Gesellschaftern** im Verhältnis ihrer bisherigen Geschäftsanteile zu (§ 57 j GmbHG). Die nominelle Kapitalerhöhung **ermöglicht** also **nicht den Eintritt neuer Gesellschafter**, muss hier folglich nicht näher in den Blick genommen werden. Die folgenden Betrachtungen gelten deshalb ausschließlich der effektiven Kapitalerhöhung. **19**

Zur Durchführung einer **effektiven Kapitalerhöhung** bedarf es in einem ersten Schritt eines satzungsändernden Erhöhungsbeschlusses. Dieser Beschluss, für den eine **Dreiviertelmehrheit** erforderlich ist (§ 53 Abs. 2 S. 1 GmbHG), muss die Höhe der Kapitalveränderung und die neue Stammkapitalziffer festlegen und den Wortlaut der bisherigen Satzung entsprechend korrigieren.[60] Sofern der Beschluss keine weiteren Angaben enthält, wird das Kapital durch Ausgabe neuer Geschäftsanteile erhöht, die auf mindestens 100 Euro und einen durch 50 teilbaren Betrag lauten müssen (§§ 55 Abs. 4, 5 Abs. 1 und 3 GmbHG).[61] **20**

Nach überwiegender Meinung steht den GmbH-Gesellschaftern bei der Kapitalerhöhung ein **Bezugsrecht** zu.[62] Sofern dieses Bezugsrecht **wirksam ausgeschlossen** worden ist,[63] muss in einem **Zulassungsbe-** **21**

[58] MünchHdb. GesR II/*Piehler/Schulte* KG § 34 Rn 42; *K.Schmidt*, ZIP 2002, 413 f.

[59] Vgl. *Lutter/Hommelhoff* § 55 GmbHG Rn 10; *Raiser* Kapitalgesellschaften § 39 Rn 1; *K. Schmidt* Gesellschaftsrecht § 37 V 1, 2 S. 1171 ff.

[60] Ausführlich *Lutter/Hommelhoff* § 55 GmbHG Rn 415 f.; *Scholz/Priester* § 55 GmbHG Rn 19 f., 36.

[61] *Dazu Lutter/Hommelhoff* § 55 GmbHG Rn 19; *Scholz/Priester* § 55 GmbHG Rn 21.

[62] *Baumbach/Hueck* § 55 GmbHG Rn 13; *Lutter/Hommelhoff* § 55 GmbHG Rn 20; *Priester*, DB 1980, 1926 ff.; *Raiser* Kapitalgesellschaften § 39 Rn 4; *K. Schmidt* Gesellschaftsrecht § 37 V 1a ee (S. 1174); a. A. *Rowedder/Zimmermann* § 55 GmbHG Rn 29; MünchHdb. GesR III/*Wegmann* § 54 Rn 22.

[63] Zu den Voraussetzungen des – bei der GmbH auch in der Satzung zulässigen – Bezugsrechtsausschlusses vgl. *Heckschen*, Agio und Bezugsrechtsausschluss bei der GmbH, DStR 2001, 1437, 1439 f.

schluss gemäß § 55 Abs. 2 GmbHG festgelegt werden, mit wem der Geschäftsführer im Namen der Gesellschaft Übernahmeverträge bezüglich des Erhöhungsbetrages schließen kann.[64] Zweckmäßigerweise wird der Zulassungsbeschluss mit dem Kapitalerhöhungsbeschluss verbunden.[65]

1. Übernahmevertrag

22 Zur Übernahme der neuen Geschäftsanteile bedarf es eines korporationsrechtlichen Übernahmevertrages zwischen der Gesellschaft und dem Übernehmer.[66]

Die **Zuständigkeit** zum Abschluss des Übernahmevertrages liegt auf Seiten der Gesellschaft bei der **Gesellschafterversammlung**, in der die einfache Mehrheit entscheidet.[67] Die Gesellschafter können jedoch die **Geschäftsführer** zum Abschluss des Übernahmevertrages **ermächtigen**;[68] hingegen deckt § 35 Abs. 2 GmbHG den Abschluss des Übernahmevertrages nicht.[69] Lassen die Gesellschafter eine bestimmte Person zur Übernahme einer Stammeinlage auf das erhöhte Kapital zu, so ermächtigen sie, falls sie sich den Abschluss der Übernahmevereinbarung nicht selbst vorbehalten, den Geschäftsführer, den Übernahmevertrag nach Maßgabe des Zulassungsbeschlusses abzuschließen.[70]

23 **Übernehmer** kann **jeder** sein, der Gesellschafter der GmbH sein kann, allerdings **nicht die GmbH selbst**[71] und **nicht** ein von der GmbH **abhängiges Unternehmen**, sofern die Abhängigkeit auf einer Kapitalbeteiligung der GmbH beruht.[72] **Unzulässig** ist auch die Übernahme einer Stammeinlage durch eine GmbH & Co. KG, an der die GmbH als einzige Komplementärin beteiligt ist, ohne dass es dabei auf die Kapitalbeteiligung der GmbH an der KG ankäme.[73] Für diesen Standpunkt spricht die Struktur der GmbH & Co. KG. Die GmbH ist gesamthänderisch am Vermögen der KG beteiligt. Mit der Übernahme einer Stammeinlage durch die KG

---

[64] Näher *Lutter/Hommelhoff* § 55 GmbHG Rn 25 ff.; *Scholz/Priester* § 55 GmbHG Rn 60; zu den Schranken des Zulassungsbeschlusses *Immenga*, Personalistische Kapitalgesellschaft, S. 228 ff.; *Hachenburg/Ulmer* § 55 GmbHG Rn 46 ff.

[65] *Fleck*, ZGR 1988, 117.

[66] *Scholz/Priester* § 55 GmbHG Rn 70.

[67] *Mertens*, AG 1981, 216; *Hachenburg/Ulmer* § 55 GmbHG Rn 72; *Rowedder/Zimmermann* § 55 GmbHG Rn 40.

[68] *Scholz/Priester* § 55 GmbHG Rn 73.

[69] *Baumbach/Hueck/Zöllner* § 55 GmbHG Rn 21; *Raiser* Kapitalgesellschaften § 39 Rn 11; *K. Schmidt* Gesellschaftsrecht § 37 V 1b (S. 1176); *Hachenburg/Ulmer* § 55 GmbHG Rn 72.

[70] BGHZ 49, 117, 120; *Scholz/Priester* § 55 GmbHG Rn 92.

[71] BGHZ 15, 391, 392 f.; *Raiser* Kapitalgesellschaften § 39 Rn 13; MünchHdb. GesR III/*Wegmann* § 543 Rn 18; *Winkler*, GmbHR 1972, 75; vgl. auch *Scholz/Priester* § 55 GmbHG Rn 108.

[72] *Lutter/Hommelhoff* § 55 GmbHG Rn 30 m. w. N.; ausf. *Hachenburg/Ulmer* § 55 GmbHG Rn 53 ff.; *Scholz/Priester* § 55 GmbHG Rn 109 ff.

[73] LG Hamburg HambJVBl. 1972, 67 f.; LG Berlin GmbHR 1987, 395 f.; *Hachenburg/Ulmer* § 55 GmbHG Rn 58; a. A. *Baumbach/Hueck* § 55 GmbHG Rn 17; *Rowedder/Zimmermann* § 55 GmbHG Rn 28.

würde also die GmbH selbst an diesem neuen Geschäftsanteil beteiligt. Es käme im Ergebnis folglich zu einer partiellen Übernahme des GmbH-Geschäftsanteils durch die GmbH selbst.

Tritt ein **nicht voll Geschäftsfähiger** der Gesellschaft bei, kann außer der Mitwirkung des gesetzlichen Vertreters nach § 107 BGB auch eine vormundschaftsgerichtliche Genehmigung gemäß §§ 1822 Nr. 10, 1643 BGB erforderlich sein. Dies ist dann der Fall, wenn dem neuen Gesellschafter nach §§ 24, 31 GmbHG **Haftungsrisiken** wegen bereits bestehender oder durch die Kapitalerhöhung begründeter und nicht alsbald durch Volleinzahlung getilgter Forderungen der GmbH gegen Mitgesellschafter drohen.[74] **24**

Die Beifügung einer **Bedingung** macht die Übernahmeerklärung nicht unwirksam.[75] Jedoch hat der Registerrichter zu prüfen, ob eine der Übernahmeerklärung beigefügte Bedingung in der Zwischenzeit ihre Erledigung gefunden hat. Sollte dies nicht der Fall sein, ist die Anmeldung zurückzuweisen.[76] Für die **Erklärung** des Übernehmers ist nach § 55 Abs. 1 GmbHG mindestens **notarielle Beglaubigung** erforderlich.[77] Dies gilt entsprechend § 2 Abs. 2 GmbHG auch für die Vollmacht zur Abgabe der Übernahmeerklärung.[78] Dem entgegen kann die Erklärung der GmbH formfrei, also auch konkludent erfolgen.[79] Wird das Formerfordernis nicht eingehalten, tritt **durch die Eintragung** der Kapitalerhöhung, nicht aber durch die Leistung der Einlagen, **Heilung** des Formmangels ein.[80] **25**

Die Übernahmeerklärung muss zwar regelmäßig nur den Betrag der übernommenen Stammeinlage angeben. Stammt die **Übernahmeerklärung** – wie in den hier interessierenden Konstellationen – aber **von einem neu beitretenden Gesellschafter**, so muss sie nach § 55 Abs. 2 S. 2 GmbHG auch etwaige sonstige mit dem Beitritt verbundene satzungsrechtliche Verpflichtungen enthalten. Dazu gehören Vereinbarun- **26**

---

[74] BGHZ 107, 23, 27 f.; *Scholz/Priester* § 55 GmbHG Rn 106; weitergehend *Lutter/Hommelhoff* § 55 GmbHG Rn 31: Genehmigung stets erforderlich; a. A. *Winkler*, ZGR 1990, 138 ff. Ein Genehmigungserfordernis nach § 1822 Nr. 3 BGB besteht hingegen regelmäßig nicht, vgl. *Hachenburg/Ulmer* § 55 GmbHG Rn 52; MünchHdb. GesR III/*Wegmann* § 53 Rn 26.

[75] Daher ist die Verbindung der Erklärung mit einer Frist, bis zu deren Ablauf die Kapitalerhöhung ins Handelsregister eingetragen werden muss, zulässig und zweckmäßig; mit ihrem Verstreichen endet der Übernahmevertrag entsprechend § 158 BGB ipso iure (vgl. BGH GmbHR 1999, S. 287).

[76] Vgl. *Scholz/Priester* § 55 GmbHG Rn 82; *Hachenburg/Ulmer* § 55 GmbHG Rn 70; *Lutter/Hommelhoff* § 55 GmbHG Rn 33.

[77] MünchHdb. GmbH/*Wegmann* § 53 Rn. 28.

[78] Vgl. – auch zum Zweck der Formvorschrift – *Hachenburg/Ulmer* § 55 GmbHG Rn 61 ff.; *Lutter/Hommelhoff* § 55 GmbHG Rn 29.

[79] *Lutter/Hommelhoff* § 55 Rn 29.

[80] *Scholz/Priester* § 55 GmbHG Rn 79 f.; *Hachenburg/Ulmer* § 55 GmbHG Rn 64. Demgegenüber ist die Erklärung der GmbH formfrei und kann folglich auch konkludent erfolgen, s. *Baumbach/Hueck* § 55 GmbHG Rn 21; *Lutter/Hommelhoff* § 55 GmbHG Rn 29.

gen über ein Agio[81] und sonstige Nebenleistungs- oder Nachschusspflichten.[82]

27 Durch den Übernahmevertrag wird der Übernehmer zur **Leistung der Einlage verpflichtet**. Allerdings steht diese Verpflichtung unter dem **Vorbehalt des Wirksamwerdens** der Kapitalerhöhung durch Eintragung des Erhöhungsbeschlusses in das Handelsregister .[83] Bis zu diesem Zeitpunkt ist die Einlageforderung nur in Höhe der kraft Gesetz oder Satzung vor Anmeldung zu erbringenden Mindesteinlage durchsetzbar. Der neue **Geschäftsanteil entsteht** erst **mit** der **Eintragung** der Kapitalerhöhung.[84] Die GmbH wird durch den Übernahmevertrag zur Durchführung der Kapitalerhöhung verpflichtet.[85] Sie hat sich für die Zeichnung des vollen Erhöhungsbetrages auch durch die eventuellen anderen zur Übernahme zugelassenen Personen einzusetzen, die Mindesteinlagen einzufordern, den Erhöhungsbeschluss anzumelden und möglichen Bedenken des Registerrichters abzuhelfen.

28 **Scheitert die Kapitalerhöhung** wegen Pflichtverletzung der Gesellschaft, so kann dem Übernehmer ein vertraglicher Schadensersatzanspruch zustehen.[86] Leistet der Übernehmer die Einlage trotz Mahnung nicht, steht der Gesellschaft ein Rücktrittsrecht zu.[87] Die Bindung des Übernehmers an seine Erklärung kann im Übernahmevertrag **zeitlich befristet** werden.[88] Fehlt es an einer solchen ausdrücklichen Bestimmung, so bemisst sich die Bindung bis zur Annahme durch die Gesellschaft nach §§ 147, 149 BGB. **Nach der Annahme** besteht die Bindung nur für die voraussichtliche, nach dem regelmäßigen Verlauf der Dinge zur Durchführung der Kapitalerhöhung erforderliche Zeit. Wird diese in erheblichem Umfang überschritten, erhält der Übernehmer ein einseitiges **Lösungsrecht**. Hinsichtlich bereits erbrachter Leistungen[89] steht dem Übernehmer dann ein Bereicherungsanspruch nach § 812 Abs. 1 BGB zu.[90] Um

---

[81] Näher zum Agio vgl. *Heckschen*, DStR 2001, 1437, 1443 ff. (Fn. 59).

[82] Vgl. *Baumbach/Hueck* § 55 GmbHG Rn 20; *Hachenburg/Ulmer* § 55 GmbHG Rn 66; *Lutter/Hommelhoff* § 55 GmbHG Rn 33. Erfolgt trotz Fehlens der Angaben nach § 55 Abs. 2 S. 2 GmbHG die Eintragung, wird der Mangel geheilt, s. *Baumbach/Hueck* § 55 GmbHG Rn 20; *Hachenburg/Ulmer* § 55 GmbHG Rn 67.

[83] *Lutter/Hommelhoff* § 55 GmbHG Rn 34.

[84] Vgl. *Scholz/Priester* § 55 GmbHG Rn 94; *Hachenburg/Ulmer* § 55 GmbHG Rn 76; MünchHdb. GesR III/*Wegmann* § 543 Rn 73; *Rowedder/Zimmermann* § 55 GmbHG Rn 42.

[85] A. A. BGH GmbHR 1999, 287 (kein Erfüllungsanspruch gegen die GmbH auf die Durchführung der Kapitalerhöhung).

[86] Vgl. *Scholz/Priester* § 55 GmbHG Rn 97; *Hachenburg/Ulmer* § 55 GmbHG Rn 75; a. A. MünchHdb. GesR III/*Wegmann* § 543 Rn 31; BGH GmbHR 1999, 287 verneint einen Schadensersatzanspruch wegen Nichterfüllung und lässt offen, ob Schadensersatzpflicht wegen Treupflichtverletzung folgt.

[87] *Scholz/Priester* § 55 GmbHG Rn 93.

[88] *Lutter/Hommelhoff* § 55 GmbHG Rn. 33.

[89] Zur Voreinzahlung auf eine Bareinlage vgl. OLG Köln ZIP, 1243 f.; EWiR § 19 GmbHG 1/01, 1093 f. (Anm. von *Gerkan*).

[90] Vgl. RGZ 87, 164, 166; *Baumbach/Hueck* § 55 GmbHG Rn 22; *Hachenburg/Ulmer* § 55 GmbHG Rn 68 f.; *Rowedder/Zimmermann* § 55 GmbHG Rn 39; a. A.

bei Scheitern der Eintragung nicht auf den schwachen und insolvenzgefährdeten Anspruch aus § 812 BGB angewiesen zu sein, empfiehlt es sich in der Vertragspraxis, die vorweg zu erbringenden Einlagen nur bedingt zu leisten.[91]

2. Regelung im Gesellschaftsvertrag

Vielfach ist es angezeigt, bereits in den Gesellschaftsvertrag Regelungen hinsichtlich künftiger Kapitalerhöhungen aufzunehmen oder zumindest im Zusammenhang mit ihm derartige Bestimmungen zu treffen (z. B. wenn der nachfolgenden Generation der Einstieg in die Gesellschaft ermöglicht werden soll, vgl. den Formularvorschlag § 68, § 17). Die GmbH-Gesellschafter können vereinbaren, zu einem bestimmten Zeitpunkt oder unter gewissen Voraussetzungen eine Kapitalerhöhung zu beschließen.[92] Bei einer solchen Bestimmung handelt es sich der Rechtsnatur nach um einen **Stimmbindungsvertrag**. Die Verpflichtung bedarf **keiner besonderen Form**.[93] (Die Gesellschafter können indes auch vereinbaren, dass Kapitalerhöhungen nur einvernehmlich möglich sind; allerdings stehen derartige Abreden unter dem Vorbehalt der gesellschafterlichen Treupflicht.[94]) Da bei der Kapitalerhöhung grundsätzlich die beteiligten Gesellschafter Bezugsrechte erwerben und bei Ausschluss des Bezugsrechts im Zulassungsbeschluss festgelegt wird, mit wem die Gesellschaft den Übernahmevertrag abschließen darf, bedarf es ferner einer **Zusicherung von Anteilen**. Nur so kann nämlich sichergestellt werden, dass sich die Kapitalerhöhung, der zuzustimmen sich die anderen Gesellschafter im Stimmbindungsvertrag verpflichtet haben, zugunsten des Nachkommens eines Gesellschafters auswirkt. In der GmbH ist die Zusicherung des Abschlusses eines Übernahmevertrages auch schon vor dem Erhöhungsbeschluss möglich.[95] Grundsätzlich steht eine solche Zusicherung freilich unter dem **Vorbehalt** einer **wirksam beschlossenen Kapitalerhöhung**. Dies gilt indes dann nicht, wenn die Gesellschafter verpflichtet sind, der Kapitalerhöhung zuzustimmen.[96] Dies verdeutlicht die Notwendigkeit, die Verpflichtung zur Kapitalerhöhung und die Zusicherung des Abschlusses des Übernahmevertrages miteinander zu verzahnen. Die Zuständigkeit für eine derartige Zusicherung liegt prinzipiell bei der Gesellschafterversammlung.[97] Empfehlenswert ist es aber, entsprechende 29

Lutter/Hommelhoff § 55 GmbHG Rn 34: Vertrag ipso iure aufgelöst, wenn mehr als 6 Monate verstrichen sind.

[91] Vgl. *Lutter/Hommelhoff* § 55 GmbHG Rn 34; *Lutter*, FS Heinsius, S. 497 ff.

[92] *Scholz/Priester* § 55 GmbHG Rn 113.

[93] *Scholz/Priester* § 55 GmbHG Rn 113; *Hachenburg/Ulmer* § 55 GmbHG Rn 30; *Hergeth/Mingau*, DStR 2001, 1217, 1218 ff.

[94] BGH GmbHR 1970, 232; näher *Hachenburg/Ulmer* § 55 GmbHG Rn 30 f.

[95] § 187 Abs. 2 AktG ist im GmbH-Recht nicht anwendbar. Vgl. auch *Scholz/Priester* § 55 GmbHG Rn 115.

[96] Vgl. *Hachenburg/Ulmer* § 55 GmbHG Rn 86.

[97] *Hachenburg/Ulmer* § 55 GmbHG Rn 86; *Scholz/Priester* § 55 GmbHG Rn 115.

Regelungen von vornherein in den Gesellschaftsvertrag der GmbH aufzunehmen.

30 Nach der Aufnahme des neuen Gesellschafters bedarf der Gesellschaftsvertrag der GmbH eventuell der **Überarbeitung**. Zu denken ist u. a. an Regelungen für den Fall des Ausscheidens des neuen Gesellschafters oder auch an Bestimmungen, die sicherstellen, dass seine Rechte und damit sein Einfluss in der GmbH aus Gründen der Eingewöhnung für eine Übergangszeit hinter denen der übrigen Gesellschafter zurückbleiben.

3. Haftung des eintretenden Gesellschafters

31 Mit der Eintragung der Kapitalerhöhung ins Handelsregister entstehen der neue Geschäftsanteil und die mit ihm verbundenen Rechte und Pflichten. In diesem Zeitpunkt beginnt auch die **solidarische Haftung** nach § 24 GmbHG. Danach haftet der eintretende Gesellschafter sowohl für Ausfälle bei weiteren eintretenden Gesellschaftern als auch für Ausfälle der Altgesellschafter.[98] Aber auch die Altgesellschafter haben aufgrund von § 24 GmbHG für den Ausfall des neu eintretenden Gesellschafters einzustehen. Dies bedeutet vor allem für solche Gesellschafter eine unbillige Härte, die **der Kapitalerhöhung nicht zugestimmt** haben. Ihnen steht deshalb ein **Austrittsrecht** aus wichtigem Grund zu.[99]

4. Anmeldung zum Handelsregister

32 Nach § 57 GmbHG ist die beschlossene **Erhöhung** des Stammkapitals zur Eintragung ins Handelsregister anzumelden, nachdem das erhöhte Kapital durch Übernahme von Stammeinlagen gedeckt ist. Nach § 78 GmbHG ist die Anmeldung **durch sämtliche Geschäftsführer** zu bewirken, die sich dabei nicht vertreten lassen können.[100] Die Anmeldung kann erst erfolgen, wenn ein wirksamer Kapitalerhöhungs- und Zulassungsbeschluss vorliegen und die Stammeinlagen übernommen wurden.[101] **Notwendiger Inhalt** der Anmeldung ist neben dem Kapitalerhöhungsbetrag die Versicherung nach § 57 Abs. 2 S. 1 GmbHG.[102] Diese ist sachlich

---

[98] RGZ 132, 392, 393 ff.; *Lutter/Hommelhoff* § 55 GmbHG Rn 38; *Raiser* Kapitalgesellschaften § 39 Rn 16; *K. Schmidt* Gesellschaftsrecht § 37 V 1a dd (S. 1173); MünchHdb. GesR III/*Wegmann* § 543 Rn 74.

[99] Vgl. RGZ 93, 251, 252 f.; LG Mönchengladbach ZIP 1986, 306, 307 f.; *Lutter/Hommelhoff* § 55 GmbHG Rn 38; *Scholz/Priester* § 55 GmbHG Rn 23; *K. Schmidt* Gesellschaftsrecht § 37 V 1a dd (S. 1173 f.); MünchHdb. GesR III/*Wegmann* § 543 Rn 74 f.; anderer Lösungsweg bei *Grunewald*, Die Verantwortlichkeit des gering beteiligten GmbH-Gesellschafters für Kapitalaufbringung und -erhaltung, FS Lutter 2000, 413, 418 f.

[100] BayObLG BB 1986, 1532, 1533 f.; *Lutter/Hommelhoff* § 78 GmbHG Rn 2; *Scholz/Winter* § 78 GmbHG Rn 19; MünchHdb. GesR III/*Wegmann* § 543 Rn 48 auch zu abweichenden Ansichten.

[101] Näher MünchHdb. GesR III/*Wegmann* § 54 Rn 49; *Scholz/Priester* § 57 GmbHG Rn 2.

[102] Zur Versicherung gem. § 57 Abs. 2 S. 1 GmbHG vgl. BGH NJW 2002, 1716, 1718.

mit der Versicherung nach § 8 Abs. 2 S. 1 GmbHG identisch.[103] Werden Regelungen getroffen, die speziell den Inhalt der neuen Geschäftsanteile betreffen und vom dispositiven Gesetzesrecht wie vom bisherigen Satzungsinhalt abweichen, bedürfen sie aufgrund ihres satzungsändernden Charakters der **Eintragung** in das Handelsregister.[104] Welche Anlagen der Anmeldung beizufügen sind, bemisst sich nach §§ 54 Abs. 1 S. 2, 57 Abs. 3 GmbHG.[105]

Für unrichtige und unvollständige Angaben haften die Geschäftsführer nach §§ 57 Abs. 4, 9a Abs. 1 und 3, 9b GmbHG.[106]

IV. Harmonisierung der Eintrittsregelung in GmbH und KG

In der GmbH & Co. KG erfolgt die eigentliche unternehmerische Betä- 33
tigung regelmäßig in der KG. Die GmbH beschränkt sich vielfach darauf, die Komplementärfunktionen in der KG wahrzunehmen. Der Finanzbedarf der GmbH wird deshalb oftmals vergleichsweise gering ausfallen. Deshalb sind Kapitalerhöhungen eher in der KG erforderlich als in der GmbH. Gleichwohl dürfte ein Eintritt neuer Gesellschafter regelmäßig beide Gesellschaften betreffen. Aus der Sicht des **Eintretenden** kann auch ein **erhebliches Interesse** daran bestehen, nicht nur die Kommanditistenstellung zu erhalten, sondern **auch an der Komplementär-GmbH beteiligt** zu werden. Aus diesem Grund sollte in der Vertragspraxis grundsätzlich eine **Harmoniserung der Eintrittsregelungen** in der GmbH und in der KG angestrebt werden. GmbH und KG unterscheiden sich vor allem hinsichtlich der **Mehrheitserfordernisse**, die für den Eintritt eines neuen Gesellschafters erforderlich sind. Während bei der KG Einstimmigkeit erforderlich ist, reicht in der GmbH eine Dreiviertelmehrheit aus, wenn die Aufnahme im Wege der Kapitalerhöhung erfolgt. Erfolgt die Aufnahme durch rechtsgeschäftliche Übertragung, bedarf es in der GmbH nach den dispositiven Regelungen des Gesetzes (§ 15 Abs. 4 GmbH) keiner Zustimmung, wiewohl die Praxis dieses dispositive Prinzip meist durch Vinkulierungsklauseln abbedingt. In der KG besteht demnach die Gefahr einer Blockade durch Minderheitsgesellschafter. Deshalb dürfte es oftmals angezeigt sein, auch **im Gesellschaftsvertrag der KG** festzulegen, dass der **Beitritt** eines neuen Gesellschafters mit der in der Komplementär-GmbH geltenden Mehrheit beschlossen werden kann[107] (vgl. Formular

[103] *Lutter/Hommelhoff* § 57 GmbHG Rn 5; zum Erfordernis der endgültigen freien Verfügung *Ihrig*, Endgültige freie Verfügung; zur Versicherung gem. § 8 Abs. 2 S. 1 GmbHG vgl. Formularvorschlag § 61.

[104] *Hachenburg/Ulmer* § 55 GmbHG Rn 20; MünchHdb. GesR III/*Wegmann* § 543 Rn 53.

[105] Näher MünchHdb. GeR III/*Wegmann* § 543 Rn 54ff.; zu den Anforderungen an die Anmeldung bei der vollständigen Neufassung des Gesellschaftsvertrages, OLG Hamm NJW-RR 2002, 37f.

[106] Dazu *Hachenburg/Ulmer* § 57 GmbHG Rn 25ff.; *Rowedder/Zimmermann* § 57 GmbHG Rn 22ff.

[107] *Schlegelberger/Martens* § 161 HGB Rn 50.

§ 63, § 13 Abs. 3b, c). Allerdings muss dabei der personengesellschaftsrechtliche **Bestimmtheitsgrundsatz** beachtet werden.[108]

34 Auch darüber hinaus sind Harmonisierungen der Eintrittsregeln in der GmbH und der KG zu empfehlen. Sollen etwa im Gesellschaftsvertrag bereits Regelungen für künftige Eintritte neuer Gesellschafter getroffen werden, so sollten sowohl der Gesellschaftsvertrag der KG (vgl. Formular, § 66, § 16) als auch der der GmbH (vgl. Formular § 68, § 17) entsprechende Bestimmungen enthalten.

---

[108] Vgl. *Hesselmann/Tillmann* GmbH & Co. Rn 98.

§ 28 Anteilsübertragung/Umwandlung der Gesellschafterstellung

Übersicht

Schrifttum: *Altmeppen*, Zur Enthaftung des ausscheidenden Personengesellschafters, NJW 2000, 2529; *Binz/Mayer*, Beurkundungspflichten bei der GmbH & Co. KG, NJW 2002, 3054; *Christoffel*, Neue Anteilsbewertung nach dem Stuttgarter Verfahren ab 1993, GmbHR 1993, 205 u. 273; *Crezelius*, Zur Stellung des § 176 HGB im Handels- und Gesellschaftsrecht, BB 1983, 5; *Eckert*, Rechtsfolgen des Kommanditistenwechsels. Unter Berücksichtigung des Urteils des BGH vom 29. 6. 1981, ZHR 147 (1983), 565; *Eidenmüller*, Rechtskauf und Unternehmenskauf, ZGS 2002, 290; *Großfeld*, Unternehmens- und Anteilsbewertung im Gesellschaftsrecht, 3. Aufl. 1994; *Hennerkes/Binz*, Gilt die unbeschränkte Haftung für den nicht eingetragenen Kommanditisten auch im Fall der GmbH & Co.?, GmbHR 1983, 233; *Hiddemann*, Leistungsstörungen beim Unternehmenskauf aus der Sicht der Rechtsprechung, ZGR 1982, 435; *Hölters*, Handbuch des Unternehmens- und Beteiligungskaufs, 4. Aufl. 1996; *Hommelhoff*, Zur Abgrenzung von Unternehmenskauf und Anteilserwerb, ZGR 1982, 366; *Huber*, Die Praxis des Unternehmenskaufs im System des Kaufrechts, AcP 2002, 179; *Huber*, Eintragungsfehler bei der Abtretung von Kommanditanteilen – Besprechung der Entscheidung BGHZ 81, 82 und BGH WM 1983, 651, ZGR 1984, 146; *Jeschke*, Der Rechtsnachfolgevermerk im Handelsregister bei der Übertragung von Mitgliedschaftsrechten an KG, DB 1983, 541; *Klauss/Birle*, Die GmbH & Co., 7. Aufl. 1988; *Koch*, Die Entwicklung des Gesellschaftsrechts in den Jahren 1984/85. Ein Überblick, NJW 1986, 165; *Körmann*, Zur Haftung bei Einlagenrückgewähr in der KG, besonders in der GmbH & Co. KG, 1981; *Liebscher*, Umgehungsresistenz von Vinkulierungsklauseln, ZIP 2003, S. 825; *Michel*, Ist für die Eintragung einer Kommanditanteilsübertragung eine Versicherung gegenüber dem Registergericht erforderlich?, DB 1988, 1985; *ders.*, Die Kommanditanteilsübertragung auf einen Dritten, 1991; *Moxter*, Das „Stuttgarter Verfahren" und die Grundsätze ordnungsgemäßer Unternehmensbewertung, DB 1976, 1585; *Piltz*, Die Unternehmensbewertung in der Rechtsprechung, 3. Aufl. 1994; *Reichert*, Das Zustimmungserfordernis zur Abtretung von Geschäftsanteilen in der GmbH, 1984; *Reichert/Winter*, Vinkulierungsklauseln und gesellschafterliche Treupflicht, Festschrift 100 Jahre GmbHG, 1992, S. 209; *Reuter*, Neuere Rechtsprechung zum Personengesellschaftsrecht, Teil 2, JZ 1986, 72; *K. Schmidt*, Handelsregisterpublizität und Kommanditistenhaftung, ZIP 2002, 413; *ders.*, Die GmbH-Beteiligung von Gesellschaften bürgerlichen Rechts als Publizitätsproblem, Wucherungen der Gesamthands-BGB-Gesellschaft?, BB 1983, 1697; *ders.*, Ehegatten-Miteigentum oder „Eigenheim-Gesellschaft", AcP 1982, 481; *ders.*, Kommanditistenwechsel und Nachfolgevermerk – Bemerkungen zum Urteil des BGH vom 29. 6. 1981, GmbHR 1981, 253; *ders.*, Anwendungsgrenzen des § 176 II. HGB, ZHR 144 (1980), 192; *Schmitz*, Vinkulierungs- und Ausschließungsklauseln, Festschrift für Wiedemann 2002, 1223; *Siems/Maass*, Die Begrenzung der Nachhaftung gem. § 160 HGB, § 736 Abs. 2 BGB, WM 2000, 2328; *Sieveking*, Umfang des Formzwanges und der Heilungswirkung beim Unternehmensverkauf einer GmbH & Co. KG, MDR 1984, 989; *Westermann*, Neue Entwicklungen der Verkäuferhaftung beim Kauf von Unternehmensbeteiligungen, ZGR 1982, 45; *Wiedemann*, Die Übertragung und Vererbung von Mitgliedschaftsrechten bei Handelsgesellschaften, 1965; *Wiesner*, Beurkundungspflicht und Heilungswirkung bei Gründung von Personengesellschaften und Unternehmensveräußerungen, NJW 1984, 95; *Winkler*, Die Genehmigung des Vormundschaftsgerichts zu gesellschaftsrechtlichen Akten bei Beteiligung Minderjähriger, ZGR 1973, 177; *ders.*, Erwerb von GmbH-Anteilen durch Minderjährige und vormundschaftsgerichtliche Genehmigung – Besprechung der Entscheidung BGHZ 107, 23ff., ZGR 1990, 131.

I. Abgrenzung von Ein- und Austritt

Die Anteilsübertragung ist vom Eintritt und Austritt eines Gesellschafters abzugrenzen. Der Ein- und Austritt führt zur **An- bzw. Abwachsung**, während im Falle der **Anteilsübertragung** eine **Rechtsnachfolge** stattfindet. Wie bereits oben unter § 27 Rn 1 dargelegt, führt ein Gesellschafterwechsel durch Ein- und Austritt zu einer Haftungsdoppelung; diese kann durch Ausgestaltung des Gesellschafterwechsels als Anteilsübertragung vermieden werden. Man wird daher einen Gesellschafterwechsel regelmäßig in Form der Anteilsübertragung vollziehen. 1

II. Das gesetzliche Regelungsmodell

1. Kommanditgesellschaft (GmbH & Co. KG)

Der Gesetzgeber hat an eine Übertragbarkeit von Gesellschaftsanteilen in der KG nicht gedacht. Eine Regelung findet sich nur in § 719 Abs. 1 BGB, der sich indessen – entgegen Annahmen der älteren Lehre – nicht mit der Frage befasst, ob die Beteiligung im Ganzen übertragbar ist. Er bringt vielmehr nur zum Ausdruck, dass die Vermögensbeteiligung nicht ohne die Mitgliedschaft übertragen werden kann.[1] Demnach ist eine **Anteilsübertragung** nach heute gesicherter Auffassung **zulässig**.[2] Sofern die Gesellschafter keine andere Regelung im Gesellschaftsvertrag getroffen haben, setzt die Übertragung jedoch die **Zustimmung sämtlicher Gesellschafter** voraus.[3] 2

2. GmbH (Komplementär-GmbH)

a) Übertragung von Geschäftsanteilen. Anders als das Personengesellschaftsrecht, das zwar nicht von einer unübertragbaren Mitgliedschaft ausgeht, in seiner dispositiven Regelform aber den Schutzbelangen der Mitgesellschafter Vorrang vor dem Veräußerungs- und Übertragungsinteresse eines veräußerungswilligen Gesellschafters einräumt, geht das GmbH-Gesetz in § 15 Abs. 1 GmbHG vom **Grundsatz der freien Übertragbarkeit** von Geschäftsanteilen aus. In § 15 Abs. 5 GmbHG sieht das Gesetz aber die Möglichkeit vor, die Abtretung von der Genehmigung der Gesellschaft oder von beliebigen anderen Wirksamkeitsvoraussetzungen abhängig zu machen. Während das GmbH-Gesetz, wie sich gerade in § 15 GmbHG widerspiegelt, vom Regelfall der kapitalistischen GmbH ausgeht, überwiegt in der Praxis die personalistische GmbH. Das im Gesetz an- 3

---

[1] *K. Schmidt* Gesellschaftsrecht § 45 III.2a S. 1322; *Flume* Personengesellschaft § 17 II.

[2] BGHZ 13, 179, 185; 24, 106, 114; 44, 229, 231; *K. Schmidt* Gesellschaftsrecht § 45 III 2b S. 1322; MünchHdb. GesR II/*Piehler/Schulte* KG § 35 Rn 1.

[3] Vgl. nur BGHZ 13, 186; *K. Schmidt* Gesellschaftsrecht § 45 III 3b S. 1323 Rn 3.

genommene Regel-Ausnahmeverhältnis von freier Übertragbarkeit und Vinkulierung hat sich in der Praxis folglich gerade umgekehrt; in aller Regel enthalten die Gesellschaftsverträge Vinkulierungs- oder Vorkaufsrechtsbestimmungen, durch welche die freie Übertragbarkeit von Anteilen beschränkt wird[4] (Rn 5).

4 **b) Übertragung von Teilgeschäftsanteilen.** Der Grundsatz der freien Übertragbarkeit gilt indessen nicht für die Übertragung von Teilen eines Geschäftsanteils. Hierfür sieht § 17 Abs. 1 GmbHG die zusätzliche Voraussetzung einer Genehmigung der Gesellschaft vor. Genehmigung ist Zustimmung i. S. d. § 182 BGB und kann daher vor, bei und nach der Veräußerung erteilt werden.[5] Nach § 17 Abs. 2 GmbHG bedarf die Genehmigung der schriftlichen Form; sie muss die Person des Erwerbers und den Betrag bezeichnen, welcher von der Stammeinlage des ungeteilten Gesellschaftsanteils auf jeden der durch die Teilung entstehenden Geschäftsanteile entfällt. Jede andere Teilung eines Geschäftsanteils ist unzulässig; sie kann also nur durch Abtretung eines Teilgeschäftsanteils erfolgen.[6] Zuständig für die Erteilung der Genehmigung ist die Gesellschaft, vertreten durch die Geschäftsführer.[7] Im Innenverhältnis ist der Geschäftsführer jedoch verpflichtet, einen Gesellschafterbeschluss nach § 46 Nr. 4 GmbHG herbeizuführen. Fehlt der Gesellschafterbeschluss, führt dies allerdings nach herrschender Meinung nicht zur Unwirksamkeit der Genehmigung;[8] anderes kann jedoch nach den Grundsätzen des Missbrauchs der Vertretungsmacht gelten.[9]

III. Abweichungen in der Vertragsgestaltung

1. Lockerung oder Aufhebung der Vinkulierung in der GmbH & Co. KG

5 **a) Mögliche und übliche Vertragsgestaltungen.** Der Gesellschaftsvertrag kann vorsehen, dass die Gesellschaftsanteile **frei übertragbar** sind, es also keiner Zustimmungen der Mitgesellschafter bedarf. Eine derartige, für die Personengesellschaft unübliche Regelung muss jedoch ausdrücklich getroffen werden. Üblich sind Bestimmungen, wonach die **Übertragung an einzelne Gruppen ohne Zustimmung** der Mitgesellschafter möglich ist, etwa die Übertragung an Mitgesellschafter, Abkömmlinge oder Ehegatten (vgl. Formular § 58, § 12 Abs. 2). Anstelle der Abbedingung des Zustimmungserfordernisses – dogmatisch sieht man darin eine voraus-

---

[4] Eingehend *Reichert*, Zustimmungserfordernis, S. 48 ff.; zu Gestaltungsmöglichkeiten: *Reichert/Harbarth*, GmbH-Vertrag, S. 125 ff.

[5] Allg. M.; vgl. *Baumbach/Hueck/Fastrich* § 17 GmbHG Rn 3.

[6] *Baumbach/Hueck/Fastrich* § 17 GmbHG Rn 3; *Lutter/Hommelhoff* § 17 GmbHG Rn 8; *Scholz/Winter* § 17 GmbHG Rn 6.

[7] *Hachenburg/Zutt* § 17 GmbHG Rn 25; *Baumbach/Hueck/Fastrich* § 17 GmbHG Rn 10.

[8] RGZ 64, 151; BGHZ 14, 31.

[9] *Baumbach/Hueck/Fastrich* § 17 GmbHG Rn 10; *Scholz/Winter* § 17 GmbHG Rn 20; *Langenfeld* GmbH-Vertragspraxis, Kap. 7, Rn 242 (für § 15 Abs. 5 GmbHG).

genommene Zustimmung – kann der Gesellschaftsvertrag den Beteiligten auch lediglich einen **Anspruch auf Erteilung der Zustimmung** einräumen (Formular § 66, § 17 Abs. 3). Diese Gestaltung hat den Vorzug, dass die Gesellschafter unterrichtet werden und selbst überprüfen können, ob die Voraussetzungen, unter denen die Zustimmung erteilt werden soll, vorliegen. Für den veräußerungswilligen Gesellschafter hat die Formulierung den Nachteil, dass er – halten die Mitgesellschafter sich nicht an die eingegangene Verpflichtung – gegebenenfalls auf Erteilung der Zustimmung klagen muss.

Schließlich – und solche Bestimmungen werden in der Praxis besonders 6
häufig getroffen – kann der Gesellschaftsvertrag vorsehen, dass die Übertragung des Gesellschaftsanteils nicht der Zustimmung jedes einzelnen Gesellschafters bedarf, sondern eines durch die Gesellschafterversammlung mit einer bestimmten (einfachen oder qualifizierten) Mehrheit zu fassenden **Zustimmungsbeschlusses** (vgl. Formular § 63, § 17 Abs. 1). Man wird – ebenso wie bei der GmbH – annehmen können, dass die betroffenen Gesellschafter dabei nicht vom Stimmrecht ausgeschlossen sind; zweckmäßigerweise sollte der Gesellschaftsvertrag jedoch auch diese Frage klarstellen (vgl. Formular § 66, § 17 Abs. 1). Die erwähnte **Mehrheitsklausel** sollte sich ferner ausdrücklich auf den Fall der Zustimmung zu einer Anteilsübertragung beziehen; allgemeine Mehrheitsklauseln reichen nach verbreiteter Auffassung nicht aus.[10] Anstelle des Erfordernisses eines Gesellschafterbeschlusses kann die Anteilsübertragung auch von der **Zustimmung bestimmter einzelner Gesellschafter** abhängig gemacht werden. Das Zustimmungserfordernis kann sich auch **auf bestimmte Übertragungen** beschränken, so etwa die Übertragung an Familienfremde, an Konkurrenten oder – gerade umgekehrt – lediglich die Übertragung an bestimmte Personen (meist Mitgesellschafter, Abkömmlinge, Ehegatte) vom Zustimmungserfordernis ausnehmen.

b) Übertragung eines Teilgesellschaftsanteils. Zulässig ist auch, den 7
Gesellschaftsanteil nicht vollständig, sondern nur teilweise zu übertragen. Dazu bedarf es jedoch wiederum entweder einer entsprechenden **Ermächtigung im Gesellschaftsvertrag** (vgl. Formularvorschlag § 66, § 17 Abs. 1, 2) oder einer ausdrücklichen **Zustimmung** zur Teilübertragung; eine Bestimmung, die die Übertragung von Gesellschaftsanteilen generell einem Mehrheitsbeschluss oder einem sonstigen Zustimmungserfordernis unterwirft, genügt für die Zulässigkeit einer Teilübertragung nicht.[11] Erfolgt eine Teilübertragung des Gesellschaftsanteils an einen Mitgesellschafter, so vereinigt sich dessen Anteil zu einem einheitlichen Gesellschaftsanteil.

c) Übertragung sämtlicher Gesellschaftsanteile. Werden sämtliche 8
Gesellschaftsanteile auf einen Dritten übertragen, hat dies zur Folge, dass die Gesellschaft beendet und der Erwerber alleiniger Inhaber des Handels-

[10] BGH WM 1961, 303 f.; MüKo/*Ulmer* § 719 BGB Rn 21.

[11] MüKo/*Ulmer* § 719 BGB Rn 39; MünchHdb. GesR II/*Piehler/Schulte* KG § 35 Rn 6.

geschäftes wird, ohne dass es einer Verfügung über die Geschäftsanteile der Gesellschaft bedarf.[12]

9 **d) Erteilung der Zustimmung.** Die Anteilsübertragung bleibt bis zur Erteilung der Zustimmung schwebend unwirksam.[13] Wird sie von einem Mitgesellschafter, auf dessen Zustimmung es ankommt, verweigert, tritt endgültige Unwirksamkeit ein.[14] Die Erteilung der Zustimmung erfolgt **durch** den jeweiligen **Mitgesellschafter**; die Geschäftsführer sind zur Erteilung zuständig, wenn sie hierzu im Gesellschaftsvertrag oder durch Gesellschafterbeschluss ermächtigt wurden.[15]

10 **e) Treuepflicht.** Auch soweit die Anteilsübertragung nicht an ein Zustimmungserfordernis geknüpft ist, kann sie wegen Verstoßes gegen die gesellschafterliche Treuepflicht ausnahmsweise unwirksam sein, wenn die Aufnahme des Erwerbers in die Gesellschaft den Mitgesellschaftern unzumutbar ist. Das ist im Regelfall zu bejahen, wenn beim Erwerber ein wichtiger Grund zum Ausschluss nach § 737 BGB gegeben ist.[16] Im Übrigen kann auch die Verweigerung der Zustimmung zur Übertragung eines Geschäftsanteils in eng begrenzten Ausnahmefällen treuwidrig sein. Zwar wird man die für die GmbH entwickelten Regeln (vgl. Rn 5) nicht ohne weiteres auf die Personengesellschaft übertragen können, da das Zustimmungserfordernis in der Personengesellschaft – aufgrund deren originär personalistischen Charakters – der gesetzliche Regelfall ist und nicht erst durch eine besondere Vertragsgestaltung eingeführt wird. Gleichwohl kann sich die Verweigerung der Zustimmung in bestimmten, eng zu begrenzenden Konstellationen als treuwidrig darstellen. Zu denken ist etwa an Fälle, in denen der Übertragung auf den vorgesehenen Erwerber aus der Sicht eines billig und gerecht denkenden Gesellschafters – auch unter besonderer Berücksichtigung des personalistischen Charakters der Gesellschaft – kein vernünftiger Grund entgegensteht und die Verweigerung ersichtlich dem Zweck dient, den Mitgesellschafter zu schädigen oder den Anteil auf diese Weise zu einem besonders niedrigeren (unter dem des Erwerbsinteressenten liegenden) Preis erwerben zu können.

2. Vinkulierungsbestimmungen in der Komplementär-GmbH

11 In der Satzung der Komplementär-GmbH, deren **Geschäftsanteile** nach dem dispositiven Gesetzesrecht **frei übertragen werden können**, sind **Beschränkungen** der Veräußerbarkeit **üblich**.[17] Gerade die Gesell-

---

[12] MünchHdb. GesR II/*Piehler/Schulte* KG § 35 Rn 2f.

[13] BGHZ 13, 179, 184; *Lutter/Hommelhoff* § 15 GmbHG Rn 33; *Scholz/Winter* § 15 GmbHG Rn 100.

[14] BGHZ 13, 187.

[15] MüKo/*Ulmer* § 719 BGB Rn 22.

[16] Vgl. BGH ZIP 1982, 309f.; MünchHdb. GesR II/*Piehler/Schulte* KG § 35 Rn 8; MüKo/*Ulmer* § 719 BGB Rn 23.

[17] Zur nachträglichen Einfügung bzw. Aufhebung von Vinkulierungsbestimmungen vgl. *Goette*, Die GmbH, 2. Aufl. 2002, § 5 III Rn 39.

schafter einer als Komplementärin an der KG beteiligten GmbH haben typischerweise ein Interesse daran, ebenso wie in der Personengesellschaft auch in der GmbH das Eindringen unliebsamer Dritter in die Gesellschaft zu verhindern. Häufig wird gar über den Kreis der GmbH-Gesellschafter eine gleichsam umfassendere Kontrolle angestrebt als über den Kreis der Kommanditisten, da die GmbH als Geschäftsführungs- und Steuerungsinstrument fungiert und es daher in noch höherem Maße darauf ankommt, unliebsame Dritte am Eindringen in die GmbH hindern zu können. Die Kautelarpraxis greift daher in aller Regel auf verschiedene Typen von Vinkulierungsklauseln zurück.

a) Zustimmungserfordernis. Am meisten verbreitet sind Zustimmungserfordernisse, die die Wirksamkeit der Abtretung von Geschäftsanteilen von der Zustimmung **einer oder mehrerer Personen** (z. B. eines oder aller Gesellschafter[18]), eines Organs oder mehrerer Organe, eines mit einfacher oder qualifizierter Mehrheit zu fassenden **Gesellschafterbeschlusses** oder eines **Beiratsbeschlusses** abhängig machen. Nicht empfehlenswert sind dagegen Klauseln, die lediglich eine Zustimmung „der Gesellschaft" vorsehen, ohne ausdrücklich zu regeln, ob und mit welcher Mehrheit die Geschäftsführung, die in diesem Fall die Zustimmung zu erteilen hat, dazu durch einen Beschluss der Gesellschafterversammlung ermächtigt werden muss.[19] Weiterhin unterscheiden sich Zustimmungserfordernisse darin, ob sie **sämtliche Übertragungsvorgänge** erfassen oder **Verfügungen zugunsten bestimmter Personen** (z. B. Mitgesellschafter, Gesellschaften, die von Mitgesellschaftern beherrscht werden, Familienmitglieder, Abkömmlinge, Ehegatten) **ausnehmen**. Die Gestaltungen sind hier in ähnlicher Vielfalt möglich wie bei der KG, nur erfolgen die Regelungen gerade spiegelbildlich: Während im GmbH-Vertrag von der gesetzlichen Übertragungsfreiheit auszugehen ist und die Klauseln entsprechende Beschränkungen zu beinhalten haben, ist bei der KG vom Grundsatz auszugehen, dass eine Übertragung nur unter Mitwirkung sämtlicher Gesellschafter möglich ist, so dass es einer entsprechenden Öffnung bedarf. 12

Ebenso wie in der KG bleibt im Falle einer Vinkulierung die **Wirksamkeit der Abtretung** des GmbH-Anteils **bis zur Erteilung der Zustimmung in der Schwebe**. Wird die Zustimmung versagt, ist die Abtretung wirkungslos; wird die Zustimmung erteilt, wirkt sie auf den Zeitpunkt der Abtretung zurück (§§ 399, 413, 184 Abs. 1 BGB). Wie im KG-Vertrag, kann auch in der GmbH-Satzung vorgesehen werden, dass die Zustimmung unter bestimmten Voraussetzungen erteilt werden muss oder nur unter bestimmten Voraussetzungen versagt werden darf (vgl. Formularvorschlag § 66, § 14 Abs. 2). Enthält der Gesellschaftsvertrag indes keine besonderen Bestimmungen, steht die **Ausübung des Zustimmungserfordernisses im Ermessen** der Gesellschafterversammlung. Das Ermessen ist jedoch 13

[18] Die Frage, ob die Anteilsübertragung auch an die Zustimmung eines gesellschafsfremden Dritten geknüpft werden kann, ist umstritten, wird jedoch von der wohl h. M. bejaht; vgl. *Baumbach/Hueck/Fastrich* m. w. N. auch zur a. A.

[19] *Schmitz*, FS Wiedemann, 1223, 1246.

durch die **gesellschafterliche Treuepflicht** begrenzt, welche in eng umgrenzten Ausnahmesituationen die Erteilung bzw. Versagung der Genehmigung gebieten kann.[20]

13 a **b) Mittelbare Vinkulierungen.** Für den Fall, dass zum Gesellschafterkreis einer GmbH nicht nur natürliche Personen, sondern andere Gesellschaften zählen, können Vinkulierungsregeln möglicherweise dadurch umgangen werden, dass nicht die vinkulierten Geschäftsanteile selbst, sondern Beteiligungen an der die vinkulierten Anteile haltenden Gesellschaft veräußert werden. Fraglich ist, ob der darin liegende mittelbare Gesellschafterwechsel von der Reichweite einfacher Vinkulierungsklauseln erfasst wird.[21] Dagegen spricht, dass bei bewusster Aufnahme einer Gesellschaft als Gesellschafter naturgemäß mit einer Änderung der Beteiligungsverhältnisse bei diesem Gesellschafter gerechnet werden muss. Etwas anderes gilt allerdings, wenn es sich bei der beteiligten Gesellschaft um eine **Holdinggesellschaft** handelt, deren Zweck sich – weitgehend – in der Beteiligung an der geschützten Gesellschaft erschöpft. In diesem Fall liegt in der Übertragung der Anteile der Zwischenholding ein Verstoß gegen Sinn und Zweck der Vinkulierungsklausel, Einflüsse unerwünschter Dritter von der Gesellschaft fern zu halten.[22]

Gleichwohl scheitert eine **unmittelbare Anwendung** der Vinkulierungsklausel an § 137 S. 1 BGB: Eine dingliche Bindung der Mitglieder in dritten Gesellschaften ist durch § 15 Abs. 5 GmbHG nicht gedeckt. Indes kommt die Erstreckung einfacher Vinkulierungsklauseln auf Umgehungsgestaltungen insbesondere unter zwei Gesichtspunkten in Betracht: dem **allgemeinen Rechtsgedanken des Umgehungsschutzes** sowie – wohl besser – der **gesellschafterlichen Treuepflicht**.[23] Folgt man dem treuepflichtgestütztem Ansatz, so stellt sich eine vinkulierungswidrige Ver-

---

[20] Nach früherer Auffassung konnte die Zustimmung willkürlich verweigert werden, vgl. noch *Hachenburg/Schilling/Zutt* (Vorauflage) § 15 GmbHG Rn 116; heute hat sich die Auffassung durchgesetzt, dass die Zustimmung nur nach pflichtgemäßem Ermessen verweigert werden kann, vgl. *Reichert*, Zustimmungserfordernis, S. 224 ff. mit Übersicht über Einzelfallgruppen, S. 233 ff.; *Reichert/Winter*, FS 100 Jahre GmbHG, S. 221; *Hachenburg/Zutt* § 15 GmbHG Rn 116; für weiteres Ermessen *Baumbach/Hueck/Fastrich* § 15 GmbHG Rn 45; *Scholz/Winter* § 15 GmbHG Rn 94; die Frage, ob und unter welchen Voraussetzungen eine Verpflichtung zur Versagung der Zustimmung in Betracht kommt, wird insb. unter dem Stichwort „Präventiver Konzernierungsschutz" erörtert, vgl. dazu *Reichert/Winter*, FS 100 Jahre GmbHG, S. 229 ff.

[21] Zu anderweitigen Umgehungsgestaltungen in Form von Treuhandverträgen oder Stimmbindungsvereinbarungen vgl. grundlegend *Lutter/Grunewald* Gesellschaften als Inhaber vinkulierter Aktien und Geschäftsanteile, AG 1989, S. 109 ff.; siehe ferner *Roth/Altmeppen* § 15, Rn 112 f.; *Hueck/Fastrich* § 15 Rn 54 ff.; *Scholz/Winter* § 15, Rn 83 a.

[22] So *Lutter/Grunewald*, Gesellschaften als Inhaber vinkulierter Aktien, AG 1989, S. 409, 410; *Kowalski*, Vinkulierte Geschäftsanteile, GmbHR 1992, S. 347, 353.

[23] Zur Treuepflicht als Grundlage des Umgehungsschutzes vgl. nunmehr insbesondere das Urteil des LG München I v. 12. 9. 2002 – 15 HK o 15764/02 (Springer/Kirch), zustimmend *Liebscher*, Umgehungsresistenz von Vinkulierungsklauseln, ZIP 2003, S. 825 ff.

fügung des (mittelbaren) Gesellschafters als treuepflichtwidrig dar und zieht **Unterlassungsansprüche** nach sich. Ferner kommen **Schadensersatzansprüche** sowie gegebenenfalls ein **Ausschlussrecht** in Betracht.[24]

Nichtigkeit des Verfügungsgeschäftes im Außenverhältnis ist dem entgegen nur unter den engen Voraussetzungen des § 138 BGB anzunehmen.[25] Nur ausnahmsweise, wenn der Erwerber ein besonderes Maß an Rücksichtslosigkeit und Illoyalität an den Tag legt, ist das vinkulierungswidrige Rechtsgeschäft **sittenwidrig und damit nichtig** (Kollusion). Dies wäre etwa der Fall, wenn die Beteiligten bewusst den Zweck verfolgen, die Vinkulierung zu umgehen oder wenn eine Freistellung des Erwerbers oder Veräusserers von Schadensersatzansprüchen vereinbart worden ist, wobei in eindeutigen Fallgestaltungen eine **prima facie-Vermutung** für das Vorliegen subjektiver Umgehungsabsicht spricht.[26]

Gestalterische Vorsorge gegen Umgehungsfällen im Zusammenhang mit mittelbaren Vinkulierungen lässt sich durch **schuldrechtlichen Abreden** zwischen vinkulierte Gesellschaft und mittelbarem Gesellschafter treffen; ferner kommen **statuarische Ausschlussklauseln** mit Bezug auf den Gesellschafterkreis der beteiligten Gesellschaft sowie die Begründung von **Vorkaufs- und Ankaufsrechten** der Mitgesellschafter im Hinblick auf die Anteile der vinkulierten Gesellschaft in Betracht.[27]

c) Partielle Übertragungsverbote. Zulässig sind schließlich auch so genannte partielle Übertragungs- und/oder Veräußerungsverbote, wonach bestimmte Personen (z. B. Konkurrenten) aus dem Kreis möglicher Erwerber ausgeschlossen werden. Sie kommen jedoch seltener vor und sind auch weniger empfehlenswert, da sie dazu zwingen, die Fälle, in denen die Übertragbarkeit möglich oder unmöglich sein soll, bereits bei Vertragsabschluss festzulegen. Dies birgt die Gefahr, dass Erwerbsverbote zu weit oder zu eng gefasst werden. 14

d) Teilgeschäftsanteile. Zustimmungsvorbehalte und partielle Übertragungsverbote gelten – sieht der Gesellschaftsvertrag nichts Gegenteiliges vor – auch als zusätzliche Erfordernisse für die Übertragung von Teilgeschäftsanteilen.[28] Umgekehrt kann das generelle Zustimmungserfordernis der Gesellschaft für Teilgeschäftsanteile unter den Voraussetzungen des § 17 Abs. 3 GmbHG gelockert werden. Danach kann bestimmt werden, dass für die Veräußerung von Teilen eines Geschäftsanteils an andere Gesellschafter sowie für die Teilung von Geschäftsanteilen verstorbener Gesellschafter unter deren Erben eine Genehmigung der Gesellschaft nicht erfor- 15

---

[24] *Lutter/Grunewald*, Gesellschaften als Inhaber vinkulierter Aktien, AG 1989, S. 409, 410; *Roth/Altmeppen* § 15 Rn 114.

[25] Zutreffend *Lutter/Grunewald*, AG 1989, 409, 410; MünchKomm-*Bayer*, AktG, § 68, Rn 123; weitergehend *Liebscher*, ZIP 2003, S. 825, 832, der einen Bereich objektiver Umgehungsfälle anerkennt, welche ohne Rücksicht auf das Hinzutreten subjektiver Elemente gleichfalls mit dinglicher Wirkung dem Zustimmungsvorbehalt unterworfen sind.

[26] *Liebscher*, ZIP 2003, S. 825, 831 f.

[27] Eingehend *Lutter/Grunewald*, AG 1989, 409; *Schmitz*, FS Wiedemann, 1223 ff.

[28] Vgl. *Schmitz*, FS Wiedemann, 1223, 1229.

derlich ist. Darüber hinausgehende Erleichterungen der Übertragung von Teilgeschäftsanteilen sind nicht zulässig. Insoweit müssen die Vertragsparteien, soweit sie die Übertragung von Teilgeschäftsanteilen vereinfachen wollen, auf schuldrechtliche Gestaltungen zurückgreifen: So kann vorgesehen werden, dass die Gesellschafter einer Übertragung von Teilgeschäftsanteilen stets oder unter bestimmten Voraussetzungen zustimmen müssen (dazu Formular § 64, § 11 Abs. 4). Hierbei ist indes auf etwaige Beschränkungen des statuarischen Regelungsspielraums durch die gesellschafterliche Treuepflicht zu achten. Ist diese nicht verletzt, so hat der Geschäftsführer, dem die Erteilung der Genehmigung gemäß § 17 Abs. 2 GmbHG obliegt, die Zustimmung aufgrund eines zustimmenden Beschlusses der Gesellschafterversammlung zu erteilen.

3. Vorkaufs- und Vorerwerbsrechte, Andienungsrechte und -pflichten

16 **a) Vorkaufs- und Vorerwerbsrechte.** Anstelle von Zustimmungserfordernissen oder in Kombination mit solchen werden sowohl im KG-Vertrag als auch im Statut der GmbH[29] häufig Vorkaufsrechte[30] oder Vorerwerbsrechte vorgesehen. Diese führen zu einer geringeren Beschränkung der Handlungsmöglichkeiten des veräußerungswilligen Gesellschafters, da sie ihn letztlich nicht daran hindern, über seinen Geschäftsanteil zu verfügen. Andererseits ermöglichen sie den Gesellschaftern, das Eindringen Dritter nur dadurch zu verhindern, dass sie – oder gegebenenfalls von ihnen benannte Dritte – die Anteile erwerben.[31] Zu unterscheiden ist zwischen den klassischen Vorkaufsrechten und Vorerwerbsrechten, die auch als Andienungspflichten im Veräußerungsfall bezeichnet werden. **Vorkaufsrechte** gemäß den **§§ 463 ff. BGB geben dem Vorkaufsberechtigten die Möglichkeit**, in den mit einem Erwerber abgeschlossenen Kaufvertrag einzutreten. Demgegenüber sehen **Vorerwerbsrechte** oder Andienungspflichten regelmäßig vor, dass der Verpflichtete bereits **vor Abschluss von Verträgen mit Dritten** seine **Anteile** dem Vorerwerbsberechtigten **anzudienen** hat (vgl. Formularvorschlag § 66, § 17 Abs. 7). Nur für den Fall, dass der Berechtigte das Angebot ausschlägt oder die im Vertrag vorgesehene Angebotsfrist verstreichen lässt, kann der Vorerwerbspflichtige über seinen Anteil gegen eine dem Angebotspreis entsprechende oder darüber hinausgehende Gegenleistung verfügen.

17 **b) Festschreibung des Erwerbspreises bzw. der Wertermittlung.** Weitere Gestaltungsalternativen sind bei der Festlegung des Erwerbspreises zu beachten. Beim klassischen Vorkaufsrecht tritt der Vorkaufsberechtigte in den bestehenden Kaufvertrag zu den dort ausgehandelten Bedingungen ein. Möglich ist aber auch, den für den Vorerwerbsberechtigten gel-

[29] Vgl. Formular § 64, § 11 S. 3 zur Kombination von Zustimmungserfordernis und Vorkaufsrecht.

[30] Z. B. Formularvorschlag § 63, dort § 18 für die KG und Formularvorschlag § 64, § 12 für die GmbH.

[31] BGH DStR 2000, 437.

tenden Kaufpreis von vornherein festzulegen (vgl. das Beispiel in Formular § 64, § 12 Abs. 3 a. E.). Solche Bestimmungen sind unentbehrlich, sofern das Vorerwerbsrecht bzw. die Andienungspflicht auch im Falle einer Schenkung wirksam werden soll. In derartigen Fällen hat der Gesellschaftsvertrag zu regeln, welcher Kaufpreis für den Gesellschaftsanteil zu entrichten ist bzw. wie dieser zu ermitteln ist. Da es in der Regel problematisch ist, für Fälle, die sich zeitlich noch nicht einordnen lassen und in der Zukunft liegen, einen fixen Kaufpreis zu vereinbaren, wird meist die **Methode der Kaufpreisfindung** vereinbart. Am häufigsten sind Klauseln, die auf das so genannte Stuttgarter Verfahren (Rn 18), auf einen Buchwert oder modifizierten Buchwert (Rn 19) oder auf die herrschende Methode der Unternehmensbewertung (im Grundsatz Ertragswertmethode, s. Rn 20) abstellen.

aa) Stuttgarter Verfahren. Verbreitet wird auf das so genannte Stuttgarter 18
Verfahren zurückgegriffen, das auf einer sowohl auf **Substanz-** als auch auf **Ertragswertkomponenten** beruhenden Bewertung basiert. Ausgangsgröße für die Bewertungen ist im Regelfall der Vermögenswert der Gesellschaft, der um den über die Normalverzinsung hinausgehenden Ertrag, berechnet auf einen Zeitraum von fünf Jahren, korrigiert wird. Liegen die Erträge unter der üblichen Verzinsung für Kapitalanlagen vergleichbarer Art, so mindert der Unterschiedsbetrag den Vermögenswert. Diese Methode enthält also sowohl vermögenswert- als auch ertragswertbezogene Elemente. Allerdings wird die Vermögenswertkomponente nicht aus dem tatsächlichen Wert des Betriebsvermögens abgeleitet; vielmehr sind die **Steuerbilanzwerte** maßgeblich, die regelmäßig bei weitem nicht dem tatsächlichen Vermögen der Gesellschaft entsprechen. Diese Werte erfahren nur bestimmte, gesetzlich im Einzelnen festgelegte Korrekturen.[32] **Tendenziell** führt mithin ein Abstellen auf die steuerlichen Bewertungsvorschriften zu einer **Einschränkung des Abfindungsanspruchs**.

bb) Buchwertklauseln; modifizierte Buchwertklauseln. Dies gilt verstärkt (es 19
sei denn, der Ertrag ist im Verhältnis zu den Bilanzwerten besonders schwach, so dass sich diese Komponente beim Stuttgarter Verfahren noch stärker wertmindernd auswirkt) für die so genannten Buchwertkauseln, die auf den aus der Handels- oder Steuerbilanz abgeleiteten Buchwert abstellen und damit regelmäßig zu einer Abfindung unter dem Verkehrswert führen. Verbreitet sind auch so genannte modifizierte Buchwertklauseln, die Zuschläge für stille Reserven und Verkehrswert vorsehen oder bestimmte Vermögenswerte nach Teilwerten zum Ansatz bringen.[33] Führen solche Beschränkungen letztlich zu einer **unangemessenen Abfindung**, können sie im **Einzelfall unanwendbar** sein; dazu noch in § 3.

---

[32] Zu den Einzelheiten *Christoffel*, GmbHR 1993, 205 ff. u. 273 ff.; *Moxter*, DB 1976, 1585; *Großfeld*, Unternehmens- und Anteilsbewertung, S. 149 ff.; *Piltz*, Unternehmensbewertung, S. 221 ff.; *Hölters*, Unternehmens- und Beteiligungskauf, S. 120 m. w. N.

[33] Vgl. den Formulartext bei MVH I/*Heidenhein/Meisner* IV. 21, § 19.

20 *cc) Unternehmensbewertung nach Ertragswert (insbesondere: IDW S 1).* Bisweilen kommt es indessen auch darauf an, eine Regelung zu treffen, die eine dem Verkehrswert des Unternehmens bzw. des Anteils entsprechende Bewertung gewährleistet. Die in der Betriebswirtschaftslehre und im Berufsstand der Wirtschaftsprüfer herrschenden und von der Rechtsprechung anerkannten Regeln zur Unternehmensbewertung sind in einer Stellungnahme des **Hauptfachausschusses des Instituts der Wirtschaftsprüfer** (IDW S 1: Grundsätze zur Durchführung von Unternehmensbewertungen, Stand 28. 6. 2000) zusammengefasst. Danach bestimmt sich der Wert eines Unternehmens aus dem Nutzen, den das Unternehmen aufgrund seiner im Bewertungszeitpunkt vorhandenen materiellen Substanz, seiner Innovationskraft, seiner Produkte und Stellung am Markt, seiner inneren Organisation sowie seines Managements in Zukunft erwirtschaften kann. Dieser Nutzen wird durch den erwirtschafteten Ertrag bestimmt. Ausgangsgröße ist also der **Ertragswert**. Als Ertrag wird der Überschuss der Einnahmen über die Ausgaben oder – unter Berücksichtigung von Periodenabgrenzungen – der Erträge über die Aufwendungen definiert, der in der auf den Bewertungsstichtag folgenden Zukunft zu erwarten ist. Der Wert des Unternehmens entspricht grundsätzlich dem **Barwert aller künftigen Einnahmen bzw. Ertragsüberschüsse**.

21 Naturgemäß bildet die **Prognose** der künftigen Einnahmen bzw. Ertragsüberschüsse das zentrale Element der Unternehmensbewertung. Risiken und Chancen sind dabei in gleicher Weise zu berücksichtigen. Die tatsächlich erzielten Ergebnisse der Vergangenheit dienen als Orientierung; sie sind für die vorzunehmende Plausibilisierung oder Ertragsprognosen von Bedeutung. Die für die künftigen Perioden entwickelten Einnahmen bzw. Ergebnisüberschüsse müssen **auf den Bewertungsstichtag diskontiert** werden. Dabei ist ein weiterer für das Ergebnis der Bewertung entscheidender Faktor die Festlegung des **Kapitalisierungszinssatzes**. Auszugehen ist bei der Ableitung des Kapitalisierungszinssatzes von der Rendite langfristiger risikoarmer Gläubigerpapiere öffentlicher Emittenten (**Kapitalmarktzins**). Da die erwarteten Nettoausschüttungen aus diesen Alternativinvestitionen allerdings im Allgemeinen nicht mit den Nettoausschüttungen des Unternehmens, die im Allgemeinen einen geringeren Sicherheitsgrad aufweisen, vergleichbar sind, werden **Modifizierungen des Kapitalmarktzinses** erforderlich. Der Basiswert wird durch Risikozuschläge und Wachstumsabschläge erhöht bzw. verringert.

22 In den aus der kapitalisierten Ertragswertermittlung hergeleiteten Ertragswert findet nur der Wert des betriebsnotwendigen Vermögens Eingang. Verfügt das Unternehmen über **nicht betriebsnotwendiges Vermögen**, ist dieses gesondert zu erfassen und dem Ertragswert zuzuschlagen. Erweist es sich als gegenüber der Unternehmensfortführung insgesamt vorteilhafter, die einzelnen Vermögensgegenstände des Unternehmens gesondert zu veräußern, ist die Summe der dadurch erzielbaren Nettoerlöse, also der **Liquidationswert**, zu berücksichtigen.

23 Die Unternehmensbewertung nach IDW S 1 führt, im Gegensatz zu den vorstehend beschriebenen Methoden, im Allgemeinen zu einem dem Unternehmens- und damit dem daraus abgeleiteten Anteilswert – ange-

messene Rechnung tragenden Ergebnis; andererseits ist die Methode kompliziert, von mit Unsicherheiten behafteten Prognosen abhängig und damit häufig streitträchtig. Es empfiehlt sich daher in aller Regel, in den Verträgen im Streitfall einen Schiedsgutachter vorzusehen oder zumindest entsprechende Regelungen zu treffen, nach denen ein solcher Schiedsgutachter zu bestellen ist.

c) Andienungspflichten, Andienungsrechte. Neben Zustimmungserfordernissen, Vorkaufs- und Vorerwerbsrechten können im Gesellschaftsvertrag oder gesonderten Vereinbarungen (häufig in Konsortialvereinbarungen) auch **Übernahmerechte** eines Gesellschafters (auch als **call-options** oder aus der Sicht der Vertragsgegenseite als Andienungspflicht bezeichnet) bzw. Andienungsrechte (auch als **put-options** oder aus der Sicht der Vertragsgegenseite als **Ankaufspflicht** bezeichnet) vorgesehen werden, die unabhängig von einer Veräußerungsabsicht unter bestimmten Voraussetzungen eingreifen. So können Andienungsrechte ein Instrumentarium des Minderheitenschutzes sein, indem sie den Mehrheitsgesellschafter verpflichten, jederzeit oder unter besonderen Voraussetzungen oder zu bestimmten Zeitpunkten seinen Anteil andere(n) Gesellschafter(n) zu einem vereinbarten Preis bzw. zu einem Preis, für dessen Ermittlung entsprechende Methoden festgelegt werden, anzudienen. Andererseits kann die Verpflichtung eines Gesellschafters, seinen Geschäftsanteil anderen anzubieten, auch durch andere Ereignisse als die Veräußerungsabsicht (z. B. die Aufgabe seiner aktiven Tätigkeit im Unternehmen, der Übergang auf einen Erben, der nicht im Gesellschaftsvertrag festgelegte Qualifikationsmerkmale aufweist, der Erwerber einer Beteiligung an einem Konkurrenten) festgelegt werden. 24

4. Harmonisierung der vertraglichen Regelungen in GmbH & Co. KG und Komplementär-GmbH

Die Rechtslage im GmbH-Recht und im Personengesellschaftsrecht ist, wie gezeigt (Rn 3), gerade spiegelverkehrt: GmbH-Geschäftsanteile sind im Grundsatz frei übertragbar, können aber durch den Gesellschaftsvertrag vinkuliert werden; die Beteiligung an einer Personengesellschaft ist im Grundsatz vinkuliert, kann aber durch den Gesellschaftsvertrag frei verfügbar gestellt werden.[34] Da die GmbH & Co. KG aus einer GmbH als Komplementärin und einer KG als der in der Regel operativ tätigen Gesellschaft besteht, gilt es, die unterschiedlichen gesetzlichen Regelungsmechanismen durch entsprechende Vertragsgestaltung aufeinander abzustimmen. Die Art der Abstimmung hängt entscheidend davon ab, welche Ziele verfolgt werden. 25

a) Parallelisierung der geltenden Regelungen. Häufig streben die Gesellschafter an, dass die Kommanditisten der KG im entsprechenden Verhältnis auch an der GmbH beteiligt sind. In solchen Fällen ist es wichtig, 26

[34] *K. Schmidt* Gesellschaftsrecht § 45 III. 2c; MünchHdb. GesR II/*Piehler* KG § 33 Rn 33.

die **Voraussetzungen** für die **Übertragung der GmbH-Anteile** und die **Übertragung der KG-Anteile in gleicher Weise zu regeln** (vgl. Formularvorschläge § 66, § 17 Abs. 2, 3 und § 14 Abs. 1, 2). Dies gilt auch für etwaige Vorkaufs- und Vorerwerbsrechte.[35] Weiterhin ist bei solchen Konstellationen im Regelfall Vorsorge dafür zu treffen, dass die Beteiligungsgleichheit in GmbH und KG gewahrt bleibt; für den Fall von Abweichungen sind Sanktionen vorzusehen. Diese können darin bestehen, dass der Gesellschafter verpflichtet ist, die Mehranteile, die er an der GmbH oder an der KG hält, auf den „minderbeteiligten" Gesellschafter zu übertragen oder insgesamt aus den Gesellschaften auszuscheiden.

27 **b) Bewusste Differenzierung zwischen GmbH & Co. KG und Komplementär-GmbH.** Bisweilen ist allerdings auch ein Bedürfnis gegeben, die Übertragbarkeit der Anteile in der GmbH abweichend von der KG zu gestalten. So kann angestrebt werden, den Kreis der Gesellschafter der GmbH kleiner zu halten als den der KG. Dies gilt etwa dann, wenn der Sache nach **zwei Klassen von Gesellschaftern** geschaffen werden sollen – solche, die an der GmbH beteiligt sind und damit an den Geschäftsführungsentscheidungen partizipieren, und solche, die nur Kommanditisten sind und von den unternehmerischen Entscheidungen eher (z. B. durch Ausschluss des Widerspruchsrechts nach § 164 HGB) fern gehalten werden sollen. In derartigen Fällen sieht der GmbH-Gesellschaftsvertrag im Allgemeinen strengere Vinkulierungsklauseln vor, wohingegen die Übertragbarkeit der KG-Anteile durch statuarische Regelung einem größeren Kreis geöffnet werden kann. Gemäß dieser Zielsetzung können auch durchaus unterschiedliche Regelungen in GmbH und KG über Vorkaufs- und Vorerwerbsrechte bzw. Andienungsrechte und -pflichten getroffen werden.

28 **c) Vermeidung rein formelhafter Regelungen.** In jedem Fall gehören Regelungen über die Übertragung von GmbH- und KG-Anteilen zu den besonders wichtigen Aufgaben bei der Ausgestaltung einer GmbH & Co. KG. In der Kautelarpraxis entwickelte Klauseln sollten daher nicht formelhaft übernommen werden; vielmehr sollten sich die Gesellschafter über die weite Bandbreite möglicher Gestaltungen informieren und – unter bewusster **Abwägung der Vor- und Nachteile**, die eine stärkere Berücksichtigung von Vinkulierungs- respektive Veräußerungsinteressen mit sich bringt – eine ihren Bedürfnissen entsprechende Regelung treffen.

IV. Übertragungsvertrag

29 Bei Anteilsübertragungen im Zusammenhang mit einer GmbH & Co. KG ist zwischen solchen Fällen zu unterscheiden, in denen sowohl ein Geschäftsanteil an der GmbH als auch ein Geschäftsanteil an der KG übertragen wird, und solchen, bei denen Gegenstand des Vertrages nur entweder die Übertragung eines GmbH-Geschäftsanteils oder eines Gesell-

---

[35] Vgl. Formularvorschläge § 66, § 17 Abs. 4–7, § 68, § 14 Abs. 3–6.

schaftsanteils an der KG ist. Im erstgenannten Fall können beide Übertragungen in einer Urkunde zusammengefasst werden. Gleichwohl ist in rechtlicher Hinsicht streng zwischen der **Übertragung des GmbH- und des KG-Anteils** zu differenzieren; weiterhin ist jeweils zwischen schuldrechtlichem **Verpflichtungsgeschäft** und dinglichem **Verfügungsgeschäft** zu unterscheiden. Im Einzelnen gilt Folgendes:

1. Gesellschaftsanteile der GmbH & Co. KG

a) Inhalt. Zu unterscheiden ist zwischen dem Verpflichtungsgeschäft, **30**
das die schuldrechtlichen Beziehungen zwischen Verkäufer und Erwerber regelt, und dem Verfügungsgeschäft gemäß den §§ 413, 398 ff. BGB, das die Übertragung des Anteils zum Inhalt hat. Beide Geschäfte können gesondert abgeschlossen werden; meist werden sie indes in einem Vertrag zusammengefasst. Bereits der **schuldrechtliche Teil** der Vereinbarung enthält die nähere Konkretisierung des Kaufgegenstandes. Dazu zählt die Bezeichnung des Gesellschaftsanteils sowie Regelungen darüber, ob und in welchem Umfang sonstige aus dem Gesellschaftsverhältnis bestehende Rechte auf den Erwerber übertragen werden. Darüber hinaus werden Regelungen über den Kaufpreis getroffen. Von besonderer Bedeutung sind ferner die Bestimmungen über die Gewährleistung. Der Kauf eines Gesellschaftsanteils ist ein **Rechtskauf**, auf welchen gemäß § 453 Abs. 1 1. Alt. BGB die Vorschriften über den Sachkauf entsprechende Anwendung finden. Auf den ersten Blick erscheint es mithin nahe liegend, auf den Rechtskauf auch die Sachmängelgewährleistungsvorschriften der §§ 434, 437 BGB entsprechend anzuwenden. Dem wird indes zu Recht entgegengehalten, dass die Vorschriften über Sachmängel nach Maßgabe des § 453 Abs. 3 BGB nur für eine besondere Art des Rechtskaufs – nämlich den Kauf eines zum Besitz berechtigenden Rechts – Anwendung finden. Hieraus folgt argumentum e contrario dass beim Anteilskauf gerade keine Gewährleistung für Sachmängel stattfindet.[36]

Werden jedoch sämtliche Anteile an einer Gesellschaft veräußert und ist damit der Sache nach das ganze Unternehmen Gegenstand der Veräußerung (sog. share deal), so finden nach der Rechtsprechung des BGH die **Sachmängelvorschriften** der §§ 434, 437 BGB entsprechende Anwendung.[37] Gleiches soll auch dann gelten, wenn die verbleibende Beteiligung so geringfügig ist, dass man bei wirtschaftlicher Betrachtung das Unternehmen im Ganzen als verkauft ansehen kann. Bei welchem Prozentsatz diese Grenze zu ziehen ist, bleibt allerdings im Ungewissen.[38] Soweit die Sachmängelhaftung nicht greift, versuchte die Rechtsprechung vor dem In-Kraft-Treten des Gesetzes zur Schuldrechtsmodernisierung dem Käufer mit Schadensersatzansprüchen aus **c. i. c. (nunmehr §§ 311 Abs. 2, 280**

---

[36] *Huber*, AcP 2002, 179, 230; *Eidenmüller*, ZGS 290, 294.

[37] Vgl. hierzu *Eidenmüller*, ZGS 2002, 290, 294; *Huber*, AcP 2002, 179, 231.

[38] Nach BGH DB 1980, 1786 ff., sollen 60 % nicht ausreichen; siehe aber BGH NJW 1980, 2408 ff. (Mehrheitsbeteiligung genügt); OLG München GmbHR 1998, 934 f. (75 % aller GmbH-Anteile); vgl. auch *Hiddemann*, ZGR 1982, 435 ff.; *Hommelhoff*, ZGR 1982, 366; *Westermann*, ZGR 1982, 45 ff.

BGB) zu helfen.[39] Ob diese Rechtsprechung nach der Neuformulierung des Gesetzes Bestand hat, bleibt abzuwarten[40]

Die von Rechtsprechung und Literatur entwickelten Grundsätze sind in ihrer Gänze unklar und unübersichtlich; es empfiehlt sich mithin in jedem Fall, die **Gewährleistung** im schuldrechtlichen Teil des Kauf- und Übertragungsvertrages **umfassend zu regeln**.[41]

31 Durch die **Verfügung** über den Geschäftsanteil tritt der Erwerber anstelle des Veräußerers in dessen Gesellschafterstellung ein. Der Gesellschaftsvertrag wird nur insoweit tangiert, als an die Stelle des veräußernden Gesellschafters der erwerbende Gesellschafter tritt; die übrigen Bestimmungen ändern sich nicht, soweit die Parteien dies nicht ausdrücklich vereinbaren.[42] Mit dem Gesellschaftsanteil gehen die zwingend mit ihm verbundenen Rechte – Stimmrechte, Informationsrechte, ein etwaiges Wettbewerbsverbot – ohne weiteres auf den Erwerber über. **Höchstpersönliche Rechte** erlöschen demgegenüber. Um solche höchstpersönlichen Rechte kann es sich etwa bei Ernennungs- oder Entsendungsrechten für den Beirat oder Aufsichtsrat handeln.[43] Ob ein Recht als höchstpersönlich eingeräumt ist oder ob es dem jeweiligen Inhaber des Geschäftsanteils zustehen soll, ist durch Auslegung des Gesellschaftsvertrages zu ermitteln. Bei der Gestaltung des Gesellschaftsvertrages sollte Wert darauf gelegt werden, diese Frage klar zu regeln. Verbleiben aufgrund der Formulierung des Gesellschaftsvertrages Unklarheiten, sollte versucht werden, im Zuge der Anteilsübertragung eine Klarstellung herbeizuführen. Dies kann etwa dadurch erfolgen, dass das Recht fürsorglich unter Einhaltung der geltenden Zustimmungserfordernisse neu im Gesellschaftsvertrag begründet wird.

32 In welchem Umfang aus dem Gesellschaftsverhältnis resultierende **vermögensrechtliche Ansprüche und Verbindlichkeiten** des Veräußerers auf den Erwerber übergehen, können die Parteien grundsätzlich frei vereinbaren.[44] Dies gilt für künftige Ansprüche (beispielsweise auf Gewinn) und für Ansprüche aus der Vergangenheit (z. B. Guthaben oder Verbindlichkeiten auf Sonderkonten des Veräußerers) gleichermaßen.[45] Es ist dringend zu empfehlen, diesbezüglich im Vertrag detaillierte Regelungen zu treffen. Fehlen entsprechende Bestimmungen, geht die Rechtsprechung vom vollständigen Übergang aller im Gesellschaftsverhältnis begründeten

---

[39] BGH NJW 1977, 1536 ff.; DNotZ 1982, 167 ff.

[40] Gegen eine grundlegende Änderung der Rechtsprechung *Huber*, AcP 2002, 177, 223; a. A. *Eidenmüller*, ZGS 2002, 290, 295.

[41] *Triebel/Hölzle*, Schuldrechtsreform und Unternehmenskaufverträge, BB 2002, 521, 535; vgl. etwa das Beispiel bei *Günther* in Münchener Vertragshandbuch, Bd. 2, Formular II 1 sowie die Empfehlungen bei *Lips/Stratz/Rudo*, Unternehmenskauf, 2004, § 4 Rn 82 ff.; zur Problematik der Umsatz- und Ertragsangaben vgl. *Gruber*, Neues Kaufrecht – Umsatz und Ertragsangaben beim Unternehmenskauf, MDR 2002, 433 ff. MVH I/*Riegger* III 19 Anm 7.

[42] MüKo/*Ulmer* § 719 BGB Rn 19.

[43] Vgl. hierzu in diesem Band *Reichert* § 18 Rn 90 f.

[44] MünchHdb. GesR II/*Piehler/Schulte* KG § 35 Rn 15 ff.

[45] BGH NJW 1966, 1307; BB 1973, 165; MünchHdb. GesR II/*Piehler/Schulte* KG § 35 Rn 19.

Ansprüche auf den Erwerber aus, soweit diese im Zeitpunkt des Vertragsabschlusses bereits im Rechenwerk der Gesellschaft Niederschlag gefunden haben.[46] **Drittgläubigerrechte und Drittschuldnerverbindlichkeiten**, die ihre Rechtsgrundlage nicht im Gesellschaftsverhältnis haben (z. B. Ansprüche aus einem Liefervertrag zwischen der Gesellschaft und dem Veräußerer) gehen im Zweifel nicht auf den Erwerber über;[47] auch insoweit empfehlen sich indessen ausdrückliche Vereinbarungen.

Weiterhin sind **Regelungen über das Jahresergebnis zweckmäßig**. 33
Fehlen solche, steht nach **§ 101 Nr. 2 BGB** der Anteil am Jahresergebnis im Verhältnis zwischen Veräußerer und Erwerber demjenigen zu, der während des betroffenen Geschäftsjahres Inhaber des Geschäftsanteils war. Erfolgt die Veräußerung während eines Geschäftsjahres, steht das Jahresergebnis Erwerber und Veräußerer zeitanteilig zu. In aller Regel wird man dabei von der Aufstellung einer Zwischenbilanz absehen; eine solche kann allerdings aus steuerrechtlichen Gründen ratsam sein, wenn die **zeitanteilige Verteilung** aufgrund besonderer Umstände nicht den wirtschaftlichen Gegebenheiten entspricht. In einem solchen Fall könnte es durch den Verzicht auf einen Zwischenabschluss zu einer Gewinnverlagerung kommen. § 101 Nr. 2 BGB begründet stets nur einen schuldrechtlichen Ausgleichsanspruch zwischen Veräußerer und Erwerber. Im Verhältnis zur Gesellschaft entsteht der Gewinnanspruch in der Person desjenigen, der zum Zeitpunkt der Feststellung des Jahresabschlusses Gesellschafter ist.[48] Dies ist regelmäßig der Erwerber, so dass der Veräußerer von diesem einen entsprechenden Ausgleichsanspruch verlangen kann. Soll dem Veräußerer ein **unmittelbarer Anspruch gegen die Gesellschaft** zustehen, ist der **Gewinnanspruch** an den Veräußerer **abzutreten**. Flankierend ist sicherzustellen, dass der Realisierung dieses Gewinnanspruchs keine Entnahmesperre entgegensteht, etwa dadurch, dass ein nach dem Gesellschaftsvertrag erforderlicher Entnahmebeschluss nicht gefasst wird. Dies kann beispielsweise derart erfolgen, dass der Veräußerer verpflichtet wird, durch entsprechendes Abstimmungsverhalten die Entnahmefähigkeit des Gewinnanspruchs zu gewährleisten; in aller Regel wird man vorsehen, dass er – sofern die Entnahme nicht sichergestellt ist – schuldrechtlich zum Ausgleich verpflichtet bleibt.

b) Form. Die Übertragung eines KG-Anteils ist **im Grundsatz form-** 34
los möglich, und zwar auch dann, wenn zum Vermögen der Gesellschaft Geschäftsanteile an einer Gesellschaft mit beschränkter Haftung und/oder Grundbesitz gehören.[49] Entgegen anders lautenden Stimmen in der Literatur[50] gilt dies richtigerweise auch dann, wenn das Vermögen der Ge-

---

[46] BGHZ 45, 221 ff.; BGH NJW-RR 1987, 286; 1988, 419; krit. zu dieser als zu weitgehend empfundenen Rspr. GK/*Ulmer* § 105 HGB Rn 321; MünchHdb. GesR II/*Piehler/Schulte* KG § 35 Rn 20.

[47] BGH NJW 1966, 1307; BB 1973, 165; MünchHdb. GesR II/*Piehler/Schulte* KG § 35 Rn 24.

[48] BGHZ 80, 357 f.

[49] BGHZ 86, 367, 369; BayObLG DB 1987, 215; MüKo/*Ulmer* § 719 BGB Rn 26.

[50] *Jauernig/Vollkommer* § 311 b BGB Anm. 25; RGRK/*Ballhaus* § 313 BGB Rn 17.

sellschaft im Wesentlichen aus Grundvermögen oder GmbH-Anteilen besteht und wenn sämtliche Anteile der Gesellschaft übertragen werden.[51] Demgegenüber muss eine analoge Anwendung der §§ 311b Abs. 1 S. 1 BGB, 15 Abs. 4 GmbHG auf das Verpflichtungsgeschäft wohl bejaht werden,[52] wenn bei wirtschaftlicher Betrachtungsweise die Änderungen im Gesellschafterkreis gerade dazu dienen, Grundstücke unter **Umgehung des Formzwanges** außerhalb des Grundbuchs zu verlagern;[53] Gleiches gilt, wenn sich die Veräußerung als Umgehung des § 15 Abs. 4 GmbHG darstellt. Solche Fälle werden insbesondere dann anzunehmen sein, wenn sich der Gesellschaftszweck der KG auf das Halten und Verwalten von Grundstücken oder GmbH-Anteilen beschränkt.[54]

35 **Formpflichtig** sind dagegen Verträge, in denen außer der Übertragung der Gesellschaftsanteile **auch die Übertragung von Grundbesitz oder von GmbH-Anteilen** erfolgen soll. Demnach besteht ein notarielles Formerfordernis, wenn neben der KG-Beteiligung zugleich eine Beteiligung an der Komplementär-GmbH übertragen werden soll. Die Verpflichtung zur Übertragung des GmbH-Anteils ist gemäß § 15 Abs. 4 GmbHG formgebunden;[55] soll die Übertragung der KG-Beteiligung nicht unabhängig von der Wirksamkeit der GmbH-Beteiligung wirksam bleiben – was im Zweifel gemäß **§ 139 BGB** nicht anzunehmen ist –, führt die Verletzung der Formpflicht nach § 15 Abs. 4 GmbHG zur **Nichtigkeit des Gesamtgeschäftes**.[56] Auch eine Trennung des Rechtsgeschäftes auf verschiedene Verträge ändert daran nichts, wenn diese nicht unabhängig voneinander wirksam sein sollen. Nach h. M. **heilt** indessen die **Beurkundung des Vertrages** über die Abtretung der Geschäftsanteile an der Komplementär-GmbH den Formmangel auch im Hinblick auf die Übertragung der Kommanditbeteiligung gemäß § 15 Abs. 4 S. 2 GmbHG.[57] Gleichwohl sollte man, um verbleibende Restrisiken auszuschließen, das Vertragswerk insgesamt beurkunden; nur so wird auch sichergestellt, dass bereits vor Beurkundung der Anteilsabtretung eine Bindungswirkung des Verpflichtungsgeschäfts eintritt. Soll die Beteiligung an der KG unentgeltlich zugewandt werden, ist das Formerfordernis gemäß **§ 518 BGB** zu beachten.[58]

---

[51] BGH NJW 1993, 1100; OLG Frankfurt/Main NJW-RR 1996, 1123.

[52] Für die Analogie auch des § 15 Abs. 3 GmbHG *K. Schmidt*, BB 1983, 1702.

[53] *K. Schmidt*, AcP 182, 510; MüKo/*Ulmer* § 719 BGB Rn 27.

[54] Dazu *Binz/Mayer*, NJW 2002, 3054, 3059 für die Beurkundungspflicht bei ofensichtlichen Umgehungsfällen.

[55] Zum Umfang des Formerfordernisses: BGH DStR 2000, 1272 f.

[56] BGH NJW 1986, 2642; *Wiesner*, NJW 1984, 97; *Koch*, NJW 1986, 1564; MünchHdb. GesR II/*Piehler/Schulte* KG § 35 Rn 29 *Binz/Mayer*, NJW 2002, 3054, 3059 f.; vgl. zur neuen Rspr. des BGH zur Bestimmung einer rechtlichen Einheit zwischen mehreren Rechtsgeschäften, BGH NJW 2000, 951 f.; BGH NJW 2002, 2559.

[57] *Sieveking*, MDR 1984, 989; *Wiesner*, NJW 1984, 97; *Schultze*, NJW 1991, 1936; *Tiedau*, NJW 1984, 1447 m. N. zur Gegenmeinung; a. A. *Kempermann*, NJW 1991, 684; offen gelassen in BGH NJW 1986, 2642; vgl. nunmehr BGH NJW-RR 1992, 991.

[58] Siehe hierzu MünchHdb. GesR II/*Piehler/Schulte* KG § 35 Rn 30.

c) Beteiligung Geschäftsunfähiger, beschränkt Geschäftsfähiger oder Betreuter. Sollen geschäftsunfähige (§ 104 BGB), beschränkt geschäftsfähige (§§ 106 BGB) oder unter Betreuung stehende (§ 1896 Abs. 1 BGB)[59] Personen Gesellschafter der KG werden, bedarf es dazu grundsätzlich der Mitwirkung des gesetzlichen Vertreters bzw. – wenn dieser oder sein Ehegatte selbst Gesellschafter ist (§§ 181, 1629 Abs. 2, 1795 Abs. 1 Nr. 1 BGB) – der Mitwirkung eines Ergänzungspflegers bzw. -betreuers (§ 1909 BGB).[60] 36

Neben der Mitwirkung des gesetzlichen Vertreters oder Pflegers bedarf die Beteiligung, sei es bei der Gründung, sei es in Form eines Erwerbs oder Beitritts zur Gesellschaft oder auch die Veräußerung zusätzlich auch der **Genehmigung des Vormundschaftsgerichts** (§ 1822 Nr. 3 BGB).[61] Streitig ist, ob das vormundschaftliche Genehmigungserfordernis auch für den unentgeltlichen derivativen Erwerb gilt.[62] Dies wird teilweise in analoger Anwendung von § 1822 Nr. 3, 2. Alternative BGB bejaht, da das gleiche Schutzbedürfnis wie im Falle des Eintritts in die Gesellschaft bestehe. Von daher sollte in solchen Fällen zumindest eine Negativerklärung des Vormundschaftsgerichts eingeholt werden.[63] 37

d) Genehmigungspflicht für Ehegatten. Bei Anteilsveräußerungen durch Ehegatten, die in dem gesetzlichen Güterstand der Zugewinngemeinschaft leben, ist das Genehmigungserfordernis gemäß § 1365 Abs. 1 BGB zu beachten. 38

2. Geschäftsanteile der Komplementär-GmbH

a) Inhalt. Das zur Übertragung von Kommanditanteilen Gesagte (Rn 30), insbesondere zur Unterscheidung zwischen Verpflichtungs- und Verfügungsgeschäft sowie den erforderlichen Gewährleistungsregeln, gilt für die Übertragung des GmbH-Anteils entsprechend. Der Verpflichtungsvertrag wird durch Abtretung des Geschäftsanteils vollzogen. Wichtig ist die **genaue Bezeichnung des oder der Geschäftsanteile**, die Gegenstand des Vertrages sind.[64] Eine zusammenfassende Bezeichnung der Geschäftsanteile genügt nur, wenn kein Zweifel daran besteht, welcher 39

---

[59] Mit der Einführung des Rechtsinstituts der Betreuung gibt es keinen beschränkt geschäftsfähigen Volljährigen mehr. Soweit der Betreuer den Betreuten gem. § 1902 vertritt, besteht u. U. vormundschaftsgerichtliche Genehmigungspflicht, vgl. MüKo/*Schwab* Vor § 1896 BGB Rn 4, 16.

[60] MüKo/*Schwab*, § 1909 BGB Rn 9.

[61] BGHZ 17, 160, 164 f.; OLG Karlsruhe NJW 1973, 1977; OLG Bremen DStR 1999, 1668 f.

[62] Dagegen MüKo/Wagenitz § 1822 BGB Rn 14; KG NJW 1962, 54; für Analogie unter Schutzgesichtspunkten MünchHdb. GesR II/*Piehler/Schulte* KG § 35 Rn 13 und § 34 Rn 4.

[63] Wegen der Möglichkeit der Haftungsbeschränkung gem. § 1629 a BGB und des Kündigungsrechts gem. § 723 Abs. 1 S. 3 Nr. 2 BGB darf das Genehmigungserfordernis indes nicht allzu restriktiv gehandhabt werden; vgl. OLG Bremen, a.a.O.

[64] OLG Brandenburg GmbHR 1998, 935.

Geschäftsanteil übertragen werden soll.[65] Häufig ergibt sich das Problem, dass sich aus dem Gesellschaftsvertrag nicht zuverlässig entnehmen lässt, ob der gesamte Nominalbetrag, der Gegenstand der Abtretung sein soll, in einem Geschäftsanteil zusammengefasst ist oder sich aus mehreren Geschäftsanteilen zusammensetzt. In diesen Fällen bietet es sich an, zunächst etwaige einzelne Geschäftsanteile zu einem Geschäftsanteil zusammenzufassen, um sodann – mit der entsprechenden Zustimmung nach § 17 GmbHG – einen Teilgeschäftsanteil daraus zu übertragen.

40 Mit der Abtretung des GmbH-Anteils gehen sämtliche durch den GmbH-Geschäftsanteil verkörperten Rechte und Pflichten auf den neuen Gesellschafter über. Sollen etwa zusätzlich Ansprüche, die dem Gesellschafter gegen die GmbH zustehen (z. B. **Darlehensansprüche**), übertragen werden, bedarf es dazu einer **gesonderten Übertragung**. Erfolgt die der Abtretung zugrundeliegende Veräußerung des Geschäftsanteils während eines Geschäftsjahres, so steht der in diesem Geschäftsjahr erwirtschaftete **Gewinn** aus dem veräußerten Geschäftsanteil dem Veräußerer und Erwerber zeitanteilig zu (§ 101 Nr. 2 BGB). Insoweit gilt also das Gleiche wie bei der Übertragung der KG-Beteiligung. Maßgeblich für die **zeitanteilige Aufteilung** ist, soweit keine andere Vereinbarung getroffen wird, die Wirksamkeit der Anteilsabtretung.[66] Da der Gewinnanspruch (§ 29 Abs. 1 S. 1 GmbHG) erst mit dem Beschluss über die Gewinnverwendung und stets in der Person desjenigen entsteht, der zum Zeitpunkt der Beschlussfassung Anteilsinhaber ist,[67] bedarf es zusätzlich zur Übertragung des Geschäftsanteils der **Abtretung des anteiligen Gewinnanspruchs** vom Erwerber an den Veräußerer. Ist keine Abtretung erfolgt, steht dem Veräußerer nur ein schuldrechtlicher Anspruch gegen den Erwerber auf den anteiligen Gewinn zu. Auch im Falle der Abtretung setzt das Entstehen eines unmittelbaren Anspruchs gegen die Gesellschaft voraus, dass der Erwerber, der den künftigen Gewinnanspruch an den Veräußerer zediert hat, im Zeitpunkt der Fassung des Gewinnverwendungsbeschlusses noch Gesellschafter ist, den Anteil also nicht weiterveräußert hat.[68]

41 **b) Form.** Sowohl der Vertrag, der die Verpflichtung zur Übertragung des Geschäftsanteils enthält (§ 15 Abs. 4 GmbHG),[69] als auch die Abtretung von Geschäftsanteilen (§ 15 Abs. 3 GmbHG) unterliegt dem **notariellen Formerfordernis**.[70] Eine ohne Einhaltung der notariellen Form getrof-

---

[65] BGH NJW-RR 1987, 807; *Lutter/Hommelhoff* § 15 GmbHG Rn 18.

[66] *Hachenburg/Zutt* Anh. § 15 GmbHG Rn 2; *Sommer*, GmbHR 1985, 224; BGH GmbHR 1986, 329 f.; vgl. auch *Loritz*, DStR 1998, 84 ff.

[67] *Hachenburg/Goerdeler/Müller* § 29 GmbHG Rn 11; BGH DStR 1998, 498 m. Anm. *Goette; Scholz/Emmerich* § 29 GmbHG Rn 28.

[68] BGH NJW 1984, 492 f.; BGHZ 104, 351.

[69] Zur Formbedürftigkeit einer Übertragungsverpflichtung im Treuhandvertrag: BGH DStR 1999, 861, 863.

[70] Zur Formwirksamkeit einer aufschiebend bedingten Teilung und Abtretung im Gesellschaftsvertrag BGH GmbHR 2003, 1064 m. Anm. *Blöse/Kleinert*; *Kleinert/Blöse/Xylander,* Erfüllung der Formerfordernisse gem. § 15 Abs. 3, 4 S. 1 GmbHG durch antizipierte Satzungsklauseln, GmbHR 2003, 1230 ff.

fene schuldrechtliche Vereinbarung wird jedoch durch eine formgültige Abtretung geheilt (§ 15 Abs. 4 S. 2 GmbHG).[71] Sofern sowohl eine Beteiligung an der KG als auch ein GmbH-Anteil Gegenstand der Übertragung sind (und die Übertragung nicht voneinander unabhängig wirksam sein soll), besteht insgesamt ein Beurkundungserfordernis. Wie dargelegt (Rn 35), spricht zwar viel dafür, dass die mangelnde Form der Übertragung der KG-Anteile dann ebenfalls durch die Abtretung der GmbH-Anteile geheilt wird; da dies jedoch nicht vollends gesichert ist, ist auch in dieser Konstellation die Einhaltung notarieller Form zu empfehlen.

c) Beteiligung beschränkt Geschäftsfähiger oder Betreuter. Mitwirkungs- und Genehmigungserfordernisse für die Übertragung der KG erfassen das gesamte Rechtsgeschäft, wenn zu diesem auch die Übertragung von Anteilen an der Komplementär-GmbH zählt. Ist hingegen Gegenstand der Übertragung ausschließlich ein Anteil an der Komplementär-GmbH, ist eine vormundschaftsgerichtliche Genehmigung normalerweise nicht erforderlich.[72] Eine Genehmigungspflicht besteht indessen bei entgeltlichem Erwerb oder entgeltlicher Veräußerung, soweit sie sich als Erwerb oder Veräußerung eines Erwerbsgeschäfts darstellt (§§ 1643 Abs. 1, 1822 Nr. 3, 1908 i Abs. 1 BGB). Dies ist anzunehmen, wenn die Beteiligungsveräußerung nach Größe des Anteils, Art und Ausgestaltung der Gesellschaft und Stellung des Gesellschafters **wirtschaftlich** dem **Erwerb oder der Veräußerung** eines Erwerbsgeschäfts gleichkommt.[73] Mit Recht beschränkt ein Teil der Literatur eine solche Annahme im Interesse der Rechtssicherheit und Rechtsklarheit auf den Erwerb bzw. die **Veräußerung sämtlicher Anteile**.[74] Eine Genehmigungspflicht nach §§ 1643, 1822 Nr. 10, 1908 i Abs. 1 BGB kommt nur dann in Betracht, wenn die konkrete Möglichkeit der Inanspruchnahme für Verbindlichkeiten von Mitgesellschaftern nach §§ 24 oder 31 Abs. 3 GmbHG besteht, also die Einlagen nicht vollständig erbracht sind bzw. Verbindlichkeiten aus Differenzhaftung oder der Vorbelastungshaftung oder Rückzahlungsverpflichtung nach § 31 GmbHG bestehen.[75] 42

[71] Heilung erfolgt ex nunc, vgl. *Goette*, Die GmbH, 2. Aufl. 2002, § 5 II 1 Rn 14.

[72] H. M.; vgl. *Baumbach/Hueck/Fastrich* § 15 GmbHG Rn 3; *Hachenburg/Zutt* § 15 GmbHG Rn 125; a. A. *Meyer/Landrut* § 15 GmbHG Rn 2; der die analoge Anwendung des § 1822 Nr. 3 Hs. 2 BGB bejaht.

[73] Vgl. NJW 1976, 1446; OLG Hamm BB 1984, 1822; *Hachenburg/Zutt* § 15 GmbHG Rn 130; *Baumbach/Hueck/Fastrich* § 15 GmbHG Rn 4.

[74] *Scholz/Winter* § 15 GmbHG Rn 204; *Lutter/Hommelhoff* § 15 GmbHG Rn 35; *Baumbach/Hueck/Fastrich* § 15 GmbHG Rn 4.

[75] *Baumbach/Hueck/Fastrich*, § 15 GmbHG Rn 5; BGHZ 107, 23, 26 ff.; *Hachenburg/Zutt* § 15 GmbHG Rn 131; a. A. (§ 1822 Nr. 10 BGB generell unanwendbar): *Wiedemann*, Übertragung und Vererbung, S. 248; *Winkler*, ZGR 1973, 188; *ders.*, ZGR 1990, 136 ff.; nach älterer Rspr. sollte § 1822 Nr. 10 BGB demgegenüber stets (also schon wegen der abstrakten Möglichkeit unzulässiger Rückzahlungen i. S. v. § 31 Abs. 1, 3 GmbHG) angewendet werden, vgl. die Nachweise bei *Baumbach/Hueck/Fastrich* § 15 GmbHG Rn 5; dagegen zutr. BGHZ 107, 23, 28.

43 **d) Genehmigungspflicht für Ehegatten.** Auch soweit es um die Übertragung der GmbH-Anteile geht, ist für die im gesetzlichen Güterstand der Zugewinngemeinschaft lebenden Ehegatten das Genehmigungserfordernis gemäß § 1365 Abs. 1 BGB zu beachten.

V. Haftung

1. Kommanditgesellschaft (GmbH & Co. KG)

44 **a) Übertragung der Komplementär-Beteiligung.** Der Veräußerer einer Komplementär-Beteiligung haftet für die Verbindlichkeiten, die zum Zeitpunkt der Übertragung begründet waren, gemäß §§ 161 Abs. 2, 128 HGB fort. Die Haftung ist jedoch in doppelter Hinsicht begrenzt: sie besteht nur für solche Verbindlichkeiten, die **schon im Zeitpunkt des Ausscheidens begründet** waren (§ 160 Abs. 1 HGB),[76] und für diese wiederum nur dann, wenn sie **vor Ablauf von fünf Jahren** nach dem Ausscheiden **fällig** und auch **gerichtlich festgestellt werden**. Nur wenn das Ausscheiden nicht eingetragen und bekannt gemacht worden ist, haftet der Gesellschafter aufgrund von § 15 Abs. 1 HGB auch für Neuschulden.[77]

Für § 160 Abs. 1 S. 1 HGB ist entscheidend, ob die Verbindlichkeit bereits beim Ausscheiden begründet war;[78] dies ist auch dann der Fall, wenn der gegen die Gesellschaft gerichtete Anspruch selbst erst später fällig wird.[79] Werden demgegenüber nachträglich die Haftung erweiternde Verbindlichkeiten begründet, haftet der ausscheidende Gesellschafter dafür nicht mehr, auch wenn es sich um Abreden mit bereits vorhandenen Vertragspartnern handelt. So ist etwa der Abschluss eines Sozialplans für Arbeitnehmeransprüche eine Neuverbindlichkeit,[80] ebenso eine nachträgliche Erhöhung der Kreditlinie bei der Hausbank.[81] Die revolvierende ständige Neuinanspruchnahme einer vor dem Ausscheiden vereinbarten Kreditlinie ist daher eine unter § 160 HGB zu subsumierende Altverbindlichkeit, für die der Ausscheidende einzustehen hat.

45 Die Haftung für Altverbindlichkeiten besteht nicht zeitlich unbegrenzt, sondern wie dargelegt nur dann, wenn die Verbindlichkeit vor Ablauf von

---

[76] So schon nach altem Recht RGZ 86, 60f.

[77] *K. Schmidt* Gesellschaftsrecht § 51 I 2 S. 1493; MünchHdb. GesR II/*Piehler/Schulte* KG § 37 Rn 60.

[78] Dazu gehören auch die Ansprüche aus einem Dauerschuldverhältnis, vgl. BGH NJW 2000, 208, 209 m. w. N., dort auch zur Aufgabe der Kündigungstheorie bei Dauerschuldverhältnissen; zu gleicher Problematik *Siems/Maaß*, WM 2000, 2328, 2331.

[79] BGHZ 55, 267, 269 (die Gesellschaft hat ein Bauunternehmen im Dez. 1959 mit Bauarbeiten beauftragt; Anfang 1960 schied ein Gesellschafter aus. Erst danach erbrachte die Bauunternehmung ihre Leistungen. Trotzdem haftet er für die Werklohnforderung, da es um die Erfüllung eines vor dem Ausscheiden geschlossenen Vertrages ging); *K. Schmidt* Gesellschaftsrecht § 51 I 2 S. 1493f.; MünchHdb. GesR II/*Piehler* KG § 37 Rn 61ff. m. w. N.

[80] BAG NJW 1992, 3255.

[81] *K. Schmidt* Gesellschaftsrecht § 51 I 2 S. 1495.

fünf Jahren nach dem Ausscheiden fällig und daraus Ansprüche in einer in § 197 Abs. 1 Nr. 3 bis 5 BGB bezeichneten Art festgestellt sind oder eine gerichtliche oder behördliche Vollstreckungshandlung vorgenommen oder beantragt wird (§ 160 Abs. 1 S. 1 HGB).[82] Fristbeginn ist das Ende des Tages, an dem das Ausscheiden ins Handelsregister eingetragen wird (§ 160 Abs. 1 S. 2 HGB).[83] Für den Lauf und die Berechnung der Frist verweist § 160 Abs. 1 S. 3 HGB weitgehend auf das Recht der Verjährung.[84] Hat der Gesellschafter den Anspruch schriftlich anerkannt, bedarf es keiner gerichtlichen Geltendmachung (§ 160 Abs. 2 HGB).

Der **Erwerber** haftet gemäß §§ 161 Abs. 2, 130 HGB wie ein eintreten- **46**
der Gesellschafter auch für die schon **vor seinem Eintritt begründeten Verbindlichkeiten**, sofern er ebenfalls persönlich haftender Gesellschafter wird.

b) Übertragung der Kommanditbeteiligung. Bei der Übertragung **47**
der Kommanditbeteiligung gelten die unter Rn 44 erörterten Grundsätze entsprechend, jedoch mit der Maßgabe, dass der Kommanditist – nach entsprechender Eintragung der Hafteinlage im Handelsregister (§ 172 HGB) – nur bis zur Höhe der Einlage haftet und seine Haftung ausgeschlossen ist, wenn diese Hafteinlage erbracht ist (§ 171 Abs. 1 2. Hs. HGB). Anders als beim Ein- und Austritt wird beim Übertragungsmodell kein neuer Kommanditanteil gebildet. Der Eintretende übernimmt den Anteil des Ausscheidenden. Ist die **Einlage** darauf **erbracht**, werden sowohl der Veräußerer als auch die Erwerber im Ergebnis **haftungsfrei**.[85] Ist die Einlage noch nicht oder noch nicht voll erbracht, haften Altschuldner und Neuschuldner nebeneinander, jedoch nur auf die eingetragene Haftsumme; es kommt also zu keiner Haftungsdoppelung.[86]

Voraussetzung für eine umfassende Begrenzung der Kommanditistenhaftung ist indessen, dass ein so genannter **Rechtsnachfolgevermerk** im Handelsregister eingetragen ist Der Rechtsnachfolgevermerk, der den Anschein vermeiden soll, der Veräusserer sei aus der Gesellschaft ausgeschieden, ohne seinen Anteil im Wege der Sonderrechtsnachfolge zu übertragen, lautet etwa wie folgt: „Die Kommanditbeteiligung des Kommanditisten A ist im Wege der Sonderrechtsnachfolge auf B übergegangen, der damit Kommanditist geworden ist." Fehlt ein solcher Vermerk, kann sich nach der weiter maßgeblichen Rechtsprechung des BGH nur der Erwerber darauf berufen, dass die Hafteinlage erbracht ist.[87] Der Veräußerer hingegen verliert das Recht, sich auf die Leistung der Einlage gem. § 171

---

[82] Ausführlich zur neuen Rechtslage *Maier-Reimer*, Nachhaftungsbegrenzung und neues Verjährungsrecht, DB 2002, 1818 ff.

[83] Eine andere Ansicht vertritt *Altmeppen*, NJW 2000, 2529 ff. unter Berufung auf die Entstehungsgeschichte.

[84] Vgl. *Maier-Reimer*, DB 2002, 1818 ff. (Fn. 73).

[85] MünchHdb. GesR II/*Piehler* KG § 33 Rn 38; *K. Schmidt*, GmbHR 1982, 256; *Schlegelberger/K. Schmidt* § 173 HGB Rn 30.

[86] MünchHdb. GesR II/*Piehler/Schulte*, § 35 Rn 37; *K. Schmidt*, GmbHR 1982, 256; *Schlegelberger/K. Schmidt* § 173 HGB Rn 31.

[87] BGHZ 81, 82, 84 f.

Abs. 1 S. 2 HGB zu berufen.[88] Ihm gegenüber wird § 172 Abs. 4 HGB entsprechend angewandt, so dass seine Einlage den Gläubigern gegenüber als nicht (mehr) geleistet gilt.[89]

Die rechtsdogmatische Einordnung des Nachfolgevermerks war indes lange Zeit umstritten. So wurde – zurückgehend auf die Rechtsprechung des Reichgerichtes – teilweise die Ansicht vertreten, der Rechtsnachfolgevermerk sei ein „beschränkt konstitutives" Merkmal für den Eintritt der Rechtswirkungen der Rechtsnachfolge.[90] Nach anderer Auffassung sollte durch den Nachfolgevermerk nur eine Rechtsscheinhaftung verhindert werden.[91] Der Veräußerer hafte bei Fehlen des Rechtsnachfolgevermerks gegenüber den Altgläubigern nur dann, wenn sich deren Vertrauen auf die Forthaftung des Altkommanditisten noch manifestiert habe, was etwa dann anzunehmen sei, wenn diese eine Stundung gewährt oder Maßnahmen der Zwangsvollstreckung unterlassen hätten.[92]

48 Letztere Auffassung hat sich nach der Änderung des § 162 Abs. 2 und 3 durch das NaStraG vom 18. 1. 2001[93] durchgesetzt.[94] Die neu gefasste Regelung des § 162 Abs. 3, 2 HGB verzichtet bei einer Übertragung eines Kommanditanteils auf jegliche Bekanntmachung.[95] Dies hat zur Folge, dass § 15 Abs. 1 HGB nunmehr weder auf den Ein- und Austritt von Kommanditisten, noch auf die Kommanditanteilsübertragung Anwendung findet. Vielmehr haftet der Altkommanditist den Altgläubigern beim Fehlen eines Nachfolgevermerks nach **allgemeinen Rechtsscheingrundsätzen**.[96] Aus diesem Grunde wird die Eintragung des Nachfolgevermerks auch in Zukunft anzuraten sein.

Ferner hat der BGH – entgegen heftiger Kritik in der Literatur[97] – an der Auffassung festgehalten, dass auch der **Erwerber** einer Kommanditbeteiligung gemäß § 176 Abs. 2 HGB **unbeschränkt** hafte, solange er **im Handelsregister nicht eingetragen** ist.[98] Allerdings hat der BGH ausgeführt, dass die Frage möglicherweise für die GmbH & Co. KG für Vor-

---

[88] MünchHdb. GesR II/*Piehler* KG § 33 Rn 39.

[89] BGHZ 81, 89.

[90] *Huber*, ZGR 1984, 157 f.; so schon RGZ 162, 264, 268 und die ältere Lehre; Nachweise bei *Schlegelberger/K. Schmidt* § 173 HGB Rn 27.

[91] *Schlegelberger/K. Schmidt* § 173 HGB Rn 27; *ders.*, GmbHR 1981, 255; *Eckert*, ZHR 147 (1983), 567.

[92] So *Eckert*, ZHR 147 (1983), 572; die Auffassungen referierend MünchHdb. GesR II/*Piehler* KG § 33 Rn 40.

[93] BGBl. I 2001, 123.

[94] MünchHdB GesR II/*Piehler/Schulte* KG § 35 Rn 39; *K. Schmidt,* ZIP 2002, 413 ff.

[95] MünchHdB GesR II/*Piehler/Schulte* KG § 35 Rn 39; *K. Schmidt,* ZIP 2002, 413, 415.

[96] MünchHdB GesR II/*Piehler/Schulte* KG § 35 Rn 39; *K. Schmidt,* ZIP 2002, 413, 418.

[97] *K. Schmidt*, ZHR 144, 200; *ders.*, GmbHR 1981, 258; *ders.*, NJW 1983, 2260; *Huber*, ZGR 1984, 160; *Crezelius*, BB 1983, 12; MünchHdb. GesR II/*Piehler/Schulte* KG § 35 Rn 39; *K. Schmidt* ZIP 2002, 413 ff., KG § 35 Rn 40.

[98] BGH NJW 1983, 2258 f.; zust. *Reuter*, JZ 1986, 76.

gänge nach dem 1. Januar 1981, in der die Firmierung erkennen lässt, dass es sich um eine solche handelt, anders zu behandeln sei.[99]

2. Komplementär-GmbH

Da den GmbH-Gesellschafter im Grundsatz keine Außenhaftung trifft, bestehen die vorstehend erörterten Probleme eines Eintritts in Verbindlichkeiten der Gesellschaft beim Erwerb eines GmbH-Anteils nicht. **49**

Dagegen haftet der Erwerber neben dem Veräußerer für rückständige Leistungen auf den Geschäftsanteil, die zur Zeit der Anmeldung des Erwerbs des Geschäftsanteils begründet waren (§ 16 Abs. 3 GmbHG).[100] Dazu gehören rückständige Einlageverpflichtungen, hinzu kommen Ansprüche aus einer Haftung nach § 24 und § 31 Abs. 3 GmbHG, ebenso Ansprüche aus Differenzhaftung nach § 9 GmbHG oder aus Vorbelastungshaftung. § 16 Abs. 3 GmbHG regelt das Innenverhältnis zwischen Veräußerer und Erwerber nicht. Insoweit kommt es auf das Kausalgeschäft an; im Zweifel hat der Veräußerer die Einlageverpflichtungen zu tragen. Anderes kann im Falle einer unentgeltlichen Übertragung in Betracht kommen.[101]

VI. Handelsregisteranmeldung

1. Kommanditgesellschaft (GmbH & Co. KG)

Der Gesellschafterwechsel muss zum Handelsregister **angemeldet** und **eingetragen** werden; eintragungspflichtig ist auch der Umstand, dass die Übertragung im Wege der Rechtsnachfolge und nicht durch Aus- und Eintritt erfolgt ist.[102] Die Eintragung des **Rechtsnachfolgevermerks** muss schon aus Haftungsgründen herbeigeführt werden. Durchgängig verlangen die Registergerichte dafür die Versicherung des Altgesellschafters, dass dem Ausscheidenden weder eine Abfindung gewährt noch versprochen wurde.[103] **50**

Richtigerweise ist der Rechtsnachfolgevermerk auch dann eintragungsfähig, wenn eine Kommanditbeteiligung **auf einen persönlich haften-** **51**

---

[99] BGH NJW 1983, 2260 m. Anm. *K. Schmidt*; MünchHdb. GesR II/*Piehler/Schulte* KG § 35 Rn 39; *K. Schmidt* ZIP 2002, 413 ff.; *Hennerkes/Binz*, GmbHR 1983, 233.

[100] Dies gilt auch bei einer unwirksamen Übertragung eines GmbH-Anteils, vgl. *Zeilinger*, Das Verhältnis der Parteien zur GmbH und ihren Gesellschaftern bei einer fehlerhaften rechtsgeschäftlichen Übertragung eines GmbH-Geschäftsanteils, NZG 2001, 871, 874 f.

[101] *Baumbach/Hueck* § 16 GmbHG Rn 13; OLG Hamm GmbHR 1979, 18; vgl. auch *Geck*, DStR 1996, 627 ff.

[102] MünchHdb. GesR II/*Piehler/Schulte* § 35 Rn 58; *K. Schmidt*, GmbHR 1982, 254 f.; *Eckert*, ZHR 147 (1983), 568.

[103] *Schlegelberger/Martens* § 162 HGB Rn 18; MünchHdb. GesR II/*Piehler/Schulte* § 35 Rn 58 m. w. N.; OLG Zweibrücken DB 2000, 1908; eine neuere Ansicht, dass es sich insoweit nicht um eine eintragungspflichtige Tatsache handele und daher eine Anmeldung nicht erforderlich sei (vgl. *Jeschke*, DB 1983, 542; *Michel*, DB 1988, 1885 m. w. N.), hat sich in der Praxis bisher nicht durchgesetzt.

den Gesellschafter übertragen wird. Der Umstand, dass der persönlich haftende Gesellschafter Zahlungen aus seinem persönlichen Vermögen leistet, steht einer Einlagerückgewähr gemäß § 172 HGB nicht gleich.[104] Demgemäß muss auch bei der Übertragung des voll eingezahlten Kommanditanteils auf den persönlich haftenden Gesellschafter die Haftung des Altkommanditisten erlöschen, sofern er aus dem Privatvermögen des persönlich haftenden Gesellschafters abgefunden wird. Konsequenterweise sollte daher auch ein Rechtsnachfolgevermerk im Handelsregister eingetragen werden.[105] Anderes würde indessen dann gelten, wenn sämtliche Kommanditisten ausscheiden und von dem bisher einzigen persönlich haftenden Gesellschafter abgefunden werden; dann nämlich würde die Trennung zwischen Gesellschafts- und Privatvermögen des persönlich haftenden Gesellschafters entfallen.[106]

2. Komplementär-GmbH

52 Hinsichtlich der Übertragung von Geschäftsanteilen an der Komplementär-GmbH bedarf es **keiner Registereintragung**. Das Handelsregister wird – ohne dass dies konstitutiv ist – durch Einreichung einer korrigierten Gesellschafterliste von dem Gesellschafterwechsel unterrichtet. Allerdings gilt der Erwerber erst dann gegenüber der Gesellschaft als Gesellschafter, wenn er den Erwerb unter Nachweis des **Übergangs bei der Gesellschaft angemeldet** hat (§ 16 Abs. 1 GmbHG).[107] Eine vor der Anmeldung des Übergangs bei der Gesellschaft von der Gesellschaft gegenüber dem Veräußerer oder ein vom Veräußerer gegenüber der Gesellschaft vorgenommene Rechtshandlung muss der Erwerber gegen sich gelten lassen (§ 16 Abs. 2 GmbHG).

VII. Umwandlung der Gesellschafterstellung

53 Die Umwandlung der Gesellschafterstellung eines Gesellschafters in der GmbH & Co. KG ist von der Umwandlung der Gesellschaft als solche, die in § 61 behandelt ist, zu unterscheiden. Die Umwandlung der Gesellschafterstellung im hier behandelten Sinne bedeutet, dass **die Stellung eines Gesellschafters** als Kommanditist in die eines persönlich haftenden Gesellschafters oder umgekehrt die Stellung eines persönlich haftenden Gesellschafters in die eines Kommanditisten[108] **umgewandelt** wird. Solche Konstellationen kommen in der bloßen KG häufiger vor als in der GmbH & Co. KG, in denen die GmbH in aller Regel gerade zu dem Zweck

---

[104] BGH NJW 1985, 1776; BB 1990, 1575, 1577.

[105] Vgl. *Wolfsteiner*, BB 1985, 1217; *Schlegelberger/K. Schmidt* § 173 HGB Rn 27; LG Aachen Rpfleger 1983, 356; MünchHdb. GesR II/*Piehler* § 33 Rn 48; a. A. in Verkennung des Zwecks des Nachfolgevermerks LG Aachen Rpfleger 1983, 356.

[106] Vgl. BGHZ 93, 246; 61, 149; MünchHdb. GesR/*Piehler* § 33 Rn 49; zweif. *Wolfsteiner*, BB 1985, 1217.

[107] Zu den Einzelheiten im Zusammenhang mit der Anmeldung, vgl. *Goette*, Die GmbH, 2. Aufl. 2002, § 54 Rn 27ff.

[108] Dieser Fall ist in §§ 162 Abs. 2, 160 Abs. 3 HGB geregelt.

installiert wurde, die Aufgaben der geschäftsführenden und persönlich haftenden Gesellschafterin zu übernehmen. Der Wechsel vom Kommanditisten zum Komplementär oder umgekehrt ist selten aber auch in der GmbH & Co. KG durchaus möglich. Es bedarf dazu der Mitwirkung aller Gesellschafter, sofern der Gesellschaftsvertrag nichts Gegenteiliges vorsieht. Der Gesellschaftsvertrag kann dagegen auch bestimmen, dass allen oder einzelnen Gesellschaftern das Recht eingeräumt wird, die Umwandlung ihrer Gesellschafterstellung jederzeit oder nur unter bestimmten Voraussetzungen zu verlangen. Eine solche Voraussetzung kann etwa vorliegen, wenn sich bestimmte Veränderungen im Gesellschafterkreis der Komplementär-GmbH ergeben.[109]

---

[109] Vgl. im Einzelnen sowie zu den weiteren Folgen MünchHdb. GesR II/*Piehler/Schulte* KG § 35 Rn 62 ff.

§ 29 Ausscheiden eines Gesellschafters

Übersicht

Schrifttum: *Ammon*, Gesellschaftsrechtliche und sonstige Neuregelungen im Handelsrechtsreformgesetz – Ein Überblick, DStR 1999, 1474; *Eckardt*, Das Ausscheiden eines Komplementärs aus der zweigliedrigen KG, NZG 2000, 449 ff.; *Frey/Bredow*, Der Wegfall des einzigen Komplementärs nach der HGB-Reform, ZIP 1998, 1621; *Grunewald*, Haftungsbeschränkungs- und Kündigungsmöglichkeiten für volljährig gewordene Gesellschafter, ZIP 1999, 597; *Gustavus*, Die Neuregelungen im Gesellschaftsrecht nach dem Regierungsentwurf eines Handelsrechtsreformgesetzes, GmbHR 1998, 17; *Habersack*, Die Reform des Handelsstandes und der Personengesellschaften, in: Fachtagung der Bayer-Stiftung für deutsches und internationales Arbeits- und Wirtschaftsrecht am 30. Oktober 1998, 1999, S. 73; *Kiethe*, Ausschluss aus der Personengesellschaft und Einstweilige Verfügung, NZG 2004, 114; *Lambrecht*, Fortsetzung der OHG bei Ausscheiden eines Gesellschafters, ZIP 1997, 919; *Liebs*, Offene Fragen der Insolvenz einer zweigliedrigen GmbH & Co KG, ZIP 2002, 1716; *Schaefer*, Das Handelsrechtsreformgesetz nach dem Abschluss des parlamentarischen Verfahrens, DB 1998, 1269; *Schlitt*, Die Auswirkungen des Handelsrechtsreformgesetzes auf die Gestaltung von GmbH & Co. KG-Verträgen, NZG 1998, 580; *ders.*, Die GmbH & Co. KG in der Insolvenz nach neuem Recht, NZG 1998, 701 (1. Teil), 755 (2. Teil); *K. Schmidt*, HGB-Reform im Regierungsentwurf, ZIP 1997, 909; *ders.*, HGB-Reform und gesellschaftsrechtliche Gestaltungspraxis, DB 1998, 61; *ders.*, Das Handelsrechtsreformgesetz, NJW 1998, 2161; *ders.*, Nachlassinsolvenzverfahren und Personengesellschaft, FS Uhlenbruck, 2000, S. 655 ff.; *ders.*, Insolvenz und Insolvenzabwicklung bei der typischen GmbH & Co. KG, GmbHR 2002, 1209; *ders.*, Fünf Jahre „neues Handelsrecht", JZ 2003, 585; *ders.*, Ausschließungs- und Entziehungsklagen gegen den einzigen Komplementär, ZGR 2004, 227; *Sethe*, Die Wirkung und dogmatische Einordnung von Fortsetzungs- und Nachfolgeklauseln im Lichte der HGB-Reform, JZ 1997, 989; *Weber/Jakob*, Zum Referentenentwurf des Handelsrechtsreformgesetzes, ZRP 1997, 152; *Wiedemann*, Die Personenabhängigkeit der Personengesellschaft, Gedächtnisschrift Lüderitz, 2000, 839.

I. Überblick

1. Gesetzliche Regelung

Das Gesetz benennt in § 131 Abs. 3 HGB i.V. m. § 161 Abs. 2 HGB sechs Gründe, die zu einem **Ausscheiden des Gesellschafters** aus der Gesellschaft führen: sein Tod, die Eröffnung des Insolvenzverfahrens über sein Vermögen, seine Kündigung, die Kündigung durch seine Gläubiger, der Eintritt von im Gesellschaftsvertrag vorgesehenen Fällen sowie ein Beschluss der Gesellschafter. Im Falle des Todes eines Kommanditisten wird die Gesellschaft allerdings gem. § 177 HGB mit seinen Erben fortgesetzt. **1**

2. Änderung durch das Handelsrechtsreformgesetz

Nach der gesetzlichen Regelung vor In-Kraft-Treten des Handelsrechtsreformgesetzes am 1. 7. 1998 führten die Kündigung durch den Gesellschafter selbst oder durch einen seiner Privatgläubiger, der Tod eines persönlich haftenden Gesellschafters oder die Eröffnung des Konkursverfahrens über das Vermögen eines Gesellschafters (vgl. § 131 Nr. 4, 5, 6 1.Alt. HGB a. F.) zur Auflösung der Gesellschaft. Dieses Regelungssystem entsprach der überkommenen Vorstellung, dass eine Personengesellschaft durch ihre Mitglieder geprägt wird, so dass das Ausscheiden auch nur eines Gesellschafters aus dem Verband dessen Auflösung zur Folge hatte. Dieser in der Regel unerwünschten Rechtsfolge ist die Kautelarpraxis durch Aufnahme von Fortsetzungsklauseln in den Gesellschaftsvertrag begegnet. **2**

Durch das am 1. 7. 1998 in Kraft getretene Gesetz zur Neuregelung des Kaufmanns- und Firmenrechtes und zur Änderung anderer handels- und gesellschaftsrechtlicher Vorschriften (HRefG)[1] hat der Gesetzgeber den in § 131 HGB zum Ausdruck kommenden Grundsatz „Auflösung der Gesell- **3**

[1] HRefG v. 22. 6. 1998 BGBl. I, 1474 ff. Die Beschlussempfehlung und der Bericht des Rechtsausschusses sind abgedr. in BT-Drs. 13/10332.

schaft bei Ausscheiden eines Gesellschafters" in die Regel „Fortführung der Gesellschaft und Ausscheiden des Gesellschafters" umgekehrt.[2] Der Gesetzgeber hatte erkannt, dass die Gründer einer Personenhandelsgesellschaft mehr Wert auf die Unternehmenskontinuität als auf einen unveränderten Personenkreis der Gesellschafter legten. Zudem entspricht die Zerschlagung eines prosperierenden Unternehmens nach erfolgter Auflösung mit der Folge zum Teil erheblicher Wertverluste in aller Regel weder den Interessen der Gesellschafter, noch den Gläubigern der Gesellschaft, noch ihren Arbeitnehmern. Nach Ansicht des Gesetzgebers hat die gesellschaftsvertragliche Abbedingung der Auflösungsgründe durch Etablierung von Fortsetzungsklauseln das Bedürfnis nach einer gesetzlichen Reduzierung der Auflösungstatbestände nicht beseitigt.[3] Zudem müsste sich das Gesetz an die tatsächliche Vertragspraxis anpassen, die die Fortsetzung der Gesellschaft bei Eintritt eines Auflösungsgrundes bereits zur Regel gemacht hat. Um den Fortbestand des Verbandes unabhängig vom Vorhandensein einer Fortsetzungsklausel im Gesellschaftsvertrag oder eines (grundsätzlich einstimmig zu fassenden) Fortsetzungsbeschlusses zu sichern, wurden die bisherigen gesellschafterbezogenen Auflösungsgründe in bloße **Ausscheidenstatbestände** umgewandelt.[4] Gleichzeitig stellt die Neufassung des Gesetzes klar, dass der Gesellschaftsvertrag weitere Ausscheidensgründe vorsehen (§ 131 Abs. 3 Nr. 5 HGB) kann und dass ein Ausscheiden eines Gesellschafters auch aufgrund eines Beschlusses der Gesellschafterversammlung möglich ist (§ 131 Abs. 3 Nr. 6 HGB).

4 Die gesetzliche Neuregelung macht die Aufnahme von **Fortsetzungsklauseln** in den in § 131 Abs. 3 HGB aufgeführten Fällen entbehrlich, was die Aufhebung der §§ 136–138, 141, 142 HGB möglich machte. Allerdings ist die Fortsetzung der Gesellschaft keineswegs zwingend. Vielmehr steht es den Gesellschaftern frei, die Ausscheidensgründe wieder in Auflösungsgründe umzufunktionieren.[5] Die Regelung über die **Abfindung** des ausscheidenden Gesellschafters war demgegenüber kein Gegenstand der Gesetzesnovelle. Damit verbleibt es bei dem Grundsatz, dass der ausscheidende Gesellschafter mit dem Verkehrswert abzufinden ist (§§ 738 BGB, 105 Abs. 2, 161 Abs. 2 HGB). Die Gesellschafter müssen sich mithin nach wie vor klar darüber werden, ob der ausscheidende Gesellschafter tatsächlich auf dieser Grundlage abgefunden werden soll, da eine solche Abfindung zu Going-Concern-Werten die Gesellschaft oftmals erheblichen Belastungen aussetzt. Ein Bedürfnis für die Aufnahme von **Abfindungsbeschränkungen** kann daher weiterhin bestehen.[6]

---

[2] Begr. RefE ZIP 1996, 1485.

[3] Begr. RefE ZIP 1996, 1487; vgl. auch *K. Schmidt*, JZ 2003, 585, 593; *Wiedemann*, Gedächtnisschrift Lüderitz, S. 839 ff.

[4] Die Reform beschränkt sich auf die Personenhandelsgesellschaften; für GbR verbleibt bei dem Grundsatz, dass das Ausscheiden eines Gesellschafters zu deren Auflösung führt.

[5] *Sethe*, JZ 1997, 989, 993; *Schlitt*, NZG 1998, 583.

[6] Vgl. auch *Lamprecht*, ZIP 1997, 919, 920; *Weber/Jakob*, ZRP 1997, 155; *Gustavus*, GmbHR 1998, 20; *K. Schmidt*, ZIP 1997, 917; *Schmitt*, WiB 1997, 1121; *Schlitt*, NZG 1998, 583; *Ammon*, DStR 1998, 1474, 1477; *Bydlinski*, ZIP 1998, 1169, 1175.

3. Auswirkung auf bereits bestehende Gesellschaften

Auf nach dem 1. 7. 1998 gegründete Gesellschaften findet das neue Recht ohne Einschränkung Anwendung. Aber auch für bereits bestehende Gesellschaften bleibt das HRefG nicht ohne Bedeutung. Es ist wie folgt zu differenzieren: 5

Vertragsklauseln, die entsprechend der neuen Rechtslage die bisherigen gesetzlichen Auflösungstatbestände in Ausscheidensgründe umfunktioniert hatten, haben fortan nur noch **deklaratorischen** Charakter.[7] Eine Anpassung ist daher nicht erforderlich. 6

Enthält der Gesellschaftsvertrag keine ausdrücklichen Bestimmungen über die Auflösung der Gesellschaft oder das Ausscheiden des Gesellschafters, findet grundsätzlich neues Recht Anwendung. Wollen die Gesellschafter eine der alten Rechtslage entsprechende Regelung treffen, müssen sie initiativ werden. Bleiben sie untätig oder kommt eine einvernehmliche Regelung unter den Gesellschaftern nicht zustande, hat die **Übergangsregelung** des Art. 41 EGHGB dem einzelnen Gesellschafter das Recht eingeräumt, bis zum 31. 12. 2001 die Anwendung der §§ 131 bis 142 und 177 HGB in der bis zum 1. 7. 1998 geltenden Fassung gegenüber der Gesellschaft schriftlich zu verlangen. Voraussetzung hierfür war, dass der zur Auflösung der Gesellschaft oder zum Ausscheiden eines Gesellschafters führende Grund nicht bereits eingetreten ist.[8] Damit wurde dem Vertrauensschutz derjenigen Gesellschafter Genüge getan, die seinerzeit bewusst von abweichenden gesellschaftsvertraglichen Vereinbarungen abgesehen haben.[9] Das auf Fortgeltung des alten Rechts gerichtete Petitum des Gesellschafters konnte durch einen Beschluss der Gesellschafterversammlung zurückgewiesen werden (Art. 41 S. 2 EGHGB). Zu der Frage der Stimmberechtigung des die Beibehaltung der bisherigen Rechtslage wünschenden Gesellschafters bei der Fassung dieses **Zurückweisungsbeschlusses** verhält sich das Gesetz nicht. Der Wortlaut der Übergangsregelung könnte dafür sprechen, dass der Beschluss nur von den übrigen Gesellschaftern gefasst werden konnte. Macht man indessen mit dem Vertrauensschutz des Gesellschafters ernst, wird man den Gesellschafter als stimmberechtigt ansehen müssen.[10] Ob ein Gesellschafter die Anwendung alten Rechts durchsetzen konnte, hing demnach von der Ausgestaltung des Gesellschaftsvertrages ab. Der Gesellschafter konnte nur dann überstimmt werden, wenn der Gesellschaftsvertrag insoweit abweichend von § 119 HGB ein qualifiziertes oder gar einfaches Mehrheitserfordernis vorsieht.[11] 7

---

[7] *Schlitt*, NZG 1998, 583; *Ammon*, DStR 1998, 1477; *Habersack*, Reform des Handelsstandes, S. 73, 86.

[8] Vgl. *Sethe*, JZ 1997, 993; *Lamprecht*, ZIP 1997, 922; *Schlitt*, NZG 1998, 581.

[9] Begr. RegE zu Art. 41 EGHGB ZIP 1997, 942, 955 f.

[10] MüKo/*K. Schmidt* § 131 HGB Rn 58; *Baumbach/Hopt* § 41 EGHGB Rn 1; *Ebenroth/Boujong/Joost/Lorz* § 131 HGB Rn 9; *Schlitt*, NZG 1998, 583; zust. *Ammon*, DStR 1998, 1477; *Habersack*, Reform des Handelsstandes, S. 73, 86; a. A. *Koller/Roth/Morck* § 131 HGB Rn 1; offenbar auch *K. Schmidt*, NJW 1998, 2166.

[11] Vgl. Begr. RegE zu Art. 41 EGHGB ZIP 1997, 955 f.

8 Hat der Gesellschaftsvertrag nur einige der bisherigen Auflösungstatbestände in Ausscheidensgründe umfunktioniert und es hinsichtlich der Übrigen bei der gesetzlichen Regelung belassen, gilt das unter Rn 7 Ausgeführte für die keiner ausdrücklichen Regelung zugeführten Auflösungstatbestände entsprechend.[12]

9 Auslegungsprobleme ergeben sich insbesondere bei **Kündigungsklauseln**, die zeitlich vor dem In-Kraft-Treten der gesetzlichen Neuregelung des § 131 HGB vereinbart wurden, aber die Rechtsfolge der Kündigung nicht benennen. Eine Auslegung nach altem Recht hätte ergeben, dass die Kündigung zur Auflösung der Gesellschaft führt. Eine solche Auslegung ist mit Blick auf Art. 41 EGHGB unzulässig. Daher zieht eine Kündigung das Ausscheiden des betreffenden Gesellschafters nach sich, sofern im Gesellschaftsvertrag nicht Anhaltspunkte vorhanden sind, die für eine Auflösung der Gesellschaft sprechen.[13]

10 Ist die Frist des Art. 41 S. 1 EGHGB verstrichen, **widerspricht** aber der gesetzlich angeordnete Sinnwandel dem Willen und Interesse der Gesellschafter, so können diese verlangen, dass der Gesellschaftsvertrag geändert wird, um den wirklichen Willen der Gesellschafter klar zum Ausdruck zu bringen.[14]

II. Ausscheidensgründe

1. Tod eines Gesellschafters

11 **a) Tod eines Kommanditisten.** § 131 Abs. 3 Nr. 1 HGB bestimmt, dass ein Gesellschafter im Falle seines Todes aus der Gesellschaft ausscheidet. Auch wenn an dieser Stelle allgemein vom Tod eines Gesellschafters die Rede ist, erfasst die Regelung nur den Tod eines persönlich haftenden Gesellschafters. Beim Tod eines Kommanditisten wird die Gesellschaft nach § 177 HGB mangels abweichender vertraglicher Bestimmung im Gesellschaftsvertrag mit dessen Erben fortgesetzt. Sein **Gesellschaftsanteil** geht auf seine **Erben** über, die an seiner Stelle in die Gesellschaft eintreten.[15]

12 **b) Tod eines persönlich haftenden Gesellschafters.** Lässt man den seltenen Fall, dass die GmbH & Co. KG neben der Komplementär-GmbH

---

[12] *Schlitt*, NZG 1998, 583.

[13] MüKo/*K. Schmidt* § 131 HGB Rn 59; *K. Schmidt*, BB 2001, 4.

[14] *Koller/Roth/Morck* § 131 HGB Rn 1; MüKo/*K. Schmidt* § 131 HGB Rn 59.

[15] Das HRefG hat insoweit keine Änderung der Gesetzeslage mit sich gebracht. Demgegenüber hatte der RegE (ZIP 1997, 942, 955) noch eine Aufhebung des § 177 HGB vorgesehen mit der Folge, dass auch ein Kommanditist bei seinem Tod aus der Gesellschaft ausgeschieden wäre. Diese Reformbestrebungen wurden im Schrifttum zu Recht kritisiert, vgl. etwa *K. Schmidt*, ZIP 1997, 917; *Gustavus*, GmbHR 1998, 21; *Schaefer*, DB 1998, 1274; *Habersack*, Reform des Handelsstandes S. 73, 88. Eine solche Regelung hätte zur Folge gehabt, dass die Gesellschaft in jedem Fall den Abfindungsansprüchen der Gesellschaftererben ausgesetzt gewesen wäre. Die Gesetz gewordene Regelung ist auf einen Vorschlag des BR (vgl. Stellungnahme d. BR ZIP 1997, 2025 ff.) zurückzuführen, dem sich die BReg angeschlossen hat.

noch über eine natürliche Person als persönlich haftenden Gesellschafter verfügt, außer Betracht, kommt der Tod eines persönlich haftenden Gesellschafters im eigentlichen Sinne nicht vor. Dies führt zu der Frage, in welchem Stadium vom „Tod" der Komplementär-GmbH gesprochen werden kann.[16]

aa) Vollbeendigung der Komplementär-GmbH. Es entspricht nahezu einhelliger Meinung, dass jedenfalls die **Vollbeendigung** der Komplementär-GmbH dem Tod eines (natürlichen) persönlich haftenden Gesellschafters gleichsteht.[17] Die Komplementär-GmbH ist nach herrschender Auffassung vollbeendet, wenn ihr Vermögen vollständig verteilt und sie im Handelsregister gelöscht ist.[18] Allein die **Löschung** der GmbH im Handelsregister bewirkt die Vollbeendigung nicht, sofern noch ein verteilungsfähiges Gesellschaftsvermögen vorhanden ist.[19] Für die GmbH & Co. KG hat dies zur Folge, dass praktisch keine Vollbeendigung der Komplementär-GmbH eintreten kann, solange die GmbH noch einen Gesellschaftsanteil an der KG hält. Denn die Beteiligung an der KG und die damit zusammenhängenden personen- und vermögensrechtlichen Rechte und Pflichten stellen Vermögenswerte der Komplementär-GmbH dar, die der Annahme einer Vermögenslosigkeit entgegenstehen.[20] Zur Frage des Ausscheidens der einzigen Komplementär-GmbH vgl. unten Rn 56ff. 13

bb) Auflösung der Komplementär-GmbH. Umstritten ist, ob bereits die Auflösung der Komplementär-GmbH zu ihrem Ausscheiden aus der KG führt. Praktische Bedeutsamkeit entfaltet diese Frage namentlich in den Fällen, in denen die Komplementär-GmbH eine eigene unternehmerische Tätigkeit entfaltet bzw. noch in weiteren GmbH & Co. KG oder KGaA Komplementärfunktionen übernimmt.[21] In solchen **sternförmigen Gesellschaftsverbänden** besteht die Gefahr, dass eine insolvente Komplementärin auch andere, an sich wirtschaftlich gesunde Gesellschaften infiziert, in der sie ebenfalls die Komplementärrolle übernommen hat. 14

---

[16] Krit. *Habersack*, Reform des Handelsstandes, S. 73, 89.

[17] BGHZ 75, 178, 181f.; OLG Frankfurt WM 1982, 1266; OLG Hamburg NJW 1987, 1896; *Ebenroth/Boujong/Joost/Lorz* § 131 HGB Rn 45; *Hesselmann/Tillmann* GmbH & Co, Rn 655; MünchHdb. GesR II/*Piehler/Schulte* KG § 36 Rn 11; *Baumbach/Hopt* § 131 HGB Rn 20; *Koller/Roth/Morck* § 131 HGB Rn 22; a. A. MüKo/*K. Schmidt* § 131 HGB Rn 68; GK/*Schäfer* § 131 HGB Rn 77.

[18] OLG Stuttgart ZIP 1986, 647; *Roth/Altmeppen* § 60 GmbHG Rn 6; *Scholz/Schmidt* § 60 GmbHG Rn 37; *Lutter/Hommelhoff* § 74 GmbHG Rn 6. Nach der älteren Rspr. war der Eintritt der Vermögenslosigkeit ausreichend, vgl. die Nachweise bei *Baumbach/Hueck/Schulze-Osterloh* § 60 GmbHG Rn 6.

[19] OLG Düsseldorf GmbHR 1995, 233, 234. Nach heute h. M. verlangt das Erlöschen der GmbH neben deren Vermögenslosigkeit die Eintragung der Löschung im Handelsregister (sog. Lehre vom „Doppeltatbestand" der Beendigung), vgl. dazu *Roth/Altmeppen* § 65 GmbHG Rn 19 m.w.N. auch zur Gegenansicht.

[20] OLG Düsseldorf GmbHR 1995, 234; so zutr. auch *Schlegelberger/K. Schmidt* § 131 HGB Rn 29.

[21] *K. Schmidt*, GmbHR 1994, 834.

15 Eine verbreitete Meinung im Schrifttum hat für das alte Recht die Auflösung der Komplementär-GmbH als **weiteren Auflösungsgrund** anerkannt.[22] Dies konnte nicht überzeugen, da die in § 131 HGB genannten Auflösungsgründe richtigerweise abschließenden Charakter haben. Folgerichtig hatte die Auflösung der Komplementär-GmbH nach der h. M. nicht zwingend auch die Auflösung der KG zur Folge.[23] Auch nach der Neuregelung des § 131 HGB vertritt die h. M. folgerichtig diesen Standpunkt.[24] Im Gegenteil lässt die in Kenntnis des Streitstandes unterbliebene Erweiterung des Katalogs der Auflösungstatbestände in § 131 HGB um die Auflösung der Komplementär-GmbH den Schluss zu, dass der Gesetzgeber hier keinen Änderungsbedarf gesehen hat. Auch der Einwand, in einer werbend fortbestehenden GmbH & Co. KG könnten die Geschäftsführungsfunktionen nicht von einer sich in Liquidation befindlichen Komplementär-GmbH wahrgenommen werden, greift nicht durch. Eine aufgelöste GmbH kann die Geschäfte der KG durchaus weiterhin führen und diese im Außenverhältnis vertreten. Sofern die Kommanditisten sich mit diesem Zustand nicht zufrieden geben wollen, ist es ihnen unbenommen, Auflösungsklage nach § 133 HGB zu erheben. Da die Auflösung der Komplementär-GmbH anerkanntermaßen einen wichtigen Grund zur Auflösung der KG darstellt, können die übrigen Gesellschafter die Auflösung der KG notfalls gerichtlich erzwingen. Zudem steht es den anderen Gesellschaftern offen, die Komplementär-GmbH im Falle ihrer Auflösung im Klageweg aus der Gesellschaft auszuschließen (§ 140 HGB).[25]

16 *cc) Löschung der Komplementär-GmbH wegen Vermögenslosigkeit.* Wird die Komplementär-GmbH nach § 141a Abs. 1 FGG (§ 2 Abs. 1 LöschG a. F.) wegen Vermögenslosigkeit gelöscht, ist sie vollbeendet.[26] Die Löschung bewirkt damit auch ihr Ausscheiden aus der KG. Nur wenn sich zu einem späteren Zeitpunkt noch unerwartet Vermögen findet, besteht die persönlich haftende Gesellschafterin trotz erfolgter Löschung fort und muss im Rahmen der sog. **Nachtragsliquidation** auseinander gesetzt werden (§ 66 Abs. 5 GmbHG n. F.; § 2 Abs. 3 LöschG a. F.).[27] In diesem Fall ist

---

[22] Vgl. etwa *K. Schmidt*, GmbHR 1994, 834; *ders.*, GmbHR 1980, 262; *ders.*, BB 1980, 1499; *ders.*, ZHR 153 (1989), 279; zust. *Roth/Altmeppen* 3. Aufl. 1997 § 60 GmbHG Rn 66.

[23] RGZ 122, 253, 257; BGHZ 75, 179, 181; BGH DStR 1993, 1227; OLG Hamburg NJW 1987, 1896; *Hesselmann/Tillmann* GmbH & Co. Rn 665; *Brönner/Rux/Wagner* GmbH & Co. KG Rn 633; wohl auch *Schlegelberger/Martens* § 161 HGB Rn 128.

[24] *Baumbach/Hopt* § 131 HGB Rn 20; *Ebenroth/Boujong/Joost/Lorz* § 131 HGB Rn 45; *Koller/Roth/Morck* § 131 HGB Rn 22; MünchHdb. GesR II/*Piehler/Schulte* KG § 36 Rn 6; auch unter neuer Rechtslage a. A. *K. Schmidt*, Gesellschaftsrecht, S. 1451 f.; wohl auch MüKo/*K. Schmidt* § 177 HGB Rn 12; zust. GK/*Schäfer* § 131 HGB Rn 40.

[25] *Brönner/Rux/Wagner* GmbH & Co. KG Rn 633.

[26] OLG Frankfurt BB 1982, 1689; *Roth/Altmeppen* § 75 GmbHG Rn 53; GK/*Schäfer* § 131 HGB Rn 78.

[27] Vgl. BGHZ 48, 303, 307 zur Rechtslage vor In-Kraft-Treten der InsO, vgl. ferner *Hesselmann/Tillmann* GmbH & Co. KG Rn 670; *Roth/Altmeppen* § 75

die Komplementärin nicht wirksam aus der Gesellschaft ausgeschieden.[28]

dd) Umwandlung der Komplementär-GmbH. Führt die Umwandlung der Komplementär-GmbH, etwa im Wege der **Verschmelzung** auf eine andere Gesellschaft, zu ihrer Vollbeendigung, ist damit nicht zwangsläufig auch die Auflösung der KG verbunden.[29] Neuer Komplementär der KG wird vielmehr der Gesamtrechtsnachfolger der GmbH. Ist der neue Komplementär den Gesellschaftern ausnahmsweise **unzumutbar**, haben diese die Möglichkeit, ein gerichtliches Ausschlussverfahren nach § 140 HGB in die Wege zu leiten.[30] Beim **Formwechsel** ändert sich infolge der Beibehaltung der wirtschaftlichen und rechtlichen Identität ohnehin nur die Rechtsform der Komplementär-Gesellschaft.[31] In Spaltungs- und Ausgliederungsfällen kommt es darauf an, ob das als Gesellschafter beteiligte Unternehmen seine mitgliedschaftliche Stellung behält oder diese wegfällt.[32] 17

c) Gesellschaftsvertragliche Bestimmungen. Die Ausscheidensregelung des § 131 Abs. 3 Nr. 1 HGB ist disponibel.[33] So kann im Gesellschaftsvertrag der KG bestimmt werden, dass die **Komplementär-GmbH** bereits mit ihrer **Auflösung** aus der Gesellschaft ausscheidet.[34] Der Gesellschaftsvertrag kann auch, was allerdings nur selten zweckmäßig sein dürfte, vorsehen, dass die Auflösung oder die Beendigung der Komplementärin nicht nur zu ihrem Ausscheiden aus der Gesellschaft, sondern zur **Auflösung** der KG insgesamt führt.[35] Ferner kann im Gesellschaftsvertrag vorgesehen werden, dass bei Ausscheiden des einzigen persönlich haftenden Gesellschafters die Gesellschaft mit einer „Reserve-GmbH" ohne Kapitalanteil fortgeführt wird – ggf. mit der Verpflichtung, den Anteil auf eine weitere Person nachträglich zu übertragen.[36] 18

Wollen die Gesellschafter beim Tod eines **Kommanditisten** die Gesellschaft nicht mit dessen Erben weiterführen, kann die Fortsetzung der Gesellschaft bei Ausscheiden des betroffenen Kommanditisten vorgesehen 19

GmbHG Rn 70; *Baumbach/Hueck/Schulze-Osterloh* § 66 GmbHG Rn 37; a. A. *Hachenburg/Ulmer* § 60 GmbHG Rn 118, nach dessen Ansicht es bei der Beendigung der GmbH verbleibt und das wieder aufgefundene Vermögen von einem Nachtragsabwickler als Sondervermögen zu verteilen ist.

28 Vgl. OLG Düsseldorf GmbHR 1995, 233, 234 (zum alten Recht); *Hesselmann/Tillmann* GmbH & Co. KG Rn 672; a. A. MüKo/*K. Schmidt* § 177 HGB Rn 13: die Kommanditgesellschaft ist in diesem Fall aufgelöst.

29 *Hachenburg/Ulmer* § 60 GmbHG Rn 116; GK/*Schäfer* § 131 HGB Rn 81; MüKo/*K. Schmidt* § 131 HGB Rn 96; MüKo/*K. Schmidt* § 177 HGB Rn 11.

30 *Hesselmann/Tillmann* GmbH & Co. KG Rn 672; diff. *Schlegelberger/K. Schmidt* § 131 HGB Rn 33.

31 MüKo/*K. Schmidt* § 131 HGB Rn 96; MüKo/*K. Schmidt* § 177 HGB Rn 11.

32 *Röhricht/v. Westphalen/v. Gerkan*, § 131 HGB Rn 20.

33 MünchHdb. GesR II/*Piehler/Schulte* KG § 36 Rn 4; MüKo/*K. Schmidt* § 131 HGB Rn 57, 65.

34 Begr. RefE ZIP 1996, 1485, 1498; näher dazu *Schlitt*, NZG 1998, 584.

35 *Bydlinski*, ZIP 1998, 1175; *Schlitt*, NZG 1998, 584.

36 MüKo/*K. Schmidt* § 131 HGB Rn 65.

werden.[37] Die Fortsetzung der Gesellschaft kann bei Ausscheiden des betroffenen Gesellschafters auch von der Fassung eines hierauf gerichteten **Gesellschafterbeschlusses** abhängig gemacht werden.[38] Ein Mehrheitsbeschluss reicht nur dann aus, wenn er für diesen Fall oder generell für eine Vertragsänderung im Gesellschaftsvertrag vorgesehen ist.[39] Der Tod eines Kommanditisten kann ferner die Auflösung der Gesellschaft nach sich ziehen. Die Gesellschafter können alternativ bestimmen, dass die Gesellschaft beim Tod eines Kommanditisten bloß kündbar wird.[40] Große Bedeutung haben weiterhin die qualifizierten **Nachfolgeklauseln**, die bei Vorhandensein mehrerer Erben nur das Einrücken eines oder einzelner Erben in die Kommanditistenstellung vorsehen, während die unberücksichtigt gebliebenen Erben abzufinden sind.[41]

2. Eröffnung des Insolvenzverfahrens über das Vermögen eines Gesellschafters

20 **a) Gesetzliche Regelung.** Ein Gesellschafter scheidet aus der Gesellschaft ferner dann aus, wenn über sein Vermögen das Insolvenzverfahren eröffnet wird (§ 131 Abs. 3 Nr. 2 HGB).[42] Dies gilt unabhängig davon, ob es sich dabei um die Komplementär-GmbH oder einen Kommanditisten handelt. Mit dem Ausscheiden des Gesellschafters wird die Verwertung seines Anteils ermöglicht.

21 Die **Ablehnung der Eröffnung des Konkurs- bzw. Insolvenzverfahrens** über das Vermögen eines Gesellschafters **mangels Masse** wurde von der h. M. [43] zutreffend nicht als Auflösungsgrund im Sinne von § 131 Abs. 1 Nr. 5 HGB a. F. anerkannt, weil der Gesellschafter durch Ablehnung der Eröffnung des Insolvenzverfahrens nicht in der Verfügungsbefugnis über sein Restvermögen beschränkt wird. Hieran hat sich mit In-Kraft-Treten des Handelsrechtsreformgesetzes nichts geändert, so dass der betreffende Gesellschafter in diesem Fall nicht automatisch aus der Gesellschaft ausscheidet.[44] Die Ablehnung der Eröffnung des Insolvenzverfahrens mangels Masse erfolgt, wenn der Wert des Gesellschaftsanteils und der übrigen

[37] *Schlitt*, NZG 1998, 584.

[38] Vgl. *K. Schmidt*, DB 1998, 65.

[39] MüKo/*K. Schmidt* § 131 HGB Rn 58.

[40] *K. Schmidt* Gesellschaftsrecht S. 1554.

[41] So zutr. *K. Schmidt*, DB 1998, 64; *ders.*, NJW 1998, 2166; vgl. auch *Binz/Sorg* § 6 Rn 30; *Sethe*, JZ 1997, 989 ff.

[42] MünchHdb. GesR II/*Piehler/Schulte* KG § 36 Rn 7; *Koller/Roth/Morck* § 131 HGB Rn 23; *Baumbach/Hopt* § 131 HGB Rn 22; Die Eröffnung des früheren Vergleichsverfahrens über das Vermögen eines Gesellschafters hatte die Auflösung der Gesellschaft nicht bewirkt, vgl. MünchHdb. GesR II 1. Aufl. /*Schmid* KG § 49 Rn 99.

[43] BGHZ 75, 178; BGH NJW-RR 1989, 993, 995; *Schlegelberger/Martens* § 161 HGB Rn 125; a. A. *K. Schmidt*, BB 1980, 1501.

[44] *Baumbach/Hopt* § 131 HGB Rn 22; *Ebenroth/Boujong/Joost/Lorz* § 131 HGB Rn 48; *Koller/Roth/Morck* § 131 HGB Rn 23; a. A. *K. Schmidt* Gesellschaftsrecht S. 1453 f.: nach Sinn und Zweck des § 131 Abs. 3 S. 1 Nr. 2 HGB solle ein insolventer Gesellschafter nicht erst durch Beschluss nach Nr. 6 der Vorschrift aus der Gesellschaft ausgeschlossen werden müssen; MüKo/*K. Schmidt* § 131 HGB Rn 74.

Vermögensgegenstände des Gesellschafters voraussichtlich nicht ausreichen wird, um die Kosten des Verfahrens zu decken (§ 26 InsO). Die Ablehnung mangels Masse kann jedoch die Mitgesellschafter berechtigten, den betroffenen Gesellschafter aus der Gesellschaft **auszuschließen** (§ 140 HGB).[45]

Streitig ist, ob die Gesellschaft durch die Eröffnung des **Nachlassinsolvenzverfahrens** gemäß §§ 315 ff. InsO (§§ 214 ff. KO a. F.) über das Vermögen eines ihrer Gesellschafter aufgelöst wird. Der BGH hat dies in einer älteren Entscheidung mit der Begründung verneint, nur die übertragbaren Vermögensrechte (Gewinn- und Auseinandersetzungsanspruch), nicht aber der vererbte Gesellschaftsanteil seien dem Nachlass zuzuordnen, so dass der Konkursverwalter nur die Möglichkeit besitze, die Gesellschaft nach § 135 HGB zu kündigen.[46] Nachdem zwischenzeitlich geklärt sein dürfte, dass der Gesellschaftsanteil Teil des Nachlasses ist,[47] hatte *K. Schmidt*[48] für das alte Recht mit überzeugenden Gründen eine Auflösung der Gesellschaft angenommen. In Fortführung dieses Ansatzes muss der vom Nachlassinsolvenzverfahren betroffene Gesellschafter nach neuem Recht aus der Gesellschaft ausscheiden.[49] Zwar steht eine teilweise vertretene Ansicht auch unter neuem Recht auf dem Standpunkt, dass die Zahlungsunfähigkeit des Erben und Nachlasskonkurs unabhängig voneinander sind, § 131 Abs. 3 S. 1 Nr. 2 HGB aber nur den ersten Fall erfasse.[50] Für die Anwendung der Vorschrift in beiden Fällen spricht aber entscheidend, dass sie den Schutz der Mitgesellschafter vor der Einwirkung eines Insolvenzverwalters bezweckt.[51] Daher scheidet der betroffene Gesellschafter aus der Gesellschaft aus. Dem Gesellschaftererben steht jedoch nach Begleichung der Gläubigerverbindlichkeiten ein Anspruch gegen seine Mitgesellschafter auf Wiederaufnahme in die Gesellschaft zu.[52] 22

Mit der Eröffnung des Insolvenzverfahrens scheidet der Gesellschafter vorbehaltlich einer anderweitigen Regelung im Gesellschaftsvertrag **automatisch** aus der GmbH & Co. KG aus. Wird die **Eröffnung** des Insolvenzverfahrens auf die sofortige Beschwerde des Gesellschafters hin **abgelehnt** (§ 34 Abs. 2 InsO), gilt das Ausscheiden rückwirkend als nicht erfolgt. 23

Wird die Gesellschaft bei Insolvenz eines ihrer Gesellschafter danach nicht aufgelöst, sondern bei Ausscheiden des betroffenen Gesellschafters fortgesetzt, fällt der **Abfindungsanspruch** des Ausgeschiedenen in die Insolvenzmasse. Die Geltendmachung des Abfindungsanspruchs obliegt dem **Insolvenzverwalter**. Da der Abfindungsanspruch in seinem Kern bereits vor der Eröffnung des Insolvenzverfahrens entstanden ist, findet § 95 24

---

[45] *Schlegelberger/K. Schmidt* § 131 HGB Rn 38.

[46] BGHZ 91, 132 ff.

[47] BGHZ 108, 187.

[48] *Schlegelberger/K. Schmidt* § 131 HGB Rn 40.

[49] So die h. M.: *Baumbach/Hopt* § 131 HGB Rn 22; *Koller/Roth/Morck* § 131 HGB Rn 23; MüKo/*K. Schmidt* § 131 HGB Rn 73; *K. Schmidt*, FS Uhlenbruck, S. 655 ff.; *Röhricht/v. Westphalen/v. Gerkan* § 131 HGB Rn 22.

[50] MünchHdb. GesR II/*Piehler/Schulte* KG § 36 Rn 10; *Ebenroth/Boujong/Joost/Lorz* § 131 HGB Rn 47.

[51] *K. Schmidt* Gesellschaftsrecht S. 1453.

[52] *Baumbach/Hopt* § 131 HGB Rn 22.

Abs. 1 InsO Anwendung, so dass die Gesellschaft mit etwaigen eigenen Forderungen hiergegen aufrechnen kann.[53] Zur Beschränkung des Abfindungsanspruchs vgl. Rn 26. Die Auseinandersetzung zwischen dem Ausgeschiedenen und der Gesellschaft erfolgt außerhalb des Insolvenzverfahrens (§ 84 Abs. 1 S. 1 InsO, vormals § 16 KO).[54]

25 **b) Vertragliche Gestaltungsmöglichkeiten.** Auch der Ausscheidenstatbestand nach § 131 Abs. 3 Nr. 2 HGB ist im Ausgangspunkt disponibel. Damit ist es zulässig, statt des Ausscheidens des Gesellschafters entsprechend der alten Rechtslage die **Auflösung** der Gesellschaft als Rechtsfolge vorzusehen.[55] Der **Verbleib** des betroffenen Gesellschafters in der KG kann gesellschaftsvertraglich jedoch **nicht vereinbart** werden, da dessen Abfindungsanspruch zur Verwertung zugunsten seiner Gläubiger zur Verfügung stehen muss.[56] Denkbar ist allenfalls, dass die Mitgesellschafter den in Insolvenz gefallenen Gesellschafter wieder in die Gesellschaft aufnehmen.[57] Der mit dem Ausscheiden entstandene Abfindungsanspruch des Gesellschafters verbleibt jedoch dann in der Insolvenzmasse.

26 Um die Gesellschaft beim Ausscheiden des Gesellschafters vor zu hohen finanziellen Belastungen zu schützen, haben die Gesellschafter regelmäßig ein Interesse daran, den **Abfindungsanspruch** des ausscheidenden Gesellschafters für den Fall seiner Insolvenz **auszuschließen** bzw. zu **beschneiden**. Hiergegen bestehen keine Bedenken, sofern sich solche Abfindungsbeschränkungen nicht nur auf den Fall der Insolvenz oder der Pfändung, sondern auch auf andere Fälle des Ausscheidens aus wichtigem Grund beziehen.[58] Andernfalls sind solche Bestimmungen wegen Gläubigerbenachteiligung unwirksam.[59]

27 Da es im GmbHG an einer dem § 131 Abs. 3 Nr. 2 HGB entsprechenden Bestimmung fehlt, wonach der Gesellschafter bei Eröffnung des Insolvenzverfahrens aus der Gesellschaft ausscheidet, hätte bei der **beteiligungsgleichen** GmbH & Co. KG ein Ausscheiden des betroffenen Gesellschafters aus der KG seinen Verbleib in der Komplementär-GmbH zur Folge. Um dieses oft unerwünschte Ergebnis zu vermeiden, sollten die beiden Ge-

---

[53] BGH NJW 1989, 453 (zur KO); *Ebenroth/Boujong/Joost/Lorz* § 131 HGB Rn 49.

[54] Anders ist es, wenn über das Vermögen eines Gesellschafters der Komplementär-GmbH das Insolvenzverfahren eröffnet wird. In diesem Fall fällt der Geschäftsanteil an der GmbH in die Insolvenzmasse, vgl. *Uhlenbruck*, GmbHR 1995, 195, 203.

[55] In diesem Fall stellt sich dann die bereits früher diskutierte Frage, ob der Insolvenzverwalter der Komplementär-GmbH nur deren Mitgliedschaft in der KG verwaltet oder ob er auch zu einer Verfügung über das Vermögen der KG berechtigt ist, vgl. dazu BayObLG NJW-RR 1989, 977; *Schlegelberger/K. Schmidt* § 131 HGB Rn 36.

[56] *Schlegelberger/K. Schmidt* § 131 HGB Rn 36; *Schlitt*, NZG 1998, 584.

[57] MünchHdb. GesR II/*Schmid* KG § 49 Rn 98. Ob die Gesellschafter hierzu bereit sein werden, ist fraglich, wird doch der Gesellschafter zur Erbringung einer Einlage regelmäßig nicht in der Lage sein.

[58] MüKo/*Ulmer* § 738 BGB Rn 36; GK/*Schäfer* § 131 HGB Rn 166.

[59] *Schlegelberger/K. Schmidt* § 138 HGB Rn 64; *Heymann/Horn* § 138 HGB Rn 45; MünchHdb. GesR II/*Schmid* KG § 49 Rn 93; *Schlitt*, NZG 1998, 584.

sellschaftsverträge in der Weise miteinander **verzahnt** werden, dass die Satzung der Komplementär-GmbH ein Recht der übrigen Gesellschafter vorsieht, den Geschäftsanteil des in Insolvenz geratenen Kommanditisten einzuziehen (§ 34 GmbHG).

3. Kündigung durch einen Gesellschafter

a) Gesetzliche Ausgangslage. Beruht die Kündigung auf einer freiwilligen Entschließung des Gesellschafters spricht man – in Abgrenzung zum Ausschluss – von der sog. Austrittskündigung.[60] Nach § 131 Abs. 3 Nr. 3 HGB scheidet der Gesellschafter mit Wirksamwerden der Kündigung aus der Gesellschaft aus; der Bestand der Gesellschaft wird daher – anders als nach altem Recht – von der Austrittskündigung nicht berührt. Die Austrittskündigung kann als ordentliche oder außerordentliche Kündigung erfolgen: 28

aa) Ordentliche Kündigung. Unter welchen Voraussetzungen eine ordentliche Kündigung der Gesellschaft möglich ist, bestimmen §§ 161, Abs. 2, 132 HGB. Danach kann eine auf **unbestimmte Zeit** eingegangene Gesellschaft mit einer Frist von sechs Monaten auf den Schluss eines Kalenderjahres gekündigt werden. Auf unbestimmte Zeit eingegangen ist die Gesellschaft, wenn ihre Dauer weder nach dem Kalender bestimmt noch sonst eine feste Dauer vorgesehen ist.[61] Als auf unbestimmte Zeit eingegangen gilt gem. § 134 HGB auch eine Gesellschaft, die für die Lebenszeit eines Gesellschafters eingegangen ist (1. Alt.) oder nach dem Ablauf der für ihre Dauer bestimmten Zeit stillschweigend fortgesetzt wird (2. Alt.). Ist der KG-Vertrag auf die Dauer ihrer Komplementär-GmbH eingegangen und enthält die Satzung der GmbH keine zeitliche Beschränkung, ist auch die KG für unbestimmte Zeit eingegangen. Ist die Komplementär-GmbH hingegen auf eine bestimmte Dauer befristet, beschränkt dies gleichzeitig die Dauer der KG.[62] 29

Ist die Gesellschaft auf eine bestimmte (Mindest-)Zeit eingegangen, ist sie vor Ablauf dieser Zeit für jeden Gesellschafter grundsätzlich **unkündbar**. Die Gesellschaft endet in diesem Fall mit Ablauf der Zeit, für die sie eingegangen ist. Ein vorzeitiges Ausscheiden kommt nur bei Vorliegen eines wichtigen Grundes in Betracht. In diesem Fall kann der Gesellschafter die Auflösungsklage nach § 133 HGB erheben oder, wenn der Gesellschaftsvertrag eine entsprechende Regelung enthält, außerordentlich kündigen (vgl. Rn 36 ff.). Hiervon zu unterscheiden ist die Vereinbarung einer Höchstzeit i. S. d. § 131 Abs. 1 Nr. 1 HGB, nach deren Ablauf die Gesellschaft automatisch aufgelöst ist. In diesem Falle ist bereits vor Ablauf der Höchstzeit eine Kündigung wie bei einer auf unbestimmte Zeit eingegangenen Gesellschaft möglich. Ob eine Mindest- oder eine Höchstzeit vereinbart wurde, ist durch Auslegung des Gesellschaftsvertrages zu ermitteln.[63] 30

---

[60] Vgl. nur *Heymann/Emmerich* § 132 HGB Rn 2a.
[61] BGHZ 10, 91, 98; 50, 316, 321; *K. Schmidt* Gesellschaftsrecht S. 1510.
[62] Vgl. *Hesselmann/Tillmann* Rn 659.
[63] MünchHdb. GesR II/*Piehler/Schulte* KG § 36 Rn 11 (m.w.N. in Fn 39).

31 Voraussetzung für eine wirksame Kündigung ist das Vorliegen eines Kündigungsrechts sowie einer Kündigungserklärung, die von dem Kündigungsrecht gedeckt ist. Nach der gesetzlichen Neufassung des § 131 HGB ist nunmehr eine **doppelte Vermutung** anwendbar: Ist im Gesellschaftsvertrag dem Gesellschafter ein Kündigungsrecht eingeräumt, ohne dass die Rechtsfolge näher ausgestaltet ist, so wird vermutet, dass dieses ein Recht auf Ausscheiden aus der Gesellschaft gewährt. Des Weiteren wird vermutet, dass die Kündigungserklärung auf ein Ausscheiden aus der Gesellschaft (und nicht auf deren Auflösung) abzielt.[64] Deckt sich der vermutete Erklärungsinhalt nicht mit der vom Gesellschafter angestrebten Rechtsfolge, so kann dieser die Erklärung gem. § 119 Abs. 1 BGB anfechten.[65]

32 Die Kündigung ist eine einseitige empfangsbedürftige **Willenserklärung**.[66] Eine bestimmte Formulierung sieht das Gesetz nicht vor. Der Erklärung des Gesellschafters muss sich nur entnehmen lassen, dass er aus der Gesellschaft ausscheiden will. Der Ausspruch der Kündigung kann auch durch einen **Vertreter** erfolgen. Bei Nichtvorlage einer Vollmachtsurkunde droht allerdings die Zurückweisung der Erklärung (§ 174 BGB). Die Kündigung ist formlos wirksam, sofern nicht der Gesellschaftsvertrag die Einhaltung einer bestimmten **Form** vorschreibt (eingeschriebener Brief etc.).[67] Sofern dort eine bestimmte Form vorgeschrieben ist, die Mitgesellschafter sich allerdings nicht auf den Formverstoß berufen und auf die weitere Mitarbeit des Gesellschafters verzichten, kann darin der Abschluss eines formlos zulässigen Aufhebungsvertrages zu sehen sein.[68] Die Kündigung kann auch **konkludent** erfolgen, sofern der Kündigungswille eindeutig erkennbar ist. Bevollmächtigt ein Gesellschafter die Gesellschaft zur Anmeldung seines Ausscheidens zum Handelsregister, weil er irrtümlich davon ausgegangen ist, bereits aus der Gesellschaft ausgeschieden zu sein, so stellt dies allein noch keine konkludente Kündigung dar.[69] Für einen Minderjährigen wird das Kündigungsrecht durch den gesetzlichen Vertreter ausgeübt; dieser bedarf gem. § 1822 Nr. 3 BGB der Genehmigung des Familiengerichts. Das Fehlen der Genehmigung führt zur Rechtsunwirksamkeit der Kündigung.[70]

---

[64] MüKo/*K. Schmidt* § 131 HGB Rn 80.

[65] MüKo/*K. Schmidt* § 131 HGB Rn 81.

[66] *Schlegelberger/K. Schmidt* § 132 HGB Rn 14.

[67] MünchHdb. GesR II/*Piehler/Schulte* KG § 36 Rn 13; *Schlegelberger/K. Schmidt* § 132 HGB Rn 15.

[68] OLG Naumburg NZG 1999, 111.

[69] OLG Schleswig NZG 2001, 404.

[70] *Koller/Roth/Morck* § 132 HGB Rn 2; MünchHdb. GesR II/*Piehler/Schulte* KG § 36 Rn 16; a. A. *Ebenroth/Boujong/Joost/Lorz* § 132 HGB Rn 10; GK/*Ulmer* § 105 HGB Rn 87; *Schlegelberger/K. Schmidt* § 132 HGB Rn 10: § 1823 BGB sei anwendbar mit der Folge, dass nicht im gesetzlichen Regelfall, sondern nur, sofern ein Vormund bestellt wurde, eine gerichtliche Genehmigung erforderlich ist. Das Fehlen der Genehmigung hätte dann aber nicht die Unwirksamkeit der Kündigung zur Folge.

Nach der gesetzlichen Regel muss die Kündigung allen Gesellschaftern, d.h. auch den Kommanditisten, **zugehen**.[71] Ist die Kündigung zunächst nicht gegenüber allen Gesellschaftern erklärt, wird sie wirksam, sobald die übrigen Gesellschafter von ihr innerhalb der Kündigungsfrist erfahren.[72] Ist das Geschäftsjahr mit dem Kalenderjahr identisch, muss die Kündigung als empfangsbedürftige Willenserklärung der Gesellschaft spätestens bis zum 30. Juni **zugegangen** sein. Wird dieser Zeitpunkt überschritten, wird man die Kündigungserklärung in der Regel dahin auslegen können, dass sie auf den nächst möglichen Termin wirken soll.[73] **33**

Als Gestaltungserklärung ist die Kündigung einer **Bedingung** im Grundsatz nicht zugänglich. Sofern durch die Bedingung keine unzumutbare Ungewissheit für die anderen Gesellschafter entsteht, etwa weil der Eintritt der Bindung vom Willen des Kündigungsempfängers abhängt, wird eine unter eine Bedingung gestellte Kündigung ausnahmsweise für zulässig gehalten.[74] **34**

Scheidet der Gesellschafter mit Ablauf der Kündigungsfrist durch die Kündigung aus der Gesellschaft aus, **wächst** sein **Anteil** am Gesellschaftsvermögen den die Gesellschaft fortsetzenden Gesellschaftern im Verhältnis ihrer Beteiligung **an**. Dies gilt auch bei einer zweigliedrigen Gesellschaft. In diesem Fall fällt das Vermögen dem verbleibenden Mitgesellschafter zu.[75] **35**

bb) Außerordentliche Kündigung. Anders als bei der GbR (vgl. § 723 Abs. 1 S. 2 BGB) sieht das Gesetz für die Personenhandelsgesellschaften ein außerordentliches Kündigungsrecht **nicht** vor. Sofern der Gesellschaftsvertrag kein außerordentliches Kündigungsrecht etabliert, kann sich der Gesellschafter bei Vorliegen eines wichtigen Grundes aufgrund einer **Auflösungsklage** nach § 133 HGB von der Gesellschaft lösen.[76] Er scheidet in diesem Fall jedoch nicht aus der Gesellschaft aus; vielmehr wird diese aufgelöst und liquidiert. Ob auch bei Fehlen einer entsprechenden gesellschaftsvertraglichen Regelung dem betreffenden Gesellschafter – wie dies unter alter Rechtslage bei Publikumsgesellschaften angenommen wurde[77] – ein außerordentliches Kündigungsrecht zustehen kann, ist umstritten. Dies ist nach verbreiteter Meinung auch bei typischen Personenhandelsgesellschaften zu bejahen, da die Aufwertung der Unternehmenskontinuität, **36**

---

[71] *Baumbach/Hopt* § 132 HGB Rn 3; *Heymann/Emmerich* § 132 HGB Rn 3. Zur Weiterleitungspflicht des persönlich haftenden Gesellschafters vgl. MünchHdb. GesR II/*Piehler/Schulte* KG § 36 Rn 13.

[72] BGH NJW 1993, 1002; *Baumbach/Hopt* § 132 HGB Rn 3.

[73] MünchHdb. GesR II/*Piehler/Schulte* KG § 36 Rn 14.

[74] Vgl. BGH WM 1986, 975; *Baumbach/Hopt* § 132 HGB Rn 3; MünchHdb. GesR II/*Piehler/Schulte* KG § 36 Rn 15.

[75] Vgl. jüngst BGH ZIP 2004, 1047, 1048; zweifelnd *K. Schmidt*, ZIP 1997, 909, 917 m.d.H., dass der Gesellschafter die Auflösung der Gesellschaft nur unter den erschwerten Voraussetzungen einer Auflösungsklage nach § 133 HGB durchsetzen kann.

[76] *Schlegelberger/K. Schmidt* § 132 HGB Rn 1.

[77] BGHZ 63, 338; BGH NJW 1977, 2160; NJW 1978, 376.

wie sie im Handelsrechtsreformgesetzes zum Ausdruck kommt, zu berücksichtigen ist.[78]

37 Ein spezielles außerordentliches Kündigungsrecht begründet das Gesetz neuerdings in § 723 Abs. 1 S. 3 Nr. 2 BGB. Danach kann ein **minderjähriger** BGB-Gesellschafter die Gesellschaft mit Eintritt der Volljährigkeit aus wichtigem Grund innerhalb von drei Monaten ab Kenntniserlangung von seiner Gesellschafterstellung kündigen. Diese Regelung strahlt nach der Regierungsbegründung über §§ 161 Abs. 2, 105 Abs. 3 HGB auch auf die Personenhandelsgesellschaften aus.[79] Nach zutreffender Ansicht ist sie auf einen minderjährigen Kommanditisten dann anwendbar, wenn dieser seine Hafteinlage noch nicht vollständig geleistet hat, mit der Folge, dass der nunmehr Volljährige aus der Gesellschaft ausscheidet.[80]

38 **b) Vertragliche Gestaltungsmöglichkeiten.** Die Ausscheidensregelung in § 131 Abs. 3 Nr. 3 HGB ist im Grundsatz disponibel. Allerdings kann der Gesellschaftsvertrag der GmbH & Co. KG die gesetzlichen Regelungen über die Kündigung der Gesellschaft nicht unbeschränkt modifizieren.

39 Keinen Bedenken ausgesetzt sind zunächst solche Vertragsbestimmungen, die die Kündigungsmöglichkeiten **erleichtern**. So ist es ohne weiteres möglich, die Kündigungsfristen zu verkürzen. Zulässig sind auch solche Regelungen, die das Kündigungsprozedere **modifizieren**. Der Gesellschaftsvertrag kann beispielsweise für die Kündigungserklärung die Einhaltung einer bestimmten Form (eingeschriebener Brief etc.) verlangen. Auch kann, was sich häufig als praktikabel erweist, bestimmt werden, dass die Kündigungserklärung nicht an alle Gesellschafter, sondern lediglich an die Komplementär-GmbH adressiert werden muss, die dann ihrerseits verpflichtet ist, die übrigen Gesellschafter zu informieren. Um den zunächst nicht kündigenden Gesellschaftern gleichsam eine Lösung von der an sich fortzusetzenden Gesellschaft zu ermöglichen, kann der Gesellschaftsvertrag auch die Möglichkeit einer **Anschlusskündigung** eröffnen.[81]

40 Anders verhält es sich mit solchen Regelungen, die das Kündigungsrecht des Gesellschafters **einschränken**. Aus dem über §§ 161 Abs. 2, 105 Abs. 3 HGB auch für Personenhandelsgesellschaften anwendbaren § 723 Abs. 3 BGB ergibt sich nach einhelliger Meinung, dass die ordentliche Kündigungsmöglichkeit der Gesellschafter nicht auf Dauer ganz ausgeschlossen

---

[78] *K. Schmidt* Gesellschaftsrecht, S. 1457 f.; MünchHdb. GesR II/*Piehler/Schulte* KG § 36 Rn 23; *Baumbach/Hopt* § 133 HGB Rn 1; für die Möglichkeit einer Gestaltungsklage: *Ebenroth/Boujong/Joost/Lorz* § 133 HGB Rn 6; nur bei Anhaltspunkten im Gesellschaftsvertrag: *Wiedemann*, Gedächtnisschrift Lüderitz, S. 839, 845.

[79] Vgl. BT-Drs. 13/5624, S. 19; s. auch *Behnke*, NJW 1998, 3082; MünchHdb. GesR II/*Piehler/Schulte* KG § 36 Rn 24; *Ebenroth/Boujong/Joost/Lorz* § 133 HGB Rn 22.

[80] *Grunewald*, ZIP 1999, 599; *Binz/Sorg* § 6 Rn 42; *Röhricht/v. Westphalen/v. Gerkan* § 131 HGB Rn 25; abweichend *Habersack*, Reform des Handelsstandes, S. 73, 74 f.: Geltendmachung durch Gestaltungsklage nach § 133 HGB.

[81] *Schlitt*, NZG 1998, 585.

oder unzumutbar erschwert werden kann.[82] Insbesondere darf das Kündigungsrecht des Gesellschafters nicht durch eine **überlange Vertragsdauer** oder **Kündigungsfrist** ausgehöhlt werden. Eine Bindung von 30 Jahren hat der BGH jedoch noch als unbedenklich angesehen.[83] Auch kann das Kündigungsrecht nicht an eine **Vertragsstrafe** geknüpft oder von der **Zustimmung** eines Gesellschafters abhängig gemacht werden.[84] Eine unzulässige mittelbare Einschränkung des Kündigungsrechts kann auch in einer unangemessenen **Abfindungsbeschränkung** bestehen. Die Schwelle, ab der eine unzulässige Bindung des Gesellschafters (§§ 138, 242 BGB) angenommen werden kann, ist bei der als Komplementärin fungierenden GmbH jedoch höher anzusetzen als bei Beteiligung einer natürlichen Person.[85] Bei einer Kommanditbeteiligung wird man den Ausschluss der Kündigung auf unbestimmte Zeit dann für zulässig halten können, wenn der Kommanditist berechtigt ist, die Beteiligung ohne Zustimmung der übrigen Gesellschafter auf einen Dritten zu übertragen.[86] Enthält der Gesellschaftsvertrag eine unzumutbare Kündigungsbeschränkung, greift die **gesetzliche Regel** des § 132 HGB ein, wonach die Kündigung mit einer Frist von sechs Monaten auf den Schluss eines Kalenderjahres möglich ist.[87] Zu einer Unwirksamkeit des gesamten Gesellschaftsvertrages führt eine unzulässige Kündigungsbestimmung indessen regelmäßig nicht.[88]

Auch die **Rechtsfolgen** der Kündigung sind einer vertraglichen Modifi- **41**
kation zugänglich. Möglich ist beispielsweise, die vom Gesetz vorgesehene anteilige **Anwachsung** des Gesellschaftsanteils des ausgeschiedenen Gesellschafters in der Weise zu modifizieren, dass der Anteil nur einzelnen Gesellschaftern oder Gesellschaftergruppen zuwachsen soll. Darüber hinaus kann der Gesellschaftsvertrag bestimmen, dass im Fall einer Kündigung der kündigende Gesellschafter nicht nur aus der Gesellschaft ausscheidet, sondern die Gesellschaft insgesamt **aufgelöst** wird.

Der Gesellschaftsvertrag kann den Gesellschaftern, statt sie bei Vorliegen **42**
eines wichtigen Grundes auf die Auflösungsklage zu verweisen, auch ein **außerordentliches Kündigungsrecht** einräumen. Ein Bedürfnis hierfür besteht namentlich dann, wenn der Gesellschaftsvertrag auf eine bestimmte Zeit eingegangen ist und so nicht ordentlich kündbar ist. In bestimmten Grenzen kann der Gesellschaftsvertrag auch definieren, welche Umstände zu einer außerordentlichen Kündigung berechtigen.[89]

---

82 Vgl. nur *Schlegelberger/K. Schmidt* § 132 HGB Rn 28; MüKo/*Ulmer* § 723 BGB Rn 43; MünchHdb. GesR II/*Piehler/Schulte* KG § 36 Rn 20.

83 BGH WM 1967, 315, 316; zust. *Heymann/Emmerich* § 131 HGB Rn 5 u. § 132 Rn 15; *Schlegelberger/K. Schmidt* § 131 HGB Rn 31; *Westermann*, Vertragsfreiheit, S. 241 ff.; zust. Beck Hdb. Personengesellschaften/*Sauter* § 7 Rn 35; krit. *Gersch*, BB 1977, 874.

84 MünchHdb. GesR II/*Piehler/Schulte* KG § 36 Rn 22.

85 Im Ergebnis auch *K. Schmidt* Gesellschaftsrecht S. 1456 f.

86 *K. Schmidt* Gesellschaftsrecht S. 1457; zweif. Beck Hdb. Personengesellschaften/*Sauter* § 7 Rn 36; *Koller/Roth/Morck* § 134 HGB Rn 2.

87 BGHZ 23, 10, 15.

88 MünchHdb. GesR II/*Piehler/Schulte* KG § 36 Rn 21.

89 Eingehend dazu etwa MüKo/*Ulmer* § 723 BGB Rn 54.

4. Kündigung durch einen Privatgläubiger

43 **a) Gesetzliche Ausgangslage.** Auch Gläubiger eines Gesellschafters können die Gesellschaft unter den näheren Voraussetzungen des § 135 HGB kündigen.[90] Die sog. Gläubigerkündigung setzt voraus, dass der Gläubiger einen nicht nur vorläufig vollstreckbaren Titel gegen den Gesellschafter erstritten hat, den Anspruch auf das Auseinandersetzungsguthaben gepfändet hat und innerhalb der letzten sechs Monate erfolglos die Vollstreckung in den Anteil des Gesellschafters versucht worden ist. Dabei ist es ausreichend, wenn der Gläubiger statt dem Anspruch auf das Auseinandersetzungsguthaben den Anteil selbst gepfändet hat.[91]

44 Der erfolglose Vollstreckungsversuch muss nicht notwendigerweise von dem die Kündigung betreibenden Gläubiger unternommen worden sein.[92] Die Voraussetzungen sind auch erfüllt, wenn die Vollstreckung von einem anderen Gläubiger betrieben wurde. **Erfolglos** ist die Pfändung, wenn sie nicht zu einer vollständigen Befriedigung des Gläubigers geführt hat. Der Nachweis kann durch Vorlage der Unpfändbarkeitsbescheinigung des Gerichtsvollziehers geführt werden.

45 Liegen diese Voraussetzungen vor, wobei es auf die **zeitliche Reihenfolge** ihres Eintritts nicht ankommt,[93] kann der Gesellschaftsgläubiger das Gesellschaftsverhältnis mit einer Frist von **sechs Monaten** auf das **Ende des Geschäftsjahres** kündigen (§ 135 HGB). Dabei muss die Kündigungserklärung, sofern nicht der Gesellschaftsvertrag anderes vorsieht (Rn 39), an alle Gesellschafter gerichtet werden.

46 Der Privatgläubiger ist bei der Ausübung seines Kündigungsrechts nicht an etwaige gesellschaftsvertragliche **Kündigungsbeschränkungen und -fristen** gebunden, da er von einem eigenen Kündigungsrecht Gebrauch macht.[94] Das Kündigungsrecht des Gläubigers besteht folglich auch dann, wenn der Gesellschafter aufgrund der Ausgestaltung des Gesellschaftsvertrages selbst keine eigene Möglichkeit zur Kündigung hätte oder der Gesellschaftsvertrag längere Fristen vorsieht.

47 Erfolgt die Kündigung fristgerecht, scheidet der Gesellschafter aus der Gesellschaft aus. Die Pfändung setzt sich dann am **Abfindungsguthaben** des Gesellschafters fort.[95] Wie im Falle der Insolvenz eines Gesellschafters sind gesellschaftsvertragliche Abfindungsbeschränkungen unwirksam, die darauf abzielen, die Rechte des Gläubigers zu beschränken.

48 Ausnahmsweise können die übrigen Gesellschafter aufgrund ihrer **Treuepflicht** gehalten sein, einen ausgeschiedenen Gesellschafter wieder

---

[90] Die Regelung ist auf Nachlassinsolvenzverwalter und sonstige Nachlassverwalter entsprechend anwendbar, vgl. BGHZ 91, 132, 136 f.; *Heymann/Emmerich* § 135 HGB Rn 7.

[91] BGH BB 1972, 10; *K. Schmidt* Gesellschaftsrecht S. 1458.

[92] *K. Schmidt* Gesellschaftsrecht S. 1458; Beck Hdb. Personengesellschaften/*Sauter* § 7 Rn 116; MünchHdb. GesR II/*Piehler/Schulte* KG § 36 Rn 26.

[93] BGH NJW 1982, 2773.

[94] GK/*Schäfer* § 135 HGB Rn 16, 21; MüKo/*K. Schmidt* § 135 HGB Rn 21; *Schlegelberger/K. Schmidt* § 135 HGB Rn 25.

[95] MüKo/*K. Schmidt* § 135 HGB Rn 29; *Ebenroth/Boujong/Joost/Lorz* § 135 HGB Rn 20.

in die Gesellschaft **aufzunehmen**, sofern er seine Verbindlichkeiten gegenüber seinem Privatgläubiger getilgt hat.[96] Haben die Mitgesellschafter die Verbindlichkeit abgelöst, um eine Auseinandersetzung mit dem Gläubiger zu vermeiden, kommt eine Aufnahmepflicht von vornherein nicht in Betracht. Soll der von der Pfändung betroffene Gesellschafter nicht aus der Gesellschaft ausscheiden, sondern die Gesellschaft unter seiner Beteiligung **fortgesetzt** werden, ist die Zustimmung des Privatgläubigers erforderlich, bis dessen Anspruch befriedigt ist.[97]

b) Vertragliche Gestaltungsmöglichkeiten. Auch die Ausscheidensregelung des § 131 Abs. 3 Nr. 4 HGB ist vertraglichen Modifikationen zugänglich. So kann der Gesellschaftsvertrag das Ausscheiden des Gesellschafters nicht (erst) an die **Kündigung** durch den Privatgläubiger, sondern bereits an die Pfändung des Anteils durch den Gläubiger knüpfen. Er kann auch bestimmen, dass die Gesellschafter in diesem Fall den **Ausschluss** des von der Pfändung betroffenen Gesellschafters beschließen können. Flankierend kann vorgesehen werden, dass der Gesellschafter Gelegenheit hat, innerhalb einer bestimmten **Frist** die Zwangsvollstreckungsmaßnahmen aufzuheben, um die Fassung eines Ausschließungsbeschlusses zu vermeiden. Ferner kann es sinnvoll sein, im Gesellschaftsvertrag einer Zweipersonengesellschaft vorzusehen, dass aufschiebend bedingt auf den Fall des Ausscheidens eines Gesellschafters ein weiterer Gesellschafter (z. B. eine „Reserve-GmbH") in die Gesellschaft aufgenommen wird, um deren Erlöschen zu verhindern.[98] **49**

Der Gesellschaftsvertrag kann auch vorsehen, dass die Gesellschaft bei Kündigung durch einen Privatgläubiger **aufgelöst** wird.[99] Weigern sich die übrigen Gesellschafter in diesem Fall die Gesellschaft zu liquidieren, kann der Gläubiger die Auseinandersetzung des Gesellschaftsvermögens notfalls gerichtlich durchsetzen. Im Übrigen stehen dem Gläubiger im Rahmen der Liquidation die gleichen Rechte zu wie dem Gesellschafter. **50**

5. Weitere gesellschaftsvertragliche Ausscheidensgründe

Der Gesellschaftsvertrag kann weitere Fälle vorsehen, bei deren Eintritt ein Gesellschafter aus der Gesellschaft ausscheidet (§ 131 Abs. 3 Nr. 5 HGB). Die Regelung setzt das Vorliegen eines (gesellschaftsvertraglichen) **Ausscheidensgrundes** voraus.[100] Eine materielle Erleichterung der Ausschließung von Gesellschaftern ist damit nicht verbunden.[101] Vielmehr hat die Regelung lediglich klarstellenden Charakter. **51**

---

[96] RGZ 169, 155; BGH NJW 1959, 1683; *Ebenroth/Boujong/Joost/Lorz* § 135 HGB Rn 19; *Heymann/Emmerich* § 135 HGB Rn 19; Beck Hdb. Personengesellschaften/*Sauter* § 7 Rn 121.

[97] *Schlegelberger/K. Schmidt* § 131 HGB Rn 70.

[98] MüKo/*K. Schmidt* § 131 HGB Rn 84.

[99] *Habersack*, Reform des Handelsstandes S. 73, 91 m. H. darauf, dass die Fortsetzung der Gesellschaft in diesem Fall nicht ohne weiteres möglich ist.

[100] Vgl. *K. Schmidt*, ZIP 1997, 917.

[101] Vgl. Begr. RegE HRefG (Teil 2) ZIP 1997, 942, 954; zutr. *Habersack*, Reform des Handelsstandes S. 73, 92.

52 Tatbestände, an deren Eintritt das automatische Ausscheiden anknüpft, können im Prinzip frei gewählt werden, sofern ein Mindestmaß an **Bestimmtheit** gewahrt ist.[102] Keineswegs muss es sich dabei um Umstände handeln, die den Ausschluss des Gesellschafters aus wichtigem Grund rechtfertigen.[103] Erforderlich ist indessen stets, dass der Ausscheidenstatbestand im Gesellschaftsvertrag ausreichend **konkret definiert** ist. **Beispiele** sind das Erreichen eines gewissen Alters, eine zur Arbeitsunfähigkeit führende Krankheit, die Beendigung eines Dienst- oder Arbeitsverhältnisses, die Scheidung oder Wiederheirat eines Gesellschafters sowie der Verlust spezieller beruflicher Qualifikationen. Bei einer juristischen Person als Gesellschafterin kommen insbesondere Umwandlung und Kontrollwechsel als Ausscheidensgründe in Betracht.[104]

6. Gesellschafterbeschluss

53 Schließlich bestimmt § 131 Abs. 3 Nr. 6 HGB, dass ein Gesellschafter aufgrund eines Beschlusses der Gesellschafterversammlung aus der Gesellschaft ausscheiden kann. Eine Vereinfachung der Ausschließungsmöglichkeiten soll sich mit dieser Neuregelung nicht verbinden.[105] Vielmehr bedarf der Beschluss grundsätzlich der Einstimmigkeit.[106] Die Vorschrift des § 131 Abs. 3 Nr. 6 HGB setzt – auch wenn dies durch den Wortlaut nicht genau zum Ausdruck kommt – eine gesellschaftsvertragliche Regelung über ein Ausschließungsverfahren voraus und stellt damit nur einen Beispielsfall des § 131 Abs. 3 Nr. 5 HGB dar.[107] Der Gesellschafter, der ausgeschlossen werden soll, nimmt an der Abstimmung nicht teil.[108] Die Ausschließung wird mit der Mitteilung an den betreffenden Gesellschafter wirksam.[109]

7. Ausscheiden mittels Vertrages

54 Möglich ist auch – obwohl im Katalog des § 131 Abs. 3 HGB nicht aufgeführt –, dass ein Gesellschafter aus der Gesellschaft ausscheidet, indem er mit sämtlichen Mitgesellschaftern einen entsprechenden Vertrag schließt.

---

[102] Vgl. *Wiedemann*, Gedächtnisschrift Lüderitz, 2000, S. 847.

[103] MüKo/*K. Schmidt* § 131 HGB Rn 87; a. A. *Ebenroth/Boujong/Joost/Lorz* § 131 HGB Rn 53.

[104] MüKo/*K. Schmidt* § 131 HGB Rn 86.

[105] *Baumbach/Hopt* § 131 HGB Rn 26; *Wiedemann*, Gedächtnisschrift Lüderitz, S. 845.

[106] *K. Schmidt*, NJW 1998, 2166; MünchHdb. GesR II/*Piehler/Schulte* KG § 36 Rn 28.

[107] *K. Schmidt*, JZ 2003, 585, 595.

[108] Sofern der Gesellschaftsvertrag abweichend von § 140 HGB zur Ausschließung eines Gesellschafters lediglich einen Gesellschafterbeschluss fordert, scheidet eine Verfolgung des Ausschließungsbegehrens im Klagewege aus, vgl. KG DStR 2001, 495; zu Fragen des einstweiligen Rechtsschutzes vgl. *Kiethe*, NZG 2004, 114; zum Ausschluss des einzigen Komplementärs *K. Schmidt*, ZGR 2004, 227.

[109] MüKo/*K. Schmidt* § 131 HGB Rn 90.

Diese Vorgehensweise bietet sich vor allem in Fällen an, in denen unklar ist, ob ein Gesellschafter bereits aus der Gesellschaft ausgeschieden ist.[110]

III. Rechtsfolge des Ausscheidens

1. Ausscheiden des Gesellschafters

a) Grundsatz. Der Gesellschafter scheidet mit dem Eintritt des Aus- 55
scheidenstatbestandes aus der Gesellschaft aus (§ 131 Abs. 3 HGB a. E.). Im Falle der Kündigung erfolgt das Ausscheiden mit Ablauf der Kündigungsfrist. Wird ein Gesellschafter ausgeschlossen, so tritt eine schuldrechtliche Rückwirkung auf den Zeitpunkt der Erhebung der Ausschließungsklage ein (§ 140 Abs. 2 HGB). Der Verlust der Gesellschafterstellung tritt unabhängig von der Eintragung des Ausscheidens in das Handelsregister (s. Rn 61) ein. Der Kapitalanteil des Ausscheidenden wächst den anderen Gesellschaftern an (§ 738 BGB), ohne dass es eines besonderen Übertragungsgeschäfts bedarf.[111] An die Stelle seines Anteils am Gesellschaftsvermögen tritt der Anspruch auf Auszahlung des Abfindungsguthabens.

b) Ausscheiden der (einzigen) Komplementär-GmbH. Fraglich 56
ist, welche Rechtsfolge sich an den Eintritt eines Ausscheidenstatbestandes in der Person der einzigen Komplementär-GmbH anknüpft.[112] Das Ausscheiden der bei der zweigliedrigen GmbH & Co. KG einzigen Komplementär-GmbH führt zu der Problematik, dass die Kommanditgesellschaft ohne Komplementär nicht fortbestehen kann.[113] Da die Gesellschaft daher nach verbreiteter Auffassung **aufgelöst** wird,[114] ergibt sich insofern entgegen dem vom Gesetzgeber mit dem Handelsrechtsreformgesetz angestrebten Ziel (dazu oben Rn 3) keine Abweichung zur früheren Rechtslage, wonach die Auflösung der Gesellschaft der Regelfall war.[115] Dies würde jedoch mit sich bringen, dass der zuvor beschränkt haftende Kommanditist als unbeschränkt haftender Einzelkaufmann verbleiben würde, was kaum jemals der **Interessenlage** entspräche. Problematischer erscheint dies noch bei Eintritt des – typischerweise bei KG und Komplementär-GmbH gleichzeitig eintretenden[116] – Insolvenzfalls, da das geltende Insolvenzrecht kein einheitliches Insolvenzverfahren für die GmbH & Co. KG vorsieht.[117] Sofern der Gläubiger danach das Insolvenzverfahren nicht gegen die KG,

---

[110] MüKo/*K. Schmidt* § 131 HGB Rn 93; vgl. zum Ausscheiden durch Vertrag BGH NJW-RR 2003, 533 (für den Fall einer GbR).

[111] MüKo/*K. Schmidt* § 131 HGB Rn 103 ff.; *Röhricht/v. Westphalen/v. Gerkan* § 131 HGB Rn 28.

[112] Vgl. zum Ausschluss des einzigen Komplementärs *K. Schmidt*, ZGR 2004, 227.

[113] BGH NJW 1979, 1705, 1706; *K. Schmidt* Gesellschaftsrecht S. 1555.

[114] *Baumbach/Hopt* § 131 HGB Rn 35 f.; *Schlegelberger/Martens* § 161 HGB Rn 125; *Mühlberger* GmbHR 1977, 147; *Schlitt*, NZG 1998, 580, 584; GK/*Habersack* § 145 HGB Rn 21.

[115] Vgl. *K. Schmidt*, JZ 2003, 585, 594.

[116] Dazu *K. Schmidt*, GmbHR 2002, 1209, 1211 f.

[117] Vgl. *Schlitt*, NZG 1998, 701, 702; Vorschläge für ein Simultaninsolvenzverfahren jedoch bei *K. Schmidt*, GmbHR 2002, 1209 ff.

sondern gegen die GmbH betreibt und dieses nicht mangels Masse gar nicht erst zur Eröffnung kommt (dazu s. oben Rn 21), könnte er dadurch gemäß § 131 Abs. 3 Nr. 2 HGB das Ausscheiden der Komplementär-GmbH aus der KG herbeiführen und hätte wiederum einen früheren Kommanditisten als nunmehr unbeschränkt haftenden Einzelkaufmann zum Schuldner.[118] Über die Handhabung dieser aufgezeigten Probleme werden unterschiedliche Ansätze vertreten. Nicht mit dem Gesetz vereinbar scheint jedenfalls der vereinzelt vorgetragene Vorschlag, § 131 Abs. 3 HGB in derartigen Fällen gar nicht anzuwenden.[119]

57 Der **BGH** folgt in einer jüngeren Entscheidung dem gesetzlichen Grundsatz, dass die Eröffnung des Insolvenzverfahrens über das Vermögen der Komplementär-GmbH einer GmbH & Co. KG mit einem einzigen Kommanditisten zum Ausscheiden der Komplementär-GmbH aus der GmbH & Co. KG mit der Folge der liquidationslosen Vollbeendigung der KG unter Gesamtrechtsnachfolge ihres Kommanditisten führt.[120] Unter Berufung auf bereits früher zur in vergleichbarer Konstellation durch Tod herbeigeführten Gesamtrechtsnachfolge aufgestellte Grundsätze[121] sei jedoch **§ 27 HGB analog** anzuwenden, so dass der verbleibende Kommanditist seine Haftung für Gesellschaftsverbindlichkeiten auf das ihm zugefallene Gesellschaftsvermögen beschränken kann, unberührt freilich einer weitergehenden Haftung nach §§ 25, 171 f. HGB und einer Nachhaftung der ausgeschiedenen Komplementär-GmbH nach § 128 HGB.[122]

58 Das **Schrifttum** kommt, mit unterschiedlichen Ansätzen in der Begründung, meist ebenfalls zu dem Ergebnis, dass der verbleibende Kommanditist die Möglichkeit einer Haftungsbegrenzung auf seine ursprüngliche Einlage hat. Teilweise wird eine teleologische Reduktion des § 131 Abs. 3 Nr. 2 HGB infolge des Insolvenzbeschlags angenommen,[123] teilweise dieselbe im Wege ergänzender Auslegung des Gesellschaftsvertrags begründet.[124] Weiterhin wird vertreten, dass die teleologische Reduktion zur Folge habe, dass der wegfallende Komplementär bzw. dessen Erben Mitglied der Liquidationsgesellschaft werden.[125] Regelmäßig wird eine ausdrückliche gesellschaftsvertragliche Regelung empfohlen.[126]

59 Die analoge Anwendung des § 27 HGB erscheint zustimmungswürdig.[127] Sie entfernt sich nicht allzu weit von der gesetzlichen Regelung,

---

[118] Vgl. *K. Schmidt*, JZ 2003, 585, 595.

[119] *K. Schmidt*, JZ 2003, 585, 594; a. A. aber *Frey/v. Bredow*, ZIP 1998, 1621, 1622.

[120] BGH ZIP 2004, 1047, 1048; vgl. auch BayObLG NZG 2001, 889, 890 für den umgekehrten Fall der Vereinigung aller Geschäftsanteile in den Händen des Komplementärs.

[121] BGHZ 113, 132, 134 ff.

[122] BGH ZIP 2004, 1047, 1048; vgl. aber noch BGH NZG 2000, 474; krit. GK/*Schäfer* § 131 HGB Rn 109 a f.

[123] *Liebs*, ZIP 2002, 1716, 1717 f.

[124] MüKo/*K. Schmidt* § 131 HGB Rn 75.

[125] GK/*Schäfer* § 131 HGB Rn 109, 110.

[126] Vgl. nur *K. Schmidt*, JZ 2003, 585, 594 f.

[127] Zust. auch *Baumbach/Hopt* § 131 HGB Rn 35 f.; im Ergebnis auch *Eckardt*, NZG 2000, 449, 458 (seinerzeit noch in Kritik zur vorherigen Rspr. (Fn 122 a. E.); abw. GK/*Schäfer* § 131 HGB Rn 110.

wägt aber die vom Gesetzgeber wohl nicht gänzlich zum Ende durchdachten Folgen interessengerecht ab. Gleichsam gibt sie den verbleibenden Gesellschaftern weitestmögliche **Gestaltungsfreiheit**, als diese sich entschließen können, das Unternehmen – dann allerdings mit vollumfänglicher persönlicher Haftung gemäß § 128 HGB – fortzuführen, oder aber ihre bisherige beschränkte Haftung mittels Einstellung des Unternehmens beizubehalten.[128] Den Kommanditisten steht es auch frei, einen neuen Komplementär aufzunehmen. Angesichts der Vielzahl denkbarer Interessenkonstellationen erscheint diese, Flexibilität im Einzelfall gewährende Lösung am sachgerechtesten. Die überwiegende Schrifttumsmeinung hat jedoch gleichsam Recht, als eine vorab getroffene Regelung im Gesellschaftsvertrag dazu beiträgt, dem Willen der Gesellschafter rechtssicher zur Geltung zu verhelfen und – gerade in Todesfällen – Zeiten der Unsicherheit über die Unternehmensfortführung zu begrenzen. Sie ist daher dringend anzuraten.

Eine derartige Regelung empfiehlt sich auch hinsichtlich des Todes von **60**
Gesellschaftern der Komplementär-GmbH. Während bei dem Tod eines Kommanditisten nach dem gesetzlichen Grundsatz sämtliche Erben entsprechend ihrer Erbquote im Wege der Sondererbfolge in die Gesellschafterstellung einrücken (§ 177 HGB),[129] geht beim Tod eines Gesellschafters der Komplementär-GmbH der Geschäftsanteil auf die Erbengemeinschaft über, so dass die Miterben nur gemeinsam an dem Anteil berechtigt sind (§ 18 GmbHG). Somit besteht die Gefahr, dass eine vormals vorhandene Gesellschafterkongruenz auf Ebene der KG und ihrer Komplementär-GmbH durch den Tod eines an beiden Gesellschaften beteiligten Gesellschafters zerstört wird. Dem kann durch entsprechende **Verzahnung der gesellschaftsvertraglichen Regelungen** beider Gesellschaften vorgebeugt werden. So kann der Gesellschaftsvertrag der GmbH die Gesellschafter verpflichten, ihren Anteil nur die Beteiligungsverhältnisse wahrend zu übertragen. Die Vererblichkeit des Geschäftsanteils an der GmbH kann zwar nicht ausgeschlossen werden, doch kann durch entsprechende Regelungen im Gesellschaftsvertrag mittelbar ein ähnliches Ergebnis erreicht werden. So kann vorgesehen werden, dass der Geschäftsanteil von den Erben an Dritte abzutreten ist,[130] oder dass der Anteil im Falle des Todes des betreffenden Gesellschafters – ggf. unentgeltlich – eingezogen werden kann.[131]

c) Eintragung in das Handelsregister. Das Ausscheiden des Kom- **61**
manditisten ist zur Eintragung in das Handelsregister anzumelden (§ 162 Abs. 3 HGB). Auch Fälle der Rechtsnachfolge werden registerrechtlich als Ausscheiden in Verbindung mit einem Eintritt behandelt.[132] Die Anmelde-

---

128 Vgl. *K. Schmidt* Gesellschaftsrecht S. 1555.

129 BGHZ 22, 192, 195; 68, 237; 91, 135; 98, 51; 108, 192.

130 *Priester*, GmbHR 1981, 206, 208; *Scholz/Winter* § 15 GmbHG Rn 26 f.

131 *Priester*,GmbHR 1981, 206, 209; *Scholz/Winter* § 15 GmbHG Rn 24 ff.; vgl. auch MünchHdb. GesR II/*Gummert* GmbH & Co. KG § 52 Rn 50.

132 *Röhricht/v. Westphalen/v. Gerkan* § 143 HGB Rn 3; vgl. auch OLG Frankfurt Der Konzern 2004, 285.

pflicht trifft alle Gesellschafter (§ 143 Abs. 2 HGB). Die Eintragung des Ausscheidens hat nur deklaratorische Wirkung. Gutgläubige Dritte können sich allerdings nach § 15 HGB auf die Unrichtigkeit des Handelsregisters berufen.[133]

2. Rechtsstellung des ausscheidenden Gesellschafters

62 **a) Verlust der Mitgliedschaftsrechte.** Mit dem Ausscheiden aus der Gesellschaft verliert der betroffene Gesellschafter alle seine Mitgliedschaftsrechte (Stimmrecht, Gewinnbezugsrecht, Informationsrecht etc.). Die Gesellschafterrechte und -pflichten des Ausgeschiedenen wirken danach nur noch eingeschränkt im Rahmen eines nachwirkenden Treueverhältnisses fort (vgl. dazu § 25 Rn 22). Dem Gesellschafter verbleibt jedoch der Anspruch auf Rechenschaftslegung nach § 740 Abs. 2 BGB.

63 **b) Abfindungsanspruch.** An die Stelle des Gesellschaftsanteils tritt der Abfindungsanspruch des ausscheidenden Gesellschafters (§ 738 Abs. 1 S. 2 BGB). Die Auszahlung des Abfindungsguthabens stellt eine Einlagenrückgewähr dar, die die Haftung des Kommanditisten gegenüber den Gläubigern der Gesellschaft nach näherer Maßgabe des § 172 Abs. 4 HGB wieder aufleben lässt.[134] Der ausscheidende Gesellschafter haftet jedoch nur gegenüber den Gläubigern, die vor der Eintragung seines Ausscheidens aus der Gesellschaft Gläubiger der Gesellschaft geworden sind.[135] Maßgeblich für diese Abgrenzung zwischen Alt- und Neuverbindlichkeiten ist die Schaffung der Rechtsgrundlage.[136] Die **Haftung** des Gesellschafters ist nach § 160 Abs. 1 HGB auf eine Dauer von fünf Jahren nach Eintragung seines Ausscheidens begrenzt. Der Abfindungsanspruch wird mit der Berechnung des Abfindungsguthabens oder mit dem Zeitpunkt, zu dem diese bei geordnetem Geschäftsgang hätte erfolgen können, fällig.[137] Der ausscheidende Kommanditist kann sich auch durch Leistung an die Gesellschaft von seiner Haftung befreien.[138]

64 **c) Nachschusspflicht.** Sofern der Wert des Gesellschaftsvermögens zur Deckung der gemeinschaftlichen Schulden und der Einlagen nicht ausreicht, hat der ausscheidende Komplementär im Verhältnis seines Anteils für diesen Fehlbetrag aufzukommen. Besteht nach Berechnung des Abfindungsguthabens ein Passivsaldo des Komplementärs, so muss er diesen Fehlbetrag nachzahlen.[139]

---

[133] Vgl. BGHZ 81, 82.

[134] *Grunewald* Gesellschaftsrecht I. C. Rn 55; *Röhricht/v. Westphalen/v. Gerkan* § 172 HGB Rn 33.

[135] BGHZ 71, 296, 304; *Schlegelberger/K. Schmidt* §§ 171, 172 HGB Rn 73; *Grunewald* Gesellschaftsrecht I. C. Rn 55.

[136] *Röhricht/v. Westphalen/v. Gerkan* § 128 HGB Rn 23.

[137] *Röhricht/v. Westphalen/v. Gerkan* § 131 HGB Rn 32.

[138] *Röhricht/v. Westphalen/v. Gerkan* § 171 HGB Rn 22.

[139] BGH NJW 1999, 2438, 2439; BGHZ 68, 225, 227 f.; MüKo/*K. Schmidt* § 131 HGB Rn 113; *Koller/Roth/Morck* § 131 HGB Rn 15.

d) Sonstige Rechte. *aa) Rückgabe von Gegenständen.* Gegenstände, die der ausscheidende Gesellschafter zur Nutzung überlassen hat, kann er bei Ausscheiden zurückfordern (§ 738 Abs. 1 S. 2 BGB). Ein Rückforderungsanspruch besteht nicht, wenn die Gegenstände **zu Eigentum** (quoad dominum) in die Gesellschaft eingebracht wurden, sondern nur dann, wenn die Einbringung **dem Werte nach** (quoad sortem) oder zur **Gebrauchsüberlassung** (quoad usum) erfolgt ist.[140] Bei Einbringung dem Werte nach ist der Wertzuwachs, an dem die Mitgesellschafter teilhaben, im Rahmen der Auseinandersetzung auszugleichen. 65

bb) Befreiung von Verbindlichkeiten. Daneben kann der ausscheidende Gesellschafter von der Gesellschaft und den verbleibenden Gesellschaftern **Freistellung** von den Verbindlichkeiten der Gesellschaft verlangen (§ 738 Abs. 1 S. 2 BGB). Dies umfasst auch eine Enthaftung gestellter Sicherheiten.[141] Ist der Gesellschafter bereits für eine Gesellschaftsverbindlichkeit in Anspruch genommen worden, tritt an die Stelle des Freistellungsanspruchs ein Rückgriffsanspruch.[142] 66

cc) Anspruch auf Beteiligung an schwebenden Geschäften. Schließlich nimmt der Ausscheidende am Gewinn und Verlust zur Zeit seines Ausscheidens schwebender Geschäfte teil (§ 740 Abs. 1 S. 1 BGB). Schwebende Geschäfte finden in der Abfindungsbilanz grundsätzlich keine Berücksichtigung.[143] Nicht unter den Begriff der schwebenden Geschäfte fallen jedoch Dauerrechtsverhältnisse wie etwa Dauerschuldverhältnisse oder auch Beteiligungen an anderen Unternehmen; diese sind jeweils stichtagsbezogen im Rahmen der Abfindung zu berücksichtigen.[144] 67

dd) Vertragliche Regelungen. Die vorgenannten Rechte des ausscheidenden Gesellschafters können im Gesellschaftsvertrag grundsätzlich modifiziert werden. Bedenklich sind derartige abweichende Regelungen dann, wenn sie der Sache nach dazu führen, dass der Gesellschafter keine angemessene Abfindung mehr erhält, oder wenn sie einseitig zu Lasten der Gläubiger wirken. Ist eine Abfindungsregelung danach unwirksam, behält eine ergänzende Vertragsauslegung jedoch den Vorrang vor der gesetzlichen Regelung des § 738 Abs. 1 S. 2 BGB.[145] 68

---

140 *Ulmer* GbR § 705 BGB Rn 11 ff.; MüKo/*K. Schmidt* § 131 HGB Rn 106 f.

141 *Röhricht/v. Westphalen/v. Gerkan* § 131 HGB Rn 30.

142 *Röhricht/v. Westphalen/v. Gerkan* § 128 HGB Rn 29.

143 BGH NJW 1993, 1194; MüKo/*K. Schmidt* § 131 HGB Rn 123; *Ebenroth/Boujong/Joost/Lorz* § 131 HGB Rn 103, 108.

144 *Röhricht/v. Westphalen/v. Gerkan* § 131 HGB Rn 45.

145 *Röhricht/v. Westphalen/v. Gerkan* § 131 HGB Rn 61.

§ 30 Austritt, Ausschluss

Übersicht

Schrifttum: *Abramenko*, Rechtliches Gehör vor dem Ausschluss eines Gesellschafters aus der GmbH, GmbHR 2001, 501 ff.; *Ammon*, Gesellschaftsrechtliche und sonstige Neuerungen im Handelsrechtsreformgesetz – Ein Überblick, DStR 1998, 1474 ff.; *Bärwaldt*, Ausschließung von Gesellschaftern aus wichtigem Grund, NZG 2003, 261 f.; *Balz*, Rechte und Pflichten des Gesellschafters nach Austritt aus der GmbH, DB 1984, 1865 ff.; *Baumann*, Die Ausschließung von GmbH-Gesellschaftern – Möglichkeiten der Satzungsgestaltung, MittRhNotK 1991, 271 ff.; *Behr*, Der Ausschluß aus der Personengesellschaft im Spannungsfeld zwischen Vertrag und Status, ZGR 1985, 475 ff.; *ders.*, Neue Tendenzen im Recht der Ausschließung aus der Personengesellschaft, ZGR 1990, 370 ff.; *Bösert*, Gesetzliches Sonderaustrittsrecht des GmbH-Gesellschafters – Neuregelung im Fünften Vermögensbildungsgesetz, GmbHR 1994, 293 ff.; *Bunte*, Ausschließung und Abfindung von Gesellschaftern einer Personengesellschaft, ZIP 1983, 8 ff.; *ders.*, Wirksamkeitskontrolle gesellschaftsvertraglicher „Hinauskündigungsklauseln“, ZIP 1985, 915 ff.; *Bydlinski*, Zentrale Änderungen des HGB durch das Handelsrechtsreformgesetz, ZIP 1998, 1169 ff.; *Damrau-Schröter*, Der Ausschluss eines (missliebigen) GmbH-Gesellschafters, NJW 1991, 1927 ff.; *Eckardt*, Das Ausscheiden des Komplementärs aus der zweigliedrigen KG, NZG 2000, 449 ff.; *Esch*, Die mitgliedschafts- und steuerrechtlichen Wirkungen der Ausschließung oder des Austritts aus einer GmbH aus wichtigem Grund, GmbHR 1981, 25 ff.; *Eschenlohr*, Beschränkungen der Austritts- und Kündigungsmöglichkeiten des Gesellschafters einer Familien-GmbH, FS Sigle 2000, S. 131 ff.; *Eser*, Zur Ausschließbarkeit eines GmbH-Gesellschafters, DStR 1991, 747 ff.; *Fingerhut/Schröder*, Die Einziehung eines GmbH-Anteils und Probleme in der Praxis, BB 1997, 1805 ff.; *Flume*, „Hinauskündigung“ aus der Personengesellschaft und Abfindung, DB 1986, 629 ff.; *Frey/von Bredow*, Der Wegfall des einzigen Komplementärs nach der HGB-Reform, ZIP 1998, 1621 ff.; *Gehrlein*, Die Einziehung von GmbH-Geschäftsanteilen als Mittel zum Ausschluß eines Gesellschafters, ZIP 1996, 1157 ff.; *ders.*, Zum Gewinnbezugsrecht eines GmbH-Gesellschafters nach Einziehung seines Geschäftsanteils, DB 1998, 2355 f.; *Goette*, Ausschließung und Austritt aus der GmbH in der Rechtsprechung des Bundesgerichtshofs, DStR 2001, 533 ff.; *Gustavus*, Die Neuregelungen im Gesellschaftsrecht nach dem Regierungsentwurf eines Handelsrechtsreformgesetzes, GmbHR 1998, 17 ff.; *Harst*, Zur Zwangseinziehung von Geschäftsanteilen, GmbHR 1987, 183 ff.; *Hartmann*, Der ausscheidende Gesellschafter in der Wirtschaftspraxis, 4. Auflage 1983; *Hörstel*, Der Ausschluß des GmbH-Gesellschafters durch Kaduzierung, NJW 1994, 965 ff.; *Huber*, Der Ausschluß des Personengesellschafters ohne wichtigen Grund, ZGR 1980, 177 ff.; *Kiethe*, Ausschluss aus der Personengesellschaft und Einstweilige Verfügung, NZG 2004, 115 ff.; *Krämer*, Die gesellschaftsvertragliche „Ausschließung" aus der Personengesellschaft, NJW 1981, 2553 ff., *Kreutz*, Hinauskündigungsklauseln im Recht der Personenhandelsgesellschaften, ZGR 1983, 109 ff.; *Lamprecht*, Fortsetzung der OHG bei Ausscheiden eines Gesellschafters?, ZIP 1997, 919 ff.; *Lorenz*, Zivilprozessuale Probleme der Zwangseinziehung von GmbH-Anteilen, DStR 1996, 1774 ff.; *Lutter*, Ausschluss von Gesellschaftern, Einziehung von Geschäftsanteilen und gesellschafterliche Treuepflicht, GmbHR 1997, 1134 f.; *Lutz*, Rechtswirkung des Gesellschafterbeschlusses bei Zwangseinziehung des GmbH-Geschäftsanteils, DStR 1999, 1858 ff.; *Mayer*, Zur Mitwirkungspflicht beim Ausschluß von Personengesellschaftern, BB 1992, 1497 ff.; *Meyer-Landrut*, Die Auslegung einfacher Kündigungsklauseln in GmbH-Satzungen, in: Festschrift Stimpel, 1985, S. 431 ff.; *Michalski*, Die Zwangseinziehung eines GmbH-Anteils im Falle der Anteilspfändung, ZIP 1991, 147 ff.; *Kl.-J. Müller*, Folgen der Einziehung eines GmbH-Geschäftsanteils, DB 1999, 2045 ff.; *Niemeier*, Rechtsschutz und Bestandsschutz bei fehlerhafter Einziehung von GmbH-Anteilen, ZGR 1990, 314 ff.; *Oppenländer*, Von der Rechtsprechung entwickelte Sonderregeln für die Zweipersonen-GmbH, DStR 1996, 922 ff.; *Peetz*, Voraussetzungen und Folgen der Einziehung von GmbH-Geschäftsanteilen – Gesellschafts- und steuerrechtliche Gesichtspunkte, GmbHR 2000, 749 ff.; *Reuter*, Nochmals: Das Kündigungsrecht des GmbH-Gesellschafters, GmbHR 1977, 77 ff.; *Röhricht*, Zum Austritt des Gesellschafters aus der GmbH, FS Kellermann 1991, S. 361 ff.; *Roth*, Einziehung des Geschäftsanteils und Dauer der Gewinnbeteiligung, ZGR 1999, 715 ff.; *Schäfer/Hillesheim*, Die Gesellschafterstellung auf Zeit im Rahmen eines Geschäftsführerbeteiligungsmodells (Managermodells), DStR 2003, 2122 ff.; *Scheifele*, Der Ausschluß aus der Gesellschaft als ultima ratio?, BB 1989, 792 ff.; *Schick*, Das Mehrheitserfordernis bei Ausschluss eines Minderheitsgesellschafters einer GmbH und Stimmrechtsverbote im Gesellschafterkonsortium, DB 2000, 2105 f.; *Schindler*, Das Austrittsrecht in Kapitalgesellschaften, 1999; *Schlitt*, Die Auswirkungen des Handelsrechtsreformgesetzes auf die Gestaltung von GmbH & Co. KG-Verträgen, NZG 1998, 580 ff.; *K. Schmidt*, Das Handelsrechtsreformgesetz, NJW 1998, 2161 ff.; *Schwerdtner*, Das Kündigungsrecht des GmbH-Gesellschafters, GmbHR 1976, 101 ff.; *Sethe*, Die Wirkung und dogmatische Einordnung von Fortsetzungs- und Nachfolgeklauseln im Lichte der HGB-Reform, JZ 1997, 989 ff.; *Sieger/Mertens*, Die Rechtsfolgen der Einziehung von Geschäftsanteilen einer GmbH, ZIP 1996, 1493 ff.; *Stolzenburg*, Kündigung und Enthaftung bei der Kreditbürgschaft eines ausgeschiedenen Gesellschafters, ZIP 1985, 1189 ff.; *Tschernig*, Der Ausschluß eines GmbH-Gesellschafters durch Gesellschafterbeschluß, GmbHR 1999, 691 ff.; *Ulmer*, Zwangseinziehung von Geschäftsanteilen und Ausschließung von GmbH-Gesellschaftern aus wichtigem Grund – Wirksamkeit schon vor Abfindung des betroffenen Gesellschafters?, in: Festschrift Rittner, 1991, S. 735 ff.; *van Venrooy*, Einziehung im Gesellschafter-Konkurs und Treuepflicht, GmbHR 1995, 339 ff.; *Volhard*, Kann die GmbH-Satzung die Einziehung des Geschäftsanteils eines Auflösungsklägers vorsehen?, GmbHR 1995, 617 ff.; *Wellhöfer*, Ausscheiden eines GmbH-Gesellschafters in der Gesellschaftspraxis, GmbHR 1994,

212 ff.; *Westermann,* Einziehung und Abfindung (§ 34 GmbHG), in: Festschrift 100 Jahre GmbH-Gesetz, 1992, S. 447 ff.; *Wolf,* Abberufung und Ausschluß in der Zweimann-GmbH, ZGR 1998, 92 ff.; *Wolff,* Das Schicksal eingezogener GmbH-Geschäftsanteile und alternative Satzungsregelungen, GmbHR 1999, 958 ff.; *Zeilinger,* Die Einziehung von GmbH-Geschäftsanteilen als Instrument zum Ausschluss einzelner Gesellschafter aus der GmbH, GmbHR 2002, 772 ff.

I. Einführung

1. Begriffsbestimmung

1 Nachdem in § 28 die Anteilsübertragung und in § 29 das Ausscheiden eines Gesellschafters behandelt wurden, stehen nachfolgend Austritt und Ausschluss von Gesellschaftern im Mittelpunkt. Da zwischen diesen Sachverhalten häufig nicht ausreichend differenziert wird, erscheint eine einführende Abgrenzung sinnvoll. Auszugehen ist dabei von dem Oberbegriff des Ausscheidens, unter dem alle Fälle einer **Einzelbeendigung bzw. -übertragung der Mitgliedschaft** zusammengefasst werden können. Neben Anteilsveräußerung, Austritt und Ausschluss gehören dazu beispielsweise das Erreichen einer vertraglich festgelegten Altersgrenze oder der Ablauf einer von vornherein vereinbarten Beteiligungsdauer.[1]

2 Die Veräußerlichkeit des Gesellschaftsanteils kann rechtlich unzulässig oder an bestimmte Voraussetzungen wie insbesondere die Zustimmung der Mitgesellschafter gebunden sein. Sie kann aber auch faktisch dadurch in Frage gestellt sein, dass sie sich aufgrund eines ansonsten drohenden Wertverlusts als wirtschaftlich unvernünftig erweist. Aus Sicht des Gesellschafters kommt es daher entscheidend darauf an, dass ihm noch andere Wege zur Verfügung stehen, die Gesellschaft wieder zu verlassen. Ein derartiges **Lösungsrecht** wird im Gesetz aber nur selten als Austritt bezeichnet, so etwa in § 39 BGB für den Idealverein und in §§ 65 Abs. 1, 67 Abs. 1 GenG für die eingetragene Genossenschaft. Dies führt dazu, dass die Begriffe Austritt und Kündigung häufig synonym gebraucht werden.[2] Während aber die Kündigung eine einseitige empfangsbedürftige Willenserklärung gegenüber der Gesellschaft bzw. der Gesamtheit aller (Mit-)Gesellschafter ist, erfolgt die Erklärung eines gesetzlich eingeräumten Austrittsrechts in anderen Fällen gegenüber einem Dritten. Dies ist im Aktienkonzernrecht der aufgrund eines Unternehmensvertrages herrschende Aktionär (§ 305 AktG) und im Umwandlungsrecht beispielsweise der übernehmende Rechtsträger bei einer Verschmelzung (§ 29 UmwG). Die Kündigung der Mitgliedschaft stellt somit im Ergebnis nur einen Unterfall des Austritts aus einer Gesellschaft dar.[3]

---

[1] Zur Abgrenzung zwischen einer befristeten oder aufschiebend bedingten Mitgliedschaft und einer befristeten oder aufschiebend bedingten Anteilsübertragung vgl. *K. Schmidt* Gesellschaftsrecht § 50 II 2. Zu weiteren Ausscheidensgründen s. § 29.

[2] Auch die Terminologie in den wenigen gesetzlich so bezeichneten Austrittstatbeständen ist insoweit nicht eindeutig (vgl. § 39 BGB, § 65 Abs. 1 GenG).

[3] So im Ergebnis auch *Schindler,* Austrittsrecht, S. 9.

Begriffsbildendes Merkmal des Austritts ist die Freiwilligkeit und Eigeninitiative des Gesellschafters bei der Wahrnehmung seines Lösungsrechts.[4] Demgegenüber wird der Ausschluss des Gesellschafters aus der Gesellschaft von dieser selbst erklärt, wobei sie sich auf eine gesetzliche (z. B. § 21 GmbHG) oder gesellschaftsvertragliche Grundlage (vgl. § 34 GmbHG) stützen kann. Im Regelfall ist Austritt und Ausschluss gemeinsam, dass sie gegen Zahlung einer Abfindung erfolgen (s. auch § 31) und ausschließlich die **Beendigung der Mitgliedschaft** des betreffenden Gesellschafters bewirken. Allerdings kann die Initiative eines Gesellschafters ausnahmsweise zur Gesamtbeendigung aller Mitgliedschaften durch Auflösung und Liquidation der Gesellschaft führen, so dass jedem Gesellschafter am Ende nur sein Anteil am Liquidationserlös zusteht (zu Einzelheiten s. §§ 45, 46). Nachdem seit In-Kraft-Treten des Handelsrechtsreformgesetzes Tod und Kündigung eines Gesellschafters bei OHG und KG im Zweifel lediglich zu dessen Ausscheiden bei Fortbestand der Gesellschaft im Übrigen führen (§§ 161 Abs. 2, 131 Abs. 3 S. 1 Nr. 1 und 3 HGB),[5] betrifft dies mangels abweichender vertraglicher Bestimmung nur noch die Auflösungsklage aus wichtigem Grund nach §§ 161 Abs. 2, 133, 131 Abs. 1 Nr. 4 HGB bzw. § 61 GmbHG. 3

2. Unterschiede zwischen KG und GmbH

Die GmbH ist als juristische Person körperschaftlich strukturiert und deshalb von dem Bestand ihrer Mitglieder unabhängig. Gleichwohl wird ihren Gesellschaftern ein generelles **Austrittsrecht** verwehrt. Nach der rechtsfortbildenden Rechtsprechung des II. Zivilsenats des BGH ist lediglich ein Austrittsrecht aus wichtigem Grund anzuerkennen.[6] Da in GmbH-Satzungen statt von Austritt in der Regel von Kündigung die Rede ist, können sich **Auslegungsprobleme** ergeben, wenn nicht eindeutig ersichtlich wird, ob eine derartige Klausel die Gesellschafter zum Austritt aus der Gesellschaft und damit lediglich zur Einzelbeendigung ihrer Mitgliedschaft (Austrittskündigung) oder zur Auflösung der Gesellschaft (Auflösungskündigung) berechtigen soll. 4

Bei den Personengesellschaften führte der – regelmäßig durch Kündigung erklärte – Austritt eines Gesellschafters bis vor kurzem noch zur Auflösung der Gesellschaft, was mit der engen persönlichen Verbundenheit der Gesamthandsmitglieder gerechtfertigt werden konnte. Nur bei Vorhandensein einer Fortsetzungsklausel im Gesellschaftsvertrag konnte die Auflösungsfolge vermieden werden (vgl. § 45). Inzwischen hat der Gesetzgeber erkannt, dass nicht zuletzt aufgrund der mit einer Liquidation verbundenen wirtschaftlichen Nachteile auch bei den Gesellschaftern von Personenhandelsgesellschaften das Interesse an Unternehmenskontinuität im Vordergrund steht, das in der Praxis nicht selten von den Gesellschaftsgläu- 5

---

[4] Ausführlich *Schindler,* Austrittsrecht, S. 4 ff.

[5] Zur seit dem 1. 7. 1998 geltenden Neuregelung vgl. *Baumbach/Hopt* § 131 HGB Rn 1; *Ammon,* DStR 1998, 1474, 1476 f. mit einer Synopse der wichtigsten Änderungen; *Bydlinski,* ZIP 1998, 1169, 1175; *K. Schmidt,* NJW 1998, 2161, 2166 m. w. N.

[6] Erstmals in BGH NJW 1953, 780.

bigern geteilt wird. Das **Handelsrechtsreformgesetz** hat deshalb vor dem Hintergrund der in den nächsten Jahren bei ca. 700.000 mittelständischen Unternehmen anstehenden Unternehmensnachfolge das nach der alten Rechtslage bestehende Regel-Ausnahme-Verhältnis umgekehrt, so dass mangels abweichender vertraglicher Bestimmung in den in § 131 Abs. 3 S. 1 HGB aufgeführten Fällen vom Fortbestand der Gesellschaft auszugehen ist.[7] Dies kann nur dann nicht gelten, wenn der ausscheidende Gesellschafter der einzige Komplementär einer KG ist. Wird hier nicht rechtzeitig ein neuer Komplementär gefunden, sei es in Person eines bisherigen Kommanditisten oder eines gesellschaftsfremden Dritten, bleibt es bei der Auflösung der Gesellschaft als Rechtsfolge.[8] Scheidet dagegen der letzte Kommanditist aus der Gesellschaft aus, verwandelt sich die KG kraft Rechtsformzwangs automatisch in eine OHG.

6 Nach §§ 161 Abs. 2, 131 Abs. 3 S. 1 Nr. 6 HGB besteht die Möglichkeit, das Ausscheiden eines Gesellschafters aus der KG durch Gesellschafterbeschluss herbeizuführen. Bei Vorliegen eines wichtigen Grundes im Sinne von § 133 HGB kann eine Ausschließungsklage nach § 140 HGB erhoben werden, so dass die den Gesellschafterbeschluss umsetzende Ausschließungserklärung der Gesellschaft im Ergebnis durch ein richterliches Gestaltungsurteil ersetzt wird. Einem GmbH-Gesellschafter droht demgegenüber der Ausschluss aus der Gesellschaft nur, wenn und soweit die Voraussetzungen dafür in der Satzung festgeschrieben wurden (§ 34 GmbHG). Hinzu kommt die Gefahr der Kaduzierung seines Anteils, wenn er nicht in der Lage ist, die von ihm übernommene Stammeinlage vollständig zu erbringen (§ 21 GmbHG).

7 Die strukturellen Unterschiede zwischen Gesamthand und Körperschaft wirken sich vor allem auf der **Rechtsfolgeseite** aus. Austritt und Ausschluss eines KG-Gesellschafters bewirken neben dem Erlöschen seiner Mitgliedschaft, dass sein Anteil am Gesellschaftsvermögen den übrigen Gesellschaftern zuwächst und er gegen diese einen Abfindungsanspruch hat, dessen Höhe sich wiederum nach seiner Beteiligung richtet (§§ 161 Abs. 2, 105 Abs. 3 HGB, § 738 Abs. 1 BGB). Zudem kann er Befreiung von den Schulden der Gesellschaft, soweit er für diese haftet,[9] und Sicherheitsleistung für noch nicht fällige Verbindlichkeiten verlangen (§ 738 Abs. 1 S. 2 und 3 BGB). Schließlich muss sein Ausscheiden von allen Gesellschaftern zur Eintragung in das Handelsregister angemeldet werden (§§ 161 Abs. 2, 143 Abs. 2 HGB). Bei der GmbH ist demgegenüber eine Anwachsung als Rechtsfolge des Ausscheidens aufgrund ihrer Finanzverfassung von vornherein ausgeschlossen. Als Alternativen stehen hier stattdessen die Einziehung oder Veräußerung des Geschäftsanteils zur Verfügung.

---

[7] Die Begr. zum RefE des HRefG ist z. B. abgedr. in ZIP 1996, 1486 f.; vgl. auch *Gustavus*, GmbHR 1998, 17, 20.

[8] Einzelheiten bei *Frey/von Bredow*, ZIP 1998, 1621 ff.

[9] Die Haftung der ausscheidenden Komplementär-GmbH ist in § 41, die Haftung eines ausscheidenden Kommanditisten in § 42 näher behandelt.

II. Initiative des Gesellschafters

1. Kommanditgesellschaft

a) Ordentliches Austrittsrecht. Im Recht der Personengesellschaften erfolgt der Austritt eines Gesellschafters in der Regel durch dessen **Kündigung**. Die ordentliche Kündigung ist dabei ebenso wie im Allgemeinen Zivilrecht eine einseitige, empfangsbedürftige und bedingungsfeindliche Willenserklärung, die grundsätzlich weder an Form noch Begründung, sondern ausschließlich an die Beachtung bestimmter Fristen gebunden ist.[10] Aus der bloßen Bezeichnung einer gegenüber der Gesellschaft abgegebenen Willenserklärung als „Kündigung" lässt sich aber noch nicht ohne weiteres darauf schließen, welche rechtsgestaltende Wirkung diese entfalten soll. Ob der kündigende Gesellschafter mit seiner Erklärung die Einzelbeendigung seiner Mitgliedschaft oder die Gesamtbeendigung aller Mitgliedschaften durch Auflösung der Gesellschaft bezweckt, muss deshalb im Zweifel durch Auslegung ermittelt werden. In der gesellschaftsrechtlichen Terminologie bezeichnet man den ersten Fall als Austrittskündigung, den zweiten als Auflösungskündigung. 8

Nach der durch das Handelsrechtsreformgesetz begründeten neuen Rechtslage beendet die Kündigung eines KG-Gesellschafters auch in den Fällen der §§ 132, 134 HGB nur dessen eigene Mitgliedschaft und die Gesellschaft besteht mit den übrigen Gesellschaftern fort (§§ 161 Abs. 2, 131 Abs. 3 S. 1 Nr. 3 HGB). Soweit im Gesellschaftsvertrag nichts anderes bestimmt ist, scheidet der kündigende Gesellschafter mit Ablauf der Kündigungsfrist aus der Gesellschaft aus (§ 131 Abs. 3 S. 2 HGB). Sein Anteil am Gesellschaftsvermögen wächst den verbleibenden Gesellschaftern zu (§§ 161 Abs. 2, 105 Abs. 3 HGB, § 738 Abs. 1 BGB) und er erhält gegen diese einen **Zahlungsanspruch**, über dessen Höhe sich die beteiligten Parteien in der Praxis unabhängig davon sehr häufig streiten, ob Grundregeln zu seiner Berechnung im Gesellschaftsvertrag enthalten sind.[11] Umgekehrt droht ihm nach §§ 161 Abs. 2, 105 Abs. 3 HGB, 739 BGB ein **Ausgleichsanspruch** der Gesellschaft, wenn und soweit diese in der Zeit seiner Zugehörigkeit im Ergebnis Verluste erlitten hat und diese anteilig auf ihn entfallen. Für ausscheidende Kommanditisten ist dabei mangels abweichender Bestimmung im Gesellschaftsvertrag der Rahmen des § 167 Abs. 3 HGB zu beachten.[12] 9

Die Gesellschafter können auch vereinbaren, dass der Gesellschaftsanteil des Kündigenden nur von einem oder mehreren näher bezeichneten Mitgesellschaftern übernommen wird bzw. nach einer festgelegten Erklärungsfrist übernommen werden kann. Die unter der alten Rechtslage verbreiteten Fortsetzungsklauseln konnten insoweit in ein vertragliches Übernahmerecht umgedeutet werden, wenn die ursprünglich mehrglied- 10

---

[10] Zu den allg. Grundsätzen und §§ 132, 134 HGB s. bereits § 29.

[11] Einzelheiten zur Abfindungsproblematik in § 31.

[12] OLG Düsseldorf NZG 1999, 876. Ihr Risiko beschränkt sich danach auch bei den Kapitalanteil übersteigenden Verlusten auf die Pflichteinlage und gegebenenfalls rückzahlbare Entnahmen.

rige Gesellschaft im Kündigungszeitpunkt nur noch aus zwei Gesellschaftern bestand. Der in dem neuen § 140 Abs. 1 S. 2 HGB zum Ausdruck kommende Rechtsgedanke kann darüber hinaus auf alle Fälle ausgedehnt werden, in denen nach Ausscheiden von einem oder mehreren Mitgesellschaftern nur noch ein Gesellschafter verbleibt, so dass dieser danach die Gesellschaft als Einzelunternehmen fortführen kann.[13] Wer dies nicht will, unterliegt gleichwohl erheblichen Haftungsrisiken, selbst wenn er zuvor lediglich Kommanditist war und glaubt, sich auf die vollständige Erbringung seiner Einlage berufen zu können. Bereits nach altem Recht führte das Ausscheiden eines Gesellschafters aus einer zweigliedrigen Personenhandelsgesellschaft in entsprechender Anwendung des durch die Handelsrechtsreform aufgehobenen § 142 HGB zur Übernahme der Aktiva und Passiva durch den verbleibenden Gesellschafter, der Gesamtrechtsnachfolger der beendeten Gesellschaft wurde.[14] Seine unbeschränkte Haftung trat auch dann ein, wenn er Kommanditist gewesen war.[15] Dem Versuch, sich seiner persönlichen Haftung durch Übertragung seiner Einlage aus dem Vermögen der beendeten Gesellschaft auf einen Dritten als verdeckte Sacheinlage zu entziehen, war vor den Gerichten kein Erfolg beschieden.[16] In der Literatur wird zu Recht darauf aufmerksam gemacht, dass sich das Risiko einer persönlichen Inanspruchnahme für den allein verbleibenden Gesellschafter seit In-Kraft-Treten des Handelsrechtsreformgesetzes noch verschärft hat, da die Fortführung des Unternehmens nunmehr den gesetzlichen Regelfall darstellt.[17] Mit Beendigung der Mitgliedschaft enden in jedem Fall die gesellschaftsrechtlichen Einsichts- und Informationsrechte des ausscheidenden Gesellschafters. Das allgemeine Einsichtsrecht nach §§ 810, 242 BGB bleibt ihm jedoch insoweit erhalten, als es um die Ansätze der Abschichtungsbilanz geht.[18]

11 Nach der Neufassung des Gesetzes ist somit die Austrittskündigung zum gesetzlichen Regelfall geworden, so dass die früher verbreiteten **Fortsetzungsklauseln** in den Gesellschaftsverträgen in Zukunft weitgehend entbehrlich sind. Eine gewisse Bedeutung behalten sie für die Fälle, in denen die Fortführung der Gesellschaft besonderen Regeln unterworfen werden soll.[19] Da die Rechtsfolge des Ausscheidens eines Gesellschafters bei

---

[13] *Koller* § 140 HGB Rn 5 m. w. N.

[14] Vgl. z.B. BGHZ 71, 296, 300; 113, 132, 133; BGH NZG 2002, 233, 235 m.w.N.

[15] BGH NZG 2000, 474 m.w.N.

[16] Stellvertretend der Sachverhalt in BGH NZG 2000, 474.

[17] *Eckardt*, NZG 2000, 449, 454 ff.

[18] Das gilt nach OLG Düsseldorf NZG 1999, 876, 877 unabhängig davon, ob der ausscheidende Gesellschafter mit einem Abfindungsguthaben oder einer Inanspruchnahme für einen Fehlbetrag rechnet.

[19] Zu denken wäre hier beispielsweise an eine von den Beteiligungsverhältnissen abweichende Modifikation der Anwachsung des Gesellschaftsanteils des kündigenden Gesellschafters bei seinen Mitgesellschaftern oder an den praktisch noch wichtigeren Fall, dass sich die Gesellschafter die Auflösung der Gesellschaft als Alternative erhalten wollen, falls diese zur Aufbringung der von dem ausscheidenden Gesellschafter geforderten Abfindung nicht in der Lage sind.

Vorliegen der in § 131 Abs. 3 S. 1 HGB aufgeführten Gründe aber nach wie vor zur Disposition der Gesellschafter steht, bleibt es diesen unbenommen, durch Aufnahme von **Auflösungsklauseln** in den Gesellschaftsvertrag das alte Regel-Ausnahme-Verhältnis wiederherzustellen. Auch wenn damit auf den ersten Blick eine enge persönliche Bindung unter den Gesellschaftern zum Ausdruck gebracht wird, die einer Kündigung im Zweifel den Charakter einer Auflösungskündigung verleiht, dürften derartige Auflösungsklauseln angesichts der mit einer Liquidation regelmäßig verbundenen wirtschaftlichen Nachteile gleichwohl die Ausnahme bleiben. Empfehlenswert sind sie insbesondere in der Konstellation einer zweigliedrigen KG, um das soeben in Rn 10 geschilderte Haftungsrisiko für den Kommanditisten bei Ausscheiden des letzten Komplementärs zu minimieren. In der Literatur wird vorgeschlagen, in die Auflösungsklausel eine Option zur Fortsetzung der Gesellschaft mit einem neuen Komplementär aufzunehmen, um dem Kontinuitätsgedanken angemessen Rechnung zu tragen.[20]

b) Außerordentliches Austrittsrecht. Ein außerordentliches Austritts- 12
recht setzt einen **wichtigen Grund** voraus, der mindestens einem Gesellschafter jeden weiteren Verbleib in der Gesellschaft unzumutbar macht. Der Austritt erfolgt auch hier in der Regel durch eine Kündigungserklärung gegenüber der Gesellschaft bzw. allen Mitgesellschaftern, die allerdings grundsätzlich nicht fristgebunden ist. Anders als für die GbR in § 723 Abs. 1 S. 2 BGB[21] ist für die Personenhandelsgesellschaften ein Recht zur außerordentlichen Kündigung vom Gesetzgeber nicht vorgesehen. Bei ihnen kann ein Gesellschafter bei Vorliegen eines wichtigen Grundes nur Klage nach §§ 161 Abs. 2, 133 HGB erheben, bei deren Erfolg das Gericht die Auflösung der Gesellschaft und damit die Gesamtbeendigung aller Mitgliedschaften ausspricht.[22] Ein wichtiger Grund in diesem Sinne ist insbesondere gegeben, wenn ein Mitgesellschafter eine wesentliche Verpflichtung nach dem Gesellschaftsvertrag vorsätzlich oder grob fahrlässig verletzt oder wenn die Erfüllung einer solchen Verpflichtung unmöglich wird (§§ 161 Abs. 2, 133 Abs. 2 HGB).[23] Begeht die Pflichtverletzung der Geschäftsführer der Komplementär-GmbH, kann jeder Kommanditist **Auflösungsklage** nach § 133 HGB erheben, da sich die GmbH das Verhalten ihres Geschäftsführers zurechnen lassen muss.[24]

Das Recht jedes Gesellschafters, die Auflösung der Gesellschaft zu ver- 13
langen, ist zwingend und kann daher durch Vereinbarung weder ausgeschlossen noch beschränkt werden (§§ 161 Abs. 2, 133 Abs. 3 HGB). Werden dem Gesellschafter dagegen im Gesellschaftsvertrag **weitergehende Lösungsmöglichkeiten** von der Gesellschaft eingeräumt, so wird man

[20] *Lamprecht*, ZIP 1997, 919, 921f.; *Sethe*, JZ 1997, 989, 993f.; *Frey/von Bredow*, ZIP 1998, 1621, 1625; *K. Schmidt*, NJW 1998, 2161, 2166; *Eckardt*, NZG 2000, 449, 458 m.w.N.

[21] Aus der jüngeren Rechtsprechung z. B. OLG München NZG 2002, 85, 86f.

[22] Zur Auflösungsklage als Ultima Ratio vgl. § 45.

[23] Einzelheiten zum Vorliegen eines wichtigen Grundes unter § 45.

[24] BGH DStR 1993, 1598 m. Anm. *Goette*.

diese für zulässig erachten müssen. Dies gilt insbesondere für die Ersetzung der Auflösungsklage durch eine ordentliche oder außerordentliche Kündigung.[25] Um den ausscheidungswilligen Gesellschafter gegenüber dem gesetzlichen Regelfall nicht schlechter zu stellen, ist allerdings darauf zu achten, dass dem zu erwartenden Anteil am Liquidationserlös bei der Auflösung der Gesellschaft ein angemessenes Korrelat gegenübersteht. Ist daher für den Fall der Kündigung ein Abfindungsanspruch entweder überhaupt nicht vorgesehen oder erscheint seine Durchsetzbarkeit gefährdet, lebt das Recht des Gesellschafters, nach § 133 HGB vorzugehen, wieder auf.[26]

14 Im Gesellschaftsvertrag kann jedem Gesellschafter auch die Möglichkeit einer **Anschlusskündigung** eingeräumt werden, falls einer seiner Mitgesellschafter kündigt.[27] Beruhen die Kündigungen jedoch auf einem alle Gesellschafter gleichermaßen betreffenden wichtigen Grund, könnte die in kurzen Zeitabständen erfolgende Einzelbeendigung von Mitgliedschaften zu unangemessenen Konsequenzen führen, so dass als Rechtsfolge entsprechender Erklärungen im Zweifel von der Auflösung der Gesellschaft auszugehen ist. Eine ganz andere Frage ist es, ob sich ein Gesellschafter auch dann auf ein Austrittsrecht aus der Gesellschaft berufen kann, wenn der Gesellschaftsvertrag hierzu schweigt. Rein kapitalmäßig beteiligten Gesellschaftern einer Publikumspersonengesellschaft hat der BGH im Wege ergänzender Vertragsauslegung ein Austrittsrecht in Form eines außerordentlichen Kündigungsrechts zugestanden, da diese aufgrund des besonderen Gepräges einer Massengesellschaft nicht auf die Auflösungsklage verwiesen oder auch nur zu einer solchen berechtigt werden könnten.[28]

15 Die ursprünglich wegen arglistiger Täuschung erklärte Anfechtung des Beitritts zur **Publikumsgesellschaft** wurde dabei in eine Kündigung aus wichtigem Grund umgedeutet, da nach den hier entsprechend heranzuziehenden Grundsätzen zur fehlerhaften Gesellschaft eine derartige Anfechtung keine Wirkung ex tunc entfalten kann. Da Anknüpfungspunkt für diese Rechtsprechung weniger der Publikumscharakter der Gesellschaft als vielmehr die Fehlerhaftigkeit des Beitritts des Gesellschafters ist, erscheint es nur konsequent, die Anerkennung eines außerordentlichen Kündigungsrechts auf alle Fälle eines fehlerhaften Beitritts auszudehnen.[29] Diese entfällt erst dann, wenn der Gesellschaftszweck nicht mehr erreicht werden kann,[30] da dann alle Gesellschafter gleichermaßen betroffen sind, sowie allgemein mit der Auflösung der Gesellschaft, um eine möglichst reibungslose Liquidation zu gewährleisten.[31]

16 Die Frage, inwieweit sich ein KG-Gesellschafter mangels entsprechender Regelungen im Gesellschaftsvertrag unabhängig von den Fällen eines feh-

---

[25] BGHZ 31, 295, 299; BGH NJW 1967, 1961, 1963.

[26] Im Ergebnis ebenso *Koller* § 133 HGB Rn 4.

[27] *Schlitt*, NZG 1998, 580, 585 m.w.N.

[28] BGH NJW 1975, 1022 m. Anm. *Wiedemann*, EWiR 1992, 449f.; BGH NJW 1975, 1700; NJW 1976, 894; NJW 1977, 2160; NJW 1979, 765; NJW 1979, 1503; WM 1981, 452; OLG Celle ZIP 1999, 1128 m. Anm. *Weipert*, EWiR 1999, 1101f.

[29] So auch *K. Schmidt* Gesellschaftsrecht § 50 II 3 b a. E.

[30] Für die Publikums-KG BGHZ 69, 160, 163 = NJW 1977, 2160.

[31] Für die Publikums-KG BGH NJW 1979, 765.

lerhaften Beitritts auf ein Austrittsrecht aus wichtigem Grund berufen kann, ist damit jedoch noch nicht beantwortet. Geht man davon aus, dass die Auflösungsklage immer nur Ultima Ratio sein soll (s. § 45), wird man zumindest dann, wenn die Fortsetzung der Gesellschaft nur für einen Gesellschafter unzumutbar ist, für diesen ein außerordentliches Austrittsrecht anerkennen müssen, das im Zweifel ebenfalls in Form einer **Gestaltungsklage analog § 133 HGB** durchsetzbar ist.[32] Umgekehrt kann er auf ein derartiges Austrittsrecht aber auch von seinen Mitgesellschaftern verwiesen werden, wenn nachvollziehbare Gründe gegen die Auflösung und Liquidation der Gesellschaft sprechen und ihm insbesondere angesichts einer vollwertigen Abfindung keine entscheidenden Nachteile drohen.[33] Da die Mitgesellschafter häufig versuchen werden, in seiner Person das Vorliegen eines wichtigen Grundes im Sinne von § 140 HGB nachzuweisen, werden entsprechend geführte Verhandlungen außer im Fall einer offensichtlich ausschließlich zugunsten einer Partei bestehenden Rechtsposition in der Regel zu einer einvernehmlichen Austrittsvereinbarung führen.

c) Austrittsvereinbarung. Eine derartige Austrittsvereinbarung, nach 17
der nur der an ihr auf der einen Seite beteiligte Gesellschafter aus der anschließend unter seinen Mitgesellschaftern fortgeführten Gesellschaft ausscheidet, ist unabhängig vom Vorliegen eines wichtigen Grundes nach dem **Grundsatz der Privatautonomie** jederzeit möglich.[34] Eine Ausnahme muss lediglich wiederum für den Fall gemacht werden, dass der ausscheidungswillige Gesellschafter der einzige Komplementär der KG ist (s. Rn 5). Von wem die Initiative zum Abschluss einer Austrittsvereinbarung ausgeht, spielt dagegen keine Rolle.[35] Ist an ihr ein Minderjähriger beteiligt, ist eine Genehmigung des Vormundschaftsgerichts nur dann erforderlich, wenn er selbst derjenige ist, der aus der Gesellschaft austreten will.[36]

Nachdem nach § 131 Abs. 3 S. 1 Nr. 6 HGB nunmehr auch ein **Gesell-** 18
schafterbeschluss zum Ausscheiden eines Gesellschafters führen kann, erscheint es auf den ersten Blick gut vorstellbar, dass in bestimmten Konfliktsituationen eine Gesellschaftergruppe einen Mitgesellschafter mit der Drohung mit einem entsprechenden Beschluss zum Abschluss einer Austrittsvereinbarung bewegen will. Mit dieser Vorschrift soll jedoch kein zusätzlicher Weg eröffnet werden, einen Gesellschafter gegen dessen Willen aus der Gesellschaft ausschließen zu können. Hierzu müssen vielmehr auch nach der Neufassung des Gesetzes die besonderen Voraussetzungen des § 140 HGB erfüllt sein,[37] so dass sich ein derart unter Druck gesetzter Ge-

---

[32] Unter Verweis auf BGH BB 1980, 958 auch *Koller* § 133 HGB Rn 3.

[33] BGH BB 1986, 421; ihm folgend z. B. KG NZG 1999, 1055 m. Anm. *Notthoff*; zu einem derartigen „Abwehrrecht" auch *K. Schmidt* Gesellschaftsrecht § 50 II 3 c.

[34] *K. Schmidt* Gesellschaftsrecht § 50 II 1.

[35] Vom systematischen Standort her hätte ihre Abhandlung daher auch in Rn 30 ff. erfolgen können.

[36] MünchHdb. GesR II/*Piehler* KG § 36 Rn 2.

[37] *K. Schmidt*, NJW 1998, 2161, 2166 unter Verw. auf die Begr. zum RegE zum HRefG BT-Drs. 13/8444, S. 65; vgl. auch *Koller* § 131 HGB Rn 26; *Schlitt*, NZG 1998, 580, 586.

sellschafter so lange erfolgreich gegen das Ansinnen seiner Mitgesellschafter wehren kann, als er nicht vom Vorliegen eines wichtigen Grundes für eine gegen ihn gerichtete Ausschließungsklage ausgehen muss. Sieht man § 131 Abs. 3 S. 1 Nr. 6 HGB in engem Zusammenhang mit § 131 Abs. 3 S. 1 Nr. 5 HGB, so ergibt sich daraus, dass beim Eintreffen bestimmter gesellschaftsvertraglich festgeschriebener Umstände in der Person eines Gesellschafters dieser entweder automatisch aus der Gesellschaft ausscheidet (Nr. 5), oder aber erst nach einem mit gegebenenfalls qualifizierter Mehrheit zu fassenden Gesellschafterbeschluss (Nr. 6).[38]

2. GmbH

19 **a) Ordentliches Austrittsrecht.** Für GmbH-Gesellschafter hat der Gesetzgeber anders als für Personengesellschafter kein Kündigungsrecht vorgesehen. Bei Vorliegen eines in den Verhältnissen der Gesellschaft liegenden wichtigen Grundes können sie eine **Auflösungsklage** erheben, wenn sie mit mindestens 10 % am Stammkapital beteiligt sind (§ 61 GmbHG). Bei in der Satzung vorgesehener unbeschränkter Nachschusspflicht besteht darüber hinaus bei Einforderung eines Nachschusses das Recht jedes einzelnen Gesellschafters, seinen Geschäftsanteil der Gesellschaft zur Verfügung zu stellen (Abandon, § 27 GmbHG),[39] von dem er in der Regel aber schon deshalb keinen Gebrauch machen wird, weil von der danach erfolgenden öffentlichen Versteigerung seines Anteils kaum jemals eine angemessene Befriedigung zu erwarten ist. Ferner eröffnet das Umwandlungsgesetz den mit bestimmten Strukturmaßnahmen nicht einverstandenen Anteilsinhabern unter näher bezeichneten Voraussetzungen[40] die Möglichkeit, gegen angemessene Barabfindung aus der Gesellschaft auszuscheiden.

20 Im Übrigen tritt nach der Intention des Gesetzgebers an die Stelle der Kündigungsmöglichkeit die grundsätzlich **freie Veräußerlichkeit des Geschäftsanteils**. Da diese allerdings aus rechtlichen Gründen (vgl. § 15 Abs. 5 GmbHG)[41] und faktischen Gegebenheiten erheblich eingeschränkt sein kann, gab es immer wieder Bestrebungen, zumindest für den Fall der gesellschaftsvertraglich vorgesehenen Anteilsvinkulierung ein ordentliches Austrittsrecht anzuerkennen.[42] Diesen Versuchen war jedoch im Ergebnis zu Recht kein Erfolg beschieden, da die Finanzverfassung der GmbH keine Anwachsung im Sinne von § 738 Abs. 1 BGB zulässt und stattdessen den notwendigen Vermögensschutz zur Erhaltung des Stammkapitals in den

---

[38] *K. Schmidt*, NJW 1998, 2161, 2166.

[39] Gegen eine Heranziehung als Ausnahme vom fehlenden einseitigen Kündigungsrecht des GmbH-Gesellschafters explizit *Röhricht*, FS Kellermann, S. 361, 364.

[40] S. dazu im Einzelnen §§ 29 Abs. 1, 123 Abs. 1 und 2, 125 S. 1, 176 Abs. 1, 177 Abs. 1, 207 Abs. 1 UmwG.

[41] Zur Wirkungslosigkeit von Abtretungsbeschränkungen i. S. v. § 15 Abs. 5 GmbHG für den Fall, dass in einer Zweipersonen-GmbH der eine Gesellschafter alle seine Geschäftsanteile an den anderen Gesellschafter veräußert, vgl. nur OLG Hamm NZG 1999, 600, 601 f. m. Anm. *Michalski/de Vries*.

[42] Überblick über den Meinungsstand bei *Schindler*, Austrittsrecht, S. 37 ff.

Vordergrund stellt, der einem automatischen Abfindungsanspruch bei Kündigung entgegensteht.[43] Jeder Gesellschafter trägt daher das Risiko der faktischen Unveräußerlichkeit seines Geschäftsanteils grundsätzlich selbst.[44] Aber auch bei in der Satzung verankerten Einschränkungen der freien Übertragbarkeit kann die in § 15 Abs. 5 GmbHG zum Ausdruck kommende gesetzgeberische Wertung zugunsten eines gesellschaftsbezogenen Bestandsschutzes nicht ohne weiteres dadurch unterlaufen werden, dass man dem im konkreten Fall von den Einschränkungen betroffenen Gesellschafter ein ordentliches Austrittsrecht zuerkennt.[45]

Etwas anderes kann nur dann in Erwägung gezogen werden, wenn die **21** Übertragbarkeit des Geschäftsanteils durch statutarische Regelungen ganz ausgeschlossen ist. Die für den Gesellschafter in diesen Fällen diskutierte Lösungsmöglichkeit wird sich jedoch als außerordentlich erweisen (s. Rn 27 f.), so dass es insgesamt bei der Verneinung eines allgemein anzuerkennenden ordentlichen Austrittsrechts für GmbH-Gesellschafter bleibt. Ein solches kann jedoch durch die Aufnahme entsprechender **Kündigungsklauseln** in die Satzung der GmbH begründet werden. Wie schon beim Gesellschaftsvertrag der KG (s. Rn 8) sollte auch hier von vornherein auf eine klare und eindeutige Formulierung Wert gelegt werden, um Abgrenzungsprobleme zwischen Austrittskündigung und Auflösungskündigung (vgl. § 60 Abs. 2 GmbHG) zu vermeiden.[46] Sofern es sich tatsächlich um eine Auflösungskündigung handelt, bleibt den Mitgesellschaftern eine Abwehrmöglichkeit dergestalt erhalten, dass sie dem Kündigenden die Übernahme seines Geschäftsanteils gegen eine angemessene Abfindung anbieten können. Erleidet dieser dadurch weder rechtliche noch wirtschaftliche Nachteile und besteht ein schutzwürdiges Interesse der übrigen Gesellschafter an der Fortsetzung der GmbH, gebietet ihm schon die allgemeine gesellschaftsrechtliche Treuepflicht, in die Übertragung seines Geschäftsanteils einzuwilligen.[47]

Da dem Kapitalgesellschaftsrecht das Anwachsungsprinzip fremd ist, **22** kommen als **alternative Rechtsfolgen des Austritts** aus einer GmbH nur die Einziehung des Geschäftsanteils (§ 34 GmbHG) und dessen Veräußerung an die Gesellschaft selbst (§ 33 GmbHG) oder an einen von ihr benannten Dritten (§ 15 GmbHG) in Betracht, der seinerseits Gesellschafter der GmbH sein kann. In allen Fällen ist es für den die Austrittskündigung erklärenden Gesellschafter von entscheidender Bedeutung, in wel-

---

[43] Vgl. hierzu bereits die Diskussion zwischen *Schwerdtner,* GmbHR 1976, 101, 103 ff. und *Reuter,* GmbHR 1977, 77, 80 f.; die Argumente zusammenfassend *Eschenlohr,* FS Sigle, S. 131, 134 ff. m.w.N.

[44] *Schindler,* Austrittsrecht, S. 40 m. w. N.; zu den Ausnahmen bei dem Gesellschafter auferlegten Nebenleistungspflichten vgl. *Scholz/Winter* § 15 GmbHG Rn 115 m. w. N.

[45] *K. Schmidt* Gesellschaftsrecht § 35 IV 3; *Scholz/Winter* § 15 GmbHG Rn 118; *Schindler,* Austrittsrecht, S. 42.

[46] *K. Schmidt* Gesellschaftsrecht § 35 IV 3 a; *Hesselmann/Tillmann* Rn 576; *Wellhöfer,* GmbHR 1994, 212, 216; vgl. bereits *Meyer-Landrut,* FS Stimpel, S. 431, 434 ff.

[47] Zur vergleichbaren Situation bei der KG s. Rn 16.

chem Zeitpunkt der Austritt vollzogen ist und welche Rechte ihm bis dahin erhalten bleiben. Eine entsprechende Heranziehung von § 131 Abs. 3 S. 2 HGB bezüglich der Feststellung des maßgeblichen Zeitpunkts für den Vollzug des Austritts und damit ein Abstellen auf den Ablauf der gesellschaftsvertraglich vereinbarten Kündigungsfrist scheidet aus, da bei der GmbH insoweit keine automatische Anwachsung erfolgt, sondern noch ein weiterer Rechtsakt erforderlich ist. Es kommt daher entscheidend auf dessen Beendigung an, so dass die Mitgliedschaft des kündigenden Gesellschafters erst endet, wenn sein Geschäftsanteil eingezogen oder veräußert und abgetreten ist.[48]

23 Ohne nähere Bestimmung in der Satzung bleiben ihm deshalb neben dem schuldrechtlichen Anspruch gegen die Gesellschaft auf Abnahme des Geschäftsanteils und Zahlung einer Abfindung bzw. eines Einziehungsentgelts in Höhe des vollen Beteiligungswerts auch sämtliche Mitgliedschaftsrechte erhalten.[49] Allerdings unterliegt er hinsichtlich deren Ausübung in der Zeit zwischen Erklärung und Vollzug des Austritts einer **besonderen Treuepflicht**, die es ihm beispielsweise verwehrt, einer von den übrigen Gesellschaftern vorgeschlagenen Maßnahme, die seine Vermögensinteressen weder unmittelbar noch mittelbar beeinträchtigt, ohne triftigen Grund zu widersprechen.[50] Um unnötiges Konfliktpotential zu vermeiden, empfiehlt es sich, in die Kündigungsklausel eine Regelung aufzunehmen, nach der das Stimmrecht des kündigenden Gesellschafters bis zum Vollzug seines Austritts ruht.[51] Eine Klausel, die darüber hinaus das Ruhen sämtlicher Mitgliedschaftsrechte vorsieht, ist dagegen im Zweifel dahin gehend auszulegen, dass sie sich nicht auf solche Rechte bezieht, die wie etwa das Informationsrecht nach § 51 a GmbHG auch in diesem Stadium zwingend und deshalb der Disposition der Gesellschafter entzogen sind. Umgekehrt bleiben natürlich auch die gegenüber der Gesellschaft bestehenden Pflichten wie insbesondere das Einstehenmüssen für eingeforderte und nicht erbrachte Leistungen auf die übernommene Stammeinlage (§ 24 GmbHG) sowie verbotene Auszahlungen im Sinne von § 30 GmbHG (vgl. § 31 Abs. 3 GmbHG) bis zur endgültigen Beendigung der Mitgliedschaft bestehen.[52] Schließlich bleibt auf das nicht zu unterschätzende Risiko des kündigenden Gesellschafters hinzuweisen, dass bestimmte erst nach der Kündigung der Gesellschaft beendete Leistungen gegenüber der GmbH als eigenkapitalersetzend qualifiziert werden.[53]

---

[48] BGH GmbHR 1997, 501, 502 unter Verweis auf BGH WM 1962, 644, 645; *K. Schmidt* Gesellschaftsrecht § 35 IV 3 d m. w. N.; a. A. *Esch*, GmbHR 1981, 25, 28; zum Rechtsanspruch des kündigenden Gesellschafters auf Herbeiführung des zu seinem Ausscheiden notwendigen Gesellschafterbeschlusses vgl. bereits BayObLG BB 1975, 249, 250.

[49] Aus der Rspr. der Instanzgerichte z. B. OLG Köln NZG 1999, 268.

[50] BGH NJW 1984, 489; allgemeiner Überblick über die Rechte und Pflichten des Gesellschafters nach erklärtem Austritt aus der GmbH bei *Balz*, DB 1984, 1865 ff.

[51] So auch *Hesselmann/Tillmann* Rn 577.

[52] *Scholz/Winter* § 15 GmbHG Rn 123.

[53] In BGH GmbHR 1997, 501, 502 ging es z. B. um eine Bürgschaft sowie um ein nach der Kündigung der Gesellschaft zunächst noch stehen gelassenes Darle-

b) Außerordentliches Austrittsrecht. Es wurde bereits angedeutet, dass die Abwägung zwischen dem Bestandsschutz der Gesellschaft und den schutzwürdigen Gesellschafterinteressen zugunsten der Letzteren ausfallen kann, wenn die Veräußerlichkeit des Geschäftsanteils in der Satzung ganz ausgeschlossen ist (s. Rn 19 ff.). Die grundsätzliche Anerkennung eines außerordentlichen Austrittsrechts für diesen Fall ist heute in Rechtsprechung[54] und Literatur[55] unbestritten, wobei zur Begründung neben dem erforderlichen Minderheitenschutz vor allem auf das allgemeine Lösungsrecht von Dauerschuldverhältnissen verwiesen wird.[56] Hieraus wird abgeleitet, dass das außerordentliche Austrittsrecht auch ein **Grundprinzip des Verbandsrechts** ist und als solches zu den zwingenden und deshalb unverzichtbaren Mitgliedschaftsrechten eines GmbH-Gesellschafters gehört.[57] Voraussetzung ist dabei immer das Vorliegen eines wichtigen Grundes, der dem Gesellschafter den weiteren Verbleib in der Gesellschaft unzumutbar macht.[58] Die Feststellung der Unzumutbarkeit in diesem Sinne erfolgt durch eine umfassende Interessenabwägung unter Berücksichtigung der konkreten Umstände des Einzelfalls, bei welcher der allgemein unter den Gesellschaftern bestehenden Treuepflicht besondere Bedeutung zukommen kann (vgl. allg. § 15). 24

Den persönlichen und wirtschaftlichen Interessen des austrittswilligen Gesellschafters stehen die Interessen seiner Mitgesellschafter an einer Beibehaltung des Gesellschafterbestands sowie an einer Vermeidung von Liquiditätsabzug entgegen. Die im Rahmen der notwendigen Abwägung vorzunehmende **Gewichtung der beteiligten Interessen** kann dabei je nach Gesellschaftsstruktur unterschiedlich ausfallen, da bei personalistischer Ausrichtung von einer stärkeren persönlichen Bindung als bei kapitalistischem Gepräge auszugehen ist. Die Interessen der Gläubiger sind dadurch ausreichend berücksichtigt, dass der Austritt nur vollzogen werden kann, wenn der Geschäftsanteil des austretungswilligen Gesellschafters voll eingezahlt ist.[59] Entscheidungsrelevant für die Zumutbarkeit des weiteren 25

---

hen; für den Fall einer Schuldübernahme gegenüber einem Kreditgeber der GmbH noch weitergehend BGH NJW 1986, 252; für eine Höchstbetragsbürgschaft im Ergebnis ebenso OLG Zweibrücken ZIP 1985, 1195, 1196 f. m. Anm. *Stolzenburg*, ZIP 1985, 1189 ff.

[54] BGH NJW 1992, 892 m. Anm. *Schulze-Osterloh*, JZ 1993, 45 f.

[55] Vgl. nur *K. Schmidt* Gesellschaftsrecht § 35 IV 3 b m. w. N.

[56] Zur Rechtsentwicklung eingehend *Schindler*, Austrittsrecht, S. 44 ff.; die die Ausschließung und den Austritt von GmbH-Gesellschaftern regelnden §§ 207 ff., 211 des RegE zum GmbHG 1971/73 sind abgedr. bei *Hachenburg/Ulmer* Anh. § 34 GmbHG Rn 7 und kommentiert in Rn 5 f.; vgl. dazu wiederum *Schindler*, Austrittsrecht, S. 50 ff.; das unter Berufung auf die am Ende gescheiterte Reform normierte Sonderaustrittsrecht nach dem Fünften Vermögensbildungsgesetz kommentiert *Bösert*, GmbHR 1994, 293 ff.

[57] Deutlich insoweit BGH NJW 1992, 892. Dagegen wird ein außerordentliches Austrittsrecht für Aktionäre nach wie vor überwiegend abgelehnt; vgl. zum Meinungsstand *Schindler*, Austrittsrecht, S. 80 ff.; für Familiengesellschaften generell einschränkend *Eschenlohr*, FS Sigle, S. 131, 136 ff.

[58] BGH NJW 1992, 892.

[59] *Hachenburg/Ulmer* Anh. § 34 GmbHG Rn 47 m. w. N.

Verbleibs in der Gesellschaft kann auch sein, wer den wichtigen Grund – allein oder überwiegend – verschuldet hat.[60] Der vorsätzlich handelnde Gesellschafter kann sich schon aufgrund seiner gesellschafterlichen Treuepflicht nicht auf ein außerordentliches Austrittsrecht berufen und sieht sich zudem dem Einwand unzulässiger Rechtsausübung ausgesetzt.[61]

26 Wie jeden unbestimmten Rechtsbegriff versucht man auch den **wichtigen Grund** durch **Fallgruppen für die Rechtsanwendung** zu erschließen. Dabei können grundsätzlich Anlässe in der Person des ausscheidungswilligen Gesellschafters von solchen unterschieden werden, die der Sphäre der Gesellschaft zuzuordnen sind. Individual- und Minderheitenschutz stehen somit anders als bei der Auflösungsklage nach § 61 GmbHG[62] auf den ersten Blick gleichberechtigt nebeneinander. Allerdings ist zu beachten, dass in der ersten Gruppe die Intensität des Anlasses einer besonderen Darlegung durch den betroffenen Gesellschafter bedarf, um eine Anerkennung als wichtiger Grund rechtfertigen zu können, während sich diese dort, wo der Minderheitenschutz im Vordergrund steht, bereits aus dem Charakter der Maßnahme selbst ergibt. Zur zweiten Gruppe zählen insbesondere gegen den Willen des Minderheitsgesellschafters beschlossene Grundlagen- und Strukturänderungen[63] sowie allgemein diejenigen Fälle, in denen der oder die Mehrheitsgesellschafter ihre Mehrheitsmacht missbrauchen.[64]

27 Einige wesentliche Fragen sind allerdings nach wie vor nicht abschließend beantwortet. So wird zum Teil vorgeschlagen, ein Austrittsrecht aus wichtigem Grund unabhängig davon anzuerkennen, ob die Unveräußerlichkeit des Geschäftsanteils rechtlich oder faktisch ausgeschlossen ist, solange nur ein wichtiger Grund für den Austritt geltend gemacht werden kann.[65] Die Grundsatzentscheidung des BGH[66] hilft hier nicht weiter, da der II. Zivilsenat insoweit weder eine Gleichbehandlung noch eine Differenzierung ausdrücklich angesprochen hat. Bis zu einer höchstrichterlichen Klärung dieses Punktes sollte daher bei der Formulierung eines gesellschaftsvertraglichen Austrittsrechts besonderer Wert auf eine entsprechend **klare Satzungsgestaltung** gelegt werden. Ist eine solche nicht vorhanden,

---

[60] So i. E. auch *Scholz/Winter* § 15 GmbHG Rn 119.

[61] *Schindler*, Austrittsrecht, S. 54, weist darauf hin, dass die Mitgesellschafter in einem solchen Fall dem Austrittsbegehren zustimmen können, um nicht den umständlicheren Weg einer Ausschließungsklage beschreiten zu müssen.

[62] Nach § 61 Abs. 1 GmbHG muss der zur Auflösungsklage berechtigende wichtige Grund „in den Verhältnissen der Gesellschaft" begründet sein.

[63] *Schindler*, Austrittsrecht, S. 56, zählt hierzu angesichts der drohenden Ausfallhaftung für nicht erbrachte Einlagen auch die Erhöhung des Stammkapitals nach § 55 GmbHG; vgl. dazu LG Mönchengladbach GmbHR 1986, 312, 313 m. Anm. *Müller-Wüsten*, EWiR 1986, 161 f.

[64] Am Beispiel eines rechtswidrigen Gewinnverwendungsbeschlusses OLG München GmbHR 1990, 221, 222; ebenso *Scholz/Winter* § 15 GmbHG Rn 119; *Hachenburg/Ulmer* Anh. § 34 GmbHG Rn 52.

[65] *Schindler*, Austrittsrecht, S. 61 m. w. N.; diff. OLG Hamm GmbHR 1993, 656.

[66] BGH NJW 1953, 780.

kann man sich wiederum mit einer Zuordnung des wichtigen Grundes zur Risikosphäre der einen oder anderen Partei behelfen. Danach bleibt es dabei, dass persönliche Gründe des Gesellschafters das Risiko der faktischen Unveräußerlichkeit seines Geschäftsanteils grundsätzlich bei ihm belassen. Umgekehrt kommt es in Fällen von Machtmissbrauch sowie bei Grundlagen- und Strukturänderungen in der Regel nicht darauf an, worauf die Unveräußerlichkeit beruht.

Im Ergebnis bleibt bei Vorliegen eines nicht ausschließlich in der Person 28
des Gesellschafters begründeten wichtigen Grundes als Einschränkung lediglich zu berücksichtigen, dass zwischen den Lösungsmöglichkeiten Anteilsveräußerung, Austrittsrecht und Auflösungsklage eine **gestufte Subsidiarität** besteht.[67] Inwieweit der austrittswillige Gesellschafter im Rahmen einer grundsätzlich möglichen und damit vorrangigen Anteilsveräußerung einen Wertverlust hinzunehmen hat, ist dann wieder eine Frage der Zumutbarkeit im Einzelfall.[68] Wie beim ordentlichen Austrittsrecht erfolgt der Austritt aus wichtigem Grund durch einseitige empfangsbedürftige Willenserklärung gegenüber der Gesellschaft, die in der Regel als (außerordentliche) Kündigung bezeichnet wird. Für den Vollzug des Austritts und den Erhalt der dem austretenden Gesellschafter zustehenden Mitgliedschaftsrechte kann ebenfalls auf die Ausführungen unter a) verwiesen werden.

c) Austrittsvereinbarung. Eine Austrittsvereinbarung ist nach dem 29
Grundsatz der Privatautonomie auch bei der GmbH jederzeit möglich, unabhängig davon, von wem die Initiative zu ihrem Abschluss ausgeht. Rechtsfolge ist wiederum die Einziehung des betreffenden Geschäftsanteils oder dessen Übertragung auf einen Mitgesellschafter oder auf einen von der Gesellschaft benannten Dritten. Die dem ausscheidenden Gesellschafter aus seiner Mitgliedschaft erwachsenden Rechte und Pflichten bestehen auch hier so lange fort, bis die Austrittsvereinbarung vollständig umgesetzt ist. Bestrebungen von Gesellschaftern, die GmbH zu verlassen oder einen Mitgesellschafter auszuschließen bzw. hinauszudrängen, werden in der Praxis häufig durch den Aufbau von Gegenpositionen beantwortet. Beruft sich beispielsweise ein Gesellschafter auf ein außerordentliches Austrittsrecht, werden die übrigen Gesellschafter versuchen, den geltend gemachten wichtigen Grund zu widerlegen oder ihrerseits einen solchen zur Vorbereitung einer Ausschlussklage zu behaupten. Mit Hilfe einer die Interessen aller Beteiligten berücksichtigenden Austrittsvereinbarung kann ein derartiger Konflikt im Gesellschafterkreis angemessen gelöst werden, ohne gerichtliche Hilfe in Anspruch nehmen zu müssen.

---

[67] So die h. M.; vgl. die Nachweise bei *Schindler*, Austrittsrecht, S. 60 ff.; für das Verhältnis zwischen außerordentlichem Austrittsrecht und Auflösungsklage einschränkend *Hachenburg/Ulmer* Anh. § 34 GmbHG Rn 54 a. E.

[68] *Scholz/Winter* § 15 GmbHG Rn 120; im Ergebnis auch *Röhricht*, FS Kellermann, S. 361, 388.

III. Initiative der Mitgesellschafter bzw. der Gesellschaft

1. Kommanditgesellschaft

30 **a) Ausschließungsklage.** Liegt in der Person eines Gesellschafters ein wichtiger Grund im Sinne von § 133 HGB vor, können die übrigen Gesellschafter bei Gericht seine Ausschließung aus der KG beantragen (§§ 161 Abs. 2, 140 Abs. 1 S. 1 HGB).[69] Dies gilt selbst dann, wenn der die Ausschließungsklage erhebende Gesellschafter nach erfolgter Ausschließung des Beklagten als einziger Gesellschafter verbleibt (§ 140 Abs. 1 S. 2 HGB). Er übernimmt in einem solchen Fall automatisch alle Aktiva und Passiva der Gesellschaft, unabhängig davon, ob man diesen Vorgang dogmatisch als Anwachsung oder Gesamtrechtsnachfolge einordnet.[70]

31 Ansonsten ist grundsätzlich die **Mitwirkung** aller nicht vom Ausschluss bedrohten Gesellschafter erforderlich.[71] Ausnahmsweise brauchen sich diejenigen Mitgesellschafter nicht an der Klage zu beteiligen, die bereits außergerichtlich bindend erklärt haben, dass sie mit der Ausschließung einverstanden sind.[72] Im Übrigen kann ein seine Mitwirkung verweigernder Gesellschafter seinerseits verklagt werden.[73] Dabei lässt die Rechtsprechung aus praktischen Erwägungen eine Verbindung der auf Abgabe einer Zustimmungserklärung gerichteten Klage (vgl. § 894 ZPO) mit der Ausschließungsklage nach § 140 HGB zu.[74] Die unterlassene Mitwirkung kann in der Person des sich weigernden Gesellschafters ausnahmsweise auch einen wichtigen Grund darstellen, der die übrigen Gesellschafter zu einer Ausschließungsklage berechtigt, wenn er mit seiner Weigerung die ihm obliegende Treuepflicht verletzt.[75]

32 Sind beispielsweise die Meinungsverschiedenheiten zwischen zwei Gesellschaftern so groß und nachhaltig, dass eine einvernehmliche Lösung nicht zustande kommen kann und eine gedeihliche Zusammenarbeit in der Zukunft nicht zu erwarten ist, so dass nur das Ausscheiden von einem der beiden in Betracht kommt, gebietet es die **Treuepflicht**, dass die übrigen Gesellschafter der Ausschließung des seine Pflichten in besonderem Maße verletzenden Gesellschafters zustimmen oder sich ihr jedenfalls nicht widersetzen.[76] Schließlich ist es unter Berücksichtigung des Bestimmtheits-

---

[69] Damit unterscheiden sich die Personenhandelsgesellschaften von der GbR, bei der ein Ausschließungsbeschluss und eine schlichte Erklärung genügen, vgl. § 737 BGB.

[70] Vgl. BGHZ 48, 203, 206; BGH NJW 1989, 1030; NJW 1993, 1917. Nach BGH NJW 1990, 1171 ist auch eine gesellschaftsvertragliche Regelung anzuerkennen, nach der eine einseitige Erklärung zur Übernahme der Aktiva und Passiva genügt.

[71] Notwendige Streitgenossenschaft i. S. v. § 62 ZPO; vgl. BGHZ 30, 195, 197; BGH NJW 1998, 146.

[72] BGH NJW 1998, 146; ihm folgend OLG München NZG 1999, 590.

[73] BGH NJW 1975, 1410; NJW 1984, 173; für den Fall der Auflösung einer GbR OLG Celle NZG 2000, 586, 588.

[74] BGH, NJW 1977, 1013.

[75] *K. Schmidt* Gesellschaftsrecht § 50 III 1 c.aa; MünchHdb. GesR II/*Piehler* § 36 Rn 34; vgl. auch BGH NJW 1975, 1410.

[76] OLG München NZG 1999, 590, 593.

grundsatzes auch zulässig, die Erhebung der Ausschließungsklage von einem vorherigen Gesellschafterbeschluss abhängig zu machen.[77] In jedem Fall scheidet der Beklagte erst mit der Rechtskraft des der Klage stattgebenden Gestaltungsurteils aus der Gesellschaft aus.[78] Diese wird unter den übrigen Gesellschaftern fortgesetzt, denen der Anteil des ausgeschiedenen Gesellschafters nach allgemeinen Grundsätzen (§ 738 BGB) anwächst. Ebenso wie die Auflösungsklage aus Sicht eines ausscheidungswilligen Gesellschafters ist auch die Ausschließungsklage aus Sicht der Gesellschaft bzw. der Mitgesellschafter angesichts ihrer Auswirkungen auf die Mitgliedschaft des Betroffenen Ultima Ratio.[79] Sie ist daher erst zulässig, wenn weniger einschneidende Maßnahmen wie beispielsweise die Entziehung der Geschäftsführungs- und Vertretungsbefugnis (vgl. §§ 117, 127 HGB) nicht Erfolg versprechend sind.[80]

Die **Anforderungen an den wichtigen Grund** sind denjenigen bei § 133 HGB vergleichbar (s. § 45).[81] An die Berufung auf persönliche Spannungen und Meinungsverschiedenheiten sind generell hohe Anforderungen zu stellen, umso mehr, als der betreffende Gesellschafter nur wenig Einfluss auf die Geschicke der Gesellschaft nehmen konnte.[82] Richtet sich die Ausschließungsklage gegen die Komplementär-GmbH, muss sich diese der Beschreibung in § 133 Abs. 2 HGB entsprechende Pflichtverletzungen ihres Geschäftsführers zurechnen lassen.[83] Da die Kommanditisten im praktischen Regelfall aber zugleich Gesellschafter der Komplementär-GmbH sind, ist eine gegen diese gerichtete Ausschließungsklage die Ausnahme[84] und man wird sich beispielsweise mit einer Auswechslung des GmbH-Geschäftsführers begnügen. **33**

Die Frage der Zumutbarkeit des weiteren Verbleibs des Gesellschafters in der KG stellt sich im Gegensatz zum außerordentlichen Austrittsrecht aus Sicht seiner Mitgesellschafter. Im Rahmen der wiederum vorzunehmenden **Interessenabwägung** kann das Ausmaß des angerichteten Schadens ebenso berücksichtigt werden wie der Grad des – gegebenenfalls beide Seiten treffenden – Verschuldens.[85] Wie bei der Auflösung der Gesellschaft ist aber weder das eine noch das andere zwingend erforderlich, um die Ausschließung des Gesellschafters zu rechtfertigen. Liegt auch in der Person eines Klägers ein wichtiger Grund vor, kann dies zu dessen Aus- **34**

---

[77] MünchHdb. GesR II/*Piehler* KG § 36 Rn 41.

[78] *Hesselmann/Tillmann* Rn 588 m. w. N.

[79] Aus der Rechtsprechung der Instanzgerichte z. B. OLG München NZG 2002, 328, 330 ff. m.w.N.; Darstellung und Kritik der h. M. bei *Scheifele*, BB 1989, 793 ff.

[80] Am Beispiel einer GbR zuletzt BGH DB 2003, 1214 = NZG 2003, 625 m.w.N.; weitere der Ausschließungsklage vorgehende Maßnahmen nennen *Koller* § 140 HGB Rn 1; MünchHdb. GesR II/*Piehler* KG § 36 Rn 29.

[81] *Koller* § 140 HGB Rn 2.

[82] BGH BB 1995, 215; NJW 1998, 146.

[83] BGH DStR 1993, 1598 m. Anm. *Goette*; im Rahmen einer Klage auf Entziehung der Geschäftsführungsbefugnis der alleinigen Komplementär-GmbH bereits BGH NJW 1984, 173.

[84] *Hesselmann/Tillmann* Rn 589.

[85] BGH NJW-RR 1990, 530, 532; NJW-RR 1997, 925, 926.

schluss, zur Auflösung der Gesellschaft nach § 133 HGB[86] oder zumindest zur Verbesserung der Ausgangsposition des ursprünglich Beklagten bei der Verhandlung über eine einvernehmliche Regelung führen. Ist das Verhalten beider Seiten für die Zerstörung des gesellschaftsinternen Vertrauensverhältnisses ursächlich, kommt eine Ausschließung nur bei überwiegender Verursachung des Zerwürfnisses durch den Auszuschließenden in Betracht.[87] Dem ausschließenden Gesellschafter, der vorsätzlich die Voraussetzungen für die Unzumutbarkeit geschaffen hat, kann der Arglisteinwand entgegengehalten werden.[88]

35 Position und Einfluss des beklagten Gesellschafters innerhalb der Organisations- und Finanzverfassung der KG können sich auf die Feststellung eines wichtigen Grundes ebenfalls auswirken.[89] Auch wenn es dabei grundsätzlich auf die **Umstände des konkreten Einzelfalls** ankommt, stellt sich die Frage, inwieweit in diesem Zusammenhang eine generelle Differenzierung zwischen Komplementären und Kommanditisten möglich bzw. sogar angebracht ist. In der Tat ist die persönliche Bindung der unbeschränkt haftenden Komplementäre untereinander und zur Gesellschaft in der Regel wesentlich enger als diejenige der überwiegend ausschließlich kapitalistisch beteiligten Kommanditisten. Unabhängig von der ohnehin strengen Beurteilung persönlicher Spannungen und Meinungsverschiedenheiten dürften diese deshalb zum Ausschluss eines Kommanditisten nicht ausreichen.[90] Aber auch innerhalb der beiden Gesellschaftergruppen bietet sich eine Unterscheidung insbesondere danach an, ob die von einer Ausschließung bedrohten Personen mit der Geschäftsführung und Vertretung der KG betraut sind oder nicht. Dabei ist zu beachten, dass Kommanditisten zwar geschäftsführungs-, aber nicht vertretungsbefugt sein können, da § 170 HGB zum Schutz der persönlich haftenden Gesellschafter anders als § 164 BGB zwingend ist (vgl. § 163 HGB).

36 Der Beklagte kann dem Ausschließungsbegehren dessen **Verwirkung** entgegenhalten, wenn der oder die Kläger sein nunmehr beanstandetes Verhalten über einen längeren Zeitraum widerspruchslos geduldet haben.[91] In seiner Grundsatzentscheidung zu diesem Thema ist der BGH von einem Wegfall des wichtigen Grundes ausgegangen, nachdem die Mitgesellschafter fünfzehn Monate seit der Kenntniserlangung von den maßgeblichen Umständen keinen Gebrauch von ihrem Ausschließungsrecht gemacht hatten.[92] Bestehen dagegen lediglich Anhaltspunkte für das Vorliegen eines wichtigen Grundes, die noch durch sorgfältige Ermittlungen überprüft und belegt werden müssen, muss den Mitgesellschaftern hierfür eine angemessene Zeit zur Verfügung stehen. Dies hat der II. Zivilsenat in einem Urteil aus jüngerer Zeit ausdrücklich anerkannt, in dem es um vermutete

---

86 Zu diesen Alternativen BGH NJW 1981, 2302.

87 Am Beispiel einer GbR wiederum BGH DB 2003, 1214, 1215 m.w.N.

88 OLG München NZG 1998, 937 (für die GbR).

89 MünchHdb. GesR II/*Piehler* KG § 36 Rn 27.

90 Vgl. BGH NJW 1995, 597; *Hartmann*, Ausscheidender Gesellschafter, S. 92.

91 BGH NJW 1966, 2160; ähnlich BGH NJW 1998, 1225, wo das entsprechende Verhalten des Beklagten zunächst in seiner Bedeutung unterschätzt wurde.

92 BGH NJW 1966, 2160.

Veruntreuungen eines Gesellschaftergeschäftsführers zu Lasten des Gesellschaftsvermögens ging, die erst nach umfangreichen Untersuchungen durch Wirtschaftsprüfer sowie mit Hilfe von Zeugenaussagen nachgewiesen werden konnten.[93]

b) Regelungen im Gesellschaftsvertrag. Angesichts der nach § 133 HGB verbleibenden Möglichkeit einer Auflösungsklage wird es überwiegend für zulässig erachtet, die Anforderungen an den Ausschluss eines Gesellschafters im Gesellschaftsvertrag zu erschweren, zu erleichtern oder ihn ganz abzubedingen.[94] Ist der wichtige Grund im Gesellschaftsvertrag durch bestimmte Ereignisse konkretisiert, scheidet der betreffende Gesellschafter bei ihrem Eintritt automatisch aus der Gesellschaft aus und sein Gesellschaftsanteil wächst den übrigen Gesellschaftern nach Maßgabe von § 738 Abs. 1 BGB an. Als **Ausschließungsgründe** kommen dabei auch solche in Betracht, die nur in der Person eines Mitgesellschafters begründet und darüber hinaus von einem Verschulden unabhängig sind. Beispiele sind etwa das Erreichen einer bestimmten Altersgrenze sowie Tatbestände mit familiärem Hintergrund wie der Abbruch einer speziellen Ausbildung, eine innerhalb angemessener Frist nicht vereinbarte Gütertrennung oder die Scheidung von einer mit dem die Geschicke der Gesellschaft bestimmenden Gesellschafter verwandten Person.[95] 37

In jedem Fall ist auf eine **klare und eindeutige Formulierung** der Ausschlussgründe im Gesellschaftsvertrag besonderer Wert zu legen. In der Gestaltungspraxis werden sie regelmäßig in einer enumerativen Aufzählung zusammengefasst. Die häufig anzutreffende Klausel, wonach ein Gesellschafter dann gegen Zahlung einer Abfindung aus der Gesellschaft ausscheidet, wenn sein Gesellschaftsanteil von einem Gläubiger gepfändet und die Vollstreckungsmaßnahme nicht innerhalb von sechs Monaten aufgehoben wird, ist dabei grundsätzlich ohne weiteres auch auf den Fall anwendbar, dass ein Mitgesellschafter die Pfändung wegen einer gesellschaftsfremden Forderung bewirkt hat.[96] Etwas anderes muss allerdings gelten, wenn der Gesellschafter die Forderung treuwidrig, nämlich einzig und allein zu dem Zweck erworben hat, seinen Mitgesellschafter auf diese Weise aus der Gesellschaft hinauszudrängen.[97] 38

Zulässig ist auch eine Vereinbarung, welche die Rechtsfolge des Ausscheidens unter Anwachsung zusätzlich von einem **besonderen Gesellschafterbeschluss** abhängig macht.[98] Ohne eine die Anforderungen des 39

---

[93] BGH NJW 1999, 2820 m. Anm. *W. Müller*, EWiR 1999, 893 f.

[94] *Koller* § 140 HGB Rn 6 m. w. N.; zur Rechtsentwicklung eingehend *Huber*, ZGR 1980, 177, 180 ff.; *Behr*, ZGR 1985, 475, 480 ff.; *Flume*, DB 1986, 629 ff.

[95] Weitere Bsp. in MünchHdb. GesR II/*Piehler* KG § 36 Rn 30.

[96] OLG München GmbHR 1999, 81, das richtigerweise darauf hinweist, dass nicht die Einlage gepfändet wird, sondern der Anspruch des Gesellschafters auf Gewinn sowie auf sein Auseinandersetzungsguthaben bei Auflösung der Gesellschaft.

[97] OLG München GmbHR 1999, 81, 82.

[98] BGHZ 31, 295, 301; 68, 212, 214; OLG Naumburg NZG 2000, 647; die Möglichkeiten des ausgeschlossenen Gesellschafters zum einstweiligen Rechtsschutz untersucht *Kiethe*, NZG 2004, 114, 115 ff.

Bestimmtheitsgrundsatzes[99] erfüllende eindeutige Verankerung des Mehrheitsprinzips im Gesellschaftsvertrag ist hierzu die Mitwirkung aller nicht vom Ausschluss bedrohten Gesellschafter erforderlich, wohingegen dem Auszuschließenden selbst kein Stimmrecht zukommt.[100] Der Gesellschafterbeschluss ist darüber hinaus nur dann wirksam, wenn er sich erkennbar auf das Vorliegen eines wichtigen Grundes stützt, der zuvor im Gesellschafterkreis erörtert worden sein muss.[101] Bei Verweigerung der Mitwirkung kann wiederum eine Klage auf Abgabe der notwendigen Zustimmungserklärung (vgl. § 894 ZPO) weiterhelfen, die hier grundsätzlich isoliert zu erheben ist, gegebenenfalls aber mit einer die Rechtswirksamkeit des Ausschließungsbeschlusses betreffenden Feststellungsklage verbunden werden kann.[102] Schließlich wird überwiegend eine Vereinbarung im Gesellschaftsvertrag für zulässig erachtet, nach der ein einzelner Gesellschafter oder ein Gesellschaftsorgan bei Vorliegen eines wichtigen Grundes ermächtigt wird, die Ausschließung des betreffenden Gesellschafters zu erklären.[103]

40 Besondere Aufmerksamkeit verdienen in der Praxis so genannte **Hinauskündigungsklauseln**, die den Ausschluss eines Gesellschafters nicht vom Vorliegen eines wichtigen Grundes abhängig machen, sondern statt dessen in das Belieben der Gesellschafter stellen wollen. Nach der zu den verschiedenen Rechtsformen der Personengesellschaften ergangenen Rechtsprechung des BGH werden solche Regelungen im Gesellschaftsvertrag angesichts der durch sie ermöglichten Willkürherrschaft der Gesellschaftermehrheit durchweg als sittenwidrig im Sinne von § 138 Abs. 1 BGB eingestuft.[104] Die Gesellschafter sollen keinem Druck ausgesetzt sein, der ihre Entscheidungsfreiheit dadurch beeinflussen kann, dass sie in dem Bewusstsein der beliebigen Ausschließbarkeit von den ihnen nach dem Gesetz oder dem Gesellschaftsvertrag zustehenden Rechten keinen Gebrauch machen.[105]

41 Diese vom II. Zivilsenat entwickelten Grundsätze gelten auch für eine Familiengesellschaft, die von dem nach wie vor dominierenden Senior-

---

[99] Vgl. z. B. BGHZ 48, 251, 253; 66, 82, 85; OLG Jena NZG 1998, 343 m. Anm. *Michalski*.

[100] Zu dem allg. Rechtsgrds., nach dem niemand „Richter in eigener Sache“ sein kann, vgl. z. B. BGH NJW 1986, 2051, 2052; NJW 1989, 2694, 2695 (zur GmbH).

[101] OLG Hamburg WiB 1997, 361, 362 m. Anm. *Schlei*; KG WiB 1995, 946, 947 m. Anm. *Hey*.

[102] Zu den prozessualen Problemen bei verweigerter Mitwirkung am Ausschluss eines oder mehrerer Gesellschafter ausführlich *Mayer*, BB 1992, 1497, 1498 f.; vgl. auch *K. Schmidt* Gesellschaftsrecht § 50 III 1 c; MünchHdb. GesR II/*Piehler* KG § 36 Rn 35 f.

[103] *K. Schmidt* Gesellschaftsrecht § 50 III 3.

[104] Vgl. mit Diff. im Einzelfall BGH NJW 1985, 2421, 2422; NJW 1988, 1903; NJW 1989, 834; NJW 1989, 2681, 2682; NJW 1994, 1156, 1157; zur Vorbereitung dieser Entscheidungen durch BGHZ 68, 212 (obiter dictum) u. BGHZ 81, 263, 265 ff. = NJW 1981, 2565 ausf. *Behr*, ZGR 1985, 475, 484 ff., der in ZGR 1990, 370, 376 ff. § 138 Abs. 1 BGB als dogmatische Verortung kritisiert; für § 138 Abs. 1 BGB dagegen *Kreutz*, ZGR 1983, 109, 120 f.

[105] BGH NJW 1985, 2421, 2422 im Anschluss an BGH NJW 1981, 2565.

gesellschafter zu wirtschaftlicher Blüte gebracht wurde.[106] Nach Ansicht des Gerichts kommt es ebenso wenig darauf an, ob die für den auszuschließenden Gesellschafter vorgesehene Abfindung angemessen ist,[107] während andere bei gewährleisteter Vollwertigkeit der Abfindung durchaus eine unbeschränkte Ausschließungsmöglichkeit für zulässig erachten.[108] Der BGH will Ausnahmen dagegen nur bei „sachlicher Rechtfertigung der Ausschließung durch außergewöhnliche Umstände" zulassen.[109] Dies hat zu der Überlegung geführt, der II. Zivilsenat wolle mit dem **Ausschließungsrecht aus sachlichem Grund** eine neue Kategorie zwischen dem zulässigen Ausschließungsrecht aus wichtigem Grund und dem sittenwidrigen Ausschließungsrecht nach freiem Ermessen einführen.[110]

Dafür könnte die Tatsache sprechen, dass es sich bei der von den Gerichten vorgenommenen **Inhaltskontrolle der Gesellschaftsverträge** um einen Eingriff in die Privatautonomie handelt, der mit dem Individual- und Minderheitenschutz gerechtfertigt wird. Mit der Anerkennung eines Ausschließungsrechts aus sachlichem Grund will sich der BGH offenbar die Möglichkeit offen halten, in ganz besonderen Sachverhaltskonstellationen und Interessenlagen von dem ansonsten in Zusammenhang mit einer Ausschließung bestehenden Vorrang des Individual- und Minderheitenschutzes abzuweichen. Die bisherige Rechtsprechung ist allerdings insoweit nicht ausreichend gesichert, um auf die Gültigkeit einer entsprechenden gesellschaftsvertraglichen Regelung vertrauen zu können.[111] Es empfiehlt sich daher nach wie vor, auf eine Vereinbarung, welche die Ausschließung eines Gesellschafters in das Belieben seiner Mitgesellschafter stellt, zu verzichten und stattdessen einen Katalog wichtiger Gründe aufzunehmen, bei deren Vorliegen der Betreffende automatisch oder nach einem von allen Mitgesellschaftern oder mehrheitlich getragenen Gesellschafterbeschluss aus der Gesellschaft ausscheidet. Kommen die Gerichte im Rahmen ihrer Inhaltskontrolle zu dem Ergebnis, dass die Ausschließungsklausel sittenwidrig und damit nichtig ist, nehmen sie in der Regel eine Umdeutung in eine Klausel vor, die von dem Erfordernis eines wichtigen Grundes ausgeht.[112] 42

[106] BGH NJW 1985, 2421 m. Anm. *Bunte,* ZIP 1985, 915 ff.; *Flume*, DB 1986, 629, 631 ff.

[107] BGH NJW 1981, 2565 m. Anm. *Krämer*, NJW 1981, 2553 ff.; *Bunte*, ZIP 1983, 8 ff.; *Kreutz*, ZGR 1983, 109 ff.; BGH NJW 1989, 834 m. Anm. *Behr*, ZGR 1990, 370 ff.; *W. Müller*, EWiR 1989, 377 f.

[108] Besonders deutlich *Huber*, ZGR 1980, 177, 203 ff.; w. N. bei *Hesselmann/Tillmann* Rn 595; MünchHdb. GesR II/*Piehler* KG § 36 Rn 45.

[109] BGH NJW 1981, 2565; NJW 1989, 834; ihm folgend z. B. OLG Hamburg WiB 1997, 361 m. Anm. *Schlei.*

[110] So etwa *Behr*, ZGR 1990, 370, 372; zu den Grenzen der richterlichen Rechtsfortbildung allg. und insb. in Zusammenhang mit der Ausschließung eines Gesellschafters hat der II. Zivilsenat später selbst Stellung genommen, vgl. BGH DStR 1998, 1803 m. Anm. *Goette* (für die GbR).

[111] Zu den Abgrenzungsproblemen und der sich hieraus ergebenden Rechtsunsicherheit ausführlich *Behr*, ZGR 1990, 370, 380 ff.; am Beispiel von Geschäftsführerbeteiligungsmodellen *Schäfer/Hillesheim*, DStR 2003, 2122 ff. m.w.N.; vgl. auch das Fazit von *Krämer*, NJW 1981, 2553, 2556.

[112] BGH NJW 1989, 834; NJW 1989, 2681.

2. GmbH

43 **a) Einziehung mit Zustimmung des Gesellschafters.** Als generelles Instrument zur Ausschließung eines GmbH-Gesellschafters stellt das Gesetz nur die auch als **Amortisation** bezeichnete Einziehung von Geschäftsanteilen zur Verfügung. Diese darf grundsätzlich nur erfolgen, wenn und soweit sie im Gesellschaftsvertrag vorgesehen ist (§ 34 Abs. 1 GmbHG). Der Gesetzgeber eröffnet damit den GmbH-Gesellschaftern die Möglichkeit, im Wege gesellschaftsvertraglicher Vereinbarung das bei Kapitalgesellschaften unanwendbare Anwachsungsprinzip durch für sie angemessene Lösungen zu ersetzen.[113] Bei einvernehmlichem Ausscheiden eines Gesellschafters kann auf diese Weise die Grundlage für eine Austrittsvereinbarung geschaffen werden (s. Rn 29), die sich durch Einziehung des Geschäftsanteils vollzieht. Im Übrigen setzt die Einziehung mangels abweichender Bestimmung im Gesellschaftsvertrag (vgl. § 45 Abs. 2 GmbHG) einen mit einfacher Mehrheit zu fassenden Gesellschafterbeschluss voraus (§§ 46 Nr. 4, 47 Abs. 1 GmbHG), bei dem der ausscheidungswillige Gesellschafter stimmberechtigt ist.[114] Stimmt er für die Einziehung, ist darin seine konkludente Zustimmung zu sehen, ohne dass es noch einer weiteren Erklärung gegenüber der Gesellschaft bedarf.[115] Eine sich an den Gesellschafterbeschluss anschließende gesonderte Einziehungserklärung der Gesellschaft ist bei Zustandekommen einer Austrittsvereinbarung überflüssig und erscheint auch dann verzichtbar, wenn der von der Einziehung betroffene Gesellschafter an der Beschlussfassung beteiligt war.[116]

44 **Rechtsfolge der Einziehung** ist aus Sicht des Gesellschafters vor allem der Wegfall seines Geschäftsanteils, der im praktischen Regelfall durch den Anspruch auf das Einziehungsentgelt ersetzt wird, dessen Problematik in § 31 näher beleuchtet wird. Mit der Einziehung endet die Mitgliedschaft des ausscheidenden Gesellschafters und damit enden alle gesellschafterlichen Rechte und Pflichten. Dies gilt auch für das Auskunfts- und Einsichtsrecht nach § 51a GmbHG, an dessen Stelle der allgemeine Anspruch nach § 810 BGB tritt.[117] Solange die Einziehung allerdings noch nicht erfolgt ist, bleibt der Informationsanspruch nach § 51a GmbHG trotz bereits vereinbartem Ausscheiden erhalten.[118] Der Blickwinkel der verbleibenden Gesellschafter und der GmbH selbst konzentriert sich dagegen neben der

---

113 *K. Schmidt* Gesellschaftsrecht § 35 III 1a; *Hesselmann/Tillmann* Rn 565a sprechen im Anschluss an *Hachenburg/Ulmer* § 34 GmbHG Rn 107 von einem ausdrücklichen Gestaltungsangebot des Gesetzgebers; vgl. das Bsp. in OLG Köln GmbHR 1996, 609; weitere Gestaltungsvarianten bei *Wolff*, GmbHR 1999, 958, 961ff.

114 *Wolf*, ZGR 1998, 92, 95; diff. *Hachenburg/Ulmer* § 34 GmbHG Rn 51.

115 *Scholz/Westermann* § 34 GmbHG Rn 12; *Hachenburg/Ulmer* § 34 GmbHG Rn 22.

116 Auf die Bedeutung des Protokolls von der maßgeblichen Gesellschafterversammlung weisen z. B. *Sieger/Mertens*, ZIP 1996, 1493, 1494 hin.

117 BGH GmbHR 1977, 151; NJW 1989, 225; KG GmbHR 1999, 1202, 1203.

118 BayObLG GmbHR 1999, 1296, 1297f.; a. A. offenbar noch OLG Jena GmbHR 1996, 699, 700.

Höhe des Einziehungsentgelts in erster Linie auf die Tatsache, dass der Wegfall des Geschäftsanteils mangels Geltung des Anwachsungsprinzips zu einem Auseinanderfallen von Stammkapital und übernommenen Stammeinlagen geführt hat. Zur Lösung dieses Problems lassen die Gerichte entweder die Aufstockung der Nennwerte im Verhältnis der verbliebenen Geschäftsanteile oder die Bildung eines eigenen Anteils der Gesellschaft zu, ohne dass dafür satzungsändernde Mehrheiten verlangt werden.[119] § 34 Abs. 3 GmbHG stellt lapidar fest, dass die Bestimmung in § 30 Abs. 1 GmbHG unberührt bleibt. Dies ist ein Hinweis darauf, dass durch die Zahlung des Einziehungsentgelts das zur Erhaltung des Stammkapitals erforderliche Vermögen der Gesellschaft nicht angegriffen werden darf. Unberührt bleibt aber auch ohne besondere Erwähnung § 19 Abs. 2 S. 1 GmbHG, nach dem die Gesellschafter von ihrer Verpflichtung zur Leistung der Einlage nicht befreit werden können. Die Einziehung eines Geschäftsanteils setzt daher weiterhin voraus, dass dieser voll eingezahlt ist.[120] Welche Konsequenzen diese die Geltung des Unversehrtheitsgrundsatzes absichernden Vorschriften auf die Festlegung und Zahlung des Einziehungsentgelts bzw. der Abfindung haben können, wird in § 31 näher erläutert.

b) Zwangseinziehung. Mit dem Begriff der Zwangseinziehung soll ausgedrückt werden, dass in ihrem Anwendungsbereich die Einziehung des Geschäftsanteils gegen den Willen des betreffenden Gesellschafters erfolgen kann.[121] Ein derartiges Zwangsmoment ist im Gesetz nur in § 21 GmbHG vorgesehen, doch geht es dort um die Verlustigerklärung des Geschäftsanteils eines mit den Einzahlungen auf die von ihm übernommene Stammeinlage säumigen Gesellschafters nach fruchtlosem Ablauf einer ihm gesetzten Nachfrist (**Kaduzierung**, s. auch § 19).[122] Es handelt sich dabei um eine im Interesse vollständiger Kapitalaufbringung zwingende Regelung (vgl. § 25 GmbHG), deren Rechtswirkungen ausschließlich aufgrund der Verlustigerklärung seitens der Gesellschaft eintreten und keiner weiteren Vollzugsakte bedürfen. Ein derartiger Ausschluss eines Gesellschafters bleibt den Mitgesellschaftern auch dann als Ausweg, wenn eine Einziehung mit Zustimmung letztlich daran scheitert, dass die von dem ur- **45**

---

[119] BGH NJW 1989, 168, 169; BayObLG DB 1991, 2537; zu den zur Verfügung stehenden Verfahren ausf. *K. J. Müller*, DB 1999, 2045, 2046 ff.; vgl. auch *Sieger/Mertens*, ZIP 1996, 1493, 1496 ff.; *Hachenburg/Ulmer* § 34 GmbHG Rn 64 ff.; *Westermann*, FS 100 Jahre GmbHG, S. 447, 469 ff.

[120] *Hachenburg/Ulmer* § 34 GmbHG Rn 19; *Hörstel*, NJW 1994, 965, 966; die steuerlichen Konsequenzen beleuchtet *Peetz*, GmbHR 2000, 749, 753 ff.

[121] Aus der Rechtsprechung z. B. BGH DStR 1994, 368; GmbHR 1995, 377 m. Anm. *Fleck*, EWiR 1995, 477 f.; BGH DStR 1998, 539 m. Anm. *Goette*; BGH DStR 1998, 1688 m. Anm. *Goette*; BGH NZG 2002, 176 m. Anm. *Mutter*, EWiR 2002, 763 f.; BGH NZG 2003, 530; BayObLG GmbHR 2003, 717, 718; aus der Literatur z. B. *Gehrlein*, ZIP 1996, 1157 ff.; speziell zu den zivilprozessualen Problemen noch *Lorenz*, DStR 1996, 1774 ff.

[122] Zur Abgrenzung zwischen Kaduzierung und Einziehung vgl. z. B. BGH DStR 1997, 1257 m. Anm. *Goette*; aus der Literatur z. B. *Damrau-Schröter*, NJW 1991, 1927 ff.; die Vorteile der Kaduzierung betont *Hörstel*, NJW 1994, 965, 966; vgl. auch *Wellhöfer*, GmbHR 1994, 212, 219 ff.

sprünglich ausscheidungswilligen Gesellschafter übernommene Stammeinlage nicht vollständig erbracht ist und auch eine Kapitalherabsetzung nicht weiterhilft.[123]

46 Außerhalb der Kaduzierungsvorschriften ist der zwangsweise Ausschluss eines GmbH-Gesellschafters im Gesetz nicht vorgesehen.[124] Ohne seine Zustimmung ist die Einziehung seines Geschäftsanteils nach § 34 Abs. 2 GmbHG nur zulässig, wenn deren Voraussetzungen bereits vor dem Zeitpunkt im Gesellschaftsvertrag festgesetzt waren, in dem er den Geschäftsanteil erworben hat. Gegenüber den Gründungsgesellschaftern gilt die in der Gründungssatzung vereinbarte Regelung.[125] Hinsichtlich der **Durchführung der Einziehung** hält der BGH in Anlehnung an § 60 Abs. 1 Nr. 2 GmbHG am Erfordernis einer qualifizierten Dreiviertelmehrheit für den zu fassenden Gesellschafterbeschluss fest.[126] Ferner geht er bei der Einziehung aus wichtigem Grund unter Heranziehung des in § 47 Abs. 4 GmbHG zum Ausdruck kommenden Rechtsgedankens davon aus, dass der auszuschließende Gesellschafter nicht stimmberechtigt ist.[127] Gleichwohl wird die Anfechtbarkeit des Einziehungsbeschlusses bejaht, wenn dem betroffenen Gesellschafter vor der Abstimmung Auskünfte über den wichtigen Grund verweigert werden, weil ihm dadurch die Möglichkeit genommen wird, auf das Abstimmungsverhalten seiner Mitgesellschafter Einfluss zu nehmen.[128]

47 Ein wirksamer Einziehungsbeschluss bedarf noch der Ausführung durch entsprechende **Einziehungserklärung gegenüber dem Gesellschafter**. Diese ist auch dann unentbehrlich, wenn nach der Satzung die Zuständigkeit eines – fakultativen – Aufsichtsrats oder eines sonstigen Gesellschaftsorgans oder Gremiums für die Durchführung der Einziehung begründet ist. Die Möglichkeit zur Einziehung kann schließlich verwirkt und damit ihre Durchführung aufgrund widersprüchlichen Verhaltens treuwidrig sein, wenn sich die Mitgesellschafter in Kenntnis der ihn begründenden Umstände auf den wichtigen Grund über einen längeren Zeitraum nicht

---

[123] *Wellhöfer*, GmbHR 1994, 212, 214; weitere Einzelheiten bei *Zeilinger*, GmbHR 2002, 772, 774 ff. m.w.N.

[124] Allerdings sind die §§ 21 bis 23 GmbHG bei gesellschaftsvertraglich vereinbarter Nachschusspflicht entsprechend anwendbar, vgl. § 28 GmbHG.

[125] BGH NJW 1977, 2316; *Hachenburg/Ulmer* § 34 GmbHG Rn 33.

[126] BGH NJW 2003, 2314, 2315 im Anschluss an BGHZ 9, 157, 177 = NJW 1953, 780 gegen die Vorinstanz OLG Köln NZG 2001, 82, 83 f. m.w.N.; dem OLG zustimmend z. B. *Schick*, DB 2000, 2105 f.; demgegenüber hat der II. Zivilsenat seine Rechtsprechung danach in BGH NJW-RR 2003, 470 noch einmal bestätigt; zu beiden BGH-Entscheidungen *Bärwaldt*, NZG 2003, 261 f.

[127] Neben den vorstehend genannten Entscheidungen z. B. noch BGH NJW 1987, 1890, 1891; vgl. auch OLG Stuttgart GmbHR 1989, 466, 467; OLG Naumburg NZG 2000, 44, 46 f.; *Scholz/Westermann* § 34 GmbHG Rn 40; *Gehrlein*, ZIP 1996, 1157, 1158 m. w. N.; diff. wiederum *Hachenburg/Ulmer* § 34 GmbHG Rn 52.

[128] OLG München NZG 1998, 383, 384; die Rechtsfolgen eines unterbliebenen rechtlichen Gehörs des betroffenen Gesellschafters analysiert *Abramenko*, GmbHR 2001, 501, 503 ff.; zum Wert der Beschwerde einer beklagten GmbH, die sich gegen ein kassatorisches Urteil bezüglich eines Einziehungsbeschlusses wendet, vgl. noch BGH NZG 2001, 798, 799 f.

berufen haben.[129] Der Grundsatz, dass jede Einziehung die maßgeblichen Kapitalaufbringungs- und Kapitalerhaltungsvorschriften (insbesondere die §§ 19 Abs. 2 S. 1, 30 Abs. 1 GmbHG) beachten muss, um wirksam zu sein, gilt auch für die Zwangseinziehung. Betroffene Gesellschafter, die sich gegen das (vermeintliche) Fehlen der Einziehungsvoraussetzungen zur Wehr setzen wollen, müssen ihren Klageantrag auf Feststellung der Unwirksamkeit des Einziehungsbeschlusses richten. Wird dagegen begehrt, den Einziehungsbeschluss „für nichtig zu erklären", helfen die Gerichte mit einer großzügigen Auslegung und Umdeutung in einen Feststellungsantrag, wenn sich aus dem Klagevorbringen ergibt, dass sich der klagende Gesellschafter gegen die Wirksamkeit des Amortisationsbeschlusses wendet, weil er dessen Voraussetzungen als nicht gegeben ansieht.[130]

Hinsichtlich der **Rechtsfolgen** ergeben sich insgesamt gegenüber der **48**
soeben unter a) dargestellten Einziehung mit Zustimmung des Gesellschafters keine wesentlichen Besonderheiten. Die Einziehung vernichtet auch hier den Geschäftsanteil des betroffenen Gesellschafters und lässt sämtliche aus der Mitgliedschaft erwachsenden Rechte und Pflichten untergehen, soweit sie sich nicht bereits vor dem Wirksamwerden des Einziehungsbeschlusses verselbständigt haben.[131] Von einer derartigen Verselbständigung des Gewinnanspruchs kann beispielsweise erst ausgegangen werden, wenn der Ausschüttungsanspruch entstanden ist. Nach der Rechtsprechung des BGH reicht dazu der bloße Ablauf des Geschäftsjahres nicht aus, vielmehr ist zusätzlich die Feststellung des Jahresabschlusses und eine Beschlussfassung über die Verwendung des ausgewiesenen Jahresgewinns erforderlich.[132] Er folgt damit der in der Literatur vertretenen Meinung, nach der mit dem Ablauf eines Geschäftsjahres lediglich ein mitgliedschaftlicher Anspruch auf Feststellung des Jahresabschlusses und Fassung eines Gewinnverwendungsbeschlusses ensteht, während der Auszahlungsanspruch auf die ausgeschüttete Dividende den Gewinnverwendungsbeschluss selbst voraussetzt.[133] Dies hat die für den betroffenen Gesellschafter einschneidende Konsequenz, dass er bei vor diesem Zeitpunkt wirksam werdender Einziehung seines Geschäftsanteils an der Gewinnverteilung auch für ein bereits vorher abgeschlossenes Geschäftsjahr nicht teilnimmt.[134] Wer diese Folge vermeiden will, muss bei der gesellschaftsvertraglichen Abfindungsregelung eine entsprechende Kompensation vorsehen.[135] Im Übrigen schützt der BGH GmbH-Gesellschafter, deren Geschäftsanteil eingezogen worden

[129] OLG Celle NZG 1999, 167, 168 m. Anm. *Ebbing*; vgl. auch OLG Frankfurt a.M. NZG 1998, 595, 597 m. Anm. *Eckhardt*; *Hachenburg/Ulmer* § 34 GmbHG Rn 53 m.w.N.

[130] BGH DStR 1999, 1951 m. Anm. *Goette*; einen Überblick über die Rechtsschutzmöglichkeiten bei fehlerhaften Einziehungsbeschlüssen vermittelte bereits *Niemeier*, ZGR 1990, 314, 327 ff.

[131] BGH DStR 1998, 1688, 1689 m. Anm. *Goette*.

[132] BGH NZG 1998, 225; NZG 1998, 314 m. Anm. *Schüppen*.

[133] BGH DStR 1998, 1688, 1689 m. w. N.

[134] BGH DStR 1998, 1688, 1689 m. Anm. *Goette*; krit. *Salje*, NZG 1998, 986 f.; *Gehrlein*, DB 1998, 2355 f.; diff. *Roth*, ZGR 1999, 719 ff.

[135] So auch *Salje*, NZG 1998, 986, 987.

ist, durch den Grundsatz, wonach sie Mitglied der Gesellschaft bleiben, bis sie die ihnen zustehende Abfindung vollständig erhalten haben.[136] Allerdings lässt er es zu, dass die Satzung eine hiervon abweichende Regelung trifft und sowohl für den Austritt durch Kündigung als auch für den Ausschluss durch Gesellschafterbeschluss anordnet, dass der Gesellschafter seine Gesellschafterstellung mit sofortiger Wirkung verliert.[137]

49 **c) Regelungen im Gesellschaftsvertrag.** Auf der Basis von § 34 GmbHG haben sich in der Gestaltungspraxis teilweise standardisierte Formulierungsvorschläge herausgebildet, die von der gesetzlichen Ermächtigung in unterschiedlicher Art und Weise Gebrauch machen.[138] Ihre Zulässigkeit versteht sich keineswegs von selbst, vielmehr muss in jedem Einzelfall gesondert geprüft werden, ob ihre Inhalte mit den allgemeinen Rechtsgrundsätzen vereinbar sind.

50 *aa) Zustimmungsklausel.* Die Zustimmungsklausel knüpft an § 34 Abs. 1 GmbHG an und besagt lediglich, dass mit Zustimmung des betreffenden Gesellschafters die Einziehung seines Geschäftsanteils jederzeit möglich und zulässig ist. Da der Gesellschafter seine Zustimmung nur erteilen wird, wenn die Frage des Einziehungsentgelts zu seiner Zufriedenheit geregelt ist, verlagert sich die Abfindungsproblematik auf die zwischen den Parteien geführten Verhandlungen. Nur wenn keine Einigung zustande kommt besteht die Gefahr, die Höhe der Abfindung am Ende von einem Gericht klären lassen zu müssen, da dann beide Seiten auf die Geltendmachung eines wichtigen Grundes angewiesen sind, um doch noch das Ausscheiden des Gesellschafters zu erreichen. Vor diesem Hintergrund erscheint es sinnvoll, in der Zustimmungsklausel vorzusehen, dass das Einziehungsentgelt im Zweifel von einem unabhängigen Sachverständigen, der hinreichend bestimmt zu bezeichnen ist,[139] errechnet und für die beteiligten Parteien verbindlich festgelegt wird. Soll der Einziehungsbeschluss nach der Satzung durch Übertragung des Geschäftsanteils auf einen Mitgesellschafter umgesetzt werden, erfüllt auch ein privatschriftliches Protokoll des maßgeblichen Gesellschafterbeschlusses die gesetzliche Form des § 15 Abs. 4 GmbHG.[140]

---

[136] BGH DStR 1997, 1336 m. Anm. *Goette* im Anschluss an BGHZ 9, 157 = NJW 1953, 780; vgl. auch OLG Schleswig NZG 2000, 703, 704 f. m. Anm. *Sosnitza*; a. A. z. B. noch *Fingerhut/Schröder*, BB 1997, 1805, 1806 f.

[137] BGH NJW-RR 2003, 1265, 1266; für den Fall eines Erbenausschlusses durch Gesellschafterbeschluss vgl. bereits LG Köln GmbHR 1998, 1083, 1084 f. unter Berufung auf BGH NJW 1983, 2881.

[138] Allgemeiner Überblick bei *Niemeier*, ZGR 1990, 314, 316 ff.; *Baumann*, MittRhNotK 1991, 271, 272 ff.; *Damrau-Schröter*, NJW 1991, 1927, 1935 f.; zu ihrer tatsächlichen Verbreitung vgl. die Nachweise bei *Hachenburg/Ulmer* § 34 GmbHG Rn 12.

[139] Z. B. der Vorsitzende der örtlichen Industrie- und Handelskammer, ein von diesem zu benennender Experte oder ein allen Beteiligten bekannter und namentlich bezeichneter Wirtschaftsprüfer.

[140] BGH DStR 1998, 539 m. Anm. *Goette*.

bb) Generalklausel. Im Gesellschaftsvertrag ist auch eine Formulierung zulässig, die die Ermächtigung zur Einziehung gegen den Willen des Betroffenen ganz allgemein vom Vorliegen eines wichtigen Grundes abhängig macht, ohne diesen näher zu konkretisieren.[141] Eine solche Generalklausel hilft aber nicht entscheidend weiter, da man sich bei Konflikten im Gesellschafterkreis regelmäßig darüber streiten wird, was unter einem wichtigen Grund in diesem Sinne zu verstehen ist. Die Gestaltungspraxis versucht deshalb in der Regel, einige für das weitere Zusammenwirken der Gesellschafter und den Fortbestand der Gesellschaft wesentliche Ereignisse und Verhaltensweisen in einer **katalogartigen Aufzählung** zusammenzufassen. Gleichwohl sollte man als ein mit der Satzungsgestaltung betrauter Berater diese besonders häufigen Einziehungsgründe keinesfalls automatisch übernehmen, ohne zuvor eine Abwägung mit den individuellen Gegebenheiten und Bedürfnissen der in Rede stehenden GmbH und ihrer Gesellschafter vorgenommen zu haben. 51

cc) Einziehungsklausel. Im Gegensatz zur Generalklausel sollen mit dem Begriff der Einziehungsklausel diejenigen Formulierungen erfasst werden, die wichtige Gründe für die Einziehung ausdrücklich benennen. Als Beispiele seien hier nur die Insolvenz eines Gesellschafters oder die Pfändung seines Geschäftsanteils durch einen gesellschaftsfremden Dritten[142] genannt.[143] Nicht ausreichend ist dagegen für sich genommen die Nichtgenehmigung eines Jahresabschlusses und die Verweigerung der Aufnahme eines Wettbewerbers als neuen Gesellschafter in Verbindung mit einer Kapitalerhöhung.[144] Für die Zulässigkeit solcher Klauseln kommt es nicht nur auf die Höhe des vorgesehenen Einziehungsentgelts an (s. dazu § 31), sondern beispielsweise auch darauf, ob durch seine Regelung gezielt gegen Gläubigerinteressen verstoßen werden soll.[145] Letzteres ist jedoch nicht der Fall, wenn Gläubiger und Gesellschafter beim Vorliegen bestimmter Einziehungsgründe gleichbehandelt werden.[146] Bei Beachtung dieser Grundsätze dient eine Einziehungsklausel somit im Ergebnis dazu, das **Eindringen unerwünschter Dritter** zu verhindern. Dieses Ziel kann auch dadurch erreicht werden, dass eine Andienungspflicht in die Satzung auf- 52

---

141 *K. Schmidt* Gesellschaftsrecht § 35 III 1 c; *Goette*, DStR 1999, 1953; *Hartmann*, Ausscheidender Gesellschafter, S. 142; aus der Rspr. OLG Brandenburg NZG 1998, 263, 264.

142 Die Auswirkungen einer Einstellung der Zwangsvollstreckung auf das Recht zur Zwangseinziehung in diesem Fall beleuchtet *Michalski*, ZIP 1991, 147, 149 ff.

143 Zur Problematik einer Klausel, welche die Einziehung des Geschäftsanteils für den Fall vorsieht, dass der Gesellschafter Auflösungsklage erhoben hat, s. nur *Volhard*, GmbHR 1995, 617, 619 ff.

144 OLG Celle NZG 1998, 29, 30.

145 BGHZ 32, 151; *Scholz/Westermann* § 34 GmbHG Rn 14; vgl. auch das Bsp. Nr. 22 bei *K. Schmidt* Gesellschaftsrecht § 35 III 1 d; s. auch OLG Hamm NZG 1999, 599; den Aspekt der Kompensation von der Gesellschaft für die Zukunft entgehenden Leistungen des von der Einziehung betroffenen Gesellschafters betont demgegenüber *van Venrooy*, GmbHR 1995, 339, 341 ff.

146 BGH NJW 1975, 1835; OLG Hamburg BB 1982, 2007.

genommen wird, nach der ein Gesellschafter, der seinen Geschäftsanteil an einen Dritten abtreten will, diesen Anteil zuvor den übrigen Gesellschaftern zum Kauf anbieten muss. Die aus der Verletzung einer solchen statutarischen Andienungspflicht folgende Unwirksamkeit einer Anteilsübertragung kann in einem solchen Fall ausschließlich von den Mitgesellschaftern geltend gemacht werden, deren ausdrücklich oder konkludent erklärtes Einverständnis mit der Abtretung daher auch vom späteren Insolvenzverwalter der Gesellschaft hingenommen werden muss.[147]

53 Eine andere Motivation für die Formulierung eines wichtigen Grundes ist die dadurch eröffnete Möglichkeit zur **Trennung von Gesellschaftern**, die aufgrund ihres Verhaltens untragbar geworden sind. Häufig findet sich deshalb am Ende der enumerativen Aufzählung ein Auffangtatbestand, der die Einziehung eines Geschäftsanteils erlaubt, wenn der betreffende Gesellschafter eine – nachhaltige oder wiederholte – Verletzung der ihm obliegenden Pflichten begangen hat. Hierzu wird auch ein Verstoß gegen das bereits aus der allgemeinen gesellschafterlichen Treuepflicht abgeleitete Wettbewerbsverbot gezählt.[148] Ist eine derartige oder vergleichbare Formulierung dagegen im Gesellschaftsvertrag nicht vorgesehen und greift auch keiner der enumerativ aufgeführten Tatbestände ein, muss die Gesellschaft eine Ausschließungsklage (s. Rn 58) erheben, wenn sie sich von dem störenden Gesellschafter trennen will.[149] Bei der Satzungsgestaltung ist deshalb auf die Aufnahme einer solchen Auffangregelung besonderer Wert zu legen. Im Katalog der personenbezogenen Ausschlussgründe dominiert dagegen ein Fehlverhalten des Gesellschafters in seiner Eigenschaft als Geschäftsführer der Gesellschaft.[150] Im Fall einer GmbH mit der Vorhaltung unternehmerischen Know-hows als Gesellschaftszweck, in deren Satzung „schädliche Verhaltensweisen, die die Gesellschaft in ihrer Kreditfähigkeit betreffen könnten", als die Einziehung des Geschäftsanteils ohne Zustimmung des betreffenden Gesellschafters rechtfertigender gröblichster Verstoß gegen bestehende Gesellschaftsinteressen definiert wurden, hat ein Berufungsgericht die Zwangseinziehung zugelassen, weil der Geschäftsführer der Gesellschafterin wegen des Verdachts des Anlagebetrugs in Untersuchungshaft genommen worden war.[151] Zwar könne das Verhalten ihres Geschäftsführers der Gesellschafterin als juristischer Person selbst bei Bestätigung des Betrugsverdachts nicht unmittelbar angelastet werden, doch sei die schädliche Verhaltensweise gegenüber der GmbH bereits darin zu

[147] BGH NZG 2000, 647 gegen OLG Schleswig NZG 1998, 856, 857 m. Anm. *Rottnauer*, das eine konkludente Genehmigung des dinglichen Rechtsgeschäfts noch mangels feststellbarem subjektivem Erklärungswillen verneint hatte.

[148] Aus der Rechtsprechung z. B. LG Hamburg NZG 1998, 687, 688.

[149] Anschaulich insoweit BGH DStR 1999, 1951 m. Anm. *Goette*.

[150] Nach OLG Dresden NZG 1999, 29, 30 kann der Annahme eines wichtigen Grundes entgegenstehen, dass der Betroffene zum Zeitpunkt seines Handelns namens der Gesellschaft vom Fortbestand des Anstellungsvertrags ausgehen durfte und seine Handlungen auf die Erfüllung eines aus seiner Sicht aus dem Anstellungsvertrag sich ergebenden Anspruchs gerichtet waren.

[151] OLG Brandenburg NZG 1999, 828 m. Anm. *Michalski/de Vries*.

erkennen, dass die Gesellschafterin es unterlassen hat, die GmbH über diese Vorfälle aufzuklären oder sich zumindest öffentlich klar und eindeutig von den gegenüber ihrem Geschäftsführer erhobenen Vorwürfen zu distanzieren.[152]

Für eine personengleiche GmbH & Co. KG ist anerkannt, dass bei ihr der Verlust des Kommanditanteils ein Grund für die Zwangseinziehung des GmbH-Geschäftsanteils sein kann.[153] Wurde die Einziehungsklausel erst nachträglich in den Gesellschaftsvertrag eingeführt, wirkt sie nur gegen diejenigen Gesellschafter, die der Einführung zugestimmt haben.[154] Dies gilt unabhängig davon, ob man für diese Satzungsänderung die qualifizierte Mehrheit des § 53 Abs. 2 S. 1 GmbHG ausreichen lässt oder die Zustimmung aller Gesellschafter verlangt.[155] Als grundlegender Beurteilungsmaßstab für das Vorliegen eines wichtigen Grundes bleibt auch für die Zwangseinziehung eines GmbH-Geschäftsanteils zu beachten, dass das gesellschaftliche Vertrauensverhältnis durch ein Fehlverhalten oder die Persönlichkeit des betreffenden Gesellschafters derart gestört sein muss, dass seinen Mitgesellschaftern die Fortsetzung der Gesellschaft mit ihm nicht zugemutet werden kann, seine weitere Mitgliedschaft also den Fortbestand der Gesellschaft unmöglich macht oder zumindest ernstlich gefährdet.[156] Hieran werden strenge Anforderungen gestellt, so dass weder ein über die Grenzen des § 51 a GmbHG hinausgehendes Informationsbegehren noch die gerichtliche Geltendmachung des Ausschlusses von Mitgesellschaftern oder von vermeintlichen Ansprüchen gegen die Gesellschaft als ausreichend angesehen werden, sofern dem dies betreibenden Gesellschafter keine gesellschaftsfeindliche Gesinnung oder Schikane vorgeworfen werden kann.[157] Die Zwangseinziehung muss Ultima Ratio sein, so dass bei einem Gesellschafter-Geschäftsführer die bloße Abberufung als Vertretungsorgan der Gesellschaft als milderes Mittel zu prüfen ist. Eine ungerechtfertigte Besserstellung gegenüber dem Nur-Gesellschafter wird hierin nicht erkannt, da Letzterer nicht in gleichem Maße der Gefahr ausgesetzt sein soll, durch unternehmerisches Fehlverhalten den Interessen der Gesellschaft zuwiderzuhandeln.[158] **54**

dd) Ausschlussklausel. Im Gesellschaftsvertrag kann vorgesehen werden, dass ein Gesellschafter bei Vorliegen eines wichtigen Grundes verpflichtet ist, seinen Anteil an einen Mitgesellschafter oder Dritten abzutreten. Während die Wirksamkeitsvoraussetzungen derartiger Ausschlussklauseln denjenigen von Einziehungsklauseln entsprechen,[159] unterscheiden sie sich von **55**

---

152 OLG Brandenburg NZG 1999, 828, 832.

153 *Hachenburg/Ulmer* § 34 GmbHG Rn 40.

154 BGH NJW 1977, 2316.

155 Nachweise zum Meinungsstand bei *K. Schmidt* Gesellschaftsrecht § 35 III 1 b.

156 Aus der Rechtsprechung der Instanzgerichte z. B. OLG München NJW-RR 1994, 496, 497; OLG Hamburg ZIP 1996, 962 m. Anm. *Fingerhut*, BB 1997, 431, 432 f.; *Lutter*, GmbHR 1997, 1134 f.; OLG Dresden NZG 2001, 809 m.w.N.

157 OLG Dresden NZG 2001, 809.

158 OLG Rostock NZG 2002, 294.

159 *Brönner/Rux/Wagner* Rn 565.

diesen durch die Art und Weise der Umsetzung des Gesellschafterausschlusses. In der Gestaltungspraxis werden Ausschlussklauseln häufig mit Einziehungsklauseln kombiniert. Der BGH hält sie selbst dann für zulässig, wenn sie die Mitgesellschafter ermächtigen, den Geschäftsanteil des Auszuschließenden an die Gesellschaft selbst oder an andere Gesellschafter oder Dritte abzutreten.[160]

56 *ee) Hinauskündigungsklausel.* Die bereits zur KG eingehender behandelten Hinauskündigungsklauseln (s. Rn 40 ff.), die den Gesellschaftern das Recht einräumen, einen Mitgesellschafter nach freiem Ermessen aus der Gesellschaft auszuschließen, werden auch bei der GmbH grundsätzlich als nichtig eingestuft.[161] Die Abgrenzungsprobleme im Verhältnis zu einem – ausnahmsweise zulässigen – Ausschließungsrecht aus sachlichem Grund und einem – generell zulässigen – Ausschließungsrecht aus wichtigem Grund bestehen somit auch hier.

57 Der BGH erkennt selbst, dass die besonderen Umstände, die eine Hinauskündigungsklausel sachlich rechtfertigen können, „bisher wenig geklärt" sind.[162] Im konkreten Fall sah der II. Zivilsenat die **sachliche Rechtfertigung** darin, dass der Berechtigte wegen enger persönlicher Beziehungen zu seinem Mitgesellschafter die volle Finanzierung der Gesellschaft übernommen und diesem eine Mehrheitsbeteiligung sowie die alleinige Geschäftsführungsbefugnis eingeräumt hatte. Rückschlüsse auf einen generellen Abgrenzungsmaßstab lassen sich hieraus jedoch kaum gewinnen, so dass auf eine baldige höchstrichterliche Klarstellung zu hoffen ist.

58 **d) Ausschließungsklage.** Auch wenn im Gesellschaftsvertrag keine der vorstehend unter Rn 49 ff. dargestellten Regelungen vorhanden ist, kann ein Gesellschafter aus wichtigem Grund aus der GmbH ausgeschlossen werden, da die Rechtsprechung inzwischen ein Bedürfnis nach einer derartigen Alternative zu der ansonsten allein verbleibenden Auflösung der Gesellschaft anerkennt.[163] Die Möglichkeit zur Ausschließung aus wichtigem Grund darf daher auch in der Satzung weder ganz abbedungen noch wesentlich eingeschränkt werden. Hierin wird wieder einmal deutlich, wie stark die GmbH in vielen Bereichen auch durch Rechtsfortbildung in ihrer rechtlichen Behandlung an die Personengesellschaften angenähert wird. Der BGH überträgt den beispielsweise in § 737 BGB und § 140 HGB zum Ausdruck kommenden Rechtsgedanken, dass den Beteiligten

---

[160] BGH NJW 1983, 2880.

[161] BGH NJW 1990, 2622 unter Verweis auf BGHZ 68, 212, 215; 81, 263, 266 f.; 105, 213, 216 f. sowie BGH NJW 1985, 2421, 2422.

[162] BGH NJW 1990, 2622.

[163] BGH NJW 1953, 780; NJW 1955, 667; NJW 1981, 2302; GmbHR 1987, 302; einen Überblick über die Rechtsprechung des BGH vermitteln z. B. *Damrau-Schröter*, NJW 1991, 1927, 1932 ff.; *Goette*, DStR 2001, 533 ff.; stellvertretend für die Instanzgerichte z. B. OLG Stuttgart GmbHR 1989, 466; nach OLG Düsseldorf GmbHR 1999, 543, 545 wird die Auflösung der Gesellschaft als Alternative auch durch eine Einziehungsklausel nicht ausgeschlossen.

eines Gesellschaftsverhältnisses der Ausschluss eines ihrer Mitgesellschafter möglich sein muss, wenn in dessen Person ein wichtiger Grund vorliegt, auf die GmbH und beruft sich ergänzend auf die jeden Gesellschafter treffende Treuepflicht, die von ihm unter anderem verlangt, alles zu unterlassen, was der Gesellschaft schaden kann.[164] Hat der auszuschließende Gesellschafter seinen Geschäftsanteil zwischenzeitlich veräußert, kann er noch so lange aus wichtigem Grund aus der GmbH ausgeschlossen werden, wie der Erwerber nicht im Sinne von § 16 GmbHG ordnungsgemäß angemeldet ist.[165]

Angesichts der Orientierung an Grundsätzen aus dem Recht der Perso- 59
nengesellschaften verwundert es nicht, dass die **Anforderungen an den wichtigen Grund** und seine Feststellung nach einer umfassenden Interessenabwägung und Zumutbarkeitsprüfung denjenigen vergleichbar sind, die bereits zur KG dargestellt wurden (s. Rn 30 ff.). Auch hier ist der Ausschluss eines Gesellschafters Ultima Ratio und daher nur durchsetzbar, wenn mildere Mittel zur Problemlösung nicht zur Verfügung stehen oder ungeeignet sind.[166] An die Stelle der Differenzierung zwischen Komplementären und – rein kapitalmäßig beteiligten – Kommanditisten tritt die Unterscheidung zwischen personalistischer und kapitalistischer Gesellschaftsstruktur,[167] die in jedem Einzelfall gesondert vorgenommen werden muss.

Im Mittelpunkt steht auch bei der GmbH die **schwere Verletzung** 60
von Gesellschafterpflichten, die beispielsweise in Geheimnisverrat,[168] kriminellen Handlungen zum Nachteil der Gesellschaft,[169] sonstigem Vertrauensmissbrauch oder geschäftsschädigendem Verhalten zu sehen ist.[170] Hierher gehört auch die Veröffentlichung von Mitteilungen über die – tatsächlich – drohende Insolvenzgefahr in einer einschlägigen Zeitschrift und im Internet.[171] Umstritten ist, inwieweit das fortgesetzte Handeln im Namen der GmbH durch einen abberufenen und gekündigten Gesellschafter-Geschäftsführer einen wichtigen Grund darstellen kann. Verneint wird dies für diejenigen Fälle, in denen der Betreffende zumindest vom Fortbestand

---

[164] BGH NJW 1953, 780; NJW 1981, 2302; zuletzt bestätigt in BGH DStR 1999, 1951 m. Anm. *Goette*; *Kort*, EWiR 1999, 1125 f.; *Bärwaldt*, GmbHR 1999, 1196; dagegen will *Scholz/Winter* § 15 GmbHG Rn 130 ausschließlich auf die Treuepflicht abstellen.

[165] OLG Hamm GmbHR 1993, 660, 661 f., wo zu Recht darauf hingewiesen wird, dass der Erwerber diese Ausschließung nach ordnungsgemäßer Anmeldung mit der Anfechtungsklage angreifen kann; vgl. dazu auch BGH NJW 1990, 2622; OLG Düsseldorf DB 1996, 568, 570 ff. m. Anm. *Dreher*, EWiR 1996, 361 f.

[166] BGH NJW 1955, 667; OLG Celle NZG 1998, 29, 30; OLG Hamm GmbHR 1998, 1081, 1082 f.; OLG Düsseldorf GmbHR 1999, 543, 546; *Hachenburg/Ulmer* Anh. § 34 GmbHG Rn 16; *Scholz/Winter* § 15 GmbHG Rn 136.

[167] *Hartmann*, Ausscheidender Gesellschafter, S. 132 f.; *Eser*, DStR 1991, 747, 748; zur Abgrenzung *Hachenburg/Ulmer* Anh. § 34 GmbHG Rn 12.

[168] BGH NJW-RR 1990, 530.

[169] BGH GmbHR 1987, 302, 303; OLG Düsseldorf GmbHR 1999, 543, 546.

[170] Weitere Bsp. nennen *Hartmann*, Ausscheidender Gesellschafter, S. 131; *Hachenburg/Ulmer* Anh. § 34 GmbHG Rn 11; *Scholz/Winter* § 15 GmbHG Rn 134.

[171] OLG Dresden NZG 1999, 1220, 1221.

seines Anstellungsvertrages ausgehen durfte, und sein Handeln auf die Erfüllung eines sich aus seiner Sicht aus diesem Vertrag ergebenden Anspruchs gerichtet war.[172]

61 Obwohl ein Verschulden des Gesellschafters keine unabdingbare Voraussetzung für die Annahme eines wichtigen Grundes ist,[173] können doch Verschuldensmomente in die **notwendige Gesamtbetrachtung** einfließen.[174] Dies gilt für beide Seiten, so dass auch Verfehlungen der die Ausschließung betreibenden Gesellschafter Berücksichtigung finden. Liegt auch in ihrer Person ein wichtiger Grund vor, so ist eine Ausschließung des anderen Gesellschafters nicht zulässig.[175] Um jedem Gesellschafter wenigstens formal die Möglichkeit einzuräumen, seinen Standpunkt zu erläutern und auf das Abstimmungsverhalten des anderen einzuwirken, verlangen die Gerichte zumindest, dass die gegenseitigen Vorwürfe in der Gesellschafterversammlung selbst einheitlich behandelt und besprochen werden.[176] Bestehenden Spannungen zwischen den Gesellschaftern wird trotz offensichtlichen Zerwürfnisses und persönlicher Aversionen jedenfalls dann nicht die Qualität eines wichtigen Grundes für einen Gesellschafterausschluss zuerkannt, wenn sie nicht überwiegend vom Auszuschließenden ausgehen und die Zusammenarbeit in der Gesellschaft nicht unzumutbar machen, wovon ausgegangen wird, wenn keine Auswirkungen auf den Geschäftsbetrieb feststellbar sind.[177] Gerade in der Zweipersonen-GmbH kommt es daher entscheidend darauf an, wie die Vorwerfbarkeit des jeweiligen Gesellschafterverhaltens zu gewichten ist.[178] Kann eine eindeutige Zuordnung zu Lasten eines Gesellschafters oder einer Gesellschaftergruppe vorgenommen werden, sind diese auszuschließen und können einem solchen Begehren ihrerseits nicht mit eigenen Ausschluss- oder Auflösungsklagen durchdringen.[179] Im Zweifel bleibt in letzter Konsequenz nur die Auflösung der Gesellschaft.[180]

62 Zur Ausschließung eines GmbH-Gesellschafters bedarf es neben dem Vorliegen eines wichtigen Grundes der **Herbeiführung eines Gesellschafterbeschlusses** über die Erhebung einer entsprechenden Klage, die in Anlehnung an § 140 HGB als Ausschließungsklage bezeichnet wird. Die

---

[172] OLG Dresden NZG 1999, 29, 30.

[173] Vgl. nur BGHZ 9, 157, 164.

[174] *Hachenburg/Ulmer* Anh. § 34 GmbHG Rn 10; *Scholz/Winter* § 15 GmbHG Rn 135.

[175] BGH NJW 1981, 2302; ihm folgend z. B. OLG München NJW-RR 1994, 496, 497.

[176] Vgl. z. B. OLG München NJW-RR 1994, 496, 497.

[177] OLG Dresden NZG 2001, 809, 810.

[178] Zur Ausschließung aus einer Zweimann-GmbH BGH NJW 1955, 667; NJW 1960, 866; NJW 1981, 2302; NJW-RR 1990, 530; WiB 1995, 589 m. Anm. *Jäger*; *Bayer*, EWiR 1995, 675 f.; BGH DStR 1999, 1951, 1952 m. Anm. *Goette*; OLG Düsseldorf GmbHR 1999, 543, 546; die von der Rechtsprechung entwickelten Sonderregeln zusammenfassend *Oppenländer*, DStR 1996, 922, 923 ff.

[179] Vgl. z. B. BGHZ 80, 346, 348 ff. = NJW 1981, 2302.

[180] BGH DStR 1999, 1951, 1952 m. Anm. *Goette*; zust. auch *Kort*, EWiR 1999, 1125, 1126.

Ausschließung kann danach nur durch ein rechtsgestaltendes Urteil und nicht durch einen isolierten Gesellschafterbeschluss bewirkt werden.[181] Etwas anderes gilt nur dann, wenn in der Satzung ausdrücklich bestimmt ist, dass ein Gesellschafter aus wichtigem Grund auch durch bloßen Beschluss ausgeschlossen werden kann.[182] Die Möglichkeit zu einer gerichtlichen Kontrolle kann dem Betroffenen jedoch auch in diesen Fällen nicht entzogen werden,[183] wobei die Vereinbarung eines Schiedsgerichts grundsätzlich als ausreichend erachtet wird.[184] Umgekehrt wird ein Gesellschafterbeschluss in der zweigliedrigen Gesellschaft für entbehrlich gehalten.[185] Dort, wo er erforderlich ist, hat der BGH in seiner Grundsatzentscheidung für ihn noch diejenige Mehrheit für maßgeblich erklärt, die im Gesetz oder in der Satzung für die Auflösung der Gesellschaft vorgesehen ist (vgl. § 60 Abs. 1 Nr. 2 GmbHG).[186] Während die h. M. in der Literatur inzwischen die einfache Mehrheit für ausreichend erachtet,[187] hält der BGH nach wie vor am grundsätzlichen Erfordernis einer qualifizierten Dreiviertelmehrheit fest.[188] Unabhängig hiervon hat jedenfalls der Auszuschließende selbst kein Stimmrecht.[189]

Die Ausschließungsklage ist grundsätzlich von der GmbH zu erheben, **63**
doch wird man in der Zweipersonen-GmbH daneben auch dem einzelnen Gesellschafter eine **Klagebefugnis** einräumen müssen.[190] Angesichts der unsicheren Rechtslage empfiehlt es sich in der Praxis, die Klage auch in diesem Fall durch den oder die Geschäftsführer namens der Gesellschaft erheben zu lassen.[191] Ausnahmsweise kann auch bei der GmbH eine Pflicht zur Mitwirkung an der Ausschließung eines Gesellschafters bestehen, wenn beispielsweise nach objektiven Kriterien keine andere Möglichkeit besteht, um einen der Gesellschaft drohenden Schaden abzuwen-

---

181 BGH DStR 1999, 1951, 1952 m. Anm. *Goette.*

182 BGH NJW 1953, 780; NJW 1960, 866; NJW 1977, 2316; NJW-RR 1991, 1249; OLG Brandenburg NZG 1998, 263, 264; OLG Düsseldorf GmbHR 1999, 543, 545; zu den Vorteilen eines derartigen Verfahrens *Goette,* DStR 1999, 1953.

183 Zur Anfechtungsklage analog § 243 AktG OLG Stuttgart GmbHR 1989, 466, 468; zur als Leitbild heranzuziehenden Anfechtungsfrist des § 246 AktG vgl. BGH DStR 1992, 1696, 1697; DStR 1995, 613 f.

184 BGHZ 31, 295, 299; diff. *Hachenburg/Ulmer* § 34 GmbHG Rn 46 und 48 m. w. N.

185 BGH DStR 1999, 1951, 1952 unter Verweis auf BGH DStR 1992, 296; zust. *Kort,* EWiR 1999, 1125, 1126.

186 BGH NJW 1953, 780; Übersicht über den Meinungsstand bei *Hachenburg/Ulmer* Anh. § 34 GmbHG Rn 23 f.

187 *K. Schmidt* Gesellschaftsrecht § 35 IV 2 c; *Scholz/Winter* § 15 GmbHG Rn 140 m. w. N.

188 BGH NJW-RR 2003, 470; NJW 2003, 2314, 2315.

189 Neben den vorstehend genannten BGH-Entscheidungen z. B. OLG Düsseldorf GmbHR 1999, 543, 545; OLG Stuttgart GmbHR 1989, 466, 467; *Hachenburg/Ulmer* Anh. § 34 GmbHG Rn 25; *Hesselmann/Tillmann* Rn 587; *Goette,* DStR 1999, 1953.

190 Vgl. nur *Hachenburg/Ulmer* Anh. § 34 GmbHG Rn 31 m. w. N.; *Eser,* DStR 1991, 747, 749; mit ausf. Begr. *Wolf,* ZGR 1998, 92, 106 ff.

191 So auch *Wellhöfer,* GmbHR 1994, 212, 222.

den. Die Klage auf Zustimmung (vgl. § 894 ZPO) kann dann mit der Ausschließungsklage verbunden werden.[192] Andererseits wird zu Lasten des Auszuschließenden eine separate Anfechtung des dem Ausschlussverfahrens zugrunde liegenden Gesellschafterbeschlusses mangels Rechtsschutzbedürfnisses jedenfalls dann nicht zugelassen, wenn die Ausschlussklage tatsächlich erhoben worden ist, da beide Streitgegenstände ineinander aufgehen und über die Ausschließung nur einheitlich mit gestaltender Wirkung entschieden werden kann.[193] Für das Vorliegen eines zum Ausschluss aus der Gesellschaft berechtigenden Grundes kommt es auf den Zeitpunkt der letzten mündlichen Verhandlung in der Tatsacheninstanz an, weshalb erst während des Rechtsstreits eintretende wichtige Gründe in der Person des Auszuschließenden „nachgeschoben" werden können und zu seinen Lasten zu berücksichtigen sind.[194] Ein solches Vorgehen wird auch in der Zwei-Personen-GmbH als zulässig angesehen.[195] Bei Erfolg der Klage erlassen die Gerichte in der Regel ein **aufschiebend bedingtes Gestaltungsurteil**, das die Ausschließung des Gesellschafters von der Zahlung einer angemessenen Abfindung als Gegenwert für den Geschäftsanteil abhängig macht.[196] Da es für die Wertermittlung in entsprechender Anwendung von § 140 Abs. 2 HGB grundsätzlich auf den Zeitpunkt der Klageerhebung ankommt,[197] kann die an den Auszuschließenden zu zahlende Vergütung bereits im Urteil festgesetzt werden. Treten die Ausschlussvoraussetzungen erst zu einem späteren Zeitpunkt ein, so ist dieser maßgeblich.[198]

64 Die Mitgliedschaft des ausgeschlossenen Gesellschafters endet danach erst mit dem Bedingungseintritt. Seine Rechtsposition in der Zeit zwischen der Rechtskraft des Urteils und dem Bedingungseintritt befindet sich bei Annahme einer aufschiebenden Bedingung in einem **Schwebezustand**. Tritt die Bedingung – innerhalb einer gegebenenfalls näher zu bestimmenden Frist[199] – nicht ein, bleibt es beim Erhalt einer vollwertigen Mitgliedschaft für den ursprünglich auszuschließenden Gesellschafter. Er ist daher beispielsweise zu in der Zwischenzeit stattfindenden Gesellschafterversammlungen zu laden. Geschieht dies nicht, so sind auf einer gleichwohl durchgeführten Versammlung gefasste Beschlüsse nich-

---

[192] *Hartmann*, Ausscheidender Gesellschafter, S. 134; zu den zivilprozessualen Problemen allg. *Lorenz*, DStR 1996, 1774, 1777 ff.

[193] OLG Düsseldorf GmbHR 1999, 543, 547.

[194] OLG Nürnberg GmbHR 2001, 108, 109 m.w.N.

[195] BGH DStR 1992, 296; OLG Naumburg GmbHR 1996, 934, 939.

[196] St. Rspr. seit BGH NJW 1953, 780; bestätigt z.B. in BGH DStR 1997, 1336 m. Anm. *Goette*; BGH NZG 2002, 176; vgl. auch OLG Frankfurt a.M. GmbHR 1997, 171 m. Anm. *Westermann*, EWiR 1997, 301 f.; OLG Düsseldorf GmbHR 1999, 543, 547; OLG Köln NZG 1999, 1222.

[197] BGH NJW 1953, 780, 782; NJW 1955, 667; OLG Düsseldorf GmbHR 1999, 543, 547.

[198] BGH NJW 1972, 1320.

[199] *Hachenburg/Ulmer* Anh. § 34 GmbHG Rn 36 schlägt hierfür in Anlehnung an § 208 Abs. 2 RegE GmbHG 1971/73 eine Frist von maximal sechs Monaten vor.

tig.[200] Konstruiert man dagegen die Nichtzahlung der Abfindung innerhalb einer angemessenen Frist als auflösende Bedingung, leben seine Rechte und Pflichten danach wieder auf und ein Ausschluss ist nicht mehr möglich.[201]

Während die erste Lösung den endgültigen Ausschluss des Gesellschafters erheblich verzögern kann, besteht im zweiten Fall bei Nichtzahlung der Abfindung das Risiko einer komplizierten Rückabwicklung. Wägt man beide Nachteile gegeneinander ab, erscheint es im Ergebnis vorzugswürdig, mit den Gerichten von der Konstruktion einer aufschiebenden Bedingung auszugehen, so dass dem ausscheidenden Gesellschafter seine Mitgliedschaftsrechte bis zur vollständigen Zahlung der Abfindung im Wesentlichen erhalten bleiben.[202] In der Zwischenzeit unterliegt er allerdings aufgrund seiner **fortwirkenden Treuepflicht** einer besonderen Zurückhaltung bei der Wahrnehmung seiner Rechte, soweit sein Handeln auf die willkürliche Beeinträchtigung der schutzwürdigen Interessen seiner Mitgesellschafter und der Gesellschaft abzielt. Diese können sich im Zweifel mit Maßnahmen des vorläufigen Rechtsschutzes dagegen zur Wehr setzen. So wird es etwa für zulässig erachtet, dass dem von einer Einziehung seines Anteils betroffenen Mehrheitsgesellschafter zur Sicherung des von ihm angefochtenen Gesellschafterbeschlusses im Wege der einstweiligen Verfügung verboten werden kann, in der Gesellschafterversammlung die Auswechslung der kompletten Geschäftsführung herbeizuführen.[203] 65

Mit Eintritt der Bedingung kommt es anders als bei der Einziehung nicht zu einem automatischen Untergang des Geschäftsanteils, vielmehr kann die Gesellschaft nach ihrer Wahl über den Anteil des ausgeschlossenen Gesellschafters verfügen.[204] Als Möglichkeiten kommen neben der Einziehung des Geschäftsanteils dessen freihändiger Verkauf an sich selbst, einen Mitgesellschafter oder einen gesellschaftsfremden Dritten in Betracht. Ein **unbedingtes Gestaltungsurteil** kann dagegen ausnahmsweise dann ausgesprochen werden, wenn der Geschäftsanteil des Auszuschließenden wertlos ist, die Gesellschaft einen den vollen Wert des Geschäftsanteils deckenden Betrag hinterlegt oder der Auszuschließende die Ermittlung des 66

---

[200] In OLG Brandenburg NZG 1998, 263, 265 betraf der Beschluss die Abberufung des zuvor ausgeschlossenen Gesellschafters als Geschäftsführer der GmbH; vgl. auch OLG Celle NZG 1998, 29, 30 f.

[201] Dafür etwa *Hachenburg/Ulmer* § 34 GmbHG Rn 59 ff. sowie Anh. § 34 GmbHG Rn 35; für den Fall der Zwangseinziehung auch *Ulmer*, FS Rittner, S. 735, 748 ff.

[202] So auch *Scholz/Winter* § 15 GmbHG Rn 143 und Rn 147 ff.; *Goette*, DStR 1999, 1953, 1954, der bereits in DStR 1997, 1338 auf das Fehlen sachgerechter Alternativlösungen hingewiesen hat; in diese Richtung auch *Westermann*, EWiR 1997, 301, 302; derartige Lösungsvorschläge präsentiert dagegen *Lutz*, DStR 1999, 1858, 1862 f. nach ausf. Kritik der h. M.; a. A. auch *Tschernig*, GmbHR 1999, 691, 694; *Harst*, GmbHR 1987, 183, 186.

[203] OLG München NZG 1999, 407, 408 m. Anm. *Michalski/Schulenburg*.

[204] BGH NJW 1953, 780.

Anteilswerts böswillig verzögert.[205] In diesen Fällen steht der Gesellschaft das Wahlrecht bereits mit der Rechtskraft des Urteils zu.

IV. Verzahnung in den Gesellschaftsverträgen

67 Die Gestaltung von Gesellschaftsverträgen bedarf ganz allgemein einer guten Vorbereitung dadurch, dass die Motive, Interessen und Bedürfnisse der zukünftigen Gesellschafter erforscht werden. Nicht selten stellt sich heraus, dass sich die Beteiligten hinsichtlich des einen oder anderen Themenbereichs untereinander noch unschlüssig sind, weil sie sich beispielsweise ganz andere Vorstellungen von den ihnen daraus erwachsenden Konsequenzen gemacht haben. Auf der anderen Seite muss aus Sicht des Kautelarjuristen die durch Gesetz und höchstrichterliche Rechtsprechung vorgegebene aktuelle Rechtslage bei der Formulierung des Vertragstextes berücksichtigt werden, um sich nicht dem Vorwurf einer schlechten und unqualifizierten Beratung auszusetzen. Bei der GmbH & Co. KG kommt hinzu, dass der Gesellschaftsvertrag der (GmbH & Co.) KG mit der Satzung der GmbH abgestimmt werden muss.[206] Ansonsten drohen unliebsame Überraschungen, die sich daraus ergeben können, dass die KG als Personengesellschaft ohne volle Rechtsfähigkeit einige erhebliche strukturelle Unterschiede zur GmbH als Kapitalgesellschaft und juristische Person aufweist. Diese können bei vergleichbaren Anlässen ein Auseinanderfallen der Rechtsfolgen bewirken, was nur durch eine entsprechende **Harmonisierung der Vertragswerke** vermieden werden kann. Die Verzahnung von KG-Vertrag und GmbH-Satzung wird deshalb von einigen zur hohen Kunst gesellschaftsrechtlicher Vertragsgestaltung erhoben.[207] Sie zieht sich durch fast alle Regelungsbereiche und gewinnt gerade für die Thematik Austritt und Ausschluss von Gesellschaftern besondere Bedeutung. Der Abstimmungsbedarf lässt sich am besten aufzeigen, wenn man noch einmal die bei den beiden Rechtsformen bestehenden Austritts- und Ausschlussmöglichkeiten zusammenfasst. Dabei soll von der personengleichen („echten") GmbH & Co. KG ausgegangen werden, die in der Praxis den Regelfall darstellt.

68 Hinsichtlich des Austritts von Gesellschaftern besteht zunächst Übereinstimmung darin, dass dieser in allen Fällen durch Kündigung erklärt wird. Ein **ordentliches Austrittsrecht** ist aber ausdrücklich nur für KG-Gesellschafter vorgesehen (§§ 161 Abs. 2, 131 Abs. 3 S. 1 Nr. 3, 132 HGB, s. Rn 8), während es Gesellschaftern einer GmbH allgemein verwehrt wird. Um einen Gleichlauf der Gesellschafterrechte in beiden Gesellschaften zu gewährleisten, kann in der GmbH-Satzung die Möglichkeit zur ordentlichen Kündigung eingeräumt werden (s. Rn 19). Dabei sind im KG- Vertrag beispielsweise hinsichtlich Form und Frist für die Kündigungserklärung enthaltene Abweichungen von der gesetzlichen Regelung entsprechend zu berücksichtigen. Die eigentliche Verzahnung der Kündigungsregelungen

---

205 Vgl. im Einzelnen BGH NJW 1953, 780; NJW 1955, 667.

206 S. dazu die Formulare in §§ 57 ff.

207 *K. Schmidt* Gesellschaftsrecht § 56 I 3 b.dd; *Hesselmann/Tillmann* Rn 91.

ist darin zu sehen, dass die Kündigung in der einen Gesellschaft nur wirksam erklärt werden kann, wenn zugleich eine auf denselben Zeitpunkt gerichtete Kündigung der Beteiligung an der anderen Gesellschaft erfolgt.[208] Eine unzulässige Beschränkung im Sinne von § 723 Abs. 3 BGB wird man hierin zumindest bei der personengleichen GmbH & Co. KG nicht erkennen können.

Die **Rechtsfolgen einer wirksamen Kündigung** sind bei KG und GmbH inzwischen insoweit gleich, als seit dem In-Kraft-Treten des Handelsrechtsreformgesetzes nunmehr auch die KG bei Kündigung eines Komplementärs im Zweifel unter den verbleibenden Gesellschaftern fortgesetzt wird. Im Übrigen besteht der entscheidende Unterschied darin, dass der Anteil des austretenden Gesellschafters bei der KG seinen Mitgesellschaftern automatisch anwächst, während bei der GmbH noch eine gesonderte Einziehung oder Veräußerung des Anteils erfolgen muss. Auch wenn in der GmbH-Satzung von vornherein die Vorgehensweise bei Austritt eines Gesellschafters festgeschrieben ist, nimmt diese im konkreten Fall doch Zeit in Anspruch, so dass es zu einem zumindest vorübergehend getrennten Schicksal der Mitgliedschaften in KG und GmbH kommen kann. Dies wird auch nicht allein dadurch verhindert, dass in die Satzung der GmbH eine Regelung aufgenommen wird, wonach der Verlust des Kommanditanteils zur Zwangseinziehung des GmbH-Geschäftsanteils berechtigt,[209] da selbst dann noch ein vorheriger Gesellschafterbeschluss erforderlich ist. Hier kann eine Kündigungsfrist weiterhelfen, die den Gesellschaftern ausreichend Zeit lässt, um vor Wirksamwerden der Kündigung die zu deren Umsetzung notwendigen Maßnahmen zu beschließen. Selbst dann bleibt aber noch ein nicht unerhebliches Risiko eines in KG und GmbH unterschiedlichen Gesellschafterbestands bestehen, wenn man die Vollbeendigung der Mitgliedschaft bei der GmbH von der vollständigen Erbringung des Einziehungsentgelts abhängig macht. Bei den Personengesellschaften wird dagegen auch nach der Rechtsprechung über die Höhe des Zahlungsanspruches im Zweifel gesondert entschieden. 69

Ein **außerordentliches Austrittsrecht** ist weder für KG- noch für GmbH-Gesellschafter normiert. Der Gesetzgeber stellt statt dessen bei Vorliegen eines wichtigen Grundes in beiden Fällen das Instrument der Auflösungsklage zur Verfügung (vgl. §§ 161 Abs. 2, 133 HGB, § 61 GmbHG). Diese Ausgangslage wurde jedoch im Laufe der Zeit sowohl mit Bezug auf die Personenhandelsgesellschaften als auch auf die GmbH als unbefriedigend empfunden, weshalb die höchstrichterliche Rechtsprechung im Wege der Rechtsfortbildung ein Austrittsrecht aus wichtigem Grund entwickelt hat,[210] das heute für KG- und GmbH-Gesellschafter gleichermaßen anerkannt ist. Dieses darf gesellschaftsvertraglich weder abbedungen noch wesentlich eingeschränkt werden, doch sind Erleichterungen und Erweiterungen zulässig. Insoweit besteht mithin genügend Gestaltungsspielraum, 70

---

[208] Vgl. den Form.vorschlag bei *Hesselmann/Tillmann* Rn 111.

[209] S. wiederum *Hesselmann/Tillmann* Rn 112; in diese Richtung auch *K. Schmidt* Gesellschaftsrecht § 35 IV 3 d; *Brönner/Rux/Wagner* Rn 569.

[210] Dazu Rn 12 für die KG u. Rn 24 für die GmbH.

um beispielsweise einen identischen Katalog wichtiger Gründe in die Gesellschaftsverträge von KG und GmbH zu integrieren. Für die Rechtsfolgeseite ergeben sich hinsichtlich des Fortbestands der Gesellschaft, der Beendigung der Mitgliedschaft sowie des damit verbundenen Zahlungsanspruchs gegenüber dem ordentlichen Austrittsrecht keine Besonderheiten.

71 Ein wichtiger Grund kann umgekehrt die Mitgesellschafter in der KG oder GmbH bzw. die GmbH selbst zur Ausschließung eines Gesellschafters berechtigen. Im HGB ist hierfür eine **Ausschließungsklage** vorgesehen (§§ 161 Abs. 2, 140 HGB, s. Rn 30), bei der die Rechtsfolge der Anwachsung erst mit der Rechtskraft des der Klage stattgebenden Gestaltungsurteils eintritt. Im GmbH-Recht wurde den Gesellschaftern die Möglichkeit zu einer Ausschließungsklage erst durch die rechtsfortbildende Rechtsprechung des BGH eingeräumt, die als zwingende Voraussetzung hierfür neben dem Vorliegen eines wichtigen Grundes einen vorherigen Gesellschafterbeschluss verlangt (s. Rn 58). Da auch bei der KG die Klageerhebung im Gesellschaftsvertrag von einem entsprechenden Gesellschafterbeschluss abhängig gemacht werden kann, sollte auch insoweit eine entsprechende Anpassung erfolgen. Diese muss darüber hinaus berücksichtigen, dass bei Gesellschafterbeschlüssen in der KG grundsätzlich das Einstimmigkeitsprinzip (§§ 161 Abs. 2, 119 Abs. 1 HGB) gilt, während in der GmbH mangels abweichender Satzungsbestimmung das Mehrheitsprinzip maßgeblich ist (§ 47 Abs. 1 GmbHG).[211]

72 Zulässig ist es aber auch, im Gesellschaftsvertrag wichtige Gründe hinreichend bestimmt zu benennen, bei deren Vorliegen es bei der KG beim automatischen Ausscheiden des betreffenden Gesellschafters bleibt, während bei der GmbH hieran die Zwangseinziehung anknüpft (s. Rn 37 bzw. 45 u. 52). Da auch diese einen vorherigen Gesellschafterbeschluss erfordert, muss wiederum die notwendige Anpassung im KG-Vertrag erfolgen. Für das möglicherweise auseinander fallende **rechtliche Schicksal der Mitgliedschaften** gilt das bereits zum Gesellschafteraustritt Gesagte entsprechend. Das Risiko eines zumindest vorübergehenden Fortbestehens der Mitgliedschaft des GmbH-Gesellschafters wird erhöht, wenn die Satzung anstelle einer Einziehungsklausel oder in Kombination mit dieser eine Ausschlussklausel enthält, die infolge des Gesellschafterausschlusses die Verpflichtung vorsieht, den Geschäftsanteil an einen Mitgesellschafter oder Dritten abzutreten (s. Rn 55).

73 Unabhängig hiervon ist zu beachten, dass die höchstrichterliche Rechtsprechung die Vollbeendigung der Mitgliedschaft bei einer Ausschließung bzw. Einziehung gegen den Willen des Gesellschafters von der vollständigen Erfüllung seines Abfindungsanspruchs abhängig macht. **Hinauskündigungsklauseln** werden dagegen vom BGH bei KG und GmbH gleichermaßen am Maßstab von § 138 Abs. 1 BGB und der gesellschafterlichen Treuepflicht gemessen (s. Rn 40 u. 56). Die für beide Rechtsformen vorgenommene Differenzierung zwischen grundsätzlich freiem Ermessen, sachlicher Rechtfertigung im Einzelfall und Vorliegen eines wichtigen Grundes sorgt jedoch für Rechtsunsicherheit, die gerade der Kautelarpraxis

---

211 Dazu ausf. *Hesselmann/Tillmann* Rn 92 ff.

besondere Probleme bereitet. Bis zu einer höchstrichterlichen Klärung durch entsprechende Fortentwicklung der vom II. Zivilsenat vorgenommenen Rechtsfortbildung kann man sich hier noch am besten mit einem Katalog hinreichend bestimmter wichtiger Gründe behelfen.

§ 31 Abfindung und Abfindungsbeschränkung

Übersicht

Schrifttum: (vgl. bereits die Nachweise unter § 30) *Bacher/Spieth*, Die Anfechtbarkeit oder Nichtigkeit fehlerhafter Abfindungsklauseln in der GmbH-Satzung, GmbHR 2003, 973 ff.; *Büttner*, Flexible Grenzen der Durchsetzbarkeit von Abfindungsbeschränkungen in Personengesellschaftsverträgen, in: Festschrift Nirk, 1992, S. 119 ff.; *Dauner-Lieb*, Angemessenheitskontrolle privatautonomer Selbstbindung des Gesellschafters? – Die Rechtsprechung des BGH zu Abfindungsklauseln und Schutzgemeinschaftsverträgen, GmbHR 1994, 836 ff.; *dies.*, Abfindungsklauseln bei Personengesellschaften, ZHR 1994, 271 ff.; *Ebenroth/Müller*, Die Abfindungsklausel im Recht der Personengesellschaften und der GmbH – Grenzen privatautonomer Gestaltung, BB 1993, 1153 ff.; *Engel*, Abfindungsklauseln – eine systematische Übersicht, NJW 1986, 345 ff.; *Gessler*, Zur Buchwertabfindung bei Ausscheiden aus einer GmbH, GmbHR 1984, 29 ff.; *Göllert/Ringling*, Die Eignung des Stuttgarter Verfahrens für die Unternehmens- bzw. Anteilsbewertung im Abfindungsfall, DB 1999, 516 ff.; *Großfeld*, Die Abfindung bei der Ausschließung aus einer Personengesellschaft, ZGR 1982, 141 ff.; *ders.*, Zweckmäßige Abfindungsklauseln, AG 1988, 217 ff.; *Grunewald*, Probleme bei der Aufbringung der Abfindung für ausgetretene GmbH-Gesellschafter, GmbHR 1991, 185 ff.; *Haack*, Renaissance der Abfindung zum Buchwert?, GmbHR 1994, 437 ff.; *Heller*, Das Stuttgarter Verfahren in Abfindungsklauseln, GmbHR 1999, 594 ff.; *Hennerkes/Binz*, Die Buchwertabfindung – ein Fossil unserer Zeit?, DB 1983, 2669 ff.; *Heß*, Die Nichtigkeit von Abfindungsklauseln betreffend den Geschäftsanteil ausgeschiedener Gesellschafter nach § 138 BGB, NZG 2001, 648 ff.; *Hülsmann*, Buchwertabfindung des GmbH-Gesellschafters im Lichte aktueller Rechtsprechung, GmbHR 2001, 409 ff.; *ders.*, Abfindungsklauseln: Kontrollkriterien der Rechtsprechung, NJW 2002, 1673 ff.; *Karakaya/Prüßner*, Gesellschaftsvertrag – Grenzen der Zulässigkeit von Abfindungsvereinbarungen, MDR 2002, 804 ff.; *Kort*, Die neuere Entwicklung im Recht der Abfindungsklauseln, DStR 1995, 1961 ff.; *Kübler*, Familiengesellschaften zwischen Institution und Vertrag – Kritische Überlegungen zur richterlichen Korrektur von Ausschluss- und Abfindungsklauseln, FS Sigle 2000, S. 183 ff.; *Lamprecht*, Fortsetzung der OHG bei Ausscheiden eines Gesellschafters?, ZIP 1997, 919 ff.; *Lange*, Neues zu Abfindungsklauseln, NZG 2001, 635 ff.; *Mecklenbrauck*, Abfindungsbeschränkungen in Gesellschaftsverträgen, BB 2000, 2001 ff.; *G. Müller*, Die Buchwertklausel – ein Dauerthema, ZIP 1995, 1561 ff.; *Notthoff*, Abfindungsregelungen in Personengesellschaftsverträgen, DStR 1998, 210 ff.; *Piltz*, Rechtspraktische Überlegungen zu Abfindungsklauseln in Gesellschaftsverträgen, BB 1994, 1021 ff.; *Quack*, Die Bedeutung gesellschaftsvertraglicher Bewertungsklauseln im Außenverhältnis, FS Sigle 2000, S. 201 ff.; *van Randenborgh*, Abfindungsklauseln in Gesellschaftsverträgen, BB 1986, 75 ff.; *Rasner*, Abfindungsklauseln in OHG- und KG-Verträgen, NJW 1983, 2905 ff.; *ders.*, Abfindungsklauseln bei Personengesellschaften, ZHR 1994, 292 ff.; *Reimann*, Gesellschaftsvertragliche Bewertungsvorschriften in der notariellen Praxis, DNotZ 1992, 472 ff.; *Rodewald*, Abfindungsprobleme bei Unternehmen in der Sanierungsphase – Beispielfall GmbH-Satzung, GmbHR 1996, 736 ff.; *Sigle*, Gedanken zur Wirksamkeit von Abfindungsklauseln in Gesellschaftsverträgen, ZGR 1999, 659 ff.; *Sörgel/Engelmann*, Möglichkeiten der Anpassung von Buchwertabfindungen an den niedrigeren Verkehrswert bei der GmbH, DStR 2003, 1260 ff.; *Stöber/Rafiqpoor*, Die Gestaltung abfindungsbeschränkender Regelungen in GmbH-Verträgen, GmbHR 2003, 872 ff.; *Stopp*, Unwirksame Begrenzung des Abfindungsanspruchs durch Satzungsänderung, NZG 2003, 1153 f.; *Ulmer*, Abfindungsklauseln in Personengesellschafts- und GmbH-Verträgen, in: Festschrift Quack, 1991, S. 477 ff.; *ders.*, Zwangseinziehung von Geschäftsanteilen und Ausschließung von GmbH-Gesellschaftern aus wichtigem Grund – Wirksamkeit schon vor Abfindung des betroffenen Gesellschafters?, FS Rittner 1991, S. 735 ff.; *Ulmer/Schäfer*, Die rechtliche Beurteilung vertraglicher Abfindungsbeschränkungen bei nachträglich eintretendem groben Mißverhältnis, ZGR 1995, 134 ff.; *Volmer*, Vertragspaternalismus im Gesellschaftsrecht? – Neues zu Abfindungsklauseln, DB 1998, 2507 ff.; *Wagner/Nonnenmacher*, Die Abfindung bei der Ausschließung aus einer Personengesellschaft, ZGR 1981, 674 ff.; *Wangler*, Steuerorientierte Gestaltung von Abfindungsklauseln – Ein kollektives Planungsproblem, DB 1994, 1432 ff.; *ders.*, Abfindungsregelungen in Gesellschaftsverträgen: Zum aktuellen Stand in Literatur, Rechtsprechung und Vertragspraxis, DB 2001, 1763 ff.; *Ziegler*, Gesellschaftsvertragliche Abfindungsklauseln mit Ratenzahlung, DB 2000, 2107 f.; *Zöller*, Nachfolge von Todes wegen bei Beteiligung an Personengesellschaften, MittRhNotK 1999, 121 ff.

I. Abfindungsanspruch

In Zusammenhang mit dem Austritt und Ausschluss von Gesellschaftern kommt der Abfindungsregelung in der Praxis von KG und GmbH gleichermaßen eine ganz entscheidende Bedeutung zu, die ihre Darstellung in einem gesonderten Kapitel rechtfertigt. Dabei soll im Folgenden einheitlich von dem **Begriff der Abfindung** ausgegangen werden, obwohl bei der GmbH in einigen Fällen des Ausscheidens korrekterweise von einem Einziehungsentgelt gesprochen werden müsste, dessen rechtliche Behandlung sich allerdings im Ergebnis nur unwesentlich unterscheidet.[1] Eine weitere Besonderheit der GmbH ist, dass bei ihr der Unversehrtheitsgrundsatz berücksichtigt werden muss. Ist die Gesellschaft danach unter dem Gesichtspunkt der Kapitalerhaltung (vgl. §§ 34 Abs. 3, 33 Abs. 2 S. 1, 30 Abs. 1 GmbHG) nicht in der Lage, die dem ausscheidenden Gesellschafter zustehende Abfindung zu zahlen, bleibt diesem nur ein außerordentliches Auflösungsrecht, das er nach Maßgabe von § 61 GmbHG durchsetzen kann.[2] Im Übrigen wird sich erweisen, dass sich die Rechtsprechung zum Abfindungsanspruch des aus einer GmbH ausscheidenden Gesellschafters weitgehend an diejenige zum Abfindungsanspruch des aus einer Personengesellschaft ausscheidenden Gesellschafters angenähert hat. 1

[1] *Hesselmann/Tillmann* Rn 628: „Rechtsformneutralität des Abfindungsrechts"; i. E. ebenso *Kort*, DStR 1995, 1961, 1966; zu dem Problem, inwieweit eine Einziehungsklausel, die überhaupt kein Entgelt vorsieht, eine Schenkung enthält, vgl. *Scholz/Westermann* § 34 GmbHG Rn 23.

[2] *Hachenburg/Ulmer* Anh. § 34 GmbHG Rn 56; *Scholz/Winter* § 15 GmbHG Rn 127.

1. Kommanditgesellschaft

2 Ist im Gesellschaftsvertrag nichts anderes vorgesehen (s. Rn 16), steht dem aus einer KG ausgeschiedenen Gesellschafter ein sofort (vgl. § 271 BGB) und in voller Höhe fälliger **Anspruch auf Auszahlung des Auseinandersetzungsguthabens** zu (§§ 161 Abs. 2, 105 Abs. 3 HGB, § 738 Abs. 1 S. 2 BGB). Hieran hat auch das Handelsrechtsreformgesetz im Grundsatz nichts geändert, obwohl angesichts des nunmehr als gesetzlichem Regelfall vorgesehenen Fortbestands der Gesellschaft nach Ausscheiden eines Gesellschafters das Auseinandersetzungsguthaben nur noch fiktiv ist. Für den Fall einer vertraglich vorgesehenen Abfindung leiten die Gerichte überwiegend aus § 259 BGB einen umfassenden Auskunftsanspruch des ausgeschiedenen Gesellschafters ab, der allerdings eingeschränkt wird, soweit er sich gegen einen früheren Mitgesellschafter richtet, der inzwischen seinerseits aus der Gesellschaft ausgeschieden ist.[3]

3 Zur Ermittlung eines am wirtschaftlichen Wert des Unternehmens ausgerichteten Abfindungsanspruchs ist nicht auf den Liquidations- und damit den Zerschlagungswert des Unternehmens abzustellen, sondern auf den Fortführungswert, so dass die zukünftige Ertragsfähigkeit des Unternehmens im Vordergrund steht.[4] Hierzu wird eine möglichst vorteilhafte Verwertung des Unternehmens durch Veräußerung als Einheit unterstellt.[5] Es bleibt also bei einer Fiktion, die nur mit **Unterstützung anerkannter Bewertungsmethoden** zu einem angemessenen Resultat geführt werden kann. Dies gilt grundsätzlich für alle Fälle des einseitig erklärten Austritts und Ausschlusses gleichermaßen, während bei einvernehmlichem Ausscheiden eines Gesellschafters die Abfindungsfrage in der Regel bereits wesentlicher Bestandteil der Austrittsvereinbarung sein wird. Ein Gesellschafter, der ein Abfindungsangebot zunächst als zu niedrig abgelehnt hat, kann es jedoch anschließend nicht als zu hoch beanstanden, wenn ein oder mehrere Mitgesellschafter hiervon Gebrauch machen, nachdem er selbst untätig geblieben ist.[6] Andererseits muss die Gesellschaft, die aufgrund einer für richtig erachteten Bilanz einen Abfindungsanspruch ermittelt und ihrem Vertragsangebot zugrunde legt, das Risiko, dass ihre Berechnung zutrifft, selbst tragen.[7]

4 Trotz einer insgesamt positiven Würdigung der Handelsrechtsreform wird gerade der Erhalt des uneingeschränkten Abfindungsanspruchs von einigen kritisiert, da diese dadurch die vom Gesetzgeber beabsichtigte **Sicherung der Unternehmenskontinuität** gefährdet sehen.[8] In der Tat

---

[3] BGH NZG 2000, 780 gegen OLG Naumburg NZG 1999, 111 m. Anm. *Behnke.*

[4] *Kort*, DStR 1995, 1961 m. w. N.

[5] Grundlegend BGH NJW 1955, 1025; danach etwa BGH NJW 1985, 192; OLG Naumburg NZG 2001, 658; krit. *Sigle*, ZGR 1999, 659, 669 f.

[6] Für die GmbH etwa OLG Hamm GmbHR 1994, 256, 257.

[7] Zu § 44 Abs. 1 LwAnpG z. B. BGH WM 1999, 494, 496.

[8] *Zöller*, MittRhNotK 1999, 121, 144 f.; *Ammon*, DStR 1998, 1474, 1477; *Bydlinski*, ZIP 1998, 1169, 1175; *Gustavus*, GmbHR 1998, 17, 20; *Lamprecht*, ZIP 1997, 919, 920 ff.

wird durch sofort und in voller Höhe fällige Abfindungszahlungen das Überleben betroffener Gesellschaften und damit zugleich die erklärte Zielsetzung der Reform in Frage gestellt. Der Gesetzgeber hat die Rechtsfrage, welches Schicksal eine Personenhandelsgesellschaft nach dem Ausscheiden eines Gesellschafters erleidet, zugunsten des Fortbestands mit den verbleibenden Gesellschaftern geklärt, ohne den Aspekt der wirtschaftlichen Leistungsfähigkeit der Gesellschaft zu berücksichtigen,[9] was aber angesichts der damit verbundenen Schwierigkeiten auch nicht zu erwarten war.[10] Die Fortführung der Gesellschaft als neuer gesetzlicher Regelfall kann daher nach wie vor daran scheitern, dass die zur Erfüllung des Abfindungsanspruchs des ausscheidenden Gesellschafters notwendigen Mittel nicht aufgebracht werden können. Es ist deshalb gut vorstellbar, dass es auch nach der Handelsrechtsreform noch Klauseln geben wird, in denen sich die Gesellschafter ein Wahlrecht vorbehalten, bei Ausscheiden eines von ihnen die Gesellschaft entweder zu liquidieren oder unter Abfindung des Ausgeschiedenen fortzusetzen.[11] Ohne eine solche Regelung kommt es ganz entscheidend darauf an, welche Vereinbarung hinsichtlich der Abfindung zwischen den Beteiligten zustande kommt und inwieweit diese durch gesellschaftsvertragliche Abfindungsklauseln präjudiziert werden kann (s. Rn 19 ff.).

Zur **Ermittlung der maßgeblichen Abfindungshöhe** wird jedenfalls 5
dann die Aufstellung einer Abschichtungsbilanz verlangt, wenn andernfalls eine exakte Berechnung ausgeschlossen erscheint.[12] Die Verpflichtung zur Bilanzerstellung trifft dabei die Gesellschaft sowie diejenigen Gesellschafter, die hierzu am besten in der Lage sind.[13] Die Mitwirkung der übrigen Gesellschafter kann allerdings ebenso wenig ausgeschlossen werden wie deren allgemeines Einsichts- und Informationsrecht nach §§ 810, 242 BGB.[14] Ziel ist es, den Verkaufswert des gesamten werbenden Unternehmens am Markt unter Außerachtlassung der eingeschränkten Verkehrsfähigkeit des Anteils zu ermitteln oder im Zweifel auch zu schätzen (vgl. § 738 Abs. 2 BGB).[15]

Der maßgebliche **Zeitpunkt für die Wertfeststellung** ist beim Austritt 6
eines Gesellschafters der Moment seines Ausscheidens, während es im Fall der Ausschließungsklage nach § 140 Abs. 2 HGB auf den Zeitpunkt der

---

[9] *Gustavus*, GmbHR 1998, 17, 20.

[10] Zutr. *Lamprecht*, ZIP 1997, 919, 922, der stattdessen für ein gesetzliches Fortsetzungswahlrecht plädiert.

[11] Nach *Gustavus*, GmbHR 1998, 17, 20 hat die alte Rechtslage in weiteren Fällen zu sachgerechteren Ergebnissen geführt; vgl. auch *Lamprecht*, ZIP 1997, 919, 920.

[12] BGH WM 1980, 1362, 1363. Soweit es ausschließlich um die Verteilung von Verlust geht, wird eine Abschichtungsbilanz dagegen für entbehrlich gehalten, vgl. BGH DStR 1996, 31 m. Anm. *Goette*; zur Verlustverteilung s. *Koller* § 131 HGB Rn 15 m.w.N.

[13] BGH BB 1973, 441; *Koller* § 131 HGB Rn 11; *Hartmann*, Ausscheidender Gesellschafter, S. 51.

[14] BGHZ 25, 115, 123; BGH NJW 1989, 225; NJW 1989, 3272; OLG Düsseldorf NZG 1999, 876, 877; OLG Karlsruhe NZG 1999, 878 m. Anm. *Michalski*.

[15] BGH WM 1973, 286, 287; OLG Köln NZG 1998, 779, 780.

Klageerhebung ankommt. Etwas anderes muss allerdings dann gelten, wenn die zu einem stattgebenden Urteil führenden Ausschließungsgründe nachgeschoben bzw. danach erstmals geltend gemacht wurden. Hier ist der Zeitpunkt des Nachschiebens bzw. der erstmaligen Einführung in den Prozess maßgebend. Da die Verzinsung des Abfindungsanspruchs nicht abschließend geklärt ist, empfiehlt sich eine klarstellende Regelung im Gesellschaftsvertrag.[16]

7 Die zur Wertermittlung anzuwendenden **Berechnungsmethoden** sind weder gesetzlich verbindlich vorgeschrieben noch durch die höchstrichterliche Rechtsprechung eindeutig geklärt. Der BGH legt offenbar am häufigsten die Ertragswertmethode zugrunde,[17] die er gegebenenfalls mit der Substanzwertmethode kombiniert,[18] doch bleiben durchaus noch andere Berechnungsmodelle möglich,[19] wobei der anteilige Liquidationswert stets die Untergrenze bildet.[20] Die Gerichte betonen damit den Aspekt der Einzelfallgerechtigkeit, der bei streitigem Parteivortrag in der Regel die Einholung von Sachverständigengutachten erforderlich macht.[21] Die Beweislast trägt dabei der ausscheidende Gesellschafter als Inhaber des Abfindungsanspruchs,[22] der nach allgemeinen Grundsätzen (vgl. § 717 S. 2 BGB) abgetreten werden kann. Hat jedoch der Gesellschafter seinen Gesellschaftsanteil vor dem Entstehen des Abfindungsanspruchs rechtsgeschäftlich übertragen, so geht dessen Abtretung ins Leere.[23]

8 Auch wenn keine Pflicht zur **Bilanzfeststellung** besteht,[24] erfolgt diese in der Praxis regelmäßig schon aus Beweisgründen, um die einzelnen Bilanzposten zwischen den Beteiligten zu fixieren. Die Höhe der Abfindung ergibt sich aus einer Gegenüberstellung der Abschichtungsbilanz und der letzten Jahresbilanz unter Berücksichtigung der in den §§ 120, 121 HGB normierten Grundsätze (vgl. §§ 19 ff.) bzw. entsprechender gesellschafts-

---

[16] Einzelheiten bei MünchHdb. GesR II/*Piehler* KG § 39 Rn 15; *Hachenburg/Ulmer* § 34 GmbHG Rn 75; aus der Rspr. z. B. OLG Köln NZG 1999, 1222, 1228.

[17] Vgl. z. B. BGH NJW 1985, 192, 193; für ihre Zugrundelegung plädiert etwa *Ulmer*, FS Quack, S. 477, 490 ff., der auch Formulierungsvorschläge bietet (S. 501 ff.).

[18] BGH NJW 1982, 2441; NJW 1993, 2101, 2103, wo der II. Zivilsenat noch einmal ausdrücklich festgestellt hat, dass der Tatrichter an keine bestimmte Wertermittlungsmethode gebunden ist.

[19] So erfolgte die Wertermittlung in BGH WM 1979, 432 auf der Basis des Zukunftserfolgswerts; zur Berücksichtigung der individuellen Steuerlast vgl. die Diskussion zwischen *Wagner/Nonnenmacher*, ZGR 1981, 674 ff. und *Großfeld*, ZGR 1982, 141 ff.

[20] BayObLG BB 1995, 1759, 1760; *Reichert*, GmbHR 1998, 257, 262; *Hesselmann/Tillmann* Rn 628; diff. dagegen *Scholz/Westermann* § 34 GmbHG Rn 31.

[21] BGH NJW 1985, 192, 193. Inwieweit dies Auswirkungen auf die Fälligkeit des Abfindungsanspruchs hat, ist in Rspr. und Lit. umstritten; vgl. die Nachweise bei *Koller* § 131 HGB Rn 13.

[22] BGH NJW 1989, 3272; OLG Naumburg NZG 2001, 658 m.w.N.

[23] BGH NJW 1984, 489; BGHZ 104, 351, 353; BGH NJW 1989, 453; NJW 1997, 3370, 3371.

[24] BGH NJW-RR 1986, 1419; *Koller* § 131 HGB Rn 12 m.w.N.

vertraglicher Regelungen (vgl. § 109 HGB).[25] Aus der Summe einzelner Rechnungsposten ergibt sich ein Abfindungsguthaben im Wege der Gesamtabrechnung, durch die alle Rechte und Verbindlichkeiten ihre rechtliche Selbständigkeit verlieren und daher auch nicht mehr für sich genommen geltend gemacht werden können.[26] Nach allgemeiner Ansicht gelten für die Ermittlung des Abfindungsanspruchs des ausscheidenden Gesellschafters dieselben Grundsätze wie für die Berechnung des Auseinandersetzungsanspruchs bei Auflösung der Gesellschaft.[27] Für Letztere ist anerkannt, dass die auf dem Gesellschaftsverhältnis beruhenden Ansprüche nur noch im Rahmen einer abschließenden Auseinandersetzungsrechnung Berücksichtigung finden können.[28] Für den Fall des Ausscheidens eines Kommanditisten bedeutet dies, dass auch die gegen ihn bestehende Einlageforderung der Gesellschaft regelmäßig nicht mehr isoliert geltend gemacht werden kann, sondern lediglich als unselbständiger Rechnungsposten im Rahmen der Berechnung des Abfindungsanspruchs des Ausscheidenden zu berücksichtigen ist.[29] Aus prozessualer Sicht bleibt allerdings die Lösung des BGH hervorzuheben, nach der „die Geltendmachung einer nicht mehr isoliert einklagbaren, weil in eine Auseinandersetzungs- bzw. Abfindungsrechnung einzubeziehenden Forderung ... ohne weiteres einen entsprechenden Feststellungsantrag" enthält.[30] Dies hat zur Folge, dass die gegen den ausgeschiedenen Kommanditisten gerichtete Klage der Gesellschaft auf Einlagezahlung nicht gänzlich abgewiesen wird, sondern zu der Feststellung führt, dass die Einlageforderung im Rahmen der Berechnung der dem Kommanditisten zustehenden Abfindung als unselbständiger Rechnungsposten zugunsten der KG zu berücksichtigen ist.

Eine Ausnahme von diesen Rechtsprechungsgrundsätzen gilt jedoch **9**
nicht nur für schwebende Geschäfte im Sinne von § 740 BGB, die gesondert abzurechnen sind,[31] sondern auch dann, wenn der dem ausgeschiedenen Gesellschafter zustehende Betrag von vornherein feststeht oder es lediglich um die Verteilung des letzten bzw. einzigen Vermögensgegenstands geht.[32] Hat ein Kommanditist Verbindlichkeiten der GmbH & Co. KG übernommen, ist der Wert dieser Schuldübernahme bei seinem Ausscheiden aus der Gesellschaft in entsprechender Anwendung von § 738 Abs. 1 S. 2 BGB im Rahmen seines Abfindungsanspruchs zu berücksichtigen.

---

[25] Einzelheiten bei *Koller* § 131 HGB Rn 12; zur Verteilung von Abschreibungen unter Berücksichtigung eventuellen Sonderbetriebsvermögens eines Gesellschafters vgl. OLG Düsseldorf NZG 2001, 695 für den Fall einer GbR.

[26] S. nur BGH NZG 2000, 832, 833 m.w.N.

[27] BGH NJW 1980, 231, 232; WM 1981, 487.

[28] BGH NJW-RR 1993, 1187; NJW 1995, 188.

[29] BGH NZG 2000, 832, 833.

[30] BGH NZG 2000, 832, 833 unter Verweis auf BGH ZIP 1993, 919, 920; NJW 1995, 188.

[31] BGH NJW 1993, 1194, 1195 zählt hierzu alle nicht vollständig erfüllten unternehmensbezogenen Umsatzgeschäfte, an welche die Gesellschaft im Moment des Ausscheidens gebunden war; nach BGH NJW-RR 1986, 454, 455; NJW-RR 1986, 1160, 1161 fallen Dauerschuldverhältnisse nicht unter diese Regelung.

[32] BGH NJW-RR 1993, 1187; NJW 1995, 188; NJW 1999, 3557.

Dies gilt selbst dann, wenn er ohne Berücksichtigung der privaten Schuldübernahme nichts erhielte oder nach § 739 BGB zuzahlen müsste.[33] Ein Gesellschafter, der nach seinem Ausscheiden ohne gesellschaftsvertragliche Grundlage Beträge entnimmt, muss diese schließlich noch vor Beendigung der Gesamtauseinandersetzung zurückgeben.[34]

2. GmbH

10 Mangels einer ausdrücklichen Regelung im GmbHG ist es heute unstreitig, dass § 738 Abs. 1 S. 2 BGB in seiner für Personengesellschaften vorherrschenden Interpretation, nach der ein ausscheidender Gesellschafter mit dem **Verkehrswert** als dem vollen wirtschaftlichen Wert seines Anteils abzufinden ist, analog auch für die GmbH gilt.[35] Eine generell anzuwendende, weil allein richtige Bewertungsmethode erkennt der BGH jedoch auch hier nicht an.[36] Im Wesentlichen gelten die soeben zur KG dargestellten Grundsätze. Fällig wird die Abfindung allerdings erst mit der Abtretung des Geschäftsanteils bzw. dem Einziehungsbeschluss durch die Gesellschaft.[37] Als maßgeblicher Zeitpunkt für die Wertberechnung ist dagegen der Zugang der Austrittserklärung bei der GmbH bzw. der Zugang der Einziehungserklärung bei dem betreffenden Gesellschafter anerkannt. Bei Zwangseinziehung eines Geschäftsanteils ist darüber hinaus § 34 Abs. 2 GmbHG zu beachten, der auch alle Erweiterungen der Einziehungsvoraussetzungen erfasst. Wird die Höhe der bei der Zwangseinziehung von Geschäftsanteilen zu gewährenden Abfindung generell durch Regelung im Gesellschaftsvertrag nachträglich eingeschränkt, bedarf es deshalb der Zustimmung aller Gesellschafter. Hat nur ein Gesellschafter nicht zugestimmt, ist die Satzungsänderung gescheitert und die entsprechende Klausel nach § 34 Abs. 2 GmbHG unwirksam.[38]

11 Der Abfindungsanspruch des ausscheidenden GmbH-Gesellschafters ist nach § 34 Abs. 3 GmbHG nur durchsetzbar, wenn und soweit durch seine Erfüllung das in § 30 Abs. 1 GmbHG normierte **Auszahlungsverbot** nicht verletzt wird. Das bedeutet, dass die Abfindungszahlung bei Einziehung eines Geschäftsanteils ohne Beeinträchtigung des zur Deckung des Stammkapitals erforderlichen Gesellschaftsvermögens möglich sein muss. Der Einziehungsbeschluss der Gesellschafterversammlung verstößt deshalb gegen §§ 34 Abs. 3, 30 Abs. 1 GmbHG, wenn bereits bei der Beschlussfassung feststeht, dass die Gesellschaft die dem ausscheidenden Gesellschafter ge-

---

[33] OLG Karlsruhe NZG 2000, 1123.

[34] OLG Köln NJW-RR 1997, 160.

[35] BGH NJW 1992, 892; OLG Köln NZG 1998, 779, 780; *Hachenburg/Ulmer* § 34 Rn 68; *Hesselmann/Tillmann* Rn 627; *Hartmann*, Ausscheidender Gesellschafter, S. 151; *Lange*, NZG 2001, 648, 649; offen gelassen von OLG Dresden NZG 2000, 1042, 1043; diff. *Scholz/Westermann* § 34 GmbHG Rn 22.

[36] BGH NJW 1985, 192; NJW 1992, 892; ein anschauliches Bsp. zur Berechnung der Abfindung bietet OLG Köln NZG 1999, 1222, 1225 ff.

[37] Diff. *Hachenburg/Ulmer* § 34 GmbHG Rn 76.

[38] BGH NJW 1992, 892 m. Anm. *Schulze-Osterloh*, JZ 1993, 45 f.; vgl. dazu auch das nach Zurückverweisung ergangene Urteil OLG Oldenburg GmbHR 1997, 503.

schuldete Abfindung ganz oder teilweise nur aus dem gebundenen Vermögen bezahlen kann und der Beschluss nicht klarstellt, dass die Zahlung nur bei Vorhandensein ungebundenen Vermögens erfolgen darf.[39] Hiervon ist auszugehen, wenn weder die letzte Jahresbilanz verfügbare Rücklagen in Höhe der voraussichtlichen Abfindung enthält, noch der zwischenzeitliche Geschäftsverlauf eine begründete Aussicht auf entsprechende Überschüsse rechtfertigt.[40] Dagegen wird das Auszahlungsverbot nicht tangiert, wenn der Abfindungsbetrag von einem Dritten geleistet wird, der auf einen Erstattungsanspruch gegen die Gesellschaft verzichtet.[41] Der **Grundsatz der Kapitalerhaltung** wirkt sich über § 33 Abs. 2 S. 1 GmbHG auch auf den Erwerb des Geschäftsanteils durch die GmbH aus, da auch in diesen Fällen durch das Ausscheiden eines Gesellschafters keine Unterbilanz entstehen soll. § 33 Abs. 2 S. 1 GmbHG verlangt allerdings zusätzlich, dass die Gesellschaft die nach § 272 Abs. 4 HGB vorgeschriebene Rücklage für eigene Anteile bildet, was regelmäßig durch Umschichtung frei verfügbarer Mittel geschehen wird. Wird der Geschäftsanteil dagegen an einen von der Gesellschaft benannten Dritten abgetreten, erlangt § 30 Abs. 1 GmbHG letztlich keine Bedeutung.[42]

Verstößt die Abfindungszahlung gegen §§ 34 Abs. 3, 30 Abs. 1, 33 **12**
Abs. 2 S. 1 GmbHG, stellt sich die Frage, welche Auswirkungen dies auf die Mitgliedschaft des ausscheidenden Gesellschafters hat. Die überwiegende Meinung betont seinen Schutz, wenn sie den Verlust der Mitgliedschaft in diesen Fällen von der vollständigen und am Maßstab der vorgenannten Vorschriften wirksamen Erfüllung seiner Abfindungsforderung abhängig macht (s. § 30 Rn 59). Auch wenn der BGH dies bislang ausdrücklich nur für den Fall der Ausschließungsklage höchstrichterlich entschieden hat,[43] ist die Konstruktion einer derartigen **aufschiebenden Bedingung** inzwischen auch für den Fall der Zwangseinziehung eines Geschäftsanteils anerkannt.[44] Der ausscheidende Gesellschafter soll insbesondere nicht der Gefahr ausgesetzt werden, die Abfindungszahlung nach § 31 Abs. 1 GmbHG ersetzen zu müssen und zugleich seinen Geschäftsanteil verloren zu ha-

---

39 BGH NZG 2000, 1027, 1028 f. m. Anm. *Lange*, NZG 2001, 635, 639 ff. gegen OLG Hamm NZG 1999, 599; OLG Celle NZG 1998, 29 sieht hierin einen Anfechtungsgrund und keinen Nichtigkeitsgrund analog § 241 Nr. 3 AktG; vgl. auch *Grunewald*, GmbHR 1991, 185 ff.; *Ulmer/Schäfer*, ZGR 1995, 134, 137; *Scholz/Westermann* § 34 GmbHG Rn 52; *Bacher/Spieth*, GmbHR 2003, 973, 974 ff.; BGH NJW 1992, 892 m. Anm. *Schulze-Osterloh*, JZ 1993, 45 f.

40 OLG Celle NZG 1998, 29, 30.

41 OLG Hamm NZG 1999, 597, 598.

42 Zu den Problemen, wenn der Dritte die geschuldete Abfindung nicht erbringt, vgl. *Grunewald*, GmbHR 1991, 185, 187.

43 BGH NJW 1953, 780.

44 Die Problematik zusammenfassend KG GmbHR 1999, 1202, 1203 f.; vgl. auch OLG Köln GmbHR 1996, 609; OLG Frankfurt a. M. GmbHR 1997, 171; OLG Zweibrücken GmbHR 1997, 939, 941; ausdr. offen gelassen von BGH NJW-RR 1995, 667, 668; *Ulmer*, FS Rittner, S. 735, 751 ff. will dagegen die Konstruktion eines aufschiebend bedingten Einziehungsbeschlusses für den Regelfall durch die Annahme eines Einziehungsbeschlusses unter auflösender Rechtsbedingung ersetzen.

ben.[45] Danach steht jede Einziehung eines Geschäftsanteils unter der aufschiebenden Bedingung, dass die geschuldete Abfindung vollständig ohne Verstoß gegen § 30 Abs. 1 GmbHG gezahlt werden kann, während sich bei Erwerb des Geschäftsanteils durch die Gesellschaft deren Verpflichtung zu einem entsprechend bedingten Abtretungsverlangen bereits aus der Wertung in § 33 Abs. 2 S. 3 GmbHG ergibt. Hiervon kann auch durch eine gesellschaftsvertragliche Vereinbarung nicht abgewichen werden.[46]

13 Die mit der **Bedingungstheorie** vor allem bei weit hinausgeschobenen Fälligkeitsterminen verbundene Rechtsunsicherheit bezüglich des Gesellschafterbestands muss mangels brauchbarer und die Interessen der Beteiligten angemessen berücksichtigender Alternativmodelle hingenommen werden.[47] Dies bedeutet allerdings auch, dass gegebenenfalls der Rechtsgedanke des § 162 BGB analog herangezogen werden kann. Ein aus der GmbH ausgeschlossener Gesellschafter muss sich danach bei Verweigerung seiner zur Wertermittlung notwendigen Mitwirkung so behandeln lassen, als habe die Abfindung dem wahren Verkehrswert des eingezogenen Geschäftsanteils entsprochen.[48] Umgekehrt kann sich die GmbH nicht auf den fehlenden Vollzug einer Austrittskündigung durch Einziehung oder Abtretung des Geschäftsanteils berufen und ein Zurückbehaltungsrecht geltend machen, wenn sie ihr anlässlich der Durchführung des Austritts bestehendes Wahlrecht über Jahre hinweg nicht ausgeübt hat.[49] Das ihr üblicherweise zustehende Recht, Zug um Zug gegen Zahlung der Abfindung nach ihrer Wahl den Anteil des Austrittsberechtigten einzuziehen oder die Abtretung des Anteils an sich oder einen von ihr benannten Mitgesellschafter oder Dritten zu verlangen, entfällt in einem solchen Fall und sie ist stattdessen unbedingt zur Zahlung der Abfindung zu verurteilen.[50]

14 Die in § 30 Abs. 1 GmbHG zum Ausdruck kommende Kapitalbindung bezieht sich auf das zur Deckung des Stammkapitals erforderliche Gesellschaftsvermögen und dient insoweit der Kapitalerhaltung. Der die Finanzverfassung der GmbH bestimmende **Unversehrtheitsgrundsatz** verlangt aber zuvor bereits, dass das Stammkapital vollständig aufgebracht wurde. Auch ohne ausdrückliche Nennung in § 34 Abs. 3 GmbHG ist deshalb anerkannt, dass vor der Einziehung eines Geschäftsanteils das Volleinzahlungsgebot erfüllt sein muss, um einen Widerspruch zu § 19 Abs. 2 S. 1 GmbHG zu vermeiden.[51] Gleiches gilt wiederum nach § 33 Abs. 1 GmbHG, wenn die Gesellschaft den Geschäftsanteil des ausscheidenden Gesellschafters selbst erwerben will. Nur wenn ein nicht voll einbezahlter Geschäftsanteil von einem Mitgesellschafter oder gesellschaftsfremden

---

[45] BGH NJW 1953, 780; OLG Celle NZG 1998, 29, 30.

[46] KG GmbHR 1999, 1202, 1205.

[47] Ausf. Überblick zum Meinungsstand bei *Schindler*, Austrittsrecht, S. 69 ff.; vgl. auch *Scholz/Westermann* § 34 GmbHG Rn 53 ff.; *Ulmer*, FS Rittner, S. 735, 742 ff.

[48] OLG Hamm NZG 1999, 597, 598, wo ein Gesellschafter-Geschäftsführer die zur Wertermittlung erforderlichen Geschäftsunterlagen nicht herausgeben wollte.

[49] OLG Köln NZG 1998, 779, 781.

[50] OLG Köln NZG 1998, 779, 781.

[51] Vgl. nur BGH NJW 1953, 780; *Scholz/Westerman* § 34 GmbHG Rn 49.

Dritten erworben wird, liegt kein Verstoß gegen den Grundsatz der realen Kapitalaufbringung vor, da dann die Einlagepflicht gegenüber der Gesellschaft bestehen bleibt.[52]

In allen übrigen Fällen kann dem ausscheidungswilligen Gesellschafter finanztechnisch nur mit einer die Mindestkapitalgrenze des § 5 Abs. 1 GmbHG beachtenden **Kapitalherabsetzung** nach § 58 GmbHG geholfen werden, auf deren Durchführung er allerdings keinen klagbaren Anspruch hat.[53] Kommt es gleichwohl zu einer solchen Kapitalmaßnahme, muss diese vollständig durchgeführt und in das Handelsregister eingetragen sein, bevor die Einziehung erfolgen kann.[54] Am Ende bleibt dem Gesellschafter in der Regel nur, die restliche Einlagesumme tatsächlich zu erbringen, da ihre Verrechnung mit der von der Gesellschaft geschuldeten Abfindungszahlung nach § 19 Abs. 2 S. 2 GmbHG ebenfalls am Unversehrtheitsgrundsatz scheitert. Für den Fall, dass der Abfindungsbetrag die restliche Einlagesumme übersteigt, nach Grund und Höhe unbestritten ist und aus den freien Rücklagen der Gesellschaft erbracht werden kann, wird allerdings von einigen eine Aufrechnungsmöglichkeit der GmbH sowohl bei Erwerb des Geschäftsanteils durch diese als auch bei Einziehung des Geschäftsanteils bejaht.[55] 15

II. Regelungen im Gesellschaftsvertrag

1. Bedeutung von Abfindungsklauseln

Vor dem Hintergrund der zahlreichen Probleme, die sich im Zusammenhang mit dem Abfindungsanspruch des ausscheidenden Gesellschafters ergeben können, sollen in den Gesellschaftsvertrag integrierte Abfindungsklauseln[56] in erster Linie dazu dienen, **Streitigkeiten mit der Gesellschaft und den Mitgesellschaftern** aus diesem Anlass nach Möglichkeit zu vermeiden.[57] Dieses Ziel gilt für KG und GmbH gleichermaßen und wird am ehesten mit umfassenden Formulierungen erreicht, die sich inhaltlich nicht nur auf einzelne Punkte beschränken. Neben der Methode der Wertermittlung gilt es vor allem, die konkreten Zahlungsmodalitäten festzulegen, wobei das Interesse der Gesellschaft an einer Schonung ihrer Liquidität mit dem Interesse des ausscheidenden Gesellschafters an einer sofortigen Fälligkeit in voller Höhe zu einem für beide Seiten angemessenen Ausgleich gebracht werden muss. Häufig wird deshalb eine sich über mehrere Jahre erstreckende Ratenzahlung vereinbart (s. Rn 27). 16

---

[52] *Schindler*, Austrittsrecht, S. 67.

[53] *Schindler*, Austrittsrecht, S. 68.

[54] *Scholz/Westermann* § 34 GmbHG Rn 57.

[55] *Scholz/Westermann* § 34 GmbHG Rn 49; *Schindler*, Austrittsrecht, S. 68 f. m.w.N.

[56] Zur tatsächlichen Verbreitung vgl. die Nachweise bei *Hachenburg/Ulmer* § 34 GmbHG Rn 77; zu steuerlichen Auswirkungen *Wangler*, DB 1994, 1432 ff.

[57] Als weitere Motive nennt *Piltz*, BB 1994, 1021 z. B. den Erhalt des Unternehmens, die Vermeidung von Bewertungsgutachten und die Disziplinierung der Gesellschafter.

17 Die **Wertermittlung** wird in der Regel in die Hände eines erfahrenen Experten gelegt, der in der Abfindungsklausel von vornherein hinreichend bestimmt zu bezeichnen ist. Wird ihm auch die maßgebliche Berechnungsmethode vorgegeben, muss er sich grundsätzlich daran halten. Die Gesellschafter müssen sich daher bereits bei der Formulierung der Abfindungsklausel darüber im Klaren sein, welchen Regeln sie sich für den Fall ihres Ausscheidens aus der Gesellschaft unterwerfen wollen. Angesichts der Unterschiedlichkeit der durch die anerkannten Bewertungsverfahren hervorgebrachten Ergebnisse will diese Entscheidung wohl überlegt sein und sollte immer die individuellen Gegebenheiten des Unternehmens berücksichtigen. Nur selten führen Substanz- oder Ertragswertmethode in ihrer reinen Form zu für alle Beteiligten zufrieden stellenden Resultaten. Aber auch Kombinationsmodelle wie das vor allem für die Bewertung von GmbH-Anteilen eingesetzte Stuttgarter Verfahren können zu einer erheblichen Über- oder Unterbewertung im Einzelfall führen.[58]

18 Selbst das viele Nachteile der Konkurrenzmethoden vermeidende und deshalb in den letzten Jahren zunehmend verbreitete Discounted-Cashflow-Verfahren ist nicht für jede Unternehmenskonstellation das richtige.[59] Es ist daher dringend anzuraten, sich bei der Gestaltung der Abfindungsklausel kompetent beraten zu lassen.[60] Der BGH unterzieht Abfindungsklauseln ebenso wie Hinauskündigungsklauseln (s. § 30 Rn 40 u. 56) einer strengen **Inhaltskontrolle** am Maßstab der §§ 138 (Sittenwidrigkeit durch Knebelung oder Gläubigerbenachteiligung), 242 (Treuwidrigkeit durch Rechtsmissbrauch), 723 Abs. 3 BGB (Nichtigkeit durch unzulässige Beeinträchtigung der Kündigungsfreiheit),[61] die im Laufe der Zeit zur Herausbildung von Fallgruppen geführt hat, die im Folgenden näher beleuchtet werden sollen.[62]

---

[58] Vgl. ausf. *Göllert/Ringling*, DB 1999, 516 ff.; zuvor bereits *Großfeld*, AG 1988, 217, 221; *Ulmer*, FS Quack, S. 477, 483 f.; zu den unterschiedlichen Fassungen des Stuttgarter Verfahrens vgl. *Heller*, GmbHR 1999, 594, 595 f.; aus der Rechtsprechung z. B. BFHE 112, 510; 126, 227; 163, 471; 164, 91; BFH NZG 2000, 1190, 1191 f.

[59] *Hesselmann/Tillmann* Rn 630 rechnen dieser Methode für Abfindungsregelungen bislang nur untergeordnete Bedeutung zu; einen Überblick über die betriebswirtschaftlichen Bewertungsgrundsätze und ihre Anwendung durch die Gerichte aus Sicht des Notars vermittelt *Reimann*, DNotZ 1992, 472 ff.

[60] Zu dem Haftungsrisiko der für die Vertragsgestaltung verantwortlichen Berater bei nachträglich festgestelltem groben Missverhältnis des Bewertungsergebnisses zum tatsächlichen Unternehmenswert vgl. *Göllert/Ringling*, DB 1999, 516, 519.

[61] Vgl. BGH NJW 1993, 2101; NJW 1994, 2536.

[62] Einen Überblick über die Entwicklung der höchstrichterlichen Rechtsprechung vermitteln *Mecklenbrauck*, BB 2000, 2001 ff.; *Wangler*, DB 2001, 1763, 1765 ff.; *Hülsmann*, NJW 2002, 1673, 1674 ff.; *Karakaya/Prüßner*, MDR 2002, 804, 805 ff.; *Stöber/Rafiqpoor*, GmbHR 2003, 872, 873 ff.; aus Sicht des Notars bereits *Reimann*, DNotZ 1992, 472, 476 ff.; die Kritik unter besonderer Berücksichtigung der Interessen von Familiengesellschaften zusammenfassend *Kübler*, FS Sigle, S. 183, 186 ff.; zu den Besonderheiten in der Sanierungsphase des Unternehmens schließlich *Rodewald*, GmbHR 1996, 736, 738 ff.

2. Fallgruppen

a) Ausschlussklauseln. Der generelle Ausschluss jedweder Abfindung ist nach allgemeiner Ansicht sittenwidrig und verstößt darüber hinaus bei der KG (vgl. §§ 161 Abs. 2, 105 Abs. 3 HGB)[63] und der GmbH[64] gegen § 723 Abs. 3 BGB. Bei dieser Einschätzung bleibt es auch im Fall der Ausschließungsklage.[65] Da die GmbH im Gegensatz zu den Personengesellschaften kein gesetzliches Recht zur ordentlichen Kündigung kennt (s. § 30 Rn 19), scheidet § 723 Abs. 3 BGB als Maßstab aus, wenn den Gesellschaftern in der GmbH-Satzung gleichwohl ein derartiges Recht eingeräumt wird.[66] Für die Beurteilung der Zulässigkeit eines Abfindungsausschlusses bzw. einer Abfindungsbeschränkung bleibt es in diesen Fällen bei einer Orientierung an den §§ 138, 242 BGB,[67] nach der beispielsweise ein vollständiger Abfindungsausschluss bei Zwangseinziehung eines GmbH-Geschäftsanteils aus wichtigem Grund ausnahmsweise zulässig sein kann.[68] Das **Sittenwidrigkeitsurteil** gilt auch bei einem nur teilweisen Abfindungsausschluss, wenn dieser sich ausschließlich auf die Insolvenz eines Gesellschafters (§ 131 Abs. 3 S. 1 Nr. 2 HGB) und die Kündigung durch dessen Privatgläubiger (§ 131 Abs. 3 S. 1 Nr. 4 HGB) bezieht,[69] da dann die gesellschaftsvertragliche Regelung ganz offensichtlich nur der Gläubigerbenachteiligung dienen soll.[70] Mit dem gleichen Argument wird auch die Regelung in einer GmbH-Satzung, nach der die Einziehung eines Geschäftsanteils bei dessen Pfändung für ein unter dem Verkehrswert liegendes Entgelt zulässig sein soll, als nichtig angesehen, wenn für den vergleichbaren Fall der Ausschließung eines Gesellschafters aus wichtigem Grund nicht dieselbe oder gar keine Entschädigungsregelung getroffen wird.[71] Der Ausschluss der Beteiligung an schwebenden Geschäften im Sinne von § 740 BGB wird dagegen für zulässig erachtet, soweit stattdessen eine pauschale Abgeltung in die Abfindung einbezogen wird.[72] Diese Grundsätze gelten für die GmbH wiederum entsprechend.[73] 19

---

63 Aus der Rechtsprechung der Instanzgerichte z. B. OLG Schleswig NZG 2001, 658, 659 f. m. w. N.

64 Dazu *Hachenburg/Ulmer* § 34 GmbHG Rn 92.

65 Für die KG *Koller* § 131 HGB Rn 17.

66 OLG München NZG 2001, 662, 663 f.

67 *Hachenburg/Ulmer* § 34 GmbHG Rn 93; *Ulmer*, FS Quack, S. 477, 489.

68 *Scholz/Winter* § 15 GmbHG Rn 153; *Hachenburg/Ulmer* § 34 GmbHG Rn 99; aus der Rspr. OLG Hamm NZG 1999, 597, 598; vgl. auch OLG Oldenburg GmbHR 1997, 503, 506 für eine Beschränkung des Abfindungsbetrages auf 10 % des Verkehrswerts des Geschäftsanteils.

69 BGH NJW 1975, 1835; insoweit zust. *Rasner*, NJW 1983, 2905, 2910.

70 Zur Anwendbarkeit der §§ 129 ff. InsO, 3 AnfG in diesem Fall vgl. *Koller* § 131 HGB Rn 17; *K. Schmidt* Gesellschaftsrecht § 50 IV 3 e.

71 BGH NZG 2000, 1027, 1028 f. in Ergänzung zu BGHZ 32, 151; 65, 22.

72 *Koller* § 131 HGB Rn 16; *K. Schmidt* Gesellschaftsrecht § 50 IV 1 e; *Hartmann*, Ausscheidender Gesellschafter, S. 72.

73 S. hierzu die Grundsatzentscheidung BGH NJW 1975, 1835; *Scholz/Westermann* § 34 GmbHG Rn 27; *Hartmann*, Ausscheidender Gesellschafter, S. 148.

20 **b) Bewertungsklauseln.** Im Gegensatz zu Ausschlussklauseln wollen Bewertungsklauseln den Abfindungsanspruch nicht vollkommen oder teilweise beseitigen, sondern lediglich die Grundsätze zu seiner Berechnung von vornherein festlegen. In der Praxis sind **Buchwertklauseln** am weitesten verbreitet,[74] die im Zweifel dahin auszulegen sind, dass der ausgeschiedene Gesellschafter weder an den stillen Reserven noch am Geschäftswert (Goodwill) teilhaben soll, wohl aber an in der Bilanz ausgewiesenen Posten mit Rücklagencharakter.[75] Ihre Vereinbarung wird ebenso wie diejenige vergleichbarer Klauseln, die beispielsweise eine Abfindung zum Nennwert des Geschäftsanteils vorsehen, überwiegend für zulässig erachtet.[76] Sie sollen nach der Rechtsprechung auch für den Austritt eines Gesellschafters aus wichtigem Grund gelten, selbst wenn sie dies nicht ausdrücklich festlegen.[77]

21 Vor dem Hintergrund von § 723 Abs. 3 BGB wird man aber richtigerweise nach dem Grund für den außerordentlichen Austritt differenzieren müssen, so dass sich der ausscheidende Gesellschafter derartige Abfindungsklauseln nur entgegenhalten lassen muss, wenn er aus rein persönlichen Gründen aus der Gesellschaft ausscheiden will.[78] Wird ein Minderheitsgesellschafter durch ein missbräuchliches Verhalten des Mehrheitsgesellschafters zu einem Austritt aus wichtigem Grund veranlasst, scheidet die Berufung des Mehrheitsgesellschafters auf eine Abfindungsbeschränkung generell aus, um sein Fehlverhalten nicht auch noch zu belohnen.[79] Der **Aspekt der Gläubigerbenachteiligung** wird demgegenüber nur relevant, soweit er sich als ausschließliches Ziel einer Bewertungsklausel darstellt. Werden Gesellschafter und Gläubiger dagegen von einer unter dem tatsächlichen Anteilswert liegenden Abfindung gleichermaßen betroffen, müssen sich auch Letztere danach richten.[80] Ab welcher **Relation zwischen Abfindungs- und Verkehrswert** ein grobes Missverhältnis anzu-

---

[74] S. dazu insbesondere den Überblick von *Hülsmann*, GmbHR 2001, 409, 411 ff. am Maßstab der höchstrichterlichen Rechtsprechung; weitere Bsp. nennen *Piltz*, BB 1994, 1021 f.; *Rasner*, ZHR 1994, 292, 294 f.

[75] Vgl. im Einzelnen BGH NJW 1979, 104; NJW 1996, 1678, 1681; OLG München BB 1997, 359, 360; OLG Karlsruhe, NZG 2000, 1123, 1124; s. auch den Form.-vorschlag von *Notthoff*, DStR 1998, 210, 212.

[76] *Koller* § 131 HGB Rn 18; *K. Schmidt* Gesellschaftsrecht § 50 IV 3 c; MünchHdb. GesR II/*Piehler* KG § 40 Rn 2; *Hartmann*, Ausscheidender Gesellschafter, S. 150; speziell zur Buchwertklausel *Ebenroth/Müller*, BB 1993, 1153 ff.; *G. Müller*, ZIP 1995, 1561 ff.; *Sörgel/Engelmann*, DStR 2003, 1260, 1261 ff.; zu ihren steuerlichen Nachteilen *Wangler*, DB 1994, 1432, 1434; aus zivilrechtlicher und betriebswirtschaftlicher Sicht dagegen *Hennerkes/Binz*, DB 1983, 2669 ff.

[77] BGH NJW 1985, 192, 193 (für die KG); BGH NJW 1992, 892 (für die GmbH).

[78] So auch OLG Köln NZG 1999, 1222, 1223 f.; *Piltz*, BB 1994, 1021, 1025; *Schindler*, Austrittsrecht, S. 74 f. m.w.N.

[79] BGH NJW 1985, 192, 193; OLG Köln NZG 1999, 1222, 1224; OLG Naumburg NZG 2001, 658.

[80] BGH NJW 1975, 1835; NZG 2002, 176 (für die GmbH); MünchHdb. GesR II/*Piehler* KG § 40 Rn 20; *van Randenborgh*, BB 1986, 75, 80; *Piltz*, BB 1994, 1021, 1023; weitergehend *Engel*, NJW 1986, 345, 347; die Auswirkungen von Bewertungsklauseln im Außenverhältnis zusammenfassend *Quack*, FS Sigle, S. 201, 203 ff.

nehmen ist, hat die Rechtsprechung allerdings bislang bewusst nicht entschieden.[81] Verschiedene Einzelfallentscheidungen des BGH zeigen lediglich, dass jedenfalls Abfindungen, die zwischen 20 % und 36 % des Verkehrswertes der Beteiligung ausmachen, als unzureichend angesehen werden.[82] Dass selbst hieraus keine absoluten Grenzen abgeleitet werden können, zeigen instanzgerichtliche Urteile, in denen ausnahmsweise auch eine Beschränkung des Abfindungsbetrags auf 10 % des Verkehrswertes nicht beanstandet wurde.[83] Es kommt also auch insoweit immer auf die Umstände des Einzelfalls an.

Probleme können sich insbesondere ergeben, wenn zwischen dem Tag der Aufnahme der Abfindungsklausel in den Gesellschaftsvertrag und ihrer erstmaligen Anwendung eine geraume Zeit vergangen ist. Dies führt nicht selten dazu, dass sich nach aktueller Beurteilung ein Missverhältnis zwischen dem vereinbarten (Buch-)Wert und dem vollen Anteilswert ergibt, der die Wirksamkeit der Klausel insgesamt in Frage stellt. Der BGH nimmt in solchen Fällen eine **ergänzende Vertragsauslegung** nach den Grundsätzen von Treu und Glauben (§§ 157, 242 BGB) unter Berücksichtigung aller Umstände des Einzelfalls vor, die davon ausgeht, dass die Gesellschafter bei Voraussehen dieser Entwicklung eine anderweitige Regelung getroffen hätten.[84] Ist ein Rückschluss auf den Parteiwillen im Zeitpunkt des Vertragsschlusses nicht möglich, ist eine Interessenabwägung vorzunehmen, bei der neben dem Ausmaß des Missverhältnisses beispielsweise das Bestands- und Liquiditätsinteresse der Gesellschaft, die Dauer und Intensität der Mitgliedschaft des ausgeschiedenen Gesellschafters, sein Anteil am Aufbau und Erfolg der Gesellschaft sowie der Anlass seines Ausscheidens Berücksichtigung finden können.[85] Auf diese Weise eröffnet sich den Ge- 22

---

81 Eine „starre Wertgrenze" hat zuletzt BGH NJW 1993, 2101, 2102 ausdr. abgelehnt; im Interesse der Rechtssicherheit dafür aber *Haack*, GmbHR 1994, 437, 441; *Ulmer/Schäfer*, ZGR 1995, 134 schlagen im Anwendungsbereich von § 723 Abs. 3 BGB eine Verminderung der Abfindung um mehr als ein Drittel und bei § 138 Abs. 1 BGB um mehr als die Hälfte gegenüber dem Anteilswert als Grenzen vor; *Sigle*, ZGR 1999, 659, 672 plädiert für die Aufnahme einer am Verkehrswert orientierten Ober- und Untergrenze für die Abfindung in die gesellschaftsvertragliche Regelung.

82 BGH NJW 1973, 651; NJW 1989, 2685, 2686; NJW 1993, 3193; OLG Hamm NZG 2003, 440 m. Anm. *Stopp*, NZG 2003, 1153 f.; für den umgekehrten Fall, dass das (Hinaus-)Kündigungsrecht des verbleibenden Gesellschafters durch eine dem ausscheidenden Gesellschafter weit über das marktübliche Maß hinaus zu zahlende Abfindung eingeschränkt sein kann, vgl. OLG Bamberg NZG 1998, 897, 898 m. Anm. *von Reinersdorff*; am Beispiel einer Buchwertklausel auch *Sörgel/Engelmann*, DStR 2003, 1260, 1263 ff.

83 In OLG Oldenburg GmbHR 1997, 503, 505 f., wurde dies mit den genossenschaftlichen Elementen der GmbH gerechtfertigt.

84 BGH NJW 1993, 3193 m. Anm. *Dauner-Lieb*, ZHR 1994, 271 ff., insb. 283 ff.; BGH NJW 1994, 2536, 2537; NZG 2000, 1027; NZG 2002, 176; OLG Naumburg NZG 2000, 698, 699 f.; OLG Hamm NZG 2003, 440; *Haack*, GmbHR 1994, 437, 438 ff.; *K. Schmidt* Gesellschaftsrecht § 50 IV 2 c.ee will derartige Fälle dagegen mit der beweglichen Schranke des § 242 BGB lösen.

85 BGH NJW 1993, 2101, 2102; NJW 1993, 3193; zuletzt noch einmal bestätigt von BGH NZG 2002, 176, 177; weitere Kriterien nennen *Piltz*, BB 1994, 1021, 1024;

richten ein zum Teil erheblicher Gestaltungsspielraum für eine tatrichterliche Beurteilung, die von den Rechtsmittelinstanzen aus Rechtsgründen nur selten beanstandet wird.[86]

23 Austritt und Ausschluss werden im Rahmen der Auslegung somit durchaus unterschiedlich behandelt. Maßgebliches Kriterium ist dabei, dass dem ausscheidenden Gesellschafter das Festhalten an der – von ihm mitgetragenen – gesellschaftsvertraglichen Regelung auch unter Berücksichtigung der berechtigten Interessen der Mitgesellschafter nicht zugemutet werden kann.[87] Dabei kann einem aus einem in seiner Person liegenden wichtigen Grund ausgeschlossenen Gesellschafter grundsätzlich mehr zugemutet werden als einem Gesellschafter, der sich wegen eines von seinen Mitgesellschaftern veranlassten wichtigen Grundes zum freiwilligen Ausscheiden genötigt gesehen hat.[88] Als **Grenze der Auslegung** ist darüber hinaus § 723 Abs. 3 BGB zu beachten, so dass der durch sie gewonnene Maßstab und Betrag der Abfindung im Ergebnis keine Beschränkung des Kündigungsrechts des Gesellschafters bewirken darf.[89]

24 Mit dieser Rechtsprechung wird ein den geänderten Verhältnissen angepasster **Interessenausgleich zwischen ausscheidenden und verbleibenden Gesellschaftern** unter Berücksichtigung der mit der vertraglichen Abfindungsregelung verfolgten Zwecke angestrebt.[90] Der BGH will einerseits verhindern, dass der ausscheidende Gesellschafter durch eine von der Entwicklung überholte Abfindungsbestimmung unangemessen be-

Rasner, ZHR 1994, 292, 304 ff.; *Hesselmann/Tillmann* Rn 632; dezidiert gegen eine ergänzende Vertragsauslegung *Dauner-Lieb*, GmbHR 1994, 836, 840 ff.; *Kort*, DStR 1995, 1961, 1966; *Ulmer/Schäfer*, ZGR 1995, 134, 140 ff., die stattdessen wiederum auf eine Ausübungskontrolle am Maßstab von § 242 BGB abstellen; vgl. bereits *Rasner*, NJW 1983, 2905, 2907 ff.

[86] S. dazu nur das Beispiel in BGH NZG 2002, 176; nach *Goette*, DStR 2002, 463, 464 „muss sich das Gericht bei jedem einzelnen Einwand Rechenschaft darüber ablegen, ob der Vortrag des grundsätzlich für Grund und Höhe seines Abfindungsanspruchs darlegungspflichtigen Gesellschafters ausreicht oder ob ihm – weil er seit längerer Zeit keinen Einblick mehr in die inneren Verhältnisse der Gesellschaft besitzt – Erleichterungen eingeräumt werden müssen".

[87] BGH NJW 1993, 2101, 2102 unter Verweis auf BGH NJW 1975, 1835; vgl. bereits die Fallgruppenbildung bei *Gessler*, GmbHR 1984, 29, 31 f. Beim Ausscheiden aus einer Freiberuflersozietät kann in diesem Zusammenhang dem Wert der mitgenommenen Mandanten eine besondere Bedeutung zukommen, vgl. dazu z. B. BGH DStR 1995, 856, 857 m. Anm. *Goette*; OLG Schleswig NZG 2001, 658, 659 f.

[88] BGH NJW 1993, 2101, 2102; eine weitergehende Diff. bietet etwa *Büttner*, FS Nirk, S. 119, 130 ff., der die Lehre vom Wegfall der Geschäftsgrundlage besonders hervorhebt.

[89] BGH NJW 1993, 3193 m. Anm. *Ulmer/Schäfer*, ZGR 1995, 134 ff.; BGHZ 126, 226, 230 f. = NJW 1994, 2536; vgl. auch OLG Hamburg DB 1993, 1667, 1668; OLG Naumburg NZG 2000, 698, 699 f.; *Büttner*, FS Nirk, S. 119, 124 ff.

[90] BGHZ 126, 226 überträgt diesen Grundgedanken auf Schutzgemeinschaftsverträge; demgegenüber schildert *Sigle*, ZGR 1999, 659, 672 ff. mit Familienunternehmen, Freiberuflersozietäten, gemeinnützigen und ideellen Gesellschaften einige Konstellationen, für die nach seiner Ansicht eine Übertragung der Rspr. grundsätze nicht in Betracht kommen kann.

nachteiligt wird, zum anderen soll die Fortsetzung der Gesellschaft durch die verbleibenden Gesellschafter nicht durch eine schematische Regelung gefährdet werden.[91] War den Gesellschaftern jedoch bereits im Zeitpunkt der Aufnahme der Abfindungsklausel in den Gesellschaftsvertrag bewusst oder hätten sie erkennen müssen, dass diese zu einem groben Missverhältnis zwischen dem vereinbarten und dem tatsächlichen Unternehmenswert führen kann, soll es nach einer verbreiteten Ansicht bei der Klauselanordnung selbst dann bleiben, wenn dadurch die Kündigungsmöglichkeit des Gesellschafters eingeschränkt wird.[92] Angesichts der Betonung der persönlichen und wirtschaftlichen Bewegungsfreiheit des Gesellschafters durch den BGH ist es nicht ausgeschlossen, dass er auch eine solche freiwillige und bewusste Beschränkung als zu weitgehend empfinden und deshalb ebenfalls einer Angemessenheitskontrolle unterziehen wird.[93]

Bei pauschaler Vereinbarung, dass lediglich die Hälfte des Buchwerts aus- **25**
bezahlt werden soll, greift dagegen wiederum § 138 Abs. 1 BGB ein, da sich ein derart einschneidender Eingriff in die Vermögensposition des ausscheidenden Gesellschafters so weit vom gesetzlichen Leitbild des § 738 BGB entfernt, dass der Regelungszweck der Vorschrift verfehlt wird, den der BGH darin sieht, dem Gesellschafter eine **angemessene Abfindung** zu sichern.[94] Daneben kommt ausnahmsweise ein Eingreifen des in § 138 Abs. 2 BGB normierten Wuchertatbestands in Betracht, wenn die Abfindungsregelung unter Ausnutzung der Unerfahrenheit bestimmter Mitgesellschafter zustande kam.[95] Die Anfechtung der gesellschaftsvertraglichen Regelung wird schließlich auch in den Fällen empfohlen, in denen das in der Abfindungsklausel vorgeschriebene Stuttgarter Verfahren zu einem Bewertungsergebnis geführt hat, das zu dem tatsächlichen Unternehmenswert in einem groben Missverhältnis steht.[96] Für eine ergänzende Vertragsauslegung ist also im Ergebnis kein Platz, wenn die Abfindungsklausel von vornherein sittenwidrig ist, so dass auch eine Anpassung auf ein angemessenes Niveau unterbleibt und der ausscheidende Gesellschafter einen Anspruch auf den vollen Verkehrswert seines Geschäftsanteils hat.[97] Im Übrigen kann man sich auch mit **Nachbesserungsklauseln** behelfen, die eine Nachbesserungspflicht der Gesellschaft vorsehen, wenn der Gesellschaftsanteil des ausscheidenden Gesellschafters innerhalb einer festzulegenden Frist veräußert wird.[98]

---

[91] BGHZ 126, 226, 243.

[92] *Koller* § 131 HGB Rn 18 m.w.N.

[93] Das vermuten auch *Dauner-Lieb*, GmbHR 1994, 836, 842; *Rasner*, ZHR 1994, 292, 299 ff.

[94] BGH NJW 1989, 2685, 2686; diff. *G. Müller*, ZIP 1995, 1561, 1571 f.

[95] *Ulmer*, FS Quack, S. 477, 486.

[96] *Göllert/Ringling*, DB 1999, 516, 519 unter Bezugnahme auf BGH NJW 1993, 3193.

[97] *Scholz/Westermann* § 34 GmbHG Rn 33; *Hesselmann/Tillmann* Rn 634; weitergehend *Engel*, NJW 1986, 345, 349; *Sigle*, ZGR 1999, 659, 667 ff.; zum Verhältnis abstrakter Sittenwidrigkeit zu konkreter Vertragsanpassung vgl. noch *K. Schmidt* Gesellschaftsrecht § 50 IV 2 c.a.

[98] Vgl. dazu den Vorschlag von *Piltz*, BB 1994, 1021, 1026.

26 Anstelle der Festlegung eines konkreten Bewertungsverfahrens wird häufig eine **Schiedsgutachterklausel** in den Gesellschaftsvertrag aufgenommen, die nicht an den §§ 1025 ff. ZPO, sondern an den §§ 317 ff. BGB zu orientieren ist.[99] Der Schiedsgutachter entscheidet danach mangels konkreter gesellschaftsvertraglicher Vorgaben nach billigem Ermessen, so dass die von ihm festgestellte Höhe des Abfindungsguthabens nur noch unter den Voraussetzungen des § 319 BGB angegriffen werden kann. Um einen weiteren Streitpunkt von vornherein zu vermeiden, sollte die Klausel auch bestimmen, wer gegebenenfalls die Kosten des Schiedsgutachters zu tragen hat.[100]

27 **c) Zahlungsmodalitäten.** Gegen eine Abfindungsklausel, die nach den vorstehenden Grundsätzen unter dem Aspekt der Wertermittlung wirksam ist, kann sich der ausgeschiedene Gesellschafter gleichwohl noch zur Wehr setzen, wenn sie eine **Stundungs- oder Ratenzahlungsvereinbarung** vorsieht, die sittenwidrig ist (§ 138 BGB) oder seine Kündigungsfreiheit in unvertretbarem Maße einengt (§ 723 Abs. 3 BGB). Während eine aus den festgelegten Zahlungsmodalitäten erkennbare Gläubigerbenachteiligungsabsicht wie in den anderen Fällen auch zur Sittenwidrigkeit der Klausel führt, sprechen die Vereinbarung einer angemessenen Verzinsung und Sicherheitsleistung für ihre Wirksamkeit.[101]

28 Letzteres gilt nach der Rechtsprechung jedoch dann nicht mehr, wenn sich die Zahlungen über fünfzehn Jahre und mehr erstrecken sollen,[102] während im Schrifttum als Maximalgrenze zum Teil von zehn Jahren,[103] von anderen sogar nur von fünf Jahren ausgegangen wird.[104] Wird dem ausgeschiedenen Gesellschafter dagegen von vornherein ein **Wahlrecht** zwischen einer einmaligen Abfindung und laufenden Versorgungsleistungen eingeräumt, so hält die Rechtsprechung dies für zulässig.[105]

29 Andererseits wird die Berufung auf eine Ratenzahlungsvereinbarung auch bei angemessener Verzinsung ausnahmsweise als rechtsmissbräuchlich

---

[99] *K. Schmidt* Gesellschaftsrecht § 50 IV 1 d a. E.; *Kort*, DStR 1995, 1961, 1963; Einzelheiten bei *Hartmann*, Ausscheidender Gesellschafter, S. 62 ff.; Form.vorschlag bei *Zöller*, MittRhNotK 1999, 121, 129 f.

[100] So auch *Kort*, DStR 1995, 1961, 1963.

[101] *Koller* § 131 HGB Rn 19; *Hartmann*, Ausscheidender Gesellschafter, S. 151; mit Beispielen aus der höchstrichterlichen Rechtsprechung *Hülsmann*, NJW 2002, 1673, 1677 f.; s. auch den Form.vorschlag bei *Notthoff*, DStR 1998, 210; weitere Gestaltungshinweise geben *Stöber/Rafiqpoor*, GmbHR 2003, 872, 873 ff.

[102] BGH NJW 1989, 2685, 2686; hieraus hat OLG Hamm NZG 2003, 440, 441 gefolgert, dass bei einer von vornherein vorgesehenen Reduzierung auf ein Drittel des Anteilswerts bereits die Auszahlung über einen Zeitraum von fünfeinhalb Jahren eine unangemessene Benachteiligung des ausscheidenden Gesellschafters bedeutet.

[103] *Koller* § 131 HGB Rn 19; i. E. auch *K. Schmidt* Gesellschaftsrecht § 50 IV 2 c. cc.

[104] *Hachenburg/Ulmer* § 34 GmbHG Rn 88; *Hesselmann/Tillmann* Rn 633; offenbar auch *Kort*, DStR 1995, 1961, 1963.

[105] Für den Fall einer Rechtsanwaltssozietät zuletzt BGH DStR 1997, 82, 83 m. Anm. *Goette*.

im Sinne von § 242 BGB qualifiziert, wenn die Gesellschaft zur sofortigen Auszahlung ohne weiteres in der Lage wäre oder der Gesellschaftsanteil für den ausscheidenden Gesellschafter die einzige wirtschaftliche Lebensgrundlage darstellt.[106] Im Übrigen sind die Konditionen der Auszahlung umso strenger zu beurteilen, je weiter der Abfindungsbetrag hinter dem anteiligen Unternehmenswert zurückbleibt.[107] So kann beispielsweise eine sechsjährige Stundung auch ohne Verzinsung hingenommen werden, wenn die Abfindung dem vollen Anteilswert entspricht.[108] Eine Abfindungsklausel, nach welcher der ausscheidende Gesellschafter einer GmbH seinen Gesellschaftsanteil in drei Raten nach fünf, acht und zehn Jahren nach der Kündigungserklärung erhält, wurde nicht zuletzt deshalb als sittenwidrig eingestuft, weil die Gesellschaft durch Umwandlung einer PGH entstanden war.[109] Die aufgrund der schlechten wirtschaftlichen Lage in den neuen Bundesländern bestehenden erheblichen Risiken standen nach Ansicht des Berufungsgerichts trotz des besonderen gesetzlichen Anspruhs nach § 5 Abs. 2 PGH-VO der Vorenthaltung des vollständigen Abfindungsguthabens über einen solch langen Zeitraum entgegen, da den Gesellschaftern andernfalls ein Start in die Selbständigkeit durch Ausscheiden aus der neu entstandenen Gesellschaft unzumutbar schwer gemacht worden wäre.[110] Erweisen sich ausschließlich die Zahlungsmodalitäten einer im Kern zulässigen Abfindungsklausel als unwirksam, passt der BGH diese wiederum im Wege der **ergänzenden Vertragsauslegung** an.[111] Ist die Abfindungsregelung in einer GmbH-Satzung insgesamt nichtig, bleibt eine von ihr in Bezug genommene Einziehungs- oder Ausschlussklausel wirksam, soweit diese selbst mangelfrei ist.[112] Die Nichtigkeit einzelner Klauseln lässt somit die Wirksamkeit der übrigen Satzungsbestimmungen unberührt.[113] Schließlich soll die Nichtigkeit einer Abfindungsklausel in entsprechender Anwendung von § 242 Abs. 2 S. 1 AktG drei Jahre nach Eintragung der GmbH bzw. der betreffenden Satzungsregelung in das Handelsregister nicht mehr geltend gemacht werden können.[114] In der Literatur überwiegen diejenigen, die dies lediglich im Verhältnis der Gesellschafter zur Gesellschaft gelten lassen wollen, während zu Lasten der Gläubiger generell keine Heilungswirkung eintreten soll.[115]

---

106 *Engel*, NJW 1986, 345, 350.

107 So auch *Hachenburg/Ulmer* § 34 GmbHG Rn 84.

108 BayObLG WM 1983, 248, 249.

109 OLG Dresden NZG 2000, 1042 m. Anm. *Ziegler*, DB 2000, 2107 f.; *Heß*, NZG 2001, 648, 649 f.; *Lange*, NZG 2001, 635, 636 ff.

110 OLG Dresden NZG 2000, 1042, 1043 f.

111 BGH NJW 1985, 192, 193; NJW 1993, 2101, 2103.

112 BGH NJW 1975, 1835; NJW 1977, 2316, 2317; NJW 1983, 2880, 2881; OLG Nürnberg GmbHR 2001, 108, 109.

113 BGH NJW 1975, 1835, 1837; NJW 1983, 2880, 2881; OLG Hamm NZG 1999, 599, 600; *Hachenburg/Ulmer* § 34 GmbHG Rn 100 u. 102; *Scholz/Westermann* § 34 GmbHG Rn 33.

114 BGHZ 144, 365, 367 f. = NZG 2000, 1027.

115 Stellvertretend *Hachenburg/Ulmer* § 34 GmbHG Rn 103 m.w.N.

30 Fasst man die vom II. Zivilsenat BGH erarbeiteten **Grundsätze zur Angemessenheitskontrolle von Ausschluss- und Bewertungsklauseln samt Zahlungsmodalitäten** zusammen, so sieht sich die Gestaltungspraxis vor die Aufgabe gestellt, die nachfolgenden Beanstandungen seitens der Gerichte nach Möglichkeit zu vermeiden:

- Nichtigkeit von Anfang an wegen bereits im Zeitpunkt der Vereinbarung feststellbarer Gläubigerbenachteiligung oder eindeutigem Missverhältnis von Klauselwert und Verkehrswert des Anteils zum Nachteil aus der Gesellschaft ausscheidender Gesellschafter (§ 138 BGB);
- Nichtigkeit von Anfang an wegen unzulässiger Beeinträchtigung der Kündigungsfreiheit (§ 723 Abs. 3 BGB), die wiederum sehr häufig auf einem groben Missverhältnis zwischen Klauselwert und tatsächlichem Anteilswert beruhen wird, das hier auch noch im Kündigungszeitpunkt feststellbar sein kann;[116]
- nachträgliche Unanwendbarkeit wegen Unzumutbarkeit des weiteren Festhaltens an der zunächst wirksam getroffenen Vereinbarung, weil sich beispielsweise ein erhebliches Missverhältnis zwischen Klauselwert und tatsächlichem Anteilswert infolge unvorhergesehener geschäftlicher Entwicklungen erst später ergeben hat oder durch treuwidrige Maßnahmen der Gesellschaftermehrheit herbeigeführt wurde (§ 242 BGB).

31 In den ersten beiden Fällen steht eine **Wirksamkeitskontrolle** der jeweiligen Klausel im Mittelpunkt, die bei negativem Ergebnis dazu führt, dass grundsätzlich der volle Verkehrswert der Beteiligung geschuldet wird. Im dritten Fall geht es demgegenüber um eine **Ausübungskontrolle**, bei der der Gedanke des Rechtsmissbrauchs und die Lehre vom Wegfall der Geschäftsgrundlage in das Blickfeld rückt. Das Ergebnis der von den Gerichten insoweit vorgenommenen Vertragsanpassung ist offen und hängt von den Umständen des Einzelfalls ab. Angesichts dieser die Privatautonomie der Gesellschafter weitgehend einschränkenden Hürden und dem Damoklesschwert der Beraterhaftung gereicht es dem Kautelarjuristen zur Kunst, bei der Klauselgestaltung die individuellen Interessen der Beteiligten nicht aus dem Blick zu verlieren.[117]

---

[116] BGH NJW 1985, 192, 193; NJW 1989, 3272; *Ulmer*, FS Quack, S. 477, 488. Geht man hiervon aus, erledigen sich auch die von einigen geäußerten Zweifel, ob § 723 Abs. 3 BGB neben § 138 BGB überhaupt eine selbständige Bedeutung zukomme, vgl. etwa *Büttner*, FS Nirk, S. 119, 122 m.w.N.

[117] Ein ähnlich ernüchterndes Fazit ziehen *Sigle*, ZGR 1999, 659, 661; *Hülsmann*, NJW 2002, 1673, 1680.

§ 32 Steuerliche Behandlung des Gesellschafterwechsels

Übersicht

Schrifttum: *Biergans*, Betriebsübertragungen gegen wiederkehrende Zahlungen in der Einkommensteuer, NWB F. 3, 8837; *Brandenberg*, Personengesellschaftsbesteuerung nach dem Unternehmenssteuerfortentwicklungsgesetz, DStZ 2002, 596; *ders.*, Übertragung von Betriebs- oder Privatvermögen gegen wiederkehrende Leistungen, in: Steuerrecht und Gesellschaftsrecht als Gestalltungsaufgabe, FS F. J. Haas, S. 39; *Finkbeiner*, Verlustvortrag nach § 10 a GewStG bei wechselnden Gesellschaftern einer Personenhandelsgesellschaft, BB 1997, 230; *Dreissig*, Ergänzungsbilanzen – steuerliche Zweifelsfragen und wirtschaftliche Auswirkungen, StbJb 1990/91, 221; *Düll/Fuhrmann/Eberhard*, Übertragung eines Mitunternehmer(teil-)anteils bei Vorhandensein von Sonderbetriebsvermögen, DStR 2001, 1773; *Ettinger/Ebert*, Die vorweggenommene Erbfolge unter Verwendung einer gewerblich geprägten GmbH & Co. KG, 548; *Gail/Düll/Schubert*, Bilanzielle und steuerliche Überlegungen des GmbH-Geschäftsführers und seines Beraters zum Jahresende 1995, GmbHR 1995, 784; *Gebel*, Übertragung eines Mitunternehmeranteils im Wege der vorweggenommenen Erbfolge unter Zurückbehaltung von Sonderbetriebsvermögen, DStR 1996, 1880; *Gießler*, Der „passive Ausgleichsposten“ in der Bilanz – nichts anderes als ein negativer Geschäftswert?, DStR 1995, 699; *Groh*, Die vorweggenommene Erbfolge –

ein Veräußerungsgeschäft?, DB 1990, 2190; *ders.*, Negative Geschäftswerte in der Bilanz, in: Steuerrecht, Verfassungsrecht, Finanzpolitik, FS F. Klein, 815; *ders.*, Nachträgliche Änderung des Veräußerungsgewinns, DB 1995, 2235; *Hoffmann*, Ausgleichsposten, Merkposten und andere Merkwürdigkeiten in der Bilanzrechtsprechung des BFH zu Kommanditgesellschaften, BB 1995, 1397; *Hörger/Mentel/Schulz*, Ausgewählte Fragen zum Steuerentlastungsgesetz 1999/2000/2002, Unternehmensumstrukturierungen, DStR 1999, 565; *Hübner*, Erbschafts- und schenkungssteuerliche Begünstigung der Unternehmensnachfolge durch die §§ 13a, 19 a ErbStG, NWB F. 10, 787; *Kempf/Obermann,* Offene Fragen zur Abstockung beim Kauf von Anteilen an Personengesellschaften, DB 1998, 545; *Korn*, Beratungspraktische Erkenntnisse und Konsequenzen aus dem Renten-Erlass der Finanzverwaltung vom 23.12.1996, DStR 1997, 1140; *Krüger/Siegemund/Köhler*, Die Auswirkungen der Erbschaftsteuerreform auf den unentgeltlichen Übergang von Produktivvermögen, DStR 1997, 639; *Ley*, Besteuerungsfragen bei „doppelstöckigen" Personengesellschaften, KÖSDI 1996, 10 934; *Märkle*, Die Übertragung eines Bruchteils eines Gesellschaftsanteils bei vorhandenem Sonderbetriebsvermögen, DStR 2001, 685; *Mundt*, Die vorweggenommene Erbfolge im Einkommensteuerrecht, DStR 1991, 702; *Neu/Lühn*, Aktuelles Beratungs-Know-how Personengesellschaftsbesteuerung, DStR 2003, 61; *Patt/Rasche,* Veräußerung des Bruchteils eines Mitunternehmeranteils unter Zurückbehaltung des wesentlichen Sonderbetriebsvermögens als begünstigter Vorgang gem. § 16 Abs. 1 Nr. 2, § 34 EStG?, DStR 1996, 645; *Pfalzgraf/Meyer,* Einbringung von Einzelunternehmen in eine Personengesellschaft, Neue Tendenzen zur Behandlung von Zuzahlungen im Privatvermögen, FR 1995, 529; *dies.,* Eintritt neuer Gesellschafter in eine Personengesellschaft, DStR 1995, 1289; *dies.*, Schuldzinsen als nachträgliche Betriebsausgaben eines veräußerten bzw. aufgegebenen Betriebs, StBp 1996, 5; *Richter/Richter,* Ertragsteuerliche Besonderheiten bei Sonderbetriebsvermögen, NWB F. 3, 9573; *dies.*, Von Renten und Raten, DB 1995, 1098; *Rödder*, Erfolgsneutrale Übertragung eines Wirtschaftsguts aus dem Gesamthandsvermögem in ein Sonderbetriebsvermögen gegen Minderung von Gesellschaftsrechten, DB 1992, 956; *ders.*, Steuerorientierte Gestaltung von Umstrukturierungen bei Personengesellschaften, StbJB 1994/95, 295; *L. Schmidt*, Ertragsteuerliche Beurteilung der teilentgeltlichen Betriebsübertragung: Bietet die Einheitstheorie wirklich die Ideallösung, in: Rechnungslegung warum und wie, FS Clemm, S. 349; *Schoor*, Veränderungen im Gesellschafterbestand von Personengesellschaften, StBp 1995, 154; *Schulze zur Wiesche,* Mitunternehmeranteil, Anteilserwerb, Anteilsveräußerung in der neueren Rechtsprechung des BFH, FR 1996, 341; *Seibold*, Zur Anwendung des § 15 a EStG bei doppelstöckigen Personengesellschaften, DStR 1998, 438; *Siegel/Stahl/Bareis*, Der „negative Geschäftswert" – eine Schimäre als Steuersparmodell?, BB 1993, 1477; *Söffing*, Einbringung in eine Personengesellschaft mit Zuzahlung ins Privatvermögen, DStZ 1995, 648; *Stein/Ortmann,* Bilanzierung und Bewertung von Warenzeichen, BB 1996, 787; *Stobbe*, Vorweggenommene Erbfolge und Erbauseinandersetzung Einheits- oder Spaltungstheorie?, StuW 1996, 289; *Stuhrmann*, Ertragsteuerliche Aspekte der Vermögensnachfolge, StbJb 1995/96, 273; *Sundermeier*, Die mehrstöckige Personengesellschaft im Licht des § 15 a EStG, DStR 1994, 1477; *Theisen*, Die Planung der Unternehmensveräußerung unter Berücksichtigung steuerrechtlicher Rückwirkungen, WPg 1996, 142; *Wacker*, Einkommensteuerliche Behandlung wiederkehrender Leistungen bei Übertragung von Betriebs- oder Privatvermögen, NWB F. 3, 9942; *Wilhelm*, Zuzahlungen bei Gründung einer neuen und beim Beitritt in eine bestehende Personengesellschaft, BB 1996, 99.

I. Vorbemerkungen

Der Wechsel im Gesellschafterbestand einer GmbH & Co. KG ist mit ertragsteuerlichen Folgen für den eintretenden sowie für den austretenden Gesellschafter verbunden. Die reine Änderung der Gesellschafterstellung, etwa der Wechsel von der Komplementär- in die Kommanditistenstellung, ist steuerlich nur für die Verlustverrechnung nach § 15 a EStG von Bedeutung (vgl. dazu § 6 Rn 39ff), wenn nicht gleichzeitig die Kapitalverhältnisse unter den Gesellschaftern neu geordnet werden. 1

Für den **eintretenden Gesellschafter** ergibt sich die Fragestellung, inwieweit der gezahlte Kaufpreis bzw. die gezahlte Einlage in die Gesellschaft mit steuerlicher Wirkung **abgeschrieben** werden kann. Von Bedeutung ist außerdem die steuerliche Verwertbarkeit von eventuellen Finanzierungskosten für den Beteiligungserwerb. 2

Für den **austretenden Gesellschafter** richtet sich das Augenmerk im Wesentlichen auf die Frage, ob und inwieweit ein steuerpflichtiger **Aufgabe- bzw. Veräußerungsgewinn** entsteht und ob dieser **ermäßigt besteuert** wird (§§ 16, 34 EStG). Eine Realisierung von stillen Reserven kann sich dabei hinsichtlich der Beteiligung im Gesamthandsvermögen, unter Umständen jedoch auch hinsichtlich des Sonderbetriebsvermögens ergeben, sofern durch den Austritt aus der Gesellschaft bzw. durch die Veräußerung der Beteiligung die Mitunternehmerstellung entfällt. 3

Zu beachten sind jedoch auch die Steuerfolgen, die der Wechsel im Gesellschafterbestand für die **Personengesellschaft** selbst hervorrufen kann. Dies betrifft zunächst den Bestand von gewerbesteuerlichen Verlustvorträgen. Durch den Ein- und Austritt von Gesellschaftern können sich außerdem Auswirkungen auf die Bemessungsgrundlage für die Gewerbesteuer vom Ertrag ergeben, da sich durch zusätzliche Abschreibungen aus einer Ergänzungsbilanz oder Finanzierungsaufwendungen im Rahmen einer Sonderbilanz das steuerliche Jahresergebnis der Gesellschaft verändert und damit auch die Bemessungsgrundlage für die Gewerbesteuer vom Ertrag. Bei einem weit gehenden Wechsel im Gesellschafterbestand kann sich außerdem eine Belastung mit Grunderwerbsteuer ergeben (§ 1 Abs. 2 a GrEStG), sofern sich im Gesamthandsvermögen der Gesellschaft ein Grundstück befindet. 4

II. Eintritt eines Gesellschafters in eine GmbH & Co. KG

1. Erwerb der Beteiligung

Die Aufnahme eines weiteren Gesellschafters in eine GmbH & Co. KG kann entweder durch den Erwerb der Beteiligung von einem bzw. von mehreren oder allen Altgesellschaftern oder durch einen schlichten **Beitritt** unter Leistung einer weiteren Einlage in das Gesellschaftsvermögen erfolgen, die ggf. um ein Aufgeld erhöht ist. Für den eintretenden Gesellschafter macht es steuerlich grundsätzlich keinen Unterschied, auf welche Weise die Gesellschafterstellung begründet wird. Ein Unterschied besteht lediglich für die Altgesellschafter bzw. die Gesellschaft selbst. Bei der ent- 5 geltlichen Veräußerung eines Kommanditanteils sowie des Anteils an der Komplementärgesellschaft berührt dies die Gesellschaft zunächst nicht. Es ergeben sich keine Auswirkungen auf die Handelsbilanz der Gesellschaft. Bei einem Beitritt eines Neugesellschafters unter Leistung einer Einlage in die Gesellschaft erhöht sich hingegen das Gesellschaftsvermögen und auch das Eigenkapital der Gesellschaft.

6 **Zentrale Frage** für den eintretenden Gesellschafter ist, inwieweit der gezahlte Kaufpreis für die Beteiligung bzw. die gezahlte Einlage in die Gesellschaft in Zukunft **ertragsteuerlich verwertet** werden kann. Die Abschreibung des im Rahmen des Kaufpreises bzw. der Einlage bezahlten Mehrwertes für stille Reserven und Firmenwert ist durch die Technik der sog. Ergänzungsbilanzen sichergestellt. Sofern sich zwischen Kaufpreis bzw. Einlage und dem Stand des übernommenen Kapitalkontos ein positiver Differenzbetrag ergibt, kann dieser Mehrwert in einer Ergänzungsbilanz ausgewiesen und in der Folgezeit mit steuerlicher Wirkung abgeschrieben werden.[1] Ein etwaiger Mindertwert führt in der Folgezeit zu Erträgen aus der Ergänzungsbilanz.[2]

7 Der entgeltliche Erwerb der Beteiligung an einer Personengesellschaft ist für steuerliche Zwecke nicht als Erwerb des Vermögensgegenstandes „Beteiligung", sondern, trotz der (beschränkten) Steuerrechtsubjektfähigkeit der Personengesellschaft, als Erwerb von einzelnen Vermögensgegenständen des Gesamthandsvermögens zu werten.[3] Der entgeltliche Erwerb einer Beteiligung erfolgt in der Unternehmenswirklichkeit demgegenüber regelmäßig auf der Grundlage einer **Ertragswertbetrachtung**, nicht jedoch auf der Grundlage der im Gesellschaftsvermögen enthaltenen Vermögensgegenstände. Unter ökonomischen Gesichtspunkten wäre es deshalb gerechtfertigt, den Differenzbetrag zwischen dem Kaufpreis und dem Nominalwert des Kapitalkontos als **kapitalisierten Ertrag** in der Ergänzungsbilanz auszuweisen und über die Folgezeit steuermindernd aufzulösen.[4] Die höchstrichterliche Rechtsprechung ist diesen Weg jedoch nicht gegangen und orientiert sich vielmehr an einer **Substanzwertbetrachtung**. In der Ergänzungsbilanz wird der gezahlte Mehrwert im **Verhältnis der stillen Reserven** der Vermögensgegenstände des Gesamthandsvermögens abgebildet.[5] Der Mehrwert der Ergänzungsbilanz wird über typisierende Nutzungsdauern im Rahmen der Ergänzungsgewinn- und -verlustrechnung abgeschrieben.

8 In der Ergänzungsbilanz kann ein Teil des Mehrwertes als Firmenwert zu erfassen sein, auch wenn es sich aus der Sicht der Gesellschaft um einen **selbstgeschaffenen Firmenwert** handelt, der in der Gesamthandsbilanz nicht aktivierungsfähig wäre.[6] Aus Sicht des eintretenden Gesellschafters handelt es sich jedoch um einen derivativen Geschäftswert. Die zusätzlichen Abschreibungen aus der Ergänzungsbilanz kommen dem eintretenden Ge-

---

[1] BFH v. 28. 9. 1995 BStBl. II 1996, 69.
[2] BFH v. 7. 2. 1995 BStBl. II 1995, 770; BFH v. 21. 4. 1994 BStBl. II 1994, 747.
[3] BFH v. 25. 2. 1991 BStBl. II 1991, 700; BFH v. 7. 2. 1995 BStBl. II 1995, 770.
[4] *Gail/Düll/Schubert*, GmbHR 1995, 784.
[5] *Rödder,* DB 1992, 956.
[6] *Dreissig,* StbJb 1990/91, 237.

sellschafter unmittelbar zugute und können gerade in der Anfangszeit der Beteiligung eine **spürbare steuerliche Entlastung** bewirken, da der Gewinnanteil aus der Gesamthandsbilanz zur Ermittlung der steuerlichen Bemessungsgrundlage um die Abschreibungen aus der Ergänzungsbilanz gemindert wird.

Beispiel: A erwirbt von X einen 50 %igen Kommanditanteil an der X-GmbH & Co. KG. Die übernommene Kommanditbeteiligung hat ein Kapitalkonto in Höhe von 100. Der Kaufpreis beträgt 1.000. Die Bilanz der X-GmbH & Co. KG zeigt folgendes Bild:

Bilanz

Grundstücke, Gebäude	1.000	Kapital X	100
Maschinen	1.500	Kapital Y	100
Sonstige Vermögensgegenstände	1.500	Verbindlichkeiten	3.800
	4.000		4.000

In den Grundstücken und Gebäuden sind stille Reserven von 500, in den Maschinen sind stille Reserven von 1.000 enthalten.

Für A ergibt sich die Ergänzungsbilanz wie folgt:[7]

Kaufpreis für die Beteiligung	1.000
Anschaffungsnebenkosten	0
	1.000
Buchwert des steuerlichen Kapitals	100
Mehrbetrag also	900

Dieser Mehrbetrag wird wie folgt aufgeteilt:

Grundstücke Gebäude (50 % von 500)	250
Maschinen (50 % von 1.000)	500
Firmenwert (Differenz)	150
Gesamter Mehrwert	900

Es ergibt sich somit folgende Ergänzungsbilanz:

Ergänzungsbilanz A
X-GmbH & Co. KG

Grundstücke, Gebäude	250	Ergänzungskapital	900
Maschinen	500		
Firmenwert	150		
	900		900

Ein **Firmenwert** wird dann ausgewiesen, wenn der Kaufpreis für den Kommanditanteil höher ist als die anteiligen stillen Reserven der Vermögensgegenstände des Gesamthandsvermögens, allerdings nur, wenn dieser überhaupt werthaltig ist. Ist kein positiver Firmenwert vorhanden, kommt ein **sofortiger Betriebsausgabenabzug** in Betracht.[8] Dies dürfte jedoch eher ein Sonderfall sein. Im Regelfall stehen einem gezahlten Kaufpreis 9

[7] *Littmann/Bitz* § 15 EStG Rn 64.
[8] BFH v. 18. 2. 1993 BStBl. II 1994, 224.

auch entsprechende Werte gegenüber. Der Firmenwert kann nach § 7 Abs. 1 Satz 3 EStG über einen Zeitraum von 15 Jahren abgeschrieben werden. Im Zusammenhang mit dem Erwerb eines Kommanditanteils sollte jedoch überprüft werden, ob der Firmenwert nicht in einzelne Bestandteile aufgeteilt werden kann, die unter Umständen bereits früher zu einem steuerlichen Aufwand führen.[9] Der Firmenwert kann sich beispielsweise aus folgenden Komponenten zusammensetzen:

– Patente	6–8 Jahre
Warenzeichen, Markennamen[10]	3–5 Jahre
– Auftragsbestand	bei Auftragsabwicklung
– Kundenstamm/Geschäftsbeziehungen[11]	15 Jahre

Je nach Zielsetzung des Erwerbers kann sich in diesem Bereich ein erheblicher **Gestaltungsspielraum** ergeben. Erfahrungsgemäß führt die Aufgliederung des Firmenwertes und damit einhergehend die teilweise Verkürzung der Abschreibungsdauer von 15 Jahren zu Diskussionen mit der Finanzverwaltung. Die Aufgliederung des Firmenwertes in seine Bestandteile ist jedoch ökonomisch gerechtfertigt und dürfte damit auch einer finanzgerichtlichen Überprüfung standhalten.

10 Eine besondere Situation ergibt sich dann, wenn der **Kaufpreis** für eine Kommanditbeteiligung **geringer** ist als das übernommene Kommanditkapital. Es kann sich in diesem Fall um einen sog. „lucky buy" handeln. Diese Situation ergibt sich aber auch dann, wenn der Beteiligung unter Ertragswertgesichtspunkten ein geringerer Wert beizumessen ist als der Summe der Wertansätze der Vermögensgegenstände und Schulden aus der Gesamthandsbilanz. Denn selbst wenn sich für die Kommanditbeteiligung unter Anwendung des Ertragswertverfahrens ein niedrigerer Wert ergibt, ist nicht zwangsläufig eine entsprechende Teilwertabschreibung auf die Vermögensgegenstände des Gesamthandsvermögens geboten. Bei dieser Fallgestaltung zeigt sich deutlich der theoretische Bruch zwischen Bewertung der Beteiligung nach dem Ertragswert einerseits und der bilanziellen (Substanz-)Bewertung andererseits.

11 Sofern der Kaufpreis unter dem Stand des Kapitalkontos liegt, ist der Minderbetrag in eine Ergänzungsbilanz einzustellen und auf die Vermögensgegenstände des Gesamthandsvermögens abzubilden. Die Wertansätze sind abzustocken.[12] Dies gilt allerdings im Wesentlichen nur für die Vermögensgegenstände des Anlagevermögens, nicht für reine **Finanzkonten,** z. B. Bankkonten, Forderungen. Auch das Vorratsvermögen wird u.E. nicht durch die Abstockung erfasst.[13] Die Abstockung des **Vorratsvermögens** hätte zur Folge, dass sich zum Zeitpunkt des Umschlags des Vorratsvermögens eine sofortige Gewinnerhöhung aus der Auflösung des Minderwertes

[9] BFH v. 28. 5. 1998 BStBl. II 1998, 775.

[10] Der Wert kann durch Kapitalisierung von angenommenen Lizenzgebühren ermittelt werden. *Stein/Ortmann*, BB 1996, 787; a. A. BFH v. 4. 9. 1996 BStBl. II 1996, 586: kein Werteverzehr; BMF v. 12. 7. 1999 DB 1999, 1579: Nutzungsdauer 15 Jahre.

[11] *Herrmann/Heuer/Raupach* § 5 EStG Anm. 2200.

[12] BFH v. 7. 2. 1995 BStBl. II 1995, 770.

[13] *Kempf/Obermann*, DB 1998, 545.

ergeben würde. Da die Bewertung des Vorratsvermögens in der Handelsbilanz zwingend mit dem Niederstwert erfolgt, ist eine Abstockung im Rahmen einer Ergänzungsbilanz ähnlich einem Bankkonto nicht gerechtfertigt. Ist der Minderbetrag größer als der mögliche Abstockungswert für die Vermögensgegenstände des Gesamthandsvermögens, ist weder der Ansatz eines **negativen Geschäftswertes** möglich,[14] noch ergibt sich **insoweit** ein sofort zu versteuernder Gewinn.[15] Der verbleibende Minderbetrag wird vielmehr im Rahmen einer Ergänzungsbilanz als **„Ausgleichsposten"** passiviert und in der Folgezeit gewinnerhöhend gegen anteilige Verluste aus der Beteiligung aufgelöst.[16]

Beispiel: A erwirbt von X eine 50 %ige Beteiligung an der Y-GmbH & Co. KG zum symbolischen Kaufpreis von EUR 1,00. Dieser Preis entspricht auch dem Verkehrswert der Beteiligung. Mit dem Erwerb erhält er ein anteiliges Kapitalkonto von 500. Die Bilanz der Y-GmbH & Co. KG zeigt folgendes Bild:

Bilanz
Y-GmbH & Co. KG

Maschinen	300	Kapital Y	500
Vorräte	1.000	Kapital X	500
Bank	200	Verbindlichkeiten	500
	1.500		1.500

Für A stellt sich die Ermittlung der Ergänzungsbilanz wie folgt dar:

Kaufpreis für die Kommanditbeteiligung	0
Stand des Kapitalkontos	500
Minderbetrag also	– 500
Der Minderbetrag wird wie folgt verteilt	
Maschinen (50 % von 300)	150
Passiver Ausgleichsposten (Differenz)	350
Gesamter Minderbetrag	500

Für A ergibt sich folgende Ergänzungsbilanz:

Ergänzungsbilanz A
Y-GmbH & Co. KG

Ergänzungs-kapital	500	Minderbetrag	
		Maschinen	150
		Ausgleichsposten	350
	500		500

Der auf die Maschinen entfallende Minderbetrag wird analog zu deren Nutzungsdauer **gewinnerhöhend** in der Ergänzungsbilanz aufgelöst.[17] Der **passive Ausgleichsposten** in der Ergänzungsbilanz hat zwar grundsätz- **12**

[14] BFH v. 21. 4. 1994 BStBl. II 1994, 747; *Siegel/Strahl/Bareis*, BB 1993, 1477; *Herrmann/Heuer/Raupach* § 5 EStG Anm. 1752.

[15] *L. Schmidt/Wacker* § 16 EStG Rn 463; a. A., *Groh*, FS Klein, 815.

[16] BFH v. 21. 4. 1994 BStBl. II 1994, 747.

[17] *L. Schmidt/Wacker* § 16 EStG Rn 465.

lich die Funktion eines negativen Geschäftswertes, wird jedoch **nicht** über die typisierende Nutzungsdauer gemäß § 7 Abs. 1 Satz 3 EStG aufgelöst.[18] Der Ausgleichsposten wird vielmehr so lange in der Ergänzungsbilanz fortgeführt, wie aus der Beteiligung anteilige Verluste entstehen. Diese anteiligen Verluste werden in gleicher Höhe gegen den Ausgleichsposten aufgerechnet und insoweit neutralisiert.

13 Ein Sonderproblem besteht bei dem Erwerb eines Anteils an einer Personengesellschaft, die an einer weiteren Personengesellschaft (Untergesellschaft) beteiligt ist. Bei einem solchen Erwerb eines Anteils an einer doppelstöckigen Personengesellschaft stellt sich die Frage, auf welcher Ebene für den neu eintretenden Gesellschafter eine Ergänzungsbilanz zu bilden ist, wenn Mehr-/Minderwerte auf Wirtschaftsgüter der Untergesellschaft entfallen. Unseres Erachtens lassen sich sachgerechte Ergebnisse nur erzielen, wenn die Obergesellschaft bei der Untergesellschaft für den neu eingetretenen – mittelbaren – Gesellschafter eine Ergänzungsbilanz bildet, wobei die Ergebnisse dieser Ergänzungsbilanz dem neu eingetretenen Gesellschafter der Obergesellschaft in vollem Umfang zuzurechnen sind.[19]

2. Beitritt durch Kapitalerhöhung

14 Der **Eintritt** eines neuen Gesellschafters in eine GmbH & KG muss nicht notwendigerweise in Verbindung mit dem Ausscheiden eines Altgesellschafters stehen. Es kann vielmehr der **Gesellschafterkreis erweitert** werden. Für steuerliche Zwecke besteht hier die **Fiktion**, dass die bisherigen Mitunternehmeranteile durch die Altgesellschafter in eine neue, erweiterte Mitunternehmerschaft eingebracht werden.[20] Dieser Vorgang kann insgesamt nach den Regeln des § 24 UmwStG behandelt werden.[21] Die Altgesellschafter können ihre Mitunternehmeranteile hiernach zum **Buchwert** auf die „neue" Gesellschaft überführen. Entspricht die Einlage des beitretenden Gesellschafters dem **Nominalwert** seiner Beteiligung, ergeben sich keine weiteren Besonderheiten.

15 Leistet der neu eintretende Gesellschafter jedoch eine Einlage in die Gesellschaft, die **über dem Nominalwert** seiner Beteiligung liegt, wird das Aufgeld in eine gesamthänderisch gebundene Rücklage bei der Personengesellschaft eingestellt. Diese gesamthänderisch gebundene Rücklage steht anteilig auch den Altgesellschaftern entsprechend deren Kapitalanteil zu. Die Altgesellschafter haben gegenüber der ursprünglichen Situation hiernach in der Gesamthandsbilanz ein erhöhtes Kapitalkonto, das sich aus dem bisherigen Stand des Kapitalkontos sowie dem anteiligen Rücklagenkonto zusammensetzt. Die fiktive Einbringung des Mitunternehmeranteils durch den Altgesellschafter erfolgt **insoweit nicht** zum Buchwert, sondern zu einem **über** dem Buchwert liegenden Zwischenwert (vgl. dazu § 12 Rn 31 ff.). Dies führt nach § 24 UmwStG grundsätzlich zu einer **Realisierung von stillen Reserven**. Da § 24 UmwStG jedoch ausdrücklich eine Über-

---

[18] *Gießler*, DStR 1995, 699; *Hoffmann*, BB 1995, 1397.

[19] Ebenso *Ley*, DStR 2004, 1503.

[20] BFH v. 23. 5. 1985 BStBl. II 1985, 695.

[21] BMF v. 25. 3. 1998 BStBl. I 1998, 268 Rn 24.01.

führung zum Buchwert zulässt, kann der Altgesellschafter den Einbringungsgewinn durch eine sog. **negative Ergänzungsbilanz** neutralisieren. Hierdurch entsteht für den Altgesellschafter in der Ergänzungsbilanz ein negativer Abstockungswert für die Vermögensgegenstände des Gesamthandsvermögens. In der Folgezeit führt dies über die Nutzungsdauer der Vermögensgegenstände zu einer ratierlichen Gewinnerhöhung im Rahmen der Ergänzungsgewinn- und -verlustrechnung für den Altgesellschafter.[22]

Der neu eintretende Gesellschafter leistet die Einlage in das Gesell- **16**
schaftsvermögen. Er erhält hierfür ein anteiliges Kapital der GmbH & Co. KG. Dieses setzt sich zusammen aus dem anteiligen Festkapitalkonto sowie der anteiligen gesamthänderisch gebundenen Rücklage. Da das von dem neu eintretenden Gesellschafter geleistete Aufgeld allen Gesellschaftern entsprechend der Beteiligungsquote zusteht, ist das ihm zuzuordnende Kapitalkonto **geringer** als das von ihm geleistete Entgelt. Der Differenzbetrag ist für den neu eintretenden Gesellschafter hiernach in eine **positive Ergänzungsbilanz** einzustellen. Auch dieser Mehrwert wird auf die Vermögensgegenstände des Gesamthandsvermögens abgebildet und kann in der Folgezeit über die Nutzungsdauer der Vermögensgegenstände gewinnmindernd abgeschrieben werden.

Alternativ zu der dargestellten Vorgehensweise kann die gesamte Einlage **17**
des neu eintretenden Gesellschafters diesem gutgeschrieben werden, wenn die Altgesellschafter ihre Kapitalkonten ebenfalls in der Gesamthandsbilanz aufstocken. In diesem Fall werden in der Gesamthandsbilanz die stillen Reserven sowie der Firmenwert aufgedeckt. Zur Vermeidung eines Veräußerungsgewinns bei den Altgesellschaftern können diese die in der Gesamthandsbilanz aufgedeckten stillen Reserven durch eine negative Ergänzungsbilanz neutralisieren.[23]

Leistet der neu eintretende Gesellschafter im Zusammenhang mit dem **18**
Eintritt in die Gesellschaft unmittelbare **Zahlungen an die Altgesellschafter**, handelt es sich um eine **anteilige Veräußerung** von Mitunternehmeranteilen durch die Altgesellschafter.[24] Es entstehen **insoweit** für den Altgesellschafter sowie für den Neugesellschafter die gleichen steuerlichen Konsequenzen, wie sie sich bei einer formellen Veräußerung eines Mitunternehmerteilanteils ergeben würden. Probleme können lediglich hinsichtlich der praktischen Abwicklung entstehen, da die Quote der **fiktiven Veräußerung** anhand der Verkehrswerte der Beteiligung bestimmt werden muss.

III. Austritt eines Gesellschafters aus einer GmbH & Co. KG

1. Ermittlung des Veräußerungsgewinns

a) Kaufpreisanspruch. Für den ausscheidenden Gesellschafter aus einer **19**
Personengesellschaft besteht grundsätzlich kein Unterschied in der steuerlichen Behandlung, ob das Ausscheiden durch **Veräußerung** des Komman-

---

[22] BFH v. 8. 12. 1994 BStBl. II 1995, 600; *Pfalzgraf/Meyer*, DStR 1995, 1289.

[23] BMF v. 25. 3. 1998 BStBl. I 1998, 268 Rn 24.14.

[24] BFH v. 8. 12. 1994 BStBl. II 1995, 599; *Söffing*, DStZ 1995, 648; *Wilhelm*, BB 1996, 99.

ditanteils oder durch **Ausscheiden** aus der Gesellschaft **gegen Abfindung** erfolgt. Im Falle der Abfindung hat der ausscheidende Gesellschafter jedoch keinen Kaufpreisanspruch gegenüber einem Gesellschafter (Erwerber), sondern einen Abfindungsanspruch gegenüber der Gesellschaft. Für den ausscheidenden Gesellschafter entsteht ein **Veräußerungsgewinn** als Differenz zwischen Veräußerungs-/Abfindungswert und dem Stand des Kapitalkontos zum Zeitpunkt des Ausscheidens. Dieser Veräußerungsgewinn wird tarifermäßigt besteuert nach §§ 16, 34 EStG. Eine Besteuerung mit Gewerbesteuer vom Ertrag erfolgt nicht. Die Veräußerung eines Teils einer Kommanditbeteiligung führt hingegen seit 2002 zu einem laufenden Gewinn.

20 Der Veräußerungs- bzw. Abfindungsgewinn ermittelt sich aus der Differenz zwischen vereinnahmtem Kaufpreis bzw. dem Abfindungsguthaben und dem Stand des steuerlichen Kapitalkontos. Dieses setzt sich aus dem Kapitalkonto laut Gesamthandsbilanz sowie einem eventuell vorhandenen Kapital aus einer Ergänzungsbilanz zusammen. Ob auch das Kapital der Sonderbilanz bei der Ermittlung des Veräußerungsgewinns berücksichtigt werden muss, hängt davon ab, ob auch Wirtschaftsgüter des Sonderbetriebsvermögens mitveräußert werden oder ob die Wirtschaftsgüter des Sonderbetriebsvermögens zwangsweise in das Privatvermögen des Altgesellschafters überführt werden, weil dieser seine gesamte Kommanditbeteiligung veräußert und folglich nicht mehr Mitunternehmer ist. In diesem Fall liegt eine Aufgabe des Mitunternehmeranteils vor, sofern es sich bei dem Sonderbetriebsvermögen um wesentliche Betriebsgrundlagen, wie beispielsweise um ein Betriebsgrundstück, handelt.[25]

21 **b) Veräußerungszeitpunkt.** Üblicherweise erfolgt das Ausscheiden aus einer GmbH & Co. KG bzw. die Veräußerung eines Gesellschaftsanteils mit Wirkung auf das Ende eines Geschäftsjahres, da mit der Jahresbilanz ein aktueller Status über die wirtschaftliche Situation des Unternehmens besteht. Die Veräußerung zum Ende des Geschäftsjahres ist jedoch nicht zwingend. Denkbar ist ohne weiteres auch ein **wirtschaftlicher Übergang** des Gesellschaftsanteils **im Laufe des Geschäftsjahres**. In diesem Fall ist weder handelsrechtlich[26] noch für steuerliche Zwecke ein Zwischenabschluss zu erstellen. Die Erstellung eines Zwischenabschlusses auf den Verkaufsstichtag bietet sich jedoch an, um eine sachgerechte Ergebnisaufteilung zu erreichen. Bei einem **unterjährigen Verkauf** ist das Jahresergebnis der Gesellschaft andernfalls im Wege der Schätzung zeitanteilig zwischen dem Erwerber und dem Verkäufer des Kommanditanteils aufzuteilen. Sofern im Kaufvertrag über den Gesellschaftsanteil eine Berechnungsmethode zur anteiligen Gewinnzuordnung vorgegeben ist, kann diese Vereinbarung u.E. grundsätzlich auch für die steuerliche Veranlagung zugrunde gelegt werden, sofern die Aufteilung nicht willkürlich ist.

---

[25] Zur Übertragung eines Mitunternehmer(teil-)anteils bei Vorhandensein von Sonderbetriebsvermögen vgl. ausführlich *Düll/Fuhrmann/Eberhard*, DStR 2001, 1773 ff.

[26] BFH v. 19. 1. 1984 BStBl. II 1984, 312.

Im Kaufvertrag kann der **Zeitpunkt des Übergangs** des Anteils auf schuldrechtlicher Basis zurückbezogen werden. Aus steuerlicher Sicht besteht hierbei jedoch das Problem, dass der Sachverhalt der Betriebs- bzw. Mitunternehmeranteilsveräußerung erst mit Vertragsabschluss realisiert ist. Für steuerliche Zwecke ist im Grundsatz eine rückwirkende Vereinbarung nicht wirksam.[27] Eine Ausnahme dieser allgemeinen Regel soll nur insoweit gelten, als die **Rückbeziehung** nur eine kurze Zeitspanne umfasst. Im Allgemeinen wird hier von einem Zeitraum von drei Monaten ausgegangen, in dem auch rückwirkend der wirtschaftliche Übergang eines Gesellschaftsanteils vereinbart werden kann.[28] Denkbar ist auch, dass eine Rückbeziehung sich im Verlauf eines gerichtlichen oder außergerichtlichen Verfahrens ergibt.[29] 22

Das **anteilige Jahresergebnis** der Gesellschaft wird bis zum Zeitpunkt des Übergangs des Gesellschafteranteils dem **ausscheidenden Gesellschafter zugerechnet**, unabhängig davon, ob der Gewinnanspruch dem Erwerber bereits zivilrechtlich zusteht. Die Zurechnung des anteiligen Jahresergebnisses auf den Veräußerer beeinflusst bei diesem lediglich das Verhältnis von (nicht begünstigten) laufendem Gewinn zum (begünstigten) Veräußerungsgewinn. Denn durch die Zurechnung des anteiligen Jahresergebnisses erhöht sich der Stand des Kapitalkontos. Im gleichen Maß reduziert sich ein eventueller Veräußerungsgewinn. Korrespondierend verändert sich für den Erwerber der in die Ergänzungsbilanz einzustellende Mehrwert aus dem Erwerb des Kommanditanteils. 23

Der Veräußerungsgewinn entsteht grundsätzlich mit **Wirksamwerden des Verkaufs** bzw. dem Ausscheiden aus der Gesellschaft.[30] Der Zeitpunkt der Zahlung des Kaufpreises bzw. des Abfindungsguthabens ist hierbei grundsätzlich unerheblich.[31] Besonderheiten ergeben sich bei Veräußerungsvorgängen allerdings dann, wenn der Kaufpreis bzw. das Abfindungsguthaben in **wiederkehrenden Bezügen**, wie z. B. in einer Leibrente, bezahlt wird. 24

Bei Veräußerung eines Einzelunternehmens gegen wiederkehrende Bezüge hat der Veräußerer das Wahlrecht, den bei der Veräußerung entstehenden Gewinn entweder sofort zum Wirksamwerden des Kausalgeschäftes zu versteuern, wobei die Tarifermäßigung gemäß §§ 16, 34 EStG zur Anwendung kommt, oder aber die wiederkehrenden Bezüge ohne Tarifermäßigung zum Zuflusszeitpunkt als nachträgliche Betriebseinnahmen i. S. d. § 15 i.V.m. § 24 Nr. 2 EStG zu behandeln.[32] Im Falle der Sofortversteuerung ermittelt sich der Veräußerungsgewinn als Unterschiedsbetrag zwischen dem Barwert der Rente, vermindert um etwaige Veräußerungskosten und dem Buchwert des steuerlichen Kapitalkontos im Zeitpunkt der Veräußerung des Betriebs. Die in den Rentenzahlungen enthaltenen Er- 25

[27] BFH v. 21. 12. 1972 BStBl. II 1973, 389.
[28] BFH v. 18. 9. 1984 BStBl. II 1985, 55.
[29] *L. Schmidt/Wacker* § 16 EStG Rn 444.
[30] *L. Schmidt/Wacker* § 16 EStG Rn 220.
[31] BFH v. 16. 3. 1989 BStBl. II 1989, 557; BFH v. 19. 7. 1993 BStBl. II 1993, 897.
[32] BFH v. 29. 1. 1992 BStBl. II 1992, 465; R 139 Abs. 11 EStR.

tragsanteile sind sonstige Einkünfte i. S. d. § 22 Nr. 1 Satz 3 a EStG. Im Falle der Behandlung der wiederkehrenden Bezüge als nachträgliche Betriebseinnahmen entsteht ein Gewinn, wenn die Rentenzahlungen das steuerliche Kapitalkonto des Veräußerers zuzüglich etwaiger Veräußerungskosten übersteigen.[33]

26 Das Wahlrecht zwischen einer tarifbegünstigten Sofortbesteuerung und einer nicht tarifbegünstigten Besteuerung nachträglicher Einkünfte aus Gewerbebetrieb besteht auch bei der Veräußerung eines Betriebs gegen einen in Raten zu zahlenden Kaufpreis, wenn die Raten während eines mehr als 10 Jahre dauernden Zeitraums zu zahlen sind und die Ratenvereinbarung eindeutig die Absicht des Veräußerers zum Ausdruck bringt, sich eine Versorgung zu verschaffen.[34]

27 **Das Wahlrecht zwischen Sofortversteuerung und der Besteuerung im Zuflusszeitpunkt** soll auch dann bestehen, wenn eine Personengesellschaft ihren ganzen Gewerbebetrieb veräußert und den einzelnen Mitunternehmern die wiederkehrenden Bezüge direkt zufließen.[35] Da § 16 EStG hinsichtlich der Rechtsfolgen nicht zwischen der Veräußerung eines Betriebes, eines Teilbetriebes oder eines Mitunternehmeranteils unterscheidet, kommt das Wahlrecht u.E. auch bei der Veräußerung eines Mitunternehmeranteils zur Anwendung.

28 Sofern ein noch nicht beglichener **Kaufpreisanspruch** für den Gesellschaftsanteil nach der Veräußerung **ausfällt**, wirkt dieses Ereignis gemäß § 175 Abs. 1 Satz 1 Nr. 2 AO auf den Zeitpunkt der Veräußerung zurück, so dass der Veräußerungsgewinn entsprechend zu korrigieren ist.[36] Das Gleiche gilt im Grundsatz dann, wenn ein noch offener (Rest-)Kaufpreis Anspruch nachträglich gemindert wird.

29 Die Veräußerung eines Mitunternehmeranteils gegen gewinn- oder umsatzabhängige Vergütung führt dazu, dass das Entgelt zwingend als laufende nachträgliche Betriebseinnahme in der Höhe zu versteuern ist, in der die Summe der Kaufpreiszahlungen das Kapitalkonto zuzüglich der Veräußerungskosten überschreitet. Ein Wahlrecht zwischen der tarifbegünstigten Besteuerung des Veräußerungsgewinns und einer nichttarifbegünstigten Besteuerung nachträglicher gewerblicher Einkünfte besteht nicht.[37]

2. Sachwertabfindung aus dem Gesellschaftsvermögen

30 **a) Sachwertabfindung ins Privatvermögen.** Teilweise werden im Zusammenhang mit dem Ausscheiden eines Gesellschafters aus einer GmbH & Co. KG aus dem Gesellschaftsvermögen **Sachwerte** an den ausscheidenden Gesellschafter **übertragen**, um dessen Abfindungsanspruch

---

[33] R 139 Abs. 11 EStR.

[34] BFH v. 23.1.1964 BStBl. III 1964, 239; BFH v. 12.6.1968 BStBl. II 1968, 653; H 139 Abs. 11 „Ratenzahlungen“ EStR.

[35] *Littmann/Hörger/Rapp* § 16 EStG Rn 101; *L. Schmidt/Wacker* § 16 EStG Rn 227.

[36] BFH v. 19.7.1993 BStBl. II 1993, 897; BFH v. 28.7.1994 BStBl. II 1995, 113.

[37] BFH v. 14.5.2002 BStBl. II 2002, 532; H 139 Abs. 11 „Gewinn- oder umsatzabhängiger Kaufpreis“ EStR; differenzierend *Neu/Lühn*, DStR 2003, 64.

abzudecken. Sofern in dem betreffenden Vermögensgegenstand **stille Reserven** enthalten sind, ist fraglich, wer diese aufgelösten stillen Reserven letztlich zu versteuern hat. Diese Fragestellung kann nur dadurch beantwortet werden, dass das Ausscheiden des Gesellschafters in Verbindung mit der Sachwertabfindung in einzelne Schritte zerlegt wird. In einem **ersten Schritt** scheidet hiernach der Gesellschafter aus der GmbH & Co. KG aus und erhält dafür einen in Geld bewerteten Abfindungsanspruch. In einem **zweiten Schritt** erwirbt der ausgeschiedene Gesellschafter von der Gesellschaft das betreffende Wirtschaftsgut im Tausch gegen den Abfindungsanspruch. Diese Betrachtung ist unabhängig davon anzustellen, ob die Sachwertabfindung vor oder nach dem Ausscheiden aus der Gesellschaft vereinbart worden ist.[38]

Mit dem **Ausscheiden** aus der Gesellschaft entsteht für den ausscheiden- 31
den Gesellschafter ein **Veräußerungs-/Aufgabegewinn**, der sich als Differenz zwischen dem Abfindungsanspruch und dem Buchwert seines steuerlichen Kapitalkontos ergibt. Dieser Veräußerungsgewinn ist von dem ausscheidenden Gesellschafter zu versteuern. Die Abfindung an den ausscheidenden Gesellschafter mit einem Betrag über dem Stand des steuerlichen Kapitalkontos erhöht den steuerlichen Buchwert der Vermögensgegenstände im Gesamthandsvermögen. Dieser Mehrwert ist nicht in einer Ergänzungsbilanz der verbleibenden Gesellschafter, sondern in der Gesamthandsbilanz zu erfassen, da mit der Abfindung aus dem Gesellschaftsvermögen für die Gesellschaft **eigene Anschaffungskosten** entstehen. Durch die Abfindung an den ausscheidenden Gesellschafter erhöht sich demgemäß auch der Buchwert für denjenigen Vermögensgegenstand, der letztlich für die **Sachwertabfindung** verwendet werden soll. Die Übertragung des Vermögensgegenstandes auf den ausscheidenden Gesellschafter ist ein **veräußerungsähnlicher Vorgang**, der zu einem laufenden Veräußerungsgewinn in Höhe des Verkehrswertes (anteiliger Abfindungswert) und dem aufgestockten Buchwert des Vermögensgegenstandes führt. Dieser Veräußerungsgewinn ist ein **nicht begünstigter, laufender Geschäftsvorfall.**[39]

Beispiel: A und B sind zu jeweils 50 % an der X-GmbH & Co. KG beteiligt. Der Wert des Unternehmens beträgt insgesamt 2.000. Die X-GmbH & Co. KG hat folgende Bilanz:

Bilanz
X-GmbH & Co. KG

Mietwohngrundstück	400	Kapital A	200
Sonstige WG	600	Kapital B	200
		Verbindlichkeiten	600
	1.000		1.000

Bei dem Grundstück handelt es sich um ein nicht betrieblich genutztes Mietwohngrundstück mit dem Verkehrswert von 1.000. Die restlichen stillen Reserven i.H.v. 1.000 sind in den sonstigen WG vorhanden A möchte aus der Gesellschaft ausscheiden und soll hierfür das Mietwohngrundstück als Sachwertabfindung erhalten.

---

[38] BFH v. 24. 8. 1989 BStBl. II 1990, 132; *L. Schmidt/Wacker* § 16 EStG Rn 521.

[39] BFH v. 24. 5. 1973 BStBl. II 1973, 655; BFH v. 5. 7. 1990 BStBl. II 1990, 843 (zur Erbauseinandersetzung).

Mit dem Ausscheiden des A aus der X-GmbH & Co. KG erhält dieser einen Abfindungsanspruch gegenüber der Gesellschaft in Höhe von 1.000
Diesem Wert steht das Kapitalkonto gegenüber in Höhe von 200
Es ergibt sich somit ein Veräußerungsgewinn in Höhe von 800

Der Veräußerungsgewinn entspricht der Hälfte der insgesamt vorhandenen stillen Reserven.

Dieser Veräußerungsgewinn wird bei A gemäß §§ 16, 34 EStG besteuert.[40] In Höhe der Differenz zwischen Abfindungsanspruch und Buchwert des Kapitalkontos werden die Buchwerte der Vermögensgegenstände in der Gesamthandsbilanz aufgestockt. Sämtliche Wirtschaftsgüter in der Gesamthandsbilanz der X-GmbH & Co. KG sind jeweils um die Hälfte der stillen Reserven aufzustocken, so dass sich ein Buchwert des Mietwohngrundstücks ergibt von:

bisheriger Buchwert	400
Aufstockungswert (50 % v. 600)	300
	700

Die Übertragung des Mietwohngrundstückes auf A ist ein laufender Geschäftsvorfall, der keiner Begünstigung unterliegt. Der Veräußerungsgewinn ermittelt sich wie folgt:

Veräußerungspreis (Abfindungsanspruch)	1.000
Fortgeführter Buchwert	700
Veräußerungsgewinn also	300

Dieser Veräußerungsgewinn wird B als verbleibendem Alleingesellschafter zugerechnet.

32 Diese Steuerfolgen können für den verbleibenden Gesellschafter insofern problematisch sein, als mit der Schwächung der Kapitalbasis der Gesellschaft durch die Abfindung an den ausscheidenden Gesellschafter ein **Liquiditätsabfluss für persönliche Steuerzahlungen** des verbleibenden Gesellschafters einhergeht. Der Gewinn aus der Sachwertabfindung eines betrieblichen Vermögensgegenstandes kann unter Umständen gemäß § 6 b EStG auf einen anderen Vermögensgegenstand übertragen werden.[41]

33 **b) Sachwertabfindung ins Betriebsvermögen.** In der Rechtslage bis 1998 konnten die Gesellschafter zwischen den Grundsätzen zur Sachwertabfindung ins Privatvermögen und den Grundsätzen zur Buchwertfortführung entsprechend der Realteilung einer Personengesellschaft wählen, sofern die als Sachwertabfindung übertragenen Wirtschaftsgüter beim ausscheidenden Gesellschafter Betriebsvermögen wurden. In der Rechtslage der Jahre 1999/2000 führte die Sachwertabfindung mit Einzelwirtschaftsgütern – ebenso wie bei der Überführung ins Privatvermögen – zwingend zur Gewinnrealisierung. In der Rechtslage ab 2001 greift für den Fall der Sachwertabfindung in ein Betriebsvermögen des ausscheidenden Gesellschafters u.E. die Vorschrift des § 6 Abs. 5 S. 3 EStG mit der Folge des Buchwertzwangs.[42]

34 Die zwingende Buchwertfortführung ab 2001 hat zur Folge, dass die verbleibenden Gesellschafter ihre Kapitalkonten erfolgsneutral an die Buchwerte der zurückbehaltenen Wirtschaftsgüter anpassen müssen.

---

40 *Herrmann/Heuer/Raupach* § 16 EStG Anm. 300.
41 *Herrmann/Heuer/Raupach* § 6b EStG Anm. 51.
42 Ebenso *L. Schmidt/Wacker* § 16 EStG Rn 524.

Beispiel: Sachverhalt wie oben, allerdings wird das Grundstück in das Einzelunternehmen des A überführt.

A führt in seinem Einzelunternehmen den Buchwert des Grundstücks i.H.v. 400 fort. Sein Kapitalkonto wird beim Ausscheiden erfolgsneutral auf 400 aufgestockt. B führt die Buchwerte der übrigen Wirtschaftsgüter von 0 (sonstige aktive Wirtschaftsgüter 600, Verbindlichkeiten 600) fort. Sein Kapitalkonto wird erfolgsneutral auf 0 abgestockt.

Bei der Überführung eines Wirtschaftsguts von der GmbH & Co. KG in eine andere Schwesterpersonengesellschaft des Ausscheidenden kommt die Buchwertfortführung nach § 6 Abs. 5 S. 3 EStG nach Auffassung der Finanzverwaltung nicht zur Anwendung. Lediglich wenn das Wirtschaftsgut in das Sonderbetriebsvermögen der Schwestergesellschaft überführt wird, kommt die Anwendung des § 6 Abs. 5 Satz 3 EStG in Betracht.[43] 35

3. Wegfall eines negativen Kapitalkontos

Besonderheiten ergeben sich dann, wenn der ausscheidende Kommanditist zum Zeitpunkt seines Ausscheidens aus der GmbH & Co. KG ein **negatives steuerliches Kapitalkonto** unterhält. Dies ist zum einen dann möglich, wenn der Gesellschafter in der Zeit vor dem Ausscheiden überhöhte Entnahmen aus der Personengesellschaft vorgenommen hat. Ein negatives Kapitalkonto kann jedoch zum anderen durch Zuweisung von Verlusten entstanden sein, die auf einem Kapitalverlustkonto erfasst worden sind. 36

Ist das negative Kapitalkonto durch **Entnahmen** des Gesellschafters entstanden, besteht **insoweit** eine Forderung der Gesellschaft an den Gesellschafter. Verzichtet die Gesellschaft im Zuge des Ausscheidens auf die Erfüllung dieser Forderung, wird der Gesellschafter von einer Schuld befreit. Es handelt sich deshalb um ein **zusätzliches Entgelt** für den Kommanditanteil,[44] das den steuerpflichtigen Veräußerungsgewinn erhöht. 37

Ist das negative Kapitalkonto durch **Zuweisung von Verlusten** entstanden, besteht keine Forderung der Gesellschaft an den Kommanditisten, da ein beschränkt haftender Gesellschafter grundsätzlich nicht zum Nachschuss verpflichtet ist. Der Wegfall des negativen Kapitalkontos führt also **nicht** zu einer Entlastung des Gesellschafters aus einer Verpflichtung gegenüber der Gesellschaft. Gleichwohl wird in Höhe des negativen Kapitalkontos durch die Rechtsprechung eine „Verlusthaftung mit künftigen Gewinnanteilen" gesehen, die offenbar einen schuldähnlichen Charakter haben soll. Der Wegfall des negativen Kapitalkontos im Zusammenhang mit dem Ausscheiden eines Gesellschafters aus der GmbH & Co. KG wird also auch dann als **zusätzliches Entgelt** gesehen, wenn das negative Kapitalkonto auf **zugewiesene Verluste** entfällt.[45] 38

Ist ein negatives Kapitalkonto durch anteilige Verluste entstanden, dürfte im Regelfall in gleicher Höhe ein Potential an **verrechenbaren Verlusten** gemäß § 15 a EStG gegenüberstehen, die über die vorhandenen verrechen- 39

[43] *Brandenberg*, DStZ 2002, 596.
[44] *L. Schmidt/Wacker* § 16 EStG Rn 472.
[45] BFH v. 10. 11. 1980 BStBl. II 1981, 164; BFH v. 28. 7. 1994 BStBl. II 1995, 112.

baren Verluste mit dem Veräußerungsgewinn verrechnet werden. Nur der darüber hinausgehende Betrag führt zu einem steuerpflichtigen Veräußerungsgewinn. Abweichungen zwischen dem Bestand der verrechenbaren Verluste und dem negativen Kapitalkonto können sich beispielsweise einerseits aufgrund einer überschießenden Außenhaftung nach § 171 Abs. 1 HGB und andererseits aufgrund nachträglicher Einlagen durch den Gesellschafter ergeben (vgl. dazu § 6 Rn 50 f.).

40 Bei einem **Ausscheiden aus der Gesellschaft** gegen Abfindungsanspruch gegenüber der Gesellschaft wird man im Allgemeinen davon ausgehen können, dass die anteiligen stillen Reserven des Gesellschaftsvermögens ausreichen, das negative Kapitalkonto abzudecken. Die gezahlte Abfindung sowie der Stand des negativen Kapitalkontos führen für die Gesellschaft zu **zusätzlichen Anschaffungskosten** auf die Vermögensgegenstände. Beruht die Motivation der gezahlten Abfindung auf dem Umstand, dass es sich bei dem Ausgeschiedenen um einen **lästigen Gesellschafter** handelt, kommt grundsätzlich ein **sofortiger Betriebsausgabenabzug** in Betracht, soweit der Abfindung keine stillen Reserven von Vermögensgegenständen des Gesamthandsvermögens sowie kein Firmenwert gegenüberstehen.[46]

41 Wird ein **Kommanditanteil** an einer GmbH & Co. KG **veräußert**, berührt dies weder das Verhältnis der Gesellschaft zu den Gesellschaftern noch die Gesamthandsbilanz. Ein bestehendes negatives Kapitalkonto des Veräußerers wird also durch den Erwerber fortgeführt, selbst wenn dieser zusätzlich einen Kaufpreis für den Kommanditanteil entrichtet hat. Der Differenzbetrag zwischen dem gezahlten Kaufpreis und dem Stand des (negativen) steuerlichen Kapitalkontos wird bei dem Erwerber im Rahmen einer Ergänzungsbilanz erfasst. Auch für den Ausscheidenden führt die Übernahme des negativen Kapitalkontos durch den Erwerber zu einem zusätzlichen Kaufpreis und damit zu einer Erhöhung des Veräußerungsgewinns. Im Zuge der Veräußerung kann kein **Potential an verrechenbaren Verlusten** von dem Veräußerer auf den Erwerber übertragen werden, da der Neugesellschafter nicht in die Rechtsstellung des Altgesellschafters eintritt. Der Ausgleich der verrechenbaren Verluste erfolgt in der Person des Altgesellschafters, ggf. durch Umwandlung der verrechenbaren Verluste in ausgleichsfähige Verluste (vgl. dazu § 6 Rn 53).

42 Verfügt der ausscheidende Gesellschafter zum Zeitpunkt des Ausscheidens aus der Personengesellschaft noch über einen Bestand an **verrechenbaren Verlusten gemäß § 15 a EStG**, können die verrechenbaren Verluste mit dem Veräußerungsgewinn verrechnet werden. Erzielt der Gesellschafter im Jahr des Ausscheidens einen laufenden Verlust, wird der laufende Verlust des Geschäftsjahres zunächst mit dem Veräußerungsgewinn, der sich aufgrund des durch den laufenden Verlust verursachten höheren negativen Kapitalkontos erhöht, verrechnet. Erst der darüber hinausgehende Betrag kann mit verrechenbaren Verlusten im Sinne des § 15 a EStG ausgeglichen werden.[47]

---

[46] BFH v. 29.10.1991 BStBl. II 1992, 647; zusätzliche Anschaffungskosten BFH v. 5.10.1989 BFH/NV 1990, 496.

[47] BFH v. 26.1.1995 BStBl. II 1995, 467.

4. Sonderbetriebsvermögen bei Veräußerung eines Mitunternehmeranteils

Aufgrund der Wertung in § 15 Abs. 1 Nr. 1 EStG werden die Wirtschaftsgüter im Eigentum eines Gesellschafters, die dieser der Gesellschaft zur Nutzung überlassen hat, grundsätzlich der steuerlichen Sphäre der Gesellschaft zugerechnet. Es erfolgt eine Qualifikation als sog. **Sonderbetriebsvermögen**. Obwohl es sich bei dem Sonderbetriebsvermögen begrifflich nicht um Gesamthandsvermögen der Personengesellschaft handelt, ist dieses dennoch Bestandteil des Mitunternehmeranteils.[48] Sofern ein Gesellschafter aus einer GmbH & Co. KG gegen Abfindung bzw. durch Veräußerung aus der Gesellschaft ausscheidet, verliert er mit dem Ausscheiden zwangsweise die Mitunternehmerstellung. Damit **entfällt** auch gleichzeitig die **Betriebsvermögenseigenschaft** der Vermögensgegenstände, die der Gesellschaft zur Nutzung überlassen wurden. Mit dem Ausscheiden aus der Personengesellschaft erfolgt deshalb eine **Entnahme** in das Privatvermögen. Der Gewinn aus der Aufgabe des Mitunternehmeranteils erhöht sich damit um den Entnahmegewinn aus dem Sonderbetriebsvermögen. Der ausscheidende Gesellschafter muss also beachten, dass sich im Zuge seines Ausscheidens aus der Gesellschaft möglicherweise eine erhöhte Liquiditätsbelastung aus der **Realisierung von stillen Reserven** des Sonderbetriebsvermögens ergibt. 43

Bis zur Rechtslage 1998 konnte eine Realisierung der stillen Reserven von Wirtschaftsgütern des Sonderbetriebsvermögens dadurch vermieden werden, dass das betreffende Wirtschaftsgut vor dem Ausscheiden des Gesellschafters aus der Personengesellschaft in eine gewerblich geprägte Personengesellschaft gemäß § 15 Abs. 3 Nr. 2 EStG eingebracht wurde. Mit der Einbringung wurde das betreffende Wirtschaftsgut in ein steuerliches Betriebsvermögen eingebunden, so dass eine Auflösung der stillen Reserven nicht erforderlich war. Mit der Änderung des § 6 Abs. 5 bzw. Abs. 6 EStG durch das StEntlG 1999/2000/2002 bestand diese Gestaltungsmöglichkeit jedoch ab dem Jahr 1999 nicht mehr, da die Überführung eines einzelnen Wirtschaftsgutes in das Gesamthandsvermögen einer Personengesellschaft zu einer **Auflösung von stillen Reserven** führte. 44

Nach der erneuten Änderung des § 6 Abs. 5 Satz 3 EStG durch das Unternehmenssteuerfortentwicklungsgesetz ist eine Überführung eines Wirtschaftsguts von Sonderbetriebsvermögen in das Gesamthandsvermögen einer anderen Personengesellschaft zwar wieder (zwingend) zum Buchwert vorgesehen. Sofern jedoch im wirtschaftlichen und zeitlichen Zusammenhang mit dem Ausscheiden aus der Personengesellschaft wesentliches Sonderbetriebsvermögen zum Buchwert in ein anderes Betriebsvermögen des Mitunternehmers bzw. einer Schwesterpersonengesellschaft überführt wird, stellt die Veräußerung des Gesellschaftsanteils nach der Gesamtplanrechtsprechung des BFH keine nach § 34 EStG tarifbegünstigte Veräußerung eines Mitunternehmeranteils dar, da nicht sämtliche stille Reserven in dem Mitunternehmeranteil aufgedeckt werden.[49] Eine Ausgliederung des 45

[48] *Littmann/Hörger* § 16 EStG Rn 139.

[49] BFH v. 6. 9. 2000 DStR 2000, 2123; *Düll/Fuhrmann/Eberhard*, DStR 2001, 1774.

Sonderbetriebsvermögens kommt daher nur bei Inkaufnahme von u.U. langen Vorlaufszeiten in Betracht.[50]

46 Sofern lediglich ein Teil eines Mitunternehmeranteils veräußert wird, der veräußernde Gesellschafter somit Mitunternehmer bleibt, besteht für das zurückbehaltene Sonderbetriebsvermögen die Qualifikation als Sonderbetriebsvermögen fort, so dass es nicht zu einer Zwangsrealisierung der stillen Reserven im Sonderbetriebsvermögen kommt. Nach der neueren Rechtsprechung[51] wird die Tarifermäßigung gem. §§ 16, 34 EStG zwar nicht gewährt, wenn nicht gleichzeitig auch Sonderbetriebsvermögen quotenentsprechend mitveräußert wird.[52] Ab dem Jahr 2002 werden Gewinne aus der Veräußerung eines Teils eines Mitunternehmeranteils gem. § 16 Abs. 1 Satz 3 EStG ohnehin als laufende Gewinne qualifiziert, so dass die Tarifermäßigung i. S. d. §§ 16, 34 EStG unabhängig von einer quotenentsprechenden Mitveräußerung von Sonderbetriebsvermögen nicht gewährt wird.

5. Doppelstöckige Personengesellschaft

47 Ist der ausscheidende Gesellschafter an einer GmbH & Co. KG beteiligt, die selbst wiederum Gesellschafter einer Personengesellschaft ist, können sich aus der Struktur der doppelstöckigen Personengesellschaft **Auswirkungen** auf die Ermittlung des **steuerpflichtigen Veräußerungsgewinns** ergeben. Die Beteiligung an einer Personengesellschaft wird steuerlich nicht als bilanzierungsfähiges Wirtschaftsgut gesehen, sondern als anteilige Erfassung der Vermögensgegenstände und Schulden der Untergesellschaft. Damit ergibt sich bei der Obergesellschaft ein Ausweis des steuerlichen Eigenkapitals nach der sog. **Spiegelbildmethode**.[53] Dieses kann vom handelsrechtlichen Beteiligungsansatz insbesondere dann abweichen, wenn auf der Ebene der Untergesellschaft steuerliche Verluste entstanden sind, die in der Handelsbilanz nicht zwingend zu einer Beteiligungsabwertung geführt haben.

48 Die **steuerlichen Verluste der Untergesellschaft** können in den Grenzen des § 15 a EStG der Obergesellschaft als ausgleichsfähige Verluste zugerechnet werden und mindern den steuerlichen Ergebnisanteil des Gesellschafters der Obergesellschaft. Sofern auf der Ebene der Untergesellschaft verrechenbare Verluste im Sinne des § 15 a EStG entstehen, wird die Verlustzurechnung auf die Obergesellschaft verhindert. Gleichwohl mindern die Verluste der Tochtergesellschaft das steuerliche Kapitalkonto des Gesellschafters der Obergesellschaft. Von der Finanzverwaltung wird deshalb aus Billigkeitsgründen zugelassen, das **Verlustausgleichsvolumen** des Gesellschafters bei der Obergesellschaft **außerbilanziell um die verrechenbaren Verluste der Untergesellschaft zu erhöhen** (vgl. dazu § 6 Rn 56 ff.). Im Falle des Ausscheidens aus der Obergesellschaft kann damit der Ver-

[50] *Düll/Fuhrmann/Eberhard*, DStR 2001, 1774; *Märkle*, DStR 2001, 691, 692.

[51] BFH v. 12. 4. 2000 BStBl. II 2001, 26; BFH v. 24. 8. 2000 BFH/NV 2000, 1554 .

[52] Krit. *Düll/Fuhrmann/Eberhard*, DStR 2001, 1777 ff.

[53] *Ley*, DStR 2004, 1500.

äußerungsgewinn nicht auf der Grundlage des Kapitals laut Gesamthandsbilanz zuzügl. des Kapitals laut Ergänzungsbilanz ermittelt werden, sondern es muss ggf. auch noch ein eventueller **Ausgleichsposten aus Verlustzuweisungen** der Untergesellschaft berücksichtigt werden.

49 Im Falle der **Veräußerung der Gesellschaftsanteile** der Obergesellschaft ermittelt sich der Veräußerungsgewin unter Berücksichtigung der steuerlichen Verluste der Tochtergesellschaft. Fraglich ist, welche Auswirkung ein Bestand an verrechenbaren Verlusten bei der Untergesellschaft auf die Ermittlung des steuerpflichtigen Veräußerungsgewinns bei der Obergesellschaft hat. Die Systematik spricht dafür, dass die verrechenbaren Verluste gemäß § 15 a EStG der Untergesellschaft mit dem steuerpflichtigen Veräußerungsgewinn bei der Obergesellschaft verrechnet werden, da die betreffenden Verluste auch das steuerliche Kapitalkonto des Gesellschafters bei der Obergesellschaft gemindert haben.[54]

50 Problematisch ist allerdings der Umstand, dass die verrechenbaren Verluste gemäß § 15 a EStG für den Gesellschafter der Untergesellschaft, also die Obergesellschaft festgestellt werden und nicht für den Gesellschafter der Obergesellschaft. Der Gesellschafter der Obergesellschaft gilt zwar über die gesetzliche Fiktion in § 15 Abs. 1 Nr. 2 Satz 2 EStG als Mitunternehmer der Untergesellschaft. Für diesen Gesellschafter werden jedoch keine verrechenbaren Verluste gemäß § 15 a EStG gesondert festgestellt.[55] Der **Ausgleich der verrechenbaren Verluste** gemäß § 15 a EStG der Untergesellschaft mit einem steuerpflichtigen Veräußerungsgewinn des Gesellschafters bei der Obergesellschaft stößt deshalb auf **verfahrensrechtliche Probleme.**[56] Korrespondierend zu der Verrechnung der verrechenbaren Verluste auf der Ebene der Untergesellschaft müsste gleichzeitig eine Ergänzungsbilanz bei der Untergesellschaft für den neueintretenden Gesellschafter aufgestellt werden, obwohl keine unmittelbare Beteiligung besteht.

51 Alternativ könnte daran gedacht werden, den Gewinn aus der Veräußerung der Gesellschaftsanteile an der Obergesellschaft zwar um den Ausgleichsposten, der dem anteiligen Bestand an verrechenbaren Verlusten bei der Untergesellschaft entspricht, zu mindern, ohne dass dies zu einer Reduzierung des Bestandes an verrechenbaren Verlusten bei der Untergesellschaft führt. In diesem Fall kommt der Erwerber der Gesellschaftsanteile in den Vorteil der mittelbaren Ausnutzung der verrechenbaren Verluste auf der Ebene der Untergesellschaft. Eine doppelte Ausnutzung der steuerlichen Verluste der Untergesellschaft kann dann vermieden werden, wenn das in eine Ergänzungsbilanz einzustellende Mehrkapital auf der Ebene der Obergesellschaft als Differenz zwischen Anschaffungskosten und Kapitalkonto zuzüglich Ausgleichsposten ermittelt wird, so dass das Mehrkapital

---

[54] *L. Schmidt/Wacker* § 15a EStG Rn 235; *Ley*, KÖSDI 1996, 10 934; *Seibold*, DStR 1998, 438.

[55] Nach den Verfügungen der OFD Bremen v. 19.10.1995 DB 1996, 500 sowie der OFD Chemnitz v. 5.2.1998 GmbHR 1998, 394 werden die verrechenbaren Verluste der Untergesellschaft hingegen für den Gesellschafter der Obergesellschaft einheitlich und gesondert festgestellt.

[56] Vgl. *Sundermeier*, DStR 1994, 1480.

im Ergebnis um die verrechenbaren Verluste der Untergesellschaft gekürzt wird. In diesem Fall kann auf die Aufstellung von Ergänzungsbilanzen auf der Ebene der Untergesellschaft verzichtet werden.[57]

IV. Folgen des entgeltlichen Gesellschafterwechsels für die GmbH & Co. KG

1. Ertragsteuerliche Konsequenzen

52 **a) Verkauf von Gesellschaftsanteilen.** Auch für die Beurteilung der Steuerfolgen auf der Ebene der Gesellschaft ist von Bedeutung, ob sich der Wechsel im Gesellschafterbestand als Verkauf von Gesellschaftsanteilen oder als Austritt aus der Gesellschaft gegen Abfindung darstellt. Bei einem **Verkauf** von Gesellschaftsanteilen bleibt die Gesellschaft bzw. die Gesamthandelsbilanz der Gesellschaft zunächst unberührt. Es erfolgt lediglich ein Austausch des Gesellschafters. Alle weiteren Besonderheiten des Verkaufs, etwa die Höhe des gezahlten Kaufpreises, die Finanzierung des Kaufpreises usw. spiegeln sich in der Ergänzungsbilanz bzw. der Sonderbilanz des Erwerbers wider.

53 Für die Gesellschaft können sich jedoch durch den Verkauf bzw. den Erwerb der Gesellschaftsanteile **mittelbare Auswirkungen** auf der ersten und auch auf der zweiten Gewinnermittlungsstufe ergeben. Ein Gewinn aus der Veräußerung eines Gesellschaftsanteils erhöht das steuerliche Ergebnis der GmbH & Co. KG. Einkommensteuerlich wird der Veräußerungsgewinn dem veräußernden Gesellschafter zugerechnet. Sofern der Veräußerungsgewinn gem. § 7 GewStG der Gewerbesteuer unterliegt, weil der veräußernde Gesellschafter eine Kapitalgesellschaft oder eine natürliche Person ist, die jedoch nur einen Teil der Beteiligung veräußert oder nur mittelbar an der GmbH & Co. KG beteiligt ist, entsteht die Gewerbesteuerbelastung auf Ebene der GmbH & Co. KG. Durch die Gewerbesteuer werden sämtliche Gesellschafter entsprechend ihren Beteiligungsquoten belastet. Bei natürlichen Personen als Gesellschafter der GmbH & Co. KG findet jedoch eine entsprechende Entlastung aufgrund der teilweisen Anrechnung der Gewerbesteuer bei der Einkommensteuer statt.

54 Weitere steuerliche Folgen des Erwerbs ergeben sich dadurch, dass in die erste Gewinnermittlungsstufe eventuelle zusätzliche Abschreibungen im Rahmen einer Ergänzungsbilanz, in die zweite Gewinnermittlungsstufe eventuelle Finanzierungskosten des Neugesellschafters im Zusammenhang mit dem Beteiligungserwerb eingehen. Sowohl das Ergebnis einer positiven Ergänzungsbilanz als auch das Ergebnis einer negativen Sonderbilanz verringern in erster Linie die von dem Erwerber zu versteuernden Einkünfte aus Gewerbebetrieb aus der GmbH & Co. KG. Beides beeinflusst zudem die Höhe des steuerlichen Ergebnisses der Gesellschaft und führt zu einer Minderung der Bemessungsgrundlage für die Gewerbesteuer vom Ertrag. Bei der Ermittlung des Gewerbeertrags erfolgt zwar die hälftige Hinzurechnung der Dauerschuldzinsen, auch bei Dauerschulden des Sonderbetriebsvermögens. Es verbleibt jedoch letztlich bei einem hälf-

[57] Ähnlich *Sundermeier*, DStR 1994, 1480.

tigen Abzug, da die Sonderbetriebsausgaben das steuerliche Ergebnis in voller Höhe gemindert haben. Die Minderung der Bemessungsgrundlage für die Gewerbesteuer vom Ertrag führt zu einer **Reduzierung der Gewerbesteuerbelastung** und kommt allen Gesellschaftern entsprechend ihren Beteiligungsquoten zugute, obschon der beitretende Gesellschafter die wirtschaftliche Belastung alleine trägt. Auf der anderen Seite werden sämtliche Gesellschafter durch die teilweise Anrechnung der Gewerbesteuer auf die Einkommensteuerbelastung gem. § 35 EStG – ebenfalls entsprechend den Beteiligungsquoten – entlastet, so dass es seit 2001 nur noch zu geringfügigen Verschiebungen zwischen den Gesellschaftern hinsichtlich der insgesamt aufgrund von Ergänzungs- bzw. Sonderbilanz eintretenden Be- bzw. Entlastungswirkungen kommt. Ein genauer finanzieller Ausgleich ist zwar theoretisch möglich, führt allerdings im Zeitablauf zu einem relativ aufwendigen Rechenwerk.

b) Abfindung durch die Gesellschaft. Bei einem **Austritt** aus der Ge- 55
sellschaft gegen Abfindung ergeben sich zunächst hinsichtlich des Veräußerungsgewinns des austretenden Gesellschafters die gleichen steuerlichen Konsequenzen wie bei der Veräußerung eines Gesellschaftsanteils an der GmbH & Co. KG. Im Gegensatz zum Verkauf des Gesellschaftsanteils wird der Abfindungsbetrag durch die Gesellschaft selbst aufgebracht. In Höhe des über den Stand des Kapitalkontos hinaus gezahlten Aufgeldes erhöhen sich die Wertansätze der Vermögensgegenstände in der Gesamthandsbilanz. Eine getrennte Erfassung im Rahmen einer Ergänzungsbilanz ist nicht sachgerecht, da es sich um originäre Anschaffungskosten der GmbH & Co. KG handelt. Auch eventuelle Kosten aus der Finanzierung der Abfindung entstehen im Rahmen der Gesamthand und gehen in die Erfolgsrechnung der Gesellschaft ein. Die zusätzlichen Abschreibungen aus der Erhöhung der Wertansätze sowie die Finanzierungskosten beeinflussen in der Folgezeit die Bemessungsgrundlage für die Gewerbesteuer vom Ertrag.

c) Gewerbesteuerliche Verlustvorträge. Für Zwecke der Gewerbe- 56
steuer gilt die GmbH & Co. KG als Steuerrechtssubjekt, ist also eigenständig gewerbesteuerpflichtig. Wie auch im Bereich des Einkommen- und Körperschaftsteuerrechts gilt für die Gewerbesteuer vom Ertrag die unbegrenzte Verlustvortragsfähigkeit; ein Verlustrücktrag ist hingegen nicht möglich. Wegen der Steuerrechtssubjektivität der GmbH & Co. KG für den Bereich der Gewerbesteuer ist die Verwertung von gewerbesteuerlichen Verlustvorträgen auf die GmbH & Co. KG beschränkt. Voraussetzung für die Verrechnung eines **gewerbesteuerlichen Verlustvortrages** ist jedoch darüber hinaus die Unternehm**ens**identität, aber auch die Unternehm**er**identität.[58]

Dabei bedeutet **Unternehmensidentität**, dass der im Anrechnungsjahr 57
bestehende Gewerbebetrieb nach dem Gesamtbild der wesentlichen Merkmale wie Art der Betätigung, Kunden- und Lieferantenkreis, Arbeitnehmerschaft etc. mit dem Gewerbebetrieb im Verlustentstehungsjahr identisch ist.[59]

---

[58] BFH v. 3. 5. 1993 BStBl. II 1993, 616; A 66 Abs. 1 Satz 3 GewStR.
[59] A 67 Abs. 1 GewStR.

58 **Unternehmeridentität** stellt ab auf den Gesellschafterkreis der GmbH & Co. KG, wie er zur Zeit der Entstehung der Gewerbeverluste war. Erfolgt nach der Entstehung des Gewerbeverlusts ein Wechsel im Gesellschafterbestand, etwa durch Verkauf von Gesellschaftsanteilen, **geht insoweit** ein bestehender gewerbesteuerlicher Verlustvortrag verloren.[60] Dies muss bei dem Erwerb einer Beteiligung an einer sanierungsbedürftigen GmbH & Co. KG beachtet werden, da die Gesellschaft bereits in einem frühen Stadium wieder in die Verpflichtung zur Zahlung von Gewerbesteuer vom Ertrag geraten kann, auch wenn in der Gesamthandsbilanz eventuell noch eine bilanzielle Überschuldung gegeben ist.

59 Die gleichen Grundsätze gelten dann, wenn Anteile an der Personengesellschaft im Wege einer **Gesamtrechtsnachfolge** übergehen, beispielsweise im Rahmen eines Erbfalls. Auch in diesem Fall ist nach den Vorstellungen des BFH[61] eine Unternehmeridentität nicht gegeben, so dass ein bestehender Gewerbeverlust anteilig verloren geht.

60 Bei einem Austritt des Gesellschafters aus einer bestehenden Personengesellschaft wird die Gesellschaft durch die verbleibenden Gesellschafter fortgeführt. Mit dem Ausscheiden geht das anteilige Betriebsvermögen des ausscheidenden Gesellschafters auf die verbleibenden Mitgesellschafter über. Folglich besteht durchaus eine vergleichbare Situation zu dem Verkauf eines Gesellschaftsanteils. Ein bestehender gewerbesteuerlicher Verlustvortrag geht anteilig mit der Quote verloren, mit der der ausgeschiedene Gesellschafter im Erhebungszeitraum der Verlustentstehung an dem Gewerbeverlust beteiligt war.[62]

61 **d) Vorherige formwechselnde Umwandlung in/Verschmelzung auf die GmbH & Co. KG.** Die Verschmelzung einer Kapitalgesellschaft auf eine Personengesellschaft ist nach den §§ 3 ff. UmwStG zu Buchwerten möglich. Die stillen Reserven im Gesellschaftsvermögen brauchen also nicht aufgelöst zu werden. Die übernehmende Personengesellschaft tritt in die steuerliche Rechtsstellung der übertragenden Körperschaft ein. Ein gewerbesteuerlicher Verlustvortrag geht jedoch gem. § 18 Abs. 1 Satz 2 GewStG unter. Gemäß § 4 Abs. 6 UmwStG wird allerdings ein Übernahmeergebnis in Höhe des Unterschiedsbetrags zwischen dem Wert, mit dem die übergegangenen Wirtschaftsgüter zu übernehmen sind, und dem Buchwert der Anteile an der übertragenden Körperschaft, ermittelt. Ein Übernahmegewinn entsteht regelmäßig, wenn offene Rücklagen vorhanden sind. In diesem Fall wird fingiert, dass die offenen Rücklagen an die Gesellschafter der Kapitalgesellschaft im Rahmen der Umwandlung ausgeschüttet werden. Entsprechend der Behandlung von Ausschüttungen nach dem Freistellungsverfahren bzw. dem Halbeinkünfteverfahren bleibt ein Übernahmegewinn gem. § 4 Abs. 7 UmwStG außer Ansatz, soweit er auf eine Körperschaft als Mitunternehmerin entfällt. Bei einer natürlichen Person als Mitunternehmerin wird der Übernahmegewinn zur Hälfte angesetzt. Die gleichen Rechtsfolgen ergeben sich in analoger Anwendung auch im

[60] *Finkbeiner*, BB 1997, 230.
[61] BFH v. 7. 12. 1993 BStBl. II 1994, 331; A 68 Abs. 1 Satz 3 GewStR
[62] A 68 Abs. 3 Satz 7 Nr. 1 GewStR.

Falle der **formwechselnden Umwandlung** einer Kapitalgesellschaft in eine Personengesellschaft. Auch hier ist die Umwandlung ohne Auflösung von stillen Reserven möglich.

Die Buchwertübertragung im Falle der Verschmelzung sowie im Falle des Formwechsels gilt gemäß § 18 Abs. 1 UmwStG auch für den Bereich der Gewerbesteuer vom Ertrag. Erfolgt innerhalb des Fünfjahreszeitraums eine Veräußerung des Betriebs der Personengesellschaft bzw. des Mitunternehmeranteils, unterliegt der **Veräußerungsgewinn der Besteuerung mit Gewerbesteuer vom Ertrag**, obwohl nach allgemeinen Grundsätzen der Gewinn aus dem Verkauf des gesamten Betriebsvermögens bzw. der Gewinn aus dem Verkauf von Mitunternehmeranteilen durch natürliche Personen nicht gewerbesteuerpflichtig ist. Besteuerungsgrundlagen für die Gewerbesteuer vom Ertrag sind die stillen Reserven zum Zeitpunkt der Veräußerung, nicht zum Zeitpunkt der Verschmelzung bzw. der formwechselnden Umwandlung, so dass der „Nachbesteuerung" auch neu gebildete stille Reserven unterliegen.[63] Der auf den Veräußerungsgewinn entfallende Teil des Gewerbesteuer-Messbetrags kann gem. § 18 Abs. 4 S. 3 UmwStG nicht auf die Einkommensteuer nach § 35 EStG angerechnet werden. 62

2. Grunderwerbsteuerliche Konsequenzen

Der Wechsel im Gesellschafterbestand einer grundbesitzhaltenden GmbH & Co. KG kann nach den Ersatztatbeständen der §§ 1 Abs. 2a bzw. 1 Abs. 3 GrEStG zu grunderwerbsteuerlichen Konsequenzen führen. Gem. § 1 Abs. 2a GrEStG liegt ein grunderwerbsteuerbarer Vorgang vor, wenn sich innerhalb von fünf Jahren der Gesellschafterbestand unmittelbar oder mittelbar dergestalt ändert, dass mindestens 95 % der Anteile am Gesellschaftsvermögen auf **neue** Gesellschafter übergehen (vgl. dazu § 8 Rn 32 ff.). Dies bedeutet, dass bei einem Ausscheiden eines Gesellschafters gegen Abfindungszahlung kein grunderwerbsteuerbarer Vorgang i. S. d. § 1 Abs. 2a GrEStG vorliegen kann, da keine Anteile auf neue Gesellschafter übergehen. Im Falle der Übertragung der Beteiligung auf neue Gesellschafter kann hingegen ein grunderwerbsteuerbarer Vorgang i. S. d. § 1 Abs. 2a GrEStG ausgelöst werden. 63

Des Weiteren kann sowohl beim Ausscheiden aus der Gesellschaft gegen Abfindung als auch beim Gesellschafterwechsel ein grunderwerbsteuerbarer Vorgang i. S. d. § 1 Abs. 3 GrEStG vorliegen, wenn sich mindestens 95 % der Anteile in der Hand des verbleibenden Gesellschafters bzw. des Erwerbers vereinigen (vgl. dazu § 8 Rn 29 ff., 39 ff.). 64

V. Unentgeltliche bzw. teilentgeltliche Übertragung der Beteiligung im Rahmen der vorweggenommenen Erbfolge

1. Ertragsteuerliche Konsequenzen

a) Übertragung ohne Nebenbedingungen. Im Falle der Schenkung der Kommanditbeteiligung hat der Beschenkte gem. § 6 Abs. 3 EStG die 65

[63] BMF v. 25. 3. 1998 BStBl. I 1998, 268 Rn 18.07; *Dötsch/Pung* § 18 Umwandlungssteuerrecht Rn 728.

steuerlichen Buchwerte aus der Beteiligung unverändert fortzuführen. Hat der Schenker die betreffende Beteiligung beispielsweise entgeltlich erworben und ist aus diesem Vorgang eine Ergänzungsbilanz entstanden, geht das Ergänzungskapital mit der Beteiligung auf den Beschenkten über. Der Beschenkte kann künftig die Mehrabschreibungen aus der Ergänzungsbilanz steuerlich verwerten. Im Falle einer eventuellen Veräußerung der Kommanditbeteiligung bemisst sich der Veräußerungsgewinn als Differenz zwischen Veräußerungserlös und dem (geschenktem) Kommanditkapital zzgl. Kapital aus der Ergänzungsbilanz.

66 Auch im Zuge der unentgeltlichen Übertragung der Beteiligung an der **Komplementär-GmbH** tritt der Beschenkte in die Rechtsstellung des Schenkers ein. Die Beteiligung wird mit den ursprünglichen Anschaffungskosten des Schenkers durch den Beschenkten in der Sonderbilanz der Mitunternehmerschaft ausgewiesen.

67 Die unentgeltliche Übertragung der Kommanditbeteiligung erfasst jedoch nicht zwangsläufig auch ein eventuell vorhandenes **Sonderbetriebsvermögen** des Schenkers. Sofern der Schenker einen Vermögensgegenstand des Sonderbetriebsvermögens zurückbehält, hängen die steuerlichen Konsequenzen davon ab, ob der Schenker selbst weiterhin an der Mitunternehmerschaft – in geringerem Umfang als bisher – beteiligt bleibt und falls nicht, ob es sich um wesentliches Sonderbetriebsvermögen handelt.

68 Bleibt der Schenker weiterhin an der GmbH & Co. KG beteiligt, gehört das zurückbehaltene Sonderbetriebsvermögen weiterhin zum steuerlichen Betriebsvermögen der Mitunternehmerschaft. Eine quotale Mitübertragung des Sonderbetriebsvermögens ist nicht erforderlich, um hinsichtlich des Mitunternehmeranteils eine Buchwertübertragung zu erzielen. Allerdings kommt gem. § 6 Abs. 3 Satz 2 EStG rückwirkend der Teilwert zum Ansatz (Realisierung stiller Reserven), sofern der Rechtsnachfolger den Mitunternehmeranteil nicht mindestens 5 Jahre lang fortführt.[64]

69 Überträgt der Schenker seine gesamte Beteiligung an der GmbH & Co. KG und behält hierbei wesentliches Sonderbetriebsvermögen zurück, liegt hierin eine Aufgabe des Mitunternehmeranteils, da nicht der gesamte Mitunternehmeranteil im steuerlichen Sinne (also einschließlich Sonderbetriebsvermögen) übertragen wird. Konsequenz dieser Betrachtungsweise ist, dass die gesamten stillen Reserven des Mitunternehmeranteils aufgelöst werden, also sowohl die stillen Reserven im Sonderbetriebsvermögen als auch die stillen Reserven im Gesellschaftsanteil.[65] Die aufgelösten stillen Reserven werden gem. §§ 16, 34 EStG grds. tarifermäßigt besteuert. Eine Gewerbesteuerbelastung erfolgt nicht.[66]

70 Im Falle einer vor der Anteilsübertragung erfolgenden Ausgliederung des Sonderbetriebsvermögens, z. B. in eine gewerblich geprägte GmbH & Co. KG, ist zu befürchten, dass das zur Ausgliederung von Sonderbetriebsvermö-

---

[64] BMF v. 3. 3. 2005, DStR 2005, 475 Tz. 9 ff.

[65] BFH v. 31. 8. 1995 BStBl. II 1995, 890; kritisch hierzu *Düll/Fuhrmann/Eberhard*, DStR 2001, 1775. Die Finanzverwaltung hat sich der BFH-Rechtsprechung angeschlossen, BMF v. 3. 3. 2005, DStR 2005, 475 Tz. 5.

[66] BFH v. 15. 3. 2000 BStBl. II 2000, 316 m.w.N.

gen in wirtschaftlichem und zeitlichem Zusammenhang mit einer entgeltlichen Übertragung des Mitunternehmeranteils ergangene BFH-Urteil vom 6. 9. 2000[67] analoge Anwendung findet. Bei analoger Anwendung dieses Urteils wären die im Gesellschaftsanteil vorhandenen stillen Reserven im Falle einer zeitnah zur Ausgliederung des Sonderbetriebsvermögens erfolgenden unentgeltlichen Übertragung des Gesellschaftsanteils aufzudecken.[68]

Sofern Sonderbetriebsvermögen, das keine wesentliche Bedeutung für **70**
die Gesellschaft hat, entnommen oder nach § 6 Abs. 5 EStG zum Buchwert in ein anderes Betriebsvermögen überführt wird, kann der Gesellschaftsanteil dennoch gem. § 6 Abs. 3 EStG zum Buchwert übertragen werden.[69] Im Fall der Entnahme unterliegt der Entnahmegewinn als nicht tarifbegünstigter Gewinn der Einkommensteuer, jedoch nicht der Gewerbesteuer.[70]

b) Nebenbedingungen bei der Übertragung des Kommanditan- 71
teils. Wird eine Kommanditbeteiligung im Wege der vorweggenommenen Erbfolge übertragen und werden dabei Gegenleistungen vereinbart, ohne dass Leistung und Gegenleistung kaufmännisch abgewogen werden, liegt je nach Art der vereinbarten Gegenleistung eine voll unentgeltliche oder eine teilentgeltliche Übertragung vor. Eine unentgeltliche Übertragung liegt vor, soweit Versorgungsleistungen (Versorgungsrenten und dauernde Lasten) bei der Übertragung von Vermögen vom Übernehmer dem Übergeber oder Dritten (z. B. Ehegatten des Übergebers, Geschwister des Übernehmers) zugesagt werden. Sie sind von den als Anschaffungskosten zu beurteilenden Veräußerungsleistungen und von den steuerlich nicht abziehbaren Unterhaltsleistungen abzugrenzen.[71] Versorgungsleistungen sind bei dem Verpflichteten Sonderausgaben nach § 10 Abs. 1 Nr. 1a EStG und bei dem Berechtigten wiederkehrende Bezüge nach § 22 Nr. 1 EStG (Renten oder dauernde Lasten). Unterhaltsleistungen (Zuwendungen) dürfen nach § 12 Nr. 2 EStG nicht abgezogen werden. Wiederkehrende Leistungen im Austausch mit einer Gegenleistung enthalten eine nichtsteuerbare oder steuerbare Vermögensumschichtung und einen Zinsanteil.[72]

Das Sonderrechtsinstitut der Vermögensübergabe gegen Versorgungsleis- **72**
tung ist einkommensteuerrechtlich dadurch gekennzeichnet, dass sich der Übergeber entsprechend seinem Versorgungsbedürfnis Teile der nunmehr vom Übernehmer zu erwirtschaftenden Erträge in Form der vereinbarten Leistungen vorbehält. Bei einer Vermögensübergabe an Angehörige spricht eine widerlegbare Vermutung dafür, dass die wiederkehrenden Leistungen unabhängig vom Wert des übertragenen Vermögens nach dem Versorgungsbedürfnis des Berechtigten und nach der wirtschaftlichen Leistungsfähigkeit

---

[67] BFH v. 6. 9. 2000 BStBl. II 2001, 229; DStR 2000, 2123.

[68] *Düll/Fuhrmann/Eberhard*, DStR 2001, 1775. Mittlerweile hat die Finanzverwaltung diese Sichtweise (Anwendung der sog. Gesamtplanrechtsprechung des BFH) explizit bestätigt, BMF v. 3. 3. 2005, DStR 2005, 475 Tz. 7.

[69] BMF v. 3. 3. 2005, DStR 2005, 475 Tz. 8.

[70] BFH v. 29. 10. 1987 BStBl. II 1988, 374; *L. Schmidt/Wacker* § 16 EStG Rn 435.

[71] BMF v. 13. 1. 1993 BStBl. I 1993, 80 Rn 4.

[72] BMF v. 16. 9. 2004 BStBl. I 2004, 922 Rn. 1.

des Verpflichteten bemessen worden sind. Diese Vermutung kann widerlegt werden, wenn die Beteiligten Leistung und Gegenleistung nach kaufmännischen Gesichtspunkten gegeneinander abgewogen haben und subjektiv von der Gleichwertigkeit der beiderseitigen Leistungen ausgehen durften, auch wenn Leistung und Gegenleistung objektiv ungleichwertig sind.[73]

73 Liegen die speziellen Voraussetzungen einer vorweggenommenen Erbfolge gegen Versorgungsleistungen vor, ergeben sich für die Beteiligten folgende Konsequenzen:[74]

- kein Veräußerungsvorgang für den Übergeber
- keine Anschaffungskosten für den Übernehmer aus den vereinbarten Versorgungsleistungen
- die Versorgungsleistungen führen bei dem Übergeber zu sonstigen Einkünften gemäß § 22 EStG, ggf. mit dem Ertragsanteil
- die Versorgungsleistungen bilden Sonderausgaben gemäß § 10 EStG für den Übernehmer, ggf. mit dem Ertragsanteil.

74 Eine Vermögensübergabe gegen Versorgungsleistung ist gegeben, wenn die folgenden Voraussetzungen erfüllt werden:

- Übertragung einer existenzsichernden Wirtschaftseinheit, wie z. B. einem Mitunternehmeranteil[75]
- Übertragung auf Kinder oder sonstige Verwandte, unter Umständen auch auf nahe stehende Dritte[76]
- Empfänger der Versorgungsleistung ist der Übergeber, dessen Ehegatte bzw. Lebenspartner einer eingetragenen Lebenspartnerschaft oder die gesetzlich erbberechtigten Abkömmlinge[77]
- die Übertragung erfolgt mit dem Zweck der Weiterführung, nicht der Veräußerung (grds. keine Umschichtung des übertragenen Vermögens)[78]
- gegenseitige Rechte und Pflichten müssen klar und eindeutig vereinbart und ernsthaft gewollt sein und die Leistungen müssen wie vereinbart erbracht werden.[79]

75 Das übertragene Vermögen muss für eine generationenübergreifende dauernde Anlage geeignet und bestimmt sein und dem Übernehmer zur Fortsetzung des Wirtschaftens überlassen werden, damit der Übernehmer mit dem übertragenen Vermögen wenigstens teilweise die Existenz des Übergebers sichern kann. Mitunternehmeranteile stellen Wirtschaftseinheiten in diesem Sinne dar. Die Wirtschaftseinheit muss zudem ausreichend ertragbringend sein. Dabei ist von einer ausreichend ertragbringenden Wirtschaftseinheit auszugehen, wenn nach überschlägiger Berechnung die

---

[73] BFH v. 29. 1. 1992 BStBl. II 1992, 465; BFH v. 16. 12. 1993 BStBl. II 1996, 669.

[74] *L. Schmidt/Wacker* § 16 EStG Rn 250.

[75] BFH v. 14. 2. 1996 BStBl. II 1996, 687; BMF v. 16. 9. 2004 BStBl. I 2004, 922 Rn. 9.

[76] BMF v. 16. 9. 2004 BStBl. I 2004, 922 Rn 35; *Stuhrmann*, StbJb 1995/96, 278; *Korn*, DStR 1997, 1140; *Wacker*, NWB F. 3, 9942.

[77] BMF v. 16. 9. 2004 BStBl. I 2004, 922 Rn 36.

[78] BFH v. 14. 2. 1996 BStBl. II 1996, 687.

[79] BFH v. 19. 1. 2005 Lexinform 819831; BFH v. 3. 3. 2004 BStBl. II 2004, 826 m. w. N.

Versorgungsleistungen nicht höher sind als der langfristig erzielbare Ertrag des übergebenden Vermögens.[80] Derartig ertragbringende Wirtschaftseinheiten werden als sog. Typus 1 bezeichnet.

Nach Auffassung der Finanzverwaltung konnte Gegenstand der Vermö- **76** gensübergabe auch eine existenzsichernde und ihrem Wesen nach ertragbringende Wirtschaftseinheit sein, deren Erträge aber nicht ausreichen, um die wiederkehrenden Leistungen zu erbringen. Voraussetzung für eine Vermögensübergabe in diesen Fällen war, dass der Wert des Vermögens im Zeitpunkt der Vermögensübergabe bei überschlägiger und großzügiger Berechnung mindestens die Hälfte des Kapital- oder Barwerts der wiederkehrenden Leistungen beträgt.[81]

Der Große Senat des BFH hat mit seinem Urteil vom 12.5.2003 das **77** Sonderrecht der Vermögensübergabe auf den sog. Typus 1 beschränkt.[82] Der sog. Typus 2 fällt nach Auffassung des BFH nicht unter das Sonderrecht der Vermögensübergabe. Die Finanzverwaltung hat eine Übergangsregelung getroffen, wonach das Sonderrecht der Vermögensübergabe auch noch bei dem Typus 2 angewandt werden kann, wenn das Vermögen aufgrund eines vor dem 1.11.2004 abgeschlossenen obligatorischen Vertrages übertragen worden ist und wenn dies vom Übergeber und vom Übernehmer beantragt wird.[83] In einem weiteren Urteil vom 12.5.2003 hat der Große Senat des BFH entschieden, dass u.U. selbst bei ausreichenden Nettoerträgen nicht abziehbare bzw. nicht steuerbare Unterhaltsleistungen vorliegen können, wenn die Versorgungsleistungen auf der Arbeitsleistung des Übernehmers beruhen und das übertragene Unternehmen weder einen positiven Substanzwert noch – unter Ansatz eines hierbei zu berücksichtigenden angemessenen Unternehmerlohns – einen positiven Ertragswert hat.[84] Dabei nimmt der Große Senat des BFH einen ausreichenden Ertragswert regelmäßig an, wenn die Nettoerträge den Lebensunterhalt zweier Generationen decken. Sofern der Wert des übertragenen Vermögens mind. 50% des Barwerts der Versorgungsleistungen beträgt, liegt hierin ein Beweisanzeichen dafür, dass das übertragene Unternehmen einen ausreichenden Ertragswert hat.[85] Nach Auffassung der Finanzverwaltung sind Versorgungsleistungen, die aus den laufenden Nettoerträgen erbracht werden können, auch dann als Sonderausgaben abziehbar, wenn der übergebene Betrieb nicht über einen ausreichenden Unternehmenswert verfügt. Darüber hinaus besteht bei Unternehmen bzw. Mitunternehmeranteilen eine nur in Ausnahmefällen widerlegbare Vermutung dafür, dass die Erträge ausreichen, um die wiederkehrenden Leistungen in der vereinbarten Höhe zu erbringen, wenn das Unternehmen vom Unternehmer tatsächlich fortgeführt wird.[86]

---

[80] BMF v. 16.9.2004 BStBl. I 2004, 922 Rn 7.
[81] BMF v. 26.8.2002 BStBl. I 2002, 893 Rn 17 ff.
[82] BFH v. 12.5.2003 BStBl. II 2004, 95.
[83] BMF v. 16.9.2004 BStBl. I 2004, 922 Rn 74.
[84] BFH v. 12.5.2003 BStBl. II 2004, 99.
[85] *L. Schmidt/Wacker* § 22 EStG Rn 80.
[86] BMF vom 16.9.2004 BStBl. I 2004, 922 Rn 8, 23.

78 Die Übertragung auf **Kinder** oder **sonstige Verwandte** ist ein weiteres Tatbestandsmerkmal für die Vermögensübertragung gegen Versorgungsleistungen. Unter Umständen kommt auch eine Übertragung auf Dritte in Betracht, wenn keine gesetzlichen Erben vorhanden sind.[87]

79 Voraussetzung ist weiterhin, dass die Vermögensübertragung zum Zwecke der **Weiterführung des Unternehmens** bzw. der Gesellschaft erfolgt und nicht etwa zum Zwecke der Veräußerung.[88] Eine Umschichtung des Vermögens ist nach dem Urteil des BFH vom 12. 5. 2003 dann unschädlich, wenn ertragloses in ertragbringendes Vermögen umgeschichtet wird und diese Umschichtung bereits im Übergabevertrag bestimmt ist.[89] Beruht die Umschichtung des Vermögens hingegen auf einem Entschluss des Übernehmers, endet grundsätzlich der Zusammenhang der wiederkehrenden Leistungen mit der Vermögensübergabe. Dies gilt nach Auffassung des BFH auch dann, wenn mit dem Veräußerungserlös eine funktionsgleiche existenzsichernde Wirtschaftseinheit erworben wird.[90] Die im Zusammenhang mit der Vermögensübertragung vereinbarten Leistungen sind ab diesem Zeitpunkt Unterhaltsleistungen im Sinne des § 12 Nr. 2 EStG und dürfen beim Übernehmer nicht mehr als Sonderausgaben abgezogen werden. Beim Übergeber sind sie nicht mehr nach § 22 Nr. 1 EStG steuerbar.[91] Nach Auffassung der Finanzverwaltung sind die wiederkehrenden Leistungen auch dann weiterhin Versorgungsleistungen, wenn der Übernehmer das übernommene Vermögen auf einen Dritten überträgt und mit dem Erlös zeitnah eine existenzsichernde und ausreichend ertragbringende Wirtschaftseinheit erwirbt oder herstellt. Dies gilt auch, wenn nicht der gesamte Erlös aus der Veräußerung zur Anschaffung oder Herstellung dieser Wirtschaftseinheit verwendet wird und die wiederkehrenden Leistungen durch die Erträge aus der Wirtschaftseinheit abgedeckt werden oder der gesamte Erlös aus der Veräußerung zur Anschaffung oder Herstellung dieser Wirtschaftseinheit nicht ausreicht, der Übernehmer bei der Umschichtung zusätzlich eigene Mittel zur Anschaffung oder Herstellung aufwendet und der auf den reinvestierten Veräußerungserlös entfallende Anteil an den Erträgen ausreicht, um die vereinbarten wiederkehrenden Leistungen zu erbringen.[92] Ebenso stellt die Übertragung des übernommenen Vermögens im Wege der vorweggenommenen Erbfolge sowie die Übertragung des Vermögens im Rahmen von Umwandlungen nach dem Umwandlungssteuergesetz bzw. im Rahmen einer Realteilung keine schädliche Umschichtung dar.[93]

80 Empfänger der **Versorgungsleistungen** muss der Vermögensübergeber oder sein Ehegatte sein.[94] Unter Umständen kommt auch eine Versor-

---

[87] *L. Schmidt/Wacker* § 22 EStG Rn 80(4); *Stuhrmann*, StbJb 1995/96, 278; krit. *Korn*, DStR 1997, 1140.

[88] BFH v. 14. 2. 1996 BStBl. II 1996, 687.

[89] BFH v. 12. 5. 2003 BStBl. II 2004, 95.

[90] BFH v. 17. 6. 1998 BStBl. II 2002, 646.

[91] BFH v. 31. 3. 2004 BStBl. II 2004, 830, BMF v. 16. 9. 2004 BStBl. I 2004, 922 Rn 28.

[92] BMF v. 16. 9. 2004 BStBl. I 2004, 922 Rn 31.

[93] BMF v. 16. 9. 2004 BStBl. I 2004, 922 Rn 29, 32.

[94] BFH v. 22. 9. 1993 BStBl. II 1994, 107.

gungsleistung gegenüber anderen erbberechtigten Angehörigen in Betracht. Versorgungsleistungen zu Gunsten dritter Personen erfüllen mithin nicht die Bedingungen einer vorweggenommenen Erbfolge.[95] Sind die Geschwister des Übernehmers Empfänger der wiederkehrenden Leistungen, besteht die widerlegbare Vermutung, dass diese nicht versorgt, sondern gleichgestellt werden sollen.[96]

Denkbar ist weiterhin, dass im Zuge der vorweggenommenen Erbfolge **81** weitere Bedingungen vereinbart werden, wie z. B. **Übernahme von Verbindlichkeiten** des Schenkers, Leistung von **Gleichstellungsgeldern** an weitere erbberechtigte Personen usw. Diese Verpflichtungen des Vermögensübernehmers haben den Charakter eines Entgelts. In diesem Fall muss der Wert des übernommenen Vermögens dem Wert dieser Leistungen gegenübergestellt werden. Im Falle der Übertragung von **Privatvermögen** wird hierbei von einem **teilentgeltlichen Vorgang** ausgegangen.[97] Die Vermögensübertragung wird nach der sog. **Spaltungstheorie** aufgeteilt in eine unentgeltliche Vermögensübertragung und einen entgeltlichen Verkauf. Der Aufteilungsmaßstab richtet sich nach dem Verhältnis des Verkehrswertes zu dem Wert der vereinbarten Gegenleistung.

Anders ist die Vorgehensweise bei der Übertragung von **Betriebsvermögen**. **82** Die Vermögensübertragung ist hier nach der sog. **Einheitstheorie** zu beurteilen, nach der die Vermögensübertragung entweder einheitlich als unentgeltlicher oder einheitlich als entgeltlicher Vorgang behandelt wird.[98] Ein entgeltlicher Vorgang wird nur insoweit gesehen, als der Wert der Gegenleistung den Stand des steuerlichen Kapitalkontos übersteigt. Ist die vereinbarte Gegenleistung niedriger als das übernommene steuerliche Kapitalkonto, wird insgesamt von einem unentgeltlichen Vorgang ausgegangen, bei dem die steuerlichen Buchwerte gem. § 6 Abs. 3 EStG durch den Vermögensübernehmer fortgeführt werden.[99]

Beispiel: A überträgt an seine Tochter den Kommanditanteil an der A-GmbH & Co. KG. Der Verkehrswert der Beteiligung beträgt 1.000 . Der Stand des steuerlichen Kapitalkontos beträgt zum Übergabestichtag 600. A verpflichtet seine Tochter ein Gleichstellungsgeld an ihren Bruder von 500 zu leisten.

Lösungshinweis: Da das Gleichstellungsgeld niedriger als der Stand des steuerlichen Kapitalkontos ist, führt T die Buchwerte bei der A-GmbH & Co. KG unverändert fort. Das Gleichstellungsgeld bleibt ohne steuerliche Konsequenzen.

Das Beispiel zeigt, dass nach der sog. Einheitstheorie die Übertragung **83** des Kommanditanteils insgesamt als unentgeltlicher Vorgang gewertet wird. Eine Beurteilung nach der sog. Spaltungstheorie hätte dazu geführt,

---

[95] BFH v. 27. 2. 1992 BStBl. II 1992, 612; BFH v. 26. 11. 2003 BStBl. II 2004, 820; BMF v. 16. 9. 2004 BStBl. I 2004, 922 Rn 36.

[96] BFH v. 20. 10. 1999 BStBl. II 2000, 602; BMF v. 16.09.2004 BStBl I 2004, 922 Rn 36.

[97] BFH v. 24. 4. 1991 BStBl. II 1991, 793.

[98] Krit. *Stobbe*, StuW 1996, 289; *L. Schmidt*, FS Clemm, 349.

[99] BFH v. 16. 12. 1992 BStBl. II 1993, 436; BMF v. 13. 1. 1993 BStBl. I 1993, 80 Rn 35; *Groh*, DB 1990, 2190; *Mundt*, DStR 1991, 702; *Kirchhof/Söhn/Reiß* § 16 EStG Rn B 146.

dass für A ein steuerpflichtiger Veräußerungsgewinn in Höhe von 200 entstanden wäre.[100] Die Lösung nach der Einheitstheorie bewirkt, dass für den Vermögensübergeber wie für den Vermögensübernehmer gleichermaßen ein unentgeltlicher Vorgang vorliegt.[101]

84 Hätte im Beispielsfall das steuerliche Kapitalkonto von A bei der A-GmbH & Co. KG lediglich 400 betragen, wäre das Gleichstellungsgeld von 500 über dem Kapitalkonto gelegen. In diesem Fall wäre auch nach der Einheitstheorie ein anteiliger Veräußerungsgewinn für A entstanden. Der Veräußerungsgewinn hätte sich für A aus der Differenz zwischen Gleichstellungsgeld und steuerlichem Kapitalkonto ermittelt, so dass ein Veräußerungsgewinn in Höhe von 100 entstanden wäre. Für T hätten sich zusätzliche Anschaffungskosten von 100 ergeben. Auch in diesem Fall ist der gesamte Vorgang nicht aufzuteilen in einen unentgeltlichen und einen entgeltlichen Teil.[102]

2. Schenkungsteuerliche Konsequenzen

85 Die Steuerfolgen im Bereich der Schenkungsteuer im Falle der vorweggenommenen Erbfolge, d. h. der Schenkung unter Lebenden, entsprechen in vollem Umfang den Steuerfolgen, wie sie bei unentgeltlichen Zuwendungen von Todes wegen entstehen. Im Folgenden sollen deshalb die Steuerfolgen im Bereich der Erbschaft- und Schenkungsteuer nur überblickartig beschrieben werden (vgl. zu den Steuerfolgen im Bereich der Erbschaftsteuer § 36 Rn 37 ff.).

86 Die unentgeltliche Übertragung eines Mitunternehmeranteils im Zuge der vorweggenommenen Erbfolge unterliegt der Besteuerung mit Schenkungsteuer gemäß § 7 Abs. 1 ErbStG. **Bemessungsgrundlage** für die Schenkungsteuer ist der anteilige Wert des Betriebsvermögens der GmbH & Co. KG zum Zeitpunkt der Übertragung. Zum Wert des Betriebsvermögens gehört auch das Sonderbetriebsvermögen des Gesellschafters, das u.a. den Anteil an der Komplementär-GmbH enthält.[103]

87 Werden im Zuge der vorweggenommenen Erbfolge durch den Empfänger der Zuwendung Leistungen übernommen, wie z. B. Gleichstellungsgelder an Miterben, Übernahme von Verbindlichkeiten usw., mindern diese die Bemessungsgrundlage für die Erbschaftsteuer. Dabei wird die schenkungsteuerliche Bemessungsgrundlage bei der gemischten Schenkung und der Schenkung unter Leistungsauflage ermittelt, in dem der Steuerwert der Leistung des Schenkers, der aufgrund des Ansatzes der Steuerbilanzwerte bzw. des Bedarfswerts für Betriebsgrundstücke bei der Ermittlung des Werts der Kommanditbeteiligung u.U. erheblich unter dem Verkehrswert liegen kann, in dem Verhältnis aufgeteilt wird, in dem der Verkehrswert der Bereicherung des Beschenkten zu dem Verkehrswert des geschenkten Vermögens steht. Die Bemessungsgrundlage der Schen-

[100] Veräußerung des Anteils zu 50 %, Entgelt 500 abzüglich anteiliges Kapitalkonto 300.

[101] BFH v. 22. 9. 1994 BStBl. II 1995, 367.

[102] *L. Schmidt/Wacker* § 16 EStG Rn 58.

[103] *Troll/Halaczinsky/Teß* § 97 BewG Rn 19.

kungsteuer ist der Steuerwert der freigiebigen Zuwendung, der sich nach folgender Formel (Wertermittlungsmethode) ermittelt:[104]

$$\text{Steuerwert der freigebigen Zuwendung} = \frac{\text{Steuerwert der Leistung des Schenkers} \times \text{Verkehrswert der Bereicherung des Beschenkten}}{\text{Verkehrswert der Leistung des Schenkers}}$$

Erfolgt die Schenkung hingegen unter einer Nutzungs- oder Duldungsauflage,[105] d.h. der Bedachte ist verpflichtet, dem Zuwendenden oder einem Dritten ein dingliches Nutzungsrecht oder eine beschränkt persönliche Dienstbarkeit am Zuwendungsgegenstand zu bestellen, die Früchte auszukehren oder den Gebrauch der Sache zu überlassen,[106] so dass dem Beschenkten die Nutzungen des Schenkungsgegenstandes zeitlich befristet nicht gewährt werden, liegt eine einheitliche freigiebige Zuwendung vor. Die Bereicherung infolge dieser Zuwendung wird als Saldo aus dem Steuerwert der Zuwendung und dem Kapitalwert der Belastung nach §§ 13–16 BewG ermittelt (Saldomethode), sofern das Nutzungsrecht nicht dem Schenker oder dessen Ehegatten zusteht.[107] Ist der Schenker oder dessen Ehegatte nutzungsberechtigt, kann lediglich die Schenkungsteuer nach § 25 ErbStG in Höhe des Kapitalwerts gestundet werden (vgl. dazu § 40 Rn 37 ff.). **88**

Das ErbStG sieht für die unentgeltliche Übertragung eines Mitunternehmeranteils bestimmte **Begünstigungen** vor:[108] **89**

- Freibetrag von T-EUR 225 (bis zum 31. 12. 2003: T-EUR 256)
- Wertabschlag vom verbleibenden Wert in Höhe von 35 % (bis zum 31. 12. 2003: 40 %)
- Besteuerung nahezu nach der Steuerklasse I, unabhängig vom Verwandtschaftsgrad zwischen Schenker und Beschenktem (Entlastung in Höhe von 88 % der Differenz zwischen der Besteuerung nach Steuerklasse II bzw. III und der Steuerklasse I, bis zum 31. 12. 2003: Entlastung in Höhe von 100 %).

Als begünstigter Erwerb einer Beteiligung gilt auch, wenn ein Teil einer Beteiligung an einer Personengesellschaft übertragen wird. Dabei liegt ein begünstigter Anteil an einer Personengesellschaft nicht nur vor, wenn der **90**

---

[104] R 17 Abs. 2 ErbStR.

[105] Im Gegensatz zur Leistungsauflage kann eine Nutzungs- oder Duldungsauflage nicht unabhängig vom zugewendeten Gegenstand erfüllt werden.

[106] BFH v. 12. 4. 1989 BStBl. II 1989, 526.

[107] BFH v. 12. 4. 1989 BStBl. II 1989, 526–527; R 17 Abs. 3 ErbStR.

[108] *Ettinger/Eberl*, GmbHR 2004, 548. Die erbschaft- und schenkungsteuerlichen Begünstigungen sind durch das Haushaltsbegleitgesetz vom 29. 12. 2003 (sog. „Koch-Steinbrück-Streichliste") mit Wirkung vom 1. 1. 2004 vermindert worden. Da die Gesetzesverschärfungen erst im Rahmen des Vermittlungsausschusses in das Haushaltsbegleitgesetz aufgenommen wurden, sind die Änderungen bei der Erbschaft- und Schenkungsteuer möglicherweise verfassungswidrig (vgl. DWS-Gutachten, Kammer Report Juli 2004 DStR 2004, Beihefter zu Heft 28) Unabhängig hiervon stehen die unterschiedlichen Bewertungsmaßstäbe sowie die erbschaft- und schenkungsteuerlichen Begünstigungen aufgrund des BFH-Beschlusses v. 22. 5. 2002 (BFH/NV 2002, 1238) ohnehin vor dem Bundesverfassungsgericht auf dem Prüfstand, wobei mit einer Entscheidung im Jahr 2005 zu rechnen ist.

Schenker zusammen mit einem Teil seiner Beteiligung in entsprechendem quotalem Umfang sein Sonderbetriebsvermögen überträgt. Vielmehr wird die Begünstigung auch dann gewährt, wenn der Schenker sein Sonderbetriebsvermögen in geringerem Umfang überträgt oder es insgesamt zurückbehält und das zurückbehaltene Sonderbetriebsvermögen weiterhin zum Betriebsvermögen der selben Personengesellschaft gehört, oder wenn der Schenker sein Sonderbetriebsvermögen in größerem Umfang überträgt.[109]

91 Der **Freibetrag** von 225 T-EUR steht gemäß § 13 a ErbStG allen Erwerbern gemeinsam zu. Es ist hierbei möglich, über die Aufteilung und Zuordnung des Freibetrages eine schriftliche Verfügung zu treffen.[110] Der auf den Schenker bzw. Erblasser bezogene Freibetrag kann gem § 13a Abs. 1 Satz 2 ErbStG alle 10 Jahre einmal in Anspruch genommen werden. Der nach Abzug des Freibetrages verbleibende anteilige Wert des Kommanditanteils wird gemäß § 13 a Abs. 2 ErbStG lediglich mit 65 % angesetzt. Der verbleibende Betrag ist die Bemessungsgrundlage für die Erbschaft- und Schenkungsteuer.

Beispiel: Vater V überträgt seinen Kommanditanteil an der X-GmbH & Co. KG auf seinen Sohn S. Zum Zeitpunkt der unentgeltlichen Übertragung hat der Kommanditanteil einen anteiligen Wert von 1.200 T-EUR.

Lösungshinweis:
Es ergibt sich folgende Ermittlung der Bemessungsgrundlage

Anteiliger Wert X-GmbH & Co. KG	T-EUR 1.200
Freibetrag gemäß § 13 a Abs. 1 ErbStG	T-EUR 225
verbleibendes Betriebsvermögen	T-EUR 975
Bewertungsabschlag 35 %	T-EUR 341
steuerpflichtiger Wertansatz (vor Berücksichtigung persönlicher Freibeträge)	T-EUR 634

92 Die Begünstigung des § 13 a ErbStG entfällt jedoch rückwirkend, soweit innerhalb von 5 Jahren nach der unentgeltlichen Zuwendung folgende **Schädlichkeitstatbestände** eintreten:
- Veräußerung
- Betriebsaufgabe
- Veräußerung/Entnahme von wesentlichen Betriebsgrundlagen
- Veräußerung von Anteilen an Kapitalgesellschaften nach Einbringung von begünstigtem Produktivvermögen (§ 20 UmwStG)
- Die Veräußerung von Anteilen an Personengesellschaften nach Einbringung von begünstigtem Produktivvermögen (§ 24 UmwStG)
- Vornahme von Überentnahmen von mehr als EUR 52.000.

93 Der Wertabschlag von 35 % bleibt im Falle einer Schenkung also nur dann bestehen, wenn der Mitunternehmeranteil innerhalb des 5-Jahreszeitraums nahezu unverändert fortgeführt wird. Sofern innerhalb des 5-Jahreszeitraums einer der Schädlichkeitstatbestände verwirklicht wird, entfällt rückwirkend die Begünstigung durch § 13 a ErbStG. Besonders problematisch ist hierbei die Vornahme von sog. **Überentnahmen**. Diese liegen dann vor, wenn innerhalb des 5-Jahreszeitraums durch den Übernehmer

[109] R 51 Abs. 3 ErbStR.

[110] *Krüger/Siegemund/Köhler*, DStR 1997, 639.

der Kommanditbeteiligung Entnahmen getätigt werden, die die Summe seiner Einlagen und Gewinne bzw. Gewinnanteile seit dem unentgeltlichen Erwerb um mehr als T-EUR 52 übersteigen (vgl. § 36 Rn 52 ff.). Verluste bleiben hierbei unberücksichtigt. Dies gilt selbst dann, wenn zwangsweise Entnahmen getätigt werden müssen, wie z. B. zur Bezahlung der Schenkungsteuer, die wegen der Schenkung entsteht.[111]

Durch diese komplizierte Gesetzesvorschrift soll **Gestaltungen** entgegengewirkt werden, bei denen vor der unentgeltlichen Übertragung bewusst Einlagen in das Betriebsvermögen geleistet werden, um in den Genuss der schenkungsteuerlichen Begünstigungen für Betriebsvermögen zu kommen, wobei im Anschluss an die unentgeltliche Übertragung entsprechend Entnahmen aus dem Betriebsvermögen vorgenommen werden. **94**

Die unentgeltliche Übertragung eines Mitunternehmeranteils unterliegt gemäß § 19 a ErbStG nahezu der Besteuerung in der Steuerklasse I, unabhängig vom Verwandtschaftsgrad zwischen Schenker und Beschenktem. Je nach Fallgestaltung kann dieser Tarifvorschrift eine erhebliche materielle Bedeutung zukommen, wenn der Kommanditanteil beispielsweise auf Nichten bzw. Neffen oder auf die Lebensgefährtin bzw. den Lebensgefährten übertragen wird.[112] **95**

---

[111] Krit. *Moench/Weinmann* § 13 a ErbStG Rn 101; *Langenfeld/Gail/Schubert* VII Rn 9612; *Hübner*, NWB F.10, 787.

[112] *Ettinger/Eberl*, GmbHR 2004, 549.

2. Abschnitt
Tod des Gesellschafters

§ 33 Gesetzliche Grundlage

Übersicht

Schrifftum: *Deckert*, Vererbung von Anteilen an Personengesellschaften, NZG 1998, 43 ff.; *Gebel*, Die Bedeutung erbfallbezogener Klauseln in GmbH-Satzungen für die Erbschaftsteuer, DStR 1993, 285 ff. und 325 ff.; *ders.*, Die qualifizierte Nachfolgeklausel, BB 1995, 173 ff.; *Gustavus*, Die Neuregelungen im Gesellschaftsrecht nach dem Regierungsentwurf eines Handelsrechtsreformgesetzes, GmbHR 1998, 17 ff.; *Knieper/Fromm*, Erbrecht und Gesellschaftsrecht bei der Gesellschafternachfolge, NJW 1980, 2677 ff.; *Priester*, Der vermeintliche Erbe als GmbH-Gesellschafter, GmbHR 1984, 193 ff.; *K. Schmidt*, HGB-Reform und gesellschaftsrechtliche Gestaltungspraxis, DB 1998, 61 ff.; *Sudhoff*, Unternehmensnachfolge, 4. Auflage 2000; *Zöller*, Nachfolge von Todes wegen bei Beteiligung an Personengesellschaften, MittRhNotK 1999, 121 ff.

I. Einführung

1 Beim Tod eines Gesellschafters treffen mit dem Erbrecht und dem Gesellschaftsrecht zwei Rechtsmaterien aufeinander, die in Konflikt geraten können, wenn beispielsweise die gesetzliche Erbfolge[1] oder der in einer letztwilligen Verfügung[2] geäußerte Erblasserwille von dem im Gesellschaftsvertrag zum Ausdruck kommenden Gesellschafterwillen abweicht. Die notwendige **Abstimmung zwischen den verschiedenen Regelungsbereichen** wird allerdings in der Praxis nur selten vorgenommen, weil für die Gesellschaftsgründer offenbar andere Gesichtspunkte im Vordergrund stehen und es ihnen in erster Linie um den Aufbau des Unternehmens geht. An eine Regelung für den Todesfall denkt in diesem Stadium kaum einer von ihnen, so dass ohne die erforderliche Beratung bestenfalls eine Klausel aus einem Musterformular übernommen wird, die aber die individuellen Interessen und Bedürfnisse der Beteiligten nicht berücksichtigt. Eine Ausnahme gilt insoweit nur für Familienunternehmen, bei denen die Zusammensetzung des Gesellschafterbestands von vornherein ein wesentlicher Gesichtspunkt bei der Vertragsgestaltung ist. Da sehr viele Familienunternehmen in der Rechtsform der personengleichen GmbH &

---

[1] Dazu *Sudhoff/Scherer* Unternehmensnachfolge § 2 Rn 1 ff.

[2] Zu Testament und Erbvertrag als den insoweit maßgeblichen Verfügungen von Todes wegen ausf. *Sudhoff/Scherer* Unternehmensnachfolge §§ 3, 4.

Co. KG firmieren, muss bei ihnen die letztwillige Verfügung eines Gesellschafters mit zwei Gesellschaftsverträgen abgestimmt werden, um ein einheitliches Schicksal der Mitgliedschaften in beiden Gesellschaften zu gewährleisten.

Im Folgenden soll **das gesellschaftsrechtliche und erbrechtliche Instrumentarium** vorgestellt werden, das den Gesellschaftern für eine Regelung im Fall des Todes eines von ihnen zur Verfügung steht (s. § 34).[3] Die Frage der Zulässigkeit von Abfindungsbeschränkungen wird wie schon beim Wechsel im Gesellschafterbestand unter Lebenden in einem eigenen Paragraphen behandelt, wobei nur noch auf die insoweit bestehenden Besonderheiten einzugehen ist (s. § 35). Zunächst geht es jedoch darum, sich mit den unterschiedlichen gesetzlichen Grundlagen vertraut zu machen, die das Gesellschaftsrecht bei Tod eines Gesellschafters für KG und GmbH vorsieht. 2

II. Kommanditgesellschaft

1. Tod eines Komplementärs

Seit In-Kraft-Treten des Handelsrechtsreformgesetzes führt der Tod eines Komplementärs mangels abweichender vertraglicher Bestimmung nicht mehr zur Auflösung der KG, sondern lediglich zu seinem Ausscheiden aus der Gesellschaft (§ 131 Abs. 3 S. 1 Nr. 1 HGB), die unter den verbleibenden Gesellschaftern fortgesetzt wird. Maßgeblicher Zeitpunkt für den **Verlust der Mitgliedschaft** ist der Tag, an dem der Gesellschafter stirbt (§ 131 Abs. 3 S. 2 HGB). Diese Neuausrichtung wurde bereits im Verlauf des Gesetzgebungsverfahrens vielfach kritisiert, da sie nur selten dem Willen der Gesellschafter entspreche und zudem die abfindungsberechtigten Erben unter Druck setze, im Zweifel lieber ein nach objektiven Kriterien unangemessenes Abfindungsangebot anzunehmen.[4] 3

In der Tat konnte man früher davon ausgehen, dass eine unter der Geltung des alten Rechts vereinbarte **Fortsetzungsklausel** nicht nur die ansonsten drohende Auflösung der Gesellschaft abwehren konnte, sondern zugleich eine die Interessen aller verbleibenden und ausscheidenden Gesellschafter und Erben berücksichtigende Regelung enthielt. Die Auflösung der Gesellschaft als gesetzliche Regelrechtsfolge bei Tod eines Komplementärs bedeutete Drohung und Sicherheit zugleich. Als Drohung bewirkte sie, dass sich die fortsetzungswilligen Gesellschafter entweder von vornherein untereinander oder unmittelbar nach einem Todesfall unter Einbeziehung der Erben über die Fortführung der Gesellschaft verständigten. Zum anderen schuf sie im zweiten Fall Rechtssicherheit für alle Beteiligten, wenn in angemessener Zeit keine Einigung zustande kam. Der gesetzliche Regelfall nach neuem Recht beinhaltet dagegen Konfliktpotential, da er insbesondere die Abfindungsfrage ungeklärt lässt, ohne ein alle Gesellschafter gleichermaßen treffendes Ende für den Fall unüberwindbarer Mei- 4

---

[3] Zu den Gestaltungsproblemen aus Sicht des Erblassers vgl. z. B. *Sudhoff/Scherer* Unternehmensnachfolge § 6 Rn 8 ff.

[4] Vgl. nur *K. Schmidt*, DB 1998, 61, 64; *Gustavus*, GmbHR 1998, 17, 20 f.

nungsverschiedenheiten vorzusehen, wie es früher die Auflösung der Gesellschaft war. Es besteht das Risiko von unter Umständen jahrelangen Rechtsstreitigkeiten, wodurch die vom Gesetzgeber beabsichtigte Sicherung der Unternehmenskontinuität erheblich belastet wird. Hier ist die Gestaltungspraxis gefordert, dieses Risiko durch Formulierung entsprechender Klauseln zu vermeiden und eine auf die individuellen Bedürfnisse der Beteiligten abgestimmte Lösung anzubieten.

5 Bei nüchterner Betrachtung bringt das Handelsrechtsreformgesetz somit für den Fall des Todes eines voll haftenden Gesellschafters nur eine geänderte Intention des Gesetzgebers zum Ausdruck, die in der Konsequenz den Fokus bei der vom gesetzlichen Regelfall abweichenden Vertragsgestaltung von der Fortführung der Gesellschaft mit oder ohne Erben auf die **Fortführung mit den Erben** verengt. Nach wie vor hängt der endgültige Vertragstext aber von den konkreten Motiven und Interessen der Beteiligten im Einzelfall ab, so dass die Herausforderung für die Gestaltungspraxis nur auf den ersten Blick wirklich größer geworden ist.

6 § 131 Abs. 3 HGB gilt auch für die **Zweipersonengesellschaft**, da man den in dem mit der Handelsrechtsreform neu eingefügten § 140 Abs. 1 S. 2 HGB zum Ausdruck kommenden Grundgedanken auf alle Fälle des Ausscheidens übertragen kann, in denen nur ein Gesellschafter übrig bleibt.[5] Bei der GmbH & Co. KG ist zu beachten, dass nur die Vollbeendigung der Komplementär-GmbH die Rechtsfolgen auslöst, die gesetzlich beim Tod einer voll haftenden natürlichen Person eintreten.[6] Die nach § 143 Abs. 2 HGB bestehende Anmeldepflicht bei Ausscheiden eines Gesellschafters trifft im Todesfall neben den verbleibenden Gesellschaftern auch alle Erben[7] bzw. den Testamentsvollstrecker.[8] Stehen der Mitwirkung der Erben bei der Anmeldung besondere Hindernisse entgegen, kann die Eintragung in das Handelsregister auch ohne sie erfolgen (§ 143 Abs. 3 HGB).

7 Die **Rechtsfolgen bei Tod eines Gesellschafters** sind im Wesentlichen die gleichen wie bei einem Gesellschafteraustritt unter Lebenden (s. § 30 Rn 8). Im Mittelpunkt steht auch hier das Anwachsungsprinzip nach §§ 161 Abs. 2, 105 Abs. 3 HGB, § 738 Abs. 1 S. 1 BGB, das für einen automatischen Übergang des Gesellschaftsanteils des verstorbenen Gesellschafters auf den oder die verbleibenden Gesellschafter im Verhältnis ihrer bisherigen Beteiligung sorgt, ohne dass die Anordnung speziell erbrechtlicher Institute wie beispielsweise einer Testamentsvollstreckung hieran etwas ändern könnte.[9]

8 Bei **Vorhandensein mehrerer Erben** überdeckt diese Zerlegung und Sonderzuordnung des Gesellschaftsanteils den allgemeinen erbrechtlichen Grundsatz, nach dem die Mitgliedschaft ausschließlich im Wege der Univer-

---

[5] *Koller* § 131 HGB Rn 8; *Sudhoff/Froning* Unternehmensnachfolge § 44 Rn 11.

[6] BGHZ 75, 178, 181 f.; s. dazu ausf. § 29.

[7] Nach BayObLG BB 1993, 385, 386 gilt dies auch für die Erben, die keine Gesellschafter werden.

[8] BGH NJW 1989, 3152, 3153.

[9] St. Rspr. seit BGHZ 22, 186, 192 f.; *Koller* § 131 HGB Rn 9; MünchHdb. GesR II/*Klein* KG § 44 Rn 15.

salsukzession auf die Erbengemeinschaft als Gesamthand übergehen müsste (§ 2032 Abs. 1 BGB). Dies gilt unabhängig davon, ob man diesen Vorgang dogmatisch als Sondererbfolge und Singularsukzession einordnet.[10] Hintergrund ist der inzwischen allgemein anerkannte gesellschaftsrechtliche Grundsatz, dass eine Erbengemeinschaft nicht Mitglied einer werbenden Personengesellschaft als Arbeits- und Haftungsgemeinschaft sein kann.[11] Da hierdurch die Möglichkeit eröffnet ist, dass der Gesellschaftsanteil in viele selbständige Beteiligungen aufgespalten wird, lässt die Rechtsprechung eine gesellschaftsvertragliche Regelung zu, nach der die Erben ihre Gesellschafterrechte nur durch einen gemeinsamen Vertreter ausüben dürfen.[12]

Im Rahmen der Rückgabe der zur Benutzung überlassenen Gegen- **9**
stände können einerseits die Erben aufgrund einer nachwirkenden Treuepflicht gehalten sein, diese der Gesellschaft zumindest vorübergehend unentgeltlich zu belassen, während die KG umgekehrt eine Pflicht zur Vergütung desjenigen trifft, was sie bislang unentgeltlich nutzte und weiter nutzen darf.[13] Für nicht fällige Forderungen sind Sicherheiten zu leisten (§§ 738 Abs. 1 S. 3, 232 BGB), soweit sie nicht streitig sind oder ein Fall des § 739 BGB vorliegt.[14] Die Haftung der Erben für Schulden des verstorbenen Gesellschafters nach §§ 161 Abs. 2, 128 HGB sowie für Ansprüche der Gesellschaft gegen ihn ist anders als in den Fällen des § 131 Abs. 3 S. 1 Nr. 2 bis 6 HGB erbrechtlich beschränkbar.[15] Schuldner des nach § 738 Abs. 1 S. 2 BGB bestehenden Auseinandersetzungs- bzw. Abfindungsanspruchs sind die Gesellschaft und die verbleibenden Gesellschafter nach Maßgabe der §§ 128 ff. bzw. 171 ff. HGB.[16] Für die Ermittlung der Abfindung gelten die bereits unter § 31 Rn 2 ff. dargestellten Grundsätze; Möglichkeiten zu ihrer Beschränkung werden in § 35 gesondert behandelt.

2. Tod eines Kommanditisten

Nach der Neufassung durch das Handelsrechtsreformgesetz ordnet **10**
§ 177 HGB an, dass die Gesellschaft beim Tod eines Kommanditisten mangels abweichender vertraglicher Bestimmung mit den Erben fortgesetzt wird. Damit stellt die Vorschrift die **Vererblichkeit des Kommanditanteils** positiv fest. Zwingender Regelungsbedarf bestand insoweit nicht, da der Tod eines Kommanditisten bereits nach der alten Rechtslage keinen Auflösungsgrund für die Gesellschaft darstellte.[17] Der Aufwand bei der Ver-

---

[10] Zur dogmatischen Abgrenzung vgl. nur *K. Schmidt* Gesellschaftsrecht § 45 V 3 c; *Gebel*, BB 1995, 173, 174 f.; *Knieper/Fromm*, NJW 1980, 2677, 2680 f.

[11] BGH NJW 1957, 180; NJW 1977, 1339; NJW 1983, 2376, 2377; NJW 1989, 3152.

[12] BGHZ 46, 291; vgl. auch *Hesselmann/Tillmann* Rn 620; *Zöller*, MittRhNotK 1999, 121, 132.

[13] BGH NJW 1989, 1030, 1031.

[14] Vgl. BGH NJW 1974, 899, 900.

[15] *Koller* § 131 HGB Rn 9.

[16] BGH BB 1971, 1530, 1531; *Sudhoff/Froning* Unternehmensnachfolge § 44 Rn 86; MünchHdb. GesR II/*Klein* KG § 44 Rn 24.

[17] Zur geplanten Streichung von § 177 HGB vgl. nur *K. Schmidt*, DB 1998, 61, 64 m.w.N.

tragsgestaltung bleibt unverändert, da es nach wie vor einer besonderen Vereinbarung im Gesellschaftsvertrag bedarf, um die Erben von der Fortsetzung der Gesellschaft auszuschließen. Während der Alleinerbe im Übrigen unmittelbar an die Stelle des Erblassers tritt, kommt es bei einer Mehrheit von Erben zu einer Zerlegung und Sonderzuordnung des Kommanditanteils, für die die bereits zu 1. dargestellten Grundsätze gelten.[18] Stirbt der letzte Kommanditist, wandelt sich die Gesellschaft kraft Rechtsformzwang in eine OHG.

III. GmbH

11 GmbH-Anteile sind nach § 15 Abs. 1 GmbHG vererblich. Im Fall des Todes eines Gesellschafters fällt dessen Geschäftsanteil ohne weiteres in den Nachlass und geht automatisch auf den oder die gesetzlichen oder testamentarischen Erben über (§ 1922 BGB).[19] Sind mehrere Erben vorhanden, besteht der wesentliche **Unterschied zum Personengesellschaftsrecht** darin, dass diesen der Geschäftsanteil ungeteilt zur gesamten Hand zusteht, so dass sie ihre Rechte aus demselben nur gemeinschaftlich ausüben können (§ 18 Abs. 1 GmbHG). Der Gesellschaftsvertrag kann darüber hinaus vorsehen, dass auch nach einer Teilung des Geschäftsanteils bestimmte Mitgliedschaftsrechte wie insbesondere das Stimmrecht nur gemeinschaftlich durch einen Vertreter ausgeübt werden können.[20] Ansonsten geht die Mitgliedschaft mit allen Rechten und Pflichten des Erblassers auf den Erben über, so dass dieser auch für rückständige Einlagen und Nachschüsse haftet.[21]

---

[18] Zur Haftungsproblematik s. *Koller* § 177 HGB Rn 4.

[19] Zur analogen Anwendung von § 16 GmbHG auf den Erbfall vgl. *Priester*, GmbHR 1984, 193 ff.

[20] *Scholz/Winter* § 15 GmbHG Rn 28 m.w.N.

[21] *Gebel*, DStR 1993, 285.

§ 34 Regelungen im Gesellschaftsvertrag und in letztwilligen Verfügungen

Übersicht

Schrifttum: (vgl. bereits die Nachweise unter § 33) *Albach*, Nachfolgeregelung im Mittelstand – ein Praxistest, BB 2000, 781 ff.; *Bommert*, Neue Entwicklungen zur Frage der Testamentsvollstreckung in Personengesellschaften, BB 1984, 178 ff.; *Brandi/Mühlmeier*, Übertragung von Gesellschaftsanteilen im Wege vorweggenommener Erbfolge und Vorbehaltsnießbrauch – Möglichkeiten und Grenzen der Erhaltung der Rechtsstellung des Altgesellschafters nach Substanzwertverlagerung auf einen Nachfolger, GmbHR 1997, 734 ff.; *Bütter/Tonner*, Wirksamkeit von Rückkaufrechten und auflösenden Bedingungen in Schenkungsverträgen über Gesellschaftsanteile, NZG 2003, 193 ff.; *Damrau*, Zur Testamentsvollstreckung am Kommanditanteil, NJW 1984, 2785 ff.; *Dressler*, Vereinbarungen über Pflichtteilsansprüche – Gestaltungsmittel zur Verringerung der Erbschaftsteuerbelastung, NJW 1997, 2848 ff.; *Ebenroth/Lorz*, Das Unternehmertestament als Bestandteil umfassender Nachfolgeplanung, WiB 1995, 609 ff., 656 ff. und 689 ff.; *Esch*, Zur Zulässigkeit der Testamentsvollstreckung an Kommanditbeteiligungen, NJW 1981, 2222 ff.; *ders.*, Die Nachlaßzugehörigkeit vererbter Personengesellschaftsbeteiligungen, NJW 1984, 339 ff.; *Feddersen*, Die Behandlung der Abkömmlinge bei der Erbfolge in Gesellschaftsanteile unter vorrangiger Erhaltung der Kontinuität des Unternehmens und unter Beachtung des Primats der Unternehmernachfolge, in: Festschrift Stiefel, 1987, S. 197 ff.; *Fleck*, Die Beeinträchtigung erbrechtlicher Anwartschaften aufgrund von Gesellschafterbeschlüssen in der GmbH, in: Festschrift Stimpel, 1985, S. 353 ff.; *Flick*, Widerspruch zwischen Testament und Gesellschaftsvertrag, ZEV 1994, 34; *Flume*, Die Erbennachfolge in den Anteil an einer Personengesellschaft und die Zugehörigkeit des Anteils zum Nachlaß, NJW 1988, 161 ff.; *ders.*, Die Nachlaßzugehörigkeit der Beteiligung an einer Personengesellschaft in ihrer Bedeutung für Testamentsvollstreckung, Nachlaßverwaltung und Nachlaßkonkurs und Surrogatserwerb, ZHR 1991, 501 ff.; *Franz/Seitz*, Die Vermögensübergabe gegen Versorgungsleistungen im Umbruch, DStR 2002, 1745 ff.; *Goebel*, Drittbestimmung des Unternehmensnachfolger-Erben? – Eine Rückbesinnung auf die reichsgerichtliche Rechtsprechung zur materiellen Höchstpersönlichkeit des Testaments, DNotZ 2004, 101 ff.; *Götte*, Die Gewinn- und Auseinandersetzungsansprüche bei einer Gesellschafternachfolge aufgrund rechtsgeschäftlichen Eintrittsrechtes, DNotZ 1988, 603ff.; *Gschwendtner*, Testamentsvollstreckung an einem Kommanditanteil, NJW 1996, 362ff.; *Hennerkes/May*, Der Gesellschaftsvertrag des Familienunternehmens, NJW 1988, 2761ff.; *Hermanns*, Die vorweggenommene Erbfolge in Gesellschaftsbeteiligungen, MittRhNotK 1997, 149ff.; *Hilger*, Zur Anwendbarkeit statutarischer Vinkulierungsklauseln bei der Übertragung von GmbH-Geschäftsanteilen in Ausführung letztwilliger Verfügungen, in: Festschrift Quack, 1991, S. 259ff.; *Hörger/Pauli*, Nachfolge bei Kapital- und Personengesellschaften, GmbHR 1999, 945ff.; *Klein*, Die Testamentsvollstreckung in Gesellschaftsbeteiligungen an offenen Handelsgesellschaften und Kommanditgesellschaften, DStR 1992, 292ff. und 326ff.; *Knebel/Nekola*, Unternehmensnachfolgeplanung bei Personengesellschaften, DB 2000, 169ff.; *Koch*, Kommanditanteil und Testamentsvollstreckung, NJW 1983, 1762ff.; *Kreppel*, Der Testamentsvollstrecker und die Erben des Gesellschafters, DStR 1996, 430ff.; *Lessmann*, Vinkulierungsklauseln bei der Vererbung von GmbH-Geschäftsanteilen, GmbHR 1986, 409ff.; *Marotzke*, Die Nachlaßzugehörigkeit ererbter Personengesellschaftsanteile und der Machtbereich des Testamentsvollstreckers nach dem Urteil des BGH vom 14. Mai 1986, AcP 1987, 223ff.; *ders.*, Haftungsverhältnisse und Probleme der Nachlaßverwaltung bei der Beerbung des einzigen Komplementärs durch den einzigen Kommanditisten, ZHR 1992, 17ff.; *Martinek*, Der Kommanditanteil als Nachlaßsurrogat – ein neuer Konflikt zwischen Erb- und Gesellschaftsrecht?, ZGR 1991, 74ff.; *Mayer*, Testamentsvollstreckung am Kommanditanteil, ZIP 1990, 976ff.; *Menges/Stähle*, Erbfolgeregelungen bei qualifizierter Nachfolgeklausel, BB 1994, 2122ff.; *Michalski*, Nachfolgeklauseln in der GmbH-Satzung, NZG 1998, 301f.; *Mock*, Anwendbarkeit des § 139 HGB auf die GbR, NZG 2004, 118ff.; *Petzoldt*, Gesellschaftsvertrag und Erbrecht bei der GmbH und der GmbH & Co. KG, GmbHR 1977, 25ff.; *Priester*, Nachfolgeklauseln im GmbH-Vertrag, GmbHR 1981, 206ff.; *ders.*, Testamentsvollstreckung am GmbH-Anteil, in: Festschrift Stimpel, 1985, S. 463ff.; *Promberger*, Auslegung unvollständiger Nachfolgeklauseln in der Satzung einer GmbH, ZHR 1986, 585ff.; *Quack*, Die Testamentsvollstreckung an Kommanditanteilen, BB 1989, 2271ff.; *Rehmann*, Testamentsvollstreckung an Gesellschaftsanteilen, BB 1985, 297ff.; *Reichert*, Unternehmensnachfolge aus anwaltlicher Sicht, GmbHR 1998, 257ff.; *K. Schmidt*, Zur kombinierten Nachfolge- und Umwandlungsklausel bei OHG- oder Komplementäranteilen, BB 1989, 1702ff.; *Schmitz*, Testamentsvollstreckung an Personengesellschaftsanteilen, ZGR 1988, 140ff.; *Sethe*, Die Wirkung und dogmatische Einordnung von Fortsetzungs- und Nachfolgeklauseln im Lichte der HGB-Reform, JZ 1997, 989ff.; *Siegmann*, Zur Fortbildung des Rechts der Anteilsvererbung, NJW 1995, 481ff.; *Stötter*, Die Nachfolge in Anteile an Personengesellschaften auf Grund Gesellschaftsvertrages oder Erbrechts, DB 1970, 525ff. und 573ff.; *Storg*, Qualifizierte Nachfolge in Gesellschaftsanteile nach neuester Rechtslage, DStR 2002, 1384ff.; *Tiedau*, Die Abfindungs- und Ausgleichsansprüche der von der gesellschaftlichen Nachfolge ausgeschlossenen Erben, NJW 1980, 2446ff.; *Ulmer*, Gesellschafternachfolge und Erbrecht, ZGR 1972, 195ff. und 324ff.; *ders.*, Zur Gesellschafternachfolge im Todesfall, BB 1977, 805ff.; *ders.*, Nachlasszugehörigkeit vererbter Personengesellschaftsbeteiligungen?, NJW 1984, 1496ff.; *ders.*, Probleme der Vererbung von Personengesellschaftsanteilen – BGH, NJW 1986, 2431, JuS 1986, 856ff.; *ders.*, Testamentsvollstreckung am Kommanditanteil – Voraussetzungen und Rechtsfolgen, NJW 1990, 73ff.; *Vorwold*, Wer ist nachfolge-, wer ist empfangsberechtigt bei der Unternehmensnachfolge gegen Versorgungsleistungen?, DStR 1998, 585ff.; *Weber*, Testamentsvollstreckung an Kommanditanteilen?, in: Festschrift Stiefel, 1987, S. 829ff.; *Westermann*, Zum Anwendungsbereich von Vinkulierungsklauseln bei der Vererbung von GmbH-Geschäftsanteilen, ZIP 1985, 1249ff.; *Wolf*, Die Haftung des Gesellschaftererben für Verbindlichkeiten einer Personenhandelsgesellschaft – Erbrechtliche Haftungsbeschränkung gem. § 139 Abs. 4 HGB bei Einräumung der Rechtsstellung eines Kommanditisten und Haftung nach § 173 Abs. 1 HGB, DB 2003, 1423 ff.

I. Regelungen im Gesellschaftsvertrag

1. Kommanditgesellschaft

a) Ausschluss der Vererblichkeit. Im Gegensatz zur GbR führt der Tod eines persönlich haftenden Gesellschafters bei den Personenhandelsgesellschaften nach der Handelsrechtsreform im gesetzlichen Regelfall nicht mehr zur Auflösung der Gesellschaft, sondern nur noch zum **Ausscheiden des Verstorbenen** (§§ 161 Abs. 2, 131 Abs. 3 S. 1 Nr. 1 und S. 2 HGB). Die Offenheit von § 131 Abs. 3 S. 1 HGB für abweichende vertragliche Bestimmungen zeigt aber, dass der Gesetzgeber von der grundsätzlichen Vererblichkeit des Gesellschaftsanteils an einer KG ausgeht. Für Kommanditisten ergibt sich dies bereits unmittelbar aus dem neuen § 177 HGB, so dass ein unterschiedlicher Regelungsbedarf im Gesellschaftsvertrag besteht. 1

Die unter der alten Rechtslage verbreiteten **Fortsetzungsklauseln**,[1] nach denen nur die verbleibenden Gesellschafter die Gesellschaft fortsetzen und die Erben lediglich in den Nachlass fallende Abfindungsansprüche erhalten sollten, werden nach neuem Recht hinsichtlich der Komplementäre entbehrlich, behalten aber für den Tod von Kommanditisten ihre Bedeutung. Mit anderen Worten: Die Vererblichkeit eines Komplementäranteils an einer KG muss nicht mehr durch eine Fortsetzungsklausel ausgeschlossen werden, da dies bereits dem neuen gesetzlichen Regelfall entspricht, während umgekehrt nach wie vor eine gesellschaftsvertragliche Bestimmung notwendig ist, um die in § 177 HGB zum Ausdruck kommende Vererblichkeit eines Kommanditanteils auszuschließen. Allerdings bleibt es auch nach neuem Recht empfehlenswert, im Gesellschaftsvertrag darüber hinaus Regelungen für die vielfältigen Probleme vorzusehen, die im Fall des Todes eines oder mehrerer Gesellschafter auftreten können. Im Mittelpunkt steht dabei neben der Klärung der gesellschaftsrechtlichen Nachfolgeberechtigung von Erben oder Dritten die Frage eines finanziellen Ausgleichs für diejenigen, die an der Fortsetzung der Gesellschaft nicht teilnehmen sollen. 2

Absprachen, nach denen im Fall des Todes eines Gesellschafters noch andere Gesellschafter ausscheiden sollen, sind dabei ebenso wirksam wie solche, die eine vom bisherigen Beteiligungsverhältnis der verbleibenden Gesellschafter abweichende Anwachsung des Gesellschaftsanteils des Erblassers vorsehen.[2] Schließlich kann auch ein **Übernahmerecht eines Gesellschafters** vereinbart werden.[3] Im Übrigen bleibt es den Gesellschaftern 3

---

[1] *K. Schmidt* Gesellschaftsrecht § 45 V 2 a weist zutr. darauf hin, dass die Bezeichnung „Ausschließungsklauseln" treffender und besser zu einer Abgrenzung geeignet wäre, da es auch bei den Nachfolge- und Eintrittsklauseln zu einer Fortsetzung der Gesellschaft – wenn auch mit anderem Gesellschafterbestand – kommt.

[2] *Koller* § 131 HGB Rn 21.

[3] S. dazu das anschauliche Bsp. in OLG Hamm NZG 1999, 712 m. Anm. *Michalski*.

auch nach der Handelsrechtsreform unbenommen, für den Fall des Todes eines von ihnen die Auflösung der Gesellschaft als Regelfall (Auflösungsklausel) und gegebenenfalls daneben die Möglichkeit vorzusehen, über die Fortsetzung der Gesellschaft mit oder ohne Beteiligung der Erben zu beschließen (Fortsetzungsklausel).[4]

4 **b) Einfache Nachfolgeklausel.** Unter einer einfachen Nachfolgeklausel ist eine gesellschaftsvertragliche Regelung zu verstehen, die zu einer unmittelbaren erbrechtlichen Nachfolge in die Gesellschaftsbeteiligung führt und nach der die werbende Gesellschaft beim Tod eines voll haftenden Gesellschafters ganz allgemein mit dessen Erben fortgesetzt werden soll, ohne sich vorab auf eine bestimmte Person festzulegen. In einem solchen Fall kann jeder Erbe nach § 139 Abs. 1 HGB sein Verbleiben in der Gesellschaft davon abhängig machen, dass ihm unter Belassung des bisherigen Gewinnanteils die Stellung eines Kommanditisten eingeräumt und der auf ihn fallende Teil der Einlage des Erblassers als seine Kommanditeinlage anerkannt wird. Nehmen die übrigen Gesellschafter einen solchen Antrag nicht an, kann der Erbe ohne Einhaltung einer Kündigungsfrist sein Ausscheiden aus der Gesellschaft erklären (§ 139 Abs. 2 HGB). Zur Geltendmachung dieser Rechte hat der Erbe drei Monate Zeit, nachdem er von dem Anfall der Erbschaft Kenntnis erlangt hat (§ 139 Abs. 3 S. 1 HGB). Steht dem Erben nach drei Monaten noch das Recht zur Ausschlagung der Erbschaft zu (§§ 1942 ff. BGB),[5] verlängert sich die Frist bis zum Ablauf der Ausschlagungsfrist (§ 139 Abs. 3 S. 3 HGB). Eine ausschließlich auf den Gesellschaftsanteil bezogene (Teil-)Ausschlagung wird allerdings nicht zugelassen.[6] Im Übrigen gilt § 210 BGB entsprechend (§ 139 Abs. 3 S. 2 HGB).

5 § 139 HGB regelt den **unmittelbaren erbrechtlichen Übergang der Gesellschaftsanteile** eines voll haftenden Gesellschafters auf seine Erben und dient in erster Linie deren Schutz vor einer unbeschränkten persönlichen Haftung.[7] Hierfür erlangt § 139 Abs. 4 HGB besondere Bedeutung, nach dem der Erbe bei fristgerechtem Ausscheiden, zwischenzeitlicher Auflösung der Gesellschaft oder Übernahme der Kommanditistenstellung für die bis dahin jeweils entstandenen Gesellschaftsschulden nur nach Maßgabe der §§ 1975 ff. BGB haftet.[8] Diese Regelung ist zwingend und kann

---

[4] Vgl. hierzu die Form.vorschläge bei *K. Schmidt*, DB 1998, 61, 65; *Zöller*, MittRhNotK 1999, 121, 129; *Sudhoff/Froning* Unternehmensnachfolge § 44 Rn 10.

[5] Dazu *Sudhoff/Scherer* Unternehmensnachfolge § 11 Rn 1 ff.

[6] *Koller* § 139 HGB Rn 3.

[7] *Koller* § 139 HGB Rn 2; *Zöller*, MittRhNotK 1999, 121, 131 f. Die Vorschrift greift auch bei der Erbfolge Minderjähriger ein, die durch die §§ 723 Abs. 1 S. 3 Nr. 2, 1629 a BGB geschützt sind; für eine entsprechende Anwendung auf den Gesellschafter einer GbR zuletzt *Mock*, NZG 2004, 118, 119 f., der damit die Konsequenzen aus der Angleichung der Haftungsregime von OHG und GbR in der jüngeren höchstrichterlichen Rechtsprechung ziehen will.

[8] Zu den Haftungsfolgen im Einzelnen *Sudhoff/Froning* Unternehmensnachfolge § 44 Rn 90 ff.; *Koller* § 139 HGB Rn 10 ff.; *Marotzke*, ZHR 1992, 17, 19 ff.; das Konkurrenzverhältnis der Vorschrift zu § 173 Abs.1 HGB im dritten Fall untersucht *Wolf*, DB 2003, 1423, 1426 ff. m.w.N., der im Ergebnis eine Privilegierung des Er-

daher gesellschaftsvertraglich nicht abbedungen werden. Zulässig ist es allerdings, im Gesellschaftsvertrag eine automatische Umwandlung in einen Kommanditanteil mit der Folge des § 139 Abs. 4 HGB vorzusehen oder dem Erben insoweit ein einseitiges Recht zuzugestehen.[9] Auch die übrigen Bestimmungen der Vorschrift stehen mit einer Ausnahme nicht zur Disposition der Gesellschafter. Diese Ausnahme betrifft im Fall des § 139 Abs. 1 HGB den Gewinnanteil des als Kommanditist in der Gesellschaft verbleibenden Erben, der abweichend von demjenigen des Erblassers festgelegt werden kann (§ 139 Abs. 5 HGB).

Gerade bei Familienunternehmen kommt es häufig vor, dass im Zeit- 6
punkt des Todes eines Gesellschafters der Erbe seinerseits bereits Gesellschafter war. In diesen Fällen entsteht wegen des **Grundsatzes der Einheit der Gesellschafterstellung** eine neue einheitliche Beteiligung, soweit keine Testamentsvollstreckung angeordnet ist oder der Erbe nur Vorerbe wird.[10] War der Erbe bereits Komplementär, ergeben sich keine Besonderheiten. Erbt dagegen ein Kommanditist einen Komplementäranteil, wird er einheitlich zum Komplementär und muss gegebenenfalls die Umwandlung in einen Kommanditanteil nach § 139 Abs. 1 HGB betreiben.[11] Scheitert sein Antrag, so bezieht sich sein Austrittsrecht gemäß § 139 Abs. 2 HGB lediglich auf den ererbten Anteil,[12] so dass auf diese Weise aus einem Kommanditist ein Komplementär geworden wäre. Um dieses Ergebnis zu vermeiden, erscheint es gerechtfertigt, die Mitgesellschafter zu verpflichten, bei Ablehnung des Antrags zugleich der (Rück-) Umwandlung des (Rest-)Anteils in einen Kommanditanteil zuzustimmen.

Nachfolgeklauseln sind nicht bedingungsfeindlich und können sogar 7
nachträgliche Bestimmungsbefugnisse enthalten.[13] Sie führen aber nur dort zu einer unmittelbaren und automatischen Nachfolge im Sinne von § 1922 BGB, wo die in der Klausel genannte oder später bestimmte Person kraft Gesetzes oder letztwilliger Verfügung auch tatsächlich Erbe des verstorbenen Gesellschafters wird.[14] Nach der Rechtsprechung genügt es, Vor- oder Nacherbe zu sein, wobei im letzteren Fall die Vorerben die Nachfolgebedingungen erfüllen müssen.[15] Bei nicht eindeutiger Regelung im Gesellschaftsvertrag nimmt der BGH im Zweifel eine **Umdeutung der Nach-**

---

ben ablehnt; zum daneben bestehenden Haftungsrisiko nach § 27 HGB vgl. nur BGHZ 113, 132, 135 ff.

9 BGH NJW 1987, 3184, 3185; *Koller* § 139 HGB Rn 7; *Sethe*, JZ 1997, 989, 990; zur Notwendigkeit einer kombinierten Nachfolge- und Umwandlungsklausel in diesen Fällen *K. Schmidt*, BB 1989, 1702, 1704 ff.; *Sudhoff/Froning* Unternehmensnachfolge § 44 Rn 43 ff. mit Form.vorschlag in Rn 48.

10 BGHZ 98, 48, 57 = NJW 1986, 2431; *Koller* § 139 HGB Rn 4; *Zöller*, MittRhNotK 1999, 121, 125; vgl. auch OLG Hamm NZG 1999, 344 m. Anm. *Behnke*.

11 Aus der jüngeren Rechtsprechung z. B. BayObLG DB 2003, 762, 763.

12 Insoweit auch *Koller* § 139 HGB Rn 4.

13 BGH NJW-RR 1986, 28; vgl. die Form.vorschläge bei *Zöller*, MittRhNotK 1999, 121, 132; *Sudhoff/Froning* Unternehmensnachfolge § 44 Rn 23.

14 *Koller* § 139 HGB Rn 3; vgl. auch BGH BB 1972, 1474.

15 BGH NJW 1977, 1540; NJW-RR 1987, 989; NJW 1990, 514, 515.

folge- in eine Eintrittsklausel vor.[16] Während die Annahme des Antrags eines Vorerben nach § 139 Abs. 1 HGB den Nacherben bindet, kann der Nacherbe noch einen eigenständigen Antrag stellen, wenn der Vorerbe insoweit untätig geblieben ist.[17]

8 Aus dem Wortlaut von § 139 Abs. 1 HGB ergibt sich, dass im Fall des Todes eines voll haftenden Gesellschafters[18] mehrere (Mit-, Vor- oder Nach-) Erben seinen Gesellschaftsanteil nicht als Gesamthänder nach § 2032 BGB, sondern in Abhängigkeit von der Erbquote jeder für sich nach Zerlegung anteilig und durch **Sonderzuordnung** erwerben.[19] Die Herausnahme des Gesellschaftsanteils aus der hinsichtlich der übrigen Nachlassgegenstände bestehenden gesamthänderischen Bindung bewirkt unter anderem, dass der Gesellschafter-Erbe im Gegensatz zu § 2033 Abs. 2 BGB erbrechtlich nicht gehindert ist, nach Übergang des Anteils auf ihn über diesen zu verfügen. Insoweit sind sich der für das Gesellschaftsrecht zuständige II. Zivilsenat des BGH[20] und der Erbrechtssenat IVa[21] einig.

9 Im Übrigen besteht nunmehr schon seit geraumer Zeit Streit, der zu einer den Rechtsverkehr unzumutbar beeinträchtigenden Rechtsunsicherheit geführt hat, die für den gestaltenden Praktiker und seine Mandantschaft gleichermaßen unbefriedigend ist. Ein wesentlicher Streitpunkt betrifft die Frage, ob der Gesellschaftsanteil trotz der bereits geschilderten Zerlegung und Sonderzuordnung in den Nachlass fällt, was unter anderem für das weitere Problem der Zulässigkeit einer Testamentsvollstreckung an ihm vorentscheidend sein kann (s. Rn 27 ff.). Der Erbrechtssenat des BGH bejaht dies eindeutig und ordnet dem vom gesamthänderisch gebundenen Nachlass getrennten Gesellschaftsanteil die Qualität eines Nachlassgegenstandes zu, ohne sich mit der abweichenden Ansicht des II. Zivilsenats näher auseinander zu setzen.[22] Nach diesem soll der Gesellschaftsanteil an einer Personengesellschaft dagegen getrennt vom übrigen Nachlassvermögen unmittelbar und endgültig in das Privatvermögen der Gesellschafter-Erben fallen.[23] Daneben sollen die nach § 717 S. 2 BGB selbständig abtretbaren Ansprüche auf den Gewinn sowie das Auseinandersetzungs- bzw. Abfindungsguthaben zum Schutz der Nachlassgläubiger den Miterben als Ge-

---

[16] Vgl. z. B. BGH NJW 1977, 1339, 1342; NJW 1978, 264; NJW-RR 1987, 989; zu den in der Rspr. angewandten Auslegungsgrundsätzen ausf. MünchHdb. GesR II/*Klein* § 44 Rn 121 ff.

[17] BGH NJW 1977, 1540; *Koller* § 139 HGB Rn 7; *Zöller*, MittRhNotK 1999, 121, 140; MünchHdb. GesR II/*Klein* KG § 45 Rn 28.

[18] Auf diesen Fall beschränkend offenbar *Ulmer*, NJW 1990, 73, 75.

[19] BGH NJW 1957, 180; NJW 1977, 1339, 1342 m. Anm. *Ulmer*, BB 1977, 805 ff.

[20] BGH NJW 1957, 180; BGHZ 58, 316, 317; BGH NJW 1977, 1339; NJW 1981, 749, 750 m. Anm. *Esch*, NJW 1981, 2222 ff.

[21] BGH NJW 1983, 2376; NJW 1986, 2431.

[22] BGH NJW 1983, 2376, 2377; ausdr. klargestellt in BGH NJW 1986, 2431; *Esch*, NJW 1984, 339, 342 f.; ausf. *Schmitz*, ZGR 1988, 140 ff.; *Flume*, ZHR 1991, 501 ff.

[23] Vgl. nur BGHZ 91, 132, 135 f.; ebenso BayObLG DB 1978, 79; WM 1983, 1092, 1093; OLG Frankfurt a. M. NJW 1983, 1806 m. Anm. *Koch*, NJW 1983, 1762 ff.

samthändern zugeordnet bleiben.[24] Im Gegensatz zu dieser so genannten **Abspaltungsthese** des Gesellschaftsrechtssenats des BGH vertritt der für das Erbrecht zuständige Senat IVa die **Einheitsthese**, nach der sämtliche mit dem Gesellschaftsanteil verbundenen Mitgliedschaftsrechte auch beim Erbgang eine Einheit bilden.[25] Inzwischen haben sich die beiden Senate zumindest insoweit angenähert, als nunmehr auch der II. Zivilsenat die Zulässigkeit der Testamentsvollstreckung an einem Kommanditanteil anerkennt (s. Rn 27).[26] Im Interesse der Rechtssicherheit ist aber eine weitergehende Abstimmung zwischen den Senaten erforderlich.[27] Um die Abspaltung der vermögensrechtlichen Ansprüche vom Gesellschaftsanteil in jedem Fall zu vermeiden, sollte sie von vornherein im Gesellschaftsvertrag ausgeschlossen werden, was angesichts der Dispositivität von § 717 S. 2 BGB[28] ohne weiteres zulässig ist.

Beim Tod eines Kommanditisten ist eine einfache Nachfolgeklausel entbehrlich, da die Fortsetzung der Gesellschaft mit seinen Erben bereits dem gesetzlichen Regelfall in § 177 HGB entspricht. Ist der einzige Komplementär gestorben und existiert keine Nachfolgeklausel, so kann die Gesellschaft als werbende KG nur fortgesetzt werden, wenn einer der Kommanditisten zum Komplementär wird oder ein Dritter als voll haftender Gesellschafter neu in die KG eintritt.[29] Um die ansonsten drohende Auflösung der Gesellschaft zu verhindern, mutet der BGH den Kommanditisten im Einzelfall sogar die Neugründung einer GmbH zu, die anschließend die Komplementärfunktion in der KG übernehmen kann.[30] Führen die Kommanditisten dagegen trotz **Wegfalls des letzten Komplementärs** die Gesellschaft werbend fort, wandelt sich diese kraft Rechtsformzwang in eine OHG.[31] 10

c) Qualifizierte Nachfolgeklausel. § 139 HGB erfasst mangels ausdrücklicher Differenzierung auch qualifizierte Nachfolgeklauseln.[32] Die 11

[24] BGH NJW 1957, 180; NJW 1977, 1339; BGHZ 91, 132, 135 f.; BGH NJW-RR 1987, 989 m. Anm. *Flume*, NJW 1988, 161 ff.; BGH NJW 1989, 3152; vgl. auch *Ulmer*, NJW 1984, 1496 ff.; BGH NJW 1985, 1953, 1954 m. Anm. *Priester*, EWiR 1985, 309 f.; a. A. z. B. *Marotzke*, AcP 1987, 223, 232 f.

[25] BGH NJW 1983, 2376; NJW 1986, 2431 m. Anm. *Marotzke*, AcP 1987, 223 ff.; *Koch*, EWiR 1986, 1117 f.; *Ulmer*, JuS 1986, 856 ff.; zu den Auswirkungen dieses Theorienstreits auf die Rspr. des BFH vgl. *Siegmann*, NJW 1995, 481, 482 f.; die einfache Nachfolgeklausel bei einer Personengesellschaft sowie die Betriebsveräußerung des Erben bei Betriebsübertragung auf den Pflichtteilsberechtigten behandelt BFHE 183, 39 m. Anm. *Scherer*, WiB 1997, 1099 f. in Weiterführung der Urteile BFHE 87, 387; 180, 142.

[26] BGH NJW 1989, 3152.

[27] So bereits *Ulmer*, JuS 1986, 856, 862; *Marotzke*, AcP 1987, 223, 245; Nachweise zum Meinungsstand zuletzt bei BayObLG BB 2000, 2119.

[28] Dazu BGH WM 1978, 514, 515.

[29] Zum Ausscheiden eines Komplementärs allg. s. § 30 Rn 5.

[30] BGH NJW 1979, 1705, 1706.

[31] BGH NJW 1979, 1705.

[32] Vgl. die Form.vorschläge bei *Sudhoff/Froning* Unternehmensnachfolge § 44 Rn 32; *Zöller*, MittRhNotK 1999, 121, 133; aus steuerrechtlicher Sicht auch *Hörger/*

Qualifizierung gegenüber einfachen Nachfolgeklauseln liegt einmal vor, wenn im Gesellschaftsvertrag genau bestimmt ist, mit welchen Personen als Erben die werbende Gesellschaft fortgesetzt werden soll. Hierzu genügen allgemeine Umschreibungen wie „der Ehemann“ oder „die älteste Tochter“. Daneben können konkrete Voraussetzungen formuliert werden, von deren Erfüllung die Nachfolgeberechtigung abhängen soll. Als in der Praxis weit verbreitete Beispiele können hier die Familienzugehörigkeit sowie Alter, Ausbildungsweg und Geschäftserfahrenheit der entsprechenden Personen genannt werden. Die Qualifizierung kann aber auch dadurch erreicht werden, dass der Erblasser von einem ihm in der Klausel eingeräumten Wahlrecht durch letztwillige Verfügung nach §§ 2087 ff. BGB Gebrauch macht. Ein solches Wahlrecht kann auch zugunsten eines Dritten begründet werden, der allerdings bei der Rechtsausübung die Grenzen des § 2065 BGB zu beachten hat.[33] Die Testierfreiheit des Erblassers wird durch eine qualifizierte Nachfolgeklausel nicht eingeschränkt, da er in der Bestimmung frei bleibt, wer sein Erbe werden soll. Erfüllen diese Personen aber nicht die in der gesellschaftsvertraglichen Regelung beschriebenen Anforderungen, werden sie zwar Erben, aber keine Gesellschafter und erhalten lediglich einen in den Nachlass fallenden Abfindungsanspruch nach § 738 Abs. 1 S. 2 BGB.

12 Qualifizierte Nachfolgeklauseln können auch für den Tod von Kommanditisten Bedeutung erlangen, da in § 177 HGB nur ganz allgemein die Fortsetzung der Gesellschaft mit den im Sinne von allen Erben angeordnet ist. Mangels abweichender Regelung im Gesellschaftsvertrag geht der Gesellschaftsanteil des verstorbenen Gesellschafters ganz oder geteilt im Wege der Sonderzuordnung unmittelbar auf die benannte(n) oder ausgewählte(n) Person(en) über, unabhängig davon, ob es nach der gesetzlichen oder gewillkürten Erbfolge noch weitere Miterben gibt.[34] Diese haben allerdings gegen den oder die qualifizierten Nachfolger einen Anspruch auf Wertausgleich entsprechend ihren Erbquoten.[35] Insoweit ist es gerechtfertigt, von einem **Vorrang des Gesellschaftsrechts vor dem Erbrecht** zu sprechen.

13 Im Ergebnis funktioniert eine qualifizierte Nachfolgeklausel damit wie eine dinglich wirkende **Teilungsanordnung** im Sinne von § 2048 BGB, bei welcher der Erblasser die Erbengemeinschaft verpflichtet, die Nachlassgegenstände in der Erbauseinandersetzung seinen Anforderungen entspre-

---

Pauli, GmbHR 1999, 945, 950 f.; die Auswirkungen des Steuerentlastungsgesetzes 1999/2000/2002 werden von *Knebel/Nekola*, DB 2000, 169, 171 ff., diejenigen des Unternehmenssteuerfortentwicklungsgesetzes von *Storg*, DStR 2002, 1384, 1385 f. untersucht.

[33] *Sudhoff/Scherer* Unternehmensnachfolge § 6 Rn 23 ff.; *Koller* § 139 HGB Rn 6; *Stötter*, DB 1970, 573, 575 f.; mit einem eigenen Lösungsvorschlag unter Rückbesinnung auf die Rechtsprechung des Reichsgerichts zuletzt *Goebel*, DNotZ 2004, 101, 116 ff.

[34] BGH NJW 1977, 1339; OLG Hamm NJW-RR 1991, 837, 839: Übergang erfolgt ohne Rücksicht auf § 2306 Abs. 1 S. 1 BGB; a. A. *Zöller*, MittRhNotK 1999, 121, 139; aus steuerrechtlicher Sicht z. B. BFH ZEV 1998, 274 m. Anm. *Häfke*.

[35] BGH NJW 1977, 1339.

chend auf die einzelnen Erben zu verteilen.[36] Dies gilt auch dann, wenn später einzelne der in der Klausel bezeichneten Personen nicht Erben werden.[37] Umgekehrt kann der Gesellschaftsvertrag von vornherein anordnen, dass einzelne Erben entsprechend ihrem Erbanteil Gesellschafter werden, während die anderen abzufinden sind oder Ausgleichszahlungen im Rahmen der Erbauseinandersetzung erhalten.[38] Schließlich kann es vorkommen, dass der Erblasserwille später nicht mehr mit den Bestimmungen der qualifizierten Nachfolgeklausel übereinstimmt. Findet er für eine Änderung des Gesellschaftsvertrages nicht die erforderliche Mehrheit, bleibt ihm in einem solchen Fall nur, das gewünschte wirtschaftliche Ergebnis dadurch zu erreichen, dass er die qualifizierten Nachfolger entsprechend verpflichtet. Zur Umsetzung empfiehlt sich beispielsweise die **Verschaffung einer mittelbaren Unternehmensbeteiligung** durch Einräumung einer Unterbeteiligung oder eines Nießbrauchs am ererbten Gesellschaftsanteil.[39] Für dessen Nachlasszugehörigkeit und die umstrittene Abspaltung der nach § 717 S. 2 BGB selbständig abtretbaren Ansprüche auf Gewinn und das Auseinandersetzungs- bzw. Abfindungsguthaben gilt das bereits zu b) Gesagte entsprechend.

d) Eintrittsklausel. Eine Eintrittsklausel verschafft Erben oder Nicht- **14**
erben lediglich ein Recht zum Eintritt in die Gesellschaft, so dass es bei ihr anders als bei einer Nachfolgeklausel nicht zu einer unmittelbaren Nachfolge kommt.[40] Der Erwerb der Gesellschafterstellung vollzieht sich hier nicht automatisch kraft Erbrechts als Erwerb von Todes wegen, sondern als auf den Todesfall bezogener Erwerb unter Lebenden. Der Eintritt erfolgt nach Maßgabe der Klausel, die beispielsweise festlegen kann, ob der im Gesellschaftsvertrag benannte oder später durch den Erblasser oder einen Dritten bestimmte Berechtigte Komplementär oder Kommanditist wird. Im Zweifel wird in der Eintrittsklausel ein Angebot zum Abschluss eines **Aufnahmevertrags** gesehen, das vom Berechtigten innerhalb einer angemessenen Frist durch rechtsgeschäftliche Erklärung gegenüber allen Gesellschaftern angenommen werden muss.[41] Dabei kann ihn die Pflicht zur Erbringung noch offener Einlagen und zur Bezahlung rechtswidriger Entnahmen des Erblassers treffen.[42]

Will der Berechtigte von seinem Beitrittsrecht Gebrauch machen, kann **15**
er aus der Eintrittsklausel als **berechtigendem Vertrag zugunsten Dritter** im Sinne von § 328 BGB einen schuldrechtlichen Anspruch auf Auf-

[36] *K. Schmidt* Gesellschaftsrecht § 45 IV 4 c m. w. N.; vgl. bereits *Ulmer*, ZGR 1972, 324, 326 ff.

[37] BGH NJW 1977, 1339, 1342.

[38] *Koller* § 139 HGB Rn 6; steuervermeidende Gestaltungshinweise bei *Menges/Stähle*, BB 1994, 2122, 2123 f.

[39] *Sudhoff/Scherer* Unternehmensnachfolge § 1 Rn 27.

[40] Vgl. die Form.vorschläge bei *Sudhoff/Froning* Unternehmensnachfolge § 44 Rn 62; *Zöller*, MittRhNotK 1999, 121, 134; die steuerrechtlichen Implikationen beschreiben *Hörger/Pauli*, GmbHR 1999, 945, 951 f.

[41] BGH NJW 1978, 264, 266; NJW-RR 1987, 989; vgl. bereits *Stötter*, DB 1970, 525.

[42] BGH NJW 1978, 264, 266; OLG Hamburg BB 1994, 238.

nahme in die Gesellschaft herleiten, deren Konditionen von den Gerichten im Einzelfall nach den Grundsätzen von Treu und Glauben (§§ 157, 242 BGB) modifiziert werden.[43] Mit dem Beitritt wächst der ursprünglich den nach dem Todesfall verbleibenden Gesellschaftern angewachsene Anteil des Erblassers diesen zugunsten des Beitretenden wieder ab.[44] Rechtsdogmatisch wird eine aus dem Vertrag zugunsten Dritter hergeleitete Verpflichtung der Mitgesellschafter konstruiert, den ihnen nach dem Tod des Erblassers anwachsenden Anteil zunächst treuhänderisch zu halten und bei positiver Entscheidung des Eintrittsberechtigten auf diesen zu übertragen.[45] Um die Gesellschaft nicht zugleich mit den Abfindungsansprüchen der von der Nachfolge in den Gesellschaftsanteil ausgeschlossenen Erben zu belasten, verlangt der BGH mangels gesellschaftsvertraglichem Abfindungsausschluss, dass der Dritte eine Einlage in entsprechender Höhe erbringt.[46] Ist die Formulierung im Gesellschaftsvertrag nicht eindeutig, so geht die Rechtsprechung im Zweifel von einer Nachfolgeklausel zur Vermeidung von Abfindungsansprüchen aus.[47]

16 Dem von einer Eintrittsklausel Begünstigten steht es frei, von dem ihm eingeräumten Anspruch Gebrauch zu machen. Sein Eintrittsrecht wird auch nicht dadurch zu einer Eintrittspflicht, dass in einer gesellschaftsvertraglichen Bestimmung für den Fall des Todes eines Gesellschafters sein automatisches und unmittelbares Nachrücken in dessen Position vorgesehen wird. Bindet sich der Erblasser bereits im Gesellschaftsvertrag endgültig, so dass er keine anderweitige Nachfolgereglung mehr treffen kann, und erwächst dem Nachfolger daraus ein unentziehbares Recht, dann liegt keine erbrechtliche, sondern eine **rechtsgeschäftliche Nachfolgeklausel** vor.[48] Sie wird als unzulässiger Vertrag zu Lasten Dritter eingestuft, wenn nicht der potentielle Nachfolger beispielsweise als Mitgesellschafter am Vertrag beteiligt ist.[49] Im Übrigen fällt ein mittels rechtsgeschäftlicher Nachfolgeklausel übertragener Personengesellschaftsanteil nicht in den Nachlass und wird daher folgerichtig bei der Bewertung nach § 107 Abs. 2 KostO zur Ermittlung der Gebühren für die Erteilung des Erbscheins und die Beurkundung der eidesstattlichen Versicherung nicht berücksichtigt.[50] Zur Vermeidung von Verwechslungen mit den vorstehend dargestellten erbrechtlichen Nachfolgeklauseln ist bei der Vertragsgestaltung besonderer Wert auf eine klare und eindeutige Formulierung zu legen.[51]

---

[43] BGH BB 1973, 957.

[44] *Koller* § 139 HGB Rn 20.

[45] Zu dieser „Treuhandlösung" *Zöller*, MittRhNotK 1999, 121, 134 m. w. N.

[46] BGH NJW 1978, 264.

[47] BGH NJW 1977, 1339; krit. *Tiedau*, NJW 1980, 2446.

[48] Zur Abgrenzung zuletzt noch einmal BayObLG NZG 2000, 1026, 1027 m.w.N.

[49] BGH NJW 1977, 1339; *Sudhoff/Froning* Unternehmensnachfolge § 44 Rn 50 ff. mit Form.vorschlag in Rn 51.

[50] BayObLG NZG 2000, 1026, 1027.

[51] So auch *Zöller*, MittRhNotK 1999, 121 134 mit Form.vorschlag; zur Umdeutung in eine Eintritts-, Fortsetzungs- oder erbrechtliche Nachfolgeklausel vgl. *Sudhoff/Froning* Unternehmensnachfolge § 44 Rn 50.

2. GmbH

a) Ausschluss der Vererblichkeit. Die in § 15 Abs. 1 GmbHG normierte Vererblichkeit der GmbH-Anteile ist unabdingbar und kann daher weder ausgeschlossen noch beschränkt werden.[52] Nach dem Tod eines GmbH-Gesellschafters geht daher dessen Geschäftsanteil zunächst auf den oder die Erben über. Gleichwohl bleibt auch bei einer GmbH Raum für eine Nachfolgeregelung im Gesellschaftsvertrag, die das weitere Schicksal des Geschäftsanteils bestimmt und dabei die individuellen Bedürfnisse der Beteiligten angemessen berücksichtigt. Nachfolgeklauseln kommt mithin eine grundsätzlich andere Bedeutung zu als bei Personengesellschaften, da sie hier lediglich die gesellschaftsrechtlichen Konsequenzen eines Ausscheidens durch Tod bestimmen und keine erbrechtliche Relevanz erlangen. Sie dienen quasi der Korrektur einer durch Erbrecht eingetretenen Nachfolge auf der gesellschaftsvertraglichen Ebene. **17**

b) Nachfolgeklauseln. Ein Mittel zur Regelung der Gesellschafternachfolge in der Satzung ist eine Klausel, nach der die Gesellschaft beim Tod eines Gesellschafters dessen Geschäftsanteil einziehen darf oder muss (Einziehungsklausel, § 34 GmbHG).[53] Dies bedeutet im letzteren Fall, dass von vornherein feststeht, dass die Gesellschaft nur durch die überlebenden Gesellschafter fortgesetzt wird, während diese im ersten Fall auch eine andere Entscheidung unter Beteiligung der Erben treffen können. Nicht abschließend geklärt ist die Frage, ob es in jedem Fall eines dazwischengeschalteten Gesellschafterbeschlusses bedarf oder ob auch die Anordnung der automatischen Einziehung des Geschäftsanteils nach dem Tod eines Gesellschafters wirksam sein kann.[54] Unstreitig ist dagegen, dass das Einziehungsrecht zugunsten der Gesellschaft noch spezieller gefasst werden kann, indem es beispielsweise nur für den Tod eines bestimmten Gesellschafters vorgesehen wird.[55] Ebenso ist es möglich, sein Eingreifen davon abhängig zu machen, dass am Ende andere Personen Erben werden als diejenigen, mit denen man laut Satzung die Gesellschaft fortsetzen würde, eine Gestaltung, die vor allem bei Familienunternehmen häufig gewählt wird.[56] Der **Ausschluss der Erben** vollzieht sich aber nur dann reibungslos, wenn ausreichendes Kapital zur Zahlung der geschuldeten Abfindung zur Verfügung steht. Da das Einziehungsentgelt wegen der §§ 34 Abs. 3, 30 Abs. 1 GmbHG nur aus dem das Stammkapital übersteigenden Vermögen der Gesellschaft geleistet werden darf, können letztlich Liquiditätsprobleme der Durchführung der Einziehung entgegenstehen. **18**

---

[52] Einzelheiten bei *Scholz/Winter* § 15 GmbHG Rn 20 f. m. w. N.

[53] BGH BB 1977, 563; OLG München ZIP 1984, 1349; *Priester*, GmbHR 1981, 206, 209; *Lessmann*, GmbHR 1986, 409, 410 f.; MünchHdb. GesR II/*Klein* KG § 44 Rn 139; *Gebel*, DStR 1993, 285 f.; *Michalski*, NZG 1998, 301 f. m.w. Bsp.; *Sudhoff/Froning* Unternehmensnachfolge § 48 Rn 10 ff. mit Form.vorschlag in Rn 16.

[54] Vgl. die Nachweise bei *Reichert*, GmbHR 1998, 257, 260 f.

[55] *Scholz/Winter* § 15 GmbHG Rn 24.

[56] Vgl. die Klausel in BGH BB 1977, 563; *Reichert*, GmbHR 1998, 257, 261.

19 In der Nachfolgeklausel kann deshalb zur **Entlastung des Gesellschaftsvermögens** eine Verpflichtung der Erben des verstorbenen Gesellschafters begründet werden, den geerbten Geschäftsanteil an die Gesellschaft selbst oder einen von ihr bezeichneten oder bereits von vornherein bestimmten Dritten abzutreten, der seinerseits wieder Gesellschafter oder Miterbe sein kann (Abtretungsklausel).[57] Die Abtretung bedarf in allen Fällen der notariellen Form nach § 15 Abs. 3 GmbHG, während eine statutarisch vorgeschriebene Genehmigung im Sinne von § 15 Abs. 5 GmbHG entbehrlich ist.[58] Die Abtretungspflicht zu Lasten der Erben und das Einziehungsrecht zugunsten der Gesellschaft können schließlich auch in einer Nachfolgeklausel miteinander verbunden werden. Dies geschieht häufig in Form einer zeitlich gestuften Regelung, nach der das Einziehungsrecht erst entstehen soll, wenn die Abtretung nicht innerhalb einer näher bezeichneten Frist vorgenommen wird.[59] Schließlich kann anstelle des Rechts zur Einziehung des Geschäftsanteils auch ein Vorkaufs- oder Ankaufsrecht zugunsten der verbleibenden Gesellschafter vereinbart werden.

20 Wegen des unabdingbaren Charakters von § 15 Abs. 1 GmbHG sind an die Klauselformulierung im Einzelfall hohe Anforderungen zu stellen. Lässt eine nicht eindeutige Klausel nur die **Auslegung** zu, dass mit ihr ein Ausschluss oder eine Beschränkung der Vererblichkeit der Geschäftsanteile bezweckt ist, so ist sie im Zweifel nichtig. Die vor allem in Familiengesellschaften anzutreffende Nachfolgeklausel, nach der die Geschäftsanteile nur an ausgewählte Personen vererbt werden können, bedeutet eine derartige Beschränkung der Vererblichkeit. Hier lässt man jedoch in der Regel die Auslegung zu, dass ein nicht zu dem aufgeführten Personenkreis gehörender Dritter als Erbe zur Abtretung an die in der Satzung Begünstigten verpflichtet und die Gesellschaft hilfsweise zur Einziehung berechtigt ist.[60]

II. Besonderheiten in letztwilligen Verfügungen

1. Vor- und Nacherbfolge

21 **a) Kommanditgesellschaft.** Die Zulässigkeit der Anordnung einer Vor- und Nacherbschaft anlässlich der Regelung der Nachfolge in Beteiligungen an Personengesellschaften ist heute außerhalb bloß rechtsgeschäftlicher Nachfolgeklauseln unbestritten.[61] Sie kommt vor allem dort in Be-

---

[57] Vgl. etwa die Bsp. in BGH NJW 1985, 2592; OLG Hamm NZG 2000, 433; NZG 2000, 1185; *Reichert*, GmbHR 1998, 257, 261; *Gebel*, DStR 1993, 285, 286; Münch.Hdb. GesR II/*Klein* § 44 Rn 139; *Hennerkes/May*, NJW 1988, 2761, 2767; *Lessmann*, GmbHR 1986, 409, 411; *Priester*, GmbHR 1981, 206, 208 f.; *Petzoldt*, GmbHR 1977, 25, 29 ff.; *Sudhoff/Froning* Unternehmensnachfolge § 48 Rn 17 ff. mit Form.vorschlag in Rn 21; insbesondere aus steuerrechtlicher Sicht auch *Hörger/Pauli*, GmbHR 1999, 945, 947 f.

[58] *Scholz/Winter* § 15 GmbHG Rn 26.

[59] *Scholz/Winter* § 15 GmbHG Rn 24 m. w. N.

[60] *Scholz/Winter* § 15 GmbHG Rn 23 m. w. N.

[61] BGHZ 69, 47, 49 f. = NJW 1977, 1540; BGHZ 78, 177, 181 f. = NJW 1981, 115; BGH NJW 1986, 2431; *Zöller*, MittRhNotK 1999, 121, 139; zur Abgrenzung des Nacherben vom Ersatzerben vgl. *Sudhoff/Scherer* Unternehmensnachfolge § 6 Rn 21 f.

tracht, wo beispielsweise aus in der Person des Nacherben liegenden Gründen zunächst noch ein gewisser Zeitraum überbrückt werden soll, bevor er die Nachfolge des Erblassers antreten kann. Bis zum Eintritt des Nacherbfalls tritt der Vorerbe in alle durch die Mitgliedschaft des Erblassers vermittelten Rechte und Pflichten ein und ist im Rahmen einer **ordnungsgemäßen Nachlassverwaltung** (vgl. § 2112 BGB)[62] grundsätzlich vollwertiger Gesellschafter. War er bereits vor Anfall der Vorerbschaft Gesellschafter, erfolgt ausnahmsweise keine Verschmelzung der Anteile, sondern es entsteht eine von seinem ursprünglichen Gesellschaftsanteil getrennte Beteiligung.[63] Beide kann er aufgeben und beispielsweise veräußern, um ganz aus der Gesellschaft auszuscheiden.[64] Hinsichtlich des ererbten Anteils muss er jedoch selbst als befreiter Vorerbe die in § 2113 Abs. 2 BGB normierte Schranke beachten, die ihm unentgeltliche Verfügungen über diesen verbietet.[65] Sein Ausscheiden durch Austritt oder Anteilsveräußerung muss also durch die Angemessenheit der Abfindung bzw. des Kaufpreises gerechtfertigt werden können.[66] Die Grundstücke und Rechte an Grundstücken betreffende Verfügungsbeschränkung des § 2113 Abs. 1 BGB soll sich dagegen bei Verfügungen über zum Gesellschaftsvermögen gehörende Grundstücke selbst dann nicht auswirken, wenn diese den wesentlichen Vermögenswert ausmachen, da sie nicht unmittelbar zum Nachlass gehören.[67]

Angesichts der in § 2113 Abs. 2 BGB zum Ausdruck kommenden **Bindungswirkung** darf der Vorerbe auch keine Änderungen des Gesellschaftsvertrags vornehmen oder mittragen, die seine Mitgesellschafter erkennbar bevorteilen. Der II. Zivilsenat des BGH verlangt zur Rechtfertigung in diesen Fällen einen objektiv angemessenen Ausgleich und lässt es hierfür genügen, dass die Änderung des Gesellschaftsvertrags alle Gesellschafter gleichermaßen trifft oder in einer Maßnahme besteht, die der Erhaltung und Stärkung des Unternehmens dient.[68] Demgegenüber wirken beispielsweise ohne Zustimmung des Nacherben vorgenommene einseitige Änderungen am System der Gewinnverteilung nur für die Zeit der Vorerbschaft.[69] Ist eine Gefährdung seiner Interessen zu befürchten, steht dem Nacherben nach § 2127 BGB ein Auskunftsanspruch gegen den Vorerben zu. Von den allgemeinen gesellschaftsrechtlichen Kontrollbefugnissen nach §§ 118, 166 HGB kann er dagegen erst ab dem Nacherbfall Gebrauch machen.[70] 22

---

[62] Dazu *Sudhoff/Scherer* Unternehmensnachfolge § 8 Rn 19.

[63] BGHZ 98, 48, 57; zum Kommanditanteil als Nachlasssurrogat BGHZ 109, 214 = NJW 1990, 514 m. Anm. *Martinek*, ZGR 1991, 74 ff.

[64] BGH NJW 1984, 362, 363 f.

[65] Der BGH lässt insoweit eine Ausnahme für Verfügungen über die Früchte des Anteils zu, vgl. etwa BGH NJW 1981, 115; Einzelheiten bei MünchHdb. GesR II/*Klein* KG § 45 Rn 31.

[66] Für ein Leibrentenversprechen BGH NJW 1977, 1540.

[67] *Sudhoff/Scherer* Unternehmensnachfolge § 8 Rn 26 m. w. N.

[68] BGH NJW 1981, 115, 116; NJW 1981, 1560; NJW 1984, 362, 364.

[69] BGHZ 78, 177, 188; BGH NJW 1981, 1560, 1561.

[70] Vgl. BGH WM 1982, 709, 710.

23 Die zugunsten des Nacherben gebundene Vorerbschaft erfasst den Gesellschaftsanteil grundsätzlich mit allen daraus abgeleiteten Ansprüchen einschließlich der stillen Reserven und des Liquidationserlöses.[71] Ausgenommen sind lediglich die während der Vorerbschaft ausgeschütteten, entnahmefähigen Gewinne.[72] Mit **Eintritt des Nacherbfalls** wird der Nacherbe deshalb im Hinblick auf den Gesellschaftsanteil und dessen Surrogate im Sinne von § 2111 BGB mit Ausnahme der schon entstandenen entnahmefähigen Gewinne Rechtsnachfolger des Erblassers und hat einen entsprechenden Herausgabeanspruch gegen den Vorerben (§ 2130 BGB), soweit er zu dem im Gesellschaftsvertrag bestimmten Personenkreis gehört und der Gesellschaftsvertrag die erbrechtliche Nachfolge noch zulässt.[73] Ist dies nicht der Fall, scheidet der Vorerbe mit Eintritt des Nacherbfalls aus der Gesellschaft aus, seine Mitgliedschaft erlischt und dem Nacherben steht lediglich ein Abfindungsanspruch zu.[74] Gegen Vor- und Nacherbschaft als Gestaltungsinstrument spricht neben der erbschaftsteuerlichen Benachteiligung in § 6 ErbStG vor allem das aufgrund der konsekutiven Erbeinsetzung und der gesetzlichen Verfügungsbeschränkungen latent vorhandene Streitpotential.

24 **b) GmbH.** Für die GmbH ergeben sich hinsichtlich des Verhältnisses zwischen Vor- und Nacherbe nur wenige Besonderheiten, so dass weitgehend auf die vorstehenden Ausführungen verwiesen werden kann.[75] Die Satzung kann vorsehen, dass im Fall der Anordnung der Nacherbfolge der Geschäftsanteil des verstorbenen Gesellschafters eingezogen werden kann oder abzutreten ist. Ohne eine solche Sonderregelung müssen die allgemeinen gesellschaftsvertraglichen Bestimmungen über die Fortsetzung der GmbH mit den Gesellschaftererben herangezogen werden. Ansonsten steht auch bei der GmbH die in § 2113 Abs. 2 BGB zum Ausdruck kommende **Bindungswirkung** im Mittelpunkt des Interesses, die beispielsweise unentgeltliche Verfügungen des Vorerben über den Geschäftsanteil bzw. seine Mitwirkung daran im Rahmen der Beschlussfassung in der Gesellschafterversammlung in der Regel nicht erlaubt. An einer derartigen Verfügung fehlt es allerdings von vornherein, wenn der Geschäftsanteil nach § 21 GmbHG kaduziert oder nach § 34 GmbHG zwangsweise eingezogen wird.[76]

---

[71] BGH NJW 1981, 1560, 1561.

[72] BGH WM 1982, 709; NJW 1990, 514, 515; *Zöller*, MittRhNotK 1999, 121, 140.

[73] BGHZ 78, 177, 181 f.; zu den Ersatzpflichten des Vorerben bei nicht ordnungsgemäßer Verwaltung vgl. noch die §§ 2131 ff. BGB.

[74] *Zöller*, MittRhNotK 1999, 121, 140.

[75] Für eine Vergleichbarkeit der Grundsätze auch MünchHdb. GesR II/*Klein* KG § 45 Rn 35.

[76] *Scholz/Winter* § 15 GmbHG Rn 35 mit weiteren Bsp.; zur Beeinträchtigung der mit Eintritt des Vorerbfalles entstehenden erbrechtlichen Anwartschaft des Nacherben durch Gesellschafterbeschlüsse in der GmbH ausf. *Fleck*, FS Stimpel, S. 353, 358 ff.

Im Übrigen ist ein gegen § 2113 Abs. 2 BGB verstoßender Gesellschafterbeschluss bei Eintritt des Nacherbfalls unwirksam, was insbesondere bei in das Handelsregister einzutragenden Beschlussgegenständen zu einem **Konflikt mit dem Schutz des Rechtsverkehrs** führt. Vereinzelt wird deshalb vorgeschlagen, dass auch solche satzungsändernden Beschlüsse, bei denen die Mitwirkung des Vorerben den Tatbestand des § 2113 Abs. 2 BGB erfüllt, drei Jahre nach ihrer Eintragung in das Handelsregister als geheilt anzusehen sind, wenn ihre Unwirksamkeit nicht zuvor durch eine Nichtigkeitsklage analog § 249 AktG geltend gemacht worden ist.[77] **25**

2. Vermächtnis

Hat der Erblasser seinen Gesellschaftsanteil im Wege des Vermächtnisses **26** einer bestimmten Person zugedacht, geht der Anteil im Erbfall gleichwohl zunächst unmittelbar auf den oder die Erben über, da sich der Rechtsübergang erbrechtlich vollzieht. Bei der GmbH ist darüber hinaus das Formerfordernis des § 15 Abs. 3 GmbHG zu beachten.[78] Der Vermächtnisnehmer erlangt dafür einen gegen die Erben gerichteten schuldrechtlichen Anspruch auf Übertragung des Gesellschaftsanteils (§ 2174 BGB).[79] Wiederkehrende Leistungen wie insbesondere Renten und dauernde Lasten, die der Erbe aufgrund eines Vermächtnisses an einen Dritten zu zahlen hat, können nach der Rechtsprechung des BFH nur dann als Sonderausgaben des Erben im Sinne von § 10 Abs. 1 Nr. 1a EStG abziehbar sein, wenn der Empfänger der Bezüge zum Generationennachfolgeverbund gehört, der grundsätzlich nur gegenüber dem Erblasser pflichtteilsberechtigte Personen umfasst.[80] Ist die letztwillige Verfügung des Erblassers nicht eindeutig, was angesichts der umgangssprachlichen Gleichbehandlung der Begriffe vererben und vermachen häufiger vorkommen wird, gibt § 2087 BGB eine **gesetzliche Auslegungshilfe**. Danach ist die Zuwendung des Nachlasses im Ganzen oder in Bruchteilen im Zweifel eine Erbeinsetzung, die Zuwendung einzelner Gegenstände dagegen im Zweifel eine Vermächtnisanordnung. Daneben muss das Vermächtnis auch von einer Auflage im Sinne der §§ 2192 ff. BGB abgegrenzt werden. Der wesentliche Unterschied ist darin zu sehen, dass der von einer Auflage Begünstigte im Gegensatz zum Vermächtnisnehmer keinen einklagbaren Anspruch auf Leistung gegen den Beschwerten erlangt. Zudem kann Gegenstand einer Auflage über die Zuwendung eines Vermögensvorteils hinaus jedes Tun oder Unterlassen sein.[81] Für die Zuordnung bestimmter Vermögensgegenstände spielt schließlich die Abgrenzung zwischen Teilungsanordnung (§ 2048 BGB) und Voraus-

---

[77] *Fleck*, FS Stimpel, S. 353, 376, der den Nacherben selbst auf eine Feststellungsklage nach § 256 ZPO verweist, wenn sich seine Erbanwartschaft nicht bereits vor Ablauf der Dreijahresfrist mit der Folge des § 15 Abs. 1 GmbHG verwirklicht hat.

[78] *Sudhoff/Froning* Unternehmensnachfolge § 48 Rn 4.

[79] Einzelheiten zum Vermächtnis bei *Sudhoff/Scherer* Unternehmensnachfolge § 7 Rn 1 ff.

[80] BFH DB 2004, 519, 520 f. m.w.N.

[81] Ausf. *Sudhoff/Scherer* Unternehmensnachfolge § 10 Rn 1 ff.

vermächtnis (§ 2150 BGB) eine wichtige Rolle, zumal beide Gestaltungsinstrumente erbschaft- und einkommensteuerrechtlich unterschiedlich behandelt werden.[82] Mit Hilfe einer Teilungsanordnung kann der Erblasser im Rahmen der Auseinandersetzung unter mehreren Miterben konkretisieren, wem welche Gegenstände zufallen sollen. Da sie das Beteiligungsverhältnis der Miterben am Nachlass unberührt lässt, begründet sie eine Ausgleichspflicht desjenigen Erben, der in Relation zu seiner Erbquote einen Mehrwert erhält. Demgegenüber bewirkt ein zugunsten eines Mit- oder Vorerben vorgesehenes Vorausvermächtnis, dass der Begünstigte den zugewiesenen Vermögensgegenstand zusätzlich zu seinem Erbteil und somit ohne Ausgleichsverpflichtung erlangt.

3. Testamentsvollstreckung

27 **a) Kommanditgesellschaft.** Die Testamentsvollstreckung (§§ 2197 ff. BGB) ist ein **erbrechtliches Gestaltungsinstrument**, das den Erblasser ganz allgemein in die Lage versetzt, noch über seinen Tod hinaus Einfluss auf das Schicksal des Nachlasses oder einzelner Nachlassgegenstände zu nehmen.[83] Hinsichtlich seines Gesellschaftsanteils kann dies für ihn zum Beispiel von Interesse sein, wenn er den Zugriff der persönlichen Gläubiger des Erben auf den Nachlass verhindern will (vgl. § 2214 BGB) oder er es für notwendig erachtet, dem auserkorenen Nachfolger noch zumindest für eine Übergangszeit eine fachkundige Unterstützung oder begleitende Kontrolle angedeihen zu lassen. Er wird in diesen Fällen eine Person seines Vertrauens per Testament oder Erbvertrag als Testamentsvollstrecker einsetzen, die seine letztwilligen Anordnungen ausführt und gegebenenfalls den Nachlass sachgerecht verwaltet.[84]

28 Zunächst muss aber die wichtige Vorfrage geklärt werden, ob der Gesellschaftsanteil überhaupt in den Nachlass fällt, da § 2205 BGB die **Zugehörigkeit zum Nachlass** zwingend voraussetzt. Dieses Problem stellt sich allerdings nur bei einem unmittelbar erbrechtlichen Übergang des Gesellschaftsanteils, wenn der Gesellschaftsvertrag eine einfache oder qualifizierte erbrechtliche Nachfolgeklausel enthält. Während sich die Testamentsvollstreckung bei einer Auflösungsklausel ohne weiteres auf die in den Nachlass fallende Beteiligung an der Liquidationsgesellschaft erstreckt,[85] fällt der Gesellschaftsanteil bei einer Fortsetzungs-, Eintritts- oder rechtsgeschäftlichen Nachfolgeklausel von vornherein nicht in den Nachlass, so dass der Testamentsvollstrecker lediglich die Ansprüche der Erben aus §§ 738, 740 BGB geltend machen kann, soweit diese nicht gesellschaftsvertraglich oder letztwillig ausgeschlossen sind.[86] War der Erbe schon vor dem

---

[82] Vgl. z. B. BFHE 163, 186; BFH NZG 1999, 620 m.w.N.

[83] Zu den verschiedenen Arten der Testamentsvollstreckung *Sudhoff/Scherer* Unternehmensnachfolge § 9 Rn 4 f.

[84] Weitere Möglichkeiten zur Bestimmung der Person des Testamentsvollstreckers bieten die §§ 2197 ff. BGB.

[85] BGH NJW 1981, 749, 750; NJW 1986, 2431, 2434; NJW 1989, 3152, 3153.

[86] Vgl. MünchHdb. GesR II/*Klein* KG § 45 Rn 37 ff.; *Zöller*, MittRhNotK 1999, 121, 135.

Todesfall Gesellschafter, bezieht sich die Testamentsvollstreckung nur auf den ererbten Anteil, jedenfalls aber auf die zu ihm gehörenden Ansprüche auf den Gewinn und das Auseinandersetzungsguthaben.[87]

Über die Zulässigkeit der Testamentsvollstreckung an dem Gesellschaftsanteil an einer Personengesellschaft bestand lange Jahre Streit,[88] bevor sie der II. Zivilsenat des BGH in einer Grundsatzentscheidung sowohl für die vorübergehende als auch für die dauerhafte (vgl. § 2209 BGB) **Testamentsvollstreckung an einem Kommanditanteil** bejahte.[89] Darin setzt er allerdings voraus, dass diese entweder im Gesellschaftsvertrag ausdrücklich zugelassen wird oder sich die übrigen Gesellschafter mit ihr einverstanden erklären, was konkludent auch dadurch geschehen kann, dass die Übertragbarkeit des Gesellschaftsanteils gesellschaftsvertraglich in keinster Weise eingeschränkt wird.[90] Ein Einverständnis wird insbesondere verlangt, wenn der Erblasser oder der Erbe nach §§ 171, 172, 176 HGB persönlich haftete oder der Erbe geschäftsführungsbefugt ist.[91] Andererseits hat der BGH die Testamentsvollstreckung in diesen Fällen sogar dann zugelassen, wenn die vererbte Kommanditeinlage noch nicht voll eingezahlt oder die KG als solche oder der Eintritt des Erblassers in die KG im Zeitpunkt des Erbfalls noch nicht im Handelsregister eingetragen war.[92] **29**

Nicht endgültig geklärt wurde mit dem Judikat des Gesellschaftsrechtssenats allerdings die Frage der **Zulässigkeit der Testamentsvollstreckung an einem Komplementäranteil**. Sie wird von der überwiegenden Ansicht nach wie vor verneint.[93] Als maßgebliche Begründung wird darauf verwiesen, dass der Testamentsvollstrecker aufgrund seiner nach § 2206 BGB auf den Nachlass beschränkten Verpflichtungsbefugnis keine persönliche Haftung des Nachfolgers begründen kann, was wiederum dem nach § 128 S. 2 HGB unabdingbaren Grundsatz der unbeschränkten Eigenhaftung persönlich haftender Gesellschafter für Verbindlichkeiten der Gesellschaft widerspricht.[94] **30**

---

[87] BGH NJW 1996, 1284, 1286; offen gelassen in BGH NJW 1989, 3152, 3155.

[88] Zu den darüber hinausgehenden Auseinandersetzungen zwischen dem Gesellschaftsrechtssenat und dem Erbrechtssenat des BGH vgl. bereits Rn 8 f.

[89] BGH NJW 1989, 3152; für die GbR bestätigt in BGH NJW 1996, 1284; zuvor noch offen gelassen in BGHZ 91, 132, 137 f. und erstmals angedeutet in BGH NJW 1985, 1953, 1954 („manches" spreche bei Zustimmung aller Gesellschafter und Volleinzahlung des Gesellschaftsanteils dafür). Die reine Abwicklungstestamentsvollstreckung wurde dagegen bereits zuvor allg. für zulässig gehalten.

[90] *Klein*, DStR 1992, 326; *Mayer*, ZIP 1990, 976, 977; *Ulmer*, NJW 1990, 73, 75 f.

[91] BGH NJW 1989, 3152; *Koller* § 177 HGB Rn 7 m. w. N.

[92] BGH NJW 1989, 3152, 3155.

[93] BGHZ 24, 106, 112 f.; 68, 225, 239; BGH WM 1969, 492, 493; NJW 1981, 749, 750; NJW 1985, 1953, 1954; diff. dagegen erstmals BGHZ 98, 48, 57 in einem Fall, in dem die „inneren" Angelegenheiten des von der Gesellschaft betriebenen Unternehmens und die Art und Weise seiner Fortführung allein dem (Vor-)Erben überlassen waren und der Testamentsvollstrecker lediglich eine „beaufsichtigende Funktion" hatte; weitergehend *Marotzke*, AcP 1987, 223, 236 ff.; ihm folgend MünchHdb. GesR II/*Klein* KG § 45 Rn 46; vgl. auch *Esch*, NJW 1984, 339, 343.

[94] Vgl. nur *Zöller*, MittRhNotK 1999, 121, 140 m. w. N.

31 Inzwischen hat jedoch der IV. Zivilsenat erklärt, dass auch bei Komplementäranteilen ebenso wie bei Gesellschaftsanteilen an einer GbR keine Hindernisse erkennbar sind, wenn sich die Aufgaben des Testamentsvollstreckers auf die Wahrnehmung und Erhaltung der Anteilsrechte beschränken und er beispielsweise keine Leitungsfunktionen im Unternehmen wahrnimmt.[95] Damit scheint der Weg vorgezeichnet, für die Beantwortung der Frage nach der Zulässigkeit der Testamentsvollstreckung an einem Personengesellschaftsanteil in Zukunft neben dem ausdrücklichen oder konkludenten Einverständnis aller übrigen Gesellschafter auf die **konkrete Ausgestaltung des Aufgabenbereichs des Testamentsvollstreckers** abzustellen, wofür sich die in § 2209 BGB zum Ausdruck kommende gesetzliche Differenzierung zwischen schlichter Verwaltungsvollstreckung und Dauertestamentsvollstreckung als Leitfaden anbietet.

32 Auch bei unterstellter Zulässigkeit der Testamentsvollstreckung an Komplementär- und Kommanditanteilen bleiben **weitere Probleme** zu lösen. Dies gilt beispielsweise für die Eintragung eines Testamentsvollstreckervermerks in das Handelsregister, die von den Registergerichten überwiegend abgelehnt wird.[96] Darüber hinaus stellt sich die Frage, inwieweit der Testamentsvollstrecker selbst zu Handelsregisteranmeldungen berechtigt und verpflichtet ist. Die herrschende Ansicht beantwortet auch dies korrespondierend zu seinen Verwaltungsbefugnissen.[97]

33 Für die **ordnungsgemäße Verwaltung** des Anteils durch den Testamentsvollstrecker gelten die allgemeinen Vorschriften (§§ 2203 ff. BGB). Die grundsätzliche Zuordnung des ererbten Gesellschaftsanteils zum Nachlass hat insbesondere nicht zur Folge, dass der Testamentsvollstrecker in die inneren Angelegenheiten der Gesellschaft eingreifen darf oder kann.[98] Bei Beachtung dieser Grundsätze ist er dann allerdings auch zu Änderungen des Gesellschaftsvertrags und zu Verfügungen über den Gesellschaftsanteil befugt.[99] Geht er darüber hinaus, muss der Erbe die getroffenen Abreden zumindest dann nicht gegen sich gelten lassen, wenn für die übrigen Gesellschafter der Missbrauch der Verwaltungsbefugnisse durch den Testamentsvollstrecker offensichtlich war. Unabhängig davon hält die Rechtsprechung offenbar ganz allgemein haftungsauslösende Maßnahmen

[95] BGH NJW 1996, 1284, 1285; vgl. dazu bereits *Bommert*, BB 1984, 178, 182 f.

[96] Befürwortend *K. Schmidt* Gesellschaftsrecht § 45 V 7 b; *Ulmer*, NJW 1990, 73, 82; diff. *Klein*, DStR 1992, 326, 328 f.; *Sudhoff/Schulte* Personengesellschaften II Q Rn 23 rät, zumindest den Versuch der Anmeldung zum Handelsregister zu unternehmen.

[97] BGH NJW 1989, 3152, 3153; KG NJW-RR 1991, 835, 836; *Sudhoff/Froning* Unternehmensnachfolge § 45 Rn 111; *Mayer*, ZIP 1990, 976, 977; *Zöller*, MittRhNotK 1999, 121, 141 empfiehlt im Hinblick auf die unterschiedliche Praxis der Registergerichte eine zusätzliche Anmeldung auch durch die Erben.

[98] BGHZ 98, 48, 57; zu den hierzu notwendigen Ersatzkonstruktionen vgl. z. B. *Gschwendtner*, NJW 1996, 362, 363 f.; MünchHdb. GesR II/*Klein* KG §§ 45 ff. Rn 47 ff.; *Quack*, BB 1989, 2271, 2274; *Rehmann*, BB 1985, 297, 298 f.; *Damrau*, NJW 1984, 2785, 2789 sowie die Form.vorschläge bei *Schmitz*, ZGR 1988, 140, 161 f.

[99] *Koller* § 177 HGB Rn 7 m. w. N.

wie etwa eine Einlagenrückgewähr im Sinne von § 172 Abs. 4 HGB sowie haftungsverstärkende Entscheidungen wie insbesondere eine Erhöhung der Haftsumme gegen den Willen des Erben für unzulässig.[100]

Ist die Testamentsvollstreckung gesellschaftsvertraglich zulässig, richtet sich die Zusammenarbeit zwischen Testamentsvollstrecker und Erben weitgehend nach Auftragsrecht (§ 2218 Abs. 1 BGB).[101] Im Rahmen ihrer Ausübung können sich jedoch Probleme insoweit ergeben, als die **mitgliedschaftliche Position des Erben** betroffen ist. Die Rechtsprechung des BGH hat hierzu noch keine abschließende Klärung gebracht, sondern sich bislang eher auf die Beantwortung einzelner Fragen beschränkt. So ist beispielsweise entschieden, dass die Testamentsvollstreckung den Gesellschaftsanteil erfasst,[102] nicht eindeutig dagegen, welche Mitgliedschaftsrechte dem Erben in welchem Umfang erhalten bleiben. Die in den Entscheidungen des BGH zum Ausdruck kommende Unterscheidung zwischen einer der Verwaltung des Testamentsvollstreckers unterliegenden „Außenseite" des Gesellschaftsanteils[103] und einer „Innenseite" der Mitgliedschaft, für die der Testamentsvollstrecker auf die im Rahmen seines Zuständigkeitsbereichs erforderlichen Auskunfts- und Kontrollrechte verwiesen werden kann, sorgt auch in diesem Bereich für Rechtsunsicherheit. Während das Recht des Erben zur Vertretung der Gesellschaft nach § 125 HGB unberührt bleibt, sollen die mit dem Gesellschaftsanteil verbundenen Vermögensrechte dem Testamentsvollstrecker zustehen.[104] Bei den Verwaltungsrechten muss offenbar zwischen einem allgemeinen und einem Kernbereich der Mitgliedschaft unterschieden werden. So sollen etwa das Kontrollrecht nach § 118 bzw. § 166 HGB und das Stimmrecht einerseits dem Testamentsvollstrecker zustehen, andererseits aber auch dem Erben, soweit sie unabdingbar sind und beispielsweise Grundlagengeschäfte betreffen.[105] 34

Gleiches soll für das Recht gelten, die Gesellschaft zu kündigen, da dem Erben die Möglichkeit erhalten werden soll, sich auf eigene Initiative einer ansonsten drohenden neuen Haftung zu entziehen.[106] Die Instanz- 35

---

[100] BGH NJW 1989, 3152, 3155; vgl. auch BGH NJW-RR 1989, 642; *Klein*, DStR 1992, 326, 327 f.; *Mayer*, ZIP 1990, 976, 977; *Damrau*, NJW 1984, 2785, 2788.

[101] Einführender Überblick bei *Kreppel*, DStR 1996, 430 ff.

[102] BGH NJW 1996, 1284, 1285 f.; NJW 1998, 1313, 1314; zur Rechtsstellung des Testamentsvollstreckers ausf. *Sudhoff/Scherer* Unternehmensnachfolge § 9 Rn 10 ff.

[103] Insoweit BGHZ 98, 48, 57; krit. zum Begriff der „Außenseite" etwa *Marotzke*, AcP 1987, 223, 244 f.; *Weber*, FS Stiefel, S. 829, 840 f.; *Schmitz*, ZGR 1988, 140, 154 f.; *Ulmer*, NJW 1990, 73, 78; eine Zuordnung der Mitgliedschaftsrechte zur Außen- bzw. Innenseite versucht dagegen *Klein*, DStR 1992, 292, 295 f.; vgl. auch *Quack*, BB 1989, 2271, 2273.

[104] Für den Gewinnanspruch einschränkend BGH NJW 1986, 2431, 2433.

[105] *Koller* § 139 HGB Rn 15 u. § 177 HGB Rn 7; *Schmitz*, ZGR 1988, 140, 156; die Schwierigkeiten einer allgemein verbindlichen Abgrenzung werden z. B. bei *Klein*, DStR 1992, 326, 328 deutlich, der deshalb im Einzelfall die vorsorgliche Zustimmung des Gesellschaftererben zu den entsprechenden Mitwirkungshandlungen des Testamentsvollstreckers empfiehlt; generell gegen eine derartige Diff. *Weber*, FS Stiefel, S. 829, 859.

[106] So etwa *Koller* § 139 HGB Rn 15; *Klein*, DStR 1992, 292, 295.

gerichte nehmen dagegen ausgehend von dem Handlungs- und Entscheidungsermessen des Testamentsvollstreckers bei der Nachlassverwaltung an, dass diese alle Rechtshandlungen einschließlich der Ausübung des Stimmrechts und der Mitwirkung bei Umwandlungsmaßnahmen und sonstigen Satzungsänderungen umfasst.[107] Als Grenze für die Mitwirkung an kernbereichsrelevanten Maßnahmen wird dem Testamentsvollstrecker lediglich auferlegt, dass damit keine persönliche Haftung der Gesellschaftererben verbunden sein darf.[108] Bei schuldhaftem Handeln bestehen eine Haftung des Testamentsvollstreckers nach § 2219 BGB sowie die Möglichkeit, beim Nachlassgericht seine Entlassung zu beantragen (§ 2227 BGB). Einig sind sich die Gerichte mit den Vertretern der **Kernbereichslehre** schließlich darin, dass der Testamentsvollstrecker in den Grenzen des § 2205 BGB über den Anteil im Ganzen verfügen und ihn insbesondere veräußern darf, da die Erzielung eines angemessenen Entgelts für den Erben günstiger ist als die Verschlechterung seiner Position als Gesellschafter ohne Gegenleistung.[109] Verbindliche Vorgaben für die Gestaltungspraxis sind damit aber kaum gewonnen. Auch die von anderen vorgeschlagene Dreiteilung zur Abgrenzung zwischen Maßnahmen, die ohne weiteres, nur mit Zustimmung aller Gesellschafter sowie unter keinen Umständen dem Machtbereich des Testamentsvollstreckers zugewiesen werden dürfen,[110] hilft am Ende nicht entscheidend weiter. Somit bleibt auch in diesem Bereich nur zu hoffen, dass die höchstrichterliche Rechtsprechung schnellstmöglich einen weiter reichenden Orientierungsrahmen vorgibt. Bis dahin muss sich der Erblasser darüber im Klaren sein, dass er seine eingangs erwähnte Zielsetzung, auf das Schicksal der Gesellschaftsbeteiligung über seinen Tod hinaus Einfluss zu nehmen, zumindest insoweit nur eingeschränkt erreichen kann, als der von ihm eingesetzte Testamentsvollstrecker im Kernbereich im Zweifel auf die **Mitwirkung des Erben** angewiesen ist. Da sowohl der Erbe als auch der Testamentsvollstrecker der allgemeinen gesellschaftsrechtlichen Treuepflicht unterliegen, können sich allerdings im Einzelfall auch für den Erben Zustimmungspflichten ergeben, wenn über bestimmte Beschlussgegenstände Uneinigkeit herrscht.[111]

36 Hinsichtlich eines Komplementäranteils wird es schließlich für zulässig erachtet, im Gesellschaftsvertrag eine Verpflichtung der Erben zu begründen, den Anteil treuhänderisch auf den Testamentsvollstrecker zu übertragen, was für diesen weitergehende Verwaltungsrechte mit sich bringen kann, da er dann die volle Gesellschafterstellung im eigenen Namen und für fremde Rechnung innehat.[112] Aufgrund der damit zugleich übernom-

---

[107] Für den Fall der Umwandlung einer GmbH in eine AG z.B. BayObLG NJW 1976, 1692; für den Fall der Umwandlung einer GmbH & Co. KG in eine AG ebenso LG Mannheim NZG 1999, 824 m. Anm. *Pentz*.

[108] BayObLG NJW 1976, 1692; LG Mannheim NZG 1999, 824, 825.

[109] LG Mannheim NZG 1999, 824 m.w.N.

[110] *Marotzke*, AcP 1987, 223, 244.

[111] *Mayer*, ZIP 1990, 976, 979; *Ulmer*, NJW 1990, 73, 81.

[112] BGH NJW 1981, 749, 750; NJW 1996, 1284; *Sudhoff/Scherer* Unternehmensnachfolge § 9 Rn 46; *Rehmann*, BB 1985, 297, 301 f.; generell für einen Ausbau der Rechtsmacht des Testamentsvollstreckers z. B. *Deckert*, NZG 1998, 43, 49.

menen vollen persönlichen Haftung nach § 128 HGB wird sich in der Praxis jedoch nur selten ein Testamentsvollstrecker für eine solche **Treuhandlösung** finden.[113] Eine unwiderrufliche postmortale Vollmacht zugunsten des Testamentsvollstreckers scheidet als Alternative ebenfalls aus, da sie angesichts des für den Erben unabsehbaren Haftungsrisikos nach überwiegender Ansicht gegen § 138 BGB verstößt.[114] Überwiegend wird deshalb die für den Erbfall gesellschaftsvertraglich vorgesehene **Umwandlung des Komplementäranteils in eine Kommanditbeteiligung** vorgeschlagen, die nach inzwischen herrschender Ansicht in zulässiger Weise der Testamentsvollstreckung unterworfen werden kann.[115]

b) GmbH. Im Gegensatz zur Rechtslage bei den Personengesellschaften 37
ist die Zulässigkeit der Testamentsvollstreckung an GmbH-Geschäftsanteilen unbestritten.[116] Sie bedarf weder einer ausdrücklichen Regelung in der Satzung noch einer Zustimmung der Mitgesellschafter. Umgekehrt kann sie im Gesellschaftsvertrag ausgeschlossen oder in ihrem Umfang beschränkt werden.[117] In der Praxis findet man häufig eine **Differenzierung zwischen Verwaltungs- und Vermögensrechten**, wonach beispielsweise das Stimmrecht entweder nur dem Erben oder ausschließlich dem Testamentsvollstrecker zustehen soll.[118] Ohne gesellschaftsvertragliche Beschränkung ergeben sich die Befugnisse des Testamentsvollstreckers aus den §§ 2203 ff. BGB und erfassen sämtliche Mitgliedschaftsrechte, soweit diese nicht höchstpersönlicher Natur sind, so dass es insbesondere auf eine Abgrenzung zwischen Außen- und Innenseite der Mitgliedschaft nicht ankommt.[119] Die bereits zur KG dargestellte Abgrenzung zwischen einem allgemeinen und einem Kernbereich wird zugunsten des Erben allerdings auch hier relevant.[120]

III. Abstimmung von Gesellschaftsvertrag und letztwilliger Verfügung

Letztwillige Verfügungen eines Gesellschafters über seinen Anteil an 38
der Gesellschaft können weder bei der KG noch bei der GmbH gesellschaftsvertraglich ausgeschlossen werden (§ 2302 BGB) und sind daher in weitem Umfang zulässig, soweit sie nicht auf eine gesellschaftsrechtlich un-

---

113 *Zöller,* MittRhNotK 1999, 121, 141 weist zu Recht darauf hin, dass daran auch der Freistellungsanspruch gegen den Erben nach § 670 BGB nichts ändert.

114 *Sudhoff/Scherer* Unternehmensnachfolge § 9 Rn 47; *Koller* § 139 HGB Rn 15; *Bommert,* BB 1984, 178, 183; i. E. auch *Esch,* NJW 1981, 2222, 2226.

115 *Sudhoff/Scherer* Unternehmensnachfolge § 9 Rn 49; *Zöller,* MittRhNotK 1999, 121, 141 m. w. N.

116 Vgl. BGH NJW 1959, 1820; NJW 1989, 2694; *Priester,* FS Stimpel, S. 463, 466 ff. m. w. N.

117 *Scholz/Winter* § 15 GmbHG Rn 208 m. w. N.

118 Vgl. bereits *Petzoldt,* GmbHR 1977, 25, 28.

119 Einzelheiten bei *Scholz/Winter* § 15 GmbHG Rn 208 a; *Priester,* FS Stimpel, S. 463, 472 ff.

120 Für eine Übertragbarkeit der Grundsätze auch *Sudhoff/Scherer* Unternehmensnachfolge § 9 Rn 55.

mögliche Maßnahme gerichtet sind.[121] Der Gesellschafter kann eine Nacherbschaft (§§ 2111 ff. BGB) anordnen, den Anteil zum Gegenstand eines Vermächtnisses (§§ 1939, 2147 ff. BGB) oder einer Teilungsanordnung (§ 2048 BGB) machen oder Erben bzw. Vermächtnisnehmer mit Auflagen (§§ 1940, 2192 ff. BGB) wie Verfügungsbeschränkungen oder Abtretungspflichten belasten. Dabei muss ihm klar sein, welche Auswirkungen seine letztwillige Verfügung auf den Gesellschaftsvertrag hat und wo deshalb die Grenzen zu ziehen sind. Hieraus erwächst das Bedürfnis, die letztwillige Verfügung mit dem Gesellschaftsvertrag abzustimmen, was eine weitere Herausforderung für den Kautelarjuristen bedeutet.[122]

39 Ist etwa in einer GmbH-Satzung die Realteilung von Geschäftsanteilen nach § 17 Abs. 6 S. 2 GmbHG zulässigerweise ausgeschlossen worden, so kann daran eine letztwillige Verfügung nichts ändern. Das Vermächtnis eines Teilgeschäftsanteils oder eine entsprechende Teilungsanordnung sind daher unwirksam.[123] Dasselbe gilt für das Vermächtnis eines Geschäftsanteils, dessen Veräußerlichkeit nach der Satzung ausgeschlossen ist. Ob dagegen auch eine **Vinkulierungsklausel**, welche die Veräußerung des Geschäftsanteils von der Genehmigung der Gesellschaft abhängig macht, dem Vollzug der vorgenannten letztwilligen Verfügungen entgegensteht, ist umstritten. Während die einen den Begriff der Veräußerung weit auslegen und daher auch erbrechtlich bedingte Übertragungsakte erfassen wollen,[124] machen andere eine Ausnahme für den Fall, dass der Geschäftsanteil im Wege der Erbauseinandersetzung auf einen Miterben übertragen wird.[125]

40 Besteht der Zweck der Vinkulierungsklausel nur darin, eine einseitig beabsichtigte Beteiligung familienfremder Personen oder eine Veränderung der Beteiligungsverhältnisse zwischen Familienstämmen zu verhindern, so soll die Zustimmung dann nicht erforderlich sein, wenn der Vollzug der vom Erblasser verfügten Teilungsanordnung bezüglich seines Gesellschaftsanteils diesem Zweck nicht widerspricht.[126] Ein vergleichbares **Auslegungsproblem** stellt sich auch bei der KG. Angesichts der grundsätzlichen Unübertragbarkeit der Gesellschafterstellung ohne ausdrückliche Zustimmung aller Mitgesellschafter kommt es auch hier darauf an, dass der

---

[121] BGHZ 32, 35, 38 ff.; 92, 386, 390; OLG Düsseldorf GmbHR 1990, 504, 508.

[122] So auch MünchHdb. GesR II/*Klein* KG § 42 Rn 4; *Reichert*, GmbHR 1998, 257, 263; *Zöller*, MittRhNotK 1999, 121, 123; *Albach*, BB 2000, 781, 784 bedauert, dass bei 60% der von ihm untersuchten Unternehmen eine klare Nachfolgeregelung fehlte; stellvertretend für die Probleme der Gerichte bei der Auslegung einer gesellschaftsvertraglichen Nachfolgeklausel im Zusammenhang mit einer letztwilligen Verfügung BGH NZG 2002, 233, 234 f.

[123] *Sudhoff/Froning* Unternehmensnachfolge § 48 Rn 4; *Scholz/Winter* § 15 GmbHG Rn 30.

[124] BGHZ 32, 35, 39; vgl. dagegen BGH BB 1977, 563.

[125] BGHZ 92, 386 = NJW 1985, 2592 m. Anm. *Promberger*, ZHR 1986, 585, 586 ff.; OLG Düsseldorf GmbHR 1990, 504, 507 f.; LG Düsseldorf ZIP 1985, 1269, 1271 m. Anm. *Westermann*, ZIP 1985, 1249 ff.; *Hilger*, FS Quack, S. 259, 264 ff.; *Scholz/Winter* § 15 GmbHG Rn 30 m. w. N.

[126] LG Düsseldorf ZIP 1985, 1269, 1271 f.

Gesellschaftsvertrag eine erbrechtlich bedingte Übertragung überhaupt zulässt. Ist dies nicht der Fall oder scheitert die Übertragung des Gesellschaftsanteils aus anderen Gründen, so bleiben die Erben zwar Gesellschafter, haben aber dem Vermächtnisnehmer die nach § 717 S. 2 BGB übertragbaren Rechte abzutreten.[127] Bei einer letztwilligen Teilungsanordnung, nach welcher der Gesellschaftsanteil nur einzelnen Miterben zufallen soll, geht man dagegen vereinzelt von einer unmittelbar dinglich wirkenden Zuordnung aus.[128]

41 Das erbrechtliche Instrument der **Teilungsanordnung** erlangt insbesondere im Zusammenhang mit qualifizierten Nachfolgeklauseln Bedeutung, die keine ausdrückliche Regelung darüber enthalten, ob die Zuwendung des Gesellschaftsanteils bei der Verteilung des übrigen Nachlasses zu Lasten des in der Klausel Begünstigten berücksichtigt werden soll oder nicht. Ist in solchen Fällen auch der letzte Wille des Erblassers nicht eindeutig, wird von vielen die Existenz einer Teilungsanordnung unterstellt, die zu einer gegenüber den von der qualifizierten Nachfolge ausgenommenen Erben ausgleichspflichtigen Herauslösung des Gesellschaftsanteils aus dem Nachlass führt.[129] Auch hier wird also wieder die vergleichbare Funktionsweise von qualifizierter Nachfolgeklausel als gesellschaftsvertraglicher Bestimmung einerseits und dinglich wirkender Teilungsanordnung als letztwilliger Verfügung andererseits relevant (vgl. bereits Rn 13). Die Ausgleichspfllicht realisiert sich dabei durch eine Anrechnung des Anteilswerts bei der quotenmäßigen Verteilung des übrigen Nachlasses. Zur Vermeidung einer derartigen Belastung des qualifizierten Nachfolgers kann der Erblasser diesem den Gesellschaftsanteil durch eine letztwillige Verfügung in Form eines Vorausvermächtnisses zuwenden, wobei wiederum Pflichtteilsansprüche nicht vermieden werden können.[130]

42 Diese als **„erbrechtliche Lösung“** bezeichnete h. M. in Rechtsprechung und Literatur[131] ist ein weiterer Beleg für das Zusammenwirken von gesellschaftsvertraglichen und letztwilligen Anordnungen, das eine gegenseitige Abstimmung unentbehrlich macht. Ist beispielsweise im Familienkreis ein geeigneter Kandidat vorhanden, liegt der Schwerpunkt der Gestaltungsaufgabe für den seine Nachfolge vorbereitenden Unternehmer und seine Berater darin, einen allzu großen Liquiditätsabfluss zu vermeiden, der aus Pflichtteils-, Erbersatz-, güterrechtlichen und Fiskalansprüchen drohen kann. Im Blickpunkt stehen dabei der bei der Unternehmensnachfolge nicht bedachte Ehegatte (§§ 1931 ff. BGB), dessen Erbquote sich maßgeblich nach dem vereinbarten Güterstand (§§ 1363 ff. BGB) richtet, sowie andere Pflichtteilsberechtigte (§§ 2303 ff. BGB). Probleme bereiten die durch die Abweichung von der gesetzlichen Erbfolge ausgelösten Ausgleichsansprüche insbesondere in den Fällen, in denen das vererbte Privatvermögen

[127] BGH WM 1976, 251, 252.

[128] MünchHdb. GesR II/*Klein* KG § 43 Rn 22 m. w. N.

[129] *Sudhoff/Schulte* Personengesellschaften II Q Rn 28.

[130] *Sudhoff/Schulte* Personengesellschaften II Q Rn 29; zur Bedeutung von § 2306 Abs. 1 S. 2 BGB vgl. auch *Sudhoff/Scherer* Unternehmensnachfolge § 6 Rn 11.

[131] Nachweise bei *K. Schmidt* Gesellschaftsrecht § 45 V 3 b.

zur Abfindung der weichenden Miterben und Pflichtteilsberechtigten nicht ausreicht. Begünstigt wird diese Situation vor allem durch die Tatsache, dass für die Berechnung des Pflichtteils der Verkehrswert der Aktiva und Passiva des Nachlasses maßgeblich ist (§ 2311 BGB). Bürgschaftsverbindlichkeiten werden dabei außer Betracht gelassen, solange offen ist, ob und in welcher Höhe der Bürge überhaupt in Anspruch genommen wird.[132] Im Übrigen hat jeder Pflichtteilsberechtigte gegen den Erben einen Auskunfts- und Wertermittlungsanspruch bezüglich des Nachlassbestands (§ 2314 BGB). Da die Pflichtteilsansprüche auf die Hälfte des Werts des gesetzlichen Erbteils beschränkt sind (§ 2303 BGB), bietet bereits die sich hieraus ergebende Dispositionsfreiheit des Unternehmers einen nicht zu unterschätzenden Gestaltungsspielraum. Bei durch qualifizierter Nachfolgeklausel vorbereiteter Übergabe des Unternehmens an nur eine Person kann diese allerdings im Ergebnis nur dann wirksam von liquiden Ansprüchen jeder Art freigehalten werden, wenn der Erblasser entsprechende **Pflichtteilsverzichtsverträge** mit den Pflichtteilsberechtigten abschließt (§ 2346 Abs.2 BGB), welche die Abkömmlinge des Verzichtenden einbeziehen sollten und sich im übrigen auf die Ausklammerung bestimmter Vermögensgegenstände aus der Berechnungsgrundlage beschränken können.[133] Verzichtet nur einer von mehreren Pflichtteilsberechtigten, besteht die Gefahr, dass die Übrigen den Pflichtteilsergänzungsanspruch des § 2325 BGB geltend machen, wodurch die vom Erblasser verfolgte Strategie in Frage gestellt wäre. Da eine Einordnung der Abfindungsleistungen als Schenkung im Sinne dieser Vorschrift den Pflichtteilsverzicht als Gestaltungsmittel letztlich bedeutungslos machen würde, wird überwiegend davon ausgegangen, dass er als Gegenleistung den Schenkungscharakter der Abfindung ausschließt.[134] Für den Fall, dass sich die für den Pflichtteilsverzicht zu erbringenden Gegenleistungen nicht aus dem Privatvermögen des Erblassers erfüllen lassen, wird die lebzeitige Einräumung von stillen Beteiligungen an der Gesellschaft bzw. von Unterbeteiligungen an dem Gesellschaftsanteil empfohlen.[135] Daneben kann der erbrechtliche Gestaltungsspielraum beispielsweise dadurch genutzt werden, dass die Erbeinsetzung ertragsteuerneutral durch ein oder mehrere Vermächtnisse ergänzt wird.[136] Nach § 2331a BGB besteht eine Stundungsmöglichkeit, wenn die sofortige Erfüllung des ganzen Anspruchs den Erben wegen der Art der Nachlassgegenstände ungewöhnlich hart trifft, weil beispielsweise zur Erfüllung der Pflichtteilsansprüche die Veräußerung eines die wirtschaftliche Lebensgrundlage bildenden Wirtschaftsguts notwendig ist. Die Vorschrift hat jedoch absoluten Ausnahmecharakter und greift nur dann zugunsten

---

[132] OLG Köln, RNotZ 2004, 38, 39 m.w.N., das bei später veränderter Rechtslage § 2313 Abs. 1 S. 3 BGB entsprechend heranziehen will.

[133] Zusammenfassender Überblick bei *Dressler*, NJW 1997, 2848ff.; weitere Einzelheiten zum Pflichtteilsverzicht bei *Sudhoff/Scherer* Unternehmensnachfolge § 18 Rn 1ff.

[134] *Ebenroth/Lorz*, WiB 1995, 609, 612 m.w.N.

[135] *Ebenroth/Lorz*, WiB 1995, 609, 612.

[136] Zur Abgrenzung am Maßstab der Auslegungsregeln in § 2087 BGB vgl. *Ebenroth/Lorz*, WiB 1995, 656, 657.

des Erben ein, wenn diesem die Erfüllung der geltend gemachten Ansprüche auf andere Weise nicht möglich ist. Da ihm daher etwa auch die Aufnahme eines Kredits zu ungünstigen Konditionen zugemutet wird, hilft sie in den meisten Fällen nicht weiter.[137] Eine interessante Gestaltungsvariante bietet dagegen die **vorweggenommene Erbfolge** durch lebzeitige Vermögensübertragung auf Personen, die im Erbfall nach gesetzlicher oder gewillkürter Erbfolge Erben geworden wären. Dabei steht neben dem Erhalt von Einfluss- und Kontrollmöglichkeiten des Übertragenden[138] vor allem dessen wirtschaftliche Absicherung und Versorgung im Vordergrund.[139] Da die mit der Übertragung des Unternehmens verknüpften Verpflichtungen des Empfängers im Ergebnis zu einer Pflichtteilskürzung führen, wird zugleich eine Liquiditätsschonung zugunsten des Unternehmens bewirkt. Schließlich können auch durch die Einkommensverlagerung sowohl für den Erblasser wie auch für den Empfänger erzielbare Steuervorteile für eine vorweggenommene Erbfolge sprechen.[140] Da sie in der Regel in Form einer Schenkung vollzogen wird, stellt sich die Frage, wie dem berechtigten Interesse des Schenkers Rechnung getragen werden kann, die verschenkten Gesellschaftsanteile zu Lebzeiten möglichst uneingeschränkt zurückverlangen zu können. Da die Vereinbarung eines freien Widerrufsrechts zugunsten des Schenkers vor dem Hintergrund der BGH-Rechtsprechung zur Sittenwidrigkeit von Hinauskündigungsklauseln (s. § 30 Rn 40) keinen Bestand haben dürfte, wird als Gestaltungsalternative vereinzelt die Aufnahme eines aufschiebend bedingten Rückkaufrechts in den Schenkungsvertrag empfohlen, bei dem der Kaufpreis dem Verkehrswert der übertragenen Gesellschaftsanteile entsprechen muss.[141] Im Übrigen besteht auch bei der im Wege der Schenkung vollzogenen vorweggenommenen Erbfolge die Gefahr, dass die bezüglich des Unternehmens bzw. der Beteiligung Übergangenen nach § 2325 BGB Pflichtteilsergänzungsansprüche gegen denjenigen erheben, der das Unternehmen oder die Beteiligung erhalten hat, sofern der Erblasser innerhalb von zehn Jahren nach der Übergabe verstirbt. Bei Schenkung an den Ehegatten des Erblassers beginnt die Frist nicht vor der Auflösung der Ehe (§ 2325 Abs. 3 BGB). Angesichts dieses langen Zeitraums wird alternativ die Vornahme entgeltlicher Geschäfte wie z. B. der Verkauf einzelner Vermögensgegenstände gegen Leibrente empfohlen.[142]

Die **Testierfreiheit** bleibt auch von § 139 HGB grundsätzlich unberührt. **43**
So ist es beispielsweise zulässig, die Erbeinsetzung von der Bedingung ab-

---

[137] So z. B. auch die Einschätzung von *Ebenroth/Lorz*, WiB 1995, 609, 611.

[138] Speziell zum Vorbehaltsnießbrauch als Gestaltungsinstrument *Brandi/Mühlmeier*, GmbHR 1997, 734 ff.; *Hermanns*, MittRhNotK 1997, 149, 157 ff.

[139] Vgl. nur *Hermanns*, MittRhNotK 1997, 149, 153 ff.; nach den Ergebnissen des Praxistests von *Albach*, BB 2000, 781, 784 war Ende des vergangenen Jahrhunderts nur bei einem Viertel der untersuchten Unternehmen die Regelung einer vorweggenommenen Erbfolge feststellbar.

[140] Stellvertretend *Vorwold*, DStR 1998, 585 ff. m.w.N.

[141] *Bütter/Tonner*, NZG 2003, 193, 196 ff. m.w.N.

[142] Zum BMF-Schreiben vom 26. August 2002, DStR 2002, 1617 vor diesem Hintergrund z. B. *Franz/Seitz*, DStR 2002, 1745, 1746 ff.

hängig zu machen, dass die dem Erben aus § 139 Abs. 1 bis 4 HGB erwachsenden Rechte nicht ausgeübt werden.[143] Fehlt allerdings eine Nachfolgeklausel, so ändert auch eine abweichende testamentarische Verfügung nichts an der in § 131 Abs. 3 S. 2 HGB angeordneten Rechtsfolge. Hieran wird wieder einmal deutlich, dass die Durchsetzung des letzten Willens des Erblassers durchaus scheitern kann, wenn keine Abstimmung mit dem Gesellschaftsvertrag erfolgt ist. Eine eindeutige gesellschaftsvertragliche Regelung kann in der Regel von einer abweichenden letztwilligen Verfügung nicht durchbrochen werden.[144] Der in Zweifelsfällen bei der Auslegung anerkannte Grundsatz eines Vorrangs des Gesellschaftsrechts vor dem Erbrecht hilft aber lediglich, offensichtlich vorhandene Widersprüche aufzulösen. Für den Berater stellt sich dagegen die Aufgabe, derartige Widersprüche und damit die Notwendigkeit einer gerichtlichen Klärung von vornherein zu vermeiden.[145] Die Kunst liegt also einerseits darin, gesellschaftsrechtliche und erbrechtliche Gesichtspunkte sowohl inhaltlich als auch vom Standort her eindeutig zu trennen, und doch andererseits darauf zu achten, dass sie sich ergänzen und nicht widersprechen. Dies gelingt nur, wenn man bei Anfertigung der letztwilligen Verfügung einen bereits abgeschlossenen und in Vollzug gesetzten Gesellschaftsvertrag berücksichtigt und setzt in der Regel eine eingehende Rechtsberatung voraus. Glaubt man sich dagegen schon beim Abschluss des Gesellschaftsvertrags über seinen letzten Willen im Wesentlichen im Klaren zu sein, sollte man von vornherein auf eine Vertragsgestaltung hinwirken, die den notwendigen letztwilligen Verfügungen nicht entgegensteht.[146]

IV. Verzahnung in den Gesellschaftsverträgen

44 Bei der GmbH & Co. KG ist nicht nur die soeben unter III. dargestellte Abstimmung von Gesellschaftsvertrag und letztwilliger Verfügung in doppelter Hinsicht vorzunehmen, sondern darüber hinaus darauf zu achten, dass gegebenenfalls vorhandene **Nachfolgeklauseln in beiden Gesellschaftsverträgen** zu einem einheitlichen Ergebnis führen. Gerade bei der personengleichen GmbH & Co. KG besteht in der Regel ein erhebliches Interesse, ein unterschiedliches Schicksal der Mitgliedschaften in KG und GmbH zu vermeiden, das sich daraus ergeben kann, dass bei Personengesellschaften zulässige Nachfolgeregelungen im GmbH-Recht keine Anerkennung finden. Dies gilt beispielsweise für eine qualifizierte Nachfolge-

[143] *Koller* § 139 HGB Rn 2.

[144] S. hierzu die Bsp. bei *Sudhoff/Schulte* Personengesellschaften II Q Rn 12 u. *Flick*, ZEV 1994, 34.

[145] So auch *Sudhoff/Schulte* Personengesellschaften II Q Rn 12; MünchHdb. GesR II/*Klein* S. 770 Rn 2; *Zöller*, MittRhNotK 1999, 121, 125; Lösungsansätze zur Realisierung der Bevorzugung von bestimmten Unternehmernachfolgern bietet *Feddersen*, FS Stiefel, S. 197, 212 ff.; allg. zur Unternehmensnachfolge aus anwaltlicher Sicht *Reichert*, GmbHR 1998, 257 ff.; speziell zur vorweggenommenen Erbfolge in Gesellschaftsbeteiligungen auch *Hermanns*, MittRhNotK 1997, 149, 150 ff.; *Sudhoff/Stenger* Unternehmensnachfolge § 19 Rn 1 ff.

[146] Aus Sicht des Notars beispielsweise *Zöller*, MittRhNotK 1999, 121, 132.

klausel (Rn 11), die in einer GmbH-Satzung angesichts des unabdingbaren Charakters von § 15 Abs. 1 GmbHG unwirksam wäre. Um gleichwohl dafür zu sorgen, dass KG-Anteil und GmbH-Anteil in die gleichen Hände übergehen, kann man in der GmbH-Satzung unter Beachtung des in § 15 Abs. 4 GmbHG vorgeschriebenen Formerfordernisses eine Verpflichtung der Erben vorsehen, ihren ererbten GmbH-Anteil an den in der qualifizierten Nachfolgeklausel Bezeichneten bzw. an den am Ende vom Erblasser oder einem Dritten Benannten abzutreten.[147]

Beim **Tod eines Kommanditisten** ist für die Nachfolge des Erben in die GmbH-Mitgliedschaft § 15 Abs. 1 GmbHG und für seine Nachfolge in die Kommanditbeteiligung § 177 HGB maßgeblich. Sind mehrere Erben vorhanden, ist zu beachten, dass der Kommanditanteil im Gegensatz zum GmbH-Geschäftsanteil jedem (qualifizierten) Miterben entsprechend seiner Erbquote geteilt zugewiesen ist. Zur **Abstimmung des Schicksals beider Mitgliedschaften** bietet es sich an, die neuen Kommanditisten zur gemeinschaftlichen Ausübung ihrer Gesellschafterrechte in der KG zu verpflichten oder von der Erbengemeinschaft eine Auseinandersetzung hinsichtlich des GmbH-Geschäftsanteils zu verlangen.[148] **45**

---

[147] *Zöller*, MittRhNotK 1999, 121, 138; *Sudhoff/Froning* Unternehmensnachfolge § 44 Rn 112.

[148] *K. Schmidt*, DB 1998, 61, 64.

§ 35 Abfindungsbeschränkungen

Übersicht

Schrifttum: (vgl. bereits die Nachweise unter §§ 33 und 34) *Finger*, Der Ausschluß von Abfindungsansprüchen bei der Nachfolge in Personengesellschaften beim Tode eines Gesellschafters, DB 1974, 27 ff.; *Habersack*, Die unentgeltliche Einziehung des Geschäftsanteils beim Tod des GmbH-Gesellschafters, ZIP 1990, 625 ff.; *Kohl*, Ausschluß und Beschränkung von Abfindungsansprüchen nach dem Tod eines Personengesellschafters gegen Pflichtteilsrecht und Zugewinnausgleich, MDR 1995, 865 ff.; *Volmer*, Vertragspaternalismus im Gesellschaftsrecht? – Neues zu Abfindungsklauseln, DB 1998, 2507 ff.

I. Kommanditgesellschaft

1 Anders als beim Ausscheiden eines noch lebenden Gesellschafters wird für den Fall des Todes eines Gesellschafters ein allgemeiner gesellschaftsvertraglicher Abfindungsausschluss grundsätzlich zugelassen, sofern die **Grenze zur Sittenwidrigkeit** nicht überschritten wird.[1] Als Argument wird auf die wechselseitige Zuwendung einer Chance verwiesen, so dass in der Konsequenz auch Pflichtteilsergänzungs- und Zugewinnausgleichsansprüche entfallen sollen.[2] Auf diese Weise erhält der längstlebende Gesellschafter am Ende das gesamte Gesellschaftsvermögen, über das er dann auch wieder letztwillig verfügen kann, während alle vorversterbenden Gesellschafter ihren Erben nicht nur die Gesellschafterstellung, sondern auch die Teilhabe am Gesellschaftsvermögen dauerhaft entziehen.[3]

2 Da § 723 Abs. 3 BGB insoweit keine Bedeutung erlangt, verbleibt aus der bei Austritt und Ausschluss für Abfindungsbeschränkungen geltenden Schrankentrias auf den ersten Blick nur § 138 Abs. 1 BGB als **Prüfungsmaßstab**. Nach der Rechtsprechung des BGH können aber offenbar auch Zumutbarkeitserwägungen in die Bewertung einfließen, wenn sich beispielsweise ein völliger Abfindungsausschluss unter Berücksichtigung der Dauer der Mitgliedschaft des ausgeschiedenen Gesellschafters sowie seines Beitrags zum Aufbau und Erfolg der Gesellschaft als unzumutbares Missverhältnis auch im Verhältnis zu den anspruchsberechtigten Erben darstellt.[4]

---

[1] BGHZ 22, 186, 194; in BGH WM 1971, 1338 wurde zur Begr. der Aspekt der Unternehmenserhaltung besonders hervorgehoben; ebenso *Finger*, DB 1974, 27, 28 ff.; Form.vorschlag bei *Zöller*, MittRhNotK 1999, 121, 130.

[2] *Koller* § 131 HGB Rn 17; *Deckert*, NZG 1998, 43, 45; MünchHdb. GesR II/*Klein* KG § 46 Rn 28; zum Ausscheiden von Bereicherungsansprüchen vgl. *Zöller*, MittRhNotK 1999, 121, 136.

[3] *K. Schmidt* Gesellschaftsrecht § 45 V 2 c spricht daher von einem „Russischen Roulette".

[4] BGH NJW 1993, 3193.

Bei der Inhaltskontrolle der Gerichte können somit auch Gesichtspunkte von Treu und Glauben eine Rolle spielen, so dass § 242 BGB neben § 138 Abs. 1 BGB zu berücksichtigen bleibt.

Ist die Vereinbarung eines vollständigen Abfindungsausschlusses nach 3 den vorstehenden Grundsätzen wirksam, so liegt in der Anwachsung des Gesellschaftsanteils des Ausscheidenden bei den verbleibenden Gesellschaftern ganz allgemein keine Schenkung, wenn die Chance zur Anwachsung für alle gleich war.[5] Im Fall des Todes greifen daher die §§ 2301 Abs. 1, 518 Abs. 1 BGB nicht ein.[6] Sieht der Gesellschaftsvertrag den Abfindungsausschluss dagegen nur für den Tod ganz bestimmter Gesellschafter vor, liegt darin ein nach § 2301 Abs. 1 S. 1 BGB **formbedürftiges Schenkungsversprechen**, das durch das Vorversterben des betreffenden Gesellschafters aufschiebend befristet und durch das Überleben der übrigen Gesellschafter aufschiebend bedingt ist.[7] Ein Formmangel wird allerdings durch Vollzug der Schenkung unter Lebenden geheilt (§§ 2301 Abs. 2, 518 Abs. 2 BGB).[8] Als einseitigen Abfindungsausschluss in diesem Sinne sieht der BGH beispielsweise auch erhebliche Altersunterschiede zwischen den einzelnen Gesellschaftern oder eine verminderte Lebenserwartung aufgrund einer für alle Beteiligten erkennbaren schweren Krankheit eines von ihnen an.[9]

Den Pflichtteilsberechtigten bleiben in einem solchen Fall ihre allgemei- 4 nen Ansprüche auf Pflichtteilsergänzung gegen die Erben bzw. die verbleibenden Gesellschafter als die Beschenkten erhalten (§§ 2325, 2329 BGB).[10] Bei der **Pflichtteilsberechnung** wird ebenso wie bezüglich des ordentlichen Pflichtteilsanspruchs überwiegend der volle Wert des Gesellschaftsanteils unter Einbeziehung der stillen Reserven und des Goodwill zugrunde gelegt.[11] Dem ist schon wegen § 2311 Abs. 2 S. 2 BGB zu folgen, wonach auch der Erblasser keine die Pflichtteilsansprüche beschränkende Wertbestimmung vornehmen kann. Um unbillige Ergebnisse zu vermeiden, wird jedoch zum Teil ein genereller Abschlag anerkannt oder ein Leistungsverweigerungs- oder Stundungsrecht eingeräumt.[12] Knüpft man den Beginn des Laufs der in § 2325 Abs. 3 BGB normierten Zehnjahresfrist an den Tod des Gesellschafters,[13] bleibt den die Gesellschaft Fortführenden am Ende nichts anderes übrig, als eine Einigung mit den Pflichtteilsberechtigten herbeizuführen, die beispielsweise in einen vertraglichen Pflichtteilsverzicht im Sinne von § 2346 Abs. 2 BGB münden kann.[14]

---

[5] BGHZ 22, 186, 194; vgl. auch BGHZ 50, 307, 309.

[6] BGH WM 1971, 1338; *Ulmer*, ZGR 1972, 195, 214 ff.; *Sudhoff/Froning* Unternehmensnachfolge § 44 Rn 88.

[7] *Zöller*, MittRhNotK 1999, 121, 137; offenbar a. A. *K. Schmidt* Gesellschaftsrecht § 45 V 2 b.

[8] BGH WM 1971, 1338, 1339; *Reichert*, GmbHR 1998, 257, 262 f.

[9] Vgl. BGH NJW 1981, 1956, 1957.

[10] S. hierzu das Bsp. in BGH NJW 1981, 1446; *Kohl*, MDR 1995, 865, 868 ff.; ausf. *Sudhoff/Scherer* Unternehmensnachfolge § 17 Rn 44 ff.

[11] Einzelheiten bei *Sudhoff/Scherer* Unternehmensnachfolge § 17 Rn 73 ff.

[12] *Zöller*, MittRhNotK 1999, 121, 137 m. w. N.

[13] Vgl. BGH NJW 1987, 122, 123; NJW 1988, 821, 822.

[14] *Kohl*, MDR 1995, 865, 872 f.; zum Fristbeginn BGH MDR 1994, 1015.

5 Auf Nachfolgeklauseln bezogen erlangen **die zwingenden Bestimmungen des § 139 HGB** Bedeutung, nach denen der mit ihnen bezweckte Schutz der Erben gesellschaftsvertraglich nicht eingeschränkt werden darf (s. § 34 I 1 b). So ist es beispielsweise nicht zulässig, das nach § 139 Abs. 2 HGB bestehende Austrittsrecht des Erben dadurch zu beeinträchtigen, dass die Nachfolgeklausel speziell und ausschließlich für diesen Fall keine Abfindung vorsieht.[15] Eine Eintrittsklausel kann dagegen nach Ansicht des BGH auch dahin auszulegen sein, dass zwar der Abfindungsanspruch der Erben ausgeschlossen oder durch den Beitritt des Berechtigten auflösend bedingt ist, dafür aber die auf den durch den Beitritt neu entstehenden Gesellschaftsanteil bezogenen künftigen Gewinn- und Auseinandersetzungsansprüche nicht in der Person des Beitretenden, sondern unmittelbar zugunsten der Erben entstehen.[16] Vereinzelt wird schließlich auch eine gesellschaftsvertragliche Regelung für zulässig erachtet, nach der die Erben statt einer Abfindung die Einräumung einer stillen Beteiligung nach § 230 HGB verlangen können.[17]

6 Lässt man grundsätzlich einen totalen Abfindungsausschluss zu, so lassen sich hieraus auch Argumente für die **Zulässigkeit von Abfindungsbeschränkungen zu Lasten von vorübergehend in die Gesellschaft aufgenommenen Erben** gewinnen, die bei einem Ausscheiden unter Lebenden unwirksam wären. So spricht beispielsweise einiges dafür, die im freien Ermessen der verbliebenen Gesellschafter stehende Hinauskündigung zunächst in die Gesellschaft aufgenommener Erben während einer angemessenen Probezeit zuzulassen, selbst wenn die für diesen Fall vorgesehene Abfindung nach sonst üblichen Kriterien unzureichend ist.[18] Dies lässt sich damit begründen, dass die den Abfindungsanspruch unmittelbar auslösende Hinauskündigung die Erben nicht schlechter stellt, als wenn von vornherein die Vererblichkeit des Gesellschaftsanteils ausgeschlossen worden wäre. Zum Schutz der Erben vor einer dauerhaften Rechtsunsicherheit bezüglich ihrer Mitgliedschaft und im Interesse an einer klaren Grenzziehung zwischen Gesellschafterwechsel unter Lebenden und von Todes wegen darf die Probezeit allerdings nicht zu lange bemessen sein.[19]

II. GmbH

7 Auch bei der GmbH wird ein völliger Ausschluss der Abfindung zugelassen, wenn in der Satzung für den Fall des Todes eines Gesellschafters ein Einziehungsrecht zugunsten der Gesellschaft, eine Abtretungspflicht zu Lasten der Erben oder beides kombiniert festgeschrieben ist.[20] **Prüfungs-**

---

[15] *Koller* § 139 HGB Rn 2.

[16] BGH NJW-RR 1987, 989; allg. *Götte*, DNotZ 1988, 603 ff.

[17] *Sudhoff/Froning* Unternehmensnachfolge § 44 Rn 18; *Koller* § 131 HGB Rn 16; MünchHdb. GesR II/*Klein* KG § 44 Rn 14.

[18] So auch *Volmer*, DB 1998, 2507, 2508; für den Fall einer Buchwertklausel *Reichert*, GmbHR 1998, 257, 263.

[19] Für eine zeitliche Beschränkung der Probezeit auch BGH NJW 1989, 834.

[20] BGH BB 1977, 563; diff. *Priester*, GmbHR 1981, 206, 210 ff.

maßstab ist auch hier in erster Linie § 138 Abs. 1 BGB.[21] Anders als eine bloße Abfindungsbeschränkung wird dies jedoch in der Regel als unentgeltliche Zuwendung an die begünstigten Mitgesellschafter eingestuft, was aus erbrechtlicher Sicht jedoch ebenfalls unbedenklich ist, da die Schenkung bereits mit Abschluss des Gesellschaftsvertrags bzw. Aufnahme der entsprechenden Nachfolgeklausel aufschiebend bedingt vollzogen und somit als unter Lebenden erfolgt zu werten ist (§ 2301 Abs. 2 BGB).[22]

Aufgrund der bei der GmbH vorgeschriebenen Pflicht zur notariellen **8** Beurkundung der Satzung und ihrer späteren Änderungen (§§ 2 Abs. 1 S. 1, 53 Abs. 2 S. 1 GmbHG) ist auch das Formerfordernis des § 518 Abs. 1 S. 1 BGB regelmäßig erfüllt, so dass es anders als bei den Personengesellschaften auf einen Schenkungsvollzug im Sinne von § 518 Abs. 2 BGB nicht ankommt.[23] Der **Schutz der Pflichtteilsberechtigten** richtet sich in einem solchen Fall nach den allgemeinen Bestimmungen der §§ 2316, 2325 ff. BGB. Im Übrigen wird man eine Ausnahme vom Charakter der Unentgeltlichkeit beispielsweise anerkennen müssen, wenn das Einziehungsrecht ohne Entgelt in der Satzung erst dann begründet wird, wenn die Erben zuvor die Frist zur Abtretung gegen Abfindung ungenutzt verstreichen ließen.

Wie in den Fällen des Ausscheidens unter Lebenden bleibt es den Gesell- **9** schaftern unbenommen, bereits in der Nachfolgeklausel die Höhe der Abfindung, die Methoden zu ihrer Berechnung, Zahlungsmodalitäten und andere Einzelheiten zu bestimmen (vgl. § 31 Rn 16). Fehlen derartige Regelungen, ist im Zweifel eine sofort fällige Zahlung in Höhe des Verkehrswerts des Geschäftsanteils geschuldet.[24] Auch damit ist den Erben allerdings nicht geholfen, wenn die verbleibenden Gesellschafter von einem ihnen in der Satzung eingeräumten **Wahlrecht** über den Verbleib des vererbten Geschäftsanteils keinen Gebrauch machen, hiervon aber aufgrund entsprechender gesellschaftsvertraglicher Verknüpfung ihr Abfindungsanspruch abhängt. Besteht beispielsweise eine gesellschaftsvertragliche Verpflichtung der Erben, den ererbten Geschäftsanteil nach Wahl der Gesellschaft an diese oder einen von der Gesellschafterversammlung zu bestimmenden Dritten oder einen Gesellschafter abzutreten, und kann der Geschäftsanteil darüber hinaus nach Wahl auch eingezogen werden, so muss zur Ausübung dieses Wahlrechts ein **Gesellschafterbeschluss** herbeigeführt werden. Aus Sicht der Erben stellt sich die Frage, welche rechtlichen Möglichkeiten sie haben, wenn sich die verbleibenden Gesellschafter weigern, einen derartigen Beschluss zu fassen. Die Antwort hängt von einer Gesamtschau der entsprechenden Satzungsbestimmungen ab und kann daher nur für den Einzelfall gegeben werden.

---

21 *Sudhoff/Froning* Unternehmensnachfolge § 48 Rn 23.

22 *Scholz/Winter* § 15 GmbHG Rn 25 u. 27 m. w. N.; vgl. auch *Scholz/Westermann* § 34 GmbHG Rn 23 ff.; *Gebel*, DStR 1993, 325, 326 ff.; *Fleck*, FS Stimpel, S. 353, 368 ff.

23 *Habersack*, ZIP 1990, 625, 629.

24 *Scholz/Winter* § 15 GmbHG Rn 27.

10 Ergibt sich, dass die Erben in jedem Fall aus der Gesellschaft ausscheiden sollen, so spricht dies dafür, dass den verbleibenden Gesellschaftern lediglich hinsichtlich der Modalitäten des Ausscheidens ein Wahlrecht zustehen soll, nicht jedoch bezüglich des Ausscheidens selbst. Der Verpflichtung der Erben, entsprechend der erklärten Wahl der Gesellschafterversammlung zu verfahren, entspricht bei einer derartigen Satzungsgestaltung eine Verpflichtung der verbleibenden Gesellschafter, das ihnen eingeräumte Wahlrecht zeitnah zum Tod ihres früheren Mitgesellschafters auszuüben, um den Verbleib der Erben in der Gesellschaft möglichst kurz zu halten. Tun sie das nicht, um beispielsweise die Erfüllung des satzungsgemäßen Abfindungsanspruchs des Erben hinauszuzögern, handeln sie treuwidrig im Sinne von § 162 Abs. 1 BGB. Die Heranziehung des in dieser Vorschrift zum Ausdruck kommenden allgemeinen Rechtsgedankens bewirkt, dass der Erbe in einem solchen Fall seinen **Abfindungsanspruch** auch ohne vorausgehende Entscheidung der Gesellschafterversammlung über den Verbleib des ererbten Geschäftsanteils durchsetzen kann.[25]

---

[25] OLG Brandenburg GmbHR 1999, 540, 541 ff.

§ 36 Steuerfolgen beim Übergang des Gesellschaftsanteils von Todes wegen

Übersicht

Schrifttum *Beidenbach/van Lishaut*, Steuerneutrale Übertragung einzelner Wirtschaftsgüter nach Abschaffung des Mitunternehmererlasses?, DB 1999, 1234; *Christoffel*, Überblick über das Jahressteuergesetz 1997, DStR 1997, 270; *Crezelius*, Überlegungen zu § 13 a Abs. 4 und 5 ErbStG 1997, DB 1997, 1586; *Fichtelmann*, Die Erbauseinandersetzung bei der Betriebsaufspaltung im Zivil- und Steuerrecht, GmbHR 1994, 587; *Finkbeiner*, Verfassungsrechtliche Aspekte des Beschlusses des Großen Senats des BFH zum gewerbesteuerlichen Verlustabzug bei Personengesellschaften nach § 10 a GewStG, DB 1993, 2201; *Gebel*, Die qualifizierte Nachfolgeklausel ein Beispiel für die Verzahnung von Einkommensteuer und Erbschaftsteuer, BB 1995, 173; *Groh*, Die Erbauseinandersetzung im Einkommensteuerrecht, DB 1990, 2135; *ders.*, Erben als „Durchgangsunternehmer", DB 1992, 1315; *ders.*, Mitunternehmeranteile in der Erbauseinandersetzung, DB 1991, 724; *Halaczinsky*, Änderungen des Erbschaftsteuerrechts durch das Jahressteuergesetz 1997, NWB 1997 F. 10, 731; *Herzig/Briesemeister*, Systematische und grundsätzliche Anmerkungen zur Einschränkung der steuerlichen Verlustnutzung, DStR 1999, 1377; *Hörger*, Ertragsteuerliche Behandlung der Erbengemeinschaft und ihrer Auseinandersetzung, DStR 1993, 46; *Hörger/Mentel/Schulz*, Ausgewählte Fragen zum Steuerentlastungsgesetz 1999/2000/2002: Unternehmensumstrukturierung, DStR 1999, 573; *Hübner*, Erbschaft- und schenkungsteuerliche Begünstigung der Unternehmensnachfolge durch die §§ 13 a, 19 a ErbStG, NWB F. 10, 787; *Jöst*, Schenkweise Übertragung eines Kommanditanteils mit negativem Kapitalkonto bei der Einkommensteuer, DB 1988, 825; *Jülicher*, Die Nachsteuerregelung der §§ 13 a Abs. 5 ErbStG – Vorsicht, Fußangeln!, DStR 1997,

1949; *Krüger/Siegemund/Köhler,* Die Auswirkungen der Erbschaftsteuerreform auf den unentgeltlichen Übergang von Produktivvermögen, DStR 1997, 637; *Märkle,* Probleme der Erbauseinandersetzung bei im Nachlaß befindlichen Personengesellschaftsanteilen, DStR 1993, 1616; *Söffing,* Die ertragsteuerliche Behandlung der Erbauseinandersetzungen im unternehmerischen Bereich, DStR 1991, 201; *Spiegelberger,* Nachfolge von Todes wegen bei Einzelunternehmen und Gesellschaftsanteilen (Teil II), DStR 1992, 619; *Thiel,* Die neue Erbschaft- und Schenkungsteuer, DB 1997, 68; *Strnad,* Vererblichkeit des einkommensteuerlichen Verlustabzugs (§ 10 d EStG 1997), FR 1998, 935; *Völkers/Hilgenhövel,* Erbfolge in Betriebsvermögen, Zivilrechtliche Probleme bei der Zuweisung des Freibetrages gem. § 13 a Abs. 1 S. 1 ErbStG, ZEV 1997, 141; *Wacker/Franz,* Zur ertragsteuerlichen Behandlung der Erbengemeinschaft und ihrer Auseinandersetzung, BB 1993 Beil. 5.

I. Vorbemerkungen

1 Mit dem Ableben des Gesellschafters einer GmbH & Co. KG sind die Anteile der Kommanditgesellschaft sowie die Anteile der Komplementärgesellschaft Bestandteil des Nachlasses. Das Schicksal dieser Gesellschaftsanteile richtet sich in erster Linie nach den zivilrechtlichen Gegebenheiten, die im Wesentlichen auch für die steuerliche Beurteilung maßgebend sind. Dies betrifft insbesondere Nachfolgeregelungen im Gesellschaftsvertrag. Steuerliche Konsequenzen ergeben sich insbesondere im Bereich der Erbschaft- und Schenkungsteuer, aber auch im Bereich der Ertragsteuern.

Sofern dies nach den Regelungen des Gesellschaftsvertrages zulässig ist, geht mit dem Ableben des Mitunternehmers der Gesellschaftsanteil auf den Erben über. Hat der Erblasser mehrere Erben, geht der Gesellschaftsanteil auf die Erbengemeinschaft über. Die Erbengemeinschaft kann sich in der Folgezeit auseinander setzen bzw. ganz oder teilweise ungeteilt fortbestehen.

2 Mit dem Erbfall gehen jedoch nicht nur die Gesellschaftsanteile auf den oder die Erben über, sondern auch eventuell vorhandenes Sonderbetriebsvermögen des Gesellschafters. Bestehen im Gesellschaftsvertrag Restriktionen hinsichtlich der Nachfolge in den Gesellschaftsanteilen, gilt dies nicht gleichzeitig auch für das Sonderbetriebsvermögen. Hier können sich u. U. Probleme durch eine zwangsweise Realisierung von stillen Reserven ergeben.

3 Bei der Auseinandersetzung einer Erbengemeinschaft stellt sich die zentrale Frage, ob eventuell vorhandene stille Reserven ganz oder teilweise realisiert werden. Dies ist dann der Fall, wenn die Erbauseinandersetzung nach den Grundsätzen der BFH-Rechtsprechung als veräußerungsähnlicher Vorgang zu werten ist. Eine Anschaffung und damit ein entgeltlicher Vorgang wird hiernach immer dann gesehen, wenn einer der Erben im Zuge der Erbauseinandersetzung an die Miterben mehr aufwendet, als ihm nach seiner Erbquote zusteht, er also im Zuge der Erbauseinandersetzung Vermögenswerte außerhalb des Nachlasses zum Wertausgleich an Miterben einsetzt. Die Kosten der Finanzierung der Ausgleichszahlung sind unter diesen Bedingungen als Sonderbetriebsausgaben abzugsfähig.

4 Neben ertragsteuerlichen Gesichtspunkten im Zuge eines Erbfalls sind jedoch in erster Linie auch erbschaftsteuerliche Konsequenzen zu beachten.

Die Anteile der Kommanditgesellschaft sowie der Komplementär-GmbH sind Bestandteil des Nachlasses und führen insoweit zu einem steuerpflichtigen Erwerb.

II. Ertragsteuerliche Konsequenzen des Erbfalls in Abhängigkeit von den Regelungen des Gesellschaftsvertrages

Verstirbt der Kommanditist einer Kommanditgesellschaft, wird, sofern im Gesellschaftsvertrag keine Regelung enthalten ist, die Gesellschaft mit dem oder den Erben fortgesetzt. Im Gesellschaftsvertrag der Kommanditgesellschaft können dagegen abweichend von der gesetzlichen Norm **spezielle Regelungen** getroffen werden: **5**
- Fortsetzungsklausel bzw. Übernahmerecht der Mitgesellschafter
- Einfache Nachfolgeklausel
- Qualifizierte Nachfolgeklausel
- Eintrittsrecht der Erben

Der zivilrechtliche Grundsatz des Vorranges von Gesellschaftsrecht vor dem Erbrecht gilt auch für die steuerliche Beurteilung. Je nach Ausgestaltung der Satzung ergeben sich hiernach unterschiedliche ertragsteuerliche Konsequenzen.

1. Fortsetzungsklausel bzw. Übernahmerecht der Mitgesellschafter

Bestimmt der Gesellschaftsvertrag der Kommanditgesellschaft, dass im Falle des Ablebens eines Gesellschafters die Gesellschaft durch die verbleibenden Gesellschafter fortgeführt wird,[1] scheidet der verstorbene Gesellschafter mit dem Ableben aus der Gesellschaft aus. Das anteilige Gesellschaftsvermögen wächst den Mitgesellschaftern zu. Die Erben haben lediglich einen Abfindungsanspruch gegenüber der Gesellschaft.[2] Die Höhe des Abfindungsanspruchs richtet sich nach den Regelungen im Gesellschaftsvertrag. Ergibt sich ein Wert, der über dem Stand des Kapitalkontos liegt, handelt es sich ertragsteuerlich um die **Veräußerung eines Mitunternehmeranteils**. Da der verstorbene Gesellschafter mit dem Ableben aus der Gesellschaft ausscheidet, ist der Mitunternehmeranteil nicht mehr Bestandteil des Nachlasses, sondern lediglich der Abfindungsanspruch.[3] Der Veräußerungsgewinn wird damit dem **Erblasser** zugerechnet,[4] obwohl der Abfindungsanspruch dem oder den **Erben** zufließt.[5] Dies hat zur Folge, dass die Einkommensteuerbelastung aus der Versteuerung des Veräußerungsgewinns noch in der Person des Erblassers entsteht und damit auch den Wert des Nachlassvermögens mindert, was wiederum von Bedeutung für die Besteuerung mit Erbschaftsteuer bzw. die Ermittlung des steuerpflichtigen Erwerbs ist. In Höhe der Abfindung entstehen für die Gesell- **6**

---

[1] §§ 131 Abs. 3 Nr. 1, 161 Abs. 2 HGB.
[2] *Troll/Gebel/Jülicher* § 13 a ErbStG Rn 34.
[3] *Littmann/Hörger* § 16 EStG Rn 1015.
[4] BFH v. 15. 4. 1993 BStBl. II 1994, 227; BFH v. 13. 11. 1997 BStBl. II 1998, 290.
[5] *Märkle*, DStR 1993, 1616; *Wacker/Franz*, BB 1993 Beil. 5, 24; a. A. *Kirchof/Söhn/Reiß* § 16 EStG Rn B 123.

schaft **eigene Anschaffungskosten** für die Vermögensgegenstände des Gesamthandsvermögens. Die Zurechnung des Veräußerungsgewinns zu dem Erblasser bewirkt weiterhin, dass sich die Frage der Begünstigung des Veräußerungsgewinns, wie z.B. Anwendung des Freibetrages gem. § 16 Abs. 4 EStG, Tarifermäßigungen gem. § 34 EStG, nach den Besteuerungsmerkmalen des Erblassers richten.

7 Enthält der Gesellschaftsvertrag anstelle einer Fortsetzungsklausel das **Recht** für die Mitgesellschafter, innerhalb einer bestimmten Frist nach dem Ableben eines Gesellschafters **den Anteil zu erwerben**, wird der Veräußerungsvorgang nicht dem Erblasser, sondern dem oder den Erben zugerechnet, auch wenn im Gesellschaftsvertrag die Bedingungen des Erwerbs, wie z.B. Kaufpreis, Zahlungsmodalitäten usw. festgelegt sind.[6] Ein Abfindungswert über dem Stand des Kapitalkontos führt also zu einem **Veräußerungsgewinn** für die **Erben**, da diese mit dem Erbfall befristet Gesellschafter der Personengesellschaft geworden sind.[7] Dieser Veräußerungsgewinn ist grundsätzlich gemäß §§ 16, 34 EStG begünstigt. Die Mitgesellschafter haben aus dem Vorgang **eigene Anschaffungskosten** für den Erwerb des Gesellschaftsanteils. Ein eventuell zu zahlender Mehrpreis über den Stand des Kapitalkontos hinaus, wird hiernach in eine steuerliche Ergänzungsbilanz eingestellt. Die Gesamthandsbilanz der Personengesellschaft wird durch diesen Vorgang nicht berührt.

2. Einfache Nachfolgeklausel

8 Ist im Gesellschaftsvertrag vorgesehen, dass die Gesellschaft mit dem oder den Erben fortgesetzt wird, entspricht dies dem gesetzlichen Grundgedanken der §§ 177, 234 Abs. 2 HGB. Es handelt sich dann um die sog. **einfache Nachfolgeklausel**. Mit dem Erbfall wird jeder der Miterben entsprechend seiner Erbquote Gesellschafter der Personengesellschaft.[8] Diese zivilrechtliche Wertung wird auch für das Steuerrecht übernommen, so dass mit dem Erbfall die Erben des Kommanditanteils Mitunternehmer der GmbH & Co. KG werden.[9] Steuerlich handelt es sich um den unentgeltlichen Übergang eines Mitunternehmeranteils gem. § 6 Abs. 3 EStG, durch den der oder die Erben (ggf. quotal) in die steuerliche Stellung des Erblassers eintreten. Entsprechend der zivilrechtlichen Folge wird nicht die Erbengemeinschaft als solche Mitunternehmerin der GmbH & Co. KG, sondern die einzelnen Miterben werden dies unmittelbar. Allerdings gilt das nicht für eventuelles Sonderbetriebsvermögen des Erblassers, dieses bleibt Bestandteil des ungeteilten Nachlasses.[10]

9 Mit dem Übergang des Gesellschaftsanteils an der Kommanditgesellschaft sowie der Komplementärgesellschaft auf die einzelnen Miterben ergeben sich für die GmbH & Co. KG grundsätzlich keine wesentlichen Konsequenzen. Der Wertansatz der Vermögensgegenstände und Schulden

---

[6] BFH v. 5.7.1990 BStBl. II 1990, 837.

[7] *Wacker/Franz*, BB 1993 Beil. 5, 27; *L. Schmidt/Wacker* § 16 EStG Rn 664.

[8] BGHZ 98, 48.

[9] BFH v. 16.5.1995 BStBl. II 1995, 714.

[10] BFH v. 29.10.1991 BStBl. II 1992, 512; *Groh*, DB 1991, 725.

in der Gesamthandsbilanz bleibt unverändert. Die Gesellschafterkonten des Erblassers werden auf die einzelnen Miterben aufgeteilt. Die Erben **führen die steuerlichen Buchwerte** des **Erblassers fort**. Dies hat zur Folge, dass eine eventuell bestehende **Ergänzungsbilanz** des Erblassers quotal auf die Erben aufgeteilt wird. Auch die Buchwerte des Sonderbetriebsvermögens werden durch die Erbengemeinschaft gemäß § 6 Abs. 3 EStG unverändert fortgeführt.[11] Eine Realisierung von stillen Reserven unterbleibt selbst dann, wenn mit dem Erbfall **die Gesellschafterstellung** des Erben **gewandelt** wird, beispielsweise wenn diese von der Stellung des Erblassers als persönlich haftender Gesellschafter für den Erben in die Stellung eines Kommanditisten gewandelt wird.[12]

Die unmittelbare Aufnahme der einzelnen Miterben als Mitunternehmer **10**
hindert nicht den Einbezug des Kommanditanteils sowie des Stammanteils an der Komplementär GmbH in eine Erbauseinandersetzung der Erbengemeinschaft. Ob sich im Zuge dieser Erbauseinandersetzung für die einzelnen Miterben ein Veräußerungsgewinn ergibt, beurteilt sich nach allgemeinen Grundsätzen. Eine Realisierung von stillen Reserven kann dann unterbleiben, wenn das Nachlassvermögen insgesamt ausreicht, eine **Realteilung ohne Spitzenausgleich** zwischen den einzelnen Miterben vorzunehmen.[13]

Enthält der Gesellschaftsvertrag eine einfache Nachfolgeklausel, werden **11**
die einzelnen Erben unmittelbar Mitunternehmer der Kommanditgesellschaft. Dies gilt auch dann, wenn im Testament des Erblassers eine **Teilungsanordnung** dergestalt enthalten ist, dass lediglich einer der Erben Gesellschafter werden soll.[14] Der Vollzug dieser Teilungsanordnung des Erblassers kann hiernach unter Umständen zu einer teilweisen Realteilung der Erbengemeinschaft mit Spitzenausgleich und damit zu einer teilweisen Realisierung von stillen Reserven führen. Eine Auflösung von stillen Reserven und dadurch ausgelöst eine Liquiditätsbelastung zur Finanzierung der Steuerbelastung auf den Veräußerungsgewinn könnte dadurch vermieden werden, dass im Testament nicht eine Teilungsanordnung, sondern ein Vorausvermächtnis über den Kommanditanteil aufgenommen wird.

3. Qualifizierte Nachfolgeklausel

Ist im Gesellschaftsvertrag eine Regelung enthalten, nach der Nachfolger **12**
in den Gesellschaftsanteil lediglich ein bestimmter Erbe sein kann bzw. lediglich ein Erbe mit einer bestimmten Eigenschaft, wie z. B. ein männlicher Nachkomme, oder den Nachfolger mit Abschluss eines Ingenieurstudiums, wird mit dem Erbfall zivilrechtlich nur der **qualifizierte Miterbe** Gesellschafter der Personengesellschaft. Die Behandlung entspricht in etwa einer Teilungsanordnung des Erblassers mit unmittelbarer dinglicher Wirkung.[15] Die anderen Miterben haben lediglich einen Wertausgleichsan-

---

[11] BFH v. 16. 5. 1995 BStBl. II 1995, 714.
[12] *L. Schmidt/Wacker* § 16 EStG Rn 666.
[13] BMF v. 11. 1. 1993 BStBl. I 1993, 62 Rn 82.
[14] *Groh*, DB 1990, 2140; *Märkle*, DStR 1993, 1617.
[15] *Littmann/Hörger* § 16 EStG Rn 1062.

spruch gegenüber dem qualifizierten Miterben, nicht jedoch gegenüber der Gesellschaft.[16]

13 Diese zivilrechtliche Wertung wird auch für das Steuerrecht übernommen. Nur der qualifizierte Erbe, nicht jedoch die Miterben werden Mitunternehmer der Kommanditgesellschaft.[17] Der qualifizierte Erbe erhält den Mitunternehmeranteil direkt von dem Erblasser und tritt gem. § 6 Abs. 3 EStG in dessen steuerliche Rechtsstellung ein. Der schuldrechtliche Wertausgleichsanspruch der Miterben gegenüber dem qualifizierten Nachfolger ist **nicht** ausreichend, um eine Mitunternehmerstellung der (nicht qualifizierten) Miterben zu begründen, da sie zwar am Wert des Gesellschaftsanteils zum Todeszeitpunkt partizipieren, insgesamt jedoch keine Mitunternehmerinitiative entfalten können.[18] Die unmittelbare Begründung der Mitunternehmerstellung des qualifizierten Erbens bewirkt, dass der Wertausgleich gegenüber den (nicht qualifizierten) Miterben bei diesen **weder** zu einem **Veräußerungsgewinn noch** bei dem qualifizierten Miterben zu **Anschaffungskosten** führt, die etwa im Rahmen einer Ergänzungsbilanz zu erfassen wären.

14 Da der Wertausgleich zwischen den Erben nicht zu einem Veräußerungsvorgang führt, wird auch die entsprechende **Wertausgleichsverbindlichkeit** nicht als betrieblich bedingt, sondern als reine Privatschuld angesehen. Die Fremdfinanzierung der Wertausgleichsschuld ist nicht als passives Sonderbetriebsvermögen auszuweisen, entsprechende Finanzierungskosten gelten hiernach nicht als Sonderbetriebsausgaben.[19] Wegen des unmittelbaren kausalen Zusammenhangs der Wertausgleichsverbindlichkeit mit dem (unentgeltlichen) Erwerb des Mitunternehmeranteils ist u. E. demgegenüber jedoch eine Wertung als betrieblich bedingte Verbindlichkeit und damit der Ausweis als passives Sonderbetriebsvermögen sachgerecht.[20]

4. Einfluss auf die Verlustverrechnung

15 **a) Verrechenbare Verluste gemäß § 15 a EStG.** Mit dem unentgeltlichen Übergang eines Mitunternehmeranteils **tritt der Übernehmer** des Anteils gemäß § 6 Abs. 3 EStG in die **Rechtsstellung** des bisherigen Mitunternehmers ein. Auf Ebene der Kommanditgesellschaft ergibt sich durch den Gesellschafterwechsel keine Änderung. Auch der Neugesellschafter hat aus dem unentgeltlichen Übergang der Gesellschaftsanteile keine zusätzlichen Anschaffungskosten.[21]

16 Mit der unentgeltlichen Übertragung des Mitunternehmeranteils gehen grundsätzlich alle **Gesellschafterkonten** auf den Rechtsnachfolger über, es sei denn, einzelne Konten, wie z. B. das Verrechnungskonto, sind ausdrücklich von der unentgeltlichen Übertragung ausgenommen. Damit

---

[16] *K. Schmidt* Gesellschaftsrecht § 45 V Rn 5.

[17] BFH v. 29. 10. 1991 BStBl. II 1992, 512.

[18] *Söffing*, DStR 1991, 205; *Spiegelberger*, DStR 1992, 619; a. A. *Groh*, DB 1991, 724.

[19] BFH v. 27. 7. 1993 BStBl. II 1994, 625.

[20] *L. Schmidt/Wacker* § 16 EStG Rn 673.

[21] *Jöst*, DB 1988, 825.

geht grundsätzlich auch ein eventuell vorhandenes negatives Kapitalkonto bzw. ein bestehendes Kapitalverlustkonto gem. § 6 Abs. 3 EStG auf den Erben über. Aus der Übertragung eines eventuell vorhandenen negativen Kapitalkontos entsteht für den Neugesellschafter jedoch kein ausgleichsfähiger Verlust.[22]

Hat der Altgesellschafter einen **Bestand an verrechenbaren Verlusten gemäß § 15 a EStG**, geht auch dieser auf den Neugesellschafter über,[23] da der Erbe in die Rechtsstellung des Erblassers eintritt. Zukünftige Verluste aus dem Mitunternehmeranteil werden dem Neugesellschafter allerdings zugerechnet. Soweit ein Bestand an verrechenbaren Verlusten gemäß § 15 a EStG übernommen worden ist, können diese von dem Erben mit künftigen Gewinnen aus der Beteiligung verrechnet werden.[24] Der Bestand an verrechenbaren Verlusten kann damit im Wege der Erbfolge sowie im Wege der unentgeltlichen Zuwendung unter Lebenden übertragen werden.[25] 17

Wird ein Mitunternehmeranteil mit einem negativen Kapitalkonto unentgeltlich übertragen, ergibt sich die Rechtsfolge nach § 6 Abs. 3 EStG, d.h. der Eintritt in die Rechtsstellung des Schenkers/Erblassers nur insoweit, als **stille Reserven im Gesellschaftsanteil** enthalten sind. Reichen die anteiligen stillen Reserven des Mitunternehmeranteils nicht aus, das negative steuerliche Kapitalkonto abzudecken, ist der überschießende Teil des negativen Kapitalkontos **erfolgswirksam aufzulösen** und führt für den Erblasser zu einem steuerpflichtigen Ertrag.[26] Der Neugesellschafter hat in Höhe des Gewinns einen steuerlichen Ausgleichsposten zu bilden, der mit zukünftigen steuerlichen Gewinnen verrechnet werden kann, so dass sich insoweit keine Doppelbelastung ergibt. 18

b) Gewerbesteuerliche Verlustvorträge. Gewerbesteuerliche Verlustvorträge einer Personengesellschaft können nach § 10 a GewStG unbeschränkt vorgetragen und mit künftigen Gewerbeerträgen verrechnet werden, allerdings beschränkt durch die sog. Mindestbesteuerung.[27] Da eine GmbH & Co. KG für Zwecke der Besteuerung mit Gewerbesteuer über eine beschränkte Steuersubjektfähigkeit verfügt, erfolgt die Verrechnung der gewerbesteuerlichen Verlustvorträge auf Ebene der Kommanditgesellschaft. Die Verrechnung der gewerbesteuerlichen Verlustvorträgen mit künftigen Gewerbeerträgen setzt nach ständiger Rechtsprechung des BFH die **Unternehmens-** sowie die **Unternehmeridentität** voraus.[28] Das Erfordernis der Unternehmensidentität ergibt sich dabei aus dem Objektsteuercharakter der Gewerbesteuer.[29] Geht der Anteil an einer Personengesellschaft im Wege der Erbfolge auf den oder die Erben über, wird 19

---

22 *Littmann/Bitz* § 15 a EStG Rn 54; *L. Schmidt/Wacker* § 15 a EStG Rn 230.
23 BFH v. 15. 7. 1986 BStBl. II 1986, 896.
24 BFH v. 11. 5. 1995 BB 1995, 1520.
25 *Strnad*, FR 1998, 935.
26 *L. Schmidt/Wacker* § 15 a EStG Rn 232.
27 Verrechnung je Kalenderjahr bis 1 Mio. EUR, darüber hinaus nur zu 60%.
28 BFH v. 4. 2. 1966 BStBl. III 1966, 374; BFH v. 12. 1. 1983 BStBl. II 1983, 425; BFH v. 19. 12. 1984 BStBl. II 1985, 403.
29 *Lenski/Steinberg* § 10 a GewStG Rn 17, 25.

hierdurch die Gesellschaft zunächst nicht berührt. Allein durch den unentgeltlichen Übergang des Gesellschaftsanteils ändert sich die gewerbliche Betätigung der Gesellschaft nicht. Das Kriterium der Unternehmensgleichheit ist deshalb erfüllt.

20 Neben der Unternehmensgleichheit verlangt das Gesetz jedoch weiterhin die **Unternehmeridentität**, nach der bei einer Personengesellschaft auf die einzelnen Mitunternehmer abgestellt wird. Nur soweit ein Mitunternehmer zum Zeitpunkt der Verlustentstehung an einer Personengesellschaft beteiligt ist, soll auch in Zukunft eine Verrechnung von Gewerbeerträgen mit den bestehenden gewerbesteuerlichen Verlustvorträgen möglich sein.[30]

21 Etwas anderes soll nach den Vorstellungen des BFH auch dann nicht gelten, wenn der Mitunternehmeranteil im Wege der **Erbfolge** auf einen anderen Gesellschafter übergeht.[31] Der Erbe tritt bürgerlich-rechtlich in die Rechtsstellung des Erblassers ein (§ 1922 BGB). Diese Rechtsfolge wird grundsätzlich auch für das Steuerrecht übertragen. Bestehende einkommensteuerliche Verlustvorträge des Erblassers können deshalb von dem oder den Erben mit künftigen eigenen positiven Einkünften verrechnet werden.[32] Die Betrachtungsweise im Bereich des Einkommensteuerrechts wird jedoch nicht auf die Gewerbesteuer übertragen. Die Regelung zum Verlustabzug in § 10a GewStG wird insoweit als eigenständige Regelung begriffen, so dass auch bei dem Übergang eines Kommanditanteils im Wege der Erbfolge bestehende **gewerbesteuerliche Verlustvorträge anteilig verloren gehen**.[33]

III. Schicksal des Sonderbetriebsvermögens

22 Verfügt der Erblasser zum Zeitpunkt seines Todes auch über Sonderbetriebsvermögen, ist dieses Bestandteil des gesamthänderisch gebundenen Nachlasses der Erbengemeinschaft. Sonderbetriebsvermögen gilt als Teil des Mitunternehmeranteils und wird damit auch von § 6 Abs. 3 EStG erfasst, d. h. auch insoweit gehen die steuerlichen Buchwerte des Erblassers auf den oder die Erben über. Eventuelle Restriktionen des Gesellschaftsvertrages hinsichtlich des Übergangs des Kommanditanteils bzw. des Gesellschaftsanteils der Komplementärgesellschaft sind lediglich auf die Gesellschaftsanteile beschränkt, erfassen jedoch **nicht** das Sonderbetriebsvermögen.

23 Ist im Gesellschaftsvertrag eine **Fortsetzungsklausel** verankert, scheidet der Erblasser mit seinem Tod aus der Gesellschaft aus. Ein eventueller Veräußerungsgewinn wird dem **Erblasser** zugerechnet. Mit dem Ausscheiden

---

[30] BFH v. 5. 9. 1990 BStBl. II 1991, 25; BFH v. 27. 1. 1994 BStBl. II 1994, 477; krit. *Finkbeiner*, DB 1993, 2201; *Glanegger/Güroff* § 10a GewStG Rn 12.

[31] BFH v. 4. 2. 1966 BStBl. III 1966, 374.

[32] BFH v. 17. 5. 1972 BStBl. II 1972, 621; krit. jedoch BFH v. 5. 5. 1999 BB 1999, 1798; *Herzig/Briesemeister*, DStR 1999, 1377; BFH v. 22. 10. 2003, BStBl. II 2004, 414; a. A. BFH v. 10. 4. 2003, BFH/NV 2003, 1364.

[33] BFH v. 7. 12. 1993 BStBl. II 1994, 331.

aus der Gesellschaft verliert der Erblasser auch die Stellung als Mitunternehmer. Damit fehlt für das Sonderbetriebsvermögen die Anknüpfungsmöglichkeit an die Betriebsvermögenseigenschaft. Es erfolgt somit eine zwangsweise **Entnahme** aus dem Sonderbetriebsvermögen in das Privatvermögen. Auch ein eventueller Gewinn aus der Entnahme des Sonderbetriebsvermögens wird dem Erblasser zugerechnet und ist Bestandteil des steuerlichen Aufgabegewinns.[34]

Ist im Gesellschaftsvertrag dagegen ein **Übernahmerecht** der Mitgesellschafter auf den Gesellschaftsanteil enthalten, erfasst das Übernahmerecht der Mitgesellschafter üblicherweise nicht gleichzeitig auch die Vermögensgegenstände, die sich im Alleineigentum eines Gesellschafters befinden, auch wenn diese von der Gesellschaft genutzt werden. Mit der Übernahme des Gesellschaftsanteils durch die Mitgesellschafter verlieren diese Vermögensgegenstände die Betriebsvermögenseigenschaft. Es erfolgt eine zwangsweise Entnahme in das Privatvermögen und damit eine Auflösung von stillen Reserven. Anders als im Falle der Fortsetzungsklausel im Gesellschaftsvertrag wird dieser **Entnahmegewinn** jedoch den **Erben** zugerechnet. 24

Ist im Gesellschaftsvertrag eine **einfache Nachfolgeklausel** vereinbart, geht der Gesellschaftsanteil anteilig auf die Erben über. Das Sonderbetriebsvermögen des Erblassers bleibt zunächst Vermögen der ungeteilten Erbengemeinschaft, deren Mitglieder mit dem Erbfall Mitunternehmer der GmbH & Co. KG geworden sind. Die Mitunternehmerstellung der Erben **ist** ausreichend, um auch die Betriebsvermögenseigenschaft des Sonderbetriebsvermögens zu erhalten, obwohl dieses noch Vermögensmasse der Erbengemeinschaft darstellt. 25

Enthält der Gesellschaftsvertrag dagegen eine **qualifizierte Nachfolgeklausel**, können nur die qualifizierten Miterben Gesellschafter der GmbH & Co. KG werden. Diese Restriktion erfasst **nicht** gleichzeitig auch das **Sonderbetriebsvermögen** des Erblassers. Mit dem Erbfall geht der Gesellschaftsanteil unmittelbar auf den oder die qualifizierten Miterben über, wohingegen das Sonderbetriebsvermögen Bestandteil des Nachlasses bleibt. Soweit das Sonderbetriebsvermögen anteilig den nicht qualifizierten Erben zugerechnet wird, erfolgt zwangsweise eine Entnahme in das Privatvermögen und damit eine Auflösung von eventuell vorhandenen stillen Reserven in den betreffenden Vermögensgegenständen.[35] Da dieser Entnahmegewinn nicht gleichzeitig auch zu einer Realisierung von stillen Reserven im Gesellschaftsanteil führt, handelt es sich um einen **nicht** begünstigten Gewinn, der noch dem Erblasser zugerechnet wird,[36] da die übrigen (nicht qualifizierten) Miterben nicht Mitunternehmer geworden sind. Von dieser Rechtsfolge sind insbesondere auch die Anteile an der Komplementärgesellschaft betroffen, wenn der Erblasser diese Anteile direkt gehalten hat. Diese Rechtsfolge kann durch eine testamentarische **Teilungsanordnung** dergestalt, dass dem qualifizierten Erben auch das 26

---

[34] *Märkle*, DStR 1993, 1616.
[35] *Littmann/Hörger* § 16 EStG Rn 1066.
[36] BFH v. 29. 10. 1991 BStBl. II 1992, 512; BMF v. 11. 1. 1993 BStBl. I 1993, 62.

Sonderbetriebsvermögen zugeordnet wird,[37] nicht vermieden werden, da mit dem Erbfall grundsätzlich der gesamte Nachlass und damit auch die Vermögensgegenstände des Sonderbetriebsvermögens auf die Erbengemeinschaft übergehen.

Je nach Fallgestaltung kann sich unter Umständen entweder aus einer gesellschaftsvertraglichen Regelung oder aus einer ausdrücklichen testamentarischen Verfügung ein unterschiedliches Schicksal des Kommanditanteils einerseits und eventuell vorhandenem Sonderbetriebsvermögen andererseits ergeben. Die unentgeltliche Buchwertübertragung gem. § 6 Abs. 3 EStG setzt einen Mitunternehmeranteil voraus. Eventuell vorhandenes Sonderbetriebsvermögen ist zwingend Bestandteil dieses Mitunternehmeranteils. Die Übertragung **eines Teils eines Mitunternehmeranteils** setzt grundsätzlich auch die quotale Mitübertragung von (eventuell vorhandenem) Sonderbetriebsvermögen voraus.[38] Durch eine entsprechende Anpassung des § 6 Abs. 3 S. 3 EStG wurde jedoch klargestellt, dass die Buchwertübertragung eines Mitunternehmeranteils auch dann möglich ist, wenn nicht gleichzeitig Sonderbetriebsvermögen mitübertragen wird.

27 Verfügt ein Gesellschafter über Sonderbetriebsvermögen mit umfangreichen stillen Reserven, sollte die **Nachfolgeregelung** unter Beachtung der oben geschilderten Rechtsfolgen **geplant** werden. So sollte in Erwägung gezogen werden, das Sonderbetriebsvermögen frühzeitig gem. § 6 Abs. 5 S. 3 EStG zu Buchwerten in eine Objekt-GmbH & Co. KG einzulegen (vgl. dazu § 5 Rn 70),[39] um die Auflösung der stillen Reserven im Sonderbetriebsvermögen aus der zwangsweisen (Teil-) Entnahme zum Zeitpunkt des Ablebens des Erblassers zu vermeiden. Eine weitere Möglichkeit der Vermeidung einer zwangsweisen Auflösung von stillen Reserven besteht darin, das Sonderbetriebsvermögen gemeinsam mit dem Mitunternehmeranteil aufgrund § 20 bzw. § 24 UmwStG zum Buchwert in eine Kapitalgesellschaft oder in eine weitere Personengesellschaft einzulegen.

28 Denkbar ist weiterhin, die testamentarischen Vorstellungen des Erblassers insgesamt in die Regelungen des Gesellschaftsvertrages einzubinden. Es könnte beispielsweise erwogen werden, den für die Nachfolge in die Gesellschaft qualifizierten Erben auch gleichzeitig als Alleinerben einzusetzen und den (ursprünglichen) Miterben nicht betriebliche Vermögensgegenstände im Wege eines **Sachvermächtnisses** zuzuordnen, so dass diese wertmäßig nicht benachteiligt sind.[40] Das gleiche Ergebnis wird erreicht, wenn der Erblasser dem qualifizierten Miterben das Sonderbetriebsvermögen **auf den Zeitpunkt des Todes schenkt** gem. § 2301 BGB. Das Sonderbetriebsvermögen wird in diesem Fall nicht Bestandteil des Nachlasses.[41]

---

[37] *Fichtelmann*, GmbHR 1994, 587; *Groh*, DB 1992, 1315.

[38] Zur Tarifermäßigung BFH v. 12.4. 2000 BStBl. II 2001, 26; BFH v. 6.12. 2000 BFH/NV 2001, 548; BMF v. 3.3.2005, DStR 2005, 476, Rn 9ff.

[39] *Littmann/Hörger* § 16 EStG Rn 1078; zu Gesamtplan vgl. BMF v. 3.3.2005, DStR 2005, 476, Rn 7.

[40] *Wacker/Franz*, BB 1993 Beil. 5, 24.

[41] *Littmann/Hörger* § 16 EStG Rn 1076.

Der Gesellschaftsanteil mit dem Sonderbetriebsvermögen könnte weiterhin im Wege der **vorweggenommenen Erbfolge** schenkweise auf den qualifizierten Nachfolger übertragen werden.[42] Dabei ist es zulässig, Sonderbetriebsvermögen bei einer weiterbestehenden (geringen) Beteiligung an der Kommanditgesellschaft insgesamt zurückzuhalten, ohne dass dies schädlich für die Buchwertübertragung gem. § 6 Abs. 3 EStG ist. Problematisch ist diese Lösung allerdings deshalb, als der Zeitpunkt des Ablebens üblicherweise nicht vorherbestimmt werden kann, der Verlust der Gesellschafterstellung für den Altgesellschafter jedoch endgültig ist. Durch diese Gestaltungsvariante wird dann zwar das steuerlich erwünschte Ziel erreicht, sie muss jedoch mit dem Willen des Gesellschafters einhergehen, sich noch zu Lebzeiten aus der Gesellschaft zurückzuziehen.

IV. Gesellschaftsanteil an einer Personengesellschaft im Rahmen der Erbauseinandersetzung

Hat ein Erblasser mehrere Erben, entsteht mit dem Erbfall eine Erbengemeinschaft. Verständigen sich die Erben über die Verteilung der Nachlassgegenstände, handelt es sich um eine **Erbauseinandersetzung**. Insbesondere bei großen Vermögen kann sich die Erbauseinandersetzung in mehreren Schritten vollziehen. Es handelt sich dann um mehrere **Teilerbauseinandersetzungen**. 29

Nach der früheren Rechtsprechung des Bundesfinanzhofs bildeten Erbfall und eine in zeitlichem Zusammenhang durchgeführte Erbauseinandersetzung eine **Einheit**[43] **(Einheitstheorie)**. Die Erbauseinandersetzung führte deshalb im Allgemeinen nicht zu einer Realisierung von stillen Reserven, da die unter Umständen gegen Ausgleichszahlung ausscheidenden Miterben so behandelt wurden, als ob sie vom Erblasser ein Geldvermächtnis erhalten hätten. Der Große Senat des BFH hat diese Rechtsprechung im Urteil vom 5. Juli 1990[44] aufgegeben. Nach der neuen Rechtsauffassung sind Erbfall und Erbauseinandersetzung nun als **getrennte** Vorgänge zu beurteilen. Selbst wenn die Erbauseinandersetzung in engem zeitlichem Zusammenhang mit dem Erbfall erfolgt, wird die Erbengemeinschaft als steuerlich existent angesehen. Die Finanzverwaltung hat die vom Bundesfinanzhof aufgestellten Grundsätze aufgegriffen und hierzu einen umfangreichen Anwendungserlass veröffentlicht.[45]

Auch nach Aufgabe der sog. Einheitstheorie ist eine Erbauseinandersetzung grundsätzlich **ohne** Realisierung von stillen Reserven möglich. Die Erbauseinandersetzung gilt jedoch nur insoweit als unentgeltlicher Vorgang, soweit zwischen den Erben **kein Spitzenausgleich** gezahlt wird. Sobald ein Erbe im Rahmen einer Erbauseinandersetzung oder Teilerbauseinandersetzung Vermögen außerhalb des Erbteils für Ausgleichszahlungen an Miterben einsetzen muss, weil der Wert der zugewiesenen Vermögenswerte 30

[42] *Littmann/Hörger* § 16 EStG Rn 1082.
[43] BFH v. 6. 2. 1987 BStBl. II 1987, 423.
[44] BFH v. 5. 7. 1990 BStBl. II 1990, 837.
[45] BMF v. 11. 1. 1993 BStBl. I 1993, 62.

den Wert seines Erbanteils übersteigt, führt dies zu einem **Spitzenausgleich**[46] und in diesem Umfang zu einem (teil-) entgeltlichen Vorgang.[47] Der Spitzenausgleich führt in dem Maße zu einem entgeltlichen Vorgang, wie sich die Ausgleichszahlung zum Gesamtwert des Nachlasses verhält. Die steuerlichen Konsequenzen für die beteiligten Miterben sind von den Umständen des Einzelfalles abhängig. Soweit die Erbauseinandersetzung als **unentgeltlicher Vorgang** gewertet wird, werden die steuerlichen Buchwerte des Erblassers gemäß § 6 Abs. 3 EStG (anteilig) fortgeführt. Soweit die Erbauseinandersetzung als **entgeltlicher Vorgang** gilt, hat der zahlende Miterbe Anschaffungskosten für die übernommenen Vermögensgegenstände. Die Steuerfolgen für den weichenden Miterben sind davon abhängig, ob durch die Erbauseinandersetzung anteiliges Betriebsvermögen, ein Anteil an einer Personengesellschaft oder etwa Privatvermögen betroffen ist.

31 Wurden von dem Erblasser **Geld- oder Sachvermächtnisse** ausgesetzt, führt deren Erfüllung **nicht** zu einem **(teil-) entgeltlichen Vorgang**. Es handelt sich vielmehr insgesamt um eine **unentgeltliche Transaktion**. Die Vermächtnisse bilden Nachlassverbindlichkeiten, deren Erfüllung für die betroffenen Miterben nicht zu zusätzlichen Anschaffungskosten führen. Auch für die Vermächtnisnehmer ist der Erhalt des Vermächtnisses insgesamt ein unentgeltlicher Vorgang. Handelt es sich um ein Sachvermächtnis, werden gemäß § 6 Abs. 3 EStG die steuerlichen Buchwerte des Erblassers fortgeführt.

32 Bei der steuerlichen Beurteilung der Erbauseinandersetzung wird üblicherweise danach unterschieden, ob es sich bei dem Nachlass um
- reines Privatvermögen,
- reines Betriebsvermögen oder um einen
- Mischnachlass

handelt.

War der Erblasser Gesellschafter einer GmbH & Co. KG, liegt entweder ein Nachlass über reines Betriebsvermögen oder ein Mischnachlass vor. Unabhängig von der Zusammensetzung des Nachlasses gilt die Erbauseinandersetzung dann als **unentgeltlicher Vorgang**, wenn von dem oder den Erben kein freies Vermögen in die Erbauseinandersetzung einbezogen wird. Für die Qualifikation als unentgeltlicher Vorgang ist es hiernach unbeachtlich, wenn bei einem Mischnachlass einer der Miterben lediglich das Privatvermögen übernimmt, wie z. B. Wertpapiere, Aktien, Finanzanlagen usw.,[48] ein anderer Miterbe hingegen den Kommanditanteil an einer GmbH & Co. KG bzw. die Stammanteile der Komplementär-GmbH.[49] Wird ein Gesellschaftsanteil sowie eventuell vorhandenes Sonderbetriebsvermögen in die Realteilung der Erbengemeinschaft einbezogen, gelten die gleichen Grundsätze, d. h. die überproportionale Zuweisung von anteiligem Sonderbetriebsvermögen führt nicht zu der Qualifikation als Spitzenausgleich.[50]

---

[46] *L. Schmidt/Wacker* § 16 EStG Rn 609.

[47] BFH v. 5. 7. 1990 BStBl. II 1990, 837.

[48] BFH v. 28. 11. 1991 BStBl. II 1992, 381.

[49] BMF v. 11. 1. 1993 BStBl. I 1993, 62 Rn 33.

[50] *Littmann/Hörger* § 16 EStG Rn 1052.

Ist im Gesellschaftsvertrag der Kommanditgesellschaft eine **einfache Nachfolgeklausel** enthalten, werden mit dem Erbfall alle Erben Mitunternehmer der Gesellschaft. Verläuft die Erbauseinandersetzung zwischen den Erben dergestalt, dass lediglich einer der Miterben Gesellschafter der GmbH & Co. KG bleiben soll, führt dies in dem Umfang zu einem entgeltlichen Vorgang, wie der übernehmende Erbe **Ausgleichszahlungen** an die Miterben leistet. Für die scheidenden Miterben handelt es sich anteilig um eine Veräußerung eines Mitunternehmeranteils. Der übernehmende Miterbe hat in Höhe der Ausgleichszahlungen Anschaffungskosten auf die Beteiligung. Die steuerliche Behandlung richtet sich hierbei nach allgemeinen Grundsätzen, d. h. für den übernehmenden Miterben ist ggf. in Höhe der geleisteten Mehrzahlung über das anteilige Kommanditkapital eine steuerliche Ergänzungsbilanz aufzustellen.[51] 33

Ist im Gesellschaftsvertrag der Personengesellschaft dagegen eine **qualifizierte Nachfolgeklausel** enthalten, wird mit dem Erbfall allein der qualifizierte Miterbe Gesellschafter der GmbH & Co. KG. Die übrigen Miterben haben gegenüber dem qualifizierten Erben lediglich einen Wertausgleichsanspruch. Soweit dieser Wertausgleichsanspruch durch übrige Bestandteile des Nachlasses ausgeglichen werden kann, etwa durch bevorrechtigte Zuordnung von Geldvermögen ergeben sich keine Besonderheiten. Reicht das Nachlassvermögen jedoch nicht aus, um den Wertausgleichsanspruch der (nicht qualifizierten) Miterben abzudecken, muss dieser im Rahmen der Erbauseinandersetzung freies Vermögen einsetzen. Wegen des unmittelbaren Erwerbs des Gesellschaftsanteils durch den qualifizierten Miterben kann sich dabei **kein** entgeltlicher Veräußerungsvorgang ergeben, selbst wenn im Zuge der Erbauseinandersetzung durch den Zahlungsverpflichteten freie Mittel eingesetzt werden. Die nicht qualifizierten Miterben erzielen demnach keinen steuerpflichtigen Veräußerungsgewinn.[52] Der qualifizierte Miterbe hat aus der Transaktion keine zusätzlichen Anschaffungskosten auf die Beteiligung.[53] Wegen der Wertung der Erbauseinandersetzung als unentgeltlicher Vorgang soll auch die **Fremdkapitalaufnahme** zur Finanzierung der Wertausgleichsschuld nicht als negatives Sonderbetriebsvermögen zu behandeln sein, so dass auch die Fremdkapitalzinsen steuerlich nicht als Sonderbetriebsausgaben geltend gemacht werden können.[54] Wegen des kausalen Zusammenhangs zum Erwerb des Gesellschaftsanteils ist eine Qualifikation dieses Fremdkapitals als Sonderbetriebsvermögen jedoch geboten.[55] 34

Hat der Erblasser auch **Sonderbetriebsvermögen zu** seiner Beteiligung an der GmbH & Co. KG gehalten, ist dieses nicht durch eventuelle Einschränkungen des Gesellschaftsvertrages über die Nachfolge im Gesellschaftsanteil erfasst. Es besteht grundsätzlich die Gefahr der anteiligen 35

---

[51] *Söffing*, DStR 1991, 203; *Groh*, DB 1990, 2138; *Wacker/Franz*, BB 1993 Beil. 5, 7.

[52] BFH v. 29. 10. 1991 BStBl. II 1992, 512.

[53] *Söffing*, DStR 1991, 205; *Wacker/Franz*, BB 1993 Beil. 5, 24; *Märkle*, DStR 1993, 1618.

[54] BFH v. 27. 7. 1993 BStBl. II 1994, 625.

[55] *L. Schmidt/Wacker* § 16 EStG Rn 673.

Gewinnrealisierung zum Zeitpunkt des Ablebens des Erblassers. Ist im Gesellschaftsvertrag der Personengesellschaft eine einfache Nachfolgeklausel enthalten, geht der Gesellschaftsanteil anteilig auf die Miterben über. Das Gleiche gilt für eventuell vorhandenes Sonderbetriebsvermögen. Eine Realisierung von stillen Reserven erfolgt in diesem Fall zunächst nicht.

36 Im Zuge der Erbauseinandersetzung kann ein **einzelner Gegenstand** des **Sonderbetriebsvermögens**, wie z. B. ein Mietshaus, dergestalt einbezogen werden, dass der weichende Miterbe diesen Vermögensgegenstand zu Alleineigentum erhält. Bei gleichzeitiger Aufgabe seiner Mitunternehmerstellung wird dies ähnlich einem Ausscheiden aus der Personengesellschaft gegen Sachwertabfindung behandelt. Die steuerliche Beurteilung dieser Transaktion erfolgt also zweigeteilt. In einem ersten Schritt erfolgt das Ausscheiden aus der Mitunternehmerschaft gegen Abfindungsanspruch. Dieser Abfindungsanspruch wird in einem zweiten Schritt durch die Übertragung des Vermögensgegenstandes zu Alleineigentum erfüllt. Der übernehmende Miterbe hat aus dem Ausscheiden des weichenden Miterben anteilige Anschaffungskosten auf den Gesellschaftsanteil sowie auf das Sonderbetriebsvermögen. Mit der Erfüllung des Abfindungsanspruchs durch Übertragung des Vermögensgegenstandes erfolgt eine **anteilige Gewinnrealisierung** in der Person des übernehmenden Mitunternehmer-Erben. Bei diesem Gewinn handelt es sich um einen laufenden Vorgang, der **nicht** tarifbegünstigt ist.

V. Erbschaft- und schenkungsteuerliche Behandlung der unentgeltlichen Übertragung eines Anteils an einer GmbH & Co. KG

37 Der Anteil an einer Kommanditgesellschaft bzw. der Stammanteil der Komplementärgesellschaft kann unentgeltlich im Wege der Schenkung unter Lebenden[56] oder im Wege der Vererbung bzw. im Wege eines Vermächtnisses von Todes wegen übertragen werden. Dabei bestehen im Grundsatz keine nennenswerten Unterschiede hinsichtlich der erbschaft- und schenkungsteuerlichen Behandlung. Der unentgeltliche Übergang unterliegt der Besteuerung mit Erbschaft- und Schenkungsteuer.

1. Bemessungsgrundlage für die Erbschaft- und Schenkungsteuer

38 § 12 Abs. 1, Abs. 5 ErbStG verweisen hinsichtlich der **Bewertung** der Zuwendung auf die allgemeinen Vorschriften des Bewertungsgesetzes.[57] Für einen Kommanditanteil kommt der **anteilige Einheitswert** zum Zeitpunkt der Schenkung bzw. zum Zeitpunkt des Erbfalls zum Ansatz. Der Anteil an der Komplementär-GmbH gilt als Sonderbetriebsvermögen und wird mit dem gemeinen Wert angesetzt. Üblicherweise wird dieser nach dem sog. Stuttgarter Verfahren ermittelt (§ 12 Abs. 2 ErbStG).[58] Der

---

[56] *Kapp/Ebeling* § 7 ErbStG Rn 5.2.

[57] *Troll/Gebel/Jülicher* § 12 ErbStG Rn 9.

[58] *Troll/Gebel/Jülicher* § 12 ErbStG Rn 56 ff. (zur Ermittlung des gemeinen Werts und zur Anwendung des Stuttgarter Verfahrens).

Einheitswert des Betriebsvermögens ist eine rein substanzorientierte Bewertung. Er entspricht im Wesentlichen dem anteiligen Kapital lt. Gesamthandsbilanz, dem Kapital lt. Ergänzungsbilanz sowie der Summe der Gesellschafterkonten, da die Vermögensgegenstände im Rahmen der Einheitsbewertung grundsätzlich mit dem Steuerbilanzwert zum Ansatz kommen. Abweichungen ergeben sich bei Anteilen an einer Kapitalgesellschaft, bei Grundvermögen oder bei Mineralgewinnungsrechten. Für diese Vermögensgegenstände kommt jeweils ein Wert zum Ansatz, der nicht zwingend mit dem Buchwert lt. Steuerbilanz übereinstimmt.

Der anteilige Einheitswert eines Kommanditanteils berücksichtigt **nicht** die Ertragskraft des Unternehmens. Es besteht hier ein wesentlicher Unterschied zu der Bewertung von nichtnotierten Anteilen an einer Kapitalgesellschaft. Ist der Wert des Anteils an der Kapitalgesellschaft nicht durch einen Anteilsverkauf belegt, erfolgt die Bewertung nach dem sog. Stuttgarter Verfahren. Dieses Verfahren basiert zwar auch grundsätzlich auf der vorhandenen Unternehmenssubstanz, berücksichtigt jedoch auch die Ertragskraft des Unternehmens, obschon die Betrachtung vergangenheitsorientiert ist. Bei ertragstarken Unternehmen kann dies zu einem außerordentlich hohen Wertansatz für die Anteile führen.

Auch wenn der Wert eines Kommanditanteils durch einen Verkauf doku- **39**
mentiert ist, beeinflusst dies **nicht** die Wertansätze für die Kommanditanteile der Mitgesellschafter. Wird im Zuge des Anteilserwerbs wegen der vorhandenen Ertragskraft der Gesellschaft ein Kaufpreis gezahlt, der deutlich über dem anteiligen Kommanditkapital liegt, führt dies lediglich zu einem Mehrwert in einer Ergänzungsbilanz für den erwerbenden Gesellschafter, nicht jedoch auch für die Mitgesellschafter. Wegen der Bezugnahme auf den anteiligen Einheitswert kommt es allein auf die Verhältnisse bei dem Erblasser an.

Auch für den Bereich der Erbschaft- und Schenkungsteuer ist u. U. die Nachfolgeregelung im Gesellschaftsvertrag von Bedeutung. Ist im Gesellschaftsvertrag eine **Fortsetzungsklausel** enthalten, scheidet der Erblasser mit seinem Tod aus der Gesellschaft aus. In den Nachlass fällt der Abfindungsanspruch gegen die Gesellschaft, der höher oder niedriger sein kann als der Steuerwert des Anteils. In diesem Fall dürfte wohl davon auszugehen sein, dass für erbschaftsteuerliche Zwecke der **Abfindungsanspruch** als steuerpflichtiger Erwerb angesehen wird.

Liegt der Abfindungsanspruch der Erben unter dem Steuerwert des Gesellschaftsanteils, ergibt sich durch die Anwachsung bei den **verbleibenden Mitgesellschaftern** aus steuerlicher Sicht einen **Vermögenszuwachs**, der u. U. steuerpflichtig ist gem. § 3 Abs. 1 Nr. 2 S. 2 EStG.[59] Eine Erbschaftsteuerpflicht dieses Vorgangs ist nur sehr schwer zu begründen, da eine entsprechende gesellschaftsvertragliche Regelung zum einen alle Gesellschafter gleichermaßen trifft, zum anderen der gegenseitige Bereicherungswille fehlen dürfte. Die Vorschrift wird damit zu Recht kritisiert.[60] Da § 3 Abs. 1 Nr. 2 S. 2 ErbStG jedoch explizit den Tatbestand des Aus-

---

[59] Krit. *Kapp/Ebeling* § 3 ErbStG Rn 244.

[60] *Langenfeld/Gail/Schubert* Familienunternehmen VII Rn 244.

scheidens aus der Gesellschaft anspricht, muss wohl von einer entsprechenden Steuerpflicht ausgegangen werden.

Unproblematisch ist eine **einfache Nachfolgeklausel** im Gesellschaftsvertrag. Der Gesellschaftsanteil geht damit auf die Erben im Verhältnis der Erbquote über. In diesem Fall wird der Gesellschaftsanteil mit dem anteiligen Steuerwert erfasst.

Wesentlich problematischer ist aus erbschaftsteuerlicher Sicht eine **qualifizierte Nachfolgeklausel** im Gesellschaftsvertrag. Wegen des Vorrangs des Gesellschaftsvertrages geht der Gesellschaftsanteil des Erblassers unmittelbar auf den qualifizierten Miterben über. Dennoch ist der Gesellschaftsanteil Bestandteil des Nachlasses. Die Rechtsprechung geht deshalb davon aus, dass für erbschaftsteuerliche Zwecke eine qualifizierte Nachfolgeklausel, vergleichbar mit einer besonderen Form einer Teilungsanordnung ist, die ohne Bedeutung sei.[61] Die qualifizierte Nachfolgeklausel wird als „eine, mit dem Erbfall wirksam gewordene, gegenständlich begrenzte Erbauseinandersetzung" gesehen. Damit kommt der **anteilige Steuerwert der Beteiligung grundsätzlich allen Erben** entsprechend der Erbquote zugute, auch wenn diese nicht zu dem Kreis der qualifizierten Erben gehören.[62] Es ergibt sich damit ein Widerspruch zu der ertragsteuerlichen Behandlung, wonach nur der qualifizierte Miterbe Mitunternehmer wird.[63] Damit kommen grundsätzlich auch die nicht qualifizierten Erben in den Genuss des (im Regelfall) niedrigeren Steuerwertes der Beteiligung sowie der Entlastungswirkungen gem. §§ 13a, 19a ErbStG, obschon die Überprüfung der Schädlichkeitstatbestände gem. § 13a Abs. 5 ErbStG bei den nicht qualifizierten Erben schwierig sein dürfte.

2. Vergünstigungen durch das Erbschaftsteuergesetz

40 **a) Anwendung eines Freibetrages.** Das Erbschaftsteuergesetz sieht für den Übergang von sog. **Produktivvermögen** verschiedene Vergünstigungen vor. Als Produktivvermögen gilt auch ein Mitunternehmeranteil, unabhängig von der Beteiligungshöhe. Der Anteil der Komplementär-GmbH ist dabei Bestandteil des Sonderbetriebsvermögens. Auch insoweit besteht deshalb keine Abhängigkeit von der Beteiligungsquote.

41 Zur Anwendung kommt gemäß § 13a Abs. 1 ErbStG zunächst ein **Freibetrag** von 225 T-EUR. Dieser Freibetrag wird für jeden Schenker bzw. jeden Erblasser grundsätzlich nur einmal gewährt. Erfolgt die unentgeltliche Übertragung im Rahmen einer **vorweggenommenen Erbfolge**, entsteht eine **10-jährige Sperrfrist** für die erneute Gewährung eines Freibetrages.[64] Der Freibetrag steht dem Erben zu und mindert die Bemessungsgrundlage für die Erbschaftsteuer. Sind mehrere Erben vorhanden, wird der Freibetrag entsprechend der Erbquote auf die Erben aufgeteilt. Der Erblasser hat jedoch auch die Möglichkeit, schriftlich eine **Verfügung** über die Zuordnung des Freibetrages zu treffen. Diese Verfügung kann im

[61] BFH vom 10. 11. 1982 BStBl. II 1983, 329.
[62] *Langenfeld/Gail/Schubert* Familienunternehmen VII Rn 247.
[63] *Gebel*, BB 1995, 173.
[64] *Langenfeld/Gail/Schubert* Familienunternehmen VII Rn 96.8.

Rahmen eines Testaments erfolgen, muss dies jedoch nicht. Denkbar ist auch, diese Verfügung gesondert zu treffen, um die testamentarische Regelung nicht zu überfrachten. Eine Vereinbarung zwischen den Erben über die Aufteilung des Freibetrages ist allerdings unbeachtlich.[65]

Hat der Erblasser **keine schriftliche Verfügung** über die Zuordnung des Freibetrages getroffen, steht der Freibetrag den Erben im Verhältnis ihrer Erbquote zu. Wird Produktivvermögen auch Nichterben zugewendet, beispielsweise an Vermächtnisnehmer, steht der Freibetrag den Begünstigten zu gleichen Teilen zu. Diese pauschale Regelung kann u. U. zu einer teilweisen Fehlleitung des Freibetrages führen.[66] 42

Beispiel: Der Erblasser V hat zwei Kinder, S und T. Bestandteil seines Nachlasses ist der Anteil an einer gewerblich geprägten X-GmbH & Co. KG, die umfangreiches Grundvermögen vermietet. Die X-GmbH & Co. KG hat einen Einheitswert von 50 T-EUR. Bestandteil des Nachlasses ist weiterhin ein Anteil an der gewerblichen Y-GmbH & Co. KG mit einem anteiligen Einheitswert von 400 T-EUR. Der Erblasser E setzt seine Tochter T zur Alleinerbin ein und verfügt zugunsten seines Sohnes S ein Vermächtnis zur Übergabe der Anteile an der Y-GmbH & Co. KG. Eine Verfügung über die Anwendung des Freibetrages wird nicht getroffen.

S und T erhalten gleichermaßen Produktivvermögen von dem Vater V. Unabhängig von der Stellung als Erbe bzw. als Vermächtnisnehmer, steht S und T der Freibetrag gemäß § 13 a Abs. 1 ErbStG je zur Hälfte zu. Es ergibt sich hiernach folgende Abrechnung:

Tochter T	anteiliger Einheitswert X-GmbH & Co. KG		T-EUR	50
	abzüglich Freibetrag	./.	T-EUR	112
	Überhang	./.	T-EUR	62
Sohn S	anteiliger Einheitswert Y-GmbH & Co. KG		T-EUR	400
	anteiliger Freibetrag	./.	T-EUR	112
	steuerpflichtig		T-EUR	288

Eine **Optimierung des Freibetrages** kann dadurch erfolgen, dass eine Verfügung über die Aufteilung des Freibetrages getroffen wird, damit dieser optimal ausgenutzt werden kann.[67] Unterbleibt eine Verfügung, können sich u. U. Unterdeckungen ergeben, die zu einer vermeidbaren Steuermehrbelastung führen. Fraglich ist, ob hier ein Steuererlass aus Billigkeitsgründen angebracht ist.[68] 43

Nach § 13 a Abs. 3 ErbStG kann der Freibetrag nicht in Anspruch genommen werden, falls der Erbe erworbenes Vermögen aufgrund letztwilliger Verfügung auf einen Dritten überträgt. Diese Formulierung lässt darauf schließen, dass bei der Übertragung von Betriebsvermögen, beispielsweise auf der Grundlage eines Vermächtnisses, der Freibetrag anteilig im Verhältnis der Steuerwerte des sonstigen Nachlassvermögens auf den Erwerber übergeht, also nicht zu gleichen Teilen. Es ergibt sich hier ein Widerspruch zwischen der Regelung im § 13 a Abs. 3 zu § 13 a Abs. 1 ErbStG, 44

[65] *Langenfeld/Gail/Schubert* Familienunternehmen VII Rn 96.5.

[66] *Krüger/Siegemund/Köhler*, DStR 1997, 639.

[67] *Troll/Gebel/Jülicher* § 13 a ErbStG Rn 95–97; zu zivilrechtlichen Problemen bei der Zuweisung des Freibetrages *Völkers/Hilgenhövel*, ZEV 1997, 141.

[68] *Halaczinsky*, NWB F. 10, 731.

wobei die spezielle Regelung im § 13a Abs. 3 ErbStG wohl vorrangig anzuwenden ist.[69]

45 **b) Bewertungsabschlag vom Steuerwert.** Der nach Abzug des Freibetrages verbleibende anteilige Einheitswert des Kommanditanteils wird nach § 13a Abs. 2 ErbStG **lediglich mit 65 % angesetzt**. Der gekürzte Wert ist Bemessungsgrundlage für die Erbschaftsteuer.

Beispiel: Bestandteil des Nachlasses des Erblassers V ist eine Beteiligung an der Z-GmbH & Co. KG. Diese hat zum Zeitpunkt des Ablebens einen anteiligen Einheitswert von 1.000 T-EUR. Alleinerbe ist die Tochter T.

Es ergibt sich hiernach folgende Ermittlung der Bemessungsgrundlage:

Anteiliger Einheitswert Z-GmbH & Co. KG	T-EUR	1.000
Freibetrag gemäß § 13a Abs. 1 ErbStG	T-EUR	225
Verbleibendes Betriebsvermögen	T-EUR	775
Bewertungsabschlag 35 %[70]	./. T-EUR	271
Steuerpflichtiger Wertansatz (vor Berücksichtigung persönlicher Freibeträge)	T-EUR	504

46 Hatte der Erblasser zum Zeitpunkt des Ablebens zusammen mit seiner Kommanditbeteiligung persönliche Schulden, beispielsweise einen Kredit zu dem Erwerb der Kommanditbeteiligung, sind diese Verbindlichkeiten als **negatives Sonderbetriebsvermögen** erfasst. Damit gehen die Verbindlichkeiten ein in die **Ausgangsgrundlage** für die Ermittlung des steuerpflichtigen Erwerbs. Insoweit trifft der Bewertungsabschlag von 35 % auch anteilig die übernommenen Verbindlichkeiten des Sonderbetriebsvermögens.

47 **c) Tarifbegrenzung für den Steuersatz.** Gleichzeitig mit § 13a ErbStG ist auch eine weitere Begünstigungsvorschrift für sog. Produktivvermögen in § 19a ErbStG aufgenommen worden. **Unabhängig** von dem **Verwandtschaftsgrad** des Empfängers der unentgeltlichen Zuwendung, wird dieser Erwerb nach der **Steuerklasse I** besteuert. Der Tarifvorteil aus der Anwendung der Erbschaftsteuerklasse I ist allerdings ab dem Jahr 2004 auf 88 % beschränkt. Technisch wird diese Bestimmung dadurch umgesetzt, dass zunächst die Steuer nach den tatsächlichen Verhältnissen ermittelt, d.h. dass zunächst der tatsächliche Verwandtschaftsgrad für die Ermittlung der Erbschaftsteuerbelastung zugrunde gelegt wird. Anschließend wird dann auf die hierauf entstehende Steuer ein Entlastungsbetrag[71] ermittelt, um für den Anteil des übergehenden Betriebsvermögens eine Steuerbelastung nach der Steuerklasse I sicherzustellen, begrenzt allerdings auf 88 % des Vorteils. Hinsichtlich des sonstigen Nachlassvermögens verbleibt es bei der regulären Besteuerung mit ErbSt.

Beispiel: Erblasser V verstirbt und hat seinen Bruder B als Alleinerben eingesetzt. Bestandteil des Nachlasses ist Kapitalvermögen von 1.000 T-EUR sowie die 100 %ige Kommanditbeteiligung der X-GmbH & Co. KG mit einem anteiligen Einheitswert von 5.000 T-EUR.

---

69 *Krüger/Siegemund/Köhler*, DStR 1997, 639.
70 *Troll/Gebel/Jülicher* § 13a ErbStG Rn 112f.
71 *Troll/Gebel/Jülicher* § 19a ErbStG Rn 9.

Lösungshinweis:

Die Erbschaftsteuer ermittelt sich wie folgt:

Einheitswert der X-GmbH & Co. KG		T-EUR	5.000
Freibetrag	./.	T-EUR	225
		T-EUR	4.775
Bewertungsabschlag 35 %		T-EUR	1.671
Verbleibendes Betriebsvermögen		T-EUR	3.104
Kapitalvermögen		T-EUR	1.000
Erwerb gesamt		T-EUR	4.104
Persönlicher Freibetrag	./.	T-EUR	10
Steuerpflichtiger Erwerb		T-EUR	4.094
Ermittlung anteiliger ErbSt nach Steuerklasse II			
Erbschaftsteuer 27 % (Steuerklasse II)		T-EUR	1.105
auf den Wert der X-GmbH & Co. KG entfallen 3.104/4094 × 1.105		T-EUR	838
Ermittlung der anteiligen Erbschaftsteuer nach Steuerklasse I:			
Erbschaftsteuer 19 % (Steuerklasse I)		T-EUR	778
auf den Wert der X-GmbH & Co entfallen 3.104/4.094 × 778		T-EUR	590
Ermittlung des Entlastungsbetrages für das Produktivvermögen:			
ErbSt nach Steuerklasse II		T-EUR	838
ErbSt nach Steuerklasse I		T-EUR	590
Entlastungsbetrag also		T-EUR	248
Abrechnung der Erbschaftsteuer:			
Gesamte Steuerbelastung nach Steuerklasse II		T-EUR	838
Entlastungsbetrag (88 %)		T-EUR	218
Verbleibende Erbschaftsteuer		T-EUR	620

3. Schädlichkeitstatbestände

Mit der erbschaftsteuerlichen Begünstigung der unentgeltlichen Über- **48**
gabe von Produktivvermögen sind gleichzeitig auch gewisse Schädlichkeitstatbestände in das Gesetz aufgenommen worden. Durch die Neuregelung im Erbschaftsteuergesetz sollten nur diejenigen Erwerber begünstigt werden, die das übernommene Produktivvermögen auch auf eine gewisse Dauer halten und sich insoweit auch unternehmerisch betätigen.[72] Wird innerhalb eines **Zeitraums von 5 Jahren** das unentgeltlich erworbene Vermögen veräußert oder in veräußerungsähnliche Tatbestände einbezogen, sollen die Begünstigungen des ErbStG, bestehend aus

[72] *Thiel*, DB 1997, 68.

- Anwendung des Freibetrages nach § 13a Abs. 1,
- Bewertungsabschlag nach § 13a Abs. 2 sowie
- Anwendung der Steuerklasse I nach § 19a ErbStG,

rückwirkend entfallen.

49 § 13a Abs. 5 ErbStG nennt folgende Schädlichkeitstatbestände (Nachsteuertatbestände) innerhalb von 5 Jahren seit dem unentgeltlichen Erwerb, die zu dem Wegfall der Begünstigungen führen.[73]

- Veräußerung
- Betriebsaufgabe
- Veräußerung/Entnahme von wesentlichen Betriebsgrundlagen
- die Veräußerung von Anteilen an Kapitalgesellschaften im Anschluss an die Einbringung von unentgeltlich erworbenem Produktivvermögen (§ 20 UmwStG)
- die Veräußerung von Anteilen an Personengesellschaften nach Einbringung von unentgeltlich erworbenem Produktivvermögen (§ 24 UmwStG)
- Vornahme von Überentnahmen

50 Der unentgeltliche Erwerb des Anteils an einer GmbH & Co. KG ist also nur dann begünstigt, wenn der Erbe auf die Dauer von 5 Jahren die Mitunternehmerstellung beibehält. Die **Veräußerung des Mitunternehmeranteils** bzw. die Aufgabe der Mitunternehmerschaft innerhalb des 5-Jahres-Zeitraums führt zu dem Wegfall der Begünstigung und einer entsprechenden Nachversteuerung. Die unentgeltliche Weitergabe des Mitunternehmeranteils im Wege der Schenkung oder im Wege des Erbfalls ist dabei unerheblich. Die Umwandlung der Personengesellschaft in eine Kapitalgesellschaft nach § 20 UmwStG ist allein noch nicht schädlich, auch wenn im Zuge der Umwandlung eine Aufdeckung von stillen Reserven erfolgt.[74] Ein Schädlichkeitstatbestand liegt jedoch dann vor, wenn der Anteil der Kapitalgesellschaft im Anschluss an die unentgeltliche Zuwendung veräußert wird. Es ist gleichermaßen unschädlich, wenn die fragliche GmbH & Co. KG innerhalb des 5-Jahres-Zeitraums real geteilt wird (vgl. § 54).[75]

51 War der Empfänger des unentgeltlich zugewendeten Anteils an der GmbH & Co. KG **bereits** zuvor **Gesellschafter** der Kommanditgesellschaft, vereinigt sich der unentgeltlich erworbene Gesellschaftsanteil mit dem ursprünglichen Gesellschaftsanteil, so dass nur noch eine Beteiligung besteht. Wird nun innerhalb des 5-Jahres-Zeitraums ein Teil dieser Beteiligung veräußert, stellt sich die Frage, in welchem Umfang die Rechtsfolgen des § 13a Abs. 5 ErbStG zur Anwendung kommen. Denkbar ist der Wegfall der Begünstigung in dem Verhältnis, in dem der unentgeltlich erworbene Anteil zu dem Gesamtanteil steht. Denkbar ist jedoch auch, eine gewisse Verwendungsfiktion zu unterstellen, dass beispielsweise zunächst die mitunternehmerische Beteiligung in dem Umfang veräußert wird, die

---

[73] *Troll/Gebel/Jülicher* § 13a ErbStG Rn 323 ff.; *Langenfeld/Gail/Schubert* Familienunternehmen VII Rn 96.11; *Jülicher*, DStR 1997, 1949.

[74] *Crezelius*, DB 1997, 1586.

[75] Koordinierter Ländererlass v. 17. 6. 1997 DB 1997 Beil. 11.

der ursprünglichen Beteiligung entspricht. Nur die darüber hinausgehende Quote führt dann zu einem anteiligen Wegfall der Begünstigung nach § 13a Abs. 5 ErbStG. Die gesellschaftsrechtliche Qualifikation als einheitliche Beteiligung spricht u. E. hierbei sicherlich für die Anwendung der ersten Alternative. Der Sinn und Zweck des § 13a Abs. 5 ErbStG, nach der die Begünstigung in dem Maße eingreifen soll, in dem das unternehmerische Engagement innerhalb des 5-Jahres-Zeitraums fortgeführt wird, spricht für die Anwendung der zweiten Alternative.[76]

Die Begünstigungen des ErbStG für den unentgeltlichen Übergang von Produktivvermögen entfallen auch dann, wenn der Erwerber bis zum Ende des letzten in die 5-Jahres-Frist fallenden Wirtschaftsjahres **Entnahmen** tätigt, die Summe seiner Einlagen und Gewinne bzw. Gewinnanteile seit dem Erwerb um mehr als 52 T-EUR übersteigen. Verluste bleiben hierbei unberücksichtigt. Hintergrund dieser komplizierten Vorschrift ist offenbar die Überlegung, Gestaltungen entgegenzuwirken, durch die **vor der unentgeltlichen Übertragung** bewusst Einlagen in das Betriebsvermögen geleistet werden, um im Rahmen der unentgeltlichen Übertragung in den Genuss der Begünstigungen der ErbStG zu kommen und im Anschluss an die Übertragung durch Entnahmen das Betriebsvermögen schmälern.[77] Diese Überlegung ist im Grunde nachzuvollziehen. Die gesetzliche Umsetzung ist allerdings verfehlt. So ist insbesondere bei der Übernahme von Betriebsvermögen bzw. Beteiligungen an einer Mitunternehmerschaft die genannte Grenze von 52 T-EUR dann verfehlt, wenn mit der unentgeltlichen Übertragung auch noch weitere Zahlungen für den Erwerber verbunden sind, wie z. B. Erfüllung eines Geldvermächtnisses des Erblassers, Begleichung von Erbschaftsteuerzahlungen, die durch Entnahmen finanziert werden müssen, usw.[78] 52

Beispiel: Erblasser E vererbt den 100 %igen Anteil an der X-GmbH & Co. KG mit einem Steuerwert von EUR 1 Mio.
Das Wirtschaftsjahr der Personengesellschaft entspricht dem Kalenderjahr.
Nach dem unentgeltlichen Übergang stellen sich folgende Verhältnisse ein:

	Ergebnisanteil	**Einlagen**	**Entnahmen**
Jahr 01	500	100	600
Jahr 02	100	–	200
Jahr 03	–100	–	250
Jahr 04	300	50	250
Jahr 05	400	–	350
	1.200	**150**	**1.650**

[76] *Crezelius*, DB 1997, 1586.
[77] Zu Überlegungen zur Vermeidung der Nachbesteuerung *Troll/Gebel/Jülicher* § 13a ErbStG Rn 353.
[78] Zur Kritik *Moench/Weinmann* § 13a ErbStG Rn 123; *Langenfeld/Gail/Schubert* Familienunternehmen VII Rn 96.12; *Hübner*, NWB F. 10, 787.

Lösungshinweis:

Im 5-Jahres-Zeitraum wurden folgende Überentnahmen getätigt:

Gesamte Entnahmen		T-EUR	1.650
Gesamte Einlagen	./.	T-EUR	150
Ergebnisanteile	./.	T-EUR	1.200
Überentnahmen gesamt		T-EUR	300

Davon handelt es sich um schädliche Überentnahmen gemäß §§ 13a Abs. 5, 19a Abs. 5 ErbStG:

Überentnahmen gesamt		T-EUR	300
Verlustanteil (Jahr 03)	./.	T-EUR	100
		T-EUR	200
Freibetrag	./.	T-EUR	52
Schädliche Überentnahmen		T-EUR	148

Ermittlung der Besteuerungsgrundlagen zum Zeitpunkt des Erbfalls:

Steuerwert X-GmbH & Co. KG		T-EUR	1.000
Freibetrag	./.	T-EUR	225
verbleibendes Betriebsvermögen		T-EUR	775
Bewertungsabschlag 35 %	./.	T-EUR	271
steuerpflichtiger Erwerb (vor persönlichen Freibeträgen)		T-EUR	504

Ermittlung der Bemessungsgrundlage nach schädlichen Überentnahmen:
Wegen der schädlichen Überentnahmen ist der begünstigte Erwerb entsprechend zu kürzen. Es ergibt sich hierdurch folgende Abrechnung:

Steuerwert X-GmbH & Co. KG		T-EUR	1.000
abzüglich schädliche Überentnahmen	./.	T-EUR	148
		T-EUR	852
Freibetrag		T-EUR	225
verbleibendes Betriebsvermögen		T-EUR	627
Bewertungsabschlag 35 %	./.	T-EUR	219
		T-EUR	408
zuzüglich nicht begünstigtes Betriebsvermögen		T-EUR	148
steuerpflichtiger Erwerb (vor persönlichen Freibeträgen)		T-EUR	556

Die Aufstellung zeigt, dass der steuerpflichtige Erwerb sich um einen Betrag von 52 T-EUR erhöht. Dieser Betrag entspricht genau 35 % der schädlichen Überentnahmen.

53 Die Darstellung im Beispielfall zeigt, dass vor Ablauf des 5-Jahres-Zeitraums die Einhaltung der Schädlichkeitsgrenze überprüft werden muss. **Gegebenenfalls** müssen hier entsprechende **Einlagen** getätigt werden.[79] Dies ist nicht als Missbrauch zu werten.[80] Die Finanzverwaltung geht davon aus, dass die **Aufnahme eines Kredites** zum Zweck der Finanzierung einer erforderlichen Einlage zu Sonderbetriebsvermögen führt und damit

---

[79] *Christoffel*, DStR 1997, 270.

[80] Koordinierter Ländererlass v. 17. 6. 1997 DB 1997 Beil. 11, Rn 60.

nicht zu einem Erhalt der Begünstigungen führen kann.[81] Diese Auffassung ist im Grunde nicht sachgerecht, da es gemessen an dem Sinn und Zweck der Vorschrift nur auf das Gesamthandsvermögen der Personengesellschaft ankommen kann. Die Kreditaufnahme zur Finanzierung einer entsprechenden Einlage darf u. E. deshalb nicht zu einer Reduzierung des Begünstigungsvolumens führen, da der Erbe insoweit auch ein persönliches Risiko übernimmt.

Fraglich ist weiterhin, ob auch **Sondervergütungen** gemäß § 15 Abs. 1 **54**
Nr. 2 EStG als Entnahmen im Sinne des § 13 a Abs. 5 ErbStG zu werten sind. Die allgemeine Qualifikation in § 15 EStG, nach der sich der Gewinnanteil eines Mitunternehmers aus dem Gewinnanteil lt. Gesamthandsbilanz, dem Ergebnisanteil aus der Ergänzungsbilanz sowie eventuellen Sondervergütungen zusammensetzt, spricht zunächst dafür, diese Qualifikation auch für das Erbschaftsteuerrecht zu übernehmen. Sofern sich die Personengesellschaft unter Berücksichtigung der Sondervergütungen, wie z. B. Gehalt, Miete, Pacht usw. in einer Verlustphase befindet, mindern die Sondervergütungen den steuerlichen Verlust bzw. führen zu einem geringeren Gewinn. Die unkritische Anwendung der Gewinnermittlungsvorschriften des § 15 EStG auf § 13 a Abs. 5 ErbStG könnte in diesem Fall dazu führen, dass durch die Entnahme der Sondervergütungen eine **schädliche Überentnahme** entsteht. Nach dem Sinn und Zweck der Vorschrift wäre diese Rechtsfolge jedoch verfehlt. Die §§ 13 a Abs. 5, 19 a Abs. 5 ErbStG wollen lediglich das „Kassemachen" im Anschluss an einen unentgeltlichen Erwerb sanktionieren. Dies bedingt, dass es allein auf die Verhältnisse der Gesamthandsbilanz ankommt, nicht dagegen auf den steuerlichen Ergebnisanteil nach § 15 EStG.[82]

Soll das Risiko einer entsprechenden Auseinandersetzung mit der Finanzverwaltung nicht eingegangen werden, kann in Erwägung gezogen werden, die GmbH & Co. KG nach § 20 UmwStG in eine Kapitalgesellschaft umzuwandeln, da die Entnahmeregelung lediglich für Einzelunternehmen bzw. für mitunternehmerische Beteiligungen zur Anwendung kommt.[83]

4. Stundung der Erbschaftsteuer auf Betriebsvermögen

Die §§ 13 a, 19 a ErbStG enthalten besondere Begünstigungen bei der **55**
Ermittlung der Steuerschuld im Falle des unentgeltlichen Übergangs von sog. Produktivvermögen. Daneben ist in § 28 ErbStG eine weitere Begünstigung für die Zahlung der ErbSt enthalten. Wird Betriebsvermögen unentgeltlich übertragen, kann die hierauf entfallende Erbschaftsteuer auf Antrag **10 Jahre lang gestundet** werden. Die Stundung der Erbschaftsteuer kommt auch bei dem unentgeltlichen Übergang eines Mitunternehmeranteils in Betracht.[84]

---

[81] *Langenfeld/Gail/Schubert* Familienunternehmen VII Rn 96.12.
[82] *Krüger/Siegemund/Köhler*, DStR 1997, 640.
[83] *Crezelius*, DB 1997, 1587.
[84] *Langenfeld/Gail/Schubert* Familienunternehmen VII Rn 122.

56 Voraussetzung für die Stundung der Erbschaftsteuer ist ein entsprechender **Antrag** des oder der Erben. Weitere Voraussetzung für die Stundung ist, dass die Gewährung der Stundung für die **Erhaltung des Unternehmens** notwendig ist. Es ist hier also ein entsprechender Nachweis zu führen, dass die Erbschaftsteuer im 10-Jahres-Zeitraum nicht aus dem Betriebsvermögen der GmbH & Co. KG entnommen werden kann, ohne die Existenz des Unternehmens zu gefährden bzw. ohne die Möglichkeit der Vornahme dringender Investitionen einzuschränken. Dieser Nachweis dürfte im Regelfall gelingen.

57 Erfolgt der unentgeltliche Übergang des Mitunternehmeranteils unter Lebenden, wird die gestundete Steuer gemäß §§ 234, 238 AO verzinst. Erfolgt dagegen der Übergang des Mitunternehmeranteils von Todes wegen, sieht § 28 ErbStG vor, dass die gestundete Erbschaftsteuer **nicht verzinst** wird. Diese Regelung bildet eine erhebliche Erleichterung für den oder die Erben und sollte deshalb in jedem Fall in Anspruch genommen werden.

3. Abschnitt
Belastung von Gesellschaftsanteilen

§ 37 Verpfändung

Übersicht

Schrifttum: *Lux*, Eigenes Ablösungsrecht der Mitgesellschafter bei der Verpfändung von GmbH-Anteilen?, GmbHR 2003, 938; *Hackenbroch*, Die Verpfändung von Mitgliedschaftsrechten in OHG und KG an Privatgläubiger des Gesellschafters, 1970; *Hadding/Schneider* (Hrsg.), Gesellschaftsanteile als Kreditsicherheit, 1979; *Müller*, Die Verpfändung von GmbH-Anteilen Teil I, GmbHR 1969, 4; Teil II GmbHR 1969, 34; Teil III GmbHR 1969, 57; *Riegger*, Das Auseinandersetzungsguthaben in einer Personalgesellschaft als Kreditsicherung, BB 1972, 115; *Rodewald*, Überlegungen im Zusammenhang mit der Verpfändung von GmbH-Anteilen, GmbHR 1995, 418; *H. Roth*, Pfändung und Verpfändung von Gesellschaftsanteilen, ZGR 2000, 187; *Rümker*, Kreditsicherung durch Sicherungsabtretung oder Verpfändung von Kommanditanteilen, WM 1973, 626; *Sieger/Hasselbach*, Praktische Probleme bei der Verpfändung von GmbH-Geschäftsanteilen, GmbHR 1999, 633; *Vossius*, Sicherungsgeschäfte bei der Übertragung von Gesellschaftsanteilen, BB 1988, Sonderbeilage 5; *Widder*, Die Aufhebung der Verpfändung von GmbH-Anteilen, GmbHR 2002, 898; *Wiedemann*, Übertragung und Vererbung von Gesellschaftsanteilen, 1965.

I. Verpfändung von Anteilen

1. Vorbemerkung

Gegenstand eines Pfandrechts können nicht nur bewegliche Sachen, 1
sondern als besondere Form des **Rechtspfandes** auch Anteile an Personengesellschaften oder Geschäftsanteile an einer GmbH sein (§§ 1273 ff. BGB).[1]

---

[1] GK/*Ulmer* § 105 HGB Rn 291; *Schlegelberger/K. Schmidt* § 135 HGB Rn 34; *Huber*, Vermögensanteil, S. 417; *Wiedemann*, Übertragung, S. 423; *Palandt/Bassenge* § 1274 BGB Rn 8. Nach *Heymann/Horn* § 161 HGB Rn 72 ist eine Verpfändung des Anteils wegen des darin liegenden Verstoßes gegen den sachenrechtlichen Speziali-

2 Anders als bei beweglichen Sachen, bei denen die Sicherungsübertragung die Verpfändung als **Kreditsicherungsinstrument** weitgehend verdrängt hat, hat die Verpfändung von Gesellschaftsanteilen nach wie vor eine große wirtschaftliche Bedeutung.[2] Grund hierfür ist, dass der Sicherungsnehmer bei der Verpfändung im Gegensatz zur Sicherungsübertragung nicht Gesellschafter wird und damit nicht in die Pflichtenstellung des Sicherungsgebers einrückt. Die Verpfändung von Gesellschaftsanteilen spielt namentlich bei **Anteilsveräußerungen** eine Rolle, wenn die gekauften Gesellschaftsanteile der finanzierenden Bank zur Sicherheit verpfändet werden. Wird die Kaufpreisforderung gestundet, nimmt der Verkäufer die verkauften Anteile häufig als Sicherheit in Pfand. Zuweilen dient die Verpfändung von Anteilen auch als Sicherheit der Gesellschafter für von der Gesellschaft in Anspruch genommene **Kredite**.

2. Verpfändung von Kommanditanteilen

3 **a) Zulässigkeit und Bestellung.** Bei der Mitgliedschaft an einer Personengesellschaft handelt es sich um ein an sich unübertragbares Recht (vgl. §§ 717, 719 BGB).[3] Wie die Anteilsübertragung ist damit auch die Pfandrechtsbestellung an einem Kommanditanteil nur dann möglich, wenn sie von der Zustimmung der anderen Gesellschafter getragen wird. Die Möglichkeit einer Pfandrechtsbestellung an einem Kommanditanteil hängt damit davon ab, dass sie im **Gesellschaftsvertrag** zugelassen ist oder – bei Fehlen einer entsprechenden Regelung – die übrigen Gesellschafter der Belastung mit vertragsändernder Mehrheit ad hoc **zustimmen.**[4] Der Gesellschaftsvertrag kann die Verpfändung eines Anteils auch an die Zustimmung eines bestimmten Quorums oder einzelner Gesellschafter knüpfen. Der Gesellschaftsvertrag kann für die verschiedenen Sicherungsinstrumente (Verpfändung, Sicherungstreuhand, Nießbrauch etc.) auch differenzierte Regelungen vorsehen.

4 Fraglich ist, ob eine gesellschaftsvertragliche Bestimmung, die den Gesellschaftsanteil abweichend der gesetzlichen Regel **veräußerlich** stellt, als (implizite) Zulassung der Verpfändung anzusehen ist. Eine verbreitete Auffassung bejaht dies.[5] Die h. M. lehnt eine generalisierende Betrachtung ab. Im Hinblick auf die für die übrigen Gesellschafter bestehenden Risiken

---

tätsgrundsatz und des Abspaltungsverbotes unzulässig und in eine Verpfändung der vermögensrechtlichen Einzelansprüche umzudeuten; ähnlich *Soergel/Mühl* § 1274 BGB Rn 13. Eine Verpfändung des Anteils der persönlich haftenden Gesellschafterin ist zwar ebenfalls denkbar, hat aber bislang kaum praktische Relevanz erlangt. Ein Vertragsmuster einer Verpfändung findet sich bei *Hopt/Volhard* II H. 7.

[2] Zur praktischen Bedeutung der Verpfändung von Gesellschaftsanteilen vgl. auch *Rodewald*, GmbHR 1995, 418; *Vossius*, BB 1988, Sonderbeilage 5, S. 2, 11; *Sieger/Hasselbach*, GmbHR 1999, 633.

[3] Statt aller *Heymann/Emmerich* § 109 HGB Rn 33 a.

[4] MüKoHGB/*K. Schmidt* § 135 HGB Rn 34; *Roth*, ZGR 2000, 187, 209 m. w. N.

[5] Beck Hdb. Personengesellschaften/*Müller* § 4 Rn 42; *Hadding/Schneider*, Gesellschaftsanteile, S. 45; *Ulmer* GbR § 719 BGB Rn 51; MünchHdb. GesR II/*Weipert* KG § 12 Rn 60.

müsse jeweils im Einzelfall eine **Auslegung** des Gesellschaftsvertrages vorgenommen werden.[6]

5 Die Verpfändung wird durch **Einigung** zwischen Gesellschafter und Pfandrechtsgläubiger begründet. Dabei ist der zu verpfändende Kommanditanteil von den Vertragsparteien eindeutig zu bezeichnen. Einer nur **teilweisen Verpfändung** des Kommanditanteils steht allerdings der Grundsatz der Einheitlichkeit entgegen.[7] Die durch das Pfandrecht gesicherte Forderung des Gläubigers muss ebenfalls bestimmt oder wenigstens bestimmbar sein. Die Verpfändung kann auch unter eine aufschiebende oder auflösende **Bedingung** gestellt werden[8] oder, was in der Praxis allerdings nur selten relevant werden dürfte, bereits im Gesellschaftsvertrag vorgesehen werden. Ob die Belastung eines Gesellschaftsanteils als Verpfändung anzusehen ist, hängt in erster Linie vom Willen der Vertragsparteien ab. Unter Umständen kann eine als Verpfändungsvertrag bezeichnete Vereinbarung als Treuhandvertrag auszulegen sein, wenn dies dem tatsächlichen Willen und dem Interesse der Parteien näher kommt.[9] Die Verpfändung von Kommanditanteilen kann **formlos** erfolgen. Die Verpfändungsvereinbarung bedarf jedoch dann der notariellen Beurkundung, wenn gleichzeitig die Geschäftsanteile der Komplementär-GmbH verpfändet werden (vgl. Rn 19 ff.) und sich die Verpfändung als einheitliches Geschäft darstellt.

6 Eine **Anzeige** an die Gesellschaft nach § 1280 BGB ist nicht erforderlich, da es sich bei einem Gesellschaftsanteil um ein Recht und keine Forderung handelt.[10] Eine Eintragung der Verpfändung in das **Handelsregister** ist weder notwendig noch möglich.[11]

7 **b) Rechtsstellung der Beteiligten.** Die Gesellschafterstellung des Bestellers wird durch die Verpfändung nicht berührt. Der Pfandrechtsnehmer partizipiert lediglich an der vermögensmäßigen Seite der Mitgliedschaft, tritt also nicht in die mit ihr zusammenhängende Pflichtenbindung ein. Die mitgliedschaftlichen **Verwaltungs-, Kontroll- und Informationsrechte** verbleiben weiterhin beim Pfandrechtsbesteller. Der Pfandgläubiger besitzt ein Kontrollrecht gegenüber der Gesellschaft nur insoweit, als er auf Informationen angewiesen ist, um seine Rechte aus dem Pfandrecht wahren zu können.[12] Ein allgemeines Informationsrecht analog §§ 1273 Abs. 2, 1258 BGB steht dem Pfandgläubiger nicht zu.

---

[6] *Hackenbroch*, Verpfändung, S. 58; *Wiedemann*, Übertragung, S. 432; MüKo-HGB/*K. Schmidt* § 135 HGB Rn 34; *Schlegelberger/Schmidt* § 135 HGB Rn 34; *Baumbach/Hopt* § 135 HGB Rn 15; *Heymann/Emmerich* § 135 HGB Rn 22.

[7] Vgl. statt vieler *Schlegelberger/K. Schmidt* § 105 HGB Rn 25.

[8] Vgl. *Rowedder/Bergmann* § 15 GmbHG Rn 84 m. Bsp.

[9] Vgl. etwa BGH BB 1970, 10 ff.

[10] RGZ 57, 414, 415; *Baumbach/Hopt* § 135 HGB Rn 15; *Ulmer* GbR § 719 BGB Rn 52; *Staudinger/Keßler* § 717 BGB Rn 25; GK/*Ulmer* § 105 HGB Rn 291; a. A. *Soergel/Mühl* § 1274 BGB Rn 13.

[11] MüKoHGB/*K. Schmidt* § 135 HGB Rn 34 m. w. N.

[12] I. E. auch MüKoHGB/*K. Schmidt* § 135 HGB Rn 35; *Schlegelberger/K. Schmidt* § 135 HGB Rn 35; *Baumbach/Hopt* § 135 HGB Rn 16; *Ulmer* GbR § 719 BGB Rn 55; GK/*Ulmer* § 105 HGB Rn 291; *H. Roth*, ZGR 2000, 187, 210; Beck Hdb. Personengesellschaften/*Müller* § 4 Rn 42.

8 Häufig ist der Pfandgläubiger daran interessiert, auf die Ausübung des Stimmrechts durch den Pfandrechtsbesteller Einfluss zu nehmen. Schuldrechtliche **Stimmbindungsvereinbarungen** zwischen dem Gesellschafter und dem Pfandgläubiger, in denen sich der Gesellschafter verpflichtet, vom Stimmrecht in einer gewissen Weise Gebrauch zu machen, sind zulässig. Auch kann der Gesellschafter den Pfandgläubiger zur Ausübung des Stimmrechts **bevollmächtigen**. Die Einräumung einer Vollmacht hat allerdings keine verdrängende Wirkung, so dass der Gesellschafter nicht daran gehindert ist, das Stimmrecht weiterhin selbst auszuüben.[13] Die Vollmacht kann auch unwiderruflich erteilt werden, da dem Gesellschafter das Recht zum Widerruf der Vollmacht aus wichtigem Grund verbleibt. Fraglich ist, ob sich der Pfandrechtsinhaber nach aktienrechtlichem Vorbild auch vertraglich ermächtigen lassen kann, das Stimmrecht des Gesellschafters im eigenen Namen auszuüben. Die h. M. lehnt die Zulässigkeit einer **Legitimationszession** unter Hinweis auf das Abspaltungsverbot ab.[14] Dem ist im Ergebnis zu folgen, da die dingliche Berechtigung des Pfandrechtsinhabers am Gesellschaftsanteil nicht so stark wie die eines Nießbrauchers ist, bei dem eine Legitimationszession ausnahmsweise anzuerkennen ist (vgl. im Einzelnen § 38 Rn 23).

9 In der **Ausübung** seiner **Mitgliedschaftsrechte** ist der Gesellschafter, auch wenn es um Grundlagengeschäfte geht, grundsätzlich nicht beschränkt. Der Gesellschafter ist insbesondere nicht daran gehindert, das Gesellschaftsverhältnis zu kündigen oder Vereinbarungen über sein Ausscheiden einzugehen. Dem Schutzbedürfnis des Pfandgläubigers ist dadurch hinreichend Rechnung getragen, dass sich das Pfandrecht bei Untergang der Beteiligung auf die **Surrogate** des Anteils, insbesondere auf den Abfindungsanspruch oder das Auseinandersetzungsguthaben, erstreckt.

10 Fraglich ist indessen, ob der Pfandschuldner auch an Beschlussfassungen mitwirken darf, durch die der **Verteilungsmaßstab** für den Gewinnanspruch oder den Auseinandersetzungsanspruch zu Lasten des Pfandgläubigers verändert wird. Zum Teil wird dem Gesellschafter diese Befugnis zugebilligt.[15] Die Gegenansicht nimmt demgegenüber ein generelles Zustimmungserfordernis des Pfandgläubigers an.[16] Nach einer vermittelnden Auffassung bedarf der Gesellschafter nur dann keiner Zustimmung des Pfandgläubigers, wenn die Änderung des Gewinnverteilungsmaßstabes nach dem Gesellschaftsvertrag auch gegen die Stimme des Pfandrechtsbestellers beschlossen werden könnte.[17] Dieser Auffassung ist letztlich zuzustimmen. Wollen die Gesellschafter die Rechte des Pfandrechtsinhabers durch die Beschlussfassung in sittenwidriger Weise beeinträchtigen, machen sie sich diesem gegenüber schadensersatzpflichtig (§ 826 BGB).[18]

---

13 *Palandt/Bassenge* § 1274 BGB Rn 8.

14 Vgl. BGH BB 1977, 10, 11; *Vogel*, DB 1954, 208, 209; *Rümker*, WM 1973, 626, 631; *Baumbach/Hopt* § 119 HGB Rn 19.

15 MünchHdb. GesR II 1. Aufl./*Rodin* KG § 31 Rn 21.

16 In diesem Sinne *Hadding/Schneider*, Gesellschaftsanteile, S. 53.

17 *Rümker*, WM 1973, 631; *Wiedemann*, Übertragung, S. 429.

18 *Riegger*, BB 1972, 115.

Die Vertragsparteien können weitergehende, freilich nur intern wirkende **Zustimmungs- bzw. Mitwirkungserfordernisse** in den Verpfändungsvertrag aufnehmen.[19] Verstößt der Gesellschafter gegen eine Bestimmung im Pfandrechtsvertrag, macht er sich gegenüber dem Pfandgläubiger schadensersatzpflichtig. Ein abredewidriges Verhalten des Gesellschafters führt jedoch in aller Regel nicht zur Nichtigkeit der Stimmabgabe.[20] 11

Zu einer **Übertragung seines Gesellschaftsanteils** bleibt der Gesellschafter trotz der Pfandrechtsbestellung weiterhin berechtigt, vorausgesetzt eine Anteilsübertragung ist nach dem Gesellschaftsvertrag oder mit Zustimmung der übrigen Gesellschafter überhaupt zulässig. Ein gesetzliches Zustimmungserfordernis des Pfandgläubigers analog § 1276 BGB besteht nicht.[21] Jedoch erwirbt der Dritte den Anteil mit dem Pfandrecht **belastet**, selbst wenn er im Hinblick auf die Pfandrechtsbestellung gutgläubig sein sollte. Scheidet ein Gesellschafter aus der Gesellschaft aus, besteht das Pfandrecht nicht etwa an den anwachsenden Anteilen der verbleibenden Gesellschafter fort, sondern am Abfindungsanspruch des Ausscheidenden.[22] 12

Da sich das Pfandrecht nur auf den Anteil als solchen, nicht aber auch auf die einzelnen Gegenstände des Gesellschaftsvermögens erstreckt, hat die Bestellung eines Pfandrechts keine Auswirkungen auf die Befugnis der Gesellschafter, über Teile des **Gesellschaftsvermögens** zu **verfügen**. Für eine analoge Anwendung von § 1258 BGB besteht nach zutreffender Auffassung kein Raum, so dass auch die Eintragung eines Sperrvermerks in das Grundbuch ausscheidet.[23] 13

Eine **Übertragung des Pfandrechts** am Gesellschaftsanteil erfolgt durch formlos mögliche Abtretung der gesicherten Forderung. Wird die Forderung abgetreten, geht das Pfandrecht am Gesellschaftsanteil als **akzessorisches** Recht automatisch mit über.[24] Gleiches gilt im Fall eines gesetzlichen Forderungsüberganges. Wird im Abtretungsvertrag der Übergang des Pfandrechts ausgeschlossen, erlischt das Pfandrecht. 14

c) Umfang des Pfandrechts. Das Pfandrecht räumt seinem Inhaber in erster Linie das Recht ein, sich nach Eintritt der Pfandreife aus dem Gesellschaftsanteil zu **befriedigen**. Ob das Pfandrecht darüber hinausgehende Rechte begründet, ist fraglich. Einigkeit besteht darüber, dass der Anspruch auf den **Gewinnanteil** dem Pfandrechtsinhaber nur dann zusteht, wenn die Parteien ausnahmsweise ein Nutzungspfandrecht vereinbart haben (§§ 1273 Abs. 2 S. 2, 1213 Abs. 2 BGB). In diesem Fall ist der Pfandrechtsgläubiger unabhängig vom Eintritt der Pfandreife zum Gewinnbe- 15

---

[19] Hierzu im einzelnen *Rodewald*, GmbHR 1989, 419 f.

[20] Zur GmbH vgl. *Hachenburg/Zutt* Anh. § 15 GmbHG Rn 44.

[21] *Baumbach/Hopt* § 135 HGB Rn 16; MüKoHGB/*K. Schmidt* § 135 HGB Rn 36; *Heymann/Emmerich* § 135 HGB Rn 24; abw. offenbar *Ulmer* GbR § 719 BGB Rn 53; GK/*Ulmer* § 105 HGB Rn 29; *Heymann/Horn* § 161 HGB Rn 73.

[22] OLG Stuttgart NZG 2004, 766, 769.

[23] Vgl. nur *Heymann/Emmerich* § 135 HGB Rn 24; MüKoHGB/*K. Schmidt* § 135 HGB Rn 37; *Ulmer* GbR § 705 BGB Rn 56; anders für Grundstücke einer GbR OLG Hamm DB 1987, 574; LG Hamburg Rpfleger 1982, 142.

[24] Vgl. MünchHdb. GesR III/*Sommer* § 26 Rn 174.

zug berechtigt. Hiervon zu unterscheiden ist die Frage, ob sich die Verpfändung des Gesellschaftsanteils auf den Gewinnanspruch des Gesellschafters erstreckt, mit anderen Worten, ob der Anspruch auf den Gewinnanteil nach Eintritt der Pfandreife vom Pfandgläubiger verwertet werden kann. Nach einer verbreiteten Auffassung gewährt das Pfandrecht grundsätzlich nur einen Anspruch auf Befriedigung aus der Verwertung des Geschäftsanteils.[25] Der Anspruch auf den Gewinnanteil ist danach von der Verpfändung grundsätzlich nicht erfasst. Nach der Gegenansicht ähnelt die Rechtsstellung des Pfandgläubigers der des Inhabers eines Pfändungspfandrechts. Der Pfandgläubiger erwirbt danach ein Pfandrecht an allen mit dem Anteil verbundenen Vermögensrechten, insbesondere dem zukünftigen Gewinnanteil und dem Auseinandersetzungsguthaben.[26] Vor dem Hintergrund der unklaren Rechtslage empfiehlt es sich, diese Frage im Verpfändungsvertrag ausdrücklich mitzuregeln.

16 **d) Verwertung.** Die Verwertung des Pfandrechts nach Eintritt der Pfandreife erfolgt im Wege der **Zwangsvollstreckung** (§ 1277 S. 1 BGB). Der Pfandrechtsinhaber muss sich daher zunächst einen Duldungstitel gegen den Pfandschuldner verschaffen, wobei sich der Rang seiner Sicherheit nach dem Zeitpunkt der Verpfändung richtet. Die Pfändung erfolgt dann durch einen Beschluss des Vollstreckungsgerichts (§§ 829 Abs. 1, 857 Abs. 1 ZPO), der der Gesellschaft als Drittschuldnerin zuzustellen ist.[27] Ist der Gesellschaftsanteil nach dem Gesellschaftsvertrag veräußerlich gestellt oder sind die übrigen Gesellschafter hiermit einverstanden, kann der Pfandrechtsgläubiger beim Vollstreckungsgericht eine **öffentliche Versteigerung** oder einen **freihändigen Verkauf** nach §§ 857 Abs. 5, 844 ZPO beantragen.[28]

17 Will der Gläubiger das Gesellschaftsverhältnis **kündigen**, muss er, auch wenn der Gesellschaftsanteil aufgrund der Verpfändung bereits mit einem Pfandrecht belastet ist, den Anspruch des Gesellschafters auf das Auseinandersetzungsguthaben oder den Anteil selbst pfänden lassen (§ 135 HGB).[29] Die **Rechtsstellung** des Pfandgläubigers nach Ausspruch der Kündigung entspricht im Wesentlichen der eines Pfändungspfandrechtsinhabers (vgl. dazu § 44 Rn 18 ff.). Die Auszahlung des Auseinandersetzungsguthabens kann der Pfandgläubiger erst nach Feststellung der Abschichtungsbilanz geltend machen, auf deren Auf- und Feststellung er keinen unmittelbaren Einfluss hat.[30] Bestimmt der Gesellschaftsvertrag, dass die Auszahlung des

---

[25] *Heymann/Horn* § 161 HGB Rn 72; *Soergel/Habersack* § 1274 BGB Rn 40; *Rümker*, WM 1973, 630; vgl. auch *Vogel*, DB 1954, 208, 209.

[26] Vgl. etwa MüKo/*Ulmer* § 719 BGB Rn 53; *Soergel/Mühl* 12. Aufl. § 1274 BGB Rn 13; *Hadding/Schneider*, Gesellschaftsanteile, S. 37, 41; *Roth*, ZGR 2000, 187, 210; *Röhricht/v. Westphalen/v. Gerkan* § 135 HGB Rn 6.

[27] Vgl. *Ulmer* GbR § 719 BGB Rn 57.

[28] GK/*Ulmer* § 105 HGB Rn 292.

[29] *Hadding/Schneider*, Gesellschaftsanteile, S. 58 f.; *Rümker*, WM 1973, 631; *Baumbach/Hopt* § 135 HGB Rn 16; MüKoHGB/*K. Schmidt* § 135 HGB Rn 38; *Roth*, ZGR 2000, 187, 212; *Röhricht/v. Westphalen/v. Gerkan* § 135 HGB Rn 6.

[30] *Riegger*, BB 1972, 117; *Rümker*, WM 1973, 632 jew. m. w. N.

Auseinandersetzungsguthabens in mehreren Raten erfolgt, ist der Pfandrechtsinhaber hieran gebunden.

Zum Schutz der Mitgesellschafter wendet die herrschende Meinung § 268 BGB analog an. Betreibt der Pfandrechtsgläubiger die Zwangsvollstreckung in das Auseinandersetzungsguthaben und kündigt er das Gesellschaftsverhältnis gem. § 135 HGB, so können die Mitgesellschafter die **Auflösung** der Gesellschaft durch die Ablösung der Forderung des Gläubigers abwenden.[31] Dadurch kann das Eindringen Fremder in die Gesellschaft abgewehrt werden. **18**

Da die gesetzliche Verwertung umständlich und zeitintensiv ist, stellt sich die Frage nach der Zulässigkeit einer **abweichenden Vereinbarung**. Vor Eintritt der Pfandreife ist eine Vereinbarung über einen freihändigen Pfandverkauf und der Verzicht auf die öffentliche Bekanntmachung unwirksam (§§ 1277 S. 2, 1245 Abs. 2 BGB). Eine private Verwertung ist im Übrigen nur dann möglich, wenn der Pfandrechtsbesteller und die übrigen Gesellschafter zugestimmt haben.[32] **18a**

3. Verpfändung von Geschäftsanteilen an der Komplementär-GmbH

a) Zulässigkeit und Bestellung. Sind die Kommanditisten gleichzeitig an der Komplementär-GmbH beteiligt, ist der Gläubiger häufig daran interessiert, sich auch die Geschäftsanteile an der Komplementär-GmbH verpfänden zu lassen. Die Verpfändung der Geschäftsanteile an der Komplementär-Gesellschaft beurteilt sich im Grundsatz nach den gleichen Regeln wie die Verpfändung von Kommanditanteilen. An dieser Stelle ist daher nur auf die GmbH-spezifischen Besonderheiten einzugehen; im Übrigen kann auf die zur Verpfändung von KG-Anteilen gemachten Ausführungen verwiesen werden (Rn 3 ff.). **19**

Die Verpfändung von GmbH-Geschäftsanteilen bestimmt sich nach den gleichen Voraussetzungen wie deren Abtretung.[33] Sie ist daher – anders als die Verpfändung von Kommanditanteilen – auch ohne ausdrückliche Gestattung in der Satzung zulässig. Ist die Übertragung des Geschäftsanteils nach dem Inhalt der Satzung der Gesellschaft **ausgeschlossen** oder an die Zustimmung der Gesellschaft, aller oder einzelner Gesellschafter oder gar Dritter geknüpft, gelten diese statutarischen Beschränkungen für die Verpfändung des Geschäftsanteils entsprechend (§§ 1274 Abs. 2 BGB, 15 Abs. 5 GmbHG). Die **Satzung** kann die Zulässigkeit der Verpfändung indessen auch abweichend von der Abtretung regeln. So kann (nur) die Verpfändung von Geschäftsanteilen ausgeschlossen[34] oder von der Zustimmung eines **20**

[31] *Lux*, GmbHR 2003, 938, 940; *Staudinger/Bittner* § 268 BGB Rn 28 m. w. N.; *Soergel/Wolf* 12. Aufl. § 268 BGB Rn 4; der BGH hat zu dieser Frage bislang nicht Stellung genommen.

[32] Vgl. MüKoHGB/*K. Schmidt* § 135 HGB Rn 39; weitergehend *Hadding/Schneider*, Gesellschaftsanteile, S. 62.

[33] Statt aller *Baumbach/Hueck/Fastrich* § 15 GmbHG Rn 47.

[34] *Schuler*, NJW 1956, 689, 690; *Scholz/Winter* § 15 GmbHG Rn 154; *Baumbach/Hueck/Fastrich* § 15 GmbHG Rn 48; *Lutter/Hommelhoff* § 15 GmbHG Rn 48; *Sieger/Hasselbach*, GmbHR 1999, 633 f.

Organs der Gesellschaft (Geschäftsführung, Aufsichtsrat) abhängig gemacht werden.[35] Die Voraussetzungen für die Verpfändung können auch erleichtert werden,[36] was in der Praxis allerdings nur selten anzutreffen ist. Ausgeschlossen ist, dass die Satzung besondere Formerfordernisse für die Verpfändung aufstellt.[37]

21 Hat die Gesellschaft **Anteilsscheine** ausgegeben, ist die Aushändigung dieser Urkunden für die Wirksamkeit der Verpfändung nicht notwendig, es sei denn, die Satzung macht die Wirksamkeit der Übertragung der Geschäftsanteile oder die Bestellung des Pfandrechts ausnahmsweise von der Übergabe der Anteilsscheine abhängig.

22 Die dinglich wirkende Verpfändungsvereinbarung bedarf bei GmbH-Anteilen der **notariellen Beurkundung** (§ 15 Abs. 3 GmbHG).[38] Demgegenüber kann die zugrunde liegende **schuldrechtliche Vereinbarung**, die zur Bestellung oder Aufhebung des Pfandrechts verpflichtet, nach zutreffender h. M. formlos begründet werden.[39] In aller Regel kann eine mangels Beurkundung formunwirksame Verpfändung in ein wirksames schuldrechtliches Verpflichtungsgeschäft umgedeutet werden, aus dem dann auf Bestellung des Pfandrechts geklagt werden kann.[40] Im Falle einer Verurteilung wird die notarielle Form dann durch das Urteil ersetzt.

23 Die Verpfändung kann sich auch auf künftig erst entstehende Geschäftsanteile beziehen, unabhängig davon, ob diese durch eine Neugründung oder anlässlich einer Kapitalerhöhung entstehen.[41] Auch die Verpfändung von **Teilgeschäftsanteilen** ist grundsätzlich zulässig.[42]

24 Die Wirksamkeit der Verpfändung ist weder von einer **Anzeige** nach § 1280 BGB noch von einer Anzeige nach § 16 GmbHG abhängig.[43] Nach h. M. hängt jedoch die Ausübung der Rechte durch den Pfandrechtsgläubiger gegenüber der Gesellschaft von der Anzeige nach § 16 GmbHG ab.[44] Im Übrigen kann die Anmeldung gegenüber der Gesellschaft in der Satzung als Wirksamkeitsvoraussetzung für die Verpfändung des Geschäftsanteils verankert werden.

24a Die Verpfändung kann nach der Grundregel des § 1255 Abs. 1 BGB formlos[45] durch einseitige Erklärung des Pfandgläubigers **aufgehoben**

---

[35] *Rowedder/Schmidt-Leithoff/Bergmann* § 15 GmbHG Rn 82.

[36] *Scholz/Winter* § 15 GmbHG Rn 154.

[37] *Hachenburg/Zutt* Anh. § 15 GmbHG Rn 42.

[38] Vgl. statt aller *Lutter/Hommelhoff* § 15 GmbHG Rn 48.

[39] *Baumbach/Hueck/Fastrich* § 15 GmbHG Rn 48; MünchHdb. GesR III/*Sommer* § 26 Rn 167.

[40] *Scholz/Winter* § 15 GmbHG Rn 156.

[41] *Hachenburg/Zutt* Anh. § 15 GmbHG Rn 39; *Sieger/Hasselbach*, GmbHR 1999, 635.

[42] Eingehend hierzu *Scholz/Winter* § 15 GmbHG Rn 157; *Rowedder/Schmidt-Leithoff/Bergmann* § 15 GmbHG Rn 85.

[43] Ganz h. M., vgl. etwa *Soergel/Mühl* § 1274 BGB Rn 14; *Baumbach/Hueck/Fastrich* § 15 GmbHG Rn 48; *Müller*, GmbHR 1969, 6; *Roth*, ZGR 2000, 187, 219.

[44] Vgl. *Baumbach/Hueck* § 16 GmbHG Rn 2; *Lutter/Hommelhoff* § 14 GmbHG Rn 48; *Rowedder/Schmidt-Leithoff/Bergmann* § 15 GmbHG Rn 87.

[45] Vgl. *Hachenburg/Zutt* Anh. § 15 GmbHG Rn 40; *Baumbach/Hueck/Fastrich* § 15 GmbHG Rn 48.

werden.[46] Insbesondere ergibt sich auch aus § 1276 BGB kein Zustimmungserfordernis durch den Verpfänder, da diese Norm nur auf Rechtsänderungen zwischen Schuldner und Gläubiger anwendbar ist.[47]

b) Rechtsstellung der Beteiligten. Die Mitgliedschaftsrechte, namentlich das Stimmrecht, verbleiben grundsätzlich beim Gesellschafter.[48] Ein Übergang auf den Pfandrechtsgläubiger findet also nicht statt. Fraglich ist, ob der Verpfänder den Pfandrechtsgläubiger zur Ausübung des **Stimmrechts** in eigenem Namen ermächtigen kann. Das Reichsgericht hat in einer vereinzelt gebliebenen Entscheidung eine **Legitimationszession** zugunsten des Pfandrechtsgläubigers für zulässig gehalten.[49] Diese Ansicht hat in der Literatur nur zum Teil Zustimmung erfahren.[50] Die h. M. im Schrifttum lehnt eine Legitimationszession oder gar eine vollständige Übertragung des Stimmrechts zu Recht ab.[51] Der Gesellschafter kann den Pfandrechtsinhaber jedoch – auch unwiderruflich – zur Ausübung des Stimmrechts **bevollmächtigen**.[52] Allerdings hat eine Vollmacht keinen verdrängenden Charakter, so dass der Pfandrechtsbesteller durch die Vollmachtserteilung nicht an der Ausübung des Stimmrechts gehindert wird.[53] Darüber hinaus können Pfandrechtsgläubiger und Gesellschafter im Rahmen eines **Stimmbindungsvertrages** Vereinbarungen über das Stimmverhalten des Gesellschafters treffen. 25

In der **Ausübung des Stimmrechts** ist der Gesellschafter – vorbehaltlich schuldrechtlicher Abreden mit dem Pfandgläubiger – nicht beschränkt. Dies gilt im Grundsatz selbst dann, wenn das Schicksal des Geschäftsanteils berührt wird, wie etwa bei Preisgabe des Anteils, bei Austritt aus der Gesellschaft aus wichtigem Grund oder bei Erhebung einer Auflösungsklage.[54] Die Zustimmung des Pfandrechtsgläubigers ist insoweit nicht erforderlich. Verstößt der Gesellschafter gegen den Inhalt des Verpfändungsvertrages, macht er sich gegenüber dem Pfandgläubiger zwar schadensersatzpflichtig; die Wirksamkeit seiner Stimmabgabe in der Ge- 26

---

46 *Widder*, GmbHR 2002, 898.

47 *Widder*, GmbHR 2002, 898; a. A. *Rowedder/Schmidt-Leithoff/Bergmann* § 15 GmbHG Rn 94; missverständlich *Scholz/Winter* § 15 GmbHG Rn 167.

48 Ganz h. M., vgl. nur RGZ 139, 224, 226 f.; 157, 52, 55; BGHZ 119, 191, 195 f.; LG Mannheim WM 1990, 762; *Scholz/Winter* § 15 GmbHG Rn 158; *Vossius*, BB 1988 Sonderbeilage 5, S. 11 jew. m. w. N.

49 RGZ 157, 52 ff.

50 *Wiedemann*, Übertragung, S. 429; *Rowedder/Schmidt-Leithoff/Koppensteiner* § 47 GmbHG Rn 27; *Hachenburg/Zutt* Anh. § 15 GmbHG Rn 44 a m. d. Einschränkung, dass eine Zulassung in der Satzung erfolgt oder die übrigen Mitgesellschafter einverstanden sein müssen.

51 *Scholz/Winter* § 15 GmbHG Rn 159 a; *Müller*, GmbHR 1969, 9; *Baumbach/Hueck/Fastrich* § 15 GmbHG Rn 49; MünchHdb. GesR III/*Sommer* § 26 Rn 172; *Palandt/Bassenge* § 1274 BGB Rn 8.

52 *Müller*, GmbHR 1969, 10; *Lutter/Hommelhoff* § 15 GmbHG Rn 48; *Scholz/Winter* § 15 GmbHG Rn 159 a; ähnlich *Baumbach/Hueck/Zöllner* § 47 GmbHG Rn 36.

53 *Müller*, GmbHR 1969, 10; *Palandt/Bassenge* § 1274 BGB Rn 8; vgl. auch *Scholz/Winter* § 15 GmbHG Rn 159 a.

54 *Scholz/Winter* § 15 GmbHG Rn 158, 169.

sellschafterversammlung wird hiervon allerdings nicht berührt.[55] Ein Zustimmungserfordernis analog § 1276 BGB besteht nach herrschender Auffassung nur bei der ordentlichen Kündigung und der Zustimmung zur freiwilligen Einziehung nach § 34 Abs. 2 GmbHG.[56] Daher kann es sich empfehlen, den Verpfänder bei der Abstimmung über Grundlagengeschäfte an die Zustimmung des Pfandgläubigers zu binden.[57]

27 Da der Pfandgläubiger nicht in die **Pflichtenstellung** des Gesellschafters einrückt, ist er zur Leistung rückständiger Einlagen und eingeforderter Nachschüsse nicht verpflichtet. Leistet der Gesellschafter trotz Aufforderung die **Einlage** oder eingeforderte **Nachschüsse** nicht, kann der Pfandgläubiger den Untergang des Pfandrechts durch Versteigerung des kaduzierten Anteils (vgl. § 23 GmbHG) nur dadurch verhindern, dass er für den Gesellschafter die Einlage leistet. In diesem Fall steht ihm jedoch ein Ersatzanspruch gegen den Verpfänder zu. Der Pfandrechtsinhaber kann allerdings nicht verlangen, dass ihm die Aufforderung und Androhungen zugehen.[58]

28 Den Pfandgläubiger trifft auch grundsätzlich keine Verpflichtung, für die Aufrechterhaltung des **Stammkapitals** zu sorgen.[59] Anderes gilt nur dann, wenn sich der Pfandgläubiger gesellschafterähnliche Befugnisse einräumen lässt, die ihm Einfluss auf die Geschäftsführung und das Schicksal der Gesellschaft gewähren.[60] Nur dann trägt er auch eine Finanzierungsverantwortung für die Gesellschaft, so dass er Adressat des § 32 a GmbHG sein kann.

29 **c) Umfang des Pfandrechts.** Das Pfandrecht gewährt seinem Inhaber das Recht, sich nach Eintritt der Pfandreife aus dem Geschäftsanteil zu befriedigen. Einen Anspruch auf Auskehrung des **Gewinnanteils** des Gesellschafters hat der Pfandgläubiger nur bei Vereinbarung eines Nutzungspfandrechts.[61] Wie bei der Verpfändung von Kommanditanteilen (vgl. Rn 15) stellt sich jedoch die Frage, ob der Gewinnanspruch dem Pfandrecht unterliegt, also bei Pfandreife vom Gläubiger verwertet werden kann. Während vereinzelt die Ansicht vertreten wird, die künftigen Gewinnansprüche seien analog § 1289 BGB mitverpfändet,[62] lehnt die überwie-

---

[55] *Scholz/Winter* § 15 GmbHG Rn 168.

[56] *Baumbach/Hueck/Fastrich* § 15 GmbHG Rn 49; *Hachenburg/Zutt* Anh. § 15 GmbHG Rn 44; vgl. auch *Teichmann*, ZGR 1972, 1, 16; diff. *Scholz/Winter* § 15 GmbHG Rn 169; weitergehend *Sieger/Hasselbach*, GmbHR 1999, 637; *Roth*, ZGR 2000, 187, 220.

[57] *Roth*, ZGR 2000, 187, 220 (dort werden Liquidation, Auflösung und Anteilseinziehung als Beispiele für Grundlagenentscheidungen genannt).

[58] *Hachenburg/Zutt* Anh. § 15 GmbHG Rn 45.

[59] OLG Hamm NJW-RR 1991, 1388.

[60] BGHZ 119, 191; MünchHdb. GesR III/*Sommer* § 26 Rn 171; *Sieger/Hasselbach*, GmbHR 1999, 638.

[61] MünchHdb. GesR III/*Sommer* § 26 Rn 142; *Müller*, GmbHR 1969, 6; *Rodewald*, GmbHR 1995, 418, 420; *Hachenburg/Zutt* Anh. § 15 GmbHG Rn 43; *Rowedder/Bergmann* § 15 GmbHG Rn 46.

[62] *Wiedemann*, Übertragung, S. 426; *Roth*, ZGR 2000, 187, 219; MünchHdb. GesR IV/*Wiesner* § 14 Rn 61 zur AG.

gende Auffassung im Schrifttum eine derartige Ausdehnung ab.[63] Es empfiehlt sich daher, diese Frage in der Verpfändungsvereinbarung ausdrücklich zu regeln.

Bei Untergang des verpfändeten Geschäftsanteils setzt sich das Pfandrecht an dessen **Surrogat**, namentlich am Auseinandersetzungsguthaben und am Abfindungsanspruch, fort.[64] 30

Ein Bezugsrecht auf im Rahmen einer **Kapitalerhöhung** neu geschaffene Geschäftsanteile steht dem Pfandgläubiger nicht zu.[65] Fraglich ist jedoch, ob sich das Pfandrecht auf den erhöhten Geschäftsanteil erstreckt. Diese Frage ist – wie beim Nießbrauch (vgl. § 38 Rn 57) – differenziert zu beantworten: Erfolgt die Kapitalerhöhung aus **Gesellschaftsmitteln**, erstreckt sich das Pfandrecht automatisch auf den erhöhten oder neu gebildeten Geschäftsanteil.[66] Wird das Stammkapital gegen **Einlagen** erhöht, erwächst dem Pfandgläubiger, um eine Verwässerung des Pfandrechts zu vermeiden, nur ein Anspruch auf anteilige Bestellung eines (erweiterten) Pfandrechts an den neuen Anteilen, wenn die neuen Geschäftsanteile nicht zu einem ihrem inneren Wert entsprechenden Ausgabepreis ausgegeben werden. 31

d) Verwertung. Die Verwertung des Geschäftsanteils erfolgt im Wege der **Zwangsvollstreckung** (§ 1277 BGB). Auch insoweit benötigt der Gläubiger zunächst einen Duldungstitel, sofern der Gesellschafter auf dieses Erfordernis nicht zu notarieller Urkunde verzichtet oder sich der sofortigen Zwangsvollstreckung unterworfen hat (§ 794 Abs. 1 Nr. 5 ZPO).[67] Die Verwertung richtet sich dann nach näherer Maßgabe von §§ 857 Abs. 4, 844 Abs. 1 ZPO. Eine Überweisung des Anteils zur Einziehung oder an Zahlungs statt gem. § 835 ZPO kommt nicht in Betracht.[68] 32

Zweifelhaft ist, ob den Mitgesellschaftern einer GmbH ebenso wie im Personengesellschaftsrecht (o. Rn. 18) ein **Ablösungsrecht** analog § 268 BGB einzuräumen ist, wenn der Pfandrechtsgläubiger die Zwangsvollstreckung in das Auseinandersetzungsguthaben betreibt und das Gesellschaftsverhältnis kündigt. Dagegen spricht, dass bei Kapitalgesellschaften die Kapitalbeteiligung im Vordergrund steht und somit der Verhinderung des Eindringens Fremder in die Gesellschaft eine geringere Bedeutung 33

---

[63] *Scholz/Winter* § 15 GmbHG Rn 160; MünchHdb. GesR III/*Sommer* § 26 Rn 170; *Palandt/Bassenge* § 1274 BGB Rn 8; *Baumbach/Hueck/Fastrich* § 15 GmbHG Rn 50; *Rodewald*, GmbHR 1995, 420.

[64] Gleiches gilt für den Überschuss bei Verkauf eines abandonnierten Geschäftsanteils sowie für die Ansprüche des Gesellschafters bei Rückzahlung von Nachschüssen oder der Stammeinlage. *Baumbach/Hueck/Fastrich* § 15 GmbHG Rn 50; MünchHdb. GesR III/*Sommer* § 26 Rn 170; *Hachenburg/Zutt* Anh. § 15 GmbHG Rn 47; *Scholz/Winter*, § 15 GmbHG Rn 162 ff.; *Müller*, GmbHR 1969, 36.

[65] So zutr. *Rowedder/Bergmann* § 15 GmbHG Rn 92.

[66] *Baumbach/Hueck* § 57 m GmbHG Rn 14; *Hachenburg/Zutt* Anh. § 15 GmbHG Rn 43; *Rowedder/Bergmann* § 15 GmbHG Rn 92; a. A. *Kerbusch*, GmbHR 1990, 156, der eine ausdrückliche Vereinbarung fordert.

[67] Vgl. *Sieger/Hasselbach*, GmbHR 1999, 636.

[68] *Baumbach/Hueck/Fastrich* § 15 GmbHG Rn 62.

zukommt. Zudem besteht im GmbH-Recht keine Möglichkeit des pfändenden Gläubigers, eine Auflösung der Gesellschaft zu bewirken.[69]

34 Es steht den Beteiligten frei, nach Eintritt der Pfandreife statt der öffentlichen Versteigerung formlos einen **freihändigen Verkauf** zu vereinbaren (§§ 1245, 1277 BGB).[70] Eine vor Pfandreife getroffene Verwertungsvereinbarung ist nichtig (§§ 1277, 1229, 1245 Abs. 2 BGB).[71] Bei der freihändigen Veräußerung sind die Formerfordernisse nach § 15 Abs. 3 und 4 GmbHG zu beachten.[72] Knüpft die Satzung die Abtretung bzw. Verpfändung von Geschäftsanteilen an besondere Voraussetzungen, so gelten etwaige Zustimmungserfordernisse weder bei der Veräußerung im Rahmen der Zwangsversteigerung noch des freihändigen Verkaufes, da in der Zustimmung zur Verpfändung zugleich die Zustimmung zur Verwertung zu sehen ist.[73]

II. Pfandrecht an Einzelansprüchen

1. GmbH & Co. KG

35 Gegenstand des Pfandrechts können nicht nur der Gesellschaftsanteil selbst, sondern auch die einzelnen vermögensrechtlichen Ansprüche des Gesellschafters der GmbH & Co. KG sein. Voraussetzung ist, dass die Ansprüche i. S. v. § 717 S. 2 BGB selbständig abtretbar sind. Denkbar ist vor allen Dingen eine Verpfändung der **Gewinn-, Abfindungs- und Auseinandersetzungsansprüche** des Gesellschafters. Demgegenüber ist der **Kapitalentnahmeanspruch** der persönlich haftenden Komplementär-GmbH nach herrschender Auffassung nicht selbständig abtretbar und mithin nicht verpfändbar.[74]

36 Die Bestellung eines Pfandrechts an den einzelnen vermögensrechtlichen Ansprüchen ist insbesondere dann von praktischer **Bedeutung**, wenn die Belastung des Anteils im Gesellschaftsvertrag nicht zugelassen ist und die übrigen Gesellschafter ihre Zustimmung zu der Verpfändung verweigert haben.[75] Die Verpfändung der Einzelansprüche hängt nicht von der **Zustimmung** der übrigen Gesellschafter ab. Dies ist nur dann anders, wenn die Verpfändung dieser Ansprüche nach dem Gesellschaftsvertrag ausdrücklich ausgeschlossen ist.[76] Da es sich um eine Verpfändung von For-

---

[69] Vgl. *Lux*, GmbHR 2003, 938, 940f.; für eine Anwendung des § 268 BGB auch im GmbH-Recht dagegen *Staudinger/Bittner* § 268 BGB Rn 28 m. w. N.

[70] MünchHdb. GesR III/*Sommer* § 26 Rn 170; *Vossius*, BB 1988, Sonderbeilage 5, S. 12; *Rodewald*, GmbHR 1995, 421.

[71] *Rowedder/Bergmann* § 15 GmbHG Rn 90.

[72] RGZ 164, 170; *Hachenburg/Zutt* Anh. § 15 GmbHG Rn 47.

[73] *Schuler*, NJW 1956, 689; *Lutter/Hommelhoff* § 15 GmbHG Rn 48; *Hachenburg/Zutt* Anh. § 15 GmbHG Rn 48; *Palandt/Bassenge* § 1274 BGB Rn 8; *Baumbach/Hueck* § 15 GmbHG Rn 50; a. A. *Scholz/Winter* § 15 GmbHG Rn 171 für den Fall des freihändigen Verkaufs und der privatrechtlichen öffentlichen Versteigerung m. w. N.

[74] RGZ 67, 17; *Baumbach/Hopt* § 122 HGB Rn 4; a. A. *Muth*, DB 1986, 1761.

[75] *Baumbach/Hopt* § 135 HGB Rn 15; GK/*Ulmer* § 105 HGB Rn 290.

[76] MünchHdb. GesR II 1. Aufl./*Rodin* KG § 31 Rn 20.

derungen handelt, hängt die Verpfändung der Einzelansprüche allerdings von einer **Anzeige** nach § 1280 BGB ab.

Die Gesellschafter sind im Rahmen der durch § 138 BGB gezogenen Grenzen nicht gehindert, den **Verteilungsmaßstab** für den Gewinn sowie das Auseinandersetzungsguthaben im Gesellschaftsvertrag zum Nachteil des Pfandgläubigers zu ändern. Hier gilt das zur Verpfändung des Gesellschaftsanteils Gesagte entsprechend (vgl. Rn 10). **37**

Kollisionsprobleme entstehen, wenn der Gesellschafter seinen Kommanditanteil mit einem Pfandrecht belastet, nachdem er zuvor bereits seine künftigen Einzelansprüche auf Abfindung oder auf das Auseinandersetzungsguthaben an einen anderen Gläubiger verpfändet bzw. abgetreten hatte. Der BGH hat für den Fall der **Pfändung** eines Geschäftsanteils bei einer vorangegangen Abtretung des Anspruchs auf Abfindung oder des Auseinandersetzungsguthabens an einen Dritten entschieden, dass der Dritte den Abfindungsanspruch mit einem Pfändungspfandrecht belastet erwirbt.[77] Überträgt man diesen Ansatz auf eine nachfolgende **Verpfändung** des Anteils, gelangt man zu dem Ergebnis, dass die Einzelansprüche mit dem Pfandrecht belastet sind, obwohl die Anteilsverpfändung zeitlich nachfolgt.[78] Die Rechtfertigung hierfür liegt darin, dass die Einzelansprüche auf Abfindung bzw. das Auseinandersetzungsguthaben im Zeitpunkt ihrer Entstehung wegen der nachfolgenden Verpfändung oder Abtretung des Gesellschaftsanteils dem verpfändenden Gesellschafter bereits nicht mehr zustehen.[79] Da es keinen gutgläubig lastenfreien Erwerb von Forderungen gibt, genießt der Pfandrechtsgläubiger nur Schutz davor, dass der Pfandschuldner die verpfändeten Einzelansprüche nicht später noch einmal an einen Dritten abtritt. **38**

Die **Verwertung** der verpfändeten Ansprüche richtet sich gleichfalls nach § 1277 BGB. Der Pfandrechtsinhaber benötigt daher zunächst einen Duldungstitel gegen den Gesellschafter. Auf Grundlage eines vorläufig vollstreckbaren Titels kann der Pfandrechtsgläubiger beim Vollstreckungsgericht die Pfändung und Überweisung der verpfändeten Forderungen beantragen (§§ 829, 835 ZPO). Ist die Zustellung des Pfändungs- und Überweisungsbeschlusses an die Gesellschaft erfolgt, kann diese mit befreiender Wirkung nur noch an den Pfandgläubiger leisten. Zur **Kündigung** der Gesellschaft ist der Pfandgläubiger nur im Falle der Pfändung des Auseinandersetzungsguthabens und bei Vorliegen der weiteren Voraussetzungen des § 135 HGB berechtigt. **39**

2. Komplementär-GmbH

Auch die Einzelansprüche der Gesellschafter der Komplementär-GmbH, wie etwa der **Gewinnanspruch**, der **Abfindungsanspruch** oder das **Auseinandersetzungsguthaben** können Gegenstand der Verpfändung sein. Die Verpfändung dieser Ansprüche kann formlos erfolgen; § 15 Abs. 3 **40**

---

[77] Vgl. BGHZ 104, 351, 353 f.
[78] Zweifelnd MüKoHGB/*K. Schmidt* § 135 HGB Rn 33.
[79] BGH WM 1986, 719; BGHZ 88, 205.

GmbHG findet insoweit keine Anwendung.[80] Ein Formerfordernis besteht nur dann, wenn die Verpfändung der Einzelansprüche gleichzeitig mit der Verpfändung des Anteils erfolgt, da in diesem Fall die Verpfändung des Einzelanspruchs eine formbedürftige Nebenabrede darstellt.[81]

41 Die Verpfändung der Ansprüche ist selbst nicht von der **Zustimmung** der übrigen Mitgesellschafter abhängig. Dies gilt selbst dann, wenn die Anteile vinkuliert sind. Die Satzung kann aber anderes bestimmen. So ist etwa eine Regelung denkbar, nach der die Einzelrechte zwar abtretbar, aber nicht verpfändbar sind.[82] Die Verpfändung der Einzelansprüche bedarf zu ihrer Wirksamkeit einer **Anzeige** nach § 1280 BGB. Für die Frage des **Vorrangs** einer Verpfändung von Einzelansprüchen gegenüber einer nachfolgenden Verpfändung bzw. Abtretung des Anteils und der **Verwertung** der Ansprüche vgl. Rn 38.

---

[80] *Baumbach/Hueck/Fastrich* § 15 GmbHG Rn 48.
[81] Vgl. bereits *Hachenburg/Zutt* Anh. § 15 GmbHG Rn 49.
[82] *Müller*, GmbHR 1969, 59.

§ 38 Nießbrauch an Gesellschaftsanteilen

Übersicht

Schrifttum: *Blaurock*, Unterbeteiligung und Treuhand an Gesellschaftsanteilen, 1981; *Brambring*, Surrogation beim Nießbrauch, DNotZ 2003, 565; *Brandi/Mühlmeier*, Übertragung von Gesellschaftsanteilen im Wege vorweggenommener Erbfolge und Vorbehaltsnießbrauch, GmbHR 1997, 734; *Finger*, Der Nießbrauch am Gesellschaftsanteil der Personengesellschaft, DB 1988, 1033; *Gschwendtner*, Nießbrauchsbestellung am Anteil einer Personengesellschaft, NJW 1995, 1875; *Huber*, Vermögensanteil, Kapitalanteil und Gesellschaftsanteil an Personengesellschaften des Handelsrechts, 1970; *Jansen/Jansen*, Der Nießbrauch im Zivil- und Steuerrecht, 1993; *Janßen/Nickel*, Unternehmensnießbrauch, 1998; *Klose*, Eintragung des Nießbrauchs am Kommanditanteil im Handelsregister, DStR 1999, 807; *Kruse*, Nießbrauch an der Beteiligung an einer Personengesellschaft, RNotZ 2002, 69; *Lindemeier*, Die Eintragung des Nießbrauchs am Kommanditanteil im Handelsregister, RNotZ 2001, 155; *Milatz/Sonneborn*, Nießbrauch an GmbH-Geschäftsanteilen: Zivilrechtliche Vorgaben und ertragsteuerliche Folgen, DStR 1999, 137; *Moog*, Die zivilrechtliche Sicherung des Nießbrauchers, DStR 2002, 180; *Petzoldt*, Nießbrauch an Kommanditanteilen und GmbH-Geschäftsanteilen I/II, GmbHR 1987, 381, 433; *ders.*, Nießbrauch an Personengesellschaftsanteilen, DStR 1992, 1171; *Reichert*, Das Zustimmungserfordernis zur Abtretung von Geschäftsanteilen in der GmbH, 1984; *Reichert/Schlitt*, Nießbrauch an GmbH-Anteilen, FS Flick, 1997, S. 241; *Reichert/Schlitt/Düll*, Die gesellschafts- und steuerrechtliche Gestaltung des Nießbrauchs an GmbH-Anteilen, GmbHR 1998, 565; *K. Schmidt*, Stimmrecht beim Anteilsnießbrauch, ZGR 1999, 600; *Schön*, Der Nießbrauch am Gesellschaftsanteil, ZHR 158

(1994) 229; *Suffel*, Der Nießbrauch an Personengesellschaftsanteilen aus zivilrechtlicher und steuerrechtlicher Sicht, FS Der Fachanwalt für Steuerrecht im Rechtswesen, 1999, 375; *Teichmann*, Nießbrauch an Gesellschaftsanteilen, ZGR 1972, 1; 1973, 24; (s. auch die Hinweise vor § 37).

I. Einführung

1. Begriff

1 Der Nießbrauch stellt die Belastung einer Sache oder eines Rechts dar, aufgrund derer der Nießbraucher die **Nutzungen** der Sache ziehen kann, ohne an der Substanz selbst berechtigt zu sein (§§ 1030, 1068 BGB).[1] Als spezieller Fall des Nießbrauchs an einem Recht (§ 1068 BGB) verschafft der Nießbrauch an Gesellschaftsanteilen dem Nießbraucher eine **mittelbare Unternehmensteilhabe**, indem ihm das ausschließliche Nutzungsrecht an der Beteiligung übertragen wird.[2]

2 Die praktische Bedeutung des Nießbrauchs an Gesellschaftsanteilen ist sehr groß. Namentlich bei Familiengesellschaften erfreut sich der Nießbrauch als Gestaltungsinstrument im Rahmen der **Unternehmensnachfolge** großer Beliebtheit, da er eine Trennung von Vermögenssubstanz (Gesellschafterstellung) und Vermögenserträgen (Gewinn) ermöglicht.[3] So kann der ausscheidenswillige Seniorgesellschafter den Unternehmensnachfolger durch die Vereinbarung eines **Vorbehaltsnießbrauchs** in die Gesellschafterverantwortung ohne Verzicht auf die eigene Teilhabe an den Erträgen und Aufgabe jeder Mitwirkungsbefugnisse einbinden, indem er seinen Anteil im Wege der vorweggenommenen Erbfolge auf den Nachfolger überträgt und sich gleichzeitig den Nießbrauch an dem übertragenen Anteil vorbehält.[4]

3 Der Nießbrauch kann auch in einer Verfügung von Todes wegen angeordnet werden. Praktische Bedeutsamkeit hat dieser sog. **Vermächtnisnießbrauch** dann, wenn der Erblasser die Gesellschaftsanteile zwar endgültig seinen Abkömmlingen zuwenden will, jedoch mit Hilfe der Erträgnisse aus der Beteiligung zugleich die Versorgung seines Ehegatten sicherstellen möchte.[5] In diesem Fall verschafft der Nießbrauch dem Begünstigten eine stärkere Stellung, als es bei der Anordnung einer Vor-

---

[1] *Blaurock*, Unterbeteiligung, S. 135.

[2] MüKoHGB/*K. Schmidt* Vor § 230 HGB Rn 8; *Schlegelberger/K. Schmidt* vor § 335 HGB Rn 3, 5.

[3] MünchHdb. GesR II/*Richter* KG § 27 Rn 10; *Janßen/Nickel*, Unternehmensnießbrauch, S. 21; *Suffel*, Nießbrauch, S. 376; Beck Hdb. Personengesellschaften/*Müller* § 4 Rn 18; vgl. aber auch *Teichmann*, ZGR 1972, 1.

[4] Vgl. *Teichmann*, ZGR 1972, 1 ff.; *Finger*, DB 1977, 1033 ff.; *Binz/Sorg*, BB 1989, 1521, 1522; *Goertzen*, DStR 1994, 1553; MünchHdb. GesR III/*Sommer* § 26 Rn 67; *Reichert/Schlitt/Düll*, GmbHR 1998, 565. Bei derartigen Gestaltungen ist freilich auch die Bestimmung einer Anrechnung oder die Verzichtserklärung auf etwaige Pflichtteilsansprüche zu bedenken, §§ 2315, 2346 Abs. 2 BGB, vgl. dazu *Moog*, DStR 2002, 180, 182.

[5] MünchHdb. GesR III/*Sommer* § 26 Rn 67; Beck Hdb. Personengesellschaften/*Müller* § 4 Rn 67; *Sudhoff*, NJW 1974, 2205.

und Nacherbschaft der Fall wäre. Gegenüber einer Vor- und Nacherbschaft bietet der Nießbrauch überdies den Vorteil, dass der endgültig Begünstigte nicht erst mit Eintritt des Nacherbfalles, sondern bereits sofort Gesellschafter wird. In vielen Fällen liegt es nämlich nicht im Interesse der Beteiligten, den designierten Vorerben, etwa wegen ihres mangelnden Sachverstandes oder ihres fehlenden Interesses an der Unternehmensfortführung, die Position eines Gesellschafters einzuräumen.[6] Die Nießbrauchsbestellung bietet sich in diesem Zusammenhang auch als Gestaltungsinstrument für Ausgleichsansprüche weichender Erben an, die nicht die Nachfolge in die Gesellschafterstellung antreten sollen.[7]

Die dritte in der Praxis anzutreffende Fallgestaltung des Nießbrauchs **4**
an Gesellschaftsanteilen ist der sog. **Zuwendungsnießbrauch**. Hier behält der Nießbrauchsbesteller seine Gesellschafterstellung und wendet einem Dritten den Nießbrauch an seinem Gesellschaftsanteil zu.[8]

2. Abgrenzung

Die Einräumung eines Nießbrauchs an einem Gesellschaftsanteil ist **5**
vom **Unternehmensnießbrauch** zu sondern. Beim Unternehmensnießbrauch, der seine gesetzliche Erwähnung in § 22 Abs. 2 HGB findet, ist Gegenstand des Nießbrauchs nicht der Gesellschaftsanteil, sondern das Unternehmen. Er ähnelt damit der Unternehmensüberlassung.[9] Beim Unternehmensnießbrauch wird das Umlaufvermögen Eigentum des Nießbrauchers und nur das Anlagevermögen samt Zubehör bleibt Eigentum des Bestellers.[10]

Von der **Unterbeteiligung** unterscheidet sich der Nießbrauch da- **6**
durch, dass er dem Berechtigten ein, wenn auch nur mittelbares Recht an der Hauptbeteiligung gewährt, während zwischen Unterbeteiligten und Hauptbeteiligten lediglich eine Innengesellschaft besteht (zur Unterbeteiligung vgl. § 39 Rn 1 ff.).[11]

Der Nießbrauch ist zudem von der **treuhänderischen** Übertragung ab- **7**
zugrenzen: Während bei der Treuhand der Treuhänder mit verdrängender Wirkung in die Gesellschafterstellung einrückt, sind beim Nießbrauch Gesellschafter und Nießbrauchsberechtigter beide am Nießbrauchsgegenstand berechtigt. Indem die überschießende Rechtsstellung des Treuhänders im Außenverhältnis im Innenverhältnis durch schuldrechtliche Vereinbarun-

---

[6] Zur Abgrenzung zwischen Nießbrauch und Vor- und Nacherbfolge vgl. auch *Klose*, DStR 1999, 807.

[7] MünchHdb. GesR II/*Richter* KG § 27 Rn 8; *Goertzen*, DStR 1994, 1553.

[8] Hierzu und zu den anderen Arten des Nießbrauchs vgl. MünchHdb. GesR III/*Sommer* § 26 Rn 66 f.

[9] Zum Unternehmensnießbrauch ausführlich *Janßen/Nickel*, Unternehmensnießbrauch, passim; vgl. ferner *Grunsky*, BB 1972, 585; *Paus*, BB 1990, 1675; *Staudinger/Frank* Anh. §§ 1068, 1069 BGB Rn 20 ff.

[10] *Staudinger/Frank* Anh. §§ 1068, 1069 BGB Rn 35; vgl. auch *Schlegelberger/K. Schmidt* vor § 335 HGB Rn 4.

[11] Zur Abgrenzung näher MüKoHGB/*K. Schmidt* Vor § 230 HGB Rn 11; *Schlegelberger/K. Schmidt* vor § 335 HGB Rn 6.

gen wieder eingeschränkt wird, kann die Treuhand dem Nießbrauch wirtschaftlich angenähert werden.[12] Zur Treuhand vgl. § 39 Rn 30 ff.

II. Nießbrauch an Anteilen der GmbH & Co. KG

1. Zulässigkeit und Bestellung

8 Die Zulässigkeit des Nießbrauchs an Anteilen von Personengesellschaften war lange Zeit umstritten. Die Folge war, dass man auf Ausweichlösungen, wie etwa die Belastung des Gewinnstammrechts[13] oder eine treuhänderische Übertragung[14] des Gesellschaftsanteils, zurückgegriffen hatte. Seitdem die Übertragbarkeit der Mitgliedschaft an Personengesellschaften allgemein anerkannt ist, werden auch gegen die Bestellung eines Nießbrauchs an Personengesellschaftsanteilen **keine Bedenken** mehr erhoben.[15] Ungeachtet dieser Einigkeit im Grundsatz sind jedoch eine Reihe von Einzelfragen noch ungeklärt. Dies gilt namentlich für die Fragen, ob die Nießbrauchsbestellung einen Wechsel in der Gesellschafterstellung zur Folge hat und wem der Beteiligten die Mitgliedschaftsrechte zuzuordnen sind (dazu Rn 15 ff.).

9 In der **GmbH & Co. KG** kommen als Gegenstand des Nießbrauchs in erster Linie die Anteile der Kommanditisten, die Geschäftsanteile an der Komplementär-GmbH sowie die vermögensrechtlichen Bezüge der Gesellschafter in Betracht. Die Bestellung eines Nießbrauchs am Anteil der persönlich haftenden Gesellschafterin ist zwar ebenfalls denkbar, hat aber bislang kaum praktische Relevanz erlangt.

10 Die Nießbrauchsbestellung an den Gesellschaftsanteilen richtet sich nach den für die Übertragung des Anteils geltenden Vorschriften (§ 1069 Abs. 1 BGB). Die Einräumung eines Nießbrauchs ist somit nur dann **zulässig**, wenn die Belastung des Anteils entweder im Gesellschaftsvertrag zugelassen ist oder ihr die übrigen Gesellschafter im Einzelfall zugestimmt haben (§ 1069 Abs. 2 BGB).[16] Der Gesellschaftsvertrag kann auch bestimmen, dass

---

[12] Vgl. dazu *Wiedemann*, Übertragung, S. 401; *Blaurock*, Unterbeteiligung, S. 77, 137; *Baumbach/Hopt* § 105 HGB Rn 31; MünchHdb. GesR II/*Richter* KG § 27 Rn 6.

[13] *Siebert*, BB 1956, 112 ff.; vgl. auch *Sudhoff*, NJW 1971, 481; *ders.*, NJW 1974, 2205. Die Zulässigkeit einer solchen Konstruktion wird von der ganz h. M. als unzulässig abgelehnt und i. Ü. für überflüssig erachtet, vgl. nur *Blaurock*, Unterbeteiligung S. 140; MünchHdb. GesR II/*Richter* KG § 27 Rn 25 ff.

[14] Vgl. noch BGH WM 1975, 174, 175.

[15] BGHZ 58, 316, 319 ff.; BGH WM 1975, 174; OLG Hamm OLGZ 1977, 283, 288; OLG Karlsruhe WM 1989, 534; OLG Düsseldorf DNotZ 1999, 440; *Baumbach/Hopt* § 105 HGB Rn 44; *Heymann/Emmerich* § 105 HGB Rn 65; MüKoHGB/*K. Schmidt* Vor § 230 HGB Rn 14; MünchHdb. GesR II/*Richter* KG § 27 Rn 40. A. A. nur *Soergel/Hadding* § 717 BGB Rn 18 f.: Nießbrauchsbestellung an einem Anteil sei in die Einräumung eines Nießbrauchs an den übertragbaren Vermögensrechten umzudeuten.

[16] BGH DStR 1996, 713; *Huber*, Vermögensanteil, S. 413; *Blaurock*, Unterbeteiligung, S. 139; *Baumbach/Hopt* § 105 HGB Rn 44; MünchHdb. GesR II/*Richter* KG § 27 Rn 43; GK/*Schilling* § 161 HGB Rn 48.

die Zulässigkeit der Bestellung von einem Mehrheitsbeschluss abhängt.[17] Nach wohl noch herrschender Auffassung soll dies allerdings nur gelten, wenn den Anforderungen an den Bestimmtheitsgrundsatz Genüge getan ist.[18] Auf eine gesellschaftsvertragliche Bestimmung, die die Gesellschaftsanteile veräußerlich stellt, soll die Nießbrauchsbestellung nicht gestützt werden können.[19]

Die Bestellung des Nießbrauchs bedarf keiner besonderen **Form**. Wird der Nießbrauch im Wege einer Schenkung eingeräumt, empfiehlt es sich, die notarielle Form einzuhalten, da die Heilung der fehlenden Form durch Vollzug der Schenkung (§ 518 Abs. 2 BGB) erst mit Zustimmung der Mitgesellschafter eintritt, wenn der Gesellschaftsvertrag die Nießbrauchsbestellung nicht schon generell zulässt. 11

Wird die Bestellung des Nießbrauchs im Rahmen einer **letztwilligen Verfügung** angeordnet, gelangt er nicht bereits unmittelbar mit dem Eintritt des Erbfalles zur Entstehung. Die Anordnung eines Nießbrauchs ist vielmehr als Vermächtnis bzw. Auflage zu bewerten, die der Erbe des Gesellschaftsanteils erst dadurch umsetzen muss, dass er mit dem Begünstigten nach Maßgabe der testamentarischen Bestimmungen eine Nießbrauchsvereinbarung schließt.[20] 12

Bei der Beteiligung **Minderjähriger** sind die familienrechtlichen Wirksamkeitserfordernisse zu beachten: Wird der Nießbrauch zu Lasten eines dem Minderjährigen bereits gehörenden Gesellschaftsanteils bestellt oder wird der Gesellschaftsanteil dem Minderjährigen unter Nießbrauchsvorbehalt geschenkt, bedarf es einer Genehmigung des **Vormundschaftsgerichts** (§ 1822 Nr. 3 BGB).[21] Erwirbt der Minderjährige den Nießbrauch von einem Elternteil oder Verwandten in gerader Linie oder wird er zugunsten einer solchen Person bestellt, ist zudem die Genehmigung des **Ergänzungspflegers** erforderlich (§§ 1090, 1795 Abs. 1 Nr. 1, 1629 Abs. 2 BGB).[22] 13

Das Nießbrauchsverhältnis **endet** mit der Dauer für das es eingegangen wurde. Es wird spätestens mit dem Tod des Nießbrauchers beendet (§ 1061 S. 1 BGB). Der Nießbrauch kann zudem durch formlose Vereinbarung zwischen Gesellschafter und Nießbraucher, aber auch durch eine einseitige Erklärung gegenüber dem Gesellschafter aufgehoben werden (§ 1064 BGB). 14

---

[17] MüKoHGB/*K. Schmidt* Vor § 230 HGB Rn 16.

[18] Zum Bestimmtheitsgrundsatz vgl. *Baumbach/Hopt* § 119 HGB Rn 37 ff.

[19] *Baumbach/Hopt* § 105 HGB Rn 44; GK/*Ulmer* § 105 HGB Rn 119; Beck Hdb. Personengesellschaften/*Müller* § 4 Rn 19; *Kruse*, RNotZ 2002, 69, 71; a. A. *Heymann/Emmerich* § 105 HGB Rn 66; *Schlegelberger/K. Schmidt* vor § 335 HGB Rn 11; *Suffel*, Nießbrauch, S. 379.

[20] MünchHdb. GesR II/*Richter* KG § 27 Rn 44.

[21] MünchHdb. GesR II/*Richter* KG § 27 Rn 47, 48; *Palandt/Diederichsen* § 1822 BGB Rn 7; weniger eng *Teichmann*, ZGR 1973, 43; a. A. MüKo/*Schwab* § 1822 BGB Rn 19.

[22] MünchHdb. GesR II/*Richter* KG § 27 Rn 47, 48; vgl. auch *Suffel*, Nießbrauch, S. 384.

2. Rechtsstellung des Nießbrauchers

15 **a) Zuordnung der Mitgliedschaftsrechte.** *aa) Meinungsstand.* Die Frage der Rechtsstellung der Beteiligten und die sich daraus ergebende Problematik der Verteilung der Mitgliedschaftsrechte zwischen Gesellschafter und Nießbraucher war lange Zeit streitig. Nach der früher herrschenden, aber auch heute noch teilweise vertretenen Auffassung rückt der **Nießbraucher** zwingend in die **Gesellschafterstellung** ein, während der Besteller aus dem Gesellschafterverband ausscheidet.[23] Das Abspaltungsverbot verbiete es, die aus der Mitgliedschaft resultierenden Verwaltungsrechte von der Gesellschafterstellung zu trennen. Einem gesellschaftsfremden Dritten könne keine kapitalmäßige Beteiligung zustehen, die über die nach § 717 S. 2 BGB übertragbaren Rechte hinausgehe. Zudem sei eine Teilhabe an einer Personengesellschaft nur denkbar, wenn der Nießbraucher selbst unternehmerische Funktionen übernehme. Nach einer vermittelnden Meinung rückt der Nießbraucher neben dem Gesellschafter in den Verband ein; die Mitgliedschaftsrechte, namentlich das Stimmrecht, werden danach von Nießbraucher und Gesellschafter **gemeinschaftlich** ausgeübt.[24]

16 Demgegenüber sondert die heute ganz herrschende Auffassung die Frage der Inhaberschaft der Mitgliedschaft von der Problematik der Zuweisung der Mitgliedschaftsrechte. Einigkeit besteht innerhalb der h. M. insoweit, dass der Nießbraucher **nicht** in die **Gesellschafterstellung** einrückt. Differenzierungen sind indessen hinsichtlich der Zuordnung der Mitgliedschaftsrechte anzutreffen. Die überwiegende Ansicht nimmt an, dass die **Verwaltungsrechte** grundsätzlich beim **Gesellschafter** verbleiben, während dem Nießbraucher nur der Anspruch auf den Gewinnanteil zusteht.[25] Eine Kollision mit dem Abspaltungsverbot bestehe nicht, da die nicht übertragbaren Rechte vom Nießbrauch nicht erfasst würden. Vereinzelt wird davon ausgegangen, dass die Mitgliedschaftsrechte dem Nießbraucher und dem Gesellschafter gemeinsam zustehen.[26] Eine vermittelnde, im Vordringen befindliche Ansicht steht demgegenüber auf dem Standpunkt, dass

---

[23] *Sudhoff*, NJW 1974, 2205, 2207; *Hueck* Recht der OHG § 27 II 8; GK/*Weipert* (2. Aufl.) § 130 HGB Anm. 19; *Hoyer*, BB 1978, 1459, 1460; *Paus*, BB 1990, 1675, 1679; *Jansen/Jansen*, Nießbrauch im Zivil- und Steuerrecht, Rn 55; *Gschwendtner*, NJW 1995, 1875; *Petzoldt*, GmbHR 1987, 383 f.; wohl auch *Schulze zur Wiesche*, DStR 1995, 318, 319.

[24] *Schön*, ZHR 158 (1994), 260; vgl. bereits *Schlegelberger/K. Schmidt* vor § 335 HGB Rn 16; s. auch OLG Düsseldorf NZG 1999, 26.

[25] Zuletzt MüKoHGB/*K. Schmidt* Vor § 230 HGB Rn 21; im Grundsatz *Teichmann*, ZGR 1972, 7; *v. Schilling*, DB 1954, 561; *Huber*, Vermögensanteil, S. 416; *Staudinger/Frank* Anh. §§ 1068, 1069 BGB Rn 70; *Soergel/Hadding* § 717 BGB Rn 18; *Rohlff*, NJW 1971, 1337, 1139; *Blaurock*, Unterbeteiligung, S. 144; *Heymann/Emmerich* § 105 HGB Rn 68; *Kruse*, RNotZ 2002, 69, 71, 75; *Finger*, DB 1977, 1038; *Soergel/Stürner* § 1068 BGB Rn 7e; *K. Schmidt*, ZGR 1999, 607 ff.; *Steinbeck*, DB 1995, 761, 763; einschränkend *Bender*, DB 1979, 1445, 1446: Gesellschafter unterliegt bei Ausübung des Stimmrechts einem Zustimmungserfordernis des Nießbrauchers; offen gelassen von *Binz/Sorg*, BB 1989, 1521, 1522.

[26] Vgl. hierzu *Wiedemann*, Übertragung, S. 413 ff.; *Schön*, ZHR 158 (1994), 260 m. w. N.

die Mitgliedschaftsrechte – vorbehaltlich einer abweichenden Regelung im Bestellungsvertrag – zwischen Gesellschafter und Nießbraucher in der Weise **aufzuteilen** sind, dass die Entscheidung über Grundlagengeschäfte beim Gesellschafter verbleibt, während der Nießbraucher das Stimmrecht und das Recht zur Geschäftsführung in laufenden Angelegenheiten ausübt.[27] Eine Schutzbedürftigkeit der Mitgesellschafter wird verneint, da diese wegen des Zustimmungserfordernisses auf die Bestellung des Nießbrauchs Einfluss nehmen können.

Die Frage der Zuordnung der Mitgliedschaft dürfte – zumindest für **17**
die Praxis – seit dem Urteil des **BGH** vom 9. 11. 1998 geklärt sein.[28] Der BGH hat dort klargestellt, dass der Nießbraucher lediglich ein dingliches Nutzungsrecht erhält, nicht aber Gesellschafter wird. Gleichzeitig hat er in diesem Urteil auch zu der Kompetenzaufteilung zwischen Gesellschafter und Nießbraucher Stellung genommen, ohne dabei jedoch die Streitfrage abschließend zu entscheiden. Nachdem er in früheren Urteilen tendenziell eine Berechtigung des Nießbrauchers zu bejahen schien,[29] hat der BGH nun festgestellt, dass dem Gesellschafter das Stimmrecht „jedenfalls" dann verbleibt, wenn es um Beschlüsse geht, die die Grundlagen der Gesellschaft betreffen.[30]

bb) Stellungnahme. Der h. M. ist in ihrer Annahme zu folgen, dass die Be- **18**
stellung des Nießbrauchs an der **Zuordnung der Mitgliedschaft** nichts ändert. Mit der Nießbrauchsbestellung wird der Gesellschaftsanteil lediglich belastet, der Gesellschafter aber nicht aus seiner Position verdrängt. Zwar ist es den Beteiligten unbenommen, auch eine Vollrechtsübertragung zu vereinbaren. Dann handelt es sich jedoch der Sache nach nicht um einen Nießbrauch im engeren Sinn, sondern um eine treuhänderische Übertragung von Gesellschaftsanteilen (sog. Nießbrauchstreuhand).[31]

Da das Gesetz dem Nießbraucher nur die Nutzungen zuweist, verbleiben **19**
die **Mitgliedschafts- und Verwaltungsrechte** sowie etwaige **Geschäftsführungsbefugnisse** beim Gesellschafter.[32] Dies gilt nicht nur, soweit es um Grundlagenmaßnahmen geht, sondern auch für laufende Angelegen-

---

[27] LG Aachen RNotZ 2003, 398, 399; *Ulmer* GbR § 705 BGB Rn 99; GK/*Ulmer* § 105 HGB Rn 124, 126; *Baumbach/Hopt* § 105 HGB Rn 46; MünchHdb. GesR II/*Richter* KG § 27 Rn 65; Beck Hdb. Personengesellschaften/*Müller* § 4 Rn 21; nunmehr auch *Petzoldt*, DStR 1992, 1174; *Suffel*, Nießbrauch, S. 381.

[28] BGH NJW 1999, 571 f. Zuvor hatte sich der BGH auf die Feststellung beschränkt, dass der Nießbrauch sowohl als Vollrechtsübertragung als auch als bloße Belastung des Gesellschaftsanteils ausgestaltet werden kann; vgl. BGH WM 1975, 174, 175.

[29] BGHZ 108, 187, 199 (obiter dictum); a. A. OLG Koblenz NJW 1992, 2163 (zur GmbH).

[30] BGH NJW 1999, 571, 572. Im konkreten Fall ging es um die Berechtigung an der Mitwirkung beim Rechnungsabschluss, krit. dazu *K. Schmidt*, ZGR 1999, 605 f.

[31] Vgl. etwa *Teichmann*, ZGR 1972, 6 ff.; *Blaurock*, Unterbeteiligung, S. 137; dazu ferner *K. Schmidt*, ZGR 1999, 603.

[32] Vgl. BGHZ 150, 109, 117 ff. (Wohnungseigentumsgemeinschaft); a. A. *Ulmer* GbR § 705 BGB Rn 99.

heiten der Gesellschaft. Eine Aufteilung der Mitverwaltungsrechte oder deren gemeinsame Ausübung durch Nießbraucher und Gesellschafter würde in der Praxis zu erheblichen Abgrenzungsschwierigkeiten führen.[33]

20 Dieser Befund rechtfertigt allerdings nicht den Schluss, der Nießbrauchsbesteller sei zu einer völlig eigennützigen Ausübung seiner Mitgliedschaftsrechte befugt. Vielmehr ist der Gesellschafter verpflichtet, die **Interessen des Nießbrauchers** angemessen zu berücksichtigen.[34] So ist der Gesellschafter im Rahmen der Beschlussfassung über die Gewinnausschüttung zwar durchaus berechtigt (und unter Umständen angesichts der ihm gegenüber der Gesellschaft obliegenden Treuepflicht auch verpflichtet), an einer angemessenen Rücklagendotierung mitzuwirken, ohne dass dem Nießbraucher insoweit ein **Widerspruchsrecht** zustünde.[35] An der Beschlussfassung über eine unangemessene Bildung von Rücklagen darf der Gesellschafter hingegen nicht mitwirken, weil er ansonsten die Rechte des Nießbrauchers unzumutbar beeinträchtigen würde.[36]

21 *cc) Vertragsgestaltung.* In Anbetracht der wenig gesicherten Rechtslage empfiehlt es sich, im Rahmen der vertraglichen Ausgestaltung die Frage der Zuordnung der Mitgliedschaftsrechte ausdrücklich zu regeln, um auf diese Weise für alle Beteiligten ein Höchstmaß an Rechtssicherheit herzustellen.[37] Dabei können die Regelungen sowohl im Gesellschaftsvertrag selbst als auch anlässlich der Nießbrauchsbestellung getroffen werden.[38]

22 *(1) Stimmrecht.* Dies gilt insbesondere für die Ausübung des Stimmrechts. Hier besteht oftmals das Anliegen des Nießbrauchers, das Stimmrecht selbst auszuüben, um vor einer Beeinträchtigung seiner Rechte durch den Gesellschafter geschützt zu sein. Dies gilt typischerweise für den Seniorgesellschafter, der seinen Kommanditanteil unter Nießbrauchsvorbehalt auf seinen Nachfolger übertragen hat, sich aber auch weiterhin gewisse Mitwirkungsrechte vorbehalten will. Eine **Bevollmächtigung** des Nießbrauchers durch den Gesellschafter mit der Ausübung des Stimmrechts ist ohne weiteres möglich.[39] Die Vollmacht kann auch unwiderruflich erteilt werden, solange sich damit kein (unzulässiger) Stimmrechtsverzicht verbindet und dem Gesellschafter das Recht zum Widerruf der Vollmacht aus wichtigem Grund verbleibt.[40] Allerdings hat eine solche Vollmacht keine

---

[33] Ausf. *Reichert/Schlitt*, FS Flick, S. 217, 226; *K. Schmidt*, ZGR 1999, 609; ähnlich MünchHdb. GesR II/*Richter* KG § 27 Rn 66; *Brandi/Mühlmeier*, GmbHR 1997, 736.

[34] Vgl. auch *Lutter/Hommelhoff* § 15 GmbHG Rn 50; *Reichert/Schlitt*, FS Flick, S. 227 m. w. N.

[35] BGH WM 1975, 174, 176; GK/*Schilling* § 161 HGB Rn 47.

[36] BGH WM 1975, 174, 176; *Heymann/Emmerich*, § 105 HGB Rn 65.

[37] Zu Fragen der Vertragsgestaltung vgl. bereits *Teichmann*, ZGR 1973, 24 ff.; aus neuerer Zeit *Hopt/Volhardt/Tischbirek*, Vertrags- und Formularbuch II H 1, S. 293; MVH/*Heidenhain/Meister* Bd. 1 IV. 70.

[38] GK/*Ulmer* § 105 HGB Rn 126; *Baumbach/Hopt* § 119 HGB Rn 21.

[39] Vgl. nur *K. Schmidt*, ZGR 1999, 601, 611; MünchHdb. GesR III/*Sommer* § 26 Rn 77.

[40] Vgl. BGHZ 20, 363, 364; BGH DB 1976, 2295, 2297; *Baumbach/Hopt* § 119 HGB Rn 18; *Reichert/Schlitt/Düll*, GmbHR 1998, 565, 573.

verdrängende Wirkung, so dass der Gesellschafter weiterhin zur Wahrnehmung des Stimmrechts befugt bleibt.[41] Zwar lässt sich die Vollmacht unter Umständen dahin gehend ausgelegen, dass dem Gesellschafter im Innenverhältnis die Ausübung des Stimmrechts neben oder anstelle des Nießbrauchers untersagt ist.[42] An der Wirksamkeit einer abredewidrig abgegebenen Stimme ändert dies freilich nichts. Soweit nicht ein Eingriff in den Kernbereich der mitgliedschaftlichen Rechte in Rede steht, sind auch **Stimmbindungsvereinbarungen** zwischen Gesellschafter und Nießbraucher denkbar, durch die sich der Gesellschafter verpflichtet, das Stimmrecht nach den Weisungen des Nießbrauchers auszuüben.[43]

Eine andere Frage ist, ob der Gesellschafter dem Nießbraucher das Stimmrecht **übertragen** kann. Von Teilen des Schrifttums wird dies zumindest dann für zulässig gehalten, sofern die übrigen Gesellschafter hierzu ihre Zustimmung erteilen und der Bereich der Grundlagengeschäfte von einer solchen Abrede ausgenommen ist.[44] Für eine solche Sichtweise sprechen gute Gründe. Jedenfalls wird man im Hinblick auf die dingliche Berechtigung des Nießbrauchers am Gesellschaftsanteil eine **Legitimationszession** nach aktienrechtlichem Vorbild zulassen müssen, aufgrund derer der Nießbraucher ermächtigt ist, das Stimmrecht im eigenen Namen auszuüben.[45] Die Praxis sieht dies freilich anders.[46] Gleichwohl sollte dies bei der Vertragsgestaltung nicht unberücksichtigt bleiben, da eine solche Stimmrechtsermächtigung jedenfalls in eine Vollmacht umgedeutet werden kann.[47] Die Legitimationszession berechtigt den Nießbraucher dann auch zur Teilnahme an der Gesellschafterversammlung; bei Erteilung einer Vollmacht gilt dies nur dann, wenn der Vollmachtgeber das Teilnahmerecht nicht selbst ausübt.[48] Soll der Nießbraucher zur Ausübung des Stimmrechts berechtigt sein, ist – wenn man das Interesse der Gesellschaft vor Augen hat – im Rahmen der Vertragsgestaltung darauf zu achten, dass der Nießbraucher eine angemessene Gewinnthesaurierung mittragen muss. **23**

(2) Informationsrechte. Legt man den obigen Befund, wonach als Inhaber der Mitgliedschaftsrechte der Gesellschafter verbleibt (Rn 18 ff.), als richtig zugrunde, stehen dem Nießbraucher auch die **Auskunfts- und Einsichtsrechte** des Gesellschafters nach §§ 118, 166 HGB konsequenterweise nicht **24**

---

[41] BGH DB 1976, 2295, 2297; Beck Formularbuch/*Hengeler/Blaum* (6. Aufl.) VIII C 23 Anm. 11.

[42] BGH DB 1976, 2297; *Schlegelberger/K. Schmidt* vor § 335 HGB Rn 22.

[43] *Teichmann*, ZGR 1972, 22; Beck Formularbuch/*Hengeler/Blaum* VIII C 23 Anm. 11.; zu Einzelheiten vgl. *Reichert/Schlitt/Düll*, GmbHR 1998, 574; siehe auch MünchHdb. GesR II/*Weipert* KG § 12 Rn 65 ff.

[44] GK/*Schilling* § 161 HGB Rn 48; *Heymann/Horn* § 161 HGB Rn 71; *Baumbach/Hopt* § 119 HGB Rn 20; *Kruse*, RNotZ 2002, 69, 75 f.; einschränkend *K. Schmidt*, ZGR 1999, 611 (bei gesellschaftsvertraglicher Verankerung).

[45] In diesem Sinne wohl auch *Schlegelberger/K. Schmidt*, vor § 335 HGB Rn 16; MünchHdb. GesR II/*Richter* KG § 27 Rn 61.

[46] OLG Koblenz NJW 1992, 2163, 2164 (zur GmbH). Offen gelassen von BGH NJW 1999, 571, 572; BayObLG ZIP 1986, 303, 305 f. (ebenfalls zur GmbH).

[47] OLG Koblenz NJW 1992, 2163, 2164.

[48] Vgl. *Reichert/Schlitt*, FS Flick, S. 233.

zu.[49] Der Nießbraucher hat danach Einsichts- und Auskunftsrechte nur insoweit, als er auf Informationen angewiesen ist, um den auf ihn entfallenden Gewinn zu ermitteln. Er ist daher berechtigt, den Jahresabschluss der Gesellschaft einzusehen und sich bei dessen Überprüfung – freilich auf eigene Kosten – eines Sachverständigen zu bedienen. Ferner besitzt der Nießbraucher einen Auskunftsanspruch hinsichtlich der Entwicklung der Kapitalkonten des Bestellers und der Entstehung und der Höhe des Auseinandersetzungsguthabens.[50] Anspruchsgegner ist insoweit die Gesellschaft und nicht der den Nießbrauch bestellende Gesellschafter.[51]

25 Im Nießbrauchsbestellungsvertrag können dem Nießbraucher **weitergehende Informationsrechte** gegenüber dem Gesellschafter eingeräumt werden. Informationsverpflichtungen der Gesellschaft gegenüber dem Nießbraucher können allerdings nur im Gesellschaftsvertrag begründet werden.[52]

26 **b) Haftung.** Im Grundsatz besteht Einigkeit darüber, dass die Nießbrauchsbestellung nichts an der Haftungssituation des **Gesellschafters** ändert. Mithin haftet die Komplementär-GmbH weiterhin unbeschränkt für die Gesellschaftsschulden (§ 128 HGB). Die Kommanditisten trifft eine Haftung im Rahmen der §§ 171, 172, 176 HGB. Umstritten ist, ob neben dem Gesellschafter auch noch der **Nießbraucher** für die Gesellschaftsverbindlichkeiten haftet. Diejenigen, die eine dingliche Mitberechtigung des Nießbrauchers am Gesellschaftsabteil annehmen, bejahen auch überwiegend seine Haftung im Außenverhältnis.[53] Nach herrschender und zutreffender Auffassung besteht eine zusätzliche Haftung des Nießbrauchers nicht.[54] Ob dem Gesellschafter bei einer Inanspruchnahme gegen den Nießbraucher ein interner Ausgleichsanspruch zusteht, richtet sich nach den im Innenverhältnis getroffenen Vereinbarungen. Ist nichts vereinbart, wird man einen solchen Anspruch in der Regel nicht annehmen können.

27 **c) Eintragung in das Handelsregister.** Ob der Nießbraucher in das Handelsregister eingetragen werden kann oder gar muss, ist umstritten. Diejenigen Autoren, die eine treuhänderische Übertragung oder zumindest eine Haftung des Nießbrauchers im Außenverhältnis annehmen, befürworten konsequenterweise auch eine Eintragungspflicht in das Han-

---

[49] Vgl. *Scholz/Winter* § 15 GmbHG Rn 192; *Teichmann*, ZGR 1972, 13; *Hachenburg/Zutt* Anh. § 15 GmbHG Rn 61; a. A. *Schlegelberger/K. Schmidt* vor § 335 HGB Rn 16; MünchHdb. GesR II/*Richter* KG § 27 Rn 67; *Brandi/Mühlmeier*, GmbHR 1997, 736. Nach GK/*Ulmer* § 105 HGB Rn 127, verbleiben beim Besteller lediglich die unverzichtbaren Rechte aus §§ 118 Abs. 2, 166 Abs. 3 HGB.

[50] Wie hier *Blaurock*, Unterbeteiligung, S. 147.

[51] *Reichert/Schlitt/Düll*, GmbHR 1998, 567.

[52] *Reichert/Schlitt/Düll*, GmbHR 1998, 575.

[53] *Ulmer* GbR § 705 BGB Rn 106; *ders.*, FS Fleck, S. 396; *Schön*, ZHR 158 (1994), 256.

[54] *Baumbach/Hopt* § 105 HGB Rn 44; *Heymann/Emmerich* § 105 HGB Rn 68; *Staudinger/Frank* Anh. §§ 1068, 1069 BGB Anm. 91; MüKoHGB/*K. Schmidt* Vor § 230 HGB Rn 24; *Finger*, DB 1977, 1039; *Teichmann*, ZGR 1972, 14; *Blaurock*, Unterbeteiligung, S. 148 f.; MünchHdb. GesR II/*Richter* KG § 27 Rn 59; *Hadding/Schneider*, Gesellschaftsanteile, S. 78; *Huber*, Vermögensanteil, S. 417; *Suffel*, Nießbrauch, S. 382 f.

delsregister.[55] Andere vertreten die Ansicht, dass der Nießbraucher zumindest neben dem Gesellschafter in das Handelsregister einzutragen ist.[56] Nimmt man im Einklang mit dem BGH und der herrschenden Auffassung im Schrifttum an, dass die Mitgliedschaft nicht auf den Nießbraucher übergeht, wird man eine Eintragungspflicht abzulehnen haben.[57]

3. Umfang des Nießbrauchs

a) Nutzungen, Lasten. *aa) Nutzungen.* Der Nießbraucher kann als **28**
Ertrag der Beteiligung den auf den Gesellschafter entfallenden **Gewinnanteil** zuzüglich der dem Gesellschafter zugeschriebenen **Zinsen** beanspruchen (§§ 1030 Abs. 1, 100, 99 Abs. 2 BGB). Der Anspruch des Nießbrauchers bezieht sich nach h. M. jedoch nur auf den **entnahmefähigen** Gewinn, da der Nießbraucher nicht besser als der Gesellschafter gestellt werden kann.[58] Dies bedeutet, dass der Nießbrauch nicht den gesamten auf den Anteil entfallenden Gewinn verlangen kann, sondern nur insoweit, als er nach der gesellschaftsvertraglichen Regelung entnahmefähig ist. Der Nießbraucher ist mithin an **gesellschaftsvertragliche Entnahmebeschränkungen** gebunden.[59] An dem auf dem Rücklagenkonto des Gesellschafters verbuchten Gewinn sowie am Zuwachs **stiller Reserven** partizipiert der Nießbraucher nicht.[60] Die Gesellschafter können auch außerordentliche Erträge von der Verteilung ausnehmen und in die Rücklage einstellen.[61] Anders als beim Unternehmensnießbrauch nimmt der Nießbraucher nur an den Erträgen des Anteils und nicht des gesamten Unternehmensvermögens teil. Nicht zur Ausschüttung gelangte, auf das Rücklagenkonto verbuchte Gewinne kann der Nießbraucher folglich nicht beanspruchen. Von der damit verbundenen Substanzvermehrung profitiert alleine der Nießbrauchsbesteller. Dies gilt selbst dann, wenn der auf den Anteil entfallende bilanzmäßige Gewinn steuerlich als Einkünfte des Nieß-

---

[55] Vgl. zuletzt *Lindemeier*, RNotZ 2001, 155, 157.

[56] GK/*Ulmer* § 105 HGB Rn 128; MünchHdb. GesR II/*Richter* KG § 27 Rn 46; MüKo/*Petzoldt* § 1068 BGB Rn 26; *Petzoldt*, GmbHR 1987, 384; *Paus*, BB 1990, 1679; *Brandi/Mühlmeier*, GmbHR 1997, 736; *Kruse*, RNotZ 2002, 69, 82: sofern dem Nießbrauchsberechtigten Mitverwaltungsrechte eingeräumt wurden.

[57] BGH NJW 1999, 571, 572; *Teichmann*, ZGR 1972, 22; *Heymann/Emmerich* § 105 HGB Rn 68; *Baumbach/Hopt* § 105 HGB Rn 44; *Röhricht/v. Westphalen/v. Gerkan* § 106 HGB Rn 8; *Klose*, DStR 1999, 807; *Suffel*, Nießbrauch, S. 383; wohl auch MüKoHGB/*K. Schmidt* Vor § 230 HGB Rn 24; a. A. LG Aachen RNotZ 2003, 398, 399, das von einer Aufteilung der Verwaltungsrechte zwischen Besteller und Nießbrauchsberechtigtem ausgeht und hierauf die Eintragungspflicht stützt, da Letzterer insoweit als Gesellschafter zu behandeln sei.

[58] RGZ 170, 358, 369; BGHZ 58, 316, 320; BGH WM 1975, 174; GK/*Ulmer* § 105 HGB Rn 121; MüKoHGB/*K. Schmidt* Vor § 230 HGB Rn 18; *Baumbach/Hopt* § 105 HGB Rn 45; MünchHdb. GesR II/*Richter* KG § 27 Rn 51; *Wiedemann*, Übertragung, S. 403; *Huber*, Vermögensanteil, S. 416; *Staudinger/Frank* Anh. zu §§ 1068, 1069 BGB Rn 77; a. A. *Sudhoff*, NJW 1971, 483; *Finger*, DB 1977, 1038.

[59] BGHZ 58, 316, 321.

[60] *Blaurock*, Unterbeteiligung, S. 139; *Reichert/Schlitt/Düll*, GmbHR 1998, 567; *Brandi/Mühlmeier*, GmbHR 1997, 735.

[61] GK/*Ulmer* § 105 HGB Rn 121.

brauchers zu bewerten ist.[62] Ein Gesellschafterbeschluss oder eine **Änderung** des **Gesellschaftsvertrages**, durch den das Gewinnrecht oder Entnahmerecht des Gesellschafters zu Lasten des Nießbrauchers abgeändert wird, bedarf nach zutreffender Auffassung der Zustimmung des Nießbrauchers (§ 1071 Abs. 2 BGB).[63]

29 Bei der Bestellung eines Nießbrauchs an einem Kommanditanteil ist die Auszahlung des Gewinns nicht möglich, wenn der **Kapitalanteil unter** die übernommene **Einlage** gesunken ist oder durch die Auszahlung sinken würde (§ 169 Abs. 1, 2. Hs. HGB).[64] Eine Ausschüttung kommt demnach erst dann wieder in Betracht, wenn der Kapitalanteil die bedungene Einlage durch Zuschreibung von Gewinnen wieder erreicht hat.

30 Sind die dem Nießbraucher zustehenden entnahmefähigen Gewinne **nicht zur Auszahlung** bestimmt, werden sie dem Rücklagen- bzw. Darlehenskonto des Nießbrauchers gutgeschrieben und nach Beendigung des Nießbrauchs an den Nießbraucher ausgezahlt.[65]

31 Erfolgt die Nießbrauchsbestellung während des **laufenden Geschäftsjahres**, gebührt dem Nießbraucher ein diesem Zeitraum entsprechender Anteil am Gewinn (§ 101 Nr. 2 BGB). Hat er den ganzen auf das Jahr entfallenden Gewinn bereits erhalten, muss er den überschüssigen Betrag jedoch an den Gesellschafter auskehren. Ein Rückzahlungsanspruch der Gesellschaft besteht demgegenüber nicht. Umgekehrt hat der Gesellschafter dem Nießbraucher den auf ihn entfallenden Anteil auszukehren, wenn der Nießbrauch während des laufenden Geschäftsjahres beendet wird.[66]

32 Nach herrschender Auffassung partizipiert der Nießbraucher an einer Ausschüttung von **Gewinnvorträgen** oder der Auflösung von **Rücklagen**, die **vor** der **Nießbrauchseinräumung** gebildet wurden.[67] Die Gegenauffassung nimmt hier einen Ausgleichsanspruch des Gesellschafters gegenüber dem Nießbraucher auf Auskehrung des anteiligen Gewinns analog § 1039 BGB an.[68] Umgekehrt stehen nach überwiegender Meinung **zur Zeit** des **Nießbrauchs** gebildete, aber erst nach dessen Beendigung aufgelöste Gewinnvorträge bzw. Rücklagen dem Gesellschafter zu.[69] Die Vertragsparteien sind jedoch frei darin, im Nießbrauchsvertrag eine abweichende Regelung zu treffen, etwa einen Ausgleichsanspruch des Nießbrauchers zu stipulieren.

33 Umstritten ist, ob der Nießbraucher das **Kapitalentnahmerecht** nach § 122 HGB selbst ausüben kann. Da ein Kommanditist gemäß § 169 HGB ein solches gewinnunabhängiges Entnahmerecht nicht besitzt, stellt sich diese Frage nur bei Belastung der Anteile der Komplementär-GmbH an der KG und hier auch nur dann, wenn der Kapitalentnahmeanspruch im Ge-

---

[62] BGHZ 58, 316, 321.

[63] GK/*Schilling* § 161 HGB Rn 48.

[64] BGHZ 58, 316, 321; GK/*Schilling* § 161 HGB Rn 47.

[65] MünchHdb. GesR II/*Richter* KG § 27 Rn 51.

[66] Vgl. *Reichert/Schlitt*, FS Flick, S. 233.

[67] *Petzoldt*, GmbHR 1987, 388; w. N. bei *Reichert/Schlitt*, FS Flick, S. 234.

[68] *Schön*, ZHR 159 (1994), 243.

[69] *Reichert/Schlitt/Düll*, GmbHR 1998, 658 m. w. N.; a. A. *Schön*, ZHR 158 (1994), 243: Ausgleichsanspruch des Nießbrauchers analog § 1049 BGB.

sellschaftsvertrag nicht abbedungen ist. Verbreitet wird dem Nießbraucher ein Entnahmerecht wenigstens dann zugebilligt, wenn die Entnahmen durch Gewinne gedeckt sind.[70] Die Gegenansicht nimmt an, dass das Entnahmerecht beim Gesellschafter verbleibt.[71] Dies überzeugt. Die erstgenannte Auffassung übersieht, dass das Entnahmerecht zu Lasten der Substanz wirkt, während der Nießbrauch auf die Erträge beschränkt ist. Hat die persönlich haftende Gesellschafterin jedoch über längere Zeit hin Entnahmen getätigt und führt dies dazu, dass sich die zur Ausschüttung gelangenden Gewinne durch die Wiederauffüllung des Kapitalkontos vermindern, ist sie dem Nießbraucher zum Schadensersatz verpflichtet.[72]

bb) Lasten. Dem Nießbraucher stehen nicht nur die Nutzungen des Anteils zu, ihn treffen auch die mit dem Anteil verbundenen Lasten, insbesondere die **Steuern**, die an die Nießbrauchsache selbst anknüpfen (§ 1047 BGB).[73] Am **Verlust** ist der Nießbraucher – vorbehaltlich einer abweichenden Vereinbarung im Innenverhältnis – nicht beteiligt.[74] Anderes gilt selbstverständlich dann, wenn die Parteien nicht nur einen Nießbrauch, sondern eine treuhänderische Übertragung des Gesellschaftsanteils vorgenommen haben, da dies mit einem Wechsel der Gesellschafterstellung verbunden ist (zur Treuhand vgl. § 39 Rn 30 ff.). **34**

b) Surrogate. Während der Nießbrauch bei **Übertragung** des Gesellschaftsanteils als dingliche Belastung am Gesellschaftsanteil erhalten bleibt, setzt er sich bei dessen **Untergang** – vorbehaltlich einer abweichenden Vereinbarung der Beteiligten – an den Surrogaten fort (§§ 1074, 1075 BGB analog). Bei Auflösung der Gesellschaft erstreckt sich der Nießbrauch folglich auf das **Auseinandersetzungsguthaben**, bei Ausscheiden des Gesellschafters auf den **Abfindungsanspruch**. Hierüber besteht im wirtschaftlichen Ergebnis Einigkeit. Streitig ist allein, ob der Nießbraucher lediglich einen schuldrechtlichen Anspruch auf Bestellung des Nießbrauchs an den Surrogaten hat[75] oder ob sich der Nießbrauch – wie mit Recht angenommen wird – automatisch an den Surrogaten des Anteils fortsetzt.[76] Nicht **35**

---

70 *Teichmann*, ZGR 1972, 9; *Finger*, DB 1977, 1037; *Staudinger/Frank* Anh. §§ 1068, 1069 BGB Rn 85; Beck Hdb. Personengesellschaften/*Müller* § 4 Rn 20; *Brandi/Mühlmeier*, GmbHR 1997, 735.

71 GK/*Ulmer* § 105 HGB Rn 122; *Baumbach/Hopt* § 105 HGB Rn 45; wohl auch *Huber*, Vermögensanteil, S. 416.

72 GK/*Ulmer* § 105 HGB Rn 121; vgl. auch *Blaurock*, Unterbeteiligung, S. 142.

73 Vgl. OLG Karlsruhe WM 1989, 534; GK/*Ulmer* § 105 HGB Rn 121 m. w. N.

74 *Teichmann*, ZGR 1972, 14; MüKoHGB/*K. Schmidt* Vor § 230 HGB Rn 23; *Ulmer* GbR § 705 BGB Rn 103; *Heymann/Emmerich* § 105 HGB Rn 67c; *Schlegelberger/K. Schmidt* vor § 335 HGB Rn 18; MünchHdb. GesR II/*Richter* KG § 27 Rn 59.

75 So aber *Wiedemann*, Übertragung, S. 403; *Palandt/Bassenge* § 1068 BGB Rn 3; MüKoHGB/*K. Schmidt* Vor § 230 HGB Rn 19, der einen solchen Anspruch nur dann zubilligt, wenn eine Auslegung des Nießbrauchbestellungsvertrages zum Ergebnis gelangt, dass die Nutzungsrechte des Nießbrauchers auch noch nach Untergang der Beteiligung bestehen sollen.

76 Wie hier *Ulmer* GbR § 705 BGB Rn 105; *Staudinger/Frank* Anh. §§ 1068, 1069 BGB Rn 88; *Kruse*, RNotZ 2002, 69, 79.

zuletzt aus steuerlichen Gesichtspunkten empfehlen sich häufig ausdrückliche Vereinbarungen.[77]

36 Da das Auseinandersetzungsguthaben oder der Abfindungsanspruch kein Ertrag der Beteiligung sind, hat der Nießbraucher zwar keinen darauf gerichteten Auszahlungsanspruch, wohl aber steht ihm ein Anspruch auf Auskehrung der angefallenen Zinsen zu.[78] Um zu gewährleisten, dass die Substanz vom Gesellschafter nicht zu Lasten des Nießbrauchers angegriffen wird, kann der Nießbraucher verlangen, dass der Gesellschafter das Guthaben wirtschaftlich sinnvoll anlegt.[79]

37 **c) Kapitalerhöhung.** *aa) Bezugsrecht des Nießbrauchers.* Fraglich ist, wie sich eine von den Gesellschaftern der GmbH & Co. KG beschlossene Kapitalerhöhung auf die Rechtsposition des Nießbrauchers auswirkt. In diesem Zusammenhang stellt sich zunächst die Frage, ob dem Nießbraucher ein **„Bezugsrecht"** auf einen im Rahmen der Kapitalerhöhung geschaffenen Anteil zusteht. Dies wird bei der Kapitalerhöhung **gegen Einlagen** von der ganz h. M. zutreffend verneint.[80] Aber auch bei der Kapitalerhöhung **aus Gesellschaftsmitteln** liegt kein Ertrag in Form einer nachträglichen Gewinnausschüttung vor, der Grundlage für ein Bezugsrecht des Nießbrauchers sein könnte. Sieht der Gesellschaftsvertrag der GmbH & Co. KG – wie häufig – eine Kombination aus festen und variablen Kapitalkonten vor, bei denen das konstant bleibende Konto (Kapitalkonto) für den Anteil des Gesellschafters an den Mitgliedschaftsrechten maßgebend ist, erfolgt die Kapitalerhöhung aus Gesellschaftsmitteln durch Umbuchung von Guthabensbeträgen auf dem Rücklagenkonto auf das (Fest)Kapitalkonto. Hierdurch ändert sich der wirtschaftliche Wert der Beteiligung nicht. Vielmehr handelt es sich der Sache nach nur um eine Umwandlung von gebundenem in unverteilbares Gesellschaftsvermögen. Würde man dem Nießbraucher in diesem Fall ein Bezugsrecht einräumen, würde sich die Beteiligung des Gesellschafters wirtschaftlich verringern. Dies gilt selbst dann, wenn die Kapitalerhöhung aus Rücklagen geschaffen wurde, die im Falle ihrer Auflösung dem Nießbraucher gebührt hätten.[81]

38 *bb) Erstreckung des Nießbrauchs.* Dieser Befund leitet über zu der Folgefrage, ob sich der Nießbrauch auch auf den **erhöhten Gesellschaftsanteil** erstreckt. Insoweit ist zutreffenderweise zwischen einer Kapitalerhöhung aus Gesellschaftsmitteln und Kapitalerhöhung gegen Einlagen zu differen-

---

[77] Vgl. *Brambring*, DNotZ 2003, 565, 570 f.

[78] *Schlegelberger/K. Schmidt* vor § 335 HGB Rn 14; *Brandi/Mühlmeier*, GmbHR 1997, 735.

[79] *Ulmer* GbR § 705 BGB Rn 105 im Anschluss an *Wiedemann*, Übertragung, S. 403.

[80] BGHZ 58, 316, 319; *Blaurock*, Unterbeteiligung, S. 145; *Teichmann*, ZGR 1972, 18; MünchHdb. GesR II/*Richter* KG § 27 Rn 55.

[81] BGHZ 58, 316, 319; OLG Bremen DB 1970, 1436 (zur AG); *Baumbach/Hopt* § 105 HGB Rn 45; MüKo/*Pohlmann* § 1068 BGB Rn 63; *Staudinger/Frank* Anh. §§ 1068, 1069 BGB Rn 87; GK/*Schilling* § 161 HGB Rn 47; *Blaurock*, Unterbeteiligung, S. 145; MünchHdb. GesR II/*Richter* KG § 27 Rn 53 f.; vgl. auch *Heidecker*, NJW 1956, 892; einschränkend *Schlegelberger/K. Schmidt* vor § 335 HGB Rn 15.

zieren. Erfolgt die Kapitalerhöhung **aus Gesellschaftsmitteln** in der oben beschriebenen Weise durch Umbuchung vom Rücklagenkonto auf das (Fest)Kapitalkonto, findet eine automatische Erstreckung des Nießbrauchs statt, so dass dem Nießbraucher auch die auf den erhöhten Kapitalanteil entfallenden Gewinnanteile zustehen.[82]

Anders verhält es sich, wenn die Erhöhung der Kapitalanteile auf einer zusätzlichen **Einlage** des Gesellschafters beruht. In diesem Zusammenhang ist zunächst zu beachten, dass der Anteil an einer Personengesellschaft – anders als der Anteil an einer Kapitalgesellschaft – immer nur einheitlich gesehen werden kann, der Gesellschafter also keine verschiedenen Anteile halten kann. Nach einer teilweise vertretenen Auffassung kann der Gesellschafter auch die auf den erhöhten Anteil entfallenden Nutzungen beanspruchen.[83] Begründet wird dies unter Hinweis darauf, dass der Gesellschafter die Einlage mit eigenen Mitteln erbracht habe. Dies überzeugt nicht, da diese Betrachtung die tatsächliche Wertentwicklung außer Acht lässt. Vielmehr hat der Gesellschafter dem Nießbraucher einen **anteiligen Nießbrauch** an dem erhöhten Gesellschaftsanteil zu **bestellen**. Der Gewinn ist zwischen Besteller und Nießbraucher danach in der Weise aufzuteilen, dass dem Besteller der auf den erhöhten Anteil entfallende Gewinn insoweit zusteht, als der Wert seines Anteils durch die Kapitalerhöhung tatsächlich gestiegen ist.[84] Der Besteller kann mit anderen Worten nur denjenigen Betrag für sich beanspruchen, der dem Verhältnis des inneren Wertes seines Anteils vor der Kapitalerhöhung zu dem Wert der Einlage entspricht. Hat der Kommanditist seinen bisherigen Anteil im Nominalwert von € 400.000,– mit einem Verkehrswert von € 4 Mio., um € 200.000,– erhöht, kann der Gesellschafter ein Zwanzigstel des auf den erhöhten Anteil entfallenden Gewinns beanspruchen.[85] Der Gewinn des erhöhten Anteils ist mit anderen Worten nicht im Verhältnis der Nominalbeträge (in unserem Beispiel 2 : 1), sondern im Verhältnis des Verkehrswertes zum Erhöhungsbetrag (hier: € 4 Mio. : € 200.000) aufzuteilen. **39**

Interessenkonflikte drohen dann, wenn der bezugsberechtigte Gesellschafter nicht bereit ist, von dem ihm zustehenden **Bezugsrecht** Gebrauch zu machen, etwa, weil er die hierfür erforderlichen Mittel nicht aufbringen kann. In diesem Fall würde der Gesellschafter den Anspruch des Nießbrauchers auf Bestellung eines Nießbrauchs an einem Teil des Anteilszuwachses als Ausgleich für den inneren Wertverlust des belasteten Anteils vereiteln. Stellt der Nießbraucher dem Gesellschafter die benötigten Mittel zur Verfügung, ist der Gesellschafter daher zur Ausübung des Bezugsrechts verpflichtet. Andernfalls steht dem Nießbraucher ein Schadensersatz- **40**

[82] BGH WM 1982, 1433, 1434 (obiter dictum); GK/*Schilling* § 161 HGB Rn 47; MünchHdb. GesR II/*Richter* KG § 27 Rn 54; MüKoHGB/*K. Schmidt* Vor § 230 HGB Rn 20; *Reichert/Schlitt/Düll*, GmbHR 1998, 569; *Brandi/Mühlmeier*, GmbHR 1997, 735; a. A. Beck Hdb. Personengesellschaften/*Müller* § 4 Rn 20.

[83] *Heymann/Horn* § 161 HGB Rn 71; *Ulmer* GbR § 705 BGB Rn 104.

[84] So auch BGH WM 1982, 1433, 1434; GK/*Schilling* § 161 HGB Rn 47; MünchHdb. GesR II/*Richter* KG § 27 Rn 55; *Staudinger/Frank* Anh. §§ 1068, 1069 BGB Rn 87; wohl auch *Brandi/Mühlmeier*, GmbHR 1997, 735 f.

[85] Zahlenbeispiel nach BGH WM 1982, 1434.

anspruch zu.[86] Da der Gesellschafter in den übrigen Fällen zur Ausübung seines Bezugsrechts nicht gezwungen werden kann, sprechen gute Gründe dafür, eine Pflicht des Gesellschafters anzunehmen, das Bezugsrecht auf den Nießbraucher zu übertragen, vorausgesetzt, der Gesellschaftsvertrag lässt eine solche Übertragung zu.

41 **d) Abweichende Vereinbarungen.** Die Beteiligten können den Umfang der auf den Nießbraucher entfallenden Nutzungen im Innenverhältnis abweichend regeln. So kann etwa vereinbart werden, dass der Nießbrauch sich nur auf einen **Teil des Gesellschaftsanteils** erstreckt mit der Folge, dass der Nießbraucher nur einen Teil des auf den Anteil entfallenden Gewinns beanspruchen kann (sog. Quotennießbrauch).[87] Ferner sind Bestimmungen denkbar, nach denen eine **Thesaurierung von Gewinnen** nur in einem bestimmten Rahmen möglich ist. Auch kann sich der Gesellschafter gegenüber dem Nießbraucher verpflichten, alle Maßnahmen zu ergreifen, die erforderlich sind, damit ein Mindestbetrag des Gewinnes zur Ausschüttung gelangt, und für den Fall, dass dies nicht gelingt, an den Nießbraucher eine entsprechende Ausgleichszahlung zu leisten. Gegenstand einer zwischen Gesellschafter und Nießbraucher getroffenen Vereinbarung kann sein, auf welche Weise die **Surrogate** des Anteils (vgl. Rn 35 f.) anzulegen sind.

42 Darüber hinaus kann bestimmt werden, wer im Fall einer **Kapitalerhöhung** vom Bezugsrecht Gebrauch machen darf und wer bei einer Kapitalerhöhung gegen Einlagen die hierfür erforderlichen Mittel zur Verfügung stellen muss. Im Hinblick auf die Verpflichtung des Gesellschafters, einen anteiligen Nießbrauch am erhöhten Gesellschaftsanteil zu bestellen, sollte bestimmt werden, nach welchen Grundsätzen der Wert der Gesellschaftsanteile zu ermitteln ist.

4. Untergang von Geschäftsanteilen

43 Ein dem Nießbrauch unterliegendes Recht kann nur mit Zustimmung des Nießbrauchers aufgehoben werden (§ 1071 BGB). Für den Fall des Anteilsnießbrauchs folgt hieraus, dass der Gesellschafter grundsätzlich keine **Verfügungen über die Mitgliedschaft** vornehmen darf, die zum Untergang oder inhaltlichen Änderung des belasteten Anteils führen.[88] Anderes gilt nur dann, wenn der Gesellschafter den Untergang des Gesellschaftsanteils aus **wichtigem Grund**, insbesondere durch Erhebung einer Auflösungsklage (§ 133 HGB) oder Ausspruch einer außerordentlichen Kündigung, bewirkt.[89] Insoweit herrscht Einigkeit darüber, dass

---

[86] Weitergehend *Rowedder/Bergmann* § 15 GmbHG Rn 75.

[87] *Reichert/Schlitt/Düll*, GmbHR 1998, 566; *Janßen/Nickel*, Unternehmensnießbrauch, S. 141; Beck Hdb. Personengesellschaften/*Müller* § 4 Rn 20; MünchHdb. GesR III/*Sommer* § 26 Rn 66, der von der Vereinbarung eines Quotennießbrauchs abrät, weil dies zu einer Nutzungs- und Verwaltungsgemeinschaft gem. §§ 741 ff. BGB zwischen Besteller und Nießbraucher führe, für die wegen widerstreitender Interesen ein erhebliches Konfliktpotential bestehe.

[88] *Ulmer* GbR § 705 BGB Rn 102; MünchHdb. GesR II/*Richter* KG § 27 Rn 20.

[89] GK/*Ulmer* § 105 HGB Rn 125; wohl ebenso: MüKoHGB/*K. Schmidt* Vor § 230 HGB Rn 22.

der Gesellschafter den Beschränkungen des § 1071 BGB dann nicht unterliegt.

Ob in den übrigen Fällen eine fehlende Zustimmung des Nießbrauchers zur Unwirksamkeit der Beendigungserklärung des Gesellschafters, etwa der von ihm ausgesprochenen **ordentlichen Kündigung**, führt[90] oder sich die fehlende Zustimmung lediglich im Innenverhältnis auswirkt mit der Folge einer Schadensersatzpflicht des Gesellschafters gegenüber dem Nießbraucher,[91] ist umstritten. Geht man mit der hier vertretenen Auffassung davon aus, dass die Mitgliedschaftsrechte beim Gesellschafter verblieben, erscheint es folgerichtig, dem Rechtsinhaber auch die Befugnis zuzubilligen, über den Bestand der Mitgliedschaft im Außenverhältnis allein zu entscheiden. Das Fehlen einer Zustimmung kann sich dann nur intern auswirken.[92] **44**

Keinem Zustimmungsvorbehalt unterliegen Verfügungen über einzelne **Gegenstände des Gesellschaftsvermögens**, da der Nießbrauch am Gesellschaftsanteil selbst und nicht an den einzelnen Vermögensgegenständen bestellt wird. Der Auffassung des OLG Hamm,[93] wonach bei Bestellung eines Nießbrauchs am Gesellschaftsanteil ein Grundbuchberichtigungsvermerk einzutragen ist, ist daher nicht zu folgen.[94] **45**

Eine **Übertragung** des Gesellschaftsanteils berührt den Nießbrauch nicht. Soweit der Anteil nach dem Gesellschaftsvertrag veräußerlich gestellt ist, bleibt der Gesellschafter zu einer Abtretung an einen Dritten berechtigt. Der Dritte erwirbt den Gesellschaftsanteil dann mit dem Nießbrauch belastet. **46**

III. Nießbrauch an den Geschäftsanteilen an der Komplementär-GmbH

1. Zulässigkeit und Bestellung

Gegenstand des Nießbrauchs können auch die Geschäftsanteile an der Komplementär-GmbH sein (§§ 1068 BGB, 15 GmbHG).[95] Für die Bestel- **47**

---

[90] LG Aachen RNotZ 2003, 398, 399; i. d. S. GK/*Ulmer* § 105 HGB Rn 125 mit der Einschränkung, dass es auf die Zustimmung des Nießbrauchers dann nicht ankommt, wenn die Änderung nach dem Gesellschaftsvertrag durch Mehrheitsbeschluss herbeigeführt werden kann.

[91] OLG Hamm GmbHR 1971, 37 (zur GmbH); OLG Düsseldorf NZG 1999, 26; differenzierend *Kruse*, RNotZ 2002, 69, 83, die für den gesetzlichen Regelfall nur von einer Wirkung im Innenverhältnis ausgeht; werden dem Nießbraucher allerdings vertraglich Mitverwaltungsrechte eingeräumt, werde er quasi Mitglied der Gesellschaftergruppe, weshalb er seinen Zustimmungsvorbehalt auch gegen die Mitgesellschafter durchsetzen könne.

[92] Hierzu und zu vertraglichen Gestaltungsmöglichkeiten vgl. eingehend *Reichert/Schlitt*, FS Flick, S. 241.

[93] OLG Hamm OLGZ 1977, 283, 288 (zur GbR); vgl. aber auch OLG Hamm OLGZ 1987, 175.

[94] Zutr. demgegenüber *Schlegelberger/K. Schmidt* vor § 335 HGB Rn 17; *Staudinger/Frank* Anh. §§ 1068, 1069 BGB Rn 74, 91.

[95] Zum Nießbrauch an GmbH-Geschäftsanteilen eingehend *Reichert/Schlitt*, FS Flick, S. 217 ff.

lung eines Nießbrauchs an den Geschäftsanteilen der Komplementär-Gesellschaft gelten in vieler Hinsicht die gleichen Grundsätze wie für die Belastung von Kommanditanteilen. An dieser Stelle sollen daher nur die GmbH-spezifischen Besonderheiten dargestellt werden; im Übrigen wird auf die vorangegangenen Ausführungen zur Bestellung des Nießbrauchs an KG-Anteilen (Rn 8 ff.) verwiesen.

48 Da sich die Tätigkeit der Komplementär-GmbH häufig nur auf die Übernahme der Stellung als persönlich haftende Gesellschafterin der KG beschränkt, hat die Bestellung eines Nießbrauchs an ihren Geschäftsanteilen in der Praxis allerdings **nur eingeschränkte Bedeutung**. Anders verhält es sich in der personengleichen GmbH & Co. KG, bei der anlässlich einer Nießbrauchsbestellung an Kommanditanteilen zumeist gleichzeitig auch die Geschäftsanteile der persönlich haftenden Gesellschafterin mitbelastet werden, oder wenn die Komplementär-GmbH aufgrund einer anderweitigen unternehmerischen Tätigkeit selbst Erträge erwirtschaftet.

49 Die dingliche Bestellung des Nießbrauchs an den Geschäftsanteilen der Komplementär-GmbH bedarf der **notariellen Form** (§§ 1069 BGB, 15 Abs. 3 GmbHG). Demgegenüber kann die schuldrechtliche Verpflichtung zur Einräumung eines Nießbrauchs formlos eingegangen werden.[96] In der Regel kann eine formunwirksame Bestellung in eine wirksame Verpflichtung zur Bestellung eines Nießbrauchs umgedeutet werden.

50 Die Belastung eines Geschäftsanteils mit einem Nießbrauch muss in der Satzung nicht gesondert zugelassen werden. Statutarische Bestimmungen, die die Bestellung eines Nießbrauchs ausschließen oder von bestimmten Voraussetzungen abhängig machen, sind ohne weiteres zulässig.[97] Sind die Geschäftsanteile nach der Satzung **vinkuliert**, so gelten die Zustimmungserfordernisse, die die Abtretbarkeit von Geschäftsanteilen an die Zustimmung der Gesellschafterversammlung, aller oder einzelner Gesellschafter knüpfen, regelmäßig auch für die Nießbrauchsbestellung.[98] Das Ermessen der Gesellschafter, die Zustimmung zur Belastung des Anteils zu versagen, ist aufgrund der gesellschafterlichen Treuepflicht eingeschränkt.[99]

51 Die Wirksamkeit des Nießbrauchs hängt nicht von einer **Anzeige** gemäß § 16 GmbHG ab. Allerdings kann der Nießbraucher seine Rechte gegenüber der Gesellschaft ohne die Anzeige gegenüber der Gesellschaft nicht wirksam ausüben.[100]

---

[96] *Scholz/Winter* § 15 GmbHG Rn 189; *Baumbach/Hueck* § 15 GmbHG Rn 51.

[97] *Reichert/Schlitt/Düll*, GmbHR 1998, 566; MünchHdb. GesR III/*Sommer* § 26 Rn 68.

[98] OLG Koblenz NJW 1992, 2163, 2164; *Scholz/Winter* § 15 GmbHG Rn 188; MüKoHGB/*K. Schmidt* Vor § 230 HGB Rn 25; *Reichert/Schlitt/Düll*, GmbHR 1998, 566; *Reichert*, Zustimmungserfordernis, S. 65; *Schön*, ZHR 158 (1994), 239; a. A. *Lutter/Hommelhoff* § 15 GmbHG Rn 49: nur wenn in der Satzung besonders geregelt.

[99] Vgl. *Reichert/Winter*, FS 100 Jahre GmbHG, S. 209.

[100] *Hachenburg/Zutt* Anh. § 15 GmbHG Rn 58; *Rowedder/Bergmann* § 15 GmbHG Rn 71; MünchHdb. GesR III/*Sommer* § 26 Rn 69; missverständlich *Milatz/Sonneborn*, DStR 1999, 138.

2. Rechtsstellung der Beteiligten

Anders als bei einer Nießbrauchsbestellung an Personengesellschaftsanteilen entspricht es der ganz h. M., dass der Nießbrauchsbesteller weiterhin Gesellschafter verbleibt, der Nießbraucher also nicht in den Gesellschafterverband einrückt.[101] Nur vereinzelt wird die Meinung vertreten, dass die **Gesellschafterstellung** auf den Nießbraucher übergeht[102] oder dass der Nießbraucher neben dem Gesellschafter Mitglied der Gesellschaftergruppe wird.[103] 52

Bei der GmbH konzentriert sich die Diskussion vornehmlich darauf, wem die **Mitgliedschaftsrechte**, insbesondere das Stimmrecht, zugeordnet werden. Das Meinungsspektrum ist breit. Zum Teil wird das Stimmrecht dem Nießbraucher zugewiesen.[104] Andere teilen das Stimmrecht zwischen Nießbraucher und Besteller auf.[105] Eine dritte Meinung will das Stimmrecht von Nießbraucher und Gesellschafter gemeinsam ausgeübt wissen.[106] Nach der zutreffenden herrschenden Auffassung verbleibt das **Stimmrecht** grundsätzlich beim Gesellschafter, der bei der Ausübung des Stimmrechts jedoch auch die Interessen des Nießbrauchers angemessen berücksichtigen muss.[107] 53

Folgt man der herrschenden Auffassung, stellt sich die weitergehende Frage, inwieweit das Stimmrecht dem Nießbraucher vertraglich zugewiesen werden kann. Die überwiegende Meinung lehnt eine **Legitimationszession** nach aktienrechtlichem Vorbild (§ 129 Abs. 3 AktG) ab.[108] Die hiergegen vorgebrachten Einwände überzeugen indessen nicht.[109] In jedem Fall kann der Gesellschafter den Nießbraucher bevollmächtigen, das Stimmrecht für ihn auszuüben. Die **Vollmacht** kann unwiderruflich erteilt werden, solange der Gesellschafter zum Widerruf aus wichtigem Grund berechtigt bleibt.[110] 54

---

[101] Vgl. *Baumbach/Hueck* § 15 GmbHG Rn 52; *Lutter/Hommelhoff* § 15 GmbHG Rn 49; *Scholz/Winter* § 15 GmbHG Rn 192; *Reichert/Schlitt/Düll*, GmbHR 1998, 566 jew. m. w. N.

[102] *Sudhoff*, NJW 1974, 2207; *ders.*, GmbHR 1971, 54.

[103] *Schön*, ZHR 158 (1994), 256.

[104] MüKo/*Petzoldt* § 1068 BGB 3. Aufl. Rn 34; *Sudhoff*, GmbHR 1971, 54; *Jansen/Jansen*, Nießbrauch im Zivil- und Steuerrecht Rn 35.

[105] *Fleck*, FS Fischer, S. 125 f.; ähnlich *Janßen/Nickel*, Unternehmensnießbrauch, S. 38.

[106] *Schön* ZHR 158 (1994), 229 ff.

[107] OLG Koblenz NJW 1992, 2163, 2164; *Wiedemann*, Übertragung, S. 408 ff.; MünchHdb. GesR III/*Sommer* § 26 Rn 76; *Rowedder/Bergmann* § 15 GmbHG Rn 76; *Scholz/Winter* § 15 GmbHG Rn 192; *Milatz/Sonneborn*, DStR 1999, 138 f.; *Reichert/Schlitt/Düll*, GmbHR 1998, 567 m. w. N. zum Meinungsstand.

[108] OLG Koblenz NJW 1992, 2163, 2164; *Baumbach/Hueck/Zöllner* § 47 GmbHG Rn 29; *Scholz/Winter* § 15 GmbHG Rn 192; *Hesselmann*, GmbHR 1959, 22.

[109] Vgl. Rn 23; wie hier *Lutter/Hommelhoff* § 15 GmbHG Rn 50; *Fleck*, FS Fischer, S. 107 f.

[110] Wie hier MünchHdb. GesR III/*Sommer* § 26 Rn 77; *Lutter/Hommelhoff* § 15 GmbHG Rn 50; a. A. OLG Koblenz NJW 1992, 2165.

55 Das umfassende **Informationsrecht** des Gesellschafters nach § 51a GmbHG steht dem Nießbraucher nicht zu.[111] Er ist gegenüber der Gesellschaft nur insoweit berechtigt, in die Geschäftsunterlagen Einsicht zu nehmen und Auskunft zu verlangen, wie es zur Ausübung seines Nießbrauchsrechts erforderlich ist.[112]

3. Umfang des Nießbrauchs

56 Der Nießbraucher hat Anspruch auf Auszahlung des auf den Zeitraum des Nießbrauchs entfallenden **Gewinns** nach Maßgabe des von der Gesellschafterversammlung gefassten Gewinnverwendungsbeschlusses.[113] Eine etwaige Vergütung des Gesellschafter-Geschäftsführers für seine Geschäftsführungstätigkeit zählt nicht zu den dem Nießbrauch unterliegenden Nutzungen.[114] Auch der bei der Auflösung der Gesellschaft dem Gesellschafter zustehende Liquidationserlös gehört nicht zu den Erträgen des Geschäftsanteils. Gleiches gilt im Fall der Einziehung des Geschäftsanteils für das Einziehungsentgelt. Vielmehr handelt es sich bei letzteren Ansprüchen um **Surrogate** der Mitgliedschaft, auf die sich der Nießbrauch im Fall der Auflösung bzw. der Einziehung automatisch erstreckt.[115]

57 Bei einer **Kapitalerhöhung** steht das **Bezugsrecht** auf den erhöhten bzw. neu gebildeten Anteil dem Gesellschafter und nicht dem Nießbraucher zu.[116] Dabei kommt es nicht darauf an, ob die Kapitalerhöhung aus Gesellschaftsmitteln oder gegen Einlagen erfolgt. Wie bei der Bestellung eines Nießbrauchs am Kommanditanteil stellt sich die Frage, ob sich der **Nießbrauch** auf den erhöhten bzw. neuen Geschäftsanteil erstreckt.[117] Bei der **nominellen** Kapitalerhöhung ist dies zu bejahen.[118] Streitig ist insoweit nur, ob dem Nießbraucher ein hierauf gerichteter schuldrechtlicher Anspruch zusteht[119] oder ob die Ausweitung richtigerweise automatisch erfolgt.[120] Bei

---

[111] *Reichert/Schlitt/Düll*, GmbHR 1998, 567.

[112] Ebenso MüKoHGB/*K. Schmidt* Vor § 230 HGB Rn 27; enger MünchHdb. GesR III/*Sommer* § 26 Rn 78: das Auskunftsrecht des Nießbrauchers aus § 242 BGB sei auf die Gewinnverteilung beschränkt.

[113] Vgl. statt aller *Lutter/Hommelhoff* § 15 GmbHG Rn 50.

[114] RGZ 170, 358, 369; MüKoHGB/*K. Schmidt* Vor § 230 HGB Rn 26; *Schlegelberger/K. Schmidt* vor § 335 HGB Rn 21.

[115] Vgl. *Reichert/Schlitt*, FS Flick, S. 236f.; a. A. MüKoHGB/*K. Schmidt* Vor § 230 HGB Rn 26 Fn 96 m. w. N. zum Streitstand.

[116] BGHZ 58, 316, 319 (zur KG); OLG Bremen DB 1970, 1436 (zur AG); *Reichert/Schlitt/Düll*, GmbHR 1998, 568; MünchHdb. GesR III/*Sommer* § 26 Rn 74; *Baumbach/Hueck/Fastrich* § 15 HGB Rn 53.

[117] *Baumbach/Hueck/Fastrich* § 15 GmbHG Rn 53; MüKoHGB/*K. Schmidt* Vor § 230 HGB Rn 26.

[118] Ganz h. M.; w. N. bei *Reichert/Schlitt/Düll*, GmbHR 1998, 569 sowie MüKoHGB/*K. Schmidt* Vor § 230 HGB Rn 26 Fn 104; a. A. wohl *Brandi/Mühlmeier*, GmbHR 1997, 735.

[119] Hierfür *Lutter/Hommelhoff* § 15 GmbHG Rn 50; MünchHdb. GesR III/*Sommer* § 26 Rn 74.

[120] Vgl. *Rowedder/Bergmann* § 15 GmbHG Rn 73; *Scholz/Winter* § 15 GmbHG Rn 191a.

einer **effektiven** Kapitalerhöhung kann der Nießbraucher eine anteilige Bestellung des Nießbrauchs am neu gebildeten Geschäftsanteil (nur) insoweit verlangen, wie durch die Zuführung neuer Mittel der innere Wert der neuen Geschäftsanteile höher als der Ausgabekurs ist (vgl. Rn 39).[121]

4. Untergang und Übertragung von Geschäftsanteilen

Führt eine Verfügung des Gesellschafters zum Untergang des Geschäftsanteils, bedarf der Gesellschafter hierzu der vorherigen Zustimmung des Nießbrauchers (§ 1071 BGB). Diese Beschränkung gilt nur dann nicht, wenn der Gesellschafter den Untergang des Geschäftsanteils aus wichtigem Grund herbeigeführt hat, etwa durch Ausspruch einer außerordentlichen Kündigung.[122] Aber auch soweit ein Zustimmungserfordernis besteht, führt das Fehlen der Genehmigung des Nießbrauchers nicht zur Unwirksamkeit der Verfügung des Gesellschafters.[123] Entgegen einer verbreiteten Auffassung[124] handelt es sich nämlich insoweit nur um ein **intern wirkendes** Zustimmungserfordernis. Der Gesellschafter macht sich jedoch gegenüber dem Nießbraucher schadensersatzpflichtig. **58**

Die **Übertragung** des Geschäftsanteils durch den Gesellschafter hängt nicht von der Zustimmung des Nießbrauchers ab. Der Geschäftsanteil geht auch bei Gutgläubigkeit des Erwerbers mit dem Nießbrauch belastet auf den Erwerber über.[125] **59**

IV. Nießbrauchsbestellung an einzelnen Vermögensrechten

1. Grundsatz

Gegenstand des Nießbrauchs können neben den Gesellschaftsanteilen an der KG oder der Komplementär-GmbH auch die übertragbaren Vermögensrechte sein (vgl. § 717 S. 2 BGB).[126] Hierbei handelt es sich dann um einen speziellen Fall einer Nießbrauchsbestellung an Forderungen. Wichtigster Fall in der Praxis ist die Nießbrauchsbestellung am **Gewinnanspruch** des Gesellschafters. Gegenstand des Nießbrauchs können aber auch die (künftigen) Ansprüche auf das **Auseinandersetzungsguthaben** oder der **Abfindungsanspruch** sein. In diesem Fall kommt der Nieß- **60**

---

[121] *Baumbach/Hueck/Fastrich* § 15 GmbHG Rn 53; *Rowedder/Bergmann* § 15 GmbHG Rn 74; *Teichmann*, ZGR 1972, 16; *Reichert/Schlitt/Düll*, GmbHR 1998, 569; ähnlich *Lutter/Hommelhoff* § 15 GmbHG Rn 50; a. A. wohl *Hachenburg/Zutt* Anh. § 15 GmbHG Rn 63.

[122] *Teichmann*, ZGR 1972, 15; *Hachenburg/Zutt* Anh. § 15 GmbHG Rn 64; *Rowedder/Bergmann* § 15 GmbHG Rn 79.

[123] OLG Hamm GmbHR 1971, 37; *Palandt/Bassenge* § 1071 BGB Rn 1; *Scholz/Winter* § 15 GmbHG Rn 198 i.V.m. 158; *Rowedder/Bergmann* § 15 GmbHG Rn 78; wohl auch MünchHdb. GesR III/*Sommer* § 26 Rn 80; *Hesselmann*, GmbHR 1971, 22; *Sudhoff*, GmbHR 1971, 54.

[124] I. d. S. *Hachenburg/Zutt* Anh. § 15 GmbHG Rn 64; *Baumbach/Hueck/Fastrich* § 15 GmbHG Rn 52 i.V.m. 49.

[125] *Schlegelberger/K. Schmidt* vor § 335 HGB Rn 23.

[126] MünchHdb. GesR II/*Richter* KG § 27 Rn 17 ff.

brauch jedoch erst mit Auflösung der Gesellschaft bzw. Ausscheiden des Gesellschafters zum Tragen.

61 Da die vermögensrechtlichen Bezüge selbst **formfrei** abgetreten werden (§ 398 BGB), reicht für die Belastung der Ansprüche eine formlose Einigung zwischen Gesellschafter und Nießbraucher aus. Anders als bei der Bestellung eines Nießbrauchs am Kommanditanteil ist eine **Zustimmung** der übrigen Gesellschafter nach § 1069 BGB nicht erforderlich. Ein Zustimmungserfordernis besteht nur dann, wenn die Abtretung der vermögensrechtlichen Ansprüche im Gesellschaftsvertrag ausgeschlossen ist.[127]

2. Nutzungen

62 Mit Einräumung eines Nießbrauchs am Gewinn erwirbt der Nießbraucher keinen Anspruch auf den Gewinn selbst, da es sich hierbei – anders als beim Anteilsnießbrauch – um die Substanz des Nießbrauchs und nicht um dessen bestimmungsgemäßen Ertrag handelt. Dem Nießbraucher gebühren in diesem Fall nur die Nutzungen des entnahmefähigen Gewinns. Dies sind in der Regel nur die Möglichkeit zur Nutzung des Anspruchs als **Finanzierungsmittel** sowie die **Zinsen** aus der Wiederanlage der Gelder.[128] Der Gewinn selbst ist nach Beendigung des Nießbrauchs an den Gesellschafter herauszugeben (§ 1067 BGB).[129] Zur Sicherstellung der Versorgung von Angehörigen ist der Nießbrauch an den vermögensrechtlichen Bezügen daher nur bedingt geeignet.[130]

63 Bei Bestellung eines Nießbrauchs an einzelnen übertragbaren Vermögensrechten ist der Gesellschafter in Verfügungen über den Gesellschaftsanteil **nicht** nach § 1071 BGB **beschränkt**.[131] Der Nießbraucher ist lediglich vor einer Aufhebung und inhaltlichen Änderung der belasteten Ansprüche geschützt. Dieser Schutz kommt jedoch erst dann zum Tragen, wenn der Gewinnanspruch bzw. das Abfindungsguthaben der Höhe nach endgültig feststehen. Der Nießbraucher kann somit nicht verhindern, dass der Gesellschafter an Beschlussfassungen mitwirkt, durch die die Gewinnquote oder die Höhe des Auseinandersetzungsguthabens und damit der Gegenstand des Nießbrauchs verringert wird.[132] Gesellschafterbeschlüssen über eine Gewinnthesaurierung kann der Nießbraucher nicht widersprechen.

64 Sind die Ansprüche nach dem Gesellschaftsvertrag **verzinslich** ausgestaltet, werden sie vom Nießbraucher und Gesellschafter gemeinschaftlich eingezogen (§ 1077 BGB). An den mündelsicher anzulegenden Geldern ist

---

[127] GK/*Ulmer* § 105 HGB Rn 129.

[128] *Ulmer* GbR § 705 BGB Rn 107; *Finger*, DB 1977, 1033; *Gschwendtner*, NJW 1995, 1875; *Suffel*, Nießbrauch, S. 377 f.; jew. m. w. N. Dies wird häufig nicht genau erkannt, vgl. *Sommer*, GmbH & Co. KG, S. 103.

[129] *Ulmer* GbR § 705 BGB Rn 107; GK/*Ulmer* § 105 HGB Rn 129; *Staudinger/Frank* Anh. §§ 1068, 1069 BGB Rn 65.

[130] MünchHdb. GesR II/*Richter* KG § 27 Rn 19; *Ulmer* GbR § 705 BGB Rn 107; *Wiedemann*, Übertragung, S. 400.

[131] GK/*Ulmer* § 105 HGB Rn 129.

[132] MünchHdb. GesR II/*Richter* KG § 27 Rn 20; *Kruse*, RNotZ 2002, 69, 72.

dem Nießbraucher ein Nießbrauch einzuräumen (§ 1079 BGB). Handelt es sich um **unverzinsliche** Forderungen, ist der Nießbraucher zur Einziehung allein berechtigt (§ 1074 BGB), wobei sich der Nießbrauch an den Geldern, die der Nießbraucher zu Eigentum erwirbt, automatisch fortsetzt (§ 1075 Abs. 1 BGB). Verwendet der Nießbraucher die Gewinne zu Finanzierungszwecken, hat er nach Beendigung des Nießbrauchs Wertersatz an den Gesellschafter zu leisten (§§ 1075 Abs. 2, 1067 BGB).[133] Ansprüche auf künftige Gewinnanteile unterfallen dem Nießbrauch nur dann, wenn der Anteil des Gesellschafters nicht zuvor untergegangen ist.

---

[133] GK/*Ulmer* § 105 HGB Rn 129; a. A. *Soergel/Hadding* § 717 BGB Rn 19, der für eine Abbedingung von § 1067 BGB eintritt, so dass die fraglichen Beträge nicht mehr herausgegeben werden müssen.

§ 39 Unterbeteiligung, Treuhand, stille Beteiligung

Übersicht

Schrifttum: *Albracht*, Die stille Gesellschaft im Recht der Publikumspersonengesellschaften, 1990; *Armbrüster*, Zur Beurkundungsbedürftigkeit von Treuhandabreden über GmbH-Anteile, DNotZ 1997, 762; *ders.*, Die treuhänderische Beteiligung an Geschäftsanteilen, 2000; *ders.*, Treuhänderische GmbH-Beteiligungen, GmbHR 2001, 941 (Teil I), 1021 (Teil II); *ders.*, Zur Wirkung von Treuhandabreden in der Insolvenz des Treuhänders, DZWiR 2003, 485; *ders./Joos*, Zur Abwicklung fehlerhafter stiller Beteiligungen, ZIP 2004, 189; *Aulinger*, Die atypische stille Gesellschaft, 1955; *Bälz*, Treuhandkommanditist, Treuhänder der Kommanditisten und Anlegerschutz, ZGR 1980, 1; *Bayer/Riedel*, Kapitalbeteiligungen an Personengesellschaften und Anlegerschutz, NJW 2003, 2567; *Bender*, Nießbrauch und Unterbeteiligung an Personengesellschaftsanteilen, DB 1979, 1145; *Berninger*, Die AG & Still, Der Konzern 2003, 683; *Beuthien*, Treuhand an Gesellschaftsanteilen, ZGR 1974, 26; *Bilsdorfer*, Gesellschafts- und steuerliche Probleme bei Unterbeteiligung von Familienangehörigen, NJW 1980, 2785; *Blaurock*, Unterbeteiligung und Treuhand an Gesellschaftsanteilen, 1981; *ders.*, Handbuch der stillen Gesellschaft, 6. Aufl. 2003; *ders.*, Stille Beteiligungen in der Handelsbilanz der „Kapitalgesellschaft & Still", FS Immenga 2004, S. 497; *Bornemann*, Stille Publikumsgesellschaften im Spannungsfeld von Gesellschafts- und Bankaufsichtsrecht, ZHR 166 (2002), S. 211; *Böttcher/Zartmann/Faut*, Stille Gesellschaft und Unterbeteiligung, 3. Auflage, 1978; *Eden*, Treuhandschaft an Unternehmen und Unternehmensanteilen, 1981; *Fasold*, Unterbeteiligungen im Bereich der GmbH und der GmbH & Co., GmbHR 1973, 12; *Friehe*, Zur Unterbeteiligung an Mitgliedschaften in Personalgesellschaften, Diss. Berlin, 1973; *Henssler*, Treuhandgeschäft – Dogmatik und Wirklichkeit, AcP 196 (1996), S. 41; *Herzfeld*, Die Unterbeteiligung, AcP 137 (1933), 270; *Hesselmann*, Unterbeteiligung an GmbH-Anteilen, GmbHR 1964, 26; *ders.*, Stille Beteiligung an einer GmbH und GmbH & Co. KG, GmbHR 1957, 191; *Hey*, Eigenkapitalersetzender Charakter der stillen Einlage des GmbH-Gesellschafters, GmbHR 2001, 1100; *Hübner-Weingarten*, Die Beteiligung von Kindern als Kommanditisten, stille Gesellschafter und Unterbeteiligte – grundsätzliche Erwägungen, ZEV 1999, 81; *ders.*, Die Beteiligung von Kindern als Kommanditisten, stille Gesellschafter und Unterbeteiligte – praktische Gestaltungshinweise, ZEV 1999, 95; *A. Hueck*, Der gemeinschaftliche Vertreter mehrerer Erben in einer KG, ZHR 125 (1963), 1; *Krenzel*, Treuhand an Kommanditanteilen, 1991; *Kümmerlein*, Erscheinungsformen und Probleme der Verwaltungstreuhand bei Personenhandelsgesellschaften, Diss. Marburg, 1973; *Loritz*, Stille Beteiligungen und Einlagenbegriff des Kreditwesengesetzes, ZIP 2001, 309; *Maulbetsch*, Beirat und Treuhand in der Publikumspersonengesellschaft, 1984; *Mertens*, Die stille Beteiligung an der GmbH und ihre Überleitung bei Umwandlungen in die AG, AG 2000, 32; *Paulick*, Die Unterbeteiligung in gesellschaftsrechtlicher und steuerrechtlicher Sicht, ZGR 1974, 253; *Petzold*, Unterbeteiligung im Gesellschafts- und Steuerrecht, NWB 1974, 2195; *Pyszka*, Atypisch stille Beteiligung an einzelnen Unternehmenssegmenten, DStR 2003, 857; *Reusch*, Die stille Gesellschaft als Publikumspersonengesellschaft, 1989; *Schidhelm/Pickhardt-Poremba/Hilling*, Das zivil- und steuerrechtliche Schicksal der Unterbeteiligung bei „Umwandlung" der Hauptgesellschaft, DStR 2003, 1444 (Teil I), 1469 (Teil II); *Schlitt*, Die Informationsrechte des stillen Gesellschafters, 1996; *K. Schmidt*, Formfreie Schenkung von stillen Beteiligungen und Unterbeteiligungen?, DB 2002, 829; *ders.*, Sozialansprüche und actio pro socio bei der „GmbH & Still", FS Bezzenberger 2000, S. 401; *Schmidt-Ott*, Publizitätserfordernisse bei atypischen stillen Beteiligungen an dem Unternehmen einer GmbH, GmbHR 2001, 182; *Schneider*, FS Möhring, 1965, S. 115; *Schulte/Waechter*, Atypische stille Beteiligungen und § 294 AktG – neue Fassung, alte Probleme?, GmbHR 2002, 189; *Sedlmayer*, Stiller Gesellschafter in der Umwandlung des Geschäftsinhabers, DNotZ 2003, 611; *Singhoff/Seiler/Schlitt*, Mittelbare Gesellschaftsbeteiligungen, 2004; *Sterzenbach*, GmbH & Still: Vorzüge einer beliebten Rechtsform und ihre steuerlichen Besonderheiten, DStR 2000, 1669; *Tebben*, Unterbeteiligung und Treuhand an Geschäftsanteilen, 2000; *ders.*, Die qualifizierte Treuhand im Personengesellschaftsrecht, ZGR 2001, 586; *Thomsen*, Die Unterbeteiligung an einem Personengesellschaftsanteil, 1978; *Ulmer*, Zur Treuhand an GmbH-Anteilen, FS Walter Odersky, 1996, S. 873; *Vossius*, Sicherungsgeschäfte bei der Übertragung von Gesellschaftsanteilen, BB 1988, Sonderbeilage 5; *Weigl*, Anwendungs- und Problemfelder der stillen Gesellschaft, DStR 1999, 1568; *Wiesner*, Zur Haftung des Treugeber-Kommanditisten bei der qualifizierten Treuhand, FS Ulmer 2003, S. 673; *Winter*, Die Rechtsstellung des stillen Gesellschafters in der Verschmelzung des Geschäftsinhabers, FS Martin Pelzer, 2001, S. 645 ff.; *Zacharias/Hebig/Rinnewitz*, Die atypisch stille Gesellschaft, 2. Aufl. 2000.

I. Unterbeteiligung

1. Grundsatz

1 Die Unterbeteiligung an einem Gesellschaftsanteil ist dadurch charakterisiert, dass ein Gesellschafter (Hauptbeteiligter) einen Dritten (Unterbeteiligter) an seinem Gesellschaftsanteil (Hauptbeteiligung) partizipieren lässt.[1] Bei einer Unterbeteiligung bestehen unmittelbare Rechtsbeziehungen somit nur zwischen dem Unterbeteiligten und dem Gesellschafter, nicht jedoch zwischen dem Unterbeteiligten und der Hauptgesellschaft. Der Unterbeteiligte hat nur vermögensmäßige Ansprüche gegen den Hauptgesellschafter auf Teilhabe an dessen Erträgnissen aus dem Anteil. Der Sache nach handelt es sich damit um eine **Beteiligung an einer Beteiligung**.[2] Da die Unterbeteiligung der stillen Gesellschaft in vieler Hinsicht sehr ähnlich ist, kann sie mit *K. Schmidt* auch als stille Beteiligung an einem Gesellschaftsanteil bezeichnet werden.[3]

2 Die Unterbeteiligung stellt im Grundsatz eine GbR ohne gemeinsames Gesellschaftsvermögen in Form der **Innengesellschaft** dar.[4] Das Rechtsverhältnis zwischen Hauptbeteiligten und dem Unterbeteiligten bestimmt sich mithin grundsätzlich nach den §§ 705 ff. BGB. Darüber hinaus sind nach herrschender Auffassung die §§ 230 ff. HGB entsprechend anwendbar bei gleichzeitiger teleologischer Reduktion der §§ 705 ff. BGB.[5] Dies gilt vor allem, soweit die §§ 230 ff. HGB zwingenden Charakter haben.[6] Der **Zweck** der Unterbeteiligungsgesellschaft liegt im Halten und der Nutzung des Gesellschaftsanteils durch den Gesellschafter und die Teilhabe des Unterbeteiligten an den Erträgnissen dieser Beteiligung.[7] Die Unterbeteiligungsgesellschaft hat keine eigene Firma; sie ist weder rechts- noch partei- noch insolvenzfähig.

3 Die Unterbeteiligung ist in verschiedenen **Erscheinungsformen** anzutreffen: Wird die Unterbeteiligung gegenüber der Hauptgesellschaft und

---

[1] Vgl. BGHZ 50, 316, 318; BGH NJW 1994, 2886; *Singhof/Seiler/Schlitt*, Mittelbare Gesellschaftsbeteiligungen, Rn 342; *Herzfeld*, AcP 137 (1933), 270 ff.; *Ulmer* GbR Vor § 705 BGB Rn 92. Auch bei sonstigen Vermögensrechten, etwa einem Konsortialkredit, sind Unterbeteiligungsverhältnisse denkbar, vgl. hierzu *Heymann/Horn* § 230 HGB Rn 65 m. w. N.

[2] MüKo/*Ulmer* vor § 705 BGB Rn 70.

[3] MüKoHGB/*K. Schmidt* § 230 HGB Rn 194.

[4] MüKoHGB/*K. Schmidt* § 230 HGB Rn 192; *Weimar*, ZIP 1993, 1513; *Blaurock/Berninger* GmbHR 1990, 11, 12; GK/*Ulmer* § 105 HGB Rn 110; *Baumbach/Hopt* § 105 HGB Rn 38.

[5] BGHZ 50, 316, 323; *Bender*, DB 1979, 1147; *Heymann/Horn* § 230 HGB Rn 67; *Baumbach/Hopt* § 105 HGB Rn 38; MünchHdb. GesR II/*Weipert* KG § 12 Rn 62; MüKo/*Ulmer* vor § 705 BGB Rn 70; *Scholz/Winter* § 15 GmbH Rn 13.

[6] MüKoHGB/*K. Schmidt* § 230 HGB Rn 204.

[7] *Friehe*, Unterbeteiligung, S. 18; *Paulick*, ZGR 1974, 268; *Schlegelberger/K. Schmidt* § 335 HGB Rn 185; *Blaurock*, Unterbeteiligung, S. 93 ff.; *Heymann/Horn* § 230 HGB Rn 67.

den Mitgesellschaftern nicht offen gelegt, spricht man von einer **verdeckten** Unterbeteiligung. Um eine **offene** Unterbeteiligung handelt es sich, wenn die Unterbeteiligung den übrigen Gesellschaftern bekannt ist. Sind die Mitgesellschafter mit der Begründung der Unterbeteiligung sogar einverstanden, können dem Unterbeteiligten vertraglich Mitverwaltungsrechte eingeräumt werden.[8] Je nach Ausgestaltung der dem Unterbeteiligten eingeräumten Rechtsposition differenziert man ferner zwischen der **typischen** und der **atypischen** Unterbeteiligung (vgl. unten Rn 23ff.).[9] Bei der **GmbH & Co. KG** sind Unterbeteiligungsverhältnisse sowohl an den Anteilen der Kommanditisten als auch der Komplementär-GmbH denkbar.

4

Als Form der **mittelbaren Vermögensteilhabe** ist die Unterbeteiligung in der Kautelarpraxis immer dann von Interesse, wenn eine unmittelbare Beteiligung nicht möglich oder nicht gewollt ist.[10] Der Umstand, dass sie **formfrei** begründet werden kann und den Mitgesellschaftern nicht notwendigerweise offen gelegt werden muss,[11] macht sie in der Praxis vor allem dann attraktiv, wenn damit zu rechnen ist, dass die für eine (Teil-) Übertragung von Gesellschaftsanteilen erforderliche Zustimmung der übrigen Gesellschafter nicht zu erlangen ist.[12] Zudem ist die **fehlende Publizität** im Handelsregister häufig ein Motiv für die Begründung einer Unterbeteiligung, namentlich dann, wenn der Unterbeteiligte Wettbewerber der Hauptgesellschaft ist und aus diesem Grund nicht nach außen in Erscheinung treten darf.[13] Auch im Bereich der **vorweggenommenen Erbfolge** erweist sich die Unterbeteiligung als vorteilhaftes Gestaltungsinstrumentarium.[14] Dies gilt insbesondere für den Fall, dass der Gesellschaftsvertrag eine qualifizierte Nachfolgeklausel enthält, also nicht alle Erben als neue Gesellschafter zulässt. In diesem Fall bietet die Unterbeteiligung die Möglichkeit, die weichenden Erben an der dem Haupterben zugewandten Beteiligung partizipieren zu lassen.[15] Gleichzeitig kann auf diese Weise der Geltendmachung von Abfindungsansprüchen durch die weichenden Erben gegen den neuen Gesellschafter vorgebeugt werden. Bisweilen ist die Unterbeteiligung auch **Finanzierungsinstrumentarium** des Hauptgesellschafters, namentlich beim Kauf von Anteilen.[16] Schließlich ermöglicht sie die **Beteiligung von Arbeitnehmern** an der Gesellschaft.[17]

---

[8] LG Bremen GmbHR 1991, 269; *Heymann/Emmerich* § 105 HGB Rn 57.

[9] Vgl. *Singhof/Seiler/Schlitt*, Mittelbare Gesellschaftsbeteiligungen, Rn 363; *Blaurock*, Unterbeteiligung, S. 114f.

[10] *Blaurock/Berninger*, GmbHR 1990, 11, 12.

[11] Zum möglichen darin liegenden Treuepflichtverstoß vgl. Rn 7.

[12] *Ulmer* GbR Vor § 705 BGB Rn 93.

[13] *Singhof/Seiler/Schlitt*, Mittelbare Gesellschaftsbeteiligungen, Rn 366.

[14] Vgl. auch *Singhof/Seiler/Schlitt*, Mittelbare Gesellschaftsbeteiligungen, Rn 367f.; *Hesselmann*, GmbHR 1964, 26, 27; *Bender*, DB 1979, 1145, 1148.

[15] *Ulmer* GbR Vor § 705 BGB Rn 93.

[16] Vgl. *Singhof/Seiler/Schlitt*, Mittelbare Gesellschaftsbeteiligungen, Rn 369.

[17] *Singhof/Seiler/Schlitt*, Mittelbare Gesellschaftsbeteiligungen, Rn 370; MüKo-HGB/*K. Schmidt* § 230 HGB Rn 206; *Vossius*, BB 1988, Sonderbeilage 5, S. 15.

2. Begründung

5 Die Unterbeteiligung kommt durch vertragliche **Einigung** zwischen dem Hauptgesellschafter und dem Unterbeteiligten zustande. Wird die Unterbeteiligung dem Begünstigten vom verstorbenen Gesellschafter in Form eines **Vermächtnisses** zugewandt, reicht die testamentarische Anordnung für ihre Begründung allein nicht aus. Vielmehr bedarf es noch einer vertraglichen Umsetzung zwischen dem Gesellschaftererben und dem Vermächtnisnehmer.

6 **Unterbeteiligter** kann nicht nur eine natürliche Person, sondern auch eine juristische Person oder eine Gesamthand sein.[18] Denkbar ist auch, dass ein Gesellschafter der GmbH & Co. KG gleichzeitig Unterbeteiligter am Anteil eines Mitgesellschafters ist.[19]

7 Die Wirksamkeit der Unterbeteiligung hängt – anders als beim Nießbrauch[20] – nicht von der **Zustimmung** der Hauptgesellschaft oder der Mitgesellschafter ab, da die Unterbeteiligung lediglich schuldrechtliche Beziehungen zwischen Unterbeteiligten und Gesellschafter begründet, die ohne Auswirkungen auf das Hauptgesellschaftsverhältnis bleiben.[21] Einer Zustimmung bedarf es auch dann nicht, wenn die Anteile nach dem Gesellschaftsvertrag der KG oder der Satzung der Komplementär-GmbH nicht frei veräußerlich sind.[22] Selbst wenn der Gesellschaftsvertrag der GmbH & Co. KG ein ausdrückliches **Verbot** einer Begründung von Unterbeteiligungen enthält, ändert dies an der Wirksamkeit der Unterbeteiligung nichts.[23] Auch eine gesellschaftsvertraglich verankerte Pflicht zur Offenlegung der Unterbeteiligung zwingt zu keiner anderen Beurteilung.[24] In dem Abschluss des Unterbeteiligungsvertrages kann jedoch eine zum Schadensersatz verpflichtende Handlung des Hauptgesellschafters liegen, die unter Umständen sogar zum Ausschluss des Gesellschafters aus wichtigem Grund berechtigt.[25]

8 Der Unterbeteiligungsvertrag kann grundsätzlich **formlos** geschlossen werden.[26] Selbst die Einräumung einer Unterbeteiligung am Geschäftsanteil der Komplementär-GmbH bedarf keiner notariellen Beurkundung nach § 15 Abs. 3 GmbHG, da die Hauptbeteiligung selbst nicht übertra-

---

[18] *Paulick*, ZGR 1974, 261 f.

[19] *Bilsdorfer*, NJW 1980, 2785; MüKoHGB/*K. Schmidt* § 230 HGB Rn 220.

[20] Aus diesem Grund wird die Unterbeteiligung als Alternative zum Nießbrauch angesehen, vgl. *Bender*, DB 1979, 1447.

[21] BGHZ 50, 316, 325; *Friehe*, Unterbeteiligung, S. 52; *Ulmer* GbR Vor § 705 BGB Rn 97; MünchHdb. GesR II/*Weipert* KG § 12 Rn 63; *Tebben*, Unterbeteiligung, S. 234 ff.

[22] Vgl. OLG Frankfurt GmbHR 1992, 668; *Friehe*, Unterbeteiligung, S. 52; MüKoHGB/*K. Schmidt* § 230 HGB Rn 221.

[23] LG Bremen GmbHR 1991, 269; Beck Hdb. Personengesellschaften/*Bärwaldt* § 14 Rn 10.

[24] GK/*Ulmer* § 105 HGB Rn 111.

[25] *Schlegelberger/K. Schmidt* § 335 HGB Rn 207.

[26] Vgl. im Einzelnen *Singhof/Seiler/Schlitt*, Mittelbare Gesellschaftsbeteiligungen, Rn 381 ff.

gen wird.[27] Nach der Rechtsprechung besteht eine Formbedürftigkeit des Unterbeteiligungsvertrages nur dann, wenn im Innenverhältnis der Geschäftsanteil dem Unterbeteiligten wirtschaftlich völlig zuzurechnen ist.[28] Auch der Umstand, dass die GmbH & Co. KG über Grundvermögen verfügt, führt nicht zur Formbedürftigkeit des Unterbeteiligungsvertrages nach § 311 b Abs. 1 BGB.[29] Eine notarielle Beurkundung ist nur dann ausnahmsweise erforderlich, wenn sich der Unterbeteiligte zur Einbringung eines Grundstücks oder der Hauptbeteiligte zur Übertragung seines GmbH-Geschäftsanteils verpflichtet. Ist die Unterbeteiligung Gegenstand einer Schenkung, bedarf der Unterbeteiligungsvertrag der **notariellen Beurkundung** (§ 518 BGB). Dabei ist zu beachten, dass die bloße Umbuchung noch keinen wirksamen Vollzug i. S. v. § 518 Abs. 2 BGB darstellt.[30] Ähnlich der stillen Gesellschaft (vgl. dazu unten Rn 81) finden auf den mängelbehafteten Unterbeteiligungsvertrag richtigerweise die Grundsätze der **fehlerhaften Gesellschaft** Anwendung.[31]

Wird die Unterbeteiligung zugunsten eines Minderjährigen bestellt, bedarf es, selbst wenn die Einräumung im Rahmen einer Schenkung erfolgt, der Zustimmung des **Familien- bzw. des Vormundschaftsgerichts** (§§ 1822 Nr. 3, 1643 Abs. 1 BGB).[32] Dies ist nur dann anders, wenn durch die vertragliche Ausgestaltung ausgeschlossen ist, dass der Unterbeteiligte zur Erbringung einer Leistung oder Verlusttragung verpflichtet ist.[33] Dass die Verlustbeteiligung auf die Einlage beschränkt ist, soll nicht ausreichend sein.[34] Wollen die Eltern ihren Kindern eine Unterbeteiligung einräumen, ist, auch wenn es sich um eine Schenkung handelt, vor Abschluss des Unterbeteiligungsvertrages ein **Ergänzungspfleger** zu bestellen (§§ 1629, 1795 BGB).[35] Eine Ausnahme besteht nur dann, wenn die Unterbeteiligung aufgrund ihrer vertraglichen Ausgestaltung aus Sicht des Minderjährigen ausschließlich rechtlich vorteilhaft ist.[36] Einer Dauerergänzungspflegschaft bedarf es hingegen nicht.[37] 9

---

[27] *Blaurock*, Unterbeteiligung, S. 154 f.; *Scholz/Winter* § 15 GmbHG Rn 12; Beck Hdb. Personengesellschaften/*Bärwaldt* § 14 Rn 9, 17.

[28] Schleswig-Holsteinisches OLG GmbHR 2002, 652.

[29] *Bilsdorfer*, NJW 1980, 2789.

[30] BGH WM 1967, 685; *Böttcher/Zartmann/Faut*, Stille Gesellschaft, S. 106; *Heymann/Emmerich* § 105 HGB Rn 60; *Scholz/Winter* § 15 GmbHG Rn 12; im Grds. auch MüKoHGB/*K. Schmidt* § 230 HGB Rn 224; *ders.*, DB 2002, 829 ff.; a. A. *Ebenroth/Boujong/Joost/Gehrlein* § 230 HGB Rn 86; *Friehe*, Unterbeteiligung, S. 53 f.

[31] *Röhricht/v. Westphalen/v. Gerkan*, § 230 HGB Rn 110, 14.

[32] *Singhof/Seiler/Schlitt*, Mittelbare Gesellschaftsbeteiligungen, Rn 385; Beck Hdb. Personengesellschaften/*Bärwaldt* § 14 Rn 48.

[33] OLG Hamm OLGZ 1974, 158; *Baumbach/Hopt* § 105 HGB Rn 39; a. A. *Tebben*, Unterbeteiligung, S. 242: Genehmigungserfordernis bei jeder Unterbeteiligung.

[34] BFH BStBl. II 1974, 289; *Bilsdorfer*, NJW 1980, 2785; MüKoHGB/*K. Schmidt* § 230 HGB Rn 227.

[35] *Singhof/Seiler/Schlitt*, Mittelbare Gesellschaftsbeteiligungen, Rn 384; Beck Hdb. Personengesellschaften/*Bärwaldt* § 14 Rn 47.

[36] Str., wie hier *Schlegelberger/K. Schmidt* § 335 HGB Rn 212 m. N. zur Gegenansicht.

[37] *Bilsdorfer*, NJW 1980, 2788; vgl. auch BGH NJW 1976, 49.

10 Es unterliegt keinen rechtlichen Bedenken, mehrere Unterbeteiligungen an einem Gesellschaftsanteil einzuräumen. Eine Mehrzahl von Unterbeteiligungsverhältnissen an einem Anteil ist insbesondere bei Familiengesellschaften anzutreffen. Streitig ist in diesem Zusammenhang, ob der Abschluss eines weiteren Unterbeteiligungsvertrages der **Zustimmung des bereits vorhandenen Unterbeteiligten** bedarf.[38] Einigkeit besteht insoweit, als die fehlende Zustimmung des Unterbeteiligten nichts an der Wirksamkeit des zweiten Vertrages ändert. Die einzelnen Unterbeteiligungsverhältnisse stehen im Grundsatz bilateral nebeneinander. Bei solchen **zweigliedrigen Unterbeteiligungen** bestehen zwischen den Unterbeteiligten also keine unmittelbaren Rechtsbeziehungen.[39] Nach der h. M. können die einzelnen Unterbeteiligungsverhältnisse durch vertragliche Vereinbarung zu einer **mehrgliedrigen Unterbeteiligung** verbunden werden.[40] Hier stellen sich dann vergleichbare Probleme wie bei der mehrgliedrigen stillen Gesellschaft (vgl. Rn 93 f.). Denkbar und zulässig ist schließlich auch eine **mehrstufige Unterbeteiligung** in Form einer Unterbeteiligung an einer bereits bestehenden Unterbeteiligung.[41]

3. Rechtsstellung der Beteiligten

11 **a) Grundsatz.** Die Unterbeteiligung begründet ein Gesellschaftsverhältnis in Form einer Innengesellschaft zwischen dem Hauptbeteiligten und dem Unterbeteiligten. Zwischen dem Unterbeteiligten und der Hauptgesellschaft bestehen – vorbehaltlich einer anderweitigen Vereinbarung – keinerlei Rechtsbeziehungen.[42] Die Unterbeteiligung lässt die **Gesellschafterstellung** des Hauptbeteiligten unberührt. Der Unterbeteiligte wird aus dem Gesellschaftsvertrag der GmbH & Co. KG weder berechtigt noch verpflichtet. Er haftet weder gegenüber Dritten noch gegenüber der Gesellschaft.[43] Nur in Ausnahmefällen strahlt die **Treuepflicht** des Hauptbeteiligten auch auf den Unterbeteiligten aus, so dass dieser zur Rücksichtnahme gegenüber den Belangen der Hauptgesellschaft verpflichtet ist; insoweit wird zu Recht von „drittschützenden Treupflichten" gesprochen.[44]

---

[38] Gegen das Erfordernis einer Zustimmung zutreffend MüKoHGB/*K. Schmidt* § 230 HGB Rn 221; a. A. *Blaurock*, Unterbeteiligung, S. 112.

[39] *Hesselmann*, GmbHR 1964, 29; *Paulick*, ZGR 1974, 262; *Schlegelberger/K. Schmidt* § 335 HGB Rn 194.

[40] *Blaurock*, Unterbeteiligung, S. 100 f.; *Paulick*, ZGR 1974, 262; *Böttcher/Zartmann/Faut*, Stille Gesellschaft, S. 47 f.; Beck Hdb. Personengesellschaften/*Bärwaldt* § 14 Rn 5; MüKoHGB/*K. Schmidt* § 230 HGB Rn 211 ff.

[41] *Singhof/Seiler/Schlitt*, Mittelbare Gesellschaftsbeteiligungen, Rn 346; *Blaurock*, Unterbeteiligung, S. 100 ff.; *Hesselmann*, GmbHR 1964, 29; MüKoHGB/*K. Schmidt* § 230 HGB Rn 195, 214.

[42] OLG Hamm OLGZ 1974, 158, 160; *Singhof/Seiler/Schlitt*, Mittelbare Gesellschaftsbeteiligungen, Rn 395 ff.; MüKoHGB/*K. Schmidt* § 230 HGB Rn 233.

[43] Zur Haftung in der Unterbeteiligungsgesellschaft vgl. *Schlegelberger/K. Schmidt* § 335 HGB Rn 231 f.

[44] MüKoHGB/*K. Schmidt* § 230 HGB Rn 233; a. A. MünchHdb. GesR II/*Weipert* KG § 12 Rn 63 unter Verweis auf eine Trennung zwischen Hauptgesellschaftsvertrag und Unterbeteiligungsvertrag.

Die Differenzierung zwischen den beiden **Beteiligungsebenen** (KG-Vertrag/Unterbeteiligungsvertrag) hat zur Folge, dass die Bestimmungen des Unterbeteiligungsvertrages nicht alleine deswegen unwirksam sind, weil sie mit den Bestimmungen des Gesellschaftsvertrages der GmbH & Co. KG kollidieren.[45] Da im Grundsatz davon auszugehen ist, dass die Parteien des Unterbeteiligungsverhältnisses sich nicht in Widerspruch zum Hauptgesellschaftsverhältnis setzen wollen, können die Bestimmungen des KG-Vertrages jedoch für die **Auslegung** des Unterbeteiligungsvertrages von Bedeutung sein, ohne dass hierdurch die grundsätzliche Trennung zwischen KG-Vertrag und Unterbeteiligungsvertrag aufgehoben würde.[46] 12

Der Umstand, dass den Hauptbeteiligten als Mitglied zweier Gesellschaftsverhältnisse eine doppelte **Treuepflicht** trifft,[47] führt zu Zielkonflikten, die grundsätzlich in der Weise aufzulösen sind, dass den Interessen der Hauptgesellschaft Priorität einzuräumen ist. Würde die Erfüllung seiner Pflichten gegenüber dem Unterbeteiligten eine Treuepflichtverletzung des Hauptbeteiligten gegenüber der Gesellschaft oder den Mitgesellschaftern begründen, könnte der Unterbeteiligte seine Rechte aus dem Unterbeteiligungsvertrag wegen Unmöglichkeit nicht durchsetzen.[48] Vor diesem Hintergrund empfiehlt es sich, den Inhalt des Unterbeteiligungsvertrages bei der **Vertragsgestaltung** mit den Regelungen im GmbH & Co. KG-Vertrag genau abzustimmen.[49] Dies gilt namentlich für die Regelungen über die Vertragsdauer, die Kontroll- und Mitwirkungsrechte sowie das Wettbewerbsverbot. 13

Eine **Modifikation des Gesellschaftsvertrages** der GmbH & Co. KG berührt das Unterbeteiligungsverhältnis im Grundsatz nicht. Die Änderung der Mitgliedschaftsrechte des Hauptgesellschafters kann sich jedoch unter Umständen mittelbar auf das Unterbeteiligungsverhältnis auswirken.[50] 14

b) Die Ausübung der Mitgliedschaftsrechte. Die **Zuordnung** der Mitgliedschaftsrechte in der GmbH & Co. KG wird durch die Begründung einer Unterbeteiligung nicht verändert. Die Kontroll- und Informationsrechte und das Stimmrecht stehen daher weiterhin dem Hauptbeteiligten zu.[51] Gleiches gilt für ein gesetzliches oder gesellschaftsvertragliches Recht zur Geschäftsführung. 15

Eine Übertragung des Stimmrechts vom Hauptbeteiligten auf den Unterbeteiligten würde gegen das Abspaltungsverbot verstoßen und kommt nicht in Betracht. Die Parteien des Unterbeteiligungsvertrages können das Stimmverhalten des Hauptbeteiligten jedoch auf Grundlage schuldrecht- 16

---

45 *Ulmer* GbR Vor § 705 BGB Rn 95.

46 *Singhof/Seiler/Schlitt*, Mittelbare Gesellschaftsbeteiligungen, Rn 398; *Friehe*, Unterbeteiligung, S. 50; *Ulmer* GbR Vor § 705 BGB Rn 95; *Tebben*, Unterbeteiligung, S. 177.

47 MüKoHGB/*K. Schmidt* § 230 HGB Rn 241.

48 BGHZ 50, 316, 324 f.; GK/*Ulmer* § 105 HGB Rn 111.

49 *Paulick*, ZGR 1974, 269.

50 Dazu näher GK/*Ulmer* § 105 HGB Rn 111.

51 Statt aller *Böttcher/Zartmann/Faut*, Stille Gesellschaft, S. 112.

licher **Stimmbindungsverträge** regeln.[52] Der Hauptbeteiligte kann jedoch unter Umständen aufgrund der aus dem Hauptgesellschaftsverhältnis erwachsenden Treuepflicht gehalten sein, entgegen den Weisungen des Unterbeteiligten abzustimmen.[53] Umgekehrt verletzt der Hauptbeteiligte die ihm gegenüber dem Unterbeteiligten obliegende Treuepflicht, wenn er bei der Ausübung seines Stimmrechts in der Gesellschafterversammlung der GmbH & Co. KG die Weisungen des Unterbeteiligten außer Acht lässt, ohne dass die Interessen der Hauptgesellschaft und der Mitgesellschafter ein solches Stimmverhalten gefordert hätten.[54]

17 Unmittelbare **Kontroll- und Informationsrechte** gegenüber der Hauptgesellschaft stehen dem Unterbeteiligten nicht zu.[55] Informationsrechte des Unterbeteiligten bestehen nur gegenüber dem Hauptbeteiligten. Welchen Umfang diese Informationsrechte haben, ist streitig. Eine verbreitete Meinung im Schrifttum billigt dem Unterbeteiligten das weitgehende Informationsrecht nach § 716 BGB zu.[56] Nimmt man in den Blick, dass die Unterbeteiligung ein Unterfall der GbR ist, erscheint dies auf den ersten Blick einleuchtend. Gleichwohl billigt die herrschende Auffassung dem Unterbeteiligten zu Recht nur das eingeschränkte Informationsrecht eines stillen Gesellschafters zu (§ 233 HGB analog).[57] Dem ist im Hinblick auf die Ähnlichkeit zwischen Unterbeteiligung und stiller Gesellschaft (vgl. bereits Rn 1 f.) zuzustimmen. Der Unterbeteiligte hat daher nur Anspruch auf eine Abschrift der jährlichen Bilanz über den Gesellschaftsanteil des Hauptbeteiligten, der die auf den Anteil entfallenden Erträge, deren Zusammensetzung (Gewinnanteil, Kapitalzinsen etc.) sowie die Entwicklung des Kapitalkontos des Hauptbeteiligten zu entnehmen sind.[58] Eine abschriftliche Mitteilung der Bilanz der Hauptgesellschaft oder eine Einsicht in Unterlagen der Hauptgesellschaft kann der Unterbeteiligte von dem Hauptgesellschafter nur dann beanspruchen, wenn die Gesellschaft dem Hauptgesellschafter die Bekanntgabe gestattet hat und der Unterbeteiligungsvertrag dem Unterbeteiligten ein Recht auf Bekanntgabe einräumt.[59]

---

[52] MüKoHGB/*K. Schmidt* § 230 HGB Rn 232; *Singhof/Seiler/Schlitt*, Mittelbare Gesellschaftsbeteiligungen, Rn 462; vgl. auch *Zöllner*, ZHR 155 (1991), 178; a. A. für den Fall der verdeckten Unterbeteiligung GK/*Ulmer* § 105 HGB Rn 112.

[53] BGH WM 1977, 528 f.

[54] GK/*Ulmer* § 105 HGB Rn 112.

[55] *Singhof/Seiler/Schlitt*, Mittelbare Gesellschaftsbeteiligungen, Rn 404; *Blaurock*, Unterbeteiligung, S. 180; offen gelassen von LG Bremen GmbHR 1991, 269, 270.

[56] *Blaurock*, Unterbeteiligung, S. 183 f.; *Heymann/Emmerich* § 105 HGB Rn 63; vgl. bereits *Herzfeld*, AcP 1937 (1933), 305; *Tebben*, Unterbeteiligung, S. 276, 279.

[57] BGHZ 50, 316, 323; BGH NJW-RR 1995, 160, 161; LG Bremen GmbHR 1991, 269; *Ulmer* GbR Vor § 705 BGB Rn 99; GK/*Ulmer* § 105 HGB Rn 112; *Böttcher/Zartmann/Faut*, Stille Gesellschaft, S. 113 f.; *Singhof/Seiler/Schlitt*, Mittelbare Gesellschaftsbeteiligungen, Rn 404; *Schlegelberger/K. Schmidt* § 338 HGB Rn 20; *Heymann/Horn* § 230 HGB Rn 71; *Scholz/Winter* § 15 GmbHG Rn 13; *Baumbach/Hopt* § 105 HGB Rn 42; MünchHdb. GesR II/*Weipert* KG § 12 Rn 62.

[58] BGHZ 50, 316, 323; *Ulmer* GbR Vor § 705 BGB Rn 99.

[59] BGHZ 50, 316, 325; BFH DB 1991, 2013, 2014; *Blaurock*, Stille Gesellschaft, Rn 1911.

c) Die Rechte und Pflichten aus dem Unterbeteiligungsvertrag. 18
Die **Geschäftsführung** in der Unterbeteiligungsgesellschaft obliegt stets dem Hauptbeteiligten.[60] Dieses Recht kann ihm auch bei Vorliegen eines wichtigen Grundes nicht nach § 712 BGB entzogen werden.[61] Eine **Vertretung** der Unterbeteiligungsgesellschaft findet, da es sich um eine bloße Innengesellschaft handelt, nicht statt.[62] Im Gegensatz zur Treuhand unterliegt der Gesellschafter **keinem Weisungsrecht** des Unterbeteiligten.[63] Bei der Verwaltung der Beteiligung muss der Hauptgesellschafter jedoch innerhalb der durch den Gesellschaftsvertrag der GmbH & Co. KG gezogenen Grenzen auf die Interessen des Unterbeteiligten Rücksicht nehmen.

Einem gegenseitigen **Wettbewerbsverbot** unterliegen weder der Haupt- 19
gesellschafter noch der Unterbeteiligte. Nur in Ausnahmefällen besteht ein Wettbewerbsverbot aufgrund der gesellschaftsrechtlichen Treuepflicht. Problematisch ist, ob ein etwaiges Wettbewerbsverbot des Hauptgesellschafters (vgl. dazu § 26) auf den Unterbeteiligten ausstrahlt. Dies wird in aller Regel zu verneinen sein. Anderes kann dann gelten, wenn die Rechtsstellung des Unterbeteiligten im Unterbeteiligungsvertrag gegenüber der gesetzlichen Regelung, etwa durch die Begründung weitgehenderer Informationsrechte, verstärkt ist.[64]

Der Unterbeteiligte ist gegenüber dem Hauptbeteiligten zur Leistung 20
der vereinbarten **Einlage** verpflichtet.[65] Ob die Einlage bilanzierungsfähig sein muss, ist streitig.[66] Darüber hinaus kann der Unterbeteiligte weitere Beitragspflichten übernehmen.

Der Unterbeteiligte hat Anspruch auf Auszahlung des auf ihn entfallen- 21
den **Gewinnanteils**. Soweit nichts Abweichendes vereinbart ist, steht dem Unterbeteiligten ein angemessener Gewinn zu (§ 231 HGB analog).[67] Es empfiehlt sich, im Unterbeteiligungsvertrag eine explizite Regelung zu treffen, z. B. in Form einer Garantiedividende, eines Höchstbetrages oder einer Festverzinsung. Umgekehrt ist der Unterbeteiligte grundsätzlich

---

[60] *Singhof/Seiler/Schlitt*, Mittelbare Gesellschaftsbeteiligungen, Rn 415.

[61] Auch eine analoge Anwendung von § 712 BGB kommt nicht in Betracht, vgl. *Esch*, NJW 1964, 903; *Böttcher/Zartmann/Faut*, Stille Gesellschaft, S. 44; *Heymann/Horn* § 230 HGB Rn 70; MüKoHGB/*K. Schmidt* § 230 HGB Rn 237.

[62] *Singhof/Seiler/Schlitt*, Mittelbare Gesellschaftsbeteiligungen, Rn 420; *Tebben*, Unterbeteiligung, S. 257; MüKoHGB/*K. Schmidt* § 230 HGB Rn 238; *Blaurock*, Unterbeteiligung, S. 119; *Friehe*, Unterbeteiligung, S. 55; *Paulick*, ZGR 1974, 276.

[63] BGH WM 1965, 458.

[64] MüKoHGB/*K. Schmidt* § 230 HGB Rn 244; *Ebenroth/Boujong/Joost/Gehrlein* § 230 HGB Rn 96.

[65] Mit MüKoHGB/*K. Schmidt* § 230 HGB Rn 230, ist zutr. zwischen der übernommenen Einlage und der Beitragsleistung zu differenzieren. Letzte ist notwendiges Merkmal der Unterbeteiligungsgesellschaft und kann, wie etwa bei der schenkweisen Einräumung, im Halten der Unterbeteiligung bestehen.

[66] Dafür MüKoHGB/*K. Schmidt* § 230 HGB Rn 231; dagegen *Heymann/Horn* § 230 HGB Rn 72.

[67] *Singhof/Seiler/Schlitt*, Mittelbare Gesellschaftsbeteiligungen, Rn 430; *Ulmer* GbR Vor § 705 BGB Rn 98; *Tebben*, Unterbeteiligung, S. 280.

auch am **Verlust** der Unterbeteiligungsgesellschaft beteiligt.[68] Hierbei handelt es sich allerdings um kein zwingendes Merkmal der Unterbeteiligung. Sie kann im Unterbeteiligungsvertrag ausgeschlossen werden.[69] Besteht eine Verlustbeteiligung, ist der Hauptbeteiligte berechtigt, dem Unterbeteiligten einen entstandenen Verlust bis zur Höhe der übernommenen Einlage zuzuweisen. Zu einem **Verlustausgleich** ist der Unterbeteiligte nur dann verpflichtet, wenn dies besonders vertraglich vereinbart ist oder wenn er seine vertraglich übernommene Einlage noch nicht erbracht hat.

22 Beschließen die Gesellschafter der GmbH & Co. KG eine **Kapitalerhöhung**, steht dem Unterbeteiligten ein **Bezugsrecht** auf einen Anteil an der Hauptgesellschaft grundsätzlich nicht zu.[70] Erfolgt die Kapitalerhöhung aus **Gesellschaftsmitteln** durch Umbuchung vom Rücklagenkonto auf das Kapitalkonto, erstreckt sich die Unterbeteiligung auf den erhöhten Anteil. Anders liegen die Dinge, wenn die Kapitalerhöhung demgegenüber gegen **Einlagen** erfolgt.[71] Hier können die zum Nießbrauch entwickelten Grundsätze entsprechend angewandt werden (vgl. § 38 Rn 39). In jedem Fall empfiehlt es sich, alle hiermit in Zusammenhang stehenden Fragen im Unterbeteiligungsvertrag explizit zu regeln. Dies gilt namentlich für die Frage, ob der Unterbeteiligte im Falle einer Kapitalerhöhung eine zusätzliche Einlage zu erbringen hat.[72]

4. Atypische Unterbeteiligung

23 Die Beteiligten können das Unterbeteiligungsverhältnis auch atypisch ausgestalten.[73] So können dem Unterbeteiligten **Geschäftsführungs- oder Weisungsrechte** im Hinblick auf das Unterbeteiligungsverhältnis eingeräumt werden, die es dem Unterbeteiligten ermöglichen, weitergehenden Einfluss auf die Hauptbeteiligung zu nehmen.[74] Denkbar ist auch, dass im Unterbeteiligungsvertrag Mitspracherechte des Unterbeteiligten bei Maßnahmen auf der Ebene der Hauptgesellschaft (Kapitalerhöhungen, Kündigung oder Änderung des Gesellschaftsvertrages der GmbH & Co. KG) begründet werden.[75] Allerdings kann sich die Einräumung von Weisungsrechten im Einzelfall als eine Verletzung des Hauptgesellschaftsvertrages erweisen.[76]

---

[68] Vgl. *Tebben*, Unterbeteiligung, S. 292; MüKoHGB/*K. Schmidt* § 230 HGB Rn 198; neutraler *Ulmer* GbR Vor § 705 BGB Rn 98: es handele sich um eine Frage der Vertragsauslegung.

[69] MüKoHGB/*K. Schmidt* § 230 HGB Rn 198; *Singhof/Seiler/Schlitt*, Mittelbare Gesellschaftsbeteiligungen, Rn 433; *Paulick*, ZGR 1974, 253, 266; Beck Hdb. Personengesellschaften/*Bärwaldt* § 14 Rn 33.

[70] MüKoHGB/*K. Schmidt* § 230 HGB Rn 235.

[71] *Schlegelberger/K. Schmidt* § 335 HGB Rn 222.

[72] *Böttcher/Zartmann/Faut*, Stille Gesellschaft, S. 127.

[73] Vgl. etwa *Singhof/Seiler/Schlitt*, Mittelbare Gesellschaftsbeteiligungen, Rn 445 ff.; *Fasold*, GmbHR 1973, 12.

[74] MüKoHGB/*K. Schmidt* § 230 HGB Rn 209, 237; Beck Hdb. Personengesellschaften/*Bärwaldt* § 14 Rn 8.

[75] *Schlegelberger/K. Schmidt* § 335 HGB Rn 225.

[76] Vgl. dazu *Heymann/Horn* § 230 HGB Rn 68.

Diese freilich nur intern wirkenden Mitwirkungsbefugnisse können im Außenverhältnis dadurch verstärkt werden, dass der Hauptbeteiligte den Unterbeteiligten mit der Wahrnehmung seiner Mitgliedschaftsrechte **bevollmächtigt**. Mit Zustimmung der übrigen Gesellschafter der Hauptgesellschaft können dem Unterbeteiligten sogar **Kontroll- oder Geschäftsführungsbefugnisse** innerhalb der GmbH & Co. KG eingeräumt werden.[77] Auf diese Weise kann die Rechtsposition des Unterbeteiligten gesellschafterähnlich ausgestaltet werden. Er unterliegt dann auch der Treuepflicht gegenüber der Gesellschaft.[78] **24**

Eine atypische Ausgestaltung des Unterbeteiligungsverhältnisses ist auch in **vermögensrechtlicher** Hinsicht möglich. Der Unterbeteiligungsvertrag kann vorsehen, dass der Unterbeteiligte nicht nur an den Erträgnissen des Anteils, sondern auch an dessen Wertzuwachs, insbesondere an den stillen Reserven, dem Auseinandersetzungsguthaben und dem Abfindungsanspruch, partizipiert.[79] Hält der Hauptbeteiligte den Anteil sogar für Rechnung des Unterbeteiligten, rückt die Unterbeteiligung in die Nähe der **Treuhand** (dazu Rn 30 ff.).[80] **25**

5. Übertragung von Haupt- und Unterbeteiligung

Die Unterbeteiligung ist, anders als die einzelnen Vermögensrechte des Unterbeteiligten, grundsätzlich unübertragbar.[81] Zu einer Übertragung der Unterbeteiligung ist der Unterbeteiligte nur dann berechtigt, wenn dies gesondert vereinbart ist.[82] Eine Regelung im Gesellschaftsvertrag der GmbH & Co. KG, die den Kommanditanteil, an dem die Unterbeteiligung besteht, veräußerlich stellt, sagt nichts über die Veräußerlichkeit der Unterbeteiligung aus.[83] **26**

Vorbehaltlich einer abweichenden Vereinbarung ist der Hauptbeteiligte gegenüber dem Unterbeteiligten vertraglich verpflichtet, die **Hauptbeteiligung** für die Dauer des Unterbeteiligungsvertrages zu halten. Im Außenverhältnis ist der Hauptgesellschafter in seinem Recht, über den Gesellschaftsanteil zu verfügen, jedoch nicht beschränkt. Selbst bei treuwidrigen Verfügungen kommt nach herrschender Auffassung eine Anwendung der Regeln über den Missbrauch der Vertretungsmacht nicht in Betracht.[84] Anders als beim Pfandrecht oder beim Nießbrauch bleibt die Unterbetei- **27**

---

77 *Heymann/Emmerich* § 105 HGB Rn 61; *Ulmer* GbR Vor § 705 BGB Rn 101; *Böttcher/Zartmann/Faut*, Stille Gesellschaft, S. 140.

78 *Ulmer* GbR Vor § 705 BGB Rn 101.

79 *Böttcher/Zartmann/Faut*, Stille Gesellschaft, S. 140; *Paulick*, ZGR 1974, 258; MüKoHGB/*K. Schmidt* § 230 HGB Rn 208; Beck Hdb. Personengesellschaften/*Bärwaldt* § 14 Rn 7; *Ulmer* GbR Vor § 705 BGB Rn 98; krit. zur Bezeichnung als atypische Unterbeteiligung *Blaurock*, Unterbeteiligung, S. 115.

80 Vgl. *Heymann/Horn* § 230 HGB Rn 66; MüKoHGB/*K. Schmidt* § 230 HGB Rn 210.

81 MüKoHGB/*K. Schmidt* § 230 HGB Rn 247; *Singhof/Seiler/Schlitt*, Mittelbare Gesellschaftsbeteiligungen, Rn 451; *Paulick*, ZGR 1974, 272.

82 *Heymann/Horn* § 230 HGB Rn 73; *Schlegelberger/K. Schmidt* § 335 HGB Rn 233.

83 Vgl. auch *Blaurock*, Unterbeteiligung, S. 153.

84 BGH WM 1977, 525, 527.

ligung nicht als Belastung am veräußerten Gesellschaftsanteil bestehen. Sie wird in diesem Fall aufgelöst.

6. Dauer und Beendigung des Unterbeteiligungsverhältnisses

28 Die Unterbeteiligung endet zunächst mit **Zeitablauf**, wenn sie für eine bestimmte Dauer vereinbart wurde. Dabei kann ohne weiteres an die Dauer der GmbH & Co. KG angeknüpft werden. Ist die Unterbeteiligung auf unbestimmte Zeit eingegangen, kann sie analog § 234 HGB **gekündigt** werden.[85] Ist die Dauer der GmbH & Co. KG selbst befristet, kann sich aus der Auslegung des Unterbeteiligungsvertrages ergeben, dass die Unterbeteiligung für die Dauer der GmbH & Co. KG bestehen soll.[86] In diesem Fall kommt, wie wenn die Unterbeteiligung selbst zeitlich befristet wäre, eine Kündigung des Unterbeteiligungsverhältnisses nur aus wichtigem Grund in Betracht.[87] Beim **Tod** des Hauptgesellschafters wird es zumeist dem Willen der Beteiligten entsprechen, dass die Unterbeteiligung mit den eintretenden Erben fortgesetzt wird.[88]

29 Wird die GmbH & Co. KG **aufgelöst** oder endet die Hauptbeteiligung auf andere Weise, gerät auch die Unterbeteiligung in Auflösung (§ 726 BGB).[89] An die Auflösung schließt sich die **Auseinandersetzung** an, auf die § 235 HGB analog anwendbar ist.[90] Sofern die Unterbeteiligung dadurch aufgelöst wird, dass der Hauptbeteiligte durch die Vereinigung sämtlicher Anteile in sich zum Einzelkaufmann wird, entsteht mit dem früheren Unterbeteiligten der Sache nach eine stille Gesellschaft am Handelsgeschäft.[91] Sonstige Formwechsel der Hauptgesellschaft (wie nach dem UmwG) führen jedoch nicht grundsätzlich zur Auflösung, sondern können auch lediglich ein Kündigungsrecht des Unterbeteiligten im Einzelfall gewähren.[92]

II. Treuhand

1. Allgemeines

30 **a) Begriff.** *aa) Echte und unechte Treuhand.* Ein Treuhandverhältnis liegt vor, wenn ein Treugeber einem Treunehmer eine Rechtsmacht einräumt, die im Innenverhältnis durch einen Treuhandvertrag eingeschränkt

---

[85] BGH NJW 1994, 2886, 2888; *Singhof/Seiler/Schlitt*, Mittelbare Gesellschaftsbeteiligungen, Rn 462; *Ulmer* GbR Vor § 705 BGB Rn 102.

[86] BGHZ 50, 316, 320 ff.; BGH NJW 1994, 2888; *Blaurock*, Unterbeteiligung, S. 163 ff.; *Heymann/Emmerich* § 105 HGB Rn 64.

[87] Vgl. BGHZ 50, 516, 323; *Baumbach/Hopt* § 105 HGB Rn 43.

[88] So auch *Scholz/Winter* § 15 GmbHG Rn 14.

[89] *Ulmer* GbR Vor § 705 BGB Rn 103; *Scholz/Winter* § 15 GmbHG Rn 14.

[90] *Baumbach/Hopt* § 105 HGB Rn 43; *Ulmer* GbR Vor § 705 BGB Rn 103; Beck Hdb. Personengesellschaften/*Bärwaldt* § 14 Rn 44 ff.

[91] *Röhricht/v. Westphalen/v. Gerkan*, § 234 HGB Rn 45.

[92] *Röhricht/v. Westphalen/v. Gerkan*, § 234 HGB Rn 47; ausführlich zur Wirkung von Maßnahmen nach dem UmwG auf Unterbeteiligungen *Schidhelm/Pickhardt-Poremba/Hilling*, DStR 2003, 144 (Teil I), 1469 (Teil II).

wird.[93] Treuhandverhältnisse an Gesellschaftsanteilen einer GmbH & Co. KG sind sehr verbreitet. Sie kommen in verschiedenen Erscheinungsformen und zu **unterschiedlichen** Zwecken vor.[94] Bei der **echten** Treuhand wird der Treuhänder sowohl im Innenverhältnis als auch im Außenverhältnis selbst Gesellschafter, darf aber die Rechte aus der Beteiligung nur nach Maßgabe des mit dem Treugeber abgeschlossenen Treuhandvertrages ausüben. Es handelt sich um den Fall der **fremdnützigen** Vollrechtsübertragung (sog. fiduziarische **Vollrechtstreuhand**), namentlich in Gestalt der **Verwaltungstreuhand**.[95] Von der fremdnützigen Treuhand zu sondern ist die sog. **Sicherungstreuhand**[96] **(eigennützige Treuhand)**.

Ein **unechtes** Treuhandverhältnis liegt demgegenüber vor, wenn ein **31**
Dritter Gesellschafterrechte ausübt, ohne dass damit ein Wechsel in der Gesellschafterstellung verbunden wäre, wie etwa bei der Verwaltung von Gesellschaftsanteilen durch einen Testamentsvollstrecker oder Wahrnehmung von Kommanditistenrechten durch einen gemeinsamen Vertreter (sog. **Vollmachtstreuhand**).[97] Hierzu gehört auch die **Ermächtigungstreuhand**, bei der der Treugeber den Treuhänder ermächtigt, seine Gesellschafterrechte im eigenen Namen geltend zu machen. Die praktische Bedeutung der unechten Treuhand ist recht gering, so dass sich die nachfolgende Darstellung auf die echte Treuhand beschränkt.

bb) Offene und verdeckte Treuhand. Ähnlich wie bei der Unterbeteiligung **32**
wird zwischen der offenen Treuhand und dem verdeckten Treuhandverhältnis unterschieden.[98] Bei der **offenen** Treuhand ist den Mitgesellschaftern der Abschluss der Treuhandvereinbarung bekannt und wird von ihnen auch häufig gebilligt.[99] Bei der qualifiziert offenen Treuhand werden dem Treugeber unter Mitwirkung der Gesellschaft eigene gesellschafterähnliche Rechte eingeräumt.[100] Den in der Praxis häufigsten Fall der fiduziarischen

---

[93] MüKoHGB/*K. Schmidt* Vor § 230 HGB Rn 35; *Armbrüster*, Unternehmerische Beteiligung, S. 12 f.; *Henssler*, AcP 196 (1996), 41 ff.; *Ulmer* GbR Vor § 705 BGB Rn 84.

[94] Eingehend hierzu *Heymann/Emmerich* § 105 HGB Rn 47.

[95] Vgl. *Singhof/Seiler/Schlitt*, Mittelbare Gesellschaftsbeteiligungen, Rn 495; MüKoHGB/*K. Schmidt* Vor § 230 HGB Rn 36, 40; *Scholz/Emmerich* § 2 GmbHG Rn 55. Als Form der mittelbaren Unternehmensteilhabe ist diese Gestaltungsform auch bei Publikumsgesellschaften anzutreffen.

[96] In diesem Fall dient die Beteiligung als Sicherungsmittel, eingehend MüKoHGB/*K. Schmidt* Vor § 230 HGB Rn 39; *Armbrüster*, Unternehmerische Beteiligung, S. 42 f.

[97] *Singhof/Seiler/Schlitt*, Mittelbare Gesellschaftsbeteiligungen, Rn 494; *Baumbach/Hopt* § 105 HGB Rn 31. Die Vollmachtstreuhand ist insb. bei Publikumsgesellschaften, aber auch bei personalistisch strukturierten GmbH & Co. KG verbreitet, vgl. MüKoHGB/*K. Schmidt* Vor § 230 HGB Rn 35; zur Vertreterklausel allg. *Hueck*, ZHR 125 (1963), 1 f.

[98] *Baumbach/Hopt* § 105 HGB Rn 31; MüKoHGB/*K. Schmidt* Vor § 230 HGB Rn 43.

[99] Zur Terminologie vgl. auch *Scholz/Emmerich* § 2 GmbHG Rn 55.

[100] Vgl. dazu *Armbrüster*, Unternehmerische Beteiligung, S. 20; ausführlich zur qualifizierten Treuhand *Tebben*, ZGR 2001, 586.

Vollrechtstreuhand bildet allerdings die **verdeckte** Treuhand.[101] Hier fehlt es an einer Offenlegung der Treuhand gegenüber den Mitgesellschaftern. Ihre Vereinbarung kann sich als unzulässig erweisen, wenn ihr Abschluss mit den berechtigten Interessen der Mitgesellschafter kollidieren würde.[102] Der Gesellschafter ist dann aufgrund seiner Treuepflicht gehalten, das Treuhandverhältnis offen zu legen und gegebenenfalls aufzulösen. Kommt er dem nicht nach, macht er sich möglicherweise gegenüber seinen Mitgesellschaftern bzw. der Gesellschaft schadensersatzpflichtig.[103]

33 *cc) Mehrgliedrige Treuhandverhältnisse.* Von mehrgliedrigen Treuhandverhältnissen spricht man, wenn ein Gesellschaftsanteil für mehrere Beteiligte treuhänderisch gehalten wird.[104] Diese Konstruktion ist häufig bei Publikumsgesellschaften anzutreffen. In diesem Fall sind die Anleger zur einheitlichen Wahrnehmung ihrer Rechte häufig zu einer BGB-Innengesellschaft zusammengeschlossen, wobei ein Treuhänder den Kommanditanteil für diese Anleger hält.[105]

34 **b) Gründe für Treuhandkonstruktionen.** Die Gründe für die Vereinbarung einer Treuhand sind vielgestaltig.[106] Sie wird etwa begründet, wenn die Beteiligung des Treugebers an der Gesellschaft geheim gehalten werden soll. Umgekehrt ermöglicht sie die Wahrnehmung der Gesellschafterrechte durch Dritte. Dies kann zum einen der Entlastung des bisherigen Gesellschafters dienen. Zum anderen kann **Beweggrund** für die Wahl einer Treuhandkonstruktion auch die **Bündelung der Gesellschaftermacht** mehrerer ehemaliger Gesellschafter sein.[107] Treuhandverhältnisse können auch zur **Kreditsicherung** verwendet werden, indem die Beteiligung auf den Sicherheitsnehmer als Treuhänder übertragen wird.[108] Ferner kann die Gesellschafternachfolge durch eine Treuhandkonstruktion gestaltet werden. So können Erben lediglich wirtschaftlich beteiligt werden, indem ihnen die Stellung eines Treugebers eingeräumt wird. Ebenso kann der Erblasser die **Erbfolge** vorwegnehmen, indem er den künftigen Erben durch Einräumung der Stellung eines Treugebers bereits wirtschaftlich an der Gesellschaft beteiligt. Andererseits kann er auf den Erben bereits die Gesellschafterstellung übertragen, seine eigene lebzeitige Versorgung aber sicherstellen, indem er selbst Treugeber wird.[109] Einen großen Anwendungsbereich

---

[101] GK/*Ulmer* § 105 HGB Rn 103.

[102] BGH WM 1993, 1098; *Beuthien*, ZGR 1974, 46 f.; *Baumbach/Hopt* § 105 HGB Rn 33; enger *Heymann/Emmerich* § 105 HGB Rn 48: in aller Regel unzulässig.

[103] Vgl. BGH WM 1982, 235; *Beuthien*, ZGR 1974, 41 f.

[104] Vgl. BGHZ 73, 294; *Maulbetsch*, Beirat und Treuhand, S. 32; *Bälz*, ZGR 1980, 1 ff.; *Beuthien*, ZGR 1974, 35; *Kraft*, ZGR 1980, 399. Zu Treuhandkonstruktionen bei Publikumspersonengesellschaften vgl. auch *Schlitt*, Informationsrechte, S. 258 ff.

[105] MüKoHGB/*K. Schmidt* Vor § 230 HGB Rn 44.

[106] Ausführlich: *Singhof/Seiler/Schlitt*, Mittelbare Gesellschaftsbeteiligungen, Rn 496 ff.

[107] *Armbrüster*, GmbHR 2001, 941, 942.

[108] *Armbrüster*, GmbHR 2001, 941, 944.

[109] *Armbrüster*, GmbHR 2001, 941, 943.

hat die Treuhand schließlich im Bereich der **Publikumsgesellschaften**, bei der durch Einschaltung eines Treuhandkommanditisten eine Koordinierung der Beteiligungen erfolgt und somit die Registereintragung erleichtert wird.[110]

c) Abgrenzung. Die Treuhand steht als Fall der mittelbaren Unternehmensteilhabe der **Unterbeteiligung** nahe. In beiden Fällen nimmt der Vollrechtsinhaber für einen Dritten Interessen wahr.[111] Die Abgrenzung zur Unterbeteiligung kann daher in der Praxis Schwierigkeiten bereiten. Während nach einer teilweise vertretenen Auffassung Überschneidungen von Treuhand und Unterbeteiligung ausgeschlossen sind,[112] sind nach der zutreffenden Ansicht des BGH und der überwiegenden Auffassung im Schrifttum Unterbeteiligung und Treuhand einander nicht ausschließende Rechtsinstitute, die je nach ihrer Ausgestaltung die Anwendbarkeit von Auftrags- oder Gesellschaftsrecht nach sich ziehen.[113] Die Abgrenzung ist danach durch Auslegung des Vertrages vorzunehmen. Hält der Hauptbeteiligte nur einen Teil des Anteils für den anderen, spricht dies für das Vorliegen einer Unterbeteiligung. Ebenso stellt die Wahrnehmung eigener Interessen durch den Hauptbeteiligten ein Argument für ein Unterbeteiligungsverhältnis dar. Das Vorliegen eines Auftrags- oder Geschäftsbesorgungsvertrages im Innenverhältnis spricht dagegen für die Bejahung eines Treuhandverhältnisses.[114] 35

Die Sicherungstreuhand stellt eine Alternative zur **Verpfändung** dar.[115] Während bei der Treuhand an Kommanditanteilen der mit der Handelsregistereintragung zwangsläufig einhergehende Publizitätseffekt und die Gefahr einer Außenhaftung in der Regel als nachteilig empfunden wird, bietet sie dem Sicherungsnehmer den Vorteil eines unmittelbaren Einflusses, die Beteiligung am Gewinn sowie eine in der Regel weniger umständliche Verwertung des Gesellschaftsanteils.[116] 36

Treuhandverhältnisse sind zu unterscheiden von **partiarischen Rechtsgeschäften**. Letztere stellen Austauschverträge (z. B. Miet-, Dienst-, oder Darlehensverträge) dar, bei denen die Vergütung erfolgsbezogen ausgestaltet ist, indem eine Gewinnbeteiligung vereinbart wird.[117] 37

---

110 *Ulmer* GbR § 705 BGB Rn 85.

111 Zutreffend *Heymann/Horn* § 230 HGB Rn 75.

112 I. d. S. *Tebben*, Unterbeteiligung, S. 68 ff.; *Eden*, Treuhandschaft, S. 27; *Böttcher/Zartmann/Faut*, Stille Gesellschaft, S. 58 f.; *Wiedemann*, Übertragung, S. 387; wohl auch MünchHdb. GesR II/*Weipert* KG § 30 Rn 65.

113 BGH NJW 1994, 2886, 2887; NJW-RR 1995, 165; siehe auch OLG Bamberg NZG 2001, 509; vgl. bereits *Schneider*, FS Möhring, S. 115, 117. S. auch *Singhof/Seiler/Schlitt*, Mittelbare Gesellschaftsbeteiligungen, Rn 508; *Armbrüster*, GmbHR 941, 944; *Blaurock*, Unterbeteiligung, S. 73, 347; *ders.*, Stille Gesellschaft, Rn 1876; *Heymann/Horn* § 230 HGB Rn 75; *Bender*, DB 1979, 1445; GK/*Ulmer* § 105 HGB Rn 110; MüKoHGB/*K. Schmidt* Vor § 230 HGB Rn 45.

114 MüKoHGB/*K. Schmidt* Vor § 230 HGB Rn 45.

115 *Armbrüster*, Unternehmerische Beteiligung, S. 25 f.; MüKoHGB/*K. Schmidt* Vor § 230 HGB Rn 49.

116 *Vossius*, BB 1988, Sonderbeilage 5, S. 13.

117 *Ulmer* GbR Vor § 705 BGB Rn 107.

38 **Nießbrauch** und Treuhand können demselben Zweck dienen, sind aber rechtlich zu unterscheiden. Bei dem Nießbrauch handelt es sich um die dingliche Belastung der Beteiligung mit einem Nutzungsrecht (vgl. zum Nießbrauch oben § 38).

2. Begründung

39 **a) Inhaberschaft an der Beteiligung.** Die Treuhand kann auf verschiedene Weise vereinbart werden. Wird die Inhaberschaft des Treuhänders am Gesellschaftsanteil durch Vollrechtsübertragung begründet, spricht man von der sog. **Übertragungstreuhand**. Dann sind die gleichen Voraussetzungen wie bei der Übertragung der Mitgliedschaft zu erfüllen.[118] Die Vereinbarung einer Treuhand an einem **Kommanditanteil** bedarf mithin der **Zustimmung** der übrigen Gesellschafter, wenn der Gesellschaftsvertrag der GmbH & Co. KG die Übertragung der Kommanditanteile nicht zulässt.[119] Die Verweigerung der Zustimmung kann im Einzelfall treuwidrig sein.[120] Ist Gegenstand der Treuhand ein **Geschäftsanteil** an der Komplementär-GmbH, ist eine Zustimmung der Mitgesellschafter grundsätzlich entbehrlich, soweit die Satzung keine Vinkulierungsklauseln enthält.

40 Die Treuhand kann aber auch durch eine bloße Vereinbarung begründet werden, ohne dass damit ein Wechsel in der Gesellschafterstellung einherginge. Der Inhalt der Vereinbarung besteht darin, dass der Gesellschafter den Gesellschaftsanteil als Treuhänder künftig für einen Dritten, den Treugeber, hält. Für diese Gestaltung wurde der Begriff der **Vereinbarungstreuhand** geprägt. Auch in diesem Fall soll die Begründung der Treuhand von der Zustimmung der Mitgesellschafter abhängen. Begründet wird dies mit der Erwägung, der Treugeber nähme aufgrund der ihm zustehenden Weisungsrechte wirtschaftlich die Rolle des Gesellschafters ein.[121] Dies ist allerdings nicht zweifelsfrei, da der Treuhänder mit allen Rechten und Pflichten Gesellschafter bleibt.[122]

41 Zu nennen ist schließlich die **Erwerbstreuhand**. Hier erwirbt der Treuhänder den Anteil anlässlich der Gründung der Gesellschaft oder im Rahmen einer Kapitalerhöhung.[123] Der Treuhänder fungiert als Strohmann des

---

[118] MüKoHGB/*K. Schmidt* Vor § 230 HGB Rn 53; *Singhof/Seiler/Schlitt*, Mittelbare Gesellschaftsbeteiligungen, Rn 514; *Armbrüster*, Unternehmerische Beteiligung, S. 93 ff.; *Blaurock*, Unterbeteiligung, S. 154 f.; *Beuthien*, ZGR 1974, 38 f.; *Eden*, Treuhandschaft, S. 44 ff.

[119] *Armbrüster*, Unternehmerische Beteiligung, S. 96; MüKoHGB/*K. Schmidt* Vor § 230 HGB Rn 53; *Ulmer* GbR Vor § 705 BGB Rn 87.

[120] *Armbrüster*, Unternehmerische Beteiligung, S. 97 ff.

[121] MüKoHGB/*K. Schmidt* Vor § 230 HGB Rn 54; *Baumbach/Hopt* § 105 HGB Rn 32; *Blaurock*, Unterbeteiligung, S. 103.

[122] So denn auch gegen das Erfordernis einer Zustimmung OLG Hamm GmbHR 1993, 656, 658; *Armbrüster*, Unternehmerische Beteiligung, S. 117 ff.; *Tebben*, Unterbeteiligung, S. 236 ff.; *Ulmer* GbR § 705 BGB Rn 88; Beck Hdb. Personengesellschaften/*Müller* § 4 Rn 13.

[123] MüKoHGB/*K. Schmidt* Vor § 230 HGB Rn 55.

Treugebers, mit dem er ausschließlich über eine schuldrechtliche Vereinbarung verbunden ist.[124]

42 Sind die Gesellschaftsanteile veräußerlich gestellt, ist die Begründung einer Treuhandschaft grundsätzlich **zulässig**. Das Bestehen eines Treuhandverhältnisses berechtigt daher für sich genommen nicht zum Entzug von Organbefugnissen, zum Ausschluss des Treuhänders aus der Gesellschaft oder zur Einziehung seiner Geschäftsanteile.[125] Wollen die Mitgesellschafter die Begründung eines Treuhandverhältnisses vermeiden, müssen sie Sorge dafür tragen, dass die Gesellschaftsanteile nach dem Gesellschaftsvertrag nicht veräußerlich sind. Schwierig zu entscheiden ist die Frage, ob jedenfalls die Begründung von Treuhandverhältnissen aufgrund einer entsprechenden Bestimmung im Gesellschaftsvertrag oder aufgrund der Treuepflicht unzulässig sein kann. Von einer Unzulässigkeit wird nur auszugehen sein, wenn eine konkrete Gefahr für schutzwürdige Interessen der Gesellschaft besteht.[126] Anders verhält es sich dann, wenn ein Gesellschafter, der einem **Wettbewerbsverbot** unterliegt, einem Konkurrenten der Gesellschaft eine Treugeberstellung einräumt. In einer solchen Situation stellt die Begründung eines Treuhandverhältnisses einen Verstoß gegen das Wettbewerbsverbot bzw. die gesellschafterliche Treuepflicht dar, der Schadensersatzansprüche der Mitgesellschafter gegen den Treuhänder begründen und ggf. zum Ausschluss aus der Gesellschaft oder zum Entzug einer etwaigen Geschäftsführungs- oder Vertretungsbefugnis berechtigen kann.[127]

43 **b) Treuhandvertrag.** Von der Begründung der dinglichen Treuhänderposition ist die im **Innenverhältnis** zwischen Treugeber und Treuhänder bestehende Treuhandsvereinbarung zu unterscheiden. Regelmäßig handelt es sich hierbei um einen Geschäftsbesorgungsvertrag mit Dienstvertragscharakter (§§ 675, 611 BGB).[128] Erbringt der Treuhänder seine Dienste unentgeltlich, was eher die Ausnahme sein dürfte, liegt ein Auftragsverhältnis zugrunde (§§ 662 ff. BGB).[129] Nur in seltenen Fällen enthält die Treuhandbeziehung gesellschaftsrechtliche Elemente. Dann stellt sich die Frage der Abgrenzung zur Unterbeteiligung (vgl. Rn 35).

44 Das Treuhandverhältnis an einem **Kommanditanteil** wird durch **formlose** Einigung zwischen Treuhänder und Treugeber begründet, die auch konkludent erfolgen kann. Es empfiehlt sich jedoch, in dem Treuhandvertrag die Rechte und Pflichten der Parteien sowie die Dauer des

---

[124] *Singhof/Seiler/Schlitt*, Mittelbare Gesellschaftsbeteiligungen, Rn 517.

[125] MüKoHGB/*K. Schmidt* Vor § 230 HGB Rn 56.

[126] *Armbrüster*, GmbHR 2001, 941, 947; vgl. auch *Tebben*, Unterbeteiligung, S. 236.

[127] MüKoHGB/*K. Schmidt* Vor § 230 HGB Rn 56; *Baumbach/Hopt* § 105 HGB Rn 33; vgl. auch *Blaurock*, Unterbeteiligung, S. 203; *Ulmer* GbR § 705 BGB Rn 88; zurückhaltender *Armbrüster*, Unternehmerische Beteiligung, S. 125 ff.

[128] *Singhof/Seiler/Schlitt*, Mittelbare Gesellschaftsbeteiligungen, Rn 518; *Baumbach/Hopt* § 105 HGB Rn 35; MüKoHGB/*K. Schmidt* Vor § 230 HGB Rn 51. Zur Aufrechnungsbefugnis des Treuhänders wegen der ihm zustehenden Vergütungsansprüche vgl. *Schlegelberger/K. Schmidt* vor § 335 HGB Rn 64.

[129] *Scholz/Emmerich* § 2 GmbHG Rn 58a.

Rechtsverhältnisses möglichst genau zu regeln und den Vertrag **schriftlich** abzuschließen. Der Treuhandvertrag, der eine Verpflichtung zur Übertragung eines GmbH-Geschäftsanteil begründet, bedarf der **notariellen Beurkundung** (§ 15 Abs. 4 GmbHG).[130] Wird das Treuhandverhältnis im Wege einer solchen **Übertragungstreuhand** gleichzeitig an Kommanditanteilen und den Geschäftsanteilen der Komplementär-GmbH begründet und stellt sich die Vereinbarung, was bei der personengleichen GmbH & Co. KG regelmäßig der Fall sein dürfte, als einheitliches Rechtsgeschäft dar, bedarf die Treuhandvereinbarung auch hinsichtlich der Kommanditanteile der notariellen Beurkundung. Diese Grundsätze beanspruchen auch für die sog. **Vereinbarungstreuhand** Geltung, bei der sich der Gesellschafter verpflichtet, den Anteil künftig für den Treugeber zu halten.[131] Anderes gilt nach h. M. für die **Erwerbstreuhand**, bei der sich der Treuhänder verpflichtet, den Geschäftsanteil an der Komplementär-GmbH als Strohmann zu übernehmen bzw. zu erwerben.[132] Formbedürftig ist dann nur die spätere Erfüllung der aus § 667 BGB fließenden Abtretungsverpflichtung.[133] Im Fall der Schenkung ist § 518 Abs. 1 BGB zu beachten. Ist der Treugeber minderjährig, bedarf die Vereinbarung des Treuhandverhältnisses der Zustimmung des Vormundschaftsgerichts bzw. des Familiengerichts (§§ 1643 Abs. 1 i.V. m. 1822 Nr. 3 BGB).[134]

---

[130] BGHZ 141, 207, 211 = ZIP 1999, 925, 926; *Singhof/Seiler/Schlitt*, Mittelbare Gesellschaftsbeteiligungen, Rn 524; *Hachenburg/Zutt* Anh. § 15 GmbHG Rn 52; *Lutter/Hommelhoff* § 15 GmbHG Rn 46; *Rowedder* § 15 GmbHG Rn 24; a. A. *Armbrüster*, DNotZ 1997, 780 f.; *ders.*, GmbHR 2001, 941, 946; *Tebben*, Unterbeteiligung, S. 231: der Schutzzweck des § 15 Abs. 4 GmbHG sei nicht berührt, da nur eine vorübergehende Übertragung stattfinde. Anderes gilt nur, wenn der Treuhandvertrag vor der Beurkundung des Gesellschaftsvertrages geschlossen wird, vgl. BGH ZIP 1999, 925, 926. Die Verpflichtung des Treuhänders, den Geschäftsanteil nach Beendigung des Treuhandverhältnisses wieder auf den Treugeber zurückzuübertragen, ergibt sich bereits aus dem Gesetz und ist daher nicht formbedürftig, vgl. RGZ 50, 42, 45; *Armbrüster*, Unternehmerische Beteiligung, S. 106; unter Hinweis auf die neue Rechtsprechung des BGH zweifelnd: MüKoHGB/*K. Schmidt* Vor § 230 HGB Rn 51.

[131] BGHZ 141, 207, 211 = BGH ZIP 1999, 925, 926, offen gelassen noch von BGHZ 35, 272, 277; vgl. auch OLG Bamberg NZG 2001, 509, 510 f.; *Lutter/Hommelhoff* § 15 GmbHG Rn 46; *Baumbach/Hueck/Fastrich* § 15 GmbHG Rn 56; *Rowedder/Bergmann* § 15 GmbHG Rn 24; *Blaurock*, Unterbeteiligung, S. 145; *Armbrüster*, GmbHR 941, 946; *Tebben*, Unterbeteiligung, S. 231; a. A. *Hachenburg/Zutt* § 15 GmbHG Rn 53; wohl auch *Beuthien*, ZGR 1974, 77.

[132] *Singhof/Seiler/Schlitt*, Mittelbare Gesellschaftsbeteiligungen, Rn 526; *Baumbach/Hueck/Fastrich* § 15 GmbHG Rn 55; *Lutter/Hommelhoff* § 15 GmbHG Rn 45; *Rowedder/Bergmann* § 15 GmbHG Rn 24; *Hachenburg/Zutt* Anh. § 15 GmbHG Rn 44; MüKoHGB/*K. Schmidt* Vor § 230 HGB Rn 51; *Armbrüster*, GmbHR 941, 945; *Tebben*, Unterbeteiligung, S. 230 f.; *Eden*, Treuhandschaft, S. 45 f.

[133] *Lutter/Hommelhoff* § 15 GmbHG Rn 45.

[134] *Heymann/Emmerich* § 105 HGB Rn 51; *Armbrüster*, Unternehmerische Beteiligung, S. 124; MüKoHGB/*K. Schmidt* Vor § 230 HGB Rn 54 a. E.; *Singhof/Seiler/Schlitt*, Mittelbare Gesellschaftsbeteiligungen, Rn 532.

3. Rechtsstellung von Treuhänder und Treugeber

a) Rechtsbeziehungen gegenüber der Gesellschaft. Gesellschafter der GmbH & Co. KG ist allein der Treuhänder. Der Treugeber ist nicht Mitglied des Gesellschafterverbandes. Unmittelbare Rechtsbeziehungen zur GmbH & Co. KG und den übrigen Gesellschaftern bestehen grundsätzlich nicht. Folgerichtig ist auch nur der Treuhänder in das **Handelsregister** einzutragen.[135] Die Eintragung eines Treuhandvermerkes ist weder erforderlich noch möglich.[136] 45

Als Gesellschafter ist der Treuhänder Inhaber der **Mitgliedschaftsrechte und -pflichten**.[137] Dem Treugeber stehen keine unmittelbaren Mitgliedschaftsrechte zu. Eine unmittelbare Einwirkung auf die Geschicke der Gesellschaft ist dem Treugeber daher nicht möglich. Der Treuhänder ist insbesondere Inhaber des **Stimmrechts**.[138] Allerdings trifft den Treuhänder bei der fremdnützigen Treuhand ein **Stimmverbot** nicht nur, wenn die tatbestandlichen Voraussetzungen für den Stimmrechtsausschluss in seiner eigenen Person, sondern auch in der des Treugebers vorliegen.[139] Für den Fall der mehrgliedrigen Treuhand wirft dies die Frage auf, ob der Treuhänder sein Stimmrecht auch bei unterschiedlichen Weisungen der verschiedenen Treugeber notwendigerweise einheitlich ausüben muss. Zum Teil wird eine gespaltene Stimmabgabe für unzulässig gehalten.[140] Dem ist zumindest für Publikumspersonengesellschaften nicht zu folgen, sofern der Gesellschaftsvertrag eine gespaltene Stimmabgabe zulässt.[141] Das Recht zur **Anfechtung** von Gesellschafterbeschlüssen besitzt ausschließlich der Treuhänder als Vollrechtsinhaber.[142] Eine Regelung im Gesellschaftsvertrag, wonach der Treugeber zur Anfechtung berechtigt ist, soll allerdings zulässig sein.[143] Gleiches wird für einen Zustimmungsvorbehalt des Treugebers vertreten.[144] 46

Der Treuhänder ist auch Inhaber der **Informationsrechte** nach § 166 HGB. Soweit der Gesellschaftsvertrag der GmbH & Co. KG nicht Abweichendes vorsieht, besitzt der Treugeber keine unmittelbaren Informationsrechte gegenüber der Gesellschaft.[145] Der Treugeber ist auf sein Auskunfts- 47

---

[135] MüKoHGB/*K. Schmidt* Vor § 230 HGB Rn 57; *Baumbach/Hopt* § 105 HGB Rn 34; *Koller/Roth/Morck*, § 105 HGB Rn 20; einschränkend für den Fall der offenen Treuhand GK/*Ulmer* § 105 Rn 102.

[136] *Singhof/Seiler/Schlitt*, Mittelbare Gesellschaftsbeteiligungen, Rn 537; *Blaurock*, Unterbeteiligung, S. 159.

[137] *Singhof/Seiler/Schlitt*, Mittelbare Gesellschaftsbeteiligungen, Rn 538; GK/*Ulmer* § 105 HGB Rn 103.

[138] Zur Zulässigkeit abweichender Vereinbarungen vgl. Rn 57.

[139] MüKoHGB/*K. Schmidt* Vor § 230 HGB Rn 65; *Scholz/K. Schmidt* § 47 GmbHG Rn 157 f. m. w. N.

[140] RGZ 118, 67, 69; 157, 52, 57; BGH BB 1964, 1272; *Scholz/K. Schmidt* § 47 GmbHG Rn 69 m. w. N.

[141] MüKoHGB/*K. Schmidt* Vor § 230 HGB Rn 62; vgl. OLG Köln DB 1996, 2123.

[142] Vgl. BGHZ 24, 119, 124.

[143] OLG Köln GmbHR 1997, 174.

[144] *Armbrüster*, GmbHR 2001, 1021, 1025 (zur GmbH).

[145] BGHZ 10, 44, 49 f.; BGH WM 1987, 811; OLG Frankfurt DB 1977, 86, 87.

recht gegenüber dem Treuhänder angewiesen.[146] Nur bei mehrgliedrigen Publikumstreuhandgesellschaften wird man ein außerordentliches Informationsrecht des Treugebers gegenüber der Gesellschaft entsprechend § 166 Abs. 3 HGB anerkennen können.[147]

48 Aufgrund des Prinzips der Selbstorganschaft kann in einer Personengesellschaft nur der Treuhänder **Vertretungsorgan** sein. Bei der Komplementär-GmbH einer GmbH & Co. KG ist – da sie eine Kapitalgesellschaft ist – hingegen eine Fremdorganschaft möglich. Daher können sowohl der Treuhänder als auch der Treugeber die Stellung eines Geschäftsführers auf Ebene der GmbH einnehmen.[148]

49 Der Treuhänder unterliegt sowohl gegenüber der Gesellschaft als auch gegenüber den Mitgesellschaftern der gesellschaftsrechtlichen **Treuepflicht**.[149] Er ist auch Adressat eines etwaigen **Wettbewerbsverbotes** (vgl. dazu § 26). Bei der Bestimmung des Inhalts und der Reichweite von Treuepflicht und Wettbewerbsverbot kann aber auch auf den Treugeber abzustellen sein.[150] Schließlich ist nur der Treuhänder zur Erhebung von **Gestaltungsklagen** (§§ 117, 127, 130, 140 HGB) berechtigt. Umgekehrt darf eine solche Klage nicht gegen den Treugeber gerichtet werden.

50 In vermögensrechtlicher Hinsicht sind die Ansprüche auf **Gewinn** sowie auf Auszahlung des **Abfindungs-** bzw. **Auseinandersetzungsguthabens** dem Treuhänder zugeordnet. Ob der Treuhänder den auf seinen Anteil entfallenden Gewinn an den Treugeber auszukehren hat, hängt von der Ausgestaltung der Treuhandsvereinbarung ab.

51 Die **Haftung** gegenüber Gläubigern (§§ 128 ff., 171 ff. HGB) trifft den Treuhänder.[151] Eine Haftung des Treugebers ist nur ausnahmsweise, etwa unter Rechtsscheingesichtspunkten oder aus Delikt, denkbar. Eine generelle Durchgriffshaftung des Treugebers ist grundsätzlich abzulehnen.[152]

---

[146] *Blaurock*, Unterbeteiligung, S. 181 f.; *Maulbetsch*, Beirat und Treuhand, S. 154 ff.

[147] BGH NJW-RR 1995, 165; MüKoHGB/*K. Schmidt* Vor § 230 HGB Rn 67; *Schlitt*, Informationsrechte, S. 265 f.; *Wüst*, ZHR 152 (1988), 236; *Schlegelberger/Martens* § 166 HGB Rn 43. Zur Publikums-Treuhandgesellschaft eingehend *Singhof/Seiler/Schlitt*, Mittelbare Gesellschaftsbeteiligungen, Rn 587 ff.

[148] Vgl. MüKoHGB/*K. Schmidt* Vor § 230 HGB Rn 68.

[149] BGHZ 32, 17, 33; GK/*Ulmer* § 105 HGB Rn 105; ausführlich *Armbrüster*, Unternehmerische Beteiligung, S. 337 f.

[150] Ausführlich dazu *Armbrüster*, Unternehmerische Beteiligung, S. 367 ff.; vgl. auch MüKoHGB/*K. Schmidt* Vor § 230 HGB Rn 57.

[151] BGHZ 76, 127, 130; 93, 246, 247 f.; OLG Düsseldorf DB 1991, 1274; *Armbrüster*, Unternehmerische Beteiligung, S. 420 f.; MüKoHGB/*K. Schmidt* Vor § 230 HGB Rn 60.

[152] So zutr. *Schlegelberger/K. Schmidt* Vor § 335 HGB Rn 53. Der BGH hat eine Durchgriffshaftung des Treugebers bislang nur in einem besonders gelagertem Fall (Strohmanngründung) bejaht; vgl. BGHZ 31, 258 (Ansprüche nach §§ 19 Abs. 2, 24, 30, 31 GmbHG), bestätigt durch BGH NJW 1992, 2023 (hinsichtlich der aus den §§ 19, 24 GmbHG folgenden Verpflichtungen zur Aufbringung des Stammkapitals); vgl. auch OLG Hamburg BB 1984, 1253; dazu auch *Lutter/Hommelhoff* § 14 GmbHG Rn 13 f.; *Rowedder/Bergmann* § 15 GmbHG Rn 26; *Scholz/Emmerich* § 2 GmbHG Rn 59 a; kritisch *Armbrüster*, Unternehmerische Beteiligung, S. 382; *Tebben*, Unterbeteiligung, S. 393 ff; *Ulmer*, ZHR 156 (1992), 386 ff.

Sie wurde vom BGH ausnahmsweise im Innenverhältnis zwischen Hauptgesellschaft und Treugeber für den Fall der Strohmanngründung bejaht.[153] Richtigerweise sollte ein solcher Durchgriff nur subsidiär und nur dann angewendet werden, wenn ein Verwaltungstreuhänder weisungsgebunden ist.[154] Hiervon zu trennen sind die möglichen aus dem Innenverhältnis resultierenden **Freistellungs- und Aufwendungsersatzansprüche** des Treuhänders gegenüber dem Treugeber.

Da der Treuhänder Vollrechtsinhaber ist, ist der Treugeber gegen **Verfügungen** über den Gesellschaftsanteil, auch wenn sie gegen die Bestim- **52**
mungen des Treuhandvertrages verstoßen, dinglich nur in dem durch die §§ 138, 826 BGB gezogenen Rahmen geschützt.[155] Ob die Grundsätze des Missbrauchs der Vertretungsmacht zur Anwendung kommen, ist streitig. Nach Auffassung der Rechtsprechung muss sich der gutgläubige Dritte grundsätzlich auf die Verfügungsbefugnis des Treuhänders (vgl. § 137 BGB) verlassen können, d. h. der Treugeber ist auch vor evident missbräuchlichen Verfügungen nicht sicher und auf Schadensersatzansprüche im Innenverhältnis angewiesen.[156]

Da es sich bei dem Treuhandverhältnis nicht um ein dingliches Recht **53**
handelt, setzt sich dieses bei der Übertragung gegenüber dem Erwerber nicht fort. Wohl aber ist eine **Fortsetzung am Auseinandersetzungsguthaben des Treuhänders** zu bejahen.[157] Eine quasi-dingliche Sicherung des Treugebers vor Verfügungen seitens des Treuhänders kann dadurch erreicht werden, dass zugunsten des Treugebers eine **Rückfallklausel** vereinbart wird. Versucht der Treuhänder, über den Anteil zu verfügen, so wird dieser gemäß der Klausel automatisch auf den Treugeber zurückübertragen.[158]

b) Rechtsbeziehungen zwischen Treuhänder und Treugeber. Die **54**
Rechtsbeziehungen zwischen Treuhänder und Treugeber ergeben sich aus dem **Treuhandvertrag**. In der Regel liegt ein entgeltlicher Geschäftsbesorgungsvertrag, ausnahmsweise auch ein unentgeltliches Auftragsverhältnis vor. Bei Publikumspersonengesellschaften unterliegt der Treuhandvertrag,

---

[153] BGHZ 31, 258.

[154] MüKoHGB/*K. Schmidt* Vor § 230 HGB Rn 60; *Ulmer*, FS Walter Odersky, S. 873, 886. Letzterer beschränkt die Durchgriffshaftung auf Fälle der „qualifizierten (offenen) Treuhand". Ablehnend *Tebben*, Unterbeteiligung, S. 398 ff.

[155] MüKoHGB/*K. Schmidt* Vor § 230 HGB Rn 69; *Baumbach/Hopt* § 105 HGB Rn 33; *Koller/Roth/Morck*, § 105 HGB Rn 20.

[156] BGH NJW 1968, 1471; WM 1977, 525, 527; WM 1990, 634, 638; *Staudinger/Schilken* § 167 BGB Rn 99; MüKo/*Mayer-Maly/Armbrüster* § 137 HGB Rn 18; Beck Hdb. Personengesellschaften/*Müller* § 4 Rn 15; *Armbrüster*, Unternehmerische Beteiligung, S. 162 f.; a. A. *Blaurock*, Unterbeteiligung, S. 127 ff.; *Beuthien*, ZGR 1974, 59 ff.; *Baumbach/Hopt* § 105 HGB Rn 33; *Ulmer* GbR § 705 BGB Rn 90; *Tebben*, Unterbeteiligung, S. 162 f.; MüKoHGB/*K. Schmidt* Vor § 230 HGB Rn 69 unter Hinweis auf die formale Abgrenzung des BGH und die inhaltlichen Gemeinsamkeiten zwischen Vertretung und Treuhand, da es in beiden Fällen um das Problem gehe, dass interne Bindungen nach außen durchschlagen.

[157] *Baumbach/Hopt* § 105 HGB Rn 33; MüKoHGB/*K. Schmidt* Vor § 230 HGB Rn 70.

[158] Vgl. MüKoHGB/*K. Schmidt* Vor § 230 HGB Rn 71 m. w. N.

auch wenn er nicht Teil des Gesellschaftsvertrages ist, der richterlichen Inhaltskontrolle, um Rechtsnachteile der Anleger, die aus einer Zwischenschaltung eines Treuhänders resultieren, zu vermeiden.[159]

55 Vorbehaltlich einer abweichenden Regelung im Treuhandvertrag unterliegt der Treuhänder, insbesondere bei der Verwaltungstreuhand, den **Weisungen** des Treugebers (§ 665 BGB).[160] Beachtet der Treuhänder die Weisungen nicht, macht er sich gegenüber dem Treugeber möglicherweise schadensersatzpflichtig.[161] Allerdings ist das Weisungsrecht des Treugebers gegenüber dem Treuhänder in der Regel durch die Pflichten des Treuhänders gegenüber der Hauptgesellschaft begrenzt.[162]

56 Der Treuhänder ist dem Treugeber zur **Auskunft** und zur **Rechenschaft** verpflichtet (§ 666 BGB).[163] Diesen Informationsrechten, deren Durchsetzung sich nach §§ 259 f. BGB richtet, kommt besondere Bedeutung zu, da dem Treugeber keine unmittelbaren Kontrollrechte gegenüber der GmbH & Co. KG zustehen (dazu Rn 47). Besteht ein übergeordnetes Geheimhaltungsinteresse der Gesellschaft, ist der Treuhänder zu einer Weitergabe von Informationen an den Treugeber gehindert. Dies gilt speziell bei der verdeckten Treuhand; aber auch bei der offenen Treuhand liegt in der Billigung des Treuhandverhältnisses nicht notwendigerweise ein Einverständnis mit der Weitergabe von Informationen an den Treugeber.[164]

57 Während eine **Übertragung** des **Stimmrechts** auf den Treugeber wegen des damit verbundenen Verstoßes gegen das Abspaltungsverbot überwiegend für unzulässig gehalten wird,[165] besteht Einigkeit darüber, dass der Treuhänder den Treugeber mit der Ausübung des Stimmrechts **bevollmächtigen** kann, sofern ihm das Widerrufsrecht aus wichtigem Grund verbleibt.[166] Eine verdrängende Stimmrechtsvollmacht kommt indessen nicht in Betracht.[167] Die Ausübung des Stimmrechts durch Bevollmächtigte bei Personengesellschaften setzt allerdings voraus, dass die Mitgesellschafter der Bevollmächtigung zustimmen.[168] Die Zustimmung kann bei einer offenen Treuhand auch konkludent erfolgen.[169] Auch bestehen im Grund-

---

[159] Vgl. nur BGHZ 104, 50, 54 f.

[160] *Singhof/Seiler/Schlitt*, Mittelbare Gesellschaftsbeteiligungen, Rn 570; *Maulbetsch*, Beirat und Treuhand, S. 132 f.; MüKoHGB/*K. Schmidt* Vor § 230 HGB Rn 73.

[161] *Heymann/Emmerich* § 105 HGB Rn 53.

[162] BGHZ 3, 354, 360; MüKoHGB/*K. Schmidt* Vor § 230 HGB Rn 73.

[163] *Baumbach/Hopt* § 105 HGB Rn 35; *Singhof/Seiler/Schlitt*, Mittelbare Gesellschaftsbeteiligungen, Rn 572; *Koller/Roth/Morck*, § 105 HGB Rn 20.

[164] So zutr. MüKoHGB/*K. Schmidt* Vor § 230 HGB Rn 74.

[165] *Singhof/Seiler/Schlitt*, Mittelbare Gesellschaftsbeteiligungen, Rn 559; *Eden*, Treuhandschaft, S. 62 ff.; MüKoHGB/*K. Schmidt* Vor § 230 HGB Rn 61; dagegen für Zulässigkeit bei der offenen Treuhand: *Armbrüster*, Unternehmerische Beteiligung, S. 288; *Koller/Roth/Morck*, § 105 HGB Rn 20; *Lutter/Hommelhoff* § 47 GmbHG Rn 2.

[166] Vgl. BGHZ 3, 354, 358; BGH WM 1976, 1247; Beck Hdb. Personengesellschaften/*Müller* § 4 Rn 16; *Singhof/Seiler/Schlitt*, Mittelbare Gesellschaftsbeteiligungen, Rn 560; *Eden*, Treuhandschaft, S. 64; *Beuthien*, ZGR 1974, 53; *Armbrüster*, Unternehmerische Beteiligung, S. 273.

[167] BGH BB 1977, 10, 12.

[168] BGHZ 65, 93, 99.

[169] MüKoHGB/*K. Schmidt* Vor § 230 HGB Rn 64.

satz keine Bedenken gegen die Zulässigkeit von **Stimmbindungsverträgen** zwischen Treuhänder und Treugeber, auch wenn es sich bei dem Treugeber um einen außerhalb des Gesellschaftsverhältnisses stehenden Dritten handelt.[170] Jedoch darf der Treuhänder nur dann weisungsgemäß abstimmen, wenn er durch die Stimmabgabe seine Treuepflicht nicht verletzt. Ganz allgemein findet die Geltendmachung der Rechte des Treugebers aus dem Treuhandvertrag ihre **Grenze** in den Pflichten des Treuhänders gegenüber der GmbH & Co. KG und seinen Mitgesellschaftern.[171]

Namentlich bei der Verwaltungstreuhand steht dem Treuhänder ein **58**
Anspruch auf **Aufwendungsersatz** und **Vorschuss** zu (§§ 669, 670 BGB). Wird der Treuhänder aufgrund seiner **Haftung** als Gesellschafter in Anspruch genommen, kann er vom Treugeber Aufwendungsersatz bzw. Freistellung verlangen.[172]

Kommt der Treuhänder seiner Pflicht zur Verwaltung des Gesellschafts- **59**
anteils nicht vertragsgemäß nach, ist er dem Treugeber zum **Schadensersatz** verpflichtet.[173] Der Sorgfaltsmaßstab bestimmt sich nach § 276 BGB. § 708 BGB findet im Innenverhältnis der Beteiligten des Treuhandverhältnisses keine Anwendung.

c) Vertragliche Regelungen. Bei der offenen Treuhand sind die Betei- **60**
ligten zuweilen daran interessiert, dem Treugeber vertraglich Mitgliedschaftsrechte in der GmbH & Co. KG einzuräumen. Rechtliche Bedenken bestehen hiergegen im Grundsatz nicht.[174] Das Abspaltungsverbot steht dem nicht entgegen, da der Treugeber auf diesem Weg partiell in den Gesellschafterverband einbezogen wird und eine Sonderstellung als wirtschaftlicher Inhaber der Beteiligung einnimmt.[175] Dabei kann die Rechtsstellung des Treugebers durch den Gesellschaftsvertrag unter Umständen sogar der eines Gesellschafters angeglichen werden. Auf diese Weise können dem Treugeber unmittelbar **Weisungs-, Kontroll- und sonstige Mit-**

---

170 RGZ 157, 52, 55; *Eden*, Treuhandschaft, S. 70; *Baumbach/Hopt* § 105 HGB Rn 33; *Heymann/Emmerich* § 105 HGB Rn 53; a. A. MüKoHGB/*K. Schmidt* Vor § 230 HGB Rn 63; GK/*Ulmer* § 105 HGB Rn 104, nach dessen Auffassung der Abschluss von Stimmbindungsvereinbarungen der Zustimmung der Mitgesellschafter bedarf und folglich bei der verdeckten Treuhand unzulässig ist. Zum Bestehen einer Rücksichtnahmepflicht der Mitgesellschafter im Abstimmungsverhalten bei der offenen Treuhand vgl. *Schlegelberger/K. Schmidt* § 335 HGB Rn 56 sowie *Maulbetsch*, Beirat und Treuhand, S. 183 f.

171 BGHZ 3, 354, 360; 32, 17, 29; *Blaurock*, Unterbeteiligung, S. 134, 181; *Beuthien*, ZGR 1974, 39 ff.; *Maulbetsch*, Beirat und Treuhand, S. 133.

172 BGHZ 76, 127, 130; GK/*Ulmer* § 105 HGB Rn 105; *Singhof/Seiler/Schlitt*, Mittelbare Gesellschaftsbeteiligungen, Rn 576; *Maulbetsch*, Beirat und Treuhand, S. 168. Zur anteiligen Freistellungspflicht der Anleger in der Publikumspersonengesellschaft vgl. MüKoHGB/*K. Schmidt* Vor § 230 HGB Rn 75.

173 *Blaurock*, Unterbeteiligung, S. 208 f.; *Eden*, Treuhandschaft, S. 57; MüKoHGB/*K. Schmidt* Vor § 230 HGB Rn 76.

174 BGH WM 1985, 455, 456; OLG Koblenz WM 1989, 260; *Beuthien*, ZGR 1974, 51; *Blaurock*, Unterbeteiligung, S. 180 ff.; *Heymann/Emmerich* § 105 HGB Rn 49.

175 Zutr. *Ulmer* GbR § 705 BGB Rn 93; vgl. auch *Armbrüster*, Unternehmerische Beteiligung, S. 340 ff.

wirkungsrechte eingeräumt werden.[176] In Publikumspersonengesellschaften werden diese Rechte zu Mediatisierungszwecken oftmals auf Gesellschafterausschüsse oder Beiräte übertragen.[177] Dem Treugeber kann auch ein **Stimmrecht** in der Gesellschafterversammlung der KG zugebilligt werden.[178] Bei mehrgliedrigen Treuhandverhältnissen ist dies auch dann nicht zu beanstanden, wenn der Treugeber von seinem Stimmrecht in anderer Weise Gebrauch macht als der Treuhänder hinsichtlich der übrigen Treugeber.[179] Dem Treugeber kann überdies vertraglich das Recht zugestanden werden, Gesellschafterbeschlüsse in der Hauptgesellschaft **anzufechten**.[180]

61 Umgekehrt unterliegt der Treugeber bei einer solchen vertraglichen Gestaltung auch der gesellschaftsrechtlichen **Treuepflicht**. Er ist dann auch Adressat eines etwaigen Wettbewerbsverbots des Treuhänders.[181] Ob der Treugeber auch gegenüber den Gesellschaftsgläubigern **haftet** und auch in das **Handelsregister** einzutragen ist, ist streitig.[182] Man wird dies allenfalls dann annehmen können, wenn seine Rechtsposition der eines Gesellschafters entspricht.[183]

4. Vollstreckung, Insolvenz

62 Bei Vollstreckung eines **Privatgläubigers** des Treuhänders in den Gesellschaftsanteil kann der Treugeber Drittwiderspruchsklage erheben (§ 771 ZPO).[184] Da das Treugut wirtschaftlich dem Treugeber zusteht, hat der Treugeber bei **Insolvenz** des Treuhänders ein Aussonderungsrecht gem. § 47 InsO.[185] Nach einer verbreiteten Auffassung soll dies allerdings nur dann gelten, wenn der Treugeber den Anteil auf den Treuhänder übertragen hat (sog. Unmittelbarkeitsprinzip), nicht jedoch, wenn der Treuhänder den Anteil von einem Dritten für den Treugeber erworben hat.[186] Dies überzeugt nicht, weil die Rechtsstellung des Treugebers nicht von dem

---

176 BGHZ 10, 44, 50; BGH WM 1987, 811; *Ulmer* GbR § 705 BGB Rn 92.

177 Eingehend *Schlegelberger/K. Schmidt* § 335 HGB Rn 70.

178 *Baumbach/Hopt* § 105 HGB Rn 34. Sehr zweifelhaft ist indessen, ob das Stimmrecht dem Treugeber anstelle dem Treuhänder eingeräumt werden kann. Dies dürfte weder mit dem Abspaltungsverbot noch mit der Kernbereichslehre in Einklang zu bringen sein, so aber *Heymann/Emmerich* § 105 HGB Rn 49.

179 OLG Köln DStR 1996, 1864, 1865.

180 OLG Köln DStR 1996, 1864, 1865.

181 *Schlegelberger/K. Schmidt* § 335 HGB Rn 69.

182 Dafür GK/*Ulmer* § 105 HGB Rn 102; a. A. *Wiesner*, FS Ulmer 2003, S. 673, 681.

183 Wie hier *Baumbach/Hopt* § 105 HGB Rn 34.

184 Vgl. BGH ZIP 1993, 213, 214; OLG Hamm GmbHR 1997, 950; *Singhof/Seiler/Schlitt*, Mittelbare Gesellschaftsbeteiligungen, Rn 601; *Armbrüster*, Unternehmerische Beteiligung, S. 171; *Koller/Roth/Morck*, § 105 HGB Rn 22.

185 BGHZ 11, 37, 41; *Haarmeyer/Wutzke/Förster* Hdb. InsO 5 Rn 258; *Singhof/Seiler/Schlitt*, Mittelbare Gesellschaftsbeteiligungen, Rn 601; *Schmitz*, ZNotP 1998, 11 ff. m. H. zur Vertragsgestaltung.

186 Dafür BGH NJW 1959, 1223, 1224; offen lassend BGH NJW 1971, 559, 560; *Heymann/Emmerich* § 105 HGB Rn 55.

Begründungstatbestand abhängen kann.[187] Da die Eröffnung des Insolvenzverfahrens über das Vermögen des Gesellschafters zum Ausscheiden des Treuhänders aus der GmbH & Co. führt (§§ 161 Abs. 2, 131 Abs. 3 Ziff. 2 HGB), ist Aussonderungsgut das Abfindungsguthaben. Wird die Gesellschaft abweichend vom gesetzlichen Regelfall in einem solchen Falle aufgelöst, so bezieht sich die Aussonderung auf die Liquidationsquote.[188] Zudem lässt sich einer gegen eine Einbeziehung der Erwerbs- und Vereinbarungstreuhandschaften in den Kreis des § 47 InsO ins Feld geführten Manipulationsgefahr auch dadurch begegnen, dass gegenüber dem Aussonderungswilligen strenge Anforderungen an die Darlegungs- und Beweislast gestellt werden.[189]

Wird die Vollstreckung hingegen wegen einer Sozialverbindlichkeit von der **Gesellschaft** selbst oder, sofern eine persönliche Haftung des Treuhänders realisiert werden soll, von einem **Gesellschaftsgläubiger** betrieben, steht dem Treugeber weder ein Interventions- noch ein Aussonderungsrecht zur Hand.[190] 63

Bei **Insolvenz des Treugebers** fällt der Gesellschaftsanteil in die Masse. Auch hier greift der Gedanke ein, dass der Anteil wirtschaftlich dem Vermögen des Treugebers zuzuordnen ist.[191] Gegebenenfalls liegt in der Insolvenz des Treugebers ein wichtiger Grund für die Ausschließung des Treuhänders aus der Gesellschaft (§ 140 HGB) oder für die Auflösung der Gesellschaft (§ 133 HGB).[192] 64

Wird über das Vermögen der **GmbH & Co. KG** selbst das **Insolvenzverfahren** eröffnet, besteht kein Aussonderungsrecht des Treugebers. Endet das Treuhandverhältnis nach dem Inhalt des Treuhandvertrages mit der Eröffnung des Insolvenzverfahrens, hat der Treugeber Anspruch auf Rückgabe des Gesellschaftsanteils. Andernfalls wird das Treuhandverhältnis bis zur Vollbeendigung der Gesellschaft fortgesetzt.[193] Das nur treuhänderische Halten einer Gesellschaftsbeteiligung hindert jedoch nicht die Anwendung der Regeln über den Eigenkapitalersatz.[194] 65

---

[187] Wie hier *Baumbach/Hopt* § 105 HGB Rn 36; *Armbrüster*, Unternehmerische Beteiligung, S. 171. So auch BFH GmbHR 1997, 963; krit. auch *Blaurock*, Unterbeteiligung, S. 242 ff. Nach MüKoHGB/*K. Schmidt* Vor § 230 HGB Rn 80, besitzt der Treugeber die Aussonderungs- und Drittwiderspruchsrechte grundsätzlich nur bei der fremdnützigen Verwaltungstreuhand.

[188] *Blaurock*, Unterbeteiligung, S. 250; *Beuthien*, ZGR 1974, 67; MüKoHGB/*K. Schmidt* Vor § 230 HGB Rn 81, nach dem sich das Aussonderungsrecht nicht auf das Liquidationsguthaben bezieht, sondern auf die Mitgliedschaft in der aufgelösten Gesellschaft. Bei der Treuhand an GmbH-Geschäftsanteilen ist Aussonderungsgegenstand unstreitig der Geschäftsanteil selbst, vgl. *Blaurock*, Unterbeteiligung, S. 251.

[189] *Armbrüster*, DZWiR 2003, 485, 487.

[190] *Blaurock*, Unterbeteiligung, S. 256 f.; *Beuthien*, ZGR 1974, 65 ff.; *Armbrüster*, Unternehmerische Beteiligung, S. 171; *Heymann/Emmerich* § 105 HGB Rn 55; *Baumbach/Hopt* § 105 HGB Rn 36; MüKoHGB/*K. Schmidt* Vor § 230 HGB Rn 80.

[191] Vgl. BGH NJW 1962, 1200; *Haarmeyer/Wutzke/Förster* Hdb. InsO 5 Rn 258.

[192] MüKoHGB/*K. Schmidt* Vor § 230 HGB Rn 82.

[193] *Singhof/Seiler/Schlitt*, Mittelbare Gesellschaftsbeteiligungen, Rn 611; MüKoHGB/*K. Schmidt* Vor § 230 HGB Rn 83.

[194] *Röhricht/v. Westphalen/v. Gerkan*, § 172a HGB Rn 48.

5. Beendigung des Treuhandverhältnisses; Ausscheiden des Treuhänders

66 Die Beendigung des Treuhandverhältnisses richtet sich nach den im Treuhandvertrag getroffenen Vereinbarungen (Zeitablauf, Bedingungseintritt, Kündigung etc.; bei der Sicherungstreuhand insbesondere die Verwertung des Sicherungsgutes[195]). Sind keine speziellen Beendigungstatbestände etabliert, kann der Treugeber ein unentgeltliches Verwaltungstreuhandverhältnis jederzeit widerrufen (§ 671 BGB); ist ein Entgelt vereinbart, kann das Verwaltungstreuhandverhältnis nach näherer Maßgabe der §§ 621f. BGB gekündigt werden. Bei grober Pflichtverletzung des Treuhänders besteht eine Kündigungsmöglichkeit aus wichtigem Grund.[196] Abgesehen vom Fall der Sicherungstreuhand führt der **Tod** des Treuhänders im Zweifel zur Beendigung des Treuhandvertrages (§§ 673, 675 BGB).[197] Beim Tod des Treugebers wird das Treuhandverhältnis mit den Erben fortgesetzt (§§ 672 S. 1, 675 BGB). Die Auflösung der GmbH & Co. KG beendet das Treuhandverhältnis grundsätzlich nicht.[198] Vielmehr bleibt das Treuhandverhältnis bis zur Vollbeendigung der Gesellschaft bestehen. Das Auseinandersetzungsguthaben ist sodann vom Treuhänder an den Treugeber auszuzahlen (§ 667 BGB); bei einer Nachschusspflicht des Treuhänders gemäß § 735 BGB steht dem Treuhänder ein Deckungsanspruch gegenüber dem Treugeber zu.[199]

66a In der **Publikumsgesellschaft** wird das Treuhandverhältnis in der Regel durch die Abberufung des Treuhänders beendet. Diese setzt gewöhnlich eine qualifizierte Mehrheitsentscheidung der Treugeber voraus.[200] In der Hauptgesellschaft wird der Treuhänder sodann ausgewechselt (dazu Rn 69). Liegt trotz einer schwerwiegenden Pflichtverletzung des Treuhänders keine qualifizierte Mehrheit der Treugeber für eine Abberufung des Treuhänders vor, so kann der einzelne Treugeber berechtigt sein, aus dem Treuhandverhältnis auszuscheiden.[201]

67 Die **Beendigung des Treuhandverhältnisses** lässt die Gesellschafterstellung des Treuhänders zunächst unberührt, sofern nicht ausnahmsweise eine automatische aufschiebend bedingte Rückübertragung an den Treugeber vereinbart worden ist.[202] Der Treuhänder ist jedoch zur **Rücküber-**

---

[195] *Singhof/Seiler/Schlitt*, Mittelbare Gesellschaftsbeteiligungen, Rn 617; MüKoHGB/*K. Schmidt* Vor § 230 HGB Rn 90.

[196] BGHZ 73, 294.

[197] Eingehend *Schlegelberger/K. Schmidt* § 335 HGB Rn 78 m. w. N.; vgl. auch MüKoHGB/*K. Schmidt* Vor § 230 HGB Rn 87; *Armbrüster*, Unternehmerische Beteiligung, S. 139.

[198] MüKoHGB/*K. Schmidt* Vor § 230 HGB Rn 88; vgl. dazu auch *Armbrüster*, Unternehmerische Beteiligung, S. 172f.

[199] MüKoHGB/*K. Schmidt* Vor § 230 HGB Rn 88.

[200] BGHZ 73, 294, 299.

[201] Vgl. BGHZ 73, 294, 299.

[202] Die Zulässigkeit einer solchen Klausel ist umstritten; dafür MüKoHGB/*K. Schmidt* Vor § 230 HGB Rn 92 Fn 365 m. w. N.; a. A. *Kümmerlein*, Erscheinungsformen und Probleme der Verwaltungstreuhand, S. 111.

tragung des Gesellschaftsanteils auf den Treugeber verpflichtet.[203] Besteht die Treuhand an einem Kommanditanteil, hängt die Rückübertragung vorbehaltlich einer abweichenden Ausgestaltung des Gesellschaftsvertrages von der **Zustimmung** der übrigen Gesellschafter ab.[204] Auf die Erteilung der Zustimmung hat der Treugeber zwar keinen Anspruch,[205] andererseits darf die Zustimmung aber auch nicht missbräuchlich versagt werden.[206] In der Zustimmung der Mitgesellschafter zur Begründung des Treuhandverhältnisses ist regelmäßig eine antizipierte Zustimmung zur Rückübertragung des Gesellschaftsanteils zu sehen, die nur aus wichtigem Grund widerrufen werden darf.[207] Ein wichtiger Grund ist etwa dann anzunehmen, wenn der Treugeber zwischenzeitlich zum Konkurrent der Gesellschaft geworden ist. Aus Sicht des Treugebers empfiehlt es sich, in den Treuhandvertrag eine Regelung aufzunehmen, nach der der Anteil im Fall der Beendigung des Treuhandverhältnisses zurückübertragen wird.[208] Bei einem Treuhandverhältnis folgt der Rückübertragungsanspruch bereits aus der Treuhand selbst, weshalb es auch bei einer Treuhand an einem GmbH-Anteil der Aufnahme einer der Form des § 15 Abs. 4 GmbHG genügenden Klausel in den Treuhandvertrag nicht bedarf.[209]

Scheidet der **Treuhänder**, etwa durch Ausschluss, aus der Gesellschaft **aus**, tritt der Treugeber nicht zwangsläufig wieder in die Gesellschaft ein. Grundsätzlich hat der Treugeber gegen den Treuhänder nur einen Anspruch auf Herausgabe des Abfindungsguthabens. Mit Zustimmung der Mitgesellschafter kann der Treugeber jedoch wieder selbst Gesellschafter werden. **68**

6. Auswechslung von Treuhänder und Treugeber

Besteht, wie vor allem bei Publikumspersonengesellschaften, ein Interesse an einer dauerhaften Treuhandschaft, kann sich das Problem der Auswechslung des **Treuhänders** stellen.[210] Konstruktiv lässt sich dies am einfachsten durch Übertragung des Gesellschafteranteils vom alten auf den neuen Treuhänder und anschließender Kündigung des alten und Abschluss **69**

---

[203] BGHZ 77, 392, 395; BGH BB 1971, 368; *Singhof/Seiler/Schlitt*, Mittelbare Gesellschaftsbeteiligungen, Rn 623; *Heymann/Emmerich* § 105 HGB Rn 56; *Baumbach/Hopt* § 105 HGB Rn 37; *Eden*, Treuhandschaft, S. 47.

[204] RG JW 1931, 2967; BGH NJW 1965, 1376, 1377; BayObLG GmbHR 1991, 572, 574.

[205] RGZ 159, 272, 282; BGHZ 24, 106, 114.

[206] *Singhof/Seiler/Schlitt*, Mittelbare Gesellschaftsbeteiligungen, Rn 625; *Schlegelberger/K. Schmidt* § 335 HGB Rn 84.

[207] BGHZ 77, 395 ff.; BGH WM 1985, 1143, 1144; MüKoHGB/*K. Schmidt* Vor § 230 HGB Rn 93; *Armbrüster*, Unternehmerische Beteiligung, S. 153 f.; *Eden*, Treuhandschaft, S. 94; *Heymann/Emmerich* § 105 HGB Rn 50; GK/*Ulmer* § 105 HGB Rn 107; Beck Hdb. Personengesellschaften/*Müller* § 4 Rn 17.

[208] Formulierungsbsp. bei Beck Formularbuch/*Schmidt-Hern* IX. 21; krit. dazu teilweise *Schmitz*, ZNotP 1998, 11 ff.

[209] BGHZ 19, 69, 70; BGH NJW 1961, 1195.

[210] *Baumbach/Hopt* § 105 HGB Rn 33; *Singhof/Seiler/Schlitt*, Mittelbare Gesellschaftsbeteiligungen, Rn 613 ff.

eines neuen Treuhandvertrages vollziehen. Anstelle des Abschlusses eines neuen Vertrages ist auch eine Vertragsübernahme (§ 415 BGB) oder der Abschluss eines dreiseitigen Vertrages zwischen altem und neuem Treuhänder und dem Treugeber möglich.[211] Es hängt von der Ausgestaltung des Gesellschaftsvertrages der GmbH & Co. KG ab, ob daneben noch die Zustimmung der Mitgesellschafter erforderlich ist.[212] In der **Publikumspersonengesellschaft** besteht ein Zustimmungserfordernis in aller Regel nicht. Sofern die Treugeber ihrerseits eine BGB-Gesellschaft bilden, richten sich die Anforderungen an eine Beschlussfassung der Treugeber nach dem zwischen ihnen bestehenden Gesellschaftsvertrag und nicht nach dem Treuhandvertrag.[213]

70 Ein Wechsel des **Treugebers** ist mit Zustimmung des Treuhänders grundsätzlich jederzeit im Wege der Vertragsübernahme zwischen altem und neuem Treugeber sowie dem Treuhänder möglich. Bei der verdeckten Treuhand hängt die Auswechslung nicht von der Zustimmung der Mitgesellschafter ab, da deren Interessen hierdurch nicht tangiert werden.[214] Anderes gilt bei der offenen Treuhand, wenn die Rechtsstellung des Treugebers der eines Anteilsinhabers angeglichen ist. In diesem Fall bedarf es für den Treugeberwechsel der Zustimmung der übrigen Gesellschafter, sofern ein Gesellschafterwechsel zustimmungsbedürftig wäre.[215] Formerfordernisse für die Anteilsübertragung (wie z. B. die des § 15 Abs. 3 GmbHG) finden auf den Wechsel des Treugebers nur bei der offenen Treuhand Anwendung.[216]

71 Im Falle der **Umwandlung** der Gesellschaft unter Fortbestand des bisherigen Rechtsträgers bleiben Rechte Dritter an den Gesellschaftsanteilen bestehen (§ 131 Abs. 1 Nr. 3 S. 2 UmwG bzgl. Abspaltung und Ausgliederung; § 292 Abs. 1 Nr. 2 S. 2 UmwG bzgl. Formwechsel). Auf das rein schuldrechtliche Treuhandverhältnis sind diese Regeln allerdings nicht anwendbar. Ob das Treuhandverhältnis fortbesteht, ergibt sich vielmehr aus dem Treuhandvertrag selbst; ggf. ist eine ergänzende Vertragsauslegung vorzunehmen, die i.d.R. für den Fortbestand spricht.[217] Erlischt der bis-

---

[211] Vgl. *Armbrüster*, Unternehmerische Beteiligung, S. 135; MüKoHGB/*K. Schmidt* Vor § 230 HGB Rn 84.

[212] *Armbrüster*, Unternehmerische Beteiligung, S. 135 f.; MüKoHGB/*K. Schmidt* Vor § 230 HGB Rn 84; a. A. *Leßmann*, GmbHR 1985, 179, 182: keine Zustimmung nötig, da kein zusätzlicher Dritteinfluss entstehe.

[213] *Armbrüster*, Unternehmerische Beteiligung, S. 136 f.; *Singhof/Seiler/Schlitt*, Mittelbare Gesellschaftsbeteiligungen, Rn 614; a. A. OLG Köln ZIP 1987, 1120.

[214] Wie hier *Ulmer*, FS Walter Odersky, S. 873, 893; *ders.*, WPg 1963, 120, 122.

[215] RGZ 159, 272, 281; MüKo/*Ulmer* § 705 BGB Rn 93 m. w. N.; weitergehend: MüKoHGB/*K. Schmidt* Vor § 230 HGB Rn 85, der in allen Fällen, in denen der Anteil bei Beendigung der Treuhand an den Treugeber zurückfällt, von einem Zustimmungserfordernis ausgeht (dort Rn 86 auch zum Problem der Abtretung des Rückübertragungsanspruchs); a. A. (gegen ein Zustimmungerfordernis): *Armbrüster*, Unternehmerische Beteiligung, S. 140, 143.

[216] Vgl. *Ulmer*, FS Walter Odersky, S. 873, 893; für eine Anwendung des Formerfordernisses auch auf die verdeckte Treuhand MüKoHGB/*K. Schmidt* Vor § 230 HGB Rn 85; *Scholz/Winter* § 15 GmbHG Rn 16.

[217] *Armbrüster*, GmbHR 2001, 941, 948; *Tebben*, Unterbeteiligung, S. 339.

herige Rechtsträger im Falle von Verschmelzung bzw. Aufspaltung, so setzen sich die Rechte Dritter an den neuen Anteilen fort (§§ 20 Abs. 1 Nr. 2 S. 2, 131 Abs. 1 Nr. 3 S. 2 UmwG). Nach einer teilweise vertretenen Ansicht sind diese Regeln auf das schuldrechtliche Treuhandverhältnis analog anwendbar, sofern die Gesellschaft der Begründung des Treuhandverhältnisses zugestimmt hat.[218] Dies ist abzulehnen, da es bei den genannten Vorschriften nicht auf eine Zustimmung der Gesellschaft ankommt. Vielmehr ist auch hier der Treuhandvertrag ergänzend auszulegen. Die ergänzende Auslegung wird oftmals einen Anspruch auf Neubegründung einer Treuhand an einem Anteil der neuen Gesellschaft ergeben. Die Neubegründung selbst kann nach allgemeinen Regeln zustimmungs- und formbedürftig sein.[219]

III. Stille Beteiligung

1. Grundsatz

a) Allgemeines. Das HGB enthält keine gesetzliche Definition der stillen Beteiligung, sondern in § 230 HGB nur eine Umschreibung ihres Wesens.[220] Danach ist eine stille Beteiligung eine Beteiligung einer natürlichen oder juristischen Person (stiller Gesellschafter) am Handelsgewerbe eines anderen (Geschäftsinhaber), gegen einen Anteil am Gewinn mit einer Vermögenseinlage, die in das Vermögen des Geschäftsinhabers übergeht. Da die GmbH & Co. KG ein Handelsgewerbe betreibt, kann an ihr eine stille Beteiligung begründet werden. Bei der AG stellt die stille Beteiligung kein ein Bezugsrecht nach § 221 AktG (analog) auslösendes Genussrecht, sondern einen Unternehmensvertrag im Sinne des § 292 Abs. 1 Nr. 2 AktG dar.[221] Die Beteiligung des stillen Gesellschafters kann sich auch auf einen **Teil ihres Handelsgewerbes** beziehen (sog. tracking stock).[222] Stiller Gesellschafter kann jede natürliche Person oder jeder mit eigener, wenn auch nur partieller Rechtsfähigkeit ausgestatteter Verband sein (GmbHG, GmbH & Co. KG, GbR etc.). Auch der alleinige Kommanditist oder Allein-Gesellschafter der Komplementär-GmbH kann stiller Gesellschafter sein. Die stille Gesellschaft ist eine Sonderform der GbR in Gestalt der **Innengesellschaft**.[223] Sie ist als solche weder rechtsfähig noch teilrechtsfähig. Da die stille Gesellschaft kein eigenes Geschäft betreibt, ist sie selbst keine 72

---

[218] *Lutter/Teichmann*, UmwG § 131 Rn 8.

[219] Vgl. *Armbrüster*, GmbHR 2001, 941, 949; *Tebben*, Unterbeteiligung, S. 338.

[220] *Blaurock*, Stille Gesellschaft, Rn 4.1; MüKoHGB/*K. Schmidt* § 230 HGB Rn 2; vgl. auch MünchHdb. GesR II/*Bezzenberger/Keul* StG § 72 Rn 9.

[221] BGH ZIP 2003, 1788, 1789 f.; vgl. auch die Vorinstanzen KG DB 2002, 1704, 1705; LG Berlin DB 2000, 2466, 2467 f.; ausführlich zur AG & Still *Berninger*, Der Konzern 2003, 683.

[222] *Heymann/Horn* § 230 HGB Rn 6; Beck Hdb. Personengesellschaften/*Neu* § 13 Rn 2 m. w. N.; zu den steuerlichen Folgen *Pyszka*, DStR 2003, 857.

[223] BGHZ 7, 378, 382; *Singhof/Seiler/Schlitt*, Mittelbare Gesellschaftsbeteiligungen, Rn 2; *Baumbach/Hopt* § 230 HGB Rn 2; ausführlich MüKoHGB/*K. Schmidt* § 230 HGB Rn 6 ff.; MünchHdb. GesR II/*Bezzenberger/Keul* StG § 72 Rn 18 ff.

Handelsgesellschaft. Daher ist auch eine stille Beteiligung an einer stillen Gesellschaft nicht möglich, insoweit kommt nur eine Unterbeteiligung in Betracht.[224]

73 **b) Erscheinungsformen.** Da das Recht der stillen Gesellschaft nur wenige zwingende Bestimmungen enthält, existieren aufgrund der im Grundsatz herrschenden Vertragsfreiheit eine Vielzahl von Erscheinungsformen.[225] Stille Beteiligungen an einer **GmbH & Co. KG** sind als Form der mittelbaren Unternehmensteilhabe sehr verbreitet. Die Fallgestaltung, dass sich neben den Kommanditisten stille Gesellschafter an der Gesellschaft beteiligen, ist häufig anzutreffen.[226] Für den Bereich der Publikumspersonengesellschaften wurde hierfür der Begriff der **Ergänzungsbeteiligung** geprägt.[227] Häufig verpflichtet sich der Kommanditist, über seine Kommanditeinlage noch eine weitere Einlage in Form einer stillen Beteiligung zu erbringen. Man spricht dann von einer **gesplitteten Einlage**.[228] Beide Konstruktionen finden sich nicht nur bei Publikumsgesellschaften, sondern auch bei personalistisch strukturierten Gesellschaften.[229] Zumeist sind die Gesellschaftsverträge dann so miteinander verknüpft, dass die Mitgliedschaftsrechte aus dem Kommanditanteil und der stillen Beteiligung nur einheitlich ausgeübt werden können. Zu den verschiedenen Formen der atypischen stillen Gesellschaft vgl. Rn 90 ff.

74 **c) Motive für die Rechtsformwahl.** Die einfache und kostengünstige Begründung (vgl. Rn 78 ff.) macht die stille Gesellschaft zu einer interessanten Form der mittelbaren Beteiligung an einer GmbH & Co. KG. Sie erweist sich namentlich dann als attraktiv, wenn die mit der Handelsregistereintragung einer Kommanditbeteiligung einhergehende Publizität vermieden werden soll.[230] Im Hinblick auf den Umstand, dass der stille Gesellschafter selbst dann, wenn er seine Einlage noch nicht geleistet hat, im Außenverhältnis nicht haftet, wird die stille Beteiligung an einer GmbH (sog. **GmbH & Still**) teilweise sogar als echte Alternative zur GmbH & Co. KG angesehen.[231]

---

[224] *Röhricht/v. Westphalen/v. Gerkan*, § 230 HGB Rn 27, 95.

[225] *Blaurock*, Stille Gesellschaft, Rn 4.24; MüKoHGB/*K. Schmidt* § 230 HGB Rn 72 f.; MünchHdb. GesR II/*Bezzenberger/Keul* StG § 73 Rn 27 ff.

[226] Vgl. etwa BGH NJW 1978, 424; BGHZ 84, 379.

[227] *Albracht*, Stille Gesellschaft, S. 22.

[228] *Singhof/Seiler/Schlitt*, Mittelbare Gesellschaftsbeteiligungen, Rn 141 ff.; *Reusch*, Stille Gesellschaft, S. 84.

[229] Vgl. aus der Rspr. BGHZ 69, 160; BGH NJW 1980, 1522; NJW 1981, 2251; OLG Frankfurt WM 1981, 1371; OLG München WM 1984, 810; vgl. auch *Weimar*, DB 1987, 1077; *Schlegelberger/K. Schmidt* § 335 HGB Rn 77.

[230] Vgl. aber zum Erfordernis einer Registereintragung infolge der Betrachtung der stillen Beteiligung an einer AG als Unternehmensvertrag *Schulte/Waechter*, GmbHR 2002, 189.

[231] Vgl. auch *Hesselmann*, GmbHR 1957, 191 f.; MünchHdb. GesR II/*Bezzenberger/Keul* StG § 72 Rn 23 ff.; zu durch die GmbH & Still aufgeworfenen steuerlichen Fragen vgl. *Sterzenbach*, DStR 2000, 1669.

Der **Anwendungsbereich** von stillen Beteiligungen an einer GmbH & Co. KG ist sehr weit gespannt.[232] Die stille Gesellschaft ermöglicht die gesellschaftsrechtliche Einbindung von Familienangehörigen, namentlich im Rahmen der Unternehmensnachfolge, die Zuführung weiterer Finanzierungsmittel durch Dritte, insbesondere Unternehmensbeteiligungsgesellschaften, und die Beteiligung von Arbeitnehmern im Rahmen von Mitarbeiterprogrammen. Ferner werden in manchen Fällen die Anteile ausscheidender Gesellschafter in stille Einlagen umgewandelt. Sie eignet sich schließlich als Rechtsform für Publikumspersonengesellschaften.[233] 75

d) Abgrenzung. Von der stillen Beteiligung zu sondern ist das sog. **partiarische Darlehen.**[234] Hierbei handelt es sich nicht um eine gesellschaftsrechtliche Verbindung, sondern um einen schuldrechtlichen Austauschvertrag, bei dem der Darlehensnehmer dem Darlehensgeber für die Hingabe des Darlehens (auch) eine Gewinnbeteiligung einräumt. Beide Rechtsinstitute sind damit durch die Gewinnbeteiligung der die Mittel bereitstellenden Person charakterisiert. Die Abgrenzung, ob es sich bei dem zur Verfügung gestellten Geld um eine ein stilles Gesellschaftsverhältnis begründende Einlage oder um ein Darlehen handelt, fällt häufig nicht einfach. Ist eine Verlustbeteiligung vorgesehen, scheidet ein partiarisches Darlehen von vornherein aus.[235] Die Abgrenzung ist rechtsdogmatisch danach vorzunehmen, ob sich Geschäftsinhaber und stiller Gesellschafter zur Verfolgung eines gemeinsamen Zwecks verbunden haben (dann stille Gesellschaft) oder ob die Förderung der Ziele des Darlehensnehmers im Vordergrund steht (dann partiarisches Darlehen).[236] Für das Vorliegen einer stillen Gesellschaft spricht neben der Bezeichnung die Einräumung von Mitwirkungs- und Kontrollrechten, die Langfristigkeit der Vereinbarung sowie eine fehlende Gewährung von Sicherheiten.[237] 76

e) Kapitalersetzende stille Einlage. Die Forderung aus der Einlage des stillen Gesellschafters stellt grundsätzlich **Fremdkapital** dar, was insbesondere in der Insolvenz der GmbH & Co. KG von Bedeutung ist. Trägt der stille Gesellschafter nach dem Gesellschaftsvertrag allerdings dasselbe Verlust- und Insolvenzrisiko wie ein Kommanditist, so handelt es sich bei 77

---

[232] Vgl. *Singhof/Seiler/Schlitt*, Mittelbare Gesellschaftsbeteiligungen, Rn 4 ff.; MüKoHGB/*K. Schmidt* § 230 HGB Rn 71; MünchHdb. GesR II/*Bezzenberger/Keul* StG § 72 Rn 23 ff.

[233] Vgl. dazu *Reusch*, Stille Gesellschaft; *Albracht*, Stille Gesellschaft; *Schlitt*, Informationsrechte, passim; zu dem Aspekt der Bankaufsicht vgl. *Bornemann*, ZHR 166 (2002), S. 211 ff. sowie *Loritz*, ZIP 2001, 309.

[234] Hierzu vgl. *Singhof/Seiler/Schlitt*, Mittelbare Gesellschaftsbeteiligungen, Rn 18 ff.

[235] Vgl. OLG Hamm NJW-RR 1994, 1382, 1293; MüKoHGB/*K. Schmidt* § 230 HGB Rn 60 m. w. N.; *Röhricht/v. Westphalen/v. Gerkan* § 230 HGB Rn 61. Nach Auffassung von *Schön*, ZGR 1993, 210 ff., sind auch bei einem partiarischen Darlehen die Regeln über die stille Gesellschaft anwendbar.

[236] Vgl. nur BGH NJW 1992, 2696; ZIP 1994, 1847.

[237] BGH ZIP 1994, 1847; OLG Dresden NZG 2000, 302; *Böttcher/Zartmann/Faut*, Stille Gesellschaft, S. 83; *Lienau/Lotz*, DStR 1991, 618, 620; abweichend *Grunewald* Gesellschaftsrecht 1. D. Rn 2.

der Forderung um Eigenkapital. Sind die Voraussetzungen des § 32 a Abs. 3 S. 1 GmbHG oder die des § 172 a HGB gegeben, so liegt eine **kapitalersetzende stille Einlage** vor, so dass diese mit haftendem Eigenkapital zwangsweise gleichgestellt wird.[238]

2. Begründung der stillen Gesellschaft

78 Die stille Gesellschaft wird durch vertragliche **Einigung** zwischen der GmbH & Co. KG und dem stillen Gesellschafter begründet. Anders als bei der Unterbeteiligung und der Treuhand ist Vertragspartner des mittelbar Beteiligten also die Gesellschaft selbst und nicht lediglich einer ihrer Gesellschafter.[239]

79 Der stille Gesellschaftsvertrag kann **formlos** geschlossen werden.[240] Dies ist dann ausnahmsweise anders, wenn die Verpflichtung zur Erbringung der Einlage ein besonderes Formerfordernis mit sich bringt (z. B. bei Grundstücken nach § 311 b Abs. 1 BGB oder GmbH-Geschäftsanteilen nach § 15 Abs. 4 GmbHG) oder die stille Beteiligung schenkweise eingeräumt wird (§ 518 BGB).[241] Ob die Nichteinhaltung der Form durch Schenkungsvollzug geheilt werden kann, ist streitig.[242] Die Aufnahme eines stillen Gesellschafters in die Komplementär-GmbH bedarf nicht der Form des § 53 Abs. 2 GmbHG, da sie keine Satzungsänderung darstellt.[243] Soll ein Minderjähriger stiller Gesellschafter werden, bedarf der Abschluss des Gesellschaftsvertrages grundsätzlich der Genehmigung des **Familien- bzw. Vormundschaftsgerichtes**.[244] Eine Gesellschaft zum Betrieb eines Handelsgewerbes im Sinne von §§ 1643, 1822 Nr. 3 BGB liegt insbesondere dann vor, wenn der stille Gesellschafter schuldrechtlich am Gesellschaftsvermögen beteiligt ist oder mit verstärkten Mitverwaltungsrechten ausgestattet ist.[245] Ein Genehmigungserfordernis besteht nur dann ausnahmsweise nicht, wenn die Verlustbeteiligung und Mitspracherechte des Minderjährigen ausgeschlossen sind.[246] Ist Geschäftsführer der Komplementär-

---

[238] MüKoHGB/*K. Schmidt* § 230 HGB Rn 170 ff.; vgl. auch *Hey*, GmbHR 2001, 1100; ausführlich *Blaurock*, FS Immenga 2004, S. 497.

[239] Zur Begründung der stillen Gesellschaft vgl. *Singhof/Seiler/Schlitt*, Mittelbare Gesellschaftsbeteiligungen, Rn 24 ff.

[240] *Blaurock*, Stille Gesellschaft, Rn 9.22; *Singhof/Seiler/Schlitt*, Mittelbare Gesellschaftsbeteiligungen, Rn 26; MüKoHGB/*K. Schmidt* § 230 HGB Rn 95; *Röhricht/v. Westphalen/v. Gerkan* § 230 HGB Rn 9; MünchHdb. GesR II/*Bezzenberger/Keul* StG § 76 Rn 19.

[241] *Singhof/Seiler/Schlitt*, Mittelbare Gesellschaftsbeteiligungen, Rn 28 ff.; *Blaurock*, Stille Gesellschaft, Rn 9.23 ff.; MüKoHGB/*K. Schmidt* § 230 HGB Rn 96.

[242] Vgl. BGHZ 7, 179 (keine Heilung); offen gelassen von BGH BB 1990, 1507; zum Streitstand ausf. MüKoHGB/*K. Schmidt* § 230 HGB Rn 99 ff. m. w. N.

[243] MüKoHGB/*K. Schmidt* § 230 HGB Rn 97.

[244] Vgl. LG München II NJW-RR 1999, 1018, 1019.

[245] MüKoHGB/*K. Schmidt* § 230 HGB Rn 106.

[246] BGH NJW 1957, 672; *Singhof/Seiler/Schlitt*, Mittelbare Gesellschaftsbeteiligungen, Rn 33 ff.; *Blaurock*, Stille Gesellschaft, Rn 9.46; *Heymann/Horn* § 230 HGB Rn 23; MünchHdb. GesR II/*Bezzenberger/Keul* StG § 76 Rn 55; MüKoHGB/*K. Schmidt* § 230 HGB Rn 106; a. A. *Grunewald* Gesellschaftsrecht 1. D. Rn 11.

GmbH ein gesetzlicher Vertreter des Minderjährigen, ist im Hinblick auf die Einlageverpflichtung zudem regelmäßig die Bestellung eines **Ergänzungspflegers** erforderlich.[247]

Da das Eingehen eines stillen Gesellschaftsverhältnisses ein **außergewöhnliches Geschäft** im Sinne von §§ 116 Abs. 2, 164 HGB darstellt, bedarf der Abschluss des stillen Gesellschaftsvertrages vorbehaltlich einer abweichenden Ausgestaltung des GmbH & Co. KG-Vertrages der **Zustimmung** aller Gesellschafter.[248] Verweigern die Gesellschafter ihre Zustimmung, ist der Abschluss des Vertrages grundsätzlich gleichwohl von der Vertretungsbefugnis der Komplementär-GmbH gedeckt.[249] Nach einer verbreiteten Auffassung soll dies nicht für den Abschluss einer atypischen stillen Gesellschaft gelten. In diesem Fall handele es sich um ein Grundlagengeschäft, so dass sich das Fehlen der Zustimmung der Gesellschafterversammlung auch im Außenverhältnis auswirke.[250] **80**

Handelt es sich bei der Gesellschaft um eine Publikumsgesellschaft, unterliegt der Gesellschaftsvertrag zum Schutz der Anleger vor Übervorteilung der richterlichen **Inhaltskontrolle**.[251] In jedem Fall gelten zudem die allgemeinen Regeln der §§ 134, 138 BGB.[252] Ist der Abschluss des stillen Gesellschaftsvertrages mit einem Mangel behaftet, sind prinzipiell die **Grundsätze der fehlerhaften Gesellschaft** anwendbar.[253] **81**

3. Rechtsstellung der Beteiligten

Sofern das Gesellschaftsverhältnis nicht atypisch ausgestaltet ist (dazu Rn 90 ff.), ist zur **Geschäftsführung und Vertretung** nur der Unterneh- **82**

---

247 *Blaurock*, Stille Gesellschaft, Rn 9.38 f.; MünchHdb. GesR II/*Bezzenberger/Keul* StG § 76 Rn 53.

248 MüKoHGB/*K. Schmidt* § 230 HGB Rn 111; *Schön*, ZGR 1990, 225; GK/*Zutt* § 230 HGB Rn 67; *Grunewald* Gesellschaftsrecht 1. D. Rn 9; *Baumbach/Hopt* § 116 HGB Rn 2; einschränkend *Heymann/Horn* § 164 HGB Rn 7 (atypische stille Gesellschaft).

249 MüKoHGB/*K. Schmidt* § 230 HGB Rn 111.

250 GK/*Zutt* § 230 HGB Rn 62; MüKoHGB/*K. Schmidt* § 230 HGB Rn 112; MünchHdb. GesR II/*Polzer* StG § 74 Rn 12; a. A. *Grunewald* Gesellschaftsrecht 1. D. Rn 9; ähnlich *Schön*, ZGR 1990, 220, 226.

251 BGHZ, 64, 238, 241; 125, 74, 79; BGH ZIP 2001, 243; Einzelheiten bei *Singhof/Seiler/Schlitt*, Mittelbare Gesellschaftsbeteiligungen, Rn 54 ff. (eingehend zur stillen Publikumsgesellschaft Rn 136 ff.); *Reusch*, Stille Gesellschaft, passim; *Albracht*, Stille Gesellschaft, S. 92; *Schlitt*, Informationsrechte, S. 171 ff.; MüKoHGB/*K. Schmidt* § 230 HGB Rn 125.

252 Dazu vgl. *Röhricht/v. Westphalen/v. Gerkan*, § 230 HGB Rn 12.

253 BGH WM 1976, 1027; NJW 1992, 2697, 2698; OLG Bamberg NZG 2004, 861, 862; OLG Hamm NZG 2003, 228, 230 (bei der AG steht auch der Schutzzweck der §§ 293 ff. AktG nicht entgegen); OLG Dresden ZIP 2002, 1293 (auch der Gedanke des Verbraucherschutzes steht nicht entgegen); *Singhof/Seiler/Schlitt*, Mittelbare Gesellschaftsbeteiligungen, Rn 48 ff.; *Ebenroth/Boujong/Joost/Gehrlein* § 230 HGB Rn 31; *Baumbach/Hopt* § 230 HGB Rn 11; MünchHdb. GesR II/*Bezzenberger/Keul* StG § 76 Rn 3; *Grunewald* Gesellschaftsrecht 1. D. Rn 30 m. N. zur Gegenansicht; ausführlich zur Auseinandersetzung im Einzelnen *Armbrüster/Joos*, ZIP 2004, 189, 194 ff.

mensträger, d. h. die GmbH & Co. KG, berechtigt. Der stille Gesellschafter wird aus den Geschäftsführungsmaßnahmen weder berechtigt noch verpflichtet. Bei den Geschäftsführungsentscheidungen hat der Geschäftsinhaber ein weites unternehmerisches Ermessen. Da es im Recht der stillen Gesellschaft an einer dem § 164 S. 1 HGB entsprechenden Regelung fehlt, hat der stille Gesellschafter auch bei außergewöhnlichen Geschäftsführungsmaßnahmen kein **Widerspruchsrecht**.[254] Der stille Gesellschaftsvertrag kann jedoch eine abweichende Regelung treffen (vgl. auch Rn 92). Ohne Zustimmung des stillen Gesellschafters darf der Unternehmensträger allerdings den Betrieb seines Handelsgewerbes nicht beliebig umgestalten[255] oder ganz oder teilweise einstellen.[256]

83 Die Verpflichtung des stillen Gesellschafters erschöpft sich in erster Linie darin, die versprochene **Einlage** zu leisten.[257] Die Einlage des stillen Gesellschafters kann in allem bestehen, was objektiv **bewert- und bestimmbar** ist.[258] Nach wohl h. M. muss die Einlage nicht in bilanzierungsfähigen Wirtschaftsgütern bestehen.[259] Eine stille Gesellschaft wird jedoch verneint, wenn die Einlage allein aus künftigen Gewinnanteilen erbracht werden soll.[260] Die Einlage wird Teil des Vermögens der GmbH & Co. KG und unterliegt damit auch dem Zugriff der Gesellschaftsgläubiger. Dies gilt auch dann, wenn der vereinbarte Gesellschaftszweck im Einzelfall zur Bildung von gemeinsamem Vermögen an bestimmten Gegenständen führt.[261] Der Beitrag der GmbH & Co. KG als Geschäftsinhaberin liegt in der Führung des Unternehmens auf gemeinsame Rechnung.

84 Geschäftsinhaber und stiller Gesellschafter unterliegen einer wechselseitigen **Treuepflicht**.[262] Aus dem Zweck der stillen Gesellschaft folgt, dass die GmbH & Co. KG die Gewinnansprüche des Stillen nicht durch Vermögensabflüsse beeinträchtigen darf.[263] Geschäftsinhaber und stiller Gesell-

---

[254] *Singhof/Seiler/Schlitt*, Mittelbare Gesellschaftsbeteiligungen, Rn 75; *Heymann/Horn* § 230 HGB Rn 34; *Blaurock*, Stille Gesellschaft, Rn 12.6; MünchHdb. GesR II/*Kühn* StG § 80 Rn 4.

[255] BGH WM 1974, 945; GK/*Zutt* § 230 HGB Rn 86; *Blaurock*, Stille Gesellschaft, Rn 12.11; s. auch *Reusch*, Stille Gesellschaft, S. 111. Ob auch ein Formwechsel des Unternehmensträgers nur mit Zustimmung des stillen Gesellschafters erfolgen darf, ist str.; dafür *Blaurock*, Stille Gesellschaft, Rn 18.49 m. w. N.; Beck Hdb. Personengesellschaften/*Neu* § 13 Rn 20; dagegen *Heymann/Horn* § 230 HGB Rn 35; einschränkend auch *Grunewald* Gesellschaftsrecht 1. D. Rn 21.

[256] BGH WM 1963, 1209, 1210; ZIP 1994, 1847, 1848.

[257] Vgl. *Singhof/Seiler/Schlitt*, Mittelbare Gesellschaftsbeteiligungen, Rn 60 ff.

[258] *Blaurock*, Stille Gesellschaft, Rn 6.4; *Grunewald* Gesellschaftsrecht 1. D. Rn 12; *Petzold*, NWB 1988, 2077, 2082.

[259] *Blaurock*, Stille Gesellschaft, Rn 6.6, 6.31 ff.; a. A. *Schlegelberger/K. Schmidt* § 335 HGB Rn 135 ff. m. w. N. zum Streitstand.

[260] *Röhricht/v. Westphalen/v. Gerkan*, § 230 HGB Rn 34.

[261] *Röhricht/v. Westphalen/v. Gerkan*, § 230 HGB Rn 5.

[262] BGHZ 3, 75, 81; BGH ZIP 1987, 1316; *Singhof/Seiler/Schlitt*, Mittelbare Gesellschaftsbeteiligungen, Rn 72; MüKoHGB/*K. Schmidt* § 230 HGB Rn 140; MünchHdb. GesR II/*Kühn* StG § 80 Rn 8.

[263] Vgl. das Bsp. in BGH ZIP 1987, 1316; vgl. auch *Blaurock*, Stille Gesellschaft, Rn 12.51.

schafter unterliegen keinem allgemeinen Wettbewerbsverbot. Doch kann sich sowohl für den stillen Gesellschafter als auch für den Geschäftsinhaber aus der Treuepflicht ein **Wettbewerbsverbot** ergeben.[264] Den stillen Gesellschafter wird ein Wettbewerbsverbot jedoch regelmäßig nur dann treffen, wenn ihm gesteigerte Informations- und Einflussmöglichkeiten eingeräumt wurden (vgl. dazu auch § 26 Rn 34).[265]

Die **Informationsrechte** des Stillen bestimmen sich nach der Regelung des § 233 HGB, die im Wortlaut der Vorschrift des § 166 HGB entspricht. Damit stehen dem stillen Gesellschafter im Grundsatz die gleichen Informationsrechte wie einem Kommanditisten zu.[266] Der stille Gesellschafter hat somit Anspruch auf Erhalt einer **Abschrift** des Jahresabschlusses.[267] Ferner kann der Stille **Einsicht** in die Geschäftsunterlagen nehmen, um die Richtigkeit des Jahresabschlusses zu überprüfen. Über den Wortlaut des Gesetzes hinaus steht dem stillen Gesellschafter ein **Auskunftsanspruch** zu, soweit dies zur sachgerechten Wahrnehmung seiner Gesellschafterrechte erforderlich ist. Schließlich besitzt der stille Gesellschafter das **außerordentliche** Informationsrecht nach § 233 Abs. 3 HGB. Zu den Einzelheiten und den vertraglichen Gestaltungsmöglichkeiten vgl. im Einzelnen § 24. **85**

Charakteristikum der stillen Gesellschaft ist die **Gewinnbeteiligung** des stillen Gesellschafters. Die Gewinnbeteiligung ist zwingend (§ 231 Abs. 2 2. HS); sie kann allenfalls betragsmäßig oder prozentual begrenzt werden. Darin liegt jedoch kein gesetzliches Verbot eines Ausschlusses vom Gewinn, sondern die Klarstellung, dass es sich dann nicht um eine stille Gesellschaft handelt.[268] Es empfiehlt sich, die Höhe des Gewinnanteils im Gesellschaftsvertrag ausdrücklich zu regeln. Fehlt es an einer entsprechenden Regelung, steht dem Stillen ein angemessener Anteil zu (§ 231 Abs. 1 HGB). An einer Steigerung der **stillen Reserven** oder des **Geschäftswertes** partizipiert der stille Gesellschafter grundsätzlich nicht. Sofern nichts anderes vereinbart ist, vermehrt ein vom stillen Gesellschafter stehen gelassener Gewinn seine Einlage nicht (§ 232 Abs. 3 HGB).[269] Der Gewinnbeteiligungsanspruch wird mit Abschluss der Gewinnberechnung oder mit dem Zeitpunkt, zu dem diese bei geordnetem Geschäftsgang möglich ge- **86**

---

[264] MüKoHGB/*K. Schmidt* § 230 HGB Rn 141 (zum Wettbewerbsverbot des Geschäftsinhabers), Rn 155 (Wettbewerbsverbot des stillen Gesellschafters); ausführlich MünchHdb. GesR II/*Doehner/Hoffmann* StG § 82 Rn 1 ff.

[265] GK/*Zutt* § 230 HGB Rn 71; *Grunewald* Gesellschaftsrecht 1. D. Rn 16; MüKoHGB/*K. Schmidt* § 230 HGB Rn 155.

[266] Eingehend dazu *Schlitt*, Informationsrechte, S. 31 f.; vgl. auch *Singhof/Seiler/Schlitt*, Mittelbare Gesellschaftsbeteiligungen, Rn 79; MünchHdb. GesR II/*Kühn* StG § 81 Rn 1 ff.

[267] Dagegen kann der stille Gesellschafter nicht auf die Aufstellung des Jahresabschlusses selbst klagen, OLG Hamburg NZG 2004, 715.

[268] *Röhricht/v. Westphalen/v. Gerkan*, § 231 HGB Rn 11.

[269] Ausführlich zur Gewinnbeteiligung und insb. zu gesellschaftsvertraglichen Regeln der Gewinnberechnung: *Singhof/Seiler/Schlitt*, Mittelbare Gesellschaftsbeteiligungen, Rn 97 ff.

wesen wäre, fällig.[270] Ein gewinnunabhängiges Entnahmerecht kommt dem stillen Gesellschafter nicht zu.[271]

87 Der stille Gesellschafter nimmt im Innenverhältnis an den Verlusten des Geschäftsinhabers teil. Auch hier gilt, sofern keine besondere Regelung getroffen wird, ein angemessener Anteil als bedungen (§ 231 Abs. 1 HGB). Die **Verlustbeteiligung** des stillen Gesellschafters ist jedoch abdingbar (§ 231 Abs. 2 HGB). Aber auch dann, wenn die Verlustbeteiligung nicht ausgeschlossen ist, besteht **keine Nachschusspflicht** des stillen Gesellschafters. Die Verlustbeteiligung besteht vielmehr ausschließlich darin, dass die Verluste lediglich vom Kapitalkonto des Stillen abgezogen werden. Ein Auszahlungsanspruch des stillen Gesellschafters entsteht erst wieder dann, wenn das Kapitalkonto einen positiven Saldo aufweist (§ 232 Abs. 2 S. 2 HGB). Gewinnanteile müssen folglich, bevor sie wieder entnahmefähig werden können, zum Ausgleich vorgetragener Verluste und im Anschluss zur Wiederauffüllung der Einlage verwendet werden.

88 Eine **Haftung** des stillen Gesellschafters im Außenverhältnis besteht auch dann nicht, wenn der stille Gesellschafter mit seiner Einlagepflicht im Rückstand ist. Die Gläubiger können lediglich die noch offene Einlageforderung der GmbH & Co. KG gegenüber dem Stillen pfänden.[272]

89 Vorbehaltlich einer abweichenden Vereinbarung kann der stille Gesellschafter seine Einlage in der **Insolvenz** der GmbH & Co. als Insolvenzforderung geltend machen (§ 236 Abs. 1 HGB). Ist der stille Gesellschafter zugleich als Kommanditist an der GmbH & Co. KG beteiligt oder sind ihm nach dem Gesellschaftsvertrag kommanditistenähnliche Rechte eingeräumt, ist die Einlage des Stillen unter Umständen als haftendes Eigenkapital zu werten mit der Konsequenz, dass eine Geltendmachung in der Insolvenz ausscheidet.[273]

4. Atypische Ausgestaltung des Gesellschaftsverhältnisses

90 **a) Grundsatz.** Nach dem gesetzlichen Leitbild verfügt der stille Gesellschafter über keine Geschäftsführungsbefugnis; zudem ist er am Vermögen des Geschäftsinhabers nicht berechtigt. Man spricht dann von der sog. **typischen stillen Gesellschaft**. Sind die strukturbildenden Merkmale der stillen Gesellschaft durch Vertragsgestaltung abweichend geregelt, ohne dass dadurch ihre zwingende Grundstruktur berührt würde, liegt eine **atypische Ausgestaltung** des stillen Gesellschaftsverhältnisses vor.[274] Die Bil-

---

[270] *Röhricht/v. Westphalen/v. Gerkan*, § 232 HGB Rn 12.

[271] *Röhricht/v. Westphalen/v. Gerkan*, § 232 HGB Rn 14.

[272] Eingehend *Singhof/Seiler/Schlitt*, Mittelbare Gesellschaftsbeteiligungen, Rn 93.

[273] Vgl. aus der Judikatur etwa BGHZ 83, 341, 345; 106, 7, 9; BGH NJW 1985, 1079; vgl. auch *Möschel*, ZHR 149 (1985), 209 f.; *Heymann/Horn* § 230 HGB Rn 56 ff.

[274] MüKoHGB/*K. Schmidt* § 230 HGB Rn 76; MünchHdb. GesR II/*Bezzenberger/Keul* StG § 73 Rn 30 ff.; ausführlich zur atypischen stillen Gesellschaft *Singhof/Seiler/Schlitt*, Mittelbare Gesellschaftsbeteiligungen, Rn 117 ff.; *Zacharias/Hebig/Rinnewitz*, Die atypisch stille Gesellschaft; zur Frage, ob Publizitätserfordernisse bei atypischen stillen Beteiligungen an einer GmbH gelten, *Schmidt-Ott*, GmbHR 2001, 182 (im Ergebnis verneinend).

dung einer atypischen stillen Gesellschaft ist neben ihren gesellschaftsrechtlichen Besonderheiten häufig auch steuerlich motiviert. Im Falle einer typischen stillen Gesellschaft sind die Einkünfte des Stillen Einkünfte aus Kapitalvermögen (§ 20 Abs. 1 Nr. 4 EStG), während bei atypischer Ausgestaltung Einkünfte aus Gewerbebetrieb (§ 15 Abs. 1 Nr. 2 EStG) vorliegen, sofern der stille Gesellschafter Unternehmerrisiko trägt und Unternehmerinitiative entfaltet.[275]

b) Teilhabe des stillen Gesellschafters am Gesellschaftsvermögen. 91
Da der stille Gesellschafter am Vermögen der GmbH & Co. KG dinglich nicht berechtigt ist, nimmt er an einer Steigerung der **stillen Reserven** oder des **Geschäftswertes** nicht teil. Dieser Befund schließt es freilich nicht aus, durch schuldrechtliche Vereinbarung eine Teilhabe des stillen Gesellschafters am Gesellschaftsvermögen zu schaffen.[276] Der stille Gesellschafter kann auf diese Weise so gestellt werden, dass sein Abfindungsanspruch im Fall der Beendigung des stillen Gesellschaftsverhältnisses auch die Wertsteigerungen des Geschäftswertes unter Einschluss der stillen Reserven umfasst. Im wirtschaftlichen Ergebnis kann die vermögensmäßige Stellung des Stillen der eines Kommanditisten angenähert werden.[277]

c) Beteiligung des stillen Gesellschafters an der Geschäftsführung. Eine atypische Ausgestaltung des stillen Gesellschaftsverhältnisses 92
liegt auch dann vor, wenn dem stillen Gesellschafter abweichend von der gesetzlichen Ausgangslage **Geschäftsführungsrechte**, **Widerspruchs-** oder **Zustimmungsrechte** eingeräumt werden.[278] Es ist sogar möglich, dem stillen Gesellschafter das Geschäftsführungsrecht im Innenverhältnis allein zu übertragen.[279] Dann unterliegt er allerdings auch einem Wettbewerbsverbot nach Maßgabe des § 112 HGB.[280] Eine organschaftliche Vertretungsmacht kann dem stillen Gesellschafter allerdings nicht gewährt werden. Soll der Stille zur Vertretung der GmbH & Co. KG berechtigt sein, kann sein Vertretungshandeln nur auf Grundlage einer rechtsgeschäftlichen Vollmacht erfolgen.[281] Die bloße Erweiterung der gesetzlichen Informationsrechte reicht für die Begründung einer atypischen stillen Gesellschaft indessen nicht aus.

---

[275] Vgl. nur BFHE 134, 261, 262; 135, 297, 299; *Beck* § 13, Rn 50.

[276] BGHZ 7, 177, 178; BFH DStR 1991, 684; BFHE 171, 510, 513; 172, 416, 420 m. w. N.; *Baumbach/Hopt* § 230 HGB Rn 3; MüKoHGB/*K. Schmidt* § 230 HGB Rn 79 f.

[277] Vgl. etwa *Singhof/Seiler/Schlitt*, Mittelbare Gesellschaftsbeteiligungen, Rn 119; *Weimar*, ZIP 1993, 1509, 1511; vgl. auch MüKoHGB/*K. Schmidt* § 230 HGB Rn 81, der bei interner Gleichstellung der Rechte des stillen Gesellschafters mit denen eines Kommanditisten von einer „Innen-KG" spricht.

[278] BGHZ 8, 157, 160; BGH WM 1966, 31, 32; 1976, 1030, 1032; *Singhof/Seiler/Schlitt*, Mittelbare Gesellschaftsbeteiligungen, Rn 121 ff.; MüKoHGB/*K. Schmidt* § 230 HGB Rn 77; *Weimar*, ZIP 1993, 1509, 1511; vgl. bereits *Aulinger*, Die atypische stille Gesellschaft, 1955, S. 27 ff.

[279] BGH WM 1976, 1030; *Blaurock*, Stille Gesellschaft, Rn 12.90.

[280] *Röhricht/v. Westphalen/v. Gerkan*, § 230 HGB Rn 85.

[281] MüKoHGB/*K. Schmidt* § 230 HGB Rn 78.

93 **d) Mehrgliedrige stille Gesellschaft.** Einen weiteren Fall der atypischen stillen Gesellschaft stellt, wenn auch nicht in steuerrechtlicher Hinsicht, die mehrgliedrige stille Gesellschaft dar. Eine mehrgliedrige stille Gesellschaft liegt noch nicht unbedingt bereits dann vor, wenn der Geschäftsinhaber, was ohne weiteres zulässig ist, **mehrere stille Gesellschaftsverhältnisse** eingeht. Da das stille Gesellschaftsverhältnis nach dem Leitbild der gesetzlichen Regelung **zweigliedrig** ausgestaltet ist, stehen die stillen Beteiligungen nämlich grundsätzlich bilateral nebeneinander, sind also in ihrem Bestand unabhängig voneinander.[282] Unter den stillen Gesellschaftern bestehen in diesem Fall auch keine unmittelbaren Rechtsbeziehungen.

94 Anders verhält es sich, wenn die Gesellschaftsverhältnisse mehrerer Stiller miteinander verknüpft werden. Hierfür besteht in der Praxis immer dann ein Bedürfnis, wenn die Ausübung der Mitgliedschaftsrechte durch die stillen Gesellschafter koordiniert werden soll.[283] Dieses Ergebnis lässt sich konstruktiv über verschiedene Gestaltungen erreichen: die Bestellung eines **gemeinsamen Vertreters**,[284] der Abschluss eines **Poolvertrages** zur gemeinsamen Wahrnehmung einzelner Rechte[285] oder der Zusammenschluss der Stillen zu einer **BGB-Innengesellschaft** für umfassende gemeinsame Willensbildung und Verwaltung.[286] Die stärkste Verbindung der Stillen untereinander liegt bei der **mehrgliedrigen stillen Gesellschaft** vor.[287] Hier sind Geschäftsinhaber und stille Gesellschafter in einem gemeinsamen Verband vereint, was die Möglichkeit eröffnet, gemeinsame Gesellschaftsorgane, etwa einen Beirat, zu installieren. Die Zulässigkeit einer solchen Vertragsgestaltung wurde lang angezweifelt.[288] Mittlerweile ist ihre Zulässigkeit jedoch anerkannt.[289]

---

[282] *Singhof/Seiler/Schlitt*, Mittelbare Gesellschaftsbeteiligungen, Rn 126. Die GmbH & Co. KG bedarf bei Abschluss eines weiteren stillen Gesellschaftsvertrages grundsätzlich nicht der Zustimmung bereits vorhandener Stiller, dazu *Blaurock*, Stille Gesellschaft, Rn 5.44.

[283] Zu Einzelheiten vgl. etwa *Schlitt*, Informationsrechte, S. 41 ff.

[284] MünchHdb. GesR II, 1. Aufl./*Kühn* StG § 6 Rn 14.

[285] *Loritz/Wagner* I Rn 896; MünchHdb. GesR II/*Bezzenberger/Keul* StG § 73 Rn 41.

[286] BGH NJW 1988, 413; NJW 1990, 2684; WM 1995, 701; NJW 1998, 1946; *Singhof/Seiler/Schlitt*, Mittelbare Gesellschaftsbeteiligungen, Rn 130 ff.; GK/*Zutt* § 230 HGB Rn 47; *Albracht*, Stille Gesellschaft, S. 81; MüKoHGB/*K. Schmidt* § 230 HGB Rn 85.

[287] Fungiert eine BGB-Außengesellschaft als stille Gesellschafterin, liegt lediglich eine zweigliedrige stille Gesellschaft vor; vgl. BGH NJW-RR 1989, 993 sowie den Sachverhalt in BFH DB 1991, 1497; weitere Nachweise bei *Schlitt*, Informationsrechte, S. 42 f.

[288] Vgl. etwa *Düringer/Hachenburg/Flechtheim* § 335 HGB Anm. 37; *Lübbert*, ZHR 58 (1906), 464, 505; *Klauss/Mittelbach*, Stille Gesellschaft, Rn 42; aus neuerer Zeit *Petzold*, NWB 1988, 2078.

[289] BGH WM 1958, 1336, 1137; NJW 1972, 338; WM 1980, 868; BGHZ 106, 7; 125, 74, 76 f.; 127, 176, 179; *Singhof/Seiler/Schlitt*, Mittelbare Gesellschaftsbeteiligungen, Rn 133 ff.; *Böttcher/Zartmann/Faut*, Stille Gesellschaft, S. 48; *Baumbach/Hopt* § 230 HGB Rn 3, 7; GK/*Zutt* § 230 HGB Rn 48; *Heymann/Horn* § 230 HGB

5. Übertragung und Kündigung der stillen Gesellschaft

Die stille Beteiligung ist grundsätzlich nicht übertragbar. Eine **Übertragung** der stillen Beteiligung kommt nur in Betracht, wenn sie im stillen Gesellschaftsvertrag vorgesehen ist oder der Geschäftsinhaber im Einzelfall seine Einwilligung hierzu erteilt.[290] 95

Im Falle des **Todes des stillen Gesellschafters** wird die Gesellschaft mit dem Erben des Stillen fortgesetzt (vgl. § 234 Abs. 2 HGB). Sind mehrere Erben vorhanden, kommt es anders als bei Personenhandelsgesellschaften zu keiner Sonderrechtsnachfolge; vielmehr wird die Erbengemeinschaft stille Gesellschafterin.[291] 96

Die stille Gesellschaft kann von jedem Beteiligten **ordentlich gekündigt** werden (§ 234 Abs. 1 Satz 1 HGB). Ist die stille Gesellschaft auf eine bestimmte Zeit eingegangen worden, kommt während der Vertragsdauer nur eine **außerordentliche Kündigung** in Betracht (§ 234 Abs. 1 S. 2 HGB). Ein wichtiger Grund kann etwa in einer schwerwiegenden Vertragsverletzung eines Beteiligten oder bei dauernder Ertragslosigkeit der Gesellschaft liegen.[292] Im Gegensatz zu den Gläubigern der GmbH & Co. KG können Gläubiger des Stillen das stille Gesellschaftsverhältnis nach § 135 HGB kündigen (§ 234 Abs. 1 HGB). 97

6. Auflösung und Beendigung

Die Auflösung der stillen Gesellschaft erfolgt durch Fassung eines hierauf gerichteten **Beschlusses**, **Zeitablauf**, **Erreichen oder Unmöglichwerden des Gesellschaftszwecks** (§ 726 BGB).[293] Die Auflösung der GmbH & Co. KG führt noch nicht zur Auflösung der stillen Gesellschaft, sondern erst deren Vollbeendigung.[294] Die Auflösung der GmbH & Co. KG kann jedoch einen Grund zur außerordentlichen Kündigung des Gesellschaftsverhältnisses bilden. Darüber hinaus führt die Eröffnung des **Insolvenzverfahrens** über das Vermögen der GmbH & Co. KG zur Auflösung der 98

Rn 60; *Blaurock*, Stille Gesellschaft, Rn 5.46 ff.; *Loritz/Wagner* Rn 896; *Grunewald* Gesellschaftsrecht 1. D. Rn 8; diff. zwischen zweigliedrigem Einlageverhältnis und mehrgliedrigem Organisationsverhältnis MüKoHGB/*K. Schmidt* § 230 HGB Rn 83; zur Binnenverfassung der mehrgliedrigen stillen Gesellschaft im Einzelnen *K. Schmidt*, FS Bezzenberger 2000, S. 401; weitere Nachweise bei *Schlitt*, Informationsrechte, S. 47 Fn 173.

290 *Grunewald* Gesellschaftsrecht 1. D. Rn 28.

291 MüKoHGB/*K. Schmidt* § 234 HGB Rn 56; *Grunewald* Gesellschaftsrecht 1. D. Rn 29.

292 RG JW 1927, 1350; GK/*Zutt* § 234 HGB Rn 36; *Baumbach/Hopt* § 234 HGB Rn 9 i.V.m. § 133 HGB Rn 7; *Grunewald* Gesellschaftsrecht 1. D. Rn 32 jew. m. w. N.

293 Die mangelnde Rentabilität reicht hierfür i. d. R. nicht aus, s. dazu *Heymann/Horn* § 234 Rn 17; ausführlich zur Auflösung und Auseinandersetzung *Singhof/Seiler/Schlitt*, Mittelbare Gesellschaftsbeteiligungen, Rn 207 ff.

294 *Baumbach/Hopt* § 234 HGB Rn 2 ff.; abw. *Blaurock*, Stille Gesellschaft, Rn 15.58: bereits wenn Handelsgesellschaft zur Fortsetzung des Geschäftsbetriebes endgültig nicht mehr in der Lage ist; ähnlich MüKoHGB/*K. Schmidt* § 234 HGB Rn 28.

stillen Gesellschaft (§§ 236 HGB, 728 BGB),[295] nicht jedoch eine Verschmelzung nach dem UmwG.[296]

99 Da die stille Gesellschaft selbst weder über ein Gesellschaftsvermögen noch über Gesellschaftsforderungen verfügt, es andererseits auch keine Gesellschaftsschulden gibt, bedarf es anders als bei der GmbH & Co. KG **keiner Liquidation** im eigentlichen Sinne. Gleichwohl besteht sie als Abwicklungsgesellschaft fort mit dem Zweck der Abwicklung der schwebenden Geschäfte zum gemeinsamen Nutzen.[297] Dem Stillen steht ein **Abfindungsanspruch** zu, dessen Höhe sich nach seinem Einlagekonto richtet. An einer Wertsteigerung der GmbH & Co. KG partizipiert der Stille nur im Falle der vermögensmäßigen atypischen stillen Gesellschaft (vgl. oben Rn 91). Jedoch führen etwaige Ansprüche aus culpa in contrahendo (jetzt: §§ 280, 241 Abs. 2, 311 Abs. 2 BGB) nicht dazu, dass bei Wertminderungen im Rahmen der Auseinandersetzung stets die volle Einlage zurückzugewähren ist.[298] Bei einer atypisch stillen Gesellschaft von Eheleuten kann es interessengerecht sein, hinsichtlich der Abfindung danach zu differenzieren, ob das Unternehmen des Inhabers gleichzeitig mit der Beendigung der stillen Gesellschaft eingestellt oder fortgeführt wird.[299]

---

[295] *Grunewald* Gesellschaftsrecht 1. D. Rn 36. § 136 InsO sieht ein besonderes Anfechtungsrecht des Insolvenzverwalters vor; *Baumbach/Hopt* § 234 HGB Rn 5.

[296] LG Bonn DB 2001, 1406, 1407; zur beim Exit aus Private Equity-Beteiligungen vorkommenden Überleitung einer stillen Beteiligung an einer GmbH bei Umwandlung in eine AG vgl. *Mertens*, AG 2000, 32; vgl. auch *Sedlmayer*, DNotZ 2003, 611.

[297] *Blaurock*, Stille Gesellschaft, Rn 15.2 ff.

[298] OLG Braunschweig BKR 2003, 987, 989; OLG Stuttgart DB 2003, 764, 765; a. A. *Bayer/Riedel*, NJW 2003, 2567, 2571.

[299] Vgl. dazu BGH NJW 2001, 3777.

§ 40 Steuerliche Konsequenzen der Belastung des Kommanditanteils

Schrifttum *Biergans*, Der Nießbrauch an Einzelunternehmen und Mitunternehmeranteilen in der Einkommensteuer, DStR 1985, 327; *Bitz*, Der Nießbrauch an Personengesellschaftsanteilen, DB 1987, 1507; *Bordewin*, Doppelstöckige Personengesellschaft und stille Gesellschaft, NWB F.3, 10433; *ders.*, Steuerentlastungsgesetz 1984 – Änderungen bei der Einkommensteuer –, FR 1984, 61; *Carle/Bauschatz*, Nießbrauch bei Betriebsvermögen – zivil- und steuerrechtliche Probleme und Lösungen, KÖSDI 2001, 12872; *Dörski*, Von der Begünstigung der Unternehmer bei der Einkommensteuer – Anmerkungen zum Standortsicherungsgesetz –, DStZ 1993, 619; *Fichtelmann*, Der Nießbrauch an Unternehmen und Beteiligungen, DStR 1974, 275; *Götz/Jorde*, Nießbrauch an PersGes-Anteilen – Praxisprobleme, FR 2003, 998; *Gschwendtner*, Zur „Treuhandlösung“ beim Nießbrauch und bei der Testamentsvollstreckung an einem Kommanditanteil, DStZ 1995, 711; *Hecht*, Atypische Unterbeteiligung als Ausweichstrategie bei Übertragung einer Kommanditbeteiligung, ZEV 2004, 105; *Lang/Seher*, Die persönliche Zurechnung von Einkünften bei Treuhandverhältnissen, FR 1992, 640; *Märkle*, Die Unterbeteiligung an Einkunftsquellen – II. Teil –, DStZ 1985, 509; *Mitsch*, Unentgeltliche Übertragung eines Kommanditanteils unter Vorbehaltsnießbrauch, INF 2003, 388; *o.V.*, Voraussetzungen einer verdeckten Mitunternehmerschaft bei Innengesellschaften, DStR 1997, 237; *Anm. HG*: Prüfungsanordnung an vollbeendete GbR, Gesamtrechtsnachfolge in GdbR-Anteil und Sonderbetriebsvermögen bei fehlender Nachfolgeklausel, Nießbrauch am Gesellschaftsanteil und am Sonderbetriebsvermögen, DStR 1994, 1806; *Pahlke*, Nießbrauch an einem Kommanditgesellschafts-Anteil – zur einkommensteuerlichen Behandlung einer Tätigkeitsvergütung –, FR 1987, 129; *Petzold*, Nießbrauch an Kommanditanteilen und GmbH-Geschäftsanteilen – Zivil- und Steuerrecht –, GmbHR 1987, 436; *Petzoldt*, Nießbrauch an Personengesellschaftsanteilen, DStR 1992, 1175; *Paus*, Der Unternehmernießbrauch, BB 1990, 1675; *Reichert/Schlitt/Düll*, Die gesellschafts- und steuerrechtliche Gestaltung des Nießbrauchs an GmbH-Anteilen, GmbHR 1998, 565; *Rödder*, Persönliche Zurechnung und sachliche Qualifikation von Einkünften bei der Treuhandschaft, DB 1988, 200; *Schön*, Nießbrauch am Gesellschaftsanteil in Gesellschafts- und Steuerrecht, StbJb 1996/97, 45; *Schulze zur Wiesche*, Verfahrensrecht – Örtliche Zuständigkeit des Arbeitsgerichts –, BB 1987, 551; *ders.*, Der Nießbrauch am Gesellschaftsanteil, DStR 1980, 224; *ders.*, Der Nießbrauch am Gesellschaftsanteil einer Personengesellschaft, DStR 1995, 318; *ders.*, Die ertragsteuerliche Behandlung von Nießbrauch und Treuhand am Mitunternehmeranteil, FR 1999, 281; *ders.*, Die ertragsteuerliche Behandlung von Nießbrauch und Treuhand an einem KG-Anteil, BB 2004, 355; *Söffing/Jordan*, Nießbrauch an einem Mitunternehmeranteil, BB 2004, 353; *Weber*, Unternehmensnachfolge durch Schenkung unter Nießbrauchsvorbehalt, DStZ 1991, 530.

I. Vorbemerkungen

1 Die Belastung eines Kommanditanteils hat zur Folge, dass sich gesellschaftsrechtlich eine Modifikation der „reinen" Gesellschafterstellung ergibt. Diese Modifikation kann darin bestehen, dass die rechtliche Gesellschafterstellung ganz aufgegeben wird, etwa bei der Treuhandschaft am Kommanditanteil, oder dass bestimmte Vermögens- bzw. Verwaltungsrechte abgespalten werden, z. B. bei der Bestellung des Nießbrauchs oder bei der Unterbeteiligung am Kommanditanteil.

2 Die steuerliche Behandlung dieser Vertragsgestaltungen bei einer GmbH & Co. KG ist mit der **zentralen Frage** verknüpft, wer letztlich als Mitunternehmer der GmbH & Co. KG anzusehen ist. Voraussetzung für die Stellung als Mitunternehmer ist im Allgemeinen eine gesellschaftsrechtliche Gesellschafterstellung (vgl. dazu § 4 Rn 1 ff.).[1] Eine Ausnahme von diesem allgemeinen Grundsatz gilt nur in bestimmten Einzelfällen.[2] Die Qualifikation als Mitunternehmer erfordert Mitunternehmerrisiko und Mitunternehmerinitiative.[3] Hierbei müssen die Mitunternehmerinitiative und das Mitunternehmerrisiko nicht mit der gleichen Intensität ausgeprägt sein.[4] Dies ist insbesondere dann von Bedeutung, wenn sich aufgrund der vorliegenden Vertragsstruktur ein Zusammenwirken zwischen dem zivilrechtlichen Gesellschafter und dem Begünstigten aus dem Gesellschaftsanteil ergibt, wie z. B. dem Nießbraucher. Die Merkmale müssen sich schließlich auf der Grundlage einer gesellschaftsrechtlichen Vereinbarung und nicht auf der Grundlage von schuldrechtlichen Vertragsbeziehungen ergeben.[5]

3 **Mitunternehmerinitiative** liegt dann vor, wenn eine Mitwirkung bei unternehmerischen Entscheidungen möglich ist (vgl. dazu § 4 Rn 6 ff.).[6] Dies ist bereits dann der Fall, wenn, ähnlich der typischen Kommanditistenstellung, ein Stimmrecht in der Gesellschafterversammlung oder ein Kontroll- bzw. ein Widerspruchsrecht bei außergewöhnlichen Geschäftsvorfällen besteht.[7] **Mitunternehmerrisiko** ist dann gegeben, wenn eine Beteiligung am betrieblichen Erfolg bzw. an den stillen Reserven des Unternehmens besteht (vgl. dazu § 4 Rn 13 ff.).[8] Die an dem Vertragswerk beteiligten Personen müssen jeweils im Hinblick auf ihre Mitunternehmerstellung bei der GmbH & Co. KG nach den o.g. allgemeinen Kriterien überprüft werden.

---

[1] BFH v. 25. 2. 1991 BStBl. II 1991, 691; BFH v. 13. 7. 1993 BStBl. II 1994, 282; BFH v. 1. 8. 1996 DStR 1997, 237.

[2] *L. Schmidt* § 15 EStG Rn 258; *Knobbe/Keuk* § 9 II Rn 3 b.

[3] BFH v. 25. 6. 1984 BStBl. II 1984, 751.

[4] BFH v. 13. 7. 1994 BStBl. II 1994, 282; BFH v. 25. 6. 1984 BStBl. II 1984, 751.

[5] BFH v. 13. 7. 1994 BStBl. II 1994, 282.

[6] BFH v. 11. 12. 1986 BStBl. II 1987, 553; BFH v. 29. 4. 1992 BFH/NV 1992, 803; *Schulze zur Wiesche*, BB 1987, 551.

[7] BFH v. 25. 6. 1984 BStBl. II 1984, 751; *L. Schmidt* § 15 EStG Rn 263; *Schulze zur Wiesche*, BB 1987, 551.

[8] BFH v. 24. 9. 1991 BStBl. II 1992, 330; BFH v. 25. 6. 1984 BStBl. II 1984, 751; BFH v. 13. 7. 1994 BStBl. II 1994, 282; *Groh*, DB 1984, 2424; *Bordewin*, FR 1984, 61.

II. Verpfändung von Kommanditanteilen der GmbH & Co. KG

Die Verpfändung des Kommanditanteils erfolgt üblicherweise zur Besicherung von Verbindlichkeiten gegenüber einem Dritten. Mit der Verpfändung wird die zivilrechtliche Gesellschafterstellung nicht berührt (§ 37 Rn 7 ff.). Der Verpfänder behält auch das **wirtschaftliche Eigentum** an dem Kommanditanteil. Der Kommanditanteil ist ihm deshalb nach wie vor steuerlich zuzurechnen, er ist also unverändert Mitunternehmer der Personengesellschaft. Dies hat zur Folge, dass dem Verpfänder unverändert die steuerlichen Ergebnisanteile aus der Kommanditgesellschaft zuzurechnen sind. 4

Die **Ursache der Verpfändung** des Kommanditanteils ist unerheblich für die Mitunternehmerstellung des Pfandrechtsbestellers, ob also beispielsweise die Verpfändung zur Besicherung von privaten Darlehen oder für Darlehen zum Erwerb des Mitunternehmeranteils erfolgt. Zinsen auf das Darlehen sind bei privater Veranlassung **nicht** in den steuerlichen Gewinn der Mitunternehmerschaft einzubeziehen. Erfolgt die Verpfändung des Kommanditanteils zur Besicherung von Darlehen, die der Gesellschafter im Zusammenhang mit der Kommanditbeteiligung aufgenommen hat, beispielsweise zu deren Erwerb, handelt es sich bei den Darlehen um negatives Sonderbetriebsvermögen. Die Zinsen auf das Darlehen mindern deshalb als Sonderbetriebsausgaben auf der zweiten Gewinnermittlungsstufe den steuerlichen Gewinn der Gesellschaft. Die Verpfändung des Kommanditanteils hat keinen Einfluss auf dieses Ergebnis. Auch die Besicherung von Verbindlichkeiten des Gesamthandsvermögens durch eine Verpfändung des Kommanditanteils führt zu steuerlich abzugsfähigen Betriebsausgaben der Kommanditgesellschaft. 5

III. Treuhandschaft am Kommanditanteil

Zivilrechtlich ist der Treuhänder an einem Kommanditanteil Gesellschafter der Personengesellschaft (vgl. dazu § 39 Rn 45 ff.).[9] Er ist als Gesellschafter grundsätzlich Träger aller Rechte und Pflichten aus dem Gesellschaftsanteil. Gleichwohl ist der Mitunternehmeranteil steuerlich dem **Treugeber** zuzurechnen, da der Treuhänder im Innenverhältnis üblicherweise auf Rechnung und auf Weisung des Treuhänders agiert. Der **Treugeber** erfüllt insoweit die **Kriterien der Mitunternehmerstellung**, nämlich die Mitunternehmerinitiative sowie das Mitunternehmerrisiko.[10] Bei Publikumsgesellschaften in der Rechtsform der GmbH & Co. KG werden die Gesellschaftsrechte oftmals einem Treuhänder übertragen. Sofern von Seiten der Anleger ausreichende Weisungsrechte gegenüber dem Treuhänder bestehen, sind diese als Mitunternehmer zu qualifizieren.[11] 6

Wird die Treuhandstellung durch eine sog. **Vereinbarungstreuhand** begründet, nach der der Gesellschafter mit einem Dritten vereinbart, dass der 7

---

[9] *K. Schmidt* Gesellschaftsrecht § 61 III.

[10] BFH v. 25. 6. 1984 BStBl. II 1984, 768; BFH v. 25. 2. 1991 BStBl. II 1991, 691; BFH v. 16. 5. 1995 BStBl. II 1995, 714.

[11] *Rödder*, DB 1988, 200; *Lang/Seher*, FR 1992, 640.

Gesellschaftsanteil künftig auf dessen Rechnung und Weisung gehalten wird, kann je nach vertraglicher Ausgestaltung für den Dritten eine Mitunternehmerstellung begründet werden.[12]

8 Wegen der Mitunternehmerstellung des Treugebers ist dieser auch in die Besteuerungskonzeption der Mitunternehmerschaft einbezogen. Dies hat zur Folge, dass die **Nutzungsüberlassung** von Vermögensgegenständen an die Personengesellschaft zur Qualifikation als Sonderbetriebsvermögen führt.[13]

9 Der **Treuhänder** selbst entfaltet wegen der Weisungsgebundenheit weder Mitunternehmerinitiative noch trägt er im Regelfall ein Mitunternehmerrisiko. Aus diesem Grund ist der Treuhänder **nicht** als **Mitunternehmer** der Kommanditgesellschaft anzusehen. Für den Treuhänder kann sich allerdings dann eine Mitunternehmerstellung ergeben, wenn er abweichend von der gesetzlichen Norm nach außen für Verbindlichkeiten der Gesellschaft haftet, etwa weil er gleichzeitig auch die Komplementärstellung einnimmt.[14] Sofern in diesem Fall für die Tätigkeit als Treuhänder ein Entgelt bezahlt wird, wird dieses nach § 15 Abs. 1 Nr. 2 S. 1 EStG dem steuerlichen Gewinn der Gesellschaft hinzugerechnet.[15]

10 **Verfahrensrechtlich** ist über das steuerliche Ergebnis der Mitunternehmerschaft eine einheitliche und gesonderte Gewinnfeststellung zu erstellen. Liegt eine verdeckte Treuhandschaft vor, wird das steuerliche Ergebnis in der einheitlichen und gesonderten Gewinnfeststellung zunächst dem Treuhänder zugewiesen. Für diesen Ergebnisanteil wird dann in analoger Anwendung von § 179 Abs. 2 S. 3 AO eine weitere einheitliche und gesonderte Gewinnfeststellung durchgeführt.[16] Demgegenüber kann bei einem offenen Treuhandverhältnis der steuerliche Ergebnisanteil unmittelbar dem Treugeber zugewiesen werden.[17]

11 Die Beteiligung des Treuhänders an einer grundstücksbesitzenden Gesellschaft ist sowohl für den Anwendungsbereich des § 1 Abs. 2a GrEStG als auch des § 1 Abs. 3 GrEStG dem Treugeber zuzurechnen. Die Beteiligung des Treuhänders ist dem jeweiligen Treugeber sowohl für den Fall des erstmaligen Erwerbes des Treuguts durch den Treugeber als auch bei der echten Treuhänderschaft, bei der der Treugeber das zunächst auf den Treuhänder übertragene Treugut später wieder zurückerwirbt, zuzurechnen.[18]

12 Für die Frage, ob mindestens 95 % der Anteile am Gesellschaftsvermögen unmittelbar oder mittelbar auf neue Gesellschafter übergehen, sind somit die Begründung von Treuhandverhältnissen durch Vereinbarungstreuhand, Treuhänder- und Treugeberwechsel, nicht dagegen die Rückübertragung auf den Treugeber zu berücksichtigen.[19]

---

[12] BFH v. 1. 10. 1992 BStBl. II 1993, 574.

[13] *L. Schmidt* § 15 EStG Rn 296.

[14] BFH v. 17. 11. 1987 BB 1988, 750; BFH v. 21. 4. 1988 BStBl. II 1989, 725.

[15] *L. Schmidt* § 15 EStG Rn 296.

[16] *L. Schmidt* § 15 EStG Rn 299.

[17] BFH v. 13. 3. 1986 BStBl. II 1986, 584; BFH v. 10. 11. 1994 BFH/NV 1995, 565; BFH v. 10. 11. 1994 BFH/NV 1995, 759.

[18] FM Baden-Württemberg v. 14. 5. 2003 DStR 2003, 984.

[19] Gleich lautender Ländererlass v. 26. 2. 2003 BStBl. I 2003, 271 Rn 4.1.b).

IV. Unterbeteiligung am Kommanditanteil

Die Unterbeteiligung an einem Kommanditanteil wird üblicherweise zwischen natürlichen Personen begründet, beispielsweise Unterbeteiligung am Kommanditanteil eines Elternteiles zu Gunsten eines Kindes. Mit der Einräumung einer Unterbeteiligung an einem Kommanditanteil wird der Unterbeteiligte zivilrechtlich nicht Gesellschafter der Hauptgesellschaft. Er tritt lediglich in Rechtsbeziehungen mit dem Hauptgesellschafter. Bei einer Unterbeteiligung handelt es sich um eine **andere Personengesellschaft** im Sinne des § 15 Abs. 3 Nr. 1 EStG, wenn der Unterbeteiligte zwar nicht zivilrechtlich Gesellschafter der Hauptgesellschaft ist, vertraglich jedoch so gestellt ist, als ob er eine Gesellschafterstellung innehabe.[20] Sofern die Kriterien der Mitunternehmerinitiative sowie des Mitunternehmerrisikos vorliegen, wird damit der Unterbeteiligte nach § 15 Abs. 1 Nr. 2 S. 2 EStG, wonach der **mittelbar** über eine oder mehrere Personengesellschaften beteiligte Gesellschafter dem **unmittelbar** beteiligten Gesellschafter gleichsteht, zum **Mitunternehmer der Hauptgesellschaft.**[21] 13

Ein Mitunternehmerrisiko des Unterbeteiligten ist insoweit gegeben, als er über den Hauptbeteiligten am Ergebnis sowie an den stillen Reserven der Gesellschaft teilnimmt. Dies ist zumindest bei der atypischen Unterbeteiligung der Fall,[22] wenn der Hauptbeteiligte dem Unterbeteiligten die Vermögenssubstanz aus dem Anteil nicht mehr entziehen kann.[23] **Mitunternehmerinitiative** liegt insoweit vor, als gegenüber dem Hauptbeteiligten Kontrollrechte bestehen.[24] 14

Sofern in der Person des Unterbeteiligten kein Mitunternehmerrisiko und keine Mitunternehmerinitiative gegeben sind, liegt auch keine Mitunternehmerstellung vor. Der Unterbeteiligte hat in diesem Fall die Stellung eines typischen stillen Gesellschafters.[25] Die steuerliche Behandlung des Ergebnisanteils des Unterbeteiligten richtet sich dann nach der Grundlage der Unterbeteiligung. Der Gewinnanteil kann für den Hauptgesellschafter entweder Sonderbetriebsausgabe[26] oder Sonderausgabe[27] sein. Auf der Ebene des Unterbeteiligten handelt es sich grundsätzlich um Einkünfte aus Kapitalvermögen[28] oder um sonstige Einkünfte. Sofern die Unterbeteiligung nicht wirksam begründet ist bzw. aus sonstigen Gründen steuerlich nicht anerkannt werden kann, handelt es sich bei dem Ergebnisanteil des Unterbeteiligten um private Vermögensverwendung. Der Ergebnisanteil ist demnach unverändert dem Hauptbeteiligten zuzurechnen.[29] 15

---

[20] BFH v. 2.10.1997 BStBl. II 1998, 137; *Blümich/Stuhrmann* § 15 EStG Rn 330; *Littmann/Bitz* § 15 EStG Rn 53.

[21] *Bordewin*, NWB F. 3, 10 433; *L. Schmidt* § 15 EStG Rn 365; BFH v. 6.7.1995 BStBl. II 1996, 269; a.A. *Dörski*, DStZ 1993, 619.

[22] BFH v. 1.3.1963 BStBl. III 1966, 211.

[23] BFH v. 18.7.1974 BStBl. II 1974, 740; *Hecht*, ZEV 2004, 107.

[24] BFH v. 27.1.1994 BStBl. II 1994, 635.

[25] *Märkle*, DStZ 1985, 509, BFH v. 28.11.1990 BStBl. II 1991, 313.

[26] BFH v. 9.11.1988 BStBl. II 1989, 343.

[27] *L. Schmidt* § 15 EStG Rn 372.

[28] BFH v. 28.11.1990 BStBl. II 1991, 313.

[29] BFH v. 6.7.1995 BStBl. II 1996, 269; BFH v. 21.2.1991 BB 1991, 1770.

16 Unabhängig von der Mitunternehmerstellung des Unterbeteiligten bei der Kommanditgesellschaft bestehen **getrennte Mitunternehmerschaften**, die Hauptgesellschaft sowie die Unterbeteiligungsgesellschaft. Fraglich ist, ob für den Unterbeteiligten auch dann eine Mitunternehmerstellung an der Hauptgesellschaft begründet wird, wenn es sich bei der Hauptgesellschaft um eine **gewerblich geprägte Gesellschaft** handelt. Die Hauptbeteiligung erhält ihre gewerbliche Prägung aus § 15 Abs. 3 EStG. In diese ist der Unterbeteiligte nicht einbezogen, da er nach außen nicht in Erscheinung tritt. Demgegenüber muss beachtet werden, dass die Kriterien des § 15 Abs. 3 EStG, nämlich die beschränkte Außenhaftung einerseits sowie die alleinige Geschäftsführung und persönliche Haftung einer Kapitalgesellschaft andererseits, auch ihre Wirkung gegenüber dem Unterbeteiligten entfalten, so dass die gewerbliche Prägung nach § 15 Abs. 3 EStG u.E. auch auf den Unterbeteiligten ausstrahlt.[30]

17 Über § 15 Abs. 1 Nr. 2 S. 2 EStG wird die Mitunternehmerstellung des Unterbeteiligten an der Hauptgesellschaft fingiert. Gleichwohl existieren zwei Mitunternehmerschaften, nämlich die Hauptgesellschaft und die Unterbeteiligung. **Verfahrensrechtlich** hat dies zur Folge, dass für jede Mitunternehmerschaft eine einheitliche und gesonderte Gewinnfeststellung durchzuführen ist. In der einheitlichen und gesonderten Gewinnfeststellung der Hauptgesellschaft wird der steuerliche Ergebnisanteil dem Hauptgesellschafter zugewiesen, welcher wiederum Grundlage für die einheitliche und gesonderte Gewinnfeststellung der Unterbeteiligung ist. Die gesonderte Gewinnfeststellung ist insbesondere auch deshalb von Bedeutung, weil auf den unterschiedlichen Beteiligungsebenen jeweils auch die Sonderbetriebsausgaben und Sonderbetriebseinnahmen zu erfassen sind. Die Sonderbetriebsausgaben des Hauptbeteiligten sind in der einheitlichen und gesonderten Gewinnfeststellung der Hauptgesellschaft,[31] die Sonderbetriebsausgaben des Unterbeteiligten sind im Rahmen der einheitlichen und gesonderten Gewinnfeststellung der Untergesellschaft zu erfassen.[32] Sofern alle Beteiligten einverstanden sind, kommt u. U. auch eine zusammengefasste einheitliche und gesonderte Gewinnfeststellung für die Einkünfte aus Gewerbebetrieb in Betracht. Dies dürfte jedoch eher als Sonderfall zu werten sein.[33]

18 Sofern auf Seiten des Unterbeteiligten **keine Mitunternehmerstellung** vorliegt, kommt auch keine doppelte einheitliche und gesonderte Gewinnfeststellung in Betracht. Die Leistungen an den Unterbeteiligten sind in diesem Fall im Rahmen der einheitlichen und gesonderten Gewinnfeststellung der Hauptgesellschaft eventuell als Sonderbetriebsausgaben des Hauptgesellschafters zu erfassen.

19 Im Falle einer schenkweisen Einräumung einer Unterbeteiligung wird eine Gewinnverteilung mit steuerlicher Wirkung nur anerkannt, wenn Sie

---

[30] A.A. *L. Schmidt* § 15 EStG Rn 367.

[31] BFH v. 3. 12. 1991 BFH/NV 1992, 515.

[32] BFH v. 2. 3. 1995 BStBl. II 1995, 531.

[33] *Märkle*, DStZ 1985, 511; *L. Schmidt* § 15 EStG Rn 370; *Blümich/Stuhrmann* § 15 EStG Rn 334; *Littmann/Bitz* § 15 EStG Rn 53.

auf längere Sicht zu einer auch unter Berücksichtigung der gesellschaftsrechtlichen Beteiligung der Mitunternehmer angemessenen Verzinsung des tatsächlichen Werts der Gesellschaftsanteile führt.[34] Dabei wird die Gewinnverteilung im Allgemeinen nicht zu beanstanden sein, wenn der vereinbarte Gewinnverteilungsschlüssel eine durchschnittliche Rendite von nicht mehr als 15 % des tatsächlichen Werts der Beteiligung ergibt.[35] Hat ein Kommanditist seinem Kind eine mitunternehmerschaftliche Unterbeteiligung von beispielsweise 10 % an seinem Kommanditanteil an einer zwischen fremden Personen bestehenden KG geschenkt, dann kann die für die Unterbeteiligung vereinbarte quotale Gewinnbeteiligung von 10 % auch dann steuerlich anzuerkennen sein, wenn sie zu einem Gewinn des unterbeteiligten Kindes von mehr als 15 % des Werts der Unterbeteiligung führt.[36]

Bei der schenkweisen Einräumung einer Unterbeteiligung ist darauf zu achten, dass diese schenkungsteuerlich nur dann nach § 13a ErbStG (Freibetrag i.H.v. EUR 225.000 sowie 35 %iger Bewertungsabschlag) und nach § 19 a ErbStG (Besteuerung nahezu nach Steuerklasse I unabhängig vom Verwandtschaftsgrad) begünstigt ist, wenn dem Beschenkten Betriebsvermögen i.S.v. § 12 Abs. 5 ErbStG i.V.m. §§ 95 ff. BewG übertragen wird. Hierfür ist Voraussetzung, dass das übertragene Vermögen beim Schenker einkommensteuerlich Betriebsvermögen darstellt und der Beschenkte Mitunternehmer wird.[37] 20

V. Nießbrauch am Kommanditanteil

1. Mitunternehmerstellung von Nießbraucher und Nießbrauchbesteller

Die Bestellung des Nießbrauchs an der Beteiligung an einer GmbH & Co. KG kann sowohl die Beteiligung an der Komplementär-GmbH als auch die Kommanditbeteiligung betreffen, wobei sich das Nießbrauchsrecht nicht zwingend auf beide Gesellschaften erstrecken muss. Bei der Übertragung des Nießbrauchsrechts an der GmbH- bzw. der Kommanditbeteiligung unter Zurückhaltung der zivilrechtlichen Gesellschafterstellung, handelt es sich um einen sog. **Zuwendungsnießbrauch**. Werden dagegen die Beteiligungen unter Zurückbehalt des Nießbrauchsrechts auf einen Dritten übertragen, handelt es sich um einen **Vorbehaltsnießbrauch**. Dies kann sich jeweils auf die steuerliche Behandlung der Beteiligten auswirken. Im Regelfall dürfte hierbei der Bestellung des Nießbrauchsrechts am Kommanditanteil die eigentliche wirtschaftliche Bedeutung zukommen, weshalb sich die folgenden Ausführungen auf diesen Bereich konzentrieren.[38] 21

---

[34] BFH v. 29. 5. 1972 BStBl. II 1973, 5.
[35] BFH v. 24. 7. 1986 BStBl. II 1987, 54.
[36] BFH v. 9. 10. 2001 BStBl. II 2002, 460.
[37] *Hecht*, ZEV 2004, 106–107.
[38] Zum Nießbrauchsrecht an GmbH-Anteilen vgl. *Reichert/Schlitt/Düll*, GmbHR 1998, 565.

22 Die ertragsteuerliche Behandlung des Nießbrauchs an dem Kommanditanteil ist davon abhängig, wer als Mitunternehmer bei der Kommanditgesellschaft anzusehen ist.[39] Unerheblich ist dabei die **Grundlage des Nießbrauchsrechts**, ob das Nießbrauchsrecht entgeltlich oder unentgeltlich bestellt wurde oder ob sich das Nutzungsrecht aufgrund einer dinglichen oder schuldrechtlichen Stellung ergibt.[40] Gleichsam unerheblich ist, ob es sich um einen Zuwendungs- oder um einen Vorbehaltsnießbrauch handelt. Die **Mitunternehmerstellung des Nießbrauchers** muss vielmehr anhand der allgemeinen Kriterien überprüft werden. Sofern also der Nießbraucher aufgrund der Vertragsgestaltung Mitunternehmerinitiative hat und ein Mitunternehmerrisiko trägt, ist dieser als Mitunternehmer der Kommanditgesellschaft anzusehen.[41]

23 Der Nießbraucher ist üblicherweise nicht an den **stillen Reserven** der Gesellschaft beteiligt. Eine Beteiligung ergibt sich nur dann, wenn einzelne stille Reserven während der Dauer des Nießbrauchsrechts durch einen laufenden Geschäftsvorfall aufgelöst werden und hierdurch zu einem Ertrag der Gesellschaft führen.[42] Ist die Dauer des Nießbrauchsrechts zeitlich beschränkt, wird der Nießbraucher an dem Großteil der stillen Reserven nicht beteiligt sein. Da jedoch eine ganze oder teilweise Beteiligung an den Erträgen der Kommanditgesellschaft gegeben ist, dürfte im Regelfall von einem **Mitunternehmerrisiko des Nießbrauchers** auszugehen sein.[43] Eine Einschränkung des Mitunternehmerrisikos kann sich allerdings aufgrund vertraglicher Vereinbarung ergeben, wie z. B. keine Beteiligung an einem eventuellen Verlust, Begrenzung des Gewinnanspruchs auf eine gewisse Bandbreite usw.

24 **Mitunternehmerinitiative** liegt dann vor, wenn dem Nießbraucher zumindest ein Teil der Verwaltungsrechte aus dem Kommanditanteil zugewiesen wird. Ein Kontrollrecht dürfte allein nicht ausreichen, um eine Mitunternehmerinitiave zu begründen. Hinzukommen müssen noch weitere Rechte aus dem Gesellschaftsverhältnis, wie z. B. Mitwirkung bei außerordentlichen Geschäften der Kommanditgesellschaft, Zubilligung des Widerspruchsrechts aus § 164 Abs. 2 HGB, Teilnahmerecht an Gesellschafterversammlungen usw.[44] Der reine Nießbrauch am Gewinnstammrecht ohne weitere unternehmerischen Rechte begründet demgemäß noch keine Mitunternehmerstellung.[45]

---

[39] *Blümich/Stuhrmann* § 15 EStG Rn 367; *Littmann/Bitz* § 15 EStG Rn 32.

[40] *Anm. HG*, DStR 1994, 1806; *L. Schmidt* § 15 EStG Rn 306; *Biergans*, DStR 1985, 331; *Petzoldt*, GmbHR 1987, 436; *Bitz*, DB 1987, 1507; *Weber*, DStZ 1991, 530; a.A. *Pahlke*, FR 1987, 129.

[41] BFH v. 1. 3. 1994 BStBl. II 1995, 241.

[42] Je nach Ausgestaltung des Nießbrauchsrechts steht dem Nießbraucher auch bei Realisierung stiller Reserven während des Bestehens des Nießbrauchsrechts kein Anteil an dem Realisierungsgewinn zu. BFH v. 1. 3. 1994 BStBl. II 1995, 241.

[43] BFH v. 11. 4. 1973 BStBl. II 1973, 528; *Petzoldt*, DStR 1992, 1175.

[44] *L. Schmidt* § 15 EStG Rn 306; *Gschwendtner*, DStZ 1995, 711; *Blümich/Stuhrmann* § 15 EStG Rn 365.

[45] *Littmann/Bitz* § 15 EStG Rn 32.

Unabhängig von der Qualifikation des Nießbrauchers als Mitunternehmer bleibt der **Nießbrauchbesteller** im Regelfall **weiterhin Mitunternehmer** der Kommanditgesellschaft.[46] Der Nießbrauchbesteller bleibt zivilrechtlich Gesellschafter der Kommanditgesellschaft und hat insoweit auch einen Anteil an der Vermögenssubstanz, insbesondere aber auch an den stillen Reserven des Unternehmens. Dies dürfte ausreichend dafür sein, um ein **Mitunternehmerrisiko** zu begründen. Seine zivilrechtliche Gesellschafterstellung gibt ihm auch einen Teil der Verwaltungsrechte, welche die **Mitunternehmerinitiative** begründen können.[47] 25

2. Zurechnung der Einkünfte aus dem Kommanditanteil

Im Regelfall sind Nießbrauchbesteller und Nießbraucher gleichermaßen Mitunternehmer der Kommanditgesellschaft. Ihnen werden deshalb jeweils die anteiligen Einkünfte aus der Kommanditgesellschaft zugerechnet. Hat der Nießbraucher die Stellung als Mitunternehmer, erhält dieser originär einen anteiligen Gewinn aus der Mitunternehmerschaft, der dem entnahmefähigen handelsrechtlichen Gewinn entspricht.[48] Dem Nießbrauchbesteller wird ein Teil des steuerlichen Gewinns der Personengesellschaft zugerechnet. Der Gewinnanteil des Nießbrauchbestellers errechnet sich aus dem anteiligen steuerlichen Gewinn aus der Kommanditbeteiligung abzüglich des dem Nießbraucher zugewiesenen Ergebnisses. Durch die Personengesellschaft gebildete Gewinnrücklagen bzw. die nicht entnahmefähigen Gewinnanteile werden also dem Nießbrauchbesteller als steuerlicher Gewinnanteil zugerechnet.[49] Wird während der Dauer des Nießbrauchsrechts eine **Gewinnrücklage aufgelöst,** die letztlich vom Nießbraucher entnommen werden kann, handelt es sich um Sonderbetriebsausgaben bei dem Nießbrauchbesteller und gleichzeitig um Sonderbetriebseinnahmen bei dem Nießbraucher.[50] 26

Erzielt die Personengesellschaft ein **negatives steuerliches Ergebnis**, richtet sich die Zurechnung der Einkünfte auf den Nießbrauchbesteller einerseits bzw. auf den Nießbraucher andererseits grundsätzlich nach dem Nießbrauchvertrag.[51] Grundgedanke bei der Bestellung eines Nießbrauchsrechts dürfte im Allgemeinen die Zuwendung nur von positiven Ergebnisanteilen sein. Aus diesem Grund wird ein steuerlicher Verlustanteil im Regelfall in vollem Umfang dem Nießbrauchbesteller zuzurechnen sein.[52] 27

Ein Verlustanteil kann im Allgemeinen nur von demjenigen steuerlich geltend gemacht werden, der wirtschaftlich die Belastung aus der Verlustzuweisung trägt. Eine **wirtschaftliche Belastung** wird allerdings auch 28

---

[46] BFH v. 1. 3. 1994 BStBl. II 1995, 241; *Blümich/Stuhrmann* § 15 Rn 366.

[47] BFH v. 16. 5. 1995 BStBl. II 1995, 716.

[48] *Littmann/Bitz* § 15 EStG Rn 33 a; *Petzold*, GmbHR 1987, 437; *Schulze zur Wiesche*, DStR 1995, 321; *L. Schmidt* § 15 EStG Rn 307.

[49] *Biergans*, DStR 1985, 332; *Schulze zur Wiesche*, DStR 1995, 318.

[50] *L. Schmidt* § 15 EStG Rn 310; *Mitsch*, INF 2003, 392.

[51] *Fichtelmann*, DStR 1974, 275; *Schön*, StbJb 1996/97, 73 m.w.N.

[52] BFH v. 1. 3. 1994 BStBl. II 1995, 241; BFH v. 10. 4. 1973 BStBl. II 1973, 679; *Schulze zur Wiesche*, BB 2004, 358; *Petzold*, GmbHR 1987, 437; a.A. *Biergans*, DStR 1985, 333.

insoweit gesehen, als eine Minderung von künftigen Gewinn- bzw. Entnahmeansprüchen erfolgt.[53] Unabhängig von der Regelung im Nießbrauchsvertrag verliert der Nießbraucher das Recht auf zukünftige entnahmefähige Gewinnanteile, falls die zugewiesenen Verluste den Stand der Gesellschafter-Kapitalkonten übersteigen. Sofern also der nießbrauchbelastete Gesellschaftsanteil durch zugewiesene Verluste negativ wird, sind diese steuerlichen Verluste dem Nießbraucher auch mit steuerlicher Wirkung zuzurechnen.[54] Es kann sich allerdings eine Verlustausgleichsbeschränkung aus § 15 a EStG ergeben.

29 Ist der **Nießbrauchbesteller** wegen Besonderheiten der Vertragsgestaltung **nicht** als **Mitunternehmer** der Kommanditgesellschaft anzusehen, wird dem **Nießbraucher** der **gesamte steuerliche Gewinnanteil** aus der Kommanditbeteiligung zugerechnet, auch soweit dieser nicht entnommen werden kann. Die Zurechnung des steuerlichen Ergebnisses weicht demgemäß von dem Vermögenszufluss aus dem Nießbrauchsrecht ab. Ein Ausgleich der Differenz kann in diesem Fall erst zum Zeitpunkt der Beendigung des Nießbrauchsrechts durch Sonderbetriebsausgaben des Nießbrauchers und Sonderbetriebseinnahmen des Nießbrauchbestellers erfolgen.[55] Demgegenüber könnte auch daran gedacht werden, zeitgleich in der Sonderbilanz des Nießbrauchers eine Abführungsverpflichtung zu passivieren.[56] Verliert der Nießbrauchbesteller bei der Bestellung eines unentgeltlichen Zuwendungs- oder Vermächtnisnießbrauchs aufgrund der vertraglichen Abreden seine bisherige Mitunternehmerstellung, sind die Grundsätze über die Betriebsverpachtung sinngemäß anzuwenden.[57]

30 Kann der **Nießbraucher** aufgrund der vertraglichen Konstellation **nicht** als **Mitunternehmer** qualifiziert werden, etwa weil das Nießbrauchsrecht sich auf einen Ertragsnießbrauch bzw. das Gewinnstammrecht beschränkt,[58] ist der Nießbrauchbesteller alleiniger Mitunternehmer der Personengesellschaft. Dies bedeutet, dass dem Nießbrauchbesteller der steuerliche Gewinnanteil aus der Mitunternehmerschaft in vollem Umfang zugerechnet wird.[59]

31 Die Berücksichtigung der anteiligen Erträge des Nießbrauchers richtet sich in diesem Fall nach der Ursache des Nießbrauchsvertrages. Handelt es sich beispielsweise um eine entgeltliche Nießbrauchbestellung, können die Zahlungen an den Nießbraucher als **Sonderbetriebsausgaben** geltend gemacht werden.[60] Steht die Nießbrauchbestellung im Zusammenhang mit einer Vermögensübertragung, kommt u. U. eine Berücksichtigung als **Sonderausgabe** bei dem Nießbrauchbesteller in Betracht. Handelt es sich

---

[53] BFH v. 10. 11. 1980 BStBl. II 1981, 164.

[54] BFH v. 11. 4. 1973 BStBl. II 1973, 528; *L. Schmidt* § 15 EStG Rn 311; *Littmann/Bitz* § 15 EStG Rn 33 c; a.A. *Schulze zur Wiesche*, DStR 1995, 321.

[55] *Weber*, DStZ 1991, 533.

[56] *Schulze zur Wiesche*, DStR 1980, 224.

[57] BFH v. 26. 2. 1987 BStBl. II 1987, 773.

[58] BFH v. 13. 5. 1976 BStBl. II 1976, 592; BFH v. 16. 5. 1995 BStBl. II 1995, 716; *Gschwendtner*, DStZ 1995, 711; *Bitz*, DB 1987, 1507.

[59] *Mitsch*, INF 2003, 392.

[60] *Biergans*, DStR 1985, 335; *Paus*, BB 1990, 1681; *Littmann/Bitz* § 15 EStG Rn 34.

dagegen um einen reinen **Zuwendungsnießbrauch**, sind die Zahlungen an den Nießbraucher steuerlich unbeachtlich, sie können also steuerlich nicht verwertet werden.

3. Erbschaft- und Schenkungsteuerbelastung durch die Nießbrauchbestellung

Für die erbschaft- und schenkungsteuerliche Behandlung ist der **wirtschaftliche Hintergrund** der Nießbrauchbestellung von Bedeutung. Wurde das Nießbrauchsrecht an dem Gesellschaftsanteil **entgeltlich** bestellt, besteht **keine** erbschaft- und schenkungsteuerliche Relevanz, da es sich um einen Leistungsaustausch handelt. Liegt dagegen ein **Zuwendungsnießbrauch** bzw. **Vermächtnisnießbrauch** vor, wird dem Nießbraucher ein Vermögensvorteil in Form des Nießbrauchsrechts zugewendet. Die Einräumung eines Vermächtnisnießbrauches ist steuerpflichtig gemäß § 3 Abs. 1 Nr. 2 ErbStG. Handelt es sich dagegen um einen Zuwendungsnießbrauch, ergibt sich die Steuerpflicht aus § 7 Abs. 1 Nr. 1 ErbStG. 32

Bemessungsgrundlage für die Erbschaft- und Schenkungsteuer ist jeweils der Wert der Bereicherung. Der Wert des Nießbrauchsrechts entspricht dem kapitalisierten Barwert der künftigen Erträge. Dieser ist zum einen abhängig von der zeitlichen Dauer des Nießbrauchsrechts, zum anderen von dessen Jahreswert. Die Kapitalisierung kann unter Anwendung der Faktoren in Anlage 9 bzw. 9 a zum Bewertungsgesetz berechnet werden. 33

Der **Jahreswert des Nießbrauchsrechts** entspricht im Grundsatz dem entnahmefähigen Teil des Jahresertrages.[61] Dieser ist im Regelfall von der künftigen Ertragsentwicklung der Personengesellschaft abhängig und ist demgemäß nur mit großer Unsicherheit zu ermitteln. Aus diesem Grund bestimmt § 16 BewG, dass der Wert des Nießbrauchsrechts nach oben auf 1/18,6tel des anteiligen Wertes der Beteiligung beschränkt ist. 34

Ausgehend vom Sinn und Zweck der Vorschrift, ist hierbei zuvor eventuell vorhandenes **Sonderbetriebsvermögen** aus der Bemessungsgrundlage „Wert des Betriebsvermögens" herauszurechnen. Im Allgemeinen dürfte die pauschale Obergrenze des Jahreswertes des Nießbrauchsrechts für die Wertbestimmung herangezogen werden. Nur dann, wenn sich aus dem Vertrag über die Bestellung des Nießbrauchsrechts bzw. aus dem Gesellschaftsvertrag eine Entnahmebeschränkung ergibt, kann u. U. ein geringerer Jahreswert zugrunde gelegt werden. Das Gleiche gilt, wenn aus der Beteiligung mit einer großen Substanz nachhaltig nur mit geringeren Erträgen gerechnet werden kann. 35

Im Gegensatz zu dem Vermächtnis- bzw. Zuwendungsnießbrauch führt die Nießbrauchbestellung bei einem **Vorbehaltsnießbrauch** nicht zu einem schenkungsteuerbaren Vorgang. Steuerpflichtig ist vielmehr die unentgeltliche Übertragung des Gesellschaftsanteils. Bemessungsgrundlage für die Schenkungsteuer ist dabei der Wert des Kommanditanteils. Die Ermittlung der Schenkungsteuer erfolgt unter Anwendung der Begünstigungsvorschriften der §§ 13 a, 19 a ErbStG (vgl. dazu § 32 Rn 85 ff.). 36

---

[61] Zur Berechnung des Jahreswerts *Kapp/Ebeling* § 23 ErbStG Rn 2,4.

37 Das Nießbrauchsrecht mindert wirtschaftlich die Bereicherung des Empfängers des Kommanditanteils. § 25 ErbStG bestimmt jedoch, dass bei der Berechnung der Erbschaft- und Schenkungsteuer das **Nießbrauchsrecht zugunsten des Schenkers** bzw. dessen **Ehegatten** unberücksichtigt bleibt. Die Erbschaft- und Schenkungsteuer wird allerdings zinslos gestundet, soweit sie anteilig auf den Wert des Nießbrauchsrechts entfällt. Der Stundungsbetrag ermittelt sich als Differenz zwischen der Steuer auf den Bruttoerwerb und der sofort fälligen Steuer auf den Nettoerwerb, d. h. unter Berücksichtigung der Nießbrauchslast.[62] Der Wert des Nießbrauchsrechts wird auch hier als kapitalisierter Jahreswert unter Anwendung der pauschalen Höchstgrenze nach § 16 BewG ermittelt.

38 Die anteilige Erbschaft- und Schenkungsteuer wird bis zum Ablauf des Nießbrauchsrechts zinslos gestundet. Gleichzeitig besteht nach § 25 ErbStG die Möglichkeit, die gestundete **Erbschaftsteuer vorzeitig auf Antrag mit dem Barwert nach § 12 Abs. 3 BewG abzulösen**. Es bietet sich hier eine interessante Gestaltungsalternative, da hierdurch der Nominalbetrag der Erbschaftsteuerschuld deutlich reduziert werden kann.[63]

39 Sofern die gestundete Steuer nicht abgelöst wird, wird sie bei Wegfall der Belastung fällig. Im Ergebnis hat der Beschenkte in beiden Varianten Schenkungsteuer auf den Bruttoerwerb abzuführen. Im Falle des vorzeitigen Verzichts des Berechtigten auf den Nießbrauch würde dieser Verzicht einen weiteren schenkungsteuerlich relevanten Vorgang darstellen. Um zu vermeiden, dass in Fällen des vorzeitigen Verzichts durch den Berechtigten der Verpflichtete neben der Steuer auf den Bruttoerwerb, die sich wegen des Abzugsverbots nach § 25 ErbStG ergibt, auch noch die Steuer für die Bereicherung aus dem Verzicht in voller Höhe zu zahlen hat, wird die Schenkungsteuer für den Verzicht nach einer Billigkeitsregelung der Finanzverwaltung zwar veranlagt, sie wird jedoch nur erhoben, soweit sie den Betrag der gestundeten Steuer übersteigt. Sofern die gestundete Steuer bereits abgelöst worden ist, wird die Steuer nur erhoben, soweit sie den Betrag übersteigt, der bei einer Ablösung der gestundeten Steuer im Zeitpunkt des Verzichts zu zahlen wäre.[64] Der BFH hat mittlerweile mit Urteil vom 17. 3. 2004 ebenfalls entschieden, dass der vorzeitige Verzicht auf ein vorbehaltenes Nießbrauchsrecht den Schenkungsteuertatbestand erfüllt. Eine Doppelerfassung des Nießbrauchsrechts – sowohl bei der Nichtberücksichtigung als Abzugsposten nach § 25 Abs. 1 Satz 1 ErbStG als auch beim späteren Verzicht des Berechtigten – sei bei der Besteuerung des Nießbrauchsverzichts durch den Abzug des bei der Besteuerung des nießbrauchsbelasteten Gegenstandes tatsächlich unberücksichtigt gebliebenen Steuerwerts des Nutzungsrechts von der Bemessungsgrundlage für den Rechtsverzicht zu beseitigen. Eines Rückgriffs auf die Billigkeitsregelung des § 163 AO bedürfe es somit nicht.[65]

---

[62] R 85 Abs. 3 ErbStG.
[63] *Moench* § 25 ErbStG Rn 33a ff.
[64] H 85 Abs. 4 ErbStR.
[65] BFH v. 3. 2. 2004 DStR 2004, 722.

E. Beziehung der Gesellschaft und der Gesellschafter zu Dritten

1. Abschnitt. Haftung

§ 41 Haftung des Komplementärs

Übersicht

Schrifttum: *Armbruster*, Zur Nachhaftung ausgeschiedener Gesellschafter von Personengesellschaften, DZWiR 1997; *Durchlaub*, Haftung des Kommanditisten einer GmbH & Co. bei Einlagenrückzahlung, BB 1979, 143; *Elsing*, Erweiterte Kommanditistenhaftung und atypische Kommanditgesellschaft, 1977; *Emmerich*, Erfüllungstheorie oder Haftungstheorie – zur Auslegung der §§ 126 und 128 HGB, in: Festschrift Lukes, 1989, S. 639, *Glossner/Bredow/Bühler*, Das Schiedsgericht in der Praxis, 3. Aufl. 1990; *Hadding*, Zum Rückgriff des ausgeschiedenen haftenden Gesellschafters einer OHG oder KG, in: Festschrift Stimpel, 1985, S. 139 ff.; *Häsemeyer*, Kommanditistenhaftung und Insolvenzrecht, ZHR 149 (1985), 42 ff.; *Huber*, Vermögensanteil, Kapitalanteil und Gesellschaftsanteil an Personengesellschaften des Handelsrechts, 1970; *Joost*, Eigenkapitalersetzende Kommanditistenleistung – zugleich ein Beitrag zur Außenhaftung des Kommanditisten; *Kazele*, Aktuelle Fragen der Haftung ausgeschiedener Gesellschafter, INF 1997, 146; *Keuk*, Die Haftung des Kommanditisten für Schulden der Gesellschaft, ZHR 135 (1973), 410 ff.; *Kirsch*, Einlageleistung und Einlagerückgewährung im System der Kommanditistenhaftung, 1995; *Klamroth*, Erweitertes Haftungsrisiko der Kommanditisten der GmbH & Co. KG,

BB 1972, 428; *Kornblum*, Die Haftung der Gesellschafter für Verbindlichkeiten von Personengesellschaften, 1972; *Kubis*, Der Regreß des Personenhandelsgesellschafters, 1988; *Maier-Reimer*, Nachhaftungsbegrenzung und neues Verjährungsrecht, DB 2002, 181 ff.; *Mundry*, Darlehen und stille Einlagen im Recht der Kommanditgesellschaft, 1990; *K. Schmidt*, Einlage und Haftung des Kommanditisten, 1976; *ders.*, Kommanditisteneinlage – Kapitalaufbringung und Kapitalerhaltung in der KG, ZGR 1976, 307 ff.; *ders.*, Zur Bareinlage durch Verrechnung und Aufrechnung in der Kommanditgesellschaft, ZGR 1986, 152 ff.

I. Grundprinzip

1 Die Haftungsverfassung in der GmbH & Co. KG[1] ist geprägt durch das Nebeneinander von (nur) beschränkter Haftung der Kommanditisten einerseits und **unbeschränkter Haftung der Komplementär-GmbH** andererseits. Die Rolle des Komplementärs als dem persönlich haftenden Gesellschafter im Sinne von § 161 Abs. 1 a. E. HGB, bei dem „eine Beschränkung der Haftung nicht stattfindet", wird zur Begrenzung der unternehmerischen Haftungsrisiken der GmbH zugewiesen, deren Gesellschafter ihrerseits grundsätzlich nicht für die Gesellschaftsverbindlichkeiten haften. Sind, wie häufig, die Kommanditisten zugleich Gesellschafter der Komplementär-GmbH und gegebenenfalls auch noch deren Geschäftsführer, verwirklicht die Wahl der Rechtsform der GmbH & Co. KG so entgegen der gesetzlichen Regelvorstellung die umfassende Leitungsbefugnis der nur beschränkt haftenden Kommanditisten.[2] Das macht die GmbH & Co. KG als Organisationsform attraktiv.

II. Die Haftung der Komplementär-GmbH

1. Grundlagen

2 **a) Unbeschränkte Haftung der Komplementär-GmbH.** Die Haftung der Komplementär-GmbH bestimmt sich gemäß § 161 Abs. 2 HGB nach den Regeln, wie sie für den Gesellschafter der OHG gelten.[3] Für Verbindlichkeiten der Gesellschaft haftet die Komplementär-GmbH deren Gläubigern danach persönlich, §§ 161 Abs. 2 i.V. m. 128 S. 1 HGB; Einwendungen und Einreden, die nicht in ihrer Person begründet sind, kann die Komplementär-GmbH nur in den Grenzen von § 129 HGB geltend machen. Kennzeichnend für das Modell der persönlichen Gesellschafterhaftung in OHG und KG ist das Prinzip der **akzessorischen Gesellschafterhaftung**. Danach wird die Verbindlichkeit der GmbH & Co. KG notwendig von einer entsprechenden Verbindlichkeit der Komplementär-GmbH begleitet (äußere Akzessorietät), und es besteht grundsätzlich (zu den Ausnahmen Rn 12 ff.) Inhaltsgleichheit zwischen Gesellschafts- und Gesellschafterverbindlichkeit (inhaltliche Akzessorietät). Die Mithaftung der Komplementär-GmbH als persönlich haftende Gesellschafterin der GmbH & Co. KG beruht auf Gesetz und nicht auf einem wie immer einzuordnen-

[1] Grundlegend *K. Schmidt*, Einlage und Haftung.
[2] Vgl. dazu *K. Schmidt*, Einlage und Haftung, S. 1 ff.
[3] Vgl. *Ebenroth/Boujong/Joost/Weipert* § 161 HGB Rn 10.

den Akt der Doppelverpflichtung, wie er früher teilweise für die GbR angenommen wurde.[4] Die Haftung der Komplementär-GmbH ist **zwingend**; haftungsbeschränkende oder -ausschließende Bestimmungen im Gesellschaftsvertrag sind unwirksam, §§ 128 S. 2 i.V.m. 161 Abs. 2 HGB. Das schließt eine individualvertragliche Vereinbarung mit einem Gläubiger, nach der die Komplementär-GmbH nicht oder nicht unbeschränkt haften soll, ebenso wenig aus[5] wie Freistellungsvereinbarungen zwischen der Komplementär-GmbH und den Kommanditisten im Innenverhältnis.

Die Komplementär-GmbH haftet für die Verbindlichkeiten der GmbH & Co. KG **unmittelbar, primär und unbeschränkt**. Unmittelbar ist die Haftung deshalb, weil die GmbH einem direkten Anspruch der Gläubiger ausgesetzt ist, die die GmbH mit ihrem Gesellschaftsvermögen in Anspruch nehmen können; die Gläubiger sind nicht auf eine ihnen nur mittelbar zugute kommende Verlustdeckungs- oder Nachschussverpflichtung der Komplementär-GmbH gegenüber dem KG-Vermögen verwiesen. Die Haftung ist primär, weil der Gläubiger die Wahl hat, ob er erst gegen die KG oder erst gegen deren Komplementär-GmbH oder sogleich gegen beide gemeinsam vorgehen will; eine Einrede der Vorausklage kann die GmbH nicht erheben, sie haftet gleich dem selbstschuldnerischen Bürgen. Die Haftung ist schließlich unbeschränkt, weil die GmbH mit ihrem gesamten Vermögen und in unbegrenzter Höhe haftet, die Haftung also weder gegenständlich noch summenmäßig beschränkt ist. 3

b) Grundsatz der Akzessorietät. Aus der grundsätzlichen Inhaltsgleichheit von Gesellschafts- und Gesellschafterschuld folgt **keine Schuldidentität**; vielmehr sind die Gesellschaftsschuld einerseits und die Haftung der Komplementär-GmbH hierfür andererseits voneinander zu sondern. Deshalb bedarf es für die Durchsetzung einer Gesellschaftsschuld eines gegen die KG gerichteten Titels, während für die Durchsetzung der Haftung der Komplementär-GmbH ein gegen diese gerichteter Titel erforderlich ist (s. § 43). Immer setzt die Entstehung einer Verbindlichkeit der Komplementär-GmbH als persönlich haftende Gesellschafterin aber eine Verbindlichkeit der GmbH & Co. KG voraus, ohne dass es dabei auf den Haftungsgrund ankäme. 4

Die Haftung kann auch gegenüber einem Gesellschafter-Gläubiger (Kommanditist) bestehen, sofern es sich um echte **Drittansprüche** handelt und nicht um sog. „Sozialansprüche", also auf dem Gesellschaftsverhältnis beruhende Forderungen eines Gesellschafters gegen die Gesellschaft; für Letztere haftet die Komplementär-GmbH nicht.[6] Für einen **Sozialanspruch** haften die Gesellschafter einschließlich der Komplementär-GmbH 5

---

[4] Vgl. GK/*Habersack* § 128 HGB Rn 17 ff.; zur Theorie der Doppelverpflichtung und zur neueren Rechtsentwicklung der akzessorischen Haftung bei der GbR vgl. MüKo/*Ulmer* § 714 BGB Rn 31 ff., 30 m. w. N.; vgl. auch *Ulmer*, ZIP 1999, 554; überholt ist auch die früher vorherrschende Auffassung von der einheitlichen Schuld mit doppeltem Haftungsobjekt, dazu *Hueck* Recht der OHG § 21 II 2, 4.

[5] Vgl. BGH WM 1956, 1089; *Baumbach/Hopt* § 128 HGB Rn 38.

[6] BGHZ 37, 299, 301 ff.; GK/*Habersack* § 128 HGB Rn 12; *Baumbach/Hopt* § 128 HGB Rn 22 ff.; *K. Schmidt* Gesellschaftsrecht § 49 I 2.

nach den Grundsätzen über den Gesamtschuldnerausgleich ausnahmsweise jedoch dann, wenn es um den Erstattungsanspruch nach Erfüllung einer Gesellschaftsschuld durch einen Gesellschafter geht und der gegen die Gesellschaft gerichtete Aufwendungsersatzanspruch durch diese nicht befriedigt wird.[7] Im Übrigen gilt für Ansprüche aus Drittgeschäften, dass ein Rückgriff gegen die Mitgesellschafter möglich ist, aber die Rechtsausübung Treuepflichtschranken unterliegt. Mitgesellschafter dürfen von einem Gesellschafter auch für Drittansprüche aufgrund der gesellschaftsrechtlichen Treuepflicht nur dann in Anspruch genommen werden, wenn eine Befriedigung aus dem Gesellschaftsvermögen nicht zu erwarten ist.[8]

6 Weil die Gesellschafterhaftung eine Gesellschaftsverbindlichkeit voraussetzt, führt der **Erlass** zugunsten der Gesellschaft zugleich auch zum Freiwerden der Gesellschafter von ihrer (akzessorischen) Mithaftung. Soll nach dem erklärten Gläubigerwillen der Erlass auf die Verbindlichkeit der GmbH & Co. KG beschränkt sein, ist im Einzelfall zu prüfen, ob die Erklärung wegen Unmöglichkeit der Rechtsfolge (kein isoliertes Fortbestehen der Gesellschafterhaftung) nichtig ist[9] oder ob hierin lediglich eine Ankündigung des Gläubigers zu sehen ist, er werde nur die Gesellschafter in Anspruch nehmen und gegen die Gesellschaft nicht vorgehen.

7 Maßgeblich für den Umfang der Haftung der Komplementär-GmbH ist immer die Höhe und der Inhalt der Gesellschaftsschuld. Erweiterungen oder Umgestaltungen der Gesellschaftsverbindlichkeit infolge von Unmöglichkeit, Verzug oder Schlechterfüllung wirken sich gleichermaßen auch immer auf die Komplementärverbindlichkeit aus.[10] Die **Unterbrechung der Verjährung** der Gesellschaft gegenüber, sei es durch Klage, sei es durch Anerkenntnis, wirkt auch zu Lasten der Komplementär-GmbH,[11] umgekehrt gilt das nicht.[12] Einreden und Einwendungen der Gesellschaft kann auch die Komplementär-GmbH als Gesellschafter erheben (dazu Rn 26 f.).

8 Schließlich folgert die herrschende Auffassung aus dem Prinzip der akzessorischen Haftung, dass für die Gesellschaftsverbindlichkeit getroffene Abreden über den Erfüllungsort[13] ebenso wie eine **Schiedsgerichtsklausel** auch für die Verbindlichkeit der Komplementär-GmbH gelten.[14] Diese Auffassung beruht auf der heute überholten[15] Vorstellung, es handele sich

---

[7] GK/*Habersack* § 128 HGB Rn 12; *Baumbach/Hopt* § 128 HGB Rn 22, 25.

[8] Vgl. GK/*Habersack* § 128 HGB Rn 13, 26; *Hueck* Recht der OHG § 21 V 1; *K. Schmidt* Gesellschaftsrecht § 49 I 2.

[9] So im Fall BGHZ 47, 376; dazu *K. Schmidt* Gesellschaftsrecht § 49 II 3a, S. 1411 f.; *Flume* Personengesellschaft § 16 IV, 2b; GK/*Habersack* § 128 HGB Rn 21.

[10] Vgl. BGHZ 36, 224, 226 ff.; BGH NJW 1979, 1361; MüKoHGB/*K. Schmidt* § 128 HGB Rn 24.

[11] Sofern diese zum Zeitpunkt der Klagerhebung der Gesellschaft noch angehört, vgl. BGHZ 73, 217, 222; 104, 76, 80 f. = NJW 1988, 1976.

[12] Zutr. MüKoHGB/*K. Schmidt* § 129 HGB Rn 9; offen lassend noch BGHZ 104, 81.

[13] RGZ 32, 44; *Hueck* Recht der OHG § 21 II 2.

[14] Zum Theorienstreit vgl. BGH BB 1980, 489; OLG Köln NJW 1961, 1312.

[15] Vgl. *Baumbach/Hopt* § 128 HGB Rn 8; MünchHdb. GesR I/*Neubauer* § 26 Rn 4.

bei Gesellschafts- und Gesellschafterhaftung um ein und dieselbe Schuld.[16] Bedenken begegnet auch der dogmatische Ansatz, die Erstreckung der Schiedsklausel auf die Gesellschafter auf § 128 HGB zu stützen,[17] denn bei § 128 HGB handelt es sich um eine materiellrechtliche Haftungsnorm; die Vereinbarung der Schiedsklausel kann insoweit auch nicht als eine bloße Modalität des Anspruchs angesehen werden. Eine Erstreckung einer Schiedsabrede auf die Komplementär-GmbH lässt sich somit allenfalls im Wege der **Auslegung** des Schiedsvertrags begründen: Im Zweifel ist eine von der GmbH & Co. KG vereinbarte Schiedsgerichtsabrede dahin auszulegen, dass sie auch die Komplementär-GmbH erfassen soll. Sie entfaltet ihr gegenüber indessen nur dann Rechtswirkung, wenn die Komplementär-GmbH den Schiedsvertrag selbst unterzeichnet oder den Unterzeichnenden zur Erstreckung bevollmächtigt hatte. Eine solche Bevollmächtigung durch die Komplementär-GmbH ist im Zweifel anzunehmen.[18] Allerdings wird die Komplementär-GmbH den Schiedsvertrag ohnehin regelmäßig selbst durch ihren Geschäftsführer abschließen, so dass es keiner besonderen Bevollmächtigung bedarf. Der im Schrifttum erhobene Einwand, eine Erstreckung einer Schiedsklausel auf die Komplementär-GmbH führe zu einer Verschlechterung ihrer prozessualen Situation,[19] ist im Ergebnis nicht überzeugend. Der Gläubiger könnte sonst nämlich entgegen dem Sinn der Schiedsgerichtsvereinbarung durch die Gesellschafterklage eine Entscheidung vor den ordentlichen Gerichten herbeiführen.[20] Demgegenüber erscheint es interessengerechter und vorzugswürdig, die Gesellschafts- und die Gesellschafterklage bei demselben Gericht zu konzentrieren. Wo die Komplementär-GmbH der Schiedsgerichtsklausel nicht unterworfen werden möchte, muss sie ihren entgegenstehenden Willen also zum Ausdruck bringen. In der Praxis empfiehlt es sich, in jedem Fall auf eine klarstellende Fassung des Schiedsvertrags zu achten, um Auslegungszweifel zu vermeiden.

Angesichts der grundlegenden Unterschiede zwischen akzessorischer 9
Haftung und Gesamtschuld sind die Regelungen über die **Gesamtschuld** in den §§ 421 ff. BGB auf das Verhältnis der Verbindlichkeiten von Gesellschaft und Gesellschafter nur mit Zurückhaltung anwendbar. Unproblematisch ist insoweit nur die Anwendung von § 424 BGB.[21] Davon zu unterscheiden ist die in der Praxis verbreitete Verwendung des Begriffs der Gesamtschuld im Urteilstenor bei gleichzeitiger Entscheidung über die Gesellschafts- und Gesellschafterklage; sie ist zulässig.[22]

---

[16] Gegen eine Erstreckung von Schiedsklauseln auf den Gesellschafter *Heymann/Emmerich* § 128 HGB Rn 12 a.

[17] So aber BGH NJW-RR 1991, 423; *Schwab/Walter*, Schiedsgerichtsbarkeit, S. 68; ähnlich *Zöller-Geimer* § 1029 Rn 64; dagegen zutr. *Baumbach/Hopt* § 128 HGB Rn 40; MüKoHGB/*K. Schmidt* § 128 HGB Rn 22; *K. Schmidt*, DB 1989, 2315, 2318; *Stein/Jonas* § 1029 ZPO Rn 34.

[18] Vgl. *K. Schmidt*, DB 1989, 2315, 2318; *Baumbach/Hopt* § 128 HGB Rn 40.

[19] So *Heymann/Emmerich* § 128 HGB Rn 12 a.

[20] Zutreffend *Glossner/Bredow/Bühler* Schiedsgericht Rn 125.

[21] Vgl. dazu auch *Baumbach/Hopt* § 128 HGB Rn 20 u. § 129 Rn 3.

[22] Zutr. *K. Schmidt* Gesellschaftsrecht § 49 II 4 c.

10 **c) Haftung für Altverbindlichkeiten.** In zeitlicher Hinsicht beschränkt sich die Haftung der Komplementär-GmbH nicht auf die während ihrer Mitgliedschaft in der KG begründeten Verbindlichkeiten, sondern umfasst auch **alle vor ihrem Eintritt** in die KG bereits **begründeten Gesellschaftsverbindlichkeiten**, § 130 Abs. 1 i.V. m. § 161 Abs. 2 HGB. Tritt die Komplementär-GmbH in eine schon bestehende Handelsgesellschaft[23] ein, etwa im Falle des unechten Formwechsels von der OHG in die KG bei Rücktritt der bisherigen OHG-Gesellschafter in die Kommanditistenrolle, so haftet sie mit wirksamem Erwerb der Gesellschafterstellung folglich für alle bestehenden Gesellschaftsverbindlichkeiten unabhängig vom Zeitpunkt ihrer Begründung. Die Haftung nach § 130 HGB soll nach verbreiteter Auffassung aber nicht schon mit dem Eintritt in die Gesellschaft als solchem, sondern entsprechend § 123 HGB erst mit dem Wirksamwerden des Eintritts gegenüber den Gläubigern durch Eintragung als Gesellschafter in das Handelsregister oder durch die Fortsetzung der Gesellschaftsgeschäfte mit Zustimmung des neuen Gesellschafters begründet werden.[24] Dem ist nicht zu folgen. Maßgeblich ist der **wirksame Erwerb der Mitgliedschaft**, nicht die Verlautbarung im Handelsregister, denn § 130 HGB beruht nicht auf Vertrauens- oder Verkehrsschutzerwägungen, sondern dient der Rechtssicherheit und einem abstrakten Gläubigerschutz, indem ein einheitlicher Haftungsstatus aller Gesellschafter sichergestellt wird. Deshalb ist es auch unerheblich, ob die Übernahme der Komplementärrolle auf einem Beitritt zur Gesellschaft oder dem Erwerb einer bestehenden Beteiligung beruht.[25]

11 Nach **Ausscheiden** der Komplementär-GmbH aus der Gesellschaft muss die GmbH für danach begründete, neue Gesellschaftsverbindlichkeiten nicht mehr einstehen. Ihre zum Zeitpunkt des Ausscheidens begründete Haftung für die bis zu diesem Zeitpunkt entstandenen Verbindlichkeiten bleibt dagegen bestehen (dazu Rn 21 ff., 4).

2. Der Inhalt der Haftung der Komplementär-GmbH

12 **a) Ausgangspunkt, Meinungsstand.** Ist die GmbH & Co. KG Schuldnerin einer **Geldschuld**, haftet auch die Komplementär-GmbH auf Zahlung in Geld. Demgegenüber stellt sich die Frage nach dem **Inhalt der Komplementär-Haftung**, wenn die Gesellschaftsverbindlichkeit nicht auf Geld, sondern auf eine Sachleistung, auf die Vornahme einer Handlung oder auf ein Unterlassen gerichtet ist. Sie wird von der so genannten „Erfüllungstheorie" dahin beantwortet, dass der Gläubiger von der persönlich haftenden Gesellschafterin dieselbe Leistung verlangen kann wie von der Gesellschaft selbst.[26] Demgegenüber geht die so genannte „Haftungstheorie" davon aus, die Komplementärin hafte stets nur auf Zahlung von Geld,

---

[23] Zum Eintritt in eine GbR, die dabei zur OHG/KG wird, vgl. MüKoHGB/*K. Schmidt* § 130 HGB Rn 2.

[24] Vgl. *Baumbach/Hopt* § 130 HGB Rn 6; *Heymann/Emmerich* § 130 HGB Rn 6.

[25] Vgl. zutr. GK/*Habersack* § 130 HGB m. w. N.; MüKoHGB/*K. Schmidt* § 130 HGB Rn 13 ff. u. § 173 Rn 4 ff.

[26] Vgl. BGHZ 73, 217, 221.

bei Nichtgeldverbindlichkeiten also immer nur auf Schadensersatz in Geld. Hierfür beruft sie sich darauf, dass der persönlich haftende Gesellschafter nur wie ein Bürge hafte.[27]

Die höchstrichterliche **Rechtsprechung** hat eine eindeutige Festlegung bislang vermieden, neigt aber deutlich zur **Erfüllungstheorie**: danach soll die Komplementärin jedenfalls dann zur inhaltsgleichen Leistung wie die Gesellschaft verpflichtet sein, wenn ihr dies nach dem Gegenstand der Schuld möglich ist. Das hat der BGH in BGHZ 23, 302 – ausgehend noch von der verfehlten Vorstellung, es liege „ein und dieselbe Schuld mit doppeltem Haftungsobjekt" vor – für den gegen eine OHG gerichteten Anspruch auf Rechnungslegung bejaht, freilich einschränkend angemerkt, der Gläubiger brauche sich jedenfalls dann nicht mit einer Haftung auf das Interesse zu begnügen, wenn die Erbringung der geschuldeten Leistung zu den gesellschaftlichen Pflichten des in Anspruch genommenen Gesellschafters gehöre. Den grundsätzlichen Vorrang einer mit der Gesellschafterschuld inhaltsgleichen Haftung des Komplementärs hat der BGH dann in BGHZ 73, 217, 221 für den Fall einer von der Gesellschaft geschuldeten Baumängelbeseitigung wie folgt begründet: „Weil der Kredit der handelsrechtlichen Personengesellschaft, bei der es sonst keine gläubigersichernden Maßregeln gibt, auf der Person des Gesellschafters und seiner Haftung beruht, erfordert es der Zweck dieser Haftung, dass der Gesellschafter auch bei anderen als Geldverpflichtungen jedenfalls dann dasselbe schuldet wie die Gesellschaft, wenn die Erfüllung den Gesellschafter in seiner gesellschaftsfreien Privatsphäre nicht wesentlich mehr als eine Geldleistung beeinträchtigt."[28] Das soll bei vertretbaren handwerklichen Leistungen, mit deren Erledigung Dritte gegen Entgelt beauftragt werden können, der Fall sein.[29] Für die **Praxis** ist danach davon auszugehen, dass der Gläubiger der GmbH & Co. KG die Komplementär-GmbH auf eine inhaltlich gleiche Leistung wie die GmbH & Co. KG in Anspruch nehmen kann, sofern dies nach dem Leistungsgegenstand in Betracht kommt. Aus dieser Einschränkung ergeben sich die Ausnahmen von der Regel: 13

b) Verpflichtung zur Abgabe einer Willenserklärung. An **Grenzen** stößt die „Erfüllungstheorie" bei Verpflichtungen zur Abgabe einer Willenserklärung, denn die Erklärung des persönlich haftenden Gesellschafters kann nie identisch sein mit derjenigen der Gesellschaft. Deshalb kann, wenn die GmbH & Co. KG etwa die Abgabe einer Auflassungserklärung schuldet, die Komplementär-GmbH nicht persönlich zur Auflassung verurteilt werden, obwohl sie als geschäftsführende Gesellschafterin die Verpflichtung der KG zu erfüllen hat. Das Gleiche gilt für Verpflichtungen zur 14

---

[27] Vgl. zu den Theorien *Heymann/Emmerich* § 128 HGB Rn 18 ff.; *Hueck* Recht der OHG § 21 II; MüKoHGB/*K. Schmidt* § 128 HGB Rn 24; GK/*Habersack* § 128 HGB Rn 27.

[28] Vgl. außerdem BGHZ 104, 76, 78 zur OHG: „Der einzelne Gesellschafter hat inhaltlich die gleiche Leistung zu erbringen wie die Gesellschaft selbst; denn die eigentlich geschuldete Leistung ist die Erfüllung der Schuld der Gesellschaft."

[29] BGH NJW 1979, 1361, 1362.

Vornahme **unvertretbarer Handlungen**, z. B. Auskunft oder Zeugniserteilung.[30] Unproblematisch mit demselben Schuldinhalt von der Komplementär-GmbH zu erfüllen sind hingegen Verpflichtungen der Gesellschaft zur Vornahme vertretbarer Handlungen.[31]

15 **c) Unterlassungs- und Duldungspflichten.** Regelmäßig nicht inhaltsgleich auf die Komplementär-GmbH erstreckbar sind auch Unterlassungs- und Duldungspflichten. Bei Duldungspflichten (z. B. zur Einwirkung auf ein Grundstück) erfolgt eine **Erstreckung nur**, wenn der Gesellschafter in der Lage ist, Widerstand gegen die Handlung zu leisten und auch persönlich duldungspflichtig ist.[32] Bei Unterlassungspflichten der Gesellschaft erfolgt grundsätzlich keine Erstreckung auf die Gesellschafter.[33] Häufig wird dies bei **Wettbewerbsverboten** relevant, wo die Frage einer Erstreckung auf die Gesellschafter zu entscheiden ist. Verpflichtet sich die GmbH & Co. KG etwa im Rahmen einer beschränkten persönlichen Dienstbarkeit, auf einem von ihr teilweise an einen Tankstellenpächter verpachteten Grundstück den Vertrieb von Benzin und Schmiermitteln zu unterlassen, so kann diese Unterlassungspflicht grundsätzlich nicht auf die Gesellschafter erstreckt werden. Doch kann die Auslegung ergeben, dass die Komplementär-GmbH bei Abschluss der Vereinbarung auch selbst verpflichtet werden sollte.

16 Für die Erstreckung der Unterlassungsverpflichtung auf die Komplementär-GmbH (und deren Geschäftsführer) reicht das Akzessorietätsprinzip grundsätzlich aber nicht aus; es bedarf regelmäßig der Heranziehung **eigenständiger Haftungsgrundlagen**. Diese können auch kraft Gesetzes bestehen; so z. B. bei der Haftung des geschäftsführenden Gesellschafters nach § 1 UWG oder § 14 MarkenG. Der Unterlassungsanspruch nach § 1 UWG hängt davon ab, ob der Gesellschafter neben der Gesellschaft als Störer in Betracht kommt, weil er selbst wettbewerbswidrig handelt oder Zuwiderhandlungen der Mitarbeiter oder der Mitgesellschafter pflichtwidrig nicht verhindert.[34]

17 Die Rechtsprechung hat die Erstreckung der Haftung auf Gesellschafter wiederholt aus § 242 BGB abgeleitet, wenn die vom Wettbewerbsverbot der Gesellschaft nicht erfassten Gesellschafter diesem Wettbewerbsverbot zuwiderhandelten.[35] Dies betraf allerdings durchweg Fälle, in denen die Gesellschafter der dem Wettbewerbsverbot unterworfenen Handelsgesellschaft durch die Betätigung in anderen Handelsgesellschaften mit – zumindest weitgehender – Personenidentität dem Wettbewerbsverbot gemeinsam zu-

---

[30] Zutr. GK/*Habersack* § 128 HGB Rn 36 f.; a. A. zu Unrecht für den Fall der Rechnungslegung BGHZ 23, 302; dagegen *Baumbach/Hopt* § 128 HGB Rn 15; *K. Schmidt* Gesellschaftsrecht § 49 III 2 b, S. 1427 f.

[31] Vgl. MüKoHGB/*K. Schmidt* § 128 HGB Rn 27; GK/*Habersack* § 128 HGB Rn 35.

[32] Vgl. *Baumbach/Hopt* § 128 HGB Rn 16.

[33] Vgl. *Heymann/Emmerich* § 128 HGB Rn 22.

[34] Eingeh. dazu *Emmerich*, FS Lukes, S. 639, 650.

[35] Vgl. RGZ 136, 266, 27 ff.; BGHZ 59, 64 f.; BGH WM 1974, 253, 254; LM 22 zu § 128 HGB = WM 1975, 777; w. N. bei *Heymann/Emmerich* § 128 HGB Rn 24 f.

widerhandelnden, in denen also eine **Umgehung** der vertraglichen Verpflichtung nahe lag. Gegenüber einer Verallgemeinerung dieser Rechtsprechungstendenz ist demgemäß Zurückhaltung geboten.

3. Regress

a) Gesetzlicher Regelfall. Wer als Gesellschafter der GmbH & Co. KG, sei es als Vollhafter, sei es als Kommanditist, für eine Gesellschaftsverbindlichkeit von einem Gläubiger in Anspruch genommen worden ist, kann nach § 110 HGB bei der Gesellschaft Rückgriff nehmen; seine Leistung an den Gläubiger ist ihm als „Aufwendung in Gesellschaftsangelegenheiten" aus dem KG-Vermögen zu erstatten.[36] Die Frage, ob neben diesen Ersatzanspruch ein Übergang der Forderung des befriedigten Gläubigers auf den leistenden Gesellschafter kraft Gesetzes tritt, wird von der wohl vorherrschenden Auffassung verneint, ist mit einer im Vordringen begriffenen Meinung analog § 774 BGB aber richtigerweise zu bejahen.[37] Für die Gläubigerforderung bestellte **akzessorische Sicherheiten** gehen deshalb mit dieser auf den in Anspruch genommenen Gesellschafter über. 18

b) Rückgriff gegenüber den Mitgesellschaftern. Im Verhältnis der Gesellschafter zueinander besteht im Hinblick auf ihre akzessorische Mithaftung für Gesellschaftsverbindlichkeiten **pro rata ihrer Verlustbeteiligung** ein Gesamtschuldverhältnis.[38] Der für eine Drittgläubigerforderung in Anspruch genommene Gesellschafter kann deshalb von den Mitgesellschaftern Ausgleich verlangen. Vorrangig ist der Gesellschafter aber auf die Inanspruchnahme des Gesellschaftsvermögens verwiesen; nur wenn er dort keine Befriedigung erlangen kann, kann er sich an die Mitgesellschafter halten; sie haften insofern **subsidiär** und beschränkt auf den jeweiligen Verlustanteil.[39] 19

c) Abweichende Vertragsregelungen. Abweichende Regelungen (z. B. in Gestalt von Befreiungszusagen, Verlustausgleichszusagen) sind möglich. Wer verpflichtet ist, die Gesellschaft von bestimmten Verbindlichkeiten endgültig freizuhalten, hat keinen Regressanspruch.[40] Der Gesellschaftsvertrag kann bestimmen, dass die Komplementär-GmbH im Innenverhältnis freigestellt werden soll. Die Gesellschafter können vor Schlussabrechnung den Regress untereinander generell ausschließen oder umgekehrt bereits zulassen (zur Vertragsgestaltung s. §§ 57 ff.). 20

---

[36] Vgl. BGHZ 37, 299, 301; 39, 319, 324; m. w. N. bei *K. Schmidt* Gesellschaftsrecht § 49 V 1 in Fn 90.

[37] BGHZ 39, 319, 323 f. lehnt eine cessio legis mit dem Hinweis ab, es liege keine Gesamtschuld vor; für eine cessio legis entsprechend § 774 BGB zutr. aber *Kubis*, Regreß des Personenhandelsgesellschafters, S. 107 ff.; GK/*Habersack* § 128 HGB Rn 43; *K. Schmidt* Gesellschaftsrecht § 49 V 1 m. w. N.

[38] *Baumbach/Hopt* § 128 HGB Rn 27; *Heymann/Emmerich* § 110 HGB Rn 15; MüKoHGB/*K. Schmidt* § 128 HGB Rn 34.

[39] Vgl. *Baumbach/Hopt* § 128 HGB Rn 27; *Heymann/Emmerich* § 110 HGB Rn 15; GK/*Ulmer* § 110 HGB Rn 32.

[40] MüKoHGB/*K. Schmidt* § 128 HGB Rn 37.

4. Die Haftung der Komplementär-GmbH nach Ausscheiden aus der GmbH & Co. KG

21 **a) Forthaftung für bestehende Gesellschaftsverbindlichkeiten.** Das Ausscheiden aus der GmbH & Co. KG, sei es durch Anteilsübertragung, sei es durch Aufgabe der Mitgliedschaft mit Anwachsungsfolge bei den übrigen Gesellschaftern, ändert nichts an der Haftung des Gesellschafters für bestehende Verbindlichkeiten der Gesellschaft. Weder die Komplementär-GmbH noch Kommanditisten können sich von der einmal begründeten Haftung durch Aufgabe ihrer Gesellschafterstellung befreien. Sie bleiben nach Maßgabe von § 160 HGB – im Rahmen der für sie maßgeblichen Haftungsregeln – neben den verbleibenden Gesellschaftern für die Gesellschaftsschulden in der Haftung. Das gilt auch dann, wenn die Gesellschaft mit Ausscheiden aufgelöst wird oder – durch Ausscheiden des vorletzten Gesellschafters – erlischt.[41]

22 Für nach dem **Ausscheiden** begründete Verbindlichkeiten haftet der Ausscheidende dagegen nicht mehr. Wird das Ausscheiden aber nicht im Handelsregister eingetragen und bekannt gemacht, kommt eine Rechtsscheinhaftung nach § 15 Abs. 1 HGB in Betracht. Bei Ausscheiden **begründet** sind alle Verbindlichkeiten, deren **Rechtsgrund** zu diesem Zeitpunkt bereits **gelegt** ist, mag auch die Fälligkeit der hieraus resultierenden Einzelansprüche erst später eintreten.[42] Schuldet also die Gesellschaft aufgrund eines vor dem Ausscheidungszeitpunkt abgeschlossenen Vertrages eine Werkleistung, die sie erst nach Ausscheiden erbringt, haftet der Ausgeschiedene hierfür ebenso wie für die Folgen einer Schlechtleistung der Gesellschaft, und zwar unabhängig vom Zeitpunkt seines Ausscheidens und unabhängig davon, zu welchem Zeitpunkt die Gegenleistung des Bestellers dem Gesellschaftsvermögen zufließt. Nachträgliche, haftungserweiternde Abreden im Rahmen eines bestehenden Vertragsverhältnisses, z. B. die Erhöhung einer Kreditlinie, gehen den Ausscheidenden dagegen nichts mehr an.[43]

23 **b) Dauerschuldverhältnisse.** Bei Dauerschuldverhältnissen haftet der Ausscheidende grundsätzlich für alle hieraus entstehenden Einzelansprüche, wenn nur das Vertragsverhältnis bei Ausscheiden begründet war. Das ist besonders bei Arbeitsverhältnissen etwa wegen der sich daraus ergebenden Pensionsverpflichtungen von besonderer Relevanz.[44] Die bis 1994 für den Ausscheidenden in § 159 Abs. 3 HGB a. F. bestimmte **fünfjährige Sonderverjährung** bot insoweit dem ausgeschiedenen Gesellschafter keinen Schutz, denn sie begann immer erst mit Fälligkeit des Einzelanspruchs zu laufen. Literatur und Rechtsprechung hatten deshalb ex lege Sonderenthaftungsregeln entwickelt, die auf eine Begrenzung der Nachhaftung auf die bis zum nächsten ordentlichen Kündigungstermin fällig werdenden Einzelansprüche und auf eine generelle Beschränkung der

---

[41] Vgl. BGHZ 48, 203.

[42] BGHZ 55, 267, 269; *Heymann/Emmerich* § 160 HGB Rn 7 f.; *K. Schmidt* Gesellschaftsrecht § 51 I 2.

[43] Vgl. MünchHdb. GesR I/*Piehler* § 68 Rn 74.

[44] BAG DB 2004, 1889, 1889 f.

Nachhaftung auf bis zum Ablauf von fünf Jahren fällig gewordene Einzelansprüche – jeweils mit sich dann anschließender Einzelverjährung von fünf Jahren – hinausliefen.[45]

Durch das **Nachhaftungsbegrenzungsgesetz** vom 18. März 1994[46] in § 160 HGB in seiner Fassung ab dem 26. März 1994 ist die Enthaftung ausscheidender Gesellschafter neu geregelt worden. Die bis dahin geltenden Rechtsregeln einschließlich der haftungseinschränkenden Rechtsprechung haben nur noch für Altverträge aus der Zeit davor Relevanz; vgl. dazu im Einzelnen die Übergangsbestimmungen in Art. 35 bis 37 EGHGB. **24**

Nach der seit 26. März 1994 geltenden **Neuregelung** haftet der Ausgeschiedene für Altverbindlichkeiten generell, auch bei Dauerschuldverhältnissen, nur noch, wenn hieraus vor Ablauf von fünf Jahren nach seinem Ausscheiden Ansprüche fällig geworden und gegen ihn gerichtlich geltend gemacht sind, § 160 Abs. 1 S. 1 HGB. Die weitere für die Nachhaftung bestimmte Voraussetzung, dass der Anspruch innerhalb der 5-Jahres-Frist gerichlich geltend gemacht wird, ist durch das Schuldrechtsmodernisierungsgesetz geändert worden. Mit Wirkung ab dem 1. 1. 2002 genügt es danach, wenn der Anspruch vor Ablauf der 5-Jahres-Frist nach Maßgabe von § 197 Abs. 1 Nr. 3 bis 5 BGB festgestellt ist, was insbesondere durch die rechtskräftige Feststellung des Anspruchs erfolgen kann, § 197 Abs. 1 Nr. 3 BGB. Weil die rechtzeitige Erhebung der Klage zur Hemmung der Verjährung führt (§ 160 Abs. 1 S. 3 HGB i. V. m. § 204 BGB), liegt darin keine wesentliche Änderung der Rechtslage. Maßgeblich für den Beginn der 5-Jahres-Frist ist die Eintragung des Ausscheidens im Handelsregister, § 160 Abs. 1 S. 2 HGB. Eine gerichtliche Geltendmachung der Ansprüche als Nachhaftungsvoraussetzung ist entbehrlich, soweit der Gesellschafter den Anspruch schriftlich anerkennt (§ 160 Abs. 2 HGB). Der Anwendungsbereich des Nachhaftungsbegrenzungsgesetzes ist im Übrigen nicht auf Dauerschuldverhältnisse begrenzt.[47]

c) Regress des ausgeschiedenen Gesellschafters. Wer aus der GmbH & Co. KG als Gesellschafter ausscheidet, kann nach §§ 161 Abs. 2, 105 Abs. 2 HGB, 738 Abs. 1 S. 2 BGB im Innenverhältnis von der Gesellschaft **Freistellung** von der Inanspruchnahme für Gesellschaftsverbindlichkeiten verlangen. Wird der ausgeschiedene Gesellschafter im Außenverhältnis von einem Gesellschaftsgläubiger in Anspruch genommen, kann er von der Gesellschaft Ausgleich verlangen, § 738 Abs. 1 BGB (zur cessio legis analog § 774 Abs. 1. BGB s. Rn 18); die ehemaligen Mitgesellschafter haften als Gesamtschuldner.[48] All dies gilt für die Komplementär-GmbH wie für Kommanditisten im Grundsatz gleichermaßen. **25**

---

[45] Vgl. grundlegend *Ulmer/Wiesner*, ZHR 144 (1980), 407 ff.; BGHZ 70, 132, 137; 87, 286; BGH NJW 1985, 1899; NJW 1983, 2943; zusammenfassend MüKo-HGB/*K. Schmidt* § 159 HGB Rn 41 f.

[46] BGBl. I 560.

[47] Vgl. zu Einzelheiten der neuen Rechtslage *Heymann/Emmerich* §§ 159 f. HGB; *K. Schmidt* Gesellschaftsrecht § 51 II.

[48] Vgl. MüKoHGB/*K. Schmidt* § 128 HGB Rn 62; *Kubis*, Regreß des Personenhandelsgesellschafters, S. 130.

5. Einwendungen und Einreden

26 **a) Einwendungen der Gesellschaft.** Die Mithaftung der Komplementär-GmbH ist akzessorisch und entspricht im Ausgangspunkt derjenigen des selbstschuldnerischen Bürgen. Dem entspricht es, dass die wegen einer Verbindlichkeit der Gesellschaft in Anspruch genommene Komplementär-GmbH neben den **Einwendungen**, die **in ihrer Person** begründet sind, gemäß § 129 Abs. 1 HGB auch alle Einwendungen tatsächlicher und rechtlicher Art in dem Umfang geltend machen kann, in dem sie der Gesellschaft zum Zeitpunkt ihrer Erhebung durch den Gesellschafter zustehen. Die Gesellschafterhaftung soll „grundsätzlich und gerade auch hinsichtlich aller Einwendungen – zugunsten und zuungunsten des Gesellschafters – mit der jeweiligen Gesellschafterverbindlichkeit übereinstimmen".[49]

27 Der Einwendungsbegriff in § 129 Abs. 1 HGB ist weit zu verstehen und umfasst auch die **Einreden**; mithin kann die Komplementärin grundsätzlich alle rechtshindernden, rechtsvernichtenden und rechtshemmenden Tatsachen wie das Fehlen oder die Nichtigkeit des Rechtsgeschäfts, auf das der geltend gemachte Anspruch gestützt wird, die Erfüllung oder die Leistung von Erfüllungssurrogaten, Erlass, Vergleich und Verwirkung, Verjährung, Ablauf von Ausschlussfristen, die befreiende Unmöglichkeit nach §§ 275, 323 BGB sowie das Eingreifen von Zurückbehaltungsrechten geltend machen. **Verliert** die Gesellschaft **Einwendungen**, z. B. durch Verzicht, Anerkenntnis oder Vergleich, so gilt dasselbe für die persönlich haftenden Gesellschafter.[50] Ergeht gegenüber der Gesellschaft ein rechtskräftiges Urteil, ist der Gesellschafter mit den Einwendungen präkludiert, die auch die Gesellschaft nicht mehr geltend machen kann.[51] Maßgebend ist insoweit § 767 Abs. 2 ZPO. Der Gesellschafter ist aber nicht auf die Vollstreckungsgegenklage angewiesen, sondern kann sich im Erkenntnisverfahren darauf berufen;[52] möglich bleibt auch der Einwand, der Gläubiger habe mit der Gesellschaft zum Nachteil des Gesellschafters in sittenwidriger Weise zusammengewirkt.[53] Ist über den gegen die Gesellschaft geltend gemachten Anspruch in Rechtskraft abschlägig entschieden, kann sich hierauf auch die Komplementärin berufen.[54] Keine Anwendung findet § 129 Abs. 1 HGB auf solche Einwendungen, die sich in prozessrechtlichen Rechtsfolgen erschöpfen und keine materiellrechtliche Auswirkung haben, z. B. auf die Einrede der Rechtshängigkeit oder auf die Folgen einer rügelosen Einlassung nach § 39 ZPO.[55]

28 **Gestaltungsrechte** der Gesellschaft kann der Gesellschafter nicht ausüben (wohl aber die Komplementär-GmbH für die KG kraft ihrer Vertretungsmacht); das Gesetz schützt vor der persönlichen Inanspruchnahme

---

49 BGHZ 73, 217, 224; 104, 76, 78.

50 *Heymann/Emmerich* § 129 HGB Rn 5.

51 Vgl. BGHZ 78, 114, 120 f.; 95, 330, 332 f.

52 RGZ 124, 146, 151 f.

53 Vgl. *Heymann/Emmerich* § 129 HGB Rn 7.

54 *Heymann/Emmerich* § 129 HGB Rn 5 a; MüKoHGB/*K. Schmidt* § 129 HGB Rn 12.

55 MüKoHGB/*K. Schmidt* § 129 HGB Rn 5.

durch die Gewährung von Leistungsverweigerungsrechten, die denjenigen des Bürgen entsprechen. Nach § 129 Abs. 2 HGB kann, solange der KG das Recht zusteht, das der Gesellschaftsverbindlichkeit zugrunde liegende Rechtsgeschäft anzufechten, der Gesellschafter die Befriedigung des Gläubigers verweigern. Dasselbe gilt, solange sich der Gläubiger durch Aufrechnung befriedigen kann, § 129 Abs. 3 HGB.[56]

b) Verjährung. Schon aus dem Akzessorietätsprinzip folgt, dass eine Inanspruchnahme der Komplementär-GmbH ausscheidet, wenn der Anspruch gegen die Gesellschaft verjährt ist und die Gesellschaft die **Verjährungseinrede** erhebt, was die Komplementär-GmbH aufgrund ihrer Vertretungsberechtigung für die KG tun kann. Umgekehrt steht fest, dass die Unterbrechung der Verjährung gegenüber der Gesellschaft auch zu Lasten der Gesellschafter wirkt.[57] Nimmt der Gläubiger die Komplementärin persönlich vor Ablauf der Verjährung in Anspruch, kann diese – anders als der Bürge[58] – nicht einwenden, die Forderung gegen die Gesellschaft sei inzwischen verjährt.[59] Dagegen hat der BGH offen gelassen, ob die Klage gegen den Gesellschafter auch die Verjährung der Gesellschaftsschuld unterbricht. 29

c) Persönliche Einwendungen. § 129 Abs. 1 HGB bestätigt, dass der in Anspruch genommenen Komplementär-GmbH, was sich von selbst versteht, auch alle in ihrer Person begründeten Einwendungen offen stehen; das sind solche, die von der Entwicklung der Gesellschaftsverbindlichkeit unabhängig sind und auf dem Verhältnis zwischen Gesellschafter und Gläubiger beruhen. Dazu zählen etwa die vom Gläubiger gewährte **Stundung** oder die Entlassung aus der Haftung aufgrund Abrede mit dem Gläubiger. 30

---

[56] Vgl. zu Einzelheiten MüKoHGB/*K. Schmidt* § 129 HGB Rn 20ff.; *Ebenroth/Boujong/Joost/Hillmann* § 129 HGB Rn 12f.

[57] Das gilt jedenfalls für diejenigen, die im Zeitpunkt der Unterbrechungshandlung noch Gesellschafter waren, BGHZ 73, 217, 222; 104, 81f.

[58] Vgl. MüKo/*Habersack* § 768 BGB Rn 5.

[59] BGHZ 104, 76, 80ff.

§ 42 Haftung der Kommanditisten

Übersicht

Schrifttum: *Blaurock/Suttmeyer*, Kommanditeinlagen und negatives Kapitalkonto, JuS 1989, 96; *Bork*, Die Haftung des entlohnten Gesellschafter-Geschäftsführers bei der GmbH & Co. KG, AcP 184 (1984), 465; *Canaris*, Die Rückgewähr von Gesellschaftseinlagen durch Zuwendungen an Dritte, in: Festschrift Fischer, S. 31; *von Gerkan*, Zur Aufrechnung des Kommanditisten gegen den Haftungsanspruch im Konkurs der Gesellschaf, in: FS Kellermann, 1991, S. 67; *Kornblum*, Die Haftung der Gesellschafter für Verbindlichkeiten von Personengesellschaften, 1972; *K.* Schmidt, Was wird aus der unbeschänkten Kommanditistenhaftung nach § 176 HGB?, GmbHR 2002, 341; *Maier-Reimer*, Nachhaftungsbegrenzung und neues Verjährungsrecht, DB 2002, 1818; *Steckhan*, Gesellschaftsvermögen der Kommanditgesellschaft und Privatvermögen des Komplementärs, DNotZ 1974, 69 (s. auch die Nachweise zu § 41).

I. Grundprinzipien

1. Summenmäßig beschränkte Haftung

1 Nach § 171 Abs. 1, 1. Hs. HGB haftet der Kommanditist den Gläubigern der Gesellschaft **bis zur Höhe seiner Einlage** unmittelbar; die Haftung ist nach § 171 Abs. 1, 2. Hs. HGB ausgeschlossen, soweit die Einlage geleistet ist. Im Verhältnis zu den Gesellschaftsgläubigern wird die Einlage des Kommanditisten durch den im Handelsregister angegebenen Betrag bestimmt, § 172 Abs. 1 HGB. Von der Haftung der Komplementär-GmbH für Verbindlichkeiten der GmbH & Co. KG unterscheidet sich die Haftung des Kommanditisten danach namentlich durch dreierlei: (1.) Der Kommanditist haftet Gläubigern der Gesellschaft nicht unbeschränkt, sondern **summenmäßig begrenzt** auf die Höhe seiner im Handelsregister verlautbarten Haftsumme. (2.) Der Kommanditist kann seine Haftung **ausschließen**, wenn und soweit er seine Einlage an die Gesellschaft leistet und dort belässt und so das Gesellschaftsvermögen in Höhe seiner Haftsumme vermehrt. (3.) Sofern der Kommanditist haftet, haftet er immer nur auf **Zahlung in Geld**.[1]

2. Regeln der Komplementärhaftung im Übrigen

2 Im Übrigen gelten für die Haftung der Kommanditisten die Grundsätze der Komplementärhaftung. Wie die Komplementär-GmbH haftet der Kommanditist also **primär** und mit seinem ganzen Vermögen (wenn auch summenmäßig beschränkt). Seine Haftung ist **akzessorisch**, setzt also die Verbindlichkeit der Gesellschaft voraus, die ihrerseits von der Kommanditistenschuld strikt zu trennen ist (dazu § 41 Rn 2). Auf welchem Rechtsgrund die Verbindlichkeit der Gesellschaft beruht, ist unerheblich. Einwendungen und Einreden kann der Kommanditist wie die Komplementär-GmbH nur im Rahmen und nach Maßgabe von § 129 HGB geltend machen (vgl. näher § 42 Rn 26 ff.). In zeitlicher Hinsicht haftet der Kommanditist, wie § 173 Abs. 1 HGB ausdrücklich bestimmt, auch für die bei seinem Eintritt bereits begründeten Verbindlichkeiten, ohne dass es auf die Art des Erwerbs der Gesellschafterstellung ankommt. Für nach dem Ausscheiden begründete Verbindlichkeiten haftet der Kommanditist nicht mehr; die Verjährungs- und Enthaftungsregeln in §§ 159 und 160 HGB gelten auch für ihn. Schließlich gilt für den Regress des in Anspruch genommenen Kommanditisten dasselbe wie das für die Komplementär-GmbH oben Ausgeführte. Anders als der Komplementär wird der Kommanditist von einer Schiedsgerichtsklausel regelmäßig nicht erfasst.[2]

II. Einzelheiten

1. Einlageverpflichtung und Haftsumme

3 **a) Innen- und Außenverhältnis.** Für die Systematik der summenmäßig beschränkten Kommanditistenhaftung ist das **Nebeneinander** der Verpflichtung zur Leistung der **bedungenen Einlage** einerseits und der

[1] Vgl. MüKoHGB/*K. Schmidt* §§ 171/172 HGB Rn 16; ebenso *Ebenroth/Boujong/Joost/Strohn* § 171 HGB Rn 11 f.; a. A. aber noch die wohl vorherschende Auffassung vgl. GK/*Schilling* § 171 HGB Rn 9 m. N. Anders ist es, wenn der Kommanditist wie ein Komplementär nach § 176 HGB in Anspruch genommen wird, vgl. MünchHdb. GesR II/*Neubauer* KG § 30 Rn 85 ff.; *K. Schmidt* Gesellschaftsrecht § 55 III 1.

[2] Vgl. *Baumbach/Hopt* § 171 HGB Rn 3; *K. Schmidt*, DB 1989, 2315, 2318.

im Handelsregister **verlautbarten Haftsumme** andererseits von grundlegender Bedeutung. Erstere betrifft die Anspruchsbeziehung zwischen Gesellschaft und Gesellschafter, also das Innenverhältnis, Letzteres definiert den Umfang, bis zu dem der Kommanditist im Außenverhältnis von Gesellschaftsgläubigern höchstens in Anspruch genommen werden kann. Die Leistung der geschuldeten Einlage ist aber insofern auch für die Beziehungen zu den Gesellschaftsgläubigern von Bedeutung, als der Kommanditist von seiner Haftung im Außenverhältnis frei wird, sofern er durch Leistung seiner Einlage dem Gesellschaftsvermögen einen objektiven Wert in Höhe der Haftsumme zuführt. Außerdem ist der Anspruch der Gesellschaft auf Leistung der Einlage Bestandteil des Gesellschaftsvermögens und steht dort dem Vollstreckungszugriff durch Gläubiger wegen Gesellschaftsverbindlichkeiten offen.

4 **b) Keine Deckungsgleichheit.** Einlage und Haftsumme müssen weder ihrem Inhalt nach noch in ihrer Höhe deckungsgleich sein. So kann der Kommanditist eine Sachleistung als Einlage versprechen (dazu § 19 Rn 17 f.), während die Haftsumme immer auf einen (Geld-)Betrag lautet. Schuldet der Kommanditist eine Einlage in Geld, kann der geschuldete Betrag **höher oder niedriger** sein als die im Handelsregister eingetragene Haftsumme. Häufig entsprechen sich Pflichteinlage und Haftsumme. Praktisch relevant wird das Auseinanderfallen von Einlagepflicht und Haftsumme aber etwa dann, wenn die Gesellschaft im Außenverhältnis ein hohes Haftkapital zeigen will, ohne dass sie auf Betriebsmittel in derselben Höhe angewiesen ist. Dann mag daran gedacht werden, die im Innenverhältnis geschuldete Einlage niedriger anzusetzen als die im Handelsregister verlautbarte Haftsumme, zumal der Kommanditist den überschießenden Betrag nach Maßgabe von § 15 a Abs. 2 S. 2 EStG steuerlich nutzbar machen und Verlustzuweisungen bis zur Höhe der Haftsumme mit anderen Einkünften verrechnen kann, auch wenn dadurch ein negatives Kapitalkonto entsteht (vgl. dazu eingeh. § 6). Übersteigt die Haftsumme die Pflichteinlage, kann sich der Kommanditist über die Erbringung der Pflichteinlage hinaus von der weitergehenden Außenhaftung durch eine entsprechende Vermögenszuführung an die Gesellschaft – in Geld oder Sachwerten – mit Wirkung gegenüber den Gesellschaftsgläubigern befreien. Er ist also nicht darauf verwiesen, einen der Gläubiger zu befriedigen. Die Gesellschaft muss dem Kommanditisten diese Art der Haftungsbefreiung ermöglichen, seine Leistung also in Empfang nehmen. Vorbehaltlich abweichender Regelungen im Gesellschaftsvertrag ändert dies aber nichts daran, dass im Verhältnis der Gesellschafter zueinander allein die gesellschaftsvertraglich bedungenen Pflichteinlagen maßgeblich sind. Hat der Kommanditist eine Sacheinlage versprochen, ist er gut beraten, das **Risiko einer Überbewertung** nicht in das Außenverhältnis zu tragen, sondern seine Haftsumme auf den Betrag zu beschränken, der durch seine Sachleistung sicher abgedeckt ist.

5 Bestimmen die Gründer lediglich, dass im Handelsregister eine bestimmte Haftsumme eingetragen werden soll, wird im Regelfall gegenüber der KG die Leistung einer Einlage in gleicher Höhe und in Geld verspro-

chen sein. Dasselbe gilt im umgekehrten Fall, wenn im Gesellschaftsvertrag **nur** die zu leistende **Einlage bestimmt** ist; dann wird im Zweifel die Eintragung einer Haftsumme in derselben Höhe gewollt sein.[3] Für die **Vertragsgestaltung** empfiehlt es sich in jedem Fall dringend, Pflichteinlage und Haftsumme deutlich voneinander zu sondern und genau zu bestimmen (dazu Rn 3). Für die Höhe der Haftsumme ist bis zur Eintragung im Handelsregister die Bestimmung im Gesellschaftsvertrag maßgeblich, alsdann ausschließlich der Handelsregistereintrag, vgl. § 172 Abs. 1, 2 und 3 HGB. Erhöhungen und Herabsetzungen in der Folgezeit gelten dann zugunsten und zu Lasten der Gläubiger grundsätzlich erst ab Eintragung.[4]

2. Haftungsbefreiung durch Einlageleistung

a) Grundprinzip. Von der persönlichen Haftung gegenüber Gesell- 6
schaftsgläubigern kann sich der Kommanditist durch Leistung seiner Einlage in das Gesellschaftsvermögen **befreien**, § 171 Abs. 1 S. 2 HGB. Seine **Haftung lebt** – bis zur Höhe der verlautbarten Haftsumme – alsdann wieder **auf**, wenn und soweit der Kommanditist die Einlageleistung aus dem Gesellschaftsvermögen zurückerhält, § 172 Abs. 4 HGB. Unter welchen Voraussetzungen eine haftungsbefreiende Einlageleistung gegeben ist und wann eine zum Wiederaufleben der Haftung führende, schädliche Einlagenrückgewähr anzunehmen ist, wird zwischen den Vertretern der sog. „Vertragstheorie" und den Anhängern der sog. „Verrechnungstheorie" kontrovers diskutiert.[5]

Für die Praxis ist von Folgendem auszugehen: auf eine seine Haftung ausschließende Leistung in das Gesellschaftsvermögen kann sich der Kommanditist nur dann berufen, wenn er die Vermögenszuwendung **in Erfüllung** seiner Einlageschuld erbracht hat, also auf die Einlageschuld und nicht aus anderem Rechtsgrund geleistet hat (dazu sogleich b)) und wenn er dabei dem Gesellschaftsvermögen eine **objektive Vermögensmehrung** zugeführt hat, also eine objektive Wertdeckung bewirkt hat (dazu unter c)). Die Beweislast für die Einlageleistung und ihre haftungsbefreiende Wirkung liegt bei dem Kommanditisten.[6]

b) Leistung auf die Einlageschuld. Was der Kommanditist nicht in 7
Erfüllung seiner Einlageverpflichtung leistet, wirkt nicht haftungsbefreiend. Rechtsgrund der Leistung muss also die Einlageschuld sein. Befriedigt der Kommanditist einen **Gesellschaftsgläubiger**, der ihn im Rahmen seiner Haftsumme wegen einer Gesellschaftsschuld in Anspruch nimmt, leistet er nicht auf seine Einlageschuld, sondern aufgrund der Außenhaftung im Rahmen der eingetragenen Haftsumme; weil er nicht seine Einlage leistet, behält die Gesellschaft ihren Einlageanspruch. Der Kommanditist kann sich aber durch **Aufrechnung** mit seinem Regressanspruch aus § 161

---

[3] BGH NJW 1977, 1820, 1821; GK/*Schilling* § 161 HGB Rn 7; MünchHdb. GesR II/*v. Falkenhausen/Schneider* KG § 24 Rn 7.

[4] Vgl. *K. Schmidt* Gesellschaftsrecht § 54 I 2 e.

[5] Vgl. dazu *K. Schmidt*, Einlage und Haftung, S. 22 ff.; *Wiedemann*, JZ 1986, 855, 856.

[6] Vgl. BGH WM 1977, 167 f.; NJW 1984, 2290 f.

Abs. 2 mit § 110 HGB (s. § 41 Rn 18) von der Einlageverbindlichkeit befreien.[7] Statt an den Gesellschaftsgläubiger zu leisten, kann der in Anspruch genommene Kommanditist aber immer auch seine Einlage an die Gesellschaft erbringen und so die Außenhaftung abwenden. Die **Zahlung an einen Dritten** kann aber Leistung der Einlage sein, wenn die Schuldbefreiung als Sacheinlage versprochen worden ist oder wenn sie auf Veranlassung der Gesellschaft im Sinne einer abgekürzten Leistung erfolgt.[8]

8 Die Gewährung von **Darlehen** an die KG ist keine Einlageleistung und wirkt demgemäß nicht haftungsbefreiend. Anders liegt es in Fällen der so genannten **„gesplitteten Einlage"**, bei der, namentlich bei Publikumsgesellschaften, im Gesellschaftsvertrag vorgesehen ist, die Haftsumme z. T. durch eine Bareinlage und z. T. durch ein Darlehen zu belegen. Im Wege der Auslegung ergibt sich dabei häufig, dass es sich bei dem Darlehen in Wahrheit um die Zuführung von Eigenkapital handeln soll; die Kommanditeinlage wird dann auf ein Festkapitalkonto und auf ein „bewegliches Darlehenskonto" gestellt. Der Eigenkapitalcharakter der Darlehensgewährung wird in diesen Fällen zum Vorteil und zum Nachteil des Kommanditisten zugrunde gelegt; seiner Zahlung kommt Haftungsbefreiung zu, doch kann er im Konkurs auch keinen Anspruch auf Darlehensrückgewähr geltend machen.[9] Dasselbe kann für die Aufbringung eines **Agio** oder eine **stille Einlage** gelten, wenn die Auslegung ergibt, dass es sich in Wahrheit um Kommanditistenbeträge mit teils fixem, teils beweglichem Charakter handeln sollte.

9 Vereinbarungen zwischen Gesellschaft und Kommanditist, wonach dem Kommanditisten die Einlage erlassen oder gestundet wird, sind gegenüber den Gläubigern unwirksam, § 172 Abs. 3 HGB; haftungsbefreiende Wirkung kommt diesen Abreden nicht zu. Das **„Stehenlassen"** von tatsächlich erzielten entnahmefähigen **Gewinnanteilen** durch den Kommanditisten kann befreiende Einlageleistung sein. Ein **Dritter** kann nach § 267 BGB haftungsbefreiend für den Kommanditisten die Einlage leisten.

10 **c) Objektive Wertdeckung.** Haftungsbefreiend ist die Einlageleistung nur dann, wenn der objektive Wert der Einlage zu einer entsprechenden **Vermehrung des Gesellschaftsvermögens** in Höhe der Haftsumme führt. Die Frage objektiver Wertdeckung stellt sich namentlich bei Sachleistungen und Verrechnungsvorgängen. Leistet der Gesellschafter bei einer verlautbarten Haftsumme von 100 eine Sacheinlage, deren objektiver Wert im Zeitpunkt der Einlageleistung (nicht bei Begründung der Einlageschuld) nur 80 beträgt, bleibt er mit 20 im Außenverhältnis verhaftet.

11 **Rechnet** der Kommanditist mit einer Forderung gegen die KG gegenüber der Einlageschuld **auf**, wirkt dies haftungsbefreiend nur dann, wenn

---

[7] BGHZ 63, 338, 342; BGH NJW 84, 2290; MüKoHGB/*K. Schmidt* §§ 171/172 HGB Rn 50; *Ebenroth/Boujong/Joost/Strohn* § 171 HGB Rn 51; dies gilt auch noch im Falle der Insolvenz der KG, vgl. OLG Dresden DB 2004, 1770, 1770 f.

[8] Dazu *K. Schmidt*, ZHR 157, 1993, 304 ff.

[9] Vgl. aus der Rspr. BGH LM Nr. 21 zu § 171 HGB = NJW 1982, 2253 m. Anm. *K. Schmidt*; OLG Köln ZIP 1982, 310; zum Ganzen auch MüKoHGB/*K. Schmidt* §§ 171/172 HGB Rn 49.

seine Forderung gegen die KG vollwertig war.[10] Anderes gilt nur dann, wenn seine Forderung ein Regressanspruch nach §§ 161 Abs. 2 i.V. m. 110 HGB nach Inanspruchnahme durch einen Gesellschaftsgläubiger ist. Dann kommt es auf die Vollwertigkeit nicht an, weil der Kommanditist einen seiner Haftsumme entsprechenden Betrag zugunsten der Gläubiger bereits zur Verfügung gestellt hat und unter Haftungsgesichtspunkten gegen eine Nennwertaufrechnung keine Einwendungen zu erheben sind.

d) Einbuchen und Umbuchen von Kapitalkonten. Die Einlage kann auch durch eine so genannte Einbuchung geleistet werden: die Einlage wird dem Kommanditisten auf seinem Konto gutgeschrieben, er leistet die Einlage indes nicht aus seinem eigenen Vermögen, sondern diese wird dem Konto eines anderen Gesellschafters abgeschrieben. Praktische Bedeutung kommt derartigen Gestaltungen vor allem im Zuge **vorweggenommener Erbfolge** zu, wenn die Gutschrift von dem Konto des bisherigen ausscheidenden Gesellschafters zugunsten seiner in die Gesellschaft eintretenden Abkömmlinge erbracht wird. Die Einlageleistung kann sowohl aus dem Vermögen eines persönlich haftenden Gesellschafters[11] als auch aus dem eines beschränkt haftenden Gesellschafters erfolgen. Im letzteren Falle ist indes zu beachten, dass die Leistung aus dem ungebundenen Kapital erfolgt, um nicht die Haftung nach § 172 Abs. 4 HGB auszulösen. Eine Umbuchung liegt auch dann vor, wenn die Position eines persönlich haftenden Gesellschafters in die eines Kommanditisten umgewandelt wird unter Eintragung der Haftsumme ins Handelsregister und der Fortführung des Kapitalkontos des Gesellschafters als das eines Kommanditisten. Den Altgläubigern haftet er dabei weiterhin unbeschränkt, den Neugläubigern beschränkt.[12] Die Einlage des Kommanditisten ist jedoch nur dann haftungsbefreiend erbracht, wenn das gebuchte Guthaben am Umbuchungsstichtag **wertmäßig** gedeckt ist. Dies kann auch bei einem negativen Kapitalkonto der Fall sein, weil dieses über die Werthaltigkeit der Anteile keine verlässliche Auskunft gibt.[13] 12

e) Keine Einlageleistung in Anteilen der Komplementär-GmbH. Nach § 172 Abs. 6 S. 1 HGB stellt es keine gegenüber den Gläubigern haftungsbefreiende Einlageleistung dar, wenn der Kommanditist Anteile an der Komplementär-GmbH in das KG-Vermögen einbringt. In der Bestimmung kommt das Grundprinzip zum Ausdruck, dass das Stammkapital der GmbH kumulativ zur Aufbringung der Kommanditeinlagen aufgebracht werden muss; § 172 Abs. 6 S. 1 HGB schützt vor Umgehungen dieser gebotenen **kumulativen Kapitalaufbringung**.[14] Es ist danach ausgeschlossen, dass der Kommanditist – in seiner Eigenschaft als GmbH-Gesellschafter – bei der GmbH durch Einzahlung das Stammkapital aufbringt und 13

[10] BHZ 95, 188; *von Gerkan*, FS Kellermann, S. 67 ff.; MünchHdb. GesR II/*Neubauer* KG § 30 Rn 36 ff.

[11] Vgl. *Heymann/Horn* § 171 HGB Rn 18; *K. Schmidt* Gesellschaftsrecht § 54 II 4 a; a. A. *Steckhan*, DNotZ 1974, 69.

[12] Vgl. *K. Schmidt* Gesellschaftsrecht § 54 II 4 b.

[13] Vgl. BGHZ 101, 123, 126 ff.; *Blaurock/Suttmeyer*, JuS 1989, 96; *K. Schmidt* Gesellschaftsrecht § 54 II 4 b.

[14] *Baumbach/Hopt* § 172 HGB Rn 13; *Heymann/Horn* § 172 HGB Rn 27.

sodann den so eingezahlten GmbH-Anteil – ohne weitere Vermögenszuwendung – dazu benutzt, mit haftungsbefreiender Wirkung seine Kommanditeinlage zu bewirken. Anders gesprochen: dem Gläubiger soll das gesicherte Vermögen der GmbH als Vollhafter und zusätzlich das verlautbarte Kommanditkapital für Vollstreckungszugriffe wegen Gesellschaftsschulden offen stehen. Für die **Einheits-GmbH & Co. KG** (dazu § 3) bedeutet dies, dass die Kommanditisten neben der Einlage der Komplementär-GmbH-Anteile noch weitere Einlageleistungen erbringen müssen, um sich von der Haftung im Außenverhältnis zu befreien.[15]

3. Wiederaufleben der Haftung durch Einlagenrückgewähr

14 **a) Belassen der Einlage im Gesellschaftsvermögen.** Die haftungsbefreiende Wirkung der Einlageleistung wird durch Einlagenrückgewähr wieder aufgehoben. Nach § 172 Abs. 4 HGB gilt die Einlage den Gläubigern gegenüber als nicht geleistet, soweit die Einlage eines Kommanditisten zurückbezahlt wird. Das Gleiche gilt nach § 172 Abs. 4 S. 2 HGB, soweit der Kommanditist Gewinnanteile entnimmt, während sein Kapitalanteil durch Verlust unter den Betrag der geleisteten Einlage herabgemindert ist, oder soweit durch die Entnahme der Kapitalanteil unter den bezeichneten Betrag herabgemindert wird. **Haftungsbefreiend** wirkt die Einlageleistung also nur, solange und soweit der Kommanditist seine Leistung im Gesellschaftsvermögen belässt.

15 **Schädliche Einlagenrückgewähr** ist nach herrschender Auffassung jede Vermögenszuwendung an den Kommanditisten aus dem Gesellschaftsvermögen, der keine gleichwertige Gegenleistung gegenübersteht.[16] Obwohl das Gesetz von der Rückzahlung der „Einlage" spricht, ist dabei keine gegenständliche, sondern eine **wertmäßige Betrachtung** geboten. Es kommt also nicht darauf an, ob dem Kommanditisten gerade das von ihm als Einlage Erbrachte, z. B. die von ihm erbrachte Sacheinlage, zurückgewährt wird. Entscheidend ist vielmehr die wertmäßige Vermögenszuwendung an ihn zu Lasten des Gesellschaftsvermögens. Deshalb kann auch eine Sachleistung an den Kommanditisten Einlagenrückgewähr sein, die in Höhe des objektiven Wertes der Sachleistung zu einem Wiederaufleben seiner Außenhaftung führt.[17]

16 **b) Umwandlung des Kapitalkontos.** Streitig ist, ob die Umwandlung des Kapitalkontos in ein Darlehenskonto **haftungsbegründende Rückzahlung** im Sinne von § 172 Abs. 4 HGB ist[18] oder ob erst die Zahlung auf die Darlehensschuld die Haftung des Kommanditisten wieder aufleben lässt.[19] Weil in der Umbuchung auf Darlehenskonto nach dem Willen von

---

[15] Zum Ganzen MüKoHGB/*K. Schmidt* §§ 171/172 HGB Rn 124 ff.

[16] Vgl. BGHZ 39, 319, 331; OLG Hamm NJW-RR 1995, 489 f.; GK/*Schilling* § 172 HGB Rn 9. Dies gilt indes nur, soweit die Einlagenrückgewähr auch die Haftsumme betrifft, vgl. LG Hamburg NZG 2005, 76, 77.

[17] Vgl. GK/*Schilling* § 172 HGB Rn 9.

[18] Dafür mit guten Gründen *K. Schmidt* Gesellschaftsrecht § 54 III 2 a aa.

[19] Dafür im Anschluss an BGHZ 39, 319, 331 die vorh. Auffassung, vgl. *Heymann/Horn* § 172 HGB Rn 10; GK/*Schilling* § 172 HGB Rn 14, 17.

Gesellschaft und Gesellschafter eine Forderung des Kommanditisten gegen die Gesellschaft begründet werden soll, ist Ersteres richtig.

c) Kapitalrückfluss causa societatis. Haftungsbegründende Rückzahlung ist nur der Kapitalrückfluss an den Kommanditisten causa societatis. Zahlungen zu Lasten seines Darlehenskontos oder aus auf ihn entfallenen ausgewiesenen Gewinnanteilen sind keine Einlagenrückgewähr im Sinne von § 172 Abs. 4 HGB, ebenso wenig die Abwicklung von Austauschgeschäften, sofern Leistung und Gegenleistung in angemessenem Verhältnis zueinander stehen. Gewährt die Gesellschaft dem Kommanditisten ein **Darlehen**, ist dies keine Einlagenrückgewähr, sofern und solange die Darlehensrückzahlung ernstlich gewollt und der Gesellschafter zur Rückzahlung imstande ist. Keine Einlagenrückgewähr ist schließlich die Gewährung einer angemessenen **Tätigkeitsvergütung**.[20] Die unangemessen hohe Tätigkeitsvergütung führt dagegen in Höhe des unangemessenen Teils zum Wiederaufleben der Haftung.[21] Auch Zahlungen der Gesellschaft an Dritte können Einlagerückgewähr sein; so liegt es z. B., wenn die Gesellschaft private Steuern des Kommanditisten begleicht.[22] 17

Vermögenszuwendungen an den Kommanditisten sind im Übrigen nach herrschender Auffassung so lange unschädlich, wie dadurch nicht das Kapitalkonto unter den Betrag der Haftsumme fällt.[23] Dabei soll es nach der Rechtsprechung des BGH auf das buchmäßige Eigenkapital ankommen, während stille Reserven unberücksichtigt bleiben sollen. Das bedeutet für einen Kommanditisten, dessen Kapitalkonto allein aufgrund steuerlicher Sonderabschreibungen negativ geworden ist, dass Gewinnausschüttungen haftungsbegründend wirken.[24]

d) Folgen. Das Wiederaufleben der Haftung durch Einlagenrückgewähr führt zur Wiederherstellung der Haftungssituation vor Einlageleistung: Der Kommanditist haftet **summenmäßig beschränkt** auf den Betrag der verlautbarten Haftsumme. Dabei bleibt es auch dann, wenn an ihn eine seine Haftsumme **übersteigende Vermögenszuwendung** erfolgt; sie ist im Außenverhältnis irrelevant, kann aber zu einem Rückforderungsanspruch der Gesellschaft im Innenverhältnis führen.[25] 18

e) Einlagenrückgewähr bei Ausscheiden. Zum Wiederaufleben der Haftung kommt es auch dann, wenn die haftungsschädliche Einlagenrückgewähr im Zuge des Ausscheidens des Kommanditisten aus der Gesellschaft oder an einen bereits Ausgeschiedenen erfolgt. Die Aufgabe der Gesellschafterstellung führt nicht zur Befreiung von der Mithaftung für Verbindlichkeiten der Gesellschaft. Erhält der Ausscheidende aus dem Ge- 19

---

[20] BAG NJW 1983, 1869; eingeh. dazu *Bork*, AcP 184, 465.

[21] Vgl. MüKoHGB/*K. Schmidt* §§ 171/172 HGB Rn 68.

[22] Vgl. BGH NJW 1973, 1036 f.; grdl. zum Ganzen *Canaris,* FS Fischer, S. 31 ff.

[23] Vgl. BGHZ 84, 383; 109, 334; a. A. aber *K. Schmidt*, Einlage und Haftung, S. 79 ff.; MüKoHGB/*K. Schmidt* §§ 171/172 HGB Rn 64.

[24] Vgl. dazu BGHZ 109, 334; MünchHb. GesR II/*Neubauer* KG § 30 Rn 65; *K. Schmidt* Gesellschaftsrecht § 54 III 2 c, S. 1583 m. Fn 85 m. w. N.

[25] Zutr. MüKoHGB/*K. Schmidt* §§ 171/172 HGB Rn 65.

sellschaftsvermögen eine Abfindung für die Aufgabe seiner Gesellschafterstellung, lebt seine durch Einlageleistung ausgeschlossene Außenhaftung wieder auf, sofern nicht die Zahlung zu Lasten seines den Betrag der Hafteinlage übersteigenden Kapitalkontos erfolgt.[26] Zur Verjährung sowie zur Enthaftung und zum Regress des Ausgeschiedenen vgl. § 41 Rn 19 ff., zur Haftung bei Ein- und Austritt und bei der Übertragung von Anteilen vgl. § 28.

4. Haftungsschädliche Gewinnentnahmen

20 **a) Grundsatz.** Wie bereits erläutert (§ 23 Rn 18 ff.), hat der Kommanditist vorbehaltlich abweichender Regelungen im Gesellschaftsvertrag Anspruch auf Auszahlung des auf ihn entfallenden Gewinns (§ 169 Abs. 2 S. 2 HGB), den er auch dann nicht zurückzuzahlen hat, wenn die Gesellschaft in späteren Jahren Verluste macht (§ 169 Abs. 2 HGB). Gewinnentnahmen scheiden aber aus, solange das Kapitalkonto des Kommanditisten durch Verlust unter den auf die bedungene Einlage geleisteten Betrag herabgemindert ist oder durch die Gewinnauszahlung unter diesen Betrag gemindert würde, § 169 Abs. 2 S. 2, 2. Hs. HGB. Erfolgen im Widerspruch hierzu Gewinnauszahlungen an den Kommanditisten, führt dies nach § 172 Abs. 4 S. 2 HGB zu einem Wiederaufleben seiner Haftung im Außenverhältnis; die Gewinnentnahme steht der **haftungsschädlichen Einlagenrückgewähr** gleich. Gewinnanteile müssen, um diese Konsequenz zu vermeiden, dem Kapitalkonto gutgeschrieben werden, solange es nicht wieder auf den Stand der bedungenen Einlage aufgefüllt ist. Es empfiehlt sich, dies im Gesellschaftsvertrag ausdrücklich vorzusehen.

21 **b) Scheingewinne.** Scheingewinne, die der Kommanditist in **gutem Glauben** und auf der Grundlage einer im guten Glauben errichteten Bilanz als Gewinnanteil bezieht, muss er nach § 172 Abs. 5 HGB „in keinem Fall zurückzahlen". Die Vorschrift schützt den Kommanditisten richtigerweise nicht nur vor einem Aufleben seiner Haftung im Außenverhältnis, sondern auch vor einem Rückzahlungsanspruch der Gesellschaft.[27] Verbreitet wird dies im Schrifttum aber anders gesehen.[28]

5. Rückzahlungen zu Lasten des Vermögens der Komplementär-GmbH

22 Vermögenszuwendungen zu Lasten des Vermögens der Komplementär-GmbH an Kommanditisten berühren das Gesellschaftsvermögen nicht; sie spielen sich ausschließlich auf der Ebene der Gesellschafter ab und sind weder für die Außenhaftung der Kommanditisten noch für die Anspruchsbe-

---

[26] Vgl. *Kornblum*, Haftung der Gesellschafter, S. 238 f.; *K. Schmidt* Gesellschaftsrecht § 54 IV 1.

[27] Zutr. *K. Schmidt* Gesellschaftsrecht § 54 III 3 b; MüKoHGB/*K. Schmidt* §§ 171/172 HGB Rn 94; a. A. *Baumbach/Hopt* § 172 HGB Rn 9.

[28] Vgl. *Heymann/Horn* § 172 HGB Rn 23 mit der Einschränkung, dass kein Rückforderungsanspruch der KG entsteht, sondern nur Ausgleichsansprüche der Gesellschafter untereinander; *Schlegelberger/Martens* § 169 HGB Rn 16 bis 18 für Bereicherungsanspruch der Gesellschaft; ebenso GK/*Schilling* § 169 HGB Rn 9, § 172 Rn 37.

ziehung zwischen der KG und dem Zahlungsempfänger von Bedeutung. Maßgeblich sind allein die **GmbH-rechtlichen Kapitalerhaltungsvorschriften**. Sofern der Kommanditist zugleich GmbH-Gesellschafter ist, kann eine gegen §§ 30, 31 GmbHG verstoßende Einlagenrückgewähr oder eine verdeckte Gewinnausschüttung gegeben sein.

6. Unbeschränkte Kommanditistenhaftung in der GmbH & Co. KG?

a) Überblick. Ausnahmsweise kommt eine unbeschränkte Haftung des Kommanditisten für Verbindlichkeiten der Gesellschaft in Betracht. Unter den in § 176 HGB bestimmten Voraussetzungen haftet der Kommanditist wie ein persönlich haftender Gesellschafter, nämlich bei einer (noch) **nicht** im Handelsregister **eingetragenen KG**, sofern er der Geschäftsaufnahme zugestimmt hat und bei Eintritt in eine bestehende KG vor Eintragung als Kommanditist sowie aus Sonderhaftungstatbeständen, namentlich aus Konzernhaftung. 23

b) Haftung nach § 176 Abs. 1 HGB. § 176 HGB gilt auch für die GmbH & Co. KG und auch im Falle ihrer Ausgestaltung als Publikumsgesellschaft. Doch wird mit Recht die Frage erörtert, ob das Auftreten unter der Firma der GmbH & Co. ausreicht, das grundsätzlich schützenswerte Vertrauen der Gläubiger, das den beiden Tatbeständen von § 176 HGB zugrunde liegt, auszuschließen. Die herrschende Auffassung **bejaht** dies mit Recht,[29] der BGH hat angedeutet, dass er dieser Meinung folgt.[30] 24

c) Keine Haftung kraft Atypizität. Der BGH hat sich im sog. „Rektorfall“[31] mit der Frage befasst, ob der (eingetragene) Kommanditist bei atypischer Ausgestaltung der KG **wie ein Komplementär** unbeschränkt haftet, wenn er sich kraft Gesellschaftsvertrags die Kompetenzen eines Komplementärs sichert. Der BGH hat diese Frage verneint und sich damit vom Prinzip eines Gleichlaufs von Herrschaft und Haftung distanziert. 25

Zur Haftung des Kommanditisten als herrschendes Unternehmen einer abhängigen GmbH & Co. KG vgl. näher § 52 „Die GmbH & Co. KG als Konzernbaustein“, zu Haftungsfragen bei Ein- und Austritt aus der GmbH & Co. KG und beim Anteilsübergang vgl. §§ 28, 29, zur Gesellschafterhaftung in der Insolvenz vgl. § 47.

III. Haftung des Kommanditisten nach Ausscheiden aus der Gesellschaft

Für Verbindlichkeiten, die vor seinem Ausscheiden aus der Gesellschaft begründet waren, haftet der Kommanditist im Rahmen seiner Haftsumme fort. Die in § 41 Rn 18 ff. (II. 4) zur Forthaftung der ausgeschiedenen Komplementärgesellschaft getroffenen Feststellungen gelten entsprechend. 26

---

[29] Vgl. LG Lübeck DZWIR 2004, 390, 391; *Heymann/Horn* § 176 HGB Rn 11; MüKoHGB/*K. Schmidt* § 176 HGB Rn 50 m. w. N.; *K. Schmidt*, GmbHR 2002, 341, 344 f.

[30] Vgl. BGH NJW 1983, 2258 m. Anm. *K. Schmidt*.

[31] BGH NJW 1966, 1309.

2. Abschnitt. Verfahrensfragen

§ 43 Die GmbH & Co. KG im Prozess

Übersicht

Schrifttum: *Bork/Oepen,* Einzelklagebefugnisse des Personengesellschafters, ZGR 2001, 515; *Ebbing,* Schiedsvereinbarungen in Gesellschaftsverträgen, NZG 1998, 281; *ders.*, Satzungsmäßige Schiedsklauseln, NZG 1999, 754; *Ebenroth/Bohne,* Die schiedsgerichtliche Überprüfung von Gesellschafterbeschlüssen in der GmbH, BB 1996, 1393; *Happ,* Die GmbH im Prozeß, 1997; *Henze,* Zur Schiedsfähigkeit von Gesellschafterbeschlüssen im GmbH-Recht, ZGR 1988, 542; *Hüffer,* Die Gesamthandsgesellschaft in Prozeß, Zwangsvollstreckung und Konkurs, in: Festschrift Stimpel, 1985, S. 165; *Kröll,* Das neue deutsche Schiedsrecht vor staatlichen Gerichten, NJW 2001, 1173; *Lachmann,* Handbuch für die Schiedsgerichtspraxis, 2. Aufl. 2002; *Lörcher,* Das neue Recht der Schiedsgerichtsbarkeit, DB 1998, 245; *Noack,* Die Kommanditgesellschaft im Prozeß und in der Vollstreckung, DB 1973, 1157; *Reichert/Harbarth,* Statutarische Schiedsklauseln, NZG 2003, 379; *K. Schmidt,* Schiedsfähigkeit von GmbH-Beschlüssen, ZGR 1988, 523; *ders.*, Die Bindung von Personengesellschaftern an vertragliche Schiedsklauseln, DB 1989, 2315; *ders.*, Schiedsklauseln in Gesellschaftsverträgen der GmbH & Co. KG, GmbHR 1990, 16; *ders.*, Neues Schiedsverfahrensrecht und Gesellschaftsrechtspraxis, ZHR 162 (1998) 265; *ders.*, Schiedsklauseln und Schiedsverfahren im Gesellschaftsrecht als prozessuale Legitimationsprobleme, BB 2001, 1857.

I. Die Gesellschaft im Prozess

1. Parteifähigkeit der GmbH & Co. KG

1 Wer rechtsfähig ist, ist gemäß § 50 Abs. 1 ZPO auch parteifähig, kann also vor Gericht klagen und verklagt werden. Die **Rechtsfähigkeit** von Gesamthandsgesellschaften – und damit auch die einer GmbH & Co. KG – war früher umstritten.[1] Gleichwohl bejahte die ganz herrschende Meinung[2] die Parteifähigkeit von Kommanditgesellschaften aufgrund der Vorschriften der §§ 124 Abs. 1, 161 Abs. 2 HGB, wonach diese unter ihrer Firma vor Gericht klagen und verklagt werden können. Inzwischen sind die Rechtsfähigkeit und die Parteifähigkeit der (Außen-) Gesellschaft bürgerlichen Rechts vom Bundesgerichtshof[3] anerkannt und generell die Möglichkeit der Rechtsfähigkeit von Personengesellschaften in § 14 Abs. 2 BGB auch gesetzlich verankert. Die GmbH & Co. KG ist somit als (Außen-) Personengesellschaft mit der Fähigkeit selbständiger Rechtsträgerschaft[4] versehen und damit auch parteifähig.[5] Die Bestimmung des § 124 Abs. 1 HGB hat daher lediglich noch klarstellenden Charakter.

2 Da auch die (Außen-) Gesellschaft bürgerlichen Rechts rechts- und parteifähig ist,[6] **verliert** die GmbH & Co. KG ihre Parteifähigkeit **nicht**, wenn sie während des Rechtsstreits etwa durch Veräußerung ihres Handelsgeschäftes und Eintragung des Erlöschens ihrer Firma im Handelsregister zu einer GbR wird.

3 Die Parteifähigkeit der Kommanditgesellschaft **endet** mit der **Vollbeendigung** der Gesellschaft, also nicht bereits mit ihrer Auflösung (dazu Rn 13), sondern erst mit ihrer Vermögenslosigkeit.[7] Endet die Parteifähigkeit im laufenden Rechtsstreit, muss der klagende Gläubiger, wenn er eine Abweisung der Klage als unzulässig vermeiden will, die **Erledigung** der Hauptsache erklären.[8] Die Gesellschaft kann dann zwar noch zur Kosten-

---

[1] Dagegen etwa RG JW 1914, 532; s. a. die Kritik von *K. Schmidt* Gesellschaftsrecht § 46 II. 3. a).

[2] Vgl. aus dem zivilprozessualen Schrifttum bereits *Jaeger*, Die OHG im Zivilprozess, 1915, S. 3 ff., 16; s. a. MüKoZPO/Lindacher § 50 ZPO Rn 27; *Stein/Jonas/Bork* § 50 ZPO Rn 13 m.w.N.; aus dem handelsrechtlichen Schrifttum *K. Schmidt*, Gesellschaftsrecht § 46 II. 3.

[3] BGH NJW 2001, 1056.

[4] *Baumbach/Hopt* § 124 HGB Rn 1; kritisch zur Rechtsfigur der Gesamthandsgesellschaft *K. Schmidt* Gesellschaftsrecht § 8 III. 1., § 46 II. 1.

[5] MüKoHGB/*K. Schmidt* § 124 HGB Rn 22; MünchHdb. GesR II/*Neubauer* KG § 32 Rn 1; *Baumbach/Lauterbach/Albers/Hartmann* § 50 ZPO Rn 9, 8; *Zöller/Vollkommer* § 50 ZPO Rn 17; *Thomas/Putzo* § 50 ZPO Rn 4.

[6] BGH NJW 2001, 1056.

[7] GK/*Ulmer* § 131 HGB Rn 143; MünchHdb. GesR II/*Neubauer* KG § 32 Rn 2; *Heymann/Emmerich* § 124 HGB Rn 23; *Röhricht/v. Westphalen/v. Gerkan* § 124 HGB Rn 6; *Zöller/Vollkommer* § 50 ZPO Rn 17 a f.

[8] BGH NJW 1979, 1592; NJW 1982, 238, 239; *Schlegelberger/K. Schmidt* § 124 HGB Rn 33; *Baumbach/Hopt* § 124 HGB Rn 44; GK/*Habersack* § 124 HGB Rn 39 m. N. zur Gegenansicht.

tragung verurteilt werden.[9] Wegen der fehlenden Realisierbarkeit der Forderung dürfte dies dem Gläubiger jedoch keinen wirtschaftlichen Vorteil bringen. Solange trotz bestehender Vermögenslosigkeit das Erlöschen der Firma der Gesellschaft nicht im Handelsregister eingetragen ist (§ 157 HGB), wird die GmbH & Co. KG, sofern sich der Gläubiger hierauf beruft, als fortbestehend behandelt (§ 15 HGB). Der Rechtsstreit nimmt dann seinen normalen Fortgang; einer Erledigungserklärung bedarf es nicht. Die Gesellschaft kann dann auch noch nach Vollbeendigung verklagt werden. Erst mit der Eintragung des Erlöschens ihrer Firma im Handelsregister tritt dann eine Erledigung des Rechtsstreits ein. Da die Eintragung des Erlöschens der Firma im Handelsregister nur deklaratorische Bedeutung hat,[10] kann sich die Gesellschaft ihrerseits zur Begründung ihrer Parteifähigkeit nicht auf die (noch) bestehende Handelsregistereintragung berufen. Vielmehr ist allein maßgebend, ob die Gesellschaft noch Vermögen hat. Das bedeutet: Im **Aktivprozess** kommt eine Vollbeendigung der Gesellschaft grundsätzlich nicht in Betracht. Hier genügt allein der Umstand, dass die Gesellschaft die gerichtliche Durchsetzung eines Anspruchs verfolgt, um ihre Parteifähigkeit zumindest bis zum Abschluss des Prozesses zu erhalten.[11] Klagt die Gesellschaft einen vermögensrechtlichen Anspruch ein, so wird sie bereits wegen des ihr möglicherweise zustehenden Vermögenswertes als parteifähig behandelt.[12] Bei nichtvermögensrechtlichen Ansprüchen hängt die Parteifähigkeit davon ab, ob der Anspruch als Abwicklungsmaßnahme dem Erlöschen entgegensteht.[13] Auch stehen der Gesellschaft im Obsiegensfall Kostenerstattungsansprüche zu, die der Annahme völliger Vermögenslosigkeit entgegenstehen.[14] Ist allerdings mit deren Realisierung nicht zu rechnen, kann und muss die Gesellschaft den Rechtsstreit für erledigt erklären, anderenfalls die Klage als unzulässig abzuweisen ist. Auf die wegen möglicher Kostenerstattungsansprüche bestehenden Zweifel an der Vollbeendigung kann sich – auch noch im Rechtsmittelverfahren[15] – allerdings allein die Gesellschaft, nicht der Gegner berufen, wenn er sich sonst zu seinem eigenen Prozessverhalten in Widerspruch setzen würde.[16] Dementsprechend kann ein möglicher Kostenerstattungsanspruch der Gesellschaft im **Passivprozess** die Parteifähigkeit nur dann erhalten, wenn sie selbst hierauf gestützt ihre Parteifähigkeit reklamiert.[17] Bestreitet der klagende Gläubiger, dass die Gesellschaft noch Vermögen hat, wird er den Rechtsstreit für erledigt erklären.[18] Besteht über die Parteifähigkeit der Ge-

---

9 BGH WM 1981, 1387.

10 *Baumbach/Hopt* § 157 HGB Rn 3.

11 BGH WM 1981, 1387

12 BGH NJW-RR 1991, 660; BGH NJW-RR 1994, 542.

13 *Bork*, JZ 1991, 841.

14 BGH NJW-RR 1986, 394; OLG Koblenz ZIP 1998, 967; *Zöller/Vollkommer* § 50 ZPO Rn 4 a.

15 BGH NZG 2004, 863, 864.

16 BGHZ 74, 212, 213.

17 Das kann sie jedoch nicht mehr, wenn die Komplementär-GmbH voll beendet ist, BGH WM 1981, 1387.

18 BGHZ 74, 212, 213; BGH WM 1981, 1387, 1388.

sellschaft **Unklarheit**, wird diese bis zur Beendigung des Streites fingiert. Es ergeht daher ein Sachurteil, nicht ein Prozessurteil.[19]

2. Abgrenzung zwischen Gesellschaftsprozess und Gesellschafterprozess

Nach § 124 Abs. 2 HGB bedarf es zur Zwangsvollstreckung in das Vermögen der Gesellschaft eines gegen die Gesellschaft gerichteten Titels (dazu § 44 Rn 1ff.). Aus einem ausschließlich gegen die Gesellschaft gerichteten Titel kann der Gläubiger nicht gegen die Gesellschafter vollstrecken (§ 129 Abs. 4 HGB). Aus beiden Regelungen leitet sich die Notwendigkeit ab, zwischen Gesellschaftsprozess und Gesellschafterprozess zu differenzieren.[20] 4

Dies hat die folgenden praktischen Auswirkungen: Zunächst ist es sowohl im Aktiv- als auch im Passivprozess erforderlich, klarzustellen, ob die Gesellschaft und/oder die Gesellschafter **Partei** des Prozesses sein sollen. Im Rechtsstreit der GmbH & Co. KG hat ein **Wechsel** im Gesellschafterbestand keine Auswirkungen auf das laufende Verfahren.[21] Will der Gläubiger nicht mehr die Gesellschaft, sondern fortan die Gesellschafter in Anspruch nehmen, so kann er die Klage (nur) unter den Voraussetzungen des **gewillkürten Parteiwechsels** ändern.[22] Der gewillkürte Parteiwechsel wird wie eine Klageänderung, die im Passivprozess der Zustimmung des (alten) Beklagten, also der Gesellschaft bedarf, behandelt.[23] In der Berufungsinstanz ist außerdem die Zustimmung der Gesellschafter erforderlich, da diesen eine Instanz abgeschnitten wird.[24] Waren die Gesellschafter bereits als Geschäftsführer in den Prozess involviert, kann die Verweigerung der Zustimmung rechtsmissbräuchlich sein.[25] Im Aktivprozess kann die für den Klägerwechsel erforderliche Zustimmung des Beklagten durch die Bejahung der Sachdienlichkeit ersetzt werden.[26] Klagt der Gläubiger gleichzeitig gegen die Gesellschaft und ihre Gesellschafter, liegt ein Fall der **einfachen** und nicht der notwendigen **Streitgenossenschaft** vor.[27] Wie in diesem 5

---

19 *Zöller/Vollkommer* ZPO § 50 Rn 4b.

20 BGHZ 62, 131, 132; 64, 156; *Baumbach/Hopt* § 124 HGB Rn 41; MüKoHGB/*K. Schmidt* § 124 HGB Rn 29; *Heymann/Emmerich* § 124 HGB Rn 13; GK/*Habersack* § 124 HGB Rn 26.

21 BGHZ 62, 131, 133; BGH DB 1982, 2562; MünchHdb. GesR II/*Neubauer* KG § 32 Rn 12; GK/*Habersack* § 124 HGB Rn 26.

22 BGHZ 62, 131, 132; BGH WM 1982, 1170; *Koller/Roth/Morck* § 124 HGB Rn 7; MüKoHGB/*K. Schmidt* § 124 HGB Rn 29; *Heymann/Emmerich* § 124 HGB Rn 24; krit. *Henkel*, ZGR 1975, 236; a. A. noch RGZ 64, 77, 78.

23 Argumentum e §§ 269 Abs. 1, 265 Abs. 2 Satz 2 ZPO; s. a. MüKoZPO/*Lüke* § 263 ZPO Rn. 23, 67 ff.

24 MüKoZPO/*Lüke* § 263 ZPO Rn 79.

25 BGHZ 21, 285, 287.

26 BGHZ 65, 264, 268; MüKoZPO/*Lüke* § 263 ZPO Rn 72; a. A. *Zöller/Greger* § 263 Rn 30.

27 BGHZ 54, 251, 255 f.; 63, 54; BGH WM 1985, 750; NJW 1988, 2113; MüKoZPO/*Schilken* § 62 ZPO Rn 14; *Stein/Jonas/Bork* § 62 ZPO Rn 12; MüKoHGB/*K. Schmidt* § 128 HGB Rn 21; *Röhricht/v. Westphalen/v. Gerkan* § 128 HGB Rn 6; *Heymann/Emmerich* § 124 HGB Rn 13; *Schiller*, NJW 1971, 410 ff.

Fall der Klageantrag zu formulieren ist, ist streitig.[28] Ist ein Rechtsstreit gegen die Gesellschaft anhängig, kann der Gesellschafter, gegen den wegen derselben Angelegenheit Klage erhoben wird, nicht den Einwand doppelter **Rechtshängigkeit** erheben.[29] Darüber hinaus ergibt sich aus der Unterscheidung die Möglichkeit der Gesellschafter, der Gesellschaft als Nebenintervenienten beizutreten (dazu Rn 10). Schließlich sind Rechtsstreitigkeiten zwischen der **Gesellschaft und ihren Gesellschaftern** denkbar (dazu Rn 25).

3. Prozessfähigkeit

6 Die Frage, ob eine Gesellschaft prozessfähig ist, d. h. Prozesshandlungen vornehmen und entgegennehmen kann, ist umstritten.[30] Grundsätzlich ist prozessfähig, wer auch geschäftsfähig ist (§ 52 ZPO). Die Frage fehlender Geschäftsfähigkeit stellt sich jedoch nur bei natürlichen Personen. Bei juristischen Personen und rechtsfähigen Personengesellschaften muss die Prozessfähigkeit in der Person ihrer gesetzlichen Vertreter vorliegen. Im Prozess wird die GmbH & Co. KG durch die Komplementär-GmbH als deren persönlich haftende Gesellschafterin vertreten (§§ 125, 161 Abs. 2, 170 HGB). Die **Vertretung** der Gesellschaft im Prozess ist von der Vertretungsmacht der Komplementär-GmbH umfasst (§ 126 Abs. 1 HGB). Die Komplementär-GmbH wird ihrerseits durch ihre Geschäftsführer vertreten (§ 35 Abs. 1 GmbHG).[31] Sind bei der Komplementär-GmbH mehrere Geschäftsführer vorhanden, müssen bei der Klageerhebung so viele Geschäftsführer mitwirken, wie es die Vertretungsregelung in der Satzung vorschreibt.[32] Fehlt eine die Vertretung regelnde Vorschrift in der Satzung, so gilt Gesamtvertretung (§ 35 Abs. 2 S. 2 GmbHG). Dabei können die Geschäftsführer in vertretungsberechtigter Zahl einen Geschäftsführer (auch nachträglich) ermächtigen, die Gesellschaft im Prozess allein zu vertreten.[33] Überschreiten die Geschäftsführer der Komplementär-GmbH mit der Klageerhebung ihre **Geschäftsführungsbefugnis**, etwa weil der Gesellschaftsvertrag der GmbH oder der KG wegen der Höhe der in Streit stehenden Forderung einen Zustimmungsvorbehalt enthält, ändert dies an der Wirksamkeit der Klageerhebung nichts (vgl. § 37 Abs. 2 GmbHG). Geben mehrere alleinvertretungsberechtigte Geschäftsführer der Komplementär-GmbH im Rechtsstreit gleichzeitig einander **widersprechende**

---

[28] OLG Hamburg MDR 1967, 50 („als unechte Gesamtschuldner"); LG Hamburg MDR 1967, 401 („als wären sie Gesamtschuldner"); *Baumbach/Hopt* § 128 HGB Rn 39 („als Gesamtschuldner"); *Röhricht/v. Westphalen/v. Gerkan* § 138 HGB Rn 6 („wie Gesamtschuldner").

[29] BGHZ 62, 131, 133.

[30] Bejahend BGHZ 94, 105, 108; BGH NJW 1965, 1666, 1667; *Jauernig*, Zivilprozessrecht, 28. Aufl. 2003, § 20 II 1; *Zöller/Vollkommer* ZPO § 52 Rn 2; verneinend BGHZ 38, 71, 75; *Stein/Jonas/Bork* § 51 ZPO Rn 12; *Baumbach/Lauterbach/Albers/Hartmann* § 51 ZPO Rn 4; *Thomas/Putzo* § 51 ZPO Rn 4; MünchHdb. GesR II/*Neubauer* KG § 32 Rn 4; GK/*Habersack* § 124 HGB Rn 27.

[31] *Scholz/Emmerich* § 13 GmbHG Rn 24.

[32] GK/*Habersack* § 124 HGB Rn 27.

[33] BGHZ 64, 72, 75 ff.; BAG DB 1981, 1044; *Happ* § 2 Rn 10.

Erklärungen ab, heben sich diese insgesamt auf.[34] Bei zeitlich aufeinander folgenden, sich widersprechenden Erklärungen ist zu unterscheiden. Sich widersprechender Sachvortrag ist im Ganzen zu würdigen. Die Wirksamkeit sich widersprechender prozessualer Erklärungen (Anerkenntnis, Geständnis, Rechtsmitteleinlegung und -verzicht) beurteilt sich nach der jeweiligen Verfahrenslage im Zeitpunkt der Abgabe der Erklärung. Tritt ein Geschäftsführer einer prozessualen Erklärung eines alleinvertretungsbefugten Mitgeschäftsführers nachträglich entgegen, entfaltet die spätere Erklärung grundsätzlich keine Wirksamkeit mehr, es sei denn, die zuvor abgegebene Erklärung kann, wie etwa bei einem Geständnis unter den Voraussetzungen des § 290 ZPO, noch widerrufen oder, wie bei Einlegung eines Rechtsmittels, zurückgenommen werden.

4. Zustellungen

Zustellungen an die GmbH & Co. KG müssen gegenüber den Geschäfts- 7
führern der Komplementär-GmbH bewirkt werden (§ 170 Abs. 2 ZPO),[35] wobei sie gemäß § 177 ZPO an jedem Ort erfolgen können, wo die Geschäftsführer angetroffen werden, also auch in dem (von den Geschäftsräumen der KG abweichenden) Geschäftslokal der Komplementär-GmbH. Hat die GmbH mehrere Geschäftsführer, reicht die Zustellung an einen von ihnen aus, auch wenn die Geschäftsführer nach der Satzung der Komplementär-GmbH nur gesamtvertretungsberechtigt sind (§§ 35 Abs. 2 S. 3 GmbHG, 170 Abs. 3 ZPO). Darüber hinaus können Zustellungen auch an einen rechtsgeschäftlich bestellten Vertreter der Gesellschaft, z. B. einen Prokuristen, erfolgen, wenn die Vertretungsmacht zur Entgegennahme von Zustellungen ermächtigt.[36] Dies ist durch Vorlage einer schriftlichen Vollmacht nachzuweisen (§ 171 Satz 2 ZPO). Im Wege der Ersatzzustellung können Zustellungen im Geschäftslokal der Gesellschaft an einen ihrer Mitarbeiter bewirkt werden, wenn der Geschäftsführer selbst nicht angetroffen wird oder an der Annahme verhindert ist (§ 178 Abs. 1 Nr. 2 ZPO).[37] Fehlt es an einem Geschäftslokal, kann die Ersatzzustellung in der Wohnung eines Mitarbeiters (§ 178 Abs. 1 Nr. 1 ZPO), durch Einlegen des zuzustellenden Schriftstücks in den Briefkasten (§ 180 ZPO) oder durch dessen Niederlegung beim Amtsgericht oder beim Postamt (§ 181 ZPO) erfolgen. Ist auch dies nicht möglich, kommt eine öffentliche Zustellung (§ 185 ZPO) in Betracht.

5. Klageverfahren

Gerichtsstand der Gesellschaft ist für Passivprozesse der Sitz der Gesell- 8
schaft (§ 17 ZPO). Weicht der im Gesellschaftsvertrag bestimmte Sitz bzw.

---

[34] *Heymann/Emmerich* § 124 Rn 17, § 125 Rn 10; MünchHdb. GesR II/*Neubauer* KG § 32 Rn 6 a. E.; GK/*Habersack* § 124 HGB Rn 28.

[35] *Lutter/Hommelhoff* § 35 GmbHG Rn 6; vgl. auch MüKoHGB/*K. Schmidt* § 125 HGB Rn 4.

[36] MünchHdb. GesR II/*Neubauer* KG § 32 Rn 7.

[37] *Baumbach/Lauterbach/Albers/Hartmann* § 178 ZPO Rn 21.

der Sitz der Handelsregistereintragung gem. § 106 Abs. 2 Nr. 2 HGB vom tatsächlichen Verwaltungssitz ab, ist grundsätzlich Letzterer maßgebend.[38] Hat die Gesellschaft ihren tatsächlichen Sitz verlegt und wird dies im Handelsregister nicht nachvollzogen, kann sich die Gesellschaft nicht auf die Unzuständigkeit des Gerichts berufen, wenn die Klage vor dem Gericht erhoben wird, das nach der Handelsregistereintragung zuständig ist (§ 15 Abs. 1 HGB). Ein Doppelsitz ist bei einer GmbH & Co. KG – anders als bei ihrer Komplementär-GmbH bei Vorliegen eines besonderen Bedürfnisses – unzulässig.[39] Verfügt die GmbH & Co. KG über eine Haupt- oder Zweigniederlassung, so ist nach § 21 ZPO auch der Gerichtsstand am Ort der Niederlassung eröffnet, sofern ein Bezug der Klage zum Geschäftsbetrieb der jeweiligen Niederlassung gegeben ist.[40]

9 In der **Klageschrift** ist die Gesellschaft unter ihrer **Firma** zu benennen (vgl. §§ 124 Abs. 1, 161 Abs. 2 HGB). Eine **fehlerhafte** Bezeichnung der Gesellschaft ist folgenlos, solange ihre Identität durch Auslegung ermittelt werden kann.[41] Sie kann jederzeit – auch im Urteil (§ 319 ZPO) – berichtigt werden.[42] Neben der Firma sollten in der Klageschrift, auch wenn dies nicht zwingend ist (vgl. §§ 253 Abs. 4, 130 Nr.1 ZPO), die Komplementär-GmbH sowie ihre Geschäftsführer genannt werden. Diese Angaben können die Zustellung der Klageschrift erleichtern. Auch ohne diese Angaben, die im Laufe des Rechtsstreits nachgeholt werden können, ist die Klageerhebung aber wirksam.[43] Die **zusätzliche Bezeichnung der Gesellschafter** ist nicht erforderlich, aber andererseits unschädlich, selbst wenn es sich um eine unzutreffende Inhaberbezeichnung handelt.[44] Die zusätzliche Nennung der Gesellschafter im Rubrum der Klageschrift kann in Passivprozessen in aller Regel nicht dahin gehend ausgelegt werden, dass diese neben oder gar anstelle der Gesellschaft verklagt werden sollen.[45] Vielmehr bedarf es eines ausdrücklich hierauf gerichteten Antrages. Umgekehrt reicht die alleinige Nennung der Namen der Gesellschafter nicht aus, um die Gesellschaft zur Prozesspartei zu machen. Diese ist vielmehr (zusätzlich) unter ihrer Firma zu bezeichnen.[46]

6. Nebenintervention

10 Will der Gesellschafter selbst Einfluss auf den Verlauf des Prozesses gegen die Gesellschaft nehmen, etwa weil er der Prozessführung durch die Geschäftsführung der Komplementär-GmbH misstraut, kann er dem Prozess

---

[38] BGH BB 1957, 799; MDR 1969, 662; KG GmbHR 1997, 314; *Baumbach/Hopt* § 106 HGB Rn 8; MüKoHGB/*K. Schmidt* § 106 HGB Rn 26; a. A. GK/*Ulmer* § 106 HGB Rn 20f.

[39] *Baumbach/Hopt* § 106 HGB Rn 9; a. A. MüKoHGB/*K. Schmidt* § 106 HGB Rn 27 (sofern berechtigtes Interesse an einem Doppelsitz besteht).

[40] *Stein/Jonas/Schumann* § 21 ZPO Rn 1ff.

[41] BGH NJW 1999, 1871; NJW-RR 1989, 1056; NJW 1981, 1453.

[42] BGH NJW 1999, 1871; *Zöller/Vollkommer* vor § 50 ZPO Rn. 7 m. w. N.

[43] BGHZ 32, 114, 118; MüKoZPO/*Lüke* § 253 ZPO Rn 60.

[44] BGH NJW 1999, 1871.

[45] *Heymann/Emmerich* § 124 HGB Rn 17; GK/*Habersack* § 124 HGB Rn 30.

[46] GK/*Habersack* § 124 HGB Rn 30.

als Nebenintervenient gemäß §§ 66 ff. ZPO beitreten.[47] Das notwendige rechtliche Interesse des Gesellschafters ergibt sich aus dem Umstand, dass das gegen die Gesellschaft ergangene Urteil dem Gesellschafter die der Gesellschaft bis dahin zustehenden Einreden abschneidet (§ 129 HGB).[48] Da es sich dabei nur um eine einfache und nicht um eine streitgenössische Nebenintervention handelt, darf sich der beitretende Gesellschafter indes nicht in Widerspruch zu den Erklärungen der Gesellschaft setzen (§ 67 ZPO).[49]

Maßgebender Zeitpunkt für die Beurteilung der verfahrensrechtlichen **11**
Stellung ist der **Zeitpunkt der Beweisaufnahme** und nicht der Moment der Wahrnehmung des zu bezeugenden Geschehens.[50] Soll der ehemalige Geschäftsführer der Komplementär-GmbH zu dem Inhalt eines zu seiner Amtszeit abgeschlossenen Vertrages befragt werden, ist er als Zeuge und nicht als Partei zu hören.[51] Umgekehrt sind die Geschäftsführer als Partei zu vernehmen, unabhängig davon, ob sie das Amt bereits während des in Rede stehenden Geschehens innehatten.[52]

7. Vernehmung von Gesellschaftern und Geschäftsführern

Im Prozess der GmbH & Co. KG stellt sich die Frage, ob die Beteiligten **12**
als **Zeugen** oder als **Partei** zu hören sind. Der BGH und die ganz überwiegende Meinung im Schrifttum stellen darauf ab, ob dem Betroffenen organschaftliche Vertretungsmacht eingeräumt ist.[53] Ist dies der Fall, komme eine Einvernahme nur unter den Voraussetzungen der Parteivernehmung in Betracht. Die **Geschäftsführer der Komplementär-GmbH** sind daher als Partei zu vernehmen.[54] Unerheblich ist dabei, ob der betreffende Geschäftsführer als Vertreter der Partei in dem jeweiligen Prozess auftritt.[55] Umgekehrt sind die **Kommanditisten** selbst dann als Zeugen zu vernehmen, wenn ihnen Prokura eingeräumt wurde.[56] Dass die

---

[47] BGHZ 62, 131, 133; *Heymann/Emmerich* § 124 HGB Rn 13; *Huber*, ZZP 82 (1969), 239; *Stein/Jonas/Bork* § 66 ZPO Rn 8.

[48] MünchHdb. GesR II/*Neubauer* KG § 32 Rn 10; *Schlegelberger/Geßler* § 124 HGB Rn 17.

[49] BGHZ 54, 251, 254; 63, 51, 54; *Baumbach/Hopt* § 128 HGB Rn 39; MünchHdb. GesR II/*Neubauer* KG § 32 Rn 18 m. N. zur Gegenansicht.

[50] BGH NJW 1999, 2446 f.; *Thomas/Putzo* § 373 ZPO Vorbem. 3 c; *Baumbach/Lauterbach/Albers/Hartmann* Übers. § 373 ZPO Rn 11; GK/*Habersack* § 124 HGB Rn 33; MünchHdb. GesR II/*Neubauer* KG § 32 Rn 11.

[51] *Lutter/Hommelhoff* § 35 GmbHG Rn 6.

[52] Eingehend *Happ* § 8 Rn 3; vgl. auch *Zöller/Greger* § 373 ZPO Rn 6 a.

[53] BGHZ 42, 230, 231; BGH NJW 1965, 2253; BAG BB 1980, 580; *Baumbach/Hopt* § 124 HGB Rn 42; *Thomas/Putzo* § 51 ZPO Rn 6; *Stein/Jonas/Berger* vor § 373 ZPO Rn 7; *Baumbach/Lauterbach/Albers/Hartmann* Übers. § 373 ZPO Rn 16; GK/*Habersack* § 124 HGB Rn 33; *K. Schmidt* Gesellschaftsrecht § 46 II. 3. bb); MüKoHGB/*K. Schmidt* § 124 HGB Rn 22, § 125 HGB Rn 4; a. A. *Hueck* Recht der OHG § 22 III.

[54] *Baumbach/Hueck* § 13 GmbHG Rn 6; OLG Oldenburg BB 1975, 983, 984.

[55] *Stein/Jonas/Berger* Vor § 373 ZPO Rn 8.

[56] BAG BB 1980, 580; siehe auch BGH NJW 1965, 2253, 2254; *Baumbach/Lauterbach/Albers/Hartmann* Übers. § 373 ZPO Rn 16; *Thomas/Putzo* § 373 ZPO Vorbem. 3 b.

Gesellschafter oftmals ein wirtschaftliches Interesse am Ausgang des Rechtsstreites haben, ändert hieran nichts, muss jedoch im Rahmen der Beweiswürdigung berücksichtigt werden. Gleiches gilt für die Gesellschafter der Komplementär-GmbH,[57] selbst wenn es sich um den Alleingesellschafter handelt.[58] Verfügt die Gesellschaft über einen **Aufsichtsrat** oder einen **Beirat**, so sind deren Mitglieder gleichfalls als Zeugen zu vernehmen.[59] Im Falle der **Liquidation** kommt nur den Liquidatoren organschaftliche Vertretungsmacht zu. Daher sind die Geschäftsführer, sofern sie nicht Liquidatoren sind, als Zeugen zu vernehmen.[60] Die Unterscheidung hat erhebliche praktische Bedeutung, da die Vernehmung als Partei nur eingeschränkt nach Maßgabe der §§ 445, 447 und 448 ZPO zulässig ist. Lediglich in Ausnahmefällen kann der in Art. 6 Abs. 1 EMRK verankerte Grundsatz der Waffengleichheit gebieten, dass ein amtierender Geschäftsführer bzw. Liquidator als Partei gehört wird, ohne dass die gesetzlichen Voraussetzungen vorliegen.[61]

8. Auswirkung von Auflösung, Insolvenz und Vermögensübernahme auf den laufenden Rechtsstreit

13 Die Auflösung der KG führt grundsätzlich nicht zu einer Unterbrechung des Prozesses, da die GmbH & Co. KG ihre Parteifähigkeit durch die Auflösung nicht verliert.[62] Grundsätzlich werden alle Gesellschafter der GmbH & Co. KG, d.h. auch die Kommanditisten, zu **Liquidatoren** der Gesellschaft (§ 146 HGB). Ist abweichend hiervon im Gesellschaftsvertrag eine Wahl der Liquidatoren vorgesehen und unterbleibt deren unverzügliche Bestellung, so wird das Verfahren zunächst bis zur Bestellung der Liquidatoren unterbrochen, es sei denn, die Gesellschaft ist im Rechtsstreit durch einen Prozessbevollmächtigten vertreten (§§ 241, 246 ZPO).[63]

14 Eine **Unterbrechung** des Rechtsstreits tritt auch dann ein, wenn über das Vermögen der Gesellschaft das **Insolvenzverfahren** eröffnet wird. Gleiches gilt, wenn die Verwaltungs- und Verfügungsbefugnis auf einen vorläufigen Insolvenzverwalter übergeht (§ 240 S. 2 ZPO). Voraussetzung ist in beiden Fällen jedoch, dass der Rechtsstreit die Insolvenzmasse betrifft (§§ 131 Abs. 1 Nr. 3 HGB, 240 S. 1 ZPO). Das ist etwa bei Nichtigkeits- oder Anfechtungsklagen, die vermögensmäßig neutrale Gesellschafter-

---

[57] *Baumbach/Hueck* § 13 GmbHG Rn 6; *Rowedder/Schmidt-Leithoff/Pentz* § 13 GmbHG Rn 26; *Scholz/Emmerich* § 13 GmbHG Rn 25.

[58] *Rowedder/Schmidt-Leithoff/Pentz* § 13 GmbHG Rn 26; *Scholz/Emmerich* § 13 GmbH Rn 25.

[59] *Hachenburg/Raiser* § 13 GmbHG Rn 17.

[60] BGHZ 42, 230ff.; *Baumbach/Lauterbach/Albers/Hartmann* Übers. § 373 ZPO Rn 16; *Stein/Jonas/Berger* Vor § 373 ZPO Rn 7.

[61] EGMR NJW 1995, 1413f.; *Schlosser*, NJW 1995, 1404, 1406.

[62] BGH DB 1982, 2562; *Baumbach/Hopt* § 124 HGB Rn 44; *Stein/Jonas/Roth* § 241 ZPO Rn 8 sowie § 239 ZPO Rn 6; MüKoZPO/*Feiber* § 239 ZPO Rn 17; *K. Schmidt* Gesellschaftsrecht § 46 II. 3. a) aa).

[63] BGH DB 1982, 2562; vgl. auch BayObLG GmbHR 2004, 1344, 1345; GK/*Habersack* § 124 HGB Rn 37; MünchHdb. GesR II/*Neubauer* KG § 32 Rn 13; a. A. *Schlegelberger/Geßler* § 124 HGB Rn 24.

beschlüsse, wie z. B. eine Geschäftsführerabberufung, betreffen,[64] oder bei Auseinandersetzungen über einen den Bestand oder die Verwertbarkeit der Masse nicht beeinflussenden Streitgegenstand, z. B. einen Unterlassungsanspruch, nicht der Fall.[65] Eine Unterbrechung tritt nicht ein, wenn dem Schuldner nur ein Zustimmungsvorbehalt nach § 21 Abs. 2 Nr. 2 2. Alt. InsO auferlegt wird.[66] Der Rechtsstreit wird nicht nur dann unterbrochen, wenn die Gesellschaft Partei des Rechtsstreits ist, sondern nach herrschender Meinung auch, wenn sie notwendige Streitgenossin ist.[67] Die Eröffnung eines Insolvenzverfahrens über das Vermögen der Gesellschaft unterbricht nicht den Rechtsstreit gegen den Gesellschafter und umgekehrt.[68] Allerdings führt die Eröffnung des Insolvenzverfahrens über das Vermögen der einzigen Komplementär-GmbH einer GmbH & Co. KG mit einem einzigen Kommanditisten zum Ausscheiden der Komplementär-GmbH aus der KG (§§ 161 Abs. 2, 131 Abs. 3 Nr. 2 HGB) und zur liquidationslosen Vollbeendigung der KG unter Gesamtrechtsnachfolge des Kommanditisten. Dies führt in sinngemäßer Anwendung der §§ 239, 246 ZPO zur Unterbrechung des Rechtsstreits, es sei denn, die Gesellschaft war im Zeitpunkt des Rechtsübergangs durch einen Prozessbevollmächtigten vertreten.[69] Aktivprozesse der Gesellschaft können vom **Insolvenzverwalter** aufgenommen werden – lehnt dieser die **Aufnahme** ab, können sowohl der Schuldner als auch der Gegner den Rechtsstreit aufnehmen (§ 85 InsO). Im Passivprozess der Gesellschaft muss der klagende Insolvenzgläubiger seine **Forderung zur Tabelle anmelden**. Wird die Forderung bestritten, so kann er die Klage aufnehmen, wobei der Antrag dahin zu ändern ist, dass anstelle der Leistung nunmehr die Feststellung begehrt wird, dass die Forderung zur Tabelle aufzunehmen ist (vgl. §§ 87, 180 Abs. 2 InsO). Bei Schiedsverfahren, selbständigen Beweisverfahren oder nicht vermögensrechtlichen Streitigkeiten findet keine Unterbrechung statt.[70]

Umstritten sind die Auswirkungen, wenn ein Gesellschafter das **Gesellschaftsvermögen** nach Ausscheiden der übrigen Gesellschafter im Wege der Gesamtrechtsnachfolge **übernimmt**. Das RG hatte hier noch einen Fall des § 265 ZPO angenommen;[71] andere sehen hierin einen Fall des gewillkürten Parteiwechsels.[72] Nach vorzugswürdiger Ansicht handelt es sich um einen Parteiwechsel kraft Gesetzes, auf den die §§ 239, 246 ZPO ent- **15**

---

[64] OLG München DB 1994, 1464.

[65] *Baumbach/Lauterbach/Albers/Hartmann* § 240 ZPO Rn 12; MüKoZPO/*Feiber* § 240 HGB Rn 16 f.; *Zöller/Greger* § 240 ZPO Rn 8.

[66] BGH NZG 1999, 939 m. Anm. *Schlitt*; MüKoZPO/*Feiber* § 240 ZPO Rn 12; *Zöller/Greger* § 240 ZPO Rn 5.

[67] MüKoZPO/*Feiber* § 240 ZPO Rn 15 i.V.m. § 239 Rn 10 m. w. N.

[68] *Baumbach/Lauterbach/Albers/Hartmann* § 240 ZPO Rn 4.

[69] BGH NZG 2004, 611.

[70] *Zöller/Greger* vor § 239 ZPO Rn 8; vgl. für das selbständige Beweisverfahren auch OLG Hamm NJW-RR 1997, 723 m. w. N; a. A. MüKoZPO/*Feiber* § 239 ZPO Rn 7.

[71] RGZ 141, 277, 281.

[72] MüKoZPO/*Feiber* § 239 ZPO Rn 17; *Huber*, ZZP 1982, 256; *Heymann/Emmerich* § 124 HGB Rn 25.

sprechend anzuwenden sind,[73] d.h. der Prozess wird bis zur Aufnahme durch den übernehmenden Gesellschafter unterbrochen, es sei denn, die Gesellschaft war durch einen Prozessbevollmächtigten vertreten. In diesem Fall können sowohl der Prozessbevollmächtigte als auch der Gegner die Aussetzung des Verfahrens erwirken (§ 246 Abs. 1 ZPO). Der Prozessbevollmächtigte bedarf dann nach § 86 2. HS ZPO zur Fortsetzung des Rechtsstreits einer Vollmacht des Gesamtrechtsnachfolgers. Entsprechendes gilt im Falle von **Verschmelzungen** und **Spaltungen**.[74] Danach hat es keine Auswirkung auf einen Prozess mit einer GmbH & Co. KG, wenn eine Verschmelzung eines anderen Rechtsträgers auf diese stattfindet, da diese als Rechtsträger fortbesteht und auf sie lediglich zusätzliches Vermögen im Wege der Gesamtrechtsnachfolge übertragen wird. Wird hingegen das Vermögen der Gesellschaft auf eine andere Gesellschaft im Wege der Verschmelzung durch Aufnahme (§§ 4ff. UmwG) oder der Verschmelzung durch Neugründung (§§ 36ff. UmwG) übertragen, findet eine Gesamtrechtsnachfolge statt. Anhängige Verfahren werden gem. §§ 239, 246 ZPO analog unterbrochen, sofern die Gesellschaft nicht durch einen Prozessbevollmächtigten vertreten ist. Findet hingegen ein **Formwechsel** statt, bleibt die Identität der Gesellschaft erhalten, so dass lediglich eine Berichtigung des Rubrums zu erfolgen hat.[75]

9. Kosten

16 Für die nach Abschluss des Verfahrens festgesetzten Kosten haften die persönlich haftenden Gesellschafter der GmbH & Co. KG neben der Gesellschaft (§ 128 HGB). Werden Gesellschaft und Gesellschafter gleichzeitig in Anspruch genommen, haften sie im Unterliegensfall nach § 100 Abs. 4 ZPO für die Prozesskosten als Gesamtschuldner.[76] Eine Zwangsvollstreckung gegen die Gesellschafter aus dem gegen die Gesellschaft gerichteten Kostenfestsetzungsbeschluss ist allerdings nicht möglich; zur Geltendmachung bedarf es vielmehr einer gesonderten Klage gegen die Gesellschafter (§ 129 Abs. 4 HGB).[77] Der Rechtsanwalt der GmbH & Co. KG kann seine Vergütung gem. § 11 RVG auch nur gegen diese und nicht gegen deren Komplementär-GmbH gerichtlich festsetzen lassen.[78]

17 Nach § 116 S. 1 Nr. 2 ZPO hat auch eine GmbH & Co. KG als „parteifähige Vereinigung“ Anspruch auf **Prozesskostenhilfe**, wenn die Kosten

---

[73] BGH NZG 2004, 611; NJW 2002, 1207; NJW 1993, 1917, 1918; NJW 1971, 1844; vgl. auch BGH NJW 2000, 1119; *Zöller/Greger* § 239 ZPO Rn 6; *Stein/Jonas/Roth* § 239 ZPO Rn 5; *Baumbach/Lauterbach/Albers/Hartmann* § 239 ZPO Rn 4; GK/*Habersack* § 124 HGB Rn 40.

[74] Siehe z. B. *K. Schmidt* Gesellschaftsrecht § 46 II. 3. a) aa).

[75] Ausführlich zu den Vorgängen nach dem Umwandlungsgesetz *Happ* § 11 Rn 10ff. m. w. N.

[76] OLG Karlsruhe NJW 1973, 1202.

[77] OLG München NJW 1964, 933; GK/*Habersack* § 124 HGB Rn 35; ausführlich MüKoHGB/*K. Schmidt* § 124 HGB Rn 27, § 129 HGB Rn 27ff.

[78] *Gerold/Schmidt/von Eicken* § 11 RVG Rn 19; *Riedel/Sußbauer/Fraunholz* § 19 BRAGO Rn 3; MüKoHGB/*K. Schmidt* § 124 HGB Rn 27; a. A. KG BB 1970, 1023; MünchHdb. GesR II/*Neubauer* KG § 32 Rn 9.

weder von ihr noch von einem wirtschaftlich Beteiligten aufgebracht werden können und wenn die Unterlassung der Rechtsverfolgung oder -verteidigung allgemeinen Interessen zuwiderlaufen würde.[79] Beide Merkmale müssen kumulativ vorliegen. Wirtschaftlich beteiligt sind auch die Gesellschafter der GmbH & Co. KG, da der Rechtsstreit letztlich ihrem wirtschaftlichem Interesse dient. Infolgedessen kommt es nicht nur auf die Leistungsfähigkeit der Komplementär-GmbH, sondern auch auf die der Kommanditisten an.[80] Das wirtschaftliche Interesse der nicht kapitalmäßig beteiligten Komplementär-GmbH folgt aus dem mit ihrer Stellung als persönlich haftende Gesellschafterin verbundenen Haftungsrisiko.

10. Rechtskraft

Die Rechtskraft des gegen die Gesellschaft ergangenen Urteils wirkt un- **18**
mittelbar nicht gegen die Gesellschafter.[81] Eine teilweise Erstreckung der Rechtskraftwirkung tritt aufgrund der Vorschrift des § 129 Abs. 1 HGB zum einen insoweit ein, als sich der Gesellschafter auf ein Urteil berufen kann, das den Anspruch eines vermeintlichen Gläubigers der Gesellschaft gegen die Gesellschaft verneint.[82] Zum anderen kann sich der Gesellschafter auf Einwendungen der Gesellschaft, die ihr selbst abgeschnitten sind (vgl. § 767 Abs. 2 ZPO), nicht mehr berufen, es sei denn, er ist inzwischen aus der Gesellschaft ausgeschieden.[83] Persönliche Einwendungen (Aufrechnung, Stundungsvereinbarung, Vergleich etc.) kann der Gesellschafter dem Gläubiger jederzeit entgegenhalten.[84]

II. Der Gesellschafter im Prozess

1. Allgemeines

Die Gesellschafter der GmbH & Co. KG können nicht nur mit den **19**
Gläubigern der Gesellschaft, sondern auch mit der Gesellschaft selbst oder den Mitgesellschaftern in prozessuale Auseinandersetzungen verwickelt sein. Für Klagen der KG gegen ihre Gesellschafter sowie für Klagen der Gesellschafter untereinander, soweit sie die gesellschaftsvertragliche Beziehung betreffen, ist das Gericht des Gesellschaftssitzes zuständig. Dagegen

[79] *Thomas/Putzo* § 116 ZPO Rn 4.

[80] OLG Stuttgart NJW 1975, 2022; *Schlegelberger/K. Schmidt* § 124 HGB Rn 29; GK/*Habersack* § 124 HGB Rn 34; *Zöller/Philippi* § 116 ZPO Rn 11a, 13; MüKoHGB/*K. Schmidt* § 124 HGB Rn 26; MünchHdb. GesR II/*Neubauer* KG § 32 Rn 8 m. w. N. (auch zur Gegenansicht).

[81] GK/*Habersack* § 124 HGB Rn 36.

[82] BGHZ 54, 251, 255; 64, 155, 156; *Baumbach/Hopt* § 128 Rn 43.

[83] Für den Fall der Klageerhebung nach Ausscheiden des Gesellschafters: BGHZ 44, 229, 233; WM 1976, 1085; *Baumbach/Hopt* § 128 HGB Rn 43; MüKoHGB/*K. Schmidt* § 124 HGB Rn 29; MünchHdb. GesR II/*Neubauer* KG § 32 Rn 20; das gilt im Hinblick auf § 160 Abs. 3 HGB auch dann, wenn der vormalige persönlich haftende Gesellschafter nach Umwandlung der Gesellschaft in eine GmbH & Co. KG nunmehr Kommanditist und Geschäftsführer der Komplementär-GmbH ist; anders noch BGHZ 78, 114, 118.

[84] *Baumbach/Hopt* § 129 HGB Rn 7.

richtet sich die **Zuständigkeit** für Klagen eines Gläubigers gegen einen Gesellschafter – vorbehaltlich der Eröffnung besonderer Gerichtsstände – nach dem allgemeinen Gerichtsstand des Gesellschafters, bei Klagen gegen die Komplementär-GmbH also nach deren Sitz. Die Komplementär-GmbH und als juristische Personen verfasste Kommanditisten werden im Rechtsstreit durch ihre Geschäftsführer vertreten (§ 51 ZPO).[85]

20 Bei Eröffnung des **Insolvenzverfahrens** über das Vermögen der Gesellschaft wird der Rechtsstreit gegen die Komplementär-GmbH oder einen Kommanditisten wegen Verbindlichkeiten der Gesellschaft bis zur Aufnahme durch den Insolvenzverwalter analog § 17 Abs. 1 AnfG unterbrochen, da das Recht der Gesellschaftsgläubiger, die Komplementär-GmbH und die beschränkt haftenden Kommanditisten in Anspruch zu nehmen, nunmehr vom Insolvenzverwalter ausgeübt wird (§§ 93 InsO, 171 Abs. 2 HGB).[86] Die Eröffnung des Insolvenzverfahrens über das Vermögen eines Gesellschafters berührt den Prozess gegen die Gesellschaft demgegenüber nicht, es sei denn, diese führt zur liquidationslosen Vollbeendigung der Gesellschaft und damit zur analogen Anwendbarkeit der §§ 239, 246 ZPO (dazu Rn 14).

21 Wird der Gesellschafter der GmbH & Co. KG von einem Gesellschaftsgläubiger in Anspruch genommen, kann er die der Gesellschaft zustehenden **Einwendungen** und **Einreden** (Erlass, Verzicht, Unmöglichkeit, Verjährung etc.) erheben, solange die Gesellschaft selbst dazu befugt ist (§ 129 Abs. 1 HGB).[87] Darüber hinaus stehen ihm die Einreden der Anfechtbarkeit und der Aufrechenbarkeit zu (§ 129 Abs. 2 und 3 HGB). Besonderes gilt für die **Verjährung**. Nimmt ein Gläubiger der Gesellschaft dieser gegenüber eine die Verjährung hemmende oder zu deren Neubeginn führende Handlung vor, so folgt daraus zugleich gegenüber den der Gesellschaft zu diesem Zeitpunkt angehörenden Gesellschaftern die Hemmung bzw. der Neubeginn der Verjährung der gegen sie bestehenden Ansprüche aus der Haftung nach §§ 128, 171 HGB.[88]

22 Ist ein Gesellschafter bei Inanspruchnahme durch einen Gesellschaftsgläubiger der Auffassung, ihm stünden Erstattungsansprüche nach § 110 HGB gegen die Gesellschaft oder Ausgleichsansprüche gegen Mitgesellschafter als Gesamtschuldner zu, empfiehlt es sich für ihn, der Gesellschaft bzw. den Mitgesellschaftern im Prozess mit dem Gläubiger möglichst früh-

---

[85] Ob die Komplementär-GmbH selbst prozessfähig ist, ist str. Verneinend BGHZ 38, 71, 75; *Baumbach/Hueck* § 13 GmbHG Rn 6; bejahend *Scholz/Emmerich* § 13 GmbHG Rn 25; *Hachenburg/Raiser* § 13 GmbHG Rn 16; *Rowedder/Schmidt-Leithoff/Pentz* § 13 GmbHG Rn 24. Zur gerichtlichen Vertretung der Komplementär-GmbH *Zöller/Vollkommer* § 51 ZPO Rn 4; *Stein/Jonas/Bork* § 51 ZPO Rn 38.

[86] BGH NJW 2003, 590; NJW 1982, 883 ff. m. Anm. *K. Schmidt*; *Zöller/Greger* § 240 ZPO Rn 7; MüKoHGB/*K. Schmidt* §§ 171, 172 HGB Rn 115; *Koller/Roth/Morck* § 171 HGB Rn 8; *Röhricht/v. Westphalen/v. Gerkan* § 171 HGB Rn 82.

[87] BGHZ 54, 252, 255; 64, 152, 156; BGH WM 1976, 1085; OLG Düsseldorf NZG 2001, 890, 891.

[88] BGHZ 73, 217, 223 (zur Unterbrechung nach altem Verjährungsrecht); MüKoHGB/*K. Schmidt* § 129 HGB Rn 8; MünchHdb. GesR II/*Neubauer* KG § 32 Rn 19; *Röhricht/v. Westphalen/v. Gerkan* § 129 HGB Rn 4.

zeitig den **Streit zu verkünden**, um dem Einwand vorzubeugen, er habe den Prozess falsch geführt.[89] Die Gesellschaft bzw. die Mitgesellschafter sind dann an die die Entscheidung tragenden Feststellungen des Urteils gebunden.

Scheidet der von einem Gesellschaftsgläubiger verklagte Gesellschafter aus der Gesellschaft **aus**, ändert dies nichts an seiner Haftung und hat somit auch keine Auswirkungen auf den gegen ihn angestrengten Prozess. Im Fall der **Anteilsübertragung** wird der Ausscheidende nur dann aus dem Prozessverhältnis entlassen, wenn der Gläubiger die Klage mit seiner Einwilligung, die nicht durch Sachdienlichkeitserklärung des Gerichts ersetzt werden kann, nach den Grundsätzen des gewillkürten Parteiwechsels ändert und Klage gegen den neuen Gesellschafter erhebt.[90] 23

Kommt es im Laufe des Rechtsstreits wegen Vermögenslosigkeit zur **Löschung** der Firma der beklagten **Komplementär-GmbH** im Handelsregister, ist die gegen sie gerichtete Klage in der Hauptsache für erledigt zu erklären, da die Komplementär-GmbH ihre Parteifähigkeit verloren hat.[91] Im Aktivprozess der GmbH & Co. KG soll die Komplementär-GmbH ungeachtet einer bereits erfolgten Löschung im Hinblick auf ihre Beteiligung an der KG als nach wie vor fortbestehend anzusehen sein.[92] 24

2. Prozesse zwischen Gesellschaft und (Mit-) Gesellschaftern

Gegenstand von Prozessen zwischen der Gesellschaft und ihren Gesellschaftern können zum einen Auseinandersetzungen im Zusammenhang mit **Drittgeschäften** sein, beispielsweise die Geltendmachung des Rückzahlungsanspruchs aus einem der Gesellschaft gewährten Darlehen. In diesen Fällen ist der Gesellschafter grundsätzlich wie ein außenstehender Dritter zu behandeln. In Ausnahmefällen kann die gesellschaftsrechtliche Treuepflicht dazu führen, dass der Gesellschafter bei der Durchsetzung seiner Ansprüche Rücksicht auf die Interessen der Gesellschaft zu nehmen hat (vgl. dazu auch § 25 Rn 11). 25

Prozesse zwischen der Gesellschaft und ihren Gesellschaftern können aber auch aus dem **Gesellschaftsverhältnis** rührende Auseinandersetzungen zum Gegenstand haben. Exemplarisch können die Geltendmachung von Sozialansprüchen durch die Gesellschaft bzw. die Geltendmachung von Gewinnansprüchen oder Aufwendungsersatzansprüchen (§ 110 HGB) durch die Gesellschafter genannt werden.[93] 26

Für eine Klage der Gesellschaft gegen ihre Gesellschafter muss die **Komplementär-GmbH** nach dem Inhalt des Gesellschaftsvertrages nicht nur vertretungsberechtigt, sondern auch **geschäftsführungsbefugt** sein. Andernfalls würde die Klage als unbegründet abgewiesen. Der betroffene 27

---

[89] *Baumbach/Hopt* § 128 HGB Rn 44.

[90] *Zöller/Greger* § 263 ZPO Rn 24.

[91] BGH NJW 1982, 238, 239; vgl. auch *Happ* § 14 Rn 34 ff.

[92] BGHZ 75, 179, 182 f.; MünchHdb. GesR II/*Neubauer* KG § 32 Rn 2; das erscheint im Hinblick auf §§ 131 Abs. 3 Nr.1, 161 Abs. 2 HGB zweifelhaft.

[93] *Heymann/Emmerich* § 124 HGB Rn 14; Beck Hdb. Personengesellschaft/*Müller* § 4 Rn 186.

Gesellschafter kann der Klage weder nach §§ 115 2. HS, 161 HGB widersprechen, noch ist er stimmberechtigt, sofern es für die Klageerhebung als außergewöhnliches Geschäft nach §§ 116 Abs. 2, 161 HGB einer Beschlussfassung aller Gesellschafter bedarf. Eine Mitwirkung bei der Beschlussfassung über die Klageerhebung (§§ 161 Abs. 2, 115 HGB) oder ein Widerspruch des in Anspruch genommenen Gesellschafters (§ 116 Abs. 2 HGB) ist nicht möglich.

28 **Fehlerhafte Gesellschafterbeschlüsse** von Personengesellschaften sind nach herrschender Meinung nicht nur anfechtbar, sondern nichtig. Die Nichtigkeit ist folglich durch Erhebung einer allgemeinen **Feststellungsklage** gem. § 256 Abs. 1 ZPO gegenüber den Mitgesellschaftern, bei Publikumsgesellschaften oder wenn der Gesellschaftsvertrag dies vorsieht auch gegenüber der Gesellschaft geltend zu machen. Die Geltendmachung ist an keine Frist gebunden, unter Umständen ist sie aber nach allgemeinen Grundsätzen verwirkt.[94] Der Gesellschaftsvertrag kann Abweichendes bestimmen.[95] Folglich kann ein vermeintlich nach § 131 Abs. 3 S. 1 Nr. 6 HGB ausgeschlossener Gesellschafter die Nichtigkeit des Beschlusses aufgrund eines Beschlussmangels gerichtlich feststellen lassen.

29 Von dem Ausscheiden aufgrund Gesellschafterbeschlusses ist die **Ausschließungsklage** gem. § 140 HGB zu unterscheiden. Danach können die übrigen Gesellschafter vom Gericht die Ausschließung eines Gesellschafters aus der Gesellschaft verlangen, wenn in seiner Person ein Umstand eintritt, der für die übrigen Gesellschafter das Recht begründen würde, die Auflösung der Gesellschaft zu verlangen. Dabei klagen grundsätzlich alle Mitgesellschafter gegen den auszuschließenden Gesellschafter.[96]

30 Sozialansprüche können unter weiteren Voraussetzungen auch von jedem Gesellschafter gegenüber seinen **Mitgesellschaftern** im Wege der **actio pro socio** geltend gemacht werden. Hierbei beansprucht der klagende Gesellschafter im eigenen Namen gegen seinen Mitgesellschafter die Erfüllung dessen Verpflichtungen gegenüber der Gesellschaft.[97] Dementsprechend klagt er nicht auf Leistung an sich selbst, sondern an die Gesellschaft. Nach zutreffender Auffassung[98] liegt ein Fall der **Prozessstandschaft** vor.

---

[94] BGH NJW 1999, 3113, 3114 m. w. N. aus seiner Rechtsprechung; *Baumbach/Hopt* § 119 HGB Rn 31; a. A. *K. Schmidt*, Gesellschaftsrecht, § 15 II. 3. b), der die im Aktienrecht geregelte Anfechtungsklage auch auf rechtswidrige Mehrheitsbeschlüsse von Personengesellschaften ausdehnen möchte; vgl. auch die Darstellung bei MünchHdb. GesR II/*Weipert* KG § 14 Rn 130 ff.

[95] BGH NJW 1999, 3113, 3114; BGHZ 85, 351, 353; BGH NJW 1995, 1218 dehnt eine im Gesellschaftsvertrag bestimmte unangemessen kurze Ausschlussfrist von zwei Wochen aus – danach darf die als Leitbild herangezogene Monatsfrist des § 246 AktG nicht unterschritten werden.

[96] *Baumbach/Hopt* § 140 HGB Rn 17; nach BGH NJW 1958, 418; 1998, 146 ist die Mitwirkung eines Gesellschafters, der dem Klageziel verbindlich zustimmt, nicht erforderlich; a. A. MüKoHGB/*K. Schmidt* § 140 HGB Rn 67.

[97] OLG Düsseldorf NZG 2000, 475 m. Anm. *Grunewald.*

[98] BGH NJW 2000, 505, 506; MüKo/*Ulmer* § 705 BGB Rn 208 m. w. N.; a. A. *Soergel/Hadding* § 705 BGB Rn 41; *Bork/Oepen*, ZGR 2001, 520 ff. (der klagende Gesellschafter verfolge ein eigenes Recht).

Nach herrschender Meinung[99] sind die Gründe für die Klageerhebung durch den Gesellschafter nicht darzulegen; die Klage ist vielmehr erst bei treuwidrigem Vorgehen unzulässig. Ein Prozessrechtsverhältnis besteht ausschließlich zwischen den Prozessparteien, so dass die Gesellschaft nicht einbezogen ist.[100] Nach herrschender Meinung[101] folgt aus der Prozessstandschaft, dass gegenüber einer Klage der Gesellschaft von dem Beklagten nicht unter Verweis auf eine rechtshängige *actio pro socio* der Einwand der Rechtshängigkeit erhoben werden kann. Ebenso entfaltet das verfahrensbeendende Urteil bei einer im Wege der *actio pro socio* erhobenen Klage **keine Rechtskraftwirkung** für und gegen die Gesellschaft. Die *actio pro socio* ist auch im **Liquidationsstadium** nicht ausgeschlossen.[102] Der Kläger kann dann aber auch auf Leistung an sich selbst klagen, soweit kein Liquidationsbedarf besteht und eine Leistung an die Gesellschaft ein sinnloser Umweg wäre.[103] Unter Umständen soll dem Kläger der Weg über die *actio pro socio* sogar versagt sein, wenn dieser überflüssig ist.[104] Auch ein Kommanditist kann im Wege der *actio pro socio* Schadensersatzansprüche der Gesellschaft gegen einen Komplementär oder Liquidator einklagen.[105] Da er aber in die Geschäftsführung nicht hineinregieren darf, ist es ihm verwehrt, im Wege der Handlungs- bzw. Unterlassungsklage bestimmte Maßnahmen der Geschäftsführung durchzusetzen.[106]

Auch Auseinandersetzungen über **Grundlagengeschäfte** werden ausschließlich unter den Gesellschaftern ausgetragen.[107] Hierzu gehören die Gestaltungsklagen nach §§ 117, 127, 133, 140 HGB sowie Streitigkeiten über die Auslegung des Gesellschaftsvertrages oder die Wirksamkeit von Gesellschafterbeschlüssen.[108] Der **Gesellschaftsvertrag** kann für diese Fälle jedoch bestimmen, dass die Klage nicht gegen die übrigen Gesellschafter, sondern gegen die Gesellschaft selbst zu richten ist.[109] Bei Publikums- **31**

---

[99] BGHZ 25, 47, 50; *Staudinger/Habermeier* § 705 BGB Rn 47; *Raiser*, ZHR 153 (1989), 1, 23; a. A. MüKo/*Ulmer* § 705 BGB Rn 210 (aufgrund des Charakters der *actio pro socio* als Minderheitsrecht); *Staudinger/Habermeier* § 705 BGB Rn 47.

[100] MüKo/*Ulmer* § 705 BGB Rn 213.

[101] BGHZ 78, 1, 7; 79, 245, 247 f.; krit. *Zöller/Vollkommer* vor § 50 ZPO Rn 39; umstritten ist, ob mit Erhebung der Klage durch die Gesellschaft die im Wege der *actio pro socio* geltend gemachte Klage unzulässig wird, so dass eine Erledigung eintritt; dafür MüKo/*Ulmer* § 705 BGB Rn 214; a. A. *Bork/Oepen* ZGR 2001, 541 f. (für Nebenintervention der Gesellschaft im Prozess des Gesellschafters).

[102] BGH BB 1958, 603; KG GmbHR 1993, 818; OLG Dresden NZG 2000, 248; OLG Düsseldorf NZG 2000, 475; zustimmend *Bork/Oepen*, ZGR 2001, 515, 539; *K. Schmidt* Gesellschaftsrecht S. 638 f., § 21 IV. 5. a).

[103] BGHZ 10, 91, 102; BGH BB 1958, 603.

[104] BGH NJW 1960, 433; zweifelnd *K. Schmidt* Gesellschaftsrecht S. 640, § 21 IV. 5. c).

[105] OLG Düsseldorf NZG 2000, 475.

[106] BGHZ 76, 160, 167; zweifelnd *Becker*, Verwaltungskontrolle durch Gesellschafterrechte, 1997, S. 567 f.

[107] BGH NJW 1999, 3113, 3115; BGHZ 30, 195, 197; *Schlegelberger/K. Schmidt* § 124 HGB Rn 32; *Baumbach/Hopt* § 124 HGB Rn 41.

[108] *Baumbach/Hopt* § 114 HGB Rn 3.

[109] BGH NJW 1999, 3115; NJW 1995, 1218; BGHZ 83, 350, 353; *Baumbach/Hopt* § 124 HGB Rn 41; *Schlegelberger/K. Schmidt* § 124 HGB Rn 32.

personengesellschaften kann die Klage unter Umständen auch ohne eine ausdrückliche Regelung im Gesellschaftsvertrag gegen die Gesellschaft gerichtet werden.[110]

32 **Gerichtsstand** für Streitigkeiten zwischen der Gesellschaft und ihren Gesellschaftern ist der Sitz der Gesellschaft (§ 22 ZPO). Dies folgt auch aus § 29 ZPO für Klagen aus dem Gesellschaftsvertrag, da aus der Natur der Sache als Erfüllungsort der Sitz der Gesellschaft abgeleitet wird.[111] Zuständig ist die Kammer für Handelssachen (§ 95 Abs. 1 Nr. 4 a GVG), vor der allerdings nur dann verhandelt wird, wenn der Kläger dies beantragt oder der Beklagte einen entsprechenden Verweisungsantrag stellt (§ 96 GVG). Hat der Kläger in der Klageschrift keinen entsprechenden Antrag gestellt, wird der Rechtsstreit vor der Zivilkammer anhängig. In diesem Fall kann nur noch der Beklagte – nicht hingegen der Kläger – Antrag auf Verweisung stellen (§ 98 GVG).[112] Der Gerichtsstand der Mitgliedschaft am Sitz der Gesellschaft (§ 22 ZPO) ist auch für die actio pro socio eröffnet. Bei der Ausschließungsklage können die Kläger zwischen dem allgemeinen Gerichtsstand des Wohnsitzes des Beklagten (§§ 12, 13 ZPO) und dem besonderen Gerichtsstand der Mitgliedschaft am Sitz der Gesellschaft (§ 22 ZPO) wählen.[113]

33 Ist der verklagte Gesellschafter einziger Geschäftsführer der Komplementär-GmbH oder sind die übrigen Geschäftsführer nur mit diesem zusammen gesamtvertretungsberechtigt, muss der Vorsitzende des Prozessgerichts einen **Prozesspfleger** nach § 57 ZPO bestellen, damit eine ordnungsgemäße Vertretung der Gesellschaft gewährleistet ist.[114]

III. Schiedsvereinbarungen

1. Allgemeines

34 **a) Schiedsvereinbarung.** Die Zulässigkeit von Schiedsvereinbarungen, also Vereinbarungen über die Zuständigkeit von Schiedsgerichten, zwischen den Gesellschaftern einer GmbH & Co. KG richtet sich nach den allgemeinen Vorschriften (§§ 1025 ff. ZPO, s. auch § 17 Rn 89 ff.).[115] Vom

---

[110] BGH NJW 1999, 3113, 3115; DStR 2003, 792, 793.

[111] OLG Jena ZIP 1998, 1496, 1497 f.; MüKoZPO/*Patzina* § 29 ZPO Rn 54; *Palandt/Heinrichs* § 269 BGB Rn 14, 18.

[112] *Thomas/Putzo* § 98 GVG Rn 2; *Zöller/Gummer* § 98 GVG Rn 2; *Baumbach/Lauterbach/Albers/Hartmann* § 98 GVG Rn 2.

[113] *Baumbach/Hopt* § 140 HGB Rn 21; MüKoHGB/*K. Schmidt* § 140 HGB Rn 64; *Ebenroth/Boujong/Joost/Lorz* § 140 HGB Rn 24.

[114] MünchHdb. GesR II/*Neubauer* KG § 28 Rn 32; GK/*Habersack* § 124 HGB Rn 41; *Stein/Jonas/Bork* § 57 ZPO Rn 2; *Zöller/Vollkommer* § 57 ZPO Rn 1; MüKoZPO/*Lindacher* § 57 ZPO Rn 2.

[115] Die Bestimmungen über das Schiedsverfahren wurden durch das SchiedsVfG v. 28. 11. 1997 mit Wirkung zum 1. 1. 1998 weitreichend reformiert. Nach § 1 Abs. 1 der Übergangsvorschriften beurteilt sich die Wirksamkeit von vor dem In-Kraft-Treten dieses Gesetzes geschlossenen Schiedsvereinbarungen nach altem Recht. Gleiches gilt für vor In-Kraft-Treten des Gesetzes begonnene, aber noch nicht abgeschlossene Schiedsverfahren.

Begriff der Schiedsvereinbarung werden **Schiedsabreden**, die Gegenstand einer gesonderten Vereinbarung der Gesellschafter sind, und **Schiedsklauseln**, die in den Gesellschaftsvertrag integriert sind, umfasst (§ 1029 Abs. 2 ZPO).[116]

Die Schiedsvereinbarung muss sich auf ein vertragliches oder nicht vertragliches **Rechtsverhältnis** beziehen (§ 1029 Abs. 1 ZPO). Gegenstand einer Schiedsvereinbarung kann jeder vermögensrechtliche Anspruch sein; anders als nach altem Recht ist die Vergleichsfähigkeit nur noch für nichtvermögensrechtliche Ansprüche von Relevanz (§ 1030 Abs. 1 ZPO). Ansprüche, die Gegenstand gesellschaftsrechtlicher Feststellungs- und Gestaltungsklagen sein können, haben auch dann vermögensrechtlichen Charakter, wenn sie nicht auf die Zahlung von Geld gerichtet sind.[117] Gegenstand einer Schiedsvereinbarung können nunmehr auch unverzichtbare Ansprüche, wie das außerordentliche Informationsrecht des Kommanditisten nach § 166 Abs. 3 HGB (vgl. dazu § 24 Rn 28), sein.[118] 35

Während nach altem Recht Schiedsvereinbarungen grundsätzlich in einer gesonderten Urkunde niedergelegt werden mussten (§ 1027 a. F. ZPO), ist der **Form** nunmehr bereits dann Genüge getan, wenn die Schiedsabrede in einem zwischen den Parteien gewechselten Schreiben, Telefax, Telegramm oder in einer anderen Form der Nachrichtenübermittlung, die einen Nachweis der Vereinbarung sicherstellt, enthalten ist (§ 1031 Abs. 1 ZPO). Die Wahrung der Schriftform i. S. v. § 126 BGB ist mithin nicht erforderlich. Anderes gilt nur für Schiedsvereinbarungen, die durch letztwillige Verfügungen oder andere nicht auf Vereinbarung beruhende Verfügungen angeordnet werden (§ 1066 ZPO).[119] Strengere Voraussetzungen gelten nach § 1031 Abs. 5 ZPO nur bei Beteiligung eines **Verbrauchers**. In diesem Fall muss die Schiedsvereinbarung Gegenstand einer eigenhändig unterzeichneten Vereinbarung sein. Sie darf zudem keine anderen, sich nicht auf das schiedsgerichtliche Verfahren beziehenden Vereinbarungen enthalten, es sei denn, die Vereinbarung ist notariell beurkundet. 36

Die Parteien können im Schiedsvertrag die Anzahl der **Schiedsrichter** und das Verfahren zu ihrer Bestellung regeln (§§ 1034, 1035 Abs. 1 ZPO). Findet sich im Schiedsvertrag keine Regelung, setzt sich das Schiedsgericht aus drei Personen zusammen (§ 1034 Abs. 1 S. 2 ZPO). In der Praxis sehen die Schiedsvereinbarungen zumeist vor, dass jede Partei einen Schiedsrichter bestimmt und die solchermaßen Ernannten sich sodann auf einen Dritten als Vorsitzenden einigen. Die Schiedsrichter können aber auch bereits im Schiedsvertrag benannt werden; dann sollten allerdings auch Ersatzschiedsrichter bestellt werden. 37

Die ZPO räumt den Parteien bei Ausgestaltung des Verfahrens weit reichende Flexibilität ein. In der Schiedsvereinbarung können namentlich 38

---

[116] Zu den Vor- und Nachteilen von Schiedsvereinbarungen vgl. etwa *Lachmann* Rn 89 ff. Dazu auch *K. Schmidt*, ZHR 162 (1998), 272.

[117] So zutr. *K. Schmidt*, ZHR 162 (1998), 270 f.; a. A. noch BGHZ 132, 278

[118] OLG Hamm NZG 2000, 1182; s. a. *Lörcher*, DB 1998, 247; *Kröll*, NJW 2001, 1173, 1177.

[119] *Ebbing*, NZG 1998, 281.

Regelungen über den **Schiedsort** (§ 1043 Abs. 1 ZPO), die **Verfahrenssprache** (§ 1045 Abs. 1 ZPO) sowie das anzuwendende materielle **Recht** (§ 1051 Abs. 1 ZPO) getroffen werden.

39 Fällt die Auseinandersetzung in den Anwendungsbereich der Schiedsvereinbarung, steht der Weg zum Schiedsgericht offen. Einer eventuellen Klage vor den ordentlichen Gerichten kann dann die **Einrede** des Schiedsvertrages (§ 1032 ZPO) entgegengehalten werden, sofern die Parteien im konkreten Fall nicht einvernehmlich eine abweichende Vereinbarung treffen.[120] Die Einrede kann abweichend von § 282 Abs. 3 Satz 2 ZPO bis zum Beginn der mündlichen Verhandlung zur Hauptsache, also bis zur Stellung der Sachanträge, erhoben werden.[121]

40 Abzugrenzen ist die Schiedsvereinbarung vom **Schiedsrichtervertrag**. Hierbei handelt es sich um eine Vereinbarung zwischen den Parteien und den beteiligten Schiedsrichtern.[122] Gegenstand des Schiedsrichtervertrages, der keiner besonderen Form bedarf und mithin auch konkludent geschlossen werden kann, ist in erster Linie die Vergütung für die Schiedsrichtertätigkeit. In der Praxis wird das Honorar zumeist nach den gesetzlichen Gebühren der Rechtsanwälte bemessen, wobei für den Vorsitzenden $^{15}/_{10}$-Gebühren und für die Beisitzer jeweils $^{13}/_{10}$-Gebühren in Ansatz gebracht werden.[123] Daneben haben die Schiedsrichter Anspruch auf Ersatz ihrer Auslagen.

41 Zu sondern ist die Schiedsvereinbarung zudem von der **Schiedsgutachtenvereinbarung**. Während die nach Maßgabe einer Schiedsvereinbarung bestellten Schiedsrichter einen Rechtsstreit entscheiden, also den entscheidungserheblichen Sachverhalt unter Zugrundelegung des Parteivortrags und Würdigung des Ergebnisses einer gegebenenfalls durchzuführenden Beweisaufnahme feststellen und über Rechtsfragen urteilen, sind Schiedsgutachter nur zur Feststellung von Tatsachen oder rechtsgestaltenden Ergänzung von Vertragsinhalten berufen (z. B. Ermittlung der Höhe des Abfindungsguthabens eines ausscheidenden Gesellschafters). Die getroffenen Feststellungen des Schiedsgutachters sind nach Maßgabe der §§ 317 ff. BGB für die Parteien verbindlich, in dem zwischen ihnen anhängigen oder nach Vorlage des Schiedsgutachtens anhängig werdenden (Schieds-) Prozess zugrunde zu legen und (schieds-) gerichtlich nur unter sehr eingeschränkten Voraussetzungen (§ 319 BGB) überprüfbar.

42 **b) Schiedsverfahren.** Die Bestellung der **Schiedsrichter** erfolgt nach Maßgabe des von den Parteien in der Schiedsvereinbarung geregelten Verfahrens (§ 1035 Abs. 1 ZPO). Fehlt es an einer entsprechenden Regelung und können sich die Parteien nicht einigen, erfolgt die Bestellung auf Antrag einer Partei durch das Gericht (§ 1035 Abs. 3 ZPO). Zuständig ist das in der Schiedsvereinbarung bezeichnete Oberlandesgericht bzw. das für den Ort des schiedsgerichtlichen Verfahrens zuständige Oberlandesgericht (§ 1062 Abs. 1 Nr. 1 ZPO).

---

[120] *Ebbing*, NZG 1998, 281, 283.
[121] BGH NJW 2001, 2176.
[122] Dazu ausführlich *Lachmann* Rn 1743 ff.
[123] *Lachmann* Rn 1804 ff.

Besteht Streit über die Wirksamkeit und den Umfang der Schiedsvereinbarung, ist das Schiedsgericht zur Entscheidung über seine **Kompetenz** berechtigt (§ 1040 Abs. 1 ZPO). Nach § 1041 ZPO ist das Schiedsgericht auch zur Anordnung von **vorläufigen und sichernden Maßnahmen** berechtigt.[124] Die Zuständigkeit der ordentlichen Gerichte für solche Maßnahmen bleibt – vorbehaltlich anders lautender Vereinbarung zwischen den Parteien – dadurch freilich unberührt (§ 1033 ZPO). Insoweit besteht also ein **Wahlrecht** der Parteien.[125] Da auch Entscheidungen des Schiedsgerichts im einstweiligen Rechtsschutz der Zulassung der Vollziehung durch das zuständige Oberlandesgericht bedürfen (§§ 1041 Abs. 2, 1062 Abs. 1 Nr. 3 ZPO); erweist sich der Weg über das Schiedsgericht in der Regel als nicht zweckmäßig.[126] 43

Die Schiedsrichter haben die Parteien zu hören (§ 1042 Abs. 1 S. 2 ZPO) und den **Sachverhalt**, ggf. auch durch Anhörung von Zeugen und Sachverständigen, zu ermitteln. Der **Schiedsspruch**, der vorbehaltlich einer abweichenden Regelung in der Schiedsvereinbarung mit Mehrheit der Stimmen des Schiedsgerichts gefasst wird (§ 1052 Abs. 1 ZPO), hat die Wirkung eines rechtskräftigen gerichtlichen Urteils (§ 1055 ZPO). Um als Vollstreckungstitel dienen zu können, bedarf er allerdings zuvor einer **Vollstreckbarkeitserklärung** durch das zuständige Oberlandesgericht (§§ 1060, 1062 Abs. 1 Nr. 4 ZPO).[127] Unter den Voraussetzungen des § 1059 ZPO kann der Schiedsspruch durch das Gericht **aufgehoben** werden. 44

2. Schiedsverträge der Gesellschaft mit Dritten

Hat die Gesellschaft mit einem Dritten eine Schiedsvereinbarung geschlossen, stellt sich häufig die Frage, ob sich diese auch auf die Gesellschafter erstreckt. Macht der Gesellschafter im Rahmen eines **Aktivprozesses** ausnahmsweise selbst einen Anspruch der Gesellschaft geltend, ist er an die mit dem Dritten getroffene Schiedsvereinbarung gebunden.[128] Für den Fall eines **Passivprozesses** differenziert die h. M. zwischen den verschiedenen Gesellschaftergruppen. Die **persönlich haftenden Gesellschafter** sind danach in die Schiedsvereinbarung einbezogen.[129] Folglich kann die von einem Gesellschaftsgläubiger vor den ordentlichen Gerichten in Anspruch genommene Komplementär-GmbH die Einrede der Zuständigkeit des Schiedsgerichts erheben. Demgegenüber kann eine Schiedsvereinbarung in aller Regel nicht dahin gehend ausgelegt werden, dass sie auch die **Kommanditisten** bindet, soweit diese den Gläubigern gegenüber ausnahms- 45

124 Vgl. etwa *Lachmann* Schiedsgerichtspraxis Rn 1401 ff.
125 *Lörcher*, DB 1998, 247.
126 OLG München NJW-RR 2001, 711.
127 Dazu etwa *Lachmann* Rn 1269 ff.
128 *K. Schmidt*, ZHR 162 (1998), 272.
129 BGH BB 1980, 489; NJW-RR 1991, 423; *Baumbach/Hopt* § 128 HGB Rn 40; GK/*Habersack* § 124 HGB Rn 29; *Schwab/Walter* Schiedsgerichtsbarkeit Kap. 7 Rn 35; *Lachmann* Rn 353 m. w. N.; MüKoHGB/*K. Schmidt* § 138 HGB Rn 22; *Ebenroth/Boujong/Joost/Hillmann* § 128 HGB Rn 61.

weise persönlich haften.[130] Eine Ausnahme von diesem Grundsatz ist allenfalls dann angebracht, wenn die Kommanditisten mit weitergehenden Geschäftsführungsbefugnissen ausgestattet sind.

46 Hat der Gesellschafter eine Gesellschaftsschuld erfüllt, findet die mit dem Dritten vereinbarte Schiedsvereinbarung im **Regressprozess** gegen die Gesellschaft keine Anwendung.[131]

3. Schiedsvereinbarungen in Gesellschaftsverträgen[132]

47 **a) Grundsatz.** *aa) Gesellschaftsvertrag der GmbH & Co. KG.* Nach welchem Regelungsregime sich Schiedsklauseln in Gesellschaftsverträgen von Personengesellschaften bemessen, ist nach wie vor umstritten. Nach h. M. fallen Schiedsklauseln im Gesellschaftsvertrag einer GmbH & Co. KG nicht unter § 1066 ZPO, sondern sind als vertragliche Vereinbarungen i. S. v. §§ 1029, 1031 ZPO einzuordnen, mit der Folge, dass die dort vorgesehenen Formvorschriften zu beachten sind.[133] Die Gegenansicht vertritt mit beachtlichen Gründen den Standpunkt, dass Schiedsvereinbarungen in Gesellschaftsverträgen von Personenhandelsgesellschaften jedenfalls dann als Fall des § 1066 ZPO einzuordnen sind, wenn die Willensbildung durch Mehrheitsentscheidungen erfolgen kann.[134] Gerade das Beispiel der GmbH & Co. KG zeige, dass keine zwingenden Gründe für eine Ungleichbehandlung von Kapital- und Personengesellschaften bestehen.[135] Im Übrigen lasse sich bei einer abweichenden Einordnung auch die Rechtsprechung des BGH, nach der eine mit dem Hauptvertrag verbundene Schiedsabrede formfrei auf den Erwerber übergeht (dazu Rn 55), kaum in Einklang bringen.[136] Aber auch nach dieser Ansicht soll eine **nachträgliche** Einführung einer Schiedsklausel aufgrund eines Mehrheitsbeschlusses nur dann zulässig sein, wenn der Gesellschaftsvertrag den Anforderungen des Bestimmt-

---

[130] I. E. auch *K. Schmidt*, ZHR 162 (1998), 273; *Schwab/Walter* Schiedsgerichtsbarkeit Kap. 7 Rn 35; *Baumbach/Hopt* § 171 HGB Rn 3; *Lachmann* Rn 353; differenzierend MünchHdb. GesR II/*Neubauer* KG § 32 Rn 25, der eine Bindung der Kommanditisten an die Schiedsvereinbarung bejaht, soweit sie nach § 176 HGB in Anspruch genommen werden.

[131] MünchHdb. GesR II/*Neubauer* KG § 32 Rn 26.

[132] Ein Muster eines Schiedsvertrages findet sich bei *Hopt/Trittmann* V A. 3. 111

[133] BGH NJW 1980, 1049; BGHZ 45, 282, 286; *Baumbach/Hopt* vor § 1 HGB Rn 90; *Baumbach/Lauterbach/Albers/Hartmann* § 1066 ZPO Rn 5; *Thomas/Putzo* § 1066 ZPO Rn 2; *Trotha*, DB 1988, 1367 ff.; vgl. auch BegrRegE BT-Drs. 13/5274, S. 66. Anders als nach altem Recht soll die Aufnahme der Schiedsklausel in den Gesellschaftsvertrag der GmbH & Co. KG jedoch grundsätzlich das Schriftformerfordernis des § 1031 ZPO erfüllen; vgl. *Ebbing*, NZG 1998, 282. Der Errichtung und Unterzeichnung einer gesonderten Urkunde bedarf es nur dann, wenn sich an der Errichtung der Gesellschaft oder der Satzungsänderung ein Verbraucher i. S. v. § 1031 Abs. 5 ZPO beteiligt.

[134] Instruktiv *K. Schmidt* ZHR 162 (1998), 277 ff.; *ders.*, BB 2001, 1857, 1862; MüKoHGB/*K. Schmidt* § 124 HGB Rn 24, ihm folgend *Ebbing*, NZG 1999, 756 m. w. N.; *Zöller/Geimer* § 1066 ZPO Rn 1, 13; vgl. bereits *Roth*, FS Nagel, S. 318 ff.

[135] Dazu bereits ausf. *K. Schmidt*, GmbHR 1990, 17 f.

[136] *K. Schmidt* ZHR 162 (1998), 278 f.

heitsgrundsatzes genügt.[137] Das setzt voraus, dass der Gesellschaftsvertrag die Aufnahme einer Schiedsklausel durch Mehrheitsbeschluss ausdrücklich vorsieht. Ist das nicht der Fall, kann die Einführung der Schiedsklausel nur einstimmig beschlossen werden.

Ob Schiedsklauseln in Gesellschaftsverträgen von **Publikumsgesellschaften** zulässig sind, ist gleichermaßen umstritten. Nach zutreffender Ansicht halten sie einer Inhaltskontrolle nicht stand.[138] 48

bb) Satzung der Komplementär-GmbH. Die Aufnahme einer Schiedsklausel in die Satzung der Komplementär-GmbH fällt in den Anwendungsbereich des § 1066 ZPO. Das modifizierte Schriftformerfordernis des § 1031 ZPO muss daher nicht eingehalten werden.[139] Dies gilt zunächst zwar nur für die Regelung der statutarischen Rechtsbeziehungen der Gesellschafter untereinander und nicht für sonstige schuldrechtliche Vereinbarungen, auf die § 1031 ZPO Anwendung findet. Die Aufnahme der Schiedsklausel in die Satzung einer Komplementär-GmbH genügt der Form des § 1031 ZPO jedoch auch dann, wenn sie auch sonstige schuldrechtliche Rechtsbeziehungen erfassen soll.[140] Diese Grundsätze finden auch bei nachträglicher Aufnahme der Schiedsklausel in die Satzung Anwendung. Nach h. M. soll die Satzungsänderung auch hier der Zustimmung aller Gesellschafter bedürfen.[141] 49

cc) Verknüpfung. Um ein Auseinanderfallen der gerichtlichen Zuständigkeiten zu vermeiden, empfiehlt es sich, die Schiedsvereinbarung sowohl auf KG-Ebene als auch auf Ebene der Komplementär-GmbH zu treffen.[142] Zudem sind die Schiedsvereinbarungen inhaltlich aufeinander abzustimmen. Sofern sich an der Gesellschaft ein Verbraucher i. S. v. § 1031 Abs. 5 ZPO beteiligt, empfiehlt es sich, die Schiedsvereinbarung zusätzlich in einer gesonderten Urkunde zu treffen und hierauf in den Gesellschaftsverträgen hinzuweisen.[143] 50

b) Gegenstand von Schiedsvereinbarungen. Gegenstand der Schiedsvereinbarung können alle aus dem Gesellschaftsverhältnis resultierenden Auseinandersetzungen sein. Typischerweise sind die Schiedsvereinbarungen 51

---

[137] *K. Schmidt* ZHR 162 (1998), 279; a. A. *Ebbing*, NZG 1999, 756.

[138] *K. Schmidt*, ZHR 162 (1998), 279, 282; *Schlitt*, Informationsrechte, S. 239 f.; a. A. BGH NJW 1980, 1049.

[139] BGHZ 38, 159; OLG Hamm OLGZ 90, 453; *Baumbach/Lauterbach/Albers/Hartmann* § 1066 ZPO Rn 5; *Zöller/Geimer* § 1066 ZPO Rn 4; *Reichert/Herberth*, NZG 2003, 379, 380; *v.* Trotha, DB 1988, 453; *Ebbing*, NZG 1998, 281; *K. Schmidt*, ZHR 162 (1998), 277 m. N. zur Gegenansicht.

[140] So zutr. *Ebbing*, NZG 1998, 282.

[141] *Schwab/Walter* Schiedsgerichtsbarkeit Kap. 32 Rn 16; *Reichert/Harbarth*, NZG 2003, 379, 380 f.; *Scholz/Emmerich* § 13 GmbH Rn 31; a. A. *Ebbing*, NZG 1999, 755; wohl auch KöKo/*Lutter* vor § 53 a AktG Rn 20 (zur AG); s. auch BGHZ 144, 146 (= NZG 2000, 167, 168 m. ablehnender Anm. *Ebbing*); OLG München NZG 1999, 780 (zum Verein); zu den Auswirkungen im Rahmen von Umwandlungsvorgängen s. *Reichert/Harbarth* NZG 2003, 379, 381 ff.

[142] Vgl. auch *Ebbing*, NZG 1998, 282.

[143] Dazu auch *Lachmann* Rn 263 f.

in der Praxis so gefasst, dass sie alle Streitigkeiten zwischen **Gesellschaft und Gesellschafter** sowie Auseinandersetzungen der **Gesellschafter untereinander** erfassen. Die Zuständigkeit des Schiedsgerichts kann sich insbesondere auf die Wirksamkeit des Gesellschaftsvertrages[144] oder die Entscheidung über die Auflösungsklage beziehen.[145] Ob sich die Schiedsvereinbarung auch auf schuldrechtliche Verpflichtungen der Gesellschafter (z. B. Andienungsrechte etc.) erstreckt, die Eingang in den Gesellschaftsvertrag gefunden haben, ist im Wege der Auslegung zu ermitteln.[146] Im Regelfall wird man dies bejahen können. Entsprechendes gilt für Ausgleichsansprüche der Gesellschafter untereinander, sofern sie ihre Wurzel in der Gesellschafterstellung haben.[147]

52 Ob sich die Schiedsvereinbarung auch auf die **Anfechtung** von Gesellschafterbeschlüssen erstrecken kann, ist problematisch. Dabei ist zwischen Beschlüssen auf KG- und Komplementär-GmbH-Ebene zu differenzieren. Auseinandersetzungen über die Wirksamkeit von Gesellschafterbeschlüssen von **Personengesellschaften** sind nach h. M. grundsätzlich schiedsfähig.[148] Dies gilt insbesondere für Feststellungsklagen, die auf das Bestehen bzw. die Nichtigkeit von Gesellschafterbeschlüssen gerichtet sind (§ 256 ZPO). Sofern derartige Streitigkeiten unter den Gesellschaftern und nicht im Verhältnis zwischen Gesellschafter und Gesellschaft ausgetragen werden, stellen sich allerdings weitere Probleme, die zumeist unter dem Stichwort der „Mehrparteienschiedsgerichtsbarkeit“ diskutiert werden, nämlich insbesondere die Frage, wie die inter partes wirkende Rechtskraft eines Schiedsspruchs auf alle Gesellschafter erstreckt werden kann.[149]

53 Dementsprechend erweist sich die Schiedsfähigkeit von Beschlüssen von **Kapitalgesellschaften** als Problem.[150] Eine Inter-omnes-Wirkung von Anfechtungs- bzw. Nichtigkeitsschiedsprüchen hat der BGH[151] verneint und die Frage für die Praxis damit einer zumindest vorläufigen Klärung zugeführt.

54 Der nach näherer Maßgabe der mitbestimmungsrechtlichen Vorschriften einzurichtende **Aufsichtsrat** oder seine Mitglieder werden durch eine gesellschaftsvertragliche Schiedsklausel nicht gebunden. Auch Auseinandersetzungen mit Mitgliedern eines fakultativen **Beirates** sind vor den ordent-

---

[144] BGH NJW 1970, 1046.

[145] RGZ 71, 255; *Baumbach/Hopt* § 133 HGB Rn 19.

[146] *Ebbing*, NZG 1998, 283.

[147] LG Mönchengladbach BB 1994, Beil. 5, S. 28; *Ebbing*, NZG 1998, 283 m. N. zur Gegenansicht.

[148] Vgl. dazu OLG Hamm DB 1992, 2180; *Henze*, ZGR 1988, 542; *K. Schmidt*, ZGR 1988, 538; *Ebenroth/Bohne*, BB 1996, 1393; *Ebbing*, NZG 1998, 285 jew. m. w. N.

[149] Dazu *Lachmann* Rn 1364 ff.; *K. Schmidt* ZHR 162 (1998), 284 m. w. N.

[150] Für die Anwendbarkeit *Baumbach/Hueck* Anh. § 47 GmbHG Rn 18; *Hachenburg/Ulmer* § 61 GmbHG Rn 37; *K. Schmidt* ZGR 1988, 523; *Timm*, ZIP 1996, 445 ff. jew. m. w. N.; dagegen BGH WM 1966, 1133; OLG Hamm DB 1987, 680; *Lachmann* Rn 228; *Henze*, ZGR 1988, 562.

[151] BGHZ 132, 278, 285 ff.; kritisch dazu *K. Schmidt*, ZHR 162 (1998) 269 f., 285 ff.; s. auch *Ebenroth/Bohne*, BB 1996, 1398.

lichen Gerichten auszutragen, sofern die Gesellschaft mit ihnen nicht ausnahmsweise eine gesonderte Schiedsvereinbarung getroffen hat.[152]

c) Übertragung von Gesellschaftsanteilen. Im Falle der Übertragung eines Gesellschaftsanteils geht die mit dem Hauptvertrag verbundene Schiedsabrede nach h. M. formfrei auf den Erwerber über.[153] Dies gilt gleichermaßen für Kommanditanteile[154] und Anteile an der Komplementär-GmbH.[155] Tritt ein Kommanditist seinen Anteil an einen Dritten ab, ist der Neu-Kommanditist danach an eine vom Alt-Gesellschafter vereinbarte Schiedsvereinbarung gebunden. Die Formvorschrift des § 1031 ZPO steht dem nicht entgegen, da die Schiedsvereinbarung nach Ansicht des BGH Eigenschaft des Gesellschaftsanteils ist und mithin analog § 401 BGB auf den Erwerber übergeht.[156] 55

[152] So. zutr. *Ebbing*, NZG 1998, 283.

[153] *K. Schmidt*, GmbHR 1990, 17; *Ebbing*, NZG 1998, 282; *ders.*, NZG 1999, 756; *Lachmann* Rn 271; a. A. *Schwab/Walter* Schiedsgerichtsbarkeit Kap. 7 Rn 32 jew. m. w. N.

[154] BGH NZG 1998, 63; BGHZ 71, 162, 165.

[155] BGH NJW 1979, 2567, 2568.

[156] BGH NZG 1998, 63.

§ 44 Die GmbH & Co. KG in der Zwangsvollstreckung

Übersicht

Schrifttum: *Behr*, Die Vollstreckung in Personengesellschaften, NJW 2000, 1137; *Hadding*, Zur Rechtsfähigkeit und Parteifähigkeit der (Außen-)Gesellschaft bürgerlichen Rechts sowie zur Haftung ihrer Gesellschafter für Gesellschaftsverbindlichkeiten, ZGR 2001, 734; *Heuer*, Der GmbH-Anteil in der Zwangsvollstreckung, ZIP 1998, 405; *Hüffer*, Die Gesamthandsgesellschaft in Prozeß, Zwangsvollstreckung und Konkurs, Festschrift Stimpel, 1985, S. 165; *Marotzke*, Zwangsvollstreckung in Gesellschaftsanteile nach Abspaltung der Vermögensansprüche, ZIP 1988, 1509; *Noack*, Die Kommanditgesellschaft (KG) im Prozeß und in der Vollstreckung, DB 1973, 1157; *ders.*, Aktuelle Fragen der Zwangsvollstreckung gegen die offenen Handelsgesellschaft, DB 1970, 1817; *Reichert*, Das Zustimmungserfordernis zur Abtretung von Geschäftsanteilen in der GmbH, 1982; *Roth*, Pfändung und Verpfändung von Gesellschaftsanteilen ZGR 2000, 187; *Rupp/Fleischmann*, Probleme der Pfändung an Gesellschaftsanteilen, Rpfleger, 1984, 223; *Smid*, Probleme der Pfändung von Anteilen an Personengesellschaften, (§ 859 Abs. 1 ZPO), JuS 1988, 613; *K. Schmidt*, Der unveräußerliche Gesamthandsanteil – ein Vollstreckungsgegenstand, JR 1977, 177; *Wertenbruch*, Die Haftung von Gesellschaftern und Gesellschaftsanteilen in der Zwangsvollstreckung, 2000; *Winnefeld*, Übertragung und Pfändung des Kapital-Entnahmeanspruchs i. S. des § 122 Abs. 1 HGB, DB 1977, 897; *Wössner*, Die Pfändung des Gesellschaftsanteils bei den Personengesellschaften, 2000.

I. Zwangsvollstreckung gegen die GmbH & Co. KG

1. Vorliegen eines Titels gegen die Gesellschaft

a) Titel. Für die Vollstreckung in das Gesellschaftsvermögen benötigt der Gläubiger einen gegen die **Gesellschaft** gerichteten vollstreckbaren Titel (§ 124 Abs. 2 HGB). Verfügt der Gläubiger lediglich über einen Titel gegen einen **Gesellschafter**, kann er nur in dessen Privatvermögen, zu dem auch sein Anteil an der Gesellschaft gehört, nicht aber in das Vermögen der Gesellschaft vollstrecken.[1] Ein Zugriff auf das Vermögen der GmbH & Co. KG kommt selbst dann nicht in Betracht, wenn der Gläubiger über einen Titel gegen alle Gesellschafter verfügt, da es sich dabei nur um einen Gesamtschuldtitel und nicht um einen zur Vollstreckung in das Gesellschaftsvermögen berechtigenden „Gesamthandsschuldtitel" handelt.[2] Insoweit besteht ein signifikanter Unterschied zur Rechtslage bei der GbR, bei der die Zwangsvollstreckung in das Gesellschaftsvermögen auch aufgrund eines Titels gegen alle Gesellschafter erfolgen kann (§ 736 ZPO).[3] Ein Titel gegen alle Gesellschafter einer Personenhandelsgesellschaft genügt nach bisher herrschender Meinung[4] lediglich dann, wenn die Gesellschaft nach Erlangung des Titels Personenhandelsgesellschaft wurde oder wenn sie im Erkenntnisverfahren zu Unrecht als GbR angesehen wurde. Hat sich eine GbR vor Erwirkung des Titels in eine GmbH & Co. KG umgewandelt, muss der Gläubiger die nur gegen die Gesellschafter erhobene Klage erweitern und auch gegen die Gesellschaft richten, um einen Titel zu erlangen, der eine Zwangsvollstreckung in das Gesellschaftsvermögen zulässt. Hatte er die GbR von vornherein mitverklagt, bedarf es lediglich der Berichtigung des Rubrums. In allen übrigen Fällen kann die Gesellschaft **Drittwiderspruchsklage** (§ 771 ZPO) erheben, wenn ein Gläubiger aus einem gegen einen Gesellschafter gerichteten Titel in das Gesellschaftsvermögen vollstreckt, ohne über einen Titel gegen die Gesellschaft zu verfügen.[5] 1

Der Titel muss die Gesellschaft unter ihrer **Firma** bezeichnen; die Komplementär-GmbH oder ihre Kommanditisten müssen im Titel nicht angegeben werden.[6] Eine unrichtige **Bezeichnung** der GmbH & Co. KG im Titel ist unschädlich, solange sich die Identität der Gesellschaft im Wege der Auslegung ermitteln lässt.[7] Wegen des formellen Charakters des Vollstreckungsverfahrens ist insoweit jedoch ein strenger Maßstab anzulegen. Die 2

---

[1] BayObLG NJW 1986, 2578; GK/*Habersack* § 124 HGB Rn 42 u. § 129 HGB Rn 26; *Noack*, DB 1973, 1157.

[2] MüKoHGB/*K. Schmidt* § 124 HGB Rn 30; GK/*Habersack* § 124 HGB Rn 42; *Heymann/Emmerich* § 124 HGB Rn 26.

[3] BGH BB 2004, 2092, 2094; JZ 1999, 45 m. Anm. *Habersack*.

[4] BGH BB 1967, 143; *Schlegelberger/K. Schmidt* § 124 HGB Rn 34; *Baumbach/Hopt* § 124 HGB Rn 45; GK/*Habersack* § 124 HGB Rn 42.

[5] *Schlegelberger/K. Schmidt* § 124 HGB Rn 34; MünchHdb. GesR II/*Neubauer* KG § 33 Rn 1; GK/*Habersack* § 124 HGB Rn 42.

[6] Vgl. *Noack*, DB 1970, 1817.

[7] *Thomas/Putzo* Vor § 704 ZPO Rn 22.

Berichtigung eines fälschlicherweise auf eine Offene Handelsgesellschaft lautenden Titels nach § 319 Abs. 1 ZPO soll dann möglich sein, wenn die beklagte Gesellschaft bereits vor Klageerhebung GmbH & Co. KG geworden ist und die Gesellschafter der OHG später Gesellschafter und Geschäftsführer der GmbH & Co. KG geworden sind, die Gesellschaftsverhältnisse also im Wesentlichen unverändert geblieben sind.[8]

3 Ebenso wie im Erkenntnisverfahren hat ein **Wechsel im Gesellschafterkreis** keinerlei Auswirkungen auf den Gang des Zwangsvollstreckungsverfahrens, selbst wenn eine natürliche Person die Stelle der Komplementär-GmbH einnimmt oder umgekehrt.[9]

4 Auch die **Auflösung** berührt die Zulässigkeit der Zwangsvollstreckung in das Vermögen der GmbH & Co. KG – vorbehaltlich der Insolvenz (dazu näher § 48 Rn 57) – nicht.[10] Bei **Vollbeendigung** der Gesellschaft wird der Titel hingegen grundsätzlich gegenstandslos. Wird zu einem späteren Zeitpunkt noch Vermögen aufgefunden, kann die Vollstreckung in das Gesellschaftsvermögen wieder aufgenommen werden.[11] Allerdings ist trotz Vollbeendigung eine Zwangsvollstreckung aufgrund des Titels dann möglich, wenn ein Fall der Gesamtrechtsnachfolge vorliegt, insbesondere wenn ein Gesellschafter etwa aufgrund Ausscheidens des einzigen Komplementärs oder Kommanditisten das Geschäft der GmbH & Co. KG ohne Liquidation mit allen Aktiva und Passiva übernommen hat. Dann ist gemäß § 727 ZPO eine vollstreckbare Ausfertigung für und gegen den Rechtsnachfolger einzuholen.[12]

5 **b) Titelumschreibung.** Bei Vollbeendigung der GmbH & Co. KG ist dem Gläubiger häufig daran gelegen, gegen die Gesellschafter selbst zu vollstrecken. Die Erteilung einer vollstreckbaren Ausfertigung des gegen die Gesellschaft gerichteten Titels zum Zweck der Zwangsvollstreckung gegen die Gesellschafter kommt jedoch nicht in Betracht, da den Gesellschaftern hierdurch ihre persönlichen Einwendungen abgeschnitten würden (§§ 161 Abs. 2, 129 Abs. 1 HGB).[13] Der Gläubiger hat vielmehr einen gegen die Gesellschafter gerichteten Titel zu erwirken. Anderes gilt dann, wenn ein Gesellschafter das Vermögen der GmbH & Co. KG bei Ausscheiden aller übrigen Gesellschafter im Wege der **Gesamtrechtsnachfolge** übernimmt.[14] Der Titel kann dann nach § 727 ZPO auf den Gesellschafter umgeschrieben werden. Eine Titelumschreibung kommt auch dann in Betracht, wenn sich die GmbH & Co. KG nach Schluss der letzten mündlichen Verhandlung, etwa durch Aufgabe des Handelsgewerbes in eine **GbR** umwandelt und ihre Firma aufgrund dessen im Handelsregister ge-

---

8 OLG Düsseldorf MDR 1977, 144.

9 LG Berlin MDR 1970, 244.

10 MüKoHGB/*K. Schmidt* § 124 HGB Rn 33; GK/*Habersack* § 124 HGB Rn 42.

11 *Noack*, DB 1973, 1157.

12 MüKoHGB/*K. Schmidt* § 124 HGB Rn 33 a. E.

13 GK/*Habersack* § 124 HGB Rn 43 u. § 129 HGB Rn 26.

14 MünchHdb. GesR II/*Neubauer* KG § 33 Rn 2; MüKoHGB/*K. Schmidt* § 124 HGB Rn 33; § 129 HGB Rn 27; GK/*Habersack* § 124 HGB Rn 43 u. § 129 HGB Rn 26; vgl. auch BGH ZIP 2000, 474.

löscht wird.[15] Die Umschreibung des Titels kann auch dann nur auf die GbR unter Beschränkung der Zwangsvollstreckung auf das Gesellschaftsvermögen, nicht aber auf die Gesellschafter der GbR erfolgen. Ist die Umwandlung in eine GbR bereits vor dem Schluss der mündlichen Verhandlung eingetreten, eine Berichtigung nach § 319 ZPO im Prozess aber versehentlich unterblieben, kann diese auch noch nach Erlass des Urteils erfolgen.[16] Wird die Gesellschaft im Handelsregister nicht gelöscht, ist sie Scheingesellschaft (§ 5 HGB) mit der Konsequenz, dass die Vollstreckung in ihr Vermögen auch ohne Berichtigung oder Umschreibung des Titels weiterhin möglich ist.[17] Die Umschreibung eines auf einen Einzelkaufmann lautenden Titels auf die durch den nachträglich erfolgten **Eintritt eines Kommanditisten** entstandene KG soll analog §§ 28 Abs. 1 HGB, 729 Abs. 2 ZPO zulässig sein.[18] Hat ein Gläubiger einer GbR einen Titel gegen alle Gesellschafter erstritten, was gemäß § 736 ZPO auch zu einer Vollstreckung in das Vermögen der GbR berechtigt, soll aufgrund dieses Titels nach herrschender Lehre auch nach der Eintragung der Gesellschaft als KG in das Handelsregister eine Vollstreckung in das Vermögen der KG vorgenommen werden können.[19] Nach Anerkennung der Rechtsfähigkeit von Außengesellschaften bürgerlichen Rechts durch den BGH ist dieses zweifelhaft, da auch gegen die GbR selbst ein Titel erstritten werden kann.[20]

2. Verfahren

6 Der mit der **Vollstreckungsklausel** versehene **Titel** ist vor Beginn der Zwangsvollstreckung der Gesellschaft **zuzustellen** (§ 750 ZPO). Die Zustellung ist an den Geschäftsführer der Komplementär-GmbH zu bewirken. Aufgrund dieses Titels kann sodann in das Gesellschaftsvermögen vollstreckt werden.

7 Die Pfändung der für die Fortsetzung der Erwerbstätigkeit erforderlichen Gegenstände ist bei Personengesellschaften nach § 811 Nr. 5 ZPO ausnahmsweise dann unzulässig, wenn hinter der Gesellschaft eine Person steht, die ihren Unterhalt überwiegend aus der persönlichen Arbeit für die Gesellschaft zieht.[21] Auf eine gesetzestypische KG ist die Vorschrift anwendbar, wenn alle Gesellschafter ihren Erwerb aus körperlicher Arbeit

---

[15] LG Oldenburg RPfleger 1980, 27 f.; *Stein/Jonas/Münzberg* § 736 ZPO Rn 1; MünchHdb. GesR II/*Neubauer* KG § 33 Rn 3; a. A. *Thomas/Putzo* § 727 ZPO Rn 3; *Noack*, DB 1973, 1157, 1158: Vollstreckung sogar ohne Titelumschreibung möglich. Eine Umschreibung bietet sich schon an, um Beanstandungen der Vollstreckungsorgane zuvorzukommen.

[16] BGH NJW 2002, 1430, 1431 für den Fall der Gesamtrechtsnachfolge nach einer KG durch eine GmbH.

[17] *Eickmann*, RPfleger 1970, 113, 115.

[18] *Zöller/Stöber* § 729 ZPO Rn 13; *Thomas/Putzo* § 729 ZPO Rn 3; *Stein/Jonas/Münzberg* § 736 ZPO Rn 8; offen gelassen von BGH RPfleger 1974, 260.

[19] MüKoHGB/*K. Schmidt* § 124 HGB Rn 30 m. w. N.

[20] MüKoHGB/*K. Schmidt* § 124 HGB Rn 30 und *Hadding*, ZGR 2001, 734, lassen bei einen eine Gesellschaftsschuld betreffenden Titel nach § 796 ZPO eine Umschreibung des Titels auf die KG analog § 727 ZPO zu.

[21] Vgl. OLG Oldenburg NJW 1964, 505; *Zöller/Stöber* § 811 ZPO Rn 26.

ziehen.[22] Demgegenüber kann die **GmbH & Co. KG** dieses **Vollstreckungsprivileg** selbst dann nicht für sich in Anspruch nehmen, wenn der Alleingesellschafter der Komplementär-GmbH zugleich ihr Geschäftsführer ist, da er die Geschäfte nicht für sich selbst, sondern für die GmbH tätigt.[23]

8 Bleibt die Vollstreckung in das Vermögen der Gesellschaft erfolglos, kann der Gläubiger die Abgabe der **eidesstattlichen Versicherung** (§ 807 ZPO) durch die Geschäftsführer der Komplementär-GmbH beantragen.[24] Dieser Abgabe kann sich der Geschäftsführer nicht dadurch entziehen, dass er sein Geschäftsführeramt niederlegt, wenn die Amtsniederlegung ausschließlich zu diesem Zweck erfolgt.[25] Für eine solche Zielrichtung spricht eine tatsächliche Vermutung, wenn die Niederlegung in zeitlich engem Zusammenhang mit der Ladung erfolgt. Die **Zwangshaft** (§ 901 ZPO) zur Bewirkung der Abgabe der eidesstattlichen Versicherung wird gegenüber dem Geschäftsführer verhängt.[26] In das **Schuldnerverzeichnis** (§ 915 ZPO) wird die Gesellschaft und nicht der Geschäftsführer der Komplementär-GmbH eingetragen.[27]

9 Betreibt der **Gesellschafter** die Vollstreckung gegen die Gesellschaft aus einer ihm zustehenden Drittforderung, ist er aufgrund der ihn treffenden Treuepflicht gehalten, angemessene Rücksicht auf die Belange der Gesellschaft zu nehmen (vgl. dazu auch § 25 Rn 11).

II. Zwangsvollstreckung gegen die Gesellschafter der GmbH & Co. KG

1. Allgemeines

10 Zur Vollstreckung in das Vermögen eines Gesellschafters benötigt der Gläubiger einen gegen den Gesellschafter gerichteten **Titel** (§§ 129 Abs. 4 HGB, 161 Abs. 2 HGB).[28] Ein Titel gegen die Gesellschaft genügt selbst dann nicht, wenn die Gesellschaft zwischenzeitlich aufgelöst oder vollbeendigt wurde.[29] Eine **Umschreibung** eines gegen die GmbH & Co. KG

---

[22] *Zöller/Stöber* § 811 ZPO Rn 26; a. A. *Thomas/Putzo* § 811 ZPO Rn 18; MünchHdb. GesR II/*Neubauer* KG § 33 Rn 7 a. E.

[23] So zutr. *Noack*, DB 1973, 1157, 1158.

[24] AG Bochum DGVZ 2001, 13 (für die KG); *Baumbach/Lauterbach/Albers/Hartmann* § 807 ZPO Rn 7; *Zöller/Stöber* § 807 ZPO Rn 7; *Heymann/Emmerich*, § 124 HGB Rn 27.

[25] OLG Hamm ZIP 1984, 1483; *Lutter/Hommelhoff* § 35 GmbHG Rn 6.

[26] Das gilt auch für Ordnungs- und Zwangshaft aus anderen Gründen. Demgegenüber können Ordnungs- und Zwangsgelder nur gegen die Gesellschaft und nicht gegen den Geschäftsführer der Komplementär-GmbH festgesetzt werden, *Scholz/Emmerich* § 13 GmbHG Rn 28.

[27] GK/*Habersack* § 129 HGB Rn 26. *Stein/Jonas/Münzberg* § 915 ZPO Rn 2; MünchHdb. GesR II/*Neubauer* KG § 33 Rn 7.

[28] GK/*Habersack* § 129 HGB Rn 26; *Behr*, NJW 2000, 1137, 1141; *Hadding*, ZGR 2001, 712, 733.

[29] OLG Hamm NJW 1979, 51; OLG Frankfurt BB 1982, 399; OLG Düsseldorf RPfleger 1976, 327; *Baumbach/Hopt* § 129 HGB Rn 15; GK/*Habersack* § 124 HGB Rn 43; *Ebenroth/Boujong/Joost/Hillmann* § 129 HGB Rn 14; MüKoZPO/*Wolfsteiner*

erwirkten Titels nach § 727 ZPO gegen den Gesellschafter kommt mangels Rechtsnachfolge nicht in Betracht.[30] Sie ist nur dann möglich, wenn ein Gesellschafter das Gesellschaftsvermögen im Wege der Gesamtrechtsnachfolge übernommen hat.[31] Aus praktischer Sicht empfiehlt es sich daher für einen Gläubiger, neben dem Titel gegen die Gesellschaft zugleich einen Titel gegen den persönlich haftenden Gesellschafter zu erwirken, wenn zu befürchten steht, dass die Vollstreckung in das Gesellschaftsvermögen zur Erfüllung der Forderung nicht ausreicht.[32]

Betreibt ein Gläubiger aufgrund eines gegen die GmbH & Co. KG **11**
gerichteten Titels die Zwangsvollstreckung in das Gesellschaftsvermögen, kann der Gesellschafter **Drittwiderspruchsklage** nach § 771 ZPO erheben, wenn sich die Pfändung auf Gegenstände seines Privatvermögens erstreckt. Ob er darüber hinaus eine **Erinnerung** nach § 766 ZPO einlegen kann, ist streitig.[33] Nach herrschender Meinung kann der Gläubiger der Drittwiderspruchsklage die Arglisteinrede (§ 242 BGB) entgegenhalten, wenn eine Forderung tituliert wurde, für die der Gesellschafter nach § 128 HGB ebenfalls haftet.[34] Das überzeugt allerdings für den Fall nicht, dass der Gesellschafter gegen die Inanspruchnahme in seiner Person begründete Einwendungen geltend macht.

Aus § 129 Abs. 1 HGB folgt, dass der Gesellschafter nach Eintritt der **12**
Rechtskraft des gegen ihn ergangenen Urteils dem Gläubiger im Wege der **Vollstreckungsgegenklage** (§ 767 ZPO) die der Gesellschaft nachträglich entstandenen Einwendungen entgegenhalten kann.[35] Nach Auffassung des BGH kann der Gesellschafter die Vollstreckungsgegenklage jedoch nicht darauf stützen, dass der Anspruch gegen die Gesellschaft zwischenzeitlich verjährt ist, wenn die Verjährung des Anspruchs gegen den Gesellschafter rechtzeitig gehemmt wurde.[36]

Wird die Vollstreckung aus einem gegen den Gesellschafter gerichteten **13**
Titel betrieben und befindet sich der gepfändete Gegenstand **im Besitz der Gesellschaft**, hängt die Fortsetzung der Vollstreckung von der Herausgabebereitschaft der Gesellschaft ab (§ 809 ZPO). Verweigert der Geschäftsführer der Komplementär-GmbH die Herausgabe, muss der Gläubi-

---

§ 729 ZPO Rn 11; *Stein/Jonas/Münzberg* § 727 ZPO Rn 1; *Thomas/Putzo* § 727 ZPO Rn 13; a. A. noch RGZ 124, 150; BayObLG NJW 1952, 28.

[30] BGHZ 62, 131, 133; vgl. auch MüKoHGB/*K. Schmidt* § 129 HGB Rn 28.

[31] MüKoHGB/*K. Schmidt* § 129 HGB Rn 27; vgl. auch Rn 5.

[32] *Behr*, NJW 2000, 1137, 1141.

[33] Dafür *Baumbach/Hopt* § 129 HGB Rn 15; *Hüffer*, FS Stimpel, S. 165, 185; *Noack*, DB 1973, 1157; dagegen *Stein/Jonas/Münzberg* § 771 ZPO Rn 48; MünchHdb. GesR II/*Neubauer* KG § 33 Rn 8.

[34] H.M. BGH LM ZPO § 771 Nr. 2 ZPO (L); MüKoHGB/*K. Schmidt* § 129 HGB Rn 28; *Ebenroth/Boujong/Joost/Hillmann* § 129 HGB Rn 15; *Koller/Roth/Morck* § 129 HGB Rn 7; GK/*Habersack* § 129 HGB Rn 27; *Noack*, DB 1970, 1817; vgl. auch BGHZ 80, 296; 100, 95, 105.

[35] *Baumbach/Hopt* § 124 HGB Rn 45; MüKoHGB/*K. Schmidt* § 129 HGB Rn 11.

[36] BGHZ 104, 76; BGH NJW 1981, 2579; zust. *Baumbach/Hopt* § 129 HGB Rn 8; MüKoHGB/*K. Schmidt* § 129 HGB Rn 11; *Ebenroth/Boujong/Joost/Hillmann* § 129 HGB Rn 4; *Koller/Roth/Morck* § 129 HGB Rn 3.

ger den Herausgabeanspruch des Gesellschafters gegen die Gesellschaft pfänden lassen (§§ 846, 847 ZPO).[37]

2. Die Gesellschafter der GmbH & Co. KG als Vollstreckungsschuldner

14 **a) Pfändung des Gesellschaftsanteils.** *aa) Zulässigkeit.* Die Gesellschaftsanteile der Komplementär-GmbH und der Kommanditisten an der GmbH & Co. KG sind nach § 717 S. 1 BGB grundsätzlich unübertragbar. Nach der gesetzlichen Regel wären sie damit an sich nicht pfändbar (§ 851 Abs. 1 ZPO). Für den Gesellschaftsanteil an einer GbR sieht § 859 Abs. 1 ZPO eine Ausnahme vor. Da sich der Anwendungsbereich des § 859 ZPO trotz seines an sich klaren Wortlauts nach allgemeiner Meinung nicht auf die GbR beschränkt, ist auch die Pfändung von Anteilen an der GmbH & Co. KG **zulässig**.[38] Dabei kommt es nicht darauf an, ob die Übertragung des Anteils im Gesellschaftsvertrag zugelassen ist oder ob die übrigen Gesellschafter der Pfändung widersprochen haben. Der Pfändung steht auch nicht entgegen, dass der **Kapitalanteil negativ** ist, da auch in diesem Fall ein Auseinandersetzungsanspruch des Gesellschafters bestehen kann.[39]

15 *bb) Verfahren.* Die Pfändung erfolgt als Rechtspfändung durch **Beschluss** des Vollstreckungsgerichts (§§ 829 Abs. 1, 857 Abs. 1 ZPO).[40] Drittschuldnerin ist die Gesellschaft, so dass der Beschluss dem Geschäftsführer der Komplementär-GmbH zugestellt werden muss.[41] Nach herrschender Auffassung reicht die **Zustellung** an alle Gesellschafter der KG aus,[42] was sich aus Gründen der Rechtssicherheit empfehlen kann,[43] sich jedoch bei Gesellschaften mit größerem Gesellschafterkreis als umständlich erweist. War der Gesellschaftsanteil vor der Zustellung bereits abgetreten worden, geht die Pfändung ins Leere. [44]

16 *cc) Umfang.* Die Pfändung des Gesellschaftsanteils erfasst die Gesamtheit der Gesellschaftsrechte des Schuldners, soweit sie pfändbar sind, also alle mit dem Anteil zusammenhängenden **vermögensrechtlichen Ansprüche**.[45] Für den Gläubiger besteht mithin keine Notwendigkeit, die einzel-

---

[37] MünchHdb. GesR II/*Neubauer* KG § 33 Rn 6.

[38] BGH BB 1977, 10, 11; BGHZ 97, 392; GK/*Ulmer* § 105 HGB Rn 133; *Baumbach/Hopt* § 124 HGB Rn 21; MünchHdb. GesR II/*Weipert* KG § 13 Rn 85; *K. Schmidt* Gesellschaftsrecht § 19 IV 3, § 45 IV; *ders.*, MüKoHGB/*K. Schmidt* § 135 HGB Rn 12; vgl. aber auch *ders.*, JR 1977, 177, 178 ff.

[39] *Schlegelberger/K. Schmidt* § 135 HGB Rn 11; *Baumbach/Hopt* § 124 HGB Rn 21.

[40] *K. Schmidt* Gesellschaftsrecht § 45 IV 3. a), S. 1324.

[41] BGHZ 97, 392, 394; *K. Schmidt* Gesellschaftsrecht, § 45 IV 3. a), S. 1324; *Stein/Jonas/Brehm* § 859 ZPO Rn 12; *Zöller/Stöber* § 859 ZPO Rn 3.

[42] BGHZ 97, 392, 394; *Schlegelberger/K. Schmidt* § 135 HGB Rn 12; *Zöller/Stöber* § 859 ZPO Rn 3.

[43] *Behr*, NJW 2000, 1137, 1142.

[44] *Ebenroth/Boujong/Joost/Lorz* § 135 HGB Rn 14.

[45] BGHZ 116, 222, 229; *Rümker*, WM 1973, 626, 633; MüKoHGB/*K. Schmidt* § 135 HGB Rn 13; *ders.* Gesellschaftsrecht § 45 IV 1; *Noack*, DB 1973, 1157, 1158; GK/*Ulmer* § 105 Rn 290.

nen vermögensrechtlichen Ansprüche des Gesellschafters gesondert pfänden zu lassen. Der Pfändungsgläubiger ist folglich schon aufgrund der Pfändung des Gesellschaftsanteils berechtigt, den **Gewinnanteil** des Gesellschafters geltend zu machen (§ 725 Abs. 2 BGB). Ist die Gesellschaft aufgelöst, erfasst die Pfändung auch den (künftigen) **Auseinandersetzungsanspruch**, sofern über seine Höhe bereits Einvernehmen hergestellt ist; auf die Kenntnis des die Pfändung betreibenden Gläubigers kommt es nicht an.[46] Auf die Ansprüche der Gesellschafter aus einem **Darlehenskonto** erstreckt sich die Pfändung des Gesellschaftsanteils hingegen nicht; vielmehr bedarf es einer gesonderten Pfändung gemäß § 829 ZPO.[47]

Hat der Gesellschafter seinen zukünftigen Anspruch auf **Gewinn, Abfindung** oder Auszahlung des **Auseinandersetzungsguthabens** bereits an einen Dritten abgetreten, geht diese Abtretung ins Leere, wenn ein Gläubiger des Gesellschafters den Anteil pfändet, bevor die Abfindungsforderung entstanden ist. Denn Voraussetzung für das Entstehen der Ansprüche ist die Gesellschafterstellung.[48] Scheidet der Gesellschafter aufgrund einer Bestimmung im Gesellschaftsvertrag aus der Gesellschaft aus, erwirbt der Dritte den an die Stelle des Anteils tretenden Abfindungsanspruch, der mit dem Pfändungspfandrecht belastet ist, das ursprünglich am Gesellschaftsanteil begründet worden ist.[49] In gleicher Weise geht die spätere Abtretung eines **Gesellschaftsanteils** der Pfändung des Gewinn- bzw. Abfindungsanspruches vor, wenn im Zeitpunkt der Pfändung die Forderung noch nicht entstanden ist.[50] Anders liegt es, wenn im Zeitpunkt der Abtretung des Gesellschaftsanteils die Gesellschafter über die Gewinnverteilung bereits Beschluss gefasst haben und der Anspruch des Gesellschafters auf den anteiligen Jahresgewinn hierdurch bereits fällig wurde.[51] Dann verbleibt die Forderung beim Gesellschafter und unterliegt der Pfändung. 17

dd) Rechtsstellung der Beteiligten. Die Pfändung des Anteils lässt die Gesellschafterstellung des Schuldners unberührt. Die Verwaltungsrechte, namentlich die Informations-, Stimm- und Kontrollrechte, verbleiben beim Gesellschafter; ein Zustimmungsvorbehalt zugunsten des Vollstreckungsgläubigers besteht nicht.[52] Dem Gläubiger steht jedoch insoweit ein Anspruch auf Auskunftserteilung und Bilanzvorlegung zu, wie dies zur Wahrnehmung seiner Rechte erforderlich ist (§§ 836, 840 ZPO).[53] Der Pfän- 18

[46] BGH BB 1972, 11.

[47] *Stöber* Forderungspfändung Rn 1594.

[48] BGHZ 104, 351, 353 (GmbH); BGH NZG 1998, 62 (st. G.) m. Anm. *Michalski*; *Hachenburg/Zutt* Anh. § 15 GmbHG Rn 79; *Lutter/Hommelhoff* § 15 GmbHG Rn 51; *Scholz/Winter* § 15 GmbHG Rn 173; MüKoHGB/*K. Schmidt* § 135 HGB Rn 16; *ders.* Gesellschaftsrecht § 35 II 2; a. A. *Marotzke*, ZIP 1988, 1509 ff.

[49] BGHZ 104, 351, 354.

[50] *Zöller/Stöber* § 859 ZPO Rn 13; *Hachenburg/Zutt* Anh. § 15 GmbHG Rn 80.

[51] I. d. S. auch *Scholz/Winter* § 15 GmbHG Rn 161.

[52] Vgl. nur RGZ 95, 231, 233; *Ebenroth/Boujong/Joost/Lorz* § 135 HGB Rn 11; *Stein/Jonas/Brehm* § 859 ZPO Rn 4; MüKoHGB/*K. Schmidt* § 135 HGB Rn 13; a. A. *Heuer*, ZIP 1998, 405.

[53] *Zöller/Stöber* § 859 ZPO Rn 8; vgl. auch KG OLGZ 21, 386.

dungsgläubiger unterliegt andererseits auch nicht der Pflichtenbindung des Gesellschafters. Er haftet insbesondere nicht für Verbindlichkeiten des Gesellschafters und unterliegt auch nicht der gesellschaftlichen Treuepflicht.

19 Die Pfändung des Kommanditanteils bewirkt keine **Verfügungsbeschränkung** hinsichtlich des Gesellschaftsanteils, so dass der Gesellschafter, ohne auf die Zustimmung des Gläubigers angewiesen zu sein, seinen nach dem Gesellschaftsvertrag veräußerlich gestellten Anteil – freilich belastet mit dem Pfändungspfandrecht – veräußern kann.[54] Erst recht hat die Pfändung des Anteils keine Verfügungsbeschränkung hinsichtlich einzelner Gegenstände des Gesellschaftsvermögens zur Folge. Die Eintragung eines Sperrvermerks im Grundbuch kommt anders als bei Pfändung eines Erbanteils folglich nicht in Frage.[55]

20 *ee) Verwertung.* Will der Gläubiger den Gesellschaftsanteil verwerten, stehen ihm zwei Möglichkeiten offen. Er kann entweder das Gesellschaftsverhältnis nach näherer Maßgabe von § 135 HGB **kündigen** und sodann auf den Liquidationserlös zugreifen[56] oder das Gesellschaftsverhältnis bestehen lassen und sich aus den automatisch mitgepfändeten (vgl. oben Rn 16) Gewinnansprüchen befriedigen.[57] Ob eine **Überweisung** des Gesellschaftsanteils an den pfändenden Gläubiger zulässig ist, ist umstritten. Eine Überweisung in dem Sinn, dass der Gläubiger zum Gesellschafter wird, scheidet richtigerweise aus.[58] Zulässig ist aber die Überweisung der mitgepfändeten Einzelansprüche.[59] Die Anordnung einer **Zwangsverwaltung** kommt nach herrschender Meinung nicht in Betracht.[60]

21 Der Zugriff auf das Auseinandersetzungsguthaben als erst mit der Auflösung der Gesellschaft entstehender Anspruch setzt voraus, dass der Gläubiger die **Kündigung** der Gesellschaft erklären kann. Hierzu ist er nach § 135 HGB berechtigt, sofern er oder ein anderer Gläubiger innerhalb der letzten sechs Monate erfolglos die Zwangsvollstreckung in das bewegliche Vermögen des Gesellschafters versucht hat.[61] Dabei kommt es nicht darauf

---

[54] *Scholz/Winter* § 15 GmbHG Rn 174; *Wertenbruch*, S. 526 ff.; MüKoHGB/*K. Schmidt* § 135 HGB Rn 13; *Hachenburg/Zutt* Anh. § 15 GmbHG Rn 81; a. A. *Heuer*, ZIP 1998, 405, 408.

[55] OLG Zweibrücken OLGZ 1982, 406 (GbR); OLG Hamm OLGZ 1987, 175; *Zöller/Stöber* § 859 ZPO Rn 4.

[56] BGHZ 97, 392, 394; s. auch *Schlegelberger/K. Schmidt* § 135 HGB Rn 9.

[57] Instruktiv *K. Schmidt* Gesellschaftsrecht § 45 IV 2.

[58] MüKoHGB/*K. Schmidt* § 135 HGB Rn 14; *Baumbach/Hopt* § 124 HGB Rn 21; a. A. *Wössner*, S. 218 ff.

[59] *K. Schmidt* Gesellschaftsrecht § 45 IV 3b; i. E. auch MüKo/*Ulmer* § 725 Rn 12.

[60] Vgl. zur GmbH etwa *Scholz/Winter* § 15 GmbHG Rn 178.

[61] RGZ 95, 231, 232; MüKoHGB/*K. Schmidt* § 135 HGB Rn 19; *Heymann/Emmerich* § 135 HGB Rn 8; *Baumbach/Hopt* § 135 HGB Rn 6; *Ebenroth/Boujong/Joost/Lorz* § 135 HGB Rn 9; *Stein/Jonas/Brehm* § 859 ZPO Rn 13. Einschränkungen gelten bei einem bloß vorläufig vollstreckbaren Titel oder bei einem Vorbehaltsurteil, wenn das Nachverfahren noch anhängig ist, dazu im Einzelnen *Stöber* Forderungspfändung Rn 1566 m. w. N.

an, ob der Vollstreckungsversuch zeitlich vor der Pfändung der Anteile vorgenommen wurde.[62] Die Kündigung hat unter Einhaltung einer Frist von sechs Monaten zum Geschäftsjahresende zu erfolgen. Kündigt der Gläubiger die Gesellschaft, setzt sich das Pfandrecht am Auseinandersetzungsguthaben als Surrogat des Gesellschaftsanteils fort.[63] Der betroffene Gesellschafter **scheidet** im Fall der Kündigung des Gesellschaftsverhältnisses durch den Privatgläubiger aus der Gesellschaft **aus** (§ 131 Abs. 3 Nr. 4 HGB); die Gesellschaft wird, auch ohne ausdrückliche Fortsetzungsklausel im Gesellschaftsvertrag, von den übrigen Gesellschaftern fortgeführt.

Eine Verwertung des Gesellschaftsanteils durch **Veräußerung** ist nur zulässig, wenn der Gesellschaftsanteil nach dem Gesellschaftsvertrag frei veräußerlich oder die Mitgesellschafter mit der Veräußerung einverstanden sind.[64] Dann kann das Vollstreckungsgericht durch Beschluss eine Veräußerung anordnen (§§ 844, 857 Abs. 5 ZPO).[65] Die übrigen Gesellschafter sind berechtigt, den Gläubiger zu **befriedigen**, um die Kündigung der Gesellschaft zu verhindern (§§ 1249, 1273, 268 BGB).[66] **Gewährleistungsansprüche** kann der Erwerber des Gesellschaftsanteils grundsätzlich weder gegenüber dem Gläubiger noch gegenüber dem bisherigen Gesellschafter geltend machen.[67] 22

ff) Vertragsgestaltung. Das Kündigungsrecht des Privatgläubigers nach § 135 HGB kann im Gesellschaftsvertrag nicht ausgeschlossen werden. Häufig sind die Gesellschafter daran interessiert, die **Abfindungsansprüche** des ausscheidenden Gesellschafters einzuschränken oder nach Möglichkeit ganz auszuschließen. Anerkannt ist, dass die Höhe des Abfindungsanspruches dem vollen Wert des Anteils nicht notwendigerweise zu entsprechen braucht.[68] Der Gesellschaftsvertrag kann bestimmen, dass bei der Berechnung des Abfindungsanspruches der Goodwill[69] oder die stillen Reserven[70] außer Acht bleiben oder sich die Abfindung nach der Höhe der Gläubigerforderung bemisst.[71] Auch soll es zulässig sein, den Buchwert[72] 23

---

[62] BGH NJW 1982, 2773; *Zöller/Stöber* § 859 ZPO Rn 8.

[63] Vgl. *Heymann/Emmerich* § 135 HGB Rn 1a.

[64] *Wertenbruch*, S. 560f.; *Wössner*, S. 229; *Stein/Jonas/Brehm* § 859 ZPO Rn 8; *Baumbach/Hopt* § 124 HGB Rn 21.

[65] *Schlegelberger/K. Schmidt* § 135 HGB Rn 14; *ders.* Gesellschaftsrecht § 45 IV 3c; MünchHdb. GesR II/*Rodin* KG § 31 Rn 18; *Rupp/Fleischmann*, RPfleger 1984, 223, 224f.; *Smid*, JuS 1988, 613, 617f.

[66] MüKoHGB/*K. Schmidt* § 135 HGB Rn 14; *Zöller/Stöber* § 859 ZPO Rn 4 a. E.

[67] Zu den Einzelheiten vgl. *Hachenburg/Zutt* Anh. § 15 GmbHG Rn 84.

[68] BGHZ 65, 22, 26f.; a. A. noch BGHZ 32, 151ff. (beide zur GmbH); auch jetzt noch *Heuer*, ZIP 1998, 405, 412.

[69] BGHZ 65, 22, 26f.; zu Gestaltungsmöglichkeiten durch Abfindungsklauseln vgl. MüKoHGB/*K. Schmidt* § 131 HGB Rn 146ff. m. w. N.

[70] OLG Hamburg ZIP 1982, 1327 (GmbH).

[71] *Hachenburg/Zutt* Anh. § 15 GmbHG Rn 91 zur Rechtslage bei der GmbH. Für die KG gilt nichts anderes.

[72] OLG Frankfurt NJW 1978, 328.

oder gar den Nennwert[73] der Anteile für maßgebend zu erklären. Die Gestaltungsfreiheit findet ihre Grenze jedoch in einer unzulässigen **Gläubigerbenachteiligung**. Für den Fall der Pfändung geltende Abfindungsbeschränkungen sind demnach nur dann wirksam, wenn sie auch für vergleichbare Situationen des zwangsweisen Ausscheidens des Gesellschafters, insbesondere für den Ausschluss aus wichtigem Grund, gelten.[74]

24 Der Gesellschaftsvertrag kann auch bestimmen, dass der Gesellschafter nicht erst im Falle der Kündigung durch den Gläubiger, sondern bereits im Fall der **Pfändung** seines Anteils aus der GmbH & Co ausscheidet.[75] Die Klausel ist auch für den Fall wirksam, dass die Pfändung von einem Mitgesellschafter bewirkt wird, sofern es sich um eine gesellschaftsfremde Forderung handelt. Sie greift jedoch dann nicht ein, wenn es sich um einen innergesellschaftlichen Anspruch handelt oder die Forderung treuwidrig erworben wurde, um den Mitgesellschafter aus der Gesellschaft herauszudrängen.[76]

25 Soll in der GmbH & Co. KG die **Beteiligungsgleichheit** aufrechterhalten bleiben, empfiehlt es sich, sowohl in den Gesellschaftsvertrag der KG als auch in die Satzung der Komplementär-GmbH eine Bestimmung aufzunehmen, wonach der betroffene Gesellschafter im Fall der Pfändung des Geschäftsanteils an der Komplementär-GmbH auch aus der KG ausscheidet bzw. bei Pfändung seines Kommanditanteils sein Geschäftsanteil an der Komplementär-GmbH eingezogen werden kann.[77]

26 **b) Pfändung von Einzelansprüchen.** *aa) Gegenstand.* Dem Gläubiger stehen als Vollstreckungsobjekt nicht nur der Gesellschaftsanteil, sondern auch die nach §§ 161 Abs. 2, 105 Abs. 2 HGB, 717 S. 2 BGB übertragbaren Ansprüche der Gesellschafter zur Verfügung. Hierzu gehören in erster Linie der Anspruch des Gesellschafters auf **Gewinn** oder Aufwendungsersatz sowie der Anspruch auf **Abfindung** bzw. Auszahlung des **Auseinandersetzungsguthabens**.[78] Sind die Kommanditisten nach dem Gesellschaftsvertrag verpflichtet, die nicht am Verlust beteiligte **Komplementär-GmbH** freizustellen, und tilgt die GmbH eine Schuld der Gesellschaft, kann der Gläubiger der persönlich haftenden Gesellschafterin den in einen Geldanspruch übergegangenen **Freistellungsanspruch** pfänden lassen.[79]

27 Unpfändbar sind demgegenüber die Ansprüche des Gesellschafters auf Auskunftserteilung oder Rechnungslegung.[80] Auch der Kapitalentnahmeanspruch der Komplementär-GmbH nach §§ 161 Abs. 2, 122 Abs. 1 HGB

---

[73] OLG Celle ZIP 1985, 1393; *Lutter/Hommelhoff* § 15 GmbHG Rn 51; str. vgl. auch *Scholz/Winter* § 15 GmbHG Rn 183.

[74] *Roth*, ZGR 2000, 187, 207; *Lutter/Hommelhoff* § 15 GmbHG Rn 51; *Binz/Sorg* GmbH & Co. § 5 Rn 25; *Scholz/Winter* § 15 GmbHG Rn 183; vgl. auch BGHZ 116, 259, 268 f., 276.

[75] OLG München GmbHR 1999, 81, 82.

[76] OLG München GmbHR 1999, 81, 82.

[77] *Binz/Sorg* GmbH & Co. § 7 Rn 58.

[78] *K. Schmidt* Gesellschaftsrecht § 45 IV 1.

[79] *Weber*, NJW 1971, 1678.

[80] *Zöller/Stöber* § 859 ZPO Rn 5.

unterliegt, sofern er im Gesellschaftsvertrag nicht ohnehin ausgeschlossen wurde, als nicht selbständig abtretbarer Anspruch nicht der Pfändung.[81]

bb) Verfahren. Die Pfändung der Einzelansprüche richtet sich, da es sich 28
um eine gewöhnliche **Forderungspfändung** handelt, nach den §§ 828 ff. ZPO. **Drittschuldnerin** ist die Gesellschaft, so dass die Zustellung an den geschäftsführenden Gesellschafter der Komplementär-GmbH bewirkt werden muss.[82] Eine Zustellung an alle Gesellschafter wird jedoch als ausreichend angesehen.[83]

Die Pfändung des Anspruchs auf das **Auseinandersetzungsguthaben** 29
bringt dem Gläubiger vor der Auflösung der Gesellschaft zunächst keinen greifbaren Vorteil. Erst wenn er seit sechs Monaten erfolglos die Zwangsvollstreckung in das bewegliche Vermögen unternommen hat, kann er die Gesellschaft kündigen (§ 135 HGB).[84] Ist der Privatgläubiger zugleich Gesellschafter, kann sein Kündigungsrecht durch die Treuepflicht eingeschränkt sein.[85]

3. Die Gesellschafter der Komplementär-GmbH als Vollstreckungsschuldner

a) Pfändung des Geschäftsanteils. *aa) Zulässigkeit.* Sind die Komman- 30
ditisten zugleich an der Komplementär-GmbH beteiligt, wird der Gläubiger in aller Regel auch eine Pfändung der Geschäftsanteile an der Komplementär-GmbH bewirken wollen. Die Pfändung eines Geschäftsanteils an der Komplementär-GmbH richtet sich nach § 857 ZPO.[86] Mehrere Geschäftsanteile eines Gesellschafters müssen infolge ihrer Selbständigkeit gesondert gepfändet werden. Die Pfändung des **Teils** eines Geschäftsanteils ist nach überwiegender Ansicht zulässig.[87]

bb) Verfahren. Der Pfändungsbeschluss ist der Gesellschaft als Drittschuld- 31
nerin im Sinne von § 829 Abs. 3 ZPO zuzustellen.[88] Die Anmeldung bei

---

[81] Str. RGZ 67, 13, 17 f.; *Baumbach/Hopt* § 122 HGB Rn 4; *Koller/Roth/Morck* § 122 HGB Rn 2; *Ebenroth/Boujong/Joost/Ehricke* § 122 HGB Rn 30; *Schlegelberger/Martens* § 122 HGB Rn 13; a. A. MüKo/*Ulmer* § 717 BGB Rn 30; *Muth*, DB 1986, 1761 ff.; *Heyman/Emmerich* § 122 HGB Rn 13; differenzierend: MüKoHGB/*K. Schmidt* § 122 HGB Rn 23 (zulässig, falls Abtretung im Gesellschaftsvertrag oder durch einstimmig gefassten Gesellschafterbeschluss zugelassen ist).

[82] *Schlegelberger/K. Schmidt* § 135 HGB Rn 10; *Heymann/Emmerich* § 135 HGB Rn 1.

[83] *Schlegelberger/K. Schmidt* § 135 HGB Rn 10.

[84] Dieses Recht steht nur dem Privatgläubiger zu; nicht ausreichend ist es, wenn der Gläubiger einen auf § 128 HGB gestützten Titel gegen den Gesellschafter erstritten hat, vgl. MüKoHGB/*K. Schmidt* § 135 HGB Rn 6.

[85] BGHZ 51, 84, 87; *Schlegelberger/K. Schmidt* § 135 HGB Rn 7.

[86] *Stein/Jonas/Reinzberg* § 859 ZPO Rn 18; *Thomas/Putzo* § 857 ZPO Rn 2; *K. Schmidt* Gesellschaftsrecht § 35 II 2.

[87] *Scholz/Winter* § 15 GmbHG Rn 172; *Rowedder/Bergmann* § 15 GmbHG Rn 140 m. N. zur Gegenansicht.

[88] Ganz h. M. vgl. nur *Lutter/Hommelhoff* § 15 GmbHG Rn 51; *Roth/Altmeppen* § 15 GmbHG Rn 41 (zur Pfändung eines Teils eines Geschäftsanteils); *Hachenburg/*

der Gesellschaft nach § 16 GmbHG wird durch die Zustellung des Pfändungsbeschlusses ersetzt.[89] Sind für die Geschäftsanteile Anteilsscheine ausgegeben, setzt die Pfändung und Verwertung ihre Beibringung nicht voraus. Sie werden von der Pfändung mitumfasst (§ 952 BGB).[90]

32 *cc) Umfang.* Die Pfändung erstreckt sich auch auf die **Surrogate** des Geschäftsanteils, wie das Auseinandersetzungsguthaben, den Abfindungsanspruch sowie den Rückzahlungsanspruch von Nachschüssen (§ 30 Abs. 2 GmbHG) und Stammeinlagen bei einer Kapitalherabsetzung (§ 58 Abs. 2 GmbHG).[91] Ob sich die Pfändung auf den **Gewinnanspruch** und sonstige Gesellschafterrechte erstreckt, ist umstritten,[92] richtigerweise wie bei der KG zu bejahen. Aus Gründen der Sicherheit dürfte es sich jedoch empfehlen, die Ansprüche ausdrücklich mitzupfänden.

33 *dd) Rechtsstellung der Beteiligten.* Mit der Pfändung erwirbt der Gläubiger ein Pfändungspfandrecht an dem Geschäftsanteil. Die Gesellschafterstellung des Schuldners bleibt von der Pfändung unberührt,[93] auch unterliegt er bei der Ausübung seiner Gesellschafterrechte keinem Zustimmungserfordernis des Pfändungsgläubigers. Der Gesellschafter kann somit ohne Mitwirkung des Gläubigers Auflösungsklage erheben, aus wichtigem Grund austreten oder seinen Anteil preisgeben. Demgegenüber bedarf der Gesellschafter nach herrschender Auffassung bei der Mitwirkung an einer freiwilligen Einziehung oder der Erklärung einer nach dem Gesellschaftsvertrag zulässigen ordentlichen Kündigung der Zustimmung des Pfändungsgläubigers, da die Rechtsposition des Pfändungsgläubigers hierdurch beeinträchtigt wird.[94]

34 *ee) Verwertung.* Die Verwertung des Anteils erfolgt gemäß §§ 844, 857 Abs. 5 ZPO durch Veräußerung auf Anordnung des Gerichts, d. h. in der Regel durch **Versteigerung**.[95] Anstelle einer Versteigerung kann das Gericht auch einen **freihändigen Verkauf** anordnen.[96] Die übrigen Gesellschafter können die Verwertung nicht dadurch verhindern, dass diese nach

---

Zutt Anh. § 15 GmbHG Rn 78; *Scholz/Winter* § 15 GmbHG Rn 172; *K. Schmidt* Gesellschaftsrecht § 35 II 2; *Stein/Jonas/Münzberg* § 859 ZPO Rn 18; vgl. aber noch RGZ 57, 415.

[89] *Baumbach/Hueck* § 15 GmbHG Rn 59; *Scholz/Winter* § 16 GmbHG Rn 44; einschränkend *Hachenburg/Zutt* Anh. § 15 GmbHG Rn 78: Anmeldung mangels Rechtsnachfolge nicht erforderlich.

[90] Vgl. im Einzelnen *Hachenburg/Zutt* Anh. § 15 GmbHG Rn 87.

[91] *Hachenburg/Zutt* Anh. § 15 GmbHG Rn 79.

[92] Dafür *Zöller/Stöber* § 859 ZPO Rn 13; *Stein/Jonas/Brehm* § 859 ZPO Rn 18; *Scholz/Winter* § 15 GmbHG Rn 187; dagegen *Rowedder/Bergmann* § 15 GmbHG Rn 138; *Hachenburg/Zutt* Anh. § 15 GmbHG Rn 79.

[93] BGH NJW 1967, 1963; *Scholz/Winter* § 15 GmbHG Rn 174; *Rowedder/Bergmann* § 15 GmbHG Rn 135.

[94] *Scholz/Winter* § 15 GmbHG Rn 174; *Baumbach/Hueck* § 15 GmbHG Rn 61; weitergehend *Roth*, ZGR 2000, 187, 217;.

[95] BGHZ 104, 351, 353.

[96] *Scholz/Winter* § 15 GmbHG Rn 177; *Stein/Jonas/Brehm* § 859 ZPO Rn 21.

ausgebrachter Pfändung im Wege der Satzungsänderung eine Einziehung vorsehen und beschließen.[97]

Eine **Überweisung des Geschäftsanteils** zur Einziehung oder an Zahlungs statt kann der Gläubiger nicht verlangen.[98] Lediglich die Ansprüche auf Gewinn, auf Abfindung oder Auskehrung des Auseinandersetzungsguthabens können zur Einziehung überwiesen werden.[99] 35

Eine **notarielle** Beurkundung ist nur bei einem freihändigen Verkauf, nicht jedoch bei der Versteigerung des Geschäftsanteils zu beachten, da der Zuschlag die Form des § 15 Abs. 3 GmbHG ersetzt.[100] Im Falle des freihändigen Verkaufes ist die Anmeldung nach § 16 GmbHG vom Erwerber vorzunehmen.[101] Der Erwerber tritt unabhängig von seinem etwaigen guten Glauben in die mit dem Geschäftsanteil zusammenhängenden Pflichten ein, so dass er auch zur Einzahlung rückständiger Einlagen verpflichtet ist.[102] Ferner treffen ihn die Nebenleistungspflichten nach § 3 Abs. 2 GmbHG sowie eine etwaige Nachschusspflicht nach § 26 GmbHG.[103] Gewährleistungsansprüche stehen dem Ersteher nicht zu (§ 806 ZPO).[104] 36

ff) Vertragsgestaltung. Die Gesellschafter der GmbH verfügen über keine Möglichkeit, durch statutarische Bestimmungen die Pfändung des Anteils **auszuschließen** oder **einzuschränken**.[105] Auch Vinkulierungsklauseln, die die Übertragung des Geschäftsanteils von der Zustimmung der Gesellschaft oder der Gesellschafter abhängig machen, stehen einer Pfändung nicht entgegen.[106] Die Pfändung des Anteils lässt sich auch nicht durch die Etablierung eines **Vorkaufsrecht** verhindern, da es für den Verkauf des Geschäftsanteils im Wege der Zwangsvollstreckung nicht wirksam vereinbart werden kann (§ 471 BGB).[107] 37

Ein verbreitetes Instrumentarium stellen indessen **Einziehungsklauseln** dar, die für den Fall der Pfändung die Möglichkeit der Einziehung des Geschäftsanteils vorsehen.[108] Bei einer Einziehung setzt sich das Pfändungspfandrecht des Gläubigers dann an dem gegebenenfalls modifizierten 38

---

[97] LG Gießen MDR 1986, 155.

[98] KG OLGZ 10, 393; *K. Schmidt* Gesellschaftsrecht § 35 II 2 m. w. N. in Fn 75; *Hachenburg/Zutt* Anh. § 15 GmbHG Rn 82; *Scholz/Winter* § 15 GmbHG Rn 176; *Heuer*, ZIP 1998, 405, 406.

[99] *Scholz/Winter* § 15 GmbHG Rn 176.

[100] *Baumbach/Hueck* § 15 GmbHG Rn 62; *Scholz/Winter* § 15 GmbHG Rn 177; RGZ 162, 164, 170; *Roth*, ZGR 2000, 214.

[101] *Rowedder/Bergmann* § 15 GmbHG Rn 143.

[102] *Hachenburg/Zutt* Anh. § 15 GmbHG Rn 86.

[103] *Lutter/Hommelhoff* § 15 GmbHG Rn 51.

[104] *Rowedder/Bergmann* § 15 GmbHG Rn 144.

[105] Vgl. nur *Rowedder/Bergmann* § 15 GmbHG Rn 134; *K. Schmidt* Gesellschaftsrecht § 35 II 2.

[106] BGHZ 65, 22, 24; *Lutter/Hommelhoff* § 15 GmbHG Rn 51; *Hachenburg/Zutt* Anh. § 15 GmbHG Rn 88.

[107] Eingehend dazu *Scholz/Winter* § 15 GmbHG Rn 180; *Rowedder/Bergmann* § 15 GmbHG Rn 141.

[108] BGHZ 65, 22; *K. Schmidt* Gesellschaftsrecht § 35 II 2; *Rowedder/Bergmann* § 15 GmbHG Rn 141; *Lutter/Hommelhoff* § 15 GmbHG Rn 53.

Einziehungsentgelt fort. Die Wirksamkeit der Einziehung hängt nicht von der Zustimmung des Gläubigers ab.[109] Auch Bestimmungen, die den von der Pfändung betroffenen Gesellschafter verpflichten, seinen Geschäftsanteil an die Gesellschaft, an andere Gesellschafter oder Dritte **abzutreten**, muss der Gläubiger gegen sich gelten lassen.[110]

39 **b) Pfändung von Einzelansprüchen.** Neben dem Geschäftsanteil kann der Gläubiger auch die vermögensrechtlichen Einzelansprüche des Gesellschafters der Komplementär-GmbH pfänden lassen (§§ 829 ff. ZPO).[111] Pfändbar sind insbesondere der **Gewinnanspruch**, der Anspruch auf Auszahlung des **Abfindungs- und Liquidationsguthabens** sowie ein etwaiger Anspruch auf Rückzahlung aus einbezahlten Nachschüssen, soweit diese nicht zur Deckung des Stammkapitals erforderlich sind. Selbst wenn sich die Funktion der Komplementär-GmbH auf die Rolle des persönlich haftenden Gesellschafters beschränkt und die wirtschaftliche Bedeutung dieser Ansprüche dann regelmäßig gering ist, wird ihre Pfändung in der Praxis gleichwohl zumeist neben der des Geschäftsanteils bewirkt.

---

[109] Vgl. auch *Michalski*, ZIP 1991, 147 ff.; *Scholz/Winter* § 15 GmbHG Rn 182.

[110] *Reichert*, Zustimmungserfordernis, S. 85; *Scholz/Winter* § 15 GmbHG Rn 181; *Lutter/Hommelhoff* § 15 GmbHG Rn 53; krit. dazu *Rowedder/Bergmann* § 15 GmbHG Rn 141.

[111] RGZ 98, 319; *K. Schmidt* Gesellschaftsrecht § 35 II 2.

F. Beendigung der GmbH & Co. KG

1. Abschnitt
Auflösung, Liquidation

§ 45 Auflösung der Gesellschaft

Übersicht

Schrifttum: *Gersch,* Die Grenzen zeitlicher Beschränkung des ordentlichen Kündigungsrechts bei Personengesellschaften, BB 1977, 871; *Gustavus,* Die Neuregelungen im Gesellschaftsrecht nach dem Regierungsentwurf eines Handelsrechtsreformgesetzes, GmbHR 1998, 17; *Habersack*, Die Reform des Handelsstandes und der Personengesellschaften, in: Fachtagung der Bayer-Stiftung für deutsches und internationales Arbeits- und Wirtschaftsrecht am 30. Oktober 1998, 1999, S. 73; *A. Hueck*, Zur Problematik langfristiger Gesellschaftsverträge, in: Festschrift Larenz I, 1973, S. 741; *Kötter*, Der Zeitpunkt der Auflösung einer offenen Handelsgesellschaft oder Kommanditgesellschaft, in: Festschrift Geßler, 1971, S. 247ff.; *Lambrecht*, Fortsetzung der OHG bei Ausscheiden eines Gesellschafters, ZIP 1997, 919ff.; *Merle*, Personengesellschaften auf unbestimmte Zeit und auf Lebenszeit, in: Festschrift Bärmann, 1975, S. 631; *Schlitt*, Die Auswirkungen des Handelsrechtsreformgesetzes auf die Gestaltung von GmbH & Co. KG-Verträgen, NZG 1998, 580; *K. Schmidt*, Zum Liquidationsrecht der GmbH & Co., GmbHR 1980, 261; *ders.*, Die Handels-Personengesellschaft in Liquidation, ZHR 153 (1989) 270; *ders.*, Zur Ablösung des Löschungsgesetzes, GmbHR 1994, 829; *ders.*, HGB-Reform im Regierungsentwurf, ZIP 1997, 909; *Steines*, Die faktisch aufgelöste OHG, 1964; *Vallender*, Auflösung und Löschung der GmbH – Veränderungen aufgrund des neuen Insolvenzrechts, NZG 1998, 249ff.; *Weber/Jakob*, Zum Referentenentwurf des Handelsrechtsreformgesetzes, ZRP 1997, 152; *Westermann*, Vertragsfreiheit und Typengesetzlichkeit im Recht der Personengesellschaft, 1970.

I. Überblick

1. Grundsatz

1 Die GmbH & Co. KG endet nicht abrupt; ihr Ende vollzieht sich vielmehr in verschiedenen Schritten: Mit der **Auflösung** beendet die GmbH & Co. KG zunächst nur ihre werbende Tätigkeit, sie wird zur **Liquidationsgesellschaft** (dazu näher § 46).[1] Nach Abwicklung der schwebenden Geschäfte, Begleichung der Verbindlichkeiten und Verteilung eines etwa noch vorhandenen Vermögens ist die Gesellschaft **beendet.** Die Vollbeendigung führt zum Erlöschen der Firma der GmbH & Co. KG, das im Handelsregister einzutragen ist.[2]

2 Mit der Auflösung der Gesellschaft tritt eine **Änderung ihres Zwecks** ein;[3] die GmbH & Co. KG verliert ihren werbenden Charakter und ist fortan auf Abwicklung ausgerichtet. Ein **Rechtssubjektswechsel** ist mit der Auflösung der Gesellschaft nicht verbunden; die von der GmbH & Co. KG eingegangenen Rechtsverhältnisse bestehen unverändert fort.[4] Die Gesellschaft kann auch noch im Auflösungsstadium Ansprüche geltend machen und ihrerseits von Dritten in Anspruch genommen werden.

3 Bei Auflösung und Liquidation einer **GmbH & Co. KG** stellen sich **spezifische Probleme**, da die Auflösung der KG und die der Komplementär-GmbH unterschiedlichen Regelungsregimen (KG: §§ 161 Abs. 2, 131 HGB; GmbH: §§ 60ff. GmbHG) folgen. Dies bedingt, dass die Auflösung der KG nicht notwendigerweise die Auflösung der GmbH zur Folge

---

[1] MüKoHGB/*K. Schmidt* § 131 HGB Rn 6.

[2] Zur Terminologie MüKoHGB/*K. Schmidt* § 131 HGB Rn. 6. MünchHdb. GesR II/*Schmid* KG § 45 Rn 10ff.

[3] *Baumbach/Hopt* § 145 HGB Rn 4; MünchHdb. GesR II/*Schmid* KG § 45 Rn 5; a. A. *K. Schmidt* Gesellschaftsrecht § 52 IV 1: Liquidationszweck überlagert die Rechte und Pflichten der Beteiligten nur.

[4] GK/*Ulmer* § 131 HGB Rn 3.

hat (und umgekehrt) und auch die Liquidationsverfahren beider Gesellschaften keineswegs koordiniert ablaufen.

2. Abgrenzungsfragen

Von der Auflösung der Gesellschaft ist das Ausscheiden aller Gesellschafter bei gleichzeitigem Eintritt neuer Gesellschafter zu sondern. Ein solcher Vorgang löst die KG nicht auf; die Gesellschaft existiert mit neuem Gesellschafterkreis fort.[5] Auch die formwechselnde Umwandlung einer GmbH & Co. KG gem. §§ 190 ff. UmwG führt nicht zu ihrer Auflösung. Die Gesellschaft besteht fort, nur eben in einer anderen Rechtsform (§ 202 Abs. 1 UmwG).[6] **4**

Beim **Ausscheiden** der einzigen **Komplementär-GmbH** tritt die an sich nahe liegende Rechtsfolge, nämlich Umwandlung in eine OHG, nicht ein, da dies die unbeschränkte Haftung der Kommanditisten zur Folge hätte.[7] Vielmehr löst sich die KG auf, sofern die Kommanditisten nicht einen neuen Komplementär in die Gesellschaft aufnehmen (vgl. § 29 Rn 56 ff.). Die GmbH & Co. KG wird nur dann ausnahmsweise zu einer OHG, wenn die Gesellschaft von den verbleibenden Gesellschaftern werbend fortgesetzt wird und diese keine andere oder eigens zu diesem Zweck gegründete Komplementär-GmbH aufnimmt.[8] Wird die Gesellschaft nicht werbend fortgesetzt, haften die ehemaligen Kommanditisten für die Verbindlichkeiten nur mit dem ihnen zugefallenen Gesellschaftsvermögen.[9] **5**

Dagegen liegt ein Fall der Auflösung nicht vor, wenn bis auf einen alle Gesellschafter aus der Gesellschaft ausscheiden.[10] Allerdings liegt in dem Beschluss, das ganze Gesellschaftsvermögen mit Aktiven und Passiven **auf einen Gesellschafter zu übertragen**, konkludent ein Auflösungsbeschluss.[11] Das Gesellschaftsvermögen wächst dann dem verbleibenden Gesellschafter zu, während die Gesellschaft **ohne Liquidation** erlischt und der verbleibende Gesellschafter Gesamtrechtsnachfolger des Gesellschaftsvermögens wird.[12] **6**

---

[5] BGHZ 44, 229.

[6] *Schlegelberger/K. Schmidt* § 131 HGB Rn 52.

[7] *K. Schmidt* Gesellschaftsrecht § 53 V. 1. a); *ders.*, ZHR 153 (1989) 270.

[8] Vgl. *Schlegelberger/K. Schmidt* § 131 HGB Rn 2, 43; *ders.*, ZIP 1997, 917; vgl. ferner BGH NJW 1979, 1705, 1706.

[9] BGH DStR 2004, 1137 (für den Fall des Ausscheidens der Komplementär-GmbH); BGHZ 113, 132, 138.

[10] *Baumbach/Hopt* § 131 HGB Rn 7; MüKoHGB/*K. Schmidt* § 131 HGB Rn 7.

[11] MüKoHGB/*K. Schmidt* § 131 HGB Rn. 19

[12] BGH DStR 2004, 1137; nach Ansicht des OLG Düsseldorf GmbHR 1997, 903, 904, fallen hier Auflösung und Vollbeendigung zusammen. In das Handelsregister sei die Auflösung der Gesellschaft einzutragen; MüKoHGB/*K. Schmidt* § 131 HGB Rn 7; noch a. A. *Schlegelberger/K. Schmidt* § 143 Rn 4, einzutragen sei das Erlöschen der Firma.

3. Änderungen durch das Handelsrechtsreformgesetz

7 Die nach altem Recht zur Auflösung der Gesellschaft führenden Tatbestände Tod eines persönlich haftenden Gesellschafters, Kündigung durch einen Gesellschafter oder einen seiner Privatgläubiger sowie Eröffnung des Insolvenzverfahrens über das Vermögen eines Gesellschafters wurden durch das Handelsrechtsreformgesetz in Ausscheidensgründe umgewandelt. Ihr Eintritt führt damit auch bei Fehlen einer Fortsetzungsklausel nicht mehr zur Auflösung der Gesellschaft (vgl. im Einzelnen § 29 Rn 1 ff.).

II. Auflösungsgründe

1. Überblick

8 Die Auflösungsgründe für die GmbH & Co. KG ergeben sich aus §§ 161 Abs. 2, 131 Abs. 1 HGB. Danach wird die Gesellschaft aufgelöst mit dem Ablauf der Zeit, für die sie eingegangen ist (Nr. 1), aufgrund eines entsprechenden Beschlusses ihrer Gesellschafter (Nr. 2), mit Eröffnung des Insolvenzverfahrens über ihr Vermögen (Nr. 3) sowie durch gerichtliche Entscheidung (Nr. 4).

9 Nach herrschender Auffassung haben die in § 131 HGB genannten Auflösungstatbestände grundsätzlich **abschließenden** Charakter.[13] Über die in § 131 Abs. 1 HGB normierten Auflösungsgründe hinaus bestehen – abgesehen von wenigen sondergesetzlichen Regelungen[14] – keine gesetzlichen Auflösungsgründe. Die §§ 726 ff. BGB kommen daher auch über die Bestimmung des § 105 Abs. 3 HGB grundsätzlich nicht zur Anwendung. Anders als bei einer GbR führt daher auch das **Unmöglichwerden der Erreichung des Gesellschaftszweckes** nicht zur Auflösung der GmbH & Co. KG.[15] Der abschließende Charakter der Auflösungsgründe lässt einen Verweis von §§ 161 Abs. 2, 105 Abs. 2 HGB auf § 726 BGB nicht zu.[16] Auch die Einstellung, Verpachtung oder Veräußerung des Unternehmens stellt keinen gesetzlichen Auflösungsgrund dar.[17]

Wollen die Gesellschafter einer GmbH & Co. KG bei Vorliegen solcher Umstände am Bestand der Gesellschaft nicht festhalten, verbleibt ihnen, nur der Ausweg über die Beantragung der Auflösung aus wichtigem Grund durch gerichtliche Entscheidung nach § 133 HGB.

---

[13] BGHZ 75, 178, 179; 82, 323, 326; *Baumbach/Hopt* § 131 HGB Rn 6; *Ebenroth/Boujong/Joost/Lorz* § 131 HGB Rn 27; *Heymann/Emmerich* § 131 HGB Rn 28 m. w. N.; *Kötter*, FS Geßler, S. 248; MünchHdb. GesR II/*Schmid* KG § 45 Rn 23; a. A. MüKoHGB/*K. Schmidt* § 131 HGB Rn 9.

[14] So existieren spezielle öffentlich-rechtliche Auflösungsgründe, wie etwa in § 38 KWG; vgl. *Baumbach/Hopt* § 131 HGB Rn 8; *Schlegelberger/K. Schmidt* § 131 HGB Rn 47 ff.

[15] *Ebenroth/Boujong/Joost/Lorz* § 131 HGB Rn 27; *Schlegelberger/K. Schmidt* § 131 HGB Rn 55. *Grunewald* Gesellschaftsrecht 1. B. Rn 74.

[16] *K. Schmidt* Gesellschaftsrecht § 52 II. 1. b).

[17] BGHZ 82, 323, 326; *Grziwotz*, DStR 1992, 1365, 1367.

Allerdings steht es den Gesellschaftern frei, im **Gesellschaftsvertrag** weitere Auflösungsgründe vorzusehen.[18]

2. Zeitablauf

Eine GmbH & Co. KG endet mit Ablauf der Zeit, für die sie eingegangen ist (§ 131 Abs. 1 Nr. 1 HGB). Voraussetzung für die Auflösung ist danach, dass im Gesellschaftsvertrag eine **bestimmte** oder zumindest eine **bestimmbare** Dauer der Gesellschaft vorgesehen ist.[19] **10**

Die Gesellschaft ist nur dann auf eine bestimmte Zeit eingegangen, wenn im Gesellschaftsvertrag eine **Höchstdauer** vereinbart ist.[20] Dabei ist es unerheblich, ob die Höchstdauer **kalendermäßig** bestimmt ist oder – wie zuweilen anzutreffen – an den sicheren Eintritt eines bestimmten **Ereignisses** (z. B. die Dauer eines Projekts, einer öffentlich-rechtlichen Genehmigung oder der Bestand eines gewerblichen Schutzrechts) knüpft.[21] Genau genommen handelt es sich im letzteren Fall um eine **auflösende Bedingung**, die jedoch zutreffenderweise gleichsam unter § 131 Abs. 1 Nr. 1 HGB fällt.[22] **11**

Demgegenüber ist die Vereinbarung einer **Mindestdauer** in der Regel dahin gehend auszulegen, dass eine Kündigung der Gesellschaft bis zu diesem Zeitpunkt ausgeschlossen ist und die Gesellschafter die Gesellschaft über diesen Zeitpunkt fortsetzen werden, sofern keiner der Gesellschafter von dem Kündigungsrecht Gebrauch macht.[23] **12**

Vertragliche Bestimmungen über eine zeitliche Begrenzung der Gesellschaft finden sich in der Praxis recht selten. Enthält der Gesellschaftsvertrag ausnahmsweise eine entsprechende Regelung, löst sich die Gesellschaft mit Eintritt des im Gesellschaftsvertrag bestimmten Zeitpunktes **automatisch** auf, ohne dass es noch eines exekutierenden **Beschlusses** der Gesellschafter bedürfte.[24] **13**

Die Gesellschafter können die Gesellschaft ohne weiteres aufgrund eines Beschlusses **fortsetzen**, der allerdings, sofern der Gesellschaftsvertrag nichts Abweichendes vorsieht, einstimmig gefasst werden muss (vgl. im Einzelnen unter Rn 66 ff.). Setzen die Gesellschafter die Gesellschaft nach Eintritt des Zeitpunktes einvernehmlich fort, kann hierin regelmäßig ein konkludenter Fortsetzungsbeschluss gesehen werden.[25] Eine durch **Zeit-** **14**

---

[18] *Baumbach/Hopt* § 131 HGB Rn 74; MüKoHGB/*K. Schmidt* § 131 HGB Rn 9 E.

[19] Vgl. statt aller *Baumbach/Hopt* § 131 HGB Rn 11.

[20] *Baumbach/Hopt* § 131 HGB Rn 11; *Ebenroth/Boujong/Joost/Lorz* § 131 HGB Rn 13; *Heymann/Emmerich*, § 131 HGB Rn 3 a.

[21] Vgl. RGZ 95, 147, 149; BGH WM 1985, 1367, 1369; MüKoHGB/*K. Schmidt* § 131 HGB Rn 12, *Ebenroth/Boujong/Joost/Lorz* § 131 HGB Rn 14; *Westermann*, Vertragsfreiheit, S. 235 ff.; MüKoHGB/*K. Schmidt* § 131 HGB Rn 12.

[22] *K. Schmidt* Gesellschaftsrecht § 52 III; vgl. auch *Koller/Morde* § 131 HGB Rn 2.

[23] MünchHdb. GesR II/*Schmid* KG § 45 Rn 25.

[24] *Schlegelberger/K. Schmidt* § 131 HGB Rn 14; GK/*Ulmer* § 131 HGB Rn 21; MünchHdb. GesR II/*Schmid* KG § 45 Rn 3; MüKoHGB/*K. Schmidt* § 131 HGB Rn 14; *Ebenroth/Boujong/Joost/Lorz* § 131 HGB Rn 13.

[25] MünchHdb. GesR II/*Schmid* KG § 45 Rn 32; *Kötter*, S. 247, zur unbewussten konkludenten Fortsetzung.

ablauf aufgelöste Gesellschaft ist im Falle ihrer stillschweigenden Fortsetzung als auf unbestimmte Zeit eingegangene Gesellschaft anzusehen (§ 134 HGB).

3. Auflösungsbeschluss

15 Weitaus größere praktische Bedeutung hat die Auflösung der Gesellschaft durch Beschluss ihrer Mitglieder (§ 131 Abs. 1 Nr. 2 HGB). Zumeist wird ein solcher Auflösungsbeschluss wegen seiner Bedeutung von den Gesellschaftern ausdrücklich gefasst.[26] Zwingend ist dies keineswegs.[27] Der Auflösungsbeschluss kann auch **konkludent** zustande kommen, etwa wenn alle Gesellschafter das Unternehmen mit seinen Aktiva und Passiva auf einen Dritten übertragen,[28] die Vermögenswerte der Gesellschaft den Gläubigern im Rahmen eines Liquidationsvergleiches zur Verfügung stellen,[29] den Geschäftsbetrieb einstellen oder die Auflösung der Gesellschaft gemeinsam beim Handelsregister anmelden.[30]

16 Notwendiger **Inhalt** eines Auflösungsbeschlusses sind der Umstand und der Zeitpunkt der Auflösung.[31] Unbedenklich ist es, die Auflösung an den Eintritt einer **Bedingung** zu knüpfen. Auch kann der Beschluss befristet werden (§ 163 BGB).[32] Nur von der Zustimmung eines Dritten darf die Auflösung nicht abhängig gemacht werden.[33]

17 Als Gesellschaftsvertragsänderung ist der Auflösungsbeschluss grundsätzlich **einstimmig** zu fassen (§ 119 Abs. 1 HGB).[34] Das Einstimmigkeitserfordernis wird in der Praxis jedoch gerade bei Unternehmen mit einem größeren Gesellschaftskreis vielfach als unpraktikabel empfunden, da einzelne Gesellschafter im Rahmen der durch ihre **Treuepflicht** gezogenen Grenzen[35] die Liquidation der Gesellschaft verhindern können. Im Gesellschaftsvertrag wird daher vielfach ein **Mehrheitsentscheid** zugelassen, wogegen keine Bedenken bestehen, sofern die Vertragsklausel dem Bestimmtheitsgrundsatz Rechnung trägt.[36] Dem Gesellschaftsvertrag muss –

---

[26] Zur Abgrenzung von der bloßen Vertragsänderung, durch die eine Auflösung der Gesellschaft in einer nicht absehbaren Zeit herbeigeführt werden soll, vgl. MüKoHGB/*K. Schmidt* § 131 HGB Rn 16.

[27] Vgl. statt aller GK/*Ulmer* § 131 HGB Rn 15.

[28] BGH NJW 1960, 434; MüKoHGB/*K. Schmidt* § 131 HGB Rn 19.

[29] Vgl. *K. Schmidt* Gesellschaftsrecht § 52 III 3.

[30] OLG Köln DNotZ 1979, 54; *Hesselmann/Tillmann* GmbH & Co. Rn 653.

[31] MünchHdb. GesR II/*Schmid* KG § 45 Rn 36.

[32] *Heymann/Emmerich* § 131 HGB Rn 8.

[33] MünchHdb. GesR II/*Schmid* KG § 45 Rn 37; MüKoHGB/*K. Schmidt* § 131 HGB Rn 15.

[34] OLG Hamm DB 1989, 815; *Koller/Roth/Morck* § 131 HGB Rn 3; *Röhricht/v. Westphalen/v. Gerkan* § 131 HGB Rn 7; *Grunewald* Gesellschaftsrecht 1. B. Rn 75.

[35] Eine Verpflichtung zur Mitwirkung an einem Auflösungsbeschluss kann aus der Treuepflicht des Gesellschafters grundsätzlich nur dann fließen, wenn es völlig aussichtslos erscheint, dass die Gesellschaft ihren Zweck erreichen wird, vgl. *Heymann/Emmerich* § 131 HGB Rn 7. Umgekehrt kann auch die Fassung eines Auflösungsbeschlusses treuwidrig sein. Vgl. dazu auch § 25 Rn 32.

[36] MüKoHGB/*K. Schmidt* § 131 HGB Rn 15.

zumindest im Wege der Auslegung – entnommen werden können, dass der Auflösungsbeschluss mit Mehrheit gefasst werden kann.

Der Auflösungsbeschluss kann **formlos** gefasst werden.[37] Dies gilt auch im Falle der Einheitsgesellschaft, bei der sich im KG-Vermögen die Anteile an der Komplementär-GmbH befinden. Auch der Besitz der Gesellschaft von Grundvermögen führt nicht zu einer Formbedürftigkeit nach § 313 BGB. **18**

Fraglich ist, ob der Auflösungsbeschluss bei Beteiligung Minderjähriger der **Genehmigung des Vormundschaftsgerichts** bedarf. Der BGH lehnt ein Genehmigungserfordernis des Vormundschaftsgerichts nach § 1822 Nr. 3 BGB ab.[38] Im Hinblick auf eine verbreitete Meinung im Schrifttum,[39] die aus § 1823 BGB ein Genehmigungserfordernis herleitet, empfiehlt es sich in der Praxis, vorsorglich die Genehmigung des Vormundschaftsgerichts einzuholen. Da es sich bei § 1823 BGB um eine Soll-Vorschrift handelt, hat die fehlende Genehmigung des Vormundschaftsgerichts – anders als im Anwendungsbereich des § 1822 Nr. 3 BGB – nicht die Unwirksamkeit des Auflösungsbeschlusses zur Folge. Lebt der Gesellschafter im gesetzlichen **Güterstand** der Zugewinngemeinschaft, bedarf die Mitwirkung an dem Auflösungsbeschluss der Genehmigung des Ehegatten (§ 1365 BGB), wenn die Beteiligung des Gesellschafters sein ganzes oder nahezu ganzes Vermögen darstellt.[40] **19**

§ 131 Abs. 1 Nr. 2 HGB ist insoweit **zwingendes Recht**, als die Möglichkeit, die Gesellschaft durch Beschluss aufzulösen, nicht durch den Gesellschaftsvertrag eingeschränkt werden kann.[41] Sollen die Auflösungsregelungen bei KG und Komplementär-GmbH, was regelmäßig empfehlenswert ist, harmonisiert werden, kann die Auflösung der KG – wie bei der GmbH (§ 60 Abs. 1 Nr. 2 GmbHG) – im **Gesellschaftsvertrag** von einem mit einer Mehrheit von drei Viertel aller Stimmen zu fassenden Beschluss abhängig gemacht werden.[42] Ist in der KG eine Abweichung vom Einstimmigkeitserfordernis nicht erwünscht, können die Gesellschaftsverträge in der Weise aufeinander abgestimmt werden, dass auch in der GmbH die Fassung des Auflösungsbeschlusses an die Zustimmung aller Gesellschafter gebunden wird. **20**

---

[37] MüKoHGB/*K. Schmidt* § 131 HGB Rn 18; *Ebenroth/Boujong/Joost/Lorz* § 131 HGB Rn 7; *Röhricht/v. Westphalen/v. Gerkan* § 128 HGB Rn 7.

[38] BGHZ 52, 316, 319 (zur GmbH); vgl. auch BGHZ 38, 26; *Ebenroth/Boujong/Joost/Lorz* § 131 HGB Rn 17; *Koller/Roth/Morck* § 131 HGB Rn 3.

[39] GK/*Ulmer* § 131 HGB Rn 32; MüKoHGB/*K. Schmidt* § 131 HGB Rn 18; a. A. Beck Hdb. Personengesellschaften/*Erle* § 11 Rn 23; unklar: *Koller/Roth/Morck* § 131 HGB Rn. 3.

[40] MünchHdb. GesR II/*Schmid* KG § 45 Rn 40; *Palandt/Brudermüller* § 1365 BGB Rn 6.

[41] GK/*Ulmer* § 131 HGB Rn 29.

[42] Vgl. *K. Schmidt*, GmbHR 1980, 263.

4. Insolvenz der Gesellschaft

21 **a) Eröffnung des Insolvenzverfahrens über das Vermögen der Gesellschaft.** Die Eröffnung des Insolvenzverfahrens über das Vermögen der Gesellschaft bewirkt die Auflösung der Gesellschaft (§ 131 Abs. 1 Nr. 3 HGB). Grund für die Eröffnung eines Insolvenzverfahrens über das Vermögen der GmbH & Co. KG ist neben der **Zahlungsunfähigkeit** der Gesellschaft (§ 17 InsO) auch deren **Überschuldung** (§ 19 InsO), sofern die Gesellschaft – wie in der Regel – neben der Komplementär-GmbH nicht noch weitere natürliche Personen als persönlich haftende Gesellschafter aufweist (§§ 177 a, 130 a HGB). Darüber hinaus berechtigt die **drohende Zahlungsunfähigkeit** die Gesellschaft zur Stellung eines Insolvenz(eigen)antrages (§ 18 InsO).

22 Anders als bei den übrigen Auflösungstatbeständen schließt sich an die Auflösung wegen Insolvenz kein vom Gesellschafterwillen dominiertes Abwicklungsverfahren, sondern ein Insolvenzverfahren nach den Bestimmungen der InsO an (zu den Einzelheiten vgl. § 48).

23 **b) Ablehnung des Insolvenzverfahrens mangels Masse.** Nach § 131 Abs. 2 Nr. 1 HGB wird eine GmbH & Co. KG mit Rechtskraft des Beschlusses aufgelöst, durch den die Eröffnung des Insolvenzverfahrens mangels Masse abgelehnt wurde (§ 26 InsO).[43] Mit dieser Neuregelung hat der Gesetzgeber einen lange Zeit geführten Meinungsstreit zugunsten der Ansicht im Schrifttum entschieden, die den an sich nur auf Kapitalgesellschaften anwendbaren § 1 Abs. 1 LöschG erweiternd auch auf die GmbH & Co. KG angewendet wissen wollte.[44] Der BGH hatte eine solche erweiternde Anwendung bislang mit dem Hinweis auf den abschließenden Charakter des Katalogs der Auflösungsgründe abgelehnt.[45]

24 Die Abweisung des Insolvenzverfahrens mangels Masse führt jedoch nur dann zur Auflösung, wenn – wie zumeist – neben der Komplementär-GmbH **keine natürliche Person** als persönlich haftender Gesellschafter vorhanden ist. Ist persönlich haftender Gesellschafter eine oHG oder KG, die ihrerseits über eine natürliche Person als persönlich haftenden Gesellschafter verfügt, greift der Auflösungsgrund ebenfalls nicht ein (§ 131 Abs. 2 S. 2 HGB).

25 **c) Löschung wegen Vermögenslosigkeit.** Im Rahmen der Insolvenzrechtsreform wurden die Auflösungstatbestände auf die Löschung der GmbH & Co. KG wegen Vermögenslosigkeit ausgedehnt. Nach § 131 Abs. 2 Nr. 2 HGB wird eine GmbH & Co. KG, die über keine natürliche Person als persönlich haftenden Gesellschafter verfügt, bei Löschung wegen Vermögenslosigkeit (§ 141 a FGG) aufgelöst.

---

[43] Die Löschung wegen Vermögenslosigkeit war früher in § 2 LöschG geregelt. Durch die Insolvenzrechtsreform wurde § 2 LöschG gestrichen und in § 141 a FGG übernommen.

[44] *Hachenburg/Ulmer* § 60 GmbHG Rn 119; *K. Schmidt*, ZHR 153 (1989), 280; *ders.* Gesellschaftsrecht § 52 III 3 c; *ders.*, GmbHR 1994, 834; *Hesselmann/Tillmann* Rn 669.

[45] BGHZ 75, 178 = NJW 1980, 233.

Nach dem im Rahmen der Insolvenzrechtsreform neu eingeführten § 141a Abs. 3 FGG besteht eine Löschungsmöglichkeit wegen Vermögenslosigkeit nunmehr auch auf die **GmbH & Co. KG.**[46] Voraussetzung ist allerdings, dass der Tatbestand der Vermögenslosigkeit sowohl bei der KG als auch bei der Komplementär-GmbH erfüllt ist (§ 141a Abs. 3 S. 2 FGG).[47] 26

d) Rechtsfolgen. Tritt die Gesellschaft aufgrund der Eröffnung des Insolvenzverfahrens oder Ablehnung der Eröffnung mangels Masse in Auflösung, bestimmt sich das anschließende Liquidationsverfahren nach den speziellen Vorschriften der Insolvenzordnung (vgl. dazu im Einzelnen § 48). 27

Wird die Firma der Gesellschaft wegen Vermögenslosigkeit im Handelsregister gelöscht, findet eine Liquidation grundsätzlich nicht statt. Anders ist es nur, wenn sich nach der **Löschung** herausstellt, dass noch verteilungsfähiges Vermögen vorhanden ist (§ 145 Abs. 3 HGB).[48] 28

5. Auflösung durch gerichtliche Entscheidung

a) Auflösungsklage statt außerordentlichem Kündigungsrecht. 29
Die Gesellschaft kann ferner durch gerichtliche Entscheidung aufgelöst werden (§ 131 Abs. 1 Nr. 4 HGB). In Bezug genommen wird damit die Regelung des § 133 HGB, die eine Auflösung der Gesellschaft aufgrund einer Auflösungsklage zulässt. Anders als bei der GbR, die bei Vorliegen eines wichtigen Grundes nach näherer Maßgabe des § 723 Abs. 3 BGB außerordentlich gekündigt werden kann, haben die Gesellschafter einer Personenhandelsgesellschaft grundsätzlich nur die Möglichkeit, die Auflösung der Gesellschaft durch **gerichtliche Entscheidung** zu erwirken. Damit soll die bis zur rechtskräftigen Klärung der Wirksamkeit einer außerordentlichen Kündigung bestehende Rechtsunsicherheit vermieden werden. Anderes gilt nach der Rechtsprechung für körperschaftlich strukturierte **Publikumspersonengesellschaften**. Wurde ein Anleger anlässlich des Beitritts zur Gesellschaft arglistig getäuscht, steht ihm ein von einer gerichtlichen Entscheidung unabhängiges **Recht zum Austritt** aus der Gesellschaft zu.[49]

Das Fehlen eines gesetzlichen Austrittsrechts bei personalistisch verfassten Gesellschaften hindert freilich nicht, im **Gesellschaftsvertrag** der GmbH & Co. KG ein von der Erhebung einer Auflösungsklage nach § 133 30

---

[46] Die mit dem In-Kraft-Treten der InsO gestrichene Regelung des § 2 LöschG, die eine Löschung wegen Vermögenslosigkeit eröffnete, war nach herrschender und richtiger Auffassung ihrem Wortlaut entsprechend nur auf Kapitalgesellschaften, nicht aber auf die GmbH & Co. KG anwendbar. *Hachenburg/Ulmer* § 60 GmbHG Rn 120; *Hesselmann/Tillmann* Rn 670. Bei Vermögenslosigkeit kam daher nur eine Löschung nach §§ 31 Abs. 2 HGB, 141 Abs. 1 FGG in Betracht.

[47] Vgl. auch *Uhlenbruck*, GmbHR 1995, 195, 202.

[48] Hierzu *Habersack*, Reform des Handelsstandes, S. 90; vgl. auch die ausführliche Darstellung in MüKoHGB/*K. Schmidt* § 145 HGB Rn 62ff.

[49] Vgl. BGHZ 63, 338, BGH NJW 1973, 1604; NJW 1975, 1700; NJW 1976, 894; NJW 1978, 225; WM 1981, 452; *Baumbach/Hopt* Anh. § 177a HGB Rn 58.

HGB unabhängiges Recht zur Kündigung der Gesellschaft aus wichtigem Grund zu verankern.[50] Dass bis zum rechtskräftigen Abschluss eines im Anschluss an eine außerordentliche Kündigung geführten gerichtlichen Feststellungsverfahrens ein gewisses Maß an Rechtsunsicherheit herrschen kann, steht einer solchen Regelung nicht entgegen.[51]

31 **b) Vorliegen eines wichtigen Grundes.** *aa) Grundsatz.* Die Erhebung einer Auflösungsklage erfordert das Vorliegen eines wichtigen Grundes. Nach gefestigter Rechtsprechung ist ein wichtiger Grund dann gegeben, wenn die Verfolgung des **Gesellschaftszwecks nachhaltig beeinträchtigt** und den Gesellschaftern eine **Fortsetzung** der Gesellschaft unter Berücksichtigung der Gesamtheit aller Umstände auch bis zum nächsten Kündigungstermin **unzumutbar** ist.[52] Eine generelle Feststellung, wann ein zur Auflösung der Gesellschaft berechtigender Grund vorliegt, verbietet sich danach. Vielmehr bedarf es einer Prognoseentscheidung unter umfassender Würdigung aller Umstände des **Einzelfalls**, indem die für eine Auflösung sprechenden Gründe gegen die für einen Fortbestand der Gesellschaft sprechenden Umstände abgewogen werden.[53] Maßgeblicher Beurteilungszeitpunkt ist dabei stets der Schluss der letzten mündlichen Verhandlung.

32 Ob die Anforderungen an einen wichtigen Grund erfüllt sind, hängt insbesondere von der **Struktur** und dem **Zweck** der Gesellschaft, ihrer **Dauer** und den **Kündigungsfristen** ab. Die Auflösung einer erst seit kurzer Zeit bestehenden Gesellschaft ist unter einfacheren Voraussetzungen möglich als die eines bereits seit vielen Jahren existierenden Verbandes.[54] Ist die Kündigungsfrist nur kurz bemessen, scheidet eine Auflösungsklage in der Vielzahl der Fälle aus, da es dem Gesellschafter zuzumuten ist, bis zum Ablauf der Kündigungsfrist in der Gesellschaft zu verbleiben.[55] Bei den zur Auflösung der Gesellschaft berechtigenden Gründen lässt sich zwischen gesellschafts- und gesellschafterbezogenen Umständen differenzieren.[56]

33 *bb) Gesellschaftsbezogene Gründe.* Gesellschaftsbezogene wichtige Gründe sind solche, die die Grundlagen der Gesellschaft und ihre wirtschaftlichen Zukunftsaussichten betreffen. Hierzu zählen etwa die **Fehlerhaftigkeit**

---

[50] Vgl. nur BGHZ 31, 295, 298; MüKoHGB/*K. Schmidt* § 131 HGB Rn 6.

[51] Vgl. auch GK/*Ulmer* § 133 HGB Rn 73 f.; *Schlegelberger/K. Schmidt* § 133 HGB Rn 68.

[52] BGH NJW 1998, 146; BGHZ 84, 382; 69, 169; 31, 295, 304; BGH NJW 1982, 2821; WM 1976, 1030 ff.; (stille Gesellsch.); MüKoHGB/*K. Schmidt* § 131 HGB Rn 11; *Ebenroth/Boujong/Joost/Lorz* § 131 HGB Rn 4; *Koller/Roth/Morck* § 131 HGB Rn 2.

[53] BGH NJW 1998, 146; MüKoHGB/*K. Schmidt* § 131 HGB Rn 12; *Ebenroth/Boujong/Joost/Lorz* § 131 HGB Rn 4; MünchHdb. GesR II/*Schmidt* KG § 45 Rn 46; zu den vertraglichen Gestaltungsmöglichkeiten s. u. Rn. 42 ff.

[54] BGH WM 1976, 1030, 1032.

[55] BGH WM 1975, 329; DB 1977, 87, 88; MünchHdb. GesR II/*Schmidt* KG § 45 Rn 48.

[56] Vgl. zu dieser Diff. und der Kasuistik der wichtigen Gründe eingehend MüKoHGB/*K. Schmidt* § 133 HGB Rn 14.

des Gesellschaftsvertrages und die **Unmöglichkeit der Erreichung des Gesellschaftszwecks** und insbesondere wegen Krankheit oder Abwesenheit eines Gesellschafters. Ferner können die **dauernde Unrentabilität** des Unternehmens bzw. eine **anhaltende Ertraglosigkeit** einen Auflösungsgrund darstellen.[57] Dabei ist es im Ausgangspunkt unerheblich, worauf die zur Unrentabilität oder Ertraglosigkeit führenden Umstände beruhen.

cc) Gesellschafterbezogene Gründe. Die gesellschafterbezogenen Gründe **34**
lassen sich ihrerseits in verhaltens- und nichtverhaltensbezogene Gründe einteilen.[58] Verhaltensbezogene Gründe beziehen sich auf ein pflichtwidriges zurechenbares Gesellschafterhandeln. Einen speziellen **verhaltensbezogenen** wichtigen Grund definiert das Gesetz in § 133 Abs. 2 HGB. Danach ist ein Gesellschafter zur Erhebung einer Auflösungsklage berechtigt, wenn ein Gesellschafter seine Verpflichtungen vorsätzlich oder grob fahrlässig verletzt hat oder ihm die Erfüllung seiner Pflichten unmöglich gemacht wird. Die **Pflichtverletzung** kann dabei in einem aktiven Tun oder in einem bloßen Unterlassen bestehen.[59] Das Verhalten des Gesellschafters muss nicht notwendigerweise schuldhaft sein.[60] Entscheidend ist vielmehr, ob sich die Fortsetzung der Gesellschaft, sei es wegen der Schwere des Verstoßes, sei es wegen der Zerstörung des Vertrauensverhältnisses unter den Gesellschaftern, als nicht mehr zumutbar erweist.[61] **Beispiele** für eine schwerwiegende Pflichtverletzung sind eine unredliche Geschäftsführung, die Weigerung, an für die Erreichung des Gesellschaftszwecks notwendigen Geschäften mitzuwirken,[62] wobei die Androhung der vertragswidrigen Einstellung der Mitarbeit ausreichend sein kann,[63] die Verfolgung eigennütziger Zwecke zu Lasten der Gesellschaft, gesellschaftsschädigende Handlungen oder Verstöße gegen die gesellschaftsrechtliche Treuepflicht oder gegen ein bestehendes Wettbewerbsverbot.[64] Sogar ein Verhalten des Gesellschafters im Privatbereich kann ausreichend sein, wenn es sich zu Lasten des Unternehmens auswirkt.[65] Bei der GmbH & Co. KG kann der Auflösungsantrag u. U. auch darauf gestützt werden, dass der Geschäfts-

---

[57] *K. Schmidt* Gesellschaftsrecht § 52 III 4b; MüKoHGB/*K. Schmidt* § 133 HGB Rn 17.

[58] MüKoHGB/*K. Schmidt* § 133 HGB Rn 14.

[59] Vgl. BGH WM 1961, 886, 888 (zu § 142 HGB a.F.); MüKoHGB/*K. Schmidt* § 133 HGB Rn 20.

[60] BGH WM 1963, 282, 283; WM 1975, 769, 770; *Ebenroth/Boujong/Joost/Lorz* § 133 HGB Rn 10 (12).

[61] BGH WM 1966, 1051; BB 1968, 352; MüKoHGB/*K. Schmidt* § 133 HGB Rn 25.

[62] OLG Köln NZG 2001, 1082/1083 zu § 723 BGB.

[63] BGH NZG 2002, 417 zu § 723 BGB.

[64] BGHZ 4, 108, 113f.; BGH NJW 1973, 92. *Schlegelberger/Martens* § 161 HGB Rn 123; MünchHdb. GesR II/*Schmid* KG § 49 Rn 70; *Schlegelberger/K. Schmidt* § 133 HGB Rn 19. Vgl. BGH DStR 1997, 1090, 1091; DStR 2001, 495 (Wettbewerbsverbot); weitere Bsp. bei MünchHdb. GesR II/*Schmid* KG § 45 Rn 52; Beck Hdb. Personengesellschaften/*Sauter* § 7 Rn 23; *Binz/Sorg* § 6 Rn 40.

[65] BGHZ 4, 108, 113f.; BGHZ 46, 392, 394.

führer der Komplementär-GmbH gegen seine gesellschaftsvertraglichen Pflichten verletzt.[66]

35 Andererseits muss nicht jede schwerwiegende Pflichtverletzung eines Gesellschafters zwangsläufig einen Auflösungsgrund darstellen. Vielmehr kommt es auf die **Gesamtumstände** an. Hat sich der betreffende Gesellschafter um die Gesellschaft zuvor große Dienste erworben oder haben sich die übrigen Gesellschafter ebenfalls pflichtwidrig verhalten, kann die Gesamtabwägung zu dem Ergebnis kommen, dass ein wichtiger Grund nicht vorliegt.[67] In Extremfällen kann umgekehrt auch ein leicht fahrlässiges oder ein schuldloses Verhalten zur Auflösung der Gesellschaft berechtigen.[68]

36 Einen weiteren verhaltensbezogenen Auflösungsgrund stellt ein **unheilbares Zerwürfnis** unter den Gesellschaftern dar, sofern dies mit einer nachhaltigen Zerstörung der Vertrauensgrundlage einhergeht.[69] Auslöser für eine solche Zerrüttung kann unter Umständen auch ein persönliches Zerwürfnis unter den Gesellschaftern sein, sofern sich dieses nachteilig auf die Gesellschaft ausgewirkt hat.[70] Allerdings kommt eine Auflösung dann nicht in Betracht, wenn der Kläger selbst schuldhaft die Zerrüttung herbeigeführt hat.[71]

37 Auch **nichtverhaltensbezogene Gründe** in der Person eines Gesellschafters können zur Erhebung einer Auflösungsklage berechtigen. Exemplarisch kann die Arbeitsunfähigkeit eines Gesellschafters einer Gesellschaft, die auf die Mitarbeit ihrer Gesellschafter angelegt ist, genannt werden.[72] Ein wichtiger Grund kann in besonders gelagerten Fällen auch bei finanziellen Schwierigkeiten eines Gesellschafters gegeben sein.[73] In einer GmbH & Co. KG ist in der **Auflösung der Komplementär-GmbH** regelmäßig ein wichtiger Grund für die Auflösung der KG zu erblicken.[74]

38 **c) Fristen.** Die Erhebung der Auflösungsklage ist nicht an bestimmte Fristen gebunden. Die Zweiwochenfrist nach § 626 Abs. 2 BGB findet keine Anwendung.[75] Unbeschadet dessen ist der Zeitablauf seit dem zur Kündigung berechtigenden Ereignis nicht ohne jede Bedeutung. Unter Umständen lässt ein langes Abwarten auch darauf schließen, dass der wich-

---

66 *Schlegelberger/Martens* § 161 HGB Rn 123.

67 BGH LM § 133 HGB Nr. 4; *Ebenroth/Boujong/Joost/Lorz* § 133 HGB Rn 5; *Röhricht/v. Westphalen/v. Gerkan* § 133 HGB Rn 7; MünchHdb. GesR II/*Schmid* KG § 45 Rn 53; MüKoHGB/*K. Schmidt* § 133 HGB Rn 23.

68 Vgl. etwa BGH NJW 1975, 1410; NJW 1977, 1013; MünchHdb. GesR II/*Schmid* KG § 45 Rn 55.

69 BGH WM 1963, 292; WM 1966, 1051; MünchHdb. GesR II/*Schmid* KG § 45 Rn 57; MüKoHGB/*K. Schmidt* § 133 HGB Rn 24.

70 BGHZ 46, 392, 396.

71 BGH NJW 2000, 3491 (zu § 723 BGB); MüKoHGB/*K. Schmidt* § 133 HGB Rn 25.

72 GK/*Ulmer* § 133 HGB Rn 31; MünchHdb. GesR II/*Schmid* KG § 45 Rn 56.

73 Vgl. GK/*Ulmer* § 133 HGB Rn 33; MünchHdb. GesR II/*Schmid* KG § 45 Rn 58.

74 *Hesselmann/Tillmann* Rn 662.

75 MünchHdb. GesR II/*Schmid* KG § 45 Rn 69.

tige Grund doch nicht so schwer wie behauptet oder zwischenzeitlich wieder entkräftet ist.[76] Durch zu langes Zögern kann der Gesellschafter sein Recht zur Auflösung der Gesellschaft **verwirken**.[77]

d) Auflösungsklage als Ultima Ratio. Die Erhebung einer Auflösungsklage kann immer nur Ultima Ratio sein.[78] Dies bedeutet, dass **weniger einschneidenden**, eine Auflösung der Gesellschaft vermeidenden Mitteln, wie etwa dem Entzug der Geschäftsführungs- und Vertretungsbefugnis (§§ 117, 127 HGB) oder der Ausschließung eines einzelnen Gesellschafters (§ 140 HGB) der Vorrang gebührt, sofern sich der unzumutbare Zustand ebenso beseitigen lässt.[79] **39**

Wegen der einschneidenden Wirkung der Auflösung sind nach herrschender Meinung an die **Intensität** des wichtigen Grundes bei der Auflösungsklage nach § 133 HGB höhere Anforderungen als bei der **Ausschließungsklage** nach § 140 HGB zu stellen. Liegt der wichtige Grund nur in der Person eines Gesellschafters vor, sind die übrigen Gesellschafter grundsätzlich gehalten, diesem zunächst die Geschäftsführungs- und Vertretungsbefugnis zu entziehen oder ihn gar aus der Gesellschaft auszuschließen.[80] Stellt sich die Fortsetzung der Gesellschaft umgekehrt nur für einen Gesellschafter als unzumutbar dar, muss sich dieser im Interesse seiner Mitgesellschafter mit einer eine Auflösung vermeidenden Vertragsänderung einverstanden erklären, sofern sein Abfindungsanspruch den voraussichtlichen Liquidationserlös nicht unterschreitet. Er kann in diesem Fall der Sache nach also auf ein **Austrittsrecht** aus wichtigem Grund verwiesen werden.[81] **40**

e) Prozessuale Fragen. Die Auflösungsklage kann von jedem Gesellschafter erhoben werden.[82] In der GmbH & Co. KG ist demnach auch die Komplementär-GmbH **klageberechtigt**.[83] Deren Gesellschafter können die Auflösungsklage jedoch nur dann erheben, wenn sie gleichzeitig Kommanditisten sind. **41**

Da es sich bei der Auflösungsklage um einen Fall der notwendigen **Streitgenossenschaft** handelt (§ 62 ZPO), müssen grundsätzlich alle Gesellschafter, sei es auf Kläger- oder Beklagtenseite, am Verfahren beteiligt sein.[84] Da **42**

---

[76] Vgl. BGH NJW 1966, 2160.

[77] MüKoHGB/*K. Schmidt* § 133 HGB Rn 41; *Ebenroth/Boujong/Joost/Lorz* § 133 HGB Rn 26; *Röhricht/v. Westphalen/v. Gerkan* § 128 HGB Rn 16.

[78] BGH BB 1968, 352; NJW 1996, 2573; GK/*Ulmer*, 133 HGB Rn 41; MüKoHGB/*K. Schmidt* § 133 HGB Rn 13; *Ebenroth/Boujong/Joost/Lorz* § 133 HGB Rn 7.

[79] *Grunewald* Gesellschaftsrecht 1. B. Rn 77; MünchHdb. GesR II/*Schmid* KG § 45 Rn 61.

[80] *Schlegelberger/K. Schmidt* § 133 HGB Rn 9.

[81] Vgl. GK/*Ulmer* § 133 HGB Rn 41; *Grunewald* Gesellschaftsrecht 1. B. Rn 77; MüKoHGB/*K. Schmidt* § 133 HGB Rn 6 m. w. N.

[82] *Schlegelberger/K. Schmidt* § 133 HGB Rn 43. Statt aller *Baumbach/Hopt* § 133 HGB Rn 13.

[83] MüKoHGB/*K. Schmidt* § 133 Rn 45.

[84] BGH NJW 1998, 146. Damit ist die Situation anders als bei der sog. Beschlussfeststellungsklage, vgl. BGHZ 30, 195, 197.

dies gerade bei Verbänden mit einem größeren Gesellschafterkreis als unpraktikabel empfunden wird, greift man in der Praxis häufig darauf zurück, von den Gesellschaftern, die nicht in eine streitige Auseinandersetzung einbezogen werden wollen oder sollen, außergerichtliche Erklärungen einzuholen, nach denen sich diese der Entscheidung des Gerichts unterwerfen. Von der Rechtsprechung und der herrschenden Meinung im Schrifttum werden solche **Unterwerfungserklärungen** akzeptiert.[85]

43 Auf die Auflösungsklage eines Gesellschafters reagieren die übrigen Gesellschafter häufig mit einer auf Ausschließung des klagenden Gesellschafters gerichteten **Widerklage** nach § 140 HGB. Ist diese begründet, wird das Gericht die Auflösungsklage wegen der Geltung des Verhältnismäßigkeitsgrundsatzes abweisen.[86] Aber auch die Auflösungsklage kann ihrerseits als Widerklage erhoben werden, etwa wenn der Adressat einer Entziehungsklage nach §§ 117, 127 HGB oder Ausschließungsklage nach § 140 HGB seinerseits die Auflösung der Gesellschaft bewirken will.

44 Die Auflösungsklage kann ohne weiteres mit einer **Schadensersatzklage** gegen einzelne oder alle übrigen Gesellschafter verbunden werden. Da die Auflösung der Gesellschaft endgültige Wirkung entfaltet, kann sie vom Gesellschafter wegen der damit verbundenen Vorwegnahme der Hauptsache nicht im Wege einer **einstweiligen Verfügung** erzwungen werden.[87]

45 Örtlich **zuständig** für die Klage ist sowohl das Gericht, bei dem die Gesellschaft (§ 22 ZPO) ihren allgemeinen Gerichtsstand hat als auch das Gericht, bei dem der Beklagte (§§ 12, 13 ZPO) seinen allgemeinen Gerichtsstand hat.[88] Maßgebender Zeitpunkt, ob ein eine Auflösungsklage rechtfertigender wichtiger Grund vorliegt, ist der **Schluss der mündlichen Verhandlung**.

46 Die **Auflösung** der GmbH & Co. KG tritt, ohne dass es einer Vollstreckung bedürfte, mit der formellen **Rechtskraft** des Gestaltungsurteils ein, also nicht bereits mit dessen Erlass.[89] Eine **vorläufige Vollstreckbarkeit** gibt es nicht. Das Gericht hat die Möglichkeit, in seinem Urteil die Auflösung der Gesellschaft auf einen späteren, nicht jedoch einen vor Eintritt der Rechtskraft liegenden Zeitpunkt anzuordnen.[90]

47 **f) Vertragliche Gestaltungsmöglichkeiten.** Das Recht zur Erhebung der Auflösungsklage kann im Gesellschaftsvertrag weder **ausgeschlossen**

---

[85] BGH NJW 1998, 146; ZIP 2002, 710, 711; OLG Hamm MDR 1964, 330; *Ebenroth/Boujong/Joost/Lorz* § 133 HGB Rn 32; *Ulmer*, FS Geßler, S. 274 f.; zweifelnd MüKoHGB/*K. Schmidt* § 133 HGB Rn 48; *ders.* Gesellschaftsrecht § 52 III 4 c.

[86] BGHZ 80, 346, 348 f.; *K. Schmidt* Gesellschaftsrecht § 52 III 4 c.

[87] RGZ 123, 153; MünchHdb. GesR II/*Schmid* KG § 45 Rn 68; anderes gilt bei dem Entzug der Geschäftsführungs- und Vertretungsbefugnis nach §§ 117, 127 HGB.

[88] GK/*Ulmer* § 133 HGB Rn 41; MüKoHGB/*K. Schmidt* § 133 HGB Rn. 43.

[89] RGZ 71, 255; BGHZ 31, 298; *Westermann* Personengesellschaft I Rn 657; MünchHdb. GesR II/*Schmid* KG § 45 Rn 71; *Ebenroth/Boujong/Joost/Lorz* § 133 HGB Rn 38; *Koller/Roth/Morck* § 133 HGB Rn 3.

[90] RGZ 71, 255; MünchHdb. GesR II/*Schmid* KG § 45 Rn 72.

noch **beschränkt** werden (§ 133 Abs. 3 HGB). Trotz des sich daraus ergebenden zwingenden Charakters der Auflösungsklage sind vertragliche Modifikationen des Auflösungsrechts nicht ausgeschlossen.[91]

So können Bestimmungen, die das Auflösungsrecht **erleichtern**, ohne weiteres vereinbart werden.[92] Keinen Bedenken unterliegt es, über die Bestimmung des § 133 Abs. 2 HGB hinaus weitere Umstände als **wichtigen Grund** zu definieren. Allerdings dürfen die Voraussetzungen, die an das Vorliegen eines wichtigen Grundes gestellt werden, gegenüber dem Gesetz nicht verschärft werden. Zulässig sind lediglich klarstellende Regelungen.[93] **48**

Unbedenklich ist auch die Vereinbarung der Zuständigkeit eines **Schiedsgerichts** für die Entscheidung über die Auflösungsklage.[94] **49**

Es wurde bereits angesprochen (vgl. Rn 30), dass das Recht zur Erhebung der Auflösungsklage im Gesellschaftsvertrag durch **ein außerordentliches Kündigungsrecht** ersetzt werden kann. Dann hängt die Auflösung der Gesellschaft nicht von dem erfolgreichen Abschluss eines Klageverfahrens ab, sondern tritt bereits mit Wirksamwerden der Gestaltungserklärung ein.[95] **50**

III. Rechtsfolgen der Auflösung

1. Eintritt der Auflösung

Mit Eintritt eines Auflösungsgrundes löst sich die Gesellschaft automatisch auf. Es bedarf mithin keines Umsetzungsaktes von Gesellschafterseite mehr. **51**

2. Anmeldung der Auflösung zum Handelsregister

Der Eintritt der Auflösung ist von allen Gesellschaftern, d. h. unter Einschluss der Kommanditisten, zum Handelsregister **anzumelden** (§ 143 Abs. 1 HGB). Das Registergericht ist bei der Fassung des Eintragungsvermerkes nicht an den Formulierungsvorschlag des Anmeldenden gebunden.[96] Das Registergericht darf die Eintragung der Auflösung nicht davon abhängig machen, dass zugleich die Liquidatoren zur Eintragung angemeldet werden.[97] Erlischt die Gesellschaft liquidationslos (vgl. § 46 Rn 8), ist nach herrschender Auffassung die Auflösung der Gesellschaft und das Erlöschen der Firma zur Eintragung in das Handelsregister anzumelden.[98] **52**

---

[91] MüKoHGB/*K. Schmidt* § 133 HGB Rn 62.
[92] *Grunewald* Gesellschaftsrecht 1. B. Rn 80.
[93] MüKoHGB/*K. Schmidt* § 133 Rn 66.
[94] MünchHdb. GesR II/*Schmid* KG § 45 Rn 65.
[95] Vgl. etwa BGHZ 31, 295, 300.
[96] OLG Düsseldorf NJW-RR 1998, 245.
[97] BayObLG NZG 2001, 792.
[98] BayObLG NJW-RR 1993, 848, 849; OLG Düsseldorf NJW-RR 1998, 245, 246; OLG Frankfurt, BB 2003, 2531; GK/*Würdiger* § 131 HGB Rn 10; *Ebenroth/Boujong/Joost/Lorz* § 143 HGB Rn 4; a. A. LG Duisburg Rpfleger 1998, 306; *Staub/Hüf-*

53 Tritt die Auflösung aufgrund der Eröffnung des Insolvenzverfahrens über das Vermögen der Gesellschaft ein oder wird die Eröffnung des Insolvenzverfahrens abgelehnt (§ 131 Abs. 1 Nr. 3, Abs. 3 Nr. 1 HGB), besteht keine Anmeldepflicht. Die Eintragung erfolgt dann **von Amts wegen** (§§ 143 Abs. 1 S. 2 und 3 HGB, 31 InsO). Im Fall der Löschung der Gesellschaft wegen Vermögenslosigkeit (§ 131 Abs. 2 Nr. 2 HGB) **entfällt** die Eintragung der Auflösung (§ 143 Abs. 1 S. 4 HGB). Anzumelden ist die Auflösung der Gesellschaft jedoch dann, wenn sie auf der Insolvenz eines Gesellschafters beruht (§ 131 Abs. 3 Nr. 2 HGB).[99]

54 Um dem Registergericht die Prüfung der Wirksamkeit der Auflösung zu ermöglichen, hält die herrschende Auffassung die **Angabe des Auflösungsgrundes** in der Anmeldung für obligatorisch.[100] Dies ist nicht unzweifelhaft, da es an einer entsprechenden gesetzlichen Bestimmung fehlt.[101] Gleichwohl empfiehlt es sich in der Praxis, schon um Verzögerungen zu vermeiden, in der Anmeldung den Grund der Auflösung anzugeben. In das Handelsregister wird der Auflösungsgrund nicht eingetragen.

55 Die **Eintragung** der Auflösung in das **Handelsregister** entfaltet nur **deklaratorische** Wirkung. Umgekehrt kann allein die Eintragung in das Handelsregister bei einer in Wirklichkeit nicht aufgelösten Gesellschaft deren Auflösung nicht bewirken.[102] Unterbleibt die Eintragung, ändert dies an der Auflösung der Gesellschaft nichts.[103] Da die fünfjährige Verjährungsfrist für Ansprüche gegen die Gesellschafter mit der Eintragung der Auflösung beginnt (§ 159 Abs. 2 HGB), kann das Unterbleiben der Eintragung jedoch **haftungsrechtliche Relevanz** haben.[104] Dritten gegenüber können sich die Gesellschafter auf die Auflösung nur bei deren Eintragung berufen (§ 15 HGB), selbst wenn die Gesellschaft bislang noch nicht im Handelsregister eingetragen war. Auch steht die Kenntnis des Dritten vom Auflösungsgrund nicht zwangsläufig seiner Kenntnis von der Auflösung gleich, da er nicht wissen kann, ob die Gesellschaft aufgrund einer Fortsetzungsklausel im Gesellschaftsvertrag oder eines Ad-hoc-Beschlusses der Gesellschafter fortgesetzt wurde.[105]

3. Liquidationsgesellschaft

56 An die Auflösung der Gesellschaft schließt sich grundsätzlich deren Liquidation an (ausführlich dazu § 46). Die Gesellschaft muss in diesem Falle in der Firma durch einen **Liquidationszusatz** kenntlich machen, dass sie fortan Abwicklungsgesellschaft ist (vgl. § 153 HGB). Zulässig und verbrei-

---

fer § 31 HGB Rn 25; MüKoHGB/*K. Schmidt* § 143 HGB Rn 6; *Röhricht/v. Westphalen/v. Gerkan* § 143 HGB Rn 1 (nur Eintragung des Erlöschens der Firma).

[99] MünchHdb. GesR II/*Schmid* KG § 45 Rn 87.

[100] GK/*Ulmer* § 143 HGB Rn 31; *Schlegelberger/K. Schmidt* § 143 HGB Rn 3.

[101] MünchHdb. GesR II/*Schmid* KG § 45 Rn 86.

[102] MüKoHGB/*K. Schmidt* § 143 HGB Rn 20.

[103] MüKoHGB/*K. Schmidt* § 143 HGB Rn 21.

[104] *Grziwotz*, DStR 1992, 1369. Zur Haftung der Gesellschafter im Liquidationsstadium vgl. § 46 Rn 81ff.

[105] RGZ 144, 199; MünchHdb. GesR II/*Schmid* KG § 45 Rn 96.

tet sind etwa Zusätze wie „in Abwicklung", „i. L." oder „in Liquidation".[106] Der Auflösung kann aber auch das automatische Erlöschen der Gesellschaft ohne Liquidation folgen, was insbesondere in den Fällen der Gesamtrechtsnachfolge, also Verschmelzung, Spaltung oder Vereinigung der Gesellschaftsanteile in einer Hand vorliegt.[107]

Die Gesellschaft wird im Liquidationsstadium nicht mehr durch die per- **57**
sönlich haftende Gesellschafterin, sondern durch die **Liquidatoren vertreten** (§ 149 HGB, dazu im Einzelnen § 46 Rn 10 ff.). Die **Liquidatoren** der Gesellschaft sind zum Handelsregister anzumelden (§ 148 Abs. 1 S. 1 HGB). Es empfiehlt sich, die Anmeldung der Liquidatoren gleichzeitig mit der Anmeldung der Auflösung der Gesellschaft zu bewirken.

Mit der Auflösung der Gesellschaft erlöschen erteilte Prokuren nach **58**
herrschender Meinung automatisch;[108] die Neubestellung von **Prokuristen** wird in der Liquidationsphase für unzulässig gehalten.[109] Anderes gilt für **Handlungsvollmachten**.[110] Diese können auch noch im Liquidationsstadium erteilt werden.

4. Rechtsbeziehungen zu Dritten

Die zu Dritten bestehenden Rechtsbeziehungen der Gesellschaft bleiben **59**
von der Auflösung grundsätzlich **unberührt**. Die Gesellschaft bleibt, soweit die Auflösung der Gesellschaft nicht auf einer Eröffnung des Insolvenzverfahrens über ihr Vermögen beruht, aus den geschlossenen Verträgen weiterhin berechtigt und verpflichtet. Die Liquidatoren sind berufen, die bestehenden Vertragsbeziehungen zu beenden.

Eine Kündigung von Verträgen kommt grundsätzlich nur aufgrund **60**
eines gesetzlich oder vertraglich eingeräumten Rechts in Frage. Die Auflösung der Gesellschaft stellt für sich genommen keinen Beendigungstatbestand dar. Bei bestehenden Dauerschuldverhältnissen kann die Auflösung der Gesellschaft jedoch unter Umständen einen wichtigen Grund zur **Kündigung** darstellen, eine auflösende Bedingung für die Beendigung des Vertragsverhältnisses eintreten lassen oder einen **Wegfall der Geschäftsgrundlage** begründen.[111] Ein wichtiger Grund für eine außerordentliche Kündigung liegt vor, wenn sich die Fortsetzung des Vertragsverhältnisses für den Vertragspartner, etwa den Arbeitnehmer der Gesellschaft, bis zum nächst möglichen ordentlichen Kündigungstermin einer Vertragspartei als nicht zumutbar erweist.[112] Ein außerordentliches Kündigungsrecht wird

---

[106] *Baumbach/Hopt* § 153 HGB Rn 1.

[107] BGHZ 113, 132, 133; BayObLG NZG 2001, 889, 890; OLG Düsseldorf NJW-RR 1998, 245; ausführlich zu den Fallvarianten der Auflösung ohne nachfolgende Liquidation: *K. Schmidt*, Gesellschaftsrecht § 11 V. 3.

[108] RGZ 72, 123; GK/*Ulmer* § 149 HGB Rn 40; *Grziwotz*, DStR 1992, 1367.

[109] RGZ 72, 123; MünchHdb. GesR II/*Schmid* KG § 45 Rn 100; *Baumbach/Hopt* § 145 HGB Rn 4; zu Recht zweifelnd *K. Schmidt*, ZHR 153 (1989), 282; GK/*Habersack* § 149 Rn 50.

[110] MünchHdb. GesR II/*Schmid* KG § 45 Rn 100.

[111] MünchHdb. GesR II/*Schmid* KG § 45 Rn 8.

[112] BGH NJW 1986, 978.

dabei in der Regel nur für den Vertragspartner und nicht für die Gesellschaft selbst in Betracht kommen, da die Auflösung in die Risikosphäre der Gesellschaft fällt.

61 Ist die Gesellschaft aktiv oder passiv an einem **Prozess** beteiligt, führt die Auflösung nicht zu einer Unterbrechung des Prozesses, vielmehr wird der Rechtsstreit von den Liquidatoren fortgesetzt (vgl. § 43 Rn 13).[113]

5. Rechtsstellung der Gesellschafter

62 Die Rechtsstellung der Gesellschafter wird von der Auflösung grundsätzlich nicht berührt. Ihre Rechte und Pflichten bestimmen sich weiterhin nach dem Gesellschaftsvertrag. Eine Einschränkung in der Ausübung der Gesellschafterrechte tritt jedoch insoweit ein, als die Gesellschafter daran gehindert sind, einzelne **Ansprüche** aus dem Gesellschaftsverhältnis, namentlich ihnen zustehende Entnahmerechte, selbständig geltend zu machen. Die Ansprüche bilden vielmehr unselbständige **Rechnungspositionen** der Auseinandersetzungsbilanz (vgl. § 46 Rn 60). Aus diesem Grunde können die Gesellschafter der GmbH & Co. KG nach deren Auflösung die ihnen gegen die Gesellschaft oder gegen die Mitgesellschafter aus dem Gesellschaftsverhältnis zustehenden Ansprüche nicht mehr im Wege der Leistungsklage geltend machen. Umgekehrt ist die Gesellschaft indes nicht daran gehindert, ihrerseits Ansprüche gegen die Gesellschafter im Wege der Leistungsklage durchzusetzen. Die Gesellschafter können solche Ansprüche daher auch im Wege der *actio pro socio* gegen die Mitgesellschafter klageweise geltend machen.[114]

6. Auswirkung der Auflösung der GmbH & Co. KG auf den Bestand der Komplementär-GmbH

63 Die Auflösung der KG hat grundsätzlich keine Auswirkung auf den Bestand der Komplementär-GmbH.[115] Nach § 60 Abs. 2 GmbHG können in der Satzung der Komplementär-GmbH jedoch weitere Auflösungsgründe festgesetzt werden. Damit ist der Weg eröffnet, die Auflösung der KG als Auflösungstatbestand für die Komplementär-GmbH zu definieren. Auch ohne eine entsprechende statutarische Bestimmung wird man bei der beteiligungsgleichen GmbH & Co. KG in dem Auflösungsbeschluss der Gesellschafter der KG regelmäßig auch einen **konkludenten Auflösungsbeschluss** der GmbH-Gesellschafter erblicken können, sofern die Beschlussvoraussetzungen im Übrigen eingehalten sind.[116]

64 Beschränkt sich der Zweck der GmbH auf die Wahrnehmung der Komplementärfunktion, soll die Auflösung der KG nach einer verbreiteten Auf-

---

[113] MünchHdb. GesR II/*Schmid* KG § 45 Rn 113.

[114] BGH NZG 2003, 215 zur GbR (in der Zahlungsklage eines Gesellschafters kann allerdings u. U. der Antrag auf Feststellung enthalten sein, die Forderung in die Schlussrechnung einzustellen).

[115] MünchHdb. GesR II/*Gummert* GmbH & Co. KG § 50 Rn 92; *Schlegelberger/Martens* § 161 HGB Rn 123; *Hesselmann/Tillmann* Rn 674; *Brönner/Rux/Wagner* Rn 633.

[116] *Hachenburg/Ulmer* § 60 GmbHG Rn 113; *Hesselmann/Tillmann* Rn 674.

fassung die GmbH-Gesellschafter zur Erhebung der **Auflösungsklage nach § 61 GmbHG** berechtigen.[117] Da die Verwirklichung des Gesellschaftszwecks der GmbH in der Liquidationsphase der KG noch nicht unmöglich wird, wird man dem jedoch nur insoweit zustimmen können, als erst die Vollabwicklung der KG zur Erhebung einer Auflösungsklage legitimiert. In jedem Fall steht es den Gesellschaftern der Komplementär-GmbH frei, die Gesellschaft fortzusetzen, was jedoch in der Regel eine Änderung des Unternehmensgegenstandes erforderlich machen dürfte.

Beruht die Auflösung der KG auf der Eröffnung des Insolvenzverfahrens über ihr Vermögen (§ 131 Abs. 1 Nr. 3 HGB), schlagen die Überschuldung oder die Zahlungsunfähigkeit der KG wegen der persönlichen Haftung (§ 128 HGB) regelmäßig auf die Komplementär-GmbH durch. Die Insolvenz der GmbH lässt sich in diesen Fällen häufig nicht vermeiden (vgl. § 48 Rn 26 sowie § 29 Rn 20 ff. zur Frage des Ausscheidens der Komplementär-GmbH und der Haftung der verbleibenden Kommanditisten). 65

IV. Fortsetzung der Gesellschaft

1. Durch Gesellschafterbeschluss

a) Grundsatz. § 141 HGB a. F. eröffnete den Gesellschaftern einer GmbH & Co. KG bislang die Möglichkeit, sowohl bei **Pfändung des Gesellschaftsanteils** und Kündigung der Gesellschaft durch den Privatgläubiger (Abs. 1) als auch bei Eröffnung des **Insolvenzverfahrens über das Vermögen eines Gesellschafters** (Abs. 2) die Fortsetzung der Gesellschaft ohne den betroffenen Gesellschafter zu beschließen. Nachdem diese nach altem Recht zur Auflösung der Gesellschaft führenden Tatbestände in bloße Ausscheidensgründe umgewandelt wurden, konnte § 141 HGB a. F. ersatzlos gestrichen werden. 66

Eine Fortsetzungsmöglichkeit sieht das Gesetz nunmehr nur noch in § 144 Abs. 1 HGB ausdrücklich vor. Danach können sich die Gesellschafter bei Auflösung wegen **Insolvenz** (§ 131 Abs. 1 Nr. 3 HGB) durch Beschluss für die Fortsetzung entscheiden, wenn das Verfahren auf Antrag der Gesellschaft eingestellt oder ein den Fortbestand der Gesellschaft vorsehender Insolvenzplan bestätigt wurde. In allen anderen Fällen der Auflösung wegen Insolvenz scheidet eine Fortsetzung der Gesellschaft aus. 67

Über diesen gesetzlich geregelten Fall hinaus können sowohl die KG als auch ihre Komplementär-GmbH im Falle ihrer Auflösung fortgesetzt werden, wenn ihre Gesellschafter die Fortsetzung der Gesellschaft beschließen.[118] Ein hierauf gerichteter **Beschluss** kann auch konkludent zustande 68

---

117 *Ebenroth/Boujong/Joost/Henze* Anhang A zu § 177 a HGB Rn 221; *Hachenburg/Ulmer* § 60 GmbHG Rn 113; *Hesselmann/Tillmann* Rn 674.

118 BGH NJW 1995, 2843, 2844; MüKoHGB/*K. Schmidt* § 144 HGB Rn 2; *Ebenroth/Boujong/Joost/Lorz* § 144 HGB Rn 1; GK/*Ulmer* § 131 HGB Rn 146 ff.; *Baumbach/Hopt* § 144 HGB Rn 1; *Heymann/Emmerich* § 131 HGB Rn 31; MünchHdb. GesR II/*Schmid* KG § 45 Rn 123.

kommen (vgl. § 134 HGB).[119] Die Fortsetzung der Gesellschaft setzt jedoch voraus, dass im Zeitpunkt der Beschlussfassung kein **Auflösungsgrund** mehr besteht. Mehrere gleichzeitig vorliegende Auflösungsgründe müssen mithin allesamt beseitigt werden.[120] Darüber hinaus ist ein Fortsetzungsbeschluss nur dann denkbar, wenn das Gesellschaftsvermögen noch nicht vollständig auseinander gesetzt, die Gesellschaft also **noch nicht vollbeendet** ist.[121] Ist kein Gesellschaftsvermögen mehr vorhanden, kommt nur noch die **Neuerrichtung** der Gesellschaft in Betracht.[122]

69 **b) Beschlussfassung.** Vorbehaltlich einer abweichenden Regelung im Gesellschaftsvertrag muss der Fortsetzungsbeschluss bei der KG **einstimmig** gefasst werden, während bei der Komplementär-GmbH nach herrschender Meinung eine qualifizierte Mehrheit der abgegebenen Stimmen ausreichend ist.[123] Wegen der Geltung des Bestimmtheitsgrundsatzes ist an dem Einstimmigkeitserfordernis auch dann festzuhalten, wenn der Gesellschaftsvertrag der KG eine allgemeine Mehrheitsklausel enthält.[124] Selbst wenn der Gesellschaftsvertrag für den Fall der Fortsetzung einen **Mehrheitsbeschluss** ausreichen lässt, kann ein Gesellschafter auf diese Weise nicht zum Verbleib in der Gesellschaft gezwungen werden, wenn er zuvor die Auflösung der Gesellschaft im Wege einer Auflösungsklage betrieben hat. Ansonsten könnte ein Mehrheitsbeschluss das unentziehbare Auflösungsrecht eines Gesellschafters der Sache nach beseitigen.[125] Gleiches muss gelten, wenn der Gesellschaftsvertrag abweichend von der gesetzlichen Regelung für den Fall der Kündigung durch einen Gesellschafter die Auflösung der Gesellschaft vorsieht.

70 Die Gesellschafter sind grundsätzlich nicht verpflichtet, einen Fortsetzungsbeschluss mitzutragen. Unter dem Gesichtspunkt der **Treuepflicht** kann jedoch ausnahmsweise eine **Pflicht zur Fortsetzung** bestehen.[126] An eine Vertragsanpassungspflicht ist beispielsweise dann zu denken, wenn die Auflösung der GmbH aufgrund einer gesellschaftsvertraglichen Bestimmung die Auflösung der KG bewirkt hat. Fassen die Gesellschafter der Komplementär-GmbH hier einen Fortsetzungsbeschluss, sind auch die Kommanditisten verpflichtet, an einem Fortsetzungsbeschluss mitzuwir-

---

[119] Zu den Anforderungen an eine konkludente Beschlussfassung vgl. BGH NJW 1995, 2843, 2844; vgl. auch MüKoHGB/*K. Schmidt* §§ 144, 145 HGB Rn 8; *Ebenroth/Lorz* § 144 HGB Rn 6; *Röhricht/v. Westphalen/v. Gerkan* § 144 HGB Rn 5.

[120] *Schlegelberger/K. Schmidt* § 131 HGB Rn 63.

[121] *Baumbach/Hopt* § 144 HGB Rn 4; *K. Schmidt*, ZHR 153 (1989), 281. Nach MüKoHGB/*K. Schmidt* § 145 HGB Rn 93 darf mit der Vermögensverteilung noch nicht begonnen worden sein.

[122] MünchHdb. GesR II/*Schmid* KG § 45 Rn 124.

[123] MüKoHGB/*K. Schmidt* § 144 HGB Rn 8; § 145 HGB Rn 78; *Baumbach/Hueck* § 60 GmbHG Rn 47; *Roth/Altmeppen* § 60 GmbHG Rn 29 jew. m. w. N.

[124] MüKoHGB/*K. Schmidt* § 144 HGB Rn 8; *Baumbach/Hopt* § 131 HGB Rn 6; MünchHdb. GesR II/*Schmid* KG § 45 Rn 125.

[125] MünchHdb. GesR II/*Schmid* KG § 45 Rn 126.

[126] MüKoHGB/*K. Schmidt* § 145 Rn 79; *K. Schmidt* Gesellschaftsrecht, § 52 I 1b; MünchHdb. GesR II/*Schmid* KG § 45 Rn 127.

ken, sofern sie ihrerseits keinen Auflösungsgrund in Anspruch nehmen können.

Um den anderen Gesellschaftern eine Fortsetzung der Gesellschaft zu ermöglichen, kann darüber hinaus eine **Verpflichtung** des Gesellschafters bestehen, aus der Gesellschaft **auszuscheiden**, statt an einer Auflösung der Gesellschaft festzuhalten. Dies wird man namentlich dann annehmen können, wenn der betreffende Gesellschafter von der Haftung für die Gesellschaftsverbindlichkeiten befreit wird und eine nicht hinter dem voraussichtlichen Liquidationserlös zurückbleibende Abfindung erhält. In diesem Fall besteht kein anerkennenswertes Interesse des Gesellschafters an einer Liquidation der KG.[127] Auch die Erben eines verstorbenen Gesellschafters kann eine Zustimmungspflicht zur Fortsetzung der Gesellschaft durch die übrigen Gesellschafter treffen.[128] **71**

Sind an der Gesellschaft Minderjährige beteiligt, bedarf der Fortsetzungsbeschluss nach herrschender Meinung keiner Genehmigung durch das **Vormundschaftsgericht** gem. §§ 1643, 1822 Nr. 3 BGB.[129] Da diese Ansicht nicht unbestritten ist, empfiehlt sich in der Praxis die vorsorgliche Einholung einer Genehmigung.[130] Stellt die Beteiligung im Wesentlichen das ganze Vermögen des Gesellschafters dar, wird die Fortsetzung von der Zustimmung seines **Ehegatten** bei einem in Zugewinngemeinschaft lebenden Gesellschafters abhängig gemacht (§ 1365 BGB).[131] **72**

c) Rechtsfolgen. Mit Wirksamwerden des Fortsetzungsbeschlusses nimmt die aufgelöste Gesellschaft wieder ihren **werbenden Charakter** an. Auf den Stichtag der Fortsetzung ist von der Gesellschaft eine **Eröffnungsbilanz** aufzustellen.[132] **73**

Die Gesellschafter können vereinbaren, dass die Fortsetzung der Gesellschaft auf den Zeitpunkt der Auflösung zurückbezogen werden soll. Eine solche **Rückwirkung** kann indessen nur schuldrechtliche Wirkung haben.[133] Bis zur Fassung des Fortsetzungsbeschlusses durchgeführte Abwicklungsmaßnahmen bleiben daher wirksam. Hat ein Vertragspartner ein bestehendes Schuldverhältnis im Hinblick auf die Auflösung der Gesellschaft beendet, besteht grundsätzlich keine Verpflichtung des Dritten zum Neuabschluss des Vertrages.[134] **74**

d) Anmeldung zum Handelsregister. Die Fortsetzung der Gesellschaft ist von sämtlichen Gesellschaftern zum Handelsregister anzumelden **75**

---

127 BGH NJW-RR 1986, 256; MüKoHGB/*K. Schmidt* § 133 HGB Rn 6, 70.

128 BGH DNotZ 1986, 367, 368.

129 GK/*Ulmer* § 131 HGB Rn 161; a. A. *Koller/Roth/Morck* § 131 HGB Rn 7; differenzierend: *Baumbach/Hopt* § 131 HGB Rn 31 für den Fall, dass der Minderjährige erst nach Auflösung durch Erbfall in die Gesellschaft eingetreten ist.

130 MünchHdb. GesR II/*Schmid* KG § 45 Rn 129.

131 MünchHdb. GesR II/*Schmid* KG § 45 Rn 130.

132 MüKoHGB/*K. Schmidt* § 145 HGB Rn 71; MünchHdb. GesR II/*Schmid* KG § 45 Rn 133, 136.

133 MünchHdb. GesR II/*Schmid* KG § 45 Rn 133.

134 MünchHdb. GesR II/*Schmid* KG § 45 Rn 135.

(§ 144 Abs. 2 HGB). Ist die Eintragung der Auflösung unterblieben, ist sie mit der Eintragung der Fortsetzung nachzuholen.[135]

2. Aufgrund Fortsetzungsklausel

76 Bei **Tod** eines persönlich haftenden Gesellschafters, der **Kündigung** eines Gesellschafters oder der Eröffnung des **Insolvenzverfahrens** über das Vermögen eines Gesellschafters ergab sich nach altem Recht die Notwendigkeit der Aufnahme einer Fortsetzungsklausel in den Gesellschaftsvertrag, um die Auflösung der Gesellschaft zu verhindern. Nachdem diese Tatbestände nicht mehr zur Auflösung der Gesellschaft, sondern nur noch zum Ausscheiden des betroffenen Gesellschafters führen, besteht für die Aufnahme einer Fortsetzungsklausel in den Gesellschaftsvertrag kein Bedürfnis mehr. Die Fortsetzung der Gesellschaft stellt nunmehr die gesetzliche Regel dar.

77 Gestaltungsspielraum besteht nur noch für den Fall der **Erhebung der Auflösungsklage** (§ 131 Abs. 1 Nr. 4 HGB). Hier kann der Gesellschaftsvertrag zur Vermeidung der Auflösung der Gesellschaft bestimmen, dass der klagende Gesellschafter bei Fortsetzung der Gesellschaft automatisch aus der Gesellschaft ausscheidet bzw. von den übrigen Gesellschaftern durch gesonderten Beschluss ausgeschlossen werden kann.[136] Voraussetzung ist, dass der ausscheidende Gesellschafter eine angemessene **Abfindung** erhält.[137]

V. Fehlerhafte Auflösung und Fortsetzung

1. Auflösung aufgrund Vorliegens eines rechtsgeschäftlichen Mangels

78 Ist die Auflösung mit rechtsgeschäftlichen Mängeln behaftet, etwa weil der Liquidationsbeschluss der Gesellschafter fehlerhaft oder der Auflösungsvertrag anfechtbar ist, spricht man von der sog. fehlerhaften Auflösung.[138]

79 Nach herrschender und zutreffender Auffassung ist die Auflösung trotz des bestehenden Mangels als zunächst **erfolgt** anzusehen.[139] Die Liquidatoren bleiben bis auf weiteres im Amt. Wurden noch keine konkreten Abwicklungsmaßnahmen durchgeführt, kann die Auflösung durch bloße **Gestaltungserklärung** eines Gesellschafters wieder rückwirkend aufgehoben werden.[140] Wurden bereits Liquidationsschritte in die Wege geleitet, kommt die Umwandlung in eine werbende Gesellschaft aufgrund einer ge-

---

[135] MüKoHGB/*K. Schmidt* § 143 HGB Rn 3..
[136] *K. Schmidt* Gesellschaftsrecht § 52 III. 4. d).
[137] *Baumbach/Hopt* § 133 HGB Rn 19f.
[138] MünchHdb. GesR II/*Bälz* KG (1. Aufl.) § 60 Rn 66.
[139] *Steines*, S. 30ff.; *Schlegelberger/K. Schmidt* § 131 HGB Rn 76; a. A. *Heymann/Emmerich* § 131 HGB Rn 37: Fortbestand der werbenden Gesellschaft.
[140] MüKo/*Ulmer* § 705 BGB Rn 364; MünchHdb. GesR II/*Bälz* KG (1. Aufl.) § 60 Rn 67.

gen die Mitgesellschafter gerichteten Klage nur mit Ex-nunc-Wirkung in Betracht.[141] Dies gilt im Grundsatz sowohl für die fehlerhafte Auflösung der KG als auch ihrer Komplementär-GmbH.[142]

Wird die Fehlerhaftigkeit der Auflösung nicht nachträglich geheilt, können die Gesellschafter zur Fassung eines Fortsetzungsbeschlusses **verpflichtet** sein.[143] Umstritten ist, ob ein Gesellschafter die Fortsetzung der Gesellschaft analog §§ 161 Abs. 2, 133 HGB erzwingen kann, solange diese nicht bereits durch Abschluss der Liquidation vollbeendet ist.[144] **80**

2. Fehlen eines gesetzlichen Auflösungsgrundes

Anders verhält es sich, wenn der Mangel der Auflösung nicht rechtsgeschäftlicher Natur ist, sondern darauf beruht, dass die Voraussetzungen eines gesetzlichen Auflösungsgrundes nur **scheinbar** vorliegen. In diesen Fällen ist die Gesellschaft richtigerweise grundsätzlich **nicht aufgelöst**, sondern fortzusetzen. Eine Berichtigung des Handelsregisters ist zu veranlassen.[145] **81**

Ist die Auseinandersetzung des Gesellschaftsvermögens indessen bereits so weit fortgeschritten, dass eine Fortsetzung der Gesellschaft nicht mehr in Betracht kommt, kann ein wichtiger, zur Erhebung einer **Auflösungsklage** berechtigender wichtiger Grund vorliegen.[146] Haben die Gesellschafter an den Liquidationsmaßnahmen mitgewirkt, kann ihnen die Berufung auf die fehlende Auflösung nach Treu und Glauben verwehrt sein.[147] **82**

3. Fehlerhafte Fortsetzung

Ist die Gesellschaft zunächst wirksam aufgelöst, ist es denkbar, dass der von den Gesellschaftern gefasste **Fortsetzungsbeschluss** an rechtsgeschäftlichen Mängeln leidet. Es liegt dann eine ähnliche Situation wie bei der fehlerhaften Errichtung einer Gesellschaft vor.[148] Wird der Fortsetzungsbeschluss nicht geheilt, hat der Gesellschafter die Möglichkeit, die Fehlerhaftigkeit der Fortsetzung durch gerichtliche Klage analog § 133 HGB geltend zu machen.[149] **83**

4. Unkenntnis vom Eintritt des Auflösungsgrundes

Ist die Gesellschaft in Auflösung getreten, ohne dass die Gesellschafter Kenntnis vom Eintritt des Auflösungsgrundes erlangt haben, wurde die **84**

---

[141] MüKo/*Ulmer* § 705 BGB Rn 364; MünchHdb. GesR II/*Bälz* KG (1. Aufl.) § 60 Rn 67.

[142] MünchHdb. GesR II/*Bälz* KG (1. Aufl.) § 60 Rn 72.

[143] *Schlegelberger/K. Schmidt* § 131 HGB Rn 76.

[144] Dafür *Steines*, S. 41; dagegen *Schlegelberger/K. Schmidt* § 131 HGB Rn 77; vgl. auch MünchHdb. GesR II/*Bälz* KG (1. Aufl.) § 60 Rn 68.

[145] *Schlegelberger/K. Schmidt* § 131 HGB Rn 78.

[146] *Schlegelberger/K. Schmidt* § 131 HGB Rn 78.

[147] *Schlegelberger/K. Schmidt* § 131 HGB Rn 78.

[148] Vgl. GK/*Ulmer* § 131 HGB Rn 134 f.

[149] MünchHdb. GesR II/*Bälz* KG (1. Aufl.) § 60 Rn 71.

Gesellschaft also ohne eine Beschlussfassung über ihre Fortsetzung weitergeführt, wird der Fortbestand des werbenden Charakters der Gesellschaft zunächst **fingiert**.[150] Die Gesellschafter haben in diesem Fall nach Kenntniserlangung vom Auflösungsgrund die Möglichkeit, die Auflösung der Gesellschaft durch gerichtliche Gestaltungsklage gem. § 133 HGB durchzusetzen.[151]

---

[150] *Kötter*, FS Geßler, S. 258.
[151] MünchHdb. GesR II/*Bälz* KG (1. Aufl.) § 60 Rn 99.

§ 46 Liquidation

Übersicht

Schrifttum: *Ensthaler*, Die Liquidation von Personengesellschaften, 1985; *Erle*, Die Funktion des Sperrjahres in der Liquidation der GmbH, GmbHR 1998, 216 ff.; *Förschle/Deubert*, Entsprechende Anwendung allgemeiner Vorschriften über den Jahresabschluß in der Liquidationsbilanz, DStR 1996, 1743; *Förster*, Die Liquidationsbilanz, 3. Aufl. 1992; *Förster/Grönwoldt*, Das Bilanzrichtliniengesetz und die Liquidationsbilanz, BB 1987, 577; *Grziwotz*, Die Liquidation von Personengesellschaften, DStR 1992, 1404; *ders.*, Die Liquidation von Kapitalgesellschaften, Genossenschaften und Vereinen, DStR 1992, 1404; *Hillers*, Personengesellschaft und Liquidation, 1988; *Messer*, Gesellschaftsbezogene Forderungen als unselbständige Rechnungsposten in der Auseinandersetzung der Gesellschaft, in: FS Stimpel, 1985, S. 205; *K. Schmidt*, Liquidationszweck und Vertretungsmacht der Liquidatoren, AcP 174 (1974), 55 ff.; *ders.*, Zum Liquidationsrecht der GmbH & Co., GmbHR 1980, 261; *ders.*, Die Handels-Personengesellschaft in Liquidation, ZHR 153 (1989), 270 ff.; *ders.*, Zur Ablösung des Löschungsgesetzes, GmbHR 1994, 829 ff.; *Stötter*, Die Abschichtungsbilanz nach dem Ausscheiden eines Gesellschafters, DB 1972, 271; *Sudhoff*, Berechnung und Verteilung des Liquidationserlöses bei OHG und KG, NJW 1957, 731; *Vallender*, Auflösung und Löschung der GmbH – Veränderungen aufgrund des neuen Insolvenzrechts, NZG 1998, 249 ff.; *Westermann*, Vertragsfreiheit und Typengesetzlichkeit im Recht der Personengesellschaft, 1970.

I. Überblick

1 Mit Eintritt des Auflösungsgrundes ist die Gesellschaft im Regelfall noch nicht beendet. Bis zur Vollbeendigung bedarf es zunächst noch der Abwicklung der Rechtsbeziehungen zu Dritten und der Verteilung des noch vorhandenen Gesellschaftsvermögens unter den Gesellschaftern.[1] Mit der Auflösung wandelt sich die vormals werbende Gesellschaft in eine **Abwicklungsgesellschaft** um. Ihr Gesellschaftszweck ist nunmehr darauf gerichtet, die laufenden Geschäfte der Gesellschaft zu beenden, die Verbindlichkeiten der Gesellschaft zu tilgen, die bestehenden Forderungen einzuziehen sowie das Vermögen der Gesellschaft in Geld umzusetzen. Die Liquidation endet mit der nach Berichtigung der Gesellschaftsschulden erfolgenden Verteilung des verbleibenden Vermögens an die Gesellschafter.[2] Dies gilt im Ausgangspunkt sowohl für die KG als auch für ihre Komplementär-GmbH (§§ 149, 155 HGB, §§ 70, 72 GmbHG). Die Liquidation der beiden Gesellschaften folgt jedoch im Einzelnen unterschiedlichen Regeln (§§ 145–158 HGB bzw. §§ 66–74 GmbHG).

2 Mit der Änderung des Gesellschaftszwecks (vgl. Rn 1) verbindet sich gleichzeitig eine Änderung der Schutzrichtung der gesellschaftlichen Treuepflicht.[3] Die Gesellschafter haben sich bei der Ausübung ihrer Mitgliedschaftsrechte nunmehr am **Liquidationszweck** zu orientieren. Auch die Intensität der Treuepflicht verändert sich; sie besteht in diesem Stadium nur noch **in eingeschränktem Maße** (zum Wettbewerbsverbot in der Liquidationsphase vgl. § 25 Rn 21).

3 In der Liquidationsphase ist in der **Firma** der Gesellschaft ein auf die Liquidation hinweisender Zusatz zu führen (vgl. § 153 HGB). Eine Änderung der Firma ist im Liquidationsstadium – anders als in der Insolvenz – ohne weiteres möglich.[4]

---

[1] Statt aller GK/*Habersack*, § 145 HGB Rn 2; vgl. krit. *K. Schmidt*, ZHR 153 (1989), 275

[2] *Baumbach/Hopt* § 155 Rn.2

[3] MüKoHGB/*K. Schmidt* § 145 HGB Rn 23; *Heymann/Sonnenschein/Weitermeyer* § 145 HGB Rn 13; GK/*Habersack* § 145 HGB Rn 17.

[4] Vgl. *Grziwotz*, DStR 1992, 1367.

II. Liquidation der KG

1. Allgemeines

a) Voraussetzungen. Die Liquidationsphase beginnt mit **Eintritt des Auflösungsgrundes**, ohne dass es auf die Eintragung der Auflösung in das Handelsregister ankäme (§ 145 Abs. 1 HGB). An ihrem Ende steht die Beendigung der Gesellschaft durch Vollabwicklung. **Vollbeendet** ist die GmbH & Co. KG, wenn ihre Schulden beglichen und das danach noch verbleibende Gesellschaftsvermögen unter den Gesellschaftern verteilt ist.[5] 4

Die Liquidation der Gesellschaft setzt nach h. M. voraus, dass die Gesellschaft noch über **Aktivvermögen** verfügt. Danach erlischt die Gesellschaft liquidationslos, wenn sie über kein Aktivvermögen verfügt.[6] Nach richtiger Ansicht gehören auch die Ansprüche gegen die Komplementär-GmbH auf Nachschuss (§ 735 BGB) und andere Sozialansprüche zu Vermögensgegenständen der Gesellschaft, so dass das Vorhandensein von Verbindlichkeiten der Gesellschaft der Annahme der **Vollbeendigung** entgegensteht, wenn die Nachschusspflicht der Komplementär-GmbH nicht im Gesellschaftsvertrag abbedungen ist.[7] 5

b) Abgrenzung. Die Liquidation des Gesellschaftsvermögens ist der gesetzliche Normalfall der Auseinandersetzung zwischen den Gesellschaftern. Den Gesellschaftern steht es nach § 145 Abs. 1 HGB frei, eine **andere Art der Auseinandersetzung** zu wählen (dazu Rn 87 ff.).[8] 6

Keine Liquidation im herkömmlichen Sinn findet bei **Insolvenz** der Gesellschaft statt.[9] Hier schließt sich an die Auflösung das nach Maßgabe der Insolvenzordnung ablaufende **Insolvenzverfahren** an (dazu unten § 48). Zu einer Liquidation der Gesellschaft kommt es im Falle der Insolvenz nur, wenn nach Abschluss des Insolvenzverfahrens noch unter den Gesellschaftern verteilbares Gesellschaftsvermögen vorhanden ist und die Gesellschafter nicht die Fortsetzung der Gesellschaft beschließen (vgl. § 144 Abs. 1 HGB). 7

Zu einer Liquidation der GmbH & Co. KG kommt es auch dann nicht, wenn die Gesellschaft nach ihrer Auflösung **unmittelbar erlischt**. Hierzu gehört insbesondere der Fall, dass das Gesellschaftsvermögen einem Gesellschafter im Wege der **Gesamtrechtsnachfolge** zufällt, nachdem alle übrigen Gesellschafter ausgeschieden sind.[10] In diesem Fall findet nur ein Aus- 8

---

[5] Vgl. etwa MünchHdb. GesR II/*Schmid* KG § 46 Rn 109.

[6] RGZ 40, 29, 31; BGH BB 1957, 489; *Heymann/Sonnenschein/Weitemeyer* § 145 HGB Rn 12; *Ebenroth/Boujong/Hillmann* § 145 HGB Rn 8; *Koller/Roth/Morck* § 145 HGB Rn 2; *Röhricht/v. Westphalen/v. Gerkan* § 145 HGB Rn 2; GK/*Schilling* § 145 HGB Rn 5.

[7] GK/*Habersack* § 145 HGB Rn 9, § 157 HGB Rn 6; MüKoHGB/*K. Schmidt* § 145 HGB Rn 17; MüKo/*Ulmer* § 730 BGB Rn. 5.

[8] Zur Terminologie vgl. MüKoHGB/*K. Schmidt* § 145 HGB Rn 6 ff.

[9] *K. Schmidt,* ZHR 153 (1989), 274; MüKoHGB/*K. Schmidt* § 145 HGB Rn 10, begreift das Insolvenzverfahren als „andere Art der Auseinandersetzung" i.S.v. § 145 HGB.

[10] Dazu auch GK/*Habersack* § 145 HGB Rn 7 f., 39 ff.; MüKoHGB/*K. Schmidt* § 145 HGB Rn 33.

gleich unter den Gesellschaftern statt. Eine Liquidation unterbleibt ferner dann, wenn die GmbH & Co. KG nach § 131 Abs. 2 S. 1 Nr. 2 HGB i.V. m. § 141 a FGG **wegen Vermögenslosigkeit gelöscht** wird. Zu einer Liquidation kommt es in diesem Fall nur dann, wenn sich später noch verteilungsfähiges Vermögen findet (§ 145 Abs. 3 HGB, dazu Rn 69).

9 Als übertragender Rechtsträger erlischt die Gesellschaft schließlich im Fall der **Verschmelzung**. In diesem Fall wird der übernehmende Rechtsträger Gesamtrechtsnachfolger des Vermögens der übertragenden GmbH & Co. KG (§ 20 Abs. 1 UmwG).[11] Anders verhält es sich beim **Formwechsel**. Hier bleibt die Identität des Rechtsträgers unberührt (vgl. § 202 Abs. 1 Nr. 1 UmwG), so dass es nicht zu einem liquidationslosen Erlöschen kommt.

2. Liquidatoren

10 **a) Berufung der Liquidatoren.** *aa) Gesetzliche Regelung.* Anders als im Insolvenzverfahren bleiben die Gesellschafter Herren des Liquidationsverfahrens.[12] Geborene Liquidatoren sind nach der gesetzlichen Regel **alle Gesellschafter** (§§ 146 Abs. 1, 161 Abs. 2 HGB), in der GmbH & Co. KG damit nicht nur die Komplementär-GmbH, sondern auch die Kommanditisten.[13] Der Grundsatz, dass alle Gesellschafter zu Liquidatoren berufen sind, gilt auch dann, wenn die Gesellschafter die Geschäftsführungs- und Vertretungsbefugnis abweichend von §§ 114, 125 HGB ausgestaltet haben.[14] Die Gesellschafter sind aufgrund ihrer mitgliedschaftlichen Stellung **verpflichtet**, das Amt des Liquidators anzutreten.[15]

11 Nach einer im Schrifttum verbreiteten Ansicht[16] entspreche es bei der **beteiligungsgleichen** oder **körperschaftlich** verfassten GmbH & Co. KG regelmäßig dem Willen der Gesellschafter, dass lediglich die Komplementär-GmbH die Liquidation der Gesellschaft vornehmen soll, so dass von einer konkludenten Abbedingung des § 146 Abs. 1 S. 1 HGB ausgegangen werden könne. Dem ist mit der herrschenden Auffassung[17] im Interesse der Rechtssicherheit und Zweifelsfreiheit über die Personen der Liquidatoren nicht zu folgen. In der Praxis empfiehlt es sich daher, eine ausdrückliche Regelung in den Gesellschaftsvertrag aufzunehmen.

12 Mehrere **Erben** eines Gesellschafters haben einen gemeinsamen Vertreter zum Liquidator zu bestellen (§ 146 Abs. 1 S. 2 HGB). Dabei ist es unerheblich, ob der Tod des Gesellschafters aufgrund einer gesellschaftsvertrag-

---

[11] GK/*Habersack* § 145 HGB Rn 45; MüKoHGB/*K. Schmidt* § 145 HGB Rn 8.

[12] MüKoHGB/*K. Schmidt* § 145 HGB Rn 11.

[13] BGH DB 1982, 2562; OLG Hamm NZG 2003, 627; *Baumbach/Hopt* § 146 HGB Rn 2.

[14] GK/*Habersack* § 146 HGB Rn 8.

[15] *Baumbach/Hopt* § 146 HGB Rn 3; MünchHdb. GesR II/*Schmid* KG § 46 Rn 5.

[16] GK/*Habersack* § 146 HGB Rn 13; *Scholz/K. Schmidt* § 66 GmbHG Rn 59; *ders.* Gesellschaftsrecht § 56 VI 1 b; *ders.*, ZHR 153 (1989), 291 (generell bei der GmbH & Co. KG); zust. *Grziwotz*, DStR 1992, 1368; *Roth/Altmeppen* § 66 GmbHG Rn 55.

[17] OLG Frankfurt ZIP 1987, 1593, 1594; OLG Hamm NJW-RR 1997, 32, 33; *Ebenroth/Boujong/Joost/Henze* § 177 a HGB Anh. A Rn. 223 f.; *Rowedder/Schmidt-Leithoff/Rasner* § 66 GmbHG Rn 33; *Hesselmann/Tillmann* Rn 697 f.

lichen Bestimmung die Auflösung der Gesellschaft bewirkt hat oder ob der Gesellschafter während der Liquidationsphase verstorben ist.[18] Über die Bestellung des Liquidators entscheiden die Erben durch Mehrheitsbeschluss (§§ 2038 Abs. 2 S. 1, 745 BGB).[19] Die Wahl eines gemeinsamen Vertreters erweist sich als nicht erforderlich, wenn Testamentsvollstreckung angeordnet ist. In diesem Fall werden die Rechte des Liquidators durch den Testamentsvollstrecker ausgeübt.[20]

bb) Abweichende Vereinbarung. Die gesetzliche Regelung, nach der alle Gesellschafter geborene Liquidatoren sind, wird in vielen Fällen als wenig praktikabel empfunden. Aus diesem Grund wird im **Gesellschaftsvertrag** der KG zumeist die Komplementär-GmbH bzw. deren Geschäftsführer zu Liquidatoren der KG bestimmt. Damit wird von der in § 146 Abs. 1 S. 1 HGB eröffneten Möglichkeit Gebrauch gemacht, die Liquidation einzelnen Gesellschaftern oder Dritten zu übertragen.[21] Solche Regelungen erweisen sich insbesondere dann als vorteilhaft, wenn die Komplementär-GmbH gleichzeitig mit der KG aufgelöst wird, da sich in diesem Fall die Abwicklung der beiden Gesellschaften leichter koordinieren lässt. **13**

Die Bestellung eines Liquidators kann auch noch nach Eintritt der Auflösung der Gesellschaft durch einen ad hoc zu fassenden **Gesellschafterbeschluss** erfolgen.[22] Ein solcher Beschluss ist mit vertragsändernder Mehrheit, also bei Fehlen einer anders lautenden Bestimmung im Gesellschaftsvertrag einstimmig, zu fassen.[23] Stimmberechtigt sind nur die Gesellschafter, nicht aber die übrigen Liquidationsbeteiligten,[24] wie z. B. ein Privatgläubiger eines Gesellschafters, der die Gesellschaft gekündigt hat. **14**

Lediglich in den Fällen, in denen über das Vermögen eines Gesellschafters das Insolvenzverfahren eröffnet, der Gesellschafter nicht nach § 131 Abs. 3 Nr. 2 HGB aus der Gesellschaft ausgeschieden und ein Insolvenzverwalter bestellt ist, übt der Insolvenzverwalter das Stimmrecht anstelle des Gesellschafters aus (§ 146 Abs. 3 HGB).

In der **Auswahl** der Liquidatoren sind die Gesellschafter jedoch keineswegs auf die Komplementär-GmbH beschränkt. Vielmehr können die Gesellschafter grundsätzlich frei wählen, wen sie zum Liquidator der KG bestimmen.[25] In Frage kommen auch **Nichtgesellschafter**, namentlich **15**

---

[18] MüKoHGB/*K. Schmidt* § 146 HGB Rn 19; *Ebenroth/Boujong/Joost/Hillmann* § 146 HGB Rn 5; *Baumbach/Hopt* § 146 HGB Rn 2; GK/*Habersack* § 146 HGB Rn 23; *Röhricht/Graf von Westphalen/v. Gerkan* § 146 HGB Rn 5.

[19] *Baumbach/Hopt* § 146 HGB Rn 3; GK/*Habersack* § 146 HGB Rn 27.

[20] Vgl. *Röhricht/Graf von Westphalen/v. Gerkan* § 146 HGB Rn 7: *Baumbach/Hopt* § 146 HGB Rn 2; *Koller/Roth/Morck* § 146 HGB Rn 5; a. A. MüKoHGB/*K. Schmidt* § 146 HGB Rn 26: Gesellschafts-Liquidator sei der Erbe, der Testamentsvollstrecker übte nur die Verwaltungsrechte des Erben aus.

[21] *K. Schmidt*, GmbHR 1980, 264; *Schlegelberger/Martens* § 161 HGB Rn 126; GK/*Habersack* § 146 HGB Rn 6; *Roth/Altmeppen* § 66 GmbHG Rn 24; *Brönner/Rux/Wagner* Rn 634.

[22] MünchHdb. GesR II/*Schmid* KG § 46 Rn 6.

[23] GK/*Habersack* § 146 HGB Rn 16; MüKoHGB/*K. Schmidt* § 146 HGB Rn 12.

[24] GK/*Habersack* § 146 HGB Rn 19.

[25] MünchHdb. GesR II/*Schmid* KG § 46 Rn 1.

Gläubiger der Gesellschaft.[26] Bei den Liquidatoren muss es sich keineswegs nur um natürliche Personen handeln, sie können auch als rechtsfähige Personengesellschaften oder juristische Personen verfasst sein.[27] Nach früher herrschender Auffassung konnte eine (Außen-) GbR dagegen nicht Liquidator sein. Nachdem der BGH zwischenzeitlich die Rechtsfähigkeit der GbR anerkannt hat[28] und diese gem. § 162 Nr. 2 HGB Kommanditistin sein kann, ist auch die (Außen-) GbR als Liquidatorin anzuerkennen.[29] Es spricht viel dafür, dass diese aufgrund ihrer undurchsichtigen Vertretungsordnung einen gemeinsamen Vertreter benennen muss.[30]

16 Nach zutreffender Auffassung ist es den Gesellschaftern auch unbenommen, die **Auswahl** des Liquidators einem **Dritten**, etwa einem Gläubiger der Gesellschaft, zu überlassen. Anders als die Gesellschafter ist ein so bestellter Dritter in der Annahme seines Amtes jedoch grundsätzlich frei.

17 *cc) Gerichtliche Bestellung.* Auf Antrag eines Liquidationsbeteiligten kann bei Vorliegen eines **wichtigen Grundes** die Bestellung des Liquidators durch das Gericht erfolgen (§ 146 Abs. 2 HGB). Zuständig für die Bestellung ist das Amtsgericht (§ 145 Abs. 1 FGG), in dessen Bezirk die Gesellschaft ihren Sitz hat. Der Antrag kann auch mit einem Antrag auf Abberufung eines Liquidators nach § 147 HGB verbunden werden. Die Vorschrift ist weit auszulegen. Sie umfasst nicht nur die Möglichkeit der Ernennung von Liquidatoren, sondern auch der Erweiterung der Vertretungsmacht oder Geschäftsführungsbefugnis vorhandener Liquidatoren.[31]

18 **Antragsberechtigt** sind die Liquidationsbeteiligten, d. h. in erster Linie die **Gesellschafter**, aber auch der nach § 135 HGB die Gesellschaft kündigende **Privatgläubiger** (§ 146 Abs. 2 S. 2 HGB) sowie der **Insolvenzverwalter** bei Eröffnung des Insolvenzverfahrens über das Vermögen eines Gesellschafters (§ 146 Abs. 3 HGB). Antragsberechtigt sind ferner die **Erben** eines verstorbenen Gesellschafters, und zwar jeder einzeln sowie der Testamentsvollstrecker.[32]

19 Der Antrag auf gerichtliche Bestellung eines Liquidators kann bereits **vor Auflösung** der Gesellschaft gestellt werden, sofern absehbar ist, dass es zur Auflösung der Gesellschaft kommt.[33] Ein Antrag ist dann nicht mehr statthaft, wenn das gesamte Vermögen der Gesellschaft bereits unter den Gesellschaftern verteilt wurde, da dann kein **Bedürfnis** mehr für die Durchführung eines Liquidationsverfahrens besteht.[34]

---

[26] Vgl. MüKoHGB/*K. Schmidt* § 146 HGB Rn 3; *Heymann/Sonnenschein/Weitemeyer* § 146 HGB Rn 9. Der Grundsatz der Selbstorganschaft findet in der Liquidationsphase keine Anwendung mehr, so zutr. *K. Schmidt*, ZHR 153 (1989) 287.

[27] GK/*Habersack* § 146 HGB Rn 20; *Baumbach/Hopt* § 146 HGB Rn 4.

[28] BGH NJW 2001, 1056 m. Anm. *Goette* DStR 2001, 310.

[29] Ausführlich MüKoHGB/*K. Schmidt* § 146 HGB Rn 5.

[30] MüKoHGB/*K. Schmidt* § 146 HGB Rn 5 und bereits *Schlegelberger/K. Schmidt* § 146 HGB Rn 6.

[31] MüKoHGB/*K. Schmidt* § 146 HGB Rn 27 m. w. N.

[32] KG RJA 15, 121; KG OLGE 43, 290; *Baumbach/Hopt* § 146 HGB Rn 5; GK/*Habersack* § 146 HGB Rn 37.

[33] MünchHdb. GesR II/*Schmid* KG § 46 Rn 8; GK/*Habersack* § 146 HGB Rn 1.

[34] GK/*Habersack* § 146 HGB Rn 31; MüKoHGB/*K. Schmidt* § 146 HGB Rn 29.

Ein zur Bestellung eines Liquidators berechtigender **wichtiger Grund** liegt vor, wenn unter Würdigung aller Umstände eine ordnungsgemäße Abwicklung der Gesellschaft nicht gewährleistet ist und erhebliche Nachteile für die Gesellschaft oder einen Liquidationsbeteiligten zu gewärtigen sind.[35] Die Gründe können in der Person der bisherigen Liquidatoren liegen (Tod, Unerreichbarkeit, mangelnde Qualifikation, Unredlichkeit, Betrieb eines Konkurrenzunternehmens, begründetes Misstrauen gegen die Unparteilichkeit etc.), aber auch in einem zerrütteten Verhältnis zwischen den Liquidatoren untereinander oder zwischen einem Liquidator und den anderen Beteiligten liegen.[36] Bloße Meinungsverschiedenheiten zwischen den Liquidatoren reichen nicht aus, solange sie sich nicht blockieren.[37] **20**

Das Gericht trifft seine Entscheidung unter Berücksichtigung des Interesses der Gesellschaft und der Beteiligten nach freiem Ermessen, wobei es über den Antrag nicht hinausgehen darf.[38] Es kann die **Anzahl** und die **Personen** bestimmen. Das Gericht ist auch frei, einen neuen Liquidator neben oder anstelle des bisherigen zu bestellen. Unbeschadet dessen erweist es sich als zweckdienlich, wenn die Beteiligten dem Gericht Vorschläge für die Person des Liquidators unterbreiten. An diese Vorschläge ist das Gericht zwar nicht gebunden. In der Praxis schließt sich das Gericht dem Vorschlag jedoch in den meisten Fällen an. Sind mehrere Liquidatoren vorhanden, kann das Gericht Einzel- und Gesamtvertretungsbefugnis anordnen. Dagegen ist das Gericht nicht befugt, die Befugnisse der Liquidatoren zu beschränken, sie zu überwachen oder ihnen Weisungen zu konkreten Geschäftsführungsmaßnahmen zu erteilen.[39] **21**

Gegen einen vom Antrag abweichenden Beschluss des Gerichts kann **sofortige Beschwerde** eingelegt werden (§ 146 FGG). Die Bestellung oder Abberufung eines Liquidators durch einstweilige Anordnung ist auch in dringenden Fällen im FGG nicht vorgesehen. Sie kann aufgrund der Zuständigkeitsregelung in § 146 Abs. 2 HGB i.V. m. § 145 FGG auch nicht im Wege einstweiliger Verfügung durch ein Prozessgericht erlangt werden.[40] Doch ist es möglich, eine einstweilige Verfügung vor dem Prozessgericht mit dem Ziel der konkreten Beschränkung der Befugnisse eines Liquidators zu erwirken, weil hierdurch die Kompetenzzuweisung des § 145 FGG nicht berührt wird. **22**

Ist die Gesellschaft wegen **Vermögenslosigkeit** nach § 131 Abs. 2 Nr. 2 HGB **gelöscht** und findet sich nachträglich noch Vermögen, werden die **23**

---

[35] BayObLG OLGE 45, 52; OLG Hamm BB 1958, 497; 1960, 918; MüKoHGB/*K. Schmidt* § 146 HGB Rn 30; GK/*Habersack* § 146 HGB Rn 33; *Ebenroth/Boujong/Joost/Hillmann* § 146 HGB Rn 13; *Koller/Roth/Morck* § 146 HGB Rn 3.

[36] Weitere Bsp. finden sich bei GK/*Habersack* § 146 HGB Rn 34; MüKoHGB/*K. Schmidt* § 146 HGB Rn 31 m. w. N.

[37] MüKoHGB/*K. Schmidt* § 146 HGB Rn 31.

[38] MünchHdb. GesR II/*Schmid* KG § 46 Rn 8 ff.; GK/*Habersack* § 146 HGB Rn 39; *Ebenroth/Boujong/Joost/Hillmann* § 146 HGB Rn 17; *Röhricht/v. Westphalen/v. Gerkan* § 146 HGB Rn 10.

[39] *Baumbach/Hopt* § 146 HGB Rn. 7

[40] Vgl. OLG Frankfurt ZIP 1989, 39.

Liquidatoren der Gesellschaft stets auf Antrag eines Beteiligten durch das Gericht ernannt (§§ 146 Abs. 2, 145 Abs. 3 HGB).[41]

24 **b) Anmeldung der Liquidatoren.** Die Liquidatoren der Gesellschaft und ihre Vertretungsmacht sind von sämtlichen Gesellschaftern zum Handelsregister anzumelden (§ 148 Abs. 1 HGB). Die Anmeldepflicht trifft folglich auch die **Kommanditisten**. Die Eintragung gerichtlich bestellter Liquidatoren erfolgt hingegen von Amts wegen (§ 148 HGB Abs. 2 HGB). Insoweit bedarf es also keiner Anmeldung. Die Anmeldung der Liquidatoren der Gesellschaft bedarf der **öffentlichen Beglaubigung** (§ 12 Abs. 1 HGB). Die Gesellschafter können sich bei der Anmeldung allerdings **vertreten** lassen, was namentlich bei Publikumspersonengesellschaften praktikabel ist.[42] In diesem Fall bedarf auch die Vollmachtsurkunde gem. § 12 Abs. 2 S. 1 HGB der öffentlichen Beglaubigung. Anzumelden ist ferner jede **Änderung** in der Person oder in der **Vertretungsmacht** (§ 148 Abs. 1 S. 2 HGB). Seit In-Kraft-Treten des ER JuKoG[43] ist stets die Vertretungsregelung anzumelden, auch wenn sie der gesetzlichen Regel (§ 150 HGB) entspricht. Bei der Anmeldung haben die Liquidatoren ihre Namensunterschriften unter Angabe der Firma zur Aufbewahrung beim Gericht zu **zeichnen** (§ 148 Abs. 3 HGB).

25 Die Anmeldepflicht der Gesellschafter besteht auch, wenn nach dem Gesellschaftsvertrag oder aufgrund eines Gesellschafterbeschlusses die Geschäftsführer der Komplementär-GmbH zu Liquidatoren der Gesellschaft berufen sind. Sie besteht ferner selbst dann, wenn die Gesellschaft oder ihre Auflösung noch nicht im Handelsregister eingetragen sind. In diesem Fall muss die Anmeldung mit den ausstehenden Anmeldungen verbunden werden.[44] Das Registergericht darf die Eintragung der Auflösung allerdings nicht davon abhängig machen, dass zugleich die Liquidatoren zur Eintragung ins Handelsregister angemeldet werden.[45] Eine Anmeldepflicht besteht **nicht**, wenn die Gesellschaft **ohne Liquidation** erlischt. Da in diesem Fall eine Abwicklung unterbleibt, ist mit der Auflösung (nur) das Erlöschen der Firma zum Handelsregister anzumelden (vgl. § 157 HGB).[46] Erlischt demgegenüber die Gesellschaft im Zuge der Abwicklung, ist eine zunächst unterbliebene Anmeldung anlässlich der Anmeldung nach § 157 HGB nachzuholen.[47]

26 Die Mitwirkungspflicht der Gesellschafter bei der Anmeldung der Liquidatoren kann notfalls gerichtlich durchgesetzt werden. Auch kann das

---

[41] MüKoHGB/*K. Schmidt* § 146 HGB Rn 29; die Regelung ist auf diejenigen Fälle, in denen die aufgelöste Gesellschaft scheinbar vollbeendigt ist und sich das Erfordernis einer Nachtragsliquidation ergibt, entsprechend anwendbar, so zutr. GK/*Habersack* § 146 HGB Rn 42.

[42] Vgl. MüKoHGB/*K. Schmidt* § 148 HGB Rn 8, wonach eine Bevollmächtigung der Liquidatoren in Betracht kommt.

[43] Gesetz über elektronische Register und Justiz-Kosten für Telekommunikation v. 10. 12. 01, BGBl. I, S. 3422.

[44] MüKoHGB/*K. Schmidt* § 148 HGB Rn 4; KG OLGE 41, 202.

[45] BayObLG NZG 2001, 792.

[46] GK/*Habersack*, § 148 HGB Rn 5.

[47] GK/*Habersack* § 148 HGB Rn 5.

Handelsregister die Gesellschafter durch Verhängung eines **Zwangsgeldes** anhalten, ihrer Anmeldepflicht nachzukommen (§ 14 HGB).

c) Rechtsstellung der Liquidatoren. *aa) Grundsatz.* Nach herrschender Meinung kommt nur bei Bestellung eines **Nichtgesellschafters** zum Liquidator ein **Dienstvertrag** mit der Gesellschaft zustande. Gesellschafter-Liquidatoren handeln aufgrund des Gesellschaftsverhältnisses wie geschäftsführende Gesellschafter.[48] Gleichwohl können ihre Rechte und Pflichten in einem Dienstvertrag geregelt werden. 27

Die Liquidatoren sind verpflichtet, die Abwicklung der Gesellschaft unverzüglich zu betreiben. Ihre Aufgabe besteht in erster Linie darin, die laufenden Geschäfte zu beendigen, die Forderungen der Gesellschaft einzuziehen, das Gesellschaftsvermögen zu verwerten, die Schulden der Gesellschaft zu begleichen sowie dann noch vorhandenes Vermögen unter den Gesellschaftern zu verteilen (§ 149 Abs. 1 S. 1 HGB). Zwar liegt die Art der Erledigung der Aufgaben im Ermessen der Liquidatoren, doch haben sie ihre Tätigkeit stets am **Wohl der Gesellschaft und an dem Interesse der Gesellschafter** an einem möglichst hohen Liquidationserlös auszurichten.[49] Den Liquidatoren ist es demnach verwehrt, einzelne Gläubiger zu bevorzugen oder Vermögensgegenstände der Gesellschaft unter Wert zu veräußern, sofern eine Gelegenheit zu einer besseren Verwertung besteht.[50] Ihre eigenen Interessen haben die Liquidatoren dabei hinter die Belange der Gesellschafter zurückzustellen.[51] Hat sich ein Liquidator pflichtwidrig verhalten, muss er die für die Gesellschaft schädlichen Folgen möglichst gering halten.[52] 28

Die Kompetenz der Liquidatoren beschränkt sich auf Geschäftsführungs- und Vertretungsaufgaben, wozu auch außergewöhnliche Geschäfte gehören können. Sie bezieht sich indes **nicht** auf das gesellschaftsvertragliche Rechtsverhältnis der Gesellschafter und die **Grundlagen der Gesellschaft**.[53] Die Liquidatoren sind daher nicht berechtigt, die Firma der Gesellschaft zu ändern oder weitere Gesellschafter aufzunehmen. Auch die Vereinbarung einer anderen Art der Abwicklung fällt in den Zuständigkeitsbereich der Gesellschafter. 29

bb) Geschäftsführungs- und Vertretungsbefugnis. Die Liquidatoren der Gesellschaft sind befugt, die Gesellschaft gerichtlich und außergerichtlich zu vertreten (§ 149 S. 2 HGB). Zur (aktiven) Geschäftsführung und Vertretung sind mehrere Liquidatoren grundsätzlich nur **gemeinschaftlich** berechtigt 30

---

[48] *Baumbach/Hopt* § 149 HGB Rn 1; MüKoHGB/*K. Schmidt* § 146 HGB Rn 43; *Ebenroth/Boujong/Joost/Hillmann* § 146 HGB Rn 18; *Koller/Roth/Morck* § 146 HGB Rn 3.

[49] OLG Düsseldorf NZG 2000, 475, 476; GK/*Habersack* § 149 HGB Rn 6; MüKoHGB/*K. Schmidt* § 149 HGB Rn 4; *Baumbach/Hopt* § 149 HGB Rn 4; *Koller/Roth/Morck* § 149 HGB Rn 2.

[50] MünchHdb. GesR II/*Schmid* KG § 46 Rn 15.

[51] *Baumbach/Hopt* § 149 HGB Rn 1; MüKoHGB/*K. Schmidt* § 149 HGB Rn 4; *Hillers*, S. 58ff.

[52] BGHZ 110, 342, 354; OLG Düsseldorf NZG 2000, 475.

[53] MüKoHGB/*K. Schmidt* § 149 HGB Rn 5; GK/*Habersack* § 149 HGB Rn 4.

(§ 150 Abs. 1 HGB). Verweigert ein Liquidator seine Zustimmung zu einer Maßnahme pflichtwidrig, kann er von der durch die übrigen Liquidatoren vertretenen Gesellschaft auf Erteilung der Zustimmung in Anspruch genommen werden.[54] Ein Widerspruchsrecht der einzelnen Liquidatoren nach dem Vorbild des § 115 Abs. 1 HGB besteht in der Abwicklungsphase nicht.[55] Gegebenenfalls kann ein Liquidator allein handeln, wenn Gefahr im Verzug ist.[56] Die Liquidatoren können einzelne von ihnen zur Vornahme bestimmter Arten von Geschäften ermächtigen (§ 150 Abs. 2 S. 1 HGB). Zur **Passivvertretung** ist jeder Liquidator befugt (§ 150 Abs. 2 S. 2 HGB).

31 Durch Gesellschaftsvertrag, Gesellschafterbeschluss oder gerichtliche Entscheidung kann einzelnen Liquidatoren die Befugnis zur **Einzelgeschäftsführung** und **-vertretung** erteilt werden (§ 150 Abs. 1 HGB). Die Regelung kann bereits im Gesellschaftsvertrag enthalten sein oder nachträglich durch Gesellschafterbeschluss getroffen werden. Eine abweichende Ausgestaltung der Vertretungsmacht ist zum Handelsregister **anzumelden** (§ 148 Abs. 1 S. 2 HGB). Der Eintragung kommt allerdings nur deklaratorische Wirkung zu.

32 Die Geschäftsführungsbefugnis wird durch den in § 149 S. 1 HGB beschriebenen Liquidationszweck begrenzt (Rn 1). Anders als im Stadium der werbenden Gesellschaft sind von der Geschäftsführungsbefugnis der Liquidatoren auch **außergewöhnliche** Maßnahmen gedeckt.[57] Die Geschäftsführungsbefugnis der Liquidatoren kann im Innenverhältnis eingeschränkt werden.[58] Eine Beschränkung der Vertretungsmacht im Außenverhältnis kommt nicht in Betracht (§ 151 HGB).[59] Die Gesellschafter können die Liquidatoren im Einzelfall oder generell von den Beschränkungen des § 181 BGB befreien.[60]

33 Die Vertretungsmacht der Liquidatoren **beschränkt** sich nach h. M. auf die Handlungen, die dem Liquidationszweck objektiv dienlich sein können.[61] Welche Maßnahmen zur Liquidation der Gesellschaft erforderlich sind, beurteilt sich nach der konkreten Situation. Unter Umständen kann sich selbst die Anschaffung neuer Vermögensgegenstände oder die einst-

---

[54] GK/*Habersack* § 150 HGB Rn 5; MüKoHGB/*K. Schmidt* § 150 HGB Rn 5; *Ebenroth/Boujong/Joost/Hillmann* § 150 HGB Rn 3; *Röhricht/v. Westphalen/v. Gerkan* § 150 HGB Rn. 2.

[55] MüKoHGB/*K. Schmidt* § 150 HGB Rn 9.

[56] MüKoHGB/*K. Schmidt* § 150 HGB Rn 8 m. w. N. („Notgeschäftsführungsbefugnis"); *Koller/Roth/Morck* § 150 HGB Rn 23.

[57] GK/*Habersack* § 149 HGB Rn 11; MüKoHGB/*K. Schmidt* § 149 HGB Rn 5.

[58] MünchHdb. GesR II/*Schmid* KG § 46 Rn 21; MüKoHGB/*K. Schmidt* § 151 HGB Rn 2.

[59] Zu den Ausnahmen vgl. GK/*Habersack* § 151 HGB Rn 8 ff.

[60] BGHZ 58, 115, 117; MDR 1970, 398, 399; GK/*Habersack* § 149 HGB Rn 48; MüKoHGB/*K. Schmidt* § 149 HGB Rn 53; *Ebenroth/Boujong/Joost/Hillmann* § 149 HGB Rn 26; *Koller/Roth/Morck* § 149 HGB Rn 3.

[61] RGZ 72, 119, 122; 146, 378; BGH WM 1959, 323, 324; NJW 1984, 982; *Heymann/Sonnenschein/Weitemeyer* § 149 HGB Rn 12; *Baumbach/Hopt* § 149 HGB Rn 7; *Koller/Roth/Morck* § 149 HGB Rn 3; *Röhricht/Graf von Westphalen/v. Gerkan* § 149 Rn 20; a. A. MüKoHGB/*K. Schmidt* § 149 HGB Rn 52; *ders.* s. Gesellschaftsrecht § 11 V 4 d; *ders.*, AcP 174 (1974) 71 ff.; GK/*Habersack* § 149 HGB Rn 46.

weilige Fortsetzung der Unternehmenstätigkeit als sachdienlich erweisen.[62] Für die Liquidationsdienlichkeit spricht eine tatsächliche Vermutung.[63] Die Gesellschaft ist damit auch an **liquidationsfremde** Geschäfte gebunden, sofern sie nicht nachweist, dass der Geschäftspartner die Liquidationsfremdheit kannte oder kennen musste und dass das Geschäft von der Vertretungsmacht des Liquidators nicht mehr gedeckt ist.[64]

Die Liquidationsbeteiligten sind befugt, den Liquidatoren **Weisungen** 34
für die laufenden Liquidationsangelegenheiten zu erteilen (§ 152 HGB), etwa eine bestimmte Maßnahme durchzuführen oder zu unterlassen.[65] Die Erteilung von Weisungen setzt einen einstimmigen Beschluss der Gesellschafter voraus, sofern der Gesellschaftsvertrag keinen Mehrheitsentscheid für ausreichend erachtet.[66] An der Beschlussfassung nehmen die Gesellschafter bzw. an deren Stelle in den Fällen des § 135 HGB der Privatgläubiger und für Gesellschafter, über dessen Vermögen das Insolvenzverfahren eröffnet wurde, der Insolvenzverwalter teil.[67] Das Weisungsrecht kann auch auf ein anderes Gesellschaftsgremium (Beirat, Aufsichtsrat etc.) übertragen werden.[68] Die Weisungen können sich unter Umständen auch auf liquidationsfremde Maßnahmen beziehen.[69]

Die Liquidatoren haben bei der Unterzeichnung im Geschäftsverkehr 35
der mit dem Liquidationszusatz versehenen Firma der Gesellschaft ihren Namen beizufügen (§ 153 HGB). Ist neben der KG auch die Komplementär-GmbH in Auflösung geraten, findet für die Komplementär-GmbH zusätzlich § 68 Abs. 2 GmbHG Anwendung (dazu Rn 96).

cc) Haftung. Die Haftung eines Liquidators, der nicht Gesellschafter ist, 36
richtet sich nach § 276 BGB.[70] Ist der Liquidator gleichzeitig Gesellschafter, greift die Haftungserleichterung des § 708 BGB ein, es sei denn, er ist gleichzeitig aufgrund eines Dienstvertrages tätig. In diesem Fall haftet auch er für jedes Verschulden.[71] Da die Liquidatoren verpflichtet sind, das Vermögen der Gesellschaft zu verwalten, kann eine Pflichtverletzung den Tatbestand der Untreue (§ 266 StGB) erfüllen.[72] Etwaige Schadensersatz-

---

[62] *K. Schmidt*, ZHR 153 (1989), 282.

[63] RGZ 146, 378; *Baumbach/Hopt* § 149 HGB Rn 7; MünchHdb. GesR II/*Schmid* KG § 46 Rn 23 f.

[64] BGH NJW 1984, 982; *Baumbach/Hopt* § 149 HGB Rn 7; *Grunewald* Gesellschaftsrecht 1. B. Rn 83; *Grziwotz*, DStR 1992, 1368.

[65] GK/*Habersack* § 152 HGB Rn 3, 7; MünchHdb. GesR II/*Schmid* KG § 46 Rn 25 ff.

[66] *Baumbach/Hopt* § 152 HGB Rn 1; GK/*Habersack* § 152 HGB Rn 5 f.

[67] GK/*Habersack* § 152 HGB Rn 5.

[68] *Schlegelberger/K. Schmidt* § 152 HGB Rn 14; MüKoHGB/*K. Schmidt* § 153 Rn 16; *Ebenroth/Boujong/Joost/Hillmann* § 152 HGB Rn 7; *Röhricht/v. Westphalen/v. Gerkan* § 152 HGB Rn 3.

[69] GK/*Habersack* § 152 HGB Rn 8; MüKoHGB/*K. Schmidt* § 152 HGB Rn 9; *Ebenroth/Boujong/Hillmann* § 152 HGB Rn 4; *Röhricht/v. Westphalen/v. Gerkan* § 152 HGB Rn 2; a. A. *Koller/Roth/Morck* § 152 HGB Rn 2.

[70] *Baumbach/Hopt* § 149 HGB Rn 1.

[71] MüKoHGB/*K. Schmidt* § 149 HGB Rn 58 f.

[72] OLG Dresden NZG 2000, 259 (zur GmbH).

ansprüche der Gesellschaft gegen einen Liquidator, sind von dem oder den anderen Liquidatoren für die Gesellschaft geltend zu machen, der hierfür notfalls neu zu bestellen ist.[73] Der Liquidator-Gesellschafter, gegen den im Namen der Gesellschaft ein Schadensersatzanspruch geltend gemacht werden soll, ist von dem **Stimmrecht** bei der Beschlussfassung darüber **ausgeschlossen**.[74]

37 *dd) Vergütung.* Sofern der Gesellschaftsvertrag oder ein mit dem Liquidator geschlossener Dienstvertrag nichts anderes bestimmt, haben **Gesellschafter** für die Wahrnehmung der Liquidationstätigkeit grundsätzlich keinen Anspruch auf Vergütung.[75] Sieht der Gesellschaftsvertrag der GmbH & Co. KG vor, dass die Komplementär-GmbH für die Wahrnehmung ihrer Geschäftsführungstätigkeit eine Vergütung erhält, wird man regelmäßig davon ausgehen können, dass diese Regelung noch in der Liquidationsphase Anwendung beanspruchen kann.

38 Der Vergütungsanspruch eines **Nichtgesellschafters** richtet sich nach dem zugrunde liegenden Dienstverhältnis. Ist nichts besonderes bestimmt, hat der Liquidator Anspruch auf eine angemessene Vergütung (§ 612 BGB).[76]

39 Bei einer gerichtlichen Bestellung des Liquidators kommt mit der Annahme des Liquidatorenamtes zwischen der Gesellschaft und dem Bestellten ein **Dienstverhältnis** zustande, aus dem der Liquidator ebenfalls Anspruch auf angemessene Vergütung hat.[77] Bei der Bemessung der Vergütung kann auf die Bestimmungen über die Vergütung von Insolvenzverwaltern zurückgegriffen werden.

40 **d) Amtsbeendigung.** *aa) Abberufung.* Die Liquidatoren der Gesellschaft können durch einen **Gesellschafterbeschluss** der nach § 146 Abs. 2 u. 3 HGB berechtigten Liquidationsbeteiligten abberufen werden (§ 147 1. Hs. HGB). Sieht der KG-Vertrag keine abweichende Regelung vor, ist der Beschluss einstimmig zu fassen.[78] Ein Gesellschafter-Liquidator ist bei der Beschlussfassung stimmberechtigt. Die Abberufung eines gerichtlich bestellten Liquidators ist gegen die Stimme des antragstellenden Gesellschafters nicht möglich.[79] Das Recht zur Abberufung kann im Gesellschaftsvertrag eingeschränkt werden, solange den Gesellschaftern noch die Abberufungsmöglichkeit aus wichtigem Grund verbleibt.[80]

---

73 MünchHdb. GesR II/*Schmid* KG § 46 Rn 32.

74 OLG Hamm NZG 2003, 627.

75 BGHZ 17, 301; BGH WM 1967, 682; BayObLG DStR 1994, 1702, 1704; *Baumbach/Hopt* § 149 HGB Rn 1; MüKoHGB/*K. Schmidt* § 146 HGB Rn 9.

76 GK/*Habersack* § 146 HGB Rn 21; MüKoHGB/*K. Schmidt* § 146 Rn 10; *Ebenroth/Boujong/Joost/Hillmann* § 146 HGB Rn 11.

77 MünchHdb. GesR II/*Schmid* KG § 46 Rn 12, 35.

78 Vgl. GK/*Habersack* § 147 HGB Rn 8; *Baumbach/Hopt* § 147 HGB Rn 1; MüKoHGB/*K. Schmidt* § 147 HGB Rn 5.

79 *Baumbach/Hopt* § 147 HGB Rn 1; MünchHdb. GesR II/*Schmid* KG § 46 Rn 40; GK/*Habersack* § 147 HGB Rn 3.

80 *Baumbach/Hopt* § 147 HGB Rn 1; MünchHdb. GesR II/*Schmid* KG § 46 Rn 41.

Die Abberufung muss gegenüber dem Liquidator erklärt werden.[81] Einer gesonderten **Erklärung** bedarf es nur dann nicht, wenn der Liquidator bei der Beschlussfassung zugegen war.[82]

Kommt ein Abberufungsbeschluss nicht zustande, kann die Abberufung bei Vorliegen eines **wichtigen Grundes** durch **gerichtliche Entscheidung** erfolgen (§ 147 2. Hs. HGB).[83] Die Abberufung erfolgt auf Antrag eines Liquidationsbeteiligten. Ein zur gerichtlichen Abberufung berechtigender wichtiger Grund liegt vor, wenn das weitere Amtieren des Liquidators die Abwicklung gefährden würde.[84] Dabei kann im Wesentlichen auf die zu § 146 Abs. 2 S. 1 HGB entwickelten Grundsätze zurückgegriffen werden (vgl. dazu Rn 20).[85] Ein wichtiger Grund ist etwa bei Unfähigkeit zur ordnungsgemäßen Geschäftsführung oder Unredlichkeit zu bejahen. Auch die Gefahr eines Interessenwiderstreites zwischen der Gesellschaft und dem Liquidator oder auf Tatsachen beruhende Zweifel an der Unparteilichkeit des Liquidators können dessen Abberufung rechtfertigen.[86] 41

bb) Tod; Zeitablauf. Das Amt des Liquidators endet zwangsläufig mit dessen Tod. Der **Erbe** des Gesellschafter-Liquidators rückt an seine Stelle nur dann, wenn er zur Nachfolge in die Gesellschafterstellung berufen ist und die Gesellschafter es bei der Regel des § 146 Abs. 1 S. 1 HGB belassen haben.[87] In allen anderen Fällen ist das Amt des Liquidators nicht vererblich.[88] Das Amt eines auf Zeit bestellten Liquidators endet mit Zeitablauf.[89] 42

cc) Eröffnung des Insolvenzverfahrens. Das Amt des Gesellschafter-Liquidators endet ferner, wenn über sein Vermögen das Insolvenzverfahren eröffnet wird und der Gesellschafter nach dem gesetzlichen Regelfall aus der Gesellschaft ausscheidet (§ 131 Abs. 3 Nr. 2 HGB). Verbleibt der Gesellschafter aufgrund einer entsprechenden Regelung im Gesellschaftsvertrag hingegen auch nach Eröffnung des Insolvenzverfahrens in der Gesellschaft, so übt fortan der Insolvenzverwalter gem. § 146 Abs. 3 HGB das Liquidatorenamt aus.[90] Bei einem Nichtgesellschafter tritt weder eine automatische Beendigung des Amtes ein noch übt der Insolvenzverwalter das Liquidatorenamt aus. Die Eröffnung des Insolvenzverfahrens über das Vermögen des Liquidators stellt regelmäßig einen wichtigen Grund zu seiner Abberufung dar.[91] 43

---

[81] MüKoHGB/*K. Schmidt* § 147 HGB Rn 18.

[82] GK/*Habersack* § 147 HGB Rn 10.

[83] Die Vorschrift ist zwingend, vgl. MüKoHGB/*K. Schmidt* § 147 HGB Rn 19.

[84] BayObLG BB 1997, 2397; MüKoHGB/*K. Schmidt* § 147 HGB Rn 21; GK/*Habersack* § 147 Rn 12.

[85] GK/*Habersack* § 147 HGB Rn 12; abweichend MünchHdb. GesR II/*Schmid* KG § 46 Rn 43: Anwendung der §§ 117, 127 HGB.

[86] KG NZG 1999, 437; BayObLG BB 1997, 2397; weitere Beispiele bei MüKoHGB/*K. Schmidt* § 147 HGB Rn 21.

[87] *Baumbach/Hopt* § 147 HGB Rn 6; GK/*Habersack* § 147 HGB Rn 16.

[88] MünchHdb. GesR II/*Schmid* KG § 46 Rn 38.

[89] MüKoHGB/*K. Schmidt* § 147 HGB Rn 9.

[90] MüKoHGB/*K. Schmidt* § 147 HGB Rn 12.

[91] *Hueck* Recht der OHG § 32 IV 3 b; MüKoHGB/*K. Schmidt* § 147 Rn 12.

44 *dd) Niederlegung.* Die Niederlegung des Amtes durch einen Gesellschafter-Liquidator kommt nur unter eingeschränkten Bedingungen in Betracht, da er zur Übernahme des Liquidatorenamtes verpflichtet ist (Rn 10).[92] Ein Gesellschafter kann sich von dem Liquidatorenamt daher nur bei Vorliegen eines wichtigen Grundes lösen.[93] Dritte sind zu einer Amtsniederlegung innerhalb der sich aus dem zugrunde liegenden Dienstverhältnis ergebenden Schranken berechtigt (vgl. § 627 BGB).

45 *ee) Beendigung des Dienstverhältnisses.* Von der Beendigung des Amtes ist die Beendigung des Dienstverhältnisses zu unterscheiden. Die Abberufung des Liquidators durch Beschluss oder gerichtliche Entscheidung lässt einen zwischen Gesellschaft und Liquidator bestehenden Dienstvertrag grundsätzlich unberührt.[94] Dessen Beendigung richtet sich nach allgemeinen Grundsätzen. Der Fortfall des Liquidatorenamtes dürfte jedoch regelmäßig einen wichtigen Grund zur Kündigung des Dienstverhältnisses darstellen.[95] In der Mitteilung der Abberufung aus wichtigem Grund liegt in der Regel zugleich die Kündigung des Dienstvertrages.[96]

3. Durchführung der Liquidation

46 **a) Beendigung der laufenden Geschäfte.** Die Aufgabe der Liquidatoren besteht darin, die laufenden Geschäfte, d. h. sämtliche kaufmännischen Aktivitäten, insbesondere die bestehenden Verträge zwischen der Gesellschaft und Dritten, also nicht nur rechtsgeschäftliche, sondern auch tatsächliche Handlungen zu beenden.[97] Zunächst hat die Auflösung der Gesellschaft auf den Bestand der Vertragsbeziehungen zu Dritten keinen Einfluss. Nur in Ausnahmefällen berechtigt die Auflösung die Gesellschaft selbst oder den Dritten zur **Kündigung** des Vertrages aus wichtigem Grund.

47 Sofern es sich für die Durchführung der Liquidation als wirtschaftlich sinnvoll oder gar als notwendig erweist, können die Liquidatoren zur Beendigung der schwebenden Geschäfte auch ausnahmsweise **neue Geschäfte** eingehen (vgl. § 149 S. 1 2. Hs. HGB).[98] Zu denken ist etwa an die Anschaffung von Material und Rohstoffen zur Erfüllung von Verbindlichkeiten.[99] Stellt sich die Vornahme weiterer Geschäfte dagegen als Fortsetzung der werbenden Tätigkeit dar, wenn sie also nicht allein der Werterhaltung und Förderung der Verwertung des Gesellschaftsvermögens dienen, widerspricht dies dem Liquidationszweck.[100]

---

[92] MünchHdb. GesR II/*Schmid* KG § 52 Rn 44 f.

[93] *Baumbach/Hopt* § 147 HGB Rn 5.

[94] BayObLG DB 1981, 518, 519; MüKoHGB/*K. Schmidt* § 147 HGB Rn 28.

[95] MüKoHGB/*K. Schmidt* § 147 HGB Rn 28.

[96] MüKoHGB/*K. Schmidt* § 147 HGB Rn. 18.

[97] MüKoHGB/*K. Schmidt* § 149 HGB Rn 8; GK/*Habersack* § 149 HGB Rn 14; a. A. (nur rechtsgeschäftliche Handlungen) *Heymann/Sonnenschein/Weitemeyer* § 149 HGB Rn 3; ähnlich *Koller/Roth/Morck* § 149 HGB Rn 2; offen lassend *Ebenroth/Boujong/Joost/Hillmann* § 149 HGB Rn 5.

[98] Dazu eingehend GK/*Habersack* § 149 HGB Rn 15 f.

[99] Weitere Bsp. bei *Baumbach/Hopt* § 149 HGB Rn 6; MüKoHGB/*K. Schmidt* § 149 HGB Rn 14.

[100] *Baumbach/Hopt* § 149 HGB Rn 6.

Gegenstände, die der Gesellschaft **zur Benutzung** (quoad usum) überlassen wurden, kann der Gesellschafter zurückverlangen (§§ 732 BGB, 105 Abs. 3, 161 Abs. 2 HGB).[101] Der Anspruch des Gesellschafters soll bereits mit Eintritt der Auflösung bestehen.[102] Kein Rückforderungsanspruch besteht hinsichtlich solcher Gegenstände, die **zu Eigentum** in die Gesellschaft eingebracht wurden (quoad dominum).[103] 48

b) Einzug von Forderungen. Um das noch vorhandene Vermögen der Gesellschaft in Geld umzusetzen, haben die Liquidatoren zunächst die Forderungen der Gesellschaft einzuziehen. Dabei spielt es keine Rolle, ob die Forderung der Gesellschaft auf Geld, Waren oder sonstige Vermögensgegenstände gerichtet ist. Zu der Einziehung gehört auch die Aufrechnung mit einer Gesellschaftsforderung. Fällige Forderungen sind notfalls einzuklagen, nicht fällige Forderungen sind – soweit möglich – durch Kündigung fällig zu stellen.[104] 49

Auch Forderungen der Gesellschaft gegenüber **Gesellschaftern** sind Teil des zu verwertenden Gesellschaftsvermögens. Das schließt Forderungen, die ihre Grundlage im Gesellschaftsverhältnis haben, also keinem Drittgeschäft erwachsen, grundsätzlich ein, es sei denn, der Einzug erfolgt zum Zweck des Ausgleichs unter den Gesellschaftern.[105] Diesen herbeizuführen ist nicht Aufgabe der Liquidatoren. Solche Ansprüche sind Rechnungsposten der Auseinandersetzung zwischen den Gesellschaftern und können von den Liquidatoren daher vor Vornahme der Schlussabrechnung nicht isoliert geltend gemacht werden (dazu Rn 60).[106] Auf diesen Grundsatz kann sich der in Anspruch genommene Gesellschafter lediglich dann nicht berufen, wenn er sich wegen schuldhafter Verzögerung der Liquidation schadensersatzpflichtig gemacht hat.[107] 50

Ausstehende **Einlagen** der Gesellschafter sowie etwaige nach § 735 BGB i.V.m. §§ 105 Abs. 3, 161 Abs. 2 HGB geschuldete Nachschüsse sind von den Liquidatoren einzuziehen, sofern diese zur Tilgung der bestehenden Verbindlichkeiten noch benötigt werden.[108] Dies gilt auch für die Einlage eines atypisch stillen Gesellschafters.[109] Die Einlageleistung kann nur insoweit verweigert werden, wie sie für die Befriedigung der Gläubiger nicht gebraucht wird. Der Gesellschafter kann verlangen, dass die Liquida- 51

---

[101] GK/*Habersack* § 149 HGB Rn 42; MüKoHGB/*K. Schmidt* § 149 HGB Rn. 34; *Ebenroth/Boujong/Joost/Hillmann* § 149 HGB Rn 18; *Röhricht/v. Westphalen/v. Gerkan* § 149 HGB Rn 15.

[102] BGH NJW 1981, 2802; mit Recht diff. MüKo/*Ulmer* § 732 BGB Rn 3.

[103] MüKoHGB/*K. Schmidt* § 149 HGB Rn 34. Hier gilt Entsprechendes wie beim Ausscheiden des Gesellschafters, vgl. dazu § 29 Rn 65.

[104] MüKoHGB/*K. Schmidt* § 149 HGB Rn 17 f.

[105] *Baumbach/Hopt* § 149 HGB Rn 3; a. A. MüKoHGB/*K. Schmidt* § 149 HGB Rn 21 f., 29.

[106] GK/*Habersack* § 149 HGB Rn 21.

[107] BGH NJW 1968, 2005, 2006.

[108] BGH WM 1960, 47, 48; NJW 1978, 424; NJW 1978, 2154; *Heymann/Sonnenschein/Weitemeyer* § 149 HGB Rn 6; *K. Schmidt*, GmbHR 1980, 265; *Ebenroth/Boujong/Joost/Hillmann* § 149 HGB Rn 11; GK/*Habersack* § 149 HGB Rn 21 ff.

[109] BGH NJW 1978, 424.

toren alle diesbezüglich bedeutsamen Vorgänge darlegen;[110] **beweispflichtig** dafür, dass die Einlagen für die Abwicklung nicht mehr benötigt werden, ist jedoch letztlich der Gesellschafter.[111]

52 Zu einer **gleichmäßigen Einforderung** rückständiger Einlagen bei den Gesellschaftern ist der Liquidator nicht verpflichtet.[112] Einlageforderungen dürfen zunächst nur zur Befriedigung von Gläubigerforderungen eingezogen werden. Zur Herbeiführung des endgültigen Ausgleichs unter den Gesellschaftern dürfen die Einlagen nach zutreffender Ansicht des BGH nur dann eingezogen werden, wenn nach Aufstellung eines Auseinandersetzungsplanes ein Passivsaldo des betreffenden Gesellschafters festgestellt ist.[113] An einem Verlust der Gesellschaft nehmen die Kommanditisten nur bis zum Betrag ihrer rückständigen Einlage teil. Darüber hinaus sind die Gesellschafter zur Entrichtung von Nachschüssen nur dann verpflichtet, wenn der Gesellschaftsvertrag ausnahmsweise eine entsprechende Verpflichtung begründet.[114] Hat der Gesellschafter zur Durchführung einer **Sanierung** eine erhöhte Einlageleistung versprochen, bleibt der Gesellschafter zur Leistung seiner Einlage auch dann verpflichtet, wenn die Sanierung der Gesellschaft scheitert.[115]

53 Die Gesellschafter sind berechtigt, die Einlageforderungen der Gesellschaft im Wege der **actio pro socio** geltend zu machen, wenn die Liquidatoren ihrer Pflicht zur Geltendmachung der rückständigen Einlagen nicht nachkommen.[116] Sie müssen dann aber ebenfalls dartun, dass die Einlagen zur Tilgung bestehender Verbindlichkeiten der Gesellschaft benötigt werden.[117]

54 **c) Umsetzung der Vermögensgegenstände in Geld.** Neben der Einziehung der Forderungen sind die übrigen Vermögensgegenstände der Gesellschaft zu verwerten. Bei ihrem Handeln müssen sich die Liquidatoren am Interesse der Gesellschafter an einem möglichst hohen Liquidationserlös orientieren.[118] In der Regel erfolgt die Umsetzung in Geld durch **Veräußerung** der Gegenstände. Auf welche Weise die Veräußerung vonstatten geht, steht grundsätzlich im Ermessen der Liquidatoren. Die Veräußerung kann freihändig erfolgen; eine Notwendigkeit zum Verkauf im Rahmen einer öffentlichen Versteigerung besteht nicht.[119] Auch können die Liquidatoren

---

[110] BGH NJW 1980, 1522.

[111] BGH GmbHR 1978, 255 (Publikums-KG); NJW 1984, 435; GK/*Habersack* § 149 HGB Rn 22; *Koller/Roth/Morck* § 149 HGB Rn 2; MüKoHGB/*K. Schmidt* § 149 HGB Rn 20 (Vermutung der Notwendigkeit der Einforderung).

[112] BGH NJW 1980, 1522, 1523; *Schlegelberger/Martens* § 161 HGB Rn 126; *Heymann/Sonnenschein/Weitemeyer* § 149 HGB Rn 7.

[113] BGH GmbHR 1978, 249, 250; MüKoHGB/*K. Schmidt* § 149 HGB Rn 22; *Baumbach/Hopt* § 149 HGB Rn 3.

[114] MünchHdb. GesR II/*Schmid* KG § 46 Rn 55; MüKoHGB/*K. Schmidt* § 149 HGB Rn 26; a. A. *Ebenroth/Boujong/Joost/Hillmann* § 149 HGB Rn 15.

[115] BGH ZIP 1980, 192, 193 f.; *K. Schmidt* Gesellschaftsrecht § 52 IV 2 b.

[116] *Heymann/Sonnenschein/Weitemeyer* § 145 HGB Rn 12; *Brönner/Rux/Wagner* Rn 637.

[117] GK/*Habersack* § 149 HGB Rn 18.

[118] GK/*Habersack* § 149 HGB Rn 34.

[119] *Baumbach/Hopt* § 149 HGB Rn 4.

mit der Verwertung zuwarten, wenn eine Veräußerung zu einem späteren Zeitpunkt einen höheren Erlös erwarten lässt.

Die Liquidatoren können zwischen der **Zerschlagung** des Unternehmens, also einer Veräußerung der einzelnen Vermögensgegenstände, und einer Veräußerung des **Unternehmens als Ganzes** wählen.[120] Bei einem hohen inneren Geschäftswert wird sich die Veräußerung des gesamten Vermögens häufig als vorteilhafteste Verwertungsart erweisen. Die Liquidatoren müssen ihre Entscheidung gegenüber den Gesellschaftern durch Vorlage entsprechender Berechnungen vertreten können. Ohne Zustimmung der Gesellschafter sind die Liquidatoren zu einer Veräußerung der **Firma** der Gesellschaft nicht befugt.[121] Insoweit fehlt es an der Geschäftsführungs- und Vertretungsbefugnis der Liquidatoren. **55**

Zulässig ist auch eine Veräußerung des Unternehmens oder die Überlassung einzelner Vermögensgegenstände **an Gesellschafter** in Anrechnung auf deren Auseinandersetzungsguthaben.[122] Macht sich der übernehmende Gesellschafter einen vorhandenen **Geschäftswert nutzbar**, ist er gegenüber seinen Mitgesellschaftern ausgleichspflichtig.[123] Geschäftschancen der Gesellschaft darf der Gesellschafter aber auch in der Liquidationsphase aufgrund der fortwirkenden Treuepflicht nicht ohne weiteres für sich nutzen.[124] Veräußerungen an Gesellschafter sind daher sorgfältig auf ihre Angemessenheit zu prüfen. **56**

d) Begleichung der Verbindlichkeiten. Daneben haben die Liquidatoren die **Gläubiger** der Gesellschaft zu **befriedigen**. Die Liquidatoren sind im Interesse der Gesellschafter gehalten, grundsätzlich alle denkbaren Einreden und Einwendungen gegen Gläubigerforderungen zu erheben.[125] Zweifel am Bestand der Gläubigerforderung sind von den Liquidatoren notfalls gerichtlich zu klären. Zu einer Gleichbehandlung der Gläubiger sind die Liquidatoren nicht verpflichtet.[126] **57**

Eine Befriedigung der Gläubiger kommt nur insoweit in Betracht, wie ausreichendes Gesellschaftsvermögen zur Verfügung steht. Eine Pflicht der Gesellschafter zur **Leistung von Nachschüssen** besteht nur dann, wenn ausnahmsweise eine entsprechende Pflicht im Gesellschaftsvertrag begründet wurde (§ 707 BGB). Im Hinblick auf die Regelung des § 167 Abs. 3 HGB bedarf es einer ausdrücklichen Vereinbarung, dass der Kommanditist **58**

---

[120] RGZ 85, 397, 399; 158, 226, 228; MüKoHGB/*K. Schmidt* § 149 HGB Rn 36 f.; *Röhricht/Graf von Westphalen/v. Gerkan* § 149 HGB Rn 14; GK/*Habersack* § 149 HGB Rn 35.

[121] *Baumbach/Hopt* § 149 HGB Rn 4; GK/*Habersack* § 149 HGB Rn 35; a. A. MünchHdb. GesR II/*Schmid* KG § 46 Rn 24.

[122] OLG Hamm BB 1954, 913; *Ebenroth/Boujong/Joost/Hillmann* § 149 HGB Rn 18; *Röhricht/v. Westphalen/v. Gerkan* § 149 HGB Rn 14; *Baumbach/Hopt* § 149 HGB Rn 4; GK/*Habersack* § 149 HGB Rn 36; MüKoHGB/*K. Schmidt* § 149 HGB Rn 37.

[123] BGH NJW 1980, 1628.

[124] OLG Düsseldorf NZG 2000, 475 f.

[125] GK/*Habersack* § 149 HGB Rn 38; MüKoHGB/*K. Schmidt* § 149 HGB Rn 39.

[126] MüKoHGB/*K. Schmidt* § 149 HGB Rn 42; *Koller/Roth/Morck* § 149 HGB Rn 2.

Verluste über seine Einlage hinaus in der Liquidation abzudecken hat.[127] Reicht das Gesellschaftsvermögen der KG zur Tilgung der Verbindlichkeiten der Gesellschaft nicht aus, sind die Liquidatoren zur Einleitung des **Insolvenzverfahrens** verpflichtet (§ 130 a Abs. 1 HGB).[128]

59 Gläubiger der Gesellschaft können auch die Gesellschafter selbst sein. Stehen den Gesellschaftern Forderungen aus **Drittgeschäften** gegenüber der Gesellschaft zu, sind sie grundsätzlich wie gewöhnliche Gläubiger zu behandeln.[129] Nur wenn es zur Vermeidung von Nachteilen für die Gesellschaft geboten ist, sind die Gesellschafter aufgrund der Treuepflicht gehalten, von der Geltendmachung der Ansprüche abzusehen.[130] In allen anderen Fällen sind sie an einer Durchsetzung ihrer Forderung nicht gehindert.[131]

60 Anders verhält es sich, wenn die Ansprüche aus dem **Gesellschaftsverhältnis** herrühren. In diesem Fall ist den Gesellschaftern eine isolierte Geltendmachung von Ansprüchen gegen die Gesellschaft verwehrt. Sozialansprüche, wie die Geltendmachung von Entnahmerechten (§ 122 Abs. 1 HGB), die Erstattung von Aufwendungen sowie die Auszahlung der Liquidationsquote gehen vielmehr als **Rechnungsposten** in den Auseinandersetzungsplan ein.[132] Aus dem Gesellschaftsverhältnis fließende Ansprüche kann der Gesellschafter nur dann geltend machen, wenn er darlegen kann, dass der Anspruch in jedem Fall aus der Liquidationsmasse erfüllt werden muss.[133] Darüber hinaus kommt eine **isolierte Geltendmachung** dann in Betracht, wenn sich aus dem Gesellschaftsvertrag ausnahmsweise ergibt, dass die Ansprüche ihre Selbständigkeit behalten sollen, was allerdings in der Regel nicht anzunehmen ist.[134]

61 **e) Verteilung des Restvermögens.** *aa) Schlussverteilung.* Nach Berichtigung der Verbindlichkeiten ist das verbleibende Vermögen der Gesellschaft von den Liquidatoren unter den Gesellschaftern nach Maßgabe der **Schlussbilanz** im Verhältnis ihrer **Kapitalanteile** zu verteilen (§ 155 Abs. 1 HGB).[135] Hat die Komplementär-GmbH – wie häufig – keine Ein-

---

[127] BGH NJW 1983, 164; MünchHdb. GesR II/*v. Falkenhausen/Schneider* KG § 19 Rn 5.

[128] *Hesselmann/Tillmann* Rn 688; *Grunewald* Gesellschaftsrecht 1. B. Rn 84; MüKoHGB/*K. Schmidt* § 149 HGB Rn 42.

[129] GK/*Habersack* § 149 HGB Rn 40; MüKoHGB/*K. Schmidt* § 149 HGB Rn 45.

[130] Vgl. etwa BGH NJW 1985, 1455.

[131] MüKo/*Ulmer* § 730 Rn 53; Beck Hdb. Personengesellschaften/*Erle/Eberhard* § 11 Rn 61. Anderes kann für Forderungen gelten, die eng mit dem Gesellschaftsverhältnis verbunden sind, vgl. BGH WM 1971, 931; *Baumbach/Hopt* § 149 HGB Rn 5.

[132] BGH NJW-RR 1993, 1187; NJW 1995, 2843, 2844; DB 1997, 2425; *Grunewald* Gesellschaftsrecht 1.B. Rn 84; GK/*Habersack* § 149 HGB Rn 41.

[133] BGH NJW-RR 1995, 1182; *Ebenroth/Boujong/Joost/Hillmann* § 149 HGB Rn 44; vgl. auch *K. Schmidt* Gesellschaftsrecht § 52 IV 1 c, nach dessen Meinung es sich hier um einen Fall der vorläufigen Verteilung nach § 155 Abs. 2 HGB handelt.

[134] BGH DB 1997, 2425.

[135] BGHZ 19, 42, 47 f.; BGH WM 1966, 706; *Baumbach/Hopt* § 155 HGB Rn 2; *Röhricht/Graf von Westphalen/v. Gerkan* § 155 Rn 8; *Heymann/Sonnenschein/Weitemeyer* § 155 HGB Rn 7.

lage erbracht und keinen Kapitalanteil übernommen, bleibt sie bei der Verteilung des Vermögens unberücksichtigt. Im Übrigen werden nur Gesellschafter mit einem positiven Kapitalkonto bei der Schlussverteilung berücksichtigt; ein Gesellschafter, dessen Kapitalkonto einen negativen Saldo aufweist, erhält im Rahmen der Schlussverteilung keine Zahlungen.[136] Weicht der **Gewinnverteilungsschlüssel** von dem Verhältnis der Kapitalanteile der Gesellschafter ab, bedarf es einer ausdrücklichen Regelung im Gesellschaftsvertrag, wenn für die Verteilung des Restvermögens, der Gewinnverteilungsschlüssel und nicht die Kapitalanteile maßgebend sein sollen.[137] Da die Beteiligung am Liquidationserlös dem Kernbereich der Mitgliedschaft zuzurechnen ist, ist eine abweichende Vereinbarung nur mit Zustimmung des betroffenen Gesellschafters möglich.[138]

Der **Anspruch** auf Vornahme der Schlussverteilung ist einklagbar. Er 62
richtet sich gegen die Gesellschaft.[139] Liegt die Schlussbilanz noch nicht vor, kann die Aufstellung der Schlussbilanz und Auszahlung des Abfindungsguthabens im Wege der Stufenklage verlangt werden.[140] Da die Schlussbilanz aber nicht materielle Voraussetzung des Anspruchs auf das Abfindungsguthaben ist, kann der Gesellschafter den ihm zustehenden Betrag auch selbst ermitteln und einklagen.[141]

bb) Ausgleich zwischen den Gesellschaftern. Der Ausgleich zwischen Gesell- 63
schaftern mit negativem und positivem Kapitalkonto gehört nach h. M. nicht mehr zu den Aufgaben der Liquidatoren; die Durchführung des Ausgleichs kann den Liquidatoren jedoch mit deren Einverständnis übertragen werden.[142]

cc) Vorläufige Verteilung. Nach der gesetzlichen Regelung haben die Gesell- 64
schafter einer KG bereits während des Liquidationsverfahrens Anspruch darauf, dass das für die Liquidation entbehrliche Geld **vorab** unter den Gesellschaftern verteilt wird (§ 155 Abs. 2 S. 1 HGB). Maßgebend ist das Verhältnis der **Kapitalanteile**.[143] Zur Deckung noch nicht fälliger oder

---

[136] *Grziwotz*, DStR 1992, 1368. Kommanditisten nehmen am Verlust nur in Höhe ihres Kapitalanteils und einer etwa noch rückständigen Einlage teil. Sie trifft indessen keine Ausgleichspflicht gegenüber der Komplementär-GmbH.

[137] *Grziwotz*, DStR 1992, 1368.

[138] GK/*Habersack* § 155 HGB Rn 4.

[139] GK/*Habersack* § 155 HGB Rn 14.

[140] MünchHdb. GesR II/*Schmid* KG § 46 Rn 87.

[141] MüKoHGB/*K. Schmidt* § 155 HGB Rn 43.

[142] Vgl. BGH WM 1966, 706; DB 1984, 180, 181; *Baumbach/Hopt* § 149 HGB Rn 3; *Ebenroth/Boujong/Joost/Hillmann* § 149 HGB Rn 11; *Röhricht/v. Westphalen/v. Gerkan* § 149 HGB Rn 11; *Schlegelberger/Martens* § 161 HGB Rn 126; MüKo/*Ulmer* § 730 BGB Rn 3ff.; *Ensthaler*, Liquidation, S. 120; *Heymann/Sonnenschein/Weitemeyer* § 155 HGB Rn 10; MünchHdb. GesR II/*Schmid* KG § 53 Rn 39, 47 mit Berechnungsbsp.; Beck Hdb. Personengesellschaften/*Erle/Eberhard* § 11 Rn 61; a. A. MüKoHGB/*K. Schmidt* § 149 HGB Rn 22; vgl. auch *K. Schmidt*, ZHR 153 (1989), 296; ihm folgend GK/*Habersack* § 149 HGB Rn 23f. u. § 155 HGB Rn 9. Zur Ausgleichsverpflichtung der Gesellschafter kraft Treu und Glaubens BGH NJW 1967, 36.

[143] MüKoHGB/*K. Schmidt* § 155 HGB Rn 8; GK/*Habersack* § 155 HGB Rn 23.

streitiger Verbindlichkeiten haben die Liquidatoren jedoch ausreichende Einbehalte vorzunehmen (§ 155 HGB Abs. 2 S. 2). Da eine solche Auszahlung naturgemäß auf einer Prognose beruht, erfolgt sie stets unter **Vorbehalt**, selbst wenn die Liquidatoren hierauf nicht ausdrücklich hingewiesen haben. Ob die Mittel zur Begleichung der Gläubigerverbindlichkeiten tatsächlich nicht benötigt werden, muss der Gesellschafter darlegen und notfalls beweisen.[144] Ihm steht insoweit ein **Auskunftsanspruch** gegenüber der Gesellschaft zu.[145] Reicht das zurückbehaltene Geld entgegen den anfänglichen Erwartungen zum Ausgleich der Verbindlichkeiten nicht aus, haben die Gesellschafter zu viel Gezahltes zurückzuzahlen. Der Rückzahlungsbetrag ist angemessen zu **verzinsen**;[146] eine Berufung auf den Wegfall der Bereicherung scheidet daher aus.[147] Hat ein Gesellschafter einen zu hohen Betrag erhalten, ist vor der endgültigen Aufteilung des Vermögens eine Rückforderung nicht möglich, wenn die Befriedigung der Gläubiger keine Probleme bereitet. Der Rückforderungsanspruch nach § 812 BGB findet dann Eingang in die Liquidationsschlussbilanz.

65 *dd) Gläubigerschutz.* Fraglich ist, ob die Vermögensverteilung bei einer **GmbH & Co. KG** ohne natürliche Person als persönlich haftender Gesellschafter zeitlichen Schranken unterliegt. Anlass für die Fragestellung gibt § 73 Abs. 1 GmbHG, nach dem im Falle der Liquidation der Komplementär-GmbH eine Verteilung des restlichen Vermögens der Gesellschaft an ihre Gesellschafter nicht vor **Ablauf eines Sperrjahres** in Betracht kommt (siehe auch Rn 97). Zwar sieht das Gesetz für die GmbH & Co. KG eine solche Sperrjahresregelung nicht vor. Gleichwohl spricht sich die herrschende Meinung im Schrifttum aus Gläubigerschutzgründen für eine **analoge Anwendung des § 73 GmbHG** auf die GmbH & Co. KG aus.[148] Danach ist eine Verteilung des Restvermögens der KG erst dann zulässig, wenn sämtliche Schulden getilgt sind und das Sperrjahr abgelaufen ist. Bejaht man mit der mittlerweile ständigen Rechtsprechung in entsprechender Anwendung der §§ 30, 31 GmbHG ein Ausschüttungsverbot bei der GmbH & Co. KG und nimmt man eine Haftung des Kommanditisten an, wenn durch Auszahlungen aus dem Vermögen der GmbH & Co. KG mittelbar das Vermögen der Komplementär-GmbH unter den Nennwert des Stammkapitals sinkt,[149] sprechen gute Gründe dafür, eine Verteilung des Restvermögens der KG tatsächlich erst nach Ablauf des Sperrjahres für zulässig zu halten. Die Ausschüttungssperre greift indessen

---

144 MüKoHGB/*K. Schmidt* § 155 HGB Rn 9.

145 MünchHdb. GesR II/*Schmid* KG § 46 Rn 76.

146 RGZ 151, 125.

147 *Baumbach/Hopt* § 155 HGB Rn 1; *Hesselmann/Tillmann* Rn 688; MünchHdb. GesR II/*Schmid* KG § 46 Rn 78.

148 *K. Schmidt*, GmbHR 1989, 144; *Scholz/K. Schmidt* § 73 GmbHG Rn 39 ff.; MüKoHGB/*K. Schmidt* § 155 HGB Rn 49; *Ebenroth/Boujong/Joost/Henze* Anh. A nach § 177 a HGB Rn 230; *Koller/Roth/Morck* § 155 HGB Rn 2; *Hesselmann/Tillmann* Rn 689; *Roth/Altmeppen* § 73 GmbHG Rn 34; GK/*Habersack* § 155 HGB Rn 17; a. A. *Grziwotz*, DStR 1992, 1365, 1368.

149 BGHZ 60, 324; 110, 342 = NJW 1990, 1725.

nur dann ein, wenn nicht nur die KG, sondern auch die GmbH aufgelöst ist.[150] Ist nur die KG aufgelöst, verbleibt es bei der alleinigen Anwendung des § 155 HGB.

ee) Aussetzung der Verteilung. Entstehen unter den Gesellschaftern Meinungsverschiedenheiten über die Verteilung des Gesellschaftsvermögens, ist die Verteilung von den Liquidatoren auszusetzen (§ 155 Abs. 3 HGB). Dies gilt auch für eine vorläufige Verteilung.[151] Erhebt ein Gesellschafter Widerspruch, hat die geplante Verteilung des Vermögens stets zu unterbleiben, es sei denn, der Widerspruch erweist sich ausnahmsweise als rechtsmissbräuchlich.[152] Vor der Beilegung der Meinungsdiskrepanzen ist die Liquidation nicht abgeschlossen; die Liquidatoren können sie jedoch durch Hinterlegung des Betrages beenden.[153] 66

4. Abschluss der Liquidation

a) Anmeldung des Erlöschens der Firma. Nach Durchführung der Schlussverteilung des Vermögens ist die Liquidation abgeschlossen und die Gesellschaft **beendet** (vgl. Rn 2f.). Die Liquidatoren haben das **Erlöschen der Firma** der GmbH & Co. KG zum **Handelsregister** anzumelden (§ 157 Abs. 1 HGB). Dabei sind alle Liquidatoren zur Mitwirkung verpflichtet.[154] Die Eintragung hat lediglich deklaratorische Wirkung; das Erlöschen tritt also unabhängig von der Eintragung ein.[155] Ist die Gesellschaft liquidationslos erloschen, findet § 157 HGB keine Anwendung. In diesem Fall ist jedoch das Erlöschen der Firma anzumelden (§ 31 HGB).[156] 67

b) Aufbewahrung von Unterlagen; Einsichtsrecht der Gesellschafter. Die **Bücher und Papiere** der Gesellschaft sind einem Gesellschafter zur Verwahrung zu übergeben. Erklärt sich hierzu keiner der Gesellschafter bereit, muss ein Dritter gefunden werden, der notfalls vom Gericht bestimmt wird (§ 157 Abs. 2 HGB). Die Regelung ist entsprechend anzuwenden, wenn die Gesellschaft liquidationslos erlischt.[157] 68

Auch ohne ein besonderes Interesse für sich in Anspruch nehmen zu können, hat jeder Gesellschafter oder Erbe eines Gesellschafters Recht auf **Einsicht** in die Unterlagen der aufgelösten Gesellschaft (§ 157 Abs. 3 HGB). Gesellschaftsvertragliche Bestimmungen, die das Einsichtsrecht des

---

[150] MüKoHGB/*K. Schmidt* § 155 HGB Rn 49.

[151] GK/*Habersack* § 155 Rn 29.

[152] MüKoHGB/*K. Schmidt* § 155 HGB Rn 36; *Ebenroth/Boujong/Joost* § 155 HGB Rn 20.

[153] Vgl. BayObLG WM 1979, 655; *Baumbach/Hopt* § 155 HGB Rn 4; GK/*Habersack* § 155 HGB Rn 32.

[154] GK/*Habersack* § 157 HGB Rn 8; MüKoHGB/*K. Schmidt* § 157 HGB Rn 11.

[155] BGH NJW 1979, 1987; BayObLG BB 1983, 82; *Heymann/Sonnenschein/Weitemeyer* § 157 HGB Rn 5, *Baumbach/Hopt* § 157 HGB Rn 3; *Röhricht/v. Westphalen/v. Gerkan* § 157 HGB Rn 6; MüKoHGB/*K. Schmidt* § 157 HGB Rn 13.

[156] MüKoHGB/*K. Schmidt* § 157 HGB Rn 8; *Grziwotz*, DStR 1992, 1365, 1369.

[157] *Baumbach/Hopt* § 157 HGB Rn 4.

Gesellschafters einschränken, entfalten keine Wirkung mehr.[158] Jeder Gesellschafter hat das Recht sich Kopien anzufertigen.[159]

69 **c) Nachtragsliquidation.** Findet sich nach Vornahme der Schlussverteilung noch weiteres Aktivvermögen der Gesellschaft, ist eine Nachtragsliquidation durchzuführen.[160] Für die **Löschung** wegen Vermögenslosigkeit (vgl. § 131 Abs. 2 S. 1 Nr. 2 HGB, § 141 a Abs. 3 FGG) ist dies in § 145 Abs. 3 HGB nunmehr speziell geregelt. Die GmbH & Co. KG ist in diesem Fall, selbst wenn ihre Firma bereits im Handelsregister gelöscht wurde, nur scheinbar beendet.[161]

Im Fall der Nachtragsliquidation besteht die Vertretungsmacht der **Liquidatoren** fort.[162] Sie sind dann zu einer Wiederaufnahme ihrer Tätigkeit verpflichtet und haben die Schlussbilanz der Gesellschaft zu berichtigen.[163] Die Liquidationsbeteiligten können aber auch neue Liquidatoren bestellen. Vorsorglich sollten die früheren Liquidatoren dann im gleichen Zuge abberufen werden. Bei Publikumsgesellschaften können die Liquidatoren nach h. M. nur entsprechend § 273 Abs. 4 AktG auf Antrag eines Liquidationsbeteiligten durch das Gericht bestellt werden. Voraussetzung ist die Darlegung des Vorhandenseins weiteren Vermögens der Gesellschaft.

70 Die Liquidatoren müssen beim **Handelsregister** beantragen, die Eintragung des Erlöschens der Firma zu korrigieren, wenn es zum Registerzweck geboten ist.[164] Eine Fortsetzung der Gesellschaft wird in aller Regel nicht in Betracht kommen.[165] Soll das aufgefundene Restvermögen keiner Verwertung zugeführt werden, bilden die Gesellschafter eine GbR.[166]

5. Bilanzierung in der Liquidationsphase

71 Bei der Rechnungslegung der in Liquidation befindlichen GmbH & Co. KG ist zwischen interner (§ 154 HGB) und externer (§ 242 HGB) Rechnungslegung zu unterscheiden.

72 Das Verhältnis zwischen der allgemeinen Rechnungslegungspflicht nach §§ 242 ff. HGB und der in § 154 HGB normierten Liquidationsrechnungslegung ist umstritten. Eine vormals vorherrschende Ansicht nahm an, die allgemeine Rechnungslegungspflicht werde durch die spezielle Liquidationsrechnungslegung nach § 154 HGB verdrängt.[167] Sofern der Gesell-

---

[158] MüKoHGB/*K. Schmidt* § 157 HGB Rn 29.

[159] *Baumbach/Hopt* § 157 HGB Rn 7.

[160] Hierzu gehören auch Schadensersatzansprüche gegen die Liquidatoren, vgl. MünchHdb. GesR II/*Schmid* KG § 47 Rn 112.

[161] BGH NJW 1979, 1987; MüKoHGB/*K. Schmidt* § 157 HGB Rn 33.

[162] Vgl. BGH NJW 1979, 1987; OLG Hamm GmbHR 1997, 75, 77; *K. Schmidt*, Gesellschaftsrecht, § 52 IV 2.e); *Heymann/Sonnenschein/Weitemeyer* § 145 HGB Rn 8.

[163] BGHZ 26, 126.

[164] BayObLG ZIP 2000, 1054, 1055; MünchHdb. GesR II/*Schmid* KG § 47 Rn 112.

[165] MüKoHGB/*K. Schmidt* § 157 HGB Rn 33.

[166] BGHZ 58, 603; MünchHdb. GesR II/*Schmid* KG § 46 Rn 91.

[167] BGH NJW 1980, 1522, 1523; OLG Celle BB 1982, 1451; *Baumbach/Hopt* § 154 HGB Rn 4; *Förster/Grönwoldt*, BB 1987, 577, 580; *Düringer/Hachenburg/Flechtheim* § 154 Rn 4.

schaftsvertrag keine hierauf gerichtete Verpflichtung vorsieht oder die Gesellschafter keine diesbezügliche Weisung erteilen (§ 152 HGB), sei die Aufstellung von handelsrechtlichen Jahresabschlüssen in der Liquidationsphase danach nicht geboten. Zwischenabschlüsse könnten lediglich bei **umfangreichen Liquidationen** erforderlich sein. Bei größeren Veränderungen des Bestandes der Aktiva und Passiva seien die Liquidatoren zur Erstellung von jährlichen Bilanzen bzw. Zwischenbilanzen verpflichtet, um die Gesellschafter vom Fortgang des Verfahrens zu informieren.[168] Hierbei handele es sich jedoch nicht um eine handelsrechtliche, sondern zivilrechtliche Rechnungslegungspflicht.

Dem ist nicht zu folgen. Vielmehr ist mit der inzwischen herrschenden 73
Ansicht im Schrifttum[169] zwischen der in § 154 HGB geregelten internen Rechnungslegung und der externen Rechnungslegung nach §§ 242 ff. HGB zu differenzieren. Im Einzelnen gilt Folgendes:

a) Die Schlussbilanz der werbenden Gesellschaft. Die Liquidatoren 74
haben zunächst zu Beginn der Liquidation den Abschluss der werbenden Tätigkeit der Gesellschaft in einer Schlussbilanz zu dokumentieren.[170] Fällt der Zeitpunkt der Auflösung in den Lauf eines Geschäftsjahres, so ist eine Schlussbilanz für das Rumpfgeschäftsjahr zu erstellen.[171]

b) Eröffnungsbilanz. Ferner haben die Liquidatoren eine Liquidations- 75
eröffnungsbilanz aufzustellen (§ 154 HGB). Die Aufstellung der Liquidationseröffnungsbilanz hat den Zweck, die Aktiva und Passiva der Gesellschaft zu erfassen, um den Liquidatoren eine Entscheidungsgrundlage für die anstehende Liquidation an die Hand zu geben.[172] Sie dient nicht der Ermittlung des Geschäftsergebnisses und ist daher **Vermögens-** und **keine Ertragsbilanz.**[173] Demnach ist auch dann, wenn der Stichtag für die Jahresbilanz (Ende des Geschäftsjahres) und die Eröffnungsbilanz (Tag der Auflösung) zusammenfallen, stets eine gesonderte Eröffnungsbilanz zu erstellen.[174]

---

[168] BGH NJW 1980, 1523; OLG Celle BB 1983l, 1451; *Klasmeyer/Kübler*, BB 1978, 369; *Baumbach/Hopt* § 154 HGB Rn 4.

[169] Instruktiv *K. Schmidt* Gesellschaftsrecht § 52 IV 2 c; MüKoHGB/*K. Schmidt* § 154 HGB Rn 14; *ders.*, ZHR 153 (1989), 286; GK/*Habersack* § 154 HGB Rn 7, 13 ff.; i. E. auch *Ebenroth/Boujong/Joost* § 154 HGB Rn 6 ff.; *Koller/Roth/Morck* § 154 HGB Rn 3; *Röhricht/v. Westphalen/v. Gerkan* § 154 HGB Rn 9; *Hesselmann/Tillmann* Rn 684; *Heymann/Sonnenschein/Weitemeyer* § 155 HGB Rn 6; Beck Hdb. Personengesellschaften/*Erle* § 11 Rn 80.

[170] *Sudhoff*, NJW 1957, 731; 733; GK/*Habersack* § 154 HGB Rn 18; *Ebenroth/Boujoung/Joost* § 154 HGB Rn 2; *Röhricht/Graf von Westphalen/v. Gerkan* § 154 HGB Rn 2; a. A. MüKoHGB/*K. Schmidt* § 154 HGB Rn 18.

[171] GK/*Habersack* § 154 HGB Rn 18

[172] *Baumbach/Hopt* § 154 HGB Rn 2.

[173] *Baumbach/Hopt* § 154 HGB Rn 2; MüKoHGB/*K. Schmidt* § 154 HGB Rn 5; *Hesselmann/Tillmann* Rn 684; GK/*Habersack* § 154 HGB Rn 14; vgl. auch *Förster/Grönwoldt*, BB 1987, 577 ff.

[174] MünchHdb. GesR II/*Schmid* KG § 46 Rn 66.

76 In der Eröffnungsbilanz sind alle Vermögensgegenstände mit dem **wirklichen Wert** anzusetzen.[175] Bei Aktiva entspricht dies dem voraussichtlichen Veräußerungserlös. Es kommt also notwendigerweise zu einer **Auflösung stiller Reserven**; die Bewertungsvorschriften der §§ 252 ff. HGB und das Going-Concern-Prinzip finden nur eingeschränkte Anwendung. Die dadurch entstehenden Buchgewinne bzw. -verluste können zwischen den Gesellschaftern jedoch nicht verteilt werden. Ein innerer Geschäftswert der Gesellschaft kann nur dann in Ansatz gebracht werden, wenn eine Veräußerung des Vermögens als Ganzes möglich erscheint.[176] In diesem Fall sind die Gegenstände mit dem sog. **Teilwert** zu bilanzieren.[177]

Die **Feststellung** der Eröffnungsbilanz erfolgt durch die Gesellschafter. Nach der Feststellung sind die Bilanzansätze verbindlich festgelegt.

77 **c) Jahres- und Zwischenbilanzen.** Da die GmbH & Co. KG mit ihrer Auflösung ihre Kaufmannseigenschaft noch nicht verliert, bleibt sie gemäß §§ 238 ff. HGB verpflichtet, Bücher zu führen und handelsrechtliche, auf das Ende ihres **Geschäftsjahres** bezogene **Jahresbilanzen** aufzustellen. Zudem ist sie nach den steuerlichen Vorschriften zur jährlichen Gewinnermittlung verpflichtet (§§ 140, 141 AO). Das Going-Concern-Prinzip findet dabei so lange Anwendung, bis eine Unternehmensfortführung objektiv nicht mehr in Betracht kommt.[178]

78 Eine Verpflichtung zur Aufstellung von **Liquidationszwischenbilanzen** besteht nur bei größeren Auseinandersetzungen, wenn das Informationsinteresse der Beteiligten nicht durch die Jahresbilanzen befriedigt werden kann.[179]

79 **d) Liquidationsschlussbilanz.** Schließlich haben die Liquidatoren bei der Beendigung der Liquidation eine Schlussbilanz aufzustellen (§ 154 HGB). Da die Schlussbilanz der Vorbereitung der Vermögensverteilung dient, ist sie entgegen dem Wortlaut des Gesetzes nicht erst auf den Zeitpunkt der Vollbeendigung aufzustellen; maßgebend ist vielmehr der Zeitpunkt, zu dem das verteilbare Gesellschaftsvermögen ermittelt wurde.[180] **Stichtag** für die Aufstellung der Schlussbilanz ist also der Tag, an dem die Forderungen eingezogen, das gesamte Gesellschaftsvermögen versilbert und die Gesellschaftsgläubiger befriedigt wurden. Als **entbehrlich** erweist sich die Aufstellung der Schlussbilanz nur dann, wenn über das Vermögen der Gesellschaft das Insolvenzverfahren eröffnet wird, weil die Verbindlichkeiten der Gesellschaft ihr Vermögen übersteigen.

80 Ein Vergleich zwischen der Liquidationsschlussbilanz und der Schlussbilanz der werbenden Gesellschaft gibt Aufschluss über den zwischen den

---

175 RGZ 80, 104, 107; *Heymann/Sonnenschein/Weitemeyer* § 145 HGB Rn 3; GK/*Habersack* § 154 HGB Rn 15.

176 MünchHdb. GesR II/*Schmid* KG § 46 Rn 66.

177 *Förster/Grönwoldt*, BB 1987, 577, 580; *Heymann/Sonnenschein/Weitemeyer* § 154 HGB Rn 3.

178 GK/*Habersack* § 154 HGB Rn 23.

179 GK/*Habersack* § 154 HGB Rn 11.

180 *Baumbach/Hopt* § 154 HGB Rn 3; MüKoHGB/*K. Schmidt* § 154 HGB Rn 7; GK/*Habersack* § 154 HGB Rn 16; MünchHdb. GesR II/*Schmid* KG § 46 Rn 70.

Gesellschaftern zu verteilenden **Liquidationsüberschuss**.[181] Kann das Gesellschaftsvermögen zu einem über dem Buchwert liegenden Wert veräußert werden, entsteht ein **Liquidationsgewinn**, bei Verwertung unterhalb des Buchwerts ein **Liquidationsverlust**.[182]

6. Haftung der Gesellschafter nach Auflösung der Gesellschaft

a) Komplementär-GmbH. Sofern die Verbindlichkeiten der Gesellschaft nicht vollständig beglichen werden konnten, weil kein ausreichendes Vermögen zur Befriedigung aller Gesellschaftsgläubiger vorhanden ist, bleibt die persönliche **Haftung** der Komplementär-GmbH gegenüber den Gesellschaftsgläubigern bestehen (§ 159 HGB). Die Komplementär-GmbH haftet zudem für die in der Liquidationsphase begründeten Verbindlichkeiten persönlich. Diese Haftung wird nicht im Rahmen eines Liquidationsverfahrens, sondern im Verhältnis zwischen ihr und den Gläubigern geltend gemacht.[183] **81**

b) Kommanditisten. Eine Haftung der Kommanditisten besteht nur dann, wenn diese ihre Einlage nicht vollständig erbracht oder dem Kommanditisten seine Einlage ganz oder teilweise zurückgewährt wurde (§§ 171 Abs. 1, 172 Abs. 4 HGB). Dem Fall der **Einlagenrückgewähr** steht es gleich, wenn der Kommanditist ein **Auseinandersetzungsguthaben** erhalten hat. Dies gilt auch für in der Liquidationsphase begründete Verbindlichkeiten. **82**

Haben die Gesellschafter für Verbindlichkeiten der Gesellschaft, etwa in Form einer Bürgschaft, **Sicherheiten** geleistet, besteht die Haftung aus diesen Rechtsverhältnissen fort. Allein die Beendigung der Gesellschaft führt nicht zu einem Erlöschen der Haftung.[184] **83**

c) Verjährung. Nach der Auflösung der Gesellschaft verjähren die Ansprüche gegen die Gesellschafter aus Verbindlichkeiten der Gesellschaft innerhalb von **fünf Jahren**, sofern nicht der Anspruch gegen die Gesellschaft einer kürzeren Verjährung unterliegt (§ 159 Abs. 1 HGB). Die Vorschrift bezieht sich nur auf eine persönliche Haftung des Gesellschafters für Gesellschaftsverbindlichkeiten (§§ 128, 171 HGB), nicht jedoch für daneben begründete Forderungen (z. B. Schuldbeitritt, Bürgschaft etc.).[185] **84**

Nach § 159 Abs. 2 HGB **beginnt** die Verjährung mit dem Tag, an dem die Auflösung der Gesellschaft in das Handelsregister eingetragen wird. Demnach kommt es weder auf den Tag der Anmeldung noch den Tag der Bekanntmachung der Eintragung an.[186] Anders verhält es sich nur, wenn der Anspruch gegen die Gesellschaft erst nach der Eintragung fällig wird; **85**

---

181 GK/*Habersack* § 154 HGB Rn 27; MüKoHGB/*K. Schmidt* § 154 HGB Rn 12; *Röhricht/Graf von Westphalen/v. Gerkan* § 154 HGB Rn 10.

182 MünchHdb. GesR II/*Schmid* KG § 46 Rn 70.

183 Kritisch *K. Schmidt* Gesellschaftsrecht § 52 IV 1 b.

184 BGHZ 82, 323 = NJW 1982, 875.

185 *Baumbach/Hopt* § 159 HGB Rn 4.

186 GK/*Habersack* § 159 HGB Rn 17. Zur rechtspolitischen Kritik vgl. *K. Schmidt* Gesellschaftsrecht § 52 IV 3 b.

in diesem Fall beginnt die Verjährung mit dem Zeitpunkt der Fälligkeit (§ 159 Abs. 3 HGB).

86 Der **Neubeginn** der Verjährung und ihre **Hemmung** gem. § 204 BGB gegenüber der Gesellschaft wirken auch gegenüber den Gesellschaftern, die ihr zur Zeit der Auflösung angehört haben (§ 159 Abs. 4 HGB). Will sich der Gläubiger die persönliche Haftung der Komplementär-GmbH erhalten, hat er vor Ablauf der Fünf-Jahres-Frist einen Neubeginn bzw. eine Hemmung der Verjährung gegenüber der Gesellschaft zu bewirken.

7. Abweichende Art der Auseinandersetzung

87 **a) Voraussetzungen.** Die Auseinandersetzung des Gesellschaftsvermögens stellt den gesetzlichen Normalfall der Liquidation dar. Die Gesellschafter sind jedoch frei darin, eine andere Art der Auseinandersetzung zu beschließen (§ 145 Abs. 1 HGB). Eine Regelung über eine abweichende Art der Auseinandersetzung kann bereits im **Gesellschaftsvertrag** enthalten sein. Enthält der Gesellschaftsvertrag keine speziellen Bestimmungen, können die Gesellschafter eine abweichende Art der Auseinandersetzung auch aufgrund eines Ad-hoc-Beschlusses vereinbaren. Durch einen solchen Beschluss, der nach noch h. M. der Stimmen aller Gesellschafter bedarf,[187] wird die Liquidation der Gesellschaft beendet.[188]

88 Beruht die Auflösung der Gesellschaft auf der Kündigung eines Gesellschaftergläubigers oder auf der Eröffnung des Insolvenzverfahrens über das Vermögen eines Gesellschafters,[189] kann die Liquidation der KG nur mit **Zustimmung** des **Privatgläubigers** bzw. des **Insolvenzverwalters** und, wenn Eigenverwaltung (§ 270 InsO) angeordnet ist, des betroffenen Gesellschafters unterbleiben (§ 145 Abs. 2 HGB).[190] Gleiches gilt, wenn die Pfändung und Eröffnung des Insolvenzverfahrens nach einer aus anderem Grund eingetretenen Auflösung erfolgt.[191] Jede von den gesetzlichen Vorschriften abweichende Durchführung der Liquidation bedarf dann der Zustimmung des Privatgläubigers bzw. des Insolvenzverwalters. Wird diese verweigert, ist die Liquidation nach Maßgabe der §§ 145 ff. HGB durchzuführen. Die Vorschrift des § 145 Abs. 2 HGB gilt aber nur für nachträgliche

---

[187] *Baumbach/Hopt* § 145 HGB Rn 8; MüKoHGB/*K. Schmidt* § 145 HGB Rn 45; *Ebenroth/Boujon/Hillmann* § 145 HGB Rn 16; abweichend GK/*Habersack* § 145 HGB Rn 24.

[188] *Heymann/Sonnenschein/Weitemeyer* § 145 HGB Rn 10.

[189] Nach dem In-Kraft-Treten des HRefG führt die Kündigung durch den Privatgläubiger oder die Eröffnung des Insolvenzverfahrens über das Vermögen eines Gesellschafters nicht mehr zur Auflösung der Gesellschaft, sondern lässt den Gesellschafter nur aus dem Verband ausscheiden. Soll der Eintritt einer dieser beiden Tatbestände die Auflösung der Gesellschaft zur Folge haben, bedarf es einer entsprechenden Bestimmung im Gesellschaftsvertrag.

[190] Anders als die Zustimmung des Gläubigers ersetzt die Zustimmung des Insolvenzverwalters die Mitwirkung des Gesellschafters, so zutr. GK/*Habersack* § 145 HGB Rn 33.

[191] GK/*Habersack* § 145 HGB Rn 28; MüKoHGB/*K. Schmidt* § 145 HGB Rn 54, 58.

Abweichungen von der gesetzlichen Regelung, so dass eine Vereinbarung über die Art der Auseinandersetzung im Gesellschaftsvertrag auch den Privatgläubiger bzw. den Insolvenzverwalter bindet.[192]

Soweit die Gesellschafter eine andere Art der Auseinandersetzung ge- 89
wählt haben, finden **im Verhältnis zu Dritten** die Liquidationsregeln jedoch noch solange Anwendung, wie noch ungeteiltes Gesellschaftsvermögen vorhanden ist (§ 158 HGB).[193] Dabei ist es unerheblich, ob die abweichende Auseinandersetzungsart unmittelbar mit der Auflösung oder erst im Liquidationsstadium vereinbart wurde.[194] Die Gesellschafter müssen daher die Liquidatoren bestellen, zum Handelsregister anmelden und die Abwicklung der Gesellschaft, wenn auch nach Maßgabe der getroffenen Vereinbarung, abwickeln.[195]

b) Inhalt der Vereinbarung. Eine abweichende Abwicklung der Ge- 90
sellschaft liegt nach h. M. dann vor, wenn eine Zerschlagung des Unternehmens vermieden wird.[196] Eine abweichende Art der Auseinandersetzung kann etwa durch die **Übernahme** des Handelsgeschäfts durch einen Gesellschafter mit Zustimmung aller Gesellschafter (vgl. § 142 HGB a. F.), die **Einbringung** der Vermögensgegenstände in eine Auffanggesellschaft oder die **Veräußerung** des Unternehmens an einen Dritten erfolgen.[197]

Besondere Bedeutung in der Praxis haben vor allem der Abschluss eines 91
Liquidationsvergleiches und die Realteilung gewonnen. Im Zuge eines **Liquidationsvergleiches** übertragen die Gesellschafter das Vermögen der Gesellschaft auf einen Dritten als Treuhänder mit der Maßgabe, das Unternehmen zur Befriedigung der Gläubiger zu verwerten.[198] Bei **Realteilung** des Gesellschaftsvermögens werden die Aktiva und Passiva (Unternehmensteile etc.) den einzelnen Gesellschaftern zugewiesen.[199] Soweit die so verteilten Vermögensgegenstände einen unterschiedlichen Wert aufweisen, sind die Gesellschafter untereinander zu einer Ausgleichszahlung in Geld

---

192 MüKoHGB/*K. Schmidt* § 145 HGB Rn 50; *Baumbach/Hopt* § 145 HGB Rn 11; *Ebenroth/Boujong/Joost/Hillmann* § 145 HGB Rn 20; *Röhricht/v. Westphalen/v. Gerkan* § 145 HGB Rn 10.

193 Krit. zu dieser Regelung *K. Schmidt*, ZHR 153 (1989), 277.

194 *Baumbach/Hopt* § 158 HGB Rn 2.

195 *K. Schmidt*, ZHR 153 (1989), 277; GK/*Habersack* § 145 Rn 34; a. A. *Baumbach/Hopt* § 158 HGB Rn 1.

196 MüKoHGB/*K. Schmidt* § 145 HGB Rn 9; *Schlegelberger/K. Schmidt* § 145 HGB Rn 38ff.; *Röhricht/Graf von Westphalen/v. Gerkan* § 145 HGB Rn 9; *Heymann/Sonnenschein/Weitemeyer* § 145 HGB Rn 15; *Baumbach/Hopt* § 145 HGB Rn 10; abweichend GK/*Habersack* § 145 HGB Rn 35: Verzicht auf Versilberung und Ausschüttung des Erlöses.

197 Vgl. *Heymann/Sonnenschein/Weitemeyer* § 145 HGB Rn 15; *Baumbach/Hopt* § 145 HGB Rn 10; Beck Hdb. Personengesellschaften/*Erle/Eberhard* § 11 Rn 62ff.; GK/*Habersack* § 145 HGB Rn 36.

198 Vgl. etwa BGH NJW 1979, 1987; MüKoHGB/*K. Schmidt* § 145 HGB Rn 42; *Baumbach/Hopt* § 145 Rn 10; *Koller/Roth/Morck* § 145 HGB Rn 4; vgl. aber auch GK/*Habersack* § 145 HGB Rn 37.

199 GK/*Habersack* § 145 HGB Rn 36; *Röhricht/v. Westphalen/v. Gerkan* § 145 Rn 9.

verpflichtet. Möglich ist auch, dass die Gesellschafter eine Vereinbarung darüber treffen, nur einen Teil der Vermögensgegenstände zu verteilen und das Restvermögen in Geld umzusetzen.

III. Liquidation der Komplementär-GmbH

1. Grundsatz

92 Namentlich bei der personengleichen GmbH & Co. KG folgt auf die Auflösung der KG häufig auch die Auflösung ihrer Komplementär-GmbH. Die persönlich haftende Gesellschafterin ist dann gleichfalls zu liquidieren. Wurde die GmbH wegen Vermögenslosigkeit im Handelsregister **gelöscht** (vgl. § 141a FGG), findet eine Liquidation grundsätzlich nicht statt, es sei denn, es stellt sich nachträglich heraus, dass die Gesellschaft noch über Vermögen verfügt (§ 66 Abs. 5 GmbHG).[200] Dies dürfte allerdings bei Komplementär-GmbH, die keinen eigenen Geschäftsbetrieb unterhalten, praktisch nicht vorkommen.

93 Die Auflösung der Komplementär-GmbH ist zum **Handelsregister** anzumelden (§ 65 Abs. 1 GmbHG). Gleichzeitig ist eine dreimalige Bekanntmachung der Auflösung in öffentlichen Blättern zu bewirken, in der die Gläubiger aufgefordert werden, sich bei der Gesellschaft zu melden (§ 65 Abs. 2 GmbHG). Öffentliche Blätter sind diejenigen, in denen nach dem Gesellschaftsvertrag **Bekanntmachungen** der Gesellschaft zu erfolgen haben. Fehlt eine solche Anordnung, haben die Bekanntmachungen im Bundesanzeiger (§ 10 HGB) und in den Blättern, die das Registergericht bestimmt hat, zu erfolgen.[201] Bestimmte Fristen zwischen den Bekanntmachungen sind nicht vorgeschrieben.[202] Um den Lauf der Sperrfrist (siehe hierzu Rn 97) in Gang zu setzen, empfiehlt es sich daher, die Bekanntmachungen zeitnah aufeinander folgen zu lassen.

94 Auch die Komplementär-GmbH hat fortan in ihrer Firma durch Aufnahme eines entsprechenden **Zusatzes** (z. B. „i. L.") auf die Änderung ihres Gesellschaftszweckes hinzuweisen (§ 68 Abs. 2 GmbHG). Dies gilt insbesondere für Geschäftsbriefe (§ 71 Abs. 5 GmbHG).[203] Sofern der Abwicklungszweck nicht beeinträchtigt wird, sind die Gesellschafter zu Änderungen des Gesellschaftsvertrages berechtigt.

2. Liquidatoren

95 Anders als bei der KG sind zu Liquidatoren der Komplementär-GmbH nicht deren Gesellschafter, sondern die **Geschäftsführer** der Gesellschaft berufen. Die Satzung der GmbH oder ein Beschluss der Gesellschafter können jedoch hier eine abweichende Anordnung treffen (§ 66 Abs. 1 GmbHG).

---

[200] Vgl. *K. Schmidt*, GmbHR 1994, 823.
[201] *Baumbach/Hueck* § 65 GmbHG Rn 15.
[202] *Grziwotz*, DStR 1992, 1404, 1406.
[203] Vgl. *Baumbach/Hueck* § 71 GmbHG Rn 35.

Die **Anmeldung** der Liquidatoren erfolgt trotz des missverständlichen Wortlauts des § 67 Abs. 1 GmbHG durch diese selbst.[204] Die Gesellschafter müssen hierbei nicht mitwirken. Eine in der Satzung der Komplementär-GmbH enthaltene Ermächtigung zur Befreiung von den Beschränkungen des § 181 BGB gilt grundsätzlich auch für die Liquidatoren fort.[205] 96

3. Durchführung der Liquidation; Verteilung des Gesellschaftsvermögens

Auch bei der Komplementär-GmbH haben die Liquidatoren die laufenden Geschäfte zu beendigen, die Forderungen einzuziehen, das Vermögen der Gesellschaft in Geld umzuwandeln und die Gläubiger zu befriedigen (§ 70 GmbHG). Während der Abwicklungsphase kommt eine Ausschüttung von **Gewinnen** nur insoweit in Betracht, als der Gewinnverwendungsbeschluss vor Eintritt der Auflösung gefasst wurde.[206] 97

Das verbleibende Vermögen ist entsprechend den Kapitalanteilen zwischen den Gesellschaftern zu **verteilen** (§ 72 GmbHG). Die Verteilung des Vermögens der GmbH kommt jedoch erst nach Ablauf eines **Sperrjahres** in Betracht (§ 73 GmbHG), das nach der dritten Bekanntmachung beginnt.[207] Meldet sich ein bekannter Gläubiger nicht, ist ein entsprechender Geldbetrag zu hinterlegen (§ 73 GmbHG).

Nach Abschluss der Liquidation ist die Beendigung der Gesellschaft zum Handelsregister **anzumelden**. Die Gesellschaft wird sodann im Handelsregister **gelöscht** (§ 74 GmbHG). Nach h. M. tritt das Erlöschen der Gesellschaft erst ein, wenn das Vermögen verteilt ist und die Löschung im Register erfolgt.[208] 98

Nach § 60 Abs. 1 Ziff. 4 GmbHG können die Gesellschafter die Fortsetzung der Gesellschaft beschließen, wenn das Verfahren auf Antrag der GmbH eingestellt oder nach Bestätigung eines den Fortbestand der Gesellschaft vorsehenden Insolvenzplanes aufgehoben wird.[209] Darüber hinaus können die Gesellschafter die **Fortsetzung** der aufgelösten Gesellschaft beschließen, sofern Gläubigerinteressen nicht entgegenstehen.[210] Voraussetzung einer Fortsetzung ist, dass die Gesellschafter einen entsprechenden 99

---

[204] *Baumbach/Hueck/Schulze-Osterloh* § 67 GmbHG, Rn 4 m. w. N.

[205] BFH GmbHR 2001, 927, 931; BayObLG NJW-RR 1999, 611 f.; OLG Zweibrücken NJW-RR 1999, 38 f.; BayObLG GmbHR 1996, 56; *Rowedder/Schmidt-Leithoff/Rasner* § 68 GmbHG Rn 3; a. A. OLG Hamm NJW-RR 1998, 1044 f.; zweifelnd OLG Düsseldorf ZIP 1989, 917 f.

[206] *Grziwotz*, DStR 1992, 1406.

[207] Zur Funktion des Sperrjahres allgemein vgl. *Erle*, GmbHR 1998, 216 ff. Zur analogen Anwendung des § 73 GmbHG bei der GmbH & Co. KG vgl. Rn 65.

[208] Sog. Lehre vom Doppeltatbestand, vgl. OLG Stuttgart ZIP 1998, 1880, 1882; *Scholz/K. Schmidt* § 65 GmbHG Rn 14; *Roth/Altmeppen* § 65 GmbHG Rn 19; *Rowedder/Schmidt-Leithoff/Rasner* § 60 GmbHG Rn 54; *Uhlenbruck*, ZIP 1996, 1645; *Vallender*, NZG 1998, 250; *Lutter/Hommelhoff* § 74 GmbHG Rn 6.

[209] Vgl. dazu *Vallender*, NZG 1998, 251.

[210] *Roth/Altmeppen* § 60 GmbHG Rn 23; vgl. zur Fortsetzung der Liquidations-GmbH allg. *Scholz*, GmbHR 1982, 228 ff.

Fortsetzungsbeschluss fassen[211] und noch nicht mit der Verteilung des Gesellschaftsvermögens begonnen wurde.[212]

4. Bilanzierung

100 Die Liquidatoren der Gesellschaft haben zu Beginn der Liquidationsphase eine **Liquidationseröffnungsbilanz** aufzustellen (§ 71 GmbHG), die grundsätzlich der Schlussbilanz der werbenden Gesellschaft entspricht. Stichtag ist der Tag des Eintritts des Auflösungsereignisses. Auf den der Auflösung der Gesellschaft vorangegangen Tag ist eine **Schlussbilanz** der werbenden Komplementär-GmbH aufzustellen.[213] Erfolgt die Auflösung unterjährig, ist ein Rumpfgeschäftsjahr zu bilden. Ferner müssen die Liquidatoren einen die Eröffnungsbilanz erläuternden Bericht erstellen (§ 71 GmbHG).

101 Erstreckt sich die Liquidation über den Jahreswechsel hinaus, sind für den Schluss eines jeden Jahres zusätzliche **Liquidationsjahresbilanzen** zu erstellen (§ 71 GmbHG).[214] **Stichtag** für die Jahresbilanzen ist nicht das Jahresende, sondern der Tag der Auflösung.[215] Die dadurch entstehenden **Abstimmungsprobleme**, dass Stichtag der (handelsrechtlichen) Jahresbilanzen der KG weiterhin das Ende des Geschäftsjahres ist (vgl. Rn 77), für die Liquidationsjahresbilanz der Komplementär-GmbH aber nach h. M. der Tag der Auflösung maßgebend ist,[216] lassen sich am einfachsten dadurch lösen, dass der Gesellschaftsvertrag der GmbH & Co. KG oder die Satzung der Komplementär-GmbH ein jeweils der anderen Gesellschaft angepasstes Geschäftsjahr in der Liquidationsphase vorsehen.[217] Die Abrechnungsperioden dürfen den Zeitraum von einem Jahr jedoch nicht überschreiten. Gegebenenfalls sind Rumpfgeschäftsjahre zu bilden.

102 Trotz Fehlens einer ausdrücklichen Regelung ist vor der Verteilung des Vermögens unter den Gesellschaftern von den Liquidatoren eine **Liquidationsschlussbilanz** aufzustellen.[218] Sie entspricht der in § 74 Abs. 1 GmbHG erwähnten Schlussrechnung.[219]

---

[211] Sofern die Satzung keine besonderen Bestimmungen enthält, ist eine Drei-Viertel-Mehrheit erforderlich, vgl. *Rowedder/Schmidt-Leithoff/Rasner* § 60 GmbHG Rn 70; *Baumbach/Hueck* § 60 GmbHG Rn 52; *Lutter/Hommelhoff* § 60 GmbHG Rn 29; *Roth/Altmeppen* § 60 GmbHG Rn 23; *Scholz*, GmbHR 1982, 232.

[212] Vgl. *Rowedder/Schmidt-Leithoff/Rasner* § 60 GmbHG Rn 66; *Hachenburg/Ulmer* § 60 GmbHG Rn 25.

[213] BayObLG GmbHR 1994, 331, 332.

[214] Einzelheiten bei *Baumbach/Hueck* § 71 GmbHG Rn 22; *Rowedder/Schmidt-Leithoff/Rasner* § 71 GmbHG Rn 13 ff.

[215] OLG Frankfurt BB 1977, 312, 313; *Lutter/Hommelhoff* § 71 GmbHG Rn 9.

[216] *Roth/Altmeppen* § 71 GmbHG Rn 6; *Baumbach/Hueck* § 71 GmbHG Rn 5, 22; *Rowedder/Schmidt-Leithoff/Rasner* § 71 GmbHG Rn 13.

[217] *Hesselmann/Tillmann* Rn 685.

[218] *Baumbach/Hueck/Schulze-Osterloh* § 71 GmbHG Rn 27 f.; *Rowedder/Schmidt-Leithoff/Rasner* § 71 GmbHG Rn 25; *Lutter/Hommelhoff* § 71 GmbHG Rn 12; a. A. *Hachenburg/Hohner* § 71 GmbHG Rn 12.

[219] *Baumbach/Hueck/Schulze-Osterloh* § 74 GmbHG Rn 3.

§ 47 Steuerliche Aspekte der Beendigung der Tätigkeit der GmbH & Co. KG

Übersicht

Schrifftum: *Blumers*, Ausgliederung und Spaltung und wesentliche Betriebsgrundlagen, DB 1995, 496; *Döllerer*, Neues Steuerrecht der Personengesellschaft, DStZ 1983, 179; *ders.*, Zur Realteilung bei Personenhandelsgesellschaften, DStZ 1982, 267; *Groh*, Der erwerbende Veräußerer. Zur Tarifbegünstigung des Veräußerungsgewinns nach § 16 Abs. 2 und 3 EStG, DB 1996, 2356; *ders.*, Nachträgliche Änderungen des Veräußerungsgewinns, DB 1995, 2235; *Herzig/Förster*, Problembereiche bei der Auf- und Abspaltung von Kapitalgesellschaften nach neuem Umwandlungssteuerrecht, DB 1995, 338; *Knobbe-Keuk*, Aktuelle Rechts- und Steuerprobleme der mittelständischen Unternehmen, StbJb 1991/92, 215; *Rödder*, Steuerorientierte Gestaltung von Umstrukturierungen bei Personengesellschaften, StbJb 1994/95, 321; *Rondorf*, Umsatzsteuerrechtliche Änderungen durch das Missbrauchsbekämpfungs- und Steuerbereinigungsgesetz, DStZ 1994, 358; *Sagasser/Schüppen*, Änderungen im Ertragsteuerrecht durch das Missbrauchsbekämpfungs- und Steuerbereinigungsgesetz, DStR 1994, 265; *Schultz*, Gewerbesteuerpflicht beim Aufstockungsmodell nach dem StBMG?, DStR 1994, 521; *Thiel*, Die Spaltung (Teilverschmelzung) im Umwandlungsgesetz und im Umwandlungssteuergesetz – neue Möglichkeiten zur erfolgsneutralen Umstrukturierung von Kapitalgesellschaften (Teil I), DStR 1995, 238.

I. Vorbemerkungen

Auch aus steuerlicher Sicht ist die Beendigung der Tätigkeit einer GmbH & Co. KG ein außerordentlicher Vorgang, dessen Steuerfolgen von der Normalität der laufenden Besteuerung abweichen. Auch hier muss zwischen der Ertragsbesteuerung sowie der Verkehrsbesteuerung unterschieden werden. **1**

Im Bereich der **Ertragsbesteuerung** steht die Frage im Vordergrund, ob und in welchem Umfang durch die Beendigung der Tätigkeit der GmbH & Co. KG stille Reserven aufgelöst werden. In diesem Zusammenhang ist weiterhin von Bedeutung, ob nur die stillen Reserven im Gesamthandsvermögen der Personengesellschaft oder ggf. auch noch aus dem Bereich des Sonderbetriebsvermögens realisiert werden.[1]

[1] *Littmann/Hörger* § 16 EStG Rn 198.

2 Im Zusammenhang mit der Aufgabe der gewerblichen Tätigkeit der Personengesellschaft erfolgen im Regelfall auch Vermögensübertragungen, entweder auf einen Dritten oder aus dem Gesamthandsvermögen in das unmittelbare Eigentum der Gesellschafter. Diese Vermögensübertragungen können wiederum zu **verkehrsteuerlichen Konsequenzen** führen. Zum einen betrifft dies die Grunderwerbsteuer, wenn ein Grundstück übertragen wird. Zum anderen betrifft dies die Umsatzsteuer, sofern keine Umsatzsteuerbefreiung greift.

II. Beendigung der Tätigkeit der Personengesellschaft

1. Entgeltliche Übertragung des Geschäftsbetriebes

3 **a) Veräußerung des gesamten Geschäftsbetriebes der Kommanditgesellschaft.** Die Veräußerung des gesamten Geschäftsbetriebes einer Personengesellschaft ist eher untypisch, da dies eine Einzelübertragung aller Wirtschaftsgüter bedingt. Abgesehen von haftungsrechtlichen Gesichtspunkten dürfte die Übertragung aller Anteile an der Kommanditgesellschaft auf einen potentiellen Erwerber wesentlich einfacher abzuwickeln sein als die Einzelübertragung aller Wirtschaftsgüter. Die Betriebsveräußerung aus dem Gesamthandsvermögen der Personengesellschaft hat jedoch dann eine erhebliche praktische Relevanz, wenn nicht der gesamte Geschäftsbetrieb, sondern lediglich ein Teilbetrieb veräußert wird.

4 Die **Betriebsveräußerung** ist im Grunde ein Vorgang, der typisch für einen Einzelunternehmer ist. Die von der Rechtsprechung entwickelten Grundsätze zur Betriebsveräußerung im Ganzen bei einem Einzelunternehmer gelten gleichermaßen jedoch auch für Personengesellschaften.[2]

Merkmale der Betriebsveräußerung sind:
- ein entgeltlicher Vorgang,
- bei dem alle wesentlichen Teile des geschäftlichen Organismus
- im Ganzen auf einen Erwerber übertragen werden,
- wobei der Veräußerer, also die Personengesellschaft, ihre werbende Tätigkeit aufgibt.[3]

Für die Qualifikation als Betriebsveräußerung ist es dabei unerheblich, dass mit der Veräußerung des operativen Geschäftsbetriebes die Personengesellschaft noch nicht aufgelöst ist. Die Personengesellschaft verfügt im Rahmen des Gesamthandsvermögens zumindest noch über den Kaufpreisanspruch, der dann im Zuge der Liquidation der Gesellschaft an die Gesellschafter ausgekehrt wird. Im Übrigen bleibt die Personengesellschaft bis zur formellen Auflösung weiterhin bestehen und behält auch bei anschließender vermögensverwaltender Tätigkeit ihre gewerbliche Prägung gem. § 15 Abs. 3 Nr. 2 EStG.

5 Eine Betriebsveräußerung liegt dann vor, wenn alle **wesentlichen Betriebsgrundlagen** an einen Erwerber entgeltlich übertragen werden. Um eine wesentliche Betriebsgrundlage handelt es sich dann, wenn der betref-

---

[2] BFH v. 4. 2. 1982 BStBl. II 1982, 348; BFH v. 3. 10. 1989 BStBl. II 1990, 420.

[3] BFH v. 9. 8. 1989 BStBl. II 1989, 973; BFH v. 12. 6. 1996 BStBl. II 1996, 527.

fende Vermögensgegenstand für den operativen Geschäftsbetrieb notwendig ist bzw. ein besonderes Gewicht für die Betriebsführung hat.[4] Entscheidend ist hierbei grundsätzlich die funktionale Betrachtungsweise, weniger dagegen der Umstand, dass in dem Vermögensgegenstand in größerem Umfang stille Reserven enthalten sind.[5] Zu den wesentlichen Betriebsgrundlagen gehören dabei die Vermögensgegenstände des Anlagevermögens, insbesondere die betrieblich genutzten Grundstücke.[6] Dies gilt auch dann, wenn keine spezielle Gestaltung des Grundstücks für den Geschäftsbetrieb der Personengesellschaft vorliegt.[7] Zu beachten ist, dass auch Vermögensgegenstände des Sonderbetriebsvermögens zu den wesentlichen Betriebsgrundlagen einer Personengesellschaft gehören können.[8]

Die Betriebsveräußerung im Ganzen zeichnet sich dadurch aus, dass der Geschäftsbetrieb mit den wesentlichen Betriebsgrundlagen durch **einen Erwerber** übernommen wird, der den Betrieb als solchen fortführen kann. Bei der Übertragung der Vermögensgegenstände an verschiedene Erwerber handelt es sich **nicht** um eine Betriebsveräußerung, sondern um die Zerschlagung des Unternehmens, da die einzelnen Erwerber bei der Aufsplittung des Betriebsvermögens den operativen Geschäftsbetrieb nicht fortführen können.[9] **6**

Werden im Zusammenhang mit der Veräußerung des Geschäftsbetriebes einzelne Vermögensgegenstände durch die Gesellschafter aus dem Betriebsvermögen **entnommen** und in das **Privatvermögen** überführt, berührt dies nicht die Qualifikation als Betriebsveräußerung im Ganzen.[10] Die Entnahme aus dem Gesamthandsvermögen erfolgt zum Teilwert, so dass die stillen Reserven auch in den entnommenen Vermögensgegenständen aufgelöst werden. **7**

Der Gewinn aus der Auflösung der stillen Reserven wird den Gesellschaftern nach dem Gewinnverteilungsschlüssel zugerechnet.[11] Er bildet einen **begünstigten Veräußerungsgewinn** im Sinne des § 16 EStG, auf den die Tarifvergünstigungen des § 34 EStG anzuwenden ist, d.h. grundsätzlich die sog. Fünftelregelung gem. § 34 Abs. 1 EStG. Hat ein Mitunternehmer das 55. Lebensjahr vollendet, kann anstelle der Fünftelregelung auf den anteiligen Veräußerungsgewinn bis zu einem Betrag von 5 Mio. € eine Ermäßigung auf 56 % der tariflichen Einkommensteuer erfolgen. Die Tarifermäßigung gem. § 34 Abs. 3 EStG kann nur einmal im Leben in Anspruch genommen werden. Ungeachtet der Anwendung der Art der Tarifermäßigung erfolgt keine Besteuerung mit **Gewerbesteuer vom Ertrag**.[12] **8**

---

[4] BFH v. 28. 8. 1985 BStBl. II 1985, 508.
[5] BFH v. 26. 5. 1993 BStBl. II 1993, 710.
[6] BFH v. 26. 4. 1979 BStBl. II 1979, 557.
[7] BFH v. 29. 10. 1992 BFH/NV 1994, 533; *L. Schmidt/Wacker* § 16 EStG Rn 103; a. A. *Littmann/Hörger* § 16 EStG Rn 28.
[8] BFH v. 31. 8. 1995 BStBl. II 1995, 890.
[9] *Hesselmann/Tillmann* Rn 1310.
[10] BFH v. 9. 9. 1993 BStBl. II 1994, 105.
[11] *Döllerer*, DStZ 1983, 179.
[12] BFH v. 11. 3. 1982 BStBl. II 1982, 707; *Lenski/Steinberg* § 7 GewStG Rn 300.

9 Auch der Verkauf des Gewerbebetriebes an eine Gesellschaft bzw. an eine ganz oder teilweise **beteiligungsidentische Personengesellschaft** kann zu einem tarifbegünstigten Veräußerungsgewinn im Sinne des §§ 16, 34 EStG führen.[13] Sind jedoch auf Seiten des Veräußerers und auf Seiten des Erwerbers die gleichen Personen beteiligt, wird die Tarifermäßigung gemäß § 16 Abs. 2 S. 3 EStG versagt. Durch § 16 Abs. 4 EStG soll die wirtschaftliche Veräußerung „an sich selbst" nicht mehr begünstigt werden. Die steuerliche Vergünstigung erfasst vielmehr nur die Veräußerung des Geschäftsbetriebes an einen Dritten.[14]

Beispiel:
Die X-GmbH & Co. KG hat drei Gesellschafter A, B und C, die jeweils zu einem Drittel am Kommanditkapital der Gesellschaft beteiligt sind. Die X-GmbH & Co. KG veräußert ihren Geschäftsbetrieb an die Y-GmbH & Co. KG, an welcher der Gesellschafter C zu 50 % am Kommanditkapital beteiligt ist. Aus der Veräußerung des Geschäftsbetriebes wird ein Gewinn in Höhe von 900 realisiert.

Lösungshinweis:
Es handelt sich um eine begünstigte Betriebsveräußerung im Sinne des §§ 16, 34 EStG. Der Gewinn wird den Gesellschaftern der X-GmbH & Co. KG anteilig zugerechnet, also jeweils in Höhe von 300. Der Gesellschafter C hat lediglich einen begünstigten Veräußerungsgewinn in Höhe von 150 und einen laufenden Gewinn in Höhe von 150.

10 Die Einschränkung der Begünstigung erfasst nicht nur die Einkommensbesteuerung, **sondern auch** die **Gewerbesteuer vom Ertrag**. Der Gewinn aus der Veräußerung des gesamten Gewerbebetriebes unterliegt zwar nicht der Besteuerung mit Gewerbesteuer vom Ertrag. Wenn auf Seiten des Erwerbers einzelne Mitunternehmer beteiligt sind, die gleichzeitig Mitunternehmer der veräußernden Personengesellschaft sind, überträgt sich die Einschränkung in § 16 Abs. 2 S. 3 EStG auch auf die Gewerbesteuer vom Ertrag.[15] Der nichtbegünstigte Anteil des Veräußerungsgewinns richtet sich nach dem Verhältnis des Gewinnanteils, an dem ein Mitunternehmer auf Erwerberseite sowie auf Seiten der veräußernden Personengesellschaft beteiligt ist.[16]

11 **b) Veräußerung eines Teilbetriebes.** Auch die Veräußerung eines Teilbetriebes aus dem Gesamthandsvermögen einer Personengesellschaft führt grundsätzlich zu einer Begünstigung des Veräußerungsgewinnes durch die §§ 16, 34 EStG.[17] Ein Teilbetrieb ist nach ständiger Rechtsprechung des BFH ein mit einer gewissen Selbständigkeit ausgestatteter, organisch geschlossener Teil des Gesamtbetriebes, der für sich allein lebensfähig ist.[18]

---

[13] BFH v. 31. 7. 1991 BStBl. II 1992, 375.

[14] *Littmann/Hörger* § 16 EStG Rn 128 a; *Schultz*, DStR 1994, 521; *Korn*, KÖSDI 1994, 9678; *Sagasser/Schüppen*, DStR 1994, 265.

[15] BFH vom 15. 6. 2004, 1189; a. A. *Littmann/Hörger* § 16 EStG Rn 128 a.

[16] *Rödder*, StbJb 1994/95, 321; *Groh*, DB 1996, 2357.

[17] *L. Schmidt/Wacker* § 16 EStG Rn 153.

[18] Z. B. BFH v. 13. 2. 1996 BStBl. II 1996, 409; BFH v. 12. 4. 1989 BStBl. II 1989, 653; *Herzig/Förster*, DB 1995, 342; *Thiel*, DStR 1995, 238; *Blumers*, DB 1995, 496;

Veräußert eine GmbH & Co. KG lediglich ein Teil des Gesamtbetriebs, muss anhand der Gegebenheiten des Einzelfalles untersucht werden, ob ein Teilbetrieb vorliegt. Als **Abgrenzungsmerkmale** kommen hierbei insbesondere in Betracht:

- Eigenes Personal
- Eigene Produktpalette
- Eigener Kundenkreis
- Eigenes Rechnungswesen, zumindest Abgrenzbarkeit im Rahmen einer Kostenstellenrechnung
- Räumliche Trennung vom übrigen Geschäftsbetrieb

Ein Teilbetrieb setzt nicht voraus, dass die Verselbständigung in allen betrieblichen Funktionsbereichen vollkommen umgesetzt ist. Die Beurteilung der Abgeschlossenheit hat vielmehr anhand der Gesamtumstände zu erfolgen. So ist zumindest erforderlich, dass die Personengesellschaft noch einen weiteren Bereich unterhält, der die Kriterien der Teilbetriebseigenschaft erfüllt.

Im Zuge der Veräußerung des Teilbetriebes müssen alle **wesentlichen** 12 **Betriebsgrundlagen** dieses Bereiches mit übertragen werden. Werden demnach durch einen Teilbetrieb auch Vermögensgegenstände des **Sonderbetriebsvermögens** genutzt, setzt die begünstigte Teilbetriebsveräußerung voraus, dass auch die stillen Reserven im Sonderbetriebsvermögen aufgelöst werden.[19] Wird im Zusammenhang mit der Veräußerung eines Teilbetriebes das Sonderbetriebsvermögen zurückbehalten und weiterhin als (gewillkürtes) Sonderbetriebsvermögen der veräußernden Personengesellschaft behandelt bzw. gem. § 6 Abs. 5 S. 3 EStG zu Buchwerten in ein anderes Betriebsvermögen des Gesellschafters überführt, hindert dies grundsätzlich die Tarifbegünstigung des Veräußerungsgewinns.

Die Tarifermäßigung gemäß §§ 16, 34 EStG hat ab dem Jahr 1999 an wirtschaftlichem Gewicht verloren, da die Tarifermäßigung gem. § 34 Abs. 1 EStG grundsätzlich in der sog. Fünftelregelung besteht. Die im Regelfall mit dem größeren Entlastungseffekt verbundene Ermäßigung auf 56 % der tariflichen Einkommensteuer gem. § 34 Abs. 3 EStG kann nur unter bestimmten Bedingungen (Alter 55 Jahre, max. 5 Mio. €) und nur einmal im Leben in Anspruch genommen werden. Von Bedeutung ist jedoch nach wie vor die Besteuerung eines Veräußerungsgewinns mit Gewerbesteuer vom Ertrag, falls keine Teilbetriebsveräußerung vorliegt.

2. Aufgabe des Geschäftsbetriebes

Neben der Veräußerung des gesamten Geschäftsbetriebes bzw. eines Teil- 13 betriebes, stellt die **Aufgabe des Geschäftsbetriebes** eine weitere Möglichkeit der Beendigung der Tätigkeit einer GmbH & Co. KG dar. Auch der Gewinn aus der Realisierung von stillen Reserven im Zusammenhang

L. Schmidt/Wacker § 16 EStG Rn 143 ff.; *Littmann/Hörger/Rapp* § 16 EStG Rn 44 ff.; *Blümich/Stuhrmann* § 16 EStG Rn 124 ff.

[19] *L. Schmidt/Wacker* § 16 EStG Rn 153; *Littmann/Hörger* § 16 EStG Rn 204; BFH v. 22. 12. 1993 BStBl. II 1994, 352.

mit der Aufgabe des Geschäftsbetriebes wird durch § 16 EStG erfasst. Der Gewinn aus der Auflösung von stillen Reserven unterliegt nicht der Besteuerung mit Gewerbesteuer vom Ertrag und ist tarifermäßigt gemäß §§ 16, 34 EStG.

14 Hinsichtlich der Qualifikation als begünstigte Aufgabe des Gewerbebetriebes besteht grundsätzlich kein Unterschied, ob diese durch einen Einzelunternehmer oder durch eine Personengesellschaft vollzogen wird. Bei einer GmbH & Co. KG ist jedoch zu beachten, dass die Gesellschaft unabhängig von ihrer tatsächlichen Betätigung kraft ihrer Rechtsform als Gewerbebetrieb gemäß § 15 Abs. 3 Nr. 2 EStG gilt. Auch die Beendigung der operativen Geschäftstätigkeit der Personengesellschaft, verbunden mit der Entnahme von Vermögensgegenständen aus dem Gesamthandsvermögen in das Privatvermögen der Gesellschafter bzw. deren teilweiser Veräußerung, berührt gesellschaftsrechtlich die Existenz der GmbH & Co. KG nicht. Sie wird erst mit dem **Beschluss zur Liquidation bzw. der Löschung im Handelsregister** beendet. Demgegenüber muss die Personengesellschaft zumindest so lange existent bleiben, wie Abwicklungshandlungen erforderlich sind. Man wird jedoch davon ausgehen können, dass es für die Qualifikation als begünstigter Aufgabegewinn nicht auf die formelle Beendigung der Personengesellschaft und Löschung im Handelsregister ankommt.[20] Gleichsam nicht erforderlich für die Qualifikation eines Aufgabegewinns ist eine **formelle Aufgabeerklärung** gegenüber der Finanzverwaltung.[21]

15 Die begünstigte Aufgabe eines Geschäftsbetriebes ist grundsätzlich an folgende **Voraussetzungen** geknüpft:[22]

- Entschluss zur Betriebsaufgabe
- Einstellung der gewerblichen Tätigkeit[23]
- Überführung aller wesentlichen Grundlagen in einem einheitlichen Vorgang in das Privatvermögen der Gesellschafter bzw. zu anderen betriebsfremden Zwecken[24]
- der Betrieb hört auf, als selbständiger Organismus des Wirtschaftslebens zu bestehen[25]

16 Die Aufgabe des Gewerbebetriebes unterscheidet sich von der Betriebsveräußerung dadurch, dass der operative **Geschäftsbetrieb** letztlich **zu bestehen aufhört**. Die wesentlichen Betriebsgrundlagen werden entweder in das Privatvermögen der Gesellschafter überführt oder einzeln veräußert.[26]

17 Auf der Grundlage der Fallgestaltungen in § 6 Abs. 5 S. 3 EStG können einzelne Wirtschaftsgüter vor Abschluss der Liquidation zu Buchwerten in ein anderes Betriebsvermögen eines Gesellschafters überführt werden, bei-

---

[20] BFH v. 4. 2. 1982 BStBl. II 1982, 348; BFH v. 3. 10. 1989 BStBl. II 1990, 420; *Littmann/Hörger* § 16 EStG Rn 42.

[21] BFH v. 27. 12. 1985 BStBl. II 1985, 456; BFH v. 28. 9. 1995 BStBl. II 1996, 276.

[22] *L. Schmidt/Wacker* § 16 EStG Rn 173.

[23] BFH 16. 12. 1992 BB 1993, 1496.

[24] BFH 21. 5. 1992 BFH/NV 1992, 659.

[25] BFH v. 9. 9. 1993 BStBl. II 1994, 105; BFH v. 10. 2. 1994 BStBl. II 1994, 564.

[26] BFH v. 26. 5. 1993 BStBl. II 1993, 710.

spielsweise wenn dies gegen Minderung der Gesellschaftsrechte erfolgt. Hierdurch kann eine Auflösung von stillen Reserven einzelner Wirtschaftsgüter vermieden werden.

Zu beachten ist allerdings, dass die **Entnahme von einzelnen Vermögensgegenständen** aus dem Gesamthandsvermögen der GmbH & Co. KG noch nicht die Aufgabehandlung für die übrigen Vermögensgegenstände bedeutet, selbst wenn es sich um eine wesentliche Betriebsgrundlage handelt. Auch wenn die nach der Entnahme der wesentlichen Betriebsgrundlagen verbleibenden Vermögensgegenstände der GmbH & Co. KG keine lebensfähige Einheit bilden, liegt für die GmbH & Co. KG noch immer die **Gewerbebetriebseigenschaft kraft Rechtsform** gemäß § 15 Abs. 3 S. 2 EStG vor. **18**

Erfolgt die Beendigung der Personengesellschaft durch **Aufteilung** der Vermögensgegenstände unter Auflösung der stillen Reserven, entsteht für die Gesellschafter in Höhe der Differenz zwischen dem Teilwert der übernommenen Vermögensgegenstände und dem Buchwert des Kapitalkontos ein begünstigter Aufgabegewinn.[27] Auf der Grundlage des § 16 Abs. 3. S. 2 EStG ist jedoch auch eine **Realteilung** einer Personengesellschaft mit einzelnen Wirtschaftsgütern möglich, wenn die Übertragung in ein eigenes Betriebsvermögen des Gesellschafters erfolgt. In diesem Fall kann die Auflösung von stillen Reserven vermieden werden (vgl. § 54). **19**

Der Gewinn aus der Betriebsaufgabe einer GmbH & Co. KG ist tarifermäßigt gemäß §§ 16, 34 EStG. Auch bei dieser Fallgestaltung besteht die Tarifermäßigung gem. § 34 Abs. 1 EStG grundsätzlich in der sog. Fünftelregelung. Hat der Gesellschafter das 55. Lebensjahr erreicht, kann einmalig im Leben gem. § 34 Abs. 3 EStG bis zu einem anteiligen (Aufgabe-) Gewinn von 5 Mio. € eine Besteuerung mit einer Ermäßigung von 56 % der tariflichen Einkommensteuer erfolgen. Der Gewinn aus der Auflösung der stillen Reserven unterliegt **nicht** der Besteuerung mit **Gewerbesteuer vom Ertrag**.[28] Ist der Gesellschafter der Kommanditgesellschaft eine Kapitalgesellschaft, unterliegt der anteilige Aufgabegewinn der Besteuerung mit Gewerbesteuer (§ 7 S. 2 GewStG). **20**

Wegen der steuerlichen Begünstigung des Aufgabegewinns hat die Frage der **Abgrenzung zwischen** (begünstigtem) **Aufgabegewinn** und (nichtbegünstigtem) **laufenden Betriebsergebnis** unter Umständen eine erhebliche materielle Bedeutung. Die begünstigte Aufgabe der Geschäftstätigkeit beginnt nicht bereits mit dem Beschluss der Kommanditgesellschaft zur Beendigung des Geschäftsbetriebes.[29] **Die Betriebsaufgabe** beginnt vielmehr erst mit den eigentlichen Handlungen, die auf die Auflösung des Geschäftsbetriebes gerichtet sind.[30] Dies ist dann anzunehmen, wenn wesentliche Teile des Anlagevermögens veräußert werden.[31] Insoweit kann **21**

---

[27] BFH v. 19. 1. 1982 BStBl. II 1982, 456; *Döllerer*, DStZ 1982, 267.
[28] Abschn. 40 Abs. 1 Nr. 1 GewStR; BFH v. 11. 3. 1982 BStBl. II 1982, 707.
[29] BFH v. 25. 6. 1970 BStBl. II 1970, 719.
[30] BFH v. 26. 5. 1993 BStBl. II 1993, 710; BFH v. 9. 9. 1993 BStBl. II 1994, 105.
[31] BFH v. 21. 5. 1992 BFH/NV 1992, 659, *Blümich/Stuhrmann* § 16 EStG Rn 137.

auch unter Umständen der Gewinn aus dem Abverkauf des Vorratsvermögens Bestandteil des begünstigten Aufgabegewinns sein.[32] Handelt es sich dagegen um eine sukzessive Abwicklung, wie z. B. allmählicher Abverkauf des Warenbestandes, ist der hieraus entstehende Gewinn **nicht** Bestandteil der begünstigten Betriebsaufgabe.[33] Im Allgemeinen wird hierbei eine Frist von einem halben Jahr gesehen,[34] wobei im Einzelfall auch ein längerer Zeitraum noch zu einem begünstigten Gewinn führen kann.[35]

22 Der Gewinn aus der Veräußerung oder der Aufgabe des Gewerbebetriebes ist den Gesellschaftern nach dem Gewinnverteilungsschlüssel zuzurechnen.[36] Der Veräußerungs- oder Aufgabegewinn entsteht zum Zeitpunkt der Aufgabe bzw. der Veräußerung. Sofern noch ein Bestand an **verrechenbaren Verlusten** gemäß § 15 a EStG besteht, wird der Veräußerungs- oder Aufgabegewinn zunächst hiermit verrechnet.

23 Entstehen für die Gesellschafter nach Beendigung der Tätigkeit der Personengesellschaft **nachträgliche Aufwendungen**, beispielsweise Haftungsinanspruchnahme für betriebliche Schulden usw., führen diese Aufwendungen zu nachträglichen negativen Einkünften aus Gewerbebetrieb.[37] Allerdings führen Zinsen für nach der Betriebsaufgabe bzw. Liquidation der GmbH & Co. KG zurückbleibende und in das Privatvermögen überführte Betriebsschulden nicht zu nachträglichen Betriebsausgaben.[38] Sind im Zuge der Betriebsaufgabe jedoch aktive Vermögensgegenstände in das Privatvermögen überführt worden, handelt es sich bei den gleichsam übernommenen Betriebsschulden auch um Privatvermögen, so dass hieraus entstehende Zinsen dem Privatvermögen zuzurechnen sind[39] und gegebenenfalls als Werbungskosten abzugsfähig sind.

III. Zum Schicksal des Sonderbetriebsvermögens bei Beendigung der Tätigkeit der GmbH & Co. KG

24 Bei der Beendigung der Tätigkeit einer GmbH & Co. KG ist auch das Schicksal eines eventuell vorhandenen Sonderbetriebsvermögens zu beachten. Das Sonderbetriebsvermögen ist nicht Bestandteil des Gesamthandsvermögens der Personengesellschaft. Gleichwohl gehört es zu deren steuerlicher Sphäre. Der Gewinn aus der Auflösung der stillen Reserven im Zuge der Veräußerung oder der Aufgabe der Geschäftstätigkeit der GmbH & Co. KG ist nur dann nach §§ 16, 34 EStG begünstigt, wenn alle stillen Reserven der Gesellschaft im Zuge einer Veräußerung bzw. durch die Entnahme in das Privatvermögen der Gesellschafter aufgelöst werden. Zu den wesentlichen Betriebsgrundlagen einer Personengesellschaft können auch Wirt-

---

[32] BFH v. 25. 8. 1993 BStBl. II 1994, 23.
[33] *L. Schmidt/Wacker* § 16 EStG Rn 170.
[34] BFH v. 25. 6. 1970 BStBl. II 1970, 719.
[35] *Blümich/Stuhrmann* § 16 EStG Rn 327.
[36] BFH v. 19. 1. 1982 BStBl. II 1982, 456.
[37] *Groh*, DB 1995, 2240; *L. Schmidt/Seeger* § 24 EStG Rn 99.
[38] *L. Schmidt/Wacker* § 16 EStG Rn 394.
[39] BFH v. 13. 2. 1996 BStBl. II 1996, 291.

schaftsgüter des Sonderbetriebsvermögens gehören.[40] Der Gewinn aus gleichzeitiger Veräußerung von Vermögensgegenständen des Sonderbetriebsvermögens ist danach Bestandteil des tarifbegünstigten Veräußerungsgewinns.[41]

Bei der **Veräußerung des Geschäftsbetriebes** durch eine Personengesellschaft hat dies auch Einfluss auf ein möglicherweise vorhandenes Sonderbetriebsvermögens I, z. B. ein vermietetes Grundstück. Wird das Grundstück an den Erwerber des Geschäftsbetriebes weitervermietet, handelt es sich um eine **Entnahme** in das Privatvermögen, da mit der Änderung der Mitunternehmerstellung die Qualifikation des Sonderbetriebsvermögens entfällt. Die Entnahme in das Privatvermögen hindert nicht die Qualifikation als begünstigter Veräußerungsgewinn.[42] Wird im Zuge der Veräußerung des Geschäftsbetriebes auch Sonderbetriebsvermögen I an den Erwerber veräußert, ist der Gewinn aus der Auflösung von stillen Reserven im Sonderbetriebsvermögen Bestandteil des tarifbegünstigten Veräußerungsgewinns. 25

Die Auflösung der stillen Reserven im Sonderbetriebsvermögen kann vermieden werden, wenn das betreffende Wirtschaftsgut vorab gem. § 6 Abs. 5 S. 3 EStG in ein eigenes Betriebsvermögen des betreffenden Gesellschafters überführt wird, evtl. auch in eine neu gegründete GmbH & Co. KG. Wird im Zuge der Veräußerung des Geschäftsbetriebes ein Wirtschaftsgut des Sonderbetriebsvermögens zu **Buchwerten** in ein anderes Betriebsvermögen des Gesellschafters überführt, hindert dies u. U. die Qualifikation als begünstigter Veräußerungsgewinn[43] hinsichtlich der veräußerten Vermögensgegenstände des Gesamthandsvermögens. Fraglich ist, ob die Vermeidung der Auflösung von stillen Reserven von Gegenständen des Sonderbetriebsvermögens durch einen Mitunternehmer insgesamt die Qualifikation als begünstigter Veräußerungsgewinn für alle Gesellschafter bewirken kann. Es ist hier anzunehmen, dass die Überführung von Vermögensgegenständen zu Buchwerten aus dem Sonderbetriebsvermögen in ein anderes Betriebsvermögen des Gesellschafters lediglich die steuerliche Begünstigung **dieses** Gesellschafters hindert.[44] Die Qualifikation als begünstigter Aufgabegewinn für die übrigen Gesellschafter bleibt hiervon unberührt.[45] 26

Bestandteile des **Sonderbetriebsvermögens II** sind die **Anteile der Komplementär-GmbH**. Üblicherweise sind in den Gesellschaftsanteilen keine nennenswerten stillen Reserven enthalten. Nach den vorstehend beschriebenen Grundsätzen ist es erforderlich, dass im Zuge der Veräußerung des Geschäftsbetriebes auch alle wesentlichen Betriebsgrundlagen des Sonderbetriebsvermögen mitveräußert bzw. ins Privatvermögen überführt werden, mithin alle stille Reserven auch im Bereich des Sonderbetriebsver- 27

[40] BFH v. 19. 3. 1991 BStBl. II 1991, 635; BFH v. 31. 8. 1995 BStBl. II 1995, 890; a. A. *Kirchoff/Söhn/Reiß* § 16 EStG Rn B 248.

[41] BFH v. 29. 10. 1987 BStBl. II 1988, 374; *Hermann/Heuer/Raupach* § 16 EStG Rn 305; *Littmann/Hörger* § 16 EStG Rn 205.

[42] BFH v. 24. 8. 1989 BStBl. II 1990, 132; *Littmann/Hörger* § 16 EStG Rn 201.

[43] BFH v. 9. 12. 1986 BStBl. II 1987, 342; BFH v. 26. 1. 1994 BStBl. II 1994, 458.

[44] *L. Schmidt/Wacker* § 16 EStG Rn 113; *Littmann/Hörger* § 16 EStG Rn 202.

[45] BFH v. 19. 3. 1991 BStBl. II 1991, 635; *Knobbe-Keuk*, StbJb 1991/92, 232.

mögens aufgelöst werden. Mit der Veräußerung des Geschäftsbetriebes werden nicht gleichzeitig auch die Anteile der Komplementär-GmbH veräußert. Die Entnahme der Gesellschaftsanteile in das Privatvermögen der Gesellschafter erfolgt erst zu dem Zeitpunkt, ab dem die Liquidation der Personengesellschaft beschlossen wird. Dieser Zeitpunkt ist nicht deckungsgleich mit der Veräußerung des Geschäftsbetriebes. Nach der Systematik des § 16 EStG wird hier jedoch ausschließlich auf das Sonderbetriebsvermögen I abzustellen sein, weil nur das Sonderbetriebsvermögen I die erforderliche Nähe zu dem eigentlichen Geschäftsbetrieb der Personengesellschaft hat.[46]

28 Die gleichen Grundsätze gelten dann, wenn der gesamte Geschäftsbetrieb bzw. ein Teilbetrieb einer Personengesellschaft aufgegeben wird. Auch die **Aufgabe des Geschäftsbetriebes** durch die Personengesellschaft ist nur dann nach §§ 16, 34 EStG begünstigt, wenn auch gleichzeitig alle stillen Reserven des Sonderbetriebsvermögens I aufgelöst werden. Die Überführung des Sonderbetriebsvermögens zu Buchwerten in ein anderes Betriebsvermögen des Mitunternehmers ist insoweit schädlich für die Qualifikation als begünstigter Aufgabegewinn.[47]

IV. Verkehrsteuerliche Konsequenzen

1. Grunderwerbsteuer

29 Ist im Gesamthandsvermögen der Personengesellschaft ein Grundstück enthalten, führt die **Veräußerung** des Geschäftsbetriebes mit dem Grundstück zu einem grunderwerbsteuerbaren Vorgang gemäß § 1 Abs. 1 GrEStG. Bemessungsgrundlage ist der anteilige Kaufpreis für das Grundstück. Das Gleiche gilt, wenn im Zuge der Veräußerung des Geschäftsbetriebes ein Grundstück veräußert wird, das sich im Sonderbetriebsvermögen eines Gesellschafters befindet. Der anteilige Teil eines vereinbarten Gesamtkaufpreises ist ggf. nach der sog. Boruttau'schen Formel[48] zu ermitteln, falls eine Aufteilung des Gesamtkaufpreises sich nicht bereits aus dem Kaufvertrag ergibt.

30 Erfolgt die Beendigung der Tätigkeit der Personengesellschaft als **Aufgabe**, entsteht Grunderwerbsteuer dann, wenn ein Grundstück veräußert wird. Erfolgt die Beendigung der Tätigkeit der Personengesellschaft dergestalt, dass das Gesellschaftsvermögen ganz oder teilweise zwischen den Gesellschaftern real geteilt wird, ist die Überführung eines Grundstücks aus dem Gesamthandsvermögen in das Privatvermögen eines Gesellschafters grunderwerbsteuerbar gemäß § 1 Abs. 1 GrEStG. Grunderwerbsteuer wird nach § 6 GrEStG jedoch in dem Umfang nicht erhoben, in dem der entsprechende Gesellschafter zuvor am Kapital beteiligt der Kommanditgesellschaft war. Diese Befreiungsvorschrift gilt jedoch nach § 6 Abs. 4 nur dann, falls die Beteiligung bereits 5 Jahre bestanden hat.[49]

---

[46] BFH v. 16. 2. 1996 BStBl. II 1996, 342.

[47] *L. Schmidt/Wacker* § 16 EStG Rn 390.

[48] *Boruttau/Sack* § 9 GrEStG Rn 111.

[49] *Boruttau/Viskorf* § 6 GrEStG Rn 31 ff.

2. Umsatzsteuer

Die Veräußerung des Geschäftsbetriebes einer Personengesellschaft ist ein Vorgang gemäß § 1 Abs. 1a UStG, also eine **Geschäftsveräußerung im Ganzen**. Diese ist **nicht steuerbar**. Eine Korrektur von Vorsteuerbeträgen findet nicht statt. Vielmehr tritt der Erwerber für umsatzsteuerliche Zwecke in die Rechtsstellung der veräußernden Personengesellschaft ein.[50] 31

Die Qualifikation als Geschäftsveräußerung im Ganzen umfasst nur den Bereich des Gesamthandsvermögens der GmbH & Co. KG. Für umsatzsteuerliche Zwecke ist der Mitunternehmer jedoch als **eigenständiger Unternehmer** im Sinne des Umsatzsteuergesetzes anzusehen.[51] Die Vermietung beispielsweise eines Betriebsgrundstückes an eine Personengesellschaft führt nicht zu einer Zuordnung zur umsatzsteuerlichen Sphäre der Gesellschaft.[52] Wird also im Zuge der Veräußerung des Geschäftsbetriebes der GmbH & Co. KG auch das Sonderbetriebsvermögen mitveräußert, muss auf der Ebene des Gesellschafters gesondert geprüft werden, ob ggf. auch insoweit eine Geschäftsveräußerung im Ganzen gemäß § 1 Abs. 1a UStG vorliegt. Diese Vorschrift kommt dann zur Anwendung, wenn eine geschlossene Einheit des unternehmerischen Bereichs veräußert wird. Diese Bedingung dürfte erfüllt sein, da die Vermietung eines betrieblich genutzten Grundstücks an die Personengesellschaft üblicherweise von den übrigen unternehmerischen Aktivitäten des Gesellschafters getrennt werden kann. Eine Geschäftsveräußerung kann u. U. nicht vorliegen, wenn der Gesellschafter eine umfangreiche Vermietungstätigkeit ausübt, für die jeweils zur Besteuerung mit Umsatzsteuer optiert wurde (§ 9 UStG). In diesem Fall muss die Veräußerung des Sonderbetriebsvermögens entweder unter Ausweis von Umsatzsteuer erfolgen, oder es kommt ggf. eine Korrektur von Vorsteuerbeträgen gemäß § 15 a UStG in Betracht. 32

Die **Aufgabe der Geschäftstätigkeit** der Personengesellschaft führt im Regelfall **nicht** zu einer Geschäftsveräußerung im Ganzen, da das Merkmal der Betriebsaufgabe die Zerschlagung der operativen Einheit ist. Die Veräußerung von Vermögensgegenständen erfolgt aus dem unternehmerischen Bereich, führt also grundsätzlich zu einem umsatzsteuerbaren Vorgang, sofern nicht eine Befreiungsvorschrift des § 4 UStG greift.[53] Das Gleiche gilt für die Überführung von Vermögensgegenständen aus dem Gesamthandsvermögen der Gesellschaft in das Privatvermögen der Gesellschafter gegen Minderung der Gesellschaftsrechte bzw. gegen Verrechnung mit dem Anspruch auf Liquidationserlös.[54] Es handelt sich um einen tauschähnlichen Vorgang, bei der die Leistung der Personengesellschaft in der Übertragung der Vermögensgegenstände und die Gegenleistung in der 33

---

[50] *Rau/Husmann* § 1 Abs. 1a UStG Rn 774.12; *Rondorf*, DStZ 1994, 358.

[51] *Birkenfeld* USt-Handbuch I Rn 524.

[52] BFH v. 9. 3. 1989 BStBl. II 1989, 580; BFH v. 18. 12. 1980 BStBl. II 1981, 408.

[53] RFH v. 21. 12. 1934 RStBl. 1935, 373; BFH v. 26. 10. 1964 BStBl. III 1964, 290.

[54] *Birkenfeld* USt-Handbuch I Rn 556.

Aufgabe der Gesellschaftsrechte bzw. der Minderung des Auseinandersetzungsguthabens besteht.[55]

34 Wird im Zuge der Auflösung der Gesellschaft ein Grundstück in das Privatvermögen der Gesellschafter überführt, handelt es sich um einen umsatzsteuerbaren Vorgang, auf den jedoch ggf. die Befreiungsvorschrift des § 4 Nr. 9 UStG zur Anwendung kommt. Das Grundstück kann also ohne Ausweis von Umsatzsteuer in das Privatvermögen der Gesellschafter überführt werden. In diesem Fall ergibt sich jedoch ggf. eine Vorsteuerkorrektur gemäß § 15 a UStG auf der Ebene der Personengesellschaft. Die Vorteilhaftigkeit der einen oder anderen Alternative muss deshalb anhand des Einzelfalls überprüft werden.

---

[55] BFH v. 19. 6. 1969 BStBl. II 1969, 572; BFH v. 17. 11. 1960 BStBl. III 1961, 86; BFH v. 26. 10. 1964 BStBl. III 1964, 290; BFH v. 26. 10. 1967 BStBl. II 1968, 247.

2. Abschnitt. Die GmbH & Co. KG in der Insolvenz

§ 48 Gesellschaftsrecht in der Insolvenz der GmbH & Co. KG

Übersicht

Schrifttum: Arbeitskreis für Insolvenz- und Schiedsgerichtswesen e.V., Köln (Hrsg.), Kölner Schriften zur Insolvenzordnung, 2. Aufl. 2000; *Baetge* (Hrsg.), Beiträge zum neuen Insolvenzrecht, 1998; *Balz/Landfermann*, Die neuen Insolvenzgesetze, 1995; *Bitter*, Richterliche Korrektur der Funktionsuntauglichkeit des § 93 InsO?, ZinsO 2002, 557; *Bork*, Die analoge Anwendung des § 93 InsO auf Parallelsicherheiten, NZI 2002, 362; *ders.*, Einführung in das neue Insolvenzrecht, 1995; *ders.*, Wie erstellt man eine Fortbestehensprognose, ZIP 2000, 1709; *Brandstätter*, Die Prüfung der Sanierungsfähigkeit notleidender Unternehmen, 1993; *Braun/Uhlenbruck*, Unternehmensinsolvenz, 1997; *Brinkmann*, Funktion und Anwendungsbereich des § 93 InsO, ZGR 2003, 264; *Bunke*, Zur Anwendbarkeit des § 93 InsO auf konkurrierende Individualhaftungsansprüche gegen persönlich haftende Gesellschafter, KTS 2002, 471; *Burger/Schellberg*, Die Auflösetatbestände im neuen Insolvenzrecht, BB 1995, 261; des GmbH-Geschäftsführers gegenüber Neugläubigern wegen Konkursverschleppung, ZIP 1994, 1; *Eidenmüller*, Gesellschafterstellung und Insolvenzplan, ZGR 2001, 680; *Frege/Keller/Riedel*, Insolvenzrecht, 6. Aufl. 2002; *Fuchs*, Die persönliche Haftung des Gesellschafters gemäß § 93 InsO; *Haas/H. Müller*, Zur Reichweite des § 93 InsO, NZI 2002, 366; *Häsemeyer*, Kommanditistenhaftung und Insolvenzrecht, ZHR 149 (1985) 42; *ders.*, Insolvenzrecht, 3. Aufl. 2003; *Heilmann/Smid*, Grundzüge des Insolvenzrechts, 2. Aufl. 1993; *Henssler/Dedek*, Gesamtschaden wegen verspäteter Antragstellung, in: Festschrift Uhlenbruck 2000, S. 175; *Hüffer*, Bewertungsprobleme in der Überschuldungsbilanz, in: Festschrift Wiedemann 2002, S. 1047; *Kießling/Singhof*, Verfügungsbeschränkungen in der vorläufigen Insolvenz, DZWIR 2000, 353; *Kebekus*, Altlasten in der Insolvenz – aus Verwaltersicht, NZI 2001, 63; *Kilger/K. Schmidt*, Insolvenzgesetze, 17. Aufl. 1997; *Kunz/Mundt*, Rechnungslegungspflichten in der Insolvenz, DStR 1997, 620 (Teil I), 664 (Teil II); *Kupsch*, Zur Problematik der Überschuldungsmessung, BB 1984, 159; *Kussmaul*, Kapitalersatz: Der Rangrücktritt in der Krise?, DB 2002, 2258; *Landfermann*, Der Ablauf eines künftigen Insolvenzverfahrens, BB 1995, 1649; *ders.*, Beiträge zum Insolvenzrecht, 1998; *Liebs*, Offene Fragen der Insolvenz einer zweigliedrigen GmbH & Co. KG, ZIP 2002, 1716; *Lwowski/Tetzlaff*, Altlasten in der Insolvenz – Die insolvenzrechtliche Qualifikation der Ersatzvornahmekosten für die Bereitung von Umweltlasten, NZI 2001, 57; *Michel*, Die Inanspruchnahme des Veräußerers und des Erwerbers eines Kommanditanteils im Konkurs der KG, KTS 1991, 67; *Mühlberger*, Rechtliche Bestandssicherung der GmbH & Co. KG und Haftungsrisiken für Geschäftsführer und Gesellschafter bei Überschuldung, GmbHR 1977, 146; *Müller, Hans-Friedrich*, Der Verband in der Insolvenz, 2002; *Noack,* InsO, Sonderband 1, Gesellschaftsrecht, 1999; *Obermüller/Hess*, InsO, 2. Aufl. 1998; *Pink*, Rechnungslegungspflichten in der Insolvenz der Kapitalgesellschaft, ZIP 1997, 177; *Prütting/Huhn*, Kollision von Gesellschaftsrecht und Insolvenzrecht bei der Eigenverwaltung?, ZIP 2002, 777; *Riegger*, Die Veräußerung der Firma durch den Konkursverwalter, BB 1983, 786; *Schlitt*, Die GmbH & Co. KG in der Insolvenz nach neuem Recht, NZG 1998, 701 und 755; *K. Schmidt*, Einlage und Haftung des Kommanditisten, 1977; *ders.*, § 171 Abs. 2 HGB – eine Bestimmung nur für den Konkurs der KG?, JR 1976, 278; *ders.*, Wege zum Insolvenzrecht der Unternehmen, 1990; *ders.*, Labyrinthus creditorum, ZGR 1996, 209; *ders.*, Liquidations- und Konkursbilanzen, 1989; *ders.*, Insolvenzordnung und Gesellschaftsrecht, ZGR 1998, 633; *ders.*, Haftungsrealisierung in der Gesellschaftsinsolvenz, KTS 2001, 373; *ders.*, Insolvenz und Insolvenzabwicklung bei der typischen GmbH & Co. KG, GmbHR 2002, 1209; *ders.*, Insolvenzabwicklung bei der Simultaninsolvenz der Gesellschaften in der GmbH & Co. KG, GmbHR 2003, 1404; *ders.*, „Altlasten der Insolvenz" – unendliche Geschichte oder ausgeschriebenes Drama?, ZIP 2000, 1913; *ders./Uhlenbruck*, Die GmbH in Krise, Sanierung und Insolvenz, 3. Aufl. 2003; *Schmidt-Räntsch*, Insolvenzordnung, 1995; *Stapper*, Neue Anforderungen an Insolvenzverwalter, NJW 1999, 3441; *Teller/Steffan*, Rangrücktrittsvereinbarungen, 3. Aufl. 2003; *Uhlenbruck*, Die GmbH & Co. KG in Krise, Konkurs und Vergleich, 2. Aufl. 1988; *ders.*, Die Pflichten des Geschäftsführers einer GmbH oder GmbH & Co. KG in der Krise des Unternehmens, BB 1985, 1277; *ders.*, Die Bedeutung des Diskussionsentwurfes eines Gesetzes zur Reform des Insolvenzrechts für das Gesellschafts- und Unternehmensrecht, GmbHR 1989, 101; *ders.*, Die neue Insolvenzordnung, GmbHR 1995, 81 und 195; *ders.*, Die Durchsetzung von Gläubigeransprüchen gegen eine vermögenslose GmbH und deren Organe nach geltendem und neuem Insolvenzrecht, ZIP 1996, 1641; *ders.*, Die Firma als Teil der Insolvenzmasse, ZIP 2000, 401; *Ulmer*, Die gesellschaftsrechtlichen Regelungsvorschläge der Kommission für Insolvenzrecht, ZHR 149 (1985) 541; *ders.*, Die Kompetenz zur Bildung einer Ersatzfirma bei Firmenveräußerung im Konkurs der GmbH, NJW 1983, 1697; *Unger*, Die Haftung des ausgeschiedenen Kommanditisten im Konkurs der KG, KTS 1960, 33; *Wiester*, Altlastensanierung im Konkurs, 1996; *Wimmer*, Gesellschaftsrechtliche Maßnahmen zur Sanierung von Unternehmen, DStR 1996, 1249.

I. Überblick

Die Voraussetzungen und Rechtsfolgen der Insolvenz der GmbH & Co. KG beurteilen sich nach der am 1. Januar 1999 in Kraft getretenen **Insolvenzordnung** (InsO).[1] Die Insolvenzordnung hat die Konkursordnung (KO) von 1877, die Vergleichsordnung (VerglO) von 1935 sowie die in den neuen Bundesländern geltende Gesamtvollstreckungsordnung (GesO) von 1991 abgelöst und zu einem **einheitlichen Insolvenzverfahren** verbunden, an dessen Ende die Schuldenbereinigung, Übertragung oder Zerschlagung des Unternehmens steht. 1

[1] InsO v. 5. 10. 1994, BGBl. I, 2866, 2911. KO, VerglO und GesO gelten nur noch für solche Verfahren fort, die vor dem 1. 1. 1999 beantragt wurden. Sofern der Insolvenzantrag nach dem 31. 12. 1998 gestellt wird, findet die InsO auch für solche Rechtsverhältnisse und Rechte Anwendung, die vor dem 1. 1. 1999 begründet wurden (Art. 104 EGInsO). Zur InsO allgemein vgl. etwa *Uhlenbruck*, WiB 1994, 849 ff.; *Pick*, NJW 1995, 992 ff.; *Wagner*, DStR 1995, 220 ff.; *Landfermann*, BB 1995, 1649; *Smid*, DZWiR 1997, 309 ff.

2 Schwerpunkte der **Insolvenzrechtsreform** waren die Einbeziehung der gesicherten Gläubiger in das Insolvenzverfahren, die Einräumung einer Möglichkeit zur Restschuldbefreiung,[2] eine zur Vorverlagerung der Insolvenzauslösung führende Modifikation der Insolvenzgründe sowie eine Verschärfung der Anfechtungstatbestände. Indem es die Entscheidung, ob das Insolvenzverfahren in eine Liquidation, Gesamtveräußerung oder Sanierung des Unternehmens mündet, stärker als zuvor von der Entscheidung der Gläubiger abhängig macht, stärkt das Reformgesetz zudem die Gläubigerautonomie. Es zielt darauf ab, eine optimale Haftungsverwirklichung der Gläubiger sicherzustellen (§ 1 InsO).[3] Mit dem Insolvenzplan[4] hat der Gesetzgeber dabei ein Instrumentarium geschaffen, durch das der Fortbestand des Unternehmensträgers auf Dauer leichter gesichert werden kann, als dies früher auf Grundlage eines Vergleiches bzw. Zwangsvergleiches möglich war.[5]

3 Auch unter Berücksichtigung ihrer wesentlich geringeren Verbreitung ist die relative Insolvenzhäufigkeit der GmbH & Co. KG nur etwa halb so hoch wie die der GmbH.[6] Die im Zusammenhang mit der Insolvenz von Abschreibungsgesellschaften geäußerten Zweifel an der wirtschaftlichen Seriosität der Rechtsform der GmbH & Co. KG lassen sich jedenfalls im Vergleich zur GmbH nicht auf die Insolvenzhäufigkeit stützen.

II. Insolvenzfähigkeit der GmbH & Co. KG

1. Grundsatz

4 Die GmbH & Co. KG ist nach § 11 Abs. 2 Nr. 1 InsO insolvenzfähig. Die Insolvenzfähigkeit besteht mit der Bildung eigenen Vermögens und der Aufnahme einer nach außen gerichteten Tätigkeit, auch bereits vor der Eintragung der Gesellschaft im Handelsregister,[7] dann gegebenenfalls als Gesellschaft des bürgerlichen Rechts. Dies gilt nach h. M. auch für die fehlerhafte Gesellschaft, sofern ein verteilungsfähiges Gesellschaftsvermögen gebildet worden ist, welches Gegenstand eines Insolvenzverfahrens sein kann.[8] Auch die noch nicht erfolgte Eintragung der Komplementär-GmbH in das Handelsregister berührt die Insolvenzfähigkeit der KG nicht.[9] Die

---

[2] Von der Restschuldbefreiungsmöglichkeit können nur natürliche Personen Gebrauch machen (§ 286 InsO). Dazu *Fuchs*, Kölner Schriften, S. 1679 ff.

[3] Zu den Zielen der neuen InsO, vgl. *Balz*, Kölner Schriften, S. 3 ff.; *K. Schmidt* Gesellschaftsrecht § 11 IV 1; *Obermüller/Hess*, InsO, S. 17 ff.

[4] Der Insolvenzplan wird verbreitet als Kernstück der Insolvenzrechtsreform angesehen, vgl. etwa *Uhlenbruck*, GmbHR 1995, 209.

[5] *Landfermann*, Beiträge, S. 15.

[6] Vgl. *Binz/Sorg* § 11 Rn 2 mit näheren Angaben zur Insolvenzstatistik.

[7] *Jaeger/Ehricke* § 11 InsO Rn 63; MüKoInsO/*Ott* § 11 InsO Rn 45.

[8] *Schlegelberger/K. Schmidt* § 131 HGB Rn 19; Heidelberger Kommentar/*Kirchhof*, § 11 Rn 15; *Jaeger/Ehricke* § 11 InsO Rn 64; MüKoInsO/*Ott* § 11 InsO Rn 47; *Hess/Weis/Wienberg* § 11 InsO Rn 41; *Häsemeyer* Insolvenzrecht Rn 31.05.

[9] *Noack* InsO Rn 555; Heidelberger Kommentar/*Kirchhof* § 11 InsO Rn 1; *Hess/Weis/Wienberg* § 11 InsO Rn 40.

Gesellschaft behält ihre Insolvenzfähigkeit selbst dann, wenn sie bereits aufgelöst ist.[10] Stellt sich in der Liquidationsphase heraus, dass die Gesellschaft über kein ausreichendes Vermögen verfügt, um ihre sämtlichen Verbindlichkeiten zu begleichen, ist das Abwicklungsverfahren von den Geschäftsführern in das Insolvenzverfahren zu überführen (§ 130 a Abs. 1 S. 2 und 3 HGB).[11] Die GmbH & Co. KG bleibt auch dann insolvenzfähig, wenn sie im Handelsregister bereits wegen Vermögenslosigkeit gelöscht ist, aber noch über ein verteilungsfähiges Vermögen verfügt.[12] Die Eröffnung eines Insolvenzverfahrens ist selbst dann noch denkbar, wenn der Insolvenzantrag bereits einmal mangels Masse abgelehnt wurde.[13] Die Insolvenzfähigkeit der GmbH & Co. KG endet erst mit ihrer Vollbeendigung, also mit der Verteilung des gesamten Gesellschaftsvermögens.[14]

Nach herrschender Auffassung ist die Gesellschaft selbst und nicht ihre Gesellschafter Insolvenzschuldnerin.[15] Die Rechte und Pflichten des Insolvenzschuldners werden vom Geschäftsführer der Komplementär-GmbH wahrgenommen, während die Kommanditisten auch nach der Mindermeinung[16] über keine Kompetenzen verfügen und keiner Pflichtenbindung unterliegen. **5**

2. Trennungsprinzip

Wie bei der Auflösung und Liquidation ist strikt zwischen der Insolvenz der KG und ihrer Komplementär-GmbH zu differenzieren.[17] Hieran ändert auch der Umstand nichts, dass die Insolvenz der KG wegen der persönlichen Haftung für die Gesellschaftsschulden (§ 128 HGB) nur selten ohne Konsequenzen auf die Überschuldungssituation ihrer Komplementär-GmbH bleibt (dazu näher Rn 26).[18] Die Geschäftsführung der Komple- **6**

---

[10] *Hachenburg/Ulmer* § 63 GmbHG Rn 133; *Schlegelberger/K. Schmidt* § 131 HGB Rn 19; *Jaeger/Ehricke* § 11 InsO Rn 95; MüKoInsO/*Ott* § 11 InsO Rn 70; *Häsemeyer* Insolvenzrecht Rn 31.05.

[11] *Hesselmann/Tillmann* GmbH & Co. Rn 688.

[12] *Uhlenbruck*, GmbHR 1995, 203; *Frege/Keller/Riedel* Insolvenzrecht Rn 292; *Hess/Weis/Wienberg* § 11 InsO Rn 40.

[13] *Braun/Uhlenbruck*, Unternehmensinsolvenz, S. 71.

[14] Vgl. *Jaeger/Weber* §§ 209, 210 KO Rn 11; *Häsemeyer* Insolvenzrecht Rn 31.05; *Jaeger/Ehricke* § 11 InsO Rn 96; MüKoInsO/*Ott* § 11 InsO Rn 71.

[15] Vgl. etwa MüKoHGB/*K. Schmidt* § 158 HGB Anh. Rn 5 m. w. N.; *Bork* Insolvenzrecht Rn 33; *ders.* Einführung in das Insolvenzrecht Rn 33; Insolvenzrechtshandbuch *Haas* § 94 Rn 28; MüKoInsO/*Ott* § 80 InsO Rn 114; *Schmidt-Räntsch* § 11 InsO Rn 7 unter Hinw. auf die Begr. RegE; vgl. bereits *K. Schmidt/Schulz*, ZIP 1982, 1017; *Kilger/K. Schmidt* Insolvenzgesetze § 209 KO Anm. 2 c; *K. Schmidt*, ZGR 1998, 642; GK/*Habersack* § 124 HGB Rn 44; wohl auch BGH NJW 1993, 663; a. A. *Häsemeyer* Insolvenzrecht Rn 31.10. zur OHG, vgl. zum früheren Recht BGHZ 34, 293, 297; *Jaeger/Weber* §§ 209, 210 KO Rn 18.

[16] *Häsemeyer* Insolvenzrecht Rn 31.39.

[17] *Hachenburg/Ulmer* § 63 GmbHG Rn 128; MüKoHGB/*K. Schmidt* § 158 HGB Anh. Rn 58; *Jaeger/Ehricke* § 11 InsO Rn 45; MüKoInsO/*Ott* § 11 InsO Rn 26; ausführlich *K. Schmidt* GmbHR 2002, 1209 ff.; *Hess/Weis/Wienberg* § 11 InsO Rn 37.

[18] Vgl. BGHZ 67, 171, 175; *Schlegelberger/K. Schmidt* § 130 a HGB Rn 4; *Noack* InsO Rn 550; *Hesselmann/Tillmann* Rn 691, 721; *Hachenburg/Ulmer* § 63 GmbHG

mentär-GmbH ist gehalten, eine mögliche Insolvenz für beide Gesellschaften unabhängig von einander festzustellen. Ergibt die Prüfung, dass beide Gesellschaften insolvenzreif sind, bedarf es zur Einleitung der Insolvenzverfahren gesonderter Insolvenzanträge. Die sich dann anschließenden Insolvenzverfahren werden unabhängig voneinander abgewickelt. Ein **„Einheitsinsolvenzverfahren"** findet bei der GmbH & Co. KG nicht statt.[19]

III. Außergerichtliche Sanierung

7 Liegen nach betriebswirtschaftlichen Maßstäben Anzeichen für eine **Krise** des Unternehmens vor,[20] ohne dass bereits ein zur Antragstellung verpflichtender Insolvenztatbestand erfüllt wäre, ist der Geschäftsführer der Komplementär-GmbH gehalten, anhand neuester Unternehmenszahlen eine umfassende Analyse der Krisensymptome und -ursachen (Management, Wettbewerbssituation, Kostenstruktur etc.), namentlich im Hinblick auf die Finanz- und Ertragslage des Unternehmens, vorzunehmen, um auf dieser Grundlage die Erfolgsaussichten einer möglichen Sanierung auszuloten.

8 Als sanierungsfähig ist die GmbH & Co. KG dann anzusehen, wenn nach den Untersuchungen hinreichend wahrscheinlich ist, dass die Gesellschaft nach Durchführung der Sanierungsmaßnahmen aus eigener Kraft am Markt nachhaltige Einnahmeüberschüsse erwirtschaften kann.[21] Hat eine Sanierung danach Aussicht auf Erfolg, hat der Geschäftsführer ein Sanierungskonzept zu entwickeln, das die erforderlichen finanzwirtschaftlichen Maßnahmen umfasst (sog. **interne Sanierungspflicht**).[22]

9 Wie § 18 InsO zeigt, besteht die Pflicht des Geschäftsführers zur Sanierung des Unternehmens nicht unbegrenzt. Danach kann der Geschäftsführer bereits bei **drohender Zahlungsunfähigkeit** (dazu im Einzelnen Rn 15) ein Insolvenzverfahren einleiten. Dies stellt den Geschäftsführer vor die Frage, ob er sich bei (bloß) drohender Zahlungsunfähigkeit um eine außergerichtliche Sanierung des Unternehmens bemüht oder ein Insolvenzverfahren einleitet. Aus Sicht des Unternehmens kann die Einleitung eines Insolvenzverfahrens im Vergleich zur Durchführung einer Sanierung durchaus Vorteile bieten.[23] Dies gilt namentlich dann, wenn außergerichtliche Vergleichsbemühungen an der Zustimmung einzelner Gläubiger-

---

Rn 128; *Roth/Altmeppen* Vorb. § 64 GmbHG Rn 52ff.; *Jaeger/Ehricke* § 11 InsO Rn 45; MüKoInsO/*Ott* § 11 InsO Rn 26.

[19] Vgl. auch *Häsemeyer* Insolvenzrecht Rn 31.04; 31.60.

[20] Zum Begriff der Unternehmenskrise vgl. *Uhlenbruck*, GmbHR 1985, 1278; zur Sanierungsprüfung allg. *Brandstätter*, Sanierungsfähigkeit.

[21] *Uhlenbruck*, GmbHR 1995, 200; vgl. ferner *Maus*, DB 1991, 1133ff.; *Groß*, DStR 1991, 1572ff.; *Hess/Weis/Wienberg* § 220 InsO Rn 148.

[22] *Uhlenbruck*, GmbHR 1995, 86; GK/*Habersack* § 130a HGB Rn 22. Zu den Möglichkeiten einer Unternehmensumstrukturierung zu Sanierungszwecken vgl. etwa *Limmer*, Kölner Schriften, S. 1219ff.

[23] Vgl. etwa *Uhlenbruck*, GmbHR 1995, 86f.; MüKoInsO/*Drukarczyk* § 18 InsO Rn 3; *Jaeger/Müller* § 18 InsO Rn 24.

gruppen zu scheitern drohen, andererseits aber die Hoffnung besteht, dass die für die Verabschiedung eines Insolvenzplanes erforderlichen Mehrheiten erreicht werden.[24] Ein freiwilliger Insolvenzantrag der Geschäftsführer kann auch Instrumentarium sein, um durch Auslösung der Rückschlagsperre nach § 88 InsO neue Liquidität zu gewinnen.[25] Danach wird eine Sicherung eines Gläubigers unwirksam, die dieser im letzten Monat vor dem Antrag auf Eröffnung des Verfahrens oder nach Stellung des Antrages im Vollstreckungswege erlangt hat. Für die Einleitung des Insolvenzverfahrens kann zudem sprechen, dass die Arbeitnehmer unter erleichterten Bedingungen Insolvenzgeld in Anspruch nehmen können.[26] Auch die Belastungen des Unternehmens durch einen Sozialplan können geringer sein (§ 123 Abs. 1, 2 InsO) . Darüber hinaus tritt der Pensionssicherungsverein a. G. (PSV) im Insolvenzverfahren für die Ruhegeldansprüche der Arbeitnehmer ein.[27]

Daneben lässt das Insolvenzrecht auch Möglichkeiten einer **außergerichtlichen Sanierung** zu. Diese beruhen auf privat aufgenommenen Vereinbarungen mit den Gläubigern und haben die Bereinigung der Schulden des Unternehmens durch Moratorien, Forderungsverzichte, Beteiligungen, Kredite und Umschuldungen zum Gegenstand. Außergerichtliche Verfahren erlauben mehr Flexibilität und sind schneller durchzuführen, wodurch sich in erheblichem Umfang Kosten sparen lassen, was wiederum zu einer Erhöhung der auf die Gläubiger entfallende Quote führen kann. Schließlich können sie diskret durchgeführt werden, so dass Kunden und Arbeitnehmer der Gesellschaft nicht beunruhigt werden. Ihr Erfolg hängt freilich von der Zustimmung aller Beteiligten ab. Scheitern die außergerichtlichen Sanierungsbemühungen, so dass letztendlich doch das Insolvenzverfahren zu eröffnen ist, drohen Schadensersatzrisiken wegen einer Verzögerung des Insolvenzverfahrens.[28] **10**

Das Recht der Geschäftsführer, sich zwischen einer außergerichtlichen Sanierung der Gesellschaft und der Eröffnung eines Insolvenzverfahrens zu entscheiden, schlägt in eine **Pflicht** zur Stellung des Insolvenzantrages um, sobald feststeht, dass die GmbH & Co. KG zahlungsunfähig oder überschuldet ist. Bei Eintritt eines dieser Insolvenztatbestände hat der Geschäftsführer unverzüglich die Eröffnung eines Insolvenzverfahrens zu beantragen (§§ 130 a, 177 a HGB). **11**

---

[24] Während der Abschluss eines außergerichtlichen Vergleichs von der Zustimmung aller Gläubiger abhängt, kann im Insolvenzverfahren ein Vergleich im Rahmen eines Insolvenzplanes unter Umständen auch gegen die Stimmen einer Gläubigerminderheit durchgesetzt werden; vgl. *Maus*, Kölner Schriften, S. 953 ff.

[25] Vgl. dazu *Gerhardt*, Kölner Schriften, S. 193 ff.

[26] Näheres hierzu *Gottwald/Heinze*, Insolvenzrechtshandbuch, 2. Aufl. 2001, § 108 Rn 11 ff.

[27] Siehe dazu *Paulsdorf/Wohlleben*, Kölner Schriften, S. 1655 ff.

[28] *Häsemeyer* Insolvenzrecht Rn 27.04.

IV. Insolvenzgründe

1. Zahlungsunfähigkeit

12 Nach § 17 Abs. 2 InsO ist die GmbH & Co. KG zahlungsunfähig, wenn sie nicht mehr in der Lage ist, ihre fälligen Zahlungspflichten zu erfüllen. Eine widerlegliche **Vermutung** für die Zahlungsunfähigkeit stellt § 17 Abs. 2 S. 2 InsO auf.[29] Danach ist die Gesellschaft in der Regel zahlungsunfähig, wenn sie ihre Zahlungen eingestellt hat.[30]

13 Nach früherer Definition war eine Gesellschaft zahlungsunfähig, wenn sie ihre fälligen und von den Gläubigern ernsthaft eingeforderten Verbindlichkeiten wegen eines absehbar fortwährenden Mangels an Zahlungsmitteln im Wesentlichen dauernd nicht mehr erfüllen konnte und dies den beteiligten Verkehrskreisen erkennbar geworden war.[31] Von dieser Definition greift § 17 Abs. 2 InsO die Kriterien der Dauer der Zahlungsunfähigkeit und der Wesentlichkeit nicht mehr auf, um Verzögerungen der Verfahrenseröffnung vorzubeugen.[32] Darin liegt eine **Verschärfung** des Insolvenztatbestandes.[33] Allerdings bleibt es dabei, dass eine nur vorübergehende **Zahlungsstockung** oder nur geringfügige Liquiditätslücken die Gesellschaft in aller Regel noch nicht zahlungsunfähig machen.[34]

14 Die Zahlungsfähigkeit der Kommanditisten und der Komplementär-GmbH oder ihrer Gesellschafter spielt bei der Insolvenzprüfung der Gesellschaft keine Rolle.[35] Die Pflicht zur Stellung eines Insolvenzantrages wird also nicht dadurch beseitigt, dass die Gläubiger von den **Gesellschaftern**

---

[29] Vgl. zum Insolvenzgrund der Zahlungsunfähigkeit *Uhlenbruck/Uhlenbruck* § 17 InsO Rn 3 ff.; *Jäger*, BB 1997, 1575. Zu den Insolvenzgründen allgemein *Drukarzcyk/Schüler*, Kölner Schriften, S. 95 ff.; *Burger/Schellberg*, BB 1995, 261 ff.

[30] Vgl. *Kirchhof*, Kölner Schriften, S. 285 ff.; *Uhlenbruck*, GmbHR 1995, 197; *Hess/Weis/Wienberg* § 11 InsO Rn 6; umstritten ist, ob sich die Zahlungseinstellung auf eingeforderte Forderungen beziehen muss; vgl. MüKoHGB/*K. Schmidt* § 158 HGB Anh. Rn 13 m. w. N. zum Streitstand.

[31] Vgl. BGH NJW 1962, 102; NJW 1985, 1785; BayObLG BB 1988, 1840; *Jaeger/Weber* § 102 KO Rn 2; *Jauernig* Zwangsvollstreckung und Insolvenzrecht § 54 II 1; *Landfermann*, BB 1995, 1651; *Uhlenbruck*, GmbH & Co. KG in Krise, S. 232; GK/*Habersack* § 130 a HGB Rn 16; *Heymann/Emmerich* §§ 130 a, b HGB Rn 7; *Wimmer*, DStR 1996, 1249.

[32] Amtl. Begr. zu § 21 RegE (= § 17 InsO); *Jaeger/Müller* § 17 InsO Rn 4; MüKoInsO/*Eilenberger* § 17 InsO Rn 5.

[33] Vgl. *Burger/Schellberg*, BB 1995, 261; einschränkend *K. Schmidt*, ZGR 1998, 650; kritisch zur gesetzlichen Regelung *Häsemeyer* Insolvenzrecht Rn 7.17 ff.

[34] Vgl. BGH WM 1959, 891; MüKoHGB/*K. Schmidt* § 158 HGB Anh. Rn 10 f. (mit genauer Abgrenzung zwischen Zahlungsunfähigkeit und Zahlungsstockung); *Jaeger/Müller* § 17 InsO Rn 5; MüKoInsO/*Eilenberger* § 17 InsO Rn 5; *Hess/Weis/Wienberg* § 17 InsO Rn 26; *Hesselmann/Tillmann* Rn 695; *Baumbach/Hopt* § 130 a HGB Rn 3; Uhlenbruck/*Uhlenbruck* § 17 InsO Rn 6; GK/*Habersack* § 130 a HGB Rn 16. Erfüllte Forderungen bleiben, selbst wenn die Leistung anfechtbar ist, bei der Prüfung außer Betracht, vgl. BGH BB 1987, 1126.

[35] MüKoHGB/*K. Schmidt* § 158 HGB Anh. Rn 12; Insolvenzrechts-Handbuch/*Haas* § 94 Rn 6; MünchHdb. GesR II/*Schmid* KG § 47 Rn 7; *Jaeger/Müller* § 17 InsO Rn 18; einschränkend *Noack* InsO Rn 455.

der GmbH & Co. KG Zahlungen erhalten könnten (§§ 128, 171, 172 HGB). Lediglich im Falle der Überschuldung der GmbH & Co. KG besteht eine Pflicht, Insolvenzantrag zu stellen dann nicht, wenn neben der GmbH mittelbar oder unmittelbar eine natürliche Person für die Verbindlichkeiten der Gesellschaft persönlich haftet (§ 19 Abs.3 InsO, §§ 130 a, 177 a HGB).

2. Drohende Zahlungsunfähigkeit

Beantragt die Gesellschaft die Eröffnung des Insolvenzverfahrens, stellt **15** bereits die drohende Zahlungsunfähigkeit einen **Eröffnungsgrund** dar (§ 18 InsO). Der Gesellschaft droht die Zahlungsunfähigkeit, wenn sie voraussichtlich nicht in der Lage ist, ihre bestehenden Verbindlichkeiten im Zeitpunkt der Fälligkeit zu erfüllen (§ 18 Abs. 2 InsO). Ob diese Voraussetzungen erfüllt sind, ist unter Berücksichtigung der voraussichtlichen Entwicklung der gesamten Finanz- und Liquiditätssituation der Gesellschaft bis zur Fälligkeit aller bestehenden Verbindlichkeiten zu ermitteln.[36] Demnach erfordert die Feststellung drohender Zahlungsunfähigkeit eine Prognose.[37] Darin sind solche Zahlungspflichten zu berücksichtigen, die bereits wenigstens dem Grunde nach bestehen oder deren Entstehen unvermeidbar ist.[38] Zum Nachweis des Vorliegens der drohenden Zahlungsunfähigkeit kann das Gericht die Vorlage eines Finanz- und Liquiditätsplanes verlangen.[39]

Anders als Zahlungsunfähigkeit und Überschuldung begründet die dro- **16** hende Zahlungsunfähigkeit **keine Antragsverpflichtung**, sondern räumt dem Geschäftsführer nur das Recht ein, einen Insolvenzantrag zu stellen, statt eine außergerichtliche Sanierung vorzunehmen (vgl. Rn 9).[40]

3. Überschuldung

Weiterer Insolvenzgrund ist die Überschuldung der GmbH & Co. KG, **17** wenn neben der Komplementär-GmbH kein persönlich haftender Gesellschafter eine natürliche Person ist oder seinerseits eine natürliche Person als persönlich haftenden Gesellschafter hat (§ 19 Abs. 1, i.V. m. Abs. 3 InsO, §§ 130 a, 177 a HGB).

---

[36] *Hesselmann/Tillmann* Rn 723; vgl. im Einzelnen *Burger/Schellberg*, BB 1995, 264, zu den im Rahmen der Prognose zu berücksichtigenden Positionen *Jaeger/Müller* § 18 InsO Rn 8.

[37] *Hess/Weis/Wienberg* § 18 InsO Rn 5; *Häsemeyer* Insolvenzrecht Rn 7.22; zu den Unsicherheiten und Unklarheiten der Prognose vgl. MüKoHGB/*K. Schmidt* § 158 HGB Anh. Rn 16 m. w. N.

[38] Heidelberger Kommentar/*Kirchhof* § 18 InsO Rn 6.

[39] *Uhlenbruck*, GmbHR 1995, 197; *Drukarczyk/Schüler*, Kölner Schriften, S. 110 f. An diese Pläne werden in der Praxis hohe Anforderungen gestellt; vgl. *Häsemeyer* Insolvenzrecht Rn 7.22; MüKoHGB/*K. Schmidt* § 158 Anh. Rn 17 m. w. N.; zum Finanzplan im Einzelnen MüKoInsO/*Drukarczyk* § 18 InsO Rn 13 ff.

[40] Der auf drohende Zahlungsunfähigkeit gestützte Insolvenzantrag ist nur als Eigenantrag möglich (§ 18 Abs. 1 InsO). Ausweislich der Begr. des RegE soll hierdurch vermieden werden, dass das Unternehmen durch entsprechende Gläubigeranträge unter Druck gesetzt werden kann, vgl. Begr. RegE abgedr. bei *Balz/Landfermann*, Insolvenzgesetze, S. 91.

18 **a) Ermittlung.** Die GmbH & Co. KG ist überschuldet, wenn ihr Vermögen die bestehenden Verbindlichkeiten nicht mehr deckt (§ 19 Abs. 2 S. 1 InsO).[41] Die Haftung der Komplementär-GmbH bleibt dabei außer Betracht.[42] Die Vorgaben für die danach anzustellende Unternehmensbewertung macht das Gesetz davon abhängig, ob eine Fortführung der Gesellschaft nach den Umständen als überwiegend wahrscheinlich angesehen wird.[43] Ist dies zu bejahen, sind im Rahmen der Überschuldungsbilanz Fortführungswerte in Ansatz zu bringen. Ergibt sich eine negative Prognose, sind für die Aufstellung des Überschuldungsstatus Liquidationswerte maßgebend (§ 19 Abs. 2 S. 2 InsO).[44] Die **Fortführungsprognose** hat damit zukünftig nur noch für die Art der Bewertung des Gesellschaftsvermögens Bedeutung.[45] Eine positive Fortbestehensprognose als solche schließt also noch nicht die Annahme einer Überschuldung aus.[46] Nach herrschender Meinung hat ein originärer Geschäftswert, d. h. die Differenz zwischen der Summe der Fortführungswerte der einzelnen bewertbaren und verkehrsfähigen Vermögensgegenstände und einem höheren Ertragswert des Unternehmens, der aus einer gesteigerten Ertragskraft resultiert, außer Betracht zu bleiben, da dies einem angemessenen Gläubigerschutz widerspreche.[47] Allerdings können in einer Überschuldungsbilanz sowohl bei Ansatz von Fortführungswerten als auch bei An-

---

[41] Zum Begriff der Überschuldung vgl. *Burger/Schellberg*, BB 1995, 265; vgl. bereits *Kupsch*, BB 1984, 159; *Drukarczyk*, WM 1994, 1737 ff.

[42] *Uhlenbruck*, Die GmbH & Co. KG in Krise, S. 292.

[43] Vgl. auch *Wolf*, DStR 1998, 126 ff.; *Jaeger/Müller* § 19 InsO Rn 17 ff.

[44] Zur Kritik *Scholz/K. Schmidt* § 63 GmbHG Rn 10; krit. Würdigung der gesetzlichen Neuregelung auch bei *Jaeger/Müller* § 19 InsO Rn 24 ff.

[45] *Lutter/Hommelhoff* § 64 GmbHG Rn 11; *Uhlenbruck*, GmbH & Co. KG in Krise, S. 279 ff.; *ders.*, BB 1985, 1281; *Lutter*, ZIP 1999, 641, 643; *Deulter*, GmbHR 1977, 39; *Mühlberger*, GmbHR 1977, 149; so wohl auch MüKoHGB/*K. Schmidt* § 158 HGB Anh. Rn 25; eingehende Erläuterung, wie eine Fortbestehensprognose zu erstellen ist, bei *Bork*, ZIP 2000, 1709.

[46] Demgegenüber hat die früher h. M. eine modifizierte zweistufige Überschuldungsprüfung vorgenommen und zwischen der rechnerischen Überschuldung einerseits und der Überschuldung im Rechtssinne andererseits differenziert. Danach waren in der Überschuldungsbilanz stets Liquidationswerte in Ansatz zu bringen. Eine so ermittelte Überschuldung bildete aber nur dann einen Konkursgrund, wenn die daneben anzustellende Fortbestehensprognose negativ ausfiel. BGHZ 119, 201, 213 f.; 126, 181, 199; BGH NJW 1998, 2667, 2669; GK/*Habersack* § 130 a HGB Rn 17; *K. Schmidt*, ZIP 1980, 233 ff.; *ders.*, AG 1978, 334 ff.; *Hachenburg/Ulmer* § 63 GmbHG Rn 23 ff.; *ders.*, KTS 1981, 477 ff.; *Baumbach/Hopt* § 130 a HGB Rn 4; *Baumbach/Hueck* § 63 GmbHG Rn 8; vgl. *Hesselmann/Tillmann* Rn 704. Maßgebend soll dabei die Zeit bis zum Ende des nächsten, also nicht des laufenden Geschäftsjahres sein; vgl. auch Regierungsbegründung BT-DA. 12/2443.

[47] Heidelberger Kommentar/*Kirchhof* § 19 InsO Rn 14; *Uhlenbruck* Die GmbH & Co. KG in Krise, S. 287 a. A. *Spliedt*, DB 1999, 1941; *Kallmeyer*, GmbHR 1999, 16, 17, *Lutter*, ZIP 1994, 644; differenzierend MüKoHGB/*K. Schmidt* § 158 HGB Anh. Rn 28: nur bei positiver Fortführungsprognose ist Geschäftswert zu berücksichtigen; nach *Jaeger/Müller* § 19 InsO Rn 52 setzt Berücksichtigung eines Geschäftswertes eine positive Marktbeurteilung voraus.

satz von Liquidationswerten stille Reserven durch Neubewertung aufgelöst werden.[48]

In der **Praxis** kann der Geschäftsführer der Komplementär-GmbH in einer Krisensituation auf zwei Wegen vorgehen.[49] (1) Er ermittelt zunächst, ob eine Überschuldung der Gesellschaft nach Liquidationswerten vorliegt. Dies geschieht durch Aufstellung einer **Vermögensbilanz**, auf deren Passivseite die unechten Passivposten, wie das Eigenkapital und die Rücklagen, außer Betracht zu bleiben haben.[50] Ist die Gesellschaft danach rechnerisch überschuldet, ist in einem zweiten Schritt eine **Fortführungsprognose** anzustellen. Ergibt diese, dass die Gesellschaft unter Berücksichtigung ihrer Finanz- und Liquiditätssituation voraussichtlich zahlungsunfähig ist, d. h. ihre Liquidation wahrscheinlicher sein wird als ihre Fortführung, liegt auch eine Überschuldung im Rechtssinne vor. In diesem Fall hat die Geschäftsführung Insolvenzantrag zu stellen. Fällt die Fortführungsprognose hingegen positiv aus, kann der Geschäftsführer bei der Bewertung des Gesellschaftsvermögens Fortführungswerte in Ansatz bringen,[51] was die Überschuldung unter Umständen beseitigt. (2) Der Geschäftsführer stellt zunächst eine Fortführungsprognose an, die ihm Aufschluss darüber gibt, zu welchen Werten (Liquidations- oder Fortführungswerte) er die Überschuldungsbilanz aufzustellen hat. Ergibt sich aus der Bilanz dann eine Überschuldungssituation, hat er Insolvenzantrag zu stellen. 19

b) Passivierung eigenkapitalersetzender Gesellschafterleistungen. 20
Inwieweit eigenkapitalersetzende Gesellschafterleistungen in der zu erstellenden Vermögensbilanz zu passivieren sind, ist umstritten. Eine verbreitete Auffassung in Rechtsprechung und Schrifttum lehnt die Passivierungspflicht mit beachtlichen Argumenten ab.[52] Der Überschuldungsstatus habe danach nur die Funktion, zu ermitteln, ob das Vermögen der Gesellschaft

---

[48] Vgl. *Hüffer* in FS Wiedemann S. 1047, 1049 (dabei ist eine höhere Neubewertung bei Ansatz von Liquidationswerten unproblematisch; während dies bei Ansatz von Fortführungswerten umstritten ist, zu Letzterem *Hüffer* S. 1057 ff.).

[49] *Lutter/Hommelhoff* § 64 GmbHG Rn 13; vgl. auch *Uhlenbruck*, GmbHR 1995, 198; *Uhlenbruck/Uhlenbruck* § 19 InsO Rn 17 f.; *Jaeger/Müller* § 19 InsO Rn 28 ff.; *Burger/Schellberg*, BB 1995, 266.

[50] Vgl. nur *Heymann/Emmerich* § 130 a, b HGB Rn 8; *Hess/Weis/Wienberg* § 19 InsO Rn 37; *Jaeger/Müller* § 19 InsO Rn 85. Zum Inhalt der Überschuldungsbilanz allg. *Scholz/K. Schmidt* Vor § 64 GmbHG Rn 20 ff.; *Hachenburg/Ulmer* § 63 GmbHG 135 ff.; MüKoInsO/*Drukarczyk/Schüler* § 19 InsO Rn 84 ff.

[51] Im Schrifttum wurde diese Neuregelung bereits stark kritisiert. Sie schaffe für die Geschäftsführer eine erhebliche Unsicherheit und zusätzlichen Aufwand, da der Geschäftsführer bei nicht eindeutiger Prognose gezwungen sei, zwei Überschuldungsbilanzen aufzustellen, einmal auf der Basis von Fortführungswerten, einmal auf der Basis von Zerschlagungswerten, vgl. *Hesselmann/Tillmann* Rn 704.

[52] OLG München NJW 1966, 2366; GmbHR 1995, 458; LG Waldshut DB 1995, 2157; OLG Stuttgart GmbHR 1998, 235; *Hachenburg/Ulmer* § 63 GmbHG Rn 46 a; *Bormann*, Eigenkapitalersetzende Gesellschaftsleistungen in der Jahres- und Überschuldungsbilanz, 2001, S. 288 ff.; *Baumbach/Hueck* § 64 GmbHG Rn 15; *Lutter/Hommelhoff* § 64 GmbHG Rn 17 d; *Mühlberger*, GmbHR 1977, 146, 150 f.; *Fleck*, GmbHR 1989, 322; *Fleischer*, ZIP 1996, 773; *Lutter*, ZIP 1999, 641 ff.; vgl. auch die Regierungsbegründung BegrRegE InsO BT-Drucks. 12/2443 S. 115.

ausreichend ist, die betroffenen Gläubiger zu befriedigen. Da die Gesellschafter mit der Geltendmachung eigenkapitalersetzender Darlehen in der Insolvenz ausgeschlossen seien (vgl. §§ 172a HGB, 32a GmbHG), entfalle auch die Notwendigkeit einer Passivierungspflicht. Demgegenüber rückt die herrschende Auffassung Gläubigerschutzaspekte in den Vordergrund und nimmt eine Passivierungspflicht eigenkapitalersetzender Gesellschafterleistungen in der Überschuldungsbilanz an.[53] Die Beurteilung, ob eine Gesellschafterleistung als eigenkapitalersetzend einzustufen sei, dürfe nicht der Geschäftsführung überlassen bleiben. Auch dürfe die Geschäftsführung nicht mit den schadensersatzrechtlichen (§ 64 GmbHG) und strafrechtlichen (§ 84 Abs. 1 Nr. 2 GmbHG) Risiken einer Fehleinschätzung belastet werden, die darin bestehen, dass aufgrund dieser Fehleinschätzung Insolvenzanträge nicht oder zu spät gestellt werden. Um eine Beeinträchtigung der Interessen der Gesellschaftsgläubiger auszuschließen, sind eigenkapitalersetzende Gesellschafterleistungen in der Überschuldungsbilanz zu passivieren. Die Gesellschafter haben es selbst in der Hand, durch Abgabe von Rangrücktrittserklärungen deutlich zu machen, dass sie auf Dauer auf ihre Position als Drittgläubiger verzichten und somit einer Überschuldung der Gesellschaft vorzubeugen (siehe unten Rn 21). Allerdings weist der BGH zutreffend darauf hin, dass die Gesellschafter nach der Überwindung der Krise nicht daran gehindert sind, die aus ihrer Drittgläubigerstellung folgenden Rechte gegen die Gesellschaft – und zwar auch hinsichtlich der Rückstände – zu verfolgen.[54]

21 Einigkeit besteht allerdings insoweit, als ein eigenkapitalersetzendes Gesellschafterdarlehen dann nicht zu passivieren ist, wenn der das Darlehen gewährende Gesellschafter eine **Rangrücktrittserklärung** abgegeben hat. Aus der Rangrücktrittserklärung muss sich unmissverständlich ergeben, dass der Gesellschafter an der Geltendmachung seiner Forderung nur festhält, wenn sie aus künftigen Jahresüberschüssen, einem etwaigen Liquiditätsüberschuss oder aus einem sonstigen, die Verbindlichkeiten der Gesellschaft übersteigenden Aktivvermögen der Gesellschaft beglichen werden kann.[55] Erklärungen, die sich darauf beschränken, dass der Gesellschafter

---

[53] BGHZ 146, 264 m. Anm. *Felleisen* in GmbHR 2001, 195, m. Anm. *Fleischer* in JZ 2001, 1191 und m. Anm. *Altmeppen* in ZIP 2001, 240; OLG Hamburg WM 1986, 1110, 1112, OLG Stuttgart BB 1992, 531; OLG Düsseldorf BB 1996, 1428; MüKoHGB/*K. Schmidt* § 158 HGB Anh. Rn 32; *Jaeger/Müller* § 19 InsO Rn 96ff.; *Scholz/K. Schmidt* vor § 64 GmbHG Rn 32; *ders.*, GmbHR 1999, 9; *ders.*, ZGR 1998, 660; *Priester*, DB 1987, 2432; *Wagner/Rux* Rn 640a; *Binz/Sorg* § 11 Rn 11; *Roth/Altmeppen* Vorb. § 64 GmbHG Rn 26; *Altmeppen*, ZHR 164 (2000), S. 349ff.; *Paulus*, ZGR 2002, 320.

[54] BGHZ 146, 264, 272.

[55] BGHZ 146, 264, 271; BGH WM 1987, 468, 469; OLG Hamburg WM 1986, 1110, 1112; OLG Düsseldorf BB 1996, 1428, 1429; *Roth/Altmeppen* Vorb. § 64 GmbHG Rn 28; Vorschlag einer Rangrücktrittsvereinbarung für die Praxis bei *Kußmaul*, DB 2002, 2258; *Hess/Weis/Wienberg* § 19 InsO Rn 43 fordert den Abschluss eines ausdrücklichen aufschiebenden bzw. auflösend bedingten Erlassvertrages; zur inhaltlichen Ausgestaltung vgl. auch *Jaeger/Müller* § 19 InsO Rn 100ff. Vgl. allg. *Teller/Steffan*, Rangrücktrittsvereinbarungen, S. 81ff.; *Altmeppen*, ZHR 164 (2000), S. 349.

seine Forderung in einem möglichen Insolvenzverfahren nicht geltend macht oder erst nach Befriedigung der Drittgläubiger, sind zumeist nicht ausreichend.[56] Bei eigenkapitalersetzenden Sicherheiten bedarf es eines Verzichtes des Gesellschafters auf seinen Regressanspruch sowie einer Verpflichtung gegenüber der Gesellschaft, sie bei Inanspruchnahme durch den Kreditgeber freizustellen.[57]

c) Abgrenzungsfragen. *aa) Masselosigkeit.* Von der Überschuldung der GmbH & Co. KG ist ihre Masselosigkeit zu unterscheiden. Masselos ist die Gesellschaft, wenn sie nicht einmal über ausreichende Mittel verfügt, um die Kosten des Verfahrens zu decken.[58] Die Masselosigkeit, die begrifflich das Vorliegen eines Insolvenzgrundes voraussetzt, entbindet die Geschäftsführung nicht von der Pflicht zur Stellung eines Insolvenzantrages, da nur das Insolvenzgericht zu prüfen berechtigt ist, ob eine ausreichende Masse vorhanden ist.[59] Ist die Gesellschaft masselos, wird die **Eröffnung** eines Insolvenzverfahrens **abgelehnt**, sofern nicht die Gläubiger einen entsprechenden Kostenvorschuss geleistet haben (§ 26 InsO). Erweist sich in einem bereits eröffneten Verfahren, dass die Gesellschaft über kein die Kosten des Verfahrens deckendes Vermögen mehr verfügt, **stellt** das Insolvenzgericht das Verfahren mangels Masse **ein** (§ 207 InsO). Anders als bei bloßer Masseunzulänglichkeit besteht für den Insolvenzverwalter dann keine Pflicht zur Verwertung von Massegegenständen. 22

Wie die Eröffnung des Insolvenzverfahrens führt auch die Ablehnung der Verfahrenseröffnung mangels Masse zur **Auflösung** der GmbH & Co. KG (§ 131 Abs. 2 Satz 1 Nr. 1 HGB).[60] Wird die Eröffnung des Insolvenzverfahrens mangels Masse abgelehnt, findet die **Liquidation** der Gesellschaft statt. Die Abwicklung der GmbH & Co. KG erfolgt dann nicht durch einen Insolvenzverwalter in einem Verfahren nach den Regeln der InsO, sondern obliegt den Liquidatoren der Gesellschaft. Die Gläubiger bleiben danach berechtigt, im Wege der Einzelvollstreckung Zugriff auf das noch vorhandene Vermögen der Gesellschaft zu nehmen.[61] 23

bb) Masseunzulänglichkeit. Sind die Kosten des Verfahrens gedeckt, reicht die Masse jedoch nicht aus, um die fälligen sonstigen Masseverbindlichkeiten zu erfüllen, spricht man von Masseunzulänglichkeit. Die Masse- 24

---

[56] *Priester*, DB 1977, 2430; *Hesselmann/Tillmann* Rn 717.

[57] Vgl. BGH NJW 1987, 1697, 1698; OLG München GmbHR 1990, 201 zum Rückgriffsanspruch eines Gesellschafters als Bürgen.

[58] *K. Schmidt* Gesellschaftsrecht § 11 IV 2b; *Schlegelberger/K. Schmidt* § 131 HGB Rn 21; vgl. dazu auch *Uhlenbruck*, Kölner Schriften, S. 1157, 1168; *J. Uhlenbruck*, Kölner Schriften, S. 1187 ff.; *Jaeger/Schilken* § 26 InsO Rn 11 ff.; MüKoInsO/*Haarmeyer* § 26 InsO Rn 11 ff.

[59] Vgl. OLG Hamm GmbHR 1993, 593, 594; *Schlegelberger/K. Schmidt* § 130 a HGB Rn 22; *Uhlenbruck*, GmbHR 1985, 1282.

[60] In der Literatur wurde dieses Ergebnis vor In-Kraft-Treten der InsO im Wege einer entsprechenden Anwendung des § 1 Abs. 1 LöschG a. F. erreicht; *Hachenburg/Ulmer* § 60 GmbHG Rn 119; *K. Schmidt*, ZHR 153 (1989), 280; *ders.*, GmbHR 1994, 834; *Hesselmann/Tillmann* Rn 669; dagegen BGHZ 75, 178 ff.

[61] Zur rechtspolitischen Kritik *K. Schmidt* Gesellschaftsrecht S. 329 f.

unzulänglichkeit ist dem Insolvenzgericht vom Insolvenzverwalter anzuzeigen (§ 208 InsO).[62] Sobald der Insolvenzverwalter die Masse nach Maßgabe von § 209 InsO verteilt hat, stellt das Insolvenzgericht das Verfahren ein (§ 211 InsO).

25 *cc) Vermögenslosigkeit.* Verfügt die Gesellschaft über kein verwertbares Aktivvermögen, ist sie vermögenslos.[63] Nach § 141 a Abs. 3 S. 2 FGG kann eine GmbH & Co. KG, bei der keine natürliche Person persönlich haftender Gesellschafter ist, im Handelsregister wegen Vermögenslosigkeit gelöscht werden, sofern der Tatbestand der Vermögenslosigkeit sowohl bei der KG als auch bei der Komplementär-GmbH erfüllt ist. Die Löschung im Register hat die Auflösung der GmbH & Co. KG zur Folge (§ 131 Abs. 2 Nr. 2 HGB).

26 **d) Auswirkung der Insolvenz der KG auf die Komplementär-GmbH.** Die Insolvenz der Gesellschaft ist von der Insolvenz des Gesellschafters (dazu § 29 Rn 20 ff.) zu unterscheiden. Die Insolvenz der Gesellschaft hat rechtlich keineswegs zwangsläufig die Insolvenz des Gesellschafters zur Konsequenz und umgekehrt. In der Praxis bleibt die Insolvenz der KG jedoch nur selten ohne Auswirkungen auf die Vermögens- und Liquiditätssituation ihrer Komplementär-GmbH. Denn die GmbH muss die Verbindlichkeiten der KG, für die sie als Komplementärin persönlich haftet, spätestens dann passivieren, wenn mit ihrer Inanspruchnahme durch die Gesellschaftsgläubiger ernsthaft zu rechnen ist.[64] Hat die Komplementär-GmbH mit einer Inanspruchnahme zu rechnen, ist sie überschuldet, wenn ihre eigenen Aktiva nicht ausreichend sind, ihre Verbindlichkeiten und den die Überschuldung ausmachenden Teil der Verbindlichkeiten der KG abzudecken.[65] Verfügt die Komplementär-GmbH außer ihrer Beteiligung an der KG über kein weiteres Vermögen und ist sie – wie häufig – nur mit dem Mindestkapital ausgestattet, führt eine Überschuldung der KG häufig auch zu einer Überschuldung bei der Komplementär-GmbH.[66] Zwar steht der Komplementär-GmbH gegen die KG ein Anspruch auf Ersatz ihrer Aufwendungen (§ 110 HGB) zu, der in der Überschuldungsbilanz aktiviert werden kann. In einer Krisensituation der KG ist dieser **Aufwendungsersatzanspruch** indessen in aller Regel **nicht vollwertig** und kann die Überschuldung der Komplementärin nicht verhindern.[67]

---

[62] Vgl. *Uhlenbruck*, GmbH in Krise, Rn 579 ff.; zum massearmen Verfahren allg. *Kübler*, Kölner Schriften, S. 967 ff.; zur Feststellung der Masseunzulänglichkeit vgl. *Hess/Weis/Wienberg* § 208 InsO Rn 18 ff.

[63] BayObLG BB 1982, 1590; *K. Schmidt* Gesellschaftsrecht § 11 VI 5 b.

[64] *Binz/Sorg* § 11 Rn 22. Vor diesem Zeitpunkt handelt es sich um Eventualverbindlichkeiten, die im Jahresabschluss gesondert zu vermerken sind (vgl. § 285 Nr. 3 HGB).

[65] *Uhlenbruck*, GmbH & Co. KG in Krise, S. 245; *Binz/Sorg* § 11 Rn 22 f.; *K. Schmidt*, GmbHR 2002, 1209 zur „Simultaninsolvenz" von GmbH & Co. KG und ihrer Komplementär-GmbH.

[66] Vgl. die Nachweise in Fn 19.

[67] BGH BB 1991, 246; GK/*Habersack* § 130 a HGB Rn 5; *Noack* InsO Rn 558; *Jaeger/Müller* § 19 InsO Rn 84; *Hachenburg/Ulmer* § 63 GmbHG Rn 131.

Die Verpflichtung der Geschäftsführer, auch für die Komplementär-GmbH Insolvenzantrag zu stellen (§ 64 GmbHG), kann entfallen, wenn die persönlich haftende Gesellschafterin im Innenverhältnis **Freistellungsansprüche** gegen die Kommanditisten hat und diese Ansprüche realisierbar und werthaltig sind.[68] Aus einer Bestimmung im Gesellschaftsvertrag der KG, die eine Beteiligung der Komplementär-GmbH am Verlust ausschließt, kann ein solcher Freistellungsanspruch indes nicht hergeleitet werden.[69] Eine generelle und von den Gesellschaftsgläubigern pfändbare Freistellungsverpflichtung der Kommanditisten gegenüber der Komplementär-GmbH hätte nämlich im Ergebnis zur Folge, dass die Kommanditisten über ihre Einlage hinaus haften würden. Dies ist jedoch regelmäßig nicht gewollt (§ 167 Abs. 3 HGB). Folglich bedarf es zur Begründung eines Freistellungsanspruchs einer ausdrücklichen Verpflichtung der Kommanditisten gegenüber der Komplementärin, entgegen der gesetzlichen Regelung über den Einlagebetrag hinaus für den Verlust der Gesellschaft zu haften. 27

Hiervon zu sondern ist die Frage, ob **außerhalb einer Krisensituation hohe Verbindlichkeiten** der KG für sich genommen eine Überschuldung der Komplementär-GmbH herbeiführen können. Diese Frage stellt sich dann, wenn das Aktivvermögen der persönlich haftenden Gesellschafterin nicht ausreicht, um die Verbindlichkeiten der KG abzudecken. Für den Regelfall ist dies zu verneinen.[70] Eine Pflicht der Komplementär-GmbH, die Verbindlichkeiten der KG zu passivieren, besteht nämlich erst dann, wenn sie ernsthaft mit einer Inanspruchnahme rechnen muss.[71] Selbst wenn dies zu bejahen ist, ist der Freistellungsanspruch gegen die KG (§ 110 HGB) außerhalb einer Krise der KG regelmäßig **werthaltig** und kann bei einer entsprechenden Aktivierung im Überschuldungsstatus die Überschuldung der Komplementär-GmbH beseitigen. 28

Im Fall der Eröffnung des Insolvenzverfahrens über das Vermögen der Komplementär-GmbH scheidet diese vorbehaltlich anders lautender Vereinbarung im Gesellschaftsvertrag gem. § 131 Abs. 3 Nr. 2 HGB aus der GmbH & Co. KG aus. Das Vermögen der KG wächst dann den verbleibenden Kommanditisten an.[72] Auf die Durchführung des Insolvenzverfahrens über das Vermögen der GmbH & Co. KG hat dies keinen Einfluss.[73] 29

---

[68] *Hachenburg/Ulmer* § 63 GmbHG Rn 131; *Uhlenbruck*, GmbHR 1971, 73; *Mühlberger*, GmbHR 1977, 148; *Schlegelberger/Martens* § 161 HGB Rn 125; *Wagner/Rux* Rn 651.

[69] Zutr. *Hesselmann/Tillmann* Rn 505; *Binz/Sorg* § 11 Rn 24 Fn 35. Eine solche Vereinbarung gewährt nur einen Freistellungsanspruch gegen die KG selbst.

[70] *Scholz/K. Schmidt* Vor § 64 GmbHG Rn 102; *Hesselmann/Tillmann* Rn 722; *Uhlenbruck*, GmbH & Co. KG in Krise, S. 316 f.

[71] *Noack* InsO Rn 561.

[72] Dazu vgl. § 29 Rn 2 f. und § 45 Rn 5; zum Ausscheiden der Komplementär-GmbH bei der zweigliedrigen GmbH & Co. KG s. a. BGH DB 2004, 1258.

[73] Dies gilt auch für die zweigliedrige GmbH & Co. KG in Insolvenz, deren Fortbestand trotz Ausscheidens der Komplementär-GmbH zum Zweck der Durchführung des Insolvenzverfahrens aus dem Insolvenzbeschlag ihres Vermögens folgt, *Liebs*, ZIP 2002, 1716, 1718; s. a. OLG Hamm ZIP 2003, 2264; *K. Schmidt*, GmbHR 2003, 1404, 1405 f.

V. Insolvenzeröffnungsverfahren

1. Insolvenzantrag

30 **a) Antragspflicht.** Die Eröffnung des Insolvenzverfahrens über das Vermögen der GmbH & Co. KG ist zu beantragen, wenn die Gesellschaft zahlungsunfähig oder überschuldet ist (§ 130 a HGB). Eine Pflicht zur Stellung eines Insolvenzantrages besteht nur dann nicht, wenn eine **natürliche Person** als weiterer persönlich haftender Gesellschafter vorhanden oder persönlich haftender Gesellschafter der GmbH & Co. KG eine oHG oder KG ist, die ihrerseits über eine natürliche Person als Komplementär verfügt (§§ 19 Abs. 3 InsO, 130 a Abs. 1 S. 1 HGB).[74]

31 **b) Antragsverpflichtete.** Adressat der Antragspflicht sind in erster Linie der oder die **Geschäftsführer der Komplementär-GmbH** in ihrer Eigenschaft als deren organschaftliche Vertreter (§§ 130 a Abs. 1 S. 2, 177 a HGB).[75] Sind mehrere Geschäftsführer vorhanden, trifft die Pflicht jeden von ihnen, unabhängig davon, ob Einzel- oder Gesamtvertretungsmacht angeordnet ist.[76] Auch wenn die Antragspflicht nach einem internen Geschäftsverteilungsplan einem bestimmten Geschäftsführer zugewiesen ist, entbindet dies die übrigen Geschäftsführer nicht von ihrer Pflicht zur Antragstellung.[77] Liegt ein Insolvenzgrund vor, kann sich der Geschäftsführer durch Niederlegung seines Amtes der bestehenden Antragspflicht grundsätzlich nicht entziehen.[78]

32 Die Antragspflicht trifft auch den sog. **faktischen Geschäftsführer**.[79] Faktischer Geschäftsführer ist, wer zwar nicht formal zum Geschäftsführer der GmbH bestellt wurde, aber wie ein Organ in maßgeblichem Umfang

---

[74] Anders verhält es sich, wenn die natürliche Person oder die KG vermögenslos und nur vorgeschoben ist *Hesselmann/Tillmann* Rn 697.

[75] *Hachenburg/Ulmer* § 63 GmbHG Rn 137; *Schlegelberger/K. Schmidt* § 177 a HGB Rn 8; *Häsemeyer* Insolvenzrecht Rn 31.61.; vgl. allg. zu den Pflichten des Geschäftsführers einer GmbH & Co. KG in der Krise des Unternehmens *Uhlenbruck*, GmbHR 1985, 1277 ff.

[76] BGH NJW 1994, 2149; MüKoHGB/*K. Schmidt* § 130 a HGB Rn 13; *Baumbach/Hopt* § 130 a HGB Rn 7; *Deutler*, GmbHR 1977, 39; *Hucks*, JZ 1994, 533; *Uhlenbruck*, GmbHR 1995, 197; *Heymann/Emmerich* §§ 130 a, b HGB Rn 4; *Noack* InsO Rn 565.

[77] BGH NJW 1994, 2149; *Baumbach/Hopt* § 130 a HGB Rn 7; MüKoHGB/*K. Schmidt* § 130 a HGB Rn 13; *Uhlenbruck*, GmbHR 1995, 197.

[78] Zu den Einzelheiten vgl. MüKoHGB/*K. Schmidt* § 130 a HGB Rn 15; GK/*Habersack* § 130 a HGB Rn 11; *Heymann/Emmerich* §§ 130 a, b HGB Rn 5; *Uhlenbruck*, GmbHR 1985, 1283.

[79] St. Rspr., vgl. BGHZ 104, 44 ff. (zur GmbH & Co. KG); BGH GmbHR 2002, 549, 552 (zur GmbH); OLG Dresden NZG 1999, 438; *Ebenroth/Boujong/Joost/Hillmann* § 130 a HGB Rn 11; MüKoHGB/*K. Schmidt* § 130 a HGB Rn 16; *Koller/Roth/Morck* § 130 a HGB Rn 2; *Röhricht/v. Westphalen/v. Gerkan* § 130 a HGB Rn 5; *Hesselmann/Tillmann* Rn 727; *Wagner/Rux* Rn 645 f.; *Baumbach/Hopt* § 130 a HGB Rn 6; *Heymann/Emmerich* §§ 130 a, b HGB Rn 6; *Jaeger/Müller* § 15 InsO Rn 84; MüKoInsO/*Schmahl* § 15 InsO Rn 74; *Uhlenbruck*, GmbHR 1995, 197; a. A. GK/*Habersack* § 130 a HGB Rn 12.

Geschäftsführungsmaßnahmen übernimmt, für den wirtschaftlichen Fortbestand des Unternehmens bedeutsame Entscheidungen trifft und entsprechend nach außen auftritt (z. B. Einstellung von Personal, der Abschluss von Verträgen oder die Unterzeichnung der Bilanzen). Ergibt sich nach Auflösung der Gesellschaft, dass das Vermögen der GmbH & Co. KG zur Befriedigung aller Gläubiger nicht ausreichend ist, geht die Antragspflicht auf die **Liquidatoren** über (§ 130 a Abs. 1 S. 2 HGB).

Nicht in den Kreis der Antragsverpflichteten einbezogen sind Prokuristen und Handlungsbevollmächtigte, **Kommanditisten** oder Gesellschafter der Komplementär-GmbH sowie Mitglieder von Aufsichtsräten und Beiräten.[80] Ist über das Vermögen der KG bereits das Insolvenzverfahren eröffnet, verbleibt die Antragspflicht, soweit es um das Insolvenzverfahren über das Vermögen der Komplementär-GmbH geht, beim Geschäftsführer der GmbH und geht nicht auf den Insolvenzverwalter der KG über.[81] Dies gilt gleichermaßen für den umgekehrten Fall, in dem bereits über das Vermögen der Komplementär-GmbH das Insolvenzverfahren eröffnet wurde, diese entgegen § 131 Abs. 3 Nr. 2 HGB nicht aus der KG ausgeschieden ist und die Entscheidung über die Stellung eines Insolvenzantrages für die KG aber noch aussteht.[82] 33

c) Antragsberechtigte. Zur Stellung eines Insolvenzantrages berechtigt sind zunächst die **Gläubiger** der Gesellschaft (§ 13 InsO). Um einem Rechtsmissbrauch vorzubeugen, ist ein Gläubigerantrag nur dann zulässig, wenn der Gläubiger ein rechtliches Interesse an der Eröffnung des Insolvenzverfahrens hat und seine Forderung sowie den Insolvenzgrund glaubhaft macht (§ 14 Abs. 1 InsO). Ein **rechtliches Interesse** besteht, wenn der Gläubiger im Falle der Eröffnung am Verfahren beteiligt wäre,[83] wobei die Geringfügigkeit der Forderung das Vorliegen eines rechtlichen Interesses nicht ausschließt.[84] Dient der Antrag nur als Druckmittel, um eine Zahlung der Gesellschaft zu erzwingen, besteht kein Antragsrecht.[85] Beantragt der Gläubiger die Eröffnung des Insolvenzverfahrens über das Vermögen der KG, reicht es aus, wenn er sich erfolglos an die KG gewandt hat; dass er auch bei der Komplementär-GmbH Befriedigung zu erlangen versucht hat, ist nicht erforderlich.[86] 34

Neben den Gläubigern der Gesellschaft ist auch der **Geschäftsführer der Komplementär-GmbH** zur Stellung eines Antrages berechtigt.[87] Verfügt die Komplementär-GmbH über eine mehrköpfige Geschäftsfüh- 35

[80] Vgl. *Hachenburg/Ulmer* § 63 GmbHG Rn 137; MüKoHGB/*K. Schmidt* § 130 a HGB Rn 18; *Noack* InsO Rn 562; *Röhricht/v. Westphalen/v. Gerkan* § 130 a HGB Rn 6.

[81] A. A. *Noack* InsO Rn 566, 564.

[82] So wohl auch *K. Schmidt* GmbHR 2002, 1209, 1215.

[83] *Uhlenbruck*, GmbHR 1995, 196; vgl. auch MüKoInsO/*Schmahl* § 13 InsO Rn 22 f.; *Jaeger/Gerhardt* § 13 InsO Rn 4.

[84] BGH NJW-RR 1986, 1188; MüKoInsO/*Schmahl* § 14 InsO Rn 58; *Hess/Weis/Wienberg* § 14 InsO Rn 9; *Jaeger/Gerhardt* § 14 InsO Rn 9.

[85] *Uhlenbruck*, GmbH & Co. KG in Krise, S. 346.

[86] So wohl auch *Uhlenbruck*, GmbH & Co. KG in Krise, S. 346; a. A. *Hesselmann/Tillmann* Rn 72.

[87] *Häsemeyer* Insolvenzrecht Rn 31.61; *Noack* InsO Rn 441.

rung, ist jeder Geschäftsführer zur Stellung des Insolvenzantrages befugt (§ 15 Abs. 1, 3 InsO), selbst wenn die Satzung der GmbH nur Gesamtvertretungsmacht vorsieht.[88] Handelt es sich um eine doppelstöckige GmbH & Co. KG, sind antragsberechtigt die Geschäftsführer der persönlich haftenden Gesellschafterin der Komplementärin.[89] Soll das Verfahren wegen **drohender Zahlungsunfähigkeit** eröffnet werden, kann der Antrag von den Geschäftsführern hingegen nur in vertretungsberechtigter Zahl gestellt werden (§ 18 Abs. 3 InsO).

36 Die **Kommanditisten** und Gesellschafter der Komplementär-GmbH sind zur Stellung eines Insolvenzantrages grundsätzlich nicht berechtigt.[90] Antragsberechtigt sind die Gesellschafter nur dann, wenn ihnen aus einem Drittverhältnis eine Forderung gegen die Gesellschaft zusteht.[91]

37 **d) Frist.** Der Insolvenzantrag ist, soweit eine Antragspflicht besteht, ohne schuldhaftes Zögern, spätestens jedoch **drei Wochen** nach Eintritt der Zahlungsunfähigkeit oder der Überschuldung der Gesellschaft, zu stellen (§ 130 a Abs. 1 S. 3 HGB). Die Antragspflicht wird nicht dadurch beseitigt, dass die Eröffnung des Insolvenzverfahrens mangels Masse nicht in Betracht kommt.[92] Auch die Einleitung von Sanierungsmaßnahmen lässt die Insolvenzantragspflicht nicht entfallen, selbst wenn diese noch so Erfolg versprechend sein sollten. Solange das Insolvenzverfahren nicht tatsächlich eröffnet ist, führt auch ein Antrag eines Gesellschaftsgläubigers nicht zur Beseitigung der Antragspflicht.[93]

38 In der Praxis bereitet die Feststellung des **Beginns** der Dreiwochenfrist häufig Schwierigkeiten. Der Wortlaut des § 130 a HGB lässt den Schluss zu, der objektive Eintritt von Zahlungsunfähigkeit und Überschuldung sei für sich genommen ausreichend. Dann käme es auf die Kenntnis des Antragsverpflichteten vom Eintritt der Umstände nicht mehr an. Gleichwohl verlangen die Rechtsprechung und die wohl h. M. im Schrifttum eine positive **Kenntnis** des Antragsverpflichteten.[94] Die Gegenansicht lässt es demgegenüber bereits genügen, wenn die eine Überschuldung begründenden Umstände offen zu Tage treten und der Geschäftsführer ihr Erkennen

---

[88] *Noack* InsO Rn 562.

[89] *Noack* InsO Rn 442.

[90] *Häsemeyer* Insolvenzrecht Rn 31.39; *Noack* InsO Rn 438; MüKoHGB/*K. Schmidt* § 158 HGB Anh. Rn 35; *Uhlenbruck/Uhlenbruck* § 15 InsO Rn 2; *Jaeger/Müller* § 15 InsO Rn 25; MüKoInsO/*Schmahl* § 15 InsO Rn 23.

[91] *Noack* InsO Rn 429; MüKoHGB/*K. Schmidt* § 158 HGB Anh. Rn 34; *Uhlenbruck/Uhlenbruck* § 15 InsO Rn 3.

[92] Vgl. die Nachweise in Fn 54.

[93] BGH (St) BB 1957, 273; GmbHR 1995, 195; OLG Dresden GmbHR 1998, 830; MüKoHGB/*K. Schmidt* § 130 a HGB Rn 22; GK/*Habersack* § 130 a HGB Rn 24; *Baumbach/Hueck* § 64 GmbHG Rn 145; *Jaeger/Müller* § 15 InsO Rn 93; MüKoInsO/*Schmahl* § 15 InsO Rn 84; *Uhlenbruck*, GmbHR 1985, 1282; a. A. noch *Schlegelberger*/MüKoHGB/*K. Schmidt* § 130 a HGB Rn 23; *Scholz/K. Schmidt* 8. Aufl. § 64 GmbHG Rn 19; relativierend *Scholz/K. Schmidt* 9. Aufl. § 64 GmbHG Rn 19.

[94] BGHZ 75, 96, 110; *Baumbach/Hopt* § 130 a HGB Rn 8; *Baumbach/Hueck* § 64 GmbHG Rn 43; *Ebenroth/Boujong/Joost/Hillmann* § 130 a HGB Rn 17; vgl. auch *Hachenburg/Ulmer* § 64 GmbHG Rn 25; *Binz/Sorg* § 11 Rn 16.

nur dadurch vermeidet, dass er die Augen verschließt.[95] Andere wiederum lassen den objektiven Eintritt der Überschuldung ausreichen.[96]

Soweit es um die **Zahlungsunfähigkeit** geht, kommt die Unterschiedlichkeit der Ansätze kaum zum Tragen, da die Zahlungsunfähigkeit den Verantwortlichen nur selten verborgen bleiben dürfte. Für den Fall der **Überschuldung** beginnt die Antragsfrist richtigerweise grundsätzlich erst dann zu laufen, wenn der Verantwortliche durch Aufstellung einer Überschuldungsbilanz Kenntnis vom Eintritt des Insolvenzantragsgrundes erlangt hat. Anderseits darf der Geschäftsführer bei Vorliegen von Krisensymptomen nicht bis zur Aufstellung des Jahresabschlusses oder etwaiger Zwischenbilanzen zuwarten. Zwar ist der Geschäftsführer nicht gehalten, ohne konkrete Anhaltspunkte in regelmäßigen Abständen einen Überschuldungsstatus zu erstellen. Kommt er seiner Pflicht zur Feststellung einer möglichen Überschuldung jedoch trotz Vorliegen eindeutiger Anhaltspunkte für eine Krisensituation nicht nach und verschließt sich damit der Kenntniserlangung wider Treu und Glauben, beginnt die Frist nach dem Rechtsgedanken des § 162 BGB im Zeitpunkt dieses pflichtwidrigen Verhaltens zu laufen.[97] **39**

Die Dreiwochenfrist des § 130a HGB ist eine **Höchstfrist**.[98] Sie soll dem Geschäftsführer die Möglichkeit geben, sich Klarheit darüber zu verschaffen, ob eine Sanierung des Unternehmens möglich ist. Steht bereits bei Fristbeginn oder zumindest vor Fristablauf fest, dass eine fristgerechte Sanierung des Unternehmens nicht realistisch ist, muss der Antrag ohne schuldhaftes Zögern gestellt werden.[99] Selbst Erfolg versprechende Sanierungsmaßnahmen verlängern die Dreiwochenfrist nicht, wenn sie den Insolvenzgrund nicht fristgerecht beseitigen können.[100] **40**

e) Weitere Verfahrensfragen. Der Insolvenzantrag ist bei dem **Amtsgericht** zu stellen, in dessen Bezirk die Gesellschaft ihren Sitz hat (§§ 2, 3 InsO).[101] Ein Gläubigerantrag ist sodann dem Geschäftsführer der Komple- **41**

---

[95] *Scholz/K Schmidt* § 64 GmbHG Rn 18; *Kuhn/Uhlenbruck* § 103 KO Rn 11; *Roth/Altmeppen* § 64 GmbHG Rn 9; *Uhlenbruck*, GmbH & Co. KG in Krise, S. 366; *Hesselmann/Tillmann* Rn 733f.; *Jaeger/Müller* § 15 InsO Rn 89; MüKoInsO/*Schmahl* § 15 InsO Rn 77.

[96] *Röhricht/v. Westphalen/v. Gerkan* § 130a HGB Rn 7; MüKoHGB/*K. Schmidt* § 130a HGB Rn 20; GK/*Habersack* § 130a HGB Rn 19; *Lutter/Hommelhoff* § 64 GmbHG Rn 26.

[97] So zutr. *Hachenburg/Ulmer* § 64 GmbHG Rn 25; vgl. auch BGHZ 126, 181, 199 und BGHZ 143, 184 (Beginn des Zahlungsverbotes gem. § 64 Abs. 2 GmbHG mit der für den Geschäftsführer *erkennbaren* Überschuldung oder Zahlungsunfähigkeit).

[98] BGHZ 75, 96, 110; *Baumbach/Hopt* § 130a HGB Rn 8; MüKoHGB/*K. Schmidt* § 130a HGB Rn 26; *Heymann/ Emmerich* §§ 130a, b HGB Rn 12; *Jaeger/Müller* § 15 InsO Rn 91.

[99] BGHZ 75, 96, 111f.; OLG Düsseldorf NZG 1999, 1066, 1068; *Jaeger/Müller* § 15 InsO Rn 91; GK/*Habersack* § 130a HGB Rn 23; *Hachenburg/Ulmer* § 64 GmbHG Rn 26; *Lutter/Hommelhoff* § 64 HGB Rn 27 a.E.; *Baumbach/Hueck* § 64 GmbHG Rn 44; *Braun/Uhlenbruck*, Unternehmensinsolvenz, S. 79.

[100] *Hesselmann/Tillmann* Rn 735.

[101] Dazu *Noack* InsO Rn 449.

mentär-GmbH **zuzustellen** (§ 14 Abs. 2 InsO). Die Geschäftsführung ist berechtigt, die Gläubigerforderung oder den Insolvenzgrund in Abrede zu stellen. Verfügt der Gläubiger über einen rechtskräftigen Titel, wird der Geschäftsführer mit einer an sich zulässigen **Gegenglaubhaftmachung** grundsätzlich nicht durchdringen.[102] Das Insolvenzgericht selbst muss vom Bestehen der Gläubigerforderung überzeugt sein; bestehen Zweifel, kann das Gericht von Amts wegen Nachforschungen anstellen (§ 5 InsO).[103] Im Falle eines non liquet ist der Insolvenzantrag unzulässig.[104]

42 Wird bei einer mehrköpfigen Geschäftsführung der Insolvenzantrag nicht von allen Geschäftsführern unterstützt, muss er **glaubhaft gemacht** werden (§ 15 Abs. 2 S. 1, Abs. 3 InsO). Mit dieser § 210 Abs. 2, 3 KO entsprechenden Regelung will das Gesetz das Stellen missbräuchlicher Konkursanträge durch einzelne Geschäftsführer verhindern.[105] Wird ein Insolvenzantrag nur von einem Geschäftsführer gestellt, hat das Insolvenzgericht die übrigen Geschäftsführer **anzuhören** (§ 15 Abs. 2 S. 2 InsO). Die Mitgeschäftsführer können den Insolvenzgrund, gegebenenfalls unter Vornahme einer Gegenglaubhaftmachung, bestreiten.[106] An der Wirksamkeit des Antrags ändert die spätere Amtsniederlegung oder Abberufung des antragstellenden Geschäftsführers nichts.[107]

43 Bis zur Eröffnung des Verfahrens oder rechtskräftigen Abweisung kann der Antrag **zurückgenommen** werden (§ 13 Abs. 2 InsO). Hat ein Geschäftsführer der Komplementär-GmbH den Antrag gegen den Willen seiner Geschäftsführerkollegen gestellt, kommt eine Rücknahme nach herrschender, aber umstrittener Meinung nur durch den antragstellenden Geschäftsführer in Betracht.[108]

2. Zahlungsverbot

44 Mit Eintritt des Insolvenzgrundes ist es den Geschäftsführern oder Liquidatoren der Gesellschaft untersagt, weitere Zahlungen für die Gesellschaft zu leisten (§ 130 a Abs. 2 S. 1 HGB). Erlaubt sind nur solche Zahlungen, die auch nach Eintritt der Überschuldung oder der Zahlungsunfähigkeit mit der Sorgfalt eines ordentlichen und gewissenhaften Geschäftsleiters vereinbar sind (§ 130 a Abs. 2 S. 2 HGB). Hierunter fallen in erster

---

[102] Vgl. OLG Köln ZIP 1989, 789; *Uhlenbruck*, GmbHR 1995, 198; *Hess/Weis/Wienberg* § 14 InsO Rn 27.

[103] Das Insolvenzverfahren selbst ist jedoch auch nach der InsO als Antragsverfahren ausgestaltet. Eine Einleitung von Amts wegen ist daher nicht möglich.

[104] MüKoInsO/*Schmahl* § 14 InsO Rn 20 m. w. N.

[105] *Hesselmann/Tillmann* Rn 724; *Uhlenbruck/Uhlenbruck* § 15 InsO Rn 11; *Jaeger/Müller* § 15 HGB Rn 47.

[106] Näher zum Anhörungsverfahren *Jaeger/Müller* § 15 InsO Rn 49 ff.; MüKo-Inso/*Schmahl* § 15 InsO Rn 50 ff.; vgl. auch *Uhlenbruck*, GmbHR 1995, 195, 198.

[107] *Uhlenbruck*, GmbHR1995, 195, 196.

[108] LG Dortmund ZIP 1985, 1341; LG Tübingen KTS 1961, 158; AG Potsdam NZI 2000, 328; *Jaeger/Müller* § 15 InsO Rn 57; MüKoInsO/*Schmahl* § 15 Rn 57 f.; a. A. *Uhlenbruck*, GmbHR 1995, 196; *Braun/Uhlenbruck*, Unternehmensinsolvenz, S. 76; *Fenski*, BB 1988, 2265; *Delhaes,* Kölner Schriften, S. 141 ff.; diff. MüKoHGB/*K. Schmidt*, § 158 HGB Anh. Rn 36.

Linie Zahlungen, die erforderlich sind, um den Geschäftsbetrieb für die Zwecke einer Sanierung oder auch einer geordneten Abwicklung des Insolvenzverfahrens aufrechtzuerhalten.[109] Dabei ist im Auge zu behalten, dass die Geschäftsführer mit Eintritt der Krise weniger dem Wohl der Gesellschaft als der Wahrung der Gläubigerbelange verpflichtet sind.[110] Die Beweislast, ob sie mit der Sorgfalt eines ordentlichen und gewissenhaften Geschäftsleiters gehandelt haben, trifft den Geschäftsführer (§ 130 a Abs. 3 S. 2 HGB).[111]

Umstritten ist, ob § 130 a Abs. 2 HGB darüber hinaus die **Begründung neuer Verbindlichkeiten** verbietet. Eine verbreitete Meinung lehnt ein solches Verbot unter Berufung auf den Gesetzeswortlaut hingegen ab.[112] Die herrschende Auffassung bejaht dies demgegenüber.[113] 45

3. Sanktionen

a) Schadensersatzpflicht der Geschäftsführer. Verstoßen die Geschäftsführer oder die Liquidatoren gegen die Insolvenzantragspflicht nach § 130 a Abs. 1 HGB oder das Zahlungsverbot nach § 130 a Abs. 2 HGB, sind sie der Gesellschaft gegenüber zum Schadensersatz verpflichtet (§ 130 a Abs. 3 HGB). Zur Begründung der Schadensersatzansprüche, die einer Verjährungsfrist von 5 Jahren unterliegen (§ 130 a Abs. 3 S. 6 HGB), genügt ein **fahrlässiges** Verhalten des Verantwortlichen.[114] 46

aa) Verstoß gegen die Insolvenzantragspflicht (§ 130 a Abs. 1 HGB). Hinsichtlich des **Schadensumfangs** bei einer Verletzung der Insolvenzantragspflicht differenziert die neuere Rechtsprechung zwischen Alt- und Neugläubigern.[115] Während **Altgläubiger** danach lediglich Anspruch auf Ersatz des sog. **Quotenschadens** haben, der sich aus der Differenz der fik- 47

---

[109] *Heymann/Emmerich* §§ 130 a, b HGB Rn 13; *Uhlenbruck*, GmbH & Co. KG in Krise, S. 394; MüKoHGB/*K. Schmidt* § 130 a HGB Rn 32; zum Scheckeinzug auf ein debitorisches Bankkonto der insolvenzreifen Gesellschaft, BGHZ 143, 184.

[110] *Uhlenbruck,* GmbH & Co. KG in Krise, S. 394; MüKoHGB/*K. Schmidt* § 130 a HGB Rn 29; a. A. (zu § 64 GmbHG) *Altmeppen*, NJW 99, 673 ff.

[111] Dies stellt die Geschäftsführer daher oftmals vor die schwierige Frage, ob sie angesichts einer persönlichen Haftung nach §§ 69, 34 AO noch Steuerzahlungen für die Gesellschaft leisten, vgl. dazu OLG Köln GmbHR 1995, 828.

[112] *Hachenburg/Ulmer* § 64 GmbHG Rn 40.

[113] MüKoHGB/*K. Schmidt* § 130 a HGB Rn 31; *Baumbach/Hopt* § 130 a HGB Rn 9; GK/*Habersack* § 130 a HGB Rn 25; *Hesselmann/Tillmann* Rn 736; *Lutter/Hommelhoff* § 64 GmbHG Rn 31 jew. m. w. N.

[114] BGHZ 126, 181, 199; BGHZ 75, 111; GK/*Habersack* § 130 a HGB Rn 29; *Ebenroth/Boujong/Joost/Hillmann* § 140 a HGB Rn 25; *Koller/Roth/Morck* § 130 a HGB Rn 3; *Baumbach/Hopt* § 130 a HGB Rn 10. Zum Verschuldensmaßstab bei rechtlicher Beratung des Geschäftsführers vgl. OLG Stuttgart NZG 1998, 232.

[115] BGHZ 126, 181; BGH GmbHR 1995, 130, 131; vgl. *Uhlenbruck/Uhlenbruck* § 13 InsO Rn 56 ff. m. w. N.; zust. *Lutter*, DB 1994, 135; *Ebenroth/Boujong/Joost/Hillmann* § 130 a HGB Rn 31 ff.; *Röhricht/v. Westphalen/v. Gerkan* § 130 a HGB Rn 21; krit. *Ulmer*, ZIP 1993, 771; *Medicus*, GmbHR 1993, 539; *ders.*, DStR 1995, 1432; *K. Schmidt*, NJW 1993, 2934; MüKoHGB/*K. Schmidt* § 130 a HGB Rn 43 ff.; *Roth/Altmeppen* § 64 GmbHG Rn 55 ff.

tiven und der tatsächlich erlangten Insolvenzquote errechnet,[116] können die Gläubiger, die mit der Gesellschaft nach Eintritt des Insolvenzgrundes in Vertragsbeziehung getreten sind, den Ersatz des gesamten ihnen entstandenen **Vertrauensschadens** verlangen.[117] Diese Privilegierung beruht auf dem Gedanken, dass die **Neugläubiger**, wäre der Geschäftsführer seiner Antragspflicht rechtzeitig nachgekommen, mit der Gesellschaft keine vertraglichen Beziehungen eingegangen wären und folglich keinen Schaden erlitten hätten.[118]

48 Obwohl die Vorschrift die Gesamtheit der Alt- und Neugläubiger schützt, weist das Gesetz, um eine gleichmäßige Befriedigung aller Gläubiger sicherzustellen, die **Gläubigerrolle** für den Schadensersatzanspruch der Gesellschaft zu (§ 130 a Abs. 3 S. 1 HGB). Hieraus schließt eine verbreitete Meinung im Schrifttum, dass die Gläubiger der Gesellschaft ihren durch Forderungsausfall entstandenen Schaden erst dann selbst durchsetzen können, wenn eine Geltendmachung durch den Insolvenzverwalter nicht mehr möglich ist, namentlich bei Nichteröffnung des Insolvenzverfahrens.[119] Eine andere Ansicht differenziert zwischen Alt- und Neugläubigern.[120] Während die den Altgläubigern entstandenen Schäden vorrangig vom **Insolvenzverwalter** geltend zu machen seien, könnten die Neugläubiger ihre über den Quotenschaden hinausgehenden Nachteile auch unmittelbar gegenüber den Geschäftsführern durchsetzen. Die Rechtsprechung sieht § 130 a HGB demgegenüber als Schutzgesetz im Sinne von § 823 Abs. 2 BGB an und gesteht den **Gesellschaftsgläubigern** daher zu, ihre Schadensersatzansprüche unmittelbar gegenüber dem Geschäftsführer geltend zu machen.[121] Danach sind die Gläubiger nicht darauf angewiesen, zunächst den Anspruch der KG zu pfänden und sich sodann zur Einziehung überweisen zu lassen. Nachdem der BGH zunächst noch offen gelassen hatte, ob der Konkursverwalter zur Geltendmachung eines den Neu-

---

[116] BGHZ 138, 211; 126, 181; BGH NJW 1997, 3021; *Lutter/Hommelhoff* § 64 GmbHG Rn 39; *Hachenburg/Ulmer* § 64 GmbHG Rn 47; *Roth/Altmeppen* § 64 GmbHG Rn 25 ff.

[117] BGHZ 126, 181, 193 ff.; BGH NJW 1995, 398 f.; OLG München GmbHR 1998, 281, 282; anders noch BGHZ 100, 19, 23 ff. Die Privilegierung umfasst indessen nur den vertraglichen und nicht auch den deliktischen Bereich vgl. zutr. *Roth/Altmeppen* § 64 GmbHG Rn 16.

[118] BGHZ 126, 181, 193 ff.; MünchHdb. GesR II/*Gummert* § 55 GmbH & Co. KG Rn 15; Eine Begrenzung auf den Quotenschaden entfällt auch für sich aus anderen Rechtsgründen ergebende Ersatzansprüche gegen die Geschäftsführer (z. B. c.i.c., § 826 BGB), vgl. *Heymann/Emmerich* §§ 130 a, b HGB Rn 15 m. w. N.

[119] Vgl. *Scholz/K. Schmidt* § 64 GmbHG Rn 75; *Schlegelberger/K. Schmidt* § 130 a HGB Rn 41.

[120] *Lutter*, DB 1994, 129, 135; *Lutter/Hommelhoff* § 64 GmbHG Rn 45; *Hesselmann/Tillmann* Rn 742.

[121] BGHZ 126, 181; MüKoHGB/*K. Schmidt* § 130 a HGB Rn 42; *Ebenroth/Boujong/Joost/Hillmann* § 130 a HGB Rn 31; *Röhricht/v. Westphalen/v. Gerkan* § 130 a HGB Rn 17; *Binz/Sorg* § 11 Rn 20; *Roth/Altmeppen* § 64 GmbHG Rn 39; *Heymann/Emmerich* §§ 130 a, b HGB Rn 15; GK/*Habersack* § 130 a HGB Rn 35; *Rowedder/Schmidt-Leithoff/Rasner* § 65 GmbHG Rn 56; vgl. auch zustimmend *Henssler/Dedek* in Festschrift Uhlenbruck, S. 175 ff.

gläubigern zustehenden Quotenschadens befugt ist,[122] hat er zum alten Recht klargestellt, dass der Verwalter auch nicht berechtigt ist, einen Quoten- oder sonstigen Schaden der Neugläubiger wegen schuldhaft verspäteter Stellung des Konkursantrages gegen den Geschäftsführer der GmbH geltend zu machen.[123] Die Befugnis des Insolvenzverwalters beschränkt sich demnach auf die Durchsetzung der **Altgläubigeransprüche**. Unter der Insolvenzordnung gilt insoweit nichts anderes. Zwar können nach § 92 InsO Ansprüche der Gesellschaftsgläubiger auf Ersatz eines Gesamtschadens nur vom Insolvenzverwalter geltend gemacht werden. Diese Vorschrift schließt indessen die Geltendmachung eines Vertrauensschadens durch einen Neugläubiger, den dieser durch die Kontrahierung mit der insolventen Gesellschaft erleidet, nicht aus.[124] Anderes gilt nur für den durch Insolvenzverschleppung eingetretenen Gesamtgläubigerschaden. Dessen Geltendmachung obliegt dem Insolvenzverwalter.

Eine erhebliche Verschärfung des bisherigen Rechts liegt darin, dass ein Geschäftsführer, der den Insolvenzantrag pflichtwidrig und schuldhaft nicht gestellt hat, die von einem Gesellschaftsgläubiger für die Durchführung des Insolvenzverfahrens vorgeschossenen **Kosten** aus seinem eigenen Vermögen zu erstatten hat (§ 26 Abs. 3 S. 1 InsO).[125] Dabei trifft die Beweislast für pflichtwidriges und schuldhaftes Handeln den Geschäftsführer (§ 26 Abs. 3 S. 2 InsO). Da der Entlastungsbeweis nur schwer zu führen sein dürfte, wird der die Kosten verauslagende Gläubiger den Geschäftsführer häufig auf Erstattung der Kosten in Anspruch nehmen können.[126] **49**

bb) Verstoß gegen das Zahlungsverbot (§ 130 a Abs. 2 HGB). Nach neuerer Rechtsprechung des BGH zur Parallelvorschrift des § 64 Abs. 2 GmbHG sind Zahlungen der Geschäftsführer im Widerspruch zu dem Zahlungsverbot nach Eintritt der Zahlungsunfähigkeit oder der Überschuldung der Gesellschaft von diesen ungekürzt zu erstatten.[127] Aufgrund der Gleichartigkeit beider Regelungen spricht viel dafür, diese Rechtsprechung auch auf die Vorschrift des § 130 a Abs. 2 HGB zu übertragen. **50**

Die Schadensersatzpflicht der Geschäftsführer kann durch Vereinbarungen mit den Gesellschaftern oder der Gesellschaft weder **eingeschränkt** noch **ausgeschlossen** werden (§ 130 a Abs. 3 S. 3, 4 HGB). Eine Ausnahme macht das neue Recht nur für den Fall, dass der ersatzpflichtige Geschäftsführer zahlungsunfähig ist und sich zur Abwendung des Insolvenzverfahrens mit seinen Gläubigern vergleicht oder wenn seine Ersatzpflicht Gegenstand eines Insolvenzplanes ist (§ 130 a Abs. 3 S. 5 HGB).[128] **51**

---

[122] BGHZ 126, 181, 201.

[123] BGHZ 138, 211; vgl. *Baumbach/Hopt* § 130 a HGB Rn 11.

[124] So zutr. *K. Schmidt*, ZGR 1996, 214; MüKoHGB/*K. Schmidt* § 130 a HGB Rn 43, 48; *Uhlenbruck*, ZIP 1996, 1644; *Braun/Uhlenbruck*, Unternehmensinsolvenz, S. 81, 97; vgl. auch *Karollus*, ZIP 1995, 271; a. A. *Hasselbach*, DB 1996, 2215; *Bork*, Kölner Schriften, S. 1333, 1341.

[125] *Landfermann*, BB 1995, 1651.

[126] Vgl. *Uhlenbruck*, GmbHR 1995, 207; vgl. auch *K. Schmidt*, ZGR 1996, 221.

[127] BGHZ 146, 264 unter ausdrücklicher Abweichung von BGHZ 143, 184.

[128] Dazu auch GK/*Habersack* § 130 a HGB Rn 30; *K. Schmidt*, KTS 2001, 373, 378.

52 **b) Strafvorschriften.** Unterbleibt bei Zahlungsunfähigkeit oder Überschuldung die Stellung des gebotenen Insolvenzantrages, droht den Antragsverpflichteten bei vorsätzlichem Handeln eine Freiheitsstrafe bis zu drei Jahren oder eine Geldstrafe (§ 130b Abs. 1 HGB); bei fahrlässigem Handeln kann die Freiheitsstrafe bis zu einem Jahr betragen (§ 130b Abs. 2 HGB). Die Beweislastumkehr des § 130a Abs. 3 S. 2 HGB greift im Strafverfahren nicht ein.[129]

4. Stellung des Geschäftsführers im Insolvenzeröffnungsverfahren

53 Der Geschäftsführer der Komplementär-GmbH ist gegenüber dem Insolvenzgericht zur umfassenden Auskunftserteilung verpflichtet (§ 20 InsO). Er hat dem vorläufigen Insolvenzverwalter Einsicht in die Bücher und Papiere der Gesellschaft zu gestatten und ihm die erforderlichen Auskünfte zu erteilen (§ 22 Abs. 3 S. 2 InsO). Der verbreiteten Praxis von Geschäftsführern, sich den Mitwirkungspflichten im Konkursverfahren durch Niederlegung ihres Amtes zu entziehen, gebietet § 101 Abs. 1 S. 2 InsO dadurch Einhalt, dass die Amtsniederlegung die verfahrensrechtlichen Pflichten des Geschäftsführers unberührt lässt, sofern nicht der Geschäftsführer zwei Jahre vor dem Antrag auf Eröffnung des Insolvenzverfahrens aus der Geschäftsführung ausgeschieden ist.

5. Sicherungsmaßnahmen des Insolvenzgerichts

54 Hält das Insolvenzgericht den Insolvenzantrag für zulässig, hat es alle Maßnahmen zu treffen, die aus seiner Sicht erforderlich sind, um bis zur Entscheidung über den Antrag eine den Gläubigern nachteilige Veränderung der Vermögenslage der GmbH & Co. KG zu verhüten (§ 21 Abs. 1 InsO).[130] Welche Maßnahmen dabei in Betracht kommen, zählt das Gesetz in § 21 Abs. 2 InsO exemplarisch auf. Darüber hinaus kann das Insolvenzgericht die Vorführung oder Inhaftnahme des Geschäftsführers der Komplementär-GmbH anordnen (§ 21 Abs. 3 InsO).

55 **a) Bestellung eines vorläufigen Insolvenzverwalters.** Für einen vom Gericht bestellten vorläufigen Insolvenzverwalter gelten die Bestimmungen über den Insolvenzverwalter in §§ 56, 58 bis 66 InsO entsprechend (§ 21 Abs. 1 Nr. 1 InsO). Die **Rechtsstellung** des vorläufigen Insolvenzverwalters hängt davon ab, ob den Geschäftsführern der Gesellschaft ein **allgemeines Verfügungsverbot** auferlegt wurde (vgl. Rn 56).[131] Ist dies der Fall, geht die Verwaltungs- und Verfügungsbefugnis und die Prozessführungsbefugnis auf den vorläufigen Insolvenzverwalter über (§§ 22

---

[129] *Deutler*, GmbHR 1977, 41; *Hesselmann/Tillmann* Rn 744.

[130] Rechtspolitische Kritik zu der gesetzlichen Konzeption vermögensrechtlicher Anordnungen des Insolvenzgerichts bei *Häsemeyer* Insolvenzrecht Rn 7.37 ff.

[131] Zur Rechtsstellung des vorläufigen Insolvenzverwalters *Uhlenbruck*, KTS 1994, 169, 177 ff.; *ders.*, NZI 2000, 289 ff.; *Pohlmann*, Befugnisse und Funktionen des vorläufigen Insolvenzverwalters, 1998; *Häsemeyer* Insolvenzrecht Rn 7.40 ff.; *Jaeger/Gerhardt* § 21 InsO Rn 17; MüKoInsO/*Haarmeyer* § 21 InsO Rn 46 ff.; *Haberhauer/Meeh*, DStR 1995, 1442; *Smid*, WM 1995, 785.

Abs. 1, 24 Abs. 2 InsO).[132] Der vorläufige Insolvenzverwalter ist dann verpflichtet, das Vermögen der Gesellschaft zu sichern und zu erhalten (§ 22 Abs. 1 Nr. 1 InsO). Ferner hat er das Unternehmen fortzuführen, es sei denn, das Gericht stimmt einer Stilllegung zu, um einer erheblichen Verminderung des Gesellschaftsvermögens zuvorzukommen (§ 22 Abs. 1 Nr. 2 InsO).[133] Zu einer Veräußerung des Unternehmens ist der vorläufige Insolvenzverwalter indessen nicht befugt.[134] Er hat zu prüfen, ob eine die Kosten des Verfahrens deckende Masse vorliegt. Darüber hinaus kann das Gericht den vorläufigen Verwalter mit der Prüfung beauftragen, ob ein Eröffnungsgrund vorliegt und welche Aussichten für eine Fortführung des Unternehmens bestehen (§ 22 Abs. 1 Nr. 3 InsO). Wird den Geschäftsführern kein allgemeines Verfügungsverbot auferlegt, werden die Pflichten des vorläufigen Insolvenzverwalters vom Insolvenzgericht bestimmt (§ 22 Abs. 2 InsO).[135]

b) Anordnung von Verfügungsverboten. Das Insolvenzgericht kann 56
den Geschäftsführern der GmbH & Co. KG ein **allgemeines Verfügungsverbot** auferlegen.[136] Sieht es von der Verhängung eines allgemeinen Verfügungsverbotes ab, kann es anordnen, dass Verfügungen der Gesellschaft nur mit **Zustimmung** des vorläufigen Insolvenzverwalters wirksam sind (§ 21 Abs. 2 Nr. 2 InsO).[137] Gegen das Verfügungsverbot verstoßende Maßnahmen sind grundsätzlich unwirksam (§§ 81, 82 InsO). Ein gutgläubiger Erwerb ist nur bei Grundstücken gem. §§ 892, 893 BGB möglich; der gute Glauben wird durch die Eintragung einer Verfügungsbeschränkung in das Handelsregister ausgeschlossen. Um dies sicherzustellen, hat das Insolvenzgericht dem Registergericht eine Ausfertigung des Beschlusses zu übermitteln (§ 23 Abs. 2 InsO).

**c) Untersagung und Einstellung von Zwangsvollstreckungsmaß- 57
nahmen.** Soweit es sich um bewegliche Sachen handelt, ist das Insolvenzgericht befugt, Maßnahmen der Zwangsvollstreckung gegen die GmbH & Co. KG zu untersagen oder einzustellen (§ 21 Abs. 2 Nr. 3 InsO). Bei Grundstücken verbleibt dem Insolvenzverwalter nur die Möglichkeit, einen Antrag auf einstweilige Einstellung der Zwangsversteigerung nach § 30 d Abs. 4 ZVG zu stellen, um nachteilige Veränderungen in der Vermögenslage der Gesellschaft zu verhindern.

---

[132] Fall des sog. „starken" vorläufigen Insolvenzverwalters, vgl. *Uhlenbruck/Uhlenbruck* § 14 InsO Rn 31 ff.; vgl. auch *Ampferl*, Der „starke" vorläufige Insolvenzverwalter in der Unternehmensinsolvenz, 2002.

[133] Zur Pflicht des Insolvenzverwalters zur Betriebsfortführung vgl. *Braun*, Beiträge, S. 87 ff.

[134] *Uhlenbruck*, GmbHR 1995, 200; *Pape*, ZIP 1994, 91; *Grub*, ZIP 1993, 393 ff.

[135] Fall des sog. „schwachen" vorläufigen Insolvenzverwalters; vgl. *Uhlenbruck/Uhlenbruck* § 14 Rn 27 ff.

[136] Vgl. allg. zu den Möglichkeiten von Verfügungs- und Vollstreckungsmöglichkeiten *Gerhardt*, ZZP 1996 (109), 415 ff.; *ders.*, Kölner Schriften, S. 193 ff.; *Jaeger/Gerhardt* § 21 InsO Rn 19 ff.; MüKoInsO/*Haarmeyer* § 21 InsO Rn 54 ff.

[137] Eingehend zu Verfügungsbeschränkungen in der Insolvenz *Kießling/Singhof*, DZWIR 2000, 353 ff.

VI. Die Ablehnung der Verfahrenseröffnung

1. Unzulässigkeit des Antrages

58 Fehlt es entweder am Vorliegen eines Insolvenzgrundes oder an der Antragsberechtigung des Antragstellers, wird der Insolvenzantrag als unzulässig **zurückgewiesen**. Der Antragsteller kann gegen den Ablehnungsbeschluss dann sofortige Beschwerde einlegen (§ 34 Abs. 1 InsO).[138]

2. Abweisung mangels Masse

59 Die Eröffnung des Insolvenzverfahrens wird abgelehnt, wenn das Vermögen der Gesellschaft voraussichtlich nicht ausreichen wird, um die Kosten des Verfahrens (vgl. § 54 InsO) zu decken und kein Insolvenzgläubiger bereit ist, die **Kosten** des Verfahrens zu verauslagen (§ 26 Abs. 1 S. 1 InsO). Der Antragsteller kann der Abweisung dadurch entgehen, dass er einen entsprechenden Betrag vorschießt (§ 26 Abs. 1 S. 2 InsO). Gegen den ablehnenden Beschluss steht dem Antragssteller das Rechtsmittel der sofortigen Beschwerde zu. Die Gesellschaft kann eine sofortige Beschwerde unabhängig davon einlegen, ob sie selbst den Insolvenzantrag gestellt hat (§ 34 Abs. 1 InsO). Nach §§ 131 Abs. 2 S. 1 Nr. 1, 161 Abs. 2 HGB wird die GmbH & Co. KG künftig mit Rechtskraft des Ablehnungsbeschlusses **aufgelöst**.[139] Zu einer Anmeldung der Auflösung der Gesellschaft zum Handelsregister sind die Gesellschafter bei Abweisung des Insolvenzantrages mangels Masse nicht verpflichtet, da die Eintragung in das Handelsregister von Amts wegen erfolgt (§ 143 Abs. 1 S. 3 HGB, § 31 Nr. 2 InsO).

VII. Die GmbH & Co. KG im Insolvenzverfahren

1. Eröffnungsbeschluss

60 Ist eine zur Deckung der Verfahrenskosten ausreichende Masse vorhanden und liegt ein Insolvenzgrund vor, beschließt das Insolvenzgericht die Verfahrenseröffnung (§ 27 InsO).[140] Der Eröffnungsbeschluss ist öffentlich bekannt zu machen (§ 30 InsO) und in das für die Gesellschaft zuständige **Handelsregister** einzutragen (§ 31 Nr. 1 InsO). Gegen den Eröffnungsbeschluss steht der Gesellschaft das Recht zur sofortigen Beschwerde zu (§ 34 Abs. 2 InsO). Eine Aufhebung des Eröffnungsbeschlusses lässt die Rechtswirksamkeit etwa in der Zwischenzeit vom Insolvenzverwalter getätigter Handlungen (Veräußerung von Vermögensgegenständen, Kündigung von Arbeitnehmern etc.) unberührt (§ 34 Abs. 3 S. 3 InsO).[141] Die vom Insol-

---

[138] Vgl. MüKoHGB/*K. Schmidt* § 158 HGB Anh. Rn 38; *Hess/Weis/Wienberg* § 34 InsO Rn 36 ff.

[139] Vgl. *K. Schmidt* § 158 HGB Anh. Rn 39; MünchHdb. GesR II/*Gummert* GmbH & Co. KG § 55 Rn 25.

[140] Zu den Wirkungen der Insolvenzeröffnung allg. vgl. *Landfermann*, Kölner Schriften, S. 159 ff.

[141] *Häsemeyer* Insolvenzrecht Rn 7.57 a; hierdurch kann es zu kollidierenden Rechtsgeschäften über denselben Gegenstand kommen, so dass der Schuldner für

venzverwalter begründeten Verbindlichkeiten sind aus dem Vermögen der Gesellschaft zu befriedigen. Um Verwertungsmaßnahmen durch den Insolvenzverwalter zu verhindern, kann die Beschwerde mit dem Antrag auf einstweilige Aussetzung von Verwertungsmaßnahmen verbunden werden.[142]

Mit der Eröffnung des Insolvenzverfahrens kann das Gericht die **Eigenverwaltung** der Gesellschaft anordnen (§ 270 Abs. 1 InsO). In diesem Fall bleiben die Geschäftsführer der Gesellschaft verfügungsbefugt und werden nur unter die Aufsicht eines Sachwalters gestellt. Wie der Insolvenzverwalter im Regelinsolvenzverfahren sind auch die Geschäftsführer im Falle der Eigenverwaltung grundsätzlich frei von gesellschaftsrechtlichen Bindungen, so dass beispielsweise eine Kontrolle der Geschäftsführung durch den Aufsichtsrat ausscheidet.[143] Das Insolvenzgericht kann anordnen, dass bestimmte Rechtsgeschäfte der Zustimmung des Sachwalters bedürfen (§ 277 InsO). Nach den Vorstellungen des Gesetzgebers kommt eine Eigenverwaltung dann in Betracht, wenn die Kenntnisse und Erfahrungen der Geschäftsführung genutzt werden sollen.[144] Die Eigenverwaltung setzt einen entsprechenden Antrag der Geschäftsführung und, wenn ein Gläubiger den Insolvenzantrag gestellt hat, dessen Zustimmung voraus (§ 270 Abs. 2 Nr. 1, 2 InsO). Schließlich muss zu erwarten sein, dass die Anordnung nicht zu einer Verzögerung des Verfahrens und sonstigen Nachteilen für die Gläubiger führt (§ 270 Abs. 2 Nr. 3 InsO). Von der Eigenverwaltung ist **die modifizierte Freigabe** bestimmter Gegenstände an den Schuldner zu unterscheiden, durch die Letzterer insoweit verfügungsbefugt ist.[145] 61

2. Auflösung der Gesellschaft

Mit Eröffnung des Insolvenzverfahrens wird die Gesellschaft nach § 131 Abs. 1 Nr. 3 HGB aufgelöst (vgl. § 45 Rn 21 f.). An die Stelle des Liquidationsverfahrens schließt sich das reglementierte Insolvenzverfahren an. Diese Rechtsfolge ist zwingend und kann weder durch eine gesellschaftsvertragliche noch durch eine sonstige Vereinbarung modifiziert werden.[146] 62

3. Rechtsstellung des Insolvenzverwalters

a) Person des Insolvenzverwalters. Insolvenzverwalter können nur natürliche Personen sein. Sie müssen darüber hinaus geschäftskundig und 63

beide Verpflichtungen einzustehen hat, vgl. *Häsemeyer* a. a. O. Rn 7.57 b; *Jaeger/Schilken* § 34 InsO Rn 34; MüKoInsO/*Schmahl* § 34 InsO Rn 92 ff.; *Hess/Weis/Wienberg* § 34 InsO Rn 34; haben Schuldner und Insolvenzverwalter hingegen sich widersprechende Verfügungen vorgenommen, geht diejenige des Verwalters ohne Rücksicht auf die zeitliche Abfolge vor: MüKoInsO/*Schmahl* § 34 InsO Rn 94; *Jaeger/Schilken* § 34 InsO Rn 34; *Hess/Weis/Wienberg* § 34 InsO Rn 33.

142 *Uhlenbruck*, GmbHR 1995, 204.

143 *Prütting/Huhn*, ZIP 2002, 777.

144 Vgl. *Schmidt-Räntsch* § 270 InsO Rn 3; BegrRegE BR-Drucks. 1/92, S. 222, 223.

145 MüKoHGB/*K. Schmidt* § 158 HGB Anh. Rn 44; MüKoInsO/*Lwowski* § 35 InsO Rn 88.

146 MüKoHGB/*K. Schmidt* § 131 HGB Rn 25.

von der Gesellschaft unabhängig sein (§ 56 Abs. 1 InsO).[147] Im Übrigen ist das Insolvenzgericht in der Auswahl des Insolvenzverwalters grundsätzlich frei (§ 27 Abs. 1 InsO). In der Praxis bestellt das Gericht den vorläufigen Insolvenzverwalter zumeist auch zum endgültigen Verwalter. Wird das Insolvenzverfahren gleichzeitig über das Vermögen der KG und das ihrer Komplementär-GmbH eröffnet, ist es, soweit keine Anzeichen für Interessenkonflikte zwischen KG und Komplementär-GmbH bestehen, möglich, zur Synchronisation beider Insolvenzverfahren beide Insolvenzverwaltungen derselben Person zu übertragen.[148] Eine rechtliche Notwendigkeit besteht insofern jedoch nicht. Bei einem **simultanen Insolvenzverfahren** unterliegt der Insolvenzverwalter einer Pflichtenbindung sowohl gegenüber der KG als auch gegenüber der GmbH.[149] Nach herrschender Meinung ist der Insolvenzverwalter ein für die Masse eingesetzter Amtstreuhänder.[150]

64 **b) Insolvenzmasse.** Der Insolvenzverwalter ist verpflichtet, das zur Insolvenzmasse gehörende Vermögen in Besitz und Verwaltung zu nehmen (§ 148 Abs. 1 InsO).[151] Die Insolvenzmasse umfasst das **gesamte Vermögen**, das der Gesellschaft zur Zeit der Verfahrenseröffnung gehört und das sie während des Verfahrens erlangt, soweit es der Zwangsvollstreckung unterliegt (§§ 35, 36 InsO). Diejenigen Gegenstände, die der Insolvenzverwalter mit Mitteln der Insolvenzmasse anschafft, werden als Surrogat (und damit der Insolvenzmasse zugehörig) und nicht als konkursfreier Neuerwerb angesehen.[152] Neben Forderungen gegen Dritte zählen zur Insolvenzmasse auch Ansprüche der Gesellschaft gegen ihre Gesellschafter. So hat der Insolvenzverwalter **Schadensersatzansprüche** wegen Verletzung gesellschaftsvertraglicher Pflichten sowie etwaige Herausgabeansprüche geltend zu machen.[153] Eine Durchsetzung dieser Ansprüche durch die Ge-

---

[147] Zu den Anforderungen vgl. KG ZIP 2001, 2240; eingehend *Stapper,* NJW 1999, 3441 ff.; vgl. auch *Uhlenbruck,* GmbHR 1995, 199; MüKoInsO/*Graeber* § 56 InsO Rn 12 ff.

[148] *Noack* InsO Rn 553; *Hachenburg/Ulmer* § 63 GmbHG Rn 128; *Hesselmann/Tillmann* Rn 691; *Scholz/K. Schmidt* Vor § 64 GmbHG Rn 94; krit. *Häsemeyer* Insolvenzrecht Rn 31.27.

[149] *K. Schmidt* Gesellschaftsrecht § 56 VI 2; s. a. *ders.*, GmbHR 2002, 1209, 1214.

[150] BGHZ 24, 393, 396; BGHZ 127, 156; MüKoInsO/*Graeber* § 56 InsO Rn 109 („privater Treuhänder"); krit. *K. Schmidt,* KTS 2001, 373, 374, der die These vertritt, der Insolvenzverwalter sei ein obligatorischer Drittliquidator der Gesellschaft; *Hess/Weis/Wienberg* vor § 56 InsO Rn 8 betrachtet den Insolvenzverwalter als Vertreter, der kraft eines Amtes tätig wird.

[151] Zur Rechtsstellung des Insolvenzverwalters umfassend *Wellensiek,* Kölner Schriften, S. 403 ff.; *Häsemeyer* Insolvenzrecht Rn 15.01 ff. m. w. N.; MüKoInsO/*Graeber* § 56 InsO Rn 103 ff.

[152] *Häsemeyer* Insolvenzrecht Rn 9.20, 9.28; *Jaeger/Henckel* § 35 InsO Rn 105; MüKoInsO/*Lwowski* § 35 InsO Rn 55; vgl. zum alten Recht *Jaeger/Henckel* KO Rn 125 ff.

[153] *Häsemeyer* Insolvenzrecht Rn 31.12; *Noack* InsO Rn 471; weitere Bsp. bei *Uhlenbruck/Hirte* § 15 InsO Rn 190; *Kuhn/Uhlenbruck* § 209 KO Rn 26; MüKoInsO/*Lwowski* § 35 InsO Rn 196.

sellschafter im Wege der actio pro socio scheidet in der Insolvenz aus.[154] Von der Insolvenzmasse nicht erfasst sind **Ausgleichsansprüche** der Gesellschafter untereinander. Diese unterliegen nicht der Geltendmachung durch den Insolvenzverwalter.[155]

Fraglich ist, ob noch offene **Einlagepflichten** oder freiwillige **Nachschüsse** der Gesellschafter gleichermaßen in die Insolvenzmasse fallen. Wurde die Grundlage hierfür vor Verfahrenseröffnung geschaffen, ist dies ohne weiteres zu bejahen.[156] Problematischer liegt es, wenn die Einlagepflicht erst nach Verfahrenseröffnung begründet wurde.[157] Verbreitet wird angenommen, derartige Ansprüche fielen auch dann in die Insolvenzmasse.[158] Zwar kann sich diese Ansicht auf den Wortlaut des § 35 InsO stützen, nach dem es ein massefreies Vermögen der Gesellschaft nicht gibt,[159] überzeugen vermag sie dennoch nicht. Denn ohne zusätzliche Beiträge der Gesellschafter lässt sich eine Sanierung des Unternehmens kaum realisieren. Sofern die zusätzlichen Mittel nicht ausschließlich für Sanierungszwecke zur Verfügung stehen, weil die Gesellschaftsgläubiger hieran partizipieren können, dürfte der Erfolg einer Sanierung oftmals gefährdet sein. Man wird § 35 InsO demnach einschränkend so zu lesen haben, dass nach Verfahrenseröffnung begründete Ansprüche aus einer Kapitalerhöhung oder freiwillig geleistete Nachschüsse der Kommanditisten nicht Bestandteil der Masse werden.[160] 65

Die Frage, ob der Verwalter im Insolvenzverfahren Gegenstände, deren Verwertung nicht lohnt, aus der Masse freigeben kann, ist umstritten. Die Durchführung einer Freigabe setzt voraus, dass es ein insolvenzfreies Vermögen gibt. Von einer Ansicht[161] wird die Möglichkeit einer Freigabe in 66

---

[154] MünchHdb. GesR II/*Schmid* KG§ 47 Rn 19; *Uhlenbruck/Uhlenbruck* § 35 InsO Rn 104.

[155] MünchHdb. GesR II/*Schmid* KG § 47 Rn 20.

[156] Vgl. BGHZ 84, 47 = NJW 1982, 2822.

[157] Zur Mitwirkungspflicht der Gesellschafter bei sachlich gebotenen Sanierungsbeschlüssen vgl. BGHZ 129, 136 ff.; BGH NJW 1987, 3192; NJW 1987, 952; *Marsch-Barner*, ZIP 1996, 853 ff.; *Lutter*, JZ 1995, 1053 ff.; MüKoHGB/*K. Schmidt* § 105 HGB Rn 192; *K. Schmidt*, ZGR 1982, 525; *ders.*, ZIP 1980, 335; vgl. ferner *Winter*, Treuebindungen, S. 175 f. Zu einem eigenen Sanierungsbeitrag kann der Gesellschafter i. d. R. nicht gezwungen werden, vgl. *Heymann/Horn* § 161 HGB Rn 100; *Ebenroth/Boujong/Joost* § 105 HGB Rn 146.

[158] *Uhlenbruck*, GmbHR 1995, 204.

[159] *K. Schmidt*, ZGR 1998, 637; *K. Schmidt/Uhlenbruck* GmbH in Krise Rn 1183; *Kübler/Prütting/Holzer* § 35 InsO Rn 32.

[160] I. E. auch *Braun/Uhlenbruck*, Unternehmensinsolvenz, S. 88 ff.; *Uhlenbruck*, Kölner Schriften, S. 1157, 1174; a. A. *K. Schmidt/Uhlenbruck* GmbH in Krise Rn 1183; *Jaeger/Müller* § 35 InsO Rn 161 (Kapitalerhöhung) sowie Rn 171 (Nachschüsse); *Scholz/Priester*, 9. Aufl., § 55 GmbHG Rn 33; für die Anerkennung eines insolvenzfreien Gesellschaftsvermögens nach altem Recht vgl. BGH NJW 1996, 2035, 2036; *Hachenburg/Ulmer* § 63 GmbHG Rn 78; *Baumbach/Hueck*, 16. Aufl., § 63 GmbHG Rn 45; *Scholz/Priester*, 8. Aufl., § 55 GmbHG Rn 33, 89; dagegen *K. Schmidt/Schulz*, ZIP 1982, 1015 ff.

[161] *H. F. Müller*, Der Verband in der Insolvenz, 2002, S. 13 ff. insbesondere mit dem Verweis auf die Allgemeine Begründung des Regierungsentwurfs sowie auf

der Insolvenz eines Verbandes auch unter Berufung auf die gesetzliche Neufassung des Insolvenzrechts u. a. mit der Begründung abgelehnt, dass im Insolvenzverfahren die Vollabwicklung des Schuldnervermögens zu den Verwalteraufgaben gehört. Demgegenüber vertritt die herrschende Ansicht,[162] dass keine Pflicht des Insolvenzverwalters zur Vollabwicklung existiert und es auch in der Insolvenz des Verbandes ein insolvenzfreies Vermögen gibt. Daher ist nach herrschender Meinung auch eine Freigabe von Gegenständen durch den Insolvenzverwalter zulässig. Als problematisch erweist sich die Freigabe allerdings dann, wenn sich aus der freizugebenden Sache öffentlich-rechtliche Pflichten des Schuldners ableiten. Grundsätzlich ist eine Freigabe immer dann ausgeschlossen, wenn ihr besondere Regelungen entgegenstehen.[163] In der Praxis hat diese Frage namentlich bei kontaminierten Grundstücken Bedeutung gewonnen. Während eine Mindermeinung eine Freigabebefugnis mit dem Argument ablehnt,[164] der Insolvenzverwalter könne sich auf diese Weise seinen öffentlich rechtlichen Pflichten nicht entledigen, lässt die h. M. eine Freigabe auch in diesem Fall zu.[165] Nach vorzugswürdiger Ansicht ist eine Freigabe möglich, da sie nichts anderes bewirkt, als einen Gegenstand des Schuldnervermögens vorzeitig aus dem Insolvenzbeschlag zu entlassen. Daher haftet er auch nach der Freigabe das Insolvenzvermögen für die öffentlich-rechtlichen Sanierungspflichten.[166]

67 c) **Rechtshandlungen.** Durch die Eröffnung des Insolvenzverfahrens geht die Befugnis zur Verwaltung des Gesellschaftsvermögens und dessen Veräußerung auf den Insolvenzverwalter über (§ 80 InsO).[167] Bei **gegenseitigen Verträgen** steht ihm ein Wahlrecht zu, ob er die Verträge erfüllt oder deren Erfüllung ablehnt (§ 103 InsO).[168] Der Insolvenzverwalter ist

---

die Regelungen der §§ 199 S. 2 InsO, 32a GmbHG, 141a FGG aus denen folgt, dass nach der Konzeption des Gesetzgebers unter neuem Insolvenzrecht nach Abschluss des Insolvenzverfahrens keine gesellschaftsrechtliche Liquidation nachfolgen solle; siehe auch *Jaeger/Müller* § 35 InsO Rn 146 ff. m. w. N.

[162] MüKoInsO/*Lwowski* § 35 InsO Rn 113 m. w. N.; dafür bereits unter altem Recht RGZ 127, 197, 200; BGHZ 35, 180, 181; BGH NJW 1966, 51; BGH NJW 1996, 2035.

[163] *Uhlenbruck/Uhlenbruck* § 35 InsO Rn 25, der auf die Beispiele des Abfallrechts und des Bodenschutzrechtes verweist.

[164] *K. Schmidt* Gesellschaftsrecht § 11 VI 4a b bb; *ders.*, ZIP 2000, 1913, 1920 f.; vgl. auch *Braun/Uhlenbruck*, Unternehmensinsolvenz, S. 73 f.; *Wiester*, Altlastensanierung, S. 211, der eine Freigabe für zulässig hält; die Freigabe soll jedoch die Zustandsverantwortlichkeit des Insolvenzverwalters unberührt lassen.

[165] Vgl. *Jaeger/Henckel* § 6 KO Rn 17 ff.; *Kebekus*, NZI 2001, 63; vgl. auch BVerwG NJW 1984, 2427; differenzierend: MüKoInsO/*Lwowski* § 35 InsO Rn 98 f.

[166] *Uhlenbruck/Uhlenbruck* § 35 InsO Rn 25 m. w. N.; *Hess/Weis/Wienberg* § 80 InsO Rn 215.

[167] Zum Handlungsspielraum des Insolvenzverwalters vgl. *Haberhauer/Meeh*, DStR 1995, 2005; *Bruns*, ZZP 1997 (110), 305 ff.; *Meyer*, NZI 2001, 294; *Heidland*, FS Uhlenbruck, 2000, S. 423; *Kreft* FS Uhlenbruck, 2000, S. 387; *C. Schmitz*, ZIP 2001, 765.

[168] Eingehend dazu *Pape*, Kölner Schriften, S. 531 ff.

auch zur Kündigung von Arbeitsverhältnissen berechtigt (§ 113 InsO). Sind seine Rechtshandlungen für das Verfahren von besonderer Bedeutung, hat der Insolvenzverwalter die **Zustimmung des Gläubigerausschusses**[169] oder, wenn ein solcher nicht bestellt ist, die der Gläubigerversammlung einzuholen (§ 160 Abs. 1 InsO). Als bedeutsame Fälle benennt das Gesetz exemplarisch die Veräußerung des Unternehmens oder eines Betriebes, die Aufnahme von die Insolvenzmasse erheblich belastenden Darlehen sowie die Führung eines Rechtsstreites mit erheblichem Streitwert (§ 160 Abs. 2 Nr. 1 bis 3 InsO).

Häufig wird der Insolvenzverwalter daran interessiert sein, das Unter- **68**
nehmen gemeinsam mit seiner **Firma** zu veräußern. Für den Konkurs einer GmbH hatte der BGH bereits frühzeitig entschieden, dass der Verwalter zu einer Verwertung der Firma auch dann berechtigt ist, wenn diese Namensbestandteile ihrer Gesellschafter enthält.[170] Der BGH hatte diese Rechtsprechung später auch auf den Konkurs einer GmbH & Co. KG ausgedehnt.[171] Da die Gesellschafter einer GmbH & Co. KG nicht gezwungen seien, Bestandteile ihres Namens in die Firma der Gesellschaft aufzunehmen, müssten ihre Persönlichkeitsrechte hinter die vermögensrechtlichen Interessen der Gläubiger zurücktreten. Dies gilt sowohl für den Kommanditisten, der von Anfang an in die Aufnahme seines Familiennamens in die Firma der KG eingewilligt hat, als auch für den vormaligen Komplementär, der nach Aufnahme einer Komplementär-GmbH und seinem damit verbundenen Wechsel in die Kommanditistenstellung mit der Fortführung seines Namens in der Firma einverstanden war. Nach der Liberalisierung des Firmenrechts durch das HRefG 1998 gilt dies erst recht.[172] Der Insolvenzverwalter ist mithin zur Veräußerung der Firma und zur Bildung einer Ersatzfirma berechtigt.

Nach altem Recht waren **Klagen**, die sich gegen die Masse richten, nicht **69**
am Sitz der Gemeinschuldnerin, sondern am Wohnort des Konkursverwalters zu erheben, sofern kein ausschließlicher Gerichtsstand gegeben war.[173]

---

[169] Zur Rechtsstellung des Gläubigerausschusses ausführlich *Heidland*, Kölner Schriften, S. 711 ff.; MüKoInsO/*Gößmann* § 69 InsO Rn 9 ff.; *Hess/Weis/Wienberg* § 67 InsO Rn 7 ff.

[170] BGHZ 85, 221; a. A. noch *RGZ* 158, 226, 231.

[171] BGHZ 109, 364; s. a. OLG Hamm ZIP 2003, 2264, 2265; *Binz/Sorg* § 11 Rn 25 ff.; *Uhlenbruck/Uhlenbruck* § 159 InsO Rn 14; diff. *Riegger*, BB 1983, 786.

[172] *Uhlenbruck*, ZIP 2000, 401 ff.; *Noack* InsO Rn 472 ff., 572; MüKoInsO/*Ott* § 80 InsO Rn 57. Die Kompetenz der Gesellschafterversammlung zur Änderung der Firma wird insoweit verdrängt, vgl. *Uhlenbruck*, GmbH & Co. KG in Krise, S. 490; *Hachenburg/Ulmer* § 63 GmbHG Rn 90 ff.; *ders.*, NJW 1983, 1701 f.; *Scholz/K. Schmidt* Vor § 64 GmbHG Rn 56; *Grüneberg*, ZIP 1988, 1166. Diese Grundsätze lassen sich auf Warenzeichen und Marken der Gesellschaft, die Namenselemente ihrer Gesellschafter enthalten, übertragen, vgl. BGH GmbHR 1990, 211; *Scholz/K. Schmidt* Vor § 64 GmbHG Rn 56 Fn 165; MüKoInsO/*Ott* § 80 InsO Rn 59.

[173] Dies folgte aus der ganz herrschenden Amtstheorie, die den Konkursverwalter als einen das Vermögen des Gemeinschuldners verwaltenden und im eigenen Namen agierenden Amtstreuhänder begriffen hat; vgl. BGHZ 32, 114, 118; 35, 180 ff.; 88, 331 ff.; *Kuhn/Uhlenbruck* § 6 KO Rn 17; a. A. die sog. Organtheorie MüKoZPO/*Lindacher* vor § 50 ZPO Rn 36 f.

Die Insolvenzrechtsreform hat aus Gründen der Prozesswirtschaftlichkeit insoweit eine Neuerung gebracht, als allgemeiner Gerichtsstand des Insolvenzverwalters für Klagen, die sich auf die Insolvenzmasse beziehen, nunmehr der Sitz des Insolvenzgerichts ist (§ 19 a ZPO).[174]

4. Rechtsstellung der Gesellschaftsorgane im Insolvenzverfahren

70 **a) Geschäftsführer.** Das Recht des Insolvenzverwalters, das Vermögen der Gesellschaft zu verwalten und über es zu verfügen (§ 80 InsO), lässt die organschaftliche Stellung des Geschäftsführers der Komplementär-GmbH unberührt.[175] Selbst dann, wenn der Insolvenzverwalter den Anstellungsvertrag des Geschäftsführers, wozu er berechtigt ist (§ 113 InsO),[176] wirksam gekündigt hat, bleibt der Geschäftsführer bis zu seiner Abberufung im Amt.[177] Die **Befugnisse** des Geschäftsführers sind indessen sehr eingeschränkt; sie können sich fortan nur noch auf verfahrensrechtliche Maßnahmen oder den konkursfreien Bereich beziehen.[178] Auch die handelsrechtliche Bilanzierungspflicht obliegt während der Dauer des Insolvenzverfahrens dem Insolvenzverwalter und nicht dem Geschäftsführer (§ 155 Abs. 1 S. 2 InsO).[179] Der Geschäftsführer ist jedoch verpflichtet, den Verwalter bei der Erfüllung seiner Aufgaben zu unterstützen (§ 97 Abs. 2 InsO). Zudem hat er sich auf Anordnung des Gerichts jederzeit zur Verfügung zu stellen (§ 97 Abs. 3 InsO).

71 Der Geschäftsführer ist verpflichtet, dem Insolvenzgericht, dem Insolvenzverwalter, dem Gläubigerausschuss und auf Anordnung des Gerichts der Gläubigerversammlung **Auskunft** zu erteilen (§ 101 Abs. 1 InsO i.V. m. § 97 InsO).[180] Die Auskunftspflicht kann sich auch auf solche Tatsachen erstrecken, die geeignet sind, eine Verfolgung des Geschäftsführers wegen einer Straftat oder einer Ordnungswidrigkeit herbeizuführen (§ 97 Abs. 1 S. 2 InsO). Diesen Pflichten kann der Geschäftsführer nicht durch Niederlegung seines Amtes entgehen, es sei denn, die Niederlegung wäre bereits

---

[174] *Uhlenbruck/Uhlenbruck* § 80 InsO Rn 87; *Baumbach/Lauterbach/Albers/Hartmann* § 19 a ZPO Rn 2; vgl. dazu auch *K. Schmidt*, Wege zum Insolvenzrecht, S. 107 ff.; *ders.*, NJW 1995, 911 ff.; MüKoInsO/*Ott* § 80 InsO Rn 78; Begr. RegE zu Art. 18 Nr. 1 EGInsO BT-Drucks. 12/3803 S. 67.

[175] Zur Rechtsstellung des Geschäftsführers vgl. *Henssler*, Kölner Schriften, S. 1283 ff.; *Henze/Bauer*, Kölner Schriften, S. 1311 ff.

[176] *K. Schmidt*, ZGR 1998, 645; *K. Schmidt/Uhlenbruck* GmbH in Krise Rn 1190.

[177] *Uhlenbruck*, GmbHR 1995, 205; *Baumbach/Hueck* § 64 GmbHG Rn 51; *Rowedder/Schmidt-Leithoff* § 63 GmbHG Rn 130; MüKoInsO/*Ott* § 80 InsO Rn 112.

[178] *Uhlenbruck*, GmbH & Co. KG in Krise, S. 487; *ders.*, GmbHR 1989, 110.

[179] MüKoHGB/*K. Schmidt* § 158 HGB Anh. Rn 48; *K. Schmidt*, ZGR 1998, 648. Insoweit gilt nichts anderes als nach bisherigem Recht vgl. BFH DB 1972, 1258; KG NZG 1998, 118 m. Anm. *Wittkowski*, NZG 1998, 188; *Klasmeyer/Kübler*, BB 1997, 369 ff. Zu den Rechnungslegungspflichten in der Insolvenz vgl. etwa *Kunz/Mundt*, DStR 1997, 664; *Pink*, ZIP 1997, 177 ff.

[180] § 101 Abs. 2 InsO dehnt diese Pflichten auf Angestellte und frühere Angestellte der Gesellschaft aus, sofern diese nicht früher als zwei Jahre vor dem Eröffnungsantrag aus der Gesellschaft ausgeschieden sind.

zwei Jahre vor dem Antrag auf Verfahrenseröffnung erfolgt (§ 101 Abs. 1 S. 2 InsO).[181]

b) Gesellschafterversammlung. Auch die Kompetenzen der Gesellschafterversammlung werden durch die Verfahrenseröffnung grundsätzlich nicht tangiert. Durch die Verwaltungs- und Verfügungsbefugnis des Insolvenzverwalters werden sie nur insoweit verdrängt, als es sich für die Realisierung der Haftung der Gesellschaft für ihre Verbindlichkeiten als erforderlich erweist.[182] So kann die Gesellschafterversammlung etwa weiterhin **Geschäftsführer** abberufen und neue Geschäftsführer ernennen.[183] Auch sind die Gesellschafter nicht daran gehindert, **Änderungen des Gesellschaftsvertrages** und der Satzung der Komplementär-GmbH zu beschließen, es sei denn, es wäre eine Beeinträchtigung der Insolvenzmasse zu besorgen.[184] Eine von der Gesellschafterversammlung beschlossene Änderung der Firma, die das Veräußerungsrecht des Insolvenzverwalters (vgl. Rn 68) vereiteln würde, wäre daher unzulässig.[185] 72

c) Aufsichtsorgane. Der Bestand eines obligatorischen Aufsichtsrates oder eines fakultativen Beirates wird durch die Eröffnung des Insolvenzverfahrens nicht berührt. Die Funktion solcher Organe beschränkt sich jedoch darauf, die **Geschäftsführer** der Gesellschaft hinsichtlich der ihnen noch verbleibenden Aufgaben zu **überwachen**.[186] In diesem Rahmen sind die Mitglieder des Kontrollgremiums, ebenso wie der Geschäftsführer, zur Auskunfterteilung verpflichtet (§ 101 Abs. 1 i.V.m. § 97 Abs. 1 InsO). Zu einer Überwachung des Insolvenzverwalters sind die Kontrollgremien indessen weder berechtigt noch verpflichtet. 73

5. Rechtsstellung der Insolvenzgläubiger

a) Insolvenzgläubiger. Insolvenzgläubiger ist, wer gegen die GmbH & Co. KG zur Zeit der Verfahrenseröffnung einen begründeten Vermögensanspruch hat (§ 38 InsO).[187] Ob dieser Anspruch aus einem vertraglichen oder gesetzlichen Schuldverhältnis herrührt, ist unerheblich. Das Gesetz unterteilt die Insolvenzgläubiger in (gewöhnliche) Insolvenzgläubiger (§ 38 InsO), nachrangige Insolvenzgläubiger (§ 39 InsO) und Masse- 74

---

[181] Kommt der Geschäftsführer seinen Pflichten nicht nach, kann das Gericht ihn zwangsweise vorführen oder gar in Haft nehmen lassen (§ 98 Abs. 2 InsO).

[182] Vgl. *Weber*, KTS 1970, 73 ff.; *Uhlenbruck/Uhlenbruck* § 11 InsO Rn 137; *Jaeger/Weber* §§ 207, 208 KO Rn 28; *Braun/Uhlenbruck*, Unternehmensinvolvenz, S. 88; *Hachenburg/Ulmer* § 63 GmbHG Rn 95.

[183] Der Abschluss von Dienstverträgen zu Lasten der Masse ist jedoch unzulässig.

[184] *Ulmer*, NJW 1983, 1701 f.; *Uhlenbruck*, GmbHR 1995, 205; *K. Schmidt/Uhlenbruck* GmbH in Krise Rn 1181.

[185] *Ulmer*, NJW 1983, 1701 f.; *Uhlenbruck*, GmbH & Co. in Krise, S. 490; vgl. auch *Noack* InsO Rn 476.

[186] *Uhlenbruck*, GmbHR 1995, 205.

[187] Kein Insolvenzgläubiger ist, wem nur ein Anspruch gegen die Gesellschafter zusteht, selbst wenn insoweit eine Haftung aller Gesellschafter besteht, vgl. *Häsemeyer* Insolvenzordnung Rn 31.21; *Jaeger/Henckel* § 38 InsO Rn 48.

gläubiger (§ 53 InsO). Zu den **nachrangigen** Insolvenzforderungen zählt das Gesetz die seit Eröffnung des Verfahrens angefallenen Zinsen, die den Insolvenzgläubigern aufgrund der Teilnahme am Verfahren entstandenen Kosten, Geldstrafen, Ordnungsgelder und Zwangsgelder, Forderungen auf eine unentgeltliche Leistung sowie Forderungen der Gesellschafter auf Rückgewähr eigenkapitalersetzender Leistungen (§ 39 InsO). Wird sowohl über das Vermögen der KG als auch über das Vermögen der Komplementär-GmbH das Insolvenzverfahren eröffnet, können die Insolvenzgläubiger ihre Forderungen bis zu ihrer vollständigen Befriedigung in beiden Verfahren in voller Höhe geltend machen (§ 43 InsO).

75 Die **Anmeldung** der Forderungen richtet sich nach den §§ 174 ff. InsO.[188] In der Anmeldung, die gegenüber dem Insolvenzverwalter zu erfolgen hat, sind Grund und Betrag der Forderung anzugeben (§ 174 Abs. 2 InsO).[189] Im **Prüfungstermin** werden dann nur noch Forderungen, die von der Gesellschaft, vom Insolvenzverwalter oder von einem Gläubiger bestritten werden, erörtert. Unstreitige Forderungen sind nicht mehr Gegenstand des Prüfungsverfahrens (§ 176 S. 2 InsO). Forderungen nachrangiger Gläubiger sind nur dann anzumelden, wenn das Insolvenzgericht zur Anmeldung besonders auffordert (§ 174 Abs. 3 S. 1 InsO). Das Insolvenzgericht trägt für jede angemeldete Forderung ein, inwieweit eine Feststellung der Forderung ihrem Betrag und ihrem Rang nach erfolgt ist oder ob der Forderung widersprochen wurde (§ 178 Abs. 2 S. 1 InsO). Eine Forderung gilt als **festgestellt**, soweit gegen sie kein Widerspruch vom Insolvenzverwalter oder von einem Insolvenzgläubiger erhoben wurde oder ein erhobener Widerspruch beseitigt ist (§ 178 Abs. 1 S. 1 InsO). Ein Widerspruch der Gesellschaft selbst steht der Feststellung der Forderung nicht entgegen (§ 178 Abs. 1 S. 2 InsO). Die **Eintragung** der Forderung in die Tabelle wirkt für die festgestellte Forderung gegenüber dem Insolvenzverwalter und den Insolvenzgläubigern wie ein rechtskräftiges Urteil (§ 178 Abs. 3 InsO). Die Feststellung der Forderung erstreckt sich auch auf die persönlich haftenden Gesellschafter,[190] somit auch auf die **Komplementär-GmbH** (§ 129 Abs. 1 HGB).[191] Wird die Forderung bestritten, hat der betroffene Gläubiger Klage auf Feststellung der Forderung zu erheben (§ 180 Abs. 1 S. 1 InsO).

76 Die Befriedigung der Insolvenzgläubiger erfolgt im Wege der **Verteilung der Insolvenzmasse** durch den Insolvenzverwalter (§ 187 Abs. 3 InsO). Mit der Verteilung, die auf Grundlage eines Verteilungsverzeichnisses (§ 188 InsO) erfolgt, kann erst nach dem allgemeinen Prüfungstermin begonnen werden (§ 187 Abs. 1 InsO). Soweit hinreichende Barmittel

---

[188] Zum Anmelde-, Prüfungs-, Feststellungs- und Verteilungsverfahren vgl. *Eckardt*, Kölner Schriften, S. 743 ff.

[189] Ergibt sich die Forderung aus Urkunden, soll der Anmeldung eine Kopie der Urkunden beigefügt werden (§ 174 Abs. 1 S. 2 InsO).

[190] BGH ZIP 1982, 576; BAG NZA 2002, 1175; MüKoHGB/*K. Schmidt* § 129 HGB Rn 13.

[191] Aus einem Tabellenauszug kann gegen die Komplementär-GmbH indessen nicht vollstreckt werden (§§ 129 Abs. 4 HGB, 201 Abs. 2 InsO), vgl. *Häsemeyer* Insolvenzrecht Rn 31.18.

vorhanden sind, können Abschlagszahlungen an die Insolvenzgläubiger erfolgen, bei denen die nachrangigen Insolvenzgläubiger jedoch nicht zu berücksichtigen sind (§ 187 Abs. 2 InsO). Während der Dauer des Insolvenzverfahrens sind die Gläubiger der Gesellschaft zu Einzelvollstreckungsmaßnahmen in das Vermögen der Gesellschaft nicht befugt (§ 89 Abs. 1 InsO).

b) Gesellschafter als Insolvenzgläubiger. Auch Gesellschafter können im Insolvenzverfahren den Status eines Insolvenzgläubigers haben. So nehmen die Gesellschafter etwa mit Forderungen aus **Drittbeziehungen** (Darlehen, Kauf, Miete etc.) als Insolvenzgläubiger am Verfahren teil. Auch der vor Verfahrenseröffnung aus der Gesellschaft ausgeschiedene Gesellschafter ist hinsichtlich seines Abfindungsanspruches Insolvenzgläubiger.[192] Zu den Insolvenzforderungen zählt auch der **Erstattungsanspruch** eines Gesellschafters, den dieser aufgrund vor Verfahrenseröffnung getätigter Aufwendungen erworben hat (§ 110 HGB).[193] Mit seiner **Abfindungsforderung** nimmt ein ausgeschiedener Kommanditist nur dann teil, wenn ihn keine Haftung mehr gegenüber Altgläubigern trifft.[194] Insolvenzforderungen sind auch die Forderungen der Gesellschafter aus den **Privatkonten**, sofern eine Auslegung des Gesellschaftsvertrages ergibt, dass es sich insoweit nicht um Eigenkapital handelt.[195] Dagegen können die Gesellschafter aus ihren Kapitalanteilen keine Insolvenzforderungen gegen die Gesellschaft ableiten.[196] Gegenstände, die der Gesellschafter der Gesellschaft **zur Benutzung** überlassen hat (quoad usum), können mit Eröffnung des Insolvenzverfahrens zurückverlangt werden (§ 47 InsO).[197] 77

Ansprüche der Gesellschafter auf Rückgewähr **eigenkapitalersetzender Leistungen** sind als nachrangige Insolvenzforderungen ausgestaltet (§ 39 Abs. 1 Nr. 5 InsO). Hat die Sicherheitsleistung eines Gesellschafters für ein Darlehen eines Dritten eigenkapitalersetzenden Charakter angenommen, kann der Dritte mit seiner Ausfallforderung am Insolvenzverfahren teilnehmen, wobei ihm alle Rechte eines nicht nachrangigen Insolvenz- 78

---

192 *Jaeger/Henckel* § 38 InsO Rn 54; *Kuhn/Uhlenbruck* § 209 KO Rn 63; *Noack* InsO Rn 458.

193 *Noack* InsO Rn 460; *Häsemeyer* Insolvenzrecht Rn 31.24. *Jaeger/Henckel* § 38 InsO Rn 52; *Uhlenbruck/Hirte* § 11 InsO Rn 293. Dieser ist hinsichtlich der einstweiligen Fortführung eilbedürftiger Geschäfte sowie der Fortführung von in schuldloser Unkenntnis der Verfahrenseröffnung getätigten Geschäften nach Verfahrenseröffnung Massegläubiger (§ 118 InsO).

194 *Noack* InsO Rn 461; *Uhlenbruck/Hirte* § 11 InsO Rn 296; *Jaeger/Henckel* § 38 InsO Rn 55.

195 *Jaeger/Henckel* § 38 InsO Rn 50; *Uhlenbruck/Hirte* § 11 InsO Rn 295; a. A. MünchHdb. GesR II/*Schmid* KG § 54 Rn 27.

196 *Noack* InsO Rn 462; *Uhlenbruck/Hirte* § 11 InsO Rn 294; *Jaeger/Henckel* § 38 InsO Rn 49; *Hess/Weis/Wienmann* § 38 InsO Rn 76.

197 *Noack* InsO Rn 459; *Uhlenbruck/Hirte* § 11 InsO Rn 293. Auch bei eigenkapitalersetzendem Charakter einer Nutzungsüberlassung gehört der Gegenstand nicht zur Masse. Dem Aussonderungsrecht des Gesellschafters steht dann aber das Nutzungsrecht der Masse entgegen, dessen Dauer sich grundsätzlich nach dem Überlassungsvertrag bestimmt, *Jaeger/Henckel* § 47 InsO Rn 13 m. w. N.

gläubigers zustehen. Anders ist es jedoch, wenn die Darlehensgewährung des Dritten entsprechend den zu § 32a Abs. 3, Abs. 1 GmbHG entwickelten Grundsätzen wirtschaftlich einer Leistung des Gesellschafters entspricht. Dann ist die Forderung des Dritten ebenfalls als nachrangig anzusehen.[198]

6. Insolvenzanfechtung

79 Die Systematik der Anfechtungstatbestände (§§ 129ff. InsO) entspricht im Wesentlichen dem früheren Recht.[199] Aus gesellschaftsrechtlicher Sicht ist in erster Linie die Anfechtung wegen Befriedigung eigenkapitalersetzender Darlehensforderungen von Interesse. Nach § 135 InsO sind Rechtshandlungen anfechtbar, die für die Forderung eines Gesellschafters auf **Rückgewähr eines eigenkapitalersetzenden Darlehens** Sicherung oder Befriedigung gewährt haben.[200] Von der Regelung des § 135 InsO sind auch die Fälle der §§ 129a, 172a HGB sowie die von der Rechtsprechung entwickelten Fälle sonstiger eigenkapitalersetzender Gesellschafterleistungen erfasst.[201]

80 Eine deutliche **Verschärfung** des bisherigen Rechts hat die InsO hinsichtlich der **subjektiven Seite** der Anfechtungstatbestände gebracht, indem sie zu Lasten nahe stehender Personen eine Reihe von Beweislastvermutungen aufstellt.[202] So wird etwa bei der Vornahme kongruenter Sicherungs- oder Befriedigungshandlungen vermutet, dass **nahe stehende Personen** die Zahlungsunfähigkeit oder den Eröffnungsantrag kannten (§ 130 Abs. 3 InsO). Bei inkongruenten Deckungsleistungen besteht die Vermutung, dass solche Personen die Benachteiligung der Insolvenzgläubiger kannten (§ 131 Abs. 2 S. 2 InsO). Als nahe stehende Personen gelten nach § 138 Abs. 2 Nr. 1 InsO Mitglieder der Geschäftsführung oder der Aufsichtsorgane sowie Kommanditisten, die zu mehr als einem Viertel am Kapital der Gesellschaft beteiligt sind.[203] In den Kreis der **Insider** werden nach § 138 Abs. 2 Nr. 2 InsO zudem solche Personen einbezogen, die aufgrund einer vergleichbaren gesellschaftsrechtlichen oder gar dienstvertrag-

---

[198] *Uhlenbruck*, GmbHR 1995, 207; *Jaeger/Henckel* § 39 InsO Rn 80.

[199] *Uhlenbruck/Uhlenbruck* Vor §§ 129ff. InsO Rn 2; vgl. zur Insolvenzanfechtung auch *Holzer*, WiB 1997, 729; *Henckel*, Kölner Schriften, S. 813ff.; zur „Weiterentwicklung" der Insolvenzanfechtung durch die Einführung der InsO MüKoInsO/*Kirchhof* § 130 InsO Rn 2ff.

[200] Bei einer Befriedigungshandlung ist eine Anfechtung möglich, wenn die Handlung innerhalb eines Jahres vor dem Eröffnungsantrag oder nach dem Antrag vorgenommen wurde. Bei Sicherungshandlungen sieht das Gesetz sogar eine Zehnjahresfrist vor.

[201] *Uhlenbruck*, GmbHR 1995, 208; *Uhlenbruck/Hirte* § 175 InsO Rn 6; umfassend zu der Neuregelung *Biehl*, Insider im Insolvenzverfahren, 2000, insbes. Rn 109ff.; MüKoInsO/*Stodolkowitz* § 135 InsO Rn 5f.

[202] Zum Begriff der nahe stehenden Personen allg. *App*, FamRZ 1996, 1523.

[203] MüKoInsO/*Stodolkowitz* § 138 InsO Rn 20; *Häsemeyer* Insolvenzrecht Rn 21.36; kritisch aufgrund der mangelnden Differenzierung zwischen geschlossenen und Publikumsgesellschaften sowie aufgrund der hohen Beteiligungsschwelle von 25 % *Uhlenbruck/Hirte* § 138 InsO Rn 23ff. m. w. N.

lichen Bindung zum Schuldner die Möglichkeit haben, sich über dessen wirtschaftliche Verhältnisse zu unterrichten. Hierunter fallen mit der GmbH & Co. KG konzernrechtlich verbundene Unternehmen,[204] aber auch Arbeitnehmer der Gesellschaft, die Zugang zu Informationen haben, die einen Aufschluss über die wirtschaftliche Situation des Unternehmens geben, also insbesondere leitende Angestellte in den für die Beurteilung der Finanzlage des Unternehmens wesentlichen Abteilungen und Prokuristen des Unternehmens.[205] Schließlich gelten nach § 138 Abs. 2 Nr. 3 InsO solche Personen als nahe stehend, die zu einer nahe stehenden Person in persönlicher Verbindung stehen, es sei denn, die nahe stehende Person ist, wie beispielsweise ein Aufsichtsratsmitglied der Komplementär-GmbH (§§ 52 GmbHG, 116 AktG) oder ein Beiratsmitglied der KG,[206] der Gesellschaft zur Verschwiegenheit verpflichtet.[207]

7. Insolvenzplan

a) Aufstellung. Der Insolvenzverwalter hat zunächst das gesamte zur Insolvenzmasse gehörende Vermögen in Besitz und in Verwaltung zu nehmen (§ 148 Abs. 1 InsO) und sodann ein Verzeichnis der Massegegenstände (§ 151 InsO), ein Gläubigerverzeichnis (§ 152 InsO) sowie eine Vermögensübersicht (§ 153 InsO) zu erstellen. Im **Berichtstermin** hat der Verwalter den Gläubigern die wirtschaftliche Lage der Gesellschaft darzustellen und seine Einschätzung hinsichtlich der Möglichkeiten einer Erhaltung des Unternehmens mitzuteilen (§ 156 InsO).[208] Auf Grundlage dieser Informationen entscheidet die Gläubigerversammlung sodann über den Verfahrensfortgang des Unternehmens. Sie hat dabei die Wahl, ob die insolvente GmbH & Co. KG liquidiert oder vorläufig fortgeführt wird (§ 157 Abs. 1 S. 1 InsO). **81**

---

[204] MüKoInsO/*Stodolkowitz* § 138 InsO Rn 28 ff.; nach *Uhlenbruck*, GmbHR 1995, 209, rechtfertigt bereits die bloße Abhängigkeit, unabhängig von der tatsächlichen Ausübung der Leitungsmacht, die Vermutung, dass der abhängigen Gesellschaft die wirtschaftliche Lage der Muttergesellschaft bekannt ist; ebenso *Uhlenbruck/Hirte* § 138 InsO Rn 39; *Biehl*, Insider im Insolvenzverfahren, 2000, S. 83.

[205] *Uhlenbruck/Hirte* § 138 InsO Rn 47; MüKoInsO/*Stodolkowitz* § 138 InsO Rn 34; *Uhlenbruck*, GmbHR 1995, 209 nennt beispielhaft Buchhalter und Sekretärinnen. Nach der Gesetzesbegründung sind externe Wirtschaftsberater und die Hausbank des Schuldners nicht erfasst. Kritisch *Biehl*, S. 91 ff., S. 169 f. Aufgrund des weiten Wortlauts der Vorschrift wird sie in der Literatur daher auch auf externe Personen wie z. B. den Abschlussprüfer (*Uhlenbruck/Hirte* § 138 InsO Rn 48), den buchführenden Steuerberater mit Dauermandat (*Kirchhof*, ZInsO 2001, 825, 829) sowie bei Banken, sofern weitere Voraussetzungen vorliegen (vgl. *Paulus*, WM 2000, 2225, 2227), für anwendbar gehalten.

[206] A. A. *Uhlenbruck*, GmbHR 1995, 208. Auch Mitglieder eines fakultativen Beirats sind aufgrund ihrer Treuepflicht gegenüber der Gesellschaft jedoch zur Verschwiegenheit verpflichtet, vgl. MünchHdb. GesR II/*Riegger* KG § 8 Rn 72 m. w. N.

[207] Weitere Beispielsfälle in MüKoInsO/*Stodolkowitz* § 139 InsO Rn 37.

[208] Der Berichtstermin soll nicht mehr als sechs Wochen nach dem Eröffnungsbeschluss angesetzt werden. Er hat spätestens innerhalb von drei Monaten stattzufinden (§29 Abs. 1 Nr. 1 InsO).

82 Im Berichtstermin kann die Gläubigerversammlung den Insolvenzverwalter beauftragen, einen **Insolvenzplan** auszuarbeiten und das Ziel eines solchen Planes vorgeben (§ 157 S. 2 InsO). Der Insolvenzplan, der den früheren Vergleich bzw. den Zwangsvergleich ersetzt, eröffnet die Möglichkeit, die Verwertung und die Verteilung der Insolvenzmasse sowie die Haftung der Gesellschaft nach Beendigung des Verfahrens abweichend von den Vorschriften der Insolvenzordnung zu regeln (§§ 1, 217 InsO).[209] Der Insolvenzplan kann dabei die **Liquidation**, die **übertragende Sanierung** oder die **Sanierung** des Unternehmens vorsehen.[210]

83 Hat die Gläubigerversammlung dem Insolvenzverwalter einen entsprechenden Auftrag erteilt, ist der Plan vom Insolvenzverwalter innerhalb angemessener Frist dem **Gericht** vorzulegen (§ 218 Abs. 2 InsO). Bei der Aufstellung des Planes durch den Insolvenzverwalter wirken, sofern existent, der Gläubigerausschuss, der Betriebsrat, der Sprecherausschuss der leitenden Angestellten und die Geschäftsführung der Gesellschaft beratend mit (§ 218 Abs. 3 InsO). Neben dem Insolvenzverwalter selbst ist zur Vorlage eines Insolvenzplanes auch die Geschäftsführung der GmbH & Co. KG berechtigt (§ 218 Abs. 1 InsO).[211] Die Vorlage des Insolvenzplanes kann bereits mit dem Antrag auf Eröffnung des Insolvenzverfahrens verbunden werden.

84 Der Insolvenzplan unterfällt in zwei Teile. In dem **darstellenden Teil** sind die geplanten wirtschaftlichen Maßnahmen zu erläutern (§ 220 InsO). Im **gestaltenden Teil** sind die zur Sanierung der Gesellschaft zu treffenden Maßnahmen organisatorischer oder personeller Art und ihre Auswirkungen auf die Rechtsposition der Beteiligten darzulegen (§ 221 InsO). Dabei ist eine Differenzierung zwischen den verschiedenen **Gläubigergruppen** vorzunehmen.[212] Anders als nach bislang geltendem Recht kann auch in die Rechte absonderungsberechtigter Gläubiger eingegriffen werden (§ 222 InsO). Auch kann die Befriedigung nachrangiger Gläubiger abweichend vom Gesetz geregelt werden. Die Arbeitnehmer bilden im Regelfall eine eigene Gruppe (§ 222 Abs. 3 S. 1 InsO). Die Beteiligten einer Gruppe sind gleichzubehandeln, soweit sie nicht einer Ungleichbehandlung zustimmen (§ 226 InsO). Damit die Gläubiger in der Lage sind, den Plan zu prüfen und über seine Annahme und Ablehnung zu entscheiden, sind die

---

[209] Zum Insolvenzplan allg. *Hess/Obermüller*, Insolvenzplan, Restschuldbefreiung und Verbraucherinsolvenz, 2. Aufl. 1999; *Smid/Rattunde*, Der Insolvenzplan, 1998; *Burger/Schellberg*, DB 1994, 1833; *Bork*, ZZP 1996 (109), 473 ff.; *Hermanns/Buth*, DStR 1997, 1178; *Braun*, Beiträge, S. 87 ff.; *Maus*, Kölner Schriften, S. 931 ff.

[210] Vgl. *Uhlenbruck*, GmbHR 1989, 209 ff.; *Maus*, Kölner Schriften, S. 931 ff.; *K. Schmidt/Uhlenbruck/Maus* GmbH in Krise Rn 1613; *Jaeger/Henckel* § 1 InsO Rn 9 ff., insbes. Rn 11 ff.; *Hess/Weis/Wienberg* § 218 InsO Rn 33.

[211] Die Kommanditisten sind zur Vorlage eines Insolvenzplanes nicht befugt, vgl. *Häsemeyer* Insolvenzrecht Rn31.39; MüKoInsO/*Eidenmüller* § 218 InsO Rn 78; vgl. auch *Uhlenbruck/Lüer* § 218 InsO Rn 14. Zu Vorlagemöglichkeiten der Gesellschaftsgläubiger vgl. *Smid*, WM 1996, 1249; *Uhlenbruck/Lüer* § 218 InsO Rn 16 m. w. N.

[212] MüKoHGB/*K. Schmidt* Anh. § 158 HGB Rn 51; MüKoInsO/*Eidenmüller* § 221 InsO Rn 11; *Hess/Weis/Wienberg* § 221 InsO Rn 4.

Eingriffe in die Vermögens-, Finanz- und Ertragssituation und deren Auswirkungen im Einzelnen darzulegen.[213] Solche Eingriffe bestehen typischerweise in Forderungsverzichten oder Stundungen. Neben Regelungen über die Befriedigung der absonderungsberechtigten Gläubiger und Insolvenzgläubiger können Gegenstand des Insolvenzplanes auch die Modalitäten der Verwertung und Verteilung von Vermögensgegenständen sowie die Haftung der Gesellschafter sein. In der Insolvenz der Komplementär-GmbH kann Teil des Insolvenzplanes auch eine **vereinfachte Kapitalherabsetzung** nach den §§ 58a ff. GmbHG sein.[214] Sofern die Befriedigung der Gläubiger nach dem Plan über die künftigen Erträge der Gesellschaft erfolgen soll, sind dem Plan betriebswirtschaftliche Planrechnungen in Form einer Vermögensübersicht sowie eines Ergebnis- und Finanzplanes als Anlage beizufügen (§ 229 InsO).

Über die **Annahme** des Plans stimmt nach dem Erörterungs- und Abstimmungstermin (§ 235 Abs. 1 InsO) jede Gläubigergruppe getrennt ab (§ 243 InsO). Der Plan ist angenommen, wenn in jeder Gläubigergruppe die **Mehrheit** der abstimmenden Gläubiger dem Plan zustimmt und die Summe der Ansprüche der zustimmenden Gläubiger mehr als die Hälfte der Summe der Ansprüche der abstimmenden Gläubiger beträgt (§ 244 Abs. 1 InsO). Um missbräuchlichen Zustimmungsverweigerungen Einhalt zu gebieten, sieht das neue Recht überdies ein sog. **„Obstruktionsverbot"** vor. Unter den in § 245 InsO bestimmten Voraussetzungen gilt die Zustimmung einer Abstimmungsgruppe dann als erteilt, wenn die erforderlichen Mehrheiten nicht erreicht wurden. Dem Minderheitenschutz trägt das Gesetz dadurch Rechnung, dass es den Gläubigern, die durch den Plan schlechter gestellt werden, als sie ohne Plan stünden, ein Antragsrecht zubilligt, die Bestätigung des Planes zu verweigern (§ 251 InsO).[215] **85**

Haben die Gläubiger den Insolvenzplan angenommen, muss die **Gesellschaft** selbst noch dem Plan zustimmen (§ 247 Abs. 1 InsO). In der GmbH & Co. KG liegt die Entscheidungskompetenz für die **Zustimmung** bei den Geschäftsführern der Komplementär-GmbH.[216] Von der Zustimmung der Kommanditisten hängt die Annahme des Insolvenzplanes demgegenüber nicht ab. **86**

Sieht der Insolvenzplan **Reorganisationsmaßnahmen** vor, die die gesellschaftsrechtliche Struktur der Gesellschaft oder die Beteiligungsverhältnisse ändern oder den Gesellschaftern zusätzliche Beiträge abverlangen (Kapitalmaßnahmen, Umwandlungen, Satzungsänderungen etc.), bedarf es nach allgemeinen Prinzipien der Zustimmung der betroffenen **Gesellschafter**.[217] Die entsprechenden Beschlüsse sind sodann außerhalb des **87**

---

[213] *Uhlenbruck*, GmbHR 1995, 210.

[214] Dazu etwa *Hirte*, Kölner Schriften, S. 1253 ff.; *K Schmidt/Uhlenbruck* GmbH in Krise Rn 363 ff.

[215] *Uhlenbruck*, GmbHR 1995, 210 mit Zweifeln an der Praktikabilität dieser Regelung. Zu den Voraussetzungen im Einzelnen vgl. *Häsemeyer* Insolvenzrecht Rn 28.37 ff.; MüKoInsO/*Sinz* § 251 InsO Rn 6 ff.

[216] Vgl. *Häsemeyer* Insolvenzrecht Rn 31.39.

[217] Vgl. bereits *Ulmer*, ZHR 149 (1985), 547; vgl. auch *Eidenmüller*, ZGR 2001, 681, 682 ff.

Insolvenzverfahrens zu fassen.[218] Dies gilt namentlich für Kapitalmaßnahmen und einen Beschluss über die Fortsetzung der Gesellschaft. Macht der Insolvenzplan die Durchführung solcher Maßnahmen zur Bedingung, darf seine gerichtliche Bestätigung (§ 248 InsO) erst erfolgen, wenn die Maßnahmen tatsächlich durchgeführt sind (§ 249 InsO). Insoweit hängt der Vollzug des Insolvenzplanes von der Umsetzung der erforderlichen gesellschaftsrechtlichen Strukturmaßnahmen ab.[219]

88 Mit der **Rechtskraft der Bestätigung** treten die im gestaltenden Teil des Planes vorgesehenen Wirkungen für und gegen alle Beteiligten ein (§ 254 Abs. 1 InsO). Allerdings werden eine Stundung oder ein Erlass von Forderungen hinfällig, wenn die Gesellschaft mit der Erfüllung des Insolvenzplans erheblich in Rückstand gerät oder vor vollständiger Erfüllung des Plans über das Vermögen der Gesellschaft ein neues Insolvenzverfahren eröffnet wird (§ 255 InsO). Mit der Rechtskraft der Bestätigung hat das Insolvenzgericht die Aufhebung des Insolvenzverfahrens zu beschließen (§ 258 Abs. 1 InsO). Mit der Aufhebung des Insolvenzverfahrens erlangen die Geschäftsführer der Komplementär-Gesellschaft wieder das Recht, über das noch vorhandene Gesellschaftsvermögen frei zu verfügen. Das Amt des Insolvenzverwalters und das der Mitglieder des Gläubigerausschusses endet (§ 259 InsO). Der Insolvenzplan kann abweichend hiervon eine Überwachung der Erfüllung des Planes durch den Insolvenzverwalter unter Aufsicht des Insolvenzgerichts vorsehen (§§ 259, 260 InsO).

89 **b) Inhalt des Insolvenzplanes.** Entscheiden sich die Gläubiger für eine Sanierung des Unternehmens, haben sie die Wahl zwischen einer übertragenden Sanierung und einer Sanierung der KG als Unternehmensträger selbst.

90 *aa) Übertragende Sanierung.* Die in der Praxis bedeutsame übertragende Sanierung ist dadurch gekennzeichnet, dass das Unternehmen im Ganzen oder in Teilen an eine Auffanggesellschaft oder an einen sonstigen Dritten veräußert wird.[220] Die Veräußerung des Unternehmens bedarf der **Zustimmung** des Gläubigerausschusses (§ 160 Abs. 1 Nr. 1 InsO) und bei Veräußerung an nahe stehende Personen oder unter dem erzielbaren Höchstpreis der Zustimmung der Gläubigerversammlung (§ 162 InsO). Die Zustimmung der Gesellschafter zur übertragenden Sanierung wird wegen der Wertlosigkeit der Anteile für entbehrlich gehalten.[221]

91 Nach der ersatzlosen Streichung des § 419 BGB a. F. trifft den Übernehmer des Gesellschaftsvermögens eine Haftung für die **Verbindlichkeiten** der GmbH & Co. KG nicht mehr. Der Erwerber haftet bei Erwerb in der

---

[218] *Uhlenbruck/Lüer* § 249 InsO Rn 1 f.; *Braun/Uhlenbruck*, Unternehmensinsolvenz, S. 89 ff.; Begr.RegE zu § 249 (296) InsO, in: *Balz/Landfermann*, Insolvenzgesetze, S. 22, 367; vgl. bereits *Ulmer*, ZHR 149 (1985), 547, 562.

[219] *K. Schmidt*, ZGR 1998, 649; vgl. hierzu auch *Eidenmüller*, ZGR 2001, 681, 694 ff.

[220] Vgl. *Maus*, Kölner Schriften, S. 931, 935 ff., s. auch *K. Schmidt*, ZIP 1980, 336; MüKoInsO/*Eilenberger* § 220 InsO Rn 18.

[221] *Uhlenbruck*, Kölner Schriften, S. 1157, 1175; vgl. auch *Häsemeyer* Insolvenzrecht Rn 28.06.

Insolvenz auch nicht für die Steuerschulden der Gesellschaft (§ 75 Abs. 2 AO). Bereits unter Geltung der Konkursordnung wendete die Rechtsprechung § 25 HGB bei der Unternehmensveräußerung aus der Masse nicht an.[222] Allerdings kann den Erwerber des Betriebes auch weiterhin eine Haftung nach § 613 a BGB treffen.[223] Nach Auffassung der Rechtsprechung ist der Erwerber jedoch dann privilegiert, wenn das Unternehmen nach Eröffnung des Insolvenzverfahrens erworben wird.[224] In diesem Fall haftet der Erwerber für solche Arbeitnehmerforderungen nicht, die zur Zeit der Verfahrenseröffnung bereits entstanden waren. Hat der Insolvenzverwalter den Betrieb des Unternehmens zunächst fortgeführt, haftet der Erwerber für dadurch entstehende Masseschulden.[225]

bb) Sanierung des Unternehmensträgers. Statt einer Veräußerung des Gesell- 92
schaftsvermögens auf einen Dritten können sich die Gläubiger auch für eine Sanierung der GmbH & Co. KG selbst entscheiden.[226] In diesem Fall ist mit den Gläubigern zur Reduzierung der Verbindlichkeiten ein **Vergleich** herbeizuführen. Der Vergleich kann beispielsweise vorsehen, dass die Gläubiger bestimmte Zahlungen erhalten und auf ihre Restforderung verzichten. Die Befriedigung der Gläubigerforderungen kann nach dem Insolvenzplan aber auch aus künftigen Erträgen der Gesellschaft erfolgen.

cc) Liquidation der Gesellschaft. Scheitert die Verabschiedung eines Insol- 93
venzplanes oder haben sich die Gläubiger von Anfang an gegen eine Fortführung des Unternehmens entschieden, hat der Insolvenzverwalter die Insolvenzmasse zu verwerten (§§ 159–161 InsO) und die Insolvenzgläubiger zu befriedigen (§§ 187–206 InsO).[227]

8. Die Haftung der Gesellschafter in der Insolvenz

a) Haftung der Komplementär-GmbH. *aa) Altverbindlichkeiten.* Für 94
bis zur Eröffnung des Insolvenzverfahrens begründete Verbindlichkeiten haftet die Komplementär-GmbH fort (§ 128 HGB). Hierunter fallen zunächst alle Insolvenzforderungen, auch solche aus Dauerschuldverhältnissen.[228] Darüber hinaus besteht eine Haftung für die Erfüllung **gegenseitiger Verträge**, die vor Verfahrenseröffnung geschlossen wurden und deren Erfüllung der Insolvenzverwalter nach § 103 InsO gewählt hat.[229]

---

[222] RGZ 58, 166, 168; BGHZ 104, 151; vgl. auch *K. Schmidt/Uhlenbruck* GmbH in Krise Rn 1278.

[223] Vgl. etwa BAG NJW 1984, 627; vgl. die Darstellung in *K. Schmidt/Uhlenbruck/Moll* GmbH in Krise Rn 1428 ff.

[224] BAG NJW 1980, 1123; NJW 1985, 1574; NJW 1992, 3188; krit. dazu *Loritz*, RdA 1987, 65, 84.

[225] BAG NJW 1987, 1966.

[226] Vgl. *Maus*, Kölner Schriften, S. 931, 937; *Jaeger/Henckel* § 1 InsO Rn 11.

[227] Die übertragende Sanierung ist ein spezieller Fall der Liquidation; vgl. zutr. *Maus*, Kölner Schriften, S. 931, 936.

[228] BGHZ 34, 293, 297; MüKoHGB/*K. Schmidt* § 128 HGB Rn 78; GK/*Habersack* § 128 HGB Rn 72.

[229] *Noack* InsO Rn 492; *Ebenroth/Boujong/Joost/Hillmann* § 128 HGB Rn 69; MüKoHGB/*K. Schmidt* § 128 HGB Rn 78; GK/*Habersack* § 128 HGB Rn 72.

Bei Dauerschuldverhältnissen spricht allerdings viel dafür, die Nachhaftung der Gesellschafter auf die bis zum nächsten zulässigen Kündigungstermin bestehenden Ansprüche zu beschränken.[230] Lehnt der Insolvenzverwalter die Erfüllung ab, haftet auch die Komplementär-GmbH auf Schadensersatz wegen Nichterfüllung.[231] Keine persönliche Haftung der Gesellschafter besteht für Vertragsverletzungen des Insolvenzverwalters oder seiner Gehilfen, die nicht in der Insolvenz begründet liegen.[232]

95 Nach der in ihrem Mechanismus an § 171 Abs. 2 HGB (dazu Rn 99) angelehnten Regelung des § 93 InsO[233] kann die persönliche Haftung des Gesellschafters für die Verbindlichkeiten der Gesellschaft während der Dauer des Insolvenzverfahrens nur noch vom **Insolvenzverwalter** geltend gemacht werden.

Durch diese Haftungskonzentration will der Gesetzgeber eine gleichmäßige Befriedigung der Gläubiger sicherstellen und einen Wettlauf der Gläubiger vermeiden.[234] Ebenso wie § 171 Abs. 2 HGB erfasst die Vorschrift des § 93 InsO nur Ansprüche wegen persönlicher Haftung eines Gesellschafters für Verbindlichkeiten der Gesellschaft. Sie gilt daher nur für die unbeschränkte gesetzliche akzessorische Gesellschafterhaftung gemäß § 128 HGB, nicht aber für eine Haftung aus anderem Rechtsgrund.[235] So gilt sie weder für die Haftung eines Gesellschafters auf Schadensersatz aus deliktrechtlichen Anspruchsgrundlagen noch für die Haftung aus Garantie, Bürgschaft oder Schuldübernahme[236] oder wegen steuerlicher Rückstände aus §§ 34, 69 AO.[237] Die Vorschrift des § 93 InsO ist auch auf die Haftung eines bereits aus der Gesellschaft ausgeschiedenen Gesellschafters anwendbar.[238]

---

[230] MüKoHGB/*K. Schmidt* § 128 HGB Rn 80 ff.

[231] BGHZ 48, 203; *Noack* InsO Rn 491; MüKoHGB/*K. Schmidt* § 128 HGB Rn 78; MüKoInsO/*Brandes* § 93 InsO Rn 11, GK/*Habersack* § 128 HGB Rn 72; die Haftung der Gesellschafter kann bei einer Erfüllungsablehnung für den Gläubiger besonders bedeutsam sein, da er in diesem Falle gegenüber der Gesellschaft gemäß § 103 Abs. 2 S. 1 InsO lediglich Insolvenzgläubiger ist, MüKoInsO/*Huber* § 103 InsO Rn 176.

[232] MüKoHGB/*K. Schmidt* § 128 HGB Rn 79; MüKoInsO/*Brandes* § 93 InsO Rn 9.

[233] Vgl. *Bork*, Kölner Schriften, S. 1333, 1335; *Häsemeyer* Insolvenzrecht Rn 31.15; MüKoInsO/*Brandes* § 93 InsO Rn 1 f.; *Hess/Weis/Wienberg* § 93 InsO Rn 1.

[234] *Uhlenbruck*, GmbHR 1995, 206; *Bork*, Kölner Schriften, S. 1342; MüKoInsO/*Schmidt* § 128 InsO Rn 82; MüKoInsO/*Brandes* § 93 InsO Rn 1; *Hess/Weis/Wienberg* § 93 InsO Rn 3; nach *Brinkmann*, Die Bedeutung der §§ 92, 93 für den Umfang der Insolvenz und Sanierungsmasse, 2002, S. 101 ff. sollte das Gesellschaftsvermögen als Sanierungsmasse geschützt werden.

[235] BGHZ 151, 245; MüKoHGB/*K. Schmidt* § 128 HGB Rn 84 m. w. N.; *ders./Bitter*, ZIP 2000, 1082; MüKoInsO/*Brandes* § 93 InsO Rn 6; *Hess/Weis/Wienberg* § 93 InsO Rn 10.

[236] Vgl. MüKoInsO/*Brandes* § 93 InsO Rn 21; MüKoHGB/*K. Schmidt* § 128 HGB Rn 84; *Hess/Weis/Wienberg* § 93 InsO Rn 11; *Bitter*, ZinsO 2002, 557 ff.; a. A. *Kesseler*, ZinsO 2002, 549 ff.; *Bork*, Insolvenzrecht, 2003, S. 108.

[237] BGHZ 151, 245; BFHE 197, 1; MüKoHGB/*K. Schmidt* § 128 HGB Rn 84; zustimmend *Bunke*, NZI 2002, 591; ablehnend *Kesseler*, ZIP 2002, 1974.

[238] Schleswig-Holsteinisches OLG OLGR Schleswig 2004, 287; *Hess/Weis/Wienberg* § 93 InsO Rn 12; *Gerhardt*, ZIP 2000, 2181. Nach *Gerhardt* ist die Vorschrift

Ein bereits rechtshängiger Rechtsstreit gegen die Gesellschafter der GmbH & Co. KG, der die persönliche Haftung für Verbindlichkeiten der Gesellschaft zum Gegenstand hat, ist entsprechend § 17 Abs. 1 S. 1 AnfG unterbrochen, wenn über das Vermögen der Gesellschaft das Insolvenzverfahren eröffnet wird.[239] Verfügt die Komplementär-GmbH (ausnahmsweise) noch über nennenswertes Vermögen, kann die Geltendmachung der Haftung der Komplementär-GmbH durch den Insolvenzverwalter unter Umständen eine Abweisung des Insolvenzantrages mangels Masse verhindern.[240] Bei einer **Doppelinsolvenz** von KG und Komplementär-GmbH wird der Insolvenzverwalter künftig die Forderungen sämtlicher Gesellschaftsgläubiger im Insolvenzverfahren der GmbH anmelden, um auf diese Weise eine Unterdeckung der Masse der KG zu beseitigen. Haben Gesellschaftsgläubiger von der Komplementär-GmbH in der Insolvenz der KG Leistungen erhalten, sind diese der vom Insolvenzverwalter zu bildenden Sondermasse zu erstatten.[241]

bb) Neuverbindlichkeiten. Der Wortlaut des Gesetzes legt die Annahme nahe, 96
dass die Komplementär-GmbH auch für nach der Verfahrenseröffnung begründete Forderungen, d. h. für Massekosten gem. § 54 InsO und für Masseschulden gem. § 55 Abs. 1 Nr. 1 und 3 InsO persönlich haftet. Da die Gesellschafter auf die Begründung von Verbindlichkeiten durch den Insolvenzverwalter keinen Einfluss nehmen können, besteht jedoch weitgehend Einigkeit, dass § 128 HGB teleologisch zu reduzieren ist, dass eine Haftung für Masseverbindlichkeiten nicht besteht, sofern nicht der Rechtsgrund für diese Verbindlichkeiten vor Verfahrenseröffnung gesetzt wurde.[242]

b) Haftung der Kommanditisten. *aa) Grundsatz.* Der Kommanditist 97
haftet gegenüber den Gesellschaftsgläubigern mit seinem Privatvermögen bis zur Höhe der im Handelsregister eingetragenen Haftsumme (§ 172 Abs. 1 HGB). Außerhalb des Insolvenzverfahrens kann ein Kommanditist seine beschränkte Haftung nicht nur durch eine Zahlung in das Gesellschaftsvermögen (§ 171 Abs. 1 HGB), sondern auch durch Leistung an einen oder mehrere Gläubiger beseitigen.

bb) Haftungsdurchsetzung. In der Insolvenz der Gesellschaft würde eine 98
unmittelbare Leistung an einzelne Insolvenzgläubiger die gebotene Gleich-

---

selbst dann anwendbar, wenn das Gesellschaftsvermögen infolge Beendigung durch Gesamtrechtsnachfolge auf den einzigen verbleibenden Gesellschafter übergegangen ist und über dessen Vermögen das Insolvenzverfahren eröffnet worden ist; zustimmend *Uhlenbruck/Hirte* § 93 InsO Rn 11.

[239] BGH NJW 2003, 590; Schleswig-Holsteinisches OLG OLGR Schleswig 2004, 287.

[240] *K. Schmidt*, ZGR 1996, 218; krit. *Häsemeyer* Insolvenzrecht Rn 31.15. § 93 InsO schließt allerdings nicht aus, dass auch über das Vermögen der Komplementär-GmbH oder eines ihrer Kommanditisten ein Insolvenzverfahren eröffnet wird.

[241] *Häsemeyer* Insolvenzrecht Rn 31.17.

[242] *Noack* InsO Rn 487 ff.; MüKoHGB/*K. Schmidt* § 128 HGB Rn 81; *ders.*, ZHR 152 (1988), 113 ff.; MüKoInsO/*Brandes* § 93 InsO Rn 9; *Armbruster*, Haftender Gesellschafter in der Insolvenz, S. 157 ff.; a. A. *Braun/Kroth* § 93 InsO Rn 20.

behandlung der Gläubiger indessen nicht mehr gewährleisten. Um einen unerwünschten Wettlauf der Gläubiger zu vermeiden, kanalisiert § 171 Abs. 2 HGB die Realisierung der Kommanditistenhaftung in der Weise, dass das Recht der Gesellschaftsgläubiger, den Kommanditisten in Anspruch zu nehmen, während der Dauer des Verfahrens durch den **Insolvenzverwalter** ausgeübt wird.[243] Umgekehrt kann der Kommanditist nicht mehr mit haftungsbefreiender Wirkung an den Gläubiger leisten. Folgerichtig ist auch eine **Aufrechnung** des Kommanditisten gegenüber einzelnen Gesellschaftsgläubigern unzulässig.[244] Der Insolvenzverwalter kann die Kommanditisten nur insoweit in Anspruch nehmen, als dies zur Befriedigung der Gläubiger erforderlich ist.[245] Überschreiten – was in der Praxis eher der Ausnahmefall sein dürfte – die noch ausstehenden Einlagen der Kommanditisten die Summe der Gläubigerforderungen, kann der Insolvenzverwalter nicht die vollen Beträge einfordern, sondern nur so viel, wie zur Erfüllung aller Gläubigerforderungen erforderlich ist.[246] Zu einer **anteiligen Einziehung** ist er allerdings nicht verpflichtet; vielmehr kann er nach freiem Ermessen entscheiden.[247]

99 § 171 Abs. 2 HGB findet seinem Wortlaut entsprechend nur auf den Fall der beschränkten Kommanditistenhaftung Anwendung. Demgemäß greift die Regelung nicht ein, wenn der Kommanditist nach § 176 HGB **unbeschränkt** persönlich haftet.[248] Gleichwohl kommt es auch in diesem Fall

---

[243] *Heymann/Horn* § 171 HGB Rn 26; *Baumbach/Hopt* § 171 HGB Rn 11. Zum Einforderungsrecht des Insolvenzverwalters bei Leistungen eines Kommanditisten an einen Insolvenzgläubiger vgl. *Häsemeyer* Insolvenzrecht Rn 31.44. Zum dogmatischen Hintergrund vgl. MüKoHGB/*K. Schmidt* §§ 171, 172 HGB Rn 100; *Schlegelberger/K. Schmidt* § 177 a HGB Rn 108; *Ebenroth/Boujong/Joost/Strohm* § 171 HGB Rn 94. Str. ist, ob die Haftung des Kommanditisten Teil der Insolvenzmasse (*Häsemeyer* Insolvenzrecht Rn 31.41; MüKoInsO/*Lwowski* § 35 InsO Rn 202; *Michel*, KTS 1991, 72) oder eine daneben stehende Sondermasse (*Armbruster*, Haftender Gesellschafter in Insolvenz, S. 83 ff.; *K. Schmidt* Gesellschaftsrecht § 54 V; *Kornblum*, Haftung, S. 243; *Baumbach/Hopt* § 171 HGB Rn 141; *Koller/Roth/Morck* §§ 171, 172 HGB Rn 9; *Röhricht/v. Westphalen/v. Gerkan* § 171 HGB Rn 79) ist. – Nach zutr. Ansicht von *K. Schmidt* Gesellschaftsrecht § 54 V 2 bezieht sich § 171 Abs. 2 HGB nicht auf eine noch bestehende Einlageverpflichtung des Kommanditisten, sondern regelt nur die Geltendmachung seiner Haftung; i. d. S. auch *Heymann/Horn* § 171 HGB Rn 29, anders wohl BGHZ 58, 72, 74.

[244] BGHZ 42, 192, 194; GK/*Schilling* § 171 HGB Rn 20; MüKoHGB/*K. Schmidt* §§ 171, 172 HGB Rn 107; *Koller/Roth/Morck* §§ 171, 172 HGB Rn 8; *Röhricht/v. Westphalen/v. Gerkan* § 171 HGB Rn 69. Zur Aufrechnungsmöglichkeit des Kommanditisten mit Drittforderungen gegenüber der Gesellschaft vgl. *Schlegelberger/K. Schmidt* § 177 a HGB Rn 111; *Baumbach/Hopt* § 171 HGB Rn 13 m. w. N; *Noack* InsO Rn 526.

[245] RGZ 51, 40; BGH JZ 1958, 699; OLG Hamm NZG 2001, 359; MüKoHGB/*K. Schmidt* §§ 171, 172 HGB Rn 109; *Kilger/K. Schmidt* § 209 KO Anm. 2 d bb; *Keuk*, ZHR 135 (1971), 430 f.

[246] *Noack* InsO Rn 512 f.

[247] BGHZ 109, 344; *Baumbach/Hopt* § 171 HGB Rn 12; *Noack* InsO Rn 467, 516.

[248] BGHZ 82, 209, 214; BGH NJW 1983, 2813; MüKoHGB/*K. Schmidt* §§ 171, 172 Rn 106; *Baumbach/Hopt* § 171 HGB Rn 11; *Heymann/Horn* § 171 HGB Rn 27; *Hachenburg/Ulmer* § 63 GmbHG Rn 141; *Röhricht/v. Westphalen/v. Gerkan* § 171 Rn 71.

zu einer Haftungskonzentration, da die unbeschränkte Haftung nach § 176 HGB von § 93 InsO erfasst wird (vgl. Rn 92).[249] Die Rechtsprechung hat den Anwendungsbereich des § 171 Abs. 2 HGB auf die Fälle ausgedehnt, in denen die Gemeinschuldnerin nicht mehr als KG vorhanden ist.[250] Dies gilt namentlich dann, wenn die KG nach dem Ausscheiden des Kommanditisten in eine Gesellschaft anderer Rechtsform umgewandelt wurde.[251] Mit In-Kraft-Treten der Insolvenzordnung hat sich nichts daran geändert, dass § 171 Abs. 2 HGB dann nicht zum Tragen kommt, wenn die Gesellschaft, etwa wegen Fehlens einer die Kosten des Verfahrens deckenden Masse, ohne Durchführung eines Insolvenzverfahrens **erlischt**. In diesem Fall können die Gesellschaftsgläubiger unmittelbaren Zugriff auf den haftenden Kommanditisten nehmen.[252]

cc) Verhältnis zwischen Haftsumme und Pflichteinlage. Die Abgrenzung zwi- **100**
schen Haftsumme und Pflichteinlage erweist sich dann als unproblematisch, wenn der Kommanditist zwar im Außenverhältnis gegenüber den Gesellschaftsgläubigern haftet, aber im Innenverhältnis der Gesellschaft keine Einlage mehr schuldet. Anders ist es, wenn der Gläubiger seine Pflichteinlage noch schuldet, diese aber nicht in einer Geldschuld, sondern in einer Sachleistung besteht. Hier stellt sich die Frage, was **Gegenstand des Einforderungsrechts** des Insolvenzverwalters ist. Die wohl h. M. billigt dem Insolvenzverwalter ein Wahlrecht zwischen der Einforderung der Sacheinlage und dem stets auf Geld gerichteten und damit von der Pflichteinlage zu unterscheidenden Haftungsanspruch zu.[253] Eine andere Auffassung tritt für einen Vorrang des § 171 Abs. 2 HGB ein und lässt die Erbringung der Einlage nicht mehr zu; der Kommanditist habe zwingend eine Geldzahlung zu erbringen.[254] Den Vorzug verdient eine weitere Ansicht, die einen **Vorrang der Einlageleistung** befürwortet, solange deren Erbringung in Einklang mit dem Zweck des Insolvenzverfahrens steht.[255] Nur dann, wenn die Sacheinlage für die Gesellschaft ohne Nutzen ist, ist der Gesellschafter zur Leistung der an sich vereinbarten Sacheinlage nicht mehr berechtigt. Dabei ist dem Insolvenzverwalter ein weiter Beurteilungsspielraum zuzugestehen.

dd) Haftung des ausgeschiedenen Kommanditisten. Der Insolvenzverwalter **101**
darf den Kommanditisten nach § 171 Abs. 2 HGB nur dann in Anspruch

---

[249] *Noack* InsO Rn 523.

[250] BGHZ 112, 31 ff.; *Uhlenbruck* GmbH & Co. KG in Krise Rn 104; *Röhricht/v. Westphalen/v. Gerkan* § 171 HGB Rn 61; GK/*Schilling* § 171 HGB Rn 45; *Baumbach/Hopt* § 171 HGB Rn 11; a. A. noch BGH BB 1976, 383.

[251] *Noack* InsO Rn 525. Bsp. bei *K. Schmidt* Gesellschaftsrecht § 54 V 2 b.

[252] *K. Schmidt* Gesellschaftsrecht § 54 V 2 b.

[253] *Koller/Roth/Morck* §§ 171, 172 HGB Rn 9; *Röhricht/v. Westphalen/v. Gerkan* § 171 HGB Rn 73; GK/*Schilling* § 171 HGB Rn 19; *Keuk*, ZHR 135 (1971), 434; MünchHdb. GesR II/*Schmid* KG § 47 Rn 18; *Häsemeyer* Insolvenzrecht Rn 31.43; *ders.*, ZHR 149 (1985), 42 ff.; *Jaeger/Weber* § 209 KO Rn 31.

[254] OLG Celle NJW 1952, 427.

[255] MüKoHGB/*K. Schmidt* §§ 171, 172 HGB Rn 99; *ders.*, Gesellschaftsrecht, § 54 V 2. c); vgl. auch *Heymann/Horn* § 171 HGB Rn 30.

nehmen, wenn dies zur Befriedigung eines Gläubigers erforderlich ist, gegenüber dem der Kommanditist tatsächlich haftet.[256] Den ausgeschiedenen Kommanditisten trifft eine Haftung nur gegenüber solchen Gläubigern, die ihren Anspruch vor Eintragung und Bekanntmachung des Ausscheidens erworben haben (§§ 161 Abs. 2, 160 Abs. 1, 2 HGB). Soweit die Altgläubiger aus dieser Sondermasse keine vollständige Befriedigung erhalten können, haben sie Anspruch darauf, nach der gleichen Quote aus dem Gesellschaftsvermögen befriedigt zu werden wie die übrigen Gläubiger.[257]

102 **c) Auswirkungen eines Insolvenzplans auf die Haftung der Gesellschafter.** *aa) Haftung der Komplementär-GmbH.* Nach § 227 Abs. 2 InsO erstreckt sich eine im gestaltenden Teil des Insolvenzplans vorgesehene Befreiung von Verbindlichkeiten gegenüber Gläubigern auch auf die persönliche Haftung der Gesellschafter.[258]

103 *bb) Haftung der Kommanditisten.* Die am Insolvenzverfahren Beteiligten können im Insolvenzplan auch die Haftung der Kommanditisten abweichend regeln.[259] Fraglich ist, ob eine **Erstreckungswirkung** zugunsten des Kommanditisten auch dann besteht, wenn sie im Plan nicht gesondert angeordnet ist. Nach h. M. hat eine Reduzierung der Gesellschaftsschulden im Rahmen eines konkursabwendenden Vergleichs und eines Zwangsvergleichs nicht ohne weiteres auch eine Herabsetzung der Haftung der Kommanditisten zur Folge,[260] während die Gegenansicht den Standpunkt vertritt,[261] ein der Gesellschaftssanierung dienender Vergleich könne die erwünschte Wirkung nicht entfalten, wenn der Kommanditist an den Vergleichswirkungen nicht partizipiert. Zwar bleibe die Haftsumme des Kommanditisten von der Vergleichswirkung unberührt, der Kommanditist sei jedoch davor geschützt, dass einzelne Gläubiger ihn über die Vergleichsquote hinaus in Anspruch nehmen. Sicherlich ist eine solche Erweiterung

---

[256] BGHZ 27, 51, 56; MüKoHGB/*K. Schmidt* §§ 171, 172 HGB Rn 116; *ders.*, Einlage und Haftung, S. 134 ff.; *Noack* InsO Rn 524. Dass der Kommanditist nicht gegenüber allen Insolvenzgläubigern haftet, macht deutlich, dass die von dem Kommanditisten an den Insolvenzverwalter erbrachte Zahlung eine Sondermasse darstellt, die nur zur Befriedigung der Altgläubiger verwendet werden darf, vgl. auch *Jaeger/Weber* §§ 209, 210 KO Rn 35; *Keuk*, ZHR 135 (1971), 431; *K. Schmidt* Gesellschaftsrecht § 54 V 3 b; GK/*Schilling* § 171 HGB Rn 18; *Häsemeyer* Insolvenzrecht Rn 31.48; *Baumbach/Hopt* § 171 HGB Rn 14; vgl. auch BGHZ 27, 56; 39, 321; 71, 296, 304.

[257] *Baumbach/Hopt* § 171 HGB Rn 14; *Häsemeyer* Insolvenzrecht Rn 31.48.

[258] *Noack* InsO Rn 539.

[259] *Noack* InsO Rn 542.

[260] RGZ 150, 163; BGH NJW 1970, 1921; *Kuhn*, WM 1978 Sonderbeilage Nr. 1, S. 8 ff. Das HGB bezeichnet als persönlich haftenden Gesellschafter nur den unbeschränkt haftenden Gesellschafter; vgl. *Schlegelberger/K. Schmidt* § 177 a HGB Rn 120.

[261] GK/*Schilling* § 171 HGB Rn 24; *K. Schmidt*, Einlage und Haftung, S. 166 ff.; *ders.*, Gesellschaftsrecht § 54 V 4; *Heymann/Horn* § 171 HGB Rn 39; *Armbruster*, Haftender Gesellschafter in der Insolvenz, S. 131 ff.; *Koller/Roth/Morck* §§ 171, 172 HGB Rn 9; *Häsemeyer* Insolvenzrecht 31.45.; *Noack* InsO Rn 543; *Röhricht/v. Westphalen/v. Gerkan* § 172 HGB Rn 87.

des Anwendungsbereichs des § 227 Abs. 2 InsO rechtspolitisch zu begrüßen. Angesichts des Befundes, dass der Gesetzgeber in Kenntnis des Streitstandes die Gelegenheit zu einer Klarstellung nicht genutzt hat, lässt sich de lege lata auch nach neuem Recht eine Teilhabe des Kommanditisten an den Vergleichswirkungen des Insolvenzplans kaum begründen, sofern der Insolvenzplan hierzu nicht eine ausdrückliche Regelung trifft.

d) Prozessuale Aspekte. Erhebt ein Gläubiger bei eröffnetem Insolvenzverfahren über das Vermögen der Gesellschaft Leistungsklage gegen die Komplementär-GmbH bzw. einen Kommanditisten, ist die Klage wegen § 93 InsO bzw. § 171 Abs. 2 HGB abzuweisen. Wird das Insolvenzverfahren über das Vermögen der KG eröffnet, nachdem bereits eine Klage anhängig ist, wird der Rechtsstreit analog § 17 AnfG (§ 13 Abs. 2 S. 1 AnfG a. F.) unterbrochen.[262] Er kann sodann vom Insolvenzverwalter aufgenommen werden; einer Erledigterklärung bedarf es nicht. **104**

VIII. Beendigung des Insolvenzverfahrens

Ist noch Vermögen vorhanden, hat der Insolvenzverwalter im Rahmen der Schlussverteilung an die Gesellschafter den Teil des Überschusses zu verteilen, der ihnen als **Auseinandersetzungsguthaben** zustünde (§ 199 S. 2 InsO). Das Insolvenzverfahren endet durch Beschluss des Gerichts nach Vollzug derSchlussverteilung der Masse (§ 200 Abs. 1 InsO). Auch die Eröffnung des Insolvenzverfahrens sowohl über das Vermögen der betroffenen GmbH & Co. KG als auch deren Gesellschafter führt nicht zur Vollbeendigung der GmbH & Co. KG, so dass vor der vollständigen Verteilung des Gesellschaftsvermögens auch keine Löschung im Handelsregister in Betracht kommt.[263] Erst wenn das Gesellschaftsvermögen vollständig verteilt worden ist, ist die GmbH & Co. KG vollbeendet und im Handelsregister zu löschen (§ 157 HGB).[264] **105**

IX. Fortsetzung der Gesellschaft

Wenn das Insolvenzverfahren auf Antrag der Gesellschafter eingestellt oder nach Bestätigung eines den Fortbestand der Gesellschaft vorsehenden Insolvenzplans aufgehoben wird, können die Gesellschafter die Fortsetzung der Gesellschaft **beschließen** (§§ 161 Abs. 2, 144 Abs. 1 HGB). Eine Fortsetzung ist auch nach Beendigung des Insolvenzverfahrens nach Vornahme der Schlussverteilung nach allgemeinen Grundsätzen möglich (vgl. § 200 **106**

---

262 BGHZ 82, 209, 216; *Baumbach/Hopt* § 171 HGB Rn 12; *K. Schmidt* Gesellschaftsrecht § 54 V 2 d; *Heymann/Horn* § 171 HGB Rn 31; i. E. auch *Noack* InsO Rn 520.

263 OLG Hamm ZIP 2003, 2264.

264 *Jaeger/Weber* §§ 209, 210 KO Rn 39; MüKoHGB/*K. Schmidt* § 158 Anh. Rn 56; die Löschung erfolgt bei der GmbH & Co. KG von Amts wegen: § 141 a Abs. 1 S. 2 FGG; zum registerrechtlichen Verfahren vgl. *Uhlenbruck/Uhlenbruck* § 200 InsO Rn 7.

Abs. 1 InsO).[265] Ob eine Fortsetzung auch dann in Betracht kommt, wenn die Auflösung auf der Abweisung der Verfahrenseröffnung mangels Masse beruht (§ 131 Abs. 2 Nr. 1 HGB), ist nicht ausdrücklich geregelt.[266] Man wird dies jedoch im Hinblick auf die fortbestehende Haftung der Komplementär-GmbH annehmen können.[267] Anders ist es, wenn das Verfahren infolge Masseunzulänglichkeit eingestellt wurde.[268]

107 Voraussetzung für eine Fortsetzung der Gesellschaft ist, dass die Gesellschaft noch über **Gesellschaftsvermögen** verfügt. Die Fortsetzung der Gesellschaft erfordert darüber hinaus die **Beseitigung des Insolvenzgrundes.**[269] Sofern der Gesellschaftsvertrag nichts Abweichendes vorsieht, bedarf der Fortsetzungsbeschluss der Zustimmung aller Gesellschafter.[270] Ist auch über das Vermögen der **Komplementär-GmbH** das Insolvenzverfahren eröffnet worden, müssen auch die Gesellschafter der GmbH einen Fortsetzungsbeschluss fassen.[271] Andernfalls können die Kommanditisten die KG nur unter Aufnahme einer anderen, gegebenenfalls eigens zu diesem Zweck gegründeten Komplementär-Gesellschaft fortsetzen.

108 Die Fortsetzung der Gesellschaft ist von allen Gesellschaftern zum Handelsregister **anzumelden** (§ 144 Abs. 2 HGB). Die Vorschrift ist nicht dispositiv.[272] Fassen die Gesellschafter keinen Fortsetzungsbeschluss, obwohl noch Gesellschaftsvermögen vorhanden ist, schließt sich an das Insolvenzverfahren das Liquidationsverfahren (vgl. dazu im Einzelnen § 46) an.[273]

---

[265] *Noack* InsO Rn 583; MüKoHGB/*K. Schmidt* § 145 HGB Rn 86; *Baumbach/Hopt* § 144 HGB Rn 4; MüKoInsO/*Schmahl* § 31 InsO Rn 33.

[266] *Noack* InsO Rn 582; *Uhlenbruck*, GmbHR 1995, 203; Übersicht über den Streitstand bei *Hess/Weis/Wienberg* § 27 InsO Rn 76 ff.

[267] *Häsemeyer* Insolvenzrecht Rn 31.08; *Hesselmann/Tillmann* Rn 751; MüKoHGB/*K. Schmidt* § 145 HGB Rn 86; a. A. MüKoInsO/*Schmahl* § 31 InsO Rn 33.

[268] *Häsemeyer* Insolvenzrecht Rn 31.08 Fn 15.

[269] *Noack* InsO Rn 585; *Hesselmann/Tillmann* Rn 751; MüKoHGB/*K. Schmidt* § 145 HGB Rn 86; *Ebenroth/Boujong/Joost/Lorz* § 131 HGB Rn 33.

[270] *Scholz/K. Schmidt* Vor § 64 GmbHG Rn 116.

[271] *Hachenburg/Ulmer* § 63 GmbHG Rn 146.

[272] *Hachenburg/Ulmer* § 63 GmbHG Rn 146; *Baumbach/Hopt* § 144 HGB Rn 3; a. A. *Hesselmann/Tillmann* Rn 753.

[273] MünchHdb. GesR II/*Gummert* GmbH & Co. KG § 55 Rn 21.

§ 49 Steuern in der Insolvenz der GmbH & Co. KG

Schrifttum: *Baum,* Behandlung von Ansprüchen aus dem Steuerschuldverhältnis im Insolvenzverfahren, NWB F. 2, 7157; *Braun/Uhlenbruck:* Unternehmensinsolvenz, 1997; *Düll/Fuhrmann/Eberhard,* Aktuelles Beratungs-Know-how mittelständische Kapitalgesellschaften, DStR 2003, 862; *Eckert,* Umsatzsteuer im Insolvenzverfahren, UVR 1999, 305; *ders.*, Die Anwendung des § 17 Abs. 1 Satz 1 Nr. 1 UStG im Insolvenzverfahren, UVR 2001, 273; *Frotscher,* Steuern im Konkurs, 4. Aufl. 1997; *Gail/Düll/Schubert,* Bilanzielle und steuerliche Überlegungen des GmbH-Geschäftsführers und seines Beraters zum Jahresende 1995, GmbHR 1995, 783; *Hess/Fechner/Freund/Körner:* Sanierungshandbuch, 3. Aufl. 1998; *Hess/Boochs/Weis,* Steuerrecht in der Insolvenz, 1996; *Krüger,* Die Festgeldzinseinnahme des Insolvenzverwalters und das Zinsabschlaggesetz, BB 1995, 964; *Kunz/Mundt,* Rechnungslegungspflichten in der Insolvenz, DStR 1997, 620; *Lohkamper,* Steuerrechtliche Auswirkungen der neuen Insolvenzordnung, DStR 1998, 1813; *Maus,* Auswirkungen des Zinsabschlaggesetzes auf die Insolvenzverfahren, ZIP 1993, 743; *o. V.*, Teilwert von Grundstücken, die zur Rettung von Kreditforderungen ersteigert werden, DStR 1995, 450; *o. V.*, Entscheidungen des BFH in Kurzform mit Anmerkungen, HFR 1995, 507; *Pink,* Rechnungslegungspflichten in der Insolvenz der Kapitalgesellschaft, ZIP 1997, 177; *Probst,* Vorrecht, Vorsteuerberichtigung und Voranmeldungszeitraum im Konkurs, UR 1998, 39; *Rondorf,* Umsatzsteuer in der Unternehmensinsolvenz, NWB F. 7, 5391; *Schöne/Ley,* Die Auswirkungen des Zinsabschlaggesetzes im Konkurs von Personenhandelsgesellschaft, DB 1993, 1405; *Wälzholz,* Anmerkung zu OLG Dresden vom 29. 11. 2004 – Kapitalertragsteuer und Steueranrechnung bei Personenhandelsgesellschaften, DStR 2005, 615; *Weisemann/Smid,* Handbuch der Unternehmensinsolvenz, 1999; *Weiss,* Anmerkung zum BFH-Urteil vom 16. 7. 87, UR 1987, 293; *Welzel,* Das Zinsabschlagsgesetz als Problem im Konkursfall, DStZ 1993, 197

I. Vorbemerkungen

Die Eröffnung des Insolvenzverfahrens über das Vermögen der GmbH & Co. KG bedeutet nicht, dass die steuerliche Existenz der Gesellschaft beendet ist. Durch die Eröffnung des Insolvenzverfahrens über das Vermögen der Gesellschaft wird sie zwar gem. § 161 Abs. 2 i.V.m. § 131 Abs. 1 Nr. 3 HGB aufgelöst, aber noch nicht voll beendet. Einkommensteuerrechtlich betreibt eine GmbH & Co. KG auch während des Abwicklungsstadiums ein gewerbliches Unternehmen i.S. des § 15 EStG. Dies gilt auch dann, wenn die GmbH & Co. KG jegliche werbende Tätigkeit eingestellt hat, **1** denn die gewerbliche Tätigkeit umfasst auch die auf die Abwicklung gerichteten Handlungen.[1] Die **steuerlichen Pflichten bestehen** daher bis zur Gesamtbeendigung der Gesellschaft **fort.**[2] Die Eröffnung des Insolvenzverfahrens über das Vermögen der GmbH & Co. KG bedeutet außerdem nicht notwendigerweise, dass auch über das Vermögen des oder der Gesellschafter das Insolvenzverfahren eröffnet wird, obschon dies nicht selten der Fall ist. Dies insbesondere dann, wenn vermögensmäßige Verflechtungen zwischen Gesellschaft und Gesellschafter bestehen. Die Eröffnung des Insolvenzverfahrens über das Vermögen der GmbH & Co. KG bedingt im Regelfall auch die Eröffnung des Insolvenzverfahrens über die Komplementär-GmbH, wobei beide Insolvenzverfahren auch für steuerliche Zwecke zunächst vollkommen getrennt zu behandeln sind.

2 Das Insolvenzverfahren umfasst zunächst nur das Gesamthandsvermögen der Personengesellschaft. Lediglich hierauf erstrecken sich die Befugnisse des Insolvenzverwalters. Eventuell vorhandenes **Sonderbetriebsvermögen** wird durch das Insolvenzverfahren nicht berührt. Es können sich aber mittelbare Auswirkungen aus der Abwicklung des Insolvenzverfahrens selbst ergeben, etwa im Zusammenhang mit kapitalersetzenden Nutzungsüberlassungen. Steuerliche Folgen können entstehen, wenn bei Abschluss des Insolvenzverfahrens die Tätigkeit der Personengesellschaft als beendet gilt und damit hinsichtlich des Sonderbetriebsvermögens möglicherweise eine Entnahmehandlung vorliegt.

3 Während des Insolvenzverfahrens bestehen steuerlich im Grundsatz keine Besonderheiten. Die Insolvenzordnung sieht vor, dass der Insolvenzverwalter das Vermögen der Gesellschaft weitgehend unabhängig von dem bisherigen Gesellschafterkreis verwalten kann. Steuerlich werden das **Vermögen** sowie der **Ergebnisanteil** unverändert den Gesellschaftern **zugerechnet**, obwohl mit der Eröffnung des Insolvenzverfahrens für die Gesellschafter keinerlei Einflussmöglichkeiten auf die Gesellschaft mehr bestehen.[3]

4 Hinsichtlich der **Steuerschulden** muss danach unterschieden werden, ob es sich um betriebliche Steuern der Gesellschaft oder um persönliche Steuerschulden des Gesellschafters handelt. Betriebliche Steuerschulden sind insbesondere die Umsatzsteuer sowie die Gewerbesteuer. Demgegenüber sind persönliche Steuerschulden des Gesellschafters, wie z. B. die Einkommensteuer nicht Bestandteil des Insolvenzverfahrens der Personengesellschaft. Dieser Hinweis dürfte allerdings eher theoretischer Natur sein, da mit der Eröffnung des Insolvenzverfahrens regelmäßig eine Verlustsituation der Gesellschaft einhergeht, was wiederum eher zu einer Entlastung bei Einkommensteuerzahlungen auf der Ebene der Gesellschafter führt. Gewinne bei der Verwertung der Vermögensgegenstände der GmbH & Co. KG können i.d.R. mit verrechenbaren Verlusten i.S. des § 15a EStG ausgeglichen werden. Demgegenüber können im Rahmen des Insolvenzverfahrens über die **Komplementär-GmbH** durchaus auch Körperschaftsteuer-

---

[1] BFH v. 27. 4. 1978 BStBl. II 1979, 89; BFH v. 11. 2. 1988 BStBl. II 1988, 825.
[2] BFH v. 19. 1. 1993 BStBl. II 1993, 594.
[3] *Frotscher*, Steuern, 142.

schulden Bestandteil der Insolvenzverbindlichkeiten sein, falls sich etwa im Zuge einer steuerlichen Außenprüfung nachträgliche Gewinnerhöhungen ergeben, die im Rahmen eines Verlustrücktrages nicht ausgeglichen werden können.

II. Rechnungslegungspflicht in der Insolvenz

Ab dem Zeitpunkt der Eröffnung des Insolvenzverfahrens gelten die ein- 5
schlägigen Vorschriften der Insolvenzordnung, die allerdings keine speziellen Rechnungslegungsvorschriften enthalten. In § 154 InsO ist lediglich eine Aufzeichnung der Gegenstände der Masse, das Gläubigerverzeichnis und der Vermögensübersicht geregelt. Grundsätzlich besteht die **handelsrechtliche Buchführungs- und Rechnungslegungspflicht** fort und muss durch den Insolvenzverwalter weiterhin wahrgenommen werden (§ 155 Abs. 1 InsO).[4] Die Pflicht zur Fortführung des handelsrechtlichen Rechnungswesens besteht nur dann nicht, wenn bis zum Zeitpunkt der Eröffnung des Insolvenzverfahrens eine grob fehlerhafte Buchführung vorliegt, so dass eine sinnvolle Fortführung des Rechnungswesens nur noch mit einem unverhältnismäßig hohen Aufwand möglich wäre. In diesem Fall hat der Insolvenzverwalter ab dem Zeitpunkt der Insolvenzeröffnung eine ordnungsmäßige Buchführung zu installieren und diese fortzuführen.[5]

Neben der Aufrechterhaltung der handelsrechtlichen Buchführung ist 6
für Personenhandelsgesellschaften gemäß §§ 154, 161 HGB vorgesehen, dass mit dem Zeitpunkt der Eröffnung des Insolvenzverfahrens eine **Schlussbilanz** sowie eine **Abwicklungseröffnungsbilanz** erstellt wird. Mit der Eröffnung des Insolvenzverfahrens beginnt ein neues Geschäftsjahr (§ 155 Abs. 2 InsO). Diese Bilanzen sind grundsätzlich nach handelsrechtlichen Vorschriften zu erstellen, wobei allerdings dem Umstand Rechnung getragen wird, in der sich die Gesellschaft befindet. So kann bei der Bewertung der einzelnen Vermögensgegenstände und Schulden nicht mehr von der sog. going-concern-Bedingung ausgegangen werden, also von der Vermutung der Fortführung des Unternehmens als Ganzes.[6]

Da sich das Insolvenzverfahren üblicherweise über einen längeren Zeit- 7
raum erstreckt, stellt sich die Frage, ob nach Eröffnung des Insolvenzverfahrens durch den Insolvenzverwalter weiterhin **handelsrechtliche Jahresabschlüsse** auf das Ende des Wirtschaftsjahres zu erstellen sind, oder ob die von der Insolvenzordnung geforderten Aufzeichnungen über die Einnahmen und Ausgaben als Nachweis gegenüber der Gläubigerversammlung ausreichend sind. Die handelsrechtlichen Rechnungslegungsvorschriften enthalten keine Regelung für den Fall der Eröffnung des Insolvenzverfahrens. Die Regelungen der Insolvenzordnung hinsichtlich der Einnahmen- und Ausgabenaufzeichnung stellen jedoch kein lex specialis

---

[4] *Heß/Boochs/Weis* Steuerrecht Rn 810; *Weiseman/Smid/Arens/Schäfer*, Unternehmensinsolvenz § 20 Rn 8.

[5] *Heß* Anh V Rn 313.

[6] *Heß* Anh V Rn 327; a.A. *Baumbach/Hopt* § 154 HGB Rn 2; Beck Bilanzkommentar Anh III Anm. 279 ff.; *Heß/Boochs/Weis* Steuerrecht Rn 844.

zu den handelsrechtlichen Rechnungslegungsvorschriften dar.[7] Die Rechnungslegungsvorschriften des Handelsrechts behalten daher ihre Gültigkeit, so dass für die KG weiterhin nach § 242 HGB auf das Ende des Wirtschaftsjahres ein Jahresabschluß zu erstellen und gegebenenfalls zu prüfen ist, falls es sich um eine mittelgroße bzw. große Gesellschaft handelt.[8] Die Besonderheit dieses Jahresabschlusses besteht lediglich darin, dass hinsichtlich der Ansatz- und Bewertungsvorschriften die Situation der Gesellschaft im Rahmen der Insolvenz zu berücksichtigen ist.

8 Entsprechend den bisherigen Regelungen in der Konkursordnung sind von dem Insolvenzverwalter verchiedene **insolvenzrechtliche Aufzeichnungen** zu fertigen[9]

- Verzeichnis der Massegegenstände (§ 151 InsO)
- Gläubigerverzeichnis (§ 152 InsO)
- Vermögensübersicht (§ 153 InsO)
- Forderungstabelle (§ 174 Abs. 2 InsO)
- Verwalterbericht (§ 156 InsO)
- evtl. Zwischenrechnungslegung (§ 66 Abs. 3 InsO)

9 Mit der Beendigung des Amtes des Insolvenzverwalters hat dieser gegenüber der Gläubigerversammlung Rechnung zu legen (§ 66 Abs. 1 InsO). Ergänzt wird diese Rechnungslegungspflicht um die Auflage dem Gericht sowie der Gläubigerversammlung Auskunft über Sachstand, Zwischenbericht sowie eine Verteilungsrechnung zu fertigen. Zum Abschluss des Insolvenzverfahrens erfolgt ein Schlussbericht (§§ 66 Abs. 1 InsO).[10]

III. Ertragsteuerliche Konsequenzen der Eröffnung des Insolvenzverfahrens

1. Ermittlung des steuerpflichtigen Einkommens

10 In der Zeit vor der Eröffnung des Insolvenzverfahrens befindet sich die KG im Allgemeinen in einer Verlustsituation. Die Verluste der Gesellschaft werden den Gesellschaftern entsprechend der Gewinnverteilungsquote anteilig zugerechnet. Die anteiligen Verluste aus der Personengesellschaft können von den Gesellschaftern grundsätzlich im Rahmen ihrer persönlichen Einkommensteuerveranlagung mit anderen positiven Einkünften verrechnet werden bzw. führen auf der Ebene der Gesellschafter zu vortragsfähigen einkommensteuerlichen Verlusten gemäß § 10 d EStG.

11 Die Verrechnung **anteiliger Verluste** aus der Personengesellschaft auf der Ebene der Gesellschafter erfolgt jedoch nur insoweit, als ein beschränkt haftender Gesellschafter der Gesellschaft steuerliches Eigenkapital zur Verfügung gestellt hat. Übersteigen die anteiligen Verluste der Personengesellschaft den Stand des steuerlichen Kapitalkontos, werden die Verluste auf

---

[7] *Heß/Boochs/Weis* Steuerrecht Rn 831; *Weisemann/Smid/Arens/Schäfer*, Unternehmensinsolvenz § 20.

[8] *Weisemann/Smid/Arens/Schäfer*, Unternehmensinsolvenz § 20 Rn 18.

[9] *Weisemann/Smid/Arens/Schäfer*, Unternehmensinsolvenz § 20 Rn 20 ff.

[10] *Kunz/Mundt*, DStR 1997, 620 ff.; *Pink*, ZIP 1997, 177 ff.

der Ebene der Gesellschaft gespeichert. Es entstehen **verrechenbare Verluste gemäß** § 15 a EStG (vgl. dazu § 6).

Mit Eröffnung des Insolvenzverfahrens wird zwar den Gesellschaftern der GmbH & Co. KG die Möglichkeit entzogen, auf das Gesellschaftsvermögen einzuwirken. Dies führt jedoch nicht dazu, dass auch das Vermögen der Gesellschaft sowie die anteiligen Erträge steuerlich isoliert werden. Es verbleibt unverändert bei der beschränkten Steuerrechtssubjektfähigkeit als grundsätzliche Eigenschaft der GmbH & Co. KG, d. h. das Vermögen sowie die **Erträge/Verluste** der Gesellschaft werden den Gesellschaftern **auch nach der Eröffnung des Insolvenzverfahrens steuerlich zugerechnet**. War Ursache der Eröffnung des Insolvenzverfahrens die **Überschuldung** der Gesellschaft, verfügen die Kommanditisten regelmäßig über verrechenbare Verluste im Sinne des § 15 a EStG, da die ausreichende Bereitstellung von steuerlichem Eigenkapital den Überschuldungsstatus vermieden hätte. Die unter der Regie des Insolvenzverwalters u. U. erzielten steuerlichen Erträge der Gesellschaft werden also den Gesellschaftern entsprechend dem Gewinnverteilungsschlüssel zugerechnet und gegebenenfalls mit dem Bestand an verrechenbaren Verlusten nach § 15 a EStG verrechnet. **12**

Nach Eröffnung des Insolvenzverfahrens wird jedoch geprüft, ob eine vorzeitige Nachversteuerung negativer Kapitalkonten erforderlich ist, weil bereits zum Zeitpunkt der Eröffung des Insolvenzverfahrens feststeht, dass ein Ausgleich des negativen Kapitalkontos mit künftigen Gewinnanteilen des Kommanditisten nicht mehr in Betracht kommt.[11] Sofern bei Eröffnung des Insolvenzverfahrens feststeht, dass die Gesellschaft nach den Gesamtumständen nicht in der Lage sein wird, die erzielten Verluste in Zukunft durch Gewinne abdecken zu können, werden die **Verluste** unabhängig von dem Gewinnverteilungsschlüssel in **vollem Umfang** dem **unbeschränkt haftenden Gesellschafter zugerechnet**.[12] Die bestehenden negativen Kapitalkonten der Kommanditisten werden zum gleichen Zeitpunkt erfolgswirksam aufgelöst.[13] Bei der Auflösung des negativen Kapitalkontos ensteht ein laufender, nicht begünstigter Gewinn. Den Gewerbeertrag berührt dies in der Summe allerdings nicht, da insoweit dem persönlich haftenden Gesellschafter gem. § 52 Abs. 33 Satz 4 EStG Verlustanteile in gleicher Höhe zuzurechnen sind. Es kann jedoch u.E. nicht schlechthin davon ausgegangen werden, dass mit der Eröffnung des Insolvenzverfahrens feststeht, dass die Gesellschaft zukünftig keine ausreichenden Gewinne erzielen wird. So führt insbesondere ein Zwangsvergleich nach dem Wegfall der Steuerfreiheit für Sanierungsgewinne gemäß § 3 Nr. 62 EStG sowie die Verwertung von Vermögensgegenständen, die stille Reserven enthalten, zu steuerpflichtigem Einkommen. **13**

Gleichwohl muss auch bei operativ tätigen Unternehmen geprüft werden, ob es hinsichtlich der Verlustverteilung bei dem Gewinnverteilungsschlüssel bleibt oder ob nicht nach den o.g. Grundsätzen eine vollständige Zurechnung der Verluste bei dem unbeschränkt haftenden Gesellschafter **14**

---

[11] OFD Frankfurt v. 16. 7. 2003 EStK § 15 EStG Fach 2 Karte 2.

[12] BFH v. 10. 11. 1980 BStBl. II 1981, 164; *L. Schmidt/Wacker* § 15a EStG Rn 53.

[13] *L. Schmidt/Wacker* § 15a EStG Rn 1.

erfolgt. Dies kommt immer dann in Betracht, wenn sich die Gesellschaft in einer **lang andauernden Verlustphase** befindet.

15 Sofern der Insolvenzverwalter das Unternehmen zeitlich beschränkt fortführt, werden aus dem operativen Geschäftsbetrieb nicht selten Liquiditätsüberschüsse erwirtschaftet, da die bestehenden Forderungen eingezogen und Verbindlichkeiten bis zum Zeitpunkt der Abwicklung des Insolvenzverfahrens vorläufig nicht beglichen werden. Damit verfügt das Unternehmen regelmäßig über eine **gute Liquiditätssituation**, die Zinsbelastung wird erheblich reduziert. Außerdem werden durch den Insolvenzverwalter Verwertungshandlungen vorgenommen, die zu Erträgen führen.

16 Ist im Vorfeld der Insolvenzeröffnung eine **Zurechnung der anteiligen Verluste** abweichend von dem gesellschaftsrechtlichen Gewinnverteilungsschlüssel ausschließlich auf den **unbeschränkt haftenden Gesellschafter** erfolgt, müssten unseres Erachtens steuerliche Erträge nach der Eröffnung des Insolvenzverfahrens wiederum abweichend von dem Gewinnverteilungsschlüssel zunächst dem unbeschränkt haftenden Gesellschafter zugerechnet werden, da diese die Substanz der Gesellschaft erhöhen und mithin das Volumen der Haftungsinanspruchnahme des unbeschränkt haftenden Gesellschafters reduzieren.

17 Mündet das Insolvenzverfahren in einen **Zwangsvergleich**, verzichten die Gläubiger auf einen Teil ihrer Forderungen gegenüber der Gesellschaft. Dies führt bilanziell und steuerlich zu einem außerordentlichen Ertrag. Sofern die Gesellschaft nach Abschluss des Zwangsvergleichs in der Lage ist, ihren Geschäftsbetrieb wieder aufzunehmen und fortzuführen, konnte der außerordentliche Ertrag aus der Abwicklung des Zwangsvergleichs bis zum Jahr 1997 als steuerfreier Sanierungsgewinn gemäß § 3 Nr. 62 EStG behandelt werden. Die Steuerfreiheit des Sanierungsgewinns ist jedoch mit Wirkung zum 1. Januar 1998 abgeschafft worden. Der Gewinn aus der Durchführung des Zwangsvergleichs führt demgemäß zu einem **voll steuerpflichtigen Ertrag**. Dieser steuerpflichtige Ertrag ist zunächst mit den vorhandenen verrechenbaren Verlusten i.S. des § 15a EStG auszugleichen. Soweit die vorhandenen Verluste nicht ausreichen, die im Rahmen eines Forderungsverzichts entstehenden Gewinne abzudecken und es folglich zu einer Einkommensteuerbelastung bei den Gesellschaftern kommen würde, werden die negativen Folgen der Besteuerung von Sanierungsgewinnen nach dem BMF-Schreiben vom 27. 3. 2003[14] durch Billigkeitsmaßnahmen, d. h. Steuerstundungen und Steuererlass nach §§ 163, 222, 227 AO abgemildert.[15]

18 Mit der Eröffnung des Insolvenzverfahrens übernimmt der Insolvenzverwalter insolvenzrechtlich die Verwaltung und Verfügung über das Gesamthandsvermögen. Der Insolvenzverwalter hat damit grundsätzlich die Verpflichtung zur **Abgabe von Steuererklärungen**.[16] Dies gilt jedoch nicht für die einheitliche und gesonderte Gewinnfeststellung der Personengesellschaft. Diese gehört zu der sog. insolvenzfreien Angelegen-

---

[14] BMF v. 27. 3. 2003 DStR 2003, 690.

[15] Vgl. dazu ausführlich *Düll/Fuhrmann/Eberhard*, DStR 2003, 862 ff.

[16] *Weisemann/Smid/Arens/Schäfer*, Unternehmensinsolvenz § 19 Rn 30 ff.

heit.[17] Der Insolvenzverwalter muss damit weder die Erklärung zur einheitlichen und gesonderten Gewinnfeststellung abgeben noch muss er bei ihrer Erstellung mitwirken.[18] Nach Eröffnung des Insolvenzverfahrens darf das Finanzamt bis zum Prüfungstermin auch keine Feststellungsbescheide mehr erlassen, in denen Besteuerungsgrundlagen mit Auswirkung für das Vermögen des Gemeinschuldners festgestellt werden.[19]

2. Konsequenzen für das Sonderbetriebsvermögen

Die Eröffnung des Insolvenzverfahrens über das Gesamthandsvermögen 19
bedingt nicht gleichzeitig auch den Einbezug des steuerlichen Sonderbetriebsvermögens in das Insolvenzverfahren. Obwohl mit der Eröffnung des Insolvenzverfahrens die Einwirkungsmöglichkeiten der Gesellschafter beschränkt werden, bleibt die Personengesellschaft steuerlich existent.[20] Der Abschluss des Insolvenzverfahrens in Verbindung mit der Verwertung des Gesellschaftsvermögens bleibt jedoch nicht ohne Einfluss auf die Qualifikation des Sonderbetriebsvermögens. Sobald die Tätigkeit der KG insgesamt eingestellt wird, verliert das Sonderbetriebsvermögen den Status als Betriebsvermögen, so dass sich insoweit eine **Entnahme** und damit einhergehend eine **Auflösung der stillen Reserven** ergibt.

Auch während der Dauer des Insolvenzverfahrens werden **Sondervergütungen** an Gesellschafter grundsätzlich dem steuerlichen Gewinn der 20
Gesellschaft hinzugerechnet, so dass sich möglicherweise ein Einfluss auf die Höhe der Gewerbesteuer vom Ertrag der Gesellschaft ergibt. Dieser Hinweis dürfte allerdings eher von theoretischer Natur sein, da nach der Eröffnung des Insolvenzverfahrens Vergütungen an die Gesellschafter der KG im Regelfall nicht mehr gewährt werden. Es ist jedoch denkbar, dass die Gesellschafter Sonderbetriebsausgaben aufgrund von Zinsaufwendungen aus der Finanzierung des Kommanditanteils haben, die auch nach Eröffnung des Insolvenzverfahrens den steuerpflichtigen Gewinn und damit den Gewerbeertrag der KG mindern.

3. Einkommensteuerschulden des Gesellschafters

Im Zuge des Insolvenzverfahrens über das Vermögen eines Einzelkauf- 21
manns können sich aus der Fortführung des Unternehmens bzw. durch Verwertungshandlungen des Insolvenzverwalters steuerpflichtige Erträge ergeben, die über die bestehenden einkommensteuerlichen Verlustvorträge hinausgehen, mithin also für den Einzelunternehmer zu steuerpflichtigem Einkommen führen. Sofern sich aus der Auflösung von stillen Reserven nach der Eröffnung des Insolvenzverfahrens eine Einkommensteuerbelastung ergibt, führt dies nach Auffassung des BFH zu **Massekosten**.[21] Die

---

[17] BFH v. 23. 8. 1994 ZIP 1994, 1969; BGH NJW-RR 1998, 1125.

[18] *Weisemann/Smid/Arens/Schäfer*, Unternehmensinsolvenz § 19 Rn 72.

[19] BFH v. 24. 8. 2004 BFH/NV 2005, 90; BFH v. 18. 12. 2002 BStBl. II 2003, 630.

[20] *Frotscher*, Steuern, 139.

[21] BFH v. 14. 2. 1978 BStBl. II 1978, 356.

Einkommensteuer wird insoweit als Masseverbindlichkeit angesehen, als der Verwertungserlös der Insolvenzmasse zugeflossen ist.

22 Im Zusammenhang mit der **Insolvenz einer GmbH & Co. KG** muss danach unterschieden werden, ob lediglich über das Vermögen der KG bzw. der Komplementärin oder ob auch über das Vermögen der Gesellschafter ein Insolvenzverfahren eröffnet ist. Der letztere Fall kann insbesondere vorkommen, wenn keine strikte vermögensmäßige Trennung zwischen dem Gesellschaftsvermögen bzw. dem Gesellschaftervermögen vorgenommen wird. Der Vermögensverfall der KG führt dann zwangsläufig auch zu wirtschaftlichen Schwierigkeiten der Gesellschafter.

23 Wird über das Vermögen des Gesellschafters einerseits sowie über das Gesamthandsvermögen der KG andererseits das Insolvenzverfahren eröffnet, können die zu Einzelunternehmen entwickelten Grundsätze **nicht** uneingeschränkt zur Anwendung kommen. Mögliche Einkommensteuerbelastungen des Gesellschafters, die aus Handlungen des Insolvenzverwalters der Personengesellschaft resultieren, führen nicht zwangsweise auch zu einem Auszahlungsanspruch gegenüber der Personengesellschaft. Dieser Auszahlungsanspruch ist zumindest so lange gesperrt, wie das Insolvenzverfahren über das Vermögen der KG noch nicht endgültig abgeschlossen ist. Im Übrigen kann wegen der Insolvenzsituation der Gesellschaft mit einem solchen Auszahlungsanspruch nicht gerechnet werden, da zunächst in der Gesamthandsbilanz Verluste aus der Vergangenheit ausgeglichen werden müssen.

24 Sofern lediglich über das Vermögen der KG das Insolvenzverfahren eröffnet worden ist, stellt sich auch die Frage, ob mögliche Einkommensteuerbelastungen des Gesellschafters aus Handlungen des Insolvenzverwalters der Personengesellschaft **zu Ersatzansprüchen des Gesellschafters** gegenüber der Personengesellschaft führen, da die anteiligen steuerlichen Gewinne regelmäßig nicht zugleich zu einem Auszahlungsanspruch des Gesellschafters führen, sondern der Masse verbleiben. Wie bereits beschrieben, wird wegen der beschränkten Steuerrechtssubjektfähigkeit der Personengesellschaft das steuerliche Ergebnis auf der Ebene des Gesellschafters besteuert. Insolvenzrechtlich sind dagegen mit der Eröffnung des Insolvenzverfahrens die Sphäre des Gesellschafters und die Sphäre der Gesellschaft strikt voneinander getrennt. Da sich die steuerliche Leistungsfähigkeit des Gesellschafters durch die anteiligen Ergebnisse mangels Auskehrung an den Gesellschafter nicht erhöht, müsste u.E. ein entsprechender Anspruch des Gesellschafters gegenüber der Gesellschaft bestehen.[22] Sofern ein solcher Anspruch verneint wird, kommen zumindest Billigkeitsmaßnahmen der Finanzverwaltung zum Erlaß der festgesetzten Einkommensteuerzahlung in Betracht.[23]

---

[22] Ebenso *Frotscher,* Steuern, 146; BFH v. 9.11.1994 ZIP 1995, 661; BFH v. 11.11.1993 ZIP 1994, 1286.

[23] *Frotscher,* Steuern, 146.

4. Kapitalertragsteuer und Zinsabschlagsteuer in der Insolvenz der Personengesellschaft

Nach Eröffnung des Insolvenzverfahrens ergibt sich oftmals ein **Liquiditätsüberhang** der Insolvenzmasse, da vom Insolvenzverwalter Forderungen eingezogen, Verbindlichkeiten dagegen zunächst nicht beglichen werden. Diese liquiden Mittel werden üblicherweise als kurzfristiges Festgeld angelegt. Auf diese Zinserträge ist gemäß §§ 43, 43a EStG von dem Kreditinstitut **Zinsabschlagsteuer** in Höhe von 30 % sowie zusätzlich **Solidaritätszuschlag** einzubehalten, so dass der Insolvenzmasse lediglich der verminderte Auszahlungsbetrag zur Verfügung steht. 25

Im Rahmen des Insolvenzverfahrens einer Kapitalgesellschaft kann die einbehaltene Zinsabschlagsteuer auf die laufende Körperschaftsteuerschuld der Gesellschaft angerechnet werden bzw. sie führt zu einem Erstattungsanspruch gegenüber der Finanzverwaltung, wenn wegen bestehender körperschaftsteuerlicher Verlustvorträge keine Körperschaftsteuerschuld entsteht. Bei dem Insolvenzverfahren einer GmbH & Co. KG besteht allerdings die Besonderheit, dass die Gesellschaft lediglich eine eingeschränkte Steuerrechtssubjektfähigkeit besitzt und somit nicht selbst zur Besteuerung mit Einkommensteuer bzw. Körperschaftsteuer herangezogen wird. Die Zinsabschlagsteuer bzw. der Solidaritätszuschlag wird also zu Lasten der Insolvenzmasse der KG einbehalten. Die **Anrechnung der Zinsabschlagsteuer** erfolgt jedoch **außerhalb** der Insolvenzmasse bei dem Gesellschafter.[24] 26

Der BFH hat es abgelehnt, dass im Falle des Insolvenzverfahrens über das Vermögen einer KG eine **Nichtveranlagungsbescheinigung** im Sinne des § 44 a Abs. 2 Nr. 2 EStG erteilt wird, da nicht die Gesellschaft hinsichtlich der Kapitalerträge einkommensteuerpflichtig sei, sondern die Gesellschafter. Auch eine Ausnahme von der Zinsabschlagsteuer als sog. Dauerüberzahler nach § 44 a Abs. 5 EStG wurde nicht akzeptiert.[25] Der Insolvenzverwalter ist also gezwungen, die einbehaltene Kapitalertragsteuer bzw. den Solidaritätszuschlag gesondert geltend zu machen. Ein unmittelbarer **Erstattungsanspruch** des Insolvenzverwalters gegenüber der **Finanzverwaltung**[26] wird durch die Rechtsprechung abgelehnt. Ein direkter Erstattungsanspruch gegenüber der Finanzverwaltung sei nicht gerechtfertigt, da die Einbehaltung der Abzugsbeträge nicht gegen insolvenzrechtliche Vorschriften verstoßen würde und deren Einbehaltung auch nicht ohne rechtlichen Grund erfolgt sei.[27] 27

Der Insolvenzverwalter kann die einbehaltenen Steuerabzugsbeträge somit nur gegenüber den Gesellschaftern geltend machen.[28] Sofern für den Gesellschafter keine verrechenbaren Verluste i.S. des § 15a EStG bzw. einkommensteuerlichen Verlustvorträge i.S. des § 10d EStG vorhanden sind, 28

---

[24] *Maus*, ZIP 1993, 743; *Welzel*, DStZ 1993, 1997.
[25] BFH v. 9. 11. 1994 BStBl. II 1995, 255.
[26] *Schöne/Ley*, DB 1993, 1405.
[27] BFH v. 15. 3. 1995 HFR 1995, 507.
[28] *Gail/Düll/Schubert*, GmbHR 1995, 783.

kann die Zurechnung von Gewinnen aus der KG aufgrund der Zinserträge zu einem positiven zu versteuernden Einkommen führen, so dass in Abhängigkeit von der Höhe des zu versteuernden Einkommens eine Einkommensteuerschuld entsteht, auf die u.E. die Zinsabschlagsteuer anzurechnen ist. Entsteht auch nach Anrechnung der Zinsabschlagsteuer eine Einkommensteuerschuld bei dem Gesellschafter, hat dieser u.E. einen Erstattungsanspruch gegenüber der KG. Kommt es zu einer Erstattung seitens des Finanzamts an den Gesellschafter, hat der Insolvenzverwalter u. E. einen Anspruch auf Herausgabe der Erstattung an die Masse.[29] Unterlässt der Gesellschafter die Anrechnung der Kapitalertragsteuer in der Einkommensteuererklärung, erwächst der Gesellschaft gegen ihn ein Schadensersatzanspruch.[30] Werden wegen der Verlustsituation die Verluste der KG und damit auch die Ergebnisse der Komplementärin zugerechnet, muss der Erstattungsanspruch gegen die Komplementärin geltend gemacht werden.

5. Gewerbesteuerliche Verlustvorträge

29 Auch für gewerbesteuerliche Zwecke ist von Bedeutung, dass die KG mit der Eröffnung des Insolvenzverfahrens nicht ihre steuerliche Existenz verliert, sondern unverändert fortbesteht. Die Verluste, die letztlich zu der Überschuldung der Gesellschaft geführt haben, haben die Bemessungsgrundlage für die Gewerbesteuer vom Ertrag gemindert. Im Regelfall bestehen zum Zeitpunkt der Eröffnung des Insolvenzverfahrens auch entsprechende gewerbesteuerliche Verlustvorträge. Diese entsprechen jedoch nicht dem Umfang der bilanziellen Überschuldung, da die gewerbesteuerlichen Hinzurechnungen und Kürzungen gemäß §§ 8, 9 GewStG bei der Ermittlung des Gewerbeertrages zum Teil zu erheblichen Modifikationen gegenüber dem handelsrechtlichen Jahresergebnis führen. Insbesondere wegen der Hinzurechnung der Dauerschuldzinsen ist der kumulierte Gewerbeverlust oftmals geringer als die kumulierten Verluste laut Handelsbilanz.

30 Mit der Eröffnung des Insolvenzverfahrens gehen die bestehenden **gewerbesteuerlichen Verlustvorträge** der Gesellschaft nicht unter, sondern **bleiben erhalten**. Mögliche operative Erträge nach Eröffnung des Insolvenzverfahrens können zunächst mit den bestehenden gewerbesteuerlichen Verlustvorträgen verrechnet werden, darüber hinaus können sie jedoch auch nach Eröffnung des Insolvenzverfahrens zu einer Belastung mit Gewerbesteuer vom Ertrag führen, auch wenn die handelsrechtlichen Verlustvorträge noch nicht aufgezehrt sind. Selbst wenn ausreichend hohe gewerbesteuerliche Verlustvorträge vorhanden sind, kann es aufgrund der zum 1. 1. 2004 eingeführten Mindestbesteuerung, wonach der maßgebende Gewerbeertrag nur noch bis zu einem Betrag in Höhe von 1 Million Euro unbegrenzt und darüber hinaus nur zu 60 % mit vorhandenen gewerbesteuerlichen Verlustvorträgen verrechnet werden kann, zu einer Gewerbesteuerbelastung kommen. Bei der entstehenden Gewerbesteuerbelastung handelt es sich um Masseverbindlichkeiten. Aufgrund der teilweisen An-

[29] BGH v. 30. 1. 1995 DStR 1995, 574.
[30] OLG Dresden v. 29. 11. 2004 DStR 2005, 615; *Wälzholz*, DStR 2005, 615.

rechnung der Gewerbesteuer auf die Einkommensteuer des Gesellschafters könnte sich u. E. – analog zur Kapitalertragsteuer – ein Erstattungsanspruch an die Masse ergeben.

Sanierungsbemühungen im Zusammenhang mit der Fortführung des Unternehmens verfolgen zum Teil das Ziel, einen Investor zu finden, der in die Gesellschaft investiert. Sofern dies auch gleichzeitig mit dem Übergang von Gesellschaftsanteilen verbunden ist, führt dies anteilig zum **Verlust** der bestehenden gewerbesteuerlichen Verlustvorträge.[31] Dies muss bei der Gestaltung des **Sanierungskonzeptes** mit berücksichtigt werden. 31

IV. Umsatzsteuerabrechnung in der Insolvenz

Die Umsatzsteuerabrechnung stellt regelmäßig die **materiell bedeutsamste Steuerposition** im Rahmen der Insolvenzabwicklung dar. Die GmbH & Co. KG bleibt als Insolvenzschuldnerin Unternehmer i. S. des Umsatzsteuerrechts. Der Insolvenzverwalter hat die Stellung eines Vermögensverwalters gem. § 34 Abs. 3 AO. Dies bedeutet, dass er für die Abgabe der Umsatzsteuervoranmeldungen und -erklärungen sowie ggf. für die Leistung der Umsatzsteuerzahllast verantwortlich ist. 32

Es gilt zwar der Grundsatz der Einheit des Unternehmens, d. h. aus umsatzsteuerlicher Sicht handelt es sich bei dem Unternehmen vor und nach Eröffnung des Insolvenzverfahrens um denselben Steuerpflichtigen. Bedingt durch die Struktur der Insolvenzordnung ist jedoch danach zu unterscheiden, ob die Umsatzsteueransprüche des Finanzamts vor oder nach der Insolvenzeröffnung begründet sind. Dabei stellt die Insolvenzordnung ausschließlich auf den Zeitpunkt der **Begründetheit** eines Anspruchs ab. Auf die steuerrechtliche Entstehung der Forderung kommt es im Insolvenzverfahren nicht an.[32] Daraus folgt, dass eine Abgabenforderung immer dann als **Insolvenzforderung** i. S. des § 38 InsO anzusehen ist, wenn ihr Rechtsgrund zum Zeitpunkt der Verfahrenseröffnung bereits gelegt war. Sofern die Umsatzsteuerschuld **nach** dem Zeitpunkt der Insolvenzeröffnung – durch Maßnahmen des Insolvenzverwalters – begründet ist, handelt es sich um eine **Masseschuld**.[33] Die Umsatzsteuerschuld entsteht gem. § 13 Abs. 1 Nr. 1 a UStG erst mit Ablauf des Voranmeldungszeitraums, in dem die Leistungen ausgeführt worden sind. Dagegen ist sie bereits begründet, soweit die Leistung erbracht ist. Ist die Steuerforderung im Zeitpunkt der Eröffnung des Insolvenzverfahrens noch nicht gem. § 38 AO entstanden, z. B. bei einer Eröffnung im Laufe eines Umsatzsteuervoranmeldungszeitraums, ist nur die im Eröffnungszeitpunkt bereits begründete Teilsteuerforderung anzumelden. Der nach Eröffnung begründete Teil ist Masseanspruch.[34] 33

Zur Unterscheidung von Insolvenzforderungen und Masseforderungen erteilt das Finanzamt eine weitere Steuernummer, die sog. „Insolvenz-Steu- 34

---

[31] BFH v. 3. 5. 1993 BStBl. II 1993, 616; Abschnitt 68 GewStR.

[32] BFH v. 16. 11. 2004 Lexinform 819790; BFH v. 5. 10. 2004 DStR 2005, 190.

[33] BMF v. 17. 12. 1998 BStBl. I 1998, 1500 Rn 4. 2.

[34] BMF v. 17. 12. 1998 BStBl. I 1998, 1500 Rn 4.2.

ernummer". Insolvenzforderungen werden unter der alten Steuernummer erfasst, für Masseforderungen wird die neue „Insolvenz-Steuernummer" verwendet.[35]

35 Aufgrund der weiter bestehenden Unternehmereigenschaft behält der Insolvenzschuldner die Berechtigung zum Vorsteuerabzug. Voraussetzung für den Vorsteuerabzug ist eine Rechnung auf den Namen des Insolvenzschuldners. Die abziehbaren Vorsteuerbeträge können entweder die Insolvenzforderungen oder die Masseforderungen mindern. Dabei kommt es darauf an, in welchem Voranmeldungszeitraum die Vorsteuerbeträge geltend zu machen sind.

36 Für den Voranmeldungszeitraum der Eröffnung des Insolvenzverfahrens richtet sich die Zuordnung der Vorsteuern zu den Insolvenzforderungen oder den Masseforderungen nach dem Zeitpunkt des Leistungsbezugs. Sofern die Rechnung mit dem Umsatzsteuerausweis noch im Voranmeldungszeitraum der Insolvenzeröffnung eingeht, kommt es nicht darauf an, ob die Rechnung vor oder nach Insolvenzeröffnung eingeht.[36]

37 Geht die Rechnung hingegen erst in einem Voranmeldungszeitraum nach Insolvenzeröffnung ein, kann der Vorsteuerabzug u.E. auch erst in diesem Voranmeldungszeitraum vorgenommen werden, so dass sich durch den Vorsteuerabzug im Ergebnis die Umsatzsteuerzahllast nach Insolvenzeröffnung und damit eine Masseverbindlichkeit vermindert. Soweit sich aufgrund des Vorsteuerabzugs in dem betreffenden Voranmeldungszeitraum eine Umsatzsteuererstattung ergibt, kann das Finanzamt in Höhe der auf den Leistungsbezug vor Insolvenzeröffnung entfallenden Vorsteuer mit Insolvenzforderungen aufrechnen.[37] Allerdings ist eine Aufrechnung nur insoweit möglich, als sich ein Erstattungsbetrag als Saldo aus Umsatzsteuer und Vorsteuer ergibt. Eine Aufrechnung mit einer einzelnen Besteuerungsgrundlage, also nur mit den geltend gemachten Vorsteuern, ist hingegen nicht möglich. Somit besteht ein gewisser Gestaltungsspielraum für den Insolvenzverwalter, umsatzsteuerpflichtige Umsätze, z. B. aus der Verwertung des Anlagevermögens, bei denen die entstehende Umsatzsteuer zu Masseforderungen des Finanzamts führen würde, in einem Voranmeldungszeitraum zu verwirklichen, in dem ein Vorsteuerabzug aus einem Leistungsbezug vor Insolvenzeröffnung geltend zu machen ist.[38]

38 Spätestens mit der Eröffnung des Insolvenzverfahrens werden Forderungen der Gläubiger uneinbringlich. Der in der Vergangenheit geltend gemachte Vorsteuerabzug ist gem. § 17 Abs. 2 Nr. 1 UStG – unabhängig von einer möglichen Insolvenzquote – in voller Höhe zu berichtigen. Dieser Vorsteuerrückzahlungsanspruch entsteht zwar erst mit Ablauf des Voranmeldungszeitraums der Eröffnung des Insolvenzverfahrens, er ist aber im Eröffnungszeitpunkt bereits begründet. Bei dem Vorsteuerrückzahlungsanspruch des Finanzamts handelt es sich somit um eine Insolvenz-

---

[35] OFD Hannover v. 7. 2. 2001 UR 2001, 364 Rn 7.1; OFD Frankfurt v. 1. 10. 1998 UStK § 18 UStG S-7340 Karte 4 Rn 82 ff.

[36] *Rondorf*, NWB F. 7, 5406.

[37] BFH v. 16. 11. 2004 Lexinform 819790; BFH v. 5. 10. 2005 DStR 2005, 190.

[38] *Eckert*, UVR 1999, 309 f.

forderung.[39] Das Finanzamt meldet i.d.R. die in den letzten 9–12 Monaten vor Insolvenzeröffnung geltend gemachten Vorsteuerbeträge zur Berichtigung an und korrigiert den Betrag anhand der Anmeldungen der Forderungen der Insolvenzgläubiger aus Lieferungen und sonstigen Leistungen.[40]

Bei unter Eigentumsvorbehalt an den Insolvenzschuldner gelieferten Waren konnte dieser den Vorsteuerabzug trotz des Eigentumsvorbehalts im Zeitpunkt der Lieferung geltend machen. Sofern der Insolvenzverwalter die Vertragserfüllung ablehnt, wird der Vorbehaltsverkäufer die Ware aussondern. Die ursprüngliche Lieferung wird rückgängig gemacht. Soweit der Vorsteuerabzug nicht bereits wegen der Uneinbringlichkeit berichtigt worden ist, ist gem. § 17 Abs. 2 Nr. 3 UStG eine Vorsteuerberichtigung zugunsten des Finanzamts durchzuführen. Bei Vertragserfüllung durch den Insolvenzverwalter erfolgt nach Auffassung der Finanzverwaltung eine Wiederherstellung des ursprünglichen Vorsteuerabzugs und damit eine unmittelbare Minderung der Insolvenzforderung.[41] U.E. entsteht der Erstattungsanspruch im Zeitpunkt der Wahl der Vertragserfüllung durch den Insolvenzverwalter, da durch die Handlung des Insolvenzverwalters der Vorsteuerabzug begründet wird. Folglich kann u. E. nur der nach einer Saldierung mit in dem betreffenden Voranmeldungszeitraum entstandener Umsatzsteuer verbleibende Betrag mit einer Insolvenzforderung des Finanzamts aufgerechnet werden. **39**

Der Insolvenzverwalter könnte auch die Vertragserfüllung ablehnen mit der Folge, dass die ursprüngliche Lieferung rückgängig gemacht würde, und einen neuen Liefervertrag abschließen, so dass der Vorsteuerabzug aus der nach Insolvenzeröffnung erfolgten Lieferung zu einem – nicht mit Insolvenzforderungen des Finanzamts aufrechenbaren – Anspruch der Masse gegenüber dem Finanzamt führen würde. Diese Vorgehensweise stellt jedoch nach Auffassung der Finanzverwaltung einen Gestaltungsmissbrauch dar.[42] **40**

Sofern der Insolvenzverwalter ein Grundstück veräußert, ist zunächst zu prüfen, ob es sich hierbei um eine nichtsteuerbare Teilgeschäftsveräußerung i.S. des § 1 Abs. 1a UStG handelt. Ist dies nicht der Fall, liegt grundsätzlich eine steuerfreie Grundstückslieferung i.S. des § 4 Nr. 9a UStG vor. Soweit das Grundstück bislang zur Ausführung umsatzsteuerpflichtiger Umsätze verwendet wurde, kann es zu einer Vorsteuerberichtigung nach § 15a UStG kommen. Hiernach ist eine zeitanteilige Berichtigung des Abzugs der auf die Anschaffungs- oder Herstellungskosten – seit 1. 1. 2005 auch auf Erhaltungsaufwendungen – der letzten 10 Jahre entfallenden Vorsteuerbeträge vorzunehmen. Sind beispielsweise drei Jahre vor der steuerfreien Veräußerung des Grundstücks Vorsteuern auf Anschaffungs- bzw. **41**

---

[39] BMF v. 17. 12. 1998 BStBl. I 1998, 1500 Rn 4.2.

[40] OFD Hannover v. 7. 2. 2001 UR 2001, 354 Rn 9.2.1; OFD Frankfurt v. 1. 10. 1998 UStK § 18 UStG S-7340 Karte 4 Rn 30 ff.

[41] OFD Frankfurt v. 1. 10. 1998 UStK § 18 UStG S-7340 Karte 4 Rn 50.

[42] OFD Frankfurt v. 1. 10. 1998 UStK § 18 UStG S-7340 Karte 4 Rn 51; BFH v. 15. 3. 1994 BFH/NV 1995, 74.

Herstellungskosten oder Erhaltungsaufwendungen geltend gemacht worden, sind $^{7}/_{10}$ des geltend gemachten Vorsteuerbetrags zu berichtigen.

42 Eine Vorsteuerberichtigung zu Lasten des Insolvenzschuldners kann bei Grundstücksveräußerungen an einen Unternehmer für dessen Unternehmen vermieden werden, wenn der Insolvenzverwalter gem. § 9 Abs. 1 UStG zur Umsatzsteuer optiert.[43] Der Verzicht auf die Steuerbefreiung kann seit dem 1. 1. 2004 gem. § 9 Abs. 3 UStG nur in dem notariell zu beurkundenden Vertrag erklärt werden. Die Umsatzsteuer auf die Grundstückslieferung wird im Falle der Umsatzsteueroption seit dem 1. 4. 2004 gem. § 13b Abs. 1 Nr. 3 UStG vom Grundstückserwerber geschuldet. Bei freihändigen Verkäufen eines Grundstücks vor dem 1. 4. 2004 stellte die Umsatzsteuer eine Masseverbindlichkeit dar. Der Insolvenzverwalter musste dafür sorgen, dass die Umsatzsteuer der Insolvenzmasse zufloss und nicht an den absonderungsberechtigten Grundpfandgläubiger ausgekehrt wurde. Ansonsten konnte eine Haftung des Insolvenzverwalters gegenüber dem Finanzamt nach §§ 69, 34 Abs. 3 AO entstehen.[44]

43 Die Grundsätze zur Vorsteuerberichtigung nach § 15a UStG sowie zur Umsatzsteueroption gelten auch bei der Verwertung eines Grundstücks durch einen absonderungsberechtigten Gläubiger im Wege der Zwangsversteigerung. Eine Option zur Umsatzsteuer ist in diesem Fall gem. § 9 Abs. 3 UStG seit 2002 nur bis zur Aufforderung zur Abgabe von Geboten im Versteigerungstermin zulässig. Die Umsatzsteuer wurde bei Lieferungen von Grundstücken im Zwangsversteigerungsverfahren bereits vor dem 1. 4. 2004 vom Grundstückserwerber geschuldet.

44 Bei sicherungsübereigneten Gegenständen erlangt der Sicherungsnehmer trotz der Übertragung des Eigentums umsatzsteuerlich keine Verfügungsmacht, so dass durch die Sicherungsübereignung selbst keine Lieferung im umsatzsteuerlichen Sinne ausgeführt wird. Der Sicherungsnehmer erlangt erst in dem Zeitpunkt die Verfügungsmacht, in dem er von seinem Verwertungsrecht Gebrauch macht. Bei der Verwertung des Sicherungsguts durch den Sicherungsnehmer kommt es umsatzsteuerlich zu zwei Lieferungen (sog. Doppelumsatz). Die erste Lieferung wird vom Sicherungsgeber an den Sicherungsnehmer, die zweite Lieferung vom Sicherungsnehmer an den Abnehmer ausgeführt. Bei der Verwertung von Sicherungsgut durch den Insolvenzverwalter wird umsatzsteuerlich lediglich eine Lieferung des Insolvenzschuldners an den Abnehmer ausgeführt. Die hierfür anfallende Umsatzsteuer gehört zu den Masseverbindlichkeiten.[45]

45 Oftmals werden während des Insolvenzverfahrens auch Forderungen des Insolvenzschuldners gegenüber Kunden (teilweise) uneinbringlich. Im Zeitpunkt der Uneinbringlichkeit bzw. der Entgeltsminderung ist die ursprünglich angemeldete Umsatzsteuer zu korrigieren, so dass sich ein Erstattungsanspruch gegenüber dem Finanzamt ergibt. Sofern der Zeitpunkt der Uneinbringlichkeit vor der Insolvenzeröffnung liegt, mindert der Erstattungsanspruch die Insolvenzforderungen des Finanzamts. Liegt der

---

[43] *Rondorf*, NWB F. 7, 5410f.

[44] BFH v. 28. 11. 2002 DStR 2003, 414 zum Konkursrecht.

[45] *Rondorf*, NWB F. 7, 5413ff.

Zeitpunkt der Uneinbringlichkeit nach Insolvenzeröffnung, mindert der Erstattungsanspruch zunächst die Umsatzsteuerschuld des betreffenden Voranmeldungszeitraums und damit die Masseforderungen des Finanzamts. Für einen darüber hinaus bestehenden Erstattungsanspruch besteht eine Aufrechnungsmöglichkeit des Finanzamts mit Insolvenzforderungen.

Der Insolvenzverwalter hat somit einen gewissen Gestaltungsspielraum, **46** umsatzsteuerpflichtige Umsätze, z. B. aus der Verwertung von Vermögensgegenständen, in Voranmeldungszeiträumen auszuführen, in denen Umsatzsteuerberichtigungen vorgenommen werden müssen.[46] Umgekehrt können Umsatzsteuerberichtigungen nicht willkürlich in Voranmeldungszeiträumen vorgenommen werden, in denen sich eine Umsatzsteuerzahllast aus anderen Handlungen des Insolvenzverwalters ergibt. Die Finanzämter sind angewiesen, sorgfältig zu prüfen, ob die Berichtigungsbeträge zeitlich zutreffend angemeldet worden sind, oder ob sie nicht einem anderen Voranmeldungszeitraum zuzuordnen sind, für den eine Aufrechnungsmöglichkeit des Finanzamts besteht. Ggf. wird eine Umsatzsteuer-Sonderprüfung durchgeführt.[47]

---

[46] *Eckert,* UVR 2001, 277.
[47] OFD Hannover v. 7. 2. 2001 UR 2001, 354 Rn 11.4.

G. Sonderfragen

§ 50 Die GmbH & Co. KG als Konzernbaustein

Übersicht

Schrifttum: *Altmeppen*, Grenzenlose Vermutungen im Recht der GmbH, DB 1991, 2225; *ders.*, Zur Entwicklung eines neuen Gläubigerschutzkonzeptes in der GmbH, ZIP 2002, 1553; *Baumgartl*, Die konzernbeherrschte Personengesellschaft, 1986; *Binnewies*, Die Konzerneingangskontrolle in der abhängigen Gesellschaft, 1996; *Bitter*, Konzernrechtliche Durchgriffshaftung bei Personengesellschaften, 2000; *ders.*, Der Anfang vom Ende des „qualifiziert faktischen GmbH-Konzerns", WM 2001, 2133; *Burbach*, Das Recht der konzernabhängigen Personenhandelsgesellschaft, 1989; *Drygala*, Abschied vom qualifizierten faktischen Konzern – oder Konzernrecht für alle?, GmbHR 2003, 729; *Ebenroth*, Konzernbildungs- und Leitungskontrolle, 1987; *Emmerich*, Das Konzernrecht der Personengesellschaften, in: FS Stimpel, 1985, S. 743; *ders.*, Konzernbildungskontrolle, AG 1991, 303; *Gerkeler*, Der personengesellschaftsrechtliche Konzern im Lichte des aktienrechtlichen Konzernmodells, 1993; *Grunewald*, Haftung für fehlerhafte Geschäftsführung in der GmbH & Co. KG, BB 1981, 581; *Henze*, Gesichtspunkte des Kapitalerhaltungsgebots und seiner Ergänzung im Kapitalgesellschaftsrecht in der Rechtsprechung des BGH, NZG 2003, 649; *Hepting*, Die Personengesellschaft als Konzernobergesellschaft, FS Pleyer, 1986, S. 301; *Hommelhoff*, Konzernleitungspflicht – Zentrale Aspekte eines Konzernverfassungsrechts, 1982; *Huber*, Betriebsführungsverträge zwischen selbständigen Unternehmen, ZHR 152 (1988), 1; *Kleindiek*, Strukturvielfalt im Personengesellschafts-Konzern, 1991; *Knobbe-Keuk*, Zum Erdbeben Video, DB 1992, 1461; *Laule*, Der herrschende Kommanditist als unbeschränkt haftendes Unternehmen? FS Semler, 1993, S. 541; *Liebscher*, Konzernbildungskontrolle – Rechtsformspezifische und rechtsformunabhängige Aspekte der Problematik eines konzernrechtlichen Präventivschutzes im Rahmen des Konzernierungsprozesses, 1995; *ders.* in Münchener Kommentar zum GmbHG, Anh. § 13 (GmbH-Konzern), Rn 1090 ff.; *ders.*, Ungeschriebene Gesellschafterzuständigkeiten im Lichte von Holzmüller, Macrotron und Gelatine, NZG 2005, 1; *Löffler*, Der Kernbereich der Mitgliedschaft als Schranke für Mehrheitsbeschlüsse bei Personengesellschaften, NJW 1989, 2656; *ders.*, Die abhängige Personengesellschaft, 1988; *Lutter*, Die Haftung des herrschenden Unternehmens im GmbH-Konzern, ZIP 1985, 1425; *ders.*, Gefahren persönlicher Haftung für Gesellschafter und Geschäftsführer einer GmbH, DB 1994, 129; *ders./Timm*, Konzernrechtlicher Präventivschutz im GmbH-Recht, NJW 1982, 409; *ders./Leinekugel*, Kompetenzen von Hauptversammlung und Gesellschafterversammlung beim Verkauf von Unternehmensteilen, ZIP 1998, 225; *Mecke*, Konzernstruktur und Aktionärsentscheidung, 1992; *Raiser*, Beherrschungsvertrag im Recht der Personengesellschaften, ZGR 1980, 558; *Reuter*, Die Personengesellschaft als abhängiges Unternehmen, ZHR 146 (1982), 1; *ders.*, Ansätze eines Konzernrechts der Personengesellschaft in der höchstrichterlichen Rechtsprechung, AG 1986, 130; *Röhricht*, Die GmbH im Spannungsfeld zwischen wirtschaftlicher Dispositionsfreiheit ihrer Gesellschafter und Gläubigerschutz, FS 50 Jahre BGH, 2000, S. 83; *Schießl*, Die beherrschte Personengesellschaft 1985; *K. Schmidt*, Gesellschafterhaftung und „Konzernhaftung" bei der GmbH, NJW 2001, 3577; *Schneider*, Die Auskunfts- und Kontrollrechte der Gesellschafter in der verbundenen Personengesellschaft, BB 1975, 1353; *ders.*, Die Personengesellschaft als Konzernunternehmen, BB 1980, 1057; *ders.*, Zur Wahrnehmung von Mitgliedschaftsrechten an Tochtergesellschaften einer Personengesellschaft, FS Bärmann, 1975, S. 873; *ders.*, Die Personengesellschaft als verbundenes Unternehmen, ZGR 1975, 253; *ders.*, Die Auskunfts- und Kontrollrechte des Gesellschafters in der verbundenen Personengesellschaft, BB 1975, 1353; *ders.*, Die Personengesellschaft als herrschendes Unternehmen, ZHR 143 (1979), 485; *ders.*, Die Personengesellschaft als Konzernunternehmen, BB 1980, 1057; *ders.*, Konzernbildung, Konzernleitung und Verlustausgleich im Konzernrecht der Personengesellschaften, ZGR 180, 511; *Schulze-Osterloh*, Vermeidung der Konzernhaftung nach dem TBB-Urteil durch ordnungsgemäße Buchführung, ZIP 1993, 1840; *Stehle*, Gesellschafterschutz gegen fremdunternehmerischen Einfluß in der Personenhandelsgesellschaft, 1986; *Stimpel*, Rückblick auf das Gervais-Urteil, in: *Ulmer* (Hrsg.), Probleme des Konzernrechts, ZHR Beilage 62, 1989, S. 11; *ders.*, Zum Informationsrecht des Kommanditisten, insbesondere im Konzern, GesRZ 1994, 102; *Timm*, Minderheitenschutz und unternehmerische Entscheidungsfreiheit im Mutterunternehmen, ZHR 153 (1989), 60; *ders.*, Grundfragen des „qualifizierten" faktischen Konzerns im Aktienrecht, NJW 1987, 977; *Ulmer*, Grundstrukturen eines Personengesellschaftskonzernrechts, in: *ders.* (Hrsg.), Probleme des Konzernrechts, ZHR 1989, Beilage 62, S. 26; *ders.*, Von „TBB" zu „Bremer Vulkan" – Revolution oder Evolution?, ZIP 2001, 2021; Unternehmensrechtskommission, Bericht, 1980, Tz. 1708 ff., S. 858; *Wiedemann*, Die Unternehmensgruppe im Privatrecht, 1988; *ders.*, Reflexionen zur Durchgriffshaftung, ZGR 2003, 283; *Zöllner*, Inhalt und Wirkung von Beherrschungsverträgen bei der GmbH, ZGR 1992, 173.

Das Recht der Unternehmensverbindungen ist von außerordentlicher praktischer Relevanz. Obwohl keine repräsentativen statistischen Untersuchungen neueren Datums existieren, steht doch fest, dass ein **Großteil der bundesdeutschen Gesellschaften konzernverbunden** ist; dies gilt namentlich für die Kapitalgesellschaften,[1] jedoch sind Personengesellschaften ebenfalls häufig in eine Unternehmensgruppe eingebunden. **1**

Gegenstand des Konzernrechts ist es, den gesellschaftsrechtlichen Problemen und Gefahren, welche die Verbindung mehrerer selbständiger Unternehmen zu einer neuen wirtschaftlichen Einheit aufwirft, zu begegnen. Das Konzernrecht ist nach traditionellem Verständnis vor allem **Schutzrecht** zugunsten der Minderheitsgesellschafter und Gläubiger der **Untergesellschaft**.[2] In den vergangenen zwei Jahrzehnten wurde jedoch darüber hinaus erkannt, dass konzernrechtliche Probleme auch auf der Ebene der **Obergesellschaft** entstehen.[3] Besonderes Augenmerk wurde insoweit auf die heftig umstrittene Frage der **Konzernhaftung**, d. h. einer Haftung des herrschenden Unternehmens für Schulden des abhängigen Unternehmens, gerichtet (s. Rn 97 ff.). Die Diskussion der Konzernhaftung, insbesondere

---

[1] Schätzungen zufolge sind ca. 75 % aller AG und ca. 40–50 % aller GmbH konzernverbunden, vgl. *Emmerich/Sonnenschein/Habersack* § 1 II 1 m. w. N.

[2] *Hüffer* § 15 AktG Rn 3; KöKo/*Koppensteiner* Vorbem. § 291 AktG Rn 5 ff.; *Raiser* Kapitalgesellschaften § 50 Rn 13; GK/*Ulmer* HGB Anh. § 105 Anm. 1.

[3] Grundlegend *Lutter*, DB 1993, Beil. 21; *Hommelhoff*, Konzernleitungspflicht; zuletzt: *Mecke* Konzernstruktur.

des Phänomens des sog. qualifiziert-faktischen Konzerns war lange Zeit von tief greifenden, im Grundsätzlichen wurzelnden Kontroversen geprägt; erst in den letzten Jahren – nach den als TBB-[4] und Bremer-Vulkan-Entscheidung[5] bezeichneten Grundsatzurteilen des Bundesgerichtshofs, die den Wendepunkt der Rechtsprechung markierten bzw. deren Abkehr vom früheren konzernrechtlichen Ansatz hin zu einem allgemeinen Existenzschutz manifestierten – ist eine gewisse Beruhigung eingetreten.

I. Rechtstatsächliche Bedeutung der GmbH & Co. KG als Konzernunternehmen

2 Empirische Untersuchungen der Bedeutung speziell der GmbH & Co. KG in Unternehmensverbindungen fehlen ebenso, wie exakte statistische Erhebungen über die Konzerneinbindung von Personengesellschaften.[6] Jedoch dürfte die **überwiegende Zahl der konzernverbundenen Personengesellschaften** in der „Rechtsform" der GmbH & Co. KG organisiert sein. Gerade in Konzernverhältnissen ist eine Haftungsbeschränkung der hinter dem unternehmerischen Engagement stehenden natürlichen oder juristischen Personen von besonderem Interesse (auch wenn diese Haftungsbegrenzung konzernrechtlich unter Umständen überwunden werden kann) und die GmbH & Co. KG ist in Anbetracht ihrer flexiblen vom gesetzlichen Leitbild typischerweise abweichenden Unternehmensverfassung sowohl als herrschendes Unternehmen als auch als abhängiges Unternehmen besonders geeignet.

1. Herrschende Personengesellschaft

3 Personengesellschaften findet man primär auf der Seite der Obergesellschaft.[7] Eine KG kann angesichts § 124 HGB ohne weiteres Gesellschafterin einer anderen Gesellschaft sein, so dass die herrschende Personenhandelsgesellschaft eine vertraute Erscheinung der Konzernpraxis ist. Die Attraktivität dieser Rechtsform als Konzernobergesellschaft erklärt sich vor allem aus dem **Mitbestimmungs-**[8] **und Steuerrecht**.[9] Ein weiterer Grund ist in der weitgehenden gesellschaftsvertraglichen **Gestaltungsfreiheit** zu sehen, welche eine flexible Anpassung des Gesellschaftsstatuts an die Kon-

---

[4] BGHZ 122, 123, 127f. = NJW 1993, 1200 (TBB).

[5] BGHZ 149, 10, 16f. = NJW 2001, 3622 (Bremer Vulkan).

[6] Vgl. GK/*Ulmer* Anh. § 105 Rn 4; MüKoHGB/*Mülbert* KonzernR Rn 5.

[7] *Heymann/Emmerich* Anh. § 105 HGB Rn 1; *Emmerich/Sonnenschein/Habersack* § 35; *Liebscher*, Konzernbildungskontrolle, S. 37ff., 110ff.

[8] Personengesellschaften gehören nicht zu den gem. § 1 Abs. 1 Nr. 1 MitbestG mitbestimmungspflichtigen Unternehmen. Daher findet § 5 Abs. 1 MitbestG grundsätzlich keine Anwendung, wonach in einem Unterordnungskonzern die Arbeitnehmer unterer Konzernebenen dem herrschenden Unternehmen zuzurechnen sind. Zu beachten ist aber die Ausnahme gem. §§ 4 Abs. 1, 5 Abs. 2 MitbestG im Falle einer Kapitalgesellschaft & Co.

[9] *Heck*, Personengesellschaften, S. 15ff.; *Hönle*, BB 1983, 1975ff.

zernlage erlaubt.[10] Insbesondere GmbH & Co. KGs nehmen vielfach in weit verzweigten Konzernen die Stellung der Konzernobergesellschaft ein. Vor allem **Holdinggesellschaften** sind häufig so organisiert, sei es aus historischen Gründen, d.h. weil sich ein Unternehmen von einem einzelkaufmännischen Geschäft über eine Personengesellschaft (im Wege der Ausgliederung geschäftlicher Aktivitäten) zu einem Konzern entwickelt hat, sei es, weil die Gesellschafter mehrerer Unternehmen ihre Interessen in einer Holdinggesellschaft gebündelt, ihre Beteiligungen in diese eingebracht und aus den angegebenen Gründen die Rechtsform einer Personengesellschaft gewählt haben.

2. Abhängige Personengesellschaft

Weniger häufig sind abhängige Personengesellschaften anzutreffen. Die 4
Verbreitung von Unternehmensverbindungen mit abhängigen Personengesellschaften ist bisher nicht eingehend empirisch untersucht worden.[11] Anzutreffen sind vor allem **Familienkonzerne**,[12] bei denen an der Rechtsform der Personengesellschaft auch auf der Ebene der Tochter- und Enkelgesellschaften festgehalten wird; dies selbst dann, wenn sämtliche Anteile der Beteiligungsgesellschaften direkt bzw. indirekt bei der Obergesellschaft liegen. Auch jenseits dieser Situation dürften gerade Familiengesellschaften den häufigsten Fall einer konzernabhängigen Personengesellschaft bilden, etwa weil ein anderweitig unternehmerisch engagiertes Familienmitglied beherrschenden Einfluss auf die Gesellschaft gewinnt oder sich bestimmte (anderweitig engagierte) Familiengesellschafter zusammenschließen, um das Unternehmen unter ihren Einfluss zu bringen bzw. ein innerhalb des Unternehmens maßgebender Familiengesellschafter Unternehmensqualität erlangt. Eine nicht unerhebliche Rolle dürften weiterhin **Sanierungsfälle** spielen, bei denen sich in einer Krise einer Personengesellschaft ein Sanierer oder Gläubiger zu Sanierungszwecken an der Gesellschaft beteiligt und es zum Abschluss eines Sanierungsvertrages kommt, der diesem erheblichen Einfluss auf das Unternehmen gewährt.[13]

3. Vertragskonzerne

Personengesellschaften können grundsätzlich Unternehmensverträge im 5
Sinne der §§ 291 ff. AktG abschließen. Der Abschluss von Beherrschungs- und Gewinnabführungsverträgen mit einer Personengesellschaft **als herrschendem Unternehmen** kommt auch in der Praxis häufiger vor.

Demgegenüber ist wenig bekannt darüber, ob „klassische“ Unternehmensverträge mit einer Personengesellschaft als verpflichtetem, d.h. be-

---

[10] *Heck*, Personengesellschaften, S. 22; *Schlegelberger/Martens* Anh. § 105 HGB Rn 2.

[11] Dies beklagte die Unternehmensrechtskommission, Bericht, Tz. 1712, S. 859; Bsp. für abhängige Personengesellschaften bei *Löffler*, Abhängige Personengesellschaft, S. 4 ff.; s. auch BGHZ 119, 346 (Pinneberger Tageblatt), wo es um einen Fall wechselseitiger Beteiligungen von Personengesellschaften ging.

[12] Vgl. GK/*Ulmer* HGB Anh. § 105 Anm. 5.

[13] So der Fall BGH NJW 1980, 231 (Gervais/Danone).

herrschtem Vertragsteil existieren.[14] Im Allgemeinen wird allerdings davon ausgegangen, dass für Gewinnabführungs- und Beherrschungsverträge im Sinne des § 291 Abs. 1 AktG bei Personengesellschaften mit ihrer von den Kapitalgesellschaften abweichenden inneren Struktur und der weitgehenden Flexibilität der Ausgestaltung ihrer inneren Kompetenzordnung kein Bedürfnis besteht. Vor allem steuerrechtliche Anreize fehlen, da die körperschaft- und gewerbesteuerrechtliche Regeln der Organschaft (vgl. §§ 14, 17 KStG, 2 GewStG) auf Personengesellschaften unanwendbar sind.[15] Abgesehen hiervon wird überwiegend davon ausgegangen, dass das Vorliegen eines personengesellschaftsrechtlichen Vertragskonzerns von anderen Voraussetzungen abhängt, als bei Kapitalgesellschaften, bei denen entsprechend §§ 291 ff. AktG ein solcher satzungsüberlagernder Unternehmensvertrag ausdrücklich abgeschlossen werden muss. Demgegenüber findet bei Personengesellschaften der beherrschende Einfluss des unmittelbar oder mittelbar beteiligten Gesellschafters seine Grundlage typischerweise im Gesellschaftsvertrag, so dass dieser regelmäßig den Charakter eines Beherrschungs- und Gewinnabführungsvertrags annimmt, wenn er einem Unternehmensgesellschafter einen entsprechenden Einfluss gewährt.

II. Konzernrechtliche Grundbegriffe und -probleme

6 Das Aktiengesetz definiert in den §§ 15 bis 19 AktG verschiedene Tatbestände der Verbindung rechtlich selbständiger Unternehmen. Die Regelungen gehen von dem Grundbegriff der „verbundenen Unternehmen" aus (§ 15 AktG). Hiernach ist das verbundene Unternehmen die zusammenfassende Bezeichnung aller im AktG geregelter Unternehmensverbindungen, wozu insbesondere im Mehrheitsbesitz stehende Unternehmen (§ 16 AktG), abhängige und herrschende Unternehmen (§ 17 AktG), Konzernunternehmen (§ 18 AktG), wechselseitig beteiligte Unternehmen (§ 19 AktG) und die Vertragsteile eines Unternehmensvertrages (§§ 15, 291 ff. AktG) zählen. Die Begriffsbestimmungen der **§§ 15 ff. AktG** sind rechtsformneutral formuliert, stellen also nicht darauf ab, in welcher Rechtsform die Glieder des Unternehmensverbundes organisiert sind, so dass diese Vorschriften allgemein über den Anwendungsbereich des AktG hinaus – quasi als **allgemeiner Teil des Konzernrechts** – Geltung beanspruchen.[16] Diese Definitionsnormen sowie die diesen zugrunde liegenden unbestimmten Rechtsbegriffe und deren Konkretisierung in Rechtsprechung und Schrifttum sind daher auf herrschende und abhängige Personengesellschaften anwendbar.

---

[14] Nach den Feststellungen der Unternehmensrechtskommission Tz. 1712, S. 859, sind solche Verträge kaum anzutreffen s. auch GK/*Ulmer* HGB Anh. § 105 Anm. 6; zum Problem der Zulässigkeit von Beherrschungsverträgen bei Personengesellschaften vgl. *Emmerich/Sonnenschein/Habersack* § 34 III 1.

[15] Vgl. GK/*Ulmer* HGB Anh. § 105 Anm. 6.

[16] *Emmerich/Sonnenschein/Habersack* § 2 I; *Heymann/Emmerich* Anh. § 105 HGB Rn 3; MünchHdb. GesR IV/*Krieger* § 68 Rn 2; *Laule*, FS Semler, S. 544; *Liebscher*, Konzernbildungskontrolle, S. 16; a. A. zur systematischen Konzeption: MüKo-HGB/*Mülbert* KonzernR Rn 36ff.; *ders.*, ZHR 163 (1999), 1 ff.

1. Unternehmensbegriff

Maßgebend ist namentlich der konzernrechtliche Unternehmensbegriff. 7
Denn dieser eröffnet die Anwendbarkeit des Konzernrechts: Als **herrschendes Unternehmen** ist jeder Gesellschafter der abhängigen Gesellschaft anzusehen, bei dem zu seiner Gesellschaftsbeteiligung wirtschaftliche Interessenbindungen außerhalb der Gesellschaft hinzukommen, die stark genug sind, die ernste Besorgnis zu begründen, er könne seinen Einfluss zur Verfolgung gesellschaftsfremder Ziele einsetzen.[17] Entscheidend ist mithin eine eigenständige unternehmerische Betätigung desjenigen Gesellschafters, der auf die Geschicke der Gesellschaft bestimmenden Einfluss nehmen kann, außerhalb des abhängigen Unternehmens, wobei sowohl unmittelbare anderweitige Aktivitäten ausreichen, als auch mittelbare, d. h. die maßgebliche Beteiligung an einer anderen Gesellschaft.[18] Aus einem solchen **unternehmerischen Doppelengagement des maßgebenden Teilhabers** resultiert die typische Konfliktlage, der das Konzernrecht begegnen will, nämlich die Gefahr, dass dieser Unternehmensgesellschafter seinen Einfluss zur Verfolgung anderweitiger unternehmerischer Interessen auf Kosten der abhängigen Gesellschaft einsetzt; auf die Rechtsform des Objekts, dessen Unternehmenseigenschaft in Rede steht, kommt es nicht an.[19] Die Rechte und Pflichten eines Gesellschafters, der demgegenüber nicht Unternehmen im konzernrechtlichen Sinne ist (sog. Privatgesellschafter), d. h. der nur an der Gesellschaft beteiligt ist, ohne weitere wirtschaftliche Interessen zu verfolgen, richten sich demgegenüber nach allgemeinem Gesellschaftsrecht.

Nicht abschließend geklärt ist, wie stark die gesellschaftsextern verfolgten Interessen sein müssen, damit wegen der Gefahr kollidierender Interessen die konzernrechtlichen Schutzvorschriften zum Tragen kommen. Allgemein gilt, dass die fremdunternehmerischen Interessen des maßgebenden Teilhabers nach Art und Intensität geeignet sein müssen, den beschriebenen Konzernkonflikt heraufzubeschwören. Hieraus wird abgeleitet, dass die Fremdinteressen unternehmerischen Charakter haben müssen; altruistische Zielsetzungen genügen grundsätzlich nicht. Jedoch wird die Unter- 8

[17] Sog. teleologischer Unternehmensbegriff (h. M.), vgl. BGHZ 69, 334, 337 (VEBA/Gelsenberg); 115, 186, 190 (Video); 117, 8, 18 (VW); BAGE 76, 79, 83 f.; BAG AG 1996, 369; BSGE 75, 82, 89 f. (st. Rspr.); s. *Emmerich/Sonnenschein/Habersack* § 2 II 1; MünchHdb. GesR IV/*Krieger* § 68 Rn 6 ff.; *Liebscher*, Konzernbildungskontrolle, S. 17 f.; *K. Schmidt* Gesellschaftsrecht § 31 II 1 a m. w. N.

[18] OLG Köln BB 1997, 169 f.; *Emmerich/Sonnenschein/Habersack* § 2 II 2; MünchHdb. GesR IV/*Krieger* § 68 Rn 8, (h. M.) m. w. N. auch zur Gegenmeinung, die fordert, dass das herrschende Unternehmen die andere Gesellschaft tatsächlich leitet, wohingegen die h. M. die Möglichkeit zur Leitung ausreichen lässt. Anders für die öffentliche Hand BGH ZIP 1997, 887, 889 (VW/Niedersachsen), wonach die (großen) öffentlich-rechtlichen Gebietskörperschaften (Bund/Länder) wegen der Gefahr der einseitigen Förderung öffentlicher Aufgaben und politischer Ziele bereits dann als Unternehmen im konzernrechtlichen Sinne anzusehen sind, wenn sie lediglich ein in privater Rechtsform organisiertes Unternehmen beherrschen.

[19] BGHZ 69, 334, 338 (VEBA/Gelsenberg); *Emmerich/Sonnenschein/Habersack* § 2 II 1; KöKo/*Koppensteiner* § 15 AktG Rn 30 ff.

nehmenseigenschaft juristischer Personen des öffentlichen Rechts trotz nicht wirtschaftlicher Zielsetzung nicht generell verneint, sondern vielmehr wegen der Gefahr der einseitigen Förderung öffentlicher Aufgaben bereits dann bejaht, wenn eine öffentlich-rechtliche Gebietskörperschaft (Bund/Länder/Gemeinden) lediglich ein privatrechtlich organisiertes Unternehmen beherrscht.[20] Der umgekehrte Fall, dass eine Person, die anderweitige wirtschaftliche Interessen verfolgt, nicht als Unternehmen im konzernrechtlichen Sinne anzusehen ist, weil die Interessenbindung nach „Art und Intensität" nicht stark genug ist, die für die Unternehmenseigenschaft konstitutive „ernste Besorgnis" zu begründen, wird indes überwiegend nicht eingehend erörtert. Nach richtiger Auffassung ist ein „institutionalisierter" konzerntypischer Interessenkonflikt erforderlich, d. h. die anderweitige Betätigung muss die nicht fern liegende Gefahr konzernspezifischer Vermögensverlagerungen begründen.[21]

9 Der Unternehmenscharakter der abhängigen Gesellschaft ist hingegen nach Sinn und Zweck des Konzernrechts anders abzugrenzen als seitens des herrschenden Unternehmens. Als **abhängiges Unternehmen** kommt grundsätzlich **jede Personenvereinigung** in Betracht, da der so genannte Konzernkonflikt in jeder Personengruppe eintreten kann.[22]

2. Abhängigkeit im Sinne des § 17 AktG

10 Nach § 17 AktG ist ein Unternehmen abhängig, wenn ein anderes Unternehmen auf dieses beherrschenden Einfluss ausüben kann. Es genügt die bloße Möglichkeit der Einflussnahme; von dieser Möglichkeit muss nicht Gebrauch gemacht werden.[23] Ein beherrschender Einfluss ist anzunehmen, wenn dem beherrschenden Unternehmen langfristig Mittel zur Verfügung stehen, um die Geschäftsleitung des abhängigen Unternehmens dazu zu bewegen, den Willen des herrschenden Unternehmens zu befolgen, d. h. wenn diese einem **fremdunternehmerischen Willen unterworfen** ist.[24]

Ein solcher beherrschender Einfluss kann auf den verschiedensten, prinzipiell auch rein tatsächlichen Umständen beruhen.[25] Allerdings schützen die konzernrechtlichen Vorschriften die abhängige Gesellschaft nur vor einer gesellschaftsrechtlichen Einflussnahme, nicht jedoch vor rein marktwirtschaftlichen Gefahren. Daher setzt Abhängigkeit stets eine **gesell-**

---

[20] BGHZ 135, 107, 113 f. (VW/Niedersachsen); *Emmerich/Sonnenschein/Habersack* § 2 III 2; BeckHdb. AG/*Liebscher* § 14 Rn 12.

[21] Vgl. hierzu im Einzelnen: BeckHdb. AG/*Liebscher* § 14 Rn 13; siehe auch LG Heidelberg AG 1999, 135, 136 f. (MLP); *Hüffer* § 15 Rn 9 a. E.

[22] *Emmerich/Sonnenschein/Habersack* § 2 II 5; *Geßler/Hefermehl* § 15 AktG Rn 59; *Liebscher*, Konzernbildungskontrolle, S. 18; *Raiser* Kapitalgesellschaften § 51 Rn 3 (h. M.).

[23] BGHZ 62, 193, 201 (Seitz); *Emmerich/Sonnenschein/Habersack* § 3 II; KöKo/*Koppensteiner* § 17 AktG Rn 15; *Raiser* Kapitalgesellschaften § 51 Rn 15.

[24] BGHZ 62, 193, 197 ff. (Seitz); enger hingegen RGZ 167, 40, 48 ff. (Thega).

[25] BGHZ 90, 381, 395 (BUM); BGH DB 1984, 1188, 1190; KöKo/*Koppensteiner* § 17 AktG Rn 30 ff.; *Wiedemann*, Unternehmensgruppe, S. 49; a. A. *Baumbach/Hueck* AktG § 17 Rn 2; *von Godin/Wilhelmi* § 17 AktG Anm. 2.

schaftsrechtlich bedingte Einflussnahmemöglichkeit voraus.[26] Herrschendes Unternehmen ist stets ein Gesellschafter der Untergesellschaft, wobei gerade seine Beteiligung an der abhängigen Gesellschaft ihm die Möglichkeit zur Herrschaft vermitteln muss. Dieser gesellschaftsinterne Einfluss kann allerdings durch andere, nicht gesellschaftsrechtliche Faktoren (etwa schuldrechtliche Austauschbeziehungen) verstärkt werden.

a) Gesetzlicher Regelfall. Es stellt sich zunächst die Frage, wann die Beherrschung einer GmbH & Co. KG möglich ist. Dies deshalb, weil die Beherrschung einer Personengesellschaft durch einen Unternehmensgesellschafter nichts Selbstverständliches ist. Personengesellschaften sind nach dem gesetzlichen Ideal Arbeits- und Haftungsgemeinschaften mit einer geringen Zahl von Mitgliedern, die sich ungefähr gleich stark gegenüberstehen. **Idealtypische Personengesellschaften** werden daher allgemein – zu Recht – als **weitgehend konzernresistent** angesehen.[27] Insbesondere eine **„Mehrheitsbeteiligung“ reicht** grundsätzlich **nicht aus**, um einem Unternehmensgesellschafter beherrschenden Einfluss zu vermitteln. Deshalb wird die Vermutungsregel des § 17 Abs. 2 AktG, wonach im Falle einer Mehrheitsbeteiligung im Sinne des § 16 AktG regelmäßig ein Abhängigkeitsverhältnis besteht, von der h. M. im Personengesellschafts-Konzernrecht für unanwendbar gehalten.[28] Bei Personengesellschaften existiert nämlich im Idealfall kein zwingender Zusammenhang zwischen Kapitalanteil, Stimmrecht und Entscheidungsgewalt. Prinzipiell gilt für alle Entscheidungen der Gesellschafter das Einstimmigkeitsprinzip (vgl. §§ 119 Abs. 1, 161 Abs. 2 HGB) und, selbst wenn gesellschaftsvertraglich Mehrheitsbeschlüsse zugelassen werden, ist die Mehrheit grundsätzlich nach der Zahl der Gesellschafter zu berechnen (vgl. §§ 119 Abs. 2, 161 Abs. 2 HGB). Eine „Mehrheitsbeteiligung“ ist daher im Falle einer idealtypischen Personengesellschaft regelmäßig gerade nicht Herrschaftsgrundlage.[29] Anderes 11

---

[26] So genügt es nicht, wenn ein Unternehmen seine marktbeherrschende Stellung oder langfristige Liefer- und Kreditbeziehungen zur Einflussnahme auf die Geschäftsleitung eines anderen Unternehmens ausnutzt. Ein solcher Eingriff unterfällt dem Wettbewerbs- und nicht dem Konzernrecht, vgl. MünchHdb. GesR IV/*Krieger* § 68 Rn 40; *Raiser* Kapitalgesellschaften § 51 Rn 23 ff.; GK/*Windbichler* AktG § 17 Anm. 12.

[27] So *Liebscher*, Konzernbildungskontrolle, S. 303; *Löffler*, Abhängige Personengesellschaft, S. 12; vgl. auch *K. Schmidt* Gesellschaftsrecht § 17 IV 3.

[28] *Baumgartl*, Konzernbeherrschte Personengesellschaft, S. 6; *Emmerich/Sonnenschein/Habersack* § 33 III 1; *Liebscher*, Konzernbildungskontrolle, S. 304; MüKoHGB/*Mülbert* KonzernR Rn 60; *Schlegelberger/Martens* Anh. § 105 HGB Rn 11; *Schneider*, BB 1975, 1353, 1354; a. A. *Baumbach/Hueck* AktG § 16 Rn 3; KöKo/*Koppensteiner* § 17 AktG Rn 79, die von einer Widerlegung der Abhängigkeitsvermutung im Falle einer dem gesetzlichen Idealbild entsprechenden Personengesellschaft ausgehen.

[29] Bei Personengesellschaften kann es im gesetzlichen Regelfall schon begrifflich keine „Mehrheitsbeteiligung“ geben, da der Kapitalanteil lediglich eine Rechnungsgröße darstellt, die den Wert der jeweiligen Beteiligung des Gesellschafters am Gesellschaftsvermögen ausdrückt. Der Beteiligungswert ist beispielsweise im Falle der Gewinnverteilung (§§ 120 ff. HGB) von Bedeutung. Geschäftsanteile, aus denen sich das Stimmrecht im Rahmen von Entschließungen der Gesellschaftergesamtheit ergibt, bestehen hingegen im Rahmen des gesetzlichen Normalstatuts

gilt nur für körperschaftlich verfasste Publikumsgesellschaften und andere Personengesellschaften mit weitgehend kapitalistischer Realstruktur. Bei diesen Gesellschaften, die typischerweise gesellschaftsvertraglich durchgängig vom Mehrheitsprinzip durchdrungen sind, hat auch die Abhängigkeitsvermutung des § 17 Abs. 2 AktG ihre Berechtigung. [30]

12 Als Grundlage einer gesicherten, gesellschaftsrechtlich vermittelten Einflussnahmemöglichkeit auf die Geschäftsführung einer Personengesellschaft kommt im gesetzlichen Regelfall **auch nicht** allein die mit der **Stellung als persönlich haftendem Gesellschafter** verbundene Geschäftsführungs- und Vertretungsbefugnis in Betracht. Zu dieser Position bestehen idealtypisch erhebliche Gegengewichte, welche den Einfluss eines geschäftsführenden Unternehmensgesellschafters weitgehend kompensieren:[31] Daher genügt es grundsätzlich auch nicht, wenn ein Unternehmensgesellschafter als einziger Gesellschafter geschäftsführungsbefugt ist. Zur Beherrschung der Gesellschaft ist vielmehr nach h. M. erforderlich, dass sich der Einfluss des herrschenden Unternehmens auch auf den Bereich der betriebsungewöhnlichen Geschäftsführungsmaßnahmen erstreckt.[32]

13 In Anbetracht dieser rechtsformspezifischen Hemmnisse ist es nur in Ausnahmefällen denkbar, dass ein Unternehmensgesellschafter überhaupt eine gefestigte Einflussnahmemöglichkeit im Sinne des § 17 AktG erlangt, solange die innere Ordnung der Personengesellschaft nicht abweichend vom gesetzlichen Modell ausgestaltet wurde.[33]

---

nicht: vgl. KöKo/*Koppensteiner* § 16 AktG Rn 13; *Schießl*, Beherrschte Personengesellschaft, S. 7 f.

[30] *Baumbach/Hopt* § 105 Rn 101; *Gerkeler*, Der personengesellschaftsrechtliche Konzern, S. 144; MüKoHGB/*Mülbert* KonzernR Rn 60.

[31] Ist er nicht der einzige „Geschäftsführer", so kann ihm diese Stellung deshalb keinen beherrschenden Einfluss vermitteln, da alle anderen Mitgeschäftsführer seinen Maßnahmen (nach §§ 115 Abs. 1 2. Hs., 161 Abs. 2 HGB) widersprechen können. Ferner ist zu berücksichtigen, dass die Vornahme von ungewöhnlichen Geschäften gemäß §§ 116, 164 HGB die Zustimmung aller Gesellschafter erfordert, so dass auch insoweit die Gesellschaft nicht dem Willen des Unternehmensgesellschafters unterworfen ist. Vgl. etwa *Burbach*, Konzernabhängige Personenhandelsgesellschaft, S. 101; *Liebscher*, Konzernbildungskontrolle, S. 304 f.; *Schlegelberger/Martens* Anh. § 105 HGB Rn 11.

[32] *Liebscher*, Konzernbildungskontrolle, S. 305; *Schlegelberger/Martens* Anh. § 105 HGB Rn 11 a. E.; *Zöllner*, ZGR 1977, 319, 334 a. E.; scheinbar auch *Löffler*, Abhängige Personengesellschaft, S. 11 f.; a. A. *Baumgartl*, Konzernbeherrschte Personengesellschaft, S. 16; MüKoHGB/*Mülbert* KonzernR Rn 58; *Schneider*, ZGR 1977, 335, 346 f.

[33] Eine Abhängigkeit ist ohne gesellschaftsvertragliche Modifikation des gesetzlichen Leitbildes allerdings dann denkbar, wenn die generell mit der Gesellschafterstellung verbundenen Einflussnahmemöglichkeiten auf die Geschäftsführung ausnahmsweise durch weitere rechtliche oder tatsächliche Umstände derart verstärkt werden, dass ein Unternehmensgesellschafter eine gesicherte Herrschaftsstellung erlangt. Vgl. *Liebscher*, Konzernbildungskontrolle, S. 305; *Schießl*, Beherrschte Personengesellschaft, S. 10.

b) Anderweitige Ausgestaltung des Gesellschaftsvertrags. Anders ist dies jedoch, wenn die Binnenordnung der Gesellschaft durch entsprechende Vereinbarungen im Gesellschaftsvertrag abweichend vom dispositiven Gesetzesrecht ausgestaltet wurde, z. B. indem Mehrheitsbeschlüsse zugelassen werden und außerdem nach Kapitalanteilen anstatt nach Köpfen abgestimmt wird; in dieser Situation, die realiter die Regel darstellen dürfte, ist eine **Mehrheitsherrschaft** eines fremdunternehmerisch tätigen Gesellschafters auch bei Personengesellschaften denkbar.[34] Bei einer solchen Ausgestaltung des Gesellschaftsverhältnisses hat die Abhängigkeitsvermutung des § 17 Abs. 2 AktG im Falle einer Mehrheitsbeteiligung im Sinne des § 16 AktG auch im Personengesellschaftsrecht ihre Berechtigung.[35] 14

Wichtigstes Beherrschungsmittel neben der vom gesetzlichen Leitbild abweichenden Ausgestaltung des Abstimmungsmodus innerhalb der Gesellschafterversammlung ist die **alleinige Geschäftsführungs- und Vertretungsbefugnis** eines Unternehmensgesellschafters, sofern sich das Geschäftsführungsrecht **auch auf außergewöhnliche Geschäftsführungsmaßnahmen** erstreckt bzw. über solche Entscheidungen mehrheitlich Beschluss gefasst wird und der Unternehmensgesellschafter auch die Gesellschafterversammlung beherrscht.[36] Aber auch andere Vereinbarungen sind geeignet, ein Abhängigkeitsverhältnis zu begründen, z. B. ein Sonderrecht eines Unternehmensgesellschafters zur Entziehung der Geschäftsführungs- und Vertretungsmacht oder ein gesellschaftsvertraglich begründetes Weisungsrecht eines Kommanditisten gegenüber dem Geschäftsführenden.[37] 15

Als eigentliche **Quelle der Abhängigkeit** erweist sich daher bei Personengesellschaften beinahe immer der **Gesellschaftsvertrag**: Die Gesellschafter können die Machtverhältnisse innerhalb der Gesellschaft weitgehend privatautonom ausgestalten und auf diesem Wege einem Unternehmensgesellschafter beherrschenden Einfluss auf die Personengesellschaft sichern bzw. überhaupt die Chance einer Beherrschung schaffen oder auch die Entstehung eines Abhängigkeits- und Konzernverhältnisses weitgehend ausschließen.[38] Eine solche, die Entstehung von Herrschaftslagen be- 16

---

[34] *Emmerich*, FS Stimpel, S. 743, 745; *Emmerich/Sonnenschein/Habersack* § 33 III 1; *Liebscher*, Konzernbildungskontrolle, S. 306; *Schlegelberger/Martens* Anh. § 105 HGB Rn 11.

[35] *Liebscher*, Konzernbildungskontrolle, S. 306.

[36] *Kleindiek*, Strukturvielfalt, S. 6; KöKo/*Koppensteiner* § 17 AktG Rn 68; *Liebscher*, Konzernbildungskontrolle, S. 306; *Schießl*, Beherrschte Personengesellschaft, S. 10f.; a. A. bezüglich der Notwendigkeit der Einbeziehung außergewöhnlicher Maßnahmen: MüKoHGB/*Mülbert* KonzernR Rn 58;

[37] Zusammenfassend zu den denkbaren Beherrschungsmitteln *Burbach*, Konzernabhängige Personenhandelsgesellschaft, S. 100ff. Vgl. zur Abhängigkeit einer KG von einem Kommanditisten durch Einräumung eines Weisungsrechts in Geschäftsführungsfragen oder Übertragung rechtsgeschäftlicher Vertretungsmacht BGHZ 17, 392, 394; 51, 198, 201; *Kleindiek*, Strukturvielfalt, S. 106 f.; *Löffler*, Abhängige Personengesellschaft, S. 12 f.

[38] *Baumgartl*, Konzernbeherrschte Personengesellschaft, S. 15 ff., 78 f.; *Heymann/Emmerich* Anh. § 105 HGB Rn 5; *Emmerich/Sonnenschein/Habersack* § 3 IV 2; *Liebscher*, Konzernbildungskontrolle, S. 306.

günstigende Ausgestaltung der inneren Ordnung der Gesellschaft kommt in der Praxis keineswegs selten vor; gerade Mehrheitsentscheidungen werden im Interesse einer flexiblen Unternehmensführung häufig, bei einer GmbH & Co. KG gar regelmäßig, vorgesehen.

17 Hat ein Gesellschafter eine dominierende Stellung innerhalb der Personengesellschaft erlangt, so ist seine **Leitungsmacht** oftmals, vor allem wenn er selbst alleiniger Geschäftsführer ist oder er über geschäftsführungsbezogene Sonderrechte verfügt, **umfassender als** sie selbst **im Vertragskonzernrecht der Aktiengesellschaft** je sein könnte. Denn das Personengesellschaftsrecht kennt keine strenge Kompetenzverteilung zwischen verschiedenen Gesellschaftsorganen, welche nur mittelbare Einflussnahmen auf die Geschäftsführung erlaubt.[39]

3. Konzern im Sinne des § 18 AktG

18 Gemäß § 18 AktG liegt ein Konzern vor, wenn ein oder mehrere Unternehmen unter der **einheitlichen Leitung** eines anderen Unternehmens zusammengefasst sind. „Einheitliche Leitung" in diesem Sinne ist dann anzunehmen, wenn das herrschende Unternehmen Einfluss auf die **zentralen unternehmerischen Bereiche der Untergesellschaft**, insbesondere die Finanzpolitik, nimmt (einheitliche konzernweite Finanzplanung).[40] Nach zutreffender Ansicht genügt jedoch auch die Wahrnehmung unternehmerischer Leitungsfunktionen in anderen grundsätzlichen Fragen der Unternehmenspolitik bzw. eine teilweise Koordination der Unternehmenstätigkeiten von abhängigem und herrschendem Unternehmen, sofern dem Konzernunternehmen hierdurch eine eigenständige Planung und Entscheidung weitgehend unmöglich gemacht wird.[41] Zur Konzernierung des abhängigen Unternehmens kommt es somit dann, wenn das herrschende Unternehmen die abhängigkeitsstiftenden Einflusspotentiale einsetzt, um die Geschäftspolitik der abhängigen Unternehmen auf seine anderweitigen unternehmerischen Interessen hin abzustimmen. Charakteristisch ist die **zielgerichtete Herrschaftsausübung**.

---

[39] Vielmehr kann das herrschende Unternehmen, sofern es zugleich die Geschäfte führt oder es direkt auf die Geschäftsführung einwirken kann, Maßnahmen, die seinen Konzerninteressen dienen, unmittelbar selbst vornehmen, ohne irgendwelche Weisungen erteilen zu müssen. Selbst wenn ein derartiger Einfluss auf die Geschäftsführung nicht existiert, besteht bei einer vom gesetzlichen Ideal abweichenden Ausgestaltung der Kompetenzordnung – ebenso wie bei der GmbH – für ein herrschendes Unternehmen die Möglichkeit, über die von ihm dominierte Gesellschafterversammlung lenkend in die Geschäftsführung einzugreifen. *Baumgartl*, Konzernbeherrschte Personengesellschaft, S. 19; *Huber*, ZHR 152 (1988), 1, 22; *Liebscher*, Konzernbildungskontrolle, S. 307; *Löffler*, Abhängige Personengesellschaft, S. 13.

[40] LG Mainz AG 1991, 30, 31 (Asko/Massa); KöKo/*Koppensteiner* § 18 AktG Rn 17 ff. m. w. N., der im Rahmen des § 18 AktG insb. auf eine konzernweite Finanzplanung abstellt.

[41] LG Köln AG 1985, 252, 253 (JVG); *Emmerich/Sonnenschein/Habersack* § 4 III 1; *Geßler/Hefermehl* § 18 AktG Rn 34; MünchHdb. GesR IV/*Krieger* § 68 Rn 68; *Raiser* Kapitalgesellschaften § 51 Rn 33 ff.

Da der Nachweis einer solchen einheitlichen Leitung außerordentlich schwierig ist, wird eine Konzernlage gemäß § 18 Abs. 1 S. 2 AktG, also insbesondere dann, wenn der Gesellschaftsvertrag einen entsprechenden Charakter annimmt, bei Vorliegen eines Beherrschungsvertrages unwiderleglich und gemäß § 18 Abs. 1 S. 3 AktG bei Abhängigkeit im Sinne des § 17 AktG widerlegbar vermutet. Diese Konzernvermutungen sind nach zutreffender h. M. auch und gerade im Personengesellschaftsrecht anwendbar; dies gilt sowohl für die Vermutung des § 18 Abs. 1 Satz 2 AktG[42] als auch für die Vermutung des § 18 Abs. 1 Satz 3 AktG.[43] 19

4. Unterscheidung von Konzernierungsgraden

Bei Kapitalgesellschaften wird üblicherweise zwischen faktischen und Vertragskonzernen sowie innerhalb der auf Ausübung tatsächlicher Herrschaftsmacht basierenden Unternehmensverbindungen zwischen den Fällen der schlichten Abhängigkeit und denen der (regelmäßig damit in Anbetracht der Konzernvermutung des § 18 Abs. 2 AktG einhergehenden) Konzernierung unterschieden. Ob diese Kategorien ohne weiteres auch für das Personengesellschaftsrecht übernommen werden können, ist umstritten. Vor allem vor dem Hintergrund der unmittelbaren Einwirkungsmöglichkeiten des herrschenden Unternehmens auf die Geschäftsführung der beherrschten Personengesellschaft wird teilweise davon ausgegangen, dass es nur zwei relevante Verbundsformen gäbe: Einerseits die konzernfreie Abhängigkeit und andererseits die Fälle der Konzernbildung.[44] Zudem wird angenommen, dass der letztgenannte Fall als Vertragskonzern aufzufassen sei, da regelmäßig der Gesellschaftsvertrag Grundlage der Konzernherrschaft des herrschenden Unternehmens ist, so dass er insoweit den Charakter eines Beherrschungsvertrages annimmt.[45] 20

Demgegenüber wird im neueren Schrifttum – zu Recht – dafür plädiert, auch für den Personengesellschaftskonzern zwischen drei Konzernierungsstufen, also zwischen Abhängigkeit, Konzernierung und Vertragskonzern zu unterscheiden.[46] Der Gegenmeinung liegt die unzutreffende Vorstellung zugrunde, dass die Überlagerung oder Verdrängung des Gesellschaftsinteresses der Untergesellschaft das charakteristische Merkmal 21

---

[42] GK/*Ulmer* Anh. § 105 Rn 30; *Baumbach/Hopt* § 105 Rn 101; MüKoHGB/*Mülbert* KonzernR Rn 63 – **a. A.** indes *Ebenroth/Boujong/Joost/Lange* Anh. § 105 Rn 11.

[43] So insb. BGHZ 89, 162, 167 (Heumann/Oglivy); *Kleindiek*, Strukturvielfalt, S. 358; *Liebscher*, Konzernbildungskontrolle, S. 324; *Löffler*, Abhängige Personengesellschaft, S. 19 f.; MüKoHGB/*Mülbert* KonzernR Rn 64; GK/*Ulmer* HGB Anh. § 105 Anm. 31, 59 a. E.; a. A. *Schlegelberger/Martens* Anh. § 105 HGB Rn 8, 13 a. E.

[44] *Baumgartl*, Konzernbeherrschte Personengesellschaft, S. 60 ff., 70 ff.; *Löffler*, Abhängige Personengesellschaft, S. 17 ff., 52 ff., 164 f.; *Schlegelberger/Martens* Anh. § 105 HGB Rn 23, 31 ff.

[45] BGH NJW 1980, 231, 232 (Gervais/Danone); *Schlegelberger/Martens* Anh. § 105 HGB Rn 31 f.; *Raiser* Kapitalgesellschaften § 54 Rn 13; **a. A.** *Löffler*, Abhängige Personengesellschaft, S. 22 ff., 40 ff., der einen personengesellschaftsrechtlichen Beherrschungsvertrag für generell unzulässig hält.

[46] *Kleindiek*, Strukturvielfalt, S. 17 ff.; MüKoHGB/*Mülbert* KonzernR Rn 145 ff.

jeder Konzernbeziehung im Sinne des § 18 AktG sei[47] und deshalb bei Personengesellschaften jede Form der einheitlichen Leitung, d.h. der Konzernbildung im Sinne des § 18 AktG, einen personengesellschaftsrechtlichen Vertragskonzern begründe und deshalb einer Billigung durch alle Gesellschafter bedürfe.[48] Hiergegen ist einzuwenden, dass das herrschende Unternehmen sein Einflusspotential sowohl im Falle schlichter Abhängigkeit als auch bei (einfacher) Konzernierung nur unter strikter Wahrung des Eigeninteresses des abhängigen Unternehmens nutzen darf.[49] Erst dann, wenn dem herrschenden Unternehmen ausdrücklich gestattet ist, die abhängige Gesellschaft voll in die von ihm definierte Konzernpolitik einzubinden und sie so umfassend auch unter Hintanstellung ihres Eigeninteresses seinen Konzerninteressen dienstbar zu machen, darf das herrschende Unternehmen schädigenden Einfluss auf die Untergesellschaft ausüben.[50]

22 Unterschieden werden muss mithin zwischen den Fällen **reiner Abhängigkeit** (in denen also die Konzernvermutung des § 18 Abs. 2 AktG widerlegt wird) und den Fällen **einfacher Konzernierung**, bei denen das herrschende Unternehmen zur Leitung nur unter strikter Beachtung des Eigeninteresses der abhängigen Gesellschaft berechtigt ist, sowie den Fällen eines personengesellschaftsrechtlichen Vertragskonzerns, in denen das herrschende Unternehmen die abhängige Gesellschaft kraft gesellschaftsrechtlicher Anordnung oder aufgrund des Abschlusses eines „satzungsüberlagernden" Beherrschungsvertrages unter Hintanstellung von deren Eigeninteresse leiten und es dieses schädigen darf, wenn ihm die qualifizierte Konzernierung gestattet wurde.

III. Konzernrechtliche Grundprobleme

23 Innerhalb des herrschenden bzw. des abhängigen Unternehmens kommt es zu typischen Konfliktsituationen, die von der Rechtsform der Gesellschaft weitgehend unabhängig sind. Gegenüber Personengesellschaften, deren persönlich haftende Gesellschafter natürliche Personen sind, weist die GmbH & Co. KG insoweit keine grundsätzlichen Besonderheiten auf. Zu beachten ist allerdings, dass konzernrechtliche Probleme bei Personen-

---

[47] So insb. *Ulmer*, Grundstrukturen, S. 26, 50; GK/*Ulmer* Anh. § 105 HGB Anm. 33, 59.

[48] So die Begründung von *Emmerich/Sonnenschein/Habersack* § 34 II 1; GK/*Ulmer* HGB Anh. § 105 Anm. 36.

[49] *Kleindiek*, Strukturvielfalt, S. 17 ff., 67 ff., 315 ff.; *Liebscher*, Konzernbildungskontrolle, S. 308 ff.; *K. Schmidt* Gesellschaftsrecht § 43 III 2.

[50] Selbst wenn jede Konzernierung einer Personengesellschaft einer Zustimmung aller Gesellschafter bedürfte, so ist damit nicht entschieden, ob das herrschende Unternehmen die abhängige Personengesellschaft unter Missachtung von deren Eigeninteresse leiten darf; vielmehr müsste dann ein etwa erforderlicher Konzernierungsbeschluss selbst den Umfang zulässiger Eingriffe des herrschenden Unternehmens festlegen, also bestimmen, ob das herrschende Unternehmen an das Eigeninteresse des abhängigen Unternehmens gebunden bleibt oder es diesem auch im Konzerninteresse Schaden zufügen darf. Vgl. *Kleindiek*, Strukturvielfalt, S. 37 ff.; *Liebscher*, Konzernbildungskontrolle, S. 310.

gesellschaften realiter typischerweise bei Kapitalgesellschaften & Co. auftreten; die beherrschende oder konzerneingebundene Personengesellschaft ist regelmäßig eine GmbH & Co. KG.

1. Herrschendes Unternehmen

Die typischen Entstehungstatbestände einer Unternehmensgruppe unter Führung einer Personengesellschaft und die damit einhergehenden typischen Konflikte innerhalb des Unternehmens unterscheiden sich demgemäß nicht von entsprechenden Vorgängen und Interessengegensätzen bei Kapitalgesellschaften. **24**

a) Gruppenbildung. Besteht nur eine einzige Beteiligungsgesellschaft und beschränkt sich die GmbH & Co. KG auf reine Holdingfunktionen, d. h. das Halten und Verwalten dieser einen Beteiligung, ohne selbst einen eigenen Geschäftsbetrieb zu unterhalten, so ist dieser Befund konzernrechtlich irrelevant, da der GmbH & Co. KG dann keine Unternehmenseigenschaft zukommt; es fehlt der konzerntypische Interessenkonflikt.[51] **25**

Ist die Gesellschaft hingegen **an mehreren Gesellschaften maßgeblich beteiligt**, ist sie als Unternehmen im konzernrechtlichen Sinne selbst dann anzusehen, wenn die GmbH & Co. KG selbst nur Holdingfunktionen wahrnimmt. Denn dann existiert die Gefahr, dass sie ein Beteiligungsunternehmen auf Kosten eines anderen fördert.[52] Problematisiert wird insoweit der Fall, dass eine so genannte Zwischenholding eingeschaltet wird, die mehrere Beteiligungen verwaltet, ihrerseits jedoch von einem maßgeblichen Gesellschafter beherrscht wird, der ausschließlich an der Zwischenholding beteiligt ist und außerhalb dieser Gesellschaft keine gesellschaftsexternen Interessen verfolgt. Nach h. M. ist regelmäßig allein die Zwischenholding Unternehmen im konzernrechtlichen Sinne, jedoch nicht der an ihr maßgebend beteiligte Gesellschafter, sofern dort die Beteiligungen nicht nur „geparkt", sondern tatsächlich verwaltet werden.[53] Die Einschaltung einer oder mehrerer Zwischenholdings war daher, solange die Rechtsprechung die Figur der Haftung im qualifiziert-faktischen Konzern vertrat, grundsätzlich ein probates Mittel, um konzernrechtliche Haftungsrisiken zu vermeiden. Nach Übergang zum Haftungssystem der Existenzvernichtungshaftung dürfte diese Gestaltung an praktischer Bedeutung verlieren, da die Existenzvernichtungshaftung nicht an konzernrechtliche Voraussetzungen anknüpft, so dass viel dafür spricht, dass durch die Einschaltung von Zwischenholdinggesellschaften gegenüber der Existenzver- **26**

---

[51] BGHZ 114, 203, 210 f.; BGH AG 1980, 342; OLG Saarbrücken AG 1980, 26, 28; KöKo/*Koppensteiner* § 15 AktG Rn 35; *Schlegelberger/Martens* Anh. § 105 HGB Rn 7.

[52] *Emmerich/Sonnenschein/Habersack* § 2 II 3; *Schlegelberger/Martens* Anh. § 105 HGB Rn 7; *Raiser* Kapitalgesellschaften § 51 Rn 6 a. E.; a. A. BGH AG 1980, 342; OLG Saarbrücken AG 1980, 26, 27 f.

[53] *Emmerich/Sonnenschein/Habersack* § 2 II 3; *Geßler/Hefermehl* § 15 AktG Rn 34; *Hüffer* § 15 AktG Rn 10; MünchHdb. GesR IV/*Krieger* § 68 Rn 9; *Ulmer*, NJW 1986, 1579, 1586; a. A. *Roth/Altmeppen* Anh. § 13 GmbHG Rn 8 ff.; KöKo/*Koppensteiner* § 15 AktG Rn 37 a. E.; *Schlegelberger/Martens* Anh. § 105 HGB Rn 7 a. E.

nichtungshaftung keine effektive Haftungsabsicherung erzielt werden kann.

27 Die Personengesellschaft wird weiterhin dann zum herrschenden Unternehmen, wenn sie zwar nur eine einzige Beteiligung hält, sie jedoch **selbst unternehmerisch tätig** ist, da dann das Risiko besteht, dass sie zur Förderung ihres eigenen Geschäftsbetriebs für die Tochtergesellschaft nachteilige Maßnahmen veranlasst.[54]

28 Das Phänomen der herrschenden GmbH & Co. KG setzt somit, da beherrschender Einfluss auf ein anderes Unternehmen stets gesellschaftsrechtlich vermittelt sein muss, voraus, dass die Personengesellschaft selbst an anderen Unternehmen beteiligt ist. Die zur Begründung konzernrechtlicher Konflikte führende Ausgangsentscheidung innerhalb des künftigen herrschenden Unternehmens ist daher stets eine **„Beteiligungsentscheidung" des** nach der inneren Kompetenzordnung hierfür **zuständigen „Gesellschaftsorgans"**. Insoweit gibt es grundsätzlich zwei typische Wege, die dazu führen, dass eine Gesellschaft zum herrschenden Unternehmen eines Konzerns wird.[55] Einerseits der Erwerb einer hinreichend großen, einflussbegründenden Beteiligung an einem anderen Unternehmen **(Beteiligungserwerb)**, andererseits die Gründung einer Tochtergesellschaft, wobei vielfach auf diese bestimmte Aktivitäten, die die Gesellschaft bisher selbst wahrgenommen hat, übertragen werden **(Ausgliederung)**. Neben diesen Hauptformen sind jedoch noch andere Situationen denkbar, in denen eine Gesellschaft zum herrschenden Unternehmensgesellschafter einer anderen Gesellschaft wird, so z. B. die Verstärkung des aus einer Minderheitsbeteiligung fließenden Einflusses derart, dass es zur Abhängigkeit der Untergesellschaft kommt; in diesem Zusammenhang ist beispielsweise der Fall des Zusammenschlusses mit anderen Gesellschaftern des (dann) abhängigen Unternehmens zwecks gemeinsamer Beherrschung zu nennen **(Poolbildung)**.[56]

29 **b) Gefahren für die Obergesellschaft.** Im Zuge der Entstehung einer Unternehmensverbindung kommt es auf der Ebene des herrschenden Unternehmens zu einem **Kompetenzkonflikt**. Es stellt sich zum einen die Frage, wer innerhalb der Gesellschaft befugt ist, die im Rahmen der Grup-

---

[54] Vgl. etwa *Schlegelberger/Martens* Anh. § 105 HGB Rn 7.

[55] *Hommelhoff*, Konzernleitungspflicht, S. 400; *Timm*, ZHR 153 (1989), 60, 66; eine solche Ausgliederung kann auf herkömmliche Art und Weise im Wege der Sacheinbringung bestimmter Tätigkeitsgebiete des Unternehmens oder im Wege der Ausgliederung als Unterfall der Spaltung nach § 123 Abs. 3 UmwG erfolgen; die Ausgliederung nach UmwG bleibt im Folgenden außer Betracht, da die Voraussetzungen und Rechtsfolgen einer solchen Maßnahme im Einzelnen gesetzlich geregelt sind.

[56] Heute ist weitgehend anerkannt, dass ein Unternehmen auch von mehreren Gesellschaftern gemeinsam beherrscht werden kann, sofern die Einflussmöglichkeiten der verschiedenen Herrschaftsträger koordiniert werden und die Koordination dauerhaft gesichert ist (sog. Mehrmütterherrschaft). Grundlegend BGHZ 63, 193, 196 ff. (Seitz); 74, 359, 360 (BAZ); 80, 69, 73 (Süssen); 95, 330, 349 (Autokran); *Emmerich/Sonnenschein/Habersack* § 3 III; *Geßler/Hefermehl* § 17 AktG Rn 72; KöKo/*Koppensteiner* § 17 AktG Rn 70; MünchHdb. GesR IV/*Krieger* § 68 Rn 50 ff.

penbildung erforderlichen Maßnahmen zu veranlassen **(Konzernbildung)**. Zum anderen ist nach Vollzug der Gruppenbildung zu fragen, wer dazu berechtigt ist, die entsprechenden konzernrechtlichen Leitungsrechte gegenüber der Tochtergesellschaft auszuüben **(Konzernleitung)**.

Die Konfliktlinie verläuft zwischen der alleingeschäftsführungsbefugten Komplementär-GmbH, ihrem Geschäftsführer bzw. (insbesondere in einer nicht personenidentischen GmbH & Co. KG) deren Gesellschaftern einerseits und den (Nur-)Kommanditisten der KG andererseits. Der Erwerb von Beteiligungen, die Gründung von Tochtergesellschaften sowie die Wahrnehmung und die Verstärkung bestehender Beteiligungsrechte sind nämlich unzweifelhaft Akte der **Außenvertretung**, die nach der formalen Kompetenzaufteilung von dem persönlich haftenden Gesellschafter, also der Komplementär-GmbH, vertreten von ihrem Geschäftsführer, der wiederum dem Einfluss der GmbH-Gesellschafter unterliegt, ausgeführt werden. Hiermit ist aber nicht ausgesagt, dass die Komplementär-GmbH auch befugt ist, diese Entscheidungen allein ohne Mitwirkung der Kommanditisten der KG zu treffen. Lange ging man allerdings davon aus, dass der Erwerb und die Verwaltung von Beteiligungen einer Gesellschaft an einem anderen Unternehmen in erster Linie Sache der „Geschäftsführer" des herrschenden Unternehmens sei, denn konzernbildende und -leitende Maßnahmen sind nach herkömmlichen Verständnis **reine Geschäftsführungsmaßnahmen**. Diese würden somit dem persönlich haftenden Gesellschafter obliegen, sofern man nicht von einer außergewöhnlichen Geschäftsführungsmaßnahme im Sinne des § 164 HGB ausgeht bzw. wenn die Geschäftsführungsbefugnis des herrschenden Unternehmens auf außergewöhnliche Geschäftsführungsentscheidungen erweitert wurde.[57] 30

Durch die Entstehung einer Unternehmensverbindung kommt es indes zu **schwerwiegenden Rückwirkungen** auf der Ebene der Obergesellschaft, so dass sich stets die Frage stellt, ob und inwieweit die Gesellschafter des (künftig) herrschenden Unternehmens an Entscheidungen über die Konzernbildung und Konzernleitung zu beteiligen sind. Dies deshalb, weil infolge der Begründung eines Konzernverhältnisses die Mitverwaltungs- und Kontrollrechte der Gesellschafter des herrschenden Unternehmens mediatisiert werden und die Geschäftsführung Einfluss auf Entscheidungen gewinnt, die ohne eine solche Struktur von der Gesellschaftergesamtheit hätten getroffen werden müssen. Beispielhaft sei hier vor allem das Problem der Verwendung von Tochtergewinnen genannt, denn durch Rücklagenbildung in der Tochtergesellschaft vermindert sich entsprechend der zwischen den Gesellschaftern des herrschenden Unternehmens verteilbare Gewinn.[58] Weitere Beispiele für die durch die Gruppenbildung entstehende **Mediatisierung des Gesellschaftereinflusses** sind Kapitalerhöhungsmaßnahmen in der Tochtergesellschaft, die (sonstige) Aufnahme Dritter sowie (sonstige) Änderungen der Struktur der Tochtergesellschaft 31

---

[57] RGZ 115, 246, 250; BGH WM 1977, 1221, 1223; LG Mainz WM 1977, 904, 906; *Mertens*, AG 1978, 309, 311 f.

[58] BGHZ 83, 122, 136 f. (Holzmüller); MünchHdb. GesR IV/*Hoffmann-Bekking* § 46 Rn 9; KöKo/*Koppensteiner* Vorbem. § 291 AktG Rn 33.

(Begründung eines Vertragskonzerns, Verschmelzung, Formwechsel, Spaltung, Vermögensübertragung, Auflösung, grundlegende Satzungsänderungen).[59] Jede Unternehmensverbindung führt mithin zu einem Kompetenzkonflikt zwischen der „Geschäftsführung" des herrschenden Unternehmens und den Gesellschaftern der Obergesellschaft, der sachgerecht gelöst werden muss.[60]

2. Abhängiges Unternehmen

32 Im Hinblick auf eine GmbH & Co. KG als abhängiges Unternehmen stellt sich zunächst die Frage, ob die KG und ihre Komplementär-GmbH bereits einen Konzern bilden; dies ist nicht der Fall. Vielmehr gibt es **drei typische Situationen**, in denen die KG in Abhängigkeit von einem Unternehmensgesellschafter gerät,[61] nämlich dann, wenn die Komplementär-GmbH selbst Unternehmen im konzernrechtlichen Sinne ist, wenn diese von einem Unternehmensgesellschafter beherrscht wird und wenn (ausnahmsweise) ein anderweitig unternehmerisch tätiger Kommanditist einen hinreichenden Einfluss auf die Geschicke der KG nehmen kann, obwohl er von der Geschäftsführung und Vertretung der Gesellschaft ausgeschlossen ist. Nur in den letztgenannten drei Situationen treten die konzerntypischen Gefahren und Risiken ein, denen das primär als Schutzrecht zugunsten der konzernabhängigen Gesellschaft verstandene Konzernrecht begegnen will.

33 **a) Grundsatz.** Regelmäßig besteht kein Abhängigkeits- und Konzernverhältnis zwischen KG und Komplementär-GmbH. Konzernrechtliche Rechtsgrundsätze können daher auf eine GmbH & Co. KG nicht generell angewandt werden. Zwar kommt der zur Geschäftsführung und Vertretung der KG befugten Komplementär-GmbH innerhalb der Personengesellschaft typischerweise eine dominierende Stellung zu, jedoch beschränkt sich die GmbH regelmäßig darauf, diese Funktion wahrzunehmen. Sie ist in aller Regel selbst nicht (anderweitig) unternehmerisch tätig und auch nicht an weiteren Unternehmen beteiligt. In diesem Idealfall einer GmbH & Co. KG, in dem die GmbH ausschließlich innerhalb der KG tätig ist, ist die Komplementär-GmbH daher einem privaten Mehrheitsgesellschafter vergleichbar und ebenso wenig wie dieser als Unternehmen im Sinne der §§ 15 ff. AktG anzusehen.[62] **Komplementär-GmbH und KG** bilden

[59] Zusammenfassend KöKo/*Koppensteiner* Vorbem. § 291 AktG Rn 35 ff.; MünchHdb. GesR IV/*Krieger* § 69 Rn 42 ff.; *Liebscher*, Konzernbildungskontrolle, S. 48 ff.

[60] Grundlegend *Lutter*, DB 1973, Beil. 21; zusammenf. zu den infolge der Gruppenbildung auf der Ebene des herrschenden Unternehmens entstehenden Konflikten *Emmerich/Sonnenschein/Habersack* § 1 III 5 c; KöKo/*Koppensteiner* Vorbem. § 15 AktG Rn 5; Vorbem. § 291 Rn 16 f.; *Liebscher*, Konzernbildungskontrolle, S. 13, 37 ff.

[61] Unternehmensrechtskommission, Tz. 1709 bis 1711; vgl. auch *K. Schmidt* Gesellschaftsrecht § 43 III 1 a; GK/*Ulmer* HGB Anh. § 105 Anm. 8 ff.; ähnlich MüKoHGB/*Mülbert* KonzernR Rn 9 ff., der einen weiteren Typ hinzufügt.

[62] *Baumgartl*, Konzernbeherrschte Personengesellschaft, S. 24 f.; *Binz/Sorg* § 14 Rn 56; *Emmerich/Sonnenschein/Habersack* § 33 II 1; *Schießl*, Die beherrschte Personengesellschaft, S. 5; *Schlegelberger/Martens* Anh. § 105 HGB Rn 6; MüKoHGB/*Mülbert* KonzernR Rn 52; MünchHdb. GesR II/*Gummert* § 50 Rn 98.

nicht einmal dem „äußeren Anschein" nach einen Konzern.[63] Denn die GmbH & Co. KG ist ein **einheitliches, aus Gründen der Haftungsbeschränkung künstlich** auf zwei Gesellschaften, nämlich die operativ tätige KG und die primär als Haftungsschott fungierende GmbH, **aufgespaltetes Unternehmen**, für das konzernrechtliche Regeln keine Geltung beanspruchen. Anderes kann weder aus der Kaufmannseigenschaft der Komplementär-GmbH (vgl. §§ 6 Abs. 1 HGB, 13 Abs. 3 GmbHG),[64] noch in mitbestimmungsrechtlicher Hinsicht begründet werden.[65]

b) Anderweitige unternehmerische Betätigung der Komplementär-GmbH. Anders ist dies indes, wenn die Komplementär-GmbH einen eigenen Geschäftsbetrieb unterhält oder an mehreren Gesellschaften (etwa als Komplementärin mehrerer Kommanditgesellschaften) beteiligt ist. In diesem Falle besteht die im konzernrechtlichen Unternehmensbegriff vorausgesetzte mehrfache Interessenlage und die damit einhergehende Gefahr der Verlagerung von Geschäftschancen und Gewinnen zwischen den jeweiligen geschäftlichen Aktivitäten.[66] 34

Die Komplementär-GmbH dürfte allerdings realiter eher selten einen eigenständigen Geschäftsbetrieb unterhalten. **Häufiger** dürfte die Fallgestaltung sein, dass sie an mehreren Gesellschaften maßgebend beteiligt ist; vor allem dürfte es nicht selten vorkommen, dass ein und dieselbe GmbH die Komplementärstellung in mehreren Kommanditgesellschaften wahrnimmt, sei es, da die Initiatoren den Aufwand für die Gründung einer eigenständigen Komplementär-GmbH für ein weiteres unternehmerisches Engagement scheuen, sei es, dass sie glauben, eine solche Unternehmensstruktur leichter handhaben zu können (sog. „sternförmige" GmbH & Co. KG). Gerade **bei der personenidentischen GmbH & Co. KG** dürften diese Erwägungen häufiger dazu führen, dass eine Konzernstruktur begründet wird; erschwerend kommt hinzu, dass sich die Gesellschafter dieser Umstände häufig nicht bewusst sind. Eine solche Konstellation sollte indes vermieden werden, um die durch Gründung einer GmbH & Co. KG 35

---

[63] So aber *Emmerich/Sonnenschein/Habersack* § 33 II 1.

[64] So aber *Baumbach/Hueck* AktG § 15 Rn 4; a. A. zutr. *Baumgartl*, Konzernbeherrschte Personengesellschaft, S. 24 f.; *Geßler/Hefermehl* § 15 AktG Rn 30.

[65] Im Mitbestimmungsrecht ist heftig umstritten, ob § 5 MitbestG auf eine GmbH & Co. KG generell Anwendung findet, weil KG und Komplementär-GmbH einen Konzern i. S. d. Vorschrift bilden. Nach zutr. h. M. ist dies indes nicht der Fall, da das MitbestG von demselben Unternehmens- und Konzernbegriff ausgeht wie die §§ 15 ff. AktG. Auch mitbestimmungsrechtlich liegt ein Konzern nur vor, wenn sich die Komplementär-GmbH nicht darauf beschränkt, Geschäftsführungs- und Vertretungsfunktionen einer einzigen KG wahrzunehmen, sondern sie eigene unternehmerische Interessen verfolgt, vgl. OLG Celle BB 1979, 2502, 2503; OLG Bremen DB 1980, 1332, 1334 f.; MünchHdb. GesR II/*Gummert* § 50 KG Rn 98 f. *Fitting/Wlotzke/Wißmann* § 4 MitbestG Rn 29; § 5 Rn 13; a. A. *Hanau/Ulmer* § 5 MitbestG Rn 9.

[66] *Baumgartl*, Konzernbeherrschte Personengesellschaft, S. 24; *Bitter*, Durchgriffshaftung, S. 60; *Emmerich/Sonnenschein/Habersack* § 33 II 1; MüKoHGB/*Mülbert* KonzernR Rn 54; *Schlegelberger/Martens* Anh. § 105 HGB Rn 6; GK/*Ulmer* HGB Anh. § 105 Anm. 9.

erstrebte Risikobegrenzung nicht zu schwächen. Vielmehr sollte auch und gerade bei der personenidentischen GmbH & Co. KG, wenn von demselben Initiatorenkreis ein weiteres unternehmerisches Engagement begründet wird, welches durch eine eigenständige Gesellschaft (regelmäßig eine KG) wahrgenommen werden soll, für dieses eine neue Komplementär-GmbH gegründet werden.

36 **c) Mittelbare Beherrschung.** Weiterhin ist ein Abhängigkeits- und Konzernverhältnis hinsichtlich der GmbH & Co. KG dann denkbar, wenn die allein an der KG beteiligte, selbst unternehmerisch nicht tätige Komplementär-GmbH ihrerseits von einem Gesellschafter beherrscht wird, der weitergehende externe unternehmerische Interessen verfolgt. In diesem Falle ist das herrschende Unternehmen mittelbar über die von ihm dominierte Komplementär-GmbH an der Personengesellschaft beteiligt und übt so auch auf Letztere maßgebenden Einfluss aus.[67] So genannte **mittelbare Abhängigkeitsverhältnisse** werden ausdrücklich von § 17 Abs. 1 AktG erfasst, so dass auch Enkel-, Mutter- und Großmuttergesellschaften in den Anwendungsbereich der konzernrechtlichen Schutzvorschriften einbezogen werden.[68]

37 Eine derartige mittelbare Abhängigkeit der GmbH & Co. KG wegen Beherrschung der Komplementär-GmbH durch einen Unternehmensgesellschafter findet sich **häufig bei nicht personenidentischen GmbH & Co. KGs**, bei denen regelmäßig bewusst einer unternehmerisch befähigten Person oder einer Gruppe von Personen, die häufig zudem konsortialvertraglich gebunden sind und so ihre Einflusspotentiale bündeln, alle oder die Mehrheit der Geschäftsanteile der Komplementär-GmbH zustehen. Allerdings ist eine solche mittelbare Abhängigkeit auch bei personenidentischen GmbH & Co. KGs denkbar, wenn ein Unternehmensgesellschafter maßgebend an KG und Komplementär-GmbH beteiligt ist.

38 **d) Der herrschende Kommanditist.** Die Abhängigkeit einer GmbH & Co. KG knüpft häufig, wenn nicht gar typischerweise, an die regelmäßig beherrschenden Stellung der Komplementär-GmbH bzw. an eine Beherrschung dieser innerhalb der KG dominierenden Gesellschaft durch einen ihrer Gesellschafter an. Zwingend ist diese Konstellation indessen nicht. Vielmehr kann das herrschende Unternehmen auch (Nur-)Kommanditist der KG sein.[69] Allerdings dürfte diese Fallgestaltung selten anzutreffen sein, da sie eine bestimmte innere Ordnung der KG voraussetzt, die allerdings im Rahmen der gesellschaftsvertraglichen Gestaltungsfreiheit ohne weiteres geschaffen werden kann. Grundlage einer solchen Beherrschung der KG durch einen Kommanditisten ist, dass dieser hinreichend Einfluss

[67] BAG AG 1991, 434, 436 ff.; *Limmer*, GmbHR 1992, 265; *Schlegelberger/Martens* Anh. § 105 HGB Rn 6; MüKoHGB/*Mülbert* KonzernR Rn 59; *Schießl*, Beherrschte Personengesellschaft, S. 5; Unternehmensrechtskommission Tz. 1710.

[68] *Emmerich/Sonnenschein/Habersack* § 3 II 4; *Geßler/Hefermehl* § 17 AktG Rn 64 ff.; *Hüffer* § 17 AktG Rn 6; MünchHdb. GesR IV/*Krieger* § 68 Rn 48 ff.

[69] *Baumgartl*, Konzernbeherrschte Personengesellschaft, S. 18; *Laule*, FS Semler, S. 451, 543 ff.; *Löffler*, Abhängige Personengesellschaft, S. 12; *Schlegelberger/Martens* Anh. § 105 HGB Rn 11.

auf die Geschäftsführung durch die Komplementär-GmbH nehmen kann, obwohl er an dieser gerade nicht oder zumindest nicht maßgebend beteiligt ist.

Dieser Einfluss kann **aus Sonderrechten des Kommanditisten**, etwa einem gesellschaftsvertraglichen Weisungsrecht gegenüber der „Geschäftsführung" resultieren oder daraus, dass der **Gesellschafterversammlung** der KG eine Stellung eingeräumt wird, wie sie im gesetzlichen Regelfall bei der GmbH existiert. Dies setzt regelmäßig voraus, dass dort nicht nach Köpfen, sondern nach Kapitalanteilen abgestimmt und umfassend das Mehrheitsprinzip eingeführt wird. Ferner muss weitgehend sichergestellt werden, dass die Geschäftsführung zur Durchführung einer Maßnahme (von erheblichem Gewicht) eines zustimmenden Beschlusses der Gesellschaftergesamtheit bedarf oder die Gesellschafterversammlung gar in beliebigem Umfang Weisungen an die „Geschäftsführung" erteilen kann. Allerdings sind auch andere Situationen denkbar, in denen der aus der Beteiligung eines Kommanditisten fließende Einfluss aus sonstigen Gründen derart verstärkt wird, dass ein Abhängigkeitsverhältnis entsteht; diese sind jedoch eher seltene Ausnahmefälle. **39**

e) Gefahren für die Untergesellschaft. Das herrschende Unternehmen ist – wie dargelegt – ein Wirtschaftsunternehmen, welches am Markt außerhalb des abhängigen Unternehmens wirtschaftliche Interessen verfolgt. Aufgrund dieses unternehmerischen Doppelinteresses des maßgebenden Teilhabers besteht die Gefahr, dass das herrschende Unternehmen seinen Einfluss **zum Nachteil der beherrschten Gesellschaft nutzen** wird und so vor allem die Vermögensinteressen der übrigen (außenstehenden) Gesellschafter, z. B. deren Gewinnbezugsrecht, verletzt. Es wird somit die idealiter vorhandene Interesseneinheit zwischen den Teilhabern in Frage gestellt, da die Geschäftsführung des abhängigen Unternehmens fremdbestimmt ist und der Konzernherr womöglich seinen Einfluss nach Maßgabe seines außerhalb der Gesellschaft betriebenen unternehmerischen Sonderinteresses ausübt **(sog. Konzernkonflikt)**.[70] Das herrschende Unternehmen betreibt nämlich eine eigenständige Unternehmenspolitik und bezieht die abhängige Gesellschaft mittels Ausübung seiner Herrschaftsrechte in diese Konzernpolitik mit ein. Auch wenn das herrschende Unternehmen regelmäßig nicht beabsichtigt, die Tochtergesellschaft auszuplündern oder zu schädigen, so wird durch die Gruppenbildung doch aus einem autonomen Marktanbieter ein fremdbestimmter Teil einer größeren Wirtschaftseinheit. Entscheidungsmaßstab der „Geschäftsführung" der beherrschten GmbH & Co. KG ist also nicht mehr allein das Eigeninteresse dieses Unternehmens, sondern das vom Konzernherrn vorgegebene **Konzerninteresse**. Die konzernfreie Minderheit ist dann auch nicht mehr ohne weiteres in der Lage, eine allein den Interessen der Muttergesellschaft dienende „Geschäftsführung" und Gewinnverwendung zu verhindern. Hauptanliegen des vornehmlich als Schutzrecht zugunsten der ab- **40**

[70] Grundlegend BGHZ 69, 334, 336ff. (VEBA/Gelsenberg); 80, 69, 72f. (Süssen); vgl. auch *Emmerich/Sonnenschein/Habersack* § 1 III 3 b; MünchHdb. GesR IV/*Krieger* § 68 Rn 5ff.; *Wiedemann*, Unternehmensgruppe, S. 39.

hängigen Gesellschaft verstandenen Konzernrechts ist es, diesen auf der Ebene des abhängigen Unternehmens entstehenden Interessenkonflikt zu lösen.

41 Zugleich geht es um den **Schutz der Gläubiger** des abhängigen Unternehmens. Diesen haftet nämlich grundsätzlich allein das Vermögen des abhängigen Unternehmens; insbesondere bei einer GmbH & Co. KG steht keine Privatperson für die Gesellschaftsverbindlichkeit mit ihrem Privatvermögen ein, sondern als Haftungsmasse steht den Gläubigern allein das KG-Vermögen und das Vermögen der regelmäßig (abgesehen von der Mindeststammeinlage von € 25.000,–) vermögenslosen Komplementär-GmbH zur Verfügung. Den Gläubigern droht daher die **Gefahr**, dass das ihnen **haftende Vermögen** der GmbH & Co. KG **ausgehöhlt** bzw. infolge der Einflussnahme des herrschenden Unternehmens geschmälert wird.[71]

IV. Die beherrschte GmbH & Co. KG

42 Die zentralen konzernrechtlichen Rechtsprobleme stellen sich im Hinblick auf die beherrschte GmbH & Co. KG. Diese Probleme und die insoweit vorgeschlagenen Lösungen sind – wie dargelegt – weitgehend identisch mit der allgemeinen konzernrechtlichen Problematik im Personengesellschaftsrecht. Zu beachten ist allerdings, dass gerade GmbH & Co. KGs **häufig** über eine **kapitalistische Realstruktur** verfügen, d.h. an ihnen – mit Ausnahme des herrschenden Unternehmens – häufig nur Personen beteiligt sind, die in der Gesellschaft nicht unternehmerisch tätig sind und die auch keinen unternehmerischen Einfluss nehmen können und sollen. Damit einhergehend verfügt die Gesellschaft vielfach über eine an kapitalgesellschaftsrechtliche Vorbilder angelehnte (Kompetenz-) Ordnung. Hierdurch wird die Gesellschaft zum einen konzernrechtlichen Einflüssen geöffnet und zum anderen entfernt sie sich vom gesetzlichen Leitbild einer Mitunternehmergemeinschaft. Dieser Befund kann nicht unberücksichtigt bleiben, so dass die regelmäßig sehr strengen konzernrechtlichen Maßstäbe, die überwiegend für strukturtypische Personengesellschaften entwickelt wurden, bei solchen kapitalistisch verfassten GmbH & Co. KGs teilweise sachgerecht einzuschränken sind.

1. Zulässigkeit der (vertraglichen) Konzernierung einer Personengesellschaft

43 Vor die Klammer gezogen werden soll zunächst die heute weitgehend geklärte Frage, ob die (vertragliche) Konzernierung einer Personengesellschaft, d.h. die einheitliche Leitung durch das herrschende Unternehmen (gegebenenfalls unter vorrangiger Berücksichtigung von dessen Konzerninteressen) überhaupt zulässig ist. Anders als die Möglichkeit einer einfachen Abhängigkeit einer Personengesellschaft, die seit jeher unbestritten

[71] Vgl. Begr. Reg.Entw. zum AktG 1965, abgedr. *Kropff*, AktG 1965, S. 373ff.; *Liebscher*, Konzernbildungskontrolle, S. 12.

ist, war lange streitig, ob eine Personengesellschaft überhaupt konzerniert werden darf, wobei zu beachten ist, dass die (wohl noch) h. M. eine Konzernierung mit einem Vorrang des vom herrschenden Unternehmens verfolgten Konzerninteresses vor dem Eigeninteresse des abhängigen Unternehmens gleichsetzt. Die Zulässigkeit der Konzernierung einer Personengesellschaft, namentlich einer GmbH & Co. KG, ist heute indes weitgehend anerkannt.[72]

Die insoweit früher vorgebrachten Zweifel, die im Wesentlichen mit dem Grundsatz der Selbstorganschaft, dem Abspaltungsverbot und dem Charakter der Personengesellschaft als Arbeits- und Haftungsgemeinschaft, der eine (vorrangige) Verfolgung von Konzerninteressen und eine fremdbestimmte persönliche Haftung des Komplementärs ausschließe, begründet wurden,[73] greifen nicht durch.[74] Beachtlich war insoweit insbesondere der Einwand wirtschaftlicher Selbstentmündigung und das Risiko einer fremdbestimmten persönlichen Haftung; diese Gesichtspunkte begründen jedoch dann keine grundlegenden Bedenken gegen eine derartige Konzernierung, wenn – wie im Falle einer typischen GmbH & Co. KG – **keine natürlichen Personen einer persönlichen unbeschränkten Haftung** für im Konzerninteresse veranlasste Maßnahmen unterliegen[75] oder das herrschende Unternehmen die **persönlich haftenden (Privat-)Gesellschafter** im Innenverhältnis **von der** (fremdbestimmten) **persönlichen Haftung freistellt**.[76] Hinzu kommt, dass eine umfassende Konzerneinbindung nach heute h. M. ohnehin in aller Regel gegen den Widerstand einer opponierenden Minderheit nicht möglich ist. 44

2. Konzernbildungskontrolle

Entscheidendes Gewicht kommt daher heute der ins Zentrum der konzernrechtlichen Diskussion gerückten Frage zu, unter welchen gesellschafts- und konzernrechtlichen Voraussetzungen eine Personengesellschaft 45

---

[72] BGH NJW 1980, 231 (Gervais/Danone) *Baumbach/Hopt* § 105 HGB Rn 105; *Baumgartl*, Konzernbeherrschte Personengesellschaft, S. 43 ff.; *Heymann/Emmerich* Anh. § 105 HGB Rn 19 f.; *K. Schmidt* Gesellschaftsrecht § 17 IV 3 a; im Grundsatz ebenso MüKoHGB/*Mülbert* KonzernR Rn 129, 132, 149, der allerdings für die Zulässigkeit der Konzernierung von Personengesellschaften die (zumind. konkludente) Vereinbarung eines sog. „dienenden" Verbandszwecks, durch den die Tätigkeit der Gesellschaft auf das Sonderinteresse des herrschenden Unternehmens ausgerichtet wird, fordert.

[73] *Heymann/Emmerich* § 105 HGB 1. Aufl. Rn 121; *Emmerich/Sonnenschein/Habersack* 3. Aufl., § 27 III, die ihre Ansicht jedoch inzwischen aufgegeben haben; *Flume* § 14 X; *Reuter*, AG 1986, 130, der personengesellschaftsrechtlichen Unternehmensverträgen nur schuldrechtlichen Charakter zugesteht; ähnlich *Löffler*, Abhängige Personengesellschaft, S. 42 ff.

[74] Eingehend zu den Gegenargumenten *Baumgartl*, Konzernbeherrschte Personengesellschaft, S. 42 ff.; MüKoHGB/*Mülbert* KonzernR Rn 166; *Schlegelberger/Martens* Anh. § 105 HGB Rn 32 ff.; *Schießl*, Beherrschte Personengesellschaft, S. 43 ff.

[75] BayObLG NJW 1993, 1804 (BSW); zust. *Baumbach/Hopt* § 105 HGB Rn 105; *Emmerich/Sonnenschein/Habersack* § 34 III 2.

[76] S. o. die Nachweise in Fn 73.

in eine Unternehmensgruppe eingebunden werden kann, insbesondere ob und, wenn ja, in welcher Form die Begründung der Abhängigkeit einer Personengesellschaft, ihre Konzerneinbindung bzw. die Begründung eines personengesellschaftsrechtlichen Vertragskonzerns eine Mitwirkung der anderen (konzernfreien) Gesellschaft des abhängigen Unternehmens erfordert, so dass diese bereits die Entstehung der Unternehmensverbindung abwehren oder ihre Zustimmung von geeigneten Vereinbarungen abhängig machen kann, die sie (zumindest vermögensmäßig) vor etwaigen negativen Folgen einer Abhängigkeits- und Konzernbeziehung schützen. Sofern eine effektive Konzernbildungskontrolle stattfindet, d. h. die Selbständigkeit des Unternehmens geschützt werden kann, würde zugleich die Notwendigkeit der Entwicklung weitergehender Schutzinstrumente zum Schutz des abhängigen Unternehmens und seiner Gesellschafter weitgehend entfallen, denn wer sich selbst zu schützen vermag, den braucht die Rechtsordnung vor den Folgen einer gegebenenfalls negativen Entwicklung nicht umfänglich zu bewahren.

46 **a) Schlichte Abhängigkeit.** Im Rahmen der Begründung eines effektiven konzernrechtlichen Präventivschutzes kommt insbesondere dem Zeitpunkt der Bildung der Unternehmensgruppe durch Entstehung einer Abhängigkeitslage im Sinne des § 17 AktG entscheidende Bedeutung zu; daher wird dieser Zeitpunkt, in dem es zur Entstehung der Unternehmensverbindung kommt, als **„archimedischer Punkt des Konzernrechts“** bezeichnet.[77]

47 Insoweit geht es vor allem um die Verhinderung der nachträglichen Begründung der Abhängigkeit einer Personengesellschaft. In aller Regel wird eine Personengesellschaft **als unabhängiges**, nicht von einem Unternehmensgesellschafter beherrschtes **Unternehmen gegründet**. Zwingend ist dies indes nicht. Es kann auch im Zeitpunkt des Vertragsschlusses bereits ein Gesellschafter mit intern maßgebender Stellung anderweitig unternehmerisch tätig sein, so dass die Gesellschaft als abhängiges Unternehmen zur Entstehung gelangt. Auch wenn ein unternehmerisches Doppelengagement des maßgebenden Teilhabers im Gesellschaftsvertrag nicht gesondert gestattet wird, folgt aus dem Rechtsgedanken des § 112 Abs. 2 HGB, dass in diese Abhängigkeit der Gesellschaft, die in Kenntnis der insoweit maßgebenden Umstände begründet wurde, eingewilligt wurde.[78] Soll die Ge-

---

[77] *Behrens*, ZGR 1975, 433, 440 f.; *Lutter/Timm*, NJW 1982, 409, 411; *Liebscher*, Konzernbildungskontrolle, S. 34.

[78] Die Mitgesellschafter können später nicht Unterlassung der Verfolgung anderweitiger unternehmerischer Aktivitäten des herrschenden Unternehmens verlangen oder sonstige Rechtsbehelfe gegen dieses ergreifen. Anderes gilt nur dann, wenn die insoweit maßgebenden Umstände den Mitgesellschaftern (einschließlich Art und Umfang der anderweitigen Aktivitäten des herrschenden Unternehmens) bei Gründung nicht bekannt waren oder sich die bei Gründung der Gesellschaft gegebenen Umstände nachträglich grundlegend ändern bzw. wenn das herrschende Unternehmen, ohne dass ihm auch dies bei Gründung gestattet worden wäre, die Gesellschaft umfänglich in seine Konzernpolitik einbindet. Vgl. GK/*Ulmer* HGB Anh. § 105 Anm. 38.

sellschaft als abhängige gegründet werden, ist mithin entscheidend, dass das herrschende Unternehmen seine Mitgesellschafter über alle insoweit maßgebenden Umstände aufklärt. Vor allem sollte es darüber aufklären, in welchem Umfang es anderweitig unternehmerisch tätig ist, in welcher Art und Weise dies erfolgt – insbesondere ob es ein Konkurrenzunternehmen betreibt –, welche geschäftlichen Beziehungen zwischen abhängigem und seinem eigenen Unternehmen geplant sind usw. Unterlässt das herrschende Unternehmen dies, läuft es Gefahr, späteren Abwehrmaßnahmen seiner Mitgesellschafter ausgesetzt zu sein.

Auch im Hinblick auf eine denkbare **nachträglich eintretende Abhängigkeit** ist der Zeitpunkt der Gründung der GmbH & Co. KG vielfach entscheidend. Personengesellschaften sind nach dem gesetzlichen Leitbild weitgehend konzernresistent, so dass ein Abhängigkeitsverhältnis nachträglich nur dann entstehen kann, wenn der Gesellschaftsvertrag vom dispositiven Gesetzesrecht erheblich abweichende Regelungen trifft, die die GmbH & Co. KG möglichen beherrschenden Einflüssen öffnet (s. Rn 10 ff.). Die typischen Wege der Entstehung einer Abhängigkeitslage – mit Ausnahme der Aufnahme eines anderweitigen unternehmerischen Engagements durch einen maßgebenden Teilhaber, gegen den das Wettbewerbsverbot des § 112 HGB nur begrenzten Schutz bietet – unterliegen dann nämlich grundsätzlich einem einstimmigen Gesellschafterbeschluss, so dass etwa eine **Abhängigkeitsbegründung** durch Änderung des Gesellschaftsvertrages oder durch Zuerwerb von Mitgliedschaftsrechten im Wege der Anteilsübertragung regelmäßig nur aufgrund eines **zustimmenden Gesellschafterbeschlusses**, der grundsätzlich der Einstimmigkeit bedarf, möglich ist.[79] 48

Allerdings wird insbesondere die GmbH & Co. KG typischerweise **abweichend vom dispositiven gesetzlichen Leitbild ausgestaltet**, indem das Mehrheitsprinzip eingeführt und sonstige Bestimmungen getroffen werden, die einzelnen Gesellschaftern oder der Komplementär-GmbH eine beherrschende Stellung gewähren. Häufig wird auch der Mitgliedschaftswechsel von Restriktionen freigestellt. Auch wenn derartige Vereinbarungen getroffen wurden, kommt dem Zeitpunkt der Gründung der Gesellschaft im Hinblick auf eine dann ohne weiteres denkbare, spätere Entstehung einer Unternehmensverbindung entscheidende Bedeutung zu. Denn die Gesellschafter können in vielfältiger Weise Vorsorge dagegen treffen, dass die Personengesellschaft später in Abhängigkeit von einem Unternehmensgesellschafter gerät. Die wichtigsten Mittel eines solchen beabsichtigten, **gesellschaftsvertraglichen Präventivschutzes** sind Zustimmungsvorbehalte für die Abtretung von Geschäftsanteilen, weit gefasste Wettbewerbs- und unternehmerische Tätigkeitsverbote sowie Ausschlussklauseln gegenüber fremdunternehmerisch tätigen Gesellschaftern. Durch solche Schutzklauseln ist es möglich, in der Personengesellschaft trotz Begründung einer prinzipiellen fremdunternehmerischen Beherrsch- 49

[79] *Baumbach/Hopt* § 105 HGB Rn 102; *Emmerich/Sonnenschein/Habersack* § 8 I 1; *Liebscher*, Konzernbildungskontrolle, S. 313 ff.; *Schlegelberger/Martens* Anh. § 105 HGB Rn 24; GK/*Ulmer* HGB Anh. § 105 Anm. 43.

barkeit einen beinahe lückenlosen konzernrechtlichen Präventivschutz zu etablieren.[80]

50 Wesentlich schwieriger stellt sich die Situation für die Minderheit indessen dar, wenn der **Gesellschaftsvertrag keine Vorsorge** gegen die Begründung einer Abhängigkeitslage von einem anderen Unternehmen getroffen hat. Teilweise wird zwar davon ausgegangen, dass die Entstehung einer fremdunternehmerischen Beherrschungslage zumindest bei strukturtypischen Personengesellschaften nur mit Billigung der Gesellschaftergesamtheit zulässig sei;[81] dies ist jedoch abzulehnen. Es gibt keinen Rechtssatz, dass bei Personengesellschaften in jedem Fall bei Abhängigkeitsbegründung ein Zustimmungsbeschluss der Mitgesellschafter erforderlich ist; vielmehr zeigt § 112 HGB, dass eine solche generelle Abhängigkeitsbegründungskontrolle grundsätzlich nur dann stattfindet, wenn zwischen den Tätigkeitsbereichen des potentiell abhängigen Unternehmens und dem gesellschaftsfremden, unternehmerischen Engagement des (künftig) herrschenden Unternehmens ein Wettbewerbszusammenhang existiert.[82]

51 Wurde keine gesellschaftsvertragliche Vorsorge getroffen, so bietet mithin allein das **Wettbewerbsverbot des § 112 HGB eingeschränkten Schutz.** §§ 112, 161 Abs. 2 HGB erlauben dem persönlich haftenden Gesellschafter, also der Komplementär-GmbH, nur mit Zustimmung der übrigen Gesellschafter in Wettbewerb zu der Personengesellschaft zu treten. Verboten sind jegliche Geschäfte im Handelszweig der Gesellschaft. Erfasst wird auch die Beteiligung an einem Konkurrenzunternehmen gleich welcher Rechtsform.[83] § 112 HGB bietet jedoch keinen Schutz vor der Entstehung einer fremdunternehmerischen Beherrschungslage, wenn das (künftig) herrschende Unternehmen beabsichtigt, sich auf einem dritten Markt zu betätigen, es also nicht mit der abhängigen Gesellschaft konkurriert, so dass **Abhängigkeitsverhältnisse ohne Wettbewerbscharakter unkontrolliert entstehen** können. Das **Verbot des § 112 HGB** ist darüber hinaus **abdingbar**, so dass ihm auch insoweit lediglich eine eingeschränkte Schutzwirkung zukommt.[84]

52 Wurde dieses Verbot indes nicht abbedungen, so sind zwei Erweiterungen des persönlichen Anwendungsbereichs dieser Vorschrift zu beachten, die dazu führen, dass nicht nur der persönlich haftende Gesellschafter von

---

[80] *Emmerich,* AG 1991, 303, 309 f.; *Liebscher,* Konzernbildungskontrolle, S. 317 f. Speziell zu einer gesellschaftsvertraglichen Erweiterung des Wettbewerbsverbots gem. § 112 HGB: BGHZ 37, 381, 384; *Baumbach/Hopt* § 112 HGB Rn 12; *Schlegelberger/Martens* § 112 HGB Rn 29 f.; *Raiser* Kapitalgesellschaften § 52 Rn 15 ff.

[81] *Baumbach/Hopt* § 105 HGB Rn 102; *Emmerich,* FS Stimpel, S. 443, 449; *K. Schmidt* Gesellschaftsrecht § 43 III 3 a; *Raiser* Kapitalgesellschaften § 52 Rn 20 a. E.; *Emmerich,* AG 1991, 303, 309.

[82] *Emmerich,* AG 1991, 309; *Kleindiek,* Strukturvielfalt, S. 255 f.; *Liebscher,* Konzernbildungskontrolle, S. 321 f.

[83] BGHZ 89, 162, 169 f. (Heumann/Oglivy); OLG Nürnberg BB 1981, 452; *Schlegelberger/Martens* § 112 HGB Rn 9; GK/*Ulmer* HGB § 112 Anm. 25.

[84] *Baumbach/Hopt* § 112 HGB Rn 13; *Heymann/Emmerich* § 112 HGB Rn 16; *Schlegelberger/Martens* § 112 HGB Rn 26; GK/*Ulmer* HGB § 112 Anm. 31.

dem Verbot erfasst wird, sondern dass dieses Verbot auch bei anderen Konkurrenzsituationen zwischen herrschendem Unternehmen und abhängiger Gesellschaft anzuwenden ist. Nach dem Gesetzeswortlaut erstreckt sich das Konkurrenzverbot des § 112 HGB zwar nicht auf Kommanditisten (vgl. § 165 HGB). Gleichwohl hat der BGH in der Heumann/Oglivy-Entscheidung[85] und ihm folgend die h. M.[86] ein **Wettbewerbsverbot zu Lasten eines Kommanditisten** angenommen, sofern dieser die Geschicke der Personengesellschaft bestimmen kann, er also im Innenverhältnis eine Machtstellung innehat wie üblicherweise der Komplementär. Das Phänomen des herrschenden Kommanditisten (s. o. Rn 37 f.) unterfällt daher § 112 HGB, so dass auch dieser der Personengesellschaft in der Regel keine Konkurrenz machen darf. Darüber hinaus trifft das **Wettbewerbsverbot im mehrstufigen Konzern** auch die Konzernspitze, wenn sich das herrschende Unternehmen, ohne an der Personengesellschaft unmittelbar beteiligt zu sein, einer an der Personengesellschaft beteiligten Konzerntochter bedient, um in diese hineinregieren zu können.[87] Vom Wettbewerbsverbot erfasst wird also auch das mittelbar herrschende Unternehmen, insbesondere der Fall der von einem Unternehmensgesellschafter beherrschten Komplementär-GmbH (s. o. Rn 35 f.); etwaige Abwehransprüche der konzernfreien Minderheit dürften sich dann (zumindest primär) gegen die Komplementär-GmbH richten.

Somit unterliegt die Abhängigkeitsbegründung nur dann regelmäßig einem Gesellschafterbeschluss, wenn entweder die Gesellschaft dem gesetzlichen Leitbild einer Personengesellschaft entspricht – was im Falle einer GmbH & Co. KG eher selten der Fall sein wird –, wenn gesellschaftsvertragliche Vorsorge gegen die Entstehung einer Abhängigkeitslage getroffen wurde oder wenn das herrschende Unternehmen ein Konkurrenzunternehmen ist und § 112 HGB nicht abbedungen wurde. Solche **Gesellschafterbeschlüsse** sind **grundsätzlich einstimmig**, bei Einführung des Mehrheitsprinzips durch eine **(hinreichend bestimmte) Mehrheitsklausel** hingegen mehrheitlich zu fassen. Ein entsprechender Mehrheitsbeschluss unterliegt gegebenenfalls einer **Inhaltskontrolle**, deren Kontrollmaßstab im Wesentlichen von der Realstruktur der Gesellschaft abhängt; entscheidend ist also im jeweiligen Einzelfall, ob die betreffende Gesellschaft weitgehend dem dispositiven Leitbild einer Arbeits- und Haftungsgemeinschaft entspricht oder – wie im Falle einer GmbH & Co. KG häufig, wenn **53**

---

[85] BGHZ 89, 162, 167.

[86] Zust. *Baumbach/Hopt* § 165 HGB Rn 3; *Baumgartl*, Konzernbeherrschte Personengesellschaft, S. 30 f.; *Liebscher*, Konzernbildungskontrolle, S. 320 f.; *Löffler*, NJW 1986, 224 ff.; *K. Schmidt* Gesellschaftsrecht § 43 III 3 b; a. A. *Schneider*, BB 1980, 1061.

[87] BGHZ 89, 162, 165 f., der auf den konkreten Einzelfall abstellt und auf verallgemeinerungsfähige Aussagen weitgehend verzichtet; vgl. *Emmerich*, FS Stimpel, S. 748 f.; *Grunewald*, BB 1981, 586; *Liebscher*, Konzernbildungskontrolle, S. 320; *Löffler*, NJW 1986, 226 f.; einschränkend *Schlegelberger/Martens* § 165 HGB Rn 25, Durchgriff nur bei Vorliegen eines qualifizierten Konzernverhältnisses; a. A. *Schießl*, Beherrschte Personengesellschaft, S. 94 ff. 98 f.

nicht gar die Regel – ob sie kapitalistisch verfasst und ihre Ordnung an kapitalgesellschaftsrechtliche Vorbilder angepasst wurde.[88]

54 **b) Konzernbildung durch einheitliche Leitung.** Die Aufnahme einheitlicher Leitung bedarf nach h. M. eines die Ausübung von Konzernherrschaft **legitimierenden Gesellschafterbeschlusses**, wobei diese Auffassung jedoch auf der Grundannahme basiert, dass charakteristisches Merkmal jeder Konzernleitung die Prädominanz des Konzerninteresses sei und eine solche Einbindung der abhängigen Personengesellschaft in die Konzernpolitik des herrschenden Unternehmens eine Zweckänderung beinhalten würde. Die Selbständigkeit der Gesellschaft zählt hiernach zum Gesellschaftszweck, so dass es eines vertragsändernden Gesellschafterbeschlusses bedarf, um die Einbindung der Personengesellschaft in einen Konzern im Sinne des § 18 AktG zu legalisieren.[89]

55 Beiden Prämissen ist nach der hier vertretenen Auffassung zu widersprechen. Auch bei Personengesellschaften ist zwischen den Fällen einfacher und qualifizierter Beherrschung zu differenzieren; nur im letztgenannten Fall darf der Herrschende seinen gesellschaftsextern betriebenen unternehmerischen Interessen Vorrang vor dem widerstreitenden Eigeninteresse der abhängigen Gesellschaft gewähren (s. Rn 20ff.). Selbst wenn eine solche qualifizierte Konzerneinbindung erstrebt wird, lässt diese Strukturentscheidung den Zweck des Zusammenschlusses der Gesellschafter grundsätzlich unberührt.[90] Gleichwohl wird der Forderung der h. M. nach einem Zustimmungsbeschluss von denjenigen, die auch im Personengesellschaftsrecht stärker nach Konzernierungsgraden unterscheiden, zugestimmt. Denn mit der Konzerneingliederung gehen tief greifende Änderungen der inneren Struktur des abhängigen Unternehmens einher. Durch die Begründung eines Konzernverhältnisses wird das Eigeninteresse der abhängigen Personengesellschaft nachhaltig bedroht; es besteht stets die Gefahr, dass das herrschende Unternehmen bei seinen Eingriffen seiner Verpflichtung, auf das Gesellschaftsinteresse der konzernierten Personengesellschaft Rücksicht zu nehmen, zuwider handelt und es seine Konzerninteressen voranstellt. Dies kann durch das konzernrechtliche Bestandsschutzsystem vielfach nicht effektiv verhindert werden. Daher wird das idealiter bestehende wechselseitige Vertrauen der Personengesellschafter, welches bei strukturtypischen Personengesellschaften die Grundlage des Gesellschaftsverhältnisses bildet, angesichts der Konzernierung durch berechtigtes Miss-

[88] BGHZ 80, 69, 74f. (Süssen) für eine GmbH; *Emmerich/Sonnenschein/Habersack* § 8 I 2; *Liebscher*, Konzernbildungskontrolle, S. 337f.; *Schlegelberger/Martens* Anh. § 105 HGB Rn 24; GK/*Ulmer* HGB Anh. § 105 Anm. 44.

[89] *Heck*, Personengesellschaften, S. 160f.; *Löffler*, Abhängige Personengesellschaft, S. 33f.; 76ff.; *ders.*, NJW 1989, 2656, 2659; *Schlegelberger/Martens* Anh. § 105 HGB Rn 36 a. E.; einschränkend *Schießl*, Beherrschte Personengesellschaft, S. 33, der primär auf eine besonders strenge Anwendung des Bestimmtheitsgrundsatzes abstellt; a. A. *Baumgartl*, Konzernbeherrschte Personengesellschaft, S. 21ff., 44.

[90] Vgl. BGHZ 96, 245, 248ff.: enge Auslegung des Vereinszwecks gem. § 33 Abs. 1 S. 2 BGB; s. *Baumgartl*, Konzernbeherrschte Personengesellschaft, S. 21ff., 44; *Liebscher*, Konzernbildungskontrolle, S. 138ff.

trauen gegenüber jeder Handlung des herrschenden Unternehmens und der fremdunternehmerisch beeinflussten Geschäftsleitung verdrängt.[91] Somit bedarf es angesichts der Konzerngefahren auch auf der Grundlage der hier vertretenen Auffassung grundsätzlich eines Konzernierungsbeschlusses der Gesellschafterversammlung der GmbH & Co. KG zur Begründung eines einfachen Konzernverhältnisses im Sinne des § 18 AktG, wobei in Anbetracht der mit einer Abhängigkeitsbegründung einhergehenden **Konzernvermutung** (vgl. § 18 Abs. 1 S. 3 AktG) bereits die **Entstehung eines Abhängigkeitsverhältnisses regelmäßig legitimationsbedürftig** ist, es sei denn, dass die Konzernvermutung vom herrschenden Unternehmen widerlegt wird. Ein solcher Konzernierungsbeschluss ermächtigt indes in mehrgliedrigen Gesellschaften nicht ohne weiteres zur Schädigung der Untergesellschaft. Dies ist nur dann der Fall, wenn zugleich die Verbandsverfassung der abhängigen Personengesellschaft entsprechend angepasst, d. h. ein Vertragskonzern begründet wird.

Zu klären bleibt, ob in Anbetracht der im Personengesellschaftsrecht **56**
bestehenden weitgehenden gesellschaftsvertraglichen Gestaltungsfreiheit dieses Mitwirkungsrecht in Gänze abbedungen werden kann bzw. ob insoweit Mehrheitsentscheidungen angeordnet werden können. Überwiegend wird davon ausgegangen, dass jedenfalls im Regelfall abweichende Satzungsbestimmungen nicht möglich sind. So genannte Konzernierungsklauseln im Gesellschaftsvertrag reichen – als antizipierte Zustimmung der Gesellschaft zur Konzerneinbindung – regelmäßig nur aus, wenn sie sich auf einen bestimmten, konkreten Einzelfall beziehen, während **allgemeine Klauseln** dieser Art zumindest in einer dem gesetzlichen Leitbild entsprechenden Personengesellschaft nicht genügen.[92]

Eine **Gegenausnahme** dürfte jedoch **bei reinen Publikumsgesell- 57**
schaften mit einer an das Aktienrecht angelehnten, institutionalisierten inneren Ordnung, also Gesellschaften mit atomisierter Kommanditbeteiligung, die als Kapitalsammelbecken fungieren, sowie mit weitgehend körperschaftlicher Verfassung anzuerkennen sein. Diese Gegenausnahme gewinnt insbesondere bei der GmbH & Co. KG Bedeutung.[93] Inwieweit abgesehen von diesem Extremfall einer erheblichen Abweichung der Personengesellschaft vom gesetzlichen Ideal einer Arbeits- und Haftungsgemeinschaft Rechnung zu tragen ist, ist weitgehend ungeklärt. Eine solche kapitalistische Struktur der Personengesellschaft, die bei der GmbH & Co. KG typischerweise in mehr oder minder stark ausgeprägter Form zu finden ist, sollte – sofern der Gesellschaftsvertrag eine Konzernierungs-

---

[91] *Heymann/Emmerich* Anh. § 105 HGB Rn 15; *Emmerich/Sonnenschein/Habersack* § 33 III 2; *Liebscher*, Konzernbildungskontrolle, S. 323 f.; *K. Schmidt* Gesellschaftsrecht § 43 III 2 b; ähnlich MüKoHGB/*Mülbert* KonzernR Rn 124 ff., der jedoch für eine Konzernierung, auch für eine rein faktische, stets einen „dienenden" Verbandszweck der abhängigen Personengesellschaft, also deren Ausrichtung auf ein Sonderinteresse des herrschenden Unternehmens fordert.

[92] *Baumbach/Hopt* § 105 HGB Rn 102 a. E.; *Binnewies*, Konzerneingangskontrolle, S. 75 ff.; *Emmerich/Sonnenschein/Habersack* § 34 II 1 a; *Liebscher*, Konzernbildungskontrolle, S. 322 ff.; *K. Schmidt* Gesellschaftsrecht § 43 III 4 a.

[93] *Liebscher*, Konzernbildungskontrolle, S. 339.

klausel enthält – im Rahmen der Auslegung dieser Kautele berücksichtigt werden.[94]

58 **Strittig** ist weiterhin, ob ein solcher **Konzernierungsbeschluss zwingend einstimmig** zu fassen ist oder ob der Gesellschaftsvertrag insoweit Mehrheitsbeschlüsse zulassen kann. Teilweise wird davon ausgegangen, dass zumindest bei strukturtypischen Personengesellschaften zwingend ein einstimmiger Gesellschafterbeschluss notwendig sei.[95] Dem kann in dieser Allgemeinheit nicht gefolgt werden. Sofern die Gesellschafter die Zustimmung zur Konzerneingliederung der GmbH & Co. KG unzweifelhaft der Mehrheitskompetenz unterworfen haben, kann diese – auch bei strukturtypischen Personengesellschaften – durch Mehrheitsbeschluss erfolgen. In Personengesellschaften besteht gesellschaftsvertragliche **Gestaltungsfreiheit** und der Gesetzgeber hat in § 43 Abs. 2 S. 1 UmwG dokumentiert, dass selbst bei grundlegenden Strukturentscheidungen – wie der Verschmelzung, dem Formwechsel und der Spaltung – gesellschaftsvertraglich Mehrheitsentscheidungen vorgesehen werden können.[96] Allerdings sind **Mehrheitsklauseln** bei strukturtypischen Personengesellschaften grundsätzlich restriktiv auszulegen, so dass der Gesellschaftervertrag hinreichend klar dokumentieren muss, dass gerade Konzernierungsbeschlüsse dem Mehrheitsprinzip unterworfen werden sollen. Ist dies – wie häufig – nicht der Fall, bleibt es beim Erfordernis eines einstimmigen Beschlusses. Im Rahmen der **Auslegung einer allgemein gehaltenen Mehrheitsklausel** ist allerdings wiederum entscheidend auf die Realstruktur der GmbH & Co. KG abzustellen.[97] Eine generelle Mehrheitsklausel, die für alle Ent-

---

[94] Im Grundsatz gilt, dass solche Klauseln bei Mitunternehmergesellschaften extrem eng auszulegen sind, so dass sie sich, um einen Konzernierungsbeschluss entbehrlich zu machen, auf den konkret verwirklichten Einzelfall beziehen müssen. Je weiter sich die konkret betrachtete GmbH & Co. KG vom gesetzlichen Leitbild entfernt, desto eher dürften auch allgemeiner gehaltene Formulierungen ausreichen, um einen Konzernierungsbeschluss entbehrlich zu machen. Maßgebend ist insoweit vor allem, ob der Beteiligung der anderen Gesellschafter nach dem Inhalt des Gesellschaftsvertrages auch unternehmerischer Charakter zukommt, ob die konzernfreie Minderheit also auch – wenn auch in begrenztem Umfang – unternehmerischen Einfluss nehmen kann. Weiterhin ist die Größe des Gesellschafterkreises von Bedeutung, aber auch, ob der Gesellschaftsvertrag andernorts hinreichend dokumentiert, dass strukturelle Entscheidungen weitgehend von Restriktionen freigestellt und vom herrschenden Unternehmen mit seiner Stimmrechtsmacht durchgesetzt werden können. Jedoch dürfte eine Entbehrlichkeit eines Konzernierungsbeschlusses nur in Ausnahmefällen in Betracht kommen.

[95] *Heymann/Emmerich* Anh. § 105 HGB Rn 15; *Emmerich/Sonnenschein/Habersack* § 27 II 1; *Liebscher*, Konzernbildungskontrolle, S. 330 ff.

[96] *Binnewies*, Konzerneingangskontrolle, S. 92 f.

[97] Bei einer GmbH & Co. KG, die aufgrund der Größe ihres Mitgliederkreises, ihrer allg. Kompetenzordnung und vor allem der Beteiligungsstruktur weitgehend körperschaftlich ausgestaltet wurde oder in der die Außenseiter primär als Kapitalgeber fungieren, folgt aus dem Grundkonsens der Gesellschafter über diese Annäherung ihrer Gesellschaft an eine Kapitalgesellschaft bzw. der Anerkennung eines sehr unterschiedlichen Einflusses der Gesellschafter auf grundlegende Entscheidungen des Verbandslebens, dass Mehrheitsentscheidungen innerhalb der Gesell-

scheidungen des Verbandslebens Mehrheitsentscheidungen zulässt, dürfte allerdings nur bei reinen Publikumsgesellschaften ausreichen, um einen mehrheitlichen Konzernierungsbeschluss zu gestatten.[98] Im Übrigen gilt, dass bei einer sonstigen, körperschaftlich strukturierten GmbH & Co. KG mit weitgehend kapitalistischer Beteiligungsstruktur auch aus dem Gesamtkontext des Gesellschaftsvertrages geschlossen werden kann, dass Konzernierungsbeschlüsse mehrheitlich gefasst werden können. Es kommt insoweit insbesondere darauf an, inwieweit andere grundlegende Entscheidungen – wie etwa Umwandlungen (vgl. § 43 Abs. 2 S. 1 UmwG) – dem Mehrheitsprinzip unterworfen wurden. Kann dem Gesellschaftsvertrag hinreichend klar entnommen werden, dass Strukturentscheidungen grundsätzlich ebenfalls dem Mehrheitsprinzip unterworfen wurden, so ist – eine entsprechende Struktur der GmbH & Co. KG vorausgesetzt – davon auszugehen, dass auch Konzernierungsbeschlüsse mehrheitlich zu fassen sind.

Ein **mehrheitlich gefasster „Konzernierungsbeschluss"** unter- **59**
liegt einer gerichtlichen **Inhaltskontrolle**, wobei im Hinblick auf den Kontrollmaßstab wiederum die Realstruktur der Gesellschaft maßgebend ist.

c) Qualifizierte Konzernierung (Vertragskonzern). Wie bereits **60**
dargelegt, bestehen gegen eine qualifizierte Konzernierung keine grundlegenden Bedenken (s. Rn 43 f.). Ein solcher personengesellschaftsrechtlicher Vertragskonzern kann indes nach h. M. nur mit **Zustimmung aller Gesellschafter** begründet werden.[99] Die Leitung der Personengesellschaft durch einen fremdunternehmerisch tätigen Unternehmensgesellschafter unter Missachtung von deren Eigeninteresse und damit einhergehend die umfassende Abstimmung der Geschäftspolitik auf die Bedürfnisse des Konzerns **tangiert** augenscheinlich die Grundlagen des Gesellschaftsverhältnisses, so dass sie prinzipiell nur mit Zustimmung aller Gesellschafter zulässig ist. Ein Rückgriff auf § 43 Abs. 2 S. 1 UmwG scheidet – anders als im Falle der einfachen Konzernierung – aus. Bei der einfachen Konzernierung geht es um die Billigung einer konkreten konzernrechtlichen Gefährdungslage durch die Mitgesellschafter; das herrschende Unternehmen ist zur Unternehmensleitung nur unter strikter Achtung des Gesellschaftsinteresses berechtigt, so dass das Unternehmen lediglich unter äußerlich

---

schaft weitgehend möglich sind. Je weiter sich die Gesellschaft vom Ideal einer Mitunternehmergemeinschaft entfernt, desto pauschaler können Mehrheitsklauseln gefasst werden, um auch in Grundsatzfragen Geltung zu beanspruchen.

[98] *Binnewies*, Konzerneingangskontrolle, S. 95; *Liebscher*, Konzernbildungskontrolle, S. 337 f.; allg. zur Einschränkung des Bestimmtheitsgrundsatzes und der Kernbereichslehre bei Publikums-Gesellschaften *Löffler*, NJW 1989, 2662; *Schlegelberger/Martens* § 161 HGB Rn 149 ff.; MüKo/*Ulmer* § 709 BGB Rn 79.

[99] Vgl. *Heymann/Emmerich* Anh. § 105 HGB Rn 20; *Emmerich/Sonnenschein/Habersack* § 34 III 1; *Liebscher*, Konzernbildungskontrolle, S. 325; *K. Schmidt* Gesellschaftsrecht § 43 III 4 a; s. auch die Nachweise in Fn 82; der BGH hat zu diesem Problem bisher nur unklar und widersprüchlich Stellung genommen, vgl. BGH NJW 1980, 231 (Gervais/Danone).

veränderten Bedingungen im gemeinsamen Interesse aller Mitgesellschafter fortgeführt wird. Demgegenüber ist mit einer qualifizierten Konzernierung ein entscheidender Interessenumbruch, nämlich die Anerkennung des Vorrangs der vom herrschenden Unternehmen verfolgten Konzerninteressen, verbunden.[100]

61 Dieser Interessenumbruch gilt im Grundsatz für alle Personengesellschaften, d. h. strukturtypische Mitunternehmergemeinschaften und auch für atypisch verfasste Gesellschaften,[101] mit **Ausnahme** von reinen **Publikums-KGs** mit an das Aktienrecht angelehnter Verfassung, bei denen analog § 293 AktG die Legitimation des Vertragskonzerns mit einer Dreiviertelmehrheit zulässig ist.[102] Ein bei solchen kapitalistischen Gesellschaften nur mehrheitlich gefasster Konzernierungsbeschluss wirft jedoch die Frage nach besonderen Schutzmechanismen für die Minderheitsgesellschafter auf (s. u. Rn 96).

62 Eigenständige Beherrschungs- und Gewinnabführungsverträge mit Personengesellschaften sind bisher zwar noch nicht bekannt geworden (s. Rn 5), jedoch sind auch solche **klassischen Unternehmensverträge** unter den vorstehend genannten Voraussetzungen zulässig, selbst wenn das herrschende Unternehmen nicht an der Personengesellschaft beteiligt ist; dies dürfte namentlich in Sanierungsfällen in Betracht kommen. Regelmäßig wird jedoch der Gesellschaftsvertrag dem herrschenden Unternehmen die vorrangige Verfolgung von Konzerninteressen ausdrücklich gestatten, so dass er den Charakter eines **Beherrschungsvertrages** annimmt; zwingend ist dies indes nicht.[103]

63 **d) Rechtsfolgen bei fehlender Zustimmung der Gesellschafter.** Wenn die erforderliche Legitimation zur Begründung der Unternehmensverbindung bzw. des Vertragskonzerns fehlt oder ein denkbarer Mehrheitsbeschluss fehlerhaft und mithin nichtig ist, besteht zugunsten der beherrschten GmbH & Co. KG ein Anspruch auf **Unterlassung** der einheitlichen Leitung sowie auf **Rückgängigmachung** etwaiger konzernintegrativer Maßnahmen; die außenstehenden Gesellschafter kön-

---

[100] Dieser Vorgang ist mit den in § 43 Abs. 2 S. 1 UmwG geregelten Strukturentscheidungen nicht vergleichbar. Das Umwandlungsrecht ist von der Idee der inhaltlich unveränderten Fortsetzung des Gesellschaftsverhältnisses in einem anderen rechtlichen Gewand getragen (im Falle der Verschmelzung in ein Einheitsunternehmen, im Falle der Spaltung in mehrere Gesellschaften und im Falle des Formwechsels in eine andere Rechtsform). Hingegen wird im Falle der vertraglichen Konzernierung das Gesellschaftsverhältnis in seinem Kern modifiziert, da die Gesellschaft nunmehr nicht mehr dem Interesse aller Teilhaber, sondern primär den Interessen des herrschenden Unternehmens zu dienen bestimmt ist.

[101] Dies folgt aus dem Vergleich mit dem GmbH-Recht, wo die Begründung eines Vertragskonzerns (außer im Falle von kapitalistisch verfassten Gesellschaften) ebenfalls nur mit Zustimmung aller Gesellschafter zulässig ist, vgl. Rn 64 ff.

[102] *Baumgartl*, Konzernbeherrschte Personengesellschaft, S. 121; *Binnewies*, Konzerneingangskontrolle, S. 95; *Emmerich/Sonnenschein/Habersack* § 34 III 1; *Liebscher*, Konzernbildungskontrolle, S. 337 ff.

[103] Vgl. *Binnewies*, Konzerneingangskontrolle, S. 104 f.; *Emmerich/Sonnenschein/Habersack* § 34 III 2; *Kleindiek*, Strukturvielfalt, S. 71 ff.

nen diesen Anspruch im Wege der **actio pro socio** geltend machen.[104] Ferner besteht die Möglichkeit, dass dem herrschenden Unternehmensgesellschafter auf Initiative der Außenseiter die **Geschäftsführungs- und Vertretungsbefugnis entzogen** (vgl. §§ 712, 715 BGB, 117, 127 HGB) oder er aus der **Gesellschaft ausgeschlossen** wird (vgl. §§ 737 BGB, 140 HGB).[105]

e) Konzernbildungskontrolle auf der Ebene der Komplementär-GmbH. Wird die GmbH & Co. KG dadurch zum beherrschten Konzernunternehmen, dass die Komplementär-GmbH, der innerhalb der KG regelmäßig eine maßgebende Stellung im Sinne des § 17 AktG zukommt, unter fremdunternehmerischen Einfluss gerät (s. o. Rn 36 f.), stellt sich – sofern an der Komplementär-GmbH außenstehende Gesellschafter beteiligt sind – auch auf der Ebene dieser Gesellschaft die Frage nach einer Konzernbildungskontrolle. Praktische Relevanz erlangt eine solche eigenständige Konzernbildungskontrolle auf der Ebene der Komplementär-GmbH primär bei der nicht personenidentischen GmbH & Co. KG, bei der die Beteiligungsverhältnisse in der GmbH und in der KG einander nicht entsprechen. Bei personenidentischen GmbH & Co. KGs ist es zwar aufgrund der notwendigen rechtlichen Trennung zwischen KG und Komplementär-GmbH unter Umständen auch angezeigt, auf der Ebene der Komplementär-GmbH einen eigenständigen, die Unternehmensverbindung billigenden Gesellschafterbeschluss herbeizuführen, jedoch erlangt dieses Erfordernis regelmäßig keine eigenständige Bedeutung neben der entsprechenden Entschließung auf der Ebene der (dann) abhängigen GmbH & Co. KG. 64

Die GmbH-rechtliche Rechtslage ähnelt der bei Personengesellschaften bestehenden insofern, als die **Sicherung der Unabhängigkeit** der Gesellschaft hier ebenfalls vorrangig Aufgabe des Gesellschaftsvertrages ist.[106] Die Satzung kann in vielfältiger Weise Vorsorge gegen die Entstehung einer Abhängigkeit der GmbH von einem Unternehmensgesellschafter treffen. Vor allem durch eine Vinkulierung der Anteile kann die Beherrschung der GmbH verhindert werden;[107] daneben kommen statutarische Vorkaufsrechte, Ausschluss- und Einziehungsrechte hinsichtlich der Geschäftsanteile von Unternehmensgesellschaftern, Stimmrechtsregelungen (Höchststimmrechte, Mehrfachstimmrechte und Stimmrechtsausschlüsse), gesellschaftsvertragliche Stimmbindungsverbote und gesellschaftsvertragliche 65

---

[104] *Emmerich*, FS Stimpel, S. 743, 749, 754 a. E.; *Heymann/Emmerich* Anh. § 105 HGB Rn 18; *Emmerich/Sonnenschein/Habersack* § 34 II 2; *Liebscher*, Konzernbildungskontrolle, S. 341; MüKoHGB/*Mülbert* KonzernR Rn 299 ff.

[105] *Kleindiek*, Strukturvielfalt, S. 258; *Liebscher*, Konzernbildungskontrolle, S. 341; *Löffler*, Abhängige Personengesellschaft, S. 140 f.; *Schlegelberger/Martens* Anh. § 105 HGB Rn 29; MüKoHGB/*Mülbert* KonzernR Rn 302.

[106] *Scholz/Emmerich* Anh. Konzernrecht Rn 48; *Emmerich/Sonnenschein/Habersack* § 8 II 2; *Raiser* Kapitalgesellschaften § 52 Rn 15 ff.

[107] Vgl. *Emmerich*, AG 1987, 1, 2; *Emmerich/Sonnenschein/Habersack* § 8 II 2; *Liebscher*, Konzernbildungskontrolle, S. 230 f.; *Lutter/Timm*, NJW 1982, 417; *Baumbach/Hueck* GmbHG Anh. GmbH-Konzernrecht Rn 69.

Wettbewerbs- und unternehmerische Tätigkeitsverbote als statutarische Schutzinstrumente in Betracht.[108]

66 Fehlt ein solcher statutarischer Schutz, ist die GmbH – anders als die KG – hingegen grundsätzlich **konzernoffen angelegt**. Denn sie kann vor allem durch einen mehrheitlich beteiligten Gesellschafter ohne weiteres beherrscht werden. **Beschränkten Schutz** vor der Entstehung eines Abhängigkeitsverhältnisses bieten insoweit die vom BGH in der Heumann/Oglivy-Entscheidung[109] entwickelten Grundsätze. Denn die h. M. im Schrifttum überträgt die dort für einen beherrschenden Kommanditisten entwickelten Grundsätze – gestützt auf die gesellschafterliche Treuepflicht – auf maßgebende Gesellschafter einer GmbH, sofern die GmbH über eine personalistische Binnenstruktur verfügt.[110] Bei einer mehrgliedrigen Komplementär-GmbH wird eine solche Struktur vielfach, wenn nicht in aller Regel gegeben sein. Als **Konkurrenzverbot** verhindern diese Rechtsgrundsätze indessen nur eine anderweitige unternehmerische Betätigung des herrschenden Unternehmens im Geschäftszweig der Gesellschaft, wobei bei einer Komplementär-GmbH auf das Betätigungsfeld der operativ tätigen KG abzustellen ist, da der Unternehmensgegenstand der Komplementär-GmbH ja auf die Geschäftsführung dieses Unternehmens gerichtet ist.

67 Sofern dieses allgemeine konzernrechtliche Wettbewerbsverbot nicht eingreift, da sich das (künftig) herrschende Unternehmen auf einem dritten Markt betätigt, besteht demgegenüber – entgegen anders lautenden Stimmen im Schrifttum[111] – **keine Zuständigkeit** der Gesellschafterversammlung **zur Beschlussfassung über abhängigkeitsbegründende Vorgänge**.[112]

68 Anders wird jedoch der Fall der Konzernbildung im Sinne des § 18 AktG durch einheitliche Leitung der verbundenen Unternehmen von der h. M. beurteilt, sofern es sich um eine **personalistisch strukturierte GmbH** handelt, was – wie ausgeführt – im Falle einer Komplementär-GmbH regelmäßig der Fall sein wird. Aus der allgemeinen gesellschaftlichen Treuepflicht, die bei personalistischen Gesellschaften besonders ausgeprägt ist, wird hier ein **Konzernierungsverbot** abgeleitet, von welchem durch Beschluss der Gesellschafterversammlung dispensiert werden muss.[113] Angesichts dieser Rechtsgrundsätze wird aufgrund der an ein Abhängigkeitsverhältnis anknüpfenden Konzernvermutung des § 18 Abs. 1 S. 3 AktG

---

[108] Vgl. *Emmerich*, AG 1987, 2; *Emmerich/Sonnenschein/Habersack* § 8 II 2; *Liebscher*, Konzernbildungskontrolle, S. 228 ff.; *Lutter/Timm*, NJW 1982, 417.

[109] BGHZ 89, 162 = NJW 1984, 1351.

[110] OLG Köln BB 1991, 559; *Roth/Altmeppen* § 13 GmbHG Rn 61 ff.; *Liebscher*, Konzernbildungskontrolle, S. 291 ff.; *Lutter/Timm*, NJW 1992, 418 ff.; MünchHdb. GesR III/*Schießl* § 34 Rn 4 ff.

[111] *Emmerich/Habersack* § 293 Rn 40, 42 f.; *Scholz/Emmerich* Anh. KonzernR Rn 57; *Baumbach/Hueck/Zöllner* GmbHG Anh. GmbH-Konzernrecht Rn 53 ff.

[112] *Liebscher*, Konzernbildungskontrolle, S. 258 f.; *Lutter/Timm*, NJW 1982, 419.

[113] *Emmerich*, AG 1987, 2; *Scholz/Emmerich* Anh. Konzernrecht Rn 56 f.; *Liebscher*, Konzernbildungskontrolle, S. 260 ff.; a. A. *Emmerich/Sonnenschein/Habersack* § 8 II 5; *Rowedder/Schmidt-Leithoff/Koppensteiner* Anh. nach § 52 GmbHG Rn 29.

häufig bereits die Abhängigkeitsbegründung einen Zustimmungsbeschluss der Gesellschafterversammlung erfordern.[114]

Die Analogie zu § 293 AktG bezüglich des Beschlusses legt nach meiner Überzeugung zugleich eine entsprechende Anwendung der **§§ 304, 305 AktG** nahe: Den Minderheitsgesellschaftern ist ein angemessenes Ausgleichs- bzw. Abfindungsangebot zu unterbreiten.[115] Durchzusetzen ist der Anspruch der Minderheitsgesellschafter auf angemessenen Ausgleich oder Abfindung nach den §§ 304 Abs. 3, 305 Abs. 5 AktG analog im Wege eines (ungeschriebenen) **Spruchverfahrens**.[116] 69

Die für einen solchen Beschluss **erforderliche Beschlussmehrheit** hängt im Wesentlichen davon ab, woraus die entsprechende Zuständigkeit der Gesellschafterversammlung der Komplementär-GmbH resultiert. Geht es um den Dispens von einer statutarischen Schutzklausel, ist primär darauf abzustellen, ob diese eine Befreiung mit einfacher Mehrheit zulässt oder ob es insoweit einer Satzungsänderung bedarf, die gemäß § 53 GmbHG eine Dreiviertelmehrheit erfordert.[117] Im Übrigen wird im Schrifttum teilweise in Anbetracht der strukturändernden Wirkung des Beschlusses – jedenfalls soweit es um die Konzernierung der Gesellschaft geht – auf § 53 GmbHG abgestellt.[118] Da es jedoch im Kern um eine Dispensierung von aus der allgemeinen Treuepflicht abgeleiteten Verboten geht, dürfte eine **einfache Mehrheit** im Rahmen der Beschlussfassung ausreichend sein,[119] wobei der Mehrheitsbeschluss jedoch grundsätzlich einer gerichtlichen **Inhaltskontrolle** unterliegt, deren Kontrollmaßstab im Wesentlichen von der Realstruktur der konkret betroffenen GmbH abhängt, da die Treuepflicht in personalistischen Gesellschaften stark, in kapitalistischen hingegen schwach ausgeprägt ist.[120]

Unabhängig von der Realstruktur der GmbH ist jedenfalls – und dies ist zwingend – ein Beschluss der Gesellschafterversammlung notwendig, wenn durch Abschluss eines Beherrschungs- und Gewinnabführungsvertrages gemäß §§ 291 ff. AktG analog ein **Vertragskonzern** begrün- 70

---

[114] *Liebscher*, Konzernbildungskontrolle, S. 264.

[115] *Baumgartl*, Konzernbeherrschte Personengesellschaft, S. 121; *Gekeler*, Der personengesellschaftsrechtliche Konzern, S. 206 f., 212, wohl auch *Raiser*, FS Stimpel, S. 856, 865 – **a. A.** indes MüKoHGB/*Mülbert* KonzernR Rn 307.

[116] Für ein solches (ungeschriebenes) Spruchverfahren im GmbH-Vertragskonzern plädieren etwa *Emmerich/Sonnenschein/Habersack* § 32 II 6 d; *Emmerich/Habersack* § 304 Rn 13; *Henze* KonzernR, Rn 227 vor dem Hintergrund der Macroton-Entscheidung des Bundesgerichtshofs (BGHZ 153, 47, 57 f. = NJW 2003, 1032), in der eine entsprechende Anwendbarkeit des Spruchverfahrens beim Delisting einer AG befürwortet wurde.

[117] BGH NJW 1981, 1512, 1513 (Süssen); *Scholz/Emmerich* Anh. Konzernrecht Rn 57; *Emmerich/Sonnenschein/Habersack* § 8 II 2; *Liebscher*, Konzernbildungskontrolle, S. 276.

[118] *Emmerich*, AG 1987, 2; *ders./Sonnenschein/Habersack* § 8 II 2; *Raiser* Kapitalgesellschaften § 52 Rn 20; noch weitergehend, nämlich Zustimmung aller Gesellschafter fordernd *Baumbach/Hueck/Zöllner* GmbHG Anh. GmbH-Konzernrecht Rn 35 c.

[119] *Liebscher*, Konzernbildungskontrolle, S. 277 ff.; *Rowedder/Schmidt-Leithoff/Koppensteiner* Anh. nach § 52 GmbHG Rn 33.

[120] *Emmerich*, AG 1987, 2; *Liebscher*, Konzernbildungskontrolle, S. 283 ff.

det werden soll. Bei **personalistisch** strukturierten Gesellschaften wird überwiegend ein **einstimmiger Gesellschafterbeschluss** gefordert; dies folgt richtigerweise aus einer Gesamtanalogie zu §§ 53 Abs. 3 GmbHG, 33 Abs. 1 S. 2, 35 BGB.[121] Bei **kapitalistisch** verfassten GmbHs wird man zutreffenderweise eine Entschließung mit **Dreiviertelmehrheit** für ausreichend halten müssen (vgl. § 293 AktG analog).[122]

71 Somit ergibt sich, dass, wenn die Herrschaft über die GmbH & Co. KG an eine fremdunternehmerische Beherrschung der Komplementär-GmbH anknüpft, (auch) dort eine Konzernbildungskontrolle nach ähnlichen Grundsätzen wie im Personengesellschaftsrecht stattfindet, zumal eine mehrgliedrige Komplementär-GmbH regelmäßig personalistisch strukturiert sein wird. Die vorgenannten Rechtsgrundsätze kommen indessen nicht zum Tragen, wenn an der Komplementär-GmbH nur ein einziger Gesellschafter beteiligt ist. Zu beachten ist weiterhin, dass die Anforderungen an im Rahmen einer Konzernbildungskontrolle erforderliche Gesellschafterbeschlüsse in der KG und in ihrer Komplementär-GmbH nicht zwingend gleichlaufen müssen. Teilweise ist vor allem eine nicht personenidentische GmbH & Co. KG so organisiert, dass die (Nur-)Kommanditisten innerhalb der KG primär Kapitalgeberfunktion haben und die KG-Verfassung stark körperschaftsähnlich ausgestaltet ist. Demgegenüber können sich die Gesellschafter der Komplementär-GmbH gleich stark gegenüberstehen, so dass deren dortige Beteiligung unternehmerischen Charakter hat. Hier kann es vorkommen, dass ein konzernrechtlicher Präventivschutz auf den verschiedenen Ebenen sehr unterschiedlich ausgeprägt ist. Inwieweit gegebenenfalls diejenigen, die (auch) an der Komplementär-GmbH beteiligt sind, aufgrund ihrer gesellschafterlichen Treuepflicht gegenüber der KG und/oder den (Nur-)Kommanditisten verpflichtet sind, sich auf der Ebene der Komplementär-GmbH gegen eine intendierte Abhängigkeitsbegründung oder Konzernierung zur Wehr zu setzen, ist ungeklärt. Ebenso ungeklärt ist, ob die Fremdbestimmung der Komplementär-GmbH eine Legitimation durch die Gesellschafterversammlung erfordert oder Abwehransprüche der KG bzw. der (Nur-)Kommanditisten auslöst.

3. Faktisches Abhängigkeits- und Konzernverhältnis

72 Ist das faktisch beherrschte Unternehmen eine Personengesellschaft, finden die §§ 311 ff. AktG nach h. M. (in aller Regel) weder unmittelbar noch analog Anwendung.[123] **Schutzregeln** zugunsten der mehrgliedrigen ab-

[121] *Scholz/Emmerich* Anh. Konzernrecht Rn 153 ff.; *Emmerich/Sonnenschein/Habersack* § 32 II 3; *K. Schmidt* Gesellschaftsrecht § 38 III 2 a; offen gelassen in BGHZ 105, 324, 332 (Supermarkt); a. A. (für satzungsändernde Mehrheit) *Rowedder/Schmidt-Leithoff/Koppensteiner* Anh. nach § 52 GmbHG Rn 55; ähnlich *Timm*, BB 1981, 1493 ff.

[122] *Liebscher*, Konzernbildungskontrolle, S. 294.

[123] Vgl. BGHZ 95, 330, 340 (Autokran) für eine GmbH; *Baumgartl*, Konzernbeherrschte Personengesellschaft, S. 61 ff.; *Emmerich/Sonnenschein/Habersack* § 34 I 1; *Schlegelberger/Martens* Anh. § 105 HGB Rn 27; *Reuter*, ZHR 146 (1982), 1, 5.

hängigen Personengesellschaft und der Mitgesellschafter werden von Rechtsprechung und Schrifttum vielmehr **aus allgemeinen (personen)-gesellschaftsrechtlichen Rechtsgrundsätzen**, primär aus der mitgliedschaftlichen Treuepflicht des herrschenden Unternehmens abgeleitet.[124] Da das herrschende Unternehmen im einfachen Abhängigkeitsverhältnis bzw. im von den Mitgesellschaftern regelmäßig gebilligten einfachen Konzernverhältnis auf die abhängige Gesellschaft nur unter strikter Wahrung von deren Eigeninteresse Einfluss nehmen und es dieser grundsätzlich keinerlei Nachteile zufügen darf, bedarf es grundsätzlich keines weitergehenden Gläubigerschutzes.

a) Schutz des abhängigen Unternehmens. Grundsätzlich ist jede **nachteilstiftende Einflussnahme** auf die Geschäftspolitik des abhängigen Unternehmens durch das herrschende Unternehmen treuwidrig und verpflichtet zum **Schadensersatz**, sofern nicht die Mitgesellschafter der Maßnahme aktuell zustimmen oder sie (regelmäßig einstimmig) generell dem herrschenden Unternehmen eine vorrangige Verfolgung von Konzerninteressen gestattet haben (Vertragskonzern). Denn im Personengesellschaftsrecht sind alle Gesellschafter, insbesondere maßgebende aufgrund des Gesellschaftsvertrages, zur Förderung des gemeinsam betriebenen Unternehmens sowie zur Rücksichtnahme auf die Interessen der anderen Teilhaber und auf das Eigeninteresse der Gesellschaft verpflichtet. Eine etwaige Pflichtverletzung des herrschenden Unternehmens kann prinzipiell nicht dadurch kompensiert werden, dass das herrschende Unternehmen entstandene Nachteile nachträglich wieder ausgleicht, da § 311 AktG, der eine Privilegierung des herrschenden Unternehmens beinhaltet, unanwendbar ist (s. Rn 72).[125] **73**

Ebenfalls kein Raum besteht für eine Haftungsmilderung nach Maßgabe des § 708 BGB, so dass sich das herrschende Unternehmen hinsichtlich der von ihm veranlassten Maßnahmen nicht auf den Maßstab der eigenüblichen Sorgfalt berufen kann. Begründet wird dies zutreffend mit der aus der Beherrschungslage resultierenden Störung des gegenseitigen Vertrauensverhältnisses zwischen den Gesellschaftern.[126] Vielmehr wird umgekehrt im Schrifttum eine **Beweislastumkehr zu Lasten des maßgebenden Gesellschafters** erwogen, dahingehend, dass bei Maßnahmen, die sich (nachweisbar) einerseits nachteilig für das abhängige Unternehmen auswirken und mit denen andererseits für das herrschende Unternehmen

---

124 Grundlegend BGHZ 65, 15, 18 ff. (ITT), 95, 330, 340 (Autokran), BGH NJW 1980, 231, 232 f. (Gervais/Danone); *Heymann/Emmerich*, HGB Anh. § 105 Rn 8; *Emmerich/Sonnenschein/Habersack* § 34 I 1; *Schlegelberger/Mertens* Anh. § 105 HGB Rn 27; *Schießl*, Beherrschte Personengesellschaft, S. 78 – **a. A.** (pFV des Gesellschaftsvertrages) MüKoHGB/*Mülbert* KonzernR Rn 202.

125 *Baumbach/Hopt* § 105 HGB Rn 103; *Heymann/Emmerich* Anh. § 105 HGB Rn 8; *Emmerich/Sonnenschein/Habersack* § 34 I 1; *Kleindiek*, Strukturvielfalt, S. 52 ff.; *Koller/Roth/Morck* § 105 HGB Rn 36; §§ 128, 129 Rn 15.

126 *Baumgartl*, Konzernbeherrschte Personengesellschaft, S. 138 f.; *Heymann/Emmerich* Anh. § 105 HGB Rn 8; *Emmerich/Sonnenschein/Habersack* § 34 I 1; *Koller/Roth/Morck* § 105 HGB Rn 37; MüKoHGB/*Mülbert* KonzernR Rn 203.

Vorteile verbunden sind, grundsätzlich von einer Veranlassung durch das herrschende Unternehmen ausgegangen wird.[127]

74 Die Reichweite dieses strengen Schädigungsverbots im Einzelfall, insbesondere die Frage, ob dieses bei kapitalgesellschaftsähnlichen und anderen atypisch verfassten Personengesellschaften zu lockern ist, ist noch nicht abschließend geklärt. Da Rechtsgrund des Schädigungsverbots die gesellschafterliche Treuepflicht ist und diese bekanntlich bei personalistisch strukturierten Mitunternehmergesellschaften intensiver ausgeprägt ist als bei kapitalistisch verfassten Unternehmen,[128] sind solche Lockerungen, die Ausfluss der Notwendigkeit einer typusgerechten Rechtsanwendung sind, wohl möglich. Eine **Kompensationsfähigkeit** nachteiliger Veranlassungen nach dem Vorbild des § 311 AktG dürfte indessen nur bei vollkommen **atypischen Publikums-Kommanditgesellschaften** in Betracht kommen.[129] Ob man dies aufgrund der Vergleichbarkeit solcher Gesellschaften mit einer AG auf eine Analogie zum Aktienrecht stützt oder man an die sehr lockeren Treuebindungen anknüpft, kann im Ergebnis offen bleiben; beide Begründungsansätze sind gangbar. Im Übrigen ist es nicht angezeigt, das Schädigungsverbot als solches aufzugeben, vielmehr ist im konkreten Einzelfall vor dem Hintergrund der konkreten Realstruktur des Unternehmens die streitige Maßnahme selbst darauf hin zu untersuchen, ob diese eine unzulässige Schädigung darstellt.[130]

75 Etwaige **Schadensersatzansprüche** aufgrund schädigender Eingriffe des herrschenden Unternehmens stehen **der Gesellschaft** zu; sie können jedoch von jedem Mitgesellschafter im Wege der **actio pro socio** geltend gemacht werden.[131]

76 Schwierigkeiten bereitet insoweit insbesondere die Behandlung des **mehrstufigen Abhängigkeits- und Konzernverhältnisses**, bei dem das herrschende Unternehmen an der abhängigen Personengesellschaft nicht selbst, sondern über eine Tochtergesellschaft beteiligt ist. Die h. M. erlaubt in diesen Fällen einen Haftungsdurchgriff auf das herrschende Unterneh-

---

[127] *Emmerich*, FS Stimpel, S. 743, 751 f.; *ders./Sonnenschein/Habersack* § 34 I 1; *Löffler*, Abhängige Personengesellschaft, S. 101 ff.

[128] Vgl. BGHZ 65, 15, 18 f. (ITT), 103, 184, 194 f. (Linotype); BGH NJW 1985, 972, 973, 974 f.; *Lutter*, ZHR 153 (1989), 446, 452 ff.

[129] In diese Richtung tendieren *Baumgartl*, Konzernbeherrschte Personengesellschaft, S. 146 f.; *Reuter*, ZHR 146 (1982), 1, 24; für einen Abhängigkeitsbericht nach dem Vorbild des § 312 AktG auch Gekeler, Der personengesellschaftsrechtliche Konzern, S. 351 f. – **a. A.** MüKoHGB/*Mülbert* KonzernR Rn 310 f.

[130] Auf den ersten Blick nachteilstiftende Maßnahmen sind bei strukturtypischen Personengesellschaften per se unzulässig. Hat die Gesellschaft eine eher kapitalistische Realstruktur, kann im Rahmen der Beurteilung der Maßnahme demgegenüber auch berücksichtigt werden, ob mit dieser Maßnahme selbst unmittelbar oder in engen Grenzen auch mittelbar Vorteile für die abhängige Gesellschaft verbunden sind, die in der Gesamtschau unter Umständen dazu führen, dass sich Vor- und Nachteile aufheben oder gar die Vorteile überwiegen. Vgl. im Hinblick auf das Schädigungsverbot *Binnewies*, Konzerneingangskontrolle, S. 397 ff.

[131] *Baumbach/Hopt* § 105 HGB Rn 103; *Heymann/Emmerich* Anh. § 105 HGB Rn 9; *Emmerich/Sonnenschein/Habersack* § 34 I 1; *Schlegelberger/Martens* Anh. § 105 HGB Rn 29; GK/*Ulmer* HGB Anh. § 105 Anm. 45, 52.

men und gestattet der konzernfreien Minderheit, unmittelbar gegen das herrschende Unternehmen vorzugehen.[132] Ob dem indes unterschiedslos in allen Fallgestaltungen gefolgt werden kann, ist zweifelhaft. Ist das mittelbar herrschende Unternehmen maßgebend an der Komplementär-GmbH beteiligt und nicht zugleich Kommanditist der KG, unterliegt es in der GmbH im faktischen Konzern ebenfalls grundsätzlich einem umfassenden, aus der allgemeinen gesellschafterlichen Treuepflicht abgeleiteten Schädigungsverbot.[133] Angesichts dieser Umstände und in Anbetracht der Tatsache, dass die GmbH & Co. KG im Ergebnis ein einheitliches Unternehmen ist, welches künstlich in eine operativ tätige KG und eine als Haftungsschott im Außenverhältnis fungierende Geschäftsführungs-GmbH aufgespalten wurde, ist der h. M. zu folgen.[134] Jedoch bereitet die dogmatische Begründung erhebliche Schwierigkeiten, da das mittelbar herrschende Unternehmen Nichtgesellschafter ist. Indes ist die konzerndimensionale Reichweite der gesellschafterlichen Treuepflicht anerkannt (sog. mittelbare Treuepflicht). Die Treuepflichten des Gesellschafters erstrecken sich mithin auf den diesen beherrschenden Allein- und Mehrheitsgesellschafter, so dass die Obergesellschaft des herrschenden Unternehmens dem abhängigen Unternehmen gegenüber im Grundsatz ebenso zur Treue verpflichtet ist wie der Gesellschafter selbst.[135]

b) Schutz der konzernfreien Gesellschafter. Durch den aufgrund 77
des umfassenden Schädigungsverbots bewirkten Vermögensschutz des abhängigen Unternehmens werden mittelbar auch die Interessen der außenstehenden (Minderheits-)Gesellschafter geschützt. Daneben bedarf es jedoch weiterer institutioneller Sicherungen, um die Eigenständigkeit des abhängigen Unternehmens und die Beachtung von dessen Eigeninteressen durch das herrschende Unternehmen flankierend zu schützen. Im Vordergrund stehen **umfassende Informations- und besondere Mitspracherechte der Außenseiter** gerade vor dem Hintergrund der entstandenen Unternehmensverbindung.

Von wesentlicher Bedeutung sind insbesondere die Rechte der §§ 118, 78
166 HGB; insoweit sind vor allem die Besonderheiten einer Abhängigkeitssituation zu berücksichtigen. Es ist allgemein anerkannt, dass die Voraussetzungen der **außerordentlichen, nicht abdingbaren Informationsrechte nach §§ 118 Abs. 2, 166 Abs. 3 HGB** generell aufgrund einer (drohenden) Abhängigkeit der Gesellschaft erfüllt sind. Diese Aus-

---

132 *Baumbach/Hopt* Anh. § 105 HGB Rn 103 a. E.; *Heymann/Emmerich* Anh. § 105 HGB Rn 8 a. E.; *Emmerich/Sonnenschein/Habersack* § 34 I 1 a. E.; *Löffler*, Abhängige Personengesellschaft, S. 153 f.; *Schlegelberger/Martens* Anh. § 105 HGB Rn 29; MüKoHGB/*Mülbert* KonzernR Rn 206 ff.

133 *Scholz/Emmerich* GmbHG Anh. Konzernrecht Rn 71 ff.; *Emmerich/Sonnenschein/Habersack* § 34 I 1; *Baumbach/Hueck* GmbHG Anh. GmbH-Konzernrecht Rn 80.

134 Vgl. BGHZ 65, 15 ff. (ITT); *Schießl*, Beherrschte Personengesellschaft, S. 95 f.

135 Grundlegend *Stimpel*, AG 1986, 117, 120; *Wiedemann/Hirte*, ZGR 1986, 163, 165; *Winter*, Mitgliedschaftliche Treuebindungen, S. 255 ff., insbes. S. 256 f.; siehe ferner im Zusammenhang mit Vinkulierungsklauseln *Liebscher*, ZIP 2003, 825, 827 ff.; *Lutter/Grunewald*, AG 1989, 409, 411.

kunfts- und Einsichtsrechte, die gegenüber dem abhängigen Unternehmen selbst geltend zu machen sind, erstrecken sich auf alle Rechtsbeziehungen der Gesellschaft zum herrschenden Unternehmen und sonstigen verbundenen Unternehmen, soweit sie für die Mitgesellschafter relevant sind oder sein können.[136]

79 Unstreitig wird darüber hinaus eine umfassende unmittelbare **Informationspflicht** des maßgebenden Gesellschafters über seine unternehmerischen Interessen außerhalb der Gesellschaft gegenüber den Mitgesellschaftern angenommen, um den Mitgesellschaftern die Ergreifung von Abwehrmaßnahmen gegen die Aufnahme eines fremdunternehmerischen Engagements oder – falls diese gestattet wurde oder im Einzelfall zustimmungsfrei möglich sein sollte – die Überwachung der Einflussnahme des herrschenden Unternehmens auf die Gesellschaft zu ermöglichen. Diese Informationspflicht des herrschenden Unternehmens wird aus der allgemeinen Treuepflicht abgeleitet und erstreckt sich auf alle wesentlichen Angelegenheiten der sonstigen unternehmerischen Aktivitäten des herrschenden Unternehmens, einschließlich etwaiger weiterer Konzern- und Beteiligungsunternehmen, soweit die Kenntnis dieser Umstände zur Beurteilung der Verhältnisse innerhalb der eigenen Gesellschaft erforderlich ist und keine Geheimhaltungsinteressen Dritter entgegenstehen; in diesem Rahmen ist auch über geschäftliche Beziehungen zu Drittunternehmen namentlich Konkurrenzunternehmen der Gesellschaft zu berichten;[137] diese Informationspflicht trifft auch das mittelbar herrschende Unternehmen.[138] **Einschränkungen** dieser Informationsrechte der Mitgesellschafter im Falle einer strukturuntypischen Gesellschaft sind im Grundsatz **nicht angezeigt**. Denn hinreichende Informationen sind eine Grundvoraussetzung, um einem Gesellschafter sachgerechte Entscheidungen im Hinblick auf die durch die Entstehung der Abhängigkeits- und Konzernlage bedingte abstrakte Gefährdungslage zu ermöglichen. Allenfalls im Hinblick auf die Informationsdichte können Abstufungen erwogen werden. Abweichungen sollten hier jedoch auf Detailfragen beschränkt bleiben.

80 Des Weiteren sind in Abhängigkeits- und Konzernlagen die – allerdings dispositiven – **Widerspruchs- und Zustimmungsrechte** der Personengesellschafter nach Maßgabe der §§ 116 Abs. 2, 164 HGB sachgerecht zu erweitern.[139] Eine typische Gefahrenquelle für die Gesellschaft und die

---

[136] *Baumbach/Hopt* § 105 HGB Rn 103; *Baumgartl*, Konzernbeherrschte Personengesellschaft, S. 31 f.; *Emmerich/Sonnenschein/Habersack* § 34 I 2b; *Schlegelberger/Martens* Anh. § 105 HGB Rn 26, § 166 Rn 49; *Schneider*, BB 1980, 1061; MüKoHGB/*Mülbert* KonzernR Rn 284 f., 297.

[137] *Binnewies*, Konzerneingangskontrolle S. 35 ff.; *Heymann/Emmerich* Anh. § 105 HGB Rn 10; *Emmerich/Sonnenschein/Habersack* § 34 I 2a; *Kleindiek*, Strukturvielfalt, S. 298 f.; *Liebscher*, Konzernbildungskontrolle, S. 256; MüKoHGB/*Mülbert* KonzernR Rn 214.

[138] MüKoHGB/*Mülbert* KonzernR Rn 215.

[139] *Baumgartl*, Konzernbeherrschte Personengesellschaft, S. 33 ff.; *Heymann/Emmerich* Anh. § 105 HGB Rn 11 a. E.; *Kleindiek*, Strukturvielfalt, S. 305 ff.; *Löffler*, Abhängige Personengesellschaft, S. 157 f.; *Schlegelberger/Martens* Anh. § 105 HGB Rn 26 a. E.

Mitgesellschafter besteht bei Rechtsgeschäften zwischen der abhängigen Gesellschaft und dem herrschenden Unternehmensgesellschafter oder einem mit ihm verbundenen Unternehmen, weil dort in besonderem Maße die Gefahr besteht, dass keine angemessenen Leistungen und Gegenleistungen vereinbart werden.[140] Aufgrund der abhängigkeitsspezifischen Gefahrensituation sind solche Geschäfte in größerem Maße als sonst üblich als betriebsungewöhnlich im Sinne der §§ 116 Abs. 2, 164 HGB aufzufassen, so dass es zu deren Durchführung typischerweise eines zustimmenden Gesellschafterbeschlusses der Gesellschaftergesamtheit bedarf. Ist dieser mehrheitlich zu fassen, so wird darüber hinaus für einen Stimmrechtsausschluss zu Lasten des herrschenden Unternehmens analog § 47 Abs. 4 GmbHG plädiert.[141] Allerdings sind die Mitspracherechte der Gesellschafter bei betriebsungewöhnlichen Rechtsgeschäften **dispositiv,** so dass der Gesellschaftsvertrag diese gänzlich ausschließen kann; gerade bei strukturtypischen Personengesellschaften werden die §§ 116 Abs. 2, 164 HGB regelmäßig abbedungen. Ist dies erfolgt, ist eine Abwehr nur im Falle einer Nachteilhaftigkeit des Rechtsgeschäfts möglich.

Schließlich werden in Beherrschungssituationen Einschränkungen des **81** Rechts zur Abänderung des Gesellschaftsvertrages durch Mehrheitsbeschluss vertreten, da es vielfach als mit § 138 Abs. 1 BGB unvereinbar angesehen wird, dem mehrheitlich beteiligten Unternehmensgesellschafter gesellschaftsvertraglich das Recht zur – im Ergebnis einseitigen – Abänderung des Gesellschaftsvertrages einzuräumen.[142] Diese pauschale Betrachtung ist indes nicht überzeugend. Generell ist es weder sittenwidrig noch in sonstiger Weise rechtlich zu beanstanden, wenn das herrschende Unternehmen innerhalb des gesellschaftsvertraglich gesteckten Rahmens Vertragsänderungen mit seinen Stimmen durchsetzt, zumal im mitgliedschaftlichen Bereich anerkanntermaßen auch spezifische Eigeninteressen verfolgt werden dürfen. Es sind daher regelmäßig Vertragsänderungen zulässig; im Einzelfall kann jedoch vor dem Hintergrund der Beherrschungslage eine **Inhaltskontrolle** des Beschlusses dazu führen, dass die Änderung des Gesellschaftsvertrages rechtlich zu beanstanden ist.

Verstößt das herrschende Unternehmen gegen die genannten Pflichten, **82** namentlich gegen das Schädigungsverbot, kann ihm nach §§ 117, 127 HGB die **Geschäftsführungs- und Vertretungsbefugnis entzogen** werden. In schwerwiegenden Fällen kommt auch ein **Ausschluss** aus der Gesellschaft oder eine **Auflösung** in Betracht (§§ 133, 140 HGB).[143] Daneben ist

[140] Man denke nur an die übliche Praxis der Vereinbarung von Konzernumlagen für Dienstleistungen des herrschenden Unternehmens für alle Gruppengesellschaften und von Konzernverrechnungspreisen für Warenlieferungen und sonstige Leistungen oder an Kreditgeschäfte zwischen verbundenen Unternehmen mit marktunüblichen Zins- und Tilgungsvereinbarungen.

[141] Vgl. etwa *Schlegelberger/Martens* Anh. § 105 HGB Rn 26 a. E.; GK/*Ulmer* HGB Anh. § 105 Anm. 48.

[142] *Heymann/Emmerich* Anh. § 105 HGB Rn 12 f.; *Emmerich/Sonnenschein/Habersack* § 34 I 2 c a. E.; GK/*Ulmer* HGB Anh. § 105 Anm. 48.

[143] *Baumbach/Hopt* § 105 HGB Rn 103; *Binnewies*, Konzerneingangskontrolle, S. 124 ff.; *Emmerich/Sonnenschein/Habersack* § 34 I 2 c; *Schlegelberger/Martens* Anh. § 105 HGB Rn 28; *Schießl*, Beherrschte Personengesellschaft, S. 73 ff.

auch ein **Austritt** der Außenseiter aus wichtigem Grund denkbar. Dieses Austrittsrecht besteht jedoch nicht schon allein in Anbetracht der Abhängigkeit oder (vermuteten) einfachen Konzernierung der Personengesellschaft, da das herrschende Unternehmen ja dem Eigeninteresse der Gesellschaft verpflichtet bleibt und es grundsätzlich Sache der Mitgesellschafter ist, einer Verwirklichung der abstrakten Konzerngefahren entgegenzuwirken. Allerdings können wiederholte Schädigungen der GmbH & Co. KG durch das herrschende Unternehmen einen Austrittsgrund darstellen.[144] Abfindungsschuldner ist dann grundsätzlich das abhängige Unternehmen selbst. Eine Mithaftung des herrschenden Unternehmens für diesen Abfindungsanspruch kann nicht generell bejaht werden. Etwas anderes kann allerdings bei schwerwiegenden Pflichtverstößen des herrschenden Unternehmens oder insbesondere im Falle einer qualifiziert-faktischen Konzernierung in Betracht kommen; dies kann man entweder auf die gesellschafterliche Treuepflicht des herrschenden Unternehmens oder auf eine Analogie zu § 305 AktG stützen.

83 **c) Schutz der Gesellschaftsgläubiger.** Ist eine Personengesellschaft abhängig im Sinne des § 17 AktG oder einfach konzerniert im Sinne des § 18 AktG, besteht grundsätzlich kein Anlass für besondere Haftungsregelungen, insbesondere für einen Haftungsdurchgriff auf das herrschende Unternehmen zugunsten der Gesellschaftsgläubiger. Besondere Gläubigerschutzprobleme treten von vornherein nicht auf, wenn das herrschende Unternehmen selbst persönlich haftender Gesellschafter ist, da dieses dann für die Gesellschaftsverbindlichkeiten im Außenverhältnis ohnehin persönlich unbeschränkt haftet (vgl. Rn 34 f.).[145]

84 Ist das herrschende Unternehmen nicht Komplementärin, sondern allein an der GmbH und damit **mittelbar** an der Personengesellschaft **beteiligt** (vgl. Rn 35), ändert sich an diesem Ergebnis grundsätzlich nichts. Das herrschende Unternehmen und die von ihm beherrschte Komplementär-GmbH, die die Geschicke der KG lenkt, sind bei einer mehrgliedrigen Gesellschaft dem Eigeninteresse der GmbH & Co. KG weiterhin verpflichtet; handelt es sich um eine Einmann-Gesellschaft, besteht grundsätzlich keine über den gesetzlichen Schutz hinausgehende Haftung zugunsten der Gläubiger. Vielmehr geht die Rechtsprechung heute davon aus, dass ein **Haftungsdurchgriff** auf das herrschende Unternehmen nur unter den engen Voraussetzungen eines existenzvernichtenden Eingriffs gerechtfertigt ist; diese allgemeine Existenzvernichtungshaftung ist von dem Bestehen eines Konzernverhältnisses und der Intensität der Leitungsmacht des Mehrheitsgesellschafters unabhängig (dazu Rn 97 ff.). Solange ein solcher Eingriff nicht gegeben ist, sind die Gläubiger der GmbH & Co. KG hinreichend durch die allgemeinen haftungsrechtlichen Besonderheiten der GmbH & Co. KG, nämlich § 172 a HGB und die insoweit entwickelten Rechts-

---

[144] Vgl. *Liebscher*, Konzernbildungskontrolle, S. 207 f.; *Schlegelberger/K. Schmidt* § 133 HGB Rn 15 ff., insbes. Rn 23; ähnlich *Schießl*, Beherrschte Personengesellschaft, S. 18.

[145] GK/*Ulmer* HGB Anh. § 105 Anm. 55.

grundsätze sowie die analoge Anwendung der Kapitalerhaltungsvorschriften der §§ 30, 31 GmbHG, geschützt. Sollte sich das herrschende Unternehmen gegenüber einer mehrgliedrigen KG durch Veranlassung vereinzelter nachteilsstiftender Maßnahmen schadensersatzpflichtig gemacht haben, können die Gläubiger zudem diesen Anspruch pfänden und dann gegen das herrschende Unternehmen vorgehen.[146]

Entgegen der wohl h. M.[147] ist es aus den vorgenannten Gründen auch nicht gerechtfertigt, einem **herrschenden Kommanditisten** (s. o. Rn 37 f.) eine Berufung auf die Haftungsbeschränkung der §§ 171, 172 HGB bereits dann zu verwehren, wenn im Einzelfall schädigende Einflussnahmen auf die abhängige Personengesellschaften nachgewiesen werden können.[148] Ein Haftungsdurchgriff kommt vielmehr allein unter den Voraussetzungen eines existenzvernichtenden Eingriffs in Betracht, der mehr erfordert als den Nachweis vereinzelter schädigender Leitungsmaßnahmen. 85

4. Personengesellschaftsrechtlicher Vertragskonzern

Einleitend wurde bereits ausgeführt, dass die Zulässigkeit der Begründung von Vertragskonzernen unter Beteiligung von Personengesellschaften, namentlich einer GmbH & Co. KG als abhängigem Vertragsteil, heute weitgehend anerkannt ist, sofern grundsätzlich alle Gesellschafter zustimmen und keine natürliche Person einer fremdbestimmten persönlichen Haftung ausgesetzt ist (s. o. Rn 43). Charakteristisches Merkmal eines solchen personengesellschaftsrechtlichen Vertragskonzerns ist die **Gestattung der Verfolgung von Konzerninteressen** durch das herrschende Unternehmen auch **zum Schaden des abhängigen Unternehmens**, d. h. der Vorrang des Konzerninteresses. Regelmäßig nimmt der Gesellschaftsvertrag, der eine solche umfassende Leitung der Personengesellschaft gestattet, den Charakter eines Beherrschungsvertrages an; aber auch eigenständige Unternehmensverträge sind denkbar. 86

a) Begründung des Vertragskonzerns. Begründet wird der Vertragskonzern durch einen **Beschluss der Gesellschafter** der vertraglich konzernierten GmbH & Co. KG, der – außer bei reinen Publikumsgesellschaften – einstimmig zu fassen ist. 87

Strittig ist, ob der Beherrschungsvertrag bzw. der entsprechende Beschluss der **Schriftform** bedarf. Dies ist aus Gründen der Rechtssicher-

---

[146] *Baumbach/Hopt* § 105 HGB Rn 103 f.; *Kleindiek*, Strukturvielfalt, S. 33 f., 259 f.; *Koller/Roth/Morck* § 105, HGB Rn 36; *Schlegelberger/Martens* Anh. § 105 HGB Rn 30; GK/*Ulmer* HGB Anh. § 105 Anm. 56.

[147] *Heymann/Emmerich* Anh. § 105 HGB Rn 13; *Emmerich/Sonnenschein/Habersack* § 34 I 3; einschränkend auch *Schlegelberger/Martens* Anh. § 105 HGB Rn 30; GK/*Ulmer* HGB Anh. § 105 Anm. 57.

[148] Wie hier: BGHZ 45, 204, 207 ff. (Rektor); *Baumbach/Hopt* § 105 HGB Rn 104; *Kleindiek*, Strukturvielfalt, S. 284 ff.; *Schießl*, Beherrschte Personengesellschaft, S. 105 f.; a. A. *Laule*, FS Semler, S. 541, 559 f., der eine Außenhaftung herrschender Kommanditisten generell (allerdings vor dem Hintergrund der früheren Rechtsprechung zur Haftung im qualifiziert-faktischen Konzern) ablehnt.

heit und zur Sicherstellung sowie Warnung der Mitgesellschafter analog § 293 Abs. 3 AktG zu bejahen.[149]

Aus denselben Gründen ist der Beherrschungsvertrag bzw. der Zustimmungsbeschluss der Gesellschafterversammlung **in das Handelsregister** der abhängigen Gesellschaft **einzutragen**; dies folgt aus einer entsprechenden Anwendung des § 294 AktG und gebietet zudem der Gläubigerschutz. Die Eintragung ist deklaratorisch, nicht konstitutiv.[150] Allerdings ist rechtstatsächlich nicht bekannt, ob seitens umfassend beherrschter Personengesellschaften bereits versucht wurde, diesen Umstand registerrechtlich zu verlautbaren und ob die Registergerichte solche Eintragungen bereits vorgenommen oder gar veranlasst haben.

88 **b) Weisungsrecht des herrschenden Unternehmens.** Aufgrund der Gestattung zur vorrangigen Verfolgung von Konzerninteressen ist das herrschende Unternehmen berechtigt, konzernrechtliche Leitungsmacht auszuüben. Dieses Leitungsrecht beschränkt sich – wie im GmbH-Recht – auf den **Bereich der Geschäftsführung**, allerdings einschließlich aller betriebsungewöhnlichen Maßnahmen, selbst wenn diese von ganz erheblichem Gewicht sind.[151] Soweit Geschäftsführungsmaßnahmen nach dem Gesellschaftsvertrag einer (mehrheitlichen) Beschlussfassung der Gesellschafterversammlung unterliegen, werden diese Mitwirkungsrechte der Gesellschaftergesamtheit im Geschäftsführungsbereich durch den Beherrschungsvertrag überlagert und die Entscheidungszuständigkeit auf das herrschende Unternehmen verlagert, es sei denn, dass der Beherrschungsvertrag oder der Zustimmungsbeschluss der Gesellschafterversammlung zur Begründung des Vertragskonzerns ausdrücklich etwas anderes bestimmt. **Nicht erfasst** vom Leitungsrecht des herrschenden Unternehmens ist der Bereich der so genannten **Grundlagengeschäfte** und **Änderungen des Gesellschaftsvertrages**; diese darf das herrschende Unternehmen nicht anordnen.[152]

---

[149] *Heymann/Emmerich* Anh. § 105 HGB Rn 22; *Emmerich/Sonnenschein/Habersack* § 34 III 2; a. A. *Koller/Roth/Morck* § 109 HGB Rn 4 a. E.; GK/*Ulmer* HGB Anh. § 105 Anm. 61; MüKoHGB/*Mülbert* KonzernR Rn 158; s. auch *Baumgartl*, Konzernbeherrschte Personengesellschaft, S. 88 f., der jedoch für die Publikumskommanditgesellschaft ein Schriftformerfordernis bejaht.

[150] *Baumbach/Hopt* § 105 HGB Rn 105; *Heymann/Emmerich* § 105 HGB Rn 22; *Emmerich/Sonnenschein/Habersack* § 34 III 2; *Kleindiek*, Strukturvielfalt, S. 239 ff.; MüKoHGB/*Mülbert* KonzernR Rn 159; *K. Schmidt* Gesellschaftsrecht § 43 III 4 a; a. A. *Baumgartl*, Konzernbeherrschte Personengesellschaft, S. 91 ff.

[151] Grundlegend für das GmbH-Recht *Zöllner*, ZGR 1992, 173, 182 ff.; dort inzwischen h. M.: vgl. BGHZ 105, 311, 324 (Supermarkt); OLG Stuttgart NZG 1998, 601 ff. (Dornier-Logo); *Roth/Altmeppen* Anh. § 13 GmbHG Rn 50 ff.; *Hachenburg/Ulmer* Anh. § 77 GmbHG Rn 215; *Baumbach/Hueck* GmbHG Anh. Konzernrecht Rn 48 – **a. A.** indes MüKoHGB/*Mülbert* KonzernR Rn 237, der davon ausgeht, es werde nur das gesellschaftsvertraglich begründete oder ordentlich bestehende Weisungsrecht der Gesellschafterversammlung auf die Obergesellschaft übertragen.

[152] Vgl. zum Personengesellschaftsrecht *Kleindiek*, Strukturvielfalt S. 29 ff.; *Schlegelberger/Martens* Anh. § 105 HGB Rn 42; MüKoHGB/*Mülbert* KonzernR Rn 239; vgl. zum GmbH-Recht BGHZ 105, 311, 324 (Supermarkt); *Roth/Altmeppen* Anh.

Weiterhin wird das herrschende Unternehmen von dem grundsätzlichen Schädigungsverbot dispensiert; es darf Konzerninteressen auch auf Kosten der abhängigen GmbH & Co. KG verfolgen, allerdings nur wenn dies im Konzerninteresse liegt, so dass **willkürliche Schädigungen** untersagt sind. Das herrschende Unternehmen muss also bei nachteilsstiftenden Maßnahmen den Verhältnismäßigkeitsgrundsatz wahren; die der Personengesellschaft zugefügten Nachteile müssen von den für den Gesamtkonzern verbundenen Vorteilen überwogen werden. Eine zusätzliche, äußerste Schranke der Leitungsmacht besteht in der Verpflichtung, Maßnahmen zu unterlassen, die die **Existenzfähigkeit** des von der vertraglich konzernierten GmbH & Co. KG betriebenen Unternehmens insgesamt gefährden. Weiterhin besteht die Verpflichtung, dass nach Beendigung des Konzernverhältnisses vom herrschenden Unternehmen der wirtschaftlich selbständige **Fortbestand** des Unternehmens sichergestellt werden muss.[153] 89

Für einen weitergehenden Unternehmensschutz und weitergehende Schranken des Weisungsrechts, wie sie verschiedentlich gefordert werden, besteht kein Bedürfnis und auch keine tragfähige juristische Begründung. Den Personengesellschaftern steht es frei, den Umfang der konzernrechtlichen Leitungsmacht des herrschenden Unternehmens im Rahmen des regelmäßig einstimmig zu fassenden Beschlusses über die Begründung des Vertragskonzerns weiter einzuengen.[154] 90

c) Verlustübernahmepflicht des herrschenden Unternehmens. Als Korrelat für diese weitgehenden Befugnisse ist das herrschende Unternehmen verpflichtet, alle anfallenden Verluste des abhängigen Unternehmens zu übernehmen. Die Verlustübernahmepflicht des herrschenden Unternehmens im Falle vertraglicher Konzernierung einer Personengesellschaft ist unstreitig und auch von der Rechtsprechung anerkannt. Die dogmatische Begründung ist indes streitig. Insoweit wird von der h. M. eine Analogie zu den §§ 302, 303 AktG befürwortet; andere verweisen auf allgemeine Rechtsgrundsätze, auf eine analoge Anwendung des § 670 BGB oder auf den normativen Zusammenhang von ausgeübter Leitungsmacht und korrespondierender Risikohaftung.[155] Der herrschenden Meinung ist zuzu- 91

---

§ 13 GmbHG Rn 50; differenzierend *Rowedder/Schmidt-Leithoff/Koppensteiner* Anh. nach § 52 GmbHG Rn 87; *Lutter/Hommelhoff* Anh. § 13 GmbHG Rn 34; *Zöllner*, ZGR 1992, 182 ff.; *Baumbach/Hueck* GmbHG Anh. Konzernrecht Rn 50.

[153] Vgl. zum Personengesellschaftsrecht *Kleindiek*, Strukturvielfalt S. 32 ff.; *Schlegelberger/Martens* Anh. § 105 HGB Rn 42; vgl. zum GmbH-Recht *Scholz/Emmerich* Anh. Konzernrecht Rn 183 ff.; *Hachenburg/Ulmer* Anh. § 77 Rn 218 jew. m. w. N.

[154] So sehr anschaulich *Schlegelberger/Martens* Anh. § 105 HGB Rn 42 f.; a. A. *Emmerich/Sonnenschein/Haberack* § 34 III 3; *Löffler*, Abhängige Personengesellschaft, S. 42 ff.

[155] Vgl. zur h. M. *Baumgartl*, Konzernbeherrschte Personengesellschaft, S. 113 ff., 116; *Emmerich/Sonnenschein/Habersack* § 34 III 4; *Kleindiek*, Strukturvielfalt, S. 129 ff.; MüKoHGB/*Mülbert* KonzernR Rn 191 ff.; **a. A.** auf allg. Rechtsgrundsätze abstellend BGH NJW 1980, 231 ff. (Gervais/Danone); *Baumbach/Hopt* § 105 HGB Rn 105; eine Analogie zu § 670 BGB befürworten *Laule*, FS Semler, S. 541, 558 f.; *Reuter*, ZHR 146 (1982), 21; auf eine mit der Leitungsmacht korrespondierende Risikohaftung abstellend GK/*Ulmer* HGB Anh. § 105 Anm. 73 f., der jedoch für den

stimmen. § 302 Abs. 1 AktG normiert, indem er der unternehmensvertraglich konzernierten Gesellschaft einen Verlustausgleichsanspruch gegen das herrschende Unternehmen gewährt, einen allgemein gültigen, rechtsformunabhängigen Rechtsgrundsatz und verpflichtet das herrschende Unternehmen zur Erhaltung der bei Vertragsschluss vorgefundenen Substanz des abhängigen Unternehmens. Hiergegen lässt sich nicht einwenden, dass die Vorschrift des § 302 Abs. 1 AktG allein Ausfluss der im Vertragskonzern ausgehobenen kapitalgesellschaftsrechtlichen Kapitalbindung, die im Personengesellschaftsrecht fehlt, sei.[156] Der Schutzzweck der Norm geht weiter: Sie dient der Erhaltung der Lebensfähigkeit des abhängigen Unternehmens, die das herrschende Unternehmen trotz seiner Befugnis zur Verfolgung von Konzerninteressen stets gewährleisten muss und vor allem dem generellen (mittelbaren) Schutz der Gesellschaftsgläubiger, da durch die vertragliche Konzernierung das im gesetzlichen Regelfall bestehende Gläubigerschutzsystem aufgehoben wird.[157] Dies gilt insbesondere – aber eben aufgrund des auf Substanzerhaltung gerichteten Charakters des § 302 Abs. 1 AktG nicht ausschließlich – dann, wenn das herrschende Unternehmen nicht Vollhafter der Personengesellschaft ist oder – wie im Falle einer GmbH & Co. KG – von vornherein keine natürliche Person, sondern allein eine regelmäßig nur mit dem Mindeststammkapital ausgestattete, als Haftungsschott fungierende GmbH persönlich unbeschränkt für die Gesellschaftsverbindlichkeiten der KG haftet.[158]

92 Im Ergebnis trägt das herrschende Unternehmen aufgrund seiner umfassenden Leitungsmacht mithin die **Ergebnisverantwortung** für das abhängige Unternehmen, so dass die Begründung eines personengesellschaftsrechtlichen Vertragskonzerns die Pflicht des herrschenden Unternehmens zum Ausgleich der Verluste des abhängigen Unternehmens, die während seiner Herrschaft entstanden sind, und zur Sicherheitsleistung für Gesellschaftsverbindlichkeiten der Untergesellschaft bei Vertragsbeendigung (vgl. § 203 AktG) nach sich zieht.[159] Es kommt daher nicht darauf an, ob das herrschende Unternehmen die Verluste des abhängigen Unternehmens schuldhaft herbeigeführt hat, bzw. ob die Verfolgung von Konzerninteressen auch nur kausal für die Entstehung des Fehlbetrages war. Das

---

Sonderfall der GmbH & Co. KG eine Analogie zu den §§ 302, 303 AktG befürwortet.

[156] So aber vor allem *Löffler*, Abhängige Personengesellschaft, S. 80, 87 f.; *Reuter*, ZHR 146 (1982), 1, 21; *ders.*, AG 1986, 130, 134; *Schießl*, Beherrschte Personengesellschaft, S. 51; GK/*Ulmer* HGB Anh. § 105 Anm. 72.

[157] Eingehend *Kleindiek*, Strukturvielfalt S. 134 ff.; vgl. auch *Schlegelberger/Martens* Anh. § 105 HGB Rn 41.

[158] Vgl. GK/*Ulmer* HGB Anh. § 105 Anm. 76, der zumindest für GmbH & Co. KG eine Analogie zu § 302 Abs. 1 AktG anerkennt; ähnlich *Schießl*, Beherrschte Personengesellschaft, S. 88 f.

[159] Nichts anderes ist gemeint, wenn die Verlustübernahmepflicht als „Korrelat" für die aufgrund der vertraglichen Konzernierung gewonnene Leitungsmacht aufgefasst oder von dem „Gebot von Gleichlauf von Herrschaft und Haftung" gesprochen wird. Vgl. etwa *K. Schmidt*, DB 1984, 1181, 1183; GK/*Ulmer* HGB Anh. § 105 Anm. 74 f.

herrschende Unternehmen kann der Verlustausgleichspflicht auch nicht dadurch entgehen, indem es nachweist, dass zwischen den Verlusten der konzernierten Gesellschaft und der Konzernbegründung und -leitung kein Zusammenhang besteht und diese auf höherer Gewalt beruhen.[160] Ist die **abhängige Gesellschaft vermögenslos**, so verdichtet sich die Verlustausgleichspflicht zu einer **Ausfallhaftung** des herrschenden Unternehmens.[161]

Die Verlustausgleichspflicht des herrschenden Unternehmens ist Rechtsfolge der unternehmensvertraglichen Konzernierung der Personengesellschaft, so dass es zu ihrer Begründung keiner besonderen Vereinbarung bedarf. Nach h. M. kann sie auch **nicht** durch besondere Vereinbarungen zwischen abhängigem und herrschendem Unternehmen oder zwischen den Gesellschaftern der abhängigen Personengesellschaft **abbedungen** werden. Dies ist bereits deshalb zutreffend, da die Verlustübernahmepflicht auch dem Gläubigerschutz dient; der Gläubigerschutz steht nicht zur Disposition Dritter.[162] **93**

Demgegenüber ginge es zu weit, eine Verpflichtung des herrschenden Unternehmens zur angemessenen Kapitalausstattung des abhängigen Unternehmens zu bejahen und dem abhängigen Unternehmen einen Anspruch gegen das herrschende auf Versorgung mit der für die Erfüllung der aktuellen Verbindlichkeiten erforderlichen Geldmittel zu gewähren.[163] Das vertragskonzernrechtliche Schutzsystem ist nämlich allein auf Substanzerhaltung und Schutz der Überlebensfähigkeit durch Verbot existenzgefährdender Leitungsmaßnahmen, nicht jedoch auf Schutz vor allgemeinen unternehmerischen Risiken bzw. auf Verhinderung von Liquiditätsengpässen gerichtet.[164] Ebenso wenig besteht ein Anspruch der vertraglich **94**

---

[160] So aber GK/*Ulmer* HGB Anh. § 105 Anm. 75 a. E.; ähnlich scheinbar *Koller/Roth/Morck* § 105 HGB Rn 37.

[161] H. M, s. *Kleindiek*, Strukturvielfalt, S. 153 ff.; *Schlegelberger/Martens* Anh. § 105 HGB Rn 41; *Reuter*, ZHR 146 (1982), 13; *K. Schmidt* Gesellschaftsrecht § 43 III 4 b; a. A. GK/*Ulmer* HGB Anh. § 105 Anm. 76; ähnlich scheinbar *Baumbach/Hopt* § 105 HGB Rn 104.

[162] Grundlegend BGHZ 95, 330, 347 (Autokran); ferner BGHZ 105, 168, 183 (HSW); 115, 187, 200 (Video); 116, 37, 42 (Stromlieferung); OLG Dresden AG 1997, 330, 333; vgl. *Emmerich/Sonnenschein/Habersack* § 20 VI 5 m. w. Rspr. speziell zum Personengesellschaftsrecht (§ 34 III 4); *Kleindiek*, Strukturvielfalt, S. 236 ff.; *K. Schmidt* Gesellschaftsrecht § 43 III 4 b.; MüKoHGB/*Mülbert* KonzernR Rn 198.

[163] Allg. ablehnend zum Liquiditätsschutz KöKo/*Koppensteiner* § 302 AktG Rn 8, § 308 Rn 32 f.; MünchHdb.GesR IV/*Krieger* § 69 Rn 53; a. A. *Kleindiek*, Strukturvielfalt, S. 162 ff.

[164] Das herrschende Unternehmen trägt nur die allg. Ergebnisverantwortung; gerät das abhängige Unternehmen aufgrund irgendwelcher Marktentwicklungen in Liquiditätsschwierigkeiten, die trotz der Verlustausgleichsbeträge des herrschenden Unternehmens nicht behoben werden können und die (regelmäßig gerade) nicht auf verbotenen Eingriffen des herrschenden Unternehmens, sondern auf allg. wirtschaftlichen Entwicklungen oder Fehlentscheidungen (deren Fehlerhaftigkeit sich regelmäßig erst aus einer ex post-, nicht jedoch aus einer ex ante-Betrachtung ergibt) beruhen, so besteht keine Verpflichtung des herrschenden Unternehmens, das abhängige Unternehmen über die reine Verlustübernahme hinaus zu unterstüt-

konzernierten Personengesellschaft auf ordnungsgemäße Konzerngeschäftsführung. Denn die unternehmensvertraglichen Leitungs- und Eingriffsbefugnisse geben allein dem herrschenden Unternehmen ein entsprechendes Leitungsrecht, verpflichten es jedoch nicht, in das abhängige Unternehmen einzugreifen, da es ein zulässiges unternehmerisches Konzept ist, die Tochtergesellschaft „an der langen Leine" zu führen und im Tochtermanagement entsprechende unternehmerische Freiheiten zu lassen, zumal die Erfahrung lehrt, dass sich eine solche „Leitungsabstinenz" vielfach als vorteilhaft erweist, da sie Raum für Kreativität und eigene unternehmerische Initiative lässt.[165]

95 **d) Sonstige Rechtsfolgen.** Geht man davon aus, dass die vertragliche Konzernierung einer Personengesellschaft regelmäßig zwingend die Zustimmung aller Gesellschafter voraussetzt, bedarf es eines zusätzlichen Schutzes der konzernfreien Minderheit nicht. In Anbetracht des dann zugunsten jedes Personengesellschafters bestehenden Veto-Rechts ist es der Minderheit nämlich unschwer möglich, ihre Zustimmung zu dem Vertragskonzern von bestimmten Bedingungen und wirtschaftlichen Sicherungen abhängig zu machen und so ihre Interessen zu wahren. Besteht somit die **umfassende Möglichkeit eines Selbstschutzes**, erübrigt sich ein zwingender Minderheitsschutz etwa in Form von Ausgleichs- und Abfindungsansprüchen analog §§ 304, 305 AktG.[166]

96 Etwas **anderes** gilt jedoch **bei reinen Publikumsgesellschaften**, denn dort kann der einen Vertragskonzern begründende Gesellschafterbeschluss mit Dreiviertelmehrheit gefasst werden (s. o. Rn 60 ff., 87), so dass ein Selbstschutz der konzernfreien Minderheiten nicht möglich ist.[167] Die Analogie zu § 293 AktG bezüglich des Beschlusses legt nach meiner Überzeugung zugleich eine entsprechende Anwendung der §§ 304, 305 AktG nahe. Denn Minderheitsgesellschaftern ist ein angemessenes Ausgleichs- bzw. Abfindungsangebot zu unterbreiten.[168] Durchzusetzen ist meines Erachtens der Anspruch der Minderheitsgesellschafter auf angemessenen Ausgleich oder Abfindung nach den §§ 304 Abs. 3, 305 Abs. 5 AktG analog im Wege eines (ungeschriebenen) **Spruchverfahrens**; diese Sichtweise hat sich indes noch nicht allgemein durchgesetzt.[169]

---

zen. Es kann vielmehr dann die Insolvenz der Untergesellschaft und die sich hieran anschließende Ausfallhaftung in Kauf nehmen.

[165] Wie hier MüKoHGB/*Mülbert* KonzernR Rn 229 ff.; **a. A.** *Emmerich/Sonnenschein/Habersack* § 35 III.

[166] *Heymann/Emmerich* Anh. § 105 HGB Rn 23; *Emmerich*, FS Stimpel, S. 750; *Schlegelberger/Martens* Anh. § 105 HGB Rn 43; *Reuter*, ZHR 146 (1982), 5, 8, 18 f.; *ders.*, AG 1986, 138; a. A. *Baumgartl*, Konzernbeherrschte Personengesellschaft, S. 121 ff.

[167] *Baumgartl*, Konzernbeherrschte Personengesellschaft, S. 121.

[168] *Baumgartl*, Konzernbeherrschte Personengesellschaft, S. 121; *Gekeler*, Der personengesellschaftsrechtliche Konzern, S. 206 f., 212; wohl auch *Raiser* FS Stimpel, S. 856, 865 – **a. A.** indes MüKoHGB/*Mülbert* KonzernR Rn 307.

[169] Für ein solches (ungeschriebenes) Spruchverfahren im GmbH-Vertrags-Konzern plädieren etwa: *Emmerich/Sonnenschein/Habersack* § 32 II 6 d; *Emmerich/Habersack*, § 304 Rn 13; *Henze*, KonzernR, Rn 227. Vor dem Hintergrund der Macro-

V. Durchgriffshaftung bei existenzvernichtendem Eingriff

Die Haftungsproblematik im sog. qualifiziert-faktischen Konzern war in den letzten beiden Jahrzehnten eine der zentralen konzernrechtlichen Streitfragen. Die Streitfrage wurzelte in einer Grundsatzfrage des Konzernrechts, nämlich der Frage, ob in einer strikt durchgeführten faktischen Konzernbeziehung, in der nach dem Leitbild des Konzernrechts die Untergesellschaft weiterhin unter Beachtung ihres strikten Eigeninteresses geführt und Übergriffe des herrschenden Unternehmens abgewehrt werden sollen, diese Rechtsverteidigung indes infolge der vom herrschenden Unternehmen hergestellten Leitungsdichte kollabiert, das herrschende Unternehmen wie im Vertragskonzern zum Ausgleich der allfälligen Verluste der Untergesellschaft analog §§ 302, 303 AktG verpflichtet ist oder auch im Falle einer solchen strikt durchgeführten Konzernbeziehung insbesondere der Schutz der Gesellschaftsgläubiger „lediglich" über die allgemeinen Kapitalerhaltungsregeln hergestellt wird. Die Rechtsprechung war ursprünglich weitgehend auf die erstgenannte Linie eingeschwenkt und hatte eine Haftung des herrschenden Unternehmens im sog. qualifiziert-faktischen Konzern anerkannt. In der Folgezeit hat sich die Rechtsprechung jedoch von diesem Haftungsmodell immer weiter entfernt. Dies gipfelte in der Bremer Vulkan-Entscheidung und im KBV-Urteil, durch die die Rechtsfigur des qualifiziert-faktischen Konzerns aufgegeben und durch eine konzernrechtsunabhängige allgemeine Existenzvernichtungshaftung ersetzt wurde; im Einzelnen: 97

1. Grundlagen und Haftungsmodelle

Ist ein abhängiges Unternehmen – insbesondere eine GmbH oder auch eine Personengesellschaft, namentlich eine GmbH & Co. KG – in einen Konzern einbezogen, ohne dass ein Vertragskonzern besteht (sog. faktischer Konzern), muss das abhängige Unternehmen – trotz der Möglichkeit des herrschenden Unternehmens auf die Geschäftspolitik der Untergesellschaft über die Gesellschafterversammlung umfassend Einfluss zu nehmen – in dessen Eigeninteresse geführt werden (s. o. Rn 72). Ein Vorrang des Konzerninteresses unter Hintanstellung des Eigeninteresses der abhängigen GmbH ohne unternehmensvertragliche Grundlage ist nicht anzuerkennen. Überschreitet das herrschende Unternehmen diese Grenzen, macht es sich schadensersatzpflichtig, wobei diese Schadensersatzpflicht auf den Ausgleich negativer konzernrechtlicher Einflussnahmen durch isolierbare Eingriffe, die in ihren schädigenden Auswirkungen quantifizierbar sind, zielt. 98

Es besteht jedoch die Gefahr, dass das abhängige Unternehmen gleichwohl „wie eine Betriebsabteilung", d. h. gemäß dem typischen Bild eines Beherrschungsvertrags geführt wird. Bei einer solchen Dichte der im Konzerninteresse erfolgenden Einflussnahmen des herrschenden Unternehmens versagt das auf Kompensation von Einzeleingriffen ausgerichtete 99

---

ton-Entscheidung des BGH (BGHZ 153, 47, 57 f. = NJW 2003, 1032) in der ein entsprechende Einwendbarkeit des Spruchverfahrens beim Delisting eine AG befürwortet wurde.

Haftungssystem des faktischen Konzerns als Schutzinstrument. Denn in diesem Fall lassen sich einzelne Veranlassungen der Konzernspitze wegen der Dichte der Leitungsmacht nicht länger isolieren, geschweige denn ihre nachteiligen Auswirkungen monetär quantifizieren; die Beziehungen zwischen den Konzernunternehmen werden undurchschaubar.[170] Da in einem solchen Falle die Belange der Untergesellschaft und ihrer Gläubiger nachhaltig gefährdet werden, ohne dass dieses Phänomen durch die Schutzmechanismen des faktischen Konzerns angemessen bewältigt werden kann, wurde verbreitet davon ausgegangen, dass sich das herrschende Unternehmen insbesondere im Bereich des Gläubigerschutzes so behandeln lassen müsse, als wäre ein Vertragskonzern begründet worden. Insoweit wurde geltend gemacht, dass die nicht unternehmensvertraglich kanalisierte und registerrechtlich verlautbarte, gleichwohl aber voll durchgeführte Beherrschungsbeziehung im Hinblick auf den Gläubigerschutz nicht laxer behandelt werden könne als die vertragskonzernrechtlich legitimierte Konzernherrschaft, weshalb eine Analogie zu §§ 302, 303 AktG befürwortet wurde.

100 Obwohl sich dieser Ausgangspunkt im Schrifttum in den 80er- und 90er-Jahren des vorherigen Jahrhunderts sehr stark durchgesetzt hatte, blieben alle weiteren Einzelheiten in diesem Kontext hart umstritten. Insbesondere über die Frage, wann ein qualifiziert-faktischer Konzern vorliegen sollte, bestand keine Einigkeit. Endgültig unsicheres Terrain betrat man im Rahmen der sich anschließenden Frage nach den Voraussetzungen einer Haftung des herrschenden Unternehmens analog §§ 302, 303 AktG. Im Kern ging es um die Frage, ob für die Bejahung einer Verlustübernahmepflicht der Obergesellschaft das bloße Vorliegen einer bestimmten Einfluss- und Leitungsintensität in Verbindung mit dem Versagen des konzernrechtlichen Haftungssystems der §§ 311 ff. AktG genügt (sog. Konzernstrukturhaftung).[171] Demgegenüber wurde wohl überwiegend vertreten, dass eine nachweisbare und schuldhafte Schädigung der abhängigen Gesellschaft des herrschenden Unternehmens hinzukommen müsse, um die gravierenden Haftungsfolgen für die Obergesellschaft, d. h. „einen Haftungsdurchgriff" zugunsten der Gläubiger der Untergesellschaft zu rechtfertigen (sog. Konzernverschuldenshaftung).[172]

101 Angesichts des Umstandes, dass es in einer zwei Jahrzehnte andauernden Diskussion weder gelungen ist, griffige Kriterien zur Definition eines qualifiziert-faktischen Konzerns oder auch nur zur hinreichend rechtssicheren Bestimmung von dessen Voraussetzungen zu entwickeln, alle weiteren Einzelheiten diese Rechtsfigur strittig blieben und zudem das gesetzliche

---

[170] Grundlegend Arbeitskreis GmbH-Reform, S. 59 sowie die Problembeschreibung bei *Emmrich/Sonnenschein/Habersack* § 31 II 1; *Scholz/Emmerich* Anh. Konzernrecht Rn 97; *Raiser* Kapitalgesellschaften § 53 Rn 53; *K. Schmidt* Gesellschaftsrecht § 31 IV 4.

[171] In diesem Sinne etwa *Hommelhoff*, Die Konzernleitungspflicht, S. 123 ff., 146; *Raiser* Kapitalgesellschaften § 53 Rn 54; *Säcker*, ZHR 151 (1987), 59, 63; *Ulmer*, ZHR 148 (1984), 391, 422; *ders.*, NJW 1986, 1579, 1584.

[172] Vgl. etwa *Lutter*, ZGR 1982, 244, 263 f.; *ders.*, ZIP 1985, 1425, 1429 ff.; *Timm*, NJW 1987, 977, 980 f.

Haftungsmodell insbesondere des GmbH-Rechts sich auf den Kapitalerhaltungs- und Insolvenzgläubigerschutz beschränkt, wurde indes die Rechtsfigur des qualifiziert-faktischen Konzern zunehmend in Zweifel gezogen.[173] Im Zuge der weiteren Diskussion reifte die Erkenntnis, dass es sich bei der beschriebenen Gefährdung der Gesellschaftsgläubiger um keine spezifisch konzernrechtliche Gefahrensituation handelt, sondern diese nur Ausdruck der im GmbHG unterbliebenen Regelung der Gefahr des Missbrauchs des Instituts der GmbH, d.h. der Haftungsbeschränkung ist. Es besteht allgemein ein Schutzbedürfnis der Körperschaft vor ihren eigenen Mitgliedern zugunsten der Gesellschaftsgläubiger, um zu verhindern, dass die Gesellschaft als Vehikel zur Umgehung legitimer Gläubigerinteressen und damit Interessen der Allgemeinheit instrumentalisiert wird. Es wird daher heute primär die Frage gestellt, wie ein solcher Missbrauch – auch im Fall der GmbH & Co. KG – zu behandeln ist, wenn aufgrund der umfassenden Leitung ein Ausgleich über einzelne Schadensersatzansprüche wegen Verletzung der mitgliedschaftlichen Treuepflicht nicht mehr möglich ist.[174]

2. Aufgabe der Rechtsprechung zum qualifiziert-faktischen Konzern

Die höchstrichterliche Rechtsprechung, die nahezu ausschließlich zum GmbH-Recht ergangen ist, war lange schwankend und versuchte zunächst einen vermittelnden Standpunkt einzunehmen.[175] Über Jahre hinweg hat die höchstrichterliche Rechtsprechung das Institut des qualifiziert-faktischen Konzerns und eine Analogie zu den §§ 302, 303 AktG vertreten und die insoweit einschlägigen Haftungsvoraussetzungen ausgeformt. Beginnend mit der Autokran-Entscheidung aus dem Jahr 1985[176] bis zur TBB-Entscheidung 1993,[177] welche bereits den Beginn des neuen Haftungskonzepts einläutete,[178] hatte der II. Zivilsenat des BGH in einer Reihe von Leiturteilen[179] die Grundlage für eine konzernrechtlich begründete Haftung des herrschenden Unternehmens gegenüber der abhängigen GmbH ausgestaltet.[180] Zuletzt hatten sich in der Rechtsprechung drei Voraussetzungen für eine Verlustausgleichspflicht des herrschenden Unternehmens **102**

---

[173] *Röhricht*, FS 50 Jahre BGH, S. 83ff., anknüpfend an die generelle Kritik an der Figur des qualifiziert-faktischen Konzerns etwa von *Altmeppen*, Abschied vom qualifiziert-faktischen Konzern, 1991; *ders.*, DB 1994, 1912, 1914.

[174] Grundlegend hierzu *Roth/Altmeppen* Anh. § 13 GmbHG Rn 92ff.; Anh. § 13 Rn 145; *Henze*, GmbHR 2000, 1069, 1072; *Ulmer*, ZHR 148 (1984), S. 391ff.; *Hachenburg/ders.* Anh. § 77 Rn 87; *Winter*, Mitgliedschaftliche Treuebindungen, S. 203ff., 209ff.

[175] Siehe zur Entwicklung der Rechtsprechung bis zum Bremer Vulkan-Urteil etwa *Emmerich/Sonnenschein/Habersack* § 31 I 2.

[176] BGHZ 95, 330, 339 = NJW 1986, 188.

[177] BGHZ 122, 123, 126ff. = NJW 1993, 1200.

[178] *Altmeppen*, DB 1994, 1912; *Ulmer*, ZIP 2001, 2021, 2022.

[179] Insbes. BGHZ 107, 7, 15ff. = NJW 1989, 1800 (Tiefbau); BGHZ 115, 187, 189 = NJW 1991, 3142 (Video).

[180] *Scholz/Emmerich* Anh. Konzernrecht Rn 219ff.; *Emmerich/Sonnenschein/Habersack* § 20 IV 4b bb, § 24 III 4f.; MünchHdb. GesR IV/*Krieger* § 69 Rn 18; *Raiser* Kapitalgesellschaften § 53 Rn 46.

für Verbindlichkeiten des qualifiziert abhängigen Unternehmens herausgebildet:[181]

Das herrschende Unternehmen musste zum einen das abhängige Unternehmen zugunsten von eigenen oder Konzerninteressen zu nachteiligen Maßnahmen veranlasst haben. Darin musste zweitens ein objektiver Missbrauch der herrschenden Gesellschafterstellung dergestalt liegen, dass keine angemessene Rücksicht auf die eigenen Belange der abhängigen Gesellschaft genommen wurde. Drittens durfte der Einzelausgleich der zugefügten Nachteile durch Ersatzansprüche der abhängigen Gesellschaft aufgrund mangelnder Isolier- und Quantifizierbarkeit der Ansprüche nicht möglich sein.[182]

103 Lagen diese Voraussetzungen vor, schuldete das herrschende Unternehmen Verlustausgleich analog § 302 AktG. Der Anspruch wurde vom beherrschten Unternehmen geltend gemacht. Erst im Falle der Vermögenslosigkeit des beherrschten Unternehmens wurde ein Direktanspruch der Gläubiger analog § 303 AktG gegenüber dem herrschenden Unternehmen angenommen. Den Minderheitsgesellschaftern wurde ein Anspruch auf Unterlassen von Maßnahmen, die einen qualifiziert-faktischen Konzern begründen und ein Austrittsrecht aus wichtigem Grund bei voller Abfindung durch das herrschende Unternehmen gewährt.[183]

104 Indes sind diese Rechtsprechungsgrundsätze seit der Entscheidung „Bremer Vulkan" vom 17. September 2001[184] nur noch Rechtsgeschichte.[185] Mit der Entscheidung Bremer-Vulkan bestätigt durch die Urteile Ausfallhaftung vom 25. 2. 2002[186] und KBV vom 24. 6. 2002,[187] hat der II. Zivilsenat die Rechtsfigur des qualifiziert-faktischen Konzerns endgültig aufgegeben und durch eine konzernrechtsunabhängige Durchgriffshaftung zugunsten der Gesellschaftsgläubiger wegen „existenzvernichtenden Eingriffs" ersetzt.

3. Existenzvernichtender Eingriff

105 Mit den genannten Entscheidungen hat der BGH nicht nur seine Rechtsprechung zum qualifiziert faktischen Konzern aufgegeben, sondern gleichzeitig ein neues Gläubigerschutzsystem entwickelt. Dieses orientiert sich in erster Linie an den Vorschriften des GmbHG. Vorrangig finden da-

---

[181] Grundlegend BGHZ 122, 123, 126 ff. (TBB), bestätigt durch BGH NJW 1994, 446 (Quickborner EDV); ZIP 1994, 1690 (Architekten GmbH); ZIP 1995, 733 (Bauträger); NJW 1996, 1283; NJW 1997, 943; BAG NJW 1996, 1491; BSG NJW-RR 1997, 94, 96; OLG Dresden AG 1997, 330, 333; OLG Köln BB 1997, 169; LG Frankfurt NJW-RR 1997, 796; LG Münster WM 1997, 672; zusammenfassend hierzu: *Roth/Altmeppen* Anh. § 13 GmbHG Rn 148; *Emmerich/Sonnenschein/Habersack* § 31 III; *Baumbach/Hueck* GmbHG Konzernrecht Rn 87 ff.; *Binz/Sorg* § 11 Rn 43.

[182] So insb. *Lutter*, ZIP 1985, 1425, 1429 ff.; *Lutter/Hommelhoff* Anh. § 13 GmbHG Rn 16, 21 ff.; *Timm*, NJW 1987, 977, 980 ff., jew. m. w. N.

[183] *Lutter/Hommelhoff* Anh. § 13 Rn 38; *Emmerich/Sonnenschein/Habersack* § 31 IV 3; *Roth/Altmeppen* Anh. § 13 Rn 187 ff.

[184] BGHZ 149, 10 = NJW 2001, 3024.

[185] Ebenso *Roth/Altmeppen* Anh. § 13 Rn 144.

[186] BGHZ 150, 61 = NJW 2002, 1803.

[187] BGHZ 151, 181 = NJW 2002, 3024.

her die Vorschriften der §§ 30 ff. GmbHG zur Kapitalerhaltung Anwendung. Daneben besteht in mehrgliedrigen GmbHs weiterhin das Schädigungsverbot aufgrund der gesellschaftsrechtlichen Treuepflicht des Mehrheitsgesellschafters gegenüber den Minderheitsgesellschaftern (s. o. Rn 72), welches mittelbar auch die Gesellschaftsgläubiger schützt, da es im Ergebnis den Bestand der GmbH sichert.[188] Direkte Ansprüche der Gesellschaftsgläubiger gegen die Mehrheits- oder Alleingesellschafter können sich zudem unter Umständen aus dem Deliktsrecht ergeben, insbesondere aus § 823 Abs. 2 BGB i.V.m. §§ 263, 266 StGB, § 826 BGB.[189]

Früher war strittig, ob eine GmbH (Bestands-)Schutz gegenüber ihrem Alleingesellschafter genießt. Gerade im Falle eines Alleingesellschafters oder mehrerer einverständlich handelnder Gesellschafter, in dem die Interessen der Gesellschaftsgläubiger in besonderem Maß gefährdet sind, findet der mittelbare Schutz der in mehrgliedrigen Gesellschaften grundsätzlich durch die gesellschaftliche Treuepflicht gewährt wird, keine Anwendung, weil die Treuepflicht disponibel ist, so dass keine Gesellschafterinteressen vorhanden sind, die verletzt werden könnten.[190] Hierdurch entsteht eine Lücke im Gläubigerschutz des Kapitalgesellschaftsrechts, die durch das Deliktsrecht nicht angemessen ausgeglichen werden kann. Daher muss als Mittel zum Schutz ihrer Gläubiger der GmbH selbst Bestandsschutz gewährt werden. Denn die GmbH als Haftungsschott kann von der Rechtsordnung nur akzeptiert werden, wenn ihr Anspruch auf Bewahrung ihrer Lebensfähigkeit auch von ihren eigenen Gesellschaftern respektiert wird.[191] **106**

Allerdings bedeutet Bestandsschutz der GmbH nur, dass die Gesellschafter die Rechtsform der GmbH nicht missbrauchen dürfen, sondern sich an die strikte Trennung des Gesellschaftsvermögens vom Vermögen der Gesellschafter und an die Zweckbindung des Vermögens zur vorrangigen Befriedigung der Gesellschaftsgläubiger halten müssen.[192] Um dies zu sichern, darf die GmbH nur in einem ordnungsgemäßen Liquidations- bzw. Insolvenzverfahren aufgelöst werden. Verstoßen die Gesellschafter hiergegen, indem sie der GmbH auf andere Weise Vermögen entziehen, das sie zur Befriedigung ihrer Gläubiger benötigt, und führen sie hierdurch einen Zusammenbruch des Unternehmens herbei, steht ihnen aufgrund dieses Rechtsformmissbrauchs das Haftungsprivileg des § 13 Abs. 2 GmbHG nicht zu. Ungeschriebene Voraussetzung des Haftungsprivilegs des § 13 Abs. 2 GmbHG ist, dass das zur Erfüllung der im Namen der Gesellschaft eingegangenen Verbindlichkeiten benötigte Gesellschaftsvermögen in der **107**

---

[188] BGHZ 150, 61 = NJW 2002, 1803; *Henze*, NZG 2003, 649; *Janert*, MDR 2003, 724.

[189] BGHZ 151, 181 = NJW 2002, 3024; *Wellkamp*, DStR 2003, 210; *Vetter*, ZIP 2003, 601, 609.

[190] BGHZ 122, 333, 336 = NJW 1993, 1922; *Henze*, NZG 2003, 649, 656; *Röhricht*, FS 50 Jahre BGH, S. 83ff., 92.

[191] *Röhricht*, FS 50 Jahre BGH, S. 83 ff., S. 104, der sich wiederum auf Vorarbeiten von *Winter*, Mitgliedschaftliche Treuebindungen im GmbH-Recht, 1988, S. 202 ff.; *Ulmer*, ZHR 1984, 391, 416 ff. und *Priester*, ZGR 1993, 512, 521 ff. stützt.

[192] *Röhricht*, FS 50 Jahre BGH, S. 83 ff., 107; *Vetter*, ZIP 2003, 601, 602.

Gesellschaft zum Zwecke der Befriedigung ihrer Gläubiger verbleibt und damit der Dispositionsbefugnis des Gesellschafter entzogen ist.[193] Gleichzeitig beschränkt sich der Schutz einer abhängigen GmbH auf die Erhaltung ihres Stammkapitals i. S. d. §§ 30f. GmbHG und die Gewährleistung ihres Bestandsschutzes.[194]

108 **a) Dogmatische Grundlage des neuen Haftungssystems.** Nach den Vorstellungen des Bundesgerichtshofs stellt mithin eine Verletzung der Trennung des Gesellschaftsvermögens von dem Vermögen der Gesellschafter und die Nichtbeachtung der strikten Bindung des Gesellschaftsvermögens zur vorrangigen Befriedigung der Gesellschaftsgläubiger einen Missbrauch der Rechtsform der GmbH dar und führt zum Verlust des Haftungsprivilegs, soweit der hierdurch den Gesellschaftsgläubigern zugefügte Schaden nicht anderweitig ausgeglichen wird. Eine genauere dogmatische Begründung gibt der Bundesgerichtshof indes nicht, sondern verweist insofern lediglich auf die „im Schrifttum entwickelten unterschiedlichen Haftungsmodelle".[195] Da sich der BGH zur Begründung der Durchgriffshaftung nicht einer Analogie zum aktienrechtlichen Konzernrecht bedient, bedarf es weder des Vorliegens eines Konzerns noch eines Abhängigkeitsverhältnisses. Das Institut des existenzvernichtenden Eingriffs ist vielmehr auf jede Art von Missbrauch der Rechtsform der GmbH durch die Gesellschafter anwendbar. Insbesondere ist ein existenzvernichtender Eingriff nach den bisher entschiedenen Fällen sowohl durch einen Alleingesellschafter als auch durch die Gesellschafter einer mehrgliedrigen GmbH denkbar; allerdings werden konzernrechtliche Fälle auch in der Zukunft des Hauptanwendungsgebietes des Rechtsinstitutes des existenzvernichtenden Eingriffs bleiben, da derartige Eingriffe häufig in Konzernsachverhalten auftreten.

109 Die Rechtsprechungsänderung hat in der Literatur weitgehend Zustimmung gefunden; allerdings sind die dogmatischen Grundlagen der vom BGH entwickelten Durchgriffshaftung umstritten. Teilweise wird auf die Treuepflicht bzw. Sonderverbindung der Gesellschafter gegenüber der GmbH abgestellt,[196] teilweise eine Analogie zu der Haftung des faktischen Geschäftsführers nach den § 43 GmbHG, § 93 Abs. 5 Satz 2 u. 3 AktG bevorzugt;[197] außerdem wird – was der Wortlaut der BGH-Entscheidungen nahe legt – zur Begründung eine teleologische Reduktion der haftungsbeschränkenden Norm des § 13 Abs. 2 GmbHG wegen Missbrauchs der Haftungsbeschränkung herangezogen.[198]

---

193 BGHZ 151, 181 = NJW 2002, 3024, 3025.

194 BGH NJW 2001, 3622, 3623.

195 BGH ZIP 2000, 1578, 1580.

196 *Ulmer*, ZIP 2001, 2021; *K. Schmidt,* NJW 2001 3577; *Burgard,* ZIP 2002, 827.

197 *Altmeppen*, ZIP 2001, 1837, 1841; *ders.*, ZIP 2002, 1553, 1562.

198 Dieses Nichteingreifen der haftungsbeschränkenden Norm führt nach teilweise vertretener Ansicht wiederum zum Eingreifen der Haftung nach §§ 128, 129 HGB analog: OLG Jena ZIP 2002, 631; *Bitter,* WM 2001, 2133, 2139ff.; *Hoffmann*, NZG 2002, 68, 71; *Wiedemann*, ZGR 2003, 283, 285f.; *Keßler*, GmbHR 2001, 1095, 1100.

b) Haftungsvoraussetzungen. Das neue Haftungsmodell des Bundesgerichtshofs ist ganz und gar auf den Bestandsschutz der Gesellschaft fokussiert; daher steht im Mittelpunkt des Haftungstatbestandes die Verletzung des legitimen Bestandschutzinteresses der Gesellschaft. Dementsprechend liegt ein existenzvernichtender Eingriff in das Vermögen der Gesellschaft dann vor, wenn die Gesellschafter bei gesellschaftsbezogenen Maßnahmen, insbesondere beim Abzug von Vermögen der Gesellschaft, nicht die gebotene, angemessene Rücksichtnahme auf die Erhaltung der Fähigkeit der Gesellschaft zur Bedienung ihrer Verbindlichkeiten genommen und damit die Insolvenz der Gesellschaft herbeigeführt haben.[199] Tatbestandsvoraussetzungen einer Haftung der Gesellschafter sind demnach **110**

– der Entzug von Gesellschaftsvermögen unter Außerachtlassung der gebotenen Rücksichtnahme auf dessen Bindung zur vorrangigen Befriedigung der Gesellschaftsgläubiger,[200]
– die daraus resultierende, ins Gewicht fallende Beeinträchtigung der Fähigkeit der Gesellschaft, ihre Verbindlichkeiten zu erfüllen, und
– die Unmöglichkeit des vollständigen Einzelausgleichs des zugefügten Nachteils nach §§ 30, 31 GmbHG sowie auch faktisch die fehlenden Gewährung ausreichender Schadenskompensation.[201]

Jede einzelne der genannten Haftungsvoraussetzungen wirft neue Fragen auf:

aa) Verletzung des Bestandsschutzinteresses der Gesellschaft. Auch nach der Bremer-Vulkan-Entscheidung knüpft der Bundesgerichtshof als zentrales Haftungselement an die ungenügende Rücksichtnahme auf die eigenen Belange der abhängigen GmbH durch den Allein- oder Mehrheitsgesellschafter an.[202] Unter Bezugnahme auf die „gebotene" Rücksichtnahme bzw. eine „ins Gewicht fallende" Beeinträchtigung errichtet der Bundesgerichtshof eine Art Bagatellgrenze, ohne aber die Mindestanforderungen an einen haftungsbegründenden Eingriff zu quantifizieren. Zur Konkretisierung können die für die TBB-Entscheidung entwickelten Kriterien herangezogen werden (dazu sogleich). Hieraus folgt, dass ähnliche Fälle wie diejenigen, die auf der Grundlage der TBB-Entscheidung als Anwendungsfälle der höchstrichterlichen Rechtsprechung diskutiert wurden, sich als problematisch erweisen. Zugleich erkennt der Bundesgerichtshof an, dass sich der Gläubigerschutz – auch für die konzernierte GmbH – vorrangig aus den Kapitalerhaltungsregeln ergibt.[203] **111**

---

[199] BGHZ 150, 61 = NJW 2002, 1803, 1805.

[200] BGHZ 149, 10, 16 (Bremer Vulkan) spricht dagegen von der „angemessenen Rücksichtnahme auf die Eigenbelange der Gesellschaft; dazu *K. Schmidt*, NJW 2001, 3577, 3579.

[201] BGH ZIP 2002, 1578, 1580, li. Sp. (KBV); dazu *Ulmer*, JZ 2002, 1049, 1051 f.; Vorher schon: BGHZ 122, 123, 127 (TBB); BGH WM 1994, 203, 204; BGH DStR 2000, 1065 (m. Anm. *Goette*); BGH ZIP 2000, 2163, 2164.

[202] BGHZ 149, 10 (Bremer Vulkan) unter Bezugnahme auf BGHZ 122, 123, 130 (TBB).

[203] *Altmeppen*, ZIP 2001, 1837, 1839.

112 Zu den problematischen Fällen gehört insbesondere der Abzug von Vermögen aus der Gesellschaft und dessen Verlagerung auf eigens neu gegründete oder bereits bestehende verbundene oder befreundete Unternehmen außerhalb einer geordneten Liquidation einer Gesellschaft (sog. „GmbH-Stafette"). Insoweit stellt sich die Frage, ob der Vermögensentzug als Entzug der „Aktiva" des Gesellschaftsvermögens nur der Prototyp einer nachteiligen Maßnahme und nicht zwingende Voraussetzung für einen existenzvernichtenden Eingriff ist. Nach meiner Überzeugung kommen auch andere nachteilige Maßnahmen als haftungsbegründende Beeinträchtigungen in Betracht, wie beispielsweise Handlungen, die der Gesellschaft Informationen, „Humankapital", Nutzungsbefugnisse, Geschäftschancen oder Steuervorteile entziehen.[204] Soweit sich durch die Maßnahme das gläubigerschützende Eigenkapital der Gesellschaft direkt mindert, müssen auch Maßnahmen, die sich auf andere Vermögenswerte erstrecken, in die Rücksichtnahmepflicht der Gesellschafter einbezogen werden.

113 Haftungsbegründend kann weiterhin eine sonstige Benachteiligung der Gesellschaft zugunsten eines maßgeblichen Gesellschafters wirken, wobei entscheidend ist, dass die geschützte Gesellschaft mit überwiegenden Risiken belastet wird, deren Eingehung eine unabhängige Gesellschaften vermieden hätte, da diesen Gefahren adäquate Chancen nicht gegenüberstehen oder den Gesellschafter in anderweitiger Weise zugute kommen („Aschenputtel"-Lage). Zu denken ist insoweit neben der Bestellung von fremdnützigen Sicherheiten oder Einigung von Risikogeschäften insbesondere an Fälle der rigorosen Durchführung von Cash-Management-Systemen[205] oder die sonstige Herstellung eines Haftungsverbundes mit anderen unternehmerischen Aktivitäten des Mehrheitsgesellschafters oder diese in sonstiger Weise nahe stehenden Unternehmen. Zu beachten ist im Zusammenhang mit Cash-Management-Systemen auch eine neuere Entscheidung des Bundesgerichtshofs zu Darlehensgewährungen durch eine GmbH an ihre Gesellschafter. Nach dieser Entscheidung stellt das Gewähren eines unbesicherten Kredits regelmäßig ein Verstoß gegen § 30 Abs. 1 GmbHG dar, wenn hierdurch eine Unterbilanz entsteht oder verstärkt wird. Die Bedeutung der Entscheidung geht indes über den Fall der einfachen Darlehensgewährung hinaus und wirkt sich insbesondere auf Cash-Management- und Cash-Pooling-Systeme großer Konzerne aus, da im Ergebnis Positivguthaben der Konzerntochter in solche Cash-Management-Systeme ohne Gewährung adäquater Sicherheiten nicht mehr einbezogen werden können.[206] Gegen eine Einbeziehung von Risikogeschäften spricht, dass die GmbH gerade dazu dient, unerprobte wirtschaftliche Konzepte und risikoreiche Geschäftsideen ohne die Gefahr der persönlichen Haftung zu testen.[207]

---

[204] *Wiedemann,* ZGR 2003, 283, 292 f.; *Drygala*, GmbHR 2003, 729, 735.

[205] BGHZ 149, 10 (Bremer Vulkan); *Lutter/Scheffler*, Hdb. der Konzernfinanzierung 1998, § 21 Rn 21.20; MünchHdb. GesR IV/*Krieger* § 69 Rn 56, 118.

[206] Vgl. BGH BB 2004, 293 = DB 2004, 371 = DStR 2004, 427.

[207] *Bitter*, Konzernrechtliche Durchgriffshaftung bei Personengesellschaften, 1999, S. 318 f., S. 538 ff.; *Drygala,* GmbHR 2003, 729, 735; *K. Schmidt*, NJW 2001, 3577, 3581; *Wiedemann*, ZGR 2003, 283, 293.

Allein die Herbeiführung der Insolvenz des Unternehmens durch ein solches Risikogeschäft kann hier für einen existenzvernichtenden Eingriff nicht ausreichen. Erst da, wo bei objektiver Betrachtung ex ante ein Fehlschlagen des Geschäfts mit überwiegender Wahrscheinlichkeit zu erwarten war und somit die Grenze verantwortlicher Unternehmensführung[208] überschritten ist, kann auch hierin ein existenzvernichtender Eingriff zu sehen sein.

Schließlich kann eine Existenzvernichtungshaftung auch durch eine Umstrukturierung der Untergesellschaft im einseitigen Interesse eines Gesellschafters begründet werden, falls die Restrukturierung dem Eigeninteresse der Gesellschaft widerspricht; als problematisch können sich etwa die Verlagerung oder Aufgabe von Geschäftsbereichen, die Abgabe von Ressourcen, die Zentralisierung von Unternehmensfunktionen, die Einstellung bestimmter Aktivitäten, die Konzentration des Unternehmens auf ein bestimmtes sachliches oder regionales Geschäftsfeld u. Ä. erweisen, wenn der Gesellschaft hierdurch ihre eigenständige Lebensfähigkeit genommen wird.[209] **114**

Noch ungeklärt sind die Kriterien, anhand derer festzustellen ist, ob ein bestimmter Vermögensentzug die Fähigkeit der GmbH zur Erfüllung ihrer Verbindlichkeiten beeinträchtigt. Eine solche Beeinträchtigung könnte bereits angenommen werden, wenn die Liquidität der GmbH vorübergehend gefährdet wird,[210] oder erst dann als gegeben angesehen werden, wenn die Maßnahme unmittelbar die Insolvenz der Gesellschaft herbeiführt.[211] Teilweise wird hierzu vorgeschlagen den sog. solvency test aus dem angloamerikanischen Gesellschaftsrecht anzuwenden, nach dem zu prüfen ist, ob die Ausschüttung oder Entnahme ex ante die Fähigkeit der Gesellschaft zur planmäßigen Tilgung ihrer Schulden beeinträchtigt.[212] Nach anderer Ansicht soll der allgemeine Sorgfaltsmaßstab (business judgement rule) gelten, wobei existenzielle Konsequenzen für die GmbH bei der Risikoanalyse berücksichtigt werden müssen.[213] **115**

bb) Fehlende Kompensationsfähigkeit. Die bereits im TBB-Urteil als Haftungsvoraussetzung hervorgehobene subsidiäre Natur des Haftungstatbestandes hat der Bundesgerichtshof auch in der Bremer Vulkan-Entscheidung betont.[214] Dies hat zur Folge, dass insbesondere die klassischen Nachteilszufügungen durch Schädigungen der Untergesellschaft im konzerninternen Waren- und Dienstleistungsverkehr sowie im Rahmen von Kreditgeschäften und die Stellung von Sicherheiten, selbst wenn sie zu breitflächigen Schädigungen des abhängigen Unternehmens führen, regelmäßig keine Haftung wegen Existenzvernichtung begründen, da die nach- **116**

---

[208] Vgl. BGHZ 135, 244, 253 f. (ARAG).

[209] Vgl. etwa *Emmerich/Habersack* Anh. II § 318 Rn 19; MünchHdb. GesR IV/*Krieger* § 69 Rn 117.

[210] *Röhricht*, FS 50 Jahre BGH, S. 83, 103, 106.

[211] *Ulmer*, JZ 2002, 1049, 1051.

[212] *Drygala*, GmbHR 2003, 729, 734.

[213] *Keßler*, GmbHR 2001, 1095, 1100.

[214] Vgl. BGHZ 149, 10, 12 (Bremer Vulkan); BGHZ 122, 123, 127 (TBB).

teiligen monetären Folgen derartiger Eingriffe typischerweise qualifiziert und quantifizierbar sind. Dementsprechend scheitern auch in der Praxis die meisten auf das Institut der Existenzvernichtungshaftung gestützten Klagen an dem Subsidiaritätsgrundsatz.[215] Dies gilt auf der Grundlage der Rechtsprechung des Bundesgerichtshofs seit der Bremer Vulkan-Entscheidung in besonderer Weise, da zudem Einzeleingriffe typischerweise keine Existenzvernichtung einer Gesellschaft zur Folge haben; dies kann allerdings bei einer Vielzahl von Einzeleingriffen anders sein, insbesondere wenn diese dazu führen, dass die Verhältnisse vollkommen undurchschaubar werden (sog. Waschkorblage).[216]

117 *cc) Weitere Voraussetzungen.* Weiterhin wird diskutiert, ob der existenzvernichtende Eingriff allein an einen **objektiven Missbrauch**[217] oder an eine **Verschuldenshaftung**[218] anknüpft. Da der Bundesgerichtshof an ein „objektiv missbräuchliches Verhalten" anknüpft, wird ein Verschulden in der Regel nicht für erforderlich gehalten.[219] Wer indes als dogmatische Grundlage der Existenzvernichtungshaftung an den Vorwurf einer Treuepflichtverletzung oder die Haftungsnormen für eine Haftung der Geschäftsführung anknüpft, müsste eigentlich konsequenterweise ein Verschulden fordern.[220] Da aber jedenfalls kein Vorsatz erforderlich ist und das Rechtsinstitut gravierende Eingriffe in die Gesellschaft voraussetzt, ist der Meinungsstreit aufgrund des objektivierten Fahrlässigkeitsmaßstabs im Zivilrecht in der Praxis nicht relevant.[221]

118 Des Weiteren stellt sich die Frage, ob ein existenzvernichtender Eingriff ein positives Tun der Gesellschafter voraussetzt oder bereits **durch Unterlassen** existenzerhaltender Maßnahmen bei voraussehbarer Insolvenz verwirklicht werden kann.[222] Der Sinn und Zweck des Haftungsinstituts sprechen meines Erachtens gegen die Möglichkeit einer Verwirklichung des Haftungstatbestandes durch Unterlassen. Es besteht in diesem Fall nur die Pflicht zur rechtzeitigen Insolvenzanmeldung nach § 64 Abs. 1 GmbHG.

119 **c) Rechtsfolgen.** Wesentliche Rechtsfolge des existenzvernichtenden Eingriffs ist das Versagen der Haftungsbeschränkung gem. § 13 Abs. 2 GmbHG, d. h. der Haftungsdurchgriff auf die Gesellschafter. Aufgrund des in dem existenzvernichtenden Eingriff liegenden Missbrauchs der Rechts-

---

[215] Vgl. MünchHdb. GesR III/*Decher* § 69 Rn 20 m. w. N. aus der Rechtsprechung.

[216] MünchHdb. GesR III/*Decher* § 69 Rn 21; *Emmerich/Habersack* Anh. II, § 308 Rn 23; MünchHdb. GesR IV/*Krieger* § 69 Rn 117; MüKoAktG/*Kropff* Anh. § 317 Rn 71 ff.

[217] *Röhricht*, FS 50 Jahre BGH, S. 83 ff., 115; *Bitter*, WM 2001, 2133, 2139.

[218] *K. Schmidt*, NJW 2001, 3577, 3579 ff.; *Ulmer*, ZIP 2001, 2021, 2026 f.

[219] Vgl. etwa *Goette*, GmbH, § 9 Rn 13; *Henze*, KonzernR, Rn 265; *ders.*, NZG 2003, 649, 657.

[220] So ausdrücklich: *Altmeppen*, ZIP 2001, 1837, 1845 (grobe Fahrlässigkeit); wohl auch *K. Schmidt*, NJW 2001, 3577, 3580; *Ulmer*, ZIP 2001, 2021, 2026, 2028.

[221] So auch *Röhricht*, FS 50 Jahre BGH, S. 83 ff., 115; vgl. MüKo/*Emmerich* § 276 BGB Rn 55; MünchHdb. GesR III/*Decher* § 69 Rn 10.

[222] *Drygala*, GmbHR 2003, 729, 731.

form der GmbH können sich die mitwirkenden Gesellschafter mithin nicht mehr auf die Vorschrift des § 13 Abs. 2 GmbHG berufen, mit der Folge, dass sie unmittelbar haften.

Anspruchsberechtigt sind die Gesellschaftsgläubiger; der Bundesgerichtshof geht also entgegen zahlreicher Literaturstimmen[223] von einer Durchgriffshaftung aus. Die Gläubiger können ihre Forderungen unmittelbar gegen die Gesellschafter geltend machen, sofern sie von der Gesellschaft keine Befriedigung erlangen können. Dabei weist *Ulmer* zu Recht darauf hin, dass diese Haftung der Gesellschafter für Verbindlichkeiten der Gesellschaft, d.h. eines anderen Haftungsobjekts, über eine „Haftungsbrücke" legitimiert werden muss, für die er eine Analogie zu §§ 105, 128f. HGB vorschlägt.[224]

Im Falle eines Insolvenzverfahrens können die Forderungen nach dem Modell des Bundesgerichtshofs nur durch den Insolvenzverwalter geltend gemacht werden, um einen Wettlauf der Gläubiger zu vermeiden.[225] Dogmatische Grundlage der Legitimation des Insolvenzverwalters ist eine analoge Anwendung von § 93 InsO auf die Außenhaftung der Gesellschaft gegenüber den Gesellschaftsgläubigern.[226]

Adressaten der Durchgriffshaftung sind die Gesellschafter, nicht die **120**
Organmitglieder.[227] Ein existenzvernichtender Eingriff wird jedoch regelmäßig zugleich eine Pflichtverletzung des Geschäftsführers gegenüber der Gesellschaft darstellen und kann daher dessen Haftung nach § 43 Abs. 2 und 3 GmbHG auslösen;[228] diese besteht indes nur gegenüber der Gesellschaft.

Die Haftung trifft nicht nur den Gesellschafter, der das Vermögen entzogen und von diesem Vermögensentzug profitiert hat, sondern auch die Gesellschafter, die durch ihr Einverständnis an der Existenzvernichtung mitgewirkt haben.[229] Fraglich ist, ob mitwirkende Gesellschafter eventuell analog § 31 Abs. 3 GmbHG nur nachrangig haften, soweit von den handelnden Gesellschaftern Ersatz nicht zu erlangen ist.

Im Gegensatz zu dem aufgegebenen Rechtsinstitut des qualifiziert-fak- **121**
tischen Konzerns folgt aus dem Rechtsinstitut des existenzvernichtenden Eingriffs der Mehrheitsgesellschafter keine unmittelbare Haftung gegenüber den Minderheitsgesellschaftern. Daher wurde die Frage aufgeworfen, ob im Verhältnis des Minderheitsgesellschafters zum existenziell eingrei-

---

[223] Vgl. beispielsweise *K. Schmidt*, NJW 2001, 3577, 3580: Haftung (nur) gegenüber der Gesellschaft wegen Verletzung von Pflichten aus einem mitgliedschaftlichen Sonderrechtsverhältnis; *Ulmer*, ZIP 2001, 2021, 2027: Haftung (nur) gegenüber der Gesellschaft wegen Treuepflichtverletzung; *Altmeppen*, ZIP 2001, 1837, 1843: Sorgfaltshaftung analog § 43 GmbHG (nur) gegenüber der Gesellschaft.

[224] Vgl. *Ulmer*, JZ 2002, 1049, 1050.

[225] Vgl. BGHZ 151, 181 = NJW 2002, 3034, 3025.

[226] Vgl. *Altmeppen*, ZIP 2002, 1553, 1560; *Binz/Sorg* § 11 Rn 50; *Bruns*, WM 2003, 1815, 1818; MünchHdb. GesR III/*Decher* § 69 Rn 25; *Uhlenbrock/Hirte* InsO § 93 Rn 8; *Ulmer*, JZ 2002, 1049, 1050.

[227] *Wiedemann*, ZGR 2003, 283, 290; *Ulmer*, JZ 2002, 1049.

[228] BGH NJW-RR 2003, 895, 896.

[229] BGHZ 150, 61 = NJW 2002, 1803, 1805.

fenden Mehrheitsgesellschafter ein Rückgriff auf die Rechtsprechung zum qualifiziert-faktischen Konzern möglich ist.[230] Dem ist indes nicht zu folgen. Dagegen spricht bereits, dass die Rechtsfigur des qualifiziert-faktischen Konzerns von der Rechtsprechung explizit aufgegeben wurde.[231] Im Übrigen existiert auch keine Schutzlücke, da in dem existenzvernichtenden Eingriff gleichzeitig stets eine Treuepflichtverletzung des Mehrheitsgesellschafters zu sehen ist. Die Haftung aus Treuepflichtverletzung führt im Fall der Insolvenz zum Schadensersatz in Höhe des gesamten Werts der Beteiligung, die durch den Eingriff vernichtet wurde.[232] Zeichnet sich ein existenzvernichtender Eingriff des Mehrheitsgesellschafters ab, können die übrigen Mitgesellschafter ferner im Vorfeld der existenzgefährdenden Maßnahme im Wege des einstweiligen Rechtsschutzes Unterlassung verlangen.[233] Außerdem besteht aufgrund der Unzumutbarkeit des Verbleibens in der Gesellschaft wegen der Entwertung der Beteiligung und des Risikos der Mithaftung in der Insolvenz ein Recht zum Ausscheiden; dieses Recht wird teilweise auf § 305 analog, überwiegend indes aufgrund der Aufgabe des konzernrechtlichen Ansatzes der Rechtsprechung auf eine entsprechende Anwendung des § 738 BGB gestützt.[234] Damit sind Minderheitsgesellschafter im Ergebnis ebenso gestellt wie im Rahmen des früheren Rechtsinstituts des qualifiziert-faktischen Konzerns (s. o. Rn 103).

122 Fraglich ist, ob die Haftung des im Rahmen der Existenzvernichtungshaftung in Anspruch Genommenen auf den Betrag zu begrenzen ist, der der GmbH pflichtwidrig entzogen wurde,[235] ob eine unbegrenzte Eintrittspflicht besteht[236] oder ob der Anspruch, solange er vom Insolvenzverwalter geltend gemacht wird, auf Beseitigung der Überschuldung der Gesellschaft gerichtet ist und sich erst im Falle einer massenlosen Insolvenz in eine Ausfallhaftung des jeweiligen Gläubigers wandelt.[237] Nachdem die Haftungsbegrenzung des § 13 Abs. 2 GmbHG entfallen ist, ist an sich kein Grund für eine Haftungsbegrenzung ersichtlich, da es sich bei dem Anspruch der Gesellschaftsgläubiger aus existenzvernichtendem Eingriff nicht um einen Schadensersatzanspruch wegen des pflichtwidrigen Vermögensentzugs in dieser Höhe handelt, sondern um die ursprünglich gegen die GmbH bestehenden (meist vertraglichen) Ansprüche, die nun gegen die Gesellschafter geltend gemacht werden können. Aufgrund des existenzver-

---

[230] Bejahend: *Eberl-Borges,* Jura 2002, 761, 764 ff.

[231] BGHZ 150, 61 = NJW 2002, 1803, 1805; *Hoffmann,* NZG 2002, 68, 72 ff.

[232] *Hoffmann,* NZG 2002, 68, 73; MünchHdb. GesR III/*Decher* § 69 Rn 28 a. E.; *Drygala,* GmbHR 2003, 729, 739; *Römermann/Schröder,* GmbHR 2001, 1015, 1019.

[233] Ebenso MünchHdb. GesR III/*Decher* § 69 Rn 28; *Lutter/Hommelhoff* Anh. § 13 Rn 38 – siehe zur früheren Rechtsprechung zum qualfiziert-faktische Konzern auch *Scholz/Emmerich* Anh. KonzernR Rn 132; *Raiser* Kapitalgesellschaften § 53 Rn 60; *Hachenburg/Ulmer* Anh. § 77 Rn 176; *Baumbach/Hueck/Zöllner* Anh. KonzernR Rn 61.

[234] *Hoffmann,* NZG 2002, 68, 73; *Drygala,* GmbHR 2003, 729, 739; MünchHdb. GesR III/*Decher* § 69 Rn 29.

[235] *Vetter,* ZIP 2003, 601, 603.

[236] *Jula,* Der GmbH-Gesellschafter, 2003, S. 262.

[237] In diesem Sinne *Altmeppen,* ZIP 2001, 1837, 1846; MünchHdb. GesR III/*Decher* § 69 Rn 26 f.; *Ulmer,* ZIP 2001, 2021, 2028.

nichtenden Eingriffs fällt die GmbH als Haftungsschott weg; dies rechtfertigt an sich keine Kürzung der Ansprüche der Gläubiger, deren Schutz das Haftungsinstitut dient. Allerdings wird zu Recht darauf hingewiesen, dass dadurch auch eine unbeschränkte Haftung für Ansprüche entsteht, die bereits vor dem existenzvernichtenden Eingriff nicht (mehr) ausreichend gesichert waren.[238] Jedoch spricht die Rechtsprechung stets von einer Haftung *wegen* existenzvernichtenden Eingriffs und von einer Haftung für Nachteile, die den Gesellschaftsgläubigern *dadurch* entstehen, dass der Gesellschaft Vermögen entzogen wird, das sie zur Erfüllung ihrer Verbindlichkeiten benötigt,[239] so dass möglicherweise von einer Begrenzung der Haftung auf den Schaden ausgegangen werden kann, der kausal auf dem existenzvernichtenden Eingriff beruht.

Wie dargelegt müssen sich die Gläubiger vorrangig um Befriedigung **123**
durch die GmbH bemühen. Erst wenn eine Befriedigung aus dem Gesellschaftsvermögen nicht möglich ist, können die Gläubiger sich an die Gesellschafter halten.[240] Weiterhin ist die Durchgriffshaftung subsidiär gegenüber der Haftung nach den §§ 30, 31 GmbHG.[241] In erster Linie muss der der Gesellschaft zugefügte Nachteil nach diesen Vorschriften ausgeglichen werden. Soweit ein solcher Ausgleich der Gesellschaft wieder die notwendige Liquidität verschaffen kann, scheidet ein Durchgriff auf die Gesellschafter aus.[242]

c) Beweislast. Bei der Haftung aus existenzvernichtendem Eingriff **124**
handelt es sich, wie dargelegt, nicht um ein spezifisch konzernrechtliches Haftungsinstitut. Die Abhängigkeit der Gesellschaft, in deren Existenz eingegriffen wird, spielt für den Tatbestand keine Rolle, auch wenn die praktischen Anwendungsfälle der Existenzvernichtungshaftung häufig Konzernfälle sein werden. Vor diesem Hintergrund ist nicht gesichert, ob die im Rahmen der früheren Rechtsprechung des Bundesgerichtshofs zum qualifiziert-faktischen Konzern entwickelten Beweiserleichterungen weiterhin Anwendung finden. Meines Erachtens ist trotz der Aufgabe des konzernrechtlichen Ansatzes durch die Rechtsprechung von einer Fortgeltung der auf der Grundlage der TBB-Entscheidung formulierten Verteilung der Substantiierungs- und Beweislast auszugehen. Unter dem neuen Haftungsinstitut ist die Schädigung eines beherrschten Unternehmens wahrscheinlicher und der Nachweis des existenziellen Eingriffs für außenstehende Gläubiger schwieriger als beim unverbundenen Unternehmen zu führen.[243] Des Weiteren wurden in der TBB-Entscheidung, aus der die letzten Aussagen des BGH zur Beweislastverteilung stammen, die Abkehr vom früheren konzernrechtlichen Ansatz der Rechtsprechung eingeleitet und im Ergebnis die wesentlichen Haftungsvoraussetzungen formuliert, die der BGH in der Bremer Vulkan-Entscheidung lediglich auf ein neues

---

[238] *Vetter,* ZIP 2003, 601, 603 f.
[239] BGH NJW 2002, 1803, 1805; NJW 2002, 3024, 3025.
[240] BGHZ 151, 181 = NJW 2002, 3024, 3025.
[241] BGHZ 151, 181 = NJW 2002, 3024, 3025.
[242] *Henze,* NZG 2003, 649, 657.
[243] *Drygala,* GmbHR 2003, 729, 737 f.; *Ulmer,* ZIP 2001, 2021, 2027.

dogmatisches Fundament gestellt hat.[244] Es spricht daher viel dafür, die entsprechenden Regeln der Regelungs- und Beweislast weiter anzuwenden.[245]

125 Daher trägt der Kläger die Darlehens- und Beweislast für Umstände, die zumindest nahe legen, dass ein existenzvernichtender Eingriff vorliegt. Da die Gläubiger und Mitgesellschafter des geschädigten Unternehmens mangels Kenntnis der internen Verhältnisse häufig mit ganz erheblichen Beweisschwierigkeiten zu kämpfen haben, ist ihnen allerdings eine Erleichterung der Substantiierungslast dahin gehend einzuräumen, dass es ausreicht, dass Indizien für eine nachhaltige Beeinträchtigung der Belange der geschädigten Gesellschaft vorgetragen und unter Beweis gestellt werden, die die Annahme von existenzvernichtenden Eingriffen des Gesellschafters gegenüber der Gesellschaft zumindest nahe legen. Gelingt ein derartiger „Anfangsbeweis", ist es Sache des eingreifenden Gesellschafters, diese Indizien zu entkräften. Schwierigkeiten bestehen insoweit hinsichtlich der Entwicklung geeigneter Indizien, die die Erleichterung der Substantiierungslast auslösen. Insoweit muss man sich darauf besinnen, dass die reine Intensität der Einflussnahme des Gesellschafters auf die Gesellschafter nicht ausreichend sein kann. Als Indizien kommen vielmehr nur solche Umstände in Betracht, die einen objektiven Machtmissbrauch begründen und zudem einer Einzelkompensation nicht zugänglich sind. Es geht vor allem um Gewinne, Geschäftschancen und Risikoverlagerungen zu Lasten der Gesellschaft und zugunsten des Gesellschafters.[246]

4. Übertragbarkeit der Grundsätze auf die GmbH & Co.

126 Die Durchgriffshaftung wegen existenzvernichtenden Eingriffs beruht auf dem Gedanken des Rechtsmissbrauchs der GmbH als juristischer Person und der hierdurch herbeigeführten Haftungsabschottung. Insofern gelten diese Grundsätze natürlich unmittelbar auch für die Komplementär-GmbH einer GmbH & Co. KG. Allerdings fungiert die Komplementär-GmbH regelmäßig bloß als Haftungsschott; Unternehmensträgerin ist die KG. Für Unternehmensgläubiger kommt es daher auf den Fortbestand und die Liquidität der KG an. Aufgrund der als Haftungsschott dienenden Komplementär-GmbH und der durch sie von einer unbeschränkten Haftung freigestellten Kommanditisten und GmbH-Gesellschafter besteht hier dieselbe Missbrauchsgefahr wie im Falle einer unternehmenstragenden GmbH. Deshalb muss es im Rahmen des existenzvernichtenden Eingriffs bei der GmbH & Co. KG auf die Existenz der KG als Unternehmensträgerin ankommen.

Daran schließt die Frage an, ob als Adressaten der Durchgriffshaftung nur die Gesellschafter der Komplementär-GmbH oder auch die Kommanditisten der unternehmenstragenden KG in Frage kommen. In der Ein-

---

[244] *Altmeppen*, DB 1994, 1912; *Ulmer,* ZIP 2001, 2021, 2022.

[245] Wie hier *Drygala*, GmbHR 2003, 729, 737f.; MünchHdb. GesR III/*Decher* § 69 Rn 22.

[246] Vgl. *Emmerich/Habersack* Anh. § 317 Rn 22; MünchHdb. GesR IV/*Krieger* § 69 Rn 120; MüKoAktG/*Kropff* Anh. § 317 Rn 61ff.

heitsgesellschaft und der echten (personengleichen) GmbH & Co. KG sind diese Personen identisch, so dass die Frage dort keine Rolle spielt. Falls ein Kommanditist nur an der unternehmenstragenden KG beteiligt und dennoch in der Lage ist, an einem solchen, die Existenz der unternehmenstragenden KG vernichtenden Eingriff mitzuwirken, haftet er nach den vom BGH aufgestellten Grundsätzen ebenfalls direkt und unbegrenzt.[247]

VI. Die herrschende GmbH & Co. KG

Einleitend wurde bereits dargelegt, dass in Unternehmensgruppen häufig gerade die Konzernspitze in der Rechtsform einer Personengesellschaft organisiert ist (s. Rn 3) und dass sich in den letzten Jahren die Erkenntnis durchgesetzt hat, dass sich infolge der Gruppenbildung auch die rechtlichen Rahmenbedingungen innerhalb der Obergesellschaft ändern (s. Rn 23 ff.). Es wurde im Anschluss an die Holzmüller-Entscheidung des BGH, die eine AG betraf,[248] aber auch schon zuvor,[249] vor allem die Frage aufgeworfen, inwieweit die Gesellschafter des herrschenden Unternehmens am Gruppenaufbau sowie später an der Konzernleitung durch die Geschäftsführung der herrschenden Personengesellschaft zu beteiligen sind und inwieweit sich die Informationsrechte der Gesellschafter auf Angelegenheiten von Tochter- und Beteiligungsunternehmen erstrecken. 127

1. Konzernbildungskontrolle

Die Frage nach der Notwendigkeit einer Zustimmung der Gesellschafter einer Personengesellschaft zum Gruppenaufbau beantwortet sich, selbst wenn es um eine bloße faktische Konzernbeziehung geht, in der die Gesellschaft die Position des herrschenden Parts einnimmt, im gesetzlichen Regelfall sehr schnell. Schwieriger gestaltet sich die Problematik, wenn die gesellschaftsinterne Kompetenzordnung abweichend vom gesetzlichen Leitbild ausgestaltet wurde. Soll demgegenüber ein Vertragskonzern begründet werden, scheint die Erforderlichkeit eines den Vertragskonzern billigenden Gesellschafterbeschlusses auf der Hand zu liegen; im Einzelnen: 128

a) Notwendigkeit eines Zustimmungsbeschlusses der Gesellschafterversammlung im gesetzlichen Regelfall. Eine Personengesellschaft wird – wie ausgeführt (s. Rn 24 ff.) – aufgrund einer „Beteiligungsentscheidung", die auf den ersten Blick zu der der Komplementär-GmbH obliegenden Geschäftsführung zählt, nämlich der Entschließung zum Erwerb von Geschäftsanteilen an einem anderen Unternehmen bzw. zur 129

---

[247] Ebenso allg. *Binz/Sorg* § 11 Rn 51.

[248] Vgl. BGHZ 83, 122 ff. (Holzmüller, teilw. auch als „Seehafen-Entscheidung" bezeichnet); jüngst konkretisiert durch BGHZ 153, 47 (Macrotron) und vor allem BGH ZIP 2004, 993, 1001 (Gelatine); vgl. zur instanzgerichtlichen Rechtsprechung etwas OLG Köln AG 1992, 238, 239 f. (Winterthur/Nordstern); LG Stuttgart WM 1992, 58, 61; LG Frankfurt ZIP 1993, 830, 832 ff. (Hornblower-Fischer AG); LG Frankfurt ZIP 1997, 1698 (Altana/Milupa).

[249] Grundlegend *Schneider*, FS Bärmann, S. 873 ff.; *ders.*, BB 1975, 1353 ff.; *ders.*, ZHR 143 (1979), 485 ff.; *ders.*, BB 1981, 249 ff.

Neugründung eines Unternehmens, an dem die Personengesellschaft beteiligt ist (regelmäßig zur Ausgliederung unternehmerischer Aktivitäten auf dieses neue Unternehmen), zur Obergesellschaft einer Unternehmensgruppe. Bei oberflächlicher Betrachtung erscheint dieser Vorgang als bloße Verlagerung von Vermögen der Gesellschaft in eine Beteiligung.[250] Soweit man daher den Gruppenaufbau als bloße Geschäftsführungsmaßnahme auffasst,[251] bereitet die Begründung von Mitwirkungsrechten der Gesellschaftergesamtheit im gesetzlichen Regelfall in der typischen Personengesellschaft gleichwohl – anders als im Aktienrecht – keinerlei Schwierigkeiten. **„Beteiligungsentscheidungen“** wären nämlich jedenfalls – von Bagatellfällen (etwa dem Erwerb eines kleinen Aktienpakets zu Anlagezwecken) abgesehen – regelmäßig außergewöhnliche Geschäftsführungsmaßnahmen im Sinne der §§ 116 Abs. 2, 164 HGB, die in die Zuständigkeit der Gesellschafter fallen und von diesen grundsätzlich einvernehmlich gebilligt werden müssen. Dies ist allgemein anerkannt.[252]

130 **b) Grenzen anderweitiger gesellschaftsvertraglicher Gestaltungen.** Jedoch ist die Kompetenzordnung von Personengesellschaften weitestgehend dispositiv und flexibel; gerade dies ist der Grund, dass sich die herrschende Personengesellschaft, namentlich die herrschende GmbH & Co. KG, so großer Beliebtheit erfreut. Die Mitspracherechte der Gesellschaftergesamtheit im Geschäftsführungsbereich werden gerade im Bereich betriebsungewöhnlicher Geschäfte häufig abbedungen. Bei einer solchen gesellschaftsvertraglichen Gestaltung wäre dann die geschäftsführende Komplementär-GmbH auch für die genannten außergewöhnlichen Geschäftsführungsmaßnahmen im Sinne der §§ 116 Abs. 2, 164 HGB zuständig. Noch nicht abschließend geklärt ist, ob und in welchem Umfang der Gruppenaufbau, insbesondere der Erwerb bzw. die Gründung von Tochtergesellschaften und deren Eingliederung in einen von der Gesellschaft geführten Konzern, in die Hände der Geschäftsführung gelegt bzw. einer mehrheitlichen Beschlussfassung unterworfen werden kann.

131 Richtigerweise wird man wohl aus den **Holzmüller-Doktrin** des BGH den Schluss ziehen müssen, dass „Beteiligungsentscheidungen“ – zumindest soweit sie wesentliches Vermögen der Gesellschaft betreffen – nicht ohne weiteres der Geschäftsführung frei von Restriktionen zugewiesen werden können.[253] Auszugehen ist insoweit von der Erkenntnis, dass

[250] Vgl. KöKo/*Koppensteiner* vor § 291 AktG Rn 17; *Liebscher*, Konzernbildungskontrolle, S. 42 f.; *Mecke*, Konzernstruktur, S. 90 f.

[251] So *Ebenroth*, Konzernbildungs- und Leitungskontrolle, S. 39.

[252] *Baumbach/Hopt* § 105 HGB Rn 106; *Emmerich*, FS Stimpel, S. 743, 756 f.; *ders.*, AG 1991, 303, 310; *Heymann/Emmerich* § 116 HGB Rn 6; *Emmerich/Sonnenschein/Habersack* § 9 II 1; *Liebscher*, Konzernbildungskontrolle; *K. Schmidt* Gesellschaftsrecht § 43 III 1 b; a. A. gewöhnliche Geschäftsführungsmaßnahme bei Abhängigkeitsbegründung und Beteiligungserwerb innerhalb des eigenen Tätigkeitsbereichs: MüKoHGB/*Mülbert* KonzernR Rn 78, 81.

[253] Vgl. *Emmerich/Sonnenschein/Habersack* § 7 I 2, § 9 II; ähnlich *Lutter/Leinekugel*, ZIP 1998, 225, 232 für eine GmbH, die insb. darauf hinweisen, dass es andernfalls zu unüberbrückbaren Wertungswidersprüchen käme; **a. A.** scheinbar MüKoHGB/*Mülbert* KonzernR Rn 86, 98.

die erwerbswirtschaftliche Tätigkeit einer Personengesellschaft normalerweise auf einen operativen Geschäftsbetrieb zielt, die Gesellschaft jedoch in Vollzug konzernbildender Maßnahmen zur „Teilholding" wird. Durch diese Maßnahme wird also regelmäßig der Unternehmensgegenstand der Gesellschaft, der jedoch bei Personengesellschaften – auch wenn dies üblich ist – anders als bei Kapitalgesellschaften (vgl. §§ 3 Abs. 1 GmbHG, 23 Abs. 3 AktG) nicht im Gesellschaftsvertrag niedergelegt sein muss, de facto geändert. Der Gruppenaufbau stellt daher eine **Grundlagenentscheidung** dar, die eine spezifische Legitimation durch die Gesellschafter erfordert.[254] Es geht insoweit um eine grundlegende Strukturentscheidung. Durch den Aufbau eines Konzernverbundes ändern sich nämlich zugleich die Gegebenheiten innerhalb der nunmehr als Obergesellschaft fungierenden Personengesellschaft, insbesondere die „Kompetenzbereiche" der Geschäftsführung einerseits und der Gesellschafterversammlung andererseits. Auf den ersten Blick scheinen sie sich zu erweitern, da sie sich nicht mehr ausschließlich auf die Angelegenheiten der eigenen Gesellschaft, sondern im Rahmen der Beteiligungsverwaltung auch auf die der Tochter- und Beteiligungsunternehmen beziehen. Jedoch geht mit der Gruppenbildung auch eine Änderung der Leitungs- und Kontrollbedingungen hinsichtlich des in die Beteiligung verlagerten Vermögens einher. Der Einfluss des herrschenden Unternehmens auf die Tochtergesellschaft unterliegt nämlich selbst im Vertragskonzern und erst recht im faktischen Konzernverhältnis rechtlichen und tatsächlichen Beschränkungen, und der Geschäftsführung des Tochterunternehmens verbleiben Freiräume, in die die Konzernspitze nicht lenkend eingreifen kann und darf (sog. Teilautonomie des Tochtermanagements).[255] Weiterhin kommt es infolge der Gruppenbildung zu einer Kompetenzverschiebung innerhalb des herrschenden Unternehmens, die schlagwortartig als „Mediatisierung des Gesellschaftereinflusses" bezeichnet wird (s. Rn 28 ff.). Die Entscheidung zur Bildung einer Unternehmensgruppe ist daher struktureller Natur und hat vor allem dann, wenn wesentliches Vermögen der Gesellschafter in eine Beteiligung investiert wird, insbesondere wenn Tätigkeitsbereiche der Gesellschaft im Wege der Ausgliederung in eine Tochtergesellschaft verlagert werden, an der womöglich noch Dritte beteiligt sind, Auswirkungen auf die gesamte Mitgliedschaft.[256]

Daher erfordert die Entscheidung zum Gruppenaufbau – soweit es um wesentliches Vermögen geht, welches in eine mittelbare unternehmerische Betätigung investiert wird – regelmäßig eine **Mitwirkung der Gesellschafterversammlung**, und sie kann grundsätzlich nicht vom geschäfts- **132**

---

[254] Grundlegend *Schneider*, ZHR 143 (1979), 485, 516 ff.; vgl. auch hins. der Ausgliederung eines Teilbereichs des Unternehmens in einer Tochtergesellschaft *Heymann/Horn* § 164 HGB Rn 7; *Liebscher*, Konzernbildungskontrolle, S. 119 ff.; *Schlegelberger/Martens* § 114 HGB Rn 5; GK/*Schilling* HGB § 164 Anm. 5; **a. A.** MüKo-HGB/*Mülbert* KonzernR Rn 73.

[255] Vgl. *Liebscher*, Konzernbildungskontrolle, S. 44 f.; *Mecke*, Konzernstruktur, S. 60 ff.; *Wiedemann*, Unternehmensgruppe, S. 12 f.

[256] Vgl. *Liebscher*, Konzernbildungskontrolle, S. 43 ff. m. w. N.; *Schlegelberger/Martens* Anh. § 105 HGB Rn 14.

führenden Gesellschafter aus eigener Machtvollkommenheit getroffen werden.[257] Dem Geschäftsführenden können daher nur unwesentliche Entscheidungen überantwortet werden. Etwas anderes kommt nur dann in Betracht, wenn nachweisbar eine Struktur der Gesellschaft vom Konsens aller Gesellschafter getragen ist, die von vornherein nicht auf ein operativ tätiges Unternehmen zielt, etwa derart, dass die Gesellschaft als reine Holdinggesellschaft gegründet oder in eine solche umgewandelt wurde oder sie von vornherein in klar definiertem Umfang teilweise über selbständige Tochtergesellschaften (etwa Vertriebsgesellschaften für die von dem Unternehmen produzierten Produkte) tätig werden soll. Jenseits dieser Fälle ist eine Ermächtigung der Gesellschafter zum Gruppenaufbau notwendig, die auch antizipiert erteilt werden kann, sofern sie einer aktuellen Zustimmung weitgehend gleichwertig ist. Gestützt wird dieses Ergebnis durch das Umwandlungsrecht, welches manifestiert, dass auch im Personengesellschaftsrecht grundlegende Strukturentscheidungen jedenfalls in aller Regel, zumindest eine mehrheitliche Beschlussfassung der Gesellschafterversammlung erfordern (vgl. § 43 UmwG). Die Begründung einer Unternehmensverbindung stellt aus Sicht der künftig herrschenden Personengesellschaft eine mit den im Umwandlungsrecht geregelten Strukturentscheidungen vergleichbare Maßnahme dar (vgl. insbesondere die Regelung des § 123 Abs. 3 UmwG hinsichtlich der Ausgliederung als Unterfall der Spaltung),[258] die sich nur dadurch von der Verschmelzung, dem Formwechsel und der Spaltung gemäß § 123 Abs. 1 und 2 UmwG unterscheidet, dass sich die letztgenannten Maßnahmen unmittelbar auf die Mitgliedschaft auswirken, wohingegen es bei „Beteiligungsentscheidungen" nur um mittelbare Auswirkungen (insbesondere eine Mediatisierung des Gesellschaftereinflusses) geht, die zudem im Falle einer Ausgliederung nach § 123 Abs. 3 UmwG, sofern wesentliche Vermögensbereiche betroffen sind, in gleicher Weise entstehen.

133 Demgegenüber dürfte es zu weit gehen, zwingend einen einstimmigen Beschluss der Gesellschafterversammlung des (künftig) herrschenden Unternehmens zu fordern. Bereits § 43 Abs. 2 UmwG zeigt, dass wesentliche Strukturentscheidungen auch bei strukturtypischen Personengesellschaften dem Mehrheitsprinzip unterworfen werden können (s. Rn 54 ff.), soweit der Gesellschaftsvertrag insoweit eine eindeutige Regelung trifft.

---

[257] Vgl. insb. *Emmerich*, AG 1991, 303, 310; *Emmerich/Sonnenschein/Habersack* § 7 I 2, § 9 II; *Liebscher*, Konzernbildungskontrolle, S. 123 ff.

[258] Das Umwandlungsrecht regelt als Unterfall der Spaltung eine Ausgliederung i. d. S., dass ein Rechtsträger aus seinem Vermögen einen Teilbereich im Wege partieller Rechtsnachfolge gegen die Gewährung von Anteilen oder Mitgliedschaftsrechten auf einen anderen Rechtsträger überträgt. Gegenstand dieser Ausgliederung können auch unbedeutende Vermögensteile sein, die die Struktur der Gesellschaft nicht wesentlich ändern und auch unter wirtschaftlichen Gesichtspunkten ohne entscheidende Bedeutung sind. Nicht erfasst werden von dieser Regelung Ausgliederungen nach herkömmlichem Recht, also im Wege der Einzelrechtsnachfolge, indem Betriebsmittel des Unternehmens regelmäßig im Wege der Sacheinbringung auf ein anderes Unternehmen übertragen werden. Im Hinblick auf derartige und damit vergleichbare Vorgänge entfaltet das Umwandlungsrecht allerdings Leitbildfunktion insb. im Hinblick auf Informationspflichten.

Welche Entscheidungen wesentlich in diesem Sinne und daher legitimationsbedürftig sind, hängt vom Einzelfall ab, insbesondere von den insoweit getroffenen gesellschaftsvertraglichen Regelungen und der Realstruktur des Verbandes. Die im Anschluss an die Holzmüller-Entscheidung diskutierten und durch die Gelatine-Entscheidung konkretisierten **Aufgreifschwellen** dürften auch für das Personengesellschaftsrecht Leitbildfunktion haben. Insoweit werden Prozentzahlen von 10 bis 25 %, in der Größenordnung von 50 % bzw. von 75 % und mehr bezogen auf die Aktiva des Unternehmens (abstellend auf Bilanz-, Substanz- oder Ertragswerte), Umsatz, Beschäftigungszahl und/oder die historische Prägung des Unternehmens vertreten.[259] Bei kapitalistisch verfassten Personengesellschaften dürfte der im Anschluss an die Gelatine-Entscheidung anerkannte Wert von 75 % und mehr zum Tragen kommen;[260] allerdings an der oberen Grenze des vertretenen Spektrums und nur als grobe Leitlinie, da entscheidend die Gegebenheiten des Einzelfalls (insbesondere die reale Unternehmensstruktur) sein dürften. Bei strukturtypischen, personalistischen Personengesellschaften dürften die maßgebenden Aufgreifschwellen deutlich darunter liegen, zumindest dann, wenn der Gesellschaftsvertrag diesen Themenkomplex nicht eingehend und ausdifferenziert regelt. 134

Für die **Beratungspraxis** ist zu empfehlen, dass sie – sofern beabsichtigt ist, dass das Unternehmen auch mittelbar über Tochtergesellschaften tätig werden soll – zum einen in der regelmäßig im Gesellschaftsvertrag niedergelegten Regelung über den Unternehmensgegenstand eine weit gefasste **Konzernklausel** aufnimmt, in der dem Unternehmen gestattet wird, die definierten Tätigkeitsbereiche auch mittelbar über Tochter- und Beteiligungsunternehmen auszufüllen, sich mehrheitlich, aber auch in der Minderheitsposition an anderen (gegebenenfalls näher nach Gegenstand und Struktur) bezeichneten Unternehmen zu beteiligen und Unternehmensbereiche auf Tochtergesellschaften auszugliedern. Weiterhin sollte definiert werden, welche Beteiligungsentscheidungen der Geschäftsführung zugewiesen werden (etwa reine Kapitalinvestition in Anlagengesellschaften in bestimmter Höhe und bestimmte nach Geschäftsumfang und Kapitalbedarf definierte, bagatellmäßige unternehmerische Beteiligungen) und dass im Übrigen über solche Maßnahmen die Gesellschafterversammlung mit bestimmten Mehrheiten entscheidet, wobei zugleich beachtet werden sollte, dass in den entsprechenden Mehrheitsklauseln die Beschlussgegenstände hinreichend konkret bezeichnet werden. 135

---

[259] Ausf. zu den verschiedenen im Aktienrecht vertretenen Aufgreifschwellen *Liebscher*, Konzernbildungskontrolle, S. 86ff.; MüKo/*Liebscher* Anh. § 13 (GmbH-Konzernrecht) Rn 924ff.; *Mecke*, Konzernstruktur, S. 161, 178ff.; *Mülbert*, S. 410, 417ff.

[260] Vgl. OLG Hamburg ZIP 1980, 1000, 1006 (Holzmüller); BGHZ 83, 122ff. (Holzmüller); BGH ZIP 2004, 993, 1001 (Gelatine); *Barta*, GmbHR 2004, R289; *Burgert*, BB 2004, 1345, 1347; *Fleischer*, NJW 2004, 2335, 2337ff.; *Fuhrmann*, AG 2004, 339, 341; *Götze*, NZG 2004, 585, 587; *Hüffer*, FS Ulmer, 2003, S. 279, 295; *Liebscher*, ZGR 2005, 1, 15; MüKo/*ders.* GmbHG Anh. § 13 (GmbH-Konzernrecht) Rn 927.

136 **c) Begründung eines Vertragskonzerns.** Soll ein Beherrschungs- und/oder Gewinnabführungsvertrag von einer Personengesellschaft als herrschendem Unternehmen mit einem anderen Unternehmen abgeschlossen werden, so muss die **Gesellschafterversammlung** dem Vertragsschluss **zustimmen**. Dies ist seit dem Supermarkt-Beschluss des BGH, der allerdings eine GmbH betraf,[261] weitgehend anerkannt, denn der BGH hat seine Entscheidung insbesondere auf die mit dem Vertragsschluss verbundenen Haftungsrisiken für das herrschende Unternehmen vor allem in Form der Verlustübernahmeverpflichtung der Obergesellschaft (vgl. § 302 AktG) gestützt. Diese Risiken bestehen seitens einer herrschenden Personengesellschaft in gleicher Weise, so dass § 293 Abs. 2 AktG entsprechend anzuwenden und ein Zustimmungsbeschluss der Gesellschafterversammlung des herrschenden Unternehmens unabhängig von dessen Rechtsform notwendig ist.[262] Der Beschluss ist grundsätzlich einstimmig zu fassen; es kann aber auch (durch eine hinreichend bestimmte gesellschaftsvertragliche Regelung) ein qualifizierter Mehrheitsbeschluss angeordnet werden.

2. Konzernleitungskontrolle

137 Ebenso wie Beteiligungsentscheidungen scheint auch die Beteiligungsverwaltung, d. h. die **Ausübung von Beteiligungsrechten in Tochter- und Beteiligungsunternehmen**, zur der Komplementär-GmbH obliegenden Geschäftsführung zu zählen. Jedoch muss man beachten – dies ist die zweite allgemeine Erkenntnis aus der Holzmüller-Entscheidung –, dass Maßnahmen in Tochtergesellschaften, vor allem wenn sie in überwiegendem Besitz der Gesellschaft stehen, Rückwirkungen auf die Obergesellschaft haben und daher eine Mitwirkung der Gesellschaftergesamtheit erforderlich machen können.[263] Ausgangspunkt dieser Betrachtung ist die Erkenntnis, dass sämtliche Entscheidungen der Geschäftsführenden, die Untergesellschaften der herrschenden Personengesellschaft betreffen, der Sache nach zugleich Maßnahmen der Muttergesellschaft darstellen und dort erneut zu qualifizieren sind. Oftmals wird dazu eine Mitwirkung aller Gesellschafter an konkreten Maßnahmen der Beteiligungsverwaltung im Einzelfall erforderlich sein, weil diese zumindest **Geschäftsführungsmaßnahmen von außergewöhnlichem Gepräge** im Sinne der §§ 116 Abs. 2, 164 HGB darstellen oder sie angesichts ihrer Rückwirkungen auf die Muttergesellschaft gar eine Änderung des Gesellschaftsvertrages der

---

[261] Vgl. BGHZ 105, 324, 333 ff. (Supermarkt) zust. die h. M. in der Lit. vgl. *Roth/Altmeppen* Anh. § 13 GmbHG Rn 29 f., 39 f.; *Emmerich/Sonnenschein/Habersack* § 32 II 5; *Baumbach/Hueck* GmbHG Anh. GmbH-Konzernrecht Rn 39 f.; MüKoHGB/*Mülbert* KonzernR Rn 82 jew. m. w. N.

[262] Vgl. LG Mannheim AG 1995, 142 (Freudenberg & Co.) für einen Beherrschungsvertrag zwischen einer KG und einer GmbH; s. auch *Emmerich/Sonnenschein/Habersack* § 32 II 5 a a. E.; MüKoHGB/*Mülbert* KonzernR Rn 83; *Schlegelberger/Martens* Anh. § 105 HGB Rn 19 a. E.; *Raiser* Kapitalgesellschaften § 54 Rn 24 ff.

[263] BGHZ 83, 122, 136 ff. (Holzmüller).

Obergesellschaft erforderlich machen.[264] Insbesondere die problematischen Fälle der Gewinnverwendung des Tochterunternehmens und von Kapitalmaßnahmen in der Untergesellschaft dürften hiernach häufig zustimmungspflichtige Maßnahmen sein; Ähnliches gilt für grundlegende Umstrukturierungen des Tochterunternehmens oder die Beteiligung Dritter an der Untergesellschaft. Die Geschäftsführenden müssen daher, wenn solche Entscheidungen in Tochtergesellschaften anstehen, vor Ausübung der Beteiligungsrechte, insbesondere vor Mitwirkung in der Gesellschafterversammlung der Untergesellschaft an solchen Entscheidungen, einen Zustimmungsbeschluss ihrer Gesellschafterversammlung einholen.[265] Im Kern dürfte dieses Mitwirkungserfordernis zwingend sein; Mehrheitsentscheidungen sind – bei entsprechender gesellschaftsrechtlicher Anordnung – möglich.

Allerdings obliegt die Ausübung von Beteiligungsrechten der Gesell- **138**
schaft in der Gesellschafterversammlung einer Tochtergesellschaft grundsätzlich dem vertretungsberechtigten Komplementär, da es insoweit um eine Frage der Vertretung der Gesellschaft nach außen geht (§ 126 HGB). Wird eine notwendige Zustimmung der Gesellschafterversammlung der Obergesellschaft nicht eingeholt, so hat dies grundsätzlich nur interne Bedeutung. Etwas anderes kann sich jedoch im Verhältnis zu 100 %igen Tochterunternehmen der Personengesellschaft ergeben.[266]

3. Informationsrechte

Die vorstehend beschriebene Ausweitung der Entscheidungsbefugnisse **139**
der Gesellschafterversammlung des herrschenden Unternehmens korrespondiert mit einer entsprechenden **Erweiterung** der den Gesellschaftern der Obergesellschaft zustehenden Informationsrechte. Denn ohne hinreichende Kenntnisse der Tochterangelegenheiten ist eine sachverständige Entscheidung über verbundsrelevante Maßnahmen nicht möglich. In die Informationsrechte der Gesellschafter nach §§ 118, 166 HGB bezüglich der Angelegenheiten der Gesellschaft wird die gesamte Konzerngeschäftsführung einbezogen. Sie erstrecken sich auf deren Aktivitäten bei der Wahrnehmung von Beteiligungsrechten bzw. in Ausübung von Befugnissen aus Unternehmensverträgen. Die entsprechenden Auskunfts- und Einsichtsrechte beziehen sich insbesondere darauf, ob und wie die Geschäftsführung Konzerninteressen der Konzernspitze wahrnimmt und angesichts der Haftungsrisiken, die mit einer intensiven und schädigenden (faktischen) Kon-

---

[264] Vgl. BGH WM 1973, 170, 172; OLG Koblenz NJW-RR 1991, 487, 489 ff. (SAT 1); *Emmerich/Sonnenschein/Habersack* § 9 II 1; *Liebscher*, Konzernbildungskontrolle, S. 145; *Schlegelberger/Martens* § 105 HGB Rn 15 ff.; MüKoHGB/*Mülbert* KonzernR Rn 88 ff.; *K. Schmidt* Gesellschaftsrecht § 43 III 1 b; *Schneider*, FS Bärmann, S. 873, 881 ff.; 1057, 1058 ff.; *Ulmer*, Grundstrukturen, S. 26, 58 ff.

[265] Vgl. *Emmerich/Sonnenschein/Habersack* § 9 II 1; *Schlegelberger/Martens* Anh. § 105 HGB Rn 15 ff.; GK/*Ulmer* HGB Anh. § 105 Anm. 84.

[266] *Heymann/Emmerich* § 126 HGB Rn 21; *Emmerich/Sonnenschein/Habersack* § 35 I 3; MüKoHGB/*Mülbert* KonzernR Rn 99; *Schießl*, Beherrschte Personengesellschaft, S. 67 f.; *Schneider*, ZHR 143 (1979), 485, 510.

zernherrschaft einhergehen, auch darauf, inwieweit auf Belange des Tochterunternehmens Rücksicht genommen wird, so dass im Ergebnis die gesamten Rechtsbeziehungen zwischen den verbundenen Unternehmen von den Geschäftsführenden offen zu legen sind.[267] Jedoch bleibt allein die Verwaltung des herrschenden Unternehmens Überwachungsadressat. Die Kontrollbefugnisse der Gesellschafter bestehen **nicht gegenüber der Geschäftsführung des Tochterunternehmens**, und es bestehen **keine direkten Einsichts- und Auskunftsrechte** gegenüber den Beteiligungsgesellschaften, da es sich insoweit um eigenständige Rechtssubjekte handelt. Es können daher grundsätzlich nur Unterlagen in Augenschein genommen werden, die sich im Besitz der eigenen Gesellschaft befinden, wobei jedoch die Geschäftsführenden, außer wenn schutzwürdige Geheimhaltungsinteressen des Tochterunternehmens entgegenstehen, zur Beschaffung von Tochterunterlagen verpflichtet sein können.[268] Allerdings hat die Rechtsprechung im Falle einer 100 %igen Beteiligung den Gesellschaftern der Obergesellschaft ein unmittelbares Einsichts- und Auskunftsrecht auch hinsichtlich der Unterlagen der Tochtergesellschaft eingeräumt.[269]

---

[267] Vgl. *Emmerich/Sonnenschein/Habersack* § 35 II; *Hepting*, FS Pleyer, S. 301, 314 ff.; *Schlegelberger/Martens* Anh. § 105 HGB Rn 20 ff.; MüKoHGB/*Mülbert* KonzernR Rn 103 ff.; *Schneider*, ZHR 143 (1979), 501 ff.; *Stimpel*, GesRZ 1994, 102 ff.; GK/*Ulmer* HGB Anh. § 105 Anm. 85.

[268] Vgl. BGH, WM 1983, 410, 411; WM 1984, 807, 808; MüKoHGB/*Mülbert* KonzernR Rn 107; *Schlegelberger/Martens* Anh. § 105 HGB Rn 21.

[269] BGHZ 25, 115, 118 f.; BGH NJW 1984, 2470 f.; OLG Köln ZIP 1985, 800, 804; *Heymann/Emmerich* § 118 HGB Rn 13; *Hepting*, FS Pleyer, S. 301, 302; *Schlegelberger/Martens* Anh. § 105 HGB Rn 21; MüKoHGB/*Mülbert* KonzernR Rn 107; *Schneider*, BB 1975, 1353, 1357 ff.; GK/*Ulmer* HGB Anh. § 10 Anm. 85.

H. Die GmbH & Co. KG in Umwandlungssituationen

1. Abschnitt. Verschmelzung

§ 51 Umwandlungsrechtliche Grundlagen der Verschmelzung

Übersicht

Schrifttum: *Bayer*, 1000 Tage neues Umwandlungsrecht – eine Zwischenbilanz, ZIP 1997, 1613; *Decher*, Formwechsel – Allgemeine Vorschriften, in: *Lutter* (Hrsg.), Kölner Umwandlungsrechtstage, 1995, S. 201; *Fischer*, Formwechsel zwischen GmbH und GmbH & Co. KG, BB 1995, 2173; *Ganske*, Reform des Umwandlungsrechts, WM 1993, 1117; *Heckschen*, Die Entwicklung des Umwandlungsrechts aus Sicht der Rechtsprechung und Praxis, DB 1998, 1385; *ders.*, Das Umwandlungsrecht unter Berücksichtigung registerrechtlicher Problembereiche, RPfleger 1999, 357; *Hennrichs*,

Formwechsel und Gesamtrechtsnachfolge bei Umwandlungen, 1995; *Ihrig*, Verschmelzung und Spaltung ohne Gewährung neuer Anteile?, ZHR 160 (1996), 317; *ders.*, Gläubigerschutz durch Kapitalaufbringung bei Verschmelzung und Spaltung nach neuem Umwandlungsrecht, GmbHR 1995, 622; *Joost*, Formwechsel von Personenhandelsgesellschaften, in: *Lutter* (Hrsg.), Kölner Umwandlungsrechtstage, 1995, S. 245; *Kallmeyer*, Die GmbH & Co. KG im Umwandlungsrecht, GmbHR 2000, 418; *ders.*, Gläubigerschutz bei Umwandlung beteiligungsidentischer GmbH & Co. KG, GmbHR 2000, 541; *Lutter*, Zur Reform von Umwandlung und Fusion, ZGR 1990, 392; *Mertens*, Zur Universalsukzession in einem neuen Umwandlungsrecht, AG 1994, 66; *Naraschewski*, Haftung bei der Spaltung von Kommanditgesellschaften, DB 1995, 1265; *Rodewald/Körner*, Bedingungen, Befristungen, Rücktritts- und Kündigungsrechte in Verschmelzungs- und Spaltungsverträgen, BB 1999, 853; *H. Schmidt*, Verschmelzung von Personengesellschaften, in: *Lutter* (Hrsg.), Kölner Umwandlungsrechtstage, 1995, S. 59; *ders.*, Mehrheitsklauseln für Umwandlungsbeschlüsse in Gesellschaftsverträgen von Personenhandelsgesellschaften nach neuem Umwandlungsrecht, in: FS für Brandner, 1996, S. 133; *Schöne*, Das Aktienrecht als „Maß aller Dinge" im neuen Umwandlungsrecht?, GmbHR 1995, 325; *Streck/Mack/Schwedhelm*, Verschmelzung und Formwechsel nach dem neuen Umwandlungsgesetz, GmbHR 1995, 161.

I. Einführung

1. Anwendungsbereich

1 Die GmbH & Co. KG kann als Personengesellschaft an einer Verschmelzung sowohl als **übertragender** als auch als **übernehmender Rechtsträger** beteiligt sein oder im Falle der Verschmelzung zur Neugründung als **neuer Rechtsträger** entstehen, § 3 Abs. 1 Nr. 1 UmwG. Möglich ist dabei die Verschmelzung der GmbH & Co. KG auf eine Personenhandelsgesellschaft, eine GmbH, eine AG, eine KGaA oder eine eingetragene Genossenschaft.[1] Auf die GmbH & Co. KG als Personenhandelsgesellschaft können verschmolzen werden andere Personenhandelsgesellschaften, Partnerschaftsgesellschaften und alle Formen der Kapitalgesellschaft, die eingetragene Genossenschaft und der eingetragene Verein. Ausgeschlossen ist lediglich die Verschmelzung der GmbH & Co. KG als übertragender Rechtsträger auf den eingetragenen Verein und den Versicherungsverein auf Gegenseitigkeit als übernehmender oder neuer Rechtsträger und die Verschmelzung des Versicherungsvereins auf Gegenseitigkeit auf die GmbH & Co. KG als übernehmender oder neuer Rechtsträger. Von den danach vielfältigen Möglichkeiten einer Beteiligung der GmbH & Co. KG an Verschmelzungen sind die Fälle der Verschmelzung **auf die GmbH & Co. KG** häufiger als die Verschmelzung von GmbH & Co. KG auf andere Rechtsträger, weil insoweit in aller Regel Anwachsungsmodelle konstruktiv einfacher zu realisieren sind.[2] Etwa bei Konstellationen, in denen mehrere Rechtsträger unterschiedlicher Rechtsform zeitgleich auf

[1] Die Verschmelzung auf eine Partnerschaftsgesellschaft setzt nach § 45 a UmwG allerdings voraus, dass im Zeitpunkt ihres Wirksamwerdens alle Anteilsinhaber des übertragenden Rechtsträgers natürliche Personen sind, die einen freien Beruf ausüben.

[2] Vgl. dazu OLG Frankfurt BB 2003, 2531 = NZG 2004, 808.

einen dritten Rechtsträger verschmolzen werden sollen, begegnet aber auch die Verschmelzung mit der GmbH & Co. KG als übertragender Rechtsträger.[3]

2. Grundprinzipien der Verschmelzung

Die Verschmelzung ist nach § 2 UmwG die Übertragung des Vermögens eines oder mehrerer Rechtsträger (übertragende Rechtsträger) als Ganzes auf einen anderen bestehenden Rechtsträger (Verschmelzung zur Aufnahme) oder zweier oder mehrerer Rechtsträger auf einen neuen, dadurch gegründeten Rechtsträger (Verschmelzung im Wege der Neugründung) gegen Gewährung von Anteilen oder Mitgliedschaften des übernehmenden oder neuen Rechtsträgers an die Anteilsinhaber der übertragenden Rechtsträger. Die Grundprinzipien der Verschmelzung als der Verbindung zweier oder mehrerer Rechtsträger durch Übergang aller Aktiva und Passiva mindestens eines Rechtsträgers, der erlischt, lassen sich wie folgt zusammenfassen: 2

Die Verschmelzung im Wege der **Neugründung** führt zum Übergang des gesamten Vermögens (einschließlich aller Verbindlichkeiten, wie es klarstellend in § 20 Abs. 1 Nr. 1 UmwG heißt) der übertragenden Rechtsträger auf den neuen, ihre Rechtsnachfolge antretenden Rechtsträger; die übertragenden Rechtsträger erlöschen ohne Abwicklung. An die Stelle der Beteiligungen an dem übertragenden Rechtsträger treten die Anteile an der neuen Gesellschaft; die Gesellschafter der übertragenden Rechtsträger werden zu Gesellschaftern der neuen, aufnehmenden Gesellschaft. Diese Folgen treten – nach Maßgabe der Bestimmungen des Verschmelzungsvertrages, § 36 i.V.m. § 5 UmwG – uno actu mit Eintragung der neuen Gesellschaft im Handelsregister ein, § 20 Abs. 1 UmwG. Gegeben ist dabei im Falle der Verschmelzung **zur Neugründung einer Kapitalgesellschaft** der Tatbestand einer den strengen Sachgründungsregeln unterworfenen Sachgründung, weil das Vermögen der neuen Gesellschaft durch Einbringung von Sachgesamtheiten, im Regelfall Unternehmen, aufgebracht wird; §§ 58 und 75 UmwG stellen dies für GmbH und AG als neue Rechtsträger explizit klar. 3

Die **Verschmelzung zur Aufnahme** ist die Auflösung eines Rechtsträgers ohne Abwicklung durch Übertragung seines Vermögens als Ganzes auf einen anderen, bereits bestehenden Rechtsträger (übernehmender Rechtsträger) gegen Gewährung von Anteilen oder Mitgliedschaften des übernehmenden Rechtsträgers an die Anteilsinhaber jedes übertragenden Rechtsträgers. Mit Eintragung der Verschmelzung in das Register des übernehmenden Rechtsträgers (§ 20 Abs. 1 UmwG) geht dabei uno actu das Vermögen des übertragenden Rechtsträgers im Wege universeller Gesamtrechtsnachfolge auf den übernehmenden Rechtsträger über, und die Anteilsinhaber des übertragenden Rechtsträgers werden solche des übernehmenden Rechtsträgers; zugleich erlischt der übertragende Rechtsträ- 4

[3] So z. B. bei der Verschmelzung von mehreren GmbH & Co. KGs auf die Hacker-Pschorr Beteiligungs AG im Jahr 1998, vgl. BAnz Nr. 165 v. 4. 9. 1998, S. 13189.

ger abwicklungslos. Der übernehmende Rechtsträger tritt in alle Rechte und Pflichten des übertragenden Rechtsträgers als Gesamtrechtsnachfolger ein.

3. Gestaltungsschranken

5 **a) Anteilsgewährung.** Die Gesellschafter des übertragenden Rechtsträgers haben den unentziehbaren Anspruch auf **Fortsetzung ihrer Mitgliedschaft** in dem übernehmenden Rechtsträger.[4] Auf eine Abfindung in Geld müssen sie sich nicht verweisen lassen. **Bare Zuzahlungen** sind auf höchstens 10 % der von dem übernehmenden Rechtsträger zu gewährenden Gegenleistungen begrenzt, §§ 54 Abs. 4, 68 Abs. 3, 78, § 87 Abs. 2 S. 2 UmwG. Der übernehmende Rechtsträger muss also als Gegenleistung den Anteilsinhabern des übertragenden Rechtsträgers gleichwertige Anteile oder Mitgliedschaften verschaffen. Die Gewährung von Anteilen an die Gesellschafter des übertragenden Rechtsträgers ist deshalb regelmäßig Bestandteil einer Verschmelzung. Das schließt die Verschmelzung **ohne** die Gewährung neuer Anteile oder Mitgliedschaften indessen nicht aus, wie dies für die Verschmelzung einer 100 %igen Tochtergesellschaft auf die Muttergesellschaft in § 5 Abs. 2 UmwG ausdrücklich bestimmt ist. Weitergehend kommt die Verschmelzung ohne Gewährung neuer Mitgliedschaften in Betracht, wenn die betroffenen Anteilsinhaber dem zustimmen.[5]

6 **b) Übergang aller Aktiva und Passiva.** Das der Verschmelzung immanente Prinzip der **Gesamtrechtsnachfolge**[6] schließt aus, einzelne Aktiva oder Passiva vom Vermögensübergang durch Vereinbarung im Verschmelzungsvertrag auszuschließen. Was nicht auf den übernehmenden Rechtsträger übergehen soll, muss deshalb vor Wirksamwerden der Verschmelzung aus dem Vermögen des übertragenden Rechtsträgers ausgeschieden sein.[7]

7 **c) Abwicklungsloses Erlöschen der übertragenden Rechtsträger.** Mit Wirksamwerden der Verschmelzung erlöschen die übertragenden Rechtsträger,[8] **ohne** zuvor in ein **Liquidationsstadium** eingetreten zu sein.[9] Auch insoweit kann Abweichendes nicht vereinbart werden.

---

[4] Vgl. *Kallmeyer/Marsch-Barner* § 2 UmwG Rn 12; *Stengel*, in: *Semler/Stengel*, UmwG, § 2 Rn 40.

[5] Vgl. *Kallmeyer/Marsch-Barner* § 5 Rn 5; zu den Einzelheiten *Ihrig*, ZHR 160 (1996), 317.

[6] Ausführlich *Kallmeyer/Marsch-Barner* UmwG, § 20 Rn 4 ff.

[7] Vgl. *Lutter/Grunewald*, § 20 UmwG Rn 9 m. w. Nachw.; *Stengel*, in: *Semler/Stengel*.

[8] Ein Fortbestehen der übertragenden Rechtsträger wird nur im Rahmen des § 25 Abs. 2 UmwG fingiert.

[9] Vgl. dazu *Lutter/Grunewald* § 20 UmwG Rn 54; *Stengel*, in: *Semler/Stengel*, UmwG § 2 Rn 38 f.

4. Ablauf

Der Ablauf einer Verschmelzung vollzieht sich typischerweise in **vier Phasen**, die treffend als Planungsphase, Vorbereitungsphase, Beschlussphase und Vollzugsphase bezeichnet werden.

a) Planungsphase. In der Phase der Planung der Verschmelzung prüfen die **Vertretungsorgane** der beteiligten Rechtsträger Sinn und Zweck einer Verschmelzung, legen sich Rechenschaft ab über die hierfür notwendigen Vorbereitungs- und Umsetzungsmaßnahmen und erstellen eine Aktivitätenliste und einen Zeitplan für die Verschmelzung. 8

b) Vorbereitungsphase. In der Vorbereitungsphase bedarf es der folgenden Maßnahmen: 9
- Aufstellung und ggf. Prüfung der **Abschlussbilanzen** der beteiligten Rechtsträger, § 17 Abs. 2 UmwG
- Feststellung der **Unternehmenswerte** der beteiligten Rechtsträger
- Abschluss oder Aufstellung des endgültigen Entwurfs für den **Verschmelzungsvertrag** durch die Vertretungsorgane der beteiligten Rechtsträger, bei der Verschmelzung zur Neugründung zusätzlich Abschluss bzw. endgültige Feststellung des Entwurfs des Gesellschaftsvertrags des neuen Rechtsträgers
- Erstattung des **Verschmelzungsberichts** oder Einholung der entsprechenden Verzichtserklärungen (§ 8 Abs. 3 UmwG)
- Beauftragung des Verschmelzungsprüfers durch das jeweilige Vertretungsorgan oder das Gericht und Durchführung der **Verschmelzungsprüfung** oder Abgabe der entsprechenden Verzichtserklärung nach § 9 Abs. 3 UmwG
- Zuleitung des Verschmelzungsvertrags oder seines Entwurfs an die zuständigen **Betriebsräte**, § 5 Abs. 3 UmwG
- bei Beteiligung von AG Einreichung des Verschmelzungsvertrags zum **Handelsregister**, §§ 61, 111 UmwG, Entscheidung des Aufsichtsrats über den Vorschlag an die Hauptversammlung, dem Verschmelzungsvertrag zuzustimmen
- Vorbereitung der **Kapitalerhöhung** bei dem aufnehmenden Rechtsträger, soweit erforderlich, §§ 53, 55, 66, 69 UmwG
- Einladung zur **Gesellschafterversammlung**, in der die Zustimmung zu dem Verschmelzungsvertrag beschlossen werden soll.

c) Beschlussphase. Die Beschlussphase umfasst alsdann 10
- soweit erforderlich bei dem aufnehmenden Rechtsträger in Rechtsform der Kapitalgesellschaft die **Beschlussfassung** über die Erhöhung des Kapitals zur Gewährung der neuen Mitgliedschaften, §§ 55, 69 UmwG
- **Erläuterung** des Verschmelzungsvertrags in den Gesellschafterversammlungen der beteiligten Rechtsträger
- Fassung der **Verschmelzungsbeschlüsse** in den beteiligten Rechtsträgern, § 13 Abs. 1 UmwG
- notarielle **Beurkundung** der Zustimmungsbeschlüsse und etwa erforderlicher gesonderter Zustimmungserklärungen von Gesellschaftern, § 13 Abs. 3 UmwG; ggf.: notarielle Beurkundung des Verschmelzungs-

vertrages, soweit den Versammlungen der Anteilsinhaber nur ein Entwurf vorgelegt worden ist, § 6 UmwG.

11 **d) Vollzugsphase.** Der abschließende Vollzug der Verschmelzung erfordert:
- **Anmeldung** der Kapitalerhöhung und deren **Eintragung** bei Verschmelzung auf Kapitalgesellschaften, §§ 53, 66 UmwG
- **Anmeldung** der Verschmelzung bei dem übertragenden und dem übernehmenden Rechtsträger durch die jeweiligen Vertretungsorgane, bei der Verschmelzung durch Neugründung außerdem Anmeldung des neuen Rechtsträgers durch die Vertretungsorgane aller übertragenden Rechtsträger, §§ 16 UmwG, 38 UmwG
- **Eintragung** der Verschmelzung im Handelsregister der beteiligten Rechtsträger, bei der Verschmelzung durch Neugründung außerdem Eintragung des neuen Rechtsträgers
- ggf. **gerichtliche Kontrolle** des Umtauschverhältnisses nach §§ 15, 305 ff. UmwG.

II. Der Verschmelzungsvertrag

1. Ausgangspunkt

12 Kernbestandteil jeder Verschmelzung ist der Verschmelzungsvertrag, der nach § 4 UmwG von den **Vertretungsorganen** der an der Verschmelzung beteiligten Rechtsträger abzuschließen ist. Der Verschmelzungsvertrag bedarf der Zustimmung der Gesellschafterversammlung der beteiligten Rechtsträger. Er ist nach § 6 UmwG **notariell** zu beurkunden.

2. Inhalt

13 **a) Zwingende Inhaltsvorgabe.** § 5 Abs. 1 Nr. 1 bis 9 UmwG bestimmt zwingend den Mindestinhalt, den jeder Verschmelzungsvertrag haben muss. Für Verschmelzungen unter Beteiligung von Personengesellschaften treten ergänzend die Vorgaben nach § 40 UmwG hinzu. Das Gesetz will damit sicherstellen, dass die Anteilseigner ihre zustimmende Beschlussfassung auf alle wesentlichen Daten der Verschmelzung beziehen. Im Einzelnen bestimmt § 5 UmwG für den Inhalt des Verschmelzungsvertrags das Folgende:

14 **b) Firma und Sitz.** Nach § 5 Abs. 1 Nr. 1 UmwG muss der Verschmelzungsvertrag den Namen oder die Firma und den Sitz der an der Verschmelzung beteiligten Rechtsträger enthalten.[10] Die Norm zwingt zu Angaben im Verschmelzungsvertrag mit feststellendem Charakter; rechtsgestaltende Wirkung kommt dem nicht zu.

15 **c) Vermögensübertragung gegen Anteilsgewähr.** Der Vertrag muss nach § 5 Abs. 1 Nr. 2 UmwG weiter die Vereinbarung über die Übertragung des Vermögens jedes übertragenden Rechtsträgers als Ganzes gegen Gewährung von Anteilen oder Mitgliedschaften an dem übernehmenden

[10] Vgl. zur Firma ausf. *Kögel*, GmbHR 1996, 168.

Rechtsträger vorsehen. Damit wird der **wesentliche Kern** des Verschmelzungsvorgangs definiert. Das Prinzip der Übertragung des Vermögens „als Ganzes", also die kraft Verschmelzung eintretende Gesamtrechtsnachfolge, schließt die Ausnahme einzelner Vermögensgegenstände von der Universalsukzession aus.[11] Die im Verschmelzungsvertrag festzulegende Gewährung von neuen Anteilen oder Mitgliedschaften an dem übernehmenden oder neu gegründeten Rechtsträger zwingt zur **Festlegung der Gegenleistung**, die die Gesellschafter des übertragenden Rechtsträgers erhalten.[12] Abgesehen von dem in § 5 Abs. 2 UmwG geregelten Ausnahmefall der Verschmelzung einer 100 %igen Tochtergesellschaft auf ihre Mutter kommt darüber hinaus eine Verschmelzung ohne Gewährung neuer Anteile auch bei Zustimmung aller Gesellschafter der übertragenden Gesellschaft in Betracht.[13] Werden neue Anteile gewährt, ist ihre Art und Ausstattung zu definieren.

d) Umtauschverhältnis. Nach § 5 Abs. 1 Nr. 3 UmwG ist das Umtauschverhältnis der zu gewährenden Anteile im Verschmelzungsvertrag festzulegen. Eine etwa an die Seite der Anteilsgewährung tretende **bare Zuzahlung** ist ihrer Höhe nach zu bestimmen. Die Bestimmung des Umtauschverhältnisses setzt die Bewertung der beteiligten Rechtsträger voraus; diese muss für die beteiligten Rechtsträger nach den gleichen Prinzipien und Bewertungsparametern erfolgen. Es muss auch ein gleicher Bewertungsstichtag festgelegt werden.[14] Für die Unternehmensbewertungen sind die allgemein anerkannten Regeln der Unternehmensbewertung maßgeblich; insoweit ist auf das Spezialschrifttum zu verweisen.[15] 16

e) Einzelheiten der Anteilsübertragung oder des Mitgliedschaftserwerbs. Die nach § 5 Abs. 1 Nr. 4 UmwG erforderliche Festlegung der Einzelheiten für die Übertragung der Anteile bzw. den Erwerb der Mitgliedschaft am übernehmenden Rechtsträger setzt die Feststellung voraus, wie die Anteile begründet werden. Insoweit kommen **eigene Anteile** des übernehmenden Rechtsträgers ebenso in Betracht wie im Wege der Kapitalerhöhung zu schaffende **neue Anteile**. Die gebotene Angabe von Einzelheiten über den Erwerb der Mitgliedschaften bedingt, dass Rechtspositionen, die im Zuge der Umwandlung entfallen, aufgenommen werden, wie es z. B. bei Anteilsvinkulierungen oder Zustimmungsvorbehalten einzelner Anteilsinhaber denkbar ist. Im Übrigen bestimmen sich die festzulegenden Einzelheiten über die Übertragung der Anteile bzw. des Erwerbs der Mitgliedschaften nach der Rechtsform des übernehmenden Rechtsträgers.[16] 17

---

[11] Vgl. nur *Kallmeyer/Marsch-Barner* UmwG § 5 Rn 4; *Stengel*, in: *Semler/Stengel*, UmwG, § 2 Rn 36. Zu Grundstücksfragen vgl. *Gärtner*, DB 2000, 409.

[12] Zur Anteilsgewährung bei der Verschmelzung mehrerer übertragender Rechtsträger vgl. *Mayer*, DB 1998, 913.

[13] Vgl. zu den Einzelheiten *Ihrig*, ZHR 160 (1996), 317; *Schröer*, in: *Semler/Stengel*, UmwG, § 5 Rn 12.

[14] Vgl. *Bayer*, ZIP 1997, 1617.

[15] Vgl. umfassend *Lutter/Lutter* § 5 UmwG Rn 18 ff. m. w. N.; *Schröer*, in: *Semler/Stengel*, UmwG, § 5 Rn 28 ff.

[16] Zu den Einzelheiten *Lutter/Lutter* § 5 UmwG Rn 26 ff. m. w. N.

18 **f) Gewinnbeteiligung.** Für die gewinnbeteiligten Gesellschafter von besonderer Bedeutung ist weiter die nach § 5 Abs. 1 Nr. 5 UmwG im Verschmelzungsvertrag festzulegende **Gewinnberechtigung** der zu gewährenden Anteile. Insofern bestehen keine zwingenden Vorgaben. Doch entspricht es der Üblichkeit, dass die Gewinnberechtigung in dem übernehmenden Rechtsträger mit dem **Zeitpunkt** beginnt, zu dem die Teilhabe am Gewinn des übertragenden Rechtsträgers endet.[17]

19 **g) Verschmelzungsstichtag.** Unverzichtbarer Bestandteil des Verschmelzungsvertrages ist weiter die nach § 5 Abs. 1 Nr. 6 UmwG erforderliche Festlegung des Verschmelzungsstichtags. Damit ist der Zeitpunkt definiert, von dem an die Handlungen des übertragenden Rechtsträgers als **für Rechnung** des übernehmenden Rechtsträgers vorgenommen gelten. Im Regelfall entspricht der Verschmelzungsstichtag dem Stichtag der **Schlussbilanz**.[18]

20 **h) Sonderrechte.** Nach § 5 Abs. 1 Nr. 7 UmwG sind im Verschmelzungsvertrag darüber hinaus diejenigen Rechte, Rechtspositionen und Maßnahmen festzustellen, die der übernehmende Rechtsträger im Hinblick auf einzelne Anteilsinhaber oder Sonderrechtsinhaber gewährt bzw. vorgesehen hat. Beispielhaft beschreibt das Gesetz die Sonderrechte der Anteilsinhaber mit „Rechten ... wie Anteile ohne Stimmrecht, Vorzugsaktien, Mehrstimmrechtsaktien, Schuldverschreibungen und Genussrechte". Es kann demgemäß um die gebotene Kompensation von **Vermögensrechten** ebenso wie von **Herrschaftsrechten** gehen. Die Abgrenzung auf einzelne Anteilsinhaber und Inhaber besonderer Rechte zeigt, dass es sich um Individualrechte in Abweichung vom gesellschaftsrechtlichen Gleichbehandlungsgrundsatz handeln muss. Die Norm steht in unmittelbarem Kontext mit § 23 UmwG, wonach den Inhabern von Rechten in einem übertragenden Rechtsträger, die kein Stimmrecht gewähren, insbesondere den Inhabern von Anteilen ohne Stimmrecht, von Wandelschuldverschreibungen, von Gewinnschuldverschreibungen und von Genussrechten gleichwertige Rechte in dem übernehmenden Rechtsträger zu gewähren sind.

21 **i) Besondere Vorteile.** Mit dem Ziel, den Gesellschaftern der beteiligten Rechtsträger Transparenz zu gewähren, bestimmt § 5 Abs. 1 Nr. 8 UmwG die Verpflichtung zur Angabe von besonderen Vorteilen, die Mitgliedern des Vertretungsorgans oder Aufsichtsorgans der an der Verschmelzung beteiligten Rechtsträger, einem geschäftsführenden Gesellschafter, einem Partner oder Abschluss- oder Verschmelzungsprüfer gewährt werden. Davon sind alle **denkbaren Vergünstigungen** umfasst, insbesondere Abfindungen und Honorare. Auch die Zusage von zukünftigen **Organfunktionen** im übernehmenden Rechtsträger sind anzugeben.[19]

---

[17] Vgl. zu anderen Alternativen *Kallmeyer/Marsch*-Barner § 5 UmwG Rn 28 ff.; *Schröer*, in: *Semler/Stengel*, UmwG, § 5 Rn 35 ff., 42.

[18] Vgl. *Lutter/Lutter* § 5 UmwG Rn 31; zur Frage, ob dies zwingend ist, vgl. *Kallmeyer/Müller* § 5 UmwG Rn 33 f.

[19] *Schröer*, in: *Semler/Stengel*, UmwG, § 5 Rn 55; a. A. *Kallmeyer* § 5 UmwG Rn 44, da die Zusage die Bestellung durch die zuständigen Organe des übernehmenden Rechtsträgers nicht ersetzt.

22 **j) Folgen für Arbeitnehmer.** Nach § 5 Abs. 1 Nr. 9 UmwG sind schließlich im Verschmelzungsvertrag Angaben zu machen über die Folgen der Verschmelzung für die Arbeitnehmer und ihre Arbeitnehmervertretungen und die insoweit vorgesehenen Maßnahmen. Wie weit die danach gebotene Unterrichtung reicht, ist nach wie vor umstritten.[20] Insbesondere ist zweifelhaft, ob nur die unmittelbaren Folgen oder auch mittelbare Folgen der Verschmelzung anzugeben sind.[21] Demgegenüber kann als gesichert gelten, dass der bloße Hinweis darauf, dass sich die Folgen der Verschmelzung nach den Vorschriften des UmwG sowie nach § 613 a BGB richten, nicht ausreichend ist.[22] **Fehlen die Angaben** oder sind sie offensichtlich unzureichend, so kann dies ein **Eintragungshindernis** begründen.[23] Demgegenüber kommt eine Anfechtung der Verschmelzungsbeschlüsse nach richtiger Auffassung nicht in Betracht.[24]

23 **k) Sonstige Angaben.** Wenn die Verschmelzung auf einen Rechtsträger anderer Rechtsform erfolgt oder die an dem übernehmenden Rechtsträger gewährten Anteile vinkuliert sind, ist im Verschmelzungsvertrag nach § 29 Abs. 1 UmwG darüber hinaus ein **Barabfindungsangebot** für jeden Anteilsinhaber des übertragenden Rechtsträgers aufzunehmen, der gegen den Verschmelzungsbeschluss Widerspruch zu Protokoll erklärt. Dabei ist entweder vorzusehen, dass der übernehmende Rechtsträger die Anteile des ausscheidenswilligen Anteilsinhabers gegen Abfindungszahlung übernimmt, oder es ist dem Anteilseigner eine Barabfindung für den Fall des Ausscheidens anzubieten, sobald der übernehmende Rechtsträger kraft Rechtsform eigene Anteile oder Mitgliedschaften nicht erwerben kann, wie dies bei der GmbH & Co. KG als aufnehmender Rechtsträger der Fall ist, § 29 Abs. 1 S. 3 UmwG.

Sofern eine GmbH & Co. KG übernehmender Rechtsträger ist, ist darüber hinaus nach § 40 Abs. 1 UmwG im Verschmelzungsvertrag anzugeben, ob den Anteilsinhabern des übertragenden Rechtsträgers die Stellung eines persönlich haftenden Gesellschafters oder eines **Kommanditisten** gewährt wird.

III. Verschmelzungsbericht

1. Notwendigkeit

24 Im Regelfall sind die Verschmelzungsbeschlüsse der Gesellschafterversammlungen der beteiligten Rechtsträger durch einen Verschmelzungsbericht vorzubereiten. Der Bericht ist **entbehrlich**, wenn alle Anteilsinhaber

---

[20] Vgl. die umfassende Aufarbeitung des Meinungsstandes bei *Lutter* § 5 UmwG Rn 39 ff.; *Simon*, in: *Semler/Stengel*, UmwG, § 5 Rn 60, 63 ff.; *Hjort*, NJW 1999, 750.

[21] Dazu *Kallmeyer/Willemsen* § 5 UmwG Rn 50 ff.; *Bayer*, ZIP 1997, 1618.

[22] Vgl. OLG Düsseldorf NZG 1998, 648 m. zust. Anm. *Bungert*, NZG 1998, 733.

[23] Vgl. *Joost*, ZIP 1995, 984.

[24] So mit Recht *Lutter/Lutter* § 5 UmwG Rn 92 m. w. N. zum Meinungsstand; *Simon*, in: *Semler/Stengel*, UmwG § 5 Rn 80.

der beteiligten Rechtsträger zu notarieller Urkunde auf den Verschmelzungsbericht verzichten,[25] wenn sich alle Anteile der übertragenden Gesellschaft in der Hand der aufnehmenden Gesellschaft befinden oder wenn bei einer Personengesellschaft sämtliche Gesellschafter zur Geschäftsführung berechtigt sind, §§ 8 Abs. 3, 41 und 45 c S. 1 UmwG.[26]

2. Aufstellung und Inhalt

25 Die Vorlage der Verschmelzungsberichte obliegt den Vertretungsorganen jedes der an der Verschmelzung beteiligten Rechtsträgers; nach § 8 Abs. 1 S. 1 UmwG kann auch ein **gemeinsamer Bericht** von den Vertretungsorganen der an der Verschmelzung beteiligten Gesellschaften vorgelegt werden. In dem Verschmelzungsbericht sind ausführlich die Verschmelzung, der Verschmelzungsvertrag einschließlich des Umtauschverhältnisses sowie ein eventuelles Barabfindungsangebot zu erläutern und zu begründen. Die Erläuterung und Begründung muss sich auf die **rechtlichen und wirtschaftlichen Verhältnisse** beziehen.[27] Besondere Schwierigkeiten, die bei der Bewertung der Rechtsträger auftreten, sind zu benennen. Hinzuweisen ist auch auf wesentliche Angelegenheiten verbundener Unternehmen. Der Verschmelzungsbericht soll nur eine Plausibilitätskontrolle ermöglichen.[28] Zur Gestaltung und zur inhaltlichen Tiefe des Verschmelzungsberichtes gilt dasselbe wie zum Umwandlungsbericht im Falle des Formwechsels (vgl. eingehend § 55 Rn 10 ff.).

IV. Verschmelzungsprüfung

1. Grundsatz

26 Nach § 9 Abs. 1 UmwG ist der Verschmelzungsvertrag oder sein Entwurf einer Verschmelzungsprüfung zuzuführen, wenn das Gesetz dies vorschreibt. Dies tut das Umwandlungsgesetz rechtsformbezogen in den besonderen Vorschriften des zweiten Teils der Verschmelzungsbestimmungen des UmwG, §§ 44, 45 e, 48, 60, 78, 100. Für die GmbH & Co. KG als Personengesellschaft bestimmt § 44 UmwG, dass eine Verschmelzungsprüfung **auf Verlangen** eines ihrer Gesellschafter zu erfolgen hat, sofern nach § 43 Abs. 2 UmwG die Verschmelzung mit Mehrheitsentscheidung der Gesellschafter beschlossen werden kann. Demgegenüber bedarf es keiner Verschmelzungsprüfung, wenn, wie im gesetzlichen Regelfall, der Verschmelzungsbeschluss der Gesellschafterversammlung der Zustimmung aller anwesenden Gesellschafter und der Zustimmung auch nicht erschienener Gesellschafter bedarf. Unabhängig hiervon ist nach § 30 Abs. 2 S. 1 UmwG eine Prüfung immer erforderlich, wenn eine **Barabfindung** erfolgt.

---

[25] Vgl. *Kallmeyer/Marsch-Barner* § 8 UmwG Rn 38; *Gehling*, in: *Semler/Stengel*, UmwG, § 8 Rn 68.

[26] Zur analogen Anwendung bei der GmbH vgl. *Lutter/Lutter* § 8 UmwG Rn 53.

[27] Vgl. *Kallmeyer/Marsch-Barner* § 8 UmwG Rn 6.

[28] Vgl. *Kallmeyer/Marsch-Barner* § 8 UmwG Rn 6.

Ist danach im Ausgangspunkt die Notwendigkeit einer Verschmelzungsprüfung gegeben, so entfällt diese nach § 9 Abs. 3 i.V. m. § 8 Abs. 3 UmwG, wenn sich alle Anteile eines übertragenden Rechtsträgers in der Hand des übernehmenden Rechtsträgers befinden oder wenn alle Anteilsinhaber aller beteiligten Rechtsträger auf die Verschmelzungsprüfung **verzichten**, denn Zweck der Vorschrift ist ausschließlich der Schutz der Anteilsinhaber.[29] Die Verzichtserklärung bedarf der **notariellen Beurkundung**, § 12 Abs. 3 i.V. m. § 8 Abs. 3 UmwG.

2. Durchführung

Die **Verschmelzungsprüfer** sind von den Vertretungsorganen der beteiligten Rechtsträger oder auf deren Antrag durch das zuständige Registergericht zu bestellen. Eine gemeinsame Bestellung durch mehrere oder alle beteiligten Rechtsträger ist zulässig, § 10 Abs. 1 S. 2 UmwG. Stellung und Verantwortlichkeit der Verschmelzungsprüfer bestimmen sich nach § 11 UmwG. Diese Bestimmungen orientieren sich an den Regeln des HGB für Abschlussprüfer. Danach ist dem Verschmelzungsprüfer insbesondere das **Auskunftsrecht** nach § 320 Abs. 1 und 2 HGB zugewiesen, wonach ihm zu gestatten ist, Einsicht in die Bücher und Schriften zu nehmen sowie die Vermögensgegenstände und Schulden zu prüfen. Im Übrigen kann der Verschmelzungsprüfer von den gesetzlichen Vertretern alle Aufklärungen und Nachweise verlangen, die für eine sorgfältige Prüfung notwendig sind, § 320 Abs. 2 S. 1 HGB. 27

Die Verschmelzungsprüfer erstatten über das Ergebnis ihrer Prüfung einen **schriftlichen Prüfungsbericht**. Dieser hat mit der Erklärung darüber abzuschließen, ob das vorgeschlagene Umtauschverhältnis der Anteile und gegebenenfalls die Höhe einer baren Zuzahlung als Gegenwert angemessen sind.[30] Weitere Einzelheiten zum Inhalt des Verschmelzungsprüfungsberichts enthält § 12 UmwG. Der Prüfungsbericht ist entbehrlich, wenn alle Anteilsinhaber auf seine Erstattung **verzichten**; die Verzichtserklärung bedarf wiederum der notariellen Beurkundung, § 12 Abs. 3 i.V. m. § 8 Abs. 2 und 3 UmwG. Haben die Anteilsinhaber bereits auf die Verschmelzungsprüfung verzichtet, stellt sich die Frage nach einem (weiteren) Verzicht nach § 12 Abs. 3 UmwG nicht.

3. Prüfungsgegenstand

Gegenstand der Verschmelzungsprüfung ist der **Verschmelzungsvertrag** bzw. dessen Entwurf. Dabei geht es insbesondere um die Feststellung, dass der Vertrag vollständig und richtig ist.[31] Prüfungsgegenstand ist weiter und in erster Linie die **Angemessenheit** des im Verschmelzungsvertrag vorgesehenen **Umtauschverhältnisses** und der evtl. angebotenen Bar- 28

[29] Vgl. *Lutter/Lutter* § 9 UmwG Rn 4.

[30] Verweigert er eine Erklärung in diesem Sinne, so hat dies für die Verschmelzung keine unmittelbare Rechtsfolge, vgl. *Kallmeyer/Müller* § 12 UmwG Rn 15.

[31] Vgl. *Bayer*, ZIP 1997, 1621.

abfindung.[32] Sie ist gerade unter dem Gesichtspunkt des gebotenen Minderheitenschutzes von besonderer Bedeutung und wird durch die Berichterstattung der Vertretungsorgane im Verschmelzungsbericht nicht ersetzt, weil es dort nur um die Ermöglichung einer Plausibilitätskontrolle geht.[33] Die Prüfung der Angemessenheit der Umtauschverhältnisse setzt voraus, dass sich der Prüfer versichert, dass die bei ihrer Ableitung angewendeten Methoden der Unternehmensbewertung und die getroffenen Prognose- und Wertungsentscheidungen vertretbar sind und den Regeln einer **ordnungsgemäßen Unternehmensbewertung** entsprechen.[34] Demgegenüber ist die wirtschaftliche Zweckmäßigkeit der Verschmelzung nicht Gegenstand der Verschmelzungsprüfung.[35]

V. Die GmbH & Co. KG als übertragender Rechtsträger

1. Gestaltungsalternativen

29 Die GmbH & Co. KG kann auf eine **andere Personengesellschaft**, §§ 39 bis 45 UmwG, auf eine Partnerschaftsgesellschaft, §§ 39 bis 45 e UmwG, auf eine GmbH einschließlich auf ihre Komplementär-GmbH,[36] §§ 39 bis 45, 46 bis 59 UmwG, auf eine AG, §§ 39 bis 45, 60 bis 77 UmwG, auf eine KGaA, §§ 39 bis 45, 78, 60 bis 77 UmwG und auf eine eG, §§ 39 bis 45, 79 bis 98 UmwG verschmolzen werden. Der Ablauf der Verschmelzung folgt den oben unter I. bis IV. dargestellten Grundprinzipien.

2. Die Zustimmung zur Verschmelzung

30 Nach § 13 Abs. 1 S. 1 müssen die Anteilsinhaber des übertragenden Rechtsträgers der Verschmelzung zustimmen. Der **Verschmelzungsbeschluss** kann nur in einer Gesellschafterversammlung, nicht aber im Umlaufverfahren, gefasst werden, § 13 Abs. 1 S. 2 UmwG. Er kommt frühestens nach einem Monat nach Zuleitung des Verschmelzungsvertrages oder des Entwurfs des Verschmelzungsvertrages an den Betriebsrat in Betracht, § 5 Abs. 3 UmwG.[37] Nach § 42 UmwG ist auch den von der Geschäftsführung ausgeschlossenen Gesellschaftern, also regelmäßig den Kommanditisten, der Verschmelzungsvertrag oder sein Entwurf sowie der Verschmelzungsbericht spätestens mit der Einberufung der über die Verschmelzung beschließenden Gesellschafterversammlung zu übersenden. Ist nach § 44 UmwG ein Prüfungsbericht erstellt worden, so ist dieser auch zusammen mit den erwähnten Unterlagen zu übersenden.[38]

---

[32] Vgl. *Zeidler*, in: *Semler/Stengel*, UmwG, § 9 Rn 25 ff.; *Kallmeyer/Müller* § 9 UmwG Rn 22.

[33] Vgl. *Lutter/Lutter* § 8 UmwG Rn 20.

[34] Vgl. *Lutter/Lutter* § 12 UmwG Rn 7; *Zeidler*, in: *Semler/Stengel*, UmwG, § 9 Rn 34 und § 12 Rn 8 ff.

[35] Vgl. *Lutter/Lutter* § 9 UmwG Rn 12; *Bayer*, ZIP 1997, 1621.

[36] Vgl. *Schulze zur Wiesche*, DB 1996, 1541.

[37] Zur Berechnung vgl. *Krause*, NJW 1999, 1448.

[38] Vgl. *Ihrig*, in: *Semler/Stengel*, UmwG, § 42 Rn 6 m. w. N.; *Lutter/H. Schmidt* § 42 UmwG Rn 5.

Für den Verschmelzungsbeschluss in der Gesellschafterversammlung der GmbH & Co. KG sind die gesetzlichen und gesellschaftsvertraglichen Vorgaben einschlägig. Nach § 43 Abs. 1 UmwG bedarf der Verschmelzungsbeschluss der **Zustimmung** aller anwesenden Gesellschafter; nicht erschienene Gesellschafter müssen ihm zustimmen. Nach § 13 Abs. 3 S. 1 müssen sowohl der Zustimmungsbeschluss als auch die Zustimmung nicht erschienener Gesellschafter notariell beurkundet werden. 31

Ein Verschmelzungsbeschluss kraft **Mehrheitsentscheidung** kommt demgegenüber nur dann in Betracht, wenn der Gesellschaftsvertrag eine entsprechende Mehrheitsklausel vorsieht. In diesem Fall muss die Mehrheit mindestens $^3/_4$ der abgegebenen Stimmen betragen (§ 43 Abs. 2 UmwG). Die nach altem Recht streitige Frage, ob es auf die $^3/_4$-Mehrheit aller Gesellschafter oder nur derjenigen Gesellschafter, die an der Abstimmung teilnehmen, ankommt, ist mit Wirkung zum 1. August 1998 zugunsten der weitergehenden Auffassung ($^3/_4$-Mehrheit der abgegebenen Stimmen genügt) geklärt worden.[39] Die Mehrheit muss aber auf der Gesellschafterversammlung erreicht werden; es genügt nicht, wenn sie erst durch Zustimmung der abwesenden Gesellschafter zustande kommt.[40] 32

Nach wie vor streitig ist die Frage, wie konkret die Mehrheitsklausel im Gesellschaftsvertrag sein muss. Richtigerweise ist es nicht erforderlich, die einzelnen Umwandlungsarten wie Verschmelzung, Spaltung und Formwechsel explizit in der Mehrheitsklausel aufzuführen.[41] Es ist also ausreichend, wenn sich die Mehrheitsklausel im Gesellschaftsvertrag zusammenfassend auf **Umwandlungsmaßnahmen** nach Maßgabe des UmwG bezieht. Demgegenüber sind sich nicht konkret auf Umwandlungsbeschlüsse beziehende Mehrheitsklauseln jedenfalls für den Regelfall der GmbH & Co. KG nicht ausreichend.[42] Anderes gilt demgegenüber in Publikumsgesellschaften, in denen generelle Mehrheitsklauseln auch eine hinreichende Legitimation für Mehrheitsbeschlüsse über Umwandlungen einschließlich der Verschmelzung ausreichen.[43] 33

3. Besonderheiten

Ähnlich wie beim Formwechsel (dazu § 55 Rn 67 ff.) stellt sich bei dem in der Praxis häufig anzutreffenden Fall, in dem die Komplementär-GmbH an dem Vermögen der GmbH & Co. KG nicht beteiligt ist, ein besonderes Problem dann, wenn die aufnehmende Gesellschaft eine Kapitalgesellschaft ist, an der eine Mitgliedschaft ohne vermögensmäßige Beteiligung aus- 34

[39] Gesetz zur Änderung des UmwG, des PartnerschaftsG und anderer Gesetze v. 22. 7. 1998, BGBl. I, S. 1878.

[40] Vgl. *Ihrig*, in: *Semler/Stengel*, UmwG, § 43 Rn 10 f.; *Kallmeyer/Zimmermann* § 43 UmwG Rn 14.

[41] So zutreffend *Lutter/H. Schmidt* § 43 UmwG Rn 17 m. w. N.; *Ihrig*, in: *Semler/Stengel*, UmwG, § 43 Rn 15, 31.

[42] Vgl. zu den Einzelheiten *Lutter/H. Schmidt* § 43 UmwG Rn 17 f. unter Hinweise auf die Rspr. zum Bestimmtheitsgrundsatz und zur Kernbereichslehre; *Ihrig*, in: *Semler/Stengel*, UmwG, § 43 Rn 33.

[43] Vgl. *Lutter/H. Schmidt* § 43 UmwG Rn 19; *Ihrig*, in: *Semler/Stengel*, UmwG, § 43 Rn 34. *Kallmeyer/Zimmermann* § 43 UmwG Rn 9, jew. m. w. N.

geschlossen ist. Richtigerweise scheidet die **Komplementär-GmbH** in diesem Fall mit Wirksamwerden der Verschmelzung aus der Gesellschaft aus.[44] Ganz unabhängig davon ist im Übrigen zulässig, dass einzelne Gesellschafter im Zuge der Verschmelzung ausscheiden, ihnen also keine neuen Mitgliedschaften gewährt werden. Deshalb ist auch die Verschmelzung einer Personenhandelsgesellschaft auf eine Ein-Mann-Kapitalgesellschaft möglich.[45]

VI. Die GmbH & Co. KG als übernehmender Rechtsträger

1. Gestaltungsalternativen

35 Auf die GmbH & Co. KG als **übernehmender Rechtsträger** können verschmolzen werden eine Personenhandelsgesellschaft, §§ 39 bis 45 UmwG, eine Partnerschaftsgesellschaft, §§ 39 bis 45 e UmwG, eine GmbH, §§ 39 bis 45, 46 bis 59 UmwG, eine AG, §§ 39 bis 45, 60 bis 77 UmwG, eine KGaA §§ 39 bis 45, 78, 60 bis 77 UmwG, eine eG, §§ 39 bis 45, 79 bis 98 UmwG sowie der rechtsfähige Verein, §§ 39 bis 45, 99 bis 104 a UmwG. Demgegenüber ausgeschlossen ist die GbR.

2. Die Zustimmung zur Verschmelzung

36 Der Verschmelzungsbeschluss bedarf auch bei der GmbH & Co. KG als übernehmendem Rechtsträger der Zustimmung aller anwesenden Gesellschafter, nicht anwesende Gesellschafter müssen ihm ebenfalls zustimmen. Zur Möglichkeit einer gesellschaftsvertraglichen Mehrheitsklausel und den Anforderungen nach dem Bestimmtheitsgrundsatz gilt dasselbe wie im Falle der GmbH & Co. KG als übertragender Rechtsträger (s. Rn 32 f.).

3. Besonderheiten

37 Die Verschmelzung auf eine GmbH & Co. KG folgt dem allgemeinen Verschmelzungsprocedere. Darüber hinaus sind die Sonderbestimmungen in §§ 39 bis 45 UmwG zu beachten. Insbesondere muss danach der Verschmelzungsvertrag gemäß § 40 Abs. 1 S. 1 UmwG für jeden Anteilsinhaber eines übertragenden Rechtsträgers bestimmen, ob er in der GmbH & Co. KG die **Stellung** eines persönlich haftenden Gesellschafters oder eines Kommanditisten erhält. Ersteres dürfte eher die Ausnahme sein, kommt aber namentlich dann in Betracht, wenn der übertragende Rechtsträger seinerseits eine GmbH als Gesellschafter hat.[46] Festzulegen ist nach § 40 Abs. 1 S. 2 außerdem der **Betrag der Einlage** eines jeden Gesellschafters. Das ist bei der KG die Kommanditeinlage. Dabei unterscheidet das

---

[44] Vgl. *Schröer*, in: *Semler/Stengel*, UmwG, § 5 Rn 12 a E; vgl. *Kallmeyer*, GmbHR 1996, 81.

[45] Zutr. Beck Hdb. Personengesellschaften/*Haritz/Bärwaldt* § 9 Rn 353.

[46] Nach der Auffassung von *Schulze zur Wiesche*, DB 1996, 1539, ist dies bei der Verschmelzung auf eine GmbH & Co. KG durch Neugründung sogar erforderlich.

Gesetz nicht zwischen der Haftsumme und der Pflichteinlage. Sollen beide nicht übereinstimmen, muss der Verschmelzungsvertrag eine entsprechende Bestimmung enthalten. Andernfalls ist der festgesetzte Einlagebetrag als die im Handelsregister einzutragende **Haftsumme** anzusehen.[47] Der Gründungsvertrag der aufnehmenden GmbH & Co. KG muss aber nicht Gegenstand des Verschmelzungsvertrages sein.[48]

VII. Wirksamwerden der Verschmelzung

1. Anmeldung

38 Die Verschmelzung ist von den Vertretungsorganen aller an der Verschmelzung beteiligten Rechtsträger zur Eintragung in das Register des Sitzes ihres Rechtsträgers anzumelden, § 16 Abs. 1 S. 1 UmwG. Das Vertretungsorgan des übernehmenden Rechtsträgers kann nach § 16 Abs. 1 S. 2 UmwG die Verschmelzung auch zur Eintragung in das Register des Sitzes aller übertragenden Rechtsträger anmelden. Es genügt, wenn das Vertretungsorgan in **vertretungsberechtigter Zahl** handelt.[49]

Bei der Anmeldung sind die beteiligten Rechtsträger, der Verschmelzungstatbestand sowie der Verschmelzungsvertrag und Verschmelzungsbeschlüsse anzugeben. **Angemeldet** wird aber nur die **Verschmelzung**. Ist zur Durchführung der Verschmelzung eine Kapitalerhöhung beschlossen worden, so wird diese in der Regel gleichzeitig mit der Verschmelzung angemeldet. Sie ist dann nach §§ 53, 66 UmwG vor der Verschmelzung einzutragen.

39 Bei der Anmeldung haben die Vertretungsorgane ein **„Negativattest"** abzugeben, mit dem erklärt wird, dass der Verschmelzungsbeschluss nicht oder nicht rechtzeitig angefochten wurde oder dass der Prozess bereits beendet ist.[50]

40 § 17 UmwG bestimmt die **Anlagen**, die der Anmeldung beizufügen sind, nämlich der Verschmelzungsvertrag, die Niederschriften der Verschmelzungsbeschlüsse, die nach dem Gesetz erforderlichen Zustimmungserklärungen einzelner Anteilsinhaber sowie der nichterschienenen Anteilsinhaber, der Verschmelzungsbericht und Prüfungsbericht oder die auf diese verzichtende Erklärungen, der Nachweis über die **rechtzeitige Zuleitung** des Verschmelzungsvertrages oder des Entwurfs an den zuständigen Betriebsrat sowie eventuell die Genehmigungsurkunde.

41 Der Anmeldung zum Register des Sitzes aller übertragenden Rechtsträger ist außerdem eine **Schlussbilanz** dieses Rechtsträgers beizufügen, die nicht auf einen 8 Monate älteren Stichtag vor der Anmeldung aufgestellt werden kann, § 17 Abs. 2 UmwG.[51]

---

[47] Zu den Einzelheiten vgl. *Ihrig*, in: *Semler/Stengel*, UmwG, § 40 Rn 13 f., 22; *Lutter/H. Schmidt* § 40 UmwG Rn 13; *Naraschewski*, DB 1995, 1266.

[48] Vgl. *Schulze zur Wiesche*, DB 1996, 1540.

[49] *Lutter/Bork* § 16 UmwG Rn 2.

[50] *Volhard*, in: *Semler/Stengel*, UmwG, § 16 Rn 13 ff.; *Lutter/Bork* § 16 UmwG Rn 9 ff.

[51] Vgl. *Germann*, GmbHR 1999, 591.

2. Eintragung

42 Die Verschmelzung wird mit deren Eintragung in das Register des Sitzes des übernehmenden Rechtsträgers **wirksam**, § 20 Abs. 1 UmwG. Sie darf erst erfolgen, wenn die Verschmelzung in das Register des Sitzes aller übertragenden Rechtsträger eingetragen worden ist, § 19 Abs. 1 S. 1 UmwG. Diese Eintragungen sind mit dem Vermerk zu versehen, dass die Verschmelzung erst mit der Eintragung im Register des Sitzes des übernehmenden Rechtsträgers wirksam wird, § 19 Abs. 1 S. 2 UmwG.

Wird diese Reihenfolge von den Registern nicht eingehalten, so ist die Verschmelzung mit der Eintragung in das Register des Sitzes des übernehmenden Rechtsträgers vollzogen.[52]

Der Zeitpunkt der Eintragung im Register des übernehmenden Rechtsträgers ist von Amts wegen dem Gericht des Sitzes des übertragenden Rechtsträgers mitzuteilen.

43 Mit der Eintragung der Verschmelzung geht das Vermögen der übertragenden Rechtsträger im Wege der **Gesamtrechtsnachfolge** auf den übernehmenden Rechtsträger über. Die übertragenden Rechtsträger erlöschen, eine Abwicklung findet nicht statt. Ein Fortbestehen der übertragenden Rechtsträger wird ausschließlich im Rahmen des § 25 Abs. 2 UmwG fingiert. Die Gesellschafter der übertragenden Rechtsträger werden kraft Gesetzes Anteilsinhaber der übernehmenden Rechtsträger.[53]

---

[52] *Lutter/Bork* § 19 UmwG Rn 3; *Volhard*, in: *Semler/Stengel*, UmwG, § 19 Rn 10.

[53] Dazu und zu Ausnahmen ausf. *Lutter/Grunewald* § 20 UmwG Rn 55 ff. sowie *Kübler*, in: *Semler/Stengel*, UmwG, § 20 Rn 74 ff.

§ 52 Steuerliche Konsequenzen der Verschmelzung

Übersicht

Schrifttum: *Bauschatz*, Formwechselnde Umwandlung einer vermögensverwaltenden GmbH in eine GmbH & Co. KG – Gefahren bei der Durchführung des Treuhandmodells, FR 2003, 1116; *Birkenfeld*, Das große Umsatzsteuer-Handbuch, Kommentar, Stand Mai 2004; *Brandenberg*, Personengesellschaftsbesteuerung nach dem Unternehmenssteuerfortentwicklungsgesetz, DStZ 2002, 551; *Breidenbach*, Einschränkung der Steuervergünstigung für Einbringungsgewinne: Ist die Nachbesserung des Gesetzgebers zu § 24 Abs. 3 Satz 3 UmwStG erneut redaktionell verunglückt, DB 1995, 296; *Breuninger/Prinz*, DStR-Fachliteratur-Auswertung: Besteuerung von Personengesellschaften, DStR 1996, 1761; *Dötsch/Pung*, §§ 29, 40 Abs. 1 und 2 KStG: Das Einführungsschreiben des BMF vom 16. 12. 2003, DB 2004, 208; *Düll*, Die Übertragung von Vermögen bei Personengesellschaften – Alternativen, Rechtsfolgen, Normkonkurrenzen, StbJb 2002/03, 117; *Förster*, Gleichstellung wesentlicher Beteiligungen mit unwesentlichen Anteilen bei der Umwandlung von Kapitalgesellschaften in Personenunternehmen durch den Gesetzgeber, DB 1997, 1786; *Füger/Rieger*, Das Gesetz zur Fortsetzung der Unternehmenssteuerreform – rückwirkende Änderungen in EStG, KStG und UmwStG, DStR 1997, 1427; *Günkel*, Kritische Anmerkungen zum Umwandlungssteuererlaß des BMF vom 25. 3. 1998, DStR 1998 Beil. 17, 44; *ders.*, Umwandlung einer Kapitalgesellschaft in eine Personengesellschaft bei beschränkt steuerpflichtigen Gesellschaftern, IWB F. 3, G. 1, 1505; *Herzig*, Diagonale Maßgeblichkeit bei Umwandlungsvorgängen? FR 1997, 123; *ders.*, Sperrbetrag beim Anteilserwerb von anrechnungsberechtigten Anteilseignern (§ 50 c Abs. 11 EStG), DB 1997, 1688; *Höfflacher*, Überlegungen zur Umwandlung von Kapitalgesellschaften in Personenunternehmen, DStR 1996, 530; *Hörger*, Gewerbesteuer, DStR 1998 Beil. 17, 33; *Hörger/Endres*, Gewerbesteuerfalle bei Umwandlung einer Kapitalgesellschaft auf eine bestehende Personengesellschaft, DB 1998, 2235; *Hünnekens*, Änderung des Umsatzsteuergesetzes durch das Mißbrauchsbekämpfungs- und Steuerbereinigungsgesetz, NWB F. 7, 4309; *Kempf/Hillringhaus*, § 15 a als Hemmschuh bei Unternehmensreorganisationen und Unternehmensverkäufen? DB 1996, 12; *Knopf/Söffing*, Einzelaspekte zur Umwandlung einer Kapitalgesellschaft in eine Personengesellschaft nach neuem UmwStG, BB 1995, 850; *Krebs*, Änderungen des Körperschaftsteuerrechts. Neuregelung der Übertragung von Gesellschaftsanteilen durch nichtanrechnungsberechtigte Anteilseigner auf anrechnungsberechtigte Erwerber, BB 1980, 1257; *Krüger*, Umwandlung einer Körperschaft in eine Personenunternehmung als Ausweg aus dem „Körperschaftsteuer-Moratorium"? – „Cash out" des Körperschaftsteuer-Minderungspotenzials zur Verbesserung der Liquiditätslage, DB 2003, 2249; *Müller-Gattermann*, Umwandlungssteuerrecht, WPg 1996, 868; *Ott*, Gestaltungsmöglichkeiten zur Vermeidung von Körperschaftsteuer-Guthabenüberhängen bei Umwandlung von Kapital- in Personengesellschaften nach Änderung des UmwStG durch das UntStFG, INF 2002, 107; *Prinz*, Besteuerungsfragen inländischer Vertriebsmodelle bei international tätigen Unternehmen, FR 1996, 479; *Prinz/Ley*, Missverständnisse zur Übernahmegewinnbesteuerung durch § 4 Abs. 7 UmwStG – Anwendung bei mehrstufigen Mitunternehmerschaften, GmbHR 2002, 842; *Rödder*, Die Umwandlung von Kapitalgesellschaft in bzw. auf Personengesellschaft im Umwandlungssteuerrecht, Stbg 1997, 145; *ders.*, DStR-Fachliteratur-Auswertung: Umwandlungssteuergesetz, DStR 1996, 862; *ders.*, DStR-Fachliteratur-Auswertung: Umwandlungssteuerrecht, DStR 1995, 1988; *ders.* Pauschalierte Gewerbesteueranrechnung – eine komprimierte Bestandsaufnahme, DStR 2002, 939; *Rödder/Hölzel*, Perspektiven für die steueroptimale Form des Unternehmenskaufs. Das Umwandlungsmodell nach dem Regierungsentwurf eines neuen Umwandlungssteuergesetzes, FR 1994, 285; *Rödder/Schumacher*, Verschmelzung von Kommanditgesellschaften und § 15 a EStG, DB 1998, 99; *dies.*, Unternehmenssteuerreform 2001 – Eine erste Analyse des Regierungsentwurfs aus Beratersicht, DStR 2000, 353; *Sagasser/Schüppen*, Änderungen im Ertragssteuerrecht durch das Mißbrauchsbekämpfungs- und Steuerbereinigungsgesetz, DStR 1994, 265; *Schaumburg*, Internationale Umwandlungen mit Auslandsbezug, GmbHR 1996, 414; *Schiffers*, Änderung der §§ 16 EStG und 24 UmwStG durch das Missbrauchsbekämpfungs- und Steuerbereinigungsgesetz, BB 1994, 1469; *ders.*, Steuervergünstigungsabbaugesetz: Geänderte Rahmenbedingungen für die Ausschüttungspolitik der GmbH, GmbHR 2003, 673; *Schnitger*, Vernichtung von Körperschaftsteuerguthaben durch die Ausschüttungsfiktion des § 10 UmwStG bei Umwandlung einer Kapital- in eine Personengesellschaft? DStR 2003, 768; *Schultz*, Gewerbesteuerpflicht beim Aufstockungsmodell nach dem StBMG? DStR 1994, 521; *Schulz*, Verschmelzung und Spaltung auf eine Personengesellschaft, Formwechsel in eine Personengesellschaft oder Verschmelzung auf eine natürliche Person, §§ 3 bis 10, 14, 16 UmwStG, DStR 1998 Beil. 17, 13; *Schulze zur Wiesche*, Die GmbH & Co. KG im neuen Umwandlungssteuerrecht, DB 1996, 1539; *ders.*, Verdeckte Gewinnausschüttungen im Zusammenhang mit Umwandlungsvorgängen, BB 1992, 1686; *Schumacher*, Aktuelles Beratungs-Know-How Umwandlungssteuerrecht, DStR 1994, 589; *Seithel*, Ertragsteuerliche Probleme der „Umwandlung" einer GmbH & Co. KG auf die Komlementär-GmbH im Wege der Anwachsung, GmbHR 1978, 65; *Streck/Mack/Schwerdhelm*, Verschmelzung und Formwechsel nach dem neuen Umwandlungsgesetz, GmbHR 1995, 161; *Streck/Posdziech*, Verschmelzung und Formwechsel nach dem neuen UmwStG, GmbHR 1995, 271, 357; *Thiel*, Die Maßgeblichkeit im Umwandlungssteuerrecht, GmbHR 1997, 145; *ders.*, Wege aus der Kapitalgesellschaft – Gestaltungsmöglichkeiten und Zweifelsfragen, DB 1995, 1196; *Wacker*, Veräußerung von Anteilen an einer durch Formwechsel entstandenen Personengesellschaft, DStZ 2002, 457; *Weber*, Ausgewählte Zweifelsfragen zum Formwechsel einer Kapitalgesellschaft in eine Personengesellschaft, GmbHR 1996, 263, 334; *Weber-Grellet*, Die Unmaßgeblichkeit der Maßgeblichkeit im Umwandlungsrecht, BB 1997, 653; *Winkeljohann/Stegemann*, Postakquisitorischer Formwechsel in eine Kapitalgesellschaft als steuerliches Gestaltungselement, DStR 2004, 544; *Wochinger/Dötsch*, Das neue Umwandlungssteuerrechtgesetz und seine Folgeänderungen bzw. Auswirkungen bei der Einkommen-, Körperschaft- und Gewerbesteuer, DB 1994 Beil. 14, 34; *Wochinger/Rödder*, Neue Restriktionen für die Umwandlung von Kapitalgesellschaften in Personengesellschaften, FR 1998, 129.

I. Vorbemerkungen

1 Nach dem handelsrechtlichen Umwandlungsgesetz können Verschmelzungsvorgänge unter Einbezug von Personenhandelsgesellschaften erfolgen. Es ist hiernach möglich, eine Personenhandelsgesellschaft auf eine Personenhandelsgesellschaft, auf eine Kapitalgesellschaft oder umgekehrt eine Kapitalgesellschaft auf eine Personengesellschaft zu verschmelzen. Die steuerlichen Konsequenzen der Verschmelzungsvorgänge richten sich grundsätzlich nach den Regelungen des UmwStG.

2 Das handelsrechtliche UmwG zeichnet sich durch eine klare Systematik und eine konsequente Gliederung aus. Diese Attribute können leider nicht uneingeschränkt auf das UmwStG übertragen werden. Das UmwStG ist weder systematisch noch inhaltlich vollständig auf das handelsrechtliche UmwG abgestimmt. Handelsrechtliche Umwandlungsvorgänge müssen vielmehr teilweise in **analoger Anwendung** der einschlägigen Vorschriften des UmwStG gelöst werden.[1] Die Verschmelzung einer Kapitalgesellschaft auf eine Personengesellschaft ist im UmwStG in einem gesonderten Abschnitt in §§ 3 ff. UmwStG ausführlich behandelt. Demgegenüber muss die Verschmelzung einer Personengesellschaft auf eine Kapitalgesellschaft bereits unter analoger Anwendung von § 20 UmwStG erfolgen. Auch die Verschmelzung von Personenhandelsgesellschaften wird in analoger Anwendung von § 24 UmwStG gelöst. Die analoge Anwendung der Vorschriften bedingt, dass zwangsläufig Zweifelsfragen offen bleiben.

3 Das UmwStG beschäftigt sich im Wesentlichen mit ertragsteuerlichen Folgen der Umstrukturierung. Der Frage der möglichen **Auflösung von stillen Reserven** dürfte im Regelfall auch die größte materielle Bedeutung zukommen. Im UmwStG sind keine Regelungen zu **verkehrsteuerlichen Fragen** enthalten, wie z. B. die grunderwerbsteuerliche bzw. die umsatzsteuerliche Behandlung. Die steuerlichen Konsequenzen dieser Bereiche müssen vielmehr anhand der allgemeinen Bestimmungen im Grunderwerbsteuergesetz bzw. im Umsatzsteuergesetz gelöst werden.

4 Verschmelzungsvorgänge können jedoch nicht nur auf der Basis des handelsrechtlichen Umwandlungsgesetzes, sondern auch durch **Ersatzgestaltungen** erfolgen. Gerade im Zusammenhang mit Personengesellschaften sind Ersatzgestaltungen in der Praxis nicht unüblich. Auch diese können auf der Grundlage von § 20 bzw. § 24 UmwStG zu einer Umstrukturierung **ohne Auflösung von stillen Reserven** erfolgen. Nicht immer ist dabei die Vorgehensweise nach dem handelsrechtlichen Umwandlungsgesetz die sinnvollste und kostengünstige Variante.

---

[1] BMF v. 25. 3. 1998 BStBl. I 1998, 268 Rn 01.05, 20.02, 24.01; Übersicht bei *Schmitt/Hörtnagl/Stratz* § 24 UmwStG Rn 6 ff.

II. Verschmelzung einer Personengesellschaft auf eine GmbH & Co. KG

1. Verschmelzung nach den Regelungen des Umwandlungsgesetzes

In §§ 2, 39 ff. UmwG ist vorgesehen, dass auch eine Personengesellschaft als übertragender Rechtsträger auf eine andere Personengesellschaft als übernehmender Rechtsträger übergehen kann. Die Vermögensübertragung kann auf eine bereits bestehende Personengesellschaft als Verschmelzung **durch Aufnahme** oder auf eine neu zu errichtende Gesellschaft in Form der Verschmelzung **durch Neubildung** erfolgen. Merkmal der Verschmelzung ist, dass das Vermögen des übertragenden Rechtsträgers als Ganzes auf den übernehmenden Rechtsträger übergeht. Der übernehmende Rechtsträger gewährt im Gegenzug neue Gesellschaftsanteile. 5

Im UmwStG ist die Verschmelzung zweier Personengesellschaften nicht explizit geregelt. In § 24 UmwStG ist jedoch vorgesehen, dass ein Betrieb, Teilbetrieb oder Mitunternehmeranteil gegen Gewährung von Gesellschaftsrechten in eine Personengesellschaft eingebracht werden kann. Es wird dabei zugelassen, dass die Einlage zum Buchwert, Teilwert oder einem Zwischenwert erfolgen kann. Von besonderer Bedeutung ist die Möglichkeit, die Wirtschaftsgüter mit dem Buchwert, also **ohne Realisierung von stillen Reserven** übertragen zu können. 6

Der Wortlaut des § 24 UmwStG erfasst die Übertragung eines Betriebes, Teilbetriebes oder Mitunternehmeranteils. Die Möglichkeit der **Vermögensübertragung im Rahmen der Verschmelzung** von Personengesellschaften ist nicht angesprochen. Das Vermögen der übertragenden Personengesellschaft stellt zwar im Regelfall einen Betrieb dar. Im Zuge des Verschmelzungsvorgangs erhält allerdings nicht die übertragende Personengesellschaft, sondern ihre Gesellschafter Gesellschaftsrechte der aufnehmenden Gesellschaft. Der Einlagegegenstand Betrieb ist damit nur dann erfüllt, wenn auf die Gesellschafter der übertragenden Gesellschaft durchgesehen wird. Bei einer zwei- oder mehrgliedrigen Personengesellschaft ist zwar bei einer engen Auslegung des § 24 UmwStG – bezogen auf die einzelnen Gesellschafter – die Bedingung des Betriebes bzw. Teilbetriebes nicht erfüllt. Vom Sinn und Zweck der Vorschrift kann u. E. jedoch davon ausgegangen werden, dass auch auf diesen Fall § 24 UmwStG anzuwenden ist, da die Gesamtheit der Gesellschafter insgesamt einen Betrieb auf die übernehmende Personengesellschaft überführt.[2] 7

Die Bezugnahme auf § 24 UmwStG bedingt, dass die Übertragung der Vermögensgegenstände nicht zwingend zu Buchwerten erfolgen muss. Denkbar ist auch, die stillen Reserven der übertragenden Gesellschaft ganz oder teilweise aufzulösen.[3] In diesem Fall führt die (Teil-) Auflösung der stillen Reserven zu einem Gewinn der Gesellschafter der übertragenden Gesellschaft. Dieser Gewinn ist nur dann nach §§ 16, 34 EStG tarifbegünstigt, wenn im Zuge der Vermögensübertragung alle stillen Reserven der 8

---

[2] *Widmann/Mayer* § 24 UmwStG Rn 110; *Blümich/Wolff* § 24 UmwStG Rn 13; BMF v. 25. 3. 1998 BStBl. I 1998, 338 Rn 24.01.

[3] *Hartmann/Schulze zur Wiesche* § 24 UmwStG Rn 180.

übertragenden Gesellschaft aufgelöst werden incl. eines selbst geschaffenen Firmenwertes.[4]

9 Da im Zuge der Verschmelzung im Regelfall auch der Gesellschafter der übertragenden Gesellschaft an der aufnehmenden Gesellschaft beteiligt wird, kommt insoweit § 16 Abs. 2 S. 3 EStG zur Anwendung, nach der die Begünstigung mit der Tarifermäßigung nach § 34 EStG ausgeschlossen ist, soweit der Gesellschafter an dem übernehmenden Rechtsträger beteiligt ist.[5] Die (Teil-) Auflösung von stillen Reserven führt insoweit also zu einer Besteuerung mit dem **vollen Einkommensteuersatz**. Da es sich bei § 16 Abs. 2 S. 3 EStG um eine spezielle Regelung des Einkommensteuergesetzes handelt, die lediglich den Einkommensteuertarif betrifft, verbleibt es bei der Qualifikation als außerordentlichen Vorgang, der den Gewerbeertrag der Gesellschaft grundsätzlich nicht berührt. Es erfolgt also keine Besteuerung mit Gewerbesteuer vom Ertrag.[6] Die Finanzverwaltung geht demgegenüber davon aus, dass die Besteuerung des Veräußerungsgewinns gemäß § 16 Abs. 2 S. 3 EStG mit dem vollen Einkommensteuersatz auch eine Besteuerung mit Gewerbesteuer vom Ertrag nach sich zieht.[7]

10 Handelt es sich bei der übertragenden Gesellschaft sowie der aufnehmenden Gesellschaft nicht um einen identischen Gesellschafterkreis, müssen im Zuge der Verschmelzung die **Beteiligungsverhältnisse neu geordnet** werden. Da in beiden Gesellschaften nicht in gleichem Maße stille Reserven enthalten sein müssen, führt die reine Addition der Kapitalkonten zu einem unzutreffenden Ergebnis. Das Festkapital der aufnehmenden Gesellschaft muss vielmehr im Verhältnis des Reinvermögens vor und nach der Verschmelzung zwischen den Gesellschaftern aufgeteilt werden. Sofern die nominelle Kapitalerhöhung im Zuge der Verschmelzung zu einer Verschiebung der Kapitalverhältnisse führt, können stille Reserven auf einen anderen Gesellschafter überspringen. Für steuerliche Zwecke kann ein Ausgleich unter Einsatz von **positiven und negativen Ergänzungsbilanzen** erfolgen, um eine Realisierung von stillen Reserven zu vermeiden.[8]

Beispiel: A ist alleiniger Gesellschafter der A-GmbH & Co. KG mit einem Kommanditkapital von 1.500. Die Komplementär-GmbH ist nicht am Kapital beteiligt. Im Gesellschaftsvermögen sind keine stillen Reserven enthalten, so dass der Nominalbetrag des Kommanditkapitals dem Unternehmenswert entspricht. An der A und B OHG ist A und B jeweils zu 50 % beteiligt. A und B haben gemeinsam ein Kapital von 1.500. Der Unternehmenswert der Gesellschaft beträgt 3.000. Die beiden Gesellschaften haben folgende Bilanzen:

---

[4] *Widmann/Mayer* § 24 UmwStG Rn 165; BFH v. 11. 8. 1971 BStBl. II 1972, 270; BFH v. 21. 6. 1994 DB 1994, 1854.

[5] *Blümich/Wolff* § 24 UmwStG Rn 34; *Wochinger/Dötsch*, DB 1994 Beil. 14, 34; *Breidenbach*, DB 1995, 296; *Schaumburg/Rödder* § 24 UmwStG Rn 15; *Hartmann/Schulze zur Wiesche* § 24 UmwStG Rn 212.

[6] *Littmann/Hörger* § 16 EStG Rn 128; *L. Schmidt/Wacker* § 16 EStG Rn 7; DW, WPg 1997, 450; *Sagasser/Schüppen*, DStR 1994, 265; *Schultz*, DStR 1994, 521; *Schiffers*, BB 1994, 1469.

[7] BMF v. 25. 3. 1998 BStBl. I 1998, 342 Rn 24.17. Zu der Veräußerung von Mitunternehmeranteilen vgl. BFH vom 15. 6. 2004, BStBl. II 2004, 754.

[8] *Blümich/Wolff* § 24 UmwStG Rn 27; *Widmann/Mayer* § 24 UmwStG Rn 167.

A-GmbH & Co. KG

AV	1.000	Kapital A	1.500
UV	2.000	Verbindlichkeiten	1.500
	3.000		3.000

A + B OHG

AV	500	Kapital A	750
UV	1.000	Kapital B	750
	1.500		1.500

Die A und B OHG soll auf die A-GmbH & Co. KG verschmolzen werden, wobei keine stillen Reserven aufgelöst werden sollen. B soll in dem Umfang am Kapital der aufnehmenden Gesellschaft beteiligt werden, dass er vermögensmäßig nicht schlechter gestellt ist. Die verschmolzene Gesellschaft hat folgendes Bilanzbild:

A + B GmbH & Co. KG

AV	1.500	Kapital A	1.500
UV	3.000	Kapital B	750
		Rücklage	750
		Verbindlichkeiten	1.500
	4.500		4.500

Nach der Verschmelzung soll B zu $^1/_3$ am Gesamtkapital beteiligt sein. Die Beteiligung des A umfasst $^2/_3$ der Gesellschaft. Da A zum Gesamtkapital der aufnehmenden Gesellschaft einen höheren Nominalbetrag beigetragen hat, ist der Differenzbetrag in eine Rücklage einzustellen. Da B entsprechend seinem Kapitalanteil an der Rücklage partizipiert, muss hier ein Ausgleich über positive und negative Ergänzungsbilanz erfolgen wie folgt:

Ergänzungsbilanz A

Mehrwert AV	250	Ergänzungskapital	250
	250		250

Ergänzungsbilanz B

Ergänzungskapital	250	Minderwert AV	250
	250		250

Das steuerliche Eigenkapital setzt sich für beide Gesellschaften danach wie folgt zusammen:

	A	B
Festkapital lt. Gesamthandsbilanz	1.500	750
Anteilige Rücklage	500	250
Kapital lt. Ergänzungsbilanz	+ 250	./. 250
Gesamt also	2.250	750

Im Zuge der Verschmelzung geht das Vermögen der übertragenden Gesellschaft auf die übernehmende Gesellschaft über. Durch den Vermögensübergang wird jedoch ein eventuell vorhandenes **Sonderbetriebsvermögen** nicht erfasst.[9] Dieses bleibt nach wie vor im alleinigen Eigentum des oder der Gesellschafter. Nutzt die übernehmende Rechtsträgerin die Vermögensgegenstände des Sonderbetriebsvermögens weiter, ergibt sich keine Änderung des steuerlichen Status als Sonderbetriebsvermögen. Es verbleibt bei der Zuordnung zu der steuerlichen Sphäre der übernehmenden Gesellschaft.[10] 11

[9] *Widmann/Mayer* § 24 UmwStG Rn 243.
[10] BFH v. 21.6.1994 BStBl. II 1994, 856; BFH v. 26.1.1994 BStBl. II 1994, 458.

12 Wird durch die Gesellschaft ein Vermögensgegenstand im Eigentum eines Gesellschafters genutzt, wie z. B. ein Betriebsgrundstück, handelt es sich um Sonderbetriebsvermögen. Erfolgt im Zuge der Verschmelzung auch eine Verlagerung des Unternehmensstandortes, kann sich insoweit eine Entnahmehandlung für das Sonderbetriebsvermögen ergeben. Es entfällt dann die Qualifikation als Sonderbetriebsvermögen. Die Entnahme führt in diesem Fall zu einer **Auflösung von stillen Reserven**.

2. Sonstige Vertragsgestaltungen

13 Die Verschmelzung zweier Personengesellschaften kann außerhalb der Regelungen des handelsrechtlichen Umwandlungsgesetzes auch durch Ersatzgestaltungen erreicht werden. Je nach Situation des Einzelfalles kann hierbei die Ersatzgestaltung unter Umständen kostengünstiger und einfacher zu handhaben sein, weil die besonderen Formvorschriften des handelsrechtlichen Umwandlungsgesetzes nicht einzuhalten sind.

14 Die Verschmelzung einer Personengesellschaft auf eine GmbH & Co. KG kann beispielsweise dadurch erreicht werden, dass die Gesellschafter der übertragenden Gesellschaft ihre **Gesellschaftsanteile** bei der aufnehmenden GmbH & Co. KG **gegen Gewährung von Gesellschaftsrechten einbringen**. Verfügt hierdurch die Obergesellschaft über alle Gesellschaftsanteile, geht das Vermögen der Untergesellschaft im Wege der **Anwachsung** auf die Obergesellschaft über. Die Untergesellschaft erlischt.[11] Die Einlage der Mitunternehmeranteile kann nach § 24 UmwStG zum Buchwert, Teilwert oder einem Zwischenwert erfolgen, so dass letztlich das gleiche Ergebnis wie bei einem Verschmelzungsvorgang erreicht wird.

15 Hat die Untergesellschaft die Rechtsform einer GmbH & Co. KG, führt die Einlage aller Kommanditanteile in das Betriebsvermögen der Obergesellschaft noch nicht zu einer Anwachsung der Untergesellschaft, da die **Komplementär-GmbH** noch immer als Gesellschafterin beteiligt ist. Weitere Voraussetzung für die Vermögensübertragung der Untergesellschaft ist vielmehr, dass die Komplementär-GmbH als Gesellschafterin ausscheidet.

16 Ist die Komplementär-GmbH am Vermögen der Untergesellschaft beteiligt, muss ihr als Gegenleistung für das Ausscheiden aus der Gesellschaft der **anteilige Verkehrswert** der Beteiligung erstattet werden. Unterbleibt die Abfindung zum Verkehrswert, führt dies zur Qualifikation als **verdeckte Gewinnausschüttung**.[12] In diesem Fall wird der Gewinn der Komplementär-GmbH in dem Maß erhöht, wie er bei einem angemessenen Abfindungswert entstanden wäre. Soweit die Komplementärin am Kapital der Kommanditgesellschaft beteiligt ist, ergibt sich also durch die Abfindung eine anteilige Auflösung von stillen Reserven.

17 Es ist weiterhin möglich, dass im Zuge einer Umstrukturierung die Mitunternehmeranteile zweier Personengesellschaften gegen Gewährung von Gesellschaftsrechten in eine **neu gegründete Personengesellschaft** eingebracht werden. Auch bei dieser Fallgestaltung gelten die gleichen Grund-

---

[11] BFH v. 21. 6. 1994 BStBl. II 1994, 856.

[12] *Schulze zur Wiesche*, BB 1992, 1686.

sätze. Die Einlage von Mitunternehmeranteilen in eine andere Mitunternehmerschaft kann nach § 24 UmwStG zu Buchwerten erfolgen. Wird die neu gegründete Personengesellschaft alleinige Anteilseignerin, wächst das Vermögen dieser Gesellschaft auf die neu gegründete Personengesellschaft an.[13]

Die Verschmelzung außerhalb des handelsrechtlichen UmwG bietet sich insbesondere dann an, wenn die Gesellschaftsanteile der übertragenden Gesellschaft erst sukzessive übernommen werden können, wenn beispielsweise ein Teil der Gesellschafter der übertragenden Gesellschaft nicht gleichzeitig an der Obergesellschaft beteiligt werden soll. Diejenigen Gesellschafter der Untergesellschaft, die an der aufnehmenden Personengesellschaft beteiligt werden sollen, können ihre Gesellschaftsanteile im Wege der Sacheinlage gegen Gewährung von Gesellschaftsrechten einbringen. Die restlichen Gesellschaftsanteile der ausscheidewilligen Gesellschafter können von der Obergesellschaft entgeltlich erworben werden. 18

Der Verkauf der Anteile führt bei dem Veräußerer zu einem tarifbegünstigten Veräußerungsgewinn gemäß §§ 16, 34 EStG. Die erwerbende Obergesellschaft hat Anschaffungskosten auf die Mitunternehmeranteile, die im Zuge der Anwachsung auf die übergehenden Vermögensgegenstände der Untergesellschaft übertragen werden können. Diese **zusätzlichen Anschaffungskosten** führen also auf der Ebene der Obergesellschaft zu einem erhöhten Abschreibungspotential. 19

Ein weiteres Modell der Umstrukturierung besteht darin, dass die Obergesellschaft zunächst als Gesellschafterin der Untergesellschaft beitritt. Im Anschluss an diesen Beitritt scheiden die (Alt-)Gesellschafter aus der Untergesellschaft aus, so dass das Vermögen der Untergesellschaft wiederum im Wege der **Anwachsung** auf die Obergesellschaft übergeht. Die ausscheidenden Gesellschafter legen den Abfindungsanspruch gegenüber der Untergesellschaft in die Obergesellschaft gegen Gewährung von Gesellschaftsrechten ein. Diese Vorgehensweise ist allerdings problematisch, da die Kündigung der Gesellschafterstellung grundsätzlich einen Vorgang bildet, der zu einer **Realisierung der stillen Reserven** führt. Eine Gewinnrealisierung kann nur dann unterbleiben, wenn der gesamte Vorgang in Analogie zu § 24 UmwStG behandelt wird.[14] Die analoge Behandlung nach § 24 UmwStG ist allerdings zweifelhaft, da die gesellschaftsrechtlichen Vorgänge im Grunde eine Realisierung der stillen Reserven bedingen. Im Hinblick auf den eindeutigen Wortlaut des § 24 UmwStG dürfte es außerordentlich schwierig sein, die Kündigung der Gesellschafterstellung in Kombination mit der Einlage des Abfindungsanspruchs unter § 24 UmwStG zu subsumieren. U. E. ist deshalb die Einlage der Mitunternehmeranteile in die Obergesellschaft bzw. die Umwandlung nach dem handelsrechtlichen Umwandlungsgesetz vorzuziehen. 20

Die Verschmelzung kann weiterhin dadurch erfolgen, dass zwei Personengesellschaften ihr Betriebsvermögen jeweils durch **Ausgliederung** in eine neu gegründete Personengesellschaft gegen Gewährung von Gesell- 21

[13] *Widmann/Mayer* § 24 UmwStG Rn 110.

[14] *Widmann/Mayer* § 24 UmwStG Rn 110.

schaftsrechten einbringen. Im Anschluss daran werden die neu geschaffenen Gesellschaftsanteile unmittelbar an die Gesellschafter der einbringenden Personengesellschaft ausgereicht. Die Sacheinlage des Betriebes in eine Personengesellschaft ist ein Vorgang, der auf der Grundlage des § 24 UmwStG erfolgen kann, wenn die Einlage gegen Gewährung von Gesellschaftsrechten erfolgt. Die Personengesellschaft, die ihr gesamtes Vermögen in eine andere Personengesellschaft einbringt, wandelt sich hierdurch unter Umständen in eine Gesellschaft bürgerlichen Rechts, die ihrerseits nicht Gesellschafterin einer Personengesellschaft sein kann.[15] Der Gesellschaftsanteil der neu gegründeten Personengesellschaft geht damit unmittelbar im Verhältnis der bisherigen Beteiligungsquote auf die Gesellschafter über, so dass wohl auch der zweite Schritt der Umstrukturierung, die Übertragung der Gesellschaftsanteile der neu gegründeten Personengesellschaft auf die Ebene der Gesellschafter, insgesamt unter § 24 UmwStG eingeordnet werden kann.[16]

3. Verlustverrechnung im Rahmen der Verschmelzung

22 **a) Gewerbesteuerliche Verlustvorträge.** Gewerbesteuerliche Verlustvorträge können gemäß § 10 a GewStG mit einem positiven Gewerbeertrag verrechnet werden. Dies gilt gleichermaßen für Kapitalgesellschaften wie für Personengesellschaften. Wegen des Objektsteuercharakters der Gewerbesteuer erfolgt die Verrechnung der gewerbesteuerlichen Verlustvorträge auf der Ebene der Personengesellschaft, nicht dagegen auf der Ebene des Mitunternehmers.

23 Die Verrechnung von bestehenden gewerbesteuerlichen Verlustvorträgen gemäß § 10 a GewStG setzt zum einen die **Unternehmensidentität** voraus. Voraussetzung für die Verlustverrechnung ist demnach, dass die wirtschaftliche Einheit „Gewerbebetrieb" fortgeführt wird, die die Verluste erlitten hat.[17] In diesem Zusammenhang wird gefordert, dass nicht nur die eigentliche gewerbliche Betätigung identisch bleibt, sondern auch die eingesetzten Sachmittel.[18] Zum anderen ist Voraussetzung für die Verrechnung von gewerbesteuerlichen Verlustvorträgen einer Personengesellschaft, dass auch eine **Unternehmeridentität** besteht. Nur diejenigen Gesellschafter, die zum Zeitpunkt des Eintritts der Gewerbeverluste Gesellschafter der Personengesellschaft waren, sollen an der Verrechnung der gewerbesteuerlichen Verlustvorträge partizipieren.[19] Scheidet also ein Gesellschafter aus einer Personengesellschaft aus, etwa durch Verkauf des Gesellschaftsanteils, geht insoweit der gewerbesteuerliche Verlustvortrag anteilig verloren. Das Gleiche gilt selbst dann, wenn ein Gesellschafter verstirbt und der Gesellschaftsanteil im Wege des Erbfalls auf einen Erben übergeht.[20]

---

[15] BGHZ 46, 296.

[16] *Widmann/Mayer* § 24 UmwStG Rn 110; § 6 Abs. 3 EStG.

[17] R 68 Abs. 7 GewSt; *Glanegger/Güroff* § 10 a GewStG Rn 9; *Lenski/Steinberg* § 10 a GewStG Rn 13.

[18] BFH v. 5. 9. 1990 BStBl. II 1991, 25.

[19] BFH v. 3. 5. 1993 BStBl. II 1993, 616; BFH v. 16. 2. 1994 BStBl. II 1994, 364.

[20] BFH v. 7. 12. 1993 BStBl. II 1994, 331.

Die Verschmelzung einer Personengesellschaft auf eine GmbH & Co. KG führt dazu, dass das Vermögen der übertragenden Gesellschaft auf die übernehmende Gesellschaft übergeht. Außerdem werden die Gesellschafter der übertragenden Gesellschaft gleichzeitig Gesellschafter der aufnehmenden Gesellschaft. Verfügt die **übertragende Gesellschaft** über gewerbesteuerliche Verlustvorträge, ist fraglich, ob diese im Zuge der Verschmelzung untergehen oder mit einem positiven Gewerbeertrag der aufnehmenden Gesellschaft verrechnet werden können. Wird auch nach der Verschmelzung der bisherige Geschäftsbetrieb der übertragenden Personengesellschaft nach Art und Umfang fortgeführt, ist das Kriterium der Unternehmensidentität wohl gegeben. Soweit auch die Gesellschafter der übertragenden Gesellschaft nach der Verschmelzung Gesellschafter der aufnehmenden Gesellschaft werden, ist auch das Kriterium der Unternehmeridentität gegeben, so dass insoweit die Voraussetzungen für eine zumindest anteilige Verlustverrechnung vorliegen.[21] **24**

Problematisch ist allerdings, dass die **übertragende Personengesellschaft** als solche im Zuge der Verschmelzung **untergeht**. Scheidet bei einer zweigliedrigen Personengesellschaft einer der Gesellschafter aus und wird der Gewerbebetrieb durch den verbleibenden Gesellschafter als Einzelunternehmer fortgeführt, kann dieser die **anteiligen** gewerbesteuerlichen Verlustvorträge verrechnen.[22] Auch in diesem Fall geht die Personengesellschaft unter, ohne dass dies das Schicksal der gewerbesteuerlichen Verlustvorträge berührt. Der Untergang der übertragenden Personengesellschaft im Zuge der Verschmelzung dürfte insoweit also keinen Einfluss auf den Bestand der gewerbesteuerlichen Verlustvorträge haben. Die gewerbesteuerlichen Verlustvorträge der übertragenden Gesellschaft können u. E. also anteilig mit dem Gewerbeertrag der aufnehmenden Personengesellschaft verrechnet werden. **25**

Verfügt die **aufnehmende GmbH & Co. KG** über gewerbesteuerliche Verlustvorträge, ist auch deren weiterer Bestand von den allgemeinen Voraussetzungen abhängig. Die aufnehmende GmbH & Co. KG bleibt als solche bestehen. Wird der Geschäftsbetrieb weitergeführt, ist das Kriterium der Unternehmensidentität gegeben. Die Aufnahme weiterer Gesellschafter im Zuge der Verschmelzung führt allerdings anteilig zu dem Verlust der Unternehmeridentität. Die gewerbesteuerlichen Verlustvorträge bleiben jedoch in dem Maß erhalten, wie die Gesellschafter der aufnehmenden Gesellschaft am Kapital beteiligt bleiben. **26**

b) Verrechenbare Verluste gemäß § 15 a EStG. Durch die Verschmelzung geht das Vermögen der übertragenden Personengesellschaft auf die aufnehmende Personengesellschaft über. Erfolgt die **Übertragung** zu steuerlichen **Buchwerten**, tritt die aufnehmende Gesellschaft gemäß §§ 24 Abs. 4, 12 Abs. 3 UmwStG in die Rechtsstellung der übertragenden Gesellschaft ein. Weder in den § 24 UmwStG noch § 15 a EStG ist allerdings eine Regelung hinsichtlich des Schicksals der verrechenbaren Verluste gemäß **27**

[21] *Lenski/Steinberg* § 10 a GewStG Rn 88; BFH v. 14. 9. 1994 BStBl. II 1994, 764.
[22] BFH v. 2. 3. 1983 BStBl. II 1983, 427.

§ 15 a EStG enthalten. Die Beurteilung muss deshalb aufgrund allgemeiner Kriterien erfolgen.

28 Im Zuge der Verschmelzung einer Personengesellschaft auf eine GmbH & Co. KG kann der Vermögensübergang nach § 24 Abs. 1 UmwStG entweder zu Buchwerten, zu Teilwerten oder zu Zwischenwerten erfolgen. Die Vermögensübertragung zu Teilwerten, also unter Auflösung von stillen Reserven, führt auf der Ebene der übertragenden Gesellschaft zu einem **Übertragungsgewinn**, der mit einem Bestand von verrechenbaren Verlusten gemäß § 15 a EStG verrechnet werden kann. Im Zuge der Verschmelzung einer Personengesellschaft ist nicht erforderlich, dass der Buchwert der Vermögensgegenstände dem Stand der Schulden entspricht, wie es etwa in § 20 Abs. 2 S. 4 UmwStG bei der Verschmelzung einer Personengesellschaft auf eine Kapitalgesellschaft gefordert wird. Der Verschmelzungsvorgang kann vielmehr auch mit einem **negativen steuerlichen Kapitalkonto** erfolgen.[23]

29 Erfolgt im Zuge der Verschmelzung keine Auflösung von stillen Reserven, bleiben die verrechenbaren Verluste auf der Ebene der übertragenden Gesellschaft zunächst erhalten. Die verrechenbaren Verluste bestehen auf der Ebene der Gesellschafter, gehen also im Zuge der Verschmelzung nicht zwangsläufig auf die aufnehmende Gesellschaft über.[24] § 15 a Abs. 2 EStG bestimmt, dass verrechenbare Verluste mit Gewinnen aus der Beteiligung ausgeglichen werden können. Der Erhalt dieser verrechenbaren Verluste setzt ähnlich § 10 a GewStG voraus, dass eine **Mitunternehmeridentität** auf Gesellschafterebene gegeben ist. Nicht erforderlich für den Erhalt der verrechenbaren Verluste gemäß § 15 a ist jedoch die Identität des eigentlichen Gewerbebetriebes,[25] wie er etwa für Zwecke des § 10 a GewStG ge-
30 fordert wird.[26] Fraglich ist somit, ob für Zwecke des § 15 a Abs. 2 EStG, der die Verrechnung zukünftiger Gewinne mit dem Bestand an verrechenbaren Verlusten gestattet, eine Identität der Beteiligung gesehen werden kann, wenn die verrechenbaren Verluste aus einer Personengesellschaft stammen, die durch die Verschmelzung auf eine andere Personengesellschaft übergeht. Zumindest für den Fall der Buchwertübertragung der Vermögensgegenstände und Schulden tritt die aufnehmende Gesellschaft vollumfänglich in die Rechtsstellung der übertragenden Personengesellschaft ein, so dass für Zwecke des § 15 a EStG eine Substitution des Gewinnanteils erfolgt.[27] Die verrechenbaren Verluste auf Ebene der übertragenden Personengesellschaft können u. E. also grundsätzlich mit Gewinnen aus der aufnehmenden Gesellschaft verrechnet werden.[28]

31 Teilweise wird gefordert, dass trotz der grundsätzlich bestehenden Möglichkeit der Ausnutzung von verrechenbaren Verlusten gemäß § 15 a EStG

---

[23] *Schmitt* § 24 UmwStG Rn 142.

[24] *Rödder/Schumacher*, DB 1998, 101; missverständlich IDW, FN/IDW 1996, 468 c; *Kempf/Hillringhaus*, DB 1996, 14.

[25] *L. Schmidt* § 15a EStG Rn 106; *Kirchhof/Söhn/v. Beckerath* § 15 a EStG Rn B 341.

[26] *Rödder/Schumacher*, DB 1998, 100.

[27] IDW, FN/IDW 1996, 468 c; *Rödder/Schumacher*, DB 1998, 102.

[28] *Schmitt* § 24 UmwStG Rn 143.

eine Abschichtung des steuerlichen Ergebnisses der aufnehmenden Gesellschaft erfolgen muss. Nur diejenigen steuerlichen **Ergebnisanteile, die aus dem Geschäftsbetrieb** der übertragenden Personengesellschaft resultieren, sollen mit dem Bestand an verrechenbaren Verlusten nach § 15 a EStG verrechnet werden können. Da § 15 a EStG im Gegensatz zu § 10 a GewStG jedoch keine Unternehmensidentität fordert, sondern lediglich auf die Beteiligung als solche abstellt, sprechen gute Gründe dafür, dass auf die Ergebnisbeteiligung der aufnehmenden Personengesellschaft in ihrer Gesamtheit abzustellen ist, dass also keine Einschränkung auf die einzelnen Bestandteile des Gewinnanteils zu erfolgen hat,[29] zumal die Anteile der übertragenden Personengesellschaft wirtschaftlich identisch zu den Anteilen der aufnehmenden Personengesellschaft sind.[30] Im Übrigen muss berücksichtigt werden, dass die Ergebnisse des Geschäftsbetriebes der übertragenden Gesellschaft künftig anteilig den Gesellschaftern der aufnehmenden Personengesellschaft zugerechnet werden.

Verfügen die Gesellschafter der **aufnehmenden Gesellschaft** über 32
verrechenbare Verluste gemäß § 15 a EStG, ergibt sich im Zuge der Verschmelzung weder eine Änderung der Beteiligung noch eine Änderung des Objektes der Einkünfteerzielung. Die mitunternehmerische Beteiligung bleibt identisch, wobei lediglich der Geschäftsbetrieb der aufnehmenden Gesellschaft im Zuge der Verschmelzung erweitert wird. Der Bestand der verrechenbaren Verluste bei den Gesellschaftern der aufnehmenden Gesellschaft kann also gemäß § 15 a Abs. 2 EStG mit späteren Gewinnen aus der Beteiligung verrechnet werden, selbst wenn diese ursächlich aus dem Geschäftsbetrieb der übertragenden Personengesellschaft stammen, da diese in den einheitlichen Gewinnanteil der erweiterten Personengesellschaft eingehen und den Gesellschaftern entsprechend ihrer Beteiligungsquote zugerechnet werden.[31]

4. Verkehrsteuerliche Konsequenzen des Verschmelzungsvorgangs

a) Umsatzsteuerliche Konsequenzen. Im Zuge der Verschmelzung 33
einer Personengesellschaft auf eine GmbH & Co. KG nach den Regelungen der §§ 2, 39 ff. UmwG geht das Vermögen der übertragenden Gesellschaft als Ganzes auf die aufnehmende Gesellschaft über. Als Gegenleistung gewährt die aufnehmende Gesellschaft Gesellschaftsrechte an die Gesellschafter der übertragenden Gesellschaft. Soweit es sich um unternehmerisches Vermögen der übertragenden Gesellschaft handelt, kommt hier ein steuerbarer Leistungsaustausch in Betracht. Der Vorgang ist jedoch gemäß § 1 Abs. 1 a UStG **nicht steuerbar**, da es sich um eine **Übertragung des Geschäftsbetriebes im Ganzen** handelt.[32] Der Verschmelzungsvorgang führt insoweit also nicht zu umsatzsteuerlichen Konsequenzen. Die aufnehmende Personengesellschaft tritt für Umsatzsteuerzwecke voll umfäng-

---

[29] *Rödder/Schumacher,* DB 1998, 102.

[30] *L. Schmidt/Wacker* § 15 a EStG Rn 238.

[31] *Kempf/Hillringhaus,* DB 1996, 13.

[32] *Rau/Husmann* § 1 UStG Rn 286; *Sölch/Klenk* § 1 UStG Rn 476; *Birkenfeld* USt-Handbuch I Rn 567.1.

lich in die Rechtsstellung der übertragenden Gesellschaft ein, was insbesondere Konsequenzen für evtl. Vorsteuerberichtigungen gemäß § 15 a UStG haben kann.[33]

34 Erfolgt die **Verschmelzung durch Ersatzgestaltungen**, etwa durch eine vorgeschaltete Einlage der Gesellschaftsanteile in das Betriebsvermögen der aufnehmenden Gesellschaft mit anschließender Anwachsung, müssen beide Teilschritte aus umsatzsteuerlicher Sicht gesondert beurteilt werden. Die Einlage von Gesellschaftsanteilen als Sacheinlage bei der aufnehmenden Personengesellschaft ist ein tauschähnlicher Vorgang, der umsatzsteuerbar ist. Die Einlage der Mitunternehmeranteile bzw. die Gewährung der Gegenleistung in Form von Gesellschaftsrechten ist jedoch steuerfrei gemäß § 4 Abs. 1 Nr. 8 f UStG. Im Ergebnis entsteht also hieraus **keine** Belastung mit Umsatzsteuer. Der anschließende Anwachsungsvorgang führt zu einem Vermögensübergang der übertragenden Gesellschaft auf die aufnehmende Gesellschaft. Das Vermögen der übertragenden Gesellschaft geht als Ganzes auf die aufnehmende Gesellschaft über, wobei die Anteile untergehen. Wird dieser Vorgang überhaupt als Leistungsaustausch gewertet, ist er unter § 1 Abs. 1a UStG zu subsumieren, so dass insoweit keine Umsatzsteuerbelastung entsteht.[34]

35 **b) Grunderwerbsteuerliche Konsequenzen.** Befindet sich im Betriebsvermögen der übertragenden Gesellschaft ein Grundstück, können sich im Zuge der Verschmelzung grunderwerbsteuerliche Konsequenzen ergeben. Der Verschmelzungsvorgang führt zu einem **Wechsel des Rechtsträgers** von der übertragenden Gesellschaft auf die aufnehmende Gesellschaft. Dies gilt unabhängig davon, ob die Verschmelzung nach den Regelungen des Umwandlungsgesetzes oder durch eine Ersatzgestaltung erfolgt.

36 Bei der Verschmelzung nach den Regelungen des §§ 2, 39 ff. UmwG geht das Vermögen der übertragenden Gesellschaft als Ganzes auf die aufnehmende Gesellschaft über. Dies ist ein grunderwerbsteuerbarer Vorgang gemäß § 1 Abs. 1 GrEStG. Unter Umständen kommt hier jedoch die Befreiungsvorschrift des § 6 Abs. 3 GrEStG zur Anwendung.[35] Soweit also die Gesellschafter der übertragenden Personengesellschaft nach der Verschmelzung am Kapital der aufnehmenden Gesellschaft beteiligt sind, bleibt die Grunderwerbsteuer anteilig unerhoben. Voraussetzung hierfür ist jedoch gemäß § 6 Abs. 4 GrEStG, dass die Gesellschafter der übertragenden Gesellschaft die Beteiligung mindestens 5 Jahre gehalten haben. **Bemessungsgrundlage** für die Grunderwerbsteuer ist nach § 8 Abs. 2 Nr. 2 GrEStG der sog. Bedarfswert der Grundstücke.

37 Erfolgt die **Verschmelzung** durch eine **Ersatzgestaltung**, kann sich für Grunderwerbsteuerzwecke insoweit eine abweichende Beurteilung ergeben. Auch hier müssen die einzelnen Umstrukturierungsschritte jeweils

---

[33] *Rau/Husmann* § 1 UStG Rn 1089; *Birkenfeld* USt-Handbuch I Rn 567.1; *Hünnekens*, NWB F. 7, 4309.

[34] *Rau/Husmann* § 1 UStG Rn 193.

[35] *Felix*, DStZ 1983, 463; *Pahlke/Franz* § 5 GrEStG Rn 33 u. § 6 Rn 7; *Boruttau/Viskorf* § 6 GrEStG Rn 26.

gesondert auf ihre grunderwerbsteuerliche Relevanz hin überprüft werden. Die Einlage der Mitunternehmeranteile als Sacheinlage in das Betriebsvermögen der aufnehmenden Personengesellschaft kann zu einem steuerbaren Vorgang gemäß § 1 Abs. 2a GrEStG führen. Gleichzeitig kann sich eine **Anteilsvereinigung** gemäß § 1 Abs. 3 Nr. 1 GrEStG ergeben.

Bei den Ersatztatbeständen des § 1 Abs. 2a bzw. § 1 Abs. 3 GrEStG kommen die **personenbezogenen Befreiungsvorschriften** zwar grundsätzlich zur Anwendung, nicht jedoch § 6 Abs. 3 GrEStG, da dessen Regelungsgehalt durch die Bemessung der Gegenleistung in § 9 Abs. 1 Nr. 8 GrEStG bereits berücksichtigt sei.[36] Auch in diesem Fall wird also nach Auffassung der Finanzverwaltung die Grunderwerbsteuer erhoben. 38

Auch die anschließende **Anwachsung** des Betriebsvermögens ist grundsätzlich ein grunderwerbsteuerbarer Vorgang, auf den jedoch die Befreiungsvorschrift in § 5 GrEStG anwendbar ist. Da in § 5 GrEStG ist keine vergleichbare Frist wie etwa in § 6 Abs. 4 GrEStG enthalten ist, entsteht im Zuge der eigentlichen Anwachsung keine erneute Belastung mit Grunderwerbsteuer. Gemäß § 5 Abs. 3 GrEStG kann jedoch nachträglich Grunderwerbsteuer entstehen, wenn sich der Anteil des betreffenden Gesellschafters innerhalb von fünf Jahren nach der Anwachsung vermindert. 39

III. Verschmelzung einer GmbH & Co. KG auf eine Kapitalgesellschaft

1. Verschmelzung nach den Regelungen des Umwandlungsgesetzes

a) Wertansatz der Vermögensgegenstände und Schulden in der Übertragungs- und Übernahmebilanz. Nach §§ 2, 3 Abs. 1 Umwandlungsgesetz kann eine Personenhandelsgesellschaft auf eine Kapitalgesellschaft verschmolzen werden. Die Verschmelzung kann auf eine bereits bestehende Kapitalgesellschaft, wie z. B. die Komplementär-GmbH, oder auf eine neu zu gründende Kapitalgesellschaft erfolgen. Die Verschmelzung einer Personengesellschaft auf eine Kapitalgesellschaft ist im UmwStG nicht explizit geregelt. Auf die Verschmelzung ist jedoch § 20 UmwStG analog anzuwenden.[37] 40

Mit der Verschmelzung geht das Vermögen der Kommanditgesellschaft als Ganzes auf die Kapitalgesellschaft über. Die im Zuge der Verschmelzung übergehenden Vermögensgegenstände der Personengesellschaft können nach § 20 UmwStG mit **dem Buchwert, dem Teilwert oder einem Zwischenwert** angesetzt werden, sofern im Übrigen die Voraussetzungen des § 20 UmwStG vorliegen. 41

Zunächst ist erforderlich, dass im Zuge der Verschmelzung auf die Kapitalgesellschaft **neue Gesellschaftsrechte** der Kapitalgesellschaft **ausgegeben** werden. Es ist dabei **nicht** erforderlich, dass das Eigenkapital der übernehmenden Kommanditgesellschaft in gleicher Höhe als Festkapital 42

---

[36] BMF v. 13.6.1997 BStBl. I 1997, 632; FM Bad-Württ. v. 24.6.1998 StED 1998, 510.

[37] BMF v. 25.3.1998 BStBl. I 1998, 326 Rn 20.02.

der übernehmenden Kapitalgesellschaft ausgewiesen wird.[38] Es ist durchaus möglich, dass ein übersteigender Betrag auf ein Verrechnungskonto des oder der Gesellschafter eingestellt wird, was eine Forderung gegenüber der Kapitalgesellschaft begründet. Hierdurch wird § 20 UmwStG insgesamt nicht ausgeschlossen.[39]

Beispiel: An der A-GmbH & Co. KG ist A alleiniger Kommanditist. Die Komplementärgesellschaft A-Verwaltungs GmbH ist nicht am Kapital beteiligt. Die Kommanditgesellschaft soll auf die Komplementärin verschmolzen werden, wobei die Vermögensgegenstände und Schulden zu Buchwerten angesetzt werden sollen. Beide Gesellschaften haben vor der Verschmelzung folgendes Bilanzbild:

A-Verwaltungs GmbH

Bank	50	Stammkapital	50
	50		50

A-GmbH & Co. KG

AV	1.000	Kommanditkapital	500
		Verbindlichkeit	500
	1.000		1.000

Im Zuge der Verschmelzung soll das Stammkapital der Verwaltungs-GmbH auf insgesamt 400 erhöht werden. Der Differenzbetrag zwischen (Netto) Einlagewert und Stammeinlage soll auf ein Verrechnungskonto des A eingestellt werden. Nach der Verschmelzung zeigt die Bilanz der A-GmbH folgendes Bild:

A-Verwaltungs GmbH

Anlagevermögen	1.000	Stammkapital	400
Bank	50	Verbindlichkeit A	150
		Verbindlichkeiten	500
	1.050		1.050

43 Die Einstellung des **Differenzbetrages auf ein Verrechnungskonto** des A ist unschädlich für die Anwendung des § 20 UmwStG.[40] Es erfolgt **keine Realisierung von stillen Reserven**. Dies ist auch sachgerecht, da im Zuge der Verschmelzung das gesamte Vermögen der Kommanditgesellschaft auf die Kapitalgesellschaft übergeht. Erfolgt die Verschmelzung zu steuerlichen Buchwerten, bleiben alle stillen Reserven im Betriebsvermögen der aufnehmenden Kapitalgesellschaft steuerlich verhaftet, so dass kein Grund für eine Auflösung von stillen Reserven besteht.

44 Die aufnehmende Kapitalgesellschaft kann die übergehenden Vermögensgegenstände zum Buchwert, zum Teilwert oder einen Zwischenwert ansetzen. Der Wertansatz bei der Kapitalgesellschaft beeinflusst die steuerlichen Behandlung des Verschmelzungsvorgangs auf der Ebene der übertragenden Personengesellschaft bzw. des Gesellschafters. Die Bewertung der übergehenden Vermögensgegenstände mit dem **Buchwert** führt dazu, dass im Zuge der Verschmelzung keine stillen Reserven aufgelöst werden. Werden im Zuge der Verschmelzung die übergehenden Vermögensgegenstände mit dem **Teilwert** oder einem Zwischenwert angesetzt, bedeutet

[38] *Widmann/Mayer* § 20 UmwStG Rn 471; *Hartmann/Merkert* § 20 UmwStG Rn 61.

[39] BMF v. 25. 3. 1998 BStBl. I 1998, 326 Rn 20.03.

[40] *Widmann/Mayer* § 20 UmwStG Rn 471.

dies regelmäßig eine Auflösung von stillen Reserven. Dies führt für den Gesellschafter der übertragenden Personengesellschaft zu einem steuerpflichtigen Gewinn, der nach § 20 Abs. 5 S. 1 UmwStG, §§ 16, 34 EStG tarifbegünstigt ist.[41]

Die Möglichkeit der Verschmelzung zum Buchwert besteht allerdings 45
nur dann, wenn Deutschland nicht das **Besteuerungsrecht für die stillen Reserven** an den Gesellschaftsanteilen verliert. § 20 Abs. 3 UmwStG bestimmt in diesem Fall, dass die Kapitalgesellschaft das übernommene Betriebsvermögen mit dem Teilwert anzusetzen hat. Auf der Grundlage eines Doppelbesteuerungsabkommens wird üblicherweise das Besteuerungsrecht für Gewinne aus der Veräußerung von Anteilen dem Wohnsitzstaat des Anteilseigners zugewiesen.[42] Ist ein Gesellschafter der übertragenden Personengesellschaft beschränkt steuerpflichtig, liegt bei der Verschmelzung auf eine Kapitalgesellschaft demnach grundsätzlich ein Anwendungsfall des § 20 Abs. 3 UmwStG vor. Es ist hierbei unerheblich, dass im Zuge der Verschmelzung einbringungsgeborene Anteile im Sinne des § 21 UmwStG entstehen.[43]

Weist die übertragende Personengesellschaft zum Verschmelzungsstich- 46
tag in der Steuerbilanz eine **Unterbilanz** auf, ist also der Buchwert des Vermögens geringer als die Verbindlichkeiten, erfolgt im Zuge der Verschmelzung nach § 20 Abs. 2 S. 4 UmwStG zwingend eine **Auflösung von stillen Reserven**. Die Vermögensgegenstände sind hiernach mindestens mit dem Wert anzusetzen, wie es den Nominalwert der Verbindlichkeit entspricht.[44] Maßgebend ist bei der Verschmelzung einer Personengesellschaft auf eine Kapitalgesellschaft dabei der Stand des steuerlichen Kapitalkontos, wie es sich unter Berücksichtigung der Gesamthandsbilanz, der Ergänzungsbilanz sowie einer Sonderbilanz ergibt.[45]

Die **Aufstockung der Vermögensgegenstände** ist allerdings durch 47
dessen Teilwert nach oben beschränkt. Ein Ansatz über dem Teilwert kommt weder in der Handelsbilanz der aufnehmenden Kapitalgesellschaft, noch in der Steuerbilanz in Betracht.[46] In diesem Fall ist ggf. ein verbleibender Differenzbetrag als Firmenwert auszuweisen. Zur Vermeidung des Entstehens eines steuerpflichtigen Einbringungsgewinns kann es unter Umständen sachgerecht sein, vorab eine Einlage in das Gesellschaftsvermögen zu leisten, die durch einen Antrag gemäß § 20 Abs. 7 UmwStG auf den Verschmelzungsstichtag zurückbezogen werden kann.[47]

---

[41] *Widmann/Mayer* § 20 UmwStG Rn 1034; *Hartmann/Merkert* § 20 UmwStG Rn 123; *Blümich/Klingberg* § 20 UmwStG Rn 102 ff.

[42] DBA-Musterabkommen, Art. 13 Abs. 4; Übersicht bei *Becker* DBA-Komm. Art. 13 OECD-MA Anh.

[43] *Widmann/Mayer* § 20 UmwStG Rn 915; *Schaumburg/Piltz*, Int. Umwandlungssteuerrecht, 121.

[44] *Haritz/Benkert/Friederichs* § 20 UmwStG Rn 194.

[45] *Widmann/Mayer* § 20 UmwStG Rn 982 f.; *Hartmann/Merkert* § 20 UmwStG Rn 98; *Hermann/Heuer/Raupach* § 20 UmwStG Rn 100.

[46] *Widmann/Mayer* § 20 UmwStG Rn 662; *Blümich/Wolff* § 20 UmwStG Rn 86.

[47] *Widmann/Mayer* § 20 UmwStG Rn 662.

48 Erfolgt im Zuge der Verschmelzung einer Personengesellschaft auf eine Kapitalgesellschaft eine Kapitalerhöhung, muss dieser Betrag in der Handelsbilanz durch den Buchwert der Vermögensgegenstände abzüglich der Schulden belegt sein. Ist dies nicht der Fall, muss auch für Zwecke der Handelsbilanz insoweit eine ganze oder teilweise Auflösung von stillen Reserven erfolgen. Wird in der Handelsbilanz dagegen auf eine (Teil-) Auflösung der stillen Reserven verzichtet, ergibt sich aus dem Verschmelzungsvorgang ein Verschmelzungsverlust.[48]

49 Diese handelsrechtliche Wertaufstockung muss nach § 20 Abs. 2 S. 2 UmwStG **nicht mit steuerlicher Wirkung nachvollzogen** werden. Soweit also die Auflösung der stillen Reserven auf den Betrag der Kapitalerhöhung entfällt, führt der Übertragungsgewinn nicht zu einem steuerpflichtigen Ertrag der Gesellschafter. Unberührt bleibt allerdings der Erhöhungsbetrag aus der Unterbilanz gemäß § 20 Abs. 2 S. 4 UmwStG, der auch mit steuerlicher Wirkung erfolgt.

50 Technisch erfolgt die Überleitung dergestalt, dass in Höhe des Betrages nach § 20 Abs. 2 S. 2 UmwStG in der Steuerbilanz ein **Ausgleichsposten** einzustellen ist. Dieser ist kein Bestandteil des Betriebsvermögens, sondern lediglich ein „Luftposten", der nicht am Betriebsvermögensvergleich teilnimmt.[49] Die Höhe dieses Ausgleichspostens ist allerdings umstritten. Die Finanzverwaltung vertritt die Auffassung, dass der Betrag nach § 20 Abs. 2 S. 2 UmwStG lediglich die gesetzliche **Mindeststammkapitalerhöhung** umfasst.[50] Für den Fall der Verschmelzung einer Personengesellschaft auf eine Kapitalgesellschaft bedeutet dies, dass im Falle der Neuerrichtung der Kapitalgesellschaft lediglich ein Betrag von 25.000 € der gesetzlichen Mindestanforderung entspricht, bei der Verschmelzung auf eine bestehende Kapitalgesellschaft würde dies lediglich ein Betrag von 10 € umfassen, da dies dem gesetzlichen Mindestbetrag eines Gesellschaftsanteils im Zuge einer Kapitalerhöhung entspricht.

51 Die Begrenzung des Betrages in § 20 Abs. 2 S. 2 UmwStG auf das handelsrechtliche Mindestkapital ist nicht sachgerecht. Entscheidend ist vielmehr, welcher Betrag der Kapitalerhöhung im Zuge einer Verschmelzung festgelegt wird. Ist dieser Betrag durch den Verkehrswert des übertragenen Vermögens abgedeckt, besteht kein Grund für die Begrenzung auf das gesetzliche Mindeststammkapital. Durch die Bildung eines Ausgleichspostens in der Steuerbilanz der aufnehmenden Kapitalgesellschaft ist gewährleistet, dass die Besteuerung der übergehenden stillen Reserven gesichert ist.

Beispiel: B ist alleiniger Kommanditist der B-GmbH & Co. KG. Die Komplementärin B-Verwaltungs GmbH ist nicht am Kapital der Kommanditgesellschaft beteiligt. Im Anlagevermögen der B-GmbH & Co. KG sind stille Reserven von 1.000 enthalten. Die Gesellschaft hat folgende Bilanz:

---

[48] HFA 2/1997 IDW/FN 1997, 180.
[49] BMF v. 25. 3. 1998 BStBl. I 1998, 329 Rn 20.27.
[50] BMF v. 25. 3. 1998 BStBl. I 1998, 329 Rn 20.27.

B-GmbH & Co. KG

Anlagevermögen	2.000	Kommanditkapital	100
Kapitalverlustkonto	500	Verbindlichkeiten	2.400
	2.500		2.500

Die B-GmbH & Co. KG soll auf die neu zu errichtende B-GmbH verschmolzen werden. Im Zuge der Neugründung/Verschmelzung wird das Stammkapital der B-GmbH auf 200 festgesetzt. Die Handelsbilanz der B-GmbH zeigt folgendes Bild:

Handelsbilanz

B-GmbH

Anlagevermögen	2.600	Stammkapital	200
		Verbindlichkeiten	2.400
	2.600		2.600

Die Steuerbilanz der Gesellschaft weicht von der Handelsbilanz ab. Es ist hier ein Ausgleichsposten gemäß § 20 Abs. 2 S. 2 UmwStG zu bilden. Folgt man der hier vertretenen Auffassung, umfasst der Ausgleichsposten genau den Betrag der übernommenen Stammeinlage. Die Steuerbilanz der Gesellschaft zeigt danach folgendes Bild:

Steuerbilanz

Anlagevermögen	2.400	Stammkapital	200
Ausgleichsposten	200	Verbindlichkeiten	2.400
	2.600		2.600

Folgt man demgegenüber der restriktiven Auffassung der Finanzverwaltung, umfasst der Ausgleichsposten lediglich das Mindeststammkapital gemäß § 5 Abs. 1 GmbHG in Höhe von 25 T-€. Der Verschmelzungsvorgang hat damit folgende Ergebnisauswirkung:

	T-€	Auffassung der Finanzverwaltung T-€
Auflösung von stillen Reserven in der Handelsbilanz	600	600
Bildung eines Ausgleichspostens (nicht steuerpflichtig) gemäß § 20 Abs. 2 S. 2 UmwStG	200	25
Steuerpflichtiger Ertrag gesamt	400	575

Der Auflösung von stillen Reserven durch den Ansatz eines Zwischenwertes gemäß § 20 Abs. 2 S. 4 UmwStG dürften im vorliegenden Fall verrechenbare Verluste aus § 15 a EStG gegenüberstehen, die mit dem entstehenden Verschmelzungsgewinn verrechnet werden können.

b) Schicksal des Sonderbetriebsvermögens. Vermögensgegenstände, 52
die in direktem Eigentum des Gesellschafters stehen und der Personengesellschaft zur Nutzung überlassen werden, sind der steuerlichen Sphäre der Personengesellschaft zuzurechnen und gelten als Sonderbetriebsvermö-

gen I. Auch diese Vermögensgegenstände können eine wesentliche Betriebsgrundlage der Personengesellschaft bilden.[51] § 20 UmwStG setzt voraus, dass **alle wesentlichen Betriebsgrundlagen** der Personengesellschaft im Zuge der Verschmelzung auf die Kapitalgesellschaft übergehen, auch soweit diese Sonderbetriebsvermögen bilden.[52] Die Zurückbehaltung von wesentlichen Betriebsgrundlagen hat zur Folge, dass § 20 UmwStG **nicht** anwendbar ist, so dass mit der Verschmelzung ein nicht begünstigter Übertragungsvorgang entsteht, der grundsätzlich zu einer Realisierung von stillen Reserven führt.[53] Es ist hierbei nicht ausreichend, wenn die betreffenden Vermögensgegenstände der aufnehmenden Kapitalgesellschaft nach der Verschmelzung zur Nutzung überlassen werden. Die Auflösung der stillen Reserven betrifft zumindest die Vermögensgegenstände des Gesamthandsvermögens. Sie betrifft jedoch auch das Sonderbetriebsvermögen, falls nicht im Zuge der Verschmelzung eine Betriebsaufspaltung entsteht. Im letzteren Fall könnte die Auflösung von stillen Reserven gem. § 6 Abs. 5 S. 3 EStG vermieden werden.

53 Mit der Verschmelzung einer Personengesellschaft auf eine Kapitalgesellschaft geht das Gesamthandsvermögen auf die aufnehmende Gesellschaft über. Der Verschmelzungsbeschluss umfasst allerdings nicht die Vermögensgegenstände im unmittelbaren Eigentum eines Gesellschafters. Die für die Anwendung des § 20 UmwStG erforderliche Überführung des Sonderbetriebsvermögen auf die Kapitalgesellschaft muss gesellschaftsrechtlich demnach im Wege der **Sacheinlage** erfolgen.

54 Handelt es sich bei dem Sonderbetriebsvermögen **nicht** um eine **wesentliche Betriebsgrundlage** der Personengesellschaft, werden die betreffenden Vermögensgegenstände im Zuge der Verschmelzung in das Privatvermögen des Gesellschafters entnommen, da in der Besteuerungskonzeption der Kapitalgesellschaft keine Hinzurechnung als Sonderbetriebsvermögen erfolgt. Eventuell vorhandene stille Reserven werden zum Zeitpunkt der Entnahme aufgelöst. Unter Umständen kommt hier die Tarifvergünstigung des § 34 EStG zur Anwendung.[54]

55 Die **Gesellschaftsanteile der Komplementär-GmbH** gehören zum so genannten **Sonderbetriebsvermögen II** des Gesellschafters, weil diese der Beteiligung an der Personengesellschaft mittelbar dienen. Die vorstehend geschilderten Grundsätze setzen voraus, dass auch die Anteile der Komplementär-GmbH mit der Verschmelzung auf die Kapitalgesellschaft übergehen, selbst wenn die Komplementär-GmbH selbst der übernehmende Rechtsträger ist. Da in diesem Fall die Gesellschaftsanteile zu eigenen Anteilen der Kapitalgesellschaft würden, wird aus Vereinfachungsgründen zugelassen, im Zuge der Verschmelzung die Anteile der Komple-

---

[51] BFH v. 16. 2. 1996 BStBl. II 1996, 342.

[52] BMF v. 16. 6. 1978 BStBl. I 1996, 235; *Schulze zur Wiesche*, DB 1996, 1541; *Widmann/Mayer* § 20 UmwStG Rn 19; a. A. *Hermann/Heuer/Raupach* § 20 UmwStG Rn 36; *Kirchhoff/Söhn/Reiß* § 16 EStG Rn B 36: Verpachtung an Kapitalgesellschaft ausreichend.

[53] *Günkel*, DStR 1998 Beil. 17, 44.

[54] BFH v. 25. 9. 1991 BStBl. II 1992, 406.

mentär-GmbH nicht mit einzubringen. Diese gelten jedoch als **einbringungsgeborene Anteile** im Sinne des § 21 UmwStG.[55]

56 Ist der übernehmende Rechtsträger dagegen nicht die Komplementärgesellschaft, sollten die Gesellschaftsanteile der Komplementär-GmbH im Zuge der Verschmelzung mit übertragen werden. Ist die Komplementärgesellschaft nicht am Kapital der Personengesellschaft beteiligt, sind im Regelfall in den GmbH-Gesellschaftsanteilen keine nennenswerten stillen Reserven enthalten, so dass anschließend eine Entnahme bzw. Verkauf der Anteile in Betracht kommt.

57 **c) Gesellschaftsanteile an der Kapitalgesellschaft.** Mit der Verschmelzung der Personengesellschaft auf die Kapitalgesellschaft erhalten die Gesellschafter Anteile an einer Kapitalgesellschaft. Bei diesen Gesellschaftsanteilen handelt es sich um so genannte **einbringungsgeborene Anteile im Sinne des § 21 UmwStG**. Die Qualifikation als einbringungsgeborene Anteile bewirkt, dass ein Gewinn aus der eventuellen Veräußerung der Gesellschaftsanteile in jedem Fall steuerlich erfasst wird, auch wenn die Beteiligung weniger als 1 % beträgt.[56] Die Besteuerung eines evtl. Veräußerungsgewinns erfolgt gem. § 3 Nr. 40 EStG grundsätzlich nach dem sog. Halbeinkünfteverfahren. Dieses kommt allerdings gem. § 3 Nr. 40 S. 4 EStG nur dann zur Anwendung, wenn der Verschmelzungsvorgang bereits sieben Jahre zurückliegt. Ist dies nicht der Fall, unterliegt ein Veräußerungsgewinn uneingeschränkt der Besteuerung mit Einkommensteuer.

58 Die Qualifikation als einbringungsgeborene Anteile kann dadurch vermieden werden, dass nach § 21 Abs. 2 UmwStG ein **Antrag auf Versteuerung der stillen Reserven** gestellt wird.[57] Mit dem Antrag erfolgt eine steuerpflichtige Auflösung der stillen Reserven in dem Umfang, wie sie zum Zeitpunkt des Antrages vorhanden sind. Der Gewinn aus dieser Antragsversteuerung ist tarifbegünstigt gemäß §§ 16, 34 EStG. Der Antrag auf Versteuerung der stillen Reserven ist allerdings im Regelfall nur dann sinnvoll, wenn es sich bei dem betreffenden Anteilseigner um einen Minderheitsgesellschafter handelt.[58] Handelt es sich um eine wesentliche Beteiligung, wird der Gewinn aus der Veräußerung der Gesellschaftsanteile bereits durch § 17 EStG erfasst. Auch in diesem Fall erfolgt die Besteuerung grundsätzlich nach dem Halbeinkünfteverfahren, so dass die Antragsversteuerung gemäß § 21 Abs. 2 UmwStG lediglich zu einer zeitlich vorverlagerten Versteuerung und damit zu einem Liquiditätsabfluss durch die Steuerzahlung führt.

59 Werden die stillen Reserven in den Gesellschaftsanteilen durch die Antragsversteuerung nach § 21 Abs. 2 UmwStG aufgelöst, kann die hieraus entstehende Steuerschuld nach § 21 Abs. 2 S. 3 bis 6 UmwStG gestundet werden.

---

[55] BMF v. 25. 3. 1998 BStBl. I 1998, 327 Rn 20. 11.
[56] *Widmann/Mayer* § 21 UmwStG Rn 25 ff.
[57] *Dötsch/Patt* Umwandlungsteuerrecht § 21 Rn 140 ff.
[58] *Haritz/Benkert* § 21 UmwStG Rn 198.

60 **d) Rückwirkungsfiktion des Verschmelzungsvorgangs.** Die Verschmelzung setzt nach § 17 Abs. 2 UmwG voraus, dass die Bilanz des übertragenden Rechtsträgers auf einen Zeitpunkt aufgestellt ist, der höchstens 8 Monate zurückliegt. Die 8-Monats-Frist ist auch in § 20 Abs. 7 UmwStG enthalten. Die Verschmelzung einer GmbH & Co. KG auf eine Kapitalgesellschaft kann also auf Antrag auch mit steuerlicher Rückwirkung auf einen Zeitraum von 8 Monaten erfolgen. Der **steuerliche Übertragungsstichtag** ist hierbei der Tag, auf den die Schlussbilanz des übertragenden Rechtsträgers aufgestellt ist.

Beispiel:

Schlussbilanz der GmbH & Co. KG	31. 12. 04
Verschmelzungsstichtag	01. 01. 05
Steuerlicher Übertragungsstichtag	31. 12. 04[59]

Sofern im Zuge der Verschmelzung ganz oder teilweise stille Reserven aufgelöst werden, entsteht der Gewinn aus der Auflösung der stillen Reserven im Beispielsfall im Veranlagungszeitraum 04. Ab dem Zeitpunkt des Verschmelzungsstichtages erfolgt die Besteuerung als Kapitalgesellschaft.

61 Auf Antrag nach § 20 Abs. 7 UmwStG wird der Übergang des Vermögens der übertragenden Personengesellschaft mit dem Verschmelzungsstichtag auf die übernehmende Kapitalgesellschaft fingiert. Die nach dem Verschmelzungsstichtag und vor Eintragung der Verschmelzung im Handelsregister vorgenommenen **Rechtshandlungen der Personengesellschaft** gelten auf Rechnung der übernehmenden Kapitalgesellschaft ausgeführt, so dass alle Geschäftsvorfälle in der Zeit nach dem Verschmelzungsstichtag der Kapitalgesellschaft zugerechnet werden.

62 Die Rückwirkungsfiktion in § 20 Abs. 7 UmwStG erfasst lediglich die **erfolgswirksamen Geschäftsvorfälle**, die in die Einkommensermittlung einzubeziehen sind. Sie gilt nicht für Entnahmen und Einlagen.[60] Nach § 20 Abs. 7 S. 3 UmwStG sind die Anschaffungskosten der mit der Verschmelzung entstehenden Anteile der Kapitalgesellschaft um die Entnahmen im Rückwirkungszeitraum zu vermindern. Sie sind nicht als verdeckte Gewinnausschüttung zu behandeln.[61] Wird das Reinvermögen der Personengesellschaft durch die Entnahmen im Rückwirkungszeitraum negativ, stellt sich die Frage, wie dieser Unterschiedsbetrag zu behandeln ist. Die Finanzverwaltung vertritt die Auffassung, dass insoweit mit der Verschmelzung stille Reserven aufzulösen sind.[62] Demgegenüber wird mit überzeugenden Gründen vorgetragen, dass § 20 Abs. 7 UmwStG eine Regelungslücke enthält, so dass ein negativer Unterschiedsbetrag nicht zu erfassen wäre.[63]

---

[59] BMF v. 25. 3. 1998 BStBl. I 1998, 279 Rn 02.03.

[60] BFH v. 29. 4. 1987 BStBl. II 1987, 797.

[61] *Dötsch/Patt* Umwandlungssteuerrecht § 20 Rn 256.

[62] BMF v. 25. 3. 1998 BStBl. I 1998, 328 Rn 20.25; *Hartmann/Merkert* § 20 UmwStG Rn 70.

[63] *Rödder*, DStR 1996, 862; *Schmitt* § 20 UmwStG Rn 231; *Haritz/Benkert/Friederichs* § 20 UmwStG Rn 274.

Mit der Verschmelzung geht das Vermögen der Personengesellschaft zum Verschmelzungsstichtag auf die Kapitalgesellschaft über. Dies ist auch insofern von Bedeutung, als sich die Besteuerungskonzeption der Mitunternehmerschaft grundlegend von der Besteuerungskonzeption der Kapitalgesellschaft unterscheidet. Für die Zeit nach dem Verschmelzungsstichtag und vor Abschluss des Verschmelzungsvertrages bzw. vor Eintragung im Handelsregister agiert die GmbH & Co. KG als Personengesellschaft, wie wohl die Rechtshandlungen mit dem Wirksamwerden der Verschmelzung der übernehmenden Kapitalgesellschaft zugerechnet werden. **63**

Bestehen zwischen Gesellschaft und den Gesellschaftern Leistungsvereinbarungen, wie z. B. Arbeitsvertrag, Darlehensvertrag, Geschäftsführer-Anstellungsvertrag usw., werden die Vergütungen bei einer Mitunternehmerschaft in der zweiten Gewinnermittlungsstufe als **Sondervergütung** dem Gewinn der Personengesellschaft hinzugerechnet. Die steuerliche Rückwirkung nach § 20 Abs. 7 UmwStG bedingt, dass im Rückwirkungszeitraum die Rechtshandlungen der Personengesellschaft auf Rechnung der Kapitalgesellschaft ausgeübt gelten. Dies soll auch für bestehende Vertragsbeziehungen zwischen Gesellschaft und Gesellschafter gelten. Die Vergütungen an einen Gesellschafter im Rückwirkungszeitraum sind also auf Ebene der (Kapital-) Gesellschaft steuerlich abzugsfähig, wenn diese zum Verschmelzungsstichtag zivilrechtlich wirksam begründet sind und im Übrigen keine weiteren Gründe gegen die steuerliche Anerkennung der Vertragsbeziehungen sprechen, wie z. B. Unangemessenheit der Vergütungen.[64] Zu beachten ist jedoch, dass die Rückwirkungsfiktion nicht für die Geltung der Verträge Anwendung findet. Ein Vertragsverhältnis kann also erst ab Vertragsabschluss steuerlich anerkannt werden.[65] **64**

Wird ein Vertrag zwischen Kapitalgesellschaft und Gesellschafter erst nach Abschluss des Verschmelzungsvertrages vereinbart, können Vergütungen erst ab dem Zeitpunkt des Vertragsabschlusses mit steuerlicher Wirkung geltend gemacht werden. Auch hier gilt bereits das **Nachzahlungsverbot für Leistungsbeziehungen** zwischen einer Kapitalgesellschaft und ihrem Gesellschafter. **65**

Scheidet ein **Gesellschafter** zwischen dem Verschmelzungsstichtag und vor Abschluss des Verschmelzungsvertrages **aus der Gesellschaft aus,** gilt insoweit die Fiktion der steuerlichen Rückwirkung nicht. Für diesen Gesellschafter ist das Ausscheiden nach allgemeinen Grundsätzen über das Ausscheiden aus einer Personengesellschaft zu beurteilen (vgl. § 32 Rn 17 ff.).

e) Vorherige Einlage eines Einzelwirtschaftsgutes zum Buchwert in das Betriebsvermögen der GmbH & Co. KG. Gemäß § 6 Abs. 5 S. 3 EStG können unter bestimmten Bedingungen **Einzelwirtschaftsgüter zum Buchwert in** das Betriebsvermögen einer Personengesellschaft **eingelegt** werden. Erhält eine Kapitalgesellschaft jedoch innerhalb eines Zeit- **66**

[64] BMF v. 25. 3. 1998 BStBl. I, 328 Tz 20.21.

[65] *Widmann/Mayer* § 20 UmwStG Rn 636; *Schmitt* § 20 UmwStG Rn 48; *Haritz/Benkert/Friederichs* § 20 UmwStG Rn 288; *Herrmann/Heuer/Raupach* § 20 UmwStG Rn 236.

raums von 7 Jahren nach der Einlage mittelbar oder unmittelbar anteilige stille Reserven des betreffenden Wirtschaftsgutes, wird die Buchwertübertragung gem. § 6 Abs. 5 S. 6 EStG insoweit rückwirkend versagt, d. h. es ergibt sich nachträglich eine anteilige Auflösung von stillen Reserven (vgl. dazu § 5 Rn 74 ff.).

Fraglich ist, welchen Einfluss Verschmelzungsvorgänge der Mitunternehmerschaft innerhalb des Siebenjahreszeitraums haben. Wird beispielsweise die Mitunternehmerschaft im Anschluss an die Übertragung eines Einzelwirtschaftsgutes gem. § 6 Abs. 5 Satz 3 EStG innerhalb des Siebenjahreszeitraums auf eine Kapitalgesellschaft verschmolzen, kann dies gemäß § 20 UmwStG zum Buchwert erfolgen. Mit der Verschmelzung auf die Kapitalgesellschaft wird nach dem Wortlaut des § 6 Abs. 5 Satz 6 EStG ein **ideeller Anteil** der Kapitalgesellschaft an dem eingelegten Wirtschaftsgut neu begründet, so dass dies u.U. auf den Übertragungsvorgang zurückwirkt und zu einer (rückwirkenden) Realisierung von stillen Reserven im Übertragungszeitpunkt führt.

Dabei muss jedoch beachtet werden, dass mit der Verschmelzung die ausgereichten Anteile an der Kapitalgesellschaft einbringungsgeboren im Sinne des § 21 UmwStG sind. Mit der Qualifikation als einbringungsgeborene Anteile wird auch eine **Sperrfrist gem.** § 3 Nr. 40 Satz 3 EStG von gleichermaßen sieben Jahren ausgelöst, in der die Besteuerung eines Veräußerungsgewinnes der einbringungsgeborenen Anteile nach dem Halbeinkünfteverfahren nicht möglich ist. Die Missbrauchsregelung in Satz 6 des § 6 Abs. 5 EStG verfolgt damit die gleiche Zielsetzung wie die Fristenregelung in § 3 Nr. 40 Satz 3 EStG, so dass eine rückwirkende Realisierung der stillen Reserven in dem eingelegten Wirtschaftsgut zum Einlagezeitpunkt nicht sachgerecht ist.[66] Gemessen an der Zielsetzung des § 6 Abs. 5 Satz 6 EStG wird diese durch § 3 Nr. 40 in Satz 3 EStG konsequent fortgeführt. Darüber hinaus könnte sich die Frage anschließen, ob eventuell eine bereits teilweise abgelaufene Zeit im Anschluss an den Übertragungsvorgang auf die Frist des § 3 Nr. 40 Satz 3 EStG angerechnet werden kann. Durch den Wortlaut der Vorschrift ist diese Auslegung allerdings nicht gedeckt.[67]

2. Ersatzgestaltungen außerhalb des handelsrechtlichen Umwandlungsgesetzes

67 Vor der Neufassung des handelsrechtlichen Umwandlungsgesetzes musste die Verschmelzung einer Personengesellschaft auf eine Kapitalgesellschaft durch Ersatzgestaltungen vorgenommen werden. Diese Ersatzgestaltungen haben auch nach Änderung des handelsrechtlichen Umwandlungsgesetzes im Jahr 1995 teilweise noch ihre Existenzberechtigung, da die Verschmelzung außerhalb der besonderen Formvorschriften des Umwandlungsgesetzes erfolgen kann. Teilweise haben die Ersatzgestaltungen jedoch ihre praktische Relevanz verloren. Sie sollen deshalb im Folgenden nur kurz dargestellt werden.

---

[66] IDW v. 25. 9. 2002 WPg 2002, 1094; a. A. *Brandenberg*, DStZ 2002, 559.

[67] *Düll*, StbJb 2002/03, 141.

a) Einlage des Geschäftsbetriebes in die Kapitalgesellschaft. Die Vermögensübertragung einer Personengesellschaft auf eine Kapitalgesellschaft kann auch dadurch erfolgen, dass der Geschäftsbetrieb der Personengesellschaft durch die Gesellschafter aus der Personengesellschaft entnommen und im Wege der Sachkapitalerhöhung bei der Kapitalgesellschaft eingelegt wird. 68

Die **Entnahme** des gesamten **Geschäftsbetriebes** erfolgt durch alle Gesellschafter. Bezogen auf den einzelnen Gesellschafter liegt demnach **kein** Betrieb oder Teilbetrieb vor. Betrachtet man jedoch die Gesamtheit der Gesellschafter, ist die Qualifikation als Betrieb oder Teilbetrieb gegeben, so dass dieser Vorgang in analoger Anwendung von § 20 UmwStG gelöst werden kann.[68] 69

Problematisch ist dieses Umwandlungsmodell dann, wenn die **Komplementär-GmbH am Kapital der Personengesellschaft beteiligt ist**. Die Entnahme des Geschäftsbetriebes aus der Personengesellschaft bei gleichzeitiger Einlage in eine Kapitalgesellschaft kann unter Anwendung von § 20 UmwStG nur dann ohne Realisierung von stillen Reserven erfolgen, wenn die Komplementärgesellschaft auch Gesellschafterin der empfangenen Kapitalgesellschaft wird. Die nur einseitige Entnahme des Geschäftsbetriebes durch die Kommanditisten, ohne dass der Komplementär-GmbH ein Äquivalent zukommt, führt zu einer **verdeckten Gewinnausschüttung** und damit zu einer anteiligen Auflösung von stillen Reserven. 70

Soll die Verschmelzung auf die Komplementär-GmbH erfolgen, ist die Verschmelzung mit dem „Einlagemodell" problematisch, wenn die Komplementärin am Kapital der Kommanditgesellschaft beteiligt ist. Durch die vermögensmäßige Beteiligung der Komplementärgesellschaft scheidet die Einlage des gesamten Geschäftsbetriebes aus. Es ergibt sich damit die **Gefahr der Realisierung von stillen Reserven** zumindest in der Höhe, in der die Komplementärin am Kapital der Personengesellschaft beteiligt ist.[69] In diesem Fall sollte deshalb die Umstrukturierung nicht durch die Einlage des Geschäftsbetriebes, sondern entweder durch eine Verschmelzung nach den Regelungen des Umwandlungsgesetzes oder durch Heranziehung des Anwachsungsmodells durch Sacheinlage der Kommanditanteile in die Komplementärgesellschaft erfolgen.[70] 71

b) Anwachsungsmodell durch Ausscheiden der Kommanditisten aus der GmbH & Co. KG. Soll Empfänger der Vermögensübertragung die Komplementär-GmbH sein, könnte die Vermögensübertragung auch durch eine Anwachsung dergestalt erreicht werden, dass alle Kommanditisten entschädigungslos aus der Personengesellschaft ausscheiden. Mit dem Austritt der Kommanditisten aus der Personengesellschaft wächst das Vermögen der Gesellschaft dem verbleibenden Gesellschafter zu, ohne dass es einer besonderen Einzelübertragung der Vermögensgegenstände bedarf. 72

Diese Anwachsung kann **nicht** in analoger Anwendung von § 20 UmwStG gelöst werden, da es sich bei dieser Form der Anwachsung nicht

[68] *Glade/Steinfeld* § 20 UmwStG Rn 955.
[69] *Glade/Steinfeld* § 20 UmwStG Rn 955.
[70] *Hesselmann/Tillmann* Rn 1467.

um eine Einlage eines Geschäftsbetriebes gegen Gewährung von Gesellschaftsrechten handelt.[71]

73 Im Regelfall sind die Kommanditisten der GmbH & Co. KG ganz oder teilweise auch Gesellschafter der Komplementär-GmbH. Das Ausscheiden aus der Kommanditgesellschaft bei gleichzeitigem Verzicht auf den Abfindungsanspruch führt deshalb zu einer Vermögenszuwendung in die Komplementär-GmbH. Da diese Zuwendung auf dem Gesellschaftsverhältnissen beruht, ist sie als verdeckte Einlage zu werten.[72] Im Ergebnis führt diese Form des Anwachsungsmodells jedoch deshalb zu einer **vollständigen Auflösung der stillen Reserven** der Kommanditgesellschaft, die auf der Ebene der Gesellschafter zu steuerpflichtigem Einkommen führt.

74 **c) Einlage aller Mitunternehmeranteile.** § 20 UmwStG begünstigt die Einlage eines Betriebes, Teilbetriebes oder eines Mitunternehmeranteils in eine Kapitalgesellschaft, wenn diese gegen Gewährung von Gesellschaftsrechten erfolgt. Auch in diesem Fall kann die Einlage steuerlich zum Buchwert, Teilwert oder einem Zwischenwert erfolgen. Auf die Quote des eingelegten Mitunternehmeranteils kommt es hierbei nicht an.[73]

75 Die Besonderheit dieser Form des **Anwachsungsmodells** besteht darin, dass alle Gesellschaftsanteile einer Personengesellschaft im Wege der Sacheinlage in eine Kapitalgesellschaft eingelegt werden. Da dann die Personengesellschaft lediglich einen Gesellschafter hat, geht das Vermögen im Wege der Anwachsung auf die Kapitalgesellschaft über. Da Gegenstand der Sacheinlage in die Kapitalgesellschaft ein Mitunternehmeranteil ist, kann dieser Vorgang unter Anwendung von § 20 UmwStG erfolgen. Die Sacheinlage ist also zu Buchwerten, **ohne Realisierung von stillen Reserven** möglich.

76 Dieses Modell erfordert nicht die strengen Formerfordernisse wie die Verschmelzung nach dem handelsrechtlichen Umwandlungsgesetz. Diese Form der Vermögensübertragung bildet deshalb eine **realistische Alternative** zur Verschmelzung.

77 Bestandteil des Mitunternehmeranteils ist auch das **Sonderbetriebsvermögen** eines Gesellschafters. Handelt es sich bei dem Sonderbetriebsvermögen um eine **wesentliche Betriebsgrundlage**, setzt die Sacheinlage des Mitunternehmeranteils nach den Regelungen des § 20 UmwStG voraus, dass auch das Sonderbetriebsvermögen in die Kapitalgesellschaft mit eingebracht wird.[74] Die vorherige Überführung des Sonderbetriebsvermögens zu Buchwerten in ein anderes Betriebsvermögen des Steuerpflichtigen gem. § 6 Abs. 5 S. 3 EStG könnte die Anwendung des § 20 UmwStG gefährden. Der BFH hat beispielsweise die Anwendung der Tarifvergünstigung in §§ 16, 34 EStG für den Fall versagt, dass Vermögensgegenstände vor der Verschmelzung zu Buchwerten in ein anderes Betriebsvermögen

---

[71] BFH v. 24. 3. 1987 BStBl. II 1987, 705; *L. Schmidt/Wacker* § 16 EStG Rn 513; a. A. *Seithel*, GmbHR 1978, 68.

[72] *Hesselmann/Tillmann* Rn 1485.

[73] *Widmann/Mayer* § 20 UmwStG Rn 93.

[74] BFH v. 16. 2. 1996 DStR 1996, 958; *Widmann/Mayer* § 20 UmwStG Rn 98.

überführt wurden.[75] Die Einlage des Sonderbetriebsvermögens in ein anderes Betriebsvermögen des Steuerpflichtigen berührt zwar nicht die Qualifikation des Kommanditanteils als Mitunternehmeranteil. Es handelt sich jedoch um eine substanzmäßige Schmälerung des Mitunternehmeranteils in unmittelbarem zeitlichen Zusammenhang mit der Sacheinlage in eine Kapitalgesellschaft.[76] Die vorgenannte Entscheidung des BFH betraf jedoch lediglich die Frage der Gewährung der Tarifermäßigung auf aufgelöste stille Reserven. U. E. kann hieraus jedoch nicht geschlossen werden, dass auch die Begünstigung entfallen soll, den Mitunternehmeranteil zum Buchwert in eine Kapitalgesellschaft einlegen zu können. In diesem Fall werden gerade keine stillen Reserven aufgelöst, so dass sich die Frage einer möglichen Tarifermäßigung nicht stellt.

Insbesondere dann, wenn die Komplementär-GmbH bereits am Kapi- 78
tal der Kommanditgesellschaft beteiligt ist und die **Vermögensübertragung auf die Komplementärgesellschaft** erfolgen soll, bietet sich an, diese Form der Vermögensübertragung nach dem Anwachsungsmodell durch Sacheinlage aller Kommanditanteile durchzuführen, da dies ohne Realisierung von stillen Reserven erfolgen kann.

Die Anteile der Komplementär-GmbH bilden bei den Gesellschaftern 79
Sonderbetriebsvermögen II und müssten nach den vorstehend beschriebenen Grundsätzen gleichzeitig mit der Sacheinlage der Mitunternehmeranteile in das Betriebsvermögen der Kapitalgesellschaft eingelegt werden. Da insoweit eigene Anteile der Komplementärin entstehen würden, wird durch die Finanzverwaltung aus Vereinfachungsgründen zugelassen, die Gesellschaftsanteile nicht einzubringen. Die bisherigen Gesellschaftsanteile erhalten insoweit den Status als **einbringungsgeborene Anteile**.[77]

3. Steuerliche Verlustvorträge im Rahmen der Verschmelzung

a) Gewerbesteuerliche Verlustvorträge. Verfügt die Personengesell- 80
schaft, deren Vermögen im Wege der Verschmelzung auf die Kapitalgesellschaft übergeht, über gewerbesteuerliche Verlustvorträge, stellt sich die Frage, ob diese durch die aufnehmende Kapitalgesellschaft im Anschluss an die Verschmelzung verrechnet werden können.

Die Verrechnung gewerbesteuerlicher Verlustvorträge einer Personen- 81
gesellschaft setzt neben der **Unternehmensidentität**[78] **auch die Unternehmeridentität** voraus.[79] Unabhängig davon, ob die Verschmelzung der Personengesellschaft auf die Kapitalgesellschaft nach den Regelungen von §§ 2, 3 UmwStG oder durch eine Ersatzgestaltung erfolgt, beispielsweise durch das Anwachsungsmodell durch Einlage der Mitunternehmeranteile in die Kapitalgesellschaft, ist zumindest die von der Rechtsprechung geforderte Unternehmeridentität nicht mehr gegebenen. Die Personengesellschaft wird im Zuge der Verschmelzung aufgelöst. Neuer Rechtsträger des

---

[75] BFH v. 19. 3. 1991 DStR 1991, 872; BFH v. 31. 8. 1995 DStR 1995, 1870.
[76] *Hesselmann/Tillmann* Rn 1474.
[77] BMF v. 25. 3. 1998 BStBl. I 1998, 327 Rn 20. 11.
[78] BFH v. 5. 9. 1990 BStBl. II 1991, 25.
[79] BFH v. 3. 5. 1993 BStBl. II 1993, 616; BFH v. 16. 2. 1994 BStBl. II 1994, 364.

übertragenen Vermögens ist die Kapitalgesellschaft. Die **gewerbesteuerlichen Verlustvorträge** der Personengesellschaft **gehen** damit **vollständig unter** und können nach der Verschmelzung nicht mehr verrechnet werden.

82 Eine Ausnutzung der gewerbesteuerlichen Verlustvorträge kann auch nicht dadurch erreicht werden, dass im Zuge der Verschmelzung auf die Kapitalgesellschaft die übertragenen Vermögensgegenstände in der Übernahmebilanz mit einem über dem Buchwert liegenden Wert angesetzt werden, mithin also stille Reserven aufgelöst werden. Die ganze oder teilweise Auflösung der stillen Reserven im Zuge der Verschmelzung führt zum einen dazu, dass der Übertragungsgewinn auf der Ebene der Gesellschafter zu steuerpflichtigen Einkünften führt, zum anderen ist der Übertragungsgewinn als außerordentlicher Geschäftsvorfall grundsätzlich **nicht** Bestandteil des Gewerbeertrages,[80] so dass sich auch insoweit keine Verrechnung des Verlustvortrages ergibt.

83 **b) Verrechenbare Verluste im Sinne des § 15 a EStG.** Verrechenbare Verluste im Sinne des § 15 a EStG entstehen dann, wenn die anteiligen Verlustzuweisungen aus einer Personengesellschaft den Stand des steuerlichen Kapitalkontos der einzelnen Gesellschafter übersteigen. Obschon die verrechenbaren Verluste auf der Ebene des Gesellschafters nicht mit anderen positiven Einkünften ausgeglichen werden können, mindern sie doch den Stand des steuerlichen Kapitalkontos des Gesellschafters. Verrechenbare Verluste im Sinne des § 15 a EStG können nur mit späteren Gewinnen aus der Personengesellschaft verrechnet werden.

84 Im Zuge der Verschmelzung geht das Vermögen der Personengesellschaft als Ganzes auf die Kapitalgesellschaft über. Die Gesellschafter sind nach der Verschmelzung Anteilseigner einer Kapitalgesellschaft. Eine **Verlustverrechnung** im Sinne des **§ 15 a EStG** scheidet deshalb zunächst aus.[81]

85 Im Hinblick auf die Verlustverrechnung im Sinne des § 15 a EStG muss jedoch die Wirkungsweise des Verschmelzungsvorgangs beachtet werden. Den verrechenbaren Verlusten im Sinne des § 15 a EStG liegen operative Verluste der Personengesellschaft zugrunde, die allerdings auf der Ebene des Gesellschafters nicht mit anderen positiven Einkünften verrechnet werden können. Gleichwohl mindern die Verluste den Stand des steuerlichen Kapitalkontos bei der Personengesellschaft. Bei der Verschmelzung der Personengesellschaft auf eine Kapitalgesellschaft besteht die Möglichkeit nach § 20 UmwStG, die Vermögensgegenstände zum Buchwert, Teilwert oder einem Zwischenwert anzusetzen. Sollen im Zuge des Verschmelzungsvorgangs keine stillen Reserven aufgelöst werden, ist **der Stand des steuerlichen Kapitalkontos negativ**, falls ein Gesellschafter verrechenbare Verluste im Sinne des § 15 a EStG hat. § 20 Abs. 2 S. 4 UmwStG verlangt indes, dass die Vermögensgegenstände zumindest mit dem Wert angesetzt werden müssen, der dem Betrag der übertragenen Schulden entspricht. Es ergibt sich deshalb **zwingend** eine **teilweise Auflösung** von stillen Re-

[80] R 40 GewStR.

[81] *L. Schmidt/Wacker* § 15 a EStG Rn 237.

serven, die mit dem Bestand an verrechenbaren Verlusten nach § 15 a EStG verrechnet werden können.

Es kann jedoch nicht schlechthin davon ausgegangen werden, dass einem Bestand an verrechenbaren Verlusten nach § 15 a EStG auch zwingend ein negatives steuerliches Kapitalkonto in der gleichen Höhe gegenübersteht. Verrechenbare Verluste nach § 15 a EStG können beispielsweise durch **spätere Einlagen** nicht in ausgleichsfähige Verluste umgewandelt werden.[82] Spätere Einlagen erhöhen demnach den Stand des steuerlichen Kapitalkontos, reduzieren jedoch nicht den Bestand an verrechenbaren Verlusten im Sinne des § 15 a EStG. Die zwingende Realisierung von stillen Reserven nach § 20 Abs. 2 S. 4 UmwStG richtet sich ausschließlich nach dem Stand des steuerlichen Kapitalkontos der einzelnen Gesellschafter zum Verschmelzungszeitpunkt. Insoweit könnte daran gedacht werden, mit der Verschmelzung gezielt stille Reserven aufzulösen, beispielsweise durch Ansatz der Vermögensgegenstände mit einem Zwischenwert. **86**

Erfolgt die Verschmelzung nach den Regelungen des Umwandlungsgesetzes, dürfte die ganze oder teilweise Auflösung von stillen Reserven wohl nur **einheitlich** erfolgen. Problematisch ist dies dann, wenn innerhalb des Gesellschafterkreises ein von der Beteiligungsquote abweichender Bestand an verrechenbaren Verlusten nach § 15 a EStG besteht. Erfolgt dagegen die Verschmelzung nach dem Anwachsungsmodell durch Einlage aller Mitunternehmeranteile i.V. m. dem Ausscheiden der Komplementärin, kann der **Einlagewert** für den Mitunternehmeranteil für jeden Gesellschafter **individuell** bestimmt werden, so dass eine gezielte Ausnutzung der verrechenbaren Verluste nach § 15 a EStG möglich ist. **87**

Gemessen an der Zwecksetzung des § 15 a EStG, eine Verrechnung der anteiligen Verluste der Gesellschaft insoweit zu gestatten, wie der Gesellschaft jeweils steuerliches Eigenkapital zur Verfügung gestellt worden ist bzw. soweit eine Haftung für Gesellschaftsschulden besteht, erscheint es jedoch vertretbar, mit der Verschmelzung einen eventuellen Bestand an verrechenbaren Verlusten als ausgleichsfähige Verluste zu qualifizieren, soweit der Gesellschafter nachträgliche Einlagen geleistet hat.[83] **88**

4. Verkehrsteuerliche Konsequenzen

a) Umsatzsteuer auf den Verschmelzungsvorgang. Bei der Verschmelzung einer Personengesellschaft auf eine Kapitalgesellschaft geht das Vermögen der Personengesellschaft als Ganzes auf die Kapitalgesellschaft über. Die Personengesellschaft selbst erhält keine Gegenleistung für das übertragene Vermögen. Lediglich die Gesellschafter der Personengesellschaft erhalten als Gegenleistung Gesellschaftsanteile an der Kapitalgesellschaft. Es könnte sich insoweit um einen entgeltlichen Vorgang handeln. Bei dem Vermögensübergang handelt es sich jedoch begrifflich um den Geschäftsbetrieb der Personengesellschaft als Ganzen. Der Verschmelzungsvorgang ist dann nach § 1 Abs. 1a UStG **nicht steuerbar**, da es sich um **89**

---

[82] BFH v. 14.12.1995 BStBl. II 1996, 226; *L. Schmidt/Wacker* § 15 a EStG Rn 180.

[83] Zur Vollbeendigung der Gesellschaft BFH v. 14.12.1995 BStBl. II 1996, 226.

eine **Geschäftsveräußerung im Ganzen** handelt.[84] Der Vermögensübergang unterliegt also nicht der Besteuerung mit Umsatzsteuer. Die übernehmende Kapitalgesellschaft tritt nach § 1 Abs. 1a UStG umsatzsteuerlich in die Unternehmerstellung der übertragenden Personengesellschaft ein.

90 Erfolgt die Verschmelzung der Personengesellschaft auf die Kapitalgesellschaft nicht nach den Regelungen des Umwandlungsgesetzes, sondern durch eine **Ersatzgestaltung**, müssen die einzelnen Umstrukturierungsschritte im Hinblick auf ihre umsatzsteuerliche Relevanz hin überprüft werden. Die Umwandlung nach dem **Anwachsungsmodell** setzt voraus, dass vorab die Mitunternehmeranteile im Wege der Sacheinlage in eine Kapitalgesellschaft überführt werden. Diese Sacheinlage ist zwar grundsätzlich ein umsatzsteuerbarer Vorgang, der jedoch gemäß § 4 Nr. 8 f UStG steuerfrei ist. Der Anwachsungsvorgang durch Austritt der Komplementär-GmbH ist wiederum nicht steuerbar, da es sich insoweit nicht um einen Leistungsaustausch handelt.[85]

91 Erfolgt die Verschmelzung dergestalt, dass der gesamte Geschäftsbetrieb der Personengesellschaft durch die Gesellschafter vorab entnommen und als Ganzes im Wege der Sacheinlage auf die Kapitalgesellschaft überführt wird, ist die Entnahme aus der Personengesellschaft sowie die Einlage in die Kapitalgesellschaft durch die Gesellschafter jeweils eine Geschäftsveräußerung im Ganzen. Bezogen auf den einzelnen Gesellschafter handelt es sich zwar nicht um einen gesamten Geschäftsbetrieb. Es muss hier jedoch beachtet werden, dass die Gesellschafter einheitlich agieren, so dass § 1 Abs. 1a UStG als Geschäftsveräußerung im Ganzen gemäß § 1 Abs. 1a UStG gewertet werden kann, so dass auch dieses Umstrukturierungsmodell keine Konsequenzen im Bereich der Umsatzsteuer hat.

92 **b) Grunderwerbsteuerliche Konsequenzen.** Unabhängig von dem zugrunde liegenden gesellschaftsrechtlichen Umwandlungsmodell geht im Zuge der Verschmelzung das Vermögen der Personengesellschaft auf eine Kapitalgesellschaft über. Dies gilt gleichermaßen für die Verschmelzung nach den Regelungen des UmwG sowie für Ersatzgestaltungen der Verschmelzung. Befindet sich im Betriebsvermögen der Personengesellschaft ein Grundstück, ist der Vermögensübergang ein grunderwerbsteuerbarer Vorgang gemäß § 1 Abs. 1 Nr. 3 GrEStG.[86] **Bemessungsgrundlage** ist gemäß § 8 Abs. 2 Nr. 2 der sog. Bedarfswert des Grundstücks, da es sich um einen gesellschaftsrechtlichen Umstrukturierungsvorgang handelt. Die entstehende Grunderwerbsteuer ist auf Ebene der Kapitalgesellschaft auf das Grundstück zu aktivieren.[87]

Erfolgt die Umstrukturierung nach dem sog. **Anwachsungsmodell**, werden vorab alle Mitunternehmeranteile in eine Kapitalgesellschaft eingelegt. Die Einlage der Mitunternehmeranteile ist grunderwerbsteuerbar gemäß § 1 Abs. 2a GrEStG, da mehr als 95 % der Gesellschaftsanteile einer

---

[84] *Rau/Husmann* § 1 UmwStG Rn 286; *Sölch/Klenk* § 1 UmwStG Rn 476; *Birkenfeld* USt-Handbuch I Rn 567.

[85] *Rau/Husmann* § 1 UmwStG Rn 266 ff.

[86] *Boruttau/Fischer* § 1 GrEStG Rn 563 f.

[87] BFH v. 17. 9. 2003 BStBl. II 2004, 686.

grundbesitzhaltenden Personengesellschaft übertragen werden. Sofern die aufnehmende Gesellschaft nicht die Komplementärin ist, führt der Austritt der Komplementärin aus der Personengesellschaft zu einem Anwachsungsvorgang, der steuerbar gemäß § 1 Abs. 1 Nr. 3 GrEStG ist. Da die 5-Jahres-Frist gemäß § 6 Abs. 4 GrEStG im Regelfall nicht eingehalten ist, bleibt die Grunderwerbsteuer insoweit auch nicht unerhoben. Im Grunde entstehen also durch den Umstrukturierungsvorgang **zwei getrennte grunderwerbsteuerbare Tatbestände**. Problematisch ist hierbei, dass § 1 Abs. 2 a GrEStG, anders als § 1 Abs. 3 GrEStG, nicht den Übergang eines Grundstücks, sondern den Wechsel auf einen anderen Rechtsträger[88] fingiert. Unter Berücksichtigung dieser Fiktion verbleibt es demnach bei zwei grunderwerbsteuerlich relevanten Vorgängen. U. E. ist es jedoch vertretbar gemäß § 1 Abs. 6 S. 2 GrEStG eine Grunderwerbsteuerbelastung lediglich einmal entstehen zu lassen, da die Umstrukturierung als einheitlicher Vorgang zu werten ist.[89]

IV. Verschmelzung einer Kapitalgesellschaft auf eine GmbH & Co. KG

1. Allgemeines

Das wesentlichste **Gestaltungselement der Unternehmenssteuerreform** ist die Reform des Körperschaftsteuerrechts mit dem Übergang vom körperschaftlichen Anrechnungsverfahren zum klassischen Körperschaftsteuersystem, also der definitiven Besteuerung der Körperschaft mit Körperschaftsteuer und der Besteuerung der Dividenden bei dem Gesellschafter nach dem sog. Halbeinkünfteverfahren. **93**

Das körperschaftsteuerliche Anrechnungsverfahren hatte Einfluss insbesondere auf die Berechnungsmethodik im Falle der formwechselnden Umwandlung/Verschmelzung einer Kapitalgesellschaft in/auf eine Personengesellschaft. Die Abschaffung des körperschaftsteuerlichen Anrechnungsverfahrens erforderte wiederum Änderungen der §§ 4 ff. UmwStG. Ungeachtet dessen verblieb es bei den Vorschriften über die formwechselnde Umwandlung einer Personengesellschaft in eine Kapitalgesellschaft und umgekehrt bei der im Umwandlungssteuergesetz vorgegebenen Grundstruktur. Es wurden lediglich Modifikationen vorgenommen. Das neue Recht ist anzuwenden für alle Umwandlungen, die nach dem 31. Dezember 2000 wirksam geworden sind.

2. Wertansatz der Vermögensgegenstände und Schulden in der Übertragungs- und Übernahmebilanz

Im Gegensatz zu den sonstigen Verschmelzungsformen sind die steuerlichen Konsequenzen der Verschmelzung einer Kapitalgesellschaft auf eine Personengesellschaft in den §§ 3 ff. UmwStG ausdrücklich geregelt. § 3 UmwStG lässt zu, dass die übertragende Kapitalgesellschaft die Vermö- **94**

---

[88] *Boruttau/Fischer* § 1 GrEStG Rn 819.
[89] A. A. *Hesselmann/Tillmann* Rn 1477.

gensgegenstände mit dem Buchwert, dem Teilwert oder einem Zwischenwert ansetzt.[90] Die Verschmelzung ist also zu Buchwerten, ohne Realisierung von stillen Reserven möglich.

95 Die handelsrechtliche Schlussbilanz des **übertragenden Rechtsträgers** ist gem. § 17 Abs. 2 S. 2 UmwG unter Anwendung der gängigen Bilanzierungsregeln aufzustellen, insbesondere unter Berücksichtigung des Anschaffungswertprinzips. In dieser Schlussbilanz sind die Vermögensgegenstände und Schulden zwingend mit ihrem **Buchwerten** anzusetzen. Eine Auflösung von stillen Reserven auf Ebene der übertragenden Kapitalgesellschaft ist damit nur in den Grenzen möglich, in denen handelsrechtlich eine Zuschreibung erfolgen kann, d.h. bis zur Höhe der ursprünglichen Anschaffungskosten, vermindert nur durch planmäßige Abschreibungen.[91]

96 Auf der Ebene des **übernehmenden Rechtsträgers** geht das handelsrechtliche UmwG dagegen davon aus, dass die Verschmelzung als Anschaffungsvorgang zu werten ist, bei dem die Anschaffungskosten für die Gesellschaftsanteile an der übertragenden Gesellschaft auf die Vermögensgegenstände des Gesellschaftsvermögens projiziert werden.[92] Die Übernehmerin ist also handelsrechtlich nicht an die Buchwerte der übertragenden Kapitalgesellschaft gebunden. Unter diesen Voraussetzungen kann in der Handelsbilanz der übernehmenden Gesellschaft eine **Aufstockung der Buchwerte** der übernommenen Vermögensgegenstände erfolgen.

97 In § 24 UmwG wird darüber hinaus zugelassen, dass abweichend von § 255 Abs. 1 HGB im Zuge der Verschmelzung die Buchwerte der übertragenden Gesellschaft als Anschaffungskosten der übergehenden Vermögensgegenstände zugrunde gelegt werden. Das in § 24 UmwG eingeräumte **Wahlrecht zur Buchwertverknüpfung** kann nur einheitlich für alle Vermögensgegenstände ausgeübt werden. Liegen die Anschaffungskosten für die Gesellschaftsanteile über dem Stand des Eigenkapitals, ergibt sich bei einer Verschmelzung mit Buchwertverknüpfung in der Regel handelsrechtlich ein **Verschmelzungsverlust**, der erfolgswirksam in der Gewinn- und Verlustrechnung der aufnehmenden Gesellschaft zu erfassen ist.[93]

98 Für die steuerliche Beurteilung des Verschmelzungsvorgangs soll nach Auffassung der Finanzverwaltung der Grundsatz der Maßgeblichkeit der Handelsbilanz für die Steuerbilanz[94] gelten, wobei Anknüpfungspunkt nicht die Schlussbilanz der übertragenden Gesellschaft, sondern die Bilanz der übernehmenden Gesellschaft sein soll. Erfolgt handelsrechtlich bei der übernehmenden Gesellschaft eine Aufstockung der Buchwerte, soll sich dies gemäß § 3 UmwStG „diagonal" in die Steuerbilanz der übertragenden Gesellschaft übertragen. Im Ergebnis wäre das Maßgeblichkeitsprinzip hinsichtlich der Übertragungsbilanz durchbrochen. Da § 3 Abs. 1 UmwStG als lex specialis zu verstehen sei, ginge § 5 Abs. 1 S. 1 EStG ins Leere. Die Fiktion der Wertansätze in der steuerlichen Schlussbilanz des übertra-

---

[90] *Schulz*, DStR 1998 Beil. 17, 13.

[91] Beck'scher Bilanzkommentar/*Hense/Taetzner* § 280 HGB Rn 13 ff.

[92] HFA 2/1997 IDW/FN 1997, 180 Rn 3. 2.

[93] HFA 2/1997 IDW/FN 1997, 182 Rn 3. 3.

[94] BMF v. 25. 3. 1998 BStBl. I 1998, 284 Rn 3.01.

genden Rechtsträgers ist mit der steuerlichen Übernahmebilanz des aufnehmenden Rechtsträgers verknüpft. Die Buchwertaufstockung würde sich damit auch auf die Steuerbilanz der Übernehmerin übertragen. Erfolgt handelsrechtlich zur Vermeidung eines Verschmelzungsverlustes eine Aufstockung der Buchwerte, soll dies auch auf der Ebene der übertragenen Kapitalgesellschaft zu einem steuerpflichtigen Gewinn führen. Die Problematik dieser **diagonalen Maßgeblichkeit**[95] wird in der Literatur kontrovers diskutiert.[96]

Eine **Aufstockung der Buchwerte** bis zu den ursprünglichen Anschaffungskosten der Vermögensgegenstände kommt aus steuerlicher Sicht insbesondere dann in Betracht, wenn die übertragende Kapitalgesellschaft noch über nennenswerte körperschaftsteuerliche und gewerbesteuerliche **Verlustvorträge** verfügt. Durch die Aufstockung der Buchwerte können einerseits die bestehenden steuerlichen Verlustvorträge verrechnet werden, andererseits kann ein erhöhtes Abschreibungspotential in das Betriebsvermögen der aufnehmenden Personengesellschaft übertragen werden.[97] Der Wertansatz der Vermögensgegenstände und Schulden beeinflusst wiederum die Höhe des Übernahmeergebnisses gem. § 4 Abs. 6 UmwStG. Da ein positives Verschmelzungsergebnis bei einer natürlichen Person als Gesellschafter nach dem Halbeinkünfteverfahren besteuert wird, also lediglich zur Hälfte der Besteuerung unterliegt, könnte in Erwägung gezogen werden, im Zuge der Verschmelzung einer Kapitalgesellschaft auf eine Personengesellschaft gezielt stille Reserven in der Gesellschaft aufzulösen, um zukünftiges Abschreibungspotential zu generieren. Ist Gesellschafter eine Kapitalgesellschaft, ist das Übernahmeergebnis insgesamt steuerbefreit. Die Finanzverwaltung vertritt hierbei die restriktive Auffassung, dass eine Aufstockung der Buchwerte der übertragenen Vermögensgegenstände in der Steuerbilanz nur dann möglich ist, wenn dies auch handelsrechtlich zulässig ist. Auch soll daher ein originärer Geschäfts- oder Firmenwert nicht anzusetzen sein.[98] Für diese strenge Auslegung besteht allerdings keine Notwendigkeit. Die (niedrigen) Wertansätze in der Handelsbilanz könnten um aufgestockte Mehrwerte in einer Ergänzungsbilanz insgesamt für steuerliche Zwecke zu einem Buchwert in der „Steuerbilanz" zusammengeführt werden. Sofern die einschränkende Rechtsauffassung der Finanzverwaltung dauerhaft Bestand hat, geht das in § 3 UmwStG gegebene Wahlrecht für den Wertansatz der Vermögensgegenstände ins Leere .[99] 99

Die Personengesellschaft **tritt** hinsichtlich der übernommenen Vermögensgegenstände und Schulden nach § 4 Abs. 2 UmwStG **in die Rechtsstellung** der übertragenden Kapitalgesellschaft ein. Dies gilt insbesondere hinsichtlich der Abschreibungen auf die übernommenen Vermögensgegen- 100

---

[95] *Thiel*, GmbHR 1997, 145; *Müller-Gatermann*, WPg 1996, 868.

[96] Krit. *Schaumburg/Rödder* § 3 UmwStG Rn 17; *Goutier/Söffing* § 3 UmwStG Rn 23; *Schmidt/Weber-Grellet* § 5 EStG Rn 46; *Schmitt* § 3 UmwStG Rn 38.

[97] *Streck/Posdziech*, GmbHR 1995, 276; *Knopf/Söffing*, DB 1995, 854.

[98] BMF v. 25. 3. 1998 BStBl. I 1998, 284 Rn 268; a. A. *Haritz/Benkert/Brinkhaus* § 3 UmwStG Rn 99 ff.; *Schmitt* § 3 UmwStG Rn 32.

[99] *Dehmer*, DStR 1994, 1794.

stände. Die Abschreibungen werden unter Zugrundelegung der bisherigen angenommenen Methodik ermittelt. Der Eintritt in die Rechtsstellung des übertragenden Rechtsträgers hat außerdem Konsequenzen für sonstige Rechtsfolgen, wie z. B. die Einhaltung der Behaltefrist für erhaltene Investitionszulagen, für die Ermittlung der Vorbesitzzeiten bei der Möglichkeit der Bildung einer steuerfreien Rücklage gemäß § 6 b EStG[100] sowie das Wertaufholungsgebot gem. § 6 Abs. 1 Nr. 1 S. 4 EStG.[101]

101 Werden handelsrechtlich nach dem Anschaffungskostenprinzip die Buchwerte der Vermögensgegenstände aufgestockt, sind die **Abschreibungsbeträge** der betroffenen Vermögensgegenstände **neu zu ermitteln**. Dies kann anhand der Restnutzungsdauer zum Verschmelzungsstichtag erfolgen.

102 Im Zuge der Verschmelzung gehen auch die **Verbindlichkeiten** und **Rückstellungen** der übertragenden Körperschaft auf die Personengesellschaft über. Alle Wertänderungen der übernommenen Verbindlichkeiten und Rückstellungen nach dem Verschmelzungsstichtag werden deshalb erfolgswirksam bei der Personengesellschaft erfasst. Eine eventuelle Auflösung einer durch die Kapitalgesellschaft zu hoch bemessenen Rückstellung führt damit also zu einem steuerlichen Ertrag der übernehmenden Personengesellschaft. Eine rückwirkende Korrektur des Übernahmeergebnisses erfolgt insoweit nicht.

3. Ermittlung des Übernahmeergebnisses auf der Ebene der Personengesellschaft

103 **a) Grundstruktur der Berechnung.** Bei der Verschmelzung einer Kapitalgesellschaft auf eine GmbH & Co. KG muss danach unterschieden werden, ob die aufnehmende Personengesellschaft bereits Anteilseignerin der Kapitalgesellschaft ist oder ob das Vermögen im Wege der übertragenden Verschmelzung auf die Personengesellschaft übergeht. Im letzteren Fall fingiert § 5 Abs. 2, dass die Anteile der Kapitalgesellschaft grundsätzlich zum Verschmelzungsstichtag in das Betriebsvermögen der Personengesellschaft eingelegt gelten. Je nach steuerlichem Status der Anteile der Kapitalgesellschaft

- Beteiligung als Bestandteil eines Betriebsvermögens
- wesentliche Beteiligung gem. § 17 EStG im Privatvermögen mit einer Haltefrist von mehr als 5 Jahren
- wesentliche Beteiligung gem. § 17 EStG im Privatvermögen mit einer Haltefrist von weniger als 5 Jahren
- nicht wesentliche Beteiligung im Privatvermögen

ergeben sich jeweils unterschiedliche Konsequenzen durch die Einlagefiktion in § 5 Abs. 2 UmwStG.

Schafft die Personengesellschaft **Anteile nach dem steuerlichen Übertragungsstichtag**, jedoch vor dem Zeitpunkt des Verschmelzungsbeschlusses **an**, gelten diese zum Zeitpunkt des Verschmelzungsstichtages angeschafft. Als Anschaffung im Sinne des § 5 Abs. 1 UmwStG sind aller-

---

[100] BMF v. 25. 3. 1998 BStBl. I 1998, 287 Rn 04.08.
[101] *Dötsch/Pung* Umwandlungssteuerrecht § 4 Rn 8.

dings nur entgeltliche Erwerbsvorgänge in das Gesamthandsvermögen, nicht jedoch Einlagen in das Betriebsvermögen der Personengesellschaft gegen Gewährung von Gesellschaftsrechten zu verstehen.[102]

Das **Übernahmeergebnis** errechnet sich nach folgendem Schema:[103] 104

	Wert des übergehenden Vermögens gem. § 4 Abs. 1 UmwStG
./.	Buchwert der Anteile der übertragenden Körperschaft
=	Übernahmegewinn/-verlust i. S. d. § 4 Abs. 4 S. 1 UmwStG
+	Sperrbetrag gem. § 50 c EStG[104]
=	Übernahmegewinn/-verlust i. S. d. § 4 Abs. 4 und 5 UmwStG

Erfolgt hiernach die Verschmelzung der Kapitalgesellschaft auf die Personengesellschaft handelsrechtlich **ohne Auflösung von stillen Reserven**, gehen die Buchwerte des übertragenen Vermögens unverändert auf die Personengesellschaft über. Der Buchwert des übergehenden Reinvermögens entspricht deshalb der Summe des bilanziellen Eigenkapitals der übertragenden Kapitalgesellschaft. Dieser Buchwert wird dem Buchwert der Gesellschaftsanteile bei der Personengesellschaft gegenübergestellt, wie er sich unter Berücksichtigung der Einlagefiktion in § 5 Abs. 2 UmwStG ergibt. Werden einzelne Anteile der Kapitalgesellschaft wegen eines besonderen Status der Anteile, etwa als nicht wesentliche Beteiligung im Privatvermögen, nicht in die Ermittlung des Übernahmeergebnisses einbezogen, erfolgt die vorstehend beschriebene **Berechnung des Übernahmegewinns** lediglich **quotal**. Der Vergleich des Buchwertes der übergehenden Vermögensgegenstände und Schulden mit dem Buchwert der Gesellschaftsanteile bei der Kapitalgesellschaft ergibt das **Übernahmeergebnis der ersten Stufe** i. S. d. § 4 Abs. 4 S. 1 UmwStG. Dieses erhöht sich noch um einen evtl. vorhandenen Sperrbetrag gem. § 50 c EStG und führt zum endgültigen Übernahmeergebnis i. S. d. § 4 Abs. 4 und 5 UmwStG. 105

Das bis zur Änderung durch das Steuersenkungsgesetz geltende körperschaftsteuerliche Anrechnungsverfahren hatte das Ermittlungsschema für das Übernahmeergebnis entscheidend beeinflusst. Die Systemumstellung hin zum klassischen Körperschaftsteuersystem konnte damit nicht ohne Einfluss auf die Ermittlungen des Übernahmeergebnisses bleiben. Das Ermittlungsschema für das Übernahmeergebnis blieb in seiner Grundstruktur zwar erhalten, im Hinblick auf das neue Körperschaftsteuerrecht waren jedoch Modifikationen vorzunehmen. Dies gilt zunächst für die **Berücksichtigung der anrechenbaren Körperschaftsteuer** gemäß § 10 UmwStG. Mit der Systemumstellung des Körperschaftsteuerrechts wird entgegen der bis zum Jahr 2001 geltenden Fassung an die Gesellschafter einer Kapitalgesellschaft im Zuge einer Gewinnausschüttung kein Anrechnungsguthaben von Körperschaftsteuer mehr ausgereicht. Damit kann die anrechenbare Körperschaftsteuer auch im Rahmen der Ermittlung des Übernahmeergebnisses gemäß § 4 Abs. 6 UmwStG nicht mehr zur Anrechnung kommen. 106

---

[102] BMF v. 25. 3. 1998 BStBl. I 1998, 291 Rn 05.01.

[103] BMF v. 16. 12. 2003 DB 2004, 220 Rn 1.

[104] § 50 c EStG ist mittlerweile weggefallen, zu der weiteren Anwendung § 52 Abs. 59 EStG.

107 Das zum Zeitpunkt des Systemwechsels bestehende verwendbare Eigenkapital wurde gemäß §§ 36 ff. KStG in ein Erstattungsguthaben für die Gesellschaft umgerechnet. Die Gesellschaft erhält dieses **Erstattungsguthaben** in Höhe von $^1/_6$ des Betrages der Gewinnausschüttung erstattet. Umgekehrt führt ein zum 31. 12. 2002 vorhandener Bestand am EK 02 zu einem künftigen **Körperschaftsteuererhöhungspotential** in Höhe von $^3/_7$ des Ausschüttungsbetrages. Durch das StVergAbG wurde die Übergangsfrist für die Umstellung des Körperschaftsteuersystems von bislang 15 Jahren auf 18 Jahre verlängert, in der sich auf Ebene der ausschüttenden Kapitalgesellschaft Körperschaftsteuerminderungen gem. § 37 KStG bzw. Körperschaftsteuererhöhungen gem. § 38 KStG ergeben können. Nach § 37 Abs. 2a KStG ist die Körperschaftsteuerminderung für Gewinnausschüttungen nach dem 11. 4. 2003 und vor dem 1. 1. 2006 auf 0 € begrenzt (**Moratorium**).[105]

108 Im Zuge der Verschmelzung einer Kapitalgesellschaft auf eine Personengesellschaft wird durch den Aufbau des Gesetzes eine Vollausschüttung unterstellt. Das Ausschüttungsvolumen entspricht grundsätzlich dem Eigenkapital der Gesellschaft, allerdings ohne den Betrag, der gem. § 28 Abs. 2 S. 1 i.V. m. § 29 Abs. 1 KStG dem steuerlichen Einlagenkonto der Kapitalgesellschaft zuzuschreiben ist. Dabei ist zu berücksichtigen, dass in einer Vorstufe der Verschmelzung gem. § 29 Abs. 1 KStG das Nennkapital der übertragenden Kapitalgesellschaft fiktiv auf 0 € abzusenken ist. Da das steuerliche Einlagekonto im Normalfall dem Nennkapital entspricht, ist dieses damit bereits in der Vorstufe berücksichtigt.[106] Dabei gehören die ausstehenden Einlagen nicht zum Eigenkapital.[107] Mit der fiktiven Kapitalherabsetzung ist zunächst der Sonderausweis gem. § 28 Abs. 1 S. 3 KStG zu mindern, der Rest wird dem steuerlichen Einlagenkonto gutgeschrieben. Wegen der **fiktiven Nennkapitalherabsetzung** gem. § 29 Abs. 1 KStG bedarf es in § 10 UmwStG keines besonderen Hinweises mehr, dass das steuerliche Einklagekonto von dem anteiligen Eigenkapital der übertragenden Kapitalgesellschaft abzusetzen ist. Eine Minderung des Ausschüttungspotentials erfolgt lediglich um den Teilbetrag, der gem. § 28 Abs. 2 Satz 1 i.V. m. § 29 Abs. 1 dem steuerlichen Einlagekonto gutzuschreiben ist.[108]

Im Rahmen einer regulären Gewinnausschüttung ist bei der Ermittlung des Körperschaftsteuerminderungspotentials gem. § 37 KStG bzw. des Körperschaftsteuererhöhungspotentials gem. § 38 KStG auf die Bestände zum vorangegangenen Wirtschaftsjahr abzustellen. Nach Auffassung der Finanzverwaltung ist jedoch für Zwecke der Ermittlung der Körperschaftsteuerminderung/-erhöhung gem. § 10 UmwStG auf den **Bestand zum Umwandlungsstichtag** abzustellen.[109]

---

[105] *Krüger*, DB 2003, 2249.

[106] *Dötsch* Umwandlungssteuerrecht § 10 Rn 28 b.

[107] BMF v. 16. 12. 2003 DB 2004, 220 Rn 11.

[108] *Dötsch/Pung*, DB 2004, 210; a. A. *Widmann/Mayer* § 10 UmwStG Rn 5; *Bauschatz*, FR 2003, 1116.

[109] BMF v. 16. 12. 2003 DB 2004, 220 Rn 12, 13.

Gegenüber der bis zum Jahr 2001 geltenden Fassung des § 10 UmwStG ergibt sich eine Änderung dergestalt, dass sich die Körperschaftsteuerminderung bzw. -erhöhung gem. §§ 37, 38 KStG **ausschließlich auf der Ebene der übertragenden Körperschaft** abspielt. Auf Ebene des Gesellschafters ergeben sich hieraus keine weiteren Konsequenzen. Dies hat zur Folge, dass sich eine Körperschaftsteuerminderung gem. § 37 KStG bzw. eine Körperschaftsteuererhöhung gem. § 38 KStG auf das Vermögen der übertragenden Kapitalgesellschaft niederschlägt und somit mittelbar die Höhe des Übernahmeergebnisses gem. § 4 Abs. 4 UmwStG beeinflusst.[110] Die Erstattung der Körperschaftsteuerminderung bzw. die Nachbelastung der Körperschaftsteuererhöhung ergibt sich ungeachtet des Moratoriums, also auch für den Fall, dass die Verschmelzung nach dem 11. 4. 2003 und vor dem 1. 1. 2006 erfolgt.[111] **109**

Die Vollausschüttungsfiktion im Rahmen der Verschmelzung der Kapitalgesellschaft auf eine Personengesellschaft orientiert sich am Eigenkapital der übertragenden Kapitalgesellschaft zum Umwandlungsstichtag. Es wird also nicht schlechthin das vorhandene Körperschaftsteuerminderungspotential ausgekehrt bzw. das Körperschaftsteuererhöhungspotential nachbelastet. Ist danach das Eigenkapital der Kapitalgesellschaft etwa durch Verluste gemindert, kann sich insoweit keine (fiktive) Ausschüttung ergeben. Dies kann u. U. dazu führen, dass **Körperschaftsteuerminderungspotential insgesamt verloren geht**. U. U. kann sich hier anbieten, vor der Verschmelzung eine Einlage in die Kapitalgesellschaft vorzunehmen, um das Körperschaftsminderungspotential geltend machen zu können.[112] Verbleibt auch nach der Ausschüttungsfiktion ein Körperschaftsteuerminderungspotential, kann dieses künftig nicht mehr geltend gemacht werden und geht damit endgültig verloren.[113]

Ergibt sich aus der Berechnung des Übernahmeergebnisses gem. § 4 Abs. 4 UmwStG ein **Verlust**, bleibt dieser gem. § 4 Abs. 6 UmwStG außer Ansatz. Nach der ursprünglichen Fassung des § 4 Abs. 6 UmwStG konnte ein eventueller anteiliger Übernahmeverlust im Rahmen einer Ergänzungsbilanz abgebildet werden, führte mithin für den Gesellschafter zu einem zusätzlichen Abschreibungspotential. Mit der Systemumstellung des Körperschaftsteuerrechts wurde jedoch auch insoweit eine grundlegende Änderung des UmwStG vorgenommen, so dass wegen der Neufassung des § 4 Abs. 6 UmwStG ein eventueller Übernahmeverlust stets außer Betracht bleibt. Dies führt letztlich dazu, dass der Erwerber der Gesellschaftsanteile in Höhe der im Kaufpreis abgebildeten stillen Reserven der Gesellschaftsanteile in der Folgezeit keine Abschreibungen geltend machen kann.[114] Die Nichtberücksichtigung eines Übernahmeverlustes gilt unabhängig davon, ob und inwieweit auf Ebene des veräußernden Gesell- **110**

[110] *Dötsch/Pung*, DB 2004, 210.
[111] *Krüger*, DB 2003, 2249; *Schiffers*, GmbHR 2003, 675.
[112] *Ott*, INF 2002, 107; *Schnitger*, DStR 2003, 768.
[113] *Dötsch/Pung*, DStR 2004, 210.
[114] *Rödder/Schumacher*, DStR 2000, 368; *Winkeljohann/Stegemann*, DStR 2004, 544.

schafters ein steuerpflichtiger Veräußerungsgewinn entstanden ist, der eventuell gem. § 8b KStG steuerfrei, ob dieser in voller Höhe steuerpflichtig gem. § 3 Nr. 40 S. 3 EStG (Veräußerung einbringungsgeborener Anteile) oder lediglich nach dem Halbeinkünfteverfahren gem. § 3 Nr. 40 EStG besteuert worden ist.

111 Die Nichtberücksichtigung eines Übernahmeverlustes führt dazu, dass auf Seiten des Erwerbers nunmehr **keine Gestaltungsmöglichkeit** mehr besteht, auf einem relativ einfachen Wege mit steuerlicher Wirkung einen sog. step-up zu gestalten, um für die Folgezeit steuerliches Abschreibungspotential zu generieren.[115] Damit wird bei Unternehmensverkäufen von Seiten des Erwerbers verstärkt darauf gedrungen werden, die Akquisition in Form eines asset deals durchzuführen, damit dieser in den Genuss von steuerlichem Abschreibungspotential gelangt.[116] Auf Veräußererseite ist ein Veräußerungsgewinn zwar durch den Einbezug in das Halbeinkünfteverfahren bzw. der Steuerfreiheit gemäß § 8b Abs. 1 KStG begünstigt, benachteiligt wird jedoch der Erwerber, so dass hieraus grundsätzlich ein Einfluss auf die Festlegung des Kaufpreises erwartet werden kann. Tendenziell wird wohl der steuerliche Nachteil des Erwerbers in Verbindung mit der Begünstigung des Veräußerers zu einer Senkung des Kaufpreises für die Gesellschaftsanteile führen.

Ergibt sicht aus der Berechnung des Übernahmeergebnisses gem. § 4 Abs. 4 UmwStG ein **Übernahmegewinn**, richten sich die Steuerfolgen nach § 4 Abs. 7 UmwStG. Hiernach bleibt ein anteiliger Übernahmegewinn, soweit er auf eine **Körperschaft** als Mitunternehmerin der übernehmenden Personengesellschaft entfällt, in voller Höhe **steuerfrei**. Soweit dieser auf eine **natürliche Person** als Mitunternehmerin entfällt, ist der Übernahmegewinn lediglich **zur Hälfte steuerpflichtig**. Ist eine Kapitalgesellschaft mittelbar beteiligt, gilt nicht die hälftige, sondern die vollständige Freistellung, d. h. § 4 Abs. 7 UmwStG wird bei mehrstöckigen Personengesellschaften auf der obersten Ebene angewendet.[117]

Die Bestimmung in § 4 Abs. 7 UmwStG entspricht im Wesentlichen der Behandlung eines eventuellen Veräußerungsgewinnes durch § 8b Abs. 2 KStG bzw. § 3 Nr. 40 EStG. Da es sich bei § 4 Abs. 7 UmwStG jedoch um eine Spezialvorschrift handelt, ist auch der anteilige Übernahmegewinn aus der Verschmelzung von einbringungsgeborenen Anteilen innerhalb der 7-Jahres-Frist des § 3 Nr. 40 Satz 3 und 4 EStG dennoch lediglich zur Hälfte steuerpflichtig, auch wenn ein möglicher Veräußerungsgewinn der Besteuerung mit dem vollen Einkommensteuersatz unterliegen würde.[118]

112 Die Konsequenzen aus der Ermittlung des Übernahmeergebnisses gem. § 4 UmwStG im Falle einer Verschmelzung lasen sich wie folgt zusammenfassen:

---

[115] *Schumacher*, DStR 2004, 590.

[116] *Rödder/Schumacher*, DStR 2000, 368.

[117] *Prinz/Ley*, GmbHR 2002, 842; BMF v. 16. 12. 2003 DB 2004, 220 Rn 3.

[118] *Dötsch/Pung*, DB 2004, 208.

	Übernahmeverlust	**Übernahmegewinn**
Anteilseigner ist eine natürliche Person	bleibt außer Ansatz	zur Hälfte steuerpflichtig
Anteilseigner ist eine Kapitalgesellschaft	bleibt außer Ansatz	steuerfrei
Anteilseigner ist eine Personengesellschaft	bleibt außer Ansatz	zur Hälfte steuerpflichtig bzw. steuerfrei, je nach Gesellschafterstruktur der Obergesellschaft

Beispiel: A und B sind zu je 50 % Gesellschafter der G-GmbH & Co. KG; A hat im Jahr 01 50 %-Anteile an der H-GmbH zum Kaufpreis von 2.500 T-€ erworben. B. war an der H-GmbH seit ihrer Gründung mit 50 % beteiligt. Die H-GmbH hat im Jahr 06 folgendes Bilanzbild: **113**

H-GmbH

Anlagevermögen	2.000	Stammkapital	1.000
Umlaufvermögen	3.800	Bilanzgewinn	1.800
		Verbindlichkeiten	3.000
	5.800		5.800

Daten zum 31. 12. 06:

KSt-Guthaben	T-€	200
EK02	T-€	100
Steuerliches Einlagekonto	T-€	0
Sonderausweis gem. § 28 Abs. 1 S. 3 KStG	T-€	0

Die H-GmbH soll zum 1. 1. 07 auf die G-GmbH & Co. KG ohne Aufdeckung von stillen Reserven verschmolzen werden. Es ergeben sich folgende Auswirkungen:

Ermittlung der Körperschaftsteuerminderung /-erhöhung gem. § 10 UmwStG

Gesamtes Eigenkapital	T-€	2.800
./. Zuführung steuerliches Einlagekonto aus Nennkapitalherabsetzung	T-€	–1.000
für Ausschüttung verwendet gelten	T-€	1.800
Körperschaftsteuer**minderung**:		
1.800 x $^1/_6$, höchstens KSt-Guthaben	T-€	+ 200
Körperschaftsteuer**erhöhung**:		
(Ausschüttbarer Gewinn ./. EK 02 = T-€ 1.700)		
also: Ausschüttung führt zu einer KSt-Erhöhung in Höhe von EK02		
(auf $^3/_7$ gekürzter Betrag) KSt-Minderung	T-€	– 30
gesamte Körperschaftsteuerminderung	T-€	170

Das Verschmelzungsergebnis errechnet sich wie folgt:

Bestand des EK zum 31. 12. 06	T-€	2.800
EK-Erhöhung aus KSt-Minderung	T-€	170
Fortgerechnetes EK zum 31. 12. 06	T-€	2.970

	A T-€	B T-€
Buchwert des Vermögens	1.485	1.485
./. Anschaffungskosten der Anteile	2.500	500
Verschmelzungsergebnis vorläufig	– 1.015	+ 985
+ Sperrbetrag § 50 c EStG	0	0
Verschmelzungsergebnis	– 1.015	985

Der auf A entfallende Verschmelzungsverlust ist steuerlich neutral und kann auch nicht in Form von Abschreibungen steuerlich geltend gemacht werden. Die im Kaufpreis bezahlten stillen Reserven gehen damit steuerlich „verloren". Auf B entfällt mit im Zuge Verschmelzung dagegen ein Verschmelzungsgewinn, der gem. § 4 Abs. 7 UmwStG zur Hälfte steuerfrei ist. Der verbleibende Betrag unterliegt der Besteuerung mit Einkommensteuer.

114 **b) Nicht in die Ermittlung des Übernahmeergebnisses einzubeziehende Anteile.** *aa) Nicht wesentliche Beteiligung im Privatvermögen.* § 5 Abs. 2 UmwStG erfasst zunächst nur Anteile im Sinne des § 17 EStG, also Anteile, die eine wesentliche Beteiligung darstellen. Nicht wesentliche Beteiligungen, die von dem Gesellschafter im Privatvermögen gehalten werden, werden durch die **Einlagefiktion nicht erfasst**. Dasselbe gilt für wesentliche Beteiligungen, die innerhalb der letzten 5 Jahre angeschafft worden sind, da bei diesen gem. § 17 Abs. 2 S. 4 EStG ein Veräußerungsverlust nicht zur berücksichtigen wäre. Diese Anteile nehmen an der Ermittlung des Übernahmegewinns nicht teil.[119] Es ist in § 7 UmwStG vielmehr eine **spezielle Einkünfteermittlung** vorgesehen, nach der das anteilige verwendbare Eigenkapital abzüglich des Bestandes des (anteiligen) steuerlichen Einlagekontos i. S. d. § 27 KStG nach Anwendung der Regularien des § 29 KStG ohne Berücksichtigung der Anschaffungskosten der Beteiligung als Einkünfte aus Kapitalvermögen zu versteuern ist.[120] Ausstehende Einlagen sind dabei nicht als Eigenkapital zu werten.[121] Dies hat zur Folge, dass der entsprechende Anteil nach § 4 Abs. 4 S. 3 UmwStG nicht in die Ermittlung des Übernahmeergebnisses einbezogen ist. Damit führt der Verschmelzungsvorgang für den Minderheitsgesellschafter zu Einkünften aus Kapitalvermögen, die nach dem sog. Halbeinkünfteverfahren besteuert werden. Werden im Zuge eines Erwerbsvorgangs offene oder stille Reserven der Kapitalgesellschaft im Rahmen eines Kaufpreises vergütet, bleibt dieser Teil des Kaufpreises im Zuge der Verschmelzung auch für den nicht wesentlichen beteiligten Gesellschafter unberücksichtigt.

115 Im Privatvermögen gehaltene wesentliche Beteiligungen gem. § 17 EStG werden erst nach Ablauf von 5 Jahren seit dem evtl. Erwerb[122] in die Berechnung des Übernahmeergebnisses gemäß § 4 Abs. 4 UmwStG einbezo-

[119] BMF v. 16. 12. 2003 DB 2004, 220 Rn 7.

[120] *Weber*, GmbHR 1996, 266.

[121] BMF v. 16. 12. 2003 DB 2004, 220 Rn 9.

[122] *Dötsch//Jost* § 5 KStG Rn 32; *Füger/Rieger*, DStR 1997, 1439; *Wochinger/Rödder*, FR 1998, 141; a. A. *Förster*, DB 1997, 1788: ab zivilrechtlicher Wirksamkeit.

gen, selbst wenn bei dem Veräußerer der Anteile ein steuerpflichtiger Veräußerungsgewinn entstanden ist. Durch § 17 Abs. 2 S. 4 EStG wird die Verrechnungsmöglichkeit für Veräußerungsverluste für Gesellschaftsanteile eingeschränkt, die innerhalb der letzten 5 Jahre erworben worden sind. Durch den Verweis in § 5 Abs. 2 S. 2 UmwStG wird diese Einschränkung demnach auch für die Ermittlung des Übernahmeergebnisses übertragen. Diejenigen Anteile des Privatvermögens, die seit mehr als 5 Jahren gehalten werden und erst durch den späteren Hinzuerwerb zu einer wesentlichen Beteiligung geworden sind, können jedoch in die Ermittlung des Übernahmeergebnisses einbezogen werden.

Beispiel: C hat im Jahr 01 50 % der Gesellschaftsanteile der Y-GmbH erworben. D hat im Jahr 03 die restlichen 50 % der Gesellschaftsanteile erworben. **116**

	Anteiliges Nennkapital %	€	Anteiliger Kaufpreis €
C	50	500	1.500
D	50	500	1.500
		1.000	3.000

C und D sind außerdem an der C D GmbH & Co. KG beteiligt. Die Y-GmbH hat folgendes Bilanzbild:

Y-GmbH

Anlagevermögen	3.600	Stammkapital	1.000
Umlaufvermögen	2.800	Bilanzgewinn	2.900
		Verbindlichkeiten	2.500
	6.400		6.400

Daten zum 31. 12. 06:

KSt-Guthaben	T-€	400
EK02	T-€	150
Steuerliches Einlagekonto	T-€	0
Sonderausweis gem. § 28 Abs. 1 S. 3 KStG	T-€	0

Die Y-GmbH soll zum 1. 1. 07 auf die C D GmbH & Co. KG ohne Aufdeckung von stillen Reserven verschmolzen werden. Es ergeben sich folgende Auswirkungen:

Ermittlung der Körperschaftsteuerminderung /-erhöhung gem. § 10 UmwStG

Gesamtes Eigenkapital	T-€	3.900
./. Zuführung steuerliches Einlagekonto aus Nennkapitalherabsetzung	T-€	–1.000
für Ausschüttung verwendet gelten vorläufig	T-€	2.900
Körperschaftsteuer**minderung**:		
2.900 x $^1/_6$, höchstens KSt-Guthaben	T-€	+ 400
Körperschaftsteuer**erhöhung**:		
(Ausschüttbarer Gewinn ./. EK 02 = T-€ 2.750)		
also: Ausschüttung führt zu einer KSt-Erhöhung in Höhe von EK02		
(auf $^3/_7$ gekürzter Betrag) KSt-Minderung	T-€	– 45
gesamte Körperschaftsteuerminderung	T-€	355

Das Umwandlungsergebnis errechnet sich wie folgt:

Bestand des EK zum 31.12.06	T-€	3.900
EK-Erhöhung aus KSt-Minderung	T-€	355
Fortgerechnetes EK zum 31.12.06	T-€	4.255

	C T-€	D T-€
Buchwert des übergehenden Vermögens	*2.127*	
./. Anschaffungskosten der Anteile	1.500	
Verschmelzungsergebnis vorläufig	*627*	
+ Sperrbetrag § 50 c EStG	0	0
Verschmelzungsergebnis	627	*1.627**

* für Ausschüttung verwendet gelten (2.900 + 355) x 50%

Auf C und D entfällt mit im Zuge Verschmelzung ein Verschmelzungsgewinn, der gem. § 4 Abs. 7 UmwStG zur Hälfte steuerfrei ist. Der verbleibende Betrag unterliegt der Besteuerung mit Einkommensteuer.

Obschon die Beteiligung des D nicht durch die Einlagefiktion des § 5 Abs. 3 UmwStG erfasst wird, hat die Berechnung der Einkünfte das gleiche wirtschaftliche Ergebnis, als ob die Gesellschaftsanteile mit ihrem anteiligen Stammkapital (nicht: anteilige Anschaffungskosten) in das Betriebsvermögen der Personengesellschaft eingelegt worden wäre.

117 Der nicht wesentlich beteiligte Anteilseigner, der die Gesellschaftsanteile im Privatvermögen hält, bzw. der Anteilseigner dessen Anteile nicht von der Einlagefiktion in § 5 Abs. 2 UmwStG erfasst wird, muss im Zuge des Verschmelzungsvorgangs Einkünfte aus Kapitalvermögen versteuern, allerdings nach dem Halbeinkünfteverfahren. Es bleibt hierbei unberücksichtigt, dass gegebenenfalls anteilige offene Rücklagen im Rahmen eines Erwerbsvorgangs entgeltlich erworben worden sind. Der Verschmelzungsvorgang führt damit zu einer **erneuten Versteuerung auf der Ebene des nicht wesentlich beteiligten Gesellschafters**, da die entsprechenden stillen Reserven durch die Mitunternehmerstellung des Minderheitsgesellschafters steuerlich verhaftet sind.[123] Die Ermittlung des Verschmelzungsergebnisses gem. § 7 UmwStG ist damit deutlich negativer als in § 4 Abs. 4 UmwStG, da anteilige Anschaffungskosten, die über das Nennkapital hinausgehen, unberücksichtigt bleiben.

118 Im Übrigen bewirkt die **Nichteinhaltung der 5-Jahres-Frist**, dass der Anteilseigner im Rahmen eines Verschmelzungsvorgangs dem **nicht wesentlich beteiligten Anteilseigner gleichgestellt** wird. Eine wirtschaftliche Belastung dieser Regelung ergibt sich dann, wenn im Zuge des Erwerbs von Anteilen einer Kapitalgesellschaft ein Kaufpreis gezahlt wird, der über dem anteiligen Stammkapital für die Gesellschaftsanteile liegt. Diese **nachteilige Regelung** kann relativ einfach dadurch **vermieden** werden, dass der Erwerb der Gesellschaftsanteile an der Kapitalgesellschaft durch eine Personengesellschaft unmittelbar in das Gesamthandsvermögen erfolgt. In diesem Fall kommt die einschränkende Regelung in § 5 Abs. 2

[123] *Wochinger/Dötsch*, DB 1994 Beil. 14, 10; *Goutier/Söffing* § 7 UmwStG Rn 19.

S. 2 UmwStG nicht zur Anwendung, da es sich bei dem Zwischenerwerb nicht um Anteile im Sinne des § 17 EStG handelt.[124]

bb) Beschränkt steuerpflichtiger Anteilseigner der übertragenden Kapitalgesellschaft. Auch für beschränkt steuerpflichtige Anteilseigner einer inländischen Kapitalgesellschaft gelten Sonderregelungen. Die Einlagefiktion in § 5 Abs. 2 und 3 UmwStG gilt nur dann, wenn die Anteile an der Kapitalgesellschaft Bestandteil eines inländischen Betriebsvermögens sind. Die Einlagefiktion gilt für eine wesentliche Beteiligung im Sinne des § 17 EStG eines beschränkt steuerpflichtigen Gesellschafters auch dann, wenn in dem anzuwendenden Doppelbesteuerungsabkommen das Besteuerungsrecht für die betreffenden Anteile dem Belegenheitsstaat, also Deutschland zugewiesen werden. Das Besteuerungsrecht für die Gewinne aus der Veräußerung von Anteilen an einer Kapitalgesellschaft steht jedoch üblicherweise dem Wohnsitzstaat zu.[125] Eine Zuweisung des Besteuerungsrechts für den Belegenheitsstaat erfolgt nur in Ausnahmefällen. Steht das Besteuerungsrecht für Gewinne aus der Veräußerung von Anteilen der Kapitalgesellschaft dem (ausländischen) Wohnsitzstaat zu, werden die betreffenden Anteile nicht durch die Einlagefiktion in § 5 Abs. 2 und 3 UmwStG erfasst. **119**

Als Konsequenz hieraus wird der beschränkt steuerpflichtige wesentlich beteiligte Anteilseigner im Zuge der Verschmelzung insoweit benachteiligt, als die Steuerfolgen letztlich dem eines nicht wesentlich beteiligten Gesellschafters gleichgestellt werden. Diese Auffassung der Finanzverwaltung ist in der Literatur umstritten. Die herrschende Meinung geht davon aus, dass die Einlagefiktion des § 5 Abs. 2 UmwStG grundsätzlich auch für einen beschränkt steuerpflichtigen Anteilseigner anzuwenden ist.[126] **120**

Werden Anteile eines ausländischen Gesellschafters nicht in die Ermittlung des Übernahmeergebnisses gem. § 4 Abs. 4 UmwStG einbezogen, richtet sich die Ermittlung der Einkünfte auch insoweit nach. § 7 UmwStG, für den Gesellschafter entstehen damit (anteilig) Einkünfte aus Kapitalvermögen. Für diese muss wohl von einer beschränkten Steuerpflicht in Deutschland ausgegangen werden.[127]

cc) Einbringungsgeborene Anteile. Einbringungsgeborene Anteile nach § 21 UmwStG entstehen dann, wenn ein Betrieb, Teilbetrieb oder Mitunternehmeranteil nach § 20 UmwStG gegen Gewährung von Gesellschaftsrechten in eine Kapitalgesellschaft eingebracht werden. Ein **Gewinn** aus der möglichen Veräußerung dieser Gesellschaftsanteile wird nach § 21 UmwStG **steuerlich erfasst**, auch wenn es sich um eine **nicht wesentliche Beteiligung** im Privatvermögen handelt. Erfolgt die Veräußerung innerhalb **121**

---

[124] *Förster*, DB 1997, 1786; *Füger/Rieger*, DStR 1997, 1427; *Schulz*, DStR 1998 Beil. 18, 18; *Wochinger/Rödder*, FR 1998, 141.

[125] Art. 13 Abs. 4 DBA-Musterabkommen; Übersicht bei *Becker*, DBA-Komm. Art. 13 OECD-MA Anh.

[126] *Günkel*, IWB F. 3, G. 1, 1505; *Füger/Rieger*, DStR 1995, 257; *Rödder*, DStR 1995, 1991; *Schaumburg*, GmbHR 1996, 418; *Thiel*, DB 1995, 1196.

[127] *Dötsch/Pung*, DB 2004, 209.

von 7 Jahren nach der Umwandlung, erfolgt die Besteuerung des Veräußerungsgewinns gem. § 3 Nr. 40 S. 3, 4 EStG **nicht** nach dem Halbeinkünfteverfahren.

122 Auch **einbringungsgeborene Anteile** gelten nach § 5 Abs. 4 UmwStG als am Umwandlungsstichtag an das Betriebsvermögen der Personengesellschaft **eingelegt**, so dass auch diese Gesellschaftergruppe an dem Übernahmeergebnis teilnimmt, obschon es sich unter Umständen **nicht** um eine wesentliche Beteiligung handelt. Auch für das anteilige Übernahmeergebnis aus diesen Anteilen gilt § 4 Abs. 7 UmwStG, so dass das Übernahmeergebnis außer Ansatz bleibt, soweit es auf eine Körperschaft entfällt. Entsteht es anteilig bei einer natürlichen Person, bleibt es zur Hälfte steuerfrei, auch wenn die Verschmelzung innerhalb der 7-Jahres-Frist erfolgt.

123 **c) Sperrbetrag gemäß § 50 c EStG.** *aa) Erwerb von einem beschränkt steuerpflichtigen Anteilseigner.* Bei der Ermittlung des Übernahmeergebnisses ist außerdem ein Sperrbetrag gemäß § 50 c EStG hinzuzurechnen. § 50 c EStG steht im Zusammenhang mit den Besonderheiten des körperschaftsteuerlichen Anrechnungsverfahrens. Ein beschränkt steuerpflichtiger Anteilseigner war grundsätzlich nicht berechtigt, die von einer Kapitalgesellschaft gezahlte Körperschaftsteuer im Rahmen der persönlichen Einkommensbesteuerung auf die Einkommensteuerschuld zur Anrechnung zu bringen. Eine Ausnahme bestand nur insoweit, als die Dividende Bestandteil eines inländischen Betriebsstättenergebnisses war.

§ 50 c EStG sollte missbräuchliche Gestaltungen verhindern, durch die auf den beschränkt steuerpflichtigen Anteilseigner entfallende Körperschaftsteuer in verdeckter Form in Körperschaftsteuerguthaben umgewandelt werden.[128] Den Gesellschaftsanteilen, die von einem beschränkt steuerpflichtigen Anteilseigner veräußert werden, haftete für die **Dauer von 10 Jahren** ein sog. **Sperrbetrag** an. In Höhe dieses Sperrbetrages konnte mit steuerlicher Wirkung keine ausschüttungsbedingte Teilwertabschreibung vorgenommen werden. § 50 c EStG ist im Zuge des Systemwechsels bei der Körperschaftsteuer abgeschafft worden. Ein bis zu diesem Zeitpunkt bestehender Sperrbetrag gem. § 50 c EStG hat jedoch weiterhin Gültigkeit (§ 52 Abs. 59 EStG).

124 Der Sperrbetrag ergab sich aus der **Differenz zwischen Kaufpreis** der Anteile und **anteiligem Stammkapital**. Der Sperrbetrag nach § 50 c EStG gibt hierbei eine relativ grobe Berechnungsweise vor. Obschon die Vorschrift auf die Vermeidung von missbräuchlichen Gestaltungen im Zusammenhang mit den körperschaftsteuerlichen Anrechnungsverfahren abzielte, beschränkt sich der Sperrbetrag nicht etwa auf das verwendbare Eigenkapital bzw. die darin enthaltene anrechenbare Körperschaftsteuer, sondern geht pauschal aus von der Differenz zwischen Kaufpreis für die Anteile und dem anteiligen Stammkapital. Damit werden auch diejenigen Kaufpreisbestandteile erfasst, die die stillen Reserven der Gesellschaft ab-

---

128 *Dötsch* § 50 c EStG Rn 2 ff.; *L. Schmidt/Weber-Grellet* § 50 c EStG Rn 2; *Krebs*, BB 1980, 1257.

gelten. § 50 c EStG ist deshalb bereits seit dem Zeitpunkt der Einführung in das Gesetz zu Recht kritisiert worden.[129]

Bei der Verschmelzung einer Kapitalgesellschaft auf eine Personengesellschaft erfolgt keine ausschüttungsbedingte Teilwertabschreibung. Es kommt jedoch das Körperschaftsteuerguthaben zur Anrechnung. Deshalb wird ein **Sperrbetrag** nach § 4 Abs. 5 UmwStG dann dem Übernahmeergebnis **hinzugerechnet**. **125**

Beispiel: D ist alleiniger Anteilseigner der D-GmbH & Co. KG. Er hat außerdem die Gesellschaftsanteile der Z-GmbH im Jahr 1999 von einem beschränkt steuerpflichtigen Anteilseigner zum Preis von 1.800 erworben. Die Z-GmbH hat ein Stammkapital von 500 und offene Rücklagen von 1.000. Das Eigenkapital entspricht dem Eigenkapital zum Zeitpunkt des Erwerbs. Die Gesellschaft verfügt über ein Körperschaftsteuerguthaben gem. § 37 KStG in Höhe von 100. D beabsichtigt, die Z-GmbH auf die D-GmbH & Co. KG zu verschmelzen.

Lösungshinweis: Durch den Erwerb der Gesellschaftsanteile der Z-GmbH im Jahr 1999 haftet diesen ein Sperrbetrag gemäß § 50 c EStG an. Dieser ermittelt sich wie folgt:

– Kaufpreis für die Gesellschaftsanteile	1.800
– Stammkapital	500
– Sperrbetrag also	1.300

Ermittlung der Körperschaftsteuerminderung:

gesamtes Eigenkapital	1.500
./. fiktive Nennkapitalherabsetzung gem. § 29 KStG	500
für die Ausschüttung verwendet gelten	1.000
KSt-Minderungspotential	100

Ermittlung des Übernahmegewinns:

Im Falle der Verschmelzung der Z-GmbH errechnet sich das Übernahmeergebnis wie folgt:

Buchwert des übergehenden Vermögens incl. KSt-Guthaben	1.600
Buchwert der Gesellschaftsanteile	1.800
Übernahmeverlust (1. Stufe)	– 200
+ Sperrbetrag nach § 50 c EStG	1.300
Übernahmegewinn	1.100

Es entsteht in der Person des D also ein steuerpflichtiger Übernahmegewinn, obschon dieser die stillen Reserven letztlich im Kaufpreis abgegolten hat.

Die Zurechnung nach § 4 Abs. 5 UmwStG erfasst zunächst nicht Gesellschaftsanteile im Betriebsvermögen der übertragenden Kapitalgesellschaft, wenn diese Gesellschaftsanteile an einer Tochterkapitalgesellschaft von einem beschränkt steuerpflichtigen Anteilseigner erworben wurden. Diesen Gesellschaftsanteilen haftet ein Sperrbetrag gemäß § 50 c EStG an. Die Gesellschaftsanteile gehen im Zuge der Verschmelzung der Kapitalgesellschaft auf die Personengesellschaft über, so dass die Personengesellschaft den Sperrbetrag nach § 50 c Abs. 8 EStG fortzuführen hat.[130] **126**

---

[129] *Herrmann/Heuer/Raupach* § 50 c EStG Rn Anm G 2; *L. Schmidt/Weber-Grellet* § 50 c EStG Rn 2.

[130] BMF v. 25. 3. 1998 BStBl. I 1998, 289 Rn 04.21.

127 *bb) Erwerb von einem inländischen nicht wesentlich beteiligten Anteilseigner.* Ein Sperrbetrag gemäß § 50 c EStG entstand allerdings nicht nur dann, wenn Gesellschaftsanteile an einer Kapitalgesellschaft von einem beschränkt steuerpflichtigen Anteilseigner erworben werden. Nach § 50 c Abs. 11 EStG entstand ein **Sperrbetrag auch dann**, wenn Gesellschaftsanteile von einem inländischen Anteilseigner erworben wurden, der nicht wesentlich im Sinne des § 17 EStG beteiligt war und die Gesellschaftsanteile im Privatvermögens gehalten hat. In diesem Fall war der Veräußerungsgewinn bei dem Veräußerer dann steuerfrei, wenn es sich nicht um ein Spekulationsgeschäft (§ 23 EStG) handelte. Von Bedeutung ist weiterhin, dass § 50 c Abs. 11 EStG nicht auf die sog. **Börsenklausel** in § 50 c Abs. 7 EStG verwies, so dass auch bei Aktienerwerben von börsennotierten Gesellschaften der Sperrbetrag entstehen konnte. Im Einzelfall kann sich deshalb ein Nachweis außerordentlich schwierig gestalten.[131]

128–137 **In diesem Fall nicht belegt**

138 **d) Vereinigung von Forderungen und Verbindlichkeiten.** Bestehen zwischen einer Personengesellschaft und einer Kapitalgesellschaft Leistungsbeziehungen, entstehen zwangsläufig Forderungen auf der einen Seite und Verbindlichkeiten auf der anderen Seite. Je nach wirtschaftlicher Situation der beteiligten Gesellschaften ist es möglich, dass auf Seiten des Gläubigers eine **Abwertung der Forderung** erforderlich wird, die zum Zeitpunkt der Abwertung den steuerlichen Gewinn der Gesellschaft mindert. Dies gilt gleichermaßen für den Fall, dass Gläubiger der Forderung die Kapitalgesellschaft oder dass Gläubiger der Forderung die Personengesellschaft ist.

139 Im Zuge der Verschmelzung geht das Vermögen der Kapitalgesellschaft auf die Personengesellschaft über. Hat bei gegenseitigen Forderungen und Verbindlichkeiten der Gläubiger der Forderung eine Teilwertabschreibung vorgenommen, vereinigen sich durch den Verschmelzungsvorgang Forderung und Verbindlichkeit. Da die Forderung bei dem Gläubiger abgewertet ist, ergibt sich aus der Vereinigung der Forderung der Verbindlichkeit ein **bilanzieller Ertrag**. Dieser Ertrag ist nach § 6 Abs. 6 UmwStG als **laufender Gewinn** der Personengesellschaft zu behandeln, so dass die steuerliche Ergebnisauswirkung aus der Teilwertabschreibung rückgängig gemacht wird.

140 Ist Gläubiger der Forderung die übertragende Kapitalgesellschaft, gelten im Grundsatz keine Besonderheiten. Bei der Verschmelzung auf eine Personengesellschaft ergibt sich ein Ertrag aus der Vereinigung der Forderung und Verbindlichkeit. Verfügt die Kapitalgesellschaft allerdings über steuerliche **Verlustvorträge**, gehen diese im Verschmelzungsvorgang unter. Hier sollte geprüft werden, ob nicht unmittelbar vor dem Verschmelzungsvorgang eine Rückgängigmachung der vormaligen Teilwertabschreibung erfolgen kann. Durch die Zuschreibung werden die steuerlichen Verlustvorträge aufgezehrt. Ein steuerpflichtiger Gewinn aus der Vereinigung der Forderung und Verbindlichkeit wird vermieden.

---

[131] *Herzig*, DB 1997, 1689; *Füger/Rieger*, DStR 1997, 1430; *Wochinger/Rödder*, FR 1998, 134.

e) Gewerbesteuerliche Behandlung des Übertragungsgewinnes bzw. -verlustes. Erfolgt die Verschmelzung der Kapitalgesellschaft auf eine Personengesellschaft zu Buchwerten, erfolgt für Ertragsteuerzwecke keine Auflösung von stillen Reserven. Diese Rechtsfolge überträgt sich nach § 18 UmwStG auch für den Bereich der Gewerbesteuer vom Ertrag, wenn auf Ebene des übernehmenden Rechtsträgers eine Besteuerung der stillen Reserven gewährleistet ist. Dies ist in der Regel der Fall, so dass auch für den Bereich der Gewerbesteuer vom Ertrag **keine Auflösung von stillen Reserven** erfolgt. 141

Werden innerhalb eines Zeitraums von 5 Jahren nach der Verschmelzung entweder der Betrieb der Personengesellschaft aufgegeben oder ein Mitunternehmeranteil veräußert, unterliegt der Gewinn hieraus nach § 18 Abs. 4 UmwStG der Besteuerung mit Gewerbesteuer vom Ertrag.[132] Diese Nachversteuerung erfasst nach ihrem Sinn und Zweck allerdings nur diejenigen Vermögensteile, die durch die Verschmelzung übergegangen sind. Das bereits zum Zeitpunkt der Verschmelzung vorhandene Vermögen der Personengesellschaft dürfte im Falle der Veräußerung/Aufgabe nicht der Besteuerung mit Gewerbesteuer vom Ertrag unterliegen.[133] Die hierdurch entstehende GewSt-Belastung wird durch § 18 Abs. 4 S. 3 UmwStG von der Anrechnung auf die Einkommensteuer des Gesellschafters gem. § 35 EStG ausgenommen. Daher ergibt sich im Falle einer Gewerbesteuerpflicht insoweit keine Entlastungswirkung im Bereich der ESt. Fraglich ist, ob die Einschränkung in § 18 Abs. 4 S. 3 UmwStG auch dann anzuwenden ist, wenn der Veräußerungsgewinn bereits als laufender Gewinn gem. § 7 GewStG erfasst wird. Die Finanzverwaltung geht dabei von einem Vorrang des § 18 Abs. 4 S. 3 UmwStG aus.[134] 142

Bei der Verschmelzung einer Kapitalgesellschaft auf eine Personengesellschaft wird nach den §§ 4 ff. UmwStG das Übernahmeergebnis ermittelt. Die Ermittlung des Übernahmeergebnisses betrifft allerdings nur diejenigen Gesellschafter, die an der Kapitalgesellschaft wesentlich beteiligt sind und die Beteiligung mindestens 5 Jahre gehalten haben oder die Beteiligung in einem Betriebsvermögen halten. Alle anderen Gesellschafter sind nicht in die Ermittlung des Übernahmeergebnisses einbezogen. Ergibt sich auf der Ebene des Gesellschafters ein Übernahmegewinn, unterliegt dieser **nicht** der Besteuerung mit **Gewerbesteuer vom Ertrag**. 143

Ergibt sich dagegen im Zuge der Verschmelzung der Kapitalgesellschaft auf die Personengesellschaft ein **Verschmelzungsverlust**, stellt sich zunächst nicht die Frage der Steuerpflicht. In der ursprünglichen Fassung des UmwStG konnte ein Verschmelzungsverlust gem. § 4 Abs. 4 UmwStG in eine Ergänzungsbilanz eingestellt werden und führte in der Folgezeit zu steuerlich verwertbaren Abschreibungen. Durch § 18 Abs. 2 UmwStG in der Fassung der sog. Großen Steuerreform[135] war klargestellt worden, dass 144

---

[132] BFH v. 11. 12. 2001 BFH/NV 2002, 600 zu der Fallgestaltung des Formwechsels.

[133] *Hörger/Endres*, DB 1998, 2235.

[134] BMF v. 16. 12. 2003 DB 2004, 200 Rn 14; *Dötsch/Pung*, DB 2004, 210; *Wacker*, DStZ 2002, 460; *Rödder*, DStR 2002, 943.

[135] Zur Diskussion zu dem vorherigen Rechtsstand *Hörger*, DStR 1998 Beil. 17, 33.

die Abschreibungen aus einer gem. § 4 Abs. 6 UmwStG a. F. entstehende Ergänzungsbilanz nicht für Zwecke der GewSt gelten sollten. Wegen der Neufassung des UmwStG führt ein evtl. Übernahmeverlust gem. § 4 Abs. 6 UmwStG nicht mehr zu der Bildung einer Ergänzungsbilanz. Damit entfiel auch aus Sicht der Finanzverwaltung die Notwendigkeit, in § 18 Abs. 2 UmwStG eine Sonderbehandlung für Zwecke der GewSt vorzuschreiben.

4. Steuerliche Verlustvorträge im Rahmen der Verschmelzung

148 Mit der Verschmelzung geht das Vermögen der Kapitalgesellschaft auf die Personengesellschaft über. Mithin wechselt die Besteuerungskonzeption des Rechtsträgers.

149 Wegen der Steuerrechtssubjektfähigkeit einer Kapitalgesellschaft unterliegt diese eigenständig der Besteuerung mit Körperschaftsteuer und Gewerbesteuer. Es ist deshalb durchaus möglich, dass die zu verschmelzende Kapitalgesellschaft über körperschaftsteuerliche und gewerbesteuerliche Verlustvorträge verfügt. Da die aufnehmende Personengesellschaft nur eine eingeschränkte Steuerrechtssubjektfähigkeit hat, unterliegt sie nicht eigenständig der Besteuerung mit Einkommensteuer bzw. Körperschaftsteuer. Die körperschaftsteuerlichen Verlustvorträge gehen im Zuge der Verschmelzung der Kapitalgesellschaft auf die Personengesellschaft demnach gem. § 4 Abs. 2 S. 2 UmwStG verloren.[136]

150 Da sich ein Übernahmeverlust gemäß § 4 Abs. 6 UmwStG steuerlich nicht auswirkt, auch wenn im Gesellschaftsvermögen keine entsprechenden stillen Reserven vorhanden sind, entfällt die besondere Fragestellung, ob ein Übernahmeverlust auf Ebene der Personengesellschaft möglicherweise durch die Verlustausgleichsbeschränkung gemäß § 15 a EStG aufgefangen wird.[137]

151 Die Personengesellschaft unterliegt eigenständig der Besteuerung mit Gewerbesteuer vom Ertrag. Es könnte deshalb daran gedacht werden, dass zumindest **gewerbesteuerliche Verlustvorträge** einer Kapitalgesellschaft im Zuge der Verschmelzung auf die Personengesellschaft übergehen. Die Verrechnung gewerbesteuerlicher Verlustvorträge einer Kapitalgesellschaft auf der Ebene der Personengesellschaft setzt neben Unternehmensidentität jedoch auch eine Unternehmeridentität[138] voraus. Insbesondere die Unternehmeridentität ist bei der Verschmelzung einer Kapitalgesellschaft auf eine Personengesellschaft nicht gegeben, da der vormalige Rechtsträger des Unternehmens eine Kapitalgesellschaft war. Außerdem bestimmt § 18 Abs. 1 S. 2 UmwStG eindeutig, dass der Gewerbeertrag der übernehmenden Personengesellschaft nicht um die gewerbesteuerlichen Verlustvorträge der Kapitalgesellschaft gemindert werden darf. Es muss deshalb davon ausgegangen werden, dass auch ein eventueller Bestand an gewerbesteuerlichen Verlustvorträgen im Zuge der Verschmelzung **untergeht**.

---

[136] *Dötsch/Pung* Umwandlungssteuerrecht § 4 Rn 11.

[137] Zur Diskussion *Breuninger/Prinz*, DStR 1996, 1761; *Prinz*, FR 1996, 474;.

[138] BFH v. 7. 12. 1993 BStBl. II 1994, 331; BFH v. 3. 5. 1993 BStBl. II 1993, 616.

Verfügt die Kapitalgesellschaft über steuerliche Verlustvorträge, könnte daran gedacht werden, handelsrechtlich den Verschmelzungsvorgang als Anschaffungsvorgang zu werten, der zu einer **Auflösung von stillen Reserven** führt. Diese Auflösung von stillen Reserven wird auf der Ebene der übertragenden Kapitalgesellschaft mit einem Bestand an **steuerlichen Verlustvorträgen verrechnet**. Auf der Ebene der aufnehmenden Personengesellschaft ergibt sich durch die Auflösung der stillen Reserven ein **erhöhtes Abschreibungspotential** in der Gesamthandsbilanz, das allen Gesellschaftern unabhängig davon zugute kommt, ob diese nach der Qualifikation ihrer Anteile in die Ermittlung des Übernahmeergebnisses einzubeziehen wären oder nicht. Das erhöhte Abschreibungspotential der Gesamthandsbilanz wirkt sich erfolgswirksam aus und mindert in der Folgezeit die Bemessungsgrundlage für die Einkommensteuer sowie die Gewerbesteuer vom Ertrag. 152

5. Rückwirkungsfiktion des Verschmelzungsvorgangs

a) Allgemeines. Handelsrechtlich besteht die Möglichkeit nach § 5 Abs. 1 Nr. 6 UmwG einen **Verschmelzungsstichtag** zu bestimmen, ab dem die Handlungen der übertragenden Kapitalgesellschaft dem übernehmenden Rechtsträger zugerechnet werden. Dem Verschmelzungsstichtag darf eine Bilanz zugrunde gelegt werden, die nicht länger als 8 Monate zurückliegt. 153

Das Umwandlungssteuerrecht hat in § 2 die **Rückwirkungsfiktion** des handelsrechtlichen Umwandlungsgesetzes grundsätzlich nachgebildet, wobei jedoch der handelsrechtliche Verschmelzungsstichtag und der steuerliche Übertragungsstichtag gemäß § 2 UmwStG nicht identisch sind.[139] Der steuerliche Übertragungsstichtag entspricht vielmehr dem Tag, auf den die handelsrechtliche Schlussbilanz des übertragenden Rechtsträgers aufzustellen ist. 154

Beispiel: Erfolgt beispielsweise eine Verschmelzung rückwirkend zum 01.01. des Jahres 05, stellt sich die Situation wie folgt dar:
- Schlussbilanz zum 31.12.04
- Umwandlungsstichtag 01.01.05
- Steuerlicher Übertragungsstichtag 31.12.04

Die Rückwirkungsfiktion in § 2 UmwStG bedingt, dass das Einkommen und das Vermögen der übertragenden Körperschaft so zu ermitteln ist, als ob es mit Ablauf des steuerlichen Übertragungsstichtages auf die Personengesellschaft übergegangen wäre. Dies hat zur Folge, dass das Übernahmeergebnis im Beispielsfall im Jahr 01 zu erfassen ist. 155

Durch die Rückwirkungsfiktion wird davon ausgegangen, dass die übertragende Körperschaft mit Ablauf des steuerlichen Übertragungsstichtages nicht mehr besteht. Die **Steuerpflicht der Kapitalgesellschaft endet** mit Ablauf des steuerlichen Übertragungsstichtages.[140] Obschon die übertragende Kapitalgesellschaft bis zum Zeitpunkt der Eintragung der Ver- 156

139 BMF v. 15.4.1998 BStBl. I 1998, 279 Rn 02.01.
140 BMF v. 15.4.1998 BStBl. I 1998, 279 Rn 02.06.

schmelzung in das Handelsregister zivilrechtlich fortbesteht, folglich auch weiterhin Rechtshandlungen vornehmen kann, werden diese voll umfänglich dem übernehmenden Rechtsträger, also der Personengesellschaft zugerechnet.[141] Es ist hierbei nicht erforderlich, dass die übernehmende Personengesellschaft zum steuerlichen Übertragungsstichtag bereits besteht.[142]

157 Im Zusammenhang mit dem Systemwechsel des Körperschaftsteuerrechts wurde auch das Umwandlungssteuergesetz grundlegend geändert. Mit dem Systemwechsel war damit auch eine Übergangsregelung für das UmwStG erforderlich. Durch die komplizierte Regelung in § 27 Abs. 1a S. 2 UmwStG wird bestimmt, dass die steuerlichen Rechtsfolgen der Verschmelzung auf eine Personengesellschaft frühestens zu Beginn des Wirtschaftsjahres erfolgen, zu dem das neue Körperschaftsteuerrecht anzuwenden ist.[143] Damit ist abweichend von der allgemeinen Rückwirkungsfiktion eine Verschmelzung nach dem 31. 12. 2000 nicht mehr mit den Auswirkungen des alten Körperschaftsteuerrechts möglich.[144] Für diese Fälle ist damit für das Jahr 2001 noch eine Körperschaftsteuerveranlagung durchzuführen, in der auch die Körperschaftsteuererhöhung/-minderung gem. § 10 UmwStG zu erfassen ist.

158 **b) Ausscheiden eines Gesellschafters im Rückwirkungszeitraum.** Scheidet ein Gesellschafter der Kapitalgesellschaft nach dem steuerlichen Übertragungsstichtag, jedoch vor dem Verschmelzungsbeschluss, aus der Kapitalgesellschaft aus, ist die Rückwirkungsfiktion in § 2 UmwStG insoweit ausgeschlossen. Der ausgeschiedene Gesellschafter ist durchgängig an einer Kapitalgesellschaft beteiligt. Veräußert dieser innerhalb des Rückwirkungszeitraums Anteile der Kapitalgesellschaft, führt die Rückwirkungsfiktion des § 2 UmwStG **nicht** dazu, dass ihm Anteile an einer Mitunternehmerschaft zugerechnet werden. Von Bedeutung ist dies u. a. deshalb, weil eine im Privatvermögen gehaltene Beteiligung an einer Kapitalgesellschaft, die keine wesentliche Beteiligung im Sinne des § 17 EStG bildet, insgesamt nicht steuerlich verhaftet ist. Der Gewinn aus der Veräußerung dieser Beteiligung ist deshalb für den Veräußerer steuerfrei. Demgegenüber wäre der Gewinn aus der Veräußerung eines Mitunternehmeranteils unabhängig von der Beteiligungsquote steuerpflichtig. Zu beachten ist ferner, dass der Gewinn aus der Veräußerung des Anteils an einer Kapitalgesellschaft für eine natürliche Person nach dem Halbeinkünfteverfahren besteuert wird, wohingegen der Gewinn aus der Veräußerung eines Mitunternehmeranteils grundsätzlich uneingeschränkt steuerpflichtig ist.

159 Für den **Veräußerer** wird der Vorgang so behandelt, als ob er Anteile an einer Kapitalgesellschaft veräußert. Gegebenenfalls ist der Gewinn aus

---

[141] Missverständlich HFA 2/1997 WPg 1997, 237: Zurechnung originärer Aufwendungen und Erträge der übertragenden Körperschaft bis zum Übergang des wirtschaftlichen Eigentums.

[142] BMF v. 25. 3. 1998 BStBl. I 1998, 280 Rn 02.08.

[143] BMF v. 16. 12. 2003 DB 2004, 220 Rn 44.

[144] Für diesen Fall entsteht nach Auffassung der Finanzverwaltung ein fiktives „Ein-Sekunden-Wirtschaftsjahr"; *Dötsch/Pung*, DB 2004, 218.

der Veräußerung steuerfrei. Das Übernahmeergebnis der Personengesellschaft im Zuge der Verschmelzung ist nach § 5 Abs. 1 UmwStG so zu ermitteln, als ob der **Erwerber** die Gesellschaftsanteile am **steuerlichen Übertragungsstichtag** angeschafft hätte. Erwirbt ein Gesellschafter die Anteile der Kapitalgesellschaft, gelten diese unter den weiteren Voraussetzungen des § 5 Abs. 2 und 3 UmwStG als in das Betriebsvermögen der Personengesellschaft eingelegt. Erfolgt der Erwerb von einem wesentlich beteiligten Anteilseigner, nehmen die erworbenen Anteile nach § 5 Abs. 2 S. 2 UmwStG innerhalb des 5-Jahres-Zeitraums nicht an der Ermittlung des Übernahmeergebnisses teil, wenn die Anteile von dem Erwerber im Privatvermögen gehalten werden.

c) Leistungsvergütungen zwischen Verschmelzungsstichtag und **160**
Verschmelzungsbeschluss. Nach der Besteuerungskonzeption einer Kapitalgesellschaft werden Leistungsbeziehungen zwischen Gesellschaft und Gesellschafter grundsätzlich auch mit steuerlicher Wirkung anerkannt. Vergütungen aus diesem Leistungsverhältnis können den steuerlichen Gewinn der Gesellschaft mindern. Demgegenüber wird bei der Besteuerungskonzeption einer Mitunternehmerschaft das Entgelt für eine Dienstleistung des Gesellschafters gegenüber der Gesellschaft nach § 15 Abs. 1 Nr. 2 EStG dem steuerlichen Gewinn der Gesellschaft in der zweiten Gewinnermittlungsstufe wieder hinzugerechnet. Im Ergebnis wird also der steuerliche Gewinn der Gesellschaft nicht um das betreffende Entgelt gemindert.

Nach § 2 UmwStG besteht die Möglichkeit, als Verschmelzungsstichtag **161**
einen Zeitpunkt zu bestimmen, der höchstens 8 Monate zurückliegt. Bis zum Verschmelzungsbeschluss bzw. bis zur Eintragung der Verschmelzung im Handelsregister existiert die Kapitalgesellschaft zivilrechtlich fort, so dass im Grunde **Leistungsbeziehungen** auch mit steuerlicher Wirkung anzuerkennen wären, wenn im Übrigen die Voraussetzungen hierfür vorliegen. § 2 UmwStG enthält jedoch eine **Fiktion**, durch die sich rückwirkend auf den Verschmelzungsstichtag die Rechtsform ändert. Diese Fiktion schlägt auch auf das Rechtsverhältnis zwischen Gesellschaft und Gesellschafter durch. Das **Entgelt** für Leistungsbeziehungen für den Zeitraum zwischen Verschmelzungsstichtag und Verschmelzungsbeschluss **erhöhen** also **den Gewinn der aufnehmenden Personengesellschaft** nach § 15 Abs. 1 Nr. 2 EStG,[145] soweit diese an einen Gesellschafter geleistet werden, der nicht aus der Gesellschaft ausscheidet.[146]

Scheidet zwischen Verschmelzungsstichtag und Verschmelzungsbe- **162**
schluss ein **Gesellschafter** aus der Gesellschaft **aus**, etwa durch Verkauf der Gesellschaftsanteile, greift insoweit die **Rückwirkungsfiktion** nach § 2 UmwStG **nicht**, d.h. insoweit werden Leistungsbeziehungen zwischen der Gesellschaft und dem Gesellschafter auch mit steuerlicher Wirkung anerkannt.[147]

---

145 *Haritz/Benkert/Slabon* § 2 UmwStG Rn 71.
146 *Dötsch* Umwandlungssteuerrecht § 2 Rn 18.
147 BMF v. 25. 3. 1998 BStBl. I 1998, 284 Rn 02.40.

163 **d) Gewinnausschüttungen der übertragenden Kapitalgesellschaft nach dem Verschmelzungsstichtag.** Die steuerliche Behandlung der Gewinnausschüttungen der übertragenden Kapitalgesellschaft nach dem Verschmelzungsstichtag ist davon abhängig, ob der Beschluss über die Gewinnausschüttung vor oder nach dem Verschmelzungsstichtag erfolgt ist.

164 Ist der **Beschluss** über die Gewinnausschüttung bereits **vor dem Verschmelzungsstichtag** getroffen worden, handelt es sich um eine Verbindlichkeit der Kapitalgesellschaft, die als solche in der Verschmelzungsbilanz auszuweisen ist. Dies gilt selbst dann, wenn die Auszahlung der Dividende erst zu einem Zeitpunkt nach dem steuerlichen Verschmelzungsstichtag erfolgt, also in einen Zeitraum fällt, der in die Rückwirkungsfiktion des § 2 UmwStG liegt. Insoweit sind §§ 27, 37 und 38 KStG zu beachten. Die um diese Gewinnausschüttung veränderten Bestände an Körperschaftsteuerminderungs- bzw. -erhöhungspotential sind Ausgangsgrundlage für die Ermittlung der Körperschaftsteuer nach § 10 UmwStG.

165 Für den **Empfänger** der Dividende gilt grundsätzlich das **Zuflussprinzip**, nach der die Dividende erst im Veranlagungsjahr des Zuflusses steuerlich zu erfassen ist. Da der Gesellschafter im Rückwirkungszeitraum jedoch Empfänger der Dividende einer Gesellschaft ist, die auch durch die Fiktion rückwirkend als Personengesellschaft gilt, bestimmt § 2 Abs. 1 UmwStG, dass die Dividende als mit dem Vermögensübergang am steuerlichen Übertragungsstichtag zugeflossen gilt. Die Dividende wird also dem **Veranlagungszeitraum** vor dem steuerlichen Übertragungsstichtag **zugerechnet**. Für Zwecke der Kapitalertragsteuer wird der Zufluss spätestens mit Eintragung der Umwandlung im Handelsregister unterstellt.[148]

166 Werden einzelne Gesellschafter **nicht von** der **Rückwirkungsfiktion** in § 2 UmwStG **erfasst**, etwa weil die Anteile nach dem Verschmelzungsstichtag verkauft worden sind, gelten hinsichtlich der Gewinnausschüttung allgemeine Grundsätze. Die Gewinnausschüttung ist danach steuerlich im Zuflusszeitpunkt zu erfassen.[149]

167 Wird die Gewinnausschüttung dagegen erst **nach** dem **steuerlichen Verschmelzungsstichtag beschlossen**, wird die Dividende so behandelt, als ob sie bereits durch die aufnehmende Personengesellschaft vorgenommen worden wäre. In der Verschmelzungsbilanz ist für die Gewinnausschüttung keine Verbindlichkeit einzustellen, da diese erst nach dem Verschmelzungsstichtag begründet worden ist. Die Gewinnausschüttung ist deshalb bei der aufnehmenden Personengesellschaft wie eine **Entnahme** zu behandeln.[150] Auf der Ebene des Gesellschafters entsteht durch die Gewinnausschüttung **kein erfolgswirksamer Vorgang**. Die Gewinnausschüttung wird vielmehr wie eine Entnahme behandelt.

168 Werden einzelne Anteile **nicht durch** die **Rückwirkungsfiktion** in § 2 UmwStG erfasst und innerhalb des Rückwirkungszeitraums eine

---

[148] BMF v. 25. 3. 1998 BStBl. I 1998, 282 Rn 02.24; BMF v. 16. 12. 2003 DB 2004, 220 Rn 25.

[149] *Widmann/Mayer* § 2 UmwStG Rn 49 ff.; *Haritz/Benkert/Slabon* § 2 UmwStG Rn 67.

[150] *Weber*, GmbHR 1996, 273.

Gewinnausschüttung beschlossen, ist insoweit in der steuerlichen Übertragungsbilanz ein **passiver Korrekturposten** einzustellen, der wie eine Ausschüttungsverbindlichkeit zu behandeln ist.[151] Zum Zeitpunkt der Gewinnausschüttung ist für diese Anteile die Körperschaftsteuerminderung oder -erhöhung gem. § 37 KStG herzustellen. Der passive Korrekturposten wird von der aufnehmenden Personengesellschaft übernommen und zum Zeitpunkt der Gewinnausschüttung aufgelöst.

6. Verkehrsteuerliche Konsequenzen

a) Umsatzsteuerliche Behandlung. Mit der Verschmelzung geht das **169** Vermögen der Kapitalgesellschaft als Ganzes auf die GmbH & Co. KG über. Erfolgt die Verschmelzung auf eine Personengesellschaft, die nicht am Kapital der übertragenden Kapitalgesellschaft beteiligt ist, werden Gesellschaftsanteile der Personengesellschaft als **Gegenleistung** für die Vermögensübertragung neu ausgegeben. Erfolgt dagegen die Verschmelzung auf eine Mutterpersonengesellschaft, ist die Gegenleistung für die Vermögensübertragung die Aufgabe der Gesellschaftsanteile der übertragenden Kapitalgesellschaft.

Unabhängig hiervon, ob die Verschmelzung als entgeltlicher Vorgang **170** gewertet werden kann, unterliegt die im Zuge der Verschmelzung erfolgende Übertragung des Geschäftsbetriebes der Qualifikation als **Geschäftsveräußerung im Ganzen** nach § 1 Abs. 1a UStG, ist mithin **nicht umsatzsteuerbar**.[152] Die Verschmelzung ist also kein Vorgang, der der Besteuerung mit Umsatzsteuer unterliegt.

Zu beachten ist allerdings, dass die **Rückwirkungsfiktion** in § 2 **171** UmwStG **lediglich für Ertragssteuerzwecke** gilt. Für den Bereich der Umsatzsteuer bleibt die übertragende Kapitalgesellschaft so lange existent, bis die Kapitalgesellschaft zivilrechtlich untergeht. Dies ist der Zeitpunkt der Eintragung ins Handelsregister. Die übertragende Kapitalgesellschaft bleibt also so lange **Unternehmer** im Sinne des Umsatzsteuerrechts, bis die **Eintragung der Verschmelzung im Handelsregister** erfolgt ist.[153] Dies hat zur Folge, dass die Kapitalgesellschaft bis zu diesem Zeitpunkt noch umsatzsteuerliche Pflichten wahrnehmen muss. Die Ausgangsrechnungen werden also mit Ausweis von Mehrwertsteuer erstellt, die in monatlichen Umsatzsteuervoranmeldungen angemeldet und an die Finanzkasse abgeführt werden muss. Sobald die Verschmelzung in das Handelsregister eingetragen ist, entfallen diese Pflichten für die Kapitalgesellschaft und gehen auf die Personengesellschaft über. Wichtig ist deshalb, den Stichtag der Handelsregistereintragung genau zu bestimmen. Hier sollte eine Abklärung mit der Finanzverwaltung insbesondere mit der Finanzkasse erfolgen, damit eine reibungslose Überleitung erfolgen kann.

---

151 BMF v. 25. 3. 1998 BStBl. I 1998, 282 Rn 02.34; BMF v. 16. 12. 2003 DB 2004, 220 Rn 26.

152 *Rau/Husmann* § 1 UStG Rn 286; *Sölch/Klenk* § 1 UStG Rn 476; *Birkenfeld* USt-Handbuch I Rn 567. 2.

153 *Rau/Stadie* § 2 UStG Rn 600.

172 **b) Grunderwerbsteuer.** Befindet sich im Betriebsvermögen der übertragenden Kapitalgesellschaft ein Grundstück, geht dieses im Zuge des Verschmelzungsvorgangs auf die GmbH & Co. KG über. Hinsichtlich dieses Grundstücks erfolgt demgemäß ein **Rechtsträgerwechsel**. Dieser unterliegt nach § 1 Abs. 1 Nr. 3 GrEStG grundsätzlich der Besteuerung mit Grunderwerbsteuer.

173 Ergeben sich hinsichtlich der steuerlichen Behandlung der Verschmelzung einer Kapitalgesellschaft auf eine Personengesellschaft und der formwechselnden Umwandlung einer Kapitalgesellschaft in einer Personengesellschaft zahlreiche Parallelen hinsichtlich der steuerlichen Behandlung, bleibt im Bereich der Grunderwerbsteuer ein entscheidender Unterschied. Bei der formwechselnden Umwandlung bleibt der Rechtsträger identisch, so dass ein grunderwerbsteuerbarer Vorgang nicht entsteht.[154]

174 Im Falle der Verschmelzung geht das Vermögen der übertragenen Kapitalgesellschaft dagegen auf die aufnehmende Personengesellschaft über, so dass sich hinsichtlich der Grundstücke im Betriebsvermögen ein **Rechtsträgerwechsel** ergibt. Dieser Vorgang ist im Grundsatz nicht anders zu beurteilen wie die Verschmelzung einer Kapitalgesellschaft auf eine andere Kapitalgesellschaft, die unstreitig nach § 1 Abs. 1 Nr. 3 GrEStG der Besteuerung mit Grunderwerbsteuer unterliegt.[155]

---

[154] BFH v. 4. 12. 1996 DStR 1997, 112; FM Bad.-Württ. v. 18. 9. 1997 GmbHR 1997, 1016; *Rödder/Hölzel*, FR 1994, 285; *Streck/Mack/Schwedhelm*, GmbHR 1995, 171.

[155] BFH v. 28. 7. 1970 BStBl. II 1970, 818; BFH v. 18. 7. 1979 BStBl. II 1979, 683; *Boruttau/Fischer* § 1 GrEStG Rn 549 ff.

2. Abschnitt. Spaltung

§ 53 Umwandlungsrechtliche Grundlagen der Spaltung

Übersicht

Schrifttum: *Bayer/Wirth*, Eintragung der Spaltung und Eintragung der neuen Rechtsträger, ZIP 1996, 817; *Bungert*, Die Übertragung beschränkter persönlicher Dienstbarkeiten bei der Spaltung, BB 1997, 897; *Fuhrmann/Simon*, Praktische Probleme der umwandlungsrechtlichen Ausgliederung, AG 2000, 49; *Ganske*, Reform des Umwandlungsrechts, WM 1993, 1117; *Habersack* u. a. (Hrsg.), Die Spaltung im neuen Umwandlungsrecht und ihre Rechtsfolgen, ZHR-Beiheft Nr. 68, 1998; *Heckschen*, Das Umwandlungsrecht unter Berücksichtigung registerrechtlicher Problembereiche, RPfleger 1999, 357; *Heidenhain*, Sonderrechtsnachfolge bei der Spaltung, ZIP 1995, 801; *ders.*, Spaltungsvertrag und Spaltungsplan, NJW 1995, 2873; *Hennrichs*, Zum Formwechsel und zur Spaltung nach dem neuen Umwandlungsgesetz, ZIP 1995, 794; *Ihrig*, Verschmelzung und Spaltung ohne Gewährung neuer Anteile, ZHR 160 (1996), 317; *ders.*, Gläubigerschutz durch Kapitalaufbringung bei Verschmelzung und Spaltung nach neuem Umwandlungsrecht, GmbHR 1995, 622; *Ittner*, Die Spaltung nach dem neuem Umwandlungsrecht, MittRhNotK 1997, 105; *Kallmeyer*, Der Einsatz von Spaltung und Formwechsel nach dem UmwG 1995 für die Zukunftssicherung von Familienunternehmen, DB 1996, 28; *ders.*, Kombination von Spaltungsarten nach dem neuen Umwandlungsgesetz, DB 1995, 81; *Pickhardt*, Die Abgrenzung des spaltungsrelevanten Vermögensteils als Kernproblem bei der Spaltung, DB 1999, 729; *Schulze zur Wiesche*, Die GmbH & Co. KG im neuen Umwandlungsrecht, DB 1996, 1539; *Wilken*, Zur Gründungsphase bei der Spaltung zur Neugründung, DStR 1999, 677; *Wirth*, Auseinanderspaltung als Mittel zur Trennung von Familienstämmen und zur Filialabspaltung, AG 1997, 455.

I. Einführung

1. Anwendungsbereich

1 Als Personengesellschaft kann die GmbH & Co. KG als Rechtsträger an Spaltungen nach Maßgabe der §§ 125 ff. UmwG beteiligt sein, und zwar sowohl als **übertragender** als auch als **übernehmender Rechtsträger**. Als übertragender Rechtsträger begegnet die GmbH & Co. KG bei Spaltungen (zur Aufnahme oder Neugründung) mit der Maßgabe, dass der übernehmende oder neue Rechtsträger eine andere Personenhandelsgesellschaft oder Partnerschaftsgesellschaft (§§ 125, 135 UmwG), eine GmbH, AG oder KGaA (§§ 125, 135, 138 bis 140, 141 bis 146 UmwG) oder eine eingetragene Genossenschaft ist (§§ 125, 135, 147 f. UmwG). Umgekehrt kann die GmbH & Co. KG übernehmender oder neuer Rechtsträger sein bei der Spaltung einer anderen Personenhandelsgesellschaft oder Partnerschaftsgesellschaft (§§ 125, 135 UmwG), einer GmbH, AG oder KGaA (§§ 125, 135, 138 bis 140, 141 bis 146 UmwG), einer eingetragenen Genossenschaft (§§ 125, 135, 147 f. UmwG), einem eingetragenen Idealverein oder wirtschaftlichen Verein (§§ 125, 135, 149) oder im Falle der Ausgliederung aus dem Vermögen eines Einzelkaufmanns, eines eingetragenen Idealvereins oder wirtschaftlichen Vereins, einer Stiftung oder einer Gebietskörperschaft als übertragender Rechtsträger (§§ 125, 152 bis 157 bzw. 161 bis 167, 168 bis 173 UmwG).

2. Grundprinzipien der Spaltung

2 **a) Die Spaltungsformen.** Mit dem UmwG 1995 hat der Gesetzgeber erstmals die Möglichkeit der Spaltung von Unternehmensträgern gesetzlich geregelt. Eröffnet sind nunmehr drei Möglichkeiten der Spaltung, nämlich die **Aufspaltung**, die **Abspaltung** und die **Ausgliederung**. Dabei kommen alle drei Spaltungsformen jeweils zur Neugründung wie zur Aufnahme in Betracht, § 123 UmwG. Systematisch lehnt sich das Recht der Spaltung an die Regelungen zur Verschmelzung an. Ebenso wie im Verschmelzungsrecht sehen die umwandlungsrechtlichen Regelungen einen allgemeinen Teil (§§ 123 bis 137 UmwG) vor, dem rechtsformspezifische Sonderregelungen nachfolgen. § 125 UmwG bestimmt für die Spaltung eine entsprechende Anwendung des Verschmelzungsrechts. Dies ist systematisch insofern folgerichtig, als die Spaltung mit der Verschmelzung eine Reihe von Gemeinsamkeiten verbindet.[1] Allerdings setzt die Spaltung – anders als die Verschmelzung und auch anders als der Formwechsel – voraus, dass die beteiligten Rechtsträger das zu spaltende Teilvermögen rechtsgeschäftlich definieren.

3 **b) Spaltung zur Aufnahme und zur Neugründung.** Spaltungen können, wie bei der Verschmelzung, im Wege der Vermögensübertragung auf Rechtsträger erfolgen, die bereits bestehen (Spaltung zur Aufnahme).

---

[1] Vgl. *Lutter/Teichmann* § 123 UmwG Rn 18; Übersicht über anwendbare Vorschriften im Fall der Abspaltung, Abspaltung und Ausgliederung, bei *Stengel/Schwanna*, in: *Semler/Stengel*, UmwG, § 125 Rn 11.

Ebenso kommt eine Spaltung in Betracht, bei der der übernehmende Rechtsträger im Zuge der Vermögensübertragung neu gegründet wird (Spaltung zur Neugründung). Da bei der Spaltung zur Neugründung der übernehmende Rechtsträger erst mit der Spaltung entsteht, sieht das UmwG in § 136 S. 2 vor, dass an die Stelle des Spaltungs- und Übernahmevertrages ein **Spaltungsplan** tritt. Die Bestimmung zum Spaltungsvertrag, insbesondere über die im Spaltungsvertrag zu machenden Angaben (§ 126 UmwG), gelten für den Spaltungsplan gleichermaßen. Der im Zuge der Spaltung neu gegründete Rechtsträger entsteht mit Wirksamwerden der Spaltung durch Eintragung der Spaltung in das Handelsregister des übertragenden Rechtsträgers. Das gilt unabhängig davon, dass nach § 130 Abs. 1 S. 1 UmwG zunächst die Spaltung in das Register des übernehmenden Rechtsträgers einzutragen ist, bevor die Spaltung in das Register des Sitzes des übertragenden Rechtsträgers eingetragen werden darf. Nach § 130 Abs. 1 S. 2 UmwG ist die Eintragung im Register des übernehmenden Rechtsträgers nämlich mit dem Vermerk zu versehen, dass die **Spaltung** erst mit der Eintragung im Register des Sitzes des übertragenden Rechtsträgers **wirksam** wird. Rechtsbegründende Wirkung hat die Eintragung im Register des übernehmenden Rechtsträgers also erst dann, wenn die Spaltung mit Eintragung am Sitz des übertragenden Rechtsträgers wirksam wird; auf Letzteres kommt es nach § 131 Abs. 1 UmwG an. Damit will das Gesetz sicherstellen, dass die Spaltung insgesamt bei allen beteiligten Rechtsträgern gleichzeitige Wirksamkeit entfaltet.[2] Für die Spaltung zur Neugründung zu beachten ist schließlich noch der Verweis auf die Gründungsvorschriften für Rechtsträger der jeweiligen Rechtsform, § 135 Abs. 2 UmwG. Bei der Gestaltung des Gesellschaftsvertrages des neuen Rechtsträgers ist stets zu berücksichtigen, dass es sich um eine Sachgründung handelt.[3]

c) Aufspaltung. Die Aufspaltung, § 123 Abs. 1 UmwG, ist die Über- **4**
tragung des gesamten Vermögens eines Rechtsträgers auf zwei oder mehr bestehende Rechtsträger (Spaltung zur Aufnahme) oder dadurch neu gegründete Rechtsträger (Spaltung zur Neugründung) gegen Gewährung von Anteilen an den übernehmenden oder neuen Rechtsträgern an die Gesellschafter des übertragenden Rechtsträgers mit der Folge, dass der übertragende Rechtsträger erlischt und sein Vermögen jeweils als Gesamtheit im Wege der partiellen Gesamtrechtsnachfolge auf die übernehmenden Rechtsträger übergeht. Die zum liquidationslosen Erlöschen des sich aufspaltenden Rechtsträgers führende Aufspaltung kann danach mit Recht als die **Umkehrung der Verschmelzung** (zur Neugründung) verstanden werden. Die Aufspaltung zur Aufnahme entspricht der Verschmelzung zur Aufnahme mit dem einzigen Unterschied, dass nicht ein aufnehmender Rechtsträger, sondern mindestens zwei aufnehmende Rechtsträger die Rechtsnachfolge des übertragenden Rechtsträgers antreten.

---

[2] Vgl. RegBegr. zu § 130 UmwG bei *Schaumburg/Rödder* § 131 UmwG Rn 2.

[3] Vgl. *Kallmeyer/Kallmeyer* § 125 UmwG Rn 40; *Bärwaldt*, in: *Semler/Stengel*, UmwG, § 135 Rn 16.

5 **d) Abspaltung.** Die Abspaltung, § 123 Abs. 2 UmwG, ist die Übertragung eines Teils oder mehrerer Teile des Vermögens eines Rechtsträgers im Ganzen, also im Wege der partiellen Gesamtrechtsnachfolge, auf einen oder mehrere bestehende Rechtsträger (Abspaltung zur Aufnahme) oder infolge der Abspaltung errichtete Rechtsträger (Abspaltung zur Neugründung) gegen Gewährung von Anteilen an dem aufnehmenden oder neuen Rechtsträgern an die Anteilsinhaber des abspaltenden Rechtsträgers. Von der Aufspaltung sondert sich die Abspaltung dadurch, dass sich die partielle Gesamtrechtsnachfolge auf einen **Teil des Vermögens** des übertragenden Rechtsträgers **beschränkt** und dieser – mit dem nicht abgespaltenen Vermögensteil – als Rechtsträger fortbesteht.

6 **e) Ausgliederung.** Die Ausgliederung als dritte Spaltungsform, § 123 Abs. 3 UmwG,[4] entspricht der Abspaltung, doch ist bei ihr Destinatär der zu gewährenden Anteile an dem aufnehmenden oder neuen Rechtsträger der **ausgliedernde Rechtsträger** selbst; auf der Ebene der Anteilsinhaber des ausgliedernden Rechtsträgers ändert sich nichts. Weil bei der Ausgliederung die Beteiligung an dem übernehmenden oder neuen Rechtsträger dem ausgliedernden Rechtsträger zu gewähren ist, ist es denkbar, dass sich die Ausgliederung – anders als die Abspaltung – auf das gesamte Vermögen des ausgliedernden Rechtsträgers bezieht. Die Ausgliederung führt dann zu einem kompletten Übergang des Vermögens des ausgliedernden Rechtsträgers auf einen fortan ihm als Tochtergesellschaft zugeordneten neuen Rechtsträger.[5]

7 **f) Kombinationen.** Nach § 123 Abs. 3 UmwG kann die Spaltung auch durch gleichzeitige Vermögensübertragung **auf bestehende und neue Rechtsträger** erfolgen. Darüber hinaus ist es denkbar, die Spaltungsarten miteinander zu verbinden, namentlich kann also ein Rechtsträger in ein und demselben Vorgang Vermögensteile sowohl abspalten als auch ausgliedern.[6]

3. Verhältniswahrende und nicht verhältniswahrende Spaltung

8 Im Regelfall richtet sich das Verhältnis, an dem Anteilsinhaber des übertragenden Rechtsträgers an dem oder den übernehmenden Rechtsträgern beteiligt werden, nach dem Maßstab ihrer **Beteiligungsquoten am übertragenden Rechtsträger**. Zwingend ist dies indessen nicht. Nach § 128 UmwG ist die so genannte nichtverhältniswahrende Spaltung zulässig. Sie setzt aber voraus, dass die Anteilsinhaber des übertragenden Rechtsträgers zustimmen. Zweifelhaft ist, ob eine nichtverhältniswahrende Spaltung

[4] Zum Vergleich mit der Ausgliederung durch Einzelrechtsnachfolge vgl. *Engelmeyer*, AG 1999, 263.

[5] Vgl. *Schulze zur Wiesche*, DB 1996, 1542; *Stengel/Schwanna*, in: *Semler/Stengel*, UmwG, § 123 Rn 17.

[6] Vgl. dazu *Kallmeyer*, DB 1995, 83; *Mayer*, DB 1995, 861; zurückhaltend dagegen *Karollus*, in: *Lutter*, Kölner Umwandlungsrechtstage, S. 157, 162.

durch bare Zuzahlungen an einzelne Anteilsinhaber vermieden werden kann.[7]

9 Zulässig ist auch die so genannte **Spaltung „zu null"**. So kann etwa eine GmbH & Co. KG mit zwei Kommanditisten dergestalt aufgespalten werden, dass der Kommanditist A nur an der einen aufnehmenden Gesellschaft und der Kommanditist B nur an der anderen aufnehmenden Gesellschaft Anteile erhält.[8] Weitergehend ist es auch zulässig, dass bei einer Spaltung einzelnen Gesellschaftern überhaupt keine Anteile als Gegenleistung zugewiesen werden.[9] Das Prinzip der Identität der Mitgliedschaft ist bei der Spaltung nicht einschlägig.[10]

4. Sonstiges

10 Das Spaltungsrecht ist vom Grundprinzip der Spaltungsfreiheit bestimmt. Danach ist es den Rechtsträgern im Grundsatz freigestellt, welches Teilvermögen sie im Wege der Spaltung übertragen wollen. Im Extremfall kann deshalb auch ein einziger Vermögensgegenstand oder eine Verbindlichkeit alleiniger Spaltungsgegenstand sein.[11] Grenzen findet die **Spaltungsfreiheit** in § 613a BGB und in § 132 UmwG. Danach sind allgemeine Vorschriften, welche die Übertragbarkeit eines bestimmten Gegenstandes ausschließen oder an bestimmte Voraussetzungen knüpfen, vom Spaltungsrecht nicht überlagert. Ihre Wirkung bleibt ebenso unberührt wie Bestimmungen, nach denen die Übertragung eines Gegenstands einer staatlichen Genehmigung bedarf. § 399 BGB steht demgegenüber der Aufspaltung nicht entgegen, § 132 S. 2 UmwG.[12]

11 Mit dem Prinzip der Spaltungsfreiheit korreliert der spezifische **Gläubigerschutz** nach § 133 UmwG. Danach haften die an der Spaltung beteiligten Rechtsträger als Gesamtschuldner für die Verbindlichkeiten des übertragenden Rechtsträgers, die vor dem Wirksamwerden der Spaltung begründet worden sind. Diese gesamtschuldnerische Haftung ist berechtigt, weil die Verteilung von Aktiva der übertragenden Rechtsträger auf andere, aufnehmende Rechtsträger ohne Gläubigermitwirkung erfolgt.[13]

12 Der **Ablauf** der Spaltung folgt im Grundsatz denselben Regeln wie die Verschmelzung (s. § 51 Rn 8 ff.). Wie bei der Verschmelzung und beim

---

[7] Dafür *Widmann/Mayer* § 128 UmwG Rn 34; *Schröer*, in: *Semler/Stengel*, UmwG, § 128 Rn 9; *Kallmeyer/Kallmeyer* § 128 UmwG Rn 2; mit Recht zweifelnd *Lutter/Priester* § 128 UmwG Rn 8.

[8] Vgl. dazu *Schröer*, in: *Semler*/Stengel, UmwG, § 128 Rn 6; *Lutter/Priester* § 128 UmwG Rn 11 m. w. N.

[9] Z. B. bei der Aufspaltung einer GmbH & Co. auf Kapitalgesellschaften, vgl. dazu *Kallmeyer /Kallmeyer* § 124 UmwG Rn 10.

[10] Vgl. *Lutter/Priester* § 128 UmwG Rn 12. Die Frage ist allerdings str., zum Meinungstand *Sagasser/Bula/Brünger* Umwandlungen Rn N 31.

[11] Vgl. *Lutter/Teichmann* § 123 UmwG Rn 9; *Stengel/Schwanna*, in: *Semler/Stengel*, UmwG, § 123 Rn 6.

[12] *Schröer*, in: *Semler/Stengel*, UmwG, § 132 Rn 11.

[13] Vgl. RegBegr. bei *Schaumburg/Rödder* § 133 UmwG; zur Frage, ob die zeitliche Befristung richtlinienkonform ist, vgl. *Maier-Reimer*, in: *Semler/Stengel*, UmwG, § 133 Rn 8 f.

Formwechsel stellt sich auch bei der Spaltung die Frage, ob einzelne Gesellschafter des übertragenden Rechtsträgers anlässlich der Spaltung ausscheiden können, ob also etwa bei der Aufspaltung einzelne Gesellschafter an keinem der übernehmenden Rechtsträger beteiligt werden. Dies ist, sofern der betroffene Gesellschafter zustimmt, richtigerweise zu bejahen. Umgekehrt stellt sich insbesondere im Hinblick auf die GmbH & Co. KG die Frage, ob an der Spaltung zur Neugründung einer GmbH & Co. KG die Komplementär-GmbH auf den Zeitpunkt des Wirksamwerdens der Spaltung dem mit der Spaltung entstehenden neuen Rechtsträger beitreten kann. Auch dies ist zu bejahen (vgl. auch § 55 Rn 68).

II. Spaltungsvertrag und Spaltungsplan

1. Überblick

13 Kern jeder Spaltung ist der Spaltungs- und Übernahmevertrag, der alle rechtsgeschäftlichen Festlegungen für die Durchführung der Spaltung enthält. Er entspricht funktional dem Verschmelzungsvertrag bei der Verschmelzung. An die Stelle des Spaltungs- und Übernahmevertrags tritt bei Spaltung zur Neugründung der **Spaltungsplan**, § 136 UmwG. Ebenso wie bei der Verschmelzung kann anstelle des Vertrages oder Plans ein Entwurf treten, auf den sich die Spaltungsbeschlüsse beziehen. Rechtzeitig vor der Anmeldung der Spaltung ist der Spaltungsvertrag oder -plan dann entsprechend dem Entwurf ordnungsgemäß abzuschließen bzw. aufzustellen,[14] vgl. § 125 S. 1 i.V.m. § 4 Abs. 2 UmwG. Der Abschluss des Spaltungsvertrags obliegt den Vertretungsorganen der beteiligten Rechtsträger in vertretungsberechtigter Anzahl;[15] Entsprechendes gilt für die Aufstellung des Spaltungsplans. Spaltungsvertrag und Spaltungsplan sind **notariell** zu beurkunden, §§ 125 S. 1 i.V. m. 6 UmwG bzw. § 136 S. 2 UmwG. Der Spaltungsvertrag ist dem zuständigen Betriebsrat jedes der beteiligten Rechtsträger spätestens einen Monat vor dem Tag der Gesellschafterversammlung der Gesellschafter des betreffenden Rechtsträgers, in der die Zustimmung zur Spaltung beschlossen werden soll, zuzuleiten, § 126 Abs. 3 UmwG.

2. Notwendiger Inhalt

14 **a) Parallele zur Verschmelzung.** Ebenso wie für den Verschmelzungsvertrag bestimmt das Umwandlungsgesetz enumerativ den **notwendigen Mindestinhalt** des Spaltungs- und Übernahmevertrags bzw. des Spaltungsplans, § 126 UmwG.[16] Die meisten Festlegungen entsprechen jenen in dem Verschmelzungsvertrag (dazu § 51 Rn 13 ff.). Im Einzelnen haben der Spaltungsplan und der Spaltungsvertrag zu enthalten:

---

[14] Vgl. *Widmann/Mayer* § 126 UmwG Rn 9–16.
[15] Vgl. *Heidenhain*, NJW 1995, 2873.
[16] Zum fakultativen Inhalt vgl. *Kallmeyer/Kallmeyer* § 126 UmwG Rn 44 ff.; *Simon*, in: *Semler/Stengel*, UmwG, § 126 Rn 93 ff.

b) Name, Firma, Sitz. In dem Vertrag bzw. Plan oder den Entwürfen hierfür sind anzugeben der Name oder die Firma und der Sitz jedes der an der Spaltung beteiligten Rechtsträger, § 126 Abs. 1 Nr. 1 UmwG.[17] 15

c) Spaltungsform. Es ist weiter die Vereinbarung aufzunehmen über die **Übertragung** der Teile des **Vermögens** des übertragenden Rechtsträgers, jeweils als Gesamtheit im Wege der partiellen Gesamtrechtsnachfolge von dem übertragenden auf den übernehmenden Rechtsträger im Austausch gegen Anteile an diesen, § 126 Abs. 1 Nr. 2 UmwG.[18] 16

d) Umtauschverhältnis, bare Zuzahlung. Bei der Auf- oder Abspaltung sind das Umtauschverhältnis der **zu gewährenden Anteile** und ggf. die Gewährung einer baren Zuzahlung oder Angaben über die Mitgliedschaft bei dem übernehmenden Rechtsträger festzustellen, § 126 Abs. 1 Nr. 3 UmwG. 17

Da auch bei der **Ausgliederung** nach § 123 Abs. 3 eine Gegenleistung in Gestalt der Gewährung von Anteilen oder Mitgliedschaften des übernehmenden Rechtsträgers an den übertragenden Rechtsträger erforderlich ist, bedarf es auch im Falle der Ausgliederung einer entsprechenden Bestimmung im Spaltungsvertrag bzw. -plan.[19]

e) Anteilsübertragung. Bei der Auf- und Abspaltung[20] sind die Einzelheiten für die Übertragung der Anteile des übernehmenden Rechtsträgers oder über den **Erwerb der Mitgliedschaft** bei dem übernehmenden Rechtsträger anzugeben, § 126 Abs. 1 Nr. 4 UmwG. Bei der GmbH & Co. KG als übernehmender Rechtsträger entfällt in der Regel diese Angabe.[21] Dabei ist insbesondere festzustellen, ob die als Gegenleistung an die Gesellschafter des übertragenden Rechtsträgers zu gewährenden Anteile als neue Anteile im Wege einer Kapitalerhöhung geschaffen werden oder ob bestehende Anteile gewährt werden. 18

f) Gewinnberechtigung. Es ist der Zeitpunkt festzulegen, von dem an dieser Anteil oder die Mitgliedschaft einen **Anspruch** auf einen Anteil **am Bilanzgewinn** gewähren, sowie alle Besonderheiten in Bezug auf diesen Anspruch, § 126 Abs. 1 Nr. 5 UmwG. Dieser Stichtag muss nicht mit dem Spaltungsstichtag übereinstimmen.[22] 19

g) Spaltungsstichtag. Der Spaltungsvertrag oder -plan müssen den Spaltungsstichtag bestimmen, von dem ab **Handlungen** des übertragenden Rechtsträgers als **für Rechnung** des oder der übernehmenden Rechtsträger vorgenommen gelten, § 126 Abs. 1 Nr. 6 UmwG. 20

h) Sonderrechte. Rechte, die die übernehmenden Rechtsträger einzelnen Anteilsinhabern oder Inhabern besonderer Rechte gewähren, sind an- 21

---

[17] Zum Firmenrecht bei der Spaltung vgl. *Kögel*, GmbHR 1996, 172.

[18] Zum Wegfall dieser Angabe vgl. *Kallmeyer/Kallmeyer* § 126 UmwG Rn 6.

[19] Dazu im Einzelnen *Ittner*, MittRhNotK 1997, 113.

[20] Zum Wegfall dieser Angabe bei der Ausgliederung vgl. *Lutter/Priester* § 126 UmwG Rn 25; *Schröer*, in: *Semler/Stengel*, UmwG, § 126 Rn 36, 44.

[21] Vgl. *Kallmeyer/Kallmeyer* § 126 UmwG Rn 13.

[22] Vgl. *Kallmeyer/Kallmeyer* § 126 UmwG Rn 14.

zugeben, ebenso die für diese Personen vorgesehenen Maßnahmen, § 126 Abs. 1 Nr. 7 UmwG. Auch ein Nichtbestehen solcher Rechte ist ausdrücklich festzustellen.[23]

22 **i) Vorteilsgewährung.** Es sind im Spaltungsvertrag bzw. -plan alle Vorteile zu benennen, die einem Mitglied eines Vertretungsorgans oder eines Aufsichtsorgans der an der Spaltung beteiligten Rechtsträger, einem geschäftsführenden Gesellschafter, einem Partner, einem Abschlussprüfer oder einem Spaltungsprüfer gewährt werden, § 126 Abs. 1 Nr. 8 UmwG. Auch hier ist ein Nichtbestehen von besonderen Vorteilen ausdrücklich festzustellen.[24]

23 **j) Vermögensabgrenzung.** Als Kernstück muss der Spaltungsvertrag bzw. -plan die genaue **Bezeichnung** und Aufteilung der Gegenstände des **Aktiv- und Passivvermögens** enthalten, die an jeden der übernehmenden Rechtsträger übertragen werden, sowie der übergehende Betrieb und Betriebsteil unter Zuordnung zu den übernehmenden Rechtsträgern, § 126 Abs. 1 Nr. 9 UmwG.

24 Der Bestimmung des im Zuge der Spaltung zu übertragenden Vermögens ist besondere Aufmerksamkeit zu widmen.[25] Da es zu einer Aufteilung des Vermögens des übertragenden Rechtsträgers im Wege einer nur partiellen Gesamtrechtsnachfolge kommt, müssen die Festsetzungen zur Bezeichnung und Aufteilung der Gegenstände des Aktiv- und Passivermögens so genau erfolgen, dass dem **Bestimmtheitsgrundsatz** Rechnung getragen wird.[26] Die Vermögensgegenstände müssen also bestimmbar sein.[27] Dabei ist eine Bezugnahme auf Bilanzen ebenso zulässig wie eine nach betriebswirtschaftlicher Betrachtungsweise erfolgende **Zuordnung** von Vermögensgegenständen an hinreichend identifizierbare **Teilbetriebe**. Soweit es um bewegliche Gegenstände wie Warenbestände, Betriebsausstattungen und anderes geht, können die Grundsätze, wie sie für Raumsicherungsverträge entwickelt worden sind, angezogen werden. Eine Besonderheit gilt für **Grundstücke** und an Grundstücken bestehenden Rechten. Sie sind so genau zu bezeichnen, wie dies für die mit Wirksamwerden der Spaltung gebotene Grundbuchberichtigung erforderlich ist; § 126 Abs. 2 S. 2 UmwG nimmt § 28 Abs. 1 GBO ausdrücklich in Bezug. Im Übrigen empfiehlt sich eine Auffangklausel, die das Schicksal „vergessener" Vermögensgegenstände regelt, und eine Auslegungsvorschrift, wie bei Zuordnungszweifeln zu entscheiden ist.

25 **k) Anteilsaufteilung.** Unverzichtbarer Bestandteil des Spaltungsvertrages bzw. -plans ist bei der Aufspaltung und Abspaltung weiter die Auf-

---

[23] Vgl. *Heidenhain*, NJW 1995, 2875; jedenfalls empfehlenswert *Schröer*, in: *Semler/Stengel*, UmwG, § 126 Rn 51.

[24] Vgl. *Kallmeyer/Kallmeyer* § 126 UmwG Rn 18; *Schröer*, in: *Semler/Stengel*, UmwG, § 126 Rn 53 (Fn. 95).

[25] Vgl. *Pickhardt*, DB 1999, 729; *Schröer*, in: *Semler/Stengel*, UmwG, § 126 Rn 54 ff.

[26] Bei der Ausgliederung vgl. *Fuhrmann/Simon*, AG 2000, 54.

[27] Vgl. *Kallmeyer/Kallmeyer* § 126 UmwG Rn 19 ff.; *Lutter/Priester* § 126 UmwG Rn 43; so nun auch BGH AG 2004, 98, 99.

teilung der Anteile oder Mitgliedschaften jedes übernehmenden Rechtsträgers auf die Anteilsinhaber des übertragenden Rechtsträgers sowie der Maßstab für die Aufteilung, § 126 Abs. 1 Nr. 10 UmwG.

l) Folgen für Arbeitnehmer. Der Spaltungsvertrag bzw. -plan hat schließlich die Folgen der Spaltung für die Arbeitnehmer und ihre Vertretungsorgane sowie die insoweit vorgesehenen **Maßnahmen** zu erläutern, § 126 Abs. 1 Nr. 11 UmwG. Da es sich um eine Parallelvorschrift zu § 5 Abs. 1 Nr. 9 UmwG handelt, kann auf die Erläuterungen im Rahmen der Verschmelzung verwiesen werden.[28] **26**

III. Spaltungsbericht und Spaltungsprüfung

1. Spaltungsbericht

Ebenso wie bei der Verschmelzung und dem Formwechsel ist die Spaltung durch einen Spaltungsbericht vorzubereiten, § 127 UmwG. Der Spaltungsbericht ist von den Vertretungsorganen jedes der an der Spaltung beteiligten Rechtsträger zu erstatten und von jedem einzelnen Organmitglied zu unterzeichnen.[29] Darin sind die Spaltung und der Spaltungsvertrag bzw. -plan im Einzelnen ausführlich rechtlich und wirtschsaftlich zu erläutern und zu begründen. Der Spaltungsbericht soll den Anteilsinhabern eine **Plausibilitätskontrolle** ermöglichen. Bei der Aufspaltung und Abspaltung sind insbesondere das Umtauschverhältnis der Anteile darzutun und die Angaben über die Mitgliedschaften bei den übernehmenden Rechtsträgern zu machen; dasselbe gilt für den Maßstab der Anteilsaufteilung und die Höhe einer etwa anzubietenden Barabfindung. Die Erstattung eines **gemeinsamen Spaltungsberichts** ist zulässig. Die Regeln in § 8 Abs. 1 S. 2 bis 4, Abs. 2 und 3 UmwG zum Verschmelzungsbericht gelten für den Spaltungsbericht entsprechend. Demgemäß ist der Spaltungsbericht insbesondere dann entbehrlich, (a) wenn eine Verzichtserklärung aller Anteilsinhaber der beteiligten Rechtsträger, die der notariellen Form bedarf, vorliegt, (b) bei einer Abspaltung von einer 100 %igen Tochtergesellschaft auf die Mutter und (c) bei der Ausgliederung, wenn ausschließlich auf 100 %ige Tochtergesellschaften ausgegliedert wird.[30] Für die inhaltliche Gestaltung des Spaltungsberichts kann auf die Ausführungen zum Umwandlungsbericht beim Formwechsel (§ 55 Rn 10 ff.) und zum Verschmelzungsbericht (§ 51 Rn 25) verwiesen werden. **27**

2. Prüfung

Eine Spaltungsprüfung nach § 125 S. 1 i.V.m. § 9 Abs. 1 kommt in Aufspaltungs- und Abspaltungsfällen in Betracht. Demgegenüber gibt es keine Spaltungsprüfung bei der Ausgliederung, § 125 S. 2 UmwG. Für die an einer Auf- oder Abspaltung beteiligte GmbH & Co. KG führt der Ver- **28**

---

[28] Ausf. zur Ausgliederung *Fuhrmann/Simon*, AG 2000, 51 f.

[29] Vgl. *Kallmeyer/Kallmeyer* § 127 UmwG Rn 4.

[30] Vgl. *Gehling*, in: *Semler/Stengel*, UmwG, § 127 Rn 47, 50; *Kallmeyer/Kallmeyer* § 127 UmwG Rn 16.

weis von § 125 S. 1 UmwG auf die Verschmelzungsregeln zu § 44 UmwG. Danach erfolgt die Spaltungsprüfung **nur auf Verlangen** eines Gesellschafters, das nur unter der Voraussetzung gestellt werden kann, dass der Gesellschaftsvertrag eine Mehrheitsentscheidung für den Spaltungsbeschluss vorsieht. Die Möglichkeit des allseitigen Verzichts auf die Spaltungsprüfung nach § 125 S. 1 i.V. m. § 9 Abs. 3 i.V. m. § 8 Abs. 3 S. 1 1. Fall, S. 2 UmwG ist deshalb für die Personengesellschaft nicht einschlägig. Die Verzichtsmöglichkeit ist aber für die Spaltung unter Beteiligung einer GmbH & Co. KG dann relevant, wenn eine Barabfindung erfolgt und die Spaltungsprüfung nach § 125 S. 1 i.V. m. § 30 Abs. 2 S. 3 UmwG obligatorisch ist.

29 Nicht folgerichtig erscheint der **Ausschluss** von § 9 Abs. 2 UmwG in § 125 S. 1 UmwG, wonach keine Prüfung zu erfolgen hat, wenn die aufnehmende Muttergesellschaft alle Anteile an der übertragenden Tochtergesellschaft hält.[31] Soweit Vermögen im Wege der Spaltung von der 100 %igen Tochtergesellschaft auf die Muttergesellschaft übertragen wird, kommt eine Gewährung von Anteilen durch die Muttergesellschaft an sie selbst gerade nicht in Betracht.[32] Zumindest in **Abspaltungsfällen**, bei denen eine 100 %ige Tochtergesellschaft einen Teil ihres Vermögens auf ihre Muttergesellschaft abspaltet, ist die Notwendigkeit einer Spaltungsprüfung nicht verständlich.[33]

30 Soweit danach eine Spaltungsprüfung zu erfolgen hat, bezieht sie sich wie bei der Verschmelzungsprüfung auf die **Vollständigkeit und Richtigkeit** des Spaltungsvertrages bzw. des Spaltungsplanes, auf die Angemessenheit der vereinbarten Umtauschverhältnisse und ggf. die **Angemessenheit** einer baren Zuzahlung und auf die Prüfung eines etwaigen Barabfindungsangebots. Wegen der Einzelheiten kann auf die Verschmelzungsprüfung (§ 51 Rn 28) verwiesen werden.

IV. Zustimmungsbeschlüsse der Anteilsinhaber

31 Der Spaltungs- bzw. Ausgliederungs- und Übernahmevertrag bedarf nach § 195 i.V. m. § 13 UmwG der **Zustimmung** der Anteilsinhaber jedes der an der Spaltung beteiligten Rechtsträger.

Der Zustimmungsbeschluss muss wie bei der Verschmelzung in einer **Gesellschafterversammlung** gefasst werden, § 13 Abs. 1 S. 2 UmwG.[34] Auch bei der Spaltung ist nach §§ 125, 42 UmwG spätestens mit der Einladung zur Gesellschafterversammlung der Spaltungs- bzw. Ausgliederungsbericht zusammen mit dem Spaltungs- und Übernahmevertrag bzw.

---

[31] Die RegBegr., es komme bei der Auf- oder Abspaltung stets zu einem Anteilstausch, weshalb eine Prüfung unverzichtbar sei (abgedr. bei *Schaumburg/Rödder* § 125 UmwG Rn 4), ist nicht zutr.

[32] Zutr. Beck Hdb. Personengesellschaften/*Haritz/Bärwaldt* § 9 Rn 477 m. N.

[33] Ebenso Beck Hdb. Personengesellschaften/*Haritz/Bärwaldt* § 9 Rn 74, 177, dort – weitergehend – auch für Aufspaltungsfälle, soweit es um den Vermögensübergang auf die Muttergesellschaft geht; enger demgegenüber *Kallmeyer/Kallmeyer* § 125 UmwG Rn 9 (generell für Spaltungsprüfungen).

[34] Zur Individualzustimmung bei der Ausgliederung vgl. *Veil*, ZIP 1998, 363.

Spaltungsplan den Kommanditisten zu übersenden. Ist ein Spaltungsprüfungsbericht erstellt worden, so ist auch er den Kommanditisten zu übersenden (vgl. die Ausführungen zur Verschmelzung § 51 Rn 30ff.).[35]

V. Wirksamwerden der Spaltung

1. Anmeldung

Die Spaltung ist ebenso wie die Verschmelzung zur Eintragung in das jeweils zuständige Register der beteiligten Rechtsträger anzumelden. Bei der **Spaltung zur Aufnahme** ist zur Anmeldung der Spaltung bei dem Registergericht des übertragenden Rechtsträgers auch das Vertretungsorgan jedes der **übernehmenden Rechtsträger** berechtigt, § 129 UmwG. Der übernehmende Rechtsträger kann also auch die Spaltung bei dem übertragenden Rechtsträger anmelden. Die Anmeldung obliegt den vertretungsberechtigten Personen in vertretungsberechtigter Zahl, unechte Gesamtvertretung ist nach herrschender Auffassung zulässig.[36] **32**

Anzumelden ist die **Spaltung** selbst, nicht also der Spaltungsvertrag oder die Zustimmungsbeschlüsse zu diesem.[37] Dabei ist die Art der Spaltung anzugeben, d.h. Auf- oder Abspaltung oder Ausgliederung zur Aufnahme oder zur Neugründung. Weiter sind Firma und Sitz der beteiligten Rechtsträger zu bezeichnen. **Beizufügen** sind der Anmeldung der Spaltungs- und Übernahmevertrag bzw. -plan, die notariellen Niederschriften über die Zustimmungsbeschlüsse hierzu, die notariellen Urkunden der etwaigen Zustimmungs- oder Verzichtserklärungen einzelner Gesellschafter, der Spaltungsbericht und der Spaltungsprüfungsbericht, die Negativerklärung gemäß § 16 Abs. 2 UmwG und, sofern erforderlich, der Nachweis über die rechtzeitige Zuleitung des Spaltungs- und Übernahmevertrages bzw. -plans an den Betriebsrat.[38] Darüber hinaus ist eine **Schlussbilanz** des übertragenden Rechtsträgers vorzulegen, deren Stichtag maximal acht Monate vor der Anmeldung der Spaltung bei dem übertragenden Rechtsträger liegen darf, § 125 bzw. § 135 i.V.m. § 17 Abs. 2 S. 4 UmwG.[39] Eine **Reihenfolge** für die Anmeldungen bei den beteiligten Rechtsträgern sieht, anders als für die Eintragung, das Gesetz nicht vor. **33**

2. Eintragung

Nach § 130 Abs. 1 S. 1 UmwG ist zunächst die Spaltung im Register des Sitzes des übernehmenden Rechtsträgers einzutragen, bevor die Eintragung in das Register des Sitzes des übertragenden Rechtsträgers erfolgt. Haben Kapitalmaßnahmen stattgefunden, so sind diese vor der Spaltung einzutragen. Es empfiehlt sich, dies auch in der Anmeldung ausdrücklich zum Ausdruck zu bringen. Mit der Eintragung der Spaltung im Register des Sitzes des **übertragenden Rechtsträgers** treten die Wirkungen nach **34**

---

[35] Vgl. *Kallmeyer/Kallmeyer* § 125 UmwG Rn 47.

[36] Vgl. *Lutter/Priester* § 129 UmwG Rn 3 m.w.N.; *Volhard*, in: *Semler/Stengel*, UmwG, § 129 Rn 3.

[37] Vgl. *Kallmeyer/Zimmermann* § 129 UmwG Rn 6.

[38] Zu den Einzelheiten vgl. insb. *Ittner*, MittRhNotK 1997, 123.

[39] Vgl. *Kallmeyer/Müller* § 125 UmwG Rn 23.

§ 131 UmwG ein, insbesondere: Das Vermögen des sich aufspaltenden Rechtsträgers bzw. der zu übertragende Vermögensteil des übertragenden Rechtsträgers bei der Abspaltung oder Ausgliederung geht auf den übernehmenden bzw. neuen Rechtsträger „als Ganzes", d. h. im Wege der so genannten partiellen Gesamtrechtsnachfolge, über. Der Eigentumsübergang ist bei Grundstücken nicht von der Umschreibung im Grundbuch abhängig; das Grundbuch ist lediglich zu berichtigen. Der sich aufspaltende Rechtsträger **erlischt** abwicklungslos. Die Anteilsinhaber des übertragenden Rechtsträgers sind nach Maßgabe des Aufspaltungs- bzw. Abspaltungsvertrages Anteilsinhaber des oder der übernehmenden bzw. neuen Rechtsträger. Im Falle der Ausgliederung wird der übertragende Rechtsträger selbst Anteilsinhaber des übernehmenden bzw. neuen Rechtsträgers. Soweit Rechte Dritter an den Anteilen bestehen, setzen sich diese Rechte an den als Gegenleistung gewährten Anteilen am übernehmenden Rechtsträger fort. **Mängel** in der notariellen Beurkundung des Spaltungs- oder Übernahmevertrages bzw. -plans und das Fehlen ggf. erforderliche Zustimmungs- oder Verzichtserklärungen einzelner Anteilsinhaber werden mit der Eintragung **geheilt**. Darüber hinaus lassen Mängel der Spaltung die Wirkung der Eintragung grundsätzlich unberührt, § 131 Abs. 2 UmwG.

VI. Kommanditistenhaftung bei der Spaltung

35 Bei der Spaltung einer GmbH & Co. KG stellt sich die Frage, ob es zu einem **Wiederaufleben** der Kommanditistenhaftung nach § 172 Abs. 4 HGB deshalb kommt, weil den Kommanditisten als Gesellschaftern des übertragenden Rechtsträgers als **Gegenleistung** für die Vermögensübertragung Anteile an dem übernehmenden Rechtsträger gewährt werden. Die herrschende Auffassung verneint dies.[40] Es bleibt bei den umwandlungsspezifischen Gläubigerregeln von § 133 UmwG in Verbindung mit dem Anspruch auf Sicherheitsleistung nach § 22 UmwG. Für einen weitergehenden Gläubigerschutz ist kein Raum.

36 Erlischt die GmbH & Co. KG, indem sie aufgespalten wird, haften einerseits die aufnehmenden Rechtsträger nach § 133 Abs. 1 UmwG als **Gesamtschuldner** für die Verbindlichkeiten der sich aufspaltenden GmbH & Co. KG. Darüber hinaus haften die Kommanditisten nach § 125 S. 1 i.V. m. § 45 UmwG als Kommanditisten für die Zeitdauer von fünf Jahren für die Verbindlichkeiten des sich aufspaltenden Rechtsträgers fort. Die Haftung setzt voraus, dass die Verbindlichkeit vor Ablauf von fünf Jahren nach dem Wirksamwerden der Spaltung fällig geworden ist und daraus Ansprüche gegen die Kommanditisten gerichtlich geltend gemacht sind; bei öffentlich-rechtlichen Verbindlichkeiten genügt zur Geltendmachung der Erlass eines Verwaltungsakts.[41]

---

[40] Vgl. *Lutter/Hommelhoff* § 133 UmwG Rn 46 a; *Kallmeyer/Kallmeyer* § 133 UmwG Rn 23; *Maier-Reimer*, in: *Semler/Stengel*, UmwG, § 133 Rn 116. Enger demgegenüber *Naraschewski*, DB 1995, 1266.

[41] Wegen der Einzelheiten vgl. *Lutter/H. Schmidt* § 45 UmwG Rn 17 ff. (zum Parallelfall der Verschmelzung); *Ihrig*, in: *Semler/Stengel*, UmwG, § 45 Rn 22.

§ 54 Steuerliche Konsequenzen der Spaltung einer Personengesellschaft

Übersicht

Schrifttum: *Bordewin*, Neues von der Realteilung, DStZ 1992, 354; *Brandenberg*, Personengesellschaftsbesteuerung nach dem Unternehmenssteuerfortentwicklungsgesetz, DStZ 2002, 594; *Carlé/Bauschatz*, Die neue Realteilung nach § 16 Abs. 2 EStG, KÖSDI 2002, 13133; *Düll*, Übertragung von Vermögen bei Personengesellschaften – Alternativen, Rechtsfolgen, Normkonkurrenzen, StbJb 2002/03, 118; *Groh*, Realteilung von Personengesellschaften, WPg 1991, 622; *Handzig*, Grundsätzliche Gewinnrealisierung beim Tausch von Mitunternehmeranteilen, DStZ 1993, 142; *Hörger*, Ertragsteuerliche Behandlung der Erbengemeinschaft und ihrer Auseinandersetzung, DStR 1993, 37; *Hörger/Mentel/Schulz*, Ausgewählte Fragen zum Steuerentlastungsgesetz 1999/2000/2002, Unternehmensumstrukturierungen, DStR 1999, 565; *Märkle*, Die Erbauseinandersetzung über Betriebsvermögen und die vorweggenommene Erbfolge. Praktische Anwendung der Beschlüsse des Großen Senats des Bundesfinanzhofs vom 5.7.1990 – Grs 2/89, Grs 4-6/89, BB 1991 Beil. 5, 6; *Meyer-Scharenberg*, Zweifelsfragen bei der Realteilung von Personengesellschaften, StKongRep 1994, 253; *Reiß*, Die einkommensteuerliche Behandlung der Realteilung gewerblich tätiger Personengesellschaften, StuW 1995, 199; *ders.*, Zweifelsfragen zur Realteilung mit Spitzenausgleich, DStR 1995, 1129; *Rödder*, Steuerorientierte Gestaltung von Umstrukturierungen bei Personengesellschaften, StbJb 1994/95, 295; *Sauter*, Probleme bei der Realteilung nach der Neuregelung durch die Unternehmenssteuerreform, FR 2002, 1101; *Schulze zur Wiesche*, Die steuerliche Behandlung von Spaltungs- und Ausgliederungsvorgängen im Rahmen von Personengesellschaften, DStZ 2004, 366; *Strahl*, Spaltung von Personengesellschaften und Kapitalgesellschaften, KÖSDI 1998, 11424; *Wacker*, Realteilung im Ertragsteuerrecht, NWB F. 3, 10670; *ders.*, Die Realteilung von Personengesellschaften nach dem Steuerentlastungsgesetz 1999/2000/2002, BB 1999 Beil. 5; *Wendt*, Übertragung von Wirtschaftsgütern zwischen Mitunternehmerschaft und Mitunternehmer § 6 Abs. 5 EStG in der Fassung des UntStFG als zweiter Versuch zur „Wiedereinführung des

Mitunternehmer-Erlasses", FR 2002, 53; *Winkemann*, Die Realteilung – Eine Zwischenbilanz, BB 2004, 130.

I. Vorbemerkungen

1 Wie auch bei den anderen handelsrechtlichen Umwandlungsformen des Formwechsels und der Verschmelzung ist auch die steuerliche Behandlung der Spaltung einer Personengesellschaft nicht auf die Regelung des handelsrechtlichen UmwG abgestimmt. Der Begriff der „Spaltung" wird im UmwStG nur für Kapitalgesellschaften verwendet, nicht jedoch für Personengesellschaften. Die steuerliche Behandlung von Spaltungsvorgängen muss demnach auf verschiedene im Einkommensteuergesetz bzw. UmwStG vorgegebene Instrumentarien zurückgreifen, teilweise auch in analoger Anwendung. Es kann nicht ausbleiben, dass die **analoge Anwendung** dieser Vorschriften auf Spaltungsvorgänge bei einer Personenhandelsgesellschaft zu offenen Auslegungs- und Zweifelsfragen führt.

Nach § 123 UmwG liegt eine Spaltung vor, wenn ein Rechtsträger sein Vermögen ohne Abwicklung aufspaltet und auf andere Rechtsträger überträgt, wobei die Gesellschafter des aufgespaltenen Rechtsträgers Gesellschaftsanteile der aufnehmenden Gesellschaften erhalten. Handelsrechtlich kann die Spaltung in Form einer **Aufspaltung** erfolgen, in der das Vermögen des übertragenden Rechtsträgers auf zwei oder mehrere Rechtsträger übertragen wird, wobei der übertragende Rechtsträger untergeht. Demgegenüber ist jedoch auch ein Spaltungsvorgang im Form einer **Abspaltung** möglich, bei der ein übertragender Rechtsträger einen Teil seines Vermögens auf einen anderen Rechtsträger überträgt, er selbst jedoch mit einem Restvermögen erhalten bleibt.

2 Personenhandelsgesellschaften können nach § 124 UmwG Beteiligte eines Spaltungsvorgangs sein, entweder als übertragende oder als aufnehmender Rechtsträger. Damit kann eine Personengesellschaft in eine oder mehrere Personengesellschaften auf- bzw. abgespalten werden. **Aufnehmender Rechtsträger** bei der Spaltung einer Personengesellschaft kann jedoch auch eine oder mehrere **Kapitalgesellschaften** sein. Geht im Zuge der Spaltung einer Personengesellschaft ein Teil des Betriebsvermögens auf eine Kapitalgesellschaft über, orientieren sich die steuerlichen Konsequenzen in analoger Anwendung des § 20 UmwStG.[1] Da die Auf- bzw. Abspaltung eines Teil des Betriebsvermögens auf eine Kapitalgesellschaft eher einen Sonderfall darstellt, soll diese Form der Spaltung im Folgenden nicht näher behandelt werden.

Von dem handelsrechtlichen Begriff der Spaltung ist die Fallgestaltung nicht erfasst, dass das Gesellschaftsvermögen unter den Gesellschaftern der Personengesellschaft aufgeteilt wird, unter Umständen auch in jeweils für sich lebensfähigen betrieblichen Einheiten in Form von Einzelunternehmen. Diese Aufteilungsform erfolgt **außerhalb des handelsrechtlichen UmwG** im Wege der Einzelübertragung.

---

[1] BMF v. 25. 3. 1998 BStBl. I 1998, 326 Rn 20.02.

Unabhängigkeit von der Begriffswahl und der Entstehung des handelsrechtlichen Umwandlungsgesetzes wurde von der Rechtsprechung für den Anwendungsbereich der Mitunternehmerschaften zunächst der steuerliche Begriff der Realteilung geschaffen.[2] Die Realteilung einer Personengesellschaft wurde bei vorrangig auf die **analoge Anwendung der Rechtsgrundsätze des § 24 UmwStG** gestützt. Die von der Rechtsprechung entwickelten Grundsätze zur Realteilung einer Mitunternehmerschaft wurden schließlich mit Wirkung ab dem Jahr 1999 in eingeschränkter Form gesetzlich geregelt und in § 16 Abs. 3 S. 2 EStG aufgenommen. Mit Wirkung ab dem Jahr 2001 wurde § 16 Abs. 3 S. 2 EStG wiederum grundlegend geändert. Bei der Beurteilung der steuerlichen Konsequenzen der Realteilung einer Mitunternehmerschaft muss demnach genau auf die zugrunde liegende Rechtslage abgestellt werden.[3] Ungeachtet der Entwicklung des § 16 EStG bzw. den Grundsätzen zur Realteilung ist versäumt worden, rechtzeitig mit der Konzeption des handelsrechtlichen UmwG eine Anpassung der Grundsätze der steuerlichen Behandlung der Realteilung vorzunehmen. 3

Der steuerliche Begriff der **Realteilung** deckt sich zwar weitgehend mit dem handelsrechtlichen Begriff der **Spaltung** einer Personenhandelsgesellschaft. Er ist jedoch nicht deckungsgleich. Einerseits erfasst der steuerliche Begriff der Realteilung auch Übertragungsvorgang außerhalb des handelsrechtlichen UmwG, etwa auch besondere Formen der Einzelübertragung. Andererseits setzt die Anwendung der Grundsätze der Realteilung voraus, dass der übertragende Rechtsträger aufgelöst wird.[4] Eine **Abspaltung** von Vermögen einer Mitunternehmerschaft kann damit nicht nach den Grundsätzen der Realteilung gelöst werden; u. U. muss auf die analoge Anwendung der Grundsätze des § 24 UmwStG zurückgegriffen werden.[5] Problematisch ist dies insoweit, als Voraussetzungen aber auch Rechtsfolgen von § 16 Abs. 3 Satz 2 EStG und § 24 UmwStG nicht übereinstimmen.

II. Steuerliche Behandlung der Aufspaltung einer Mitunternehmerschaft

1. Allgemeines

Ungeachtet der handelsrechtlichen Qualifikation als Gesamt- bzw. Teilrechtsnachfolge bildet die Realteilung einer Mitunternehmerschaft eine **Sonderform der Beendigung und Auflösung** einer Personengesellschaft.[6] Die Beendigung und Auflösung einer Mitunternehmerschaft ist ein Vorgang, der grundsätzlich zu einer vollständigen Auflösung der im Gesellschaftsvermögen enthaltenen stillen Reserven führt. Wenn die Vor- 4

---

[2] Z. B. BFH v. 10. 12. 1991 BStBl. II 1992, 385.

[3] Übersicht über die Rechtsentwicklung *L. Schmidt/Wacker* § 16 EStG Rn 530 ff.

[4] *L. Schmidt/Wacker* § 16 EStG Rn 535; BFH v. 19. 1. 1982 BStBl. II 1982, 456.

[5] *Haritz/Bärwaldt* in: Beck'sches Handbuch der Personengesellschaft, § 9 Rn 516 ff.

[6] *Littmann/Hörger* § 16 EStG Rn 197.

aussetzungen einer Realteilung gemäß § 16 Abs. 3 Satz 2 EStG vorliegen, wird der gesamte Vorgang **zwingend zu Buchwerten**, also ohne Realisierung von stillen Reserven, abgewickelt.

5 Der Grundgedanke der Steuerneutralität der Realteilung wird aus analoger Anwendung der §§ 24 ff. UmwStG abgeleitet,[7] obwohl diese ab dem Jahr 1999 in § 16 Abs. 3 EStG ausdrücklich angesprochen ist. Die Steuerneutralität einer Personengesellschaft basiert auf der **finalen Entnahmetheorie** des BFH, wonach eine realisierende Entnahme eines Wirtschaftsgutes dann nicht vorliegt, wenn das Wirtschaftsgut von einem Betriebsvermögen des Steuerpflichtigen in ein anderes Betriebsvermögens des gleichen Steuerpflichtigen überführt wird, die Zuordnung der stillen Reserven mithin unverändert besteht.[8] Da die Realteilung einer Personengesellschaft nunmehr in § 16 Abs. 3 EStG ausdrücklich geregelt ist, bedarf es allerdings nicht mehr der analogen Anwendung von § 24 UmwStG.

Da der Begriff der Realteilung eine Sonderform der Beendigung und Auflösung einer Personengesellschaft bildet, muss die Realteilung einerseits abgegrenzt werden zu der **Liquidation/Vollbeendigung** der Gesellschaft[9] und andererseits zu dem Ausscheiden eines Gesellschafters aus der Personengesellschaft i.V.m. einer **Sachwertabfindung**. In beiden Fällen würde sich eine ganze oder teilweise Realisierung von stillen Reserven im Gesellschaftsvermögen ergeben.

6 Nach der ursprünglichen Rechtslage zur Realteilung bestanden **Abgrenzungsprobleme** zu dem Sachverhalt der **Aufgabe eines Mitunternehmeranteils gegen Sachwertabfindung**. Die Aufgabe des Mitunternehmeranteils gegen Sachwertabfindung führt einerseits zu einer Auflösung der stillen Reserven im Gesellschaftsanteil auf Ebene des ausscheidenden Gesellschafters und andererseits zu der Auflösung der stillen Reserven in dem für die Abfindung ausgekehrten Wirtschaftsgut auf Ebene der Gesellschaft. Würde das ausgekehrte Wirtschaftsgut wiederum Bestandteil eines Betriebsvermögens des ausscheidenden Gesellschafters, bestand bis zur Rechtslage 1998 grundsätzlich das Wahlrecht, die Transaktion unter Auflösung von stillen Reserven oder erfolgsneutral in analoger Anwendung der Grundsätze der Realteilung durchzuführen.[10] In der Rechtslage der Jahre 1999 bis 2000 führte die Sachwertabfindung mit **einzelnen Wirtschaftsgütern** dagegen zwingend zu einer Realisierung von stillen Reserven.[11] Ab der Rechtslage 2001 ist die Minderung der Gesellschaftsrechte gegen Übertragung eines einzelnen Wirtschaftsgutes nach § 6 Abs. 5 Satz 3 EStG zwingend zum Buchwert durchzuführen. Ein Wahlrecht zu einer Auflösung von stillen Reserven besteht insoweit nicht (vgl. dazu § 5 Rn 76).

---

[7] BFH v. 10. 12. 1991 BStBl. II 1992, 385; *L. Schmidt/Wacker* § 16 EStG Rn 543; krit. *Wacker*, NWB F. 3, 10 670.

[8] BFH v. 19. 1. 1982 BStBl. II 1982, 456; BFH v. 5. 7. 1990 BStBl. II 1990, 843.

[9] BFH v. 10. 12. 1991 BStBl. II 1992, 385.

[10] BMF v. 20. 12. 1977 BStBl. I 1978, 8 Rn 77, 57 ff.; BMF v. 11. 1. 1993 BStBl. I 1993, 62 Rn 55.

[11] *L. Schmidt/Wacker* § 16 EStG Rn 523.

2. Realteilung ohne Spitzenausgleich

a) Allgemeines. Die Realteilung einer Personengesellschaft ist mit Wirkung ab dem Jahr 1999 in § 16 Abs. 3 Satz 2 EStG aufgenommen worden. In der Fassung des Gesetzes bis zum Jahr 2000 war es entgegen der bis zum Jahr 1998 geltenden Rechtslage nicht möglich, eine steuerneutrale Realteilung auch unter Einbezug von **einzelnen Wirtschaftsgütern** vorzunehmen. Dies ist durch eine erneute Änderung des § 16 Abs. 3 Satz 2 EStG ab dem Jahr 2001 wiederum möglich geworden. 7

Eine Realteilung **ohne** Auflösung von stillen Reserven ist nach diesen Rechtsgrundsätzen dann möglich, wenn sich die Aufteilung einer GmbH & Co. KG in der Weise vollzieht, dass das

- Gesamthandsvermögen der Personengesellschaft aufgeteilt wird in
  - einzelne Teilbetriebe,
  - Mitunternehmeranteile oder
  - einzelne Wirtschaftsgüter,
- die Vermögensgegenstände weiterhin in einem betrieblichen Bereich gebunden sind
  - durch eine Personengesellschaft,
  - in einem Einzelunternehmen,
- ein Wertausgleich zwischen den Gesellschaftern nicht gewährt wird.

Wie bereits erwähnt, ist der steuerliche Begriff der Realteilung nicht deckungsgleich mit dem handelsrechtlichen Begriff der Spaltung. Die Anwendung der steuerlichen Grundsätze der Realteilung sind **unabhängig von dem eigentlichen Rechtsgrund** der Aufteilung, d. h. Einzelübertragung der Wirtschaftsgüter oder Spaltung nach dem UmwG.[12] Anders als der handelsrechtliche Begriff der Spaltung setzt die Anwendung der steuerlichen Grundsätze der Realteilung wohl voraus, dass die **aufgeteilte Personengesellschaft** im Zuge der Teilung auch **beendet** wird.[13]

Die Anwendung der Grundsätze der Realteilung geht weiterhin davon aus, dass die real geteilten Einzelwirtschaftsgüter, Teilbetriebe oder Mitunternehmeranteile **in ein Betriebsvermögen überführt werden**, um die steuerliche Erfassung der stillen Reserven zu gewährleisten. Ist Gegenstand der Realteilung ein Teilbetrieb oder ein Mitunternehmeranteil, ist die Betriebsvermögenseigenschaft bereits begrifflich gegeben, nicht jedoch bei der Übertragung von einzelnen Wirtschaftsgütern. Hier stellt sich die Frage, wie die Bedingung in § 16 Abs. 3 Satz 2 EStG zu verstehen ist, nach der eine Übertragung in ein **eigenes Betriebsvermögen** des Gesellschafters zu erfolgen hat, ob dies beispielsweise als Einzelunternehmen bzw. ein eigenes Sonderbetriebsvermögen des Gesellschafters zu verstehen ist.[14] Eine Buchwertübertragung in eine neu errichtete GmbH & Co. KG, die u. U. ihre **gewerbliche Prägung** durch § 15 Abs. 3 Nr. 2 EStG erhält, wäre bei einem engen Verständnis wohl **nicht** möglich. Abgeleitet wird diese ein- 8

---

[12] *L. Schmidt/Wacker* § 16 EStG Rn 542.

[13] *L. Schmidt/Wacker* § 16 EStG Rn 535; *Kirchhof/Reiß* § 16 EStG Rn 340; *Schulze zur Wische*, DStZ 2004, 368.

[14] *Carlé/Bauschatz*, KÖSDI 2002, 13142; *Kirchhof/Reiß* § 16 EStG Rn 347; *Wendt*, FR 2002, 53.

schränkende Betrachtungsweise aus dem inneren Zusammenhang zu § 6 Abs. 5 Satz 3 EStG, nach der eine Buchwertübertragung von einzelnen Wirtschaftsgütern auf eine **Schwesterpersonengesellschaft** nicht möglich sein soll.[15] Gemessen an der Zielsetzung des § 16 Abs. 3 Satz 2 EStG, die Umstrukturierung von Personengesellschaften, insbesondere auch die Realteilung von Personengesellschaft auch mit Einzelwirtschaftsgütern zu ermöglichen, dürfte der Verweis auf die wertungsähnliche Vorschrift des § 6 Abs. 5 Satz 3 EStG und die dort bestehenden Zweifelsfragen zu eng sein. Damit dürfte eine steuerneutrale Realteilung auch dann möglich sein, wenn das Betriebsvermögen des Realteilers erst im Zuge der Realteilung entsteht, d. h. beispielsweise eine GmbH & Co. KG neu errichtet wird, in deren Betriebsvermögen das betreffende Einzelwirtschaftsgut überführt wird.[16]

9 **b) Aufteilung des Betriebsvermögens der GmbH & Co. KG.** Nach der Fassung des § 16 Abs. 3 Satz 2 EStG in den Jahren 1999 und 2000 war eine steuerneutrale Realteilung nur dann möglich, wenn Gegenstand der Realteilung entweder ein Teilbetrieb oder ein Mitunternehmeranteil war, nicht dagegen, wenn einzelne Wirtschaftsgüter Gegenstand der Realteilung waren. Diese Einschränkung ist mit Wirkung ab dem Jahr 2001 wieder entfallen. Gegenstand der Realteilung können nunmehr auch wieder Einzelwirtschaftsgüter sein. Die präzise Qualifikation des Gegenstandes der Realteilung, d. h. Vorliegen eines Teilbetriebes bzw. Mitunternehmeranteils oder lediglich von Einzelwirtschaftsgütern ist dennoch von Bedeutung, da § 16 Abs. 3 Satz 3 EStG für die Realteilung mit Einzelwirtschaftsgütern **weitere Restriktionen** vorgibt.

10 Das Gesamthandsvermögen der real zu teilenden Personengesellschaft ist darauf hin zu untersuchen, ob Teilbetriebe vorliegen bzw. welchem Teilbetrieb jeweils die einzelnen Vermögensgegenstände des Gesamthandsvermögens zuzuweisen sind. Hierbei gilt, dass alle wesentlichen Betriebsgrundlagen eines Teilbetriebes diesem auch nach der Realteilung zugeordnet bleiben. Wird ein Teilbetrieb auf einem **Grundstück** betrieben, ist das Grundstück zwingend wesentliche Betriebsgrundlage,[17] so dass es künftig diesem Teilbetrieb zugeordnet werden muss. Problematisch ist dies dann, wenn die Personengesellschaft zwar mehrere Teilbetriebe unterhält, die jedoch auf einem Betriebsgrundstück betrieben werden. Das Betriebsgrundstück kann einheitlich nur einem der Teilbetriebe zugeordnet werden, was zwingend zur Folge hat, dass die Teilbetriebseigenschaft für den weiteren Betriebsteil verloren geht. Eine Lösung kann darin bestehen, dass das Betriebsgrundstück in Miteigentumsanteile aufgeteilt wird, wobei die einzelnen Teilbetriebe jeweils einen Miteigentumsanteil zugeordnet bekommen.[18]

---

[15] *Schulze zur Wiesche*, DStZ 2004, 368; kritisch *Düll*, StbJb 2002/03, 137.

[16] *L. Schmidt/Wacker* § 16 EStG Rn 543; *Carlé/Bauschatz*, KÖSDI 2002, 13136, BFH v. 6. 12. 2000 BStBl. II 2003, 194.

[17] BFH v. 13. 2. 1996 BStBl. II 1996, 409.

[18] Alternativ Überführung des Grundstücks in eine Objektgesellschaft gem. § 6 Abs. 5 S. 3 EStG.

In § 16 Abs. 1 Nr. 1 EStG ist die **100 %ige Beteiligung** an **einer Kapitalgesellschaft** einem Teilbetrieb gleichgestellt. Befindet sich im Gesamthandsvermögen der Personengesellschaft eine 100 %ige Beteiligung an einer Kapitalgesellschaft, dürfte damit eine steuerneutrale Realteilung der Personengesellschaft unter Zuweisung der betreffenden Beteiligung an einen Gesellschafter möglich sein.[19] 11

Gegenstand der Realteilung muss jeweils die Aufteilung in verschiedene Einzelwirtschaftsgüter, Teilbetriebe oder Mitunternehmeranteile sein. Der **Tausch von Mitunternehmeranteilen** von Schwesterpersonengesellschaften kann hiernach nicht steuerneutral nach den Grundsätzen der Realteilung erfolgen. Der Tausch von Mitunternehmeranteilen bildet einen **veräußerungsähnlichen Vorgang**. Da die engen Voraussetzungen der Realteilung nicht vorliegen, führt dies nach allgemeinen Grundsätzen zu einer Auflösung von stillen Reserven.[20]

Nicht selten agieren Schwesterpersonengesellschaften mit dem gleichen bzw. mit dem weitgehend gleichen Gesellschafterkreis am Markt. Ergibt sich die Notwendigkeit der Trennung von Gesellschafterstämmen, muss dies sinnvollerweise auch bei der Schwestergesellschaft geschehen. Da der schlichte Tausch von Mitunternehmeranteilen steuerneutral nicht möglich ist,[21] bietet sich in diesem Fall an, in einer Vorstufe der Realteilung durch alle Gesellschafter die Mitunternehmeranteile im Wege der Sacheinlage in eine Ziel-Personengesellschaft einzubringen. Dies kann gemäß § 24 UmwStG steuerneutral zu Buchwerten erfolgen. Im Anschluss daran, kann dann die Zielpersonengesellschaft nach den Grundsätzen der Realteilung wiederum ohne Realisierung von stillen Reserven zwischen den Gesellschafterstämmen aufgeteilt werden. Hierbei können auch die Mitunternehmeranteile der Schwesterpersonengesellschaft, die sich durch die vorherige Einlage im Gesamthandsvermögen der Holdingpersonengesellschaft befinden, im Zuge der Realteilung ausgekehrt werden. Sofern für diese Transaktion beachtliche außersteuerliche Gründe gegeben sind, dürfte auch kein Missbrauch von rechtlichen Gestaltungsmöglichkeiten im Sinne des § 42 AO vorliegen. 12

Durch den Übergang von stillen Reserven sind die Gesellschafter in unterschiedlichem Maß durch spätere Steuerzahlungen infolge der Auflösung von stillen Reserven belastet. Die **latente Steuerbelastung** entfällt auf den Gesellschafter, auf den im Zuge der Realteilung stille Reserven übergehen. Dieser Umstand muss bei der Durchführung der Realteilung der Personengesellschaft beachtet und gegebenenfalls bei der Zuordnung der Vermögensgegenstände berücksichtigt werden.[22] Der Ausgleich für die latente Steuerbelastung erfolgt **nicht** im steuerlich irrelevanten Vermögensbereich.[23] Der Ausgleich für den Nachteil aus der latenten Steuerbelastung ist vielmehr nach allgemeinen Grundsätzen in die Realteilung einzu- 13

---

[19] *Wacker*, NWB F. 3, 10 671; *Hörger/Mentel/Schulz*, DStR 1999, 565.

[20] BFH v. 8. 7. 1992 BStBl. II 1992, 946; *Wacker*, NWB F. 3, 10689; krit. *L. Schmidt/Wacker* § 16 EStG Rn 560; *Handzig*, DStZ 1993, 142.

[21] BFH v. 20. 2. 2003 DStR 2003, 871.

[22] BFH v. 10. 12. 1991 BStBl. II 1992, 385.

[23] Evtl. BFH v. 10. 2. 1972 BStBl. III 1972, 419.

beziehen. Erfolgt also ein Nachteilsausgleich, führt dies anteilig zu einer Realisierung von stillen Reserven.[24]

14 Eine gewisse Flexibilität besteht darin, die unterschiedlichen Wertverhältnisse durch die Zuordnung von sonstigen Vermögensgegenständen wie Bankguthaben, sonstigen Forderungen sowie durch die Zuordnung von Verbindlichkeiten, wie z. B. Bankverbindlichkeiten auszugleichen. Solange sich der Wertausgleich im Rahmen des Betriebsvermögens der Gesellschaft vollzieht, verbleibt es grundsätzlich bei dem Charakter der Realteilung ohne Spitzenausgleich.[25] Reichen dagegen die betrieblichen Vermögensgegenstände und Schulden nicht aus, die unterschiedlichen Wertverhältnisse der real zu teilenden Vermögensgegenstände aufzuteilen, muss ein **Spitzenausgleich** gezahlt werden, der zu einer teilweisen Auflösung von stillen Reserven führt. Dieses Problem kann u. U. dadurch umgangen werden, dass einer der Gesellschafter unmittelbar vor der Realteilung eine Einlage in das Gesellschaftsvermögen leistet, bzw. die Gesellschaft kurzfristig Fremdkapital aufnimmt, um für die Durchführung der Realteilung entsprechende Teilungsmasse zu erhalten. Da jedoch der wirtschaftliche Zusammenhang zwischen Einlage bzw. Fremdmittelaufnahme und Realteilung besteht, könnte dies unter Umständen als verdeckte Form eines Spitzenausgleiches gewertet werden[26]

15 **c) Realteilung mit Einzelwirtschaftsgütern.** Wie bereits erwähnt, war die steuerneutrale Realteilung einer Personengesellschaft mit Einzelwirtschaftsgütern nach der Rechtslage 1999/2000 nicht möglich und wurde erst mit Wirkung ab dem Jahr 2001 wieder eingeführt. Die Möglichkeit des Einbezugs der Realteilung mit Einzelwirtschaftsgütern wurde jedoch – entsprechend der wertungsähnlichen Vorschrift in § 6 Abs. 5 Satz 3 EStG – mit Restriktionen verknüpft. Wird das betreffende Einzelwirtschaftsgut innerhalb einer Sperrfrist veräußert, erfolgt gem. § 16 Abs. 3 Satz 3 EStG rückwirkend auf den Zeitpunkt der Realteilung eine **anteilige Auflösung von stillen Reserven**. Die **Sperrfrist** beträgt 3 Jahre und beginnt mit Abgabe der Steuererklärung der real geteilten Mitunternehmerschaft. Die Sperrfrist greift jedoch nur für diejenigen Wirtschaftsgüter, die eine wesentliche Betriebsgrundlage für Mitunternehmerschaft darstellen. Im Regelfall wird das Merkmal einer wesentlichen Betriebsgrundlage wohl zu bejahen sein, da dem betreffenden Wirtschaftsgut wertmäßig oder funktional eine gewisse Bedeutung für die Mitunternehmerschaft zukommt, wenn dieses Grundlage einer Realteilung ist.

16 Ist dagegen Gegenstand der Realteilung nicht ein Einzelwirtschaftsgut, sondern ein Teilbetrieb oder ein Mitunternehmeranteil greift die Sperrfrist nicht.[27] Dies gilt wohl auch für die Zuordnung einer 100 %igen Beteili-

---

[24] BFH v. 1. 12. 1992 BStBl. II 1992, 385; *Reiß*, StuW 1995, 209; *Wacker*, NWB F. 3, 10683.

[25] BMF v. 11. 1. 1993 BStBl. I 1993,62 Rn 17 zur Erbauseinandersetzung; *Bordewin*, DStZ 1992, 354; krit. *Wacker*, NWB F. 3, 10 682.

[26] Evtl. Qualifikation als „Scheineinlage", *L. Schmidt/Wacker* § 16 EStG Rn 550; a. A. *Groh*, WPg 1991, 624; *Winkemann*, BB 2004, 135.

[27] *Brandenberg*, DStZ 2002, 595.

gung an einer Kapitalgesellschaft bzw. bei Teilmitunternehmeranteilen.[28] Insoweit ist die konkrete Qualifikation im Zuge der Realteilung unbedingt erforderlich, ob es sich um eine betriebliche Einheit oder lediglich um ein Einzelwirtschaftsgut handelt.

Ähnlich der Vorschrift in § 6 Abs. 5 Satz 5 EStG ist auch in § 16 Abs. 3 **17**
Satz 4 EStG eine sog. **Körperschaftsteuerklausel** enthalten, nach der eine anteilige Realisierung von stillen Reserven erfolgt, falls im Zuge der Realteilung einzelne Wirtschaftsgüter unmittelbar oder mittelbar auf eine Körperschaft, Personenvereinigung oder Vermögensmasse übertragen werden, mithin **stille Reserven in einem Einzelwirtschaftsgut auf eine Körperschaft** „überspringen". Ist also eine Kapitalgesellschaft Mitunternehmerin der zu spaltenden GmbH & Co. KG, kann die Realteilung zu einer anteiligen Realisierung von stillen Reserven führen, falls Gegenstand der Realteilung lediglich ein einzelnes Wirtschaftsgut ist. Eine Realisierung kann sich beispielsweise dann ergeben, wenn die Überführung in das Betriebsvermögen der Mitunternehmer-Kapitalgesellschaft erfolgt oder in eine (neu gegründete) GmbH & Co. KG, an der die Mitunternehmer-Kapitalgesellschaft wiederum beteiligt ist. Ist dagegen Gegenstand der Realteilung eine betriebliche Einheit, wie z. B. ein Teilbetrieb, Mitunternehmeranteil oder eine 100 %ige Beteiligung an einer Kapitalgesellschaft, dürfte die Körperschaftsteuerklausel ins Leere gehen.[29]

d) Technische Umsetzung der Realteilung. Für die technische Um- **18**
setzung der Realteilung werden unterschiedliche **Methoden** diskutiert:

Buchwertanpassung	Anpassung der Buchwerte (Aufstockung/Abstockung) der Vermögensgegenstände an die Kapitalkonten der Gesellschafter[30]
Kapitalkontenausgleich	Fortführung der Buchwerte der Vermögensgegenstände. Die Kapitalkonten werden durch positive und negative Ergänzungsbilanzen angepasst[31]
Kapitalkontenanpassung	Fortführung der Buchwerte der Vermögensgegenstände und erfolgsneutrale Anpassung der Kapitalkonten

Der BFH geht davon aus, dass im Zuge einer steuerneutralen Realteilung diese auf der Grundlage der **Kapitalkontenanpassungsmethode** durchgeführt werden muss.[32] Stimmt die Summe der Buchwerte der aufzuteilenden Vermögensgegenstände und Schulden nicht mit den Kapitalkonten der übernehmenden Gesellschafter überein, werden die Kapitalkonten der Gesamthandsbilanz jeweils erfolgsneutral an den Buchwert der übernommenen Vermögensgegenstände angepasst. Zum gleichen Ergebnis führt jedoch auch die Kapitalkontenausgleichsmethode, bei der durch Einsatz von positiven oder negativen Ergänzungsbilanzen eine Anpassung der Kapitalkonten erfolgen kann.

---

[28] *L. Schmidt/Wacker* § 16 EStG Rn 554.

[29] *L. Schmidt/Wacker* § 16 EStG Rn 553.

[30] Nicht zulässig BFH v. 10. 12. 1991 BStBl. II 1992, 385.

[31] *Rödder*, StbJb 1994/95, 318.

[32] BFH v. 1. 12. 1992 BStBl. II 1994, 607.

19 **Beispiel:** Die XY GmbH & Co. KG hat folgende Bilanz:

Aktiva			Passiva
Beteiligung A GmbH & Co. KG	100	Kapital X	150
Verschiedene Aktiva	400	Kapital Y	150
		Verbindlichkeiten	200
	500		500

Die Beteiligung an der A-GmbH & Co. KG hat einen Verkehrswert von 500. Das Gleiche gilt für den operativen Geschäftsbetrieb, bestehend aus den sonstigen Vermögensgegenständen und Schulden. X und Y verständigen sich dahin gehend, dass die XY GmbH & Co. KG in der Weise real geteilt wird, dass der Gesellschafter X die Beteiligung an der A GmbH & Co. KG erhält. Y erhält den operativen Geschäftsbetrieb.

Lösungshinweis: Die Realteilung soll ohne Auflösung von stillen Reserven durchgeführt werden. Dies kann nur durch die Kapitalkontenanpassungsmethode erfolgen. Das Kapitalkonto von X wird erfolgsneutral an den Buchwert der Beteiligung angepasst, beträgt mithin also 100. Das Kapitalkonto von Y in der bisherigen Gesellschaft wird erfolgsneutral um 50 an die Buchwerte der verbleibenden Vermögensgegenstände angepasst. Im Zuge der Realteilung sind damit stille Reserven in Höhe von 50 von dem Gesellschafter Y auf den Gesellschafter X übergangen. Nach der Realteilung zeigen die Bilanzen folgendes Bild:

Aktiva	Y-GmbH & Co. KG		Passiva
Sonstige Vermögensgegenstände	400	Kapital Y	200
		Verbindlichkeiten	200
	400		400

Aktiva	A-GmbH & Co. KG		Passiva
Verschiedene Aktiva	100	Kapital X	100
	100		100

3. Realteilung mit Spitzenausgleich

20 Werden im Zuge der Realteilung einer Personengesellschaft Vermögenswerte zugeteilt, die nicht dem Wertverhältnis der Gesellschaftsanteile entsprechen, ist zwischen den Gesellschaftern ein **Wertausgleich** erforderlich. Die Auszahlung eines Spitzenausgleichs durch denjenigen Gesellschafter, der im Zuge der Realteilung mehr erhält als es seiner Beteiligungsquote entspricht, beeinträchtigt grundsätzlich **nicht** den Charakter der Realteilung als erfolgsneutralen Vorgang. Die herrschende Lehre geht davon aus, dass die Zahlung eines Spitzenausgleiches eine **teilweise Realisierung von stillen Reserven** nach sich zieht.[33] Wie bereits erwähnt, ist ab 2001 eine Realteilung zwingend zu Buchwerten abzuwickeln. Die Zahlung eines Spitzenausgleiches ändert hieran nichts.[34]

---

[33] BMF v. 11.1.1993 BStBl. I 1993, 62; *Märkle*, BB 1991 Beil. 5, 6; *Groh*, WPg 1991, 622; *Reiß*, DStR 1995, 1129; BFH v. 1.12.1992 BStBl. II 1994, 607; *L. Schmidt* § 15 EStG Rn 552; *Hörger/Mentel/Schulz*, DStR 1999, 565 m. d. H., dass die bisherige Rspr. unverändert auf die gesetzliche Neuregelung übertragen werden kann.

[34] *L. Schmidt/Wacker* § 16 EStG Rn 548.

Die Realteilung einer Personengesellschaft unter Einbezug einer Ausgleichszahlung zwischen den Gesellschaftern muss systematisch in zwei Schritte geteilt werden.[35] 21

– Eigentlicher Realteilungsvorgang
– Leistung des Spitzenausgleichs

Obschon beide Vorgänge gleichzeitig erfolgen, muss zunächst das Gesamthandsvermögen der Personengesellschaft unter Anpassung der Kapitalkonten auf die beteiligten Gesellschafter aufgeteilt werden. Im Anschluss daran, muss dann die vereinbarte Ausgleichszahlung berücksichtigt werden.

Nicht eindeutig geklärt ist die Frage, in **welchem Umfang** ein Spitzenausgleich zu einer **Gewinnrealisierung** führt. Diese Frage ist davon abhängig, wie ein gewährter Spitzenausgleich systematisch zugeordnet wird. Die Realisierung von stillen Reserven kann sich aus der Sicht des empfangenden Gesellschafters ergeben aus 22

– der anteiligen Veräußerung des Kommanditanteils, im Zuge der Realteilung
– der anteiligen Veräußerung von Vermögensgegenständen des Gesamthandsvermögens

Der Unterschied zwischen beiden Betrachtungsweisen besteht in der Frage, ob bei der Ermittlung des steuerpflichtigen Realteilungsgewinns für den empfangenen Gesellschafter bzw. der Ermittlung der Anschaffungskosten für den zahlenden Gesellschafter die anteiligen Buchwerte der Vermögensgegenstände zu berücksichtigen sind. Wird der Ursprung der stillen Reserven im Kommanditanteil gesehen, wird die **Ausgleichszahlung in vollem Umfang als Betriebseinnahme** gewertet, so dass der Spitzenausgleich in **vollem Umfang steuerpflichtig** ist.[36] 23

Geht man dagegen davon aus, dass die Realisierung der stillen Reserven auf eine **anteilige Veräußerung von Vermögensgegenständen** zurückzuführen ist, ergibt sich ein Veräußerungsgewinn im Verhältnis des Spitzenausgleichs zum Gesamtwert der übernommenen Vermögensgegenstände.[37] Da der Spitzenausgleich sich lediglich auf den Gesamtwert der im Zuge der Realteilung zugewiesenen Vermögensgegenstände bezieht, also nicht in Abhängigkeit von deren stillen Reserven steht,[38] ist die Berücksichtigung der anteiligen Buchwerte der Vermögensgegenstände insgesamt sachgerecht.[39] 24

Die unterschiedlichen Auswirkungen beider Betrachtungsweisen lassen sich an folgendem Beispiel verdeutlichen:

---

[35] BFH v. 1. 12. 1992 BStBl. II 1994, 607; *Wacker*, NWB F. 3, 10 678.

[36] Zur Rechtslage bis 1998: BFH v. 1. 12. 1992 BStBl. II 1994, 607; *Reiß*, DStR 1995, 1129; *Groh*, WPg 1991, 622; *Hörger*, DStR 1993, 41; BMF v. 11. 8. 1994 BStBl. I 1994, 601.

[37] *Groh*, WPg 1991, 622; *Hörger*, DStR 1993, 41; *Meyer-Scharenberg*, StKongRep 1994, 263; BMF v. 11. 8. 1994 BStBl. I 1994, 601.

[38] *Wacker*, NWB F. 3, 10 679.

[39] *L. Schmidt/Wacker* § 16 EStG Rn 549.

Beispiel: Die Z-GmbH & Co. KG hat folgende Bilanz

Teilbetrieb A	200	Kapital Y	400
Teilbetrieb B	600	Kapital Z	400
	800		800

Der Teilbetrieb A hat einen Verkehrswert von 400, der Teilbetrieb B hat einen Teilwert von 1000. Die Gesellschafter kommen überein, dass eine Realteilung dergestalt vorgenommen werden soll, dass Z den Teilbetrieb A und Y den Teilbetrieb B übernimmt. Y zahlt einen Wertausgleich an Z von 300.

25 Je nach **systematischer Einordnung** der Realteilung mit Spitzenausgleich ergeben sich folgende Ergebnisse:

Anteiliger Verkauf von Vermögensgegenständen	Berücksichtigung der Buchwerte des Teilbetriebs B im Verhältnis des Spitzenausgleichs zum Verkehrswert der übernommenen Vermögensgegenstände. Der anteilige Buchwert beträgt im vorliegenden Fall 300/1000 von 600, also 180 Es ergibt sich eine Gewinnrealisierung von 120 (Spitzenausgleich 300 ./. anteiliger Buchwert 180)
Anteilige Auflösung von stillen Reserven im Kapitalanteil	Spitzenausgleich in Höhe von 300 führt in voller Höhe zu einem steuerpflichtigen Gewinn

26 Die Finanzverwaltung[40] und die herrschende Lehre gehen davon aus, dass bei Zahlung eines Spitzenausgleichs die anteiligen Buchwerte der übernommenen Vermögensgegenstände zu berücksichtigen sind. Der Einbezug der anteiligen Buchwerte der Vermögensgegenstände führt dazu, dass in der Realteilungsbilanz die Kapitalkonten der Gesellschafter zu korrigieren sind, da der Spitzenausgleich anteilig als Veräußerung zu qualifizieren ist. Die Zahlung des Spitzenausgleiches ist hiernach in einer Vorstufe zur eigentlichen Realteilung zu berücksichtigen.

Unter Zugrundelegung der von der herrschenden Lehre vertretenen Rechtsauffassung ergibt sich für das Beispiel folgende Realteilungs(schluss)-bilanz[41]:

Realteilungsschlussbilanz

Teilbetrieb A		200	**Kapital Z**	400	
Teilbetrieb B	600		Kapitalanpassung Buchwert	–20	
Anteil Spitzenausgleich	– 180	420	Spitzenausgleich	–180	200
			Kapital Y	400	
			Kapitalanpassung	+20	420
		620			620

27 Hieraus ergibt sich unter Berücksichtigung des Spitzenausgleichs folgende Eröffnungsbilanz für X und Y:

---

40 BMF v. 11. 8. 1994 BStBl. I 1994, 601.

41 *Wacker*, NWB F. 3, 10680.

Eröffnungsbilanz Z

Teilbetrieb A	200	**Kapital Z** aus		
		Realteilung	200	
Forderung gegen Y	300	+ anteiliger Buchwert/		
		Spitzenausgleich	180	
		+ Gewinn	120	500
	500			500

Eröffnungsbilanz Y

Teilbetrieb B			**Kapital Y**	420
aus Realteilung	420		aus Realteilung	
zusätzliche AK	300	720	Verbindlichkeit gegen Z	300
		720		720

Die systematische Einordnung der Realteilung mit Spitzenausgleich beeinflusst weiterhin die Frage nach dem **Umfang der Besteuerung** des Spitzenausgleiches, ob es sich hier beispielsweise um einen laufenden Realisierungsvorgang oder um eine tarifbegünstigte Veräußerung handelt. Der BFH geht in analoger Anwendung des § 24 Abs. 3 UmwStG davon aus, dass es sich bei dem Spitzenausgleich um einen **laufenden**, nicht begünstigten Gewinn handelt, der jedoch **nicht** der Besteuerung mit Gewerbesteuer vom Ertrag unterliegt.[42] Die Finanzverwaltung vertritt demgegenüber die Auffassung, dass zumindest dann, wenn ein Teilbetrieb übertragen wird, eine Tarifbegünstigung für den Spitzenausgleich gewährt werden kann.[43] Mit Wirkung ab dem Jahr 1999 ist der Vorteil der Tarifermäßigung gem. § 34 EStG stark reduziert worden. Damit ist auch die wirtschaftliche Bedeutung dieser Streitfrage stark zurückgegangen. 28

4. Behandlung des Sonderbetriebsvermögens im Rahmen einer Realteilung

Werden der GmbH & Co. KG Vermögensgegenstände zur Nutzung überlassen werden, wie z. B. ein Betriebsgrundstück, das sich im Eigentum eines Gesellschafters befindet, handelt es sich um Sonderbetriebsvermögen I des Gesellschafters. Die Spaltung der Personengesellschaft nach dem handelsrechtlichen UmwG erfasst nur das Gesamthandsvermögen und nicht das Sonderbetriebsvermögen. Wird das Sonderbetriebsvermögen eincs Gesellschafters nach der Realteilung weiterhin von einer Personengesellschaft genutzt, an der der betreffende Gesellschafter beteiligt ist, verbleibt es bei der Qualifikation als Sonderbetriebsvermögen. Eine **Auflösung von stillen Reserven** im Sonderbetriebsvermögen erfolgt damit **nicht**. 29

Sonderbetriebsvermögen zeichnet sich dadurch aus, dass es sich um Vermögensgegenstände im Eigentum eines Gesellschafters handelt. Demnach kann es sich aus operativer Sicht um eine wesentliche Betriebsgrundlage der Personengesellschaft handeln. Die Aufspaltung einer GmbH & Co. KG 30

[42] BFH v. 17. 2. 1994 BStBl. II 1994, 809; jedoch § 7 S. 2 GewStG; u.A. *Sauter*, FR 2002, 1106.

[43] BMF v. 11. 1. 1993 BStBl. I 1993, 62 Rn 21.

erfasst zunächst nur das Gesamthandsvermögen der Kommanditgesellschaft, nicht jedoch das Sonderbetriebsvermögen. Ist Gegenstand der Realteilung ein Betrieb oder Teilbetrieb, muss auch eventuell vorhandenes Sonderbetriebsvermögen mitübertragen werden, falls es sich um eine wesentliche Betriebsgrundlage handelt.[44] Ist das nicht der Fall, hindert dies zwar nicht die Buchwertübertragung des Vorgangs. Es handelt sich dann jedoch um eine Realteilung mit Einzelwirtschaftsgütern, die zu weiteren Einschränkungen führt (Sperrfrist, Körperschaftsteuerklausel).

Stellt sich die Notwendigkeit einer Trennung der Gesellschafterstämme, müssen die zugeordneten Vermögensgegenstände bzw. Betriebsteile nicht zwingend in sachlichem Zusammenhang zum Sonderbetriebsvermögen stehen. Es kann also unter Umständen erforderlich sein, auch das Sonderbetriebsvermögen in die Realteilung einzubeziehen. Erfolgt die Nutzung des betreffenden Vermögensgegenstandes im Anschluss an die Realteilung durch eine Personengesellschaft, an der der Eigentümer des Vermögensgegenstandes nicht beteiligt ist, verliert der Vermögensgegenstand die Betriebsvermögenseigenschaft, so dass insoweit eine **Entnahmehandlung** vorliegt, die zu einer **Auflösung der stillen Reserven** in dem betreffenden Vermögensgegenstand führt. Denkbar ist jedoch auch, im Zuge der Realteilung des Gesamthandsvermögens auch Vermögensgegenstände des Sonderbetriebsvermögens zwischen den Gesellschaftern zu übertragen.

31 Die **Übertragung von Sonderbetriebsvermögen** bedingt, dass ein Gesellschafter im Rahmen der Realteilung Vermögensgegenstände einsetzt, die sich in seinem Eigentum befinden, so dass ein wirtschaftlich vergleichbarer Vorgang wie die Zahlung eines Spitzenausgleichs vorliegt. Dennoch soll die Übertragung von Sonderbetriebsvermögen nicht gleichzusetzen sein mit der Gewährung eines Spitzenausgleichs, führt also **nicht** zu einem (teil-)entgeltlichen Vorgang. Es bleibt auch unter Einbezug des Sonderbetriebsvermögens grundsätzlich bei einer **voll unentgeltlichen** Transaktion.[45]

32 Nach § 6 Abs. 5 S. 3 EStG kann die Überführung eines einzelnen Vermögensgegenstandes zu Buchwerten aus dem Sonderbetriebsvermögen in das Gesamthandsvermögen einer Personengesellschaft und umgekehrt sowie von einem Sonderbetriebsvermögen in das Sonderbetriebsvermögen eines anderen Gesellschafters überführt werden. Je nach Fallgestaltung kann deshalb ein eventuell vorhandenes Sonderbetriebsvermögen entweder vorab in das Gesamthandsvermögen der Personengesellschaft oder in das Sonderbetriebsvermögen eines Mitgesellschafters überführt werden. Dies kann auf der Grundlage des § 6 Abs. 5 S. 3 EStG zu Buchwerten erfolgen. Wird jedoch im Zusammenhang mit der Übertragung von Sonderbetriebsvermögen eine Ausgleichszahlung geleistet, kann sich insoweit allerdings eine Auflösung von stillen Reserven ergeben.

33 Von erheblicher praktischer Relevanz sind im Zuge der Realteilung die **Konten der Gesellschafter**. Haben die Gesellschafterkonten den Charak-

---

[44] *Littmann/Hörger* § 16 EStG Rn 197 r.

[45] *Groh*, WPg 1991, 622; *Bordewin*, DStZ 1992, 358; wohl auch BFH v. 23. 3. 1995 BStBl. II 1995, 700.

ter von Forderungen und Verbindlichkeiten, handelt es sich um Sonderbetriebsvermögen, obschon in der Regel eine Bezeichnung als Kapitalkonto I, II oder III erfolgt. Die Auseinandersetzung von Gesellschafterstämmen führt im Regelfall auch dazu, dass auch Gesellschafterkonten aufgegeben werden. Insoweit handelt es sich um die Übertragung von Sonderbetriebsvermögen. Eine Qualifikation als Spitzenausgleich, der zu einer anteiligen Realisierung von stillen Reserven führen würde, scheidet nach den vorstehend beschriebenen Grundsätzen insoweit aus.

III. Abspaltung im Rahmen einer Personengesellschaft

1. Allgemeines

Wie bereits eingangs erwähnt, ist der handelsrechtliche Begriff der Spaltung nach dem UmwG nicht deckungsgleich mit dem steuerrechtlichen Begriff der Realteilung. Dies zeigt sich insbesondere für die Fallgestaltung der handelsrechtlichen Abspaltung gem. § 123 UmwG auf eine bereits existierende bzw. eine erst im Zuge der Realteilung neu entstehende Personengesellschaft. 34

Der in § 16 Abs. 3 Satz 2 EStG enthaltene Grundgedanke der steuerneutralen Aufteilung des Betriebsvermögens einer Personengesellschaft in mehrere betriebliche Einheiten kann ohne weiteres sowohl auf die handelsrechtliche Form der Auf- wie auch der Abspaltung übertragen werden. Die Steuerneutralität der Realteilung wurde in der Rechtslage bis 1998 aus der sinngemäßen Anwendung der Grundsätze des § 24 UmwStG abgeleitet.[46] Die analoge Anwendung von § 24 UmwStG erlaubte ohne weiteres die Steuerneutralität auf beide Formen der Spaltung, d. h. sowohl auf die Auf- wie auch auf die Abspaltung. Die Realteilung ist mit Wirkung ab dem Jahr 1999 in § 16 Abs. 3 Satz 2 EStG aufgenommen worden, mit Wirkung ab dem Jahr 2001 inhaltlich verändert. Hieraus hat sich zunächst eine Loslösung von der Analogie zu § 24 UmwStG ergeben.[47] Eine Realteilung erfolgt damit nicht mehr der sinngemäßen (reziproken) Anwendung des § 24 UmwStG. Dies gilt sowohl hinsichtlich des **Anwendungsbereiches** der Realteilung, da auch einzelne Wirtschaftsgüter Gegenstand einer Realteilung sein können, als auch hinsichtlich der **Rechtsfolgen**. Eine Realteilung muss grundsätzlich zwingend zu Buchwerten erfolgen, wohingegen § 24 UmwStG ein Wertansatzwahlrecht zum Buchwert, Teilwert oder Zwischenwert vorgibt. Auch die in § 16 Abs. 3 Satz 3 vorgegebene Sperrfrist bzw. die Körperschaftsteuerklausel ist dem Grundgedanken und dem Anwendungsbereich des § 24 UmwStG fremd.

Im Gegensatz zu der Aufspaltung einer Personengesellschaft bleibt die zu spaltende Personengesellschaft im Falle der Abspaltung als solche erhalten. Lediglich die Rechtsträgerschaft für das abzuspaltende Vermögen wechselt. Für die Anwendung der steuerneutralen Realteilung in § 16 Abs.3 Satz 2 EStG wird im Allgemeinen davon ausgegangen, dass die zu 35

---

[46] BMF v. 25. 3. 1998 BStBl. I 1998, 268 Rn 24.18.
[47] *L. Schmidt/Wacker* § 16 EStG Rn 530 ff.

spaltende Personengesellschaft **aufgelöst** werden muss. Dies ist naturgemäß bei einer Aufspaltung gegeben. Im Falle der **Abspaltung bleibt der übertragende Rechtsträger jedoch erhalten**, so dass die Grundvoraussetzung des § 16 Abs. 3 Satz 2 EStG wohl nicht vorliegt. Hieran scheitert zunächst die Anwendung der Grundsätze der Realteilung.[48] Im Falle der Abspaltung besteht damit die Gefahr, dass die gesamte Transaktion nicht als steuerneutrale Realteilung, sondern als **Aufgabe eines Mitunternehmeranteils gegen Sachwertabfindung** qualifiziert wird, die zu einer vollständigen Auflösung von stillen Reserven in dem aufgegebenen Mitunternehmeranteil und evtl. in dem übertragenen Vermögensgegenstand führt.

2. Abspaltung ohne Realisierung von stillen Reserven

36 Gem. § 123 Abs. 2 UmwG kann ein Rechtsträger von seinem Vermögen einen Teil oder mehrere Teile abspalten, ohne dass er aufgelöst wird. Die „Nichtauflösung" führt dazu, dass die Realteilungsgrundsätze in § 16 Abs. 3 S. 2 EStG wohl nicht angewendet werden können. Die steuerneutrale Realteilung wurde ursprünglich aus der sinngemäßen (reziproken) Anwendung des § 24 UmwStG abgeleitet. Mit der Aufnahme der Realteilungsgrundsätze in § 16 Abs. 3 S. 2 EStG ist die wertungsähnliche analoge Anwendung des § 24 UmwStG weitgehend überflüssig geworden, ist jedoch **nicht zwangsläufig entfallen**. Dies gilt insbesondere für die Anwendungsbereiche einer Spaltung, die nicht von § 16 Abs. 3 S. 2 EStG erfasst werden, wie z. B. eine **Abspaltung**. Handelt es sich bei dem abgespaltenen Vermögensteil hiernach um einen Teilbetrieb, Mitunternehmeranteil oder um eine 100 %ige Beteiligung an einer Kapitalgesellschaft, dürfte die Abspaltung gem. § 123 Abs. 2 UmwG auf eine Personengesellschaft u.E. weiterhin in analoger (reziproker) Anwendung der Grundsätze gem. § 24 UmwStG zum Buchwert abzuwickeln sein. Handelt es sich bei dem abgespaltenen Vermögen dagegen nicht um einen Teilbetrieb, sondern um ein **Einzelwirtschaftsgut**, ist die analoge Anwendung des § 24 UmwStG wohl nicht möglich, da die Anwendung des § 24 UmwStG eine betriebliche Einheit voraussetzt.

37 Wie eingangs beschrieben, kann die Abspaltung nach § 123 Abs. 2 UmwStG auf eine andere Personengesellschaft möglicherweise nicht steuerneutral durchgeführt werden, zumindest dann, wenn Gegenstand der Realteilung ein Einzelwirtschaftsgut ist. Eine Abspaltung aus dem Vermögen einer GmbH & Co. KG ist allerdings auch ohne die aus der analogen Anwendung von § 24 UmwStG abgeleiteten Realteilungsgrundsätze steuerneutral möglich, es sind jedoch **Umstrukturierungen in mehreren Schritten** erforderlich. Das abzuspaltende Vermögen kann vorab in eine neu zu gründende Personengesellschaft ausgegliedert werden. Handelt es sich um ein einzelnes Wirtschaftsgut kann die Einlage gem. § 6 Abs. 5 Satz 3 EStG zu Buchwerten erfolgen. Handelt es sich dagegen um einen

---

[48] *Schulze zur Wiesche*, DStZ 2004, 369; *Kirchhof/Reiß* § 16 EStG Rn 340; krit. Beck'sches Handbuch der Personengesellschaften/*Haritz/Bärwaldt* § 9 Rn 521.

Teilbetrieb oder um eine 100 %ige Beteiligung an einer Kapitalgesellschaft, kann dieser gem. § 24 UmwStG zum Buchwert, dem Teilwert oder einem Zwischenwert in das Betriebsvermögen einer neugegründeten Personengesellschaft übertragen werden. Gesellschafter der neu gegründeten Gesellschaft ist zunächst die zu spaltende Personengesellschaft, die zu diesem Zeitpunkt anstelle des einzelnen Wirtschaftsgutes bzw. anstelle des Teilbetriebes den Anteil an einer Tochter-Personengesellschaft hält.

Die Steuerneutralität des Vorgangs kann dann erreicht werden, wenn alle **38** verbleibenden Gesellschafter vorab ihre Mitunternehmeranteile an der zu spaltenden Personengesellschaft in eine weitere neuzugründende Personengesellschaft einbringen. Dies kann gem. § 24 UmwStG zu Buchwerten erfolgen. Im nächsten Schritt kann dann die zu spaltende Personengesellschaft aufgelöst werden, in dem der aus der Ausgliederung entstandene Mitunternehmeranteil an der Tochterpersonengesellschaft dem ausscheidenden Gesellschafter zugeordnet wird und die verbleibenden Gesellschafter bzw. die Personengesellschaft, in der die Anteile eingelegt wurden, das Restvermögen der Altgesellschaft erhält.[49]

Beispiel: An der XYZ-GmbH & Co. KG sind die Gesellschafter X, Y, Z mit je 1/3 beteiligt. Die XYZ-GmbH & Co. KG hat zwei Teilbetriebe. Die Gesellschafter kommen überein, dass X und Y die Gesellschaft mit dem Teilbetrieb 1 weiterführen und Z gegen Abspaltung des Teilbetriebes 2 aus der Gesellschaft ausscheidet.

Lösungshinweis: Die Gesellschafter X und Y gründen zunächst eine XYZ-GmbH & Co. KG – neu – in dem ihre Gesellschaftsanteile an der XYZ-GmbH & Co. KG – alt – eingebracht werden. Die Einlage der Mitunternehmeranteile durch x und y kann gem. § 24 UmwStG zum Buchwert erfolgen.

Imn nächsten Schritt gründet die XYZ GmbH & Co. KG eine Z-GmbH & Co. KG durch Einlage des Teilbetriebs 2. Auch dies kann gem. § 24 UmwStG zum Buchwert erfolgen.

Im nächsten Schritt wird die XYZ GmbH & Co. KG – alt – aufgelöst, in dem die Mitunternehmeranteile der neugegründeten Z-GmbH & Co. KG an Z ausgekehrt werden und der Teilbetrieb 1 von der XYZ-GmbH & Co. KG – neu – übernommen wird. Die XYZ GmbH & Co. KG – alt – geht im Zuge der Aufspaltung unter. Die Realteilung der XYZ GmbH & Co. KG – alt – erfolgt gem. § 16 Abs. 3 S. 2 EStG zwingend zum Buchwert.

Das Beispiel zeigt, mit welchen Schwierigkeiten die Spaltung einer **39** Personengesellschaft in der Form einer (wirtschaftlichen) Abspaltung verbunden ist, falls dies nicht in analoger Anwendung von § 24 UmwStG erfolgen kann. Die Steuerneutralität kann dann nur durch mehrere Umstrukturierungsschritte unter Zwischenschaltung des Instruments der Aufspaltung (XYZ-GmbH & Co. KG – alt –) erreicht werden. Gemessen an der Zielsetzung der Grundsätze der Realteilung, nämlich die steuerneutrale Aufteilung des Betriebsvermögens einer Personengesellschaft und Fortführung in getrennten rechtlichen Einheiten ist diese „Verkomplizierung" nicht nachzuvollziehen,[50] zumal diese auf die Unterstellung zurückzufüh-

---

[49] *Schulze zur Wiesche*, DStZ 2004, 369.

[50] Beck'sches Handbuch der Personengesellschaften/*Haritz/Bärwaldt* § 9 Rn 522.

ren ist, dass die Anwendung der Realteilungsgrundsätze die Auflösung der zu spaltenden Personengesellschaft voraussetzt. Im Übrigen muss beachtet werden, dass die Abspaltung in mehreren Schritten u.U. erhebliche Transaktionskosten wie z. B. auch grundwerbsteuerliche Konsequenzen nach sich zieht.

V. Verkehrsteuerliche Konsequenzen der Realteilung

1. Umsatzsteuerliche Folgen der Realteilung

40 Im Zuge der Realteilung wird das Gesellschaftsvermögen einer GmbH & Co. KG aufgeteilt. Im umsatzsteuerlichen Sinne ist sie Gegenleistung für die Übertragung der Vermögensgegenstände die Aufgabe der Gesellschaftsrechte. Es handelt sich mithin also um einen **Leistungsaustausch** zwischen Gesellschaft und Gesellschafter. Dieser Vorgang ist grundsätzlich umsatzsteuerbar gemäß § 1 Abs. 1 UStG.[51]

Ist Gegenstand der Realteilung ein Unternehmen oder ein in der Gliederung des Unternehmens gesondert geführter Betrieb, kommt die Spezialvorschrift des § 1 Abs. 1 a UStG zum Tragen. Es handelt sich in diesem Fall um eine **Geschäftsveräußerung im Ganzen**, die ausdrücklich von der Steuerbarkeit ausgenommen ist. In diesem Fall braucht die Transaktion nicht unter Ausweis von Mehrwertsteuer aufgewickelt werden. Der übernehmende Gesellschafter tritt für umsatzsteuerliche Zwecke in vollem Umfang in die Rechtsstellung der übertragenden GmbH & Co. KG ein. Dies betrifft insbesondere die Frage einer möglichen Vorsteuerkorrektur gemäß § 15 a UStG im Falle der Änderung der (Vorsteuerrelevanten) unternehmerischen Nutzung der Vermögensgegenstände innerhalb des Berichtigungszeitraums.

41 Wird im Zuge der Realteilung lediglich ein **einzelnes Wirtschaftsgut** übertragen, kommt § 1 Abs. 1a UStG begrifflich **nicht** zur Anwendung. In diesem Fall muss auf die allgemeinen Grundsätze des Umsatzsteuerrechts zurückgegriffen werden. Da die Übertragung von Vermögensgegenständen im Zuge der Realteilung grundsätzlich einen umsatzsteuerbaren Vorgang bildet, muss im nächsten Schritt geprüft werden, ob möglicherweise eine Befreiungsvorschrift zur Anwendung kommt. Ist Gegenstand der Realteilung ein Mitunternehmeranteil, kommt beispielsweise die Befreiungsvorschrift nach § 4 Nr. 8 f UStG zur Anwendung. Ist Gegenstand der Realteilung ein Grundstück, greift § 4 Nr. 9 a UStG. Es besteht hier jedoch die Möglichkeit zur Option gemäß § 9 UStG, um umsatzsteuerliche Nachteile aus einer Vorsteuerberichtigung nach § 15 a UStG für die GmbH & Co. KG zu vermeiden. Greift keine Befreiungsvorschrift, ist die Realteilung umsatzsteuerbar und steuerpflichtig. Es ist hier darauf zu achten, dass die Transaktion unter Ausweis von Umsatzsteuer abgewickelt wird, insbesondere dass die formellen Voraussetzung für einen Vorsteuerabzug vorliegen.

---

[51] *Birkenfeld* USt-Handbuch I Rn 557.1; *Rau/Stadie* § 2 UStG Rn 596.

2. Grunderwerbsteuerliche Folgen

Die Realteilung einer Personengesellschaft führt zwingend zu einer Veränderung im Gesellschafterkreis. Der Übergang eines Anteils an einer grundbesitzhaltenden Personengesellschaft ist allein noch kein Vorgang, der der Besteuerung mit Grunderwerbsteuer unterliegt. Eine Ausnahme besteht dann, wenn innerhalb eines Zeitraums von 5 Jahren mindestens 95 % der Anteile auf einen Erwerber übergehen. Es liegt dann ein grunderwerbsteuerbarer Vorgang gemäß § 1 Abs. 2 a GrEStG vor. 42

Die Realteilung einer GmbH & Co. KG führt **nicht** zu einer Übertragung von Gesellschaftsanteilen. Sie führt vielmehr zu der **Aufteilung des Gesellschaftsvermögens** auf die teilenden Gesellschafter bzw. diesen zuzurechnenden Personengesellschaften. Für grunderwerbsteuerliche Zwecke ist deshalb auf das Gesamthandsvermögen und nicht auf die Anteile der Gesellschaft abzustellen. Ist ein Grundstück im Gesamthandsvermögen der Gesellschaft enthalten, handelt es sich um eine anteilige Grundstücksübertragung, mithin um einen Vorgang gemäß § 1 Abs. 1 GrEStG. Auf den Vorgang ist jedoch grundsätzlich die Befreiungsvorschrift nach § 6 GrEStG anzuwenden. Soweit also der übernehmende Gesellschafter zuvor am Kapital der GmbH & Co. KG beteiligt war, ist der Übergang eines Grundstücks von der Besteuerung mit Grunderwerbsteuer befreit. Es entsteht damit eine Grunderwerbsteuerbelastung in dem Verhältnis, in dem die Gesellschafter **nicht** mehr am Kapital derjenigen Gesellschaft beteiligt sind, die nach der Realteilung das Grundstück hält.[52] Zu beachten ist in diesem Zusammenhang weiterhin die 5-Jahresfrist gemäß § 6 Abs. 4 GrEStG.

Für Zwecke der Grunderwerbsteuer ist die Frage von erheblicher Bedeutung, ob die Realteilung der Personengesellschaft in handelsrechtlicher Form einer **Abspaltung** oder in einer **Aufspaltung** erfolgt. Das Grunderwerbsteuerrecht knüpft im Wesentlichen an zivilrechtliche Grundlagen an. Erfolgt die Spaltung der Gesellschaft durch eine **Abspaltung**, erfolgt ein Rechtsträgerwechsel hinsichtlich des abgespaltenen Teiles. Unter grunderwerbsteuerlichem Blickwinkel sollte deshalb darauf geachtet werden, dass eventuell vorhandenes Grundvermögen bei dem bisherigen Rechtsträger verbleibt, wohingegen diejenigen Vermögensgegenstände abgespalten werden, die über kein bzw. lediglich ein geringes Grundvermögen verfügen. Aus ertragsteuerlicher Sicht ist im Falle der Abspaltung u.U. eine Umstrukturierung in mehreren Schriften erforderlich. Sind Grundstücke in den abzuspaltenden Betrieb oder Betriebsteil enthalten, können sich dabei je nach Fallgestaltung grunderwerbsteuerbare Tatbestände gem. § 1 Abs. 2a GrEStG ergeben. Erfolgt danach die Auf- bzw. Abspaltung in einem mehrstufigen Vorgang kann sich u.U. auch für grunderwerbsteuerliche Zwecke bei jedem (fiktiven) Umstrukturierungsschritt eine Grunderwerbsteuerrelevanz ergeben. 43

Erfolgt die Spaltung in Form einer **Aufspaltung**, geht das gesamte bisherige Gesellschaftsvermögen des ursprünglichen Rechtsträgers auf zwei 44

---

[52] Zur Berechnung *Boruttau/Viskorf* § 6 GrEStG Rn 2ff.

neue Rechtsträger über. Für grunderwerbsteuerliche Zwecke hat dies zur Folge, dass jeweils ein Übertragungsvorgang vorliegt, der grundsätzlich zu einer Grunderwerbsteuerpflicht führt. Auch insoweit kommt die anteilige Befreiungsvorschrift nach § 6 GrEStG zur Anwendung. Auch hier ist die 5-Jahres-Frist gem. § 6 Abs. 4 GrEStG zu beachten.

3. Abschnitt. Formwechsel

§ 55 Umwandlungsrechtliche Grundlagen des Formwechsels

Übersicht

Schrifttum: *Bärwaldt/Schabacker*, Der Formwechsel als modifizierte Neugründung, ZIP 1998, 1293; Bayer, 1000 Tage neues Umwandlungsrecht – eine Zwischenbilanz, ZIP 1997, 1613; *Boecken*, Unternehmensumwandlungen und Arbeitsrecht, 1996; *Bork*, Beschlußverfahren und Beschlußkontrolle nach dem Referentenentwurf eines Gesetzes zur Bereinigung des Umwandlungsrechts, ZGR 1993, 343; *Bungert*, Darstellungsweise und Überprüfbarkeit der Angaben über Arbeitnehmerfolgen im Umwandlungsvertrag, DB 1997, 2209; *Carlé/Bauschatz*, Vermeidbares Haftungsrisiko bei der Umwandlung einer GmbH in eine GmbH & Co. KG, ZIP 2002, 2072; *Drygala*, Die Reichweite der arbeitsrechtlichen Angaben im Verschmelzungsvertrag, ZIP 1996, 1365; *Eckert*, Der Formwechsel einer Kapitalgesellschaft in eine Personengesellschaft und seine Auswirkungen auf öffentlich-rechtliche Erlaubnisse, ZIP 1998, 1950; *Fischer*, Formwechsel zwischen GmbH und GmbH & Co. KG, BB 1995, 2173; *Ganske*, Umwandlungsrecht, 2. Aufl. 1995; *Grunewald/Winter*, Die Verschmelzung von Kapitalgesellschaften, in: Lutter, Kölner Umwandlungsrechtstage, S. 19; S. 19; *Happ*, Formwechsel von Kapitalgesellschaften, in: Lutter, Kölner Umwandlungsrechtstage, S. 223 ff.; *Heckschen*, Die Entwicklung des Umwandlungsrechts aus Sicht der Rechtsprechung und Praxis, DB 1998, 1385; *Hennrichs*, Formwechsel und Gesamtrechtsnachfolge bei Umwandlungen, 1995; *ders.*, Zum Formwechsel und zur Spaltung nach dem neuen Umwandlungsgesetz, ZIP 1995, 794; *Joost*, Formwechsel von Personenhandelsgesellschaften, in: Lutter, Kölner Umwandlungsrechtstage, S. 245; *ders.*, Arbeitsrechtliche Angaben im Umwandlungsvertrag, ZIP 1995, 976; *Kallmeyer*, Das neue Umwandlungsgesetz, ZIP 1994, 1746; *ders.*, Der Ein- und Austritt der Komplementär-GmbH einer GmbH & Co. KG bei Verschmelzung, Spaltung und Formwechsel nach dem UmwG 1995, GmbHR 1996, 80; *ders.*, Der Einsatz von Spaltung und Formwechsel nach dem UmwG 1995 für die Zukunftssicherung von Familienunternehmen, DB 1996, 28; *ders.*, Der Ein- und Austritt der Komplementär-GmbH einer GmbH & Co. KG bei Verschmelzung, Spaltung und Formwechsel nach dem UmwG 1995, GmbHR 1996, 80; *ders.*, Die GmbH & Co. KG im Umwandlungsrecht, GmbHR 2000, 418; *ders.*, Gläubigerschutz bei Umwandlung beteiligungsidentischer GmbH & Co. KG, GmbHR 2000, 541; *Lutter* (Hg.), Verschmelzung – Spaltung- Formwechsel nach neuem Umwandlungsrecht und Umwandlungssteuerrecht, Kölner Umwandlungsrechtstage, 1995; *Meyer-Landrut/Kiem*, Der Formwechsel einer Publikums-AG – Erste Erfahrungen nach der Praxis, WM 1997, 1361, 1413; *von der Osten*, Die Umwandlung einer GmbH in eine GmbH & Co., GmbHR 1995, 438; *Priester*, Gründungsrecht kontra Identitätsprinzip – Kapitalausstattung beim Formwechsel, Festschrift Zöllner, Bd. 1, 1999, S. 449; *ders.*, Mitgliederwechsel im Umwandlungszeitpunkt – Die Identität des Gesellschafterkreises – ein zwingender Grundsatz?, DB 1997, 560; *Reichert*, in: *Habersack/Koch/Winter* (Hrsg.), Die Spaltung im neuen Umwandlungsrecht und ihre Rechtsfolgen, ZHR-Sonderheft Bd. 68, S. 25 ff. *Schmalz-Brüggemann*, Die Auswirkung der Umwandlung von Kapitalgesellschaften auf die Rechtsverhältnisse zwischen der Gesellschaft und den Gesellschaftsorganen, 1993; *K. Schmidt*, Formwechsel von Personenhandelsgesellschaften, in: Lutter, Kölner Umwandlungsrechtstage, S. 59; *ders.*, Zur gesetzlichen Befristung der Nichtigkeitsklage gegen Verschmelzungs- und Umwandlungsbeschlüsse, DB 1995, 1849; *ders.*, Formwechsel zwischen GmbH und GmbH & Co. KG, GmbHR 1995, 693; *Schöne*, Das Aktienrecht als „Maß aller Dinge" im neuen Umwandlungsrecht, GmbHR 1995, 325; *Schulze zur Wiesche*, Die GmbH & Co. KG im neuen Umwandlungssteuerrecht, DB 1996, 1539; *Schwedhelm*, Umwandlung einer GmbH & Co. KG, GmbH-StB 2002, 77; *Strohlmeyer*, Zuleitung der Umwandlungsdokumentation und Einhaltung der Monatsfrist: Verzicht des Betriebsrats?, BB 1999, 1394; *Veil*, Der nicht-verhältniswahrende Formwechsel von Kapitalgesellschaften – eröffnet das neue Umwandlungsgesetz den partiellen Ausschluß von Anteilsinhabern? DB 1996, 2529; *Wiedemann*, Identität beim Rechtsformwechsel, ZGR 1999, 568; *Zöllner*, Grundsatzüberlegungen zur umfassenden Umstrukturierbarkeit der Gesellschaft vor und nach dem Umwandlungsgesetz, Festschrift Claussen, 1997, S. 423; *Zürbig*, Der Formwechsel einer Personengesellschaft in eine Kapitalgesellschaft, 1999.

I. Einführung

1. Anwendungsbereich

Die GmbH & Co. KG ist als **Personenhandelsgesellschaft** in den Kreis der Rechtsträger einbezogen, denen nach Maßgabe des fünften Buchs des Umwandlungsgesetzes (UmwG) ein Formwechsel offen steht; sie kann nach § 191 Abs. 1 und 2 UmwG sowohl formwechselnder Rechtsträger als auch Rechtsträger neuer Rechtsform sein. Das Umwandlungsrecht stellt demgemäß die besonderen Regeln des Formwechsels für den Weg **aus der GmbH & Co. KG** und für den Weg **in die GmbH & Co. KG** zur Verfügung. Maßgeblich sind neben den allgemeinen Bestimmungen (§§ 190 bis 213 UmwG) für den Formwechsel aus der GmbH & Co. KG in einen Rechtsträger anderer Rechtsform die besonderen Vorschriften der §§ 214 bis 225 UmwG betr. den Formwechsel von Personengesellschaften, und für den Formwechsel in die GmbH & Co. KG diejenigen der §§ 228 bis 237 UmwG, sofern der formwechselnde Rechtsträger eine Kapitalgesellschaft ist. 1

Für den Formwechsel aus der GmbH & Co. KG stehen als Rechtsträger neuer Rechtsform zur Verfügung die GmbH, die AG und KGaA sowie die eingetragene Genossenschaft; ausgeschlossen ist demgegenüber der Formwechsel aus der GmbH & Co. KG in die GbR, die OHG und die Partnerschaftsgesellschaft, § 191 Abs. 2 i.V. m. § 214 Abs. 1 UmwG.[1] Den Formwechsel in die GmbH & Co. KG können vollziehen die AG, GmbH und KGaA; ausgeschlossen vom Formwechsel in die GmbH & Co. KG sind dagegen OHG, Partnerschaftsgesellschaft, eingetragene Genossenschaft, rechtsfähiger Verein, Versicherungsverein auf Gegenseitigkeit sowie Körperschaften und Anstalten des öffentlichen Rechts, die nach § 191 Abs. 1 2

[1] Der Übergang von der OHG zur KG wird durch Änderung des Gesellschaftsvertrags unter Eintritt von Kommanditisten oder Umwandlung von Komplementärbeteiligungen in Kommanditbeteiligungen und umgekehrt bewirkt, vgl. dazu *K. Schmidt*, ZGR 1990, 590 ff.; die Umwandlung von der GbR in eine Personenhandelsgesellschaft oder umgekehrt durch Aufnahme bzw. Aufgabe eines Handelsgewerbes oder Ein- bzw. Austrag aus dem Handelsregister gemäß § 105 Abs. 2 HGB, dazu § 10 Rn 2 ff.

UmwG zwar zum Kreis der formwechselnden Rechtsträger gehören, durch jeweilige besondere Vorschriften im zweiten Teil des Fünften Buches des UmwG jedoch vom Formwechsel in die Personengesellschaft ausgeschlossen sind.[2]

3 Die Möglichkeiten des Formwechsels sind durch das UmwG 1995 danach deutlich **erweitert** worden. Namentlich stand bis zum Inkrafttreten des UmwG 1995 dem Formwechsel aus der Kapitalgesellschaft in die GmbH & Co. KG § 1 Abs. 2 UmwG 1969 entgegen.

2. Identitätsgrundsatz

4 Der Formwechsel ist die Änderung der Rechtsform eines Rechtsträgers unter Aufrechterhaltung seiner Identität und grundsätzlicher Kontinuität des an dem Rechtsträger beteiligten Personenkreises.[3] § 202 Abs. 1 UmwG sagt zur Wirkung des Formwechsels, die mit Eintragung der neuen Rechtsform in das Register eintritt, in aller Deutlichkeit: „Der formwechselnde Rechtsträger besteht in der im Umwandlungsbeschluss bestimmten Rechtsform weiter" (§ 202 Abs. 1 Nr. 1 UmwG) und „Die Anteilsinhaber des formwechselnden Rechtsträgers sind an dem Rechtsträger nach den für die neue Rechtsform geltenden Vorschriften beteiligt, soweit ihre Beteiligung nicht nach diesem Buch entfällt" (§ 202 Abs. 1 Nr. 2 UmwG).

5 Das darin zum Ausdruck kommende Prinzip der **Rechtsträgeridentität** bedeutet, dass alle bei dem formwechselnden Rechtsträger begründeten Rechte und Rechtspositionen grundsätzlich unverändert und unberührt vom Rechtsformwechsel bei dem Rechtsträger neuer Rechtsform fortbestehen; der formwechselnde Rechtsträger als Subjekt von Rechten und Pflichten wechselt lediglich das Rechtskleid.[4] Das gilt auch für den Fall des Formwechsels von der Personen- in die Kapitalgesellschaft und umgekehrt. Anders als in den anderen Umwandlungsfällen, also bei der Verschmelzung, der Spaltung und der Vermögensübertragung, gibt es beim Formwechsel also **keinen Vermögensübergang** von einem Rechtsträger auf einen anderen;[5] vielmehr ist nur ein Rechtsträger am Formwechsel beteiligt.

---

[2] Vgl. für die OHG § 214 Abs. 1 UmwG, für die Partnerschaftsgesellschaft § 225 a UmwG, für die e. G. § 258 Abs. 1 UmwG, für den rechtsfähigen Verein § 272 Abs. 1 UmwG, für den Versicherungsverein auf Gegenseitigkeit § 291 Abs. 1 UmwG und für Körperschaften und Anstalten des öffentlichen Rechts § 301 Abs. 1 UmwG.

[3] *Laumann*, in: *Knopf/Tulloch* § 190 UmwG Rn 37; *Lutter/Decher* § 190 UmwG Rn 3.

[4] Vgl. *Stengel/Schwanna*, in: *Semler/Stengel*, UmwG, § 190 Rn 4 unter Hinweis auf die kritische Bestandsaufnahme bei *Bärwaldt/Schabacker*, ZIP 1998, 1293 ff.; das Rechtskleid ändert sich: *Laumann*, in: *Knopf/Tulloch* § 202 UmwG Rn 3.

[5] *Stratz, in: Schmitt/Hörtnagl/Stratz*, UmwG, § 190 UmwG Rn 1; *Kallmeyer/Meister/Klöcker* § 190 UmwG Rn 6; *Laumann*, in: *Knopf/Tulloch* § 202 UmwG Rn 3.

3. Minderheitenschutz

Das Prinzip der rechtlichen und wirtschaftlichen Identität des formwechselnden Rechtsträgers ändert nichts daran, dass sich die Beziehungen der Gesellschafter im Verhältnis zueinander und zur Gesellschaft wie auch im Verhältnis zu Dritten durch den Formwechsel im Regelfall nachhaltig ändern.[6] Gerade die Fälle des Wechsels von der GmbH & Co. KG in die Kapitalgesellschaft und umgekehrt machen dies deutlich. Der Gesetzgeber hat deshalb mit Recht die Bestimmungen zum Schutz der Anteilsinhaber wie der Gläubiger erweitert und das **Schutzniveau** demjenigen bei der Verschmelzung gleichstellt.[7] Insoweit ist insbesondere zu verweisen auf die Notwendigkeit der Erstattung eines Umwandlungsberichts, § 192 Abs. 1 UmwG, auf den Mindestkatalog für den Inhalt des Umwandlungsbeschlusses, § 194 Abs. 1 UmwG, auf das Erfordernis einer Vermögensaufstellung nach § 192 Abs. 2 UmwG, auf die Registersperre nach § 198 Abs. 3 i.V.m. § 16 Abs. 2 UmwG bei Klagen gegen den Formwechsel, auf die Gewährung eines Barabfindungsangebots und dessen Überprüfung auf Angemessenheit nach §§ 207, 208 UmwG sowie auf die Schadensersatzpflicht der Verwaltungsträger des formwechselnden Rechtsträgers nach § 205 UmwG. Sofern kein allseitiges Einvernehmen der Gesellschafter über den Formwechsel besteht, sondern dissentierende Minderheitsgesellschafter beteiligt sind, erweist sich vor diesem Hintergrund der Weg in oder aus der GmbH & Co. KG durch Formwechsel deshalb als dornenreich.[8] 6

4. Praxisrelevanz

Der Formwechsel unter Beteiligung einer GmbH & Co. KG ist von erheblicher Praxisrelevanz.[9] Für den Formwechsel aus der Kapitalgesellschaft in die GmbH & Co. KG streiten namentlich **steuerliche Gründe** (dazu § 56). Für den Formwechsel aus der Kapitalgesellschaft in die GmbH & Co. KG können aber auch **Strukturüberlegungen** maßgebend sein. Das kann insbesondere für solche AG gelten, deren Realtypus sich nicht mehr in der Rechtsform der AG widerspiegelt. Selbst börsennotierte Aktiengesellschaften haben deshalb seit In-Kraft-Treten des UmwG in nicht zu vernachlässigender Zahl den Weg von der AG in die GmbH & Co. KG gesucht.[10] In umgekehrter Richtung, also beim Formwechsel aus der GmbH & Co. KG in die Kapitalgesellschaft, geht es häufig um die Vorbereitung von noch personalistisch verfassten Gesellschaften, die am organisierten Kapitalmarkt Eigenkapital aufnehmen wollen und sich deshalb auf den **Weg an die Börse** machen. 7

---

[6] Vgl. *Lutter/Decher* § 190 UmwG Rn 3.

[7] Vgl. *Lutter/Decher* § 190 UmwG Rn 9 und *Bärwaldt*, in: *Semler/Stengel*, UmwG, § 197 Rn 2f.

[8] Vgl. *Bärwaldt*, in: *Semler/Stengel*, UmwG, § 197 Rn 13; zur Ausstrahlungswirkung der umwandlungsrechtlichen Schutzvorschriften auf andere Fälle der Umstrukturierung eingeh. *Reichert*, ZHR-Sonderheft Bd. 68, S. 25ff.

[9] Vgl. *Lutter/Decher* vor § 190 Rn 23f.

[10] Eingehend *Mayer-Landrut/Kiem*, WM 1997, 1361ff.; siehe auch *Stengel/Schwanna*, in: *Semler/Stengel*, UmwG, § 190 Rn 8.

5. Ablauf

8 Der Formwechsel vollzieht sich typischerweise in drei Phasen: Vorbereitungsphase, Beschlussfassung der Anteilsinhaber und Vollzug durch Anmeldung und Eintragung im Handelsregister. Im Wesentlichen lassen sich die folgenden Schritte feststellen:
- Konzeption des Umwandlungsbeschlusses
- Erstellung des Umwandlungsberichts
- Zuleitung des Entwurfs des Umwandlungsbeschlusses an den zuständigen Betriebsrat
- Einladung und Durchführung der Anteilseignerversammlung und Fassung des Umwandlungsbeschlusses
- Anmeldung des Formwechsels zum Register
- Eintragung

9 Mit Eintragung im Handelsregister wird der Formwechsel wirksam mit der Folge (§ 202 Abs. 1 Nr. und 2 UmwG), dass (1) der formwechselnde Rechtsträger in Rechtsträger neuer Rechtsform fortbesteht (Rechtsträgeridentität und Vermögenskontinuität) und (2) die Gesellschafter des formwechselnden Rechtsträgers auch fortan Gesellschafter desselben sind.[11]

II. Umwandlungsbericht

1. Zweck

10 Die Beschlussfassung über den Formwechsel ist nach § 192 UmwG durch einen Umwandlungsbericht vorzubereiten. Der Umwandlungsbericht dient dem **Schutz der Anteilsinhaber**, die über die Angaben im Umwandlungsbeschuss hinaus mit weitergehenden Informationen über die vorgesehene Strukturmaßnahme ausgestattet werden sollen. Dem liegt die zutreffende Auffassung des Gesetzgebers zugrunde, dass die allgemeinen Unterrichtungs- und Einsichtsrechte der Anteilsinhaber keine hinreichende Information zur Vorbereitung ihrer Entscheidung über die Umwandlung sicherstellen können.[12] Der Umwandlungsbericht stellt sicher, dass den Anteilsinhabern die erforderlichen Informationen zeitlich schon mit Einberufung der Gesellschafterversammlungen gegeben werden. Sie können sich damit bereits im Vorfeld der Beschlussfassung eine fundierte Meinung über den Formwechsel bilden und ihr Abstimmungsverhalten in Kenntnis aller maßgeblichen Umstände festlegen.[13] Der Bericht ist **schriftlich** von dem Vertretungsorgan des formwechselnden Rechtsträgers zu erstatten und von allen seinen Mitgliedern zu unterschreiben.[14]

---

[11] Vgl. *Stratz*, in: *Schmitt/Hörtnagl/Stratz*, UmwG, § 190 UmwG Rn 1; § 202 UmwG Rn 5, 8; *Kallmeyer/Meister/Klöcker* § 202 UmwG Rn 13 ff., 28 ff.

[12] Vgl. *Stratz*, in: *Schmitt/Hörtnagl/Stratz*, UmwG, § 190 UmwG Rn 1; § 192 UmwG Rn 1 f.; *Lutter/Decher* § 192 UmwG Rn 2; *Bärwaldt*, in: *Semler/Stengel*, UmwG, § 192 Rn 2.

[13] BGHZ 107, 296, 302; *Lutter/Decher* § 192 UmwG Rn 2; *Kallmeyer/Meister/Klöcker* § 192 Rn 2; *Laumann*, in: *Knopf/Tulloch* § 192 UmwG Rn 2.

[14] Vgl. *Dehmer* § 192 UmwG Rn 4; *Laumann*, in: *Knopf/Tulloch* § 192 UmwG Rn 8.

Die Vorlage des Umwandlungsberichts ist **zwingend**. Entbehrlich ist er nur unter den in § 192 Abs. 3 UmwG genannten Voraussetzungen: Verzichten alle Gesellschafter auf den Bericht oder ist an dem formwechselnden Rechtsträger nur ein Anteilsinhaber beteiligt, so ist kein Umwandlungsbericht aufzustellen.

2. Inhalt

Der notwendige Inhalt des Berichts über den Formwechsel ist zwingend **11** in § 192 UmwG geregelt. Weder durch Beschluss noch durch Satzung oder Gesellschaftsvertrag können Erleichterungen von der Berichtspflicht vorgesehen werden. Demgegenüber sind ergänzende Regelungen in Gesellschaftsvertrag oder Satzung denkbar, da § 192 UmwG keine abschließende Regelung enthält,[15] praktisch aber bislang nicht anzutreffen.

§ 192 Abs. 1 S. 2 UmwG erklärt die Bestimmungen in § 8 Abs. 1 S. 2 bis 4 und Abs. 2 UmwG betreffend den Verschmelzungsbericht für entsprechend anwendbar. Diese lehnen sich ihrerseits an die Regelungen des alten Rechts zum Verschmelzungsbericht in § 340 a AktG an, so dass sich für die Konkretisierung von § 192 UmwG auch die Erkenntnisse in Rechtsprechung und Literatur zum Verschmelzungsbericht des § 340 a AktG (alte Fassung) heranziehen lassen;[16] anziehbar sind außerdem die Grundsätze zum Bericht über den Ausschluss des Bezugsrechts gemäß § 186 Abs. 4 S. 2 AktG.[17]

Der Umwandlungsbericht besteht regelmäßig aus drei Teilen, nämlich einem Erläuterungs- und Begründungsteil, dem Entwurf des Umwandlungsbeschlusses sowie der nach § 192 Abs. 2 UmwG beizufügenden Vermögensaufstellung.

a) Erläuterungs- und Begründungsteil des Umwandlungsbe- **12** **richts.** Nach § 192 Abs. 1 S. 1, 2 UmwG ist der Formwechsel in dem Bericht ausführlich rechtlich und wirtschaftlich zu erläutern und zu begründen. Es reicht nicht, wenn ein lückenhafter Bericht erst auf entsprechende Fragen der Anteilsinhaber in der Gesellschafterversammlung ergänzt wird.[18] Zur Vermeidung von Anfechtungsrisiken ist deshalb im Zweifel besser ein zu ausführlicher als ein möglicherweise unzureichender Umwandlungsbericht zu erstatten.[19]

---

[15] Vgl. *Kallmeyer/Meister/Klöcker* § 192 UmwG Rn 3.

[16] Vgl. *Decher*, in: *Semler/Stengel*, UmwG, § 192 Rn 7 unter Verweis auf § 8 Rn 13 ff.; *Laumann*, in: *Knopf/Tulloch* § 192 UmwG Rn 9.

[17] Vgl. *Lutter/Decher* § 192 UmwG Rn 7.

[18] Vgl. *Bärwaldt*, in: *Semler/Stengel*, UmwG, § 192 Rn 50 f.; *Kallmeyer/Marsch-Barner*, § 8 UmwG Rn 35; *Lutter/Decher* § 192 UmwG Rn 16 u. H. auf BGH ZIP 1990, 1560, 1562: SEN; OLG München ZIP 1991, 729: PWA; LG München AG 2000, 86, 87; LG München AG 2000, 87, 88; Vgl. *Stratz*, in: *Schmitt/Hörtnagl/Stratz*, UmwG, § 190 UmwG Rn 1 sowie § 8 UmwG Rn 31; LG Mainz DB 2001, 1136, 1137 („Keine Heilungsmöglichkeit abgesehen von nebensächlichen Punkten"); a. A. für eine Nachbesserungsmöglichkeit LG Frankenthal ZIP 1990, 232, 235; *Martens*, ZIP 1992, 1677, 1685; *Mertens* AG 1990, 20, 31.

[19] Vgl. *Decher*, in: *Lutter*, Kölner Umwandlungsrechtstage, S. 201, 209.

13 In dem Umwandlungsbericht sind die **rechtlichen und wirtschaftlichen Gründe** für den Formwechsel ausführlich darzulegen.[20] Insbesondere müssen die Zweckmäßigkeit des Formwechsels und seine Vorteile dargestellt werden. Aber auch auf etwaige Nachteile ist hinzuweisen. Es muss dargelegt werden, warum die Vorteile die Nachteile überwiegen. Es ist zu erläutern, ob und wenn ja welche **Alternativen** zum vorgeschlagenen Formwechsel in Betracht kommen und warum der vorgeschlagene Formwechsel vorzugswürdig ist.[21] Das heißt aber nicht, dass der Formwechsel im Sinne einer materiellen Inhaltskontrolle einer sachlichen Rechtfertigung bedürfte.[22]

14 Die Erläuterung der **rechtlichen und wirtschaftlichen Folgen** muss insbesondere beinhalten: Die künftige Beteiligung der Anteilsinhaber an dem Rechtsträger neuer Rechtsform, mit einer Darstellung der sich für die Anteilsinhaber ergebenden rechtlichen, wirtschaftlichen und steuerlichen Folgen des Formwechsels. Eine Erläuterung über die qualitative Änderung der Anteils- und Mitgliedschaftsrechte, Klärungen zum Firmenrecht, Verschiebungen im Kompetenzgefüge im Verhältnis der Gesellschaftsorgane zu den Gesellschaftern, Abweichungen im Gesellschaftsvertrag oder in der Satzung vom gesetzlichen Normalstatut, Übertragbarkeit und Beleihbarkeit der Anteile, künftige Beteiligungsverhältnisse (einer besonderen Begründung bedarf der nicht verhältniswahrende Formwechsel), Informations- und sonstige Minderheitenrechte, Veränderungen der Rechte und Pflichten im Verhältnis des herrschenden Mehrheitsgesellschafters zu den Minderheitsgesellschaftern, Haftungsfragen, Geschäftsführungsbefugnisse. Einer besonderen Begründung bedarf die Gewährung zusätzlicher Anteile zur Abgeltung von Sonderrechten. Erforderlich ist weiter eine Stellungnahme dazu, ob die Voraussetzungen für **bare Zuzahlungen** im Sinne von § 196 UmwG vorliegen. Schließlich sind auch etwa geplante bilanzielle Maßnahmen im Zuge der Umwandlung darzustellen.

15 Es müssen weiter die **steuerlichen Folgen** des Formwechsels sowie die eintretenden Veränderungen hinsichtlich der Besteuerung der Gesellschaft und der Anteilsinhaber erläutert werden. Die Darstellung muss auf den konkreten Einzelfall zugeschnitten werden.[23] Soweit sich durch die Umwandlung oder die damit verbundene Änderung der Gesellschaftsverfassung nicht ganz unwesentliche Nachteile für die Anteilseigner ergeben, die nicht allgemein bekannt sind oder sich unmittelbar aus dem für die jewei-

---

[20] Vgl. *Stratz*, in: *Schmitt/Hörtnagl*/Stratz, UmwG, § 190 UmwG Rn 1, § 192 UmwG Rn 9; *Bermel*, in: *Knopf/Tulloch* § 8 UmwG Rn 14; LG Wiesbaden AG 1999, 47, 48 Anforderungen sind nicht zu hoch anzusetzen im Hinblick auf Eigentumsfreiheit des Mehrheitsaktionärs.

[21] Vgl. wie *Knopf/Tulloch* § 8 UmwG Rn 14 u. H. auf LG Stuttgart ZIP 1994, 631, 632; *Lutter/Decher* § 192 UmwG Rn 19 f.

[22] Dazu näher *Lutter/Decher* § 192 UmwG Rn 19 f. und *Bärwaldt*, in: *Semler/Stengel*, UmwG, § 193 Rn 17 m. w. N.

[23] Vgl. *Lutter/Decher* § 192 UmwG Rn 21 ff.; *Kallmeyer/Meister/Klöcker* § 192 UmwG Rn 8 f.

ligen Gesellschaftsverfassungen einschlägigen Fachgesetz ergeben, sind diese im Umwandlungsbericht näher auszuführen.[24]

Die Höhe einer anzubietenden **Barabfindung** ist darzulegen.[25] Dafür ist eine Bewertung des Rechtsträgers notwendig. Hier ist nach § 192 Abs. 2 i.V.m. § 8 Abs. 2 UmwG auf besondere Schwierigkeiten bei der Bewertung hinzuweisen.[26] Gemeint sind Schwierigkeiten bei der Festsetzung der in der beizufügenden Vermögensaufstellung anzugebenden wirklichen Werte der Aktiva und Passiva des formwechselnden Rechtsträgers sowie bei der Bestimmung der angebotenen Barabfindung.[27] Es ist auch anzugeben, in welcher Weise man den Schwierigkeiten Rechnung getragen hat.[28] Zunächst sind die Grundsätze darzulegen, die für die der Ermittlung der Abfindung zugrunde liegende Bewertung des Rechtsträgers maßgeblich waren. Wurde von der Ertragswertmethode ausgegangen, so reicht der Hinweis auf ihre Üblichkeit als Rechtfertigung. Ist eine andere Bewertungsmethode angewendet, so ist das besonders zu begründen.[29] Der Bericht muss aber auch Angaben und Zahlen enthalten, die eine **Plausibilitätskontrolle** ermöglichen, eine Darlegung der Bewertungsgrundsätze reicht nicht.[30] 16

Die Bewertung des nicht betriebsnotwendigen Vermögens erfolgt außerhalb der Ertragsbewertung gesondert nach den erzielbaren Überschüssen aus der Einzelveräußerung. Bewertungsstichtag ist der Zeitpunkt der Beschlussfassung über den Formwechsel. Ausnahmsweise sind auch Angaben über alle für den Formwechsel wesentlichen Angelegenheiten verbundener Unternehmen erforderlich.[31] Im Regelfall gilt das nicht, weil sich die Rechtsverhältnisse des formwechselnden Rechtsträgers zu verbundenen Unternehmen infolge des Formwechsels nicht ändern.[32]

---

[24] Vgl. LG Heidelberg DB 1996, 1768, 1670; *Bärwaldt*, in: *Semler/Stengel*, UmwG, § 192 Rn 10.

[25] BGH DB 2001, 471 (allerdings kein Anfechtungsgrund); KG AG 1999, 127; dazu *Zeidler* NZG 1999, 508, 511; *Bärwaldt*, in: *Semler/Stengel*, UmwG, § 192 Rn 12; a. A. noch die Vorinstanz LG Berlin DB 1997, 969, 970, das nur eine beschränkte Aufklärung für erforderlich hält.

[26] Vgl. *Bermel*, in: *Knopf/Tulloch* § 8 UmwG Rn 22; *Bärwaldt*, in: *Semler/Stengel*, UmwG, § 192 Rn 15.

[27] Vgl. *Stratz*, in: *Schmitt/Hörtnagl/Stratz*, UmwG, § 190 UmwG Rn 1, § 8 UmwG Rn 20.

[28] *Kallmeyer/Meister/Klöcker* § 192 UmwG Rn 13.

[29] Vgl. *Stratz*, in: *Schmitt/Hörtnagl/Stratz*, UmwG, § 190 UmwG Rn 1; *Knopf/Tulloch* § 8 UmwG Rn 17, zit. LG Mannheim AG 1988, 248, 249; OLG Karlsruhe ZIP 1989, 988, 990.

[30] Vgl. *Lutter/Decher* § 192 UmwG Rn 33 f.; *Stratz*, in: *Schmitt/Hörtnagl/Stratz*, UmwG, § 190 UmwG Rn 1; *Knopf/Tulloch* § 8 UmwG Rn 18; BGHZ 107, 296, 302; dazu auch LG Mainz AG 2002, 247, 248.

[31] *Kallmeyer/Meister/Klöcker* § 192 UmwG Rn 15; *Stratz*, in: *Schmitt/Hörtnagl/Stratz*, UmwG, 3. Aufl., § 190 UmwG Rn 1, § 192 UmwG Rn 16; *Knopf/Tulloch* § 8 UmwG Rn 25 ff.

[32] Vgl. *Lutter/Decher* § 192 UmwG Rn 43; *Bärwaldt*, in: *Semler/Stengel*, UmwG, § 192 Rn 16 a. E.

17 Im Umwandlungsbericht brauchen Tatsachen, deren Bekanntwerden geeignet ist, dem Rechtsträger oder einem mit ihm verbundenen Unternehmen einen nicht unerheblichen Nachteil zuzufügen, nicht aufgenommen zu werden: z. B. einzelne Planzahlen bei den künftigen **Ertragsprognosen** im Rahmen der Unternehmensbewertung zur Ermittlung des Abfindungsangebots.[33] Die Gründe für die Nichtaufnahme dieser Tatsachen sind nach dem BGH im Bericht derart darzulegen, dass aus der Sicht der Anteilsinhaber eine Plausibilitätskontrolle möglich ist.[34] Der BGH hat auch zugelassen, dass Tatsachen, für die sich der Vorstand auf das Auskunftsverweigerungsrecht des § 131 Abs. 3 AktG stützen könnte, nicht offen gelegt werden müssen.[35] Ein Teil des Schrifttums vertritt die Auffassung, dass für GmbHs ein Gesellschafterbeschluss die Auskunftsverweigerung gemäß § 51 a Abs. 2 S. 2 GmbHG rechtfertigt.[36]

Der Bericht muss auch die ungefähre Gesamthöhe der **Kosten** des Formwechsels beinhalten.[37]

18 Der Bericht muss insgesamt eine schlüssige und plausible Darstellung der wesentlichen Umstände und Gründe enthalten, welche einem verständigen Anteilsinhaber unter Berücksichtigung der beigefügten Unterlagen eine ausreichende Entscheidungsgrundlage bietet. Der Bericht muss einem verständigen Anteilsinhaber eine **Plausibilitätskontrolle** ermöglichen, mehr nicht. In den Berichten gehören nur Aussagen, die zum Verständnis des Zusammenhangs erforderlich sind oder bei deren Fehlen die Entscheidung eines vernünftigen Anteilsinhabers möglicherweise anders ausfallen würde.[38] Es empfiehlt sich, mit dem Umwandlungsbericht einen Zeitplan vorzulegen, in dem alle Beschlüsse, Zustimmungen und Abstimmungen aufgeführt sind.[39]

19 **b) Entwurf des Umwandlungsbeschlusses.** Das Vertretungsorgan muss den Beschluss mit dem in § 194 Abs. 1 UmwG vorgeschriebenen Mindestinhalt entwerfen. Der Beschluss ist einen Monat vor dem Tag der Beschlussfassung dem zuständigen Betriebsrat zuzuleiten, § 194 Abs. 2 UmwG.

---

[33] Zu § 131 Abs. 3 AktG zit. bei *Stratz*, in: *Schmitt/Hörtnagl/Stratz*, UmwG, § 190 UmwG Rn 1, § 8 UmwG Rn 24 f.; ausf. *Ebenroth/Koos*, BB 1995, Beilage 8, S. 2; Bärwaldt, in: *Semler*/Stengel, UmwG, § 192 Rn 17 ff.; *Lutter/Decher* § 192 UmwG, Rn 44; *Knopf/Tulloch* § 8 UmwG Rn 38.

[34] Vgl. *Stratz*, in: *Schmitt/Hörtnagl/Stratz*, UmwG, 3. Aufl., § 190 UmwG Rn 1, § 192 UmwG Rn 8; *Kallmeyer/Meister/Klöcker* § 192 UmwG Rn 34; BGH ZIP 1990, 1560, 1562: SEN; *Stratz*, in: *Schmitt/Hörtnagl/*Stratz, UmwG, § 190 UmwG Rn 1; *Knopf/Tulloch* § 8 UmwG Rn 40.

[35] Vgl. BGH ZIP 1990, 168, 169: DAT/Altana II; *Bärwaldt*, in: *Semler/Stengel*, UmwG, § 192 Rn 17 ff.

[36] Vgl. *Stratz*, in: *Schmitt/Hörtnagl/Stratz*, UmwG, § 190 UmwG Rn 1; *Knopf/Tulloch* § 8 UmwG Rn 12, 41; a. A. *Schöne*, GmbHR 1995, 335.

[37] Vgl. *Lutter/Decher* § 192 UmwG Rn 16.

[38] Vgl. *Kallmeyer/Meister/Klöcker* § 192 UmwG Rn 12; *Lutter/Decher*, § 192 UmwG Rn 10.

[39] Vgl. *Stratz*, in: *Schmitt/Hörtnagl/Stratz*, UmwG, § 190 UmwG Rn 1; *Knopf/Tulloch* § 192 UmwG Rn 9.

c) Vermögensaufstellung. Sie ist von der Geschäftsführung des formwechselnden Rechtsträgers aufzustellen. Sie ist beim Formwechsel einer Kapitalgesellschaft in eine Kapitalgesellschaft anderer Rechtsform nicht erforderlich (§ 238 S. 2 UmwG). Auf sie kann, wenn ein Umwandlungsbericht entbehrlich ist, auch in den Fällen der §§ 192 Abs. 3, 215 UmwG verzichtet werden. 20

Die Vermögensaufstellung dient der Unterrichtung der Anteilsinhaber über den wirklichen Wert des formwechselnden Unternehmensträgers. Andererseits ermöglicht sie dem Registergericht die Überprüfung der Kapitalaufbringung im Rahmen der Gründungsvorschriften. Sie setzt auch die Anteilsinhaber in den Stand, die Angemessenheit einer angebotenen Barabfindung und barer Zuzahlungen für die Verbesserung des Beteiligungsverhältnisses zu beurteilen.[40] 21

In die Vermögensaufstellung sind alle Vermögensgegenstände und Schulden, unabhängig von Bilanzierungsverboten aufzunehmen,[41] und zwar unter Angaben ihres wirklichen Wertes, also unter Aufdeckung der stillen Reserven.[42] Der Gesetzgeber sagt nicht, wie dieser Wert zu ermitteln ist; er entspricht dem Zeitwert, wie er sich unter dem Gesichtspunkt einer Fortführung des Unternehmens darstellt. Es handelt sich damit um **Substanzwerte**, nicht dagegen um eine Ermittlung des Ertragswertes.[43] Eine besondere Gliederung ist nicht vorgeschrieben; sie sollte sich gleichwohl grundsätzlich an § 266 HGB orientieren. Auf der „Aktivseite" können bestimmte Bilanzpositionen zur Vereinfachung zusammengefasst werden. Auf der „Passivseite" wird man auf die Angabe des Eigenkapitals verzichten können. Aufzunehmen sind selbst geschaffene immaterielle Wirtschaftsgüter. Ein Firmenwert ist nicht zwingend aufzunehmen.[44] Nicht betriebsnotwendiges Vermögen ist genauso darzustellen wie betriebsnotwendiges Vermögen. 22

Stichtag für die Vermögensaufstellung soll der Tag der Erstellung des Umwandlungsberichts sein;[45] das ist aber nicht praktikabel, da mit der Vermögensaufstellung typischerweise im Vorfeld des Umwandlungsberichts 23

---

[40] Vgl. *Lutter/Decher* § 192 UmwG Rn 38; *Kallmeyer/Meister/Klöcker* § 192 UmwG Rn 52.

[41] Vgl. *Stratz*, in: *Schmitt/Hörtnagl/Stratz*, UmwG, § 190 UmwG Rn 1, § 192 UmwG Rn 19; *Laumann*, in: *Knopf/Tulloch* § 192 Rn 21; *Kallmeyer/Meister/Klöcker* § 192 Rn 26; abweichend *Lutter/Decher* § 192 UmwG Rn 59: einer Konkretisierung aller Gegenstände des Rechtsträgers ohne Rücksicht auf ihre Bilanzierungspflichtigkeit und -fähigkeit bedürfe es nicht.

[42] Vgl. *Bärwaldt*, in: *Semler/Stengel*, UmwG, § 192 Rn 31; *Stratz*, in: *Schmitt/Hörtnagl*/Stratz, UmwG, § 190 UmwG Rn 1, § 192 UmwG Rn 19; OLG Frankfurt ZIP 1997, 1291, 1292.

[43] Vgl. *Bärwaldt*, in: *Semler/Stengel*, UmwG, § 192 Rn 31; *Stratz*, in: *Schmitt/Hörtnagl/Stratz*, UmwG, § 190 UmwG Rn 1, § 192 UmwG Rn 19; *Lutter/Decher* § 92 UmwG Rn 61; *Laumann*, in: *Knopf/Tulloch* § 192 Rn 5.

[44] Vgl. *Laumann*, in: *Knopf/Tulloch* § 192 Rn 25; *Lutter/Decher* § 192 UmwG Rn 58; a. A. *Kallmeyer/Meister/Klöcker* § 192 UmwG Rn 26 für Aufnahmezwang.

[45] Vgl. *Stratz*, in: *Schmitt/Hörtnagl/Stratz*, UmwG, § 190 UmwG Rn 1, § 192 UmwG Rn 19 a. E.; *Bärwaldt*, in: *Semler/Stengel*, UmwG, § 192 Rn 34.

begonnen werden muss. Man wird daher einen Stichtag zum Ende des letzten oder vorletzten vorhergehenden Monats vor der Erstellung des Umwandlungsberichts ausreichen lassen können.[46] Ändern sich die Verhältnisse zwischen Erstellung des Berichts und dem Tag des Umwandlungsbeschlusses, kann die Treuepflicht Korrekturen an der Vermögensaufstellung gebieten.[47] Das Fehlen der Vermögensaufstellung hat das Registergericht von Amts wegen zu berücksichtigen, weil sich seine Prüfung jedenfalls auf offensichtliche Mängel der gesetzlich geforderten Berichte erstreckt. Bei Fehlen der Vermögensaufstellung ist die Eintragung deshalb auch dann zurückzuweisen, wenn die Anfechtungsfrist abgelaufen und kein Aktionär eine Anfechtungsklage erhoben hat.[48]

24 Bei ausreichender Intensität des Interesses an der **Geheimhaltung** stiller Reserven kann sich das Geheimhaltungsrecht gemäß §§ 192 Abs. 1 S. 2, 8 Abs. 2 UmwG auch gegenüber dem Gebot der Angabe wirklicher Werte in der Vermögensaufstellung durchsetzen, sowie auch gegenüber der Pflicht zur Offenlegung von Bewertungsschwierigkeiten und des Umgangs mit diesen.[49]

3. Sachgründungsbericht, Gründungsprüfung

25 Soweit die Gründungvorschriften für die Rechtsform des neuen Rechtsträgers es verlangen, ist ein Sachgründungsbericht zu erstellen. Der Begründungs- und Erläuterungsteil des Umwandlungsberichts muss dann in der Darstellung der Folgen des Formwechsels die Feststellung des Sachgründungsberichts und dessen Ergebnisse miteinbeziehen.

26 Für den Fall, dass die für den Rechtsträger neuer Rechtsform geltenden Gründungsvorschriften einen Sachgründungsbericht und eine Gründungsprüfung vorsehen, zwingt dies zur Prüfung des Formwechsels. Das Ergebnis der Gründungsprüfung hat auch der Darstellungs- und Begründungsteil des Umwandlungsberichts darzustellen.

Die Angemessenheit einer Barabfindung, welche widersprechenden Anteilsinhabern anzubieten und Inhalt des Umwandlungsbeschlusses ist, muss durch Prüfer geprüft werden. Über das Ergebnis der Prüfung ist auch im Darstellungs- und Begründungsteil des Umwandlungsberichts zu berichten.[50]

---

[46] Vgl. *Lutter/Decher* § 192 UmwG Rn 62; *Bärwaldt*, in: *Semler/Stengel,* § 192 Rn 34; nach LG Mainz AG 2002, 247 ist eine Vermögensaufstellung in zeitlicher Nähe zum Umwandlungsbericht erforderlich, die bei einem Zeitraum von acht Monaten nicht mehr gegeben ist; in diese Richtung auch *Rottnauer* NZG 2001, 953, 954; a. A. *Laumann*, in: *Knopf/Tulloch* § 192 Rn 30: Wird der Umwandlungsbericht später fertig als die Vermögensaufstellung, ist letztere zu berichtigen, es sei denn, dass die Abweichungen die Bagatellgrenze unterschreiten.

[47] Vgl. *Kallmeyer/Meister/Klöcker* § 192 UmwG Rn 28; *Bärwaldt*, in: *Semler/Stengel*, UmwG § 192 Rn 34.

[48] Vgl. OLG Frankfurt DB 2003, 23, 78.

[49] Vgl. *Kallmeyer/Meister/Klöcker* § 192 UmwG Rn 33.

[50] Vgl. *Kallmeyer/Meister/Klöcker* § 192 UmwG Rn 50 f.; *Bärwaldt*, in: *Semler/Stengel*, UmwG, § 192 Rn 12.

III. Der formwechselnde Beschluss

1. Grundlagen- und Strukturentscheidung

Der Formwechsel zielt auf Änderung der rechtlichen Verfassung des Rechtsträgers und ist deshalb eine Grundlagen- und Strukturentscheidung, die dem Bereich **der Geschäftsführung** der Vertretungsorgane **entzogen** ist.[51] Die Entscheidung über den Formwechsel ist vielmehr zwingend den Anteilsinhabern vorbehalten. Im Mittelpunkt jedes Formwechsels steht deshalb der von den Anteilsinhabern des formwechselnden Rechtsträgers zu fassende Umwandlungsbeschluss. Das Gesetz bestätigt dies in § 193 Abs. 1 S. 1 UmwG ausdrücklich und bestimmt im Folgesatz, dass der Umwandlungsbeschluss nur in einer Versammlung der Anteilsinhaber gefasst werden kann. Die allgemeinen Bestimmungen über den Formwechsel in den §§ 192 bis 213 UmwG enthalten weitere **formelle und materielle Vorgaben** für den Umwandlungsbeschluss, die rechtsformspezifisch durch Bestimmungen der besonderen Vorschriften über den Formwechsel in den §§ 214 ff. UmwG ergänzt werden. Diese Regelungen sind unvollständig. Hinzu treten die Vorschriften, die das Recht des jeweiligen Rechtsträgers allgemein für die Abhaltung und Durchführung von Anteilseignerversammlungen statuiert, soweit nicht das Umwandlungsrecht hierzu eine abschließende andere Regelung trifft.[52] Schließlich sind im Rahmen des je nach Rechtsform unterschiedlichen privatautonomen Gestaltungsspielraums gegebenenfalls gesellschaftsvertragliche Regelungen bei der Vorbereitung und Fassung des Umwandlungsbeschlusses zu beachten.[53] 27

2. Beschlussinhalt

a) Zwingender Mindestkatalog. Das UmwG hat dem Inhalt des Umwandlungsbeschlusses besondere Aufmerksamkeit gewidmet und in § 194 UmwG diejenigen Festlegungen, die jeder Umwandlungsbeschluss mindestens treffen muss, **enumerativ** aufgeführt. Die Bestimmung entspricht funktional den Parallelvorschriften in § 5 UmwG über den Mindestinhalt des Verschmelzungsvertrags und § 126 UmwG über den Inhalt des Spaltungs- und Übernahmevertrags bei der Spaltung zur Aufnahme bzw. § 136 UmwG i.V.m. § 126 UmwG über den Spaltungsplan bei der Spaltung zur Neugründung.[54] Konstruktiv – und systemkonformer – hätte das Gesetz deshalb auch einen Umwandlungsplan vorsehen können, dem die Anteilsinhaber des formwechselnden Rechtsträgers zustimmen müssen. 28

---

[51] Vgl. *Stratz*, in: *Schmitt/Hörtnagl/Stratz*, UmwG, § 190 UmwG Rn 1, § 193 UmwG Rn 7; *Kallmeyer/Zimmermann* § 193 UmwG Rn 2; *Knopf/Tulloch* § 193 Rn 6; *Lutter/Decher* § 193 UmwG Rn 5.

[52] Vgl. *Lutter/Decher* § 193 UmwG Rn 7; *Bärwaldt*, in: *Semler/Stengel*, UmwG, § 193 Rn. 7.

[53] Z. B. Mehrheit, *Stratz*, in: *Schmitt/Hörtnagl/Stratz*, UmwG, § 190 UmwG Rn 1, § 193 UmwG Rn 12; *Kallmeyer/Zimmermann* § 193 UmwG Rn 5, 9; hierzu der tabellarische Überblick bei *Bärwaldt*, in: *Semler/Stengel*, UmwG, § 193 Rn 11.

[54] Vgl. *Kallmeyer/Meister/Klöcker* § 194 UmwG Rn 7.

29 Mit Ausnahme der Angaben zu den Folgen des Formwechsels für die Arbeitnehmer und ihre Vertretungen nach § 194 Abs. 1 Nr. 7 UmwG umreißt das Gesetz mit dem Mindestkatalog nach § 194 Abs. 1 UmwG die **Essentialia der erforderlichen rechtsgeschäftlichen Festlegung**, ohne die ein Formwechsel nicht zustande kommen kann. Aus dem Gesetz ergibt sich nicht eindeutig, was in den Umwandlungsbeschluss aufzunehmen ist, wenn zu einzelnen Elementen des gesetzlichen Beschlusspunktekatalogs keine positiven Angaben zu machen sind, wie etwa, wenn Rechte im Sinne von § 194 Abs. 1 Nr. 5 UmwG nicht gewährt werden. Die Antwort ist aus dem Zweck der gesetzlichen Vorgabe abzuleiten. Richtigerweise zielt die Bestimmung über den notwendigen Mindestinhalts des formwechselnden Beschlusses auch auf die Sicherstellung einer ausreichenden Unterrichtung und Mindestinformation der Gesellschafter; ihnen sollen der Gegenstand und die Bedeutung ihrer Beschlussfassung deutlich vor Augen geführt werden.[55] Das spricht dafür, dass dem Mindestinhalt des formwechselnden Beschlusses gegebenenfalls durch **ausdrückliche Negativerklärungen** im Beschluss Rechnung getragen werden muss.[56] Jedenfalls sollte sich die Praxis hierauf bis zu einer etwaigen höchstrichterlichen Klärung der Frage vorsorglich einstellen.

30 Die Bestimmungen über den Mindestinhalt des Umwandlungsbeschlusses sind **zwingend** und auch bei Verzicht sämtlicher Anteilsinhaber nicht entbehrlich, weil der Umwandlungsbeschluss auch Unterrichtungsfunktion für Dritte, namentlich für Arbeitnehmer und Gläubiger, hat.[57]

Der Inhaltskatalog in § 194 UmwG ist **nicht abschließend**. Einerseits kommen Inhaltsvorgaben aus den besonderen umwandlungsrechtlichen Vorschriften hinzu, andererseits schließt § 194 UmwG die freiwillige Aufnahme weiterer Regelungen in den Umwandlungsbeschluss nicht aus, sofern das Gesetz dem nicht entgegensteht.[58]

31 **b) Rechtsform.** Kern des Umwandlungsbeschlusses ist die Entscheidung über den Wechsel der Rechtsform, in der der Rechtsträger verfasst ist. § 194 Abs. 1 Nr. 1 UmwG schreibt deshalb ausdrücklich vor, dass der Beschluss die neue Rechtsform bestimmen muss, die der Rechtsträger durch den Formwechsel erlangen soll.[59]

32 **c) Firma.** Der Umwandlungsbeschluss muss weiter den Namen oder die Firma des Rechtsträgers neuer Rechtsform bestimmen, § 194 Abs. 1 Nr. 2 UmwG. Der Bestimmung bedarf es auch dann, wenn, wie außer bei dem Formwechsel in die Personengesellschaft zwingend, der mit dem

---

[55] Zutr. *Lutter/Decher* § 194 UmwG Rn 1.

[56] Ebenso *Stratz*, in: *Schmitt/Hörtnagl/Stratz*, UmwG, § 190 UmwG Rn 1; *Bärwaldt*, in: *Semler/Stengel*, UmwG, § 194 Rn 1; *Lutter/Decher* § 194 UmwG Rn 3, 30; a. A. *Lutter/Lutter* § 5 UmwG Rn 3 zum Verschmelzungsvertrag.

[57] Vgl. *Kallmeyer/Meister/Klöcker* § 194 UmwG Rn 4; *Lutter/Decher* § 194 UmwG Rn 43; *Bärwaldt*, in: *Semler/Stengel*, UmwG, § 194 Rn 1.

[58] Vgl. *Kallmeyer/Meister/Klöcker* § 194 UmwG Rn 5 f.; *Laumann*, in: *Knopf/Tulloch* § 194 UmwG Rn 4; *Bärwaldt*, in: *Semler/Stengel*, UmwG, § 194 Rn 37.

[59] Vgl. *Kallmeyer/Meister/Klöcker* § 194 UmwG Rn 5 f.; *Laumann*, in: *Knopf/Tulloch* § 194 UmwG Rn 5.

Beschluss festzustellende neue Gesellschaftsvertrag seinerseits die Firma bestimmt.[60]

d) Beteiligung der Anteilsinhaber und Zahl, Art und Umfang der Anteile. Nach § 194 Abs. 1 Nr. 3 UmwG muss der Umwandlungsbeschluss „eine Beteiligung der bisherigen Anteilsinhaber an dem Rechtsträger nach den für die neue Rechtsform geltenden Vorschriften" bestimmen, sofern ihre Beteiligung nicht nach den gesetzlichen Bestimmungen über den Formwechsel entfällt.[61] Damit bestätigt das Gesetz den u. a. auch in § 202 Abs. 1 Nr. 2 UmwG zum Ausdruck kommenden Grundsatz der **Identität der Anteilsinhaber**[62] vor und nach dem Formwechsel und stellt klar, dass der Formwechsel zwar in die rechtliche Struktur der Mitgliedschaft eingreifen, nicht aber die Mitgliedschaft selbst berühren kann, sofern das Gesetz nicht ausnahmsweise anderes bestimmt.[63] Ein Herausdrängen von Gesellschaftern gegen deren Willen (squeeze out), wie es nach dem UmwG 1969 beim Formwechsel der Kapitalgesellschaft in die Personengesellschaft noch möglich war, ist danach also ausgeschlossen.[64] Die Bestimmung über die zukünftige Beteiligung der Gesellschafter nach Maßgabe der für die neue Rechtsform geltenden Vorschriften kann mit den nach § 194 Abs. 1 Nr. 4 UmwG zu machenden Angaben über Zahl, Art und Umfang der Anteile oder Mitgliedschaften, welche die Anteilsinhaber durch den Formwechsel erlangen sollen oder die einem beitretenden persönlich haftenden Gesellschafter eingeräumt werden sollen, verbunden werden.[65] Eine abkürzende Bezugnahme auf den im Umwandlungsbeschluss enthaltenen neuen Gesellschaftsvertrag ist zulässig.[66] 33

Die Vorschrift entspricht den Anforderungen an den Verschmelzungsvertrag zu den Angaben über die den Gesellschaftern der übertragenden Rechtsträger zu gewährenden Mitgliedschaften, die dortigen Grundsätze können angezogen werden (vgl. § 51).

---

[60] Vgl. *Kallmeyer/Meister/Klöcker* § 194 UmwG Rn 16.

[61] Das ist vorgesehen für den Komplementär einer KGaA, vgl. §§ 233, 247 Abs. 3, 255 Abs. 3 UmwG, und für bestimmte Mitglieder eines formwechselnden Versicherungsvereins auf Gegenseitigkeit von der Beteiligung an der AG, vgl. § 294 Abs. 1 UmwG, dazu außerdem RegBegr. bei *Schaumburg/Rödder* § 194 UmwG Rn 5.

[62] Vgl. *Laumann*, in: *Knopf/Tulloch* § 194 UmwG Rn 7; *Lutter/Decher* § 194 UmwG Rn 7; abweichend *Bärwaldt*, in: *Semler/Stengel*, UmwG, § 194 Rn 10.

[63] Vgl. *Kallmeyer/Meister/Klöcker* § 202 UmwG Rn 29 ff.; *Kübler*, in: *Semler/Stengel*, UmwG, § 202 Rn 19 ff. unter Hinweis auf Besonderheiten bei der GmbH & Co. KG.

[64] Zum nichtverhältniswahrenden Formwechsel und zur Frage eines Formwechsels „zu Null" vgl. *Lutter/Decher* § 202 UmwG Rn 20 f.

[65] Vgl. *Lutter/Decher* § 194 UmwG Rn 5.

[66] Vgl. RegBegr. bei *Schaumburg/Rödder* § 194 UmwG Rn 6 (freilich zu eng nur für die Fälle, in denen der neue Vertrag im Beschluss enthalten sein *muss); Kallmeyer/Meister/Klöcker* § 194 UmwG Rn 32; *Lutter/Decher* § 194 UmwG Rn 9.

34 **e) Rechte einzelner Anteilsinhaber, Inhaber besonderer Rechte.**[67] Nach § 194 Abs. 1 Nr. 5 UmwG sind im Umwandlungsbeschluss Bestimmungen über Rechte, die einzelnen Anteilsinhabern oder Inhabern besonderer Rechte wie Anteile ohne Stimmrecht, Vorzugsaktien, Mehrstimmrechtsaktien, Schuldverschreibungen und Genussrechte gewährt werden sollen, zu treffen, oder die an deren Stelle tretenden Maßnahmen, die für diese Personen vorgesehen sind. Fehlt es, wie meistens, an der Gewährung besonderer Rechte, empfiehlt es sich, in den Umwandlungsbeschluss eine entsprechende **Negativfeststellung** aufzunehmen. Die Bestimmung entspricht im Übrigen § 5 Abs. 1 Nr. 7 UmwG zum Inhalt des Verschmelzungsvertrags, so dass auf die Ausführungen hierzu verwiesen werden kann (s. § 51).

35 **f) Abfindungsangebot.** Nach § 194 Abs. 1 Nr. 6 UmwG muss der Umwandlungsbeschluss ein Abfindungsangebot nach Maßgabe von § 207 UmwG enthalten, sofern ein solches zu machen ist.[68] Das Barabfindungsangebot ist vollständig in den Beschluss aufzunehmen, ein Verweis auf andere Unterlagen, etwa den Umwandlungsbericht, ist unzulässig. Zu den Einzelheiten des Barabfindungsangebots siehe unten V.

36 **g) Folgen für die Arbeitnehmer und Arbeitnehmervertretungen.** Nach § 194 Abs. 1 Nr. 7 UmwG sind in den Umwandlungsbeschluss auch die Folgen des Formwechsels für die Arbeitnehmer und ihre Vertretungen sowie die insoweit vorgesehenen Maßnahmen aufzunehmen. Die Gesetzesformulierung („müssen **bestimmt** werden“) ist missglückt. Der Sache nach geht es dabei nämlich nicht um die inhaltliche Festlegung einer Rechtsfolgenbestimmung qua Umwandlungsbeschluss, sondern um eine – systematisch verfehlte[69] – Unterrichtung der Arbeitnehmer über die arbeitnehmerbezogenen Auswirkungen des Formwechsels im Umwandlungsbeschluss.[70]

37 Die entsprechenden Angaben sind nach richtiger Auffassung auch dann zu machen, wenn bei dem formwechselnden Rechtsträger **kein Betriebsrat** besteht und demgemäß eine Zuleitung des Beschlussentwurfs nach § 194 Abs. 2 UmwG nicht in Betracht kommt.[71]

Hinzuweisen ist im Beschluss nur auf die **unmittelbaren** Folgen des Formwechsels, nicht auf lediglich mittelbare. Angaben über etwa im Zusammenhang mit dem Formwechsel beabsichtigte Umstrukturierungs-

---

[67] Vgl. *Kallmeyer/Meister/Klöcker* § 194 UmwG Rn 36ff.; *Bärwaldt*, in: *Semler/Stengel*, UmwG, § 194 Rn 21ff.

[68] Vgl. *Kallmeyer/Meister/Klöcker* § 194 UmwG Rn 44ff.; *Lutter/Decher* § 199 UmwG Rn 20ff.

[69] Vgl. nur *Lutter/Lutter* § 5 UmwG Rn 39.

[70] Vgl. *Laumann*, in: *Knopf/Tulloch* § 194 UmwG Rn 25.

[71] Zutr. *Bärwaldt*; in: *Semler*/Stengel, UmwG, § 194 Rn 33; *Lutter/Lutter* § 5 UmwG Rn 87 zur Parallelvorschrift in § 5 Abs. 1 Nr. 9 betr. die Verschmelzung; zur Gegenansicht – gegen Angabepflicht – vgl. *Joost* ZIP 1995 976, 983; *Lutter/Decher* § 194 Rn 31; *Stratz*, in: *Schmitt/Hörtnagl/Stratz*, UmwG, § 190 UmwG Rn 1, § 194 UmwG Rn 12f.

oder Rationalisierungsmaßnahmen sind deshalb nicht in den Umwandlungsbeschluss aufzunehmen.[72]

Da der Formwechsel sämtliche Rechtsbeziehungen des formwechselnden Rechtsträgers unverändert lässt, hat er **auf** die bestehenden **Anstellungsverhältnisse** mit Arbeitnehmern **keine unmittelbaren Auswirkungen.**[73] Ebenso wenig ergeben sich Änderungen für die nach dem BetrVG 1992 errichteten Betriebsratsgremien. Insbesondere führt der Formwechsel nicht zu einem Übergang von Arbeitsverhältnissen gemäß §§ 324 UmwG, 613 a BGB auf einen anderen Rechtsträger, einer Änderung oder Beendigung der Zugehörigkeit des Rechtsträgers als Arbeitgeber zu einem Arbeitgeberverband oder einer Änderung der Organisation der Betriebe des formwechselnden Unternehmens. 38

Der Formwechsel kann aber auf die **Mitbestimmung** Auswirkung haben.[74] So entfällt die Mitbestimmung der Arbeitnehmer im Aufsichtsrat nach § 77 BetrVG 1952 bei dem Formwechsel einer GmbH mit weniger als 2000 Arbeitnehmern in eine GmbH & Co. KG, da auf die Rechtsform der KG das BetrVG 1952 keine Anwendung findet.[75] Aus § 325 UmwG folgt nichts anderes. Die dort getroffene Regelung über die Mitbestimmmungsbeibehaltung ist für den Formwechsel nicht einschlägig und auch nicht entsprechend anwendbar.[76] Sofern, wie häufig in der Praxis anzutreffen, die Mitbestimmungskontinuität auf freiwilliger Basis verwirklicht werden soll,[77] kommt ein Hinweis hierauf im Umwandlungsbeschluss aber in Betracht. Dabei ist auch auf die Diskontinuität der Aufsichtsratsmandate (dazu Rn 45) hinzuweisen.[78] 39

h) Sonstige Angaben. § 194 Abs. 1 UmwG enthält die Mindestanforderungen an den Inhalt des Umwandlungsbeschlusses. Ergänzende Vorgaben finden sich in den besonderen gesetzlichen Bestimmungen über den Formwechsel. Darüber hinaus kommen nicht obligatorische ergänzende Feststellungen in Betracht. 40

Sofern nicht ein Formwechsel in die Personenhandelsgesellschaft gegeben ist, ist in dem Umwandlungsbeschluss der **Gesellschaftsvertrag** des formwechselnden Rechtsträgers aufzunehmen, vgl. §§ 218 Abs. 1, 243 Abs. 1 S. 1, 253 Abs. 1 S. 1, 263 Abs. 1, 276 Abs. 1, 285 Abs. 1, 294 Abs. 1 UmwG.

---

[72] Zutr. *Laumann*, in: *Knopf/Tulloch*, § 194 UmwG Rn 7; *Lutter/Lutter* § 5 UmwG Rn 53 ff. mit umf. Auseinandersetzung mit der weitergehenden Gegenauffassung; für diese vgl. z. B. *Wlotzke*, DB 1995, 45.; *Simon*, in: *Semler/Stengel*, UmwG, § 5 Rn 64f.

[73] Vgl. *Kallmeyer/Willemsen* § 194 UmwG Rn 58; *Laumann*, in: *Knopf/Tulloch* § 194 UmwG Rn 27; *Lutter/Decher* § 194 UmwG Rn 25.

[74] Vgl. *Laumann*, in: *Knopf/Tulloch* § 194 UmwG Rn 28; *Lutter/Decher* § 194 UmwG Rn 26; *Bärwaldt*, in: *Semler/Stengel*, UmwG, § 194 Rn 31.

[75] Vgl. *Lutter/Decher* § 194 UmwG Rn 23.

[76] Zutreffend *Boecken*, Unternehmensumwandlungen Rn 443; *Kallmeyer/Willemsen* § 194 UmwG Rn 58; *Laumann*, in: *Knopf/Tulloch* § 194 UmwG Rn 28; *Lutter/Decher* § 194 UmwG Rn 23.

[77] Vgl. *Ihrig/Schlitt*, NZG 1999, 333 m. w. N.

[78] Vgl. *Lutter/Decher* § 194 UmwG Rn 27.

Darüber hinaus empfiehlt es sich, in den Umwandlungsbeschluss die Angabe des Sitzes des Rechtsträgers neuer Rechtsform und die Feststellung über den **Umwandlungsstichtag**, zu dem mit wirtschaftlicher Wirkung im Verhältnis der Anteilsinhaber zueinander und mit steuerlicher Wirkung der Wechsel der Rechtsform erfolgen soll, aufzunehmen. Darüber hinaus kann es sinnvoll sein, Festsetzung über die Kosten des Formwechsels zu treffen.

3. Notarielle Form

41 Der Umwandlungsbeschluss ist notariell zu beurkunden, § 193 Abs. 3 S. 1 UmwG. Maßgeblich sind die §§ 36 ff. BeurkG. Der Mangel der notariellen Form führt zur Nichtigkeit des Beschlusses[79] und begründet ein **Eintragungshindernis.** Trägt das Registergericht gleichwohl ein, wird der Mangel geheilt, § 202 Abs. 1 Nr. 3 UmwG. Jedem Anteilsinhaber ist auf Verlangen und auf dessen Kosten unverzüglich eine Abschrift der notariellen Niederschrift des Beschlusses zu erteilen.[80]

4. Beschlussfassung

42 Der Beschluss über den Formwechsel erfolgt zwingend in einer Gesellschafterversammlung, die Beschlussfassung im Umlaufverfahren ist ausgeschlossen, § 193 Abs. 1 S. 2 UmwG. Maßgeblich für die Vorbereitung und Durchführung der beschließenden Anteilseignerversammlung sind die besonderen Vorschriften des UmwG sowie die allgemeinen für den formwechselnden Rechtsträger geltenden Bestimmungen in Gesetz und Gesellschaftsvertrag. Im **Regelfall** bedarf der Beschluss über den Formwechsel mindestens einer Mehrheit von $^3/_4$ der bei der Versammlung der Anteilsinhaber abgegebenen Stimmen. Beim Formwechsel von Personengesellschaften ist Einstimmigkeit erforderlich, sofern nicht der Gesellschaftsvertrag eine eindeutige Regelung über eine Mehrheitsentscheidung mit enthält, die mindestens aber eine $^3/_4$-Mehrheit verlangen muss.[81] Eine **materielle Kontrolle** des Umwandlungsbeschlusses auf seine sachliche Rechtfertigung findet nach richtiger Auffassung nicht statt.[82]

5. Beteiligung des Betriebsrats

43 Der Entwurf des Beschlusses über den Formwechsel ist dem zuständigen Betriebsrat des formwechselnden Rechtsträgers spätestens **einen Monat** vor dem Tag der Hauptversammlung der Anteilsinhaber **zuzuleiten**, § 194 Abs. 2 UmwG. Welches Betriebsratsgremium zuständig ist, richtet sich

[79] Vgl BayObLG MittRhNotK 1996, 421; *Kallmeyer/Zimmermann* § 193 UmwG Rn 28.

[80] § 193 Abs. 35.2 UmwG; *Bärwaldt*, in: *Semler/Stengel*, UmwG, § 193 Rn 29. Verpflichtet ist der Rechtsträger des Anteilsinhabers, nicht der beurkundende Notar, *Kallmeyer/Zimmermann* § 193 UmwG Rn 30.

[81] Zur Zustimmung einzelner Anteilsinhaber vgl. *Reichert*, GmbHR 1995, 176; *Grunewald/Winter*, Formwechsel, S. 42.

[82] Vgl. *Bayer*, ZIP 1997, 1613, 1624; *Lutter/Decher* § 193 UmwG Rn 12; *Bärwaldt*, in: *Semler/Stengel*, UmwG, § 193 Rn 17.

nach dem BetrVG. Sofern ein Gesamtbetriebsrat existiert, ist dieser zuständig, da der Formwechsel das gesamte Unternehmen betrifft.[83] Zur Entgegennahme des Entwurfs des Umwandlungsbeschlusses ist gemäß § 51 Abs. 1, § 26 Abs. 2 BetrVG der Vorsitzende des Betriebsrats bzw. im Falle seiner Verhinderung sein Stellvertreter berechtigt.[84] Es empfiehlt sich für das geschäftsführende Organ, sich den **Empfang** des Beschlussentwurfs unter Datumsangabe schriftlich bestätigen zu lassen, damit gegenüber dem Registergericht der erforderliche Nachweis der rechtzeitigen Zuleitung des Beschlussentwurfs an den Betriebsrat unmittelbar mit Vorlage des Eintragungsantrags erbracht werden kann.[85]

Da der reine Formwechsel keine Auswirkungen auf die Arbeitnehmer **44** oder die betriebliche Organisation hat, bestehen regelmäßig keine weiteren Unterrichtungsrechte der Arbeitnehmerseite, insbesondere keine des Betriebsrats/Gesamtbetriebsrats aus § 80 Abs. 2 BetrVG oder des Wirtschaftsausschusses aus § 106 Abs. 1 BetrVG.[86]

6. Auswirkungen des Formwechsels auf die Organe der formwechselnden Gesellschaft

a) Aufsichtsrat. Auch bei Umwandlungsfällen ist grundsätzlich nicht **45** von einer Amtskontinuität eines existierenden Aufsichtsrats oder vergleichbaren Aufsichtsgremiums auszugehen. Vielmehr endet das Mandat des Aufsichtsrats mit Eintragung des Formwechsels. Hiervon macht § 203 Satz 1 UmwG eine Ausnahme. Danach besteht der Aufsichtsrat fort, sofern bei dem Rechtsträger neuer Rechtsform in gleicher Weise wie bei dem formwechselnden Rechtsträger ein Aufsichtsrat gebildet wird (Amtskontinuität). Gegebenenfalls ist ein neuer Aufsichtsrat zu wählen, wenn der Umwandlungsbeschluss die Beendigung des Amtes vorsieht (§ 203 Satz 2 UmwG).[87]

b) Geschäftsführung. Bis zur Eintragung des Formwechsels amtieren **46** noch die Mitglieder des bisherigen geschäftsführenden Organs. Insbesondere haben etwa die Geschäftsführer der formwechselnden GmbH bzw. die Mitglieder des Vorstands der formwechselnden AG die Anmeldung des Formwechsels in eine Kapitalgesellschaft anderer Rechtsform vorzunehmen (§ 246 UmwG). Ihr Amt erlischt mit der Eintragung des Form-

---

[83] Vgl. *Lutter/Decher* § 5 UmwG Rn 86; *Kallmeyer/Willemsen* § 5 UmwG Rn 75, zit. *Boecken*, Unternehmensumwandlungen Rn 333; *Engelmeyer*, DB 1996, 2542; a. A. *Wlotzke*, DB 1995, 40, 45.

[84] Vgl. *Laumann*, in: *Knopf/Tulloch*, § 194 Rn 31.

[85] Vgl. *Kallmeyer/Willemsen* § 5 UmwG Rn 74; *Lutter/Decher* § 194 UmwG Rn 42.

[86] Vgl. *Gaul*, DB 1995, 2655; *Kallmeyer/Willemsen* § 194 UmwG Rn 60, zit. *Decher*, in: *Lutter*, Kölner Umwandlungsrechtstage, S. 201, 212; *Lutter/Decher* § 194 UmwG Rn 44.

[87] Vgl. *Lutter/Decher* § 203 UmwG Rn 26 ff.; *Simon*, in: *Semler/Stengel*, UmwG, § 203 Rn 3, 8; *Laumann*, in: *Knopf/Tulloch* § 203 UmwG Rn 10 und 11; vgl. aber Rn 23.

wechsels.[88] Demgegenüber bleiben Prokuren und Handlungsvollmachten bestehen.[89]

IV. Rechtsschutz

1. Befristung von Klagen gegen den Umwandlungsbeschluss

47 **a) Ausschlussfrist.** Entsprechend § 14 Abs. 1 UmwG für die Verschmelzung bestimmt § 195 Abs. 1 UmwG auch für den Formwechsel eine Ausschlussfrist für die gerichtliche Geltendmachung von Mängeln des Umwandlungsbeschlusses; danach muss eine Klage gegen die Wirksamkeit des Umwandlungsbeschlusses binnen eines **Monats** nach der Beschlussfassung erhoben werden. Die Bestimmung, die dem Vorbild der Monatsfrist für die aktienrechtliche Anfechtungsklage in § 246 Abs. 1 AktG folgt, gilt rechtsformübergreifend auch für den Umwandlungsbeschluss einer formwechselnden Personengesellschaft, also auch für die GmbH & Co. KG.[90] Das ist für das Personengesellschaftsrecht ein Novum, das seine Rechtfertigung allenfalls in dem Anliegen des Gesetzgebers finden kann, Unternehmensumstrukturierungen zu erleichtern und für deren Bestand sichere Grundlagen zu schaffen. Die Bestimmung steht in unmittelbarem Zusammenhang mit der **Registersperre** nach § 198 Abs. 3 i.V.m. § 16 Abs. 2 UmwG, wonach der Formwechsel erst eingetragen werden kann, wenn die Vertretungsorgane des formwechselnden Rechtsträger erklärt haben, dass eine Klage gegen die Wirksamkeit des Umwandlungsbeschlusses nicht oder nicht fristgemäß erhoben ist und, wie sinngemäß zu ergänzen ist, wegen Fristablaufs auch nicht mehr erhoben werden kann. Das setzt notwendig die Bestimmung einer Ausschlussfrist für die Erhebung von Klagen voraus. Dem steht es gleich, wenn die Erklärung abgegeben wird und abgegeben werden kann, dass sich erhobene Klagen durch rechtskräftige Klagabweisung oder anderweit insbesondere durch Klagrücknahme oder übereinstimmende Erledigungserklärung erledigt haben.

48 **b) Anwendungsbereich.** Die Ausschlussfrist von einem Monat für die Erhebung von Klagen gegen die Wirksamkeit des Umwandlungsbeschlusses erfasst **alle denkbaren Klagen** gegen den Umwandlungsbeschluss. Damit greift die Bestimmung deutlich über die Monatsfrist nach § 246 AktG für die Erhebung von Anfechtungsklagen hinaus, weil auch die Geltendmachung von gravierenden Beschlussmängeln, die nach den aktienrechtlichen Beschlussmängelkategorien als Nichtigkeitsgründe einzuordnen wären, von der Ausschlussfrist erfasst sind.[91] Nicht von der Ausschlussfrist

---

[88] *Laumann*, in: *Knopf/Tulloch* § 202 UmwG Rn 8; *Kübler*, in: *Semler/Stengel*, UmwG, § 202 Rn 14; *Schmalz-Brüggemann*, Auswirkung der Umwandlung, S. 55 ff.

[89] Vgl. *Kübler*, in: *Semler/Stengel*, § 202 UmwG Rn 10.

[90] Vgl. *Lutter/Decher* § 195 UmwG Rn 3; *Laumann*, in: *Knopf/Tulloch* § 195 UmwG Rn 8; *Stratz*, in: *Schmitt/Hörtnagl/Stratz*, UmwG, § 190 UmwG Rn 1, § 195 UmwG Rn 4f. und § 14 UmwG Rn 13; a. A. *Kallmeyer/Meister/Klöcker* § 195 UmwG Rn 8.

[91] Vgl. *Lutter/Decher* § 195 AktG Rn 3; RegBegr. bei *Ganske*, Umwandlungsrecht, S. 63ff.; krit. dazu *Bork*, ZGR 1993, 355; *Schöne*, DB 1995, 1319.

erfasst ist aber die gerichtliche Geltendmachung, dass es an einem – wenn auch mangelbehafteten – Umwandlungsbeschluss überhaupt fehlt.

c) Berechnung der Monatsfrist. Für die Berechnung der Monatsfrist gelten die §§ 186ff. BGB. Demgemäß wird der Tag der Beschlussfassung gemäß § 187 Abs. 1 BGB nicht mitgerechnet.[92] Entscheidend ist der *Tag der Beschlussfassung*, nicht derjenige, an dem der Anteilsinhaber Kenntnis von der Beschlussfassung erlangt oder gar eine Abschrift der Niederschrift über den Beschluss erhält. Für das Fristende gelten die Bestimmungen der §§ 188 Abs. 2, 3, § 193 BGB. Wird die Klage verfristet erhoben, ist diese nicht als unzulässig, sondern als unbegründet abzuweisen.[93] 49

2. Materielle Einschränkung der Klagmöglichkeit

a) Keine Rüge unangemessen bestimmter Beteiligungsverhältnisse. Das UmwG schränkt die gerichtliche Geltendmachung von Mängeln des Umwandlungsbeschlusses auch materiell ein. Nach § 195 Abs. 2 UmwG, der wiederum für formwechselnde Rechtsträger jeder Rechtsform gilt, kann eine Klage gegen die Wirksamkeit des Umwandlungsbeschlusses nicht darauf gestützt werden, dass die in dem Beschluss bestimmten Anteile an dem Rechtsträger neuer Rechtsform zu niedrig bemessen sind oder dass die Mitgliedschaft kein ausreichender Gegenwert für die Anteile der Mitgliedschaft bei dem formwechselnden Rechtsträger ist. Die Bestimmung folgt wiederum dem Vorbild des Verschmelzungsrechts, vgl. § 14 Abs. 2 UmwG. Mit dem Verweis des in seiner Mitgliedschaft beeinträchtigten Anteilsinhabers auf Ausgleich in bar kann sie auf einen **schwer erträglichen Eingriff** in die Rechtsposition von Gesellschaftern hinauslaufen. Das ist hinnehmbar, sofern der Umwandlungsbeschluss der Zustimmung aller Gesellschafter bedarf, weil der einzelne Gesellschafter sich dann vor einem unangemessenen Beteiligungsansatz im Rechtsträger neuer Rechtsform durch Verweigerung der Zustimmung schützen kann. Wo der Umwandlungsbeschluss jedoch einer Entscheidung durch Mehrheitsbeschluss zugänglich ist, lässt sich der Ausschluss der Geltendmachung von Mängeln des Beteiligungsverhältnisses nur dann rechtfertigen, wenn man – entgegen dem Gesetzeswortlaut – eine Klage gegen die Wirksamkeit des Umwandlungsbeschlusses zumindest in den Fällen für nicht ausgeschlossen ansieht, in denen die Beteiligungsverhältnisse **willkürlich** unangemessen bestimmt worden sind.[94] 50

b) Geltendmachung anderer Beschlussmängel. Der Ausschluss der Klagemöglichkeit gegen den Umwandlungsbeschluss wegen unangemessener Festsetzung der Beteiligungsverhältnisse schließt es nicht aus, den Umwandlungsbeschluss in vollem Umfang auf **Verfahrensfehler** hin zur 51

---

[92] Vgl. nur *Hüffer* 6. Aufl. § 246 AktG Rn 22.

[93] Vgl. zum Parallelfall bei der Verschmelzung *Lutter/Bork* § 14 UmwG Rn 11; *Bermel*, in: *Knopf/Tulloch* § 14 UmwG Rn 13.

[94] Vgl. dafür mit Recht *Lutter/Decher* § 195 Rn 13 m.N. zum Meinungsstand in Fn 21; *Bärwaldt*, in: *Semler/Stengel*, UmwG, § 195 Rn 25; *Laumann*, in: *Knopf/Tulloch* § 195 UmwG Rn 13; *Kallmeyer/Meister/Klöcker* § 195 UmwG Rn 24.

gerichtlichen Überprüfung zu stellen.[95] Insbesondere hat der Gesetzgeber entgegen berechtigten, kritischen Stimmen im Schrifttum[96] an der Möglichkeit festgehalten, die Klage auf eine unzureichende Erläuterung der Beteiligungsverhältnisse im Umwandlungsbericht zu stützen. Darin liegt ein kaum schlüssig zu rechtfertigender Wertungswiderspruch. Dass sich beim Formwechsel die Problematik nicht in derselben Schärfe stellen soll wie bei der Verschmelzung, weil sich das Beteiligungsverhältnis vielfach unproblematisch aus den bisherigen Verhältnissen ableiten lasse,[97] entschärft die Problematik nicht, im Gegenteil: Wenn gleichwohl eine unangemessene Bestimmung der Beteiligungsverhältnisse erfolgt, wiegt der Ausschluss der Klagmöglichkeit und der Verweis auf das Spruchverfahren um so schwerer. Verletzungen von Informations- und Aufklärungspflichten hinsichtlich der Barabfindung nach § 207 UmwG begründen nach der Rechtsprechung des BGH keinen Anfechtungsgrund im Sinne von § 243 AktG; stattdessen steht das Spruchverfahren entsprechend §§ 210, 212 UmwG zur Verfügung.[98] Diese Einschränkung der Geltendmachung von Beschlussmängeln ist konsequenterweise auf Informationsmängel hinsichtlich der Bewertung der Anteile zu erstrecken; auch insoweit folgt aus § 195 Abs. 2 UmwG ein Verweis der betroffenen Anteilsinhaber auf das Spruchverfahren.[99]

52 Wird die Klage auf Verfahrensfehler gestützt, muss die **Kausalität des Verfahrensverstoßes** für das Ergebnis der Beschlussfassung dargetan werden. Entscheidend hierfür ist nach der Rechtsprechung des BGH, ob auch ein objektiv urteilender Gesellschafter den Mangel als so erheblich angesehen hätte, dass er deshalb den Formwechsel abgelehnt hätte.[100]

53 Die Klage kann auch auf **inhaltliche Mängel** des Umwandlungsbeschlusses gestützt werden. Insbesondere kommt eine Klage in Betracht, wenn der Umwandlungsbeschluss nicht den Mindestkatalog der Angaben nach § 194 Abs. 1 UmwG erfüllt. Anderes gilt nur bei fehlenden oder unzureichenden Angaben nach § 194 Abs. 1 Nr. 7 UmwG, denn richtigerweise dient diese Bestimmung primär dem Schutz der Arbeitnehmer, nicht aber demjenigen der Anteilsinhaber.[101]

---

[95] Vgl. *Kallmeyer/Meister/Klöcker* § 195 UmwG Rn 29; *Lutter/Decher* § 195 UmwG Rn 11, 19.

[96] Vgl. eingehend *Hommelhoff*, ZGR 1990, 447, 474.

[97] So *Lutter/Decher* § 195 UmwG Rn 16.

[98] BGH NJW 2001, 1425 (zu §§ 192, 207, 210 UmwG); bestätigt durch BGH DB 2001, 471; aus der Lit. *Kallmeyer/Meister/Klöcker*, § 195 UmwG Rn 30; hierzu krit. *Kalss* in: *Semler/Stengel*, UmwG, § 210 Rn 5.

[99] Zutreffend *Bärwaldt*, in: *Semler/Stengel*, UmwG, § 195 Rn 28; *Kallmeyer/Meister/Klöcker*, § 195, UmwG, Rn 30; a. A. wohl *Stratz*, in: *Schmitt/Hörtnagl/Stratz*, UmwG, § 196, Rn 9; außerdem – freilich zur Rechtslage vor Änderung der Rechtsprechung des BGH – *Lutter/Decher*, UmwG, § 195, Rn 16.

[100] Vgl. BGHZ 107, 296, 307; 119, 1, 19; 122, 211, 239; aus dem Schrifttum *Hüffer* 6. Aufl. § 243 AktG Rn 12f.; KöKo/*Zöllner* § 243 AktG Rn 81 eingehend GK/*K. Schmidt* § 243 AktG Rn 25.

[101] Vgl. *Lutter/Decher* § 195 UmwG Rn 19 m.N. zum Meinungsstand in Fn 30, auch zur abweichenden Auffassung, für diese etwa *Grunewald/Winter*, in: Lutter, Kölner Umwandlungsrechtstage, S. 19, 22; *Dehmer* § 5 UmwG Rn 49.

Auf eine behauptete mangelnde **sachliche Rechtfertigung** des Umwandlungsbeschlusses kann eine Klage nicht gestützt werden.[102]

V. Barabfindung

1. Grundlagen

a) Anwendungsbereich. Nach § 207 Abs. 1 UmwG hat der formwechselnde Rechtsträger jedem Anteilsinhaber, der gegen den Umwandlungsbeschluss Widerspruch zur Niederschrift erklärt, den Erwerb seiner umgewandelten Anteile oder Mitgliedschaften gegen angemessene Barabfindung anzubieten. Die Folgebestimmungen in §§ 208 bis 212 UmwG regeln Näheres zum Inhalt und zur gerichtlichen Überprüfung des Angebots, zur Annahme des Angebots, zum Ausschluss von Klagen gegen den Umwandlungsbeschluss wegen fehlendem oder unzureichendem Barabfindungsangebot, zur Zulässigkeit der anderweitigen Verfügung über die Beteiligung und zur gerichtlichen Nachprüfung der Barabfindung. Die Bestimmungen folgen dem Regelungsvorbild der §§ 29 bis 34 UmwG für die Verschmelzung. Sie gelten rechtsformübergreifend für formwechselnde Rechtsträger jedweder Rechtsform, also auch für die GmbH & Co. KG.[103] 54

b) Adressat. Die Verpflichtung zum Angebot einer Barabfindung besteht gegenüber jedem Anteilsinhaber, sofern er gegen den Umwandlungsbeschluss Widerspruch zu Protokoll erklärt oder, wie sich aus dem Verweis in § 207 Abs. 2 UmwG auf § 29 Abs. 2 UmwG ergibt, an der Einlegung des Widerspruchs gehindert worden ist, weil er zu Unrecht nicht zu der Versammlung der Anteilsinhaber zugelassen worden oder die Versammlung nicht ordnungsgemäß einberufen oder der Gegenstand der Beschlussfassung nicht ordnungsgemäß bekannt gemacht worden ist.[104] Erscheint ein Anteilsinhaber aber trotz nicht ordnungsgemäßer Einberufung der Versammlung oder Bekanntmachung der Beschlussfassung in der Versammlung, muss er, um seinen Anspruch auf Barabfindungsangebot zu erhalten, Widerspruch zu Protokoll erklären. 55

c) Verzicht auf das Angebot einer Barabfindung. Verzichten sämtliche Anteilsinhaber auf das Angebot einer Barabfindung, bedarf es der Aufnahme eines Barabfindungsangebots in den Umwandlungsbeschluss nicht.[105] Daneben kommt auch in Betracht, dass ein einzelner Anteilsinha- 56

---

[102] Vgl. *Lutter/Decher* § 195 UmwG Rn 20 und § 193 Rn 12; *Obermüller/Werner/Winden*, die Hauptversammlung der Aktiengesellschaft, L 73 (allgemein zu Strukturmaßnahmen).

[103] Zu den Ausnahmen vgl. *Kallmeyer/Meister/Klöcker* § 207 UmwG Rn 1; *Stratz*, in: *Schmitt/Hörtnagl/Stratz*, UmwG, § 190 UmwG Rn 1, § 207 UmwG Rn 1; *Lutter/Decher* § 207 UmwG Rn 5 ff.

[104] Vgl. *Stratz*, in: *Schmitt/Hörtnagl/Stratz*, UmwG, § 190 UmwG Rn 1, § 207 UmwG Rn 3; *Knopf/Tulloch* § 29 UmwG Rn 20; *Lutter/Decher* § 207 UmwG Rn 12.

[105] Zutr. *Kallmeyer/Meister/Klöcker* § 207 UmwG Rn 45; *Lutter/Decher* § 207 UmwG Rn 22 f.

ber sich seines Rechts auf Geltendmachung des Anspruchs auf Barabfindung durch Verzichtsabrede mit dem zur Abgabe des Angebots verpflichteten Rechtsträger begibt.

57 **d) Gesetzlicher Anspruch.** Der Anspruch auf Barabfindung besteht kraft Gesetzes unabhängig davon, ob der formwechselnde Rechtsträger das Barabfindungsangebot entsprechend § 194 Abs. 1 Nr. 6 UmwG in den Umwandlungsbeschluss aufnimmt oder nicht.[106] Das folgt aus dem Schutzzweck der Barabfindung und findet Bestätigung in § 212 S. 2 UmwG. Danach hat das Gericht, wenn die Barabfindung nicht oder nicht ordnungsgemäß angeboten worden ist, auf Antrag eines Anteilsinhabers die angemessene Barabfindung ebenso zu bestimmen, wie wenn diese zu niedrig bemessen ist. Weil der Anteilsinhaber auch insoweit auf das **Spruchstellenverfahren** verwiesen ist, ist folgerichtig eine Klage gegen den Umwandlungsbeschluss, die darauf gestützt ist, dass die Barabfindung im Umwandlungsbeschluss nicht oder nicht angemessen angeboten worden ist, ebenso ausgeschlossen, wie eine Klage, die sich auf eine zu niedrige Bemessung des Abfindungsangebots stützt, § 210 UmwG.

Der Anspruch auf Barabfindung und der Anspruch auf bare Zuzahlung nach § 196 UmwG stehen alternativ nebeneinander. Liegen die Voraussetzungen für beide Ansprüche vor, muss sich der Anteilsinhaber entscheiden, ob er gegen angemessene **Barabfindung** ausscheiden oder bei Verbleiben in der Gesellschaft Ausgleich durch **bare Zuzahlung** verlangen will.[107]

58 **e) Ausnahmen.** Eines Barabfindungsangebots bedarf es – abgesehen von der Verzichtsmöglichkeit (oben c) – nicht, wenn an dem formwechselnden Rechtsträger nur ein Anteilsinhaber beteiligt ist, § 194 Abs. 1 Nr. 6, 2. Alt. UmwG. Das kommt beim Formwechsel **aus** der GmbH & Co. KG nicht in Betracht, beim Formwechsel **in** die GmbH & Co. KG nur dann, wenn man einen Beitritt zum Verband auf den Zeitpunkt der Eintragung des Formwechsels für zulässig erachtet. Für die GmbH & Co. KG gewichtiger ist der zweite Ausnahmetatbestand, wenn der Umwandlungsbeschluss zu seiner Wirksamkeit der Zustimmung aller Anteilsinhaber bedarf, § 194 Abs. 1 Nr. 6, 1. Alt. UmwG. Das ist beim Formwechsel aus der GmbH & Co. KG regelmäßig der Fall, es sei denn, der Gesellschaftsvertrag lässt nach § 217 Abs. 1 S. 2 UmwG für den Formwechsel eine Mehrheitsentscheidung zu.

59 **f) Anspruchsvoraussetzungen.** Der Anspruch auf Barabfindung steht nur denjenigen Anteilsinhabern zu, die Widerspruch zur Niederschrift gegen den Umwandlungsbeschluss erklärt haben oder ohne Verschulden daran gehindert waren, **Widerspruch** zu erklären. Wer zu Unrecht zur Versammlung der Anteilsinhaber nicht zugelassen worden ist oder nicht ordnungsgemäß geladen war oder wenn der Gegenstand der Beschlussfassung nicht ordnungsgemäß bekannt gemacht worden ist. Dasselbe gilt über den

---

[106] Vgl. *Kallmeyer/Meister/Klöcker* § 207 UmwG Rn 4.
[107] Vgl. *Kallmeyer/Meister/Klöcker* § 207 UmwG Rn 8.

Gesetzeswortlaut hinaus auf andere Fälle unverschuldeter Verhinderung am Widerspruch.[108]

Von der Stimmabgabe ist der Widerspruch zu trennen; es reicht nicht aus, die Stimme gegen den Umwandlungsbeschluss abzugeben. Vielmehr muss der Anteilsinhaber durch **Protokollerklärung** zum Ausdruck bringen, sich alle Rechte vorzubehalten einschließlich des Rechts, unter Verzicht auf seine Beteiligung aus dem Rechtsträger gegen Barabfindung auszuscheiden. Einer Begründung bedarf es nicht. Auch wer für den Formwechsel gestimmt hat, kann im Anschluss Widerspruch zur Niederschrift erklären und sich so den Anspruch auf Barabfindung offen halten.[109] **60**

g) Abgabe des Angebots. Das Barabfindungsangebot ist nach § 194 Abs. 1 Nr. 6 UmwG in den Umwandlungsbeschluss aufzunehmen. Mit dem Entwurf des Umwandlungsbeschlusses wird es deshalb Bestandteil des Umwandlungsberichts, der zusammen mit der Einladung zur Versammlung, die den Umwandlungsbeschluss fassen soll, den Anteilsinhabern zugänglich zu machen ist.[110] Das Barabfindungsangebot ist durch **externe Prüfer** auf seine Angemessenheit zu prüfen; über die Prüfung ist zu berichten, §§ 208, 30 Abs. 2, 10 ff. UmwG. **61**

Mit dem Entwurf des Umwandlungsbeschlusses wird das Abfindungsangebot auch dem Betriebsrat nach § 194 Abs. 2 UmwG zugänglich. Es ist mit dem Umwandlungsbeschluss bei Anmeldung des Formwechsels zur Eintragung in das Handelsregister zum Handelsregister einzureichen, § 199 UmwG. Sofern kein Anteilseigner das Barabfindungsangebot annehmen will, sollte zur Vermeidung dieser **Publizität** auf das Barabfindungsangebot verzichtet werden, damit seine Aufnahme in den Umwandlungsbeschluss entfallen kann. **62**

h) Angebotsinhalt. Der formwechselnde Rechtsträger ist verpflichtet, den anspruchsberechtigten Anteilsinhabern gegen Abtretung ihrer Beteiligung (Abs. 1 S. 1 Halbs. 1 UmwG) oder gegen die Erklärung des Ausscheidens aus dem Rechtsträger (§ 207 Abs. 1 S. 2 UmwG) eine angemessene Barabfindung anzubieten. **63**

Über die Angemessenheit der Barabfindung entscheiden die Vermögensverhältnisse des formwechselnden Rechtsträgers im **Zeitpunkt** der Beschlussfassung über den Formwechsel.[111] Fälligkeit, Verzinsung und die Geltendmachung eines weiteren Schadens bestimmen sich nach § 208 Abs. 30 Abs. 2 S. 2 i.V.m. § 15 Abs. 2 S. 1 UmwG.

---

[108] Zutreffend *Lutter/Decher* § 207 UmwG Rn 9; enger *Kallmeyer/Meister/Klöcker* § 207 UmwG Rn 17; *Kalss*, in: *Semler/Stengel*, UmwG, § 207 Rn 6 a. E.

[109] Vgl. *Lutter/Decher* § 207 UmwG Rn 9 f.; *Kallmeyer/Meister/Klöcker* § 207 UmwG Rn 15; *Veil*, Formwechsel, S. 114; a. A. *Knopf/Tulloch* § 29 UmwG Rn 18; *Stratz*, in: *Schmitt/Hörtnagl/Stratz*, UmwG, § 190 UmwG Rn 1, § 207 UmwG Rn 4; *Kallmeyer/Zimmermann* § 193 UmwG Rn 15; *Kalss*, in: *Semler/Stengel*, UmwG, § 207 Rn 6.

[110] Einzelheiten bei *Kallmeyer/Meister/Klöcker* § 207 UmwG Rn 20.

[111] LG Heidelberg DB 1996, 1768, 1769; *Kallmeyer/Meister/Klöcker* § 207 UmwG Rn 26; *Lutter/Decher* § 208 UmwG Rn 4; *Zeidler*, in: *Semler/Stengel*, UmwG, § 208 Rn 3.

Das Barabfindungsangebot muss so hinreichend bestimmt sein, dass es nach § 209 UmwG ohne weitere Erklärung angenommen werden kann. Es bedarf deshalb des Angebots eines **festen Geldbetrags**.[112] Das Angebot eines noch, etwa durch einen Dritten, festzustellenden angemessenen Betrags reicht nicht aus. Auch die Angabe von Ableitungskriterien, aus denen sich eine Barabfindung errechnen lässt, ist unzureichend.

64 **i) Barabfindung gegen Anteilsabtretung oder Ausscheiden.** Da der Personengesellschaft der Erwerb eigener Anteile unmöglich ist, kommt beim Formwechsel in die GmbH & Co. KG nur die zweite Alternative von § 207 Abs. 1 S. 1 UmwG in Betracht; der formwechselnde Rechtsträger hat also die Barabfindung gegen Ausscheiden aus dem Rechtsträger zu erklären.[113] Beim Formwechsel aus der GmbH & Co. KG in die Kapitalgesellschaft sind die Kapitalaufbringungsvorschriften und die Vorschriften über den Erwerb eigener Anteile zu beachten.[114]

VI. Der Formwechsel der GmbH in die GmbH & Co. KG

1. Grundlagen

65 Das UmwG erlaubt den **direkten Weg** von der GmbH in die GmbH & Co. im Wege des Formwechsels. Alternativen dazu sind neben der gewöhnlichen Gründung durch Abschluss eines KG-Vertrages unter Beteiligung einer GmbH als Komplementärin die Verschmelzung auf eine schon bestehende GmbH & Co. Demgegenüber stand bis zum In-Kraft-Treten des neuen Umwandlungsrechts 1995 § 1 Abs. 2 S. 1 UmwG 1969 dem direkten Formwechsel in die GmbH & Co. entgegen.[115]

2. Voraussetzungen

66 **a) Handelsgewerbe.** Nach § 228 Abs. 1 UmwG kann eine Kapitalgesellschaft durch den Formwechsel die Rechtsform einer Personenhandelsgesellschaft nur erlangen, wenn der Unternehmensgegenstand im Zeitpunkt des Wirksamwerdens des Formwechsels den Vorschriften über die Gründung einer offenen Handelsgesellschaft, § 105 Abs. 1 und 2 des HGB, genügt. Die GmbH ist Kaufmann kraft Rechtsform, ohne dass es auf die Art des betriebenen Geschäftsbetriebs ankommt. Nach der Änderung von § 105 HGB durch das Handelsrechtsreformgesetz (dazu § 10 Rn 3) ist Kaufmann nunmehr jeder, der ein Handelsgewerbe betreibt. Darüber hinaus können auch Gesellschaften, die nicht über einen Gewerbebetrieb verfügen, aber eigenes Vermögen verwalten, die Eintragung als Personenhan-

---

[112] Vgl. *Bermel*, in: *Knopf/Tulloch* § 29 Rn 23; *Lutter/Decher* § 207 UmwG Rn 8.

[113] Vgl. *Bermel*, in: *Knopf/Tulloch* § 29 UmwG Rn 25; *Kalss*, in: *Semler/Stengel*, UmwG, § 29 Rn 35.

[114] Dazu näher *Kallmeyer/Meister/Klöcker* § 207 UmwG Rn 33 ff.; *Knopf/Tulloch* § 29 Rn 28; zum Verhältnis des § 207 UmwG zu den Kapitalerhaltungsregeln vgl. *Ihrig*, GmbHR 1995, 622, 631 ff.

[115] Vgl. dazu *Jäger*, in: *Sudhoff*, Personengesellschaften, S. 278; *Laumann*, in: *Knopf/Tulloch* § 191 UmwG Rn 2.

delsgesellschaft erlangen, § 105 Abs. 2 HGB. § 228 Abs. 1 UmwG steht demgemäß regelmäßig einem Formwechsel der Kapitalgesellschaft in die Rechtsform der GmbH & Co. KG nicht entgegen.

b) Beteiligung der Komplementär-GmbH. In der GmbH & Co. soll die Komplementär-GmbH die Rolle des **Vollhafters** übernehmen. Das zwingt zu vorbereitendem Gestaltungsaufwand, wenn die GmbH noch nicht Gesellschafterin der formwechselnden GmbH ist, und führt zu Anschlussfragen, wenn die GmbH am Gesellschaftsvermögen der GmbH & Co. KG nicht beteiligt sein soll. 67

Nach § 202 Abs. 1 Nr. 2 S. 1 UmwG sind die Anteilsinhaber des formwechselnden Rechtsträgers mit Wirksamwerden des Formwechsels, also bei Eintragung der neuen Rechtsform in das Register, nach den für die neue Rechtsform geltenden Vorschriften an dem Rechtsträger beteiligt.[116] Diese **Identität des Gesellschafterkreises** entspricht dem Prinzip der rechtlichen Kontinuität und Identität, das den Formwechsel auch im Falle der Umwandlung von der Kapitalgesellschaft in die GmbH & Co. KG prägt.[117] Ohne Hinzutreten weiterer rechtsgestaltender Akte muss die Komplementär-GmbH deshalb im Zeitpunkt des Wirksamwerdens des Formwechsels an der formwechselnden GmbH beteiligt sein, damit uno actu die GmbH & Co. KG entstehen kann.

Richtigerweise ist es aber zulässig, wenn die Komplementär-GmbH auf den Zeitpunkt des Wirksamwerdens des Formwechsels ihren **Beitritt** zur Gesellschaft erklärt und in der mit Eintragung der neuen Rechtsform als GmbH & Co. KG fortbestehenden Gesellschaft die Komplementärrolle übernimmt, ohne zuvor eine GmbH-Beteiligung gehalten zu haben.[118] Die noch vorherrschende Auffassung[119] im Schrifttum hält es demgegenüber für erforderlich, dass die Komplementär-GmbH zunächst eine Beteiligung an der GmbH erwirbt, bevor der Formwechsel in die GmbH & Co. KG eingetragen und damit wirksam werden kann. Diese Auffassung kann sich auf die Gesetzesbegründung stützen und muss deshalb, solange keine Klärung der Zweifelsfrage durch höchstrichterliche Rechtsprechung oder den Gesetzgeber selbst erfolgt ist, in der gestaltenden Praxis ernst genommen werden. In der Sache sollte aber nicht ernstlich streitig sein, dass das Um- 68

[116] Sofern nicht die Beteiligung nach den Bestimmungen des UmwG entfällt.

[117] Vgl. RegBegr. in: *Schaumburg/Rödder* vor § 190 UmwG Rn 4, wo von „fast ausnahmsloser Identität des Personenenkreises, der vor und nach dem Formwechsel an dem Rechtsträger beteiligt ist", gesprochen und eine Ausnahme nur für den Komplementär der KGaA und für bestimmte Mitglieder eines formwechselnden Versicherungsvereins auf Gegenseitigkeit zugelassen wird.

[118] Wegweisend *K. Schmidt*, GmbHR 1995, 693; außerdem *Kallmeyer/Meister/Klöcker* § 191 UmwG Rn 14; *Widmann/Mayer* § 228 UmwG Rn 99ff.; *Kallmeyer*, GmbHR 1996, 80; *Priester*, DB 1997, 566; vgl. nur BayObLG ZIP 2000,, 230; dazu Anm. *Bungert* NZG 2000, 167.

[119] Vgl. *Lutter/Decher* § 202 UmwG Rn 14; *Stratz*, in: *Schmitt/Hörtnagl*/Stratz, UmwG, § 190 UmwG Rn 1, § 226 UmwG Rn 3 f.; *Happ*, in: *Lutter*, Kölner Umwandlungsrechtstage, S. 223, 225; *Buyer*, Änderungen der Unternehmensform, S. 124 Rn 213; *Heckschen*, BB 1998, 1397; *Kallmeyer*, ZIP 1994, 1751; *Sagasser/Bula/Brünger* Umwandlungsrecht Rn 106.

wandlungsrecht es nicht ausschließt, wenn Gesellschafter auf den Zeitpunkt des Wirksamwerdens einer Umwandlung ihr Ausscheiden aus dem Rechtsträger erklären oder umgekehrt nichtbeteiligte Dritte ihren Beitritt erklären.[120] Das gilt für den Formwechsel ebenso wie für die Verschmelzung und die Spaltung.[121]

69 Mit der Zulassung einer Kombination von Gesellschafterwechsel und Umwandlung erledigt sich die Frage der Beteiligung der Komplementär-GmbH allerdings noch nicht vollständig. Weil diese nur an der GmbH & Co. KG, nicht aber an der formwechselnden GmbH beteiligt sein soll, Letztere in der im Umwandlungsbeschluss bestimmten personellen Zusammensetzung aber nur unter Hinzutreten der Komplementär-GmbH zur Entstehung kommen kann, spitzt sich das Problem auf die Frage zu, ob das Registergericht bei Eintragung des Formwechsels den auf diesen Zeitpunkt erklärten Beitritt der Komplementär-GmbH bereits berücksichtigen darf bzw. muss. Dafür spricht im Ergebnis das Umwandlungsrecht selbst. Wie sich aus § 194 Abs. 1 Nr. 4, 2. Alt. UmwG und § 218 Abs. 2 UmwG für den parallel liegenden Fall des Formwechsels in eine KGaA ergibt, ist dem Umwandlungsrecht der Beitritt eines persönlich haftenden Gesellschafters auf den Zeitpunkt des Wirksamwerdens des Formwechsels und als Voraussetzung für denselben nicht fremd. Einer **entsprechenden Anwendung** auf den Formwechsel in die GmbH & Co. KG steht das Schweigen des UmwG nicht entgegen. Der Gesetzgeber hat die GmbH & Co. KG nämlich insgesamt – gerade anders als die KGaA – nicht als spezifischen Regelungsgegenstand des Umwandlungsrechts behandelt.

70 Angesichts des kontroversen Meinungsstands empfiehlt es sich aber dringend, die vorgesehene Gestaltung vorab mit dem **Registergericht** abzustimmen. Verbleiben Zweifel, so sollte, sofern dem nicht unüberwindliche Schwierigkeiten entgegenstehen, die Komplementär-GmbH zunächst an der GmbH beteiligt werden. Es bietet sich an, dies durch eine Minimalbeteiligung im Nominalbetrag von € 50,– zu tun. Diese Beteiligung kann von einem Gesellschafter zur Verfügung gestellt oder im Wege der Kapitalerhöhung geschaffen werden: Ersteres ist einfacher und auch deshalb vorzugswürdig, weil die vermögensmäßige Beteiligung der Komplementär-GmbH im Regelfall in der KG wieder entfallen soll und die alten Beteiligungsproportionen fortzuführen sind. Es ist zulässig, im Umwandlungsbeschluss dem Gesellschafter, der der Komplementär-GmbH die Minimalbeteiligung zur Verfügung gestellt hat, den abgetretenen Nennbetragsanteil als Kommanditbeteiligung wieder einzuräumen und die vermögensmäßige

---

[120] Vgl. *Ihrig* ZHR 160 (1996), 317; *Priester*, DB 1997, 560; *K. Schmidt*, GmbHR 1995, 693.

[121] Zu entscheiden ist allerdings, nach welchen Regeln sich Ein- und Austritt oder eine an ihre Stelle tretende Übertragung der Mitgliedschaft richten. Es liegt nahe, vorbehaltlich abweichender Bestimmung der Beteiligten den Austritt nach den Regeln des übertragenden, spaltenden oder formwechselnden Rechtsträgers zu behandeln und den Eintritt dem Regelungsregime zu unterstellen, das ab Wirksamwerden der Umwandlung gilt, doch zeigt der Fall der Übertragung der Mitgliedschaft, daß entschieden werden muss, ob der Mitgliederwechsel nach altem oder neuem Recht zu vollziehen ist.

Beteiligung der Komplementär-GmbH mit Null festzusetzen.[122] Voraussetzung für einen solchen **nicht verhältniswahrenden** Formwechsel ist aber entsprechend § 128 S. 1 UmwG die **Zustimmung aller Gesellschafter** oder zumindest dieselbe Zustimmung, die zur Übertragung vinkulierter GmbH-Anteile erforderlich ist.[123]

Wenn, wie vorzugswürdig, zwischen GmbH und GmbH & Co. KG Beteiligungsidentität bestehen soll, können die Gesellschafter pro rata ihrer Beteiligung an der formwechselnden GmbH auch an der Komplementär-GmbH beteiligt sein. **71**

Die Beteiligung an der Komplementär-GmbH kann auch aufschiebend bedingt mit der Eintragung des Formwechsels an den formwechselnden Rechtsträger übertragen werden, damit die GmbH & Co. KG sogleich als Einheitsgesellschaft entsteht.[124] Denkbar ist auch, dass die Komplementär-GmbH die Beteiligung an der GmbH nur treuhänderisch von einem GmbH-Gesellschafter eingeräumt wird mit der Maßgabe, dass der Anteil mit Eintragung des Formwechsels wieder an den Treugeber zurückfällt.[125] Gesellschaftsrechtliche Bedenken bestehen nicht. Abzusichern ist allerdings die steuerliche Akzeptanz. Außerdem ist durch entsprechende Gestaltung des Treuhandverhältnisses sicherzustellen, dass über § 670 BGB nicht die Vollhaftung, in die die Komplementär-GmbH eintritt, auf den treugebenden Gesellschafter durchschlägt. **72**

3. Umwandlungsbeschluss

a) Grundlagen. Kern jedes Formwechsels ist der Umwandlungsbeschluss (zum Inhalt nach § 194 UmwG s. Rn 28 ff.). Der Beschluss ist nach § 193 Abs. 1 S. 2 UmwG in einer Gesellschafterversammlung zu fassen; Umlaufbeschlüsse sind ausgeschlossen.[126] **73**

b) Beschlussquorum. Dem Beschluss müssen die Gesellschafter der GmbH nach § 233 Abs. 2 S. 1 UmwG mit einer Mehrheit von mindestens $^3/_4$ der in der beschlussfassenden Versammlung abgegebenen Stimmen zustimmen. Geringere Beschlussquoten können auch in der GmbH-Satzung nicht bestimmt werden, § 233 Abs. 2 S. 2 UmwG. **74**

c) Zustimmungsvorbehalte. Die Komplementär-GmbH muss ebenso wie andere Gesellschafter, die etwa in der GmbH & Co. KG die persönliche **75**

---

[122] Vgl. *Priester*, DB 1997, 561; *Lutter/Decher* § 202 UmwG Rn 21 m. w. N.; *Kallmeyer/Dirksen* § 226 UmwG Rn 6.

[123] Vgl. zum nicht verhältniswahrenden Formwechsel auch LG Bonn MitRhNotK 1998, 288 (Einverständnis der sich verschlechternden Aktionäre); *Veil*, DB 1996, 2529; vgl. aber *Kallmeyer/Meister/Klöcker* § 194 UmwG Rn 34: Zustimmung der betroffenen Anteilsinhaber; so auch *Bärwaldt*, in: *Semler/Stengel*, UmwG, § 194 Rn 9; *Knopf/Tulloch* § 194 UmwG Rn 16.

[124] Vgl. *Kallmeyer/Dirksen* § 226 UmwG Rn 8; *Lutter/Happ* § 228 Rn 27 ff.

[125] Vgl. *Lutter/Decher* § 202 UmwG Rn 15; *Kallmeyer/Dirksen* § 226 UmwG Rn 8.

[126] Vgl. *Lutter/Decher* § 193 UmwG Rn 5; *Kallmeyer/Zimmermann* § 193 UmwG Rn 8.

Haftung übernehmen sollen, dem Formwechsel nach § 233 Abs. 2 S. 3 UmwG zustimmen.[127]

Zu beachten ist des Weiteren § 233 Abs. 2 S. 1 i.V.m. § 50 Abs. 2 UmwG: Führt der Formwechsel zu einer Beeinträchtigung von auf der GmbH-Satzung beruhenden **Minderheitsrechten** eines einzelnen Gesellschafters oder einzelnen Gesellschaftern kraft Satzung zustehenden Sonderrechten in der Geschäftsführung der Gesellschaft, bei der Bestellung der Geschäftsführers oder eines Vorschlagsrechts für die Geschäftsführung, so bedarf der Formwechsel außerdem der Zustimmung auch dieser Gesellschafter. Die Bestimmung trägt dem Umstand Rechnung, dass Vorzugsrechte nicht ohne Zustimmung des Berechtigten beeinträchtigt oder entzogen werden können. Geschützt werden dabei nur **statutarische Vorzugsrechte**, nicht solche, die auf Konsortialvertrag oder sonstiger schuldrechtlicher Abrede beruhen. Gesetzliche Individualrechte oder gesetzlich an bestimmte Quoten geknüpfte Minderheitsrechte fallen ebenfalls nicht unter § 233 Abs. 2 S. 1 UmwG. Gleichgültig ist, ob die Vorzugsrechte ad personam oder den Inhabern bestimmter Geschäftsanteile zugewiesen sind.[128] Es reicht entgegen dem missverständlichen Wortlaut des Gesetzes auch aus, wenn die Vorzugsrechte statutarisch allen Gesellschaftern zustehen.[129] Vermögensrechtliche Vorzugspositionen wie ein bestimmter Gewinnvorzug oder ein Vorzugsrecht bei der Verteilung des Liquidationserlöses sind von der Bestimmung nicht umfasst. Erfasst sind Individualrechte wie Mehrstimmrechte, Zustimmungs- bzw. Vetorechte gegenüber Gesellschafterbeschlüssen, Weisungsrechte gegenüber der Geschäftsführung, Bestellungs- oder Bestimmungsrechte für den Aufsichtsrat oder ähnlicher GmbH-Gremien, sowie Vorkaufs- und Vorerwerbsrechte und Options- und Andienungsrechte betreffend Geschäftsanteile. Ausdrücklich nennt § 50 Abs. 2 UmwG Geschäftsführungssonderrechte auf Bestellung und Benennung von Geschäftsführern und Präsentationsrechte. Diese beispielhafte Aufzählung ist nicht abschließend, weil andere die Geschäftsführung betreffende Sonderrechte, z. B. das statutarische Individualrecht auf Abberufung von Geschäftsführern, richtigerweise unter den Sammelbegriff der auf Gesellschaftsvertrag beruhenden Minderheitsrechte zu subsumieren sind.

76 An einer Beeinträchtigung des Vorzugsrechts fehlt es, wenn den Berechtigten auch nach Wirksamwerden des Formwechsels in dem formwechselnden Rechtsträger nach Maßgabe des für die neue Rechtsform anzuwendenden Rechts **funktional-äquivalente Rechte** eingeräumt sind.[130] Das führt bei dem Formwechsel von der GmbH in die GmbH & Co. KG zu nicht unerheblichen Abgrenzungsfragen. Relativ unproblematisch ist die Gewährung wertgleicher Rechtspositionen bei Vorzugsrechten, die die

---

[127] *Lutter/Happ* § 233 UmwG Rn 4; *Kallmeyer/Dirksen* § 233 UmwG Rn 11.

[128] Vgl. *Ihrig*, in: *Semler/Stengel*, UmwG, § 233 Rn 27; *Lutter/Winter* § 50 UmwG Rn 13; *Dehmer* § 50 UmwG Rn 12.

[129] Vgl. *Lutter/Winter* § 50 UmwG Rn 15; *Kallmeyer/Zimmermann* § 50 UmwG Rn 21.

[130] Vgl. *Ihrig*, in: *Semler/Stengel*, UmwG, § 233 Rn 27; *Lutter/Winter* § 50 UmwG Rn 21; *Reichert*, GmbHR 1995, 181; *Kallmeyer/Zimmermann* § 50 UmwG Rn 23, *Stratz*, in: *Schmitt/Hörtnagl/Stratz*, UmwG, § 190 UmwG Rn 1, § 50 UmwG Rn 10.

Willensbildung in der Gesellschafterversammlung betreffen: Mehrstimmrechte, Zustimmungs- bzw. Vetorechte gegenüber Gesellschafterbeschlüssen und Benennungsrechte für Aufsichtsräte oder aufsichtsratsähnliche Gremien können regelmäßig auch in der GmbH & Co. KG durch entsprechende Fassung des KG-Vertrages zugunsten der Rechtsinhaber geschaffen werden.

Dabei fragt sich, ob im Einzelfall die gebotene **Perpetuierung** des Vorzugsrechts zur Notwendigkeit einer Fortführung des bisherigen **Gesellschaftsstrukturen** führt, wenn der Begünstigte dem Formwechsel andernfalls nicht zustimmt: hat etwa eine GmbH einen drittelparitätisch besetzten Aufsichtsrat nach BetrVerfG 1952 und steht einem Gesellschafter ein Entsendungsrecht in diesen Aufsichtsrat zu, muss dann auch in der GmbH & Co. KG, obwohl diese nicht mehr der Mitbestimmung unterliegt, ein entsprechendes Aufsichtsgremium geschaffen und im Rahmen des in der KG Zulässigen mit entsprechenden Kompetenzen ausgestaltet werden? Das ist nicht anzunehmen, weil die Auslegung regelmäßig ergeben wird, dass das Sonderrecht keinen Anspruch auf Bildung des Aufsichtsgremiums gibt, sondern lediglich dann ein Entsenderecht begründet, wenn ein Aufsichtsrat nach gesetzlicher Bestimmung zu bilden ist. Unterfällt der Rechtsträger nicht mehr der Mitbestimmung nach BetrVerfG, entfällt die Notwendigkeit eines Aufsichtsrats und damit auch die Grundlage für das Sonderrecht. 77

Relativ unproblematisch ist auch die Gewährung gleichwertiger Vorerwerbs- oder Andienungsrechte betreffend die Gesellschaftsanteile. Demgegenüber bereitet die Gewährung gleichwertiger Vorzugsrechte, die die Geschäftsführung betreffen, in der GmbH & Co. KG Schwierigkeiten. Steht einem GmbH-Gesellschafter in der GmbH ein Sonderrecht auf Geschäftsführung zu, kann ihm dieses in der GmbH & Co. KG nur im Rahmen den GmbH, nicht aber der KG gewährt werden; es ist als Sonderrecht auf Geschäftsführung in der Komplementär-GmbH auszugestalten. Dasselbe gilt für Benennungs- und Weisungsrechte etc.; sie sind auf die Ebene der Komplementär-GmbH zu etablieren. 78

Schließlich bedarf, wenn die **Abtretung** der GmbH-Anteile von der Genehmigung einzelner Anteilsinhaber abhängig ist, der formwechselnde Beschluss auch der Zustimmung dieser Gesellschafter, § 193 Abs. 2 UmwG. Damit sind nicht nur Vinkulierungsbestimmungen gemeint, die die Zustimmung eines namentlich benannten Gesellschafters zur Übertragung von Anteilen verlangen. Es reicht aus, wenn entsprechende Zustimmungskompetenzen dem Inhaber eines bestimmten Geschäftsanteils zuzurechnen sind. § 193 Abs. 2 UmwG greift nach richtiger Ansicht auch ein, wenn die Anteilsübertragung der Zustimmung aller Gesellschafter bedarf.[131] Nicht ausreichend ist es, wenn einzelne GmbH-Anteile nur mit Zustimmung einzelner Gesellschafter übertragen werden können, wenn sich die Notwendigkeit der Zustimmung einzelner Gesellschafter nur faktisch auf- 79

[131] Vgl. eingeh. *Reichert*, GmbHR 1995, 176, 179; außerdem *Bärwaldt*, in: *Semler/Stengel*, UmwG, § 193 Rn 20; *Lutter/Decher* § 193 UmwG Rn 18 m. w. N.; *Kallmeyer/Zimmermann* § 193 UmwG Rn 17.

grund der bestehenden Beteiligungsverhältnisse ergibt oder Gesellschaftsorgane oder die Gesellschaft selbst einer Anteilsübertragung zuzustimmen hat.[132] § 193 Abs. 2 UmwG greift auch nicht bei nur **konsortialvertraglich** vereinbarten Zustimmungsvorbehalten. Das Zustimmungserfordernis nach § 193 Abs. 2 UmwG besteht unabhängig davon, ob die Geschäftsanteile auch in dem Rechtsträger neuer Rechtsform einer funktional-äquivalenten Vinkulierung unterliegen. Freilich wird in diesem Fall die Verweigerung der Zustimmung zum Formwechsel regelmäßig treuwidrig sein.

80 Die erforderlichen Zustimmungserklärungen bedürfen ebenso wie der Beschluss über den Formwechsel der notariellen **Beurkundung**, § 193 Abs. 3 S. 1 UmwG. Sie sind nicht Teil des Umwandlungsbeschlusses, sondern können im Vorhinein oder auch nachträglich erteilt werden.[133] Schon wegen des Erfordernisses der notariellen Beurkundung empfiehlt sich indessen, die Zustimmungserklärungen in der beschlussfassenden Gesellschafterversammlung anzugeben und dann einheitlich zusammen mit dem Beschluss über den Formwechsel zu beurkunden.[134]

4. Umwandlungsbericht

81 Die Beschlussfassung der Anteilseigner der GmbH ist durch einen Umwandlungsbericht vorzubereiten, der ausführlich sein muss und schriftlich zu erstatten ist.

Die Erstattung der Umwandlungsberichts obliegt dem Vertretungsorgan des formwechselnden Rechtsträgers, also den Geschäftsführern der GmbH.

In dem Bericht ist der Formwechsel rechtlich und wirtschaftlich zu erläutern und zu begründen, dabei ist insbesondere über die künftige Beteiligung der Anteilsinhaber an dem Rechtsträger zu berichten (hierzu Rn 33).

82 Der Bericht ist **entbehrlich**, wenn an dem formwechselnden Rechtsträger nur ein Gesellschafter beteiligt ist oder alle Gesellschafter auf seine Erstattung **verzichten**. Ersteres kommt bei dem Formwechsel der GmbH in die GmbH & Co. KG nur in Betracht, wenn man den Beitritt eines weiteren Gesellschafters auf den Zeitpunkt der Eintragung des Formwechsels für zulässig hält (dazu s. Rn 68). Der Verzicht auf den Bericht bedarf der notariellen Beurkundung; er kann zweckmäßigerweise mit dem formwechselnden Beschluss selbst verbunden werden.[135] Spätestens aber muss der Verzicht auf den Bericht bis zur Eintragung des Formwechsels vorliegen, weil das Registergericht die formelle Ordungsmäßigkeit des Formwechsels einschließlich der erfolgten Berichterstattung zu prüfen hat.[136]

---

[132] Vgl. *Kallmeyer/Zimmermann* § 193 UmwG Rn 18; *Bärwaldt*, in: *Semler/Stengel*, UmwG, § 193 Rn 24.

[133] Vgl. *Lutter/Decher* § 193 UmwG Rn 25; *Kallmeyer/Zimmermann* § 193 UmwG Rn 20; *Dehmer* § 193 UmwG Rn 19.

[134] Vgl. *Lutter/Decher* § 193 UmwG Rn 25.

[135] Vgl. *Lutter/Decher* § 192 UmwG Rn 49.

[136] Vgl. *Bärwaldt*, in: *Semler*/Stengel, UmwG, § 192 Rn 40; *Kallmeyer/Meister/Klöcker* § 192 UmwG Rn 60.

5. Vermögensaufstellung

Dem Umwandlungsbericht ist eine Vermögensaufstellung beizufügen, in der, so der Gesetzeswortlaut, die „Gegenstände und Verbindlichkeiten des formwechselnden Rechtsträgers mit dem wirklichen Wert anzusetzen sind, der ihnen am Tag der Erstellung des Berichts beizulegen ist". Der Sache nach handelt es sich um eine **Bilanz**. Aus dem Zwang zur Aufdeckung **stiller Reserven** können sich Publizitätsprobleme ergeben. **83**

Die Frage, ob auch die Vermögensaufstellung **verzichtbar** ist, beantwortet § 192 Abs. 2 S. 2 UmwG; danach ist die Vermögensaufstellung „Bestandteil des Berichts" und deshalb mit diesem unter den Voraussetzungen von § 192 Abs. 3 UmwG verzichtbar.

6. Rechtsschutz

Der formwechselnde Beschluss der GmbH-Gesellschafterversammlung obliegt der **gerichtlichen Kontrolle** wie jeder andere Beschluss der Gesellschafterversammlung. Allerdings bestimmt § 195 Abs. 1 UmwG, dass eine Klage gegen die Wirksamkeit des Umwandlungsbeschluss binnen einer Frist von einem Monat nach der Beschlussfassung erhoben werden muss. Diese Ausschlussfrist beschränkt sich nach h. M nicht auf die Geltendmachung von Anfechtungsgründen, sondern erstreckt sich auf die klagweise Geltendmachung von Form- oder Inhaltsfehlern gleich welcher Art.[137] Eine nach Fristablauf erhobene Klage ist unbegründet, eine Wiedereinsetzung in den vorigen Stand scheidet aus. Indessen tritt durch Fristablauf keine materielle Heilung des Beschlussmangels ein.[138] **84**

Die Klage kann nicht darauf gestützt werden, dass Anteile in dem Rechtsträger neuer Rechtsform zu **niedrig bemessen** oder Mitgliedschaft in dem Rechtsträger neuer Rechtsform **keine ausreichender Gegenwert** für die bisherige Beteiligung ist, § 195 Abs. 2 UmwG. **85**

VII. Zum Formwechsel der (Publikums-)Aktiengesellschaft in die GmbH & Co. KG

1. Grundlagen

Der Formwechsel der Aktiengesellschaft in die GmbH & Co. KG hat sich nach In-Kraft-Treten des neuen Umwandlungsrechts als für die Praxis interessante Gestaltungsvariante erwiesen. Die Gründe hierfür sind vielschichtig. Sie liegen einerseits im steuerlichen Bereich. Doch kommt häufig der Wunsch nach einer Anpassung der Unternehmensverfassung an die tat- **86**

---

[137] Vgl. *Lutter/Decher* § 195 UmwG Rn 3, 7; *Kallmeyer/Meister/Klöcker* § 195 UmwG Rn 14; LG Wiesbaden AG 1999, 47, 48 Verstoß gegen § 192 UmwG, weil die zukünftige Komplementär-GmbH in der Einladung zur Hauptversammlung fehlerhaft bezeichnet war.

[138] Dazu *Semler/Stengel*, UmwG, § 195 Rn 13, 19 f.; außerdem, insbesondere zur Wiedereinsetzung und zum Nachschieben von Gründen, OLG Düsseldorf AG 2002, 47, 48.

sächlichen gesellschaftlichen Verhältnisse hinzu. Hinzutreten kann die Zielvorgabe, die Erstellung eines Abhängigkeitsberichts und das Mitbestimmungsrecht[139] zu vermeiden. Schließlich kommt in Betracht, dass die mit den Ad-hoc-Publizitätspflichten nach WpHG verbundenen Lasten vermieden werden sollen. Namentlich Aktiengesellschaften mit einem dominierenden Mehrheitsaktionär und einigen wenigen verbliebenen Minderheitsaktionären haben den Weg in die Personenhandelsgesellschaft gewählt, um sich der Kosten und Lästigkeiten einer Hauptversammlung zu entziehen und die strikten Formalvorgaben des Aktienrechts abzustreifen.[140] Inzwischen ist mit der Möglichkeit des Squeeze-out nach § 327 a AktG unter den dort bestimmten Voraussetzungen indessen ein klar vorzugswürdiger Weg eröffnet.

Wegen der praktischen Relevanz werden im Folgenden einige ausgewählte Einzelfragen des Formwechsels aus der AG in die GmbH & Co. KG behandelt. Wegen aller Einzelheiten im Übrigen ist auf das spezielle Schrifttum zu verweisen.

2. Sachliche Rechtfertigung?

87 Der Formwechsel von der AG in die GmbH & Co. KG ist eine grundlegende Strukturmaßnahme. Es fragt sich deshalb, ob die Beschlussfassung einer **materiellen Inhaltskontrolle** unterliegt und an den Maßstäben der sachlichen Rechtfertigung zu messen ist. Bekanntlich wird in der Literatur teilweise die Auffassung vertreten, Mehrheitsentscheidungen über Strukturänderungen seien immer sachlich zu rechtfertigen, müssten also geeignet, erforderlich und verhältnismäßig sein.[141] Der Gesetzgeber des Umwandlungsgesetzes hat die Frage ausdrücklich offen gelassen.[142] Sicher ist, dass der Beschluss über den Formwechsel ebenso wie andere Hauptversammlungsbeschlüsse auch der **allgemeinen Missbrauchskontrolle** unterliegt und den Gleichbehandlungsgrundsatz und das Verbot der Verfolgung von Sondervorteilen nicht verletzen darf.[143] Einer weitergehenden Inhaltskontrolle unter dem Gesichtspunkt der sachlichen Rechtfertigung ist demgegenüber nicht das Wort zu reden. Der Gesetzgeber hat den Formwechsel explizit zugelassen und ein ausgewogenes System an formellen und materiellen Minderheitsschutzbestimmungen etabliert. Diese Regelungen sind als abschließend anzusehen. Für eine materielle Inhaltskontrolle des formwechselnden Beschlusses ist daneben kein Raum.[144] Er be-

---

[139] Das gilt nicht für AG mit mehr als 2.000 Mitarbeitern, vgl. § 4 Abs. 1 MitbestG.

[140] *Meyer-Landrut/Kiem*, WM 1997, 1362 m. Fn 5.

[141] Vgl. namentlich *Martens*, FS Fischer, 437, 446; *Wiedemann*, ZGR 1980, 145, 157.

[142] Vgl. *Ganske*, Umwandlungsrecht, S. 61.

[143] Vgl. dazu statt aller *Hüffer* § 243 AktG Rn 26; *Laumann*, in: *Knopf/Tulloch* § 233 UmwG Rn 27; zum Umfang der Missbrauchskontrolle OLG Düsseldorf, AG 2003, 578, 579.

[144] Zutr. die h. M. zum UmwG, vgl. *Lutter/Decher* § 192 UmwG Rn 12; *Bärwaldt*, in: *Semler/Stengel*, UmwG, § 193 Rn 17; *Meyer-Landrut/Kiem*, WM 1997, 1365 f. OLG Düsseldorf AG 2003, 578, 579; vgl. oben Rn 42 (zum Formwechsel); *Lutter* § 13 UmwG Rn 33 ff.; *Kallmeyer/Zimmermann* § 13 UmwG Rn 12 (zur Verschmel-

darf deshalb, sofern seine gesetzlichen Voraussetzungen im Übrigen eingehalten sind, keiner sachlichen Rechtfertigung. Der Schutz einer etwa überstimmten Minderheit ist im Umwandlungsrecht abschließend geregelt.

3. Vorbereitung der Beschlussfassung über den Formwechsel

Zur Hauptversammlung, die über den Formwechsel beschlossen soll, **88** ist nach Maßgabe von Aktiengesetz und etwaiger Satzungsbestimmungen einzuladen.

a) Auslage und Übersendung des Umwandlungsberichts Vom Tag **89** der Einberufung der Hauptversammlung, die über den Formwechsel beschließen soll, ist der Umwandlungsbericht im Geschäftsraum der Gesellschaft zur Einsicht der Aktionäre auszulegen und auf Verlangen jedem Aktionär unverzüglich und kostenfrei in Abschrift zu übersenden, § 230 Abs. 2 UmwG.

Das Umwandlungsgesetz schreibt für den Formwechsel von der Kapitalgesellschaft in die Personengesellschaft nicht vor, dass der vorgesehene **Gesellschaftsvertrag** Bestandteil des Umwandlungsbeschlusses sein muss und mit diesem dann notwendig auch Bestandteil des Umwandlungsberichtes würde.[145]

b) Einladungsbekanntmachung. In der Einladung ist der Vorschlag **90** von Vorstand und Aufsichtsrat zur Beschlussfassung über den Formwechsel jedenfalls seinem wesentlichen Inhalt nach zu veröffentlichen, § 124 Abs. 2 S. 2 2. Alt. AktG analog;[146] der Umstand, dass der Entwurf des Umwandlungsbeschlusses nach § 192 Abs. 1 S. 3 UmwG auch in den Umwandlungsbericht aufzunehmen ist, ändert hieran nichts, da der Umwandlungsbericht nicht mit der Einladung im Bundesanzeiger zu veröffentlichen ist, sondern nur ausliegt und auf Verlangen zu übersenden ist. Gute Gründe sprechen dafür, noch weitergehend den Umwandlungsbeschluss einer **Satzungsänderung** gleichzustellen mit der Folge, dass analog § 124 Abs. 2 S. 2, 1. Alt. AktG der Beschlussvorschlag im Wortlaut zu veröffentlichen ist; bis zur einer höchstrichterlichen Klärung der Frage empfiehlt es sich in der Praxis deshalb dringend, den Beschlussvorschlag im Wortlaut zu veröffentlichen.[147] Der Gesellschaftsvertrag der GmbH & Co. KG ist nicht notwen-

---

zung – mit einer Ausnahme für die abhängigkeitsbegründende Verschmelzung im Anschluss an BGHZ 80, 69: Süssen); und allgemein für Strukturmaßnahmen vgl. *Obermüller/Werner/Winden*, Die Hauptversammlung der Aktiengesellschaft, 4. Aufl., L 73; diff. *Grunewald/Winter*, in: *Lutter*, Kölner Umwandlungsrechtstage, S. 19, 41, zur Verschmelzung: materielle Inhaltskontrolle bei der aufnehmenden Gesellschaft wegen der Parallele zur Kapitalerhöhung mit Bezugsrechtsausschluß.

[145] Vgl. *Ihrig*, in: *Semler/Stengel*, UmwG, § 230 Rn 15. Dies gilt nur für den Fall des Formwechsels in die Kapitalgesellschaft. Zutr. deshalb *Meyer-Landrut/Kiem*, WM 1997, 1413; *Kallmeyer/Dirksen* § 230 UmwG Rn 6.

[146] Anders offenbar *Meyer-Landrut/Kiem*, WM 1997, 143 f. (Aufnahme des Beschlussentwurfs in den Umwandlungsbericht ausreichend?); ausf. *Lutter/Happ* § 230 UmwG Rn 31 (Bekanntmachung des wesentlichen Inhalts des Beschlusses entsprechend § 124 Abs, 2 S. 2 AktG).

[147] *Ihrig*, in: *Semler/Stengel*, UmwG, § 230 Rn 12 f.; *Kallmeyer/Dirksen* § 230 UmwG Rn 7.

dig Gegenstand des Umwandlungsbeschlusses und insofern nach der Konzeption des UmwG nicht Gegenstand der Bekanntmachung. Danach reicht die Aufnahme der Vertrags-Essentialia nach Maßgabe des Mindestkatalogs in § 194 Abs. 1 UmwG (Rechtsform, Firma, Beteiligungen)in den Umwandlungsbeschluss aus. Im Übrigen folgt die Gesellschaftsverfassung, wenn sich die Beschlussfassung der formwechselnden AG hierauf beschränkt, dem dispositiven Gesetzesrecht, weil auch aus § 197 UmwG und dem Verweis auf das allgemeine rechtsformspezifische Gründungsrecht keine weitergehende Beschlussnotwendigkeiten folgen. Es liegt auf der Hand, dass dies kein praktikables Verfahren ist, zumal jede Änderung der gesellschaftsvertraglichen Verfassung aus dem dispositiven Gesetzesrecht heraus fortan, nach Wirksamwerden des Formwechsels, der Zustimmung aller Gesellschafter bedarf. Es ist deshalb dringend anzuraten, zusammen mit dem Formwechsel auch über die neue Gesellschaftsvertragsfassung zu beschließen, sei es, dass der **Vertrag** zum **Inhalt des Umwandlungsbeschlusses** selbst gemacht wird, sei es, dass zusammen mit diesem auch über den Gesellschaftsvertrag Beschluss gefasst wird. Wird das zweite Verfahren gewählt, fragt sich, was Inhalt der Bekanntmachung über die Beschlussfassung sein muss. Wegweisend ist insoweit § 124 Abs. 2 S. 2 AktG: Soll in der AG über eine Satzungsänderung Beschluss gefasst werden, so ist in der Bekanntmachung der Einladung zur Hauptversammlung auch der Wortlaut der vorgeschlagenen Satzungsänderung bekannt zu machen. Für die vollständige Ersetzung der Satzung durch einen KG-Vertrag im Zuge des Formwechsels kann dann nichts anderes gelten; der vorgesehene Gesellschaftsvertrag ist im Wortlaut bekannt zu machen.[148] Im Gesellschaftsvertrag der KG kann die geschäftsführende Gesellschafterin zur Vornahme von Handelsregisteranmeldungen im Namen aller Gesellschafter bevollmächtigt werden. Dies kann auch im Rahmen des Umwandlungsbeschlusses durch Mehrheitsbeschluss festgesetzt werden.[149]

4. Bezeichnung der Kommanditisten

91 Im Umwandlungsbeschluss sind die Kommanditisten grundsätzlich unter Angabe ihres Namens, Vornamens, Geburtsdatum und Wohnorts zu benennen, §§ 162 Abs. 2, 106 Abs. 2 Nr. 1 HGB i.V.m. § 197 UmwG. Das ist dann für die formwechselnde AG praktikabel, wenn sie **Namensaktien** ausgegeben hat. Die Legitimationswirkung von § 67 Abs. 2 AktG gilt dann

[148] Im Ergebnis zutr. deshalb *Ihrig*, in: *Semler/Stengel*, UmwG, § 230 Rn 10, 16 a. E.; Kallmeyer/*Dirksen* § 230 UmwG Rn 7; *Lutter/Happ* § 230 UmwG Rn 31 ff.; unklar *Meyer-Landrut/Kiem*, WM 1997, 1413 ff.; richtig, aber in diesem Zusammenhang unerheblich, ist die Feststellung in der RegBegr. (zu § 234) *Ganske*, Umwandlungsrecht, S. 253, der Gesellschaftsvertrag der Personengesellschaft bedürfe keiner notariellen Form und sei deshalb nicht notwendig Gegenstand des Umwandlungsbeschlusses; für die Beschlussfassung über den Gesellschaftsvertrag bei dem Formwechsel einer AG folgt die Beurkundungsnotwendigkeit aus § 130 Abs. 1 S. 1 AktG, und zwar auch bei der nicht börsennotierten Gesellschaft, vgl. § 130 Abs. 1 S. 3 AktG.

[149] OLG Schleswig DStR 2003, 1891.

auch für den Formwechsel, als Aktionär ist nur derjenige zu behandeln, der im Aktienbuch eingetragen ist.

Probleme bereitet die Angabe der Kommanditisten aber dann, wenn **Inhaberaktien** ausgegeben sind. Die Gesellschaft muss dann bis zur beschlussfassenden Hauptversammlung versuchen, ihre Aktionäre zu ermitteln und aufzufordern, sich unter Angabe der erforderlichen Daten unter Benennung der von ihnen gehaltenen Aktien zu legitimieren. Bleiben Aktionäre unbekannt, ist nach § 35 UmwG zu verfahren: die unbekannten Aktionäre sind mit ihrer Aktienurkunde aufzuführen.[150] Inzwischen setzt sich bei den Registergerichten zunehmend die Bereitschaft durch, auf diese Weise die Eintragung des Formwechsels zu ermöglichen. **92**

[150] Zu den damit verbundenen Problemen, namentlich bei girosammelverwahrten Aktien, vgl. *Meyer-Landrut/Kiem*, WM 1997, 1414; *Ihrig*, in: *Semler/Stengel*, UmwG, § 234 Rn 13; *Kallmeyer/Dirksen* § 234 UmwG Rn 3; *Ihrig*, in: *Semler/Stengel*, UmwG, § 234 Rn 8, 12; *Lutter/Happ* § 234 UmwG Rn 19ff. Dabei ist die Anwendbarkeit von § 35 UmwG nicht von der Darlegung ernsthafter Ermittlungsbemühungen durch die Gesellschaft abhängig, vgl. BayObLG ZIP 1996, 1467, 1469; dazu die vorgenannten Fundstellen; a. A. noch die Vorinstanz LG Augsburg ZIP 1996, 1011.

§ 56 Steuerrechtliche Konsequenzen der formwechselnden Umwandlung

Übersicht

Schrifttum: *Bauschatz*, Formwechselnde Umwandlung einer vermögensverwaltenden GmbH in eine GmbH & Co. KG - Gefahren bei der Durchführung des Treuhandmodells, FR 2003, 1116; *Birkenfeld*, Das große Umsatzsteuer-Handbuch, Kommentar, Stand Mai 2004; *Blumers/Beinert*, Umwandlungssteuerrecht überraschend rückwirkend geändert, BB 1997, 1880; *Blumers*, Fortführung und Nutzung von Verlusten nach dem neuen UmwStG, DStR 1996, 691; *Brandenberg*, Wiedereinführung des Mitunternehmererlasses?, FR 2000, 1182; *Dötsch/Pung*, §§ 29, 40 Abs. 1 und 2 KStG: Das Einführungsschreiben des BMF vom 16. 12. 2003, DB 2004, 208; *Fischer*, Formwechsel zwischen GmbH und GmbH & Co. KG Haftungssysteme und Handelsbilanzen, BB 1995, 2173; *Förster*, Gleichstellung wesentlicher Beteiligungen mit unwesentlichen Anteilen bei der Umwandlung von Kapitalgesellschaften in Personenunternehmen durch den Gesetzgeber, DB 1997, 1786; *Füger/Rieger*, Das Gesetz zur Fortsetzung der Unternehmenssteuerreform – rückwirkende Änderungen in EStG, KStG und UmwStG, DStR 1997, 1427; *dies.*, Anteilskauf und Umwandlungsmodell unter Beteiligung von Steuerausländern, IStR 1995, 257; *Gollers/Tomik*, Berücksichtigung von Übernahmeverlusten gem. § 4 Abs. 4 bis 6 UmwStG auch bei der Gewerbesteuer, DStR 1997, 275; *Goutier/Bermel*, Umwandlungsrecht, Kommentar, Heidelberg 1996; *Günkel*, Kritische Anmerkungen zum Umwandlungssteuererlass des BMF vom 25. 3. 1998, DStR 1998 Beil. 17, 44; *ders.*, Umwandlung einer Kapitalgesellschaft in eine Personengesellschaft bei beschränkt steuerpflichtigen Gesellschaftern, IWB F.3, G.1, 1505; *Haritz*, Übernahmegewinn und -verlust bei der Umwandlung von Kapitalgesellschaft in Personengesellschaft, BB 1996, 1409; *Herzig*, Diagonale Maßgeblichkeit bei Umwandlungsvorgängen?, FR 1997, 123; *ders.*, Steuerliche Optimierung der Rechtsform durch Rechtsformwechsel, Stbg 1996, 49; *Höfflacher*, Überlegungen zur Umwandlung von Kapitalgesellschaften in Personenunternehmen, DStR 1996, 530; *Hörger*, Anteile an Kapitalgesellschaften im Privatvermögen, Übertragungen im Zusammenhang mit gesellschaftsrechtlichen Umstrukturierungen, StbJb 1995/96, 231; *ders.*, Gewerbesteuer, DStR 1998 Beil. 17, 33; *Kallmeyer*, Umwandlungsgesetz, Kommentar, 2. Aufl. 2001; *Knop/Küting*, Anschaffungskosten im Umwandlungsrecht, BB 1995, 1023; *Knopf/Söffing*, Einzelaspekte zur Umwandlung einer Kapitalgesellschaft in eine Personengesellschaft nach neuem UmwStG, BB 1995, 850; *Krüger*, Umwandlung einer Körperschaft in eine Personenunternehmung als Ausweg aus dem „Körperschaftsteuer-Moratorium"? –„Cash out" des Körperschaftsteuer-Minderungspotenzials zur Verbesserung der Liquiditätslage, DB 2003, 2249; *Meyer-Scharenberg*, § 15 a EStG-Falle bei der Umwandlung einer Kapitalgesellschaft in eine Kommanditgesellschaft, DStR 1996, 1318; *Neu*, Änderung der Rechtsprechung mitunternehmerischen Betriebsaufspaltung – Urteilsanalyse und Beratungskonsequenzen, DStR 1996, 1757; *Ott*, Gestaltungsmöglichkeiten zur Vermeidung von Körperschaftsteuer-Guthabenüberhängen bei Umwandlung von Kapital- in Personengesellschaften nach Änderung des UmwStG durch das UntStFG, INF 2002, 107; *Paus*, Neues bei der mitunternehmerischen Betriebsaufspaltung, FR 1997, 90; *Priester*, Kapitalgrundlage beim Formwechsel Zwang zur Buchwertfortführung, DB 1995, 911; *Rödder*, Die Umwandlung von Kapitalgesellschaft in bzw. auf Personengesellschaft im Umwandlungssteuerrecht, Stbg 1997, 145; *ders.*, Negative Teilbeträge des verwendbaren Eigenkapitals bei Umwandlungen von Kapitalgesellschaften in Personengesellschaften, DStR 1996, 1078; *ders.*, DStR-Fachliteratur-Auswertung: Umwandlungssteuerrecht, DStR 1995, 322, 1988; *ders.*, DStR-Fachliteratur-Auswertung: Umwandlungssteuerrecht, DStR 1997, 1353; *Rödder/Mommen*, Gewerbesteuerliche Behandlung des Übernahmeverlustes bei Umwandlung einer Kapital- in eine Personengesellschaft, DStR 1996, 1799; *Rödder/Schumacher*, Unternehmenssteuerreform 2001 – Eine erste Analyse des Regierungsentwurfs aus Beratersicht, DStR 2000, 353; *Sarrazin*, Von der Kapitalgesellschaft in die Personengesellschaft, DStZ 1996, 321; *Schaumburg*, Internationale Umwandlungen mit Auslandsbezug, GmbHR 1996, 414; *Schiffers*, Steuervergünstigungsabbaugesetz: Geänderte Rahmenbedingungen für die Ausschüttungspolitik der GmbH, GmbHR 2003, 673; *Schnitger*, Vernichtung von Körperschaftsteuerguthaben durch die Ausschüttungsfiktion des § 10 UmwStG bei Umwandlung einer Kapital- in eine Personengesellschaft?, DStR 2003, 768; *Schulz*, Verschmelzung und Spaltung auf eine Personengesellschaft, Formwechsel in eine Personengesellschaft oder Verschmelzung auf eine natürliche Person, §§ 3 bis 10, 14, 16 UmwStG, DStR 1998 Beil. 17, 13; *Schulze zur Wiesche*, Die GmbH & Co. KG im neuen Umwandlungssteuerrecht, DB 1996, 1539; *Söffing*, Mitunternehmerische Betriebsaufspaltung Änderung der Rechtsprechung – BFH-Urteil vom 23. 4. 1996 – VIII R 13/95, BB 1997, 337; *Streck/Mack/Schwedhelm*, Verschmelzung und Formwechsel nach dem neuen Umwandlungsgesetz, GmbHR 1995, 161; *Streck/Posdziech*, Verschmelzung und Formwechsel nach dem neuen UmwStG, GmbHR 1995, 271, 357. *Thiel*, Die Maßgeblichkeit im Umwandlungssteuerrecht, GmbHR 1997, 145; *ders.*, Wege aus der Kapitalgesellschaft – Gestaltungsmöglichkeiten und Zweifelsfragen, DB 1995, 1196; *Thiel/Eversberg/van Lishaut/Neumann*, Der Umwandlungssteuer-Erlaß 1988, GmbHR 1998, 397; *Wacker*, Die §§ 20 ff.

UmwStG 1995 nach Einführungsschreiben vom 25. 3. 1998 Grundstrukturen und ausgewählte Einzelfragen, BB 1998 Beil. 8, 8; *Winkeljohann/Stegemann*, Postakquisitorischer Formwechsel in eine Kapitalgesellschaft als steuerliches Gestaltungselement, DStR 2004, 544; *Weber*, Ausgewählte Zweifelsfragen zum Formwechsel einer Kapitalgesellschaft in eine Personengesellschaft, GmbHR 1996, 263, 334; *Weber-Grellet*, Die Unmaßgeblichkeit der Maßgeblichkeit im Umwandlungsrecht, BB 1997, 653; *Wochinger/Dötsch*, Das neue Umwandlungssteuerrechtgesetz und seine Folgeänderungen bzw. Auswirkungen bei der Einkommen-, Körperschaft- und Gewerbesteuer, DB 1994 Beil. 14, 10; *Wochinger/Rödder*, Neue Restriktionen für die Umwandlung von Kapitalgesellschaften in Personengesellschaften, FR 1998, 129.

I. Vorbemerkungen

1 Mit der Einführung des handelsrechtlichen UmwG im Jahr 1995 ist es erstmals möglich geworden, eine Kapitalgesellschaft formwechselnd in eine Personengesellschaft bzw. eine **Personengesellschaft** formwechselnd **in eine Kapitalgesellschaft** umzuwandeln.[1] Für den Fall einer formwechselnden Umwandlung einer Kapitalgesellschaft in eine Personengesellschaft sind im UmwStG keine detaillierten Regelungen enthalten. Lediglich in § 14 UmwStG wird bestimmt, dass sich die Steuerfolgen der formwechselnden Umwandlung einer Kapitalgesellschaft in eine Personengesellschaft analog nach den Vorschriften der Verschmelzung einer Kapitalgesellschaft auf eine Personengesellschaft (§§ 3 ff. UmwStG) richten.

2 Auch die formwechselnde Umwandlung einer Personengesellschaft in eine Kapitalgesellschaft ist im UmwStG nicht explizit geregelt. Die ertragsteuerlichen Konsequenzen dieser Umwandlungsform richten sich gemäß § 25 UmwStG vielmehr in analoger Anwendung von § 20 UmwStG.[2]

Insgesamt ist festzustellen, dass der Formwechsel einer Personengesellschaft in eine Kapitalgesellschaft bzw. umgekehrt sich **nicht** in einer **geschlossenen Systematik** vollzieht, so dass sich zwangsläufig Widersprüche ergeben. Die Besonderheiten der Besteuerungskonzeption der Mitunternehmerschaft sowie der Besteuerungskonzeption der Kapitalgesellschaft können nicht ohne Systembrüche im Zuge einer formwechselnden Umwandlung umgestellt werden.

3 Die formwechselnde Umwandlung einer **Personengesellschaft** in eine **andere Personengesellschaft**, beispielsweise die Umwandlung einer offenen Handelsgesellschaft in eine GmbH & Co. KG war bereits nach dem ursprünglichen Umwandlungsrecht möglich, ohne dass sich die rechtliche Identität der Gesellschaft geändert hat. Auch das Steuerrecht hat sich dieser zivilrechtlichen Beurteilung angeschlossen, d. h. die formwechselnde Umwandlung einer Personengesellschaft in eine andere Personengesellschaft hat keinerlei steuerliche Konsequenzen, weder im Bereich der Ertragsteuern, noch im Bereich der Verkehrssteuern.[3] An dieser Beurteilung hat sich auch nach Einführung des handelsrechtlichen UmwG 1995 nichts geändert.

---

[1] *Schulze zur Wiesche*, DB 1996, 1539.
[2] BMF v. 25. 3. 1998 BStBl. I 1998, 326 Rn 20.02.
[3] *Dötsch/Patt* Umwandlungssteuerrecht § 25 5 ff.

Die steuerlichen Konsequenzen der formwechselnden Umwandlung einer Personengesellschaft in eine Kapitalgesellschaft bzw. umgekehrt entsprechen jeweils im Wesentlichen den Steuerfolgen der Verschmelzung einer Personengesellschaft auf eine Kapitalgesellschaft bzw. umgekehrt. Aus diesem Grund sollen im Folgenden die steuerlichen Konsequenzen der formwechselnden Umwandlung nicht mit dem gleichen Detaillierungsgrad dargestellt werden, wie die Verschmelzung. Um Wiederholungen zu vermeiden, kann vielmehr hinsichtlich einzelner Detailprobleme auf die Ausführungen zur Verschmelzung verwiesen werden (vgl. § 52). 4

II. Formwechselnde Umwandlung einer GmbH & Co. KG in eine Kapitalgesellschaft

1. Wertansätze der Vermögensgegenstände und Schulden

Die formwechselnde Umwandlung einer Personengesellschaft in eine Kapitalgesellschaft ist im UmwStG nicht explizit geregelt. Die ertragsteuerlichen Konsequenzen ergeben sich gemäß § 25 UmwStG vielmehr in **analoger Anwendung** von **§ 20 UmwStG.**[4] Im Gegensatz zu der handelsrechtlichen Konzeption kann der Formwechsel einer Personengesellschaft in eine Kapitalgesellschaft nicht vollständig identitätswahrend erfolgen, da sich die Besteuerungskonzeption einer Mitunternehmerschaft und einer Kapitalgesellschaft grundlegend unterscheidet. Ohne den Verweis in § 25 UmwStG würde der Formwechsel damit grundsätzlich zu einer Schlussbesteuerung der Personalgesellschaft und damit zu einer Auflösung von stillen Reserven führen.[5] § 25 UmwStG verweist hinsichtlich der Rechtsfolgen analog auf § 20 UmwStG. Dort ist vorgesehen, dass die **Einbringung** eines Betriebes, Teilbetriebes oder eines Mitunternehmeranteils zum Buchwert, Teilwert oder einem Zwischenwert erfolgen kann. Die analoge Anwendung von § 20 UmwStG auf die formwechselnde Umwandlung einer Personengesellschaft in eine Kapitalgesellschaft bedeutet jedoch nicht zwangsläufig, dass dieses Bewertungswahlrecht auch auf den Fall des Formwechsels zur Anwendung kommen kann. 5

Nach § 190 UmwG ist die formwechselnde Umwandlung einer Personengesellschaft in eine Kapitalgesellschaft möglich. Obschon ertragsteuerlich nach § 25 UmwStG von einem Rechtsträgerwechsel ausgegangen wird, verbleibt es handelsrechtlich bei der **gleichen juristischen Identität** der Gesellschaft. Dies hat zur Folge, dass die formwechselnde Umwandlung handelsrechtlich **nicht** als Anschaffungsvorgang verstanden werden kann, so dass die **Handelsbilanz** der Personengesellschaft durch die Kapitalgesellschaft mit unveränderten Wertansätzen **fortgeführt** wird.[6] Für die Personengesellschaft wird handelsrechtlich keine Schlussbilanz, für die Kapitalgesellschaft wird keine Eröffnungsbilanz erstellt.[7] Nach dem An- 6

[4] BMF v. 25. 3. 1998 BStBl. I 1998, 326 Rn 20.02.
[5] *Dötsch/Patt* Umwandlungssteuerrecht § 25 Rn 11.
[6] *Fischer*, BB 1995, 2173; *Thiel*, GmbHR 1997, 145; *Rödder*, DStR 1997, 1353.
[7] *Kallmeyer/Meister/Klöcker* § 192 UmwG Rn 21.

schaffungswertprinzip kommt in der Handelsbilanz ein Ansatz der Vermögensgegenstände und Schulden lediglich mit den fortgeführten Anschaffungskosten in Betracht.[8] Gegebenenfalls ist es möglich, eine ursprünglich vorgenommene Abschreibung auf den niedrigen beizulegenden Wert durch eine Zuschreibung rückgängig zu machen. Es verbleibt jedoch bei der Bewertungsobergrenze der fortgeführten Anschaffungskosten.

7 Die formwechselnde Umwandlung in eine Kapitalgesellschaft setzt nach § 220 UmwG voraus, dass in der **Handelsbilanz** der Wert der Vermögensgegenstände abzüglich der Schulden die Höhe des Grund- oder Stammkapitals erreicht. Sind im Unternehmensvermögen erhebliche stille Reserven vorhanden, wird es teilweise für zulässig erachtet, in der Handelsbilanz analog § 24 UmwG eine **Buchwertaufstockung** vorzunehmen.[9] Bislang hat sich diese Rechtsauffassung allerdings noch nicht durchgesetzt.

Obschon nach der handelsrechtlichen Konzeption des Umwandlungsgesetzes kein Rechtsträgerwechsel vorliegt, mithin handelsrechtlich keine Schlussbilanz der Personengesellschaft bzw. keine Eröffnungsbilanz der Kapitalgesellschaft erstellt werden muss, wird der Formwechsel wegen der Verweisung in § 25 UmwStG auf § 20 UmwStG für **steuerliche Zwecke wie ein Übertragungsvorgang** gesehen. Diese Begriffsbestimmung findet sich beispielsweise auch in § 25 S. 2 UmwStG. Aus diesem Grund ist allein für ertragsteuerliche Zwecke gem. § 25 S. 2 UmwStG für die Personengesellschaft auf den steuerlichen Übertragungsstichtag eine (Schluss-) Steuerbilanz und für die Kapitalgesellschaft gem. § 25 S. 1 i.V.m. § 20 Abs. 7 S. 1 UmwStG eine (Eröffnungs-)Steuerbilanz zu erstellen.[10]

Umstritten ist, ob in dieser nur für steuerliche Zwecke zu erstellenden Eröffnungsbilanz der Kapitalgesellschaft, das in § 20 UmwStG gegebene **Bewertungswahlrecht**, nämlich den Ansatz der Wirtschaftsgüter zum Buchwert, zum Teilwert oder zu einem Zwischenwert ausgeübt werden kann oder nicht. Der überwiegende Teil des Schrifttums[11] geht davon aus, dass es sich bei dieser Schlussbilanz um ein von der handelsrechtlichen Beurteilung losgelöstes Rechenwerk handelt, für das der Grundsatz der Maßgeblichkeit der Handelsbilanz für die Steuerbilanz **nicht** zur Anwendung kommt. Im Übrigen wird auf den Sinn und Zweck des Umwandlungsteuergesetzes verwiesen, nach der alle handelsrechtlichen Umwandlungsformen gleichermaßen steuerlich begünstigt werden sollen.

Die gegenteilige Auffassung geht dagegen davon aus, dass auch in diesem Fall der allgemeine **Grundsatz der Maßgeblichkeit der Handelsbilanz für die Steuerbilanz** gilt. Handelsrechtlich liegt bei dem Formwechsel einer Personengesellschaft in eine Kapitalgesellschaft kein Rechtsträgerwechsel vor, so dass eine Aufstockung der Buchwerte über die fortgeführten Anschaffungskosten hinaus in der Handelsbilanz nicht möglich ist. Über das grundsätzliche Maßgeblichkeitsprinzip der Handelsbilanz

---

[8] *Lutter/Decher* § 192 UmwG Rn 65.

[9] *Priester,* DB 1995, 911.

[10] *Schmitt* § 25 UmwStG Rn 38; *Schaumburg/Rödder* § 25 UmwStG Rn 9.

[11] FG München v. 5. 10. 2000 EFG 2001, 32; *Widmann/Mayer* § 25 UmwStG Rn 9; *Schmitt* § 25 UmwStG Rn 38; *Dötsch/Patt* Umwandlungssteuerrecht § 25 Rn 22.

für die Steuerbilanz würde damit das in § 20 UmwStG gegebene Bewertungswahlrecht für den Fall des Formwechsels einer Personengesellschaft in eine Kapitalgesellschaft faktisch ins Leere laufen.[12]

Auch wenn das Prinzip der Maßgeblichkeit der Handelsbilanz für die Steuerbilanz eines der tragenden Prinzipien des deutschen Steuerbilanzrechts ist, ist dieses gerade bei Umwandlungsvorgängen mehrfach durchbrochen. So sieht beispielsweise § 20 Abs. 2 S. 4 UmwStG für steuerliche Zwecke zwingend eine Auflösung von stillen Reserven vor, wenn zum steuerlichen Übertragungsstichtag die Passivposten des Vermögens den Buchwert des Aktivvermögens übersteigen, mithin eine Unterbilanz besteht. Dies ist auch im Falle eines Formwechsels zu beachten.[13] Im Übrigen muss beachtet werden, dass durch die Verweisung in § 25 UmwStG auf § 20 UmwStG für steuerliche Zwecke gerade ein Vermögensübergang fingiert wird. Konsequenterweise müssen dann auch die gleichen Schlussfolgerungen zu ziehen sein, wie sie im Falle einer „echten" Vermögensübertragung bestehen, also einem regulären Tatbestand des § 20 UmwStG. Aus diesem Grund dürfte wohl bei dem Formwechsel einer Personengesellschaft in eine Kapitalgesellschaft das in § 20 UmwStG gegebene Bewertungswahlrecht zum Buchwert, Teilwert oder einem Zwischenwert allerdings nur für steuerliche Zwecke zur Anwendung kommen.

Die analoge Behandlung des Formwechsels einer Personengesellschaft **8**
in eine Kapitalgesellschaft nach § 20 UmwStG bedingt, dass die Umwandlung grundsätzlich zu Buchwerten, also **ohne Realisierung der stillen Reserven** des Gesellschaftsvermögens erfolgt. Ist an der Personengesellschaft ein **beschränkt steuerpflichtiger Anteilseigner** beteiligt, verhindert § 20 Abs. 3 UmwStG die Einbringung eines Betriebs, Teilbetriebs oder Mitunternehmeranteils zu Buchwerten in eine Kapitalgesellschaft, wenn die Bundesrepublik Deutschland das Besteuerungsrecht für die stillen Reserven in den Gesellschaftsanteilen verliert. In den gängigen Doppelbesteuerungsabkommen wird üblicherweise das Besteuerungsrecht für Gewinne aus der Veräußerung von Anteilen an Kapitalgesellschaften dem Wohnsitzstaat des Anteilseigners zugewiesen.[14] Bei der formwechselnden Umwandlung einer Personengesellschaft in eine Kapitalgesellschaft liegt zwar kein Fall der Einbringung in eine Kapitalgesellschaft vor. Gleichwohl werden die Steuerfolgen in analoger Anwendung von § 20 UmwStG behandelt, so dass davon ausgegangen werden muss, dass zumindest für steuerliche Zwecke gemäß § 20 Abs. 3 UmwStG eine Auflösung der stillen Reserven im Gesellschaftsvermögen erfolgt, soweit ein beschränkt steuerpflichtiger Anteilseigner Gesellschafter der Personengesellschaft ist.

Die steuerlichen Wertansätze der Vermögensgegenstände und Schulden **9**
einer Personengesellschaft setzen sich zusammen aus den Werten der Gesamthandsbilanz sowie aus einer evtl. bestehenden **Ergänzungsbilanz**.

---

[12] BMF v. 25. 3. 1998 BStBl. I 1998, 330 Rn 20.30; *Thiel/Eversberg/van Lieshaut/Neumann*, GmbHR 1998, 397; *Wacker*, BB 1998 Beil. 8, 8.

[13] *Dötsch/Patt* Umwandlungssteuerrecht § 25 Rn 23.

[14] DBA Musterabkommen Art. 13 Abs. 4; vgl. die Übersicht bei *Becker*, DBA-Komm. Art. 13 OECD-MA Anh.

Eine Ergänzungsbilanz entsteht beispielsweise dann, wenn Gesellschaftsanteile der Personengesellschaft zu einem Preis erworben wurden, der über dem Nominalwert des Kapitals lag. Auch die Behandlung einer eventuell bestehenden Ergänzungsbilanz im Rahmen des Formwechsels ist von der grundsätzlichen Einschätzung der Verweisung des § 25 UmwStG auf § 20 UmwStG abhängig. Geht man davon aus, dass im Falle des Formwechsels einer Personengesellschaft in eine Kapitalgesellschaft uneingeschränkt der Grundsatz der Maßgeblichkeit der Handelsbilanz für die Steuerbilanz gilt, wären durch die Buchwertverknüpfung lediglich die Werte der Gesamthandsbilanz erfasst, nicht dagegen die Werte einer eventuell bestehenden Ergänzungsbilanz. Die Handelsbilanz der umgewandelten Gesellschaft bleibt von den Werten der Ergänzungsbilanz unberührt, da es sich lediglich um Mehrbeträge handelt, die im Rahmen einer Anteilsveräußerung gezahlt worden sind. Im Ergebnis würden die Buchwerte der Ergänzungsbilanz im Falle eines Formwechsels für steuerliche Zwecke verloren gehen. Die Situation wäre vergleichbar mit der Kaufpreiszahlung für Anteile an einer Kapitalgesellschaft. Auch insoweit bleibt ein gezahlter Kaufpreis über dem anteiligen Kapital außer Betracht. Geht man jedoch entsprechend der hier vertretenen Auffassung davon aus, dass durch den Verweis in § 25 UmwStG in der Eröffnungsbilanz der Kapitalgesellschaft ein allein für steuerliche Zwecke aufzustellendes Rechenwerk gesehen wird, sind in dieses Rechenwerk entsprechend § 20 UmwStG alle Komponenten des steuerlichen Buchwertes aufzunehmen, mithin auch die Buchwerte einer eventuell bestehenden Ergänzungsbilanz.

10 Sollen im Zuge der Umwandlung einer Personengesellschaft in eine Kapitalgesellschaft **stille Reserven im Gesellschaftsvermögen aufgelöst** werden, könnte alternativ eine andere handelsrechtliche Umwandlungsform beschritten werden, die auch handelsrechtlich eine ganze oder teilweise Auflösung von stillen Reserven des Gesellschaftsvermögens erlaubt (vgl. § 52 Rn 67 ff.). Ist dies handelsrechtlich zulässig, kann dies unstreitig über § 20 UmwStG auch für den Bereich der Steuerbilanz übernommen werden.

11 Zur **Belegung des Stamm- bzw. Grundkapitals** kann das Festkapital der Kommanditgesellschaft sowie die Rücklagen dienen. Ist das Festkapital der Kommanditisten sowie die Rücklagen der Personengesellschaft höher als das Grund- oder Stammkapital der Kapitalgesellschaft, wird der übersteigende Betrag in die Kapitalrücklagen eingestellt.

2. Schicksal des Sonderbetriebsvermögens

12 Nach der Besteuerungskonzeption einer Mitunternehmerschaft gehören Vermögensgegenstände, die im unmittelbaren Eigentum eines Gesellschafters stehen und die der Personengesellschaft zur Nutzung überlassen werden, als Sonderbetriebsvermögen zur steuerlichen Sphäre der Personengesellschaft. Die formwechselnde Umwandlung einer Personengesellschaft in eine Kapitalgesellschaft erfasst lediglich das Gesamthandsvermögen, **nicht** dagegen Vermögensgegenstände, die im Eigentum eines Gesellschafters stehen.

Die steuerliche Wertung als Betriebsvermögen ist für die gesellschafts- 13
rechtlichen Folgen der Umwandlung zunächst ohne Bedeutung. Da nach der Besteuerungskonzeption einer Kapitalgesellschaft die Qualifikation von Vermögensgegenständen im Eigentum eines Gesellschafters als Sonderbetriebsvermögen nicht in Betracht kommt, ergibt sich aus dem Umwandlungsvorgang grundsätzlich ein **Entnahmevorgang** hinsichtlich des Sonderbetriebsvermögens, mithin also eine **Realisierung von stillen Reserven**. Dies gilt unabhängig davon, ob es sich bei dem Sonderbetriebsvermögen um eine wesentliche Betriebsgrundlage handelt oder nicht. Liegt eine wesentliche Betriebsgrundlage vor, können sich darüber hinaus auch Auswirkungen auf die steuerliche Behandlung des Umwandlungsvorgangs ergeben.

Die Buchwertfortführung nach § 20 UmwStG setzt voraus, dass **alle** 14
wesentlichen Betriebsgrundlagen der Personengesellschaft auf die Kapitalgesellschaft übergehen.[15] Die formwechselnde Umwandlung einer Personengesellschaft in eine Kapitalgesellschaft führt allerdings gesellschaftsrechtlich nicht zu einem Vermögensübergang. § 20 UmwStG dürfte jedoch dahingehend zu verstehen sein, dass sich alle wesentlichen Betriebsgrundlagen der Personengesellschaft nach dem Formwechsel im Betriebsvermögen der Kapitalgesellschaft befinden müssen. Zu den wesentlichen Betriebsgrundlagen einer Personengesellschaft können auch Vermögensgegenstände des Sonderbetriebsvermögens gehören.[16] Diese gehen im Zuge der formwechselnden Umwandlung nicht auf die Kapitalgesellschaft über, sondern bleiben unmittelbares Eigentum des Gesellschafters. Damit sind im Grunde die Voraussetzungen für die Anwendung des § 20 UmwStG **nicht** erfüllt. Es besteht hier die Gefahr, dass insoweit die **Anwendung des** § 20 UmwStG versagt wird mit der Konsequenz, dass die (anteiligen) stillen Reserven des Gesellschaftsvermögens sowie des Sonderbetriebsvermögens aufgelöst werden.[17]

Handelt es sich bei den Vermögensgegenständen des Sonderbetriebsver- 15
mögens nicht um den Sonderfall einer Betriebsaufspaltung, sollte in Erwägung gezogen werden, vor der formwechselnden Umwandlung Vermögensgegenstände des Sonderbetriebsvermögens gem. § 6 Abs. 5 S. 3 EStG zum Buchwert im Wege der Einzelübertragung in das Gesamthandsvermögen der Personengesellschaft einzulegen.[18] Es muss hier lediglich darauf geachtet werden, dass sich durch die Vermögenseinlagen zwischen den Gesellschaftern keine Vermögensverschiebungen ergeben.

Problematisch ist allerdings, dass in diesem Fall möglicherweise **nach-** 16
träglich gem. § 6 Abs. 5 S. 6 EStG eine **Auflösung von stillen Reserven** des eingelegten Wirtschaftsgutes erfolgt, da der Formwechsel in eine Kapi-

---

[15] BMF v. 16. 6. 1978 BStBl. I 1978, 235; *Schulze zur Wiesche*, DB 1996, 1541; *Widmann/Mayer* § 20 UmwStG Rn 19; a. A. *Hermann/Heuer/Raupach* § 20 UmwStG Rn 36; *Kirchhoff/Söhn/Reiß* § 16 EStG Rn B 36: Verpachtung an Kapitalgesellschaft ausreichend.

[16] BFH v. 16. 2. 1996 BStBl. II 1996, 342.

[17] *Günkel*, DStR 1998 Beil. 17, 44.

[18] *Dötsch/Patt* Umwandlungssteuerrecht § 25 Rn 11.

talgesellschaft als nachträgliche Begründung des Anteils an einer Personengesellschaft gewertet wird (vgl. dazu § 5 Rn 74 ff.)[19]

17 Eine Realisierung der stillen Reserven der verpachteten Vermögensgegenstände kann ausnahmsweise dann unterbleiben, wenn die Verpachtung insgesamt eine **Betriebsaufspaltung** bildet. **Persönliche Voraussetzung** einer Betriebsaufspaltung ist die Beherrschung des Besitzunternehmens sowie der Betriebsgesellschaft durch den gleichen Gesellschafterkreis. **Sachliche Voraussetzung** einer Betriebsaufspaltung ist die Überlassung einer wesentlichen Betriebsgrundlage an die Gesellschaft. Die Qualifikation einer Betriebsaufspaltung ist auch bei einer Betriebsgesellschaft in der Rechtsform einer Personengesellschaft möglich. Es handelt sich dann um eine so genannte **mitunternehmerische Betriebsaufspaltung**.[20]

18 Eine mitunternehmerische Betriebsaufspaltung bewirkt,[21] dass die überlassenen Vermögensgegenstände **nicht** zum Sonderbetriebsvermögen der mietenden Personengesellschaft gehören, sondern der steuerlichen Sphäre der Vermietungsgesellschaft zugerechnet werden.[22] Auch nach der formwechselnden Umwandlung der Betriebs-Personengesellschaft in eine Kapitalgesellschaft verbleibt es bei der Qualifikation als Betriebsaufspaltung, da sich insoweit keine Änderung hinsichtlich der persönlichen und sachlichen Voraussetzungen ergeben. Die Qualifikation als Betriebsaufspaltung führt dazu, dass die Verpachtungsgesellschaft trotz der (vermögensverwaltenden) Verpachtungstätigkeit als gewerblich qualifiziert wird. In diesem Fall werden also **stille Reserven** in den verpachteten Vermögensgegenständen nicht aufgelöst.

3. Status der Gesellschaftsanteile der Kapitalgesellschaft

19 Mit der formwechselnden Umwandlung entsteht aus der GmbH & Co. KG eine Kapitalgesellschaft. Die ertragsteuerlichen Folgen ermitteln sich in analoger Anwendung von § 20 UmwStG. Diskutiert wird in diesem Zusammenhang, ob es sich bei diesem Verweis um einen **Rechtsfolgenverweis**[23] oder um eine **Tatbestandverweisung**[24] handelt. Die herrschende Lehre geht dabei wohl von letzterer Auffassung aus. Dies bedeutet, dass die einzelnen Tatbestände der § 20 UmwStG jeweils vorliegen müssen. Als Konsequenz hieraus gelten auch die Gesellschaftsanteile der umgewandelten Kapitalgesellschaft als so genannte **einbringungsgeborene Anteile** gemäß § 21 UmwStG, da die einzelnen Mitunternehmer fiktiv als „Einbringende" gesehen werden.[25] Die Qualifikation als einbringungsgeborene Anteile bewirkt, dass alle Wertänderungen dieser Gesellschaftsanteile künftig steuerlich erfasst werden, unabhängig von der Beteiligungsquote des

---

19 *Schmidt/Glanegger* § 6 EStG Rn 535; *Brandenberg*, FR 2000, 1188.

20 *Paus*, FR 1997, 90; *Söffing*, BB 1997, 337; *Neu*, DStR 1996, 1757.

21 *L. Schmidt* § 15 EStG Rn 855 ff.

22 BFH v. 16. 6. 1994 BStBl. II 1996, 82; BFH v. 22. 11. 1994 BStBl. II 1996, 93; BFH v. 23. 4. 1998 BStBl. II 1998, 325; BMF v. 28. 7. 1998 BStBl. I 1998, 583.

23 *Lademann/Jakobs* § 25 UmwStG Rn 11.

24 *Schmitt* § 25 UmwStG Rn 5; *Haritz/Benkert/Menner* § 25 UmwStG Rn 9.

25 *Dötsch/Patt* Umwandlungssteuerrecht § 25 Rn 10.

Gesellschafters.[26] Durch die Absenkung der Beteiligungsgrenze für eine wesentliche Beteiligung auf 1% hat die Qualifikation als einbringungsgeborene Anteile an wirtschaftlicher Bedeutung verloren. Die Rechtsfolgen des § 21 UmwStG sind hinsichtlich der wirtschaftlichen Belastung durchaus vergleichbar mit § 17 EStG.

Der Status als einbringungsgeborene Anteile kann dadurch aufgelöst werden, dass nach § 21 Abs. 2 UmwStG ein **Antrag auf Versteuerung der stillen Reserven** gestellt wird. Der Antrag gemäß § 21 Abs. 2 UmwStG bewirkt, dass die stillen Reserven in den Gesellschaftsanteilen zum Antragszeitpunkt aufgelöst werden. Dieser Gewinn ist zwar grundsätzlich tarifermäßigt gemäß § 34 EStG. Durch die Neufassung des § 34 EStG (Fünftelregelung) hat die Tarifermäßigung keine nennenswerte wirtschaftliche Bedeutung mehr. Die bewusste Auflösung der stillen Reserven gemäß § 21 Abs. 2 UmwStG ist aus diesem Grund im Regelfall nicht sinnvoll. Wird dennoch ein Antrag gemäß § 21 Abs. 2 UmwStG gestellt, kann die hieraus entstehende Steuerschuld gemäß § 21 Abs. 2 S. 3–6 UmwStG gestundet werden. 20

4. Schicksal der steuerlichen Verlustvorträge

a) Gewerbesteuerliche Verlustvorträge der Personengesellschaft. 21 Verfügt die Personengesellschaft zum Zeitpunkt der formwechselnden Umwandlung noch über gewerbesteuerliche Verlustvorträge, ist fraglich, ob diese späterhin von der umgewandelten Kapitalgesellschaft verrechnet werden können. Merkmal der formwechselnden Umwandlung ist, dass die Personengesellschaft vor bzw. die Kapitalgesellschaft nach der formwechselnden Umwandlung die gleiche rechtliche Identität hat. Dies spricht zunächst dafür, dass durch die formwechselnde Umwandlung der Bestand der gewerbesteuerlichen Verlustvorträge nicht beeinflusst wird, diese mithin erhalten bleiben.

Die Erhaltung der gewerbesteuerlichen Verlustvorträge einer Personen- 22 gesellschaft setzt zum einen **Unternehmensidentität**[27] voraus. Nur das Unternehmen, dass die Verluste erlitten hat, kann die gewerbesteuerlichen Verlustvorträge verrechnen. Daneben muss jedoch auch die **Unternehmeridentität**[28] vorliegen. Die Gewerbeverluste bleiben nur insoweit erhalten, als der Mitunternehmer zum Zeitpunkt des Eintritts der Verluste an der Gesellschaft beteiligt war. Die Unternehmeridentität wird personenbezogen betrachtet, so dass auch eine Form der Gesamtrechtsnachfolge etwa durch Tod eines Gesellschafters zu dem anteiligen Verlust der gewerbesteuerlichen Verlustvorträge führt.[29] Wegen der eigenständigen Steuerrechtssubjekteigenschaft der Kapitalgesellschaft ist eine Mitunternehmerstellung der Gesellschafter naturgemäß nicht gegeben, so dass insoweit nach der formwechselnden Umwandlung die Unternehmeridentität im engeren Sinn nicht mehr vorliegt.

---

[26] *Widmann/Mayer* § 21 UmwStG Rn 25 ff.
[27] BFH v. 5. 9. 1990 BStBl. II 1991, 25.
[28] BFH v. 3. 5. 1993 BStBl. II 1993, 616; BFH v. 16. 2. 1994 BStBl. II 1994, 364.
[29] BFH v. 7. 12. 1993 BStBl. II 1994, 331.

23 Es kommt hinzu, dass in § 25 UmwStG bei einer formwechselnden Umwandlung ein Rechtsträgerwechsel unterstellt wird, so dass auch dies gegen eine Unternehmeridentität spricht. In § 25 UmwStG wird auf den VIII. Teil des UmwStG verwiesen, so dass auch § 22 UmwStG erfasst wird. Da § 22 UmwStG seinerseits nicht auf § 10 a GmbHG verweist, spricht auch dies dafür, dass ein gewerbesteuerlicher Verlustvortrag untergeht.[30]

24 Es muss deshalb davon ausgegangen werden, dass bei einer formwechselnden Umwandlung einer Personengesellschaft in eine Kapitalgesellschaft die zum Zeitpunkt der Umwandlung bestehenden **gewerbesteuerlichen Verlustvorträge insgesamt untergehen**. Auch dies ist ein gutes Beispiel dafür, dass sich die formwechselnde Umwandlung für steuerliche Zwecke nicht nach einer in sich geschlossenen Systematik vollzieht.

25 **b) Verrechenbare Verluste im Sinne des § 15 a EStG.** Die formwechselnde Umwandlung einer Personengesellschaft in eine Kapitalgesellschaft setzt regelmäßig voraus, dass das Nominalkapital der Gesellschaft zum Zeitpunkt der formwechselnden Umwandlung erhalten ist (§ 220 Abs. 1 UmwG). Verrechenbare Verluste im Sinne des § 15 a EStG entstehen dann, wenn ein Gesellschafter der Gesellschaft kein ausreichendes Eigenkapital zur Verfügung gestellt hat, um anteilige Verluste der Gesellschaft abzudecken. Die **bilanzielle Unterdeckung** verhindert eine formwechselnde Umwandlung der Personengesellschaft in eine Kapitalgesellschaft.

26 Es ist jedoch durchaus möglich, dass der Gesellschaft nach Entstehen der verrechenbaren Verluste im Sinne des § 15 a EStG neues Eigenkapital zur Verfügung gestellt wurde. Diese Kapitalzuführung führt nicht zur Umqualifikation der verrechenbaren Verluste in ausgleichsfähige Verluste,[31] so dass der Bestand der verrechenbaren Verluste auch nach der Kapitalzufuhr erhalten bleibt. Die gesellschaftsrechtlichen Voraussetzungen für den Erhalt des Nominalkapitals und damit für eine formwechselnde Umwandlung der Personengesellschaft in eine Kapitalgesellschaft können daher durchaus gegeben sein, bei einem gleichzeitigen Bestand an verrechenbaren Verlusten gem. § 15 a EStG.

27 Nach der formwechselnden Umwandlung der Personengesellschaft in eine Kapitalgesellschaft ist ein **Ausgleich der verrechenbaren Verluste** über § 15 a EStG naturgemäß **nicht** mehr **möglich**. Die formwechselnde Umwandlung kann nach dem Sinn und Zweck des § 15 a EStG jedoch nicht schlechthin dazu führen, dass ein eventueller Bestand an verrechenbaren Verlust mit der formwechselnden Umwandlung ersatzlos entfällt, sofern Verluste einer Kommanditgesellschaft durch spätere Einlagen des Gesellschafters gesellschaftsrechtlich ausgeglichen worden sind, ohne dass aus verrechenbaren Verlusten ausgleichsfähige Verluste geworden sind. Es muss vielmehr davon ausgegangen werden, dass mit dem Wirksamwerden der formwechselnden Umwandlung die gegebenenfalls vorhandenen **verrechenbaren Verluste** in **ausgleichsfähige Verluste umgewandelt** werden, zumal auch in § 25 UmwStG für steuerliche Zwecke ein Rechtsträgerwechsel fingiert wird.

---

[30] *Dötsch/Platt* Umwandlungssteuerrecht § 25 Rn 38.

[31] BFH v. 14.12.1995 BStBl. II 1996, 226; *L. Schmidt/Wacker* § 15a EStG Rn 180.

5. Rückwirkung der formwechselnden Umwandlung

Bei einer formwechselnden Umwandlung bleibt die **rechtliche Identität** der Gesellschaft erhalten. Aus diesem Grund bedarf es grundsätzlich keiner genauen **Bestimmung** eines **Stichtages** im Umwandlungsbeschluss, vergleichbar einer Verschmelzung, ab dem die Rechtshandlung des übertragenden Rechtsträgers auf Rechnung des übernehmenden Rechtsträgers ausgeübt gelten. Gesellschaftsrechtlich wirkt der Formwechsel ab dem Tag der Eintragung in das Handelsregister (§ 190 UmwG). Gleichwohl bietet sich bei der formwechselnden Umwandlung einer Personengesellschaft in eine Kapitalgesellschaft an, einen solchen Stichtag im Umwandlungsbeschluss zu bestimmen, da sich die Besteuerungskonzeption der Mitunternehmerschaft grundlegend von der Besteuerungskonzeption der Kapitalgesellschaft unterscheidet. Nach § 25 S. 2 UmwStG ist deshalb auf den Umwandlungsstichtag eine „Steuerbilanz" aufzustellen. 28

In § 20 Abs. 7 UmwStG ist bestimmt, dass mit steuerlicher Wirkung eine „Sacheinlage durch Verschmelzung" auf **Antrag** höchstens 8 Monate rückwirkend erfolgen kann. Die formwechselnde Umwandlung einer Personengesellschaft in eine Kapitalgesellschaft ist gesellschaftsrechtlich keine Einlage. § 25 UmwStG verweist allgemein auf § 20 ff. UmwStG. Durch diesen Verweis werden auch § 20 Abs. 7 und Abs. 8 UmwStG erfasst, so dass die Möglichkeit der Rückbeziehung gem. § 20 Abs. 7 UmwStG auch für den Fall des Formwechsels gelten dürfte.[32] 29

Da es sich bei der formwechselnden Umwandlung einer Personengesellschaft auf eine Kapitalgesellschaft handelsrechtlich nicht um eine Vermögensübertragung handelt, stellt sich das Problem, welcher **Zeitpunkt** für die Anwendung der **rückwirkenden 8-Monats-Frist** gem. § 20 Abs. 8 UmwStG anzunehmen ist. Nach dem Sinn und Zweck der Regelung dürfte dabei davon auszugehen sein, dass sich die analoge Anwendung der 8-Monats-Frist gem. § 20 Abs. 8 UmwStG auf den Zeitpunkt der Anmeldung des Formwechsels bei dem Registergericht bezieht.[33] 30

Folgt man der hier vertretenen Auffassung, dass § 20 Abs. 7 UmwStG auch auf den Fall der formwechselnden Umwandlung einer Personengesellschaft in eine Kapitalgesellschaft anwendbar ist, werden zunächst alle erfolgswirksamen Geschäftsvorfälle im so genannten Rückwirkungszeitraum erfasst. Die Rückwirkungsfiktion gilt nicht für **Entnahmen und Einlagen**.[34] Gemäß § 20 Abs. 7 S. 3 UmwStG sind die Anschaffungskosten der mit der Verschmelzung bzw. dem Formwechsel entstehenden Anteile der Kapitalgesellschaft um die Entnahmen im Rückwirkungszeitraum zu verringern. Sie sind nicht als verdeckte Gewinnausschüttung zu behandeln 31

Aus der Rückwirkungsfiktion ergeben sich weiterhin Konsequenzen für die **Leistungsbeziehungen zwischen Gesellschaft und Gesell-** 32

---

[32] *Dötsch/Platt* Umwandlungssteuerrecht § 25 Rn 28.

[33] *Widmann/Mayer* § 25 UmwStG Rn 17; *Schaumburg/Rödder* § 25 UmwStG Rn 9; BMF v. 25. 3. 1998 BStBl. I 1998, 268 Rn 20.19.

[34] BFH v. 29. 4. 1987 BStBl. II 1987, 797; *Haritz/Benkert/Friedrichs* § 20 UmwStG Rn 274ff.

schafter. Vergütungen für Leistungsbeziehungen, wie z. B. Miet- und Pachtentgelte, Zinsen für Darlehen, Geschäftsführervergütungen usw. werden nach dem Besteuerungskonzept der Mitunternehmerschaften in der zweiten Gewinnermittlungsstufe als **Sondervergütung** dem Gewinn der Personengesellschaft hinzugerechnet. Die Rückwirkungsfiktion des § 2 UmwStG bedeutet, dass die Gesellschaft rückwirkend mit dem Umwandlungszeitpunkt als Kapitalgesellschaft gilt, so dass insoweit auch Vergütungen aus Leistungsbeziehungen den steuerlichen Gewinn der (Kapital-)Gesellschaft mindern. Zu beachten ist jedoch, dass die Rückwirkungsfiktion nicht für die Geltung der Verträge Anwendung findet. Ein Vertragsverhältnis kann also erst ab Vertragsabschluss steuerlich anerkannt werden.[35]

33 Der **Anspruch auf das** anteilige **Jahresergebnis** entsteht bei einer Personengesellschaft mit Ablauf des betreffenden Wirtschaftsjahres. Gewinnausschüttungen brauchen deshalb nicht explizit beschlossen zu werden, es sei denn, dass im Gesellschaftsvertrag eine Entnahmebeschränkung enthalten ist bzw. der Umfang der Entnahme in die Kompetenz der Gesellschafterversammlung gestellt wird. Entsprechende Entnahmen innerhalb des Rückwirkungszeitraums können jedoch **nicht** als **Dividenden einer Kapitalgesellschaft** qualifiziert werden. Sie werden jedoch über § 20 Abs. 7 UmwStG auf den Umwandlungsstichtag zurückbezogen.

Erfolgen innerhalb des Rückwirkungszeitraums **Anteilsübertragungen**, werden die ausscheidenden Anteilseigner durch die Rückwirkungsfiktion in § 20 Abs. 8 UmwStG nicht erfasst. Die entgeltliche Veräußerung eines Mitunternehmeranteils wird also bei diesen Anteilseignern als Vorgang behandelt, der unter § 16 EStG fällt.[36]

6. Verkehrsteuerliche Konsequenzen

34 **a) Umsatzsteuerliche Behandlung.** Das UmwStG regelt ausschließlich die Steuerfolgen im Bereich der Ertragsteuern, nicht jedoch andere Steuerarten wie z. B. der Umsatzsteuer oder der Grunderwerbsteuer. Die Beurteilung richtet sich insoweit nach den jeweiligen Einzelsteuergesetzen. Das Umsatzsteuerrecht orientiert sich in der rechtlichen Beurteilung an den juristischen Gegebenheiten. Da bei der formwechselnden Umwandlung einer Personengesellschaft in eine Kapitalgesellschaft die rechtliche Identität der Gesellschaft unverändert bleibt, handelt es sich auch nicht um einen Rechtsträgerwechsel, so dass kein umsatzsteuerbarer Vorgang vorliegt.[37]

35 Durch die formwechselnde Umwandlung bleibt auch der **umsatzsteuerliche Unternehmer** unverändert bestehen. Eingangsrechnungen, adressiert an die umgewandelte Personengesellschaft führen deshalb nicht zu der Versagung des Vorsteuerabzugs, da die Rechnung an den identischen Unternehmer ausgestellt ist.

---

[35] *Widmann/Mayer* § 20 UmwStG Rn 636; *Haritz/Benkert/Friedrichs* § 20 UmwStG Rn 288; *Hermann/Heuer/Raupach* § 20 UmwStG Rn 236;.

[36] BMF v. 25. 3. 1998 BStBl. I 1998, 280 Rn 2.02.09 (für die Umwandlung einer Kapitalgesellschaft in eine Personengesellschaft).

[37] *Birkenfeld* USt-Handbuch I Rn 563.2; *Rau/Husmann* § 1 UStG Rn 297.

Im Regelfall unterscheidet sich die **Steuernummer** einer Kapitalgesellschaft von der Steuernummer einer Personengesellschaft. Mit der formwechselnden Umwandlung ändert sich deshalb im Regelfall auch die Steuernummer der Gesellschaft, was jedoch keine Rückschlüsse auf das Umsatzsteuersubjekt gibt, ggf. ist eine Änderung der Rechnungsformulare vorzunehmen. Um Irritationen und Missverständnisse zu vermeiden bietet sich jedoch an, den Umwandlungsvorgang mit der Finanzverwaltung abzustimmen. 36

b) Grunderwerbsteuerliche Konsequenzen. Das GrEStG erfasst Rechtsvorgänge, die auf die Übertragung von Grundstücken gerichtet sind. Unmittelbar nach Einführung des neuen Umwandlungsrechts wurde von der Finanzverwaltung die Auffassung vertreten, dass die formwechselnde Umwandlung einer Kapitalgesellschaft in eine Personengesellschaft oder umgekehrt zu einem Wechsel der Rechtsträgerschaft der Grundstücke führt, die sich im Gesellschaftsvermögen befinden. In der formwechselnden Umwandlung wurde deshalb ein grunderwerbsteuerbarer Vorgang angenommen.[38] Diese Rechtsauffassung der Finanzverwaltung war von Beginn an in der Fachliteratur höchst umstritten und wurde auch von Finanzgerichten[39] unterschiedlich beurteilt. Schließlich hat sich der BFH[40] der herrschenden Auffassung der Literatur angeschlossen, und bei der formwechselnden Umwandlung einer Kapitalgesellschaft in eine Personengesellschaft einen grunderwerbsteuerbaren Vorgang verneint. Dies hat letztlich die Finanzverwaltung dazu bewogen, sich dieser Auffassung anzuschließen,[41] so dass davon ausgegangen werden kann, dass eine formwechselnde Umwandlung nicht zu einem grunderwerbsteuerbaren Vorgang führt. 37

Entschieden ist dies zwar lediglich für den Fall der formwechselnden Umwandlung einer Kapitalgesellschaft in eine Personengesellschaft. Es kann jedoch davon ausgegangen werden, dass dies auch für den umgekehrten Fall der formwechselnden Umwandlung einer Personengesellschaft in eine Kapitalgesellschaft gilt.[42] 38

Die formwechselnde Umwandlung umfasst allerdings lediglich Grundstücke, die sich im Gesamthandsvermögen der Personengesellschaft befinden, nicht um **Grundstücke des Sonderbetriebsvermögens**. Werden diese auf die Kapitalgesellschaft übertragen, handelt es sich um einen grunderwerbsteuerbaren Vorgang gemäß § 1 Abs. 1 GrEStG. Denkbar ist jedoch, dass ein Grundstück unmittelbar vor der formwechselnden Umwandlung in das Gesamthandsvermögen der Personengesellschaft eingelegt wird. Der Einlagevorgang ist zwar zunächst grunderwerbsteuerbar gemäß § 1 Abs. 1 GrEStG. Die Grunderwerbsteuer bleibt jedoch § 5 Abs. 2 39

---

[38] FM Bad.-Württ. v. 12. 12. 1994 DB 1994, 2592.

[39] FG Münster v. 23. 7. 1997 EFG 1998, 227; FG Köln v. 27. 9. 1996 EFG 1997, 252.

[40] BFH v. 4. 12. 1996 BStBl. II 1997, 661.

[41] FM Bad.-Württ. v. 18. 9. 1997 DB 1997, 2002; FM Bad.-Württ. v. 19. 12. 1997 DB 1998, 166.

[42] *Dötsch/Patt* Umwandlungssteuerrecht § 25 Rn 40.

GrEStG insoweit unerhoben, als der einlegende Gesellschafter am Kapital der Gesellschaft beteiligt ist.

40 § 5 Abs. 3 GrEStG[43] schränkt die Befreiungsvorschrift in § 5 Abs. 2 GrEStG allerdings insoweit ein, als gefordert wird, dass der einlegende Gesellschafter mindestens 5 Jahre nach der Einlage als Gesamthänder beteiligt bleibt. Eine formwechselnde Umwandlung innerhalb des 5-Jahreszeitraums nach der Einlage führt damit **nachträglich zu einer Belastung mit Grunderwerbsteuer**.

III. Formwechselnde Umwandlung einer Kapitalgesellschaft in eine Personengesellschaft

1. Wertansätze der Vermögensgegenstände und Schulden

41 Die formwechselnde Umwandlung einer Kapitalgesellschaft in eine Personengesellschaft vollzieht sich nach § 14 UmwStG in **analoger Anwendung** der Vorschriften des Vermögensübergangs einer Kapitalgesellschaft auf eine Personengesellschaft im Wege der **Verschmelzung** (§§ 3 bis 10 UmwStG). Mit dem Formwechsel ändert sich lediglich das Rechtskleid der Gesellschaft, ihre rechtliche Identität bleibt unverändert. Da kein Rechtsträgerwechsel vorliegt, bleiben die Wertansätze der Vermögensgegenstände und Schulden in der Handelsbilanz unberührt. Diese werden auch nach dem Formwechsel unverändert fortgeführt. Für handelsrechtliche Zwecke ist damit auch kein Zwischenabschluss, etwa auf den Zeitpunkt der Eintragung des Rechtsformwechsels im Handelsregister erforderlich. Diese Betrachtungsweise kann jedoch nicht für die steuerliche Behandlung übertragen werden. Da sich die Besteuerungskonzeption einer Kapitalgesellschaft grundlegend von der Besteuerungskonzeption einer Mitunternehmerschaft unterscheidet, sieht § 14 Abs. 2 UmwStG vor, **für steuerliche Zwecke** auf den Zeitpunkt der formwechselnden Umwandlung für die Kapitalgesellschaft eine „Übertragungsbilanz", für die Personengesellschaft eine „Eröffnungsbilanz" zu erstellen.[44]

42 § 14 S. 1 UmwStG verweist hinsichtlich der steuerlichen Behandlung des Formwechsels einer Kapitalgesellschaft in eine Personengesellschaft auf die sinngemäße Anwendung der §§ 3 bis 8 und 10 UmwStG. Über die analoge Anwendung der Vorschriften der Verschmelzung besteht grundsätzlich auch bei der formwechselnden Umwandlung in eine Personengesellschaft das in § 3 UmwStG gegebene **Bewertungswahlrecht die Vermögensgegenstände** mit dem Buchwert, dem Teilwert oder einem Zwischenwert[45] anzusetzen. Dabei muss jedoch berücksichtigt werden, dass bei einer formwechselnden Umwandlung kein Rechtsträgerwechsel erfolgt.[46] Dies hat zur Folge, dass in der **Handelsbilanz** der formgewech-

---

[43] Durch § 5 Abs. 3 GrEStG wurde die ursprünglich von der Finanzverwaltung vertretene Rechtsauffassung zu § 5 Abs. 2 GrEStG in das Gesetz aufgenommen; FM Bad.-Württ. v. 10. 7. 1998, DStR 1998, 1135.

[44] BMF v. 25. 3. 1998 BStBl. I 1998, 306 Rn 14.01.

[45] *Schulz*, DStR 1998 Beil. 17, 13.

[46] *Streck/Posdziech*, GmbHR 1995, 161.

selten Kapitalgesellschaft die Vermögensgegenstände und Schulden lediglich mit den **fortgeführten Anschaffungs- und Herstellungskosten** anzusetzen sind.[47] Ein über den Anschaffungs- bzw. Herstellungskosten liegender Wertansatz ist handelsrechtlich **nicht** möglich. Das Gleiche gilt für die Erfassung eines selbst geschaffenen immateriellen Vermögensgegenstand des Anlagevermögens, für den nach § 244 HGB ein Aktivierungsverbot besteht. Schwieriger zu beantworten ist die Frage nach der Behandlung in der **Steuerbilanz**. Fraglich ist beispielsweise, ob über die Maßgeblichkeit der Handels- für die Steuerbilanz auch für steuerliche Zwecke keine Auflösung von stillen Reserven erfolgen kann, obschon das Bewertungswahlrecht über den Verweis zu § 14 S. 1 UmwStG auf § 3 UmwStG grundsätzlich besteht. Nach Auffassung der Finanzverwaltung hat die Maßgeblichkeit der Handelsbilanz für die Steuerbilanz Vorrang, so dass das Bewertungswahlrecht gemäß § 3 UmwStG im Falle des Formwechsels faktisch ins Leere geht.[48]

Die gleiche Problematik stellt sich grundsätzlich auch für den umgekehrten Fall des Formwechsels, d.h. den Formwechsel von einer Personengesellschaft in eine Kapitalgesellschaft, da auch insoweit für handelsrechtliche Zwecke eine Auflösung der stillen Reserven nicht erfolgen kann. § 25 UmwStG verweist hinsichtlich der steuerlichen Behandlung auf die analoge Anwendung von § 20 UmwStG. Dieser Verweis wird nach der herrschenden Auffassung als Grundlage dafür gesehen, dass für steuerliche Zwecke abweichend von der Handelsbilanz das Wahlrecht zum Ansatz mit dem Buchwert, dem Teilwert oder einem Zwischenwert besteht (vgl. dazu § 56 Rn 7 f.). Auch in § 3 UmwStG ist ein vergleichbares Bewertungswahlrecht gegeben. Da für steuerliche Zwecke entgegen der handelsrechtlichen Betrachtung ein Vermögensübergang unterstellt wird, dürfte damit auch die Grundlage für eine von der Handelsbilanz abweichende Steuerbilanz vorliegen.[49]

Von praktischer Relevanz ist jedoch die Möglichkeit, eine Kapitalgesell- **43**
schaft zu **Buchwerten** formwechselnd in eine Personengesellschaft umzuwandeln. Stille Reserven werden durch den Umwandlungsvorgang damit nicht aufgelöst. Sofern es im Einzelfall sinnvoll erscheint, die stillen Reserven des Gesellschaftsvermögens aufzulösen, kann anstelle des Formwechsels eine andere Umstrukturierungsform gewählt werden, beispielsweise die Veräußerung des Geschäftsbetriebes.

Bei der umgewandelten Personengesellschaft handelt es sich gesell- **44**
schaftsrechtlich um den gleichen Rechtsträger hinsichtlich der Vermögensgegenstände und Schulden. Es bedarf deshalb hierfür nicht der ausdrücklichen Feststellung in § 14 Abs. 2 UmwStG. Dies hat zur Folge, dass **Abschreibungen** nach der bisherigen Methodik weitergeführt sowie eventuell gebildete steuerfreie Rücklagen gemäß § 6b EStG fortgeführt werden.

---

[47] *Thiel*, GmbHR 1997, 145; *Rödder*, DStR 1997, 1353.

[48] Krit. *Knopf/Küting*, BB 1995, 1023; *Rödder*, DStR 1995, 322; *Herzig*, FR 1997, 123.

[49] *Widmann/Mayer* § 3 UmwStG Rn 304 ff.; *Haritz/Benkert/Menner* § 14 UmwStG Rn 43; *Dötsch/Patt* Umwandlungssteuerrecht § 14 Rn 17.

2. Ermittlung des Übernahmeergebnisses auf der Ebene der Personengesellschaft

45 **a) Grundstruktur der Berechnung.** Die formwechselnde Umwandlung einer Kapitalgesellschaft in eine GmbH & Co. KG richtet sich gemäß § 14 UmwStG in analoger Anwendung der §§ 3ff. UmwStG. Bei der formwechselnden Umwandlung handelt es sich zwar nicht um einen Rechtsträgerwechsel. Es wird jedoch ein „Übernahmeergebnis" gemäß §§ 4–7 UmwStG ermittelt mit steuerlichen Konsequenzen auf Ebene des Gesellschafters. Die konkreten Steuerfolgen sind davon abhängig, welcher **Status** den **Gesellschaftsanteilen** an der formgewechselten Kapitalgesellschaft zukommt:

– Beteiligung als Bestandteil eines Betriebsvermögens.
– Wesentliche Beteiligung gem. § 17 EStG im Privatvermögen mit einer Haltefrist von mehr als 5 Jahren.
– Wesentliche Beteiligung gem. § 17 EStG im Privatvermögen mit einer Haltefrist von weniger als 5 Jahren.
– Nicht wesentliche Beteiligung im Privatvermögen.

Je nach Status der Anteile der Kapitalgesellschaft ergeben sich im Falle der formwechselnden Umwandlung unterschiedliche Konsequenzen für den Anteilseigner.

46 Sind die Anteile der Kapitalgesellschaft Bestandteil eines Betriebsvermögens oder handelt es sich um eine wesentliche Beteiligung im Privatvermögen, die von dem Gesellschafter bereits seit mehr als 5 Jahren gehalten wird, richtet sich die **Ermittlung des Übernahmeergebnisses** gemäß § 4 UmwStG nach folgendem Berechnungsschema:

	Wert des übergehenden Vermögens gem. § 4 Abs. 1 UmwStG
./.	„Buchwert" der Anteile der übertragenden Körperschaft
=	Übernahmegewinn/-verlust i. S.d. § 4 Abs. 4 S. 1 UmwStG
+	Sperrbetrag gem. § 50 c EStG[50]
=	Übernahmegewinn/-verlust i. S.d. § 4 Abs. 4 und 5 UmwStG

Die formwechselnde Umwandlung einer Kapitalgesellschaft in eine Personengesellschaft erfolgt ohne Realisierung der stillen Reserven im Gesellschaftsvermögen. Aus diesem Grund entspricht der **anteilige Buchwert** der Vermögensgegenstände und Schulden dem **Buchwertansatz in der Steuerbilanz**.

47 Der **Buchwert der Anteile** entspricht dem Beteiligungsbuchwert im Betriebsvermögen, d. h. dem Bilanzansatz bei dem Gesellschafter, bzw. den (fortgeführten) Anschaffungskosten, falls die Beteiligung im Privatvermögen gehalten wird. Nach der ursprünglichen Fassung des UmwStG war vorgesehen, im Zuge des Formwechsels einer Kapitalgesellschaft in eine Personengesellschaft die sog. **anrechenbare Körperschaftsteuer** auf Ebene der Gesellschaft dem Übernahmeergebnis gem. § 4 Abs. 4 UmwStG hinzuzurechnen. Im Zuge des Systemwechsels des Körperschaftsteuerrechts

---

[50] § 50 c EStG ist mittlerweile weggefallen, zu der weiteren Anwendung § 52 Abs. 59 EStG.

vom körperschaftsteuerlichen Anrechnungsverfahren hin zum klassischen System der Körperschaftsbesteuerung wurde auch das Ermittlungsschema für das Übernahmeergebnis gem. § 4 Abs. 4 UmwStG geändert. Diese Änderung betraf insbesondere die Berücksichtigung der anrechenbaren Körperschaftsteuer gem. § 10 UmwStG. Die **Folgewirkungen des körperschaftsteuerlichen Anrechnungsverfahrens** sind allerdings noch für eine Übergangszeit zu beachten. Dies gilt auch für den Fall eines Formwechsels einer Kapitalgesellschaft in eine Personengesellschaft innerhalb dieses Zeitraumes.

Das zum 31. 12. 2002 noch bestehende verwendbare Eigenkapital einer Kapitalgesellschaft wurde gem. § 37ff. KStG in ein **Erstattungsguthaben** für die Gesellschaft umgerechnet, die dieses jeweils in Höhe von $^1/_6$ des Betrages einer Gewinnausschüttung erstattet erhält. Dieser Erstattungsbetrag entspricht nach der ursprünglichen Fassung des körperschaftsteuerlichen Anrechnungsverfahrens der Körperschaftsteuerminderung im Falle einer Gewinnausschüttung, d. h. der Herabschleusung der Tarifbelastung von 40 % auf die sog. Ausschüttungsbelastung von 30 %. Umgekehrt wird ein zum 31. 12. 2002 vorhandener Bestand an EK 02 zu einem künftigen **Körperschaftsteuererhöhungspotential** in Höhe von $^3/_7$ des Ausschüttungsbetrages. Durch das StVergAbG wurde die Übergangsfrist für die Umstellung des Körperschaftsteuersystems von bislang 15 Jahren auf 18 Jahre verlängert, in der sich auf Ebene der Kapitalgesellschaft Körperschaftsteuerminderungen gem. § 37 KStG bzw. Körperschaftsteuererhöhungen gem. § 38 KStG ergeben können. Nach § 37 Abs. 2a KStG ist die Körperschaftsteuerminderung für Gewinnausschüttungen nach dem 11. 4. 2003 und vor dem 1. 1. 2006 auf EUR 0 begrenzt (**Moratorium**).[51]

Mit dem Formwechsel einer Kapitalgesellschaft auf eine Personengesell- 48
schaft wird durch § 10 UmwStG eine **Vollausschüttung unterstellt**. Das Ausschüttungsvolumen entspricht grundsätzlich dem Eigenkapital der Gesellschaft, allerdings ohne den Betrag, der gem. § 28 Abs. 2 S. 1 i.V. m. § 29 Abs. 1 KStG dem sog. steuerlichen Einlagekonto der Kapitalgesellschaft zuzuschreiben ist. In einer Vorstufe des Formwechsels ist danach gem. § 29 Abs. 1 KStG das Nennkapital der übertragenden Kapitalgesellschaft (fiktiv) auf EUR 0 abzusenken. Ausstehende Einlagen gehören allerdings nicht zum Eigenkapital.[52] Mit der fiktiven Kapitalherabsetzung ist zunächst der Sonderausweis gem. § 28 Abs. 1 S. 3 KStG zu mindern, der Rest wird dem steuerlichen Einlagekonto gutgeschrieben. Wegen der fiktiven Nennkapitalherabsetzung gem. § 29 Abs. 1 KStG bedarf es in § 10 UmwStG keines besonderen Hinweises mehr, dass das steuerliche Einlagekonto von dem anteiligen Eigenkapital der Kapitalgesellschaft abzusetzen ist.

Eine Minderung des Ausschüttungspotentials erfolgt lediglich um den Teilbetrag, der gem. § 28 Abs. 2 Satz 1 i.V. m. § 29 Abs. 1 KStG dem steuerlichen Einlagekonto gutzuschreiben ist.[53] Anders als bei einer regulären

---

[51] *Krüger*, DB 2003, 2249.

[52] BMF v. 16. 12. 2003 DB 2004, 220 Rn 11.

[53] *Dötsch/Pung*, DB 2004, 210; a. A. *Widmann/Mayer* § 10 UmwStG Rn 5; *Bauschatz*, FR 2003, 1116.

Gewinnausschüttung, bei der sich das Körperschaftsteuerminderungspotential gem. § 37 KStG bzw. das Körperschaftsteuererhöhungspotential gem. § 38 KStG aus den Beständen zum vorangegangenen Wirtschaftsjahr errechnet, soll für Zwecke der Ermittlung der Körperschaftsteuerminderung/-erhöhung gem. § 10 UmwStG auf den **Bestand zum Umwandlungsstichtag** abgestellt werden.[54]

49 Die wesentliche Änderung des § 10 UmwStG gegenüber der bis zum Jahr 2002 geltenden Fassung besteht darin, dass sich die Körperschaftsteuerminderung bzw. -erhöhung gem. §§ 37, 38 KStG **ausschließlich auf Ebene der Kapitalgesellschaft** auswirkt. Auf Ebene des Gesellschafters ergeben sich keine weiteren Konsequenzen. Der Gesellschafter erhält also die Körperschaftsteuer nicht mehr im Rahmen seiner persönlichen Einkommensteuerveranlagung angerechnet. Die Körperschaftsteuerminderung bzw. -erhöhung gem. § 10 UmwStG schlägt sich im Vermögen der Kapitalgesellschaft nieder und beeinflusst damit mittelbar die Höhe des Übernahmeergebnisses gem. § 4 Abs. 4 UmwStG.[55] Die Erstattung der Körperschaftsteuerminderung bzw. die Nachbelastung der Körperschaftsteuererhöhung ergibt sich **ungeachtet des bestehenden Moratoriums**, also auch für den Fall eines Formwechsels nach dem 11. 4. 2003 und vor dem 1. 1. 2006.[56]

Im Zuge der Ermittlung der Körperschaftsteuerminderung bzw. -erhöhung gem. § 10 UmwStG wird allerdings nicht schlechthin das vorhandene Körperschaftsteuerminderungspotential ausgekehrt bzw. das Körperschaftsteuererhöhungspotential nachbelastet. Die Ermittlung richtet sich vielmehr nach dem vorhandenen Eigenkapital der Gesellschaft zum Zeitpunkt des Formwechsels bzw. das bestehende Ausschüttungspotential. Ist das Eigenkapital danach etwa durch Verluste gemindert, kann sich keine (fiktive) Gewinnausschüttung ergeben, was wiederum Voraussetzung für die Generierung des Körperschaftsteuerguthabens wäre. Es kann deshalb u.U. **Körperschaftsteuerminderungspotential** insgesamt **verloren gehen**. U.U. bietet sich in diesem Fall an, vor dem Formwechsel eine Einlage in die Kapitalgesellschaft vorzunehmen.[57]

Im Falle des Formwechsels ergibt sich danach eine Körperschaftsteuerminderung gem. § 37 KStG bzw. eine Körperschaftsteuererhöhung gemäß § 38 KStG auf Ebene der formgewechselten Kapitalgesellschaft und führt dort zu einer Erhöhung oder einer Verminderung des Gesellschaftsvermögens. Ist Gesellschafter der formgewechselten Kapitalgesellschaft allerdings wiederum eine Kapitalgesellschaft, können sich Folgewirkungen aus der Körperschaftsteuerabrechnung bei diesem Gesellschafter ergeben. Wie bereits erwähnt, fingiert das Umwandlungsteuergesetz im Falle des Formwechsels oder im Falle einer Verschmelzung eine fiktive Ausschüttung zur Generierung des Körperschaftsteuerminderungsbetrages bzw. des -erhöhungsbetrages. Ergibt sich dabei eine Körperschaftsteuerminderung, wird

[54] BMF v. 16. 12. 2003 DB 2004, 220 Rn 12, 13.
[55] *Dötsch/Pung*, DB 2004, 210.
[56] *Krüger*, DB 2003, 2249; *Schiffers*, GmbHR 2003, 675.
[57] *Ott*, INF 2002, 107; *Schnitger*, DStR 2003, 768.

bei dem Gesellschafter entsprechend § 37 Abs. 3 Satz 2 KStG – vergleichbar einer Ausschüttung – in gleicher Höhe eine **Körperschaftsteuernacherhebung** vorgenommen, wie es dem anteiligen Körperschaftsteuerminderungsbetrag bei der formgewechselten Kapitalgesellschaft entspricht.

Nach der ursprünglichen Fassung des § 4 Abs. 6 UmwStG war vorgesehen, einen im Zuge der Ermittlung des Übernahmeergebnisses sich ergebenden Verlust in einer **Ergänzungsbilanz** abzubilden. Die Abschreibungen aus dieser Ergänzungsbilanz konnten in der Folgezeit mit steuerlicher Wirkung abgeschrieben werden. Diese Möglichkeit besteht **nicht** mehr. § 4 Abs. 6 UmwStG sieht vor, dass ein eventueller **Übernahmeverlust** gem. § 4 Abs. 4 UmwStG **außer Ansatz** bleibt. Der Gesellschafter kann diesen Differenzbetrag demnach steuerlich nicht mehr geltend machen.[58] Die ausdrückliche Nichtberücksichtigung eines Übernahmeverlustes führt dazu, dass künftig keine Gestaltungsmöglichkeit mehr besteht, auf einem relativ einfachen Weg mit steuerlicher Wirkung einen sog. Stepp-up zu gestalten um für die Folgezeit steuerliches Abschreibungspotential zu generieren, falls die Anschaffungskosten für Anteile an einer Kapitalgesellschaft über dem anteiligen Eigenkapital liegen.[59] 50

Ergibt sich aus dieser Berechnung des Übernahmeergebnisses gem. § 4 Abs. 4 UmwStG ein **Übernahmegewinn**, richten sich die Steuerfolgen nach § 4 Abs. 7 UmwStG. Danach bleibt ein anteiliger Übernahmegewinn in voller Höhe steuerfrei, soweit er auf eine Körperschaft als Mitunternehmerin der übernehmenden Personengesellschaft entfällt. Soweit dieser auf eine natürliche Person als Mitunternehmerin entfällt, ist der Übernahmegewinn lediglich zur Hälfte steuerpflichtig. Ist eine Kapitalgesellschaft mittelbar beteiligt, gilt nicht die hälftige, sondern die vollständige Freistellung, d. h. § 4 Abs. 7 UmwStG wird bei mehrstöckigen Personengesellschaften auf der obersten Ebene angewendet.[60] Die Bestimmung in § 4 Abs. 7 UmwStG entspricht im Wesentlichen der Behandlung eines eventuellen Veräußerungsgewinns durch § 8 b Abs. 2 KStG bzw. § 3 Nr. 40 EStG.

Bei § 4 Abs. 7 UmwStG handelt es sich um eine Spezialnorm, die auch den anteiligen Übernahmegewinn aus eventuellen **einbringungsgeborenen Anteilen** innerhalb der 7-Jahres-Frist des § 3 Nr. 40 S. 3 und 4 EStG erfasst. Damit ist ein anteiliger Übernahmegewinn auch dann lediglich zur Hälfte steuerpflichtig, wenn im Falle einer eventuellen Veräußerung der Veräußerungsgewinn in vollem Umfang einkommensteuerpflichtig gewesen wäre.[61]

Die Konsequenzen aus der Ermittlung des Übernahmeergebnisses gem. § 4 UmwStG im Falle eines Formwechsels lasen sich wie folgt zusammenfassen: 51

[58] *Rödder/Schumacher*, DStR 2000, 368; *Winkeljohann/Stegemann*, DStR 2004, 544.
[59] *Schumacher*, DStR 2004, 590.
[60] BMF v. 16. 12. 2003 DB 2004, 220 Rn 3.
[61] *Dötsch/Pung*, DB 2004, 208.

	Übernahmeverlust	**Übernahmegewinn**
Anteilseigner ist eine natürliche Person	bleibt außer Ansatz	zur Hälfte steuerpflichtig
Anteilseigner ist eine Kapitalgesellschaft	bleibt außer Ansatz	Steuerfrei
Anteilseigner ist eine Personengesellschaft	bleibt außer Ansatz	zur Hälfte steuerpflichtig bzw. steuerfrei, je nach Gesellschafterstruktur der Obergesellschaft

Beispiel: X und Y sind zu je 50 % Gesellschafter der XY-GmbH; X hat im Jahr 01 50 %-Anteile an der XY-GmbH zum Kaufpreis von T-€ 2.000erworben. Y. war an der XY-GmbH seit ihrer Gründung mit 50 % beteiligt. Die XY-GmbH hat im Jahr 06 folgendes Bilanzbild:

XY-GmbH

Anlagevermögen	3.000	Stammkapital	1.000
Umlaufvermögen	2.500	Bilanzgewinn	1.500
		Verbindlichkeiten	3.000
	5.500		5.500

Daten zum 31. 12. 06:

KSt-Guthaben	T-€	400
EK02	T-€	100
Steuerliches Einlagekonto	T-€	0
Sonderausweis gem. § 28 Abs. 1 S. 3 KStG	T-€	0

Die XY-GmbH soll zum 1. 1. 07 formwechselnd in eine GmbH & Co. KG umgewandelt werden. Es ergeben sich folgende Auswirkungen:

Ermittlung der Körperschaftsteuerminderung /-erhöhung gem. § 10 UmwStG

Gesamtes Eigenkapital	T-€	2.500
./. Zuführung steuerliches Einlagekonto aus Nennkapitalherabsetzung	T-€	– 1.000
für Ausschüttung verwendet gelten vorläufig	T-€	1.500
Körperschaftsteuer**minderung**:		
1.500 x $^1/_6$, höchstens KSt-Guthaben	T-€	+ 400
Körperschaftsteuer**erhöhung**:		
(Ausschüttbarer Gewinn ./. EK 02 = T-€ 1.400)		
also: Ausschüttung führt zu einer KSt-Erhöhung in Höhe von EK02		
(auf $^3/_7$ gekürzter Betrag) KSt-Minderung	T-€	– 30
gesamte Körperschaftsteuerminderung	T-€	370

Das Umwandlungsergebnis errechnet sich wie folgt:

Bestand des EK zum 31. 12. 06	T-€	2.500
EK-Erhöhung aus KSt-Minderung	T-€	370
Fortgerechnetes EK zum 31. 12. 06	T-€	2.870

	X T-€	Y T-€
Buchwert des Vermögens	1.435	1.435
./. Anschaffungskosten der Anteile	2.000	500
Umwandlungsergebnis vorläufig	– 575	+ 935
+ Sperrbetrag § 50 c EStG	0	0
Umwandlungsergebnis	– 575	935

Der auf X entfallende Umwandlungsverlust ist steuerlich neutral und kann auch nicht in Form von Abschreibungen steuerlich geltend gemacht werden. Die im Kaufpreis bezahlten stillen Reserven gehen damit steuerlich „verloren". Auf Y entfällt mit im Zuge des Formwechsels dagegen ein Gewinn, der gem. § 4 Abs. 7 UmwStG zur Hälfte steuerfrei ist. Der verbleibende Betrag unterliegt der Besteuerung mit Einkommensteuer.

b) Nicht in die Ermittlung des Übernahmeergebnisses einzubeziehende Anteile. Im Falle der Verschmelzung einer Kapitalgesellschaft auf eine Personengesellschaft fingiert § 5 UmwStG, dass die Anteile der übertragenden Kapitalgesellschaft zum Verschmelzungsstichtag in das Betriebsvermögen der aufnehmenden Personengesellschaft eingelegt gelten. Bei der formwechselnden Umwandlung erfolgt demgegenüber jedoch kein Übertragungsvorgang bzw. kein Rechtsträgerwechsel. Die **Fiktion der Einlage** der Anteile der Kapitalgesellschaft in das Betriebsvermögen der aufnehmenden Personengesellschaft entspricht deshalb **nicht** der Grundstruktur des Umwandlungsvorgangs. 52

§ 14 S. 1 UmwStG verweist allerdings auf die **analoge Anwendung** der Vorschriften über die Verschmelzung, so dass nicht zwangsläufig alle Anteile an der Kapitalgesellschaft in die Berechnung des Übernahmeergebnisses gemäß § 4 Abs. 6 UmwStG einzubeziehen sind.

In der Ermittlung des Übernahmeergebnisses sind grundsätzlich nur diejenigen Anteile an der Kapitalgesellschaft einzubeziehen, bei denen der Gewinn aus der Veräußerung der Gesellschaftsanteile steuerpflichtig wäre. Dies sind zunächst **wesentliche Beteiligungen** im Sinne des § 17 EStG die bereits seit einem Zeitraum von 5 Jahren[62] besteht, sowie Anteile, die unabhängig von der Beteiligungshöhe in einem **inländischen Betriebsvermögen** gehalten werden. 53

Nicht wesentlich beteiligte Anteilseigner bzw. **wesentlich beteiligte Anteilseigner**,[63] die die Beteiligung vor dem Formwechsel **weniger als 5 Jahre** im Privatvermögen halten, sind damit nicht in die Ermittlung des Übernahmeergebnisses einbezogen. Bleiben die Gesellschaftsanteile gemäß § 5 UmwStG bei der Ermittlung des Übernahmeergebnisses unberücksichtigt, erzielt der Gesellschafter mit der formwechselnden Umwandlung **Einkünfte aus Kapitalvermögen**, wobei die Anschaffungskosten der Gesellschaftsanteile und hierbei evtl. bezahlte Reserven bei der Ermittlung des Übernahmeergebnisses unberücksichtigt bleiben.

[62] Zur Berechnung der 5-Jahres-Frist; *Füger/Rieger*, DStR 1997, 1427.

[63] Die Grenze für wesentliche Beteiligungen hat sich in den vergangenen Jahren kontinuierlich reduziert, bis 1998 > 25 %, bis 2000 > 10 %, ab 2001 > 1 %.

54 Die Ausgrenzung der **wesentlich beteiligten Anteilseigner**, die die Beteiligung im Privatvermögen halten, jedoch weniger als 5 Jahre vor dem Formwechsel bzw. nicht bereits ab Gründung der Gesellschaft beteiligt sind, ist außerordentlich problematisch.[64] Auch ist fraglich, wie die 5-Jahres-Grenze zu ermitteln ist, ob also auf den Zeitpunkt der zivilrechtlichen Wirksamkeit des Umwandlungsbeschlusses[65] oder auf den steuerlichen Übertragungsstichtag abzustellen ist. Durch § 17 Abs. 2 S. 4 EStG wird die Verrechnungsmöglichkeit für mögliche Veräußerungsverluste auf diejenigen Anteile beschränkt, die innerhalb des 5-Jahres-Zeitraumes erworben worden sind. Diese Einschränkung dürfte demnach auch für die Ermittlung des Übernahmeergebnisses gelten. Diejenigen Gesellschaftsanteile des Privatvermögens, die seit mindestens 5 Jahren gehalten werden, können also in die Ermittlung des Übernahmeergebnisses einbezogen werden, auch wenn diese erst durch den **Hinzuerwerb** der weiteren Anteile zu einer wesentlichen Beteiligung geworden sind.

Beispiel: G hat im Jahr 01 60 % der Gesellschaftsanteile der Z-GmbH erworben. H hat im Jahr 03 die restlichen 40 % der Gesellschaftsanteile erworben.

	Anteiliges Nennkapital		**Anteiliger Kaufpreis**
	%	€	€
G	60	600	2.400
H	40	400	1.600
		1.000	4.000

Die Z-GmbH hat folgendes Bilanzbild:

Z-GmbH

Anlagevermögen	4.800	Stammkapital	1.000
Umlaufvermögen	3.500	Bilanzgewinn	3.800
		Verbindlichkeiten	3.500
	8.300		8.300

Daten zum 31. 12. 06:

KSt-Guthaben	T-€	600
EK02	T-€	200
Steuerliches Einlagekonto	T-€	0
Sonderausweis gem. § 28 Abs. 1 S. 3 KStG	T-€	0

Die Z-GmbH soll zum 1. 1. 07 formwechselnd in eine GmbH & Co. KG umgewandelt werden. Es ergeben sich folgende Auswirkungen:

Ermittlung der Körperschaftsteuerminderung /-erhöhung gem. § 10 UmwStG

Gesamtes Eigenkapital	T-€	4.800
./. Zuführung steuerliches Einlagekonto aus Nennkapitalherabsetzung	T-€	– 1.000
für Ausschüttung verwendet gelten vorläufig	T-€	3.800
Körperschaftsteuer**minderung**:		
3.800 x $^1/_6$, höchstens KSt-Guthaben	T-€	+ 600

[64] Krit. *Füger/Rieger*, DStR 1997, 1427; *Förster*, DB 1997, 1788; *Schulz*, DStR 1998 Beil. 18, 17.
[65] *Förster*, DB 1997, 1788.

Körperschaftsteuer**erhöhung**:
(Ausschüttbarer Gewinn ./. EK 02 = T-€ 2.750)
also: Ausschüttung führt zu einer KSt-Erhöhung in Höhe von EK02

(auf $^3/_7$ gekürzter Betrag) KSt-Minderung	T-€ –	60
gesamte Körperschaftsteuerminderung	T-€	540

Das Umwandlungsergebnis errechnet sich wie folgt:

Bestand des EK zum 31.12.06	T-€	4.800
EK-Erhöhung aus KSt-Minderung	T-€	540
Fortgerechnetes EK zum 31.12.06	T-€	5.340

	G T-€	H T-€
Buchwert des übergehenden Vermögens	*3.204*	
./. Anschaffungskosten der Anteile	2.400	
Verschmelzungsergebnis vorläufig	804	
+ Sperrbetrag § 50 c EStG	0	
Verschmelzungsergebnis	804	*1.736**

* (für Ausschüttung verwendet gelten 3.800 + 540)*40%

55 Auf G und H entfällt mit im Zuge Verschmelzung ein Verschmelzungsgewinn, der gem. § 4 Abs. 7 UmwStG zur Hälfte steuerfrei ist. Der verbleibende Betrag unterliegt der Besteuerung mit Einkommensteuer. Obschon die Beteiligung des H nicht durch die Einlagefiktion des § 5 Abs. 3 UmwStG erfasst wird, hat die Berechnung der Einkünfte das Gleiche wirtschaftliche Ergebnis, als ob die Gesellschaftsanteile mit ihrem anteiligen Stammkapital (nicht: anteilige Anschaffungskosten) fiktiv in das Betriebsvermögen einer Personengesellschaft eingelegt worden wäre.

Der nicht wesentlich beteiligte Anteilseigner, der die Gesellschaftsanteile im Privatvermögen hält, bzw. der Anteilseigner dessen Anteile nicht von der Einlagefiktion in § 5 Abs. 2 UmwStG erfasst wird, muss im Zuge des Formwechsels Einkünfte aus Kapitalvermögen versteuern, allerdings nach dem Halbeinkünfteverfahren gem. § 4 Abs. 7 UmwStG. Es bleibt hierbei unberücksichtigt, dass gegebenenfalls anteilige offene Rücklagen im Rahmen eines Erwerbsvorgangs entgeltlich erworben worden sind. Der Verschmelzungsvorgang führt damit zu einer **erneuten Versteuerung auf der Ebene des nicht wesentlich beteiligten Gesellschafters**, da die entsprechenden stillen Reserven durch die Mitunternehmerstellung des Minderheitsgesellschafters steuerlich verhaftet sind.[66]

56 Die Einschränkung der Verlustberücksichtigung in § 17 EStG bzw. die Aufnahme in § 5 Abs. 2 S. 2 UmwStG soll verhindern, dass unmittelbar vor dem Formwechsel nicht wesentlich beteiligte Anteilseigner ihre Beteiligung über die Grenze des § 17 EStG hinaus aufstocken.[67] Es mag dahingestellt bleiben, ob es sich bei einer entsprechenden Gestaltung tatsächlich um einen „Missbrauch von rechtlichen Gestaltungsmöglichkeiten" im

---

[66] *Wochinger/Dötsch*, DB 1994 Beil. 14, 10; *Goutier/Söffing* § 7 UmwStG Rn 19.

[67] Krit. *Füger/Rieger*, DStR 1997, 1427; *Förster*, DB 1997, 1788; *Schulz*, DStR 1998 Beil. 17, 17.

engeren Sinne handelt. Die Nichteinhaltung der 5-Jahresfrist hat letztlich zur Folge, dass der wesentlich beteiligte Gesellschafter der Kapitalgesellschaft, der die Anteile im Privatvermögen hält, dem nicht wesentlich beteiligten Anteilseigner gleichgestellt wird.

Die Vorschrift kann relativ einfach umgangen werden, wenn der Erwerb von Anteilen an einer Kapitalgesellschaft durch eine **Erwerbergesellschaft** erfolgt. Die Anteile befinden sich dann in einem Betriebsvermögen, so dass die Einschränkung des § 5 Abs. 2 S. 2 UmwStG nicht greift.[68]

Von der Ermittlung des Übernahmeergebnisses sind weiterhin Anteile von **beschränkt steuerpflichtigen Anteilseignern** der Kapitalgesellschaft ausgeschlossen, wenn der Gewinn aus der Veräußerung der Gesellschaftsanteile durch ein Doppelbesteuerungsabkommen steuerfrei gestellt ist. Es ist hiernach das individuelle Doppelbesteuerungsabkommen zwischen Deutschland und dem Wohnsitzstaat des Anteilseigners zu beachten. Im Regelfall wird allerdings in den gängigen Doppelbesteuerungsabkommen das Besteuerungsrecht für Gewinne aus der Veräußerung von Anteilen an Kapitalgesellschaften dem Wohnsitzstaat des Anteilseigners zugewiesen,[69] so dass in diesen Fällen die betreffenden Anteile nicht in die Ermittlung des Übernahmeergebnisses einzubeziehen sind. Dies gilt unabhängig von der Qualifikation als wesentliche oder nicht wesentliche Beteiligung bzw. unabhängig davon, ob die Anteile in einem ausländischen Betriebsvermögen oder im Privatvermögen gehalten werden.[70]

57 Eine weitere Besonderheit betrifft die eventuelle Qualifikation von Anteilen der formgewechselten Kapitalgesellschaft als **einbringungsgeborene Anteile** gem. § 21 UmwStG. Diese entstehen dann, wenn ein Betrieb, Teilbetrieb oder Mitunternehmeranteil nach § 20 UmwStG zum Buchwert gegen Gewährung von Gesellschaftsrechten in eine Kapitalgesellschaft eingebracht wird. Der Gewinn aus einer möglichen Veräußerung dieser Gesellschaftsanteile wird nach § 21 UmwStG steuerlich erfasst, auch wenn es sich um eine nicht wesentliche Beteiligung im Privatvermögen handelt. Erfolgt die Veräußerung der Anteile innerhalb von 7 Jahren nach dem Einbringungsvorgang, erfolgt die Besteuerung des Veräußerungsgewinns nach § 3 Nr. 40 S. 3 und 4. EStG nicht nach dem Halbeinkünfteverfahren, sondern unterliegt der vollen Besteuerung mit Einkommensteuer.

Auch einbringungsgeborene Anteile gelten gem. § 5 Abs. 4 UmwStG fiktiv in das Betriebsvermögen einer Personengesellschaft eingelegt. Die betreffenden Anteile nehmen danach an der Ermittlung des Übernahmeergebnisses teil, auch wenn es sich u.U. um eine nicht wesentliche Beteiligung im Privatvermögen handelt. Auch für diese Gesellschaftsanteile gilt § 4 Abs. 7 UmwStG als lex specialis. Ein eventueller Übernahmegewinn ist also auch dann steuerfrei bzw. lediglich zur Hälfte steuerpflichtig, wenn

---

[68] *Förster*, DB 1997, 1786; *Füger/Rieger*, DStR 1997, 1427; *Wochinger/Rödder*, FR 1998, 141.

[69] Übersicht bei *Becker*, DBA-Kommentar Art. 13 OECD-MA Anh.

[70] Krit. *Günkel*, IWB F. 3, G.1, 1505; *Füger/Rieger*, DStR 1995, 257; *Rödder*, DStR 1995, 1991; *Schaumburg*, GmbHR 1996, 418; *Thiel*, DB 1995, 1196.

der **Formwechsel innerhalb der 7-Jahres-Frist** nach der Einlage erfolgt.

c) Ermittlung des Sperrbetrages gemäß § 50 c EStG. Bei der Ermittlung des Übernahmeergebnisses erfolgt gemäß § 4 Abs. 6 UmwStG eine Hinzurechnung eines eventuellen Sperrbetrages gemäß § 50 c EStG. Diese Vorschrift betrifft Anteile an der Kapitalgesellschaft, die ursprünglich von einem **beschränkt steuerpflichtigen Anteilseigner** erworben worden sind. Der Sperrbetrag umfasst die Differenz zwischen Kaufpreis der Gesellschaftsanteile und anteiligem Nennbetrag. 58

§ 50 c EStG war ursprünglich in das EStG eingefügt worden, um missbräuchliche Gestaltungen zu verhindern, die darauf abzielen, dass ausländische Anteilseigner letztlich in den Genuss von inländischer anrechenbarer Körperschaftsteuer gelangen.[71] Aus diesem Grund wurden die Anteile für die **Dauer von 10 Jahren** nach dem Erwerb mit einem Sperrbetrag belegt, der die steuerliche Geltendmachung einer so genannten **ausschüttungsbedingten Teilwertabschreibung** verhindert. § 50 c EStG ist im Zuge des Systemwechsels des Körperschaftsteuerrechts abgeschafft worden. Ein bis zu diesem Zeitpunkt vorhandener Sperrbetrag gem. § 50 c EStG hat jedoch weiterhin Gültigkeit (§ 52 Abs. 59 EStG).

Der Sperrbetrag gemäß § 50 c EStG entstand jedoch nicht nur bei dem Erwerb von einem beschränkt steuerpflichtigen Anteilseigner, sondern gemäß § 50 c Abs. 11 EStG auch dann, wenn Anteile von einem **nicht wesentlich beteiligten Anteilseigner** erworben worden sind.[72] Auch insoweit kann sich also noch eine Folgewirkung im Rahmen eines Formwechsels ergeben. 59

d) Gewerbesteuerliche Behandlung des Umwandlungsergebnisses. Die formwechselnde Umwandlung einer Kapitalgesellschaft in eine GmbH & Co. KG führt nicht zu einem Rechtsträgerwechsel. Aus diesem Grund bleibt die Handelsbilanz der Gesellschaft hinsichtlich der Bilanzansätze der Vermögensgegenstände und Schulden grundsätzlich unverändert. Es erfolgt also auch mit steuerlicher Wirkung keine Auflösung von stillen Reserven. Dies gilt auch für den Bereich der Gewerbesteuer. 60

Nach § 18 Abs. 4 UmwStG unterliegt ein **Gewinn aus der Auflösung oder der Veräußerung des Betriebes** einer Personengesellschaft bzw. aus der Veräußerung eines Mitunternehmeranteils dann der Besteuerung mit Gewerbesteuer vom Ertrag, wenn diese Auflösung der stillen Reserven innerhalb eines Zeitraums von 5 Jahren nach der Vermögensübertragung in eine Personengesellschaft erfolgt. Die Formulierung des § 18 Abs. 4 UmwStG ist zwar auf den Fall der Verschmelzung einer Kapitalgesellschaft auf eine Personengesellschaft gerichtet. Über die analoge Anwendung gemäß § 14 Abs. 2 UmwStG gilt sie jedoch auch für den Fall der formwechselnden Umwandlung einer Kapitalgesellschaft in eine Personengesellschaft. Der Gewinn aus dem Verkauf bzw. der Auflösung einer Kapital- 61

---

[71] *Dötsch* § 50 c EStG Rn 2 ff.; *L. Schmidt/Weber-Grellet* § 50c EStG Rn 2; *Krebs*, BB 1980, 1257.

[72] *Wochinger/Rödder*, FR 1998, 133.

gesellschaft unterliegt grundsätzlich der Besteuerung mit Gewerbesteuer vom Ertrag.[73]

Die Gewerbesteuerbelastung wird durch § 18 Abs. 4 S. 3 UmwStG von der **Anrechnung auf die Einkommensteuerschuld** des Gesellschafters gem. § 35 EStG ausgenommen. Im Falle der Gewerbesteuerpflicht ergibt sich also keine Entlastung bei der Einkommensteuer. Falls der Veräußerungsgewinn bereits als laufender Gewinn gem. § 7 GewStG erfasst wird, wäre eine Anrechnungsmöglichkeit gem. § 35 EStG gegeben. Die Finanzverwaltung geht dabei von einem Vorrang des § 18 Abs. 4 S. 3 UmwStG aus.[74]

Werden die Anteile der formgewechselten GmbH & Co. KG durch eine **Kapitalgesellschaft als Anteilseignerin** veräußert, ist der Veräußerungsgewinn ohnehin Bestandteil des Gewerbeertrages, unterliegt also der Besteuerung mit Gewerbesteuer vom Ertrag. § 18 Abs. 4 UmwStG führt allerdings nicht zu einer doppelten Belastung des Veräußerungsgewinns mit Gewerbesteuer.

62 Bei der formwechselnden Umwandlung einer Kapitalgesellschaft auf eine GmbH & Co. KG wird über §§ 14 Abs. 2, 4 ff. UmwStG das so genannte Übernahmeergebnis ermittelt. In die Ermittlung des Übernahmeergebnisses sind jedoch nur diejenigen Gesellschaftsanteile einbezogen, die entweder Bestandteil eines Betriebsvermögens sind oder eine wesentliche Beteiligung im Sinne des § 17 EStG darstellen und die Beteiligung bereits seit mehr als 5 Jahren bzw. seit Gründung der Gesellschaft bestand. Ergibt sich bei der Ermittlung des Übernahmeergebnisses ein **Gewinn**, unterliegt dieser **nicht** der **Besteuerung mit Gewerbesteuer vom Ertrag**.

63 Ergibt sich dagegen bei der Ermittlung des Übernahmeergebnisses ein **Verlust**, kann dieser entgegen der ursprünglichen Rechtslage **nicht** in eine Ergänzungsbilanz eingestellt werden. Der Verlust bleibt steuerlich unbeachtlich, führt also in der Folgezeit nicht zu steuerlich verwertbarem Abschreibungspotential. Dies gilt naturgemäß auch für den Bereich der Gewerbesteuer vom Ertrag. Die zu der alten Rechtslage geführte Diskussion, ob Abschreibungsbeträge aus einer Ergänzungsbilanz gem. § 4 Abs. 6 UmwStG – alt – sich auch auf die Gewerbesteuer auswirken[75] ist damit obsolet geworden.

3. Steuerliche Verlustvorträge der formgewechselten Kapitalgesellschaft

64 Verfügt die Kapitalgesellschaft über **körperschaftsteuerliche Verlustvorträge**, können diese von der formgewechselten GmbH & Co. KG nicht fortgeführt werden. Nach der Besteuerungskonzeption einer Kapitalgesellschaft gilt diese eigenständig als Steuersubjekt und unterliegt eigenständig der Besteuerung mit Körperschaftsteuer. Aus diesem Grund sind die kör-

[73] Abschn. 41 GewStR; BFH v. 11. 12. 2001 BFH/NV 2002, 600.

[74] BMV v. 16. 12. 2003 DB 2004, 200 Rn 14; *Dötsch/Pung*, DB 2004, 210.

[75] Zur Rechtslage bis zum Jahr 2000: BMF v. 25. 3. 1998 BStBl. I 1998, 312 Rn 18.02; krit. *Hörger*, DStR 1998 Beil. 17, 33; *Rödder/Mommen*, DStR 1996, 1799; *Gollers/Tomik*, DStR 1997, 276.

perschaftsteuerlichen Verlustvorträge personenbezogen und können nicht etwa auf die Gesellschafter der GmbH & Co. KG übertragen werden.[76]

Die formwechselnde Umwandlung einer Kapitalgesellschaft in eine GmbH & Co. KG erfolgt nach gegenwärtigem Handelsrecht zu Buchwerten. Mit dem Formwechsel werden also keine stillen Reserven aufgelöst, die eventuell mit einem Bestand an körperschaftsteuerlichen Verlustvorträgen verrechnet werden könnten. Ein körperschaftsteuerlicher Verlustvortrag geht jedoch im Regelfall einher mit einer **Minderung des Eigenkapitals** in der Handels- bzw. der Steuerbilanz. Im Rahmen der Ermittlungen des Übernahmeergebnisses gemäß § 14 Abs. 2, § 4 Abs. 6 UmwStG reduziert das verringerte Eigenkapital einen Übernahmegewinn bzw. erhöht einen Übernahmeverlust. Durch die Neufassung des § 4 Abs. 6 UmwStG wirkt sich ein eventuell entstehender Übernahmeverlust nicht mehr steuerlich aus, so dass körperschaftsteuerliche Verlustvorträge im Ergebnis mit dem Formwechsel endgültig verloren gehen und auch aus wirtschaftlicher Sicht kein Ausgleich erfolgt. 65

Im Gegensatz zu der Besteuerung im Bereich der Einkommensteuer/Körperschaftsteuer ist eine GmbH & Co. KG für die Gewerbesteuer vom Ertrag ein eigenes Steuersubjekt. Aus diesem Grund könnte daran gedacht werden, eventuell **bestehende gewerbesteuerliche Verlustvorträge** der Kapitalgesellschaft im Zuge des Formwechsels zu erhalten und durch die GmbH & Co. KG in der Folgezeit zu verrechnen. § 18 Abs. 1 S. 2 UmwStG bestimmt jedoch eindeutig, dass der Gewerbeertrag der „übernehmenden" Personengesellschaft nicht um die gewerbesteuerlichen Verlustvorträge der Kapitalgesellschaft gemindert werden darf.[77] Dies gilt auch für den Formwechsel, so dass wohl davon ausgegangen werden muss, dass eventuell bestehende gewerbesteuerliche Verlustvorträge im Zuge des Formwechsels verloren gehen.

4. Rückwirkungsfiktion der formwechselnden Umwandlung

Für den Fall der formwechselnden Umwandlung einer Kapitalgesellschaft in eine GmbH & Co. KG enthält das UmwStG eine spezielle Vorschrift. § 14 Abs. 3 UmwStG verweist hinsichtlich der Rückwirkungsfiktion auf die Behandlung in § 2 Abs. 1 UmwStG. Dieser Verweis hat zur Folge, dass auch die formwechselnde Umwandlung auf einen Stichtag bezogen werden kann, der höchstens 8 Monate vor dem Umwandlungsbeschluss liegt. Bei der formwechselnden Umwandlung bleibt die rechtliche Identität der Gesellschaft erhalten. Für **handelsrechtliche Zwecke** ist deshalb ein Zwischenabschluss auf den Zeitpunkt des Formwechsels nicht erforderlich. Für **steuerliche Zwecke** bestimmt dagegen § 14 Abs. 1 UmwStG, dass die Kapitalgesellschaft auf den Zeitpunkt, in dem der Formwechsel wirksam wird, eine **Übertragungsbilanz**, die Personengesellschaft eine **Eröffnungsbilanz** aufzustellen hat. Da sich die Besteuerungskonzeption einer Kapitalgesellschaft grundlegend von der Besteuerungskonzeption einer Mitunternehmerschaft unterscheidet, ist die Ab- 66

[76] *Dötsch/Pung* Umwandlungssteuerrecht § 4 Rn 134.

[77] *Dötsch/Pung* Umwandlungssteuerrecht § 18 Rn 25.

grenzung beider Phasen durch einen formellen Zwischenabschluss insoweit sachgerecht, um die Phase der Kapitalgesellschaft von der Phase der Mitunternehmerschaft abzugrenzen.

67 Ähnlich dem Fall der Verschmelzung ergeben sich die Rechtsfolgen bei der formwechselnden Umwandlung in Abhängigkeit von der **Bestimmung des Umwandlungsstichtages**.

Beispiel: Schlussbilanz der Kapitalgesellschaft zum 31. 12. 04
Umwandlungsstichtag 1. 1. 05
Steuerlicher Übertragungsstichtag 31. 12. 04
Das Übernahmeergebnis gemäß § 4 Abs. 6 UmwStG wird im Beispielsfall also dem Veranlagungszeitraum 04 zugerechnet.

Im Zusammenhang mit dem Systemwechsel des Körperschaftsteuerrechts wurden auch die Vorschriften des UmwStG geändert, auch soweit dies den Rechtsformwechsel von einer Kapitalgesellschaft auf eine Personengesellschaft betraf. Mit diesem Systemwechsel war auch eine **Übergangsregelung** erforderlich. Durch eine komplizierte Verweisung in § 27 Abs. 1 a S. 2 UmwStG wird bestimmt, dass die steuerlichen Rechtsfolgen des Rechtsformwechsels auf eine Personengesellschaft frühestens zu Beginn des Wirtschaftsjahres erfolgen, zu dem das neue Körperschaftsteuerrecht anzuwenden ist.[78] Damit ist abweichend von der Rückwirkungsfiktion ein Formwechsel nach dem 31. 12. 2000 nicht mehr mit den Auswirkungen des alten Körperschaftsteuerrechts möglich.[79]

Die Rechtsform der GmbH & Co. KG setzt voraus, dass die Komplementär-GmbH Gesellschafterin der Personengesellschaft wird. Fraglich ist, ob die formwechselnde Umwandlung einer Kapitalgesellschaft in eine GmbH & Co. KG auch dann rückwirkend möglich ist, wenn die Komplementär-GmbH erst im Rückwirkungszeitraum entsteht, sie also zum Umwandlungsstichtag noch nicht Gesellschafterin der Kapitalgesellschaft ist. Die konsequente Anwendung der Rückwirkungsfiktion in § 2 Abs. 1 UmwStG bedingt jedoch, dass die Rückwirkung auch dann greift, wenn die **gesellschaftsrechtlichen Voraussetzungen** erst im Rückwirkungszeitraum entstehen.[80] Durch die Rückwirkungsfiktion in §§ 14 Abs. 3, 2 Abs. 1 UmwStG enden mit dem Umwandlungsstichtag die steuerlichen Pflichten der Kapitalgesellschaft. Bis zu diesem Stichtag sind von der Kapitalgesellschaft Steuererklärungen abzugeben.

68 **Scheidet ein Gesellschafter** nach dem Umwandlungsstichtag, jedoch vor dem Umwandlungsbeschluss aus der Gesellschaft **aus**, ist insoweit die Rückwirkungsfiktion in § 2 UmwStG ausgeschlossen. Veräußert der betreffende Gesellschafter im Rückwirkungszeitraum die Gesellschaftsanteile, bestimmen sich die Rechtsfolgen für diesen Gesellschafter wie bei dem Verkauf von Anteilen an einer Kapitalgesellschaft. Der Gewinn aus der Veräußerung der Gesellschaftsanteile im Privatvermögen wird steuer-

[78] BMF v. 16. 12. 2003 DB 2004, 220 Rn 44, 45.

[79] Für diesen Fall soll nach Auffassung der Finanzverwaltung ein fiktives „1-Sekunden-Wirtschaftsjahr" entstehen; *Dötsch/Pung*, DB 2004, 218.

[80] BMF v. 25. 3. 1998 BStBl. I 1998, 280 Rn 02.08; *Weber*, GmbHR 1996, 274; *Streck/Posdziech*, GmbHR 1995, 285.

lich danach nur dann erfasst, wenn es sich um eine wesentliche Beteiligung im Sinne des § 17 EStG oder um einbringungsgeborene Anteile im Sinne des § 21 UmwStG handelt. Der **Erwerber der Gesellschaftsanteile** wird gemäß § 5 Abs. 1 UmwStG so gestellt, als ob er die Gesellschaftsanteile am steuerlichen Umwandlungsstichtag angeschafft hätte.

Die Rückwirkungsfiktion in §§ 14 Abs. 3, 2 Abs. 1 UmwStG betrifft auch 69
die **Leistungsbeziehungen zwischen Gesellschaft und Gesellschafter**. Nach der Besteuerungskonzeption einer Kapitalgesellschaft gilt grundsätzlich das Trennungsprinzip. Leistungsbeziehungen zwischen Gesellschaft und Gesellschafter werden also auch mit steuerlicher Wirkung grundsätzlich anerkannt. Bei der Besteuerungskonzeption einer Mitunternehmerschaft erfolgt in der zweiten Gewinnermittlungsstufe eine Hinzurechnung der Leistungsvergütungen zu dem steuerlichen Gewinn der Personengesellschaft. Eine Minderung des steuerlichen Ergebnisses findet also nicht statt. Werden im Rückwirkungszeitraum durch die noch existierende Kapitalgesellschaft Leistungsvergütungen an den Gesellschafter gezahlt, wie z. B. Geschäftsführergehalt, Zinsen für Darlehen, Pacht usw., wird das Entgelt für steuerliche Zwecke so behandelt, als ob im Rückwirkungszeitraum die betreffenden Vergütungen durch eine Personengesellschaft gewährt worden seien. Die Vergütungen sind damit in vollem Umfang dem steuerlichen Gewinn der GmbH & Co. KG hinzuzurechnen,[81] soweit diese an Gesellschafter geleistet werden, die nicht aus der Gesellschaft ausscheiden.[82]

Scheidet im Rückwirkungszeitraum ein **Gesellschafter** aus der Kapital- 70
gesellschaft **aus**, greift insoweit nicht die Rückwirkungsfiktion in § 2 Abs. 1 UmwStG. Dies hat zur Folge, dass auch Vergütungen für Leistungsbeziehungen insoweit auch mit steuerlicher Wirkung grundsätzlich anerkannt bleiben.[83]

Die steuerliche Behandlung der **Gewinnausschüttungen** der formge- 71
wechselten Kapitalgesellschaft ist davon abhängig, ob der Beschluss über die Gewinnverwendung vor oder nach dem Umwandlungsstichtag erfolgt ist. Liegt der Beschluss über die Gewinnverwendung vor dem Umwandlungsstichtag, richtet sich die steuerliche Behandlung nach den allgemeinen Kriterien. Auf Ebene der Gesellschaft erfolgt grundsätzlich die Ermittlung der Körperschaftsteuerminderung gem. § 37 KStG bzw. der -erhöhung gem. § 38 KStG.[84] Auf Ebene der Gesellschafter handelt es sich um Einkünfte aus Kapitalvermögen, für die grundsätzlich das Zuflussprinzip gilt. § 2 Abs. 1 UmwStG bestimmt jedoch, dass die Dividende als mit dem Vermögensübergang am steuerlichen Übertragungsstichtag zugeflossen gilt. Der Dividendenertrag wird also zwingend dem Veranlagungszeitraum zugeordnet, der vor dem Umwandlungsstichtag liegt. Die Steuerpflicht der Dividende, d.h. Besteuerung nach dem Halbeinkünfteverfahren gem. § 3

[81] *Haritz/Benkert/Slabon* § 2 UmwStG Rn 71.

[82] *Dötsch* Umwandlungssteuerrecht § 2 Rn 21.

[83] BMF v. 25. 3. 1998 BStBl. I 1998, 284 Rn 02.40.

[84] Zu beachten ist das sog. Moratorium für Gewinnausschüttungen nach dem 11. 4. 2003 und vor dem 1. 1. 2006.

Nr. 40 EStG bzw. Steuerfreiheit gem. § 8 b Abs. 1 KStG richtet sich nach dem Status des Gesellschafters.

72 Werden einzelne Gesellschafter **nicht** durch die **Rückwirkungsfiktion** in § 2 Abs. 1 UmwStG erfasst, erfolgt die steuerliche Behandlung der Dividende nach allgemeinen Kriterien. Die Dividende ist in diesem Fall also erst in dem Veranlagungszeitraum zu erfassen, in dem sie dem Gesellschafter zufließt.[85]

73 Liegt der **Beschluss über die Gewinnverwendung** dagegen im Rückwirkungszeitraum, wird die Dividende einer **Entnahme** gleichgestellt.[86] Auf Ebene der Gesellschafter führt die Gewinnausschüttung damit nicht zu einem steuerpflichtigen Ertrag. Es ergibt sich allerdings eine mittelbare Auswirkung für den Gesellschafter, da die Entnahme auf den Umwandlungsstichtag zurückbezogen wird. Damit reduziert sich bei der Ermittlung des Übernahmeergebnisses der Buchwert der Gesellschaftsanteile.

74 Für diejenigen Gesellschafter, für die die **Rückwirkungsfiktion** gemäß § 2 Abs. 1 UmwStG **nicht** greift, ist für den Fall, dass im Rückwirkungszeitraum eine Gewinnausschüttung beschlossen wird, anteilig ein passiver Korrekturposten in die Stichtagsbilanz einzustellen, die vergleichbar einer Ausschüttungsverbindlichkeit ist.[87] Der passiver Korrekturposten wird von der GmbH & Co. KG fortgeführt und zum Zeitpunkt der Gewinnausschüttung aufgelöst. Zum Zeitpunkt der Gewinnausschüttung ist die Körperschaftsteuerminderung gem. § 37 KStG bzw. -erhöhung gem. § 38 KStG herzustellen.

5. Verkehrsteuerliche Konsequenzen

75 **a) Umsatzsteuerliche Behandlung.** Die formwechselnde Umwandlung einer Kapitalgesellschaft in eine Personengesellschaft führt gesellschaftsrechtlich nicht zu einem Rechtsträgerwechsel. Damit fehlt im Grunde auch der Anknüpfungspunkt für die Besteuerung mit Umsatzsteuer. Die formwechselnde Umwandlung ist weder eine Lieferung noch eine Leistung der formgewechselten Gesellschaft und ist damit nicht umsatzsteuerbar.[88] Selbst wenn in dem Vorgang ein Rechtsträgerwechsel gesehen würde, wäre dieser dennoch gemäß § 1 Abs. 1a UStG nicht umsatzsteuerbar, da das gesamte Gesellschaftsvermögen unverändert bestehen bleibt. Obwohl also nach § 14 Abs. 2 UmwStG eine Schlussbilanz der Kapitalgesellschaft und eine Eröffnungsbilanz der Personengesellschaft zu erstellen ist, brauchen daher für umsatzsteuerliche Zwecke keine Schlussfolgerungen gezogen werden.

76 Da die Gesellschaft in ihrer rechtlichen Identität erhalten bleibt, bleibt die umsatzsteuerliche **Unternehmereigenschaft** unverändert bestehen.

---

85 *Widmann/Mayer* § 2 UmwStG Rn 493; *Haritz/Benkert/Slabon* § 2 UmwStG Rn 68.

86 *Weber*, GmbHR 1996, 273.

87 BMF v. 25. 3. 1998 BStBl. I 1998, 282 Rn 02.34; *Streck/Posdziech*, GmbHR 1995, 285; *Haritz/Benkert/Slabon* § 2 UmwStG Rn 68; *Dötsch* Umwandlungssteuerrecht § 2 Rn 21.

88 *Birkenfeld* USt-Handbuch I Rn 563.2; *Rau/Husmann* § 1 UStG Rn 297.

Die Personengesellschaft führt umsatzsteuerlich die Position der Kapitalgesellschaft fort. Dies betrifft beispielsweise die Erfüllung der Verbleibensvoraussetzungen bei Ausübung einer Option zur Umsatzbesteuerung gemäß § 9 UStG. Da es sich um den gleichen umsatzsteuerlichen Unternehmer handelt, ergeben sich keine negativen Konsequenzen, wenn auch nach dem Formwechsel Eingangsrechnung mit der Bezeichnung der Kapitalgesellschaft als Rechnungsempfänger ausgestellt werden. Dies dürfte die **Berechtigung zum Vorsteuerabzug** nicht berühren.

Im Regelfall wird für die umgewandelte Gesellschaft allerdings eine an- 77
dere **Steuernummer** erteilt werden. Dies berührt jedoch nicht die Steuersubjekteigenschaft der Gesellschaft für umsatzsteuerliche Zwecke. Um Schwierigkeiten und Missverständnisse bei der Verwaltung der Steuerabrechnungen durch die Finanzkasse zu vermeiden bietet sich allerdings an, die technische Umsetzung der formwechselnden Umwandlung vorab mit der Finanzverwaltung abzustimmen. Außerdem müssen die Rechnungsformulare umgestellt werden, damit alle erforderlichen Angaben aufgenommen werden können.

b) Grunderwerbsteuerliche Konsequenzen. Die formwechselnde 78
Umwandlung einer Kapitalgesellschaft in eine Personengesellschaft lässt die rechtliche Identität der Gesellschaft unberührt. Unmittelbar nach Einführung des handelsrechtlichen UmwG wurde zunächst von Seiten der Finanzverwaltung die Auffassung vertreten, dass für grunderwerbsteuerliche Zwecke ein Rechtsträgerwechsel zu unterstellen sei, mithin ein grunderwerbsteuerbarer Tatbestand vorläge.[89] Auch die Finanzgerichte haben die Frage der Grunderwerbsteuerbarkeit der formwechselnden Umwandlung einer Kapitalgesellschaft in eine Personengesellschaft unterschiedlich beurteilt.[90] Schließlich hat der BFH in einem Vorverfahren entschieden, es sei nicht ernstlich zweifelhaft, dass die formwechselnde Umwandlung einer Kapitalgesellschaft in eine Personengesellschaft nicht der Grunderwerbsteuer unterliegen würde. In der Entscheidung wird klar herausgearbeitet, dass der Formwechsel weder ein zur Übereignung begründetes Rechtsgeschäft ist, noch es einer Auflassung im Grundbuch bedarf.[91] Die Finanzverwaltung hat schließlich ihre abweichende Rechtsauffassung zu diesem Problemkreis aufgegeben und akzeptiert, dass die formwechselnde Umwandlung einer Kapitalgesellschaft in eine Personengesellschaft kein grunderwerbsteuerbarer Tatbestand ist.[92]

In der Folgezeit wurde diese Frage nicht weiter kontrovers diskutiert. 79
Sofern keine anders gelagerte gesetzliche Regelung zu diesem Themenkreis erfolgt, kann nunmehr davon ausgegangen werden, dass die formwechselnde Umwandlung einer Kapitalgesellschaft in eine Personengesellschaft nicht der Besteuerung mit Grunderwerbsteuer unterliegt.

---

[89] FM Bad.-Württ. v. 12. 12. 1994 BB 1995, 82; *Thiel*, DB 1995, 1196.

[90] FG Münster v. 23. 7. 1997 EFG 1998, 227; FG Köln v. 27. 9. 1996 EFG 1997, 252.

[91] BFH v. 4. 12. 1996 BStBl. II 1997, 661.

[92] FM Bad.-Württ. v. 18. 9. 1997 DB 1997, 2002; FM Bad.-Württ. v. 19. 12. 1997 DB 1998, 166.

I. Formulare

1. Abschnitt. Einfacher Gesellschaftsvertrag einer GmbH & Co. KG und der zugehörigen Komplementär GmbH

§ 57 Sachverhalt

Den nachstehenden Vertragsformularen liegt folgende Konstellation zugrunde:
A und B sind – mit gleichen Einlagen – Kommanditisten einer kleineren GmbH & Co. KG. Die Gesellschaft betreibt ein Autohaus. Komplementärin ist die A Verwaltungsgesellschaft mbH, deren alleiniger Gesellschafter und Geschäftsführer A ist. Die Geschäftsführungsbefugnis der GmbH soll durch einen in der KG verankerten Katalog von Maßnahmen, die der Zustimmung der Gesellschafterversammlung mit qualifizierter Mehrheit bedürfen, beschränkt werden. Die Anteile sollen vererblich sein, jedoch rechtsgeschäftlich nur mit Zustimmung aller Gesellschafter übertragbar sein, sofern die Übertragung nicht auf Mitgesellschafter oder deren Abkömmlinge erfolgt.

§ 58 Gesellschaftsvertrag der GmbH & Co. KG

Inhaltsverzeichnis

§ 1
Firma und Sitz

(1) Die Firma der Gesellschaft lautet:
Autohaus A & B GmbH & Co. KG.[1]

(2) Die Gesellschaft hat ihren Sitz[2] in . . . . (Ort).

§ 2
Gegenstand[3]

(1) Gegenstand des Unternehmens ist der Handel mit und die Reparatur von Fahrzeugen aller Art, die Vermietung von Fahrzeugen, der Betrieb einer Tankstelle sowie der Handel mit sonstigen industriellen Erzeugnissen und Rohstoffen.

(2) Die Gesellschaft kann alle Geschäfte betreiben, die dem Gesellschaftszweck unmittelbar oder mittelbar zu dienen geeignet sind. Sie kann sich insbesondere an anderen Unternehmen, auch wenn sie einen anderen Unternehmensgegenstand haben, beteiligen, sie erwerben, die Geschäftsführung für solche Unternehmen übernehmen sowie Zweigniederlassungen errichten.

§ 3
Dauer der Gesellschaft

(1) Die Gesellschaft ist auf unbestimmte Zeit errichtet.[4] Sie kann mit einer Frist von 24 Monaten auf den Schluss eines Geschäftsjahres gekündigt werden.[5] Das Recht zur Kündigung aus wichtigem Grund bleibt unberührt.[6]

---

[1] Zur Firmenbildung nach dem bis 30. 6. 1998 geltenden Recht vgl. Baumbach/Hopt § 19 HGB Rn 4 ff.; GK/Hüffer § 19 HGB Rn 37 ff.; zur neuen Rechtslage vgl. § 13 Rn 9.

[2] Vgl. § 14 Rn 10.

[3] Die Festlegung des Unternehmensgegenstandes im Gesellschaftsvertrag ist nicht zwingend erforderlich. Dessen Festlegung im Gesellschaftsvertrag dient dazu, eine willkürliche Ausdehnung der Unternehmenstätigkeit durch die Geschäftsführung zu verhindern. Im Übrigen ist der Unternehmensgegenstand für das Wettbewerbsverbot der Komplementärin gem. § 112 HGB relevant.

[4] Denkbar ist auch eine bestimmte Dauer der Gesellschaft. Zu den Rechtsfolgen, wenn eine bestimmte Dauer vorgesehen ist, vgl. § 45 Rn 10 ff. Ist die Gesellschaft – wie hier – auf eine unbestimmte Zeit eingegangen, steht den Gesellschaftern ein Kündigungsrecht zu, §§ 161 Abs. 2, 105 Abs. 2 HGB, 723 Abs. 1 BGB.

[5] Ein dauerhafter Ausschluss des Rechts zur ordentlichen Kündigung ist in der Personengesellschaft unzulässig; vgl. BGHZ 23, 10, 15. Hier wurde eine recht lange Kündigungsfrist gewählt. Möglich ist auch, die ordentliche Kündigung für eine bestimmte Phase insgesamt auszuschließen, vgl. Baumbach/Hopt § 132 HGB Rn 9.

[6] Das Recht zur Kündigung aus wichtigem Grund ist unbeschränkbar.

(2) Die Kündigung hat durch eingeschriebenen Brief zu erfolgen. Sie führt nicht zur Auflösung der Gesellschaft.[7] Diese wird unter den übrigen Gesellschaftern fortgesetzt. Der Kündigende scheidet aus der Gesellschaft aus.

§ 4
Geschäftsjahr

Geschäftsjahr ist das Kalenderjahr.[8]

§ 5
Gesellschafter

(1) Persönlich haftender Gesellschafter ist die A Verwaltungs GmbH. Sie ist am Kapital nicht beteiligt.[9]

(2) Kommanditisten sind:
  a) Herr A mit einem Festkapital von € 50.000,–, das der Hafteinlage[10] entspricht.
  b) Herr B mit einem Festkapital von € 50.000,–, das der Hafteinlage entspricht.

§ 6
Gesellschafterkonten[11]

Für die Gesellschafter werden je ein Kapitalkonto, auf dem die feste Einlage gebucht wird,[12] ein Kapitalkonto II,[13] auf dem Verluste gebucht werden, sowie ein Verrechnungskonto,[14] auf dem der Kapitalverkehr zwischen den Gesellschaftern gebucht wird, geführt. Das Verrechnungskonto ist im Soll und Haben mit . . . % verzinslich.

---

[7] Diese Regelung hat nunmehr lediglich eine klarstellende Bedeutung, vgl. § 161 Abs. 2, 131 Abs. 3 Nr. 4 HGB.

[8] Das Geschäftsjahr bei einer KG darf 12 Monate nicht überschreiten, § 240 Abs. 2 S. 2 HGB. Beginnt die Gesellschaft nicht zum 1.1. eines Jahres, so ist das erste Geschäftsjahr ein Rumpfwirtschaftsjahr.

[9] Zur Unterscheidung zwischen Gesamthandsberechtigung und Beteiligung am Gesellschaftsvermögen vgl. § 19 Rn 8.

[10] Zum Begriff der Hafteinlage vgl. § 19 Rn 2.

[11] Vgl. § 20 Rn 26 (sog. Dreikontenmodell).

[12] Ein festes Kapitalkonto hat gegenüber dem im Gesetz vorgesehenen variablen Kapitalkonto den Vorteil, dass konstante Berechnungsmaßstäbe für die Gewinn- und Verlustbeteiligung der Gesellschafter (§ 7) und für ihre Stimmrechtsausübung angeben.

[13] Das Kapitalkonto II, das häufig auch als Verlustkonto bezeichnet wird, ist ein Unterkonto des Kapitalkontos I. Ist auf dem Konto ein Verlust ausgewiesen, und entnimmt ein Kommanditist Gewinn, bevor er das Verlustkonto ausgeglichen hat, so lebt seine Haftung gem. § 172 Abs. 4 S. 2 HGB wieder auf.

[14] Das Verrechnungskonto ist ein reines Forderungskonto, das im Falle des Ausscheidens des Gesellschafters vorweg ausbezahlt wird.

§ 7
Ergebnisverteilung und Verbuchung

(1) Aus dem Ergebnis enthält die A Verwaltungs GmbH vorweg eine Haftungsvergütung[15] von . . . % ihres Eigenkapitals, mindestens aber E . . .[16] Sie erhält ferner Ersatz der Aufwendungen, die ihr durch ihre Tätigkeit als Geschäftsführer entstehen.

(2) Der Restgewinn ist auf sämtliche Gesellschafter entsprechend dem Verhältnis ihrer Festeinlagen zu verteilen.[17] Die Gewinnanteile des Kommanditisten werden zunächst zum Ausgleich eines etwaigen negativen Kapitalkontos II verwendet.[18] Im Übrigen erfolgen Gewinngutschriften aus dem Verrechnungskonto. Sie können entnommen werden, sofern die Gesellschafter nicht mit einer Mehrheit von 75 % Anderweitiges beschließen. Entnahmen, die zu einem negativen Saldo auf dem Verrechnungskonto führen, sind unzulässig.

(3) Ein Verlust wird auf die Kommanditisten im Verhältnis ihrer Kommanditeinlagen verteilt und auf dem Verlustkonto verbucht.[19] Die GmbH nimmt am Verlust nicht teil.[20]

§ 8
Geschäftsführung

Zur Geschäftsführung und Vertretung der Gesellschaft ist die A Verwaltungs GmbH berechtigt und verpflichtet. Sie ist von den Beschränkungen des § 181 BGB befreit.[21]

§ 9
Einschränkung der Geschäftsführungsbefugnisse

(1) Die geschäftsführende Gesellschafterin bedarf zu Rechtsgeschäften, die über den gewöhnlichen Betrieb des Unternehmens hinausgehen, der Zustimmung der Gesellschafterversammlung.[22] Das Widerspruchsrecht des Kommanditisten gemäß § 164 S. 1, 2. Halbsatz HGB ist ausgeschlossen.[23]

---

[15] Die Haftungsvergütung muss so bemessen sein, dass sich auch eine aus gesellschaftsfremden Personen bestehende GmbH mit ihr zufriedengegeben hätte, sonst droht eine Qualifikation als verdeckte Gewinnausschüttung der GmbH, s. MVH/Hengeler/Blaum I Form VIII C. 14 Anm. 37.

[16] Vgl. zur alternativen Gestaltung, § 23 Rn 12.

[17] Zu dieser Bestimmung vgl. § 23 Rn 10.

[18] Dadurch wird verhindert, dass auf dem Verrechnungskonto entnahmefähige und nicht entnahmefähige Gewinne gemeinsam verbucht werden.

[19] Die Verbuchung auf dem Verlustkonto dient der Transparenz; die Kapitalaufzehrung durch Verluste wird dadurch von Kapitalentnahmen, die zum Wiederaufleben der Haftung führen können, getrennt.

[20] Der Ausschluss der Teilnahme an Verlusten für die Komplementärin ist ein Regelfall in der Vertragspraxis, vgl. § 23 Rn 14

[21] Hierzu vgl. § 15 Rn 19.

[22] Hierzu vgl. § 15 Rn 11.

[23] Vgl. § 15 Rn 14.

(2) Zustimmungsbedürftig sind insbesondere folgende Rechtsgeschäfte und Maßnahmen:
   a) Aufstellung des jährlichen Investitions- und Finanzplans für die Gesellschaft sowie ihre Beteiligungsgesellschaften;[24]
   b) Investitionen, die im Investitionsplan nicht vorgesehen sind oder zu einer Überschreitung der jeweils vorgesehenen Einzelposition um mehr als 20 % oder zur Überschreitung der insgesamt geplanten Investitionen um mehr als 10 % führen;
   c) Investitionen, auch wenn sie im Investitionsplan vorgesehen sind, wenn sie im Einzelfall € 150.000,– überschreiten;
   d) Abschluss von Verträgen mit einer Laufzeit von mehr als drei Jahren, sofern sie zu einer Zahlung von mehr als € 50.000,– p.a. verpflichten;
   e) Abschluss von Anstellungsverträgen mit Bruttobezügen von über € 60.000,– im Jahr;
   f) Gewährung von Altersruhegeldern;
   g) Erwerb und Veräußerung, Pacht und Verpachtung von Unternehmen jeder Art oder Teilen davon,
   h) Beteiligung an anderen Unternehmen.
   i) Errichtung und Auflösung von Zweigniederlassungen,
   j) Rechtsgeschäfte über den Erwerb und die Veräußerung von Grundstücken,
   k) Belastung von Grundstücken und grundstücksgleichen Rechten,
   l) Übernahme von Bürgschaften und Eingehen von Haftungen jeder Art, soweit diese nicht mit dem laufenden Geschäftsverkehr zusammenhängen,
   m) Aufnahme von Krediten außerhalb des normalen Geschäftsverkehrs,
   n) Maßnahmen, deren Entscheidungen sich die Gesellschafter generell oder im Einzelfall vorbehalten;
   o) die Beteiligung an Maßnahmen in Beteiligungsgesellschaften, soweit sie Angelegenheiten gem. lit. a) bis n) betreffen, sei es durch Ausübung des Stimmrechts, sei es durch Wahrnehmung der Geschäftsführung, sowie die Ausübung des Stimmrechts bei Änderungen der Gesellschaftsverträge von Beteiligungsgesellschaften.

§ 10
Gesellschafterversammlung; Beschlussfassung[25]

(1) Beschlüsse der Gesellschafter werden in ordentlichen oder außerordentlichen Gesellschafterversammlungen oder in sonstiger Weise gefasst.

(2) Je 100 € Beteiligung am Festkapital der Gesellschaft gewähren eine Stimme.[26]

---

[24] Die Verabschiedung von Investitionsplänen und deren Zustimmungsbedürftigkeit ist sinnvoll; sie ermöglicht im Zusammenwirken mit einer Bestimmung, wie sie in lit. b vorgesehen ist, von allzu engmaschinen Zustimmungskatalogen abzusehen, entlastet damit die Gesellschafterversammlung und gibt der Geschäftsführung Planungssicherheit.

[25] Allgemein hierzu im Handbuch § 16.

[26] Zur Notwendigkeit dieser Regelung vgl. § 16 Rn 158.

(3) Die Gesellschafterversammlung wird durch den geschäftsführenden Gesellschafter einberufen. Die Einberufung geschieht durch eingeschriebenen Brief[27] an die Gesellschafter unter Mitteilung der Tagesordnung. Zwischen dem Tag der Absendung und dem Tag der Gesellschafterversammlung muss eine Frist von mindestens zwei Wochen liegen; der Tag der Absendung und der Tag der Gesellschafterversammlung werden daher nicht mitgerechnet.[28]

(4) Ein Gesellschafter kann sich in der Gesellschafterversammlung durch einen mit schriftlicher Vollmacht versehenen Dritten vertreten lassen.[29] Beschlussfassungen erfolgen mit einer Mehrheit von $^3/_4$ der abgegebenen Stimmen;[30] Änderungen des Gesellschaftsvertrages bedürfen der Zustimmung jedes einzelnen Gesellschafters.[31]

(5) Beschlussfassungen können auch schriftlich oder per Telefax erfolgen, sofern alle Gesellschafter damit einverstanden sind.[32]

§ 11
Jahresabschluss[33]

Der Jahresabschluss ist von der geschäftsführenden Gesellschafterin aufzustellen[34] und von der Gesellschafterversammlung festzustellen.[35]

---

[27] Ein Formerfordernis für die Einberufung besteht für die KG normalerweise nicht. Im Hinblick darauf, dass Einladung mit normalem Brief in der GmbH nach verbreiteter Auffassung auch durch entsprechende statutarische Bestimmung nicht vorgesehen werden kann (Baumbach/Hueck § 51 GmbHG Rn 29 m.N. auch zur a.A.), erscheint eine Harmonisierung mit den für die GmbH geltenden Erfordernissen für die Gesellschafterversammlung der GmbH & Co. KG empfehlenswert; dies gilt auch für die weiteren Erfordernisse, durch die eine sinnvolle Vorbereitung der Gesellschafterversammlung ermöglicht werden soll.

[28] Es besteht keine gesetzliche Regelung über die Frist zur Einberufung einer Gesellschafterversammlung in der KG. Ohne ausdrückliche vertragliche Regelung muss eine angemessene Frist eingehalten werden, vgl. § 16 Rn 100. Diese Rechtsunsicherheit vermeidet das Formular, indem es eine Regelung zur Einberufungsfrist parallel zur Komplementär-GmbH trifft.

[29] Dazu § 16 Rn 115, 105 und Formular § 63 Fn 50.

[30] Der nach dispositivem Gesetzesrecht geltende Einstimmigkeitsgrundsatz erweist sich nur selten als interessengerecht, vgl. § 16 Rn 166 ff.

[31] Zur Möglichkeit abweichender Regelungen unter Beachtung des Bestimmheitsgrundsatzes vgl. § 16 Rn 168 ff.

[32] Als Vorbild dient die Regelung von § 48 Abs. 2 GmbHG.

[33] Vgl. hierzu § 22. Mit dem In-Kraft-Treten des Kapitalgesellschaften und Co.-Richtlinien-Gesetz (KapCoRiLiG) trifft die GmbH & Co. KG, sofern keiner ihrer Komplementäre eine natürliche Person ist, die größenabhängige Pflicht zur Aufstellung des Lageberichts und zur Prüfung und Offenlegung des Jahresabschlusses nach Bestimmungen des 2. Abschnitts des 3. Buches HGB, vgl. § 22 Rn 16 (vgl. dazu den Formulierungsvorschlag MVH/Riegger, III 6, § 8 Abs. 2).

[34] Die Aufstellung eines Jahresabschlusses bedeutet dessen Ableitung aus dem Zahlenverkehr der Buchführung unter Vornahme erforderlicher Abschlussbuchungen.

[35] Die Feststellung bedeutet Billigung als verbindlich für die Gesellschaft und Gesellschafter.

§ 12
Aufnahme neuer Gesellschafter; Übertragung von Geschäftsanteilen

(1) Die Aufnahme neuer Gesellschafter[36] sowie die Übertragung von Gesellschaftsanteilen oder Teilen davon auf andere Gesellschafter ist nur mit Zustimmung[37] aller Gesellschafter zulässig.
(2) Der Zustimmung bedarf es nicht für die Übertragung eines Geschäftsanteils oder Teilen davon auf eine Kommanditistin oder Abkömmlinge eines Kommanditisten.[38]

§ 13
Tod eines Gesellschafters[39]

Im Falle des Todes eines Gesellschafters wird die Gesellschaft mit den Erben fortgesetzt.

§ 14
Ausschließung[40]

Ein Gesellschafter kann durch Gesellschafterversammlungsbeschluss ausgeschlossen werden, wenn in seiner Person ein wichtiger Grund vorliegt, der den übrigen Gesellschaftern die Fortsetzung der Gesellschaft unzumutbar macht.

§ 15
Abfindung[41]

(1) Scheidet ein Gesellschafter, gleich aus welchem Grund, aus der Gesellschaft aus, steht ihm eine an seiner Beteiligungsquote am Festkapital entsprechende Quote des Unternehmenswertes als Abfindung[42] zu.
(2) Der Unternehmenswert wird nach den allgemein anerkannten Grundsätzen der Unternehmensbewertung ermittelt und ist im Nichteinigungsfalle durch einen auf Antrag eines Gesellschafters durch den Präsidenten der für die Gesellschaft zuständigen Industrie- und Handelskammer zu benennenden Schiedsgutachters festzusetzen.[43]

---

[36] Vgl. allgemein zur Aufnahme neuer Gesellschafter, § 27 Rn 2 ff.; 11. Zur Auslegung solcher Klauseln siehe BGH BB 1976, 154.

[37] Vgl. § 28 Rn 9.

[38] Diese Bestimmung entspricht der üblicher Vertragspraxis, vgl. § 28 Rn 5, auch zu alternativen Gestaltungsmöglichkeiten.

[39] Vgl. hierzu §§ 33 und 34; zu den steuerlichen Folgen § 36.

[40] Vgl. hierzu § 30.

[41] Vgl. hierzu § 31.

[42] Eine solche Regelung liegt im Interesse des ausscheidenden Gesellschafters; möglich ist aber auch, durch Regelungen, die die Abfindung beschränken, stärker dem Interesse der Gesellschaft Rechnung zu tragen, vgl. dazu § 31 Rn 16 ff.

[43] Zur Schiedsgutachterklausel vgl. § 31 Rn 26. Diese Regelung soll eine lang dauernde gerichtliche Auseinandersetzung über die Abfindungshöhe vorbeugen.

(3) Das Abfindungsguthaben ist in fünf gleichen Jahresraten zu Beginn jedes Geschäftsjahres auszuzahlen;[44] die erste Rate ist zu Beginn des auf den Ausscheidenstag folgenden Geschäftsjahres fällig.[45] Das Ausscheidungsguthaben ist mit . . . % über dem jeweiligen Bundesbankdiskontsatz zu verzinsen. Eine Sicherstellung der Schuld kann nicht verlangt werden.

§ 16
Salvatorische Klausel[46]

Sollten Bestimmungen dieses Vertrages oder eine künftig in ihn aufgenommene Bestimmung ganz oder teilweise unwirksam oder undurchführbar sein oder werden, so bleibt die Gültigkeit der übrigen Bestimmungen hiervon unberührt. Das Gleiche gilt, falls sich herausstellen sollte, dass der Vertrag eine Regelungslücke enthält. Anstelle der unwirksamen oder undurchführbaren Bestimmungen oder zur Ausfüllung der Regelungslücke soll dann eine angemessene Regelung gelten, die dem am nächsten kommt, was die Gesellschafter gewollt hätten, wenn sie die Unwirksamkeit, Undurchführbarkeit oder Lückenhaftigkeit gekannt hätten. Das Gleiche gilt, wenn die Unwirksamkeit einer Bestimmung auf einen in dem Vertrag vorgeschriebenen Maß der Leistung oder Zeit (Frist oder Termin) beruht. In diesem Fall soll das Maß der Leistung oder Zeit (Frist oder Termin) als vereinbart gelten, das rechtlich zulässig ist und dem Gewollten möglichst nahe kommt.

---

[44] Vgl. zur Zulässigkeit von Stundungs- und Ratenzahlungsvereinbarungen § 31 Rn 27 ff.

[45] Ohne eine solche Bestimmung wäre der Abfindungsanspruch des ausscheidenden Gesellschafters sofort fällig.

[46] Gem. § 139 BGB führt die Nichtigkeit eines Teils eines Rechtsgeschäfts zur Nichtigkeit des ganzen Rechtsgeschäfts, sofern nach dem Parteiwillen das Rechtsgeschäft nicht auch ohne den nichtigen Teil vorgenommen worden wäre. Der Satz 1 der Bestimmung enthält den Willen der Gesellschafter, im Fall der Teilnichtigkeit von der Restwirksamkeit des restlichen Rechtsgeschäftes auszugehen. Eine Gesamtnichtigkeit des Vertrages kommt erst dann in Betracht, wenn die nichtige Vereinbarung von zentraler Bedeutung für das Zusammenwirken der Gesellschafter ist (vgl. MVH/Riegger, III 1 Anm. 33, S. 225).Darüber hinaus sieht Satz 2 dieser Klausel vor, dass bestimmte Vertragsbestimmungen durch solche ersetzt werden, die weitestgehend dem Parteiwillen entsprechen. Schließlich enthält sie eine Anpassungsvorschrift für die Fälle der Unwirksamkeit aufgrund des Leistungs- und Zeitumfanges.

§ 59 Satzung der Komplementär GmbH

Inhaltsverzeichnis

§ 1
Firma, Sitz

(1) Die Firma der Gesellschaft lautet:

A Verwaltungsgesellschaft mbH.[1]

(2) Die Gesellschaft hat ihren Sitz in . . . . (Ort).[2]

§ 2
Gegenstand[3]

Gegenstand des Unternehmens ist die Geschäftsführung und die Verwaltung der Beteiligung an der A & B GmbH & Co. KG, die den Handel und die Reparaturen von Fahrzeugen aller Art zum Gegenstand hat.[4]

§ 3
Stammkapital[5]

Das Stammkapital der Gesellschaft beträgt € 50.000,–. Das Stammkapital ist von Herrn A übernommen und voll eingezahlt.

---

[1] Zum neuen Firmenrecht vgl. § 13 Rn 8 ff.

[2] Dazu vgl. § 14 Rn 6 ff.

[3] Der Unternehmensgegenstand ist notwendiger Satzungsbestandteil gem. § 3 Abs. 1 Nr. 2 GmbHG. Dieser kennzeichnet den Bereich und die Art der Gesellschaftstätigkeit. Zum einen soll er die Erkennbarkeit der Schwerpunkte der Betätigung der Gesellschaft nach außen gewährleisten, zum anderen vor einer Ausweitung bzw. Einschränkung der Gesellschaftstätigkeit ohne entsprechende Änderung der Satzung schützen.

[4] Diese Präzisierung trägt der Entscheidung BayObLG NJW 1976, 1694 f. Rechnung, obwohl sie nach zutreffender Auffassung entbehrlich ist, vgl. BayObLG GmbHR 1995, 722/723; Hesselmann/Tillmann Rn 128.

[5] Vgl. dazu Reichert/Harbarth, Der GmbH-Vertrag, 3. Aufl. 2001, § 4 Anm. 1, 2.

§ 4
Geschäftsführung

Die Gesellschaft hat einen oder mehrere Geschäftsführer.[6]

§ 5
Vertretung[7]

Die Gesellschaft wird, wenn ein Geschäftsführer vorhanden ist, durch diesen vertreten. Sind mehrere Geschäftsführer vorhanden, wird sie durch zwei Geschäftsführer gemeinschaftlich oder durch einen Geschäftsführer gemeinsam mit einem Prokuristen vertreten. Durch Beschluss der Gesellschafterversammlung kann dem Geschäftsführer oder, wenn mehrere Geschäftsführer vorhanden sind, einzelnen oder allen von ihnen die Befugnis zur Einzelvertretung und/oder die Befreiung von den Beschränkungen des § 181 BGB erteilt werden. Die Geschäftsführer sind für Geschäfte mit der A & B GmbH & Co. von den Beschränkungen des § 181 BGB befreit.[8]

§ 6
Gesellschafterversammlung

(1) Die Gesellschafterversammlung wird durch einen Geschäftsführer einberufen.[9] Die Einberufung erfolgt durch eingeschriebenen Brief mit einer Frist von mindestens 14 Tagen unter Beifügung der Tagesordnung.[10] Die Frist beginnt mit der Absendung des Briefes.[11] Der Tag der Absendung und der Tag der Gesellschafterversammlung werden bei der Fristberechnung nicht mitgerechnet.[12]
(2) Über jede Gesellschafterversammlung muss eine Niederschrift errichtet werden.[13]

---

[6] Sind mehrere Geschäftsführer vorhanden, so ist in Ermangelung einer anderen Regelung von deren Gesamtgeschäftsführung auszugehen, vgl. § 15 Rn 51.

[7] Vgl. hierzu § 15 Rn 54.

[8] Zur Befreiung vom Verbot des Selbstkontrahierens vgl. § 15 Rn 19.

[9] Die Satzungsbestimmung dient der Klarstellung. Bei Mehrheitsgeschäftsführung reicht eine Einberufung durch einen einzelnen Geschäftsführer aus. Zur Frage der Einberufungsbefugnis vgl. § 16 Rn 69 f.

[10] Die gesetzlich vorgesehene Einladungsfrist von einer Woche gem. § 51 Abs. 1 S. 2 GmbHG dürfte in der Regel zu kurz sein. Deswegen bestimmt das Formular eine längere Frist.

[11] Vgl. zur gesetzlichen Regelung zum Fristbeginn § 16 Rn 89.

[12] Zur gesetzlichen Regelung zur Fristberechnung § 16 Rn 90.

[13] Zum Zweck dieser Regelung vgl. § 16 Rn 110.

§ 7
Jahresabschluss[14]

Die Gesellschafterversammlung stellt den Jahresabschluss fest. Sie entscheidet über die Gewinnverwendung. Der Gewinn kann ausgeschüttet, auf neue Rechnung vorgetragen oder in die Rücklage eingestellt werden.

§ 8
Dauer

Die Dauer der Gesellschaft ist unbestimmt.[15]

§ 9
Geschäftsjahr

Geschäftsjahr ist das Kalenderjahr.

§ 10
Salvatorische Klausel[16]

Sollten Bestimmungen dieses Vertrages oder eine künftig in ihn aufgenommene Bestimmung ganz oder teilweise unwirksam oder undurchführbar sein oder werden, so bleibt die Gültigkeit der übrigen Bestimmungen hiervon unberührt. Das Gleiche gilt, falls sich herausstellen sollte, dass der Vertrag eine Regelungslücke enthält. Anstelle der unwirksamen oder undurchführbaren Bestimmungen oder zur Ausfüllung der Regelungslücke soll dann eine angemessene Regelung gelten, die dem am nächsten kommt, was die Gesellschafter gewollt hätten, wenn sie die Unwirksamkeit, Undurchführbarkeit oder Lückenhaftigkeit gekannt hätten. Das Gleiche gilt, wenn die Unwirksamkeit einer Bestimmung auf einen in dem Vertrag vorgeschriebenen Maß der Leistung oder Zeit (Frist oder Termin) beruht. In diesem Fall soll das Maß der Leistung oder Zeit (Frist oder Termin) als vereinbart gelten, das rechtlich zulässig ist und dem Gewollten möglichst nahe kommt.

§ 11
Gründungskosten

Die Gesellschaft trägt die Gründungskosten bis zur Höhe von . . . €.

---

[14] Vgl. dazu § 22 Rn 3 ff.

[15] Das Formular wiederholt lediglich die gesetzliche Regelung; ein ordentliches Kündigungsrecht besteht nicht. Möglich ist indes ein Austritt aus wichtigem Grund, ein Ausschluss aus wichtigem Grund sowie Auflösung durch Urteil, vgl. Reichert/Harbarth, Der GmbH-Vertrag, § 14 S. 151 ff.

[16] Vgl. § 58 Fn 46.

§ 60
Anmeldung der GmbH & Co. KG zum Handelsregister[1]

Amtsgericht .... (Ort)
– Handelsregister –
.... (Straße)
.... (Ort)

Wir melden zur Eintragung in das Handelsregister das Folgende an:[2]
Zum Zwecke des Betriebes eines Autohauses haben wir eine Kommanditgesellschaft mit folgender Firma errichtet:

Autohaus A & B GmbH & Co. KG.

An der Gesellschaft sind beteiligt:

a) Die A Verwaltungs GmbH mit Sitz in .... (Ort) eingetragen beim Handelsregister des AG .... unter HRB ... – beglaubigter Handelsregisterauszug ist beigefügt – als persönlich haftende Gesellschafterin;[3]
b) A (Beruf, Ort, Straße), geboren am ....,[4] als Kommanditist mit einer Einlage von € 50.000,–;
c) B (Beruf, Ort, Straße), geboren am ...., als Kommanditist mit einer Einlage von € 50.000,–.

Die A Verwaltungsgesellschaft mbH als vertretungsberechtigte Gesellschafterin ist vom Verbot des Selbstkontrahierens gem. § 181 BGB befreit.[5]
Die Gesellschaft beginnt mit ihrer Eintragung im Handelsregister.[6] Sie hat ihren Sitz in .... (Ort). Die Geschäftsräume befinden sich in .... (Ort, Straße).[7]
Für die persönlich haftende Gesellschafterin zeichnet deren alleiniger Geschäftsführer A seinen Namen[8] zur Unterschrift:[9]

A

....
(Autohaus A + B GmbH & Co. KG)[10]
(A Verwaltungs GmbH)

---

[1] Zur Handelsregisteranmeldung allgemein vgl. § 9 Rn 30 ff.
[2] Zu den eintragungspflichtigen Tatsachen vgl. § 9 Rn 32.
[3] Vgl. § 9 Rn 32.
[4] §§ 162 Abs. 1, 106 Abs. 2 Nr. 1 HGB.
[5] Vgl. § 9 Rn 33.
[6] §§ 162 Abs. 1, 106 Abs. 2 Nr. HGB.
[7] § 24 HRV; s. auch Art. 40 EGHGB.
[8] Die handschriftliche Zeichnung des Firmennamens ist nach der neuen Rechtslage nicht mehr erforderlich, vgl. § 9 Rn 34.
[9] Vgl. § 9 Rn 34.
[10] Aus dem Gesetzeswortlaut „unter Angabe der Firma" geht nicht hervor, ob neben der Firma der KG auch die Angabe der Firma der Komplementär-GmbH erforderlich ist. Dies wird hier sicherheitshalber vorgeschlagen, um Beanstandungen durch das Registergericht zu vermeiden (ebenso MVH/Hengeler/Blaum Form VIII C 19 Anm. 7).

A

. . . .

(A)

B

. . . .

(B)

(Ort, Datum)

(Beglaubigungsvermerk)[11]

---

[11] Die Anmeldung zur Eintragung in das Handelsregister sowie die zur Aufbewahrung beim Gericht bestimmten Zeichnungen von Unterschriften sind in öffentlich beglaubigter Form einzureichen, § 12 Abs. 1 HGB.

§ 61 Anmeldung der GmbH zum Handelsregister

Amtsgericht .... (Ort)[1]
– Handelsregister –
.... (Straße)
.... (Ort)

Neugründung der Firma A Verwaltungsgesellschaft mbH (Ort, Straße)
Ich, der unterzeichnete alleinige Geschäftsführer der A Verwaltungsgesellschaft mbH melde hiermit die Eintragung der Gesellschaft und meine Bestellung zum Geschäftsführer zur Eintragung in das Handelsregister an. Ich bin alleinvertretungsbefugt und von den Beschränkungen des § 181 BGB befreit.
Die Vertretung ist wie folgt geregelt:[2]
Ist nur ein Geschäftsführer bestellt, so vertritt er die Gesellschaft allein; sind mehrere Geschäftsführer bestellt, so wird die Gesellschaft von zwei Geschäftsführern gemeinschaftlich oder von einem Geschäftsführer in Gemeinschaft mit einem Prokuristen vertreten. Die Gesellschafterversammlung kann Einzelnen oder allen Geschäftsführern Alleinvertretungsbefugnis erteilen und sie von den Beschränkungen des § 181 BGB für Einzelne oder alle Geschäfte befreien.
Der Geschäftsführer versichert,[3] dass die Stammeinlage von € 50.000,– in bar einbezahlt ist und der eingezahlte Betrag sich endgültig in der freien Verfügung der Geschäftsführung befindet.[4] Der Geschäftsführer versichert ferner, dass er nicht wegen einer Straftat nach den §§ 283–283 d StGB verurteilt worden ist und dass ihm durch kein gerichtliches Urteil oder durch keine vollziehbare Entscheidung einer Verwaltungsbehörde die Ausübung eines Berufs, Berufszweigs, Gewerbes oder Gewerbezweiges untersagt worden ist und dass er über seine unbeschränkte Auskunftspflicht gegenüber dem Gericht von dem beglaubigenden Notar belehrt worden ist.[5] Der Geschäftsführer versichert ferner, dass das Anfangskapital der Gesellschaft nur durch den Gründungsaufwand vorbelastet ist und keine sonstigen Verbindlichkeiten bestehen.[6]

---

[1] Die Anmeldung zur Eintragung ins Handelsregister hat bei dem Gericht zu erfolgen, in dessen Bezirk die Gesellschaft ihren Sitz hat, § 7 Abs. 1 GmbHG.

[2] Die Angaben zur Vertretungsbefugnis gehören zum zwingenden Inhalt der Anmeldung gem. § 8 Abs. 4 GmbHG.

[3] Alle nachstehenden Versicherungen müssen vom Geschäftsführer höchstpersönlich abgegeben werden, d.h. eine Bevollmächtigung ist unzulässig.

[4] § 8 Abs. 2 GmbHG.

[5] Die Belehrungspflicht folgt aus § 8 Abs. 3 S. 1 GmbHG.

[6] Das Gesetz schreibt diese Versicherung nicht ausdrücklich vor. BGHZ 80, 129, 143 erweitert die Pfüfungspflicht der Registergerichte auf die Vorbelastung der Gesellschaft mit über den Gründungsaufwand hinausgehender Verbindlichkeiten. Die Registergerichte verlangen seitdem diese Versicherung. Zur sog. Unterbilanz- bzw. Vorbelastungshaftung vgl. § 11 Rn 17.

Der Geschäftsführer zeichnet seine Unterschrift zur Aufbewahrung:[7]

....

Er überreicht als Anlage zu diesem Schreiben:

a) Ausfertigung der notariellen Urkunde vom heutigen Tage, welche auch die Geschäftsführerbestellung enthält.
b) Liste der Gesellschafter.[8]

Die Geschäftsräume der Gesellschaft befinden sich in .... (Ort, Straße).[9]

....
(Ort, Datum)

....
(Unterschrift)
(Beglaubigungsvermerk)[10]

---

[7] Die Zeichnung muss in öffentlich beglaubigter Form erfolgen, vgl. §§ 8 Abs. 5 GmbH, 12 Abs. 1 HGB.

[8] § 8 Abs. 1 Ziff. 3 GmbHG.

[9] Die Notwendigkeit dieser Angaben folgt aus § 24 Abs. 3 HRV.

[10] Die Anmeldung hat in öffentlich beglaubigter Form zu erfolgen, vgl. § 12 Abs. 1 HGB.

2. Abschnitt.
Ausführlicher Gesellschaftsvertrag der GmbH & Co. KG und der zugehörigen Komplementär-GmbH

§ 62 Sachverhalt

Dem nachstehenden Gesellschaftsvertrag einer GmbH & Co. KG sowie der Satzung der zugehörigen Komplementär- GmbH liegt folgender Sachverhalt zugrunde: Die A-AG – ein Nahrungsmittelkonzern – hat sich mit 90 % an der A & F Süßwarenfabrik GmbH & Co. KG beteiligt, die auf dem Gebiet der Herstellung von Süßwaren tätig ist. Die Gesellschaft befand sich bis dahin in Familienbesitz; ein Familiengesellschafter (F) hält nach dem Erwerb der restlichen Anteile durch die A-AG eine Minderheitsbeteiligung von 10 %.
Der Gesellschaftsvertrag soll die industrielle Führung des Unternehmens durch die A-AG sicherstellen. Andererseits soll die Tätigkeit der in der Komplementär-GmbH eingesetzten Fremdgeschäftsführer überwacht und Fragen, die von wesentlicher Bedeutung sind, einem Zustimmungserfordernis unterworfen werden. Für einfache Geschäftsführungsmaßnahmen soll die einfache Mehrheit, für die Änderung des Gesellschaftsvertrages eine qualifizierte Mehrheit ausreichen, so dass sich die A-AG jeweils durchsetzen kann, soweit der Zulässigkeit eines Mehrheitsbeschlusses keine zwingenden Bestimmungen entgegenstehen. Die Verfügung über Geschäftsanteile soll einem Zustimmungserfordernis, für das ebenfalls die einfache Mehrheit ausreicht, unterliegen; darüber hinaus sollen gegenseitige Vorkaufsrechte begründet werden.
Entsprechende Regelungen sind in der Komplementär-GmbH (A & F Verwaltungsgesellschaft mbH) vorzusehen. An der Komplementär-GmbH sind die A-AG und F in gleichem Verhältnis wie an der GmbH & Co. KG beteiligt. Im Vertrag soll indessen nicht ausgeschlossen werden, dass die Beteiligungsverhältnisse in der Komplementär GmbH und in der KG voneinander abweichen können.

§ 63 Gesellschaftsvertrag der GmbH & Co. KG

Inhaltsverzeichnis:

§ 11 Geschäftsführung
§ 12 Einschränkung der Geschäftsführungsbefugnis
§ 13 Gesellschafterbeschlüsse
§ 14 Gesellschafterversammlung
§ 15 Beschlussfassung in sonstiger Weise
§ 16 Jahresabschluss
§ 17 Verfügung über Gesellschaftsanteile und Ansprüche aus dem Gesellschaftsverhältnis
§ 18 Vorkaufsrecht
§ 19 Vererbung von Gesellschaftsanteilen
§ 20 Kündigung der Gesellschaft
§ 21 Ausschluss von Gesellschaftern
§ 22 Insolvenz, Zwangsvollstreckung
§ 23 Abfindung
§ 24 Gesellschafterpflichten
§ 25 Leistungsverkehr mit der Gesellschaft
§ 26 Liquidation
§ 27 Schriftform
§ 28 Salvatorische Klausel

§ 1
Firma und Sitz

(1) Die Firma der Gesellschaft lautet:
A & F Süßwarenfabrik GmbH & Co. KG.[1]
(2) Sitz der Gesellschaft[2] ist . . . . (Ort).

§ 2
Gegenstand des Unternehmens[3]

(1) Gegenstand des Unternehmens ist die Herstellung und der Vertrieb von Nahrungsmitteln, insbesondere von Süßwaren.
(2) Die Gesellschaft ist berechtigt, andere Erzeugnisse herzustellen, zu bearbeiten, zu kaufen und zu vertreiben. Sie darf Dienstleistungen jeder Art ausführen, Zweigniederlassungen im In- und Ausland errichten, unmittelbare oder mittelbare Beteiligungen gleicher oder ähnlicher Art im In- und Ausland erwerben oder pachten, gleiche oder ähnliche Unternehmen im In- und Ausland vertreten und/oder deren Geschäfte führen, mit gleichartigen oder ähnlichen Unternehmen im In- und Ausland kooperieren sowie alle Maßnahmen und Geschäfte vornehmen, die den Gegenstand des Unternehmens unmittelbar oder mittelbar zu fördern geeignet sind.

---

[1] Zur Firmenbildung nach den bis zum 30. 6. 1998 geltenden Recht Baumbach/Hopt § 19 HGB Rn 4 ff.; GK/Hüffer § 19 HGB Rn 37 ff.; zur neuen Rechtslage vgl. § 13 Rn 9 ff.
[2] Vgl. dazu § 14 Rn 10.
[3] Vgl. zur Bestimmung über den Unternehmensgegenstand das Formular in § 58 Fn 3.

§ 3
Dauer der Gesellschaft

Die Gesellschaft ist auf unbestimmte Zeit errichtet.[4] Die Kündigung richtet sich nach § 20.

§ 4
Geschäftsjahr

Das Geschäftsjahr ist das Kalenderjahr.[5]

§ 5
Gesellschafter

(1) Persönlich haftende Gesellschafterin (Komplementärin) ist die A & F Verwaltungsgesellschaft mbH mit Sitz in ..... (Ort).
(2) Kommanditisten sind:
a) Die A-AG
b) Herr F.

§ 6
Kapital, Einlagen, Haftsummen[6]

(1) Das Festkapital der Gesellschaft beträgt € 500.000,– (in Worten: € fünfhunderttausend).
(2) Die persönlich haftende A & F Verwaltungsgesellschaft mbH ist am Kapital nicht beteiligt.[7]
(3) Die Kommanditistin A-AG ist mit einem Kommanditanteil von € 450.000,– (in Worten: E vierhundertfünfzigtausend) beteiligt. Die Kommanditeinlage entspricht der Haftsumme.
(4) Der Kommanditist F ist mit einem Kommanditanteil von € 50.000,– (in Worten: € fünfzigtausend) beteiligt. Die Kommanditeinlage entspricht der Haftsumme.

§ 7
Gesellschafterkonten

In der Gesellschaft werden folgende Gesellschafterkonten,[8] und zwar für jeden Gesellschafter gesondert, geführt:

---

[4] Siehe die vergleichbare Regelung in § 58 Fn 4.
[5] Vgl. die Anmerkung zur entsprechenden Bestimmung § 58 Fn 8.
[6] Vgl. hierzu § 19 Rn 1ff.
[7] Zur Unterscheidung zwischen Gesamthandsberechtigung und Beteiligung am Gesellschaftsvermögen vgl. § 19 Rn 8.
[8] Dem Gesellschaftsvertrag liegt das modifizierte Dreikontenmodell mit Rücklagenkonto zugrunde. Zu den verschiedenen Gestaltungsvarianten vgl. § 20 Rn 25ff.; zum modifizierten Dreikontenmodell mit Rücklagenkonto § 20 Rn 28.

a) Kapitalkonto[9]
Auf diesem Konto wird für jeden Gesellschafter der in § 6 festgelegte Einlagebetrag gebucht. Die Kapitalkonten werden als im Verhältnis zueinander unveränderliche Festkonten geführt, mit welchen die mitgliedschaftlichen Rechte und Pflichten der Gesellschafter, insbesondere der Anteile am Ergebnis, an den stillen Reserven bei einem etwaigen Geschäftswert des Unternehmens, ausschließlich verbunden sind. Das Kapitalkonto ist unverzinslich. Verlustanteile und Entnahmen vermindern im Verhältnis der Kommanditisten untereinander nicht die Höhe der Kapitalkonten.

b) Das Kapitalverlustkonto[10]
Auf diesem Konto werden – als Kapitalgegenkonto zum Kapitalkonto – für jeden Gesellschafter etwaige Verlustanteile gebucht. Dieses Konto wird nicht verzinst. Spätere Gewinnanteile sind diesem Konto solange gutzubringen, bis dieses Konto wieder ausgeglichen ist.[11] Die Kommanditisten sind verpflichtet, das Kapitalverlustkonto zu Lasten vorhandener Rücklagen auszugleichen, wenn die Gesellschafterversammlung dies anlässlich der Beschlussfassung über die Bilanzfeststellung mit einfacher Mehrheit beschließt.

c) Das Rücklagenkonto[12]
Auf dem Rücklagenkonto werden Zuzahlungen eines Gesellschafters in das Eigenkapital gebucht, die nicht auf einer Erhöhung des festen Kapitalkontos beruhen. Die Rücklagenkonten dienen zur Stärkung des Eigenkapitals der Gesellschaft durch Pflichteinlagen und weisen keine Forderungen der Gesellschafter aus. Rücklagen werden auf die Kommanditisten im Verhältnis ihrer Kapitalkonten verteilt. Zuzahlungen auf das Rücklagenkonto bedürfen eines Gesellschafterbeschlusses. Über die Verzinsung des Rücklagenkontos und deren Höhe entscheidet die Gesellschafterversammlung durch Beschluss. Die Zinsen werden wie Aufwand behandelt.

d) Das Verrechnungskonto (Privatkonto)[13]
Auf diesem Konto werden alle sonstigen Forderungen und Verbindlichkeiten zwischen der Gesellschaft und den Gesellschaftern gebucht. Dies gilt insbesondere für Gewinngutschriften, soweit diese nicht zum Ausgleich eines Kapitalverlustkontos benötigt werden oder auf dem Rücklagenkonto zu verbuchen sind. Zinsen aus den Darlehenskonten sowie sonstige Einlagen, sofern es sich dabei nicht um Zuzahlungen auf das Rücklagenkonto oder Gewährung von Darlehen handelt, sowie für Steu-

---

[9] Zu Sinn und Zweck dieser Gestaltung vgl. § 20 Rn 30, 31.

[10] Zum Kapitalverlustkonto vgl. MüHdb. KG/Riegger, § 22 Rn 59 ff.

[11] Durch diese Regelung werden die Kommanditisten vor einem Wiederaufleben ihrer Haftung nach § 172 Abs. 4 S. 2. HGB geschützt.

[12] Auf das Rücklagenkonto werden nicht entnahmefähige Gewinne gutgeschrieben, vgl. § 20 Rn 50, 51.

[13] Das Verrechnungskonto hat rein schuldrechtlichen Charakter (BGH WM 1997, 1022; BB 1978, 630). Scheidet ein Kommanditist zu einem Zeitpunkt aus der Gesellschaft aus, in dem auf dem Kapitalkonto ein negativer Saldo aufgewiesen ist, so findet eine Verrechnung mit den Verrechnungskonten nicht statt.

erentnahmen und sonstige Entnahmen nach Maßgabe der nachstehenden Bestimmungen. Das Verrechnungskonto wird im Soll und im Haben mit ... % p.a. verzinst. Bemessungsgrundlage für die Zinsen ist der Stand der Verrechnungskonten zum Ende eines jeden Kalendermonats. Die Zinsen auf den Verrechnungskonten stellen im Verhältnis zu den Gesellschaftern Aufwand bzw. Ertrag dar. Die Gesellschaft ist zur Rückzahlung von Guthaben auf den Verrechnungskonten an die Gesellschafter jederzeit berechtigt.

e) Das Darlehenskonto[14]
Auf ihm werden die von den Gesellschaftern gewährten Darlehen verbucht. Die Verzinsung der Gesellschafterdarlehen wird im Einzelfall durch einen mit einfacher Mehrheit zu fassenden Beschluss der Gesellschafterversammlung festgelegt. Die Zinsen werden wie Aufwand behandelt und dem Verrechnungskonto gutgebracht. Guthaben vom Darlehenskonto sind unter Einhaltung einer Frist von ... Monaten auf das Ende des Geschäftsjahres kündbar; die Gesellschaft ist indessen berechtigt, die Rückzahlung in gleichen Raten in einem Zeitraum bis zu fünf Jahren vorzunehmen, soweit die finanzielle Lage der Gesellschaft dies erfordert.

§ 8
Ergebnisverteilung und Verbuchung

(1) Das Ergebnis der Gesellschaft wird wie folgt verteilt:
a) Aus dem Ergebnis erhält die Komplementärin vorweg eine Haftungsvergütung[15] in Höhe von ... % ihres am jeweiligen Ende eines Geschäftsjahres vorhandenen Stammkapitals.
b) Das restliche Ergebnis wird unter den Kommanditisten im Verhältnis ihrer festen Kapitalkonten verteilt.[16]

(2) Gewinnanteile der Kommanditisten werden vorrangig zum Ausgleich eines auf den Kapitalverlustkonten (§ 7 lit. b) verbuchten Verlustes verwendet.[17] Die verbleibenden Gewinnanteile werden zunächst jeweils zu ... % den Rücklagenkonten und der danach verbleibende Gewinn wird auf ihren Verrechnungskonten gutgeschrieben.[18] Die Gewinngutschriften erfolgen im Anschluss an die ordentliche Gesellschafterversammlung (§ 14 Abs. 4). Die Gesellschafterversammlung kann mit einfacher Mehr-

---

[14] Hierbei handelt es sich nicht um eine eigene Kontoart, sondern um ein besonderes Verrechnungskonto.

[15] Die Haftungsvergütung muss so bemessen sein, dass sich auch eine aus gesellschaftsfremden Personen bestehende GmbH mit ihr zufrieden geben hätte; andernfalls droht eine Qualifikation als verdeckte Gewinnausschüttung der GmbH, MVH/Hengeler/Blaum I Form VIII C 14 Anm. 37.

[16] Dazu § 23 Rn 10.

[17] Zur Erläuterung vgl. Formular § 58 Fn 18.

[18] Durch diese Bestimmung soll eine kontinuierliche Verstärkung des Eigenkapitals als Regelfall sichergestellt werden, sie lässt aber durch den letzten Satz auch Abweichungen aufgrund Mehrheitsbeschlusses zu. Die Bestimmung ist im Zusammenhang mit dem in Abs. 3 geregelten Entnahmerecht zu sehen, das entsprechend positive Verrechnungskonten voraussetzt.

heit der abgegebenen Stimmen eine abweichende Aufteilung zwischen Rücklagenkonto und Verrechnungskonto beschließen.

§ 9
Entnahmerecht[19]

(1) Die Kosten der Geschäftsführung, die Vergütung für die Geschäftsführung und die Haftungsprämie für die Komplementärin können von dieser zum jeweiligen Fälligkeitszeitpunkt entnommen werden.

(2) Jeder Gesellschafter ist berechtigt, Entnahmen in Höhe der auf ihn entfallenden Personensteuern zu tätigen,[20] soweit sie aufgrund der Beteiligung des Gesellschafters an der Gesellschaft entstanden sind und sofern auf dem Verrechnungskonto entsprechende Guthaben[21] zur Verfügung stehen und das Kapitalverlustkonto ausgeglichen ist.[22] Liegen diese Voraussetzungen nicht vor, verfügt der Gesellschafter aber über ein entsprechendes Guthaben auf dem Darlehenskonto, so kann die Entnahme durch Umbuchung eines entsprechenden Betrages vom Darlehenskonto auf das Verrechnungskonto erfolgen, ohne dass es der Einhaltung der Frist gem. § 7 lit. e bedarf. Werden einem Gesellschafter Steuern, die er aufgrund der Beteiligung entrichtet hat, zurückerstattet, so sind die Rückerstattungen dem Verrechnungskonto gutzubringen.[23]

(3) Jeder Gesellschafter ist über das Entnahmerecht nach Abs. 2 hinaus berechtigt, Entnahmen in Höhe von . . . % des auf ihn entfallenden Gewinnanteils zu verlangen.[24] Voraussetzung für den Entnahmeanspruch ist, dass entsprechende Guthaben auf dem Verrechnungskonto zur Verfügung stehen und das Kapitalverlustkonto ausgeglichen ist. Liegen diese Voraussetzungen nicht vor, verfügt der Gesellschafter aber über ein entsprechendes Guthaben auf dem Darlehenskonto, so kann die Entnahme durch Umbuchung eines entsprechenden Betrages vom Darlehenskonto auf das Verrechnungskonto erfolgen, ohne dass es der Einhaltung der Frist gem. § 7 lit. e bedarf.

---

[19] Zum Entnahmerecht vgl. § 23 Rn 18 ff.

[20] Zur Erläuterung dieser Bestimmung § 23 Rn 19, 33: Das Formular weicht von der gesetzlichen Regelung des § 169 Abs. 1 HGB ab, indem es auch Kommanditisten Entnahmerechte zuerkennt. Allgemein zum Steuerentnahmerecht vgl. Priester, Unternehmenssteuer-Reform und Gesellschaftsvertrag, DStR 2001, 795, 799 f.

[21] Diese Bestimmung entspricht dem Auszahlungsverbot bei einem negativen Kapitalanteil, § 169 Abs. 1 S. 2, 2. Hs. HGB.

[22] Die Berechnung und die dafür erforderliche Informationserteilung führt in der Praxis bisweilen zum Streit. Eine Alternative liegt darin, die hypothetischen Steuern zum jeweils gültigen Höchststeuersatz zugrunde zu legen.

[23] Eine solche Klarstellung ist zur Vermeidung von Auslegungsstreitigkeiten empfehlenswert.

[24] Bei der Festlegung des Prozentsatzes ist zu berücksichtigen, dass die auf den Gewinn zu entrichtenden Steuern bereits vorab entnommen werden.

§ 10
Organe

Organe der Gesellschaft sind die Komplementärin und die Gesellschafterversammlung.

§ 11
Geschäftsführung[25]

(1) Die persönlich haftende Gesellschafterin ist zur Geschäftsführung berechtigt und verpflichtet.

(2) Die Komplementärin und ihre Geschäftsführer sind bei allen Rechtshandlungen, welche die persönlich haftende Gesellschafterin mit oder gegenüber der Gesellschaft vornimmt, von den Beschränkungen des § 181 BGB befreit.[26]

(3) Die Komplementärin führt die Geschäfte der Gesellschaft nach Maßgabe der Gesetze und dieses Gesellschaftsvertrages und vertritt die Gesellschaft gerichtlich und außergerichtlich; sie hat insbesondere die Gesellschafterbeschlüsse auszuführen.[27]

(4) Neben ihrer Haftungsvergütung gem. § 8 Abs. 1 lit. a erhält die Komplementärin Ersatz aller Aufwendungen, die ihr durch ihre Tätigkeit entstehen. Sie erhält Entgelt für die Geschäftsführung, dessen Höhe und Fälligkeit durch mit einfacher Mehrheit zu fassenden Beschluss der Gesellschafterversammlung festgelegt wird.[28] Aufwendungsersatz und die Vergütung für die Geschäftsführung stellen im Verhältnis der Gesellschafter zueinander Aufwand dar.

§ 12
Einschränkung der Geschäftsführungsbefugnis

(1) Die Komplementärin bedarf zu allen Maßnahmen und Geschäften, die über den gewöhnlichen Geschäftsbetrieb der Gesellschaft hinausgehen oder mit denen ein außergewöhnliches wirtschaftliches Risiko verbunden ist, der vorherigen Zustimmung der Gesellschafterversammlung.[29] Das Widerspruchsrecht der Kommanditisten nach § 164 HGB entfällt.[30]

(2) Zustimmungsbedürftige Geschäfte und Maßnahmen sind insbesondere:[31]

---

[25] Vgl. dazu § 15 Rn 5.

[26] Vgl. § 15 Rn 19.

[27] Allgemein zum Umfang der Geschäftsführungsbefugnis, vgl. § 15 Rn 11 ff.

[28] Wegen der Rechtsnatur der Geschäftsführung als gesellschafterliche Pflicht besteht von Gesetzes wegen kein Anspruch auf Vergütung, vgl. MVH/Riegger, III 1 Anm. 10, S. 216.

[29] Vgl. § 15 Rn 14. f.

[30] Vgl. § 15 Rn 11 ff.

[31] Zur Zulässigkeit des Ausschlusses des Zustimmungserfordernisses von Kommanditisten vgl. oben § 16 Rn 60. Im Formular wird das Zustimmungserfordernis der Kommanditisten durch ein Zustimmungserfordernis der Gesellschafterversammlung ersetzt, vgl. § 16 Rn 62.

a) Erwerb und Veräußerung, Pacht und Verpachtung von Unternehmen jeder Art oder Teilen davon,
b) Beteiligung an anderen Unternehmen.
c) Errichtung und Auflösung von Zweigniederlassungen, Rechtsgeschäfte über den Erwerb und die Veräußerung von Grundstücken,
d) Rechtsgeschäfte über den Erwerb und die Veräußerung von Grundstücken,
e) Belastung von Grundstücken und grundstücksgleichen Rechten,
f) Übernahme von Bürgschaften und Eingehen von Haftungen jeder Art, soweit diese nicht mit dem laufenden Geschäftsverkehr zusammenhängen,
g) Aufnahme von Krediten außerhalb des normalen Geschäftsverkehrs,
h) Abschluss, Änderung und Beendigung von Organschaftsverträgen sowie Betriebsübernahme- und Betriebsüberlassungsverträge jeder Art,
i) Investitionen ab einem Betrag von € ... (ohne MwSt.) im Einzelfall, wenn sie in dem genehmigten jährlichen Investitionsplan nicht enthalten sind,
k) die Beteiligung an Maßnahmen in Beteiligungsgesellschaften, soweit sie Angelegenheiten gem. lit. a) bis i) betreffen, sei es durch Ausübung des Stimmrechts, sei es durch Wahrnehmung der Geschäftsführung, sowie die Ausübung des Stimmrechts bei Änderungen der Gesellschaftsverträge der Beteiligungsgesellschaften.

(3) Kann die Komplementärin die Zustimmung nicht vor der Durchführung des Rechtsgeschäftes oder einer Maßnahme einholen, ohne dass diese versagt worden ist, darf sie das Rechtsgeschäft oder die Maßnahme vornehmen, wenn von einer Nichtvornahme erhebliche Nachteile der Gesellschaft zu befürchten sind. In diesem Zusammenhang ist unverzüglich die Genehmigung zu erwirken.

(4) Die Gesellschafterversammlung kann durch Beschluss eine Geschäftsordnung für die persönlich haftende Gesellschafterin und deren Geschäftsführer errichten, ändern und ergänzen, in der Organisation und Zuständigkeiten der Geschäftsführung sowie ein Katalog zustimmungsbedürftiger Geschäfte bestimmt werden.

§ 13
Gesellschafterbeschlüsse[32]

(1) Die Willensbildung der Gesellschafter geschieht durch Gesellschafterbeschluss. Die Gesellschafter können in allen Angelegenheiten der Gesellschaft Beschlüsse fassen.

(2) Gesellschafterbeschlüsse werden mit einfacher Mehrheit der anwesenden oder vertretenen Stimmen gefasst, soweit der Vertrag oder das Gesetz[33] nicht eine andere Mehrheit zwingend vorschreibt.

---

[32] Hierzu vgl. § 16.

[33] Nach der sog. Kernbereichstheorie (BGH NJW 1985, 974; NJW 1985, 972) hängen Beschlüsse, die den Kernbereich der Mitgliedschaft berühren, von der Zu-

(3) Mit einer Mehrheit von 75 % der anwesenden oder vertretenen Stimmen beschließt die Gesellschafterversammlung über folgende Angelegenheiten:
   a) Änderungen des Gesellschaftsvertrages, insbesondere Änderungen der Rechtsform, der Firma, des Sitzes, des Unternehmensgegenstandes sowie der Geschäftsführung und Vertretung,
   b) Aufnahme von neuen Gesellschaftern[34] oder stillen Gesellschaftern,
   c) Erhöhung oder Herabsetzung des Festkapitals,[35] wobei überstimmte Gesellschafter nicht zu einer Erhöhung ihrer Kapitaleinlage verpflichtet werden können,
   d) Verfügungen über einen Gesellschaftsanteil nach Maßgabe des § 17,
   e) Entziehung der Geschäftsführungs- und Vertretungsbefugnis,
   f) Auflösung der Gesellschaft,
   g) Ausschließung von Gesellschaftern aus wichtigem Grund,
   h) Feststellung des Jahresabschlusses,
   i) Erhöhung der Rücklagendotierung gemäß § 8 Abs. 2, letzter Satz,
   j) Entlastung des geschäftsführenden Gesellschafters wegen seiner Tätigkeit für die Gesellschaft,
   k) Veräußerung des Unternehmens im Ganzen,
   l) Einbringung des gesamten Vermögens der Gesellschaft in ein anderes Unternehmen,
   m) Erwerb oder Veräußerung von Unternehmen oder Unternehmensbeteiligungen durch die Gesellschaft oder durch ein mit ihr verbundenes Unternehmen,

(4) Je hundert € eines Gesellschaftsanteils gewähren eine Stimme.[36] Stimmenthaltungen gelten als nicht abgegebene Stimmen.

(5) Einwendungen gegen die Wirksamkeit eines Gesellschafterbeschlusses können nur innerhalb einer Ausschlussfrist von einem Monat[37] seit Zugang des betreffenden Protokolls durch gerichtliche Feststellungsklage[38] geltend gemacht werden. Die Klage ist gegen die Gesellschaft[39] zu richten.

---

stimmung des betroffenen Gesellschafters ab. Zum Kernbereich gehören Gewinnverteilung, Beitragspflicht, Informationsrecht (§ 118 HGB, dazu BGH NJW 1995, 194); Auflösungsklage (§ 133 HGB); Sonderrechte (§ 35 BGB), Abfindung, Liquidationserlös; vgl. daher auch die Einschränkungen in Abs. 3, insb. in lit. a.

[34] Vgl. dazu § 27 Rn 11, dort auch zu sonstigen Gestaltungsalternativen.

[35] Vgl. § 27 Rn 33: die Beschlussmehrheiten in der GmbH und KG werden dadurch harmonisiert.

[36] Vgl. dazu § 16 Rn 158.

[37] Eine solche Regelung ist zulässig. Die Frist ist in diesem Fall von Amts wegen als materielle Klagevoraussetzung zu beachten (vgl. zur GmbH BGH NZG 1998, 679); vgl. auch § 17 Rn 85.

[38] Es handelt sich um eine Klage i. S. v. § 256 ZPO. Eine Anfechtungsklage mit Gestattungswirkung entsprechend § 246 AktG ist dem Recht der Personengesellschaften fremd.

[39] Zur Zulässigkeit dieser Bestimmung vgl. BGHZ 85, 350; OLG Frankfurt NJW-RR 1994, 727; ohne diese Bestimmung wäre die Klage gegen die Mitgesellschafter zu richten, da der Streit über die Wirksamkeit von Gesellschafterbeschlüssen grundsätzlich zwischen den Gesellschaftern selbst auszutragen ist, BGH WM 1983, 785.

(6) Die Beschlüsse der Gesellschafter werden in ordentlicher oder außerordentlicher Gesellschafterversammlung oder in sonstiger Weise gemäß § 15 gefasst.

§ 14
Gesellschafterversammlung[40]

(1) Die Gesellschafterversammlung wird durch die Komplementärin einberufen. Jeder Geschäftsführer der Komplementärin ist zur Einberufung berechtigt.[41] Die Einberufung geschieht durch eingeschriebenen Brief[42] an die Gesellschafter unter Mitteilung der Tagesordnung und des Tagungslokals. Zwischen dem Tag der Absendung und dem Tag der Gesellschafterversammlung muss eine Frist von mindestens zwei Wochen liegen.[43] Die Einladung ist mit ihrer Aufgabe zur Post bewirkt. Bei der Berechnung der Frist werden der Tag der Absendung der Einladung und der Tag der Versammlung nicht mitgerechnet. Ist der Aufenthalt eines Gesellschafters unbekannt oder kann er aus anderen Gründen nicht ordnungsgemäß geladen werden, so ruht sein Stimmrecht bis zur Beseitigung dieses Zustandes.

(2) Gesellschafter, die allein oder zusammen über mindestens 10 % der Stimmrechte aller Gesellschafter verfügen, sind berechtigt, unter Angabe der Gründe und der Gegenstände der Tagesordnung die Einberufung einer Gesellschafterversammlung zu verlangen.[44] Kommt die persönlich haftende Gesellschafterin diesem Verlangen nicht innerhalb von zwei Wochen nach, so können sie die Einberufung selbst bewirken.[45] Für Form und Frist der Einberufung gilt Abs. 1 entsprechend. Der Gesellschafter ist auch berechtigt, die Ergänzung der Tagesordnung zu verlangen, wobei jedoch zwischen der Ankündigung der ergänzenden Tagesordnungspunkte und der Gesellschafterversammlung mindestens eine Frist von einer Woche liegen muss.

(3) Gesellschafterversammlungen finden jeweils grundsätzlich am Sitz der Gesellschaft statt. Sie kann jedoch in Einzelfällen an einem anderen Ort innerhalb der Bundesrepublik Deutschland stattfinden.[46] Mehrkosten, die den Gesellschaftern durch die Teilnahme an einer nicht am Sitz der Gesellschaft stattfindenden Gesellschafterversammlung entstehen, hat die Gesellschaft zu ersetzen.

(4) Eine ordentliche Gesellschafterversammlung findet alljährlich nach Aufstellung des Jahresabschlusses in den ersten neun Monaten nach dem

---

[40] Die Bestimmungen über die Gesellschafterversammlung sollten in der KG und in der GmbH weitgehend identisch sein, da die Gesellschafterversammlungen beiden Gesellschaften i. d. R. zusammengefasst werden.

[41] Für den Fall, dass mehrere Geschäftsführer der Komplementärin nur gemeinschaftlich vertretungsberechtigt sind, vgl. § 64: § 6 Abs. 2.

[42] Vgl. die Erläuterung hierzu in Formular § 58 Fn 27.

[43] Siehe Formular § 58 Fn 28.

[44] Es ist empfehlenswert, die Bestimmung über die Gesellschafterversammlung in der KG und in der GmbH weitgehend zu harmonisieren.

[45] Dazu § 16 Rn 93 f.

[46] Dazu § 16 Rn 99.

Ende eines Geschäftsjahres statt. In ihr hat die Komplementärin einen Bericht über das vergangene Geschäftsjahr zu geben und den Jahresabschluss und den Prüfungsbericht des Abschlussprüfers[47] zu erläutern. Die ordentliche Gesellschafterversammlung beschließt über die Feststellung des Jahresabschlusses, die Wahl des Abschlussprüfers sowie die Entlastung der Komplementärin. Jedem Gesellschafter ist auf Verlangen Auskunft über die Angelegenheiten der Gesellschaft zu geben, soweit es zur sachgemäßen Beurteilung des Gegenstandes der Tagesordnung erforderlich ist.

(5) Eine außerordentliche Gesellschafterversammlung hat stattzufinden, wenn eine wichtige Angelegenheit es erfordert oder ein Gesellschafter gem. Abs. 2 darauf anträgt.

(6) Den Vorsitz in der Gesellschafterversammlung führt der Vertreter des Gesellschafters mit der höchsten Kapitalbeteiligung.[48] Bei gleicher Kapitalbeteiligung zweier Gesellschafter alterniert der Vorsitz.

(7) Die Gesellschafterversammlung ist beschlussfähig, wenn mindestens so viele Gesellschafter anwesend oder vertreten sind, dass 75 % aller vorhandenen Stimmen abgegeben werden können. Erweist sich eine Gesellschafterversammlung als nicht beschlussfähig, ist innerhalb von zwei Wochen eine neue Gesellschafterversammlung gem. Abs. 1 einzuberufen. Diese ist hinsichtlich der Gegenstände, die auf der Tagesordnung der beschlussunfähigen Gesellschafterversammlung standen, ohne Rücksicht auf die Zahl der vertretenen Gesellschafter beschlussfähig; darauf ist in der Einladung hinzuweisen.[49]

(8) Jeder Gesellschafter kann sich in der Gesellschafterversammlung durch einen anderen Gesellschafter oder einen zur Berufsverschwiegenheit verpflichteten, sachverständigen Dritten vertreten lassen.[50] Jeder Gesellschafter kann ferner einen zur Berufsverschwiegenheit verpflichteten sachverständigen Dritten zu seiner Beratung hinzuziehen, wenn er dies den anderen Gesellschaftern mit einer Frist von mindestens acht Tagen vorher schriftlich mitgeteilt hat.[51] Der Dritte unterliegt der Schweigepflicht wie ein Gesellschafter.

(9) Über den Verlauf der Gesellschafterversammlung ist eine Niederschrift anzufertigen, die vom Vorsitzenden zu unterzeichnen und unverzüglich

---

[47] Die Bestellung eines Abschlussprüfers ist für die KG nur dann zwingend, wenn die Schwellenwerte des Publizitätsgesetzes (§ 1 Abs. 1 und 2 Publizitätsgesetz) überschritten sind.

[48] Mangels gesetzlicher Regelung ist es häufig zweckmäßig, Regelungen über den Vorsitz in der Gesellschafterversammlung zu treffen.

[49] Das Quorum für die Beschlussfähigkeit wird in der zweiten wiederholten Gesellschafterversammlung im Hinblick auf die Abstimmungspunkte der ersten Versammlung aufgehoben. In diesem Fall verdient die Mehrheit keinen Schutz mehr. - Auf die Konsequenzen für die Beschlussfähigkeit der zweiten Gesellschafterversammlung wird der Mehrheitsgesellschafter hingewiesen.

[50] Grundsätzlich ist die Teilnahme an der Gesellschafterversammlung ein höchstpersönliches Recht, welches die Stellvertretung nicht zulässt. Der Gesellschaftsvertrag darf eine Vertretung zulassen, vgl. Veltins, Der Gesellschaftsvertrag einer Kommanditgesellschaft, 2. Aufl. 2002, S. 91 Anm. 5; § 16 Rn 115, 105.

[51] Vgl. dazu § 16 Rn 115, 105.

allen Gesellschaftern zu übermitteln ist. In der Niederschrift sind der Ort und der Tag der Versammlung, die erschienenen Gesellschafter mit Angabe der Zahl der vertretenen Stimmen sowie die Beschlüsse anzugeben. Die Niederschrift gilt als genehmigt, wenn kein Gesellschafter, der an der Gesellschafterversammlung teilgenommen hat, innerhalb eines Monats nach Zugang des Protokolls schriftlich beim Vorsitzenden der Richtigkeit widersprochen hat.[52]

§ 15
Beschlussfassung in sonstiger Weise

(1) Beschlüsse können auch außerhalb einer Gesellschafterversammlung schriftlich, per Telefax oder fernmündlich gefasst werden, wenn alle Gesellschafter damit einverstanden sind oder sich an der Abstimmung beteiligen.[53]

(2) Die nach Abs. 1 gefassten Beschlüsse werden vom Vorsitzenden der Gesellschafterversammlung in einer Niederschrift festgestellt. Die Niederschrift ist allen Gesellschaftern unverzüglich zu übermitteln. § 14 Abs. 9 gilt entsprechend mit der Maßgabe, dass in der Niederschrift festgehalten wird, wer wie abstimmt hat.

§ 16
Jahresabschluss[54]

(1) Die Komplementärin hat innerhalb der gesetzlichen Frist den Jahresabschluss für das abgelaufene Geschäftsjahr aufzustellen.

(2) Der Jahresabschluss ist durch einen von der Gesellschafterversammlung gewählten Abschlussprüfer (Wirtschaftsprüfer oder Wirtschaftsprüfungsgesellschaft) zu prüfen. Eine Abschrift des Jahresabschlusses und auf Aufforderung des Prüfungsberichtes ist den Gesellschaftern unverzüglich zuzuleiten.

(3) Der Jahresabschluss wird von der Gesellschafterversammlung festgestellt. Der Entwurf des Jahresabschlusses ist den Gesellschaftern rechtzeitig vor der Beschlussfassung, mindestens jedoch 14 Tage vorher, zuzuleiten.

(4) Mitteilungen über die einheitliche Feststellung des Gewinns der Gesellschaft und des Vermögens in der Gesellschaft sowie etwaige Änderungen dieser Feststellungen sind den Gesellschaftern unverzüglich zu übersenden. Auf Verlangen ist den Gesellschaftern vertrauliche Einsicht in die Berichte über die steuerliche Außenprüfung zu geben.

---

[52] Danach ist der protokollierte Beschlussinhalt verbindlich. Diese Vorschrift dient dazu, Streitigkeiten um den Beschlussinhalt zwischen den Gesellschaftern auszuschließen vgl. § 16 Rn 120.

[53] Die Abhaltung einer Gesellschafterversammlung ist weder bei der KG noch bei der GmbH (§ 48 Abs. 2 GmbHG) zwingend. Zur Gesellschafterversammlung im Internet vgl. Zwisseler, GmbHR 2000, 28 ff.

[54] Hierzu § 22.

§ 17
Verfügung über Gesellschaftsanteile und Ansprüche aus dem Gesellschaftsverhältnis

(1) Entgeltliche oder unentgeltliche Verfügungen über Gesellschaftsanteile, Teile von Gesellschaftsanteilen oder Ansprüche des Gesellschafters aus dem Gesellschaftsvertrag bedürfen der vorherigen Zustimmung[55] der Gesellschafterversammlung. Diese beschließt mit 75 % der anwesenden und vertretenen Stimmen.[56]

(2) Abs. 2 gilt entsprechend für Belastungen des Gesellschaftsanteils.

§ 18
Vorkaufsrecht[57]

(1) Für den Fall des Verkaufs eines Gesellschaftsanteils durch einen Gesellschafter sind die übrigen Gesellschafter zum Vorkauf berechtigt. Das Vorkaufsrecht steht den Vorkaufsberechtigten in dem Verhältnis zu, in welchem die Nennbeträge der von ihnen gehaltenen Kommanditanteile zueinander stehen. Soweit ein Vorkaufsberechtigter von seinem Vorkaufsrecht nicht fristgerecht Gebrauch macht, steht dieses den übrigen Vorkauf berechtigten in dem Verhältnis zu, in welchem die Nennbeträge der von ihnen gehaltenen Kommanditanteile zueinander stehen.

(2) Der Verkäufer hat den schriftlich mit dem Käufer zu schließenden Vertrag sämtlichen Vorkaufsberechtigten in öffentlich beglaubigter Abschrift vorzulegen. Das Vorkaufsrecht kann nur bis zum Ablauf von drei Monaten seit Empfang dieser Mitteilung und nur durch schriftliche Erklärung gegenüber dem Verkäufer und den übrigen Vorkaufsberechtigten ausgeübt werden. Soweit einzelne Vorkaufsberechtigte ihr Vorkaufsrecht nicht ausüben, sind die übrigen Vorkaufsberechtigten unverzüglich zu unterrichten. Sie können innerhalb einer Frist von einem Monat das auf sie nach Abs. 1 übergegangene Vorkaufsrecht ausüben, sofern sie dies nicht im Rahmen ihrer Ausübungserklärung bereits vorsorglich getan haben.

(3) Jeder Vorkaufsberechtigte kann das Vorkaufsrecht hinsichtlich des ihm zustehenden Teils des zum Verkauf stehenden Kommanditanteils geltend machen, ohne dass es darauf ankommt, dass der Kommanditanteil infolge der Ausübung weiterer Vorkaufsrechte erschöpft wird.[58] Für den Verkauf gelten der Preis und die Bedingungen des vorgelegten Vertra-

---

[55] Die Anteilsübertragung bleibt bis zur Erteilung der Zustimmung schwebend unwirksam; vgl. § 28 Rn 9.

[56] Zu den Anforderungen an die Mehrheitsklausel beim Zustimmungserfordernis vgl. § 28 Rn 6.

[57] Vgl. i. E. § 28 Rn 16 ff.; vgl. auch die entspr. Regelung im Gesellschaftsvertrag der Komplementär-GmbH unter § 64: § 12; zur Harmonisierung der vertraglichen Regelungen § 28 Rn 25 ff.

[58] In dieser Regelung liegt eine erhebliche Begünstigung des Vorkaufsberechtigten. Sie ist für den Belasteten nicht ungefährlich, weil der Rest des Anteils u. U. sehr schwer verwertbar ist.

ges. Ist der Preis jedoch höher als der nach § 23 Abs. 2 zu bestimmende Wert des Kommanditanteils, gilt letzterer.[59]

(4) Soweit der zum Verkauf stehende Kommanditanteil aufgrund des Vorkaufsrechts an einen Vorkaufsberechtigten verkauft wird, sind die Gesellschafter verpflichtet, die gem. § 17 Abs. 1 für die Teilung ggf. erforderliche Zustimmung zu erteilen.

§ 19
Vererbung von Gesellschaftsanteilen[60]

(1) Durch den Tod eines Kommanditisten wird die Gesellschaft nicht aufgelöst, sondern mit den Erben des verstorbenen Gesellschafters fortgesetzt.

(2) Sind mehrere Erben vorhanden, so ist ihnen die Ausübung aller ihrer Gesellschafterrechte nur durch einen Bevollmächtigten gestattet,[61] ausgenommen das Recht zur Kündigung der Gesellschaft. Dieser Bevollmächtigte ist von der Erbengemeinschaft gegenüber der Gesellschaft innerhalb von drei Monaten nach dem Tod des Gesellschafters zu benennen. Das Stimmrecht der Erben ruht, bis sie einen Bevollmächtigten benannt haben und bis der Bevollmächtigte eine von allen Erben unterzeichnete Vollmacht vorlegt, die ihn zur einheitlichen Wahrnehmung der Mitgliedschaftsrechte der Erben, ausgenommen das Recht zur Kündigung, ermächtigt. S. 1 und 3 gelten im Falle des Widerrufs der Vollmacht entsprechend, bis ein neuer Bevollmächtigter ernannt ist und seine Vollmacht vorgelegt hat.

§ 20
Kündigung der Gesellschaft[62]

(1) Die Gesellschaft kann mit einer Frist von 6 Monaten auf den Schluss des Geschäftsjahres gekündigt werden. Die Gesellschaft kann erstmals

[59] Auch diese Regelung privilegiert den Vorkaufsberechtigten, weil sie den Erwerbspreis limitiert. Darin liegt zugleich eine erhebliche Beschränkung des „Belasteten", zumal die in § 23 Abs. 2 festgelegte Methode nicht notwendigerweise zu dem Verkehrswert entsprechenden Ergebnissen führt. Gleichwohl kann die Regelung im Einzelfall interessengerecht sein, wenn es dem Einzelnen erleichtert werden soll, das Eindringen Dritter zu verhindern bzw. seine Beteiligung u. U. zu erhöhen. Zugleich wird verhindert, dass Dritte im Vertrauen auf die Ausübung des Vorkaufsrechts „Mondpreise" bieten und so der Vorkaufspreis in die Höhe getrieben wird. Eine Alternative besteht darin, statt Vorkaufsrechten sog. Vorerwerbsrechte vorzusehen, vgl. hierzu § 28 Rn 16.

[60] Vgl. §§ 33 und 34; zu den steuerlichen Folgen § 36.

[61] Entgegen § 2032 Abs. 1 BGB geht die Mitgliedschaft bei mehreren Erben nicht auf die Erbengemeinschaft über, sondern jeder Erbe erwirbt im Wege der Sondererbfolge entsprechend seiner Quote einen Teil des Gesellschaftsanteils, st. Rspr. BGH NJW 1986, 2431; Baumbach/Hopt § 177 HGB Rn 3; GK/Schilling § 177 HGB Rn 7. Der Gesellschaftsvertrag kann aber die gemeinsame Vertretung anordnen, GK/Schilling § 177 HGB Rn 7.

[62] Dazu § 29 Rn 28 ff.

zum 31.12.2005 gekündigt werden. Das Recht zur Kündigung aus wichtigem Grund bleibt unberührt.[63]

(2) Die Kündigung hat durch eingeschriebenen Brief an die Komplementärin zu geschehen, die die übrigen Gesellschafter unverzüglich hiervon zu unterrichten hat.[64] Kündigt die Komplementärin ist die Kündigung an alle übrigen Gesellschafter zu richten. Für die Rechtmäßigkeit der Kündigung ist der Tag der Zustellung maßgebend.

(3) Wenn ein Gesellschafter die Gesellschaft fristgerecht gekündigt hat, kann sich jeder andere Gesellschafter der Kündigung innerhalb der ersten zwei Monate der Kündigungsfrist anschließen.[65] Abs. 2 gilt entsprechend. Die Anschlusskündigung löst nicht die Möglichkeit zu einer weiteren Anschlusskündigung aus.

(4) Die Kündigung führt nicht zur Auflösung der Gesellschaft. Diese wird mit den übrigen Gesellschaftern unter der bisherigen Firma fortgesetzt. Der Kündigende scheidet aus der Gesellschaft aus.

(5) Abs. 4 gilt entsprechend, wenn der Gläubiger eines Gesellschafters das Gesellschaftsverhältnis gem. § 135 HGB kündigt.[66]

§ 21
Ausschluss von Gesellschaftern[67]

(1) Die anderen Gesellschafter sind aufgrund eines von ihnen mit einfacher Mehrheit aller Stimmen gefassten Beschlusses berechtigt, einen Gesellschafter aus der Gesellschaft auszuschließen, wenn in seiner Person ein wichtiger Grund vorliegt, der nach den Vorschriften der §§ 161, 140, 133 HGB seinen Ausschluss aus der Gesellschaft ermöglichen würde, insbesondere wenn eine Auflösungsklage eines Gesellschafters gem. § 140 HGB rechtskräftig abgewiesen wurde,[68] oder wenn ein Gesellschafter geheiratet hat, ohne mit seinem Ehegatten rechtswirksam zu vereinbaren, dass bei Beendigung des Güterstandes die Beteiligung an der Gesellschaft für die Berechnung des Zugewinns außer Betracht bleiben soll oder wenn er eine solche Vereinbarung mit seinem Ehegatten rückgängig macht.[69]

---

[63] Ein völliger Ausschluss des Kündigungsrechts ist unzulässig; vgl. i.E. BGHZ 23, 10, 15.

[64] Vgl. § 29 Rn 39.

[65] Dazu § 29 Rn 39.

[66] Näher § 29 Rn 43 ff.

[67] Vgl. hierzu § 30.

[68] Zur Zulässigkeit einer solchen vertraglichen Festlegung eines wichtigen Grundes i.S.v. § 140 HGB vgl. BGHZ 51, 205.

[69] Solche Klauseln sollen den Gesellschafter vor hohen Zugewinnausgleichsforderungen, denen keine entsprechende Liquidität gegenübersteht, schützen; durch diesen Schutz soll – und darin liegt die Rechtfertigung dieser Klauseln – zugleich die Gesellschaft davor geschützt werden, dass der Gesellschafter seine Liquidität durch erhöhte Entnahmen, Darlehenskündigungen etc. herstellen oder die Anteile gar veräußern muss. Als Alternative kommt das noch strengere (im Einzelfall aber steuerungünstigere, vgl. § 5 ErbStG) Erfordernis einer Gütertrennung (vgl. Reichert/Harbarth, S. 174 f.) in Betracht.

(2) Der betroffene Gesellschafter ist vom Stimmrecht ausgeschlossen.[70]
(3) Statt des Ausschlusses können die anderen Gesellschafter beschließen, dass der Gesellschaftsanteil des betroffenen Gesellschafters ganz oder teilweise auf einen oder mehrere Gesellschafter und/oder Dritte abzutreten ist. In diesen Fällen ist der betroffene Gesellschafter verpflichtet, seinen Gesellschaftsanteil unverzüglich gemäß dem gefassten Beschluss abzutreten. Die Komplementärin wird bevollmächtigt, die Abtretung vorzunehmen. Das Recht zum Ausschluss des betroffenen Gesellschafters bleibt unberührt.
(4) Die Gesellschaft wird von den übrigen Gesellschaftern unter der bisherigen Firma fortgeführt.

§ 22
Insolvenz, Zwangsvollstreckung[71]

(1) Wird über das Vermögen eines Gesellschafters ein Insolvenzverfahren eröffnet oder mangels Masse abgewiesen, scheidet er zum Zeitpunkt der Verfahrenseröffnung oder zum Zeitpunkt der Abweisung des Eröffnungsantrags aus der Gesellschaft aus. Die Gesellschaft wird unter den übrigen Gesellschaftern unter der bisherigen Firma fortgesetzt.
(2) Abs. 1 gilt entsprechend, wenn die Rechte eines Gesellschafters aus seiner Beteiligung an der Gesellschaft gepfändet werden und es dem Gesellschafter nicht gelingt, innerhalb einer Frist von drei Monaten seit Zustellung des Pfändungs- und Überweisungsbeschlusses die Aufhebung der Pfändung zu erreichen.

§ 23
Abfindung[72]

(1) In den Fällen des Ausscheidens hat der ausscheidende Gesellschafter Anspruch auf eine Abfindung nach Maßgabe der Bestimmungen dieses Vertrages. Zum Zwecke der Ermittlung des Abfindungsguthabens ist von der Komplementärin eine Abfindungsbilanz nach Maßgabe der nachfolgenden Vorschriften aufzustellen.
(2) Scheidet ein Gesellschafter durch Kündigung gem. § 20[73] aus der Gesellschaft aus, erhält er als Abfindung den Verkehrswert der Beteiligung. Dieser ist nach dem sog. Ertragswertverfahren[74] zu ermitteln. Dabei ist der Durchschnitt der handelsrechtlichen Jahresüberschüsse der letzten drei vollen Geschäftsjahre vor dem Ausscheiden mit dem Faktor 10 zu multiplizieren.[75] Eine Änderung des Jahresabschlusses nach dem Aus-

---

[70] Dazu § 30 Rn 39.
[71] § 131 Abs. 3 Nr. 2, 5 HGB.
[72] Vgl. § 31.
[73] In allen anderen Fällen ist eine stärkere Beschränkung der Abfindung vorgesehen.
[74] Vgl. § 28 Rn 20 ff.
[75] Es handelt sich hierbei um eine Alternative zur gängigen Ertragswertmethode nach HFA 2/83 (künftig: IDW ES 1), die nicht auf die Vergangenheitserfolge,

scheiden hat auf die Abfindung keinen Einfluss. Werden dem Ausgeschiedenen aufgrund der Abweichung der einkommensteuerlichen gesonderten Gewinnfeststellung von der Handelsbilanz nach seinem Ausscheiden steuerlich Mehrgewinne zugerechnet, hat die Gesellschaft den Ausgeschiedenen von den auf diese Mehrgewinne entfallenden Steuerverbindlichkeiten freizustellen, es sei denn, diese Steuerverbindlichkeiten sind darauf zurückzuführen, dass persönliche Aufwendungen des Ausgeschiedenen oder Aufwendungen für den Ausgeschiedenen nicht als Betriebsausgaben steuerlich anerkannt werden.

(3) Kommt eine Einigung über den Abfindungswert nicht zustande, so haben sich die Parteien auf einen Sachverständigen zu einigen, der als Schiedsgutachter entscheidet. Können sich die Parteien nicht über die Person des Schiedsgutachters einigen, wird dieser auf Antrag einer Partei durch das Institut der Wirtschaftsprüfer e.V., Düsseldorf, oder dessen Nachfolgeorganisation bestimmt und von der beantragten Partei zu üblichen Bedingungen beauftragt. Die Kosten des Schiedsgutachtens tragen der ausscheidende Gesellschafter und die Gesellschaft je zur Hälfte.

(4) In allen anderen Fällen des Ausscheidens mit Ausnahme des Ausscheidens durch die Ausübung von Vorkaufsrechten erhält der Gesellschafter als Abfindung den Saldo seiner Konten (Kapitalkonto, Kapitalverlustkonto und Rücklagenkonto)[76] in der letzten ordentlichen Jahresbilanz, die seinem Ausscheiden vorangeht oder auf den Stichtag des Ausscheidens aufgestellt wird. Ein Kapitalverlustkonto kann dabei nur mit positiven Beständen auf dem Kapitalkonto und/oder Rücklagenkonto verrechnet werden. Sollte diese Bestimmung unwirksam oder anwendbar sein, erhält der betreffende Gesellschafter 50 % der Abfindung gem. Abs. 2.

---

sondern auf die Zukunftserfolge abstellt und den Kapitalisierungsfaktor von individuell zu bestimmenden Voraussetzungen abhängig macht. Die Klausel soll die Berechnung stark vereinfachen, nimmt dabei aber in Kauf, dass ihr Ergebnis vom tatsächlichen Beteiligungswert nicht mehrheitlich nach oben oder nach unten abweichen kann.

[76] Die Abfindungsklausel differenziert zwischen den Fällen des Ausscheidens aufgrund Kündigung, bei denen sich die Abfindung aus einer vereinfachten Ertragswertberechnung (im Gegensatz zur gängigen Methode allerdings nicht auf die Zukunft, sondern auf die Vergangenheit projeziert) ergeben soll. Demgegenüber ist die Abfindung für andere Fälle des Ausscheidens im Grundsatz auf den Buchwert beschränkt. Selbst wenn man in der Tendenz wohl davon ausgehen kann, dass für Ausschlussfälle die Gefahr einer Kassation einer Buchwertklausel geringer ist, lassen sich auch insoweit bei erheblichen Abweichungen Risiken nicht ausschließen. Zum einen kommt das Risiko nach § 138 BGB in Betracht, wobei allerdings der Aspekt einer Gläubigerbenachteiligung hier wohl ausscheidet, da die Klausel auch andere Fälle erfasst. Daneben ist allerdings auch zu besorgen, dass die Rechtsprechung die Klausel im Einzelfall nicht anwendet, wenn sich im Laufe der Zeit eine ganz erhebliche Differenz zwischen Klauselwert und Buchwert ergeben hat; vgl. zu den Einzelheiten § 31 Rn 20ff. Um diesen Risiken Rechnung zu tragen, ist die Beschränkung auf den Buchwert hier insoweit eingeschränkt, als jedenfalls eine Abfindung von 50 % des modifizierten Ertragswertes gemäß Abs. 2 zur Anwendung kommt.

(5) Die Abfindung und ein etwaiges Guthaben auf dem Verrechnungs- und Darlehenskonto (Abfindungsguthaben) sind in drei gleichen Jahresraten auszuzahlen, wobei die erste Rate ein Jahr nach dem Ausscheiden fällig wird. Das Abfindungsguthaben ist in seiner jeweiligen Höhe vom Ausscheiden an mit ... % zu verzinsen.[77] Die Zinsen sind mit den Raten zu zahlen. Das Abfindungsguthaben kann ganz oder teilweise vorzeitig ausgezahlt werden. Die vorzeitig gezahlten Beträge werden auf die nächstfälligen Raten angerechnet. Eine Sicherstellung der Schuld kann nicht verlangt werden, ebenso wenig die Befreiung von schwebenden Verbindlichkeiten.

(6) Sollte die Einhaltung der Jahresraten nicht ohne schweren Schaden der Gesellschaft möglich sein, ermäßigt sich die Höhe der Jahresraten auf den Betrag, der für die Gesellschaft ohne schwere Schädigung tragbar ist, wobei sich die Zahl der Jahresraten entsprechend erhöht. Entsteht darüber, ob die Einhaltung der Jahresraten ohne schweren Schaden für die Gesellschaft möglich ist und/oder um welche Zahl sich die Raten erhöhen, eine Meinungsverschiedenheit zwischen den Beteiligten, so wird diese von einem Schiedsgutachter nach billigem Ermessen entschieden. Abs. 3 Satz 2 gilt entsprechend. Der Schiedsrichter entscheidet auch über die Tragung seiner Kosten nach billigem Ermessen.

(7) Weitere Ansprüche des ausscheidenden Gesellschafters bestehen nicht. Insbesondere nimmt er am Gewinn und Verlust aus bei seinem Ausscheiden noch schwebenden Geschäften nicht teil, soweit diese nicht zu bilanzieren sind.

§ 24
Gesellschafterpflichten

(1) Die Gesellschafter haben in allen Angelegenheiten der Gesellschaft Stillschweigen zu bewahren.[78] Dies gilt auch nach einem etwaigen Ausscheiden aus der Gesellschaft.

(2) Die Gesellschafter sind zur Gesellschaftstreue[79] verpflichtet. Sie haben den Gesellschaftszweck zu fördern, dürfen die Gesellschaft in keiner Weise schädigen und sind insbesondere gehalten, Geschäftsgeheimnisse oder geschäftliche Beziehungen nicht zu deren Nachteil oder zum eigenen Vorteil auszunutzen. Den Gesellschaftern obliegt es, untereinander und zu den Mitarbeitern der Gesellschaft ein gutes Verhältnis herzustellen und zu wahren.

(3) Die Gesellschafter unterliegen keinem Wettbewerbsverbot.[80]

---

[77] Zu Grenzen der rechtlichen Gestaltung bei Zahlungsmodalitäten für eine Abfindung, vgl. § 31 Rn 27 ff.

[78] Vgl. § 25 Rn 8.

[79] Zur Treuepflicht vgl. § 25.

[80] Zur Einschränkung von Wettbewerbsverboten vgl. § 26 Rn 52 ff.

§ 25
Leistungsverkehr mit der Gesellschaft

Im Leistungsverkehr zwischen der Gesellschaft und ihren Gesellschaftern ist es untersagt, einem Gesellschafter oder einer ihm nahe stehenden Person unangemessene Vorteile irgendwelcher Art vertragsgemäß oder durch einseitige Handlung zuzuwenden oder die Gewährung solcher Vorteile stillschweigend zuzulassen.

§ 26
Liquidation[81]

(1) Tritt die Gesellschaft in Liquidation, so ist die zu diesem Zeitpunkt zur Geschäftsführung berechtigte Komplementärin alleinige Liquidatorin.
(2) Das Liquidationsergebnis ist nach dem Verhältnis der Kapitalkonten zu verteilen.

§ 27
Schriftform

Nebenabreden zu diesem Vertrag sind nicht getroffen. Änderungen oder Ergänzungen bedürfen zu ihrer Rechtswirksamkeit der Schriftform. Das Gleiche gilt für den Verzicht auf dieses Schriftformerfordernis.

§ 28
Salvatorische Klausel

Sollten Bestimmungen dieses Vertrages oder eine künftig in ihn aufgenommene Bestimmung ganz oder teilweise unwirksam oder undurchführbar sein oder werden, so bleibt die Gültigkeit der übrigen Bestimmungen hiervon unberührt. Das Gleiche gilt, falls sich herausstellen sollte, dass der Vertrag eine Regelungslücke enthält. Anstelle der unwirksamen oder undurchführbaren Bestimmungen oder zur Ausfüllung der Regelungslücke soll dann eine angemessene Regelung gelten, die dem am nächsten kommt, was die Gesellschafter gewollt hätten, wenn sie die Unwirksamkeit, Undurchführbarkeit oder Lückenhaftigkeit gekannt hätten. Das Gleiche gilt, wenn die Unwirksamkeit einer Bestimmung auf einen in dem Vertrag vorgeschriebenen Maß der Leistung oder Zeit (Frist oder Termin) beruht. In diesem Fall soll das Maß der Leistung oder Zeit (Frist oder Termin) als vereinbart gelten, das rechtlich zulässig ist und dem Gewollten möglichst nahe kommt.

---

[81] Vgl. § 46.

§ 64 Satzung der Komplementär-GmbH

Satzung der A & F Verwaltungsgesellschaft mbH

Inhaltsverzeichnis:

§ 1
Firma

Die Firma der Gesellschaft lautet:

A & F Verwaltungsgesellschaft mbH.[1]

§ 2
Sitz[2]

Der Sitz der Gesellschaft ist .... (Ort)

§ 3
Gegenstand der Gesellschaft[3]

Gegenstand der Gesellschaft ist die Beteiligung an Gesellschaften, die sich mit der Herstellung und dem Vertrieb von Nahrungsmitteln, insbesondere von Süßwaren, befassen[4] sowie die Übernahme der Geschäftsführung solcher Gesellschaften.

---

[1] Vgl. dazu § 13 Rn 22 ff., 16 ff.

[2] Vgl. dazu § 14 Rn 9.

[3] Vgl. die Erläuterung zu § 3 in Formular § 59.

[4] Diese Präzisierung empfiehlt sich im Hinblick auf BayObLG NJW 1976, 1694 f., obwohl sie nach richtiger Auffassung entbehrlich ist, vgl. BayObLG GmbHR 1995, 722, 723; Hesselmann/Tillmann Rn 128.

§ 4
Stammkapital, Stammeinlage[5]

(1) Das Stammkapital der Gesellschaft beträgt € 100.000,–. Die Stammeinlage wurde in Höhe von € 90.000,– von der A-AG, in Höhe von € 10.000,– von F übernommen.
(2) Die Stammeinlagen sind voll erbracht.

§ 5
Geschäftsführer

Die Gesellschaft hat einen oder mehrere Geschäftsführer, die von der Gesellschafterversammlung bestellt und abberufen werden.

§ 6
Geschäftsführung[6]

(1) Die Geschäftsführer sind verpflichtet, die Geschäfte der Gesellschaft in Übereinstimmung mit dem Gesetz, mit diesem Gesellschaftsvertrag sowie den Beschlüssen der Gesellschafter zu führen.
(2) Sind zwei oder mehrere Geschäftsführer vorhanden, sind sie, unbeschadet ihrer Vertretungsmacht nach außen, nur gemeinschaftlich zur Geschäftsführung befugt, soweit nicht in einer von der Gesellschafterversammlung zu beschließenden Geschäftsordnung Abweichendes festgelegt ist.[7]
(3) Die Geschäftsführung bedarf zu allen Maßnahmen und Geschäften, die über den gewöhnlichen Geschäftsbetrieb der Gesellschaft hinausgehen oder mit denen ein außergewöhnliches wirtschaftliches Risiko verbunden ist, der vorherigen Zustimmung der Gesellschafterversammlung. Zustimmungsbedürftige Geschäfte und Maßnahmen sind insbesondere:[8]
   a) Erwerb und Veräußerung, Pacht und Verpachtung von Unternehmen jeglicher Art oder Teilen davon,
   b) Beteiligung an anderen Unternehmen,
   c) Errichtung und Auflösung von Zweigniederlassungen
   d) Rechtsgeschäfte über den Erwerb und die Veräußerung von Grundstücken,

---

[5] Vgl. dazu Reichert/Harbarth, § 4 Anm. 1, 2.
[6] Vgl. § 15 Rn 45 ff.
[7] Vgl. dazu Reichert/Harbarth, § 6 Anm. 2, S. 88.
[8] Das Recht des Gesellschafters, auch andere Geschäfte und Maßnahmen an sich zu ziehen und den Geschäftsführern diesbezügliche Weisungen zu erteilen, wird durch den Katalog nicht berührt (vgl. auch Scholz/U.H. Schneider, 9. Aufl., § 37 GmbHG Rn 30). Der Zustimmungskatalog ist mit demjenigen in der GmbH & Co. KG harmonisiert. An sich würde es genügen, ihn entweder nur in der GmbH oder nur in der GmbH & Co. KG anzusiedeln. Die hier vorgesehene „Doppelung" macht nur Sinn, falls der Gesellschafterkreis auseinanderfallen sollte und nicht bewusst nur einer der Gesellschaften die Zustimmungskompetenz eingeräumt werden soll.

e) Belastung von Grundstücken und grundstücksgleichen Rechten,
f) Übernahme von Bürgschaften und Eingehen von Haftungen jeglicher Art, soweit diese nicht mit dem laufenden Geschäftsverkehr zusammenhängen,
g) Aufnahme von Krediten außerhalb des normalen Geschäftsverkehrs,
h) Abschluss, Änderung und Beendigung von Organschaftsverträgen sowie Betriebsübernahme- und Betriebsüberlassungsverträge jeglicher Art,
i) Investitionen ab einem Betrag von Euro ... (ohne UmsatzSt.) im Einzelfall, wenn sie in dem genehmigten jährlichen Investitionsplan nicht enthalten sind,
k) die Beteiligung an Maßnahmen in Beteiligungsgesellschaften, soweit sie Angelegenheiten gem. lit. a) bis i) betreffen, sei es durch Ausübung des Stimmrechts, sei es durch Wahrnehmung der Geschäftsführung, sowie die Ausübung des Stimmrechts bei Änderungen der Gesellschaftsverträge der Beteiligungsgesellschaften.

§ 7
Vertretung[9]

Die Gesellschaft wird, wenn ein Geschäftsführer vorhanden ist, durch diesen vertreten. Sind mehrere Geschäftsführer vorhanden, wird sie durch zwei Geschäftsführer gemeinschaftlich oder durch einen Geschäftsführer gemeinsam mit einem Prokuristen vertreten. Durch Beschluss der Gesellschafterversammlung kann dem Geschäftsführer oder, wenn mehrere Geschäftsführer vorhanden sind, einzelnen oder allen von ihnen die Befugnis zur Einzelvertretung und/oder Befreiung von den Beschränkungen des § 181 BGB erteilt werden. Für Geschäfte mit der A + F Süßwarenfabrik GmbH & Co. KG sind die Geschäftsführer von den Beschränkungen des § 181 BGB befreit.[10]

§ 8
Gesellschafterversammlung[11]

(1) Die Gesellschafterversammlung wird durch die Geschäftsführer einberufen. Jeder Geschäftsführer ist zur Einberufung berechtigt.[12] Die Einberufung geschieht durch eingeschriebenen Brief an die Gesellschafter unter Mitteilung der Tagesordnung und des Tagungslokals. Zwischen dem Tag der Absendung und dem Tag der Gesellschafterversammlung muss eine

---

[9] Vgl. hierzu § 15 Rn 54.

[10] Zur Befreiung vom Verbot des Selbstkontrahierens vgl. § 15 Rn 19.

[11] Die Bestimmungen über die Gesellschafterversammlung sollten in der KG und in der GmbH weitgehend identisch sein, da die Gesellschafterversammlungen beiden Gesellschaften i. d. R. zusammengefasst werden.

[12] Enthält eine Klarstellung, die der zu § 49 GmbHG ergangenen Rspr. entspricht, OLG Frankfurt GmbHR 1976, 110; vgl. Lutter/Hommelhoff, 15. Aufl., § 49 GmbHG Rn 3.

Frist von mindestens zwei Wochen liegen.[13] Die Einladung ist mit ihrer Aufgabe zur Post bewirkt. Bei der Berechnung der Frist werden der Tag der Absendung der Einladung und der Tag der Versammlung nicht mitgerechnet. Ist der Aufenthalt eines Gesellschafters unbekannt oder kann er aus anderen Gründen nicht ordnungsgemäß geladen werden, so ruht sein Stimmrecht bis zur Beseitigung dieses Zustandes.

(2) Gesellschafterversammlungen finden jeweils grundsätzlich am Sitz der Gesellschaft statt. Sie können jedoch in Einzelfällen an einem anderen Ort innerhalb der Bundesrepublik Deutschland stattfinden.[14] Mehrkosten, die den Gesellschaftern durch die Teilnahme an einer nicht am Sitz der Gesellschaft stattfindenden Gesellschafterversammlung entstehen, hat die Gesellschaft zu ersetzen.

(3) Den Vorsitz in der Gesellschafterversammlung führt der Vertreter des Gesellschafters mit der höchsten Kapitalbeteiligung.[15]

(4) Die Gesellschafterversammlung ist beschlussfähig, wenn mindestens so viele Gesellschafter anwesend oder vertreten sind, dass 75 % aller vorhandenen Stimmen abgegeben werden können. Erweist sich eine Gesellschafterversammlung als nicht beschlussfähig, ist innerhalb von zwei Wochen eine neue Gesellschafterversammlung gem. Abs. 1 einzuberufen. Diese ist hinsichtlich der Gegenstände, die auf der Tagesordnung der beschlussunfähigen Gesellschafterversammlung standen, ohne Rücksicht auf die Zahl der vertretenen Gesellschafter beschlussfähig; darauf ist in der Einladung hinzuweisen.

(5) Jeder Gesellschafter kann sich in der Gesellschafterversammlung durch einen anderen Gesellschafter oder einen zur Berufsverschwiegenheit verpflichteten, sachverständigen Dritten vertreten lassen. Die Vollmacht bedarf der Schriftform.[16] Durch andere Personen kann sich ein Gesellschafter nicht vertreten lassen.[17] Jeder Gesellschafter kann ferner einen zur Berufsverschwiegenheit verpflichteten, sachverständigen Dritten zu seiner Beratung hinzuziehen, wenn er dies den anderen Gesellschaftern mit einer Frist von mindestens acht Tagen vorher schriftlich mitgeteilt hat.[18] Der Dritte unterliegt der Schweigepflicht wie ein Gesellschafter.

(6) Über den Verlauf der Gesellschafterversammlung ist eine Niederschrift anzufertigen, die vom Vorsitzenden der Gesellschafterversammlung zu unterzeichnen und unverzüglich allen Gesellschaftern zu übermitteln ist. In der Niederschrift sind der Ort und der Tag der Versammlung, die erschienenen Gesellschafter mit Angabe der Zahl der vertretenen Stimmen sowie die Beschlüsse anzugeben. Die Niederschrift gilt als geneh-

---

[13] Vgl. hierzu § 16 Rn 89f. und zum gesetzlichen Regelungsmodell vgl. Formular § 59, Fn 28.

[14] Zu den Schranken dieser Regelung siehe § 16 Rn 84.

[15] Vgl. dazu § 16 Rn 108f., dort auch zum Vorgehen, wenn eine solche Regelung fehlt.

[16] Gesetzlich genügt eine Textform, § 47 Abs. 3 GmbHG i.V.m. § 126 b BGB.

[17] Im Interesse der Vertraulichkeit begrenzt diese Satzungsbestimmung den Kreis von Vertretungsberechtigten im Vergleich zur gesetzlichen Regelung, § 47 Abs. 3 GmbHG.

[18] Vgl. zum Recht der Gesellschafter, einen Berater beizuziehen, § 16 Rn 105.

migt, wenn kein Gesellschafter, der an der Gesellschafterversammlung teilgenommen hat, innerhalb eines Monats nach Zugang des Protokolls schriftlich beim Vorsitzenden der Richtigkeit des Protokolls widersprochen hat.[19]

§ 9
Beschlussfassung

(1) Gesellschafterbeschlüsse werden in der Gesellschafterversammlung gefasst.
(2) Je € 100,– eines Gesellschaftsanteils gewähren eine Stimme. Stimmenthaltungen gelten als nicht abgegebene Stimme. Die Gesellschafter sind, soweit gesetzlich zulässig, abweichend von § 47 Abs. 4 GmbHG stimmberechtigt.[20]
(3) Gesellschafterbeschlüsse werden mit einfacher Mehrheit der Stimmen der anwesenden oder vertretenen Gesellschafter gefasst, soweit der Vertrag oder das Gesetz nicht eine andere Mehrheit zwingend vorschreibt.[21]
(4) Einwendungen gegen die Wirksamkeit eines Gesellschafterbeschlusses können nur innerhalb einer Ausschlussfrist von einem Monat seit Zugang des betreffenden Protokolls durch Nichtigkeitsfeststellungs- bzw. Anfechtungsklage geltend gemacht werden.[22]
(5) Beschlüsse können auch außerhalb einer Gesellschafterversammlung schriftlich, per Telefax oder fernmündlich gefasst werden, wenn alle Gesellschafter damit einverstanden sind oder sich an der Abstimmung beteiligen.[23]

---

[19] Zu Sinn und Zweck dieser Regelung vgl. § 16 Rn 110.

[20] § 47 Abs. 4 GmbHG soll das Gesellschaftsvermögen gegenüber einem einzelnen Gesellschafter im Interesse der Gesamtheit von Gesellschaftern schützen. Damit steht diese Bestimmung zur Disposition der Gesellschaftergesamtheit und kann im Gesellschaftsvertrag eingeschränkt oder abbedungen werden (Lutter/Hommelhoff, 15. Aufl. § 47 Rn 13). Dies gilt allerdings nicht für das Verbot, als Richter in eigener Sache mitzuentscheiden (BGH BB 1989, 1496, 14 98; DStR 1994, 869). Allgemein zur Befreiung vom Stimmverbot des § 47 Abs. 4 GmbHG, vgl. Reichert/Harbarth, Der GmbH-Vertrag, 3. Aufl. 2001, § 9 Anm. 9, S. 110; ferner in diesem Band § 16 Rn 141.

[21] Zu den gesetzlich vorgeschriebenen höheren Mehrheitserfordernissen vgl. § 16 Rn 151.

[22] Zwar ist die Monatsfrist in § 246 AktG auf die GmbH nicht strikt analog anwendbar; allerdings können die Gesellschaften Ausschlussfristen vertraglich vereinbaren. Diese sollten nicht kürzer bemessen sein als die Monatsfrist in § 246 AktG; vgl. auch §§ 14, 36, 125, 195 UmwG. Bei Fehlen einer vertraglichen Regelung ist die Klage in „angemessener Frist" zu erheben, für die die Monatsfrist gleichwohl als Leitbild dienen kann; zum Ganzen Lutter/Hommelhoff, 15. Aufl. Anh. § 47 GmbHG Rn 60.

[23] Zu den zwingenden Fällen der Beschlussfassung in der Gesellschafterversammlung vgl. § 16 Rn 113.

(6) Die nach Abs. 5 gefassten Beschlüsse werden vom Vorsitzenden der Gesellschafterversammlung in einer Niederschrift festgestellt. Die Niederschrift ist allen Gesellschaftern unverzüglich zu übermitteln. § 8 Abs. 6 gilt entsprechend mit der Maßgabe, dass in der Niederschrift festgehalten wird, wer wie abstimmt hat.[24]

§ 10
Geschäftsjahr, Jahresabschluss

(1) Das Geschäftsjahr entspricht dem Kalenderjahr.
(2) Nach Ablauf eines Geschäftsjahres sind der Jahresabschluss[25] und der Lagebericht[26] für das abgelaufene Geschäftsjahr innerhalb der gesetzlichen Fristen[27] aufzustellen. Bei der Aufstellung des Jahresabschlusses sind die handels- und steuerrechtlichen Vorschriften zu beachten.
(3) Der Jahresabschluss und die zugrunde liegenden Geschäftsbücher sind durch einen, aufgrund eines Gesellschafterversammlungsbeschlusses zu beauftragenden, Wirtschaftsprüfer oder eine Wirtschaftsprüfungsgesellschaft zu prüfen, sofern dies gesetzlich vorgeschrieben[28] ist oder die Gesellschafterversammlung eine Prüfung beschließt.[29] In diesem Fall ist der Prüfungsbericht allen Gesellschaftern unverzüglich zuzuleiten.
(4) Die Gesellschafterversammlung entscheidet über die Feststellung des Jahresabschlusses[30] und beschließt nach ihrem Ermessen über die Verwendung des Ergebnisses, die Entnahmen aus Rücklagen und die Einstellung in Rücklagen. Sie kann den Jahresabschluss zuzüglich eines Gewinnvortrages und abzüglich eines Verlustvortrages bzw. den Bilanzgewinn, sofern die Bilanz unter Berücksichtigung der teilweisen Ergebnisverwendung aufgestellt wird oder Rücklagen aufgelöst werden, ausschütten, vortragen oder in andere Gewinnrücklagen einstellen.[31] Vorabausschüttungen auf den zu erwartenden Gewinn des Geschäftsjahres können bereits vor dessen Ablauf beschlossen werden.[32]
(5) Wird die Steuerbilanz nachträglich bei der Veranlagung oder durch eine Betriebsprüfung geändert, so sind die Handelsbilanzen für die betreffenden Jahre durch Beschluss der Gesellschafterversammlung an die ge-

---

[24] Zum Zweck dieser Regelung vgl. § 16 Rn 110.

[25] Vgl. hierzu § 22.

[26] Vgl. zum Lagebericht § 22 Rn 11.

[27] Die gesetzlichen Fristen für die Aufstellung enthält § 264 Abs. 1 S. 2, 3 HGB. Individuelle Gestaltungen über die Aufstellungsfrist geben oft Anlass zu Zwischenverfügungen des Registergerichts, vgl. MünchHdb. GmbH/Mayer, § 20 Rn 61.

[28] Obligatorische Abschlussprüfungen für mittelgroße und große Kapitalgesellschaften ergeben sich aus § 267 Abs. 2 und 3 HGB.

[29] Die Entscheidung über eine freiwillige Prüfung liegt bei den Gesellschaftern, vgl. MünchHdb. GmbH/Mayer, § 20 Rn 64.

[30] Zur Unterscheidung zwischen der Aufstellung und Feststellung des Jahresabschlusses vgl. MünchHdb. GmbH/Mayer, § 20 Rn 63, 60.

[31] Zur dieser Regelung vgl. Reichert/Harbarth, § 16 Anm. 7, S. 160.

[32] Vgl. Lutter/Hommelhoff, § 29 GmbHG Rn 45 f.

änderten Steuerbilanzen anzupassen, soweit nicht zwingende handelsrechtliche Vorschriften dem entgegenstehen.

§ 11
Verfügungen über Geschäftsanteile

Verfügungen über Geschäftsanteile oder einen Teil[33] davon, insbesondere die Abtretung, die Verpfändung oder die sonstige Belastung von Geschäftsanteilen sowie die Nießbrauchsbestellung an Geschäftsanteile bedarf zu ihrer Wirksamkeit der Zustimmung durch die Gesellschafterversammlung.[34] Die Gesellschafterversammlung hat über die Zustimmung durch Gesellschafterbeschluss zu beschließen.[35] Erfolgt die Verfügung aufgrund einer Veräußerung, bei der ein Vorkaufsrecht zu beachten ist, kann die Zustimmung erst wirksam erteilt werden, wenn das Vorkaufsrecht entweder ausgeübt ist, die Vorkaufsrechte verstrichen sind oder die Vorkaufsberechtigten auf ihr Vorkaufsrecht verzichtet haben.[36]

§ 12
Vorkaufsrecht[37]

(1) Für den Fall des Verkaufs eines Geschäftsanteils durch einen Gesellschafter sind die übrigen Gesellschafter zum Vorkauf berechtigt. Das Vorkaufsrecht steht den Vorkaufsberechtigten in dem Verhältnis zu, in welchem die Nennbeträge der von ihnen gehaltenen Geschäftsanteile zueinander stehen. Soweit ein Vorkaufsberechtigter von seinem Vorkaufsrecht nicht fristgerecht Gebrauch macht, steht dieses den übrigen Vorkaufsberechtigten in dem Verhältnis zu, in welchem die Nennbeträge der von ihnen gehaltenen Geschäftsanteile zueinander stehen.

(2) Der Verkäufer hat dem Käufer den notariellen Vertrag zuzuleiten. Das Vorkaufsrecht kann nur bis zum Ablauf von drei Monaten seit Empfang des notariellen Kaufvertrages und nur durch notarielle Annahmeerklärung gegenüber dem Verkäufer unter Mitteilung an die übrigen Vorkaufsberechtigten ausgeübt werden. Soweit einzelne Vorkaufsberechtigte ihr Vorkaufsrecht nicht ausüben, verlängert sich die Frist um einen Monat zur Ausübung des übergegangenen Vorkaufsrechts nach Satz 3.

(3) Jeder Vorkaufsberechtigte kann sein Vorkaufsrecht hinsichtlich des ihm zustehenden Teiles des zum Verkauf stehenden Geschäftsanteils allein geltend machen. Für den Verkauf gelten der Preis und die Bedingungen

---

[33] Zur Übertragung eines Teilgeschäftsanteils vgl. § 28 Rn 15.

[34] Die Anteilsübertragung bleibt bis zur Erteilung der Zustimmung schwebend unwirksam, vgl. § 28 Rn 9.

[35] Vgl. dazu § 28 Rn 12.

[36] Diese Bestimmung kombiniert das Zustimmungserfordernis mit den Regelungen über das Vorkaufsrecht und dient dazu, das Eindringen Dritter in die Gesellschaft zu verhindern, vgl. § 28 Rn 16; Reichert/Harbarth, § 10 Anm. 8, 9 S. 135 ff.

[37] Vgl. i.E. § 28 Rn 16 ff.

des vorgelegten Vertrages. Ist der Preis jedoch höher als der nach § 14 Abs. 6 zu bestimmende Wert des Geschäftsanteils, gilt letzterer.[38]

(4) Soweit der zum Verkauf stehende Geschäftsanteil aufgrund des Vorkaufsrechts an einen Vorkaufsberechtigten verkauft wird, sind die Gesellschafter verpflichtet, die gem. § 11 Abs. 1 für die Teilung ggf. erforderliche Zustimmung zu erteilen.

§ 13
Vererbung von Gesellschaftsanteilen[39]

(1) Die Geschäftsanteile gehen im Todesfall auf die Erben über.

(2) Gehen die Geschäftsanteile auf mehrere Erben oder auf eine Erbengemeinschaft über, so ruht das Stimmrecht der Erben, bis sie einen Bevollmächtigten benannt haben und bis der Bevollmächtigte eine von allen Erben unterzeichnete Vollmacht vorlegt, die ihn zur einheitlichen Wahrnehmung der Mitgliedschaftsrechte der Erben ermächtigt.

§ 14
Einziehung

(1) Die Einziehung von Geschäftsanteilen mit Zustimmung des Betroffenen ist zulässig.[40]

(2) Der Zustimmung des betroffenen Gesellschafters bedarf es nicht,[41] wenn
   a) über das Vermögen des Gesellschafters das Insolvenzverfahren[42] eröffnet wird oder die Eröffnung des Insolvenzverfahrens mangels Masse abgelehnt wird; dies gilt nicht, wenn die Eröffnung des Insolvenzverfahrens binnen drei Monaten wieder aufgehoben wird;
   b) von Seiten eines Gläubigers des Gesellschafters Zwangsvollstreckungsmaßnahmen in den Geschäftsanteil des Gesellschafters vorgenommen werden und es den Inhabern des Geschäftsanteils nicht binnen drei Monaten seit Beginn dieser Maßnahme gelungen ist, ihre Aufhebung zu erreichen;
   c) in der Person des Gesellschafters ein wichtiger, seinen Ausschluss rechtfertigender Grund vorliegt;[43]
   d) der Gesellschafter seinen Austritt aus der Gesellschaft erklärt.

---

[38] Diese Regelung weicht von dem klassischen Vorkaufsrecht ab, indem sie eine Obergrenze für den Erwerbspreis festlegt (vgl. § 28 Rn 17).

[39] Vgl. dazu allg. § 34 Rn 17; vgl. auch § 19 des Gesellschaftsvertrages der KG.

[40] Diese Regelung ist eine sog. Zustimmungsklausel, vgl. § 30 Rn 50; zur freiwilligen Einziehung allgemein, § 30.

[41] Diese Bestimmung enthält eine sog. Einziehungsklausel, vgl. § 30 Rn 52; zur zwangsweisen Einziehung vgl. § 30 Rn 45 ff.

[42] Vgl. hierzu auch OLG Frankfurt ZIP 1998, 1107 = NZG 1998, 595 m.Anm. Eckhardt; van Venrooy, GmbHR 1995, 339.

[43] Vgl. § 133 Abs. 2 HGB; hierzu Lutter/Hommelhoff, § 34 GmbHG Rn 16.

(3) Bei den Beschlüssen gem. Abs. 2 ist der betroffene Gesellschafter vom Stimmrecht ausgeschlossen.[44]
(4) Statt der Einziehung[45] kann im Falle des Abs. 1 wie im Falle des Abs. 2 die Gesellschafterversammlung in notariell beurkundeter Form die Übertragung des Geschäftsanteils oder von Teilen davon auf die Gesellschaft, auf zur Übernahme bereite Gesellschafter im Verhältnis ihrer Beteiligung oder, falls kein Gesellschafter zur Übernahme bereit ist, auf einen Dritten beschließen.[46] Abs. 3, § 9 Abs. 4 sowie etwaige darüber hinausgehende Zustimmungserfordernisse nach § 11 gelten entsprechend; die Vorkaufsrechtsbestimmungen gem. § 12 finden keine Anwendung. Im Falle einer Übertragung auf Gesellschafter oder Dritte gelten ferner Abs. 5 und 6 mit der Maßgabe, dass die Vergütung nicht von der Gesellschaft, sondern vom Erwerber geschuldet wird. Die Übertragung wird wirksam, sobald die Abfindung gezahlt oder für die noch nicht fällige Abfindung eine selbstschuldnerische und unwiderrufliche Bankbürgschaft gestellt ist.[47]
(5) Von dem Gesellschafterbeschluss an, der die Einziehung oder die Übertragung des Geschäftsanteils anordnet, ruht das Stimmrecht des betroffenen Gesellschafters.
(6) Dem betroffenen Gesellschafter steht der Buchwert seiner Beteiligung[48] zu.[49] Bleibt der anteilige Buchwert hinter dem auf seine Beteiligung entfallenden Unternehmenswert, der sich aus dem mit dem Faktor 10 multiplizierten Jahresüberschuss der letzten drei vollen Geschäftsjahre ergibt, zurück, gilt letzterer.[50] Eine Änderung des Jahresabschlusses nach dem Ausscheiden hat auf die Abfindung keinen Einfluss. Kommt eine Einigung über den Abfindungswert nicht zustande, so haben sich die Parteien auf einen Sachverständigen zu einigen, der als Schiedsgutachter entscheidet.[51] Können sich die Parteien nicht über die Person des Schiedsgutachters einigen, wird dieser auf Antrag einer Partei durch das Institut der Wirtschaftsprüfer e.V. Düsseldorf oder dessen Nachfolgeorganisation bestimmt und von der beantragenden Partei zu üblichen Bedingungen beauftragt. Die Kosten des Schiedsgutachtens tragen der ausscheidende Gesellschafter und die Gesellschaft je zur Hälfte.

---

[44] Dies ergibt sich aus dem Rechtsgedanken des § 47 Abs. 4 GmbHG, vgl. § 30 Rn 46.

[45] BGH WM 1983, 956; Lutter/Hommelhoff, § 34 GmbHG Rn 33.

[46] Es handelt sich um eine sog. Ausschlussklausel, vgl. § 30 Rn 55; von der Einziehungsklausel unterscheidet sich diese Bestimmung durch die Art und Weise der Umsetzung des Einziehungsbeschlusses.

[47] Vgl. dazu Reichert/Harbarth, § 14 S. 150 f.

[48] Allgemein zu Buchwertklauseln D. Mayer, DB 1990, 1319; Piltz, BB 1994, 1021.

[49] Vgl. zu den sog. Bewertungsklauseln, § 31 Rn 20 ff.

[50] Durch diese Bestimmung wird der Fall erfasst, dass der Buchwert der Komplementär-GmbH hinter ihrem – sehr vereinfacht ermittelten – Ertragswert, vgl. dazu bereits § 31 Rn 21 f., zurück bleibt.

[51] Das Formular enthält eine Schiedsgutachterklausel für den Fall, dass eine Einigung über den Abfindungswert nicht gelingt, vgl. dazu § 31 Rn 26.

§ 15
Dauer

Die Dauer der Gesellschaft ist unbestimmt.[52]

§ 16
Salvatorische Klausel[53]

Sollten Bestimmungen dieses Vertrages oder eine künftig in ihn aufgenommene Bestimmung ganz oder teilweise unwirksam oder undurchführbar sein oder werden, so bleibt die Gültigkeit der übrigen Bestimmungen hiervon unberührt. Das Gleiche gilt, falls sich herausstellen sollte, dass der Vertrag eine Regelungslücke enthält. Anstelle der unwirksamen oder undurchführbaren Bestimmungen oder zur Ausfüllung der Regelungslücke soll dann eine angemessene Regelung gelten, die dem am nächsten kommt, was die Gesellschafter gewollt hätten, wenn sie die Unwirksamkeit, Undurchführbarkeit oder Lückenhaftigkeit gekannt hätten. Das Gleiche gilt, wenn die Unwirksamkeit einer Bestimmung auf einen in dem Vertrag vorgeschriebenen Maß der Leistung oder Zeit (Frist oder Termin) beruht. In diesem Fall soll das Maß der Leistung oder Zeit (Frist oder Termin) als vereinbart gelten, das rechtlich zulässig ist und dem Gewollten möglichst nahe kommt.

---

[52] Vgl. Erläuterungen zum Formular § 59, § 8.

[53] Bezüglich der Salvatorischen Klausel wird auf die entsprechenden Ausführungen zum Formular § 59, § 10 verwiesen.

3. Abschnitt. Ausführlicher Gesellschaftsvertrag einer Familien-GmbH & Co. KG und Satzung der zugehörigen Komplementär-GmbH

§ 65 Sachverhalt

Der nachfolgende Gesellschaftsvertrag einer GmbH & Co. KG regelt die Rechtsbeziehungen von vier Familiengesellschaftern, die die Beteiligung an dem Unternehmen als Erben des Gründungsgesellschafters übernommen haben. Das Unternehmen befasst sich mit Spezialmaschinenbau; es ist teils operativ tätig, teils entfaltet es seine Tätigkeit über Tochter- und Beteiligungsunternehmen.
Der Gesellschaftsvertrag soll den Familieneinfluss auf das Unternehmen sicherstellen. Die vier Familiengesellschafter, die mit je 25 % beteiligt sind, sollen je einen Familienstamm bilden. Sie sollen jeweils gleichberechtigt sein und ihre Gesellschafterinteressen durch je einen Stammesvertreter wahrnehmen. Die Familienmitglieder sind nicht (notwendig) in der Geschäftsführung tätig, wollen aber insbesondere über einen Beirat, dem sie oder Personen ihres Vertrauens (ggf. verstärkt durch kooptierte Berater) angehören, Kontroll- und Mitwirkungsbefugnisse ausüben.
Der Charakter des Unternehmens als Familiengesellschaft soll auch durch Vinkulierungsbestimmungen und gegenseitige Vorkaufsrechte gesichert werden. Die Rechtsnachfolge durch Personen, die weder Abkömmlinge des Firmengründers noch Ehegatten von Abkömmlingen sind, soll im Ergebnis ausgeschlossen werden können.
Das Organisationsgefüge der Komplementär-GmbH, an der die Gesellschafter in gleicher Weise beteiligt sind und deren Funktion sich nicht notwendigerweise auf die Geschäftsführungs- und Verwaltungstätigkeit in der GmbH & Co. KG beschränken soll, soll den für die GmbH & Co. KG getroffenen Bestimmungen entsprechen. Es soll ferner sichergestellt werden, dass sich die Beteiligungsverhältnisse an beiden Gesellschaften jeweils entsprechen.
Gegenseitige Streitigkeiten sollen – unter Ausschluss des ordentlichen Rechtsweges – vor Schiedsgerichten ausgetragen werden.

§ 66
Gesellschaftsvertrag der GmbH & Co. KG

Inhaltsverzeichnis

Gesellschaftsvertrag der XYZ Spezialmaschinen GmbH & Co. KG

I. Allgemeine Bestimmungen

§ 1
Firma und Sitz

(1) Firma
Die Firma der Gesellschaft lautet:

XYZ Spezialmaschinen GmbH & Co KG.[1]

---

[1] Zur Firmenbildung nach dem bis zum 30. 6. 1998 geltenden Recht Baumbach/Hopt § 19 HGB Rn 4 ff.; GK/Hüffer § 19 HGB Rn 37 ff.; zur neuen Rechtslage vgl. § 13 Rn 9 ff.

(2) Sitz[2]
Sitz der Gesellschaft ist (Ort).

§ 2
Gegenstand des Unternehmens[3]

(1) Gegenstand des Unternehmens ist die Herstellung und der Vertrieb von Maschinen, insbesondere von Spezialmaschinen. Die Gesellschaft ist berechtigt, auch andere Erzeugnisse herzustellen, zu bearbeiten, zu kaufen und zu vertreiben. Sie darf Dienstleistungen jeder Art ausführen.
(2) Die Gesellschaft entfaltet ihre Tätigkeit entweder unmittelbar oder mittelbar über Tochter- oder Beteiligungsgesellschaften.[4] Sie ist berechtigt, Zweigniederlassungen im In- und Ausland zu errichten, unmittelbar oder mittelbaren Beteiligungen an Unternehmen, die in dem in Abs. 1 bezeichneten Tätigkeitsbereich oder einem ähnlichen Tätigkeitsbereich im In- und Ausland tätig sind, zu erwerben, zu pachten, sie zu vertreten, ihre Geschäfte zu führen oder mit ihnen zu kooperieren. Sie ist insbesondere auch berechtigt, Aktivitäten in Beteiligungsgesellschaften auszugliedern und Unternehmensverträge mit ihnen abzuschließen.[5]
(3) Die Gesellschaft ist berechtigt, alle Maßnahmen und Geschäfte vorzunehmen, die den Gegenstand des Unternehmens unmittelbar oder mittelbar zu fördern geeignet sind.

§ 3
Dauer der Gesellschaft

Die Gesellschaft ist auf unbestimmte Zeit errichtet.[6] Bestimmungen über einen Ausschluss des Kündigungsrechtes sowie die Kündigungsfrist sind in § 19 getroffen.

---

[2] Vgl. § 14 Rn 10 allgemein zum Sitz der GmbH & Co. KG.

[3] Zum Unternehmensgegenstand vgl. Erläuterung im Formular § 58, § 2.

[4] Mit dieser Bestimmung wird dem Unternehmen größtmögliche Flexibilität eingeräumt, auf den im Abs. 1 definierten Tätigkeitsbereichen operativ tätig zu sein oder gegebenenfalls auch nur als Holding zu fungieren. Zwar legt die Festlegung des Tätigkeitsbereichs nach richtiger Auffassung nicht fest, ob sie unmittelbar oder mittelbar betrieben wird. Im Hinblick auf gegenteilige – indessen für Kapitalgesellschaften entwickelte – Auffassungen im Schrifttum, wonach es zur mittelbaren Tätigkeit einer entsprechenden Vorsehung im Gesellschaftsvertrag bedarf (vgl. etwa Tieves, Den Unternehmensgegenstand der Kapitalgesellschaften, 1998, S. 502) empfiehlt sich jedoch die vorgeschlagene Formulierung.

[5] Diese Bestimmung ändert nichts daran, dass die Gesellschafter dem Abschluss eines Unternehmensvertrages bzw. einer Ausgliederungsmaßnahme nach den maßgebenden Bestimmungen zuzustimmen haben. Sie beugt jedoch dem (denkbaren, wenngleich unzutreffenden) Einwand vor, es bedürfe zu solchen Maßnahmen einer statutarischen Ermächtigung im Sinne einer sogenannten Konzernklausel, vgl. dazu Seydel, Konzernbildungskontrolle bei der AG, 1995, S. 411 ff.; Liebscher, Konzernbildungskontrolle, 1995, S. 65 ff.

[6] Vgl. dazu Formular in § 58 Fn 4.

§ 4
Geschäftsjahr

Geschäftsjahr ist das Kalenderjahr.[7]

§ 5
Gesellschafter

(1) Persönlich haftende Gesellschafterin
Persönlich haftende Gesellschafterin ist die XYZ GmbH.

(2) Kommanditisten
Kommanditisten sind:
a) AX (Anschrift)
b) BX (Anschrift)
c) Y (Anschrift)
d) Z (Anschrift)

§ 6
Kapital, Einlagen, Haftsummen[8]

(1) Festkapital
Das Festkapital der Gesellschaft beträgt € 10 Mio. (in Worten: € zehn Millionen).

(2) Persönlich haftende Gesellschafterin
Die persönlich haftende Gesellschafterin XYZ GmbH hat keine Kapitaleinlage geleistet. Sie ist am Vermögen der Gesellschaft nicht beteiligt.[9]

(3) Kommanditisten
Die Kommanditisten sind mit den folgenden festen Kapitalanteilen beteiligt:
a) AX ist mit einer festen Kommanditeinlage (Kapitaleinlage und zugleich Haftsumme) von € 2,5 Mio. beteiligt.
b) BX ist mit einer festen Kommanditeinlage (Kapitaleinlage und zugleich Haftsumme) von € 2,5 Mio. beteiligt.
c) Y ist mit einer festen Kommanditeinlage (Kapitaleinlage und zugleich Haftsumme) von € 2,5 Mio. beteiligt.
d) Z ist mit einer festen Kommanditeinlage (Kapitaleinlage und zugleich Haftsumme) von € 2,5 Mio. beteiligt.

---

[7] Vgl. die entsprechende Erläuterung im Formular § 58, § 4.
[8] Vgl. hierzu allg. § 19 Rn 1 ff.
[9] Zur Unterscheidung zwischen Gesamthandsberechtigung und Beteiligung am Gesellschaftsvermögen vgl. § 19 Rn 8.

§ 7
Gesellschafterstämme

(1) Stämme[10]
Die Kommanditisten bilden die folgenden Gesellschafterstämme:
a) Gesellschafterstamm AX
Diesem Stamm gehört AX an. Ihm gehören ferner Personen, mit denen sie in gerader Linie verwandt ist, ihr Ehegatte sowie Ehepartner (einschließlich verwitweter Ehepartner) von Personen, mit denen sie in gerader Linie verwandt ist, an, sofern auf diese Gesellschaftsanteile übertragen werden oder in sonstiger Weise in Übereinstimmung mit diesem Gesellschaftsvertrag auf sie übergehen;
b) Gesellschafterstamm BX
Diesem Stamm gehört BX an. Ihm gehören ferner Personen, mit denen sie in gerader Linie verwandt ist, ein etwaiger künftiger Ehegatte sowie Ehepartner (einschließlich verwitweter Ehepartner) von Personen, mit denen sie in gerader Linie verwandt ist, an, sofern auf diese Gesellschaftsanteile übertragen werden oder in sonstiger Weise in Übereinstimmung mit diesem Gesellschaftsvertrag auf sie übergehen;
c) Gesellschafterstamm Y
Diesem Stamm gehört Y an. Ihm gehören ferner Personen, mit denen er in gerader Linie verwandt ist, seine Ehefrau sowie Ehepartner (einschließlich verwitweter Ehepartner) von Personen, mit denen er in gerader Linie verwandt ist, an, sofern auf diese Gesellschaftsanteile übertragen werden oder in sonstiger Weise in Übereinstimmung mit diesem Gesellschaftsvertrag auf sie übergehen;
d) Gesellschafterstamm Z
Diesem Stamm gehört Z an. Ihm gehören ferner Personen, mit denen sie in gerader Linie verwandt ist, ihr Ehemann oder Ehepartner (einschließlich verwitweter Ehepartner) von Personen, mit denen sie in gerader Linie verwandt ist, an, sofern auf diese Gesellschaftsanteile übertragen werden oder in sonstiger Weise in Übereinstimmung mit diesem Gesellschaftsvertrag auf sie übergehen;

(2) Ausscheidensgrund[11]
Ehegatten oder Ehepartner, betreffend deren Ehe ein Scheidungsantrag gestellt ist oder deren Ehe geschieden ist, sind nicht Ehegatten im Sinne der vorstehenden und nachstehenden Bestimmungen. Gehören sie gemäß Abs. 1 deswegen einem der dort aufgeführten Gesellschafterstämme an,

---

[10] Die Gliederung einer Familiengesellschaft nach Stämmen ist in der Praxis beliebt. Dahinter steht i. d. R. der Wunsch der Vertragsschließenden, das Beteiligungsverhältnis der Stämme und ihre Einflussahme auf die Geschäftsführung auch für die Zukunft festzuschreiben. Diesem Zweck dienen die Bestimmungen in den §§ 16–18 sowie die Bestimmungen über Zusammensetzung des Beirats, § 14 Abs. 1 i.V.m. § 9 der Satzung der Komplementär GmbH (vgl. Form § 68). Zu den identischen Regelungen in der Satzung der Komplementär GmbH vgl. Formular § 68, § 4.

[11] Vgl. zu gesellschaftsvertraglichen Ausscheidungsgründen § 29 Rn 47 f.

weil sie Ehepartner von Personen sind, die mit den Gesellschafterstamm begründenden Personen in gerader Linie verwandt sind, so scheiden sie mit dem Zeitpunkt, zu dem Scheidungsantrag gestellt wird, aus dem Gesellschafterstamm aus.

(3) Außerhalb Stamm
Werden Personen Gesellschafter, die nach Abs. 1 keinem der dort näher bezeichneten Stämme angehören, bilden diese keinen Stamm; die einem Stamm oder den Angehörigen eines Stammes zustehenden Rechte stehen ihnen nicht zu. Gleiches gilt für Gesellschafter, die aus dem Gesellschafterstamm ausgeschieden sind.

(4) Stammesvertreter
Soweit dieser Gesellschaftsvertrag vorsieht, dass Erklärungen nicht durch die Angehörigen eines Stammes, sondern durch den Stamm selbst abzugeben sind, ist die Erklärung durch den jeweils Stammesältesten oder einen von ihm gegenüber der Gesellschaft benannten Stammesvertreter nach Maßgabe der Entscheidung des Stammes abzugeben. Soweit innerhalb des Stammes keine abweichende Vereinbarung getroffen ist, haben Entschlussfassungen innerhalb des Stammes in entsprechender Anwendung der für Gesellschafterbeschlüsse getroffenen Bestimmungen zu erfolgen, wobei jedoch jeweils die einfache Stimmenmehrheit genügt.

§ 8
Gesellschafterkonten

In der Gesellschaft werden folgende Gesellschafterkonten,[12] und zwar für jeden Gesellschafter gesondert, geführt:
a) Kapitalkonto
Auf diesem Konto wird für jeden Gesellschafter der in § 6 festgelegte Einlagebetrag gebucht.[13] Die Kapitalkonten werden als im Verhältnis zueinander unveränderliche Festkonten geführt, mit welchen die mitgliedschaftlichen Rechte und Pflichten der Gesellschafter, insbesondere der Anteile am Ergebnis, an den stillen Reserven bei einem etwaigen Geschäftswert des Unternehmens, ausschließlich verbunden sind. Das Kapitalkonto ist unverzinslich. Verlustanteile und Entnahmen vermindern im Verhältnis der Kommanditisten untereinander nicht die Höhe der Kapitalkonten.
b) Das Kapitalverlustkonto[14]
Auf diesem Konto werden – als Kapitalgegenkonto zum Kapitalkonto – für jeden Gesellschafter etwaige Verlustanteile gebucht.[15] Dieses Konto wird nicht verzinst. Spätere Gewinnanteile sind diesem Konto solange gutzubringen, bis

---

[12] Dem Gesellschaftsvertrag liegt das modifizierte Dreikontenmodell mit Rücklagenkonto zugrunde. Zu den verschiedenen Gestaltungsvarianten vgl. oben § 20 Rn 25 ff.; zum modifizierten Dreikontenmodell mit Rücklagenkonto § 20 Rn 28.

[13] Vgl. zum Vorteil eines festen Kapitalkontos, § 20 Rn 30, 31 sowie Formular § 58, § 6.

[14] Allgemein zum Kapitalverlustkonto vgl. MünchHdb KG/Riegger, § 22 Rn 59 ff.

[15] Vgl. dazu Formular § 58, § 6.

dieses Konto wieder ausgeglichen ist.[16] Die Kommanditisten sind verpflichtet, das Kapitalverlustkonto zu Lasten vorhandener Rücklagen auszugleichen, wenn die Gesellschafterversammlung dies anlässlich der Beschlussfassung über die Bilanzfeststellung mit einfacher Mehrheit beschließt.

c) Das Rücklagenkonto[17]

Auf dem Rücklagenkonto werden Zuzahlungen eines Gesellschafters in das Eigenkapital gebucht, die nicht auf einer Erhöhung des festen Kapitalkontos beruhen. Die Rücklagenkonten dienen zur Stärkung des Eigenkapitals der Gesellschaft durch Pflichteinlagen und weisen keine Forderungen der Gesellschafter aus. Rücklagen werden auf die Kommanditisten im Verhältnis ihrer Kapitalkonten verteilt. Zuzahlungen auf das Rücklagenkonto bedürfen eines Gesellschafterbeschlusses. Über die Verzinsung des Rücklagenkontos und deren Höhe entscheidet die Gesellschafterversammlung durch Beschluss. Die Zinsen werden wie Aufwand behandelt.[18]

d) Das Verrechnungskonto (Privatkonto)[19]

Auf diesem Konto werden alle sonstigen Forderungen und Verbindlichkeiten zwischen der Gesellschaft und den Gesellschaftern gebucht. Dies gilt insbesondere für Gewinngutschriften, soweit diese nicht zum Ausgleich eines Kapitalverlustkontos benötigt werden oder auf dem Rücklagenkonto zu verbuchen sind, für Zinsen aus den Darlehenskonten, sowie sonstige Einlagen, sofern es sich dabei nicht um Zuzahlungen auf das Rücklagenkonto oder Gewährung von Darlehen handelt, sowie für Steuerentnahmen und sonstige Entnahmen nach Maßgabe der nachstehenden Bestimmungen. Das Verrechnungskonto wird im Soll und im Haben mit ... % p.a. verzinst. Bemessungsgrundlage für die Zinsen ist der Stand der Verrechnungskonten zum Ende eines jeden Kalendermonats. Die Zinsen auf den Verrechnungskonten stellen im Verhältnis zu den Gesellschaftern Aufwand bzw. Ertrag dar. Die Gesellschaft ist zur Rückzahlung von Guthaben auf den Verrechnungskonten an die Gesellschafter jederzeit berechtigt.

e) Das Darlehenskonto[20]

Auf ihm werden die von den Gesellschaftern gewährten Darlehen verbucht. Die Verzinsung der Gesellschafterdarlehen wird im Einzelfall durch einen mit einfacher Mehrheit zu fassenden Beschluss der Gesellschafterversammlung festgelegt. Die Zinsen werden wie Aufwand behandelt und dem Ver-

---

[16] Durch diese Regelung werden die Kommanditisten vor einem Wiederaufleben ihrer Haftung nach § 172 Abs. 4 S. 2. HGB geschützt.

[17] Vgl. dazu § 20 Rn 50 f.

[18] Diese Bestimmung führt zur Minderung des Gewinnvoraus der Komplementärin, vgl. MVH/Riegger, III 3 Anm. 6, S. 239.

[19] Vgl. dazu § 20 Rn 36 f.; dieses Konto wird dort als Darlehenskonto bezeichnet.

[20] Hierbei handelt es sich nicht um eine eigene Kontoart, sondern um ein besonderes Verrechnungskonto, das – ebenso wie das allgemeine Verrechnungskonto – rein schuldrechtlichen Charakter hat (BGH WM 1977, 1022; BB 1978, 630). Scheidet ein Kommanditist zu einem Zeitpunkt aus der Gesellschaft aus, in dem auf dem Kapitalkonto ein negativer Saldo ausgewiesen ist, so findet eine Verrechnung mit den Verrechnungskonten nicht statt. Scheidet dagegen der Komplementär aus, muss er gem. §§ 735, 738 BGB das Kapitalverlustkonto ausgleichen.

rechnungskonto gutgebracht. Guthaben vom Darlehenskonto sind unter Einhaltung einer Frist von . . . Monaten auf das Ende des Geschäftsjahres kündbar; die Gesellschaft ist indessen berechtigt, die Rückzahlung in gleichen Raten in einem Zeitraum von bis zu fünf Jahren vorzunehmen, soweit die finanzielle Lage der Gesellschaft dies erfordert.
f) Verzinsung
Verzinsungen erfolgen nach der Zinsstaffelmethode.

§ 9
Ergebnisverteilung und Verbuchung

(1) Das Ergebnis der Gesellschaft wird wie folgt verteilt:
a) Aus dem Ergebnis erhält die Komplementärin vorweg eine Haftungsvergütung[21] in Höhe von 2 % ihres am jeweiligen Ende eines Geschäftsjahres vorhandenen Stammkapitals. Sie enthält ferner Ersatz aller ihr durch die Geschäftsführung erwachsenen Aufwendungen einschließlich der Vergütungen an ihre Geschäftsführer.
b) Das restliche Ergebnis wird unter den Kommanditisten im Verhältnis ihrer festen Kapitalkonten verteilt.[22]

(2) Gewinnanteile der Kommanditisten werden vorrangig zum Ausgleich eines auf den Kapitalverlustkonten (§ 8 lit. b) verbuchten Verlustes verwendet.[23] Die verbleibenden Gewinnanteile werden den Rücklagenkonten der Gesellschafter gutgeschrieben, soweit diese nicht mit € . . . Mio. dotiert sind. Mindestens werden den Rücklagenkonten jedoch . . . % des Jahresgewinns zugeführt, soweit die Gesellschafter nicht einstimmig eine höhere oder geringere Zuführung beschließen.[24] Der Restgewinn wird den Verrechnungskonten der Gesellschaft gutgeschrieben und steht ihnen nach Maßgabe von § 10 zu Entnahmezwecken zur Verfügung. Die Gewinngutschriften erfolgen im Anschluss an die ordentliche Gesellschafterversammlung (§ 12 Abs. 2).

§ 10
Entnahmerecht[25]

(1) Guthaben auf Verrechnungskonto
Jeder Gesellschafter ist berechtigt, Guthaben auf seinem Verrechnungskonto zu entnehmen.[26] Es steht dem Gesellschafter frei, die Gesellschaft da-

---

[21] Die Haftungsvergütung muss so bemessen sein, dass sich auch eine aus gesellschaftsfremden Personen bestehende GmbH mit ihr zufrieden gegeben hätte; andernfalls droht eine Qualifikation als verdeckte Gewinnausschüttung der GmbH, MVH//Hengeler/Blaum I Form VIII C 14 Anm. 37.

[22] Vgl. dazu § 23 Rn 10.

[23] Zur Erläuterung vgl. Formular § 58 Fn 18.

[24] Durch diese Bestimmung soll eine kontinuierliche Verstärkung des Eigenkapitals als Regelfall sichergestellt werden.

[25] Zum Entnahmerecht vgl. allg. § 23 Rn 18 ff.

[26] Hiermit stellt der Gesellschaftsvertrag die Kommanditisten dem Komplementär gleich. Denn nach der gesetzlichen Regelung steht den Kommanditisten kein Entnahmerecht zu, vgl. § 23 Rn 30.

mit zu beauftragen, aus den entnahmefähigen Gewinnen Steuerverbindlichkeiten in seinem Auftrag zu erfüllen.

(2) Sonstiges
Der Gesellschafter ist darüber hinaus berechtigt, mit Zustimmung der übrigen Gesellschafter Entnahmen aus dem Rücklagenkonto zu tätigen. Die Zustimmung soll insbesondere erteilt werden, wenn die auf dem Verrechnungskonto gutgeschriebenen Gewinne nicht ausreichen sollten, um die auf die Gesellschafterbeteiligung entfallenden Personensteuern zu entrichten[27] oder die Guthaben benötigt werden, um die auf einen Gesellschafter entfallende Erbschaftssteuer zu entrichten.

§ 11
Geschäftsführung, Vertretung

(1) Geschäftsführung[28]
Die persönlich haftende Gesellschafterin ist zur Geschäftsführung berechtigt und verpflichtet.[29]

(2) Vertretung
Die Komplementärin vertritt die Gesellschaft allein und ist von den Beschränkungen des § 181 BGB befreit.[30]

§ 12
Gesellschafterversammlung[31]

(1) Ladung
Gesellschafterversammlungen werden durch die geschäftsführende Gesellschafterin einberufen. Jeder Geschäftsführer der Komplementärin ist zur Einberufung berechtigt.[32]Zur Gesellschafterversammlung sind alle Gesellschafter durch eingeschriebenen Brief,[33] der die Tagesordnung und das Tagungslokal zu enthalten hat, einzuladen. Zwischen der Absendung des Briefes und der Gesellschafterversammlung muss ein Zeitraum von mindestens 14 Tagen liegen;[34] diese Frist kann bei der Einberufung außerordentlicher Gesellschafterversammlungen auf eine Frist von 8 Tagen verkürzt werden.

---

[27] Vgl. zum Steuerentnahmerecht, Priester, Unternehmenssteuer-Reform und Gesellschaftsvertrag, DStR 2001, 795, 799 f.

[28] Zum Begriff vgl. § 15 Rn 5.

[29] Allgemein zum Umfang der Geschäftsführungsbefugnis vgl. § 15 Rn 11ff.

[30] Vgl. § 16 Rn 19.

[31] Vgl. zum gesetzlichen Regelungsmodell § 15 Rn 5 f.

[32] Diese Klarstellung empfiehlt sich, wenn in der Komplementär-GmbH mehrere Geschäftsführer nur gemeinschaftlich vertretungsberechtigt sind (vgl. § 6 Abs. 1 in Form § 68).

[33] Vgl. zum Formerfordernis bei der Einberufung der Gesellschafterversammlung Formular § 58 Fn 27.

[34] Vgl. zu dieser Regelung Formular § 58 Fn 28.

(2) Ordentliche Gesellschafterversammlung
Die ordentliche Gesellschafterversammlung, in der über die Feststellung des Jahresabschlusses beschlossen wird, findet innerhalb von acht Monaten nach Abschluss eines Geschäftsjahres statt.

(3) Außerordentliche Gesellschafterversammlung
Außerordentliche Gesellschafterversammlungen finden statt, wenn der geschäftsführende Gesellschafter es für notwendig hält oder wenn Gesellschafter, die allein oder gemeinsam über 10 % Beteiligung am Festkapital verfügen,[35] einen dahingehenden Antrag stellen.

(4) Vorsitz
Den Vorsitz in der Gesellschafterversammlung führt der Vorsitzende des Beirats oder ein von ihm bestimmter Vertreter.[36] Ist ein Vertreter nicht bestimmt, beschließt die Gesellschafterversammlung über den Vorsitz mit einfacher Mehrheit.

(5) Vertretung
Die Gesellschafter können sich in der Gesellschafterversammlung durch einen anderen Gesellschafter, durch ihren Ehegatten oder durch eine zur Berufsverschwiegenheit verpflichtete Person oder einen sonstigen Dritten, der sich schriftlich zur Verschwiegenheit verpflichtet hat, vertreten lassen.[37] Die Vertreter haben sich durch schriftliche Vollmacht auszuweisen. Jeder Gesellschafter ist berechtigt, zu seiner Beratung einen zur Berufsverschwiegenheit verpflichteten Dritten hinzuzuziehen.[38]

§ 13
Gesellschafterbeschlüsse

(1) Versammlung
Gesellschafterbeschlüsse werden grundsätzlich in Versammlungen gefasst. Jedoch können Gesellschafterbeschlüsse auch brieflich, telegraphisch, fernschriftlich, per Telefax oder telefonisch gefasst werden, wenn alle Gesellschafter mit dieser Art der Beschlussfassung einverstanden sind.[39]

(2) Stimmrecht
Je € 100,– Anteile am Festkapital gewähren eine Stimme.[40]

---

35 Dient der Harmonisierung mit der aufgrund von § 50 Abs. 1 GmbHG zwingenden Regelung im Gesellschaftsvertrag der Komplementär GmbH; vgl. § 7 Abs. 3 in Form § 68.

36 Diese Regelung ist mangels gesetzlicher Bestimmungen über den Vorsitz in der Gesellschafterversammlung erforderlich.

37 Dazu § 16 Rn 115, 105 und Formular § 63 Fn 50.

38 Vgl. dazu § 16 Rn 115, 105.

39 Vgl. dazu Formular § 63 Fn 53.

40 Die Notwendigkeit dieser Regelung folgt aus dem Bestimmtheitsgrundsatz bei Mehrheitsbeschlüssen, vgl. § 16 Rn 168.

(3) Kein Stimmverbot
Die Gesellschafter sind auch dann stimmberechtigt, wenn es um den Abschluss von Rechtsgeschäften mit ihnen selbst oder mit Gesellschaften, an denen sie beteiligt sind, geht.[41]

(4) Beschlussmehrheit[42]
Änderungen des Gesellschaftsvertrages bedürfen der Einstimmigkeit. Für sonstige Beschlüsse bedarf es der einfachen Mehrheit und zusätzlich der Zustimmung der persönlich haftenden geschäftsführenden Gesellschafterin.

(5) Zustimmungserfordernisse
Beschlüsse, für die der Gesellschaftsvertrag die Einstimmigkeit erfordert, bedürfen der Zustimmung aller Gesellschafter. Kommt eine gültige Beschlussfassung deshalb nicht zustande, weil nicht alle Gesellschafter in der Gesellschafterversammlung vertreten sind, dann kann in einer neuen unverzüglich nach den Bestimmungen des § 12 einberufenen Gesellschafterversammlung ein Beschluss mit Zustimmung der persönlich haftenden Gesellschafterin sowie des gesamten in der neuen Gesellschafterversammlung vertretenen Festkapitals gefasst werden.[43] Auf diese Möglichkeit ist in den Einladungen zu den Gesellschafterversammlungen hinzuweisen.

(6) Protokoll[44]
Die in der Gesellschafterversammlung gefassten Beschlüsse sind in einem Protokoll niederzuschreiben, das von dem Vorsitzenden der Gesellschafterversammlung zu unterschreiben ist. Eine Abschrift des Protokolls ist allen Gesellschaftern zuzuleiten.

(7) Klagen
Klagen auf Feststellung der Nichtigkeit von Gesellschafterbeschlüssen müssen binnen zwei Monaten[45] nach Zugang der Abschrift des Protokolls erhoben werden.

---

[41] Das RG ist in einem solchen Fall in analoger Anwendung von §§ 34 1. Fall BGB, 47 Abs. 4 S. 2 GmbHG von einem Stimmrechtsausschluss kraft Gesetzes ausgegangen, RGZ 136, 236, 245, offen dagegen BGHZ 48, 250, 256 (im Hinblick auf § 136 Abs. 1 S. 1 AktG); i. e. str., vgl. Schlegelberger/Martens § 119 HGB Rn 40; Einigkeit herrscht zumindest darüber, dass der gesetzliche Stimmrechtsausschluss grundsätzlich dispositiv ist. Im Kern zwingend ist lediglich das Verbot des Richtens in eigener Sache, BGH BB 1989, 1496; Baumbach/Hopt, 31. Aufl. § 119 HGB Rn 12.

[42] Zu den Beschlussmehrheiten allgemein § 16 Rn 166 ff.

[43] Dadurch wird das Problem der Funktionsfähigkeit der Gesellschafterversammlung infolge des Einstimmigkeitserfordernisses gelöst.

[44] Diese Regelung dient dazu, Streitigkeiten über den Beschlussinhalt zu verhindern.

[45] Eine solche Regelung ist zulässig. Die Frist ist in diesem Fall von Amts wegen als materielle Klagevoraussetzung zu beachten, vgl. zur GmbH BGH NZG 1998, 679.

§ 14
Beirat

(1) Bestimmungen über den Beirat
Die Gesellschaft hat einen Beirat. Wer odentliches, stellvertretendes oder kooptiertes Mitglied des Beirates der persönlich haftenden Gesellschafterin ist, ist zugleich ordentliches, stellvertretendes bzw. kooptiertes Mitglied des Beirates dieser Gesellschaft. Die Bestimmungen der Satzung der persönlich haftenden Gesellschafterin über die Zusammensetzung des Beirates, die Aufgaben und Befugnisse des Beirates sowie die innere Ordnung des Beirats gelten für diese Gesellschaft entsprechend.[46]

(2) Wahrnehmung der Kontrollbefugnis gemäß § 164 HGB[47]
Dem Beirat wird insbesondere anstelle eines Widerspruchsrechts der Kommanditisten gemäß § 164 HGB die Kontrollfunktion gegenüber der Geschäftsführung übertragen.

§ 15
Jahresabschluss[48]

(1) Feststellung des Jahresabschlusses[49]
Nach Ablauf des Geschäftsjahres sind der Jahresabschluss und der Lagebericht für das abgelaufene Geschäftsjahr innerhalb der gesetzlichen Frist aufzustellen. Bei der Aufstellung des Jahresabschlusses sind die handels- und steuerrechtlichen Vorschriften zu beachten.

(2) Prüfung des Jahresabschlusses
Ist der Jahresabschluss nicht nach gesetzlichen Vorschriften prüfungspflichtig,[50] ist dieser nur dann durch einen Wirtschaftsprüfer oder eine Wirtschaftsprüfungsgesellschaft zu prüfen, sofern der Beirat dies beschließt.

(3) Feststellung[51]
Die Feststellung des Jahresabschlusses obliegt der Gesellschafterversammlung.

---

[46] Der Kern der Beiratstätigkeit wird hier bei der Kontrolle der Geschäftsführung der Komplementärin liegen. Hier ist der Beirat auch angesiedelt. Um jedoch ein Auseinanderlaufen von Zuständigkeiten zu verhindern, ist ein identischer Beirat bei der GmbH & Co. KG vorgesehen. Aufgrund der vorgesehenen Personenidentität kann der Beirat jeweils gleichzeitig tagen; vgl. zu dem Nebeneinander von Beiräten in der Komplementär GmbH und der GmbH & Co. KG § 18 Rn 42.

[47] Vgl. § 18 Rn 61. ff.

[48] Allgemein zum Jahresabschluss einer GmbH & Co. KG vgl. § 22 Rn 12 ff.

[49] Zum Begriff vgl. Formular § 58 Fn 35.

[50] Vgl. zur Prüfungspflicht, § 22 Rn 49.

[51] Zum Begriff vgl. Formular § 58 Fn 35.

§ 16
Erhöhung des Festkapitals[52]

(1) Bezugsrecht der Gesellschafter[53]
Bei der Erhöhung des Festkapitals hat jeder Gesellschafter Anspruch darauf, sich in Höhe des seinem Anteil am Festkapital entsprechenden Teils zu beteiligen. Er kann dieses Recht auf Personen übertragen, die Angehörige seines Stammes sind oder im Falle des Erwerbs eines Gesellschaftsanteils Angehörige seines Stammes werden.

(3) Bezugsrecht Dritter
Die Zulassung Dritter zur Übernahme eines Gesellschaftsanteils durch Leistung einer Festeinlage ist nur mit Zustimmung sämtlicher Gesellschafter möglich.[54]

§ 17
Verfügung über Gesellschaftsanteile, Vorkaufsrechte

(1) Zustimmungserfordernis bei Verfügungen der Komplementärin
Verfügungen über einen Gesellschaftsanteil oder einen Teil[55] davon, insbesondere die Abtretung, die Verpfändung oder die sonstige Belastung von Gesellschaftsanteilen sowie die Nießbrauchsbestellung an Gesellschaftsanteilen durch die geschäftsführende, persönlich haftende Gesellschafterin sind nur mit Zustimmung sämtlicher Gesellschafter zulässig.

(2) Zustimmungserfordernis bei Verfügungen der Kommanditisten
Verfügungen über einen Gesellschaftsanteil oder einen Teil davon, insbesondere die Abtretung, die Verpfändung oder die sonstige Belastung von Geschäftsanteilen sowie die Nießbrauchsbestellung an Gesellschaftsanteilen durch die nicht zur Geschäftsführung berechtigten Gesellschafter sind mit Zustimmung durch die Gesellschafterversammlung zulässig. Die Gesellschafterversammlung hat über die Zustimmung durch einstimmigen Gesellschafterbeschluss zu beschließen. Erfolgt die Verfügung aufgrund einer Veräußerung, bei der ein Vorkaufsrecht gemäß Abs. 4 bis 6 zu beachten ist, kann die Zustimmung erst wirksam erteilt werden, wenn das Vorkaufsrecht entweder ausgeübt ist, die Vorkaufsfristen verstrichen sind oder die Vorkaufsberechtigten auf ihr Vorkaufsrecht verzichtet haben.[56]

---

[52] Durch diese Regelung soll sichergestellt werden, dass die Beteiligungsverhältnisse zwischen den Stämmen gewahrt bleiben, wenn das Kommanditkapital erhöht wird.

[53] § 21 Rn 3.

[54] Diese Regelung verhindert den Eintritt unliebsamer Dritter in die KG. Die Regelung ist im Zusammenhang mit sonstigen Beschränkungen des Eindringens Dritter in die Gesellschaft – wie Vinkulierungsbestimmungen bei Anteilsübertragungen – zu sehen.

[55] Zur Übertragung von Teilgeschäftsanteilen vgl. § 28 Rn 7.

[56] Diese Regelung bietet ein Beispiel für die Kombination zwischen Zustimmungserfordernis und Vorkaufsrecht, vgl. Formular § 68, § 14 Abs. 1 S. 3.

(3) Anspruch auf Zustimmungserteilung[57]
Die Zustimmung zu Verfügungen gemäß Abs. 2 muss erteilt werden, wenn:
a) Die Verfügung gemäß Abs. 2 zugunsten von Personen erfolgt, die sowohl mit dem verfügenden Gesellschafter als auch mit dem Gesellschaftsgründer (Vater von AX, BX, Y und Z) in gerader Linie verwandt sind;[58]
b) die Verfügung gemäß Abs. 2 zugunsten von Personen erfolgt, die zwar mit dem Gesellschaftsgründer (Vater von AX, BX, Y und Z), nicht aber mit dem verfügenden Gesellschafter in gerader Linie verwandt sind, sofern die Vorkaufsbestimmungen der nachfolgenden Abs. 4 bis 6 beachtet sind;[59]
c) die Verfügung gemäß Abs. 2 zugunsten von sonstigen Gesellschaftern erfolgt, die einem der Gesellschafterstämme angehören, sofern die Vorkaufsbestimmungen gemäß Abs. 4 bis 6 beachtet sind;[60]
d) die Verfügungen gemäß Abs. 2 in Vollzug eines Vermächtnisses oder einer testamentarischen Teilungsanordnung oder sonst im Rahmen einer Erbauseinandersetzung zugunsten eines nach § 18 nachfolgeberechtigten Erben oder eines nach § 18 nachfolgeberechtigten Vermächtnisnehmers erfolgen.[61]

Die Verpflichtung zur Erteilung der Zustimmung setzt weiterhin in jedem Fall voraus, dass:
a) sofern der oder die Begünstigten verheiratet sind, diese im Güterstand der Gütertrennung[62] leben;
b) den oder die Begünstigten gleichzeitig eine Beteiligung an der XYZ GmbH erhalten, deren Beteiligungsquote der an der XYZ GmbH & Co. KG übertragenen Beteiligungsquote entspricht.[63]

In allen sonstigen Fällen einer Verfügung steht es im Ermessen jedes einzelnen Gesellschafters, für oder gegen die Erteilung der Zustimmung zu stimmen.

(4) Vorkaufsrecht
Ein veräußerungswilliger Gesellschafter ist, sofern die Veräußerung nicht an Personen erfolgt, die – spätestens mit Erwerb des Gesellschaftsanteils – Angehörige seines Gesellschafterstammes sind, verpflichtet, seinen Gesellschaftsanteil oder den Teil desselben, den er zu übertragen beabsichtigt, zu-

---

57 Vgl. § 28 Rn 5.

58 In diesem Fall erfolgt keine Veränderung der Beteiligungsverhältnisse zwischen den Stämmen.

59 In diesem Fall werden die Mitglieder des Stammes, dem der verkaufswillige Gesellschafter angehört, bereits durch das Vorkaufsrecht angemessen vor einer nachteiligen Veränderung der Beteiligungsverhältnisse zwischen den Stämmen geschützt.

60 In diesem Fall werden die Mitglieder des Stammes, dem der verkaufswillige Gesellschafter angehört, bereits durch das Vorkaufsrecht angemessen vor einer nachteiligen Veränderung der Beteiligungsverhältnisse zwischen den Stämmen geschützt.

61 In diesem Fall erfolgt keine Veränderung der Beteiligungsverhältnisse zwischen den Stämmen.

62 Vgl. hierzu Fn 34.

63 Vgl. hierzu auch § 20 Abs. 1 lit. e.

nächst den Angehörigen seines Stammes und danach den Angehörigen der übrigen Familienstämme in schriftlicher Form unter Vorlage des Kaufvertrages zum Vorkauf anzubieten.[64]

(5) Vorkaufsrecht der Stammesangehörigen
Die Angehörigen des eigenen Stammes sind berechtigt, das Vorkaufsrecht binnen zwei Monaten nach Zugang des Vorkaufsangebots auszuüben; die Ausübung bedarf der Schriftform. Üben mehrere Vorkaufsberechtigte das Vorkaufsrecht aus, so erwerben sie den Anteil pro rata ihrer Beteiligung. Mehrere Vorkaufsberechtigte sind auch berechtigt, das Vorkaufsrecht nur wegen eines Bruchteils des Gesellschaftsanteils auszuüben. In diesem Fall liegt jedoch nur dann eine wirksame Ausübung des Vorkaufsrechts vor, wenn die Summe der Gesellschaftsanteile zusammengefasst den zum Vorkauf angebotenen Gesellschaftsanteil unter Berücksichtigung der Erklärungen der übrigen Vorkaufsberechtigten, ggf. auch solcher, die nachrangig vorkaufsberechtigt sind, insgesamt erfasst. Ergibt sich bei einer Zusammenfassung der Bruchteile eine höhere Quote als 100 % des veräußerten Anteils, erwerben in erster Linie die vorrangig und erst in zweiter Linie die nachrangig Berechtigten; innerhalb dieser Gruppe erfolgen ggf. Kürzungen der Quoten pro rata der Beteiligung.

(6) Vorkaufsrecht der Gesellschafter eines anderen Stammes
Erst wenn die gemäß Abs. 5 vorrangig vorkaufsberechtigten Gesellschafter des eigenen Stammes ihr Vorkaufsrecht nicht oder nicht in vollem Umfang wahrgenommen haben, ist der Gesellschaftsanteil bzw. sind die verbleibenden Quoten des Gesellschaftsanteils den nachrangig vorkaufsberechtigten Mitgliedern der übrigen Familienstämme unverzüglich zum Vorkauf anzubieten. Das Vorkaufsrecht ist binnen zwei Monaten nach Zugang des Vorkaufsangebots auszuüben. Im Übrigen gelten die obigen Bestimmungen entsprechend, jedoch mit der Maßgabe, dass, soweit Angehörige eines Familienstammes die pro rata ihrer Beteiligung auf sie entfallende Quote durch Ausübung ihres Vorkaufsrechts nicht ausschöpfen, das Vorkaufsrecht insoweit zunächst den Mitgliedern dieses Familienstammes zusteht, ehe es auf die Mitglieder der übrigen Familienstämme übergeht.

(7) Andienungspflicht Nichtstammesangehöriger
Gehört ein Gesellschafter keinem Stamm an, so hat er den Gesellschaftsanteil sogleich den Mitgliedern sämtlicher Familienstämme nach Maßgabe vorstehender Bestimmungen anzubieten.[65]

---

[64] Durch diese Bestimmung wird die Möglichkeit eingeräumt, den Anteil zunächst durch Ausübung des Vorkaufsrechts im Stamm zu halten und, falls von dieser Möglichkeit nicht Gebrauch gemacht wird, den Anteil zumindest im Bereich der Familie zu halten. Erfolgt keine Ausübung des Vorkaufsrechts, greift der Zustimmungsvorbehalt.

[65] Dadurch haben die Mitglieder der Familienstämme sog. Vorerwerbsrechte, vgl. § 28 Rn 16.

§ 18
Rechtsnachfolge

(1) Nachfolgeberechtigte Erben und Vermächtnisnehmer
Im Falle des Todes eines Gesellschafters wird die Gesellschaft mit nachfolgeberechtigten Erben oder Vermächtnisnehmern fortgesetzt. Nachfolge berechtigt sind Erben und Vermächtnisnehmer, die
a) mit AX, BX, Y oder Z in gerader Linie verwandt sind[66] und, sofern sie verheiratet sind, im Güterstand der Gütertrennung[67] leben;
b) mit dem Erblasser, der mit AX, BX, Y oder Z in gerader Linie verwandt war, bis zu dessen Tod verheiratet waren, ohne dass bis zu diesem Zeitpunkt ein Scheidungsantrag gestellt war.[68]

(2) Nichtnachfolgeberechtigte Erben und Vermächtnisnehmer[69]
Verstirbt ein Gesellschafter, ohne Personen als Erben oder Vermächtnisnehmer zu hinterlassen, die nachfolgeberechtigt sind, so wächst der Gesellschaftsanteil des Verstorbenen den übrigen Gesellschaftern an. Der sich nach § 21 ermittelnde Abfindungsanspruch fällt in den Nachlass.[70]

(3) Testamentsvollstreckung
Die Anordnung der Testamentsvollstreckung an Kommanditanteilen ist zulässig.[71]

§ 19
Kündigung der Gesellschaft

(1) Dauer
Jeder Gesellschafter kann die Gesellschaft erstmals zum 31. 12. 2010 und danach jeweils zum Ablauf jedes fünften Kalenderjahres unter Einhaltung einer Frist von einem Jahr kündigen.[72] Das Recht zur Kündigung aus wichtigem Grund bleibt unberührt.[73]

---

[66] Diese Regelung gestattet es, auch Familienmitglieder, die einem anderen Stamm angehören, von Todes wegen zu bedenken. Eine Verschiebung der Beteiligungsverhältnisse zwischen den Stämmen wird insoweit in Kauf genommen.

[67] Vgl. hierzu Fn 34.

[68] Durch diese Regelung werden Ehegatten den privilegierten „Blutsverwandten" gleichgestellt; sie kooorespondiert insoweit mit der Stammesdefinition in § 7.

[69] Dadurch soll der Beitritt von Nicht-Familienmitgliedern verhindert werden.

[70] De facto scheidet der Erblasser damit mit seinem Tod aus der Gesellschaft aus.

[71] Die Anordnung der Testamentsvollstreckung für einen Kommanditanteil setzt stets die Zustimmung der übrigen Gesellschafter voraus, vgl. BGHZ 68, 225, 241; BayObLG WM 1983, 1092, 1093. Allgemein dazu § 34 Rn 29.

[72] Die gesetzliche Kündigungsfrist beträgt 6 Monate zum Schluss des Geschäftsjahres, § 132 HGB. Diese Frist erscheint oft wegen des damit verbundenen Abflusses an Liquidität aus der Gesellschaft als unangemessen. Eine zu lange Bindungsdauer kann umgekehrt gegen § 138 BGB verstoßen. Zur Problematik vgl. Gersch, BB 1977, 871 ff.

[73] Ein völliger Ausschluss des Kündigungsrechts ist unzulässig; vgl. BGHZ 23, 10, 15.

(2) Kündigung
Die Kündigung hat durch eingeschriebenen Brief an die geschäftsführende Gesellschafterin zu erfolgen; diese hat die übrigen Gesellschafter unverzüglich von der Kündigung zu unterrichten.[74] Kündigt die geschäftsführende Gesellschafterin, ist die Kündigung an alle übrigen Gesellschafter zu richten. Für die Rechtmäßigkeit der Kündigung ist der Tag der Zustellung maßgebend.

(3) Keine Auflösung[75]
Die Kündigung führt nicht zu einer Auflösung der Gesellschaft. Diese wird mit den übrigen Gesellschaftern fortgesetzt. Der Kündigende scheidet aus der Gesellschaft aus.

(4) Ausschlusskündigung[76]
Kündigt ein Gesellschafter fristgerecht, so sind die übrigen Gesellschafter berechtigt, sich der Kündigung innerhalb eines Monats nach Zugang der Kündigungserklärung oder der Unterrichtung über die Kündigung bei ihnen anzuschließen; die Kündigungsfrist gemäß Abs. 1 wird für die Anschlusskündigung entsprechend verkürzt;[77] im Übrigen gilt Abs. 2 entsprechend.

(5) Übernahmerecht
Ist außer dem kündigenden Gesellschafter bzw. den kündigenden Gesellschaftern und der geschäftsführenden Gesellschafterin kein weiterer Gesellschafter mehr vorhanden, hat die geschäftsführende Gesellschafterin das Recht, das Geschäft mit allen Aktiven und Passiven zu übernehmen.[78]

(6) Auflösung
Kündigen sämtliche Gesellschafter, so wird die Gesellschaft aufgelöst; die geschäftsführende Gesellschafterin ist alleinvertretungsberechtigte Liquidatorin[79] und von den Beschränkungen des § 181 BGB befreit. Die Liquidation ist in der Weise durchzuführen, dass das gesamte Vermögen an der Gesellschaft auf die persönlich haftende Gesellschafterin im Rahmen einer Sachkapitalerhöhung unter Einbringung zum Buchwert übertragen wird und den übrigen Gesellschaftern die im Rahmen dieser Kapitalerhöhung ausgegebenen neuen Geschäftsanteile an der persönlich haftenden Gesellschafterin als Gegenleistung im Verhältnis ihrer bisherigen Beteiligungsquote an der

---

[74] Eigentlich sind alle übrigen Gesellschafter Adressaten der Kündigung. Es genügt jedoch der Zugang bei einem Gesellschafter, wenn dieser die anderen Gesellschafter darüber informiert (vgl. Hesselmann/Tillmann Rn 579).

[75] Wegen §§ 161 Abs. 2, 131 Abs. 3 S. 1 Nr. 3, S. 2 HGB hat diese Klausel lediglich deklaratorische Bedeutung, vgl. § 30 Rn 11.

[76] Vgl. § 30 Rn 14 (bei außerordentlicher Kündigung).

[77] Dies bedeutet, dass für den Anschlusskündigenden der Kündigungszeitpunkt des zunächst kündigenden Gesellschafters gilt. Eine andere Ausgestaltung der Anschlusskündigung ist bei Veltins, Der Gesellschaftsvertrag der Kommanditgesellschaft, 2. Aufl. 2002, § 21 S. 111 f. ersichtlich.

[78] Dies ist der Fall der sog. Geschäftsübernahme: die letztverbleibende Gesellschaft wird Gesamtrechtsnachfolgerin der Gesellschaft, die GmbH & Co. KG erlischt ohne Auseinandersetzung, vgl. K. Schmidt, GesR 4. Aufl. § 8 IV 2 b, S. 209.

[79] §§ 161 Abs. 2, 146 Abs. 1 S. 1 HGB sieht ansonsten alle Gesellschafter als Liquidatoren vor.

XYZ GmbH gewährt werden. Die Kommanditisten verpflichten sich bereits jetzt, die danach auf sie entfallenden Geschäftsanteile zu zeichnen. Sie verpflichten sich ferner, einer entsprechenden Kapitalerhöhung bei der XYZ GmbH zuzustimmen. Die Verpflichtung gilt zugleich für etwaige Rechtsnachfolger.

§ 20
Ausschließung[80]

(1) Gründe[81]
Ein Gesellschafter kann aus der Gesellschaft ausgeschlossen werden, wenn
a) der betreffende Gesellschafter zustimmt;
b) über das Vermögen eines Gesellschafters das Insolvenzverfahren eröffnet wird und nicht binnen acht Wochen wieder aufgehoben wird oder die Eröffnung des Insolvenzverfahrens mangels Masse abgelehnt wird;
c) von Seiten eines Gläubigers eines Gesellschafters Zwangsvollstreckungsmaßnahmen in den Gesellschaftsanteil des Gesellschafters vorgenommen werden und es den Inhabern des Gesellschaftsanteils nicht binnen acht Wochen gelungen ist, ihre Aufhebung zu erreichen;
d) in der Person des Gesellschafters ein wichtiger, seinen Ausschluss rechtfertigender Grund vorliegt;
e) ein verheirateter Gesellschafter oder ein Gesellschafter, der heiratet, nicht auf Aufforderung der geschäftsführenden Gesellschafterin oder eines Mitgesellschafters unverzüglich nachweist, dass er Gütertrennung vereinbart hat;[82]
f) ein Gesellschafter nicht mehr am Kapital des persönlich haftenden Gesellschafters beteiligt ist;[83]
g) die Ehe eines Gesellschafters mit einer Person, die mit dem Gesellschaftsgründer (Vater von AX, BX, Y und Z) in gerader Linie verwandt ist, rechtskräftig geschieden worden ist.

---

[80] Vgl. hierzu allg. § 30.
[81] Vgl. dazu § 30 Rn 37 ff.
[82] Hintergrund ist, dass der Wert der Unternehmensbeteiligung während der Ehe erheblich an Wert gewinnen kann und damit zu außergewöhnlich hohen Zugewinnausgleichsansprüchen führt. Da der Zugewinn i. d. R. nicht im flüssigen Vermögen liegt, sind Gesellschafter unter solchen Umständen häufig gezwungen, der Gesellschaft erhebliche Mittel zu entziehen oder ihre Beteiligung ganz oder teilweise zu veräußern, um die Zugewinnausgleichsansprüche erfüllen zu können, vgl. hierzu Reichert/Harbarth, § 18 Anm. 3). Zur Herbeiführung dieses Zwecks würde freilich bereits der Ausschluss des Zugewinns im Scheidungsfall ausreichen (vgl. hierzu § 21 Abs. 1 in Form § 63). Im vorliegenden Fall sollen die Abkömmlinge veranlasst werden, die weitergehende Wirkung der Gütertrennung auch bezüglich auf das sonstige, nicht die Beteiligung betreffende Vermögen herbeizuführen.
[83] Die vertragliche Vereinbarung eines „wichtigen Grundes" i. S. v. § 140 HGB ist zulässig; hierzu BGHZ 51, 205.

(2) Beschluss
Der Ausschluss erfordert die qualifizierte Mehrheit der abgegebenen Stimmen; der betroffene Gesellschafter ist nicht stimmberechtigt.[84] Der Ausschließungsbeschluss muss innerhalb eines Jahres, nachdem alle Gesellschafter von dem Ausschließungsgrund Kenntnis erlangt haben, gefasst werden. Wirksam wird die Ausschließung mit dem Zugang des Beschlusses.[85]

(3) Mehrere Gesellschafter
Steht ein Gesellschaftsanteil mehreren Mitberechtigten ungeteilt zu, ist der Ausschluss gemäß Abs. 1 lit. b) bis g) auch dann zulässig, wenn die Ausschlussvoraussetzungen in der Person eines Mitberechtigten vorliegen.

(4) Übertragung
Statt des Ausschlusses kann die Gesellschafterversammlung auch beschließen, dass der Gesellschaftsanteil auf zur Übernahme bereite Gesellschafter im Verhältnis ihrer Beteiligung oder in einem anderen von den übernahmeberechtigten Gesellschaftern gewünschten Verhältnis, oder, falls kein Gesellschafter zur Übernahme bereit ist, auf einen Dritten zu übertragen hat.[86] Der Beschluss bedarf – unter Stimmrechtsausschluss des betroffenen Gesellschafters – der Einstimmigkeit. Im Falle der Übertragung auf Gesellschafter oder Dritte gilt § 21 mit der Maßgabe, dass die Vergütung nicht von der Gesellschaft, sondern vom Erwerber geschuldet wird. Die Übertragung wird wirksam, sobald die Abfindung gezahlt oder für die noch nicht fällige Abfindung eine selbstschuldnerische Bürgschaft gestellt ist.

(5) Ruhen des Stimmrechts
Von dem Beschluss gemäß Abs. 3 an ruht das Stimmrecht des betroffenen Gesellschafters.

§ 21
Abfindung[87]

(1) Auseinandersetzungsguthaben
Scheidet ein Gesellschafter infolge Kündigung oder aus einem sonstigen Grund aus der Gesellschaft aus, steht ihm ein Auseinandersetzungsguthaben, das dem Verhältnis seiner Beteiligung am Festkapital entspricht, zu. Das Auseinandersetzungsguthaben ist auf den dem Ausscheidenden vorausgegangenen Bilanzstichtag anhand einer Auseinandersetzungsbilanz nach Maßgabe der folgenden Vorschriften zu ermitteln. Ein Gewinnanspruch für die Zeit zwischen dem Bilanzstichtag und dem Ausscheiden steht dem Gesellschafter nicht zu.

(2) Wertansätze
Für die Zwecke der Auseinandersetzungen werden die Wertansätze für Aktiva und Passiva abweichend von den Bilanzansätzen für den Grundbesitz

---

[84] Vgl. dazu § 30 Rn 39.

[85] Allein die Beschlussfassung über den Ausschluss genügt nicht, es sei denn, der betroffene Gesellschafter war dabei anwesend, vgl. BGHZ 31, 295, 301 ff.

[86] Diese Regelung dient in erster Linie der Kontrolle über die Beteiligungsverhältnisse.

[87] Vgl. hierzu allg. § 31.

und die übrigen Aktiva und Passiva mit den für eine Vermögensaufstellung nach dem steuerlichen Bewertungsgesetz maßgeblichen Werten berücksichtigt.[88] Dies gilt insbesondere auch für Beteiligungen, so dass für die Bewertung von GmbH-Anteilen derzeit das Stuttgarter Verfahren[89] heranzuziehen ist. Die Abfindung muss indessen mindestens 60 % der Abfindung betragen, die pro rata auf die Beteiligung entfiele, wenn die Gesellschaft nach den allgemein anerkannten Bewertungsregeln bewertet würde.

(3) Stundung
Die Abfindung ist vom Tage des Beschlusses an mit . . . % zu verzinsen und in zehn gleichen Jahresraten, die erste am ersten Werktag des dritten, auf das Ausscheiden folgenden, Monats zu zahlen.[90] So lange die zu leistende Vergütung noch nicht festgestellt ist, sind angemessene Abschlagszahlungen entsprechend den festgelegten Raten zu leisten. Der zur Zahlung der Vergütung Verpflichtete ist zu einer früheren vollständigen oder teilweisen Zahlung berechtigt. Die Zinszahlung erfolgt zusammen mit der jeweiligen Jahresrate.

§ 22
Gesellschafterpflichten

(1) Die Gesellschafter haben in allen Angelegenheiten der Gesellschaft Stillschweigen zu bewahren. Dies gilt auch nach einem etwaigen Ausscheiden aus der Gesellschaft.
(2) Die Gesellschafter sind zur Gesellschaftstreue[91] verpflichtet. Sie haben den Gesellschaftszweck zu fördern, dürfen die Gesellschaft in keiner Weise schädigen und sind insbesondere gehalten, Geschäftsgeheimnisse oder geschäftliche Beziehungen nicht zu deren Nachteil oder zum eigenen Vorteil auszunutzen. Den Gesellschaftern obliegt es, untereinander und zu den Mitarbeitern der Gesellschaft ein gutes Verhältnis herzustellen und zu wahren.
(3) Die Gesellschafter unterliegen keinem Wettbewerbsverbot.[92]

§ 23
Leistungsverkehr mit der Gesellschaft

Im Leistungsverkehr zwischen der Gesellschaft und ihren Gesellschaftern ist es untersagt, einem Gesellschafter oder einer ihm nahe stehenden Person unangemessene Vorteile irgendwelcher Art vertragsgemäß oder durch einseitige Handlung zuzuwenden oder die Gewährung solcher Vorteile stillschweigend zuzulassen.

---

[88] Vgl. hierzu § 28 Rn 19.
[89] Vgl. § 28 Rn 18.
[90] Die Ratenzahlung soll die Liquiditätsprobleme der Gesellschaft verringern.
[91] Zur Treuepflicht vgl. § 25.
[92] Zur Einschränkung von Wettbewerbsverboten vgl. § 26 Rn 52 f.

§ 24
Liquidation[93]

(1) Tritt die Gesellschaft in Liquidation, so ist die zu diesem Zeitpunkt zur Geschäftsführung berechtigte Komplementärin alleinige Liquidatiorin.
(2) Das Liquidationsergebnis ist nach dem Verhältnis der Kapitalkonten zu verteilen.

§ 25
Schriftform

Nebenabreden zu diesem Vertrag sind nicht getroffen. Änderungen oder Ergänzungen bedürfen zu ihrer Rechtswirksamkeit der Schriftform.[94] Das Gleiche gilt für den Verzicht auf dieses Schriftformerfordernis.

§ 26
Salvatorische Klausel[95]

Sollten Bestimmungen dieses Vertrages oder eine künftig in ihn aufgenommene Bestimmung ganz oder teilweise unwirksam oder undurchführbar sein oder werden, so bleibt die Gültigkeit der übrigen Bestimmungen hiervon unberührt. Das Gleiche gilt, falls sich herausstellen sollte, dass der Vertrag eine Regelungslücke enthält. Anstelle der unwirksamen oder undurchführbaren Bestimmungen oder zur Ausfüllung der Regelungslücke soll dann eine angemessene Regelung gelten, die dem am nächsten kommt, was die Gesellschafter gewollt hätten, wenn sie die Unwirksamkeit, Undurchführbarkeit oder Lückenhaftigkeit gekannt hätten. Das Gleiche gilt, wenn die Unwirksamkeit einer Bestimmung auf einen in dem Vertrag vorgeschriebenen Maß der Leistung oder Zeit (Frist oder Termin) beruht. In diesem Fall soll das Maß der Leistung oder Zeit (Frist oder Termin) als vereinbart gelten, das rechtlich zulässig ist und dem Gewollten möglichst nahe kommt.

§ 27
Schiedsgericht[96]

Über alle Streitigkeiten zwischen den Gesellschaftern und zwischen der Gesellschaft und Gesellschaftern, welche diesen Vertrag, das Gesellschaftsverhältnis oder die Gesellschaft betreffen, entscheidet, soweit nicht zwingendes Recht entgegensteht, unter Ausschluss des ordentlichen Rechtswegs ein Schiedsgericht. Das Schiedsgericht entscheidet auch, soweit dem zwingendes Recht nicht entgegensteht, über Beschlussfeststellungs- und Beschlussnichtigkeitsklagen. Die Schiedsvereinbarung ist in gesonderter Urkunde niedergelegt.

---

[93] Vgl. hierzu allg. § 46.
[94] Zur statutarischen Schriftformabrede vgl. BGH BB 1993, 2265.
[95] Vgl. dazu § 58 Fn 46.
[96] Vgl. Reichert/Harbarth, Statutarische Schiedsklauseln, NZG 2003, 379 ff.; gesonderte Schiedsvereinbarung in Form § 67.

§ 67
Schiedsvertrag[1]

Schiedsvertrag

zwischen

1. **XYZ GmbH & Co. KG**
2. **XYZ GmbH**
3. **AX**
4. **BX**
5. **Y**
6. **Z**

zum Gesellschaftsvertrag der XYZ GmbH & Co. KG

§ 1
Zuständigkeit des Schiedsgerichts

Alle Streitigkeiten zwischen den Gesellschaftern der XYZ GmbH & Co. KG sowie zwischen der Gesellschaft und Gesellschaftern aus dem Gesellschaftsverhältnis werden, soweit gesetzlich zulässig, unter Ausschluss des ordentlichen Rechtsweges durch ein Schiedsgericht entschieden. Dies gilt auch für Streitigkeiten über die Wirksamkeit einzelner Bestimmungen des Gesellschaftsvertrages, die Feststellung der Änderung oder Ergänzung oder Lückenausfüllung betreffend den genannten Gesellschaftsvertrag oder etwaige Nachträge, sowie, soweit gesetzlich zulässig, für Beschlussfeststellungs- und Beschlussnichtigkeitsklagen. Das Schiedsgericht entscheidet auch über Steitigkeiten über die Wirksamkeit und die Auslegung des Schiedsvertrages sowie etwaiger Nachträge.

§ 2
Zusammensetzung und Anrufung des Schiedsgerichts

(1) Das Schiedsgericht besteht aus drei Schiedsrichtern, nämlich zwei beisitzenden Schiedsrichtern und einem Obmann als Vorsitzendem.

(2) Schiedskläger und Schiedsbeklagte ernennen einen beisitzenden Schiedsrichter. Die beiden ernannten Schiedsrichter bestellen einen Obmann, der die Befähigung zum Richteramt nach den Vorschriften der Bundesrepublik Deutschland haben muss.

(3) Die Partei, die das Schiedsgericht anrufen will, hat dies unter Angabe des Gegenstandes und des Grundes des erhobenen Anspruchs sowie eines bestimmten Antrags der beklagten Partei durch eingeschriebenen Brief mitzuteilen.

---

[1] Zu den Vorteilen einer Schiedsgerichtsabrede vgl. § 17 Rn 91 ff.; zu statuarischen Schiedsklauseln vgl. Reichert/Harbarth, NZG 2003, 379 ff.

(4) Sollte der Rechtsstreit nicht ausschließlich das Verhältnis der klagenden und der beklagten Partei betreffen, so ist die das Schiedsgericht anrufende Partei verpflichtet, den anderen Parteien der in den Vorbemerkungen genannten Vereinbarung, die nicht Kläger oder Beklagter des Schiedsverfahrens sind, unverzüglich nach Versendung des in Abs. 3 genannten Schreibens eine Abschrift der Schiedsklage gem. Abs. 3 mit der Aufforderung zu übersenden, sich binnen einer Woche gegenüber dem Kläger und dem Beklagten zu äußern, ob und auf welcher Seite (Kläger oder Beklagter) sie sich am Schiedsgerichtsverfahren beteiligen wollen. Kläger und Beklagter müssen innerhalb weiterer drei Wochen durch eingeschriebenen Brief an die Gegenpartei einen zur Annahme bereiten Schiedsrichter benennen. Betrifft der Rechtsstreit hingegen ausschließlich das Verhältnis von Kläger und Beklagten, so benennt der Kläger einen zur Annahme bereiten Schiedsrichter bereits in dem in Abs. 3 genannten Schreiben und fordert in diesem den Beklagten auf, innerhalb von drei Wochen ab Zugang des Aufforderungsschreibens seinerseits einen Schiedsrichter durch eingeschriebenen Brief an die Gegenpartei zu benennen.

(5) Wenn die klagende oder die beklagte Partei einen zur Annahme des Amtes bereiten Schiedsrichter innerhalb der Frist gemäß Abs. 4 nicht benennt oder wenn die beiden ernannten Schiedsrichter den Obmann innerhalb von drei Wochen nach Benennung des zweiten Schiedsrichters nicht bestellen, wird der beisitzende Schiedsrichter bzw. der Obmann auf Antrag einer Partei von dem zuständigen Oberlandesgericht (§ 5) bestellt.

(6) Wird das Schiedsverfahren von mehreren Klägern eingeleitet oder richtet sich gegen mehrere Schiedsbeklagte bzw. beteiligen sich andere Parteien der in der Vorbemerkung genannten Vereinbarung gem. Abs. 4 rechtzeitig an dem Schiedsverfahren auf Kläger- oder Beklagtenseite, so gelten diese hinsichtlich der Bestellung der Schiedsrichter als eine Partei. Mehrere Kläger oder mehrere Beklagte können also nur jeweils gemeinsam einen Schiedsrichter benennen, wobei die Benennung gegenüber allen auf Seiten der Gegenpartei beteiligten Personen zu erfolgen hat. Satz 1 und 2 gelten entsprechend, falls eine Partei als Kläger oder Beklagter dem Verfahren nach Ablauf der in Abs. 4 genannten Frist beitritt und derjenige, dem sie beitritt, noch keinen Schiedsrichter bestellt hat; andernfalls gilt die bereits erfolgte Benennung auch für die beigetretene Partei.

(7) Können sich mehrere Kläger nicht gem. Abs. 6 auf einen Schiedsrichter einigen, so ist jeder berechtigt, das zuständige Oberlandesgericht (§ 5) um Ernennung eines gemeinsamen Schiedsrichters für die Klägerseite zu ersuchen. Entsprechendes gilt für mehrere Beklagte.

(8) Die Fristen gem. Abs. 4 und 5 verlängern sich bei zwei Beklagten um eine Woche und für jeden weiteren Beklagten um je drei Tage; dies gilt entsprechend, wenn mehr als ein Kläger an dem Schiedsverfahren beteiligt ist.

(9) Die Anträge gem. Abs. 5 und 7 kann jeder Kläger bzw. jeder Beklagte einzeln stellen. Anträge nach Abs. 5 kann darüber hinaus jeder benannte Schiedsrichter stellen.

(10) Ist eine Partei der in den Vorbemerkungen genannten Vereinbarung nicht Kläger oder Beklagter des Schiedsverfahrens, so ist sie – auch nach Ablauf der in Abs. 4 genannten Frist – berechtigt, dem Verfahren entweder als Partei auf Kläger- oder Beklagtenseite oder als Streithelfer auf Kläger- oder Beklagtenseite beizutreten. Dies gilt nicht, wenn der Rechtsstreit ausschließlich das Verhältnis unter den bisherigen Beteiligten des Schiedsverfahrens betrifft.

§ 3
Wegfall eines Schiedsrichters

(1) Falls ein Schiedsrichter stirbt oder aus einem anderen Grunde wegfällt oder die Übernahme oder die Ausführung des Schiedsrichteramtes verweigert, ist innerhalb von drei Wochen nach Aufforderung durch die andere Partei von der ursprünglich ernennungsberechtigten Partei ein neuer Schiedsrichter bzw. von den beiden beisitzenden Schiedsrichtern ein neuer Obmann zu bestellen. § 2 Abs. 3 bis 10 gelten entsprechend.
(2) Soweit nicht zwingende gesetzliche Vorschriften entgegenstehen, beschließt das Schiedsgericht in seiner neuen Zusammensetzung nach pflichtgemäßem Ermessen, ob und inwieweit das bisherige Verfahren ganz oder teilweise wiederholt werden soll. Jedenfalls muss den Parteien Gelegenheit gegeben werden, sich erneut zu äußern.

§ 4
Verfahren

(1) Das Schiedsgericht tagt am Sitz der Gesellschaft, es sei denn, die drei Schiedsrichter bestimmen übereinstimmend einen anderen Tagungsort.
(2) Die Parteien sind vor dem Schiedsgericht mündlich zu hören, wenn nicht beide Parteien auf die mündliche Verhandlung verzichten.
(3) Auf das Verfahren des Schiedsgerichts sind im Übrigen die Vorschriften des 10. Buches der Zivilprozessordnung anzuwenden.
(4) Das Schiedsgericht entscheidet auch über die Kosten des schiedsgerichtlichen Verfahrens gem. §§ 91ff. ZPO.
(5) Gegen den Spruch des Schiedsgerichts ist ein Rechtsmittel nicht gegeben.

§ 5
Zuständiges Gericht im Sinne des § 1062 ZPO

Zuständiges Gericht im Sinne des § 1062 Abs. 1 ZPO ist das OLG ____

§ 6
Aufhebung des Schiedsspruchs

Falls der Schiedsspruch vom ordentlichen Gericht aufgehoben werden sollte, ist die Schiedsgerichtsvereinbarung nicht verbraucht. Die Parteien haben in diesem Fall vielmehr erneut nach den vorstehenden Regelungen ein Schiedsgericht einzuberufen. Die Schiedsrichter, die an dem früheren Verfahren mitgewirkt haben, sind von der Mitwirkung an dem neuen Verfahren ausgeschlossen.

____________________	____________________
XYZ GmbH & Co. KG	BX
____________________	____________________
XYZ GmbH	Y
____________________	____________________
AX	Z

§ 68 Satzung der Komplementär-GmbH

Satzung der XYZ GmbH

Inhaltsverzeichnis

§ 1 Firma, Sitz

(1) Firma
Die Firma der Gesellschaft lautet:
XYZ GmbH.[1]

(2) Sitz[2]
Die Gesellschaft hat ihren Sitz in (Ort).

---

[1] Es handelt sich um eine Personenfirma. Allgemein zum Firmenrecht bei der Komplementär-GmbH vgl. § 13 Rn 22.

[2] Vgl. Erläuterung zur Satzung der GmbH, § 58, § 2.

§ 2
Gegenstand

Gegenstand des Unternehmens ist die Verwaltung von Beteiligungen und anderen Vermögensgegenständen, insbesondere die Übernahme der Geschäftsführung als persönlich haftende Gesellschafterin. Die Gesellschaft ist jedoch auch berechtigt, unmittelbar auf dem Gebiet des Maschinenbaus, insbesondere auf dem Gebiet des Spezialmaschinenbaus tätig zu werden, insbesondere Maschinen und Gegenstände sonstiger Art herzustellen und zu vertreiben.

§ 3
Stammkapital

(1) Stammkapital[3]
Das Stammkapital der Gesellschaft beträgt € 500.000,– (in Worten: fünfhunderttausend €).

(2) Stammeinlagen[4]
Von den Stammeinlagen haben übernommen:
a) AX €125.000 (in Worten: € einhundertfünfundzwanzigtausend),
b) BX €125.000 (in Worten: € einhundertfünfundzwanzigtausend);
c) Y €125.000 (in Worten: € einhundertfünfundzwanzigtausend).
d) Z €125.000 (in Worten: € einhundertfünfundzwanzigtausend).

(3) Volleinzahlung
Die Stammeinlagen sind voll erbracht.

(4) Zusammenlegung
Die Zusammenlegung in einer Hand befindlicher Anteile ist zulässig.

§ 4
Gesellschafterstämme

(1) Die Gesellschafter bilden folgende Gesellschafterstämme:[5]
a) Gesellschafterstamm AX
Diesem Stamm gehört AX an. Ihm gehören ferner Personen, mit denen sie in gerader Linie verwandt ist, ihr Ehegatte sowie Ehepartner (einschließlich verwitweter Ehepartner) von Personen, mit denen sie in gerader Linie verwandt ist, an, sofern auf diese Geschäftsanteile übertragen werden oder in sonstiger Weise in Übereinstimmung mit diesem Gesellschaftsvertrag auf sie übergehen.

---

[3] Vgl. dazu Reichert/Harbarth, S. 76, Anm. 1, 2.
[4] Vgl. dazu Reichert/Harbarth, S. 76, Anm. 1ff.
[5] Vgl. die entsprechende Regelung (§ 7) im Gesellschaftsvertrag der GmbH & Co. KG in Form § 66.

b) Gesellschafterstamm BX
Diesem Stamm gehört BX an. Ihm gehören ferner Personen, mit denen sie in gerader Linie verwandt ist, ein etwaiger künftiger Ehegatte sowie Ehepartner (einschließlich verwitweter Ehepartner) von Personen, mit denen sie in gerader Linie verwandt ist, an, sofern auf diese Geschäftsanteile übertragen werden oder in sonstiger Weise in Übereinstimmung mit diesem Gesellschaftsvertrag auf sie übergehen;
c) Gesellschafterstamm Y
Diesem Stamm gehört Y an. Ihm gehören ferner Personen, mit denen er in gerader Linie verwandt ist, seine Ehefrau sowie Ehepartner (einschließlich verwitweter Ehepartner) von Personen, mit denen er in gerader Linie verwandt ist, an, sofern auf diese Geschäftsanteile übertragen werden oder in sonstiger Weise in Übereinstimmung mit diesem Gesellschaftsvertrag auf sie übergehen;
d) Gesellschafterstamm Z
Diesem Stamm gehört Z an. Ihm gehören ferner Personen, mit denen sie in gerader Linie verwandt ist, ihr Ehemann oder Ehepartner (einschließlich verwitweter Ehepartner) von Personen, mit denen sie in gerader Linie verwandt ist, an, sofern Geschäftsanteile auf diese übertragen werden oder in sonstiger Weise in Übereinstimmung mit diesem Gesellschaftsvertrag auf sie übergehen.

(2) Ausscheidensgrund
Ehegatten oder Ehepartner, betreffend deren Ehe ein Scheidungsantrag gestellt ist oder deren Ehe geschieden ist, sind nicht Ehegatten im Sinne der vorstehenden und nachstehenden Bestimmungen. Gehören sie gem. Abs. 1 deswegen einem der dort aufgeführten Gesellschafterstämme an, weil sie Ehepartner von Personen sind, die mit den den Gesellschafterstamm begründenden Personen in gerader Linie verwandt sind, so scheiden sie mit dem Zeitpunkt, zu dem Scheidungsantrag gestellt wird, aus dem Gesellschafterstamm aus.

(3) Außerhalb Stamm
Werden Personen Gesellschafter, die nach Abs. 1 keinem der dort näher bezeichneten Stämme angehören, bilden diese keinen Stamm; die einem Stamm oder den Angehörigen eines Stammes zustehenden Rechte stehen ihnen nicht zu. Gleiches gilt für Gesellschafter, die aus einem Gesellschafterstamm ausgeschieden sind.

(4) Stammesvertreter
Soweit dieser Gesellschaftsvertrag vorsieht, dass Erklärungen nicht durch die Angehörigen eines Stammes, sondern durch den Stamm selbst abzugeben sind, ist die Erklärung durch den jeweils Stammesältesten oder einen von ihm gegenüber der Gesellschaft benannten Stammesvertreter nach Maßgabe der Entscheidung des Stammes abzugeben. Soweit innerhalb des Stammes keine abweichende Vereinbarung getroffen ist, haben Entschlussfassungen innerhalb eines Stammes in entsprechender Anwendung der für Gesellschafterbeschlüsse getroffenen Bestimmungen zu erfolgen, wobei jedoch jeweils einfache Stimmenmehrheit genügt.

§ 5
Geschäftsführer[6]

(1) Anzahl
Die Gesellschaft hat einen oder mehrere Geschäftsführer, die von der Gesellschafterversammlung bestellt und abberufen werden.[7]

(2) Geschäftsführerbefugnis
Mehrere Geschäftsführer sind gemeinschaftlich verantwortlich. Im Innenverhältnis entscheiden sie mit einfacher Mehrheit.[8] Bei Stimmengleichheit entscheiden die Stimmen der Geschäftsführer, die als Gesellschafter zu einem Stamm gehören.[9]

§ 6
Vertretung[10]

(1) Vertretungsbefugnis
Die Gesellschaft wird, wenn nur ein Geschäftsführer vorhanden ist, durch diesen vertreten. Sind mehrere Geschäftsführer vorhanden, wird sie durch zwei Geschäftsführer gemeinschaftlich vertreten.

(2) Erweiterung der Vertretungsbefugnis
Durch Beschluss der Gesellschafterversammlung kann, wenn mehrere Geschäftsführer vorhanden sind, einzelnen oder allen von ihnen die Befugnis zur Einzelvertretung erteilt werden. Durch Beschluss der Gesellschafterversammlung kann, wenn ein Geschäftsführer vorhanden ist, diesem (wenn mehrere Geschäftsführer vorhanden sind einzeln oder allen von ihnen) Befreiung von den Beschränkungen des § 181 BGB erteilt werden.[11]

---

[6] Vgl. zum Geschäftsführer der Komplementär-GmbH allgemein § 15 Rn 20 ff.

[7] Diese Regelung wird in der Praxis häufig gewählt. Die Bestellung und Abberufung durch die Gesellschafterversammlung entspricht der gesetzlichen Regelung, § 46 Nr. 5 GmbHG.

[8] Diese Bestimmung soll verhindern, dass Entscheidungen des Geschäftsführungsgremiums durch das ansonsten geltende Einstimmigkeitsprinzip gelähmt werden.

[9] Diese Regelung sieht die Entscheidung durch Familienmitgliedern bei Pattsituationen vor.

[10] Zur Vertretung bei der Komplementär-GmbH vgl. § 15 Rn 54.

[11] Das Selbstkontrahierungsverbot des § 181 BGB führt zur schwebenden Unwirksamkeit von Rechtsgeschäften des Geschäftsführers mit sich selbst bzw. mit einem durch ihn vertretenen Dritten. Diese Bestimmung sieht von der generellen Befreiung vom Verbot des § 181 ab. Stattdessen räumt sie der Gesellschafterversammlung eine generelle bzw. einzelne Befreiungsermächtigung ein.

§ 7
Gesellschafterversammlung[12]

(1) Ladung
Die Gesellschafterversammlung wird durch einen Geschäftsführer einberufen.[13] Zur Gesellschafterversammlung sind alle Gesellschafter durch eingeschriebenen Brief, der die Tagesordnung und das Tagungslokal zu enthalten hat, einzuladen. Zwischen der Absendung des Briefes und der Gesellschafterversammlung muss ein Zeitraum von mindestens 14 Tagen liegen; diese Frist kann bei der Einberufung außerordentlicher Gesellschafterversammlungen auf eine Frist von 8 Tagen verkürzt werden.[14]

(2) Ordentliche Versammlung
Die ordentliche Gesellschafterversammlung, in der über die Feststellung des Jahresabschlusses und die Verwendung des Gewinnes beschlossen wird, findet innerhalb von 8 Monaten nach Abschluss eines Geschäftsjahres statt.

(3) Außerordentliche Versammlung
Außerordentliche Gesellschafterversammlungen finden statt, wenn ein Geschäftsführer es für notwendig hält oder wenn Gesellschafter, die allein oder gemeinsam über 10 % des Stammkapitals verfügen, einen dahingehenden Antrag stellen.

(4) Vorsitz
Den Vorsitz in der Gesellschafterversammlung führt der Vorsitzende des Beirats oder ein von ihm bestimmter Vertreter.[15] Ist ein Vertreter nicht bestimmt, beschließt die Gesellschafterversammlung über den Vorsitz mit einfacher Mehrheit.

(5) Vertretung
Die Gesellschafter können sich in der Gesellschafterversammlung durch einen anderen Gesellschafter, durch ihren Ehegatten oder durch eine zur Berufsverschwiegenheit verpflichtete Person oder einen sonstigen Dritten, der sich schriftlich zur Verschwiegenheit verpflichtet hat, vertreten lassen. Die Vertreter haben sich durch schriftliche Vollmacht auszuweisen. Jeder Gesellschafter ist berechtigt, zu seiner Beratung einen zur Berufsverschwiegenheit verpflichteten Dritten hinzuzuziehen.

---

[12] Die Bestimmungen über die Gesellschafterversammlung sollten in der KG und in der GmbH weitgehend identisch sein, da die Gesellschafterversammlungen bei den Gesellschaften i. d. R. zusammengefasst werden.

[13] Vgl. dazu den Gesellschaftsvertrag der GmbH & Co. KG, oben § 66, § 12 Abs. 1 S. 2.

[14] Die gesetzliche Mindestfrist beträgt eine Woche, § 51 Abs. 1 S. 2 GmbHG.

[15] Mangels einer Regelung im GmbHG über die Leitung der Gesellschafterversammlung ist es sinnvoll, eine solche Klausel in den Gesellschaftsvertrag aufzunehmen.

§ 8
Gesellschafterbeschlüsse

(1) Versammlung
Gesellschafterbeschlüsse werden grundsätzlich in Versammlungen gefasst. Jedoch können Gesellschafterbeschlüsse auch brieflich, telegraphisch, fernschriftlich, per Telefax oder telefonisch gefasst werden, wenn alle Gesellschafter mit dieser Art der Beschlussfassung einverstanden sind.

(2) Stimmrecht
Je € 100,– eines Geschäftsanteils gewähren eine Stimme.

(3) Befreiung vom Stimmrecht
Die Gesellschafter sind, soweit gesetzlich zulässig, abweichend von § 47 Abs. 4 GmbHG stimmberechtigt.[16]

(4) Mehrheitserfordernisse
Soweit die Satzung nichts anderes bestimmt, müssen Gesellschafterbeschlüsse, die nach zwingenden oder dispositiven Bestimmungen der Einstimmigkeit, einer Mehrheit von $^3/_4$ der abgegebenen Stimmen (z. B. Satzungsänderungen) oder einer darüber hinausreichenden Mehrheit bedürfen, einstimmig gefasst werden.[17] Alle sonstigen Gesellschafterbeschlüsse sind, soweit die Satzung nichts anderes bestimmt, mit einer Mehrheit von $^3/_4$ der abgegebenen Stimmen zu fassen.

(5) Einstimmigkeit
Beschlüsse, für die die Satzung die Einstimmigkeit erfordert, bedürfen der Zustimmung aller Gesellschafter. Kommt eine gültige Beschlussfassung deshalb nicht zustande, weil nicht alle Gesellschafter in der Gesellschafterversammlung vertreten sind, dann kann in einer unverzüglich neu nach den Bestimmungen des § 7 einzuberufenden Gesellschafterversammlung ein Beschluss mit Zustimmung des gesamten in der neuen Gesellschafterversammlung vertretenen Stammkapitals gefasst werden.

(6) Protokoll
Die in der Gesellschafterversammlung gefassten Beschlüsse sind in einem Protokoll niederzuschreiben, das von dem Vorsitzenden der Gesellschafterversammlung zu unterschreiben ist. Eine Abschrift dieses Protokolls ist allen Gesellschaftern zuzuleiten.

---

[16] Normzweck des § 47 Abs. 4 GmbHG ist der Schutz des Gesellschaftsvermögens gegenüber einzelnen Gesellschaftern im Interesse der Gesamtheit der Gesellschafter. Die Bestimmung steht damit zur Disposition der Gesellschaftergesamtheit und kann im Gesellschaftsvertrag eingeschränkt oder abbedungen werden, Lutter/Hommelhoff, 15. Aufl. § 47 GmbHG Rn 13. Dies gilt allerdings nicht für das Verbot als „Richter in eigener Sache" mitzuentscheiden, BGH BB 1989, 1496, 1498; DStR 1994, 869.

[17] Die Verschärfung des gesetzlich vorgeschriebenen Quorums ist zulässig, arg. § 53 Abs. 2 GmbHG. Ebenso wie in der KG (vgl. § 12 Abs. 4 S. 1 in Form § 66) sollen strukturverändernde Maßnahmen auch in der Komplementär GmbH nur einstimmig vorgenommen werden dürfen.

(7) Anfechtung
Klagen auf Anfechtung von Gesellschafterbeschlüssen müssen binnen 2 Monaten nach Zugang der Abschrift des Protokolls beim Gesellschafter erhoben werden.[18]

§ 9
Beirat[19]

Weiteres Organ der Gesellschaft ist ein nach Maßgabe der folgenden Bestimmungen zu bildender Beirat.

(1) Mitglied
Dem Beirat gehören vier Mitglieder an.

(2) Entsendung
Jeder Gesellschafterstamm hat das Recht, ein Mitglied in den Beirat (ordentliches Beiratsmitglied) zu entsenden.[20] Das Entsendungsrecht kann zugunsten eines Stammesmitglieds oder zugunsten eines für die Aufgabe des Beirats qualifizierten Dritten erfolgen.

(3) Amtszeit[21]
Die Amtszeit eines Mitgliedes endet spätestens mit dem Ende der vierten ordentlichen Gesellschafterversammlung, nach der ersten Beiratssitzung nach Bestellung oder Wahl des betreffenden Mitglieds. Wiederbestellung oder Wiederwahl sind zulässig.

(4) Abberufung
Der entsendungsberechtigte Stamm ist berechtigt, das entsandte Mitglied jederzeit vorzeitig abzuberufen[22] und sein Entsendungsrecht erneut auszuüben. Gleiches gilt, wenn der Entsandte seine Beiratstätigkeit aus einem anderen Grunde nicht mehr ausübt oder ausüben kann. Der Entsandte ist auch berechtigt, das Amt unter Einhaltung einer Frist von einem Monat niederzulegen.[23] Entsprechendes gilt für gewählte Mitglieder, wobei die Abberufung durch Neuwahl des Nachfolgers erfolgt.

(5) Stimmbotschaft
Im Verhinderungsfalle kann jedes Beiratsmitglied für ein anderes Beiratsmitglied Stimmbotschaften[24] übermitteln.

---

[18] Vgl. Form § 64.

[19] Vgl. hierzu allg. § 18; zu den Gründen für die Einrichtung eines Beirats insb. § 18 Rn 31ff.

[20] Vgl. § 18 Rn 90.

[21] Vgl. § 18 Rn 93f.

[22] Dadurch wird eine enge Bindung des Beiratsmitglieds an den jeweiligen Familienstamm erreicht. Verstärken ließe sich diese Bindung noch, wenn man dem Stamm ein durch den jeweiligen Stammvertreter auszuübendes Weisungsrecht einräumt; vgl. § 18 Rn 99; zur umgekehrten Lösung eines weitgehend unabhängigen Beirats; § 18 Rn 100.

[23] Es macht keinen Sinn, ein amtsmüdes Beiratsmitglied an seinem Amt festzuhalten; zu den Konsequenzen bei Fehlen einer entsprechenden Regelung vgl. § 18 Rn 98.

[24] MünchHdb. GesR II/Riegger KG § 8 Rn 61; vgl. § 18 Rn 105.

(6) Erklärungen
Erklärungen des Stammes i. S. v. § 4 Abs. 1 erfolgen gegenüber der Gesellschaft gemäß § 4 Abs. 4 durch den jeweils Stammesältesten oder durch einen von ihm benannten Stammesvertreter entsprechend einer Entscheidung des Stammes.

(7) Außerordentliche Beiratsmitglieder
Die Beiratsmitglieder haben das Recht, durch Mehrheitsbeschluss bis zu drei weitere Personen zu bestimmen, die an Beiratssitzungen mit beratender Stimme teilnehmen (außerordentliche Beiratsmitglieder). Sie sind nicht stimmberechtigt.[25]

(8) Vorsitz
Der Vorsitzende wird aus dem Kreise der Beiratsmitglieder mit einfacher Stimmenmehrheit für eine Amtszeit von einem Jahr gewählt; darüber hinaus wird mit gleicher Mehrheit und für die gleiche Amtszeit ein stellvertretender Vorsitzender bestimmt. AX wird in der ersten Amtsperiode den Vorsitz des Beirats übernehmen.

(9) Geschäftsführung
Die Mitgliedschaft in der Geschäftsführung schließt eine Mitgliedschaft im Beirat aus.[26]

§ 10
Aufgaben und Befugnisse des Beirats

(1) Informationen
Dem Beirat stehen die einem Aufsichtsrat in der Aktiengesellschaft zustehenden Informationsrechte zu.[27]

(2) Weisungen[28]
Der Beirat ist berechtigt, die Weisungskompetenz der Gesellschafterversammlung wahrzunehmen, soweit diese nicht durch Beschluss mit 100 % der abgegebenen Stimmen festlegt, dass sie die Weisungsbefugnis – im Einzelfall oder allgemein – selbst ausübt.

(3) Unternehmensplanung
Die Geschäftsführung hat dem Beirat jeweils rechtzeitig vor Beginn eines Geschäftsjahres eine Unternehmensplanung vorzulegen, die die Umsatz-, Ertrags-, Investitions- und Finanzplanung der Gesellschaft und sämtlicher Gesellschaften, die zu der von ihr geleiteten Unternehmensgruppe zählen, vorzulegen. Die Investitions- und Finanzplanung bedarf der Zustimmung des Beirats.

(4) Zustimmung zu Geschäftsführungsmaßnahmen sowie zur Wahrnehmung der Geschäftsführung als geschäftsführende Gesellschafterin[29]

---

[25] Vgl. hierzu § 18 Rn 105.

[26] Diese Klausel empfiehlt sich im Hinblick auf das Verbot des Richtens in eigener Sache.

[27] Vgl. § 18 Rn 57.

[28] Vgl. § 18 Rn 52, 66 ff.

[29] Vgl. § 18 Rn 52, 61 f.

Die nachfolgenden Maßnahmen, auch soweit sie in der Wahrnehmung der Geschäftsführungsfunktion für Gesellschaften erfolgen, deren geschäftsführende persönlich haftende Gesellschafterin die Gesellschaft ist, bedürfen der Zustimmung des Beirats:

a) Investitionen, die im Investitionsplan nicht vorgesehen sind, sofern sie entweder E . . . im Einzelfall überschreiten oder zu einer Überschreitung des Investitionsplans von mehr als 5 % führen.
b) Sonstige Investitionen, auch wenn sie im Investitionsplan bereits berücksichtigt sind, soweit sie € . . . im Einzelfall überschreiten und auf das konkrete Zustimmungserfordernis nicht im Rahmen des Zustimmungsbeschlusses zum Investitionsplan verzichtet wurde.
c) Aufnahme oder Erhöhung von Krediten, soweit sie nicht im genehmigten Finanzplan vorgesehen sind oder der Betrag der Aufnahme oder Erhöhung mehr als € . . . beträgt.
d) Abschluss von Leasing-, Pacht-, Miet- und Beratungsverträgen mit einer Laufzeit von mehr als drei Jahren, sofern sie zu einer Zahlung von mehr als € . . . im Jahr verpflichten.
e) Abschluss von Anstellungsverträgen mit Bruttojahresbezügen von über € . . .
f) Die Bestellung von Prokuristen.
g) Die Gewährung von Altersruhegeldern.
h) Die Beteiligung an Maßnahmen in Beteiligungsgesellschaften, soweit sie die Angelegenheiten gemäß lit. a) bis g) betreffen, sei es durch Ausübung des Stimmrechts, sei es durch Wahrnehmung der Geschäftsführung.

§ 11
Einberufung von Beiratssitzungen[30]

(1) Ladung
Beiratssitzungen werden vom Vorsitzenden schriftlich unter Bekanntgabe der Tagesordnung und des Tagungslokals einberufen. Zwischen der Absendung des Briefes und der Beiratssitzung muss ein Zeitraum von mindestens 14 Tagen liegen.

(2) Sitzung
Die Beiratssitzungen finden mindestens halbjährlich statt; weitere Beiratssitzungen finden nach Bedarf statt. Eine Beiratssitzung ist auch einzuberufen, wenn dies von einem Beiratsmitglied verlangt wird. Kommt der Vorsitzende dem Einberufungsbegehren nicht unverzüglich nach, steht dem betreffenden Beiratsmitglied ein Selbsteinberufungsrecht zu.

(3) Niederschrift
Für Beiratssitzungen ist eine Niederschrift zu errichten. Sie soll enthalten: Ort, Tag und Uhrzeit der Beiratssitzung, Namen der anwesenden Beiratsmitglieder sowie sonstiger Teilnehmer, Tagesordnung und Anträge (Wortlaut), Ergebnisse der Abstimmung (mit Wortlaut der gefassten Beschlüsse) und Angaben über sonstige Erledigung von Anträgen.

---

[30] Vgl. hierzu auch allg. § 18 Rn 103.

Die Niederschrift ist vom Beiratsvorsitzenden und von einem von ihm bestimmten Protokollführer zu unterzeichnen. Die Niederschrift ist allen Beiratsmitgliedern unverzüglich zu übermitteln.

(4) Geschäftsführung
Die Geschäftsführung soll an den Sitzungen des Beirats teilnehmen, soweit dem nicht zwei oder mehrere Mitglieder des Beirats widersprechen.

(5) Geschäftsordnung
Der Beirat kann weitere Einzelheiten in einer Geschäftsordnung regeln.

§ 12
Beschlussfassungen im Beirat

(1) Quorum
Der Beirat ist beschlussfähig, wenn die Hälfte der Stimmen vertreten sind.

(2) Einfache Mehrheit
Beschlussfassungen des Beirats erfolgen, soweit in diesem Gesellschaftsvertrags nichts anderes bestimmt ist, mit einfacher Mehrheit der abgegebenen Stimmen. Die Abstimmung erfolgt nach Köpfen.[31]

(3) Schriftliches Verfahren
Beschlussfassungen erfolgen in Beiratssitzungen in dringenden Fällen jedoch auch schriftlich, per Telefax oder telefonisch. Sie können auch in anderen Fällen in dieser Weise erfolgen, wenn kein Beiratsmitglied widerspricht. Telefonische Beschlüsse sind von dem Vorsitzenden oder einem von ihm beauftragten Schriftführer schriftlich festzuhalten. Sie sind den Beiratsmitgliedern zuzuleiten. Auch Ausfertigungen der schriftlichen oder per Telefax gefassten Beschlüsse sind den Beiratsmitgliedern vom Vorsitzenden oder Schriftführer zuzuleiten.

§ 13
Auslagenersatz, Vergütung

Die Beiratsmitglieder erhalten Ersatz ihrer Auslagen. Eine etwaige darüber hinausgehende Vergütung wird durch Beschluss der Gesellschafterversammlung festgelegt.

§ 14
Verfügungen über Geschäftsanteile, Vorkaufsrechte[32]

(1) Zustimmungserfordernis
Verfügungen über einen Geschäftsanteil oder einen Teil davon, insbesondere die Abtretung, die Verpfändung oder die sonstige Belastung von Geschäftsanteilen sowie die Nießbrauchsbestellung an Geschäftsanteilen bedarf zu ih-

---

[31] Vgl. hierzu § 18 Rn 106.

[32] Vgl. die identische Regelung im Gesellschaftsvertrag der GmbH & Co. KG, § 66 dort § 17 mitsamt den dortigen Anmerkungen.

rer Wirksamkeit der Zustimmung durch die Gesellschafterversammlung. Die Gesellschafterversammlung hat über die Zustimmung durch einstimmigen Gesellschafterbeschluss zu beschließen. Erfolgt die Verfügung aufgrund einer Veräußerung, bei der Vorkaufsrechte gemäß den Abs. 3 bis 5 zu beachten sind, kann die Zustimmung erst wirksam erteilt werden, wenn das Vorkaufsrecht entweder ausgeübt ist, die Vorkaufsfristen verstrichen sind oder die Vorkaufsberechtigten auf ihr Vorkaufsrecht verzichtet haben.

(2) Anspruch auf Zustimmungserteilung
Die Zustimmung zu Verfügungen gemäß Abs. 1 muss erteilt werden, wenn:
a) die Verfügung gemäß Abs. 1 zugunsten von Personen erfolgt, die sowohl mit dem verfügenden Gesellschafter als auch mit dem Gesellschaftsgründer (Vater von AX, BX, Y und Z) in gerader Linie verwandt sind;
b) die Verfügung gemäß Abs. 1 zugunsten von Personen erfolgt, die zwar mit dem Gesellschaftsgründer (Vater von AX, BX, Y und Z) nicht aber mit dem verfügenden Gesellschafter in gerader Linie verwandt sind, sofern die Vorkaufsbestimmungen der nachfolgenden Absätze 3 bis 5 beachtet sind.
c) die Verfügung gemäß Abs. 1 zugunsten von sonstigen Gesellschaftern erfolgt, die einem der Gesellschafterstämme angehören, sofern die Vorkaufsrechtsbestimmungen gemäß Abs. 3 bis 5 beachtet sind;
d) die Verfügungen in Vollzug eines Vermächtnisses oder einer testamentarischen Teilungsanordnung oder sonst im Rahmen einer Erbauseinandersetzung zugunsten eines nach § 15 nachfolgeberechtigten Erben oder eines nach § 15 nachfolgeberechtigten Vermächtnisnehmers erfolgt.

Die Verpflichtung zur Erteilung der Zustimmung setzt weiterhin voraus, dass, sofern der oder die Begünstigten verheiratet sind, diese im Güterstand der Gütertrennung leben.
In allen sonstigen Fällen einer Verfügung steht es im Ermessen jedes einzelnen Gesellschafters, für oder gegen die Erteilung der Zustimmung zu stimmen.

(3) Vorkaufsrecht
Ein veräußerungswilliger Gesellschafter ist, sofern die Veräußerung nicht an Personen erfolgt, die – spätestens mit Erwerb der Geschäftsanteile – Angehörige seines Gesellschafterstammes sind, verpflichtet, seinen Geschäftsanteil oder den Teil desselben, den er zu übertragen beabsichtigt, zunächst den Angehörigen seines Stammes und danach den Angehörigen der übrigen Familienstämme in notarieller Form unter Vorlage des notariellen Kaufvertrages zum Vorkauf anzubieten.

(4) Vorkaufsrecht der Stammesangehörigen
Die Angehörigen des eigenen Stammes sind berechtigt, das Vorkaufsrecht binnen zwei Monaten nach Zugang des Vorkaufsangebots auszuüben; die Ausübung bedarf der notariellen Beurkundung. Für die Fristwahrung genügt die notarielle Beurkundung der Ausübungserklärung (§ 152 BGB). Üben mehrere Vorkaufsberechtigte das Vorkaufsrecht aus, so erwerben sie den Anteil pro rata ihrer Beteiligung, wobei die einzelnen Anteile durch 100 teilbar sein müssen und Spitzenbeträge demjenigen zufallen, der die geringste Nominalbeteiligung hält. Mehrere Vorkaufsberechtigte sind auch berechtigt, das

Vorkaufsrecht nur wegen eines Bruchteils des Geschäftsanteils auszuüben, wobei der Einzelanteil jedoch durch 100 teilbar sein muss. In diesem Fall liegt jedoch nur dann eine wirksame Ausübung des Vorkaufsrechts vor, wenn die Summe der Geschäftsanteile zusammengefasst den zum Verkauf angebotenen Geschäftsanteil unter Berücksichtigung der Erklärungen der übrigen Vorkaufsberechtigten, ggf. auch solcher, die nachrangig vorkaufsberechtigt sind, insgesamt erfasst. Ergibt sich bei einer Zusammenfassung der Bruchteile eine höhere Quote als 100 % des veräußerten Anteils, erwerben in erster Linie die vorrangig und erst in zweiter Linie die nachrangig Berechtigten; innerhalb dieser Gruppe erfolgen ggf. Kürzungen der Quoten pro rata der Beteiligung.

(5) Vorkaufsrecht der Gesellschafter eines anderen Stammes
Erst wenn die gemäß Abs. 4 vorrangig vorkaufsberechtigten Gesellschafter des eigenen Stammes ihr Vorkaufsrecht nicht oder nicht in vollem Umfang wahrgenommen haben, ist der Geschäftsanteil bzw. sind die verbleibenden Quoten des Geschäftsanteils den nachrangig vorkaufsberechtigten Mitgliedern der übrigen Familienstämme unverzüglich zum Vorkauf anzubieten. Das Vorkaufsrecht ist binnen zwei Monaten nach Zugang des Vorkaufsangebots auszuüben. Im Übrigen gelten die obigen Bestimmungen entsprechend, jedoch mit der Maßgabe, dass, soweit Angehörige eines Familienstammes die pro rata ihrer Beteiligung auf sie entfallende Quote durch Ausübung ihres Vorkaufsrechtes nicht ausschöpfen, das Vorkaufsrecht insoweit zunächst den Mitgliedern dieses Familienstammes zusteht, ehe es auf die Mitglieder der übrigen Familienstämme übergeht.
(6) Andienungspflicht Nichtstammeszugehöriger
Gehört ein Gesellschafter keinem Stamm an, so hat er die Geschäftsanteile sogleich den Mitgliedern sämtlicher Familienstämme nach Maßgabe vorstehender Bestimmungen anzubieten.

§ 15
Rechtsnachfolge

(1) Nachfolgeberechtigte[33]
Nachfolgeberechtigt sind Erben und Vermächtnisnehmer, die
a) mit AX, BX, Y oder Z in gerader Linie verwandt sind und, sofern sie verheiratet sind, im Güterstand der Gütertrennung leben,
b) mit dem Erblasser, der mit AX, BX, Y oder Z in gerader Linie verwandt war, bis zu dessen Tod verheiratet waren, ohne dass bis zu diesem Zeitpunkt ein Scheidungsantrag gestellt war.

(2) Nichtnachfolgeberechtigte
Gehen Geschäftsanteile von Todes wegen auf einen oder mehrere Personen als Erben oder Vermächtnisnehmer über, die nicht nachfolgeberechtigt im

---

[33] Vgl. hierzu die entspr. Regelung im Gesellschaftsvertrag der GmbH & Co. KG: oben § 66 dort § 18, mitsamt den dortigen Anm. Die Regelungstechnik unterscheidet sich indessen insofern, als sich der Übergang der Anteile auf Nichtbeteiligte in der GmbH nicht ausschließen lässt, so dass auf das Institut der Einziehung zurückzugreifen ist.

Sinne des Abs. 1 sind, kann die Gesellschafterversammlung unter Ausschluss des Stimmrechtes des Erben oder Vermächtnisnehmers innerhalb von drei Monaten, gerechnet ab dem Zeitpunkt, zu dem der letzte Gesellschafter Kenntnis von dem Erbfall erhalten hat, die Einziehung des Geschäftsanteils beschließen. Der Einziehungsbeschluss bedarf der einfachen Stimmenmehrheit. Die Regelungen des § 16 Abs. 2 bis 8 gelten entsprechend.

(3) Testamentsvollstreckung
Die Anordnung der Testamentsvollstreckung an Geschäftsanteilen ist zulässig.

§ 16
Einziehung

(1) Gründe
Die Gesellschaft kann in ihrer Gesellschafterversammlung die Einziehung eines Geschäftsanteiles oder eines Teiles eines Geschäftsanteiles beschließen,

a) wenn der betreffende Gesellschafter zustimmt,
b) wenn über das Vermögen eines Gesellschafters das Insolvenzverfahren[34] eröffnet wird und nicht binnen acht Wochen wieder aufgehoben wird oder die Eröffnung des Insolvenzverfahrens mangels Masse abgelehnt wird,
c) wenn von Seiten eines Gläubigers eines Gesellschafters Zwangsvollstreckungsmaßnahmen in den Geschäftsanteil des Gesellschafters vorgenommen werden und es den Inhabern des Geschäftsanteils nicht binnen 8 Wochen gelungen ist, ihre Aufhebung zu erreichen,
d) wenn in der Person des Gesellschafters ein wichtiger, seinen Ausschluss rechtfertigender Grund vorliegt,[35]
e) wenn die Voraussetzungen für eine Einziehung nach § 15 Abs. 2 vorliegen,
f) wenn ein Gesellschafter, der heiratet, nicht auf Aufforderung der Geschäftsführung oder eines Mitgesellschafters unverzüglich nachweist, dass er Gütertrennung vereinbart hat,[36]
g) wenn eine verheiratete Person, die Gesellschafter wird, nicht auf Aufforderung der Geschäftsführung oder eines Mitgesellschafters unverzüglich nachweist, dass sie Gütertrennung vereinbart hat,
h) wenn ein Gesellschafter nicht mehr – unter Einschluss seiner mittelbaren Beteiligung, die durch seine Gesellschafterstellung in dieser Gesellschaft begründet wird – mindestens im gleichen Verhältnis wie an dieser Gesellschaft an der XYZ GmbH & Co. KG beteiligt ist.
i) wenn die Ehe eines Gesellschafters mit einer Person, die mit dem Gesellschaftsgründer (Vater von AX, BX, Y und Z) in gerader Linie verwandt ist, rechtskräftig geschieden worden ist.

---

[34] Vgl. auch OLG Frankfurt ZIP 1998, 1107 = NZG 1998, 595 m. Anm. Eckhardt; van Venrooy, GmbHR 1995, 339.
[35] Vgl. § 133 Abs. 2 HGB; hierzu Lutter/Hommelhoff, § 34 GmbHG Rn 16.
[36] Vgl. zum Gesellschaftsvertrag der GmbH & Co. KG Form § 66 Fn 82.

Wird ein Einziehungsbeschluss ohne Verschulden oder mit einfacher Fahrlässigkeit gesetzt, soll dem Gesellschafter vor der Einziehung Gelegenheit zur Abhilfe gegeben werden, wenn dies den Zweck der Einziehung nicht gefährdet.

(2) Beschluss
Der Einziehungsbeschluss erfordert eine Mehrheit von $^{3}/_{4}$ der abgegebenen Stimmen; der betroffene Gesellschafter ist nicht stimmberechtigt.

(3) Mehrere Gesellschafter
Steht ein Geschäftsanteil mehreren Mitberechtigten ungeteilt zu, ist Einziehung gemäß Abs. 1 lit. b) bis lit. i) auch dann zulässig, wenn die Einziehungsvoraussetzungen nur in der Person eines Mitberechtigten vorliegen.

(4) Abtretungsverpflichtung
Statt der Einziehung[37] kann, wenn die Einziehungsvoraussetzungen gemäß Abs. 1 vorliegen, die Gesellschafterversammlung in notariell beurkundeter Form die Übertragung des Geschäftsanteils oder von Teilen davon auf die Gesellschaft, auf zur Übernahme bereite Gesellschafter im Verhältnis ihrer Beteiligung oder einem anderen von den übernahmeberechtigten Gesellschaftern gewünschten Verhältnis, oder, falls kein Gesellschafter zur Übernahme bereit ist, auf einen Dritten beschließen; ein solcher Beschluss bedarf – unter Stimmrechtsausschluss des betroffenen ausscheidenden Gesellschafters – der Einstimmigkeit. Im Falle einer Übertragung auf Gesellschafter oder Dritte gelten die Abs. 6 und 7 mit der Maßgabe, dass die Vergütung nicht von der Gesellschaft, sondern vom Erwerber geschuldet wird. Die Übertragung wird wirksam, sobald die Abfindung gezahlt oder für die noch nicht fällige Abfindung eine unwiderrufiche selbstschuldnerische Bürgschaft gestellt ist.

(5) Ruhen des Stimmrechts
Von dem Gesellschafterbeschluss an, der die Einziehung oder die Übertragung des Geschäftsanteils anordnet, ruht das Stimmrecht des betroffenen Gesellschafters.

(6) Abfindung
Dem betroffenen Gesellschafter steht eine auf den Einziehungsstichtag zu ermittelnde Abfindung zu. Sie ist auf den letzten dem Ausscheiden vorausgegangenen Bilanzstichtag anhand einer Auseinandersetzungsbilanz nach Maßgabe des Abs. 7 zu ermitteln. Ein Gewinnanspruch für die Zeit zwischen dem Bilanzstichtag und dem Ausscheiden steht dem Gesellschafter nicht zu.

(7) Wertansätze
Für die Zwecke der Auseinandersetzungen werden die Wertansätze für Aktiva und Passiva entsprechend den Bilanzansätzen eingesetzt.[38] Die Abfindung muss indessen mindestens 60 % der Abfindung betragen, die pro rata

---

[37] BGH WM 1983, 956; Lutter/Hommelhoff, § 34 GmbHG Rn 33.

[38] Allgemein zu Buchwertklauseln D. Mayer, DB 1990, 1319; Piltz, BB 1994, 1021.

auf die Beteiligung entfiel, wenn die Gesellschaft auf den vorausgegangenen Bilanzstichtag nach den allgemein anerkannten Bewertungsregeln bewertet würde.[39]

(8) Stundung
Die Abfindung ist vom Tage des Beschlusses an mit . . . % zu verzinsen und in zehn gleichen Jahresraten, die erste unverzüglich nach Bekanntgabe des Einziehungsbeschlusses bzw. nach erfolgter Anteilsübertragung, zu zahlen. Solange die zu leistende Vergütung noch nicht festgestellt ist, sind angemessene Abschlagszahlungen entsprechend den festgelegten Raten zu leisten. Der zur Zahlung der Vergütung Verpflichtete ist zu einer früheren vollständigen oder teilweisen Zahlung berechtigt. Die Zinszahlung erfolgt zusammen mit der jeweiligen Jahresrate. Wird zur Durchführung der Einziehung eine Herabsetzung des Stammkapitals beschlossen, kann die Zahlung der Vergütung nicht vor Ablauf des Sperrjahres gefordert werden.

(9) Neuer Anteil
Anstelle eines eingezogenen Geschäftsanteils kann durch einstimmigen Gesellschafterbeschluss ein neuer gebildet werden.

§ 17
Kapitalerhöhung

(1)
Bei einer Kapitalerhöhung hat jeder Gesellschafter Anspruch darauf, dass ihm ein an seinem Stammkapital entsprechender Teil des neuen Gesellschaftsanteils zugeteilt wird.

(2)
Für die Ausübung des Bezugsrechts ist eine Frist von mindestens 2 Wochen zu bestimmen.

(3)
Die Zulassung von Personen zur Übernahme von Geschäftsanteilen, die nicht bereits Gesellschafter sind, ist zulässig, soweit die Voraussetzungen vorliegen, unter denen gemäß § 14 Abs. 2 die Zustimmung zur Verfügung über Geschäftsanteile zu ihren Gunsten erteilt werden müsste. Ansonsten ist die Übernahme von Geschäftsanteilen aus der Kapitalerhöhung durch Dritte nur zulässig, soweit der Bezug der Geschäftsanteile in entsprechender Anwendung der Bestimmungen für Vorkaufsrechte zunächst den Gesellschaftern zur Übernahme angeboten worden sind.

---

[39] Hierdurch soll ein nachträgliches unangemessenes Missverhältnis zwischen Abfindung und wahrem Anteilswert vermieden werden. Den Abschlag von 40 % wird man wohl für zulässig halten können, vgl. im Einzelnen Lutter/Hommelhoff, § 34 GmbHG Rn 50; Ulmer/Schäfer, ZGR 1995, 134.

§ 18
Jahresabschluss, Gewinnverwendung

(1) Aufstellung
Nach Ablauf eines Geschäftsjahres sind der Jahresabschluss[40] und der Lagebericht für das abgelaufene Geschäftsjahr innerhalb der gesetzlichen Fristen aufzustellen. Bei der Aufstellung des Jahresabschlusses sind die handels- und steuerrechtlichen Vorschriften zu beachten.

(2) Prüfung
Der Jahresabschluss und die zugrunde liegenden Geschäftsbücher sind durch einen auf Vorschlag der Gesellschafterversammlung zu beauftragenden Wirtschaftsprüfer oder eine Wirtschaftsprüfungsgesellschaft zu prüfen und der Prüfungsbericht ist allen Gesellschaftern sowie den Mitgliedern des Beirats unverzüglich und rechtzeitig vor der ordentlichen Gesellschafterversammlung zuzuleiten.

(3) Feststellung und Ergebnisverwendung
Die Gesellschafterversammlung entscheidet über die Feststellung des Jahresabschlusses und beschließt nach ihrem Ermessen über die Verwendung des Ergebnisses, die Entnahmen aus Rücklagen und die Einstellung in Rücklagen. Sie kann den Jahresüberschuss zuzüglich eines Gewinnvortrages und abzüglich eines Verlustvortrages bzw. den Bilanzgewinn, sofern die Bilanz unter Berücksichtigung der teilweisen Ergebnisverwendung aufgestellt wird oder Rücklagen aufgelöst werden, ausschütten, vortragen oder in andere Gewinnrücklagen einstellen. Vorabausschüttungen auf den zu erwartenden Gewinn des Geschäftsjahres können bereits vor dessen Ablauf beschlossen werden.

(4) Anpassung
Wird die Steuerbilanz nachträglich bei der Veranlagung oder durch eine Betriebsprüfung geändert, so sind die Handelsbilanzen für die betreffenden Jahre durch Beschluss der Gesellschafterversammlung an die geänderten Steuerbilanzen anzupassen, soweit nicht zwingende handelsrechtliche Vorschriften dem entgegenstehen.

§ 19
Gesellschafterpflichten

(1)
Die Gesellschafter haben in allen Angelegenheiten der Gesellschaft Stillschweigen zu bewahren. Dies gilt auch nach einem etwaigen Ausscheiden aus der Gesellschaft.

(2)
Die Gesellschafter sind zur Gesellschaftstreue[41] verpflichtet. Sie haben den Gesellschaftszweck zu fördern, dürfen die Gesellschaft in keiner Weise schädigen und sind insbesondere gehalten, Geschäftsgeheimnisse oder ge-

---

[40] Vgl. hierzu § 22.
[41] Zur Treuepflicht vgl. § 25.

schäftliche Beziehungen nicht zu deren Nachteil oder zum eigenen Vorteil auszunutzen. Den Gesellschaftern obliegt es, untereinander und zu den Mitarbeitern der Gesellschaft ein gutes Verhältnis herzustellen und zu wahren.

(3)
Die Gesellschafter unterliegen keinem Wettbewerbsverbot.[42]

§ 20
Leistungsverkehr mit der Gesellschaft

Im Leistungsverkehr zwischen der Gesellschaft und ihren Gesellschaftern ist es untersagt, einem Gesellschafter oder einer ihm nahe stehenden Person unangemessene Vorteile irgendwelcher Art vertragsgemäß oder durch einseitige Handlung zuzuwenden oder die Gewährung solcher Vorteile stillschweigend zuzulassen.

§ 21
Bekanntmachungen

Bekanntmachungen der Gesellschaft erfolgen im elektronischen Bundesanzeiger.

§ 22
Schiedsgericht

(1) Über alle Streitigkeiten zwischen den Gesellschaftern und zwischen der Gesellschaft und Gesellschaftern, welche diesen Vertrag, das Gesellschaftsverhältnis oder die Gesellschaft betreffen, entscheidet, soweit nicht zwingendes Recht entgegensteht, unter Ausschluss des ordentlichen Rechtswegs ein Schiedsgerichts. Das Schiedsgericht entscheidet auch, soweit dem zwingendes Recht nicht entgegensteht, über Beschlussanfechtungs-, Beschlussfeststellungs- und Beschlussnichtigkeitsklagen.
(2) Die Schiedsvereinbarung ist Bestandteil dieser Satzung und als Anlage zugleich Bestandteil dieser Satzungsurkunde. Sie ist darüber hinaus in gesonderter Urkunde niedergelegt.[43]

§ 23
Salvatorische Klausel

Sollten Bestimmungen dieses Vertrages oder eine künftig in ihn aufgenommene Bestimmung ganz oder teilweise unwirksam oder undurchführbar sein oder werden, so bleibt die Gültigkeit der übrigen Bestimmungen hiervon unberührt. Das Gleiche gilt, falls sich herausstellen sollte, dass der Vertrag eine Regelungslücke enthält. Anstelle der unwirksamen oder undurchführbaren Bestimmungen oder zur Ausfüllung der Regelungslücke soll dann eine an-

---

[42] Zur Einschränkung von Wettbewerbsverboten vgl. § 26 Rn 52 f.
[43] Vgl. das Formular in § 69

gemessene Regelung gelten, die dem am nächsten kommt, was die Gesellschafter gewollt hätten, wenn sie die Unwirksamkeit, Undurchführbarkeit oder Lückenhaftigkeit gekannt hätten. Das Gleiche gilt, wenn die Unwirksamkeit einer Bestimmung auf einen in dem Vertrag vorgeschriebenen Maß der Leistung oder Zeit (Frist oder Termin) beruht. In diesem Fall soll das Maß der Leistung oder Zeit (Frist oder Termin) als vereinbart gelten, das rechtlich zulässig ist und dem Gewollten möglichst nahe kommt.

§ 69
Schiedsvertrag zur Satzung der Komplementär-GmbH[1]

Schiedsvertrag betreffend die XYZ GmbH

§ 1
Zuständigkeit des Schiedsgerichts

Alle Streitigkeiten zwischen den Gesellschaftern der XYZ GmbH sowie zwischen der Gesellschaft und Gesellschaftern aus dem Gesellschaftsverhältnis werden, soweit gesetzlich zulässig, unter Ausschluss des ordentlichen Rechtsweges durch ein Schiedsgericht entschieden. Dies gilt auch für Streitigkeiten über die Wirksamkeit einzelner Bestimmungen des Gesellschaftsvertrages sowie die Feststellung der Änderung oder Ergänzung oder Lückenausfüllung betreffend die genannte Satzung oder etwaige Nachträge, sowie, soweit gesetzlich zulässig, für Beschlussanfechtungs-, Beschlussfeststellungs- und Beschlussnichtigkeitsklagen.[2] Das Schiedsgericht entscheidet auch über Steitigkeiten über die Wirksamkeit und die Auslegung des Schiedsvertrages sowie etwaiger Nachträge.

§ 2
Zusammensetzung und Anrufung des Schiedsgerichts

(1) Das Schiedsgericht besteht aus drei Schiedsrichtern, nämlich zwei beisitzenden Schiedsrichtern und einem Obmann als Vorsitzendem.
(2) Schiedskläger und Schiedsbeklagte ernennen einen beisitzenden Schiedsrichter. Die beiden ernannten Schiedsrichter bestellen einen Obmann, der die Befähigung zum Richteramt nach den Vorschriften der Bundesrepublik Deutschland haben muss.
(3) Die Partei, die das Schiedsgericht anrufen will, hat dies unter Angabe des Gegenstandes und des Grundes des erhobenen Anspruchs sowie eines bestimmten Antrags der beklagten Partei durch eingeschriebenen Brief mitzuteilen.

---

[1] Zu den Vorteilen einer Schiedsgerichtsabrede vgl. § 17 Rn 51ff.; vgl. ferner Westermann, FS R. Fischer, S. 856 ff.

[2] In BGHZ 132, 278 ff. = ZIP 1996, 830 wurde die Schiedsfähigkeit für den konkreten Fall des Beschlussmängelstreits verneint. Die Entscheidung überzeugt nicht, vgl. Bork, ZHR 160 (1996), 374, 379 f. Zu den kautelarjuristischen Reaktionsmöglichkeiten vgl. Winter, Gesellschafterkonflikte in der GmbH, RWS Forum 15, GesellschR 1999, S. 67 ff. Diesen Überlegungen ist in § 2 Abs. 4 ff. Rechnung getragen.

(4) Sollte der Rechtsstreit nicht ausschließlich das Verhältnis der klagenden und der beklagten Partei betreffen, so ist die das Schiedsgericht anrufende Partei verpflichtet, den anderen Parteien der in den Vorbemerkungen genannten Vereinbarung, die nicht Kläger oder Beklagter des Schiedsverfahrens sind, unverzüglich nach Versendung des in Abs. 3 genannten Schreibens eine Abschrift der Schiedsklage gem. Abs. 3 mit der Aufforderung zu übersenden, sich binnen einer Woche gegenüber dem Kläger und dem Beklagten zu äußern, ob und auf welcher Seite (Kläger oder Beklagter) sie sich am Schiedsgerichtsverfahren beteiligen wollen. Kläger und Beklagter müssen innerhalb weiterer drei Wochen durch eingeschriebenen Brief an die Gegenpartei einen zur Annahme bereiten Schiedsrichter benennen. Betrifft der Rechtsstreit hingegen ausschließlich das Verhältnis von Kläger und Beklagten, so benennt der Kläger einen zur Annahme bereiten Schiedsrichter bereits in dem in Abs. 3 genannten Schreiben und fordert in diesem den Beklagten auf, innerhalb von drei Wochen ab Zugang des Aufforderungsschreibens seinerseits einen Schiedsrichter durch eingeschriebenen Brief an die Gegenpartei zu benennen.

(5) Wenn die klagende oder die beklagte Partei einen zur Annahme des Amtes bereiten Schiedsrichter innerhalb der Frist gemäß Abs. 4 nicht benennt oder wenn die beiden ernannten Schiedsrichter den Obmann innerhalb von drei Wochen nach Benennung des zweiten Schiedsrichters nicht bestellen, wird der beisitzende Schiedsrichter bzw. der Obmann auf Antrag einer Partei von dem zuständigen Oberlandesgericht (§ 5) bestellt.

(6) Wird das Schiedsverfahren von mehreren Klägern eingeleitet oder richtet sich gegen mehrere Schiedsbeklagte bzw. beteiligen sich andere Parteien der in der Vorbemerkung genannten Vereinbarung gem. Abs. 4 rechtzeitig an dem Schiedsverfahren auf Kläger- oder Beklagtenseite, so gelten diese hinsichtlich der Bestellung der Schiedsrichter als eine Partei. Mehrere Kläger oder mehrere Beklagte können also nur jeweils gemeinsam einen Schiedsrichter benennen, wobei die Benennung gegenüber allen auf Seiten der Gegenpartei beteiligten Personen zu erfolgen hat. Satz 1 und 2 gelten entsprechend, falls eine Partei als Kläger oder Beklagter dem Verfahren nach Ablauf der in Abs. 4 genannten Frist beitritt und derjenige, dem sie beitritt, noch keinen Schiedsrichter bestellt hat; andernfalls gilt die bereits erfolgte Benennung auch für die beigetretene Partei.

(7) Können sich mehrere Kläger nicht gem. Abs. 6 auf einen Schiedsrichter einigen, so ist jeder berechtigt, das zuständige Oberlandesgericht (§ 5) um Ernennung eines gemeinsamen Schiedsrichters für die Klägerseite zu ersuchen. Entsprechendes gilt für mehrere Beklagte.

(8) Die Fristen gem. Abs. 4 und 5 verlängern sich bei zwei Beklagten um eine Woche und für jeden weiteren Beklagten um je drei Tage; dies gilt entsprechend, wenn mehr als ein Kläger an dem Schiedsverfahren beteiligt ist.

(9) Die Anträge gem. Abs. 5 und 7 kann jeder Kläger bzw. jeder Beklagte einzeln stellen. Anträge nach Abs. 5 kann darüber hinaus jeder benannte Schiedsrichter stellen.

(10) Ist eine Partei der in den Vorbemerkungen genannten Vereinbarung nicht Kläger oder Beklagter des Schiedsverfahrens, so ist sie – auch nach Ablauf der in Abs. 4 genannten Frist – berechtigt, dem Verfahren entweder als Partei auf Kläger- oder Beklagtenseite oder als Streithelfer auf Kläger- oder Beklagtenseite beizutreten. Dies gilt nicht, wenn der Rechtsstreit ausschließlich das Verhältnis unter den bisherigen Beteiligten des Schiedsverfahrens betrifft.

§ 3
Wegfall eines Schiedsrichters

(1) Falls ein Schiedsrichter stirbt oder aus einem anderen Grunde wegfällt oder die Übernahme oder die Ausführung des Schiedsrichteramtes verweigert, ist innerhalb von drei Wochen nach Aufforderung durch die andere Partei von der ursprünglich ernennungsberechtigten Partei ein neuer Schiedsrichter bzw. von den beiden beisitzenden Schiedsrichtern ein neuer Obmann zu bestellen. § 2 Abs. 3 bis 10 gelten entsprechend.
(2) Soweit nicht zwingende gesetzliche Vorschriften entgegenstehen, beschließt das Schiedsgericht in seiner neuen Zusammensetzung nach pflichtgemäßem Ermessen, ob und inwieweit das bisherige Verfahren ganz oder teilweise wiederholt werden soll. Jedenfalls muss den Parteien Gelegenheit gegeben werden, sich erneut zu äußern.

§ 4
Verfahren

(1) Das Schiedsgericht tagt am Sitz der Gesellschaft, es sei denn, die drei Schiedsrichter bestimmen übereinstimmend einen anderen Tagungsort.
(2) Die Parteien sind vor dem Schiedsgericht mündlich zu hören, wenn nicht beide Parteien auf die mündliche Verhandlung verzichten.
(3) Auf das Verfahren des Schiedsgerichts sind im Übrigen die Vorschriften des 10. Buches der Zivilprozessordnung anzuwenden.
(4) Das Schiedsgericht entscheidet auch über die Kosten des schiedsgerichtlichen Verfahrens gem. §§ 91 ff. ZPO.
(5) Gegen den Spruch des Schiedsgerichts ist ein Rechtsmittel nicht gegeben.

§ 5
Zuständiges Gericht im Sinne des § 1062 ZPO

Zuständiges Gericht im Sinne des § 1062 Abs. 1 ZPO ist das OLG ___

§ 6
Aufhebung des Schiedsspruchs

Falls der Schiedsspruch vom ordentlichen Gericht aufgehoben werden sollte, ist die Schiedsgerichtsvereinbarung nicht verbraucht. Die Parteien haben in diesem Fall vielmehr erneut nach den vorstehenden Regelungen ein Schiedsgericht einzuberufen. Die Schiedsrichter, die an dem früheren Verfahren mitgewirkt haben, sind von der Mitwirkung an dem neuen Verfahren ausgeschlossen.

________________	________________
XYZ GmbH & Co. KG	BX
________________	________________
X	Y
	________________
	Z

4. Abschnitt. Gesellschaftsvertrag einer GmbH & Co. KG als Einheitsgesellschaft[1]

§ 70 Sachverhalt

Dem nachstehenden Gesellschaftsvertrag einer GmbH & Co. KG sowie der Satzung der zugehörigen Komplementär-GmbH liegt folgender Sachverhalt zugrunde:

L will gemeinsam mit seinen Berufskollegen B, W und F eine Beratungsgesellschaft gründen. L soll eine dominierende Stellung in der Gesellschaft einnehmen. Es soll sichergestellt sein, dass der Gesellschafterkreis und die Höhe der Beteiligungen in beiden Gesellschaften identisch bleiben. Die Gründer legen Wert darauf, dass die Gesellschaftsverträge der KG und der Komplementär-GmbH möglichst eng miteinander verzahnt werden, damit die Willensbildung möglichst einfach gestaltet wird.

§ 71 Gesellschaftsvertrag der GmbH & Co. KG[2]

Verhandelt zu __________[3]
am __________
Vor mir, dem unterzeichnenden Notar __________
mit dem Amtssitz in __________
erschienen heute:
1. L, geboren am __________, wohnhaft in __________
2. B, geboren am __________, wohnhaft in __________
3. W, geboren am __________, wohnhaft in __________
4. F, geboren am __________, wohnhaft in __________

---

[1] Zur Einheitsgesellschaft eingehend § 3; vgl. auch Schilling, FS Barz, S. 67 ff.

[2] Die Gründung der Einheitsgesellschaft erfolgt regelmäßig in der Weise, dass die späteren Kommanditisten zunächst die Komplementär-GmbH errichten, sodann den KG-Vertrag gemeinsam mit der GmbH abschließen und im Anschluss ihre Geschäftsanteile an der GmbH auf die KG übertragen. Die Gründung der KG kann bereits unmittelbar nach Protokollierung der GmbH-Satzung erfolgen, da die Vor-GmbH bereits Gesellschafterin einer KG sein kann.

[3] Aufgrund der im Gesellschaftsvertrag enthaltenen Verpflichtung, die Geschäftsanteile an der Komplementär-GmbH an die KG abzutreten, ist die Gründung beurkundungspflichtig (§ 15 Abs. 4 S. 1 GmbHG). Wird nur die GmbH-Satzung beurkundet, wird der Formmangel durch die Übertragung der Anteile auf die KG geheilt (§ 15 Abs. 4 S. 2 GmbHG). Auf die Heilungswirkung sollte man sich indessen allenfalls dann verlassen, wenn die Abtretung der Geschäftsanteile in zeitlich nahem Zusammenhang mit dem Abschluss des KG-Vertrages vorgenommen wird.

Die Erschienenen wiesen sich zur Gewissheit des beurkundenden Notars durch Vorlage ihres amtlichen Personalausweises aus. Der Notar fragte die Erschienenen nach einer Vorbefassung i.S.v. § 3 Abs. 1 Nr. 7 BUrkG. Sie wurde von den Erschienenen verneint.
Die Erschienenen baten um Beurkundung des nachstehenden

Gesellschaftsvertrages

§ 1
Firma und Sitz

(1) Die Firma der Gesellschaft lautet:
XY Umweltberatungs GmbH & Co. KG.
(2) Sitz der Gesellschaft ist Frankfurt am Main.

§ 2
Gegenstand des Unternehmens

(1) Gegenstand des Unternehmens ist die planungsbezogene Umwelt- und Landschaftsberatung, angewandte Ökologie, Umweltplanung und Öffentlichkeitsarbeit auf den genannten Gebieten.

(2) Die Gesellschaft kann alle Geschäfte betreiben, die dem Gesellschaftszweck unmittelbar oder mittelbar zu dienen geeignet sind. Sie kann sich insbesondere auch an anderen Unternehmen beteiligen, sie erwerben, die Geschäftsführung für solche Unternehmen übernehmen, Zweigniederlassungen errichten sowie Teile des Unternehmens auf Tochtergesellschaften ausgliedern.

§ 3
Dauer der Gesellschaft

wie § 63 (§ 3)

§ 4
Geschäftsjahr

wie § 63 (§ 4)

§ 5
Gesellschafter

(1) Komplementärin ist die XY Verwaltungs GmbH.
(2) Kommanditisten sind:
a) L,
b) B,
c) W und
d) F.

§ 6
Kapital, Einlagen, Haftsummen

(1) Das Festkapital der Gesellschaft beträgt € 300.000,–.

(2) Die Komplementärin ist am Kapital nicht beteiligt. Zur Erbringung einer Einlage ist die persönlich haftende Gesellschafterin weder berechtigt noch verpflichtet.

(3) Als Kommanditisten sind beteiligt[4]
a) L mit einem Kommanditanteil von € 150.000,–,
b) B mit einem Kommanditanteil von € 50.000,–,
c) W mit einem Kommanditanteil von € 50.000,– sowie
d) F mit einem Kommanditanteil von € 50.000,–.
Die Kommanditeinlagen entsprechen der im Handelsregister eingetragenen Haftsumme. Sie sind sofort fällig.

(4) Zusätzlich zu seiner Geldeinlage gem. Abs. 3 verpflichtet sich jeder Kommanditist, der KG nach ihrer Eintragung in das Handelsregister als Sacheinlage seinen Geschäftsanteil an der Komplementär-Gesellschaft,[5] nämlich
a) L seinen Geschäftsanteil im Nominalbetrag von € 30.000,–,
b) B seinen Geschäftsanteil im Nominalbetrag von € 10.000,–,
c) W seinen Geschäftsanteil im Nominalbetrag von € 10.000,– und
d) F seinen Geschäftsanteil im Nominalbetrag von € 10.000,–,
voll einbezahlt und frei von Rechten Dritter in der gesetzlich vorgeschriebenen Form abzutreten.

---

[4] Da die KG alleinige Gesellschafterin ihrer Komplementär-GmbH ist, sind die Kommanditisten an der Komplementärin wirtschaftlich stets im gleichen Verhältnis beteiligt wie an der Komplementärin. Bestimmungen, die eine Beteiligungsgleichheit bei KG und GmbH sicherstellen, sind damit entbehrlich.

[5] Das Formular sieht vor, dass die Kommanditisten verpflichtet sind, ihre Beteiligung an der Komplementär-GmbH im Wege einer Sondereinlage unentgeltlich auf die KG zu übertragen. Dadurch wird eine Beeinträchtigung des Kommanditkapitals und des Stammkapitals der GmbH vermieden. Erbringen die Kommanditisten ihre Einlage in Geld und erwirbt die KG sodann mit diesen Mitteln die Geschäftsanteile an ihrer persönlich haftenden Gesellschafterin, stellt dies eine Rückgewähr der Hafteinlagen zugunsten der Kommanditisten dar (§ 172 Abs. 4 HGB), vgl. Schilling, FS Barz, S. 67, 75. Zum Fall einer unzulässigen mittelbaren Rückzahlung aus dem Stammkapital der Komplementär-GmbH vgl. BGH NJW 1973, 1036, 1037. Unbedenklich ist hingegen eine Gestaltung, nach der die Kommanditisten zusätzlich zu ihrer Einlage ein Aufgeld zahlen, das zum Erwerb der Geschäftsanteile verwendet wird.

§ 7
Gesellschafterkonten

In der Gesellschaft werden folgende Gesellschafterkonten, und zwar für jeden Gesellschafter gesondert, geführt:

a) Kapitalkonto
wie § 63 (§ 7 lit. a)

b) Kapitalverlustkonto
wie § 63 (§ 7 lit. b)

c) Rücklagenkonto
wie § 63 (§ 7 lit. c)

d) Sonderrücklagenkonto[6]
Auf diesem Konto wird der Nominalbetrag des als Sacheinlage der KG zu übertragenden Geschäftsanteils an der Komplementär-Gesellschaft (§ 6 Abs. 4) gebucht. Das Sonderrücklagenkonto wird nicht verzinst.

e) Verrechnungskonto (Privatkonto)
wie § 63 (§ 7 lit. d)

f) Darlehenskonto
wie § 63 (§ 7 lit. e)

§ 8
Ergebnisverteilung und Verbuchung

wie § 63 (§ 8)

§ 9
Entnahmerecht

wie § 63 (§ 9)

§ 10
Organe

Organe der Gesellschaft sind die Komplementärin, die Kommanditistenversammlung und die Gesellschafterversammlung.

§ 11
Geschäftsführung und Vertretung

(1) Die persönlich haftende Gesellschafterin ist vorbehaltlich der Regelungen in § 12 und in § 13 zur Geschäftsführung berechtigt und verpflichtet.

(2) – (4) wie § 63 (§ 11 Abs. 2 – 4)

---

[6] Die zusätzliche Pflichteinlage in Gestalt einer Sacheinlage ist auf einem gesonderten Konto zu verbuchen. Dieses Konto muss nicht notwendigerweise für jeden einzelnen Kommanditisten geführt werden; es kann auch ein gemeinsames Rücklagenkonto vorgesehen werden, vgl. dazu etwa Huber, ZGR 1988, 1, 94 f.

§ 12
Einschränkung der Geschäftsführungsbefugnis[7]

wie § 63 (§ 12)
zusätzlich in Abs. 2:
( ) Verfügungen über die Geschäftsanteile an der Komplementär-GmbH.[8]

§ 13
Geschäftsführung und Vertretung durch die Kommanditisten

(1) Soweit es um die Wahrnehmung der Rechte aus oder an den der Gesellschaft gehörenden Geschäftsanteilen an der Komplementärin geht, ist die Komplementärin von der Geschäftsführung und Vertretung ausgeschlossen. Anstelle der persönlich haftenden Gesellschafterin sind die Kommanditisten nach näherer Maßgabe der folgenden Absätze zur Geschäftsführung und Vertretung befugt.

(2) Die Kommanditisten üben ihre Gesellschafterrechte an der Komplementärin aus, indem sie über die jeweilige Maßnahme Beschluss fassen. Die Ausführung des Beschlusses erfolgt durch einen oder mehrere von der Kommanditistenversammlung[9] beauftragte Kommanditisten im Namen der Gesellschaft. Zum Zwecke der Ausführung der Beschlüsse der Kommanditistenversammlung wird jedem Kommanditist hiermit Vollmacht zur Vertretung der Gesellschaft erteilt, von der jedoch nur nach Maßgabe des Beschlusses der Kommanditistenversammlung Gebrauch gemacht werden darf. Alle Kommanditisten werden insoweit von den Beschränkungen des § 181 BGB befreit.

(3) Die Kommanditisten fassen ihre Beschlüsse in einer Kommanditistenversammlung. Die Kommanditistenversammlung findet am Sitz der Gesellschaft statt. Für ihre Einberufung, ihre Beschlussfähigkeit, die Versammlungsleitung, die Vertretung durch und die Hinzuziehung von Dritten, die

---

[7] Die Wahrnehmung der Rechte der Gesellschafterversammlung in der GmbH erfolgt am geeignetsten in der Weise, dass den Kommanditisten zur Ausübung der Rechte im Gesellschaftsvertrag eine Vollmacht erteilt und gleichzeitig den Geschäftsführern der GmbH im Innenverhältnis untersagt wird, insoweit von ihren Kompetenzen Gebrauch zu machen. Die Vollmacht ist durch ihre Aufnahme in den Gesellschaftsvertrag vor einem freien Widerruf durch einzelne Kommanditisten geschützt; vgl. dazu etwa Fleck, FS Semler, S. 115 ff. Die Einräumung einer organschaftlichen Vertretungsbefugnis zugunsten der Kommanditisten kommt im Hinblick auf § 170 HGB nicht in Betracht. Ist in der KG ein Beirat oder ein Aufsichtsrat installiert, kann anstelle der Kommanditisten auch dieses Gremium im Grundsatz mit der Wahrnehmung der Rechte beauftragt werden. Diese Konstruktion stößt jedoch insoweit auf Grenzen, als einem Kontrollorgan nicht alle der Gesellschafterversammlung obliegenden Kompetenzen übertragen werden können.

[8] Das Formular stellt klar, dass die Veräußerung nicht von der Geschäftsführungsbefugnis der Komplementärin umfasst ist; zum Streitstand vgl. etwa Schilling, FS Barz, 1974, S. 73 f.

[9] Da die Komplementär-GmbH nicht an der Kommanditistenversammlung teilnimmt, ist diese nicht mit der Gesellschafterversammlung der KG identisch.

Beschlussfassung sowie die Protokollierung der gefassten Beschlüsse gelten § 14 und § 15 entsprechend.

(4) Beschlüsse der Kommanditisten werden grundsätzlich mit einfacher Mehrheit der abgegebenen Stimmen gefasst.
Folgende Beschlüsse bedürfen einer Mehrheit von drei Vierteln aller abgegebenen Stimmen:
a) Erteilung von Weisungen an die Geschäftsführer der Komplementärin, soweit es um die Unternehmensführung der KG geht,
b) Bestellung und Abberufung von Geschäftsführern der Komplementärin,
c) Änderungen der Satzung der Komplementärin,
d) Verfügung über Geschäftsanteile an der Komplementärin,
e) Auflösung der Komplementärin.

(5) Je € 100,– des Kapitalkontos (§ 7 lit. a) eines Kommanditisten gewähren eine Stimme.

(6) Ein Kommanditist hat in der Kommanditistenversammlung kein Stimmrecht, wenn
a) er entlastet oder von einer Verbindlichkeit befreit werden soll,
b) er ganz oder teilweise vom Wettbewerbsverbot befreit werden soll,
c) ein Rechtsgeschäft mit ihm vorgenommen oder ein Rechtsstreit gegen ihn eingeleitet oder beendet werden soll,
d) es um seine Abberufung als Geschäftsführer der Komplementärin geht oder
e) der Gesellschafter oder dessen Privatgläubiger die Gesellschaft gekündigt hat.

§ 14
Gesellschafterversammlung

wie § 63 (§ 14)

§ 15
Gesellschafterbeschlüsse

(1)–(3) wie § 63 (§ 13)
Zusätzlich in Abs. 3:
n) die Befreiung von Gesellschaftern vom Wettbewerbsverbot gem. § 22 Abs. 2.

§ 16
Beschlussfassung in sonstiger Weise

wie § 63 (§ 15)

§ 17
Jahresabschluss

wie § 63 (§ 16)

§ 18
Verfügung über Gesellschaftsanteile und Ansprüche aus dem Gesellschaftsverhältnis

wie § 63 (§ 17)

§ 19
Vorkaufsrecht

wie § 63 (§ 18)

§ 20
Vererbung von Gesellschaftsanteilen

wie § 63 (§ 19)

§ 21
Informationsrechte

(1) Jedem Kommanditisten steht das Einsichtsrecht nach § 166 HGB zu.

(2) Die Komplementärin hat jedem Kommanditisten auf Verlangen Einsicht in ihre Bücher und Papiere zu gestatten sowie Auskunft über ihre Angelegenheiten zu geben, falls ein Kommanditist dies verlangt.

§ 22
Wettbewerbsverbot

(1) Soweit gesetzlich zulässig, darf kein Gesellschafter während der Dauer seiner Zugehörigkeit zur Gesellschaft auf eigene oder fremde Rechnung, unmittelbar oder mittelbar, auf dem Tätigkeitsgebiet der Gesellschaft Geschäfte machen oder sich an einer konkurrierenden Gesellschaft beteiligen.

(2) Die Gesellschafterversammlung kann einzelne oder alle Gesellschafter durch Beschluss vom Wettbewerbsverbot ganz oder teilweise befreien.

§ 23
Kündigung der Gesellschaft

wie § 63 (§ 20)

§ 24
Ausschluss von Gesellschaftern

(1) wie § 63 (§ 21)
zusätzlich am Ende von Abs. 1:
Ein wichtiger, zum Ausschluss der Komplementärin berechtigender Grund liegt insbesondere dann vor, wenn an ihr eine andere Person als

die KG beteiligt wird, ohne dass die Kommanditistenversammlung einer solchen Beteiligung nach Maßgabe von § 13 Abs. 4 zugestimmt hat.[10]

§ 25
Insolvenz, Zwangsvollstreckung

wie § 63 (§ 22)

§ 26
Abfindung

wie § 63 (§ 23)

§ 27
Gesellschafterpflichten

wie § 63 (§ 24)
Abs. 3 entfällt.

§ 28
Leistungsverkehr mit der Gesellschaft

wie § 63 (§ 25)

§ 29
Liquidation

wie § 63 (§ 26)

§ 30
Schriftform

wie § 63 (§ 27)

§ 31
Salvatorische Klausel

wie § 63 (§ 28)

---

[10] Diese Regelung soll sicherstellen, dass gegen den Willen der Kommanditisten keine weiteren Gesellschafter an der Komplementär-GmbH beteiligt sind oder Rechte an ihren Geschäftsanteilen erwerben, wie es etwa bei Pfändung eines Geschäftsanteils durch einen Privatgläubiger eines Gesellschafters der Fall ist. Tritt dieser Fall ein, wird die KG mit dem Ausschluss der Komplementär-GmbH aufgelöst, sofern die Kommanditisten nicht einen neuen persönlich haftenden Gesellschafter finden; vgl. § 29 Rn 56 ff.

§ 72
Satzung der Komplementär-GmbH

Urkundeneingang wie in § 71

§ 1
Firma; Sitz

(1) Die Firma der Gesellschaft lautet
XY Verwaltungs GmbH.

(2) Der Sitz der Gesellschaft ist Frankfurt am Main.

§ 2
Gegenstand

(1) Gegenstand der Gesellschaft ist die Beteiligung an sowie die Übernahme von Geschäftsführung und Vertretung von Gesellschaften, die sich mit der Umweltplanung und Umweltberatung befassen, insbesondere von der XY Umweltberatungs GmbH & Co. KG, Frankfurt am Main. Gegenstand der XY Umweltberatungs GmbH & Co. KG ist die planungsbezogene Umwelt- und Landschaftsberatung, angewandte Ökologie, Umweltplanung und Öffentlichkeitsarbeit auf den genannten Gebieten.

(2) Die Gesellschaft kann alle Geschäfte betreiben, die dem Gesellschaftszweck unmittelbar oder mittelbar zu dienen geeignet sind. Sie kann sich insbesondere auch an anderen Unternehmen beteiligen, sie erwerben, die Geschäftsführung für solche Unternehmen übernehmen, Zweigniederlassungen errichten sowie Teile des Unternehmens auf Tochtergesellschaften ausgliedern.

§ 3
Stammkapital, Stammeinlage[1]

(1) Das Stammkapital[2] der Gesellschaft beträgt € 60.000,–.

(2) Vom Stammkapital übernehmen
a) L eine Stammeinlage in Höhe von € 30.000,–,
b) B eine Stammeinlage in Höhe von € 10.000,–,
c) W eine Stammeinlage in Höhe von € 10.000,– und
d) F eine Stammeinlage in Höhe von € 10.000,–.

(3) Die Stammeinlagen sind in voller Höhe sofort fällig.

---

[1] Da die KG erst nach Übertragung der Geschäftsanteile alleinige Gesellschafterin ihrer Komplementärin wird, sind die Gründungsgesellschafter in der Satzung namentlich zu bezeichnen (§ 3 Abs. 1 GmbHG).

[2] Zur Erhöhung des Stammkapitals der Komplementär-GmbH vgl. LG Berlin ZIP 1986, 1564 f.

§ 4
Geschäftsführer

wie § 64 (§ 5)

§ 5
Geschäftsführung

(1)–(3) wie § 64 (§ 6)
zusätzlich in Abs. 3:
l) der Abschluss, die Änderung des Gesellschaftsvertrages an einer Kommanditgesellschaft, an der die Gesellschaft als Komplementärin beteiligt ist oder sein wird, insbesondere der XY Umweltberatungs GmbH & Co. KG.

§ 6
Wahrnehmung der Gesellschafterrechte

(1) Gehören die Geschäftsanteile an der Gesellschaft einer Kommanditgesellschaft, an der die Gesellschaft als Komplementärin beteiligt ist, so werden die Rechte der Gesellschafter aus den Geschäftsanteilen von der Kommanditistenversammlung der Kommanditgesellschaft ausgeübt. Die Geschäftsführer der Gesellschaft sind zu einer Wahrnehmung dieser Rechte nicht befugt.[3] Die Geschäftsführungsbefugnis umfasst namentlich nicht
a) die Bestellung, Abberufung und Entlastung von Geschäftsführern sowie den Abschluss, die Änderung und die Beendigung von Anstellungsverträgen mit Geschäftsführern,
b) die Erteilung von Weisungen an die Geschäftsführung,
c) die Erteilung der Zustimmung zu Geschäftsführungsmaßnahmen nach § 5,
d) die Feststellung des Jahresergebnisses und die Verwendung des Ergebnisses,
e) die Erteilung der Zustimmung über die Verfügung von Geschäftsanteilen gemäß § 11,
f) die Erteilung der Befreiung vom Wettbewerbsverbot für Geschäftsführer und Gesellschafter sowie
g) die Auflösung der Gesellschaft.

(2) Die Ausübung der Gesellschafterrechte erfolgt durch einen oder mehrere Kommanditisten nach näherer Maßgabe des Gesellschaftsvertrages der GmbH & Co. KG.

---

[3] Die in § 13 Abs. 2 des KG-Vertrages den Kommanditisten erteilte Vollmacht hat keine verdrängende Wirkung, so dass die Geschäftsführer der Komplementär-GmbH im Außenverhältnis zur Stimmabgabe berechtigt bleiben. Im Innenverhältnis sind sie jedoch verpflichtet, sich einer Stimmabgabe zu enthalten.

§ 7
Vertretung

wie § 64 (§ 7)

§ 8
Gesellschafterversammlung

wie § 64 (§ 8)

§ 9
Beschlussfassung[4]

wie § 64 (§ 9)

§ 10
Geschäftsjahr, Jahresabschluss

wie § 64 (§ 10)

§ 11
Verfügungen über Geschäftsanteile

wie § 64 (§ 11)

§ 12
Vorkaufsrechte

wie § 64 (§ 12)

§ 13
Informationsrechte[5]

Gehören die Geschäftsanteile an der Gesellschaft einer Kommanditgesellschaft, an der die Gesellschaft als Komplementärin beteiligt ist, so hat jeder Kommanditist ein Recht zur Einsichtnahme in die Bücher und Papiere der Gesellschaft und auf Auskunft über die Angelegenheiten der Gesellschaft.

---

[4] Die Beschlussfassung in der Gesellschafterversammlung der KG wird durch die Beschlussfassung in der Kommanditistenversammlung vorbereitet. Die in der Kommanditistenversammlung gefassten Beschlüsse werden sodann durch den oder die beauftragten Kommanditisten in der Gesellschafterversammlung der GmbH umgesetzt. Da die KG alleinige Gesellschafterin der GmbH ist, muss § 48 Abs. 3 GmbHG gewahrt werden. Zur Frage der Nichteinhaltung des Formerfordernisses vgl. BGH GmbHR 1995, 373, 376.

[5] In der Einheitsgesellschaft stehen die Informationsrechte in der Komplementär-GmbH nur der KG zu (vgl. auch § 24). Durch die im Formular vorgeschlagene Regelung wird erreicht, dass auch die Kommanditisten zu einer Ausübung von Informationsrechten innerhalb der GmbH berechtigt sind.

§ 14
Wettbewerbsverbot

(1) Soweit gesetzlich zulässig, darf kein Gesellschafter während der Dauer seiner Zugehörigkeit zur Gesellschaft auf eigene oder fremde Rechnung, unmittelbar oder mittelbar, auf dem Tätigkeitsgebiet der Gesellschaft Geschäfte machen oder sich an einer konkurrierenden Gesellschaft beteiligen.

(2) Die Gesellschafterversammlung kann einzelne oder alle Gesellschafter durch Beschluss vom Wettbewerbsverbot ganz oder teilweise befreien. Der Beschluss bedarf einer Mehrheit von drei Vierteln der abgegebenen Stimmen.

§ 15
Vererbung von Gesellschaftsanteilen

wie § 64 (§ 13)

§ 16
Einziehung

wie § 64 (§ 14)

§ 17
Dauer

wie § 64 (§ 15)

§ 18
Salvatorische Klausel

wie § 64 (§ 16).

5. Abschnitt.
Übertragung von Gesellschaftsanteilen; Beitritt eines Gesellschafters

§ 73
Sachverhalt

Dem nachstehenden Vertrag über die Übertragung von Kommanditanteilen und der Vereinbarung über den Beitritt eines Kommanditisten liegt folgender Sachverhalt zugrunde:
A, B, C und D sind mit gleichen Kapitalanteilen als Kommanditisten an der XY GmbH & Co. KG beteiligt. Im gleichen Verhältnis sind sie an der als persönlich haftende Gesellschafterin fungierenden XY Verwaltungs GmbH beteiligt. Geschäftsführer der Komplementär-GmbH sind A, C und D.
Wegen unüberbrückbarer Meinungsverschiedenheiten mit ihren Mitgesellschaftern über die zukünftige Ausrichtung des Unternehmens wollen C und D ihre Beteiligungen an der KG und der Komplementär-GmbH an E veräußern. Geschäftsführer der Gesellschaft sollen A und E fortan sein (§ 74).
Kurze Zeit später wollen A, B und E zur Deckung des erhöhten Kapitalbedarfs der Gesellschaft F als weiteren Kommanditisten aufnehmen. Um die Beteiligungsgleichheit in beiden Gesellschaften aufrechtzuerhalten, soll F sowohl an der KG als auch an ihrer Komplementär-GmbH eine Beteiligung übernehmen (§ 75).

§ 74
Vertrag über die rechtsgeschäftliche Übertragung von Kommanditanteilen und GmbH-Geschäftsanteilen

I.
Kauf- und Abtretungsvertrag[1]

Verhandelt zu __________ [2]
am __________

[1] Zur Übertragung eines Kommanditanteils im Wege der Sonderrechtsnachfolge vgl. eingehend § 28 sowie Michalski, NZG 1998, 95. Das Formular berücksichtigt tendenziell die Interessen der Käuferseite.

[2] Die Verpflichtung, die Geschäftsanteile an der Komplementär-GmbH an den Käufer abzutreten, ist notariell zu beurkunden (§ 15 Abs. 4 S. 1 GmbHG). Die Abtretung eines Kommanditanteils unterliegt an sich keiner besonderen Form; bei einer gleichzeitigen Veräußerung von Kommanditanteilen und Geschäftsanteilen an der Komplementär-GmbH ist die Veräußerung des Kommanditanteils jedoch Teil eines einheitlichen Geschäfts, so dass sich, will man sich nicht auf die Heilungswirkung verlassen, eine Protokollierung des gesamten Anteilsveräußerungsvertrages empfiehlt, vgl. BGH WM 1986, 823.

Vor mir, dem unterzeichneten Notar ___________
mit dem Amtssitz in ___________
erschienen heute:
(1) C, geboren am ___________ , wohnhaft in ___________
– im Folgenden auch „Verkäufer zu 1)" genannt –;
(2) D, geboren am ___________ , wohnhaft in ___________
– im Folgenden auch „Verkäufer zu 2)" genannt –;
– die Verkäufer zu 1) und zu 2) gemeinsam im Folgenden auch „die Verkäufer" genannt –;
(3) E, geboren am ___________ , wohnhaft in ___________
– im Folgenden auch „Käufer" genannt –.

Die Erschienenen wiesen sich zur Gewissheit des beurkundenden Notars durch Vorlage ihres amtlichen Personalausweises aus. Der Notar fragte die Erschienenen nach einer Vorbefassung i.S.v. § 3 Abs. 1 Nr. 7 BUrkG. Sie wurde von den Erschienenen verneint.
Die Verkäufer sind als Kommanditisten an der XY GmbH & Co. KG (im Folgenden auch „Gesellschaft" oder „GmbH & Co. KG" genannt) sowie an der XY Verwaltungs GmbH, der persönlich haftenden Gesellschafterin der XY GmbH & Co. KG (im Folgenden auch „Komplementär-GmbH" oder die „GmbH") genannt, beteiligt (die GmbH & Co. KG und die GmbH gemeinsam im Folgenden auch als „die Gesellschaften" bezeichnet).
Der Käufer erwirbt mit diesem Vertrag von den Verkäufern deren Kommanditanteile an der XY GmbH & Co. KG sowie deren Geschäftsanteile an der Komplementär-GmbH (im Folgenden zusammen auch als „die Anteile" oder „die Beteiligungen" bezeichnet).
Dies vorausgeschickt, schließen die Parteien den folgenden

Kauf- und Abtretungsvertrag über Kommandit- und GmbH-Geschäftsanteile

§ 1
Gesellschaftsverhältnisse

(1) Die XY GmbH & Co. KG ist im Handelsregister des Amtsgerichts ___________ unter HRA ___________ eingetragen. An ihr sind beteiligt[3]
a) als Komplementärin
die XY Verwaltungs GmbH,
b) als Kommanditisten
A mit einem Kommanditanteil von € 50.000,–,
B mit einem Kommanditanteil von € 50.000,–,
C mit einem Kommanditanteil von € 100.000,–,
D mit einem Kommanditanteil von € 100.000,–.

[3] Das Muster geht davon aus, dass in der KG – wie zumeist – der Umfang des Stimmrechts und die Gewinn- und Verlustbeteiligung an einen unveränderlichen Kapitalanteil gebunden ist.

Der Nominalbetrag der Kommanditeinlagen ist als Haftsumme der Kommanditisten im Handelsregister eingetragen.[4] Die Kommanditeinlagen sind vollständig erbracht; eine Rückzahlung der Einlagen ist nicht erfolgt. Der geltende Gesellschaftsvertrag der GmbH & Co. KG ist der Urkunde als *Anlage 1* beigefügt.

(2) Die XY Verwaltungs GmbH ist im Handelsregister des Amtsgerichts __________ unter HRB __________ eingetragen. Am Stammkapital der Gesellschaft in Höhe von € 50.000,– sind beteiligt:
A mit einem Geschäftsanteil von € 10.000,–,
B mit einem Geschäftsanteil von € 10.000,–,
C mit einem Geschäftsanteil von € 15.000,–,
D mit einem Geschäftsanteil von € 15.000,–.
Das Stammkapital der Gesellschaft ist voll eingezahlt und durch Rückzahlungen nicht geschmälert; eine Nachschusspflicht der Gesellschafter besteht nicht. Die geltende Satzung der GmbH ist der Urkunde als *Anlage 2* beigefügt.

§ 2
Verkauf und Abtretung von Geschäftsanteilen an der Komplementär-GmbH

(1) Die Verkäufer verkaufen dem Käufer hiermit ihre Geschäftsanteile an der Komplementär-GmbH im Nominalbetrag von jeweils € 15.000,– mit allen damit verbundenen Gewinnbezugsrechten und sonstigen Nebenrechten und treten diese an den Käufer ab.

(2) Der Käufer nimmt den Verkauf und die Abtretung an.

(3) Die Abtretung der Geschäftsanteile steht unter der aufschiebenden Bedingung der Zahlung der ersten Kaufpreisrate gemäß § 5 Abs. 3 lit. a).

(4) Die Gesellschafterversammlung der GmbH hat mit der dieser Urkunde als *Anlage 3* beigeschlossenen Erklärung vom ___ der Übertragung der Geschäftsanteile auf den Käufer zugestimmt.

§ 3
Verkauf und Abtretung von Kommanditanteilen an der GmbH & Co. KG

(1) Die Verkäufer verkaufen dem Käufer hiermit ihre gesamte Kommanditbeteiligung an der XY GmbH & Co. KG im Nominalbetrag von jeweils € 100.000,– und treten diese im Wege der Sonderrechtsnachfolge an den Käufer ab.[5]

---

[4] Zur Differenzierung zwischen Kommanditeinlage und Hafteinlage vgl. § 42.

[5] Die Zulässigkeit der im Formular vorgesehenen gleichzeitigen Übertragung mehrerer Anteile auf einen Erwerber steht außer Frage, vgl. BGHZ 71, 296, 299. Der Grundsatz der Einheitlichkeit der Beteiligung an einer Personengesellschaft führt dazu, dass der Käufer – anders als beim Kauf von Geschäftsanteilen an einer GmbH – nur einen einheitlichen Anteil besitzt. Buchhalterisch wird der Gesellschafterwechsel bei der KG durch Umbuchung der Guthaben auf den Kapitalkonten nachvollzogen.

(2) Der Käufer nimmt den Verkauf und die Abtretung an.

(3) Verkauf und Übertragung der Kommanditanteile erfolgen einschließlich der jeweiligen Kapitalkonten, der Rücklagenkonten sowie der Kapitalverlustkonten gem. § _ des Vertrages der GmbH & Co. KG (Anlage 1).[6] Die anderen Gesellschafterkonten (Verrechnungskonto und Darlehenskonto gem. § _ des Vertrages der GmbH & Co. KG) sind nicht Gegenstand des Verkaufs und der Übertragung; Salden hierauf sind nach Maßgabe von § 6 dieses Vertrages unter den Parteien auszugleichen.[7]

(4) Die Abtretung der Kommanditanteile steht unter der aufschiebenden Bedingung der Zahlung der ersten Kaufpreisrate gem. § 5 Abs. 3 lit. a). Die Abtretung der Kommanditanteile erfolgt im Außenverhältnis jeweils unter der weiteren aufschiebenden Bedingung der Eintragung des Ausscheidens der Verkäufer und des Eintritts des Käufers als Kommanditist im Wege der Sonderrechtsnachfolge in das Handelsregister.[8] Bis dahin halten die Verkäufer die Kommanditanteile unentgeltlich als Treuhänder für den Käufer; Rechte aus den verkauften Kommanditanteilen üben die Verkäufer nur noch in Abstimmung mit dem Käufer aus. Die Verkäufer erteilen dem Käufer die in der *Anlage 4* zu dieser Urkunde beigeschlossene Vollmacht zur Ausübung aller Rechte aus den Kommanditanteilen.

(5) Eine Gegenleistung für die Übertragung der Kommanditanteile wird nicht aus dem Vermögen der GmbH & Co. KG geleistet.

(6) Die Parteien melden den Übergang der Kommanditanteile nach Maßgabe der *Anlage 5* zu dieser Urkunde zur Eintragung in das Handelsregister an.

(7) Die XY Verwaltungs GmbH sowie die Kommanditisten A und B haben der Übertragung der Kommanditanteile mit der dieser Urkunde als *Anlage 6* beigefügten Erklärung zugestimmt.[9]

---

[6] Das Formular geht davon aus, dass der Gesellschaftsvertrag der KG neben der Bildung eines festen Kapitalkontos die Einrichtung verschiedener variabler Konten vorsieht, vgl. § 20.

[7] Bei Fehlen einer solchen Regelung geht die Rechtsprechung davon aus, dass im Zweifel sämtliche Ansprüche und Verbindlichkeiten auf den Erwerber übergehen, die im Rechenwerk der Gesellschaft aufgeführt sind. Hierzu gehören auch Verrechnungs- und Darlehenskonten des Gesellschafters. Vgl. BGHZ 45, 221 ff.; BGH WM 1988, 265 f.; krit. MünchHdb. GesR II/Piehler KG § 33 Rn 17 ff.

[8] § 176 Abs. 2 HGB findet auch bei Eintritt eines Kommanditisten im Wege der Sonderrechtsnachfolge Anwendung. Die Regelung soll eine persönliche Haftung des eintretenden Kommanditisten ausschließen. Der Erwerber des Kommanditanteils kann sich auf die von seinem Rechtsvorgänger erbrachte und nicht zurückgewährte Einlage berufen, vgl. BGHZ 81, 82, 85. Das Wiederaufleben der Haftung der ausscheidenden Gesellschafter nach § 172 Abs. 4 HGB wird dadurch vermieden, dass die Übertragung der Anteile erst mit Eintragung des Sonderrechtsnachfolgevermerks im Handelsregister vorgesehen wird, vgl. BGHZ 81, 82, 88 f.

[9] Die Übertragung eines Kommanditanteils ist nur möglich, wenn der Gesellschaftsvertrag die Anteile veräußerlich stellt oder wenn – wie hier – die übrigen Gesellschafter der Übertragung der Anteile zugestimmt haben. Räumt der Gesellschaftsvertrag, was häufig bei Familiengesellschaften der Fall ist, den Mitgesell-

§ 4
Stichtag; Gewinn

(1) Der Verkauf und die Abtretung der Geschäftsanteile und der Kommanditanteile erfolgt unabhängig davon, zu welchem Zeitpunkt die Abtretungen dinglich wirksam werden, mit schuldrechtlicher Wirkung zum 31. 12. 2005, 24.00 Uhr/1. 1. 2006, 0.00 Uhr (Stichtag).

(2) Das gesamte auf die Beteiligungen entfallende Jahresergebnis für das Geschäftsjahr 2006 steht in voller Höhe dem Käufer zu.[10] Ein nicht unter den Gesellschaftern verteilter Gewinn früherer Geschäftsjahre (d.h. vorgetragener Gewinn und/oder Gewinn, für den noch kein Beschluss über die Ergebnisverwendung gefasst wurde) steht ebenfalls dem Käufer zu.

§ 5
Kaufpreis[11]

(1) Der Kaufpreis für Geschäftsanteile an der Komplementär-GmbH beträgt jeweils € 15.000,–.

(2) Der Kaufpreis für die Kommanditanteile beträgt jeweils € 500.000,–.

(3) Der Kaufpreis ist durch Überweisung auf das Konto des Verkäufers zu 1) bei der ________-Bank (BLZ ________ Kto. Nr. ________) und durch Überweisung auf das Konto des Verkäufers zu 2) bei der ________-Bank (BLZ ________ Kto. Nr. ________) wie folgt zu zahlen:[12]
   a) Ein erster Teilbetrag des Kaufpreises in Höhe von jeweils € 250.000,– ist am ________ zur Zahlung fällig.
   b) Der Restbetrag des Kaufpreises in Höhe von jeweils € 265.000,– ist am ________ zur Zahlung fällig.

Der Kaufpreis ist, soweit er noch nicht gezahlt ist, mit 4 % p.a. zu verzinsen; angefallene Zinsen sind gemeinsam mit der Kaufpreisrate zu zahlen.[13] E ist befugt, den Kaufpreis ganz oder teilweise auch vor Fälligkeit

---

schaftern ein Vorkaufsrecht ein, muss die Übertragung unter die Bedingung gestellt werden, dass die Berechtigten von einem solchen Vorkaufsrecht keinen Gebrauch machen.

[10] Fehlt es an einer solchen Bestimmung, gebührt das Jahresergebnis Veräußerer und Erwerber pro rata temporis ihrer Beteiligung an der Gesellschaft (§ 101 Nr. 2 BGB). Der Erwerber hat dem Veräußerer nach Feststellung des Jahresabschlusses den auf ihn entfallenden Anteil auszukehren.

[11] Zuweilen wird – anders als im Formular – kein fester Kaufpreis vereinbart, sondern ein Anpassungsmechanismus im Kaufvertrag etabliert. Anknüpfungspunkte für eine solche Kaufpreisanpassung können etwa die Umsatzerlöse, der Ertrag oder das Eigenkapital der Gesellschaft sein.

[12] Häufig wird die Bestellung von Sicherheiten für den Kaufpreisanspruch (z.B. Bankbürgschaft) zugunsten des Verkäufers vereinbart.

[13] Aus Verkäufersicht ist zudem an die Aufnahme einer Restfälligkeitsklausel oder eines Rücktrittsrechts zu denken für den Fall, dass der Käufer mit der Zahlung des Kaufpreises in Verzug gerät.

zu entrichten. Gerät der Käufer mit der Zahlung der Kaufpreisraten in Verzug, ist der ausstehende Kaufpreis mit 10 % p.a. zu verzinsen. Die Geltendmachung eines höheren Verzugsschadens bleibt vorbehalten.

(4) Die Verkäufer haben dem Käufer den Empfang der Kaufpreiszahlung unverzüglich schriftlich zu bestätigen.

§ 6
Ausgleich der Gesellschafterkonten

(1) Salden auf den Verrechnungs- und Darlehenskonten der Verkäufer werden per ___ festgestellt und ausgeglichen. Der Käufer verpflichtet sich, Sorge dafür zu tragen, dass ein etwaiger Guthabensbetrag den Verkäufern abweichend von den Regelungen im Gesellschaftsvertrag unverzüglich ausgezahlt wird.[14]

(2) Sollte über den Stand der danach auszugleichenden Gesellschafterkonten zwischen den Parteien keine Einigkeit bestehen, soll hierüber eine von den beiden Parteien einvernehmlich benannte Wirtschaftsprüfungsgesellschaft entscheiden. Können sich die Parteien nicht bis zum ___ auf die Benennung einer Wirtschaftsprüfungsgesellschaft einigen, so ist der Schiedsgutachter auf Antrag einer der Parteien durch die für den Sitz der Gesellschaft zuständige Industrie- und Handelskammer zu benennen. Die Kosten des Schiedsgutachters tragen beide Parteien je zur Hälfte.

(3) Die Verzinsung der Verrechnungs- und Darlehenskonten des Verkäufers richtet sich nach den Bestimmungen des Gesellschaftsvertrages.

§ 7
Gewährleistung; Garantien[15]

(1) Die Verkäufer sichern dem Käufer zu und gewährleisten ihm in Form eines selbständigen Garantieversprechens, dass die nachfolgenden Aussagen im Zeitpunkt der Vertragsunterzeichnung[16] richtig sind:

---

[14] Einer solchen Regelung bedarf es, wenn die Entnahmemöglichkeit von Guthabensbeträgen auf den Darlehenskonten und Verrechnungskonten gesellschaftsvertraglich eingeschränkt ist.

[15] Vgl. zu Leistungsstörungen beim Unternehmenskauf allg. Beisel/Klumpp, Unternehmenskauf, S. 295 ff. Aus Gründen der Rechtssicherheit sollte die Gewährleistungsfrage im Vertrag ausdrücklich geregelt werden. Der Umfang des Garantiekataloges hängt von der jeweiligen Interessenlage der Vertragsparteien ab. Das Formular sieht weitreichende Zusicherungen und Garantien zugunsten des Erwerbers vor, die je nach Bedarf gekürzt, aber auch noch weiter ergänzt werden können. Ausführliche Garantiekataloge enthalten die Formulare von MVH/Günther Bd. 2, S. 77 ff.; Hopt/Hess/Fabritius, Vertrags- und Formularbuch IV. B. 7.

[16] Es ist genau darauf zu achten, auf welchen Zeitpunkt die Zusagen der Veräußerer bezogen werden (Übertragungsstichtag, Vertragsdatum etc.). Liegt der Übertragungsstichtag – wie hier – vor dem Vertragsdatum, werden die Garantien i.d.R. auf den Zeitpunkt des Vertragsschlusses abgegeben.

(2) Im Hinblick auf die Anteile und die Gesellschaften garantieren die Verkäufer und stehen dafür ein, dass das Folgende zutreffend ist:

(a) Die GmbH und die GmbH & Co. KG wurden ordnungsgemäß errichtet und sind gemäß den dieser Urkunde als *Anlagen 7 und 8* beigefügten Handelsregisterauszügen im Handelsregister des Amtsgerichts ___ eingetragen. Sie bestehen unangefochten. Die in § 1 enthaltenen Angaben zu den Gesellschaftsverhältnissen treffen zu.

(b) Der Gesellschaftsvertrag der GmbH & Co. KG und die Satzung der GmbH gelten unverändert in den diesem Vertrag als Anlagen 1 und 2 beigefügten Fassungen.[17] Es gelten im Zusammenhang mit den Gesellschaftsverhältnissen keine sonstigen Vereinbarungen zwischen den Verkäufern und der GmbH und/oder GmbH & Co. KG.

(c) Die GmbH und die GmbH & Co. KG halten keine Beteiligungen an anderen Unternehmen und sind nicht verpflichtet, solche Beteiligungen einzugehen.

(d) Die GmbH und die GmbH & Co. sind nicht Partner eines Unternehmensvertrages oder eines Vertrages über die Begründung einer stillen Gesellschaft. Gegen die Gesellschaft und/oder die Verkäufer ist weder ein Insolvenzverfahren eingeleitet noch sind Umstände ersichtlich, die die Einleitung eines solchen Verfahrens in Zukunft zulässig oder erforderlich machen.

(e) Das für die GmbH & Co. KG und die GmbH im Handelsregister eingetragene Kapital ist in voller Höhe rechtswirksam erbracht und nicht durch Verlust und/oder Entnahmen ganz oder teilweise, auch nicht verdeckt, gemindert.[18]

f) Die verkauften und abgetretenen Gesellschaftsanteile sind frei von Rechten Dritter. Die Verkäufer sind über die Anteile uneingeschränkt verfügungsberechtigt. Die Anteile unterliegen insbesondere keinen Pfandrechten oder Nießbrauchsrechten. Es bestehen keine Treuhandvereinbarungen, Vereinbarungen über die Begründung von Unterbeteiligungen oder sonstige mittelbare Unternehmensbeteiligungen. Es gibt auch keine Vereinbarungen über die künftige Einräumung solcher Rechte. Die Anteile stellen nicht das gesamte oder nahezu das gesamte Vermögen der Verkäufer dar.

(g) Die verkauften und abgetretenen Gesellschaftsanteile unterliegen keinen Stimmrechtsbindungen oder anderen Bindungen, durch die die Verfügungen über die Geschäftsanteile und die Kommanditanteile beschränkt sein könnten. Es gibt keine Gewinnbezugsrechte Dritter und/oder Optionen oder Vorkaufsrechte, nach denen die GmbH, die GmbH

---

[17] Diese Klausel ist aus Käufersicht wichtig, da der Käufer eines Minderheitsanteils keine Möglichkeit hat, eine Änderung des Gesellschaftsvertrages durchzusetzen. Er ist mithin darauf angewiesen, dass die ihm bekannte und von ihm akzeptierte Fassung des Gesellschaftsvertrages tatsächlich in Kraft ist.

[18] Werden vom Käufer – anders als im Formular – auch die Darlehens- und Verrechnungskonten übernommen, empfiehlt sich aus Käufersicht die Aufnahme einer Versicherung über die Kontenstände.

& Co. KG oder der Käufer jetzt oder künftig verpflichtet sein könnte, Geschäftsanteile und/oder Kommanditanteile auszugeben, zu verkaufen, zu kaufen, zurückzugeben und/oder einzuziehen.

(h) Die Durchführung dieses Vertrages verletzt keine Verpflichtungen der Verkäufer und/oder GmbH und/oder der GmbH & Co. KG.

(i) Rechte Dritter, die Firmennamen von GmbH und GmbH & Co. KG ganz oder teilweise als Bestandteil der eigenen Firma oder sonst im Geschäftsverkehr zu gebrauchen, bestehen nicht.

(3) Im Hinblick auf die Bilanzen garantieren die Verkäufer und stehen dafür ein:

(a) Die Jahresabschlüsse der Komplementär-GmbH und der GmbH & Co. KG per 31.12.2004 und 31.12.2005 sind unter Beachtung der Grundsätze ordnungsgemäßer Buchführung sowie unter Wahrung der Bilanzierungs- und Bewertungskontinuität erstellt und vermitteln ein den tatsächlichen Verhältnissen entsprechendes Bild der Vermögens-, Finanz- und Ertragslage der Gesellschaften. Es wurden alle gesetzlich zulässigen Rückstellungen gebildet. Die Gesellschaft hat keine Verbindlichkeiten außer den in der Einbringungsbilanz ausgewiesenen und den durch Rückstellungen gedeckten. Alle Verbindlichkeiten, die nicht auf der Passivseite ausgewiesen sind, sind unter der Bilanz ausgewiesen.

(b) Das Nettoreinvermögen der Komplementär-GmbH zu Buchwerten per 31.12.2005 beträgt € 50.000,–. Das Nettoreinvermögen errechnet sich aus den in der Bilanz per 31.12.2005 auf der Passivseite gem. § 266 Abs. 3 HGB unter A. Eigenkapital ausgewiesenen Bilanzpositionen „Gezeichnetes Kapital" + „Kapitalrücklage" +/- „Gewinnvortrag"/„Verlustvortrag" +/– „Jahresüberschuss/Jahresfehlbetrag".

(c) Das Nettoreinvermögen der GmbH & Co. KG zu Buchwerten per 31.12.2005 beträgt € ___. Das Nettoreinvermögen errechnet sich aus der auf der Passivseite unter A. Eigenkapital ausgewiesenen Bilanzpositionen „Kapitalkonten/Kommanditeinlagen" + „Kapitalrücklagen" – „Kapitalverlustkonten".

(4) Im Hinblick auf den Geschäftsbetrieb garantieren die Verkäufer und stehen dafür ein:

(a) Der Geschäftsbetrieb der GmbH und der GmbH & Co. KG wurde in der Zeit nach dem 31.12.2005 ordnungsgemäß und im für die Gesellschaften gewöhnlichen Rahmen geführt; Verbindlichkeiten haben die Gesellschaften nur im Rahmen des laufenden ordentlichen Geschäftsbetriebes begründet oder übernommen; außergewöhnliche Vorfälle, Vermögenszugänge oder -abgänge oder Umstände, die auf das Ergebnis der Geschäftstätigkeit, die Finanz-, Eigentums-, Vermögens- oder Ertragslage im Vergleich zum Geschäftsjahr 2005 besonderen Einfluss haben könnten, sind nicht eingetreten.

(b) Die GmbH und die GmbH & Co. KG waren und sind zum Zeitpunkt des Vertragsschlusses Eigentümer der in den Jahresabschlüssen per 31.12.2005 ausgewiesenen Vermögensgegenstände, ausgenommen Eigentumsvorbehalte und sonstige Sicherungsabreden im normalen

Geschäftsbetrieb und ausgenommen diejenigen Veränderungen, die sich aus der Fortsetzung der normalen Geschäftstätigkeit seit dem 31.12.2005 ergeben.

(c) Es liegen keine Gesellschafterbeschlüsse vor, aus denen den Gesellschaften oder dem Käufer finanzielle Nachteile entstehen könnten.

(d) Es sind keine Rechtsstreitigkeiten oder Verwaltungsverfahren anhängig und es sind keine Umstände bekannt, die eine Klageerhebung oder Einleitung eines Verwaltungsverfahrens erwarten lassen oder die eine Klageerhebung oder die Einleitung eines Verwaltungsverfahrens durch die GmbH und/oder die GmbH & Co. KG als ratsam oder notwendig erscheinen lassen.

(e) Die zur Fortsetzung des Geschäftsbetriebes durch die GmbH und die GmbH & Co. KG erforderlichen Genehmigungen, Konzessionen, Erlaubnisse etc. sind unangefochten vorhanden; ggf. vorhandene Auflagen sind erfüllt.

(f) Der Geschäftsbetrieb der GmbH & Co. KG verstößt nicht gegen derzeit geltende Vorschriften, insbesondere des Umweltschutzes.

(g) Den Gesellschaften gehören die in *Anlage 9* aufgeführten Patente, Marken und anderen gewerblichen Schutzrechte; vertraglich eingeräumte Rechte Dritter an diesen Schutzrechten bestehen nicht.

(h) Die Gesellschaften haben mit der Verwendung der ihnen gehörenden Marken, Schutzrechte und Namen nach Kenntnis der Verkäufer keine Rechte Dritter verletzt.

(5) Im Hinblick auf die Vertragsverhältnisse garantieren die Verkäufer und stehen dafür ein:

(a) Die in den Abschlussbilanzen ausgewiesenen Forderungen sind bei Fälligkeit abzüglich des Betrages der zum Stichtag vorgenommenen Einzel– und Pauschalwertberichtigung voll einbringlich.

(b) Die in den Abschlussbilanzen ausgewiesenen Vorräte sind im gewöhnlichen Geschäftsbetrieb der Gesellschaft verwendbar.

(c) Weder bei der GmbH noch bei der GmbH & Co. KG bestehen Eventualverbindlichkeiten, insbesondere Bürgschaften, Patronatserklärungen und Garantien außer den in *Anlage 10* genannten.

(d) Es liegen keine Umstände vor, wonach die Fortsetzung der Geschäftsbeziehungen mit den in der *Anlage 11* genannten, als wichtig gekennzeichneten Kunden in dem bisherigen Umfang und zu den bisherigen Preisen und Konditionen gefährdet sein könnte; es existieren weder bei der GmbH noch bei der GmbH & Co. KG Verträge oder Vertragsverhältnisse, die der Vertragspartner wegen eines Anteilseignerwechsels („change of control") kündigen oder sonst vorzeitig beenden kann.

(e) Es besteht weder bei der GmbH noch bei der GmbH & Co. KG ein vertragliches Wettbewerbsverbot mit Dritten. Ausschließliche Bezugs- oder Lieferbedingungen mit Ausnahme der in *Anlage 12* genannten existieren nicht.

(6) Im Hinblick auf die Arbeitnehmer garantieren die Verkäufer und stehen dafür ein:

(a) Andere als die in *Anlage 13* bezeichneten Arbeitnehmer werden von den Gesellschaften nicht beschäftigt.

(b) Die dieser Urkunde als Anlage 13 beigefügte Liste aller Mitarbeiter der GmbH und GmbH & Co. KG mit allen für die arbeitsrechtliche Beurteilung maßgeblichen Daten, insbesondere Geburtsdatum, Einstellungstag, tarifliche Einordnung bzw. einzelvertraglich vereinbarte Vergütungen und Zusatzleistungen, Schwerbehinderten-Eigenschaft und Kinder, ist vollständig und zutreffend.

(c) Außer den in *Anlage 14* aufgelisteten Betriebsvereinbarungen haben die Gesellschaften keine Betriebsvereinbarungen geschlossen oder generelle Zusagen an die Arbeitnehmer direkt oder durch betriebliche Übung gemacht.

(d) Die Kündigungsfristen bei Arbeits- und Anstellungsverträgen überschreiten nur in den Fällen die gesetzlichen und tarifvertraglichen Kündigungsfristen, bei denen dies in Anlage 13 ausdrücklich vermerkt ist; die Bezüge von Mitarbeitern überschreiten nur in den Fällen die tariflichen Bezüge, in denen dies in Anlage 13 ausdrücklich vermerkt ist.

(e) Es gibt keine Pensionsverbindlichkeiten gegenüber Gesellschaftern, ehemaligen Geschäftsführern und Mitarbeitern sowie keine Versorgungszusagen gegenüber derzeitigen Gesellschaftern, Geschäftsführern und Mitarbeitern mit Ausnahme der in Anlage 13 genannten.

(f) Sämtliche Steuern und Sozialleistungen für die von den Gesellschaften beschäftigten Arbeitnehmer sind abgeführt und sämtliche vertraglichen Verpflichtungen gegenüber den Arbeitnehmern sind ordnungsgemäß und vollständig erfüllt.

(7) Schließlich garantieren die Verkäufer und stehen dafür ein:

(a) Es liegen keine Umstände vor, von denen negative Einflüsse auf den Geschäftsverlauf, sowohl hinsichtlich der Umsätze als auch des Ertrags, ausgehen könnten.

(b) Alle von den Verkäufern und den von ihnen eingeschalteten Personen im Laufe der Vertragsverhandlungen gemachten Angaben und zur Verfügung gestellten Informationen und Unterlagen sind richtig und nach bestem Wissen der Verkäufer vollständig; es wurden keine Tatsachen verschwiegen, die für den Abschluss dieses Vertrages und die Bestimmung des vereinbarten Kaufpreises aus Sicht eines objektiven Dritten von Bedeutung sein könnten.

(8) Soweit in den vorstehenden Zusicherungen auf die Kenntnis oder Nichtkenntnis der Verkäufer abgestellt wird, ist ihnen die Kenntnis oder Nichtkenntnis von organschaftlichen Vertretern der Komplementär-GmbH und der Kommanditgesellschaft zuzurechnen.

§ 8
Steuern und Abgaben

(1) Die Verkäufer gewährleisten, dass die GmbH und die GmbH & Co. KG alle für den Geschäftsbetrieb der Gesellschaften erforderlichen Steuererklärungen rechtzeitig abgegeben und alle bis zum Vertragsschluss fälligen oder entstandenen Steuern, Zölle und öffentlichen Abgaben gezahlt und entsprechende Rückstellungen in den Jahresabschlüssen per 31.12. 2005 gebildet haben.

(2) Die Verkäufer übernehmen die Haftung für alle Steuern und steuerlichen Nebenleistungen, Zölle, Sozialabgaben und andere öffentliche Abgaben, die gegen die GmbH und/oder die GmbH & Co. KG aus bis zum 31.12. 2005 verwirklichten Sachverhalten festgesetzt werden, soweit hierzu in den Abschlüssen per 31.12.2005 keine ausreichenden Rückstellungen gebildet worden sind, und stellen GmbH und GmbH & Co. KG von diesen Forderungen frei. Sollte die GmbH wegen verdeckter Gewinnausschüttungen an die Verkäufer, die im Zeitraum bis zum Vertragsschluss erfolgt sind, zur Herstellung der Ausschüttungsbelastung verpflichtet sein, stellen die Verkäufer die GmbH von den hiermit verbundenen Lasten frei.

(3) Die Festsetzung von Steuererstattungsansprüchen zugunsten der Gesellschaft, sei es aufgrund steuerlicher Außenprüfung oder in sonstiger Weise, die den Zeitraum bis zum 31.12.2005 betreffen und die nicht in den Jahresabschlüssen per 31.12.2005 zu berücksichtigen sind, ist dergestalt zwischen den Parteien auszugleichen, dass sich der Kaufpreis um 50% des zugunsten der Gesellschaft festgesetzten Erstattungsanspruchs erhöht. Der Käufer wird die Verkäufer unverzüglich über den Erlass eines Steuerbescheides für den Zeitraum bis zum 31.12.2005 unterrichten. Die Gesellschaften und/oder der Käufer sind auf Verlangen der Verkäufer verpflichtet, gegen den Steuerbescheid Rechtsmittel einzulegen. Kosten und Auslagen im Zusammenhang mit dem Rechtsmittel tragen die Verkäufer.

§ 9
Verstöße gegen die Garantien und Zusicherungen

(19 Im Falle der Unrichtigkeit von Zusicherungen oder der Nichterfüllung von Garantien nach diesem Vertrag stellen die Verkäufer nach Wahl des Käufers die GmbH oder die GmbH & Co. KG oder den Käufer so, wie sie stehen würden, wenn die Garantien oder Zusicherungen zutreffen würden.[19]

(2) Ansprüche aus der Unrichtigkeit von Zusicherungen und der Nichterfüllung von Garantien sind ausgeschlossen, soweit sie nicht binnen einer Ausschlussfrist von zwei Jahren nach Abschluss dieses Vertrages schriftlich und mit Gründen versehen gegenüber den Verkäufern schrift-

[19] Aus Verkäufersicht empfiehlt es sich, die Möglichkeit des Rücktritts bei Nichtzutreffen von Zusicherungen ganz auszuschließen oder zumindest auf bestimmte Fälle zu beschränken.

lich geltend gemacht werden.[20] Erfolgt eine solche Mitteilung rechtzeitig, verjährt der darauf bezogene Anspruch mit Ablauf des ___, soweit der Käufer nicht zuvor Klage zur Durchsetzung des dargelegten Anspruchs erhoben hat. Im Falle von Zoll-, Steuer- und sonstigen Abgabenrisiken beginnt die Frist zur Geltendmachung abweichend von Satz 1 mit der Bestandskraft des entsprechenden Bescheids. Solchermaßen geltend gemachte Ansprüche verjähren sodann acht Monate nach Ablauf dieser Ausschlussfrist.

§ 10
Geschäftsführung

Die Verkäufer legen ihr Amt als Geschäftsführer der XY Verwaltungs GmbH mit Wirkung auf den Tag der Zahlung der ersten Rate des Kaufpreises gem. § 5 Abs. 3 lit. a) nieder und stimmen der Beendigung ihres Anstellungsverhältnisses mit der XY Verwaltungs GmbH auf diesen Zeitpunkt zu. Eine gesonderte Abfindung für die Beendigung des Anstellungsverhältnisses erfolgt nicht.

§ 11
Vertraulichkeit

Die Parteien stimmen darüber ein, dass sie den Abschluss und den Inhalt dieses Vertrages gegenüber Dritten vertraulich behandeln werden, es sei denn, sie sind kraft Gesetzes zur Offenlegung verpflichtet. Über etwaige Pressemitteilungen oder Mitteilungen an Kunden oder sonstige Dritte werden sich die Vertragsparteien jeweils zuvor abstimmen.

§ 12
Haftungsfreistellung

(1) Der Käufer wird die Verkäufer von jeder persönlichen Haftung als Gesellschafter aus und im Zusammenhang mit Maßnahmen nach der Übertragung der Kommanditanteile, die gemäß § 172 Abs. 4 HGB zu einer Haftung der Verkäufer führen oder eine Haftung der Verkäufer für andere Verbindlichkeiten der Gesellschaften (§§ 128, 172 HGB) begründen könnten, freistellen.
(2) Die Verkäufer werden den Käufer von jeder persönlichen Haftung als Gesellschafter aus und im Zusammenhang mit Maßnahmen bis zur Übertragung der Kommanditanteile, die gemäß § 172 Abs. 4 HGB zu einer Haftung führen oder eine Haftung für andere Verbindlichkeiten der Gesell-

[20] Häufig finden sich den Verkäufer schützende Klauseln, wonach der Käufer Gewährleistungsansprüche erst bei Überschreiten eines bestimmten Betrages geltend machen kann, sowie Bestimmungen, die eine etwaige Haftung des Veräußerers auf einen bestimmten Betrag begrenzen. Der Verkäufer wird zudem auf die Aufnahme einer Regelung bedacht sein, die klarstellt, dass der Kaufvertrag seine Haftung abschließend regelt.

schaft (§§ 128, 172 HGB) begründen könnten, freistellen.[21] Für diese Freistellungsverpflichtung haften die Veräußerer als Gesamtschuldner, jedoch nur bis zur Höhe des von ihnen veräußerten Kommanditanteils.

§ 13
Wettbewerbsverbot

(1) Die Verkäufer verpflichten sich gegenüber dem Käufer und stehen dafür ein, dass sie während eines Zeitraumes von zwei Jahren nach Abschluss dieses Vertrages weder direkt noch indirekt mit den Gesellschaften in den geographischen Bereichen, in denen die Gesellschaften das Geschäft zum Abschluss dieses Vertrages aktiv betrieben haben, in Wettbewerb treten.[22] Die Verkäufer verpflichten sich außerdem und stehen dafür ein, dass sie keine geschäftlichen Informationen, Kenntnisse und kein Know-how, gleich zu welchem Zweck, nutzen werden, und auch nicht, gleich zu welchem Zweck, Dritten überlassen oder sonst zugänglich machen oder machen werden.
(2) Verletzen die Verkäufer die in Abs. 1 vereinbarten Verpflichtungen, so haben sie dem Käufer für jeden Einzelfall eine Vertragsstrafe von € 100.000,– zu zahlen. Dauert die Verletzungshandlung an, haben die Verkäufer für jeden weiteren Monat, in dem die Verletzung erfolgt, eine Vertragsstrafe von € 100.000,– zu zahlen. Das Recht des Käufers, einen entstehenden weiteren Schaden geltend zu machen und die Einstellung des verbotenen Verhaltens zu fordern, bleibt hiervon unberührt.

§ 14
Kosten

(1) Die Kosten der notariellen Beurkundung und des Vollzuges dieses Vertrages, insbesondere der Registeranmeldung und der Registereintragung, trägt der Käufer.
(2) Im Übrigen trägt jeder Vertragsteil seine Kosten selbst.

§ 15
Schiedsklausel

Für alle Streitigkeiten aus diesem Vertrag vereinbaren die Parteien die ausschließliche Zuständigkeit eines Schiedsgerichts in gesonderter Schiedsabrede, die als *Anlage 15* auch Gegenstand dieses Vertrages ist.

---

[21] Nach Ansicht der Rspr. wirkt die Rückgewähr der Einlage auch zu Lasten des Veräußerers, vgl. BGH NJW 1976, 751, 752. Dies wird im Schrifttum zu Recht bestritten, da nur der Erwerber für das Schicksal des Anteils verantwortlich sein kann, dazu grundlegend K. Schmidt, Einlage und Haftung des Kommanditisten, S. 112.
[22] Vgl. auch § 26 Rn 94.

§ 16
Salvatorische Klausel

Sollten Bestimmungen dieses Vertrages oder eine künftig in ihn aufgenommene Bestimmung ganz oder teilweise nicht rechtswirksam sein oder ihre Rechtswirksamkeit oder Durchführbarkeit zu einem späteren Zeitpunkt verlieren, soll hierdurch die Gültigkeit der übrigen Bestimmungen des Vertrages nicht berührt werden. Das Gleiche gilt, falls sich herausstellen sollte, dass der Vertrag eine Regelungslücke enthält. Anstelle der unwirksamen oder undurchführbaren Bestimmung oder zur Ausfüllung der Lücke soll eine angemessene Regelung gelten, die, soweit rechtlich möglich, dem am nächsten kommt, was die Vertragsparteien gewollt hätten oder nach dem Sinn und Zweck des Vertrages gewollt haben würden, soweit sie bei Abschluss dieses Vertrages oder bei der späteren Aufnahme einer Bestimmung den Punkt bedacht hätten. Dies gilt auch, wenn die Unwirksamkeit einer Bestimmung etwa auf einem in dem Vertrag vorgeschriebenen Maß der Leistung oder Zeit (Frist oder Termin) beruht; es soll dann ein dem Gewollten möglichst nahe kommendes, rechtlich zulässiges Maß der Leistung oder Zeit (Frist oder Termin) als vereinbart gelten.

§ 17
Anwendbares Recht, Formerfordernis, Anlagen

(1) Soweit in diesem Vertrag nichts Abweichendes bestimmt ist, gelten ergänzend für diesen Vertrag die gesetzlichen Bestimmungen über den Kauf (§§ 433 ff. BGB). Die Vorschriften der §§ 460, 464 BGB, §§ 377, 378 HGB finden keine Anwendung.
(2) Änderungen oder Ergänzungen dieses Vertrages bedürfen der notariellen Beurkundung.
(3) Die Anlagen sind wesentlicher Bestandteil des Vertrages.
(4) Die Vertragsparteien verpflichten sich, auf Verlangen der anderen Partei ohne besondere Gegenleistung alle Erklärungen in der gehörigen Form abzugeben und alle Maßnahmen zu treffen, die etwa noch erforderlich sind, diesen Vertrag zu erfüllen und seine Ziele und Zwecke voll zur Durchführung zu bringen.

II.
Anmeldung der Übertragung der Kommanditanteile zum Handelsregister der KG

An das
Amtsgericht
– Handelsregister –
XY GmbH & Co. KG
HRA ________________
Die XY GmbH & Co. KG ist im Handelsregister des Amtsgerichts ___ unter HRA ___ eingetragen. Die persönlich haftende Gesellschafterin XY Verwal-

tungs GmbH sowie die Kommanditisten A, B, C und D melden zur Eintragung in das Handelsregister an:[23]
Die Kommanditisten C und D haben ihre Kommanditbeteiligung auf E (Beruf; Geburtsdatum; Wohnort) übertragen. Die Übertragung steht unter der aufschiebenden Bedingung der Eintragung des Sonderrechtsnachfolgevermerks im Handelsregister. C und D scheiden mit Eintragung des Rechtsnachfolgevermerks aus der Gesellschaft aus; E nimmt ihre Stellung als Kommanditist in der Gesellschaft mit der Einlage von insgesamt € 200.000,– ein.
Die persönlich haftende Gesellschafterin, die XY Verwaltungs GmbH, und die ausscheidenden Kommanditisten C und D versichern, dass den ausscheidenden Gesellschaftern C und D von Seiten der Gesellschaft keinerlei Zahlung aus dem Vermögen der Gesellschaft gewährt oder versprochen worden ist.[24]
(Ort, Datum)

______________________	______________________
XY Verwaltungs GmbH	A
______________________	______________________
B	C
______________________	______________________
D	E

(Beglaubigungsvermerk)[25]

Anmeldung zum Handelsregister der Komplementär-GmbH

An das
Amtsgericht
– Handelsregister –
____

XY Verwaltungs GmbH
HRB ______________

Als alleinvertretungsberechtiger Geschäftsführer der Gesellschaft überreiche ich anliegend eine aktuelle Liste der Gesellschafter[26] und melde zur Eintragung in das Handelsregister an:

[23] Die Abtretung der Kommanditbeteiligung ist von allen Gesellschaftern, unter Einschluss der Veräußerer und des Erwerbers, zum Handelsregister anzumelden, §§ 161 Abs. 2, 107, 143 Abs. 2, 162 HGB. Stellvertretung bei der Anmeldung ist möglich.

[24] Nach h. M. bedarf es der Abgabe einer entsprechenden Versicherung, um die Eintragung des Sonderrechtsnachfolgevermerks sicherzustellen, vgl. OLG Köln BB 1992, 1742. Der Erwerber der Kommanditbeteiligung muss eine entsprechende Versicherung jedoch nicht abgeben, vgl. Schlegelberger/Martens § 162 HGB Rn 18.

[25] Die Anmeldung ist in öffentlich beglaubigter Form einzureichen (§ 12 Abs. 1 HGB).

[26] Nach § 40 Abs. 1 GmbHG haben die Geschäftsführer nach jeder Veränderung in der Person der Gesellschafter oder des Umfangs ihrer Beteiligung eine Gesellschafterliste beim Handelsregister einzureichen.

C und D haben ihr Amt als Geschäftsführer mit sofortiger Wirkung niedergelegt.[27]

(Ort, Datum)

____

A

(Beglaubigungsvermerk[28])

Gesellschafterliste

An der XY Verwaltungs GmbH sind beteiligt:

Gesellschafter	Geburtsdatum	Adresse	Stammeinlage
A	__________	__________	€ 10.000,–
B	__________	__________	€ 10.000,–
E	__________	__________	€ 15.000,–

(Ort, Datum)

____

Unterschrift A

§ 75
Vertrag über den Eintritt eines Gesellschafters[29]

I.
Gesellschafterbeschluss der XY Verwaltungs GmbH; Beitrittsvertrag

Verhandelt zu __________
am __________

Vor mir, dem unterzeichneten Notar __________
mit dem Amtssitz in __________

erschienen heute:

(1) A, geboren am __________, wohnhaft in __________, handelnd im eigenen Namen sowie als Geschäftsführer der XY Verwaltungs GmbH;

(2) B, geboren am __________, wohnhaft in __________;

---

[27] Nach § 40 Abs. 1 S. 2 GmbHG hat der beurkundende Notar darüber hinaus die Abtretung der GmbH-Geschäftsanteile anzuzeigen. Die Einreichung einer beglaubigten Abschrift der Abtretungsurkunde ist nicht erforderlich.

[28] Die Unterschriften der Geschäftsführer sind notariell zu beglaubigen, § 12 Abs. 1 GmbHG.

[29] Zum Beitritt eines neuen Gesellschafters vgl. ausf. § 27.

(3) E, geboren am ________, wohnhaft in ________, handelnd im eigenen Namen sowie als Geschäftsführer der XY Verwaltungs-GmbH;

(4) F, geboren am ________, wohnhaft in ________.

Die Erschienenen wiesen sich zur Gewissheit des beurkundenden Notars durch Vorlage ihres amtlichen Personalausweises aus. Der Notar fragte die Erschienenen nach einer Vorbefassung i.S.v. § 3 Abs. 1 Nr. 7 BUrkG. Sie wurde von den Erschienenen verneint.

Die Erschienenen erklären:
Die Erschienenen zu 1) bis 3) sind die alleinigen Gesellschafter der XY Verwaltungs GmbH, eingetragen im Handelsregister des Amtsgerichts ________ ________ unter HRB ________ (im Folgenden auch „GmbH" genannt). An dem voll einbezahlten Stammkapital von € 50.000,– sind die Erschienenen zu 1) und 2) mit einem Geschäftsanteil im Nominalbetrag von jeweils € 10.000,– und der Erschienene zu 3) mit zwei Geschäftsanteilen im Nominalbetrag von jeweils € 15.000,– beteiligt. Damit ist das gesamte Stammkapital vertreten.
Die Erschienenen zu 1) bis 3) und die von den Erschienenen zu 1) und 3) vertretene XY Verwaltungs -GmbH sind ferner die alleinigen Gesellschafter der im Handelsregister des Amtsgerichts ________ unter HRA ________ eingetragenen XY GmbH & Co. KG (im Folgenden auch „KG" genannt). An der KG sind die XY Verwaltungs GmbH als persönlich haftende Gesellschafterin ohne Kapitalanteil, die Erschienenen zu 1) und 2) mit einem Kommanditanteil von je € 50.000,– und der Erschienene zu 3) mit einem Kommanditanteil von € 200.000,– beteiligt.
Die Erschienenen zu 1) bis 3) beabsichtigen, den Erschienenen zu 4) als weiteren Gesellschafter der GmbH, und gemeinsam mit der von den Erschienenen zu 1) und 3) vertretenen GmbH als weiteren Kommanditisten der XY GmbH & Co. KG aufzunehmen.

A.
Gesellschafterbeschluss der XY Verwaltungs GmbH

Das Stammkapital der XY Verwaltungs GmbH soll von € 50.000,– um € 10.000,– auf € 60.000,– erhöht werden.[30] Die Erschienenen zu 1) bis 3) erklären:
Unter Verzicht auf die Einhaltung aller durch Gesetz oder Satzung vorgeschriebenen Formen und Fristen der Einberufung, Ankündigung und Durchführung einer Gesellschafterversammlung halten wir hiermit eine außerordentliche Gesellschafterversammlung der XY Verwaltungs GmbH ab und beschließen einstimmig:[31]

---

[30] Wollen die bisherigen Gesellschafter keine Geschäftsanteile abgeben, muss der neue Geschäftsanteil durch eine Kapitalerhöhung gegen Einlagen geschaffen werden. Eine Kapitalerhöhung aus Gesellschaftsvermögen scheidet im Hinblick auf § 57j GmbHG aus.

[31] Der Beschluss über die Kapitalerhöhung bedarf einer Mehrheit von drei Vierteln der abgegebenen Stimmen (§ 53 Abs. 2 GmbHG).

§ 1
Kapitalerhöhung

Das Stammkapital der Gesellschaft wird von € 50.000,– um € 10.000,– auf € 60.000,– erhöht.

§ 2
Ausgabe der neuen Stammeinlage

(1) Die Ausgabe der neuen Stammeinlage[32] erfolgt zum Nennwert.

(2) Die Stammeinlage ist sofort in bar auf das Konto der Gesellschaft bei der ________-Bank (BLZ ________, Kto. Nr. ________) einzuzahlen.[33]

§ 3
Änderung der Satzung

§ ___ der Satzung wird wie folgt geändert:[34]
„Das Stammkapital der Gesellschaft beträgt € 60.000,– ."

§ 4
Zulassung zur Übernahme der neuen Stammeinlage

Zur Übernahme der neuen Stammeinlage in Höhe von € 10.000,– wird der Erschienene zu 4) zugelassen.[35] Die Gesellschafter verzichten auf ein ihnen zustehendes Bezugsrecht.[36] Die Geschäftsführer der Gesellschaft werden mit der Durchführung der Kapitalerhöhung beauftragt.[37]

---

[32] Jeder Übernehmer kann nur eine Stammeinlage übernehmen, § 55 Abs. 4 i.V.m. § 5 Abs. 2 GmbHG.

[33] Auf die neue Stammeinlage ist mindestens ein Viertel zur endgültig freien Verfügung der Geschäftsführer einzuzahlen, §§ 56 a, 57 GmbHG.

[34] Nach § 3 Abs. 1 Nr. 4 GmbHG müssen die Übernehmer der ursprünglichen Stammeinlage in der Satzung namentlich bezeichnet werden. Diese Angaben können bei einer Bareinlage im Rahmen der Kapitalerhöhung ersatzlos gestrichen werden, sofern die Einlagen vollständig erbracht wurden. Auch der Übernehmer der neuen Stammeinlage muss nicht namentlich bezeichnet werden. Angaben über die Erbringung von Sacheinlagen können erst nach 5 Jahren nach Eintragung der Gesellschaft in das Handelsregister gestrichen werden.

[35] Der Zulassungsbeschluss nach § 55 Abs. 2 S. 1 GmbHG bedarf keiner besonderen Form. In der Praxis wird der Zulassungsbeschluss, der die Stammeinlage und den Übernehmer festlegt, zumeist mit dem Kapitalerhöhungsbeschluss verbunden.

[36] Die Gesellschafter einer GmbH haben nach h.M. ein gesetzliches Bezugsrecht auf die neu gebildeten Stammeinlagen, vgl. Scholz/Priester § 55 GmbHG Rn 41ff., 44.

[37] Hat die Gesellschafterversammlung bestimmte Personen zur Übernahme der Stammeinlagen zugelassen, ist dies als konkludente Ermächtigung der Geschäftsführer zum Abschluss der Übernahmevereinbarung anzusehen. Das Formular stellt dies klar.

§ 5
Gewinnberechtigung

Der neue Geschäftsanteil nimmt ab Beginn des laufenden Geschäftsjahres, in dem die Kapitalerhöhung in das Handelsregister eingetragen wird, am Gewinn teil.

§ 6
Kosten

Die Kosten dieser Urkunde und ihrer Durchführung trägt die Gesellschaft bis zu einem Betrag von € ____.
Die Erschienenen zu 1) bis 3) erklärten damit die Gesellschafterversammlung der XY Verwaltungs GmbH für beendet.

B.
Vereinbarung über den Beitritt zur XY GmbH & Co. KG[38]

Sodann vereinbaren die Erschienenen was folgt:

§ 1
Beitritt

(1) Der Erschienene zu 4) tritt der KG als weiterer Kommanditist mit einem Kapitalanteil von € 100.000,– bei, der als Haftsumme in das Handelsregister einzutragen ist.

(2) Der Beitritt erfolgt aufschiebend bedingt auf die Eintragung des Erschienenen zu 4) als Kommanditist in das Handelsregister der KG.[39]

§ 2
Einlage

(1) Der Erschienene zu 4) verpflichtet sich gegenüber der KG zur Erbringung einer Bareinlage in Höhe von € 500.000,–. Die Einlage ist durch

---

[38] Der Beitrittsvertrag kann grundsätzlich formfrei geschlossen werden. Ein Beurkundungserfordernis kann sich ergeben, wenn die Erbringung einer bestimmten Sacheinlage vereinbart ist (§ 311b BGB, § 15 Abs. 4 GmbHG) oder – wie hier in § 2 Abs. 3 – die Verpflichtung zur Übernahme eines GmbH-Anteils begründet wird, vgl. MünchHdb. GesR II/Piehler KG § 32 Rn 10. Da es sich bei der gleichzeitigen Veräußerung von Anteilen an der KG und der Komplementär-GmbH um einen einheitlichen Vorgang handelt, empfiehlt es sich, die Beitrittsvereinbarung notariell beurkunden zu lassen.

[39] Nach § 176 Abs. 2 HGB haftet der Kommanditist für die in der Zeit zwischen seinem Eintritt und dessen Eintragung in das Handelsregister begründeten Verbindlichkeiten der Gesellschaft unbeschränkt. Um eine solche unbeschränkte Haftung zu vermeiden, wird der Beitritt in der Praxis aufschiebend bedingt auf die Eintragung in das Handelsregister erklärt.

Überweisung auf das Konto der Gesellschaft bei der ______________ -Bank (BLZ __________ Kto. Nr. __________) so zu zahlen, dass das Geld der KG am __________ zur Verfügung steht.

(3) Der den festen Kapitalanteil übersteigende Betrag[40] in Höhe von € 400.000,– ist zum Ausgleich vorhandener stiller Reserven in die Rücklagenkonten der Gesellschafter im Verhältnis ihrer Kapitalanteile einzustellen.

(3) Zur Wahrung der Beteiligungsidentität verpflichtet sich der Erschienene zu 4), den durch heutigen Beschluss der Gesellschafterversammlung der XY Verwaltungs GmbH neu geschaffenen Geschäftsanteil im Nominalbetrag von € 10.000,– zu übernehmen.

§ 3
Gewinn

F nimmt am Ergebnis der Gesellschaft ab Beginn des laufenden Geschäftsjahres, in dem er als Kommanditist in das Handelsregister der KG eingetragen wird, am Gewinn teil.

§ 4
Gesellschaftsvertrag

Die Vertragsschließenden heben den bisherigen Gesellschaftsvertrag in der Fassung vom ________ auf und regeln das Gesellschaftsverhältnis durch den dieser Vereinbarung als *Anlage 1* beigeschlossenen Gesellschaftsvertrag neu.

§ 5
Wirksamwerden

Die Änderungen werden nach erfolgter Eintragung in das Handelsregister im Innenverhältnis mit Wirkung vom ________ wirksam.[41]

§ 6
Salvatorische Klausel

wie § 74 (§ 16)

---

[40] Hat die Gesellschaft stille Reserven gebildet, an denen der Gesellschafter bei seinem Ausscheiden oder im Fall der Liquidation partizipiert, wird regelmäßig ein vom beitretenden Gesellschafter zu zahlendes Agio vereinbart, das anteilig auf den Rücklagenkonten der Gesellschafter gutgebracht wird.

[41] Der Beitritt eines Gesellschafters wird im Außenverhältnis nicht bereits durch Abschluss des Beitrittsvertrages, sondern erst mit Eintragung des beitretenden Gesellschafters in das Handelsregister oder Fortsetzung der Geschäfte mit Zustimmung des Beitretenden wirksam; vgl. Baumbach/Hopt § 123 HGB Rn 4. Schuldrechtlich kann die Vertragsänderung mit rückwirkender Kraft bezogen werden, Schlegelberger/K. Schmidt § 105 HGB Rn 110.

§ 7
Kosten

Die Kosten der Anmeldung des Beitritts zum Handelsregister trägt die Gesellschaft.

Der Notar wies die Erschienenen darauf hin, dass
- alle Gesellschafter für die Leistung für übernommene, aber nicht einbezahlte Stammeinlagen haften,
- die Kapitalerhöhung erst mit der Eintragung in das Handelsregister wirksam wird.

Die Niederschrift wurde den Erschienenen vorgelesen, von ihnen genehmigt und sodann mit dem beurkundenden Notar unterzeichnet.

II.
Übernahme der Stammeinlage[42]

Übernahmeerklärung[43]

Die Gesellschafterversammlung der XY Verwaltungs GmbH mit Sitz in ________ hat durch notarielle Urkunde vom ________ (UR. Nr. ________ des Notars ________) beschlossen, das Stammkapital um € 10.000,– auf € 60.000,– zu erhöhen. Zur Übernahme der Stammeinlage wurde ich zugelassen. Die Gesellschafter haben auf ein ihnen zustehendes Bezugsrecht verzichtet. Die Ausgabe der Stammeinlage erfolgt zum Nennwert.
Hiermit übernehme ich nach Maßgabe der Bedingungen in § 2 des Kapitalerhöhungsbeschlusses vom ________ die Stammeinlage von € 10.000,– zum Ausgabebetrag in gleicher Höhe.[44]

Zu sonstigen Leistungen bin ich nach der Satzung der XY Verwaltungs GmbH nicht verpflichtet.[45]

(Ort, Datum) ____________________
Unterschrift F

(Beglaubigungsvermerk)

---

[42] Der Übernahme der neuen Stammeinlage liegt eine Vereinbarung zwischen der Gesellschaft und dem Übernehmer zugrunde, vgl. BGHZ 49, 117, 119. Die Annahme der Übernahmeerklärung des neuen Gesellschafters kann konkludent durch die Anmeldung der Kapitalerhöhung zum Handelsregister erfolgen, vgl. BGHZ 49, 117, 121.

[43] Da bei der Beglaubigung der Übernahmeerklärung keine Beurkundungsgebühr nach § 36 Abs. 1 KostO, sondern nur eine Beglaubigungsgebühr nach § 45 Abs. 1 KostO anfällt, kann eine Trennung vom Kapitalerhöhungsbeschluss kostenmäßige Vorteile bringen.

[44] Es ist zulässig, die Übernahmeerklärung unter einer Bedingung oder einer Befristung (etwa in der Form „Die Übernahmeerklärung wird unwirksam, wenn die Kapitalerhöhung am ___ nicht in das Handelsregister eingetragen ist.") zu stellen; vgl. Hachenburg/Ulmer § 55 GmbHG Rn 68 ff.

[45] Vgl. § 55 Abs. 2 S. 2 GmbHG.

III.
Anmeldung der Kapitalerhöhung zum Handelsregister[46]

An das
Amtsgericht
– Handelsregister –

____

XY Verwaltungs-GmbH
HRB ______________________
Wir, die alleinigen Geschäftsführer der XY Verwaltungs-GmbH, überreichen anliegend

(1) beglaubigte Ausfertigung der notariellen Niederschrift der außerordentlichen Gesellschafterversammlung vom _________ (UR. Nr. _________ des Notars _________) mit den Beschlüssen über
 – die Erhöhung des Stammkapitals der Gesellschaft von € 50.000,– um € 10.000,– auf € 60.000,–,
 – die Änderung von § ___ der Satzung der Gesellschaft sowie
 – die Zulassung von F zur Übernahme der neuen Stammeinlage;
(2) beglaubigte Abschrift der Übernahmeerklärung des F (Wohnort) vom _________ (UR. Nr. _________ des Notars _________) über die Übernahme einer Stammeinlage von € 10.000,–;
(3) aktuelle Gesellschafterliste;
(4) den vollständigen Wortlaut der Satzung der Gesellschaft mit der Notarbescheinigung nach § 54 Abs. 1 Satz 2 GmbHG.

Wir versichern, dass die neue Stammeinlage – ebenso wie die bereits übernommenen – voll einbezahlt ist[47] und sich endgültig zu unserer freien Verfügung befindet.

Zur Eintragung in das Handelsregister melden wir an:[48]
Das Stammkapital der Gesellschaft ist von € 50.000,– um € 10.000,– auf € 60.000,– erhöht und § _________ der Satzung (Stammkapital) entsprechend geändert worden. Weitere Angaben im Sinne von § 10 Abs. 1 und 2 GmbHG sind von der Satzungsänderung nicht betroffen.

(Ort, Datum)

____

______________________ ______________________

Unterschrift A Unterschrift B

(Beglaubigungsvermerk[49])

---

[46] Zum Inhalt der Anmeldung und den beizufügenden Unterlagen vgl. § 57 GmbHG. Die Kapitalerhöhung wird erst mit Eintragung in das Handelsregister wirksam, § 54 Abs. 3 GmbHG.

[47] Sofern die Stammeinlage nicht in voller Höhe einzuzahlen ist, muss dies in der Versicherung angegeben werden.

[48] Die Anmeldung ist von allen Geschäftsführern zu bewirken, § 78 GmbHG.

[49] Die Unterschriften der Geschäftsführer sind notariell zu beglaubigen, § 12 Abs. 1 GmbHG.

Gesellschafterliste

Anlässlich der Erhöhung des Stammkapitals der XY Verwaltungs GmbH haben übernommen:

Übernehmer	Geburtsdatum	Adresse	Stammeinlage
F	____	____	€ 10.000,–

An der Gesellschaft sind künftig beteiligt:

Gesellschafter	Geburtsdatum	Adresse	Stammeinlage
A	____________	____________	€ 10.000,–
B	____________	____________	€ 10.000,–
E	____________	____________	€ 15.000,–
F	____________	____________	€ 15.000,–

(Ort, Datum)

____

________________________ ________________________

Unterschrift A Unterschrift E[50]

IV.
Anmeldung des Beitritts zum Handelsregister der KG[51]

An das
Amtsgericht
– Handelsregister –

____

XY GmbH & Co. KG
HRA ____________________

Die XY GmbH & Co. KG ist im Handelsregister des Amtsgerichts ________ unter HRA ________ eingetragen. Wir, die XY Verwaltungs GmbH als Komplementärin sowie die A, B und E als Kommanditisten, melden zur Eintragung in das Handelsregister an:

---

[50] Die Liste ist von allen Geschäftsführern zu unterzeichnen; eine Beglaubigung der Unterschriften ist nicht erforderlich.

[51] Der Beitritt ist von allen Gesellschaftern zum Handelsregister anzumelden, §§ 161 Abs. 2, 107, 162 HGB.

F (Name, Vorname, Beruf, Wohnort)[52] ist mit einer Einlage[53] von € 100.000,– als Kommanditist der Gesellschaft beigetreten.

____

XY Verwaltungs GmbH

____

Unterschrift A

____

Unterschrift B

____

Unterschrift E

____

Unterschrift F

(Beglaubigungsvermerk)[54]

---

[52] Vgl. § 106 Abs. 2 Nr. 1 HGB.

[53] Sofern § 162 Abs. 1 HGB von der Einlage spricht, ist damit nicht die intern versprochene Pflichteinlage, sondern die im Handelsregister einzutragende Haftsumme gemeint, vgl. Baumbach/Hopt § 162 HGB Rn 2. Die Haftsumme wird im Handelsregister eingetragen, eine Bekanntmachung erfolgt nicht, § 162 Abs. 2 HGB.

[54] Die Anmeldung bedarf der öffentlichen Beglaubigung.

§ 76
Sachverhalt

Die A & B GmbH & Co. KG betreibt ein florierendes Bauunternehmen. Da A und B, die beiden Gesellschafter-Geschäftsführer der A & B Verwaltungs-GmbH und Kommanditisten der KG, sich mehr um das operative Geschäft kümmern möchten, beabsichtigen sie, die Position eines kaufmännischen Geschäftsführers zu schaffen. Sie möchten den weder an der GmbH noch der KG beteiligten Herrn C als kaufmännischen Geschäftsführer bestellen und mit ihm einen Anstellungsvertrag schließen.

§ 77
Geschäftsführer-Anstellungsvertrag

zwischen

der A & B Verwaltungs-GmbH,
– nachfolgend „Gesellschaft" –

und

Herrn Dipl.-Kfm. C,
– nachfolgend „Geschäftsführer" –

Herr C wurde durch Beschluss der Gesellschafter vom ________ zum gesamtvertretungsberechtigten Geschäftsführer der A & B Verwaltungs-GmbH bestellt. Aus diesem Grund schließen die Parteien den nachfolgenden Anstellungsvertrag:[1]

§ 1
Aufgaben und Verantwortlichkeit

1. Der Geschäftsführer vertritt die Gesellschaft gemeinsam mit einem weiteren Geschäftsführer gerichtlich und außergerichtlich.
2. Der Geschäftsführer führt gemeinsam mit den weiteren Geschäftsführern die Geschäfte der Gesellschaft nach Maßgabe der Gesetze, des Gesellschaftsvertrags und dieses Anstellungsvertrags mit der Sorgfalt

[1] Sollte Herr C schon zuvor in einem Anstellungsverhältnis mit der Gesellschaft gestanden haben, empfiehlt sich der folgender Zusatz „. . ., der alle vorhergehenden Dienst- oder Arbeitsverträge ersetzt". Gab es zuvor Verträge mit anderen Gruppengesellschaften, insbesondere mit der KG, muss die Aufhebung dieses Vertrags ausdrücklich mit der KG vereinbart werden, entweder in einem separaten Dokument oder indem die KG dem Vertrag im Hinblick auf diese Regelung beitritt und der gesetzliche Vertreter der KG (d.h. die GmbH, vertreten durch ihren Geschäftsführer – bzw. wenn ein anderer Geschäftsführer nicht vorhanden ist, vertreten durch ihre Gesellschafter) zustimmt.

eines ordentlichen Geschäftsführers. Hierbei wird er insbesondere auch die der Gesellschaft als Komplementärin der A & B GmbH & Co. KG obliegenden Verpflichtungen beachten.

3. Vorbehaltlich einer abweichenden Festlegung seitens der Gesellschafter obliegt dem Geschäftsführer die kaufmännische Geschäftsführung.

4. Die Befugnis zur Geschäftsführung umfasst nach näherer Bestimmung durch den Gesellschaftsvertrag oder durch Gesellschafterbeschluss alle im Rahmen des gewöhnlichen Geschäftsbetriebes der Gesellschaft anfallenden Maßnahmen[2].

5. Der Geschäftsführer hat den Weisungen der Gesellschafter Folge zu leisten.

6. Der Geschäftsführer ist von den Beschränkungen des § 181 BGB befreit.

§ 2
Arbeitszeit, Nebenbeschäftigung

1. Der Geschäftsführer hat seine volle Arbeitskraft sowie seine gesamten Kenntnisse und Erfahrungen in die Dienste der Gesellschaft zu stellen. Er ist in der Bestimmung seiner Arbeitszeit frei, hat jedoch jederzeit, wenn das Wohl der Gesellschaft dies erfordert, zur Verfügung zu stehen.

2. Die Übernahme jeder entgeltlichen oder unentgeltlichen Nebenbeschäftigung bedarf der vorherigen schriftlichen Zustimmung der Gesellschafter. Gleiches gilt für Veröffentlichungen und Vorträge, welche die Interessen der Gesellschaft oder der A & B GmbH & Co. KG berühren könnten, sowie für die Übernahme von Ämtern in Aufsichtsgremien anderer Unternehmen. Wird ein solches Amt dem Geschäftsführer aufgrund seiner Funktion als Geschäftsführer übertragen, ist er verpflichtet, es im Fall seiner Abberufung unverzüglich niederzulegen.

§ 3
Vergütung[3]

1. Der Geschäftsführer erhält für seine Tätigkeit ein Jahresgrundgehalt in Höhe von EUR ________ brutto, welches in 12 gleichen Beträgen jeweils am Monatsende auf ein von ihm benanntes Konto gezahlt wird.

2. Der Geschäftsführer erhält darüber hinaus ein variables Jahresgehalt von maximal EUR ________ brutto. Dessen Höhe ist abhängig von der Erreichung von Zielen, die von den Gesellschaftern nach vorheriger Er-

---

[2] Alternativ können hier die einschlägigen Regelungen des Gesellschaftsvertrags wiederholt werden. Eine weitergehende Einschränkung eines Geschäftsführers als im Gesellschaftsvertrag vorgesehen ist möglich.

[3] Eine Regelung zur Sozialversicherungspflicht ist entbehrlich, da der Geschäftsführer im vorliegenden Fall sozialversicherungspflichtig beschäftigt ist, s.o. § 15 Rn 62.

örterung mit dem Geschäftsführer vor Beginn des Jahres, auf das sich das variable Jahresgehalt bezieht, festgelegt werden. Der vom Geschäftsführer erreichte Betrag des variablen Jahresgehalts wird von der Gesellschaft mit der nächst erreichbaren Gehaltsabrechnung nach Annahme des Jahresabschlusses der A & B GmbH & Co. KG für das Jahr, auf das sich das variable Jahresgehalt bezieht, ausgezahlt. Im Jahr des Eintritts und des Ausscheidens des Geschäftsführers aus den Diensten der Gesellschaft wird das variable Jahresgehalt anteilig entsprechend der Dauer des Anstellungsverhältnisses gezahlt. Dies gilt nicht bei einer außerordentlichen Kündigung; in diesem Fall besteht kein Anspruch auf Zahlung des variablen Jahresgehalts.

3. Die Vergütung des Geschäftsführers wird in angemessenen Zeitabständen überprüft. Es besteht jedoch kein Anspruch auf Gehaltserhöhung.

§ 4
Sonstige Leistungen

1. Die Gesellschaft schließt zu Gunsten des Geschäftsführers eine Direktversicherung mit monatlichen Beiträgen in Höhe von EUR __ brutto ab. Auf die Direktversicherungsbeiträge etwa anfallende Steuern oder Sozialabgaben trägt der Geschäftsführer[4].

2. Die Gesellschaft stellt dem Geschäftsführer einen Dienstwagen der gehobenen Mittelklasse zur Verfügung, der auch privat genutzt werden darf. Die für Fahrzeughaltung und -nutzung anfallenden Kosten trägt die Gesellschaft. Der in der Privatnutzung liegende geldwerte Vorteil ist vom Geschäftsführer zu versteuern. Die Gesellschaft ist berechtigt, den Dienstwagen herauszuverlangen, wenn der Geschäftsführer von seinen Dienstpflichten freigestellt ist. Ein Anspruch auf Nutzungsersatz besteht in diesem Fall nicht.

3. Die Gesellschaft bezieht den Geschäftsführer in eine Unfallversicherung mit Versicherungssummen von EUR __ bei Invalidität und EUR __ bei Tod ein.

---

[4] Bei Altverträgen werden EUR 1.752 pauschal mit 20 % versteuert und sind sozialabgabenfrei. Für ab dem 1. 1. 2005 geschlossene Direktversicherungsverträge können Arbeitnehmer bis zur Beitragsbemessungsgrenze 4 % ihres Einkommens, also derzeit maximal EUR 2.448 ohne Abzug von Steuern und bis 2008 sozialabgabenfrei in eine Direktversicherung investieren. Dieser Betrag erhöht sich um EUR 1.800, wobei auf diesen Betrag pauschal 20% Sozialabgaben zu entrichten sind. Anders als bei Altverträgen, bei denen die Auszahlung steuerfrei war, unterliegt bei Neuverträgen der Auszahlungsbetrag der Versteuerung. Außerdem sind künftig nur noch Rentenpolicen begünstigt, nicht jedoch mehr Verträge, die eine einmalige Kapitalauszahlung vorsehen.

§ 5
Dienstverhinderung

1. Der Geschäftsführer wird den weiteren Geschäftsführern eine Dienstverhinderung unter Angabe des Grundes und der voraussichtlichen Dauer unverzüglich anzeigen. Dauert die Dienstverhinderung infolge Erkrankung über drei Tage hinaus an, wird der Geschäftsführer spätestens am folgenden Tag ein ärztliches Attest über die Arbeitsunfähigkeit und deren voraussichtliche Dauer vorlegen. Vorstehende Sätze 1 und 2 gelten entsprechend, wenn die Dienstunfähigkeit über den ursprünglich bescheinigten Zeitraum hinaus fortdauert.
2. Ist der Geschäftsführer durch Arbeitsunfähigkeit infolge Krankheit an seiner Dienstleistung gehindert, ohne dass ihn ein Verschulden trifft, zahlt die Gesellschaft seine Vergütung für die Dauer von 3 Monaten fort. Für weitere 3 Monate erhält der Geschäftsführer einen Zuschuss zum Krankengeld in Höhe der Differenz zwischen Krankengeld und seinem Nettoentgelt. Hinsichtlich des Betrags des Krankengeldes wird der vom Geschäftsführer tatsächlich bezogene Betrag, mindestens jedoch ein Betrag angesetzt, den der Geschäftsführer im Fall einer Versicherung in der gesetzlichen Krankenversicherung erhalten würde. Bei einer länger als 6 Monate andauernden Erkrankung wird das variable Jahresgehalt anteilig gekürzt.

§ 6
Urlaub

1. Der Geschäftsführer hat Anspruch auf einen jährlichen Erholungsurlaub von 30 Arbeitstagen, wobei Arbeitstage die Tage Montag bis Freitag mit Ausnahme der gesetzlichen Feiertage sind. Die zeitliche Lage des Urlaubs ist in Abstimmung mit den übrigen Geschäftsführern und unter Berücksichtigung der geschäftlichen Belange der Gesellschaft festzulegen. Im Jahr des Eintritts und des Austritts aus dem Dienstverhältnis wird der Urlaub anteilig pro vollem Kalendermonat des Bestands des Dienstverhältnisses gewährt.
2. Kann der Geschäftsführer in einem Kalenderjahr seinen Urlaub aus persönlichen oder geschäftlichen Gründen nicht antreten, kann er diesen noch bis zum 30.6. des Folgejahres in Anspruch nehmen. Anschließend verfällt der Urlaub entschädigungslos.

§ 7
Wettbewerbsverbot, Stillschweigen

1. Während der Laufzeit dieses Vertrags ist es dem Geschäftsführer untersagt, in selbständiger, unselbständiger oder sonstiger Weise für ein Unternehmen tätig zu werden, welches mit der Gesellschaft oder der A & B GmbH & Co. KG in direktem oder indirektem Wettbewerb steht. Ebenso ist ihm während dieser Zeit untersagt, ein solches Unternehmen zu errichten, zu erwerben oder sich hieran unmittelbar oder mittelbar zu betei-

ligen. Ausgenommen von diesem Verbot ist der Erwerb öffentlich gehandelter Aktien von Unternehmen, vorausgesetzt dieser Erwerb gewährt keinen erheblichen Einfluss auf dieses Unternehmen. Als erheblicher Einfluss wird insbesondere ein Anteilsbesitz von mehr als 5 % angesehen.

2. Der Geschäftsführer ist verpflichtet, über alle geschäftlichen und betrieblichen Angelegenheiten der Gesellschaft und der A & B GmbH & Co. KG unbefugten Dritten gegenüber striktes Stillschweigen zu bewahren, es sei denn, es handelt sich ihrer Natur nach nicht um vertrauliche Angelegenheiten oder sie sind bereits öffentlich bekannt. Diese Verpflichtung gilt auch nach Beendigung des Anstellungsvertrags fort.

§ 8
Nachvertragliches Wettbewerbsverbot[5]

1. Für die Dauer von 1 Jahr nach Beendigung dieses Vertrags ist es dem Geschäftsführer untersagt, in selbständiger, unselbständiger oder sonstiger Weise für ein Unternehmen tätig zu werden, welches mit der Gesellschaft oder der A & B GmbH & Co. KG in direktem oder indirektem Wettbewerb steht. Ebenso ist ihm während dieser Zeit untersagt, ein solches Unternehmen zu errichten, zu erwerben oder sich hieran unmittelbar oder mittelbar zu beteiligen. Ausgenommen von diesem Verbot ist der Erwerb öffentlich gehandelter Aktien von Unternehmen, vorausgesetzt dieser Erwerb gewährt keinen erheblichen Einfluss auf dieses Unternehmen. Als erheblicher Einfluss wird insbesondere ein Anteilsbesitz von mehr als 5 % angesehen.

2. Während der Dauer des nachvertraglichen Wettbewerbsverbots erhält der Geschäftsführer eine Entschädigung, die für jedes Jahr des Verbots die Hälfte des von dem Geschäftsführer zuletzt bezogenen vertraglichen Jahresgrundgehalts beträgt. Die Entschädigung wird in zwölf gleichen Raten zum Ende eines jeden Monats ausgezahlt.

3. Der Geschäftsführer muss sich auf die fällige Entschädigung anrechnen lassen, was er während des Zeitraums, für den die Entschädigung gezahlt wird, durch anderweitige Verwertung seiner Arbeitskraft erwirbt oder zu erwerben böswillig unterlässt, soweit die Entschädigung unter Hinzurechnung des anderweitigen tatsächlichen oder hypothetischen Erwerbseinkommens den Betrag des zuletzt von ihm bezogenen Jahresgrundgehalts übersteigen würde. Der Geschäftsführer hat zu Beginn eines jeden Quartals der Gesellschaft unaufgefordert mitzuteilen, ob und in welcher Höhe er anderweitige Einkünfte bezieht. Solange diese Auskunft nicht vorliegt, hat die Gesellschaft ein Zurückbehaltungsrecht an der Karenzentschädigung. Sollten sich im Lauf des Quartals hinsichtlich der anderweitigen Einkünfte Änderungen ergeben, wird der Geschäftsführer diese unverzüglich mitteilen. Auf Verlangen muss der Geschäftsführer seine Angaben zu anderweitigem Einkommen belegen.

[5] Hierzu s. § 15 Rn 85 ff.

4. Für jeden Fall der Zuwiderhandlung gegen das Wettbewerbsverbot wird die monatliche Entschädigung nicht ausbezahlt und der Geschäftsführer hat eine Vertragsstrafe in Höhe von einem Zwölftel des Jahresgrundgehalts zu zahlen. Diese Vertragstrafe ist für jeden Bruch der zuvor genannten Vorschriften zu zahlen. Im Fall eines Dauerverstoßes wird die Vertragsstrafe für jeden angefangenen Monat neu verwirkt. Die Geltendmachung eines darüber hinausgehenden Schadens durch die Gesellschaft bleibt vorbehalten.
5. Die Gesellschaft kann vor der Beendigung dieses Vertrags durch schriftliche Erklärung auf dieses Wettbewerbsverbot mit der Wirkung verzichten, dass sie nach Ablauf von 6 Monaten nach dem Zugang der Verzichtserklärung von der Verpflichtung zur Zahlung der Karenzentschädigung frei wird, während der Geschäftsführer bereits mit Beendigung dieses Vertrags nicht mehr an das Wettbewerbsverbot gebunden ist.
6. Das Wettbewerbsverbot tritt nicht in Kraft, wenn der Geschäftsführer im Anschluss an die Beendigung dieses Vertrags eine gesetzliche Rente in Anspruch nimmt oder wenn der Vertrag auf Grund des Erreichens der Altersgrenze endet. Gleiches gilt, wenn dieser Vertrag innerhalb von 6 Monaten nach Vertragsbeginn gekündigt oder einvernehmlich aufgehoben wird.

§ 9
Arbeitsergebnisse, Erfindungen

1. Alle aus der Erfüllung seiner Pflichten und Zuständigkeiten resultierenden Arbeitsergebnisse des Geschäftsführers sind das alleinige Eigentum der Gesellschaft. Soweit diese Arbeitsergebnisse durch Urheberrechte geschützt sind, gewährt der Geschäftsführer der Gesellschaft das exklusive und uneingeschränkte Recht zur Nutzung dieser Arbeitsergebnisse in jeder jetzt oder später denkbaren Form. Dieses Exklusivrecht besteht nach Beendigung dieses Anstellungsvertrags fort. Die in diesem Vertrag festgelegte Vergütung gilt als vollständige Abgeltung für das der Gesellschaft eingeräumte Exklusivrecht, der Geschäftsführer hat keinen Anspruch auf eine zusätzliche Vergütung.
2. Für Erfindungen und technische Verbesserungsvorschläge gilt das Arbeitnehmererfindergesetz entsprechend.

§ 10
Vertragsdauer und Kündigung[6]

1. Der Vertrag tritt mit Wirkung zum ________ in Kraft.
2. Er kann von beiden Seiten mit einer Frist von 6 Monaten gekündigt werden. Eine Abberufung des Geschäftsführers gilt zugleich als Kündigung durch die Gesellschaft zu dem nächst zulässigen Termin.

---

[6] Vgl. § 15 Rn 91ff.

3. Das Recht zur Kündigung aus wichtigem Grund bleibt unberührt.
4. Jede Kündigung bedarf der Schriftform. Eine Kündigung des Geschäftsführers kann an jeden einzelnen der Gesellschafter gerichtet werden.
5. Im Fall einer Kündigung, gleich von welcher Seite diese ausgesprochen wird, ist die Gesellschaft berechtigt, den Geschäftsführer unter Fortzahlung seiner vertragsgemäßen Vergütung und unter Anrechnung auf offenen Urlaub von der Dienstleistung freizustellen.
6. Der Anstellungsvertrag endet spätestens mit Ablauf des Monats, in welchem der Geschäftsführer das 65. Lebensjahr vollendet.

§ 11
Rückgabeverpflichtung

Bei Beendigung des Vertrags oder im Fall einer Freistellung von den Dienstpflichten ist der Geschäftsführer verpflichtet, alle im Eigentum der Gesellschaft oder der A & B GmbH & Co. KG stehenden Gegenstände, die sich in seinem Besitz befinden, insbesondere Mobiltelefon, Laptop, Schlüssel, Aufzeichnungen jeder Art sowie Kopien (Hard- und Softcopys) hiervon, herauszugeben. Ein Zurückbehaltungsrecht ist ausgeschlossen.

§ 12
Schlussbestimmungen

1. Änderungen und Ergänzungen dieses Vertrags, einschließlich dieser Klausel, bedürfen zu ihrer Rechtswirksamkeit der Schriftform.
2. Sollte eine Bestimmung dieses Vertrags rechtsunwirksam sein oder werden, so wird hierdurch die Geltung der übrigen Vertragsbestimmungen nicht berührt. An die Stelle der unwirksamen Regelung tritt eine Bestimmung, die dem wirtschaftlichen Zweck der unwirksamen Regelung am nächsten kommt.

Sachverzeichnis

Die fett gedruckten Zahlen bezeichnen die Paragraphenziffern,
die mageren Zahlen die jeweiligen Randnummern